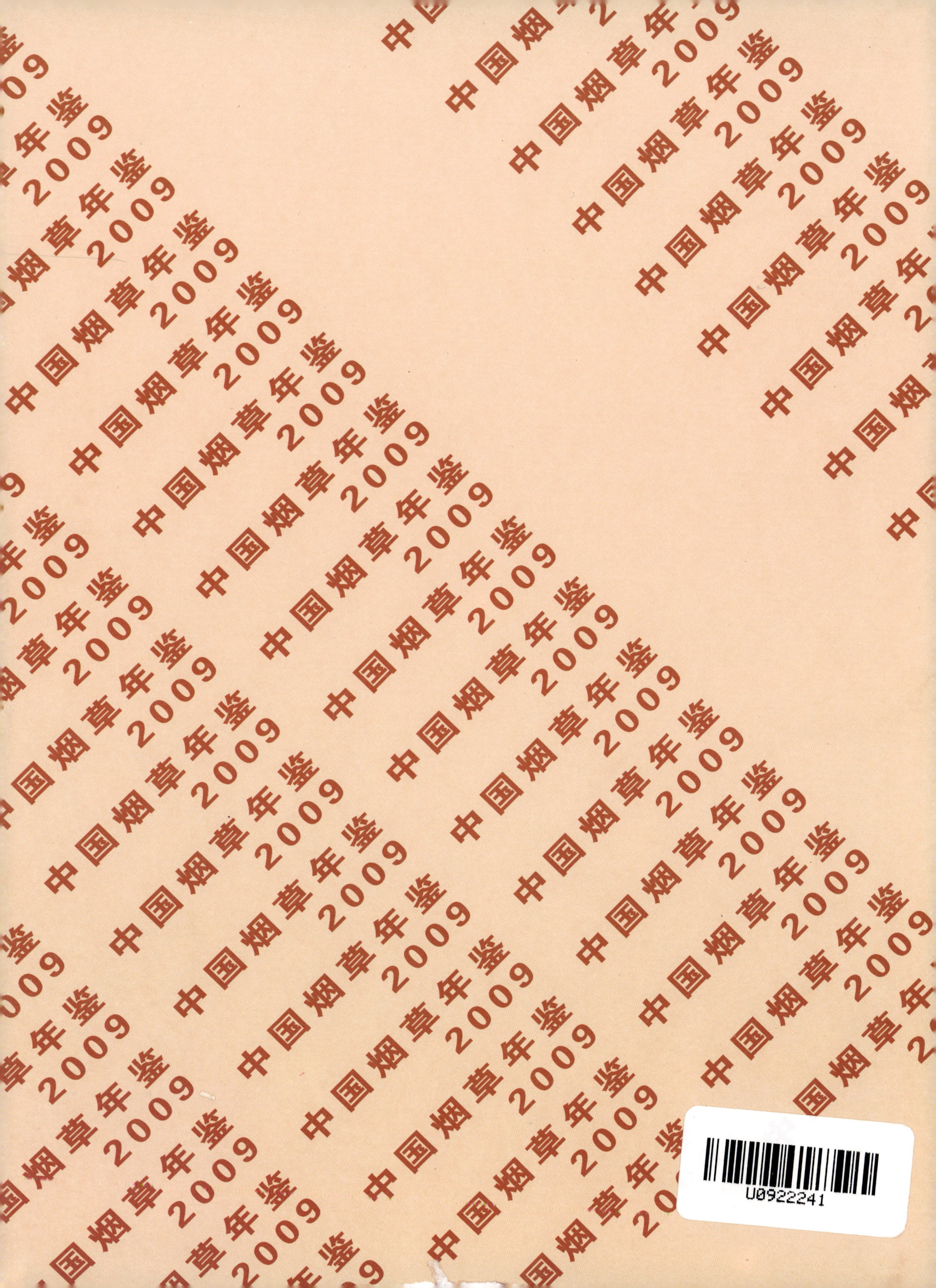
中国烟草年鉴 2009
U0922241

中国烟草年鉴

·2009·

CHINA TOBACCO YEARBOOK

国家烟草专卖局 编

中国科学技术出版社

·北 京·

国家烟草专卖局、中国烟草总公司领导

姜成康

工业和信息化部党组成员
国家烟草专卖局局长、党组书记
中国烟草总公司总经理

张保振

国家烟草专卖局副局长、党组成员

何泽华

国家烟草专卖局副局长、党组成员

李克明

国家烟草专卖局副局长、党组成员

张辉

国家烟草专卖局副局长、党组成员

潘家华

中央纪委驻国家烟草专卖局纪检组组长、国家烟草专卖局党组成员

6月18日，姜成康局长（左一）到四川凉山州喜德县鲁基乡考察烟区工作

四川省局 供稿

9月26日，张保振副局长（左一）在重庆市局（公司）考察“三诚”服务文化建设

重庆市局 涂金 摄

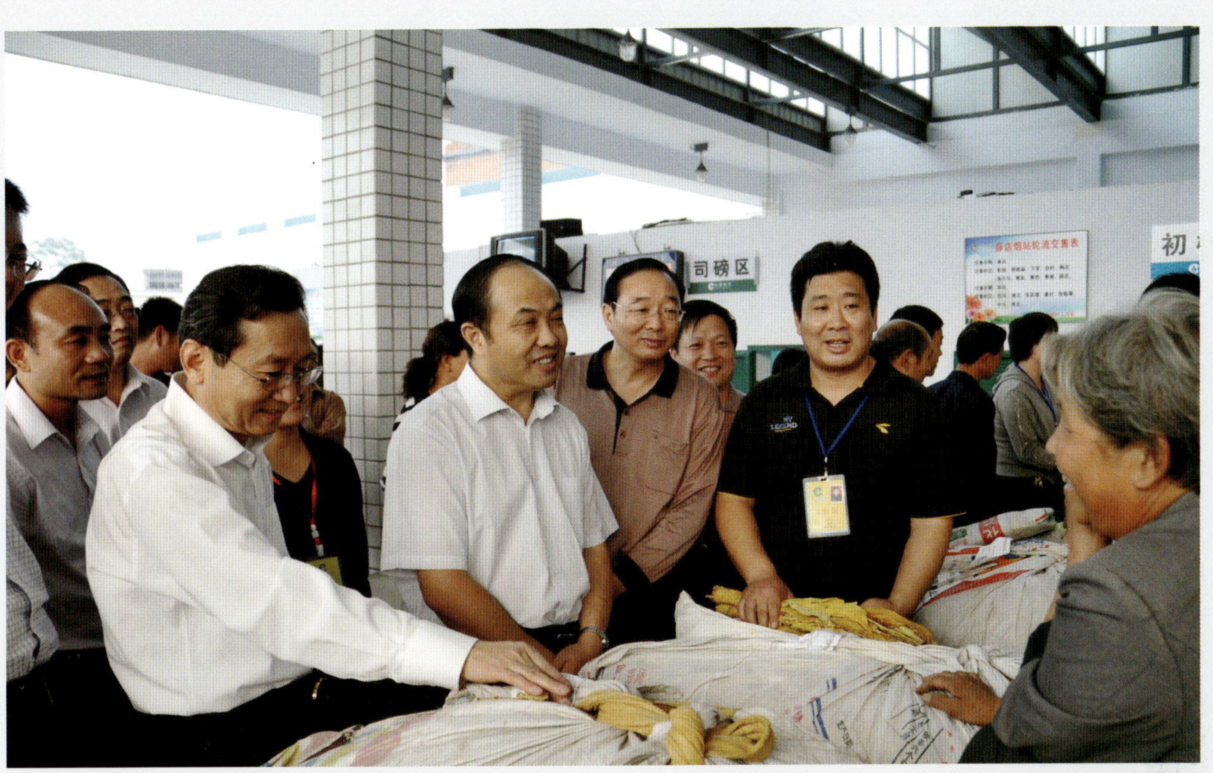

9月27日，何泽华副局长（前排左二）在河南平顶山郏县烟站同前来交售烟叶的烟农交谈

河南省局 供稿

10月27日，李克明副局长（前排左二）出席全国烟草行业企业管理现场会并在上海卷烟厂生产车间调研

上海烟草（集团）公司 供稿

9月11日，张辉副局长（左四）在陕西中烟延安卷烟厂车间中控室调研

陕西中烟延安卷烟厂 杨继成 摄

5月15日，潘家华组长（前排左二）考察广东中烟广州生产基地建设情况

广东中烟 熊颖艳 摄

1月13～15日，全国烟草工作会议在北京召开

陈兴杰 摄

2月17～18日，全国烟草行业纪检监察工作会议在北京召开

王学仕 摄

2月12日，烟机科学发展论坛暨中国烟草机械集团有限责任公司成立十周年纪念大会在北京举行

陈兴杰 摄

3月2～3日，全国烟草行业财务工作会议暨“双先”表彰会议在北京召开

汤元宋 摄

3月5～6日，全国烟草行业审计工作会议在福建厦门召开

汤元宋 摄

3月10日，全国烟叶生产基础设施建设办公室主任座谈会在福建武夷山召开

福建省局 徐丽平 摄

3月10～11日，全国烟草行业多元化投资管理工作会议在北京召开

颉虎平 摄

3月12日，现代烟草农业试点工作汇报会在北京召开

邢忠敏 摄

3月24～25日，中国烟草学会第六次会员代表大会暨学术年会在重庆召开

肖琨 摄

3月27日，行业省级烟草专卖局（公司）、工业公司主要负责人座谈会在北京召开

张婧 摄

4月23日，全国烟草行业支持四川灾后重建一周年座谈会在四川成都召开

川渝中烟 供稿

4月27日，第五届全国烟草行业先进集体、劳动模范表彰大会在北京召开

陈兴杰 摄

5月25～26日，2009年全国烟草行业信息化工作会议暨经验交流现场会在上海召开

张杨 摄

6月1日，全国浓香型烟叶开发工作座谈会在安徽合肥召开

安徽省局 供稿

6月16～17日，全国烟草行业2009年政治工作会议在北京召开

王学仕 摄

7月2日，烟草行业多元化投资管理体制建设座谈会在福建福州召开

福建省局 林麦梓 摄

7月1～3日，全国烟叶收购暨现代烟草农业建设现场会在云南昆明召开

云南省局 供稿

7月16～17日，全国烟草专卖局长、公司总经理座谈会在北京召开

陈兴杰 摄

7月8日，卷烟增香保润重大专项启动会在湖北武汉召开

王鹏 摄

9月1～2日，全国烟草行业教育培训工作研讨会在辽宁大连召开

颉虎平 摄

9月16～17日，全国卷烟销售网络建设现场会在江苏徐州召开

汤元宋 摄

9月16日，2009年全国烟草行业设备管理工作会议在上海召开

上海烟草（集团）公司 供稿

11月4～5日，全国烟叶工作座谈会在北京召开

王承丞 摄

11月10～11日，全国烟草行业管理体系建设现场会在浙江杭州召开

浙江省局 许新红 摄

11月24～25日，全国烟草行业加强内部管理监督工作汇报会在北京召开

刘海文 摄

11月26～27日，2009年全国卷烟销售工作会议在北京召开

张忠文 摄

11月28～29日，2009·中国烟草自主创新高层论坛在湖北武汉举行

张燕 摄

12月1日，全国烟草行业服务品牌建设现场会暨中烟政研会第六届年会在湖北武汉召开

湖北省局 供稿

12月14日，国家烟草专卖局、公安部联合召开全国卷烟打假工作电视电话会议

刘海文 摄

11月20日，中国烟草总公司与中国邮政集团公司举行物流和金融服务合作签约仪式

李新 摄

5月23～27日，第七届全国烟草行业职业技能竞赛暨第四届全国烟草行业烟叶分级职业技能竞赛在河南郑州举行

张宇 摄

7月22～23日，全国烟草行业第二十届优秀QC小组成果发布会在北京举行

国家局经济运行司 供稿

《中国烟草年鉴》编辑委员会

主　任：张保振

副主任：张修连　刘　杰　郭联君

委　员：赵百东　孙宝义　毛幼力　汪为民　郑素平

《中国烟草年鉴》编辑部

主　　任：佘　莉

各栏目责任编辑

《领导讲话》：谢争艳

《重要文件》：张建丽

《大 事 记》：吴中奇

《行业概览》：

2009 年全国烟草行业发展概况、卷烟生产经营、专卖监督管理：吴中奇

烟叶生产经营、政策法规与体制改革、信息化建设：谢争艳

发展计划与经济运行、财务与审计、多元化经营：张建丽

纪检监察、人事与劳资、精神文明建设：周　佳

烟草科技、对外贸易与合作交流：王东旭

《国家烟草专卖局　中国烟草总公司机构》：吴中奇

《省级局（公司）》

北京、山西、内蒙古、辽宁、吉林、浙江、重庆、新疆：谢争艳

上海、广东、广西、西藏、陕西、甘肃、青海：张建丽

天津、湖南、海南、四川、贵州、云南、宁夏：吴中奇

江西、湖北：周　佳

河北、黑龙江、江苏、安徽、福建、山东、河南、大连、深圳：王东旭

《工业企业》

卷烟工业企业：

河北、江苏、浙江、江西、广东中烟：谢争艳

上海烟草工业、湖北、湖南、云南中烟：张建丽

中烟实业、河南、广西、川渝、贵州中烟：吴中奇

福建中烟：周　佳

安徽、山东、陕西中烟：王东旭

境外卷烟生产企业：谢争艳

烟草机械生产企业：周　佳

辅料生产企业：吴中奇

烟叶加工企业：周　佳

《科研机构》：张建丽

《经济统计》：王东旭

《文　　化》：王东旭

《公益事业》：张建丽

《论点摘要》：王东旭

《附　　录》

国　外　烟　草：王东旭

先进人物名单：王东旭

2009 年行业高级职称认定情况：王东旭

先进集体名单：王东旭

名　词　解　释：吴中奇

2009 年在产卷烟品牌（规格）名录：谢争艳

2009 年在产雪茄烟品牌（规格）名录：谢争艳

《索　　引》：张建丽

彩　　插（文字编辑）：吴中奇

国家局机关、行业各直属单位审稿领导

国家局科技司司长：	金忠理
中国烟草机械集团有限责任公司董事长、总经理、党组书记：	王崇光
中国烟草实业发展中心副总经理、党组成员：	刘　龙
中国烟草总公司郑州烟草研究院副院长：	罗登山
中国烟草总公司合肥设计院院长、党委书记：	朱小平
北京市局（公司）纪检组长、党组成员：	周　宾
天津市局（公司）副局长、党委委员：	陈　余
河北省局（公司）副总经理、党组成员：	杨子辛
山西省局（公司）副总经理、党组成员：	王志毅
内蒙古区局（公司）副总经理、党组成员：	乌力吉
辽宁省局（公司）副总经理、党组成员：	杜胜利
吉林省局（公司）副巡视员：	杨贵生
黑龙江省局（公司）副总经理、党组成员：	杨鹤声
上海烟草（集团）公司纪检组长、党组成员、工会主席：	解建伟
江苏省局（公司）副局长、党组成员：	樊剑峰
浙江省局（公司）局长、总经理、党组书记：	钱锦根
安徽省局（公司）副总经理、党组成员：	卓俭华
福建省局（公司）副总经理、党组成员：	李晓陆
江西省局（公司）副总经理、党组成员：	郑　京
山东省局（公司）纪检组长、党组成员：	张克强
河南省局（公司）副局长、党组成员：	秦留拽
湖北省局（公司）副局长、副总经理、党组成员：	彭义政
湖南省局（公司）副总经理、党组成员：	李民灯
广东省局（公司）副局长、党组成员：	何建华
广西区局（公司）纪检组长、党组成员：	叶青峰
海南省局（公司）副总经理、党组成员：	林先德
重庆市局（公司）纪检组长、党组成员：	冉幕寿
四川省局（公司）副总经理、党组成员：	陈　章

贵州省局（公司）纪检组长、党组成员：　钟　勇
云南省局（公司）局长、总经理、党组书记：　余云东
西藏区局（公司）局长、总经理、党委副书记：　平措旺扎
陕西省局（公司）副局长、党组成员：　燕宏恩
甘肃省局（公司）副总经理、党组成员：　杨　洪
青海省局（公司）副局长、党组成员：　张超凡
宁夏区局（公司）副总经理、党组成员：　杨保仓
新疆区局（公司）副总经理、党组成员：　张小勇
大连市局（公司）副局长、副总经理、党组成员：　戚　兵
深圳市局（公司）副总经理、党组成员：　张锦辉
河北中烟工业公司副总经理、党组成员：　王礼发
江苏中烟工业有限责任公司董事、副总经理、党组成员：　俞惠梅
浙江中烟工业有限责任公司副总经理、党组成员：　许明忠
安徽中烟工业公司副总经理、党组成员：　赵　辉
福建中烟工业公司副巡视员：　李长鲁
江西中烟工业有限责任公司监事、纪检组长、党组成员：　任用镨
山东中烟工业公司总经理、党组书记：　韩　林
河南中烟工业有限责任公司纪检组长、党组成员：　邵富根
湖北中烟工业有限责任公司副总经理、党组成员：　谢伯卿
湖南中烟工业有限责任公司纪检组长、党组成员：　李曙光
广东中烟工业有限责任公司副总经理、党组成员：　区广安
广西中烟工业有限责任公司纪检组长、党组成员：　王　全
川渝中烟工业公司副总经理、党组成员：　汤柱国
贵州中烟工业有限责任公司总经理、党组书记：　白云峰
云南中烟工业公司副总经理、党组成员：　顾　波
陕西中烟工业有限责任公司副总经理、党组成员：　曹兴浪
南通醋酸纤维有限公司副总经理、党委委员：　茅　俊
珠海醋酸纤维有限公司副总经理、党委委员：　潘定益
昆明醋酸纤维有限公司副总经理、党委书记：　温　明

主要撰稿人

办公室（外事司）：张　政
科技司：高运谦
中国烟草机械集团有限责任公司：华　伟
中国烟草实业发展中心：曹建平
中国烟草总公司郑州烟草研究院：张敬一
中国烟草总公司合肥设计院：宋　林
北京市烟草专卖局（公司）：王智誉
天津市烟草专卖局（公司）：曹志永
河北省烟草专卖局（公司）：刘学良
山西省烟草专卖局（公司）：陈晓勇
内蒙古自治区烟草专卖局（公司）：王爱琳
辽宁省烟草专卖局（公司）：王　森
吉林省烟草专卖局（公司）：王兴谦
黑龙江省烟草专卖局（公司）：高　源
上海市烟草专卖局、上海烟草（集团）公司：李　燕
江苏省烟草专卖局（公司）：张　华
浙江省烟草专卖局（公司）：章　莉
安徽省烟草专卖局（公司）：朱训伟　李　胜
福建省烟草专卖局（公司）：刘国良
江西省烟草专卖局（公司）：王　萱
山东省烟草专卖局（公司）：井西然
河南省烟草专卖局（公司）：王　振
湖北省烟草专卖局（公司）：范晶瑛
湖南省烟草专卖局（公司）：张　仕
广东省烟草专卖局（公司）：张　慧
广西壮族自治区烟草专卖局（公司）：黄祥进
海南省烟草专卖局（公司）：孙　云
重庆市烟草专卖局（公司）：龚洪磊
四川省烟草专卖局（公司）：张羽翔
贵州省烟草专卖局（公司）：王　乾
云南省烟草专卖局（公司）：曾尔庆
西藏自治区烟草专卖局（公司）：王佳敏
陕西省烟草专卖局（公司）：王　玉
甘肃省烟草专卖局（公司）：王永青
青海省烟草专卖局（公司）：葛建宝
宁夏回族自治区烟草专卖局（公司）：汪创业
新疆维吾尔自治区烟草专卖局（公司）：韩　敏
大连市烟草专卖局（公司）：高　瑞
深圳市烟草专卖局（公司）：李云娜
河北中烟工业公司：刘　辉
江苏中烟工业有限责任公司：卢　超
浙江中烟工业有限责任公司：孙　琦
安徽中烟工业公司：朱要文
福建中烟工业公司：肖　部
江西中烟工业有限责任公司：李前进
山东中烟工业公司：秦日旭
河南中烟工业有限责任公司：黄晓勇
湖北中烟工业有限责任公司：卓芝琴

湖南中烟工业有限责任公司：	盛晓燕	云南中烟工业公司：	贾学莉　王宏先
广东中烟工业有限责任公司：	郑泽敏	陕西中烟工业有限责任公司：	张建华
广西中烟工业有限责任公司：	周丽霞	南通醋酸纤维有限公司：	陈丹彤
川渝中烟工业公司：	晏　钢	珠海醋酸纤维有限公司：	许　江
贵州中烟工业有限责任公司：	胡桂姜	昆明醋酸纤维有限公司：	唐丽维

编写说明

一、《中国烟草年鉴》是由国家烟草专卖局组织编纂，全面反映中国烟草行业改革和发展情况，以及所属各企业发展概貌的专业性、权威性行业综合年鉴。《中国烟草年鉴》自1996年创刊以来，已先后编纂出版了1991～1995年、1981～1990年、1996～1997年、1998～1999年、2000年、2001年、2002年、2003年、2004年、2005年、2006年、2007年、2008年卷等13期。从《中国烟草年鉴》2004年卷起，由国家烟草专卖局中国烟草杂志社《中国烟草年鉴》编辑部具体负责年鉴的编辑工作。

二、《中国烟草年鉴2009》设有领导讲话，重要文件，大事记，行业概览，国家烟草专卖局、中国烟草总公司机构，省级局（公司），工业企业，科研机构，经济统计，文化，公益事业，论点摘要，附录，索引，共计14个栏目。本年鉴"栏目"下设"分目"和"条目"。

三、本年鉴主要收录了2009年全国烟草行业发展的主要工作情况。各栏目内容充实，信息量大，特别突出了资料的权威性、延续性，反映行业改革发展的历程。并有大量彩图配合相关栏目，全面反映行业发展情况。

四、《省级局（公司）》、《工业企业》栏目内容不断丰富，企业基本信息更加完整。为进一步突出行业发展特点，在2008年基础上，新增"卷烟消费税调整"、"重点骨干品牌培育"、"现代烟草农业建设"等重要内容；省级局（公司）栏目新设"所属其他二级单位及派驻机构"分目。同时，除基本条目外，更加注重各企业特色条目的编写，突出各企业特点。

五、《附录》栏目新增"先进人物名单"分目，取消原《人物》栏目；新增"2009年行业高级职称认定情况"分目；在"2008年'百牌号'卷烟名录"基础上，扩展为"2009年在产卷烟品牌（规格）名录"和"2009年在产雪茄烟品牌（规格）名录"分目，将所有在产卷烟、雪茄烟全部收录。

六、本年鉴的各种资料、数据主要由国家烟草专卖局机关各部门、各单位和行业各直属单位提供，条目内容、数据均经各撰稿单位审阅并签字确认，并由国家烟草专卖局办公室最终审定，资料可靠。

七、本年鉴中的各种资料、数据，除先进个人和先进集体名单外，一般截止时间为 2009 年 12 月 31 日。

编　者

2010 年 10 月

目 录

领导讲话

重要文件

专卖管理

经济运行

烟叶生产

法规体改

财务审计

科技工作

人事政工

纪检监察

内部管理监督

大 事 记

行业概览

国家烟草专卖局 中国烟草总公司机构

省级局（公司）

工业企业

卷烟工业企业

烟叶加工企业

科研机构

经济统计

文　化

公益事业

论点摘要

附 录

国外烟草

先进人物名单

2009年行业高级职称认定情况

先进集体名单

名词解释

2009 年在产卷烟品牌（规格）名录

2009 年在产雪茄烟品牌（规格）名录

索　引

领导讲话

全国烟草工作会议

在2009年全国烟草工作会议上的讲话

工业和信息化部部长　李毅中

（2009年1月13日）

这次会议是国家烟草专卖局贯彻落实中央经济工作会议、全国工业和信息化工作会议精神的一次重要会议，也是国务院实施行政机构改革、成立工业和信息化部后召开的第一次全国烟草工作会议。中央经济工作会议上，胡锦涛总书记、温家宝总理发表了重要讲话，深刻分析了当前国际国内形势，明确提出了2009年经济工作的总体要求、大政方针和主要任务，对2009年的经济工作做出了全面部署。12月19日至20日，工信部召开了全国工业和信息化工作会议。烟草行业要认真学习、全面贯彻中央经济工作会议、全国工业和信息化工作会议精神。这里，结合当前经济形势，就烟草行业做好全年工作，讲三个方面的意见。

一、近年来烟草行业改革发展取得了显著成效

烟草行业在我国国民经济中是个特殊行业，既直接关系到消费者利益，又是国家财政收入的重要来源；既要坚持专卖体制，对烟草生产进行有效控制，又要适应市场消费需求，建立内部适度竞争体制机制，培养重点骨干企业和名优品牌。同时，烟草行业产业链长、带动性强，涉及烟叶生产、卷烟加工和销售各个方面，与发展现代农业、现代工业和现代流通业有着密切联系。近年来，烟草行业在推进改革发展方面做了大量工作，全行业干部职工同心同德，奋力拼搏，各方面工作取得新的成绩。2008年，在党中央、国务院的正确领导下，烟草全行业深入贯彻落实科学发展观，全面落实中央重大决策和工信部的各项部署，坚持深化改革，加快结构调整，转变发展方式，注重自主创新，继续保持了良好发展态势。

（一）克服严重自然灾害和国际金融危机的影响，全行业总体保持较快增长

2008年，全行业实现税利近4500亿元，同比增长15.7%。经济运行质量和效益进一步提高，卷烟工业产销稳定增长，现代烟草农业建设稳步推进，全国统一卷烟大市场加快形成。特别是四川汶川特大地震灾害发生后，灾区烟草企业克服困难，率先恢复生产，为灾区工业全面恢复重建起到了示范作用。

（二）加强现代烟草农业建设，带动农村经济发展

国家烟草专卖局认真贯彻落实中央提出的“工业反哺农业，城市支持农村”重大战略方针，高度重视烟叶基础工作，加强对烟叶生产扶持，加大资金投入，全面推进烟叶生产基础设施建设，努力改善烟区生产条件，提高烟区综合生产能力和抗御自然灾害能力，为烟农提供全方位的优质服务，提高了烟叶质量，促进了烟农增产增收和烟区农村经济社会发展。

（三）调整优化结构、转变发展方式稳步推进

大力推动企业改革重组，企业组织结构、产品结构不断优化。卷烟工业企业由2002年的123家减少到目前的30家，生产集中度明显提高。全面关闭烟叶挂杆复烤企业，实现了烟叶打叶复烤升级换代。卷烟牌号由原来的近2000个减少到150个左右，培育了一批重点骨干品牌。加强科技进步和自主创新，围绕特色工艺、减害降焦等加大资金投入，技术水平不断提高。坚持用信息技术改造烟草产业，信息化、现代化水平明显提高。

（四）市场监管和内部管理不断加强

推进烟草行业内部改革，理顺烟草企业资产管理体制，加强企业基础管理，初步建立现代产权制度和现代企业制度，适度竞争的体制机制不断健全完善。落实烟草专卖制度，坚持不懈开展卷烟打假打私斗争，

维护市场秩序取得明显成效。认真做好《烟草控制框架公约》的履约工作，以及卷烟包装标识改版工作顺利实施，新包装卷烟正式投放市场。高度重视安全生产管理，安全生产管理体系建设取得积极成效。

（五）全面加强队伍建设，干部队伍素质进一步提升

牢固树立“国家利益至上、消费者利益至上”行业共同价值观，加强干部职工思想道德建设和企业文化建设，注重行业自律，强化内部管理监督，规范生产经营行为。按照中央统一部署，开展了深入学习实践科学发展观活动，使班子、队伍、作风建设不断加强。

二、正确认识和把握当前面临的形势

当前，国际金融危机已从局部发展到全球，从发达国家传导到新兴市场国家，从金融领域扩散到实体经济领域。需求下降，市场萎缩，信心低迷，国际金融市场剧烈波动，流动性大量短缺，主要原材料和运输价格大幅跌落，主要发达国家经济陷入衰退，新兴市场国家和发展中国家增速明显放缓。

作为消费品工业的重要门类，烟草行业受到的影响也已经开始显现。金融危机使烟草消费心理趋于保守，个人消费能力开始减弱。烟区外出务工返乡人员增多，烟叶生产出现偏热苗头。烟草行业在较高水平上保持税利稳步增长压力较大。全行业要充分认识金融危机对烟草行业发展可能造成的影响，采取积极措施，力争把危机对烟草企业的损害降低到最低。国家烟草专卖局党组提出2009年把“烟叶防过热、卷烟上水平、税利保增长”作为主要任务，我完全同意。

虽然我们面临十分严峻和复杂的形势，但也要看到我国经济发展的基本态势没有改变。我国金融稳定，储蓄率高，正处于工业化、城镇化快速发展阶段，国内市场广阔，经济发展具备较大的回旋余地；经过改革开放30年的持续快速发展，综合国力显著增强，已经具备雄厚的物质技术基础；我国工业规模迅速扩大，技术水平显著提高，工业企业经过多年改革发展，企业活力、竞争力显著增强，具有一定的抗风险实力；我们党积累了应对各种复杂局面的丰富经验，驾驭市场经济的能力大大提高。中央见事早、出手快，适时调整了宏观调控政策，研究采取了一系列促进经济平稳较快发展的政策措施。工业和信息化部积极贯彻落实中央经济工作会议精神，提出了一系列政策措施，主要是：一是立足扩大内需促进工业平稳较快增长，落实中央各项政策措施，抓好工业新开工项目建设，做好地震灾区恢复重建工作，大力开拓农村市场。二是制定实施重点工业行业调整和振兴规划，通过技术进步和重组改制，尽快形成新的增长点，抓好科技重大专项和重大装备发展，推动自主创新和成果转化。三是以技术改造为抓手，用高新技术和先进适用技术改造提升传统产业，调整优化产业结构，促进工业内涵式发展，通过财政贷款贴息支持企业技术改造，增强发展后劲。四是加强工业运行监测和协调保障，做好预测预警预防和信息引导，密切跟踪重点行业、重点企业生产经营态势，及时发现经济运行中苗头性、趋势性的问题，及时防范和化解工业运行中的风险。五是优化中小企业发展环境，着力解决中小企业融资难、担保难问题，建立健全优化中小企业社会化服务体系。六是通过3G牌照的发放，进一步支持自主创新的TD—SCDMA的产业化，带动信息产业的发展，促进信息化与工业化融合。

烟草行业近年来通过内部改革，竞争意识明显增强，体制机制不断完善，企业适应市场的能力明显提高。卷烟工业企业和流通企业通过战略重组，组织结构和产品结构不断优化，资源配置效率明显提高，具备了较强的抗风险能力。发展离不开信心的支撑，信心比黄金还重要。只要我们坚决贯彻落实中央的决策部署，坚定信心，扎实工作，趋利避害，变压力为动力，就能实现烟草行业更高水平的发展。

三、努力实现烟草行业又好又快发展

2009年是新中国成立60周年，也是推进“十一五”规划顺利实施的关键一年。做好工业和信息化系统全年工作，对于“保增长、保发展、保稳定”意义重大。烟草全行业要深入贯彻落实科学发展观，坚持走中国特色新型工业化道路，全面落实中央经济工作会议精神、全国工业和信息化工作会议确定的各项任务，牢固树立大局意识，在工业整体运行和国家财政增收比较困难的情况下，务必继续保持良好发展态势，保持税利稳定增长。同时继续深化改革、优化结构、加强管理、着力创新，为保证国家财政收入、实现工业经济平稳较快发展多做贡献。

（一）把确保发展作为首要任务，努力提高经济运行的质量和效益

坚决贯彻落实中央关于进一步扩大内需、促进经济增长的一系列政策措施，坚持“控制总量、稍紧平衡”方针，加强烟叶、卷烟计划管理，保持产销协调发展，确保烟草行业平稳较快增长。要加强经济运行调控，密切关注经济形势变化对卷烟市场的影响，特别要抓好对重点企业、重点品牌、重要经济指标的监测分析，及早发现苗头性问题，采取果断措施及时加以解决。加强企业技术改造，优化卷烟产品结构，着

力培育知名品牌，更好地适应消费者需要。高度重视信息化建设，利用信息化手段提高行业技术和管理水平，把烟草行业建设成为信息化和工业化融合的示范行业。努力提高经济运行质量和效益，争取一季度有个良好开局，为完成全年任务打下坚实基础。

（二）扎实推进现代烟草农业建设，努力促进农民增收

建设现代烟草农业是烟草行业贯彻落实党的十七届三中全会精神的具体体现，也是应对金融危机影响、保持行业健康发展的重要举措。要总结经验，扎实推进。进一步加强领导，制定规划，完善政策措施，加大资金投入，加强烟叶生产基础设施建设，健全完善专业化服务体系，加快烟叶科技进步，创新烟叶生产组织形式。严格烟叶种植收购计划管理，确保各项措施落实到位，努力保持产销平衡。在地方党委、政府领导下，尊重烟农主体地位，通过推进现代烟草农业建设，提高烟区综合生产能力和抗御自然灾害能力，促进烟农增产增收，为促进烟区经济社会发展做出新贡献。

（三）坚持不懈地推进改革创新，增强行业发展的动力和活力

要在坚持烟草专卖体制的前提下，更加注重发挥市场在烟草资源配置方面的积极作用，完善适度竞争的体制机制，提高行业整体竞争力。继续推进卷烟工业企业联合重组，优化卷烟工业组织结构。深化卷烟交易方式改革和烟叶资源配置方式改革，实施品牌定向整合，推动打叶复烤企业整合重组，取消品牌进入市场的限制规定，提高资源配置效率。高度重视抓好节能减排，珍惜资源，减少消耗，加快建立科学的节能减排指标体系、监测体系和考核体系，提高资源利用效率。积极推进卷烟减害降焦技术研究，组织开展重大项目科技攻关，提高科技进步对行业发展的贡献度。加快实施“走出去”发展战略，推进境外实体化运作。

（四）进一步加强市场监管和内部管理，维护消费者利益

认真履行《烟草控制框架公约》，切实履行国家赋予的烟草专卖职能，严格执行有关控烟法律法规，坚持总量控制，规范自身生产经营行为，深入开展卷烟打假打私斗争，维护正常的烟草市场秩序，为保增长、促发展营造良好环境。切实抓好烟叶和卷烟产品质量监督工作，确保产品质量安全。注重提高企业、行业素质，全面开展对标活动，推进改善管理、练好内功、降本增效，提高企业应变能力。严格落实安全生产责任制，健全和完善各项应急处置预案和安全防范措施，强化安全生产检查，全面提高行业安全管理水平。

（五）切实加强队伍建设，为推动行业发展提供有力保障

要按照中央的统一部署，认真组织好深入学习实践科学发展观活动整改阶段的任务，提高各级领导干部领导科学发展的能力和水平。加强领导班子和队伍建设，进一步转变工作作风，改进工作方式方法，说实话、干实事、出实招、求实效。加强内部管理监督，坚持不懈地抓好反腐倡廉建设，严格规范权力运行。切实加强艰苦奋斗、勤俭节约教育，树立过紧日子思想，开源节流，节能降耗，严格控制各项费用开支，树立烟草行业良好形象。继续深化用工分配制度改革，构建内部和谐的劳动关系，充分调动广大干部职工的积极性和创造性，为促进发展提供有力保证。

坚定信心　主动应对　扎实工作
努力保持烟草行业持续健康发展

——在2009年全国烟草工作会议上的报告

姜成康

（2009年1月13日）

这次全国烟草工作会议的主要任务是，全面贯彻落实党的十七大和十七届三中全会精神，贯彻落实中央经济工作会议、全国工业和信息化工作会议精神，紧密联系行业实际，认真总结2008年工作，安排部署2009年任务。

一、2008年烟草行业主要工作情况

2008年是烟草行业面对严峻的国内外经济环境，继续保持持续健康发展的一年。全国烟草行业在党中

央、国务院和工信部坚强领导下，全面贯彻落实党的十七大和十七届三中全会精神，以邓小平理论和“三个代表”重要思想为指导，深入贯彻落实科学发展观，紧紧围绕建设“严格规范，富有效率，充满活力”中国烟草的总体要求，积极应对各种困难和严峻挑战，扎实推进行业改革和发展各项工作，经济运行质量和效益进一步提高，继续保持良好发展态势。全行业累计实现工商税利4499.41亿元，同比增加611.61亿元，增长15.73%。其中工商税金2640.86亿元，同比增加346.75亿元，增长15.11%；工商利润1858.55亿元，同比增加264.86亿元，增长16.62%。

（一）现代烟草农业建设试点工作扎实开展，烟叶工作水平整体提高

全行业认真贯彻中央提出的“以工促农、以城带乡”方针和建设社会主义新农村重大历史任务，按照“打牢烟田基础设施建设基础，实现规模化种植、集约化经营、专业化分工、信息化管理”的要求，积极推动现代烟草农业建设，全面提高烟叶工作水平，努力保持烟叶生产稳定发展。针对年初烟叶生产不确定因素增加、稳定规模难度增大的突出矛盾，认真制定稳定烟叶生产和扶持烟农的政策措施，通过提高收购价格、增加产前投入、完善合同管理和加强技术指导服务，稳定和保护烟农种烟积极性，使烟叶种植面积得到较好落实。全国签订烤烟种植收购合同224.29万份，比上年减少60.7万份；落实烤烟种植面积1729.7万亩，完成国家下达计划；到12月底全国收购烟叶237.95万吨（4759万担），烟叶生产连续11年保持稳定发展。精心组织开展现代烟草农业建设试点工作，共安排现代烟草农业建设试点135个，其中国家局联系点4个。在当地党委政府领导下，充分尊重烟农主体地位，在加大投入、加强基础设施建设、适度规模种植、创新生产组织形式、提高专业化服务水平等方面进行了积极探索，取得较好成效。试点村种烟主体平均规模达到16.4亩，500亩以上的连片面积占57.1%，每亩用工减少到23.32个，明显好于全国平均水平。继续推进烟叶生产基础设施建设，全行业全年投入基础设施建设专项资金74.09亿元，完成541万亩以水利工程、机耕路、密集式烤房为主要内容的基础设施建设任务。四年来行业累计投入烟叶生产基础设施建设资金204.8亿元，改善了1977万亩基本烟田水利设施，加上原已完成的579万亩水利设施，全国具备排灌能力的基本烟田达到2556万亩。烟叶规模种植取得新的进展，培养了一批种烟大户、家庭农场和专业合作社。全国户均种烟面积7.71亩，比上年增加2.33亩。其中种植规模在100亩以上的3736户，50～100亩的9336户，30～50亩的26958户。专业化服务水平进一步提高，烟农增产增收效果明显。商品化供苗面积达1400万亩，占育苗总面积的81%，同比提高12个百分点；翻土、起垄机械化作业率分别为49%和35%，均比上年提高20个百分点。种烟每亩平均收入2214.81元，比上年增加590.13元；全国烟农户均收入17096.12元，同比增加8352.15元。

（二）生产经营保持良好态势，技术创新能力不断增强

全行业密切关注宏观经济环境和严重的自然灾害对行业生产经营产生的影响，针对经济运行中不断出现的新情况、新变化，积极主动应对，及时解决问题，确保平稳发展。针对部分地区一段时期卷烟价格出现波动现象，加大卷烟产销调控力度，对工商存销比偏高的品牌进行限产限调。“5·12”汶川特大地震灾害发生后，全行业关心支持受灾地区烟草企业生产经营，增加灾区卷烟生产计划指标，扶持重点品牌发展，支持恢复重建工作，取得了明显成效。在下半年国际金融危机影响加剧、宏观经济运行困难增大情况下，及时召开省级工业公司负责人座谈会和烟叶工作座谈会，通报“两烟”生产经营情况，明确提出“主动应对，关注重点，节约发展，保证质量”的经济运行工作要求和“严格控制、适度从紧”的烟叶工作方针，努力保持行业平稳发展。在全行业共同努力下，全年卷烟产销稳定增长，产品结构稳步上升，品牌集中度进一步提高，保持了协调发展。累计生产卷烟22198.8亿支（4439.8万箱），同比增加784.9亿支（157.0万箱），增长3.7%；销售卷烟22044.4亿支（4408.9万箱），同比增加653.9亿支（130.8万箱），增长3.1%。加大重点骨干品牌培育力度，加快推进全国性品牌成长。按照《全国性卷烟重点骨干品牌评价体系》，排名前20位的卷烟牌号产量占卷烟总产量的44.05%，同比增长16.12%；销售收入占卷烟工业销售收入的61.22%，同比增长22.71%；实现税利占工业税利总额的66.61%，同比增长23.51%。重点骨干品牌保持较高增幅，支撑了行业经济效益持续增长。全行业更加重视自主创新，围绕培育重点骨干品牌，加强企业技术中心建设，加大资金投入扶持，努力提高产品研发和维护水平。全年行业科技经费投入16.94亿元，同比增长27.2%。继续围绕烟草育种、卷烟调香、特色工艺、减害降焦四大战略性课题，加快中式卷烟制丝生产线和卷烟增香保润两个科技重大专项的实施，加强中式卷烟品类构建和降低烟气有害成分的分析研究，积极推进技术标准体系建设，促进

技术创新水平不断提高。全国卷烟平均焦油量12.8毫克/支，比上年降低0.4毫克/支。高度重视卷烟产品质量安全，切实加强卷烟、烟叶以及烟用材料质量监督工作，卷烟产品质量监督检测市场抽查总体合格率99.5%。高度重视烟机技术引进和消化吸收再创新，行业装备技术水平进一步提高。

（三）现代流通水平持续提升，全国统一市场加快形成

为提高卷烟流通企业适应市场能力，在前两年进行试点基础上，在全行业全面开展按客户订单组织货源工作。国家局制定下发了《2008年按客户订单组织货源推广工作方案》和《关于进一步规范订单采集和货源供应工作的意见》，重新修订《按客户订单组织货源业务操作规范》，明确了按订单组织货源推广工作的目标任务、实施步骤和具体要求。各省级局（公司）切实加强领导，认真组织实施，积极探索和总结经验，推动订单组织货源工作深入开展，努力推进全国统一大市场建设。全年省际间卷烟交易量达到10473.5亿支（2094.7万箱），占国内市场总销量的比重为47.96%，同比提高4.78个百分点，较2002年提高21.86个百分点；其中一、二类卷烟省际间交易量比重为50.6%，比上年提高5.5个百分点。加快现代流通建设步伐，坚持按照“突出服务、注重效率、优化流程、提高素质”的要求，全面提升卷烟销售网络建设水平，按照“合理规划、统一标准、综合配套、经济实用”原则大力推进现代物流建设，提高零售客户和消费者满意度，卷烟销售网络在培育品牌、服务客户等方面的功能作用得到较好发挥。全国493.6万户卷烟零售客户，电话订货率95.18%，电子结算率68.28%；全行业商业企业建设物流中心358个，卷烟配送分拣到户率88%以上。据调查，全国卷烟品牌市场满足度为94.7%，零售客户满意度为86.8%。为加强工商之间协调配合，努力提高效率，为培育品牌创造更加良好的环境，在北京市局（公司）、广州市局（公司）、红塔集团公司、红云红河集团公司、广东中烟工业公司等单位进行工商协同营销试点工作，并以现场会形式总结推广北京市局（公司）的试点做法和经验。北京市局（公司）在试点工作中，从行业体制特点出发，站在事关行业发展全局的战略高度，本着对品牌高度负责精神，高度重视工商协同营销工作。从制度规则的设计、体制机制的完善、管理手段的提升、工作条件的改善等方面精心谋划，采取一系列措施，保证工商协同营销顺利推进。紧紧围绕培育品牌，为卷烟工业企业提供全方位的优质服务，在推动重点骨干品牌成长、保持经济效益持续增长等方面取得明显成效。

（四）企业基础管理不断加强，经济运行质量进一步提高

全行业把加强基础管理摆在更加重要位置，国家局制定下发了《关于全面加强企业基础管理工作的意见》，引导企业不断夯实管理基础，提升管理水平和效益。各企业通过积极实施质量管理体系贯标工作，完善各项管理制度，全面抓好质量管理、现场管理、设备管理、财务管理，有效促进了基础管理水平进一步提升。加快信息化建设步伐，努力构建行业数据中心，积极推进卷烟打码到条及订单采集系统项目建设，行业统一会计核算软件推广工作抓紧进行，信息资源开发利用水平得到新的提升。大力开展增收节支、勤俭节约活动，严格预算管理，加强成本费用控制，积极推广应用节能环保技术，推进节能减排工作。在原辅材料价格增幅较大情况下，全年工业企业销售收入成本率同比降低1.36个百分点、三项费用率同比降低0.19个百分点，商业企业三项费用率同比降低0.18个百分点。行业工业万元产值能耗39.6千克、万支卷烟综合能耗4.34千克，同比分别降低8.3%和3.6%；工业二氧化硫和化学需氧量排放量同比降低5.5%和8.9%。加强卷烟包装管理，制订了禁止类、限制类和倡导类三种类型包装标准，严格规范包装行为，坚决遏制过度包装。卷烟包装成本占销售收入的比重为6.0%，同比降低0.06个百分点。加强卷烟价格管理，严格控制卷烟出厂、批发价格，对出厂、批发价格最高限价作出明确规定，保持市场价格稳定。认真做好《烟草控制框架公约》履约工作，卷烟包装标识改版工作顺利实施，新包装卷烟已于今年1月1日正式投放市场。高度重视安全生产管理，按照国务院统一部署，在全行业深入开展“隐患治理年”和“安全生产百日督查专项行动”，严格落实安全生产责任，切实加大安全隐患排查和整改力度，全面加强安全管理体系建设，行业安全生产管理水平进一步提高。

（五）行业各项改革继续推进，体制机制不断健全完善

积极推进卷烟工业跨省联合和品牌整合。国家局制定了《关于卷烟工业跨省联合重组工作的指导意见》，广东中烟和广西中烟、浙江中烟和甘肃烟草工业实施了跨省联合重组，云南中烟的红塔、红云、红河三个集团公司整合为两个集团公司。目前全国卷烟工业企业已减少到30家。印发了《2008年卷烟品牌定向整合产品目录》，制定品牌考核评价办法，推动品牌跨省整合。全年有20个品牌的1877亿支（375.4

万箱）产量实施定向整合，同比增加449亿支（89.8万箱）。现代企业制度建设迈出新的步伐。按照“在探索中起步，在实践中完善”的要求，着力抓好董事会工作制度建设，完善董事会运作方式。先期建立董事会的广东、浙江、湖南、湖北4家省级工业公司，积极发挥董事会在企业决策中的重要作用，在加强调研、不断健全和完善基本管理制度方面取得成效；江苏、陕西、河南、江西、贵州、安徽、广西等7家省级工业公司实施了更名改制，研究制订了董事会组建方案。“走出去”战略加快实施。完成中国烟草进出口（集团）公司改制工作，组建了中国烟草国际有限公司，积极推进境外实体化运作，努力拓展国际市场。全年实现进出口商品总值20.8亿美元，同比增长51%，其中出口实现7.38亿美元，同比增长22%。境外卷烟生产158.4亿支（含合作加工生产6.7亿支），同比增长54.9%。多元化投资清理整顿工作基本完成。截至2008年底已累计清退多元化企业1092家，完成清退计划的90%，占多元化企业总数的61%，多元化投资关系基本理顺，管理明显加强，存量资产质量得到较大改善，初步建立起自上而下、归口管理、分级负责的多元化投资管理体制。烟叶资源配置方式改革正式启动。在深入调研基础上制定了改革实施方案，紧紧围绕增强优质烟叶保障能力、有效满足卷烟生产原料需求，坚持在总量控制前提下，突出工业企业需求导向，进一步优化烟叶生产布局，提升烟叶质量水平，提高优质烟叶保障能力，努力适应卷烟产品结构不断提升和重点品牌加快发展的需要。用工分配制度改革继续推进。在总结完善试点单位经验基础上，按照“分类管理、科学设岗、明确职责、严格考核、落实报酬”总体要求，各单位高度重视，组织专门工作班子，认真制定和落实改革方案，在理顺用工分配关系、建立有效激励约束机制方面取得积极成效。

（六）内部管理监督深入开展，卷烟打假取得新的成果

按照《2008年烟草行业整顿规范生产经营秩序和加强内部管理监督工作的意见》，在全行业全面开展投资项目、物资采购、广告促销三项专项检查工作，推进内部管理监督深入开展。国家局制定下发了烟草行业投资项目管理办法、招标投标实施办法、加强卷烟工业企业烟用材料采购管理规定、进一步规范宣传促销管理的意见等规范性文件，两次召开电视电话会议进行部署推动，各单位从“制度是否完善、决策是否符合程序、运作是否规范、监督是否到位”四个环节进行自查和重点检查，针对检查发现的问题，健全各项规章制度，完善决策程序和监管办法。在自查和重点检查基础上，国家局在河北、山东、陕西等省烟草工商企业开展“三项检查”重点抽查工作，促进“三项检查”工作不断深入。制定了《烟草行业内部专卖管理监督工作规范》，进一步明确任务、严格制度、规范流程，运用信息化手段实施有效监管，全面推进专卖内管长效机制建设。不断加强内部审计工作，完善内部审计制度，拓宽审计领域和内容，对45个单位开展了以经济责任审计为主要内容的审计工作，进一步落实严禁对外担保、严禁委托理财、严禁证券投资等规定，较好地发挥了审计监督作用。积极配合国家税务部门开展烟草行业税收专项检查工作，通过检查促进各单位进一步增强依法纳税意识，纳税行为进一步规范。继续加大卷烟打假打私工作力度，实现了“巩固成果，严防反弹”的工作目标。福建、广东等卷烟制假重点地区坚持源头打假不放松，在遏制制假活动反弹方面取得明显成效。国家局、公安部继续加大对跨省重大案件协调和督导力度，把34个重特大案件列为部级督办案件，成功侦破了“闽粤一号”、北京“4·16”、云南“11·7”等一批重大案件，打击制售假烟网络取得新的突破。加强对烟叶等烟草专卖品的管理，开展打击制假原辅料专项行动，实行跨省协作，破获了一批非法经营烟叶烟丝及制假辅料的大案要案。加强卷烟市场监管，开展集中整治，打击假烟分销终端，严查利用航空、物流运输假烟的违法活动。全年共查处案值5万元以上的假冒商标卷烟案件6796起，其中案值千万元以上重大案件79起；捣毁制假窝点3312个，打掉较大规模制售假烟网络476个，查获假烟83万余件、制假烟机447台、烟叶烟丝2.08万吨；依法拘留制假售假分子7128人，判刑3779人、劳教111人。

（七）全面加强队伍建设，干部职工素质进一步提升

全行业把贯彻落实党的十七大精神作为首要政治任务，坚持用十七大精神武装头脑、指导实践、推动工作。认真组织抓好十七大精神学习，国家局对行业各直属单位领导班子成员和局机关处级以上干部分5期进行了集中轮训，行业各直属单位共举办146期培训班，对处级以上干部进行了轮训。以“五查五看”为重点，深入开展“两个至上”在岗位主题实践活动，与开展“讲党性、重品行、作表率”活动紧密结合，切实加强领导班子建设，提高领导干部思想政治素质，大力推进行业文化建设，努力构建责任烟草、诚信烟草、和谐烟草。分层次组织各级领导班子成员进行生产经营管理法律知识培训和考核，增强学法、守法、用法意识，提高领导干部依法行政和管理能力。

加大专业技能人才培养和教育培训力度，积极组织开展职业技能竞赛活动，国家局所属三个培训机构全年举办各类培训班223个，培训学员23439人次。按照老干部工作“六个必须坚持”基本要求，加强行业各级离退休干部党支部和老年活动中心、老年大学建设，积极做好离退休干部服务和管理工作。加强烟草学会建设，发挥各级学会在组织完成承办2008年国际烟草科学研究合作中心会议、开展学术交流和科普活动、提高职工科学素质方面的积极作用。加强烟草经济研究工作，充分发挥行业新闻媒体凝聚力量、鼓舞士气的积极作用。在国家局机关全面开展“提高工作水平、提高办事效率”活动，促进机关自身建设不断加强。按照中央统一部署，自9月份开始，国家局、总公司机关和行业16个省级局（公司）参加第一批深入学习实践科学发展观活动。各单位高度重视，精心组织，严格要求，扎实开展。坚持以领导班子和党员领导干部为重点，突出建设“严格规范、富有效率、充满活力”中国烟草实践特色，精心组织开展学习调研，认真搞好分析检查，制订积极整改措施，着力解决贯彻落实科学发展观方面不适应不符合的突出问题，学习实践活动取得明显成效，进一步增强了贯彻落实科学发展观的坚定性和自觉性。以完善惩治和预防腐败体系为重点加强反腐倡廉建设，认真贯彻落实中央印发的《建立健全惩治和预防腐败体系2008～2012年工作规划》，制定具体实施方案，细化分解任务，明确各级责任，加强考核检查，在涉及生产经营重大决策、干部选拔任用、物资招标采购、宣传促销等方面进一步强化监督，构建行业惩治和预防腐败体系工作取得积极进展。汶川特大地震发生后，全行业发扬“一方有难，八方支援”精神，累计向灾区捐款12.49亿元，对行业在抗震救灾斗争中涌现出的先进集体和先进个人进行了评选表彰，组织全国烟草行业抗震救灾先进事迹巡回报告会，以伟大抗震救灾精神激励广大干部职工，推动各项工作落实。高度重视并做好维护稳定工作，通过艰苦细致工作，及时有效化解矛盾，保持了行业大局稳定，为行业发展创造了良好环境。

二、2009年烟草行业主要工作任务

目前国际金融危机持续蔓延，全球经济衰退的风险在不断加大，我国经济运行困难明显增加，严峻的国内外经济环境对烟草行业影响已开始显现并不断加深。一是烟叶生产出现偏热苗头。由于主要农产品价格回落，种烟比较效益相应提高，农民种烟积极性相对较高；烟区外出务工人员返乡增多，要求种烟农户在不断增加；部分烟区对烟叶发展预期过高，对烟叶生产盲目发展所造成的严重危害性认识不足，片面追求上规模、上速度，控制总量、稳定规模压力在不断加大。二是卷烟市场发生较大变化。卷烟销量增速明显下降。2008年上半年卷烟销量增速为4.4%，第三季度下降到3.9%，第四季度下降到3.1%，呈逐季下降趋势。今年卷烟销量预测为4500万箱，增长仅为2.04%，是2002年以来增速最低的一年。一类卷烟增幅明显趋缓。2008年一类卷烟上半年增速28.02%，下半年增速下降至25.94%，今年上半年预测增幅仅为11.25%。由于一类卷烟增幅明显趋缓，今年上半年根据卷烟产销衔接数据，卷烟销售收入仅增长6.73%，单箱销售收入9890.12元，增幅6.19%。三是成本费用上升压力增大。烟叶收购价格增幅较大，醋纤丝束等主要材料价格继续上扬，卷烟生产成本将明显增加。四是随着《烟草控制框架公约》全面履行，烟草生产经营环境将会发生较大变化，面临更加严峻挑战。五是在较高水平上实现税利稳定增长难度加大。2003年至2008年行业实现税利年均增长20.77%，2008年实现税利已达4499亿元。在较高水平上如何保持税利稳步增长，是对各级领导班子领导发展能力的考验。全面分析行业当前面临新的矛盾和问题，目的是要进一步统一思想，统一认识，切实增强忧患意识，增强危机感和紧迫感。在看到问题和困难的同时，又要看到行业保增长、促发展的有利条件。近年来通过深化内部改革，竞争意识明显增强，体制机制不断完善，企业适应市场的能力明显提高；卷烟工业企业和流通企业通过战略重组，企业组织结构和产品结构不断优化，资源配置效率明显提高；全面推进“三个转变”，烟叶生产、卷烟工业、卷烟流通现代化水平明显提高，为今后发展打下了较为坚实的基础。因此，我们要坚定信心，主动应对，扎实工作，采取更加积极有效措施，继续保持行业发展良好态势，为保证国家财政收入，实现国民经济平稳较快发展做出应有的努力和贡献。

2009年是新中国成立60周年，是推进“十一五”规划顺利实施的关键一年。2009年烟草行业工作总体要求是：全面贯彻党的十七大和十七届三中全会精神，贯彻落实中央经济工作会议精神，以邓小平理论和“三个代表”重要思想为指导，深入贯彻落实科学发展观，把烟叶防过热、卷烟上水平、税利保增长作为主要任务，继续深化改革，不断优化结构，全面加强管理，着力自主创新，努力实现行业持续健康发展。行业生产经营主要指标是：全国烤烟种植1658万亩，收购226.95万吨（其中含供应出口19.1万吨，晾晒烟收购8.4万吨）。卷烟生产销售计划安排22500亿支（4500万箱），其中低档卷烟产销计划安排5350亿支（1070万箱）。全行业实现工商税利保持10%以上速

度增长。完成以上目标任务，重点抓好以下几方面工作：

（一）扎实推进现代烟草农业建设，努力保持烟叶生产稳定发展

建设现代烟草农业是烟草行业贯彻落实党的十七届三中全会精神的重要举措，也是主动应对挑战、保持行业持续健康发展的关键措施。要以建设现代烟草农业为基本方向，更加扎实地做好烟叶各项工作，全面提高烟叶工作水平，努力保持烟叶生产稳定发展。

坚持把控制总量、稳定规模作为烟叶工作的首要任务。认真贯彻落实“严格控制、适度从紧”方针，把思想切实统一到国家局对当前烟叶生产的分析判断和决策部署上来，把防过热作为首要任务，努力保持烟叶生产稳定发展。烟叶生产已经连续11年保持平稳发展，这是来之不易的，我们要倍加珍惜。卷烟生产在今后一个时期不可能有较大增幅，这就决定了烟叶生产在较长时期要保持基本稳定。2008年烟叶收购超过235万吨（4700万担），比计划增收近15万吨(300万担)，目前卷烟工业企业烟叶库存可满足27个月生产需求。今年对烟叶生产如不严加控制，势必出现严重产大于销，大起必然大落，对烟叶生产将带来严重影响和破坏。严格执行国家下达的烟叶种植收购计划，按照国家下达计划层层分解落实，切实维护计划的严肃性，决不允许超计划安排。进一步严格合同管理，在烟叶种植前与烟农全面签订烟叶种植收购合同，充分发挥合同在指导生产、落实面积、组织收购方面的重要作用。要以稳定烟农积极性为前提，合理确定烟叶价格政策，规范产前投入。凡是无合同、超合同种植的一律不得提供烟苗，不得进行各种补贴。工商衔接要严格按照国家下达计划执行，并与烟叶资源配置方式改革结合起来统筹考虑，不留缺口。全面落实责任制，烟叶产区主要领导要切实负起控制总量、稳定规模责任，深入基层检查指导各项措施落实情况，及时解决存在的问题，确保国家局的决策部署落实到位。对出现超种超收的单位，要追究主要领导和分管领导的责任。

把建设现代烟草农业作为全行业重大历史任务全面加以推进。党的十七届三中全会通过的《中共中央关于推进农村改革发展若干重大问题的决定》，是指导农村改革发展的纲领性文件。烟草行业贯彻落实十七届三中全会精神，就是要认真贯彻“以工促农、以城带乡”重大方针，坚持把建设现代烟草农业作为烟叶工作的基本方向，坚定发展现代烟草农业的信心和决心，全面推进现代烟草农业建设，为建设社会主义新农村、推进农村改革发展做出新的努力和贡献。建设现代烟草农业，要按照“一基四化”总体要求，争取通过4年的努力，在以下几方面取得明显成效：全面完成以烟水、烟路、烤房、机械化为主要内容的烟田基础设施建设，使烟区生产条件明显改善，综合生产能力明显提高，抗御自然灾害能力明显增强；专业化服务体系更加健全完善，基本实现统一供种、统一供苗、统一机耕、统一植保、统一烘烤，以完善专业化服务体系为载体，全面提高烟叶生产技术水平，促进烟叶技术集成化、主要劳动过程机械化；高度重视烟叶科研工作，加强与科研院所、大专院校合作，积极推进产区科研技术推广机构建设，全面提高烟叶科技创新水平；创新烟叶生产组织形式，培育一批种烟专业大户、家庭农场和专业合作社，按照依法自愿有偿原则，积极稳妥地推进土地流转，力争2012年户均种植规模翻一番，达到14亩左右；大力推进烟叶生产信息化建设，在气象预报、栽培技术、防灾减害、烘烤复烤、生产收购等环节实行信息化管理，不断促进精准管理和生产经营信息化，全面提高烟叶工作水平。要紧紧围绕建设现代烟草农业的目标任务，在进一步做好基本烟田规划和烟水、烤房、烟路、烟草农业机械化规划的基础上，认真总结近两年试点单位成功做法和经验，全面制订现代烟草农业建设规划。今年在对现有现代烟草农业建设试点单位总结、完善、提高基础上，适当扩大试点范围，尤其要下功夫抓好以县为单位的试点工作。对于基本烟田规划，要坚持烟叶布局调整与新区开发统筹安排。新区开发规划要与现代烟草农业建设试点、烟叶资源配置方式改革、卷烟工业企业建立烟叶基地等统筹安排，制定专门工作方案，精心组织实施，务求取得突破。烟田基础设施建设规划要和基本烟田规划配套，在基本烟田范围内予以安排，按照“科学规划、系统设计、整体布局、严格管理”要求，重点抓好水利工程、田间机耕道路、烤房改造、烟草农业机械化方面综合配套，发挥整体功能作用。机耕路建设要与排灌沟渠相配套、与连片规模种植相结合，科学合理、经济适用、确保质量。烤房建设要坚持密集式烤房建设方向，坚持从实际出发，因地制宜安排烤房群规模。对现有“普改密”烤房要加强管理，充分发挥使用功能。烟草农业机械规划要以实现烟叶生产主要劳动过程机械化为目标要求进行安排。为加大烟田基础设施建设投入，经财政部批准，每亩烟田投入专项资金增加到2000元，全行业在现有投入基础上再投入400亿元。

认真研究和不断解决现代烟草农业建设的新情况、新问题。建设现代烟草农业，要在当地党委政府领导下，充分尊重烟农主体地位，调动烟农建设现代烟草农业的主动性和积极性，使烟农真正“愿意干、主动

干、积极干”，切实防止大包大揽、搞形式主义。这是现代烟草农业建设能否取得成效的关键所在。创新烟叶生产组织形式，对种烟专业户、家庭农场、专业合作社都要鼓励，进行探索，不搞一刀切，在实践中进行分析比较，看哪种方式更有利于调动农民积极性，有利于促进农民增产增收。不论采取哪种组织形式，都要从当地经济社会发展现状出发，坚持实事求是，不能脱离实际。推进规模种植要适度，并不是规模越大越好，要与当地生产力水平、管理水平相适应，不要急于求成。无论采取何种组织形式，都要充分体现降低管理成本，提高经济效益。我多次强调，农业生产积累低，管理成本高是难以为继的。健全和完善专业化服务体系，要努力实现专业化服务做到全覆盖、全过程；专业化设施要保质量、上水平；行业对专业化设施的投入要体现普惠制、广受益。认真研究烟叶专业化服务体系实施的运作机制，明确烟草行业投入形成资产的产权，确保广大烟农得到实惠。要根据现代烟草农业建设要求改革烟叶生产指导和收购方式，高度重视烟叶收购质量监督，努力提高烟叶工作整体水平。

（二）不断优化卷烟产品结构，努力保持卷烟产销协调发展

实现行业税利保增长目标，关键在于卷烟产品结构不断优化、档次持续提升、价格保持稳定、销量稳定增长。要把培育重点骨干品牌摆在更加突出位置，通过重点骨干品牌良好发展，进一步优化结构、提升档次，支撑行业持续健康发展。

严格控制卷烟总量，努力保持卷烟价格稳定。全面贯彻“控制总量、稍紧平衡”方针，加强产销调度，严格按计划组织生产。把保持价格稳定作为调控的主要目标，密切关注市场价格变化，防止价格出现较大浮动。切实加强卷烟价格管理，严格控制高档卷烟价格。把加强存销比管理作为加强调控的主要手段，合理确定每个品牌存销比指标，对存销比偏高的产品要限产限调。在抓好控制卷烟工商库存的同时，高度重视社会库存，加强市场监测，采取切实有效措施，确保总库存低于去年同期水平。重视卷烟促销工作，密切关注重点骨干品牌市场表现，密切关注重点市场发展变化，加强产销协调配合，有效组织适销对路货源，为零售客户提供优质服务，努力保持销量稳定增长。

突出重点骨干品牌培育，促进产品结构持续提升。卷烟产品结构经过近几年调整已发生很大变化，卷烟牌号数量2008年已减少到155个，前10个牌号集中度达到39.5%。培育重点骨干品牌是促进要素资源合理配置的有效载体，是卷烟上水平的关键所在。要把培育重点骨干品牌、着力打造知名品牌作为突出重点切实抓好。继续推进卷烟产品结构调整，进一步压缩牌号、精简规格，促进重点骨干品牌规模不断扩大，市场覆盖面不断提高，结构持续提升，价格稳中有升，加快10多个重点骨干品牌形成，使重点骨干品牌在市场竞争中保持强势状态，居于主导地位。同时又要鼓励异军突起，后来居上。切实加强重点骨干品牌的维护和研发，在特色工艺、增香保润、舒适醇和等关键技术上取得明显进步，提高消费者的满意度，提升品牌核心竞争力。正确处理全国性品牌和区域性品牌发展关系，今后四、五类卷烟一般以地产卷烟为主，把全国性品牌培育的重点放在一、二、三类卷烟上，形成目标明确、效率提高、竞争有序、水平提升的品牌发展格局。更加重视烟叶质量水平提高，更加注重烟叶风格特色，改善香气质量，提高内在成分协调性，增强优质烟叶保障能力。通过多方面采取措施，努力实现以品牌参与竞争、以品牌赢得市场、以品牌推进发展，全面提升品牌发展水平和竞争实力。

积极推进卷烟“减害降焦”，努力提高技术创新水平。随着《烟草控制框架公约》履行，控烟工作越来越受到重视，减害降焦工作显得更为重要和紧迫，直接关系到维护消费者的利益。把卷烟减害降焦提到更加突出的位置，大力推进减害降焦工作。深入贯彻落实《烟草行业中长期科技发展规划纲要》和国家局《关于进一步推进卷烟减害降焦工作的意见》，坚持稳步降焦、重在减害，加强对烟草有害成分分析研究，到2012年实现卷烟平均焦油量降到12毫克/支以下，主要有害成分有效减少。把减害降焦作为行业技术创新最为重要的任务，在继续推进物理方法减害降焦的同时，在烟叶生产、卷烟配方、生产工艺、加香加料等方面采取更加有效的措施，在关键技术上力求突破，逐步形成以低危害、低焦油、高香气、高品质卷烟为主导的卷烟品牌体系。高度重视低焦油、低危害产品市场培育工作，充分发挥卷烟销售网络培育品牌、引导消费功能，为低焦油、低危害产品发展创造良好市场环境。高度重视质量检测机构建设，切实加强卷烟产品质量监督工作，确保卷烟产品质量安全认真总结推广试点单位经验，全面推进工商协同营销。进一步总结和推广工商协同营销试点单位经验，按照“准确定位、有机对接、突出品牌、全面提升”要求，全面推进工商协同营销工作。服务是卷烟流通企业的灵魂。离开了服务，卷烟流通企业就失去了生存的基础，工商协同营销行为也容易被扭曲。卷烟流通企业体现服务，就要切实做到平等互利、互动互信、资源共享、效率责任。工商协同营销要建立在平等互利基础上，

否则是没有生命力的。工商协同营销不仅流通企业要有积极性，工业企业同样要有积极性，工商双方要建立在相互信任的基础上，共同推动。卷烟工业企业要充分利用卷烟流通企业的资源，避免重复劳动，努力提高效率。卷烟流通企业要对品牌高度负责，确保品牌良好成长。目前行业客观上存在工商两支营销队伍，开展工商协同营销，不是解决并轨问题，而是要解决接轨问题，努力做到有机对接。要做好卷烟产品市场信息的有机对接、做好市场分析预测的有机对接、做好货源组织的有机对接，尤其是要做好品牌培育的有机对接。做好品牌培育有机对接是工商协同营销的关键。要紧紧围绕培育重点骨干品牌，充分发挥卷烟流通企业拥有完整销售渠道、高素质营销队伍的优势，走出一条品牌培育的新路子；要在品牌维护方面下功夫，求突破，见成效，真正让卷烟工业企业放心满意。通过工商协同营销，全面提高卷烟流通企业服务市场的水平。这里我还要强调，开展工商协同营销一定要尊重市场，如果不尊重市场，工商协同营销工作力度越大，市场行为扭曲的可能性也越大。

（三）切实加强基础管理和基层建设，不断夯实发展的工作基础

通过近几年改革调整，行业企业组织结构发生很大变化，企业规模不断扩大，对管理工作提出新的更高要求。保持行业持续健康发展，必须全面贯彻“重心下移、着眼基层、突出服务、加强基础”工作方针，更加重视基础管理和基层建设，把发展建立在更加扎实的工作基础之上。高度重视卷烟工厂、县级专卖局（分公司）、烟叶收购站、打叶复烤企业建设，明确职责权利，健全组织体系，完善管理制度，配强领导班子，提高整体素质，在提高现场管理、质量管理、设备管理、市场管理、队伍建设水平等方面狠下功夫，全面开展先进卷烟工厂、县级专卖局（分公司）、烟叶收购站、打叶复烤企业创建活动，充分发挥基层在提高管理水平、构建和谐烟草方面的关键作用。继续抓好卷烟工业企业“四大中心”建设，进一步理顺关系，明确任务，整合资源，规范运作，真正实现省级工业公司向生产经营实体转变。高度重视管理创新。ISO 9000质量管理体系贯标工作要坚持从企业实际出发，把标准转化为企业行为规范，突出运用，突出创新，突出解决企业管理中存在的问题，进一步加强基础管理工作。要把控制成本费用作为保增长、上水平的重要措施，作为加强管理的主要任务突出抓好。对照国际先进水平制订行业主要经济技术指标，加强对配方成本、包装成本、香精香料、人工成本、宣传促销、能源消耗、物流成本等成本费用控制，全面开展对标活动，查找管理差距和薄弱环节，确保卷烟工业销售成本率和卷烟工业、商业企业三项费用率继续下降，促进企业管理水平不断提升，努力实现节约发展。认真落实国家局关于规范卷烟包装管理的措施规定，切实解决过度包装问题，杜绝浪费，提高资源利用效率。认真总结行业信息化建设经验，加强统一规划和指导，加大系统集成、资源整合、信息共享力度，防止重复建设，加快统一会计核算软件等重点信息化项目的实施应用，积极推进烟草产业与信息化相融合，全面提高行业现代化水平。把加强全面预算管理作为加强基础管理的重要任务，完善预算管理制度，明确预算编制依据，严格预算编制程序，提高预算编制水平。严格执行预算规定，切实做到凡是有支出必须先有预算，超预算必须经过调整，充分发挥预算硬约束作用。高度重视勤俭节约，坚持精打细算、勤俭办企业方针，严格控制会议、差旅、出国考察等费用，严格执行工效挂钩有关政策规定，严格控制费用支出。高度重视安全生产管理，严格落实安全生产责任制，强化安全检查和隐患排查，及时有效进行整改，严防各类事故发生。

（四）继续深化行业改革，增强行业发展的动力和活力

实现行业上水平、保增长、促发展的目标，关键在于深化改革。改革是推动行业持续健康发展的强大动力。认真学习胡锦涛总书记在纪念党的十一届三中全会召开30周年大会重要讲话精神，认真总结近年来行业改革取得的主要成绩和积累的基本经验，不动摇、不懈怠、不折腾，坚定不移推进行业改革。明确行业改革方向。要坚持和完善专卖体制不动摇，继续推进市场取向的改革，充分发挥市场在烟草资源配置方面的积极作用。明确行业改革目标。努力构建和不断完善适度竞争的体制机制，营造公平竞争的市场环境，加快推进全国统一大市场形成，提高中国烟草整体竞争实力。明确行业改革主要任务。继续推进卷烟工业企业联合重组，不断优化卷烟工业组织结构。推进卷烟工业联合重组在加强政策引导的同时，要更加注重发挥市场机制作用，更好地发挥重点骨干品牌优势，通过适度竞争做强做大企业。继续深化卷烟交易方式改革，紧紧围绕订单是否符合市场需求这一核心，充分发挥市场主体的积极性主动性，完善品牌定向整合的办法措施，提高资源配置效率。全面推进烟叶资源配置方式改革。抓紧制订品牌发展规划，科学理性预测今后一个时期烟叶需求，为烟叶产区调整布局、优化结构发挥正确的导向作用。积极探索工业企业主动参与、深度介入烟叶生产收购的具体办法措施，总结

推广卷烟工业企业办基地成功做法和经验，以新区开发为突破口，努力实现现代烟草农业建设、烟叶资源配置方式改革、卷烟工业企业办基地的有机统一，走出一条卷烟工业企业办基地的新路子。积极推进打叶复烤企业整合重组，加强管理，加大投入，提高水平，为卷烟工业企业提供更加良好的服务。继续推进现代企业制度建设，完善企业法人治理结构。认真总结省级工业公司董事会运作模式和经验，进一步完善制度，明确职权，创新方式，在投资、预算、薪酬管理等方面发挥更加积极的作用，提高董事会的决策水平。要在完善董事会建设同时，积极探索监事会建设的途径和方式。进一步完善资产经营管理制度，确保国有资产保值增值。烟草行业现金流量、资产量大，加强资产经营管理和资金监管任务十分繁重。因此，要把完善资产经营管理制度、加强资金监管作为重要任务，摆在突出位置切实抓好。为加强资产经营管理，总公司已下发《国有资产管理规定的通知》、《国有资产管理规定补充规定的通知》等文件，各省级公司要制订具体实施意见，确保规定得到全面准确贯彻落实。继续抓好多元化经营企业清理整顿，加强对存续多元化经营企业的管理监督，建立完善的多元化经营企业管理体制和运行机制。高度重视对国有资产处置的监管，防止国有资产流失。完善国有资产经营管理考核评价办法，抓住关键指标，落实法人代表责任，实现有效约束和激励。进一步深化用工分配制度改革，努力构建和谐劳动关系。继续按照“分类管理、科学设岗、明确职责、严格考核、落实报酬”总体要求，认真总结推广试点单位经验，把用工分配制度改革作为改革的突出重点，推动各单位全面启动用工分配制度改革。各单位主要领导要高度重视、亲自组织，确保今年按照国烟人〔2007〕204号文件要求，完成用工分配制度改革阶段性目标任务。面对今年严峻的就业形势，为保持职工思想稳定和切实利益，今年全行业争取不裁员。加快实施“走出去”发展战略，推进境外实体化运作，整合资源、形成合力，努力在拓展国际市场上取得实质性进展，积极推动烟草企业由立足国内市场向面向国际市场的跨越。明确行业改革需要把握的几个问题。始终坚持共同发展方针，妥善处理各方面利益关系，充分调动各方面的积极性和主动性，形成改革的强大动力。正确处理改革、发展、稳定的关系，正确处理深化改革和加强监管的关系，在保持稳定中推进改革，在良好生产经营环境中深化改革，坚持用改革的办法解决发展中的问题。牢固树立“两个至上”共同价值观，从全党全国工作大局出发，充分发挥烟草专卖体制性优势，为国家多作贡献。

（五）深入推进内部管理监督工作，建立良好的生产经营秩序

严格内部管理监督，建立良好生产经营秩序，是保持行业持续健康发展的成功做法，也是实现今年上水平、保增长、促发展的重要保障。加强行业内部管理监督，要坚持依法行政、守法经营，以强化内部监管长效机制建设、整顿治理不规范经营行为、加强专项监督检查为重点，深入扎实地加以推进。全面开展“三项检查”重点抽查工作。去年以来，在全行业全面开展了投资项目、物资采购、广告促销“三项检查”工作，对促进依法生产经营、规范管理、堵塞漏洞发挥了重要作用。但通过重点抽查，在这三个方面仍存在不少值得高度重视的问题。有的单位制度不健全，某些方面甚至无章可循；有的决策程序不规范，决策随意，制度流于形式；有的预算管理不严格，无预算或超预算现象严重存在；有的招投标管理不到位，一些该招标项目没有招标；有的监管不同步，监管滞后甚至严重缺失问题比较突出。今年行业各单位要继续以“三项检查”为重点任务，围绕“制度是否完善、决策是否符合程序、运作是否规范、监督是否到位”四个环节，全面开展三项检查“回头看”活动，找准存在的突出问题，加大整改的工作力度，下决心把问题解决在基层，迎接国家局组织的重点检查。行业各单位领导特别是主要领导，都要充分认识开展专项检查工作的重要性和紧迫性，把“三项检查”作为推进反腐倡廉建设、夯实管理基础、严格规范管理的重要内容，真正做到思想上重视，行动上自觉，标准上严格，整改上主动。当前尤其要突出抓好健全完善制度，严格规范程序，推进办事公开，加强管理监督，狠抓整改到位等方面工作，务求取得实效。国家局今年要认真组织重点抽查工作，对各单位开展“三项检查”工作情况进行全面检查，通过检查进一步发现问题，检验各单位开展检查活动的成效。对于在重点抽查中发现问题较多的单位，国家局要请直属单位主要负责同志作专题汇报，督促整改。各单位都要针对检查发现的问题认真制定整改措施，确保整改到位，并将整改情况向国家局作出书面报告。进一步加强专卖内部管理监督。继续组织开展定期检查，加大对违规经营卷烟行为整治力度，扎实推进专卖内部监管长效机制建设，努力提升监管水平。高度重视内部审计监督。在继续抓好经济责任审计和财务收支审计的同时，拓宽审计内容，认真开展投资项目、专项资金使用等审计，切实加强资金监管，积极探索在线审计，认真研究发挥内审机构和人员作用的有效形式和途径，全面提高财务管理水平。为加强对

烟田基础设施建设资金监督，2009年对烟田基础设施建设资金全面开展专项审计工作。高度重视投资项目管理，明确职责，加强规划，严格程序，强化监管，健全投资管理机构，充实管理人员，提高投资项目管理水平。

（六）始终保持卷烟打假高压态势，坚决遏制卷烟制假反弹

卷烟打假始终是烟草专卖管理的主要任务，也是保持税利增长的重要措施。近几年卷烟产销保持一定幅度增长，经济效益保持持续较快增长，卷烟打假功不可没，发挥了重要作用。因此，必须坚持不懈、持之以恒地开展卷烟打假斗争，始终保持打假高压态势，为行业持续健康发展创造良好市场环境。坚持把“端窝点、断源头、破网络、抓主犯”作为卷烟打假工作的突出重点。制假重点地区要继续以打击卷烟制假活动为重点，深挖分散、隐蔽的制假窝点，有效摧毁假烟生产能力。其他地区要严防制假活动转移、扩散，加大对贩运假烟打击力度，坚决遏制制售假冒卷烟活动出现反弹。进一步加大打击售假网络力度。在提高打假质量上下功夫，做到每查处办理一起制售假烟网络案件，就要彻底摧毁一个地下制售假烟网络，确保完成每个地市局每年打掉1~2个较大规模制售假烟网络的打假任务。加强大案要案的督导协调。通过突破大要案，不断提高经营办理案件能力。针对近年来不法分子利用物流夹带或通过互联网贩售假烟的特点，要密切加以关注，不断研究新情况、制定新措施，严厉打击利用物流贩运假烟违法活动，坚决取缔利用互联网销售假烟行为。努力切断制假原辅材料供应链。全面加强对烟草专卖品的市场监管和检查，加强对制假烟机、烟叶、丝束、卷烟纸等原辅材料的查处。严厉打击非法收购烟叶行为，加强对运输环节的监管，加大在铁路、公路上的堵截查处力度，切断制假原辅材料非法运输渠道，防止烟草专卖品流入制假窝点。切实加强卷烟市场监管。结合各地实际，集中开展卷烟市场专项整治行动，严查摆卖假烟行为。对交通要道、铁路货运站、汽运中转站、机场等运输枢纽要加强监管和重点检查，从市场检查中发现线索，打击销售终端非法经营假烟和地下售假网络，进一步净化卷烟零售市场。坚持并不断完善与公安等执法部门联合打假协作机制。积极协调和配合公安、司法部门，做好行政执法与刑事司法的有效衔接，加大对制假售假违法分子抓捕追刑力度。通过严厉惩处制售假烟团伙头目，有力震慑制售假冒卷烟违法犯罪活动，严防制假反弹，巩固打假成果，规范市场秩序。从适应加强专卖管理和打假打私工作需要出发，进一步加强专卖队伍建设，提高专卖队伍整体素质，按照专卖组织机构建设的要求抓好落实，严格规范专卖行政执法行为，充分发挥各级专卖管理部门职能作用，为加强专卖管理和提高专卖执法水平提供组织保障。

（七）坚持以科学发展观为指导，努力提高干部队伍素质

切实加强队伍建设，充分调动全体干部职工的积极性、主动性和创造性，是完成今年各项任务，促进行业持续健康发展的根本保证。精心组织深入学习实践科学发展观活动，努力提高行业科学发展水平。参加第一批学习实践活动的单位目前正处在分析检查和整改阶段，各单位要按照中央的要求，找准存在的突出问题，认真分析存在问题的原因，采取切实有效的整改措施，进一步明确今后的努力方向，推动行业科学发展上新的水平。参加第二批学习实践活动的单位要提早谋划，认真做好各项准备工作，按照中央的部署精心组织学习实践活动。各单位都要以开展学习实践活动为契机，大力推进干部队伍建设尤其是领导班子建设，提高各级党组织和领导干部领导科学发展的能力。当前尤其要紧紧围绕“烟叶防过热、卷烟上水平、税利保增长”目标任务，把思想统一到中央对当前经济形势分析判断和决策部署上来，统一到国家局的要求上来，振奋精神，坚定信心，以更加奋发有为的精神状态，积极努力做好工作。要切实增强大局意识，从党和国家大局出发，提高执行力，坚决贯彻中央的方针政策，确保国家局各项调控措施落实到位。要切实增强责任意识，从本单位实际出发，认真研究制定上水平、保增长、促发展具体措施，在严峻经济形势面前，尽职尽责，确保行业税利稳定增长，为国家多做贡献。要切实增强自律意识，树立过紧日子思想，严格执行中央有关廉洁自律规定，树立勤俭节约良好风气。大力加强教育培训，全面提高干部职工素质。面对复杂多变的国内外经济环境和行业发展新的形势，保持行业持续健康发展，迫切需要提高干部职工尤其是各级领导干部素质。充分发挥国家局党校等培训机构作用，重点抓好各级领导干部、企业经营管理者和科技骨干培训，学习经济、管理、技术等方面知识，努力提高行业高层次人才队伍素质。高度重视基层队伍教育培训工作，继续开展职业技能鉴定，定期举办行业职业技能竞赛、技术能手评选以及岗位练兵、技能比武等活动，提高职工岗位技能，加快培养中高级技能人才。深入推进以社会主义核心价值体系为指导、以“两个至上”为主要内容的行业文化建设，推广应用行业文化评价体系，规范行业视觉识别系统，构建行业服务品牌建设标准，高度重视新闻宣

传和经济研究工作，为行业改革发展顺利推进创造良好环境。切实加强领导班子思想政治建设，提高领导班子思想政治素质。在各级领导班子中深入开展“讲党性、重品行、作表率”活动，认真贯彻和严格执行《党政领导干部选拔任用工作条例》，按照中组部《关于建立促进科学发展的党政领导班子和领导干部考核评价机制的意见》要求，制定符合行业实际、促进科学发展的行业领导干部考核评价办法，并选择部分单位开展试点，提高选人用人的满意度。深化干部人事制度改革，积极推进公开选拔、竞争上岗、干部交流，加大青年干部培养力度，优化领导班子结构。高度重视老干部工作，落实离退休干部政治、生活待遇，积极做好离退休干部服务和管理工作。认真做好烟草学会换届工作，充分发挥各级烟草学会作用。继续以完善惩治和预防腐败体系为重点，深入推进反腐倡廉建设。按照国家局党组《贯彻落实中共中央 <建立健全惩治和预防腐败体系 2008 ~2012 年工作规划> 的实施方案》阶段性目标要求，切实抓好分工落实，加强党性党风党纪教育，扎实推进行业惩治和预防腐败体系建设。进一步加强对领导干部权力运行的监督，严格执行中央纪委关于国有企业领导人员廉洁自律“七项要求”，严肃查处行业各级领导干部利用职权谋取私利和造成国有资产流失、损失等违法违纪案件，不断拓展从源头上防治腐败的领域，推动党风廉政建设和反腐败工作深入开展。更加重视做好维护稳定工作，切实加强信访工作，畅通职工反映意见渠道，有效化解各种矛盾，保障行业和谐和队伍稳定，为实现持续健康发展提供有力思想政治保证。

在全国烟草专卖局长、公司总经理座谈会上的讲话

姜成康

（2009 年 7 月 16 日）

这次全国烟草专卖局长、公司总经理座谈会主要任务是，全面贯彻党的十七大和十七届三中全会精神，以邓小平理论和“三个代表”重要思想为指导，深入贯彻落实科学发展观，认真总结行业上半年工作情况，安排部署下半年工作任务，努力推进“烟叶防过热，卷烟上水平，税利保增长”目标任务的落实，推动行业持续健康发展。讲三个问题。

一、上半年工作主要情况

上半年，全行业面对市场环境重大变化和卷烟税收政策重大调整，在党中央、国务院和工信部坚强领导下，紧紧围绕“烟叶防过热，卷烟上水平，税利保增长”的目标任务，认真落实“保牌、稳价、规范、增效”方针，通过全体干部职工的艰苦努力，各项工作取得新进展、新成效、新经验，生产经营形势比预料的要好。

（一）烟叶工作水平整体提升

全行业更加重视烟叶工作，采取一系列措施，扎实推进现代烟草农业建设，努力保持烟叶生产稳定发展和水平全面提升。一是“烟叶防过热”取得阶段性成效。去冬今春，烟叶生产出现明显偏热势头，为保持烟叶生产稳定发展，防止烟叶种植面积失控，国家局明确提出了“严格控制、适度从紧”的方针和“防过热”的主要任务，通过加强宣传引导，适度调整政策，深入检查指导，保证了国家局提出的要求落实到位。烟叶产区各级领导对“烟叶防过热”思想重视，行动自觉，措施有力，通过认真做好政策宣传解释、强化合同管理、严格控种控苗等工作，使烟叶种植面积得到有效控制。全国共签订烟叶种植收购合同 150.61 万份，同比减少 73.68 万份；种植烤烟 1685 万亩，同比减少 44.5 万亩；约定收购量 234.2 万吨（4684 万担），比上年实际收购量减少 4.95 万吨（99 万担）。二是烟叶生产水平不断提高。全国户均种烟规模 11.19 亩，同比增加 3.5 亩；漂浮育苗移栽面积达 83.3%，同比提高 8.7 个百分点；商品化供苗面积达 93.7%，同比提高 15 个百分点；机械化整地、起垄、中耕比例分别为 57.7%、40.4%、10.8%，同比提高 8.7、5.2、4.5 个百分点，机械化移栽开始起步，面积达 85 万亩；密集式烘烤比例预计可达 66.8%，同比提高 20 个百分点；病虫害统防统治面积达 34.5%，同比提高 4.2 个百分点。三是现代烟草农业建设扎实推进。试点范围进一步扩大。在继续抓好以村为单位建设试点的同时，全国共有 3 个县、41 个乡整体推进现代烟草农业建设试点工作，试点面积达 96.5 万亩，同比增加 73.9 万亩。试点水平进一步提高。试点单位按照建设现代烟草农业“一基四化”总体要求，坚持高水平谋划，高标准实施，高质量推进。烟田基础设施建设投入进一步加大。今年行业共安排专项资金 99.66 亿元，同比增加 18 亿元，增长 22%。

今年以来新建密集式烤房15.52万座，新修机耕路4683.88千米，新修沟渠7280.87千米，综合配套水平进一步提高，设施进一步完善。生产组织形式不断创新，种植大户、家庭农场、专业合作社健康发展。据统计，试点单位种植大户所占种植面积比例为52.59%，家庭农场为13.65%，专业合作社为19.9%。以单元建设为载体，实现大规模连片种植，生产组织化程度明显提高。专业化服务体系日趋健全，在育苗、机耕、烘烤、植保等环节服务水平进一步提高，为烟农提供了更加优质的服务。烟叶信息化管理取得新的突破，充分利用信息化手段，加强合同管理和技术指导，提高专业化设施自动化水平，促进现代烟草农业建设上新的水平。

（二）经济运行继续保持平稳较快发展

今年以来，针对卷烟消费税政策调整和生产经营出现的新情况、新问题，国家局先后两次召开行业各直属单位主要负责同志会议，强调要坚决贯彻国务院关于卷烟消费税政策调整的重大决策，全面理解“税利保增长”的目标任务，要求税利保增长需要建立在尊重市场规律、优化资源配置、良好经营秩序、保持价格稳定、切实加强管理“五个基础”之上，重点抓好“保牌、稳价、规范、增效”工作，确保卷烟市场稳定，确保重点骨干品牌良好发展，确保财政增收任务完成。全行业认真落实国家局的部署要求，统一思想认识，全面做好卷烟消费税调整各项工作，及时解决经济运行中出现的问题，有力促进了行业经济运行平稳较快发展。一是卷烟产销协调增长。1~6月，累计生产卷烟11933亿支（2386.6万箱），同比增长2.4%；销售卷烟11944.5亿支（2388.9万箱），同比增长5.0%。6月末卷烟工商库存1304.5亿支（260.9万箱），同比减少76亿支（15.2万箱）；社会库存485亿支（97万箱），比3月末减少135亿支（27万箱）。二是重点骨干品牌保持良好发展。1~6月行业30个重点品牌销量6356.65亿支（1271.33万箱），同比增加939.85亿支（187.97万箱），增长17.35%，高于行业销量增幅12.48个百分点；占行业总销量比重的53.49%，同比提高5.69个百分点；实现税利为1338.34亿元，占工业实现税利比重为75.21%，同比提高4.48个百分点；实现利润为332.54亿元，占工业实现利润比重为82.72%，同比提高5.27个百分点。重点骨干品牌发展趋势没有改变，贡献度进一步提高，对行业发展的支撑作用进一步显现。三是市场价格企稳回升。面对部分地区部分牌号一度出现的价格较大波动，国家局加大调控力度，加强卷烟存销比管理，严格控制社会库存，有效促进了卷烟价格企稳回升。6月末卷烟市场零售价格指数为99.91，分别比4、5月份提高0.28和0.14。四是境外市场拓展取得新的进展。1~6月出口烟叶5.47万吨，同比增长10.84%；出口卷烟63.94万件，同比增长35.87%；境外企业及境外合作生产卷烟87.1万件，同比增长40.4%；销售92.4万件，同比增长55.9%；烟草进出口商品总值12.2亿美元，同比增长46%；其中出口总值3.98亿美元，同比增长40.33%。五是经济效益稳步增长。1~6月，全行业实现工商税利2761.19亿元，同比增加323.22亿元，增长13.26%。其中工商税金1650.73亿元，同比增长18.57%；工商利润1110.46亿元，同比增长6.18%。在财政十分困难情况下，做出了特殊贡献。六是成本费用继续有所下降。上半年工业企业销售收入成本率为30.8%，同比降低0.2个百分点；商业企业三项费用率为6.77%，同比降低0.35个百分点；工业万元产值能耗36.2千克、万支卷烟综合能耗3.96千克，同比分别降低12.1%和9.8%；工业二氧化硫和化学需氧量排放量同比降低4.7%和4.2%。值得注意的是，工业企业三项费用率同比上升0.05个百分点。七是高度重视安全生产。行业各单位全面贯彻落实全国安全生产工作电视电话会议精神，认真组织开展“安全生产年”活动，进一步加强安全生产设施、安全管理体系、安全生产管理队伍建设，切实加大安全检查和专项整治工作力度，确保安全生产，避免了重特大事故发生。

（三）企业管理和技术创新取得新的成效

全行业把加强基础管理、推动技术进步作为转变发展方式的重要途径，采取有效措施，不断提高企业管理和技术创新水平。一是高度重视基础管理工作。切实加强预算管理。各单位把预算管理作为加强企业管理、严格成本费用控制的中心环节，加强预算管理工作的调查研究，努力提高预算编制的科学性和针对性。认真做好行业2008年预算执行情况分析、2009年预算编报汇总以及烟叶生产基础设施建设和产前投入补贴资金的预算下达工作，加强预算执行的过程控制，充分发挥预算的约束作用。继续抓好贯标工作。各单位按照年初工作会议提出的贯标工作要坚持从企业实际出发，把标准转化为行为规范的要求，积极探索创新，通过质量管理体系建设，进一步完善各项规章制度、管理流程、岗位职责、工作标准和绩效考核，企业管理的规范化、标准化、系统化程度不断提高。认真开展对标活动。国家局下发了《关于全面开展对标工作的意见》，公布了2008年对标指标的平均值和先进值，举办了对标工作培训班，积极引导企业实行标杆管理。全面开展创优活动。国家局下发了《关于在全国烟草行业开展优秀基层单位创建活动的意见》，对全面开展优秀卷烟（烟机）工厂、县级专卖局、卷烟营销部、烟叶基层站、打叶复烤企业创建活动进行安排部署，提出了今年创建优秀基层单位目标任务，分别召开了县级专卖局和现代卷烟工厂创优工作座谈会，创优活动正在扎实有序开展。二是高度重视技术创新工作。烟草基因组计划已通过专家论证，卷烟减害技术、特色优质烟叶开发和卷烟增香保润等重大专项已正式启动，卷烟超高速卷接机组对外技术合作正式签署协议，标志着行业技术创新进入了系统攻关新的阶段。全面加强烟草产品质量检测和监管，上半年全国卷烟抽查焦油量实测平均值为12.1毫克/支，同比下降0.7毫克/支；卷烟产品质量安全指标抽检合格率达到100%。烟草种质资源平台建设取得新的进展，地方特色新品种培育取得新的突破，有10个烟草新品种通过审定。高度重视做好履行《烟草控制框架公约》工作，按照履约工作部际协调领导小组要求认真抓好各项工作落实。三是信息化建设步伐进一步加快。开展信息化专题调研，继续推进系统集成、资源整合、信息共享，积极推动信息化建设重点项目的实施，努力构建行业数据中心，全面提高行业信息化管理水平。

（四）行业内部改革继续深入推进

按照年初行业工作会议确定的改革目标任务，认真抓好各项改革措施落实，不断增强行业发展的动力。一是烟叶资源配置方式改革开始启动。以新区开发为突破口，以基地单元建设为载体，卷烟工业主动参与、深度介入，基地建设上了新的水平。上半年全国共落实73个基地单元建设，面积110万亩；其中新区开发23个单元，老区50个单元。按照“坚持专业分工、提高技术水平、实现规模经营、坚持统筹兼顾”原则，制定下发了《关于打叶复烤企业重组整合的指导意见》，在云南、贵州等省开展试点，推动打叶复烤企业重组整合工作顺利实施。二是卷烟流通改革深入推进。制订下发《2009年按客户订单组织货源工作要点》，重点围绕订单是否符合市场真实需求，不断完善订单供货工作运作机制。对各单位2008年订单供货工作开展检查评价，加强指导，努力克服非市场因素，确保订单供货流程严格规范。按照“准确定位、有机对接、突出品牌、全面提升”要求，全面推进工商协同营销，努力提高工商企业分析市场、把握市场能力，促进重点骨干品牌良好发展。现代物流建设加快推进，电子商务水平不断提高，有力促进了卷烟流通水平全面提升。三是不断完善省级工业公司董事会运作机制。按照现代企业制度要求，结合烟草专卖体制特点，就加强省级工业公司董事会建设开展专题调研，出台了《关于加强董事会建设的意见》，为进一步完善公司法人治理结构提供了有力指导。四是全面推动用工分配制度改革。在山西召开了行业用工分配制度改革汇报暨研讨会，在全面了解各单位改革进展情况、交流经验和做法基础上，进一步提出推进改革的目标要求和具体措施，确保到今年底完成阶段性目标任务。五是继续抓好卷烟工业品牌整合。上半年共有16个品牌的203万箱产量实施定向整合，同比增加48万箱，为进一步提高资源配置效率，加快培育10多个重点骨干品牌发挥了积极作用。六是坚持不懈地做好多元化企业清退收尾工作。至6月底，全行业已累计完成清退多元化企业1123家，占清退计划的92%。对存续多元化企业的管理进一步加强。

（五）内部管理监督和市场监管不断加强

全行业把严格规范摆在更加突出位置，作为保持行业持续健康发展的生命线，深入推进内部管理监督和市场监管工作。一是全面开展“三项检查”“回头看”和重点抽查工作。各单位认真落实“三项检查”要在思想上更加重视、行动上更加自觉、标准上更加严格、整改上更加主动的要求，对2008年以来实施的工程投资、物资采购、宣传促销项目全面进行再检查。国家局组织4批抽查组赴安徽、浙江等省工商企业进行重点抽查，通过抽查，总结好的经验，发现存在的问题，帮助分析原因，提出整改建议，督促整改落实，收到了良好效果。二是加大专卖内管检查力度。针对一季度违规经营行为有所抬头现象，国家局及时印发了《关于切实加强内部专卖管理监督检查的通知》，专门召开严格规范卷烟生产经营秩序电视电话会议，明确要求卷烟工业企业严禁直接向零售客户搞宣传促销、不按码段组织生产；商业企业严禁捆绑搭配销售、无码销售、体外循环销售卷烟和向工业企业索要钱物。组织对今年以来的生产经营业务进行全面检查，切实解决存在的问题，严肃查处违规经营行为。由于各单位高度重视，违规经营行为得到有效遏制，4月份以来查处的案件明显减少。三是积极推进专卖内管长效机制建设。各级专卖部门以落实《行业内部专卖管理监督工作规范》为抓手，健全内管制度，充实专职内管人员，加快专卖内管信息系统建设，日常监管工作进一步加强。四是加强内部审计监督。在继续抓好经济责任审计、财务收支审计的同时，开展烟田基础设施补贴资金和烟叶生产投入补贴资金专项审计，组织烟区各单位进行全面自查，并在云南省烟草商业企业开展审计试点。总结推广福建省局（公司）的经验，在13个省级局（公司）推行审计委派制。按照中央统一部署，在全行业全面开展清查“小金库”工作。

五是始终保持打假高压态势。各级烟草专卖部门把加大卷烟打假力度作为实现“税利保增长”的重要措施，坚持以“端窝点、打源头、破网络、抓主犯”为重点，与公安司法部门密切配合，充分发挥联合打假长效机制作用，实施综合打击，严防制假反弹。1～6月，全国共查处案值5万元以上制售假烟案件2693起；查处售假网络案件254起，其中重大网络案件178起、案值千万元以上的网络案件11起；捣毁大型制假窝点61个；查获假烟23.97万件、制假用烟丝烟叶5693.52吨，收缴制假烟机132台；依法拘捕犯罪嫌疑人3070人，判刑1535人。建立烟草打假工作激励机制，制定了《烟草打假重大案件和专项行动奖励办法（试行）》，调动各方面积极性，推动打假工作深入开展。

（六）队伍素质进一步提高

全行业进一步重视和加强队伍建设，注重发挥各类人才作用，充分调动全体干部职工积极性、主动性、创造性，为顺利推进行业改革发展提供坚强组织保证和人才支撑。一是扎实开展深入学习实践科学发展观活动。按照中央统一部署，至今年2月底，行业第一批开展学习实践活动的16个省级局、公司圆满完成了学习实践活动各项任务，从群众满意度测评结果看，各单位干部职工满意率均在98%以上。自3月份开始，行业39个直属单位及所属企业、单位开展第二批学习实践活动。各单位按照“党员干部受教育，科学发展上水平，人民群众得实惠”的总要求，把应对当前金融危机，努力完成“烟叶防过热、卷烟上水平、税利保增长”的目标任务作为最大的实践，加强组织领导，深入学习调研，认真查找问题，积极主动整改，理清发展思路，努力促进行业发展上新的水平。国家局加强对学习实践活动的指导，多次召开会议进行安排部署；组织5个指导检查组，分赴各单位进行指导检查；国家局党组成员确立了联系点，深入到各联系点调查研究，指导学习实践活动开展。从面上掌握情况看，各单位学习实践活动紧张有序，扎实有效，普遍反映良好。二是高度重视加强领导班子建设。认真贯彻落实胡锦涛总书记在中纪委三次全会的重要讲话精神，要求行业各级领导干部自觉践行“两个至上”行业共同价值观和“潜心做事、低调做人”的行为信条，力戒张扬、力戒浮躁、力戒漂浮，大力倡导“节奏要快、标准要高、工作要实、状态要好”的良好作风，带领干部职工把行业改革发展不断向前推进。在6月份召开的行业政治工作会议上，国家局党组把加强领导班子建设作为突出主题，对近年来行业领导班子建设情况进行了全面总结，对新形势下全面加强行业领导班子建设作出安排部署，明确提出了扎实开展深入学习实践科学发展观活动，大力推进领导班子思想政治建设，深入推进干部人事制度改革，努力提高干部选拔任用工作水平，加大培养选拔年轻干部工作力度等五个方面的任务要求，推动各单位认真抓好贯彻落实。三是开展大规模培训干部工作。进一步落实中组部《2008～2012年大规模培训干部工作的实施意见》精神，国家局党校春季班共培训行业21名司局级领导干部、109名处级干部；总公司职工技术培训中心举办各类培训班94个，培训学员10632人次；配合现代烟草农业建设和人事用工分配制度改革，举办了11期烟叶和人事劳资专题培训班。四是积极推进职业技能鉴定工作。开展烟机、烟叶、专卖、销售等专业技能人才培训，举行第七届全行业职业技能竞赛暨第四届烟叶分级职业技能竞赛。今年以来全行业参加职业技能鉴定22810人，取得职业资格证书14372人，其中初级职业资格3702人、中级职业资格7813人、高级职业资格2640人，技师职业资格157人。五是深入推进反腐倡廉建设。认真贯彻中纪委三次全会和国务院第二次廉政工作会议精神，以完善惩治和预防腐败体系为重点，扎实抓好《工作规划》的落实。加强对行业贯彻落实科学发展观和中央重大决策部署情况的监督检查，为实现行业目标任务提供纪律保证。加强对重大工程建设、招标采购、“两烟”生产经营、资金安全等重点领域和关键环节的监督，深化治本抓源头工作，切实提高领导干部廉洁从政意识，严肃查处违规违纪行为。上半年，紧紧围绕贯彻落实科学发展观和行业中心任务，中国烟草学会进行了新一届理事会换届，以促进行业自主创新为主要内容的学会各项活动积极开展；行业离退休干部工作以落实“两项”待遇、丰富离退休生活为重点，各项建设取得新的成绩；以现代烟草农业建设为重点内容的行业宣传报道工作得到加强，取得积极成效；坚持厉行节约，认真抓好年度压缩行政经费和节能节约工作各项措施的落实，已经初见效果。高度重视做好稳定信访工作，努力化解各种矛盾，保证了各项工作顺利进行和队伍稳定。国家局召开了第五届全国烟草行业先进集体、劳动模范表彰大会，行业58个单位被授予全国烟草行业先进集体、117人被授予全国烟草行业劳动模范称号，极大激励和鼓舞了行业广大干部职工干事创业的积极热情。

在肯定成绩的同时，也要清醒看到工作中存在的突出问题：一是烟叶超收的隐患仍然存在，现代烟草农业建设发展还不够平衡，确保严格按国家计划组织收购、全面提高烟叶工作整体水平任务仍然十分艰巨。二是在外部经济环境复杂多变情况下，重点骨干品牌发展，尤其是结构提升压力仍然很大。三是不规范经营行为仍时有发生，在一些单位表现较为突出，建设良好生产经营秩序仍需下更大功夫努力抓好。四是在新形势下行业面临各种新的挑战，对此思想认识不足，缺乏强烈的危机意识、忧患意识。对这些问题必须给予高度重视，切实加以解决。

二、把“卷烟上水平”作为当前和今后一个时期的主要任务

在年初工作会议上，面对严峻的经济形势，国家局党组明确提出要把“烟叶防过热，卷烟上水平，税利保增长”作为今年工作的主要目标任务。经过全行业干部职工共同努力，“烟叶防过热”各项措施得到了较好落实，“税利保增长”打下了较好的基础。为进一步提高中国烟草整体竞争实力，保持行业持续健康发展，在下半年以至今后一个时期，要把“卷烟上水平”作为行业工作的主要任务，在品牌发展、原料保障、技术创新、市场营销、基础管理五个方面着力推进，全面做好“卷烟上水平”的各项工作。

（一）品牌发展上水平

品牌是提高资源配置效率、促进要素合理流动的有效载体，是卷烟上水平的集中体现。实现品牌发展上水平，一是要满足市场消费需求。加强市场分析研究，适应市场发展变化，持续提高产品质量，不断赋予品牌新的内涵。当前要把加快形成以低危害、低焦油、高香气、高品质为主导的卷烟品牌体系，作为品牌发展的方向和重点，以适应消费者追求醇和舒适、安全健康的需求变化。二是要具有明显竞争优势。高度重视品牌维护和研发工作，构建不同的品类，形成独特的风格，引领消费潮流，在市场中始终居于主导地位。继续鼓励异军突起、后来居上，靠竞争提高品牌发展水平，加快10多个重点骨干品牌形成。三是要努力创造品牌价值。高水平的品牌应该是高附加值的品牌。提高品牌的信誉度和美誉度，挖掘品牌文化内涵，提高品牌品质品位，努力创造品牌价值，促进烟草产业优化升级。四是要加快推进“两个跨越”。努力实现规模不断扩大，结构不断提升，覆盖面不断提高，立足国内市场，面向国际市场，加快区域性品牌向全国性品牌转变，在国际市场上争取有所突破。

（二）原料保障上水平

烟叶是卷烟上水平的基础，烟叶质量水平和保障能力直接关系到卷烟上水平的成效。实现原料保障上水平，一是要突出风格特色。突出品牌需求导向，加大对清香型、浓香型等不同烟叶香型的研究开发，发挥优势，挖掘潜力，填补空白，满足需求，更好地适应品牌发展需要。优化烟叶生产布局，改造提高老烟区，高水平搞好新区开发，促进优质烟区持续发展。二是要提高烟叶质量。全面加强现代烟草农业建设，高度重视先进适用技术推广，以基地单元建设为载体，积极推动卷烟工业企业主动参与、深度介入，努力提高基地建设水平，确保烟叶等级质量达标，内在成分协调。三是要优化烟叶资源配置。针对烟叶库存的不平衡性、结构的不合理性，根据品牌未来一个时期发展需要，完善计划管理模式，优化烟叶资源配置，确保重点品牌原料充足。高度重视配方研究，不断提高加工工艺水平，努力提高烟叶资源利用率。

（三）技术创新上水平

技术创新是品牌发展的源泉，是卷烟上水平的核心。实现技术创新上水平，一是研究课题选定要上水平。紧紧围绕烟草育种、卷烟调香、特色工艺、减害降焦四大战略课题，跟踪世界前沿技术，瞄准国际一流水平，开发一批具有自主知识产权的核心技术，在关键技术上取得重大突破。二是技术中心建设要上水平。按照一流的环境、一流的研发手段、一流的人才、一流的成果的要求，解放思想，集聚人才，开放合作，有效激励，全面提高技术中心建设水平。三是产品质量要上水平。高度重视标准体系建设，制订和严格执行高于国标、行标的企业工艺技术标准、产品质量标准和生产作业标准，加强全员、全过程、全方位质量控制，高度重视质量检验检测工作，全面提高产品质量水平，确保产品安全可靠。

（四）市场营销上水平

市场营销是培育品牌的重要环节，是品牌实现价值的关键。实现市场营销上水平，一是要提高把握市场的能力。高度重视市场研究，及时跟踪市场动态，切实尊重市场选择，准确把握市场规律，适应和满足市场需要。二是要加大品牌培育力度。卷烟流通企业要把培育品牌作为第一要务，尊重卷烟工业创造，营造公平竞争市场环境，注重提高营销艺术，积极引导市场消费，为品牌发展做出积极贡献。三是要加强对零售终端的指导。深入研究不同类型零售业态的运作方式，密切关注新型零售业态的发展趋势，高度重视做好农村零售网点的延伸工作，有效控制各种不规范经营行为，指导提高零售客户经营水平。四是要提升服务客户水平。服务是卷烟流通企业的灵魂，要把为客户提供优质服务贯穿于市场营销的全过程，深入开展按订单组织货源和工商协同营销工作，全面提高营销队伍素质，切实增强网络建设的“软实力”。

（五）基础管理上水平

加强管理是企业永恒的主题，扎实的基础管理是卷烟上水平的重要保证。实现企业管理上水平，一是要对照国际先进经济技术指标，明确目标，正视差距，精打细算，持续改进，全面加强预算管理和开展对标活动，努力实现节约发展。二是要深入推进“四大中心”建设，持续开展贯标工作，明确职责，规范流程，加快整合，高效顺畅，努力提高效率和效益。三是要高度重视基层建设，坚持“重心下移、着眼基层、突出服务、加强基础”方针，扎实开展创建优秀基层单位活动，加快推进信息化建设步伐，促进基层建设和基础管理水平的全面提升。

三、下半年重点做好的几项工作

下半年，全行业在着力抓好“卷烟上水平”主要任务的同时，要重点做好以下几项工作。

（一）扎实推进现代烟草农业建设

现代烟草农业建设事关烟农增收和烟区经济社会发展，事关行业发展大局，事关行业社会形象。下半年要把发展现代烟草农业，全面提升烟叶工作水平作为全行业战略任务摆在更加重要位置，努力取得新的进展和成效。一是要总结经验。通过近两年开展现代烟草农业试点工作，尤其是今年整乡、整县的试点推进，各地创造了许多好的经验。特别是云南禄丰等县在整县推进的过程中，积极探索，努力实践，走出了一条发展现代烟草农业新的路子，对此要认真总结，以更好地指导现代烟草农业建设深入扎实健康发展。建设现代烟草农业，当前应注意把握以下问题：既要加大投入，完善基础设施，提高烟区综合生产能力和抗御自然灾害能力，又要加强项目建设管理，重视基础设施管护，持续发挥基础设施的作用，更好地服务烟区经济社会发展；既要健全专业化服务体系，提高专业化服务水平，又要明晰产权，规范运作，保护广大烟农合理利益，切实做到普惠制、广受益；既要推进适度规模种植，提高生产组织化程度，又要十分尊重烟农主体地位，维护烟农正当权益，确保烟农增产增收，建立有利于持续发展的内生机制；既要调整烟叶生产关系，提高烟区生产力水平，又要改革烟叶管理方式，深入推进烟叶资源配置方式改革，全面提高烟叶工作整体水平。二是要精心规划。高度重视规划工作，规划水平决定着现代烟草农业建设水平。调整完善基本烟田规划。总的原则是老烟区按两年轮作、新区开发按三年轮作确定基本烟田。对于生产资源优越的产区，要加大扶持力度，确保可持续发展。高标准编制烟田基础设施建设规划。对于早期已经实施的项目，有些由于当时起点较低，需要进一步完善提高，同时注重保护和利用好已有项目，最大限度地发挥项目的作用。对于还没有实施的项目，要按照全面规划、系统设计、整体推进、统筹安排的要求，在沟渠、机耕路、育苗、烘烤、机械等方面综合配套，全面改善烟区生产条件。以县为单位编制建设规划。各烟叶产区都要以县为单位组织专门班子，聘请专家顾问，科学编制规划。三是要全面推进。国家局制定的推进现代烟草农业建设意见，明确提出到2012年要基本实现建设现代烟草农业目标任务。各单位都要按照国家局提出的要求，制订具体实施方案，在搞好试点基础上，以县为单位，扎实推进现代烟草农业建设。四是要全面提升。继续加大投入，严格规范运作，搞好综合配套，全面提高基础设施建设水平。加强统一规划，推动连片种植，适度规模经营，促进种烟大户、家庭农场、专业合作社健康发展，全面提高生产组织水平。坚持以我为主，完善服务设施，健全服务体系，确保烟农受益，全面提高专业化服务水平。改革烟叶工作管理模式，调整基层站点设置，优化工作业务流程，高度重视队伍建设，全面提高烟叶工作管理水平。加强工商协调合作，推动工业企业主动参与、深度介入，推进基地单元建设，全面提高基地建设水平。

（二）努力保持经济运行平稳发展

去年下半年以来，面对国际金融危机对我国经济所带来的影响，中央出台了进一步扩大内需、促进经济平稳较快发展的一揽子计划。目前，这些政策措施开始见效，经济运行出现积极变化，总体形势企稳向好。同时也要看到，国际金融危机的影响仍在蔓延，当前经济回升的基础不稳，存在许多不确定因素，经济的恢复比预想的难。面对复杂多变的经济环境，我们要以积极、平和、理性的心态，全面落实“保牌、稳价、规范、增效”各项措施，主动应对，扎实工作，确保全年目标任务的完成。一是要严格执行烟叶收购计划，坚决杜绝烟叶超收。目前烟叶产区已陆续进入收购季节，各单位必须严格按计划和合同组织烟叶收购，无合同、超合同烟叶一律不准收购。要十分注重加强收购质量管理检查，保证烟叶等级质量达标。二是要始终坚持“控制总量、稍紧平衡”方针，努力促进卷烟价格企稳回升。针对目前的市场环境，下半年卷烟生产调控指标主要是：卷烟生产计划从紧安排，全年掌握在4500万箱左右；工商库存低于去年同期水平，社会库存回落到正常水平；所有牌号规格都要实现顺价销售，批零差率保持在10%左右水平。实现以上指标，关键是要尊重市场，尊重规律。行业各级领导干部都要深化对行业发展规律的认识，切实按照市场真实需求组织生产销售，坚决克服非市场因素，把发展建立在更加可靠的市场基础之上。三是要加大重点骨干品牌培育，保持重点骨干品牌良好发展。全年目标任务能否完成，关键在于重点骨干品牌销量稳定增长，结构持续提升，价格保持稳定，防止出现大的波动和闪失。从下半年集中交易情况看，协议订货量同比减少2.49%，交易额同比增加4.78%，单箱均价同比提高7.45%，低档烟订货完成95.09%；从30个重点品牌看，交易量同比增加7.85%，交易额同比增加12.24%，单箱均价同比提高4.07%。总的情况还是比较理想的，反映出商业企业对下半年市场反应比较客观理性。下半年商业企业要把培育重点骨干品牌摆在更加重要位置，深入推进按订单组织供货和工商协同营销，努力提高网建软实力，确保重点骨干品牌良好发展。高度重视低档卷烟产销工作，不要采取简单减少低档卷烟供应的办法来提高产品结构，而是要通过培育品牌，提升档次，拉动消费，提高效益。四是要认真贯彻厉行节约方针，全面加强基础管理。下半年要紧紧围绕全面推进预算管理、贯标、对标、基层创优四项工作，全面加强基础管理，把上水平、保增长建立在更加扎实工作基础之上。全面推行烟用物资采购公开招标、比质比价，下决心解决卷烟过度包装问题，确保卷烟包装成本低于去年水平。加强业务招待、宣传促销、出国考察费用管理，严格制度，精打细算，确保这三项费用同比下降，实现国家局下达的控制指标。加强人工成本费用控制，建立科学合理的收入分配体系，确保国家收入分配政策得到坚决贯彻落实。认真做好烟机辅料生产供应工作，积极实施“走出去”战略，在保障国内卷烟生产、开拓国际市场方面取得新的进展。切实加强安全生产管理，突出重点，落实责任，加强检查，狠抓整改，确保安全。继续推进信息化建设，加大集成、整合、共享工作力度，加快烟叶管理、打码到条和订单采集、统一会计核算软件、资金监管系统等重点项目的实施，推动信息化与烟草产业相融合，全面提高管理水平。

（三）继续深化行业内部改革

近年来行业通过采取一系列改革措施，初步建立了现代产权制度和适度竞争的体制机制，有力促进了行业持续较快发展。但行业改革面临的任务仍然十分繁重艰巨，下半年要继续深入推进。一是要进一步明确行业改革方向和目标任务。深化行业内部改革关键是要做好专卖体制与市场结合这篇文章，在建立比较完善的适度竞争体制机制方面下功夫，不断增强行业发展的动力和活力。近年来我们在这方面进行了积极探索，取得了较为成功经验，走出了一条具有自身特点发展的新路子。要十分明确，在目前市场环境下，只有通过内部适度竞争，使企业既有压力，又充满活力，行业发展才有动力，才能充满希望。二是要切实抓好各项改革任务落实。继续推进卷烟工业跨省联合重组，当前要重点做好黑龙江工业公司的联合重组工作。深入推进烟叶资源配置方式改革。认真总结新区开发“四位一体”的做法和经验，以基地单元建设为载体，结合整县推进现代烟草农业建设，建立健全工商双方合作机制，探索工业企业主动参与、深度介入具体途径，全面提高基地建设水平。稳步推进打叶复烤企业改革。认真贯彻落实国家局、总公司《关于打叶复烤企业重组整合的指导意见》要求，切实加强对重组整合工作的组织领导，坚持从实际出发，积极稳妥地推动打叶复烤企业重组整合，重点抓好云南、贵州、湖北3省试点工作。紧紧围绕重点品牌发展，突出品牌需求导向，完善烟叶计划管理模式，确保重点品牌发展的原料需要。进一步加强省级工业公司董事会建设。完善董事会工作机制，将工业公司的投资、预算、薪酬等专门委员会调整为董事会的决策咨询机构，委员会由部分董事会成员、部分经理层成员、部分中层管理人员和专业人员组成，委员会主任原则上由总经理担任，总公司直接派出的专职董事担任副主任，明确职能定位，制定工作规划，形成科学的决策机制；在公司章程规定的董事会职权基础上，重点明确和细化在公司发展战略、投资管理、预算管理、薪酬管理、制度建设等方面的职权，进一步理顺董事会与国家局、总公司职能部门及企业经理层的关系；设立独立的董事会办事机构，提高董事会办公室的协调服务水平；按照调整后董事会的工作机制、职权范围、办事机构的设立，相应修改省级工业公司章程；在年底前基本完成省级工业公司董事会的组建工作，并相应建立监事制度。全面完成用工分配制度改革阶段性任务。用工分配制度改革事关全局，涉及每一位员工的切身利益，关系着每位员工的成长，其关键是要进一步理顺用工分配关系，确定合理的工资标准，建立科学的工资调整正常机制，努力构建行业内部和谐。目前尚未完成的单位主要领导要高度重视，按照今年年底全面完成用工分配制度改革阶段性任务的要求，借鉴试点单位经验，抓紧实施，加快推进，确保各项工作在预定的时间内完成。已经实施用工分配制度改革的单位要进一步完善提高，充分调动全体员工的积极性。建立完善的多元化经营企业管理体制。推进省级投资管理部门改制为实体化投资管理公司，完善以产权为纽带的多元化投资管理体制，进一步探索对多元化企业管理监督的有效方式和途径，提升多元化企业管理水平。全面解决关停破产小烟厂的遗留问题。在对小烟厂关停破产后遗留问题进行全面调查清理的基础上，对关停破产的中央预算内小烟厂，要在年底前完成破产终结、彻底销毁烟草专用设备、注销工商营业执照和税务登记手续工作；对关停破产的地方小烟厂，年底前要完成彻底销毁烟草专用设备工作。

（四）大力加强内部监管和市场监管

近年来行业发展的实践证明，严格规范是保持行业持续健康发展的“生命线”。下半年要进一步加强领导，加大工作力度，继续开展专项整顿，健全完善长效机制，持续深入推进内部监管和市场监管工作。一是要进一步提高思想认识。要深刻认识到整顿规范工作的长期性、艰巨性、复杂性，切实做到坚定不移，毫不动摇，常抓不懈，增强规范的自觉性和坚定性。二是要继续推进专项检查工作。按照“制度是否完善、决策是否符合程序、运作是否规范、监督是否到位”的要求，下半年国家局要继续组织“三项检查”重点抽查工作。通过重点抽查，发现问题，督促整改，促进各项制度落实到位。要按照《烟草行业内部专卖管理监督工作规范》要求，充分发挥内管机构作用，深入开展专卖内管监督检查，坚决刹住“两烟”违规经营行为。认真贯彻落实中央纪委等四部门关于开展“小金库”专项治理工作实施办法要求，按照国家局具体部署，加强领导，强化措施，精心组织，在深入自查自纠的基础上，认真抓好重点检查阶段和整改阶段的各项工作。全面开展烟草行业国有资产管理检查工作，并对部分单位进行重点抽查，防止国有资产流失，确保国有资产保值增值。在总结云南开展试点工作基础上，全面开展烟田基础设施补贴资金和烟叶生产投入补贴资金专项审计。进一步完善烟机零配件网上交易平台建设，加强烟机零配件采购管理和监督。三是要建立内部监管长效机制。各单位要按照“以规范‘两烟’生产经营为基础，以财务审计监督为关键，以加强对领导干部监督为重点，以纪检监察再监督为保障”的行业内部监管基本格局的要求，进一步加强领导，健全机构，充实人员，切实加强日常监管，开展经常性检查监督，巩固整顿规范成果，防止出现新的反弹。进一步完善制度，规范流程。目前各单位制度已经不少，关键是要管用，重在落实。要加强制度建设的系统性、针对性、有效性，尤其要重视制订严格的程序性规定，真正做到用制度管事、管权、管人。要按照中央的要求，深入推进政务公开、司务公开，全面开展民主管理，这是新形势下行业健康发展的根本保证。只有坚持公开，才能保证群众的知情权；只有民主管理，才能保证群众的参与权；群众的知情权、参与权得到保障，监督权才能落实到位，积极性、主动性、创造性才能充分发挥。下半年要专题召开加强行业内部管理监督工作汇报会，把推进政务公开、司务公开、民主管理作为突出重点切实抓好。四是要继续加大打假工作力度，增强市场监管能力。实现全年“税利保增长”的目标任务，打假工作丝毫不能放松，力度要进一步加大。加大制假源头打击力度，坚决遏制制假活动出现反弹，严防制假活动转移扩散。会同公安部门加强对重大跨省网络案件的协调督导，认真做好信息共享、线索移交、协同办案、跨省行动等方面的工作，努力形成各方密切配合、行动迅速快捷、技术支持有力的打假局面，推动每个地市局完成打掉1~2个较大规模制售假烟网络的任务。开展专项打击非法经营烟用原辅材料活动，加强对烟叶、烟机、卷烟纸等原辅材料的监管，防止烟草专卖品流入制假窝点。加强与公安、工商等部门的协调，建立联合执法机制，严厉打击利用互联网非法销售烟草专卖品行为。充分发挥“12313”举报电话的作用，加强信息情报工作，分析把握制假动态，为大案要案侦破提供有价值的线索，努力提高打假质量和效果。

（五）高度重视行业队伍建设

坚持以科学发展观为指导，全面加强行业队伍建设尤其是领导班子建设，充分发挥全体员工的积极性、主动性、创造性，为推动行业科学发展提供有力的组织保障和人才支撑。一是要扎实开展深入学习实践科学发展观活动。按照中央的要求，行业第一批开展学习实践活动的单位，要对照整改落实方案，认真做好本单位整改落实后续工作和“回头看”工作，切实抓好整改各项措施落实，巩固和扩大学习实践活动成果，以取信于民。第二批开展学习实践活动的单位目前已进入整改落实阶段，要在前段认真分析检查、找准存在问题基础上，认真研究制定整改落实方案，按照“四明确一承诺”的要求，对整改任务进行分解，明确责任部门和完成时间，落实具体责任人，积极主动抓好整改落实，使学习实践活动真正成为群众满意的工程。二是要全面加强领导班子建设。各单位要认真贯彻落实全国烟草行业政治工作会议和国家局党组《关于加强领导班子建设的意见》要求，制定本单位加强领导班子建设的具体措施，从思想、组织、作风、制度、廉政建设五个方面全面加强行业各级领导班子建设。三是要切实加强思想政治工作。广泛开展迎接新中国成立60周年纪念教育活动，继续深入开展“两个至上”在岗位主题实践活动，引导行业干部职工切实把维护国家利益、维护消费者利益作为一切工作的出发点和落脚点，大力倡导和培养“四要”良好作风，树立责任烟草的良好形象。四是要开展大规模培训干部工作。按照国家局《关于加强烟草行业教育培训体系建设的指导意见》要求，明确国家局、总公司和行业各直属单位所属培训机构的职能定位，高度重视国家局党校、职工技术培训中心建设，充分发挥省级局、公司在行业教育培训工作中的主体作用，推进行业教育培训体系建设，不断提高培训效果。继续抓好职业技能鉴定工作，在做好初、中级职业技能鉴定的同时，积极推动高技能人才职业资格鉴定。五是要继续深入推进反腐倡廉建设。认真贯彻中央纪委三次全会和国务院第二次廉政工作会议精神，以落实国家局党组《贯彻落实中共中央〈建立健全惩治和预防腐败体系2008～2012年工作规划〉的实施方案》为重点，加大廉政教育、制度建设和督促检查力度。按照国家局党组《关于开展巡视工作的实施意见》要求，加强对领导班子及其成员的巡视检查，切实抓好《关于加强对行业各级领导班子及主要领导干部监督的意见》的贯彻落实，不断强化对权力运行的监督制约。以查办发生在领导干部中的违反党纪政纪案件为重点，加大对贪污受贿、利用职权谋取私利、国有资产流失和违反行业规定搞“两烟”体外循环等案件的查处力度，推动行业反腐倡廉建设深入开展。六是要切实做好维护稳定工作。各单位领导班子尤其是主要领导要牢固树立发展是硬道理、稳定是硬责任的意识，高度重视和认真细致做好维护稳定的各项工作，积极主动解决问题，努力构建和谐烟草，保证行业改革和发展顺利推进。

专卖管理

在2009年全国烟草专卖管理工作会议上的讲话（摘要）

张　辉

（2009年5月6日）

这次会议是在全行业努力完成和实现“烟叶防过热、卷烟上水平、税利保增长”工作任务的形势下召开的。结合当前行业面临的形势，进一步做好专卖管理工作，讲两点意见。

一、专卖管理工作为保持行业持续健康发展做出了积极贡献

（略）

二、当前专卖管理工作面临的形势和任务

当前，国际金融危机仍未见底，全球经济衰退的风险不断加大，我国经济运行仍面临前所未有的困难，严峻的国内外经济环境对烟草行业的影响也开始显现并不断加深。为应对外部经济形势，国家局在年初工作会议上确定了“烟叶防过热、卷烟上水平、税利保增长”的工作任务，连续多次召开会议，分析形势、研究对策、统一思想。从目前情况看，行业经济运行保持了良好的态势，“烟叶防过热”措施得到较好落实，取得阶段性成效；重点骨干品牌保持良好发展态势，卷烟产销存协调发展，经济效益保持稳步增长。这与专卖管理工作加强内部监管和市场监管是分不开的，建立良好生产经营秩序和市场秩序，是实现2009年工作任务的重要保证。对于做好当前专卖管理工作，姜局长作出了重要批示：去年专卖管理工作在加强内部监管、严厉打击制假售假活动、加强队伍建设等方面，成效显著，为保持行业持续健康发展做出了积极贡献，功不可没。向全体专卖管理人员表示深深的敬意和谢意！2009年在严峻经济形势面前，要实现“烟叶防过热、卷烟上水平、税利保增长”目标任务，需要专卖人员付出更多的艰辛和努力。望进一步加大打假工作力度，始终保持打假高压态势，特别是面对打假出现的新情况新问题，采取更加积极有效措施，在净化卷烟市场环境方面取得新的突破；进一步加强专卖内管工作，始终把严格规范摆在行业工作突出位置，作为保持行业持续健康发展的生命线，真正发挥长效机制作用，在建立良好生产经营秩序方面取得新的成效；进一步抓好专卖队伍建设，始终坚持以人为本，充分调动全体专卖工作人员积极性、主动性、创造性，全面推进专卖工作人员“三定”和技能鉴定工作，为他们的成长创造更加良好的条件，在提高队伍素质方面取得新的进步。姜局长的重要批示体现了国家局党组对专卖管理工作的高度重视和关心，是对专卖管理

工作的充分肯定和极大鼓励，对当前做好专卖管理工作提出了殷切希望和明确要求。会后各省级局（公司）、工业公司要按照姜局长的批示精神，认真总结前四个月工作，研究提出贯彻落实的意见。各级专卖管理部门、内管部门和专卖管理人员、内管人员要认真学习，抓好贯彻落实。

（一）切实加强内部专卖管理监督，在建立良好生产经营秩序方面取得新的成效

近年来行业各单位切实加强内部专卖管理监督，取得了明显成效，但目前仍存在和出现了必须引起高度重视的一些问题。从各级领导到生产经营人员、专卖管理人员，规范生产经营的思想还需要进一步加强。随着经济危机对烟草行业影响的不断加大，有的单位对国家局提出的“税利保增长”目标存在理解和把握上的偏差，一度出现不惜牺牲行业规范，片面追求增长速度，急于完成增长指标，不顾市场需求和变化，急于投放、盲目投放问题突出，致使社会库存偏大，部分卷烟牌号价格波动，高档品牌销售明显趋缓，结构提升难度增大，卷烟生产经营成本费用上升。不规范生产经营行为在有些单位又屡有发生，在个别单位问题突出。在这些单位内部专卖管理监督形同虚设。不规范生产经营行为出现死灰复燃的势头。2008 年下半年开始特别是 2009 年以来，有的工业企业违反生产计划，无码生产、无码备货，有的采取送烟、送物、送钱等违规违法手段开展促销活动。有的商业企业利用虚假订单、虚假确认、虚假入网、无码出库等形式销售卷烟；有的经营人员与社会不法烟贩勾结，套购卷烟，造成新的体外循环；有的企业不顾零售户需求，盲目提高销售结构，采取捆绑搭销形式强行投放。有的单位不重视、放松专卖内管工作，更有甚者对专卖管理人员进行卷烟销售任务量化指标考核，内管工作不能有效开展。由此导致监管空转，日常监管流于形式，定期检查走了过场，长效机制表面化，起不到发现和处理问题的作用。巩固严格规范的成果面临冲击，行业持续健康发展受到影响。

1. 提高认识，坚持严格规范不动摇。针对当前行业面临的问题，姜局长在 3 月 27 日各直属单位主要负责人会议上明确指出：“要始终把规范作为保持行业持续健康发展的关键措施，坚持不懈努力抓好。在当前应对经济危机、保证税利增长新的形势下，更要突出讲规范，任何违反规定的经营行为都是对行业保增长的严重损害。”严格规范是行业改革发展的生命线，我们要进一步提高认识，切实做到思想上重视，行动上主动，不断增强抓好规范工作的自觉性和坚定性，坚持不懈地抓紧抓好内部专卖管理监督工作。要进一步加强自律机制建设，努力提高广大干部职工特别是领导干部的规范自律意识，认真抓好内部专卖管理监督长效机制建设，增强各级专卖内管机构的执行力，探索有效的同级监管，通过深入开展专卖内管工作，努力建设良好的生产经营秩序，把保增长建立在更加严格规范的基础之上。

2. 落实规范，建立长效机制。当前专卖内管工作仍处在由集中检查、集中整顿向建立长效机制、实现日常有效监管转变的重要阶段。如果集中整顿后的长效机制建设无法有效跟进，就很难保证行业走出边整边犯的怪圈。《行业内部专卖管理监督工作规范》给全行业提供了一个科学有效的监管模式，建立长效机制关键就是抓好工作规范的落实。各级局要高度重视，结合实际，严格按工作规范的要求开展专卖内管工作，解决监管不落实的问题，防止出现机制空转。各省级局要对工作规范的落实情况进行督导检查，全面了解基层单位机构设置、人员配备、日常监管等方面的情况，及时总结推广联系单位工作经验，有针对性地解决存在的问题，切实做到对各类烟草专卖品生产经营全过程的有效监管。

3. 认真履责，切实加强监管。有效发挥省、市、县三级局专卖内管职能作用，是全面实现专卖内管长效机制正常运转、实现行业内部生产经营秩序根本性好转的重要基础和前提。各级专卖内管部门要切实履行监管职责，认真开展日常监管。省级局要加强对下级局专卖内管工作的督导，突出抓好日常监管工作质量的提高。国家局将在下半年的抽查中重点对各级专卖内管机构职责履行情况进行检查，通过检查省级局、地市级局日常监管和定期检查过的内容，看监管工作是否按要求开展，通过监管有没有发现问题，对发现的问题有没有及时上报，问题上报以后有没有进行整改。各省级局、工业公司要认真查摆本单位存在的违纪违规生产经营问题，针对存在的问题，立即下大力气进行纠正、查处，力争在近期内取得明显好转。

4. 严肃纪律，确保内管实效。近年来，为规范行业生产经营秩序，国家局先后出台了一系列规范性文件，并提出了明确的纪律要求。最近，又连续下发了《关于严格规范卷烟生产经营秩序的通知》和《关于严格执行烟叶种植计划的通知》。但仍有一些企业和个人不顾国家局三令五申，视行业纪律为儿戏，依然我行我素，边查边犯。为严肃行业纪律，确保政令畅通，维护专卖法律法规的权威，今后对查出的内部违法违规经营问题，必须一查到底，决不姑息。对违法违规的生产经营案件，必须移交纪检监察部门严厉追究直接责任人和相关领导的责任，涉嫌犯罪的，移送司法机关处理。同时，还要追究专卖内管人员的失职

责任。

（二）毫不放松，加大打击力度，在净化卷烟市场环境方面取得新的突破

在充分肯定卷烟打假取得明显成效的同时，要清醒地认识到卷烟打假仍然处于与制假分子“拼耐力、拼实力、拼智力”的阶段，打假工作面临的形势和任务十分艰巨。一方面，制售假烟活动长期存在的问题仍然严重。重点地区卷烟制假活动没有受到致命打击，对主要犯罪嫌疑人的抓捕还不到位；制售假烟网络仍然支撑着假烟市场，制假原辅材料的供应链尚未完全切断，假烟运输分销活动仍然频繁。另一方面，制售假烟活动出现了新的动向。一是制假活动出现转移扩散趋势，近期天津、辽宁、河北、河南、湖南、四川、重庆等地陆续发现制假窝点，闽粤卷烟制假活动向原辅料产地和销区转移渗透迹象明显。二是利用互联网非法销售各类烟草专卖品违法活动日益猖獗。在严峻的国内外经济环境对烟草行业影响不断加深的大背景下，卷烟打假将面临更加严峻的挑战，深入推进卷烟打假工作，维护良好的市场环境，对于保障行业持续健康发展具有更为重大的意义。

1. 毫不放松，继续加大打击力度。姜局长多次强调，“各级专卖局和主要负责人要把卷烟打假工作作为主要职责，加强对卷烟打假工作的领导，采取更加有力的措施，深入推进卷烟打假工作”。我们要认真履行职责，切实做到守土有责，正确对待成绩，保持清醒头脑，继续毫不放松，严厉打击制售假烟违法犯罪活动。各级局要充分认识到打假工作的长期性、复杂性、艰巨性，在财力、物力、人力上舍得投入，给予充分的保障，确保卷烟打假不断取得新的成果。

2. 密切关注动向，制定切实应对措施。对于卷烟制假售假出现的新动向，如果不及时加以控制，很可能导致蔓延、形成气候。各级局要密切关注本地区制售假烟违法犯罪活动的新情况、新特点、新动态，加强研究，明确任务，制定有效措施，有针对性地开展打击行动。对于新出现的制假窝点，必须趁其立足未稳，彻底摧毁，不留后患。对于通过互联网非法销售烟草专卖品活动，要积极争取有关部门支持，坚决取缔。

3. 坚持综合打击，提高打假质量和水平。在巩固当前打假成果的基础上，继续开展多层次、全方位的综合打击。各级局要坚持“端窝点、断源头、破网络、抓主犯”的工作重点，不断巩固和扩大打假成果，有效防止假烟反弹。要继续加大对重点地区制假活动的打击力度，有效摧毁假烟生产能力。严厉打击非法收购烟叶行为，防止制假原辅材料流入制假窝点。不断提高打网络工作能力，努力完成每个地市打掉1~2个较大规模假烟网络的工作任务。积极向假烟网络上游延伸办案，争取达到每查办一起制售假烟案件，就要彻底摧毁一个地下制售假烟犯罪团伙的目标。要继续坚持与公检法等部门密切协作的成功经验，充分发挥公安、烟草联合打假的优势。要从打击制售假烟网络工作特点出发，建立和完善省际间调查取证、案件协办和人员抓捕协作机制，切实加强区域打假协作配合，不断提高打假质量和水平。

（三）以推进专卖工作人员“三定”和技能鉴定为抓手，在提高队伍素质方面取得新的进步

近年来专卖管理队伍建设和各项基础工作明显加强，但与专卖管理面临的形势不适应的问题仍然存在。队伍转型虽已启动，但很多专卖人员仍然沿用传统的工作方式方法，从一般性监管到侦破办理案件和有效日常监管的转变还没有实现。人员素质有待提高，全国专卖队伍中将近一半的人员只具备高中以下学历，加上一些单位培训不能及时跟进，相当一部分人员法律意识和专业技能还不能适应专卖管理工作的需要。基层建设仍需加强，县级烟草公司法人资格取消后，一些县级局专卖管理任务不明确、职责不清晰，有的基层专卖管理人员无所适从。行业改革的不断深化对专卖管理工作提出了更高的要求，各级局要切实加强专卖队伍建设，努力提高依法行政、文明执法的能力和水平，为适应专卖管理工作要求、切实履行职责提供有力保障。

1. 扎实推进专卖队伍转型。加强专卖队伍建设，推进专卖队伍转型，是适应行业改革与发展新形势、切实加强专卖管理工作的需要，对于提高专卖管理工作水平、提升执法部门公信力、树立良好行业形象具有重要意义。各级局要结合本单位实际，扎实推进专卖队伍转型工作。要适应社会法制化进程要求，努力建设一支依法行政、文明执法的队伍；要适应卷烟打假斗争需要，努力建设一支专业化的卷烟打假队伍；要适应建设严格规范的中国烟草要求，努力培养一支敢于和善于开展内部监管的队伍。

2. 加快推进专卖管理职业技能鉴定工作。2009年要在全面推进初、中级专卖管理员鉴定工作的基础上认真做好高级专卖管理员的鉴定工作。各省级局要充分认识这项工作的重要性，从有利于专卖管理工作推进、有利于专卖队伍素质提升、有利于专卖人员积极性调动、有利于专卖人员发展的角度出发，尽快制定方案，加快推进，组织实施。以此项工作的开展为抓手，切实提高专卖队伍素质。要结合专卖管理员职业技能鉴定工作，以法律法规知识、专卖内管和卷烟打

假技能为重点，组织开展对全体专卖管理人员的分级培训，不断提高各级专卖管理人员的法律意识和业务技能。要在专卖管理人员中开展“四要”作风建设，按照节奏要快、标准要高、工作要实、状态要好的工作要求，切实增强做好工作的自觉性和责任感，以良好的精神状态扎实推进专卖管理各项工作的顺利开展。要对在专卖管理工作中作出贡献的同志给予表彰奖励，关心他们的生活，关心他们的家庭，关心他们的进步。

3. 不断加强专卖基层建设。县级烟草专卖局是行业专卖管理工作的基础。县级烟草公司法人资格取消后，县级局仍是烟草专卖的行政执法主体，其专卖管理职能只能加强，不能削弱。各省级局要加强县级局建设，加强督导检查，使县级局专卖管理基础性作用有效发挥。同时，要抓好典型，以点带面，推动加强基层建设工作的深入开展，夯实专卖管理基础。

坚定信心　加强协作
继续推进卷烟打假工作深入开展

——在2009年全国卷烟打假工作电视电话会议上的讲话

张　辉

（2009年12月14日）

这次会议的主要任务是：总结一年来的成绩和经验，通报表彰先进集体和个人，安排部署明年工作任务，进一步认清形势，统一思想，坚定信心，加强协作，毫不松懈地深入开展卷烟打假工作，为维护国家利益、维护消费者利益作出新的更大贡献。

一、2009年卷烟打假工作回顾

2009年以来，各级烟草部门、公安机关密切配合、协同作战，充分发挥联合打假长效机制作用，认真贯彻落实国家烟草专卖局、公安部对卷烟打假工作的部署，全面深入开展卷烟打假工作，有效打击了制售假烟违法犯罪活动，取得了显著成效。1～11月，全国共打掉制假窝点173个、重大制售假烟网络525个，查处案值5万元以上案件4982起，案值30.45亿元，查获假烟51.6万件，收缴制假烟机375台，拘留6728人，劳教134人，判刑3433人。

（一）有效遏制制假活动

各级公安、烟草部门把“端窝点、打源头”作为卷烟打假工作的突出重点，全面加大对假烟源头的打击力度，进一步有效遏制了假烟生产能力。一是广东、福建继续保持高压态势，开展全方位不间断打击，重创源头制假活动。福建坚持从集中打击转变为常年打击，采取“精打回查、深度打击”等措施，彻底销毁制假设备和原辅材料，制假生产能力明显削弱。云霄制假活动已经显现从大规模集中制假向零星分散制假转变的趋势。广东进一步健全打假协作机制，着力加强重点区域的指导协调，集中开展专项整治行动，继续加大运输、分销假烟和原辅材料的拦截、封堵力度，积极开展假烟商标印刷窝点打击工作，取得了积极成效。二是外围打击取得实效，有效防止了制假转移和扩散。随着源头打假力度的加大，福建、广东重点地区制假活动规模逐渐缩小，并出现向其他地区转移扩散的苗头。天津、河北、浙江、湖南、广西、深圳等省（区、市）密切关注制假活动的新动向，打掉了一批立足未稳的制假窝点。京津冀联合破获“3·13”制售假烟网络案件，打掉的就是一个为逃避打击从福建向北方转移的犯罪团伙。广西连续捣毁2个假烟生产窝点，查获各类制假设备及原辅料，抓获制假分子6人。浙江首次捣毁制假窝点，打掉一个由福建云霄和浙江慈溪人组成的制售假烟网络。三是重点地区严密监控，综合治理取得实效。山东、河南等地通过建立综合治理长效监管机制，有效防止了重点地区制假活动死灰复燃。

（二）打击制售假烟网络工作成效显著

2009年1～11月，破获符合公安部、国家烟草专卖局标准的制售假烟网络案件525个，同比增长16.6%，其中涉案金额千万元以上的案件32个，卷烟打假工作质量和水平明显提高。各地基本完成了每个地市打掉1～2个制售假烟网络案件的任务。上半年，国家烟草专卖局对74个重大案件和14个专项行动进行了奖励。

2009年以来，国家局与公安部进一步加大对重大制售假烟网络案件的督导力度，多次组织了大规模的跨省打假行动，并根据案情进展需要，及时召开案件协调会，加强督导和协调，指挥了京冀“4·14”打击销售假烟网络行动，协调督导了上海“2·22”、山东德州“11·07”、河南“1·06”、江苏徐州“10·28”、辽宁阜新“7·07”、山西晋城“1·04”等重大网络案件。各地高度重视打击制售假烟网络工作，加强组织领导，全面落实“每个地市级局打掉1~2个较大规模制售假烟网络”的目标任务，相继破获了一批有影响的制售假烟网络案件，不仅破获的大要案数量明显增加，而且抓捕主犯数量增加，判刑和处罚力度明显加大。浙江、福建、广东、北京、江西、河北等省（区、市）31个重大制售假烟网络案件被列为部级督办案件，这些网络案件涉案范围广，抓捕犯罪嫌疑人多，查获假烟数量大，案值高，震慑力强，有力地推动了全国卷烟打假工作。

（三）打击制假原辅材料供应取得了实效

云南、贵州、四川、重庆、湖南、广西、江西等地加大打击非法经营烟叶活动的工作力度，破获广西百色“12·24”、福建“10·07”等一批非法运销烟叶案件，有力地遏制了非法烟叶向制假窝点流入。

在积极开展打击非法烟叶的同时，各地对原辅料进行严格监控，取得了积极成效。各烟叶产区加强对烟叶生产收购经营的监控，加大对烟贩非法收购烟叶行为的查处力度；加强对丙纤生产企业、烟机配件生产厂家等行业外烟草专卖品生产企业监管力度，派员24小时“全过程”监管。通过对制假原辅材料供应链的深度打击，有效缓解了源头打假压力，遏制了制假活动。

（四）打击假烟运输分销成果突出

2009年以来，利用物流、邮政、航空、铁路等渠道非法经营烟草专卖品案件数量呈上升趋势，各地有针对性地开展打击货运流通环节假烟专项整治行动，在假烟运输分销环节严查、严堵假烟和原辅材料，取得了明显成效。广东在省内各主要交通干道设立了6个临时检查点，开展大规模封堵拦截假烟的专项行动；湖北继续强化重点道口查堵，分别在主要公路交汇处设置检查站点；上海重点对机场入口空运链进行严密监控；湖南加强与公安机关的紧密协作，建立并完善打击高速公路运输非法烟草制品的协作机制；浙江及时提出在继续完善省际卡口建设的同时，不断推进卡口建设由点到面纵深发展。陕西、山西、黑龙江、辽宁、湖北、四川、河南、安徽、大连等省市积极协调本地综治办、整顿办、公安、交通、铁路、公路等部门，开展整治货运场所非法经营烟草专卖品专项行动，取得了积极成效。全国物流运输环节查获假烟28.3万件，占查获假烟总数的54.8%。

（五）抓捕判刑力度不断加大

一些省市针对长期以来涉烟犯罪取证难、定性难、打击处理不到位等问题，积极研究探索，出台司法政策指导意见，取得了积极成果。湖南省高院、省检察院、省公安厅联合出台了《关于涉烟刑事案件证据的指导意见》，较好地解决了基层办案证据标准、证据转化和涉案金额认定不统一的问题，进一步提高了涉烟刑事案件办案质量，为加大对制售假烟犯罪分子的追刑力度提供了强有力的法律支撑和保障。山东等地对涉烟犯罪管辖权、刑事立案、证据转化和认定等问题作出了明确规定，为打击涉烟违法犯罪活动提供了有力指导。通过加强行政执法和刑事司法的衔接，加大在报捕、起诉、审判环节的协调力度，一批制售假烟网络主犯被判处重刑，极大地震慑了制售假烟犯罪分子。2009年全国涉烟犯罪案件追刑之多、刑罚之重、罚金之高，均创历年之最，其中，有6名制售假烟犯罪分子被判处无期徒刑。湖南“3·12”特大销售假烟网络案件和重庆“3·16”制售假烟网络案件各有一名主犯被判处无期徒刑；福建“9·02”金胜物流公司非法运输假烟案件4名主犯被判处无期徒刑。

（六）整治互联网非法销售假烟取得初步成效

针对互联网非法销售烟草专卖品的新动向，国家局和公安部对此高度重视，在2008年年底全国卷烟打假表彰会上专门做了工作部署，要求会同有关部门严厉打击。2009年，国家烟草专卖局、公安部、工信部、国家工商总局四部门先后发布了《关于严厉打击利用互联网等信息网络非法经营烟草专卖品的通告》和《关于开展打击网上非法经营烟草专卖品工作的通知》，具体部署了整治利用互联网非法销售烟草专卖品工作。各地采取措施积极落实，烟草、公安联合电信、工商等部门查处违法案件，删除、屏蔽违法信息，并开展法律法规宣传教育活动，遏制互联网非法销售烟草专卖品活动取得了积极成效。目前，上海、北京、浙江等13个省级局协调通信管理部门，已经关闭了“云霄香烟批发网”、“云霄香烟生产网”、“首都烟斗雪茄在线”等共计44家非法从事烟草专卖品的经营网站。各地相继查处了一批互联网售烟案件。

总结2009年卷烟打假工作，主要有以下几个特点：

1. 高度重视，领导有力。公安部、国家烟草专卖局领导历来十分重视卷烟打假工作，给予强有力的支持。各级烟草专卖部门和公安机关认真落实公安部、国家烟草专卖局的工作部署和要求，把卷烟打假工作摆在突出位置，落实机构人员，积极协调其他有关司法机关和执法部门开展联合打假，有力地推动了卷烟打假工作深入开展。

2. 重点突出，成效明显。加大对重点地区打假工作的督导力度。对于广东、福建重点地区，国家烟草专卖局专门指定人员，重点负责检查、督导广东、福建卷烟打假工作。公安部、国家烟草专卖局多次派员到卷烟打假一线，及时协调解决问题，推动工作开展。以切断制假原辅材料供应链为重点，打击非法经营烟叶违法犯罪活动。福建、云南、贵州、广西等省（区）在切断制售假烟原料供应链方面取得显著成效，从源头上有效遏制了卷烟制假活动。以开展全国性抓捕追逃工作为重点，突出抓捕主要犯罪嫌疑人。目前，大多数制售假烟大要案的源头在福建、广东，主犯也在这两省，而且抓捕工作相当困难。2009 年，在厦门和汕头召开的工作部署会议上，公安部专门部署了抓捕追逃工作，福建、广东有力配合，2009 年 1 ~ 10 月，广东配合外省抓捕涉烟犯罪嫌疑人 20 多名，福建配合外省抓捕涉烟犯罪嫌疑人 70 多名。以办理一批有影响、有规模的跨省制售假烟网络案件为目标，突出对大要案的侦破。2009 年以来，各地有针对性地开展精确打击，成功侦破一批重大网络案件，有力地震慑了制售假烟犯罪分子。

3. 卷烟打假协作机制更加完善。各级烟草部门、公安机关不断完善卷烟打假长效机制，部门配合机制向纵深拓展，一些地方烟草与公安治安、经侦、技侦等部门建立了良好的协作关系。区域打假协作机制日趋成熟，发挥了重要作用，一批跨省市大案接连告破，抓捕追逃工作取得了积极成果。

4. 开辟卷烟打假新领域。各级公安、烟草部门落实四部门工作部署，协同电信、工商等部门，严厉打击利用互联网非法销售假烟犯罪活动，取得了初步成效。各地加强部门间区域间卷烟打假协作，初步建立了长效工作机制，尤其是在证据收集和司法审判工作上，取得了新突破。

二、当前形势和明年卷烟打假主要任务

2009 年以来，在国际金融危机蔓延扩散，对我国经济带来巨大影响的形势下，烟草行业经济运行继续保持了良好的态势，卷烟打假发挥了重要作用。姜成康局长多次对卷烟打假工作给予充分肯定：“卷烟打假能够取得明显成效，主要得益于各级公安机关的支持配合，广大公安干警和专卖管理人员功不可没。”在持续不断的严厉打击下，制假活动受到明显遏制，假烟生存空间缩小，市场秩序总体良好。但是，当前局部地区制假转移和扩散趋势明显，假烟运输分销案件频发，部分卷烟零售市场公开摆卖假烟问题严重，假烟网络对制售假烟活动仍起着重要的支撑作用，卷烟打假形势依然严峻。面对当前形势，各级烟草专卖部门要进一步认清形势，坚持把“端窝点、断源头、破网络、抓主犯”作为卷烟打假工作的突出重点，始终做到“毫不松懈，守土有责，巩固成果，严防反弹”，切实维护国家利益，维护消费者利益。

关于明年工作，讲几点意见：

（一）继续突出源头打假，有效摧毁假烟生产能力

福建要以打击云霄卷烟制假活动为重点，实施深度打击，综合治理，把制假活动遏制到最低程度。广东要加大运输环节的拦截围堵力度，切断假烟和制假原辅料供应链；要积极协调工商部门，在打击假烟商标印刷的工作方面取得实效；要加强对广州等重点地区卷烟打假工作的督导，举全省之力，解决长期难以解决的突出问题。广东和福建是毗邻地区，要密切关注制假转移动向，完善粤闽两地联合打假协作机制，做到信息共享，定期交流，跨省办案，共同打击。河南、山东、湖南、江西、河北、天津、四川、重庆、深圳、广西等省（区、市）要严防制假活动转移、扩散，采取有效措施，在其立足未稳的时候就坚决打掉。

（二）不断提高打击制售假烟网络工作水平

要继续抓住侦破大案要案这一关键环节，有效打击跨区域、集团化的制售假烟犯罪团伙，侦破有影响的重大案件。一要充分发挥联合打假的优势，完善行政执法与刑事司法衔接机制，加强协作配合。二要加强毗邻地区打假协作机制，形成各方密切配合、行动迅速快捷、技术支持有力的良好局面。三要建立有效的奖惩机制。各地要继续把“每个地级市局完成打掉 1 ~ 2 个较大规模制售假烟网络”作为硬性任务，落实责任，从严考核。国家烟草专卖局一直高度重视对卷烟打假的财力支持和物质保障，制定了对重大假烟案件和专项行动的奖励办法。2009 年上半年首次进行了奖励，下一步还要加大奖励力度。各级烟草部门要结合实际，制定科学合理的激励政策，用好打假经费开支政策，为卷烟打假提供财力支持和保障。

（三）进一步加强卷烟市场监管

各级局要充分认识维护零售市场秩序的重要性，认真分析研究本地区卷烟市场监管中存在的突出问题，充分用好法律法规赋予专卖管理部门的职权，进一步加强市场监管工作。一要建立长效机制。从组织机构、

监管内容、监管方式等方面制订工作方案，自上而下，建立市场监管联合执法长效机制。二要健全监管体系。要加强对零售市场情况分析，掌握零售终端变化趋势，提高市场监管水平；要充分发挥“12313”举报电话的作用，拓宽案件来源，建立情报信息库；要把打击制售假烟网络和市场监管结合起来，注重在市场监管中发现线索、经营案件。三要增强监管能力。要结合专卖技能鉴定工作，认真开展执法人员教育培训工作，切实提高真假烟鉴别和案件查处等技能，建设一支专业化卷烟打假队伍。四要加强督导检查。各省级局要组成专门督导组，对每个地市的市场监管工作进行督导，发现问题要及时通报并督促整改。各地市级局、县级局要认真研究市场监管的新方法，改进市场检查方式，从注重检查频率向注重检查实效转变，要带着问题上市场，提高检查的针对性和有效性。五要明确监管标准。要研究科学合理的市场秩序评价体系，制订可操作的市场监管标准。当前首先要解决公开摆卖假烟问题，在市场净化上下功夫。六要严格考核。要把卷烟打假作为一项硬指标纳入考核范围，从严考核。各省级局要把市场监管作为优秀县级局创建活动的重要内容，把市场监管成效与对地市局、县级局“一把手”的业绩考核挂钩。七要开展市场清理整顿专项行动。今冬明春，各省都要集中开展一次市场清理整顿专项行动，要在取得实效上下功夫。

要注重研究有效打击利用互联网和物流运输销售烟草专卖品违法犯罪活动。认真贯彻落实《关于严厉打击利用互联网等信息网络非法经营烟草专卖品的通告》精神，会同公安、工商、通信等管理部门加强对互联网涉烟活动监管工作，严格执行互联网涉烟活动监管相关规定，坚决堵住网上销售假、私卷烟的渠道。要加强与交通、邮政、民航等有关部门的沟通配合，加大对铁路货运站、汽运中转站、机场、港口等运输枢纽及高速公路的监管检查力度，有效切断非法烟草专卖品运输通道。特别是要集中清理整顿物流货运场（站），解决分销、中转假烟的突出问题。广东、福建两省要继续设立临时检查站，让原辅材料进不来，假烟出不去。云南、贵州、广西、湖南、湖北、浙江、河南、江西等省（区）都要积极协调地方政府，联合公安、交通等部门，在非法运输车辆必经的出入口加大检查力度。

（四）严厉打击非法生产经营烟用原辅材料活动

一方面要抓好内部专卖管理监督，另一方面要严厉打击非法经营烟叶违法犯罪活动。对烟叶经营中出现的内外勾结、违法违规经营问题，发现一起查处一起。云南、贵州等烟叶大省要在加强烟叶日常监管的同时，组织开展集中打击行动，侦破非法经营烟叶重大案件，堵源截流，切断制假窝点的烟叶来源。

（五）继续加大抓捕追刑工作力度

实现巩固成果，防止假烟反弹，关键是严惩主犯，彻底打掉制售假烟网络支撑。一是协调公安机关落实专门力量，梳理追逃线索，强化追逃措施。尤其是福建、广东追逃上线重要地区，要积极配合外省市开展追逃工作，并与有关省市建立信息共享、线索移交、串并案件、跨省行动等方面的合作机制，形成各方协作配合高效顺畅的良好局面。二是加强与司法机关协作，充分发挥检察院和法院的职能作用，依法加大刑事打击力度，从重判处一批制假幕后老板、骨干，有效震慑制假活动。三是加强法律政策研究，协调有关部门有效解决基层办案证据标准、证据转化和涉案金额认定等问题，进一步提高涉烟刑事案件办案质量。

烟叶生产

在全国烟叶工作座谈会上的讲话

姜成康

（2009年11月5日）

这次会议主要任务是认真分析形势，统一思想认识，明确工作任务。现在，就当前烟叶工作强调以下意见。

一、对今年烟叶工作的总体评价

如何看待今年的烟叶工作，我认为是两句话：成绩很大，问题突出。

首先是成绩很大。这是工作主流，应充分肯定。去冬以来，面对国际金融危机严重影响冲击，烟叶生产出现复杂多变形势，存在明显偏热苗头。在这种情况下，国家烟草专卖局冷静分析形势，果断决策，明确提出把“烟叶防过热”作为行业工作的中心任务，要求通过扎实开展现代烟草农业建设，全面加强烟叶工作管理，努力提高烟叶工作整体水平，保持烟叶生产稳定发展。各烟叶产区按照国家局要求，以高度负责态度，认真抓好各项措施落实，烟叶生产总体保持了良好发展。

烟叶工作取得很大成绩主要体现在以下方面：一是生产规模得到较好控制。在去年烟叶工作座谈会上，国家局明确提出“严格控制、适度从紧”的烟叶工作方针，在今年全国烟草工作会议上，把“烟叶防过热”作为行业工作的中心任务。实践证明国家局这一决策部署是正确的，对于统一全行业思想认识，抓住烟叶生产出现的苗头性问题及时加以解决，起到了至为重要的作用。烟叶产区紧紧依靠当地党委政府，在认真做好政策宣传、强化合同管理、严格控种控苗等方面，做了大量艰苦的、卓有成效的工作。据统计，今年全国种植烤烟1685万亩，同比减少44.5万亩，这是来之不易的。如果今年烟叶种植面积没有得到较好控制，烟叶产量要远远超过目前的水平。二是现代烟草农业建设扎实有效推进。烟叶产区对现代烟草农业建设高度重视，精心实施，按照“一基四化”的总体要求，初步探索了一条以基地单元建设为载体、以完善烟叶基础设施为重点、以提高专业化服务水平为关键、以创新生产组织形式为突破的整乡整县推进现代烟草农业发展的新路子。云南禄丰等3个试点整县推进，为现代烟草农业建设积累了初步经验，取得了较好效果，为下一步整县推进提供了有益借鉴。三是烟叶技术和管理水平明显提高。随着专业化服务体系不断完善，先进实用技术推广落实到位，烟叶种植和烘烤水平明显提高。尤其值得肯定的是今年收购管理工作明显加强，烟叶收购和工商交接等级合格率明显提高，烟叶基层队伍素质明显提高，烟叶工作整体水平明显提升。四是烟叶基地建设取得明显进展。工业企业更加重视烟叶工作，主动参与、深度介入烟叶基地建设得到较好落实；按照“四位一体”要求，新区开发取得明显成效；烟叶资源配置方式改革正式启动，打叶复烤企业重组整合试点工作进展顺利。五是烟农实现增产增收。据统计分析，今年种烟农户150.61万户，户均种植11.19亩，同比增加3.5亩；亩产300斤，同比增加23斤；均价每斤7.27元，同比增加0.34元；户均收入可达2.45万元。

其次，在肯定取得很大成绩的同时，也要清醒地看到存在的突出问题。主要是烟叶超产超收现象严重存在。根据统计分析，2009年烟叶收购总量将达到253.9万吨（5078万担），超出年初下达计划19.3万吨（386万担）。烟叶收购量超过250万吨（5000万担）的情况，从20世纪90年代至2008年，仅有3个年份超过，即1992年的266.4万吨（5328万担）、1996年的262.75万吨（5255万担）、1997年的343.75万吨（6875万担）。在22个产烟省份中，有15个省超产超收，其中超产超收超过10%的有4个省，最高比例达到26.4%。控制在国家下达计划之内的仅有黑龙江、广东、辽宁、河北、内蒙古、甘肃、宁夏等省（区）。出现超产超收的原因，固然有2009年气候总体对烟叶生产有利，通过加强烟田基础设施建设，生产条件改善后单产提高等因素，但是我们更要从主观上进行分析。对超产超收严重危害性认识不足是主要原因。国家局反复强调，大起必然大落，这是规律。2009年超产超收，使2010年烟叶生产安排难度增大，处于被动局面。到2009年6月底，烟叶库存已高达397.18万吨（7943.54万担）（把片烟混算），可以满足29个月的卷烟生产需求。今年收购总量达到253.9万吨（5078万担），当年新增烟叶库存将达50万吨（1000万担）。这种局面如果不能得到有效控制，发展下去就会演变成一场灾难。对2009年烟叶超收部分，一律抵减2010年收购计划，2009年计划没有完成的，相应增加2010年收购计划，而且要落实到每个农户。现在有一种观点，认为2010年还是按照今年计划安排生产，超收部分再抵减2011年计划。这种想法是极其错误的，将对烟叶生产长期稳定发展带来严重破坏。1997年烟叶严重超产超收的教训是十分惨痛的，随着时间的推移，可能有的同志已经淡忘了，况且目前从事烟叶工作的相当一部分同志没有1997年那种经历和体会。实现烟叶生产科学发展，关键在于长期稳定可持续，这一点我们务必充分认识。

二、对明年烟叶工作总体要求

明年烟叶工作的总体要求是，以扎实推进现代烟草农业建设为统领，严控规模、优化结构、加强管理、全面提升，努力保持烟叶生产长期稳定发展。对明年烟叶工作具体安排主要强调以下几个问题。

（一）要把严格控制规模摆在当前烟叶工作首要位置

严格控制规模，保持烟叶生产稳定发展需要正确处理以下三个方面的关系。一是加强基础与控制规模的关系。近年来，全行业高度重视烟叶基础地位，扎实推进现代烟草农业建设，烟叶工作得到明显加强。但是高度重视烟叶基础工作，决不能理解为扩大规模、增加总量、加快发展，而是要把工作重点放在稳定规模、提升水平上。烟叶生产收购要始终强调加强计划管理、严格控制总量。现在我有种担心，目前对烟叶生产，各方面期望值都很高，如果我们自己再不冷静，不理性，是肯定要出问题的。这样，尽管在其他方面下了很大功夫，烟叶基础不仅得不到加强，反而会带来极大伤害。二是总量平衡与优化结构的关系。前面已经说了，到2009年6月份，全国烟叶工商库存总量已高达397.18万吨（7943.54万担），同比增加33.78万吨（675.53万担），库存总量已经很大了。目前存在的问题是不同地区之间烟叶需求不平衡的问题。现在一些产区当年的烟叶供给已经大大超过当年卷烟生产实际消耗，这是值得高度重视的问题。如果计划不作适当调整，库存积压将越来越大，可持续就成为一句空话。我们要遵循市场规律，靠面子、靠其他手段卖烟叶是靠不住的。要在总量平衡的前提下，突出需求导向，根据烟叶实际使用情况调整烟叶种植收购计划，不断优化烟叶区域结构和等级结构。三是满足当前需求与长期稳定发展的关系。目前工商双方都存在对烟叶发展预期过高的现象。一些工业企业由于库存偏低，希望在较短时期快速补充，而一些产区在制定烟叶生产发展规划时，以一时的不稳定需求作为依据，缺乏长远安排，这都是不可取的。制定烟叶生产发展规划，一定要科学、理性，遵循烟叶生产发展规律，决不能盲目、冲动，否则后患无穷。会后，各单位都要按照这次会议要求，把思想真正统一到国家局对当前烟叶形势的分析判断和决策部署上来，严格按国家局要求分解计划，按单产水平提高后的实际落实面积，实行“一把手”负责制，采取更加严格措施，防止超种超产现象再度发生。对明年烟叶生产收购，国家局将制定严格的考核办法，实行问责制，对由于工作不力造成超产超收的单位，要追究领导责任。

（二）要扎实推进现代烟草农业建设

现代烟草农业建设通过近两年来的试点，各地坚持解放思想，积极探索，努力实践，勇于创新，尤其是今年整县推进，初步积累了经验，取得了明显成效，推进情况比预期的好，为全面推进现代烟草农业建设奠定了较为坚实的基础。在现代烟草农业建设推进过程中，当前应注意把握以下几个问题。

一是扎实推进，稳步发展。按照这次会议安排，2010年全国共有30个县整县推进现代烟草农业建设，这个规模已经不小了，不要再扩大规模。对于整县推进，现在各方面积极性都很高，也有成就感。对于这种积极性，我们要保护好，但是也要认识到，现代烟草农业建设是个系统工程，不仅投入大，而且政策性强，尤其是生产关系调整一定要符合党的农村经济政策，符合现代农业发展方向。推进现代烟草农业建设，一定要把问题研究透，把规划制定好，把工作做扎实，坚持高标准，保证高质量，不要急于求成，更不得搞形式主义和花架子，要经得起时间和历史的检验。

二是完善设施，持续利用。建设现代烟草农业，当前还是要在加强和完善基础设施上下功夫，提高烟区综合生产能力和抗御自然灾害能力。为适应烟田基础设施建设新形势的需要，国家局对扶持政策作了一些调整，对密集式烤房附属设施和收购场所建设明确了补贴标准，各地一定要严格把关，用好资金，发挥资金使用效率。这里我想强调，对于明确的建设项目，各地要精心组织实施，不要再扩大建设范围。现在一年投入资金已达到100个亿，可以说是高强度了。如果把摊子铺得太大，是支撑不了的，好事要尽力而为，但也要量力而行。对于资金使用要严格按照有关规定，尤其要针对审计发现的问题，举一反三，认真整改，确保资金使用符合规定。最近，有关部门对7个省级公司进行“小金库”专项检查，发现了财务管理方面存在的问题，对此我们要高度重视。在项目实施过程中，要严格预算管理，坚决克服不计成本，随意开支。要体现先进、经济、实用，禁止搞豪华建筑。要十分注重已建项目管护工作，帮助和引导烟农建立管护长效使用机制，确保已建项目持续发挥作用。

三是明晰产权，创新形式。随着密集式烤房、育苗大棚和烟草农业机械等专业服务设施大量投入，形成了大量生产经营性资产。对这些资产如何明晰产权、加强管理显得十分重要和紧迫。在生产组织形式上，要坚持统分结合、专业分工、双层经营。该统则统，该分则分。尊重烟农主体地位，调动烟农积极性、主动性。育苗、机耕、烘烤等这些一家一户难以办到的事，要走专业合作道路。烟草系统投入的资产归专业合作社所有，而且要量化到烟农。在明晰产权过程中，要通过章程等形式，保留烟草公司的话语权、主要定价权，以确保烟农真正受益。专业合作组织建立，要充分体现自愿入社，自主经营，建立自我发展机制。现在一些地区在推进过程中，存在着大包大揽现象，从资金投入、实际运作都是由烟草公司负责，这种做法是难以为继的。明年整县推进，要在这方面多下功夫，力争有新的突破和提升，为现代农业建设做出应有努力。

四是工商合作，全面提升。以基地单元建设为载体，推进现代烟草农业建设是一种好的形式，也是工业企业主动参与、深度介入很好的切入点。今年在这方面有很大进步，尤其是一些工业公司表现尤为突出。2010年整县推进的试点都应与工业企业办基地紧密结合起来，作为试点建设重要内容认真抓好落实。目前基地单元建设，对新区开发的积极性很高，对老区感到难度很大。这一点，2010年务必要有突破，这要作为检验整县推进是否成功的重要标准。在今后相当长时期内，布局要调整，结构要优化，但主要还是要发挥现有基地的作用。突出品牌需求导向，加强工商之间合作，更好地适应卷烟生产发展需要是烟叶发展的必然要求。目前跨国烟草公司也在往这一方向转变。推进现代烟草农业建设，要把工商合作、厂办基地摆在更加重要位置，下功夫努力抓好，全面提升烟叶工作整体水平。

（三）要高度重视烟叶基层队伍建设

国家局的决策部署能否落到实处，烟叶工作整体水平能否提高，关键在基层，在于基层队伍素质整体提升。各级领导干部要把精力更多地放在深入基层、加强基层建设方面，全面贯彻“重心下移、着眼基层、突出服务、加强基础”方针，加大基层工作力度，认真抓好基层建设各项措施落实。要深化用工分配制度改革。到今年底，各单位可基本完成用工分配制度改革阶段性任务，但如何深化完善，仍然任务艰巨。要把烟叶基层用工分配制度改革完善作为重点，进一步明确岗位设置，尤其是专业技术岗位设置；规范用工行为，尤其是明确不同用工形式；落实报酬，尤其要高度重视目标考核，进一步使基层队伍充满激情、富有活力，充分调动基层队伍的积极性、主动性、创造性。要高度重视教育培训工作。随着现代烟草农业建设全面推进，烟叶工作水平整体提升，对基层队伍建设提出了新的更高要求。迫切需要建设一支知识面广、技能优良、作风过硬的基层工作人员队伍。要认真抓好烟叶基层队伍转型。目前烟叶基层工作已面临三个转变：即技术指导由分户分散种植转向专业集中连片；烟叶收购由就近相对集中转向就地工场收购；专业服务由初级转向系统完善。烟叶工作的服务对象和服务方式发生了很大变化。烟叶产区各级领导要深刻认识这种变化对烟叶管理工作带来的新挑战，努力实现管理创新，认真抓好队伍转型工作。目前就很有可能碰到这样一个问题，随着规模种植的扩大，服务水平的提升，服务对象的减少，基层技术人员存在精简问题。如何把这部分人员安排好，转向专业化服务领域，很值得研究。要进一步提高烟叶基层队伍素质。目前从事烟叶工作一线人员有10多万人（含劳务派遣和季节工）。我们既要充分肯定这支队伍为烟叶生产发展所作出的努力和贡献，同时又要通过加强培训，提高他们的素质。烟叶产区要把烟叶基层工作人员培训摆在更加重要位置，健全机构，配好师资，保证时间，创新形式，接受新知识，拓宽知识面，全面提高基层工作人员素质。要进一步改善烟叶基层队伍结构。全面开展烟叶基层队伍技能鉴定工作，为他们成长搭建良好平台。要有计划地招聘大专院校毕业生，既充实基层队伍，又为今后各级领导机关提供优秀人才。要全面开展创优活动。为加强基层建设和基础管理，国家局决定在全行业全面开展基层单位争先创优活动。创建优秀基层烟叶收购站活动是整个创优活动的重点，各单位都要按照国家局的要求，认真抓好各项工作落实。

在全国烟叶收购暨现代烟草农业建设现场会上的讲话

何泽华

（2009年7月3日）

一、关于今年上半年烟叶工作的基本评价

今年以来，烟叶战线任务更加繁重，但通过大家的共同努力，各项工作有序开展，取得了阶段性成效。

（一）烟叶防过热工作取得阶段性成果

在2008年烟叶工作座谈会上，国家局党组准确分析判断烟叶生产形势，提出“严格控制、适度从紧”的烟叶工作方针，要求把控制总量、稳定规模摆在烟叶工作的首要位置。去年年底又相继召开全国烟叶工作电视电话会议和全国烟叶工作汇报会议，要求产区各级公司要把思想切实统一到国家局对当前烟叶生产形势的分析判断和决策部署上来，采取更加有力的措施严格落实国家计划，严肃纪律，全面落实责任制。部分有“过热”苗头的烟叶产区，加大政策宣传力度，积极争取地方党委政府和烟农的理解支持，动员烟农减少预留面积；严格计划合同管理和生产投入补贴管理，严肃纪律责任；加强种子烟苗管理，从严控

制种子、烟苗数量；切实加强移栽管理，严格数株定亩、以亩定产，单产约定水平普遍高于前三年平均水平；加强合同检查考核，有力促进工作落实，全国烤烟实际移栽面积比年初预计面积减少20万亩。总的来看，今年烟叶“防过热”的任务已经取得阶段性成果，国家局高度重视、正确决策、早做部署起到了重要作用，烟叶产区加强组织领导、狠抓工作落实、提高执行能力起到了关键作用。

（二）烟叶生产基础设施建设登上新台阶

2009年烟叶生产基础设施建设有几个明显的特点：一是项目多、投入大、时间紧、任务重。行业共投入资金近100亿元。二是基础设施建设规划设计水平、综合配套水平明显提升。烟叶产区对烟田基础设施建设的认识、理解和思路发生很大转变，项目规划设计的系统性、整体性明显提高，工程规模由小变大，项目规划更加系统，设计更具整体性，实施效果越来越好。如云南禄丰县的自动化育苗工场和多功能烘烤工场建设，贵州兴义万鲁片区的生态烟田建设，山东诸城社会化农机服务体系建设等，都体现出较高的水平。三是烟田基础建设与土地综合整治相结合产生了良好效果。如曲靖马龙、保山腾冲、四川喜德等地的中低产田综合改造，整治效果很好，受到了云南、四川等地省委政府领导和烟农的高度评价。“修了大寨田，受益几十年；改造中低产田，受益上百年”，充分体现了老百姓对烟田集中整治的普遍赞誉。

（三）现代烟草农业建设取得新进展、新成效、新经验

总体上讲，今年现代烟草农业建设呈现良好的发展态势，取得显著成绩，引起了广泛关注，得到社会各方面的高度评价。首先，试点工作取得新进展。今年，全国共落实试点143个，其中云南禄丰、砚山及山东诸城3个县整体推进。为指导试点产区高水平地开展现代烟草农业建设工作，国家局今年3月12日召开四个联系点实施方案专题汇报会，进一步明确工作思路，提出具体要求。云南禄丰、山东诸城、四川会理、贵州黔西等产区认真按照国家局总体要求，试点范围由村扩展到几个乡或整县，试点内容从要素整合到整乡或整县全面推进，整体工作水平明显提升。第二，以点带面取得新成效。从全国情况看，规模化种植水平发展较快，100亩以上连片烟田比例达到56%、面积951万亩，种烟主体平均规模11.2亩，种植专业户、家庭农场、合作社及互助组三类主体种烟面积突破1060万亩，比例达到63%左右；集约化经营、专业化分工不断推进，其中育苗专业化、商品化比例为94%，同比提高12.7个百分点，供苗面积达到1578万亩；机械化作业水平不断提升，机械整地比例为57.7%，机械起垄比例为40.4%，机械中耕比例为10.8%，同比分别提高8.7个、5.2个和4.5个百分点，机械移栽开始起步，面积达到85万亩；信息化管理不断加强，基层信息化条件得到改善，烟叶基础软件全面覆盖，信息手段应用范围逐步拓宽，电子合同、电子支付从试点走向示范。第三，现代烟草农业建设积累了新经验。一是各试点产区积极把烟草农业融入大农业，加大资源整合力度，开阔了新视野，开辟了新天地，形成了推进现代烟草农业建设的整体合力。可以说现代烟草农业建设带动了大农业的发展，又在大农业的影响促进下更加深入发展。二是找到了一条“统筹规划、综合配套、有效整合、有机集成、全面推进”的现代烟草农业建设新路子。云南禄丰以县为单位统一规划设计，合理划分单元，在单元内综合配套烟田、烟水、烟路、农机具、基层站点、育苗工场、烘烤工场、防灾体系等八大基础工程，深入探索生产组织形式，全面加强专业化服务和信息化管理体系建设，优化整合业务流程，合理调整站点布局，积极推动工商合作，取得了全方位的突破。三是坚持“四位一体，有机结合”。今年以来，云南景谷、耿马，贵州兴义，四川喜德、盐源等县市认真贯彻文山会议精神，工商研协同开发特色优质烟叶，丰富了现代烟草农业建设的内容，体现了科技进步的作用，基地单元建设成为工商企业共同关注的焦点，新烟区开发工作取得了新进展。四是“一基四化”注入了新内涵。基础设施建设不再停留在单项工程上，而是坚持整体规划、系统设计、综合配套；规模化不再局限于种烟主体规模的扩大，而是向烟田连片规模、特色品种种植规模、育苗工场规模、密集烤房集群规模、农机服务社的服务规模等更深层次、更多领域渗透；专业化分工不仅体现在作业环节的分工，还体现在基层站点人力资源的专业业务培养和岗位分工等，甚至在社会化分工方面也有了体现；集约化经营更加深入，设施农业有了初步探索；信息化管理不仅体现在烟叶基础软件的普及，而且向育苗温湿度自动控制、密集烤房集群控制、地理信息手段应用、业务流程管理信息化等方面纵深发展。

（四）云南省的经验代表了行业现代烟草农业建设的最新水平

行业开展现代烟草农业建设两年来，各试点单位积极探索，大胆创新，不断积累新的经验。2007年6月福建会议正式提出加强“一基四化”，加快从传统烟叶生产向现代烟草农业转变的重大历史任务；2007

年10月辽宁阜新会议提出烘烤工场的概念，要求“两头工场化，中间专业化”，推进密集烤房集群建设；2008年4月山东诸城会议总结了诸城经验，进一步明确了现代烟草农业建设的目标；2008年7月贵州毕节会议，创新现代烟草农业建设方式，更加坚定了发展现代烟草农业的信心和决心；2008年12月底云南文山会议要求以现代烟草农业为统领，加大资源整合力度，坚持“四位一体”，“高起点、高标准、高水平”推进新烟区开发。这几次会议，充分显示了创新对现代烟草农业建设的巨大作用。这次现场会，云南省局（公司）、楚雄州局（公司）又一次展现了智慧，展示了创新水平，成功探索出一套整县推进现代烟草农业的建设模式，体现了现代烟草农业的基本要求，反映了现代烟草农业的发展方向，标志着现代烟草农业建设进入了新的阶段。

云南现代烟草农业建设的经验主要体现在四个方面：一是领导得力。云南省局（公司）领导对试点工作十分重视，一把手亲自抓，分管领导具体抓，形成了各部门齐抓共管的局面。坚持重点突破，以点带面，工作思路清晰，工作措施得力，着力在统一思想认识、把握思路、总体规划、工程开发、服务体系、生产组织形式、专业服务组织、基层管理体制、提升烟农素质、建立发展机制等十个方面下功夫。云南省局（公司）在行业第一个提出并实践整县推进现代烟草农业，第一个大规模整治土地、将烟草农业融入大农业，第一个在全省范围内规模突破，体现了魄力、眼光和组织协调能力。二是形成体系。整体规划早、好、全，实施烟田、烟水、烟路、烘烤工场、育苗工场、信息化六大工程，建设烘烤收购、技术服务保障、灾害救助、工商合作四大管理服务体系，探索三种生产组织形式和育苗、烘烤、农机、植保四种专业服务社，加强基层站点整合，实现了管理服务模式转变。三是创新发展。单元建设落到实处，站点整合有效探索，育苗工场自动控制，砂培育苗与高效的自动装盘播种机，烘烤新能源开发，信息管理综合系统，专业合作社的探索，工商基地合作增加内涵等等。四是注重成效。全省范围坚持高起点、高标准、高水平，高质量的新区开发成绩斐然，高标准的土地整治形成气势，高水平的田间生产成就了良好烟叶长势，高起点、大规模的新品种试验显示巨大潜力。

总的来说，2009年上半年的烟叶工作压力大，责任重，措施实，效果好，工作的动力主要来自现代烟草农业建设和科技创新两大方面，成绩的取得主要得益于四个方面：一是领导重视，工作得力；二是精神振奋，作风扎实；三是精心操作，工作细致；四是创新发展，与时俱进。各烟叶产区要再接再厉，按照国家局“节奏要快、标准要高、工作要实、状态要好”的要求，全面完成2009年烟叶工作的各项任务。

二、关于全面推进现代烟草农业建设

现代烟草农业建设事关烟区经济社会发展和烟农增收，事关行业发展大局，事关行业形象。这已表明，现代烟草农业建设的意义、作用，已超出了烟叶发展自身，体现了全局性、长远性的意义。因此，必须从行业发展大局的战略性高度来再认识，将现代烟草农业建设推向新的高潮。今后一段时期，要按照“总结经验、精心规划、全面推进、提升水平”的总体要求，从试点向全面推进转变，着力在“规划、设计、整合、集成、规范、结合”上下功夫，更加注重推进工作的整体性，更加注重规划设计的系统性，更加注重资源整合的综合性，更加注重运作体系的集成性，坚持省局总体部署，市局统一规划，县局精心设计，单元（烟站）具体实施，以县为单位整体推进，按照国家局2012年基本实现现代烟草农业建设的总体安排，力争用3年或更长一段时间基本完成现代烟草农业建设全面推进工作。

（一）总体部署，整体推进

各产区省级局（公司）是全面推进现代烟草农业建设的领导者，全面负责本省范围内的现代烟草农业建设工作。一要统筹安排，总体部署。要按照国家局要求，认真编制本省全面推进现代烟草农业建设的3~5年规划，根据各地实际确定全面推进的工作进度，排出时间表和路线图。主产烟区要抓大县，选择生产规模相对较大、基础设施相对完善、管理基础比较扎实的县市先期开展，规模较小或基础较差的县市可适当推后，目前不具备实施条件的单位要加大工作力度，积极创造条件。2009年全国1万吨（20万担）以上的种烟县共有68个，收购量占全国烟叶总量的43%，是全国烟叶生产的重点，也是全面推进工作的重点。2010年工作的重点是在部分20万担以上的种烟县市实施全面推进，有关省级局（公司）要至少选择1个或几个重点种烟县市整体推进。没有1万吨（20万担）以上规模种烟县市的省级局（公司），可以以县或单元为单位安排部署整体推进工作。首批全面推进单位必须具备以下条件：1. 土地资源比较丰富，基本实现规模连片种植，且达到隔年轮作的基本要求；2. 基础设施比较完善，建设质量得到保证；3. 已经开展探索，具有现代烟草农业建设的工作基础；4. 基层工作有较好基础，领导班子真抓实干、作风过硬，烟叶队伍素质较高、执行力强；5. 烟叶质量较好，烟叶生产整体水平较高。2010年全面推进的面积原则上不超过全省种植面积的1/5。二是加强领导，深入发动。要切实加强领导，坚持现代烟草农业理念，积极争取地方党委政府的支持，充分发挥基层企业的主动性和创造性，加强工作指导，讲究方法策略，深入发动基层，及时总结经验，扎实推进现代烟草农业建设。三是制订方案，组织实施。全面推进工作要周密计划，有序推进，防止急于求成、一哄而起。各产区省级局（公司）要抓紧制定完善本省全面推进现代烟草农业建设的总体方案，并组织相关专家进行论证，10月初报国家局。国家局将认真组织评价，并在《中国烟草》杂志和《东方烟草报》上公示。四是抓好培训，分批验收。全面推进现代烟草农业建设，是一项挑战性很强的工作，需要统一标准、优化流程、有机集成、规范运作。烟叶公司初步提出一套整县推进现代烟草农业建设的意见和工作规范，已发给大家征求意见，待进一步完善后正式下发。各产区要加强对业务规范的执行力度，做到整体推进前要培训，推进过程中要按统一规范运作，建成以后要按标准组织检查验收。国家局将组织力量对第一批全面推进单位的有关人员进行培训。

以县为单位全面推进现代烟草农业建设，要注重工作的全面性和整体性，注重工作质量和实际效果，做到五个“一步到位”。一是整体设计一步到位。要按照现代烟草农业的要求，紧密结合本地实际，在规模连片种植前提下，对烟田基础设施、生产组织形式、专业服务方式和生产流通管理等进行整体规划设计。二是基础设施配套一步到位。烟田、烟水、烟路、农机具、育苗工场、烘烤工场、基层站点、防灾减灾设施要实现“八配套”，建立地理信息档案，基层站点要有效整合、整体加强，信息化手段要发挥实际作用。三是业务流程整合优化一步到位。要根据生产组织形式、专业化服务方式的变化，调整建立标准化的业务管理流程、业务工作标准和运行规范。四是生产主体、服务主体一步到位。选择适宜的生产组织形式，发展适宜形式的专业化服务体系，做到软件与硬件相匹配。五是管理服务一步到位。要转变对烟农的服务方式，为烟农提供更加优质的服务。要积极探索、切实转变管理服务模式，按照规模化生产的需要，合理布局烟叶站点，按照专业化分工的要求优化人力资源配置，加强企业内部的管理规范，努力实现管理扁平化、岗位专业化，提升管理效率和服务水平。

（二）全面规划，综合配套

产区地市级公司是全面推进工作的组织者，要精心组织、全面规划、有效实施。各产区地市级公司作为生产经营主体，在全面推进工作中，要按照国家局的总体要求和省局的统一部署，在县局设计的基础上，按照上下结合的方法，结合本地实际，花大力气搞好本产区的全面性规划，并有效组织、狠抓落实。

第一，要体现规划工作的全面性，基本烟田布局调整、基础设施、组织方式、专业服务、管理方式、资源整合、技术手段、经费安排、人员培训、验收考核等，都要有明确要求。第二，要注重基础设施建设的配套性。今后几年，烟草行业仍将每年投入100亿元资金用于烟叶生产基础设施建设。基础设施建设要实现“八配套”。要开展基础设施建设“回头看”，进一步完善配套。基本烟田没有规模连片的，要按照隔年轮作要求调整布局；种烟地块零碎不便于机耕的，要进行整治；尚未开展基础设施建设的，要按照国家局要求高水平组织实施；原有基础设施达不到标准要求的，可适当增加建设计划，提高基础设施建设的水平。第三，要坚持规划内容的综合性。在地市级范围内，以县或单元为单位进行整体设计，坚持规划和设计相统一。在一个单元内，要综合考虑烟叶基础设施建设、生产组织形式、专业服务方式、业务管理模式、工商合作机制等方面，各种要素要有机集成，形成子系统规划，在此基础上形成全市的综合规划。第四，要坚持全面规划的科学性。按照统一标准制定规划的技术性要求，要规范规划底图，统一比例尺，统一图例要求，统一图表格式，统一规划标识（中国烟草××省××县××现代烟草农业推进区）。贵州黔西南州兴义市万鲁片区用1:2000比例尺的航拍照片作为规划底图，提高了规划的科学性。第五，要注重资源配置的整合性。要积极依靠地方政府整合资源，发挥资源优化配置作用，避免重复建设，提高资源利用率。一是整合资金资源，积极整合有关职能部门涉农资金，开展烟田土地整理和基础建设，进一步改善烟区生产生活条件。二是整合土地资源，探索完善机制，推进土地流转，开展土地集约经营。三是整合基础设施资源，按照普惠共享原则和广受益、长受益要求，加强基础设施管护，探索发展设施农业，充分发挥作用，提高设施综合利用率。四是整合技术和人力资源。完善工业企业、商业企业和科研单位合作建设基地单元机制，整合技术力量，形成技术合力。整合基层站点人力资源，提高基层队伍的专业化水平，努力做到一个单元有一套完整的技术方案和技术队伍，引导基层富余人员以多种形式参与现代烟草农业建设。

（三）系统设计，有机集成

县级局（公司）是全面推进的实施者，要在省级局（公司）总体部署、地市级局（公司）统一规划的前提下，将全县分成一个或多个基地单元（5万担），并重点抓好以单元为单位的系统性设计，对生产、流通、技术等要素进行有机集成。

一要按照“八配套”的要求，对烟叶基础设施建设进行系统设计。烟田要规模连片，便于机械操作；要根据基本烟田连片规模，按照统一标准，系统设计配套烟水、烟路、农机具，烟水要能灌能排，烟路坚持砂石路面，农机具数量功率、防灾减灾体系配置合理，避免闲置和浪费。烘烤工场要考虑平面布局、建设标准、建造方式、烤房设计方式（联排设计）、烘烤能源选择、烤房供热形式以及编烟棚、分级场所、收购场所面积及其综合利用等问题。育苗工场要考虑供苗规模、占地面积、播种剪叶机械、辅助设施等，可考虑建在基层站点附近。两个工场要真正像工场，坚持适度规模、流水作业，注意节约占地、节省成本和设施的综合利用。二是一个单元内的生产组织形式设计。种植专业户、家庭农场、生产合作社等生产组织形式的选择要因地制宜，要符合现代农业的方向，符合本地实际，符合烟农意愿。充分发挥烟叶烘烤工场和密集烤房群对生产组织形式变革的推动作用，积极构建现代烟草农业的生产组织体系。生产合作社也有不同的组织方式，如昨天看到的彰保烟叶生产合作社就值得借鉴。三是一个单元内的专业化服务体系设计。生产组织形式不同、育苗及烘烤设施建造形式的差异，直接影响专业化服务方式的调整。专业化服务体系的设计要重点放在育苗、机耕、植保、烘烤、分级等环节，注重资源优化配置，加强专业服务人员的技能培训，力争做到一专多能、一人多岗；加强专业服务成本控制，通过各种途径扩大作业面积和作业量，提高作业效率。专业化服务组织要建立统一的作业流程，研究确定各个作业环节的工作标准；必须建立市场化运作机制，行业加强指导，确定合理收费标准。四是一个单元内的生产技术体系设计。一个基地单元内要形成统一的烟叶生产技术框架，建立完整的标准化技术体系。烟叶品种要基本统一，便于技术配套和工业使用；耕作制度要统一，轮作满足要求，土壤保育措施要落实到位；烟苗壮苗标准、移栽规格要求、生产补贴标准、田间管理操作、机械作业标准、测土施肥要求、统防统治技术、成熟采收标准、密集烘烤工艺、分级收购标准、烟叶风格特色等要一致。五是一个单元内的管理服务模式设计。要按照管理扁平化的要求，加大基层站点整合力度，进一步整合基层管理资源，优化业务流程，统一工作标准，切实转变管理服务模式。要坚持走专业化分工道路，优化人力资源配置，合理确定每个技术人员的服务面积、专业化方向和具体岗位。六是一个单元内的工商合作模式设计。基地单元是工商企业合作的载体，也是烟叶资源配置方式改革的关键环节。在基地单元内部，工业企业要主动参与、深度介入，与商业企业全面加强技术、生产、收购、调拨等方面的合作，双方共同研究确定品种安排和生产技术方案。工业企业要结合品牌需要，提出烟叶质量需求和评价标准。

以上六个方面是以单元为单位进行系统设计的大致标准，其要点是：一个单元就是一个工商合作基地，产能0.25万吨（5万担）左右，设一个烟站，种一个品种，建一个育苗工场（大棚××平方米），建若干个烘烤工场（烤房总数700～800座），其中烤能3000担以上的烘烤工场可作为收购点，按照标准建设一定数量的分级和收购附属设施。每个单元可设一个农机服务队（社），配动力××马力，专用机具××台；设××个植保服务队；一个或几个烘烤、分级服务队。烟站要统一建设标准，建设一套信息系统和考评方法；人员要定岗定编，分工专业化，每个生产管理员负责烟田××亩。这些标准要在各地探索的基础上形成体系，各地再按此标准适度调整，形成可复制推广的模式，实现全市、全省一个样，全国基本一个样。

（四）积极创建，有效实施

烟站是全面推进工作的具体操作者。一个单元内如何有效实施，关键在于如何发挥基层工作站的作用。要把基地单元（基层站）作为全面推进现代烟草农业建设的具体操作单位。一要整体性开展基层站点的整合，原则一个单元一个基层站。少数地域较广的单位，可考虑集中与分散相结合的模式。原有已建的基层站点基础设施要综合利用，发挥功能作用。这样全行业大约有1000个基层站，比较有利于整合利用人力资源，有利于提高管理服务水平。二是以基层站为单位进行业务流程再造的系统研究，包括生产、收购、管理、服务等，以及制度规范化、标准化、信息化。三要积极开展优秀基层站创建工作，着重抓好基层站的能力建设和团队建设。能力建设有一套评价标准，主要包括管理能力、技术推广应用能力、经营服务能力和生产组织能力等。团队建设要把提升员工素质、增强烟站活力、提升基层工作水平作为重点。四是加强基层站人力资源建设。要大力加强基层烟叶技术和技能队伍建设，加强教育培训，推动技能鉴定、技能比武，增强专业技能素质，提高技术指导水平和技术推广水平，加大选拔任用优秀基层干部工作力度，逐步改善基层烟叶人员待遇。

（五）继续探索，创新发展

现代烟草农业建设是生产方式、服务方式和业务管理模式的全面变革，是一项复杂的系统工程，尽管在试点中积累了一些经验，但一些深层次的问题，还需要作长期的、深入的探索和研究。要坚持边推进、边探索、边完善，坚持创新发展，不断提升全面推进的水平。一是要“软硬”兼顾，完善硬件，加强“软件”。现在的问题是硬件不软、“软件”不硬。如基础设施的长效机制问题，工作流程和标准问题，服务的社会化问题，管理模式等。要在完善基础设施和基本模式基础上，更加注重运行机制、服务机制等管理创新问题，提高精细化生产管理水平，真正实现烟叶生产的产业化、现代化。二是规模种植和土地流转。要进一步加深对规模种植的理解，处理好烟田整理建设和土地集中经营相结合的问题，分类指导土地租赁经营和土地合作经营的健康发展，在坚持生产主体适度规模、保证烟农土地合法收益的前提下，推进土地集中连片种植，逐步解决分散种植、零星种植问题，基本实现一个单元内规模连片种植。三是生产组织和专业服务。要在农民自愿的前提下，紧密结合本地实际，选择并积极推广种植专业户、家庭农场和烟叶生产合作社等生产组织形式，保持种烟主体的主动性和活力。目前要重点解决专业服务未做实的问题。专业服务必须和生产组织相配套、衔接，才能形成全过程的现代化。服务队如何做实，服务流程问题、人员技能问题、服务价格问题等有待深入研究。四是综合利用基础设施，落实普惠共享原则，实现烟农广受益、长受益问题。通过近几年的建设，产区已经形成了一定规模的基础设施，既为烟叶生产提供了便利，又为发展设施农业、拓宽烟农增收渠道创造了条件。据初步测算，仅育苗设施、烘烤设施两项，就有4000万平方米的面积。产权究竟属于谁最合理，所有者与经营者的关系，行业的话语权、控制权、协调作用如何得到保障等问题，需要认真考虑解决。五是建立生产服务主体发展的自主性和内生性长效机制。要突出解决生产主体、服务主体对行业的依赖性、公司的包办性问题，尽可能让主体真正成为主体。要根据服务社会化、价格市场化的原则，逐步引导主体内、主体间形成协调发展的内生性长效机制，提高烟叶生产主体和服务组织的自主性和自我发展能力，充分发挥烟农主体地位作用，真正使烟农愿意干、主动干、积极干。六是要继续深入探索建立工商合作机制的具体措施，把工业企业主动参与、深度介入的要求真正落到实处。今年将作专题研讨。

三、关于2009年的烟叶收购工作

当前即将进入烟叶收购阶段，各产区要把严格控制总量、切实提高等级质量摆在烟叶收购工作的中心位置，进一步提高烟叶收购工作水平。

（一）严格收购计划和合同管理，确保“烟叶防过热”任务真正落实

产区各级烟草部门要从保持行业健康发展的高度，克服盲目乐观情绪，充分认识“烟叶防过热”任务的艰巨性，保证把烟叶收购总量控制在国家计划以内。要把收购作为落实“烟叶防过热”任务的重要环节，坚决维护计划与合同的严肃性，坚持以合同为主线抓好烟叶收购管理，严格按计划、按合同组织烟叶收购，严禁无合同、超合同收购。要在收购前认真搞好灾害核实和烟叶产量预测，以县为单位在采摘前、烘烤中搞好产量预测。对预测的超产部分，要及早采取有力措施，将超产控制在生产环节，确保“烟叶防过热”目标实现。

（二）以质量管理为中心，努力提高烟叶等级质量

近两年受各种因素影响，一些产区放松了收购等级质量管理，造成全国烟叶收购等级合格率大幅下降，等级质量和等级结构与烟叶生产实际严重偏离。产区各级公司要高度重视烟叶等级质量管理，把严格等级质量作为今年烟叶收购工作的重中之重切实抓好、抓出成效。一是要积极与烟农沟通，讲清调整烟叶收购价格的意义。2009年烟叶收购价格提高了10%，目的就是在保护烟农利益的前提下，解决去年上等烟比例过高、收购均价偏高、等级合格率偏低的“两高一低”问题，确保国家烟叶标准执行到位，提高烟叶收购等级质量。产区各单位要积极与烟农沟通，做到客观评等评级，既不抬级抬价，又不压级压价。二是要认真执行有关规定，做到质量管理制度化。要认真落实国家局《烟叶收购质量管理规定》，明确等级质量技术负责人，强化职责与考核奖惩，切实做到有章可依、有章必依、违章必究；要通过培训、考试、考核等手段，着力提高质检队伍素质，全面实行持证上岗；要建立健全烟叶质量管理体系，全面推行质量管理责任制，实行站对县、县对市级公司负责以及相应的主检对总检、总检对总监、总监对企业的三级质量负责制。三是要严格烟叶收购工作流程，做到质量控制程序化。要认真执行《烟叶收购管理规范》，严格规范站点岗位设置、业务流程和绩效考核，并按“入户预检、考核到人，进站初检、收购定级，入库验收、逐包检验，原收原调、规范经营，定期巡检、及时反馈”的工作流程，加强全过程控制。要狠抓预检到位率和预检合格率，加大预检考核力度；全面落实“编码封闭定级”，保证公平公正，客观定级；建立健全烟叶收购等级质量追溯体系，实行痕迹管理，落实责任追究制度，确保责任到人。四是加强收购质量督查

指导，做到质量督查常态化。要认真落实烟叶收购质量管理职责，由省、市两级公司烟叶部门负责收购等级质量的检查、指导、考核和情况反馈，由县级公司负责烟叶收购的具体管理和站点之间收购眼光的平衡。产区省、市、县三级烟草部门要认真组织收购工作的定期巡查，及时通报检查情况，做到收购质量督查常态化。国家局将在收购期间组织对各省烟叶收购工作及等级质量情况进行检查、指导和考核，并通报检查结果。五是建立烟叶收购等级质量工作问责制和预警机制。省级公司分管领导，地市级公司、县级公司和烟叶收购站（点）主要负责人是烟叶收购等级质量第一责任人，对烟叶收购等级质量问题负主要责任。建立收购等级预警机制，依据各产区烟叶生产水平和前三年实际收购情况，确定上、中部位比例和上等烟预警线。各产区中部烟比例原则上不超过45%，上等烟预警线国家局将分别予以明确。要充分发挥烟叶基础软件的监管功能，对进入预警线的产区及时加强检查问责，依照有关规定严肃处理。各工业企业要积极把关，防止采购烟叶部位比例、大等级比例与产区生产实际相差太大。六是加强工商交接等级质量管理。各产区要强化市场意识、诚信意识，进一步规范经营行为，严格控制烟叶损益率，严禁通过压级收购、提级上调、变更等级获取不正当利益。收购等级质量达不到国标要求的烟叶，在工商交接时要按国标重新定级，降级损失由产区公司承担。工业企业在调拨过程中要加强等级质量管理，建立健全烟叶等级质量管理体系，明确等级质量技术负责人，强化职责和考核奖惩，严把等级质量关，彻底扭转降低等级质量标准采购烟叶的错误做法。

（三）抓好烟叶收购秩序，提高烟叶工作水平

首先，改进服务烟农水平。在新的形势和挑战面前，对烟农的服务只能加强，不能削弱。要全面推行上户预检，加大预检员培训力度，提高分级指导能力；积极组织运输工具，集中运输、约时定点、批量交售，为烟农售烟提供便利；认真制定应对收购矛盾和问题的预案，妥善解决烟农争等争级等问题，及时化解矛盾。其次，要进一步完善烟叶收购方式。一是今年的烟叶收购仍以“入户预检、编码封闭定级、站点收购”的方式为主。各产区要强化“预检制”，全面落实“编码封闭定级”，切实提高现有收购方式的工作水平。二是稳定烟叶原收原调试点范围，规范烟叶购销行为，调整完善流通方式，降低交易成本。三是精心组织专业分级、工场收购试验工作。专业化分级、烘烤工场收购是烟叶收购方式的重大改革，是现代烟草农业的一项重要内容。2009年安排在国家局四个现代烟草农业联系点和安徽皖南的几个烘烤工场开展“专业分级、烘烤工场收购”试验工作，重点研究工作流程、运行模式和技术规程。各有关单位要高度重视，精心组织，抓好分级培训，配备必要设施，把握好等级质量关键控制点，严格定级流程，确保收购质量。要在专业分级基础上，工商协同探索散叶不扎把收购问题，研究比较不同包装形式的成本。第三，积极推行以县或单元为单位确定开采、开烤、开收的时间。要狠抓烟叶田间成熟度和大田后期管理，坚持分部位采烤，努力提高烘烤水平，把烟叶烤黄、烤香。烟叶收购验级要高度重视成熟度问题，分等定级要按国标要求把成熟度作为首要因素来考虑。要积极推行分品种、分部位、分批次收购，约时定点，批量交售，提高收购效率，缩短收购时间。特色优质烟叶基地单元要坚持单站单线收购，明确标识，单独存放、单独调拨。第四，严格烟叶收购纪律。一要严格执行烟叶收购的“五条纪律”和“七项要求”，严禁无合同、超合同、跨地区收购烟叶，严禁违反国家标准和收购价格收购烟叶。要强化烟叶专卖管理，严厉打击、严肃查处内外勾结违法购销烟叶行为。省际间毗邻地区烟叶收购边界管理工作，由相邻省区负责协调，各产区省级公司不但要维护好辖区内地市间、县市间的边界收购秩序，还要与毗邻省区加强协调合作，共同维护好边界收购秩序。如发生重大边界收购问题，要及时向国家局报告。二要提高信息化监管能力。要加快基础软件改造升级步伐，改善信息化基础条件，利用现代信息技术对烟叶入库、货款支付、调拨交接过程进行跟踪监控，全面实现省、市、县、站四级联网和收购数据自动生成传输，提高监管能力。三要加大监督检查力度。要采取重点排查与随机抽查相结合、实地查验与合同档案相对照的办法，重点检查合同执行情况和烟叶收购质量。一旦发现问题，现场提出整改意见和要求，责令被查单位整改到位。要进一步拓宽监督渠道，全面推行烟叶收购公示制度，基层站点必须公示国家局和省、地、县局的举报方式和本站烟叶收购情况，自觉接受当地政府及广大烟农的监督，提高收购过程的透明度。第五，要加强收购工作的组织领导，确保收购工作规范有序推进。产区各级烟草部门要切实加强组织领导，协调解决烟叶收购中的矛盾和问题；要认真落实烟叶收购责任制，一级抓一级，层层抓落实，确保实现“烟叶防过热”和烟叶收购等级合格率80%的工作目标。按照《优秀烟叶收购站创建活动实施方案》要求，认真抓好优秀烟叶收购站创建活动，提升烟叶基层建设和基础管理水平，发挥优秀烟站成为烟叶收购管理和质量控制等方面的示范作用。

四、关于启动特色优质烟叶开发重大专项

目前，烟草行业的发展已经达到新的水平，如何提升原料保障能力已经成为影响行业持续健康发展的重要问题。这次会议的一项重要内容，就是要正式启动特色优质烟叶开发重大专项，为提高烟叶质量水平、彰显烟叶风格特色、增强优质原料保障能力积极探索。

（一）充分认识实施特色优质烟叶重大专项的重要意义

大力发展特色优质烟叶，构建中式卷烟原料核心技术，打造中式卷烟原料保障体系，对于保持行业良好发展态势具有重要意义。首先，发展特色优质烟叶是中式卷烟品类创新的基础。烟叶是卷烟工业企业的重要原料，卷烟风格的形成虽然与配方技术、加香加料技术密切相关，但很大程度上是由原料风格特点决定的。如云南清香型烟叶、河南浓香型烟叶、贵州烟叶、凉山烟叶、红大及翠碧品种等，都在一些重点骨干品牌中起着重要作用。烟叶因种植品种不同、生态环境不同而表现出差异化的风格特色，中式卷烟品类核心竞争力的提升需要特色优质烟叶原料作保障，特色优质烟叶是推进中式卷烟品类创新的重要物质基础。

其次，发展特色优质烟叶是提高中式卷烟原料保障能力的有效举措。优质烟叶原料的充分供应是品牌发展的基础。津巴布韦烟叶具有明显的焦甜香风格，香气质好，香气量足，配伍性好，是高档中式卷烟品牌依赖度较高的重要原料。挖掘烟叶风格特色，实现批量生产，是保持中式卷烟烟叶原料优势、降低重点骨干品牌对进口烟叶依赖度的重要举措，是全面构建中式卷烟优质原料保障体系、提高优质烟叶原料保障能力、实现中式卷烟优质烟叶原料供应安全的重要内容，是增强中式卷烟品牌核心竞争力、确保“卷烟上水平”、保持行业持续健康发展的重要基础。

第三，发展特色优质烟叶是建设现代烟草农业的客观需要。推进现代烟草农业建设，转变烟叶生产方式，目的是改进烟叶质量水平，突出烟叶风格特色，实现特色优质烟叶标准化、规模化生产，更好地促进烟农增收，更好地保持中式卷烟原料优势，保持烟草行业持续健康发展。因此，发展特色优质烟叶也是推进现代烟草农业建设的客观需要。

启动特色优质烟叶重大专项具备较好的基础。近年来，由于国内自育、国外引进品种资源的不断丰富，以及对传统地方品种的恢复挖掘，支撑我国特色优质烟叶开发的品种技术体系逐步形成，品种对烟叶风格特色的重要作用将逐步显现。另外，我国烟叶种植分布广泛、生态环境丰富多样，烟区地形地貌、土壤类型、光温水气等生态条件都存在较大差异，不同的区域生态特点，也是培育彰显风格特色烟叶不可或缺的重要条件。同时，国家局组织实施的国际型优质烟叶开发、部分替代进口烟叶项目、特色优质烟叶开发、烟叶种植区划等烟叶重大技术项目，形成了工商研共同研究烟叶技术问题的良好机制，促进了一部分特色烟叶产区的发展，为特色优质烟叶重大专项的开展奠定了较好的工作基础。现代烟草农业建设的全面推进和烟叶资源配置方式改革的良好起步，也为特色优质烟叶专项的实施提供了较好的内部环境。

（二）实施特色优质烟叶重大专项的指导思想和目标任务

要以中式卷烟品牌需求为导向，以现代烟草农业为统领，以资源配置方式改革为动力，以基地单元建设为平台，以提升烟叶质量水平、特色水平和利用水平、增强特色优质原料保障能力为中心，结合特色优质烟叶开发工作，坚持工业主导、商业主体、科研主力的工作机制，构建中式卷烟品牌特色优质原料保障体系，保持中式卷烟特色优质烟叶原料优势，提升中式卷烟核心竞争力。

特色优质烟叶重大专项计划通过5年左右时间，采用“风格评定，品牌验证，机理研究，区域定位，工业应用，规模开发”的技术路线，重点在烟叶质量风格特色评价与定位、烟叶质量风格特色形成机理、区域特色优质烟叶彰显技术、特色优质烟叶工业利用四个方面深化研究，努力实现三大目标：一是建立特色优质烟叶评价指标体系，完成我国烤烟风格特色区划，提出特色优质烟叶生产规划布局；二是在特色优质烟叶形成机理研究方面取得突破；三是构建中式卷烟重点品牌特色优质原料保障体系，提升特色优质原料保障能力，保持中式卷烟特色优质烟叶原料优势，增强中式卷烟核心竞争力。

（三）实施特色优质烟叶重大专项的具体要求

一要进一步加强领导、明确职责、合理分工，工业企业要加大主动参与、深度介入工作力度，工商研通力合作，原料部门和技术中心加强沟通，分年度抓好专项研究攻关内容的实施。二要围绕提高特色优质烟叶原料保障能力，加大原始创新、集成创新力度，力争在风格特色烟叶品质区划、风格特色烟叶批量生产、特色烟叶加工使用等方面取得突破。三要坚持课题运作机制，成立专项专家小组，建立课题论证和考核评价机制，加大科研补贴力度，充分发挥各方积极性，合力攻关，系统推进，全面提升项目管理水平。

经济运行

扎实推进电子商务
努力构建面向消费者的现代营销体系
持续提升卷烟营销网络的软实力

——在2009年全国卷烟销售网络建设现场会上的讲话

何泽华

（2009年9月17日）

这次现场会是近两年行业网建乃至营销工作成果的检验和经验的总结。会议听取了销售公司吴庚宏总经理的工作报告以及江苏省局（公司）、徐州市局（公司）和七家典型示范单位的网建经验介绍，参观了他们的网建成果展览和徐州市公司卷烟配送中心。刚才，四家单位交流了经验和体会。这次会议内容丰富，涉及面广，创新点多，将对行业网建水平的进一步提升产生重要影响。下面，讲三个问题。

一、近两年行业网建工作的回顾和分析

山西会议①提出了网建全面提升的工作要求。经过各单位的积极探索，全国卷烟销售网络建设继续向更深层次、更高水平发展，取得了明显成绩。

（一）模式推广与完善升级相结合

2002年的上海会议②明确要求建立“电话订货、网上配货、电子结算、现代物流”的业务模式，提出了从传统商业向现代流通转变的战略任务。通过几年的努力，新业务模式的整体推进工作已经完成，形成了从东部沿海到西部内陆城乡一体、标准一致、流程统一的卷烟营销网络。目前，全国卷烟电话订货率已经达到98.7%、送货率达92.8%、电子结算率达77%。

在模式推广过程中注重优化升级。一些单位在卷烟电子商务建设方面取得了重要突破，已在以省或市为单位的一定范围内取得了良好效果。目前，工商之间的网上配货已形成比较完善的模式，批零之间的网上配货开始起步，工商之间、批零之间的网上结算工作慎重开展探索。特别是不少单位对网上订货进行了积极探索。截至2009年8月底，已有13个省、35.7万零售客户开展了网上订货，占全国零售客户总数的7.45%。网上订货不仅方便了客户、提高了效率，而且是新业务模式的完善和优化，将对卷烟营销产生深刻的影响。同时，现代物流建设更加注重统一规划、整合资源、加强管理和现代物流技术的应用，硬件更加完善，效率不断提高，工商一体的卷烟供应链体系逐步确立。从全行业看，工商一体、批零互动、“电子商务+现代物流”的现代营销模式已经成形，中国烟草的网络建设将在更高起点上向国际先进的目标迈进。

（二）全面提升与重点突破相结合

山西会议以来，各单位按照“打牢基础、规范运作、创新营销、增强活力”的总体要求，认真落实国家局《关于全面提升卷烟销售网络建设与运行水平的指导意见》，在整体推进的基础上全面提升，网络的管理水平和运行效率大大提高，一些工作取得了重要突破。第一，着眼于建立面向消费者的营销体系，在把握市场真实需求方面取得明显突破。2007年的卷烟销售网络国际研讨会，通过学习、对比、借鉴跨国烟草公司的营销经验，提出要把构建面向消费者的营销体系和运作模式作为下一阶段工商企业共同的长期任务，为新一轮网络建设作了理论上的探索。两年来，各单位把消费者作为市场研究的起点，全面开展市场调查，通过各种渠道收集信息，利用各种手段分析利用信息，更加关注需求、库存和价格，在搞好市场预

① 指2007年5月10~12日在山西太原召开的2007年全国卷烟销售网络建设现场会。

② 指2002年9月在上海召开的2002年全国卷烟销售网络建设现场会。

测、把握真实需求方面作了积极探索。银川市公司确立了“数据驱动营销”的工作思路，运用信息技术建立市场营销分析系统，比较好地做到了客户需求与市场真实需求的有效匹配，体现了比较高的营销信息化水平。青岛市公司对信息采集管理模式作了较长时期的持续探索，注重信息采集的代表性和可靠性，突出信息分析的科学性，不断提高把握市场需求的能力。第二，立足于服务，在加强客户终端建设方面取得突破。通过多年努力，我们已经初步建立起了零售客户的服务体系和服务标准。在此基础上，不少单位开始探索零售终端资源挖掘、利用的新途径，进一步加强客户关系管理，积极开展终端建设与维护，提高零售客户的依存度，逐步将零售客户纳入更加紧密合作的渠道。厦门市公司围绕卷烟营销上水平目标，有效开展终端品牌培育的实践活动，实现了终端品牌维护与促销工作的标准化、规范化。吉林市公司从经营结构、品牌组合、柜台陈列、营销推介等基础服务入手，把客户服务做实做细，帮助客户提高经营能力，使网络功能得到有效发挥。第三，全面梳理内部业务流程，在建立工商快速反应机制方面取得突破。工业企业切实加强“四大中心”建设，生产组织更加注重适应市场需求，市场需求信息的反应能力、保证市场需求的响应能力、供应和销售物流的保障能力大大增强。商业企业围绕市场需求的把握能力、货源保障的采购能力、货源分配的投放能力，切实做好预测、采购和供货工作，大大提高了货源组织和供应的有效性。工商之间沟通更加顺畅，批零之间联系更加紧密，批零之间的订单能够比较及时地转变成有效的产销衔接订单，形成了从需求预测到工商衔接、计划调整，再到定向整合、品牌供应的一个整体面向市场的卷烟供应链框架，工商快速反应市场的机制日趋完善。近两年，行业营销从总体上说，客户需求满足程度有所提高，销量每年增加 500 亿支（100 万箱）以上，行业平均库存下降 100 亿支（20 万箱）左右，社会库存保持在 450 亿支（90 万箱）左右，反映了行业对市场的快速反应能力逐步增强。

（三）流程再造与体系建设相结合

订单供货和协同营销是近年来行业营销战线的两项重点工作，已经与网络建设形成一个整体，使网络建设的内容更丰富、更生动，促进了营销网络的流程再造和营销体系的进一步完善。通过多年的网络建设，行业较好地解决了批零关系问题，客我关系大大改善，已经形成全国统一的销售网络，为卷烟现代流通打下了坚实基础。2005 年开始推进的订单供货工作，突出业务流程再造，从市场需求出发，侧重于调整行业内部运作方式，逐步建立起由下而上、由外而内的卷烟流通业务流程。2007 年开展工商协同营销，着眼于发挥行业体制优势、优化行业资源配置，有效开展工商之间的信息连接、市场连接、货源连接、组织和工作连接，完善了行业卷烟营销体系，促进了工商营销资源的合理配置，提高了营销效率。通过订单供货、工商协同与网络建设的有机结合，把工业企业和零售客户纳入网络建设，密切了工商关系和批零关系，使工业企业、商业企业和零售客户三个环节成为一个整体，形成了比较完整、顺畅的卷烟流通渠道，面向消费者的营销体系和运作模式建设取得重大突破。

（四）注重基础与提升能力相结合

打基础是提升能力的前提。近年来，行业上下普遍重视做好网建基础工作。通过统一客户分类标准、统一需求预测方法和流程、规范订单采集和货源分配、加强基础管理和队伍建设等工作，近两年在原有基础上，卷烟营销网络“把握市场、服务客户、培育品牌、科学管理”的能力有了新的提高。一是把握市场的能力。通过分析了解市场，工商企业共同面向消费者的能力不断增强，对市场供求的判断更加准确，对销售节奏的把握更加科学。2009 年以来，面对复杂的经济形势，行业通过卷烟营销网络及时掌握市场信息，有效调整投放节奏，很快走出年初价格下滑、库存偏高的不利局面，零售价格指数从 3 月末的 99.7 上升到 8 月末的 100.22，社会库存从 3 月末的 125.8 万箱减少到 8 月末的 106.8 万箱。这充分体现了卷烟营销网络把握市场的能力。武汉市公司认真研究节日市场的需求特点，合理控制春节期间的卷烟投放，保持了市场价格的稳定，减少了卷烟销售的波动性。二是服务客户的能力。各地在网建工作中始终把握服务这个本质，真正树立平等的观念，转变和规范对零售客户的态度与行为，客户服务水平进一步提高。一些单位在加强日常服务的同时，更加注重零售户赢利问题，通过组织有效货源、稳定市场价格保证了客户的合理毛利，客户满意度和需求满足度保持了较高水平。三是培育品牌的能力。商业企业普遍按照“机会公平、过程公平、结果公平”的原则，研究制定统一的品牌进入、退出、维护、评价、推介规则，在营造公平竞争环境、发挥市场机制作用方面迈出了一大步，卷烟品牌适应市场的能力进一步增强，大企业、大品牌的优势日益显现。2009 年 1～8 月，30 个重点骨干品牌销量 8414 亿支（1682.8 万箱），同比增加了 1217 亿支（243.4 万箱），增长 16.9%，增幅高于行业平均增幅 11.9 个百分点；占行业总销量比重为 53.6%，同比提高 5.8 个百分点。特别是 2009 年全年“中华”销量将突破205亿支（50万箱），“红塔山”将突破1000亿支（200万箱），对行业具有重要意义。重点骨干品牌的发展态势良好，贡献度进一步提高，对行业平稳较快发展的支撑作用进一步显现。四是科学管理的能力。通过科学设置岗位、调整业务流程、转变运作方式，工商企业营销工作的效率大大提高。这里值得一提的是，客户经理队伍建设在过去两年中得到了明显加强。各单位普遍把客户经理作为卷烟营销的核心资源，逐步把客户经理从简单的日常事务中解脱出来，注重发挥客户经理分析市场、服务客户、培育品牌的作用。兰州市公司通过积极探索，形成了一套比较完整的客户经理工作法，为客户经理工作的做实打下了基础。同时，各地加快建立客户经理考核晋升机制，为他们提供发展空间和成长通道，增强了他们的归属感，调动了他们的积极性，客户经理队伍的整体素质不断提升。在这方面，成都市公司的经验值得借鉴。

二、江苏及徐州网建工作的经验和评价

这次网建现场会，经过了两年多的筹备过程。先是由各省级公司推荐产生了64家典型示范单位，经过销售公司组织人员评定后选择了8家工作水平较高的单位，直到2009年初才确定在徐州召开。应该说，每个单位都为这次会议做出了一份贡献。江苏省公司和徐州市公司在会议筹备过程中，多次组织人员到先进单位学习，对不少单位的经验进行了认真消化吸收，并在此基础上作了不少探索、集成和创新。可以说，江苏、徐州网建工作的经验，主要是他们勇于实践、积极探索的成果，同时也是行业网建先进经验的综合集成，代表了网络建设的最新水平，标志着网建工作进入了新的阶段。从讨论情况看，大家对江苏、对徐州的经验是肯定的。姜成康局长把徐州的网建经验精炼地概括为“优化模式、完善机制、强化服务、增强能力”。具体来讲，江苏、徐州的经验较好地回答了以下几个问题。

一是如何认识以网上订货为主要形式的电子商务。截至8月底，江苏全省网上订货客户总数已达14.8万户，占全省客户总数的42.5%，其中苏州的网上订货客户比例已达87%。徐州网上订货客户已有15689户，客户比例为40.5%，销量比例为64.8%、销售额比例为67.2%。同时，徐州市公司已与18家工业企业全面开展了网上配货，并开展了与零售户网上结算的探索。以网上订货为主要形式的电子商务是这次会议的重要课题，将带来多方面的变化，希望引起大家的重视。首先，方便了客户，提高了效率。网上订货给客户提供了自由的订货空间，客户可以自主选择订货时间、订货地点、订货方式、订货品种和订货数量，有效解决了电话订货模式下客户等待时间长、效率低的问题。实际上这是从更深层次上解决网络建设“以我为中心”还是“以客户为中心”问题的更好途径。同时，网上订货也提高了商业企业的工作效率。自开展网上订货以来，徐州市公司已转岗电话订货员20人，江苏全省已减少211人，效率明显提升。第二，建立了与客户平等的客我关系和互动的业务关系。零售客户通过网上订货，面对的是一个24小时服务的网络，可以自由地在网上发表对烟草公司的意见，公司也可以通过网络反馈对客户意见的处理结果，这样就在公司与客户之间建立起一种平等、互动的关系。第三，规范了公司的经营行为。网上订货对公司货源分配政策的公平性、公开性提出了更高的要求，减少了货源分配的人为因素，从业务操作层面杜绝了人情烟、关系烟。第四，吸引了具有重要价值的客户。实行网上订货的客户，一般知识水平相对较高、经营能力比较强、容易接受新鲜事物，往往是卷烟经营、品牌培育的重要伙伴。能够把这类客户吸引过来，对于卷烟营销具有长远的意义。截至8月末，徐州各类客户中实行网上订货的比例，商场类客户达到100%，超市类客户92.4%，食杂店只有37.9%；大客户81.5%，而中客户33.7%，小客户只有19.7%；城镇客户63.1%，乡村客户28.3%。这种以现代信息手段吸引重要客户的做法，比有的单位以主观指标划分客户等级的做法更加先进、公平、合理。如果着眼于在未来竞争中“拴住客户”，意义就更大了。第五，开辟了品牌展示的窗口。在烟草广告宣传促销的控制日趋严格的形势下，利用网上订货这个窗口，企业可以对品牌做全面的宣传展示。第六，搭建了企业了解市场的平台。工商企业可以通过这个平台及时了解市场需求、客户意见等信息，从而更好地改进产品质量和服务质量，为客户提供更优质的产品和服务。第七，电子商务有效地把订单供货、协同营销落到实处，形成工、商、零一个整体的营销平台。因此，网上订货不仅是业务方式的变化，而且是网络提升水平、增强能力的重要手段，是行业营销体系建设的重大突破，将对卷烟营销产生深远影响，对此要有深刻的认识。

二是如何认识以服务为本质的现代流通。近几年卷烟营销中的一些问题始终困扰我们，比如对客户供货时紧时松、对客户态度时好时坏，特别是少数单位在加速增长时拼命压客户、在供求紧张时一味控客户、在品牌整合中不考虑客户的意见、在日常工作中随意对待客户，不顾客户的需求和感受。实际上，这些都是长期形成的官商习气的表现，都是由于没有抓住服务这个现代流通的本质。江苏烟草在长期的网建工作中，始终把服务摆在突出位置，坚持“与客户共创成

功”的理念，全力打造服务品牌，在服务文化方面起步早、标准高、效果好。第一，坚持高标准。公开服务承诺，做出对零售客户“八讲八不”、对工业企业“八化八要”的服务承诺；注重服务的规范化、标准化，建立了全省统一的“客户服务质量评价体系”，从客户投诉咨询、工业企业意见和客户服务质量三个方面综合测评各地客户服务水平。第二，重视维护客户利益。设立省级客户投诉中心，有效掌握服务中的突出问题，督促企业提高服务质量。同时，注重组织适销货源、把握投放节奏、稳定市场价格，较长时期保持稍紧平衡状态，较好地解决了客户赢利问题。2009 年 1 ~ 8 月，徐州的零售客户月均毛利率 10.2%，毛利 1591 元，同比增长 2.7%。第三，注重为工业企业服务，积极为工业企业营造公平的市场环境，为品牌培育提供及时畅通的信息服务，在全国率先为工业企业的营销人员提供良好的工作生活条件，与工业企业建立了平等互利的长期合作伙伴关系。江苏、徐州的经验给我们这样的启示：服务是网络建设的出发点和落脚点，是衡量网建水平的重要标准。搞现代流通、抓网络建设一定要紧紧抓住服务不放。服务既是网络建设的永恒课题，也是网建工作的一个难题，对服务无论怎么重视都不为过。

三是如何真正面向市场、面向消费者。对卷烟工商企业来说，消费者和零售客户就是市场。真正面向市场，就必须按照“需求安排订单、采购保证供应”的要求，抓住预测、采购、分配三个关键环节，解决“要什么、购什么、怎么购、卖什么、卖给谁、怎么卖”等一系列问题。在“要什么”的问题上，徐州市公司在市场信息的采集利用中，注重客户样本的代表性、信息采集的规范性、数据的可靠性和结果的实用性，较准确地掌握了市场的真实需求。在“购什么”的问题上，徐州市公司不是以毛利高低选择产品，而是围绕市场需求选择本地适销对路的产品。在“怎么购”的问题上，徐州市公司与 18 家工业公司建立了良好的合作关系，搭建了网上配货的平台，保证了货源供应的及时性。在“卖什么”的问题上，徐州市公司切实尊重客户需求，不是有什么卖什么，而是客户需要什么卖什么，真正让客户有所选择。在“卖给谁”的问题上，徐州市公司制定了公开透明、公平公正的货源分配政策，保证了货源分配的公平性。在“怎么卖”的问题上，徐州市公司在合理把握投放节奏的同时，积极探索“电子商务 + 现代物流”的业务模式，狠抓“成本、服务、效率、管理、安全”五个关键，准确、安全、高效地把卷烟送到零售客户手上。

通过以上工作，徐州市的卷烟销售比较好地贴近了市场真实需求，产品结构、品牌结构比较符合徐州社会经济发展的实际。徐州市 940 万人口，其中农村人口占 65%，与全国平均 63% 的水平相差不大；城市人均可支配收入 16955 元，农民人均纯收入 6240 元，高于全国平均水平。近年来，徐州的卷烟销售额占社会消费品零售总额的比例保持在 5% 左右，销售均价与人均可支配收入保持同步增长（前者是后者的 0.9 ~ 1.2 倍）。2005 ~ 2008 年，徐州低档烟销量所占比例分别为 48.6%、42.9%、39.0% 和 33.3%，下降态势比较平缓。2008 年平均单箱卷烟销售收入 13075 元，四、五类烟销量所占比例分别为 40% 和 35%，零售价 15 元/条的卷烟占总销量的 9.5%。2009 年 1 ~ 8 月，四、五类烟销量所占比例分别为 41.4% 和 30.0%，其中 15 元/条的卷烟占 7.2%，均高于全国平均水平。以上数据充分说明，徐州市公司在经营指导上能够尊重市场，没有脱离市场实际盲目求增长；在具体工作中能够适应市场，保证市场特别是低档烟的有效供应，在把握市场需求、满足市场供应方面是过硬的。徐州的做法和经验应该引起我们许多单位对供求关系的反思。

四是如何有效加强市场主体建设。地市级公司的经营主体地位是行业的管理体制决定的，但主体意识和主体能力不是自发产生的，也不是一朝一夕就能够培养起来的。江苏、徐州的一条成功经验就是把网建工作与发挥地市级公司的主体作用紧密结合起来，为加强市场主体建设找到了一个有效载体。市场主体第一是责任主体。徐州市公司责任意识较强，对待权利和责任的态度比较端正，不是只要权利不要责任，而是本着对工业企业负责、对品牌负责、对零售客户负责、对消费者负责的精神，认真履行主体职责，真正把客户买不到当做自己的责任，把客户卖不出当做自己的责任，把客户不赚钱也当做自己的责任，把客户不满意仍然当做自己的责任。这种责任意识是主体能力提高和发挥的前提。第二，徐州市公司在网建工作中，突出能力建设，主体能力大大增强。比如在需求预测上，通过市场量、价、存的对比分析，结合宏观经济发展，准确把握市场走势，需求预测水平不断提高。特别是他们以网上订货这种新的形式把订单供货、工商协同真正落实的经验，值得大家借鉴。第三，徐州市公司进一步明确了前、中、后台的关系，建立了后台支持前台、领导支持员工、流程驱动的业务模式，前、中、后台形成一个整体，建立了快速有效反应的机制。第四，江苏尤其是徐州网建能在一两年内取得明显进步，最关键的是省、市两级领导班子有与时俱进的精神状态、先进的管理理念和扎实的工作作风。徐州市公司的班子有激情、敢创新、求实效、有活力，班子成员作风扎实，业务精通，对经营工作有较高的领导水平。这在一定意义上决定了主体的整体营销能力和水平。

总之，徐州作为发达省份的不发达地区，网建工作在较短时间内取得了丰硕成果，体现了创新的精神、务实的态度、扎实的作风，在全国是有代表性的，值得大家认真学习。

三、新阶段网建工作的任务和要求

姜成康局长指出，今后的网建工作要体现进步、体现提高、体现创新。新阶段的网建工作，就是要落实这“三个体现”的要求，围绕国际先进的目标，认真学习江苏及徐州的经验，积极发扬探索创新精神和求真务实作风，突出行业特色，体现时代精神，坚持现代标准，构建完整体系，扎实推进电子商务，构建面向消费者的现代营销体系，持续提升卷烟营销网络的软实力，努力实现向现代流通的根本转变。

（一）扎实推进、积极完善以电子商务为主要特征的现代营销模式

现代流通的主要内容是现代营销加上电子商务和现代物流。电子商务作为现代流通的重要组成部分，包括网上订货、网上配货和网上结算，是网络提升软实力、迈向国际先进的重要手段。因此，要充分认识电子商务的重要意义，学习借鉴徐州经验，结合实际积极探索业务模式的优化升级，扎实推进行业电子商务进程。

一是认识要提高。首先要统一“要不要搞”的认识。有的同志认为网络建设就是销售卷烟，没必要搞电子商务；也有的同志认为我们的网络水平已经很高，不需要再升级了。这些想法是不正确的。对电子商务的意义，要站在国家现代化建设的高度、立足于未来竞争的长远、着眼于增强网络软实力的深度来加以理解。我国社会主义市场经济已经进入信息化带动工业化的阶段。信息化渗透各行业，促进产业升级已成为重要课题。如最近国家提出智能工业和物联网的新概念，营销战线的网络营销、精准营销已成为新的竞争手段。随着《烟草控制框架公约》的实施，烟草企业的生存发展空间逐步受到约束，跨国烟草公司更加注重发挥信息化的作用，竞争手段不断更新。如奥驰亚集团的卷烟营销在线数据系统，能监控零售终端每英寸空间的变化及其实现的利润，能有效管理库存，能与客户建立更加紧密的一对一的关系。结合前面所讲的网上订货的七个作用，大家对利用电子商务增强网络软实力的意义就不难理解了。其次，要统一“能不能搞”的认识。有的同志认为本地条件不如江苏及徐州，担心搞不了。全国有不少地区是这样的情况，但对此要作具体分析。我认为只要具备网络通信条件的地区都有可能实行网上订货。比如重庆是城、郊、乡三个层次发展差异很大的地区，经过一年多的努力，网上订货客户比例达到了42.3%；陕西是西部经济欠发达地区，不到一年网上订货客户比例已达43.8%；云南也达到了10.1%。这些地区能搞网上订货，其他地区能不能搞，答案不问自明。搞电子商务不是要“大干快上”，也不是要“一刀切”。只有认识到位，坚定信心，循序渐进，才能有效推进电子商务。再次，要认清电子商务的连锁影响。电子商务不是简单的订货方式，“三个网上运作”是复杂的体系，将引起企业整个运作方式的改变；不仅商业企业要变，工业企业也要变；不只是会减少几个电话订货员，而是对管理方式、队伍素质提出了新的挑战。大家对此要有充分的认识。

二是工作要得法。工作得法才能事半功倍。要搞好调查研究，摸清当地互联网使用情况、客户上网情况和客户意愿。要有轻重缓急之分，初期要把网上订货作为重点，先把市区客户、特别是经营水平较高的客户列入工作对象。要坚持自愿原则，注重与客户沟通，尊重客户意愿，通过有效手段吸引、鼓励客户，防止强迫限制、包办代替。要量力而行、分步实施，把握好工作方法、工作进度和工作质量，防止一哄而起、盲目攀比，防止简单定任务、下指标。从现在起各地不要再自行开发网上订货软件，国家局将制定统一、标准的网上订货平台软件。要妥善处理由网上订货产生的一些问题。如减下来的订货员可经过培训转到客户经理岗位上来。

三是质量要保证。要坚持高起点、高标准、高水平的工作目标，真正围绕客户搞网上订货，重点是客户操作是否方便快捷、客户体验是否生动有趣、客我互动是否形成习惯。目前我们正在探索建立客户体验式的操作方便、界面有趣、易成习惯的操作平台，同时考虑高水平的、完整的电子商务体系建设。在这个体系中，“三个网上运作”要与订单供货流程形成一个整体，与工商协同的各项措施紧密结合，从而真正发挥前面所说的七个功能，真正成为中国烟草网络的软实力、巧实力。这个目标的实现，要靠行业上下共同努力。各单位的领导要真正从行业发展的战略高度重视这项工作，我们的营销和信息专业人员要成为电子商务的生力军，我们的客户要成为真正自觉自愿、积极参与的网络成员。在此我还要强调，电子商务的推进是卷烟营销的重大挑战和机遇，对工业企业的营销信息化建设提出了更高要求。工业企业要高度重视，对电子商务体系建设进行专题研究，充分发挥网络的宣传促销功能，利用电子商务手段增强品牌培育能力

和竞争实力。

（二）把握服务本质，提升市场营销水平

服务是流通企业的灵魂，网络是做好服务的载体。服务问题贯穿网建工作的始终。实现向现代流通的根本转变，必须牢牢抓住服务这个本质，把提升服务质量放在首要位置，反复抓、抓反复，使网络建设真正回归到服务这个本义上来。第一，要更加关注客户利益。2009年国家局利用卷烟税率调整的机会，统一了卷烟的调批差率，为企业公平竞争创造了有利条件。今后工商企业都要把工作重点放在零售客户和消费者身上。工业企业要通过提高产品质量和服务质量抓住消费者，通过保证客户利益抓住零售户。这样才能在今后的竞争中立于不败之地。商业企业也要重视客户赢利问题。只有客户真正赚到钱了，我们与他们的合作伙伴关系才能更加稳固。在此要强调的是，在调、批价格基本不变的情况下，合理、稳定的零售价格是调控的重要依据，必须引起工商企业的重视。因此，要把投放节奏、满足需求与客户赢利结合起来考虑，高度关注市场价格、社会库存等信息，切实加强总量调控，合理把握投放节奏，努力保持零售价格稳定，确保客户合理毛利的实现。第二，要更加关注零售客户的诉求。要通过电子商务、市场监测等各种渠道收集客户投诉信息，认真分析客户不满意的因素，从客户不满意的地方做起，保证公平公正地对待每个客户，着力提升服务质量。今后省级局（公司）要把全省统一的客户投诉中心建设作为一项重要任务，注重发挥投诉中心的作用。要把服务和效率统一起来，在保证服务质量的前提下，通过流程优化和加强管理来提高效率，避免不讲效率和牺牲服务这两种错误做法。要像山西省局（公司）那样通过加强农网建设，实现网络服务的延伸，保证对农村客户的服务质量。第三，要更加关注客户终端。终端建设和客户经理作用的发挥是下一步网建工作要探索的两个重点问题。近年来不少单位在客户终端建设上花了很大功夫，也取得了一定的效果。如福建省局（公司）在这方面做了比较广泛、深入的探讨。今后要把零售终端作为行业的重要战略资源和品牌培育的重要阵地，深入研究终端，掌握不同类型客户的销售规律，进一步挖掘终端资源的价值。要注重从战略上研究客我关系，从趋势上研究业态变化，从环境角度研究终端的宣传，从营销方法上研究客户的赢利，从整体上将客户终端纳入网络建设的范围。同时，要注意行业的投入产出，多研究、多试点，切实防止一哄而起、不计成本、不讲实效的倾向。以市为单位大范围开展客户终端建设的，必须履行报批手续，严格控制。工业企业不得越过商业企业直接做终端，这仍是一条严格的纪律必须坚决执行。第四，要更加注重发挥培育品牌的功能。商业企业要深刻理解“品牌培育是第一要务”的深刻内涵，主动承担起品牌培育的责任，积极参与品牌建设。在这方面，广州市公司的经验值得借鉴。同时，工业企业也要强化服务意识，保证货源供应的及时性和有效性。第五，要积极培育服务文化。服务是行业共同价值观在网络建设中的体现和要求。离开了服务，企业文化就失去了存在的基础。要把服务真正当作企业文化的核心和主题，通过培育服务文化使“服务为本、客户至上”成为网络建设的基本理念，成为营销人员的自觉行动。

（三）坚持三位一体，全面建设面向消费者的现代营销体系

今后网络建设的重要内容，就是要把网络建设、订单供货、协同营销紧密结合起来，把订单供货、协同营销的具体工作作为网络建设的有机组成部分，坚持三位一体，全面打通工业企业、商业企业、零售客户三个环节，形成完整统一的营销渠道，全面建设面向消费者的现代营销体系。

过去所说的一般意义上的卷烟营销网络建设，主要是讲商业企业的批发网络；一般意义上的网建工作的内容，也主要是与批发业务相关的内容。现在我们要站在建设面向消费者的营销体系的高度，重新审视网建工作，努力建成三位一体的网络。所谓三位一体，从网络环节上说，就是要把工业企业的营销和零售客户都纳入网络建设的范围；从工作内容上说，就是要把订单供货、协同营销列入网络建设的体系中去，把这两项工作与网建工作的其他内容紧密结合起来。要真正明确两个“三者关系”。一是从工、商、零三个环节看，要着眼于建设完整的价值链。商业企业处于价值链的中段，起着连接两端的关键作用，重点要解决好服务问题，前端为零售客户服务，后端为工业企业服务。工业企业作为网络的起点，不仅要关注网络是否畅通，而且要更加注意网络的运行水平，保证货源的有效供应，并在此过程中培育品牌。零售客户应看成是行业营销网络的终端或前端，是行业价值和品牌价值实现的重要环节。过去网建工作主要侧重于商业企业内部或一个地区，现在则要着眼于全行业的网络建设。这是新的视角，也是新的标准。二是从网建、订单供货、协同营销三项工作看，要着眼于建设高效敏捷的供应链。网络建设是整个营销工作的基础，订单供货是营销网络的延伸，而协同营销则是网络功能的提升，三者的目标是完全一致的。这三项工作结合起来，使网建工作的内涵更加丰富，范围更加开阔，

因素更加复杂，标准也更高了。这里还要强调一点，建设三位一体、面向消费者的营销体系，电子商务是连接三个环节、贯通三项工作的有效载体，要注重发挥电子商务的作用。当然，我们强调的三位一体，根本的落脚点是面向消费者，适度满足市场需求。如何使工、商、零都能更加关注消费者、关注市场需求，是今后网建工作的重要课题。

（四）以信息化为支撑，带动营销水平的全面提升

信息化是我国现代化建设的重要目标，以信息化带动工业化是国家现代化的战略选择。对卷烟营销网络建设来讲，提升营销信息化水平、以信息化支撑现代营销体系建设是一项长期的重要任务。过去几年中，各地利用信息化手段来提高网建水平，收到很好的效果，已成为网建工作的重要经验，以信息化为特点的现代物流已成为行业的一个亮点。今后要更加重视营销的信息化工作。第一，营销信息化是现代流通的本质要求。现代营销、电子商务和现代物流是现代流通的主要内容。这三者当中，后二者本身就是信息化的产物；就前者而言，营销现代化的核心就是信息化手段的使用和信息利用的水平。不论品牌营销、市场营销还是服务营销，客观上都要求信息化发挥支撑作用。第二，提高信息利用水平是建设三位一体网络的重要措施。信息是现代营销的重要资源。凭经验还是靠信息进行营销决策，是传统销售与现代营销的显著区别。目前我们已经在利用这个资源方面取得了重要进步，但仍有很大差距，信息资源的开发和利用尚有很大的空间。今后在网络建设、订单供货和协同营销工作中，要切实增强信息资源意识，更加重视收集、分析和利用信息。第三，信息技术是现代流通的重要手段。建设“以电子商务为主要特征、以信息化为支撑、面向消费者的营销体系”，是以我国社会信息化水平的提高和信息技术的广泛运用为前提的。近两年行业推行的“四个统一”，即“计算机统一分配订单、统一分配货源、统一分配线路、统一打码销售”，就是信息技术运用的例证。我们讲的“三流畅通、四流汇通”，把商流、物流、资金流三流汇合为信息流，也是信息化的具体体现。今后在“精准营销”方式的探索方面，信息技术将发挥更大的作用。各单位既要放眼未来、明确方向，又要脚踏实地、积极探索，把信息化作为网络建设的重要思路和重要抓手，使信息化贯穿卷烟营销的全过程，渗透营销工作的各方面，提高电子商务、信息资源开发利用和行业信息共享的水平，充分发挥信息化对营销的支撑作用。

（五）继续加强基础工作，保证网建水平持续提升

加强基础工作是网络建设的长期任务。任何时候、任何单位对基础工作都只能加强，不能放松。一是要继续加强规范工作。规范是行业持续健康发展的生命线。对此大家要有深刻的理解。要充分认识规范问题的长期性、复杂性和反复性，一方面要通过制度、纪律和思想工作来规范经营行为，另一方面要十分重视业务流程和工作规范的真正落实。各单位领导和员工都要认识到业务流程和工作规范是刚性的，是不能随意改变的。只有严格按规范办事，才能建设高效统一的营销网络。二是要切实加强基层建设。创建优秀县级卷烟营销部是优秀基层单位创建活动的重要组成部分。各单位要认真学习国家局有关文件精神，切实提高思想认识，广泛宣传动员，在搞好摸底调查的基础上制订方案，并认真抓好组织实施和工作考核，确保实现预期目标。要把创建工作与卷烟营销上水平结合起来，与管理创新结合起来，与贯标对标和绩效考核结合起来，通过创建工作解决好县级营销部干什么、怎么干，客户经理队伍怎么带以及业务流程和标准如何落地等问题，使基层单位的营销水平提高到一个新的层次。三是要深化内部改革，完善内部机制。要按照国家局有关文件精神，进一步深化劳动用工分配制度改革，完善激励约束机制，充分调动网建从业人员的积极性、主动性和创造性，促进网络软实力不断增强。四是要切实加强队伍建设，努力在提升营销人员素质上有新的突破。建设现代营销体系、创建国际先进的网络，从根本上说要有一支现代化的营销队伍。要按照新阶段网建工作的要求，着力提升网络从业人员的素质。要加强思想和文化建设，不断提高营销队伍的思想素质和职业道德水平。要把企业文化建设与提升队伍素质紧密结合起来，建设企业优秀的服务文化，把企业文化做实、做出水平。要按照电子商务、现代物流、信息化支撑的要求，加大员工培训力度，增强信息分析利用的能力，保证队伍素质提升和以电子商务为主要特征的网络建设同步发展。要把客户经理工作体系建设作为突破口，积极探索提升队伍素质和网建水平的有效途径。

在2009年全国卷烟销售工作会议上的讲话

何泽华

（2009年11月26日）

这次会议的主要任务是，认真总结2009年的卷烟销售工作，安排部署2010年的卷烟销售任务。下面，讲两个问题。

一、2009年卷烟销售工作的总结和分析

2009年以来，面对卷烟市场重大变化和税收政策重大调整两大挑战，行业营销战线全体同志紧紧围绕"烟叶防过热、卷烟上水平、税利保增长"的目标任务，认真贯彻国家局有关会议精神，切实抓好各项工作落实，卷烟销售继续保持平稳发展，营销上水平初见成效，为税利保增长打下良好基础。具体表现在五个方面。

（一）振奋精神，主动应对，落实了销量"保增长"

面对宏观经济形势剧变带来的市场重大变化，国家局2008年底果断决策，采取有力措施严格控制卷烟投放，为2009年春节销售储备了货源，腾出了空间。2009年全国烟草工作会议明确提出"烟叶防过热、卷烟上水平、税利保增长"的目标任务，统一了行业的思想认识。各单位积极响应国家局号召，振奋精神，扎实工作，大部分地区实现了销量较好增长。西南、西北、华北地区抓住机遇，增加货源供应，努力扩大销售；部分沿海地区积极应对挑战，克服打工人口回流等不利因素，千方百计增加销量，体现了良好的精神状态。2009年1～10月，全国累计销售卷烟19782亿支（3956.4万箱），同比增加906.5亿支（181.3万箱），增长4.8%；扣除2008年库存结转300亿支（60万箱），实际增加605亿支（121万箱），增长3.2%。其中销售一类烟1588.5亿支（317.7万箱），同比增加245.5亿支（49.1万箱），增长18.26%，占8.09%，提高0.97个百分点；二类烟725.5亿支（145.1万箱），同比增加136亿支（27.2万箱），增长23.08%，占3.69%，提高0.57个百分点；三类烟5264.5亿支（1052.9万箱），同比增加866.5亿支（173.3万箱），增长19.7%，占26.8%，提高3.49个百分点；四类烟7686.5亿支（1537.3万箱），同比增加266亿支（53.2万箱），增长3.59%，占39.14%，降低0.2个百分点；五类烟4375.5亿支（875.1万箱），同比减少735.5亿支（147.1万箱），减少14.39%，占22.28%，降低4.82个百分点。非低档烟销量增加1513.85亿支（302.77万箱），其中一类烟增量占16.20%、二类烟占8.99%、三类烟占57.23%、四类烟占17.58%。在11个批发价格区间中，43～52元/条、20～25元/条和52～78元/条产销量比重较大，销量占总销量的45.87%。单箱批发销售收入16120元，同比增加1184元，增长了7.93%。销量与结构的增长幅度均超过了2008年底的预测，也超过了我们的预期，成绩来之不易。

为防止出现大的波动，国家局1月底即下发文件，对严格规范卷烟经营行为提出明确要求；针对春节后市场价格波动的状况，3月27日召开直属单位主要负责人会议，强调税利保增长要建立在尊重市场规律、优化资源配置、良好经营秩序、保持价格稳定、切实加强管理"五个基础"之上，要求重点抓好"保牌、稳价、规范、增效"工作，确保市场稳定和重点品牌良好发展；4月24日又召开分管销售工作领导座谈会，进一步贯彻"3·27"会议精神，要求积极调整心态、努力调整状态、控制投放节奏，努力使卷烟市场价格恢复到正常状态。通过各单位的努力，到6月末基本扭转了年初一段时期卷烟市场波动、价格低迷、库存居高不下、客户赢利减少、非正常流动增加的情况，实现了价格回升、库存合理、市场平稳的调控目标，并在下半年继续保持良好状态。10月份，全国卷烟单包零售价格指数为100.01，整条零售价格指数为100.54；重点骨干品牌价格基本恢复到正常水平，绝大部分地区、绝大部分品牌实现顺价销售。库存保持合理水平，10月末工商库存1243.5亿支（248.7万箱），同比减少23亿支（4.6万箱）；社会库存496亿支（99.2万箱），环比下降3.58%。

为认真贯彻国务院关于卷烟消费税政策调整的重大决策，5月26日国家局又一次召开直属单位主要负责人会议，要求密切关注市场动态，保持重点品牌平稳发展，积极稳妥地做好有关工作，确保实现全年财政增收500亿元目标。随着销量增长、价格企稳、结构提升，卷烟效益继续增加。1～10月，全国卷烟批发销售收入6292亿元，同比增加690亿元，增长

12.32%；行业累计实现税利4394亿元，同比增加474亿元，增长12.10%；累计实现税金2851亿元，同比增加578亿元，增长25.42%。预计全年实现税利超过5000亿元，可确保实现财政增收500亿元、税利增长500亿元、增长率超过两位数的目标。

（二）工商合力，有效协同，促进了品牌新发展

国家局明确提出要把品牌培育作为第一要务来抓。各单位认真落实国家局要求，全面加强品牌培育，重点骨干品牌发展态势良好，贡献度进一步提高，对行业平稳较快发展的支撑作用进一步显现。1～10月，30个重点骨干品牌销售10525亿支（2105万箱），同比增加1510亿支（302万箱），增长16.74%，增幅高于全国平均增幅12.67个百分点；占行业总销量比重为54%，同比提高5.85个百分点；批发销售收入4545亿元，同比增加745亿元，增长19.61%，增幅高于全国平均增幅7.3个百分点；销售收入增加值对行业总销售收入增加值的贡献度为108%，同比提高9个百分点。高档品牌健康发展。1～10月，“中华”销量234.1亿支（46.82万箱），同比增长8.40%；“芙蓉王”销量276.85亿支（55.37万箱），同比增长23.93%；“苏烟”销量49.8亿支（9.96万箱），同比增长13.96%；“玉溪”销量226.35亿支（45.27万箱），同比增长31.6%；“黄鹤楼”销量204.8亿支（40.96万箱），同比增长31.62%。预计全年“中华”销量将达到265亿支（53万箱），“芙蓉王”销量将达到315亿支（63万箱）。“利群”品牌开始在高端上发力，零售价格300元/条以上规格销量14.85亿支（2.97万箱），同比增长96.6%。规模品牌继续扩大。1～10月，“白沙”销量1137.5亿支（227.5万箱），同比增长10.96%，预计全年销售1320亿支（264万箱）；“红塔山”销量917.5亿支（183.5万箱），同比增长30.91%，预计全年销售1050亿支（210万箱）；“红河”销量854亿支（170.8万箱），同比增长14.82%，预计全年销售1000亿支（200万箱）。此外，“双喜”、“黄果树”、“红梅”、“黄山”、“云烟”、“七匹狼”6个品牌预计全年销量都将超过500亿支（100万箱）。品牌价值持续提升。预计全年批发销售收入“中华”将突破550亿元，“云烟”、“白沙”、“芙蓉王”、“红塔山”、“利群”超过300亿元，“双喜”、“红河”、“玉溪”、“黄山”、“黄鹤楼”、“七匹狼”、“南京”7个品牌超过200亿元，“黄果树”、“红梅”、“红双喜”、“苏烟”、“娇子”5个品牌超过100亿元。取得以上成绩，主要有三个方面原因。

一是工业企业更加理性。工业企业紧紧围绕提高品牌竞争力的目标，更加重视面向市场，更加关注消费需求的变化，把工作重点放在彰显品牌特色、提升品牌价值上，根据品牌的市场表现合理把握投放节奏，品牌适应市场、满足消费的水平不断提高。上半年，上海烟草集团主动调控，从紧控制投放量，灵活掌握投放节奏，促进了“中华”价格的回升，对稳定高档烟市场发挥了重要作用。10月份“中华（软）”零售价格涨至2009年最高点65.93元/盒。湖南中烟积极调整销售预期，坚持稳健的销售策略，保证了“芙蓉王”、“白沙”品牌的健康发展。红云红河集团从品牌的长远发展出发，进一步明晰“云烟”品牌定位，开展品牌资源整合，主动整合三类以下规格，把资源向优势产品规格倾斜，保证了主干规格的稳步增长，“云烟”销量603.5亿支（120.7万箱），增长14.55%，预计全年销量将达到700亿支（140万箱）。“白沙”、“云烟”的单箱批发销售收入分别同比增长3.65%和1.69%，实现了品牌价值的提升。

二是商业企业更加积极。商业企业认真落实国家局要求，把品牌培育作为第一要务来抓，品牌意识继续增强。2009年国家局利用卷烟消费税政策调整的机会，统一了同档次卷烟的调批差率，促进了公平竞争市场环境的进一步形成。面对政策的重大调整，商业企业切实改变过分注重毛利的做法，更加注重市场需求，逐步消除品牌进入市场的门槛，着力为工业企业培育公平竞争的市场环境。1～10月，省际间卷烟交易比重已经接近50%，一、二类卷烟省际间交易比重接近60%，比2002年有了大幅提升。注重本地市场需求与品牌发展相结合，进一步提高把握需求的能力，增强品牌投放的准确性、及时性和有效性，做到对品牌负责、对市场负责。

三是工商协同形成合力。工商企业按照“准确定位、有机对接、突出品牌、全面提升”的总体要求，把品牌培育作为双方的共同任务，全面梳理内部业务流程，沟通更加顺畅，联系更加紧密，批零之间的订单能够比较及时地转变成有效的产销衔接订单，工商快速反应市场的机制日趋完善，共同为客户和消费者提供更加优质的服务，为品牌培育提供高效的供应链支撑。协同营销形成了工商企业培育品牌的合力。工商企业在品牌投放、市场供应方面紧密配合，步调一致，工商之间相互埋怨、设置门槛、封锁市场的现象基本消除。可以说，目前是近年来工商关系比较好的时期之一。“娇子”品牌在2008年的基础上有了更大进步，1～10月销量221.5亿支（44.3万箱），同比增长37.38%，预计全年销量超过250亿支（50万箱）。

（三）探索创新，完善提升，实现了网建新突破

近年来，各单位按照“打牢基础、规范运作、创新营销、增强活力”的要求，坚持模式推广与完善升级相结合、全面提升与重点突破相结合、流程再造与体系建设相结合、注重基础与提升能力相结合，卷烟销售网络建设继续向更深层次、更高水平发展，江苏及徐州的网建经验得到了行业内广泛的认可和肯定。一是电子商务建设取得重要突破。网上订货、网上配货、网上结算工作逐步开始探索，完善了业务模式，在一定范围内取得了良好效果。同时，现代物流建设更加注重统一规划、整合资源、加强管理和现代物流技术的应用，硬件更加完善，水平逐步提升，效率不断提高。全行业工商一体、批零互动、“电子商务+现代物流”的现代营销模式已经形成。二是面向消费者的营销体系和运作模式建设取得重要突破。订单供货和协同营销成为网络建设的重要抓手，促进了营销网络的流程再造和营销体系的进一步完善，形成了统一完整的营销业务流程，密切了工商关系和批零关系，使工业企业、商业企业和零售客户成为一个整体，共同面向消费者，形成了比较完整顺畅的卷烟流通渠道。三是服务客户水平有了新提高。各地在网建工作中始终把握服务这个本质，牢固树立平等的观念，转变和规范对零售客户的态度与行为，重视解决大户问题，通过组织有效货源、完善货源分配政策、稳定市场价格保证了客户的合理利益，需求满足度和客户满意度保持了较高水平。四是农网建设取得新成绩。山西会议以来，各单位更加重视农网建设，不断充实农网服务力量，加强农村客户服务，保证农村货源供应，农村市场潜力得到开发，农村客户满意度大大提高。目前，全国300人以上的自然村基本消除了空白网点，农村持证零售客户277.6万户，占零售客户总数比例57.6%，农村市场销量所占比例46%左右。五是经历了市场波动的考验，网建价值得到体现。网建基础更加扎实，能力有了新的提高，为“保牌、稳价、规范、增效”打下较好的工作基础。2009年面对复杂的形势，行业通过卷烟营销网络及时掌握市场信息，有效调整投放节奏，很快走出年初价格下滑、库存偏高的不利局面，体现了营销网络建设作为“最有价值工程”的意义。

（四）形成体系，重在应用，推进了营销信息化

2009年以来，工商企业普遍重视利用信息化手段深入研究市场，营销信息化建设取得新的进展，营销工作水平不断提高。一是形成了比较完整的市场信息采集系统。国家局在卷烟生产经营决策管理系统的基础上，通过对商业企业的客户分拣信息进行分析，为工业企业提供品牌的覆盖率、上柜率、断货率、成长率等营销信息，为企业科学制定销售策略建立了信息支撑。此外，国家局还建立了卷烟价格分析系统、面向1万户零售客户的卷烟市场监测系统，并通过全国200名客户经理掌握了2万户零售客户的销售信息。通过以上工作，工商营销信息共享平台的内容更加丰富。同时，各单位普遍重视市场信息的采集、分析和利用，建立了面向零售客户和消费者的信息采集系统。山西省公司在不断完善动销台账、零售户库存采集办法的基础上，持续建设“双万信息工程”，不断改进市场研究机制，进一步提高了信息采集和应用的效率。二是市场分析研究机制逐步形成。各单位在通过各种渠道收集信息的同时，重视利用各种手段分析利用信息，更加关注需求、库存和价格，在分析利用信息把握真实需求方面作了积极探索。银川市公司确立了“数据驱动营销”的工作思路，运用现代信息技术建立市场营销分析系统，多维度采集信息，全方位应用信息，比较好地做到了货源供应与市场真实需求相吻合，体现了比较高的营销信息化水平。三是需求预测工作得到加强。自2006年起，行业建立了一整套自下而上的需求预测体系和报告制度，统一了需求预测的方法和流程，保证了预测的科学性和及时性，为行业调控和品牌整合提供了可靠的依据。2008年底预测2009年全年卷烟销量22581亿支（4516.2万箱），加上2008年底调控到2009年的300亿支（60万箱），预测销售总量为22881亿支（4576.2万箱），与目前预计2009年实际销售22850亿支（4570万箱）相近，各省预测销量与实际销量只有较小的差别，体现了较高的预测工作水平。四是形成了以价格为参数的调控系统。价格是市场的第一信号，是调节卷烟投放的重要依据。2009年以来，工商企业高度关注市场价格，对价格的敏感性不断增强。从市场、客户、品牌三个维度，把握好总量、结构和品牌三个要素，以价格为重要参数，结合社会库存调节市场供应，已经在很大范围内形成共识，反映了行业调控水平日趋成熟。

（五）注重规范，加强基础，推动了管理上台阶

2009年以来，行业继续加强内部监督管理，注重解决提高效率和注重自律两大课题，保证了行业持续健康发展。一是继续抓好规范经营。国家局始终高度重视规范问题，把规范作为保持行业持续健康发展的生命线来抓。2009年一季度的市场波动，使工商企业更加充分认识到规范的重要性，规范经营的共识得到

强化。各单位认真落实国家局的要求，切实采取有力措施纠正不规范经营行为，有效维护了卷烟市场秩序。商业企业严格规范订单采集和货源供应，继续加强零售终端管理，注重减少货源分配、销售配送环节的人为因素，普遍实施计算机统一采集订单、统一分配货源、统一打码销售、统一分配送货线路“四个统一”，无码销售、捆绑销售、体外循环、非法流通等现象在一定程度上得到了遏制。同时，工业企业也更加注重规范经营行为，直接开展零售终端促销等不规范行为明显减少。国家局组织了全行业范围的订单供货和规范经营大检查，促进了工商企业的规范经营。二是营销基层建设得到加强。2009 年以来，工商企业按照国家局的部署，突出抓好贯标、对标工作，全面加强营销基层建设。商业企业大力开展优秀县级营销部创建活动，对客户经理等关键岗位积极开展职业技能培训，从整体上提高基层队伍的整体素质。工业企业切实加强营销中心建设，组织机构设置更加合理，业务流程不断规范，工作效率继续提高，市场需求信息的反应能力、保证市场需求的响应能力、供应和销售物流的保障能力大大增强。三是重视加强销售费用管理。2009 年 1～10 月，工商合计卷烟销售费用同比增长低于销售收入增长，较好实现了销售费用水平的控制。

总体上看，2009 年在市场环境和政策环境发生较大变化的情况下，卷烟销售工作取得了明显成绩。这是营销战线全体同志共同努力的结果，体现了良好的精神状态和较强的战斗力、执行力和凝聚力。在充分肯定成绩的同时，我们也要清醒地看到工作中存在的问题和薄弱环节。主要表现在以下几个方面：一是市场需求导向尚未真正实现。近年来几乎每年的卷烟经营都明显分为三个阶段，前面压、中间调、后面控，销售节奏与市场真实需求不相吻合。特别是 2009 年初为了保税利增长，有的单位一味增销量、上结构，结果造成销量快速上升，价格剧烈波动，对卷烟销售的平稳运行带来不良影响。究其原因，主要是一些单位没有从市场实际出发，不是市场导向而是指标导向，在指标压力之下急功近利，心态浮躁，工作简单化。二是服务客户要求没有完全落实。一些单位把尊重客户仅仅放在口头上，服务意识仍然比较淡薄。当形势较紧任务较重时，就把客户利益抛之脑后，要求保增长就简单增销量、盲目调结构，要求调控就给客户下任务、搞摊派，货源分配简单随意，订单处理厚此薄彼等现象屡有发生。三是严格规范经营仍需继续加强。一些单位不重视规范业务流程，没有完全按照订单供货的流程进行操作，国烟办〔2008〕20 号①文件的要求没有真正落实，按计划分配货源、按货源安排订单的现象仍然在较大范围内存在。一些单位出现了不规范经营的苗头，捆绑销售、虚拟客户、卖大户甚至体外循环等现象有所抬头，卷烟跨区域非正常流动等不规范行为明显增加。以上三个问题是相互关联的，具有一定的普遍性、趋向性和反复性，其根本原因在于没有真正坚持市场导向，不尊重客户真实需求，需要从思想上真正重视起来，切实采取有效措施认真加以解决。

二、2010 年卷烟销售工作的主要任务和要求

2010 年卷烟销售工作的总体要求是，紧紧围绕“卷烟上水平”的主要任务，以市场需求为导向，以培育品牌为中心，以提高客户服务水平为重点，着力加强销售管理，坚持网络建设、订单供货、协同营销有机结合，全面推进传统商业向现代流通转变，努力实现销量平稳增长、结构合理提高、品牌价值持续提升的经营目标，推动卷烟营销再上新水平。

（一）认清形势，保持平稳健康的发展态势

所谓平稳，就是要少波动；所谓健康，就是要保持一种持续向上的状态。第一，要客观分析形势，统一思想认识，找准工作重点。2010 年随着宏观经济逐步回暖，市场需求逐步趋旺，卷烟市场前景比较乐观。同时也要看到，行业发展仍然面临一些不确定性。一是税利基数已经到了比较高的水平，特别是受税率调整因素的影响，前 4 个月一些单位的税利总额特别是利润指标将出现比较大的负增长，对此要正确看待；二是随着外出打工人口增多，人口流动的不确定性也将带来卷烟销售的不确定性；三是随着大品牌的快速发展，一些区域性品牌将面临比较大的压力。客观地说，2010 年行业总体上将继续保持比较好的增长态势，但增长在各单位之间、在不同时段之间存在较大的不平衡性。因此，我们要继续坚持平稳发展方针，更加密切关注市场需求变化，坚定信心，认清形势，调整心态，以积极慎重的态度和扎实有效的工作，确保 2010 年卷烟销售平稳健康发展。

第二，要继续坚持控制总量、稍紧平衡方针，努力实现增销量与调结构的有机结合。从需求预测的情况看，2010 年卷烟需求总量 23285 亿支（4657 万箱），比 2009 年预计销量增加 435 亿支（87 万箱）；预测批发销售收入 8008 亿元，比 2009 年预计增加 730 亿元；预测销售低档烟 892 万箱，比 2009 年减少 590 亿支（118 万箱）左右。总体上看，这次需求预测是比较符

① 指《国家烟草专卖局关于进一步规范卷烟订单采集和货源供应工作的意见》。

合实际的，大家对2010年的形势也是比较乐观的。国家局经过综合平衡，确定预安排2010年卷烟销售计划总量23250亿支（4650万箱），比2009年预计销量22850亿支（4570万箱）增加400亿支（80万箱）。结构增长仍有潜力。预测2010年平均单箱批发销售收入17195元，比2009年增加1180元，但各单位对结构增长的预测差异较大，有的单位结构提升幅度偏大，有的对结构增长的预期偏保守。2010年要在保持销量适度增长的同时，以优化结构为重点，努力实现结构平稳提升。目前客户反映比较多的问题还是低档烟货源问题，因此，结构提升要建立在结构优化的基础上，防止盲目减少低档烟来提结构。为稳定低档烟的市场供应，国家局预安排2010年低档烟销售计划4600亿支（920万箱），比2009年低档烟销售计划5063亿支（1012.6万箱）减少463亿支（92.6万箱），各单位要作为重要任务完成好。

第三，要以均衡销售为重点，促进商业企业均衡投放、工业企业均衡生产和供货，努力实现持续平稳增长。从2006年开始，一季度和上半年销量占全年的比重分别从26.75%和51.06%，提高到2009年的29.23%和53.13%，比重逐年加速提高，给全年的销售带来较大的波动，长此以往将引发更大的问题。因此，各单位要站在提高营销水平的高度，从市场真实需求出发，商业企业均衡投放，工业企业均衡生产和供货，共同努力做到均衡销售，力争用三年左右的时间走出前面压、中间调、后面控的状态。要以稳定价格为前提，合理确定投放节奏。要进一步完善市场监测系统，更加关注价格变化，更加关注社会库存，正确处理好销量、价格、库存之间的关系，努力达到“市场需求基本满足、零售客户有所选择、零售价格保持稳定、社会库存基本合理、供求关系稍紧平衡”的良好状态。

第四，要正确处理2009年年底产销安排与2010年开局的关系。2009年的卷烟销售目标已基本实现。为保证2010年良好开局，工商企业都要着眼于三年实现均衡销售的目标，对2009年年底的销售进行有效、适度的控制和调整。国家局研究决定，2009年全年销量按22850亿支（4570万箱）安排，年底卷烟库存控制在1400亿支（280万箱）左右。各单位要在保证全年销量、结构和税利目标实现、保证市场供应不出现大问题的前提下，注意把握好年底的销售节奏，为2010年开局乃至全年的发展腾出空间。同时，要注意调节好年底的库存结构，尽量把结构低一点的卷烟投放在2009年，把结构高一点的卷烟留给2010年，特别是要留给工业企业2010年销售。这次会上把12月份销量确定以后，各单位要严格按要求进行市场安排。2009年春节在1月份，基数比较大；2010年春节在2月份，销售与2009年有较多的不可比因素。2010年一季度的销售目标，就是要在满足市场需求、保持价格稳定的前提下，争取销售数量和销售收入同比有所增长。因此，各单位要把稳定价格作为首要目标，积极调整心态，避免盲目攀比，安排好2010年年初的销售。武汉市公司认真研究节日市场的需求特点，2009年通过合理控制春节期间的卷烟投放，保持了市场价格的稳定，减少了卷烟销售的波动，经验值得借鉴。

（二）抓好要务，把品牌培育摆在更加突出的位置

品牌是提高资源配置效率、促进要素合理流动的有效载体，是卷烟上水平的集中体现。营销是实现品牌价值的最终环节。因此，如何形成工商协同营销合力，发挥中国烟草特有的体制优势来培育品牌，是行业营销工作的重大课题。目前全国重点骨干品牌发展态势良好，2010年仍将有比较好的增长。根据预测，2010年30个重点品牌销量将达到13400亿支（2680万箱），比2009年增加1220亿支（244万箱），增长10%；占总销量比重57.56%，同比增加3.92个百分点。预测30个卷烟重点骨干品牌销售收入6004亿元，增长14.75%，对总销售收入的贡献度将进一步提高。因此，要抓住市场向好、品牌向上的机会，把品牌培育作为第一要务，坚持扩大规模与提升价值的有机结合，发挥品牌效应，把品牌发展建立在更加扎实的市场基础之上，通过品牌培育引导消费、提升结构，发挥卷烟重点骨干品牌对行业发展的支撑作用，力争品牌培育取得新的突破。

工业企业要审时度势，理清思路，根据市场形势变化确定对品牌发展的合理预期。要把消费者需求作为品牌建设的出发点和着力点，进一步明确品牌定位，根据市场需求变化确定品牌发展方向，彰显品牌风格特色。要加强市场细分，科学选择目标客户，集聚品牌发展目标，合理分配企业资源。要不断完善品牌战略，结合自身实际合理确定品牌发展格局，使品牌在客户和消费者当中的形象更加清晰，努力形成有利于长远竞争的品牌结构。要不断提升品牌价值，利用卷烟税率调整、调批差率统一的机会，积极调整营销策略，注重增强品牌为客户赢利的能力，努力实现品牌价值和客户价值。要坚持适度有序竞争，规范宣传促销行为，防止直接插手零售终端。要注重品类创新，充分利用信息化手段加强品牌营销分析，逐步解决营销工作同质化、简单化和粗线条的问题，不断提升品牌培育的水平。

商业企业要牢固树立责任意识，把品牌培育作为

重要的责任和义务，对品牌要有责任感，尽责任心。要真正对品牌负责，合理确定品牌培育目标，完善品牌培育的具体方案，防止在统一批零差率后不顾市场需求对畅销品牌一味增销量。要在培育公平竞争的市场环境上做文章，不断完善市场竞争规则，努力消除人为设置的障碍，保证机会公平、过程公平、结果公平，促进要素在更大范围内合理流动。要注重发挥本土优势，把本地市场研究透，根据本地市场的消费特点、消费结构，消费习惯和消费趋势等选择适销品牌。要建设一支高素质的品牌培育队伍，注重发挥客户经理、市场经理、品牌经理作用，不断增强企业培育品牌的能力。

工商企业要有效协同，加强沟通配合。要共同坚持市场导向，根据市场需求确定品牌发展目标，避免盲目性。要共同重视客户利益，关注零售客户的选择性和赢利性，为客户提供适销产品，保证客户合理利益。要共同把握投放节奏，建立以价格为基准调节投放的机制，把价格作为第一信号，正确处理销量、价格、库存的关系，根据品牌的市场表现调节投放。要共享营销信息，注重信息的收集、分析和利用，加强信息沟通和工作配合，在操作层面把协同营销、订单供货的有关要求落到实处，真正做到工商一体，不断增强工商企业了解市场、快速反应、保障供应的能力。要建立和完善协同营销评价体系，在企业自评、工商互评和国家局评价的基础上，逐步加入零售户和消费者的评价，不断完善评价的内容和形式，通过科学评价寻找工作差距，明确努力方向，实现工作目标，取得工作效果。

（三）突出服务，提升网络建设的软实力

要按照姜成康局长提出的“优化模式、完善机制、强化服务、增强能力”的要求，把客户和客户经理作为工作重点，进一步加强网络建设，切实改进客户服务，使客我关系从交易型向关系型转变。第一，要牢固树立服务意识，提高服务水平。服务是卷烟流通企业的灵魂。只有牢牢抓住服务这个本质，始终把提升服务质量放在首要位置，才能实现向现代流通的根本转变。要从思想上真正尊重客户，树立与客户平等的意识；尊重客户意愿，不强买强卖；尊重客户选择，为客户提供适销对路的产品；尊重客户利益，保证客户合理的赢利水平。要更加关注零售客户的诉求，认真分析客户不满意的因素，从客户不满意的地方做起，保证公平、公正地对待每个客户，着力提升服务质量。要工商一致加强客户服务，共同打通零售环节，实现销售网络向零售客户的延伸，真正建立工、商、零一体共同面向消费者的卷烟营销体系。

第二，要共同关注客户利益。要牢固树立责任意识，把客户买不到作为自己的责任，把客户卖不出作为自己的责任，把客户不满意也要当做自己的责任，把客户不赚钱仍然当做自己的责任。维护客户利益，要做到货源上适销对路，保证不捆绑销售；需求上适度满足，做到长流水、不断线，既不积压、又不断货；价格上保持稳定，通过把握投放节奏稳定零售价格，确保客户合理毛利的实现；服务上及时方便，订货、送货、结算等业务要以客户方便为原则进行安排。

第三，要切实加强客户关系管理。要进一步规范客户分类。客户分类是加强客户关系管理的基础。一些单位客户分类标准掌握不严格，“其他类”客户所占比重过大；有的随意划分客户等级，造成客户之间不平等、货源分配不公平等一系列问题，给规范经营带来隐患。在此要强调，各单位要严格按国家局制定的标准进行客户分类，防止过分强调本地实际的倾向。要重视解决大户问题。实践证明，一些单位把大户作为重点客户来抓，在销售上过分依赖大户，是造成市场波动的重要因素，从长远看也是靠不住的。要按照“控制大户、培育中户、扶持小户”的要求，进一步优化客户结构，严格控制大户数量，杜绝依靠大户、依赖大户、直接卖大户的现象。要规范供货政策，对大户既要控制供货量，又要控制投放结构，防止把紧俏货源集中投放给少数客户。要加强客户关系维护，根据客户需求不断改进服务方式，提高服务质量和水平。

第四，要注重挖掘客户价值。要把零售终端作为行业的重要战略资源和品牌培育的重要阵地，深入研究把握终端，掌握社会库存、价格等信息，掌握不同类型零售客户的销售规律，进一步挖掘客户终端资源的价值。要注重从战略上研究客我关系，从趋势上研究业态变化，从环境角度研究终端的宣传，从营销方法研究客户的赢利，从整体上将客户终端纳入网络建设的范围。这是一个长期的过程。同时，要注意行业的投入产出，只能进行小范围的试点，防止一哄而起、不计成本、不讲实效的倾向。一些单位通过自办所谓标准店、形象店，对提升服务标准起到过一定的作用；但实际上如果不搞货源倾斜，这些零售店是维持不下去的，这也在广大零售户当中产生了一些负面影响。这里着重强调，不允许搞大范围的标准店、示范店，不允许大规模投资示范店，不允许搞大批量的自办店，不允许工业企业自办零售店，不允许工业企业投资终端建设。这要作为一条纪律必须严格执行，2010 年还要对此进行重点检查。

第五，要有序开展网上订货工作。开展网上订货不仅是为了方便客户订货，而且是要通过这个网络搭建客我互动的平台，利用订货及其附属功能，与客户共同创造、共同成长、共同提升，把工、商、零紧密联系起来，共同面向消费者。因此，网上订货软件要抓住体验式、互动式这两个关键点，坚持高起点开发、高效率运行。在国家局有关部门指导下，大连市公司通过半年多的努力，开发了一个水平相对比较高的网上订货软件，待进一步完善后以市公司为单位进行推广。开展网上订货要具备规范经营、订单供货、科学管理等方面的条件，要有一套科学的操作方法。因此，各地要先试点，然后再分期分批推广实施。

第六，要加强物流管理和电子结算。以信息化为特点的现代物流已成为行业的亮点之一，得到了各方面的积极评价。各单位要在完善硬件的同时，更加注重软件，切实加强物流管理，提高物流效率。电子结算工作近年来有了比较快的发展，电子结算率已经达到79.31%；但各地水平参差不齐，需要进一步完善提高。总公司已与中国邮政集团公司正式签署了物流和金融服务合作协议。在坚持烟草物流主渠道、巩固和完善已建立的物流体系前提下，根据部分地区烟草物流和金融业务的实际需要，同等条件下烟草企业可优先选择邮政集团下属单位为物流和金融服务商。烟草工商企业之间的卷烟运输以及部分边远地区、有运输限制的城市中心区域的卷烟运输，可以选择邮政集团下属单位提供相关服务。烟草工商企业根据业务需要在邮政集团下属银行开立单位结算账户，邮政集团下属单位利用其网点和专业优势，向烟草工商企业提供金融服务。比如可以利用邮政储蓄网点的优势开展电子结算工作。各单位要准确把握总公司的意图，抓住关键，以省为单位开展与邮政集团下属单位的合作，遇到重大问题要向总公司报告。物流方面的问题由电子商务公司负责，电子结算方面的问题由财务司和销售公司负责。

（四）积极探索，着力提升营销信息化水平

信息是营销决策的重要依据。加强营销信息化建设，发挥信息化手段对卷烟营销的支撑作用，具有重要意义。首先，要注重综合集成，形成完整的营销信息系统。要进一步梳理行业内部业务流程，打通卷烟营销各个环节的信息渠道，把商流、物流、资金流汇合为信息流，使信息化贯穿卷烟营销的全过程，真正实现“三流畅通、四流汇通”。要高度重视挖掘客户资源，通过订单采集、客户经理、客户投诉、市场管理等渠道收集客户信息，把握客户真实需求。要定期开展市场调查，全面了解辖区内的消费特点和变化趋势，把握市场发展动态。要注重整合行业内部营销管理信息、客户需求信息、市场发展信息，努力形成一套完整的营销信息管理系统。第二，要注重分析利用信息。要切实加强营销信息分析力量，重视挖掘营销信息的价值，通过分析信息发现营销工作中存在的突出问题，促进营销管理不断加强、营销水平不断提升。工商企业都要逐步设立信息分析师岗位。行业工商营销信息共享平台二期建设已经基本完成，每天按照标准的模式为工商企业提供卷烟营销信息，请大家注意分析利用。第三，要注重信息手段的利用和开发。要稳步开展网上订货、网上配货和网上结算，注重加强物流信息化管理，利用信息化手段提升行业电子商务和现代物流建设的水平。第四，要切实提高预测水平。要利用信息化手段进一步完善需求预测流程，减少需求预测过程中的人为因素，提高需求预测的客观性和准确性。第五，要积极探索运用信息化手段开展精准营销。精准营销是协同营销的新探索，是由粗线条的总量控制转变为精细化的准确投放，需要更加准确的信息来支撑，对营销信息化建设提出了更高的要求。上海烟草进行了中华卷烟精准营销的探索，已经有了良好开端，今后高端品牌将逐步纳入精准营销的范围。因此，要对信息作更加深入的分析挖掘，科学把握品牌的市场投放，为实施精准营销打下更好的基础。

（五）严格规范，切实加强销售费用管理

规范是保持行业持续健康发展的生命线。规范意识要牢固树立，规范经营要常抓不懈。首先，规范工商企业自身的经营行为。解决规范问题，关键是要把工商企业自身的经营行为规范好。2009年一季度的波动，主要是一些单位规范意识不强、规范基础薄弱、工作执行不力造成的，应该引起我们的反思。各单位要切实提高对规范的认识，增强规范的自觉性，把规范作为长期的重要任务来抓。要按照国家局有关要求，严格规范生产经营行为，保证“六个严禁”真正落实到位。第二，坚持按流程办事，通过流程促进规范水平的提高。这几年，我们通过网络建设、订单供货和协同营销等工作的开展，形成了一系列的流程规范。如果这些流程规范不落实，规范就只能是空谈。国烟办〔2008〕20号文件对订单采集和货源供应作了明确规定，尽管国家局高度重视，专门进行部署并组织了多次检查，一些单位还是没有真正落实，比较普遍的问题是对大部分品牌甚至所有品牌都进行限量。晋城市公司严格执行订单与预测分离制度，规范了货源组织、货源供应、订单采集、品牌管理流程，把“预测指导采购、采购支持订单、订单满足需求”的工作要求落到了实处，值得大家学习。这里进一步强调，业务流程和工作规范是刚性的，任何单位任何时间都必须坚决执行，不能有弹性、有缺口。要广泛应用信息

化技术，以信息技术固化操作流程，进一步提高规范水平。第三，切实加强销售费用管理。销售费用管理是销售管理和财务管理的一个重点。从1～10月的情况看，尽管销售费用水平有所降低，但销售费用的绝对额增长幅度仍然较大，而且各单位销售费用的情况存在较大的不平衡性，不同科目之间也存在较大差异，说明销售费用的管理是不到位的。对销售费用要重管理、会管理。要加快核算、预算和评价体系建设，统一核算口径，通过细化费用管理目标实现对销售费用总额的控制。工业企业的营销中心和商业企业的物流中心要独立核算，设立专门的核算人员，规范财务制度。广告宣传促销费用的开支要规范合理，不得搞账外账、“小金库”。目前工商企业物流费用都有增长的趋势，要引起大家的重视。淮南市公司以构建物流成本绩效管理体系为核心，建立了二级三层四维的成本控制系统，通过模式创新和流程优化，提高了设备利用率，减少物流用人30%，降低卷烟库存40%，减少送货车辆50%，预计2009年8～12月可节约费用118万元，单箱物流费用年底可降低至99元，2010年可降低至85元左右，经验值得借鉴。

（六）加强基层，持续抓好营销队伍建设

营销队伍的素质和能力在很大程度上决定了营销工作的水平。因此，要立足于传统商业向现代流通转变，着力加强基层营销组织建设，努力培养一支高素质的现代营销队伍。一要切实加强基层营销组织建设。营销工作是否扎实，关键在基层。近年来一些单位营销方面出现的不规范问题，很多都与基层工作薄弱有关。因此，要高度重视基层营销组织建设，重点加强基层团队建设和能力建设，提高基层营销组织的凝聚力和战斗力。要切实加强工商企业营销中心建设，加快营销机构整合，按照扁平化的要求搭建组织架构，按照专业化的要求设置岗位，同时要完善内部管理制度，明确管理职责和工作流程，完善激励约束机制，不断增强营销中心活力。营销中心、物流中心等要坚持独立核算，作为企业的成本中心、利润中心进行管理。要认真落实国家局有关要求，认真抓好优秀基层营销部创建活动，推进创建活动顺利开展。要把创建工作与贯标、对标和绩效考核结合起来，结合试点进一步确定劳动用工等考核指标，认真抓好组织实施和工作考核，促进基层单位的营销水平提高到新的层次。二要加强管理，提升营销队伍的素质和水平。营销人员具有压力大、任务重、工作分散的特点。不少单位由于对营销人员管理不到位，出现了一些不规范的问题。因此，工业企业要切实加强驻外地市场营销人员的管理，商业企业也要加强对客户经理、订单员、送货员的管理，并通过培训不断提升营销人员的素质和水平。要突出以客户经理为主体考虑商业企业营销队伍建设。客户经理是商业企业的核心岗位，处于客户服务的前台，代表了行业的形象。现在一些单位反映客户经理无事可做，没有发挥应有的作用，说明客户经理队伍建设仍然是薄弱环节。因此，要以客户经理为重点，提高商业企业营销队伍建设水平。要明确客户经理职责，规范其任职资格和能力要求。客户经理对客户代表公司，在公司代表客户，公司内部要建立以客户经理为中心、全方位支持客户经理的工作机制。要加强业务培训，提高基层营销人员的整体素质，力争到2013年培养100名高级营销师、300名中级营销师、1000名高级客户经理。要打通员工成长通道，注意从优秀的订单员和送货员中选拔客户经理，从优秀的客户经理中选拔市场经理。河北省公司规定新进大学生先要做订单员和送货员，增强对行业的感性认识，经过锻炼后再做客户经理，是一个很好的经验。要进一步深化劳动用工分配制度改革，建立有效激励的机制，调动员工的积极性、主动性和创造性。

深入开展“安全生产年”活动 进一步提升行业安全生产保障能力

——在2009年烟草行业安全生产电视电话会议上的报告

李克明

（2009年1月19日）

这次会议的主要任务是，全面贯彻落实国务院安全生产电视电话会议和全国烟草工作会议精神，认真总结2008年行业安全生产工作，安排部署2009年安全生产工作任务。下面，我代表国家局安全生产委员会作工作报告。

一、2008 年行业安全生产工作情况

2008 年以来，烟草行业认真贯彻落实党中央、国务院关于安全生产工作的指示精神，深入贯彻落实科学发展观，按照行业工作会议精神和安全生产电视电话会议工作部署，结合抗震救灾和举办奥运等实际情况，坚持“安全第一，预防为主，综合治理”的方针，通过突出一个重点，做好三项工作，全行业切实加强了安全生产基础管理，在安全体系建设、安全隐患排查治理、安全生产专项整治等方面狠抓落实，保持了安全生产形势的稳定。

（一）认真落实安全生产责任，努力提升安全管理队伍素质

根据行业企业组织结构和管理体制调整后出现的新情况，依照《安全生产法》等国家法律法规和国务院有关指示精神，全行业进一步明确了卷烟工厂、烟叶复烤、县级公司等非法人单位的安全主体责任和生产经营企业主要负责人的安全生产职责。在 2008 年 10 月国家局组织的厂长培训班上，有针对性地安排了 90 余名企业负责人的安全生产法律责任和现代安全管理方法培训。一年来，各级安全生产责任制得到了进一步健全和落实，全员安全生产责任意识得到了有效提升，各级安全管理机构和安全管理队伍得到了进一步加强，目前全行业已考取国家注册安全工程师资格的专业技术人员 160 多名，还有近 190 名同志通过了部分科目考试，有望在 2009 年通过剩余科目考试获得国家注册安全工程师资格，专业安全管理人员素质得到了提高。

（二）推进体系有效运行，切实加强安全管理工作

截止到 2008 年底，经过全行业三年多的努力，绝大多数企业已经建立了职业安全健康管理体系。多数单位按照体系标准，在制度建设、责任落实、危险源控制、安全检查、隐患整改等各个环节进行了全面有效的过程控制，通过认真落实 PDCA 闭环管理，促进了安全生产工作的持续改进，有效防范了重特大事故的发生，增强了对各类责任事故和不安全因素的控制能力。在体系运行过程中，各单位在内部审核、管理评审、编制纠正和预防措施等方面，不断总结工作经验，修订完善制度标准，持续改进管理工作。通过体系运行和过程控制，逐步形成了安全生产的有效制约与改进机制，进一步加强了安全管理基础工作，促进了企业安全管理水平的稳步提高，使行业安全生产工作逐步向制度化、规范化的方向发展，为行业的安全平稳运行发挥了重要作用。

（三）开展隐患排查和安全大检查，切实加大整改监督力度

2008 年，全行业根据国务院关于开展“安全隐患治理年”和“安全生产百日督查专项行动”的要求，认真贯彻落实《国家烟草专卖局关于进一步开展安全生产隐患排查治理工作的通知》（国烟运〔2008〕116 号）和《国家烟草专卖局关于认真落实国务院办公厅开展安全生产百日督查专项行动通知的通知》（国烟运〔2008〕178 号）要求，各单位结合实际情况，认真研究、部署具体措施，通过开展“隐患治理年”活动和百日督查专项行动，系统地排查、整改了一批严重影响安全生产的事故隐患，集中解决了一些安全管理中存在的问题。国家局在 2008 年 3 月组织专项检查组，对福建、江西、河北、内蒙古等 4 个省级局、工业公司的隐患排查治理情况进行了抽查，针对少数单位存在的突出问题以通报的形式点名批评并要求限期整改。在隐患治理活动和百日督查专项行动推动下，全行业进一步健全了相应的隐患治理和危险源监控制度，加强了事故预警、预防和应急救援准备工作，促进了各项工作措施的落实。

2008 年 5 月和 11 月，国家局共组织了 21 个检查组对全行业 50 个省级局（公司）、工业公司进行了安全生产大检查。共检查卷烟工厂 43 家、商业企业 74 家、宾馆饭店和烟叶复烤企业 19 家，发现各类事故隐患和问题 283 项，下发隐患整改通知书 131 份，并就安全检查中发现的问题进行了通报，对整改工作提出了具体要求。7～8 月份，为确保“平安奥运”的顺利实现，国家局专门组织开展了行业安全稳定专项检查，在对 130 多个企业的检查中，发现制度不落实、管理不到位等问题 193 项；发现并及时督促整改安全设施不完备、消防通道堵塞、紧急出口锁闭等事故隐患 15 项。国家局安委会办公室又专门组织力量对国家局在京直属单位和北京市局、北京卷烟厂以及醋纤企业进行了安全检查。对发现的各类事故隐患和安全问题，逐项向有关单位下达整改意见，并通过“回头看”促进了各项隐患整改的有效落实。确保了行业在北京奥运会期间的安全生产。

（四）突出监督管理重点，有效防止重特大事故的发生

各单位在日常安全管理和各级安全检查中，将消防工作作为重点，切实强化消防基础管理和生产经营现场监控，认真组织开展消防设施配置和运行情况的

检查，及时发现和整改消防管理中的隐患和问题，有效预防了重特大火灾事故的发生。在体系运行管理中，各单位突出了危险源控制和火灾应急预案的建立和演练，以防止火灾事故的发生和损失的扩大。

在加强道路交通安全管理，预防重大交通责任事故方面，有关单位针对2008年初南方部分地区发生低温雨雪冰冻灾害的情况，认真贯彻落实国家局的要求，及时掌握特殊天气和路况，加强驾驶员的教育和车辆管理，确保了冰雪灾害期间交通运输的安全；为有效预防重大交通事故的发生，大多数单位认真执行行业有关道路机动车辆安全管理规定和国家局的一系列通知要求，采取相应措施，违规动用车辆、使用公车出游、违法驾驶车辆等问题得到有效遏制。

国家局始终将醋纤生产企业作为行业安全管理的重中之重，不断加大安全监督管理力度。在行业组织进行安全生产大检查的同时，三家醋纤生产企业开展了相互检查；在奥运会召开前，专题研究醋纤生产企业安全生产工作，听取了醋纤生产企业关于安全生产工作的专题汇报；要求有关醋纤生产企业按照生产流程和工艺特性，进一步总结、归纳、明确了危险源监控重点和主要检查内容，采取有效防范措施，确保安全生产。

（五）抗击自然灾害侵袭，努力保障安全生产

进入2008年，我国先后发生了南方部分地区低温雨雪冰冻灾害和“5·12”汶川特大地震。面对突如其来的自然灾害，全行业按照党中央、国务院的统一部署，积极应对自然灾害的发生。灾区单位的各级安全管理部门积极投入到抗震救灾工作中，利用各种有效渠道及时了解灾情变化情况，发扬不畏艰险的工作精神，深入生产一线开展安全生产监督检查指导工作，确保了企业恢复正常生产生活秩序全过程的安全。国家局安委会在国家局党组的领导下，及时掌握灾区企业动态情况，印发了切实加强灾区企业安全防范、做好地质灾害防范等一系列紧急通知，帮助、指导受灾单位积极开展救灾和恢复生产工作，并积极与湖北中烟、陕西中烟等单位协调，为四川地震灾区紧急筹集急需的救援物资，帮助受灾单位解决燃眉之急。

（六）切实加强组织协调，积极推进安全管理信息化建设

为进一步加强基础管理工作，提升行业安全管理现代化水平，国家局于2008年3月开始建设“烟草行业工商安全管理信息系统”，并组织云南中烟工业公司、上海市局、湖南省局和南通醋纤公司等单位的业务骨干对系统需求反复进行了研讨、修改，北京市局、陕西中烟工业公司等单位积极配合项目调研，安徽中烟工业公司、贵州省局的所属企业积极开展试点运行工作，有效促进了信息系统管理项目、业务流程的完善和优化。行业安全管理信息系统现正在进行网上试运行和调试，并已完成对工业企业130余名安全管理人员的操作培训。

二、当前行业安全生产形势和存在的主要问题

目前，在烟草行业改革发展过程中，全行业的安全生产工作通过加强领导、健全制度、狠抓落实，基本上保持了比较稳定的安全生产局面，但安全生产形势依然不容乐观。2008年，全行业发生集体中毒事故1起；因工死亡事故3起，死亡3人，事故起数和死亡人数同比上升50%；火灾事故1起，同比下降50%；甲方主要责任交通事故8起，同比上升33%，死亡15人，同比上升25%。

通过对以上事故和安全检查中发现的主要问题的原因分析总结，当前行业的安全生产工作，主要存在以下几方面的问题：

（一）少数单位事故隐患整改不落实

少数单位负责人对安全生产工作重要性的认识不足，对自身承担的安全生产职责认识不全面，事故隐患整改工作落实不到位，在隐患引发事故方面存在侥幸心理。极少数单位领导片面强调客观原因，事故隐患得不到及时、彻底整改，对国家局检查组发现的事故隐患拖延不改，生产经营场所长期违规使用，存在严重的重生产、轻安全倾向，安全管理状况、事故防范能力与企业的发展要求不相适应。

（二）安全生产培训存在薄弱环节

少数单位对安全生产教育培训认识不足，企业管理者对法律赋予的安全教育责任、全员安全培训工作职责履行不到位；有的企业全员培训工作只体现在体系文件和汇报材料上，在体系运行和管理评审中没有具体详实的纪录；有的企业专职安全管理人员长期得不到专业培训，对现代安全管理理念、管理方法和安全技术理解和掌握不够；少数企业新调整的主要负责人，未按照有关法规的要求，经安全培训考试合格并取得资质证书。

（三）安全防范设施与行业发展不相适应

有的单位注重生产经营设备的更新改造，对安全设施的投入重视不够，自动报警、自动灭火、安全监控等技术防范措施存在明显不足和运行缺陷；有的单

位建设项目安全设施“三同时”制度不落实，安全设施建设在项目设计、实施、验收等环节缺乏有效的监督运行机制，安全设施的配置或运行达不到相关法规、标准和实际防范要求。

三、2009年行业安全生产工作主要任务

2009年烟草行业安全生产的总体要求是：深入学习实践科学发展观，坚持“安全第一、预防为主、综合治理”的方针，全面贯彻落实全国安全生产电视电话会议和全国烟草工作会议精神，认真组织开展“安全生产年”活动，切实加强安全生产领导，进一步落实安全生产责任，突出加强安全设施建设，进一步提高安全保障能力。继续开展安全专项整治工作，进一步加大安全隐患整改力度。加强安全队伍建设，进一步提升管理人员素质。积极推进安全体系有效运行，进一步提升安全管理信息化水平。通过切实加强“三项建设”，即切实加强安全设施建设、安全管理体系建设和安全管理队伍建设，深入开展“三项活动”，即继续组织开展好安全专项整治活动、安全隐患整改活动和安全生产督查活动，有效预防各类重特大事故的发生，努力实现安全发展。

根据当前行业安全生产工作存在的主要问题，2009年要进一步加大安全工作力度，切实解决当前安全管理工作中存在的突出问题，重点要加强以下各方面工作。

（一）切实加强安全生产领导，全面落实安全生产责任

安全管理工作能否到位，关键在于各级领导对安全生产重要性的认识是否到位。所有单位的主要负责人都是安全生产的第一责任人，必须从构建和谐社会，保持经济社会平稳发展的高度，深刻认识在行业改革与发展过程中，安全生产的极端重要性，牢固树立安全生产责任意识，切实履行法律赋予的安全生产责任，把各单位主要负责人的安全生产职责落实到具体工作中。各企业主要负责人要进一步落实好所承担的安全管理职责，一是要进一步建立健全专职安全管理机构，加强安全专业管理人员配置，做好国家注册安全工程师的岗位设置工作；二是要切实保障安全生产资金的投入，根据国家有关法规和标准，认真落实行业关于进一步加强安全设施建设的要求，逐项查找安全设施建设的薄弱环节，组织制定具体措施，全面加强安全设施建设；三是要认真研究、部署安全生产工作的计划和措施，组织安全生产规章制度和操作规程的修订、完善工作，每年度至少组织召开2次安委会会议，制定持续加强安全生产工作的具体措施；四是要组织落实事故隐患整改工作，听取事故隐患整改情况汇报，确保事故隐患得到及时、彻底整改；五是要落实职业安全健康管理体系标准要求，每年至少开展1次由主要负责人组织的体系管理评审，保证体系运行的充分性、有效性和适宜性，促使安全生产工作持续改进。以上各项工作的落实情况，将纳入行业安全生产检查主要内容，并由受检单位主要负责人向检查组进行汇报。

各单位要根据国家相关安全生产法律法规和标准，结合行业发展和企业管理的实际情况，进一步建立和完善安全生产制度体系，突出针对性和可操作性，切实做到安全生产工作有法必依，有章可循，将各项制度、标准、要求转化为企业和员工的行为规范，严格落实责任追究制度。

（二）全面加强安全设施建设，切实提高技术防范水平

各单位要切实加大安全生产投入力度，严格按照国家有关法规、标准，结合行业实际情况，全面加强各类安全设施建设。各省级局、工业公司要严格按照《国家烟草专卖局关于进一步加强烟草行业安全设施建设的实施意见》（国烟运〔2009〕8号）要求，切实加强对安全设施建设工作的领导，监督、指导企业进一步加强和完善自动报警、自动灭火、视频监控等“三大系统”的安全设施建设。

所有仓库必须按照有关法规和标准，配置火灾自动监测报警、视频监控设备和消防栓、消防水池、灭火器具等消防设施，烟叶、卷烟、辅料等仓库必须安装、使用自动灭火系统。

所有生产经营、办公场所的公共区域必须安装视频监控、火灾自动监测报警系统和安全疏散指示标志、应急照明等设备，人员聚集场所要配置广播系统，要设置单位外围电子巡更系统。所有安全设施要指定部门和人员进行专门管理，防止因误操作、设备故障造成人身伤害或设备事故，保证安全设施的运行正常，防范有效。安全监控设施必须保证全天候值守，除按规定进行正常维修保养外，不得以任何理由将设施关闭或置入手动状态。

各单位要安装使用机动车辆管理电子信息系统，凡具备条件的地区，要安装GPS车辆定位装置。

新建项目主体设施和安全设施必须做到同时设计、同时施工、同时验收；现有仓库设施或安全设施存在缺陷的单位，必须加大安全资金投入力度，严格按照有关法规和标准，切实提升安全保障和安全技术防范水平，对广大员工人身安全和国家财产安全实施更加有效的保护。

（三）深入开展专项整治，狠抓事故隐患整改

各单位要围绕遏制重大伤亡事故，防范重大财产损失的基本要求，突出安全监督管理重点，深入开展安全专项整治。一是要始终高度重视消防安全工作，认真贯彻落实消防法规，大力开展消防安全宣传教育，切实加强消防监控和灭火设施建设，定期组织义务消防队和职工开展火灾应急预案演练。二是要突出道路交通安全管理，全面堵塞管理中的漏洞，认真贯彻落实《烟草系统道路机动车辆安全管理暂行规定》，进一步加强和规范车辆驾驶、车辆使用、车辆维修等各环节的管理，杜绝违法行驶、公车私用等问题，禁止利用公车组织集体出游，加强特殊天气和路况条件下的安全管理，必须在确保安全的前提下安排车辆运输，有效遏制重大交通责任事故。三是要针对电气、锅炉压力容器、外来施工、出租房屋、宾馆饭店等安全管理的薄弱环节，深入排查事故隐患，对事故风险进行全面、科学的评估，切实加强对危险源的有效监控。四是各醋纤生产企业要进一步加强对重点要害部位的监督管理，按照生产流程和工艺特性，严格执行相关法标准和操作规程，要加大投入，彻底整改生产、生活区域缺乏有效分隔和前期工程中电气线路老化、过载等潜在隐患，确保生产全过程的安全。

各单位在日常安全管理中必须做到以下最基本的要求：必须认真执行安全规章制度，禁止违章指挥、违章作业；必须加强安全技术设施，禁止出现监控、防范死角；必须确保安全通道畅通，禁止堵塞、占用安全通道；必须规范机动车辆管理，禁止违规使用公车；必须加强特种设备管理，禁止逾期不检和无证操作。对各类事故隐患或安全管理中存在的突出问题，任何单位、任何人都不得强调任何客观理由拖延整改，必须集中力量认真组织开展专项整治，限期整改。

（四）切实健全队伍建设机制，提高管理人员整体素质

各单位要根据行业安全管理科学化、专业化、信息化的要求，严把安全管理岗位用人关，把具备较高政治素质、责任意识和业务能力的同志充实到安全保卫岗位上来，建立一支政治过硬、认真负责、工作高效的行业安全管理队伍。各单位要切实关心和支持安全管理人员的工作，保持队伍的相对稳定，充分调动各级安全管理人员的工作积极性，及时排查不安定因素，对不适宜安全管理工作的人员，要调离安全保卫工作岗位。2009 年，各单位要根据相关规定，设立国家注册安全工程师工作岗位，实行注册安全工程师技术负责制，在经济待遇上落实相应的岗位绩效工资。各省级局安全管理部门至少要设置 1 个注册安全工程师岗位；各地市级公司和烟叶复烤企业至少设置 1 个注册安全工程师岗位；各省级工业公司、烟机集团公司、醋纤企业董事会分别确定所属企业的注册安全工程师岗位数量。

2009 年，各单位要进一步加强安全培训工作，一方面要为各级安全管理人员积极创造条件，针对实际工作需要进行系统的业务培训；另一方面，要组织生产经营单位负责人参加相关安全生产法规和管理方法的培训，每个生产经营单位的主要负责人，都必须切实做到通过相关安全生产培训，经考试合格后持证上岗。

（五）加强信息化建设，推进体系有效运行

全行业要大力加强安全管理信息化建设。2009 年春节后，国家局将在进一步对安全管理信息系统进行调整、完善的基础上，继续组织商业企业安全管理人员进行信息系统操作培训，争取在上半年投入运行。各省级局、工业公司要逐级组织所属单位开展应用培训，积极推行安全管理信息系统的应用，并将在应用中发现的问题和修改建议及时反馈到国家局安委会办公室。对已运行本单位安全管理系统的单位，要通过技术手段与行业安全管理信息系统进行有效连接，逐步建立起涵盖层级广泛、信息交流及时、管理程序明晰的行业安全管理信息系统，进一步规范工作内容和流程，切实提高安全管理水平。

各单位要切实加强职业健康安全管理体系的有效运行，解决体系运行与日常管理工作“两张皮”的问题。目前，有些单位体系运行中管理手册、程序文件比较完善，但作业指导类文件和安全技术标准存在欠缺。2009 年各单位要把体系内审和管理评审结合工作实际落到实处，在注重优化安全管理流程、改进程序文件，实现职责、权限、资源再分配的同时，进一步充实和完善安全生产规章制度、安全操作规程、安全技术标准、台账、档案、记录、考核标准等项目，实现对设备、设施、工具使用和生产环境、安全考核的标准化、规范化管理，为体系的有效运行提供有力的支撑。

2009 年春节即将来临，国家局已经下发了关于加强节日期间安全工作的通知，请各单位针对冬春季节事故多发的特点，认真组织好贯彻落实。一是要立即组织开展节前安全检查，特别要加强节日期间的防火检查和值守。各单位要安排好领导节日带班，认真执行单位双人值班制度。二是要加强机动车辆的使用管理，节假日期间不得组织职工乘汽车集体出游。除生产经营和值班车辆外一律封存，严禁私自动用。三是要针对易燃易爆品、人员密集等重点场所，落实好相

应的安全防范措施和应急预案，加强对重点场所、环节的防控。四是要针对节日期间的特点，认真组织开展全员安全宣传教育，增强安全防范意识和能力，确保广大干部职工度过一个平安、祥和的节日。

在全国烟草行业管理体系建设现场会上的讲话

李克明

（2009 年 11 月 11 日）

为了认真总结行业开展企业管理体系建设的做法和经验，进一步推进管理体系建设工作深入开展，国家局组织召开了这次管理体系建设现场会。目前行业管理体系建设工作已经进入了关键阶段。各单位领导普遍重视，很多省级局（公司）、工业公司主要领导亲自负责体系建设工作，分管领导具体负责管理体系建设实施工作。管理体系建设实施面广泛，16 家省级工业公司、33 家省级局（公司）启动了该项工作，并进入了运行实施阶段，探索、形成了一些富有特色的管理体系建设的做法和经验。下一阶段的工作重点是，要确保贯标工作真正达到管用好用实用的目的，成为构建企业基础管理的系统平台，成为夯实基础管理的抓手和载体，使管理体系建设真正富有效率、充满活力。

会议全面系统总结前一阶段行业体系建设工作，安排部署了下一阶段的工作任务。浙江烟草工商企业作了较为全面系统的经验介绍，提供了一个良好的体系建设现场。安徽省局（公司）、江苏中烟、重庆市局（公司）、河北中烟、厦门市局（公司）、湖北中烟、四川凉山州局（公司）和吉林白城市局（公司）作了专题经验交流，各显特色，生动形象。我认为，大家生动形象的语言是干出来而不是写出来的，是在体系建设过程实践中总结提炼出来的。福建厦门市局（公司）总结的“编个框、搭个台、铺条路”，语言朴实，较好地体现了行业管理体系建设的目的和要求。由于每个企业实际情况不同，这次现场会不是提供统一的贯标模式，关键是如何把浙江烟草在体系建设中体现的探索精神、求实精神、务实精神运用到各自企业贯标的具体工作中，真正使体系有用、管用、好用。从浙江烟草的体系建设实践中，有几个方面值得大家借鉴：一是目标引领。浙江工商两家体系建设目标清楚，都把体系建设作为事关企业长远、全面发展的一项战略决策。省局（公司）就是要通过体系建设实现从传统管理向现代管理转变；工业公司就是要紧紧围绕打造一个优秀企业来开展体系建设工作，使体系建设始终围绕目标开展。二是自我建设。如何发挥企业在贯标过程中的主体地位，坚持以我为主、由我主导、为我服务，真正体现自我建设，浙江烟草做得很有特色。比如，浙江省局（公司）的“六有七步三知五度”，浙江中烟的“四个中心”、“业务流程五大滚动”、“三纵十横”等。体系建设就是要根据企业自身实际来形成企业管理特色。浙江省烟草商业企业除了执行省局（公司）统一的流程、制度、标准外，各地市公司还展示了自己的贯标特色，体现了活力。三是突出创新。浙江烟草体系建设过程实际就是管理创新过程，不是把原有流程和制度进行简单文件化处理和程序化套用，而是按照体系建设的要求、原则和方法对现有管理进行创新变革，通过创新来提升管理水平。四是系统推进。浙江烟草体系建设和各项专业化管理，包括与信息化管理、ERP 建设、标准化建设等有机融合起来，进行系统推进。总之，浙江烟草体系建设重在转变管理观念、重在结合企业实际、重在突出管理创新、重在狠抓有效运行、重在发挥主体作用，值得我们在推进企业管理体系建设工作中借鉴。

下面，关于行业下一步企业管理体系建设工作，讲三点意见。

一、进一步明确体系建设的指导思想

体系标准是一个管理标准，它与产品标准和技术标准是有区别的，体系标准是开放式、指导式和推荐式的，而产品标准，比如卷烟国家标准是一个强制性标准，无论采取什么方法和过程，最终产品必须符合卷烟国家标准。这些标准是可以检测和量化的，而管理标准却不能生搬硬套，没有做大量的基础工作，没有对标准体系内涵的深刻理解，简单地文件化、格式化去进行体系建设，很难起到提升管理水平的作用。新一轮贯标与过去贯标相比要求明显更高了。20 世纪 90 年代中期，在工业企业开展贯标过程中，当时为了防止走形式，国家局把贯标重点放在提升产品的实物质量上。上海卷烟厂“一丝不苟、支支一流、一包一箱、不优不休”质量方针就是围绕提升实物质量提出的；长沙卷烟厂追求“产品零缺陷”的质量方针也是为了确保实物质量不断提升提出的，新一轮贯标比以往提升实物质量为目标的贯标工作难度更大。而这次体系建设的任务，主要还是要搭建管理平台，夯实管理基础，提升企业的规范化、程序化、标准化管理水平。国家局对省级局（公司）、工业公司的业绩考核中包含了体系建设的内容，对贯标工作有一定促进作用，但我们要真正克服和避免“为贯标而贯标、为认证而贯标、为考核而贯标”的思想。全行业要进一步明确体系建设的指导思想，切实落实好姜成康局长提出的突出运用、突出创新、突出解决管理中存在的实际问题“三个突出”要求。商业企业要切实通过体系建设来加强基层建设和基础管理，工业公司要切实通过体系建设来加强四个中心建设，不断促进企业管理上水平，真正把标准、体系和烟草企业工作实际紧密结合起来，注重实用、体现实效，真正做到不搞花架子、不搞形式主义。

二、进一步构建企业的系统管理平台

企业管理是由多要素多层次综合组成的一个复杂有机整体，现代企业管理最显著特点就是系统管理。过去的传统管理和科学管理，主要是注重单个环节的管理和优化。把体系建设作为构建企业系统管理平台，就是要通过体系建设实现管理整合，形成管理合力，使企业各项管理成为有机统一的系统。目前还没有哪一个标准或体系能够像质量管理体系这样，可以覆盖和融合企业管理的方方面面。从昨天介绍的情况看，浙江烟草商业基本实现了管理整合工作，把过去各部门职能管理转变成了现在的流程管理。浙江中烟“四大中心”建设就是围绕流程在运转。我们要切实发挥体系建设在构建企业系统管理平台上的积极作用。

一是要把体系建设和专业化管理有机融和起来。体系建设和提升专业化管理是不矛盾的，而是相互促进、相互依存的。体系建设不能替代专业管理，体系建设必须要有专业管理做支撑。体系建设要打通业务管理的接口，使各项业务管理能够朝着程序化、标准化、规范化的方向发展。

二是要把体系建设和信息化建设有机融合起来。信息化建设是体系建设的基础和保障。体系建设没有信息化水平的提升作为支撑，一是难以体现水平，二是难以持续。大量程序和文件没有信息化手段支撑是很难有效运行的。在体系建设中要把信息化建设放在更加重要的位置，真正实现体系建设的信息化。

三是要把体系建设和企业文化建设更加有机地融合起来。姜成康局长提出要把标准转化为企业的行为规范。行为规范是企业文化的一种体现，是企业长期发展过程中沉淀形成的员工价值观。在体系建设中要进一步注重营造有利于体系建设和运行的体系文化。

三、进一步注重夯实企业的基础管理

“卷烟上水平”是当前和今后一个时期行业的主要任务，基础管理上水平是“卷烟上水平”的重要保证，也是转变行业发展方式、实现可持续发展的重要支撑。在行业改革与发展的新阶段，随着企业规模和管理幅度不断增大，如何加强基础管理、提高管理效率成为十分紧迫的工作任务。希望通过体系建设构建管理平台，同时能够在夯实基础管理方面发挥更加积极作用。在2008年行业企业管理工作会议上，我们把基础管理综合成五个方面，就是通过体系建设形成有效的规章制度、清晰的岗位职责、健全的标准体系、顺畅的信息传递、严格的绩效管理。这五个方面如果能够经得起检验的话，基础管理就达到了一定水平。其中：有效的规章制度包括两个方面，一是规章制度体系要完整；二是规章制度要有效执行。既要有完整的制度体系，也要达到有效的制度执行。现在我们制定规章制度花费了很大功夫，但是规章制度的执行力到底如何，还需要下功夫去完善。清晰的岗位职责是指企业所有部门和员工必须明确分工、明确职责，切实做到“两个明确”，才能够说形成了清晰的岗位职责。健全的标准体系要求企业不但要有覆盖全面的技术标准、管理标准、工作标准，更要追求标准的先进性，使企业具有较高水平的内控标准。顺畅的信息传递是指企业对生产运营全过程以及企业外部信息的采集、传递、分析实现有效管理。严格的绩效管理不仅仅是对岗位、员工的绩效进行考核，还包括对企业体系绩效和流程绩效的管理，需要把绩效考核提升到绩效管理的层面和水平。严格的绩效管理是企业建立激励约束机制的重要基础，没有严格的绩效管理，企业难以形成扎实的基础管理。希望在体系建设过程中，要不断加强五个方面的基础管理工作。基础管理的特点就是易反复，是一个需要反复抓、抓反复的过程。

体系建设是一个不断总结、不断完善、不断提升的过程，我们要始终坚持“三个突出”的体系建设指导思想，真正使管理体系建设“管用、实用、好用”，使体系建设在加强企业基础管理，提升企业管理水平上发挥更加积极的作用。

在2009年全国烟草行业多元化投资管理工作会议上的讲话

李克明

（2009年3月10日）

这次全国烟草行业多元化投资管理工作会议是在行业多元化企业清理整顿工作取得重大阶段性成果，下一阶段多元化投资管理工作重点转移的新形势下召开的一次重要会议。下面，就如何加强多元化经营管理工作，讲四点意见。

一、认真总结清理清退工作

按照国务院有关文件的要求，国家局要进一步建立健全国有资产经营管理体制，履行加强对国有资产管理的职责。2006年，国家局成立中国烟草投资管理公司，对多元化经营企业实行归口管理。实行归口管理以来，我们工作经历了两个阶段。第一阶段是2006年以来开展的多元化企业清理登记和清产核资阶段，主要目的是为了摸清家底，摸清行业多元化经营企业的现状。通过清理登记工作开展，发现了行业多元化企业存在的一些主要问题：包括投资分散、层级过多，管理比较薄弱，以及还存在着一大批亏损企业和无市场前景的企业。清产核资主要是对多元化投资关系和资产状况进行清理，此次清理出的资产损失仍在继续处理中。第二阶段是从2007年以来开展的多元化企业的清退阶段。国家局对关停企业、严重亏损企业、无市场前景的企业制订了清退计划，要求在两年内基本完成已经列入清退计划的多元化企业的清退工作。

截止到2008年12月31日，全行业已完成清退的多元化企业1092家，占多元化企业清退计划总数1216家的90%；还有124家企业正在开展清退工作，较好地完成了国家局提出的“三个基本完成”的目标。

（一）要充分肯定清理清退工作取得的成效

一是行业多元化经营企业大幅减少，投资分散的局面得到明显改变。行业多元化企业已由原来的1700多家下降到目前580多家（不包括正在进行清退的124家）。参股企业由原来600家下降到现在的181家。存续的580多家多元化企业投资的领域也进一步集中。基本上分布在配套材料、宾馆酒店、金融证券、服务贸易、交通能源、房地产、物业管理、运输物流等领域。

二是投资层级明显得到压缩。从最初开始清理清退时，很多省多元化投资四级甚至五级已经压缩到了三级以内（含主业），基本符合国家局关于投资管理层级的要求。

三是资产质量得到明显改善。2006年清理登记开始时，赢利的多元化企业不足总数的1/4。通过两年来清理清退，按照财务司2007年的统计，赢利多元化经营企业户数达到480户，占目前多元化经营企业总数的3/4以上。多元化经营企业实现利润97.73亿元，资产质量得到了明显改善。通过清理清退工作开展，坚定了我们进一步搞好多元化经营企业的信心。目前存续企业（不包括还没有清理清退的124家）投资收益率还是具有一定水平的。

两年来，在国家局高度重视下，行业上下齐心，积极主动，依法依规，一抓到底地开展清退工作，取得了比较大的成绩，这些成绩的取得归纳起来有三个方面的原因：

一是领导重视，目标明确。在开展清理清退和清产核资工作中，国家局明确提出“新官要理旧账”，明确要求各省级公司主要负责同志要亲自负责，分管领导要具体抓好此项工作。从国家局来说，姜成康局长和何泽华副局长非常重视。姜成康局长几次主持召开专题办公会议，听取清产核资、清理清退工作汇报。财务司和投资公司进一步加大工作力度，各级领导的高度重视，使清退计划从最初上报的400多家，经过各省级公司的主动调整，最终确定为1216家企业列入了清退计划，清退目标和任务更加明确。特别是2008年，国家局确定为企业清退攻坚年，明确提出要完成90%以上的清退任务目标。

二是归口管理、责任落实。在企业清退过程中，形成了主要领导亲自抓，分管领导具体抓，相关业务部门通力协作，共同推进的工作局面。国家局采取了多种方式，狠抓清退工作。包括派出工作组和督导组，滚动检查企业清退计划的落实。各省级公司按照国家局的要求，积极主动，迎难而上，克服种种困难，不断加大清退力度，较好地完成工作任务。特别是已经成立了投资管理公司的省级公司，能够更有效地集中力量和资源开展工作。一些管理层级较多的省级公司，积极组织力量，加强工作指导，层层落实责任，有序推进工作进展。

三是持之以恒、一抓到底。国家局对中国烟草投资管理公司提出，在前两年要用百分之九十以上的精力来搞好多元化企业清退工作。同时，对各省级公司加大工作绩效考核力度，把不良资产比例、投资收益等作为重要考核指标，持之以恒地推动企业的清理清退工作开展。

我们要认真总结清退工作中的成功做法，并继续运用到下一阶段的多元化经营管理工作中去。

（二）要认真吸取清理清退工作中存在的问题和教训

在两年来的清理清退工作中，我们也发现多元化投资和经营管理方面存在的一些问题和薄弱环节。比较集中体现在以下几个方面：

一是投资监管不严。尽管多元化投资有许多是历史遗留问题，有历史原因，但绝大多数与我们的监管不严有关。投资的决策机制不健全，缺乏必要的投资论证。很多决策的程序都没有履行，有些投资项目的决策过程都找不到任何痕迹。管理制度不健全，包括投融资、合同管理、项目管理等都缺乏必要的规章制度。

二是企业经营行为不够规范。表现为依法经营的意识不强。从清退情况看，一部分企业难以退出的原因就是投资经营过程中涉及多起经济纠纷和法律诉讼，还包括手续不健全、产权不清、权证不全等。

三是企业的基础管理比较薄弱。内控制度不够健全，财务核算不规范。在国家局组织的经济责任任期审计中，所发现的这一类问题还是比较突出的。

对清理清退中发现的一些问题和薄弱环节要认真地加以分析，全面总结，采取有效的切实可行的措施，进一步加以纠正。

（三）要全面完成企业的清退工作计划

目前，行业多元化企业清退工作已经告一段落，但是对清退计划完成率还没有达到90%以上的单位还是要将企业清退工作作为工作的重中之重。已经完成的1092家企业涉及的投资额有90亿，剩下的124家涉及的投资额就是30亿，虽然企业数量只有清退计划的1/10，但是涉及投资额所占比例还是比较大的，要加大力度努力完成清退计划。

一是对已完成的清退工作进行一次全面自查。要认真检查企业退出的相关程序是否依法依规，是否符合资产处置政策，清退档案是否齐全。国家局在2009年要对资产管理和处置情况进行专门检查，包括对企业清退工作的检查。

二是未完成清退计划的单位要切实加大清退工作力度。要制定更为具体、切实可行的清退计划，需要调整的可以进行调整，做到有的放矢，突出工作重点。从剩下的清退任务来看，一些省级公司的清退任务还是非常重的，有的省级公司只完成了50%、60%，还有不少单位没有完成清退工作，要进一步制定具体的清退方案。

三是加快清产核资出的资产损失的处理。从目前来看，多元化经营企业在资产损失处理方面，跟主业有比较大的差距。主业清产核资清理出的损失，90%已经得到处置。多元化企业清产核资共清理各类资产损失62.2亿元，截止到2008年9月底，只处理了33.45亿元，损失处理率只有53%。下一步如何依法依规进行资产处置，还有大量的后续工作要做，各单位要按照行业财务工作会议要求，认真抓好贯彻落实。

四是继续坚持依法依规推进清退工作的完成。清退工作不能仅为了完成清退计划，必须要依法依规严格按照程序高质量地完成企业清退任务。未清退的124家企业不少涉及经济纠纷和法律诉讼、人员安置、权属证书和相关手续缺失等方面问题，情况复杂、清退难度大。对待这些“硬骨头”，既要狠下决心，多方协调，一抓到底，又要坚持进度服从质量，严格规范产权交易，资产转让、出售、拍卖等处置行为。总之，一定要依法依规，严格程序，切实防止国有资产流失，确保依法依规原则始终贯穿多元化清理整顿工作始终，避免虎头蛇尾，要善始善终地完成企业清退计划。

二、切实履行监管职责

烟草行业多元化投资是行业国有资产的重要组成部分，如何对这部分国有资产实行有效监管，确保其安全，并努力实现好保值增值的任务是各级主管部门的职责所在。

（一）要坚持“并重”原则

真正由过去主要偏重生产经营管理转向生产经营管理和资产经营管理并重。就目前来讲，我们或多或少还存在重生产经营管理、轻资产经营管理。行业最近几年来，始终坚持抓整顿、抓规范，烟草主业在内部管理、内部控制、企业管理等方面得到了明显的加强。相比较而言，多元化经营企业管理比较粗放，存在重投资轻管理的现象。目前行业多元化投资已经形成了600多亿的资产，我们必须要用对国有资产高度负责的精神来经营管理好国有资产，真正防范、控制好经营风险的发生，确保国有资产的保值增值。当前，国家局不断加大资产经营管理的力度，包括下发资产管理的各项规定和制定严格的考核管理办法等措施，因此，在我们工作中要真正体现并重原则，能够真正实现由生产经营管理向资产经营管理并重转变，要切实增强监管意识。

（二）要避免前清后乱

通过全行业上下两年多的艰苦努力，企业清退工作取得了较大成绩，我们要进一步加强对存续企业的监管，切实防止前清后乱，确保存续企业始终保持良好的状况。

（三）要建立考评体系

2009年，中国烟草投资管理公司要把建立多元化企业经营管理的考评体系作为工作重点，加强对各省级多元化经营管理工作的评价，建立评价体系，而后逐步建立完善多元化企业经营管理工作的考核体系。评价体系主要包括三个方面：管理制度建设、管理机制的运行和管理绩效。要从这三个方面对各省级公司多元化管理工作进行评价。要加强对制度执行情况的监督和检查，包括对制度建设是否行之有效，程序运行是否规范等方面。

（四）切实履行归口管理职责

就目前来说，只有机构健全、人员落实、责任明确才能够实施有效的管理。对投资管理部门来说，归口管理实际上是一种责任。要真正体现归口管理，必须做到权责明确，国家局要进一步理顺多元化管理的职能。投资公司要加强对多元化经营企业的管理。有些省级公司由投资管理部门向投资管理公司实体转变，管理效果更好。实践证明，只有职责明确了，管理才能更到位。

三、严格规范运作

近几年来烟草行业不断严格规范管理，建立起了良好的生产经营管理秩序，促进了行业的健康发展。下一步多元化经营管理也要把严格规范管理、严格规范运作作为工作重点。

（一）扎实推进管理制度建设

加强制度建设是严格规范运作的重要保障。2007年，国家局下发了《烟草行业多元化经营企业管理暂行规定》（国烟办〔2007〕461号），对管理制度提出了要求，但从整体上来讲还没有形成系统完善的管理体系。从2009年开始，要把推进制度建设，真正建立操作性强的管理制度作为重点。

（二）更加重视加强企业基础管理

企业在不同的发展阶段，基础管理的内容都有所不同。2008年，国家局着力加强工商企业的基础管理工作，通过加强基础管理，促进企业形成健全的管理制度、系统的标准体系、明晰的岗位职责、严格的绩效考核和顺畅的信息传递。作为多元化企业，目前要加强两方面工作：一方面要加强权属证书管理。多元化企业清产核资、清理清退后，发现很多多元化企业权属证书不全，包括土地证、房产证、涉及专卖品生产经营的相关许可证等，反映了基础管理薄弱。另一方面是加强会计核算管理。通过经济责任审计和多元化企业检查，发现了许多多元化企业会计核算不规范，基础信息不真实等问题。2009年要把加强多元化企业的基础管理提上议事日程。投资管理公司要进一步调研论证，指导多元化企业搞好基础管理，要在管理评价体系中体现出多元化企业基础管理达到规范管理要求的内容。

（三）严格规范生产经营程序

要进一步完善投融资决策机制。在多元化投资方面，国家局已明确投资方向，就是符合国家产业政策和经济发展需要的重大战略性投资，保证烟草产业安全和提高卷烟品质的重大投资三个方面。作为战略性投资任务主要由双维公司承担，下一步要进一步加大战略性投资的力度。其他方面的投资仍然要遵循严控增量的原则。对于新增项目，具有发展前景的存续企业的再投资，要严格按照国家局项目投资和国有资产管理的相关规定执行，严格报批程序。

要进一步加大对生产经营活动的监管。多元化投资管理部门要切实履行管理职责，加大监管力度。通过建立和完善派出人员管理制度，依法代表出资人向所属多元化企业派出股东代表、董事、监事及财务审计人员，对企业日常经营管理加强监管；通过考核、审计等手段，以及重大事项报告制度，对企业生产经营进行有效监督和检查。要健全法人治理结构，进一步明确董事会、监事会、经营层的职责分工，建立完善的董事会、监事会议事规则，对所出资企业全面履行出资人职责，加强内控，防范经营风险。上海烟草（集团）公司在加强对多元化企业监管，包括机构建设、高管人员委派、目标管理、财务审计监督等重要管理环节进行了积极探索，建立了有效的监管机制。下一步还要进一步探索。

要进一步建立严格的退出机制。今后，多元化企业的退出、产权转让、资产处置要严格执行国家有关国有资产管理的政策规定以及国家局总公司出台的国有资产管理相关规定，切实做到依法依规，切实防止国有资产的流失；严格规范企业退出时产权转让、产权交易、资产处置的程序；严格审查企业退出时产权变动以及资产处置的合法性、合理性和必要性。对于企业退出以及持股比例较大的股权转让、重大资产处置的合法性、合理性、必要性，要进行科学论证，切实提高决策的能力和科学性。

四、整合优化提升

整合优化是盘活存量资产，提升资产质量，发挥规模效应的有效途径。多元化“瘦身”，最终还是为了实现“强身”。

（一）整合资源，形成核心业务

目前行业多元化存续企业资产质量有了较大改善，但是核心业务不够突出，规模效应不够明显。从多元化企业发展来讲，要走一条内涵式发展道路，要通过盘活存量资产，实现多元化企业自我发展。

一是要围绕核心业务来开展整合优化。经过清理清退，多元化投资分散的局面得到很大改变，但总体上来讲，投资的企业数还比较多，投资还分散在十几个领域。从今天上午经验交流情况来看，有核心业务的省份呈现出比较好的发展态势。如云南中烟、湖南中烟、浙江省公司都结合本省核心业务整合多元化企业，取得了明显成效。我赞成投资公司提出的分步整合的意见。可先在省级公司内开展多元化存量资源的整合，待条件成熟时，再考虑在更大层面、更大范围内开展整合，突出核心业务。这与烟草主业卷烟工业企业突出核心品牌类似。现在 18 家工业企业中，竞争实力比较强的省级公司，其核心品牌的确立比较早；有些工业企业竞争力比较弱，与核心品牌确立较晚有关。所以，多元化投资大省要尽早确定核心业务，在整合优化中使核心业务得到不断提升。

要发挥品牌在整合优化中重要作用。行业多元化投资经过多年的发展，在社会上形成了具有一定知名度的品牌，如王宝和、香溢、海晟、红塔等。在整合优化中，要进一步打造多元化企业的品牌。品牌是企业长期发展积累的无形资产，我们卷烟品牌要进行整合，作为多元化企业也要突出品牌作用。

整合优化工作方面，盘活存量、整合资源的内容、方式很多，譬如在股权整合中引进战略投资者，在资产整合中利用资本市场的力量，利用债务重组加大对不良资产的处置、改善企业的资产质量，利用管理整合、技术整合来提升企业的管理水平和竞争力。在这方面一些省级公司都有一些创新的做法，有的省级公司不是采取简单整合，而是通过整合实现优化，实现有序发展。吴建明同志在工作报告中对如何开展分类整合提出了很好的意见，下一步要继续积极探索。

（二）创新管理，完善体制机制

在 2009 年的全国烟草工作会议上，姜成康局长明确提出要建立完善的多元化经营企业管理体制和运行机制。体制机制建设是强化管理、全面提升多元化经营管理水平的重要前提和保障。

两年来，行业上下积极推进，共同努力，基本完成了省级多元化投资管理机构的建设，分级负责、归口管理的行业多元化投资管理体制初步形成。但是从下一步明确职能、明确责任，加强管理，推动整合优化，促进多元化企业良性发展的要求来看，还需要进一步完善管理体制和运行机制。

2008 年，中国烟草投资管理公司就管理体制及运行的情况做了一次调研。从国家局正式批复成立的省级投资管理公司和具有投资管理公司架构的实体公司的经营管理情况来看，以产权为纽带的投资管理模式优势明显，主要体现在：一是管理责任更加明确，能够集中行使人事管理权、经营管理权；二是有利于加强内控，实施有效考核；三是能够做到对所出资企业的资源进行有效配置，优化业务流程。

因此，推动投资管理部门向投资管理公司的体制转变，是符合多元化发展实际需要的；建立以产权为纽带的多元化管理体制机制有利于管理水平、管理效率的提升，有利于管理意图、管理目标更好地实现，是完善多元化管理体制机制的必然方向。

2009 年，行业要积极推动这项工作，要迈出实质性的步伐。国家局已做了初步研究，总的原则是，投资额较大、投资企业数较多、资产质量较好的省级公司都要成立投资管理公司。会后，国家局有关部门要拿出初步意见。有关省级公司要认真研究工作方案，创造条件，尽快完成体制的转变。不具备成立投资管理公司的省级公司，也要加强管理，提升多元化资产质量。今后可以探索走优化股权结构、实施企业重组的路子，真正按照现代企业制度的要求运作。

（三）提升队伍素质，促进自我发展

下一阶段，全行业对多元化企业加强管理、推动整合、促进发展的任务相当艰巨，需要我们建立和培养一支具有较高管理素质和专业水平的多元化经营管理队伍。这两年的清理整顿工作，对我们投资管理队伍是一次很好的锻炼。下一阶段在加强队伍建设方面要注意以下几点：

一要树立市场观念，强化竞争意识。实现存续多元化企业内涵式发展，首先要转变我们经营多元化的发展思路。过去我们搞多元化，市场竞争参与度低，服务对象范围窄，企业经营管理者很少去关注市场的变化。多元化企业的发展过多地依靠主业，包括主业的投资，主业的市场份额，主业的政策倾斜等。国家局提出“四个严禁”之后，不少靠这种模式成长起来

的多元化企业很难发展。所以，要从过去依靠主业转变到通过加强队伍建设，面向市场，提高竞争能力实现科学发展。

二要注重对经营者素质的提升，包括思想道德素质和业务素质的提升。多元化经营要切实防止国有资产流失，对企业经营者特别是领导干部的党风廉政建设提出了更高的要求，要切实提高思想认识，严格做到廉洁自律，认真履行管理职责。

三要重视引进、培养高层次投资管理人才，提高经营管理水平。

四要努力打造多元化经营管理团队。运用市场化用人机制，选拔、引进职业经理人，发挥职业经理人作用，形成多元化管理干部队伍与专业性职业经理人并重的多元化经营管理团队，为多元化经营管理水平的提升和企业发展提供强有力的人才保障。

财务审计

在2009年全国烟草行业财务工作会议上的讲话（摘要）

姜成康

（2009年3月2日）

全国烟草行业财务工作会议今天在北京召开。希望各单位认真抓好财务审计两个会议精神的贯彻落实，为实现“烟叶防过热、卷烟上水平、税利保增长”的目标任务做出新的努力和贡献。

一、充分肯定2008年行业财务审计工作取得的成绩

（略）

二、对2009年财务管理工作的要求

财务管理是企业管理的核心，国有资产经营管理是企业的主要职责，审计监督是加强内部管理监督的重点，各单位都要高度重视，切实抓好财务管理和审计监督工作，确保行业更加严格规范，促进行业效率提高，切实增强行业发展活力，为实现“烟叶防过热、卷烟上水平、税利保增长”目标任务，保持行业持续健康发展做出新的努力和贡献。重点强调以下几个方面的问题：

（一）切实抓好全面预算管理，努力促进企业增收节支

近年来，全行业的预算管理水平不断提高，已经从单纯的财务预算向全员参与、全方位管理和全过程控制的全面预算管理转变，对预算管理的认识逐步提升到企业战略控制的层面。一些单位已初步建立了符合企业需要、行之有效的全面预算管理体系，并在实践中不断完善。通过全面预算管理，进一步规范了企业生产经营活动，有效控制了企业的成本费用，提高了企业的经济效益，提升了企业的精细化管理水平。2009年，面对严峻的国内外经济环境，为实现保增长的目标，必须坚持勤俭办企业的方针，树立过紧日子的思想，精打细算，严格控制行业成本费用，反对铺张浪费。为落实好以上要求，2009年，各单位要把加强全面预算管理作为一项重要工作认真抓好：

一是要明确职责，建立预算决策组织体系。设立董事会的企业，董事会要在加强企业预算管理方面发挥更加积极的作用。没有设立董事会的企业，要把预算委员会作为决策机构，领导班子全体成员和有关部门负责人参加，健全决策程序，努力提高决策科学化、民主化水平。要充分发挥预算委员会办公室作用，预算委员会办公室设在财务部门。财务部门要认真履行职责，设置专门岗位，配备专业人才，确保预算管理日常工作顺利开展。

二是要重视程序化管理。要加强预算制度建设，完善内控机制，真正实现预算编制、审批、执行与控制、考核全过程的程序化和规范化。预算编制要实行几上几下的办法，尤其要高度重视基层单位预算编制和执行情况的指导、检查。

三是要加强标准化管理。要做到预算编制有标准，成本费用有定额，审批有依据。今年行业加强预算管理的突破口是成本费用水平的制定。要通过“对标”工作，逐步在行业建立一套比较科学的指标体系，把成本费用水平的控制落实到生产经营的每一个环节。

四是要严格预算的执行与考核。要加强对预算执

行的实时分析和监督、及时反馈，要严肃对待预算调整，严格执行预算调整的程序。要强化预算考核，将预算执行情况作为年度综合管理考核的重点之一。要积极探索建立科学的预算考核评价机制，引导企业逐步实现“自我约束、自我激励”，切实推动行业预算管理上新台阶。

（二）高度重视资产经营管理工作，努力提高资产运营质量

行业各单位要把加强资产经营管理摆在更加重要的位置，认真履行出资人职责，切实防止国有资产流失，确保国有资产保值增值。各省级公司、工业公司都要根据《中国烟草总公司国有资产管理规定》及《补充规定》，制定具体实施意见，进一步健全和完善资产交易管理制度体系，切实做到有章可循，严格照章办事。要进一步健全完善资产经营管理考核办法，突出主要指标，尤其要突出考核不良资产比率，从而使思想上更加重视，提高资产经营质量，依法依规处理历史上遗留的不良资产，防止新的不良资产发生。要加大监督工作力度，严格规范产权交易，对重要的资产转让、出售、拍卖等处置行为以及对多元化经营企业清产核资整改和清退工作，要依法依规，严格程序，切实防止资产流失。要加强国有资产队伍建设，各省级公司、工业公司都要设立专门的资产经营管理岗位，配备专职人员，确保国有资产经营管理各项任务落实。

（三）进一步加强财审基础工作，努力提升企业管理水平

在2009年全国烟草行业工作会议上，国家局强调要切实加强基础管理工作，把行业发展建立在更加扎实的基础工作之上。财务管理是加强基础管理的核心，各单位都要把加强财务基础管理作为突出重点，采取切实有效措施，努力提高财务基础管理水平。

要切实抓好制度建设。2008年，财务审计司组织编写了两个《核算办法》和《国有资产管理规定》等规章制度，2009年将完成烟草工业企业会计核算办法的编写，接下来还要建立烟草行业企业内部财务控制制度。这些制度的建立，对于理顺行业资产管理体制后如何加强管理、规范核算，有着十分重要的意义，希望各单位在认真抓好贯彻落实的同时，结合实际制定具体实施意见，确保国家局出台的制度得到落实。

要切实抓好财会信息化工作。烟草行业的信息化建设，经过多年的努力有了较好的发展，为推动行业现代化建设，提高行业管理水平，发挥了重要的作用。下一阶段信息化工作按照“系统集成、资源整合、信息共享”的要求，继续加以推进。当前，要把统一会计核算软件和资金监管系统作为重点信息化项目认真抓好。同时，要积极探索和实施在线审计，充分发挥信息化对行业提高财务管理水平、加强审计监督的作用。

要切实加强成本费用控制。管理也是企业核心竞争力。要通过切实加强企业财务管理，加强成本费用控制，提高企业竞争能力。2009年，财务审计工作要把降低成本费用水平作为工作重点，切实加强对配方成本、包装成本、香精香料、人工成本、宣传促销、能源消耗、物流成本等费用的控制，全面开展对标活动，努力提高经济运行质量和效益。

（四）充分重视内审工作，努力提升审计工作水平

近年来，行业内部审计机制不断健全，审计人员不断充实，内部审计监督不断得到加强，为规范财经秩序和生产经营行为发挥了重要作用。随着行业内部管理监督工作不断深入，内部审计监督工作只能加强，不能有丝毫削弱，要认真研究如何更好发挥内审机构和人员作用，建立有效的内管长效机制。福建省局实行审计委派制，要认真试点推广，从体制上保证内审机构和人员作用发挥。要拓宽审计领域和内容，在继续抓好财务收支审计和经济责任审计的同时，积极开展基建审计；要加强对制度执行情况审计工作，及时发现和纠正违反制度的行为。今年，要在全行业全面开展烟田基础设施建设专项资金审计工作，确保专款专用，真正发挥作用；要努力提高审计质量，认真抓好审计发现问题的整改工作，内审工作能否树立权威，发挥作用，关键在于发现问题，促进问题的整改落实；要更加注重审计质量，加大抓整改落实的工作力度，全面提高内审工作水平。

（五）进一步转变职能，为行业改革发展发挥更加积极作用

随着行业资产管理体制理顺和改革不断深化，省级公司职能已经发生很大调整，因此，财务管理和审计工作的职能也要做相应调整。要加强政策研究。行业改革发展的每一项工作的推进，都离不开财务和资金方面的支持，要紧紧围绕行业中心任务，认真搞好调查研究，及时提出政策建议，推动行业改革发展顺利进行。要加强管理指导。省级公司退出经营领域后，财务部门要从过去主要抓本级核算和审批切实转向管理工作上来；要高度重视对下属企业财务管理工作的指导，认真总结财务管理工作好的做法和经验，全面提高管理水平。要加强过程控制监督。审计监督要从

事后监督转向事前、事中监督，通过健全制度、规范程序、及时监管，及时发现问题和解决问题，使行业生产经营和财务管理更加严格规范。要加强队伍建设。当前要按照“节奏要快，标准要高，工作要实，状态要好”的要求，切实加强作风建设，努力提高素质，更好地适应形势发展的要求。

在2009年全国烟草行业财务工作会议上的讲话

何泽华

（2009年3月2日）

这次会议是在全行业认真贯彻落实“烟叶防过热、卷烟上水平、税利保增长”任务的形势下召开的。

与行业快速发展的形势相适应，2008年行业财务工作得到了进一步加强，水平进一步提升，主要表现在以下几个方面：一是基础工作进一步加强。先后出台了一系列相关政策和办法，两次召开会议推广行业统一会计核算软件，特别是工商企业物流费用核算办法的出台取得了明显效果，财务基础工作更加受到重视并得到进一步加强。二是政策的研究和落实得到加强。行业国有资产管理的制度和政策进一步细化，烟叶生产扶持政策和基础设施建设政策更加贴近实际，比较好地适应了形势发展的要求，促进了相关工作的健康发展。三是预算管理得到加强。召开会议推广了新疆区局全面预算管理的经验，行业预算管理的基础不断加强，全面预算管理工作正逐步破题。四是资产管理工作得到加强。先后出台了《行业国有资产管理规定》和《业绩考核办法》，认真开展了清产核资的整改工作，主业不良资产的处置率已达90%，为提高行业国有资产管理水平、保证国有资产保值增值打下了较为坚实的基础。

总体上看，通过以上几方面工作，行业财务工作的水平有了明显进步和提升，较好地适应了行业的快速发展。这可以在两项具体工作中体现出来。一是去年的税收检查工作。这项工作是对行业生产经营和财务管理工作的一次全面性、综合性的检验。由于近年来行业上下高度重视财务工作，基础工作比较扎实，我们经受住了这次考验，得到了税务部门的认可和高度评价。这充分体现了行业财务战线的战斗力和工作水平。二是经济责任审计。2008年，国家局共组织了45项经济责任审计。除个别单位外，绝大部分单位反映出来的问题与前几年的程度和性质大不一样，基本消除了财务管理混乱的现象。这是各单位财务工作的进步，更体现了行业管理水平的明显提升。

2009年，财务工作仍然面临很大压力，行业三大任务都与财务工作密切相关。“烟叶防过热”的关键在于能否科学制定并严格执行政策，“卷烟上水平”需要对生产经营进行全面的成本费用和效益分析，“税利保增长”更与财务工作有着直接的关系。随着国家宏观经济形势的变化，如何响应中央关于增收节支的号召，如何适应行业改革发展和生产经营的要求，都对财务工作提出了新的挑战。我们对此要有清醒的认识，把工作重点真正放到“转变职能，加强基础，提升水平”上来，力争2009年财务工作职能有明显转变，基础有明显加强，水平有明显提高。

一、适应变化，积极转变工作职能

当前，行业财务工作正面临从传统业务型向现代管理型的转变。这是行业从传统烟叶生产向现代烟草农业转变、从传统商业向现代流通转变、从工厂制向公司制转变这“三个转变”的题中应有之义。财务管理作为企业管理的中心环节，由于它的综合性、全面性和准确性，一直是经营者治理企业、控制经营、配置资源的重要手段。

在转型过程中，行业财务工作迫切需要解决三个问题。

一是方向问题。行业资产一体化后，在新的形势下，财务工作需要确定新的方向、目标和工作方法。过去，国家局、总公司财务管理的工作主要是集中资金、审批项目和财务监督等；现在，作为资产统一的集团化运作，国家局、总公司就要考虑整个行业的财务运作问题。过去，省级局（公司）和地市级公司主要抓好本部财务收支，经营财务主要是由作为经营主体的县公司来抓；现在，随着县级公司法人资格的取消和省、市级公司职能转变，财务工作职能也将相应发生变化。过去，工业企业体量小，生产经营很直接，销售局限于本省，企业财务实际上是单体财务；现在工业企业都是多点生产、销售遍布全国，财务管理就复杂多了。在这样的形势下，财务工作需要重新考虑干什么、怎么干的问题。特别是国家局和省级局、省级工业公司的财务部门，工作性质和内容与过去相比发生了很大变化，不仅要继续履行监督职能，还要切实加强管理，甚至有的工作还要亲自操作。形势变化带来了新问题，如果老办法行不通，新办法又不能尽快掌握，财务工作就可能出问题。因此，财务工作的方向问题，就是中国烟草作为一个大的企业集团，财务管理必须进一步规范、完善和提升水平；一个省局(公司)、一个工业公司作为一个整体，要通过财务管理使企业运行更有效率。

二是水平问题。这里主要指行业财务管理的整体水平。尽管近年行业财务管理取得了很大进步和显著成绩，但与现代企业的要求相比，仍然基础薄弱、手段落后、效率较低，存在较大差距。基础薄弱主要表现在，目前行业财务管理尚无统一标准、统一口径、统一流程；统一会计核算软件工作相当于工厂的技术改造，这项工作虽然已经开展两年，但目前尚未完成，且核算基础依然十分薄弱，财务管理水平提升缺乏必要的物质基础；队伍素质不强，财务人员年龄大的文化水平偏低，年纪轻的又缺乏经验，尚不能适应财务水平提升的需要。手段落后主要表现在，财务工作的信息化水平不高，一些先进的手段没有得到很好的使用，从网络会计、集团会计的层面上来说，应用计算机、应用网络开展财务工作的水平还有待提高。效率较低主要表现在，各种报表反应滞后，实时性、及时性、准确性不够，影响了宏观调控的快速反应和快速决策。

三是能力问题。能力与水平是紧密联系的，这里是指财务管理机构的组织能力。目前，能力问题主要体现在几个方面。操作能力不强。作为管理机构，国家局、总公司和省级局（公司)、省工业公司财务部门的业务操作能力偏弱，不能适应新的工作要求。对生产过程的控制能力不足。由于各单位成本费用项目口径不统一，同一项支出有的单位列入成本，有的列入费用，结果造成财务指标不具备可比性，影响了对生产经营过程和成本费用的控制。同时，有的单位财务部门领导的组织带兵能力不强。过去一个单位的财务部门最多20多人，对所属企业实行分层管理；现在有的单位财务部门有70~80人，都要靠财务部门负责人直接指挥，组织带兵能力、沟通协调能力就显得更为重要了。以上三个问题如果不能得到有效解决，财务管理就不能适应形势发展的需要。因此，必须加快财务工作的转型和职能的转变。

实现职能转变，一要准确定位。财务管理的职能有三个层面。第一个层面是簿记。这是最基本的层次，也是财务管理的基础。第二个层面是审批。财务部门作为一个管理机构，承担着资金、预算等审批工作。第三个层面是管理。从行业全面发展、长远发展的角度看，这是财务工作的最高层次，也是最能发挥作用的层次。当前财务工作不能拘泥于前两个层面，而是要站在第三个层面，从被动执行变成主动参与管理，实现从业务到管理的转型。二要解决怎么转型的问题，包括领导、财务部门和员工三个层面。首先，领导层面。行业各级领导要高度重视财务工作。只有领导重视，财务工作才能发挥应有的作用。要把财务作为企业管理最重要的抓手，作为企业管理的中心环节，把看财务报表作为管理企业的一项基本功。资产管理是领导的重要职责，而财务管理是加强资产管理、实现国有资产保值增值的必要手段。为完成“烟叶防过热、卷烟上水平、税利保增长”的任务，也必须从财务角度对生产经营活动进行分析判断和安排部署。同时，加强财务工作要在建立工作机制上下功夫，综合考虑财务工作布局，建立财务与审计相互配合、相互制衡的机制。其次，财务部门的层面。要有管理型财务的意识，集团财务的运作方式和网络财务的手段。学会运用管理会计的原理来管理财务，从基础工作、核算、预算、监督等不同角度，建立整体性、系统性、流程性的财务运作体系。要加强内控制度、资产管理制度等制度建设，逐步建立和完善财务管理制度体系。财务部门负责人要树立管理意识，加强对生产经营的运行分析和过程控制。财务部门不能把审计看做是找麻烦、找茬子，而是要看到审计是来帮你工作、替你把关的，要主动争取内审机构对财务工作的监督。要注重能力建设，加强对基层单位财务工作的审核和把关，提高对所属企业和单位财务管理的统筹能力。第三，财务工作人员层面。要把财务人员专业化放在重要位置，不断提高专业化水平，建设一支专业化的财务队伍。要把规范化作为重要课题，加强财务人员的基本功训练，使财务人员熟练和规范地做账，保证财务数据的准确性，并能灵活地使用财务数据，努力做到少犯低级错误、不犯原则错误。要注重增强财务人员对信息化手段的应用能力，提高他们使用计算机和网络开展工作的水平。财务人员要切实增强紧迫感和责任感，不断提高自身素质。

二、加强基础，不断提高工作水平

核算、预算和资产管理是2009年财务工作的三个重点。抓好这三项重点工作，财务工作转型就能得到基本落实。

1. 加强基础，提高核算工作水平。簿记是整个财务工作的基础，其水平体现在核算上。基础工作包括两个方面。一是要完善制度和软件。要重视制度的完善性和一致性，形成统一的财务管理制度体系。要加快统一会计核算软件、资金监管软件的推广应用，并在继续完善上下功夫，在此基础上逐步建立财务管理数据库。二是要高度重视核算工作。核算是预算的基础，是责任的明确，也是效果的评价。核算工作搞不好，预算工作就没有办法开展。核算工作要与组织架构联系起来，把企业四大中心作为核算主体，并加强对综合部门的核算。要加大统一业务核算口径和核算方法的力度。按照国家局办公会议的决定，凡是已经开发使用ERP系统的单位，核算口径和标准必须与行业统一会计核算软件保持一致，并为统一软件保留接口，按照要求做好统一会计核算软件工作。要高度重视对标工作，通过加强核算为对标工作打好基础。省级局（公司）和省工业公司要加强对所属单位的核算监督和分析评估，并逐步形成完整体系。要注重成本费用管理。今年要把卷烟销售费用管理作为重点，加强对工业企业销售人员工资、广告费用、运输费用和商业企业销售人员工资、物流费用的调研分析和严格控制。同时，基建投资的核算是一个薄弱环节，今后要继续加强。

2. 突出重点，提高预算管理水平。要把加强预算作为财务转型的突破口。目前，预算普遍存在“粗、软、松”问题，没有形成硬约束。预算不是为了卡谁，而是为了加强财务管理、提升企业管理水平。各单位要高度重视预算工作，进一步充实工作力量，明确工作职责，形成预算工作体系。为加强预算工作，国家局在财务司专门成立预算处。各直属单位财务部门要有一名领导分管预算工作，并配备专职人员抓好具体工作。2009年财务部门要把预算作为重中之重，力量要加强，培训要跟进，工作要得力，措施要落实，真正把预算管理作为硬任务，保证预算工作早日见成效。财务司今年将专门办班培训预算业务。要突出重点，注重预算的全面性，在抓好经营预算的基础上，抓好财务预算、投资预算和成本费用控制；注重预算的准确性，通过考核预算准确性促进预算工作水平的提升；注重预算的全过程性，使核算、预算、决算形成完整的闭环。要按照几上几下的程序，实现预算的标准化、流程化、制度化，坚决做到没有预算不能支出，使预算真正形成硬约束。要把预算与考核评价联系起来，持续改进预算工作，通过预算管理暴露矛盾、解决问题、养成习惯，进一步提高工作水平。

3. 落实责任，提高资产管理水平。资产管理是经营管理者的重要责任。行业资产量大，防止国有资产流失、保持国有资产保值增值的任务也很重。各级领导要高度重视资产管理工作，通过设置专职岗位、配备专门人员负责资产管理工作，落实资产管理责任，切实加强国有资产管理。国家局将进一步加强对资产管理的考核。一是继续抓好清产核资的善后整改工作。加大清理不良资产的工作力度。要坚持新官理旧账的原则，落实资产管理责任，财务部门与多元化管理部门积极配合，抓紧处理不良资产、闲置资产。加大往来账款的清理力度。凡是三年以上的往来账款，都要加快处理。这项工作必须在今年内完成，并列入今年资产管理考核的重点内容。加快落实资产权证工作进度。以上三项清产核资整改任务，都要善始善终抓好。二是要进一步完善资产管理。规范资产处置，积极推行标准化、流程化。积极利用清产核资成果，抓紧建立资产管理信息库。加强资产和资金管理，使资产、资金管理日常化、经常化、制度化。加强内控制度建设，定期对账、定期盘点，做到账账相符、账物相符、账实相符。注重基本建设过程中的资产、资金管理。现金管理中要加强账户管理和定额资金的管理，重点考核各单位定期存款情况，切实保障资产和资金安全。

烟草科技

在卷烟减害技术重大专项启动电视电话会议上的讲话

张保振

（2009年6月18日）

这次会议的主要任务是，深入贯彻落实《国家烟草专卖局关于大力推进卷烟减害降焦努力提升技术创新水平的意见》，启动实施卷烟减害技术重大专项，全力推进行业卷烟减害降焦工作。就下一步行业卷烟减害降焦工作的推进和卷烟减害技术重大专项的实施，讲三点意见。

一、充分认识卷烟减害降焦工作的必要性和重要性

当前，行业的发展已经站在一个新的更高的起点上，面临的责任和压力进一步加重，面临的任务和难度进一步加大。大力推进卷烟减害降焦，努力提升行业技术创新水平，对于烟草行业改革与发展具有重要意义。

（一）减害降焦是行业持续健康发展的必然选择

多年来，行业高度重视卷烟减害降焦工作，取得了积极的进展。全国卷烟焦油实测加权平均水平由2003年的14.3毫克/支降到2008年的12.8毫克/支，盒标焦油限量由2004年的15毫克/支降至目前的13毫克/支；明确了以卷烟主流烟气一氧化碳、氢氰酸、NNK、氨、苯并芘、苯酚、巴豆醛7种主要成分作为中式卷烟减害方向，建立了7种成分的检测方法及相关标准；在国产造纸法再造烟叶、选择性降低烟气主要有害成分和卷烟香味定向补偿等减害降焦综合技术方面取得了一定的突破和积累；开发了一批具有一定市场影响力的减害降焦产品。

但是，应该看到，随着全球控烟浪潮不断高涨，烟草行业发展的外部环境发生了深刻变化，在法律法规、市场贸易规则等方面受到了越来越严格的限制，烟草产业面临的压力和挑战在不断加大。1998年加拿大政府通过立法要求卷烟生产商定期检测卷烟主流烟气中46种有害成分的含量，并将结果公之于众。这个名单公布后，在世界范围内造成了很大影响，名单中的有害成分得到了卫生界和烟草行业的普遍认可，该名单中的化合物也就是我们目前所熟知的霍夫曼分析物。目前，泰国、澳大利亚等国家也纷纷立法要求烟草生产商公布卷烟产品有害成分释放量。2006年《烟草控制框架公约》在我国正式生效后，公约中"防止接触烟草烟雾"、"烟草制品成分管制"和"烟草制品披露的规定"等条款要求我国政府制订出更为严厉的"控烟"法律法规，促使卷烟生产企业控制和减少卷烟烟气中有害成分释放量，降低卷烟烟气危害性。这种严峻的形势要求我们必须进一步增强忧患意识，以更加积极的态度和更加紧迫的使命感开展减害降焦工作，以支撑行业持续健康发展。

（二）减害降焦是责任烟草的具体体现

国家局党组始终强调，烟草行业除了国家利益和消费者利益，没有自身的特殊利益；要把维护国家利益和消费者利益摆在首位，作为一切工作的根本出发点和落脚点。国家利益和消费者利益的一个重要体现就是消费者的安全与健康。我们必须把降低卷烟危害性和确保产品质量安全放在突出的位置，下气力抓紧、抓好。同时，我国已经批准《烟草控制框架公约》。我们要认真履约，采取切实有效的措施，不断控制和降低卷烟烟气有害成分释放量，这也是"责任烟草"的应有之义。

（三）减害降焦是提升中式卷烟核心竞争力、实现卷烟上水平的重要途径

加入WTO后，中国烟草站在了更具竞争性的平台上，在更大的范围、更广的领域直接参与国内外市场竞争，面临更为严峻的市场竞争压力；同时随着公众生活水平的不断提高，卷烟消费者对吸烟与健康问题日益关注，对优质、低害卷烟的需求日益迫切，低害、安全已逐步成为卷烟消费者的最重要消费诉求之一。提高中式卷烟在减害降焦方面的技术含量，向消费者提供优质低害卷烟，持续适应不断提高的消费需求，已成为中国烟草巩固国内市场、应对国外强势卷烟品牌冲击，开拓海外市场、实现面向国际市场跨越的关键。

但是，应该看到，现阶段行业卷烟减害降焦水平还不足以满足发展中式卷烟的需要，还存在不少亟待解决的问题：一是卷烟减害基础理论研究相对薄弱，主要有害成分形成机理、释放规律和影响因素有待深入研究，卷烟危害性评价方法有待进一步完善。二是卷烟工业企业缺少相对成熟的选择性高、稳定性好、适用性强的卷烟减害核心技术。三是与国外卷烟相比，中式卷烟焦油释放量总体偏高，特别是一、二类卷烟焦油释放量更是处于高位，并且中式烤烟型卷烟苯并芘、一氧化碳、氢氰酸等有害成分释放量普遍高于国外混合型卷烟。四是低危害、低焦油卷烟产品数量少，发展速度较慢，市场份额相对较小，影响力较弱。这些问题的解决过程，就是减害降焦工作开展的过程，就是丰富中式卷烟的理论和内涵的过程，就是卷烟上水平的过程，就是中式卷烟提高核心竞争力的过程。

（四）减害降焦是确立中式卷烟比较优势的关键环节

在全球经济一体化的今天，面对国际强势品牌的市场挑战，确立中式卷烟区别于美式、英式、日式卷烟的比较优势，通过比较优势提升中式卷烟市场竞争力，是发展中式卷烟的本质要求。

中式卷烟的比较优势，最重要的特点是风格独特和危害性低。"风格独特"，解决中式卷烟"好抽"的问题；"危害性低"，解决消费者"愿抽"的问题。这两点，应该是确立比较优势的关键点和打造中式卷烟

的关键词，同时也是实现国家局党组提出的“卷烟上水平”的一个重要目标。要实现“风格独特”，就要进一步靠特色优质烟叶、中式卷烟制丝生产线和增香保润等重大专项来促进；要实现“危害性低”，则要进一步靠减害降焦工作和减害技术重大专项来推进。

在卷烟危害性方面，同美式、英式、日式卷烟相比，虽然中式卷烟总体焦油释放量相对偏高，但主流烟气生物毒性与国外卷烟并无明显差异，部分烟气有害成分（如烟草特有亚硝氨）释放量甚至低于国外混合型卷烟。中式卷烟不仅有必要而且有可能在降低有害成分释放量方面进行重点突破，确立其在有害成分释放量方面的比较优势。另一方面，我国具有丰富的中草药资源和悠久的中草药研究历史，在利用中草药资源降低卷烟危害性方面，不少企业已经开展了相关研究，取得了初步成效，形成了一批市场反应良好、风格特征显著、具有较低危害性的中式卷烟产品。这在一定程度上显示出中草药资源在卷烟减害降焦领域具有良好的应用前景，可为卷烟减害研究提供一条新的、国外卷烟难以复制的途径。因此，大力推进减害降焦，可以确立和不断巩固中式卷烟在减害方面的比较优势，对于提高中国烟草总体竞争实力至关重要。

二、以卷烟减害技术重大专项为抓手，全面推进行业减害降焦工作

长期以来，国家局对减害降焦工作一直高度重视，尤其是最近几年，重视程度进一步加大，采取了一系列强有力的措施，大大推进了行业减害降焦工作。2003 年，国家局发布《中国卷烟科技发展纲要》，明确提出中式卷烟发展方向，提出“高香气、低焦油、低危害”的发展要求。2004 年，国家局明确要求卷烟盒标焦油量不得超过 15 毫克/支。2006 年，国家局制定《烟草行业中长期科技发展规划纲要（2006～2020 年）》，将减害技术确立为九个烟草科技重大专项之一；印发《关于进一步推进卷烟减害降焦工作的通知》，明确提出：到 2010 年全国卷烟焦油量以及一、二类卷烟品牌焦油量加权平均值实现 12 毫克/支以下的目标；新开发的牌号（规格）焦油量盒标标注值不得超过 12 毫克/支，整合后的牌号（规格）原则上不得超过 12 毫克/支。2008 年，国家局出台《关于进一步推进卷烟减害降焦工作的意见》，明确以卷烟主流烟气一氧化碳、氢氰酸、NNK、氨、苯并芘、苯酚、巴豆醛 7 种成分作为中式卷烟的减害方向，并要求从 2009 年 1 月 1 日起，国内生产的卷烟盒标焦油最高限量为 13 毫克/支。

2009 年，按照深入学习实践科学发展观活动的要求，针对严峻的国内外经济环境对行业发展的深刻影响，围绕国家局党组提出的“烟叶防过热、卷烟上水平、税利保增长”工作目标，在广泛调研和充分论证的基础上，国家局出台了《国家烟草专卖局关于大力推进卷烟减害降焦努力提升技术创新水平的意见》，对行业减害降焦工作提出了三个方面的新要求。

一是对减害降焦的进度要求。在减害方面，使卷烟危害性评价指数全国加权平均值在 2008 年 10.0 的基础上逐年降低；到 2012 年，降至 9.5 以下；到 2015 年，降至 9.0 以下。在降焦方面，从 2011 年 1 月 1 日起，国内生产卷烟盒标焦油不超过 12 毫克/支；2015 年 1 月 1 日起，国内生产卷烟盒标焦油不超过 10 毫克/支。需要说明的是，在这里，我们用盒标焦油限量替代了原有的焦油实测加权平均指标，这是对每个企业、每个品牌的直接要求，这就要求每个企业都要采取减害降焦措施；同时，盒标焦油限量更能被社会和消费者直观感受，也更有利于体现行业减害降焦的幅度和成效。

二是对低危害、低焦油卷烟的产量要求。要求显著提高中式卷烟低危害、低焦油品牌规模和市场占有率。到 2012 年，卷烟危害性评价指数不高于 8.0 的低危害卷烟销量从 2008 年的约 50 万箱增加到 200 万箱以上；盒标焦油不超过 8 毫克/支的低焦油卷烟销量从 2008 年的约 70 万箱增加到 200 万箱以上，其中盒标焦油不超过 5 毫克/支的卷烟销量从 2008 年的约 5.5 万箱增加到 50 万箱以上。到 2015 年，卷烟危害性评价指数不高于 8.0 的低危害卷烟销量达到 800 万箱以上；盒标焦油不超过 8 毫克/支的低焦油卷烟销量达到 800 万箱以上，其中盒标焦油不超过 5 毫克/支的卷烟销量达到 200 万箱以上。

三是对减害降焦工作运行机制的要求。要求行业和企业都要建立协调高效的减害降焦工作运行机制，实现技术研发、产品应用和品牌培育工作的协调同步，实现行业内外各方力量的有机集成，推进卷烟减害降焦工作深入开展。

这个《意见》是行业深入学习实践科学发展观的具体体现，是对今后一段时期行业减害降焦工作的总体要求。各单位都要严格按照《意见》要求，把减害降焦工作提到更加突出的位置，高度重视，精心组织，全力贯彻落实。

从国家局的角度，全面推进卷烟减害降焦工作的一个重要抓手，就是实施卷烟减害技术重大专项。卷烟减害技术重大专项侧重于解决具有一定基础、能够在一定时期内完成、制约行业发展的减害降焦领域关键性技术难题。也就是说，减害技术重大专项就是在有限时间内实现有限目标，重点解决两个问题，一是选择性降低 7 种成分释放量方面的技术突破问题，二

是切实解决当前行业中高档卷烟焦油量偏高的问题。重大专项是减害降焦工作的重要组成部分，要通过减害技术重大专项的实施，提升中式卷烟减害降焦技术水平，为行业减害降焦工作提供有力支撑。

实施卷烟减害技术重大专项的指导思想是：深入贯彻落实科学发展观，坚持中式卷烟发展方向，以践行“两个至上”行业共同价值观为出发点和落脚点，以提高重点骨干品牌减害技术水平、提升重点骨干品牌核心竞争力为中心，开展卷烟减害技术的原始创新和集成创新，形成并不断强化中式卷烟低害风格特色，逐步确立中式卷烟减害比较优势，提高中式卷烟核心竞争力。

减害技术重大专项计划通过六年的时间，采取“理论研究打基础、技术研究创方法、培育品牌见成效”的思路，实现三大目标：一是构建中式卷烟减害技术体系；二是培育中式卷烟低焦油、低危害品牌；三是确立中式卷烟减害比较优势。

在构建中式卷烟减害技术体系方面：进一步完善卷烟危害性评价指标体系，掌握卷烟减害降焦相关规律和机理，形成一批以降低一氧化碳、氢氰酸、NNK、氨、苯并芘、苯酚、巴豆醛等代表性有害成分释放量为目标的原创性减害技术和低焦油卷烟香味补偿等关键技术，掌控具有自主知识产权、达到国际领先水平的减害降焦核心技术和专有技术。

在培育中式卷烟低危害、低焦油品牌方面：重大专项选择12个试点企业的13个重点骨干品牌开展工作。这13个品牌分别是“红双喜”、“芙蓉王”、“黄鹤楼”、“云烟”、“利群”、“南京”、“七匹狼”、“双喜”、“娇子”、“金圣”、“红塔山”、“白沙”、“都宝”。围绕这13个品牌，实现减害、降焦、低危害、低焦油产品培育和产品质量安全四个方面的突破。

首先是减害方面的突破。各试点品牌在达到行业共性要求的基础上，即卷烟危害性评价指数到2012年降至9.5以下；到2015年降至9.0以下，对其提出了更高的要求。要求每个试点品牌选择其主导规格，针对该规格7种成分释放量较高的指标，到2012年，实现该规格主流烟气7种成分中1种以上成分的释放量水平在2008年基础上选择性降低20%以上，卷烟危害性评价指数低于9.0；到2015年，实现该规格卷烟主流烟气7种成分中1种以上成分的释放量水平在2008年基础上选择性降低30%以上，卷烟危害性评价指数低于8.5。

其次是降焦方面的突破。要求必须实现2011年1月1日起盒标焦油不超过12毫克/支和2015年1月1日起盒标焦油不超过10毫克/支的目标。虽然这个降焦要求是行业对所有品牌的共性要求，但由于试点品牌多为中高档品牌，焦油量相对偏高，因此相对中低端品牌而言，实现的难度更大，要做的工作更多。

第三是低危害、低焦油产品培育方面的突破。要求各试点企业以市场为导向，加大减害降焦技术的应用力度，加大低危害、低焦油产品研发和培育的力度，不断提高低危害、低焦油卷烟产品规模和市场占有率，逐步形成以低危害、低焦油、高香气、高品质卷烟为主导的卷烟品牌体系。到2012年，各试点品牌卷烟危害性评价指数不高于8.0的低危害卷烟规格和盒标焦油不超过8毫克/支的低焦油卷烟规格销量合计占该品牌当年销量的5%以上；到2015年，要占15%以上。

第四是产品质量安全方面的突破。要求建立卷烟产品质量安全性控制体系，明确质量安全责任，对卷烟材料、添加剂等实现质量安全性控制的前移，确保卷烟产品质量安全。

在确立中式卷烟减害比较优势方面：在构建中式卷烟减害技术体系和培育中式卷烟低危害、低焦油品牌的基础上，逐步确立中式卷烟在主流烟气有害成分释放量和减害核心技术方面的比较优势，为建立适应中式卷烟发展的卷烟主流烟气有害成分释放量限量标准提供技术支撑。这就要求重大专项的实施要与知识产权战略和标准化战略紧密衔接，要力求在减害降焦领域逐步形成对提升国际竞争力具有重要影响的发明专利；要建立科技成果快速转化为技术标准的绿色通道，促进专项成果的转化，以专利、标准和品牌的可持续发展作为衡量重大专项实施效果的重要依据。

三、具体要求

一要进一步统一思想，提高认识。随着《烟草控制框架公约》的履行，控烟工作越来越受到重视，减害降焦工作显得更为重要和迫切，直接关系到维护消费者的利益，关系到行业的生存与发展。全行业要更加清醒地认识当前面临的严峻形势和挑战，更加深刻地认识减害降焦对行业发展的支撑作用，进一步把思想和行动统一到国家局的要求上来，统一到减害降焦的具体工作上来，以实际行动和业绩践行“两个至上”行业共同价值观。

二要进一步形成合力，系统推进。卷烟减害降焦是一项系统工程，涉及科技、计划、运行、原料、市场等多个环节，覆盖行业的各个领域，需要调动行业各单位、各部门广泛参与和积极支持。那种认为减害降焦只是技术部门的事情的观点，是片面的。应该说，减害降焦，技术部门、科技人员的责任重大，但决不仅仅是这一个部门、几个人的事。工业企业内部各部门要形成一个整体，共同开展减害降焦工作；同时，工业企业、商业企业和科研院所也要充分发挥各自优势，协同创新，形成合力，共同推进卷烟减害降焦工作深入开展。国家局将制订相关措施，进一步加大对减害降焦工作的扶持力度和考核力度。一方面，在企业低危害、低焦油产品研发和培育方面积极给予政策倾斜；另一方面，在重点骨干品牌评价体系和省级公司领导年度创新能力考核中加大减害降焦工作的比重，通过政策调控来增强企业开展减害降焦工作的动力。

开展减害技术重大专项，要进一步加强领导，明确分工，明确任务，分年度抓好专项攻关内容的落实。科技司作为牵头组织单位，要进一步发挥好组织、协调、推动作用；郑州院作为技术牵头单位，要力求实现在理论研究和共性技术方面的创新和突破；卷烟工业企业尤其是重大专项的12家试点企业，要结合本企业实际，制定具体规划和措施，在突出烟叶原料使用价值、突出卷烟品牌风格特色、突出降低有害成分方面下大功夫，进一步强化中式卷烟“风格独特”和“危害性低”两个基本特征。

三要进一步突出创新，提升水平。在开展卷烟减害降焦和实施卷烟减害技术重大专项过程中，各单位要集中人力、物力、财力，积极开展技术创新工作，掌控核心技术，建立技术标准，提升技术水平。

要加强烟草有害成分分析研究，在全行业范围内加大卷烟7种成分分析检测方法的宣贯和培训力度，全面提升行业对7种成分的检测能力，为卷烟减害降焦提供科学的数据支撑。第一，要充分发挥行业科研单位在检测仪器和人员方面的优势，依托郑州院、云南院开展7种成分检测方法培训、实验室比对工作；同时，从2008年起，国家局依托上述两家单位每年定期开展国产卷烟主流烟气7种成分释放量的取样分析工作，跟踪、掌握7种成分释放量变化趋势。第二，工业企业要严格按照《国家烟草专卖局办公室关于加强卷烟工业企业七种烟气成分检测能力的通知》要求，加强检测技术培训、硬件设施和队伍建设，尽快具备检测条件，开展卷烟产品7种成分自检工作，实时掌握自身品牌7种成分的释放水平，有的放矢地开展卷烟减害降焦工作。第三，要高度重视质量检测机构建设，加大行业质检中心和重点省级质检站7种成分检测能力建设的投入力度，确保省级质检站的仪器、资金和人员到位，为将来时机成熟后开展7种成分的抽检和统检工作提供必要条件。

要在继续推进物理方法减害降焦的同时，通过与卷烟增香保润、中式卷烟制丝生产线、优质特色烟叶开发等重大专项的衔接、协同和集成，在烟叶生产、卷烟配方、生产工艺、加香加料等方面采取更加有效的措施，显著降低卷烟有害成分释放量，切实解决国产中高档卷烟焦油量偏高的问题，并在卷烟香味补偿等核心技术方面取得关键性突破，努力实现高香气、低危害、低焦油的协调一致。

要强化功能性天然植物在卷烟产品中的应用，充分挖掘我国在中草药方面丰富的资源储备和独特优势，积极开展以中草药等天然植物为代表的特色香原料开发和减害降焦研究，将其作为发展中式低危害、低焦油卷烟的突破口之一，进一步强化中式卷烟低害特色。

要高度重视卷烟质量安全，进一步明确质量安全责任，完善质量安全标准体系，加强质量安全检测，健全质量安全制度；加强自律，严格规范，确保卷烟产品质量安全。

四要进一步加强市场引导，培育品牌。优质低害是卷烟产品的发展趋势。卷烟减害降焦工作和卷烟减害技术重大专项的实施，必须和重点骨干品牌培育紧密结合，只有品牌发展了，才能体现减害降焦的成效。

要加强管理创新和营销创新，更加关注市场变化，全面提升市场分析、市场调控和市场营销能力；充分发挥卷烟销售网络培育品牌、引导消费的功能，对消费观念、习惯和认知等方面适度引导，为低危害、低焦油产品发展创造良好的市场环境和发展空间。要继续推进全国统一市场的形成，进一步加强工商协同营销，实现品牌培育的有机对接，实现信息快速响应和互通，从而向卷烟消费者提供精准的产品信息，增强消费者对低危害、低焦油产品的认同感。要对低危害、低焦油卷烟市场营销给予更多的重视和倾斜，认真研究市场客观需求、科学预测消费趋势，采取有效措施，积极培育中式卷烟低危害、低焦油品牌。

卷烟减害降焦工作任重道远。各单位要严格按照国家局《关于大力推进卷烟减害降焦努力提升技术创新水平的意见》和《卷烟减害技术重大专项方案》的总体部署和要求，结合本次会议精神，认真抓好相关工作的落实，节奏要快、标准要高、工作要实、状态要好，切实履行职责，不辱使命，努力推动卷烟减害降焦工作再上新水平，为行业持续健康发展做出积极贡献。

信息化建设

以科学发展观为指导　全面提升数字烟草水平

——在2009年全国烟草行业信息化工作会议暨经验交流现场会上的讲话

张保振

（2009年5月25日）

这次会议的主要任务是，紧紧围绕“烟叶防过热、卷烟上水平、税利保增长”的目标任务，进一步总结行业信息化建设经验，认真分析当前行业信息化面临的形势与任务，提出下一阶段行业信息化工作要求，全面提升数字烟草水平。

一、十年行业信息化建设的简要回顾

1998年8月，国家局烟草经济信息中心成立。十年来，在国家局党组的正确领导下，坚持围绕中心、服务大局，行业信息化快速发展，总体上达到了一个新水平。

（一）信息化领导力明显增强

一是认知度不断提高。近年来，行业各级领导高度重视信息化工作，越来越多的人认识到信息化建设是推进行业和企业科学发展的战略举措，是实现“三个转变”、建设现代化烟草的有力支撑，是建设“严格规范、富有效率、充满活力”的中国烟草的坚实基础，是实现技术创新、管理创新、营销创新的重要手段。

二是支持力不断加强。2009年，为进一步加强对行业信息化工作的领导，国家局信息化工作领导小组更名为行业信息化工作领导小组。行业各单位也都先后成立了信息化工作领导小组，由“一把手”担任组长；建立了信息中心或明确了信息化工作部门，一支5000多人的专业队伍已成长起来。不少企业的领导在信息化建设上不仅在人财物方面给予支持和保障，还把握方向出思路，明确目标提要求，亲自参与抓落实，使信息化建设目标明晰、措施到位、支持有力、效果明显。如山西、大连、重庆、四川等省级局（公司），上海烟草（集团）公司，山东、广东等工业公司的信息化建设，都体现出了“一把手工程”、“团队工程”的特点和作用，成效显著。

三是推进力明显加强。主要表现在对信息化规律的把握能力和科学的信息化建设方法上。实践证明，“规划引路、应用推进、集成整合”的行业信息化经验总结，带有规律性的成分，已经成为推进行业信息化发展的科学方法。

2005年，《数字烟草发展纲要》正式颁布。这是一份纲领性文件，在行业信息化发展的关键时期，明确提出了打造数字烟草的建设目标和任务，为行业信息化科学有序发展规划出了清晰的蓝图。

（二）信息化融合力明显提升

一是定位更加准确，形成了“三个相一致”的基本共识。即信息化与行业/企业的发展战略、管理模式相一致；信息化与业务需求、决策需求相一致；信息化与信息技术发展趋势相一致，促进了经济发展方式的转变。

二是合力不断提升，形成了“三个相协调”的发展趋势。即战略主导，行业信息化与企业信息化相协调；需求驱动，业务部门与信息化工作部门相协调；应用推进，行业与IT合作伙伴相协调，营造出一个充分调动各方积极性的信息化建设良好氛围。

（三）信息化执行力明显加强

行业的信息化伴随着行业的改革与发展，应用水平不断提高，形成了三个方面的标志性成果。

一是修通了行业信息化的路，基础设施建设已具规模。

建成行业地面通信骨干网，形成了以国家局为中心，连接各直属单位、覆盖县级机构的行业内联网，行业上下四个层级实现了网络的互联互通，部分地区还延伸到了烟站，全网运行稳定，有一定的安全保障能力，基本满足行业应用的需要。

基础设施不断完善。据不完全统计，行业目前共有小型机1500余台套，PC服务器6300余台，管理岗

位人员桌面计算机拥有率达到95%以上；数据库、中间件等系统软件逐渐趋于统一，奠定了行业统一平台的基础。行业硬件正版化率已达到100%，软件正版化率约为76%。

二是建起了行业信息化的库，有效服务于“规范、效率、活力”建设。近年来，国家局大力推进行业信息化重点工程建设，取得了成效。

网上交易系统的建设规范了交易流程，简化了交易过程，降低了交易成本，特别是卷烟交易系统在“非典”特殊时期确保了行业正常的交易活动。

专卖准运证系统的开发使用，规范了业务行为，提高了办证效率，实现了烟草专卖品运输证件的自动化、规范化、科学化管理。

办公自动化系统的网上公文流转和网上查询文档，提高了办公效率和服务质量；远程公文传输系统的建立，使公文传输由原来的平均5天降为平均2分钟，效率大大提高；部署了25个行政审批事项的网上申报和审批系统，推动了职能转变和政务公开。

决策管理系统及其拓展系统的建设，采用物流跟踪打码技术，促进了卷烟生产经营的规范管理，有效调控了卷烟的生产进度，为国家局宏观调控、管理决策提供了有效的手段；初步建立了工、商企业之间的信息通道，实现了生产经营数据实时采集，为工、商信息共享打下了基础等。

三是推进了数字企业建设，有力支撑了“三个转变”的战略转型。近年来，在国家局的统一领导下，企业信息化快速发展，取得了成效。

支撑了传统商业向现代流通的转变。2002年，姜成康局长明确要求建立“电话订货、网上配货、电子结算、现代物流”的网建模式，提出了“从传统商业向现代流通转变”的战略任务。之后，江苏、大连、福建、浙江、山西的网建会，重庆、安徽、上海的物流会，2005年开始的“按订单组织货源”改革等，都将“信息化”作为落实各项举措的一个关键词。信息化在推进传统商业向现代流通转变中作出了积极的贡献。目前，全行业电话订货率达到95.18%，电子结算率达到68.28%。此外，北京市烟草专卖局（公司）物流中心被中国物流与采购联合会评为中国物流示范基地，仅申报的实用新型专利就有15项。

支撑了传统工厂制向现代公司制的转变。工业企业信息化伴随着行业改革的不断深化，实现了由单一卷烟厂向集团式工业公司管理的提升。目前部分卷烟工业企业信息化已处于国内大型企业的先进水平。在2008年中国企业信息化500强评选中，有27家卷烟工业企业入选，其中上海、红塔、山东、浙江、红云红河、江苏等6家工业企业进入前100名，上海烟草（集团）公司连续四年进入前20名。

支撑了传统烟叶生产向现代烟草农业的转变。2004年，国家局开始推广应用烟叶基础软件。目前，在23个烟叶产区和18家工业公司全面推广应用了收购和调拨两个子系统，统一了基础业务数据，规范了收购和调拨业务行为，在加强计划管控和监督管理等方面发挥了积极作用，为下一步全面推进烟叶信息化积累了经验。

二、当前行业信息化建设面临的形势与任务

姜成康局长在2009年的工作报告中明确提出，“要积极推进烟草产业与信息化相融合”。“融合”，既是实现现代化烟草的重要标志，又是建设现代化烟草、推进“三个转变”、打造核心竞争力的内在动因。中国烟草专卖专营的体制特点为我们依靠信息化全面提升数字烟草水平提供了良好的基础，同时，信息与通信技术的融合与创新，又为行业信息化工作带来极大的促进。当前，在互联网普及和下一代通信技术升级等因素的共同作用下，一个以软硬件资源按需服务为特征的新的信息时代已经来临。无线通信，电信网、互联网、电视网的“三网融合”以及各种新兴信息技术的高速发展，将改变传统的信息化技术架构、软硬件部署方式以及信息服务模式，同时为创新业务和运营模式、推进传统产业升级，提供更加丰富的技术路径和手段。

任务是时代的产物、形势的要求。在新的形势下，行业信息化的主要任务是：以科学发展观为指导，全面提升数字烟草水平，切实用信息化支撑现在、引领未来，用信息化保证并促进行业持续、平稳、健康发展。

一是要用信息化支撑核心价值的体现。行业信息化要立足于网络经济大平台，着力通过全方位地将数字化融入到行业生产经营管理决策全过程中，实现行业电子政务、电子商务，实现管理决策的精细化和智能化。当前，行业信息化已经在推进由传统商业向现代流通、由传统烟叶生产向现代烟草农业、由传统工厂制向现代公司制的转变中初步实现了各自的局部目标。新形势下，要进一步实现高水平的数字化，解决在现有体制模式下推进工商企业共同培育品牌、优质服务市场的协同营销流程对接问题，解决“消费者行为—中式卷烟品牌特色—产品研发—特色原料”全流程高效响应问题，解决网络运行水平持续提升、降低供应链成本问题，解决行业自律和市场有效监管等问题。

二是要用信息化推进产业模式的升级。要立足于行业现代化，着力通过高水平的信息化，催生新型生产经营和可持续发展的产业模式，提高行业整体竞争实力。行业的现代化意味着我们不仅要适应市场化、网络化的发展趋势，而且要把握机遇，促进经济增长方式的转变，提高经济增长的质量，成为参与国际化竞争的领先者、竞争规则的创新者。

三是要用信息化引领发展方式的创新。要立足于信息产业发展，站在技术高点从事信息化应用创新实践活动。通过创新，凝聚行业信息化技术成果，多出专利、多出标准、多出人才，真正落实姜成康局长在2003年就提出的“跨越式发展应当体现在信息化建设上、体现在科学技术领域”的要求。

三、下一步工作的要求

主要强调以下三点：

（一）进一步提高认识，突破传统信息化的思维瓶颈

传统信息化往往是以信息化项目完成为目标，由于关注的是信息化的“形式过程”，而把信息化视为传统业务和管理的手段，造成为信息化而信息化。这既容易使我们的工作偏离了把对信息化能力的现期投资有效转变为行业未来核心竞争力这个根本，也容易使我们的工作创新性不足。因此，我们必须要进一步统一思想，把对信息化的认识提高到成为行业科学发展最强驱动力的高度；把信息化的职责从开展信息化工作、推进信息化建设，提高到实施信息化战略的高度；牢牢把握推进行业现代化和提升核心价值这个信息化发展的根本点，自觉增强推进“两化”融合的责任感和使命感。

（二）进一步改进方法，增强信息化建设的前瞻性

一是要按照深化“三个转变”的要求，更加注重信息化建设的系统性。要着力建立起行业纵向贯通各层级、横向覆盖各方面的信息化应用体系，把原料资源、品牌资源、网络资源、客户资源有机高效地连接起来，建立与“三个转变”相适应的运作方式和管控体系，切实提高行业信息化水平，发挥行业整体优势。

二是要按照适应变化的要求，更加注重信息技术架构建设的先进性。信息化建设是一个持续发展、不断完善提高的过程。由于管理模式和业务流程在变化，应用就要变化。因此，既要保护投资，充分利用已有信息系统和信息资源，又要满足新需求，重点解决好集成整合的问题。一句话，要加大系统集成、资源整合、信息共享的工作力度。

三是要按照科学决策的要求，更加注重数据资源使用的有效性。信息化建设归根到底是对数据需求的把握、对数据的开发利用、对资源的管理与积累。数据是最重要的信息资产。在信息化应用不断深入的今天，数据资源的使用是信息化管理职能的延伸与发展。因此，必须把数据库建设好、使用好、发展好。

（三）进一步提高质量，全面提升数字烟草水平

2009年是全面落实《数字烟草发展纲要》的关键一年。要着眼行业发展大局，着力完善上下贯通、左右协同、资源共享的一体化数字烟草，提升行业统一领导体制下电子政务体系的服务能力，提升行业专卖体制下电子商务体系的协同能力，提升行业垂直管理体制下纵向管理与决策体系的管控能力，提高行业整体竞争实力，体现信息化的作用与价值。

最后，再强调一下安全问题。信息安全贯穿行业信息化建设的全过程。没有安全保障的信息化不是真正的信息化。为此，必须要进一步增强安全意识，提高安全管理水平，切实“以安全保发展，在发展中求安全”。另一方面，要处理好信息安全与信息共享的关系，建设“恰到好处”的安全体系，提高安全建设的效率。

整顿规范

深入推进办事公开　切实加强民主管理 在更高起点上全面提升烟草行业整体规范水平

——在全国烟草行业加强内部管理监督工作汇报会上的讲话

姜成康

（2009 年 11 月 24 日）

这次会议主要任务是，全面贯彻党的十七大和十七届四中全会精神，以邓小平理论和“三个代表”重要思想为指导，深入贯彻落实科学发展观，认真总结行业近年来加强内部管理监督工作情况和经验，安排部署下一阶段内部管理监督工作，重点研究如何深入推进办事公开，切实加强民主管理，积极构建内部监管长效机制，在更高起点上全面提升烟草行业整体规范水平，保持行业持续健康发展。下面，就加强行业内部管理监督工作，讲三个方面的意见。

一、近年来行业开展内部管理监督工作情况

2005 年以来，全行业紧紧围绕建设“严格规范、富有效率、充满活力”中国烟草的总体要求，按照“以规范‘两烟’生产经营为基础，以加强财务审计监督为关键，以加强对领导干部的监督为重点，以纪检监察再监督为保障”的行业内部管理监督工作基本格局，切实加强组织领导，深入开展专项整顿，全面加强制度建设，建立完善长效机制，有力推动了内部管理监督工作扎实开展。通过全行业的共同努力，行业内部监管工作步入了更加注重治本、更加注重预防、更加注重长效机制建设的新阶段，行业发展环境得到进一步优化，经济效益保持持续增长，建设严格规范的中国烟草初见成效。主要表现在以下几个方面：

（一）“两烟”生产经营规范水平明显提高

各单位高度重视专卖内管监督工作，通过全面加强烟叶收购加工监督管理、专项治理卷烟体外循环等措施，切实解决“两烟”生产经营中存在的不规范问题，促进了“两烟”生产经营规范水平的不断提高。一是烟叶生产经营秩序明显好转。针对一段时期出现的烟叶超计划种植、跨区域收购、无合同加工等现象，国家局明确要求，要切实开展烟叶生产经营专项整顿，严格按计划、合同组织生产收购，按合同组织烟叶复烤加工，严肃查处烟叶生产经营违规行为。烟叶产区坚决贯彻落实国家局指示要求，认真制订专项整顿方案，组织人员深入基层全面开展专项检查，通过采取积极有效措施，计划观念明显增强，无合同、超合同生产收购现象得到有效解决，打叶复烤企业管理明显改善，烟叶生产经营秩序明显好转，有力促进了烟叶生产稳定发展。二是卷烟体外循环治理取得明显成果。规范卷烟生产经营始终是内部监管的突出重点。2006、2007 年在全行业全面开展了专项治理卷烟体外循环工作，在企业全面自查基础上，国家局对 281 家工商企业进行了重点检查。针对检查中发现的虚拟客户、拆单分摊、超常规向大户供货等问题，深入剖析原因，制定整改措施，加强制度建设，严肃查处违规行为。整个检查工作历时两年，影响深，力度大，范围广，解决问题多，纪律执行严，共处理违规违纪人员 568 人，收到了良好的效果。2009 年以来，针对部分单位卷烟不规范经营行为有所抬头现象，及时采取措施，加大专卖内管检查力度，使违规经营行为在较短时间内得到有效解决。三是专卖内管长效机制建设取得明显进展。行业各直属单位高度重视制度建设，积极探索内部监督长效机制有效形式，推动内部监管工作制度化、规范化。国家局制订下发了《关于加强专卖管理组织机构建设的指导意见》，要求健全内管机构，充实内管人员。目前各省级局、地市级局均设立专门内管部门，配备专职专卖内管人员 7647 人，从组织上保证了日常监管工作顺利开展。制定下发了《烟草行业内部专卖管理监督工作规范》，在山西召开现场会，全面总结和推广建立专卖内管长效机制经验，进一步明确了监管任务、监管职责、监管流程和监管标准。四是信息化运用水平明显提高。目前已有 29 个省级局、工业公司开发信息化监管系统并投入使用，大多

数单位实现了对卷烟经营的在线监控，覆盖烟叶生产经营全过程的信息管理系统逐步完善，有效提升了监管效率和监管效果。

（二）内部审计监督明显加强

全行业把健全财务管理制度、加强财务审计监督、严肃财经纪律作为内部监管工作的关键，取得了明显进步。一是审计机构和审计队伍建设得到充实加强。各省级局（公司）、地市级局（公司）、中烟工业公司均成立了专门内审机构，全行业配备内审工作人员1563人。认真总结推广福建省局审计委派制做法和经验，2009年有13个省级局（公司）推行了审计委派制，较好地发挥了内审机构监督作用。二是审计内容不断拓展。继续抓好财务收支审计和经济责任审计。按照“凡提必审、离任必审”和单位法人代表任期内两年审计一次的要求，2006年以来国家局对114个单位组织了经济责任审计，对于全面了解掌握企业生产经营情况，及时解决存在的问题发挥了积极作用。开展了企业结构调整资金、卷烟打假经费等财政专项资金审计和工程投资项目审计工作，2007年以来国家局直接组织进行了对19个重大投资项目的审计。2009年以来重点对22个烟叶产区省份的烟叶生产补贴资金和烟叶生产基础设施建设资金全面进行了专项审计。通过开展以上工作，促进了同级审计监督水平不断提高。三是认真抓好审计发现问题的整改工作。通过开展内部审计，不仅要发现问题，更为重要的是要下决心解决问题，尤其要解决好历史遗留的问题。针对审计发现的问题，各单位加大整改工作力度，限期完成整改任务，对于建立良好的财经秩序发挥了重要的保障作用。

（三）惩防体系建设取得明显进展

行业各级纪检监察机构认真履行职责，在加强内部管理监督工作中较好地发挥了再监督的作用。一是扎实推进构建行业惩治和预防腐败体系工作。按照中央的要求，国家局党组制定印发了《贯彻落实〈建立健全教育、制度、监督并重的惩治和预防腐败体系实施纲要〉的具体意见》、《贯彻落实中共中央〈建立健全惩治和预防腐败体系2008～2012年工作规划〉的实施方案》等文件，对构建行业惩治和预防腐败体系工作进行了全面安排，各单位结合自身实际，认真制定具体实施意见，扎实推进行业惩防体系建设。二是切实加强对领导干部权力运行的监督。2005年以来，国家局党组先后制定印发了《关于加强对行业各级领导班子及主要领导干部监督的意见》、《烟草行业干部选拔任用工作廉政监督暂行规定》等文件，对加强行业各级领导班子和领导干部的监督、确保权力正确行使作出明确规定，行业各级纪检监察机构也制定了相应的实施办法，对加强行业反腐倡廉建设和领导干部廉洁自律工作发挥了积极作用。三是不断增强再监督工作的有效性。国家局制定下发了《关于在加强烟草行业内部管理监督中充分发挥纪检监察部门监督检查作用的意见》等文件，对“两烟”生产经营、干部选拔任用、财务审计监督以及物资采购、工程项目、软件开发、卷烟促销等关键部位和重要环节的监督作出明确规定。各级纪检监察机构认真抓好文件的贯彻落实，切实加强检查监督，有力促进了“两烟”生产经营秩序的规范。四是不断加大案件查处力度。严格落实查办案件工作责任制，加大对违规违纪行为的查办工作力度。从2005年至2008年，行业纪检监察机构共受理来信来访7492件次，初核995件，立案684件，查结676件，给予党纪政纪处分1027人，较好发挥了查办案件的治本和警示作用。

（四）“三项检查”工作取得明显成效

针对行业反映突出的问题，为提高行业规范水平，从2008年开始，在全行业全面开展工程投资、物资采购、宣传促销项目“三项检查”工作。国家局先后召开4次办公会议和3次电视电话会议，对开展“三项检查”工作进行专门安排部署，制定下发了规范工程投资、物资采购、宣传促销的一系列文件。行业各单位按照“制度是否完善、决策是否符合程序、运作是否规范、监督是否到位”的要求，全面开展了自查、复查和“回头看”工作。针对检查中发现的问题，健全完善各项规章制度。自2008年以来，全行业各单位围绕“三项检查”工作共制订各类制度达12000多个，其中各直属单位本级新制订的规范性制度432个。国家局按照“先行试点、总结经验、全面展开”的工作要求组织了重点抽查工作，截至目前，已经完成对34家直属单位的重点抽查。从总体情况看，行业各单位对“三项检查”工作高度重视，认识到位，对2008年以来实施的工程投资、物资采购、宣传促销项目进行了全面清理，对发现的问题进行了认真的自查自纠，后期检查的单位规范水平明显好于前期。在检查过程中，总结和推广了一些单位好的做法和经验，有力促进了企业不断夯实管理基础，严格规范管理。目前重点抽查工作仍在继续进行。

二、当前行业内部管理监督工作中存在的主要问题

近年来，通过持续开展内部管理监督工作，行业各级领导干部规范意识明显增强，内控制度初步建立，

长效机制不断完善，管理水平明显提高，“两烟”生产经营秩序明显好转，对于保证行业持续健康发展，树立烟草行业良好形象，发挥了十分重要的作用。在充分肯定成绩的同时，也要清醒地看到，在内部管理监督方面仍然存在一些较为突出问题，主要是：

（一）思想认识仍存在差距

一些单位的领导干部尤其是主要领导对整顿规范工作的长期性、艰巨性、复杂性认识不够，严格规范的思想尚未牢固树立，“重效益、轻管理，重经营、轻规范，重形式、轻实效”的思想仍不同程度上存在。有的对本单位内部管理监督工作所取得的成效估计过高，存在松懈思想；有的对整顿规范工作缺乏自觉性和坚定性，产生厌倦情绪；有的对不规范生产经营行为的严重危害性认识不足，忧患意识、大局意识、责任意识不强。以上这些都与国家局党组的要求存在明显差距。

（二）长效机制建设仍不完善

近年来，各单位围绕加强内部管理监督工作制订了一系列制度，制度建设得到明显加强。但从检查发现的问题看，有的单位制订的制度比较原则，缺少严格的程序性规定，针对性和可操作性不强；有的单位制度虽然不少，但执行不力，有章不循、违章操作的现象仍然存在；有的单位监管部门职责不明和职责交叉的现象同时存在，监管滞后和监管不到位的现象较为突出，同级监管的作用没有很好发挥；有的单位整顿办力量不是加强，反而削弱，监管合力没有形成，内部监管还流于形式。

（三）违规生产经营行为在一些单位表现仍比较突出

在“两烟”生产经营方面，有的工业企业无码生产，无码备货，违规促销；有的商业企业虚拟客户，拆单分摊，捆绑销售，体外循环，索要钱物。在财务管理方面，会计核算不规范、预算管理执行不到位、财经纪律执行不严肃、历史遗留问题处理不彻底等问题在一些单位仍不同程度存在，有的甚至弄虚作假，严重违反财务制度和财经纪律，损害国家利益和企业利益。在工程投资、物资采购、宣传促销三项工作方面，决策机构不明确、决策主体不清晰、决策程序不符合、集体决策没有得到充分体现等问题仍较为突出；该招标的没有实行公开招标，竞争性谈判变成单一来源采购的情况比较普遍，在重点抽查的项目中，公开招标的比例不高；审计、纪检监督和群众监督的作用没有充分发挥，在某些关键部位和薄弱环节，存在监管滞后和形式化现象。

以上列举的现象仅仅是存在问题的一部分，必须引起各单位高度重视，认真加以解决。

三、关于进一步加强内部管理监督工作的要求

加强内部管理监督是长期的任务，更是当前重要的工作。全行业都要在现有工作基础上，切实增强内部管理监督工作的自觉性和坚定性，毫不动摇，加大力度，常抓不懈，为建设“严格规范、富有效率、充满活力”的中国烟草做出新的努力。这里，对进一步加强内部管理监督工作提出以下要求：

（一）要从“生命线”的高度充分认识严格规范的重要性

近年来行业保持持续健康发展，加强内部监管、严格规范生产经营行为发挥了重要保障作用。可以这样说，没有近年来的整顿规范和内部监管工作的不断加强，就没有行业今天这样好的形势。实践充分证明，严格规范是保持行业持续健康发展的生命线。

严格规范是巩固和完善烟草专卖体制的本质需要。随着社会主义市场经济体制的不断完善，必然对行业加强自身管理提出新的更高要求。专卖体制下的烟草加强自身管理和建设，关键是要解决“注重自律”、“提高效率”两大课题。注重自律，就是要敢于正视问题，依靠自身的努力自觉去解决问题。持续开展整顿规范，切实加强内部监管，是行业“注重自律”的必然选择和有效形式。我们反复强调，巩固和完善烟草专卖体制，关键在于把自己的事情办好，以实实在在的行动，切实维护国家利益、维护消费者利益，在社会上树立负责任的形象。

严格规范是推进烟草行业持续健康发展的根本保证。一个单位能否保持持续健康发展，首先是要风清气正。如果生产经营秩序混乱，不仅干部要出问题，队伍一团散沙，生产经营也是搞不好的，即使一时搞上去，最终还是要垮下来。在卷烟体外循环严重时期，一些单位表面上生意红红火火，企业却严重亏损，甚至资不抵债，教训是十分深刻的。近年来行业经济效益明显提高，实现税利从2000年的1096.5亿元增加到2008年的4499.4亿元，增长4.1倍；其中实现利润从2000年的297.4亿元增加到2008年的1858.6亿元，增长6.2倍，关键得益于规范，规范发挥了不可替代的作用。我们决不能以牺牲规范为代价来获取一时的所谓效益，而必须把发展建立在严格规范基础之上。

严格规范是实现行业科学发展的必然要求。为提高行业科学发展水平，国家局党组明确提出把“卷烟上水平”作为当前和今后一个时期行业发展的主要任

务，并要求从品牌发展、原料保障、技术创新、市场营销、基础管理五个方面着力推进。卷烟上水平必须建立在扎实的工作基础之上，而严格规范是扎实工作基础的关键所在。企业发展没有捷径可走，特别是大企业、大集团，更是要脚踏实地，打牢基础，严格规范。每个单位、每个领导干部，都要自觉做到遵纪守法，坚决克服自由主义；自觉维护国家利益和消费者利益，坚决克服本位主义和个人主义；自觉遵循客观规律，坚决克服主观主义、形式主义，在严格规范的基础上推动发展上新的水平。

（二）进一步推进办事公开、民主管理

党的十七届四中全会通过的《中共中央关于加强和改进新形势下党的建设若干重大问题的决定》，对在新形势下坚持和健全民主集中制，积极发展党内民主作出了明确的规定和要求。党中央、国务院对推进政务公开历来十分重视，专门成立了全国政务公开领导小组，2005 年专门下发《关于进一步推行政务公开的意见》，对推行政务公开工作提出明确要求。胡锦涛总书记在 2009 年“七一”前夕中央政治局第十四次集体学习时，就加强党内民主建设发表了重要讲话，强调指出：在新的历史条件下，我们必须高度重视和积极推进党内民主建设，最大限度凝聚全党智慧和力量，最大限度激发全党创造活力，最大限度巩固党的团结统一，更好地坚持科学执政、民主执政、依法执政；要牢固树立党员主体意识，把激发广大党员积极性、主动性、创造性作为党内民主建设的出发点和落脚点；要把推进党内民主建设作为全面推进党的建设新的伟大工程的战略任务切实落实好。在 2009 年 3 月召开的国务院第二次廉政工作会议上，温家宝总理指出：“要认真落实中央关于反腐倡廉的各项部署，强化对行政权力的制约监督，确保权力不被滥用；要深入推进政务公开，凡应该公开、能够公开的事项都要及时全面公开；要把公开透明原则贯穿于落实扩内需、保增长政策的全过程，最大限度地减少发生腐败行为的机会。”在行业深入推进办事公开、民主管理，是全面贯彻落实党的十七大、十七届四中全会精神和党中央、国务院关于推行政务公开各项部署的具体行动；是深入贯彻落实科学发展观，全面建设“严格规范、富有效率、充满活力”中国烟草的必然要求；是坚持科学决策、民主决策、依法决策，充分发挥行业广大干部职工的积极性、主动性、创造性的重要举措；是加强反腐倡廉建设，构建行业惩治和预防腐败体系的重要内容。为此，国家局专门制定印发了《关于进一步推进烟草企业办事公开民主管理的意见》。该意见的实施，必将有利于规范权力运行，切实保障群众的知情权、参与权、表达权、监督权，为推进科学发展营造良好环境；有利于妥善协调各方面的关系，为促进和谐烟草建设提供重要保障；有利于更新管理理念，创新管理方法，提高工作透明度和公信力，防止权力失控、决策失误和行为失范，为从源头上预防腐败，努力建设严格规范的中国烟草创造必要条件。

行业各单位都要把贯彻落实国家局《关于进一步推进烟草企业办事公开民主管理的意见》作为当前和今后一个时期一项重要工作切实抓好，着重解决好以下问题：

一是要把调动全体职工的积极性、主动性、创造性作为推进办事公开、民主管理的出发点和落脚点。贯彻落实科学发展观，核心是坚持以人为本，其目的就是要切实维护广大人民群众根本利益。落实到烟草行业，就是要充分调动全体员工积极性、主动性、创造性，切实维护国家利益和消费者利益。烟草行业经过近年来的改革调整，取得了明显进步和发展，但在新的形势下，也面临新的矛盾和挑战。解决发展中的矛盾和问题，必须相信群众，依靠群众，充分调动全体员工的积极性、主动性、创造性，形成一心一意谋发展、专心致志干工作的良好氛围。推进办事公开、民主管理，是调动全体员工积极性、主动性、创造性的必然要求，也是根本目的。只有全体职工积极性、主动性、创造性的充分发挥，办事公开、民主管理才具有真正的意义，才能成为推动企业发展和构建和谐烟草的强大动力。

二是要把提高科学决策、民主决策、依法决策水平作为推进办事公开、民主管理的主要任务。完善民主决策机制，提高科学决策、民主决策、依法决策水平，是党的十七届四中全会提出的明确任务，也是新的形势对行业各级领导干部提出的新的要求。目前行业企业组织结构已经发生了很大变化，规模在不断扩大，资金积累大幅度增加，外部环境的复杂性、不确定性在不断增大，所带来的决策的风险性也在不断增大。因此，实现科学决策、民主决策、依法决策，比以往任何时候都更加重要和紧迫。各级领导干部都要更新观念，改变那种单打独斗、闭门造车、决策随意等现象，更多地依靠群众的力量，听取专家的意见，发挥集体的智慧，发扬民主，严格程序，集思广益，通过推进办事公开、民主管理，不断完善民主决策机制，努力实现科学决策、民主决策、依法决策。

三是要把落实群众的知情权、参与权、表达权、监督权作为推进办事公开、民主管理的主要内容。要按照“公开是原则，不公开是例外”的要求，大力推进政务公开、司务公开、厂务公开，实现办事公开的制度化、规范化，确保群众的知情权。推进办事公开，关键在于解决“敢不敢公开、公开什么内容”这一关键。每位领导干部尤其是主要领导，都要襟怀坦白、无私无畏，真正使权力在阳光下运行，确保权力正确行使。要建立完善职代会制度。工业公司、地市级商业公司都要成立职代会，企业重要事项和重大决策都要充分听取职代会意见，同时还要积极探索职工表达诉求和对企业管理主动参与的有效途径，确保职工的参与权。要建立完善董事会制度，尤其要高度重视发挥职工董事作用，保障职工董事权利，确保职工对企业管理的表达权。没有建立董事会制度的企业，也要通过职代会等形式，保障职工民主权利。要通过办事公开、民主管理，广泛听取群众意见，倾听群众呼声，通过职工满意度测评等形式，把权力置于群众监督之下，确保职工的监督权。

（三）不断完善行业内部管理监督工作基本格局

在2005年行业加强内管工作会议上，国家局提出了“以规范‘两烟’生产经营为基础，以加强财务审计监督为关键，以加强对领导干部监督为重点，以纪检监察再监督为保障”的行业内部管理监督工作基本格局。实践证明，这一基本格局符合行业实际，工作重点明确，职责任务清晰，在今后工作中还要不断加以完善。

要高度重视“两烟”生产经营规范工作。规范“两烟”生产经营是加强行业内部管理监督工作的基础，是建立行业良好生产经营秩序的关键，也是检验专卖体制下能否解决自律问题的重要标志。要切实增强“两烟”生产经营规范的自觉性和坚定性，端正生产经营指导思想，建立完善的内管长效机制，加大案件查处力度，杜绝不规范经营行为的发生。

要进一步强化财务审计监督。要坚持深入开展经济责任审计和财务收支审计，实现内部审计工作制度化、规范化；要扎实开展工程项目投资、物资采购、宣传促销、专项资金使用等专项审计，充分发挥财务审计在生产经营全过程的监督作用；要在认真总结经验基础上，推行审计委派制，从组织体制上更好地保障审计监督作用的发挥。

要强化对领导干部的管理监督。行业内部管理监督工作能否落实到位，良好生产经营秩序能否持久建立，关键在于各级领导干部尤其是主要负责人带头遵纪守法，严格自律。各级领导干部作为内部监管工作的组织者，对内部管理监督要真正做到思想上更加重视，行动上更加自觉，工作上更加努力，措施上更加扎实，真抓实干，务求实效。各级领导干部作为内部监督的主要对象，要摆正位置，调整心态，正确对待，自觉接受监督。有权必有责，用权受监督。每位领导干部都要正确对待自己，正确行使权力，在加强内部管理监督工作中发挥表率作用。

要充分发挥纪检监察机构再监督作用。行业各级纪检机构都要认真履行监督职能，切实加强对同级班子监督，加强对下属单位领导班子的监督。按照中央要求，国家局党组2009年6月制定了《中共国家烟草专卖局党组关于开展巡视工作的实施意见》，并建立了巡视工作制度，以加强对行业各直属单位领导班子贯彻执行党的路线方针政策和国家局部署要求、廉洁自律等方面情况的监督检查，完善监管机制，提高监督实效。

（四）继续深入开展专项整顿工作

专项整顿是实现严格规范的重要手段，也是解决突出问题的有效措施。从近几年行业开展的一系列专项整顿、专项治理、专项检查工作情况看，专项整顿重点突出，内容具体，通过企业自查、复查、整改和上级单位检查督导，增强了干部职工规范意识，促进了规范水平提升，取得明显成效。要通过开展专项整顿检查，加强专项工作管理流程的过程监控，促进企业制度的完善和系统配套以及定期评估机制的建立健全，增强对专项工作运行的监督与控制；要通过开展重点检查督导，全面了解各单位基础管理工作情况，注重提炼和总结经验，以点带面，运用典型引路推动管理水平提升。开展专项检查的过程也是调查研究和改进工作的过程，是对企业落实各项制度规定情况进行全面调研和了解，通过发现问题和掌握实情，为进一步优化管理流程、严格控制关键环节、提升监管成效等方面提供决策依据。因此，专项整顿工作必须一以贯之、坚持不懈、抓实抓好、抓出成效。当前，全行业都要按照“四个更加”的要求，继续深入开展“三项检查回头看”和重点抽查工作，切实解决三项工作中的不规范问题，进一步提高三项工作的规范水平。

（五）进一步加强内部管理监督工作的组织领导

行业各级党组（党委）要始终把加强内部管理监督工作摆到重要议事日程，高度重视，认真对待，切实做到坚定不移，毫不动摇，常抓不懈，增强规范的自觉性和坚定性。要继续坚持把加强内部管理监督工作作为“一把手”工程，这也是衡量“一把手”政治上强不强的具体体现。各单位主要领导要对内部管理监督工作亲自部署、亲自督导，切实负起第一责任人的责任。要高度重视和加强监管机构建设，按照国家局对加强内部审计、专卖内管、纪检监察等机构设置的要求认真抓好落实，进一步充实人员，充分发挥监管机构在日常监管中的积极作用。要按照领导、机构、制度措施“三落实”的要求继续抓好整顿办建设。现阶段各单位整顿办力量要进一步加强，不能有丝毫削弱，杜绝“有机构、无人员”和平时“各归其位”、有事“临时组队”的情况。各级整顿办要做到全力而为，有所作为，充分发挥“牵头、协调、综合、指导”职能。要积极探索和研究有效开展内部管理监督工作的途径和方式，进一步推进内部监管长效机制建设。

建设“严格规范、富有效率、充满活力”的中国烟草是全行业共同的任务。各单位要以进一步加强内部管理监督工作为切入点，紧紧围绕解决行业“注重自律”这一重要课题和构建内部监管长效机制这一重要任务，认真履行职责，以内部管理监督工作成效的上水平为“卷烟上水平”的五个方面上水平奠定坚实基础，在更高起点上推进行业整体规范水平的全面提升，为实现行业持续健康发展做出新的努力和贡献！

继续深入开展“三项检查”工作 建立健全企业内部监管长效机制

——在2009年全国烟草行业整顿规范工作电视电话会议上的讲话

张　辉

（2009年2月13日）

这次会议的主要任务是认真贯彻落实2009年全国烟草工作会议精神，围绕2009年行业整顿规范的重点，进一步部署和推动“三项检查”工作。下面，讲三点意见。

一、2008年“三项检查”工作的基本情况

2008年，烟草行业全面开展了工程投资、物资采购和宣传促销项目三项专项检查工作，推进内部管理监督深入开展。国家局制定下发了《烟草行业投资项目管理办法》、《招标投标实施办法》、《加强卷烟工业企业烟用材料采购管理规定》、《进一步规范宣传促销管理的意见》等规范性文件，并于2008年4月和6月两次召开电视电话会议进行部署和推动。行业各直属单位党组高度重视，贯彻精神及时，工作部署周密，组织落实到位，从“制度是否完善、决策是否符合程序、运作是否规范、监督是否到位”四个环节开展自查和重点检查，在此基础上，多数直属单位又开展了复查工作。针对检查中发现的问题，各单位抓紧健全各项规章制度，落实规范运作和加强监管办法，努力加强整改。在深入自查的基础上，国家局及时对重点抽查工作进行了部署，决定“先行试点，然后展开”。2008年9月上旬，由国家局整顿办牵头，会同计划、运行、监察、烟机等部门组成联合抽查工作组，在河北省烟草工商企业进行了“三项检查”重点抽查试点工作。10月上旬，国家局召开局长办公会议，听取了联合抽查工作组在河北烟草工商企业开展重点抽查试点情况的工作汇报。姜成康局长亲自主持会议并作了重要讲话，姜局长强调“三项检查”工作要重在解决发现的问题，重在建立健全企业内部监管长效机制，并对“三项检查”工作的目的、重点、抽查时间、抽查范围和加强整改等六个方面作了具体明确的要求。在充分借鉴河北烟草试点工作经验的基础上，去年11月，国家局对山东、陕西烟草工商企业进行了重点抽查。姜成康局长在两省烟草工商企业“三项检查”重点抽查情况的报告上作了重要批示。

从总体情况看，行业各直属单位“三项检查”工作的开展情况是好的，认识比较到位，主要负责同志认真部署和推动，分管领导和相关部门齐抓共管，加强配合，对2008年实施的工程投资、物资采购和宣传促销项目进行了全面清理和自查自纠，针对自查出的问题，狠抓整改工作，加强了对企业制度的梳理、修订和完善，做了大量艰苦细致的工作，取得了初步成效，涌现出一些好的经验和典型。实践证明，通过开展“三项检查”工作，对于促进行业依法依规管理，依法依规组织生产经营，加强内部监管，保持行业健康发展发挥了重要作用。

二、当前行业“三项检查”工作存在的主要问题

通过2008年各单位自查和国家局对部分直属单位的重点抽查，我们在充分肯定取得初步成效的同时，

也要清醒认识当前工作开展过程中仍然存在的不足和突出问题。主要反映在以下四个方面：

一是思想认识有待进一步提高。在严格规范的思想认识上，重效益、轻管理，重经营、轻规范，重形式、轻实效，重眼前、轻长远的思想还不同程度存在。同时，有的单位过高估计本单位“三项检查”自查阶段的成效，整规工作的思想“阀门”有所松动。少数单位对“三项检查”工作以会议贯彻会议，以发文代替具体指导，“一把手”没有做到亲自部署、亲自推动；分管领导抓得还不细不够；牵头部门职责不清，人员配备不强，投入人力不足，对下指导检查不力，影响了“三项检查”工作的深入推进。

二是制度建设有待进一步加强。有的单位制度明显缺失，有的事项甚至无章可循、无据可依，管理基础比较薄弱；有的单位原有的制度在企业组织结构和经营管理职能调整后，没有及时、系统、全面地进行“废、改、立”工作，导致制度滞后、脱节的情况出现；有的单位虽然对制度进行了梳理、修订，但制度内容本身的科学性、严谨性、配套性和操作性不强；有的单位虽然建立了内部监管规章制度，但缺乏制度执行情况的监督和考核，制度实际执行力较弱。

三是规范运作有待进一步落实。有的单位决策不讲程序，运作不规范，仍然不按制度办事。项目该集体决策的，个人说了算，该预算的不预算，该招标的不招标，该公开招标的变为邀请招标或单一性来源采购，价格确定不公开透明，较大金额项目不签订合同，有的工程项目国家局尚未批复，但招投标已经结束。严重超预算的问题也十分突出。

四是同步监管有待进一步到位。部分单位在检查和整改中没有认真落实《烟草行业招标采购活动廉政监督工作暂行规定（试行）》（国烟监〔2008〕127号）文件要求，纪检监察、审计、法规等监督部门还未实质性介入这三项工作的全过程，项目决策和运作体现公开、公正、透明的程度不够，司务公开、政务公开、厂务公开还没有真正做到。从“三项检查”中发现的问题看，有些问题只要稍作事前防范和事中检查就可以避免，但由于监管缺位，制止不力，导致问题由小变大，有的损失甚至难以挽回。

三、认真做好2009年“三项检查”工作的几点要求

在2009年初召开的全国烟草工作会议上，姜成康局长对深入推进内部管理监督工作，全面开展“三项检查”工作作了深刻的阐述，提出了明确具体的要求。行业各单位要认真贯彻全国烟草工作会议精神，按照姜成康局长对2009年开展“三项检查”工作提出的“思想上更加重视，行动上更加自觉，标准上更加严格，整改上更加主动”要求，不折不扣地完成2009年的整顿规范工作任务。

（一）强化思想认识，深入推进“三项检查”

“严格规范、富有效率、充满活力”是行业建设的总要求，把“严格规范”放在最前面，是因为严格规范是基础，是巩固和完善烟草专卖制度，实现行业持续健康发展的重要保证。严格内部管理监督，建立良好生产经营秩序，是实现2009年“烟叶防过热、卷烟上水平、税利保增长”工作目标的重要保障。近年来，全行业整顿规范实践证明，没有严格规范，就没有当前行业发展的好形势，就没有良好的生产经营秩序。必须认识到严格规范过程只有起点、没有终点，伴随着行业改革发展的全过程，必须始终如一地坚持抓好。实践证明这很重要，要毫不松懈，始终不渝地抓下去。严格规范是具体的，不是抽象的，是要落实在行动上，而不仅仅是口号和文字汇报上。全面开展“三项检查”工作就是严格规范的具体举措，重在把发现的问题解决在基层，重在建立内部监管长效机制。当前就是按照姜局长提出的“思想上更加重视，行动上更加自觉，标准上更加严格，整改上更加主动”要求，认真开展“三项检查”“回头看”工作。国家局对2009年“三项检查”工作提出了新的更高要求，行业各单位领导班子特别是主要领导，要把整顿规范的工作思想和行动统一到国家局的工作部署上来，充分认识开展“三项检查”的重要性和紧迫性，把“三项检查”作为推进反腐倡廉建设、夯实企业管理基础、严格规范管理的重要内容，把“三项检查”工作的开展情况和成效作为检验各级领导班子执政能力和水平的重要依据，高度重视、严格要求、坚持标准，扎实完成“三项检查”工作任务。

（二）紧紧围绕四个重点环节，认真开展“回头看”和重点抽查工作

行业各单位2009年都要全面开展“回头看”活动。“回头看”要紧紧围绕“制度是否完善、决策是否符合程序、运作是否规范、监督是否到位”四个环节，对2008年以来各直属单位本级和下属企业实施的所有工程投资、物资采购和宣传促销项目进行再检查。各单位在“回头看”中，一是要下功夫解决存在的突出问题，不遮遮掩掩，不避重就轻，加大整改的工作力度，逐项抓紧整改，制订整改时间表，狠抓落实，下决心把问题解决在基层，解决在国家局重点抽查之前。二是加强制度建设，对国家局已下发的规范性文

件，各单位要在认真学习领会的基础上，结合自查中发现的问题，制定具体的实施细则和落实措施，抓好制度的“废、改、立”工作。凡是制度不健全的要抓紧健全完善，凡是制度缺失的要尽快增补制定。三是在“回头看”自查工作中要做到“一项一卷”，加强项目的基础管理。对于三项工作的每一个具体项目，从立项到最后决算和验收评估的整个流程都要做好资料收集和梳理工作，不缺项，不漏件，确保项目资料完整。四是认真做好重点抽查工作。各有关部门要高度重视，密切配合，善始善终、保质保量地完成检查任务。各被检查单位要实事求是地反映情况、提供资料，以端正的态度接受重点抽查。这里要明确一下，对于在重点抽查过程中发现问题比较多的单位，国家局要责成主要负责人作专题汇报，督促整改。国家局将适时对各单位整改情况进行再检查。

国家局重点抽查结束后的单位，要抓紧做好整改工作，一是要明确整改时限，落实整改责任，逐条逐项地对国家局重点抽查中提出的问题认真抓紧整改，确保整改到位。各单位要针对发现的问题，及时堵塞管理漏洞，促进规范管理，整改结束后要向国家局提交“三项检查”整改工作书面报告。在整改的同时，认真查找分析带有普遍性、倾向性的突出问题产生的原因，进一步加强干部职工注重自律的教育，切实提高依法依规管理和组织企业生产经营的能力。二是按照“三项检查”工作要求，进一步建立规范管理、监督、考核和奖惩制度，增强制度执行力，有令必行，有禁必止，严肃杜绝“边整边犯，前整后犯”的现象发生，切实增强制度的执行力，有效防范违法违规问题的发生。

（三）加强长效机制建设，实现三项工作科学有效管理、监督

行业专项整顿和开展“三项检查”是过程，不是目的，建立健全内部监管长效机制才是根本目标。企业内部监管长效机制需要我们认真研究和探索，要紧紧围绕实现决策符合程序、运作符合规范、监督全面到位来深入推动，实现科学有效监管的目标。

各单位要进一步总结“三项检查”好的经验和做法，坚持典型引路，发挥先进典型的示范作用。充分利用开展“三项检查”的有利时机，投入足够的精力和人力，积极研究和探索开展加强内部管理监督的有效方式和途径，采取有效措施，推进本单位内部监管长效机制建设，促进内部管理监督工作不断深入。

（四）切实履行职责，扎实推进“三项检查”工作

一是各单位“一把手”对“三项检查”工作要做到亲自部署、亲自过问、亲自督导，负起第一责任人的责任；分管领导要做到具体领导、具体组织，承担好具体负责的责任。二是凡是承担“三项检查”工作的各牵头部门都要充分发挥主导作用，履行责任，扎实推进，狠抓落实，加强与各协助部门的沟通；各协助部门要积极配合，不推不诿，共同完成“三项检查”的工作任务。三是要认真查处“三项检查”中发现的违法违规问题，切实加大问责和追究力度。对明知故犯、边整边犯、前整后犯的问题要严肃对待，坚决处理，决不姑息。四是整顿规范部门要加强“三项检查”的协调力度，加强督导，全力以赴投入“三项检查”工作。各直属单位要认真落实国家局关于整顿规范队伍建设的要求，抓好领导落实、机构落实、制度措施落实，杜绝有机构无人员、只兼职无专职和平时“各归其位”、有事“临时组队”的情况，确保机构健全、人员到位，努力提高整顿规范队伍的工作能力和水平。

“三项检查”工作任务重，要求严。希望大家按照国家局的部署，高度重视，继续深入开展“三项检查”工作，建立健全企业内部监管长效机制，狠抓落实，切实把国家局严格规范的要求体现在具体工作中，圆满完成“三项检查”工作任务。

四、对专卖内管和卷烟打假工作的强调

（一）关于专卖内管工作

专卖内管工作要按照姜成康局长在2009年全国烟草工作会议上明确提出的“进一步加强专卖内部管理监督，继续组织开展定期检查，加大对违规经营卷烟行为整治力度，扎实推进专卖内部监管长效机制建设，努力提升监管水平”的要求开展工作。在全面完成内部专卖管理监督检查的基础上，去年通过及时出台专卖内管工作规范，以贯彻落实工作规范为抓手，推动长效机制建设，加强日常监管工作，继续深入开展定期检查，有效地解决了长期存在的集中整顿后监管缺位的问题，推动行业基本上走出“前整后犯、边整边犯”的怪圈。但我们也必须看到专卖内管工作发展还不平衡，还有相当一部分单位在思想认识、经营理念、执行力等方面存在问题，市场上倒卖真烟的问题有所抬头，也出现了一些比较严重的违法违规问题。去年就查扣了违法真烟20多万件、价值12亿多元。有的客户经理内外勾结、被公安机关逮捕，有的县营销部经理被撤职。有的单位盲目乐观，敷衍塞责，专卖内管搞形式、走过场，检查不痛不痒，监管失效，没有起到及时发现处理不规范问题的作用。鉴于目前存在的问题，进一步加强专卖内管尤为重要，越是行业健

康发展的时期，越要加强内管，过去我们行业尝尽了不规范生产经营的苦头，经过整顿规范尝到了规范生产经营的甜头，行业各单位一定要进一步提高认识，倍加珍惜来之不易的成果，按照全国烟草工作会议的部署，思想上要重视，行动上要主动，节奏要快、标准要高、工作要实、状态要好，要实行一把手负责制，落实责任，扎实推进专卖内管工作，努力建设良好的生产经营秩序，真正用规范经营来保税利增长。

1. 专卖内管检查不能松、要升温。国家局将继续组织开展重点抽查工作，既检查行业各单位2008年以来依法依规组织生产经营活动的情况，同时检查过去发现问题的整改情况、专卖内管机构人员的落实和严格按工作规范要求组织开展日常监管工作的情况。各省级局要继续做好对辖区内工商企业的定期检查工作，制订方案，上半年对不少于35%的单位完成检查，全年所有的工商企业都要检查一遍。同时，各省级局要加强组织领导，切实做好对烟叶生产经营活动的监督检查工作，烟叶种植收购合同签订完毕后1个月内，对合同签订情况进行检查，重点检查合同总量超计划、合同签订不规范以及约定亩产异常等问题；烟叶移栽后要抽查按合同种植情况，重点检查超合同面积种植的问题；烟叶收购期间，对按合同收购情况进行检查，及时发现并处理不规范问题。

2. 充分发挥各级专卖内管机构的作用。有效发挥省、市、县三级局专卖内管职能作用，是全面实现专卖内管长效机制正常运转、实现行业内部生产经营秩序根本性好转的重要基础和前提。各级局要切实增强大局意识、责任意识、自律意识，认真履行好专卖内管职责，特别是在目前严峻的国内外经济环境对烟草行业影响已开始显现并不断加深的情况下，对可能出现的带有倾向性的卷烟、烟叶等不规范经营问题，要积极、主动地进行监管，及时发现、及时处理，维护好行业内部生产经营秩序。要认真抓好以下两项工作：一是各省级局要核实市、县两级局专职专卖内管人员，人员不到位的要限期充实力量。二是进一步抓好工作规范的贯彻落实。各级局要结合实际，严格按工作规范的要求开展专卖内管工作，监管部门要切实履行监管职责，开展日常监管，解决监管不落实的问题，防止出现机制空转。各工业公司要进一步充实力量，配备专职人员负责配合专卖内管和企业内控工作。

3. 严肃查处违法违规问题。社会上违法违规经营真烟问题的根源在行业内部，要从群众举报及查处的真烟案件中深入排查内部违法违规线索。对于5万元以上的违法经营真烟案件，各省级局必须要在立案后48小时内将案件的基本情况、涉案卷烟的品种数量码段等情况报国家局。发现违规经营卷烟问题，省级局要认真及时严肃查处，对有关责任人按规定进行处理。同时要责成有关单位深入剖析原因，端正经营思想，加强整改，真正把发展建立在可靠的市场基础和扎实的工作基础之上，从机制和流程上加强内部控制，堵塞漏洞，提高规范经营水平。

4. 强化督导求实效。省、市局要加强对下级局专卖内管工作的督导，突出抓好日常监管工作质量的提高。有些单位定期检查、日常监管都在做，但什么问题也查不出来，实际上监管空转，国家局重点抽查却发现存在比较严重的不规范问题。这并不是因为工作水平的差异，关键在于是不是认真地查、有没有认真地管。国家局将根据各省专卖内管工作的进展情况，加大对日常监管的检查督导力度，检查省市县三级局专卖内管是否有效、是否能起到发现解决问题的作用，并作为年度专卖内管工作考核的重要依据，与省级公司领导年度工作业绩考核挂钩。各单位也要进一步完善专卖内管考核机制，加强考核激励，把考核结果作为年度业绩考核的重要内容，同年度业绩评定、奖励惩处挂钩；同时要建立责任追究制度，对人员配备不到位、工作规范贯彻落实不到位以及出现严重违法违规生产经营问题的，追究有关领导的责任。

要通过2009年的努力，实现各级专卖内管机构人员落实到位、工作规范落实到位、对各类烟草专卖品生产经营全过程日常监管到位，实现长效机制的正常运转，进一步提升监管水平，规范行业内部生产经营秩序，促进行业持续健康发展。

（二）关于卷烟打假工作

1. 近期全国卷烟打假总体情况。姜成康局长在2009年全国烟草工作会议上指出，“卷烟打假始终是烟草专卖管理的主要任务，也是保持税利增长的重要措施”，要求“始终保持卷烟打假高压态势，坚决遏制卷烟制假反弹”。各级局认真落实国家局对卷烟打假工作的部署和要求，持续深入开展卷烟打假工作，特别是在元旦、春节制售假烟活动高发期，加大监管力度，联合公安、工商等执法部门开展市场整治专项行动，打击制售假烟违法犯罪活动，取得了明显成果。一是广东、福建等制假重点地区继续有效打击卷烟制假活动。福建开展驻点打假行动，捣毁制假窝点，摧毁生产能力，取得了明显成效。广东省在潮汕地区开展打击非法印刷假烟标识行动，查获高级彩色印刷机一组、水松纸印刷机两台、假烟标识450多万张。该印刷窝点规模大，印制能力是普通印刷机的数倍。此案件的成功破获，在粤东地区产生了很大的震慑作用。二是打击制售假烟网络工作取得新成效。各地紧紧抓住侦破大案要案这一关键，有效开展打假破网工作。

海南、浙江、山东、湖南、北京、河北、陕西等省（市）破获了3起以上假烟网络案件。三是打击假烟运输分销成效明显。广东、浙江、上海、湖北等省烟草部门与公安、交通、铁路、航空、邮政等执法部门密切配合，在高速公路、国道沿线以及货运中转站拦截假烟，取得了良好效果。元旦、春节前后，广东省查处运输、仓储假烟案件47起，查获假烟上万件。全国在运输、仓储环节查获假烟8万多件。四是有效打击制假原辅料供应链。云南等省开展打击制假原辅料行动，破获了一批非法经营烟叶烟丝的重大案件。云南破获2起网络案件，查获非法烟叶15000多担，抓捕犯罪嫌疑人32人。福建破获1起特大非法经营烟叶网络案件，查获制假烟丝2万多担，抓捕犯罪嫌疑人13人。广西破获1起特大非法经营烟叶案，查获非法烟叶7500多担。五是开展卷烟市场集中整治行动，净化市场。各级局认真落实《国家局关于做好2009年元旦和春节期间有关工作的通知》精神，加强市场监管，与公安、工商开展联合执法检查，取缔无证经营户，查处一批涉烟违法案件，保证了节日期间卷烟市场秩序正常。1月份全国查处案值5万元以上假烟案件406起，捣毁制假窝点318个，查获假烟11.4万件，比去年同期增长20%，破获案值百万元以上的重大制售假烟网络案件40起，拘留526人，判刑295人，有力地打击了制售假烟违法犯罪活动。

1月份全国卷烟打假取得了明显成果，这同时也说明卷烟打假面临的形势仍然很严峻。重点地区卷烟制假活动没有受到致命打击，局部地区还出现了制假转移和扩散趋势，制假反弹压力很大；制假原辅材料基本上还处于边打击边补充状态，切断非法贩运制假原辅材料任务繁重；假烟运输分销活动仍然猖獗；假烟网络对制售假烟活动仍然起着重要的支撑作用。当前我国经济正遭遇国际金融危机严重影响，严峻的国内外经济环境对烟草行业影响已开始显现并不断加深，烟草生产经营环境面临新的情况，烟草行业保税利增长的压力增大。在这样的大背景下，卷烟打假将面临更加严峻的挑战，深入推进卷烟打假工作，对于保障行业持续健康发展具有更为重大的意义。

2. 继续保持高压态势，坚决遏制卷烟制假活动反弹。姜成康局长在2月11日直属单位主要负责人经济运行通报会上强调，各级专卖局和主要负责人要把卷烟打假工作作为主要职责，加强对卷烟打假工作的领导，采取更加有力的措施，深入推进卷烟打假工作。各级局要认真贯彻落实姜局长的要求，全面推进卷烟打假工作深入开展。要按照国家局统一部署，把“端窝点、断源头、破网络、抓主犯”作为突出重点。一要有效摧毁假烟生产能力，严防制假活动反弹。制假重点地区要继续以打击卷烟制假活动为重点，深挖分散、隐蔽的制假窝点，有效摧毁假烟生产能力。特别是广东、福建两省打假成效事关全国大局，仍然是卷烟打假的重中之重。要加强卷烟打假长效机制建设，实施综合打击，把制假活动遏制到最低程度。河南、湖南、江西、四川等省要加强对重点地区的监控，严防转移、扩散制假活动，做到露头就打，不让制假活动形成气候。二要加大对贩运假烟的打击力度，不断提高打击制售假烟网络工作能力和水平。不管在生产、运输、仓储、分销、零售哪个环节查处案件，都要研究案件的经营线索，摸清来龙去脉，尤其要加大对主犯的抓捕力度，积极向假烟网络上游延伸办案，做到每查处办理一起制售假烟网络案件，就要彻底摧毁一个地下制售假烟犯罪团伙。2009年每个地市局要继续完成打掉1~2个较大规模制售假烟网络的打假任务。各省级局要加强对大案要案的督导协调，突破大要案，产生震慑作用。三要切断制假原辅材料供应链。要全面加强对烟草专卖品的监管，严厉打击非法收购烟叶行为，有效打击利用物流运输烟草专卖品的违法犯罪活动，防止制假原辅材料流入制假窝点。四要加强市场监管，净化卷烟市场。各地要结合实际，集中开展卷烟市场专项整治行动，严查摆卖假烟行为，做到市场监管不留死角。要在市场检查中发现线索，经营案件，打掉制售假烟网络。要密切关注利用互联网销售假烟的新动向，联合公安、电信、工商等部门及时查处违法案件，坚决取缔违法行为。五要进一步加大抓捕追刑工作力度。坚持并不断完善与公安等执法部门联合打假协作机制，加强行政执法与刑事司法的衔接工作，加大对制假售假烟违法分子的抓捕追刑力度。

在这里，再强调一下卷烟打假工作的保障问题。姜成康局长在2008年底召开的全国卷烟打假表彰会上指出：“表彰奖励是卷烟打假长效机制的重要内容，是调动各方面积极性的有效措施”。各级局对打假工作的经费保障只能加强不能削弱。国家局取消打假经费补贴后，决定对卷烟打假采取按打假成果奖励的办法，重点对有功人员给予奖励，切实调动各级烟草部门和有关执法单位的积极性，不断提高打假工作质量和水平，推动卷烟打假工作深入开展。国家局正在研究制定奖励办法。各级局要按照国家局下发的《烟草打假经费管理办法》，充分保障卷烟打假经费，有力支持卷烟打假工作。

各级局要切实增强责任意识，增强危机感和紧迫感，始终把打假工作摆在重要位置，毫不松懈地开展卷烟打假工作，加强领导，精心组织，采取有效措施，巩固打假成果，严防制假反弹。

人事政工

深入贯彻落实科学发展观　全面加强行业领导班子建设

——在全国烟草行业2009年政治工作会议上的讲话

姜成康

（2009年6月16日）

这次全国烟草行业政治工作会议主要任务是，全面贯彻落实党的十七大和十七届三中全会精神，以邓小平理论和“三个代表”重要思想为指导，深入贯彻落实科学发展观，认真贯彻全国组织部长会议、全国培养选拔年轻干部工作座谈会等会议精神，回顾总结近年来行业领导班子建设情况，重点研究部署下一阶段行业领导班子建设工作。下面，我就全面加强行业领导班子建设，代表国家局党组讲两个问题。

一、近年来行业领导班子建设基本情况

近年来，行业各级领导班子紧紧围绕行业改革发展大局，以提高素质、优化结构、改进作风、增强团结为重点，扎实推进各级领导班子建设，取得了明显成效。主要体现在：

（一）思想政治素质明显提高

全行业认真组织开展学习贯彻党的十七大精神，深入学习实践科学发展观等集中学习教育活动，坚持用中国特色社会主义理论体系武装头脑、指导实践、推动工作，切实增强各级领导班子贯彻落实科学发展观的自觉性和坚定性。认真贯彻落实中央关于大规模培训干部的要求，定期组织行业处级以上党员领导干部参加党校脱产学习，举办各种类型的专题培训班，努力提高领导干部政策理论和专业知识水平。2003年以来，行业共有1340名处级以上党员领导干部参加了国家局党校为期3个月的脱产培训，对地市级局（公司）领导班子全体成员、烟叶产区县公司经理、烟厂厂长进行专题培训，收到了良好效果。健全完善党组（党委）理论学习中心组学习制度。2003年以来，国家局党组共组织了25期理论学习中心组集中学习，各直属单位党组（党委）共组织1428期理论学习中心组集中学习。坚持理论学习与专题研讨相结合，努力提高运用科学理论解决实际问题的能力。特别是2002年以来，国家局党组明确提出在全行业牢固树立“国家利益至上、消费者利益至上”的行业共同价值观，持续深入开展“两个至上”在岗位主题实践活动和“五查五看”活动，对于行业各级领导班子和领导干部加强思想政治建设，树立正确的价值导向，发挥了积极的作用。通过多年的努力，“两个至上”共同价值观已在行业深入人心，成为全体员工的共同追求和自觉行动。回顾近年来行业改革发展历程，特别是工商分开、战略重组以及最近实施的卷烟消费税政策调整，各级领导班子能认真贯彻落实国家局的决策部署，大局意识明显增强，执行能力明显提高，确保了行业改革发展各项工作顺利推进。

（二）领导班子结构明显改善

认真贯彻党的干部路线和政策，坚持正确的选人用人标准，严格按照《党政领导干部选拔任用工作条例》，认真抓好各级领导班子调整配备工作，为领导班子建设不断增添新的活力。目前行业各直属单位领导班子成员中，具有本科以上文化程度的占65.7%，比2003年提高了23.5%；平均年龄51.8岁，比2003年下降0.2岁。领导班子的年龄、知识和专业结构进一步改善。积极推进干部交流工作。2003年以来，在各省级局、省级公司领导班子之间交流干部40名；从行业选调24名干部到国家局、总公司机关任职；从国家局、总公司机关选派25名干部到省级局、省级公司任职。注重抓好年轻干部培养和后备干部队伍建设工作。2003年以来，国家局、总公司机关共选派43名年轻干部到基层单位或对口帮扶市县挂职，从行业选调了15名干部到国家局、总公司机关司局岗位挂职。特别是汶川特大地震灾害发生后，国家局及时选派了18名年轻干部到灾区一线挂职帮助工作。按照“重在培养、同样使用”的原则，2003年以来，省级局、公司后备干部已有100名走上新的领导岗位，后备干部

使用率为43.9%。行业各级党组（党委）按照国家局党组要求，认真抓好领导班子组织建设，尤其是在公开选拔、竞争上岗方面积极探索、努力实践，全行业共有1031名干部通过公开选拔走上了处级以上领导岗位。近几年来，全行业在扩大干部选拔任用工作民主、提高选人用人公信度方面取得明显成效。

（三）作风建设明显加强

高度重视加强行业各级领导班子作风建设，教育引导行业各级领导干部坚持讲党性、重品行、作表率，牢固树立正确的权力观、地位观和利益观，牢记“两个务必”，始终保持谦虚谨慎、艰苦奋斗优良作风。在行业各级领导班子中深入开展以政治素质好、经营业绩好、团结协作好、作风形象好为主要内容的“四好”领导班子创建活动，在国家局、总公司机关持续推进转变职能、转变作风和提高工作水平、提高办事效率即“两个转变”、“两个提高”教育活动，取得了积极的成效。紧紧围绕全党全国工作大局，认真贯彻中央提出的“工业反哺农业，城市支持农村”战略方针，全面开展烟田基础设施建设，大力发展现代烟草农业，进一步密切了与烟农关系，深受烟区党委、政府和烟农好评。加快传统商业向现代流通转变，为零售客户提供优质服务，零售客户满意度不断提高。深化行业用工分配制度改革，充分调动全体员工的积极性、主动性、创造性，在构建和谐劳动关系方面迈出实质性步伐。针对行业特点，国家局党组大力倡导“潜心做事、低调做人”的行为准则，明确要求要力戒张扬、力戒浮躁、力戒漂浮，努力建设责任烟草、诚信烟草、和谐烟草。在全行业涌现了一批以高荆洪同志等为代表的一心为公、埋头苦干、扎实工作的先进典型，形成了一心一意谋发展、专心致志干工作的良好氛围。2009年以来面对严峻的经济形势，为保持行业持续健康发展，国家局党组要求各级领导班子要大力倡导“节奏要快、标准要高、工作要实、状态要好”（简称“四要”作风）的良好作风。目前行业各级领导班子正按照国家局党组的要求，在提高认识基础上，紧密结合实际，认真制定措施，精心组织实施，扎实有效推进“四要”作风建设。

（四）制度建设不断完善

认真贯彻落实中央的各项政策规定，切实加强领导班子制度建设，用制度严格规范领导干部权力运行。2002年中央制定的《党政领导干部选拔任用工作条例》颁布实施后，国家局党组高度重视，紧密结合行业实际，制定下发了《省级烟草专卖局（公司）领导干部选拔任用工作实施办法（试行）》等4个规范性文件；近两年根据领导班子建设需要，又相继出台了《省级烟草专卖局（公司）领导干部任职公示办法》、《关于干部交流工作有关问题的规定》、《省级工业公司董事管理暂行办法》等文件，健全完善领导干部选拔任用各项制度规定，严格规范干部选拔任用工作。制定了《国家局党组议事规则》、《国家局（总公司）工作规则》，各直属单位按照国家局党组要求，相应制订了党组议事规则和行政领导班子工作规则，健全完善党组讨论重大问题的决策程序和具体内容，努力提高科学决策、民主决策、依法决策水平。高度重视加强对领导班子和领导干部的监督。制定下发了《贯彻落实中共中央〈建立健全惩治和预防腐败体系2008～2012年工作规划〉的实施方案》、《关于加强对行业各级领导班子及主要领导干部监督的意见》等文件，强化对领导干部权力运行的监督，提高各级领导干部依法行政、依法管理、守法经营意识，促使各级领导班子和领导干部更加注重廉洁自律，扎实推进反腐倡廉建设。

在肯定成绩的同时，也要清醒地认识到目前行业领导班子建设中存在的突出问题。主要是：一是少数领导干部理想信念、宗旨意识比较淡薄。有的心态浮躁，追逐名利；有的不思进取、得过且过；有的个人专断，我行我素；有的闹不团结，个人主义严重；有的贪图安逸，追求享受，甚至走上违法犯罪道路。二是领导班子结构有待改善。年龄结构有待改善。目前行业各直属单位领导班子成员中，年龄在45岁以下的仅占11.4%，有28个单位领导班子尚未配备45岁左右的干部，培养选拔年轻干部工作亟待加强。专业结构有待改善。目前有的领导班子专业结构不尽合理，缺乏熟悉“两烟”生产经营业务的人才，不利于班子整体功能的发挥。“一把手”的培养有待加强。“一把手”的素质能力决定着领导班子建设的整体水平，目前有的领导班子“一把手”的后备人选明显缺乏。三是经常性考核制度不够健全，促进行业科学发展的干部考核评价机制有待完善，公开选拔、竞争上岗选拔任用干部的力度需要加强。四是如何建立适应现代企业制度要求、符合行业特点的工业企业领导人员管理制度有待于突破。五是少数单位在干部选拔任用工作上，还存在不符合制度规定的问题。对此，我们必须要高度重视，采取有效措施，认真加以解决。

二、明确任务，突出重点，全面加强行业各级领导班子建设

自2008年2月以来，中央相继召开了全国组织工作会议、全国干部教育培训工作会议、全国领导班子思想政治建设座谈会、全国组织部长会议、全国培养选拔年轻干部工作座谈会等一系列重要会议，胡锦涛总书记、习近平同志和李源潮同志在会议上发表了重

要讲话，对全面贯彻党的十七大的战略部署，坚持以改革创新精神全面加强和改进党的建设，大力加强领导班子和领导干部队伍建设提出了新的更高要求。我们要认真学习、深刻领会胡锦涛总书记等中央领导同志的重要讲话和有关会议精神，紧密联系行业实际，认真抓好贯彻落实，以改革创新精神，全面加强行业领导班子建设。

当前和今后一个时期，行业加强领导班子建设主要任务是：全面贯彻落实党的十七大和十七届三中全会精神，以邓小平理论和“三个代表”重要思想为指导，深入贯彻落实科学发展观，把加强领导班子执政能力建设和先进性建设作为主线，全面推进以坚定理想信念为重点的思想政治建设，以造就高素质干部队伍为重点的组织建设，以保持党同人民群众的血肉联系为重点的作风建设，以严格贯彻执行民主集中制为重点的制度建设，以完善惩治和预防腐败体系为重点的反腐倡廉建设，努力把行业各级领导班子建设成为政治坚定、开拓创新、求真务实、清正廉洁、团结奋进的领导集体，为全面建设“严格规范、富有效率、充满活力”的中国烟草，推进行业持续健康发展提供坚强组织保证。重点要做好以下几个方面工作：

（一）扎实开展深入学习实践科学发展观活动

在全党开展深入学习实践科学发展观活动，是党的十七大作出的重大战略部署。2008年9月到2009年2月，国家局机关和行业16家省局（公司）参加了第一批学习实践活动，取得了良好成效。按照中央的要求和国家局部署，2009年3月份，行业39家直属单位及所属单位全部参加第二批学习实践活动。行业各级党组织要把深入学习实践科学发展观作为当前首要政治任务，严格按照中央规定要求，以领导班子和党员领导干部为重点，以全面建设“严格规范、富有效率、充满活力”的中国烟草为实践载体，精心组织实施，务求取得实效。当前要重点抓好：一是要在加强理论学习上下功夫，把理论学习贯穿于学习实践活动全过程。要通过认真、全面、系统地学习，使各级领导干部对科学发展观的认识有新的提高，切实做到真学、真懂、真信、真用。当前尤为重要的是要把思想进一步统一到中央对当前经济形势的分析判断和决策部署上来，统一到国家局对行业工作的安排部署上来，深刻理解和正确把握2009年“烟叶防过热、卷烟上水平、税利保增长”的目标任务，把“保增长”建立在“五个基础”之上，认真贯彻卷烟消费税政策调整的各项措施，全面抓好“保牌、稳价、规范、增效”工作落实，在严峻经济形势面前和重大政策调整情况下，努力保持行业持续健康发展。二是要在查找问题上下功夫，认真查找影响和制约本单位科学发展的突出问题。按照中央巡视组的要求，行业第二批学习实践活动时间要延长1个半月。因此这一段时间要在认真查找问题，形成高质量的分析检查报告上花更多的时间和精力，努力做到问题找得准，原因分析透，整改方向更加明确，整改措施更加扎实有效。各单位要重点围绕影响规范、效率、活力三个方面，认真查找存在的问题。在规范方面，要认真分析规范意识是否增强，是否真正认识到严格规范是保持行业持续健康发展的生命线；不规范的行为是否得到有效解决，国家局提出的各项要求是否在本单位得到认真贯彻落实；制度是否健全完善，内部监管的长效机制是否已经建立并发挥实实在在的效果。在效率方面，管理是否加强，贯标、对标、创先活动是否全面开展；技术创新是否取得新的进步，资源利用效率是否进一步改善和提高；内部改革是否深入推进，企业组织构架是否更加顺畅高效。在活力方面，当前要突出抓好用工分配制度改革，充分调动全体员工的积极性、主动性、创造性，增强企业发展活力。按照中央的要求，第一批开展学习实践活动的单位，要认真组织“回头看”活动，在6月份完成自查工作，7月份要组织专门抽查，希望有关单位认真抓好“回头看”各项措施落实。三是要在理清发展思路上下功夫，把“上水平”作为实现行业科学发展的主要目标任务，作为行业应对危机、迎接挑战、为国家多做贡献的主要措施，全面提升技术创新、企业管理、市场监管、市场营销、队伍建设水平，为行业持续健康发展注入强大动力。

（二）大力推进领导班子思想政治建设

思想政治建设是领导班子建设的核心和灵魂，理论政策水平充分体现领导干部的思想政治素质。要认真贯彻落实中央《关于进一步加强和改进领导班子思想政治建设的意见》和领导班子思想政治建设座谈会精神，以高举旗帜、坚定信念、践行宗旨为根本，以提高领导水平和执政能力为核心，以贯彻执行民主集中制、树立正确用人导向、改进领导作风为重点，大力推进行业各级领导班子思想政治建设。一是要把贯彻落实科学发展观作为领导班子思想政治建设的根本要求摆在首位。坚持以中国特色社会主义理论体系为指导，不断深化对行业发展规律和特点的认识，努力使科学发展观的要求转化为各级领导班子谋划发展的共识、领导发展的思路、促进发展的措施，落实到行业各方面工作中，不断增强专卖体制下行业发展的动力和活力。二是要把党组理论学习中心组学习作为提高领导班子思想政治素质的重要途径突出抓好。坚持和完善党组理论学习中心组集中学习制度，切实做到每个季度集中学习一次，每次时间不少于3天。认真总结党组理论学习中心组学习做法和经验。要在学习组织上强调领导带头，学习方法上坚持学习理论与专题研讨紧密结合，学风建设上注重理论联系实际，学习成果上突出学以致用，运用理论学习的成果指导实践，推动各项工作有效开展。在坚持集中学习的同时，要十分注重加强自学，养成阅读的良好习惯，努力建设学习型领导班子。三是要把强化宗旨意识作为领导班子思想政治建设的核心贯穿始终。要在各级领导班子和领导干部中进一步强化理想信念教育和党的优良传统教育，加强党性修养和党性锻炼，突出抓好领导干部作风建设，着力增强宗旨意识，切实做到立党为公、执政为民。要从领导班子和领导干部做起，大力培育和践行“国家利益至上，消费者利益至上”的行业共同价值观，持之以恒地开展“两个至上”在岗位主题实践活动，把“两个至上”共同价值观落实到每个岗位和各方面工作中。要切实加强“四要”作风建设，大力树立“四要”作风，在养成行业良好作风方面取得明显成效。四是要把严格贯彻执行民主集中制作为领导班子思想政治建设的突出重点抓好落实。要始终高度重视民主集中制建设，严格落实民主集中制的各项制度规定，进一步健全完善各级党组和行政领导班子议事规则和决策程序，明确界定职责范围，细化讨论决定重大问题的内容，不断完善科学决策、依法决策、民主决策机制。为提高各级领导班子科学决策、民主管理水平，更好地接受群众监督，按照中央精神，国家局党组正在研究制定深入推进政务、司务公开，全面加强民主管理的意见，要求各级领导班子要切实增强民主意识和纪律观念，严格执行各项制度规定，确保权力在阳光下运行。五是要把增强大局意识和责任意识作为加强领导班子思想政治建设的重要内容着力抓好。根据行业所面临的形势和任务，在领导班子思想政治建设上尤其要强调讲大局、讲责任、讲奉献，把行业工作放到党和国家全局工作中考虑，准确把握工作目标定位，确保党和国家的重大决策部署在行业全面贯彻落实。当前要继续大力推进现代烟草农业建设，为改善烟区生产条件，促进烟农增产增收和烟区经济社会发展，积极支持社会主义新农村建设多做贡献。要从实现共同发展目标出发妥善处理好烟草发展中各方面利益关系，尤其对地处革命老区、民族地区、边疆地区的烟草企业发展要给予特别关注，充分调动各方面积极性，努力实现共同发展。要从构建社会主义和谐社会出发大力推动和谐烟草建设，既要注重行业内部和谐，更要注重行业与社会和谐，重视加强与社会各方面的沟通协调，严格行业自律，为构建和谐社会作出更加积极的努力。

（三）深入推进干部人事制度改革

深化干部人事制度改革，扩大干部选拔任用工作民主，提高选人用人公信度，是加强领导班子建设的重要任务。要认真贯彻中央有关要求，抓住领导班子建设的关键问题、干部人事工作的难点问题和干部群众关注的热点问题，按照“民主、公开、竞争、择优”原则，继续深化行业干部人事制度改革。一是要完善领导班子和领导干部的考核评价体系。中组部近期制定下发了《关于建立促进科学发展的党政领导班子和领导干部考核评价机制的意见》和有关规定，并确定国家局为试点单位。国家局按照中组部的要求，正在研究制定具体贯彻实施意见。对领导班子和领导干部的考核评价，既要看当前的工作业绩，又要看干了哪些打基础、利长远的事；既要看经济效益，又要看管理是否规范，发展方式是否转变，发展的动力活力是否增强；既要看生产经营状况，又要看是否重视抓好队伍建设尤其是领导班子自身建设，努力提高队伍整体素质。总之，要力求全面、客观公正。2009年国家局将分期分批按照建立促进科学发展的领导班子和领导干部考核评价机制的要求，对直属单位领导班子和领导干部进行测评，全面了解掌握直属单位领导班子和领导干部的思想、作风、工作情况。二是要进一步扩大干部选拔任用工作中的民主。要认真总结领导干部公开选拔、竞争上岗工作的经验，完善具体办法措施，继续推进领导干部公开选拔、竞争上岗工作。要在更大范围内公开选拔领导干部。近年来，一些省级局、省级公司在全省系统范围内公开选拔机关处级干部，为扩大选人用人视野、营造优秀人才脱颖而出的机制发挥了积极作用。要在总结完善基础上，逐步形成制度。要积极探索面向社会的选人用人机制。目前各单位选人用人基本上在系统内进行，这有利于调动系统内部干部的积极性，同时也带来干部使用相对封闭的弊端，尤其是一些高层次的专业技术人才匮乏，适应不了行业发展新的形势要求。今后要在立足系统内选人用人的同时，积极探索面向社会的选人用人机制。要完善民主推荐具体办法措施。为提高民主推荐的质量，全面客观反映干部的真实情况，今后省级局、省级公司领导班子推荐，原则上机关全体干部、直属单位领导班子成员参与。对于第一次推荐人选不集中的，可以进行二次推荐。对考察人选的确定，既要看推荐的情况，同时又不要简单地以票取人。三是要健全完善工业企业法人治理结构。按照“在探索中起步，在实践中完善”的要求，认真总结省级中烟公司董事会建设试点经验，进一步明确职权、完善制度、规范运作、创新方式，继续推进董事会建设工作。扩大董事会建设试点范围，在2009年内基本完成省级中烟公司董事会建设工作，充分发挥董事会在企业中的决策作用。坚持完善董事长由总公司委派制度，积极探索董事会建设的不同形式，更好地适应企业发展新的形势要求。加强董事会工作机构建设，设立专门董事会办公室，将投资、预算、薪酬三个委员会调整为董事会决策咨询机构。根据《公司法》要求，工业企业要建立监事制度，原则上由纪检组长担任公司监事。四是认真建立“一报告两评议”制度。按照中组部《关于加强组织部门干部监督工作的意见》要求，行业人事部门和纪检监察部门要加强对干部选拔任用工作的监督检查。要完善纪检、监察部门派人参与干部考察工作的制度。近年来对国家局党组管理的干部的选拔任用，纪检部门派人全程参与考察，这对于全面了解掌握干部廉洁方面情况收到了良好效果。各单位都要按照国家局党组要求，建立完善纪检部门派人全程参与干部考察工作制度。要认真治理民主推荐中拉票等活动，严肃查处干部选拔任用工作中的违纪行为，营造风清气正的良好环境。中央纪委、中组部《关于深入整治用人上不正之风进一步提高选人用人公信度的意见》明确要求：地方党委常委会向全委会报告工作时，要专题报告年度干部选拔任用工作情况，并在全委会委员中对干部选拔任用工作进行民主评议、对本级党委新提拔的党政主要领导干部进行民主测评。要结合行业实际，建立健全和认真落实干部选拔任用工作“一报告两评议”制度，建立健全选人用人职工满意度调查制度，全面了解掌握对新提拔干部的评价，及时发现干部选拔任用工作存在的问题，提高选人用人的公信度。

（四）努力提高干部选拔任用工作水平

在2008年召开的全国组织工作会议上，胡锦涛总书记对领导干部选拔任用工作提出了明确要求，指出：要坚持正确的用人导向，真正把那些政治上靠得住、工作上有本事、作风上过得硬、人民群众信得过的干部选拔到各级领导岗位上来。我们一定要认真学习、深刻领会胡锦涛总书记重要讲话精神，结合行业实际认真抓好贯彻落实，坚持“注重品行、科学发展、崇尚实干、重视基层、鼓励创新、群众公认”的用人导向，努力提高干部选拔任用工作水平。一是要坚持标准、完善制度，用严格的程序选人用人。认真贯彻落实《党政领导干部选拔任用工作条例》，严格执行考察预告、民主推荐、组织考察、书面征求纪检监察部门意见、党组成员充分酝酿、召开党组（党委）会集体讨论决定、法定代表人经济责任审计、任前公示、任职谈话等规定程序，做到坚持程序一步不缺，履行程序一步不错，以严格程序保证选人用人质量。二是要坚持重视基层的干部导向。按照中组部《关于注重从基层和生产一线选拔党政领导机关干部的意见》要求，重视干部的基层工作经历，加大从基层选拔干部的工作力度，选派机关优秀干部到基层任职锻炼，把卷烟工厂、县级局（分公司）、烟叶基层站等生产经营一线作为培养锻炼干部的基础阵地，逐步形成干部来自基层、来自生产经营一线的选人用人机制。通过5年以上努力，使国家局、总公司机关司（局）级领导干部和各直属单位机关处级领导干部中，具有两年以上基层工作经历的比例达到三分之二以上。三是及时做好领导班子调整补充工作。能否保持行业持续健康发展，关键在选好配强各级领导班子，尤其要选配好领导班子正职。要坚持好中选优，不断改善领导班子结构。要注意形成领导班子复式年龄结构，实行老中青合理搭配，保证班子成员优势互补，经验与活力俱备，充分调动不同年龄段干部的积极性。要注意形成领导班子合理的专业结构，在领导班子成员中既要有熟悉专卖、政工方面的干部，又要有熟悉生产、经营方面的干部。要注意培养选拔领导班子正职，真正把那些政治强、综合素质好、实践经验丰富、具有较强组织协调能力和驾驭全局能力的干部选拔到班子正职岗位。行业各级领导干部，都要正确对待个人职务升迁和进退留转。强调坚持“德才兼备、以德为先”，就是要使埋头苦干、扎实工作、默默奉献、不事张扬的干部受到重用，对作风漂浮、不务正事、一门心思为自己、拉关系的干部，不仅不能提拔使用，还要严肃批评处理。

（五）加大培养选拔年轻干部工作力度

在全国培养选拔年轻干部工作座谈会上，中央对培养选拔年轻干部工作明确提出了新的要求：一要坚持德才兼备、以德为先的用人标准。培养选拔年轻干部既要重能力，更要重品行，最重要的是政治标准，理想信念要坚定，党性观念要强，党纪作风要好。要发扬民主，体现民意，把广大干部群众公认德才兼备的优秀年轻干部选拔出来。二要坚持重在实践锻炼的培养方针。要有意识地安排年轻干部到情况复杂、条件艰苦的地方去磨炼，特别要加强党性锻炼，积累实际经验，全面提高年轻干部思想政治素质和处理实际问题的能力。三要坚持重视基层的干部导向。要推动年轻干部到基层一线去，注重从基层一线选拔优秀年轻干部充实各级领导机关，逐步建立来自基层一线的领导人才培养链。四要坚持重在培养的工作思路。对年轻干部特别是后备干部，要优先进行培训、优先安排锻炼。对后备干部实行动态管理，不以一次选拔定终身。在使用上与其他干部同样标准、同样程序，不搞照顾性提拔。五要坚持从严要求的管理原则。把从严治党、从严管理干部的要求落实到培养选拔年轻干部工作的各个环节，越是年轻干部，越要从严要求、从严管理。六要遵循年轻干部的成长规律。要提高培养选拔年轻干部工作的科学化水平，选拔年轻干部既要有台阶又不能唯台阶，对特别优秀的要破格提拔；坚持领导班子中老中青合理配备，形成科学的领导干部队伍年龄结构，充分调动各年龄段干部的积极性。全行业要认真贯彻落实全国培养选拔年轻干部工作座谈会精神，紧密结合行业实际，统筹做好对年轻干部的教育培训、实践锻炼、作风养成、选拔使用、管理监督等方面工作。一是对行业年轻干部培养选拔要作出长远规划。按照中央《关于加强培养选拔年轻干部的意见》、《2009～2020年全国党政领导班子后备干部队伍建设规划》，全面分析行业各级领导班子的年龄、知识、专业结构，立足未来10年和更长时间行业发展对领导人才的需要，科学制订行业年轻干部队伍建设规划。二是加强年轻干部的党性修养和作风养成。坚持把党性锻炼放在首位，对年轻干部进行系统的马克思主义理论，特别是中国特色社会主义理论体系的学习培训，加强党的历史和党的知识教育，重视抓好行业发展历程的宣传教育，不断提高年轻干部的理论水平和党性修养，引导年轻干部自觉弘扬党的优良传统和作风，自觉践行社会主义核心价值体系和行业“两个至上”共同价值观，保持健康向上的精神境界和生活情趣。要优先选送优秀年轻干部参加党校学习，有计划地安排参加各种培训。三是加强年轻干部实践锻炼。基层工作经历要作为选拔年轻干部的重要条件。要建立年轻干部到基层任职锻炼工作制度，选派年轻干部到条件艰苦地区、灾后重建地区和工作困难地区工作，到生产经营一线任职，让他们在实践锻炼中增强党性、改进作风、磨炼意志、陶冶情操、提升境界、增长才干。要积极探索和建立行业工商企业之间、领导机关与企业之间的年轻干部“双向交流制度”，有计划地组织互派挂职锻炼，使年轻干部熟悉掌握行业全面情况，努力培养复合型人才。对德才条件好、发展潜力大、有培养前途的优秀年轻干部，要有意识地安排在基层正职岗位上经受锻炼，给他们提供舞台，早压担子，提高驾驭复杂局面的能力。四是大胆选拔优秀年轻干部。要完善公开选拔、竞争上岗的选拔方式，建立有利于优秀年轻干部脱颖而出的制度环境。要按照《干部选拔任用工作条例》有关规定，对特别优秀的年轻干部可以破格提拔。对破格提拔的年轻干部，选拔标准要更高，公示范围要更广，审批把关要更严。要立足于“早发现、早培养、早储备”，坚持凡进必考原则，把好人员录用关，新录用的高校毕业生，必须要安排在行业基层和生产一线进行锻炼，抓好年轻干部源头建设。要加强省级局、省级公司45岁左右的领导班子成员的选拔配备，使各级领导班子逐步形成合理的复式年龄结构。对没有达到要求的班子，调整时要优先考虑年轻干部；本单位一时没有合适人选的，要通过交流选配；职数已满但缺年轻干部的班子，在报经上级党组（党委）同意后，可以采取先进后出的办法充实年轻干部。五是加强对年轻干部的管理监督。年轻干部一时不够成熟是其阶段性特征，对待年轻干部要看大节、看主流、看发展，不能求全责备。要健全谈话谈心制度，多关心年轻干部，多做“传、帮、带”工作，帮助他们改正缺点、弥补不足。六是高度重视后备干部队伍建设。后备干部队伍建设是领导班子建设的重要基础工程，是培养选拔优秀年轻干部的重要举措。要切实抓好后备干部的选拔、培养、管理、使用等各环节工作，整体推进行业后备干部队伍建设。对后备干部要坚持重在培养锻炼，在选拔干部时，后备干部要与其他干部同样标准、同样程序、同样使用。国家局将根据领导班子建设需要，提出行业后备干部队伍建设的总体目标、主要任务和具体措施。按照后备干部每5年进行一次调整的要求，2009年下半年还要进行省级公司后备干部集中调整工作，国家局将专门召开会议进行部署。

深入贯彻落实科学发展观 努力推进行业离退休干部工作全面发展

——在2009年全国烟草行业离退休干部工作会议上的报告（摘要）

张保振

（2009年4月28日）

这次会议的主要任务是：全面贯彻落实党的十七届三中全会、全国老干部局长会议和全国烟草工作会议精神，深入学习实践科学发展观，总结交流2008年工作经验，安排部署2009年工作任务，研究分析当前面临的形势和任务，进一步统一思想，明确目标，把握重点，扎实推进行业离退休干部工作科学发展。下面，我向大会作工作报告。

一、2008年主要工作情况

（略）

二、2009年主要工作任务

2009年是新中国成立60周年，也是行业实现“烟叶防过热、卷烟上水平、税利保增长”目标的重要年。2009年行业离退休干部工作的总体要求是：按照中组发〔2008〕10号文件要求，围绕中心，服务大局，以落实政治、生活待遇为重点，进一步加强离退休干部党支部建设和思想政治建设，进一步巩固老年活动中心和老年大学建设，进一步提升为离退休干部服务的工作水平，为行业科学发展做出新的努力。

（一）结合开展深入学习实践科学发展观活动，进一步加强离退休干部党支部建设和思想政治建设

离退休干部党支部建设和思想政治建设这“两项建设”，是老干部工作中两个紧密联系、互相促进的重要方面，是落实老干部政治待遇的重要途径。在全党开展深入学习实践科学发展观活动，是党的十七大作出的一项重大战略决策，是用中国特色社会主义理论体系武装全党的重大举措。各单位要把学习实践科学发展观贯穿于“两项建设”工作中全面抓好落实。

一要组织离退休干部深化对科学发展观的学习。要按照中央的要求，积极组织老同志认真学习党的十七大、十七届三中全会、胡锦涛同志的重要讲话精神，以及《毛泽东邓小平江泽民论科学发展》和《科学发展观重要论述摘编》等。要结合离退休干部的实际，充分发挥离退休干部党员的带动作用，采取集中学习、辅导讲座、座谈研讨、诗词歌赋、书画创作、文艺演出等喜闻乐见、行之有效的多种形式，寓教于乐、寓教于学，充分认识开展深入学习实践科学发展观活动的重要意义，深刻理解科学发展观的时代背景、实践基础、科学内涵、精神实质和根本要求，进一步增强对中国特色社会主义的政治认同、理论认同和感情认同，切实把思想认识统一到科学发展上来，自觉在思想上、行动上与党中央保持一致。

二要不断加强和改进离退休干部党支部建设。要以“支部班子好、党员队伍好、组织设置好、活动开展好、群众反映好”为目标，在离退休干部党支部中开展创建“五好支部”活动。选配党性强、威信高、讲奉献、身体好的同志担任离退休干部党支部书记和委员；建立健全让离退休干部党员经常受教育、永葆先进性的长效机制；结合离退休干部年老体弱、居住分散等实际情况，不断优化党支部的组织设置，理顺党组织隶属关系，完善和落实离退休干部党员组织生活和党员管理的各项制度，做到哪里有离退休干部党员哪里就有离退休干部党的组织和健全的组织生活。要创新学习教育和开展活动的方式方法，有计划地抓好日常政治理论学习，充实学习内容，增强学习效果，对行动不便的离退休干部党员，要送学上门。要加强离退休干部党员同群众的联系，充分发挥党支部在推动发展、服务群众、凝聚人心、促进和谐中自我管理、自我服务、自我教育的作用。要进一步细化党费收缴、管理和使用，落实好党费留成的规定，为离退休干部党支部搞好活动提供经费支持。

三要进一步提高离退休干部思想政治工作水平。要坚持不懈地加强理想信念教育，加大形势政策宣传讲解的力度。要以党支部建设带动和促进离退休干部的思想政治工作，认真落实阅读文件、听报告、参加重要会议和重大活动的制度，要适时向离退休干部通报本单位的重要情况，虚心听取他们的意见和建议。要帮助离退休干部学习新知识、接受新事物、了解新情况、跟上新形势，树立符合时代要求的新思想、新

观念，自觉抵制各种错误思想和落后愚昧思想的影响。要充分体现对离退休干部的人文关怀，在心理上多关心，经常沟通交流，把握他们的思想脉搏，耐心细致地做好正面引导、解疑释惑、理顺情绪的工作。要把做好思想政治工作与解决离退休干部生活中的实际困难和问题相结合，增强针对性和实效性，多做雪中送炭的工作，既帮助他们解决思想上的问题，又帮助他们排忧解难，解除生活上的后顾之忧。

（二）不断提高离退休干部的生活待遇，充分发挥离退休干部的积极作用

落实好离退休干部的生活待遇，是做好思想政治工作的基础，也是做好离退休干部工作的重要任务。各单位要坚持不懈地抓好“三个机制”的有效运转，充分保障离休干部“两费”的落实；按照党和国家的政策规定，保障退休干部生活待遇的落实，退休费按时足额发放，在医疗上享受相应待遇；建立健全离退休干部共享经济社会发展成果的机制，在政策许可范围内按照就高不就低的原则，采取切实有效措施，努力提高他们的整体生活质量。要定期组织体检，适时举办健康知识专题讲座，加强和普及保健知识和疾病预防常识，增强老同志自我保健意识。坚持定期走访慰问和联系制度，深入实际，了解情况，耐心倾听他们的意见和要求，对有特殊困难的离退休干部，要把解难事放在第一位，加大工作力度，给予适当照顾。积极探索创新离退休干部服务管理工作，与有关部门通力合作，研究制定相应的制度和措施，为离退休干部就近学习、就近活动、就近得到关心照顾、就近发挥作用搭建平台，提供支撑。

要高度重视发挥离退休干部的积极作用。广大离退休干部在长期革命和建设实践中积累了丰富经验，是一个重要的人才资源宝库，尤其是很多退休干部身体好、积极性高，我们要充分尊重老同志对党和人民事业的历史责任感和社会责任感，尊重他们继续为党、为国家、为社会、为行业做力所能及工作的真诚愿望，积极创造条件，鼓励和引导他们根据本人的专长和社会需要，通过建言献策、专业指导、技术服务、政策咨询、人才培养、科学研究等各种形式，在建设和谐社会、关心教育下一代、为国家经济建设和行业发展等方面贡献智慧和力量。发挥离退休干部作用，要坚持尊重意愿、量力而行、发挥特长、服务中心的原则，从离退休干部的身体状况和兴趣爱好出发，因人制宜、因事制宜，真正把他们的积极性调动好、保护好，使老有所为与安度晚年、颐养天年、益寿延年相得益彰。

（三）巩固和完善老年活动中心（站、室）、老年大学建设，丰富离退休干部精神文化生活

老年活动中心、老年大学是离退休干部重要的学习活动场所和生活空间，是实现离退休干部老有所教、老有所学、老有所乐、老有所为的重要载体。各单位要不断提高对老年活动中心、老年大学工作重要性的认识，制定工作计划和长远规划，健全组织机构，保障工作经费，规范各项工作，提高管理效能，以“实用、节俭、不奢华”、“完善设备、提升水平”为原则，加强基础设施建设，使活动学习场所的面积、设施和功能能够适应本单位离退休干部的需求。要进一步提高老年大学办学水平，采取“请进来、走出去”的办法，充分考虑专业技能、知识结构、年龄结构及课程设置，充分利用多媒体、网络等先进的教学手段，突出多样性的教学方法。在抓硬件水平提升的同时，要着力在提升软件质量上下功夫，注重营造符合离退休干部特点的自然环境和人文环境，坚持“教、学、乐、为”相统一的原则，把政治性、思想性和科学性、知识性、趣味性有机结合起来，真正把老年活动中心、老年大学建设成为离退休干部“老有所为”的阵地、文化娱乐的场所、传播知识的课堂、联系老同志的桥梁，为他们“走出来、动起来、学起来、乐起来”积极创造条件。要抓好示范性老年活动中心和老年大学建设，带动活动学习阵地建设整体水平的提高。

2009年是新中国成立60周年，是全党全国各族人民的一件大事，各单位要统筹安排，精心组织离退休干部开展好庆祝活动，通过开展富有特色、生动活泼的庆祝活动，使离退休干部充分感受我国政治稳定、经济发展、文化繁荣、民族团结、社会进步和国际地位日益提高，以及行业发展的大好形势。要以此为契机，大力宣传离退休干部的历史功绩，宣传他们为新民主主义革命和改革开放以及行业发展做出的卓越贡献，宣传他们离退休后永葆革命本色、续写人生辉煌的崇高风范，进一步营造尊重、关心、照顾离退休干部和重视、理解、支持老干部工作的良好氛围。

（四）开展深入学习实践科学发展观和“讲党性、重品行、作表率”活动，进一步加强离退休干部工作队伍自身建设

在离退休干部工作中深入贯彻落实科学发展观，是新的发展阶段一个新的时代命题，也是全面做好离退休干部工作的基础和前提。全行业各级离退休工作部门一定要从全局的高度，认真学习领会中央有关文件精神，充分认识开展学习实践活动的重大现实意义和紧迫性，努力把自身建设提高到一个新水平。

一要坚持用科学发展观武装头脑。要把深入学习实践科学发展观活动，同“讲党性、重品行、作表率”活动有机结合起来，同学习掌握老干部工作方针

政策有机结合起来，自觉以科学发展观为统领，着眼于服务科学发展来思考、谋划、推进和检验新形势下的离退休干部工作，增强改革创新的主动性，自觉转变不适应、不符合科学发展要求的思想观念，牢固树立“两个至上”行业共同价值观，进一步增强政治意识、大局意识、创新意识、服务意识，使离退休干部工作在促进科学发展中找准位置、更有所为。

二要坚持以科学发展观指导工作实践。离退休干部工作贯彻落实科学发展观，就是要将“服务、调研、参谋”的要求落到实处，主动为老同志服务，主动到实践中问路，主动提出建设性意见。要有针对性地加强培训工作，不断提高政策业务水平和实际工作能力。要积极借鉴好的经验和做法，大胆创新工作思路和工作方法。要做好离退休干部信访工作，认真对待和答复老同志的来信来访。要继续做好年报、月报的统计工作，在真实性、准确性上下功夫。

三要适应科学发展的需要，切实转变工作作风。离退休干部工作既是一项服务工作又是一项管理工作。要树立服务就是管理的思想，以服务的心态去管理，在管理中实现服务。要有一种正直淡泊、甘于奉献、脚踏实地的工作作风和状态，潜心做事，低调做人，不事张扬，埋头苦干，力求把科学发展观的要求贯彻落实到离退休干部工作的各个方面，使新时期离退休干部工作真正为推动科学发展、促进和谐服务。

四要牢固树立科学发展理念，重视关心离退休干部工作队伍建设。要着眼于建设一支政治强、业务精、作风正、形象好的老干部工作队伍，通过理论学习、业务培训、岗位练兵、实践锻炼等，不断加强思想建设、能力建设和作风建设。离退休干部工作的日常任务往往是繁琐细微的具体事务，面对的是年高体弱的老同志，常去的地方是医院病房，许多同志在这个岗位上默默无闻地工作了多年，从不计较个人得失，付出了大量的心血。对这些同志，要高看一眼，多关爱一分。要按照“用事业留人、用感情留人、用适当待遇留人”的原则，通过交流轮岗、挂职锻炼等形式，多渠道培养锻炼干部，为他们的成长进步营造良好环境。

大力加强思想政治建设
为行业改革和发展提供强大精神动力

——在全国烟草行业服务品牌建设现场会暨中烟政研会第六届年会上的讲话

张保振

（2009 年 12 月 1 日）

全国烟草行业服务品牌建设现场会暨中烟政研会第六届年会，是行业深入学习实践科学发展观，认真贯彻落实党的十七大和十七届三中、四中全会精神的一次重要会议，是研究加强和改进新形势下行业党的建设、思想政治建设、企业文化建设的一次重要会议。

首先，我就中烟政研会第五届年会以来的工作向大会进行报告，请予审议。

一、中烟政研会第五届年会以来工作回顾

中烟政研会第六届理事会是 2004 年 12 月在第五届年会上产生的。近五年来，在国家局党组的领导下，坚持以邓小平理论和“三个代表”重要思想为指导，深入贯彻落实科学发展观，紧紧围绕国家局党组提出的各年度工作主要任务，紧密联系行业实际、服务行业、围绕中心开展工作，精心组织了全行业“两个至上”共同价值观大讨论、演讲报告会、文艺汇演和“两个至上”在岗位主题实践活动。特别是 2002 年以来，国家局党组明确提出了牢固树立“两个至上”行业共同价值观，制订下发了《中国烟草企业文化建设纲要》，确立了《烟草行业文化架构体系》，构建了《烟草行业文化评价体系》，行业思想、政治、文化建设沿着循序渐进、科学发展的轨道，不断取得新的进步。2009 年以来，全行业紧紧围绕党员干部受教育、科学发展上水平、人民群众得实惠的总要求，组织开展了深入学习实践科学发展观活动，对统一思想、坚定信念、保持稳定、推动改革、促进发展起到了积极作用。

（一）紧紧抓住第一要务，推进行业思想政治建设健康发展

贯彻落实科学发展观，首先是要发展。近年来，按照国家局党组的统一部署和要求，我们始终坚持以发展为第一要务，用发展的办法来解决行业思想政治

建设实践中的矛盾和问题，用行业先进文化凝聚人心、鼓舞士气，引领行业改革和发展方向。在思想政治建设实践中，始终坚持有质量、讲效益的发展要求，切实转变思想观念，高度重视共同价值取向的树立与实践，不断推进文化整合、文化提升和文化融合，用文化推进改革，用文化促进发展，用文化提升活力。在行业共同价值观的引领下，形成并不断完善《烟草行业文化架构体系》，使之成为烟草企业子文化发展的方向，把行业子文化的发展真正建立在先进思想引导和坚实的行业文化基础之上。2005 年，针对行业文化建设实际，明确提出，初步建立起适应行业改革发展要求，体现维护国家利益和消费者利益，具有明显行业特色的文化体系，在实现企业发展与员工发展和谐一致、企业文化优势与竞争优势和谐一致、企业效益与企业形象和谐一致上有新的发展、新的进步的工作任务（简称“133”，即一体、三力、三一致）。制订下发了《中国烟草企业文化建设纲要》，组织开展了试点引导和企业文化建设培训工作，行业上下对企业文化建设的认识得到提高，一批企业自觉投入到文化建设行列，成为引领行业思想政治建设的先锋。2006 年，我们正确分析行业发展形势，明确提出行业文化建设从试点引导转向全面推进，建立健全行业企业文化架构体系、评价体系和激励机制，保证企业的决策行为、经营行为和员工行为的任务要求（简称“1213”，即一个推进、二个体系、一个机制、三个保证）。《烟草行业文化架构体系》发布实施、《烟草行业文化评价体系》构建工作正式启动，第二批 9 家企业成为国家局企业文化建设试点单位，越来越多的企业投入到企业文化建设行列，成为引领行业思想政治建设的榜样。2007 年，针对行业思想政治建设发展现状，提出了全面推进行业文化建设，推动行业文化创新，宣贯行业文化架构体系，检验行业文化评价体系，规范行业视觉识别系统，打造行业服务品牌，保证行业平稳发展的主要任务（简称“211”，即两个体系、一个系统、一个品牌）。行业文化宣贯深入人心，《行业文化评价体系》初步成型并通过 13 家企业试运行予以检验，《中国烟草视觉识别系统》颁布实施，为树立鲜明的行业形象奠定了基础。行业服务品牌建设初显成效，文化力推动经济力发展得以体现。2008 年底，又提出了深入推进行业文化建设，推广应用行业文化评价体系，规范行业视觉识别系统，构建文化宣贯实施标准、服务品牌建设标准，打造行业服务品牌，促进行业持续健康平稳发展的主要任务（简称“1121”，即一个体系、一个系统、两个标准、一个品牌）。2009 年以来，各项工作推进顺利，成效明显。

（二）坚持以人为本，用先进思想文化凝聚人、鼓舞人、提升人

坚持以人为本，以企业文化建设为思想政治建设载体，通过文化来凝聚人、鼓舞人、提升人，增强员工的认同感和归属感，充分发挥广大员工在思想政治建设中的主体作用，激发广大员工的积极性、主动性和创造性，始终是行业思想政治建设的出发点和落脚点。用先进的文化凝聚人。2003 年，国家局党组明确提出的“两个至上”行业共同价值观，强调烟草实行专卖，其根本目的就是维护国家利益和消费者利益，而不允许有行业特殊利益的存在。这一先进价值取向的选择，成为凝聚人心的暖流、催人奋进的号角。“两个至上”大讨论深入人心，全行业 50 万员工为自己的信仰而工作，产生了强烈的使命感、责任感，激发了最大的想象力和创造力，为行业改革和发展奠定了坚实的思想基础。“两个至上”主题实践活动轰轰烈烈，改革发展、企业决策、经营管理、文化建设、员工行为始终以“两个至上”共同价值观引领前行。“五查五看”工作富有成效。行业各级领导班子围绕“五查五看”要求，畅谈认识、查找差距、改进工作，率先垂范践行“两个至上”，为广大员工做出了榜样。用先进的文化鼓舞人。全国烟草行业第四届文艺汇演，一大批烟草员工喜闻乐见、站得住、叫得响、传得开、留得下，展现烟草行业文化、具有烟草特色、烟草风格、烟草气派的优秀精神文化作品呈现在烟草文艺的舞台。文娱活动的文化价值，成为行业改革和发展新的支点，展现了行业风采，凝聚了员工人心，检阅了文化成果，鼓舞了队伍士气，为行业文化建设赋予了新内容，搭建了新载体。用先进的文化提升人。“两个至上”共同价值观的确立，催生了讲责任、讲诚信、讲效率、讲奉献良好行风的形成。第五届全国烟草行业先进集体、劳动模范表彰大会上，58 个全国烟草行业先进集体、117 名全国烟草行业劳动模范受到表彰。行业上下以“两个至上”为核心理念，自觉把文化建设与思想政治建设结合起来，与生产经营管理实践结合起来，与适时的专项整顿结合起来，与公平合理的内部利益分配结合起来，教育引导员工信守潜心做事、低调做人的行业行为信条，有效履行报效国家、回报社会、成就员工的行业使命，切实把知与行有机统一起来，从维护行业信誉和自身人格的高度，自觉把“两个至上”行业共同价值观落实到实际行动中，做到知行统一、言行一致。“两个至上”共同价值观在行业管理和生产经营实践活动中得到真正贯彻落实，树立和践行“两个至上”共同价值观在全行业蔚然成风。

（三）把握全面协调可持续，促进行业思想政治建设持续发展

行业思想政治建设实现全面协调可持续发展，价值取向是关键。一个国家要有国魂，一个民族要有民魂，一个行业也要有行业之魂。“两个至上”共同价值观是国家实行烟草专卖制度的根本要求，是烟草行业持续发展的思想基础，起着规范行为、推动改革发展、提供精神动力的作用，在行业发展中具有导向性、规范性、实践性。“两个至上”是全行业共同的价值取向，是行业及每一位员工的价值评价标准和所崇尚的精神，这正是烟草行业之魂。在这一先进价值观引领下，行业上下积极构建先进的行业文化，形成了“责任烟草、诚信烟草、和谐烟草”的行业共同愿景，确立了“报效国家、回报社会、成就员工”的行业共同使命，倡导了“宽容开放、改革创新、敬业奉献、自律自强”的行业精神，成就了“潜心做事、低调做人”的行业行为信条。行业先进文化的形成与发展，正是烟草行业正确把握全面协调可持续发展行业思想政治建设的结晶。2008年以来，行业上下与时俱进地发展着行业文化，按照全面建设“严格规范、富有效率、充满活力”的中国烟草的根本要求，开启了行业思想政治建设的新局面。

（四）掌握统筹兼顾方法，依托文化力推动经济力发展

行业思想政治建设的重要载体行业文化建设的发展，必须坚持统筹兼顾的根本方法。各单位正确处理好行业文化与企业文化关系，努力实现共同发展，积极协调各方力量，着力打造服务品牌，提高企业竞争能力，提升中国烟草核心竞争力，立足国内市场向面向国际市场跨越，依托文化力推动经济力发展。《中国烟草企业文化建设纲要》，既是行业文化建设的规划，也是思想政治建设的准则。《烟草行业文化架构体系》是先进的行业文化，更是引领行业思想政治建设的核心要素。文化建设的发展，既要兼顾文化内容的创新，又要兼顾文化形式的创新。在行业文化建设实践中，各单位始终把握好文化建设的三个阶段，即文化的整合提升、文化宣贯、服务品牌建设，着力推进行业思想政治建设。各单位以服务品牌为切入点，努力彰显企业个性，突出企业主体形象，提升企业核心竞争力。如重庆烟草的“三诚服务”、浙江嘉兴烟草的“春蚕服务”、吉林市公司的“同舟服务”、玉溪烟草的“清溪服务”等服务品牌应运而生。在服务品牌建设实践中，各单位自觉践行“两个至上”行业共同价值观，正确处理好企业服务社会、全员服务客户、领导服务员工、机关服务基层、商业服务工业、上游服务下游等关系，努力为客户创造价值。通过品牌建设，进一步强化服务的差异化、规范化，形成发展优势，实现营销网络服务升级，提升客户忠诚度、满意度，激活营销网络的生命力和竞争力，对烟草商业企业提升控制市场能力和长远发展产生了巨大的推动作用。各工业企业在服务品牌建设实践中，致力于提高原料保障能力，在研发上加强技术改造和科技创新，优化产能布局；以订单供货为契机，优化资源配置，合理安排生产计划；通过战略重组，加强品牌整合，注重品牌输出，进一步做大做强骨干品牌，为建设“大品牌、大市场、大企业”、实现“两个跨越”、提升中国烟草的国际竞争力打下良好基础。服务品牌建设的推进，为全面建设“严格规范、富有效率、充满活力”的中国烟草，提供了坚实的文化支撑和坚强有力的思想政治保证！

二、主要经验和体会

第五届年会以来，中烟政研会在国家局党组的领导下，坚持正确的政治方向，积极发挥自身优势，在加强和改进行业思想政治工作方面，积累了一些经验，概括起来，主要有以下几个方面：

（一）坚持先进思想理论指导与正确政治方向的统一

坚持以邓小平理论和“三个代表”重要思想为指导，深入贯彻落实科学发展观，这是行业思想政治建设始终沿着正确政治方向前进的根本保证。科学发展观作为我国当前经济社会发展的重要指导方针，是发展中国特色社会主义必须坚持和贯彻的重大战略思想，也是行业思想政治建设的法宝。多年以来，行业思想政治建设始终坚持以马克思列宁主义、毛泽东思想、邓小平理论和“三个代表”重要思想为指导，深入贯彻落实科学发展观，全面贯彻党的基本路线，始终坚持服从服务于经济建设这个中心和行业改革发展稳定的工作大局，围绕中心开展工作，在大局下行动，以推进行业改革与发展为根本着眼点，坚持解放思想、实事求是、与时俱进，坚持以人为本、贴近实际、贴近生活、贴近群众，坚持以理想信念教育为核心、以加强思想道德建设为基础、以调动烟草行业广大干部职工的积极性、主动性和创造性为重点，增强工作的针对性、实效性，不断加强和改进新形势下思想政治工作，为行业改革和发展提供强大精神动力和思想保证。

（二）坚持先进性与指导性相统一

社会主义文化是烟草行业文化发展的理论基础，

是思想政治建设的有效载体，烟草行业文化是社会主义文化的具体体现，是行业思想政治建设的最佳选择，具有先进性；同时，烟草行业文化引导着行业企业文化的发展和广大员工的言行，具有很强的指导性。脱离了社会主义文化这一根基，烟草行业文化就会失去先进性；如果没有指导性，烟草行业文化就没有落地生根的土壤，就没有广大员工这一群众基础。同时，要注重行业文化对企业文化的引领作用，确保企业文化中体现先进性、行业性，针对不同单位、不同企业、不同地域、不同岗位、不同任务等多层次、多样化的实际，必须尊重差异、努力融合、母子共进、各具特色。

（三）坚持共同性与特色性的统一

先进的行业文化必须以社会主义文化发展繁荣为共同要求。要坚持以社会主义核心价值体系为理论基础，以"两个至上"共同价值观为核心，以建设责任烟草为主要任务、诚信烟草为努力方向、和谐烟草为奋斗目标，大力加强行业先进文化建设。坚持这一共同性的同时，要不断创新烟草行业文化，在"烟味"上下功夫，在"特色"上做文章，充分体现出烟草专卖制度下的行业特点和风格。力求在共同价值追求中，因地而宜、因企而宜，切合实际，以利行业改革发展，促进烟草行业持续健康发展，为国家经济建设做出更大贡献。在行业文化的引领下，要结合本单位实际，不拘一格建设自身企业文化，要充分融入民族优秀文化、地域优秀文化、行业先进文化、自身优秀文化，坚持四位一体，凸现自身文化特色，用先进的企业文化彰显先进的行业文化。

（四）坚持规范性与效率性的统一

严格规范是巩固和完善烟草专卖制度，实现行业持续健康发展的重要保证。规范性是烟草行业文化的一个重要特征。烟草行业在专卖制度下，各级烟草管理部门既承担生产经营组织活动，又履行行政管理职能，权力相对集中，责任十分重大。坚持自律自强精神，严格执行国家法规制度，清清白白做事，堂堂正正做人，用文化养成规范、用规范提升文化，努力使中国烟草更加严格规范。同时，烟草行业在规范的前提下，要努力提高效率，为国家多做贡献。提高效率是烟草行业贯彻落实科学发展观，转变发展方式的根本要求。要紧紧依靠科技进步，切实加强基础管理，努力提高广大员工素质，在转变发展方式方面取得重大进展，使行业发展建立在有质量、讲效益、可持续的基础上，用文化提高效率，用效率提升文化，努力使中国烟草更加富有效率。

（五）坚持活力性与责任性的统一

充满活力是烟草行业增强竞争优势，保持强力发展后劲的关键所在。活力性是烟草行业文化发展的必然要求。要不断深化改革，培育先进文化，充分调动和发挥各方面积极性、主动性、创造性，在完善体制机制方面取得重大进展，用竞争激发活力、用激励增强活力、用机制保持活力、用文化提升活力，努力使中国烟草充满活力。活力是效率之源，是责任之本，责任烟草是烟草行业文化的本质特征。烟草行业，生产经营特殊商品，必须是负责任的行业，这种责任，既是法律上的要求，也是道德上的要求。烟草行业要牢固树立责任意识，对国家负责，严格遵守国家法律法规，明确行业改革发展目标和方向，做大做强烟草企业，提高行业核心竞争力，实现行业又好又快发展，发挥专卖专营体制性优势，保证国家财政增收，确保国有资产保值增值；对消费者负责，牢记专卖立法宗旨，依靠科技创新降焦减害，增强市场观念，提供优质产品，满足市场需求，确保有效供给，树立服务意识，提供优质服务；对社会负责，关爱烟农和零售客户，创造良好环境，提供优质服务，努力回报社会，支持公益事业。

（六）坚持继承性与创新性的统一

中华民族的优秀传统文化，凝聚着五千年中华文明和智慧，是烟草行业文化发展的深厚根基；各具特色的优秀地域文化，蕴含着企业文化的特质，是烟草行业文化发展的肥沃土壤；烟草行业优秀文化，凝结着一代又一代烟草人实践的汗水，是行业文化与时俱进发展的动力源泉；烟草企业优秀文化，承载着50万烟草员工的努力和创造，是行业文化发展坚实的群众基础，具有强大的生命力。行业文化的发展必须融汇这些优秀文化的养分。同时，我们要敢于打破陈规陋习，解放思想，转变观念，大胆探索，积极作为，努力创新行业文化。要推进文化观念创新。观念是行动的先导，观念不更新，就不会有创新的精神、创新的自觉、创新的行动，就难以实现行业文化的又好又快发展。要推进文化内容的创新。内容创新是文化创新的核心，是文化发展的根本。要通过不断推进文化内容创新，使行业文化具有鲜明的实践特色。要推进文化机制创新。机制创新带有根本性、长期性，是推进文化创新的关键环节。要推进文化形式的创新。一定的文化形式是任何一种文化生存、传播和发展的必要条件。努力实现依托创新提升文化活力，依托创新提升行业文化软实力，为全面建设"严格规范、富有效率、充满活力"的中国烟草，提供坚实的文化支撑和有力的思想政治保证。

近年来，行业思想政治建设虽然取得了一定的成绩，但与行业不断改革和发展的新形势要求相比，还存在着一些不适应的地方，离国家局党组的要求还有不小差距。如工作缺乏持久性，一些单位工作缺乏计划性，热一阵冷一阵；耦合度差，一些单位工作存在“两张皮”现象；执行力不够，一些单位对思想政治建设重视仍然不足，工作停留在表面，没有深入贯彻落实国家局党组的要求，一定程度上影响了思想政治工作的整体推进。这些问题必须引起高度重视，在工作中切实加以改进。

三、当前和今后一个时期的工作

大力加强和改进新形势下行业党的建设、思想建设、文化建设，深入推进“两个至上”在岗位主题实践活动，全面建设“严格规范、富有效率、充满活力”的中国烟草，为行业改革和发展提供坚强的组织保证、坚实的思想基础、深厚的文化支撑。行业思想政治建设的指导思想是：以党的十七大和十七届三中、四中全会精神为指导，深入贯彻落实科学发展观，以全面建设“严格规范、富有效率、充满活力”的中国烟草为载体，深入推进“两个至上”在岗位主题实践活动，努力实现行业党的建设上水平、思想建设上水平、文化建设上水平，为行业改革和发展提供强大精神动力。当前和今后一个时期行业思想政治建设的主要任务是：努力创建学习型行业，全面开展优秀基层党组织创建活动，以行业行为规范建设为重点，服务品牌建设为抓手，全面应用行业文化评价体系和中国烟草视觉识别系统标准（简称“2112”，即两个创建、一个重点、一个抓手、两个标准）。

（一）认真贯彻党的十七届四中全会精神，努力实现行业党的建设上水平

党的十七届四中全会审议通过了《中共中央关于加强和改进新形势下党的建设若干重大问题的决定》。国家局党组结合行业实际，制定下发了《中共国家烟草专卖局党组关于加强和改进新形势下行业党的建设的意见》。各级党组织要认真贯彻，狠抓落实，努力推进行业党的建设上水平。

用中国特色社会主义理论体系武装头脑，努力建设学习型行业。要认真学习马克思列宁主义、毛泽东思想、邓小平理论和“三个代表”重要思想，深入贯彻落实科学发展观，按照科学理论武装、具有世界眼光、善于把握规律、富有创新精神的要求，全面提高干部职工队伍尤其是各级领导干部的整体素质，努力建设学习型行业。要以县处级以上党员领导干部为重点，突出抓好各级领导干部理论学习，健全完善党组中心组学习制度，充分发挥党校和行业教育培训机构的作用，推进教育培训工作水平全面提升。要把开展社会主义核心价值体系的学习教育作为建设学习型行业、贯彻四中全会精神、加强行业党的建设和队伍建设的重要任务。通过学习，引导党员干部增强党的意识、宗旨意识、执政意识、大局意识、责任意识，做到为党分忧、为国尽责、为民奉献。要以深入开展“两个至上”在岗位主题实践活动为载体，在行业改革和发展中实践社会主义核心价值体系的要求，树立良好的行业形象，为行业改革发展打下更加坚实的思想基础。要教育引导干部员工不断学习，接受新知识，深化对行业发展规律的认识，不断优化知识结构，提高综合素质，增强创新能力。

进一步打牢行业发展基础，全面开展优秀基层党组织的创建活动。基层党组织是党的全部工作和战斗力的基础。贯彻四中全会精神，一个重要的方面就是抓基层、打基础，大力加强基层党组织建设。抓好基层、打好基础，是全面建设“严格规范、富有效率、充满活力”的中国烟草的现实需要，是落实“重心下移、着眼基层、突出服务、加强基础”方针的有效载体。2009 年，全行业开展了优秀基层单位创建活动，从明年开始，要把队伍建设、基层党组织建设作为基层创优的重要内容切实抓好。国家局党组将制定创建工作意见，要切实抓好基层党组织班子建设，增强基层党组织战斗力；要建立健全教育、管理、服务党员长效机制，激发党员的光荣感和责任感，增强党员队伍生机活力；要围绕促进行业科学发展主题、创新学习实践活动载体，广泛开展多种形式的争先创优活动，不断激发党组织的内在活力；要强化基层党建工作责任制、进一步建立健全基层党建工作支撑体系。始终把增强基层党组织的创造力、凝聚力、战斗力作为行业党的建设的基础工程，做到抓基层、打基础一刻不放松，把广大干部职工紧紧凝聚在各级党组织的周围，为行业改革发展提供坚强的组织保证。

大力弘扬党的优良作风，努力形成风正人和的良好行业风气。党风建设，事关行业形象，事关行业改革和发展的大局。行业各级党组织，要以四中全会精神为指导，认真落实国家局党组的部署，大力弘扬党的优良作风，以优良的党风促政风带行风，形成凝聚行业改革发展的强大动力。要大兴密切联系群众之风。把为烟农、零售客户、基层企业、广大员工提供优质服务始终摆在一切工作的首要位置。深入烟区、烟农，深入零售客户，深入基层，倾听群众意见，帮助群众解决问题，提供优质服务，真正做到问政于民、问需于民、问计于民。要大兴艰苦奋斗之风，坚持勤俭办事业方针。坚决克服大手大脚、铺张浪费现象，坚决

反对奢靡享乐，正确对待企业所创造的效益，严格把好各项资金的使用，管好行业积累的资金，真正把积累用在国家最需要的地方去，自觉为国家多做贡献。要大兴求真务实之风。力戒形式主义、主观主义、官僚主义，坚持求真务实、脚踏实地、扎实工作。从领导机关、领导干部做起，使各项决策部署更加符合实际，认识更加符合规律，出台的政策更加符合群众要求，讲真话、办实事，求实效，决不搞“形象工程”、“政绩工程”，把发展建立在更加可靠的市场基础和扎实工作基础之上。

（二）构建“两个至上”长效机制，努力实现行业思想政治建设上水平

“两个至上”行业共同价值观，符合社会主义核心价值体系的本质要求，具有鲜明的行业特色，是动员和带领烟草行业全体员工共同奋斗的思想道德基础。各单位要深入开展“两个至上”在岗位主题实践活动，建立科学的长效机制，建立践行评价保障体系，真正把“两个至上”共同价值观落实到岗位，融于工作实践。

联系工作实际，推动主题实践活动广泛开展。深化“两个至上”在岗位主题实践活动，要联系工作实际，创新活动形式，提升工作水平。一是密切联系实际。要把主题实践活动与加强领导班子建设结合起来，用“两个至上”的标准检验各级领导班子的工作；要把主题实践活动同推进行业科学发展结合起来，自觉维护国家利益、消费者利益和行业改革发展大局，促进行业发展上水平；要把主题实践活动同推动行业科技进步和管理创新结合起来，进一步提高中国烟草的总体竞争实力；要把主题实践活动同加快推进“三个转变”结合起来，努力实现全面建设现代烟草目标；要把主题实践活动同构建和谐烟草结合起来，坚持以人为本，加强利益协调、理顺情绪、保持稳定，努力构建和谐烟草，为行业改革发展打下更加坚实的思想基础。二是创新活动形式。创新是推动主题实践活动持久深入发展的不竭动力。要创新活动载体，不断提高主题实践活动效果；要创新活动内容，赋予主题实践活动新的内涵；要创新活动形式，增强主题实践活动的吸引力，真正使专卖体制下这一责任工程，在全行业得到广泛认知、开花结果，落地生根。三要提升工作水平。各级党组（党委）要高度重视，切实加强领导，带头率先垂范，落实责任，建立制度，不断提高领导工作水平。各职能部门要加强组织领导，切实做到有计划、有安排、有检查、有考核，不断提高组织工作水平。

立足岗位实践，构建“两个至上”长效机制。一是要以领导班子建设为重点，强化各级领导干部对“两个至上”长效机制建设的认识。建立践行“两个至上”责任机制，完善领导干部带头学习、带头宣讲、带头实践、带头落实等制度，指导帮助、督促检查主题实践活动的开展，推动长效机制建设。二是要以固化岗位职责为基础，将长效机制建设融入企业的经营管理和个人工作岗位，植入管理标准、植入岗位流程、植入行为规范，真正做到全员、全流程覆盖。把“两个至上”在岗位作为长效机制建设的出发点和落脚点，建立和完善岗位职责、道德标准、行为规范和激励约束机制，从而使“两个至上”行业共同价值观在行业干部职工中真正做到内化为道德准则、固化为岗位职责、外化为行为规范，不断提升行业干部职工队伍素质。三是由点到面，全面推进“两个至上”长效机制建设。要推动“两个至上”主题实践活动的持久深入，需要常抓不懈，更需要长效机制来保障。国家局“两个至上”长效机制建设试点单位上海烟草（集团）公司、江苏省局（公司）等进行了有益的探索，他们推动行业共同价值观进班子、进岗位、进工作流程、进管理制度的做法，效果明显，值得学习借鉴。

完善激励机制，建立考核评价体系。“两个至上”主题实践活动关键在于落到实处，取得成效，作为检验的有效手段，建立考核评价体系是关键。在“两个至上”长效机制建设中，要与领导班子、员工个人业绩考核结合起来，针对领导班子和员工个人建立考核评价体系，用机制激发活力。一是要建立领导班子考核评价体系。以领导班子考核评价为载体，把率先垂范“两个至上”作为检验各级领导班子为党分忧、为国尽责、多做贡献的重要标准。切实增强各级领导干部带头实践意识、廉洁自律意识、接受监督意识，从企业经营责任目标、党的建设、思想政治建设、企业文化建设、党风廉政建设、员工满意度等方面开展评价，切实加强各级领导班子思想政治建设。二是要建立员工考核评价体系。建立由个人业绩考核和品德能力评价主要内容组成的员工综合绩效考核系统，将践行“两个至上”的具体要求与完成各项工作指标结合起来，引导干部员工自觉将“两个至上”理念转化为具体的工作行为。三是要建立持续改进评价体系。建立以员工满意度评价和社会满意度评价为载体的多维评价系统，内部通过企业管理层与员工互动，建立下级对上级评价、基层对机关评价机制，外部通过企业与社会互动，建立客户和消费者的市场调查和满意度调查制度，通过多维循环评价，使“两个至上”行业共同价值观真正植入干部职工的思想和行为。

（三）以行业行为规范建设为重点，努力实现行业文化建设上水平

“两个至上”行业共同价值观的引领，行业文化架构体系的宣贯，有力地促进了企业文化建设的发展，近年来，行业文化建设对于增强行业凝聚力、激发行业创造力、提升行业软实力都起到了积极作用。进一步推进企业文化建设，关键要在“文化建设上水平”上下功夫、做文章。文化建设上水平，是行业改革和发展的重要保障，是实现“卷烟上水平”的必然要求，是企业文化建设规范化的客观要求，是开创企业文化建设新局面的现实需要。

以行业行为规范建设为重点，推动行业文化建设向系统化方向发展。企业文化建设是由“知”到“行”的过程。既需要“内化于心”，更需要“外化于行”。从文化体系来看，理念识别系统（MI）、视觉识别系统（VI）和行为识别系统（BI）是其中三大重要组成部分。随着行业文化架构体系和视觉识别系统的确立，建立和完善行业行为规范，促进行业文化建设的系统化和完备性势在必行。如果说行业文化架构体系是“大脑”，视觉识别系统是“脸面”，行为规范就是行业文化的“手足”。在“两个至上”行业共同价值观引领下，建立并自觉实践科学的行为规范，是实现行业文化建设“上水平”的重要抓手。一要坚持以点带面。2009 年，我们确定了浙江省局（公司）、湖北中烟等 14 家工商企业为行业行为规范建设试点单位。各单位要认真贯彻落实“行业行为规范建设试点方案”，切实加强组织领导，明确责任目标任务，深入实际调查研究，认真梳理综合设计。二要立足岗位实际。要将行为规范建设的落脚点和着眼点放在岗位上，这既是“两个至上”主题实践活动的具体实践，也是落实严格规范主要任务的重要基础，更是行业持续健康发展的保证。行业行为规范由行业礼仪行为规范、公共行为规范、职业行为规范、窗口岗位行为规范四部分构成。各试点单位要按照分工，保质保量完成任务，为行业行为规范建设提供高品质、高标准的行为规范体系。三要深化完善。各单位要从业务、服务的角度，对照行为规范体系开展应用、检查、检测、检验，按照“高标准、全覆盖、严要求”的方针，进行充实、扩展、完善，加强在本单位的推广、应用、评估、传播等工作。明年，国家局将下发《烟草行业行为规范》，同时通过文本、动画、视听等丰富多样的载体和方式促进行业行为规范的宣贯，适时组织行为规范比武、现场演练和展示活动，以推进行业行为规范的应用和落实。

以行业文化评价体系为依据，推动行业文化建设向标准化方向发展。《烟草行业文化评价体系》2009 年已经被中国烟草行业标准委员会确立为行业 308 号标准，这一标准是行业企业文化建设的“方向盘”和“测量仪”。各单位要以此为依据，对本单位及所属企业文化建设开展评价，进一步清晰企业文化建设现状，提高文化建设水平，确保行业文化建设向系统化、规范化、标准化方向发展。2009 年以来，广东中烟、广西烟草，重庆烟草、山东烟草、辽宁烟草、四川烟草等工商企业相继开展了评价工作，并取得初步成效，各单位要快步跟上，高度重视评价体系应用实施工作的规划和落实。一是在应用中完善文化管理平台。明年，各直属单位要在 6 月底前全面完成评价体系的应用。各直属单位要统一组织，建立起国家局、省级公司及所属企业“三级应用、两级考核”的母子文化管理模式和平台，积极探索形成科学的烟草行业母子文化管理模式，提升母子文化建设的水平和成效。二是编写形成行业宣贯实施教材。为保证评价标准宣贯的统一规范，按照中国烟草标准化委员会要求，国家局将组织力量，完成《烟草行业企业文化评价体系宣贯实施教材》编写工作，下发各单位，为评价工作的高效推进夯实基础。三是进一步完善《烟草行业文化评价体系》。修订完成《烟草行业企业文化宣贯实施细则》、《烟草行业服务品牌建设实施细则》。四是确保考核评价落到实处。从 2008 年开始，企业文化建设作为省级公司领导工作业绩创新的考核指标，成为核定单位负责人年度薪酬的重要依据。各直属单位要结合评价体系的应用，将评价工作与年度考核工作相结合，以考核监督评价，以评价促进考核。

以行业视觉识别系统为标准，推动行业文化建设向规范化方向发展。《中国烟草视觉识别系统》是烟草行业的重要知识产权，规范行业视觉识别系统，充分体现了行业“统一领导、垂直管理、专卖专营”体制的统一性和整体性，是树立行业整体形象的现实需要。一要整体协调，全面落实。各直属单位要进一步强化“中国烟草”的整体观念，支持标识整合，加快标识更新，停用原有标识，维护标识权益，把做好统一标识的各项工作作为维护行业形象的大事抓好抓实。要落实视觉识别系统导入的具体工作部门，确保工作有组织、有计划、有步骤、保质保量地开展。凡涉及《中国烟草视觉识别系统》基础应用、规范应用部分相关内容的导入工作必须在 2010 年 7 月底前完成。二要系统培训，科学规划。视觉识别系统的导入是一项专业性和系统性很强的工作。各单位要依托开发单位，组织好《中国烟草视觉识别系统》的培训解读工作，确保相关执行人员熟练掌握导入的基本规范、基本流程。要按照系统导入工作的总体要求，结合本单位实

际，明确导入的“重点、难点、特点”，有序推动导入工作的标准化。三是定期检查，有效评估。各直属单位要结合行业视觉识别系统导入工作的总体要求，组织好视觉识别系统导入情况的检查评估工作，建立相应的考核奖惩机制。对完成情况好的单位要予以表扬奖励；对未能按照时间要求、质量要求完成任务的，特别是对执行不力，对企业形象造成不良影响的，要严肃批评处理。

以行业服务品牌建设为载体，推动行业文化建设向品牌化方向发展。服务做满意度，品牌做忠诚度。构建服务品牌，是与国际接轨、提高服务品质、实施企业再造、提升企业核心竞争力的战略举措，是提高员工素质、提高消费者生活品质、促进社会进步的有效途径。为客户创造价值，打造出具有烟草特色的服务品牌，提高客户的满意度和忠诚度，是树立良好企业形象、提升中国烟草核心竞争力的现实需要。一是要转变观念，提高认识。建设服务品牌，就是进一步清晰服务各方面的问题和差距，提高全员整体服务意识，真正实现行政导向向客户导向转变。要牢固树立“大服务”的观念，努力实现为烟农服务上水平，为卷烟零售户服务上水平，为客户创造价值，赢得满意与忠诚。在企业内部，努力实现领导服务员工上水平，机关服务基层上水平，上游服务下游上水平，促进企业内部和谐。二是要明确主体，抓好落实。各单位要认真落实国家局的总体要求，商业企业要以地市级公司为服务品牌建设主体单位，工业企业要以具备法人资格单位为服务品牌建设主体单位，有序推进，狠抓落实。三是要抓住重点，着眼全局。我们不能将服务品牌建设理解为简单的做产品形象标识，而应该以建设服务文化为核心，以树立服务标准为基础，以优化服务流程为载体，以加强服务质量为根本，立足重点谋求突破，着眼全局实现提升。四是要加强管理，持续提升。对已经开展服务品牌建设的单位，要加强品牌管理、维护和提升工作，建立长效机制，促进服务品牌建设上水平，特别是要按照《烟草行业服务品牌建设实施细则》的各项要求，全面实现服务品牌建设工作的系统化、日常化、制度化，努力创造品牌附加值，着力打造品牌影响力。

纪检监察

以科学发展观为统领
扎实推进烟草行业反腐倡廉建设

——在全国烟草行业纪检监察工作会议上的工作报告

潘家华

（2009 年 2 月 17 日）

这次纪检监察工作会议的主要任务是：高举中国特色社会主义伟大旗帜，以邓小平理论和“三个代表”重要思想为指导，深入贯彻落实科学发展观，认真学习贯彻党的十七届三中全会、第十七届中央纪委第三次全会精神，学习胡锦涛总书记在第十七届中央纪委第三次全会上的重要讲话，总结烟草行业 2008 年党风廉政建设和反腐败工作，研究部署 2009 年工作任务。

一、2008 年主要工作回顾

2008 年，在中央纪委监察部的直接领导和国家局党组的高度重视下，驻局纪检组监察局和行业各级纪检监察机构，深入学习贯彻第十七届中央纪委第二次全会和国务院第一次廉政工作会议精神，按照中央《建立健全惩治和预防腐败体系 2008～2012 年工作规划》（以下简称《工作规划》）的要求和中央纪委监察部的工作部署，紧密结合行业实际，坚持标本兼治、综合治理、惩防并举、注重预防的方针，更加注重治本，更加注重预防，更加注重制度建设，不断拓展从源头上防治腐败的工作领域，以改革创新的精神，全面推进行业党风廉政建设和反腐败工作，取得了新的成绩。

（一）深入贯彻落实中央反腐倡廉工作部署，积极推进行业惩防体系建设

中央《工作规划》颁布后，驻局纪检组监察局结合行业反腐倡廉建设的实际，研究起草了《贯彻落实

中共中央<建立健全惩治和预防腐败体系2008～2012年工作规划>的实施方案》(以下简称《实施方案》),经国家局党组审议后以党组文件下发。国家局党组理论学习中心组安排专门时间组织了学习、动员部署;机关有关部门根据各自的分工,制定了具体的落实措施;行业各直属单位也按照《工作规划》和《实施方案》的要求,制定了相应的实施意见,对各项目标任务作了进一步细化和分工,并加强对工作落实情况的监督检查,行业惩防体系建设的各项工作进展顺利,反腐倡廉的良好局面进一步巩固和发展。

(二)认真履行监督检查职责,为贯彻落实科学发展观提供坚强保证

行业各级纪检监察机构自觉把履行监督检查职能放在服务中心、服务大局中去思考、去谋划、去部署,紧紧围绕国家局党组提出的建设"严格规范,富有效率,充满活力"中国烟草的总体要求,切实加强对行业深入贯彻落实科学发展观的监督检查。近几年来,全行业投资200多亿元用于烟叶基础设施建设和现代烟草农业建设,这是国家局党组落实中央"工业反哺农业、城市支持农村"方针的重要举措。为扎实推进这项工作,我们创新监督方式,寓监督检查于调研之中,先后到7个省、14个地市、19个县、23个村进行了深入的调研检查,并向国家局党组提交了调研报告,对推进现代烟草农业试点工作提出了建议和意见,为党组决策提供了真实可靠的依据。烟叶主产区的各级纪检监察机构积极参与烟叶基础设施建设的监督检查,加强对资金使用和工程质量的监管,确保了资金安全和工程质量。会同有关部门加强对"两烟"生产经营行为的监督检查,打叶复烤企业实行派员驻厂和定点联系的监督制度进一步健全落实,"两烟"生产经营秩序进一步规范。按照中央纪委要求,组织对全行业捐赠地震灾区烟草系统救灾款物使用管理情况进行监督检查,全行业捐赠给四川灾区烟草系统的5.2亿元资金、2600万元物资已全部到位;地震灾区烟草系统各单位接收的资金和物资,做到了严格管理、专款专用,确保了廉洁救灾、善款善用。

(三)切实加强教育与监督,领导干部的廉洁自律意识不断增强

认真贯彻落实胡锦涛总书记在第十七届中央纪委第二次全会上强调的"六个决不允许"和中央纪委对国有企业领导人员提出的"七不准",对行业党员干部特别是处级以上领导干部开展廉政教育,各级领导带头讲廉政党课的制度进一步落实,组局领导作反腐倡廉教育讲座11场,听课的局、处级干部1300多名,收到了很好的教育效果。各级纪检监察机构加强对干部选拔任用工作的监督,配合人事部门对拟提任的1560多名干部进行了考察,对拟任人选提出了廉政审核意见。严格执行领导干部个人重大事项报告制度、礼品礼金上交制度和廉政谈话制度,2008年,行业各级领导干部报告重大事项8060多人次,上交礼品礼金920多万元;廉政谈话2264人次,与领导干部任前谈话2905人次,开展诫勉谈话590多人次,函询72人次。

(四)注重制度建设,逐步形成预防腐败的长效机制

构建行业惩防体系,重在建立健全预防腐败长效机制。一年来,行业各级党组(党委)和纪检监察机构,针对生产经营管理、干部人事管理的关键环节和重点部位,如:重大事项决策、干部选拔任用、资金管理、工程项目管理、招标采购、宣传促销等,进一步健全完善监督制约的制度规定。国家局先后制定下发了《烟草行业招标采购活动廉政监督工作暂行规定》、《烟草行业投资项目管理办法》、《招标投标实施办法》、《加强卷烟工业企业烟用材料采购管理规定》、《进一步规范宣传促销管理的意见》等规范性文件。行业各单位及有关部门,按照惩防体系建设的要求,积极探索加强内部监管的办法和途径,通过完善制度、规范流程,运用信息化手段,对卷烟销售、专卖管理、烟叶生产、财务管理等工作实施有效监管,使惩防体系建设逐步走上了制度化的轨道,预防腐败的长效机制逐步形成。

(五)严格执行党纪政纪,保持查办案件的工作力度

2008年,驻局纪检组监察局加大了对违规违纪问题的查办和责成直属单位核实上报结果的力度,严格落实查办案件工作责任制,重点核查了中央纪委交办的有关信访问题和群众反映强烈的有关问题,协助有关省(区)纪委对涉及烟草行业的案件进行了查办,对有关单位涉及国有资产流失、职工集资款投入股市的问题进行了调查,2008年,组局初核案件10件,其中转有关单位立案2件、了结6件;移送司法机关3人,给予党政纪处分2人;收缴非法所得138万元,整改违规资金950万元。各级纪检监察机构在加大案件查办力度的同时,还针对信访举报和查办案件工作中发现的苗头性、倾向性问题定期进行分析,提出堵塞漏洞、完善制度、改进工作的建议,较好地发挥了查办案件的治本功能。

(六)突出工作重点,持续推进源头防治工作

一年来,我们抓住关键部位,紧扣薄弱环节,寓

监督于生产经营管理过程之中，持续推进从源头上防治腐败工作。一是“明示与承诺制度”的实施取得了积极进展。在总结推广经验的基础上，有33个直属单位组织推行了“明示与承诺制度”，不少单位在实施过程中，进一步完善了制度内容，规范了运作程序，严明了惩处措施，干部职工的自律意识有了较大提高，从业行为进一步规范。二是重大工程项目监管成效显著。行业的一些大型工程项目，通过采取对工程设计方案和设计概算审核评估、设立履约保证金和工程建设资金共管账户、严格工程材料收管用，以及开展同步预防等具体措施，降低了项目成本，强化了资金管理，保证了工程质量，取得了显著的成效。三是行业资金监管体系建设取得了阶段性成果。加强资金监管，是从源头上防治腐败的有效途径。经过近三年的设计、试点运行，资金监管系统软件现已通过中国软件评测中心的评审和测试，目前已具备全行业推广的条件。这是通过机制创新，用市场经济和现代信息管理的手段遏止和预防腐败的积极探索，是通过管住“钱”来管住“权”、管好“人”，从而达到保护干部的目的。四是专项监管工作成效明显。根据国家局党组的安排，我们将烟叶基础设施建设的资金、工程项目监管、烤房设备采购监管列为行业纪检监察工作的重点专项监管工作，按照以预防为主、规范先行、同步监督、严明纪律、严格执行的工作思路，积极发挥纪检监察的服务、保障作用，取得了明显成效。烟叶基础设施建设自2005年开始，历时4年共投资200多亿元，到目前为止，尚未发现重大的违规违纪案件。烟叶烤房设备招标节约直接采购资金9470万元，节约间接采购资金24392万元，且尚未发现行业工作人员违纪违规行为。

（七）切实加强自身建设，不断提高纪检监察工作水平

一年来，行业各级纪检监察干部按照中央纪委关于开展“做党的忠诚卫士、当群众的贴心人”主题实践活动的要求，认真贯彻落实科学发展观，全面加强自身建设。积极参加深入学习实践科学发展观活动，深刻领会科学发展观的精神实质，着力解决纪检监察干部与科学发展观要求不适应、不符合的突出问题，进一步增强了实践科学发展观的能力。认真参加国家局开展的“两个提高”教育活动，切实转变工作作风，提高工作效率；组织开展纪检监察业务培训，提高业务素质，全行业组织了50名处级以上纪检监察干部参加中央纪委在北戴河培训中心的纪检监察业务培训。健全完善内部工作规则，规范纪检监察工作程序，组局结合工作实际制定了《烟草行业干部选拔任用廉政监督办法（试行）》和《信访管理办法（试行）》，行业各级纪检监察机构也研究制定了相应的业务工作的制度规定，使纪检监察工作进一步走上了制度化、规范化的轨道。

在充分肯定成绩的同时，也要清醒地看到，行业的反腐倡廉建设还面临许多新情况、新问题，任务还很繁重，与中央纪委、监察部和国家局党组的要求还存在一定的差距。少数主要领导干部党风廉政建设第一责任人的意识较为淡薄，接受监督的自觉性不够强；源头治理工作推进不平衡，结合行业实际抓落实的力度不够；纪检监察工作还存在薄弱环节，深入实际、调查研究不够，行业纪检监察队伍建设和对直属单位纪检监察业务的指导还须进一步加强。在今后的工作中，我们必须坚持反腐倡廉建设常抓不懈、拒腐防变警钟长鸣，进一步加大工作力度，把行业党风廉政建设和反腐败工作不断引向深入。

二、2009年主要工作任务

2009年是全党深入学习实践科学发展观、积极应对挑战、保持经济平稳较快发展的关键一年，也是贯彻落实《工作规划》、推进惩防体系建设的重要一年。2009年行业的纪检监察工作，要认真贯彻党的十七大、十七届三中全会和第十七届中央纪委第三次全会精神，以邓小平理论和“三个代表”重要思想为指导，深入学习实践科学发展观，坚持标本兼治、综合治理、惩防并举、注重预防的方针，以完善惩治和预防腐败体系为重点，扎实抓好《工作规划》的落实，严格执行党风廉政建设责任制，着力解决党员干部党性党风党纪方面存在的突出问题，努力取得党风廉政建设和反腐败斗争的新成效，为行业改革和持续健康发展提供坚强保证。

（一）严明党的政治纪律，加强对贯彻落实科学发展观的监督检查

政治纪律是我们党的最重要的纪律。每一个党员，尤其是各级党员领导干部要深刻认识遵守党的政治纪律的极端重要性。当前，在我们党和国家面临严峻考验的非常时期，不仅要严格遵守党的政治纪律，维护党的政治纪律，而且还要旗帜鲜明地同一切违反党的政治纪律的行为作斗争，要始终与以胡锦涛同志为总书记的党中央在思想上、政治上、行动上保持高度一致。各级纪检监察机构要加强对政治纪律执行情况的监督检查，严肃查处违反政治纪律的行为，严禁公开发表同党的理论、中央的路线方针政策和决定相违背的言论。对违反政治纪律的，视情节轻重给予批评教育或组织处理；对造成严重后果的，要按党纪国法予以惩处。

深入贯彻落实科学发展观是各级领导班子特别是主要领导的重大政治任务，也是纪检监察机关的重要政治责任。我们要在抓好中央纪委监察部有关工作落实的同时，切实按照科学发展观的要求，紧紧围绕国家局提出的“烟叶防过热、卷烟上水平、税利保增长”的主要工作任务，认真抓好以下六个方面的监督检查。

1. 加强对现代烟草农业建设政策措施执行情况的监督检查。烟叶主产区、尤其是地市级局（公司）纪检监察机构，要督促有关部门和单位严格执行国家局的相关政策和各项要求，加强对现代烟草农业建设投入资金及烟用物资采购的监管，规范运作，增强公开透明度，严肃查处各种违法违规行为，坚决防止弄虚作假、套取占用专项资金，严禁重复建设。

2. 加强对“严格控制、适度从紧”烟叶工作方针落实情况的监督检查。严格控制烟叶种植面积，严格合同管理，规范产前投入，切实维护计划的严肃性，努力保持烟叶生产稳定发展，确保国家局的决策部署落到实处。按照国家局党组要求，凡超种超收的单位，要追究主要领导和分管领导的责任。

3. 加强对“两烟”生产经营管理的监督检查。加强对打叶复烤企业派员驻厂和定点联系制度落实情况的检查，加大对“两烟”生产经营管理违纪违法案件的查处力度。对违反专卖内管规定的案件实行“一案双查”制，案件经专卖内管部门查实、认定责任后，纪检监察部门要及时介入，对相关责任人给予严肃处理。

4. 加强对国有资产经营管理制度贯彻执行情况的监督检查。依法依规开展多元化经营企业的清理整顿，严格规范产权交易，加强对存续多元化经营企业的监管，防止国有资产流失。

5. 继续做好对地震灾区烟草系统抗震救灾款物管理使用情况的监督检查。对灾后重建工程项目的招标采购活动和大额度资金使用，实施全程跟踪监督检查。

6. 积极参与“三项检查”工作。加强对投资项目、物资采购、宣传促销的检查。根据国家局的要求，烟叶产区的纪检监察机构，今年要对烟用化肥的采购使用情况进行调研，针对存在问题提出切实可行的监管措施，充分发挥纪检监察机构再监督的作用。

各级纪检监察机构在开展监督检查的同时，要建立健全落实科学发展观的纪律保障机制，加大对违法违规行为的查处力度，坚决纠正有令不行、有禁不止的现象，确保政令畅通。

（二）扎实开展党风廉政教育，切实抓好领导干部廉洁自律工作

领导干部的廉洁自律是党风廉政建设的关键。因此，各级领导干部要切实做到讲党性、重品行、做表率，从自身做起，从点滴做起，取信于民，共克时艰。

2009年，行业领导干部的廉洁自律工作，要结合深入学习实践科学发展观活动，加强中国特色社会主义理论体系教育、党性党风党纪教育、警示教育和岗位廉政教育，引导党员干部坚定理想信念，强化廉洁从政、廉洁从业意识。各级党组（党委）和纪检监察机构，要在认真贯彻执行中央纪委关于国有企业领导人员廉洁自律的七条要求的同时，着重抓好第十七届中央纪委第三次全会明确的五项重点工作：一是要严禁领导干部违反规定收受现金、有价证券、支付凭证和收受干股等行为。二是要落实领导干部配偶和子女从业、投资入股、到国（境）外定居等规定和有关事项报告登记制度，严禁发生与公共利益冲突的行为。三是要治理违规组织集资合作建房、超标准建房等问题；纠正领导干部违反规定发放住房补贴、多占住房、以明显低于市场价格购置住房或以劣换优、以借为名占用住房等问题。四是要严禁领导干部利用和操纵招商引资项目、资产重组项目，为本人或特定关系人谋取私利。五是要严禁领导干部相互请托、违反规定为对方的特定关系人在就业、投资入股、经商办企业等方面提供便利，谋取不正当利益。

要认真贯彻执行《中国共产党党员领导干部廉洁从政若干准则》、《国有企业领导人员廉洁从业若干规定》，要根据中央纪委的要求，把严格执纪与组织处理结合起来，切实解决领导干部在廉洁从政、廉洁从业方面存在的突出问题。

（三）加大查办案件工作力度，维护党纪国法的严肃性

各级纪检监察机构要继续保持查办案件的工作力度，对已经暴露出来的腐败问题，要抓紧查处，决不手软，旗帜鲜明地反对腐败。一是要突出查办案件的工作重点。严肃查处发生在行业各级领导机关和领导干部中滥用职权、贪污贿赂、腐化堕落、失职渎职的案件，官商勾结、权钱交易的案件，利用人事权、行政执法权、行政审批权索贿受贿、徇私舞弊的案件，领导干部干预招标投标获取非法利益的案件，在物资采购、投资项目、宣传促销等活动中谋取私利的案件，国有企业重组改制中隐匿、侵占、转移国有资产以及企业领导人员搞同业经营、关联交易的案件，“两烟”生产经营中违纪违法的案件，多元化经营和产权交易中违法违规造成国有资产流失、损失的案件，侵害群众利益、严重违反政治纪律与组织人事纪律的案件。二是要充分发挥查办案件的治本功能。要通过深入剖析案例，查找分析机制制度方面存在的漏洞，深入研

究发案及产生问题的原因，进一步建立健全规章制度。要利用典型案件开展警示教育，以案说法、以案明纪。三是要认真做好信访工作。要高度重视信访在联系群众、拓宽监督渠道等方面的作用，拓宽信访的方式和渠道，完善信访事项的受理和办理程序，尊重和维护信访人的权利，不断提高信访工作的效率和水平。要加强案件审理和申诉复查工作，保障被查人员的合法权利。要采取有效措施，及时化解矛盾，妥善处理信访突出问题，防止发生群体性事件，积极稳妥地做好社会稳定工作。

（四）加强对重点领域和关键环节的监督，深化治本抓源头工作

2009年，各级纪检监察机构要进一步突出重点，切实把治本抓源头各项工作落到实处，取得新的成效。一是要进一步加强对重大工程项目建设的监督。严格执行重大工程项目管理监督的程序和规定，严格执行工程预算规范，不得擅自超预算，凡擅自超预算且情节严重的，要实行问责制。二是要进一步加强对招标采购活动的监督。凡是国家局明确规定的招标采购项目，包括信息化建设维护、管理咨询、宣传促销、外聘和服务项目，必须公开招标，领导干部和相关人员不得利用职权插手招标采购活动，违反者将视情节采取相应的组织措施。按照国家局党组要求，纪检监察部门要参与招标工作全过程的监督，不经纪检监察程序把关，不得进入下一程序，发现问题要及时处理，遇到重大的违规违纪问题，必须及时向本单位党组和上级纪检监察机构报告。三是积极稳妥地推进烟草行业资金监管系统建设。在继续抓好资金监管系统测评和调试的基础上，认真总结试点运行的经验做法，积极稳妥地在全行业推行资金监管系统建设，充分利用现代信息技术手段，重点抓住账户管理、资金预算管理、资金支付和银企互联等环节，将行业生产经营活动和资金流动情况全部纳入统一信息平台进行监管，确保行业资金安全。四是全面推行“明示与承诺”制度。今年，全行业要全面推行“明示与承诺”制度，以此进一步加强行业自律意识、规范干部职工行为。各级纪检监察机构和人事劳资、法规、工会等职能部门要积极配合，抓住关键环节，突出承诺重点，从保护企业和职工合法权益的角度出发，做好明示承诺内容与《中华人民共和国劳动合同法》的衔接，使明示承诺的内容合法合规，确保明示承诺制度有效推行。

（五）加强对领导干部的监督，确保权力正确行使

在新的历史条件下，我们各级党员领导干部面临着许多前所未有的新课题、新考验，对领导干部特别是主要领导干部的监督，仍然是薄弱环节，影响了监督效果。加强对领导干部特别是主要领导干部的监督，必须进一步提高认识，各级党员领导干部要切实增强自觉接受监督的意识，从拒腐防变、保持党的先进性的高度，慎而又慎地对待和行使人民赋予的权力，事事出于公心，决不以权谋私；处处求真务实，决不滥用权力。要充分认识监督是对自己最大的爱护、最好的保护、最真诚的帮助，只有正确对待监督，才能不犯或少犯错误。同时，各级领导干部特别是主要领导干部要切实履行监督职责，敢于抓班子、带队伍，推动监督工作的开展。要认真贯彻执行党内监督条例，进一步落实领导班子民主生活会制度、领导干部重大事项报告制度和领导干部任期、离任审计制度，切实加强领导班子自身建设和领导班子成员的内部监督。要认真抓好领导干部述职述廉、民主评议、谈话诫勉等制度的落实，紧紧抓住权力运行这个重点，权力运行到哪里，监督就跟进到哪里，特别要加强对人财物管理使用等关键岗位的监督，减少权力“寻租”的机会。要坚决贯彻执行民主集中制，健全落实党组（党委）、行政经营领导班子以及董事会工作规则和议事程序，充分发挥投资、薪酬、预算委员会的作用，坚持对涉及全局性问题和“三重一大”事项集体研究，反对和防止个人或少数人专断，提高领导班子依法决策、民主决策、科学决策的水平。建立健全巡视工作制度，有计划、有步骤地组织开展对行业直属单位的巡视工作。今年要把重大工程项目、现代烟草农业建设资金投入使用和内部监管工作开展情况的检查，作为巡视的重要内容。

各级纪检监察机构尤其是纪检组长（纪委书记），要认真履行监督职责，牢固树立“加强监督是本职，疏于监督是失职，不善于监督是不称职”的观念，切实加强同级监督和对所属单位领导班子成员的监督。对决策过程中的违法违纪行为要及时制止和纠正，制止不了的要及时上报。对发现的问题和上级督办的案件，要认真组织查处。

三、几点要求

（一）要坚持按照科学发展观的要求，不断提高纪检监察工作水平

纪检监察工作必须以科学发展观为指导，服务行业的改革与发展，保障行业的改革与发展，推动行业的改革与发展。一是在指导思想方面，要全面准确地把握科学发展观的深刻内涵和基本要求，牢固树立“用科学发展观统领反腐倡廉工作、用反腐倡廉工作

保证科学发展观落实”的观念，始终把贯彻落实科学发展观作为衡量纪检监察工作成效的重要标准，以“两个至上”为出发点，通过认真履行监督检查职能，切实解决党员干部党性党风党纪方面违背科学发展观要求的突出问题，促进行业全面协调可持续发展。二是在工作思路上，要坚持标本兼治、综合治理、惩防并举、注重预防的方针，积极推进行业惩防体系建设，正确处理坚决惩治腐败和有效预防腐败的关系，正确处理抓好重点工作和全面履行职能的关系，正确处理履行自身职责和发挥好其他部门作用的关系，不断推进行业党风廉政建设和反腐败工作。三是抓工作落实上，要把科学发展观的要求贯穿到反腐倡廉工作的全过程，紧紧围绕落实科学发展观加强监督检查，主动深入行业生产经营第一线和改革发展的新领域，把反腐倡廉建设寓于各项改革和重要措施之中，努力从思想上、作风上、纪律上为行业全面落实科学发展观提供有力保障。

（二）要努力加强领导干部党性修养，树立和弘扬良好作风

胡锦涛总书记在第十七届中央纪委第三次全会上，就加强领导干部党性修养、树立和弘扬优良作风问题提出了明确的要求。强调指出，领导干部的作风问题，说到底就是党性问题。党性纯洁则作风端正，党性不纯则作风不正。领导干部讲党性、重品行、作表率，就会上行下效，必收“其身正，不令而行”功效；领导干部党性不纯、作风不正甚至违纪违法，就会纷纷效尤，必酿“上梁不正下梁歪”恶果。因此，要树立宗旨意识，坚持以人为本，多办顺民意、解民忧、增民利的实事。要坚持理论联系实际，切实用党的科学理论指导工作实践，不断提高干事创业的能力，增强应对复杂局面的能力。要发扬求真务实的精神，着力强化责任意识，兢兢业业抓好职责范围内的事情，努力做出经得起实践和历史检验的实绩。要大力发扬艰苦奋斗的精神，牢固树立过紧日子的思想，厉行节约，勤俭办一切事业，带头抵制享乐主义和奢靡之风，以优良的作风带领广大党员群众迎难而上，锐意改革，共克时艰。

（三）要严格实行问责制，进一步加强对权力运行的制约和监督

党中央对建立健全问责制高度重视。党的十七届二中全会通过的《关于深化行政管理体制改革的意见》明确提出，“要健全以行政首长为重点的行政问责制度，明确问责范围、规范问责程序，加大责任追究力度，提高政府执行力和公信力”。为贯彻中央有关精神，中央纪委最近将出台《关于实行党政领导干部问责的暂行规定》，希望各级领导务必引起高度重视。今后，在权力运行中严重失职渎职的，不管是任现职的，还是调离、升迁的，都要予以追究；对责任追究工作不力的，也要按规定对相关人员实施责任追究。要综合运用纪律处分和组织处理两种手段，加大组织处理力度，坚决把那些不负责任导致重大问题发生的领导干部从领导岗位上调整下来；构成违纪违法的要坚决查处，严肃处理。各级党组织要旗帜鲜明地支持问责责任追究工作，纪检监察机构要加强组织协调，形成有效的责任追究协调机制。要进一步健全完善相关制度，将压力与动力、权力与责任、能力与效力有机地统一起来。“追究一人，教育一片”，使领导干部任其职，就要负其责、尽其力。

（四）要积极适应新形势新任务的要求，切实加强纪检监察队伍自身建设

行业各级纪检监察机构，要积极开展深入学习实践科学发展观活动，教育引导广大纪检监察干部用邓小平理论、“三个代表”重要思想和科学发展观武装自己的头脑，坚定政治信念，明辨政治是非，自觉在思想上、政治上、行动上同以胡锦涛同志为总书记的党中央保持高度一致。要加大对纪检监察干部的教育培训力度，注重改善知识结构、拓宽工作视野，努力提高纪检监察业务本领。下半年，继续组织行业部分处级以上纪检监察干部，特别是新上任的纪检组长（纪委书记）参加中央纪委的业务培训。要坚持严格要求，严格管理，强化内部监督制约机制，加强工作纪律，增强纪检监察干部抵御各种腐朽思想和不良风气侵蚀的能力。要进一步加强行业地市级局、公司纪检监察机构建设，研究探讨并建立适应基层监督的工作体制和机制，充分发挥基层纪检监察队伍的作用。各级党组（党委）要加强对纪检监察工作的领导，同时从政治上、工作上、生活上关心、爱护纪检监察干部，有效地调动大家的工作积极性和创造性。

重要文件

综　　合

中华人民共和国主席令

（2009 年 8 月 27 日　第十八号）

《全国人民代表大会常务委员会关于修改部分法律的决定》已由中华人民共和国第十一届全国人民代表大会常务委员会第十次会议于 2009 年 8 月 27 日通过，现予公布，自公布之日起施行。

全国人民代表大会常务委员会关于修改部分法律的决定（摘要）

（2009 年 8 月 27 日第十一届全国人民代表大会常务委员会第十次会议通过）

第十一届全国人民代表大会常务委员会第十次会议决定：

三、对下列法律中关于刑事责任的规定作出修改

（二）将下列法律中引用已纳入刑法并被废止的关于惩治犯罪的决定的规定修改为“依照刑法有关规定”

46.《中华人民共和国烟草专卖法》第四十条、第四十二条

（三）删去下列法律中关于“投机倒把”、“投机倒把罪”的规定，并作出修改

51. 将《中华人民共和国烟草专卖法》第三十八条第一款修改为：“倒卖烟草专卖品，构成犯罪的，依法追究刑事责任；情节轻微，不构成犯罪的，由工商行政管理部门没收倒卖的烟草专卖品和违法所得，可以并处罚款。”

（四）对下列法律中关于追究刑事责任的具体规定作出修改

54. 将《中华人民共和国烟草专卖法》第三十九条修改为：“伪造、变造、买卖本法规定的烟草专卖生产企业许可证、烟草专卖经营许可证等许可证件和准运证的，依照刑法有关规定追究刑事责任。”

“烟草专卖行政主管部门和烟草公司工作人员利用职务上的便利犯前款罪的，依法从重处罚。”

四、对下列法律和有关法律问题的决定中关于治安管理处罚的规定作出修改

（一）将下列法律和有关法律问题的决定中引用的“治安管理处罚条例”修改为“治安管理处罚法”

65.《中华人民共和国烟草专卖法》第四十一条

本决定自公布之日起施行。

发展计划

国家烟草专卖局　中国烟草总公司关于印发烟草行业投资项目管理办法（试行）的通知

（2009 年 1 月 22 日　国烟计〔2009〕14 号）

行业各直属单位，国家局、总公司机关各部门、各单位：

为进一步加强行业投资项目管理，促进行业持续健康发展，充分发挥投资项目在推动技术进步、提高经济效益方面的重要作用，现将《烟草行业投资项目管理办法（试行）》印发给你们，请各单位遵照执行。在试行过程中发现问题请及时报告国家局、总公司。

烟草行业投资项目管理办法（试行）

第一章　总　则

第一条　为加强烟草系统企事业单位投资项目管理，规范投资行为，提高投资效益，促进烟草行业持续健康发展，根据《中华人民共和国烟草专卖法》及《国务院关于投资体制改革的决定》（国发〔2004〕20 号）、国务院办公厅国办发〔2005〕57 号和《国务院办公厅关于印发国家烟草专卖局主要职责内设机构和人员编制规定的通知》（国办发〔2008〕99 号）等有关文件，本着“明确职责、加强规划、严格程序、强化监管”的原则，结合烟草系统实际情况，制订本办法。

第二条　本办法适用于烟草系统企事业单位从事生产、经营、仓储、办公、科研、教育和多元化等领域的固定资产投资项目、信息化建设项目以及形成资产的其他投资项目的全过程管理。

第三条　投资项目按固定资产投资项目、信息化建设项目、多元化投资项目、境外投资项目、利用外资项目及其他投资项目进行分类；按续建项目、新开工项目和拟建项目进行计划管理。

固定资产投资项目包括生产设施、工艺设备、辅助生产设施、公用动力设施、经营业务用房、物流配送中心、烟叶工作站、后勤保障设施、仓储设施等建设和购置项目。

建筑物的维护加固、设备的大修理等维护性工程以及工器具、车辆、办公家具和设备等购置不在本办法所述的固定资产投资项目之列。

续建项目是指以前年度已批复的投资项目并已安排投资且本年度需要继续安排投资的项目。新开工项目是指已获得项目批复或初步设计批复，本年度准备开工建设的项目。拟建项目是指项目处于调查、规划、项目申请报告的编制及报批等前期阶段。

第四条　固定资产投资项目管理除要符合本办法的规定外，还必须符合国家公布的项目建设相关法律、法规、政策及标准、规范。

第二章　管理职责与权限

第五条　投资项目实行分级分类管理、部门协同和项目法人负责的管理体制。

第六条　国家局、总公司管理职责：

（一）贯彻执行国家及行业有关投资法律、法规、政策和工程建设的标准、规范，制订烟草系统固定资产投资政策、标准和规范。

（二）编制烟草系统中长期投资规划并根据行业发展需要，对生产力布局、投资方向和投资规模进行宏观管理和调控。

（三）审核行业各直属单位和总公司机关各二级公司（以下简称：直属单位）投资规划和年度投资计划，审批限额以上投资项目。组织重大投资项目的专家论证、总体规划设计方案评标、初步设计文件审查批复、项目全过程审计、总体竣工验收和后评价工作。

（四）监督其所批项目的工程建设情况。

（五）负责行业土建、工艺、技术经济等专家队伍的建设以及烟草系统投资管理人才的培训工作。

第七条 直属单位管理职责：

（一）结合本单位发展规划按时编制、申报投资规划和年度投资计划；提出本单位项目申请。

（二）指导项目实施单位做好项目前期的调研、论证和项目申请报告的编制工作。审查批准国家局、总公司授权的限额以下项目的申请报告、初步设计文件并负责此类项目的竣工验收工作。

（三）按照项目的批复要求，定期检查项目实施进度、工程变更、质量、投资控制、安全等工作，掌握项目实施情况。

（四）加强项目实施单位的组织建设、制度建设和人才建设，保障项目顺利实施。

第八条 项目实施单位管理职责：

（一）结合企业生产、经营、管理的实际情况，拟订本企业年度投资计划；提出项目申请。

（二）按照项目审批单位批复的生产能力、建设规模、建设内容、投资总额组织设计单位进行规划设计（易地新建项目）、初步设计和施工图设计。

（三）按照国家有关固定资产投资管理的法律、法规、政策，规范内部管理，制订项目管理的议事和决策制度；制订项目实施单位工程质量、安全、招标采购、合同管理、项目结算、资金管理、设计变更、现场签证、责任追究、档案等相关工作制度和程序。

（四）组织、指挥、监督项目的勘察、设计、监理、施工、安装、设备制造、物资供应等单位协同工作，保障项目在计划投资和工期内，优质、安全完成全部项目内容，实现既定的项目建设目标。

第九条 项目审批权限。

（一）由国家局审批的项目：

——烟草制品生产企业（指卷烟、雪茄烟、烟丝、烟草薄片、复烤烟叶生产企业）固定资产投资项目。

——500万元以上的多元化投资项目。

——境外投资项目和利用外资项目。

（二）由总公司审批的项目：

——直属单位及地市级公司、卷烟生产企业新建、改扩建、迁建、购置楼堂馆所项目经所在地同级人民政府同意后由总公司审批。县级局新建、改扩建、迁建、购置楼堂馆所项目经所在地同级人民政府同意后，总投资1000万元以上的项目由总公司审批。

——总投资在3000万元以上的信息化建设项目、非烟草制品生产企业固定资产投资项目及其他项目。

（三）由直属单位审批的项目：

——除上述国家局、总公司审批以外的项目。

直属单位可根据实际情况划定下属法人企业自主决策投资项目的权限。

无法人资格的生产厂和县级烟草分公司（经营部）要由其所在的法人单位向上级投资主管部门申报投资项目或根据权限由法人单位自主决策，不得自行决定实施投资项目。

第三章　投资规划、计划和项目申报、审批

第十条 投资规划编制。直属单位要根据烟草行业产业政策、投资政策及本单位中长期发展目标和发展战略，编制本单位五年投资规划并在每一个五年规划期的前一年报国家局、总公司备案（具体内容要求见附件1）。

第十一条 年度投资计划编制。年度投资计划是指为落实直属单位投资规划而编制的项目年度投资计划。直属单位编制下一年度投资计划，需于当年11月15日前报国家局、总公司批准。未编制年度投资计划或年度投资计划未经国家局、总公司批准的直属单位，不得申报、审批或自主决定投资项目。年度投资计划在执行过程中，因特殊原因发生项目增减，需在6月15日前提出当年投资计划的调整申请（具体内容要求见附件2）。

第十二条 项目申报。项目实施单位要按照实事求是的原则编制项目申请报告，科学合理确定项目需求和建设内容，在计划投资额的基础上进一步细化明确投资估算。对于技术复杂程度较高、投资额度较大的项目，项目申请报告要聘请具有设计或咨询资质的单位编制；总投资3000万元以上的项目要聘请具有甲级资质的设计或咨询单位编制（具体内容要求见附件3）。

直属单位要建立投资委员会或董事会审查制度，审定本单位及下属企业的全部投资项目并对需报国家局、总公司审批的投资项目提出明确的初审意见。投资委员会办公室要设在投资管理部门。

项目实施单位在同一时期同一地点原则上只能申报一个相同类别的项目。待上一个项目的实施形象进度超过70%后方可申报下一个项目。

第十三条 专家论证。为科学决策投资项目，对需提交国家局、总公司投资委员会审议的项目，国家局、总公司投资主管部门将委托第三方或组织专家对项目进行论证、评估。由直属单位审批的项目要参照执行。

第十四条 项目审批。投资项目按照隶属关系逐级申报、审核转报，由项目审批单位按审批权限进行审批。各单位不得越权审批投资项目，不得化整为零

审批投资项目。各单位要依据行业产业政策、投资政策、申报单位的投资规划和年度投资计划进行项目审批。项目批复后，需报地方人民政府备案的项目，各单位要按照相关规定办理有关事宜。

需报国家发改委等部委审批、核准或备案的项目统一由国家局、总公司审核后组织上报。

第四章 项目过程管理

第十五条 项目批复后方可使用项目预算资金，启动项目设计工作。

第十六条 项目备案程序。投资项目除要执行项目审批程序外，还要严格执行项目备案制。直属单位审批或自主决策的项目要报国家局、总公司备案；下属单位自主决策的项目要报直属单位备案。项目备案文件、资料包括：项目备案表、项目申请报告、初步设计文件和直属单位批复文件、地方人民政府有关职能部门出具的意见等（项目备案表填写要求见附件4）。

审批单位要在30个工作日内给予备案，达不到备案要求的要及时提出意见和补充、整改要求，项目实施单位要按其意见和要求进行补充、修改、完善，直至达到备案要求。审批单位未在规定时间内提出意见或答复的，视为准予备案。

第十七条 初步设计审查批准程序。初步设计文件要由项目审批单位或其授权单位组织审查（初步设计审查表格填写要求见附件5），审查通过后下发批准文件。重大项目的初步设计概算需聘请有资质且无利害关系的造价咨询机构对其真实性、完整性和准确性出具初审意见。

凡初步设计概算总投资超过项目报告书批复投资总额15%以上，或总建筑面积超过项目报告书批复总建筑面积5%以上的项目要修改或重新编制初步设计文件，确实需要超出的项目要重新编报项目申请报告，由项目审批单位重新审批。

第十八条 项目建设程序。建设程序主要包括：建设用地规划许可证、规划设计招标、编制初步设计、初步设计审查及备案、申领建设工程规划许可证、施工图设计、建安工程招标、建筑工程施工许可证、工程施工、设备招标、设备安装、试运行和竣工验收等（具体项目流程详见附件6）。需行政许可的环节，必须办理完相关事宜后，方可进入下一环节。严禁边勘察、边设计、边施工的“三边工程”。

第十九条 项目调整变更。项目初步设计一经批准，任何单位不得随意扩大建设规模，擅自提高建设标准，增加建筑面积，改变建设内容或变更建设地点；确需进行调整的，需编制项目调整申请报告，报项目审批单位批准。项目建设规模、内容和标准未改变，因涨价、税费调整等因素造成建设投资超出批准初步设计概算的，需由原设计单位编制超支分析报告，组织第三方造价咨询机构对超支情况进行审计后，报项目审批单位批准。

第二十条 招标投标制。各单位投资项目招投标的具体要求按《中华人民共和国招标投标法》及《烟草行业投资项目招标投标实施办法》(国烟计〔2008〕567号）和《烟草行业招标采购活动廉政监督工作暂行规定（试行)》（国烟监〔2008〕127号）执行。

直属单位要设置招投标管理机构，其日常办公机构可与投资管理机构合署办公。要组织本单位技术、财务、审计、纪检、监察等部门相关人员参与招标投标的管理和监督工作。

第二十一条 项目定期报告制。各项目实施单位每半年要向项目审批单位报告年度投资计划执行情况和工程项目实施情况，分析存在的问题，提出改进的意见和建议。

第二十二条 项目合同管理。认真贯彻《中华人民共和国合同法》，在工程建设全过程都要严格实行合同管理制，规范经营行为。结合项目特点，推广使用国家公布的勘察、设计、施工、监理等合同示范文本，明确合同双方的责任、权利和义务，使合同管理做到规范化、标准化。重大项目合同签订之前，要聘请专业咨询公司和法律顾问对合同条款逐一审查，堵塞漏洞，避免损失。

第二十三条 项目资金管理。项目实施单位在项目批复后要执行有关财务规定，制订年度资金使用计划；项目资金支出要与项目实施进度相匹配并要符合合同规定，不得提前超额预付和违反合同规定拖欠工程款项。

第二十四条 项目竣工验收管理。项目竣工并经试运行（生产性项目试运行要在三个月以上）后，项目实施单位要向当地人民政府有关职能单位申请项目单项验收，在全部合格并经财务竣工审计后，编制项目竣工验收报告并向项目审批单位申请进行项目总体竣工验收。总体竣工验收工作由项目审批单位负责，验收依据为：项目申请报告、项目批复及初步设计批复文件、单项验收报告、工程财务决算、项目审计报告、安全生产报告等。

项目审批单位要及时组织总体竣工验收并形成验收结论。验收完成后要将所有项目竣工验收文件资料归档备案。具体竣工验收工作要求按《烟草行业固定资产投资项目竣工验收管理办法》（国烟计〔1993〕147号）执行。

第二十五条 项目后评价管理。项目竣工验收交付一段时间后，项目审批单位要对重点项目的立项决策、设计、施工、竣工验收及运行全过程，进行全面、系统的综合评价。评价内容主要包括：立项决策评价、勘察设计与采购工作评价、施工评价、生产（使用）评价和效益评价。直属单位批准项目的评价报告要报国家局、总公司备案。具体评价工作要求按《烟草行业固定资产投资项目后评价工作管理办法（试行）》（国烟计〔2003〕303号）执行。

第五章 项目监督

第二十六条 项目全过程审计制。投资项目要全面实行全过程审计制度。具体要求按照国家局相关文件执行。

第二十七条 项目全过程监督制。项目实施单位纪检监察机构依法对投资项目进行程序监督并对全过程进行廉政监督。具体要求按照国家局相关文件执行。

第二十八条 工程项目监理制。在烟草系统固定资产投资项目中要全面实行工程监理制。工程监理的范围要包括：勘查、设计、施工、设备及材料的购置、安装、调试等。

项目实施单位要加强对监理工作的管理。监理单位的选择要采取招标或其他竞争方式，监理单位不应与被监理单位有利益关系。监理单位应依据国家公布的法规、政策及标准、规范，科学、严谨、公平、公正地开展工程监理工作。

工程监理的具体要求要按国家有关规定执行。

第二十九条 项目法人责任制和问责制。投资项目实行法人责任制，要成立以企业法定代表人或其授权的项目负责人为第一责任人的项目业主机构，负责项目筹划、筹资、规划、设计、实施、投产运行、竣工验收等全过程工作，承当投资项目的全部责任。项目申请报告中要明确项目负责人。

对投资项目实行问责制。因管理不善、弄虚作假或擅自决策造成项目严重违背批复要求的、质量低劣、损失浪费、存在重大安全隐患和其他失误的，要追究其责任。

第三十条 公众监督。投资项目的决策和实施的各个环节都必须坚持“公开、公平、公正”的原则，接受公众监督。

第六章 附 则

第三十一条 楼堂馆所类项目要按《中共中央办公厅国务院办公厅关于进一步严格控制党政机关办公楼等楼堂馆所建设问题的通知》（中办发〔2007〕11号）的规定执行。

第三十二条 烟草专用机械的购置按《烟草专用机械购置管理办法》（国烟法〔2004〕645号）的规定执行。烟草专用机械分配计划等同于烟机购置项目的批复。

第三十三条 境外投资和利用外资项目按《烟草系统境外投资项目管理办法》（国烟计〔2006〕235号）和《烟草系统利用外资项目管理办法》（国烟计〔2006〕236号）的规定执行。

第三十四条 多元化经营投资项目的审批按《烟草系统企事业单位多元化经营投资项目审批管理办法》（国烟法〔2004〕643号）的规定执行。烟草系统企事业单位投资控股的多元化固定资产投资项目的过程管理和监督按本管理办法执行。

第三十五条 直属单位要按照项目审批权限、项目管理职责和管理制度，制订相应的项目管理办法并报国家局、总公司备案。

第三十六条 本管理办法在执行过程中，请各单位注意总结经验，本着改革、发展、科学、规范的原则，不断完善管理制度，提升项目管理水平。

第三十七条 本办法由国家局、总公司负责解释。

第三十八条 本办法自印发之日起执行，过去发布的有关文件与本办法有抵触的，按本办法执行。

附件：略

国家烟草专卖局关于调整片烟加工费及主要价外项目收费标准的通知

（2009年6月4日 国烟计〔2009〕201号）

各省级局（公司）、工业公司，中国烟叶公司，中国烟草实业发展中心：

经研究决定，自2009年7月1日起，片烟加工费用标准由每吨成品片烟2700元调整为3100元；同时对片烟加工主要价外项目收费标准进行适当调整。现将有关事项通知如下：

一、各省级局（公司）、各工业公司、卷烟工业企业及打叶复烤企业须严格执行国家局关于片烟加工费用标准及有关政策的要求，严禁以各种名目降低或提高加工费用标准。

二、片烟加工主要价外项目为《国家烟草专卖局关于打叶复烤加工费有关问题的通知》（国烟计〔2001〕315号）中所规定的10项内容以外发生的其他项目。主要价外项目具体收费标准，由各打叶复烤企业和卷烟工业企业在国家局规定的基本标准范围内协商确定。其他未列明的费用标准由打叶复烤企业与卷烟工业企业协商确定。

附件

片烟加工主要价外项目收费标准表

	项　目	单　位	收费标准	备　　注
1	分级费（片选）	原烟（元/吨）	340～360元	分级费及以下各项均不含增值税
2	分级费（把选）	原烟（元/吨）	115～130元	
3	回潮费	原烟（元/吨）	115～130元	
4	烤梗费	烟梗（元/吨）	310～340元	依据实际成品烟梗产量据实结算
5	烤末费	烟末（元/吨）	340～360元	依据实际成品烟末产量据实结算
6	理化检测费	元/次	65元	指使用连续流动分析法检测费用
7	叶片包装费（出口）	片烟（元/箱）	125～135元	含纸箱、打包带和标识，不含内衬塑料袋 如需内衬塑料袋以8元/套计
8	叶片包装费（国内）	片烟（元/箱）	90～120元	含纸箱、打包带和标识，不含内衬塑料袋 如需内衬塑料袋以8元/套计
9	梗条包装费（纸箱）	烟梗（元/箱）	85～90元	含纸箱、打包带和标识，不含内衬塑料袋 如需内衬塑料袋以8元/套计
10	梗条包装费（麻袋）	烟梗（元/吨）	150～160元	含扎口线、标识，不含内衬塑料袋 如需内衬塑料袋以5元/套计
11	配方打叶费	片烟（元/吨）	200元	
12	理化标识费	元/箱	3元	
13	废弃物处理费	废弃物（元/吨）	200元	
14	产成品保管费	产成品（元/吨/月）	40元	自产成品入库第二个月起开始计收

专卖管理

国家烟草专卖局关于切实加强内部专卖管理监督检查的通知

（2009 年 5 月 25 日　国烟专〔2009〕179 号）

行业各直属单位，中国烟草实业发展中心：

国家局 3 月 27 日召开的省级局（公司）、工业公司主要负责人座谈会，要求各省级局要加强对工商企业专卖内管监督检查工作，在二季度全面开展专卖内管检查。会后各省级局结合实际情况，进行了安排布置。为确保专卖内管检查取得实效，现将有关事项通知如下：

一、提高认识，加强组织领导。严格规范是保持行业持续健康发展的生命线，任何违反规定的经营行为都是对行业保增长的严重损害。行业各单位要切实提高认识，认真组织好专卖内管检查工作，尽快纠正一季度不规范经营有所抬头的苗头性问题，维护行业良好的生产经营秩序。要切实加强组织领导，认真研究制订专卖内管检查方案，主要领导要亲自过问、亲自抓，分管领导要具体负好责，专卖部门要抓好组织实施，确保取得实效，有效解决工业企业违反生产计划、无码生产以及商业企业虚假订单、虚假入网、无码出库、经营人员与烟贩勾结等问题，巩固近年来行业加强专卖内管取得的成果，进一步推动行业持续健康发展。

二、严格检查，彻底查清存在的问题。各省级局要抽调专卖、经营等方面的业务骨干，组成得力的工作组，认真组织培训，提高检查水平，在 6 月底前全面完成专卖内管检查工作，在上报半年专卖内管工作情况报告时具体汇报专卖内管检查的组织开展情况。要根据 3 月 27 日召开的省级局（公司）、工业公司主要负责人座谈会的要求，把工业企业直接向零售客户搞宣传促销、不按码段组织生产和商业企业捆绑搭配销售、无码销售、体外循环销售卷烟、向超计划和无计划种烟农户供应烟苗等作为专卖内管检查的突出重点。要对今年以来行业内部生产经营活动进行全面检查，依照烟草专卖法律法规及国家局的规章制度认真进行清理核对，彻底查清存在的问题。要实行责任制，对检查走过场、搞形式的，一经发现，要严肃处理，追究检查组组长的责任。

三、认真整改，有效提高规范经营自律能力。各省级局要把对不规范问题的整改处理作为专卖内管检查的重要内容。对查出的问题要认真进行梳理，责成有关单位从经营理念、内控制度和队伍管理等方面深入剖析原因，有针对性地制定整改措施。要通过抓好整改，进一步端正各生产经营单位的经营理念，真正做到把发展建立在尊重市场规律、优化资源配置、良好经营秩序、保持价格稳定、切实加强管理基础之上，建立在严格规范的基础之上。要进一步完善规范经营的内控制度和机制，堵塞漏洞，形成生产经营各环节相互控制、相互制约的机制，防止不规范问题的发生。要进一步加强经营队伍的管理，对违规经营责任人要严肃处理，发挥警示教育作用，提高广大干部职工的自律意识，夯实严格规范的思想基础。

四、落实规范，扎实推进专卖内管长效机制建设。要通过专卖内管检查，认真查找专职内管人员配备不到位、职责不履行、监管机制空转、制度表面化等问题。要采取有针对性的措施，有效解决存在的问题，推动各级局严格按照行业内部专卖管理监督工作规范组织开展日常监管和定期检查工作，确保对各类烟草专卖品生产经营全过程实现科学有效监管。要及时总结推广联系单位工作经验，带动整体工作水平的提升。各级专卖内管机构要认真、正确、严格履行职责，及时发现处理违规问题。国家局将在下半年的抽查中重点对各级专卖内管机构履责情况进行检查，对于监管不作为不到位、有违规问题不查不报以及上报不处理的，要实现问责制，在对违规经营责任人进行处理的同时追究有关领导及内管人员的责任。要通过落实责任，推动专卖内管长效机制的正常运转。

国家烟草专卖局 工业和信息化部 公安部 国家工商行政管理总局关于严厉打击利用互联网等信息网络非法经营烟草专卖品的通告

（2009 年 6 月 24 日 国烟专〔2009〕242 号）

各省级烟草专卖局，各通信管理局，各省、自治区、直辖市公安厅（局）及新疆生产建设兵团公安局，各省、自治区、直辖市及计划单列市工商行政管理局：

近年来，利用互联网等信息网络非法经营烟草专卖品的现象日益增多，销售假冒伪劣卷烟问题尤为突出，扰乱市场秩序，危害公民健康，严重损害了国家利益和消费者利益。为保证国家烟草专卖法律法规的严肃性，切实维护国家利益和消费者利益，国家烟草专卖局、工业和信息化部、公安部、国家工商行政管理总局决定，严厉打击利用互联网等信息网络非法经营烟草专卖品。现将有关事项通告如下：

一、禁止未取得烟草专卖许可证的组织和个人利用互联网等信息网络非法经营卷烟、雪茄烟、烟丝、烟叶、复烤烟叶、卷烟纸、滤嘴棒、烟用丝束、烟草专用机械等烟草专卖品。依法取得烟草专卖生产企业许可证、烟草专卖批发企业许可证或者特种烟草专卖经营企业许可证的企业应当在烟草专卖行政管理部门的监督下，在指定的网络交易平台开展经营活动。烟草专卖行政管理部门、工商行政管理部门、通信管理部门和公安部门应当依照《中华人民共和国烟草专卖法》及《中华人民共和国烟草专卖法实施条例》、《烟草专卖许可证管理办法》等法律、法规和规章的规定，对利用互联网等信息网络经营烟草专卖品的行为进行监督管理。

二、禁止为非法经营烟草专卖品提供互联网信息服务。《互联网信息服务管理办法》（国务院令第 292 号）规定，互联网信息服务不得制作、复制、发布、传播含有法律、行政法规禁止的内容。除烟草专卖行政管理部门指定的网络交易平台之外，其他互联网信息服务提供者都不得为经营烟草专卖品提供互联网信息服务。互联网信息服务提供者有责任和义务通过管理制度、技术措施积极开展工作，发现有利用其平台非法从事烟草专卖品经营业务的，应立即采取措施，删除违法信息，保存有关记录并向当地烟草专卖行政管理部门、通信管理部门、公安部门、工商行政管理部门报告。

三、严厉打击利用互联网等信息网络非法经营烟草专卖品行为。各地烟草专卖行政管理部门要会同通信管理、公安、工商行政管理部门，按照国家有关法律法规的规定，严厉打击利用互联网等信息网络非法经营烟草专卖品的行为。构成犯罪的，依法追究刑事责任；尚不构成犯罪的，依法进行行政处罚。对为非法经营烟草专卖品提供服务的互联网信息服务提供者，由烟草专卖行政管理部门会同公安、工商行政管理部门责令其整改；拒不改正的，由通信管理部门依法关闭网站并吊销经营许可证或注销备案。对利用互联网等信息网络非法经营烟草专卖品的典型案件，将予以曝光，公布违法网站、违法经营者的名单，开展违法经营警示活动。

各地烟草专卖行政管理部门、通信管理部门、公安部门、工商行政管理部门要迅速行动，密切配合，建立长效工作机制，搜集违法犯罪线索，联合查处大案要案，严厉打击利用互联网等信息网络非法经营烟草专卖品违法犯罪活动，切实维护国家利益和消费者利益。

本通告自印发之日起实施。

国家烟草专卖局关于开展打击网上非法经营烟草专卖品工作的通知

（2009 年 8 月 28 日 国烟专〔2009〕339 号）

各省级局：

近年来，在互联网上非法经营烟草专卖品的活动日益增多，假烟、走私烟交易迅速增加，严重损害国家利益和消费者利益。为此，国家烟草专卖局、工业和信息化部、公安部、国家工商行政管理总局联合发布了《关于严厉打击利用互联网非法经营烟草专卖品的通告》（国烟专〔2009〕242 号），开展打击网上非法经营烟草专卖品工作。为了加大力度，确保打击取得成效，现将开展打击网上非法经营烟草专卖品工作有关事项通知如下：

一、明确工作目标

开展打击网上非法经营烟草专卖品工作，目的在于堵住网上销售假冒伪劣卷烟的通道，切断利用互联网为造假分子提供设备、补充原辅材料的途径，形成跨部门联合打击网上非法经营烟草专卖品的长效机制，切实维护国家利益和消费者利益。

二、突出工作重点

打击网上非法经营烟草专卖品活动，要重点开展四个方面的工作：

（一）清理利用各类网站非法发布的烟草专卖品经营信息；

（二）关闭非法经营烟草专卖品的网站；

（三）查办大要案，处罚在电子商务网站上非法经营烟草专卖品的商户；

（四）建立和完善网上监管技术手段和工作机制。

三、落实工作措施

（一）采取行动，打击网上非法经营烟草专卖品行为。

(1) 联合其他有关部门，召集辖区内大型电子商务网站和涉烟问题较为突出的公众网站开会，告知国家的相关政策，要求加强网上信息和交易管理，对存在的问题进行整改。

(2) 深入展开调查分析，广泛搜集网上非法经营烟草专卖品的信息，认真做好利用互联网经营烟草专卖品违法行为举报受理的相关工作，对相关线索进行分析整理，调查具体违法事实，统计金额，区分类别，确定打击重点和治理方案。

(3) 及时向通信管理部门通报情况，配合其做好关停屏蔽非法经营烟草专卖品网站工作。会同有关部门通知相关网站删除违法经营烟草专卖品的信息，清理非法经营烟草专卖品的商户。

(4) 开展重点案件查处工作，认真研究情报线索，立案调查有关案件。涉嫌犯罪的重大网络案件，要及时移交公安部门侦办。

（二）加强宣传引导工作，促进相关组织和个人的自律。

(1) 加强法律法规政策的宣传，在网站和媒体上进行相关报道，让从事网上电子商务活动的相关人员了解烟草专卖法律法规政策，消除模糊认识，提高相关从业人员守法的自觉性。

(2) 加强电子商务相关单位（网站、支付中介机构、物流企业等）的自律监督，督促其积极开展自查自纠工作。

(3) 充分总结网上非法销售烟草专卖品的危害，针对网上经营者以售假为主的基本特点，提示公众注意加强自我保护，及时举报有关信息，引导广大消费者自觉抵制购买假烟和走私烟。

(4) 加强典型案件宣传，对各单位已经查处的利用互联网非法经营烟草专卖品的案例进行整理，对重大典型案件，通过新闻媒体予以曝光，扩大影响力，起到震慑作用。

（三）逐步建立长效工作机制，综合治理利用互联网非法经营烟草专卖品活动。

(1) 加强与通信、公安、工商部门协调，建立联合工作机制，共同研究本地区利用互联网非法经营烟草专卖品情况，商定建立本地区打击相关违法活动的长效机制。

(2) 定期搜集信息，认真分析整理，发现问题随时处理，争取将问题解决在起始阶段，坚决避免网上非法烟草专卖品贸易形成较大规模。

(3) 及时总结经验，巩固成果，固化部门间协同配合的工作机制，形成长效的市场监管办法。

四、严格工作要求

（一）提高认识，明确责任。各级有关部门要充分认识打击网上非法经营烟草专卖品工作对于维护烟草市场秩序，保障国家利益和消费者利益的重要意义，各有关单位要明确职责，将任务落实到人，确保工作取得明显成效。

（二）组织落实，协同配合。各单位要紧密结合本单位本地区的实际情况，认真制订具体工作方案，采取有力措施，加强与其他相关部门的协同配合，形成合力。

（三）加强宣传，发动群众。要重视宣传工作，通过多种形式，及时报道治理网上非法经营烟草专卖品的措施及成效，加强对治理成效的正面宣传和引导并对违规企业和典型案例进行曝光和警示，同时发动广大群众举报监督，畅通举报渠道，认真及时处理举报信息。

（四）加强督导，不断总结。要加强工作指导和监督检查，各基层单位要及时上报工作进展情况，对各单位在此次行动期间摸索创新的好措施、好经验，要及时进行总结交流。

经济运行

国家烟草专卖局关于进一步加强烟草行业安全设施建设的实施意见

（2009 年 1 月 9 日　国烟运〔2009〕8 号）

行业各直属单位，中国烟草机械集团有限责任公司，中国烟草国际有限公司，中国烟草实业发展中心：

为切实加强烟草行业安全管理和企业安全基础设施建设，进一步提高企业安全技术保障水平，有效预防各类安全事故发生，特对全行业进一步加强安全设施建设提出以下意见：

一、实施目的

严格按照国家有关法规、标准，结合烟草行业实际情况，进一步加强消防安全、生产安全等安全基础设施建设，使全行业的安全技术防范水平得到显著提升，对生产经营全过程实施全面、有效的安全监控和技术防范，防止各类事故的发生，最大程度地降低因事故或突发事件造成的损失。

二、指导思想

以科学发展观为指导，坚持以人为本，安全第一的方针，以保证职工安全健康和国家财产安全为核心，进一步加大安全资金投入，切实加强企业安全基础设施建设，提高全行业安全技术防范能力。通过加强安全监控、火灾报警、自动灭火等设施建设，切实消除生产经营各环节安全监控、安全防范的盲点和死角，有效遏制各类事故的发生。

三、基本要求

（一）各烟草企业的生产经营和办公场所（含各类仓库、锅炉、配电、财务、信息、学校、宾馆、饭店等），必须按规定配置消防栓、消防水池、灭火器具等消防设施和火灾自动报警系统；安装电子监控、电子巡更系统；安装疏散指示标志、应急照明等设备；人员聚集场所要配置广播系统。

（二）各单位要加大安全基础设施投入力度，新建、改建和正在使用的烟叶、卷烟、辅料等存放丙类以上火灾危险性物质的仓库，必须符合《建筑设计防火规范》（GB50016－2006）的规定，仓库建筑达到二级以上耐火等级。仓库必须按照国家相关法规、标准和行业规定，配置安装自动灭火系统。凡不符合规范要求的仓库不得使用。

（三）厂区、库区、办公区等车辆出入频繁区域，要施画车辆分道、行驶、停放标识标线；安装限速牌、减速带、反光镜等设备。

（四）各单位要安装使用车辆管理电子信息系统；凡具备设备使用条件的地区，需安装 GPS 车辆定位装置。

（五）各单位要加强电气、锅炉、压力容器、起重等设施的运行管理，认真执行安全检测制度，安装自动监测和报警装置，杜绝电气线路、设备配件老化等问题，必须确保各类安全附件齐全、有效。

四、设施安装与维护

（一）各类安全设施在选购、安装、使用前，要由本单位安全管理部门会同财务、计划、设备等相关部门进行认真调研，结合当地自然条件，认真进行技术论证，以确保所选设施的技术先进性、适用性。

（二）安全设施产品购置、投入使用前，本单位安全管理部门要进行全程监督指导；所安装的设施、设备必须经当地相关行政主管部门和本单位安全管理部门验收通过，并报上一级安全主管部门批准后方准投入使用。

（三）所有安全设施必须具有全天候防范能力；防范区域内有熏蒸杀虫作业的，必须选用具有相应防腐能力的设施。

（四）所选安全设施必须保证质量可靠，操作简便，企业服务可靠；最大程度地选用环境适应性强，次生灾害小、抗扰能力强、技术含量高的产品。

（五）所有安全设施要指定部门和人员进行专门管理，防止因误操作、设备故障造成人身伤害或设备事故，保证设施的运行正常，防范有效；所有设施必须保证全天候值守，除按规定进行正常维修保养外，不得以任何理由将设施关闭或置入手动状态；安全设施维修保养前必须有书面报告，经本单位主要负责人同意签字后方准实施。

五、步骤要求

（一）各单位要严格按照本意见要求，根据本单位具体情况认真制定落实办法，于2009年年底前，最迟在2010年全面完成所有安全设施的安装使用工作。

（二）各单位要高度重视安全设施建设工作，依照相关法规、标准和行业有关规定并结合本单位具体情况，认真制订整体实施和阶段进度方案，于2009年2月5日前报国家局安委会办公室。国家局自2009年上半年开始，将此项工作纳入行业安全检查重要内容。

（三）确因客观情况无法在规定时间内完成安全设施建设工作的单位，请将具体情况与实施方案一并报国家局安委会办公室。

国家烟草专卖局关于加强卷烟存销比管理的意见

（2009年1月23日　国烟运〔2009〕18号）

各省级局（公司）、工业公司，中国烟草实业发展中心：

为贯彻落实2009年全国烟草工作会议精神，应对不断变化的国际国内经济形势，进一步加强和改善行业经济运行调控，确保实现“烟叶防过热，卷烟上水平，税利保增长”的目标和任务，现就加强卷烟存销比管理提出以下意见。

一、加强卷烟存销比管理是近几年烟草行业在实践中总结出来的行之有效的运行调控方法；是保证产销协调、价格稳定的有效措施；是优化资源配置，加快品牌定向整合，促进全国性重点骨干品牌发展的重要手段。

二、存销比即卷烟库存与周期内销量的比值（以月为单位）。加强卷烟存销比管理就是根据各个品牌产销存的市场情况，对牌号（规格）、生产进度和商业库存实施动态管理。

三、主要政策措施

2009年行业经济运行调控要把加强卷烟存销比管理作为调控的主要依据，凡是存销比超出合理范围的品牌要控制产量和限制调入；一、二类卷烟存销比是调控的突出重点。

（一）定期公布卷烟当期存销比调控目录

国家局将定期公布卷烟当期存销比调控目录。凡是当期存销比高于目录中调控标准的牌号（规格），国家局将对工商企业下达限产限调令。现公布《2009年2月份一、二类卷烟存销比调控目录》（详见附件）。

（二）加强生产进度管理，优化资源配置

1. 依据卷烟存销比按月度下达生产进度计划。对卷烟存销比合理的省级工业公司下达正常生产进度计划；对卷烟存销比偏高的省级工业公司严格控制其生产进度计划并冻结其部分进度计划。

2. 首先，被冻结的生产进度计划要用于优化结构，生产适销对路的卷烟产品；其次，要将已签订的定向整合生产进度提前执行；第三，要进一步加大定向整合的力度，生产有加工关系及适销对路的定向加工品牌。

四、相关要求

各工商企业要把卷烟存销比管理放在更加突出的位置，以市场为导向，主动调控，进一步优化产品结构和市场布局，采取切实有效措施，增加有效货源，共同满足市场，确保合理的库存水平。

（一）各省级工业公司，一要结合品牌、企业和市场的情况，制订卷烟存销比管理办法实施细则，深度了解商业库存情况，依据卷烟存销比合理安排生产结构和进度、均衡调拨，使卷烟存销比保持在合理水平；二要突出一、二类卷烟存销比调控，凡卷烟存销比高于全国平均水平和同期水平的要主动限产限调。

（二）各省级局（公司），一要结合本省（区、市）实际情况，编制卷烟存销比管理办法实施细则，依据卷烟存销比合理安排卷烟调入数量和市场投放节奏，各品牌卷烟存销比高于全国平均水平和同期水平的，要主动限调；二是加强市场监测，全面掌握零售户库存情况，加强对社会库存分析，依据零售户存销比合理安排投放量和节奏，保证产品不积压不断档，确保价格稳定。

附件：2009年2月份一、二类卷烟存销比调控目录（略）

国家烟草专卖局关于全面开展对标工作的意见

（2009 年 3 月 3 日　国烟运〔2009〕49 号）

各省级局（公司）、工业公司，中国烟草实业发展中心：

为建设“严格规范、富有效率、充满活力”的中国烟草，狠抓基础管理，进一步提升管理水平，提高发展质量，转变发展方式，有效控制成本费用，切实提高效率与效益，现就在全行业开展对标工作提出如下意见。

一、对标对象

烟草行业工商企业。

二、对标内容

《卷烟工业企业对标指标》（附件 1）、《烟草商业企业对标指标》（附件 2）。

三、工作目标

全面开展对标工作，对照国内外同行业主要经济管理指标，对比先进找差距，突出人工成本、包装成本、烟叶成本、香精香料成本、宣传促销费用、物流费用、劳动效率、节能降耗等关键指标，实行标杆管理，制定改进措施，不断向先进水平迈进。通过一段时期的努力，使大部分工商企业逐步缩小与国内先进企业管理水平的差距，使先进企业达到或接近国外同行先进企业水平，全面推进行业企业管理水平的整体提升。

四、工作实施

全行业要把对标工作当做加强基础管理的重要措施，切实加强对标工作的领导，精心组织开展对标工作，突出对标工作的重点，防止对标工作流于形式，力求各项经济管理指标水平取得明显的提高。

国家局负责统一组织全行业的对标工作，统一口径，统一标准，完善对标体系，定期公布工商企业经济管理指标的平均水平和先进水平，总结推广先进企业的典型经验。各省级局（公司）、省级工业公司负责所属工商企业的对标工作。

1. 数据公布。国家局根据对标指标内容，每季度公布一次数据。

2. 对标检查。各单位根据国家局的对标指标体系，对自身基础管理状况进行摸底并深入分析，充分掌握本企业各类经济管理指标的基本情况，对照行业先进指标，分析原因，查找差距。

3. 制定措施。按照查找出的差距，制订有针对性的改进措施。重点要控制成本费用，制订切实可行的改进方案和实施进度计划。

4. 组织实施。各单位根据改进方案和实施进度计划，将改进措施分解落实到部门、单位和员工，加强管理诊断，保证对标工作落到实处，同时加强对标工作成效评估，撰写对标指标评估分析报告。

5. 持续推进。各单位要认真总结企业对标实践过程中形成的行之有效的措施、方法和经验，不断巩固对标工作成果，及时调整对标指标目标值，开展更高层面的对标，将对标工作深入持续地开展下去。

6. 加强领导。对标工作是一项长期的，涉及面广的综合性工作，各单位主要领导要负责全面协调，分管领导具体抓落实，建立由企业管理部门牵头，各相关部门参加的对标工作例会制度。

附件： 1. 卷烟工业企业对标指标
2. 烟草商业企业对标指标

附件 1

卷烟工业企业对标指标

序号	指标类别	指标名称	指标释义或计算公式	2008 年平均指标	2008 年先进指标
1	效率指标	全员劳动生产率（箱/人）	卷烟产量/在岗人员人数	352.47	561.09
2		全员人均销售收入（万元/人）	卷烟销售收入/在岗人员人数	323.69	775.09
3		设备有效作业率（%）	计划开机时间内的实际产量/计划开机时间内的理论产量＊100%	85.81	93.43

续表

序号	指标类别	指标名称			指标释义或计算公式	2008 年平均指标	2008 年先进指标
4	能耗指标	万元产值综合能耗（公斤标准煤/万元）			烟草主业能源消耗/工业产值	26.00	10.44
5		万支卷烟综合能耗（公斤标准煤/万支）			烟草主业能源消耗/卷烟产量	4.29	2.13
6	费用指标	卷烟三项费用率（%）			卷烟三项费用/卷烟销售收入＊100%	9.91	5.72
7		在岗人员人工费用占销售收入比重（%）			在岗人员人工费用/卷烟销售收入＊100%	3.92	2.14
8		宣传促销（含广告）费用占销售收入比重（%）			卷烟宣传促销费用（含广告）/卷烟销售收入＊100%	1.02	0.47
9		管理费用占销售收入比重（%）			管理费用/卷烟销售收入＊100%	7.43	4.20
10	成本指标	生产成本		单箱生产成本（元/箱）	生产成本/卷烟产量	2754.16	2331.71
11		烟叶成本		烟叶成本占生产成本的比重（%）	烟叶成本/生产成本＊100%	44.01	38.49
12				一类烟单箱烟叶成本（元/箱）	一类烟烟叶成本/一类烟卷烟产量	1859.87	1636.98
13				二类烟单箱烟叶成本（元/箱）	二类烟烟叶成本/二类烟卷烟产量	1690.31	1412.47
14				三类烟单箱烟叶成本（元/箱）	三类烟烟叶成本/三类烟卷烟产量	1459.07	1246.71
15				四类烟单箱烟叶成本（元/箱）	四类烟烟叶成本/四类烟卷烟产量	1149.47	924.98
16				五类烟单箱烟叶成本（元/箱）	五类烟烟叶成本/五类烟卷烟产量	735.35	571.31
17	成本指标	香精香料成本		香精香料成本占生产成本的比重（%）	香精香料成本/生产成本＊100%	2.53	1.67
18				一类烟香精香料单箱成本（元/箱）	一类烟香精香料成本/一类烟卷烟产量	151.85	40.15
19				二类烟香精香料单箱成本（元/箱）	二类烟香精香料成本/二类烟卷烟产量	79.12	43.77
20				三类烟香精香料单箱成本（元/箱）	三类烟香精香料成本/三类烟卷烟产量	67.67	46.68
21				四类烟香精香料单箱成本（元/箱）	四类烟香精香料成本/四类烟卷烟产量	67.42	29.27
22				五类烟香精香料单箱成本（元/箱）	五类烟香精香料成本/五类烟卷烟产量	58.46	31.45
23	成本指标	主要材料成本		主要材料成本占生产成本比重（%）	主要材料成本/生产成本＊100%	31.25	25.17
24			盒皮成本	盒皮成本占生产成本比重（%）	盒皮成本/生产成本＊100%	19.88	13.77
25				一类卷烟的盒皮单位成本（元/箱）	一类卷烟盒皮成本/一类卷烟产量	1484.94	718.99
26				二类卷烟的盒皮单位成本（元/箱）	二类卷烟盒皮成本/二类卷烟产量	964.93	716.51
27				三类卷烟的盒皮单位成本（元/箱）	三类卷烟盒皮成本/三类卷烟产量	648.35	399.50
28				四类卷烟的盒皮单位成本（元/箱）	四类卷烟盒皮成本/四类卷烟产量	521.58	213.71
29				五类卷烟的盒皮单位成本（元/箱）	五类卷烟盒皮成本/五类卷烟产量	204.39	117.09

续表

序号	指标类别	指标名称			指标释义或计算公式	2008年平均指标	2008年先进指标
30	成本指标	主要材料成本	盘纸成本	盘纸成本占生产成本比重（%）	盘纸成本/生产成本＊100%	1.76	1.39
31				一类卷烟的盘纸单位成本（元/箱）	一类卷烟盘纸成本/一类卷烟产量	59.79	45.27
32				二类卷烟的盘纸单位成本（元/箱）	二类卷烟盘纸成本/二类卷烟产量	56.75	44.69
33				三类卷烟的盘纸单位成本（元/箱）	三类卷烟盘纸成本/三类卷烟产量	53.95	45.14
34				四类卷烟的盘纸单位成本（元/箱）	四类卷烟盘纸成本/四类卷烟产量	47.73	40.58
35				五类卷烟的盘纸单位成本（元/箱）	五类卷烟盘纸成本/五类卷烟产量	39.50	24.13
36			嘴棒成本	嘴棒成本占生产成本比重（%）	嘴棒成本/生产成本＊100%	9.60	6.96
37				一类卷烟的嘴棒单位成本（元/箱）	一类卷烟嘴棒成本/一类卷烟产量	447.67	213.33
38				二类卷烟的嘴棒单位成本（元/箱）	二类卷烟嘴棒成本/二类卷烟产量	306.54	207.58
39				三类卷烟的嘴棒单位成本（元/箱）	三类卷烟嘴棒成本/三类卷烟产量	273.21	205.40
40				四类卷烟的嘴棒单位成本（元/箱）	四类卷烟嘴棒成本/四类卷烟产量	264.37	203.62
41				五类卷烟的嘴棒单位成本（元/箱）	五类卷烟嘴棒成本/五类卷烟产量	231.98	193.65
备注	1. 人工费用指工资性支出。						
	2. 主要材料包含：盘纸、嘴棒、盒皮。						
	3. 2008年度平均值和先进值作为参考指标和指导性指标，财务相关数据出自量本利报表。						

附件2：

烟草商业企业对标指标

序号	指标类别	指标名称	指标释义或计算公式	2008年平均指标	2008年先进指标
1	效率指标	人均劳动效率（卷烟）（箱/人）	卷烟销量/在岗人员人数（扣除从事烟叶经营人员）	214.70	510.03
2		人均卷烟销售收入（万元/人）	销售收入/在岗人员人数（扣除从事烟叶经营人员）	279.75	884.11
3		人均劳动效率（烟叶）（担/人）	烟叶产量/在岗人员人数（扣除从事卷烟经营人员）	528.22	1062.26
4		人均烟叶销售收入（万元/人）	销售收入/在岗人员人数（扣除从事卷烟经营人员）	65.03	118.03
5	卷烟费用指标	卷烟三项费用率（%）	卷烟（经营费用＋管理费用＋财务费用）费用/卷烟销售收入＊100%	7.36	3.07
6		人工费用占销售收入比重（%）	在岗人员人工费用/卷烟销售收入＊100%	2.43	0.89
7		单箱人工费用（元/箱）	在岗人员人工费用/卷烟销量	304.13	110.68
8		物流费用占销售收入比重（%）	卷烟物流费用/卷烟销售收入＊100%	1.37	0.84
9		单箱物流费用（元/箱）	卷烟物流费用/卷烟销量	166.64	83.55
10		单箱卷烟经营费用（元/箱）	卷烟经营费用/卷烟销量	273.40	96.96
11		单箱卷烟管理费用（元/箱）	卷烟管理费用/卷烟销量	678.00	425.99

续表

序号	指标类别	指标名称	指标释义或计算公式	2008 年平均指标	2008 年先进指标
12	烟叶费用指标	每担人工费用（元/担）	在岗人员人工费用/烟叶总产量	81.13	21.42
13		每担管理费用（元/担）	管理费用/烟叶总产量	198.00	62.31
14		每担经营费用（元/担）	经营费用/烟叶总产量	121.79	34.98
15		人工费用占销售收入比重（%）	在岗人员人工费用/烟叶销售收入 * 100%	6.67	1.52
16		管理费用占销售收入比重（%）	管理费用/烟叶销售收入 * 100%	11.49	2.18
17		经营费用占销售收入比重（%）	经营费用/烟叶销售收入 * 100%	9.10	2.07
备注	1. 在岗人员人数：对有卷烟销售和烟叶生产的公司，人员职责界定不清的（职责交叉的），按照两项业务的销售收入的比例来确定从事该项业务的人员人数。				
	2. 人工费用指工资性支出。				
	3. 2008 年度平均值和先进值作为参考指标和指导性指标，部分财务相关数据出自量本利报表。				

中国烟草总公司关于印发设备管理办法（试行）的通知

（2009 年 4 月 30 日　中烟办〔2009〕84 号）

行业各直属单位：

为进一步加强总公司设备管理工作，现将《中国烟草总公司设备管理办法》（试行）印发给你们，请结合各单位实际情况，认真贯彻执行。各单位在贯彻执行中有何问题和建议，请及时报总公司。

中国烟草总公司设备管理办法（试行）

第一章　总　则

第一条　为进一步加强中国烟草总公司（以下简称总公司）的设备管理工作，提高技术装备和管理的现代化水平，保障企业设备安全生产，节约能源、保护环境，促进设备资源有效利用、运行经济合理，充分发挥设备资源为烟草行业发展提供支撑和保障的基础作用，依据《中华人民共和国烟草专卖法》及国家有关设备管理法规制订本办法。

第二条　本办法适用于总公司，各省级烟草公司、省级工业公司、专业性公司和郑州烟草研究院等（以下简称直属公司）及其所属工商企业、单位（以下简称基层企业，包括多元化经营企业和项目）；本办法中总公司、直属公司和基层企业统称企业。

第三条　本办法所称设备是指企业在设计、试验、生产、运营等领域可供长期使用的机器、设施、装置、仪表仪器和机具等固定资产。

第四条　总公司将持续推进设备管理体系的建设和完善，各直属公司及基层企业要按照建立现代企业制度的要求，建立适应行业发展需要的设备管理体系并从组织、经济、技术等方面采取措施，将设备的实物形态管理和价值形态管理相结合，对设备生命周期的全过程进行综合管理。

第五条　设备管理遵循依靠技术进步、以人为本、促进经济发展、预防为主、保障安全、保护环境和节能降耗的方针，紧密围绕行业改革、发展的中心工作，坚持设计、制造、规划、采购与使用相结合，维护与检修相结合，修理、改造与更新相结合，专业管理与全员管理相结合，技术管理与经济管理相结合，全生命周期管理与重点阶段管理相结合的原则，对行业企业设备进行分级、分类管理。

第六条 设备管理要做到统筹规划，合理配置，正确使用，精心维护，科学检修，适时更新和改造，提高行业技术装备水平，实现设备寿命周期费用经济、综合效能优化，保证设备资产取得良好的投资效益和社会效益。

第七条 总公司鼓励并支持设备工程技术和管理技术方面的研究、创新和实践，积极推广应用现代设备管理方法和科学技术成果。

第二章 分级管理

第八条 设备管理实行总公司、直属公司、基层企业分级管理。各级设备管理相关部门各司其责。

第九条 总公司设备管理主要职责：

（一）贯彻国家有关设备管理的方针、政策、法规，负责制订并实施行业设备管理制度；

（二）执行国家烟草专卖局固定资产投资管理办法，负责为企业的技术改造和烟草机械购置提供技术咨询，为国家烟草专卖局的烟草机械购置审批提供设备数据和技术意见；

（三）审批烟草专用机械的转让、租借与报废；

（四）组织协调行业设备日常管理工作，开展行业设备技术经济指标分析和使用评价工作；

（五）负责推广新设备、新技术，发布淘汰设备目录；

（六）组织开展行业设备管理的教育培训工作和经验交流活动。

第十条 直属公司设备管理主要职责：

（一）贯彻国家、行业、地方有关设备管理的方针、政策、法规，执行总公司的设备管理制度和要求，制订所辖范围的设备管理规章制度，实施设备安全生产管理和监督；

（二）结合本单位发展规划编制投资规划，审核、上报设备购置计划和烟草专用机械转让、租借、报废申请，制订、上报烟草专用机械设备大修理计划；

（三）组织开展所辖范围设备技术经济指标分析和使用考核、评价工作；

（四）负责所辖范围设备报表的统计、分析及上报工作；

（五）组织开展所辖范围设备管理的教育培训工作和经验交流活动。

第十一条 基层企业设备管理主要职责：

（一）贯彻执行国家、行业、地方有关设备管理的方针、政策、法规，执行总公司及直属公司设备管理制度和要求；构建企业设备管理体系，建立、健全设备管理的规章制度及措施。

（二）制订、实施企业设备管理的规划；根据企业实际生产经营需要，提出新增设备购置和现有设备的更新、改造需求，提出烟草专用机械转让、租借、报废申请。

（三）负责企业设备的日常管理工作，保证设备处于良好状态，为生产的正常运行提供装备保障。

（四）开展、落实设备管理的绩效评价工作，不断提高设备管理水平。

（五）加强设备安全生产、节能环保工作，推广应用先进的设备管理方法和技术，优化维修策略，组织开展设备管理培训工作及经验交流活动。

（六）负责设备报表的统计、分析及上报工作，做好设备档案管理工作。

第三章 分类管理

第十二条 行业对设备实行分类管理，其类别分为烟草专用机械、特种设备和通用设备。

第十三条 烟草专用机械是指《烟草专用机械名录》（国烟法〔2004〕294 号）所定义范围内的设备，其管理须严格遵守国家烟草专卖管理的法律、法规，是行业设备管理的工作重点。

第十四条 特种设备是指国家质量监督检验检疫总局《特种设备目录》（国质检〔2004〕31 号）所界定的设备，其管理须严格执行国家和地方人民政府关于特种设备管理的各项要求。

第十五条 通用设备是指除烟草专用机械和特种设备以外的公用工程、计量、信息化、物流、环保等设备，其管理以国家、行业、地方的有关要求为依据开展工作。

第四章 基础管理

第十六条 企业要加强设备管理基础工作，建立、健全设备管理机构，依据设备管理分级、分类原则，建设、完善企业设备管理体系。

第十七条 企业要按照国家有关规定和要求，界定设备固定资产并提取折旧，做好设备资产的管理工作。

第十八条 企业要按行业设备固定资产统一编号规定做好设备资产的分类、注册与编号，做好设备台账的管理工作。

第十九条 企业要建立和完善设备基础资料，做好设备档案管理工作，做到账、物、卡（或电子数据）相符并定期复查核实。

第二十条 企业要做好设备变动管理工作，主要包括设备安装验收和移交生产、封存、移装、转让、租借、报废处理等引起的设备变动。

（一）设备的安装验收和移交生产、使用是设备生命周期全过程管理的关键环节。设备安装调试经验收达到技术要求后，应及时办理设备移交和转入固定资产手续。

（二）封存设备应及时记录并指定专人保管；设备封存前要进行全面维护并做好设备封存后的防尘、防锈、防潮等工作；所有封存设备应保持完好并列入设备检查范围。

封存设备重新启用前，要经过技术鉴定，符合技术要求后方可使用。

（三）烟草专用机械的转让、租借和报废要按行业有关规定进行审批并按程序规范、有序地开展，转让设备应随带设备档案。

第二十一条 企业要积极开展设备经济技术指标统计分析工作并指定专人负责，统计内容应做到真实、准确。

第二十二条 企业要建立设备故障管理体系，包括设备故障、维修信息的积累、数据处理和统计、分析工作。

第二十三条 企业要加强和规范信息化技术在设备管理工作中的应用，不断提高设备管理工作效率和水平。

第五章 前期管理

第二十四条 设备购置、更新、改造工作要按照国家、行业及地方有关法律、法规、规定、要求进行并按程序规范、有序地开展。

第二十五条 企业设备管理部门要负责或参与设备购置、更新、技术改造的前期管理工作，包括调研、规划、安装、调试、验收等工作，负责或配合做好可行性分析工作。

第二十六条 企业要收集设备技术发展和设备使用的信息，为设备选型、改造等决策提供依据。

设备使用初期在质量、效率、运行方面存在的问题要向设备供应商反馈并及时解决。

第六章 使用管理

第二十七条 企业要建立、健全设备使用、维护制度并严格执行。

第二十八条 设备投产、使用前，企业要组织技术管理人员和操作人员掌握设备的性能和使用、维护方法，重要生产设备应制定试运行方案。

第二十九条 设备作业现场要保持整洁、明快，实施定置化管理，指示与标识明确，通过科学设计，达到人、机、空间优化组合。

第三十条 企业要合理使用设备，避免超负荷、不规范使用。

第三十一条 生产设备使用要实行岗位责任制，操作人员培训合格方可上岗并做好运行记录；多班制生产的设备，要执行设备交接班制度。

第三十二条 企业要建立、健全设备点检、巡检等制度，及时、全面掌握设备技术状态。

第三十三条 企业必须严格执行国家有关强制检验规定，专人管理特种设备，遵守安全技术操作规程，定期进行负荷或预防性试验，保证设备安全、可靠、经济、合理运行。

第三十四条 企业要建立、健全设备润滑管理制度并做好设备润滑工作。

第七章 维修管理

第三十五条 企业要建立、健全设备维修制度并严格执行。

第三十六条 维修人员在从事维修工作前，要进行相关的安全、维修理论和维修技能培训，经考试合格后方能从事维修工作。

第三十七条 设备维修要做好维修记录，故障预测、报修、维修、排除要形成闭环控制并做好故障的分析工作。

第三十八条 企业要以设备综合效益最大化为目标，开展设备维修策略分析和选择工作；设备预防维修要根据生产计划和设备特点开展。

第三十九条 设备维修包括大修理、项目修理和日常修理。

（一）大修理

设备的大修理要对所修设备进行全部解体，修理基准件，修复或更换全部磨损件，同时修理、修整电气部分以及外表翻新，从而全面消除设备修前存在的缺陷，恢复设备原有的精度、性能和效率。

烟草专用机械大修理工作要按照行业有关规定组织开展。

通用设备和特种设备的大修理工作要按照国家通用和强制性要求组织开展。

（二）项目修理

项目修理是根据设备的技术状态，对设备精度、功能达不到工艺要求的某些部位，按需要进行针对性修理，以恢复设备精度、性能。

对于委外开展的烟草专用机械设备项目修理工作要按照行业有关规定组织开展。

对于委外开展的通用设备和特种设备的项目修理工作，须按照国家通用和强制性要求选择具备资质的承修方组织开展。

（三）日常修理

设备的日常修理是按定期维修规定的内容或针对

日常点检和定期检查发现的问题，部分拆卸零部件进行检查、修整，更换或修复少量磨损件，同时通过检查、调整、紧定机件等技术手段，恢复设备使用性能。

日常修理工作由企业根据实际情况有针对性地开展。

第四十条 企业要加强设备修理工作的计划管理。直属公司要组织编制年度设备修理计划。

第四十一条 设备修理计划要纳入企业生产计划。基层企业要根据生产安排和修理计划，编制修理作业计划，包括修前技术准备和生产准备。

第四十二条 设备大修理的验收，要由承修方和企业设备管理、生产使用、质量管理等部门，依据合同规定的验收标准组织进行。

第四十三条 烟草专用机械生产、维修用零配件的采购、使用等工作要按照行业的有关规定组织开展。

通用设备和特种设备零配件要按比质比价原则择优采购。

第四十四条 企业要有专业人员负责编制零配件储备定额，完善零配件储备信息，优化库存，保证储备经济合理。

第八章　改造、更新与报废管理

第四十五条 直属公司及基层企业要加强设备改造与更新管理工作，根据产品开发规划，结合工艺改进和设备技术状况制订设备改造与更新计划。

第四十六条 设备改造是指应用新技术和先进经验，适应生产需要，改变现有设备的结构（为旧设备更换、增添新部件、新装置、新附件），改善现有设备的技术性能的工作。

烟草专用机械改造后的性能要符合行业有关管理要求。

第四十七条 设备更新原则上是用技术性能先进的设备更换技术性能落后又无法修复、改造的设备。凡符合下列情况之一的设备，可以更新：

（一）役龄过长、设备老化，技术性能落后、生产效率低、经济效益差的设备；

（二）通过技术分析，维修改造后其技术性能不能满足生产工艺要求、保证产品质量的设备；

（三）通过经济分析，进行修理、改造后，虽能基本满足生产工艺和产品质量要求，但修理、改造不经济的设备；

（四）严重浪费能源、污染环境、危害人身安全与健康，进行改造又不经济的设备；

（五）国家、行业、地方规定应当淘汰的设备。

第四十八条 设备报废前要组织技术鉴定，区别情况进行处理。

烟草专用机械的报废、销毁处理要按行业有关规定执行；凡符合以下条件之一的设备，可以申请报废：

（一）列入国家或行业公布的必须淘汰的设备名录中的烟草专用机械；

（二）不符合国际、国内环境保护有关规定要求，列入国家要求被替代的烟草专用机械；

（三）技术落后、已不能满足烟草制品生产工艺或质量要求，行业技术装备政策明确要求淘汰替换的烟草专用机械；

（四）符合国家及行业有关固定资产管理规定的使用年限、折旧提取等要求，且已无实用价值的烟草专用机械；

（五）大修理成本过高，且经技术经济论证已无修理价值的烟草专用机械。

对于取得报废批准的烟草专用机械回用，须提出申请并经总公司审批后方可回用。

特种设备的报废、销毁处理要按国家、地方有关规定严格执行。

通用设备的报废、销毁处理要按社会通行办法处理。

第九章　技术与经济管理

第四十九条 企业要加强设备生命周期全过程的技术、经济管理。

第五十条 企业要在设备管理全过程的各个环节，开展技术和经济分析、评价工作，论证设备投入、材料、使用、维修和技术等要素的综合效果。

第五十一条 企业在设备的购置、修理、改造、更新时，要加强项目管理和资金控制工作。

第五十二条 企业要通过设备的技术、经济管理，不断提高现有设备的技术水平和利用效率，充分发挥设备资产的投资效益。

第十章　安全、环保与节能

第五十三条 企业必须遵守国家、行业、地方有关设备安全的法律、法规、标准、制度和要求，加强设备安全管理，努力实现设备本质安全。

第五十四条 企业生产经营活动要以设备的安全运行为前提，及时发现隐患，排除故障，确保生产安全。

第五十五条 企业用于生产、储存、运输易燃、易爆、有毒、有害危险品的设备，必须符合国家相应的规定。

第五十六条 设备的安全保护装置必须完好灵敏、可靠并定期检测，不准擅自拆除或停用；定期对电气设备进行检查和预防性试验；对易受恶劣气候、环境影响的室外作业设备，要有相应的防护措施。

第五十七条 企业要定期对设备开展技术性能和安全可靠性评价，制定防范措施和应急处理预案，确保设备的安全可靠运行。

第五十八条 设备因非正常原因损坏并造成停产或降低使用效能的均视为设备事故。

企业发生设备事故要按照行业有关安全生产管理规定做好事故报告、现场保护、事故调查、事故处理等工作。

第五十九条 企业设备运行的能耗、污染物的排放要达到国家、行业、地方规定的标准。

第六十条 企业要采取防护措施，将设备产生的电磁波辐射、放射性和噪声污染等控制在国家规定范围内。

第六十一条 行业对危及安全环保的设备和高能耗设备实行淘汰制度；企业不得制造、销售、使用、出租、转让国家、行业、地方明令淘汰的设备。

第六十二条 行业推广使用新能源、可再生能源设备，鼓励采用先进技术提升设备的节能和环保水平；同时积极引导企业采用设备工程新技术，促进设备的绿色维修、更新和改造。

第十一章 资源管理

第六十三条 加强和规范设备的整机、维修服务、零配件等资源体系建设，促进设备资源的优化配置与合理流动。

第六十四条 健全行业设备资源的信用管理体系，继续实行设备资源交易与服务的合同制度，交易各方在质量、价格、交货期及后续服务等方面，要严格履行合同，做到诚实守信。

第六十五条 指导、组织设备维修技术标准和设备维修价格体系的制订，保证设备维修质量和公平交易。

第六十六条 建立、健全烟草专用机械维修服务企业的资质认定和市场准入制度，规范设备维修服务市场秩序。

第六十七条 推进设备零配件的标准化、通用化、系列化。生产、采购、销售的零配件要符合相应的技术、安全、质量和环保标准。

第十二章 教育与培训

第六十八条 总公司将开展设备管理交流与培训工作，促进行业设备管理经验交流。

第六十九条 直属公司要按总公司要求，开展所辖范围内的设备管理与维修专业人员的业务交流与培训。

第七十条 基层企业要建立设备管理人员、维修人员和操作人员的培训制度并积极开展企业内培训、交流工作。

第十三章 考核与评价

第七十一条 总公司按照分级、分类管理原则，建立、健全设备管理工作评价体系。

各直属公司要根据总公司统一要求，建立、健全所辖范围内的设备管理评价体系并组织所辖范围内的考核工作。

基层企业要按上级要求和基层企业实际情况，建立、健全基层企业设备管理评价体系并组织基层企业内的考核工作。

第七十二条 总公司根据设备管理工作的评价结果，对设备管理工作中做出显著成绩的单位给予表彰，对设备管理工作开展不力的单位给予通报批评。

第七十三条 设备管理工作开展情况将作为评价直属公司、基层企业设备购置、更新和技术改造申请的重要依据。

第十四章 附则

第七十四条 总公司、直属公司、基层企业要根据本办法制订所辖范围内有关设备管理制度。

第七十五条 本办法由总公司负责解释。

第七十六条 本办法自印发之日起施行。

国家烟草专卖局关于加快培育全国性重点骨干品牌的指导意见

（2009 年 5 月 22 日 国烟运〔2009〕175 号）

各省级局（公司）、工业公司，中国烟草实业发展中心：

为加快培育全国性重点骨干品牌，持续提升市场竞争能力和水平，不断提高中国烟草总体竞争实力，保持行业持续健康发展，现提出以下指导意见。

一、加快培育全国性重点骨干品牌的重要意义

品牌是竞争力的集中体现，也是优化资源配置，促进生产要素合理流动的有效载体。全国性重点骨干

品牌是全国性知名度、美誉度和忠诚度较高、居于市场主导地位的中高档卷烟品牌，在品牌规模、产品结构、市场覆盖面、技术含量等方面具有比较优势。加快培育全国性重点骨干品牌是保持行业持续健康发展的关键所在。

近年来，随着行业改革的不断深化，中国卷烟品牌发展经历了三个阶段。第一阶段突出“两个扶持”，国家局公布36个名优卷烟目录，拉开了行业实施品牌战略的序幕；第二阶段突出“两个整合”，国家局印发百牌号目录，有力促进了品牌整合；第三阶段突出“两个培育”，国家局出台《中国卷烟品牌发展纲要》，制订了全国性重点骨干品牌评价体系并公布了前20名全国性重点骨干品牌评价结果，标志着行业真正进入了有序竞争的品牌发展时期。中国卷烟品牌发展的实践表明，适度竞争是品牌发展的动力，市场环境是品牌发展的基础，科技创新是品牌发展的源泉，政策引导是品牌发展的保障。

当前，全行业培育品牌的意识不断增强，全国统一大市场初步形成，工商企业培育品牌的专业化水平逐步提升，全国性重点骨干品牌规模不断扩大，产品结构持续提升，市场覆盖面不断提高，对行业经济运行质量和效益的支撑作用日显突出。截至2008年底，全国性重点骨干品牌商业销量为9391.75亿支(1878.35万箱)，占行业总销量比重42.91%，其中一、二类卷烟销量占全国所有一、二类卷烟总销量的比重为77%，全国性重点骨干品牌总销量中一、二类卷烟的比重为32%。全国性重点骨干品牌省际间交易比重为63.57%，实现工业税利1997.34亿元，占卷烟工业税利比重66.38%。

但是，行业品牌发展仍存在一些较为突出的问题。一是全国性重点骨干品牌的规模、结构、效益水平还亟待提高。二是品牌的科技含量有待提升。三是品牌培育公平公正的市场环境还有待完善。四是品牌扩张与优质烟叶保障的矛盾有待缓解。加快培育全国性重点骨干品牌，着力解决好这些突出问题，是“卷烟上水平”的具体体现，对于行业的改革发展和提升行业整体竞争实力至关重要，是行业落实科学发展观、实现持续健康发展的战略选择。

二、加快培育全国性重点骨干品牌的指导思想和目标任务

（一）指导思想

深入贯彻落实科学发展观，按照中国卷烟品牌发展纲要的要求，坚持“中式卷烟”发展方向，以“百牌号”为基础，以技术创新和质量保障为支撑，以加强工商协同为途径，以培育十多个重点骨干品牌为目标，营造公平公正的市场环境，优化资源配置，加快培育全国性重点骨干品牌，全面提升品牌市场竞争能力和水平，实现以品牌参与竞争，以品牌赢得市场，以品牌推进发展，保持行业持续健康发展。

（二）目标任务

当前，要把培育全国性重点骨干品牌的重点放在一、二、三类卷烟上，四、五类卷烟一般以地产地销为主，形成目标明确、效率提高、竞争有序、水平提升的品牌发展格局。

至2011年底培育全国性重点骨干品牌的主要目标是：

1. 品牌规模不断扩大。产销规模以每年10%左右的速度增长；在全国卷烟品牌定向整合产量中的比重每年增加5个百分点左右。

2. 产品结构持续提升。品牌中一、二类卷烟产销规模以每年20%左右的速度增长，逐步提高在全国一、二类卷烟中的比重。

3. 市场覆盖面不断提高。省际间交易比重每年增加2个百分点左右。

4. 价格稳中有升。品牌零售价格指数总体保持稳定。

5. 技术含量不断提升。平均焦油释放量≤12mg/支；一类卷烟感官质量评价得分≥88，二类卷烟感官质量评价得分≥80；产品在当年的市场抽检中合格率达到100%。

6. 品牌对经济运行支撑作用不断增强。销售收入贡献率每年增加3个百分点左右。

三、加快培育全国性重点骨干品牌的工作要求和政策措施

（一）工业企业要持续提升全国性重点骨干品牌的核心竞争力

1. 完善品牌发展规划。紧紧围绕加快培育全国性重点骨干品牌，进一步完善卷烟品牌发展规划。品牌规划制订要结合自身发展的客观实际情况和市场竞争格局，清晰品牌定位，突出主导规格，明确发展方向和目标。规划实施要以培育全国性重点骨干品牌为重点，一、二类卷烟主导规格的产销比重逐年增加；低危害、低焦油卷烟产品比重不断提升；四、五类卷烟规格产销比重逐年减少；单品牌规格数原则上不超过10个。品牌发展要突出成本控制能力、盈利能力、创新能力和品质保障能力的培养和提升。

2. 健全技术创新机制。更加突出技术中心建设，

提高组织效率，不断完善企业技术创新体系。加大科技投入，确保用于全国性重点骨干品牌的研发费用逐年增加；加快产学研合作，加快科技成果转化；加大人才引进力度，更加注重科技领军人物的培养和使用，努力营造有利于调动科研人员积极性和创造性的良好氛围，建立健全技术创新的激励和约束机制。

3. 提升持续创新能力。开展以技术创新为着力点的卷烟品类构建工作，把品类构建作为持续提升创新能力的重要课题和实现由销售向营销转变的重要内容，不断丰富中式卷烟内涵，使品牌在细分市场上拥有较强竞争优势，开发和培育一批定位清晰、风格显著、危害性低、质量安全稳定的中式卷烟代表品牌。

转变研发观念，积极创新产品研发模式。将产品研发前移，深入挖掘消费者潜在需求，不断提高创造需求、引导消费的能力；在研发过程中，始终坚持突出品牌的风格特色，加强数字化配方、均质化加工等方面的技术研究。建立烟叶数据库、配方设计、辅材设计等管理子模块的数字化产品设计系统，实现烟叶配方、香精香料配方、辅材设计和加工技术的协调统一。

加快推进重大科技专项实施，加强基础理论和应用技术研究，着力突破减害降焦、增香保润等重大关键技术，在配方设计、特色工艺、加香加料等核心技术方面拥有自主知识产权，形成品牌难以复制和模仿的核心竞争优势。

4. 提高品牌品控水平。针对全国性重点骨干品牌要建立一套符合自身品牌发展要求，高于国标规定的品控体系和标准并贯彻落实。强化全员质量意识，进一步培训和提升各类品控人员的业务能力，提高管理效能。通过“系统化设计、精细化加工、智能化控制”，提高生产系统和质检系统的过程控制能力；不断优化工艺流程和工艺参数，使产品始终处于稳定的受控状态；不断提高产品加工控制精度和质量的稳定性，防范品牌质量风险。

5. 增强成本控制能力。在行业全面开展对标工作的基础上，加大品牌对标工作力度，对于包装成本、烟叶成本、香精香料成本、宣传促销费用等关键指标，实行标杆管理。增强节能环保意识，加大新材料、新技术、新工艺、新方法的应用，有效降低成本，提高产品质量。通过持续改进切实降低各项成本费用，提升成本控制能力，增强产品的成本竞争力。

（二）商业企业要努力提升培育品牌的软实力

1. 切实承担品牌培育责任。商业企业作为中国烟草统一的分销机构，是全国性重点骨干品牌在当地市场的唯一代理商，要把服务工业企业、服务零售客户、服务消费者，特别是培育全国性重点骨干品牌作为义不容辞的责任，要在掌握消费者真实需求、净化市场环境、促进销量增长、保持价格平稳、维护零售户的正当利益等方面下功夫，切实有效地承担起培育和维护品牌的职责。

2. 科学制订品牌培育规划。根据国家局的总体要求，结合本地市场的实际情况，在与工业企业充分沟通的基础上，科学制订培育全国性重点骨干品牌的规划，明确目标任务，落实责任要求，以指导本地市场未来一段时期的品牌培育工作。

3. 努力完善品牌培育机制。完善品牌进退机制。对全国性重点骨干品牌实行无条件市场准入政策。对于本地市场在销的全国性重点骨干品牌要认真培育，不得人为强制退出，对于要求进入本地市场的全国性重点骨干品牌要无条件引入，加强与工业企业的沟通协商，在达成引进意向后，尽快尽早地做好品牌引入工作。近期要对影响全国性重点骨干品牌发展的品牌引入、退出规定进行集中梳理，国家局将组织有关部门进行抽查。

完善协同营销机制。健全完善市场信息定期分析、反馈制度，对全国性重点骨干品牌的市场表现、发展趋势进行定期分析，定期向各工业企业反馈，为工业企业提供其品牌在当地市场的各种信息；完善货源衔接机制，在半年协议签订、季度调整合同、市场需求预测等方面加强与工业企业的沟通协商，共同提高响应市场的能力和水平。

4. 持续提升品牌市场维护水平。定期开展市场调研。认真研究和分析本地市场的消费总量和消费结构，更加注重消费者行为的分析与调查，及时掌握消费习惯及其变化趋势，为培育全国性重点骨干品牌提供市场基础资料。

切实加强品类管理。根据本地市场情况，细分消费市场，科学划分以价格为依据的品类，确保每个品类至少有2～3个全国性重点骨干品牌（规格），促进品牌的适度有序竞争。

加强宣传管理。加大对全国性重点骨干品牌的市场推广和品牌传播力度，非全国性重点骨干品牌原则上不再开展宣传活动。

高度重视品牌维护。以稳定品牌的市场价格作为品牌维护的第一要务，对品牌市场价格的稳定承担第一责任。加强品牌市场监测，科学掌握投放节奏，努力保持市场供求稍紧平衡，把社会库存保持在合理水平。严格规范经营行为，坚持打假净化市场，努力保持市场环境规范有序。加强零售客户服务，提升客户经营信心，努力保护零售客户合理利益。

5. 着力打造品牌培育专业队伍。把培育全国性重点骨干品牌作为提高网络软实力的中心环节，进一步提高网络从业人员素质，加强客户经理队伍建设，加快劳动用工分配制度改革步伐，把培育全国性重点骨干品牌的能力、水平和成效作为考核客户经理的主要标准和依据。

（三）加快培育全国性重点骨干品牌的政策措施

1. 稳步推进以品牌为核心的资源配置改革。推动卷烟工业企业跨省联合重组，促进生产要素合理流动。要按“以国家局为主导，以市场为基础，以品牌为支撑，以资产为纽带”的要求，进一步优化企业组织结构，促进全国性重点骨干品牌发展。

深化以品牌为核心的烟叶资源配置方式改革，发挥需求导向作用，构建原料保障体系，有效满足全国性重点骨干品牌发展对原料的需求。工业企业要主动参与、深度介入原料基地的建设工作；商业企业要更加注重烟叶风格特色，提高烟叶香气质量，改善内在成分协调性，增强优质烟叶保障能力。

继续贯彻“放开衔接、适度引导、定向整合、促进发展”的方针，努力建立相对稳定的品牌定向整合合作关系，高效、规范地开展定向整合工作，提高资源配置效率，促进全国性重点骨干品牌规模不断扩大。

在生产计划增量分配、技术改造、定向整合等方面对全国性重点骨干品牌实施政策倾斜，进一步优化资源配置。

2. 完善品牌培育的价格和考核机制。实施价格同档同差率归档工作。进一步规范调拨价、批发价和统一全国批发限价，全面优化、调整工商利益，保持合理的批零差率，将工商企业对毛利率的关注转移到提高培育品牌的专业化水平和品牌核心竞争力上来。

完善以品牌培育为导向的考核体系。一是进一步优化考核指标，突出全国性重点骨干品牌在经济运行业绩考核中的考核导向。二是保持单品牌销量不下降，增加一、二、三类卷烟的考核得分比重。三是对商业企业主要考核其销售全国性重点骨干品牌的比重和品牌的成长性；对工业企业主要考核其全国性重点骨干品牌的成长性。

3. 加强对全国性重点骨干品牌的管理。加强品牌管理。一是进一步压缩牌号，精简规格。将各省级工业公司制订的品牌发展规划作为新产品审核的重要依据，严格限制非全国性重点骨干品牌的新产品开发上市。二是进一步加强成本控制，禁止过度包装的新产品开发上市，在产的过度包装产品要限期整改。三是进一步清晰品牌定位，突出主导规格。严格控制全国性重点骨干品牌中新的四、五类卷烟牌号（规格）的开发上市。

加强品牌评价。一是结合行业发展要求不断完善品牌评价体系；二是对全国性重点骨干品牌名录实施动态管理，建立评价通报制度，定期评价并公布结果。

各工商企业要认真贯彻落实本意见，充分认识培育全国性重点骨干品牌的长期性和艰巨性，按照“节奏要快、标准要高、工作要实、状态要好”的要求，制订切实可行的实施细则，加快培育全国性重点骨干品牌，提高品牌市场竞争能力和水平。

国家烟草专卖局办公室关于严格规范卷烟生产经营秩序的通知

（2009 年 4 月 21 日　国烟办综〔2009〕142 号）

行业各直属单位，国家局、总公司机关各部门、各单位：

近期，行业卷烟生产经营不规范行为有所抬头，为坚决纠正这一问题和倾向，进一步加大对违规生产经营卷烟行为的整治力度，切实加强行业内部管理监督，确保行业“税利保增长”目标任务的顺利实现，现就严格规范卷烟生产经营秩序，重申如下要求：

一、必须端正生产经营思想，切实维护卷烟生产经营秩序。工商企业要坚持依法生产、依法经营、依法管理，决不允许为谋求局部利益而扰乱生产经营秩序，凡有扰乱生产经营秩序行为的，要坚决纠正。

二、严格按计划组织卷烟生产。卷烟工业企业必须严格执行卷烟生产计划，不得超产、瞒产，不得无码生产、无码备货。

三、严格规范卷烟经营活动。严禁虚假订单、虚假确认、虚假入网、“捆绑”搭配销售等不规范销售行为。严禁为片面追求税利，搞地区封锁，坚决纠正以“税利定结构”的非市场行为。

四、坚决纠正不规范卷烟促销行为。卷烟工业企业不得向商业企业提供评吸烟、奖励烟以及其他款物进行卷烟促销活动，严禁直接向零售客户搞宣传促销；不得通过任何不正当手段和资源性交换来换取局部利益与市场份额。烟草商业企业不得以任何名义、任何理由收受和索要卷烟工业企业钱物，严禁无码销售；烟草商业企业及其经营人员（包括客户经理、访销员、配送员）一律不得收受卷烟工业企业以各种名义发放的奖金、补贴和贵重物品。

五、严肃查处内外勾结、倒买倒卖卷烟及原辅材料的不法行为。烟草工商企业内部人员，不得以任何理由通过非正常渠道进行卷烟交易；不得虚拟客户或拆单分摊、倾斜货源卖大户；不得利用职务之便监守自盗、以假换真；不得与行业外不法分子勾结，跨地区倒卖卷烟；不得擅自处理、倒卖卷烟生产原辅材料（包括废弃原辅材料）。

各级专卖管理部门和纪检监察机构，要认真履行职责，加强监督检查，凡发现违反上述要求的，要严格实行问责制，严肃处理。

国家烟草专卖局办公室关于调整卷烟分类标准的通知

（2009 年 6 月 4 日　国烟办综〔2009〕220 号）

各省级局（公司）、工业公司，中国烟草实业发展中心：

根据财政部、国家税务总局相关文件精神，国家局确定对现行卷烟分类标准进行调整。现将有关事项通知如下：

一、新卷烟分类标准

一类卷烟：每标准条（200 支）不含增值税调拨价 100 元以上；二类卷烟：每标准条（200 支）不含增值税调拨价 70 元（含）～100 元；三类卷烟：每标准条（200 支）不含增值税调拨价 30 元（含）～70 元；四类卷烟：每标准条（200 支）不含增值税调拨价 16.50 元（含）～30 元；五类卷烟：每标准条（200 支）不含增值税调拨价低于 16.50 元。

二、实施时间

新卷烟分类标准于 2009 年 5 月 1 日起施行。

三、相关要求

（一）数据调整。各单位要按照新价类标准的实施时间，及时做好卷烟分类新旧标准数据口径调整、各业务系统相关信息更新等工作，保证卷烟分类数据的准确性。

（二）数据重报。各卷烟工业企业要将卷烟工业总产值及工业增加值按新标准对应的税率重新计算，于 2009 年 6 月 10 日前上报 2009 年 1～5 月份数据，同时重新上报同口径的 2008 年 1～5 月份各月数据。请按照新税率口径重新计算后的 2008 年 6～12月份各月数据于 6 月 30 日前报送国家局烟草经济信息中心。

（三）加强分析。各单位要及时分析新标准的实施对卷烟生产经营的影响，认真细致地做好相关工作并将出现的问题及时报国家局。

国家烟草专卖局关于印发烟草行业多元化经营企业重大事项报告制度（试行）的通知

（2009 年 8 月 4 日　国烟办〔2009〕289 号）

行业各直属单位：

为加强对行业多元化经营企业重大事项的监管，防范企业经营风险，现将《烟草行业多元化经营企业重大事项报告制度（试行）》印发给你们，请认真遵照执行。

烟草行业多元化经营企业重大事项报告制度（试行）

第一章　总　则

第一条　为了及时、准确、全面、真实地掌握烟草行业多元化经营企业的重大事项，加强监督管理，防范经营风险，维护国有权益，根据《中华人民共和国公司法》、《中华人民共和国企业国有资产法》及《企业国有资产监督管理暂行条例》（国务院令第378号）等法律法规，《中国烟草总公司国有资产管理规定》（中烟办〔2008〕49号）、《烟草行业投资项目管理办法（试行）》（国烟计〔2009〕14号）、《烟草行业多元化经营企业管理暂行规定》（国烟办〔2007〕461号）等行业规章，结合行业多元化投资管理工作实际情况，制订本制度。

第二条　国家烟草专卖局、中国烟草总公司（以下简称国家局、总公司）多元化经营企业归口管理机构负责行业多元化经营企业重大事项的备案管理。

第三条　重大事项报告主体是行业省级多元化经营企业归口管理机构和行业全资、控股的多元化经营企业。

第四条　本制度所称重大事项是指发生或即将发生影响国有资产出资人权益，以及对多元化经营企业生产经营产生较大影响的事项。

第二章　重大事项内容

第五条　行业省级多元化经营企业归口管理机构需上报重大事项：

1. 新设多元化经营企业或新增多元化投资项目；

2. 所属多元化经营企业的合并、分立、解散、申请破产等事项；

3. 省级公司制订的多元化投资管理制度；

4. 省级多元化经营企业归口管理机构的组织机构设置和主要负责人的变动；

5. 烟草行业参股企业影响出资人权益的重大事项。

第六条　行业全资、控股多元化经营企业需逐级上报重大事项：

1. 多元化经营企业的改制、上市、增加或者减少注册资本；

2. 多元化经营企业股权结构或实际控制权变更；

3. 多元化经营企业法定决策机构决定的投资计划及实施方案；

4. 多元化经营企业通过发行债券等方式进行融资；

5. 多元化经营企业对外捐赠；

6. 多元化经营企业发生的重大损失（含或有损失）；

7. 多元化经营企业在一年内处置重大资产超过资产总额30%的；

8. 其他影响国有资产出资人权益，以及对多元化经营企业生产经营产生较大影响的事项。

第三章　重大事项报告方式

第七条　报告重大事项要填写《重大事项报告基本情况表》（见附件）并按照多元化经营企业归口管理机构的要求提供相关材料；在特别紧急情况下，可采用快捷通讯方式先行报告并及时补报书面材料。

第八条　多元化经营企业重大事项报告实行逐级上报、分级备案。

1. 多元化经营企业按投资层级，逐级向行业省级多元化经营企业归口管理机构报告，行业省级多元化经营企业归口管理机构负责备案并转报；

2. 行业省级多元化经营企业归口管理机构向国家局、总公司多元化经营企业归口管理机构报告，国家局、总公司多元化经营企业归口管理机构负责备案。

第九条　国家局、总公司多元化经营企业归口管理机构对多元化经营企业重大事项进行必要的跟踪、调研和指导，多元化经营企业要做好重大事项的后续报告。

第十条　行业省级多元化经营企业归口管理机构自收到多元化经营企业重大事项报告后，及时就报告事项提出管理建议并上报国家局、总公司多元化经营企业归口管理机构。

第十一条　本制度第五条1、2款和第六条1至4款要事前备案，需在提交法定决策机构审批前报告；第五条3至5款和第六条5至7款要在事项发生后及时报告。

第四章　重大事项报告要求

第十二条　行业省级多元化经营企业归口管理机构要按照本制度的要求，结合工作实际情况，制定实施细则并报国家局、总公司多元化经营企业归口管理机构备案。

第十三条　国家局、总公司多元化经营企业归口管理机构要对行业省级多元化经营企业归口管理机构，行业省级多元化经营企业归口管理机构要对所属多元化经营企业执行本制度的情况进行专项检查与考评。

第十四条 多元化经营企业归口管理机构要对重大事项报告实行专项档案管理，多元化经营企业要做好重大事项的归档工作。

第十五条 行业省级多元化经营企业归口管理机构及多元化经营企业主要负责人是重大事项报告的责任人。

第十六条 行业省级多元化经营企业归口管理机构及多元化经营企业要严格按照规定的程序和时限报告重大事项。重大事项报告必须真实、准确、完整，不得迟报、谎报、漏报、瞒报、误报重要事实和情况。

第十七条 涉及重大事项报告的相关人员负有保密责任。

第五章 附 则

第十八条 本制度自印发之日起执行。

第十九条 本制度解释权归国家局、总公司。

附件：重大事项报告基本情况表（略）

烟叶生产

国家烟草专卖局关于推进现代烟草农业建设的意见

（2009 年 4 月 14 日 国烟办〔2009〕115 号）

云南、四川、贵州、山东、湖南、湖北、安徽、江西、广东、广西、重庆、河南、河北、内蒙古、宁夏、陕西、甘肃、黑龙江、吉林、辽宁、福建、山西省（区、市）烟草专卖局（公司）：

发展现代烟草农业是烟叶工作的基本方向。2007 年，国家局印发了《关于发展现代烟草农业的指导意见》（国烟办〔2007〕467 号）。经过一年多来的探索、实践、创新，现代烟草农业建设试点成效明显，带动提高了烟叶工作整体水平。为推进现代烟草农业建设，促进烟草行业持续健康发展，现提出如下意见。

一、推进现代烟草农业建设的基本思路、目标任务和具体要求

（一）基本思路：以科学发展观为指导，认真贯彻落实党的十七届三中全会精神，围绕“打牢烟田基础设施建设基础，实现规模化种植、集约化经营、专业化分工、信息化管理”的基本要求，全面制订现代烟草农业建设规划，继续完善烟田基础设施，健全专业化服务体系，突出烟农主体地位，创新生产组织形式，改革业务管理模式，强化科技支撑作用，全面推进现代烟草农业建设，为建设社会主义新农村、推进农村改革发展作出新的努力和贡献。

（二）目标任务：到 2012 年，全面完成基本烟田规划和烟水、机耕路、密集烤房、烟草农业机械等基础设施建设，烟区生产条件明显改善，抗御自然灾害能力明显增强，综合生产能力明显提高；健全烟叶生产专业化服务体系，基本实现统一供种、统一供苗、统一机耕、统一植保、统一烘烤，促进烟叶技术集成化、主要劳动过程机械化；完善农业科技支撑体系，全面提高烟叶生产技术水平和烟叶科技创新水平；创新烟叶生产组织形式，大力培育种烟专业大户、家庭农场和专业合作社，力争户均种植规模翻一番，达到 14 亩左右；大力推进烟叶生产信息化建设，在气象预报、栽培技术、防灾减害、烟叶烘烤、生产收购等环节实行信息化管理，不断促进精准管理和生产经营信息化，全面提高烟叶工作水平。

（三）具体要求：2009 年试点单位实现烟水、机耕路、集群密集烤房、耕地起垄机械等基础设施全面综合配套；适度规模种植稳步发展，烟田连片种植，户均种烟规模达到 14 亩以上；专业化育苗、专业化机耕、专业化植保、专业化烘烤、专业化分级达到 100%，综合机械化作业率达到 60% 以上；亩用工控制在 20 个以内，单产 3 担以上，亩产值 2300 元以上；烟叶风格特色明显，化学成分协调，上中等烟比例 90% 以上，等级合格率 80% 以上；注重新技术、新手段广泛运用；注重总结完善提高，形成完整系统的现代烟草农业建设模式和以县为单位有效推进现代烟草农业的办法思路。

二、推进现代烟草农业建设的主要措施

（一）全面制订建设规划

搞好规划是建设现代烟草农业的前提，规划水平决定着现代烟草农业建设的水平。现代烟草农业建设规划以县为单位制订，要系统设计，总体布局，综合配套，整体推进，注重规划的科学性和系统性，注重资源的整合与综合利用。

现代烟草农业建设规划要与基本烟田规划综合配套。基本烟田规划要与布局调整、烟田轮作、土壤保育、土地整理相结合，注重整合土地、资金和社会资源。进一步优化布局，优先选择土壤质地较轻、营养易于调控的地块；科学安排作物茬口，保证烟田两年轮作；用地养地相结合，积极推广绿肥种植，加大秸秆还田力度，提高烟田土壤质量；加大种烟地块整理力度，提高地块完整性，方便机械作业。完善基本烟田保护制度，确保基本烟田规划落实，保证烟叶种植区域稳定。

新烟区规划要坚持以发展现代烟草农业为统领，以资源配置方式改革为动力，以基地单元建设为主要形式，把提升综合生产能力和优质烟叶保障能力、提升质量水平与烟叶风格特色作为主攻目标，四位一体、有机结合、整体推进；新烟区按三年轮作进行规划，开发储备生产能力，做到需要时烟叶能“拿得出、上得去、调得动”；要彰显后发优势，做到“高起点、高标准、高水平”，体现现代烟草农业水平。

现代烟草农业建设规划以县为单位逐级制订，逐级报批。各省（区、市）现代烟草农业建设规划要报国家局批准。

（二）精心组织试点工作

认真总结现代烟草农业试点成功经验和做法，围绕现代烟草农业建设目标任务和具体要求，总体规划，系统设计，勇于探索，体现水平。国家局重点联系云南楚雄禄丰、贵州毕节黔西、四川凉山会理、山东潍坊诸城，以县为单位试点；各省级局（公司）以乡或村为单位试点，数量相对稳定。

扩充试点内容，由一个村以生产环节为主，扩大到以一个乡甚至一个县生产、流通、管理全方位进行。试点工作要更加注重紧密结合实际，及时研究现代烟草农业建设新情况、新问题，提高针对性和可推广性；更加注重基础设施的综合配套，加大烟叶生产投入，提高烟叶生产设施化水平；更加注重培育生产主体，发展适度规模种植，推进生产组织形式转变；更加注重科技进步，完善专业化服务体系，推进生产方式转变；更加注重信息化支撑作用，提高精细化管理水平，推进管理模式转变。通过试点探索适宜的烟叶生产组织形式、专业化服务方式和业务管理模式，形成一套完整的工作方式、业务流程、标准体系。坚持用现代烟草农业理念指导整个烟叶工作，点面结合，以点带面，循序渐进，充分发挥示范带动作用。

（三）继续完善基础设施

根据基本烟田规划，全面完成各项基础设施建设。按照“科学规划、系统设计、因地制宜、网络布局”要求，突出抓好烟水工程、机耕路、密集烤房和烟草农业机械综合配套，发挥整体功能作用。

烟水工程重点是按照原有规划完成扫尾工作，高水平建设新烟区烟田水利设施。要根据水源条件，因地制宜设计，整村连片推进。机耕路建设要与沟渠相配套，与连片规模种植相结合，科学合理，经济适用，确保质量。烤房建设要坚持密集烤房方向，按照集群建设、统一烘烤、合作经营的要求，合理安排集群规模，因地制宜联体建造。育苗工场、烘烤工场附属设施建设力求经济合理，切忌贪大求洋。规模较大的工场可以适度扩充功能，兼顾他用。烟叶收购量较大的村可在中心烘烤工场配套收购场所和收购设施，探索新的高效收购方式。烟草农业机械要与区域农业机械规划衔接，按照实现烟叶生产主要劳动过程机械化的要求，研发推广烟草适用机具设备，着力提高动力机械、适用机具保有量，以烟为主、兼顾其他，发挥综合功能作用，不断提高农业机械化水平。

基础设施建设要严格控制造价成本，按照每亩不超过2000元的标准，进一步完善。基础设施建设项目产权要明晰。烟草行业补贴形成的专业化设施产权归集体所有。坚持基础设施建设与管护并重。研究健全管护机制，明确管护主体，保证管护资金，落实管护责任，确保持久发挥作用。

（四）健全专业化服务体系

健全完善的专业化服务体系是推动技术进步的有效载体。专业化服务按照“服务内容全覆盖、全过程；服务设施保质量、上水平；设施投入普惠制、广受益”的总体要求进一步完善体系，始终把实现好、维护好、发展好广大烟农利益作为烟叶专业化服务的出发点和落脚点，通过专业化服务落实先进技术，提高劳动效率，推行标准化生产。

在总结完善专业化育苗经验基础上，发展以烟农为主体的专业户、专业队或合作社，积极推进烟地耕整、病虫防治、烟叶烘烤、烟叶分级等环节的专业化作业，建立覆盖全程、综合配套、便捷高效的专业化、社会化服务体系，逐步实现“五个统一”。适应现代

烟草农业规模化、机械化、精准化、信息化等要求，提高设施建设水平，提升专业化服务手段，加速烟叶生产作业机械化、设施化。烟草行业补贴形成的专业化设施要使烟农直接受益，以烟为主，综合服务，提高设施利用率，促进烟农综合增收。

深入探索烟叶专业化服务体系的运作机制。充分发挥市场配置资源的作用，规范服务行为，扩大作业范围，提高作业效率，降低服务成本，确保烟农得实惠。加强专业化作业成本管理，研究专业化服务定价机制，合理控制收费标准。加强技能培训、技能鉴定，推行持证上岗，提高专业化服务人员的业务素质，不断提高专业化服务的质量和水平。

（五）创新生产组织形式

稳定烟叶种植规模，发展现代烟草农业，必须创新生产组织形式，调整生产关系，将烟农有效组织起来，充分发挥烟农主体地位作用，加快培育一批“有文化、懂技术、会经营”的新型职业烟农，调动烟农建设现代烟草农业的积极性、主动性和创造性，依靠烟农内在动力，形成内在发展机制，使烟农“愿意干、主动干、积极干”，切实防止大包大揽。

深入探索种烟专业户、家庭农场、专业合作社等生产组织形式，比较分析种烟专业户、家庭农场、专业合作社等生产组织形式优劣，总结完善不同形式的运作机制，因地制宜选择不同生产组织形式，以更有利于促进烟叶生产稳定发展，更有利于促进烟农增产增收的形式为宜，不搞“一刀切”，不搞单一模式。不论采取何种生产组织形式，都要从当地社会经济发展现状出发，坚持实事求是，不能脱离实际情况。规模种植是发展现代烟草农业的基本要求，但推进规模种植要循序渐进，适度规模，讲究边际效益，要与生产力水平、管理水平相适应。无论采取何种组织形式都要考虑降低管理成本，提高经济效益，不能急于求成。

（六）改革烟叶生产管理模式

随着现代烟草农业的不断推进，生产力、生产关系发生重大变化，对烟叶生产服务方式、管理模式提出了新的要求。坚持“两头工场化，中间专业化”发展思路，加强内部资源整合，优化配置资源，根据育苗工场、烘烤工场规模功能，结合连片种植规模水平，积极探索相适应的生产管理模式和烟叶收购模式，规范烟叶业务流程，制订工作技术标准，注重信息技术应用，不断提高烟叶内在质量和等级质量水平。

烟叶育苗、烘烤工场规模要因地制宜，适度发展，便于管理，方便农民运输和交售。工场基础设施建设延伸部分设施产权归行业所有。

加强技术培训和技能鉴定，着力建立一支业务素质高、指导能力强的农艺师队伍、调制工队伍和分级工队伍，不断提高技术服务、技术指导效果，针对规模化种植逐步推进的情况，积极探索基层职工参与专业化服务体系建设的方法途径，全面提升烟叶工作整体管理水平。

（七）大力推进技术进步

农业发展的根本出路在于科技进步。牢固树立依靠科技进步推进现代烟草农业的思想，健全基层农业技术推广机构，依托行业内外烟草农业科研力量，完善烟叶技术支撑服务体系，加大烟叶技术创新和技术推广力度，力争在特色优质品种选育、特色优质烟叶开发、基本烟田治理、烟叶配方模块加工、烟草农业机械等重大专项、关键领域和核心技术上实现重大突破。

加大信息技术应用力度。建立基本烟田、基础设施、烟农、烟叶质量和烟叶技术信息管理数据库，全面推广运用烟叶生产、购销调存、资金结算等信息管理系统，加强信息技术在生产物资供应、气象预报、防灾减害、烟叶烘烤等方面应用，探索3S技术手段在烟叶生产中运用，不断促进生产经营信息化。

加强烟叶标准化和烟叶质量安全工作，加强产地环境、投入品使用、生产过程全程监控和烟叶质量评价工作，推行烟叶生产良好操作，开展烟叶质量溯源追踪。发挥工业主导、商业主体、科研主力作用，深化工业企业主动参与、深度介入基地单元建设的机制，逐步建立需求导向、品牌导向原料基地，不断提高优质烟叶保障能力。

三、切实加强领导，扎实推进现代烟草农业建设

现代烟草农业建设涉及面广，政策性强，要坚持地方党委、人民政府领导，积极争取相关部门支持配合，加大资源整合力度，有力推进现代烟草农业建设，保持烟叶生产规模稳定，促进烟农增产增收。

国家局成立现代烟草农业建设领导小组，产区各级公司要成立现代烟草农业建设工作领导小组，健全机构，明确分工，责任到人，协调配合，狠抓落实，精心组织相关工作，切实取得明显成效。

进一步加强烟叶基层建设，明确职责权利，健全组织体系，完善制度规定，提高团队素质，适应现代烟草农业建设的新形势，积极研究发挥基层一线职工建设现代烟草农业的新机制，扎实推进现代烟草农业建设。

国家烟草专卖局关于印发烟叶收购等级质量管理规定的通知

（2009年5月22日　国烟办〔2009〕174号）

行业各直属单位：

为进一步加强烟叶收购等级质量管理，更好的指导基层烟叶收购管理工作，现将《烟叶收购质等级量管理规定》印发给你们，请结合本单位实际情况，认真抓好贯彻落实。

烟叶收购等级质量管理规定

第一章　总　则

第一条　为保护烟叶种植者和烟草行业工商企业的合法权益，维护国家烟叶标准的严肃性，加强烟叶收购等级质量管理工作，依据国家烟草专卖局（以下简称国家局）相关规定制订本规定。

第二条　行业各级烟叶主管部门、负责烟叶收购等级质量检验和管理的工作人员，必须严格遵守本规定。

第二章　管理职责

第三条　国家局科技主管部门和烟叶主管部门按照《烟叶国家基准样品审定办法（试行）》（国烟办〔2007〕382号）组织审查制订烟叶国家标准各等级烟叶基准样品。烟叶主管部门在烟叶收购期间组织对各产烟省（区、市）烟叶收购工作及国家标准、烟叶等级质量执行情况进行例行检查、工作指导、质量考核并定期通报行业烟叶收购工作情况。

第四条　省级局（公司）科技主管部门和烟叶主管部门负责组织审定国家烟叶标准仿制样品。烟叶主管部门组织烟叶收购工作的日常检查指导和等级质量考核工作；定期上报本省（区、市）烟叶收购工作情况和等级质量检查情况。

第五条　烟叶产区地市级公司负责组织辖区内的烟叶收购等级质量管理工作；组织制订烟叶收购工作指导样品，平衡各产区县（市）和烟叶基层站（点）间的收购等级感官检验尺度；制订企业烟叶收购管理制度、规范烟叶收购工作流程和各项工作考核指标；组织烟叶收购工作的日常检查指导及烟叶中心仓库（打叶复烤厂）工作检查和烟叶集中验收工作；考核县（市）级公司和烟叶基层站（点）的烟叶收购等级质量执行情况并定期上报所管辖范围内烟叶收购等级质量执行和工作情况。

第六条　县（市）级公司对地市级公司负责，具体管理本县（市）内各烟叶基层站（点）的烟叶收购工作，督促落实各项烟叶收购管理制度、规范烟叶基层站（点）工作流程；进行烟叶收购质量巡检、工作指导，统一技术标准，平衡站（点）之间的烟叶收购等级感官检验尺度。

第七条　烟叶基层站（点）必须正确执行国家烟叶标准和烟叶收购价格政策，全面推行收购预检制，贯彻对样收购，严禁压级压价和抬级抬价；按照烟叶收购管理制度和工作考核指标，合理安排工作，保证烟叶收购工作任务完成。

第三章　烟叶收购工作流程

第八条　各烟叶产区要按照《烟叶收购管理规范》（国烟办综〔2008〕187号）组织烟叶收购，规范烟叶基层站（点）的岗位设置、业务流程和绩效考核工作机制。

第九条　按照国家标准，坚持对样收购。国家局组织制订烟叶基准标样；省级局（公司）制作烟叶仿制标样；产区地市级公司在收购期间按照国家标准参照仿制标样制作烟叶收购指导样品。烟叶基层站（点）必须按照国家标准和烟叶收购指导样品进行收购定级，并根据烟叶季节及自然环境变化情况及时调整更换对外展示的烟叶收购样品。

第十条　入户预检，考核到人。要按照“分片划村，入户预检，约时交售，责任到人”的原则，组织预检人员入户指导烟农初分、扎把、包装，预检烟叶要由预检员当面封签并填写烟叶预检合格卡，约定交售时间，逐步实行分时段分部位收购。

第十一条 进站初检，收购定级。要组织烟农按照烟叶种植收购合同，约时定点，轮流交售。交售的烟叶要经由初检员检查扎把、预检分级质量，合格后进入定级室定级收购。

烟叶基层站（点）要在每日收购工作开始前由站（点）长组织技术人员结合烟叶收购指导样品，对照国家标准统一感观尺度，当日收购结束后要结合样品讲评当日烟叶收购情况，等级质量问题要记入考核档案。收购的烟叶要当日收购当日成包、及时调运烟叶中心库或打叶复烤厂。

第十二条 入库（厂）验收，逐包检验。要组织专人在集中设置的烟叶中心仓库（打叶复烤厂），对各烟叶基层站（点）调运入库的烟叶开包验收，详细记录验收情况，每日反馈基层站（点）和上报地市级公司并作为对站点工作的年度考核项目。对入库（厂）验收中出现等级质量问题及造成的损失由站（点）负责人、直接责任人承担，出现重大等级质量事故的烟叶基层站（点），上级主管部门要责令其停磅整顿。

第十三条 原收原调，规范经营。验收入库的成包烟叶必须按照入库等级提供给工业客户，由供需双方按照国家烟叶标准进行烟叶工商交接，不允许出现提级上调等违规经营行为。

第十四条 定期巡检，建立监督检查机制。省级局（公司）在烟叶收购季节要每月组织烟叶收购检查一次并及时通报检查情况。地市级公司每月要组织二次烟叶收购检查；县（市）级公司要每月组织三次烟叶收购检查并保证对所属全部烟叶基层站（点）的等级质量巡回检查一遍；要及时上报等级质量检查情况，发布工作简报，及时反馈等级质量检查信息。

第四章 工作要求

第十五条 严格按照国家烟叶标准收购烟叶，烟叶收购等级纯度要高，烟叶扎把规范、水分含量不超标、无霉烂变质现象，烟叶收购平均等级合格率达到80%以上。

第十六条 各产区地市级公司要优化烟叶收购管理流程、明确岗位职责，要定人定岗，实行预检、初检、定级、堆放、打包、入库等环节的痕迹管理，落实等级质量追溯制度、责任追究制度，确保烟叶等级质量责任到人。

第五章 等级质量技术岗位

第十七条 烟叶等级质量管理实行技术岗位负责制。在烟叶产区地市级公司、县（市）级公司、烟叶基层站（点）三级设立等级质量专业技术管理岗位，选拔有1年以上基层站烟叶验级工作经历，有具体从事烟叶样品制作、审定经验，烟叶分级技术熟练，坚持原则的优秀烟叶等级质量技术人员，履行等级质量管理责任。

第十八条 地市级公司设烟叶等级质量检验总监（或首席检验师），县（市）级公司（中心仓库）设烟叶等级质量检验总检（或首席定级师），烟叶基层站（点）设烟叶等级质量主检。在烟叶等级质量管理工作中，主检对总检（或首席定级师）负责、总检（或首席定级师）对总监（或首席检验师）负责、总监（或首席检验师）对企业负责，防止出现对烟叶等级质量不正常的干扰。

第十九条 烟叶等级质量检验总监（或首席检验师）由地市级公司聘任，要直接从事烟叶等级质量工作6年以上，有作为烟叶样品技术负责人制作、送审（国家级）烟叶基准样品的经历，具备烟叶分级技师以上职业技能资格（或中级以上技术职称）。

第二十条 烟叶等级质量总检（或首席评级师）要具体从事烟叶等级质量工作4年以上，有制作、送审（省级）烟叶仿制标准样品的经历，具备烟叶分级高级工以上职业技能资格（或农业初级以上技术职称）。

第二十一条 烟叶基层站（点）设烟叶等级质量主检要具体从事烟叶等级质量工作3年以上，有烟叶样品制作经验，烟叶分级技术熟练，具备烟叶分级职业技能资格（或技术职称）。

第六章 奖惩措施

第二十二条 实行烟叶等级质量工作问责制。烟叶等级质量出现问题要追究当事人直接责任，相关责任人的经济责任，以及主管领导的行政责任。

第二十三条 各级烟叶管理部门和烟叶基层站（点）与等级质量密切相关工作人员（包括总监、总检、主检、站长、预检员、初检员、评级员、仓管员等），要实行烟叶等级质量和个人经济责任挂钩的岗位绩效考核工作制。

第二十四条 对烟叶收购等级合格率高的烟叶产区要给予通报表彰；对达不到收购等级质量要求，出现严重等级质量问题的单位要及时通报批评。

第二十五条 连续两年通报表扬单位和个人，可作为人事部门考核晋级和选拔任用干部重要依据；对连续两年收购等级合格率低于国家标准规定的企业，及给企业造成损失的，要追究直接负责人的工作责任、经济责任并提请上级主管部门给予该单位主要领导和主管领导行政处分直至撤免工作职务。

第七章 附 则

第二十六条 本规定由国家局负责解释。

第二十七条 本规定自印发之日起施行。

法规体改

国家烟草专卖局 中国烟草总公司 关于打叶复烤企业重组整合的指导意见

（2009 年 6 月 3 日 国烟法〔2009〕195 号）

行业各直属单位，中国烟草实业发展中心：

为进一步深化打叶复烤企业改革，优化资源配置，按照密切合作，加强引导，全面提高，稳定发展的烟叶资源配置改革的总体要求，现就打叶复烤企业重组整合工作提出以下意见：

一、充分认识打叶复烤企业重组整合的重要性和紧迫性

打叶复烤企业是烟草行业主业的重要组成部分。打叶复烤企业的原烟加工质量水平，直接关系到烟叶资源利用效率和卷烟品牌质量的提高。近年来，卷烟工业大企业大品牌的快速发展对打叶复烤企业提出了原烟跨地区打叶、模块打叶、配方打叶等新的迫切要求。打叶复烤企业虽然经过公司制改造，有了一定的发展，但是，大部分打叶复烤企业规模偏小、加工服务分散，专业化服务水平不高，只能加工本地产烟叶，影响和制约着打叶复烤水平和质量的提高。

为此，必须调整目前打叶复烤企业的管理体制，把现有打叶复烤企业重组整合为具有较大规模、较高水平、专业化的打叶复烤公司。

二、基本原则

（一）坚持专业分工

打叶复烤是行业主业的重要组成部分，是原烟加工服务卷烟工业企业的关键环节，按照专业分工的原则，将现有打叶复烤企业重组整合为专业化、高水平的打叶复烤公司，从而提高原烟加工服务水平，优化烟叶资源配置，提高烟叶使用效率，为卷烟工业大企业大品牌发展提供有力的支撑。

（二）提高技术水平

重组整合打叶复烤企业要有利于促进打叶复烤企业提高加工技术水平和生产组织管理水平，实现以卷烟工业需求为导向，充分体现卷烟工业企业对烟叶加工的个性化要求，努力适应工业企业的配方需求，把不同地区、不同等级的烟叶集中在一起加工，努力实现由单打、混打向模块打叶和配方打叶转变。

（三）实现规模经营

推进打叶复烤企业重组整合，要改变目前打叶复烤企业规模偏小，加工服务对象分散，卷烟工业企业参股分散的状况，扩大企业规模，提高生产集中度，形成一批规模大、水平高、有竞争力的打叶复烤公司，充分发挥规模经营的优势，促进重组整合后的打叶复烤企业上水平，实现持续健康发展。

（四）坚持统筹兼顾

打叶复烤企业的重组整合，关系到打叶复烤企业和卷烟工业企业、商业企业以及烟叶产区地方政府等多方面利益，各有关省级局（公司）、工业公司必须统筹兼顾，妥善处理各方面的利益关系，促使打叶复烤企业重组整合工作顺利实施，平稳推进。

三、政策措施

（一）关于整合范围

打叶复烤企业重组整合工作原则上在一省（自治区、直辖市）范围内进行，由各省级局（公司）组织实施所属打叶复烤企业的重组整合。工业公司所属的打叶复烤企业可维持现有体制不变。

（二）关于投资主体

商业所属的打叶复烤企业重组整合后形成的打叶复烤公司，地市级公司原有股份原则上转由省级公司持有，工业公司原有在各个复烤企业的投资转为重组整合后的新的复烤公司的投资。省级公司在打叶复烤公司的股权比例以相对控股为宜。一些工业公司控股、

地市级公司参股的打叶复烤企业，其股权结构可保持现状不作调整。

（三）关于管理体制

重组整合后的打叶复烤公司烟草专卖管理由属地管理；行业管理由所在地省级局负责；企业管理要依照《中华人民共和国公司法》规定，建立现代企业制度，各股东之间要加强沟通、协调和配合，建立健全董事会、监事会、经理层各司其职、有效制衡、高效运作的法人治理结构。

（四）关于卷烟工业企业参与

卷烟工业企业要主动参与和深度介入打叶复烤环节，进一步增加在打叶复烤企业的投入，通过增加股权投资，实施生产工艺指导，制定内控质量标准，加强质量监督等方法深度介入打叶复烤企业的生产和管理工作，提高打叶复烤企业技术创新能力和加工服务水平，促进打叶复烤加工和卷烟工业企业品牌配方要求的有机对接。

（五）关于劳动工资

打叶复烤企业应按照国烟人〔2007〕204号文件"分类管理、科学设岗、明确职责、严格考核、落实报酬"的总体要求，推进用工分配制度改革，努力构建和谐劳动关系。

（六）关于配套政策

国家局总公司将适时调整打叶复烤加工价格，促进打叶复烤企业通过专业化规模生产，提高服务水平，增强发展后劲；各股东对打叶复烤企业的投资，作为行业主业投资进行考核。

四、加强组织领导

各省级局（公司）、工业公司要认真贯彻落实国家局对烟叶资源配置方式改革的要求，切实加强对打叶复烤企业重组整合工作的组织领导，正确处理好国家、企业、职工之间的利益关系；要依照国家有关法律法规，充分发挥企业职工代表大会和工会的作用；要成立专门工作组，从实际出发，统筹规划，周密部署，维护企业正常的生产经营秩序，维护企业和社会稳定；要加强与地方人民政府的沟通，妥善处理好打叶复烤企业改革发展与地方社会、经济建设的关系，争取地方人民政府和相关部门的支持，积极稳妥地推动打叶复烤重组整合。

国家烟草专卖局　中国烟草总公司
关于加强董事会建设的意见

（2009年6月22日　国烟办〔2009〕219号）

行业各直属单位，国家局、总公司机关各部门、各单位：

为贯彻落实国务院办公厅国办发〔2005〕57号文件精神，深化行业管理体制改革，推进卷烟工业企业构建现代企业制度，2007年9月份国家局、总公司确定在直接从事生产经营的省级工业公司（以下简称公司）开展董事会建设试点工作。试点企业董事会建立以来，按照建设"严格规范、富有效率、充满活力"的中国烟草的总体要求，推动和促进企业依法生产经营，推动和促进企业提高管理水平，推动和促进企业完善基本制度，做了大量卓有成效的工作，对规范管理、科学决策、协调各方面的关系发挥了重要作用。按照"在探索中起步，在实践中完善"的工作思路，进行了大胆探索和创造性的工作，初步积累了一些经验。为全面推进卷烟工业企业由传统"工厂制"向现代公司制转变，建立和完善公司法人治理结构，现就加强董事会建设提出以下意见：

一、加快推进董事会的构建

未建立董事会的直接从事生产经营的公司要加快建立董事会，董事会的构建模式以现有模式为主，即董事长直接从国家局、总公司本部产生，也可以探索其他模式作为补充。

二、明确董事会职责权限

在已改制的公司章程规定的董事会职权基础上，重点履行在公司发展战略、投融资管理、预决算管理、薪酬管理、制度建设等方面的职权。

（一）向总公司报告工作，包括年度工作报告、会议情况报告、调研报告等形式。

（二）依据总公司发展规划，决定公司发展战略、中长期发展规划和卷烟品牌发展规划并对其实施监督。加强品牌发展战略研究，确定跨省联合重组双方的品牌发展战略、规划，决定跨省重组品牌整合的数量、结构、生产进度，决定品牌输入方没有订单的存量计划品牌加工的安排。

（三）根据国家局下达的计划，审议批准公司年度生产经营目标并对其实施监督。生产经营目标的主要内容包括：卷烟生产计划目标、品牌定向整合目标、品牌规模目标、销售计划目标、主要经济效益目标、节能降耗与节能减排目标、资产经营目标等。

（四）审议公司的投融资方案，报总公司批准后执行。董事会审议批准的投资项目包括：3000 万元以下、非扩大生产能力的基本建设项目、技术改造项目、信息化项目，科研项目、大修理项目等。

（五）根据总公司下达的年度预算编制指导意见，审议批准公司的年度财务预算方案、决算方案，其中对于总公司重点控制的成本费用预算项目以及资本性支出、对外捐赠总额须报总公司批准后执行。年度全面预算方案应包括：企业生产经营预算、资本性支出预算和财务预算（包括经营预算报表、资本预算报表和财务预算报表）。审议批准公司的对外捐赠，包括捐赠范围和方向、超出捐赠范围的捐赠项目、捐赠范围内的 100 万元以上的捐赠项目等。

（六）按照总公司有关规定，审议批准公司内部薪酬分配方案（不含公司高级管理人员薪酬分配），包括年收入增长水平、分配政策和分配方案等。

（七）审议公司的利润分配方案和弥补亏损方案，报总公司批准后执行。利润分配方案包括两部分，一是上一年度的利润分配预案；二是本年度预计实现的利润分配预案，主要内容有：利润总额、应交企业所得税、税后净利、提取法定盈余公积、投资收益计缴基数、应缴总公司投资收益、其他股东分红、本企业留存等。

（八）制订公司增加或者减少注册资本的方案，报总公司批准后执行。

（九）制订公司合并、分立、重组、解散或者变更公司形式的方案，报总公司批准后执行。

（十）审议公司内部管理机构设置，报总公司批准后执行。

（十一）根据国家局、总公司的干部管理规定，办理聘任或者解聘公司总经理、副总经理等高级管理人员手续。探索坚持党管干部原则与现代企业制度下的公司法人治理结构相结合的途径和方法。

（十二）审议批准公司的基本管理制度，主要包括人力资源、信息化工作、市场营销和品牌管理、技术创新、生产质量、安全生产、物资采购供应、经济运行、财务管理、资产管理、内部审计、全面预算管理、招投标管理、合同管理、投资管理、生产经营计划及统计等。

（十三）制订公司章程草案和公司章程的修改方案，报总公司批准后生效。

（十四）按照总公司国有资产管理规定，审议批准公司资产处置事项。

（十五）公司章程规定的其他职权。

三、完善董事会工作机制

（一）完善董事会办事机构。

董事会办公室是董事会的日常办事机构，在董事会秘书的领导下开展工作。董事会办公室应当独立设置，配备相应工作人员。

（二）理顺公司专业机构。

将已改制的公司的投资、预算、薪酬等专门委员会调整为董事会的专业机构，委员会由部分董事会成员、部分经理层成员、部分中层管理人员和专业人员组成，委员会主任由总经理担任，国家局、总公司本部直接派出的专职董事担任副主任。

四、加强董事会自身建设

（一）进一步明确董事会工作办公室职责。

按照《国家烟草专卖局关于印发机关各部门各单位主要职责内设机构和人员编制规定的通知》（国烟人〔2008〕524 号），在国家局、总公司设立董事会工作办公室，其主要职责包括：

1. 直接从事部分公司董事会工作。

2. 协调公司董事会之间的工作。

3. 指导实行三级母子公司体制的卷烟工业企业的董事会工作。

4. 指导非烟企业董事会工作。

5. 研究探索直接从事经营的省级烟草公司的董事会建设。

（二）进一步理顺在国家局、总公司内部的工作关系。

董事会工作办公室要在国家局、总公司内部建立运转协调、沟通顺畅、信息通达的工作机制。

1. 参加相关会议。参加国家局、总公司有关公司品牌整合、计划安排、投资决策、资产处置、领导业绩考核等内容的会议。

2. 会签或抄送相关文件。会签或抄送有关品牌整合、计划安排、投资决策、资产处置、人事调整、企业管理等内容的文件。

3. 完善信息化工作平台。使董事会工作办公室办公自动化系统与有关公司形成互联互通，实现网上办公，提高董事会的运作效率。

五、探索其他有关问题

鉴于已改制的公司内部目前已设有审计、纪检监察、整顿办等多个监督检查机构，监管工作力度较大，监管也比较到位，暂时不设监事会，可以设立一名监事，由纪检组长兼任。

在公司改制设立董事会经验的基础上，研究直接从事经营的省级烟草公司董事会建设，进一步在全行业推进建立现代企业制度。

财务审计

中国烟草总公司关于印发国有资产管理规定的通知

（2009年12月1日　中烟办〔2009〕257号）

行业各直属单位，国家局、总公司机关各部门、各单位：

根据《中华人民共和国企业国有资产法》的规定及《财政部关于烟草行业国有资产监管等相关问题的意见》（财建函〔2009〕82号），现将修订后的《中国烟草总公司国有资产管理规定》印发给你们，请遵照执行。2008年2月2日印发的《中国烟草总公司国有资产管理规定》（中烟办〔2008〕49号）和2008年9月24日印发的《中国烟草总公司国有资产管理规定的补充规定》（中烟办〔2008〕287号）同时废止。

中国烟草总公司国有资产管理规定

第一章　总　则

第一条　为维护国有权益，建立“归属清晰、权责明确、保护严格、流转顺畅”的现代产权制度，实现国有资本保值增值，依据国家有关法律、法规制订本规定。

第二条　中国烟草总公司（以下简称总公司），各省级商业公司、省级工业公司、专业性公司和郑州烟草研究院等（以下简称直属公司）及其所属企业、单位（以下简称基层企业，包括多元化经营企业和项目）适用本规定。

第三条　根据国务院赋予的职权，总公司对所属企业的国有资产行使出资人权利，对所属企业实施国有资产与财务管理并承担国有资本保值增值责任。

第二章　职　责

第四条　总公司须履行的国有资产管理职责是：

一、依据国家关于国有资产监督管理的各项法律法规，制订所属企业国有资产管理办法，指导和监督企业建立健全国有资产管理制度，依法管理烟草行业的国有资产，努力提高国有资产经营和管理水平，确保国有资本保值增值，防止国有资产流失。

二、指导、组织并办理烟草行业国有资产基础管理工作。

三、根据烟草行业的发展战略和规划，审定直属公司、基层企业国有资本，依法审批直属公司、基层企业增减国有资本、投融资及企业组织结构调整中的重大事项。

四、依照法定程序管理直属公司、基层企业国有资本营运工作。实行资本预算管理制度，提高资产经营水平。

五、对企业的国有资产收益依法履行出资人职责，制订国有资本收益分配及使用方案。

六、制订所属工商企业国有资产经营和管理考核办法，组织国有资产经营管理考核工作。

七、行使国家有关部门规定的国有资产管理的其他职责。

第五条　根据总公司的授权，直属公司须履行的国有资产管理职责是：

一、认真贯彻落实国家法律法规，执行总公司制订的国有资产管理办法，加强对本级及所属基层企业国有资产经营管理，承担国有资本保值增值责任。

二、组织办理本级及所属基层企业国有资产基础管理相关事项。

三、审核申报本级及所属基层企业增减资本、投融资等重大事项，管理所属基层企业国有资本营运。

四、执行总公司制订的投资收益管理办法。

五、根据统一部署，组织本级及所属基层企业国有资产经营管理考核工作。

第六条 基层企业须履行的国有资产管理职责是：

一、认真贯彻落实国家法律法规，执行总公司制订的国有资产管理办法，加强企业国有资产经营管理。

二、按规定办理企业国有资产基础管理工作。

三、及时申报企业增减资本、投融资等重大事项。

四、依法经营，确保国有资产的完整并承担保值增值的责任。

五、执行总公司制订的投资收益管理办法。

第三章 国有资产基础管理

第七条 烟草行业国有资产基础管理包括产权界定、产权纠纷调处、产权登记、国有资产权证管理、清产核资、资产评估以及资产统计。

第八条 产权界定。烟草行业产权界定遵循“谁投资，谁拥有产权”的原则，按照国家有关规定执行。

烟草行业产权界定工作由总公司批准立项，由企业组织实施，产权界定结果由总公司报财政部确认生效。

第九条 产权纠纷调处。烟草行业产权纠纷调处按照国家有关规定执行。

第十条 产权登记。烟草行业产权登记工作按照国家相关规定，总公司负责指导、组织烟草行业产权登记工作。

总公司本级的产权登记由财政部办理；直属公司本级的产权登记由总公司办理；直属公司所属基层企业的产权登记由直属公司办理。

一、凡占有、使用国有资产并已经取得或申请取得法人资格的直属公司、基层企业，要按规定申办国有资产产权登记。

二、产权登记分为占有产权登记、变动产权登记、注销产权登记。直属公司、基层企业要根据不同的经济行为办理相应的产权登记。

三、产权登记证是直属公司、基层企业进行资产评估、股份制改组和产权转让等经济行为报批的必备文件之一。没有产权登记证或产权登记证失效的单位，必须及时补办产权登记证。

四、烟草行业产权登记工作实行年度检查制度。

第十一条 国有资产权证管理。直属公司、基层企业要根据国家法律法规的规定，及时办理相关固定资产和无形资产的权属证明并切实加强管理，保障企业法人财产权的真实性和完整性。对自建、购置、接受出资人投入、捐赠人捐赠、无偿划入等各种方式增加的房屋建筑物、土地、车辆以及其他需要权属证明的资产，必须以本单位为权利人按国家规定办理或变更相关资产使用权证。建立健全权证管理制度。

第十二条 清产核资。烟草行业清产核资工作按照国家有关规定由总公司统一组织。总公司按照有关规定对资产损益进行认定，批复资金核实结果并报财政部备案。

第十三条 资产评估。烟草行业的资产评估工作，按照国家相关政策法规执行，总公司负责烟草行业资产评估的组织、管理、指导和监督工作。

一、烟草行业的资产评估工作，按财政部的规定实行备案制，直属公司、基层企业在相应经济行为发生前，将资产评估项目的有关情况逐级上报总公司备案。

二、评估工作组织管理

资产账面净值500万元以上的资产评估，在相关行为批准或决定后，由总公司推荐资产评估机构，直属公司负责组织实施。资产账面净值低于500万元的资产评估，在相关行为批准或决定后，直属公司在总公司中介机构备选库中选取资产评估机构并负责组织实施。

三、资产评估范围

除经总公司批准不进行资产评估的烟草全资企业之间的组织结构调整、改制、重组、合并、分立、资产（产权）置换和有偿转让外，资产占有单位有下列行为之一的，要对相关国有资产进行评估：整体或部分改建为有限责任公司或者股份有限公司；以非货币资产对外投资；合并、分立、清算；除上市公司以外的原股东股权比例变动；除上市公司以外的整体或者部分产权（股权）转让；资产（产权）转让、置换、拍卖；整体资产或部分资产租赁给非国有单位；确定涉讼资产价值；法律、行政法规规定的其他需要进行评估的事项。

企业有下列行为之一的，要对相关非国有资产进行评估，国家另有规定的从其规定：收购非国有资产；与非国有单位置换资产；接受非国有单位以实物资产偿还债务。

满足以下全部条件的资产有偿转让、置换、拍卖和租赁可不进行评估：低于国家规定评估标准；符合当地工商行政主管部门规定可以办理相关经济行为手续；经资产处置审批部门批准不进行资产评估。

烟草行业各级企业的国有资产无偿划转不进行评估。

评估报告经备案后生效，经备案的资产评估项目备案表是占有单位办理产权登记、股权设置等相关手续的必备文件。

第十四条 资产统计。烟草行业的资产统计工作比照国家有关制度执行，由总公司统一组织。具体办法另行制订。

第四章 投融资管理

第十五条 直属公司、基层企业的投资，要遵循国家有关法规政策规定，根据风险与收益均衡等原则和经营需要，确定合理的投资规模和结构并严格按照总公司、国家烟草专卖局投资管理制度履行报批手续。向境外投资的，按照国家规定办理境外资产权属关系证明，承担有限责任。不允许任何形式未经批准的投资。

第十六条 直属公司、基层企业要建立健全投资管理委员会或董事会审查制度。法律、行政法规规定应当通过职工（代表）大会审议或者听取职工、相关组织意见的投资事项，依照其规定执行。决策事项涉及责任人与企业利益有冲突的，相关责任人要回避。

第十七条 直属公司、基层企业对外投资项目中涉及国有划拨土地使用权的，要按国家改变土地用途的相关规定办理各项事宜，改变土地性质并取得相关权属证明。

第十八条 直属公司、基层企业在生产经营中，要注意防范财务风险。除企业正常生产经营中必需的银行贷款外，不允许任何其他形式的融资行为。企业的融资项目必须纳入财务预算管理。

第十九条 直属公司、基层企业不允许进行任何形式的委托理财、对外担保。

直属公司、基层企业未经批准，不得从事股票、期货及金融衍生品等高风险投资活动。

第五章 国有资本营运管理

第二十条 烟草行业国有资本营运管理包括国有资本变动、国有资产转让、对外捐赠以及资产损失的处理。烟草行业要根据生产经营需要，确定合理的资产结构并实施资产结构动态管理。

一、直属公司及基层企业每年要对存量资产进行分析评价，对闲置或不需用资产提出处置方案；设立董事会的企业由董事会审核，未设立董事会的企业由经理办公会审核。

二、直属公司对审核通过的资产处置方案按照权限和程序履行报批手续。

三、烟草专用机械的处置必须严格执行国家烟草专卖管理的法律、法规。

第二十一条 直属公司、基层企业的注册资本要与企业规模相适应，在持续经营期间，对注册的国有资本除依法转让以外，不得抽回并且以出资额为限承担责任。投资企业对持续经营的被投资企业发生资不抵债情形时未确认的股权投资损失，不能冲减持有的国有资本；如需注入资本的，按国家有关规定及公司章程执行。

第二十二条 直属公司、基层企业以盈余公积金、资本公积金转增实收资本，需经总公司审批并按有关规定办理。直属公司、基层企业未按规定转增实收资本的，总公司可根据其资本积累情况，直接做出以盈余公积金、资本公积金转增实收资本的决定。

第二十三条 直属公司、基层企业除正常生产经营成果分配外因其他因素引起的国有资本变动，需按有关规定报总公司审批。其他因素包括以下内容：

一、国家（国家授权的机构）直接或追加（减少）投资。

二、直属公司、基层企业间国有资产无偿划转引起的国有资本变动。

三、直属公司、基层企业因资产重组、产权变动等原因进行的清产核资、资产评估行为引起的国有资本变动。

四、直属公司、基层企业因实行债转股后经国家（国家授权机构）批准增加的国有资本。

五、其他客观因素引起的国有资本变动。

第二十四条 股份有限公司国有股权设置方案和上市公司国有股减持方案，按照国家的有关规定执行。

第二十五条 资产无偿划转。直属公司、基层企业国有资产无偿划转按照财政部的有关规定执行。

直属公司之间企业的资产无偿划转，由资产划转双方协商后，按隶属关系逐级报总公司审批，同时报财政部备案。直属公司所属基层企业之间的国有资产无偿划转由资产划转双方协商后报直属公司审批，同时报总公司备案。

烟草行业各级企业占有的资产原则上不得无偿划转给地方人民政府及其他非烟草单位。确需无偿划转地方人民政府及其他非烟草单位的，必须逐级报经总公司同意后，由资产划转双方协商，经省部级主管部门审批后，分别按财政隶属关系逐级报财政部审批。

第二十六条 烟草行业各级企业国有产权有偿转让按照国家有关规定执行。

一、股权转让。总公司本级的股权转让按国家及财政部有关规定执行。直属公司本级及基层企业的股权转让由各单位逐级报总公司审批。

二、实物资产转让。总公司本级的有偿转让按照国家相关规定执行。

直属公司及基层企业有偿转让资产账面净值 500

万元以上的，由各单位逐级报总公司审批。

直属公司及基层企业有偿转让资产账面净值低于500万元的，由直属公司审批并报总公司备案。直属公司本级有偿转让资产账面净值低于500万元的，设立董事会的企业由董事会决定，未设立董事会的企业由经理办公会讨论决定并报总公司备案。

三、转让的国有产权应当权属清晰。存在权属纠纷的国有产权不得转让。被设置为担保物权的国有产权有偿转让，要符合国家的有关规定。

四、烟草行业各级企业国有股权有偿转让要在依法设立的省会城市所在地的产权交易机构进行。符合产权交易机构挂牌条件的实物资产，鼓励在产权交易机构以公开挂牌方式进行转让。不符合产权交易机构挂牌条件的实物资产，要以公开拍卖方式进行转让。以公开拍卖方式进行的实物资产转让要按国家的规定执行。

五、烟草行业各级企业将其持有的上市公司股份通过证券交易系统转让、以协议方式转让、无偿划转或间接转让的，按照国家的有关规定执行。

第二十七条 直属公司、基层企业对外捐赠按照国家相关法律、法规及政策规定执行。

一、直属公司、基层企业对外捐赠根据从严掌握的原则实行预算管理，对外捐赠额度列入年度预算管理范围编制年度预算。

二、对总公司批复的对外捐赠预算额度范围内的捐赠由直属公司根据本企业自身情况按国家规定的内部管理程序执行；超出预算部分由企业逐级上报总公司审批。

三、对于不可预知的非常规性发生的对外捐赠数额（救济性捐赠中的救灾性捐赠等）必须通过预算调整程序，由企业逐级上报总公司审批。

四、直属公司要制订捐赠管理办法对所属基层企业的捐赠进行监督和管理。

第二十八条 直属公司、基层企业要按有关规定建立各项资产损失或者减值准备管理制度，落实监管责任。企业发生的资产损失，按照财政部和国家税务总局的有关规定处理。

第二十九条 资产出租管理。

一、烟草行业内部实物资产的出租，由出租单位按规定的决策程序办理。

二、烟草企业整体或部分实物资产出租给非国有单位的，以资产估价或评估结果为依据合理确定出租价格。

三、资产出租必须签订书面合同，合同期一次不得超过五年。

第六章 投资收益管理

第三十条 总公司、直属公司对所出资企业的国有资产收益依法履行出资人职责。直属公司、基层企业执行总公司制订的投资收益的分配及使用方案。

一、总公司负责制订所属工商企业国有资本投资收益管理办法，依法收取投资收益，根据烟草行业发展和总公司、直属公司、基层企业的实际情况妥善进行投资收益的分配和使用。

二、直属公司执行总公司制订的投资收益分配办法，督促所属基层企业认真落实。

三、基层企业按照投资收益分配办法，如实上报经营情况，如期上缴投资收益。

第三十一条 烟草行业国有资本投资收益管理的具体实施办法，由总公司根据财政部等有关部门的规定另行制订。

第七章 内部控制

第三十二条 直属公司、基层企业要建立健全内部控制制度，防止国有资产流失。

第三十三条 直属公司、基层企业要建立全面预算管理制度，以现金流为核心，按照实现企业价值最大化等财务目标的要求，对资金筹集、资产营运、成本费用、收益分配、重组清算等财务活动，实施全面预算管理。

第三十四条 直属公司、基层企业要建立内部资金调度控制制度，明确资金调度的条件、权限和程序，统一筹集、使用和管理资金。各单位支付、调度资金，要按照内部财务管理制度的规定，依据有效合同、合法凭证，办理相关手续。

第三十五条 直属公司、基层企业要建立成本费用管理控制系统。要强化成本预算约束，推行质量成本控制办法，实行成本定额管理、全员管理和全过程控制。

第三十六条 直属公司、基层企业要执行国家规定的工资政策。

第三十七条 直属公司、基层企业要建立健全国有资产管理制度。严格按照国家有关法律、法规以及国有资产管理规章制度要求管理国有资产。

第三十八条 直属公司、基层企业要加强内部审计监督，建立健全内部审计机构、通过内部审计加强企业国有资产管理工作。

第三十九条 直属公司、基层企业要按照总公司财会信息化管理要求建立财会管理信息化系统，加强国有资产监管。

第八章 考核与监督

第四十条 总公司负责所属企业国有资产的经营

和管理考核工作，对所属企业国有资产质量、资本运营情况和保值增值能力进行综合考评。考核办法另行制订。

第四十一条 总公司负责组织实施直属公司国有资产经营和管理考核工作，直属公司负责组织实施所属基层企业国有资产经营管理考核工作。

第四十二条 直属公司、基层企业要建立、健全国有资产内部监督管理制度和内部审计制度，接受国家有关部门的监督检查。

第四十三条 直属公司、基层企业及相关责任人在国有资产经营管理和财务活动中违反财政、税收、会计等法律、行政法规的，依照有关法律、行政法规的规定给予相关单位及责任人以处理、处罚。

第九章 附 则

第四十四条 直属公司要依据本规定制订具体实施办法并报总公司备案。

第四十五条 本规定由总公司负责解释。

第四十六条 本规定自印发之日起施行，2008 年 2 月 2 日印发的《中国烟草总公司国有资产管理规定》（中烟办〔2008〕49 号）和 2008 年 9 月 24 日印发的《中国烟草总公司国有资产管理规定的补充规定》（中烟办〔2008〕287 号）同时废止。

中国烟草总公司关于印发烟草行业全面预算管理办法和工商企业全面预算管理规程（暂行）的通知

（2009 年 12 月 21 日　中烟办〔2009〕281 号）

行业各直属单位，中国烟草实业发展中心：

为适应行业改革和发展的需要，进一步规范行业全面预算管理，现将《烟草行业全面预算管理办法》、《工业企业全面预算管理规程（暂行）》、《商业企业全面预算管理规程（暂行）》印发给你们，请结合本单位实际情况，采取有效措施认真贯彻执行，不断提升行业基础管理水平。

烟草行业全面预算管理办法

第一章 总 则

第一条 为完善企业内部控制，进一步优化业务流程和资源配置，增强企业核心竞争力，提高企业管理水平，促进国有资本保值增值，根据国家有关法律、法规，结合烟草行业实际情况，制订本办法。

第二条 本办法适用于中国烟草总公司（以下简称总公司）及所属各专业性公司、事业单位，省级工业公司、省级商业公司（以下简称直属公司）及所属企事业单位（以下简称基层单位）。

第三条 本办法所称全面预算管理是指围绕行业发展战略和企业年度经营管理目标，对各类经营管理活动及其资源配置进行合理预测、控制和监督。

第四条 全面预算管理要遵循的基本原则：

（一）统一领导和分级管理相结合的原则；

（二）提高效率和讲求效益相结合的原则；

（三）量力而行和突出重点相结合的原则；

（四）全员参与和全程控制相结合的原则。

第五条 各单位要加强全面预算管理的培训工作。

第二章 预算组织机构及职责

第六条 总公司、直属公司、基层单位要成立预算管理委员会。预算管理委员会由领导班子成员和相关职能部门负责人组成。设立董事会的，预算管理委员会是预算决策支持机构，董事会是预算决策机构；未设立董事会的，预算管理委员会是预算决策机构。

第七条 各级预算管理委员会主任由本单位法定代表人担任，是全面预算管理工作的第一责任人。

第八条 预算管理委员会下设预算管理办公室，负责办理日常工作。预算管理办公室成员由相关职能部门选派人员组成。

第九条 总公司预算管理委员会的职责主要包括：

（一）制订行业预算管理基本制度；

（二）制订行业年度预算指导意见；

（三）审核批准本级和各直属公司年度预算及其调整方案；

（四）评价、考核本级和各直属公司年度预算执行情况。

第十条 直属公司预算管理委员会的职责主要包括：

（一）设立董事会的直属公司，其预算管理委员会的职责：

1. 在董事会的领导下，组织指导本单位（含本级及所属基层单位，下同）预算管理工作；

2. 制订本单位预算管理制度并报董事会审定；

3. 审议本单位年度预算草案及调整草案并报董事会审定；

4. 监督检查本单位的预算执行情况并向董事会报告。

（二）未设立董事会的直属公司，其预算管理委员会的职责：

1. 组织领导本单位预算管理工作；

2. 制订本单位预算管理制度；

3. 审定本单位年度预算及其调整方案；

4. 评价、考核所属基层单位的预算执行情况。

第十一条 基层单位预算管理委员会的职责参照本办法第九条，确保对所辖单位实行有效的全面预算管理。

第三章　预算编制

第十二条 预算编制内容主要包括业务预算、资本预算和财务预算。在此基础上，对重要项目还要编制专项预算。

第十三条 工业企业业务预算的主要内容：

（一）销售业务预算，主要包括品牌与销售量预算、销售收入预算、销售成本预算、销售税费预算、销售费用预算等。

（二）研发业务预算，主要包括科研项目经费预算、产品研发与试制预算、产品配方预算等。

（三）采购业务预算，主要包括烟叶采购与库存预算、主要材料采购与库存预算、备品备件采购与库存预算、其他物资采购与库存预算等。

（四）生产业务预算，主要包括卷烟品牌与生产量预算、生产成本预算、自制半成品、在产品及产成品预算等。

工业企业要突出直接材料、直接人工、制造费用及燃料动力费用等成本预算。

第十四条 商业企业业务预算的主要内容：

（一）烟叶业务预算，主要包括烟叶生产投入预算、烟叶生产收购预算、烟叶销售预算、烟叶生产经营费用预算等。

（二）卷烟业务（含雪茄烟，下同）预算，主要包括卷烟采购预算、卷烟销售预算、卷烟营销环节费用预算、卷烟物流费用预算等。

（三）专卖管理业务预算，主要包括打假经费预算、专卖管理经费预算等。

商业企业要突出烟叶生产投入预算、卷烟物流费用预算。

第十五条 业务预算除本办法第十三条、第十四条规定的内容外，还包括其他业务预算、管理费用预算、营业外收支预算、税费预算、投资收益预算等。

第十六条 资本预算的主要内容：

（一）筹融资预算，主要包括长短期借款预算等。

（二）投资预算，主要包括固定资产投资项目预算、信息化投资项目预算、多元化投资项目预算、境外投资项目预算、利用外资项目、其他投资项目预算等。

第十七条 财务预算的主要内容：

（一）现金预算。主要包括因经营活动、筹资活动和投资活动而预计发生的现金流量及存量变动预算。

（二）损益及利润分配预算。损益预算主要包括预计收入、成本、费用及经营成果预算；利润分配预算主要包括对所有者（或股东）的分配预算。

（三）资产负债预算。主要包括预计资产、负债及所有者权益预算。

第十八条 专项预算的内容主要包括人力成本预算、企业宣传及促销费用预算、研发费用预算、信息系统运行维护费用预算、打假经费预算、烟叶生产投入预算、安全环保预算、捐赠预算、资产处置预算等。

第十九条 未承担经营职能的直属公司，其预算编制内容应当侧重本级管理费用、资本性支出、捐赠预算等。

第二十条 预算编制时，要参考上年度会计决算的相关信息并与会计核算相衔接。预算编制要明确相关依据，建立健全定额标准体系，标准的制订既要尊重历史、结合实际情况，又要持续改进、不断完善，促进企业管理上水平。

业务预算中，凡涉及计划管理的项目，在预算年度计划下达前可依据上年计划进行编制，待预算调整时再行调整。

资本预算中，投资预算要依据投资委员会对投资项目的审议结果，按批准后的投资项目中的年度资金需求进行编制。

财务预算中，涉及的行业国有资本经营预算和投资收益预算，要依据国家有关政策及行业规定编制。

第二十一条 总公司根据行业管理需要确定直属公司年度预算上报的具体内容及要求；直属公司结合实际情况确定基层单位年度预算上报的具体内容及要求。

第四章 预算编制方法

第二十二条 行业预算采取“自下而上、分级编制、逐级汇总”的基本方式，通过总公司下达年度预算编制指导意见、直属公司上报年度预算草案、总公司反馈初审意见、直属公司上报年度预算方案、总公司正式批复的编报流程，实现行业预算“两上三下”的管理程序。

第二十三条 预算年度期间要与会计年度期间保持一致。

第二十四条 预算编制要根据预算项目特点选用固定预算、弹性预算、滚动预算、零基预算和概率预算等方法，其中，资本预算、捐赠预算、研发费用预算、出国经费预算要采用零基预算方法编制；跨年度的资本预算和研发费用预算应当采用滚动预算方法编制。

第五章 预算审核与批准

第二十五条 各单位要逐步建立并完善预算审核与批准程序。

（一）基层单位的预算审核与批准程序是：

1. 预算管理办公室负责初审各部门及所属单位编制的预算；

2. 在初审的基础上，预算管理办公室负责形成预算草案并报预算管理委员会；

3. 预算管理委员会负责审议预算草案，形成预算方案；

4. 预算方案经决策机构审定后按规定报所归属的直属公司。

（二）直属公司的预算审核与批准程序是：

1. 预算管理办公室初审、汇总本级预算草案和基层单位的预算方案；

2. 在初审的基础上，预算管理办公室负责形成预算草案并报预算管理委员会；

3. 预算管理委员会负责审议预算草案，形成预算方案；

4. 预算方案经决策机构审定后按规定报总公司。

（三）总公司的预算审核与批准程序是：

1. 预算管理办公室负责初审、汇总本级预算草案和直属公司的预算方案；

2. 在初审的基础上，预算管理办公室负责形成预算草案并报预算管理委员会；

3. 预算管理委员会负责审定批准预算方案。

（四）经总公司批准后的预算方案逐级下达。

第二十六条 预算审核内容主要包括：

（一）预算是否符合年度预算目标、要求和原则；

（二）预算是否存在漏报、错报；

（三）预算是否存在重复编报项目；

（四）预算依据是否充分可靠，预算额度是否符合定额标准。

第二十七条 行业预算批准实行审批与备案相结合的方式。

总公司审批项目主要包括投资预算、捐赠预算、烟叶生产投入预算。具体审批项目和范围以每年度预算指导意见为准。其他预算项目实行备案制。

直属公司依据总公司的预算指导意见和管理权限，在保障经营主体的经营自主权的前提下，结合实际情况，确定对基层单位审批和备案的预算项目。

第六章 预算执行与控制

第二十八条 总公司、直属公司、基层单位要将批准后的预算逐级分解，层层落实，归口管理，严格执行。

第二十九条 总公司、直属公司、基层单位要建立健全预算分析制度，定期组织召开预算执行情况分析会。对于预算执行过程中出现的异常情况或离散率较大的项目，归口管理部门要及时查明原因，提出改进措施和建议。

第三十条 根据预算分析涉及的不同层面以及具体预算项目内容，预算分析可以采用比较分析、比率分析、因素分析、敏感性分析等方法。

第三十一条 总公司、直属公司、基层单位要建立健全预算控制制度，逐步推行标准成本、目标成本、责任成本等管理方法。

第三十二条 全面预算管理要与会计核算、资金管理、招投标管理、合同管理等系统相结合并建立预算执行情况的预警机制，加强自我控制，实现控制目标。

第三十三条 预算执行过程中，总公司、直属公司、基层单位要加强对管理费用的预算管理，同时重点突出对企业宣传及促销费用、招待费用、出国经费及车辆运行费用等预算项目的控制。

第七章 预算调整

第三十四条 预算调整包括常规预算调整和特别预算调整。常规预算调整是指在年度中期进行的调整。特别预算调整是指在预算执行过程中，符合下列情形之一且对预算产生重大影响时所进行的调整：

（一）政策、市场等经营管理环境发生重大变化；

（二）发生突发事件或不可抗力事件；

（三）其他因特殊情况需要调整的事项。

第三十五条 预算调整程序参照年度预算编制、审核、批准、下达的基本程序执行。

第三十六条 投资预算和捐赠预算原则上在年度中期进行常规调整。

凡涉及计划管理的项目，可根据计划及项目变动情况进行相应预算调整并按规定及时履行报批或备案手续。

第三十七条 涉及应急预案事项的支出，事后要及时办理预算调整手续。

第八章 预算监督

第三十八条 预算监督主要包括预算报告、预算评价、预算审计、民主监督等。

第三十九条 总公司、直属公司、基层单位要编制并发布中期和年度预算执行报告。

第四十条 对预算执行情况的评价，要合理使用当期会计核算的相关信息，侧重考察预算执行质量。预算评价结果可以作为奖惩依据之一。

第四十一条 预算监督要充分发挥内部审计的作用。总公司、直属公司、基层单位要加强对下级单位的预算执行情况审计；同级审计要侧重于预算编制质量的审计。

第四十二条 预算执行情况要定期向职代会报告，接受群众监督。

第九章 附则

第四十三条 总公司预算管理办公室根据本办法制订具体操作规程；各直属公司和基层单位要根据本办法及行业相关配套制度，制订适用于本单位的全面预算管理制度。

第四十四条 本办法由总公司负责解释。

第四十五条 本办法自印发之日起施行，2002 年 1 月 7 日印发的《烟草行业企事业单位预算管理试行办法》（国烟财〔2002〕4 号）同时废止。

烟草工业企业全面预算管理规程（暂行）

（略）

烟草商业企业全面预算管理规程（暂行）

（略）

科技工作

国家烟草专卖局关于大力推进卷烟减害降焦努力提升技术创新水平的意见

（2009 年 4 月 27 日 国烟科〔2009〕127 号）

行业各直属单位，中国烟草实业发展中心：

卷烟减害降焦是行业深入贯彻落实科学发展观、践行“两个至上”共同价值观、构建责任烟草的具体体现，是提高中式卷烟核心竞争力的重要途径，是确立中式卷烟比较优势的关键环节，对于促进烟草行业持续健康发展具有重要意义。为大力推进卷烟减害降焦工作，努力提升行业技术创新水平，现提出如下意见：

一、指导思想

深入贯彻落实科学发展观，坚持中式卷烟发展方向，以践行“两个至上”行业共同价值观为出发点，以提高中式卷烟减害降焦技术水平、提升重点骨干品牌核心竞争力为中心，开展卷烟减害降焦技术的原始创新、集成创新和引进消化吸收再创新，大力推进行业减害降焦工作，不断强化中式卷烟低害风格特色，逐步确立中式卷烟减害比较优势，为中国烟草持续健康发展提供技术支撑。

二、基本原则

（一）稳步降焦、重在减害原则

减害降焦工作要充分考虑中式卷烟的特点，特别是中式烤烟型卷烟的特点，要在稳定卷烟产品质量和保持卷烟风格特征的前提下，采取积极稳妥的降焦控焦策略，提高卷烟焦油释放量控制能力，实现国产卷烟焦油释放量逐年稳步降低。在此基础上，更加关注卷烟烟气有害成分，重点降低卷烟烟气有害成分释放量，争取在烟气有害成分释放量上形成中式卷烟的比较优势；同时严格控制外源性有害成分的引入，确保卷烟产品质量安全。

（二）突出创新、企业主体原则

减害降焦工作是行业技术创新最为重要的任务，是实现卷烟上水平的重要途径。行业各单位要以卷烟减害降焦为着力点，积极开展技术创新工作。卷烟企业作为减害降焦工作投入的主体、研究开发的主体和成果应用的主体，要从提升核心竞争力的战略高度出发，集中人力、物力、财力，通过产学研紧密合作，强化卷烟减害降焦技术的研究和应用，培育拥有自主知识产权和核心技术的中式卷烟低危害、低焦油品牌。

（三）市场导向、政策扶持原则

优质低害是卷烟产品的发展趋势和消费者的最终诉求。全行业要从维护消费者利益的角度出发，在认真研究卷烟市场状况、预测市场未来、分析市场动态的基础上，积极开展卷烟减害降焦工作，逐步形成以低危害、低焦油、高香气、高品质卷烟为主导的卷烟品牌体系，不断适应并适度引导卷烟市场消费需求；同时减害降焦是一项系统工程，需要从政策层面进一步强化对卷烟减害降焦工作的扶持力度，持续调动卷烟工业企业在减害降焦技术创新、成果转化和品牌培育方面的积极性，激发商业企业在低危害、低焦油产品市场培育方面的主动性。

三、目标任务

（一）掌控中式卷烟减害降焦核心技术

研究掌握卷烟减害降焦相关规律和机理，建立和完善外源性物质引入的质量安全标准，积极推进中草药减害降焦理论与应用研究，研究掌控一簇选择性减害技术和卷烟综合降焦技术，形成一批具有自主知识产权的卷烟减害降焦核心技术、专利技术和以我为主的技术标准，逐步确立中式卷烟减害比较优势。

在减害方面：卷烟危害性评价指数（计算公式见附件）的全国加权平均值在2008年10.0的基础上实现逐年降低；到2012年，降至9.5以下；到2015年，降至9.0以下。

在降焦方面：2011年1月1日起，国内生产卷烟盒标焦油不超过12毫克/支；2015年1月1日起，国内生产卷烟盒标焦油不超过10毫克/支。

（二）培育中式卷烟低危害、低焦油品牌

以市场为导向，以重点骨干品牌为主体，强化减害降焦技术集成应用，加大低危害、低焦油卷烟产品研发力度，培育一批风格特色显著、产品质量安全稳定、具有较强市场竞争力的中式卷烟低危害、低焦油品牌。

显著提高中式卷烟低危害、低焦油品牌规模和市场占有率。到2012年，卷烟危害性评价指数不高于8.0的低危害卷烟销量从2008年的约250亿支（50万箱）增加到1000亿支（200万箱）以上；盒标焦油不超过8毫克/支的低焦油卷烟销量从2008年的约350亿支（70万箱）增加到1000亿支（200万箱）以上，其中盒标焦油不超过5毫克/支的卷烟销量从2008年的约27.5亿支（5.5万箱）增加到250亿支（50万箱）以上。

到2015年，卷烟危害性评价指数不高于8.0的低危害卷烟销量达到4000亿支（800万箱）以上；盒标焦油不超过8毫克/支的低焦油卷烟销量达到4000亿支（800万箱）以上，其中盒标焦油不超过5毫克/支的卷烟销量达到1000亿支（200万箱）以上。

（三）建立协调高效的卷烟减害降焦工作运行机制

建立健全行业卷烟减害降焦工作体系和运行机制，实现技术研发、产品应用和品牌培育工作的协调同步，实现行业内外各方力量的有机集成，推进卷烟减害降焦工作的深入开展。

四、具体措施

（一）政策扶持，深入推进

为深入推进卷烟减害降焦工作，国家局将制订相关措施，进一步加大对行业减害降焦工作的投入力度和考核力度，并在企业低危害、低焦油产品研发和培育方面给予积极政策倾斜。对于新开发的低危害、低焦油卷烟产品，在产品准产、价格等审批上给予优先考虑。在重点骨干品牌评价体系中加入减害降焦因素。将焦油、卷烟危害性评价指数控制情况和低危害、低焦油卷烟产品开发培育状况逐步纳入到省级工业公司领导年度创新能力考核；将低危害、低焦油卷烟销量和品牌培育状况逐步纳入到省级局（公司）领导年度

创新能力考核。

（二）技术创新，重点突破

以减害降焦战略性课题、卷烟减害技术重大专项为载体，实施项目带动战略，针对当前制约行业卷烟减害降焦发展的关键性技术难题开展攻关，实施重点突破，从而掌控中式卷烟减害降焦核心技术，提升减害降焦技术水平。

卷烟工业企业要以品牌为中心，采取产学研相结合的方式，重点开展卷烟减害降焦核心技术研究和减害降焦技术集成，不断强化卷烟品牌核心竞争力。

一要加强烟草有害成分分析研究，掌握卷烟主流烟气 CO、HCN、NNK、NH_3、苯并芘、苯酚、巴豆醛 7 种成分检测方法，提高 7 种成分检测能力，系统分析卷烟 7 种成分释放量水平，制定企业和品牌的减害降焦工作规划并付诸实施。

二要开展卷烟综合降焦技术的集成和组装，在继续推进物理方法减害降焦的同时，在烟叶生产、卷烟配方、生产工艺、加香加料等方面采取更加有效的措施，切实解决国产中高档卷烟焦油量偏高的问题并在卷烟香味补偿等核心技术方面取得关键性突破，努力实现高香气与低焦油的协调一致。

三要开展选择性减害技术研究，掌控一簇选择性降低 7 种成分释放量水平的卷烟减害核心技术并在重点骨干品牌上推广应用，显著降低其有害成分释放量，提升中式卷烟在减害方面的比较优势。

四要强化功能性天然植物在卷烟产品中的应用，充分挖掘我国在中草药方面丰富的资源储备和独特优势，积极开展以中草药等天然植物为代表的特色香原料开发和减害降焦研究，将其作为发展中式低危害、低焦油卷烟的突破口之一，进一步强化中式卷烟低害特色。

五要建立和完善卷烟产品质量安全性控制体系，明确供应商的质量安全责任，对卷烟材料、添加剂等实现质量安全性控制的前移，确保卷烟产品质量安全。

（三）市场引导，培育品牌

商业企业要加强管理创新和营销创新，更加关注市场变化，全面提升市场分析、市场调控和市场营销能力，进一步加大低危害、低焦油卷烟的市场培育力度。

商业企业要充分发挥卷烟销售网络培育品牌、引导消费功能，从消费者利益出发，对消费观念、习惯和认知等方面适度引导，让消费者逐步从单纯追求香气和满足感向香气、满足感和安全健康并重转变，为低危害、低焦油产品发展创造良好的市场环境和发展空间；要加大低危害、低焦油产品的市场宣传力度，强化工商协同营销，实现信息快速响应和互通，从而向卷烟消费者提供精确的产品信息，增强消费者对低危害、低焦油产品的认同感；要对低危害、低焦油卷烟市场营销给予更多的重视和倾斜，认真研究市场客观需求、科学预测消费趋势，采取有效措施，积极培育中式卷烟低危害、低焦油品牌。

（四）加强宣贯，有效监控

在全行业范围内加大卷烟 7 种成分分析测试方法的宣贯和培训力度，全面提升行业 7 种成分检测能力。加强工业企业 7 种成分检测能力建设，使其能够实时掌握自身品牌释放水平。高度重视质量检测机构建设，加大行业质检中心和重点省级质检站 7 种成分检测能力建设的投入力度，确保省级质检站的仪器、资金和人员到位。

国家局每年定期开展国产卷烟主流烟气 7 种成分释放量的分析检测工作，跟踪、监控并通报国产卷烟 7 种成分释放量、卷烟危害性评价指数及其变化趋势，逐步将 7 种成分和卷烟危害性评价指数监控纳入卷烟产品质量监督检查，实现 7 种成分和卷烟危害性评价指数监控的规范化、程序化、制度化。

（五）提高认识，加强领导

全行业要更加清醒地认识到当前面临的严峻形势和挑战，更加深刻地认识到卷烟减害降焦工作对行业持续健康发展的支撑和保障作用，以科学发展观统领全局，从努力维护消费者健康的角度出发，以更加积极主动的心态，投入到减害降焦工作中，以实际行动和业绩践行行业“两个至上”价值观。

行业各单位要进一步增强责任感和使命感，切实加强组织领导，严格按照国家局的总体部署和要求，把减害降焦工作作为实现卷烟上水平的有效途径，立足当前、着眼长远，结合实际情况，认真研究制定本企业卷烟品牌减害降焦的发展战略和年度规划，建立推进减害降焦工作的保障机制，认真抓好相关工作的落实，节奏要快、标准要高、工作要实、状态要好，为行业持续健康发展做出积极贡献。

附件：

卷烟危害性评价指数计算公式

卷烟危害性评价指数计算公式为：

$$H=\left(\frac{X_{CO}}{C_{CO}}+\frac{X_{HCN}}{C_{HCN}}+\frac{X_{NNK}}{C_{NNK}}+\frac{X_{NH_3}}{C_{NH_3}}+\frac{X_{B[a]P}}{C_{B[a]P}}+\frac{X_{苯酚}}{C_{苯酚}}+\frac{X_{巴豆醛}}{C_{巴豆醛}}\right)\times\frac{10}{7}$$

公式中：

H 为卷烟危害性评价指数；

X_{CO}为卷烟主流烟气中 CO 释放量实测值，mg/支；

X_{HCN}为卷烟主流烟气中 HCN 释放量实测值，μg/支；

X_{NNK}为卷烟主流烟气中 NNK 释放量实测值，ng/支；

X_{NH_3}为卷烟主流烟气中 NH_3 释放量实测值，ng/支；

$X_{B[a]P}$为卷烟主流烟气中苯并芘释放量实测值，ng/支；

$X_{苯酚}$为卷烟主流烟气中苯酚释放量实测值，μg/支；

$X_{巴豆醛}$为卷烟主流烟气中巴豆醛释放量实测值，μg/支。

C_{CO}、C_{HCN}、C_{NNK}、C_{NH3}、$C_{B[a]P}$、$C_{苯酚}$、$C_{巴豆醛}$分别为2008 年度全国卷烟主流烟气中 CO、HCN、NNK、NH_3、B［a］P、苯酚、巴豆醛释放量加权平均值，其具体数值分别为：14.2、146.3、5.5、8.1、10.9、17.4、18.6。

国家烟草专卖局关于全面加强烟草质检机构建设的意见

（2009 年 7 月 20 日　国烟科〔2009〕261 号）

行业各直属单位：

为确保烟草产品质量安全，有效推进行业质量监督体系建设，积极推进减害降焦工作，努力适应新形势、新任务的要求，现就全面加强烟草质量监督检验检测机构（以下简称质检机构）建设提出以下意见。

一、基本情况

（一）经过 20 多年的不懈努力，目前烟草行业已经形成了由 1 个国家级质检中心、27 个省级局质检机构、一批工业企业质量内控质检机构组成的产品质量监督检验检测体系，检测能力持续提升，检测领域逐步拓展，仪器设备日趋完善，队伍素质不断提高，内部管理不断规范，为政府实施产品质量监管、维护专卖执法权威、完善产品质量行业准入制度以及强化企业质量管理提供了坚实有力的技术保障，为提高卷烟产品质量和核心竞争力发挥了十分重要的作用，成为推动行业持续健康发展的必不可少的重要力量。

（二）随着《烟草控制框架公约》（以下简称《公约》）的全面实施、减害降焦力度的不断加大以及产品质量安全重要性的日显突出，行业检验检测机构尤其是省级局烟草质检机构已不能完全适应新形势、新挑战、新任务的需要，主要体现在：检测范围较窄，基本处于常规指标的监控，不能开展深层次的分析检测；仪器装备水平总体偏低，服役时间过长，资金投入不足；质检机构人员编制偏紧，专业人才引进困难，学科带头人匮乏，技术队伍素质有待提高。因此，必须进一步统一思想，提高认识，切实从服务行业发展大局出发，全面提升行业质检机构的技术水平和管理水平。

二、指导思想和总体目标

（一）指导思想。全面贯彻党的十七大精神，深入学习实践科学发展观，从行业可持续发展的高度出发，充分发挥优势，明确发展方向，突出中心工作，夯实各项基础，不断推进创新型质量监督检验检测体系建设，为行业持续健康发展提供更加有力的技术保障。

（二）总体目标。以加强产品质量监督，确保产品质量安全，服务烟草市场监管，努力推进减害降焦，认真履行《公约》为工作重点，以快速提升行业整体质检能力和队伍素质为目标，坚持突出重点、统筹布局、自愿申请的原则，严格标准，加强审核和督办，加快建立以1个国家级质检中心为龙头、以8个左右综合性省级局质检机构为骨干、以20个左右专业性省级局质检机构为基础的行业质检体系，不断强化省级工业公司内控质检机构建设，全面促进行业质检工作上台阶、上水平。

综合性省级局质检机构（即重点质检机构），是指能承担烟叶、卷烟（包括真伪卷烟鉴别检验）、烟用材料、烟用添加剂、农残等常规指标和质量安全指标、履约中烟草制品及烟气释放物成分检测的质检机构；专业性省级局质检机构，是指能开展烟叶、卷烟（包括真伪卷烟鉴别检验）质量监督常规指标以及卷烟产品、部分卷烟材料等质量安全指标检测工作的质检机构。

三、省级局烟草质检机构的主要职责和任务

省级局烟草质检机构是国家局批准设立并授权的从事烟草产品质量监督检验检测的权威机构，是地方人民政府依法实施市场质量监管的技术保障机构，承担产品质量监督检验、委托检验职责并提供与检测相关的技术服务。随着行业改革和发展，省级局烟草质检机构的任务主要有：

（一）按照国家局及省级局对卷烟产品质量监管的工作计划，承担卷烟产品质量监督检验任务，确保本地区市场卷烟产品质量安全检验工作的有效开展。

（二）积极承担减害降焦检测任务，逐步开展履行《公约》中烟草制品成分及释放物成分的检测。

（三）积极配合烟草专卖执法工作，承担卷烟及其他烟草专卖品的鉴别检验和技术培训任务。

（四）按照国家局及省级局对烟叶质量监督检查的工作安排，承担烟叶等级质量监督检验任务。烟叶主产区的省级局质检机构要开展烟叶农残检验工作，鼓励开展烟叶生产农用物资（农药、肥料、地膜等）的质量监控。

（五）按照国家局的统一安排，承担烟用材料和烟用添加剂的质量监督检验和质量安全检验任务。

（六）按照国家局的规定，承担卷烟工业企业和其他可接受的产品质量委托检验任务。

四、实施计划

在现有卷烟产品日常监督检验、卷烟真伪鉴别检验、烟用材料、烟用添加剂、烟叶等级质量检验等工作的基础上，尽快开展卷烟、烟叶、烟用材料、烟用添加剂等产品的质量安全指标检验，逐步开展7种代表性有害成分和履行《公约》中烟草制品成分及释放物成分的检测。具体实施计划（包括省级工业公司）是：

（一）国家烟草质检中心：到2009年年底，具备卷烟、烟用添加剂、烟用接装纸、卷烟包装及内衬纸有机挥发性成分（VOCs）、农残等重要质量安全指标的检测能力，具备7种主要有害成分、履约中烟草制品及释放物成分指标的检测能力；到2011年底，全部实现履约中烟草制品及释放物成分的检测能力，具备国际烟草科学研究合作中心（CORESTA）推荐的毒理学指标及生物标记物测试能力。

（二）省级局烟草质检机构：到2010年底有4家、到2012年底有8家综合性省级局质检机构，具备卷烟、烟用添加剂、烟用接装纸、卷烟包装及内衬纸有机挥发性成分（VOCs）、农残等重要质量安全指标的检测能力；其他专业性省级局质检机构到2010年底前具备卷烟产品质量安全指标的检测能力。逐步开展7种代表性有害成分和履约中烟草制品及释放物成分的检测，到2014年底，上述8家综合性省级局质检机构要基本具备这些检测能力。与此同时，逐步充实相关专业技术人员，使人员编制与工作任务相适应，且化学专业人员比例应不少于40%。

（三）省级工业公司技术中心检测机构：到2009年年底，所有省级工业公司技术中心均要具备7种代表性有害成分的检测能力；到2010年底，具备卷烟、烟用添加剂、烟用接装纸、卷烟包装及内衬纸有机挥发性成分（VOCs）、农残等质量安全指标的检测能力，其中4家技术中心要具备履约中烟草制品成分及释放物成分的检测能力；到2012年底，再有4家技术中心检测机构实现上述目标；到2014年底，所有技术中心检测机构基本实现上述目标。

五、工作要求

（一）制订规划，务求落实。各省级局、工业公司要立即开展检验检测机构的调查研究，充分考虑与行业发展大局密切相关的质量安全、市场监管、减害降焦、履行《公约》等工作要求，结合本地区“两烟”发展水平、规模以及烟用材料、烟用添加剂等产品的实际生产情况，制订出加强质检机构建设的总体方案，包括机构定位、实现目标、具体步骤、经费投入、队伍建设等，经省级局、工业公司办公会议研究决定后，于2009年9月30日前报国家局。国家局将结合行业质检机构总体发展布局和各地实际情况，统筹安排，及时反馈意见并按照机构定位要求，跟踪落

实情况，严格督办。

（二）分工协作，守土有责。企业是产品质量安全的第一责任人，各省级工业公司要进一步加强内部质检机构建设，加大卷烟产品和原辅材料的检测检验力度，全面加强质量管理，严把入厂和出厂关，坚决做到不合格原辅材料不使用、不合格产品不出厂、“谁出问题谁负责”；同时，要按照行业履约的统一安排，大力推进减害降焦工作，确保卷烟产品符合质量安全标准并承担相应的质量责任。各省级局要切实全面加大卷烟产品质量监督检验检测力度，及时发现质量问题并向卷烟工业企业提出整改意见，确保本地区市场卷烟产品质量及安全得到及时有效监督并承担相应的监督责任。

（三）统一思想，提高认识。国家局党组一直高度重视行业质检机构建设，在2007年全国烟草专卖局长、公司总经理座谈会、2008年和2009年全国烟草工作会议上，局领导曾多次指出，质检机构建设关系行业形象，关系消费者健康，全行业各单位尤其是各省级局领导要高度重视省级烟草质检机构建设，努力适应行业的发展要求，把加强省级局质检机构建设放在更加突出的位置并作为省级局“一把手”工程，切实列入重点工作，在人力、物力、财力上加以保证。有关单位和部门在思想上要更加重视，行动上要更加自觉，标准上要更加严格，努力把质检机构建设推向一个新阶段，确保行业质量监督检验检测体系建设总体目标的顺利实现。

国家烟草专卖局关于印发烟草行业认定工业企业技术中心管理办法（暂行）的通知

（2009年12月18日　国烟科〔2009〕523号）

行业各直属单位，中国烟草机械集团有限责任公司，中国烟草实业发展中心：

为全面提高企业技术中心建设水平，充分发挥行业认定企业技术中心在企业技术创新中的核心作用，规范和加强行业认定工业企业技术中心的认定与评价工作，现将《烟草行业认定工业企业技术中心管理办法（暂行）》印发给你们，请认真贯彻执行。

烟草行业认定工业企业技术中心管理办法（暂行）

第一章　总　则

第一条　为促进烟草工业企业技术中心的建设与发展，充分发挥行业认定企业技术中心在烟草行业技术创新体系和企业创新能力建设中的引导、示范和核心作用，规范和加强企业技术中心的认定与评价工作，依据《国家认定企业技术中心管理办法》（国家发展和改革委员会、科学技术部、财政部、海关总署和国家税务总局令第53号），结合烟草行业实际情况，特制订本办法。

第二条　本办法适用于卷烟制造类工业企业（以下简称卷烟企业）以及烟草专用机械、烟用滤材等其他非卷烟制造类工业企业（以下简称非卷烟企业）。

第三条　国家烟草专卖局鼓励和支持烟草企业建立技术中心，推动企业建立以技术中心为核心的技术创新体系，重点提高技术中心的研究开发能力和水平并在行业产生示范和导向作用。

第四条　技术中心是企业设立的负责研究开发、技术集成与科技成果推广应用机构，是企业内部相对独立运行的非法人实体，是企业技术创新体系的核心。技术中心在企业研究开发与创新活动中起着主导、牵头和推动作用，是进一步增强企业自主创新能力、提高核心竞争力、建设创新型企业的科技支撑。

第五条　国家烟草专卖局鼓励和支持烟草企业联合有关科研院所、高校和社会科技力量共建技术中心或开展多种形式的技术合作。

第六条　国家烟草专卖局对技术创新能力强、创新绩效显著、具有重要示范和导向作用的企业技术中心予以行业认定，以引导和支持企业不断强化企业技术创新、创新成果应用和科技投入的主体地位，提高企业自主创新能力和核心竞争力。

第七条 国家烟草专卖局科技主管部门负责组织实施企业技术中心的行业认定和评价工作并对企业技术中心建设进行宏观指导。

第二章 认 定

第八条 申请行业认定企业技术中心的企业要具备以下基本条件：

（一）有较强经济技术实力和较好经济效益，具有显著规模优势和竞争优势。以省级工业公司为依托的技术中心所在卷烟企业年销售额在60亿元以上，卷烟年产量在500亿支以上，全国性卷烟重点骨干品牌数量不少于1个。以省级工业公司下属企业为依托的技术中心所在卷烟企业年销售额在30亿元以上，卷烟年产量在250亿支以上，全国性卷烟重点骨干品牌数量不少于1个。以省级工业公司为依托的技术中心所在非卷烟企业年销售额在20亿元以上。以省级工业公司下属企业为依托的技术中心所在非卷烟企业年销售额在3亿元以上。

（二）具有较强研究开发与技术创新能力。拥有一流的科技成果和自主知识产权的核心技术，企业自认定评价年度上溯连续2年行业创新能力考核综合排名位居同类型企业前列。

（三）具有较强的创新人才优势。拥有技术水平高、实践经验丰富的学科技术带头人，科技人员队伍结构基本合理，卷烟企业专职研究开发人员数不低于70人，非卷烟企业不低于30人。

（四）具有先进、高效、完善的研发、实验平台。卷烟企业年度研究开发费用（研发费用）支出额不低于3000万元，其中年度研究开发项目经费支出在1000万元以上。非卷烟企业年度研究开发费用（研发费用）支出额不低于700万元，其中年度研究开发项目经费支出额在300万元以上。卷烟企业研究开发仪器设备原值不低于2000万元，非卷烟企业不低于1000万元。

（五）制订了企业长中短期科学技术发展规划；建立了较完善的技术中心组织体系，具有稳定的产学研合作机制，建立了企业知识产权管理体系，技术创新绩效显著。

第九条 企业两年内（指申请行业认定企业技术中心之日起向前推算两年）因重大技术原因造成本企业产品质量不合格受到行业通报批评的，不得申请行业认定企业技术中心。

第十条 技术中心认定程序：

（一）各省级工业公司、中国烟草机械集团有限责任公司等行业直属单位，向国家烟草专卖局科技主管部门提出申请并按要求报送申请材料（一式三份），申请材料包括：《行业认定工业企业技术中心申请报告》（附件1）和《烟草行业工业企业技术中心评价表》（附件2）及证明材料。

（二）有下属企业的省级工业公司、中国烟草实业发展中心等行业直属单位，按照国家烟草专卖局有关要求，审核下属企业申请行业认定技术中心的申请材料，确定推荐企业名单并将推荐意见和推荐企业的申请材料（一式三份）报送国家烟草专卖局科技主管部门。

（三）国家烟草专卖局组织有关专家分别按照《卷烟企业技术中心评价指标体系》和《非卷烟企业技术中心评价指标体系》（附件3）对企业申请材料进行形式审查与初评。评价得分75分（不算加分）以上的形成评价报告，向国家烟草专卖局提交评价结果。

（四）国家烟草专卖局依据行业技术中心发展规划、初评结果、专家综合评审意见等进行综合审查后，确定行业认定企业技术中心。

（五）行业认定企业技术中心认定结果从国家烟草专卖局受理申请之日起，60个工作日之内公布。

第三章 评 价

第十一条 国家烟草专卖局按照本办法对行业认定企业技术中心的建设与发展进行评价，每年进行一次评价。

第十二条 技术中心评价程序：

（一）数据采集。各行业认定企业技术中心要在规定时间内报送评价材料。评价材料包括：《烟草行业工业企业技术中心评价表》（附件2）和《行业认定工业企业技术中心年度工作总结》（附件4）及证明材料等。

所在企业的上级单位为省级工业公司或中国烟草实业发展中心等行业直属单位的行业认定企业技术中心，于每年4月10日前将评价材料报相关省级工业公司、中国烟草实业发展中心等行业直属单位。

以省级工业公司为依托的行业认定技术中心和中国烟草机械集团有限责任公司等行业直属单位技术中心，于每年4月20日前直接将初审合格的评价材料报送国家烟草专卖局科技主管部门。

（二）数据初审。相关省级工业公司、中国烟草实业发展中心等行业直属单位，对行业认定企业技术中心上报的材料进行审查并出具审查意见，加盖公章后于每年4月20日前报送国家烟草专卖局科技主管部门（评价材料一式三份）。

（三）数据核查。国家烟草专卖局组织有关专家对企业技术中心上报的评价材料及相关情况进行核查，核查方式包括召开评价核查会和实地核查等。

（四）数据计算与分析。国家烟草专卖局技术中心评价专家组按照《卷烟企业技术中心评价指标体系》和《非卷烟企业技术中心评价指标体系》分别对核查后的数据进行计算与分析，形成评价报告，提交国家烟草专卖局。

（五）结果确认。国家烟草专卖局对评价结果进行审核确认并发布评价通报。

第十三条 企业技术中心评价结果分为优秀、合格、不合格。

（一）评价得分85分以上为优秀。

（二）评价得分60分（含）至85分之间为合格。

（三）有下列情况之一的为不合格：

1. 评价得分低于60分；

2. 连续两次评价得分在60分至65分（不含65分）之间；

3. 企业研究开发费用（研发费用）年度支出额、企业专职研究开发人员数、研究开发仪器设备原值三项指标中任何一项低于评价指标体系规定的最低标准（第二章第八条第（三）和（四）款）。

第十四条 行业认定企业技术中心评价结果从上报评价材料截止之日起，60个工作日内以通报形式进行公布。

第四章 调整与撤销

第十五条 有下列情况之一者撤销其行业认定企业技术中心资格：

（一）评价结果为不合格的；

（二）行业认定企业技术中心所在企业自行要求撤销其行业认定企业技术中心的；

（三）行业认定企业技术中心所在企业因更名、重组或因其他原因被依法终止的；

（四）行业认定企业技术中心所在企业因技术中心职责范围内的重大技术原因造成本企业产品质量不合格受到行业通报批评的；

（五）行业认定企业技术中心所在企业涉税违法被依法追究刑事责任的；

（六）在申请行业认定企业技术中心过程中有弄虚作假、徇私舞弊或者其他违法行为的。

第十六条 行业认定企业技术中心所在企业发生更名、重组等重大调整的，要在办理相关手续后30个工作日内由行业直属单位将有关情况报送国家烟草专卖局科技主管部门。仅发生更名的，由行业直属单位向国家烟草专卖局科技主管部门提出技术中心更名申请，经主管部门审查后由国家烟草专卖局确认。发生企业重组等重大调整的，各重组企业在重组中要向国家烟草专卖局科技主管部门报送企业技术中心建设方案并在技术中心正式运行后及时提出申请并重新进行行业认定。

第五章 附 则

第十七条 国家烟草专卖局可根据卷烟企业、非卷烟企业技术创新的实际状况和国家烟草专卖局的宏观政策导向，对技术中心评价指标体系进行必要的调整。

第十八条 本办法自印发之日起施行。2001年8月31印发的《烟草行业技术中心认定与评价办法（试行）》（国烟科〔2001〕506号）同时废止。

附件：略

人事政工

中共国家烟草专卖局党组关于全国烟草行业第二批开展深入学习实践科学发展观活动的实施意见

（2009年2月10日 国烟党〔2009〕9号）

行业各直属单位党组（党委）：

按照中共中央关于在全党开展深入学习实践科学发展观活动的意见的安排和部署，2009年3月至8月，中央企业作为第二批单位开展深入学习实践科学发展观活动（以下简称学习实践活动），行业16家省级工业公司，上海市烟草（集团）公司，南通、珠海、昆明醋酸纤维有限公司，北京、天津等16家省级局（公司）及合肥设计院，郑州烟草研究院，中国烟草职工技术培训中心等39家单位参加第二批学习实践活动。为切实搞好全国烟草行业第二批学习实践活动，现提出如下实施意见。

一、认真贯彻落实中央决策部署，切实增强搞好第二批学习实践活动的责任感和使命感

党的十七大决定，在全党开展深入学习实践科学发展观活动，这是用中国特色社会主义理论武装全党的重大举措，是深入推进改革开放、推动经济社会又好又快发展、促进社会和谐稳定的迫切需要，是提高党的执政能力、保持和发展党的先进性的必然要求。党的十六大以来，以胡锦涛同志为总书记的党中央立足社会主义初级阶段基本国情，总结我国发展实践，借鉴国外发展经验，适应新的发展要求，提出并逐步丰富完善了科学发展观。科学发展观，是对党的三代中央领导集体关于发展的重要思想的继承和发展，是马克思主义关于发展的世界观和方法论的集中体现，是同马克思列宁主义、毛泽东思想、邓小平理论和“三个代表”重要思想既一脉相承又与时俱进的科学理论，是我国经济社会发展的重要指导方针，是发展中国特色社会主义必须坚持和贯彻的重大战略思想。十六大以来的实践证明，科学发展观对于我国经济社会和各项事业的发展起到了巨大的推动作用，越来越显示出强大的真理力量，越来越得到全党全国各族人民的衷心拥护。在全党开展学习实践活动，是党的十七大作出的重大战略决策，是用中国特色社会主义理论体系武装全党的重大举措，是“三个代表”重要思想学习教育活动和保持共产党员先进性教育活动的继续，是深入推进改革开放、推动经济社会又好又快发展、促进社会和谐稳定的迫切需要，是提高党的执政能力、保持和发展党的先进性的必然要求。

深入开展学习实践活动，是继续推进烟草行业改革、不断提高行业科学发展水平、加快构建和谐烟草的迫切需要。近几年来，国家局党组认真学习和牢固树立科学发展观，坚持以科学发展观指导行业改革发展各项工作，明确提出“做精做强主业，保持平稳发展”的基本方针和“深化改革，推动重组，走向联合，共同发展”的主要任务，牢固树立“国家利益至上、消费者利益至上”的行业共同价值观，把发展建立在扎实工作基础和可靠市场基础之上，企业组织结构和产品结构不断优化，现代企业制度和资产经营管理制度初步建立，全国统一大市场基本形成，生产经营秩序不断好转，经济效益持续保持较高速度增长，较好地实现了行业又好又快发展。同时，也应清醒地认识到，随着行业发展环境的变化，面对全面建设小康社会对烟草行业提出的新任务新要求，行业在思想观念、工作作风、能力素质、体制机制等方面还存在一些不适应、不符合科学发展要求的问题。在新的更高起点上如何保持行业持续健康发展，面临的任务更为艰巨，肩负的责任更为重大。参加行业第二批学习实践活动的各直属单位党组（党委）、全体党员特别是处级以上党员领导干部，要按照“党员干部受教育、科学发展上水平、人民群众得实惠”的总体要求，紧密联系当前国际、国内经济发展环境的变化，紧密联系思想实际和工作实际，充分认识开展学习实践活动的重要性和必要性，切实增强责任感和使命感，以认真负责的态度、改革创新的精神、求真务实的作风，切实抓好学习实践活动，确保学习实践活动取得实实在在的效果，为全面建设严格规范、富有效率、充满活力的中国烟草努力奋斗。

二、坚持主要原则，把握关键环节，扎实推进学习实践活动深入开展

开展学习实践活动，首先要认真做好思想、组织等各项准备工作。参加行业第二批学习实践活动的各直属单位党组（党委）要对学习实践活动进行专题研究，围绕提高思想认识、解决突出问题、创新体制机制、促进科学发展的目标要求，实事求是地确定本单位的具体目标，防止把目标定得过低或过高。认真调查摸底，广泛征求意见建议，围绕科学发展主题确定活动的实践载体，研究制订切实可行的实施方案。召开动员大会，党组（党委）主要负责同志作动员讲话，进行思想发动和部署。思想发动要增强针对性，注重实效性，注意克服可能出现的厌倦心理和畏难情绪，充分调动广大党员干部参加学习实践活动的积极性。

开展学习实践活动，要着重把握四个原则。

（一）坚持解放思想。加强理论学习，重视调查研究，围绕科学发展开展解放思想讨论，引导广大党员干部全面认识行业发展面临的新形势新任务，深刻把握行业发展遇到的新课题新矛盾，把改革创新精神贯彻到各项工作中，着力转变不适应、不符合科学发展要求的思想观念，努力开创思想解放新境界，进一步开阔眼界、开阔思路、开阔胸襟。

（二）突出实践特色。以全面建设“严格规范、富有效率、充满活力”的中国烟草为实践载体，把开展学习实践活动与贯彻落实党的十七大精神结合起来，与践行“两个至上”行业共同价值观主题实践活动结合起来，与促进行业改革发展稳定结合起来，与贯彻落实今年主要工作任务结合起来，确保“烟叶防过

热、卷烟上水平、税利保增长”目标任务的完成。努力通过学习推进实践，在推进实践中深化认识。

（三）贯彻群众路线。领导班子和党员领导干部要深入基层、深入群众，充分发扬民主，采取各种有效方式，认真听取基层单位的意见和建议，主动接受监督，真诚接受评议，开展满意度测评，在本单位公开评议结果，把群众满意作为评价学习实践活动成效的重要依据。

（四）正面教育为主。坚持高标准、严要求，组织党员干部深入学习实践科学发展观，实事求是查找存在的问题，深刻分析产生问题的原因，全面总结经验教训，认真开展批评和自我批评，始终坚持正面教育为主，不搞人人过关，充分调动广大党员干部的主观能动性，有效激发党员干部参加学习实践活动的内在动力。

学习实践活动分三个阶段进行。

第一阶段：学习调研。

主要任务是提高对学习实践活动重要意义的认识，加深对科学发展观的理解，围绕深入学习实践科学发展观，全面建设严格规范、富有效率、充满活力的中国烟草开展调查研究和解放思想讨论。

重点抓好以下三个环节：

1. 学习培训（一般安排25天）：

要制订学习培训计划，采取个人自学、集中培训、专题辅导、集体研讨等形式，组织党员认真学习党的十七大精神，认真学习《毛泽东邓小平江泽民论科学发展》和《科学发展观重要论述摘编》，学习胡锦涛等中央领导同志一系列重要讲话精神，处级以上党员领导干部还要认真学习《深入学习实践科学发展观活动领导干部学习文件选编》。党员领导干部要在通读有关学习材料的基础上，对重点篇目进行精读，积极参加理论学习中心组学习，带头到基层单位作学习报告。要丰富学习形式，创新学习载体，提高学习培训的效果。

2. 深入调研（一般安排20天）：

要结合本单位在行业改革和发展实践中所处地位和发展水平的实际，着重围绕全面建设严格规范、富有效率、充满活力的中国烟草开展调研。领导班子成员都要确定重点调研课题，带队深入基层开展调研，广泛听取意见建议，认真撰写调研报告，及时进行调研成果交流。要认真总结经验教训，精心选择正反两方面的案例进行剖析，努力提高领导班子和党员领导干部分析和解决实际问题的能力，更好地从理论与实践的结合上加深对落实科学发展观的认识。

3. 围绕科学发展进行解放思想讨论（一般安排15天）：

按照科学发展观要求，紧密联系烟草行业改革和发展实际、本单位工作实际和党员干部的思想实际，采取多种形式，组织开展解放思想讨论，引导广大党员特别是党员领导干部把思想认识从那些违背科学发展观要求的观念、做法和体制机制的束缚中解放出来，克服满足现状、因循守旧等思想，开创思想解放的新境界，树立正确政绩观，增强贯彻落实科学发展观的自觉性和坚定性。通过解放思想大讨论，进一步加深广大党员特别是党员领导干部对科学发展观的理解，切实增强忧患意识、责任意识、大局意识，进一步开阔眼界、开阔思路、开阔胸襟，在事关本单位要不要科学发展、能不能科学发展、怎么样科学发展等重大问题上形成共识。

第二阶段：分析检查。

主要任务是梳理突出问题，召开专题民主生活会，深入分析和查摆问题，开门听取意见，形成各单位领导班子贯彻落实科学发展观情况分析报告。

重点抓好三个环节：

1. 召开领导班子专题民主生活会（一般安排15天）：

专题民主生活会要围绕深入贯彻落实科学发展观，进一步推动行业科学发展确定主题。领导班子成员要按照分工，结合党性分析，重点查找个人和班子在贯彻落实科学发展观方面存在的突出问题，查找在党性党风党纪方面群众反映强烈的突出问题，深刻分析原因，开展严肃认真的批评和自我批评。民主生活会前，领导班子成员之间要相互谈心，交换看法，广泛听取群众意见，认真撰写发言材料，做好充分准备。专题民主生活会可适当扩大列席人员范围，国家局学习实践活动指导检查组要派人列席，提前介入，加强指导。要组织党员认真参加专题组织生活会，按照科学发展观要求分析查找自身差距和不足，明确努力方向。对民主生活会和组织生活会既要严格要求，提高质量，又不搞人人过关，注意保护党员、干部的发展积极性。

2. 形成领导班子分析检查报告（一般安排16天）：

领导班子分析检查报告要紧密联系实际，在回顾十六大以来贯彻落实科学发展观情况，充分运用学习调研、征求意见和专题民主生活会成果的基础上，认真查摆贯彻落实科学发展观方面存在的突出问题，深刻分析形成问题的主客观原因特别是主观原因，确定贯彻落实科学发展观的主要思路和加强领导班子自身建设的具体措施等。分析检查报告要突出检查和分析这两个环节，避免写成工作总结或工作报告。党组（党委）主要负责同志要全程主持分析检查报告的撰写。初稿形成之后，以适当方式广泛听取各方面意见，经党组（党委）扩大会议充分讨论后，反复修改完善。

3. 组织群众评议（一般安排10天）：

领导班子分析检查报告形成后，要认真组织评议，广泛征求党员、群众的意见。参评人员既要有本单位的党员和群众，也应有一定的基层单位和服务对象的代表。要注意吸收熟悉情况、有较强参政能力的人员参加。参评人员可着重从对科学发展观的认识深不深、查找的问题准不准、原因分析得透不透、发展思路清不清、工作措施可行不可行等方面对分析检查报告进行评议。群众评议中提出的正确意见要体现到修改后的分析检查报告中来。分析检查报告和评议结果要在一定范围公开。评议可根据实际情况采取召开座谈会或书面评议等形式进行。

第三阶段：整改落实。

主要任务是针对梳理出来的问题制订切实可行的整改方案，抓好整改落实，完善体制机制，促进各单位科学发展。

重点抓好三个环节：

1. 制订整改落实方案（一般安排15天）：

整改落实方案要以分析检查报告为依据，注重可操作性。要对查摆出来的突出问题和需要完善的制度，按轻重缓急和难易程度，分别提出整改落实的目标、方式和时限要求，明确分管领导、分管部门，使整改落实工作有章可循。整改落实方案制订后，采取适当方式向党员、群众公布，接受监督。广大党员要围绕制订、落实整改落实方案，积极建言献策，努力转变作风、改进工作。

2. 集中解决突出问题（一般安排20天）：

重点抓好整改方案的落实，进一步明确烟草行业科学发展的工作思路、工作方向和工作方法，切实解决查找出来的、通过努力能够解决的突出问题。解决问题要突出重点，坚持什么问题突出就重点解决什么问题，多为广大员工办看得见、摸得着、促进科学发展的实事。要侧重解决关系本单位科学发展的思路、重大措施等问题，大力解决基层群众的切身利益问题。同时，不能把解决这类问题简单理解为改善本单位干部职工的福利待遇。对涉及多个部门和单位的问题，积极探索上下互动、左右联动解决问题的有效方式。解决问题要立足于行业改革发展实际和本单位工作实际，防止形式主义和短期行为。

3. 完善体制机制（一般安排15天）：

从促进行业科学发展的大局出发，积极稳妥推进体制机制创新和制度建设。认真清理现有的规章制度，就切实做好废、改、立工作作出安排。制订和完善促进科学发展的政策措施，研究推进建立现代企业制度和资产经营管理制度，深化劳动用工分配制度改革，健全完善监管体系，逐步形成保障和促进科学发展的体制机制。

学习实践活动基本完成时，做好活动的总结工作并采取适当方式向党员、群众通报。在此基础上，对学习实践活动进行满意度测评。主要测评对解决本单位影响和制约科学发展突出问题的满意度，对开展学习实践活动情况的满意度。要合理确定参加测评人员的规模、范围，使之既有一定的代表性，又规模适中，力求测评工作简便易行，测评结果真实可靠。测评结果要以适当方式向群众公布。根据测评情况，进一步完善整改落实措施，确保学习实践活动中尚未解决的突出问题继续得到有效解决。

学习实践活动各阶段的具体时间安排，由参加行业第二批学习实践活动的各直属单位党组（党委）根据实际情况确定。

三、采取有力措施，确保第二批学习实践活动取得实效

参加行业第二批学习实践活动的各直属单位党组（党委）要切实加强对学习实践活动的领导，思想上高度重视、工作上落实责任、组织上提供保障，确保学习实践活动各项要求落到实处。

（一）落实领导责任。党组（党委）要全面负责本单位的学习实践活动，主要负责同志要认真履行第一责任人的职责，分管领导要认真履行直接责任人的职责。党员领导干部要发挥带头作用，积极参加领导班子和所在支部的活动，结合各自分工建立联系点。各直属单位要成立学习实践活动领导小组，抽调精干力量组建工作机构。国家局学习实践活动领导小组将派出若干指导检查组，指导和督促检查各省级工业公司，上海市烟草（集团）公司，南通、珠海、昆明醋酸纤维有限公司等20个直属单位的学习实践活动。北京、天津等19个省级局（公司）、单位，要在地方党委和各省市、自治区、直辖市学习实践活动领导小组、指导检查组领导下，积极开展学习实践活动；国家局学习实践活动领导小组将派出指导检查组协助地方指导检查组对19个省级局（公司）、单位学习实践活动进行检查、指导，防止活动走过场、出偏差。

（二）创新活动方式。参加行业第二批学习实践活动的各直属单位党组（党委）在坚持学习实践活动基本要求的前提下，要针对烟草行业及本单位的实际，提出有针对性的具体要求，创新活动的载体，探索特色突出、效果明显的活动形式。要充分发挥党支部的作用，积极探索有效形式，确保广大党员全员参加。要充分发扬民主，尊重广大员工首创精神，认真听取

群众意见建议。学习实践活动要讲成本、重实效，防止铺张浪费、搞文山会海，杜绝形式主义。

（三）营造良好氛围。参加行业第二批学习实践活动的各直属单位党组（党委）要高度重视学习实践活动的宣传工作，要精心谋划，作出安排。要充分发挥工作简报、报刊、网络等媒体的作用，大力宣传科学发展观的科学内涵、精神实质和根本要求，宣传开展学习实践活动的重大意义，宣传学习实践科学发展观活动的先进典型，宣传学习实践活动的部署、要求、做法、经验和成效，做好舆论引导工作，为学习实践活动营造浓厚的舆论氛围。要尊重宣传规律，突出政治性、政策性和导向性，掌握节奏，注重效果。

（四）确保“两不误、两促进”。当前，国际、国内经济环境发生着深刻变化。新年伊始，行业各方面工作任务十分繁重，参加行业第二批学习实践活动的各直属单位党组（党委）要把学习实践活动当做推动工作的重要机遇和强大动力，正确处理开展学习实践活动与做好当前各项工作的关系，做到统筹兼顾，合理安排，有机结合，整体推进，把学习实践活动的成效体现到促进工作、解决突出问题上，用各项工作的实际成果来衡量和检验学习实践活动的成效。

参加行业第二批学习实践活动的各直属单位党组（党委）要按照国家局学习实践活动领导小组的要求，制订相应的工作方案，报国家局学习实践活动领导小组备案。学习实践活动的有关情况要及时向国家局学习实践活动领导小组报告。

附件：略

中共国家烟草专卖局党组关于加强领导班子建设的意见

（2009 年 6 月 29 日　国烟党〔2009〕45 号）

行业各直属单位党组（党委）：

为全面贯彻落实党的十七大精神，深入贯彻落实科学发展观，把行业各级领导班子建设成为政治坚定、开拓创新、求真务实、清正廉洁、团结奋进，善于领导行业科学发展的坚强领导集体，为全面建设“严格规范、富有效率、充满活力”的中国烟草、推进行业持续健康发展提供坚强的组织保证，现就加强领导班子建设提出如下意见：

一、加强领导班子思想政治建设，增强贯彻落实科学发展观的自觉性和坚定性

思想政治建设是提高领导班子和领导干部素质的根本途径，必须把思想政治建设放在领导班子建设的首要位置。

（一）坚持思想理论武装，加强理想信念教育。思想理论建设是党的根本建设。各级党组（党委）要把理想信念教育贯穿领导班子建设的始终，每年都要开展一次以坚定理想信念为主题的集中教育活动，主要领导亲自负责，班子成员积极参与。教育引导领导干部高举旗帜，认真学习马克思列宁主义、毛泽东思想和中国特色社会主义理论体系，深入贯彻落实科学发展观，提高政治敏锐性和政治鉴别力；坚定共产主义远大理想和中国特色社会主义共同理想，牢固树立正确的世界观、人生观、价值观和权力观、地位观、利益观。

（二）坚持理论联系实际，贯彻落实科学发展观。科学发展观是马克思主义中国化最新成果，各直属单位领导班子和领导干部要深刻领会和全面把握科学发展观的科学内涵、精神实质和根本要求，增强贯彻落实科学发展观的自觉性和坚定性。以全面建设“严格规范、富有效率、充满活力”的中国烟草作为深入贯彻落实科学发展观的载体，把严格规范作为保持行业持续健康发展的生命线，把富有效率作为转变发展方式的根本要求，把充满活力作为深化行业内部改革的主要目标任务。以学习实践活动分析检查报告为依据、整改措施为抓手，转变不适应、不符合科学发展的思想观念，解决影响和制约科学发展的突出问题，抓好学习实践活动整改方案的落实，巩固学习实践活动成果，构建有利于科学发展的体制机制，提高领导行业科学发展能力，推动行业持续健康发展。

（三）树立“两个至上”共同价值观，自觉践行“两个至上”。“国家利益至上，消费者利益至上”的行业共同价值观，体现了党的宗旨，符合科学发展观要求，是加强行业各级领导班子思想政治建设的有效载体。各直属单位领导班子要自觉践行“两个至上”，不断深化“两个至上”在岗位主题实践活动，把“两个至上”共同价值观落实到每个岗位和各方面工作中，切实履行行业使命，坚持把“两个至上”作为检验为党分忧，为国尽责，多做贡献的重要标准。坚持以人为本，始终把维护国家利益、维护消费者利益作

为一切工作的根本出发点和落脚点，切实做到权为民所用，情为民所系，利为民所谋。坚持正确的利益观，始终做到注重自律、清正廉洁。干干净净做事，清清白白做人，保持良好的道德操守。坚持正确行使权力，做到依法行政，依法管理，守法经营，实现国有资产保值增值，防止国有资产流失。

（四）坚持建设学习型领导班子，提高开拓创新能力。加强学习是领导干部增长才干、提高素质，做好各项工作的重要基础。各级领导干部必须牢固树立终身学习的思想，以谦逊的态度，顽强的毅力抓好学习。坚持和改进党组（党委）中心组学习制度，每季度至少组织一次专题学习研讨，年度集体学习研讨不少于12天。学习前，要结合本单位实际，抓住改革和发展中的重点难点问题，列出专题，认真准备；学习中要广泛发表意见，集思广益，确保学习效果。坚持集中学习、脱产培训与自学相结合，以专题讲座、领导解读、座谈讨论等方式，增强学习实效，建设学习型领导班子。以国家局党校为主阵地，国家局其他培训单位、各直属单位培训机构为依托，组织领导干部学习政治理论、现代科技、企业管理等方面的知识，培养开拓创新能力。各级领导班子成员，要克服工学矛盾，积极参加党校学习和培训。各直属单位党组（党委）在每年1月底前要向国家局党组报告上一年度中心组学习情况。

二、加强领导班子组织建设，树立正确用人导向，努力提高干部选拔任用工作水平

坚持党管干部工作原则，严格执行中央关于干部选拔任用的标准和程序，是加强领导班子组织建设的重要依据。

（五）坚持德才兼备、以德为先，树立正确的用人导向。选人用人，既要重能力，更要重品行。要始终坚持德才兼备、以德为先的用人标准。各级领导班子要将政治上靠得住、工作上有本事、作风上过得硬、人民群众信得过的干部选拔到各级领导岗位，真正树立注重品行、科学发展、崇尚实干、重视基层、鼓励创新、群众公认的用人导向，这是行业领导班子和干部队伍建设的关键，也是领导干部选拔任用的重要依据。

（六）优化领导班子结构，增强领导班子整体功能。要选准配强“一把手”，将政治素质强、民主作风好、有驾驭全局能力、擅长管理、清正廉洁、群众公认的优秀干部选拔到班子主要领导岗位，以其表率作用带动和促进领导班子建设。不断优化领导班子的年龄结构，加强各直属单位45岁左右领导班子成员的选拔配备，本单位难以产生合适人选的，要通过交流配备；职数已满但缺少年轻干部的班子，在报经国家局党组同意后，可以采取先进后出的办法充实年轻干部。不断优化各直属单位领导班子知识和专业结构，努力实现个体素质与群体结构的优势互补。

（七）深化干部人事制度改革，扩大干部选拔任用工作民主。深化干部人事制度改革，扩大干部选拔任用工作民主，是加强领导班子建设的重要任务。各直属单位党组（党委）要认真贯彻中央有关要求，按照“民主、公开、竞争、择优”原则，推进领导干部公开选拔、竞争上岗工作并逐渐形成制度。积极探索面向社会选人用人机制，扩大选人用人视野、营造优秀人才脱颖而出局面。不断健全完善交流、轮岗、挂职等制度，加大领导干部横向和纵向交流力度。

（八）树立重视基层用人导向，加大从基层选拔干部工作力度。从基层和生产一线选拔干部，是我们党干部工作的优良传统和重要经验。根据中组部《关于注重从基层和生产一线选拔党政领导机关干部的意见》（中组发〔2009〕2号）要求，今后，各直属单位配备领导班子成员，要重视干部的基层工作经历，注重从基层选拔优秀干部。加大从基层选拔干部以及选派机关干部到基层任职锻炼的工作力度，机关没有基层工作经历的干部，要制订规划，分期分批到基层任职锻炼，把卷烟工厂、县级局（分公司）、烟叶基层站等生产经营一线作为培养锻炼干部的基础阵地。通过5年以上努力，使国家局、总公司机关司（局）级领导干部和各直属单位机关处级领导干部中，具有两年以上基层工作经历的比例达到2/3以上，以改善机关干部队伍结构，形成优秀人才到基层和生产一线去、领导机关干部从基层和生产一线来、良性互动的正确用人导向。

（九）重在培养，着眼长远，加大年轻干部培养力度。培养选拔年轻干部，是行业实现持续健康发展的保证，是加强领导班子和干部队伍建设的重要任务。认真落实中央《关于加强培养选拔年轻干部工作的意见》（中组发〔2009〕8号），科学制订行业年轻干部培养规划。加强年轻干部党性修养和作风养成，优先选送年轻干部参加党校学习，有计划地安排参加各种培训。加强年轻干部实践锻炼，建立年轻干部到基层任职锻炼工作制度，让他们在实践锻炼中经受考验、磨炼意志、丰富阅历、增长才干。建立轮岗制度，一般每5年轮岗一次，特别是关键岗位，使年轻干部在多岗位锻炼。建立行业工商企业之间、领导机关与企业之间年轻干部“双向交流制度”，有计划地组织互派挂职锻炼，努力培养复合型人才。建立特别优秀年轻干部破格提拔制度。

（十）建立健全后备干部队伍，形成动态管理机

制。坚持“重在培养，同样使用”的原则，按照中央《党政领导班子后备干部工作规定》（中办发〔2003〕30号），建立行业后备干部队伍长远发展规划。按照领导班子职数1:1比例，全面开展后备干部的调整、考核、选拔工作，努力建设一支政治强、业务精、作风正、形象好的后备干部队伍。建立后备干部动态管理机制，每5年集中调整重新确定一次后备干部。调整中，对原有的后备干部，要与其他干部一样，按照人选条件和考察情况重新确定。平时调整结合年度考核、定期和全面考核进行。要将特别优秀的年轻干部及时补充到后备人选，对不符合条件的后备干部要及时调整出去。后备干部队伍建设既要考虑领导班子建设近期需要，又要考虑中长期需要；既要积极培养优秀年轻干部，又要调动其他年龄段干部的积极性，形成复式年龄结构。

三、加强领导班子作风建设，践行党的宗旨，坚持求真务实、真抓实干

加强领导干部作风建设是全面贯彻落实科学发展观，构建和谐烟草，提高领导班子执政能力、保持党的先进性的必然要求。

（十一）加强领导干部党性修养，大力树立和弘扬优良作风。认真学习贯彻胡锦涛同志在中央纪律检查委员会十七届三次全会上的讲话精神，牢牢把握加强领导干部党性修养、大力树立和弘扬良好作风的基本要求。大力倡导勤奋好学、学以致用；心系群众、服务人民；真抓实干、务求实效；艰苦奋斗、勤俭节约；顾全大局、令行禁止；发扬民主、团结共事；秉公用权、廉洁从政；生活正派、情趣健康的优良作风和高尚的精神追求。努力实践社会主义核心价值体系，切实做到政治坚定、作风优良、纪律严明、勤政为民、恪尽职守、清正廉洁，使各级领导班子和领导干部真正成为科学发展观的忠实执行者。

（十二）牢记“两个务必”，大兴勤俭节约之风。各级领导干部要时刻牢记“两个务必”，树立过紧日子思想，坚持勤俭办一切事业方针，坚决克服家大业大、大手大脚、铺张浪费现象。进一步加强经费预算管理，严格执行预算规定，切实做到各项费用支出精打细算、严格把关，管好用好每一笔资金。严格控制会议数量、规模和时间，严禁一般性的出国考察和培训，减少不必要的检查、评比、表彰等活动，严格控制公务用车购置和加强使用管理，切实把行业的财力物力用在保增长、上水平、促发展上，努力为国家多做贡献。

（十三）牢记党的宗旨，树立群众观念，深入调查研究。大力推进现代烟草农业建设，积极改善烟区生产条件，促进烟农增产增收和烟区经济社会发展，为社会主义新农村建设多做贡献。创新营销体系，深化订单订货，努力为卷烟零售户创造良好经营环境，提供优质服务。积极推进卷烟“减害降焦”，努力提高技术创新水平，确保卷烟产品质量安全。密切同广大员工的联系，切实解决广大员工最关心、最直接、最现实的问题。坚持领导干部接待日制度、领导干部联系点制度，领导干部调查研究制度。各级领导班子成员每年调研时间不少于一个月。倡导领导干部亲自动手，每年撰写有情况、有分析、有对策的调研报告。

（十四）牢固树立责任意识，大力加强“四要”作风建设。各级领导干部都要牢固树立责任意识，切实履行党和人民赋予的职责，兢兢业业，尽职尽责。大力加强“节奏要快，标准要高，工作要实，状态要好”为主要内容的“四要”作风建设。节奏要快：要以时不我待的紧迫感和责任感，加快工作节奏，抢抓机遇，提高办事效率，抓紧工作，赢得主动。标准要高：要牢固树立争创一流的思想，用一流的工作标准、一流的工作水平，创一流的工作业绩。工作要实：要时刻牢记“潜心做事、低调做人”的行为准则，求真务实，力戒张扬、力戒浮躁、力戒飘浮，形成讲实话、察实情、办实事、求实效的良好风气。状态要好：工作要有激情，敢于创新，有坚强的意志和坚忍不拔的精神，讲责任、讲奉献、讲纪律，以良好的精神状态推进行业改革和发展。

四、加强领导班子制度建设，促进领导班子和干部队伍建设制度化、规范化

以民主集中制为重点，建立健全制度体系，是促进领导班子和干部队伍建设制度化、规范化的基础和保障。

（十五）坚持民主集中制度。按照“集体领导、民主集中、个别酝酿、会议决定”的原则，建立健全各种议事规则、决策程序和民主制度，如党组议事规则、重大决策制度、党内通报制度、党务公开制度、党组会议制度、局长（总经理）办公会议制度、董事会工作制度等。充分发挥投资、薪酬、预算委员会在决策过程中的作用；广泛实行政务公开、司务公开、厂务公开，充分发扬民主，提高领导班子依法决策、民主决策、科学决策的水平。坚持重大决策、重要干部任免、重大项目安排和大额度资金使用等重大问题集体研究制度，有关部门要提出认真负责、翔实完备的决策依据和资料，主要领导要充分听取各方面的意见，按照少数服从多数的原则决定有关讨论事项，防止个人说了算和决策上的随意性。

（十六）坚持民主生活会制度。民主生活会前要

广泛征求干部员工意见，找准突出问题，原汁原味向领导班子和班子成员反馈，班子成员之间要充分进行谈心交心。会上要认真开展批评与自我批评；对班子其他成员存在的问题，要本着负责、团结的态度提出批评意见。会后要制订和落实整改措施。民主生活会的有关情况和整改措施，要向干部职工通报、接受评议。开展民主生活会测评工作，对领导班子征求意见、查找问题、开展批评和自我批评、落实整改措施等总体情况进行测评；对班子成员述职述廉、自我剖析、开展批评的情况进行测评，促进民主生活会质量的提高。认真执行上级党组（党委）成员参加下级党组（党委）领导班子民主生活会制度，上级人事、纪检监察部门派人列席民主生活会要提前介入，切实履行指导和监督职能。民主生活会召开前和民主生活会召开后，下级党组（党委）要及时向上级党组（党委）写出专题报告。

（十七）坚持谈心谈话制度。党组（党委）主要负责同志要带头与班子成员谈心，每年至少一次；班子成员之间也要相互谈心谈话。主要负责同志与下一级部门、单位主要负责同志谈话每年至少一次；分管领导与所分管部门的主要领导谈话每年至少一次。建立健全诫勉谈话制度，特别是在领导干部职务发生变动、员工反映有突出问题、领导班子有不团结现象及其他值得注意的问题时，要指定专人及时谈话，必要时可要求本人对有关问题向党组织做出负责的书面说明。

（十八）认真贯彻《党政领导干部选拔任用工作条例》。认真贯彻《党政领导干部选拔任用工作条例》（中发〔2002〕7 号，以下简称《条例》），坚持原则和工作程序。严格执行考察预告、民主推荐、组织考察、书面征求纪检监察部门意见、党组成员充分酝酿、召开党组（党委）会集体讨论决定、法定代表人经济责任审计、任前公示、任职谈话等规定程序，做到坚持程序一步不缺，履行程序一步不错，以严格程序保证选人用人质量。建立选拔任用工作责任制，健全完善领导干部任职试用期制、辞职制度以及对不称职干部的调整制度等，逐步建立充满活力的动态管理机制。各直属单位党组（党委）对贯彻执行《条例》情况每年底进行一次自查并报国家局党组。

（十九）建立完善干部考核评价体系。认真贯彻落实中组部《关于建立促进科学发展的党政领导班子和领导干部考核评价机制的意见》（组通字〔2008〕45 号）和有关规定，制定符合行业实际、促进行业科学发展的领导班子和领导干部考核评价办法，开展考核评价试点工作。继续加强业绩考核体系建设，每年一季度出台省级公司领导工作业绩考核细则，完善考核指标，合理确定指标权重，加强考核结果运用，引导领导班子和领导干部树立正确的政绩观。

五、加强领导班子廉政建设，严守党的纪律，规范权力运行和制约监督

加强廉政建设，规范权力运行，强化干部监督，是加强领导班子建设的重要环节，是保持行业持续健康发展的重要保证。

（二十）加强廉政教育，严守党的纪律。坚持标本兼治、综合治理、惩防并举、注重预防的方针，按照《贯彻落实中共中央 < 建立健全惩治和预防腐败体系 2008—2012 年工作规划 > 的实施方案》（中组发〔2007〕108 号）目标要求，落实领导班子党风廉政建设责任制，严格责任追究。开展依法行政、依法管理、依法经营、廉洁从业和道德品质教育。各级领导干部要严格遵守党的政治纪律，自觉同党中央在思想上政治上行动上保持高度一致，坚决贯彻中央的路线方针政策，保证中央政令畅通。严格遵守党的组织纪律，坚持民主集中制，坚持任人唯贤，坚决纠正用人上的不正之风。严格遵守党的经济工作纪律，健全制度，完善程序，按规章制度办事。

（二十一）建立健全约束机制。建立健全巡视工作制度，有计划、有步骤地组织开展对行业直属单位的巡视工作。认真贯彻《中国共产党党内监督条例》（试行）（中发〔2003〕17 号）以及党风廉政建设等方面的法规和制度，严格落实国家局关于干部监督、内部监管的要求和规定，建立健全监督工作联席会议、政（企）务公开、经济责任审计、离任审计、提任审计、述职述廉、信访举报、诫勉谈话、质询问责等制度。严格落实中央办公厅《关于党员领导干部报告个人有关事项的规定》（中办发〔2006〕30 号）要求，各直属单位领导班子成员要按时向国家局党组申报当年收入情况、重大事项等。

（二十二）加强干部选拔任用监督。按照中组部《关于加强组织部门干部监督工作的意见》（中组发〔2005〕8 号）要求，对各直属单位党组（党委）干部选拔任用工作每 2 年进行一次全面检查，建立干部选拔任用工作“一报告两评议”制度，建立干部选拔任用责任制，建立选人用人职工群众满意度调查制度，设立行业干部选拔任用工作专线举报电话。加强组织人事部门与纪检监察部门的联系协作，完善纪检监察部门参与干部考核的做法，严格规范和有效监督行业各级党组（党委）选任干部工作，严肃查处拉选票、跑官要官、买官卖官、突击提拔干部等严重违规行为。

（二十三）加强权力运行制约监督。各级领导班子和领导干部要自觉遵守廉洁自律各项规定，严格按

规章制度办事。严格要求自己，不得超越职权插手具体项目，做到清正廉洁。针对物资采购、工程建设、广告促销、资产处置、“两烟”生产经营、组织人事等领域违法违纪问题易发多发的情况，加大工作力度，开展专项治理，加大权力运行制约监督，有效堵塞体制机制和制度上存在的漏洞。

六、加强组织领导，建立健全加强领导班子建设的工作机制

各级党组（党委）要站在保持行业持续健康发展的高度，认真研究制订实施办法，建立机制，切实抓紧抓好领导班子建设工作。

（二十四）建立工作责任制，形成工作合力。各级党组（党委）要切实加强领导，主要领导要履行第一责任人的责任，分管领导要履行直接责任人的责任，形成一级抓一级、层层抓落实的责任体系。人事部门要在党组（党委）领导下充分发挥职能作用。

（二十五）加强分类指导，抓好工作落实。针对不同层次、不同类型领导班子的特点，加强分类指导，提出相应要求，解决实际问题。围绕中心任务和需要解决的突出问题，创新载体，开展领导班子建设主题实践活动。总结表彰先进典型，推广先进经验，营造领导班子建设良好的环境和氛围。

行业各直属单位，国家局、总公司机关各部门、各单位要结合实际，认真贯彻执行本意见。

中共国家烟草专卖局党组关于加强和改进新形势下行业党的建设的意见

（2009年10月10日　国烟党〔2009〕83号）

行业各直属单位党组（党委）：

党的十七届四中全会是非常重要的一次会议。胡锦涛总书记在全会上发表了重要讲话，习近平同志就《中共中央关于加强和改进新形势下党的建设若干重大问题的决定》（以下简称《决定》）讨论稿作了说明，全会审议通过了《决定》。国家局党组通过认真学习，表示完全赞成和拥护。

在新中国成立60周年之际，全会进一步研究和部署以改革创新精神推进党的建设新的伟大工程，对于夺取全面建设小康社会新胜利、开创中国特色社会主义事业新局面，具有重大而深远的意义。当今世界正处于大发展大变革大调整时期，我国工业化、信息化、城镇化、市场化、国际化深入发展，我们正处在一个进一步发展的重要战略机遇期。世情、国情、党情的深刻变化对党的建设提出了新的要求。党面临长期执政考验、改革开放考验、市场经济考验、外部环境考验，加强和改进党的建设的任务繁重而紧迫。加强和改进新形势下党的建设，是全面贯彻党的十七大精神的迫切要求，是深入贯彻落实科学发展观、抓好发展这个党执政兴国的第一要务的迫切要求，是有效应对国际金融危机冲击、保持经济平稳较快发展的迫切要求，是实现好、维护好、发展好最广大人民根本利益的迫切要求。为深入贯彻落实党的十七届四中全会精神，把烟草行业各级党组织和领导班子建设成为坚定贯彻党的理论和路线方针政策、善于领导科学发展的坚强领导集体，针对新形势下行业党的建设面临的新情况、新问题，现就加强和改进新形势下行业党的建设，提出如下意见：

一、加强和改进新形势下行业党的建设的重要性和紧迫性

行业各级党组织、广大党员干部要充分认识加强和改进新形势下行业党的建设的重要性和紧迫性，居安思危，增强忧患意识，常怀忧党之心，恪尽兴党之责。

（一）行业发展的新阶段迫切要求加强和改进行业党的建设和队伍建设。目前，烟草行业正处于加快推进“三个转变”的发展阶段，即加快推进传统烟叶生产向现代烟草农业转变；传统商业向现代流通转变；传统的企业制向现代企业制度转变。加快推进“三个转变”，实现全面建设现代烟草目标，任务十分艰巨繁重，迫切要求加强和改进行业党的建设和队伍建设。

（二）行业发展面临的新挑战迫切要求加强和改进行业党的建设和队伍建设。行业发展的新阶段面临的挑战主要来自两个方面，一是行业发展面临烟草控制、完善体制、构建和谐、国际竞争四个方面的挑战。二是行业队伍建设中，干部职工队伍素质与所肩负的历史使命相适应的同时，也存在不少不适应新形势新任务要求、不符合党的性质和宗旨的问题。主要是：一些党员干部理想信念动摇，忽视理论学习，对马克思主义信仰不坚定，对中国特色社会主义缺乏信心；一些党员干部宗旨意识淡薄，有些只讲待遇不讲奉献，

个人主义突出，违规生产经营行为屡禁不止，有的甚至以权谋私，走向腐败堕落的深渊；一些党员干部大局观念不强，有的本位主义突出，组织纪律观念淡薄，贯彻民主集中制不力，有的不能从全局工作中找准自己位置，搞“上有政策、下有对策”，合意的就执行，不合意的就不执行；一些党员干部群众观念淡薄，有的高高在上，脱离群众，脱离基层，脱离实际，不关心群众疾苦，不真心实意为群众服务；一些党员干部工作作风漂浮，有的急功近利，好大喜功，有的主观主义、形式主义严重；一些党员干部精神状态不好，缺乏强烈的事业心和责任感，忧患意识不强，满足现状；一些领导班子整体作用发挥不够，推动科学发展、处理复杂问题能力不够。这些问题必须引起高度重视，认真加以解决。

（三）行业发展上水平迫切要求加强和改进行业党的建设和队伍建设。面对国际国内经济环境的深刻变化，国家局党组明确提出要把“卷烟上水平”作为当前和今后一个时期的主要任务，要在品牌发展、原料保障、技术创新、市场营销、基础管理五个方面着力推进。实现行业发展上水平的目标任务，关键在于各级领导班子坚强有力，在于行业队伍素质的整体提高，这就迫切要求加强和改进行业党的建设和队伍建设。

二、认真总结行业党的建设和队伍建设的基本做法

国家局党组高度重视加强行业党的建设和队伍建设，采取各种有效措施，积极推进，取得了明显成效。

（一）高度重视思想政治建设，明确提出牢固树立和努力践行“两个至上”行业共同价值观。

（二）高度重视反腐倡廉建设，始终坚持和深入开展整顿规范和内部管理监督。

（三）高度重视维护烟农和零售客户的合理利益，积极推进现代烟草农业建设和现代卷烟流通建设。

（四）高度重视提高各级领导班子的领导水平，紧紧抓住解决提高效率、注重自律两大课题。

（五）高度重视改革创新，深入推进干部人事制度和用工分配制度改革。

（六）高度重视基层建设，全面抓好“重心下移、着眼基层、突出服务、加强基础”方针贯彻落实。

三、加强和改进新形势下行业党的建设和队伍建设工作重点

加强和改进新形势下行业党的建设和队伍建设，必须全面贯彻党的十七大、十七届四中全会和《决定》精神，结合实际，突出重点，突破难点，全面推进行业思想建设、组织建设、作风建设、制度建设和反腐倡廉建设，努力提高各级党组织和党员干部的整体素质。

（一）坚持用中国特色社会主义理论体系武装党员干部，努力建设学习型行业。十七届四中全会提出要建设马克思主义学习型政党、学习型党组织。贯彻落实四中全会和《决定》精神，建设学习型行业，首先，要认真学习毛泽东思想、邓小平理论和“三个代表”重要思想，深入贯彻落实科学发展观，按照科学理论武装、具有世界眼光、善于把握规律、富有创新精神的要求，提高党员干部的战略思维、创新思维、理论思维能力，全面提高职工队伍，尤其是各级领导干部的整体素质。要完善学习制度，创新学习形式，努力提高行业党员干部职工的思想理论水平。要以处级以上党员领导干部为重点，突出抓好各级领导干部理论学习，在真学真懂真信真用方面下功夫。通过加强理论学习，坚定理想信念，自觉投身于建设中国特色社会主义伟大事业。要高度重视和认真抓好全体干部职工的理论学习，健全完善党组中心组学习制度并以此带动全体干部职工的学习。要充分发挥党校和行业其他教育培训机构的作用，推进教育培训工作水平全面提升。二是认真开展社会主义核心价值体系学习教育。全行业要把开展社会主义核心价值体系学习教育，作为贯彻十七届四中全会精神、加强行业党的建设和队伍建设的重要任务。通过学习，引导党员干部增强党的意识、宗旨意识、执政意识、大局意识、责任意识，做到为党分忧、为国尽责、为民奉献。要深入开展“两个至上”在岗位主题实践活动。“两个至上”的行业共同价值观，符合社会主义核心价值体系的要求，是烟草行业在社会上树立良好形象的迫切需要。要大力推进行业文化建设，为行业改革发展打下更加坚实的思想基础。三是向书本学习，向群众学习，在实践中锻炼提高。社会发展进步很快，变化很大，科学技术日新月异，要积极引导和带领干部职工不断学习，接受新知识，深化对行业发展规律的认识，优化知识结构，提高综合素质，增强创新能力。

（二）认真贯彻民主集中制，充分调动全体员工的积极性、主动性、创造性。党内民主是党的生命，集中统一是党的力量的保证。一要深入推进办事公开、民主管理。认真贯彻落实《国家烟草专卖局关于进一步推进烟草行业企业办事公开、民主管理的意见》（国烟监〔2009〕338号），深入推进办事公开、民主管理，把调动全体员工的积极性、主动性、创造性作为出发点和落脚点；把提高各级领导班子、领导干部科学决策、民主决策、依法决策水平作为主要任务；把落实群众的知情权、参与权、表达权、监督权作为

重要内容，认真抓好落实。二要自觉贯彻党的路线方针政策，始终同党中央在思想上政治上行动上保持高度一致，自觉维护国家利益，严守党的纪律，确保政令畅通。

（三）深化干部人事制度改革，建设一支高素质的干部队伍。坚持党管干部的原则，建设善于推动行业科学发展、促进和谐的高素质干部队伍。一是坚持德才兼备、以德为先的用人标准。认真落实《决定》要求，选拔任用干部既要看才、更要看德，把政治上靠得住、工作上有本事、作风上过得硬、人民群众信得过的干部选拔上来。“德”，就是看是否党性强、作风正、状态好、能吃苦。党性强，就是要理想信念和政治立场坚定，在思想上政治上行动上与党中央保持高度一致；作风正，就是要牢固树立党的宗旨意识，密切联系群众，真正做到立党为公、执政为民，严格要求自己，廉洁自律；状态好，就是要有强烈的事业心和责任感，要有奋力拼搏、善于创新的精神；能吃苦，就是要有乐于奉献的崇高境界，要有深入实际、甘于吃苦的精神。结合行业实际，选拔任用干部就是要崇尚实干、顾全大局、敢于负责、善于创新。崇尚实干，就是要脚踏实地，扎实工作；顾全大局，就是要统筹协调，全局为重；敢于负责，就是要敢于正视矛盾，恪尽职守；善于创新，就是要创新思维，创新思路，创新方法，开创工作新局面。二要坚持从实践、从基层培养锻炼干部。《决定》明确提出，要建立来自基层一线党政领导干部培养选拔链，大力选拔经过艰苦复杂环境磨炼、重大斗争考验、实践证明优秀、有培养前途的年轻干部，扎实抓好后备干部队伍建设。要通过一到两年的努力，把来自基层一线干部培养选拔链建立起来。三要深化干部人事制度改革。按照民主、公开、竞争、择优的原则，提高选人用人的公信度，形成充满活力的用人机制，促进优秀人才脱颖而出。

（四）切实抓好基层建设，进一步打牢行业发展基础。各级党组（党委）要正确把握行业管理体制和行业发展现状，正确把握国家局党组提出的行业发展上水平的要求，真正把行业发展建立在扎实工作基础之上。一是要深入贯彻重心下移、着眼基层、突出服务、加强基础的方针。在今后工作中要深入贯彻落实这一方针，特别是各级领导干部，要把抓基层摆在更加重要的位置，切实加强基层建设。二是要深入开展基层创优活动，把队伍建设、基层党组织建设作为基层创优的重要内容切实抓好落实。三是要深入推进和不断完善用工分配制度改革，充分调动一线职工的积极性、主动性、创造性。认真贯彻落实《国家烟草专卖局关于进一步深化烟草行业收入分配制度改革的意见》（国烟人〔2007〕204 号），全面完成用工分配制度改革阶段性任务，建立有效的激励约束机制和正常的工资调整增长机制。要对各单位用工分配制度改革进展情况和实际效果进行组织评价。认真落实人力资源和社会保障部规范中央企业负责人薪酬管理的精神，进一步完善直属单位领导人的薪酬管理。

（五）高度重视作风建设，努力形成良好的行业风气。作风建设的好坏，事关各级党组织和党员干部的形象，事关行业改革和发展的大局。一是要把为烟农、零售客户、基层企业提供优质服务始终摆在一切工作的首要位置。要深入烟区、烟农，深入零售客户，深入基层，倾听群众意见，积极帮助基层群众解决问题，提供优质服务。二是要大兴艰苦奋斗之风，坚持勤俭办事业方针。坚决克服大手大脚、铺张浪费，坚决反对奢靡享乐，正确对待企业所创造的效益，严格把好各项资金的使用，管好行业积累的资金，真正把积累用在国家最需要的地方去，自觉为国家多做贡献。三是要力戒形式主义、主观主义、官僚主义，坚持求真务实、脚踏实地、扎实工作。力戒形式主义、主观主义、官僚主义，要从领导机关、领导干部做起，使认识更加符合规律，各项决策部署更加符合实际，出台的政策更加符合群众要求，讲真话、办实事，求实效，决不搞“形象工程”、“政绩工程”，把发展建立在更加可靠的市场基础和扎实工作基础之上。

（六）扎实开展反腐倡廉建设，积极构建行业惩治和预防腐败体系。反腐倡廉、加强内部监管始终是行业工作的突出重点，任何时候都不得有丝毫的松懈。一要加强教育和监督，认真抓好领导干部廉洁自律工作。认真贯彻落实《国有企业领导人员廉洁从业若干规定》（中办发〔2009〕26 号）、《关于实行党政领导干部问责的暂行规定》（中办发〔2009〕25 号）和《中国共产党巡视工作条例（试行）》（中发〔2009〕7 号），扎实开展反腐倡廉建设，构建行业惩防体系，加强教育，特别是加强对领导干部的教育管理监督。继续抓好国家局党组印发的《关于加强对行业各级领导班子及主要领导干部监督的意见》（国烟党〔2005〕39 号）的落实，高度重视认真抓好领导干部廉洁自律工作。二是深入开展专项整顿，加大查处违规违纪案件力度，坚决刹住违规违纪行为。在开展专项整顿的同时，加大案件查处力度，对于违规经营、管理混乱造成国有资产流失，以权谋私等行为必须严肃查处。三是健全制度，完善程序，建立和完善内部监管的长效机制。

国家局、总公司机关各部门、各单位，行业各直属单位要结合实际，认真执行本意见。

国家烟草专卖局关于坚持以人为本全面提升烟草行业人才队伍素质的意见

（2009 年 5 月 5 日　国烟人〔2009〕145 号）

行业各直属单位：

为深入贯彻落实科学发展观，全面建设“严格规范、富有效率、充满活力”的中国烟草，现就全面提升烟草行业人才队伍素质提出以下意见：

一、指导思想和总体目标

（一）指导思想：高举中国特色社会主义伟大旗帜，以邓小平理论和“三个代表”重要思想为指导，全面贯彻党的十七大、十七届三中全会精神，深入贯彻落实科学发展观，坚持党管人才原则，坚持尊重劳动、尊重知识、尊重人才、尊重创造的方针，全面提高人才队伍素质，为保持烟草行业持续健康发展提供智力支持和人才支撑。

（二）总体目标：牢固树立人才资源是第一资源的观念，着眼于烟叶生产向现代烟草农业、烟草传统商业向现代流通、工厂制向公司制“三个转变”，统筹抓好由管理、技术、技能人才组成的各类各层次人才队伍建设，重点加强高层次人才队伍建设，大力推进基层人才队伍建设，健全和完善人才成长使用、竞争择优、激励约束、教育培训机制，到 2013 年，建立门类齐全、数量充足、结构合理、素质优良，适应行业科学发展需要的人才队伍。

二、主要任务

（三）加强高级管理人才队伍建设。综合管理人才为主体的行业高级管理人才队伍，在领导行业科学发展中发挥着重要作用。坚持德才兼备、以德为先的用人标准，重点选拔一批政治素质过硬、理想信念坚定、德才兼备、群众公认的优秀高级管理人才。综合运用党组（党委）中心组学习、党校培训和专业培训等多种方式，强化宗旨意识、大局意识、责任意识、自律意识和法制意识，提高高级管理人才的党性修养，驾驭全局、统筹兼顾、开拓创新、知人善任、应对风险、维护稳定等能力和战略规划、市场竞争、资本运营、风险控制、企业文化等方面的知识。坚持重在实践锻炼的培养方针，有意识安排优秀的管理人才到情况复杂、条件艰苦的地方去磨炼，全面提高思想政治素质和处理实际问题的能力。坚持重视基层的人才导向，对缺乏基层工作经历的优秀管理人才，要有计划地选派到基层锻炼，丰富他们的阅历、增长他们的才干。通过 5 ~ 10 年的努力，使国家局机关部门领导和各直属单位机关处级以上干部中，具有两年以上基层工作经历的比例要达到 2/3 以上，行业所有各直属单位领导班子中都有 45 岁以下的优秀年轻干部。

（四）加强高级技术人才队伍建设。具有高深的专业理论水平、熟练核心技术的高级技术人才，在推动行业科技发展，增强自主创新能力，提升科技整体实力和中式卷烟市场竞争力中发挥着领军作用。大力推广项目负责制、课题负责制、科研合作制，加大选送高级专业技术人才到国内外知名教育科研机构进行学术交流、学术研究的力度，全面提升高级技术人才在科研开发和技术创新水平。到 2013 年，在全行业中式卷烟发展的 8 个重点领域和 28 项优先主题中，培养 100 名学科带头人，1000 名技术骨干。完善评审标准、严格评审程序，5 年内建成一支 3000 名左右具有高级专业技术资格的高级技术人才队伍。

（五）加强高级技能人才队伍建设。熟练掌握专门知识和技术，具备精湛操作技能并在工作实际中能够解决关键技术和工艺的操作性难题的高技能人才，在推动行业技术创新和科技成果转化等方面发挥着关键作用。进一步完善各类高级技能人才的职业标准和鉴定模式，提高高技能人才科学评价水平。完善高技能人才培训体系建设，充分发挥总公司职工技术培训中心在高技能人才培训中的作用，根据技能鉴定标准，有计划、有目的地举办各类高技能人才培训班，使高技能人才的技能水平能够紧跟技术更新步伐。切实贯彻“依标准、走程序、重规范”的工作思路，扎实推进鉴定工作，到 2013 年，全行业新培养技师 2000 名以上、高级技师 100 名以上，具有高级技能水平的人才占技能劳动者的 25% 以上，高级技能人才覆盖行业所有主要工种、所有卷烟工业企业和地市公司。

（六）加强基层人才队伍建设。工作在生产经营一线的广大员工，既是高层次人才队伍的后备力量，更是行业持续健康发展的生力军。构建基层人才队伍教育培养课程体系，明确不同人才在不同阶段、不同岗位需要重点培训的能力和专业，开展全员培训。将培训与专业技术资格评审、职业技能鉴定有机结合，拓展技能鉴定工种范围，加大技能鉴定力度，积极开展各类技能竞赛，推动各类技术技能人才学技术、提技能、比贡献的积极性，营造良好的比学赶帮超、争优创先的氛围。实施鉴定机构质量管理体系建设工作，推进职业技能鉴定专业专家聘任工作，提高技能鉴定基础工作水平。在控制行业用工总量的基础上，解放思想，大胆合理引进一批素质较高、能力较强，能立足岗位、热爱本职的优秀年轻人才充实到基层人才队伍，提高人才储备质量。

三、建立科学规范的人才队伍建设机制

（七）构建基于分类管理的人才成长机制。要针对各类从业员工的不同特点，设计不同的成长通道，使不同的从业员工通过自己的努力都有成长的空间，增强员工的成就感和归属感。科学构建各类人才成长通道之间的横向流动渠道，满足不同人才在不同时期对成长通道的需要，形成人才纵向与横向流动机制。大力倡导人人都可以成才的观念，克服人才评价中重学历、资历，轻能力、业绩的倾向。按照各类人才的特点，建立以业绩为依据，由品德、知识、能力等要素构成的各类人才评价指标体系，建立各具特色的各类人才评价方法。不唯学历、不唯职称、不唯资历、不唯身份，不拘一格用人才，让想干事的有机会、能干事的有平台、干成事的有岗位，努力形成人尽其才、才尽其用的格局，提高各类人才的使用效率。

（八）构建基于岗位管理的竞争择优机制。坚持凡进必考原则，基于岗位任职条件，通过综合能力评估、职业素质测试、结构化面试等多种方法择优录用新进人员，将竞争择优机制前移到用人入口关，保证新进人员能力素质水平。按照民主、公开、竞争、择优原则，大力推进竞争上岗工作。结合用工分配制度改革，实行全员竞争上岗，实现人岗匹配，提高人力资源配置效率。按照“按需设岗、竞争择优”的原则，全面推进专业技术职务聘任工作。实行全员持证上岗。严格实行岗位考核，通过考核达到优胜劣汰，努力形成能上能下、能进能出的竞争择优机制。

（九）构建基于岗位考核的激励约束机制。按照“分类管理、科学设岗、明确职责、严格考核、落实报酬”的总体要求，全面完成用工分配制度改革。以岗位管理为基础，结合岗位任职资格与职责，科学评估岗位价值，合理设计考评体系，严格绩效管理，将考核结果与薪酬收入、岗位进退挂钩，打破传统收入分配思路，使薪酬真正体现岗位价值、劳动价值、人才价值，建立薪酬水平正常调整机制，努力构建符合现代企业制度要求、以岗位为基础、绩效为依据、能力为导向的激励约束机制。

（十）构建以提高整体素质为目标的教育培训机制。行业各级培训机构结合职能定位，各有侧重、各负其责，充分发挥其主渠道、主阵地作用，形成烟草行业教育培训体系。制订并完善职业标准、培训教材、鉴定题库开发，培训师资和鉴定专家队伍建设，工作评价考核和教学质量评估等各项规章制度。创新培训手段，通过网上培训、基层调研与研讨、基层实践锻炼等多种形式对干部职工进行培训。加强学风建设，把研究解决实际问题能力的提高作为主要考评标准，把学风情况纳入干部培训考核评价体系。引导各类人才积极自学，倡导“每天学习一小时”，建设学习型组织。到2013年，实现行业高层次人才累积参加脱产专业培训三个月以上，基层人才每年脱产专业培训不少于12天。

四、切实加强人才队伍建设的组织领导

（十一）加强组织领导。各级要坚持党管人才的原则，切实加强对人才队伍建设的组织领导。各单位“一把手”是人才队伍建设的第一责任人，要坚持“一把手”抓“第一资源”，把人才队伍建设放到重要的议事日程，定期讨论研究，制订工作部署。要充分发挥党组织的领导核心作用，努力构建党组（党委）统一领导，人事部门牵头抓总，有关部门各司其职、密切配合的人才队伍建设新格局，营造尊重知识、尊重人才的良好氛围。

（十二）完善工作机制。各级人事部门要充分发挥好宏观指导、落实政策、组织协调的作用。切实加强对人才理论、人才成长规律和管理规律的学习和研究，提高业务工作水平。完成行业人力资源管理信息系统的开发，定期分析本单位人才总量、结构、分布以及人才需求，加强人才资源开发的前瞻性研究。研究制订有利于人才培养和成长的政策措施，为各类人才脱颖而出提供制度保障。

（十三）加强监督检查。行业各直属单位要结合实际情况，根据本意见制定实施细则并认真付诸实施，在抓落实上下功夫。要定期对人才队伍建设工作情况进行调查研究、督促检查。行业各直属单位每年要对人才队伍建设工作情况进行检查、总结并在每年1月底前向国家局、总公司报告上一年度人才队伍建设情况。

国家烟草专卖局关于在全国烟草行业开展优秀基层单位创建活动的意见

（2009 年 5 月 13 日　国烟人〔2009〕149 号）

行业各直属单位：

为深入贯彻落实科学发展观，全面建设“严格规范、富有效率、充满活力”的中国烟草，把发展建立在更加扎实的工作基础之上，按照“重心下移、着眼基层、突出服务、加强基础”的工作方针，切实加强行业基层建设和基础管理，推动行业持续健康发展，现就在全国烟草行业基层单位开展优秀卷烟工厂、县级烟草专卖局（分公司、营销部）、烟叶收购站、打叶复烤企业创建活动（以下简称创建活动）提出如下意见：

一、充分认识开展创建活动的重要意义

开展创建活动，是深化行业改革，实现科学发展的迫切需要。近几年来，国家局党组坚持以科学发展观指导行业改革发展各项工作，明确提出“做精做强主业、保持平稳发展”的基本方针和“深化改革、推动重组、走向联合、共同发展”的主要任务，经济效益持续保持较高速度增长，较好地实现了又好又快发展。但应清醒看到，随着行业改革和发展推进，企业规模不断扩大，基层建设凸现出一些薄弱环节，一些单位不同程度地存在着不适应的情况。行业改革和发展向高层次推进，实现科学发展，既要靠正确的宏观决策来引导，更需要扎实的基础工作来保障。开展创建活动，是深化行业改革，实现科学发展的迫切需要。

开展创建活动，加强基层建设，是推动行业持续健康发展的必然要求。卷烟工厂、县级烟草专卖局（分公司、营销部）、烟叶收购站、打叶复烤企业作为基层企业，集中着行业 90% 以上的职工及固定资产，是做精做强主业、保持平稳发展、提高行业核心竞争力的基础。行业的各项工作需要基层来落实，行业的改革发展需要基层来推动，行业的安全稳定需要基层来保障。通过开展创建活动，加强基层班子建设以增强领导力，加强基层队伍建设以增强战斗力，加强基层效能建设以增强执行力，加强基层文化建设以增强凝聚力，是推动行业持续健康发展的必然要求。

开展创建活动，加强基础管理，是实现行业科学发展的重要保障。全面建设“严格规范，富有效率，充满活力”的中国烟草，是烟草行业实现科学发展的总体要求。规范、效率、活力，需要通过基础管理来体现。开展创建活动、加强基础管理，是实现“规范、效率、活力”的重要内容。近年来，行业联合重组、规范经营对行业持续健康发展起到积极推动作用，然而，一些企业出现了忽视基础管理工作的现象，不利于行业的长远发展。因此，全行业要把加强基础管理摆在更加重要位置，全面加强质量管理、现场管理、设备管理、财务管理、安全管理，提升管理水平和效益。

二、开展创建活动的目标任务

以党的十七大精神为指导，深入贯彻落实科学发展观，紧紧围绕全面建设“严格规范、富有效率、充满活力”中国烟草的总体要求，深入贯彻落实“重心下移、着眼基层、突出服务、加强基础”的工作方针，大力加强基层建设、夯实基础管理、增强基层活力、规范基层生产经营、筑牢发展基础，努力促进基层建设水平提高、基础管理工作扎实、员工队伍素质提升、企业凝聚力增强，为构建和谐烟草、保持行业持续健康发展打下坚实基础。2009 年，优秀基层单位达标率在 15% 以上；2010 年，优秀基层单位达标率在 50% 以上；2011 年，优秀基层单位达标率在 85% 以上。

三、开展创建活动的总体安排

自本意见下发之日起，行业创建活动全面启动。创建活动要在国家局的统一领导下，以省级局（公司）、工业公司为组织单位和考评单位逐级抓好。优秀卷烟工厂创建活动，由国家局经济运行司组织指导；优秀县级烟草专卖局创建活动，由国家局专卖监督管理司组织指导；优秀县级卷烟营销部（分公司）创建活动，由国家局中国卷烟销售公司组织指导；优秀烟叶收购站、打叶复烤企业创建活动，由国家局中国烟叶公司组织指导。国家局将重点抓好试点引导工作，适时召开基层建设管理交流现场会，总结经验，表彰先进，推动优秀基层单位创建活动广泛深入地开展。

开展创建活动，重点要抓好以下几个方面的工作：

（一）广泛开展动员。要积极开展宣传和动员，召开动员会，布置创建活动工作任务，使相关单位、部门参与到创建活动中来，使各单位、各部门、班组和员工明确创建活动的重要意义、具体任务、目标要求，积极投身到创建活动中去。

（二）制订活动方案。各直属单位要结合本单位实际情况，全面启动创建活动。结合创建标准，制订切实可行的创建活动方案，落实工作责任，细化工作措施，进一步在基层建设、基础管理上下功夫、上水平。创建活动方案及时报国家局。

（三）抓好试点工作。为切实推动创建活动，国家局各对口管理部门、单位将切实抓好创建活动试点工作，以点带面，有效推进。选择2家优秀卷烟工厂、10家县级烟草专卖局、10家卷烟营销部（分公司）、20家烟叶收购站、2家打叶复烤企业作为试点，引领行业创建活动开展（试点单位由国家局相关部门、单位确定，报国家局创建活动办公室备案）。

（四）加强检查考核。各直属单位要把创建活动作为考核基层单位的一项重要内容，使创建活动与贯标工作、绩效管理等挂钩，保证创建活动的各项措施落到实处。

活动的具体安排和方法步骤，各单位根据本意见要求、结合实际情况确定，创造性地组织实施。

四、切实加强对开展创建活动的组织领导

（一）加强领导，精心组织。各直属单位要将创建活动纳入重要议事日程，成立创建活动领导小组，负责创建活动的组织实施。各单位要研究制订切实可行的实施方案，搞好动员部署。

（二）搞好督查，推动落实。各单位要加强对创建工作的指导和督促检查，通过情况汇报会、交流会、调研督导等形式，及时了解掌握活动情况，督促解决问题，防止形式主义，推动创建活动深入扎实开展。国家局相关部门和单位要根据分工对各直属单位的创建活动进行检查指导。

（三）创新载体，营造氛围。要把创建活动作为深入学习实践科学发展观活动的一项重要内容和载体，务求创建活动取得实效。注意用科学务实的载体教育和引导职工，善于培育和发现典型。通过行业新闻媒体、网络平台和活动专刊等，及时宣传推广各单位的好经验、好做法，营造浓厚的活动氛围。

（四）统筹兼顾，促进工作。各单位要把开展好活动作为推动工作创新发展的强大动力，统筹协调，合理安排，把握好活动进度和节奏，做好结合文章。妥善处理开展创建活动与做好日常工作的关系，把广大干部职工在创建活动中焕发出来的热情，及时转化为扎实工作、干事创业的实际行动，做到“两不误、两促进”，为全面建设“严格规范，富有效率，充满活力”中国烟草打下坚实基础，为行业持续稳定健康发展提供坚实保障。

附件1：

优秀卷烟工厂评价标准

评价项目	评价内容
总体要求	1. 代表行业卷烟工厂先进发展水平，具有较为明显的现代工厂特征； 2. 拥有先进的技术装备，现代技术、现代理念和现代管理手段得到充分利用； 3. 具有较高的基础管理水平，建立并完善了一套适应工厂发展的机制和能力； 4. 产品质量、工艺、物耗和节能减排等主要经济技术指标达到行业先进水平； 5. 积极加强团队建设，企业内部稳定和谐，员工保持良好的工作状态和精神风貌。
班子建设	1. 深入贯彻落实科学发展观，全面贯彻落实党的路线方针政策和国家局各项工作部署； 2. 坚持“三会一课”制度，党委中心组学习规范化、制度化； 3. 坚持民主决策，完善党委会议事规则，有效落实“三重一大”集体决策制度； 4. 严格党内组织生活，坚持民主生活会制度； 5. 坚持和完善职代会、厂务公开、民主监督和内部审计等制度。
队伍建设	1. 明确并完善企业机构设置、人员配置、岗位责任； 2. 严格落实国家局要求，完成用工分配制度改革的阶段性目标； 3. 开展岗位技能培训、职业技能鉴定工作，技能人才队伍建设规范有序。
文化建设	1. 制定《企业文化建设规划》，有年度工作计划，建立规范的企业文化架构体系； 2. 企业文化宣贯有力，主要领导自觉践行，广大员工内化于心，外化于行； 3. 文化建设资金列入预算，规范应用《中国烟草视觉识别系统》。

续表

评价项目	评价内容
基础管理	1. 积极贯彻落实国家局、工业公司的各项工作部署； 2. 内部管理规范，制度健全，流程顺畅，各项职能及岗位职责得到有效落实； 3. 观念和职能转变到位，具有较强的大局意识、责任意识和创新意识； 4. 现场管理整洁有序；财务管理规范，预算管理有效；无重大安全事故发生。
主要经济技术指标	以下十项指标，至少其中八项指标要达标。 1. 质量控制体系健全，运行有效，质量改进有序，重大质量事故为零，卷烟产品质量监督检测市场抽查合格率 100%（行业平均水平 99.5%）； 2. 全员实物劳动生产率≥390 箱/每人·年（行业平均水平 375 箱/每人·年）； 3. 单箱制造费用≤200 元（行业平均水平 210 元）； 4. 单箱管理费用≤450 元（行业平均水平 480 元）； 5. 单箱卷烟综合能耗≤20 公斤标准煤（行业平均水平 21.7 公斤标准煤）； 6. 化学需氧量≤180 毫克/升（行业平均水平 190 毫克/升）； 7. 单箱烟叶消耗≤34.8 公斤（行业平均水平 35.4 公斤）； 8. 单箱嘴棒消耗（折算标准值）≤8430 支（行业平均水平折算标准值 8470 支）； 9. 卷烟焦油量加权平均值≤12.6 毫克/支（行业平均水平 12.8 毫克/支）； 10. 卷包设备有效作业率≥88%（行业平均水平 86%）。
否定情形	1. 有严重违纪违规情形者； 2. 出现重大质量事故、重大安全事故者均一票否决。

附件 2：

优秀县级烟草专卖局评价标准

评价项目	评价内容
班子建设	1. 深入贯彻落实实践科学发展观，全面贯彻落实党的路线方针政策和国家局各项工作部署； 2. 坚持“三会一课”制度，党组织学习规范化、制度化； 3. 坚持民主决策，完善议事规则，有效落实集体决策制度； 4. 严格党内组织生活，坚持民主生活会制度； 5. 坚持局务公开、民主监督等制度。
队伍建设	1. 严格落实国家局要求，完成用工分配制度改革阶段性目标； 2. 专卖管理组织机构健全，职责明确，岗位清晰，人员充实； 3. 专卖管理员职业技能鉴定工作有计划、有措施。技能鉴定培训不少于规定的学时，初级参培人员合格率达到 80% 以上，中级参培人员合格率达到 70% 以上，高级参培人员合格率达到 60% 以上； 4. 建立健全培训考核制度，专卖管理人员参加各类培训率达 100%，每年累计培训时间不少于 40 课时； 5. 专卖执法主体依据和职责有明确的分解并形成职权目录。专卖执法监督检查、专卖执法案卷审查、专卖执法案件移送、涉案物品管理、办案经费管理、规范性文件备案审查等行政执法制度健全； 6. 专卖数据上报及时、准确，无迟报、误报情况。
文化建设	1. 企业文化建设有年度工作计划，文化富有特色，与行业文化相融共进； 2. 企业文化宣贯有力，主要领导自觉践行，广大员工内化于心，外化于行； 3. 文化建设资金列入预算，规范应用《中国烟草视觉识别系统》。

续表

评价项目	评价内容
内部监管	1. 内管机构健全，专职内管人员达到全部专卖人员总数的25%； 2. 内管长效机制建立，内管人员熟练掌握和运用《烟草行业内部专卖管理监督工作规范》，依法依规开展监管工作，程序规范、痕迹完备； 3. 日常监管职责明确，监管任务具体，检查记录完整，发现异常及时，处理问题得当； 4. 对上级局下发的检查意见书或提供的案件线索进行调查核实，并作出处理； 5. 卷烟落地销售监控到位，无被其他机关查处的卷烟外流案件。
市场监管	1. 卷烟市场净化率达到95%； 2. 按要求设立12313举报电话，有相应人员及办公场所和设施。建立稳定情报网络，拓宽情报信息来源； 3. 对上级指挥协调的案件执行得力，反馈及时，开展、参与联动协查有制度、有数据、有记录； 4. 建立与相关行政执法部门的联合执法工作机制，严格执行案件移送制度，无以罚代刑的情况； 5. 定期组织烟草专卖法律法规和真假卷烟识别等专题宣传活动。
证件管理	1. 制定并公布卷烟零售布局方案，许可证管理公开、透明； 2. 依法进行许可证受理、审核、发放、变更、续展、注销等，许可证管理公正、公平； 3. 利用证件信息管理系统完成行政许可，许可证管理高效、便民； 4. 配合工商部门及时查处无证经营行为； 5. 建立规范、完整、统一的许可证管理档案。
否定情形	在评选当年和上一年度有下列情形之一的单位，不能参加“先进县级烟草专卖局”的申报和评选： 1. 有严重违纪违规情形者； 2. 出现重大质量事故、重大安全事故者均一票否决； 3. 重点抽查发现的不规范经营问题在日常监管中未发现的； 4. 参加专卖管理员职业技能鉴定通过率未达到30%的。 5. 出现错案并造成不良社会后果的。

附件3：

优秀县级烟草分公司（营销部）评价标准

评价项目	评价内容
班子建设	1. 深入贯彻落实科学发展观，全面贯彻落实党的路线方针政策和国家局各项工作部署； 2. 坚持“三会一课”制度，党组织学习规范化、制度化； 3. 坚持民主决策，完善议事规则，有效落实集体决策制度； 4. 严格党内组织生活，坚持民主生活会制度； 5. 坚持企务公开、民主监督等制度。
队伍建设	1. 严格执行国家局下发的“四定”方案； 2. 客户经理工资水平/全员平均工资水平≥0.8； 3. 获得卷烟商品营销员证书的营销人员比例≥75%； 4. 营销人员接受培训面达到100%，人均培训时间≥80学时/年。
文化建设	1. 企业文化建设有年度工作计划，文化富有特色，与行业文化相融共进； 2. 企业文化宣贯有力，主要领导自觉践行，广大员工内化于心，外化于行； 3. 文化建设资金列入预算，规范应用《中国烟草视觉识别系统》。

续表

评价项目	评价内容
经营业绩	1. 卷烟人均消费量≥8.5 条（行业平均水平 8.25 条），或近三年卷烟销量增长率均超过行业平均水平（近三年行业平均水平 4.10%）； 2. 一、二类烟销量比重≥18%（行业平均水平 17.7%），或销量比重增长超过 4 个百分点（近两年行业平均水平 3.75 个百分点）； 3. 全国性重点骨干品牌（含视同）在辖区内销量近三年稳定增长，且销量比重超过行业平均水平（行业平均水平 48.23%）； 4. 全员实物劳产率≥260 箱/人，或增幅≥6%； 5. 单箱费用≤550 元/箱，或增幅≤3%。
客户服务	1. 300 人以上的自然村没有空白点； 2. 零售客户满意度≥90%（行业平均水平 86.8%）； 3. 客户经理人均服务客户数≤150 户（《地市级烟草公司卷烟销售网络业务规范》的要求数量）； 4. 卷烟明码标价率≥95%（国家局规定明码标价率≥95%）； 5. 零售客户综合毛利率≥8%； 6. 客户投诉率≤1.2%； 7. 卷烟送货到户率≥95%； 8. 月进货量高于千条的客户比例≤1%。
规范经营	1. 无跨区销售行为； 2. 无虚拟客户、拆单分摊等任何形式的套购卷烟行为； 3. 无捆绑或变相捆绑销售以及任何形式的强买强卖行为； 4. 辖区内无未经批准的工业企业直接促销行为。
否定情形	1. 有严重违纪违规情形者； 2. 出现重大质量事故、重大安全事故者均一票否决。

备注：1. 全员实物劳产率为卷烟销量除以县局全部在岗人员（不含烟叶从业人员）；
2. 单箱费用指卷烟经营费用和管理费用，不含财务费用；
3. 客户投诉率为有效客户投诉数除以辖区零售客户数；
4. 获得卷烟商品营销员证书的营销人员比例为获得上述证书的营销人员数除以营销人员总数。

附件 4：

优秀烟叶收购站评价标准

项目	内容	评分标准
总体要求	烟站规模	1. 烟站收购规模：总收购量在 10000 担以上，种植面积不少于 3000 亩，并具有一定代表性的烟叶收购站； 2. 农户种植规模：管辖区内农户户均面积大于 10 亩； 3. 人均工作量：技术员人均服务农户数高于 50 户。
	计划合同	1. 计划执行：严格按照分解计划组织烟叶生产收购； 2. 严格按照合同签订程序组织签订烟叶种植收购合同，合同履约率 100%。
	生产收购	1. 收购效率：单磅组日均收购量大于 160 担，当日收购当日成包，及时调运； 2. 等级质量：正确执行国家标准，不压级压价，不提级提价，等级合格率不低于 80%； 3. 烟叶中心库或打叶复烤厂交接烟叶无降级和水分超限等情况； 4. 收购秩序：无跨区收购，无群体性事件，无烟农投诉、无仓储事故、无违法违规行为。

续表

项目	内容	评分标准
设施管理	规划布局	1. 烟叶收购站划分为收购区、仓储区和办公生活区； 2. 收购区要场地宽敞明亮，按收购流程规划设置为烟农等候休息区、预检编码区、检验定级区、观察退烟区及解码过磅区、散叶堆放区、成包区； 3. 仓储区的烟叶库、农用物资库要单独成库，分库管理； 4. 办公生活区设办公室、会议（培训）室、烟农服务（接待）室等。生活区设食堂、宿舍等。
	场地面积（单磅组）	1. 收购区总面积 $400m^2$ 以上，烟农等候休息区 $100m^2$ 以上； 2. 预检编码区净面积 $30m^2$ 以上（不含设备占地面积）； 3. 检验定级区不小于 $40m^2$（宽度 5m 以上），有良好的自然采光，避免阳光直射； 4. 散叶堆放区在 $150m^2$ 以上。
	设施设备	1. 使用收购信息管理系统，配备计算机（POS 机）、电子秤、标准辅助光源、滚轮传送带等； 2. 烟农等候休息区设举报箱、茶水、便民箱等； 3. 收购区、仓储区内部各功能区域在地面划出明显标示，并标出烟叶流向箭头。
现场管理	文档管理	1. 档案管理目录清楚，农户户籍化管理档案齐全； 2. 按企业要求规范填写相关管理台账、表格； 3. 技术员填写的日志内容齐全，农户、站长签名完整。
	公示管理	1. 烟站人员、岗位职责、专卖宣传、监督举报电话、当日预检安排表、收购流程图、烟叶收购价格、烟叶扶持政策、烟用物资价格及补贴等宣传公示材料； 2. 烟叶等级标准样品展示； 3. 宣传公示位置显著，便于烟农查看，及时更新（换）。
	仓库管理	1. 仓库内物资分类堆放，配置合格灭火器材； 2. 按要求分区堆放烟叶、烟包，设置堆头等标识等； 3. 仓库管理日志记录完整。
质量管理	入户预检	1. 预检员明确职责，责任到人，分片到户； 2. 预检工作日志完整，预检出的烟叶签封严密； 3. 入户预检到烟站的验收记录完整。
	样品管理	1. 根据仿制标样定期制作工作指导样品； 2. 每日工作开始前根据工作指导样品统一感官标准； 3. 当日收购结束后总结分析全天收购质量情况，并更新工作指导样品； 4. 主检做好上述各项工作的工作日志。
	技术人员	1. 从事等级检验工作的技术人员具备相应职业技能资格和岗位资格。 2. 烟站站长、主检具备高级工及以上职业资格或助理以上技术职称。
否定情形	1. 有严重违纪违规情形者； 2. 出现重大质量事故、重大安全事故者均一票否决。	

附件5：

优秀打叶复烤企业评价标准

<table>
<tr><th>评价项目</th><th colspan="2">评价内容</th></tr>
<tr><td>班子建设</td><td colspan="2">1. 深入贯彻落实科学发展观，全面贯彻落实党的路线方针政策和国家局各项工作部署；
2. 坚持“三会一课”制度，党组织学习规范化、制度化；
3. 坚持民主决策，完善议事规则，有效落实集体决策制度；
4. 严格党内组织生活，坚持民主生活会制度；
5. 坚持和完善企务公开、民主监督和内部审计等制度。</td></tr>
<tr><td>队伍建设</td><td colspan="2">1. 明确并完善企业机构设置、人员配置、岗位责任；
2. 严格落实国家局要求，完成用工分配制度改革的阶段性目标；
3. 开展岗位技能培训、职业技能鉴定工作，技能人才队伍建设规范有序。</td></tr>
<tr><td>文化建设</td><td colspan="2">1. 企业文化建设有年度工作计划，文化富有特色，与行业文化相融共进；
2. 企业文化宣贯有力，主要领导自觉践行，广大员工内化于心，外化于行；
3. 文化建设资金列入预算，规范应用《中国烟草视觉识别系统》。</td></tr>
<tr><td>效能建设</td><td colspan="2">1. 效能建设制度健全，各项工作规范化、制度化；
2. 办事手续简便，办事效率高，服务质量好；
3. 领导干部廉洁自律，无违规行为；员工遵纪守法，无违纪行为。</td></tr>
<tr><td>经营业绩</td><td colspan="2">1. 净资产收益率 = 净利润/平均净资产 × 100%（≥5%）；
2. 成本费用利润率 = 利润总额/成本费用总额 × 100%。（≥12%）。</td></tr>
<tr><td rowspan="5">基础管理</td><td>质量管理</td><td>1. ISO9000、ISO14000、ISO18000 标准三标一体认证与实施；
2. 质量检测项目及设备齐全。</td></tr>
<tr><td>工艺技术管理</td><td>1. 主要技术指标（首次检验）
合格率：大中片率≥95%（标准偏差≤3%）
叶中含梗率≥95%（标准偏差≤0.3%）
装箱叶片含水率≥95%（标准偏差≤0.45%）
2. 投入产出法计算实物产品得率≥92%；
3. 具备配方打叶工艺和设备。</td></tr>
<tr><td>成本费用控制</td><td>吨片烟综合成本≤2800 元</td></tr>
<tr><td>设备管理</td><td>设备故障率≤5%</td></tr>
<tr><td>节能减排指标完成情况</td><td>吨片烟综合能耗≤210KGS 标准煤</td></tr>
<tr><td>服务水平</td><td colspan="2">客户满意率≥90%</td></tr>
<tr><td>规范经营</td><td colspan="2">1. 无违反烟草专卖法情况；
2. 无违反《国家烟草专卖局关于加强打叶复烤烟叶流通管理若干规定》情况。</td></tr>
<tr><td>安全生产</td><td colspan="2">无重大火灾、人员伤亡安全责任事故。</td></tr>
<tr><td>否定情形</td><td colspan="2">1. 有严重违纪违规情形者；
2. 出现重大质量事故、重大安全事故者均一票否决。</td></tr>
</table>

国家烟草专卖局关于加强烟草行业教育培训体系建设的指导意见

（2009 年 6 月 15 日　国烟人〔2009〕210 号）

行业各直属单位：

为深入贯彻落实中共中央《干部教育培训工作条例（试行）》（中发〔2006〕3 号），按照《烟草行业教育培训工作实施办法（试行）》（中发〔2006〕480 号）的有关要求，切实加强烟草行业教育培训体系建设，进一步提高各级局（公司）和烟草企业教育培训工作水平，满足全体烟草员工的教育培训需求，为烟草行业持续健康发展提供人才保障，现就行业教育培训体系建设提出以下意见：

一、指导思想

以马克思列宁主义、毛泽东思想、邓小平理论和“三个代表”重要思想为指导，深入贯彻落实科学发展观，紧紧围绕行业中心工作，服从行业发展大局，按照“科学规划、统筹资源，分级负责、分类培训，制度规范、加强监督，创新手段、提高质量，端正学风、注重实效”的原则，以各省级局（公司）、工业公司作为行业教育培训工作的主体，建立健全行业教育培训体系，为烟草行业人才队伍建设提供支撑，为全体员工提高素质、提升技能、增长才干提供服务。

二、目标任务

（一）强化培训管理

烟草行业教育培训工作由国家局、总公司，各级局（公司），各省级工业公司人事部门负责。国家局人事司负责全行业教育培训工作的整体规划、宏观指导、协调服务、督促检查和制度规范。各省级局（公司）、工业公司人事部门要切实担负起本系统教育培训工作的组织、管理与实施职责；人事部门要明确 1 名处级干部分管并至少配备 1 名专职干部具体负责教育培训工作。有直属培训机构的，要指导、督促直属培训机构搞好培训；没有直属培训机构的，要积极拓展培训途径，想方设法为搞好培训创造有利条件。各地市级局（公司）、卷烟工厂也要根据本单位实际需要，配备专职教育培训管理人员。

（二）明确工作职责

按照分级负责、分类培训的原则，国家局、总公司主要负责机关全体干部职工和全行业处级以上干部，高技术、高技能人才的培训，以及重点工作的短期适应性骨干培训和远程培训。

各省级局（公司）主要负责本单位全体干部职工和所属地市级局（公司）中层以上人员，所属县级局（公司）领导班子成员，以及全系统业务骨干的培训；各省级工业公司主要负责公司本部全体干部职工和所属企业中层以上人员，以及业务骨干的培训。

各地市级局（公司）、卷烟工厂负责本单位全体员工的培训。

（三）健全培训机构

按照行业组织架构和业务特点，烟草行业教育培训机构主要分为国家局、总公司直属培训机构和省级局（公司）直属培训机构两个层面。地市级（局）公司和卷烟工厂可根据自身需要，报请上级单位批准，设立培训机构。

国家局、总公司直属培训机构 3 所，其中，国家局党校（职工培训中心）重点对处级以上干部进行政治理论、体制改革、宏观形势等高层次的理论培训及专题研究；北京金叶园会议中心主要组织理论、政策、业务等方面的重点工作短期适应性骨干培训；中国烟草总公司职工技术培训中心主要负责高技术、高技能人才的培训，同时承担行业远程培训任务。

各省级局（公司）建设直属培训机构要从行业和本地实际情况出发，因地制宜、规模适度、优势突出、特色鲜明，不搞大而全、小而全。已经建立培训机构的省级局（公司）要认真履行职责，积极改革创新，提高培训工作水平。尚未建立培训机构的省级局（公司）要抓紧建立。确有特殊原因不便设立培训机构的，要向国家局、总公司报告并选定 1 个行业内部培训机构建立合作关系，保障本系统、本单位培训工作顺利开展。所有培训机构必须做到人员充实、设施完备、组织科学、管理规范、经费保证。

（四）整合培训资源

行业教育培训资源主要包括培训师资、培训教材和培训机构。

按照科学规划、统筹资源的原则，国家局、总公司直属培训机构负责行业培训师资库和培训教材库的建设与管理，由中国烟草总公司职工技术培训中心具体承办，国家局党校（职工培训中心）协助、配合。

各省级局（公司）直属培训机构负责本系统培训师资库和培训教材库的建设与管理，并有义务向行业培训师资库和培训教材库推荐优质资源。各省级工业公司的培训师资和培训教材一般应纳入当地省级局（公司）培训师资库和培训教材库统一管理，确有必要的，也可自行建设与管理并承担向行业培训师资库和培训教材库推荐优质资源的义务。

各级培训机构要发扬协作互助精神，在突出自身特色的基础上，加强交流、密切合作、优势互补、资源共享，实现行业教育培训资源的合理配置和培训规模效益最大化。

（五）完善培训制度

按照制度规范、加强监督的原则，建立健全教育培训工作评价，培训机构教学质量评估，技能鉴定职业标准、培训教材、鉴定题库开发操作规程，培训师资库、技能鉴定专家库管理办法，培训计划制定、培训班组织、培训档案建立等各项规章制度，并加强监督考核，确保各项制度落到实处，促进培训工作规范化、制度化，提升培训质量。

（六）加强学风建设

良好的学风是教育培训质量的保证。在教育培训工作中，要大力弘扬理论联系实际之风，加强对实际问题的研究，重视解决实际问题能力的提高；要大力倡导艰苦奋斗之风，厉行节约、勤俭办学，潜心做事、低调做人；要坚持从严治校、从严治学之风，严格要求、严格管理，做到研究无禁区、讲台有纪律，严格遵守校规校纪，营造良好的学习秩序和氛围。各级人事部门要建立学风建设督促检查制度，把学风情况纳入干部培训考核评价体系，作为衡量干部作风好坏的重要标准，推动学风建设不断取得新成效。

三、工作要求

（一）行业各直属单位要严格按照本意见要求，根据本单位具体情况认真研究制订落实办法，于2010年全面完成相关工作。

（二）行业各直属单位要高度重视教育培训体系建设工作，依照相关法规及行业有关规定并结合本单位具体情况，认真制订整体实施和阶段进度方案，于2009年7月31日前报国家局人事司。国家局自2010年上半年开始，将此项工作纳入行业教育培训工作检查重要内容。

（三）确因客观情况无法在规定时间内完成教育培训体系建设工作的，请将具体原因与延后的进度安排一并报国家局人事司。

（四）在加强行业教育培训体系建设的同时，要继续深入开展大规模培训工作，各省级局（公司）、工业公司要在5年内把本系统全部在岗员工轮训一遍。

四、保障措施

（一）组织保障

各单位分管人事工作的领导要亲自过问本系统本单位教育培训体系建设工作，人事部门主要负责人要亲自抓好该项工作。

（二）人员保障

各级人事部门要按照要求配齐专职教育培训管理干部，并对培训机构的人员编制等给予保证。

（三）资金保障

各单位要切实做到教育培训经费足额提取，专款专用，并对培训设施建设、师资队伍建设、培训教材开发、职业技能鉴定等方面的经费开支给予支持。

（四）政策保障

各单位要把教育培训作为培养人才的重要一环，将干部职工参加培训情况与其薪酬待遇、岗位调整、职务升迁等紧密挂钩，充分调动干部职工参加培训的积极性；要重视教育培训管理人员和培训师资、专家队伍的培养和使用，尊重他们的辛勤劳动和智力成果，在调查研究，学术交流，外出授课，开发职业标准、培训教材、鉴定题库等工作中，为他们提供必要的条件和合理的劳动报酬，工作表现突出的，要进行表彰和奖励，从而调动相关人员的积极性并吸引优秀人才不断加入其中，改善队伍结构，提升人员素质，提高工作水平。

纪检监察

中共国家烟草专卖局党组 中央纪委驻国家烟草专卖局纪检组关于印发烟草行业干部选拔任用工作廉政监督暂行规定的通知

（2009 年 4 月 2 日　国烟党〔2009〕19 号）

行业各直属单位，中国烟草机械集团有限责任公司，中国烟草国际有限公司，中国烟草实业发展中心党组（党委），纪检组（纪委）：

为进一步规范烟草行业干部选拔任用廉政监督工作，国家烟草专卖局党组、驻国家烟草专卖局纪检组研究制定了《烟草行业干部选拔任用工作廉政监督暂行规定》，现予以印发，请遵照执行。

烟草行业干部选拔任用工作廉政监督暂行规定

第一条　为了加强对烟草行业干部选拔任用工作的监督，坚持德才兼备、注重实绩、群众公认的选人用人原则，防止和纠正选人用人上的不正之风，进一步提高选人用人的公信度，依据中共中央《党政领导干部选拔任用工作条例》（以下简称《干部任用条例》）、《党政领导干部选拔任用工作监督检查办法（试行）》和中央纪委、中央组织部《中管干部任职前中央组织部听取中央纪委意见和中央纪委回复中央组织部意见试行办法》，以及国家烟草专卖局党组有关干部选拔任用工作的规定，制定本规定。

第二条　烟草行业各级纪检监察机构对本单位的干部选拔任用工作实施廉政监督。

第三条　烟草行业各级纪检监察机构应派员参与本单位干部选拔任用考察工作，对干部选拔任用工作程序执行情况进行监督，对拟任人选廉政情况进行审核。

第四条　对干部选拔任用工作程序执行情况监督的主要内容：

（一）依据《干部任用条例》及国家烟草专卖局党组有关干部选拔任用工作的规定，对民主推荐、结果统计、组织考察等关键环节实施监督，对被推荐人员资格条件进行审核。

（二）对被考察单位及考察对象存在拉票等非组织活动实施监督。

（三）对考察组成员违反组织人事纪律的行为实施监督。

第五条　对拟任人选廉政监督的内容、方法和步骤：

（一）纪检监察机构应及时确定参与廉政监督的人员，由参与廉政监督的人员对考察对象的廉政档案和信访举报的问题进行汇总整理。

（二）通过谈话或侧面了解，对考察对象廉政档案、信访举报以及考察谈话中或其他途径反映出的廉政方面主要问题进行核实，形成提拔任用的基本意见。

（三）参与廉政监督的人员应在干部考察工作结束后形成廉政监督报告，内容包括：干部选拔任用工作程序执行情况；考察对象的基本情况；民主测评、推荐和考察谈话的情况；信访审核及核实了解的情况；提拔任用意见和建议。

第六条　廉政监督报告经纪检监察机构研究，形成拟回复人事部门的具体意见，报纪检组组长（纪委书记）审批。

第七条　拟任人选提交党组（党委）讨论决定前，人事部门要向纪检监察机构书面征求意见。

第八条　纪检监察机构收到人事部门征求意见函后，一般在 7 个工作日内予以回复。回复一般按下列 8 种情况办理：

（一）无信访举报或虽有信访举报，经核实未发现问题或反映的问题失实，答复为“无不同意见”。

（二）收到信访举报，但线索过于笼统，不具备可查性，答复为“不持异议”。

（三）收到信访举报，经核实，问题或部分问题存在，但不严重，答复为“不影响提拔使用”。

（四）收到信访举报，对反映的问题正在核实，答复为“暂缓提拔使用，待查清问题后再作答复”。

（五）收到信访举报，经核实确有问题，不宜提拔使用的，答复为“不宜提拔使用”。

（六）未收到信访举报，但拟任人选的任职资格条件不符合《干部任用条例》及国家烟草专卖局党组有关干部选拔任用工作规定的，或在干部推荐、组织考察过程中存在拉票等非组织活动的，答复为“不宜提拔使用”。

（七）收到信访举报，经核实确有严重问题，拟任人选已不适合担任现职的，纪检监察机构可向人事部门明确提出对其进行组织处理的建议。

（八）特殊情况，个别处理。

第九条 在对拟任人选考察工作结束提交党组（党委）会议讨论前，纪检监察机构收到上级机关发函要求调查核实的，或信访举报涉及其问题重大、线索具体的，应进行调查核实，并及时通知人事部门暂时中止选拔任用程序，待有关问题调查核实清楚后，回复人事部门。

第十条 在干部任前公示期间，纪检监察机构收到署名或有具体线索的信访举报，转人事部门受理。

第十一条 参与干部选拔任用工作廉政监督人员，应严格遵守廉洁自律的各项规章制度，不得接受可能影响干部选拔任用工作的宴请或收受钱物；严格遵守组织人事纪律，不得干预组织人事部门具体业务工作；严格执行保密纪律和回避制度，不得泄露干部选拔任用工作的相关情况和廉政监督情况。违者依据有关规定严肃处理。

第十二条 本规定由中央纪委、监察部驻国家烟草专卖局纪检组、监察局负责解释。

第十三条 行业各直属单位可以根据本规定，结合实际情况制定具体实施办法。

第十四条 本规定自发布之日起施行。

中共国家烟草专卖局党组关于开展巡视工作的实施意见

（2009年6月1日　国烟党〔2009〕34号）

行业各直属单位：

为进一步加强行业直属单位领导班子及其成员的管理与监督，根据《中国共产党章程》、《中国共产党党内监督条例（试行）》、《关于中共中央纪委、中共中央组织部巡视工作的暂行规定》和中央关于开展巡视工作的要求，结合行业实际，制定本实施意见。

一、巡视工作指导思想

坚持以邓小平理论和“三个代表”重要思想为指导，全面贯彻落实党的十七大精神，深入学习实践科学发展观，按照党要管党、从严治党的方针，围绕努力建设“严格规范、富有效率、充满活力”中国烟草的总体要求，不断健全和完善内部监督机制，加强行业党风廉政建设，确保党的路线、方针、政策和国家局、总公司决定、部署的贯彻执行。

二、巡视对象和巡视内容

（一）巡视对象

按照干部管理权限，国家局巡视组巡视的对象是：行业直属单位领导班子及其成员。

（二）巡视内容

1. 执行党的路线、方针、政策和决议、决定，贯彻落实科学发展观的情况；

2. 贯彻落实国家局工作部署的情况；

3. 执行民主集中制的情况，特别是重大决策、重要干部任免、重大项目安排和大额度资金使用的情况；

4. 贯彻落实党风廉政建设责任制和廉政勤政的情况；

5. 遵守组织人事纪律，选拔任用干部的情况；

6. 维护改革发展稳定的情况；

7. 贯彻落实政务、司务、企务公开的情况；

8. 国家局党组要求巡视的其他事项。

三、巡视工作组织领导和机构设置

巡视工作在国家局党组领导下开展，设立巡视组，成立巡视工作办公室。

（一）根据巡视工作需要，设立若干巡视组。每个巡视组3至5人，人员从机关各部门选派或从行业直属单位抽调。巡视组实行组长负责制，设组长、副组长各1名，由司局级干部担任。

（二）巡视工作办公室由驻局纪检组监察局和人事司负责组建，从局机关抽调人员组成临时常设机构，巡视工作办公室主任由副司级干部担任。巡视工作办公室作为国家局开展巡视工作的日常办事机构，负责提出巡视工作计划和建议，制定巡视工作规章制度，综合协调和参与组织实施巡视工作。

（三）巡视工作人员基本条件

1. 能自觉践行“三个代表”重要思想，深入贯彻落实科学发展观，坚决执行党的路线、方针、政策，具有履行职责所需要的政策理论水平；

2. 有高度的事业心和责任感，思想敏锐，作风扎实，坚持原则，公道正派，实事求是，依法办事，清正廉洁；

3. 熟悉党务政务和政策法规，具备相关业务知识，有较强的调查研究和分析处理问题的能力；

4. 一般应具有大学本科以上文化程度；

5. 身体健康，胜任巡视工作的需要。

四、巡视组工作方式

巡视组组建后，应及时向国家局有关部门了解被巡视单位的相关情况，制定巡视方案，经主管领导批准后实施。

（一）听取被巡视单位党组（党委）工作汇报或专题汇报。

（二）根据工作需要，列席被巡视单位党组（党委）会、局长（总经理）办公会、党组（党委）民主生活会和其他有关会议。

（三）与被巡视单位领导班子成员、干部职工个别谈话。

（四）召开不同类型座谈会。

（五）在一定范围内，组织民主测评，进行问卷调查、抽样调查。

（六）调阅、复制有关会议记录、文件、账表凭证等资料。

（七）深入被巡视单位的下属单位调查研究，走访基层。

（八）根据需要可征求地方纪委、组织部门等单位的意见。

（九）受理巡视期间反映被巡视单位领导班子及其成员问题的来信来访，对反映的重要问题可进行深入了解并及时向驻局纪检组报告，必要时可直接向国家局党组报告。

五、巡视工作要求

（一）对每个直属单位的巡视时间一般不少于20天。

（二）巡视组与巡视工作办公室要保持经常联系，巡视工作办公室要派员参加巡视工作并可定期或不定期派员到被巡视单位了解巡视工作开展情况。

（三）巡视组按照预定的工作计划开展工作，不干预被巡视单位正常工作，不处理被巡视单位的具体问题，对重大问题不擅自表态。

（四）巡视组要客观公正地反映被巡视对象的真实情况，对于群众反映强烈，并属于巡视工作职责范围内的重要问题，应当了解而没有了解，应当报告而没有报告，甚至隐瞒不报、弄虚作假的，要追究巡视组负责人和相关人员的责任。

（五）巡视组人员要严格遵守政治纪律、组织纪律、工作纪律和保密纪律，自觉接受被巡视单位干部群众的监督。

（六）巡视组人员要轻车简从，严禁在被巡视单位办私事、谋私利，严禁接受超标准宴请和收受礼金礼品，严禁借机公款旅游，严禁在被巡视单位报销应由个人承担的费用。

（七）被巡视单位要自觉接受巡视监督，积极支持和配合巡视组的工作，如实汇报情况，按要求及时提供有关资料；对不支持配合巡视工作的，要追究有关人员的责任。

（八）巡视工作结束后，巡视组要及时提交巡视工作报告及其他专题报告。巡视工作报告的内容主要包括：巡视工作开展的简要情况、对领导班子及其成员的基本评价、存在的主要问题、巡视组的意见和建议，以及需要反映的其他问题。

（九）巡视组对巡视工作中形成的材料要妥善保管，巡视工作结束后，要及时进行整理归档，并交巡视工作办公室统一保管。

六、巡视工作成果运用

（一）巡视组要根据国家局党组对巡视报告及巡视工作意见，形成书面反馈材料并负责向被巡视单位党组反馈巡视期间了解的有关情况和存在问题及整改建议。

（二）经国家局党组和驻局纪检组授权，巡视组组长可与被巡视单位领导班子成员进行廉政谈话或诫勉谈话。

（三）被巡视单位在接到反馈意见后，要及时制定整改方案，并在一个月内将整改方案上报国家局巡视工作办公室，六个月内上报整改落实情况。对无正当理由拒绝纠正存在问题，或不按照国家局要求整改的，要追究被巡视单位负责人的责任。巡视工作办公室要了解掌握被巡视单位整改情况，必要时可进行“回访”检查。

（四）对巡视中发现的问题，巡视工作办公室要根据国家局党组和驻局纪检组的意见，分别交有关部门具体落实，并跟踪了解办理情况。

（五）巡视工作结束后，巡视组应及时向驻局纪检组监察局和人事司通报对被巡视单位领导班子及其成员的基本评价和巡视意见，将廉政谈话和诫勉谈话记录转交驻局纪检组监察局并存入廉政档案，为以后考核领导班子和选拔任用干部提供依据。

国家烟草专卖局关于进一步推进烟草企业办事公开民主管理的意见

（2009 年 11 月 19 日　国烟监〔2009〕338 号）

行业各直属单位，国家局、总公司机关各部门、各单位：

为认真贯彻落实党的十七届四中全会精神和党中央、国务院关于办事公开民主管理的有关要求，促进烟草企业依法经营、规范管理，根据有关规定，结合行业实际情况，现就进一步推进烟草企业办事公开民主管理提出如下意见。

一、充分认识进一步推进办事公开民主管理的重要意义

党中央、国务院高度重视企事业单位办事公开民主管理工作，要求各地各部门坚决贯彻中央的决策部署，更加自觉地把推进办事公开、加强民主管理工作放在全党全国工作大局中谋划。烟草行业各级领导要站在加强执政能力建设、坚持党的性质和宗旨的高度，充分认识进一步推进办事公开民主管理的重要意义。

进一步推进办事公开民主管理，是深入贯彻党的十七届四中全会精神，加强党的执政能力建设，推进社会主义民主进程的重要方面；是烟草行业深入贯彻落实科学发展观，建设“严格规范、富有效率、充满活力”的中国烟草的必然要求；是烟草行业各级领导班子坚持科学决策、民主决策、依法决策，充分发挥行业广大干部职工的积极性、主动性、创造性的重要举措；是加强行业反腐倡廉建设，构建惩治和预防腐败体系的重要内容。进一步推进办事公开民主管理，有利于规范权力运行、切实保障群众的知情权、参与权、表达权、监督权，为推进科学发展营造良好环境；有利于引导职工群众以理性合法的形式表达利益诉求，为促进和谐烟草建设提供重要保障；有利于改进工作作风，更新管理理念，创新管理方法，提高工作透明度和公信力，为建设“严格规范、富有效率、充满活力”的中国烟草奠定坚实基础；有利于加强行业内部管理监督，防止权力失控、决策失误和行为失范，为从源头上预防腐败创造必要条件。

二、指导思想和总体要求

烟草企业进一步推进办事公开民主管理的指导思想是：坚持以邓小平理论和“三个代表”重要思想为指导，深入贯彻落实科学发展观，认真执行党中央、国务院关于办事公开民主管理的一系列决策部署；遵循党的方针政策和国家法律、法规，实事求是、注重实效；坚持党组（党委）统一领导，党政共同负责，有关方面齐抓共管，干部职工群众广泛参与；与企业党的建设、领导班子建设、职工队伍建设和建立现代企业制度结合起来，同反腐倡廉其他工作统筹安排、协调推进。

要大力推进决策公开。建立行之有效的决策机制，完善重大事项集体决策制度，健全重大事项决策规则和程序，防止决策的随意性、主观性。各级烟草企业凡涉及重大事项决策、重要项目安排、重要干部任免、大额度资金使用，必须经领导班子集体讨论、集体决策，对专业性、技术性较强的重大事项，也要通过专家咨询、评估进行必要性、可行性、合法性论证，使决策更加科学合理，防止少数人或个人滥用权力。应该公开、能够公开的要在企业内部及时公开：一是要公开企业重大决策情况。企业重要改革、重大投资、发展规划等事关企业发展的大事要向干部职工及时公开，并通过职工代表大会或者其他形式听取干部职工的意见和建议。二是要公开生产经营管理情况。企业年度生产经营目标及完成情况，财务预算和执行情况，工程建设、技术改造、大宗物资采购、宣传促销、外聘服务等项目的招投标过程及结果要及时公开，企业研究决定生产经营重大问题、制订重要的规章制度时，要充分听取干部职工的意见和建议。三是要公开涉及干部职工切身利益的事项。企业研究决定有关干部职工薪酬福利、安全生产以及劳动保护、劳动保险等涉

及职工切身利益的问题，要事先听取工会和干部职工的意见，并邀请工会和干部职工代表列席有关会议。四是要公开干部选拔任用和人员招聘、辞退等情况。认真落实民主推荐和任前公示等规定程序，更加注重群众公认，自觉接受群众监督。要严格依法公开，引导干部群众有序参与，切实保障他们的知情权、参与权、表达权、监督权。以上公开事项涉及党和国家规定的保密事项以及商业秘密的，要按有关规定做好保密工作。

三、办事公开民主管理的主要形式

一是建立以职工代表大会为基本形式的民主管理。行业各直属单位及烟草加工企业和地市级公司要坚持全心全意依靠职工办企业的指导方针，普遍建立职工代表大会制度，落实职工代表大会各项职权，完善以职工代表大会为基本形式的民主参与、民主决策、民主监督制度。二是按照《中华人民共和国公司法》规定，凡设立董事会的企业要设立职工董事，通过职工民主选举职工代表进入董事会，代表职工行使参与企业决策权利、发挥监督作用。三是逐步完善职工代表大会评议企业领导的制度。领导干部要向职工代表大会述职述廉，职工代表大会依法对领导班子和领导干部履行岗位职责、完成目标任务、廉政勤政等情况进行民主评议。四是定期召开干部职工代表座谈会，听取职工群众对企业发展改革和经营管理的意见、建议并充分利用内部网站、公开公示栏、专题通报、企业刊物等形式实施公开。

四、建立健全办事公开民主管理的工作制度

要按照有关要求，结合实际，建立健全相关配套制度，形成办事公开民主管理的长效机制，保证公开的内容真实可信、过程有据可查、结果公开公正。一是建立公开事项预审制度。凡列入办事公开的具体事项，在公开前，要经过公开事项主管部门和监督机构进行预审，确保办事公开内容真实完整。二是建立民主管理监督制度。加强对公开事项的政策依据、承办情况、办事程序、办理结果以及对群众反馈意见和建议的处理等情况的监督检查，对出现的问题要及时解决或纠正。三是建立工作评议制度。通过职工代表大会等形式组织职工评议有关办事公开民主管理事项，发现问题、改进工作、提高水平。四是建立健全问责制度。对不按规定实行办事公开民主管理，造成严重影响和后果的，要根据有关规定，实行责任追究。

五、加强对办事公开民主管理的组织领导

行业各级领导班子和职能部门要切实把办事公开民主管理工作摆上重要议事日程，有组织、有计划、有步骤地推动这项工作深入开展。要健全落实党组（党委）统一领导，主要领导负总责，班子成员分工负责，办公室、企业工会和整顿办组织协调，纪检监察机构监督检查，职能部门各负其责的领导体制和工作机制。行业各单位要建立由党组（党委）和行政领导为负责人，办公室、企业工会、财务审计、法规、人事、纪检监察机构、整顿办负责人组成的办事公开民主管理领导小组，负责制订具体实施意见，审定重大事项，指导协调有关部门研究解决实施中的问题。

行业各单位要按照党和国家有关规定，以及国家局党组决定，结合实际，研究制订本单位办事公开民主管理的具体实施办法。要把公开的理念贯穿于企业决策、执行、监督的各个环节，体现在生产经营管理的各个方面，保证办事公开民主管理有效覆盖企业各职能部门。要明确权责，规范流程，透明运行，动态监督，对办事公开涉及的部门和人员，都要明确责任，做到制度落实、工作到位。要做好任务分解，明确公开项目，充实公开内容，完善公开程序，拓展公开载体，确保公开效果。要把办事公开民主管理列为领导干部工作业绩考核的重要内容，考核结果与干部奖惩和使用挂钩。纪检监察机构要把推行办事公开民主管理与落实党风廉政建设责任制结合起来，加强监督检查。

要加大对推行办事公开民主管理的宣传力度，进一步增强干部职工参与民主管理和民主监督的意识，切实加强干部职工对权力运行的内部监控，为推进工作创造良好环境。要加强调查研究，不断研究新情况新问题，抓住重点，掌握实情，积极探索有效途径和办法。要注意总结推广典型经验，加强分类指导，解决工作推进过程中的重点和难点问题，不断提高办事公开民主管理工作水平。

内部管理监督

国家烟草专卖局关于印发关于加强行业内部管理监督体系建设的意见的通知

(2009 年 4 月 14 日　国烟监〔2009〕115 号)

行业各直属单位，国家局、总公司机关各部门、各单位：

现将《关于加强行业内部管理监督体系建设的意见》(以下简称《意见》) 印发给你们，请结合实际，认真抓好贯彻落实。

各单位要对照《意见》要求，认真总结去年以来加强内部管理监督工作的情况，于 4 月 30 日前向国家局写出专题报告。报告的主要内容：一是贯彻落实《意见》的情况及下一步工作打算。二是制度制定及执行情况，下一步制定完善制度的具体安排。三是对领导班子和领导干部权力运行的监督情况，包括"三重一大"事项决策程序及执行情况、"三公开"工作落实情况、其他廉政监督措施及落实情况。四是专项整治工作开展情况及取得的效果、存在的问题和整改情况。五是监管责任落实情况，包括内部监管机构设置和人员配备、作用发挥情况，以及问责制建立及落实等情况。专题报告分别报送国家局整顿办和监察局。

关于加强行业内部管理监督体系建设的意见

为深入学习实践科学发展观，建设"严格规范、富有效率、充满活力"的中国烟草，确保行业持续健康发展，现就加强行业内部管理监督体系建设提出以下意见：

一、进一步强化内部管理监督意识

近些年来，国家局切实加强内部管理监督工作，通过整顿烟叶流通秩序、治理卷烟体外循环、规范财经秩序、清理多元化企业，以及开展内部专卖管理监督、审计监督和物资采购、宣传促销、工程投资项目等专项检查工作，取得了明显成效。但仍有少数单位严格规范的自觉性不高，内控制度不够完善，监管程序不够严格，不规范的生产经营行为时有发生。切实加强内部管理监督工作，是行业深入学习实践科学发展观，推进行业持续健康发展的重要保证；是坚持和维护国家烟草专卖制度，践行"两个至上"的客观要求；是贯彻落实《建立健全教育、制度、监督并重的惩治和预防腐败体系实施纲要》、构建行业惩防体系工作的重要组成部分。行业各级领导班子要站在维护国家利益、维护消费者利益、维护烟草专卖制度的全局高度，充分认识加强内部管理监督的重大意义，切实增强抓好内部管理监督工作的责任感。

行业各直属单位要把内部管理监督工作列入重要议事日程，纳入干部职工培训内容，加强教育宣传，进一步统一思想，强化对监管工作的领导。各级领导特别是主要领导既是加强内部管理监督工作的组织领导者，又是内部监督的主要监督对象，要严格按照法定权限和程序履行职责、行使权力，自觉接受组织、职能部门和群众的监督。各职能部门要按照内部管理监督工作的要求，认真履行职责，依法行政、依法管理、守法经营，推动内部管理监督工作健康发展。广大干部职工要加强对内部管理监督法规制度的学习，不断增强自律和法制意识，进一步提高遵纪守法的自觉性。

二、切实加强制度体系建设

建立健全权力运行监督机制。进一步规范党组(党委) 决策制度，不断健全完善董事会、行政经营领导班子工作规则和议事程序，凡重大问题必须坚持按规定程序在充分酝酿的基础上集体研究决定，防止个人说了算。充分发挥投资、薪酬、预算委员会的作用，推进决策科学化、民主化。修订完善并落实国家局党组关于领导干部报告重大事项的规定、建立谈话制度的规定、领导干部述职述廉办法。制订党风廉政建设责任制实施细则，进一步明确责任目标、责任考核管理办法。研究制定行业开展巡视工作的实施方案，积极推进巡视工作的开展。建立健全内部管理监督工作考核办法，明确考核程序、标准和指标。按照现代企业制度要求，健全法人治理的有效制衡机制。

全面建立和实行办事公开制度。大力推进政务公开、司务公开、厂务公开，凡应该公开、能够公开的事项都要及时全面公开。要对办事公开制度进行认真研究，明确公开的项目、范围、载体和时机，确保公开的效果。要重点对干部选拔任用、招标采购、投资项目、资产处置、薪酬管理、宣传促销等信息进行公示公开，保证干部职工的知情权、参与权和监督权，增强决策执行和办事结果的透明度。

完善规范管理监督制度。继续完善生产经营、打叶复烤、卷烟交易、工程投资、物资及烟机零配件采购、资金管理、宣传促销等方面管理监督的规范性文件。完善烟草专卖品行政许可、审批事项的管理办法，积极推行网上审批。认真贯彻执行《会计法》等财经法规，制定《国家烟草专卖局（总公司）内部审计工作暂行规定》以及加强预算管理、物资采购管理、投资项目管理等方面的审计管理办法，切实加强资金监管。研究制定现代烟草农业投入扶持烟叶产区和烟农的资金监管办法以及项目建设质量监管办法。建立健全对生产经营、专卖管理、财务审计、内部管理中违规违纪行为的责任追究办法。围绕规范行业干部职工从业行为，完善对违纪违规行为惩处制度，适时修订《烟草行业行政处分暂行规定》。

积极推进监管制度机制创新。对行业管理和生产经营情况进行深入调研，总结经验，及时把行之有效的做法规范为制度规定并不断完善。对现有生产经营、内部管理监督制度进行梳理和修订。积极推进加强内部管理监督工作信息化建设，不断探索运用信息化手段实现有效监管。行业各直属单位要把国家法律法规和国家局内部管理监督规定进行细化，制定具体规章制度和贯彻措施。重大工程项目建设必须对总体规划设计方案和项目概算组织第三方审核，必须认真落实设立违约保证金和工程专项账户的监管措施，加强对工程监理和材料收、管、用的监督，切实提高工程建设监督管理水平。加快推进行业资金监管系统建设，构建动态管理资金账户、全面控制预算执行、在线监管资金支付、银企互联实时预警的多功能资金监管系统。

三、加大监督检查力度

加强对权力运行的监督检查。加强对“三重一大”集体决策制度执行情况的监督检查，重点检查有关制度是否完善、决策是否符合程序、运作是否规范、监督是否到位等内容。加强对领导干部的经济责任审计，对法人代表做到“凡提必审、离任必审”。加强领导干部述职述廉工作，各单位领导班子及其成员每年要在本单位述职述廉。上级组织可通过诫勉谈话、任职前廉政谈话、参加民主生活会、组织民主评议等多种形式，对领导班子和领导干部权力运行情况进行有效监督。

加强对法规制度执行情况的监督检查。对法规制度落实情况不定期进行检查，及时发现和纠正执行中存在的突出问题，维护法规制度的严肃性。认真开展对干部选拔任用工作的监督检查，对执行《党政干部选拔任用工作条例》及国家局党组有关人事工作的制度规定情况，每两年进行一次全面检查，严格规范和有效监督各级党组（党委）的用人行为，严肃查处跑官要官、拉票、违反程序提拔使用干部等严重违纪违规问题。切实抓好《行业内部专卖管理监督工作规范》的落实，切实加强日常监管，继续组织开展对行业生产经营企业的全面检查、重点督查和随机抽查工作，不断提高内部专卖管理监督质量和效率。加强对贯彻执行会计法和税法等财经法律法规、规范会计核算和审计监督情况的检查，确保真实核算，依法纳税。认真执行内部审计有关规定，进一步加强经济责任审计、固定资产投资审计、预算管理审计、内部控制制度评审和物资采购审计等工作，提高企业管理水平。加强对招标采购活动的监督检查，严格执行国家招标投标法律规定和国家局关于行业招标采购活动有关规定，健全完善招标采购工作程序，对招标采购活动实施全过程、全方位的监督。加强对宣传促销活动的管理监督，逐步建立强化宣传促销活动的管理监督长效机制。加强对工程建设项目立项审批、设计变更、工程分包、大宗材料设备采购、项目预决算、工程监理和建设项目审计等方面制度落实情况的监督检查，进一步提高工程建设项目监督管理水平。

继续抓好专项整治工作。在全面加强内部监管基础工作的同时，深入推行专项治理工作。从行业实际出发，进一步开展打叶复烤、卷烟交易、工程投资、物资及烟机零配件采购、资金管理等方面的专项整治工作。认真总结专项治理工作经验，巩固整顿工作成果，推动构建内部监管长效机制建设。加大查办案件工作力度，严肃查处违反“三重一大”集体决策程序及违反内部管理监督制度造成严重后果的案件。纪检监察、专卖、审计和整顿办等部门要加强协同办案，加大配合力度，深入剖析案例，总结教训，完善制度，充分发挥查办案件的治本作用和综合效果。

四、健全完善组织领导

完善工作机制。坚持和完善主要领导负总责、分管领导具体负责、管理监督部门主抓、各部门协调配合的内部管理监督工作领导体制和工作机制，按照“以规范两烟生产经营为基础、加强财务审计监督为关键、加强对领导干部的监督为重点、纪检监察再监督为保障”的行业内部管理监督工作基本格局，深入、持久、扎实地开展加强内部管理监督工作，切实做到常抓不懈，整体推进，确保行业又好又快发展。

落实监管责任。专卖、法规、财务审计、纪检监察、整顿办等部门要认真落实国家局的工作要求，通过任务层层分解，形成纵向到底、横向到边的责任体系，促进内部管理监督工作各项任务的落实。搞好协调配合，加强部门之间、上下级之间的沟通交流，定期或不定期召开协调会议，通报内部管理监督工作情况，针对存在的问题提出治理对策，形成内部管理监督工作合力。充分发挥群众的监督作用，公开各类举报投诉电话，开通网上举报电子信箱，规范投诉受理程序，对群众的各类投诉要专人负责，认真核实，并及时反馈。

严格实施问责。按照行政问责的有关规定，明确问责范围，规范问责程序，在全行业建立并实行问责制。对在生产经营、专卖管理、资金管理、投资项目、物资采购、宣传促销等工作中违反内部管理监督规定的，要综合运用纪律处分和组织处理两种手段，对责任人实施责任追究，构成违纪违法的要严肃查处。凡有令不行、有禁不止，不正确执行国家局各项决策、指示的；决策不当、投资项目出现失误的要重点进行问责。

加强队伍建设。要配齐配强内部管理监督工作人员，保证机构健全、人员到位、职责明确。要加强教育培训，继续组织实施对专卖执法人员、经营管理人员和财务审计人员的法律法规知识集中培训和统一考试，不断提高思想政治和业务素质。要加强调查研究，总结经验，勇于创新，积极探索适应形势和任务需要的管理监督办法。要把内部管理监督工作的考核与现行工作业绩考核办法有机结合起来，适当加大内部管理监督工作在业绩考核体系中所占的权重，与薪酬、奖惩、干部使用挂钩，充分调动加强内部管理监督工作的积极性。

行业各直属单位每年都要对加强内部管理监督工作进行认真总结和分析，研究提出新年度工作计划，向国家局写出专题报告，并在本单位公布。

大事记

2009年中国烟草大事记

1月

1日，根据《中华人民共和国境内卷烟包装标识的规定》，自即日起，境内生产的所有非出口卷烟和国外进口卷烟的条、盒包装在30%以上的区域印刷健康警示语，且“明确、清晰、醒目，易于识别”，并禁止在卷烟包装体上及内附说明中使用诸如“低危害”、“淡味”、“柔和”和“低焦油”等语言。

6~7日，行业特色优质烟叶开发重大专项论证会在北京召开。中国烟叶公司组织有关专家组成论证委员会，审议并通过了《特色优质烟叶开发重大专项方案》。

7日，国家烟草专卖局（以下简称国家局）党组贯彻落实科学发展观情况分析检查报告评议大会在北京召开。中央指导检查组组长梁金泉、副组长徐学海等到会指导。国家烟草专卖局局长、党组书记姜成康对党组分析检查报告的形成过程进行了说明。国家局副局长、党组成员何泽华主持会议。国家局副局长、党组成员李克明、张辉，中国烟草学会理事长杨传德出席会议。

13~15日，2009年全国烟草工作会议在北京召开。工业和信息化部部长李毅中出席会议并讲话。国家局局长姜成康作题为《坚定信心 主动应对 扎实工作 努力保持烟草行业持续健康发展》的工作报告。国家局副局长张保振、何泽华、李克明、张辉，驻国家局纪检组组长潘家华出席会议。会议提出要把烟叶防过热、卷烟上水平、税利保增长作为2009年工作的主要任务。

19日，国家局召开烟草行业安全生产电视电话会议。李克明作题为《深入开展“安全生产年”活动 进一步提升行业安全生产保障能力》的工作报告。

20日，在北京举行的全国精神文明建设工作表彰大会上，全国烟草行业有17家单位被中央精神文明建设指导委员会授予“全国文明单位”称号。

22日，国家局、总公司印发《烟草行业投资项目管理办法（试行）》（国烟计〔2009〕14号），行业投资管理重心从项目审批向审批和管理并重转变。

2月

2日，国家局召开机关赴地震灾区挂职干部座谈会。姜成康出席会议并讲话，张保振主持会议，何泽华、李克明、张辉、潘家华出席会议。会上，姜成康对挂职干部的工作给予充分肯定，要求努力做到干部挂职工作制度化。10名赴地震灾区挂职的干部分别汇报了挂职期间的工作情况。

10日，国家局党组印发《中共国家烟草专卖局党组关于全国烟草行业第二批开展深入学习实践科学发展观活动的实施意见》（国烟党〔2009〕9号），按照安排和部署，行业39家直属单位参加第二批深入学习实践科学发展观活动。

12日，烟机科学发展论坛暨中国烟草机械集团有限责任公司成立十周年纪念活动在北京举行。姜成康、李克明出席活动并讲话。

13日，全国烟草行业整顿规范工作电视电话会议召开。国家局机关各部门、各单位负责人，行业各直属单位和各地市级局、县级局负责人及有关部门负责人参加了会议。姜成康出席会议并讲话，张辉作题为《继续深入开展“三项检查”工作 建立健全企业内部监管长效机制》的讲话，潘家华主持会议。

16日，国家局办公室印发《国家烟草专卖局办公室关于打码到条及订单采集系统全面试运行工作的通知》（国烟办综〔2009〕60号），《通知》强调，各级专卖管理部门要将是否打码到条作为内部监管的重要内容并充分利用相关信息开展市场检查。

17~18日，全国烟草行业纪检监察工作会议在北京召开。姜成康出席会议并讲话，张保振、李克明、张辉出席会议，潘家华作题为《以科学发展观为统领 扎实推进烟草行业反腐倡廉建设》的工作报告。

18日，全国烟草行业第二批开展深入学习实践科学发展观活动动员大会在北京召开。姜成康主持会议，张保振讲话，李克明、张辉、潘家华出席会议。

23日，国家局机关召开第一批深入学习实践科学发展观活动总结大会，姜成康作总结，梁金泉出席会议并讲话，张保振主持会议，李克明、张辉、潘家华出席会议。

3月

2~3日，全国烟草行业财务工作会议暨“双先”表彰会议在北京召开。姜成康、何泽华出席会议并讲话。会议为获得2005～2007年全国烟草行业财会审计工作先进集体代表和先进个人颁奖。

3日，国家局印发《国家烟草专卖局关于全面开展对标工作的意见》（国烟运〔2009〕49号），正式在全行业开展对标工作。

5～6日，全国烟草行业审计工作会议在福建厦门召开。何泽华出席会议并讲话。会议围绕“烟叶防过热、卷烟上水平、税利保增长”的行业中心任务，按照国家局党组工作的总体部署，总结经验，分析形势，明确任务。

10～11日，全国烟草行业多元化投资管理工作会议在北京召开。李克明出席会议并在讲话中指出，行业多元化投资管理“瘦身”阶段工作基本结束，下一阶段要以加强企业管理，盘活存量资产，促进企业自身发展为主的“强身”工作为行业多元化投资管理工作重心。

12日，国家局召开现代烟草农业试点工作汇报会。何泽华、潘家华出席会议并讲话。4家试点单位汇报了前期试点工作情况及2009年试点工作安排。

13日，“烟草基因组计划”重大专项方案专家论证会在北京召开。张保振出席会议并讲话。

17日，“卷烟减害技术”重大专项方案专家论证会在北京召开。张保振出席会议并讲话。

24～25日，中国烟草学会第六次会员代表大会暨学术年会在重庆召开。姜成康出席会议并讲话，杨传德代表第五届理事会作报告，会议完成了换届改选的各项议程，选举产生了中国烟草学会第六届理事会，张辉当选为理事长，并作题为《紧紧围绕行业工作任务　努力提升学会服务能力》的工作报告。

27日，行业各省烟草专卖局（公司）、工业公司主要负责人座谈会在北京召开。姜成康主持会议并讲话，张保振、何泽华、李克明、张辉出席会议并讲话。姜成康提出，要全面理解“税利保增长”目标任务，抓好“保牌、稳价、规范、增效”四个方面的工作。

31日，2009年全国烟草行业职业技能鉴定工作会议在江西南昌召开。张保振出席会议并作题为《扎实推进职业技能鉴定工作 有效推动行业持续健康发展》的工作报告。

3月31日～4月1日，全国特色优质烟叶开发工作暨烟叶资源配置方式改革工作汇报会议在上海召开。何泽华出席会议并讲话。

4月

14日，国家局印发《国家烟草专卖局关于推进现代烟草农业建设的意见》（国烟办〔2009〕115号），明确了推进现代烟草农业建设的基本思路、目标任务和具体要求。

23日，全国烟草行业支持四川灾后重建一周年座谈会在四川成都举行。何泽华出席会议并对行业积极投入抗震救灾斗争和恢复重建工作给予充分肯定。全国烟草商业企业灾后增加了7万箱“娇子”卷烟订单，确保“娇子”卷烟销量全年突破40万箱。

27日，第五届全国烟草行业先进集体、劳动模范表彰大会在北京召开。工业和信息化部副部长欧新黔、中华全国总工会副主席陈荣书、中国财贸轻纺烟草工会主席贾艳敏出席会议。姜成康作题为《充分发挥主力军作用 为全面建设“严格规范、富有效率、充满活力”的中国烟草做出新贡献》的讲话。张保振宣读了《国家烟草专卖局关于表彰第五届全国烟草行业先进集体和劳动模范的决定》，何泽华、李克明、张辉、潘家华出席会议。全行业58家单位被授予第五届全国烟草行业先进集体称号，117名个人被授予第五届全国烟草行业劳动模范称号。

27日，国家局印发《国家烟草专卖局关于大力推进卷烟减害降焦　努力提升技术创新水平的意见》（国烟科〔2009〕127号）。《意见》提出了大力推进卷烟减害降焦及努力提升技术创新水平的指导思想、基本原则、目标任务和具体措施。

28～29日，全国烟草行业离退休干部工作会议暨老年活动中心现场会在云南昆明召开。张保振出席会议并作题为《深入贯彻落实科学发展观 努力推进行业离退休干部工作全面发展》的工作报告。

5月

5日，国家局印发《国家烟草专卖局关于坚持以人为本全面提升烟草行业人才队伍素质的意见》（国烟人〔2009〕145号）。

5～6日，全国烟草专卖管理工作会议在北京召开。姜成康对会议作批示，张辉出席会议并讲话。

8日，全国烟草行业严格规范卷烟生产经营秩序电视电话会议召开。张辉主持会议，潘家华出席会议并讲话。会议对行业严格规范卷烟生产经营秩序工作进行部署。国家局机关各部门、各单位主要负责人，各省级局（公司）、工业公司及地市级局（公司）、县级局（营销部）、各卷烟厂（分厂）领导班子全体成员以及各单位有关部门的主要负责人参加会议。

13日，国家局印发《国家烟草专卖局关于在全国烟草行业开展优秀基层单位创建活动的意见》（国烟人〔2009〕149号），在全国烟草行业基层单位开展优秀卷烟工厂、县级烟草专卖局（分公司、营销部）、烟叶收购站、打叶复烤企业创建活动。

15～16日，全国烟草行业工程建设项目监管工作现场会在广东广州召开。潘家华出席会议并讲话。贵州中烟、浙江中烟、云南中烟、河北省局（公司）等4家单位代表作了典型发言。

22日，国家局印发《国家烟草专卖局关于加快培育全国性重点骨干品牌的指导意见》（国烟运〔2009〕175号），提出加快培育全国性重点骨干品牌的指导思想和目标任务。

23～27日，第七届全国烟草行业职业技能竞赛暨第四届全国烟草行业烟叶分级职业技能竞赛在河南郑州举行，来自行业38家直属单位的197名选手参加了竞赛。此次竞赛内容包括理论竞赛、把烟实物操作竞赛和单片烟实物操作竞赛三项内容。

25～26日，2009年全国烟草行业信息化工作会议暨经验交流现场会在上海召开。张保振出席会议，并作题为《以科学发展观为指导 全面提升数字烟草水平》的工作报告。张保振对十年信息化建设进行简要回顾，分析当前行业信息化建设面临的形势，提出新形势下行业信息化建设的主要任务。

26日，行业各省烟草专卖局（公司）、工业公司主要负责人会议在北京召开。姜成康主持会议并讲话。何泽华传达了全国“小金库”治理工作电视电话会议精神，对行业“小金库”治理工作进行部署。李克明、张辉、潘家华出席会议。

30日，“无烟花季、健康成长——‘太阳花杯’公益活动”成果展示大会在北京举行。张保振出席大会并致辞。

6月

1日，全国浓香型烟叶开发工作座谈会在安徽合肥召开。会议对浓香型烟叶需求特点、发展方向、适宜生态环境、品种及栽培技术等问题进行了深入研讨。何泽华出席会议并讲话。

3日，国家局、总公司印发《国家烟草专卖局 中国烟草总公司关于打叶复烤企业重组整合的指导意见》（国烟法〔2009〕195号），提出进一步深化打叶复烤企业改革，把打叶复烤企业重组整合为具有较大规模、较高水平、专业化的打叶复烤公司。

4日，国家局办公室印发《国家烟草专卖局办公室关于调整卷烟分类标准的通知》（国烟办综〔2009〕220号），对现行卷烟分类标准进行调整。新卷烟分类标准于2009年5月1日起施行。

5～19日，按照中央领导同志的指示，中宣部组织由新华社、《人民日报》、中央电视台、中央人民广播电台、《经济日报》、《农民日报》等中央新闻媒体组成的采访组深入云、贵、川、鲁、鄂等地烟区，实地考察烟叶生产基础设施建设，了解烟叶生产组织形式运行情况，集中报道现代烟草农业建设取得的新进展、新成效、新经验。

16～17日，全国烟草行业2009年政治工作会议在北京召开。姜成康出席会议，并作题为《深入贯彻落实科学发展观 全面加强行业领导班子建设》的讲话，张保振作题为《深入学习贯彻党的十七大精神 以改革创新精神开创政工人事工作新局面》的工作报告。

18日，国家局召开卷烟减害技术重大专项启动电视电话会议。张保振出席会议并讲话，强调要以卷烟减害技术重大专项为抓手，全面推进行业减害降焦工作。国家局有关部门负责人，各省级局（公司）、各省级工业公司负责人及有关部门负责人，红云红河烟草（集团）有限责任公司、红塔烟草（集团）有限责任公司、郑州烟草研究院以及南通、昆明、珠海醋酸纤维有限公司负责人参加会议。

24日，国家烟草专卖局、工业和信息化部、公安部、国家工商行政管理总局联合下发《关于严厉打击利用互联网等信息网络非法经营烟草专卖品的通告》（国烟专〔2009〕242号）。

7月

1～2日，全国烟草行业优秀县级烟草专卖局创建活动试点工作座谈会在江苏南京召开。张辉出席会议并讲话。会议贯彻落实《国家烟草专卖局关于在全国烟草行业开展优秀基层单位创建活动的意见》，部署优秀县级烟草专卖局创建活动试点工作。

1～3日，全国烟叶收购暨现代烟草农业建设现场会在云南昆明召开。姜成康对会议作批示，何泽华、潘家华出席会议并讲话。与会代表参观考察了禄丰县现代烟草农业建设现场，对禄丰县整县推进现代烟草农业建设给予高度评价。

2日，烟草行业多元化投资管理体制建设座谈会在福建福州召开。李克明出席会议并讲话。

6日，国家局党校2009年春季学期司局级干部进修班座谈汇报会在北京召开。姜成康、潘家华出席并讲话。姜成康在座谈汇报会上强调要切实提高分析问题、研究问题、认识规律、把握规律的能力。

8日，国家局党组召开第26次机关离退休干部座谈会和第25次机关青年干部座谈会。姜成康主持会议，并通报行业上半年经济运行情况及下半年工作部署。何泽华、张辉出席会议。

8日，烟草行业卷烟增香保润重大专项启动会和中式卷烟制丝生产线重大专项工作汇报会在湖北武汉召开。李克明出席会议并讲话。

8日，国家局召开全行业优秀县级烟草专卖局创建工作电视电话会议。张辉出席会议并讲话。国家局人事司、专卖监督管理司负责人，各省级烟草专卖局主管副局长及省级烟草专卖局优秀基层单位创建工作领导小组办公室负责人、专卖监督管理处处长，地市级烟草专卖局、县级烟草专卖局局长、主管副局长及有关部门负责人参加了会议。

14日，国家局召开全国卷烟销售工作电视电话会议。姜成康出席会议，何泽华出席会议并讲话。国家局、总公司机关有关部门单位主要负责人，各省级局（公司）、省级工业公司和地市级局（公司）主要负责人、分管销售工作和财务工作的负责人及相关部门负责人参加会议。

16～17日，2009年全国烟草专卖局局长、公司总经理座谈会在北京召开。姜成康作工作报告，张保振作总结讲话，何泽华、李克明、张辉、潘家华出席会议。会议总结了2009年上半年工作，指出在当前和今后一个时期，要把“卷烟上水平”作为行业工作的主要任务，在品牌发展、原料保障、技术创新、市场营销、基础管理五个方面着力推进。

22～23日，全国烟草行业第二十届优秀QC小组成果发布会在北京召开。经过评审委员会的严格评审，共评选出一等奖成果12个、二等奖成果14个、三等奖成果19个，获得一等奖的QC成果将由总公司推荐到中国质量协会，参加全国优秀QC小组活动成果评选。

8月

11～12日，全国烟草行业“优秀卷烟工厂”创建活动座谈会在山东青岛召开。座谈会交流总结开展“优秀卷烟工厂”创建活动的经验和做法，推进创建活动在行业的深入开展。李克明出席会议并讲话。

20～22日，第五届全国“四实”企业文化暨福建烟草商业“母子文化”创新研讨会在福建福州召开。张保振出席会议并讲话。

25～27日，中烟菲莫（CTPMI）国际有限公司第一届第三次董事会议在云南丽江召开。李克明出席会议并与菲莫国际公司首席运营官谭崇博进行会谈。

26～27日，全国烟草行业纪检监察工作座谈会在北京召开。潘家华出席会议并讲话。会议强调要进一步加强行业内部管理监督，不断拓展源头治理工作领域，推动行业惩治和预防腐败体系建设和反腐倡廉各项工作深入开展。

28日，中共中央政治局委员、国务院副总理张德江视察北京烟草物流中心并讲话。姜成康向张德江汇报工作，张保振、何泽华、李克明、张辉、潘家华参加汇报会。

9月

1～2日，全国烟草行业教育培训工作研讨会在辽宁大连召开。张保振出席会议并讲话。

4日，烟草行业第二批深入学习实践科学发展观活动电视电话总结大会召开。姜成康主持会议，张保振作总结讲话，中央指导协调三组副组长孟凡良到会指导。会议强调，要切实巩固和扩大成果，抓好整改落实后续工作。

16～17日，全国卷烟销售网络建设现场会在江苏徐州召开。何泽华出席会议，并作题为《扎实推进电子商务　努力构建面向消费者的现代营销体系　持续提升卷烟营销网络的软实力》的讲话。何泽华指出，徐州网建经验较好地回答了如何认识以网上订货为主要形式的电子商务，如何认识以服务为本质的现代流通，如何真正面向市场、面向消费者，如何有效加强市场主体建设等关键问题，体现了创新的精神、务实的态度和扎实的作风。

16日，全国烟草行业设备管理工作会议在上海召开。李克明出席会议并讲话，强调要进一步提升企业现代设备管理水平，切实加强设备的经济管理；切实加强设备运行管理；切实加强并提升设备信息化管理水平；更加关注设备的节能降耗作用。

18日，中国烟草机械集团有限责任公司第一届职业技能竞赛决赛在上海开幕。李克明出席开幕式。

25日，国家局、总公司机关庆祝中华人民共和国成立60周年歌咏大会在北京举行。姜成康出席并讲话，张保振主持歌咏大会，何泽华、张辉、潘家华参加歌咏大会。

26日，湖北中烟工业有限责任公司黄鹤楼工业园开工奠基仪式和行业“烟用植物应用研究”重点实验室揭牌仪式在湖北武汉举行。姜成康、李克明、潘家华出席仪式。

10月

12日，黑龙江烟草工业有限责任公司2009年第一次股东会议暨第二届第一次董事会议、监事会议在黑龙江哈尔滨召开。会议的召开标志着黑龙江烟草工业有限责任公司和湖北中烟工业有限责任公司的跨省联合重组顺利完成，中国烟草卷烟工业跨省联合重组取得了新进展。张辉出席会议并讲话。

19日，云南省打叶复烤企业重组整合工作座谈会在云南昆明召开。张辉出席会议并讲话。

27～28日，全国烟草行业企业管理现场会在上海召开。李克明出席会议，并作题为《深化认识 深入总结 深度推进 将对标工作不断引向深入》的讲话。

29日，江西中烟工业有限责任公司揭牌仪式在江西南昌举行。张辉出席仪式并讲话。

11月

3~4日，烟草行业第八次信访稳定工作座谈会在江苏南京召开。张保振出席会议，并作题为《认清形势 落实责任 促进发展》的讲话。

4~5日，全国烟叶工作座谈会在北京召开。姜成康、潘家华出席会议并讲话，何泽华作题为《严格控制规模 全面推进现代烟草农业建设 努力保持烟叶生产持续稳定发展》的工作报告。

10~11日，全国烟草行业管理体系建设现场会议在浙江杭州召开。李克明出席会议并讲话。

12日，陕西中烟工业有限责任公司揭牌仪式在陕西西安举行。张辉出席仪式并讲话。

20日，中国烟草总公司与中国邮政集团公司签署物流和金融服务合作协议。姜成康、何泽华出席签约仪式。何泽华、李国华作为双方代表在仪式上签字。截至2009年11月，全国有26个省（区、市）开展了烟邮合作。

24~25日，全国烟草行业加强内部管理监督工作汇报会在北京召开。姜成康出席会议并作题为《深入推进办事公开 切实加强民主管理 在更高起点上全面提升烟草行业整体规范水平》的讲话，张保振、何泽华、李克明出席会议，张辉作总结讲话，潘家华主持会议。

26~27日，2009年全国卷烟销售工作会议在北京召开。姜成康为会议作批示，对行业卷烟销售工作充分肯定，高度评价。何泽华出席会议并讲话。

28~29日，“2009·中国烟草自主创新高层论坛”在湖北武汉举行。姜成康作总结讲话，张保振作题为《自主创新求突破 推进卷烟上水平》的讲话。

12月

1~2日，全国烟草行业服务品牌建设现场会暨中烟政研会第六届年会在湖北武汉召开。姜成康出席会议并讲话，张保振作题为《大力加强思想政治建设 为行业改革和发展提供强大精神动力》的工作报告。与会代表参观了黄鹤楼科技园和湖北烟草商业系统服务品牌建设成果展。

3日，江苏中烟工业有限责任公司揭牌仪式在江苏南京举行。张辉出席仪式并讲话。

14日，国家烟草专卖局、公安部联合召开全国卷烟打假工作电视电话会议。姜成康主持会议并讲话，公安部副部长黄明出席会议并讲话，张辉作题为《坚定信心 加强协作 继续推进卷烟打假工作深入开展》的工作报告。姜成康强调当前全国卷烟打假形势依然严峻，各级烟草部门要在更高层次更高水平上深入推进卷烟打假工作。会议还对24个全国卷烟打假工作特殊贡献单位、41个全国卷烟打假工作成绩突出的集体及140名全国卷烟打假工作成绩突出的个人予以通报表彰。

16日，云南烟叶复烤有限责任公司成立授牌仪式在云南昆明举行。张辉出席仪式并讲话。新成立的云南烟叶复烤有限责任公司是由云南省8家打叶复烤企业整合组成的具有独立法人资格的公司。

16~17日，全国整县推进现代烟草农业建设培训会在贵州贵阳召开。何泽华、潘家华出席会议并讲话。贵州、云南、山东、湖南等省的整县推进单位在会上作交流发言。

9月25日，国家局、总公司机关举行歌咏大会，庆祝中华人民共和国成立60周年

陈兴杰 摄

2月23日，国家烟草专卖局机关深入学习实践科学发展观活动总结大会在北京召开

陈兴杰 摄

7月2～5日，中国烟草实业发展中心首届职工篮球友谊赛在黑龙江哈尔滨举行

中烟实业 供稿

天津市局（公司）举行庆祝中华人民共和国成立60周年歌咏大会

天津市局 王新建 摄

河北白沙烟草有限责任公司举行“红歌颂祖国 和谐满白沙”职工歌咏比赛

河北白沙烟草有限责任公司 李久红 摄

辽宁沈阳市局（公司）组织党员干部赴西柏坡参观学习，重温入党誓词

辽宁沈阳市局 杨勇 摄

“同舟”品牌形象店成为吉林市公司提升客户服务水平的重要标志

张宇 摄

上海烟草（集团）公司举行庆祝中华人民共和国成立60周年文艺演出

上海烟草（集团）公司 供稿

8月18日，江苏中烟举办庆祝新中国成立60周年知识竞赛

江苏中烟淮阴卷烟厂 王普刚 摄

浙江丽水市局（公司）企业文化园一角

浙江丽水市局 王志坚 摄

福建中烟职工文化走廊

福建中烟 林涛 摄

福建烟草商业系统被确定为
“全国企业文化建设示范基地”
福建省局 供稿

河南中烟安阳卷烟厂举行老年大学揭牌仪式
河南中烟 供稿

5月15日，山东烟草“文化养老”工程启动暨首届老年文化节在山东青州举行
山东省局 供稿

湖北中烟举办"唱红歌颂祖国"文艺晚会

湖北中烟 供稿

7月23日，广西区局（公司）举办广西烟草商业企业文化知识竞赛

广西区局 李建斌 摄

海南琼海市局（公司）举行职工拓展训练活动

海南琼海市局 马江 摄

9月20日，重庆市局（公司）举行“三诚”服务文化周开幕式

重庆市局 陈平 摄

云南省烟草公司举办庆祝中华人民共和国成立60周年文艺汇演

云南省局 邓全勇 摄

陕西省局（公司）系统“心连心”巡回演出团到宝鸡市局（公司）慰问演出

陕西宝鸡市局 校国华 摄

6月28日，甘肃武威市局（公司）组织“关注生态　走进马路滩”自行车越野赛

甘肃武威市局 李朋山 摄

深圳烟草男子合唱团参加深圳市庆祝中华人民共和国成立60周年合唱比赛

深圳市局 许广群 摄

2月5日，新疆区局（公司）举办新疆烟草系统首届十大感动人物颁奖典礼

新疆区局 齐嫣雯 摄

9月12日，湖北十堰市公司举办庆祝公司成立二十五周年暨第三届职工运动会

湖北省局 供稿

西藏日喀则地区局举行西藏民主改革50周年庆祝活动

西藏日喀则局 杨琼 摄

宁夏区局（公司）机关举行庆祝新中国成立60周年歌咏演唱暨礼仪知识竞赛大会

宁夏区局 供稿

9月27日，山东中烟济南卷烟厂举行“我爱我的祖国”庆祝新中国成立60周年红歌大会

山东中烟济南卷烟厂 牟先刚 摄

11月，广东中烟美术书法诗词摄影协会举办“新中国成立”作品巡回展览

广东中烟广州卷烟二厂 刘爱华 摄

11月8日，红云红河集团举行成立一周年庆祝大会暨职工文艺演出活动

红云红河集团 魏红文 摄

行业概览

2009年全国烟草行业发展概况

【行业各方面工作取得明显成效】 2009年是21世纪以来我国经济发展最为困难的一年，也是烟草行业坚决贯彻中央决策部署，坚定信心，主动应对，扎实工作，各方面工作取得明显成效的一年。烟草行业面对市场环境重大变化和卷烟税收政策重大调整，在党中央、国务院和工信部坚强领导下，以邓小平理论和“三个代表”重要思想为指导，深入贯彻落实科学发展观，围绕年初确定的“烟叶防过热，卷烟上水平，税利保增长”目标任务，全面抓好各项工作的推进和落实，在全行业干部职工艰苦努力下，继续保持了良好发展态势。全年实现工商税利5131.13亿元，同比增长12.23%，其中，实现税金3449.50亿元，同比增长26.15%。实现利润1681.63亿元，同比下降8.48%。全年实现税费（含国有资本收益）4163.4亿元，同比增长26.21%。

【烟叶基础工作进一步加强】 2009年，烟叶生产面临复杂多变形势，存在明显偏热苗头。针对烟叶生产出现的新情况新问题，国家局明确提出把“烟叶防过热”作为行业工作的中心任务，要求通过扎实开展现代烟草农业建设，全面加强烟叶工作管理，努力提高烟叶工作水平，保持烟叶生产稳定发展。各烟叶产区按照国家局要求，认真抓好各项措施落实，烟叶生产总体保持了良好发展。

*烟叶生产规模得到较好控制。*在2008年全国烟叶工作座谈会上，国家局明确提出“严格控制、适度从紧”的烟叶工作方针。烟叶产区紧紧依靠当地党委政府，认真做好政策宣传，切实加强合同管理，严格控制种苗供应，烟叶种植面积得到较好控制。2009年全国烤烟种植面积1685.2万亩，同比减少44.5万亩。

*现代烟草农业建设取得实质性进展。*按照“一基四化”总体要求，全国共安排现代烟草农业试点单位143个，其中整县推进3个、整乡推进41个。通过总结云南禄丰等试点单位经验，初步探索了一条以基地单元建设为载体、以完善烟叶生产基础设施为重点、以提高专业化服务水平为关键、以创新生产组织形式为突破的现代烟草农业发展的新路子。进一步加强烟叶生产基础设施建设。全年共安排专项资金99.8亿元，同比增长22.45%；新建密集式烤房16.59万座，新修机耕路9097.12千米、沟渠9669.21千米，烟叶生产基础设施综合配套能力进一步增强。不断创新生产组织形式，种植大户、家庭农场、专业合作社健康发展。现代烟草农业建设试点单位种植大户所占种植面积比例为52.59%，家庭农场为13.65%，专业合作社为19.9%；规模种植取得新的突破，全国户均种植面积达11.19亩，同比增加3.5亩。不断完善专业化服务体系。全国商品化供苗面积达94%，同比提高12.7个百分点；机械化整地比例57.7%，同比提高8.7个百分点；密集式烤房烘烤比例66.8%，同比提高20个百分点。

*烟叶技术和管理水平明显提高。*特色优质烟叶开发得到较好落实，全年收购331万担。烟叶收购管理工作明显加强，烟叶收购等级合格率为79.94%，同比提高7.24个百分点；工商交接等级合格率为63.2%，同比提高2.5个百分点。通过采取以上措施，促进了烟农增产增收。据统计分析，2009年烟叶平均亩产达到152千克，同比增加13.5千克；烟叶均价14.4元/千克，同比增加0.56元/千克；种烟农户150.61万户，户均收入达2.44万元。

【经济运行继续保持良好发展】 全行业始终坚持“控制总量、稍紧平衡”方针，切实抓好“保牌、稳价、规范、增效”各项措施落实，把“保增长”建立在尊重市场规律、优化资源配置、良好经营秩序、保持价格稳定、切实加强管理“五个基础”之上，确保了税利增长目标顺利实现。

*精心组织卷烟消费税政策调整工作。*为增加国家财政收入，国务院决定调整卷烟消费税率，并在商业环节开征消费税。为保证卷烟消费税政策调整顺利实施，明确提出“价税财”联动的调整思路，与有关部门共同制定较为完善的实施方案，既保证财政增收，又理顺了价格，营造了公平竞争市场环境；加强与有关部门协调，妥善处理政策调整过程中遇到的各种情况和问题；及时召开行业直属单位主要负责人会议，全行业认识高度一致，顾全大局，坚决贯彻国务院的决策部署。经过努力，按静态算账，全年增加消费税594亿元，圆满完成中央财政增收任务。

*努力保持卷烟产销协调发展。*卷烟产销保持稳定增长，全年生产卷烟4580.3万箱，同比增长3.2%；

销售卷烟4577.5万箱，同比增长4.3%；工商库存保持合理水平。卷烟价格企稳回升，5月份以后卷烟价格总体保持稳定，12月份市场零售价格指数为99.95，与6月份相比提高0.35个百分点，绝大部分卷烟牌号实现顺价销售；全国有持证卷烟零售户495.3万户，卷烟零售毛利率达到8.9%。超高价烟治理取得明显成效，认真贯彻国务院领导指示精神，加强对批发价格管理和零售价格指导，明确规定卷烟批发价格最高不得超过640元/条，零售价格不得超过1000元/条，从检查看，这一要求得到较好落实。

*重点骨干品牌保持持续增长。*在严峻复杂的经济形势面前，重点骨干品牌良好发展趋势没有改变，集中度进一步提高，这是2009年经济运行一大亮点，也是实现税利增长的关键所在。30个重点骨干品牌销量2446.88万箱，同比增长15.67%；占行业卷烟总销量比重为54.02%，同比提高5.74个百分点；实现税利2569.80亿元，占工业实现税利比重为75.67%，同比提高4.26个百分点；实现利润527.01亿元，占工业实现利润比重为85.29%，同比提高4.62个百分点。全年有12个品牌产销量超过100万箱，其中“白沙”、“红塔山”、“红河”、“红金龙”、“红旗渠”超过200万箱；13个品牌销售收入超过200亿元，其中“云烟”、“芙蓉王”、“白沙”、“红塔山”、“利群”、广东“双喜”超过300亿元，“中华”超过500亿元。

*开拓国际市场取得新的进展。*加快推进烟叶进口境外实体化运作，继续推动与跨国烟草公司合作，积极支持卷烟工业境外办厂。全年卷烟出口357万件，同比增长21%，其中境外生产卷烟171万件，同比增长12.9%；烟草进出口总值27.32亿美元，同比增长28.41%，其中出口总值8.74亿美元，同比增长18.26%。

*安全生产各项措施得到较好落实。*各单位进一步健全安全机构，充实安全管理人员，认真组织开展“安全生产年”活动，全年组织2次行业安全生产大检查，针对发现的安全隐患加大整改力度，尤其是重点抓好交通安全等专项整治，确保了安全生产，避免了重大事故发生。

*经济运行质量和效益进一步提高。*成本费用得到有效控制，全年工业企业销售收入成本率为28.88%，同比降低0.72个百分点；工业企业三项费用率为9.31%，同比降低0.15个百分点；商业企业三项费用率为8.78%，同比降低0.04个百分点。节能减排工作完成阶段性目标，全年工业万元产值能耗34.6千克，同比降低12.6%；万支卷烟能耗4.08千克，同比降低6.0%；工业二氧化硫排放总量1.01万吨，同比降低14.2%；化学需氧量排放总量6886吨，同比降低6.2%。

【企业管理和技术创新取得新的进步】 全行业高度重视转变发展方式，不断提高企业管理和技术创新水平。全面加强基础管理工作。深入贯彻“重心下移、着眼基层、突出服务、加强基础”方针，以预算管理、贯标、对标、基层创优4项工作为重点，全面加强基础管理和基层建设，努力提高基础管理和基层建设水平。全面加强预算管理，总公司制定印发《烟草行业全面预算管理办法和工商企业全面预算管理规程（暂行）》，各单位把预算管理作为加强管理、提升管理水平的重要手段，明确任务，突出重点，规范程序，加强预算执行过程控制，充分发挥预算的约束作用。深入开展质量管理体系建设，总结推广浙江省局（公司）体系建设“目标引领、自我建设、突出创新、系统推进”的做法和经验，工业企业围绕“四个中心”建设和一体化转型需要，商业企业围绕卷烟营销、专卖内管、烟叶生产、物流建设等核心业务，进一步健全标准，明确职责，优化流程，完善程序，初步搭建了企业基础管理平台和综合管理体系。认真开展对标活动，国家局建立了对标体系，统一对标指标口径，按季度公布各单位对标数据，在上海召开以对标为主题的企业管理现场会，推动对标活动深入开展。各单位对照标杆寻找差距，制定措施，持续改进，形成“比、学、赶、超”良好氛围。通过采取综合措施，成本费用得到有效控制。治理卷烟过度包装取得初步成效，卷烟包装成本占总成本比重同比下降0.26%。扎实开展创建优秀基层单位活动，优秀基层单位创建活动分别确定了试点单位，专门召开创建活动试点工作座谈会，组织人员深入基层调研，指导创建工作扎实开展。

*加快推进信息化建设。*以行业卷烟生产经营决策管理系统为平台，以统一会计核算软件、烟叶生产经营管理系统、资金监管系统等项目建设为重点，加快推进信息化与“两烟”生产经营相融合，全面提高行业信息化水平，为加快实现“三个转变”提供了有力支撑。

*高度重视技术创新。*按照“环境一流、手段一流、人才一流、成果一流”的要求，企业技术中心建设明显加强。重大专项实施加快推进，烟草基因组计划通过论证，卷烟增香保润、卷烟减害技术、特色优质烟叶开发、中式卷烟制丝生产线等重大专项实施取得积极进展。超高速卷接包机组国际技术合作取得实质性突破，烟机装备制造技术水平和管理水平进一步提升，对卷烟生产的服务保障能力不断增强。高度重视质检机构建设，切实加强卷烟产品质量监督，全国平均卷烟焦油量为12.2毫克/支，同比下降0.6毫克/支；一氧化碳量为13.7毫克/支，同比下降0.5毫克/

支。认真抓好标准化工作，2009年国家局批准发布行业标准71项，构建起了由425项烟草类国家或行业标准组成的行业标准体系，提出并牵头组织制定的我国首个烟草国际标准取得实质性进展。认真做好履行《烟草控制框架公约》工作，加强与履约工作部际协调领导小组成员单位的沟通，全面开展履约研究，密切跟踪世界各国履约动态，针对缔约方会议通过的有关准则组织制定具体履行方案。

【行业各项改革继续深入推进】 *卷烟工业企业改革取得新的进展。*湖北中烟与黑龙江卷烟工业联合重组顺利实施，卷烟工业重组整合迈出新的步伐。全年跨省品牌定向整合413.6万箱，同比增加38万箱，卷烟品牌整合取得新的成效。省级工业公司董事会运作机制不断完善。在第一批省级工业公司董事会建设取得明显成效的基础上，江苏、江西、陕西等省级工业公司董事会建立并开始运作。按照现代企业制度要求，结合烟草专卖体制特点，就加强省级工业公司董事会建设开展专题调研，不断完善董事会运作机制，加强董事会办事机构建设，建立监事制度，更好地发挥董事会在企业决策中的作用。

*卷烟流通改革深入推进。*全面推进按客户订单组织货源工作，以提高把握市场能力为目标，加强市场分析研究，较好发挥了市场配置资源的积极作用，为行业调控和品牌整合提供了真实可靠的依据。以订单是否满足市场真实需求为重点，对30个省（区、市）的67个地市级公司组织开展检查评价工作，针对存在问题加以整改，促进了按客户订单组织货源工作水平提升。总结推广江苏徐州“优化模式、完善机制、强化服务、增强能力”的网建经验，推动网建上新水平，切实增强网建软实力。按照“准确定位、有机对接、突出品牌、全面提升”的要求，积极推动工商协同营销由概念到操作、由部分试点到全面推广的延伸工作，努力建立市场导向、面向客户、面向消费者的营销体系，提升了行业营销水平。加快推进现代物流建设，完成《烟草工业企业物流作业规范》、《烟草商业企业物流配送中心视频监控系统统一平台技术规范》、《烟草工业企业物流绩效评估标准》等6项标准的制定并抓紧贯彻实施，加强物流信息采集和应用，对健全行业物流工作组织体系开展了专题调研。不断优化和完善电子商务系统，电子商务水平进一步提高。

*行业多元化投资管理取得新的成效。*积极探索加强多元化企业管理监督的有效方式，建立多元化企业重大事项报告制度，实现对多元化存续企业管理监督的制度化、规范化和信息化。继续依法依规抓好多元化企业清退收尾工作，全行业已累计清退多元化企业1138家，完成清退计划的94%。

*精心组织烟叶资源配置方式改革。*以新区开发为突破口，以基地单元建设为载体，卷烟工业主动参与、深度介入，基地建设上了新的水平。全国共落实74个基地单元建设，面积110万亩，其中新区开发24个单元、老区50个单元。制定并下发《关于打叶复烤企业重组整合的指导意见》，积极稳妥地推进打叶复烤企业重组整合。坚持试点先行，切实加强对重组整合试点工作的指导，云南、贵州、湖北三省试点工作进展顺利。

*扎实推进用工分配制度改革。*深入贯彻落实《关于深化烟草行业收入分配制度改革的意见》，在山西召开用工分配制度改革研讨会，进一步明确改革主要任务，研究解决改革难点问题；加强对用工分配制度改革情况的调查研究，分析各单位改革实施效果。多数单位基本完成改革的阶段性任务，分类管理的岗位绩效薪酬体系、合理的收入分配结构、正常的薪酬调整机制初步建立，有效调动了行业干部职工的积极性和主动性。

【内部监管和专卖管理明显加强】 更加高度重视内部监管工作，严格规范生产经营秩序。召开由行业各直属单位主要领导参加的加强内部管理监督工作汇报会，总结工作，交流经验，在更高起点上全面推进行业规范工作。按照“思想上更加重视、行动上更加自觉、标准上更加严格、整改上更加主动”的要求，全面开展工程投资、物资采购、宣传促销项目三项检查“回头看”工作。国家局组织9批抽查组对20个省市37家直属单位进行三项工作的重点抽查，共抽查项目7920个，针对检查中发现的问题提出整改建议346条。研究制定《烟草行业工程投资、物资采购和宣传促销项目管理程序的规定》，进一步健全制度、完善程序、规范行为。以落实《内部专卖管理监督工作规范》为抓手，积极推进专卖内管长效机制建设。强化日常监管，依靠信息化手段及时发现不规范经营线索，查处违规违法经营行为。坚持开展重点检查工作，国家局分4批对6个省市20家工商企业进行了检查，促进生产经营秩序进一步规范。全面加强审计监督，推广福建省局（公司）做法和经验，在13个省局（公司）推行审计委派制。拓宽审计领域，对2007年、2008年烟叶生产补贴资金和烟叶生产基础设施建设资金开展专项审计，加大固定资产投资审计力度，积极开展经济责任审计工作，内审机构监督作用得到有效发挥。

坚持把“端窝点、断源头、破网络、抓主犯”作为卷烟打假工作的突出重点，建立和维护良好市场秩序。广东、福建等省对制假源头开展全方位不间断打击，彻底销毁查获的制假设备和原辅材料，削弱卷烟制假能力。严格查处运输、分销假烟和原辅材料行为，防止制假活动转移扩散。深入开展打击卷烟售假网络工作，国家局与公安部加大对重大制售假烟网络案件的督导力度，组织多次大规模跨省打假行动；各地切实落实每个地市级局打掉1~2个较大规模制售假烟网络的目标任务，加大网络案件侦破力度，突破大案要案，切断假烟流通渠道。继续抓好打击非法经营烟叶行为，部署开展打击网上非法经营烟草专卖品工作，有效遏制了制售假烟违法犯罪活动反弹。全年共打掉大型制假窝点181个，打掉重大制售假烟网络606个；查处案值5万元以上案件6014起，收缴制假烟机398台，查获假烟61.4亿支，其中物流运输环节查获假烟32.2亿支；关闭非法从事烟草专卖品经营网站57家；依法拘留犯罪嫌疑人7730人，其中追究刑事责任3905人。

【行业党的建设和队伍建设取得新的成效】 扎实开展深入学习实践科学发展观活动。按照中央统一部署，全行业深入扎实开展学习实践活动，影响和制约行业科学发展的突出问题得到初步解决，贯彻落实科学发展观的自觉性和坚定性进一步增强，为行业科学发展上水平奠定了思想基础，取得明显成效。

认真贯彻党的十七届四中全会精神，全面加强各级领导班子建设和队伍建设。制定印发《中共国家烟草专卖局党组关于加强和改进新形势下行业党的建设的意见》，对全面加强和改进行业党的建设提出明确要求。深入开展“两个至上”在岗位主题实践活动，大力加强以“四要”为主要内容的行业作风建设。深入推进企业文化服务品牌建设，大规模开展教育培训工作。国家局、总公司所属培训机构全年共组织培训班191期，培训学员2.39万人次。加强专业技术技能人才培养，研究制定专卖管理、烟叶生产、卷烟营销技能人才队伍建设指导意见，完成行业6个系列高级专业技术资格评审工作。

继续以建立健全惩治和预防腐败体系为重点加强行业反腐倡廉建设。认真贯彻落实中央纪委三次、四次全会精神，坚持贯彻“标本兼治、综合治理、惩防并举、注重预防”方针和更加注重治本、更加注重预防、更加注重制度建设的要求，以落实国家局党组《贯彻落实中共中央〈建立健全惩治和预防腐败体系2008~2012年工作规划〉的实施方案》为重点，行业惩防体系建设工作扎实开展。认真贯彻落实《中国共产党巡视工作条例（试行）》等制度规定，切实加强对行业各级领导班子和领导干部的监督，组织开展巡视工作，积极推进办事公开、民主管理，确保权力正确运行。加大案件查办工作力度，严肃查处各种违规违纪行为，全年共查处违纪案件410起，较好地发挥了查办案件的惩戒和治本功能。

高度重视做好离退休干部工作，积极推广“文化养老”和“三自管理”先进经验。完成中国烟草学会换届工作并组成新一届理事会，发挥专业委员会作用，开展学术交流和科普宣传。围绕行业改革和发展中心任务全面开展“五五”普法活动，加强烟草经济研究，加大新闻宣传报道工作力度，发挥行业媒体舆论引导作用。切实做好行业稳定工作，加强信访积案化解，妥善处理信访突出问题，防止发生群体性事件，维护了行业和社会稳定。

【2009年行业工作突出特点】 回顾行业2009年工作，在严峻经济环境和卷烟税收政策重大调整情况下继续保持良好发展，有以下三点值得认真总结：一是行业工作必须从全党全国工作大局找准定位，明确任务，坚决贯彻中央决策部署，确保党的路线方针政策在行业得到全面贯彻落实。在卷烟消费税政策调整、建设现代烟草农业、确保税利增长等各项工作中，行业全体干部职工自觉践行“国家利益至上、消费者利益至上”行业共同价值观，展现了讲政治、顾大局良好精神风貌，树立了责任烟草良好形象。二是紧紧抓住发展第一要务，以不断深化改革和加强自主创新为动力，始终坚持“控制总量、稍紧平衡”方针，注重发挥市场机制作用，加快推进“三个转变”，充分调动各方面特别是基层企业积极性、主动性、创造性，努力形成一心一意谋发展、专心致志干工作的良好氛围，推进行业发展上新的水平。三是始终把严格内部管理监督作为行业工作的突出重点，高度重视加强行业队伍建设尤其是各级领导班子建设，建立良好生产经营秩序，提高干部职工队伍整体素质，为行业持续健康发展提供坚强有力的保证。

——摘编自国家烟草专卖局局长姜成康在2010年全国烟草工作会议上的报告《全面推进“卷烟上水平”努力保持行业持续健康发展》

发展计划与经济运行

【计划管理】 *严格控制烟叶种植收购。*2009年，国家局围绕“烟叶防过热”的主要任务，按“严格控制，适度从紧”的烟叶工作方针对烟叶计划进行调控，烟叶种植面积得到有效控制，烟叶生产规模得到较好控制，烟叶保障水平进一步提高，地区性和结构性矛盾得以缓解。为保持烟叶生产稳定发展，3月，国家局会同国家发展和改革委员会、财政部印发《关于2009年烟叶收购价格及补贴政策的通知》（发改价格〔2009〕793号），合理制定了烟叶收购价格，规范烟叶生产投入补贴。6月，印发《关于调整片烟加工费及主要价外项目收费标准的通知》（国烟计〔2009〕201号），适当提高片烟加工费，并明确主要价外收费项目及收费标准，使加工费的收取更符合形势需要。推进烟叶资源配置方式改革，并取得积极进展。烟叶资源配置方式改革、现代烟草农业、新区开发、烟叶基地建设“四位一体”的烟叶新区开发有效推进，在稳定现有烟田基础上，根据卷烟品牌发展需要，优化烟叶生产布局，烟叶资源配置效率不断提高。

*加强卷烟生产计划调控。*按照“总量控制，稍紧平衡”的宏观调控方针安排卷烟生产计划，全面落实“保牌、稳价、规范、增效”各项调控措施，把“保增长”建立在尊重市场规律、优化资源配置、良好经营秩序、保持价格稳定、切实加强管理“五个基础”之上。完善经济运行分析与监测制度，2009年月度分析报告增加了对行业运行态势的趋势性分析内容、对卷烟社会库存状况的跟踪与分析和对重点品牌市场占有及价格波动监测和分析；建立经济运行旬报分析制度；建立经济运行分析片区座谈会制度。均衡安排卷烟生产进度，在听取各工业公司意见的基础上合理安排生产进度，春节、国庆期间同时下达两个月生产计划码段，对停产限电、技术改造、市场急需等特殊原因需要提前生产的基本给予满足与保证。及时调控苗头性问题，针对第一季度行业经济运行中存在的卷烟社会库存偏大，高档品牌销售明显趋缓，卷烟结构提升难度增大，不规范经营行为有所抬头等问题，召开由各省级局（公司）、工业公司主要负责人参加的经济运行座谈会，对经济运行中出现的偏差进行纠正，取得明显效果。实施卷烟存销比调控，1月，印发《关于加强卷烟存销比管理的意见》(国烟运〔2009〕18号），将工业公司的整体存销比作为进度调控的主要依据之一，以月末库存低于2008年同期水平为调控的主要原则，同时兼顾关注社会库存和市场变化，对每月生产进度进行调控；从2月起，对存销比偏高的一、二类卷烟品牌（规格）实施重点监控与动态管理，行业一、二类卷烟品牌（规格）存销比从第二季度开始基本维持在较低水平，除个别产量较低，规模较小的品牌外，存销比均低于2008年同期水平；以季度为单位，对工业公司的整体工商存销比和商业公司的商业存销比进行考核。适应农村和城市低收入消费者需要，谨慎协调低档卷烟产销工作，新增卷烟生产计划的70%以上用于支持老少边穷地区和保持协调发展的要求。全年卷烟产销保持稳定增长，共生产卷烟4580.3万箱，同比增长3.2%；销售卷烟4577.5万箱，同比增长4.3%；工商库存保持合理水平。

*进出口计划管理。*综合利用国内外“两个市场、两种资源”，加强行业进出口贸易计划管理工作，保障行业对外贸易平稳发展。全年计划进口烟叶10.2万吨，进口卷烟7万箱，出口备货烟叶19万吨，出口卷烟39.76万箱。

*“十二·五”规划编制。*启动烟草行业“十二·五”规划编制工作。完成《烟草行业“十二·五”规划总体思路》研究工作，并上报工业和信息化部。

【价格管理】 2009年，国家局继续加强和完善卷烟价格管理，以统价归档为抓手，全面推进“同档同价同差率”工作，初步构建了公平竞争的市场环境。全年卷烟价格实现企稳回升，5月以后卷烟价格总体保持稳定，12月市场零售价格指数为99.95，与6月相比提高0.35个百分点，绝大部分卷烟牌号实现顺价销售。截至2009年年底，全国有持证卷烟零售户495.3万户，卷烟零售毛利率达到8.9%。

*理顺价格管理体系。*继续执行卷烟价格管理规定，完成卷烟价格审批与备案。以“价税财联动”的政策调整为契机，推进“同档同差率”调整工作。5月，下发《关于调整国产卷烟调拨价格的通知》（国烟计〔2009〕180号），分类别确定国产卷烟批发毛利率，在统一批发价保持不变的前提下，调整部分国产卷烟调拨价格，增加财政收入，消除了少数品牌规格依赖过高的批发毛利率进行不公平竞争的非市场因素。加强高价卷烟价格管理，国家局对卷烟批发价格管理和

零售价格进行指导，明确规定卷烟批发价格最高不得超过640元/条，零售价格不得超过1000元/条，并在年初进行的价格检查中，将高价卷烟作为重点检查内容，对自营店中仍有超过1000元/条卷烟的单位进行通报；8月，召开高价卷烟价格管理座谈会。高价卷烟价格管理措施基本落实到位，基本消除了社会上关于高价卷烟的负面报道。继续完善卷烟价格管理办法，针对“价税财”联动政策实施后出现的新情况，及时完善修订涵盖价格管理目录、管理程序、管理原则等内容的新的卷烟价格管理办法。

*加强市场监测检查，保持卷烟价格稳定。*继续加强卷烟市场监测系统建设，调整重点市场监测品牌，使系统监测范围全面覆盖30个全国性卷烟重点骨干品牌，并提高中高档卷烟的监测比例；提升实地调查数据质量，对调查数据进行实地执行突击检查，就检查中发现的问题要求整改。创建卷烟市场批发价格监测体系，整合8家工业公司的监测数据，创建了涵盖36个重点城市、7大经济区域和11个价格区间主导牌号规格的市场批发价格指数和市场批发价格波动指数体系，弥补分析数据的一个空白，加快数据分析周期。组织开展行业卷烟价格管理工作检查，通过检查，发现卷烟价格管理工作中存在的薄弱环节，并制定整改措施，确保价格稳定。

*价格管理信息化建设。*加强卷烟价格管理分析系统建设，在国家局各部门、各省级公司层面进行系统数据共享，并针对不同的工商企业量身定做分析数据，详细展现各地市场、品牌及细分价格区间等数据信息，实现了信息共享。推进卷烟价格成本数据采集系统建设，取消现场集中会审汇编，实现了网上卷烟价格成本资料数据汇编，通过网络直报、审核、汇总和发布数据。卷烟价格管理业务系统全面投入使用，实时公布卷烟工业企业产品开发、改造或整合的价格信息，更新全国卷烟在产目录以备工商企业查询；商业企业引进品牌规格的备案基本做到随时上报、随时核准，并自动更新商业企业在销卷烟价格目录。

*价格管理分析研究。*2009年，国家局价格管理部门在按时完成各种常规分析报告的基础上，开始对卷烟市场批发价格和零售价格进行旬分析，密切监控卷烟市场价格变化情况。继续开展专题研究，形成《关于转变发展方式提高烟草行业经济运行质量和效益的指导意见》、《关于以商业存销比为主要指标进行宏观调控的问题研究》和《“云烟（软珍品）”及同价位主要卷烟品牌综合分析报告》等相关研究报告。

*夯实价格管理基础。*完成《烟草行业价格管理文件汇编》，收录了自1983年至2008年期间国务院、国家发展和改革委员会、有关部委及国家局、总公司等发布的与烟草行业价格管理工作相关的文件。继续开展培训工作，对行业各级用户开展了卷烟价格业务管理子系统、市场监测子系统、卷烟价格数据分析子系统和卷烟成本分析子系统的操作培训。

【投资管理】 *转变工作职能，完善投资管理制度。*国家局于年初出台《烟草行业投资项目管理办法（试行）》（国烟计〔2009〕14号），进一步完善投资管理体系，理顺国家局、总公司和直属单位、基层企业在投资管理中的关系。根据新投资管理办法的要求，2009年全行业进行了第一次投资计划申报审核工作，各单位共上报投资项目5474个，经审核后确定项目4467个，年度投资金额437亿元。

在投资项目管理中，行业实施规划和年度计划管理制度，促使企业全面、系统地规划安排投资项目，从源头抓好项目管理；继续坚持并完善项目申请报告制度、专家论证制度、投资委员会或董事会审查制度、项目审批备案制度，对重大项目恢复了初步设计审查程序，推进投资决策的科学化与民主化。在投资项目过程管理中，继续坚持并完善项目法人责任制、项目预算制度、招标投标制度、定期报告制度、合同与资金管理制度、项目全过程审计与监督制度、工程监理制度、项目后评价制度等项目过程管理和监督体系，行业投资项目过程管理水平进一步提升。

*完善管理手段，强化项目监管。*为提高投资项目决策的科学化水平，实现投资主管部门从重审批向审批管理并重的转变，合肥设计院转变职能，受托代表国家局对项目进行技术审查，为实现投资部门的工作职能转变创造了条件。

*稳步推进行业技术改造。*国家局加强引导，稳步推进工业企业技术改造工作。推进以“中华”、“云烟”、“利群”、“黄鹤楼”、“七匹狼”、“双喜”等品牌专线为核心的整体技术改造项目，为做强做大“中式卷烟”核心品牌提供高水平的技术平台，并启动了一批中型卷烟厂的整体技术改造项目。川渝中烟长城雪茄烟厂、哈尔滨卷烟厂、合肥卷烟厂“黄山”精品线、芜湖卷烟厂“都宝”精品线、沈阳卷烟厂、海南红塔公司等卷烟工业企业整体技术改造项目正式启动；广东中烟广州生产基地、浙江中烟杭州制造部、上海烟草（集团）公司“中华”专线等行业重大技术改造项目进展顺利。启动福建龙岩、广西伊灵、江西赣南等打叶复烤整体技术改造项目，对“十二·五”打叶复烤技术发展方向进行探索。继续开展商业企业物流配送中心技术改造。南纤五期工程、云南中外合资造纸法薄片、安徽合肥醋酸纤维等中外合资建设项目前期工作进展顺利。

强化政策指导与技术规范。贯彻落实党中央、国务院关于严格控制楼堂馆所类项目的通知要求，严格控制新上办公楼项目，除个别受灾害损坏和城市规划调整要求等特殊情况外，一般办公楼类项目一律暂停。健全投资项目设计规范，制定建设标准，国家局审查通过了《烟叶工作站设计规范》和《卷烟物流配送中心设计规范》，并对《卷烟厂设计标准》和《烟草行业绿色工房评价标准》进行论证。截至2009年年底，行业对工程投资项目的建设标准体系初步完备。

烟机购置管理。国家局按照“设备服从工艺、工艺服从品牌”的原则对烟机购置计划进行引导和审批，同时支持中烟机械集团公司超高速卷接包机组的对外经济技术谈判，大力支持国产烟机工业发展。全行业的烟机设备严格按照先进、成熟、适用的原则进行配置，全年共申报烟机购置计划3543台（套），行业技术装备水平进一步提升。

【物资管理】 国产醋纤丝束供应保障。2009年，国产醋纤丝束经营呈现出产量稳定、销量放缓、库存持续增加的新特点，各国产醋纤企业库存持续处于高位。为保障“中华”、“黄鹤楼”等重点骨干品牌所需的特殊规格丝束供应，国家局积极协调各丝束生产企业科学排产，细化服务。中国烟草投资管理公司按照经济运行态势，调整好国产醋纤丝束经营节奏。建立和完善国产醋纤丝束的销售服务体系，制定《国产醋纤丝束经营结算办法》，做到经营流程化、结算制度化；完善《国产醋纤丝束销售工作考核方案》；与丝束生产企业共同召开用户座谈会，提高经营服务水平。全年共经营国产醋纤丝束16.33万吨，占行业醋纤资源的63%，创历史新高，有效地保障了行业生产安全。

治理卷烟过度包装。贯彻落实国务院领导关于治理卷烟过度包装问题的指示精神，加大力度解决卷烟过度包装问题。2月，国家局印发《关于开展卷烟包装调查的通知》，对各省级工业企业生产的属于禁止类、限制类、倡导类牌号规格产品展开调查。通过对部分禁止性卷烟包装产品逐步停产，对非纸基类卷烟包装产品重新设计、改用纸基类卷烟包装，对VOC超标卷烟包装产品在纸张、油墨及印刷工艺等方面进行整改，截至6月底，全行业基本完成了对禁止性卷烟包装的全面改造工作。

逐月对卷烟包装成本开展统计分析，重点统计商标纸成本占生产成本比例超过45%的卷烟牌号及其产销量情况，通过数据比对，跟踪卷烟品牌盒皮成本的超标情况。9月，组织生产限制性卷烟牌号规格的15家省级工业公司，召开了解决卷烟过度包装有关问题的专题会议，要求对于涉及不符合《国家烟草专卖局关于加强卷烟包装管理的意见》（国烟运〔2008〕469号）文件相关要求的卷烟包装，在2009年年底前必须整改完毕。通过对限制性卷烟包装的优化设计，应用新材料、新工艺，对标管理等方法，卷烟包装成本明显降低。

物资采购专项检查。加强对烟用材料采购的管理和监督，规范卷烟工业企业采购行为。国家局先后对行业14家省级工商企业开展烟用物资与大宗大额物资采购专项检查工作，期间，还开展了对各省级工业公司物资采购相关管理制度的检查。11月，国家局总结分析了行业物资采购专项检查工作情况，确定了物资采购项目规范管理程序，分别从物资采购项目审批、预算、采购方式选择、合同签订、项目调整、验收入库、资金调整等重要环节规范行业物资采购管理工作。

【打码到条及订单采集系统项目建设】 全面加强和完善卷烟生产经营决策管理系统项目建设，打码到条及订单采集系统项目进展顺利，基本完成了打码到条的目标。截至2009年年底，除西藏外，全行业各地市级公司均可实现卷烟一条一码分拣配送，订单数据及时采集，条烟流向追踪查询，系统运行正常稳定，省市级公司系统的第三方测试工作已经完成，国家局系统测试工作在进行中，并将于2010年1月完成系统的整体验收工作。打码到条系统的运行和应用，为行业的卷烟营销管理提供信息化的手段支撑，实现了行业批发环节向零售环节全方位的管理，为行业运行分析提供了数据基础。以此为标志，行业卷烟生产经营决策管理系统阶段性目标全部实现。

【重点骨干品牌培育】 重点骨干品牌发展概况。重点骨干品牌保持了良好的发展趋势，品牌集中度进一步提高，是行业2009年经济运行一大亮点，也是实现税利增长的关键所在。全年30个全国性卷烟重点骨干品牌销量为2446.88万箱，同比增长15.67%；占行业卷烟总销量比重为54.02%，同比提高5.74个百分点；实现税利2569.80亿元，占工业实现税利比重为75.67%，同比提高4.26个百分点；实现利润527.01亿元，占工业实现利润比重为85.29%，同比提高4.62个百分点。全年有12个卷烟品牌产销量超过100万箱，其中“白沙”、“红塔山”、“红河”、“红金龙”、“红旗渠”超过200万箱；13个卷烟品牌销售收入超过200亿元，其中“云烟”、“芙蓉王”、“白沙”、“红塔山”、“利群”、“双喜”超过300亿元，“中华”超过500亿元。

明确品牌发展思路与目标，强化品牌导向。2009年，国家局进一步明确行业品牌发展思路和目标，印发《关于加快培育全国性重点骨干品牌的指导意见》（国烟运〔2009〕175 号），突出培育全国性卷烟重点骨干品牌。严格限制非全国性重点骨干品牌新产品的开发与上市，严格控制带有过度包装性质的卷烟产品规格的开发上市。加强品牌发展指导和研究，先后对河北中烟、广西中烟、陕西中烟等企业的品牌发展规划进行指导优化，明确工业企业品牌发展方向。推进品牌定向整合，全年共有 17 家工业企业参与定向整合，其中，7 家品牌输出企业，10 家品牌输入企业；共审批定向整合产量 416.67 万箱（不含昭通卷烟厂生产“红河”牌卷烟 30 万箱），同比增加 41.27 万箱；全国性卷烟重点骨干品牌定向加工总量为 318.72 万箱，同比增加 45.24 万箱。

*推进重大专项工作，增强品牌发展后劲。*突出制丝专线特色，推动专线技术创新。围绕品牌专线创新和主机研发两大任务目标，细化分解研究课题，抓紧抓好研究实施。在共性技术和设备研发方面，采用招标方式确定了制丝线两大主机设备研发的承担单位。在品牌专线建设方面，组织由郑州院和行业专家组成调研组，完成对 8 条品牌专线调研、指导和推动工作。正式启动卷烟增香保润重大专项，并成立卷烟增香保润重大专项专家委员会，组织部分委员对增香保润科技申报项目进行评审。

*加强对外合作工作。*继续实施“万宝路”许可生产项目，协调解决生产中遇到的进口周期长、原辅材料不合格等问题；开展“万宝路”原辅材料国产化试验论证；召开“万宝路”许可生产项目协调小组会议。推进雪茄烟技术合作有关工作，川渝中烟与帝国烟草公司进行了有关技术合作二次谈判；川渝中烟与荷兰 AGIO 公司的雪茄烟技术合作项目进展顺利；召开山东中烟雪茄烟对外技术合作项目汇报会。

*加强商标管理工作，维护企业商标使用的合法权益。*针对社会舆论对个别企业行业重点骨干品牌商标产生质疑的不利影响，国家局积极与国家工商行政管理总局加强联系，协调关于“中华”、“中南海”卷烟商标注册情况及相关事宜，维护企业依法使用商标的权益。

【深入开展质量管理体系建设】 2009 年，行业围绕“三个突出”（突出运用、突出创新、突出解决企业管理中存在的问题）要求，以开好浙江质量管理体系建设现场会为主线，推进质量管理体系工作。3 月，下发《关于印发做好当前 ISO 9000 质量管理体系建设工作的有关要求的通知》，对体系建设工作提出“三个突出”的总体要求和 8 项工作要点；7 月，下发《关于印发 2009 年省级局（公司）和工业公司质量管理体系建设工作考核评价标准的通知》，从 9 个方面引导和明确体系建设工作的重点和具体要求；11 月，召开全国烟草行业管理体系建设现场会，总结推广浙江省局（公司）体系建设“目标引领、自我建设、突出创新、系统推进”的做法和经验，对下一步工作提出“三个进一步”（进一步明确体系建设的指导思想，进一步构建企业的系统管理平台，进一步注重夯实企业的基础管理）的要求。为提高行业对体系建设的认识，5 ~ 7 月，国家局先后举办 3 期行业质量管理体系建设培训班；编撰印发了《烟草行业质量管理体系建设指南（试行）》。组织开展行业审核，逐步完善审核方法和技术要求，于 3 月、6 月和 11 月先后对湖南中烟、浙江中烟、江苏中烟进行质量管理体系文件审核和现场审核。

截至 2009 年年底，行业各省级工业公司已全面启动质量体系建设，山东、河北等 6 家工业公司进入体系试运行，安徽、川渝等 4 家工业公司进行体系建立阶段的相关工作，湖南、浙江、江苏等 3 家工业公司通过了行业审核。各省级局（公司）均已开展质量管理体系建设工作，除北京等 9 家省级局（公司）采取全省统一推进的方式外，其余单位均采取试点先行、分批推进的方式开展省级体系建设工作；28 家省级局（公司）所属地市级局（公司）的体系建设工作全面推开；浙江、湖南等 9 家省级局（公司）所属单位全面进入体系试运行；四川、海南等 8 家省级局（公司）启动省局机关贯标工作。

截至 2009 年年底，质量管理体系建设工作取得了较好成效，集中体现在：认识逐步深化，通过体系建设加强基础管理和提升基础管理水平在行业得到普遍认可；重点日益明确，体系建设从面上的宣传发动、组织保证、落实方案向试点建设、体系构建和体系运行等具体工作转化和迈进；工作更加务实，体系建设更加注重运用，更加注重创新，通过体系建设有效解决了企业管理存在的实际问题；措施愈发得力，各单位更加注重分层次分类别进行培训，培训有效性及员工理论知识、能力水平得到明显提升；成效日益显现，随着体系建设的稳步推进，以文件制度为核心，以方针目标为统领，以考核监督相配套，以持续改进机制为保证的企业管理格局不断确定，企业各项基础管理工作得到有效加强。

通过三年来推行体系建设，各单位逐步增强了顾客意识和市场意识，同时加强了企业内部管理。工业企业围绕“四个中心”建设和一体化转型需要，商业企业围绕卷烟营销、专卖内管、烟叶生产、物流建设等核心业务，进一步健全标准、明确职责、优化流程、完善程序，初步搭建起企业基础管理平台和综合管理体系。

【积极推动对标工作】 2009年，国家局决定在全行业开展对标工作，以对标为抓手，查找企业管理上的薄弱环节，加强成本费用控制，持续改进和提升企业管理工作。积极构建行业对标体系，3月，印发《国家烟草专卖局关于全面开展对标工作的意见》（国烟运〔2009〕49号），对全行业开展对标工作进行总体部署，并公布2008年对标指标的平均值和先进值，正式启动对标工作；6月，统一了工业企业41项对标指标和商业企业17项对标指标口径；8月，修改完善对标表中的项目，使对标工作的导向性更加突出。为引导行业各单位实施标杆管理，国家局按季度公布各单位对标数据，并将对标工作纳入经济运行责任制进行考核；定期公布行业对标工作动态，搭建对标工作经验交流平台；举办行业对标工作培训班；召开部分商业企业对标工作座谈会。10月，国家局在上海召开以对标为主题的企业管理现场会，明确了对标工作“五个一”（完善一个体系、建立一支队伍、树立一组标杆、形成一批课题、营造一种氛围）的工作思路和要求。

行业各单位按照国家局部署，积极开展对标工作。各单位对照标杆寻找差距，制定措施，持续改进，形成“比、学、赶、超”的良好氛围，对标工作取得阶段性成效。对比指标分析显示各项经济技术指标向好，效率指标持续上升，能耗指标持续下降，宣传促销（含广告）费用绝对数在下降，包装成本也呈现下降趋势。通过采取综合措施，成本费用得到有效控制。

【稳步推进“优秀卷烟工厂”创建工作】 加强基层建设，推进“优秀卷烟工厂”创建工作。召开全国烟草行业“优秀卷烟工厂”创建研讨会，20家卷烟工厂厂长交流总结了开展“优秀卷烟工厂”创建活动的经验和做法，推进创建活动深入开展。举办第二期全国烟草行业卷烟工厂负责人培训班，对“优秀卷烟工厂”的创建进行部署，提出在创建过程中“围绕特色、突出特点”，形成一批具有管理特色的优秀卷烟工厂，促进工厂基础管理水平整体提升的工作思路。印发《烟草行业“优秀卷烟工厂”指标解释说明的通知》，统一10项指标的统计口径，进一步统一“优秀卷烟工厂”各项指标的核算内容和计算方法，增强各卷烟工厂指标与标准的可比性。搭建创建活动交流平台，国家局全年编发4期《优秀卷烟工厂创建活动简报》，起到良好的交流借鉴效果。

【节能减排】 2009年，行业稳步推进节能减排工作，逐步实现节约发展、清洁发展。国家局积极引导，抓好节能减排亮点项目的推广工作。举办烟草行业2008年节能减排成果展览；组织了湖南中烟“工业烟草废弃物高温干馏热解能源应用研究”项目鉴定会，认定该项目属行业首创，具有较高的推广价值和发展前景；对湖南浏阳复烤厂“工业烟草废弃物高温干馏热解能源应用研究”、徐州卷烟厂“污水处理技术应用，实现零排放”、南通醋酸纤维有限公司“除硫技术应用”3个2009年行业内节能减排先进成果进行宣传报道。行业各单位认真贯彻落实国家局关于节能减排的工作部署，加大工作力度，抓好各项工作的落实，不断提高能源利用效率，严格控制污染排放，探索节能减排有效途径，总体完成了2009年节能减排阶段性目标。全年工业万元产值能耗34.6千克，同比降低12.6%；万支卷烟能耗4.08千克，同比降低6.0%；工业二氧化硫排放总量10098吨，同比降低14.2%；化学需氧量排放总量6886吨，同比降低6.2%。

【安全管理】 加强安全管理，组织开展“安全生产年”活动，全年安全生产各项措施得到较好落实。国家局组织开展了2次行业安全生产大检查，共检查各省级局（公司）、工业公司所属的67家地市局（公司）、43家卷烟工厂、19家烟叶复烤企业及26家宾馆饭店，并对3家醋纤生产企业进行专项检查，共发出安全检查报告书155份，发现事故隐患381项，提出安全管理建议676项。截至2009年11月底，约95%的安全隐患得到整改。加强企业安全基础设施、工艺安全设备、作业环境等各类安全设施硬件建设，印发《国家烟草专卖局关于进一步加强烟草行业安全设施建设的实施意见》（国烟运〔2009〕8号）；各省级局（公司）、工业公司制定了阶段性推进方案、计划和落实办法，并取得阶段性进展。健全安全管理机构，各单位增设了注册安全工程师岗位，充实安全管理人员。推进职业健康安全管理体系有效运行。加强培训工作，全年国家局共举办4期行业安全管理培训班。组织编制《烟草行业安全生产法律法规汇编》，统一分发到行业各级领导和相关管理部门。

烟叶生产经营

【概　况】 2009年，烟叶生产面临复杂多变形势，存在明显偏热苗头。针对烟叶生产出现的新情况、新问题，国家局明确提出把“烟叶防过热”作为行业工作的中心任务，要求通过扎实开展现代烟草农业建设，全面加强烟叶工作管理，努力提高烟叶工作水平，保持烟叶生产稳定发展。各烟叶产区按照国家局要求，认真抓好各项措施落实，烟叶生产总体保持了良好发展态势。

【烟叶种植】 2009年，行业认真落实“烟叶防过热”的目标任务，烟叶种植面积得到较好控制，烟叶生产规模保持稳定，规模化种植较快发展。各烟叶产区认真落实国家局的部署，切实提高对“严格控制、适度从紧”要求的认识，主动向当地党委、政府汇报，进村入户加大宣传力度，在控制总量上取得当地党委、政府和烟农的理解支持。发挥合同落实计划、指导生产、组织收购的作用，加强合同管理，确保合同的可靠性和真实性，保证合同落实到村、户、田块。抓好烟叶移栽前各项工作的落实，对分解计划、签订合同、约定面积、发放烟用物资、安排生产补贴、供种、供苗、移栽等环节进行严格控制，严格按合同面积和标准发放烟用物资和生产补贴，切实加强监督检查，做到以单产定面积、以株数定亩数、用种子控烟苗、用烟苗控移栽，有效防止超合同种植。

全年共签订烟叶种植收购合同150.61万份，同比减少73.68万份；种植烤烟1685.22万亩，同比减少44.49万亩。种烟主体平均规模11.19亩，同比增加3.5亩。全国漂浮育苗移栽面积达到1403.82万亩，占移栽总面积的83.3%，同比提高6.5个百分点；商品化供苗面积达到1578.47万亩，占供苗总面积的93.7%，同比提高12.7个百分点。

【烟叶收购】 2009年，国家局强化烟叶质量意识，5月，下发《烟叶收购等级质量管理规定》，要求建立烟叶收购等级质量工作问责制和预警机制，对烟叶质量管理提出明确要求；6月，下发《关于切实加强烟叶收购工作的通知》，明确中部烟比例不得超过45%，规定了各产区收购上等烟比例的橙色和红色预警线。各烟叶产区严格执行国家局关于烟叶收购工作的纪律要求，按计划、按合同组织收购，规范收购工作流程，明确岗位职责，加强收购过程控制，全面落实入户预检，继续实行封闭收购、密码验级，坚持对样收购、逐把验级，保证了烟叶收购等级质量。

为保障行业工商企业烟叶购销工作合法有序顺畅进行，3月，下发《关于清理烟叶交易平台会员的通知》，明确烟叶交易平台会员共249家。各烟叶产区严格烟叶收购纪律，加强毗邻地区烟叶收购边界管理工作，建立联防机制，共同打击烟贩活动，加大监督检查力度。

11月、12月，先后下发《关于2009年丰产烟叶的处理意见》和《关于进一步抓好当前烟叶工作的紧急通知》，加强对烟农的服务，及时调整烟叶收购价格，稳定烟农积极性，保证烟农的合理利益，实现了提质与提价的同步。

全年全国计划收购烤烟234.69万吨（4693.7万担），累计收购烤烟256.51万吨（5130.16万担），占计划总量的109.3%。在实际收购烤烟中，上等烟比例占41.39%，同比下降12.02个百分点；中等烟比例占45.48%，同比增加10.4个百分点；下低等烟比例占13.02%，同比增加1.74个百分点。上部烟比例占34.78%，同比增加6.81个百分点；中部烟比例占41.82%，同比减少13.66个百分点；下部烟比例占18.80%，同比增加7.24个百分点；其他比例占4.59%，同比下降0.42个百分点。烟叶收购均价为14.31元/千克，同比增加0.55元/千克。支付烟叶收购金额366.96亿元。全国烟农户均收入达2.44万元。

全年收购晾晒烟10.58万吨（211.64万担），其中，白肋烟5.34万吨（106.87万担）、香料烟1.57万吨（31.32万担）、其他晾晒烟3.67万吨（73.45万担）。

【特色优质烟叶开发】 在烟叶生产中，行业增强了注重特色、主攻质量的意识。工业企业的需求导向作用初步显现，工业主导、商业主体、科研主力的烟叶科技工作机制初步形成。4月，国家局下发了《关于印发2009年特色优质烟叶开发工作实施方案的通知》，提出了2009年特色优质烟叶开发工作的指导思想和工作目标，就工作措施与保障措施做出详细安排，并确定了2009年特色优质烟叶开发计划表。同月，全国特色优质烟叶开发暨生产技术研讨会议在上海召开，总结交流了全国特色优质烟叶开发工作和烟叶生产技术进步的有关情况，围绕如何提高优质烟叶保障能力进行安排部署。6月，全国浓香型烟叶开发工作座谈会在安徽合肥召开，对浓香型烟叶需求特点、发展方向、适宜生态环境、品种及栽培技术等问题进行了研讨。通过科技进步提升烟叶质量水平，形成开发浓香型烟叶的氛围。

按照“现代烟草农业建设、新烟区开发、资源配置方式改革与基地建设、特色优质烟叶开发工作”四位一体原则，开展特色优质烟叶重大专项工作。国家局从烟叶质量风格特色评价与定位、烟叶质量风格特色形成机理、区域特色优质烟叶彰显技术、特色优质烟叶规模开发及工业利用等4个方向设置了14个课题。2009年，启动了“典型生态区烟叶质量风格特色评价研究”等5个课题研究。

品种对烟叶风格特色的重要作用逐步显现，品种集中度进一步提高。2009年，全国种植10万亩以上的烤烟品种有15个，同比增加2个，30万亩以上的品种有11个，其中，“红花大金元”和“翠碧1号”两个特色品种种植面积分别达到113.88万亩和39.11万亩，同比分别增加26.7万亩和10.07万亩。引进津巴布韦“KRK26”等新品种，并在云南等地试种，效果良好。

2009年，国家局确定了73个试点基地单元作为特色优质烟叶开发点，烟叶计划收购量为16.3万吨(326万担)。试点基地单元涉及11个省、32个地级市、57个县，试点区相关单位及17家工业公司共同参与了试点基地单元的建设。

【烟叶流通】 根据卷烟工业大企业、大品牌快速发展的迫切要求，国家局对打叶复烤企业进行重组整合，规范了打叶复烤环节烟叶流通秩序，加强对烟叶加工全过程的管理监督，烟叶流通秩序进一步好转。各省级局（公司）、打叶复烤企业制定实施细则，梳理和细化企业的内部管理流程，重点监控烟叶在企业各环节的流转以及残次废弃烟叶的处理，避免了无合同、超合同加工烟叶现象，杜绝违法违规行为的发生。贵州遵义烟叶有限责任公司消化吸收了残次废弃物的气化技术，与相关厂家联合研发残次废弃烟叶的处理工艺，利用残次废弃烟叶在炉内不充分燃烧产生大量可燃气体供锅炉使用，妥善处理了残次废弃烟叶，提高利用率，节约了能源，降低了烟叶流通不规范的风险。

签订2009年度烤烟购销协议231.92万吨(4638.3万担)（含出口备货），同比增长6.86万吨(137.1万担)，计划完成率99.5%，其中，国内212.82万吨（4256.3万担），计划完成率99.6%；出口备货19.1万吨（382万担），计划完成率97.5%。签订2009年度晾晒烟购销协议8.45万吨（169万担）(含出口备货)，同比增长1.21万吨（24.1万担），计划完成率90.7%，其中，国内5.43万吨（108.5万担）［含白肋烟2.94万吨（58.8万担）、香料烟0.36万吨（7.2万担）、其他晾晒烟2.13万吨（42.5万担)］，计划完成率93.8%；出口备货3.03万吨(60.5万担)［含白肋烟1.16万吨（23.2万担）、香料烟1.43万吨（28.5万担）、其他晾晒烟0.44万吨(8.8万担)］，计划完成率85.7%。

【烟叶先进技术推广】 2009年，行业烟叶种植规模得到较快发展，先进技术快速推广。全国漂浮育苗移栽面积和商品化供苗面积所占比重进一步增加，基本实现了育苗的集约化、标准化和供苗的商品化。密集式烘烤技术得到普遍应用，新建密集式烤房开始发挥重要作用，烘烤质量不断提高。截至2009年年底，全国共有密集式烤房41.15万座。构建烟叶生产标准化体系，从烟叶生产环节抓起，全面落实适用技术，提高技术到位率。云南省烟叶种植实现100%轮作，推广沙培育苗11.2万亩；云南昆明市公司100%推行羊肝石育苗技术；云南玉溪市公司推广“烤烟漂湿育苗技术、烟田沃土技术、精准施肥、烟蚜茧蜂防治烟蚜生物防治技术”4项技术措施。土壤改良、科学施肥、病虫害防治、防雹等技术得到较好应用和推广，农业机械开发应用成为新的热点。

现代烟草农业建设试点单位依托科研院所等技术单位，开展联合攻关，初步形成研发、试验、示范、推广的科技运行机制。2009年，山东诸城市公司开展科技示范项目36项，在推广生物降解膜、示范新型控释肥、烤房集中供热余热共享等方面取得进展；福建泰宁市公司推广桥式剪叶机、永顺培土机及背负式植保打药机的应用，得到烟农的认可；云南楚雄州公司探索太阳能密集烤房、双层密集烤房和生物质能源密集烤房等新技术，进展顺利。

【现代烟草农业建设试点】 2009年，各烟叶产区按照《国家烟草专卖局关于推进现代烟草农业建设的意见》的基本要求，围绕“稳定试点基数、扩大试点规模、提升试点水平”的基本思路，以“整县、整乡、整村”的方式，积极开展现代烟草农业建设试点工作。此外，相继下发了《关于成立现代烟草农业建设领导小组的通知》、《关于做好整县推进现代烟草农业建设规划的通知》等相关文件，推动现代烟草农业建设试点工作进一步发展。

整县推进现代烟草农业建设试点取得实质性突破。

2009年，全国共落实试点143个，其中整县推进试点3个，整乡推进试点41个，整村推进试点99个。试点共规划基本烟田211.11万亩，其中田烟71.47万亩，地烟139.64万亩；落实种烟主体5.08万个，同比增加4.01万个；烟叶种植面积96.5万亩，同比增加73.9万亩。种烟主体平均规模19亩，较全国平均规模高7.8亩，比2008年试点平均规模增加3亩。传统种烟户和专业合作组织种烟规模分别为6.9亩和299.6亩，同比分别增长33.4%和442.5%；种烟专业户和家庭农场种烟规模分别为16.9亩和205.2亩，同比分别下降5.3%和17.6%；专业合作组织种烟规模增加最为明显，个均种植面积同比增加244.3亩。推进试点的土地流转工作，全年试点土地流转面积（含互换）达35.04万亩。土地集中度进一步提高，100亩以上连片种植面积72.24万亩，占试点种烟面积74.86%；500亩以上连片种植面积15.05万亩，占15.6%。特别是以云南禄丰、砚山和山东诸城为代表的整县推进现代烟草农业试点工作，以县为单位统一规划设计，合理划分单元，在一个基地单元内综合配套基础设施，全面建设烟叶生产组织、专业化服务和信息化管理体系，优化整合业务流程，合理调整站点布局，积极推动工商合作，找到了一条“统筹规划、综合配套、有效整合、有机集成、全面推进”的整县推进现代烟草农业发展的新路子。

试点取得明显成效。2009年，143个试点村亩均用工22.01个，同比减少1.3个，试点用工比传统方式减少14.7个，人工费用减少554.93元，大大降低了烟叶种植成本。试点传统种烟户、种植专业户、家庭农场、专业合作社亩均产量分别为159.2千克、165.1千克、163.4千克、156.6千克，同大面积生产亩均产量147.3千克相比有明显提高。试点传统种烟户、种植专业户、家庭农场、专业合作社亩产值（含现金补贴）分别为2474.5元、2612.2元、2560.7元、2485.7元，均高出传统农业亩产值近20%。

【烟叶生产专业化服务】 各烟叶产区积极发展专业服务型组织，普遍开展烟田统一机耕、统一施肥、统一植保、统一供苗、集中移栽。2009年，全国机耕面积占种植面积的58%，同比提高9个百分点；机械起垄占40%，同比提高5个百分点；机械化移栽面积达84.82万亩。大力推进烤房群建设，开展专业化烘烤。加强信息化管理不断加强，改善基层信息化条件，烟叶基础软件全面覆盖，信息手段应用范围逐步拓宽，电子合同、电子支付试点进一步扩大，逐步探索育苗和烘烤控制的信息化、规划设计的信息化、业务管理的全方位信息化等。

2009年，行业对烤烟“专业化分级，烘烤工场收购”的“农工商一体化”模式进行了探索。在专业化分级、烘烤工场收购过程中，通过减少扎把环节，有效提高人均分级数量和烟叶收购纯度；通过优化流程、减少环节，降低烟叶收购成本；通过工商协作，节约工业企业的人工成本。在5个烟叶产区的6个试点进行“农工商一体化”模式试点探索，6个试点种植烤烟面积1.91万亩，合同收购数量0.22万吨（4.43万担），烤房856座，专业化分级人员654人，分拣线71条，服务1090户烟农。

现代烟草农业建设试点重点推进育苗、机耕、植保和烘烤等4个方面的专业化服务。成立育苗服务社，截至2009年年底，试点共建成集约化育苗工场976处，供苗面积达90.6万亩，工场化育苗率达93.9%。云南禄丰碧城育苗服务社集约化育苗工场占地面积140亩，供苗面积达4万亩，育苗结束后，由育苗服务社统一种植蔬菜，提高大棚利用率，增加烟农收入。成立农机服务社，推进生产环节中的机械操作。全国143个试点中，机耕比例占92.3%，机械植保比例81.9%，机械起垄比例77.9%，机械剪叶比例73.01%，机械运输比例71%，机械施肥、培土和覆膜比例25%～30%，移栽、编烟等机械化程度接近15%。成立烘烤服务社，专业化烘烤减少了用工，降低了烘烤成本。试点依托烘烤工场和烤房群，组建烘烤服务社或专业队，为烟农提供专业化烘烤服务。云南10个试点共成立烘烤服务社117个。据统计，专业化烘烤较散户烘烤每担烟烘烤成本降低17.2元。

【烟叶生产基础设施建设】 2009年，全国烟叶产区各级烟草部门在烟叶生产基础设施建设方面坚持了“三个以我为主”：一是严格项目计划管理、质量管理和资金管理，保证了项目进度、建设质量和资金安全。烤房建设水平、质量、数量及烘烤技术都有提升，招投标总体正常。二是坚持综合配套。烟叶生产基础设施建设逐步从以单个项目为主向综合配套转变，注重整合各种资源，提高烟田、烟水、烤房、农机具、烟路、育苗棚等项目的综合配套水平，为开展设施生产、提高设施利用率创造了条件。三是加强监督管理。国家局在实行严格验收制度的同时，对过去几年的烟叶生产基础设施建设进行了全面审计。

加强烟叶生产基础设施建设管理，2009年，国家局、总公司连续下发了《关于下达2009年度烟叶生产基础设施建设项目计划的通知》、《烟叶生产基础设施建设项目资金审计暂行办法的通知》、《关于下达2009年烟叶生产基础设施建设项目补贴资金预算的通知》和《关于开展烟叶基础设施专项资金既烟叶生产投入补贴资金专项审计有关事项的通知》等相关文件，明确项目建设的预算、审计和补贴等相关标准和内容，保障烟基建设的顺利进行。11月，下发《烤房设备招标采购管理办法和密集烤房技术规范（试行）修订版的通知》，进一步规范烤房设备招标采购行为，统一密集烤房建设标准和规格，推广并排连体集群烤房建设，适应现代烟草农业的建设水平。

全年行业投入资金99.8亿元，建设烟水配套工程、烟叶调制设施、烟草农机具及其他项目34.46万个。烟水工程受益面积534.6万亩，密集烤房受益面积331.7万亩，机耕路9097千米。据统计，2005～2009年，行业累计投入资金约300亿元，建设水窖、水池、沟渠、管网、密集式烤房等项目超过230万个，受益烟田2370万亩，密集烤房41.15万座，机耕路1.71万千米。

现代烟草农业建设试点重视推进烟叶生产基础设施建设。全年试点烟水、烟路、农机具、育苗工场、烤房群、土地整治等共投入资金19.73亿元，其中，烟草行业补贴14.95亿元。土地整治36.38万亩，占基本烟田面积17.24%；新建烟水工程受益面积71.3万亩，加上原有的烟水配套工程，共计168.46万亩，占基本烟田面积79.8%；新建机耕道1779千米，烟路覆盖面积98.57万亩，占基本烟田面积46.7%；配备各种农机8486台（套），加上原有农机，共计2.3万台（套），平均每百亩农机动力为12.91千瓦（17.31马力）；新建育苗工场976处，供苗能力达90.6万亩。共建设密集烤房群909处，烘烤能力5.4万吨（107.98万担），其中烘烤能力5000担以上烘烤工场30处，3000～5000担71处，1000～3000担176处，500～1000担169处，500担以下442处。

【烟叶基层建设】 国家局高度重视烟叶基层建设和基础管理，6月，下发了《优秀烟叶收购站创建活动实施方案》，围绕基层站的能力建设，开展优秀基层站创建活动，建立一套评价标准，主要包括管理能力、技术推广应用能力、经营服务能力和生产组织能力等。行业各相关单位对基层站进行业务流程再造的系统研究，推进烟叶生产、收购、管理、服务的制度化、规范化、标准化、信息化。以现有烟叶基础管理软件为基础，拓展延伸信息化管理与服务的深度和广度，提高烟叶信息化管理水平。

按照“分类管理，科学设岗，明确职责，严格考核，落实报酬”的总体要求，加强烟叶基层队伍建设，深化用工分配制度改革，选拔任用优秀基层干部，逐步改善基层烟叶人员待遇，充分发挥基层队伍的积极性、主动性、创造性。加强基层烟叶技术和技能队伍建设，加强教育培训，开展技能鉴定、技能比武活动，推进基层技术与技能人才的培训及资格鉴定，增强专业技能素质。2009年，中国烟草总公司职工技术培训中心和有关烟叶科技培训基地举办了多次专题培训，培训人员3000余人次，培训内容涉及生产技术、烤烟分级标准、烟叶复烤工艺质量管理、烟叶复烤设备专项技术等。

【烟叶信息化建设】 加强烟叶信息化管理，改善基层信息化条件，烟叶基础软件全面覆盖，信息手段应用范围逐步拓宽，电子合同、电子支付试点进一步扩大，育苗和烘烤控制的信息化、规划设计的信息化、业务管理的全方位信息化等开始探索。2009年，云南、山东、四川、福建等省整合开发了现代烟草农业信息管理平台，将烟叶生产基础设施建设、种植、收购以及物流等纳入信息化管理，同时通过信息平台，提供政策宣传、技术指导、生产管理、气象信息等服务。烟叶电子合同电子支付从试点走向示范，全国共有4省8市实行电子合同文本签订，约定收购量78.06万吨（1561.2万担），占国家计划的32.6%。对基础软件的业务流程进行系统优化，全面梳理烟叶业务流程，围绕“物流、合同”两条管理主线，对基础软件业务流程进行升级优化，实现了从烟叶工作站到地市级公司、复烤厂、卷烟工业企业各环节对烟叶种植收购合同、购销合同、加工合同的有效管理。

【烟叶复烤加工】 围绕“卷烟上水平”的中心任务，国家局加强了对打叶复烤企业的基础管理和基础设施建设，推进打叶复烤企业开展创优、对标和标准化体系建设。2009年6月，国家局下发《关于调整片烟加工费及主要价外项目收费标准的通知》，决定自2009年7月1日起，将打叶复烤片烟加工费从2700元/吨调整为3100元/吨，同时对片烟加工主要价外项目收费标准进行适当调整。同月，下发《优秀打叶复烤企业创建活动实施意见》，开展优秀打叶复烤企业创建活动。9月，印发《打叶复烤企业标准化建设实施方案》，发布了《打叶复烤企业标准化工作要求及评价》标准，组织开展YC/T146～147行业标准修订工作，推进打叶复烤企业标准化建设工作，全面提高打叶复烤企业管理水平，提出了基本原则、指导目标，并就总体安排、重点工作进行部署。11月，行业召开全国打叶复烤企业管理现场交流会，明确了今后一段时期打叶复烤企业加强基础管理和基础设施建设的工作重点。打叶复烤企业加工资源配置进一步改善，企业资产状况和经营效益有所好转，工艺技术水平和服务能力明显提高，节能减排受到重视。

2009 年，全国烟草行业打叶复烤企业共有 45 家（含工业企业打叶复烤车间），62 个生产点 82 条生产线。全年全国打叶复烤企业共加工烟叶 250.67 万吨（5013.49 万担），同比增长 14.29%，其中，加工原烟 245.31 万吨（4906.10 万担），同比增长 13.02%。实现加工费用收入 40.45 亿元，片烟平均加工费用收入为 3280.17 元/吨（含价外费用），每吨成品片烟的综合能耗平均值为 214.96 千克标准煤。

【烟叶进出口】 2009 年，国家局准确把握国际市场烟叶资源供需趋于平衡、价格总体趋势稳中有升的趋势，主动优化货源组织。全年从巴西、津巴布韦、美国、阿根廷、赞比亚、加拿大购进烟叶 9.36 万吨，出口烟叶 3.49 万吨。全年出口实现 8.7 亿美元。

卷烟生产经营

【卷烟产销情况】 2009 年，全国卷烟工业企业累计生产卷烟 22902.75 亿支（4580.55 万箱），同比增长 3.17%，其中，生产一类烟 1821.8 亿支（364.36 万箱）、二类烟 833.12 亿支（166.62 万箱）、三类烟 6211.33 亿支（1242.27 万箱）、四类烟 8953.33 亿支（1790.67 万箱）、五类烟 5083.16 亿支（1016.63 万箱）。全年国内卷烟累计完成销量 22737.5 亿支（4547.5 万箱），同比增长 4.3%。累计销售低档烟 5054.5 亿支（1010.9 万箱），同比下降 14.6%。年末卷烟工商库存合计为 1568.5 亿支（313.7 万箱），同比增长 3.3%，其中，商业库存为 1184 亿支（236.8 万箱），工业库存 384.5 亿支（76.9 万箱）。

卷烟销售结构继续上移。全年销售一类烟 1798.4 亿支（359.7 万箱），同比增加 276.1 亿支（55.2 万箱），增长 18.1%；销售二类烟 841.5 亿支（168.3 万箱），同比增加 158.2 亿支（31.6 万箱），增长 23.2%；销售三类烟 6123.8 亿支（1224.8 万箱），同比增加 966.5 亿支（193.3 万箱），增长 18.7%；销售四类烟 8808.6 亿支（1761.7 万箱），同比增加 203.6 亿支（40.7 万箱），增长 2.4%；销售五类烟 5054.5 亿支（1010.9 万箱），同比减少 865.9 亿支（173.2 万箱），下降 14.6%。一、二、三类烟销量占总销量的比重达 38.73%，同比提高 5.21 个百分点；五类烟销量占总销量的比重同比下降 4.7 个百分点。

品牌集中度进一步提高。2009 年，行业累计在产品牌 138 个，同比减少 17 个；累计在产规格 869 个，同比减少 2 个。全行业销量前 10 名品牌集中度为 41.7%，同比提高 3.4 个百分点；销售额前 10 名品牌集中度为 47%，同比提高 2.6 个百分点。全年共有 12 个品牌销量超过 100 万箱，其中，“白沙”、“红金龙”、“红塔山”、“红旗渠”等 4 个品牌销量超过 200 万箱。有 21 个品牌销售额超过 100 亿元，其中，“中华”品牌销售额超过 500 亿元；“云烟”、“白沙”、“芙蓉王”、“红塔山”、“利群”、“双喜”6 个品牌销售额超过 300 亿元；“红河”、“玉溪”、“黄山”、“黄鹤楼”、“红金龙”、“七匹狼”、“南京”7 个品牌销售额超过 200 亿元。

重点骨干品牌保持平稳较快增长。2009 年，国家局印发《关于加快培育全国性重点骨干品牌的指导意见》（国烟运〔2009〕175 号），进一步明确行业品牌发展思路和目标，突出培育全国性重点骨干品牌。2009 年，行业重点骨干品牌累计销量 12222 亿支（2444.4 万箱），同比增长 15.7%，比行业卷烟销量增幅高 11.4 个百分点；销量比重为 54%，同比提高 5.8 个百分点；实现销售收入 5276.1 亿元，同比增长 18.9%，比行业销售收入增幅高 7.3 个百分点；平均单箱销售收入 21583.5 元，同比增长 2.9%。

【卷烟市场分析】 各省级单位卷烟销售情况。2009 年，全国绝大多数省级单位的卷烟销量实现同比增长，单箱均价提高，销售收入增长。销量方面，基数相对较小的经济欠发达地区取得较大的销量增幅，如新疆、宁夏、贵州、西藏和内蒙古等省（区、市）；基数较大的沿海经济发达地区，除广东外均保持了平稳增长。销售结构方面，浙江、上海、深圳、西藏、广东、福建和北京等结构较高的省（区、市）除上海出现负增长外，其他基本保持平稳增长，但增幅小于最近五年的平均增长水平。青海、内蒙古、山东、贵州、陕西、黑龙江、甘肃、河南和河北等省（区、市）结构基数较低的省份结构提升幅度较大，继续保持了较高的增长水平。

各省级单位重点骨干品牌销售情况。2009 年，所有省级单位的重点骨干品牌销量均实现同比增长，重点骨干品牌占总销量的比例也均有所提高；绝大多数省级单位销售重点骨干品牌的单箱均价同比提高（天津、山西、上海、山东和重庆5省<市>下降），绝大多数省级单位的重点骨干品牌销售收入同比增长（上海下降）。有24个省（区、市）重点骨干品牌的月末商业库存超过上年水平。

重点骨干品牌销量增幅超过全国平均水平（15.7%）的有天津、河北、山西、内蒙古、辽宁、黑龙江、江西、山东、河南、重庆、四川、贵州、西藏、陕西、甘肃、青海、宁夏和新疆18个省（区、市）。重点骨干品牌销量占总销量比重超过全国平均水平（54.0%）的有北京、河北、山西、内蒙古、辽宁、大连、吉林、上海、浙江、安徽、福建、湖南、广东、深圳、海南、四川、贵州、云南、西藏、甘肃、宁夏和新疆22个省（区、市），山东、河南、湖北、重庆和陕西5省（市）的比重相对较低，均低于35%。河北、大连、吉林、海南、贵州、甘肃和宁夏等重点骨干品牌结构较低的省（区、市），其单箱均价同比提高幅度均超过6%。河北、山西、辽宁、黑龙江、广东、深圳、广西、江西、河南和贵州10个省（区、市）的月末工商库存明显超过上年同期水平，同比均超出20%以上。

*各省级单位低档烟销售情况。*全国所有省级单位的低档烟销量均同比下降，销量占总销量比重继续下降；28个省（区、市）的低档烟结构有所提升，29个省（区、市）的销售收入下降，28个省（区、市）的商业库存低于上年同期水平。黑龙江、江苏、浙江、山东、河南、湖北、广西、重庆、四川、云南和新疆等11个省（区、市）的低档烟销量下降幅度超过全国平均水平（14.6%），其中，山东下降32.1%；山东、河北、陕西、甘肃、青海、安徽、广西、贵州和云南等一些低档烟销量占总销量比重较高的省（区、市），销量占总销量比重下降较为明显，山东下降11个百分点；北京、天津、浙江、贵州和西藏等5个省（区、市）的低档烟单箱均价同比有所下降但幅度均不大，黑龙江、上海、山东、重庆、甘肃、青海、宁夏等省（区、市）的单箱均价增幅较为明显，其中甘肃增长18.1%。

【卷烟交易】 2009年，中国卷烟销售公司继续按照“放开衔接、适度引导、定向整合、促进发展”的交易方针，全年共开展了4次货源需求预测的网上提报工作，2次卷烟集中交易工作和2次季度补货及定向整合工作。

3月和9月，在完成全年及上、下半年货源需求预测工作的基础上，中国卷烟销售公司对货源情况重新进行了修订预测。全年销量预测平均吻合度为99.5%，结构预测平均吻合度为98.3%，预测准确率较高。

6月和12月，中国卷烟销售公司完成了2009年下半年和2010年上半年卷烟集中交易工作。2009年下半年全国卷烟集中交易签订协议量10300.3亿支（2060.1万箱），比同期交易期间签订量增加500.8亿支（100.2万箱），增长5.1%；2010年上半年全国卷烟集中交易签订协议量11905.4亿支（2381.1万箱），比2009年上半年集中交易期间签订协议量增加412.4亿支（82.5万箱），增长3.6%。

国家局根据市场需求与计划缺口情况，实施了两次定向整合工作，资源配置更加高效，货源供给不断改善。两次定向整合共执行联合生产合同1206.9亿支（241.4万箱），同比增加183.3亿支（36.7万箱），增长17.9%；联合生产合同量占全国交易总量的5.4%，有7家品牌输出方和10家品牌输入方参与；剔除调拨价调整因素，联合生产合同单箱均价9350.7元，同比增加786.9元，增长9.2%。

【按客户订单组织货源】 2009年，烟草行业按客户订单组织货源工作以“强基础、促规范、上水平”为目标，以订单满足市场真实需求为核心，以加强规范管理为抓手，进一步完善工作机制，优化业务模式，提升能力水平。2月，中国卷烟销售公司制定《2009年“按客户订单组织货源”工作要点》，明确了“严格规范经营工作”、“完善需求预测体系”、“加强货源采购管理”、“营造公平市场环境”和“突出重点品牌培育”5项目标任务以及完成目标任务需要开展的5项具体工作，推动了全年订单供货工作的深入开展。

*明确重点，全面开展检查工作。*为进一步规范按客户订单组织货源工作，解决企业经营环节中存在的突出问题，中国卷烟销售公司开展了对全国烟草商业企业的按客户订单组织货源检查评价工作。5月6日~6月30日，对30个省（区、市）的67个地市级公司进行了抽查，重点就卷烟规范经营工作提出了12项检查要求，并对检查评价结果和整改要求进行了通报。

*完善流程，不断优化业务模式。*1月，国家局办公室下发《关于严格规范卷烟经营的通知》，进一步规范卷烟经营和订单供货业务流程，使订单更加贴近市场真实需求。订单业务流程得以确立，业务模式从自上而下的计划分配转变为自下而上的订单需求，带动了营销工作内容的改变，营销工作更加贴近市场。电子商务得到了推广，网上配货的开展使工业企业对订单的响应更加及时，加快了定向整合工作的有效实施。徐州市公司进一步优化和完善了以电子商务为特

征、以信息化为支撑、面向市场的现代营销业务模式，为工、商、零、消搭建了相互交流的平台。重庆市公司按照“系统要稳定、网络要快速、操作要简便、收费要划算”的要求，开发了先进的订货系统，并完成在渝中烟草分公司的试点工作，于年底在全市逐步推广。

贴近市场，发挥市场机制作用。订单供货信息平台得到整合，初步建立了工商零三位一体的信息采集机制。开展市场监测，建立了全国卷烟市场信息采集网络，加强卷烟市场信息监测。预测机制更加完善，预测方式更加科学，预测结果更加准确，国家局先后组织开展2次全年及半年销量预测和2次补充货源预测，预测准确率不断提高，为季度补货和定向整合工作的开展奠定了基础。

【卷烟销售网络建设】 2009年，全国卷烟销售网络建设工作按照“打牢基础、规范运作、创新营销、增强活力”的要求，不断夯实网络基础，探索提升网络软实力，逐步发挥网络功能，网建工作进入一个新阶段。9月，全国卷烟销售网络建设现场会在江苏徐州召开，在市场信息采集利用、工商协同、品牌培育、队伍建设等方面进行探索，不断推进电子商务建设，优化升级网络运作模式。徐州市公司作为现场会的主展单位，成都、银川、广州、厦门、遵义、吉林、青岛市公司作为参展单位，8家典型示范单位取得的网建成果，比较全面地展示了中国烟草面向市场的现代营销体系的基本特征与要求。

电子商务建设。逐步探索网上订货、网上配货、网上结算工作，业务模式不断完善，在一定范围内取得较好效果。注重现代物流建设统一规划、整合资源、加强管理和现代物流技术的应用，硬件更加完善，水平逐步提升，效率不断提高。全行业工商一体、批零互动、“电子商务+现代物流”的现代营销模式已经形成。12月，国家局办公室制定《关于积极稳妥推进网上订货工作的意见》，提出了推进过程中要遵循的3个原则、要扎实做好的4项基础工作和国家局、省级公司、地市级公司分期分批有序推进网上订货工作的具体实施安排。

提高服务客户水平。2009年，行业各单位在网建工作中始终把握服务这个本质，树立平等的观念，转变和规范对零售客户的态度与行为，重视解决“大户”问题。通过组织有效货源、完善货源分配政策、稳定市场价格，保证了客户的合理利益，需求满足度和客户满意度保持了较高水平。

农网建设。各单位重视农网建设，不断充实农网服务力量，加强农村客户服务，保证农村货源供应，农村市场潜力得到开发，农村客户满意度大大提高。截至2009年年底，全国300人以上的自然村基本消除了空白网点，农村持证零售客户277.6万户，占零售客户总数57.6%，占农村市场销量46%左右。

【工商协同营销】 2009年，行业工商协同营销工作以“准确定位、有机对接、突出品牌、全面提升”为指导思想，深入、系统地总结了行业工商协同营销北京现场会经验，推动行业工商协同营销由概念到操作、由形式到内容、由部分试点到全面推广的“三个延伸”工作，逐步推动建立市场导向、面向客户、面向消费者的行业整体营销体系，行业营销软实力得到提升。2月，中国卷烟销售公司制定《2009年工商协同营销工作方案》，从工作目标与方针、工作任务与措施、工作日程安排、组织保障4个方面对全年的工商协同营销工作进行了总体安排部署。

继续深入开展试点工作，总结试点经验，行业各工商企业积极探索，不断加大协同营销的工作力度。湖北中烟在工商战略协同工作上，不断创新理念、拓宽领域、丰富内涵，建立以共同发展为战略导向的产销联动、品牌培育、人才培养和文化交流等一系列机制，促进工商长期协作、和谐共生、共同发展。红云红河集团形成了高层会议沟通战略、中层会议商讨策略、执行层会议狠抓落实的工作模式，协同营销工作向更广泛、多层次的形式发展。浙江省公司不断规范协同营销工作，明确了改进措施，全省11家地市级公司通过工商协同管理体系建设对服务过程进行清晰界定，统一了对工业企业服务的操作规范和质量标准，品牌培育工作向精细化转变。

继续深入总结行业工商协同营销试点经验，在全行业推广试点单位的做法和经验，中国卷烟销售公司制定了《工商协同市场研究规范》、《工商协同品牌营销办法》、《工商协同促销管理规范》、《工业企业营销中心业务工作指导意见》、《商业企业营销中心业务工作指导意见》等11个主要制度文件，在2009年全国卷烟销售网络建设现场会上进行了意见征集。12月，中国卷烟销售公司制定了《工商协同营销业务操作规范（试行）》。《规范》以“准确定位、有机对接、突出品牌、全面提升”为指导，以“四个连接”为纲领，共包括9个操作性业务指导文件。

中国卷烟销售公司开展了成长型卷烟品牌市场咨询与诊断工作，选择处于成长型向成熟型过渡时期的品牌作为试点，开展以市场调研为基础，以品牌诊断为手段，以形成整改方案为主线的卷烟品牌市场咨询与诊断工作。全年共完成了“金圣”、“七匹狼”、“云烟”和“黄山”4个品牌的咨询诊断，进一步提高了工商企业分析市场、把握市场的能力，提高了重点骨干品牌扎根市场、参与竞争的能力。

【营销信息化建设】 2009年，中国卷烟销售公司以构建卷烟市场信息采集网络为核心，以制订信息采集网络管理办法、信息员工作规范和零售终端信息采集操作办法为重点，进一步推动了营销信息化工作的深入开展。4月，构建卷烟市场信息采集网络，确定了201名市场监测信息员在157个地市级公司和6个单列市公司的采集点区域分布，制订印发《卷烟市场信息采集网络管理办法》和《卷烟市场信息员工作规范》，对201名信息员进行了集中培训，全面提升了信息员的工作能力和水平。10月，召开全国卷烟市场信息采集网络研讨座谈会，总结市场信息采集网络运行情况，明确下一步工作内容及方向。12月，制定《地市级公司卷烟零售终端信息采集操作办法》，从如何建立信息采集网络、如何做好采集数据的分析利用工作、信息采集整体工作流程3个方面对地市级公司卷烟零售终端信息采集操作办法进行说明。

国家局在卷烟生产经营决策管理系统的基础上，通过对商业企业的客户分拣信息进行分析，为工业企业提供品牌的覆盖率、上柜率、断货率、成长率等营销信息，为企业科学制定销售策略建立了信息支撑。国家局建立了卷烟价格分析系统、面向1万个零售客户的卷烟市场监测系统，并通过全国200名客户经理掌握了2万个零售客户的销售信息。山西省公司在不断完善动销台账、零售户库存采集办法的基础上，持续建设“双万信息工程”，进一步提高了信息采集和应用的效率。

各单位重视利用各种手段分析利用信息，更加关注需求、库存和价格，在分析利用信息把握真实需求方面作了积极探索。银川市公司确立了“数据驱动营销”的工作思路，运用现代信息技术建立市场营销分析系统，多维度采集信息，全方位应用信息，较好做到了货源供应与市场真实需求相吻合，体现了较高的营销信息化水平。

【行业卷烟销售管理】 2009年，中国卷烟销售公司贯彻落实“保牌、稳价、规范、增效”的方针，继续促进销量的稳定增长，进一步加强销售管理工作。2009年初，中国卷烟销售公司召开了全国卷烟销售处长（营销中心主任）座谈会，分析1月份卷烟市场和经营情况，研讨了严格规范卷烟经营的具体措施，确保全年卷烟销售任务的完成。4月，中国卷烟销售公司组织召开了全国卷烟销售工作座谈会，通报了一季度卷烟市场和经营情况，并针对卷烟营销工作面临的情况和问题，研究了具体措施。制定《关于进一步加强卷烟销售管理规范业务流程的通知》，从严格控制投放总量、加强卷烟库存管理、规范业务流程、坚决纠正不规范经营行为4个方面对行业营销工作提出要求。9月，中国卷烟销售公司召开全国卷烟销售处长（营销中心主任）座谈会，通报了2009年上半年按客户订单组织货源工作检查情况，安排部署下半年季度补货和需求预测等工作。11月，中国卷烟销售公司召开了2009年全国卷烟销售工作会议。

*推进来牌加工和销售工作。*中国卷烟销售公司先后组织各省级卷烟销售管理部门提报了两次国产“万宝路”卷烟市场需求，召开“万宝路”品牌产销协调会。2009年，全国共有32个省（市）调拨购进了国产“万宝路”卷烟，调拨销售总量25013箱，较好完成对进口“万宝路”的替代工作。

*加大学术交流力度。*卷烟流通专业委员会组织召开华北中南、东北西南和华东西北三个片区学术交流与研讨会，共收集论文271篇，评选出较高水平论文81篇，进一步提高卷烟营销能力和网建水平。

*继续抓好规范经营。*针对一季度的市场波动，行业各单位采取有力措施纠正不规范经营行为，有效维护卷烟市场秩序。商业企业严格规范订单采集和货源供应，继续加强零售终端管理，注重减少货源分配、销售配送环节的人为因素，普遍实施计算机统一采集订单、统一分配货源、统一打码销售、统一分配送货线路“四个统一”，无码销售、捆绑销售、体外循环、非法流通等现象在一定程度上得到了遏制。工业企业更加注重规范经营行为，直接开展零售终端促销等不规范行为明显减少。国家局组织了全行业范围的订单供货和规范经营大检查，促进了工商企业的规范经营。

*加强营销基层建设。*2009年，工商企业按照国家局的部署，突出抓好贯标、对标工作，全面加强营销基层建设。商业企业开展优秀县级营销部创建活动，针对客户经理等关键岗位开展职业技能培训，从整体上提高基层队伍的整体素质。工业企业加强营销中心建设，组织机构设置更加合理，业务流程不断规范，工作效率继续提高，市场需求信息的反应能力、保证市场需求的响应能力、供应和销售物流的保障能力得到增强。

专卖监督管理

【内部专卖管理监督】 遏制不规范经营行为反弹。针对一季度不规范经营有所抬头的苗头性问题，行业各单位落实3月27日行业直属单位主要负责人会议精神，及时采取措施，解决年初卷烟不规范经营抬头的问题。5月，国家局印发《国家烟草专卖局关于切实加强内部专卖管理监督检查的通知》（国烟专〔2009〕179号），把工业企业直接向零售客户搞宣传促销、不按码段组织生产和商业企业捆绑搭配销售、无码销售、体外循环销售卷烟、向超计划和无计划种烟农户供应烟苗等作为专卖内管检查的突出重点。各省级局按照国家局内部专卖管理监督检查的要求，对工业企业不按码段组织生产和商业企业捆绑搭配销售、体外循环销售卷烟等问题进行检查，及时发现并处理了一批不规范问题，严肃了纪律，强化了规范经营的自律意识，在较短的时间内有效遏制了年初不规范经营问题反弹的势头。

长效机制建设。内管机构建设明显加强。各省级局重新核实市、县两级局专职专卖内管人员，及时充实基层专职内管人员，结合岗位特点，围绕工作规范，精心组织开展培训，内管队伍的整体素质得到提高。截至2009年年底，全行业专职专卖内管人数达到7647人，在数量和质量上基本满足了专卖内管工作的需要。

信息化运用水平明显提高。各单位探索运用信息化加强专卖内管和企业内控，有33个省级局、工业公司开发了信息化监管系统，基本实现了对生产经营活动的实时监控，监管效率和监管效果得到提升。在日常监管中，各单位重视系统应用，根据预警提示及时发现处理问题，生产经营活动进一步规范。

企业内控机制建设取得明显进展。各工商企业进一步完善内部控制机制，提高严格规范的能力和水平。湖北、陕西中烟工业有限责任公司等工业企业结合自身实际，通过信息化管控平台将专卖内管工作和企业内控机制建设有机结合，实现了以内管促内控，以内控促自律的工作要求；广东烟草商业系统在试点的基础上全面部署开展企业规范经营内控机制建设工作，化解专卖内管与业务经营部门存在的矛盾，推动了业务部门由他律向自律的转变。

定期检查。国家局先后分4批对湖南、天津、江西、湖北、四川、重庆6省（市）行业内的20家工商企业进行了检查，针对存在的问题，提出整改意见和建议，促进了生产经营秩序好转。各省级局制定方案，继续加强定期检查工作，抽调业务骨干，组成检查组，分两次对辖区行业内所有的工商企业进行了全面检查，查处一批带有普遍性、倾向性的问题。

各烟叶产区的省级局落实国家局“烟叶防过热”的工作要求，专题开展对烟叶生产经营活动的监督检查工作，在烟叶种植收购合同签订完毕后、烟叶移栽后以及烟叶收购期间3个阶段，有针对性地开展检查工作，进一步规范了烟叶生产经营秩序，在一定程度上对烟叶过热问题起到了抑制作用。

近五年行业内管监督情况。11月，全国烟草行业加强内部管理监督工作汇报会在北京召开，是继2005年行业加强内部管理监督工作会议之后，又一次由行业各直属单位负责人参加的内管工作会议。会议对行业近五年来的加强内部管理监督工作进行了总结，在内部专卖管理监督方面：

烟叶生产经营秩序明显好转。针对一段时期出现的烟叶超计划种植、跨区域收购、无合同加工等现象，国家局明确要求，要切实开展烟叶生产经营专项整顿，严格按计划、合同组织生产收购，按合同组织烟叶复烤加工，严肃查处烟叶生产经营违规行为。烟叶产区贯彻落实国家局要求，制定专项整顿方案，组织人员深入基层全面开展专项检查，通过采取有效措施，计划观念明显增强，无合同、超合同生产收购现象得到有效解决，打叶复烤企业管理明显改善，烟叶生产经营秩序明显好转。

卷烟体外循环治理取得明显成果。规范卷烟生产经营始终是内部监管的突出重点。2006年、2007年在全行业全面开展了专项治理卷烟体外循环工作，在企业全面自查基础上，国家局对281家行业内工商企业进行了重点检查。针对检查中发现的虚拟客户、拆单分摊、超常规向大户供货等问题，深入剖析原因，制定整改措施，加强制度建设，严肃查处违规行为。整个检查工作历时两年，影响深、力度大、范围广，解决问题多，纪律执行严，共处理违规违纪人员568人。

专卖内管长效机制建设取得明显进展。行业各直属单位高度重视制度建设，探索内部监督长效机制有效形式，推动内部监管工作制度化、规范化。国家局制定《关于加强专卖管理组织机构建设的指导意见》，要求健全内管机构，充实内管人员。截至2009年年底，各省级局、地市级局均设立专门内管部门，配备专职专卖内管人员，从组织上保证了日常监管工作的开展。制定《烟草行业内部专卖管理监督工作规范》，在山西召开现场会，全面总结和推广建立专卖内管长效机制经验，进一步明确了监管任务、监管职责、监管流程和监管标准。

【卷烟打假】 源头打假，有效遏制制假活动。各级烟草专卖部门把“端窝点、打源头”作为卷烟打假工作的突出重点，全面加大对假烟源头的打击力度，进一步遏制了假烟生产能力。一是广东、福建省局继续保持高压态势，开展全方位不间断打击，重创源头制假活动。广东省局进一步健全打假协作机制，着力加强重点区域的指导协调，集中开展专项整治行动，继续加大运输、分销假烟和原辅材料的拦截、封堵力度，开展假烟商标印刷窝点打击工作。福建省局坚持从集中打击转变为常年打击，采取“精打回查、深度打击”等措施，彻底销毁制假设备和原辅材料，制假生产能力明显削弱。“云霄”制假活动已经显现从大规模集中制假向零星分散制假转变的趋势。二是外围打击取得实效，有效防止了制假转移和扩散。随着源头打假力度的加大，福建、广东重点地区制假活动规模逐渐缩小，并出现向其他地区转移扩散的苗头。天津、河北、浙江、湖南、广西、深圳等省（区、市）密切关注制假活动的新动向，打掉了一批立足未稳的制假窝点。京津冀联合破获“3·13”制售假烟网络案件，打掉一个从福建向北方转移的犯罪团伙。广西连续捣毁2个假烟生产窝点，查获各类制假设备及原辅料，抓获制假分子6人。三是重点地区严密监控，综合治理取得实效。山东、河南等地通过建立综合治理长效监管机制，有效防止了重点地区制假活动死灰复燃。

2009年，全国查处案值5万元以上案件6014起，查处案件数量前5位的省级局分别是：福建省局1503起、广东省局598起、四川省局527起、山东省局386起、湖北省局356起。

全国查获假烟61.4亿支，同比下降26%，查获数量前10位的省级局分别是：广东省局13亿支、福建省局9.9亿支、四川省局5.8亿支、浙江省局3.4亿支、湖南省局3.2亿支、上海市局2.4亿支、山东省局2亿支、北京市局1.7亿支、辽宁省局1.66亿支、河南省局1.59亿支。

全国共收缴制假烟机398台，同比下降11%，收缴数量前5位的省级局分别是：福建省局173台、广东省局118台、深圳市局29台、河南省局26台、河北省局20台。

全国共打掉制假窝点3971个，同比增长20%，查获数量前5位的省级局分别是：福建省局3078个、广东省局324个、河南省局194个、四川省局88个、湖北省局61个。

打击制售假烟网络。国家局与公安部进一步加大对重大制售假烟网络案件的督导力度，多次组织了大规模的跨省打假行动，并根据案情进展需要，及时召开案件协调会，加强督导和协调，指挥了京冀“4·14”打击销售假烟网络行动，协调督导了上海“2·22”、山东德州“11·7”、河南“1·6”、江苏徐州“10·28”、辽宁阜新“7·7”、山西晋城“1·4”等重大网络案件。各地高度重视打击制售假烟网络工作，加强组织领导，全面落实“每个地市级局打掉1~2个较大规模制售假烟网络”的目标任务，相继破获了一批有影响的制售假烟网络案件，不仅破获的大要案数量明显增加，而且抓捕主犯数量增加，判刑和处罚力度明显加大。浙江、福建、广东、北京、江西、河北等省（区、市）的36个重大制售假烟网络案件被列为部级督办案件。全国破获符合公安部、国家局标准的制售假烟网络案件606起，同比增长27.6%。福建、湖南、重庆等地的8名制售假烟犯罪主犯被判处无期徒刑，震慑了制售假烟犯罪分子。

打击制假原辅材料供应。云南、贵州、四川、重庆、湖南、广西、江西、福建等省（区、市）加大打击非法经营烟叶活动的工作力度，破获广西百色“12·24”、福建“10·7”等一批非法运销烟叶案件，有力地遏制了非法烟叶向制假窝点流入。对原辅材料进行严格监控，各烟叶产区加强对烟叶生产收购经营的监控，加大对烟贩非法收购烟叶行为的查处力度；加强对丙纤生产企业、烟机配件生产厂家等行业外烟草专卖品生产企业监管力度，派员24小时“全过程”监管。

打击假烟运输分销。2009年，针对物流、邮政、航空、铁路等渠道非法运输烟草专卖品案件数量呈上升趋势，各地有针对性地开展打击货运流通环节假烟专项整治行动，在假烟运输分销环节严查、严堵假烟和原辅材料，取得了积极成效。广东省局在省内各主要交通干道的6个重点地段，开展大规模封堵拦截假烟的专项行动；湖北省局继续强化重点道口查堵，分别在主要公路交会处加大查堵力度；上海市局重点对机场入口空运链进行严密监控；湖南省局加强与公安机关的紧密协作，建立并完善打击高速公路运输非法烟草制品的协作机制；浙江省局提出在继续完善省际卡口建设的同时，不断推进卡口建设由点到面纵深发展。陕西、山西、黑龙江、辽宁、湖北、四川、河南、安徽、大连等省级局协调省综治办、整顿办、公安、交通、铁路、公路等部门，开展整治货运场所非法经营烟草专卖品专项行动。2009 年，全国物流运输环节查获假烟 32.2 亿支，占查获假烟总数的 52.4%。

整治互联网非法销售假烟。国家局、公安部、工信部、工商总局 4 个部门于 6 月 24 日、8 月 28 日先后发布了《关于严厉打击利用互联网等信息网络非法经营烟草专卖品的通告》和《关于开展打击网上非法经营烟草专卖品工作的通知》，具体部署了整治利用互联网非法销售烟草专卖品工作。为加大法律法规宣传教育力度，国家局在主要门户网站设置了警示链接窗口。各地采取措施积极落实，及时删除、屏蔽违法信息，侦破互联网售烟案件。上海、北京、浙江等省（市）先后关闭了“云霄香烟批发网”、“云霄香烟生产网”、“首都烟斗雪茄在线”等 72 家非法经营烟草专卖品的网站，河南、山东、湖南、福建、青海、吉林、四川、黑龙江等省相继查处了一批互联网售烟案件。

加大抓捕判刑力度。2009 年，国家局把抓捕主犯作为一项重要指标。各级公安机关、烟草部门紧紧抓住侦破大要案件这一关键环节，牢固树立全国打假一盘棋的思想，充分发挥省际协作机制作用，形成了抓捕追刑工作的强大合力，破获一批重大案件。2009 年全国涉烟犯罪案件追刑之多、刑罚之重、罚金之高，均为历年之最。全国共依法拘留涉烟违法犯罪人员 7730 人，劳教 153 人，判刑 3905 人。

湖南省高院、省检察院、省公安厅联合出台了《关于涉烟刑事案件证据的指导意见》，较好地解决了基层办案证据标准、证据转化和涉案金额认定不统一的问题，进一步提高了涉烟刑事案件办案质量，为加大对制售假烟犯罪分子的追刑力度提供了强有力的法律支撑和保障。山东等地对涉烟犯罪管辖权、刑事立案、证据转化和认定等问题作出了明确规定，为打击涉烟违法犯罪活动提供了有力指导。通过加强行政执法和刑事司法的衔接，加大在报捕、起诉、审判环节的协调力度，一批制售假烟网络主犯被判处重刑。

卷烟零售市场监管。针对卷烟零售市场监管中存在的问题，国家局召开电视电话会议，部署加强卷烟市场监管工作。各地高度重视，加强对重点区域、重点对象的监管，开展市场清理整顿专项行动，探索建立烟草、工商卷烟零售市场联合协作机制，基本消除零售市场公开摆卖假烟现象，卷烟市场秩序明显好转。

【专卖队伍建设】 2009 年，专卖队伍建设以推进专卖管理员职业技能鉴定和开展优秀县级烟草专卖局创建活动为抓手，积极探索加强队伍建设的有效途径和方法，努力推进专卖管理队伍的转型。

专卖管理员职业技能鉴定。行业专卖管理员职业鉴定岗位标准、培训教材和鉴定题库逐步完善，全年共有 2382 名专卖人员接受培训，分三批参加了初、中级专卖管理员全国统一鉴定（初级 6082 人，中级 13596 人），通过率分别为 72.58%、58.02%；1132 人参加首批高级专卖管理员技能鉴定，通过率为 71.02%。

优秀县级局创建活动。5 月，国家局下发《关于在全国烟草行业开展优秀基层单位创建活动的意见》，7 月，全行业优秀县级局创建活动电视电话会议在北京召开，会议提出了创建任务和目标。国家局下发的《优秀县级烟草专卖局创建活动的实施方案》从班子建设、队伍建设、文化建设、内部监管、市场监管、证件管理等方面明确了创建标准。各单位贯彻落实全行业优秀县级局创建活动电视电话会议精神，加强组织领导，制定实施方案，通过开展一系列有特色的活动，深入开展优秀县级局创建活动。上海市局开展了专卖管理员职业技能竞赛，江西省局组织“双能”竞赛活动，福建长汀县局探索建立烟叶内管工作模式，确保创建工作取得成效。

【证件管理】 *烟草专卖许可证换发工作*。各级局按照国家局统一部署，精心组织，按要求于 3 月底前完成了 2008 版烟草专卖许可证统一换发任务。国家局还出台了针对外商投资商业企业、加油站等零售卷烟的具体规定，解决换证中遇到的问题。集中统一换发许可证后，全国持证卷烟零售商户总量从 2003 年 430 万户增加到 2009 年的 495 万户，无证经营户数量逐年减少，农村卷烟零售户持证比例偏低、监管不到位等问题得到有效缓解，许可证数量基本满足了社会需求。

证件系统运行数据汇总。2009 年，全国共开具卷烟准运证 54.53 万份，其中有效准运证 54.45 万份，作废准运证 779 份。与上年相比，2009 年全国卷烟准运证签发总量增长了 5.41%，日开具有效准运证数量增长了 5.48%，准运证作废率下降了 0.07%。

2009 年全国共开具烟叶准运证 25.68 万份，其中有效烟叶准运证 25.65 万份。按全年 250 个工作日计算，全国平均每日开具有效烟叶准运证 1026.16 份。作废烟叶准运证 1085 份，作废率为 0.42%。

全国持证的卷烟零售商户共计 495.31 万户，占全国总人口（按各省统计上报的 13.3 亿人计算）的 3.7‰。

完善证件管理信息系统。国家局进一步完善了证件管理信息系统，下发《国家烟草专卖局关于跨年度交易卷烟的准运证实行预申请审批的通知》（国烟专〔2009〕463 号），实行卷烟准运证的预申请制度。卷烟工商企业执行下一年度卷烟交易合同时，卷烟工业

企业可以通过烟草专卖证件管理系统预先申请办理准运证，预申请期限为每年的12月21～31日，有效缓解了执行跨年度卷烟购销合同所造成的信息系统拥堵问题，行政许可工作更加规范高效。

政策法规与体制改革

【董事会工作】 推进省级工业公司建立法人治理结构。2009年，国家局、总公司印发《国家烟草专卖局、中国烟草总公司关于加强董事会建设的意见》（国烟办〔2009〕219号），推进行业董事会的构建、明确董事会职责权限、完善董事会工作机制，并就如何加强董事会自身建设等提出具体要求。完成江苏、江西、陕西3家省级工业公司的更名改制和董事会建立工作，新的公司治理机制正式开始运作。截至2009年年底，湖南、湖北、广东、广西、浙江、江苏、江西、陕西8家省级工业公司初步形成现代公司治理结构。

明确董事会职能。以职责调整为主要任务，进一步明确董事会职能。完成8家省级工业公司章程的修改，调整董事会在公司发展战略、投融资管理、预决算管理、薪酬管理、制度建设等方面的职权。强化董事会在公司全面预算管理工作中的作用，对预算编制、审批、执行过程中存在的主要问题提出具体建议和措施，建立起规范化、制度化的工作流程。制订《关于加强有关中烟工业有限责任公司投资管理工作的意见》，明确了投资管理的总体原则、组织架构、职责权限、审批流程和管理要求。以湖南中烟工业有限责任公司为试点单位，探索董事会发挥战略管理职能的工作流程和决策机制。

完善董事会工作机制。重点加强机构建设，将原省级工业公司内设的投资、预算、薪酬委员会调整为公司董事会下设的决策支持专业机构，并调整人员组成，充实专业人员，发挥决策咨询作用，为董事会决策提供意见和建议。明确公司董事会办公室是省级工业公司独立内设机构，是各专门委员会的日常工作机构，要求董事会办公室配备相应的专职工作人员。建立监事制度，落实公司监事的设置工作，基本形成董事会工作机制。

提高董事会工作质量。加强董事会自身制度建设，国家局、总公司董事会工作办公室设置秘书处，调整相应人员，并制定了《董事会工作办公室工作规则》，明确内部工作制度和流程。完善企业基本制度建设，湖南等8家省级工业公司经董事会审议，通过了各自公司制定的基本制度框架，建立了基本管理制度体系。推进董事会办公系统建设，完成湖南等8家省级工业公司办公自动化系统与国家局、总公司系统的对接工作，基本实现专职董事和公司董事的协同办公。

【卷烟工业企业改革】 推进卷烟工业企业跨省联合重组。2009年，湖北中烟工业有限责任公司和黑龙江烟草工业有限责任公司通过单向持股方式实施了跨省联合重组。9月，国家局、总公司下发《国家烟草专卖局、中国烟草总公司关于黑龙江烟草工业有限责任公司重组改制的批复》（国烟法〔2009〕343号），批复同意黑龙江烟草工业有限责任公司重组改制，公司名称不变，公司股东改为中国烟草实业发展中心和湖北中烟工业有限责任公司，两家分别占有公司65%和35%的股权。7月15日，中烟实业、湖北中烟、黑龙江烟草工业有限责任公司三方在《黑龙江烟草工业有限责任公司跨省联合、整合重组协议书》上签字。10月12日，黑龙江烟草工业有限责任公司在黑龙江哈尔滨召开第一次股东会议暨第二届第一次董事会议，标志此次跨省联合重组顺利完成。

小烟厂关闭破产的后续工作。做好10万箱以下关闭破产小烟厂的后续工作，对进展情况进行了全面调查清理。截至2009年年底，所有关闭破产小烟厂依法完成了职工分流安置，除陕西、贵州、河南三省有5家关闭破产小烟厂尚未完成烟草专用设备处理、破产终结外，其余关闭破产小烟厂均已完成烟草专用设备处理、破产终结和企业注销工作。

【烟草商业企业改革】 2009年10月，国家局、总公司下发《国家烟草专卖局、中国烟草总公司关于西藏自治区烟草公司建立母子公司体制改革的批复》（国烟法〔2009〕403号），批复同意西藏自治区烟草公司更名为中国烟草总公司西藏自治区公司，建立母子公司体制，下设6个全资子公司。年底，中国烟草总公司西藏自治区公司完成了在西藏自治区工商局的注册。10月，国家局、总公司批复撤销深圳市烟草公司沙头角分公司并于2010年1月1日全面停止其业务运作。12月，批复同意山东省烟草公司建立母子公司体制改革，下设19个全资子公司和2个控股子公司。

【多元化投资和管理体制改革】 2009年，国家局批复了山东省公司、福建中烟工业公司多元化投资和企业管理体制改革实施方案和公司章程，推动以产权为纽带的多元化投资管理体制建设，推动省级公司多元化投资管理向实体化投资管理公司的转变。

【打叶复烤企业改革】 *推进公司制改革。*2009年，行业积极推动打叶复烤企业公司制改革的收尾工作，完成四川宜宾复烤厂改制，设立宜宾三原烟叶复烤有限责任公司；11月，国家局批复同意设立江西赣南烟叶复烤有限责任公司。截至2009年年底，除云南省烟草烟叶公司和行业卷烟工业企业所属的打叶复烤车间外，行业打叶复烤企业公司制改造工作全部完成。

*推进重组整合。*在深入调研的基础上，6月，国家局、总公司按照“坚持专业分工、提高技术水平、实现规模经营、坚持统筹兼顾”的原则，下发了《国家烟草专卖局、中国烟草总公司关于打叶复烤企业重组整合的指导意见》（国烟法〔2009〕195号），推动打叶复烤企业的管理体制改革。开展重组整合试点工作，加强指导，重点抓好云南、贵州、湖北三省试点工作。在试点工作中，国家局联系三省烟草商业系统打叶复烤企业实际，从规范工作程序、完善文件材料、坚持重组整合原则、理顺管理体制、完善治理结构等方面与试点单位多次交换意见，并批复了三家试点单位重组整合方案，其中，9月，批复同意将云南烟草文山州复烤厂、石林天合烟叶复烤有限责任公司、云南曲靖烟叶有限责任公司、云南保山烟叶复烤有限责任公司、云南曲靖天然烟叶复烤有限责任公司、云南省烟草大理烟叶复烤有限责任公司、楚雄烟叶复烤有限责任公司和红河天赢烟叶复烤有限责任公司8家单位重组整合为云南烟叶复烤有限责任公司，12月16日，云南烟叶复烤有限责任公司正式挂牌运作。试点地区率先解决打叶复烤企业规模偏小、加工分散、服务水平较低的问题，并与卷烟工业企业建立较为合理的股权关系，从而使烟叶资源能够以工业需求为导向，在更大范围内合理配置，初步形成卷烟工业企业深度介入，规模适度集中，管理更加科学，加工服务水平更高的打叶复烤企业。

【总公司直属专业化公司改革】 3月，国家局、总公司批复同意云南中烟工业公司通过收购股权的方式，参与云南昆船瑞升科技有限公司重组，重组后云南昆船瑞升科技有限公司更名为云南中烟昆船瑞升科技有限公司。12月，国家局、总公司下发《关于中国烟草国际有限公司转型工作方案的批复》（国烟法〔2009〕528号），研究中烟国际“走出去”实施方案，推进中烟国际从管理型公司向经营实体型公司转型。

【行业法治建设】 *修订《烟草专卖行政处罚程序规定》。*在2008年广泛征求意见基础上，2009年，行业通过召开基层专卖、法规负责人座谈会、邀请专家研讨等形式，完成对《烟草专卖行政处罚程序规定》的修订工作。修订后的规定对原来3号令①中与国家现行法律法规规章不符，部分程序规定操作性不强，以及近年来在专卖执法中出现的一些亟待解决的新情况、新问题进行了修改、调整和补充，并经工业和信息化部办公会审议通过。

*加强行业规范性文件管理。*2009年，行业对自1995年以来的有案可查的规范性文件进行集中清理，尤其对涉及行业行政许可和行业内部管理事项的规范性文件进行了重点清理，为进一步进行评价和提出处理意见打好了基础。在已清理的2006年至2009年4月发布的207份规范性文件中，共涉及行业投资管理、价格管理、生产经营、证件管理、烟叶管理、科技管理等44个领域。

*提高行业合同管理水平。*针对近年来行业签订各类合同数量增长、法律风险加大的实际，行业对2004年以来审查的129件法律合同进行了汇总和分析，并总结和归纳出了合同常见具体问题及解决方法，用以指导今后的合同起草和签订工作。

*完成人大和政协提案中有关法律问题的答复。*2009年“两会”结束后，国家局对建议制订烟草控制法、公共场所禁烟法和修改广告法、烟草专卖法等提案高度重视，本着对行业和社会高度负责的精神，组织人员进行集中讨论，分析了提案产生的背景和原因，责成专人分别对提案进行了逐一答复。

*加大法律服务力度。*政策法规司对行业的一些重要项目提供法律咨询和法律意见，防范法律风险，并协助福建中烟、广西中烟等单位协调处理了商标权、著作权等多起法律纠纷。对涉及行业信息化建设、项目招投标、生产经营等各个方面规范性文件和起草的合同文本共计90余份进行合法性审查，避免出现各种法律漏洞，预防法律纠纷的发生。

---

① 指1998年9月2日发布的国家烟草专卖局令第3号，《烟草专卖行政处罚程序规定》。

财务与审计

【卷烟消费税调整】 2009年，中国经济发展面临严峻形势，政府增收困难。为增加国家财政收入，国务院决定调整卷烟消费税率，并在商业环节开征消费税。国家局将卷烟消费税政策调整作为一项严肃的政治任务认真对待，加强与财政部、国家税务总局等有关部门协调，达成了政策调整既要保证财政增收，也要为行业发展营造公平竞争市场环境的共识，最终形成“价税财”联动调整方案，得到国务院采纳。国家局及时召开行业直属单位主要负责人会议，统一全行业认识。行业各级财务管理部门根据“价税财”联动调整方案，及时、准确完成卷烟消费税调整方案的税价核对和测算工作；分析税改影响，及时调整经营目标；着力解决税收政策调整在征纳工作中的实际问题，加强与各级税务部门的沟通，配合做好税种评估、纳税申报、工作衔接等具体工作，妥善解决纳税操作中的实际问题，保证了消费税上缴工作顺利进行。全行业全年实现新增消费税607亿元，超额完成了国务院确定的中央财政增收500亿元的任务。

【国有资产经营管理】 全行业进一步提高资产经营管理意识，转变工作思路和管理方式，国有资产经营管理水平明显提升。加强制度建设，国家局、总公司对2008年印发的《中国烟草总公司国有资产管理规定》和《中国烟草总公司国有资产管理规定的补充规定》进行修订完善，并于12月出台新的《中国烟草总公司国有资产管理规定》（中烟办〔2009〕257号）。行业各单位进一步建立健全了资产经营管理的责任制度和考核制度，在日常国有资产管理工作中，严格执行国有资产处置的报批和备案制度，对外有偿转让实行挂牌交易制度，随意处置资产的现象大为减少。开展对主业和多元化企业清产核资整改落实工作，加强企业资产日常清理检查，对固定资产、土地及各类物权权证进行核实，行业资产真实性水平进一步提高。加强闲置资产处置，企业组织结构调整后，企业出现大量闲置资产。2009年行业各单位以“盘活存量、提升效率”为原则，实行资产分类管理，依法依规加强闲置资产处置，优化了资产结构，降低了成本费用。创新管理手段，不少省份将信息化工作和资产经营管理工作有机融合起来，利用资产管理软件实现会计核算和实物管理的对接，提高了国有资产管理效率。

【全面预算管理】 行业预算管理工作全面推开。国家局提出要把加强全面预算管理作为加强基础管理的重要任务，并对行业全面预算管理工作进行了动员部署。12月，国家局修订了《烟草行业全面预算管理办法》，并新出台《工商企业全面预算管理规程（暂行）》。行业各省级公司高度重视、积极行动，推进全面预算管理各项工作开展，并取得初步成效。各省级公司围绕“烟叶防过热、卷烟上水平、税利保增长”目标任务，发挥预算管理在企业管理中的“抓手”作用，以成本费用为重点，加强生产经营全过程控制，企业管理不断加强，经济运行更加平稳。省级公司将全面预算管理和资金收支两条线管理相结合，对地市公司和生产厂的控制精度不断提高，个别单位做到按日拨付资金。加强预算编制，以开展对标工作为契机，探索利用成本费用标准定额作为预算编制依据，提高了预算编制的科学性和准确性。严格预算执行，加强预算分析和考核工作，严格控制重点成本费用。通过对资本性支出、捐赠支出实行严格审批，对业务招待费、办公费、差旅费、会议费、涉外费实行下浮目标管理，坚决遏制过度包装，全行业成本费用水平得到有效控制。全年工业企业销售收入成本费用率为28.88%，同比降低0.72个百分点；工业企业三项费用率为9.31%，同比降低0.15个百分点；商业企业三项费用率为8.78%，同比降低0.04个百分点。

【资金监管】 全行业高度重视资金监管工作，采取各种办法健全内控制度、规范会计核算、加强预算控制、弥补监管薄弱环节，资金管理规范化程度不断提高。一是规范烟叶资金管理，总公司修改完善了现代烟草农业的财务政策，进一步明确烟叶生产投入的标准和范围。二是开展“小金库”专项治理工作，对出现的资金问题进行整改，对相关责任人员进行处理，严肃了财经纪律，顺利通过了中央治理“小金库”领导小组办公室对行业的抽查工作，抽查报告未反映行业存在“小金库”问题。三是配合审计署审计，规范财务收支行为。大连市公司积极配合审计，成为大连市审计局在大连市国有企业审计工作经历中，首次出具“无问题审计报告”先例的企业。四是重视资金的日常管理，充分发挥资金监管中心的作用，加强银企合作，完善网银监管功能，不断提高“两烟”资金电子结算率，减少资金在途风险。配合财政专员办开展银行账户的年检工作，行业各单位普遍开展了银行账户清理，严控新开账户。加强资金岗位内部控制，严格执行资金内部审批程序，“两烟”主业资金始终安全受控。

【推行审计委派制】 推行审计委派制是审计管理体制的一次重大改革，是2009年行业审计工作的最大创新和亮点。国家局在总结福建省局（公司）实行审计委派制的经验和做法的基础上，在全行业13个省局（公司）稳步推行和实施审计委派制，从体制机制和实际操作两个层面，探索适合行业的内审管理模式，取得明显成效。截至年底，13家单位顺利完成了推行审计委派制准备阶段和实施阶段的各项工作，各单位所属的各地市级单位设立了派驻办公室，审计人员基本到位，审计管理制度及工作规范已下发至各审计派驻办试行。云南省局（公司）通过实施审计委派制，建立健全了审计委派机构，改变了过去部分地市级单位没有单独设置审计机构或设置兼职审计人员的问题；强化了审计队伍建设，全系统审计派驻办审计人员达到129人，新增了58人，并且全部具备财务审计相关专业大专及以上学历或中级以上职称。

【重点项目审计】 2009年，行业突出审计重点，严格监督管理，切实抓好对重大经济活动的审计监管，开展了一系列针对重点项目的审计工作。全年全行业共审计项目9.47万个，查出涉及违规违纪金额15.73亿元，取得直接经济效益20.599亿元，提出审计建议2.32万条。

烟叶资金专项审计。国家局抽调行业内审计人员，组织全国22个生产烟叶的省份对2007、2008年的烟叶生产投入补贴资金和烟叶基础设施专项资金进行首次专项审计。此次专项审计历时近一年，先后经历自查、省级公司复查、国家局重点抽查、国家局对整改情况进行复核四个阶段，取得阶段性成果。一是对烟叶专项资金管理规范程度进行了一次检验。二是揭示了目前烟基工程建设上存在的主要问题。三是不仅积累了烟叶审计的经验，也体现了审计工作从财务收支审计向管理审计的转变，将资金审计和工程审计结合起来开展烟叶资金审计是审计方法的一种探索。四是国家局审计部门第一次尝试对审计结果进行复核，进一步充分利用了审计结果。据不完全统计，此次专项审计中总公司和省级公司共计发现有问题事项涉及资金35亿元（2007年、2008年合计），占投入资金的27%，其中，省级公司自查复查发现涉及问题资金14亿元，总公司抽查发现涉及问题资金21亿元。国家局抽查了5个烟叶大省整改情况，被抽查的各单位对能整改的问题99%都进行了整改。

经济责任审计。国家局直接组织对22个单位法人代表进行了任期经济责任审计，通过抓整改落实和推行“任期经济责任审计两年轮审一遍”，保护了干部，全面掌握了企业法定代表人的履职情况，行业直属单位管理水平明显提高，发现的问题明显减少。行业各单位继续做好经济责任审计工作，修订完善经济责任审计工作实施方案，细化审计事项，强化审计内容管理，确定审计实施方案节点，加强审计质量控制，逐步推行主审制和审计底稿二级复核制度。开展拟提拔干部任期经济责任审计，真正做到“先审后离”、“先审后提”。全年行业各单位累计开展经济责任审计项目839个，查出违规违纪金额5.03亿元，提出审计建议2679条。四川省公司在开展经济责任审计过程中全面应用审计管理信息系统，结合对标工作的全面开展，加强对企业国有资产质量、资本运营情况和保值增值能力的审计，重点加强对成本费用指标的分析，把控制成本费用作为保增长、上水平的重要措施，客观评价企业领导人的经济责任，督促企业进一步规范生产经营行为，提升国有资产监督水平。

工程项目审计。行业审计部门把加强工程项目全过程跟踪审计作为关注的重点，严把项目可行性研究的设计审查关，关注内部控制、风险管理及项目治理，行业工程项目审计工作取得较大突破。各单位逐步引入管理导向审计的新理念，以“过程实时控制方式”取代“结果反馈控制方式”，全面促进企业增值。全年行业各单位累计开展工程审计项目30936个，审计资产额度达152.78亿元，取得直接经济效益12.42亿元，提出审计建议6777条。福建中烟通过开展工程项目全过程跟踪审计，对监理、审计事务所等中介机构履职情况组织了评价活动，取得明显效果，全年工程建设核减金额7438万元，核减率达18.34%。江苏省公司从2007年起对全省物流中心建设项目实行跟踪审计，采取“内审+中介”相结合的联合审计方式，对经过工程总承包、工程监理初审后的工程，委托外部单位进行审计，送审的工程造价约6.4亿元，审减额1.38亿元，审减率达21.5%。

全面开展合同、价格审计。行业各单位从规范合同签订、审核、履约、结算程序入手，建立既规范有序又富有效率的业务管理流程。全年行业各单位累计开展合同审签审计项目4.01万个，审计资产额度达到

737.01 亿元，取得直接经济效益 1.49 亿元，提出审计建议 6457 条。湖南中烟所属 6 个卷烟厂和 3 个中心均开展了合同、价格审计工作，规定了签订合同的业务范围，明确了各类合同签订、履约的归口部门和单位，并建立网上合同审批系统，使合同管理迈上新台阶，有效防范了经营中的签约风险。

同级审计。行业审计部门认真实践审计免疫系统论，以规范管理为主题，继续扎实开展同级审计工作。全年同级审计查出违规问题涉及金额 2.397 亿元，提出审计建议 2572 条。通过同级审计，规范了流程，突出了资金管理、固定资产管理、费用支出等环节的监督，提高审计监督的及时性和有效性。湖南省公司自 2006 年起积极探索，按照“一季一小审、半年一中审、一年一大审”的要求，以《湖南省烟草商业系统同级财务审计制度》为依据，开展了同级审计工作。

探索预算管理审计。为掌握预算管理现状，提高预算编制的科学性和预算执行的严肃性，行业各单位对 2009 年度预算执行情况进行了不同程度的审计，同时也创新了预算审计的办法。浙江省烟草公司金华市公司积极探索，创新运用了“建立制度规范、搭建三项机制、打造一个平台”的做法，制定《预算管理审计暂行规定》、《经营管理基本业务内部控制指引》等相关制度，搭建过程审计机制、风险管控机制和成果运用机制，并自行开发了审计辅助软件。

更加注重推进管理审计。2009 年，行业大部分审计项目都包括管理审计的内容，涉及管理审计的工作量占全部审计工作量的 62.61%。

外部审计。审计署先后组织对行业 22 个省级公司开展财务收支授权审计和对总公司开展中央国有资本经营预算执行审计。地方审计机构对行业 17 个直属单位进行了审计。

【日常审计监督】 行业各级内审部门在对行业重点项目展开审计同时，积极开展日常监督，配合各职能部门履行审计服务职能。开展日常监督审计，在日常经济活动审计工作过程中，充分利用内审人员掌握本单位生产经营管理情况、了解本单位业务流程、熟悉本单位关键部位和薄弱环节的优势，推进内审职能转变，充分发挥内部审计早发现、早预防、早完善的作用，较好地体现了内部审计内向性服务的特点。贵州中烟内审机构共参与比质比价、竞争性谈判 367 次，办理各种审计签证 1471 项，审查招标文件 153 份、工程预结算 1158 份，审计金额为 43 亿元，审减金额为 949 万元，提出审计意见 754 条，所提意见被采纳 742 条，并制定涵盖所有会计科目的 71 个审计程序，统一了审计程序。

加大专项调查力度，针对工作中的一些重点、难点、热点事项，组织开展不同内容的专项审计调研活动。江苏中烟通过对所属企业 2009 年度运输费用预算编制情况进行的专项审计调查，制定了相对统一的运输费用结算价格，共压缩运输费预算 3500 万元。

开展内控专题评审，促进各项内部控制制度的有效落实。内蒙古自治区公司 2009 年对企业内部控制程序以及执行情况进行了全过程、全方位的监督和评价。湖北中烟对武汉烟厂设备工程部、区域营销中心、材料部和厂办等部门 14 个管理制度进行评审。

【审计基础工作】 规范内部审计工作，10 月，国家局印发《烟草行业内部审计工作暂行规定》，对行业各单位审计机构设置、权限与职责、工作程序、工作要求等作出具体明确的规定，使审计工作有章可循；12 月，国家局下发《烟草行业工程建设项目审计管理办法》。行业各单位根据国家局要求，就如何加强内部审计监督、健全审计制度、提高审计水平进行研究，制定一系列具体措施，成立了内审委员会，确保内部审计监督工作落实到位。

【财务信息化】 2009 年，行业财务信息化工作有较大进展。统一会计核算软件取得显著成效，截至年底，统一会计核算软件在全部 33 家省级局（公司）和 8 家工业公司实施完毕，实现了工商企业会计政策、会计核算口径、核算方法和核算基础档案的统一。推进资金监管软件研发、试点工作，在湖北省烟草工、商企业试点的基础上，顺利完成烟草行业资金监管软件的研发工作，并在山东省烟草工、商企业，四川、甘肃省烟草商业进行扩大试点。不断完善和扩大会计核算软件的功能，部分省级公司利用统一会计核算软件的契机，加强软件二次开发。总公司正式启动以会计核算软件为基础的预算管理、资产管理和内部审计模块的需求调研工作。

【财务审计队伍建设】 2009 年，行业财务审计队伍取得长足发展。积极转变管理职能，省级公司财务人员强化为基层服务理念，深入企业了解情况，开展针对性的调查研究，解决企业实际问题，受到基层企业欢迎。各单位把提高审计人员整体素质作为做好审计工作的根本保证，切实加强审计队伍思想作风建设，进一步提高了责任意识，转变了工作作风。加强评审工作，首次开展了高级会计师考评结合的评审工作，截至年底，全行业形成 280 多名高级会计师的高级会计队伍，中高级会计队伍不断壮大。加强业务交流，通过实施月度总结计划网上发布、在《中国烟草》杂志开展财务管理宣传报道等，畅通财会人员交流渠道。加强培训工作，抓好财务人员后续教育，举办各类财务会计知识培训；重视抓好审计人员业务培训，强化审计岗位资格认证制度，要求审计岗位必须做到持证上岗。注重审计人员在实践中学习提高，达到以审代学、以学促审的目的，在烟叶专项资金审计中，累计抽调行业审计人员参加审计达1300个工作日。

纪检监察

【行业惩防体系建设】 国家局制定印发了《关于加强和改进新形势下行业党的建设的意见》、《关于加强领导班子建设的意见》、《关于开展巡视工作的实施意见》等制度规定。按照行业贯彻落实中央纪委《建立健全惩治和预防腐败体系2008～2012年工作规划》的实施方案，推进行业惩防体系建设阶段工作目标的落实，重点开展了对实施方案的宣传教育和检查指导。为了提高行业干部对构建惩防体系重要性的认识，驻国家局纪检组、监察局组织在国家局党校、部分行业直属单位举办12场构建惩防体系的专题讲座，听课者达2000余人。按照中央纪委《关于推进惩治和预防腐败体系建设的检查办法（试行）》的有关要求，组织有关部门对照检查工作方案的内容进行自查，针对发现的问题制定改进工作的方法和措施。

【加强监督检查】 对行业贯彻落实科学发展观情况的监督检查。制定《关于加强行业内部管理监督体系建设的意见》。针对年初“两烟”生产经营中出现的问题，下发《关于严格执行烟叶种植计划的通知》和《关于严格规范卷烟生产经营秩序的通知》，组织召开烟草行业严格规范卷烟生产经营秩序电视电话会议，重申规范“两烟”生产经营秩序的纪律要求，有效纠正了生产经营中的不规范行为。对现代烟草农业建设试点工作进行重点调研，驻国家局纪检组、监察局人员先后到5个省、8个市进行为期20余天的调研检查，对烟农合作社及创新生产组织方式提出了有关建议。规范现代烟草农业建设资金使用情况，印发《关于加强烤房设备招标采购监督工作的通知》，严格招标管理，及时纠正部分烟叶产区在烤房设备中出现的不规范问题，全年行业通过招标节约烤房设备采购资金约1.7亿元。开展对国家局机关及直属公司招标采购的监督工作，全年节约资金2000余万元。

对领导班子和领导干部执行党纪政纪情况的监督检查。严格执行领导干部个人重大事项报告制度、礼品礼金上交制度、述职述廉制度、经济责任审计制度和廉政谈话制度。2009年，行业各级领导干部报告个人重大事项78人次，上交礼品、礼金1071人次；处级以上领导干部述职述廉3304人次，纪委负责人同下级主要负责人谈话2824人次，开展任职前廉政谈话4247人次，开展诫勉谈话394人次。进一步推进烟草企业办事公开和民主管理，制定印发了《关于进一步推进烟草企业办事公开民主管理的意见》，明确办事公开民主管理的主要内容和形式，并要求各单位研究制定具体的实施办法。开展巡视工作，成立国家局巡视工作领导小组，配备专职工作人员组成巡视工作小组，在浙江省局（公司）和浙江中烟开展巡视试点工作。

对领导干部选拔任用工作的监督。制定印发《烟草行业干部选拔任用工作廉政监督暂行规定》，对监督的内容、方法、步骤和审核意见等方面进行明确规定。2009年，行业纪检监察机构参与干部考察、开展廉政审核5236人次，对40名拟提拔对象提出了不宜提拔或暂缓提拔的意见，对反映69名拟提拔对象的有关问题进行了澄清。

对行业作风建设的监督检查。针对国家局机关及所属二级公司、各省级局（公司）、各省级工业公司的特点，分别制定印发了《关于厉行节约若干问题的通知》，明确提出厉行节约的有关要求。2009年，国家局机关出国（境）费用同比减少139万元；车辆购置及运行费同比减少128万元；公务接待费同比减少8万元，用油、用电、用水费用同比减少19万元。全行业清理违规资金1066万元，纠正超编制、超标准配备使用小汽车77辆。

【案件查办】 驻国家局纪检组、监察局重点核查在企业重组改制、产权交易、资本运营和经营管理中隐匿、侵占、转移国有资产的案件，并在中央纪委一室的支持下，对个别企业违规理财、违规担保、违规借款等问题进行了调查，对违规改制企业的资产重新进行确权，资金总额达2.2亿元，清欠国有资金8亿余元。全年办理信访举报512件，转行业直属单位核实报结果8件，完成初核2件，对行业直属单位上报的10件初核报告进行了审核；全行业纪检监察机构初核案件336件，立案108件，结案111件，给予党纪政纪处分170人，组织处理24人，移送司法机关22人，挽回经济损失1667万元。各级纪检监察机构在加大案件查办力度的同时，坚持对定期分析信访举报和查办案件工作中发现的苗头性、倾向性问题，提出堵塞漏洞、完善制度、加强管理的建议。

【从源头防治腐败】 资金监管。国家局依托专业公司设计开发了行业资金监管系统。该系统充分利用信息手段，通过银行互联实时监控银行账户，强化预算刚性控制，实现对资金支付的多视角监管和全过程控制，从而确保资金安全。经过三年的开发和试点运行，资金监管系统软件已经通过中国软件评测中心的评审和测试，在湖北省局（公司）、湖北中烟两家工商企业试点的基础上，2009年上半年在山东省局（公司）、四川省局（公司）、甘肃省局（公司）和山东中烟扩大试点工作。

重大工程项目监管。加强对重大工程项目的监管，通过组织第三方对项目总体设计方案及概算进行审核、设立招标栏标价、建立履约保证金和工程专用共管账户等措施，全行业累计节约工程建设资金近10亿元。2月3日，中央纪委办公厅第3期《中纪办通报》专题介绍了国家局创新思路、破解工程腐败难题的做法和经验。5月15日，在广州召开全国烟草行业工程建设项目监管工作现场会，对行业工程项目建设监管的思路和特点进行了总结。

对打叶复烤企业的监管。严格落实打叶复烤企业派员驻厂和定点联系制度，截至年底，全行业51个复烤企业中有49个实行了专卖员驻厂制度，驻厂人员共计87名，所有复烤企业均已建立了纪检监察联系点。

明示与承诺制度。全面推广“明示与承诺”制度，通过协议等形式明确工作中的禁止事项，增强对职工从业行为的约束。截至年底，全行业已经推行“明示与承诺”制度的市局（公司）和卷烟工业企业共有379个。

【纪检监察队伍建设】 行业各级纪检监察机构按照深入学习实践科学发展观活动的有关要求，结合中央纪委“做党的忠诚卫士、当群众的贴心人”主题实践活动和国家局开展的“四要”作风建设，进一步加强纪检监察队伍自身建设。2009年，行业组织纪检监察干部参加中央纪委培训170人次，地方纪委培训823人次，企业自办培训6849人次，开展专题调研799个，完成研讨文章1326篇，纪检监察人员研究新情况、解决新问题的能力进一步提高。

【行业近五年加强内部管理监督工作情况】

2005年以来，全行业围绕建设“严格规范、富有效率、充满活力”的中国烟草，按照以“规范‘两烟’生产经营为基础，以加强财务审计监督为关键，以加强对领导干部的监督为重点，以纪检监察再监督为保障”的行业内部管理监督工作基本格局，切实加强组织领导，深入开展专项整顿，全面加强制度建设，建立完善长效机制，推动了内部管理监督工作扎实开展。

“两烟”生产经营规范水平明显提高。烟叶生产经营秩序明显好转。针对一段时期出现的烟叶超计划种植、跨区域收购、无合同加工等现象，国家局提出要切实开展烟叶生产经营专项整顿，烟叶产区的省级局制定了专项整顿方案，全面开展专项检查工作，无合同、超合同生产收购现象得到有效解决，打叶复烤企业管理明显改善，烟叶生产经营秩序明显好转。卷烟体外循环治理取得明显成果。2006年、2007年全行业开展了专项治理卷烟体外循环工作，在企业全面自查基础上，国家局对281家工商企业进行了重点检查，整个检查工作历时两年，共处理违规违纪人员568人。专卖内管长效机制建设取得明显进展。国家局制定了《关于加强专卖管理组织机构建设的指导意见》、《烟草行业内部专卖管理监督工作规范》等文件，截至2009年年底，行业各省级局、地市级局均设立专门内管部门，配备专职专卖内管人员7647人，从组织上保证日常监管工作顺利开展。信息化运用水平明显提高。截至2009年年底，共有29个省级局、工业公司开发了信息化监管系统并投入使用，覆盖烟叶生产经营全过程的信息管理系统逐步完善。

内部审计监督明显加强。审计机构和审计队伍建设得到充实加强。各省级局（公司）、地市级局（公司）、中烟工业公司均成立了专门的内审机构，全行业配备内审工作人员1563人。总结推广福建省局（公司）审计委派制的做法和经验，2009年共有13个省级局（公司）推行了审计委派制。审计内容不断拓展。按照“凡提必审、离任必审”和单位法人代表任期内两年审计一次的要求，2006年以来国家局对114个单位组织了经济责任审计。开展企业结构调整资金、卷烟打假经费等财政专项资金审计和工程投资项目审计工作，2007年以来国家局直接组织进行了对19个重大投资项目的审计。2009年，重点对22个烟叶产区省份的烟叶生产补贴资金和烟叶生产基础设施建设资金全面进行了专项审计。

惩防体系建设取得明显进展。推进构建行业惩治和预防腐败体系工作。国家局制定了《贯彻落实〈建立健全教育、制度、监督并重的惩治和预防腐败体系实施纲要〉的具体意见》、《贯彻落实中共中央〈建立健全惩治和预防腐败体系2008~2012年工作规划〉的实施方案》等文件，对构建行业惩治和预防腐败体系工作进行了全面安排，各单位结合自身实际，制定具体实施意见，扎实推进行业惩防体系建设。加强对领导干部权力运行的监督。2005年以来，国家局先后制定了《关于加强对行业各级领导班子及主要领导干部监督的意见》、《烟草行业干部选拔任用工作廉政监督暂行规定》等文件，对加强行业各级领导班子和领导干部的监督、确保权力正确行使作出明确规定，行业各级纪检监察机构也制定了相应的实施办法，对加强行业反腐倡廉建设和领导干部廉洁自律工作发挥了积极作用。不断增强再监督工作的有效性。国家局制定了《关于在加强烟草行业内部管理监督中充分发挥纪检监察部门监督检查作用的意见》等文件，对“两烟”生产经营、干部选拔任用、财务审计监督及物资采购、工程项目、软件开发、卷烟促销等关键部位和重要环节的监督作出明确规定。

“三项检查”工作取得明显成效。行业自2008年起全面开展工程投资、物资采购、宣传促销项目“三项检查”工作，国家局先后召开4次办公会议和3次电视电话会议，对“三项检查”工作进行安排部署，制定了规范工程投资、物资采购、宣传促销等一系列文件。行业各单位按照“制度是否完善、决策是否符合程序、运作是否规范、监督是否到位”的要求，全面开展了自查、复查和“回头看”工作。2008年以来，行业各单位围绕“三项检查”工作共制定各类制度1.2万余项，其中各直属单位本级新制定的规范性制度432项。

烟草科技

【科技发展思路】 2009年，烟草行业科技工作全面贯彻党的十七大精神，以邓小平理论和“三个代表”为指导，将科学发展观贯彻落实到行业科技领域各个方面，以增强企业核心竞争力为目标，高度重视自主创新，建立健全行业科研创新体系，将工业企业技术中心建设摆在更加突出的位置，加强烟叶生产企业科研推广体系建设，完善标准化和质量监督体系，实施重大项目带动战略、知识产权战略和标准化战略，努力在关键技术上取得重大突破，为增强行业总体竞争实力，实现企业由大变强和行业的可持续发展提供强有力的技术支撑。

【行业创新体系建设与自主创新工作】 加强行业技术创新体系建设，提升企业技术中心建设水平。国家局按照要把工业企业技术中心的建设摆在更加突出的位置予以高度重视，建设“四个一流”技术中心的要求，修订并下发《关于下发烟草行业认定工业企业技术中心管理办法（暂行）的通知》（国烟科〔2009〕523号），确定工业企业申请行业认定企业技术中心的基本条件和程序，以及行业认定企业技术中心发展和建设的评价程序等。提出加强卷烟生产和烟叶生产企业技术中心建设的意见，推动各企业技术中心开展以“四个一流”为目标的建设工作，确保上海烟草（集团）公司技术中心、湖北中烟工业有限责任公司技术中心等7家国家认定技术中心顺利通过2009年度国家年检评定。完成湖北中烟工业有限责任公司、湖南中烟工业有限责任公司、红云红河烟草（集团）有限责任公司3家国家认定企业技术中心的更名工作，组织广西中烟工业有限责任公司技术中心申报国家认定企业技术中心并通过形式审查。进行了建设烟草行业工程研究中心的调研工作并提出相关工作安排。

加强知识创新体系建设，提升科技创新平台建设水平。开展针对行业4家重点实验室的评估工作，全面检查了4家重点实验室在规定年限内的建设与整体运行状况。完成对湖北中烟工业有限责任公司“烟用植物应用研究实验室”行业重点实验室的认定和对中国烟草东北农业试验站转基因实验室的现场评价考察。12月，中国烟草总公司与河南农业大学签订了战略合作关系框架协议，总公司与河南农业大学将共建烟草学院。推动中国烟草总公司青州烟草研究所和河南农业大学等烟草科技创新平台的建设，双方如期开展协议中规定的科研合作活动。推进郑州烟草研究院及相关省级局所属科研单位知识创新能力建设，加大力度促进其开展基础研究和应用基础研究工作。

实施行业知识产权发展战略。开展行业知识产权发展和保护研究、行业知识产权管理组织体系构建等工作，推动企业完善知识产权管理组织，充实知识产权人员。行业大部分企业制订了本单位的知识产权发展战略、工作计划，并配备了知识产权管理人员，其中郑州院被确定为第四批全国企事业单位知识产权工作试点单位。2009年全国烟草行业公开公告烟草技术类专利830项，其中烟草发明专利378项，较2008年分别增长57.5%和59.5%。

*中国烟草自主创新高层论坛。*11月，中国烟草自主创新高层论坛在湖北省武汉市举行。论坛围绕“卷烟上水平”，旨在加强行业在自主创新思路、方法、手段和经验等方面的交流。来自中国科学院、农业部、上海烟草（集团）公司等行业内外的16名专家、学者围绕“自主创新求突破，卷烟发展上水平”主题，就“研究课题选定上水平”、“技术中心建设上水平”、“产品质量上水平”3个议题进行了专题演讲与技术交流。

*省级公司领导创新能力考核。*国家局进一步完善省级公司领导创新能力考核指标，修订了2009年度省级公司创新能力考核指标体系，增减了部分指标，调整了相关指标权重。

依据2008年省级公司创新能力考核指标体系及评分办法，对各省级公司考核数据进行汇总、审核和测算，下发《国家烟草专卖局办公室关于2008年度烟草行业省级公司科技创新能力考核情况的通报》（国烟办综〔2009〕288号）。

【科技奖励】 完成中国烟草机械集团有限责任公司和云南省烟草科学研究所2家单位2009年度国家科技进步奖申报项目的推荐工作。完成2009年度中国烟草总公司科技进步奖项目的申报、形式审查、网上评审和评审等工作，下发《中国烟草总公司关于2009年度科学技术进步奖励的决定》（中烟办〔2010〕7号），共评出获奖项目20项，其中，一等奖2项、二等奖6项、三等奖12项。

【甲基溴淘汰工作】 国家局向环境保护部提交7个技术援助项目，环保部如期拨付赠款72.5万美元。4月，国家局和环保部检查组到潍坊市检查验收甲基溴淘汰育苗温室大棚建设项目，并提出未来一段时期内的甲基溴淘汰工作要点。验收了湖北省宜昌市等6个地区甲基溴淘汰项目（温室建设），对国内淘汰含氢氯氟烃（HCFC）进行了调研并提出行业应对淘汰HCFC的工作思路。

【学术交流】 11月和12月，中国烟草学会分别在南昌和郑州召开《2009～2010年烟草学科发展报告》研讨会。《报告》包括烟草育种、减害降焦等十个行业重要技术领域发展现状及趋势的专题报告。行业内外30余名专家、学者对《报告》的综合报告和专题报告进行审议，对框架结构、体例、语言表达及体现学科发展的重点、亮点、观点等方面内容提出修改意见。

10月11～12日，学会卷烟流通专业委员会华东—西北片区学术研讨会在甘肃敦煌市召开。会议交流了如何提高在推动工商协同营销、培育重点骨干品牌、强化客户服务能力等方面的营销理论水平。

5月，学会工业专业委员会举办第一期学术沙龙。沙龙选题为烟气成分研究，特邀国内及国际有关专家学者参加。与会专家学者针对选题所涉及样品选取、测试指标选择、数据处理方法等提出了建设性的意见和建议。

【科技重大专项】 国家局汇总分析各烟叶主产省、行业科研单位关于实施烟草基因组计划的意见和建议，重点围绕实施目标、实施方式、组织机构、经费概算等方面组织开展了烟草基因组计划重大专项方案的修改完善、专家论证工作，并提交相关部门审议，着手筹备组建国家烟草基因研究中心有关事宜。

国家局下发《关于启动卷烟减害技术重大专项的通知》（国烟科〔2009〕211号），确定了卷烟减害工作的指导思想和基本原则，明确了研究目标和研究内容，并成立了卷烟减害技术重大专项领导小组负责组织实施工作。成立由15人组成的减害技术重大专项专家委员会，审议确定卷烟减害技术重大专项2009年度立项计划和经费安排。

国家局科技司会同中国烟叶公司完成了特色优质烟叶开发重大专项方案的编制工作并正式启动项目，确定特色优质烟叶开发重大专项2009年度立项项目和经费安排项目。

成立卷烟增香保润重大专项专家委员会，国家局科技司会同经济运行司共同审议确定卷烟增香保润重大专项2009年度立项计划和经费安排。

【四大战略性课题】 *减害降焦。*4月，国家局下发《关于大力推进卷烟减害降焦努力提升技术创新水平的意见》（国烟科〔2009〕127号），确立了今后一段时期内行业减害降焦工作的指导思想、基本原则、目标任务和具体措施等。完成2008年度国产卷烟CO、HCN、NNK等7种主要有害成分释放量的分析检测工作，确定国产卷烟7种主要有害成分释放水平。开展卷烟危害性指标体系的验证和深化研究，卷烟辅助材料、卷烟配方设计参数对主流烟气霍夫曼分析物的影响研究和卷烟减害应用技术研究。

落实关于从2009年1月1日起卷烟盒标焦油最高限量不得超过13毫克/支的规定，2009年全国卷烟焦油量加权平均值为12.2毫克/支，较2008年下降0.6毫克/支。

烟草育种。完成16个烟草新品种的审定工作。继续推进中国烟草种质资源平台建设，完成部分烟草种质的编目和繁种更新，以及烟草种质的主要病虫害抗性鉴定工作。正式启用中国烟草种质资源库实物库和网络系统，确定2009年度中国烟草种质资源库的供种计划。完成中国烟草种质资源平台建设2009年度中期检查工作，并发布《“中国烟草种质资源平台建设”2009年度试验中期检查评估意见》，对中国烟草遗传育种研究（北方）中心、中国烟草育种研究（南方）中心等16家科研单位的研究和建设情况作了评估和总结。起草中国烟草育种工作协作平台方案，完成中国烟草种植区划研究成果汇编和发布工作。

卷烟调香。行业首期卷烟高级调香师、调香师班33名学员，完成全部国内教学和国外培训任务并通过了论文答辩。为加强行业卷烟调香技术人员的专业化培养，建立卷烟调香梯队人才队伍，9月，国家局办公室下发《关于开展行业卷烟调香人才培养需求调研的通知》（国烟办综〔2009〕338号），对各卷烟企业2009年至2011年对卷烟调香技术人员的培养需求情况进行了调研。完成2007级卷烟调香方向工程硕士研究生班教学工作。

特色工艺。启动低强度松散回潮技术与设备研究开发、分段式低温滚筒叶丝干燥技术与设备研究开发等研究项目，组织开展了卷烟品牌多点加工均质化研究和面向分组加工及订单生产的柔性制造系统研究，并继续开展烟梗膨胀制粒、隧道式多喷嘴加料（香）机等关键主机设备的研制。确定国产造纸法再造烟叶的发展思路，并提出了未来发展方向和攻关任务，即进一步突出国产造纸法再造烟叶化学成分的可调控性，突出国产造纸法再造烟叶的个性化、功能化和可定制化，进一步满足中式卷烟对原料多样性的要求，以及满足中式卷烟品质提升、风格凸显和减害降焦需要。

【科技项目管理】 推进年度科技项目计划编制方式改革，确定总公司科技项目计划由重大专项项目、重点项目和面上项目3部分组成，其中，重大专项和重点项目定位于解决行业重大科研共性难题和瓶颈问题，谋求科技重点突破和跨越式发展，面上项目由各省级公司自主立项、自主投入和自主管理，定位于解决企业或局部的制约性技术难题，带动行业推广和示范。

国家局起草烟草行业科技重大专项管理办法，下达了2009年度第一批和第二批科技项目计划，完成郑州院自立项目的审查和批复工作。

【质量技术监督】 质检机构建设。继续推进质检机构建设，7月，国家局下发《关于全面加强烟草质检机构建设的意见》（国烟科〔2009〕261号），确立了烟草质检机构建设的指导思想和总体目标，以及省级局烟草质检机构的主要职责和任务，并明确了国家烟草质检中心、省级局烟草质检机构和省级工业公司技术中心检测机构在今后一段时期内的工作计划和要求。

加强烟草产品质量安全监督。4月，国家局下发《关于加强卷烟产品质量安全工作的意见》（国烟科〔2009〕117号），明确卷烟产品质量安全工作的总体要求和目标，提出要明确质量安全责任、完善质量安全标准体系、加强质量安全检测和健全质量安全制度等，要求行业加强自律、严格规范，全面提高卷烟产品质量安全监管水平。

烟草产品质量监督。加大对卷烟产品和烟叶工商交接质量监督的工作力度，抽查显示，2009年卷烟产品质量合格率为100%，卷烟产品有关质量安全指标的合格率为100%，烟用添加剂和卷烟材料相关指标得到有效控制。烟叶工商交接等级质量合格率稳步提高，2009年合格率为63.2%，同比提高2.5个百分点；烟叶收购等级合格率为79.94%，同比提高7.24个百分点。

卷烟包装标识调整。2009年1月1日起，《中华人民共和国境内卷烟包装标识的规定》开始全面执行，卷烟包装标识全面改版，卷烟包装体上使用中华人民共和国的规范中文汉字和英文印刷健康警语，标志着中国烟草行业履约工作已迈出实质性步伐。

【标准化管理】 行业标准体系建设。国家局编制2009年度标准制修订项目计划，已报批国家标准8项，发布行业标准71项，行业现行有效的标准已达425项，正在制修订的标准有164项，并发布《烟草农业标准体系》、《烟草机械标准体系》（修订）。稳步推进“卷烟贮存期间质量变化研究”等多项重点标准研制工作，确定《卷烟》系列国家标准修订工作的基本思路。对卷烟工业、商业企业及烟机制造、醋酸纤维等企业自主制定、现行有效的企业标准进行统计分析，对河南中烟工业有限责任公司等5家企业标准化工作的开展情况进行调研。起草《烟草添加剂安全性评价及管理规程（试行）》，并成立烟草添加剂安全性评估委员会。

首届“中国烟草总公司标准创新贡献奖”。总公司下发《关于公布首届标准创新贡献奖获奖项目的决定》（中烟办〔2009〕132号），共评审出行业标准创新贡献奖获奖项目5项，其中，二等奖3项、三等奖2

项。推荐“烟草及烟草制品　转基因的测定”申报国家标准化管理委员会组织“中国标准创新贡献奖”，并获三等奖。

国际标准制修订。国家局参加了ISO/TC 126（国际标准化组织/烟草及烟草制品技术委员会）第28次会议，答复《烟草及烟草制品　箱内片烟密度偏差率的无损检测　电离辐射法》国际标准项目（ISO/DIS 12030）有关质询。8月，ISO/DIS 12030获得国际标准化组织投票通过，这是中国烟草行业在继上年实现国际标准“零”的突破后取得的又一重大进展。

烟叶标准化生产。完成第五批（6个）国家级烟叶标准化生产示范区考核验收并下发通报，进行第六批（12个）示范区项目及部分非示范区烟叶产区年度考评，汇总分析2009年度各烟叶主产省份烟叶标准化生产工作有关数据。9月，组织召开全国密集烤房技术标准座谈会，对密集烤房的相关技术标准进行修订。

部分标准化委员会的换届工作。国家局下发《关于调整全国烟草标准化技术委员会部分委员的通知》（国烟科〔2009〕103号），对全国烟草标准化技术委员会部分委员进行了调整，并完成企业、信息、烟用材料等分技术委员会（以下简称分标委）的换届工作，设立了标准、标样分标委，将卷烟分标委调整为卷烟技术分标委和卷烟标样分标委，将农业分标委调整为农业技术分标委和烟叶标样分标委。

对标工作。组织开展卷烟、农业、烟机和烟用材料标准与国内外相关标准的对标工作。完成“卷烟出口目的国（地区）重要信息资源共享平台”的建设工作并正式投入运行，初步建立应对国外技术性贸易措施的预警机制。

贯标工作。开展针对部分企业（包括许可方和被许可方）执行《卷烟品牌许可生产质量保障通则》标准情况的现场综合评价工作，进行针对部分企业（生产点）执行《卷烟企业清洁生产评价准则》及《烟草工业企业能源消耗》标准的现场调研及综合评价。实现烟草类国家和行业标准文本在国家局内网和行业标准化网的网上查阅。

信息化建设

【信息化工作总体思路与工作任务】　2009年，烟草行业各单位信息化部门认真贯彻落实2009年全国烟草工作会议精神，深入学习实践科学发展观，紧紧围绕行业重点工作，按照“节奏要快、标准要高、工作要实、状态要好”的“四要”要求，以统筹规划和统一标准为主线，以行业数据中心建设为载体，以集成整合为重点，以信息安全为保障，全面提高信息化管理水平、应用水平和服务水平，全力打造“数字烟草”，推进行业信息化科学发展。

根据工作思路，行业明确了信息化工作任务。5月25～26日，2009年全国烟草行业信息化工作会议暨经验交流现场会在上海召开。行业部署了以集成整合为重点，全面提高信息化管理水平、应用水平和服务水平的工作任务。12月16～17日，行业信息化专委会会议暨信息中心主任培训班在深圳举办，进一步细化了具体任务。行业各单位结合自身发展战略，全面落实行业信息化工作的总体部署，在深化应用、集成整合、提升水平方面积极开展工作。

【信息化综合调研】　2009年1～5月，以“摸清、理清、说清”为目标，国家局信息中心开展了为期5个月的行业信息化综合调研。调研组先后到上海、浙江等7个省（市）的烟草工商企业进行了实地调研，并召开了工商专题座谈会，北京市局（公司）、大连市局（公司）等7家省级局（公司）和安徽中烟、山东中烟等7家工业公司信息中心主任参加座谈会。调研从分析发展阶段入手，全面总结了十年来行业信息化建设的成效和经验；从查找突出问题入手，分析影响和制约行业信息化科学发展的主要问题及原因；从研究现状、问题入手，提出了行业信息化工作的基本思路和主要任务。通过调研活动的开展，国家局对行业信息化建设现状有较为系统的了解。在调研的基础上，信息中心撰写了《2009年行业信息化调研报告》。

【行业信息化重点工程建设】　2009年2月16日，决策系统运维服务体系正式通过ISO 20000国际标准认证；5月，决策系统通过了由中国软件评测中心在云南普洱和昆明进行的现场评测；7～9月，决策系统联调工作和软件版本升级工作完成；10月，打码到条及订单采集项目建设工作结束。8月28日、11月12日、12月16日，国务院副总理张德江、工信部领导先后到北京烟草物流中心考察指导工作，行业汇报了卷烟生产经营决策管理系统建设和应用情况，获得领导肯定。启动卷烟物流数据统计应用项目，截至2009年年底，完成立项和招标工作，并通过国家统计局的审核。加强宏观调控信息支持系统项目建设，进入软件开发阶段。行业数据中心建设确定了项目推进的建设思路。行业统一会计核算软件已基本完成在烟草商业企业的推广应用，正在工业企业进行推广；资金监管系统在山东省局（公司）、四川省局（公司）、甘肃省局（公司）和山东中烟进行了新一轮试点；预算管理、国有资产管理和在线审计等项目开始启动或进行需求调研。加强行业安全生产管理信息系统建设，初步实现了安全生产要素的痕迹化管理和主要业务流程的规范化管理，并在国家局集中部署和多级用户统一管理等技术方面进行了积极探索。推进行业人力资源信息系统建设，一期目标基本实现，省级公司人力资源信息系统建设取得积极进展。此外，信息中心配合行业各单位，加强对行业投资管理、信访管理、外事管理等项目的建设和推广应用工作。

【商业企业信息化建设】 商业企业信息化建设以支撑卷烟营销网络建设为主线，发展比较均衡，取得了新的进展，并朝着支撑工商一体、批零互动、“电子商务+现代物流”的现代营销模式发展。江苏徐州市公司、重庆市公司等单位对网上订货进行了积极探索；大连市公司进行网上订货业务流程的梳理和统一软件的开发，为下一步推广应用创造了条件；浙江省公司建立了管理体系信息系统，实现信息化全员覆盖、全程支撑、数字到岗、协同运行，使专业化管理与信息化有机融合。

【卷烟工业企业信息化建设】 2009年，为有序推进卷烟工业企业信息化建设，国家局先后印发了《卷烟工业企业生产执行系统（MES）建设规范》和《卷烟工业企业信息化建设指导意见》征求意见稿。广东中烟、浙江中烟、江苏中烟等单位积极开展ERP系统建设和应用，优化业务流程，加强生产组织管控能力，“四大中心”的协作更加顺畅，业务运作效率显著提高。上海烟草（集团）公司积极参与MES标准的研讨，对已有建设方案进行完善，并在系统建设中加以实施。

【烟叶信息化建设】 2009年，行业对23个烟叶产区所有基层站点的电力、网络等基础条件进行了调查，为开展基地单元信息化建设提供了参考依据。开展烟叶种植收购电子化合同的试点工作，试点单位近48万户烟农实现了种植收购合同的电子化。在现代烟草农业建设中，以云南禄丰为代表的烟叶产区进行了信息化方面的探索，成为行业亮点。

【行业集成整合工作】 国家局集成整合工作取得进展。2009年，国家局确定了以重点工程项目建设为依托，从数据、应用、门户三个层面逐步推进集成整合的工作思路。为稳妥推进卷烟物流数据统计应用项目建设，国家局在前期调研工作的基础上，开展了卷烟产销及统计业务流程梳理、方案制定和论证工作。加强宏观调控信息支持系统项目建设，选定国家局应用集成平台的核心产品，基本完成工商协同、价格锁定、定向加工、计划管理、零售户终端及市场需求采集等开发工作，部分开始试点。行业投资管理、外事管理、安全生产管理等系统的设计开发都在不同层面实现了与已有系统的集成整合。

行业各单位集成整合工作有所突破。四川省局（公司）从制定信息技术架构规划入手，建立了统一的企业服务总线、主数据管理平台和集成门户，从流程、数据和界面三个层面推进集成整合工作。湖南省局（公司）以网上服务为突破口，整合专卖举报热线和烟草服务热线，集成外网门户、呼叫系统、短信平台、即时通信等多种渠道，搭建了面向消费者、零售户、烟农、工业企业和系统员工的“一站式”服务平台，为政务公开、烟草服务中心、网上订货提供了统一门户，实现了服务向市场和基层的延伸。甘肃省局（公司）构建了内外两个门户、一条企业服务总线和流程、规则、服务三个引擎，全面开展应用集成平台建设和应用工作。云南省局（公司）的数字化桌面指挥系统、山西省局（公司）的监控中心、安徽中烟的生产视频指挥系统等，集成了语音、图像和数据信息，增强了管理层统一指挥、及时调度、快速决策、协同工作、跟踪落实的能力。

【门户建设与网站管理】 2009年，国家局在办公自动化系统中实现了CA数字证书身份认证和电子签章，为进一步推进门户集成创造了条件。行业各单位按照统一门户、门户集成的要求统筹考虑网站建设和管理，山东省局（公司）、宁夏区局（公司）、中烟实业和云南中烟等单位内部网站充分集成业务系统；福建省局（公司）、江西中烟等单位外部网站强化了网站办事服务功能。国家局进一步加强对行业各级网站建设的规范管理，强化网站备案登记制度，规范行业标识和栏目设置，坚持每季度对网站内容保障和建设情况进行通报。截至2009年年底，行业共有37家单位建成并开通了外部网站，初步形成以国家局外部网站为龙头，各单位子站为支撑，统一入口、相互链接、资源共享的烟草行业网站群体系。加强对网站的内容保障工作，国家局通过网站积极开展信息公开工作。2009 年，国家局内网日均访问量 1 万多人次，累计 1015 万人次，外网日均访问量 6000 多人次，累计 1075 万人次；全年共发布烟草新闻、专题专栏等各类信息 2 万多条，被中央政府门户网站采用政务信息 62 条，及时答复 9 例信息公开申请。

【信息化管理制度建设】 2009 年，国家局组织修订了《行业信息化工作管理办法》和《行业统计工作管理办法》等相关管理办法，形成国家局应用系统建设项目预算式管理的思路，完善了信息化规划审批和信息化项目技术审核的原则、依据和流程设计，进一步加强新形势下信息化工作的制度化管理和规范化运作。完成行业信息化水平评价初步方案的制订，进入立项程序。

行业各单位以“三项检查”为契机，梳理完善信息化相关制度，对照检查了制度执行情况，加强信息化管理制度体系建设。江西省局（公司）以投资管理为主线，完善信息化项目管理制度。广东中烟以“目标引导、痕迹管理、过程监控”为原则，规范信息化重点环节的工作。

【信息化规划制订和标准建设】 2009 年，行业加强信息化规划制订，坚持“规划先行”，起草了《行业电子政务建设实施意见》、《卷烟工业企业信息化建设指导意见》等专项规划，着手研究《商业企业信息化建设指导意见》，对烟叶信息化框架也进行了研究。国家局先后审批了河北中烟、北京市局（公司）、陕西中烟的信息化发展规划和广东中烟信息安全体系建设规划，听取了四川省局（公司）、湖南中烟等 5 家单位对信息化规划的汇报，参与河南省局（公司）以数据中心建设为主线进行信息化总体规划，参与陕西中烟按照工业企业信息化建设三层体系架构进行信息化规划的研讨。

在信息化标准建设方面，行业全面分析了标准化工作存在的主要问题，提出进一步完善行业信息化标准体系、抓好一批标准化重点项目的工作任务。2009 年，全国烟草标准化技术委员会信息分技术委员会（以下简称“信息分标委”）审查通过、国家局批准发布了《数据中心交换服务体系 Web 服务标准》等 7 项信息化行业标准；组织《烟草行业信息化标准体系（修订）》等 3 项标准作为 2010 年信息化标准化项目的申报工作；完成了《烟叶信息数据元》等 3 项代码、数据元类标准，并对新代码系统进行推广应用，正式替代原代码系统进行卷烟和组织机构等代码的维护、查询。8 月 6～7 日，全国烟草标准化技术委员会信息分技术委员会第二届第一次会议在云南昆明召开，会议审查通过了 6 项信息化行业标准，对信息分标委委员进行了业务培训。2009 年，信息分标委进行了换届。

【信息化统计工作】 2009 年，面对国际国内市场环境的重大变化和卷烟税收政策的重大调整，行业对新形势下的统计工作进行研究，形成了以提升数据质量控制能力为核心，以卷烟物流数据统计应用项目为载体，以数据集成整合为目标，全面推进行业统计工作科学发展的工作思路，基本做到了每旬有数据说明、每月有进度分析、每季有专题报告。10 月 29～30 日，2009 年全国烟草行业统计工作会议在北京召开，会议全面总结了 2009 年行业统计工作。

健全数据质量监控体系。一是规范数据质量监控流程。2009 年，国家局进一步规范了工商数采系统数据监控流程，加大计算机监控和人工逻辑监控力度，进一步明确数据上报、维护等环节的监控部门、监控手段和监控内容，充分发挥短信平台功能，及时反馈数据报送质量情况。行业各单位在提高数据质量监控水平方面进行了探索，其中，贵州省局（公司）加强代码信息维护，定期巡检卷烟扫码数据和工商数采数据；云南省局（公司）积极研究以产、销、存为核心的数据质量评估方法；江苏中烟每日核对机台产量、在线打码量、成品出库扫码量、业务系统日产量。二是完善数据质量通报制度，在通报时限、通报重点、通报范围等方面进一步规范《工商数采系统数据质量情况通报制度》。三是通过举办工商数采系统统计人员培训班等多种形式，加强统计队伍建设。

提升统计服务水平。增强统计分析能力，2009 年，国家局规范了经济运行分析制度和重点课题研究制度，明确了人员、时间、数量和标准；信息中心围绕行业经济运行重点和热点问题，完成了《卷烟消费税政策调整对行业的影响》等多篇专题分析；重庆市局（公司）初步建立了以统计报表、数据监测和专题分析为主体的统计分析体系，利用信息化手段动态展示报表信息、实时监测数据异常、深入挖掘信息资源；上海烟草（集团）公司不断深化数据中心的应用，公司厂处级干部全部运用基于数据中心的经营信息平台进行分析决策、指挥调度。加快信息共享步伐，行业开展了决策管理系统的打扫码、出入库扫码信息反馈工作，并优化了内网统计专栏页面。丰富统计报表信息内容，2009 年，国家局在行业数据中心信息资源的基础上，利用工商数采数据和物流数据，开发了一套反映总量、工业、商业、品牌四个层级的新报表。

提升统计管理水平。2009 年，国家局修订了《烟草行业统计工作管理办法》。进行中国统计学会烟草分会理事会的推荐改选工作，促进学术交流工作。推进统计基层的基础建设，行业各单位在健全管理制度、完善组织机构、充实人才队伍、明确岗位职责、推进统计信息化建设、改善工作环境、规范业务流程等方面做了大量工作。

【网络和信息安全保障工作】 2009年，国家局制定了《行业网络信息安全事件信息报告制度》和《行业信息系统安全检查暂行办法》，组织开展信息系统备份和信息安全全面检查。行业各单位开展自查和整改，进一步落实安全责任制，促进了技术保障能力和安全管理水平的提高，完成国庆60周年信息安全保障任务。继续推动信息安全保障体系建设，注重应用安全，网上交易和专卖证件系统身份认证已纳入行业CA体系，23个省级局（公司）建成省级CA并在统一门户、财务和销售等系统中应用，30个卷烟工商企业实现计算机联网准入管理。湖北中烟建设安全运维管理平台，促进安全技术和管理的结合，提高了运维安全性。陕西省局（公司）完善管理制度和应急预案，实现全省网络安全设备集中管理。国家局、总公司信息系统上海容灾中心项目完成立项，并进入建设阶段。行业视频会议系统稳定运行，2009年全行业共召开760次电视会议，其中，国家局召开的全行业电视会议13次，省级单位召开电视会议408次，并拓展了智能监控、远程培训等多媒体应用。

【行业信息化队伍建设】 2009年，国家局先后举办了行业信息中心主任、信息分标委委员、统计人员和网站通讯员培训班，组织开展信息技术架构、信息安全等专业培训，共培训人员1000余人次。行业各单位开展了信息化培训，培训人员约4万余人次。中国烟草学会信息化专业委员会组织开展了专题研讨、换届改选、论文评选等活动。重视培养信息化高素质人才，据不完全统计，截至2009年年底，行业信息化队伍中拥有高级以上专业技术职称的有近百人。安徽省局（公司）开展聘任信息化专业的高工试点工作，选派高级管理人员进修深造。

多元化经营

【多元化企业清退】 继续依法依规抓好多元化企业清退收尾工作。2009年，国家局结合体制推进、存续企业经营管理专项调研工作，对已列入清退计划但尚未完成清退工作的省级公司进行重点检查，与省级公司研究清退办法，推进清退工作依法依规开展。行业各单位继续采取月度统计、重点检查等措施加大多元化企业清退工作力度。开展清退扫尾工作的各省级公司对清退难点不回避、不拖延，积极进行协调，在清退过程中，妥善处理好员工安置问题，确保了清退工作的稳定。全年共清退完成计划内清退企业46家，同时计划外新增完成清退企业23家。截至2009年年底，全行业列入清退计划的1216家企业，已经完成清退的企业有1138家，占清退计划的94%；仍在进行清退的企业有78家，占清退计划的6%。

通过近年来的努力，行业多元化企业的清理清退工作取得明显成效。一是投资分散局面明显改善。清理清退工作开展前，行业多元化投资领域涉及除国际组织外的19个国民经济行业；经过大规模清理清退后，存续的多元化企业主要集中在12个领域，其中，卷烟配套材料类137家，宾馆酒店业81家，IT产业类18家，金融企业类48家。二是投资层级明显压缩，由清理清退前的主业对多元化投资层级有四级、五级，转变为清理清退后的基本集中在三级以内（包括本级）。三是资产质量明显改善，由清理清退前的全行业多元化企业中，只有三分之一企业赢利，三分之一企业勉强维持经营，另外三分之一企业处于亏损状态，有的甚至资不抵债，转变为清理清退后的行业多元化企业资产质量得到明显改善，资产质量状况较好的企业占存续企业总数的40%左右，亏损、资不抵债的企业基本清退完毕。

【多元化投资管理转段工作】 2009年是行业多元化企业管理规范年，也是烟草行业多元化投资管理工作由“瘦身”阶段向“强身”阶段转型的第一年。2006年，为进一步加强行业多元化投资管理工作，国家局调整中国烟草物资公司的工作职责，组建成立中国烟草投资管理公司。2007年以来，行业多元化投资管理工作经历了清理清退和加强监管两个阶段，其中，2007~2008年是清理清退阶段，即“瘦身”阶段，工作重点是做好行业多元化企业的清理清退工作；2009

年起是加强监管阶段，即“强身”阶段，工作重点是加强对行业存续多元化经营企业的管理、监督工作。从2009年起，行业在继续做好多元化企业清理清退工作同时，将工作重点转移到加强对多元化企业的管理监督工作上。2009年全国烟草工作会议上，国家局提出“继续抓好多元化经营企业清理整顿，加强对存续多元化经营企业的管理监督，建立完善的多元化经营企业管理体制和运行机制”的要求。3月，国家局召开全国烟草行业多元化投资管理工作会议，确立了“完善管理体制，理顺运行机制，推动整合优化，立足自我发展”的工作思路。行业各单位积极探索对多元化企业有效的监督管理方式，在管理体制建设、管理审计、制度建设、信息化管理、管理评价体系等方面全面启动各项工作。截至2009年年底，行业多元化投资管理转段工作取得明显成效，行业多元化管理体系框架基本搭建，管理基础初步打牢。

【多元化投资管理体制建设】 推进省级投资管理部门向实体化投资管理公司转变，是完善烟草行业多元化投资管理体制的一项重要内容。国家局对此高度重视，明确提出要将建立以产权为纽带的实体化运作管理体制作为行业多元化管理体制建设的方向，于7月召开行业多元化投资管理体制建设座谈会，并于年底出台《关于进一步加强和推进烟草行业多元化投资管理体制建设的意见》（国烟办〔2009〕522号），明确了体制建设的指导思想、阶段性目标及省级公司成立投资管理公司的基本要求。各省级公司积极推进多元化投资管理体制建设，抓紧成立投资管理公司。上海烟草（集团）公司于9月正式成立上海海烟投资管理有限公司，作为多元化管理载体开展实体化运作。福建中烟于12月正式成立福建鑫叶投资管理集团有限公司，由其统一经营管理原由福建中烟及厦门、龙岩烟草工业有限责任公司投资的多元化企业和资产。山东省公司形成了关于成立投资管理公司的方案，并上报国家局审批。广东省公司、云南省公司、湖南中烟等单位研究提出了先做实资产、做强主营业务，再过渡到成立投资管理公司的工作思路。

截至2009年年底，全行业已成立的省级投资管理公司有7家，分别是上海海烟投资管理有限公司、福建烟草海晟投资管理公司、浙江烟草投资管理有限责任公司、红金龙（集团）有限公司、湖北烟草投资管理有限责任公司、重庆渝叶实业（集团）有限公司、福建鑫叶投资管理集团有限公司。在投资管理部门指导下、具有投资管理公司架构的实体公司有6家，分别是内蒙古金叶实业（集团）有限责任公司、云南红塔集团有限公司、云南烟草兴云投资股份有限公司、颐中烟草（集团）有限公司、将军烟草（集团）有限公司、江苏金丝利集团公司。行业多元化投资管理体制建设取得实质性进展。

【多元化投资项目管理】 *积极履行出资人职责。*应对金融危机，中国烟草投资管理公司积极履行出资人职责，采取措施帮助被投资企业解困。解决了湛江包装材料企业有限公司大股东占用3000万元企业资金事宜，减轻企业资金压力，湛江包装材料企业有限公司于2009年年底实现扭亏为盈。协调佛山东林包装材料有限公司与湖南中烟合作事宜，增强企业发展后劲。协调川渝中烟工业公司，解决四川锦丰纸业股份有限公司产品出口问题，并争取成都市政府支持，以尽快恢复生产和谋求资产重组。帮助中烟摩迪（江门）纸业有限公司挖潜增收，协调中国银行减免234万元贷款安排费，将中国银行抵押贷款置换为中国工商银行信用贷款，节约财务费用218万元，中烟摩迪于2009年7月首次实现赢利，全年共实现投资收益（含转增）535.7万元，比上年增长90.6%。

*理顺投资关系，推进新建项目。*完成国泰君安证券公司和国泰君安投资公司股权划转工作。完成北京中烟信息技术有限公司股权转让工作，持股比例增至52%。推动华芳烟草香料有限公司股权转让工作，达成股权无偿划转的内部协议。推进中烟施伟策再造烟叶项目报批及谈判，9月，国家发展和改革委员会批复同意了中外合资建设30000吨/年造纸法烟草薄片项目（发改产业〔2009〕2501号），项目建设各项筹备工作全面展开。

*卷烟纸企业整合工作取得实质性突破。*经过广泛调研、咨询，中国烟草投资管理公司制定了《卷烟纸企业整合方案》，并获国家局办公会通过。截至年底，形成实施方案，开始进行部分前期准备工作，并着手协调办理云南红塔蓝鹰纸业有限公司股权转让的相关事宜。

【能源煤化工基地投资项目】 *推动内蒙古上海庙矿业有限责任公司实现实体化运作。*中国双维投资公司围绕做实内蒙古上海庙矿业有限责任公司，加强与地方政府的沟通与协调，就上海庙矿区资源整合和能源化工基地建设等问题取得地方政府的理解和支持。截至年底，临沂矿业集团有限责任公司与上海庙矿业有限责任公司签订了榆树井和新上海一号煤矿的矿业权转让登记书，具体过户手续正在办理之中，上海庙矿业有限责任公司顺利并账，实现了公司实体化运作。

*安徽醋纤项目取得明显进展。*确定了以合肥经济技术开发区1号地块为项目用地，获得合肥市政府以

公函形式明确的土地、税收、奖励等一揽子配套优惠政策，并确定上海海诚公司为项目可行性研究报告的编制设计单位，着手可研报告的前期准备工作。与伊士曼化工公司举行了两次商务会谈，就大部分议题达成一致意见，建立了双方工作联系与协调机制。中方的安徽醋纤项目筹备处已正式成立并有序运行。

*研究参与中广核产业投资基金。*落实国家局投资委员会和国家局办公会有关意见，中国双维投资公司与中国广东核电集团有限公司及中广核产业投资基金的其他投资人多次进行沟通和磋商，争取扩大双维公司参加基金的权益，减少风险。截至2009年年底，主要取得的阶段性成果包括：一是通过研究修改基金投资协议、基金公司章程、基金管理协议和托管协议等有关法律文本，逐步提高定向投资的决策比例，严格非核电项目的投资决策程序，将评估方法及评估机构的决定权交由基金股东会行使，采用成本重置法确定溢价率，减少基金管理公司收取管理费比例等；二是要求加入基金管理公司，派人进入基金管理公司董事会，并要求修改基金管理公司董事会的表决权比例，提高双维公司在基金管理公司中的决策权。

*筹备房地产投资项目。*按照国家局办公会的决定，由中国双维投资公司出资12亿元（占40%股权）、浙江省烟草公司和云南中烟工业公司各出资9亿元（各占30%股权）的中维地产股份有限公司经国家局正式批准成立，并于2009年12月完成注册登记工作。

*基地铁路建设。*5月14日，中国双维投资公司参股的三新铁路全线贯通。

【多元化企业管理审计试点】 国家局对福建烟草海晟投资管理有限公司和重庆渝叶实业（集团）有限公司开展了管理审计试点工作。试点围绕“制度是否健全，决策是否符合程序，运作是否规范，监督是否到位”的审计目标，针对企业内部控制制度建设及执行情况开展审计。试点工作开展前，举办了烟草行业多元化企业管理审计培训班，11家省级投资管理公司、具有投资管理公司架构的实体公司审计人员参加培训；编制了《管理审计实施规范》、《管理审计工作方案》和《现场审计工作进度表》。6～9月，由中国烟草投资管理公司审计部、会计师事务所及从有关省级投资管理公司抽调的内审人员组成管理审计工作组，以2008年度作为审计年度，对两家试点单位内部控制制度的每一个重要控制点进行测试。在此基础上，开展延伸审计，现场指导2家试点单位分别选取2家所属多元化企业开展内部审计工作。现场审计结束后，对两家试点单位审计建议的整改落实情况予以追踪，确保整改落实到位。10月，国家局召开烟草行业多元化审计工作座谈会暨管理审计试点工作总结会；11～12月，对7家省级投资管理公司进行了审前调查。管理审计试点工作实践证明，管理审计是加强省级投资管理公司结点作用的有效方式，有利于推进以产权为纽带的多元化投资管理体制建设，体现了“自上而下、归口管理、分级负责”的行业多元化投资管理体制要求。

【《烟草行业多元化经营企业重大事项报告制度》正式出台】 加强多元化企业制度建设，8月，国家局正式出台《烟草行业多元化经营企业重大事项报告制度（试行）》（国烟办〔2009〕289号）。《重大事项报告制度》明确了行业多元化经营企业重大事项的范围、报告主体、报告方式、报告程序、报告要求等内容，有利于多元化经营企业归口管理机构切实履行监管责任，有利于促进多元化经营企业的自我发展，有利于进一步理顺行业多元化投资管理体制。制度下发后，各省级公司领导高度重视，22个省级单位对制度进行转发，并明确各相关单位及人员的责任；6个省级单位下发了适合本省实际、更具可操作性的实施细则；上海烟草（集团）公司、云南中烟、山东省公司着手起草实施细则；河北省公司、辽宁省公司、福建中烟、广西中烟等单位及时上报了本省发生的多元化经营企业重大事项；云南中烟以文件形式汇总上报了14项重大事项。在《重大事项报告制度》执行过程中，云南省公司和四川省公司利用多元化信息系统进行重大事项信息的流转，对提高报告制度的及时性、有效性和便捷性作了有益探索；湖南中烟、云南中烟对投资多元化经营企业上报重大事项的执行情况进行全面检查，确保制度要求落到实处；福建烟草海晟投资管理公司拓展了重大事项报告内容的监管范围，并进一步规范报告流程，确保重大事项的上报规范化、常态化。

【多元化投资管理信息系统试点推广工作顺利启动】 为提高行业多元化管理水平和管理效率，实现动态管理、实时监管，国家局在2008年完成项目立项的基础上，全面启动多元化投资管理信息系统开发建设工作。顺利完成系统需求调研、系统开发等工作，于10～12月在北京等6个省份的10家省级投资管理部门开展系统测试工作，并对系统中数据填报、数据代报、数据审核等功能模块进行调整完善。截至2009年年底，完成系统试运行工作，共确定10个功能分类，涉及独立指标共计538个，并将于2010年在全行业推广应用。

【多元化经营管理评价体系建设工作基本完成】 探索多元化绩效监管，4月，国家局正式启动多元化经营管理评价体系建设工作。中国烟草投资管理公司与专业咨询机构组成项目小组，赴多个省市实地调研，通过资料研究、问卷调查、调研座谈等形式，全面掌握行业多元化经营管理现状；先后在青岛、重庆召开部分省级多元化管理机构负责人参加的研讨会，对评价体系的方案、具体指标以及实施细则进行充分讨论，形成评价体系的初稿。在此基础上，选取9家省级单位的数据进行模拟测试，对评价体系的可操作性和合理性进行验证。截至2009年年底，多元化经营管理评价体系建设工作基本完成。评价体系分为六个维度、两个层级，将从财务质量、竞争力、组织建设、制度建设、机制运行、综合效应六个方面评价各省多元化经营管理情况及多元化企业的竞争力水平。

对外贸易与合作交流

【外事管理】 外事出访。国家局严格落实中共中央办公厅、国务院办公厅《关于加强因公出国（境）管理工作的若干规定》、《关于坚决制止公款出国（境）旅游的通知》的要求，按照“提高质量、讲究实效、保证重点、避免重复、精简节约”的原则编制机关和行业出国（境）计划。

2009年，机关上报出国（境）任务99个（含经贸任务），经审核压缩共批准71个，比近三年平均数量减少25%；行业各直属单位上报出国（境）任务214个（含经贸任务），经审核压缩共批准112个，比近三年平均数量减少39%。全年办理出国（境）任务批件213件、出国任务通知书319件。草拟《烟草系统出国（境）培训管理规定》初稿。

外事接待。健全外事管理制度规定，1月，印发《国家烟草专卖局关于外事接待管理规定的通知》。草拟《国家烟草专卖局关于在华举办国际会议的管理办法》。

全年接待3个外国政府代表团、4个跨国烟草公司高级代表团及20个其他高级团组，组织开展中日、中韩技术交流工作。

【履行《公约》】 加强与履约工作部际协调领导小组成员单位的协调沟通，向国务院及工业和信息化部等部门提出意见和建议，确保中国履约机制的稳定和履约工作的开展。

会同机关有关部门开展烟草制品非法贸易议定书的谈判工作。按照履约工作部际协调领导小组批准的对案，在谈判过程中积极发言、表达立场。同时，多次派员随外交部组团，赴国外参加烟草制品非法贸易议定书起草小组会议，完成各项谈判任务。

协调机关相关部门开展履约研究工作。2009年初，根据《公约》第三次缔约方会议通过的有关准则，国家局成立相关专题工作组，针对准则涉及的具体问题开展研究。国家局各部门围绕卷烟包装标识、烟草制品成分和释放物检测技术、烟草广告促销和赞助等内容开展研究，取得阶段性成果，并为国家质量监督检验检疫总局、国家工商行政管理总局等部门制定政策提供较好的参考。

完成《烟草控制框架公约》两部实施准则对案大纲的起草工作。2009年，行业先后通过组织直属单位座谈会，向基层发放调查问卷表，召开国家局有关部门研讨会等形式，研究《公约》第5.3条和第13条两部实施准则，对烟草广告、赞助、促销问题及防止烟草控制相关公共卫生政策受烟草业影响等问题进行讨论，并完成实施准则对案大纲的起草工作。

【对外经贸】 2009年，全国烟草系统实现进出口商品总值27.32亿美元，同比增长28.41%，其中，实现进口总值18.59亿美元，实现出口总值8.74亿美元。

全年进口卷烟34.68亿支，进口烟叶9.33万吨，进口丝束9.62万吨，进口滤棒14.88亿支，进口卷烟纸1.15万吨。

全年出口烟叶类产品19.6万吨，出口实现5.01亿美元；出口卷烟158.50亿支，出口实现2.86亿美元。

【境外经营】 境外卷烟生产。全年境外卷烟生产企业共生产卷烟191.6亿支，同比增长20.96%；销售卷烟195.9亿支，同比增长30.77%，瑞士合资公司销售“DUBLISS”2.3亿支、“HARMONY”5117万支、“RGD”6.93亿支，分别占捷克、斯洛伐克和波兰3个国家卷烟市场份额的2.36%、3.6%和0.5%。

坚持以灵活多样的模式拓展中国卷烟品牌的海外市场，在开展自建网络的同时，加强与国外较有实力的跨国烟草企业合作，利用其销售渠道和网络加强中国卷烟在国外的市场占有和影响力，在维护好既有市场的同时，开拓新的市场（中东市场）。

烟叶采购实体化。1～11月，天泽烟草有限责任公司在负责完成南部非洲烟叶采购、监督加工和验货任务的同时，实现种植、收购、加工和出口全过程业务自营，自营烟叶数量占行业进口津巴布韦烟叶总量的50%以上。

附：

中国烟草国际有限公司成员企业及驻外机构①

中国烟草国际有限公司于2008年8月7日正式挂牌，是由中国烟草进出口（集团）公司改制而成的经济实体，注册资本1.13亿元。中国烟草国际有限公司按照“改制、转型、整合”的要求，稳步推进中烟国际转型，推进烟叶采购实体化运作和境外卷烟生产企业建设。

主要经营业务是：卷烟（含雪茄烟）的进出口业务；烟叶的进出口业务；烟草专用设备和烟用辅料的进出口业务；境外投资及经贸合作；国家允许或中国烟草总公司委托的其他业务。

中国烟草国际有限公司以控股方式管理深圳烟草进出口有限公司，直接管理8个驻外机构。

深圳烟草进出口有限公司

深圳烟草进出口有限公司成立于1997年12月，是经原对外贸易经济合作部和国家烟草专卖局批准成立的深圳特区唯一经营烟草进出口业务的经贸公司。公司工商注册资本为1000万元。深圳烟草进出口有限公司是中国烟草国际有限公司的控股子公司，实行董事会领导下的总经理负责制。股东方为中国烟草国际有限公司、中国烟草总公司深圳市公司。主要经营烟草、烟草制品及卷烟行业机械设备、卷烟原辅材料的进口业务（具体按外经贸部〔96〕外经贸政审函第3081号文执行）；国内商业、物资供销业（不含专营、专控、专卖商品）。

2009年，公司实现进出口商品总值3073万美元，其中实现出口总值1879万美元、进口总值1194万美元。实现商品销售收入2.33亿元，同比下降10.03%。实现利润4680万元，同比下降21.46%。三项费用开支3729万元，同比增长17.37%。

天利国际经贸有限公司

天利国际经贸有限公司是中国烟草国际有限公司的全资子公司，经原对外贸易经济合作部批准，于1989年在香港注册成立。公司的主要职责是经营烟草及其制品、烟草机械设备及零部件、烟用辅料等进出口业务；开展烟草经济技术合作及交流活动；负责烟草行业海外机构的管理工作；负责国际烟草商情信息的收集、汇编工作；承担有关出国团组的接待安排工作。

① 2009年，中国烟草国际有限公司汉堡有限公司依法注销。

中国烟草国际有限公司驻津巴布韦代表处
天泽烟草有限责任公司

代表处设立于1990年，注册地点为津巴布韦哈拉雷，前身为中国烟草进出口（集团）公司驻津巴布韦代表处，2008年8月，更名为中国烟草国际有限公司驻津巴布韦代表处。代表处主要任务是收集、了解津巴布韦及周边国家烟叶种植、收购、加工、销售情况，协助中国烟叶采购、监督加工验货团组开展工作，协调、解决中国进口烟叶过程中的有关问题，接待国内团组。2005年4月1日，津巴布韦公司注册局颁发了天泽烟草有限责任公司注册证书。英文名称TIAN ZE TOBACCO COMPANY (PRIVATE) LIMITED，中文名称为天泽烟草有限责任公司。公司主要经营烟叶采购，烟草合同种植、烟草合同收购，烟叶加工、包装、出口等业务。

迪拜瑞士达贸易有限责任公司

公司成立于1997年，注册地点为阿联酋迪拜，注册资本30万美元。主要职责是开拓中东市场，经营中国卷烟、烟叶、烟梗在中东地区的销售业务。

CTPM国际有限公司

公司成立于2006年，注册地点为瑞士洛桑，前身是中国烟草进出口（集团）公司和菲莫国际公司的合资公司，2008年变更为中国烟草国际有限公司和菲莫国际公司的合资公司。公司利用菲莫国际公司的渠道在国际市场经营中国卷烟品牌，在符合《烟草专卖法》有关规定的前提下，菲莫国际公司的“万宝路”在中国实现许可生产并销售。

中国烟草国际有限公司驻莫斯科代表处

代表处设立于1992年，注册地点为俄罗斯莫斯科，前身为中国烟草进出口（集团）公司驻莫斯科代表处，2008年8月，更名为中国烟草国际有限公司驻莫斯科代表处。代表处主要任务是收集、了解俄罗斯及独联体国家的烟草商情信息，宣传、推销中国烟草制品及烟草机械，协助开展中外烟草合作项目。

中国烟草日本株式会社

公司成立于2001年4月21日，注册地点为日本东京，注册资本20万美元，其中，天利国际经贸有限公司占60%的股份、日本泰丰通商株式会社占40%的股份。公司主要任务是经营中国卷烟在日本市场的销售业务。

中国烟草国际有限公司巴西有限公司

公司成立于2002年6月6日，注册地点为巴西圣克鲁斯，注册资本40万美元，前身为中国烟草进出口（集团）公司巴西有限公司，2008年8月，更名为中国烟草国际有限公司巴西有限公司。公司主要工作是收集、了解巴西烟叶种植、收购、加工、销售信息，协助中国烟叶采购、监督加工验货团组开展工作，协调、解决中国进口烟叶过程中的有关问题，研究探索公司改革、开展实质性经营业务的方案。

中国烟草国际有限公司阿根廷有限公司

公司成立于2009年，注册地点为阿根廷萨尔塔省。公司主要工作是收集、了解阿根廷烟叶种植、收购信息，协助开展中外烟草合作项目。

人事与劳资

【干部人事工作】 国家局机关人事制度改革。研究制定了《国家局总公司机关各部门各单位领导班子和领导干部综合考核评价工作实施办法（试行）》、《国家局总公司机关工作人员年度考核工作实施办法（试行）》等文件；按照中央编办的通知要求，对国家烟草专卖局"三定"方案（国办发〔2008〕99号）的落实情况进行了评估。制订印发了中国双维投资公司"三定"方案。

配合中组部完成对国家局党组领导班子后备干部的集中考核调整工作和党组领导班子年度考核试点工作。组织实施国家局、总公司机关干部选拔任用的民主推荐和组织考察工作，全年累计提拔任用干部49人，其中司级干部21人、处级干部28人，办理科级干部职务晋升14人。组织实施国家局机关处级岗位竞争上岗工作，共提供10个处级岗位，有3人通过竞争选拔走上领导岗位。坚持"凡进必考"原则，全年接收录用16名应届大学毕业生和4名军转干部。

省级局（公司）领导班子建设。研究起草了《省级烟草专卖局（公司）领导班子和领导干部综合考核评价办法（试行）》、《省级烟草专卖局（公司）领导班子和领导干部年度考核办法（试行）》及《省级烟草专卖局（公司）领导班子后备干部集中调整工作实施方案》；印发了《党组管理干部职务名称表》。

对行业29个省级局（公司）的领导班子成员进行考核，共考察干部49人，其中领导职务21人、非领导职务28人，办理退休20人。共调整干部77人，其中领导职务52人、非领导职务24人。新进省级局（公司）领导班子26人，其中45岁以下8人，占30.8%；担任过县级分公司、中烟公司所属企业主要领导的12人，占46.2%；本科以上学历24人，占92.3%。通过调整，一批年龄偏大的同志退出领导岗位，一批优秀年轻干部充实进省级局（公司）领导班子，增强了领导班子的活力。

干部交流工作。2009年，全行业继续加大干部交流力度，从行业交流到国家局机关任职的人员6人、挂职锻炼人员30人。国家局选派第二批8名机关干部到地震灾区烟草企业挂职，接受3名西部和少数民族地区干部到国家局机关挂职，选派1名博士参加"博士服务团"赴西部省份挂职锻炼。

领导干部监督工作。国家局财务管理与监督司（审计司）对3名提拔到领导岗位和提高行政级别的基层企业法定代表人进行任职前经济责任审计；对7名即将离任的企业法定代表人进行离任审计。通过各单位民主生活会和群众来信等方式，及时了解省级局（公司）领导班子和领导班子成员存在的主要问题，采取撰写说明材料、诫勉谈话等形式加强教育与监督。

【劳动工资管理】 用工分配制度改革。进一步推进用工分配制度改革工作，对行业49家直属单位的用工分配制度改革总体方案进行逐一审核。4月，在山西太原召开全国烟草行业用工分配制度改革汇报暨研讨会，总结行业开展用工分配制度改革以来的进展情况、取得的阶段性成果，指出改革过程中存在的问题，对下一步用工分配制度改革工作提出要求。11 月，对用工分配制度改革进展和实施情况进行调查统计，对山东、河南等 9 家直属单位及其下属单位进行了实地调研。

工资调控。加强对行业工资总额的宏观控制，研究制定行业工资总额管理办法。召开全国烟草行业工资总额管理工作会议，明确 2009 年工资总额管理政策和具体办法，提出执行 2009 年工资总额管理政策的要求。开展核定行业工效挂钩工作，对各直属单位 1 ~ 12 月的工资发放计划进行逐一审核。

【人才队伍建设】 全面加强人才队伍建设。国家局制定了《关于坚持以人为本全面提升烟草行业人才队伍素质的意见》（国烟人〔2009〕145 号），印发了《关于进一步加强烟草专卖管理技能人才队伍建设的意见》（国烟人〔2009〕368 号）。全面开展职业技能鉴定工作，加快体系建设，完善题库建设，推动开展各类职业技能竞赛活动。组织了第四届全国烟叶分级职业技能竞赛。

专业技术人员管理。调整专家库成员、职改领导小组成员及评委会主任委员，组织完成行业 6 个系列共计 374 人的高级专业技术资格评审工作。完成 2009 年中国工程院院士候选人推荐工作，以及“2009 年新世纪百千万人才工程”国家级人选推荐工作。

人力资源信息系统建设。全面推进行业人力资源信息系统建设，形成行业数据中心人力资源主题数据库，制定行业人力资源信息系统建设与运用的行业代码，规范省级人力资源信息系统内的机构代码、人员代码、数据源代码、最小功能模块及数据交互接口标准，明确省级人力资源管理信息系统建设和两极系统数据交互的技术标准。7 月，在济南召开烟草行业人力资源信息系统建设座谈会，全面启动省级人力资源管理信息系统建设。2009 年，行业人力资源信息系统（一期）通过验收并投入使用。

【机构职能调整】 2009 年，国家局批复设立了 2 区 1 县（即深圳市坪山区、福建省莆田市秀屿区、湖北省随县）烟草专卖局（卷烟营销部）、2 省 1 市（湖北省、辽宁省、深圳市）教育培训中心；调整了 2 市（厦门市、营口市）烟草专卖机构；完成中国烟草总公司合肥设计院的职能调整、大连市局（公司）的“三定”方案、云南省局专卖队伍组织体系建设实施方案、云南省烟草科学研究所的更名及中国烟草总公司职工技术培训中心的更名等批复工作。

【行业教育培训】 教育培训概况。2009 年，教育培训工作紧密围绕行业中心工作和主要任务，坚持以“三支队伍”为重点，大规模培训干部、大幅度提高干部素质。制定印发了《国家烟草专卖局关于加强烟草行业教育培训体系建设的指导意见》、《烟草行业职业（岗位）标准等开发与修订管理工作规程（试行）和培训教师管理暂行办法的通知》等规章制度，组织召开全国烟草行业教育培训工作研讨会。国家局人事司举办培训班 12 期，培训学员 1245 人次。国家局、总公司 3 所直属培训机构共组织各类培训班 191 期，培训学员 23893 人次。

干部教育培训。2009 年，国家局党校春、秋两个学期共举办司局级基本理论进修班 1 期，处级基本理论进修班 2 期，处级专题研究班 2 期，科级干部进修班 1 期，共培训 309 人。

远程培训。中国烟草职工进修学院以“中国烟草培训网”为平台，利用网络媒体，集中行业优秀师资力量，对全行业一线员工进行业务、技术培训。先后开展专卖管理稽查员、电话订货员、卷烟商品营销员和烟叶生产技术人员业务培训 4 个远程培训项目，受到行业基层单位欢迎，相关岗位工作人员参加网上学习报名人数达到 32092 人，全年共安排培训 26157 人。

成人学历教育。2009 年，中国烟草职工进修学院利用教育培训资源，面向行业开展在职研究生学历教育。先后与中国科学技术大学、北京工业大学等 7 所高校联合举办了软件工程、食品工程、化学工程、物流工程、MBA、MPA、农业推广、机械工程 8 个专业方向的在职研究生学历教育。行业共有 543 名职工参加研究生教育，截至 2009 年年底，已有 133 人毕业（结业）并获得研究生专业学位证书，促进了行业职工队伍建设和高层次人才队伍建设。

行业职工培训教材建设。国家局人事司指导中国烟草职工进修学院组织开展培训教材编写与审定工作，推进行业培训教材资源建设。全年共完成 12 本教材的编写工作，其中《烟草专卖管理员基础知识》、《烟草专卖管理员专业知识》、《烟草行业员工读本》、《烟草行业培训教学案例（2007 ~ 2008）》4 本教材已经在行业内发行试用；《通用知识》、《烟机设备操作类专业基础知识》、《烟用丝束制造工、烟用二醋片制造工专业基础知识》、《烟叶制丝工专业知识》、《卷烟卷接工专业知识》、《烟用丝束制造工专业知识》、《烟用二醋片制造工专业知识》、《营销师（卷烟商品营销）》8 本将陆续发行。

高技术高技能培训。中国烟草职工进修学院在保持原有烟叶分级技术培训、实验数据挖掘与统计技术培训等高技术、高技能培训品牌项目基础上，不断对行业急需的高技术高技能培训项目进行开发实施，其中机电一体化等培训项目，由于培训内容切合企业实际，专业技术人员参训热情较高。全年共举办机电一体化培训10期，培训626人，满足了烟草企业电气技术人员提升技术技能水平的需求。为加强行业教育培训体系建设，提高企业兼职内训师教学技能，举办企业内训师培训班5期，培训708人。

【离退休干部管理】 行业离退休干部概况。截至2009年年底，全行业共有离休干部2747人，其中，1927年8月1日～1937年7月6日（第二次国内革命战争时期）参加革命工作的4人；1937年7月7日～1942年12月底（抗战前期）参加革命工作的98人；1943年1月1日～1945年9月2日（抗战后期）参加革命工作的278人；1945年9月3日～1949年9月底（解放战争时期）参加革命工作的2367人。离休干部整体进入高龄期，其中80岁及以上的1498人，70～79岁的1249人。全行业共有退休干部38932人，离休干部党员28085人，占离退休干部总数的67.38%，离退休干部党支部883个。

活动站、老年大学建设。行业各单位结合社会发展和实际需要，坚持因地制宜，不断加强基础设施建设，拓展活动学习内容，优化服务管理质量。山东省局（公司）举办了山东烟草“文化养老”工程启动暨首届老年文化节活动。江苏中烟工业公司挖掘有限资源，确保离退休干部活动资金和场地，逐步改善硬件设施。江苏中烟徐州卷烟厂退休职工自发成立的“红杉树”锣鼓秧歌队，经常代表企业参加社会公益活动。江苏中烟南京卷烟厂老年大学已开设6个班，100多名老同志参加学习。吉林省局（公司）成立老年乐队、合唱队、舞蹈队，定期组织演出。陕西中烟延安卷烟厂正式成立了延安老年大学延烟分校，为老同志老有所学、老有所乐搭建平台。

截至2009年年底，全行业共建有老年活动中心（站、室）1784个，总建筑面积38.02万平方米，总投资4.35亿元，日均活动人数约2.2万人。参加老年大学学习1万余人。

生活待遇情况。按照《关于提高部分离休干部医疗待遇的通知》（组通字〔2009〕43号）精神，国家局机关大规模提高离休干部医疗待遇，对9名红军时期参加革命工作的离休干部和抗日战争时期参加革命工作、离休前为正司局级的离休干部提高待遇，享受副省（部）长级医疗待遇；对312名抗日战争时期参加革命工作的县处级及以下离休干部提高待遇，享受副司局级医疗待遇。浙江省局（公司）制定并出台《离退休人员服务管理制度》和《离退休人员生活补贴标准的指导意见》等文件，首次对行业离退休人员补充养老金、年终一次性生活补贴及其他待遇标准进行了统一。重庆市局（公司）出台《离退休人员健康疗养工作的意见》，对离退休人员参加健康疗养的范围、标准及模式做出明确规定。安徽中烟在调整在职职工待遇之前，先研究调整离退休干部职工待遇。

政治待遇情况。各单位组织离退休干部深入学习邓小平理论、“三个代表”重要思想和科学发展观，开展创建“五好支部”活动，落实老干部各项政治待遇，向老同志传达中央和国家局的重大决策部署。北京市局（公司）确保每一位离退休党员及时编入党支部，参加组织生活。上海烟草（集团）公司建立健全《离退休党组织的工作制度》，规定了情况通报、组织生活、学习讨论、联系党员、党员管理等10项制度，明确党总支和党支部的工作职能及活动办法。贵州省局（公司）开展离退休干部党支部和先进个人表彰活动。

各单位开展为离退休干部订阅“一报一刊”工作。截至2009年年底，全行业共为离退休干部订阅《东方烟草报》3万余份。

国家局机关离退休干部工作。截至2009年年底，机关共有离退休干部214人，遗属14户；离退休干部中共党员180人，离退休干部党支部7个。加强离退休干部党支部建设，先后召开8次离退休干部党支部书记和委员会议。坚持政治学习和组织生活制度，明确每月支部学习内容。执行支部联络员制度，每月派处级党员干部分别参加各支部政治学习，同时向老同志通报中央及行业改革与发展的有关情况。坚持老领导每月阅文制度，对年高体弱的老领导采取“送文上门，阅后取回”形式，共接送老领导来机关阅文60人次，取送文件260余份。组织第26次国家局机关离退休干部座谈会。为离退休干部每人订阅一份《中国烟草》杂志和《东方烟草报》。

保证按时发放离退休费，按时报销门诊医药费。全年报销门诊医药费412人次，配合医务室送药上门110余次。坚持每月送药到服务站、离退休干部每年1次体检和走访慰问制度，确保离退休干部和老领导看病以及各项活动等用车安排。

定期组织机关离退休干部到京郊休闲旅游，组织参观国家大剧院，组织部分老干部参加山东“文化养老”工程的启动仪式，聘请专业老师指导老年合唱队定期排练。组织参加各种知识讲座，聘请专家教授为老同志举办“老年心理健康知识”、“中医保健”等健康专题讲座；组织部分老同志参加“国务院离退休干部艺术大讲堂知识讲座”、“医药卫生体制改革情况及政策介绍报告会”以及“老年常见病系列讲座”。为庆祝新中国成立60周年开展一系列活动，组织老同志参加局机关歌咏比赛，组织迎国庆联欢会、乒乓球友谊赛，组织参观“首都老干部庆祝中华人民共和国成立60周年书画摄影展”、“辉煌60年——中华人民共和国成立60周年成就展”。

精神文明建设

【深入学习实践科学发展观活动】 根据中央统一部署，从2009年3月开始，全国烟草行业开展第二批深入学习实践科学发展观活动（以下简称学习实践活动）。行业各单位围绕深入学习实践科学发展观这一主题，认真抓好每个阶段、每个环节工作落实，较好地完成了学习实践活动各项任务。9月4日，国家局召开全行业第二批深入学习实践科学发展观活动电视电话总结大会，对学习实践活动进行全面总结，行业第二批学习实践活动圆满结束。

*第二批学习实践活动基本情况。*按照《中共中央关于在全党开展深入学习实践科学发展观活动的意见》和中央学习实践活动领导小组《关于开展第二批深入学习实践科学发展观活动的指导意见》的安排部署，烟草行业39家直属单位及其所属企业、单位，参加第一批学习实践活动的省级局（公司）和烟机集团公司、中烟实业的下属所有企业、单位，均参加第二批学习实践活动。其中，16家省级工业公司、上海烟草（集团）公司，南通、珠海、昆明醋酸纤维有限公司，北京、天津等省级局（公司）和郑州烟草研究院、原中国烟草职工技术培训中心等29家直属单位的学习实践活动，由国家局学习实践活动领导小组直接领导；内蒙古、辽宁、山东、安徽等省级局（公司）和合肥设计院等10家直属单位的学习实践活动，由所在省、自治区、直辖市学习实践活动领导小组领导。

在学习实践活动中，行业各单位认真贯彻中央精神和国家局党组部署，紧紧围绕“党员干部受教育、科学发展上水平、人民群众得实惠”的总要求，以全面建设“严格规范、富有效率、充满活力”的中国烟草为实践载体，以实现“烟叶防过热、卷烟上水平、税利保增长”的目标任务为主要抓手，以加强“节奏要快、标准要高、工作要实、状态要好”的“四要”作风建设为要求，认真制定实施方案，深入进行思想发动，精心组织，扎实推进。行业直接领导的29家直属单位共进行学习实践活动动员40余次，充分调动了行业6.67万名党员干部参加学习实践活动的积极性，其中处级以上党员干部2283名。学习调研阶段，各单位共组织集中学习1690次，撰写心得体会和学习笔记8.37万篇，强化了学习效果；确定调研课题681个，召开座谈会2100多次，发放调查问卷5.5万份，共征求有关企业科学发展的意见建议1.7万条，初步查找了一批影响和制约科学发展、群众反映强烈的突出问题。分析检查阶段，各直属单位共组织班子成员谈心572次，所属企业、单位共组织谈心3829次，采取多种形式广泛征求基层、群众对领导班子及成员的意见，共组织召开征求意见座谈会1557次，收集意见和建议1.76万条，梳理归纳问题3894个。整改落实阶段，各单位共查找出突出问题2058个，已解决突出问题842个，对近期内能够解决的问题确定时限抓紧整改，对需要较长时日解决的问题积极创造条件，完善体制机制，逐步加以解决。同时认真做好制度规定的立、改、废工作，各单位在学习实践活动中新建制度1501项、修订制度2088项、废止制度659项，确保学习实践活动在解决突出问题上见成效，在完善体制机制上出成果。

国家局学习实践活动领导小组组织派出5个指导检查组，先后深入133个企业、单位进行工作指导和督促检查，召开联系点座谈会90余次，提出190余条有针对性的指导意见，推动学习实践活动开展。学习实践活动期间，国家局学习实践活动领导小组共编发简报125期，其中3期简报被中央学习实践活动领导小组办公室转发。国家局机关局域网、《东方烟草报》、《中国烟草》杂志等行业媒体开设了“深入学习实践科学发展观”专栏，共刊发稿件2700余篇。

*学习实践活动取得的成效。*各单位精心组织实施，深入学习调研，认真查找问题，狠抓整改落实，在四个方面取得明显成效。一是加强理论武装，提高理论素养，在对科学发展观认识方面取得新的提高。全体党员干部进一步加深了对科学发展观科学内涵、精神实质、根本要求的理解，明确烟草行业贯彻落实科学发展观，关键要在真学、真信、真懂、真用上下工夫，努力把科学发展观的要求转化为谋划科学发展的正确思路、促进科学发展的政策措施、领导科学发展的实

际能力，确保实现行业持续健康发展。二是紧密联系实际，努力提升水平，在促进行业科学发展方面取得新的成果。各单位把学习实践活动与“卷烟上水平”主要任务紧密结合起来，在“品牌发展、原料保障、技术创新、市场营销、基础管理”五个方面着力推进，把“税利保增长”建立在尊重市场规律、优化资源配置、良好经营秩序、保持价格稳定、切实加强管理“五个基础”之上，全面做好“卷烟上水平”各项工作，促进了全年任务目标顺利实现。三是重视调查研究，完善制度机制，在理清科学发展思路方面取得新的进展。各单位深刻认识构建科学发展体制机制的重要性，努力构建有利于科学发展的体制机制，为贯彻落实科学发展观营造良好制度环境。上海市局各级党组织开展“我为科学发展献一计”活动，收到党员建议3500余条，为理清科学发展思路提供了依据；浙江中烟着力完善快速响应市场的营销机制、运行分析机制、物资保障机制等，形成保障和促进科学发展的有效机制；陕西中烟对现行规章制度进行清理，集中编印了《陕西中烟工业公司制度汇编》第二册。四是倾听群众意见，坚持边学边改，在解决突出问题方面取得新的成效。各单位整改落实方案形成后，及时通过多种途径向所属企业、单位和干部职工公布，充分听取各方面意见，自觉接受群众监督，对职工群众最关心的突出问题坚持边学边改、立即解决，多办职工看得见、摸得着的实事，推动整改工作落实。认真组织群众满意度测评工作，职工群众对学习实践活动的满意度在98%以上。

学习实践活动中，国家局党组及时听取各个阶段进展情况汇报，切实加强指导。国家局局长姜成康对行业直接领导的29家直属单位的分析检查报告、整改落实方案进行认真审阅，对分析检查报告逐一作出批示，国家局党组成员对联系点单位的分析检查报告也分别作出批示，促进各单位抓好整改落实。

【行业“四要”作风建设】 2009年，面对复杂多变的经济环境，为实现行业“烟叶防过热，卷烟上水平，税利保增长”目标任务，国家局要求在行业各级领导干部中加强以“节奏要快，标准要高，工作要实，状态要好”为主要内容的作风建设（以下简称“四要”作风建设），自觉做到讲责任、讲奉献、讲纪律，兢兢业业，恪尽职守，主动应对挑战，扎实做好工作。

*“四要”作风建设主要内容。*2月12日，国家局局长姜成康在考察福建烟草工作时第一次提出“节奏要快、标准要高、工作要实、状态要好”的作风建设要求；2月26日，在全国烟草行业纪检监察工作会议上，进一步强调加强“四要”作风建设的重要性，提出明确具体要求。加强“四要”作风建设是行业深入学习实践科学发展观、加强领导干部作风建设的具体行动。

“节奏要快”，就是要以时不我待的紧迫感和责任感，加快工作节奏，任何事情都要快半拍，抢抓机遇，切实提高办事效率，抓紧工作，赢得效率。“标准要高”，就是牢固树立争创一流的思想，用一流的工作标准、一流的工作水平，创造一流的工作业绩。“工作要实”，就是要时刻牢记“潜心做事、低调做人”的行为准则，求真务实，力戒张扬、力戒浮躁、力戒飘浮，形成讲实话、办实事、求实效的良好风气。“状态要好”，就是工作要有激情，敢于创新，有坚强的意志和坚韧不拔精神。讲责任、讲奉献、讲纪律，始终保持谦虚谨慎和艰苦奋斗良好作风，严格要求自己，以良好精神状态更好地推进烟草行业的改革和发展。

*行业开展“四要”作风建设活动情况。*行业各单位认真落实国家局要求，积极组织开展作风建设活动。福建中烟在春节后上班第一天，即召开全体干部职工大会，学习传达国家局领导考察工作时关于“四要”作风建设的讲话精神。云南省局（公司）自3月中旬开始，分步骤、分阶段、分层次开展“四要”作风建设专题教育，通过谈认识、找差距、定措施、抓落实等步骤，把专题教育引向深入。辽宁省局（公司）、江苏中烟制定了在本省系统开展“四要”作风建设专题教育活动的实施意见。陕西、河南省局（公司）以“四要”为主题，二季度集中开展作风建设活动。青海省局（公司）开展了“抓作风建设，促工作落实”主题实践活动。江西省局（公司）结合省委、省政府提出的“机关效能建设年”有关要求，同步开展以“四要”为核心的机关作风建设年活动。广东中烟把加强“四要”作风建设与广东省直机关开展的“转变作风抓落实”主题实践活动结合起来，进一步推动公司转变工作作风。

行业各直属单位结合本单位工作实际，围绕“四要”作风建设要求，注重抓好落实，力求取得实效。天津市局（公司）在开展学习实践活动中，把“四要”作风建设作为学习调研和民主生活会的内容，认真抓好整改落实。河南中烟把落实“四要”和解决工作中的突出问题相结合，要求各级领导干部对照“四要”，认真查找工作中存在的突出问题，看工作节奏快不快，有没有“等”和“拖”的问题；看工作标准高不高，有没有“低”和“差”的问题；看工作作风实不实，有没有“虚”和“浮”的问题；看工作状态好不好，有没有“庸”和“懒”的问题。川渝中烟将加强“四要”作风建设与推进品牌强企、实施管理增效、深化内部监管、加强企业党建、打造卓越团队相结合。浙江中烟以加强“四要”作风建设推进“利群百万箱”工程，加快培育品牌。山西省局（公司）注重用“四要”作风建设提升中心工作水平，通过学习科学发展观理论、学习先进典型、学习业务知识，转变思想观念、改进工作方法、改进工作作风。宁夏区局（公司）从领会“四要”精神、实践“四要”要求、营造“四要”氛围、规范“四要”养成等四方面入手，将“四要”作风落实到每一个岗位。昆明醋酸纤维有限公司以“树立‘四要’作风，实现‘三个提升’，建设充满活力昆纤”为主题开展学习实践活动。各单位领导在深入学习、准确把握“四要”作风精神实质基础上，带头宣讲、带头落实“四要”要求。云南、河南、陕西省局（公司）和江苏中烟等20多家单位的领导带头谈学习心得。北京市局（公司）领导认真践行“四要”作风要求，分专题、片区连续召开4次现场办公会，专题研究落实“卷烟上水平”主要任务，每月至少安排5名局级领导带队深入基层进行市场检查，直接听取零售客户意见，促进了各项工作开展。

【国家局机关开展的各项活动】 *理论学习*。国家局机关坚持司处级党员领导干部进党校学习培训制度，全年共组织19名司处级干部参加国家局党校专题班和进修班的学习。坚持定期组织专题知识讲座，2009年，先后邀请中国社会科学院数量经济与技术经济研究所副所长李雪松作题为《当前宏观经济热点分析》的专题讲座，国家发展与改革委员会对外经济研究所副所长毕吉耀作题为《国际金融危机及其对我国经济的影响和对策》的专题讲座，中央党校党史教研部副主任谢春涛作学习贯彻党的十七届四中全会《决定》精神的专题辅导，国家统计局总经济师姚景源作题为《中国宏观经济形势分析》专题报告等。

组织开展主题读书活动，组织机关干部职工学习《社会主义核心价值体系学习读本》、《中国特色社会主义理论体系学习读本》以及《六个为什么——对几个重大问题的回答》、《2009年理论热点面对面》等书籍。

基层党组织建设。国家局机关党委组织召开机关各党支部书记会议，贯彻落实全国机关党的建设工作会议精神。组织开展庆祝新中国成立60周年主题党日活动。全年国家局机关共有2个党支部进行改选，增补10名支部委员，增设国家局党校党总支和董事会工作办公室党支部。制定印发《国家局总公司机关2009～2013年党员教育培训工作实施方案》。举办入党积极分子培训班，20名入党积极分子参加培训。发展新党员6名，12名预备党员按期转为正式党员。

其他教育活动。以庆祝新中国成立60周年为主题开展宣传教育活动，举行局机关“庆祝中华人民共和国成立60周年”歌咏大会；组织40名干部职工参加中央国家机关庆祝新中国成立60周年大型歌咏活动，选派2名同志参加国庆60周年群众游行活动，国家局机关被评为“优秀组织单位”。组织参观“西藏民主改革50年大型展览”、“内蒙古新疆广西宁夏西藏自治区成就展”和“辉煌60年——中华人民共和国成立60周年成就展”等展览。

【国家局党组理论学习中心组学习】 2009年，国家局党组理论学习中心组共进行4次集中学习。第一季度重点学习第十七届中央纪律检查委员会第三次全体会议精神，讨论《中共国家烟草专卖局党组贯彻落实科学发展观整改落实方案》，听取机关各部门各单位领导班子贯彻落实科学发展观整改落实方案和贯彻落实2009年全国烟草工作会议精神及2009年主要工作安排的情况汇报。第二季度主要是按照中央学习实践活动领导小组《关于认真做好第一批学习实践活动整改落实工作并进行“回头看”的通知》精神，通报国家局党组整改落实方案的落实情况，听取机关各部门各单位整改落实方案的落实情况汇报，研究提出做好下半年行业改革发展工作有关要求。第三季度重点学习贯彻胡锦涛同志在第十七届四中全会上的重要讲话和《中共中央关于加强和改进新形势下党的建设若干重大问题的决定》精神，研究切实加强新形势下行业和机关党的建设问题。第四季度主要是学习贯彻中央经济工作会议精神，研究下一年烟草行业改革发展的工作思路和措施。

【企业文化建设】 *2009年行业文化建设发展情况*。2009年，烟草行业继续推进企业文化建设。6月，国家局印发了《关于批准发布烟草行业企业文化评价体系等5项烟草行业标准的通知》（国烟科〔2009〕234号），批准《烟草行业企业文化评价体系》等5项烟草行业标准。广东中烟、广西中烟、重庆市局（公司）、山东省局（公司）、辽宁省局（公司）、四川省局（公司）等工商企业相继开展了评价工作。

随着行业文化架构体系和视觉识别系统的确立，建立行业行为规范成为行业文化建设的重点工作。7月，全国烟草行业行为规范建设试点工作会议在重庆召开，传达贯彻国家局关于推进行业行为规范建设工作的要求，布置行为规范建设试点工作，确定北京市局（公司）、山西省局（公司）、湖北中烟、浙江中烟等14家工商企业为行业行为规范建设试点单位。行业行为规范由行业礼仪行为规范、公共行为规范、职业行为规范、窗口行为规范等四部分构成。在抓好试点工作基础上，国家局将编写下发《烟草行业行为规范》读本，推进行业行为规范的应用和落实。

近五年行业文化建设发展情况。2005年以来，国家局先后组织了全行业“两个至上”共同价值观大讨论、演讲报告会、文艺汇演和“两个至上”在岗位主题实践活动，制订下发《中国烟草企业文化建设纲要》，确立烟草行业文化架构体系，构建烟草行业文化评价体系，行业文化建设循序渐进发展，不断取得新的进步。

2005年，针对行业文化建设实际，国家局提出要初步建立适应行业改革发展要求、体现维护国家利益和消费者利益、具有明显行业特色的文化体系，在实现企业发展与员工发展和谐一致、企业文化优势与竞争优势和谐一致、企业效益与企业形象和谐一致上有新的发展、新的进步。制订下发《中国烟草企业文化建设纲要》，组织开展了试点引导和企业文化建设培训工作，行业各单位对企业文化建设的认识得到提高，一批企业自觉投入到文化建设行列。2006年，明确提出行业文化建设从试点引导转向全面推进，建立健全行业企业文化架构体系、评价体系和激励机制。《烟草行业文化架构体系》发布实施，《烟草行业文化评价体系》构建工作正式启动，第二批9家企业成为国家局企业文化建设试点单位。2007年，针对行业文化建设发展现状，提出要全面推进行业文化建设，推动行业文化创新，宣贯行业文化架构体系，检验行业文化评价体系，规范行业视觉识别系统，打造行业服务品牌，促进行业平稳发展。行业文化宣贯深入人心，《行业文化评价体系》初步成型并通过13家企业试运行予以检验，《中国烟草视觉识别系统》颁布实施。2008年，提出深入推进行业文化建设，推广应用行业文化评价体系，规范行业视觉识别系统，构建文化宣贯实施标准、服务品牌建设标准，打造行业服务品牌，促进行业持续健康平稳发展。

行业各单位以服务品牌为切入点，彰显企业个性，突出企业主体形象，提升企业核心竞争力。如重庆烟草的“三诚服务”、浙江嘉兴烟草的“春蚕服务”、吉林市公司的“同舟服务”、玉溪烟草的“清溪服务”等服务品牌应运而生。在服务品牌建设实践中，各单位自觉践行“两个至上”行业共同价值观，正确处理企业服务社会、全员服务客户、领导服务员工、机关服务基层、商业服务工业、上游服务下游等关系，努力为客户创造价值。通过品牌建设，进一步强化服务的差异化、规范化，形成发展优势，实现营销网络服务升级，提升客户忠诚度、满意度，对烟草商业企业提升服务水平和长远发展产生了推动作用。各工业企业在服务品牌建设实践中，致力于提高品牌发展水平，在研发上加强技术改造和科技创新，优化产能布局；以订单供货为契机，优化资源配置，合理安排生产计划；通过战略重组，加强品牌整合，注重品牌输出，进一步做大做强骨干品牌，为建设“大市场、大品牌、大企业”、实现“两个跨越”、提升企业竞争力打下了良好基础。

【报纸期刊】 《中国烟草》杂志。《中国烟草》杂志是国家烟草专卖局主管、中国烟草杂志社主办的行业刊物。《中国烟草》杂志自创办以来，坚持正确导向，坚持为行业服务，坚持与时俱进，交流探索行业改革发展思路，发挥“喉舌、窗口、园地”的作用，努力做到“贴近实际、贴近基层、贴近读者”。2009年，编辑出版《中国烟草》24期、增刊《新中国的烟草事业1949~2009》，《新中国烟草事业60年镜头回放》画册，杂志订阅量达3.75万份，同比增长8%，连续第十年保持稳定增长。

2009年，《中国烟草》杂志围绕行业“烟叶防过热、卷烟上水平、税利保增长”的中心工作，加强重点报道，相继推出了《防过热 保增长 提实力》、《着力推进“卷烟上水平”》、《跨省重组迈出新步伐》、《原料保障上水平》等深度报道，坚持正确舆论导向，宣传解读国家局党组面对国际金融危机影响所作出的重要决策和部署，促进行业各项工作开展。将1985年至2008年出版发行的392期《中国烟草》杂志制作成全文检索的电子数据光盘。

《中国烟草学报》。《中国烟草学报》（以下简称《学报》）创刊于1992年，是中国科学技术协会主管、中国烟草学会主办的覆盖烟草工业、农业、经济管理及相关领域的学术期刊。2009年，《学报》共正式出刊6期，刊登稿件100篇，约100万字，图片42版。新增“现代烟草农业”栏目，开展对现代烟草农业课题的研究和探讨，加大对减害降焦课题的研究与交流，跟踪课题研究成果，2009年基金论文比为0.56，即56%的刊出文章为课题研究项目成果报道。根据中国科学技术信息研究所统计数据显示，《学报》在1868种核心期刊中综合评分列第120位。2009年，《学报》首次被中国科学引文数据库（CSCD，2009~2010年）收录，再次入选“中国百种杰出学术期刊”，并第三次进入“中国科协精品科技期刊示范项目”。《学报》网上投稿系统进一步得到完善，文章周转速度明显加快。截至2009年年底，《学报》已经实现全文上网。

《新烟草·旺铺》。2009年，《新烟草·旺铺》杂志改由中国烟草总公司主管，黑龙江省烟草公司、中国烟草杂志社共同主办，并办理了法人登记等相关手续。《新烟草·旺铺》杂志坚持以“零售户为主要读者；以零售户为主要报道对象”的办刊理念，通过扩宽选题范围、加强与读者互动等方式，提升刊物质量和知名度。全年相继推出了《零售店的前世今生》、《创业“她世纪”》、《明天会更好——纪念四川汶川特大地震一周年》等重要栏目和文章，得到零售客户的好评。

《东方烟草报》。《东方烟草报》创刊于1992年7月，是面向烟草行业和全国公开发行的报纸。2009年，《东方烟草报》围绕“烟叶防过热、卷烟上水平、税利保增长”的行业主要任务，加大策划力度，突出报道深度。年初创办《烟草人家》专刊；对新中国成立60周年、“两会”等大事、热点进行深入报道；周刊改版，加强零售客户命题策划，行业读者的关注度和参与度不断提高。全年报纸发行量10.5万份，周刊发行量突破50万份。截至2009年年底，理事会单位达到111家。

【网络媒体】 国家局进一步加强对行业各级网站建设的规范管理，强化网站备案登记制度，规范行业标识和栏目设置，坚持每季度对网站内容保障和建设情况进行通报。截至2009年年底，行业已有37家单位建成并开通了外部网站，初步形成以国家局外部网站为龙头，各单位子站为支撑，统一入口、相互链接、资源共享的烟草行业网站群体系。国家局通过网站开展信息公开工作，全年共发布烟草新闻、专题专栏等各类信息2万余条，被中央政府门户网站采用政务信息62条，及时答复9例信息公开申请。

【志书编纂】 《中国烟草年鉴》。2009年，中国烟草年鉴编辑部完成了2007年年鉴的出版发行工作和2008年年鉴编辑工作。《中国烟草年鉴（2008）》在保持原有基本框架不变的基础上，新增“特别关注”栏目，重点记述了行业抗震救灾、现代烟草农业建设、改革开放30年行业纪事等情况；“附录”部分新增行业2008年“百牌号”卷烟目录、2008年卷烟在产品牌（规格）展示等内容。《中国烟草年鉴（2008）》组稿和审稿工作会议分别于3月和8月在广西南宁、陕西西安举行。

国家烟草专卖局
中国烟草总公司机构

国家烟草专卖局　中国烟草总公司机构

办公室（外事司）

【主要职责】 1. 拟订并组织实施机关政务管理的制度和工作规范，协调机关政务工作；负责国家局召开会议的计划管理和组织筹备工作；负责督办工作；负责全国人大代表建议和全国政协委员提案办理工作；负责国家局、总公司机关总值班工作。

2. 负责起草国家局、总公司的重要文件、会议报告及领导讲话；组织、协调行业重大问题调研工作；组织、协调行业电子政务建设；负责编发行业重要信息；负责国家局、总公司新闻、信息发布工作；组织、协调行业履行《烟草控制框架公约》有关工作。

3. 负责国家局、总公司机关公文核稿、收发传递和文件印制工作；指导行业公文处理工作；管理国家局党组、国家局、总公司印章；负责国家局、总公司机关各部门、各单位和行业各直属单位印章管理工作；指导、协调行业档案管理工作；承担国家局保密委员会的日常工作。

4. 负责烟草系统外事管理工作。

5. 负责行业信访、稳定和应急管理工作；负责国家局、总公司机关安全、保卫工作；指导行业社会治安综合治理工作。

6. 承办国家局、总公司交办的其他事项。

【负责人】 主任、司长：张修连；副主任、副司长：郭联君、王劲栋；巡视员：杨永安（2009.8～11）；副巡视员：孙宝义、林　海。

【内设机构】 设综合调研处、秘书处（值班室）、文秘档案处、新闻联络处、信访保卫处、外事处6个内设机构。

发展计划司

【主要职责】 1. 拟订并组织实施行业发展战略、发展规划；拟订行业生产布局规划；编制行业投资规划，拟订并组织实施投资年度计划；拟订行业技术装备政策。

2. 拟订并组织实施烟草专卖品产供销、进出口的年度计划。

3. 拟订烟草专卖品管理名录；核定全国烟草专卖品生产、经营企业的生产规模。

4. 审核烟草系统投资项目和外资投资项目；负责行业投资项目管理和招投标工作；编制烟草专用机械设备分配计划；负责国家局定点扶贫工作。

5. 拟订烟草专卖品价格政策，管理烟草专卖品价格；收集、整理、分析、发布烟草专卖品价格信息。

6. 承办国家局、总公司交办的其他事项。

【负责人】 司长：赵洪顺；副司长：孙桂芳（2009年6月任部门正职级）、郭齐贵。

【内设机构】 设综合处、计划处、投资处、价格处4个内设机构。

专卖监督管理司

【主要职责】 1. 监督检查《中华人民共和国烟草专卖法》及《中华人民共和国烟草专卖法实施条例》的执行情况。

2. 拟订烟草专卖管理监督制度，监督检查烟草专卖品的生产经营活动。

3. 组织、指导并承办违反烟草专卖法律法规案件的查处，查禁、关停计划外烟厂，保护合法经营；会同国家有关部门取缔非法烟厂和烟草专卖品自由交易市场，打击假冒和走私烟草专卖品等违法活动。

4. 拟订烟草专卖许可证、烟草专卖品准运证管理制度，监督检查各类专卖许可证件的核发、使用工作；参与拟订名晾晒烟名录和烟草专卖机械名录。

5. 指导专卖行政执法和专卖队伍建设工作。

6. 承办国家局、总公司交办的其他事项。

【负责人】 司长：魏树琦；副司长：高兴智、关宏梅；副巡视员：白　明（2009. 6—）。

【内设机构】 设综合处、内部监督管理处、市场监督管理处、打假打私处、证件管理处 5 个内设机构。

经济运行司

【主要职责】 1. 承担行业生产、经营的统一调度工作，协调产供销的衔接；负责行业生产、经营的综合分析和预测监控；拟订并组织实施行业经济运行调控政策和方案。

2. 参与拟订烟草专卖品产供销年度计划，拟订并组织实施卷烟季度、月度生产进度计划；负责行业经济运行考核工作。

3. 负责行业产品结构调整工作；拟订并组织实施卷烟品牌发展规划，指导行业品牌维护与培育工作，组织开展品牌定向整合；依法实施烟草制品商标管理工作；组织开展中外烟草企业间生产技术合作工作。

4. 承担烟草专卖品卷烟材料供应管理工作；承担烟草专用机械设备转让、租借与报废的管理事项。

5. 指导行业企业管理工作；承担行业质量管理工作，负责推行 ISO 9000 系列标准；组织开展行业节能减排工作；指导行业安全生产工作，依法处理重大安全事故；协调行业抗灾救灾工作。

6. 承办国家局、总公司交办的其他事项。

【负责人】 司长：王　平；副司长：卢瑞刚、李德义；副巡视员：谢云海（2009. 8—）。

【内设机构】 设综合处、生产经营管理处、企业管理处、安全处 4 个内设机构。

政策法规与体制改革司

【主要职责】 1. 组织起草行业相关法律法规、规章草案和重大政策；审查行业生产经营管理的重要制度、重大经济合同和国家局、总公司机关各部门、各单位拟订的规范性文件；建立和完善专卖管理法规体系和行业管理法规体系。

2. 拟订并组织实施行业体制改革和企业组织结构调整规划和工作方案；指导企业和专业性公司改革工作；承办行业企业设立、分立、合并与撤销工作；指导建立现代企业制度。

3. 调查研究《中华人民共和国烟草专卖法》及《中华人民共和国烟草专卖法实施条例》、国家有关法律法规在行业的执行情况和改革中存在的问题；监督检查行业依法行政，组织实施行政执法责任制工作；负责行业普法依法治理工作。

4. 承担行业法律咨询工作，指导行业行政机关和企业法律顾问工作；组织推动行业法制建设工作；参与研究和审议行业对外经济技术合作的有关政策和制度；组织开展烟草专卖法规、政策方面的国际交流。

5. 指导、协调行业行政复议工作，承办相关行政复议、行政应诉工作。

6. 承办国家局、总公司交办的其他事项。

【负责人】 司长：刘敬如；副司长：李　鸣、赵国臣、王玉麟。

【内设机构】 设综合处、政策法规处（行政复议处）、体制改革处 3 个内设机构。

财务管理与监督司（审计司）

【主要职责】 1. 研究提出行业有关经济政策建议；拟订并组织实施行业财务管理、资产经营管理、会计核算、审计监督的制度、办法。

2. 拟订并组织实施行业国有资产管理规定和国有资产保值增值考核办法、标准。

3. 管理监督行业财务资金；拟订行业税后利润分配政策及方案；编制并组织实施行业年度预算；组织行业所属企业上缴国有资本收益，编报行业国有资本经营预算。

4. 负责行业各类财务会计报告的汇总、审核和编报工作；监督检查行业会计信息质量；参与拟订行业财务会计、审计信息化建设发展规划。

5. 负责行业内部审计工作；拟订并组织实施行业内部审计工作规定、办法，拟订行业内部审计发展规划和年度审计项目计划。

6. 承办国家局、总公司交办的其他事项。

【负责人】 司长：张玉霞[①]；副司长：王建雪、张书东、郝和国；副巡视员：叶建华。

【内设机构】 设综合处、财务处、预算处、会计处、国有资产管理处、审计一处、审计二处、机关财务处 8 个内设机构。

科技司

【主要职责】 1. 承担烟草制品减害降焦工作；拟订行业科技发展政策及战略规划、年度计划；参与拟订行业技术装备政策，参与技术引进和技术改造论证工作；组织国内外科技交流与合作。

2. 承担国家局、总公司科技领导小组、科学技术委员会、全国烟草标准化技术委员会的日常工作；负责行业创新体系建设及创新能力考核工作；负责行业科技成果评价、推广、奖励；负责科技信息、科技统计及有关知识产权管理工作；研究提出科技经费预算建议。

3. 拟订并组织实施行业科技项目年度计划；组织管理行业重大科技项目；审核烟草新品种和烟草基因工程事项。

4. 负责行业产品质量评价和监督工作；负责行业质量技术监督检验机构建设、审查和认定工作；负责烟草专卖品、烟用材料和相关产品的质量技术监督及质量市场准入工作。

5. 负责行业标准化管理工作；编制并组织实施行业标准制订项目年度计划，管理行业用标准物质和标准样品的制作与发布；组织开展烟草专用仪器计量检定工作。

6. 承办国家局、总公司交办的其他事项。

【负责人】 司长：金忠理；副司长：王献生、张虹。

【内设机构】 设综合处、科技开发处、技术监督处、标准化处 4 个内设机构。

人事司

【主要职责】 1. 拟订烟草系统人事、劳动工资、思想政治、教育培训工作相关政策和制度；指导烟草系统人事、用工、分配制度改革工作。

2. 负责国家局党组管理干部、机关各部门、各单位干部的管理工作；组织、指导、监督检查烟草系统各级领导班子建设工作；指导烟草系统人事档案管理工作。

3. 负责烟草系统机构编制、人才队伍建设工作；审核各级烟草专卖局的设立、分立、合并与撤销。

4. 负责烟草系统劳动、工资、保障工作；编制烟草系统教育培训规划，指导烟草系统教育培训工作。

5. 指导烟草系统党的建设、思想政治、企业文化建设工作；负责中国烟草职工思想政治工作研究会的日常工作。

6. 承办国家局、总公司交办的其他事项。

【负责人】 司长：邢万里；副司长：刘景珍、孙晓莹；副巡视员：史惠民（2009. 6—）。

【内设机构】 设综合处、系统干部处、机关人事处、劳动工资处、思想政治工作处、教育培训处 6 个内设机构。

① 2009 年 12 月，根据《国家烟草专卖局关于张玉霞同志任职的通知》国烟人〔2009〕481 文件，张玉霞任国家烟草专卖局总会计师兼财务管理与监督司（审计司）司长。

机关党委[①]

【主要职责】 1. 负责组织国家局、总公司机关政治理论、科学知识学习，宣传和贯彻党的路线、方针、政策。

2. 负责国家局、总公司机关党风廉政建设和纪律检查的相关工作；负责国家局、总公司机关思想政治工作，组织协调精神文明建设工作。

3. 领导机关各部门、各单位党组织开展各项组织活动。

4. 负责各部门、各单位党组织和党员的管理，开展党员表彰奖励工作；负责各部门、各单位党组织换届选举的指导工作，任免各部门、各单位党组织的负责人。

5. 指导国家局、总公司机关工会、共青团、妇女委员会工作。

6. 承办国家局、总公司交办的其他事项。

【负责人】 机关党委书记：潘家华（兼）；机关党委常务副书记：郭振景；机关党委副书记、纪委书记：申秋生。

离退休干部办公室

【主要职责】 1. 拟订烟草系统离退休干部工作有关制度、规定，指导系统离退休干部工作。

2. 组织开展离退休干部工作人员业务培训；负责离退休干部统计工作。

3. 研究提出国家局、总公司机关离退休干部工作经费预算建议；负责机关离退休干部的服务管理工作；组织机关离退休干部的政治学习、文件传阅以及参加重大政治活动。

4. 承办国家局、总公司交办的其他事项。

【负责人】 主任：邵文龙；巡视员：孔长生（2009. 8～11）。

【内设机构】 设综合处、机关离退休干部处2个内设机构。

中央纪委、监察部驻国家烟草专卖局纪检组、监察局（中国烟草总公司监察局）[②]

【主要职责】 中央纪委、监察部驻国家烟草专卖局纪检组、监察局是中央纪委、监察部派驻国家局的纪检监察机构，直接受中央纪委、监察部领导，与中国烟草总公司监察局合署办公。根据《驻国家烟草专卖局纪检组、监察局关于实行统一管理的实施方案》的规定，确定其主要职责。

1. 监督检查国家局及所属系统贯彻党的路线、方针、政策和决议，遵守国家法律、法规，执行国务院决定、命令的情况。

2. 监督检查国家局党组和行政领导班子及其成员维护党的政治纪律，贯彻执行民主集中制，选拔任用领导干部，贯彻落实党风廉政建设责任制和廉政勤政的情况。

3. 经中央纪委监察部批准，初步核实国家局党组和行政领导班子及其成员违反党纪政纪的问题；参与调查国家局党组和行政领导班子及其成员违反党纪政纪的案件；调查国家局及所属系统司局级领导干部违反党纪政纪的案件及其他重要案件。

4. 受国家局党组和行政领导班子委托，继续履行组织协调国家局及所属系统党风廉政建设和反腐败工作的职责，管理和指导国家局所属系统各单位纪检监察机构及国家局直属机关纪委的业务工作，协助国家局人事司管理所属系统纪检监察机构和纪检监察干部。

5. 受理对国家局机关及所属系统党组织、党员和行政监察对象的检举、控告，受理国家局机关及所属系统党员和行政监察对象不服处分的申诉。

---

① 国家烟草专卖局直属机关党委与国家局人事司合署办公，内设机构为办公室。

② 2009年11月，根据《中共国家烟草专卖局党组关于成立巡视工作领导小组的通知》（国烟党〔2009〕93号），成立中共国家烟草专卖局党组巡视工作领导小组，国家局党组巡视工作领导小组下设巡视工作办公室，作为日常办事机构。

6. 承办中央纪委、监察部，国家局、总公司交办的其他事项。

【负责人】 驻局纪检组组长：潘家华；驻局纪检组副组长、监察局局长：高　林（—2009.9）、姜　凯（2009.9—）；中国烟草总公司监察局副局长：赵同军（—2009.12）、程春节（2009.12—）；驻局监察局副局长：刘　忠；中共国家烟草专卖局党组巡视工作办公室主任：冯京安（2009.11—，部门副职级）。

【内设机构】 设一室（综合室）、二室（监督检查室）、三室（信访审理室）、四室（纠风办）4个内设机构。

中国烟叶公司

【主要职责】 中国烟叶公司是国家局、总公司直属的专业性公司，承担一定的行业宏观管理职能。

1. 组织、指导、协调、管理全国烟叶工作。

2. 研究提出并组织实施现代烟草农业的政策和发展规划；参与拟订烟叶种植、收购、储备、调拨和进口计划；参与拟订烟叶收购、调拨价格及打叶复烤加工费用标准。

3. 指导全国烟叶生产、收购和加工工作；参与拟订烟叶国家标准、生产技术标准和打叶复烤技术标准；核准烟叶收购基准样品，参与审定烟草新品种；组织全国烟叶购销交易。

4. 拟订并组织实施烟叶生产基础设施建设总体规划、计划；指导烟叶基层建设和打叶复烤企业管理；参与拟订打叶复烤企业技术改造规划；参与组织烟叶信息化工作。

5. 组织经营进口烟草专用肥料；参与进口烟叶工作，负责进口烟叶国内流通管理；负责烟叶中外技术交流与合作工作。

6. 承办国家局、总公司交办的其他事项。

【负责人】 总经理：赵振山；副总经理：聂和平、陈江华、张玉征、包　勤、吴洪田（2009.10—）。

【内设机构】 设办公室、综合计划部、生产管理部（技术推广部）、收购管理部、基层建设管理部、复烤企业管理部、财务部、经营部8个内设机构。

中国卷烟销售公司

【主要职责】 中国卷烟销售公司是国家局、总公司直属的专业性公司，承担一定的行业宏观管理职能。

1. 组织、指导、协调、管理全国卷烟销售工作，研究提出全国卷烟销售工作的政策和相关制度。

2. 指导全国卷烟销售网络建设和商业企业卷烟现代流通建设工作；拟订卷烟销售网络运行规范，参与拟订卷烟销售网络管理标准。

3. 组织实施全国卷烟市场需求预测工作，参与拟订卷烟销售计划；参与组织卷烟产销衔接和品牌定向整合工作，参与拟订卷烟品牌发展规划。

4. 组织、指导全国卷烟市场调查工作，采集、分析、发布卷烟市场信息；参与组织卷烟销售信息化工作，负责卷烟销售信息网络的管理与维护。

5. 组织、指导全国卷烟交易工作，拟订卷烟营销规则，监督、检查卷烟促销工作；参与拟订进口卷烟销售计划，拟订进口卷烟的国内销售管理办法；组织、协调中外合作国内生产卷烟品牌的市场销售工作；依法对公司的全资企业、参股企业行使出资人权利，经营和管理国有资产，承担保值增值的责任。

6. 承办国家局、总公司交办的其他事项。

【负责人】 总经理：吴庚宏；副总经理：秦前浩、汪世贵、王　宏（2009.11—）；总经理助理（挂职）：张振华。

【内设机构】 设办公室、财务部、网建部、信息部、市场管理部、交易管理部6个内设机构。

中国烟草投资管理公司

【主要职责】 中国烟草投资管理公司是国家局、总公司直属的专业性公司，承担一定的行业宏观管理职能。

1. 负责行业多元化投资经营工作的归口管理；参与编制行业多元化投资规划，参与审核多元化投资项目；参与审核多元化经营企业国有产权转让、国有资产无偿划转等事项。

2. 拟订行业多元化经营管理规定和企业退出机制，指导建立现代企业制度，完善公司治理结构；建立和完善行业多元化经营企业国有资产保值增值指标体系和目标考核制度。

3. 根据总公司的授权，对总公司直接投资及本公司投资的多元化企业行使出资人权力，履行出资人职责。

4. 负责行业战略性投资项目的规划、论证及组织实施工作。

5. 负责国产醋纤丝束经营，依法经营其他烟用材料；参与拟订醋纤丝束分配计划与价格。

6. 承办国家局、总公司交办的其他事项。

【负责人】 总经理：吴建明；副总经理：孙兰成、吴　益；总经理助理（挂职）：唐　强。

【内设机构】 设办公室、企业管理部、行业指导管理部、事业发展部、财务管理部、审计部、经营部7个内设机构。

中国烟草机械集团有限责任公司

【主要职责】 中国烟草机械集团有限责任公司是国家局、总公司直属的专业性公司，承担一定的行业宏观管理职能。

1. 参与拟订并组织实施烟草机械工业的发展规划、年度计划；参与拟订行业技术装备政策及烟草机械生产企业的生产布局、企业定点方案；拟订并组织实施行业设备管理制度，组织、协调行业生产设备的日常管理工作；负责推广新设备、新技术，发布淘汰设备目录。

2. 参与拟订国产烟草机械设备分配计划和价格政策；组织、协调全国烟草机械的购销管理工作；拟订并组织实施烟草机械产品生产经营业务的管理制度。

3. 负责行业设备大修理（翻修）的定点及布局工作，指导定点企业的生产经营和技术管理，拟订并组织实施设备大修理的年度计划；负责行业烟草机械零配件管理工作。

4. 负责烟草机械产品的技术管理工作；负责国内外烟草机械的技术交流、技术合作、对外技术谈判、技术培训和技术咨询服务工作；负责烟草机械引进技术的消化吸收和国产化工作；参与组织烟草机械新产品技术鉴定工作；拟订烟草机械产品的质量标准；参与拟订烟草机械设备进出口年度计划；参与组织烟草机械出口工作，负责组织货源和售后服务，参与组织国际市场开发工作。

5. 依法对控股企业行使出资人权利，经营和管理国有资产，承担保值增值的责任；按照国家局的授权，管理本公司及控股企业的人事、劳动工资及纪检监察工作。

6. 承办国家局、总公司交办的其他事项。

【负责人】 董事长、总经理、党组书记：王崇光；副总经理、党组成员：程佳华；副总经理、总会计师、党组成员：宋春华；副总经理、党组成员：王仲强、王建法；副巡视员：凌卫民（2009.8—）、赵美燕（2009.8—）；总经理助理（挂职）：鹿广瑞。

【内设机构】 设办公室、综合计划部、人力资源部（纪检监察部）、生产管理部、市场部、财务资产部、技术合作部、审计部、设备管理部9个内设机构。

中国烟草国际有限公司

【主要职责】 中国烟草国际有限公司是国家局、总公司直属的专业性公司，承担一定的行业宏观管理职能。

1. 按照集中统一对外原则，组织、指导、协调、管理中国烟草的国际业务；研究提出行业国际业务工作总体规划，拟订并组织实施开拓国际市场战略规划。

2. 统一经营和管理烟草类国营贸易业务，拟订相关规章制度，规范经营秩序；参与拟订烟草进出口产品的年度计划并负责组织实施；参与拟订烟草进出口产品价格；组织进口烟叶工作，组织实施进口烟叶采购的境外投资实体化运作。

3. 拟订行业境外企业的发展规划、生产布局；指导、协调、管理行业境外企业及境外卷烟销售网络的生产经营工作；参与拟订开拓国际市场的奖励政策，研究提出相关奖励方案。

4. 统一管理烟草行业境外投资及经贸合作；审查、评估行业境外投资项目和境外企业的设立、分立、合并与撤销，报国家局审批；协调解决对外贸易中的法律纠纷。

5. 依法对公司的全资企业、控股企业、参股企业行使出资人权利，经营和管理国有资产，承担保值增值的责任；根据国家局的授权，管理公司及境外投资控股企业和驻外机构的人事、劳动工资工作。

6. 承办国家局、总公司交办的其他事项。

【负责人】 董事长、总经理、党组书记：张本甫；副总经理、党组成员：郭胜锁、高学林、潘肖勇、梁占华、谭小燕（2009.6—）；总会计师、党组成员：张宏实（2009.6—）；巡视员：孟法乾（2009.2～3）；副巡视员：杨健身（2009.6—）、吴　伟（2009.6—）、熊　斌（2009.6—）；总经理助理（挂职）：王卫平（—2009.5）。

【内设机构】 设公共事务部、企划投资部、国营贸易部、烟叶运营部、市场拓展部、财务管理部、审计部、法律事务部、人力资源部9个内设机构。

【驻外机构】 公司以控股方式管理深圳烟草进出口有限公司。公司还直接管理7个驻外机构：天利国际经贸有限公司（所在地：中国香港）、天泽烟草有限责任公司/中国烟草国际有限公司驻津巴布韦代表处（所在地：津巴布韦哈拉雷）、中国烟草国际巴西有限公司（所在地：巴西圣克鲁斯）、中国烟草国际有限公司驻莫斯科代表处（所在地：俄罗斯莫斯科）、中国烟草日本株式会社（所在地：日本东京）、迪拜瑞世达贸易有限公司（所在地：阿联酋迪拜）、中国烟草国际有限公司汉堡有限公司（所在地：德国汉堡）。

中烟电子商务有限责任公司

【主要职责】 中烟电子商务有限责任公司是国家局、总公司直属的专业性公司，承担一定的行业宏观管理职能。

1. 拟订行业电子商务发展规划，负责烟草电子商务平台建设工作。

2. 组织、指导、协调、管理行业物流建设工作，拟订行业物流标准；承担行业现代物流工作领导小组的日常工作。

3. 负责烟草电子商务平台、行业卷烟生产经营决策管理系统和物流信息系统的运行维护、安全管理和技术支持工作；负责有关数据汇总、分析，提供信息服务。

4. 负责广安门办公大楼的日常管理工作。

5. 承办国家局、总公司交办的其他事项。

【负责人】 总经理：曹华青；副总经理：董传国、范建治；总经理助理（挂职）：董建江。

【内设机构】 设办公室、综合管理部、交易部、物流部、技术部、财务部6个内设机构。

中国烟草实业发展中心

【主要职责】 中国烟草实业发展中心是国家局、总公司直属的专业性公司。

1. 指导、协调、管理所属企业的生产经营活动；指导所属企业安全生产工作。

2. 组织实施所属企业组织结构调整，指导企业改革。

3. 依法对所属企业的国有资产行使出资人权利，承担国有资产保值增值责任，管理监督所属企业财务资金，组织实施内部审计工作。

4. 管理所属企业人事、劳动工资工作，指导所属企业精神文明建设，负责所属企业纪检监察工作。

5. 承办国家局、总公司交办的其他事项。

【负责人】 总经理、党组书记：张建军；副总经理、党组成员：李增林、赵　琦（2009.6—）；巡视员：娄宝山（2009.2～5）；纪检组长、党组成员：傅　鹏；副巡视员兼法律与改革部主任：李立林；副巡视员：寿庆春（—2009.10）、秦　燕（2009.6—）；总经理助理（挂职）：王建勇（—2009.5）。

【内设机构】 办公室（外事办公室）、人力资源部、生产部、安全监督管理部、企业管理部、财务部、审计部（监事室）、法律与改革部、市场营销部、物资供应部、纪检监察部11个内设机构。

中国双维投资公司

【主要职责】 中国双维投资公司是国家局、总公司直属的专业性公司。

1. 负责烟草行业重大战略性投资项目的规划、论证和可行性研究工作。

2. 组织实施经中国烟草总公司批准的投资项目。

3. 承担本公司直接投资企业和投资项目的经营管理工作。

4. 参与整合中国烟草总公司确定的行业多元化投资项目的优质资产。

5. 根据国家烟草专卖局授权，管理本公司的人事、劳动工资工作。

6. 承办国家局、总公司交办的其他事项。

【负责人】 总经理、党组书记：吴建明（2009年9月任党组书记）；总经理助理（挂职）、党组成员：王建勇（2009.9—）、王卫平（2009.9—）；总经理助理：徐晓新（2009.5—）。

【内设机构】 设综合部、投资管理部、企业管理部、财务部4个内设机构。

国家烟草专卖局职工培训中心（中共国家烟草专卖局党校）

【主要职责】 国家烟草专卖局职工培训中心（党校）是国家局直属的事业单位。

1. 负责行业司、处级党员领导干部党校教育，承担有关素质能力培训工作；组织开展相关教学课题研究。

2. 承办国家局、总公司组织的会议及业务培训。

3. 负责教育、培训、会议等服务保障工作。

4. 承办国家局、总公司交办的其他事项。

【负责人】 党校校长：潘家华；党校常务副校长、培训中心主任：何秀群；党校副校长、培训中心副主任：王继锋；副巡视员：郁　毅（2009.5—）。

【内设机构】 设办公室、教务处、总务处3个内设机构。

烟草经济研究所

【主要职责】 烟草经济研究所是国家局直属的事业单位。

1. 研究行业改革发展的经济理论和行业经济政策、重大产业政策、发展战略。

2. 参与行业有关重大问题的调研工作。

3. 分析研究国际烟草经济与科技信息、国际烟草市场动态及有关国家烟草政策。

4. 分析研究国家经济体制改革和国民经济运行信息；承担行业软科学研究工作。

5. 承办国家局、总公司交办的其他事项。

【负责人】 所长：郭联君（兼）；副所长：李印美；副巡视员：黄忠魁（—2009.3）、左　红（2009.8—）。

【内设机构】 设办公室、政策研究室、产业研究室3个内设机构。

中国烟草杂志社

【主要职责】 中国烟草杂志社是国家局直属的事业单位。

1. 编辑出版发行国家烟草专卖局的机关刊物《中国烟草》杂志（半月刊）。

2. 建设、维护、管理中国烟草资讯网。

3. 在国家局办公室指导下负责《中国烟草年鉴》

编纂发行工作。

4. 编辑出版发行《新烟草》杂志（月刊）。

5. 与国家局人事司共同主办《烟草企业文化》杂志（月刊）。

6. 管理和经营中烟广告公司。

【负责人】 社长、主编：刘　杰；副社长：毛幼力；副巡视员：赵和惠（2009.8～11）。

【内设机构】 设主编室、编辑一部、编辑二部、记者部、《中国烟草年鉴》编辑部、《新烟草》编辑部、《烟草企业文化》编辑部、美术摄影编辑部、网络部、综合办公室、中烟广告公司（广告部）、出版发行经营部12个内设机构。

机关服务中心（机关服务局）

【主要职责】 机关服务中心（机关服务局）是国家局直属的事业单位。

1. 负责机关行政后勤管理工作，拟订并组织实施内部管理制度；负责内部聘用人员的人事、劳动工资管理工作；管理北京金叶园会议中心。

2. 负责机关固定资产的管理及办公用品、劳动保护用品的采购、保管和供应工作；负责机关职工食堂的管理及食品的采购供应工作。

3. 负责机关的交通运输、机动车辆管理、使用及安全工作；负责机关职工的医疗、保健、计划生育和义务献血工作；负责机关办公楼门前三包、绿化、美化工作。

4. 负责机关的基本建设、房地产及相关物业管理工作。

5. 承办国家局、总公司交办的其他事项。

【负责人】 副主任（副局长）：李东明（部门正职）；副主任（副局长）：何绍青、付久海。

【内设机构】 设办公室、综合服务处、财务处、生活福利处、基建房产处5个内设机构。

烟草经济信息中心

【主要职责】 烟草经济信息中心是国家局直属的事业单位，承担一定的行业宏观管理职能。

1. 拟订并组织实施行业信息化发展规划和管理制度、办法；拟订行业电子政务和电子商务建设的技术方案。

2. 拟订并组织实施行业信息化规范和标准；审核行业直属单位信息化规划和实施方案。

3. 负责行业统计工作；负责行业数据中心建设和管理工作。

4. 负责建设和管理行业网络通信系统；承担行业数据中心网络、信息系统运行维护管理；监督检查行业网络信息安全工作。

5. 负责国家局内、外网站的建设和管理；承担国家局机关信息化项目建设工作，办理设备购置等有关事项；指导行业直属单位网站的建设和管理；承担国家局信息化工作领导小组的日常工作。

6. 承办国家局、总公司交办的其他事项。

【负责人】 主任：胡新华；副主任：陈　彤；副巡视员兼综合处处长：秦　剑（2009.8—）。

【内设机构】 设综合处、信息统计分析处、系统运行处、网络通信安全处、网站管理处5个内设机构。

中国烟草学会办事机构①

【主要职责】 中国烟草学会是依法登记的全国性非营利性具有法人地位的学术性社会团体。

中国烟草学会办事机构在国家局、总公司领导下开展工作，接受民政部、中国科协的监督管理和业务指导，执行中国烟草学会理事会决议，处理日常事务。

1. 根据行业发展需要，组织行业科技工作者开展

① 2009年3月24～25日，中国烟草学会第六次会员代表大会暨学术年会在重庆召开，会议选举产生了中国烟草学会第六届理事会、常务理事会及负责人。

学术交流、科学普及和科技咨询活动，编印学术刊物。

2. 承担中国烟草学会的日常工作；负责协调上海中国烟草博物馆的业务工作。

3. 承办国家局、总公司交办的其他事项。

【负责人】 理事长：张　辉；副理事长：金忠理　董国智　杨　俊　刘建福　王元英　刘国顺；秘书长：董国智（兼）。

【内设机构】 设办公室、学术部、编辑部3个专业部门。

省级工业公司董事会工作办公室①

【主要职责】 1. 直接从事部分省级工业公司董事会工作。

2. 协调省级工业公司董事会之间的工作。

3. 指导实行三级母子公司体制的卷烟工业企业的董事会工作。

4. 指导非烟企业董事会工作。

5. 研究探索直接从事经营的省级烟草公司的董事会建设。

【负责人】 主任：徐　瑑（2009.4—）。

【内设机构】 设秘书处1个部门。

整顿和规范市场经济秩序领导小组办公室

【主要职责】 整顿办为临时性机构，在国家局整顿和规范市场经济秩序领导小组（简称“领导小组”）的直接领导下，承担领导小组的日常工作。

1. 负责向领导小组报告全行业整顿和规范市场经济秩序工作的重大事项，做好牵头、组织、协调、综合指导全行业整顿和规范市场经济秩序工作。

2. 根据烟草行业整顿和规范市场经济秩序的总体要求，做好整顿和规范市场经济秩序的调研工作，向领导小组提出整顿和规范市场经济秩序的工作建议。

3. 组织全国烟草行业整顿和规范市场经济秩序的有关会议。

4. 负责组织起草整顿和规范市场经济秩序工作的领导讲话和文件；组织协调烟草行业专项整治行动的实施，督办重大案件的查处工作。

5. 负责与全国整顿和规范市场经济秩序领导小组办公室的工作联系。

【负责人】 主任：张修连（兼）；常务副主任：李　鸣；副主任：穆重林、马　宁、张国宾；副巡视员：叶建华。

【内设机构】 设综合组、内管组2个部门。

中国烟草总公司郑州烟草研究院

【主要职责】 综合性从事烟草科学研究与开发，是国际标准化组织（ISO）第126技术委员会国内技术归口单位。主要从事烟草栽培调制及贮保、卷烟加工工艺和卷烟配方、烟草化学、烟用香精香料、卷烟减害降焦、再造烟叶等方面的应用基础研究和共性技术研究，卷烟厂和烟叶复烤厂的工程设计，行业相关检测仪器的研制、开发等。其学科范围覆盖烟草栽培及卷烟生产的全过程。

【负责人】 院长、党组书记：闫亚明；副院长、党组成员：谢剑平、张建勋；副院长、纪检组长、党组成员：赵继先；副院长：罗登山。

【内设机构】 设院长办公室、党委人事办公室（含研究生部）、科研开发处、财务管理处4个职能部门；农业研究室、烟草工艺研究开发中心、烟草化学重点实验室、香精香料研究室4个科研部门；国家烟草质

① 2009年7月，根据《国家烟草专卖局关于设立省级工业公司董事会工作办公室秘书处的通知》（国烟人〔2009〕270号），设立省级工业公司董事会工作办公室秘书处。

量监督检验中心、中国烟草科技信息中心、中国烟草标准化研究中心3个行业中心；郑州新桥实业有限公司、郑州嘉德机电科技有限公司2个多元化经营企业。

中国烟草总公司合肥设计院[①]

【主要职责】 受国家局、总公司委托，承担烟草行业固定资产投资工程项目的技术审查职责，负责组织行业固定资产重大投资工程项目总体规划、项目申请报告、初步设计文件、工程超支分析报告等技术审查以及对重大项目和课题的专家论证、评估。在完成国家局委托的工程项目技术审查任务的基础上，保留部分经营职能，利用其技术优势，承接行业打叶复烤厂、烟用原料仓库和部分项目施工图审查及设计咨询工作。

【负责人】 院长、党委书记：朱小平；副院长、党委委员：陆　敏。

【内设机构】 设技术审查处、生产设计处（总师办）、经营处、人力资源处、财务处、办公室6个内设机构。

中国烟草总公司职工进修学院[②]

【主要职责】 承担烟草行业高技术、高技能人才培训，承担行业远程培训任务，具体承办行业培训师资库和培训教材库的建设与管理（《国家烟草专卖局关于加强烟草行业教育培训体系建设的指导意见》国烟人〔2009〕210号）；培训师资的培训，开展远程教育培训和职业技能竞赛，并为企业提供职业技能鉴定、培训开发设计、培训评估、培训师资、培训教材和培训案例建设、培训信息资源、培训业务和生产技术咨询及成人学历教育服务。

【负责人】 主任、党委委员：翁　浩（2009年2月由党委书记改任党委委员）；党委书记：路鹏翔（2009.2—）；副主任、党委委员：杨保吉、刘学义、李广才；纪委书记、党委委员：陈卫华（2009.6—）。

【内设机构】 设办公室、政工处（人事劳资处、监察处）、财务审计处、安全保卫处4个行政部门；信息中心（对外合作办公室）、培训处、远程培训处（培训研究室）、学员管理处4个教学培训部门；后勤服务部、学员公寓服务部、餐饮服务部3个后勤服务部门。

---

① 根据《国家烟草专卖局关于中国烟草总公司合肥设计院职能调整的批复》（国烟人〔2009〕454号），合肥设计院的职能进行了调整。

② 2009年11月，根据《国家烟草专卖局 中国烟草总公司关于中国烟草总公司职工技术培训中心更名的批复》（国烟人〔2009〕476号），批复同意中国烟草总公司职工技术培训中心更名为中国烟草总公司职工进修学院。

附：

烟草行业组织结构图

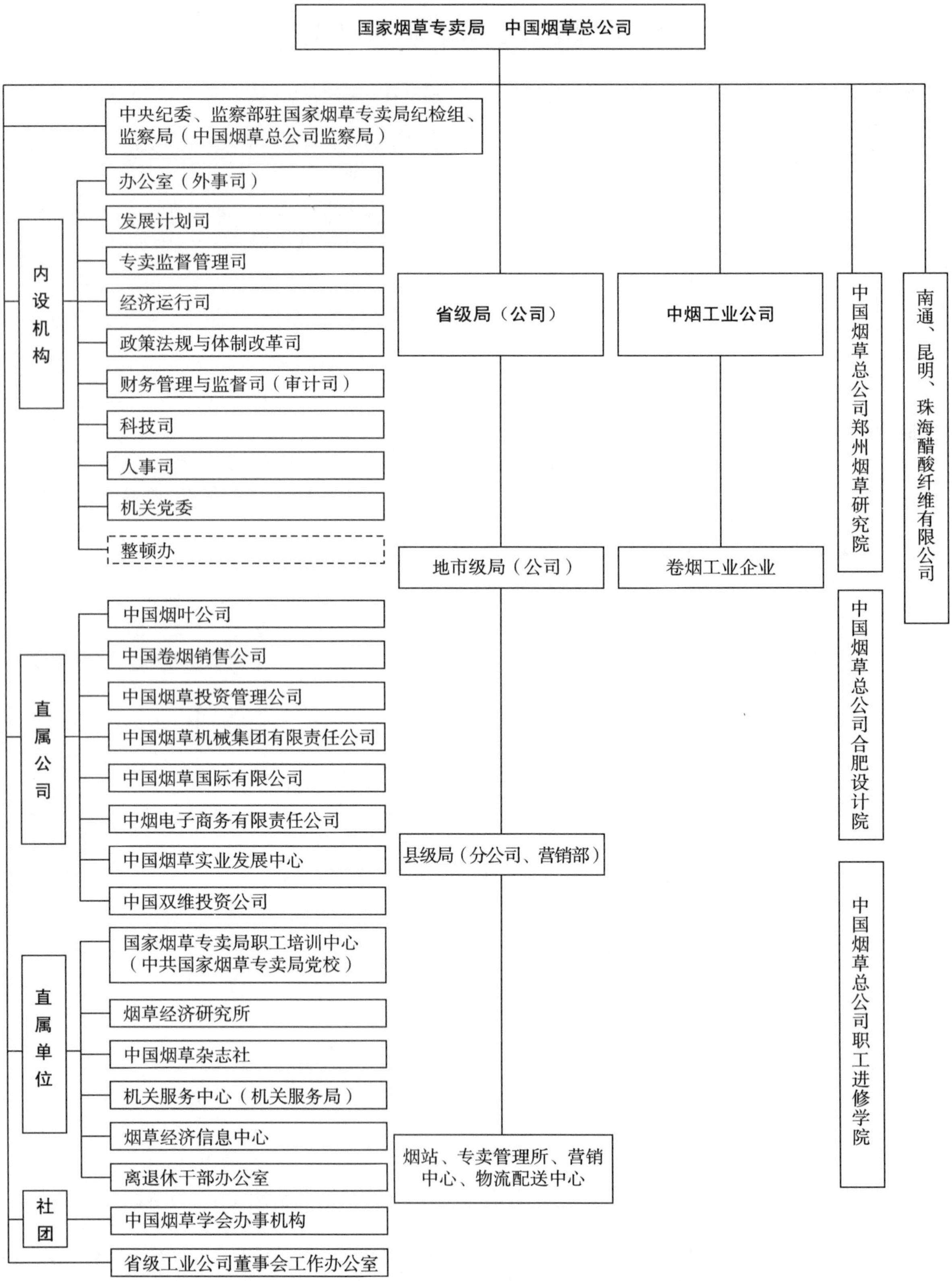

国家烟草专卖局　中国烟草总公司

- 中央纪委、监察部驻国家烟草专卖局纪检组、监察局（中国烟草总公司监察局）
- 内设机构
  - 办公室（外事司）
  - 发展计划司
  - 专卖监督管理司
  - 经济运行司
  - 政策法规与体制改革司
  - 财务管理与监督司（审计司）
  - 科技司
  - 人事司
  - 机关党委
  - 整顿办
- 直属公司
  - 中国烟叶公司
  - 中国卷烟销售公司
  - 中国烟草投资管理公司
  - 中国烟草机械集团有限责任公司
  - 中国烟草国际有限公司
  - 中烟电子商务有限责任公司
  - 中国烟草实业发展中心
  - 中国双维投资公司
- 直属单位
  - 国家烟草专卖局职工培训中心（中共国家烟草专卖局党校）
  - 烟草经济研究所
  - 中国烟草杂志社
  - 机关服务中心（机关服务局）
  - 烟草经济信息中心
  - 离退休干部办公室
- 社团
  - 中国烟草学会办事机构
- 省级工业公司董事会工作办公室
- 省级局（公司）
  - 地市级局（公司）
    - 县级局（分公司、营销部）
      - 烟站、专卖管理所、营销中心、物流配送中心
- 中烟工业公司
  - 卷烟工业企业
- 中国烟草总公司郑州烟草研究院
- 中国烟草总公司合肥设计院
- 中国烟草总公司职工进修学院
- 南通、昆明、珠海醋酸纤维有限公司

8月25日，国家局副局长张辉在粤闽卷烟打假工作部署会议上作工作部署

广东省局（公司） 张振华 摄

陕西定边县局工作人员上门为残疾卷烟零售户办理换证手续

陕西定边县局 赵振瑞 摄

湖北鄂州市局专卖稽查人员向市民讲授真假卷烟识别方法

湖北省局 供稿

西藏区局开展“12·4”普法宣传活动

西藏区局 刘春玲 摄

青海西宁市局“3·15”销毁假冒卷烟现场

青海西宁市局 张志勇 摄

10月9日，四川乐山市局查获的伪装运输假冒卷烟

四川省局 供稿

专案组查获的制假烟机

天津市局 供稿

2009年福建省局专卖稽查总队直属支队常驻云霄打假现场

福建省局 林麦梓 摄

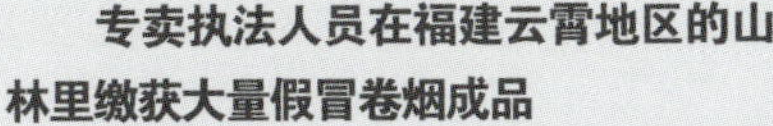

专卖执法人员在福建云霄地区的山林里缴获大量假冒卷烟成品

张宇 摄

用环保方式粉碎后的假烟可作为生产高效、无残留农药的原料被再次利用

陕西咸阳市局 魏锋 摄

中宣部组织十几家中央新闻单位对烟草行业现代烟草农业建设进行报道，图为中央电视台记者深入云南曲靖烟区采访

彭娟 摄

广西百色现代烟草农业特色优质烟区开发项目启动仪式机械起垄作业观摩现场

广西区局 供稿

烟水工程在抗旱中发挥重大作用

张宇 摄

四川会理县在原有烟水工程的基础上采用新的微喷设备，灌溉每亩烟田的用水量比原来节约50%~60%

张燕 摄

技术人员向烟农传授烟叶病虫害预防技术

湖北咸丰县分公司 周方奎 摄

“双面立模”新工艺解决了烟水工程小型沟渠建设的技术难题

张宇 摄

现代烟草农业——育苗大棚

贵州省局 供稿

现代烟草农业——专业化运输

贵州省局 供稿

现代烟草农业——专业化植保

贵州省局 供稿

安徽宿州市公司对烟农进行漂浮育苗培训

安徽宿州市公司 许连生 摄

河南罗山县楠杆镇育苗基地技术人员进行剪叶作业

河南信阳市局 胡全理 摄

技术人员帮助烟农开沟排渍

湖北咸丰县分公司 周方奎 摄

山东淄博市博山区北崖生态村综合项目区

山东省局 供稿

湖南长沙市公司严格按照种植计划合同发放肥料等物资

湖南省局 肖春生 摄

甘肃陇南市公司工作人员开展直播漂浮育苗试验

甘肃陇南市局 黄明迪 摄

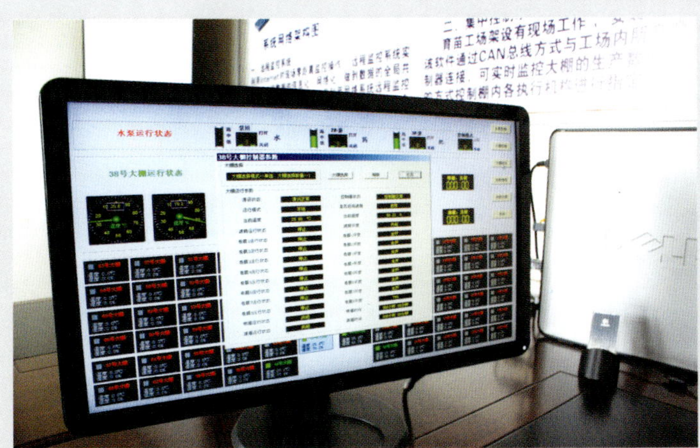

云南禄丰县分公司采用烤烟育苗工场集中控制系统管理育苗大棚

颉虎平 摄

技术人员在培育烟蚜茧蜂，控制烟蚜

云南玉溪市局 供稿

贵州黔西南州新烟区从日本引进的烟田综合管理作业车

贵州省局 供稿

陕西铜川市局（公司）自行研制的起垄覆膜施肥一体机

陕西铜川市局 惠小兰 摄

云南曲靖市局（公司）全力开展抗旱保苗工作

云南曲靖市局 缪洪元 摄

广西德保县局营销部举行烤烟技能大赛

广西德保县局 赵振峰 摄

内蒙古根河市卷烟送货司机用清雪工具清理积雪

内蒙古呼伦贝尔市局 供稿

“莫拉克”台风过后，送货员涉水徒步送货

浙江平阳县局 潘淑淑 摄

送货员克服山路艰难坚持送货

广西融水县局 张雪林 摄

客户经理（右）在节日期间帮助卷烟零售户促销重点骨干品牌

河北石家庄市局 供稿

客户经理（左）拜访卷烟零售户

云南威信县局 余泽鸿 摄

客户经理（左）一对一指导卷烟零售户网上订货

江苏溧水县局 张殿来 摄

标准化卷烟零售店为消费者提供更好的服务

汤元宋 摄

工作人员向卷烟零售户介绍卷烟包装标识更换情况

贵州雷山县局 吴兴权 摄

浙江绍兴市局（公司）选取480多家卷烟零售户作为样本，对市场的销售动态进行实时监控

浙江杭州市局 管放军 摄

重庆市局（公司）建立动销台账，掌握卷烟市场价格水平和社会库存情况

王承丞 摄

重庆市局（公司）组织优秀卷烟零售户参观重庆烟草物流中心

重庆市局 涂金 摄

陕西西安市公司营销中心订单部被中华妇女联合会授予“巾帼文明岗”称号

陕西西安市局 陈永慧 摄

1月16日，北京烟草物流中心“中国物流示范基地”揭牌仪式在北京举行

北京市局 王智誉 摄

青岛市公司卷烟物流配送中心

山东青岛市局 刘震 摄

卷烟送货车在冰雪天气中坚持送货

河南信阳市局 胡全理 摄

5月12日，灾后新建的广元市烟草公司物流中心落成

陈兴杰 摄

湖南岳阳金叶大酒店举行火灾应急救援预案演练

湖南岳阳市局 供稿

视频监控系统为陕西汉中市局（公司）安全管理工作提供了重要保障

张宇 摄

省级局（公司）

北京市烟草专卖局（公司）

【概　况】 北京市烟草专卖局、中国烟草总公司北京市公司成立于1986年1月1日，下辖18个区（县）烟草专卖局（公司），烟草营销中心、烟草物流中心、铁路运输专卖分局、公路运输专卖分局等12个专业部门，以及北京京烟卷烟零售连锁有限公司、金健恒通商贸有限公司2个全资子公司。公司拥有总资产67.04亿元，其中，固定资产11.34亿元、流动资产54.12亿元，资产负债率为5.85%。截至2009年年底，共有从业人员3118人，其中聘用员工2262人。

2009年，市局（公司）被中宣部、司法部、全国普法办联合授予“全国‘五五’普法中期先进单位”称号；烟草物流中心被北京市委、市政府评为“京郊农村劳动力就业安置先进集体”；工会被中华全国总工会评为“2009年全国亿万职工健身活动月先进单位”；团委被共青团北京市委员会、北京奥运会志愿者工作协调小组办公室、北京奥组委志愿者部授予“奥运先锋——北京奥运会、残奥会志愿者工作优秀组织奖”。

【领导成员】 局长、总经理、党组书记：周瑞增

副总经理、党组成员：仲长林（正局级）

副局长、党组成员：梁宝贵

副总经理、党组成员：甄晓勇

副总经理、党组成员：刘根甫

纪检组长、党组成员：周　宾（2009.10—）

巡视员：孙　奇（2009年9月由副局长、纪检组长、党组成员改任巡视员，12月退休）

副巡视员：王爱国

副巡视员：沈　勇

副巡视员：罗　莉

【机构设置】 市局（公司）机关设办公室（外事办公室）、综合计划处（经济运行处、科技处）、专卖监督管理处（专卖稽查总队、内部专卖管理监督处）、政策法规与体制改革处、财务管理处、审计处、人事劳资处、思想政治工作处、监察处（与党组纪检组合署办公）、安全保卫处10个职能处室，以及北京烟草营销中心（网建办公室）、北京烟草物流中心、经济信息中心、机关服务中心、烟草质量监督检测（验）站、烟草学会、内部审计管理中心（与审计处合署办公）、职业技能鉴定站（与人事劳资处合署办公）、离退休人员管理办公室（与人事劳资处合署办公）、公路运输专卖分局、铁路运输专卖分局、整顿办（与办公室合署办公）12个专业部门和机构。

【专卖管理】 联合执法。拓展合作范围，联合执法的合作范围从烟草与公安逐步扩大至烟草和工商、城管、交通等单位，实现了从单一联合办案到既联合办案、又联合检查的转变，形成联合执法的多样化。3月6日，北京市公安局、检察院、法院、司法局、烟草专卖局等五部门联合下发了《关于充分运用法律手段严厉打击涉烟违法犯罪进一步做好卷烟打假打私工作的意见》，实现了联合执法体系和办理涉烟案件在法律适用上的突破，标志着北京卷烟打假联合执法机制进入了一个新阶段。11月24日，北京市烟草专卖局、交通执法总队、运输管理局、公安局治安总队等四部门联合下发了《关于联合加强公路运输环节烟草专卖品监管的意见》，深化公路部门联合执法机制建设。

打假成果。2009年，全市共查处案值5万元以上的涉烟大要案589起，同比增长52.59%，占全国查获的涉烟大要案总数的9.79%。查获非法卷烟2.66亿支，捣毁非法窝点314个。公安、司法机关依法刑事拘留185人，判刑110人。全年破获制售假烟网络案件16起，其中，在京冀联手成功破获的“4·14”特大制售假烟网络案件中，查获非法卷烟1200余万支，案值近1300万元。

关注互联网销售烟草专卖品的新动向，整治利用互联网非法销售假烟的非法活动，协同北京市公安局、工商局、电信局等部门，查处了非法从事烟草专卖品的“首都烟斗雪茄在线”经营网站。

日常监管。以迎接中华人民共和国成立60周年为契机，着力解决公开摆卖和私藏暗卖假私非违法卷烟问题，加大对集贸市场、货运场站等重点区域、重点环节、重点对象的整治力度。开展面向卷烟零售户的法律宣传活动，拍摄《京烟首善·与法同行》法制宣传教育专题片。

【生产经营】① 2009年，全市烟草商业系统销售卷烟378.40亿支（75.68万箱），同比增长3.84%，其中，销售一类烟35.44亿支（7.09万箱），同比增长7.9%；二类烟12.78亿支（2.56万箱），同比增长8.62%；三类烟116.77亿支（23.35万箱），同比增长14.11%；四类烟136.05亿支（27.21万箱），同比增长0.4%；五类烟77.37亿支（15.47万箱），同比下降5.58%。本辖区销量居前三位的品牌为"红塔山"、"中南海"、"红梅"，分别销售"红塔山"57.5亿支（11.5万箱）、"中南海"56.90亿支（11.38万箱）、"红梅"41.45亿支（8.29万箱）。

全年实现卷烟销售收入113.49亿元，同比增长9.24%。根据国务院有关精神，调整卷烟消费税，部分利润转为税赋，全年增加卷烟消费税5.53亿元。实现卷烟税利29.73亿元，同比增长7.04%，其中卷烟利润20.25亿元，同比下降9.4%。

【卷烟销售网络建设】 *订单供货流程调整。*市公司加强对直辖市卷烟营销体制建设新途径的探索，参加国家局组织的营销网建学术研究，编制了订单供货流程调整的相关工作意见和建议，形成了基本框架，并对订单供货流程中的货源横向调剂、部分品牌自主投放、月末回收库存、降低1～2档客户访销频率、增设大客户部、加强内外部衔接等关键环节进行了实践。

*工商协同营销。*推动工商协同营销向供应商、批发商、零售商的协调互动延伸，努力建立市场导向、面向客户、面向消费者的营销体系。2009年2月17日，北京烟草2009年第一次工商协同营销工业企业驻京首席代表月例会在物流中心召开，18家工业企业驻京首席代表参加了会议。2月26～27日，召开北京烟草与工业企业驻京首席代表工商协同营销研讨会。7月25日，国家局副局长何泽华一行考察北京烟草，并对工商协同营销试点工作进行了专题调研和座谈。

*营销队伍建设。*为建立市场快速反应机制，挖掘终端市场信息，统一全市PDA数据采集系统的应用，8月26日，市公司召开了PDA数据采集系统推广培训会；10月19日，召开了消费者信息员专项调研培训会，所属区（县）公司的业务科长、全体客户经理近300人分两批参加了培训。全年共组织各类培训11次，从新流程推广到客户订单提报、信息采集、品牌促销、客户管理等环节的操作指导，对全市营销人员进行培训。

【品牌培育】 以"百牌号"为基础，以重点骨干品牌为重点，加大品牌培育力度。完善营销工作体系，合理调整品牌管理规划中年度、月度促销计划安排，加强从新品上市的诊断分析到重点品牌的市场跟踪，全面展开品牌管理与产品促销工作。2009年，全市销售全国性卷烟重点骨干品牌311.9亿支（62.38万箱），同比增长8.21%，占全市总销量的82.43%，比全国平均水平高出28.43个百分点。"红塔山"、"中南海"两个品牌年销量均突破了50亿支（10万箱）大关，成为北京市场做强做大品牌的显著标志。

【信息化建设】 2009年，市局（公司）修订完成《北京烟草信息化发展规划（2008～2010）》。全年完成工商协同营销系统、专卖内管系统、零售信息采集系统的开发工作，升级了办公自动化系统，完成人力资源管理系统与国家局相关系统的对接，为财务核算系统配套了CA认证系统。采用"采购平台、自主开发"的模式，完成职业健康安全管理系统的开发。改造集中式营销系统和电话订货系统，在集中式营销系统的硬件平台基础上，开展系统集成，实现了8个应用系统在一套硬件平台上的共存，搭建起"存储、数据库、应用服务器集群"三层架构的集中管理硬件平台，优化配置机房服务器设备资源。

【企业管理】 *贯标工作。*全面推进ISO 9000质量管理体系建设。制定《质量管理体系职能分配表》和《质量目标分解表》，搭建质量评价框架体系。重视对营销和专卖两大核心业务及有关业务流程进行梳理，共梳理135个流程，完成对150个体系文件的修改、完善，正式发布3个体系文件。加强对体系建设队伍的培训，9月14～17日，市局（公司）举办了质量管理体系文件编写培训班，100余人参加培训；12月15～17日，举办质量管理体系知识竞赛。"北京烟草标准化体系管理信息系统"基本开发完毕，通过系统实现各项职责和流程的固化、细化、优化、简化和痕迹化，确保管理体系的有效运行。

*对标工作。*加强基础管理、提升管理水平。6月1日，市局（公司）召开对标工作启动大会，公布了实施方案。在9项对标指标中，5项指标的控制水平获得提升，其中，人均销售收入为437.01万元，同比增长7.55%；单箱卷烟管理费用为620.06元，同比下降3.93%；卷烟三项费用率为6.21%，同比下降2.27%；人均劳动效率②为1457.1万支（291.42箱），同比提升2.25%；人工费用占销售收入比重为4.1%，

① 本栏目中，各类烟同比数据按2009年卷烟分类标准调整后的可比口径计算；部分省级公司、地市公司税利同比数据按税利模块调整后的可比口径计算。

② 人均劳动效率=卷烟销量/行业平均从业人员。

同比下降1.87%。

财务管理。落实卷烟消费税调整政策，按时完成卷烟消费税的补缴工作。成立自查工作领导小组，完成全市行业国有资产管理检查工作。开展税收专项检查，制订并完善内部财务管理制度，修订预算定额。以实施集中统一会计核算软件为重点，全面运行固定资产管理信息系统和财务分析信息系统。下发《会计人员继续教育管理办法》，全年安排财会人员分15期共85人次参加国家局组织的相关培训班。配合国家局审计组完成对各区（县）局（公司）主要负责人的任期经济责任审计工作。

安全管理。加强安全教育，落实安全生产责任制，推进职业健康安全管理体系建设，开展全市烟草商业系统内审和安全大检查工作、“太平洋杯”优秀驾驶员评选活动。制订应急预案，基本完成应急管理体系建设。全年发出安全检查报告书42份，整改安全问题、隐患161项，有效防止了各类事故的发生。

【人力资源管理】 “三定”方案。市局（公司）制定了“三定”方案并上报国家局，同时对烟草物流中心、18个区（县）局（公司）及京烟卷烟零售连锁有限公司的“三定”方案进行审批，明确市、区两级的职能定位，实现了市局（公司）由管理型向经营管理型的转变。根据“三定”方案，市局（公司）明确了岗位分类、岗位设置和岗位名称，制定下发岗位说明书，明确各岗位职责和上岗条件。

收入分配改革。将全市行业原有正式工、聘用工纳入到同一体系，建立规范统一的岗位绩效工资体系，实现了由身份管理向岗位管理、双轨制向单轨制的转变。完成对4大类近50个岗位的岗位评价工作，建立了岗位绩效工资的考核体系，制定岗位绩效工资方案、工资套改政策、人员招聘管理办法、岗位聘任管理办法、工资运行办法等相关管理办法。建立企业年金制度，为行业35岁以下原正式工、人事代理制职工、原聘用工共1900多人建立企业年金。扩大补充医疗保险参保范围，参保人员共计1800多人。

人事用工制度建设。组织开展了3个处级岗位的竞争上岗工作，共有70人参加笔试，21人参加演讲答辩。全年调整交流处级干部7名。解决军转干部副处级待遇5名。对试用期满一年的10名同志进行了考核。选送12名处级干部参加国家局党校培训。全年共招聘73人，其中大学毕业生48人。

教育培训与技能鉴定。年初，市局（公司）下发了全行业年度教育培训计划。年内共组织各类培训班62个，培训员工7000余人次。推进“两支队伍”（即专卖管理员、客户经理）职业资格培训和鉴定工作，首次组织了高级客户经理培训班，探索专卖管理员网络教学。组织各等级职业技能鉴定6个批次，开展了高级卷烟商品营销员和高级专卖管理员职业技能鉴定。2009年，市局（公司）职业技能鉴定站被国家局确定为行业第二批质量体系认证试点单位，并于10月通过了人力资源和社会保障部专家组的现场审核和验收。

【思想政治工作】 在全市烟草商业系统开展深入学习实践科学发展观活动，结合北京烟草实际，完成学习调研、分析检查、整改落实3个阶段的工作任务。各级领导带头深入基层，问政于民，初步解决影响和制约北京烟草科学发展的突出问题。学习贯彻党的十七届四中全会精神，印发了《中共北京市烟草专卖局党组关于加强和改进新形势下党建工作的意见》，明确北京烟草党建工作的总体要求和主要任务。推进惩治和预防腐败体系建设，完善“明示承诺”制度，建设廉政风险防范机制，开展“查找执法和廉政建设风险点”试点活动。

开展“两个至上”在岗位主题实践活动，将“两个至上”行业共同价值观和北京烟草核心理念相结合，打造“京烟首善”商业服务品牌。举行岗位标兵评选表彰活动，并号召广大员工自觉向岗位标兵学习，推进“学习标兵找差距、我与标兵共成长”群众性活动的深入开展。成功举办北京烟草系统第三届职工运动会、第三届毽球比赛、“黄鹤楼”杯摄影征文比赛等活动。

【特事要辑】 1月16日，“中国物流示范基地”揭牌仪式在北京烟草物流中心举行，中国物流与采购联合会副会长兼秘书长崔忠付、国家局副局长何泽华共同为基地揭牌。

1月20~21日，市局（公司）召开2009年北京烟草工作会议。国家局副局长张辉出席会议。

3月16~17日，中国卷烟营销体系研讨会在北京召开。何泽华出席会议。

6月4~5日，市局（公司）召开2009年北京烟草专卖管理及法制工作会议。张辉出席会议。

8月28日，中共中央政治局委员、国务院副总理张德江、工业和信息化部部长李毅中视察北京烟草物流中心。

9月29日，市局（公司）召开了以“喜迎国庆60周年，我为祖国多做贡献”为主题的庆祝新中国成立六十周年暨北京烟草系统岗位标兵表彰大会。张辉出席会议。

11月12日，工业和信息化部党组成员、总工程师朱宏任一行在国家局局长姜成康陪同下考察北京烟草物流中心。

北京市局（公司）主要统计指标汇总

"两烟"税利（亿元）	"两烟"利润（亿元）	销售卷烟（亿支）	烟叶种植（万亩）	烟叶收购（万担）
29.73	20.25	378.40	—	—

所属区、县局（公司）

东城区烟草专卖局（公司）

北京市东城区烟草专卖局、北京市东城烟草公司成立于1998年3月。截至年底，共有从业人员68人，其中聘用员工39人。

全年辖区销售卷烟12.01亿支（2.40万箱），同比增长3.06%。实现卷烟销售收入37290万元，同比增长10.11%。实现卷烟税利6671万元，同比增长12.20%，其中卷烟利润4029万元。

西城区烟草专卖局（公司）

北京市西城区烟草专卖局、北京市西城烟草公司成立于1998年3月12日。截至年底，共有从业人员66人，其中聘用员工35人。

全年辖区销售卷烟13.55亿支（2.71万箱），同比增长3.12%。实现卷烟销售收入38849万元，同比增长9.63%。实现卷烟税利7259万元，同比增长14.70%，其中卷烟利润4561万元。

崇文区烟草专卖局（公司）

北京市崇文区烟草专卖局成立于1994年，北京市崇文烟草公司成立于1998年。截至年底，共有从业人员50人，其中聘用员工26人。

全年辖区销售卷烟10.45亿支（2.09万箱），同比增长2.22%。实现卷烟销售收入31322万元，同比增长8.84%。实现卷烟税利5753万元，同比增长13.44%，其中卷烟利润3575万元。

宣武区烟草专卖局（公司）

北京市宣武区烟草专卖局、北京市宣武烟草公司成立于1998年3月18日。截至年底，共有从业人员68人，其中聘用员工38人。

全年辖区销售卷烟11.44亿支（2.29万箱），同比增长2.94%。实现卷烟销售收入34145万元，同比增长9.79%。实现卷烟税利6104万元，同比增长16.69%，其中卷烟利润3739万元。

朝阳区烟草专卖局（公司）

北京市朝阳区烟草专卖局成立于1991年7月，北京市朝阳烟草公司成立于1998年3月。截至年底，共有从业人员161人，其中聘用员工101人。

全年辖区销售卷烟62.20亿支（12.44万箱），同比增长6.61%。实现卷烟销售收入215945万元，同比增长9.59%。实现卷烟税利47984万元，同比增长11.59%，其中卷烟利润32127万元。

海淀区烟草专卖局（公司）

北京市海淀区烟草专卖局成立于1994年，北京市海淀烟草公司成立于1998年。截至年底，共有从业人员126人，其中聘用员工79人。

全年辖区销售卷烟55.35亿支（11.07万箱），同比增长4.85%。实现卷烟销售收入189865万元，同比增长9.87%。实现卷烟税利42125万元，同比增长10.93%，其中卷烟利润28220万元。

丰台区烟草专卖局（公司）

北京市丰台区烟草专卖局、北京市丰台烟草公司成立于1997年11月24日。截至年底，共有从业人员124人，其中聘用员工96人。

全年辖区销售卷烟35.60亿支（7.12万箱），同比增长5.29%。实现卷烟销售收入123395万元，同比增长13.74%。实现卷烟税利27344万元，同比增长11.67%，其中卷烟利润18573万元。

石景山区烟草专卖局（公司）

北京市石景山区烟草专卖局、北京市石景山烟草公司成立于1997年1月。截至年底，共有从业人员56人，其中聘用员工35人。

全年辖区销售卷烟12.25亿支（2.45万箱），同比增长3.09%。实现卷烟销售收入36013万元，同比增长 8.23%。实现卷烟税利 6972 万元，同比增长 7.88%，其中卷烟利润 4414 万元。

通州区烟草专卖局（公司）

北京市通州区烟草专卖局、北京市通州烟草公司成立于 1992 年。截至年底，共有从业人员 82 人，其中聘用员工 54 人。

全年辖区销售卷烟 23.35 亿支（4.67 万箱），同比增长 2.80%。实现卷烟销售收入 66039 万元，同比增长 7.96%。实现卷烟税利 14166 万元，同比增长 10.12%，其中卷烟利润 9583 万元。

顺义区烟草专卖局（公司）

北京市顺义区烟草专卖局、北京市顺义烟草公司成立于 1997 年 8 月。截至年底，共有从业人员 90 人，其中聘用员工 68 人。

全年辖区销售卷烟 21.95 亿支（4.39 万箱），同比增长 2.56%。实现卷烟销售收入 55914 万元，同比增长 5.70%。实现卷烟税利 11450 万元，同比增长 9.74%，其中卷烟利润 7630 万元。

延庆县烟草专卖局（公司）

北京市延庆县烟草专卖局、北京市延庆烟草公司成立于 1995 年 3 月 22 日。截至年底，共有从业人员 59 人，其中聘用员工 50 人。

全年辖区销售卷烟 7.95 亿支（1.59 万箱），同比增长 2.56%。实现卷烟销售收入 19096 万元，同比增长 4.51%。实现卷烟税利 2901 万元，同比下降 2.54%，其中卷烟利润 1608 万元。

怀柔区烟草专卖局（公司）

北京市怀柔区烟草专卖局成立于 1996 年 6 月，北京市怀柔烟草公司成立于 2001 年 12 月。截至年底，共有从业人员 70 人，其中聘用员工 59 人。

全年辖区销售卷烟 11.05 亿支（2.21 万箱），同比增长 1.60%。实现卷烟销售收入 26751 万元，同比增长 6.94%。实现卷烟税利 5042 万元，同比增长 9.73%，其中卷烟利润 3177 万元。

大兴区烟草专卖局（公司）

北京市大兴区烟草专卖局、北京市大兴烟草公司成立于 1997 年 1 月 28 日。截至年底，共有从业人员 92 人，其中聘用员工 78 人。

全年辖区销售卷烟 20.05 亿支（4.01 万箱），同比增长 4.02%。实现卷烟销售收入 48383 万元，同比增长 8.44%。实现卷烟税利 9339 万元，同比增长 10.14%，其中卷烟利润 5980 万元。

昌平区烟草专卖局（公司）

北京市昌平区烟草专卖局成立于 1998 年 3 月，北京市昌平烟草公司成立于 1998 年 4 月。截至年底，共有从业人员 87 人，其中聘用员工 59 人。

全年辖区销售卷烟 22 亿支（4.4 万箱），同比增长 3.39%。实现卷烟销售收入 57098 万元，同比增长 9.84%。实现卷烟税利 11062 万元，同比增长 14.16%，其中卷烟利润 7178 万元。

密云县烟草专卖局（公司）

北京市密云县烟草专卖局、北京市密云烟草公司成立于 1997 年 8 月。截至年底，共有从业人员 68 人，其中聘用员工 51 人。

全年辖区销售卷烟 11.95 亿支（2.39 万箱），同比增长 1.73%。实现卷烟销售收入 28915 万元，同比增长 5.35%。实现卷烟税利 5187 万元，同比增长 6.49%，其中卷烟利润 3202 万元。

门头沟区烟草专卖局（公司）

北京市门头沟区烟草专卖局、北京市门头沟烟草公司成立于 1998 年 2 月 18 日。截至年底，共有从业人员 52 人，其中聘用员工 40 人。

全年辖区销售卷烟 6.5 亿支（1.3 万箱），同比增长 2.76%。实现卷烟销售收入 14670 万元，同比增长 8.80%。实现卷烟税利 2016 万元，同比增长 13.79%，其中卷烟利润 1028 万元。

房山区烟草专卖局（公司）

北京市房山区烟草专卖局、北京市房山烟草公司成立于 1998 年 4 月。截至年底，共有从业人员 90 人，其中聘用员工 80 人。

全年辖区销售卷烟 21.60 亿支（4.32 万箱），同比增长 3.17%。实现卷烟销售收入 53221 万元，同比增长 8.49%。实现卷烟税利 10540 万元，同比增长 10.04%，其中卷烟利润 6906 万元。

平谷区烟草专卖局（公司）

北京市平谷区烟草专卖局、北京市平谷烟草公司成立于 1998 年 2 月 16 日。截至年底，共有从业人员 61 人，其中聘用员工 49 人。

全年辖区销售卷烟9.55亿支（1.91万箱），同比增长2.82%。实现卷烟销售收入22268万元，同比增长13.47%。实现卷烟税利3793万元，同比增长23.85%，其中卷烟利润2234万元。

所属其他二级单位及派驻机构

铁路运输专卖分局

北京市烟草专卖局铁路运输专卖分局成立于1990年7月。主要职责是检查铁路运输环节违法运输卷烟行为。截至年底，共有从业人员18人，其中聘用员工3人。

2009年，分局共立案75起，同比增长21%，其中案发在铁路运输环节的涉烟违法案件51起、非铁路环节的24起。全年破获案值5万元以上的涉烟违法案件58起，其中案值100万元以上的5起。向公安机关移送案件58起，公安、司法机关依法批捕12人，判刑8人。

全年查获非法卷烟3675.68万支，同比增长44%，其中假冒伪劣卷烟2224.98万支，案值1746万元。上缴罚没款251万元，同比增长82%。

公路运输专卖分局

北京市烟草专卖局公路运输专卖分局成立于1992年11月。主要职责是检查公路运输环节违法运输烟草专卖品行为。截至年底，共有从业人员22人，其中聘用员工1人，交通执法总队派驻人员2人。

2009年，分局共查办各类违法涉烟案件70起，查获非法卷烟1920.74万支，涉案金额995.72万元。全年破获案值5万元以上的涉烟违法案件60起，其中案值100万元以上的3起。向公安机关移送案件44起，向检察机关抄备案件44起。公安、司法机关依法刑事拘留和判刑共4人。执法人员依法行政、文明执法，全年未发生行政复议及行政诉讼案件。

北京京烟卷烟零售连锁有限公司

北京京烟零售连锁公司是北京市烟草公司直属的零售终端企业，成立于2005年1月。截至年底，共有从业人员310人，其中聘用员工286人。

2009年，公司销售卷烟4.03亿支（0.81万箱），同比增长11.1%。实现销售收入29827万元，同比增长9.8%。实现税利3794万元，同比增长16.6%，其中实现利润1021万元。

金健恒通商贸有限公司

金健恒通商贸有限公司成立于2005年1月，是北京市烟草公司的全资子公司。公司推行现代化企业经营管理模式，为北京烟草系统所属办公楼、宿舍小区的业主提供保洁、保安、会议、餐饮、设备运行维修服务。公司下设5个科室，8个物业服务项目部及沙河库物业管理，物业服务面积共计15.1万平方米。截至年底，公司拥有总资产531.47万元，其中，固定资产17.36万元、流动资产514.11万元，资产负债率为5.46%。共有从业人员233人。2009年，公司实现经营收入1083万元。

开展“让业主满意”服务质量竞赛活动，在物业和餐饮服务、人事劳资、财务预算、安全保卫、设备运行维修等岗位开展服务质量竞赛。

2009年北京市烟草商业系统主要情况统计

区、县局（公司）名称	东城区烟草专卖局（公司）	西城区烟草专卖局（公司）	崇文区烟草专卖局（公司）	宣武区烟草专卖局（公司）	朝阳区烟草专卖局（公司）	海淀区烟草专卖局（公司）
主要负责人/法人代表	杨　捷	殷　刚	张　建	张　业（—2009.11） 陈　平（2009.11—）	李宝珍	王文相
总资产（万元）	9683	10779	8349	9044	70472	63307
资产负债率（%）	6.81	4.50	7.68	6.20	3.58	6.74
所属县级局（个）	—	—	—	—	—	—
所属县级公司/分公司（个）	—	—	—	—	—	—
所属县级营销部（个）	—	—	—	—	—	—

续表

区、县局（公司）名称		东城区烟草专卖局（公司）	西城区烟草专卖局（公司）	崇文区烟草专卖局（公司）	宣武区烟草专卖局（公司）	朝阳区烟草专卖局（公司）	海淀区烟草专卖局（公司）
所属业务机构	访销机构	1个访销中心	1个访销中心	1个访销中心	1个访销中心	1个访销中心	1个访销中心
	物流配送机构	—	—	—	—	—	—
	稽查机构	1个稽查大队	1个稽查大队	1个稽查大队	1个稽查大队	1个稽查大队	1个稽查大队
	烟叶机构	—	—	—	—	—	—
销售卷烟（亿支）		12.01	13.55	10.45	11.44	62.20	55.35
毛利率（%）		19.56	19.40	19.50	19.39	20.12	20.23
实现“两烟”税利（万元）		6671	7259	5753	6104	47984	42125
实现“两烟”利润（万元）		4029	4561	3575	3739	32127	28220
烟叶种植（亩）		—	—	—	—	—	—
烟叶收购（担）		—	—	—	—	—	—
零售户数（户）		1532	1673	700	1188	5355	4078

区、县局（公司）名称		丰台区烟草专卖局（公司）	石景山区烟草专卖局（公司）	通州区烟草专卖局（公司）	顺义区烟草专卖局（公司）	延庆县烟草专卖局（公司）	怀柔区烟草专卖局（公司）
主要负责人/法人代表		武 斌	艾小平	武玉清（—2009.11） 张子义（2009.11—）	孙立勇	张凤军	齐福安
总资产（万元）		42027	11221	24396	21599	5725	10368
资产负债率（%）		4.34	5.07	3.88	4.19	7.13	6.86
所属县级局（个）		—	—	—	—	—	—
所属县级公司/分公司（个）		—	—	—	—	—	—
所属县级营销部（个）		—	—	—	—	—	—
所属业务机构	访销机构	1个访销中心	1个访销中心	1个访销中心	1个访销中心	1个访销中心	1个访销中心
	物流配送机构	—	—	—	—	—	—
	稽查机构	1个稽查大队	1个稽查大队	1个稽查大队	1个稽查大队	1个稽查大队	1个稽查大队
	烟叶机构	—	—	—	—	—	—
销售卷烟（亿支）		35.60	12.25	23.35	21.94	7.95	11.05
毛利率（%）		20.37	19.60	20.12	19.60	18.65	19.60
实现“两烟”税利（万元）		27344	6972	14166	11450	2901	5042
实现“两烟”利润（万元）		18573	4414	9583	7630	1608	3177
烟叶种植（亩）		—	—	—	—	—	—
烟叶收购（担）		—	—	—	—	—	—
零售户数（户）		3573	1028	2638	2507	1337	1371

区、县局（公司）名称	大兴区烟草专卖局（公司）	昌平区烟草专卖局（公司）	密云县烟草专卖局（公司）	门头沟区烟草专卖局（公司）	房山区烟草专卖局（公司）	平谷区烟草专卖局（公司）
主要负责人/法人代表	李学梅	张 伟	孔繁国	王献军	杨 军	罗明录
总资产（万元）	17909	18413	10406	3757	18019	6478
资产负债率（%）	4.67	3.71	6.53	8.15	3.83	7.76
所属县级局（个）	—	—	—	—	—	—
所属县级公司/分公司（个）	—	—	—	—	—	—
所属县级营销部（个）	—	—	—	—	—	—

续表

区、县局（公司）名称		大兴区烟草专卖局（公司）	昌平区烟草专卖局（公司）	密云县烟草专卖局（公司）	门头沟区烟草专卖局（公司）	房山区烟草专卖局（公司）	平谷区烟草专卖局（公司）
所属业务机构	访销机构	1个访销中心	1个访销中心	1个访销中心	1个访销中心	1个访销中心	1个访销中心
	物流配送机构	—	—	—	—	—	—
	稽查机构	1个稽查大队	1个稽查大队	1个稽查大队	1个稽查大队	1个稽查大队	1个稽查大队
	烟叶机构	—	—	—	—	—	—
销售卷烟（亿支）		20.05	22.00	11.95	6.50	21.60	9.55
毛利率（%）		19.01	19.12	19.37	18.20	19.08	19.48
实现“两烟”税利（万元）		9339	11062	5187	2016	10540	3793
实现“两烟”利润（万元）		5980	7178	3202	1028	6906	2234
烟叶种植（亩）		—	—	—	—	—	—
烟叶收购（担）		—	—	—	—	—	—
零售户数（户）		2444	2763	1915	832	2176	1757

注：1. 北京市烟草专卖局（公司）下辖烟草物流中心，负责全市卷烟配送工作。2. 延庆县局（公司）主要负责人/法人代表张凤军于2008年6月上任。

（王智誉）

天津市烟草专卖局（公司）

【概　况】 天津市烟草专卖局、中国烟草总公司天津市公司组建于1986年1月1日，下辖10个区（县）烟草专卖局（分公司）、5个区（县）烟草专卖局（有限公司）和天津市卷烟销售分公司、天津市烟草公司物流分公司、天津市恒大实业公司。公司拥有总资产36.02亿元，其中，固定资产3.77亿元、流动资产31.17亿元，资产负债率为13.31%。截至2009年年底，共有从业人员2168人，其中聘用员工1137人。

2009年，市局被国家烟草专卖局、公安部授予“全国卷烟打假特殊贡献奖”。

【领导成员】 局长、总经理、党委书记：张永栋（—2009.10）

局长、总经理、党委书记：高　林（2009.10—）

副总经理、党委委员：王建民

副局长、党委委员：陈　余

纪委书记、党委委员：高玉明

总会计师、党委委员：李加春

副巡视员：吴永年（2009.4—）

副巡视员：张立海（2009.4—）

【机构设置】 市局（公司）机关设办公室（外事办公室）、综合计划处（经济运行处、科技处）、专卖监督管理处（内部专卖管理监督处、专卖稽查总队）、政策法规和体制改革处、财务管理处、审计处、人事劳资处、思想政治工作处（机关党总支、工会）、监察处（与党委纪检委合署办公）、安全保卫处10个处室，以及经济信息中心、机关服务中心、职业技能鉴定站、质量监督检测站、整顿和规范市场经济秩序办公室、烟草学会等。

【生产经营】 2009年，全市烟草商业系统销售卷烟265亿支（53万箱），同比增长2.05%，其中，销售一类烟25.07亿支（5.01万箱），同比增长13.29%；二类烟7.67亿支（1.53万箱），同比增长4.27%；三类烟81.15亿支（16.23万箱），同比增长13.79%；四类烟83.57亿支（16.71万箱），同比增长0.03%；五类烟67.54亿支（13.51万箱），同比下降10.35%。本辖区销量居前三位的品牌分别是“恒大”、“云烟”、“红塔山”，其中，销售“恒大”49.16亿支（9.83万箱）、“云烟”19.52亿支（3.90万箱）、“红塔山”19.45亿支（3.89万箱）。

全年实现卷烟销售收入75.17亿元，同比增长7.47%。根据国务院有关精神，调整卷烟消费税，部分利润转为税赋，全年增加卷烟消费税3.76亿元。实现卷烟税利17.78亿元，同比增长11.16%①，其中卷烟利润11.33亿元，同比增长11.21%。公司三项费用率为7.34%。

【专卖管理】 2009年，市局继续加大卷烟打假工作力度，针对卷烟打假工作形势的新变化，明确以“打团伙、断网络、破大案、捣窝点、抓首犯”为工作重心，树立经营案件意识和协作意识，加大对制假窝点、销售假烟网络的打击力度，加大对制售假烟违法犯罪分子的追刑力度，实现由市场监管为主到打击制假贩假网络和市场监管并举的转变。

全年共查处涉烟违法案件1546起，捣毁制假窝点50个，查获制假烟机19台，查扣涉案卷烟1.08亿支，涉案总值4078万元。移送公安、司法机关抓捕180人，刑事拘留37人，其中批捕19人。破获“3·13”制售假烟网络案件，共端掉制假窝点20个，查获制假专用机械19台，收缴烟丝6000余千克以及大量卷烟包装、盘纸、滤棒等原辅材料，查扣假冒卷烟1300余万支，涉案总值1100余万元，公安、司法机关抓捕43人，刑事拘留29人，其中批捕17人，是天津市历史上破获的最大一起制售假烟网络案件。

*落实打假目标责任。*市局把“打网络、端窝点、缴烟机”作为对各区（县）局的重点考核内容，将卷烟打假任务层层分解，建立“一级抓一级，层层抓落实”的卷烟打假目标责任体系，调动各区（县）局打击制售假烟网络的积极性。发挥市局稽查总队作用，完善《稽查总队侦破案件目标责任考核办法》，下达查办案件的责任目标，明确打击制售假烟网络的标准、案件质量和完成时限。

*完善打假工作机制。*2009年，市局加强与市公、检、法以及司法局等部门的合作，联合印发了《关于办理涉烟犯罪案件有关程序问题规定的通知》、《涉烟案件违法物品价格认定暂行办法》。倡导建立华北五省（市）的联合打假工作机制，参与“两点一线南北协作”，卷烟打假机制进一步完善。

*开展打假专项行动。*市局集中对物流中心、配货站等假烟运输的重点区域进行专项清理，共查处50万元以上重大贩运假烟案件10起，查获贩运假烟车辆40余台。集中开展打击制假窝点专项行动，组织全市专卖执法人员对敏感地区进行拉网式排查，共捣毁制假窝点9个，收缴制假烟机19台。集中开展“津鹰”、“夏日维权”、冬季打假等市场清理专项行动，重点打击摆卖、经营假烟违法行为，重点清理摆卖假烟摊点，清理无证经营户，共查获案件300余起，收缴违法卷烟6.5万条。

*营造打假舆论氛围。*联合天津电视台《案与法》栏目组，制作以“提高识别真假烟能力，保护消费者利益”为主题的专题片，并在各区（县）电视台播放，提高消费者和零售客户识假鉴假能力。以“3·15”活动为契机，开设宣传点，派发宣传资料，公布最新的举报奖励政策，有效打击违法经营，维护消费者权益。联合天津今晚报社共同举办主题为“关爱消费者，提高识假能力，营造规范有序卷烟市场环境”的大型宣传活动，现场讲解鉴别真假卷烟的知识，播放真假卷烟鉴别光盘，向参与者发放真假卷烟鉴别知识宣传册。

【卷烟销售网络建设】 *加强货源投放调控。*2009年，市局（公司）根据市场需求的变化，及时调整协议，积极组织货源，不断加强货源投放调控，增加适销对路的品牌。针对高档卷烟和重点骨干品牌卷烟，动态关注区（县）公司存销比情况，严格执行“单次调拨、单次调控”的方针；依据区（县）公司的实时库存及动销情况，综合考虑各单位的销售、库存、计划、需求等因素进行动态调整，保障各辖区重点骨干品牌卷烟尤其是高档品牌卷烟不断档、不积压，使货源调拨的计划刚性与市场需求进一步融合。

*加强品牌培育。*以工商协同营销为抓手，全面加强品牌培育工作。通过工商品牌座谈会、品牌诊断会、品牌推介会等形式，加强与工业企业日常沟通，推动双方达成品牌共识，明确共育品牌的工作目标和努力方向。通过建立品牌档案、加强品牌分析、强化品牌调研、制定品牌规划等措施，规范品牌管理，挖掘品牌的发展潜力，发挥品牌的发展优势，提升品牌培育工作水平。全年累计销售全国性卷烟重点骨干品牌142.6亿支（28.52万箱），同比增长17.1%，以“中华”、“苏烟”、“芙蓉王”、“玉溪”等为代表的重点骨干品牌销量稳步增长，市场价格保持稳定，存销比相对合理。

*探索零售客户货源供应机制。*探索基层零售客户货源供应机制，制定《天津市烟草公司卷烟货源供应管理办法（试行）》及《客户分类评价管理办法》、《品牌类型划分管理办法》、《电访员工作规范》等辅助性文件，采取“试点先行、总结完善、全面推广”的工作思路，在全市15个区（县）公司中分阶段推广应用。确定4个试点单位，由市公司统一组织、对口指导、蹲点扶持，重点抓好试点单位思想认识、信息准备、人员培训、系统磨合等4个环节工作。截至

---

① 2009年，天津市局（公司）及所属各单位在税利的统计中增加了“教育费附加”项目，在计算税利同比时，为保持口径一致，2008年税利中也增加了此项目。

2009 年年底，4 个试点单位进入试运行阶段。

深入推进网建工作。2009 年，市局（公司）落实国家局“统一分配货源、统一分配订单、统一配送货线路、统一打码配送”的“四个统一”工作部署。继续坚持“典型引路、全面推进”的工作方针，本着“立足当前、着眼长远、重点突破、全面推进”的基本思路，按照“统一领导、对口扶持”的基本原则，发挥联系点制度的有效作用，典型示范单位分别在不同的领域和不同的业务环节上有所突破，以典型示范单位的重点突破引领网建水平的全面提升。强化电子结算，与银联公司共同研究协调，建立并实施电子结算联合快速响应机制，实现了全市系统电子结算网上扣划工作的规范化管理，截至 2009 年年底，全市系统网上电子结算率为 72.27%。

现代物流建设。2009 年，市局（公司）以“高度信息化、适度自动化、高效率、低成本”目标，加大全市行业物流体系建设力度，深入推进营销流通体制改革。加强设备基础管理，对仓储设备进行细致的分类、编码，细化仓储分拣设备操作规程标准，建立了“设备故障案例分析库”。优化现场作业流程，重点对卷烟入库、卸货、码盘、整形 4 个关键环节进行优化，提高入库效率；完善 AB 类卷烟备货机制和 ABC 类卷烟调整机制，提升备货能力；运用现代化管理知识和信息化管理手段，改进条码打印和扫码方式，节约运行成本。各区（县）公司的分拣配送业务并入大配送工作稳步推进，覆盖全市行业的新型卷烟营销流通体制进一步完善。

【内部管理监督】 市局（公司）全面落实国家局专卖内管检查组整改工作要求，制定《天津市烟草专卖局关于对国家局内管检查发现问题进行整改的安排意见》，并将贯彻落实《国家烟草专卖局办公室关于严格规范卷烟生产经营秩序的通知》要求和全国烟草行业严格规范卷烟生产经营秩序电视电话会议精神与学习实践科学发展观活动相结合。各基层单位成立专卖内管自查领导小组，确立“自下而上、‘三流’对照、专销结合、综合分析”的工作方法，对 2008 年以来的卷烟经营业务进行自查，逐条梳理，逐笔检查，发现问题，认真整改。

市局抽调有关部门骨干人员组成 3 个内管检查组，按国家局和市局内管检查的工作要求，对所属企业的内管自查整改情况、专卖内管长效机制、企业内控制度建设及卷烟生产经营 4 个方面情况进行全面检查。组织开展“三项检查”、“回头看”活动，通过对 2008 年以来工程投资、物资采购、宣传促销等所有项目“查、补、建、改”，进一步完善制度，规范程序，提高全员照章办事的意识。开展“小金库”专项治理和国有资产管理检查工作，组织专项资金审计和领导干部离任审计、经济责任审计，进一步规范会计核算，强化内控管理，提高对国有资产的监管水平。

【企业管理】 人力资源管理。完善干部选拔任用的民主决策机制，加大干部轮岗交流的力度，选拔 5 名年轻干部进入市局（公司）中层管理层，有 25 名处级以上干部进行了交流任职。规范劳动用工情况，纠正基层单位中劳动用工的违规行为并限期整改。加大对各级领导干部、中层管理人员、一线业务人员的培训力度，全年共举办各类培训班 312 期，培训员工 1.27 万人次。推进职业技能鉴定工作，共组织 731 人参加初、中、高级卷烟商品营销员及专卖管理员职业技能鉴定考试，443 人获得资格证书。

全面预算管理。2009 年，市局（公司）通过召开会议传达政策精神、组织培训开展业务交流、深入各单位指导操作等多种形式，强化全面预算管理意识，提升企业预算管理水平，“集中决策、归口管理、分级控制”的预算工作架构初步建立，预算编制内容、方法和管理考核机制得到进一步完善。

企业对标工作。市局（公司）成立对标工作领导小组，明确领导责任，落实工作职责，深入基层调查研究，学习兄弟单位先进经验，研究制订《天津烟草行业对标工作实施方案》、《管理办法》及《考评细则》。建立定期例会制度，总结对标情况，分析存在问题，并通过各项主要经济指标的比较，查找管理上的薄弱环节，制定改进措施。

企业贯标工作。市局（公司）深入开展调研，研究制定方案，召开动员大会，对质量体系建设进行动员部署，并在市局（公司）内部网开辟了“天津烟草 ISO 9000 质量管理体系建设”专栏，就体系建设组织机构、规章制度、实施方案、计划安排、基础知识等方面进行宣传、报道。分期对各级人员进行培训，并组织了现场调研和流程分析、确认。

【信息化建设】 2009 年，市局（公司）修订了《2010～2012 年全市行业信息化工作总体规划》，明确了“系统集成、资源整合、门户平台、管理服务”等方面的建设目标、任务和进度要求。完成了 IT 运维系统的试运行和终验工作，实现对全局广域网内资源的运行状况进行自动发现记录、自动诊断报警、自动传送工单。推进数字证书认证系统建设，拓展 OA 系统综合事务管理功能，人力资源管理信息系统开发、财务核算软件系统优化、卷烟生产经营决策管理系统打码系统改造、安全管理信息系统推广等项目稳步推进。

【科技创新】 2009年，市局（公司）继续完善自主创新工作规范和激励机制，加强对自主创新工作的领导，规范开展项目的立项、结题、奖励评审工作，其中，“烟草分拣优化系统的研究与应用”、“高速分拣线实施在线打码的研究”等17个项目获企业年度科学技术进步奖，“企业人力资源的薪酬激励探索与操作实务”、“‘6S’管理在烟草物流企业的应用”等12个项目被确定为企业年度科研课题。大力开展物流创新，实施改造项目30余项，完成多篇科技论文，其中，“安全防卫监控系统在物流生产过程中的应用”获第十一届中国科协年会优秀论文奖。

【用工分配制度改革】 市局（公司）在2008年“三定”（定岗、定员、定责）工作完成的基础上，开展了工资测算，落实“定薪”工作，先后印发《天津市烟草专卖局（公司）关于实施岗位绩效工资制的指导意见》、《天津市烟草专卖局（公司）关于用工分配制度改革工资套改工作的指导意见》等文件，形成天津烟草行业用工分配制度改革的指导性文件，并明确“定薪”工作“尊重历史、平稳过渡；按劳分配、注重公平；总额控制、动态管理；合法”四个基本原则，同时，针对部分岗位实行不定时工资制、行业绩效考核等制定了指导意见。所属各单位依据市局（公司）文件精神，结合自身实际，分别研究制定用工分配制度改革相关实施办法，经单位职工代表大会审议通过后实施。10月，岗位绩效工资管理机制全面实施，标志着天津烟草行业用工分配制度改革阶段性工作完成。

【思想政治工作】 3～8月，市局（公司）及所属16个基层单位党组织开展深入学习实践科学发展观活动，共有636名党员参加了学习实践科学发展观活动，圆满完成学习调研、分析检查和整改落实三个阶段的工作任务。加强基层党组织建设，开展“党支部达标晋级”活动，开展“党员电化教育”，完善和加强党员信息库管理，党组织建设逐步走上制度化、规范化轨道。开展新中国成立60周年庆祝活动，开展爱党、爱国、爱社会主义为主要内容的知识竞赛、诗歌朗诵、书画摄影、座谈交流以及迎国庆讲文明树新风、志愿服务、送温暖献爱心等活动，举办“庆祝新中国成立60周年歌会”。继续推进“理念更新、思维创新、思路出新”教育活动，不断加强领导班子、职工队伍思想建设和作风建设，做好文明创建工作、老干部工作和共青团工作。

【企业文化】 市局（公司）制定《天津烟草行业企业文化建设推进实施规划》，加大企业文化宣贯力度，采取多种形式学习宣传企业“精诚”文化理念体系，提高广大干部职工对企业文化理念的理解和认识，并通过开展企业文化案例征集活动、组织召开企业文化演讲会等形式，充分调动广大干部职工参与企业文化建设的热情。推进实施《中国烟草视觉识别系统》，部分单位完成中国烟草视觉识别系统导入工作。开展服务品牌建设工作，通过提高服务质量、丰富服务内容、完善服务举措和提升服务水平等方法打造天津烟草服务品牌。

【特事要辑】 2月5～6日，市局（公司）组织召开全市烟草行业工作会议。

7月2日，国家局局长姜成康对《中共天津市烟草专卖局（公司）委员会贯彻落实科学发展观情况分析检查报告》作出批示。

8月，《天津通志·烟草志》正式出版。

9月30日，天津烟草商业用工分配制度改革阶段性工作全面完成。

天津市局（公司）主要统计指标汇总

“两烟”税利（亿元）	“两烟”利润（亿元）	销售卷烟（亿支）	烟叶种植（万亩）	烟叶收购（万担）
17.78	11.33	265.00	—	—

所属区、县局（公司）

天津市区第一烟草专卖局（分公司）

天津市区第一烟草专卖局、天津市烟草公司第一分公司成立于1999年8月，负责和平区、河西区的烟草专卖管理和卷烟销售工作。共有从业人员82人，其中聘用员工44人。

全年辖区销售卷烟28.9亿支（5.78万箱），同比增长0.7%。实现卷烟销售收入87196万元，同比增长6.41%。实现税利21544万元，同比增长1.29%，其中利润16288万元，同比增长1.93%。

全年共查处涉烟违法案件132起，其中假烟案件41起，查获非法卷烟179.13万支，涉案金额93.34万元。破获符合国家局标准的制售假烟网络案件1起。移送公安、司法机关涉烟违法案件3起。

天津市区第二烟草专卖局（分公司）

天津市区第二烟草专卖局、天津市烟草公司第二分公司成立于1999年9月，负责河东区、河北区的烟草专卖管理和卷烟销售工作。共有从业人员93人，其中聘用员工48人。

全年辖区销售卷烟33.65亿支（6.73万箱），同比增长0.25%。实现卷烟销售收入99894万元，同比增长1.17%。实现税利24759万元，同比下降6.12%，其中利润18762万元，同比下降4.92%。

全年共查处涉烟违法案件84起，其中假烟案件30起，查获非法卷烟378.43万支，涉案金额147.92万元。破获符合国家局标准的制售假烟网络案件1起。移送公安、司法机关涉烟违法案件1起。

天津市区第三烟草专卖局（分公司）

天津市区第三烟草专卖局、天津市烟草公司第三分公司成立于1999年8月，负责红桥区、南开区的烟草专卖管理和卷烟销售工作。共有从业人员87人，其中聘用员工54人。

全年辖区销售卷烟34.5亿支（6.9万箱），同比增长0.24%。实现卷烟销售收入103352万元，同比增长5.87%。实现税利26369万元，同比增长0.42%，其中利润20205万元，同比增长1.97%。

全年共查处涉烟违法案件84起，其中假烟案件41起，查获非法卷烟1358.59万支，涉案金额478.93万元。破获符合国家局标准的制售假烟网络案件1起。移送公安、司法机关涉烟违法案件1起，判刑3人。

东丽区烟草专卖局（分公司）

东丽区烟草专卖局、天津市烟草公司东丽分公司成立于1998年5月，负责东丽区的烟草专卖管理和卷烟销售工作。共有从业人员65人，其中聘用员工32人。

全年辖区销售卷烟12.4亿支（2.48万箱），同比增长6.5%。实现卷烟销售收入35483万元，同比增长16.34%。实现税利8814万元，同比增长20.19%，其中利润6657万元，同比增长25.88%。

全年共查处涉烟违法案件37起，其中假烟案件7起，查获非法卷烟1299.30万支，涉案金额599.08万元。移送公安、司法机关涉烟违法案件1起。

津南区烟草专卖局（分公司）

津南区烟草专卖局、天津市烟草公司津南分公司成立于1998年7月，负责津南区的烟草专卖管理和卷烟销售工作。共有从业人员57人，其中聘用员工34人。

全年辖区销售卷烟11.5亿支（2.3万箱），同比增长3.12%。实现卷烟销售收入32716万元，同比增长11.05%。实现税利8298万元，同比增长12.24%，其中利润6345万元，同比增长17.66%。

全年共查处涉烟违法案件78起，其中假烟案件15起，查获非法卷烟365.47万支，涉案金额76.28万元。移送公安、司法机关涉烟违法案件1起。

西青区烟草专卖局（分公司）

西青区烟草专卖局、天津市烟草公司西青分公司成立于1998年5月，负责西青区的烟草专卖管理和卷烟销售工作。共有从业人员65人，其中聘用员工34人。

全年辖区销售卷烟11.95亿支（2.39万箱），同比增长5.6%。实现卷烟销售收入34329万元，同比增长10.94%。实现税利8343万元，同比增长12.63%，其中利润6285万元，同比增长17.1%。

全年共查处涉烟违法案件240起，其中假烟案件69起，查获非法卷烟457.19万支，涉案金额163.61万元。

北辰区烟草专卖局（分公司）

北辰区烟草专卖局、天津市烟草公司北辰分公司成立于1998年5月，负责北辰区的烟草专卖管理和卷烟销售工作。共有从业人员61人，其中聘用员工34人。

全年辖区销售卷烟11.9亿支（2.38万箱），同比增长2.41%。实现卷烟销售收入34230万元，同比增长12.31%。实现税利8354万元，同比增长12.76%，其中利润6316万元，同比增长18.62%。

全年共查处涉烟违法案件97起，其中假烟案件15起，查获非法卷烟160.48万支，涉案金额53.67万元。

塘沽区烟草专卖局（分公司）

塘沽区烟草专卖局、天津市烟草公司塘沽分公司成立于1995年8月，负责塘沽区、天津经济技术开发区、天津港保税区的烟草专卖管理和卷烟销售工作。共有从业人员128人，其中聘用员工101人。

全年辖区销售卷烟20亿支（4万箱），同比增长12.08%。实现卷烟销售收入62430万元，同比增长19.13%。实现税利16287万元，同比增长22.78%，其中利润12395万元，同比增长23.56%。

全年共查处涉烟违法案件206起，其中假烟案件9起，查获非法卷烟763.25万支，涉案金额302.87万元。破获符合国家局标准的制售假烟网络案件2起。移送公安、司法机关涉烟违法案件2起。

汉沽区烟草专卖局（分公司）

汉沽区烟草专卖局、天津市烟草公司汉沽分公司成立于1997年，负责汉沽区的烟草专卖管理和卷烟销售工作。共有从业人员43人，其中聘用员工27人。

全年辖区销售卷烟4.65亿支（0.93万箱），同比增长0.98%。实现卷烟销售收入14286万元，同比增长12.45%。实现税利3299万元，同比增长13.69%，其中利润2428万元，同比增长14.19%。

全年共查处涉烟违法案件38起，其中假烟案件2起，查获非法卷烟51.24万支，涉案金额12.35万元。

大港区烟草专卖局（分公司）

大港区烟草专卖局成立于1993年6月，天津市烟草公司大港分公司成立于1995年，负责大港区的烟草专卖管理和卷烟销售工作。共有从业人员67人，其中聘用员工43人。

全年辖区销售卷烟11.7亿支（2.34万箱），同比增长5.82%。实现卷烟销售收入35749万元，同比增长13.81%。实现税利9014万元，同比增长15.63%，其中利润6764万元，同比增长16.52%。

全年共查处涉烟违法案件69起，其中假烟案件21起，查获非法卷烟514.06万支，涉案金额119.13万元。移送公安、司法机关涉烟违法案件2起，判刑1人。

武清区烟草专卖局、武清烟草有限公司

武清区烟草专卖局成立于1992年，天津武清烟草有限公司成立于1996年6月，并于成立之日起与武清区烟草专卖局合署办公，负责武清区的烟草专卖管理和卷烟销售工作。共有从业人员147人，其中聘用员工128人。

全年辖区销售卷烟21亿支（4.2万箱），同比下降0.38%。实现卷烟销售收入53144万元，同比增长6.85%。实现税利5188万元，同比下降12.85%，其中利润1940万元，同比下降52.35%。

全年共查处涉烟违法案件107起，其中假烟案件4起，查获非法卷烟687.50万支，涉案金额139.29万元。

宝坻区烟草专卖局、宝坻烟草有限公司

宝坻区烟草专卖局成立于1991年10月，天津宝坻烟草有限公司成立于1996年9月，并于成立之日起与宝坻区烟草专卖局合署办公，负责宝坻区的烟草专卖管理和卷烟销售工作。共有从业人员137人，其中聘用员工79人。

全年辖区销售卷烟18.25亿支（3.65万箱），同比下降0.06%。实现卷烟销售收入46404万元，同比增长8.78%。实现税利5220万元，同比下降4.23%，其中利润2225万元，同比下降29.43%。

全年共查处涉烟违法案件104起，其中假烟案件2起，查获非法卷烟154.66万支，涉案金额31.39万元。

宁河县烟草专卖局、芦台烟草有限公司

宁河县烟草专卖局成立于1992年，天津芦台烟草有限公司成立于1996年8月，并自成立之日起与宁河县烟草专卖局合署办公，负责宁河县的烟草专卖管理和卷烟销售工作。共有从业人员74人，其中聘用员工38人。

全年辖区销售卷烟10.3亿支（2.06万箱），同比增长4.29%。实现销售收入26835万元，同比增长10.01%。实现税利2398万元，同比下降2%，其中利润804万元，同比下降42.57%。

全年共查处涉烟违法案件61起，其中假烟案件1起，查获非法卷烟152.10万支，涉案金额32.21万元。

静海县烟草专卖局、静海烟草有限公司

静海县烟草专卖局成立于1992年7月，天津静海烟草有限公司成立于1996年11月，并自成立之日起与静海县烟草专卖局合署办公，负责静海县的烟草专卖管理和卷烟销售工作。共有从业人员99人，其中聘用员工41人。

全年辖区销售卷烟14.05亿支（2.81万箱），同比增长0.15%。实现销售收入34962万元，同比增长4.82%。实现税利3752万元，同比下降7.17%，其中利润1677万元，同比下降25.33%。

全年共查处涉烟违法案件83起，其中假烟案件

29起，查获非法卷烟122.70万支，涉案金额22.54万元。破获符合国家局标准的制售假烟网络案件1起。移送公安、司法机关涉烟违法案件1起。

蓟县烟草专卖局、渔阳烟草有限公司

蓟县烟草专卖局成立于1991年12月，天津渔阳烟草有限公司成立于1996年8月，并于成立之日起与蓟县烟草专卖局合署办公，负责蓟县的烟草专卖管理和卷烟销售工作。共有从业人员122人，其中聘用员工59人。

全年辖区销售卷烟20.25亿支（4.05万箱），同比下降1.22%。实现卷烟销售收入50710万元，同比增长8.49%。实现税利5596万元，同比增长5.47%，其中利润2535万元，同比增长0.02%。

全年共查处涉烟违法案件44起，其中假烟案件21起，查获非法卷烟180.10万支，涉案金额51.37万元。移送公安、司法机关涉烟违法案件2起。

所属其他二级单位

天津市恒大实业公司

天津市恒大实业公司成立于2005年，是天津市公司的全资子公司。截至2009年年底，共有从业人员248人，其中劳务派遣人员8人。公司设办公室、政治工作部、工会、审计部、财务部、劳资部、后勤部、安保部、岗下办、退休办共10个科室部门，下设印刷厂、运输公司、销售部3个经济实体。

2009年天津市烟草商业系统主要情况统计

区、县局（公司）名称		天津市区第一烟草专卖局（分公司）	天津市区第二烟草专卖局（分公司）	天津市区第三烟草专卖局（分公司）	东丽区烟草专卖局（分公司）	津南区烟草专卖局（分公司）
主要负责人/法人代表		张永栋（—2009.10） 高　林（2009.10—）	张永栋（—2009.10） 高　林（2009.10—）	张永栋（—2009.10） 高　林（2009.10—）	张永栋（—2009.10） 高　林（2009.10—）	张永栋（—2009.10） 高　林（2009.10—）
总资产（万元）		1699	830	834	224	313
资产负债率（%）		—	—	—	—	—
所属县级局（个）		—	—	—	—	—
所属县级公司/分公司（个）		—	—	—	—	—
所属县级营销部（个）		—	—	—	—	—
所属业务机构	访销机构	1个客服中心	1个客服中心	1个客服中心	1个客服中心	1个客服中心
	物流配送机构	—	—	—	—	—
	稽查机构	2个稽查大队	2个稽查大队	2个稽查大队	1个稽查大队	1个稽查大队
	烟叶机构	—	—	—	—	—
销售卷烟（亿支）		28.90	33.65	34.50	12.40	11.50
毛利率（%）		24.91	24.85	25.25	26.69	26.59
实现“两烟”税利（万元）		21544	24759	26369	8814	8298
实现“两烟”利润（万元）		16288	18762	20205	6657	6345
烟叶种植（亩）		—	—	—	—	—
烟叶收购（担）		—	—	—	—	—
零售户数（户）		2371	2283	2860	1426	1028

区、县局（公司）名称		西青区烟草专卖局（分公司）	北辰区烟草专卖局（分公司）	塘沽区烟草专卖局（分公司）	汉沽区烟草专卖局（分公司）	大港区烟草专卖局（分公司）
主要负责人/法人代表		张永栋（—2009.10） 高　林（2009.10—）	张永栋（—2009.10） 高　林（2009.10—）	张永栋（—2009.10） 高　林（2009.10—）	张永栋（—2009.10） 高　林（2009.10—）	张永栋（—2009.10） 高　林（2009.10—）
总资产（万元）		358	361	1870	137	602
资产负债率（%）		—	—	—	—	—
所属县级局（个）		—	—	—	—	—
所属县级公司/分公司（个）		—	—	—	—	—
所属县级营销部（个）		—	—	—	—	—
所属业务机构	访销机构	1个客服中心	1个客服中心	1个客服中心	1个客服中心	1个客服中心
	物流配送机构	—	—	1个送货中心	1个送货中心	1个送货中心
	稽查机构	1个稽查大队	1个稽查大队	2个稽查大队	1个稽查大队	1个稽查大队
	烟叶机构	—	—	—	—	—
销售卷烟（亿支）		11.95	11.90	20.00	4.65	11.70
毛利率（%）		26.84	26.63	27.77	27.43	27.25
实现“两烟”税利（万元）		8343	8354	16287	3299	9014
实现“两烟”利润（万元）		6285	6316	12395	2428	6764
烟叶种植（亩）		—	—	—	—	—
烟叶收购（担）		—	—	—	—	—
零售户数（户）		1224	1367	2232	544	1212

区、县局（公司）名称		武清区烟草专卖局（有限公司）	宝坻区烟草专卖局（有限公司）	宁河县烟草专卖局、芦台烟草有限公司	静海县烟草专卖局（有限公司）	蓟县烟草专卖局、渔阳烟草有限公司
主要负责人/法人代表		李加春（—2009.2） 王富忠（2009.2—）	李加春（—2009.2） 尹庆来（2009.2—）	李加春（—2009.2） 武桂宪（2009.2—）	李加春（—2009.2） 李家维（2009.2—）	李加春（—2009.2） 吴永年（2009.2～6） 刘爱华（2009.6—）
总资产（万元）		3539	3245	2587	2200	3766
资产负债率（%）		5.01	4.93	47.95	—	11.69
所属县级局（个）		—	—	—	—	—
所属县级公司/分公司（个）		—	—	—	—	—
所属县级营销部（个）		—	—	—	—	—
所属业务机构	访销机构	1个客服中心	1个客服中心	1个客服中心	1个访销中心	1个访销中心
	物流配送机构	1个送货中心	1个送货中心	1个送货中心	1个配送中心	1个配送中心
	稽查机构	1个稽查大队	1个稽查大队	1个稽查大队	1个稽查大队	1个稽查大队
	烟叶机构	—	—	—	—	—
销售卷烟（亿支）		21.00	18.25	10.30	14.05	20.25
毛利率（%）		13.83	14.89	14.7	14.61	14.62
实现“两烟”税利（万元）		5188	5220	2398	3752	5596
实现“两烟”利润（万元）		1940	2225	804	1677	2535
烟叶种植（亩）		—	—	—	—	—
烟叶收购（担）		—	—	—	—	—
零售户数（户）		2116	1851	1112	1341	2675

（曹志永）

河北省烟草专卖局（公司）

【概　况】 河北省烟草专卖局成立于1984年，河北省烟草公司组建于1982年11月。1985年1月，河北省烟草公司正式上划中国烟草总公司，更名为中国烟草总公司河北省公司。省局（公司）下辖11个地市级烟草专卖局（公司）、138个县级烟草专卖局、141个营销部。2009年，公司拥有总资产97.71亿元，其中，固定资产7.22亿元、流动资产80.25亿元，资产负债率为9.80%。共有从业人员9059人，其中聘用和劳务派遣人员785人。

【领导成员】 局长、总经理、党组书记：滑福生
副局长、党组成员：鲍灵军（正厅级）
纪检组长、党组成员：王玉田
副总经理、党组成员：钱　江
副总经理、党组成员：杨子辛
副巡视员：马学雷

【机构设置】 省局（公司）机关设办公室（外事办公室）、综合计划处（经济运行处、科技处）、专卖监督管理处（专卖稽查总队、内部专卖管理监督处）、政策法规和体制改革处、财务管理处、审计处、人事劳资处（职业技能鉴定站）、思想政治工作处（机关党委、工会）、监察处（与党组纪检组合署办公）、安全保卫处、烟叶管理处、卷烟销售管理处12个处室，经济信息中心、机关服务中心、烟草质量监督检测站、职业技能鉴定站、烟草学会、烟草职工培训中心、离退休人员管理办公室7个专业部门与整顿和规范市场经济秩序领导小组办公室1个临时机构。

【专卖管理】 内部专卖管理监督。印发《河北省内部专卖管理监督检查工作规范》和《河北省内部专卖管理监督考核工作规范》，统一检查考核标准。省局分别于7月、12月对所属企业2009年生产经营情况进行检查，并对全省11个市局的内管工作进行考核。完善内部专卖管理监督制度和有关专卖品生产经营的内控机制，增强内部监管信息化应用能力。完善内部专卖管理监督工作流程体系，开展内管人员培训。

卷烟打假。省局与公安部门密切配合，发挥打假联合机制的作用，开展卷烟打假工作。2009年，全省共查处涉假案件2724起，查获假冒卷烟1.12亿支、烟丝8.66吨、烟叶20.80吨、滤嘴棒25.80万支，捣毁制售假烟窝点11个，缴获制假机械21台。共破获符合国家局标准的制售假烟网络案件70起，其中，津冀“3·13”、京冀“4·14”、唐山“1·13”和沧州“11·12”4起案件被公安部、国家局列为部级督办案件。公安、司法机关依法刑事拘留332人，批捕267人，判刑69人。

市场监管。继续实行专卖管理员目标管理责任制，对零售客户经营的规范程度实施分类管理；加强同工商部门的协调配合，加大舆论宣传力度，营造良好的市场监管氛围。聘请第三方机构开展全省卷烟市场评估工作，基本摸清市场现状。

证件管理。3月，完成烟草专卖零售许可证换发工作，全省共换发零售许可证21.4万套。办理国家局核发的许可证25套，省局核发的许可证231套。对证件管理系统进行升级，重新核定零售点合理布局方案。

专卖队伍建设。开展优秀县级局创建活动，制定优秀县级局实施方案，细化评价内容并制定考核验收评分标准，12月，在省局组织的考核验收中，第一批32个申报单位中的30个单位达到优秀县级局标准，达标率为93.75%。开展技能鉴定培训，全年共组织9期烟草专卖管理员职业技能鉴定培训班，培训1000余人次。开展职业技能鉴定工作，于7月和10月分别组织学员参加国家局烟草专卖管理员职业技能鉴定考试，高级专卖管理员通过率为81.08%。

【生产经营】 2009年，全省烟草商业系统销售卷烟1138.78亿支（227.76万箱），同比增长5.26%，其中，销售一类烟39.71亿支（7.94万箱）、二类烟13.88亿支（2.78万箱）、三类烟238.13亿支（47.63万箱）、四类烟386.43亿支（77.29万箱）、五类烟460.63亿支（92.13万箱）。本辖区销量居前三位的品牌为“钻石”、“新石家庄”、“白沙”，销量分别为233.53亿支（46.71万箱）、162.01亿支（32.40万箱）、72.84亿支（14.57万箱）。

全省烟草商业系统实现卷烟销售收入228.29亿元，同比增长15.24%。根据国务院有关精神，调整卷烟消费税，部分利润转为税赋，全年新增卷烟消费税11.09亿元。实现卷烟税利45.38亿元，同比增长18.53%，其中利润28.09亿元，同比下降6.83%。公司三项费用率为7.59%。

【卷烟销售网络建设】 订单供货推广工作。制订“按客户订单组织货源”推广工作实施方案。针对不同层面、不同岗位人员，组织专题培训5次。建立省、市两级需求预测体系，对需求预测流程体系、考核评价及货源供应要求等进行梳理、调整和完善。修改和优化订单供货软件系统，完成全省烟草商业系统订单供货推广实施工作。

规范订单采集和货源供应。修订《电话订货员工作手册》，完善电话订货软件流程，全省烟草商业系统实现跨县级行政区域访销和呼叫坐席信息系统自动分配。调整客户经理工作职责和工作方法，加强客户经理对区域市场整体需求的预测职能。修改完善总量浮动管理相关规定，加强对销售大户的监管，规范卷烟投放分类标准。开展全省烟草商业系统“规范订单采集和货源供应”检查验收工作，完成自查、检查和整改提高3个阶段工作。

工商协同营销。制定2009年工商协同营销工作方案。制定卷烟社会信息采集制度，进一步强加需求预测工作。6月，同上海烟草（集团）公司签订战略合作协议。

电子商务。组织开展零售终端机订货工作，截至2009年年底，全省已有石家庄、邯郸和张家口3家市公司实施终端机订货，订货户数达到7600户。

现代物流建设。制定全省物流精细化管理工作方案，全面加强物流现场精细化管理。开展配送线路优化的前期工作，探索物流费用二级核算。

【烟叶产销】 烟叶种植与收购。2009年，全省烟叶种植涉及3个地市、6个县、33个乡镇、136个村，共落实移栽面积2.66万亩，同比减少1521亩；签订烤烟种植收购合同1528份，同比减少428份；户均种植面积17.41亩，同比增加3.03亩。烟叶种植逐步向种烟能手和大户集中，适度规模种植程度进一步提高。合同约定收购量0.4万吨（8万担），实际收购0.4万吨（8万担）。与湖北中烟工业有限责任公司签订烟叶销售合同0.05万吨（1万担），与河北中烟工业公司签订烟叶销售合同0.35万吨（7万担），实际销售0.4万吨（8万担）。

烟叶生产基础设施建设①。全年投入资金2537.59万元，完成烟基建设项目574项，其中，机井21眼，沟渠43.66千米，管网38.1千米，提灌站1座，新建密集式烤房491座、机耕路11.37千米，新增烟草农用机械26台（套）。

现代烟草农业建设试点。制定《河北省现代烟草农业规划》、《河北省2009年现代烟草农业试点工作方案》。以张家口市蔚县西合营镇红旗街村为试点，以农场化形式组织烟叶生产，规划基本烟田2000亩，年种烟面积1000亩。试点村全部采用大棚托盘育苗和改良式膜下移栽技术，机械化作业率达到100%。在试点村组织开展平衡施肥、秸秆压块和膜下滴灌节水试验；引进烟叶烘烤智能控制仪，对烟叶烘烤区域进行监控，实现烟叶烘烤智能化。

【内部管理监督】 5月20日~7月20日，在全省行业内开展“三项检查”回头看工作。推进卷烟生产经营秩序专项整顿，在各市局（公司）自查基础上，省局（公司）检查组于7月1~18日，对全省11家市局（公司）、部分县级局（营销部），以及10家卷烟、烟叶、烟机、滤嘴棒生产经营企业上半年的卷烟生产经营情况及专卖内管工作开展情况进行检查。按照省局负责各市局（公司）及平山培训中心，市公司负责所属县级营销部及多元化投资企业的分工，组织开展“小金库”专项治理工作，复查面达到100%。

【多元化经营】 截至2009年年底，全省存续经营的多元化企业有3家，正在清退的多元化企业有1家。省局（公司）完成多元化企业审计调查、统计年报的编制及重大事项上报等工作，并下发《河北省烟草商业系统多元化经营企业重大事项报告制度（试行）》。

【企业管理】 财务核算。省局（公司）完成统一会计核算软件研发工作。制定《全省烟草商业物流二级核算的指导意见》，推进物流二级核算工作全面开展。

国有资产管理。研发国有资产管理信息系统，实现对全省行业资产的在线查询、汇总分析和实时监管，提高资产管理水平和使用效率；“国有资产管理信息系统”获得2009年度全省科技与创新成果二等奖。

预算与资金管理。修订预算考核办法，重新设计预算内容和项目，预算管理更加科学完整。省局（公司）在资金监管中严格履行各项规章制度，对全省行业资金的支付进行有效监管，资金管理水平持续提升。

审计监督。组织开展全省物流建设项目跟踪审计，全年共完成工程量清单、标底编制17份、招标文件审核18份、施工合同审核19份、进度款拨付审核118份、变更签证审核362份、材料和设备价格审核263份、审计1份。组织开展全省烟叶基础设施建设专项资金审计，复查资金面达到99%。开展离任经济责任审计，发现8类问题，提出意见、建议8条。开展同

---

① 本栏目中“烟叶生产基础设施建设”首次出现时使用全称，其余使用简称“烟基建设”。

级审计和宣传促销“回头看”工作。

安全工作。开展安全信息化建设，利用科技手段，完成安全管理信息系统的试运行工作，进一步提高全省商业系统安全管理工作效率和信息化程度。2009年，全省行业开展安全检查5069次，查出安全隐患2870条，整改2861条，整改率达到99.68%。用于购置和维护安全设备的投入达到2061.59万元。

【信息化建设】 搭建高效、稳定、易操作的物流信息系统，加快卷烟供应链信息协同系统项目建设，全力保障系统安全。加快全省行业人力资源信息系统项目建设，完成基础数据的导入，实现机构编制管理、人员信息管理、薪酬管理等各项功能。12月31日，省局（公司）外网开通；完善网站管理制度，制定网站管理办法和信息发布审批程序，提高信息公开水平。完善管理决策体系，编制《数据中心项目建设构想》，对全省数据中心项目建设进行总体规划。继续实施打码到条项目，完善全省实施推广工作的技术支撑与服务。加强信息系统安全检查，对全省11个市局（公司）及部分县局（营销部）进行复查。

【人力资源管理】 以贯彻实施《劳动合同法》及其实施条例为契机，省局（公司）指导所属企业依法理顺劳动关系，解决历史遗留问题，规范劳动合同制度，加强劳动合同管理，全面清理和完善企业劳动规章制度。加强企业用工指导，拟定切实可行的行业用工计划。加强工资总额宏观调控，修订市局（公司）处级干部薪酬管理办法，下达市局（公司）年度工资计划控制标准，进一步规范企业内部分配秩序。

用工分配制度改革。7月底，全省行业用工分配制度改革阶段性工作基本完成，基本实现机构设置、岗位管理、用工计划和薪酬制度的“四统一”；推进数字化绩效考核体系建设，进一步巩固和扩大改革成果。

教育培训与职业鉴定。完善特有工种职业技能鉴定试题库，搭建卷烟商品营销师、专卖管理员远程培训平台，对1583名卷烟商品营销师、1150名专卖管理员、2016名特有工种和1275名通用工种专业技术人员进行培训和鉴定，行业高技能人才队伍建设进一步加强。开展专业技术职务评审工作，321人取得初级专业技术职务任职资格，52人取得中级专业技术职务任职资格，推荐8人申报国家局高级专业技术职务任职资格评审。

【思想政治工作】 *学习实践活动*。继续开展深入学习实践科学发展观活动，做好满意度测评工作，经过测评统计，满意率为93.56%。对全省行业各类规章制度进行集中清理，修订完善制度107项，废止制度78项，新建制度89项。开展“干部作风建设年”活动，推进“三项建设”。开展“五个一”活动，即：读一本有关作风建设的书、写一篇心得体会、开一次学习交流会、举办一次专题报告会、提一条合理化建议。

党风廉政建设。开展廉政文化建设和警示教育活动，对新任处级干部和全省行业纪检监察干部进行党纪政纪条规知识考试。继续落实和完善内部管理监督联系会议制度，加强重大项目廉政监督小组、招标比价采购廉政监督小组、纪检监察部门再监督等三个监督组织的建设。制定《领导干部选拔任用工作廉政监督实施办法》。加强工程建设项目廉政监督，参与采购监督活动325次，涉及采购资金6293万元。对现代烟草农业专项资金使用情况进行监督，开展“严格规范卷烟经营秩序”专项检查。下发《关于进一步加强行风建设的通知》，参加行风评议活动740余次，接受群众咨询3600余人次，解决并反馈群众反映问题158个。强化纪检监察队伍建设，全省行业开展定期培训391次。

【企业文化】 在完成《河北烟草企业文化建设规划》（2006～2008年）基础上，结合全省烟草商业企业文化建设现状，2009年，省局（公司）制定下发《企业文化建设和行业“三项建设”三年规划》（2009～2011年）、《2009年市局（公司）企业文化建设考核细则》、《服务品牌建设指导意见》和《2009年企业文化建设和行业“规范年”建设推进方案》，加大行业企业文化建设实际应用指导力度。开展宣贯工作，通过理念宣贯、文化内训、活动推进等方式，实现员工对企业文化的认同。

【特事要辑】 1月16～17日，国家局局长姜成康、副局长李克明到石家庄市局（公司）调研并慰问一线职工。

4月21～23日，姜成康到张家口市局（公司）考察调研。

7月29～30日，姜成康到秦皇岛、唐山市局（公司）考察调研。

10月22～23日，国家局副局长何泽华到邯郸、邢台、衡水市局（公司）考察调研。

河北省局（公司）主要统计指标汇总

“两烟”税利（亿元）	“两烟”利润（亿元）	销售卷烟（亿支）	烟叶种植（万亩）	烟叶收购（万担）
46.10	28.09	1138.78	2.66	8.00

注：烟叶税利、烟叶利润不做统计。

所属地市级局（公司）

石家庄市烟草专卖局（公司）

石家庄市烟草专卖局、河北省烟草公司石家庄市公司成立于1985年7月，下辖辛集市、晋州市、藁城市、新乐市、鹿泉市、正定县、深泽县、无极县、赵县、栾城县、高邑县、元氏县、赞皇县、井陉县、平山县、灵寿县、行唐县17个县级烟草专卖局（营销部）。共有从业人员905人，其中劳务派遣人员48人。

全年辖区销售卷烟175.98亿支（35.20万箱），同比增长4.77%。实现卷烟销售收入363146万元，同比增长14.49%。实现卷烟税利82389万元，同比增长16.57%，其中利润53451万元。

全市共查处涉烟违法案件382起，查获假冒卷烟554.46万支、制假烟机6台，捣毁制售假烟窝点3个。公安、司法机关依法刑事拘留38人，批捕64人，判刑17人。全年共破获制售假烟网络案件25起，其中符合国家局标准的网络案件17起。

全年共种植烤烟0.57万亩，收购烤烟0.1万吨（2万担）。实现烟农收入0.12亿元，烟农户均收入2.9万元。

全年共投入烟基建设项目资金243万元，新建卧式密集型烤房80座。

邯郸市烟草专卖局（公司）

邯郸市烟草专卖局、河北省烟草公司邯郸市公司成立于1986年，下辖大名县、魏县、曲周县、邱县、鸡泽县、广平县、成安县、临漳县、磁县、涉县、永年县、馆陶县、峰峰矿区、邯郸县、武安市15个县级烟草专卖局（营销部），以及1个未上划的肥乡县烟草专卖局（经理部）。共有从业人员1207人，其中劳务派遣人员137人。

全年辖区销售卷烟133.63亿支（26.73万箱），同比增长4.01%。实现卷烟销售收入245013万元，同比增长15.79%。实现卷烟税利46800万元，同比增长19.61%，其中利润28853万元。

全市共查处涉烟违法案件2838起，其中假烟案件1745起，查获非法卷烟1.1亿支，其中假冒卷烟0.8亿支。公安、司法机关依法刑事拘留45人，批捕35人，判刑7人。全年共破获符合国家局标准的网络案件9起。

保定市烟草专卖局（公司）

保定市烟草专卖局、河北省烟草公司保定市公司成立于1984年12月，下辖曲阳县、安国市、安新县、定兴县、阜平县、博野县、满城县、蠡县、易县、顺平县、徐水县、涞水县、高阳县、唐县、容城县、涞源县、高碑店市、清苑县、望都县19个县级烟草专卖局（营销部），以及涿州、雄县2个营销部和定州经理部。共有从业人员1281人，其中劳务派遣人员93人。

全年辖区销售卷烟177.7亿支（34.54万箱），同比增长9.84%。实现卷烟销售收入335168万元，同比增长14.44%。实现卷烟税利65337万元，同比增长17.83%，其中利润40800万元。

全市共查处涉烟违法案件808起，查获假冒卷烟3825.07万支、非法烟叶16吨，捣毁制售假烟窝点3个。公安、司法机关依法刑事拘留52人，逮捕34人，判刑16人。全年共破获符合国家局标准的网络案件8起。

全年共种植烤烟0.23万亩，收购烤烟0.04万吨（0.8万担）。实现烟农收入494万元，同比增加36万元；烟农户均收入5.25万元，同比增加2.22万元。

全年共投入烟基建设项目资金37.5万元，新建卧式密集型烤房11座。烟水配套工程实际受益面积累计5000亩，受益农户74户。

张家口市烟草专卖局（公司）

张家口市烟草专卖局、河北省烟草公司张家口市公司成立于1984年6月，下辖沽源县、尚义县、张北县、康保县、怀安县、怀来县、赤城县、万全县、涿鹿县、蔚县、阳原县11个县级烟草专卖局（营销部），以及未上划的宣化县、崇礼县烟草专卖局（公司）。共有从业人员519人，其中聘用和劳务派遣人员18人。

全年辖区销售卷烟75.1亿支（15.02万箱），同比增长4.02%。实现卷烟销售收入153158万元，同比增长15.90%。实现卷烟税利29011万元，同比增长17.14%，其中利润18233万元。

全市共查处涉烟违法案件278起，查获假冒卷烟603.27万支、非法烟丝0.03吨，打掉贩藏假烟窝点8个。公安、司法机关依法刑事拘留23人，逮捕9人。全年共破获制售假烟网络案件12起，其中符合国家局标准的网络案件3起。

全年共种植烤烟1.9万亩，收购烤烟0.26万吨(5.2万担)。实现烟农收入3154万元，同比增加717万元；烟农户均收入3.08万元，同比增加1.12万元。

全年共投入烟基建设项目资金2301万元，建成沟渠43.66千米、管网38.1千米、泵站1个、机耕路11.37千米，新建卧式密集型烤房400座。

全市开展现代烟草农业建设试点面积1000亩，与同地区大面积生产相比，试点区域亩产烟叶165千克，提高28千克；亩均用工25.15个，减少10.59个，节约成本453.85元；亩产值2145元，提高364元。

承德市烟草专卖局（公司）

承德市烟草专卖局、河北省烟草公司承德市公司成立于1985年，下辖承德县、宽城满族自治县、平泉县、滦平县、隆化县、兴隆县、围场满族蒙古族自治县、丰宁满族自治县8个县级烟草专卖局（营销部）。共有从业人员461人，其中劳务派遣人员50人。

全年辖区销售卷烟63.29亿支（12.66万箱），同比增长10.0%。实现卷烟销售收入128401万元，同比增长17.98%。实现卷烟税利24458万元，同比增长26.07%，其中利润14467万元。

全市共查处涉烟违法案件43起，查获假冒卷烟230.33万支，打掉贩藏假烟窝点21个。公安、司法机关依法刑事拘留6人，逮捕6人。全年共破获符合国家局标准的网络案件2起。

唐山市烟草专卖局（公司）

唐山市烟草专卖局、河北省烟草公司唐山市公司成立于1986年3月，下辖丰润区、丰南区、滦县、滦南县、乐亭县、迁安市、迁西县、遵化市、玉田县、唐海县10个县级烟草专卖局（营销部）和古冶区、开平区营销部。共有从业人员792人，其中劳务派遣人员217人。

全年辖区销售卷烟122.15亿支（24.43万箱），同比增长4.83%。实现卷烟销售收入280011万元，同比增长12.41%。实现卷烟税利62477万元，同比增长15.42%，其中利润41015万元。

全市共查处涉烟违法案件534起，查获假冒卷烟936.36万支，捣毁制售假烟窝点2个。公安、司法机关依法刑事拘留38人，批捕30人，判刑6人。全年共破获符合国家局标准的网络案件9起，其中，“1·13”案件被公安部、国家局列为重点督办案件。

廊坊市烟草专卖局（公司）

廊坊市烟草专卖局、河北省烟草公司廊坊市公司成立于1986年7月，下辖城区、三河市、大厂回族自治县、香河县、永清县、固安县、霸州市、文安县、大城县9个县级烟草专卖局（营销部）。共有从业人员611人，其中聘用和劳务派遣人员94人。

全年辖区销售卷烟70.09亿支（14.02万箱），同比增长2.26%。实现卷烟销售收入147902万元，同比增长13.91%。实现卷烟税利29584万元，同比增长19.85%，其中利润18089万元。

全市共查处涉烟违法案件77起，查获假冒卷烟1984万支，打掉制售假烟窝点1个。公安、司法机关依法刑事拘留29人，逮捕10人。全年共破获制售假烟网络案件15起，其中符合国家局标准的网络案件4起。

沧州市烟草专卖局（公司）

沧州市烟草专卖局、河北省烟草公司沧州市公司成立于1985年，下辖任丘市、泊头市、黄骅市、河间市、沧县、肃宁县、孟村回族自治县、东光县、海兴县、献县、青县、吴桥县、盐山县、南皮县14个县级烟草专卖局（营销部）和花园酒店1家多元化企业。共有从业人员1039人，其中劳务派遣人员14人。

全年辖区销售卷烟110.13亿支（22.03万箱），同比增长5.88%。实现卷烟销售收入214166万元，同比增长18.93%。实现卷烟税利40938万元，同比增长19.07%，其中利润24838万元。

全市共查处涉烟违法案件203起，查获非法卷烟2099万支，打掉制售假烟窝点1个。公安、司法机关依法刑事拘留65人，批捕56人，判刑13人。全年共破获符合国家局标准的网络案件9起，其中，“11·12”网络案件被公安部、国家局列为重点督办案件。

衡水市烟草专卖局（公司）

衡水市烟草专卖局、河北省烟草公司衡水市公司成立于1985年，下辖桃城区、冀州市、枣强县、武邑县、深州市、武强县、饶阳县、安平县、故城县、景县、阜城县11个县级烟草专卖局（营销部）。共有从业人员685人。2009年，市局（公司）被中央精神文明建设指导委员会办公室评为“全国精神文明建设工作先进单位”。

全年辖区销售卷烟64.7亿支（12.94万箱），同比增长7.02%。实现卷烟销售收入121504万元，同比增长20.38%。实现卷烟税利20932万元，同比增长22.68%，其中利润11503万元。

全市共查处涉烟违法案件319起，查获非法卷烟802.3万支。公安、司法机关依法刑事拘留12人，批捕9人。全年共破获符合国家局标准的网络案件3起。

邢台市烟草专卖局（公司）

邢台市烟草专卖局、河北省烟草公司邢台市公司成立于1984年，下辖邢台县、沙河市、内邱县、临城县、隆尧县、柏乡县、宁晋县、巨鹿县、平乡县、广宗县、南和县、任县、南宫市、新河县、威县、清河县、临西县17个县级烟草专卖局（营销部）。共有从业人员1049人，其中劳务派遣人员76人。

全年辖区销售卷烟101.56亿支（20.31万箱），同比增长4.06%。实现卷烟销售收入184033万元，同比增长14.46%。实现卷烟税利34545万元，同比增长20.75%，其中利润20354万元。

全市共查处涉烟违法案件799起，查获非法卷烟695.89万支、烟丝1.68吨、烟叶4.8吨，捣毁贩藏假烟窝点41个。公安、司法机关依法刑事拘留18人，逮捕14人，判刑7人。全年共破获符合国家局标准的网络案件5起。

秦皇岛市烟草专卖局（公司）

秦皇岛市烟草专卖局、河北省烟草公司秦皇岛市公司成立于1986年，下辖抚宁县、昌黎县、卢龙县、青龙满族自治县4个县级烟草专卖局（营销部）和北戴河区、山海关区营销部。共有从业人员362人，其中劳务派遣人员38人。

全年辖区销售卷烟49.4亿支（9.88万箱），同比增长5.06%。实现卷烟销售收入112970万元，同比增长16.44%。实现卷烟税利24138万元，同比增长22.19%，其中利润14724万元。

全市共查处涉烟违法案件854起，查获假冒卷烟490.56万支。公安、司法机关依法刑事拘留6人，判刑6人。全年共破获符合国家局标准的网络案件1起。

2009年河北省烟草商业系统主要情况统计

地市级局（公司）名称		石家庄市烟草专卖局（公司）	邯郸市烟草专卖局（公司）	保定市烟草专卖局（公司）	张家口市烟草专卖局（公司）	承德市烟草专卖局（公司）	唐山市烟草专卖局（公司）
主要负责人/法人代表		戴　勇（—2009.4） 刘庆岩（2009.4—）/ 杨克勤（—2009.4） 罗明海（2009.4—）	闫福宽/成志忠	张书林/王春怀	迟德明/ 罗明海（—2009.4） 屈文立（2009.4—）	张宝月/毛建民	张继跃/王　辉
总资产（万元）		145021	77896	102249	57113	32871	98825
资产负债率（%）		10.47	8.67	10.16	13.73	10.84	19.36
所属县级局（个）		17	16	19	13	8	10
所属县级公司/分公司（个）		—	—	—	—	—	—
所属县级营销部（个）		17个营销部	15个营销部	21个营销部	11个营销部	8个营销部	12个营销部
所属业务机构	访销机构	1个访销中心	1个访销中心	1个访销中心	1个访销中心	1个访销中心	1个访销中心
	物流配送机构	1个物流配送中心	1个物流配送中心	1个物流配送中心	1个物流配送中心	1个物流配送中心	1个物流配送中心
	稽查机构	1个稽查支队 17个稽查大队	1个稽查支队 16个稽查大队	1个稽查支队 22个稽查大队	1个稽查支队 13个稽查大队	1个稽查支队 8个稽查大队	1个稽查支队 10个稽查大队
	烟叶机构	—	—	—	—	—	—
销售卷烟（亿支）		175.98	133.63	177.70	75.10	63.29	122.15
毛利率（%）		23.62	23.09	23.44	23.10	24.03	24.50
实现“两烟”税利（万元）		82389	46800	65337	29011	24458	62477
实现“两烟”利润（万元）		53451	28853	40800	18233	14467	41015
烟叶种植（亩）		5700	—	2300	19000	—	—
烟叶收购（担）		20000	—	8000	52000	—	—
零售户数（户）		33940	31438	35509	14154	14033	24358

地市级局（公司）名称		廊坊市烟草专卖局（公司）	沧州市烟草专卖局（公司）	衡水市烟草专卖局（公司）	邢台市烟草专卖局（公司）	秦皇岛市烟草专卖局（公司）
主要负责人/法人代表		贾立业/骆　钢	梁瑞国/王铁军	谭新社/李济民	林　海/张玉华	马学雷
总资产（万元）		77415	79770	34335	63523	49422
资产负债率（%）		3.90	10.80	14.21	8.57	10.38
所属县级局（个）		9	14	11	17	4
所属县级公司/分公司（个）		—	—	—	—	—
所属县级营销部（个）		9个营销部	14个营销部	11个营销部	17个营销部	6个营销部
所属业务机构	访销机构	1个访销中心	1个访销中心	1个访销中心	1个访销中心	1个访销中心
	物流配送机构	1个物流配送中心	1个物流配送中心	1个物流配送中心	1个物流配送中心	1个物流配送中心
	稽查机构	1个稽查支队 9个稽查大队	1个稽查支队 14个稽查大队	1个稽查支队 11个稽查大队	1个稽查支队 17个稽查大队	1个稽查支队 4个稽查大队
	烟叶机构	—	—	—	—	—
销售卷烟（亿支）		70.09	110.13	64.70	101.56	49.40
毛利率（%）		24.24	23.52	23.36	23.09	24.78
实现“两烟”税利（万元）		29584	40938	20932	34545	24138
实现“两烟”利润（万元）		18089	24838	11503	20354	14724
烟叶种植（亩）		—	—	—	—	—
烟叶收购（担）		—	—	—	—	—
零售户数（户）		11558	19509	12065	20633	11766

注：河北省烟叶工作未上划，仍由各地方政府开展工作，因此烟叶税利、烟叶利润在此处未做统计。

（刘学良）

山西省烟草专卖局（公司）

【概　况】 山西省烟草公司成立于1982年，1983年7月设立山西省烟草专卖局，1984年6月山西省烟草公司上划中国烟草总公司，更名为中国烟草总公司山西省公司。下辖11个地市级烟草专卖局（公司）、111个县级烟草专卖局（营销部）。公司拥有总资产86.66亿元，其中，固定资产18.71亿元、流动资产61.95亿元，资产负债率为12.08%。截至2009年年底，共有从业人员7120人，其中聘用员工2921人。

2009年，省局（公司）被山西省直机关精神文明建设委员会授予“文明和谐单位标兵”称号，被山西省直属机关工作委员会授予“2006~2008先进基层党组织”称号，被山西省财贸轻纺烟草工会委员会授予“山西省创建优质服务品牌模范单位”称号。

【领导成员】 局长、总经理、党组书记：李泽华

副总经理、党组成员：王志毅（正厅级）

副总经理、党组成员：程高峰

副局长、党组成员：杜毓志

巡视员：陈克进

副巡视员：栗书文（—2009.9）

副巡视员：高兰生

副巡视员：牛建国（—2009.2）

【机构设置】 省局（公司）机关设办公室（外事办公室）、综合计划处（经济运行处）、专卖监督管理处（专卖稽查总队、内部专卖管理监督处）、政策法规与体制改革处、财务管理处（含资金管理中心）、审计处、人事劳资处、思想政治工作处（与机关党委、工会合署办公）、监察处（与党组纪检组合署办公）、安全保卫处、烟叶管理处、卷烟销售管理处12个职能处室，机关服务中心、经济信息中心、烟草质量监督检测站、离退休人员管理办公室、烟草学会、

职业技能鉴定站、山西烟草职工培训中心、督查考评中心、劳动服务公司、整顿办公室、基建项目办公室11个专业部门（单位）。

【专卖管理】 *卷烟打假打私。*省局把2009年确定为“打假纵深推进年”，与公安部门建立重大案件通报制度，开展各类打假专项行动和打击制售假烟网络工作，其中，“元旦、春节”卷烟打假专项行动受到国家局通报表彰，晋城市局查获的“1·4”制售假烟网络案件被公安部、国家局列为督办案件。全省共查处涉烟违法案件1.24万起，其中贩运假烟案件299起、销售假烟案件4758起。查获假冒卷烟15667万支，查处案值5万元以上的假烟案件137起，查获制假烟机2台，打掉制假窝点3个、贩藏假烟窝点318个，查处符合国家局标准的制售假烟网络案件21起，向公安机关移送案件108起。公安、司法机关依法拘留145人，逮捕122人，判刑100人。

*专卖队伍建设。*组织行政执法、行政许可、专卖内管、专卖信息系统培训，全省专卖人员参训率达100%，人均培训时间40课时以上。省局组织培训21批次，参培人员达4300人次。在县级局设置稽查中队，消除农村卷烟市场的监管盲区。细化专卖管理工作91项考核内容，对各市局实行网上考核、结果通报。

【生产经营】 2009年，全省烟草商业系统销售卷烟703.26亿支（140.65万箱），同比增长3.65%，其中，销售一类烟50亿支（10万箱），同比增长24.01%；二类烟4.52亿支（0.9万箱），同比增长86.29%；三类烟162.03亿支（32.41万箱），同比增长18.47%；四类烟323.62亿支（64.72万箱），同比下降0.86%；五类烟163.09亿支（32.62万箱），同比下降5.2%。年末卷烟库存39.16亿支（7.83万箱）。本辖区销量居前三位的品牌为“红河”、“红旗渠”、“云烟”，其中，销售“红河”100.09亿支（20.02万箱），同比增长19.98%；“红旗渠”86.02亿支（17.2万箱），同比下降5.32%；“云烟”55.55亿支（11.11万箱），同比增长3.54%。

全年实现卷烟销售收入184.38亿元，同比增长12.8%。根据国务院有关精神，调整卷烟消费税，部分利润转为税赋，全年增加卷烟消费税9.09亿元。实现卷烟税利41.58亿元，同比增长13.71%，其中卷烟利润26.78亿元，同比下降6.5%。公司三项费用率为7.71%。

【卷烟销售网络建设】 *订单供货。*完成订单供货业务流程的调整和营销系统的优化升级。以晋城市公司为试点，建立货源自动分配系统。在2009年全国烟草行业订单供货检查评价结果中，省公司列第一名。

*品牌培育。*制定《山西省烟草行业全国性重点骨干品牌培育三年规划》，深化品牌品类管理，对品牌培育工作进行全程监管。对“七匹狼”、“云烟”、“黄山”、“娇子”、“黄鹤楼”等品牌进行市场咨询诊断，撰写品牌分析报告80余篇。9月23日，省局（公司）举办全省行业培育品牌“第一要务”高层论坛，就探索培育品牌新路子进行交流，确定了全省品牌培育三年发展目标。

*工商协同营销。*实施《山西烟草协同营销工作规范》，完善对驻地工业企业的服务。省公司走访上海、云南、湖南、湖北、江西等工业公司，召开省级层面工商协同营销座谈会6场。与上海烟草（集团）公司启动“中华”品牌精准营销，对全省300余名营销人员进行系统培训。

*提高网络运行效率。*制订《全省卷烟销售网络价值提升指导意见》，重点在把握市场需求、挖掘客户资源、创新品牌营销、提升管理效率方面寻求突破。围绕“怎么把烟卖好”、“怎么帮助客户赚钱”、“怎么提升自身素质”三个营销课题，开展专题研究。拓展“双万信息工程”，通过多种渠道采集消费信息。完善客户服务体系，强化客户经理职能和投诉中心职能，加强客户细分和零售业态研究。开展网上订货，全省网上订货客户比例年末达30%。

*现代物流建设。*制订《2009年全省行业现代物流工作指导意见》，加强物流标准管理、统一管理、效率管理、成本管理和服务管理。4月，在山西长治召开全省行业物流贯标工作现场会，推广学习长治市公司物流贯标工作经验，强调把物流贯标纳入全员流程化管理体系。

【烟叶生产】 *烟叶生产与收购。*采取“四限”、“八控”措施，即限计划、限面积、限产量、限购销，控合同、控补贴、控育苗、控移栽、控烤量、控质量、控收购、控销售，层层签订《烟叶种植收购合同》，全省烟农全部实施入网管理，严格生产收购秩序，完成“烟叶防过热”任务。全年落实烤烟种植面积5.34万亩，同比减少0.67万亩；收购烟叶0.84万吨（16.8万担），同比减少0.08万吨（1.55万担）。

*实施规模化生产。*优化和调整烟田布局，全省30亩以上连片的烟田面积占总面积的32%，同比提高8个百分点；漂浮育苗面积4.15万亩，占总面积的77%，同比提高5.1个百分点；集约化育苗总面积4.54万亩，占总面积的85%，同比提高9个百分点。全省共有4个千亩连片村、25个家庭农场和2352个种

烟专业户，生产组织模式有专业大户、家庭农场、股份制农场三种类型。

烟叶生产基础设施建设。2008 年全省烟基建设工程项目通过国家局项目组的检查验收。实施 2009 年烟基建设工程，完成烤房设备招标采购。全年全省烟草行业共投入 1890 万元，其中，国家局投入 1260 万元，省内烟草系统配套投资 630 万元，年内建成密集式烤房 900 座，烟水配套工程实际受益面积累计 5.34 万亩，受益农户 3092 户。

【企业管理】 *质量管理体系建设*。7 月起，全省行业质量管理体系建设由试点阶段转入全面实施阶段。省局（公司）逐月下达计划、公布执行情况，所属各单位建立了定期汇报、工作例会、督导检查等制度，加强标准宣贯和分层培训。

对标工作。省局（公司）制订《山西省烟草行业对标工作实施方案》，实行“分级分专业”管理，建立对标工作制度、分析评价模型和信息交流平台，定期分析和通报指标。所属各单位在营销中心、物流中心、县级局（营销部）等层面开展标杆引领工作。

预算管理。严格预算编制，规范执行程序，加强过程控制，降低成本费用支出。2009 年，全省行业业务招待费同比下降 2.96%，办公费同比下降 18.82%，资本性支出、对外捐赠支出控制均在预算内。

基层创优活动。省局（公司）制订《优秀基层单位创建活动实施方案》，确定以 24 个县级局、22 个营销部为全省创建活动试点单位。召开全省行业创建优秀县级局工作经验推广会，推广清徐县局和长治城区局的创建经验。召开全省行业“两基”工作现场会，推广临汾市局（公司）在转变工作职能、持续创新企业管理、提升队伍素质、推进现代流通等方面的工作经验。

【信息化建设】 基本完成财务信息化建设。对营销体系进行以网上订货、网上配货为主要特征的升级改造。开发山西烟草专卖监督管理信息系统，5 月 26 日，在临汾市局召开全省专卖信息系统使用现场会，推广应用该系统；7 月 1 日，系统正式上线运行。山西烟草一体化现代物流管控平台上线试运行。完善全省行业数据中心和决策分析系统，为系统集成整合奠定基础。

【内部管理监督】 *三项检查*。3 月开始，省局（公司）对全省行业 2008 年以来实施的工程投资、物资采购和宣传促销项目进行逐一检查验收，共检查 2103 个项目，涉及金额 13.3 亿元，完善 265 个工作制度和流程。加强对宣传促销项目的管理，制订《山西省烟草商业企业卷烟宣传促销管理办法（暂行）》等。

专卖内管。完善专卖内管信息系统，全年共处理预警信息 32 万条，督促整改存在问题。加大对“两烟”生产经营重点环节的监管力度，开展全省专卖内管工作大检查。开发山西烟草专卖监督管理信息系统。

内部审计监督。省局（公司）开展同级审计，共出具审计意见 11 份，提出审计意见 137 条。完成对太原、阳泉、长治、晋城、忻州、晋中市公司法人代表任期经济责任审计，提出审计意见 140 余条。开展基建工程项目审计和烟叶基础设施专项资金审计，共核减造价 1 亿元。7 月 26 日，全省行业正式启动审计委派制，向各单位派驻审计组。

【人力资源管理】 *用工分配制度改革*。2009 年，参加全省行业第二批、第三批用工分配制度改革的 9 个市局（公司）按照“优化机构、科学设岗、明确职责、岗位评估、设计薪酬、落实考核、全员竞聘、制度配套”的“八步法”，完成用工分配制度改革，统一了市县两级的机构设置、人员编制和岗位职责，实现了由身份管理向岗位管理的转变，打通了各类员工晋升通道，建立了宽带薪酬分配体系，缩小了基层与机关、聘用在岗与在册在岗人员的收入差距。改革后，市局（公司）科级干部平均年龄 39 岁，比改革前下降 3 岁；具有大专以上文化程度的员工占 73%，比改革前提高 8 个百分点；共有 10 名聘用人员竞争到副科级岗位，128 名聘用人员竞争到股级和高级工岗位；聘用人员收入平均增幅达 30%；劳动合同签订率为 100%。4 月，全国烟草行业用工分配制度改革汇报暨研讨会在太原召开，省局（公司）在会上作了典型经验介绍。

员工教育培训。制订《2009 年度全省行业教育培训计划》。开展教育培训，全年省局（公司）共组织培训班 30 期，培训员工 3300 余人次。共有 1870 人参加专卖管理岗位、营销师（卷烟商品营销）等职业技能资格鉴定，其中，1203 人获得资格证书。

【思想政治工作】 3～8 月，全省行业的省、市、县三级单位参加第二批深入学习实践科学发展观活动。活动中，省局（公司）党组制定整改措施 44 项，活动期间整改落实 19 项，后续整改完成 17 项，形成 20 多个指导性文件，各单位干部职工满意度均在 99% 以上。

加强领导班子建设，制订《中共山西省烟草专卖局（公司）党组关于加强本级领导班子建设的实施办法》、《关于加强市级局（公司）领导班子建设的实施办法》和《关于加强全省行业领导干部党性修养大力树立和弘扬良好作风的意见》。

推进反腐倡廉建设，制订《贯彻落实国有企业领导人员廉洁从业若干规定的实施意见》。对干部选拔任用工作进行廉政监督，在全省行业推行“明示与承诺”制度。加强对物资采购、烟水配套工程等项目的监督，保证招标活动的公平性。

【企业文化】 4月，省局（公司）在山西晋中召开全省行业企业文化建设汇报研讨会，对贯彻国家局企业文化会议精神及行业企业文化评价体系、行业视觉识别系统（VI）进行了宣讲。承担全国烟草行业“‘两个至上’在岗位”长效机制试点任务，完成《烟草行业行为规范》起草任务，加强对企业文化架构体系自我评价、整合提升，所属各单位基本形成具有自身特色的服务品牌。

【特事要辑】 4月3日，山西省副省长陈川平到省局（公司）就现代物流、市场营销、企业管理、企业文化建设进行专题调研。

4月8日，全国烟草行业用工分配制度改革汇报暨研讨会在山西太原召开。国家局副局长张保振出席会议并讲话。

4月21～22日，国家局局长姜成康到大同市局（公司）调研营销、电访和物流配送工作，并对山西烟草提出“规范要上新水平，营销要上新水平、管理要上新水平、市场监管要上新水平、队伍建设要上新水平”的要求。

9月22日，省局（公司）新业务大楼投入使用。

10月19～21日，国家局副局长何泽华到临汾、晋城、长治市局（公司）调研卷烟营销工作，对全省卷烟销售工作提出“率先向现代流通企业根本转变”的目标要求。

山西省局（公司）主要统计指标汇总

“两烟”税利（亿元）	“两烟”利润（亿元）	销售卷烟（亿支）	烟叶种植（万亩）	烟叶收购（万担）
41.58	26.78	703.26	5.34	16.80

注：烟叶税利、烟叶利润不做统计。

所属地市级局（公司）

太原市烟草专卖局（公司）

太原市烟草专卖局、山西省烟草公司太原市公司成立于1983年8月，下辖清徐县、古交市、阳曲县、娄烦县4个县级烟草专卖局（营销部）。共有从业人员729人，其中聘用员工316人。2009年，市局（公司）被中央精神文明建设指导委员会办公室授予“全国精神文明建设工作先进单位”称号。

全年辖区销售卷烟86.48亿支（17.30万箱），同比增长4.14%。实现卷烟销售收入287938万元，同比增长11.82%。实现卷烟税利74574万元，同比增长12.72%，其中卷烟利润50267万元。

全年全市共查处涉烟违法案件2912起，查获假冒卷烟3638万支，打掉制假窝点1个、贩藏假烟窝点36个，上缴罚没款93万元。移送公安机关涉烟案件37起，公安、司法机关依法刑事拘留44人，逮捕38人，判刑19人。全年共破获符合国家局标准的制售假烟网络案件5起，案值1129万元。

推进用工分配制度改革，完成定岗、定编、定责、定薪的所有环节，员工满意度达到95.5%，实现零投诉、零上访的稳定局面。改革后，全市系统设置岗位174个，减少18%，万箱定员41人。正科级干部平均年龄由46岁下降至40岁，副科级干部平均年龄由42岁下降至35岁，大专以上学历的人员占全部科级干部的97%，较改革前提高20个百分点，实现了干部队伍结构由“倒梯形”向“橄榄型”的转变。

大同市烟草专卖局（公司）

大同市烟草专卖局、山西省烟草公司大同市公司成立于1983年8月，下辖城区、南郊区、新荣区、大同县、天镇县、阳高县、浑源县、广灵县、灵丘县、左云县10个县级烟草专卖局（营销部）及大同市同烟实业公司。共有从业人员694人，其中聘用员工345人。

全年辖区销售卷烟66.06亿支（13.21万箱），同比增长3.14%。实现卷烟销售收入186016万元，同比增长6.83%。实现卷烟税利47561万元，同比增长5.48%，其中卷烟利润30814万元。

全年全市共查处涉烟违法案件696起，查获假冒卷烟1002万支，打掉贩藏假烟窝点11个，上缴罚没款6万元。移送公安机关涉烟案件17起，公安、司法机关依法刑事拘留7人，逮捕3人。全年共破获符合国家局标准的制售假烟网络案件2起，案值314万元。

加强市场营销一体化建设，理顺营销管理关系，市公司营销中心对各县级营销部进行垂直管理，各营销部的营销业务和营销人员由营销中心统一管理调度，实现营销工作由属地管理向集中管理、行政管理向业务管理，经营管理向营销管理的“三个转变”。物流单箱仓储、分拣费为13.38元/箱，同比下降29.35%；单箱配送费用为23.84元/箱，同比下降38.14%；车辆运行费同比下降10.9%。

阳泉市烟草专卖局（公司）

阳泉市烟草专卖局、山西省烟草公司阳泉市公司成立于1983年9月，下辖平定县、盂县2个县级烟草专卖局（营销部）和城区、矿区、郊区3个专卖稽查支队。共有从业人员232人，其中聘用员工101人。2009年，市公司营销中心被共青团山西省委授予“省级青年文明号”称号。

全年辖区销售卷烟25.5亿支（5.1万箱），同比增长3.39%。实现卷烟销售收入65322万元，同比增长17.38%。实现卷烟税利14687万元，同比增长12.06%，其中卷烟利润9562万元。

全年全市共查处涉烟违法案件623起，查获假冒卷烟735万支，打掉制假窝点1个、贩藏假烟窝点8个，上缴罚没款2万元。移送公安机关涉烟案件1起，公安、司法机关依法刑事拘留1人，逮捕3人，判刑3人。全年共破获符合国家局标准的制售假烟网络案件1起，案值433万元。

提升现代物流运行水平，加强物流标准管理、统一管理、效率管理、成本管理、服务管理，开展“比管理手段、比管理办法、比管理效果”活动。加强物流运行的流程、标准、职责、制度建设，共整理编写贯标资料15大类、30大项、320小项。

长治市烟草专卖局（公司）

长治市烟草专卖局、山西省烟草公司长治市公司成立于1983年，下辖长治县、潞城市、屯留县、长子县、壶关县、平顺县、黎城县、武乡县、襄垣县、沁县、沁源县、城区、郊区13个县级烟草专卖局（营销部）。共有从业人员695人，其中聘用员工326人。

全年辖区销售卷烟67.27亿支（13.45万箱），同比增长3.68%。实现卷烟销售收入159746万元，同比增长11.97%。实现卷烟税利33868万元，同比增长13.57%，其中卷烟利润21571万元。

全年全市共查处涉烟违法案件858起，查获假冒卷烟1616万支，打掉贩藏假烟窝点13个，上缴罚没款16万元。移送公安机关涉烟案件7起，公安、司法机关依法刑事拘留24人，逮捕16人，判刑17人。全年共破获符合国家局标准的制售假烟网络案件3起，案值468万元。

全年种植烟叶0.73万亩，收购烟叶0.11万吨（2.18万担），收购均价为11.33元/千克。实现烟农收入1234万元，同比减少105万元；烟农户均收入2.16万元，同比增加0.58万元。建设现代烟草农业，全年共投入315万元，其中，申请国家局补贴210万元，省内烟草系统配套投资105万元，年内建成密集式烤房150个。烟水配套工程实际受益面积累计0.73万亩，受益农户570户。

推进物流贯标工作，突出“五个重点”，即贯标工作的深入推进、监控调度信息平台建设、线路再次优化整合、成本精细化管理和员工整体素质提升；实施“六化管理措施”，即推行岗位管理科学化、流程管理规范化、成本管理精细化、仓储管理数字化、现场管理标准化、安全管理全程化；实现“五个有机结合”，即突出贯标工作与全面提高企业管理水平、全员流程化管理、用工分配制度改革、卷烟经营、对标工作有机结合。4月，全省烟草行业物流贯标工作现场会在长治召开，推广长治市公司物流贯标工作经验。

晋城市烟草专卖局（公司）

晋城市烟草专卖局、山西省烟草公司晋城市公司成立于1983年8月，下辖城区、泽州县、高平市、阳城县、沁水县、陵川县6个县级烟草专卖局（营销部）。共有从业人员406人，其中聘用员工205人。2009年，市公司物流中心配送部被中华全国总工会授予“学习型组织先进班组”称号。

全年辖区销售卷烟43.55亿支（8.71万箱），同比增长2.59%。实现卷烟销售收入102335万元，同比增长8.13%。实现卷烟税利23156万元，同比增长12.1%，其中卷烟利润14800万元。

全年全市共查处涉烟违法案件403起，查获假冒卷烟737万支，打掉贩藏假烟窝点2个，上缴罚没款8万元。移送公安机关涉烟案件7起，公安、司法机关依法刑事拘留27人，逮捕26人，判刑10人。全年共破获符合国家局标准的制售假烟网络案件2起，案值5436万元，其中，“1·4”特大制售假烟网络案件被公安部、国家局列为部级督办案件。该案历时近一年，涉及16个省市，涉案金额达5131万元。

按订单组织供货。严格执行订单与预测分离制度，规范货源组织、货源供应、订单采集、品牌管理工作，加强对零售终端的跟踪服务和个性化指导，在解决“如何卖好烟、怎么帮客户赚钱”课题上进行实践。在2009年全国卷烟销售工作会议上，市公司代表作典型发言，介绍了相关经验。

朔州市烟草专卖局（公司）

朔州市烟草专卖局、山西省烟草公司朔州市公司成立于1989年7月，下辖朔城区、平鲁区、山阴县、怀仁县、应县、右玉县6个县级烟草专卖局（营销部）。共有从业人员304人，其中聘用员工100人。

全年辖区销售卷烟29.31亿支（5.86万箱），同比增长1.21%。实现卷烟销售收入79021万元，同比增长10.14%。实现卷烟税利17378万元，同比增长3.85%，其中卷烟利润11255万元。

全年全市共查处涉烟违法案件469起，查获假冒卷烟841万支，打掉贩藏假烟窝点18个，上缴罚没款2万元。移送公安机关涉烟案件2起，公安、司法机关依法刑事拘留4人，逮捕5人，判刑9人。全年共破获符合国家局标准的制售假烟网络案件1起，案值183万元。

忻州市烟草专卖局（公司）

忻州市烟草专卖局、山西省烟草公司忻州市公司成立于1983年4月，下辖忻府区、原平市、代县、繁峙县、定襄县、五台县、宁武县、神池县、岢岚县、五寨县、保德县、静乐县、偏关县、河曲县14个县级烟草专卖局（营销部）。共有从业人员721人，其中聘用员工248人。

全年辖区销售卷烟59.95亿支（11.99万箱），同比增长5.14%。实现卷烟销售收入148624万元，同比增长16.29%。实现卷烟税利33002万元，同比增长17.8%，其中卷烟利润20762万元。

全年全市共查处涉烟违法案件426起，查获假冒卷烟1152万支，打掉贩藏假烟窝点37个，上缴罚没款7万元。移送公安机关涉烟案件5起，公安、司法机关依法刑事拘留9人，逮捕9人，判刑5人。全年共破获符合国家局标准的制售假烟网络案件1起，案值656万元。

推进企业文化建设，自主策划和编撰了《汾源服务品牌手册》，建立忻州烟草品牌服务体系和服务标准，率先在全省行业举行企业文化冠名和成果发布会。

吕梁市烟草专卖局（公司）

吕梁市烟草专卖局、山西省烟草公司吕梁市公司成立于1984年，下辖离石区、汾阳市、孝义市、中阳县、柳林县、石楼县、交口县、方山县、临县、岚县、兴县、交城县、文水县13个县级烟草专卖局（营销部）。共有从业人员747人，其中聘用员工392人。

全年辖区销售卷烟69.3亿支（13.86万箱），同比增长3.79%。实现卷烟销售收入170855万元，同比增长12.84%。实现卷烟税利38071万元，同比增长8.95%，其中卷烟利润24392万元。

全年全市共查处涉烟违法案件1312起，查获假冒卷烟835万支，打掉贩藏假烟窝点2个，上缴罚没款38万元。移送公安机关涉烟案件5起，公安、司法机关依法刑事拘留9人，逮捕8人，判刑18人。全年共破获符合国家局标准的制售假烟网络案件2起，案值282万元。

利用农村服务大厅开展品牌培育，先后在大厅召开7次品牌培育研讨活动、10余场新品上市推介会，开展“云烟”品牌营销诊断活动。

开展“八个一”爱心活动，即为每户弱势群体客户建一份信息档案，每名党员干部定点帮扶一户弱势群体客户，每名党员干部建一份帮扶工作记录簿，每个季度召开一次弱势群体客户座谈会，每个重大节日进行一次慰问活动，每个月给弱势群体客户进行一次赢利分析，为每户弱势群体客户生日送一份礼物，为每户弱势群体客户发放一张帮扶联系卡。

晋中市烟草专卖局（公司）

晋中市烟草专卖局、山西省烟草公司晋中市公司成立于1984年10月，下辖榆次区、太谷县、祁县、平遥县、介休市、灵石县、榆社县、左权县、和顺县、昔阳县、寿阳县11个县级烟草专卖局（营销部）。共有从业人员730人，其中聘用员工205人。2009年，市局（公司）被中央精神文明建设指导委员会办公室授予“全国精神文明工作先进单位”称号，被山西省总工会授予“山西省五一劳动奖章”。

全年辖区销售卷烟67.84亿支（13.57万箱），同比增长3.87%。实现卷烟销售收入176972万元，同比增长17.57%。实现卷烟税利39948万元，同比增长13.06%，其中卷烟利润26153万元。

全年全市共查处涉烟违法案件1043起，查获假冒卷烟1391万支，打掉贩藏假烟窝点160个，上缴罚没款45万元。移送公安机关涉烟案件8起，公安、司法机关依法刑事拘留7人，逮捕7人，判刑7人。全年共破获符合国家局标准的制售假烟网络案件2起，案值792万元。

人力资源管理。以用工分配制度改革为主要抓手，建立以序列目标管理、人力资源规划、工作分析、宽带薪酬管理、绩效管理、人才评价、职业生涯规划、教育培训“八大体系”为主要内容的现代人力资源管理体系。围绕薪酬管理，建立基于岗位价值、市场取向、历史因素、员工业绩、胜任力模型“五大要素”和岗位管理“一个核心”的“5+1”宽带薪酬管理体系。

临汾市烟草专卖局（公司）

临汾市烟草专卖局、山西省烟草公司临汾市公司成立于1985年7月，下辖尧都区、侯马市、曲沃县、翼城县、襄汾县、洪洞县、霍州市、古县、吉县、安泽县、浮山县、乡宁县、蒲县、大宁县、永和县、隰县、汾西县17个县级烟草专卖局（营销部）。共有从业人员697人，其中聘用员工254人。2009年，市局（公司）被山西省总工会授予“山西省五一劳动奖章”。

全年辖区销售卷烟85.09亿支（17.02万箱），同比增长3%。实现卷烟销售收入221585万元，同比增长14.03%。实现卷烟税利47611万元，同比增长16.96%，其中卷烟利润30810万元。

全年全市共查处涉烟违法案件3298起，查获假冒卷烟2078万支，打掉制假窝点1个、贩藏假烟窝点11个，上缴罚没款31万元。移送公安机关涉烟案件14起，公安、司法机关依法刑事拘留2人，逮捕1人，判刑5人。全年共破获符合国家局标准的制售假烟网络案件1起，案值141万元。

全年种植烟叶0.99万亩，收购烟叶0.19万吨（3.76万担），收购均价为12.53元/千克。实现烟农收入2356万元，同比减少237万元；烟农户均收入2.98万元，同比增加0.68万元。建设现代烟草农业，全年投入420万元，其中，申请国家局补贴280万元，省内烟草系统配套投资140万元，年内完成密集式烤房建设项目200个。烟水配套工程实际受益面积累计0.99万亩，受益农户628户。

构建以“网上台账”为主要特征的电子商务平台。截至年底，全市网上订货客户比例达57%，网上订货成功率为98.8%，客户满意度为97.2%，

12月22日，全省烟草行业加强“基层建设、基础管理”工作现场会在临汾召开，推广临汾市局（公司）工作经验。

运城市烟草专卖局（公司）

运城市烟草专卖局、山西省烟草公司运城市公司成立于1984年9月，下辖盐湖区、临猗县、永济市、万荣县、河津市、新绛县、稷山县、铝厂厂区、绛县、闻喜县、夏县、垣曲县、平陆县、芮城县、风陵渡区15个县级烟草专卖局（营销部）。共有从业人员984人，其中聘用员工429人。

全年辖区销售卷烟102.99亿支（20.6万箱），同比增长4.14%。实现卷烟销售收入245384万元，同比增长14.58%。实现卷烟税利50741万元，同比增长13.36%，其中卷烟利润32233万元。

全年全市共查处涉烟违法案件360起，查获假冒卷烟964万支，打掉贩藏假烟窝点6个，上缴罚没款3万元。移送公安机关涉烟案件5起，公安、司法机关依法刑事拘留11人，逮捕6人，判刑7人。全年共破获符合国家局标准的制售假烟网络案件1起，案值220万元。

全年种植烟叶3.62万亩，收购烟叶0.54万吨（10.86万担），收购均价为12.43元/千克。实现烟农收入6748万元，同比减少708万元；烟农户均收入3.9万元，同比增加0.97万元。建设现代烟草农业，全年投入1155万元，其中，申请国家局补贴770万元，省内烟草系统配套投资385万元，年内完成密集式烤房建设项目550个。烟水配套工程实际受益面积累计3.62万亩，受益农户1731户。

2009年山西省烟草商业系统主要情况统计

地市级局（公司）名称	太原市烟草专卖局（公司）	大同市烟草专卖局（公司）	阳泉市烟草专卖局（公司）	长治市烟草专卖局（公司）	晋城市烟草专卖局（公司）	朔州市烟草专卖局（公司）
主要负责人/法人代表	董文彦	冯小云	张维良	金永平	陈惠民	蔡金平
总资产（万元）	107530	68144	25367	54282	38075	22582
资产负债率（%）	8.59	5.28	12.68	6.05	11.75	9.52
所属县级局（个）	4	10	2	13	6	6
所属县级公司/分公司（个）	—	—	—	—	—	—
所属县级营销部（个）	4个营销部	10个营销部	2个营销部	13个营销部	6个营销部	6个营销部

续表

地市级局（公司）名称		太原市烟草专卖局（公司）	大同市烟草专卖局（公司）	阳泉市烟草专卖局（公司）	长治市烟草专卖局（公司）	晋城市烟草专卖局（公司）	朔州市烟草专卖局（公司）
所属业务机构	访销机构	1个营销中心	1个营销中心	1个营销中心	1个营销中心	1个营销中心	1个营销中心
	物流配送机构	1个物流配送中心	1个物流配送中心	1个物流配送中心	1个物流配送中心	1个物流配送中心	1个物流配送中心
	稽查机构	1个稽查支队 1个稽查中心 4个稽查大队	1个稽查支队 10个稽查大队	1个稽查支队 2个稽查大队	1个稽查支队 6个稽查大队	1个稽查支队 14个稽查大队	1个稽查支队 6个稽查大队
	烟叶机构	—	—	—	—	—	—
销售卷烟（亿支）		86.48	66.06	25.50	67.27	43.55	29.31
毛利率（%）		27.26	27.21	25.83	24.78	25.51	26.33
实现“两烟”税利（万元）		74574	47561	14687	33868	23156	17378
实现“两烟”利润（万元）		50267	30814	9562	21571	14800	11255
烟叶种植（亩）		—	—	—	7300	—	—
烟叶收购（担）		—	—	—	21800	—	—
零售户数（户）		11564	10759	5080	11563	7604	5406

地市级局（公司）名称		忻州市烟草专卖局（公司）	吕梁市烟草专卖局（公司）	晋中市烟草专卖局（公司）	临汾市烟草专卖局（公司）	运城市烟草专卖局（公司）
主要负责人/法人代表		任川水	张凤翔	闫　杰	郭生平	景随玉
总资产（万元）		45398	55042	54425	74359	78400
资产负债率（%）		9.77	10.23	9.38	19.93	23.55
所属县级局（个）		14	13	11	17	15
所属县级公司/分公司（个）		—	—	—	—	—
所属县级营销部（个）		14个营销部	13个营销部	11个营销部	17个营销部	15个营销部
所属业务机构	访销机构	1个营销中心	1个营销中心	1个营销中心	1个营销中心	1个营销中心
	物流配送机构	1个物流配送中心	1个物流配送中心	1个物流配送中心	1个物流配送中心	1个物流配送中心
	稽查机构	1个稽查支队 13个稽查大队	1个稽查支队 11个稽查大队	1个稽查支队 13个稽查大队	1个稽查支队 16个稽查大队	1个稽查支队 15个稽查大队
	烟叶机构	—	—	—	—	—
销售卷烟（亿支）		59.95	69.30	67.84	85.09	102.99
毛利率（%）		25.71	26.05	26.33	24.67	22.29
实现“两烟”税利（万元）		33002	38071	39948	47611	50741
实现“两烟”利润（万元）		20762	24392	26153	30810	32233
烟叶种植（亩）		—	—	—	9890	36200
烟叶收购（担）		—	—	—	37600	108600
零售户数（户）		10988	12998	12174	19291	17961

注：烟叶税利、利润不做统计。

（陈晓勇）

内蒙古自治区烟草专卖局（公司）

【概　况】 内蒙古自治区烟草专卖局、内蒙古自治区烟草公司组建于1984年1月1日。1984年9月，内蒙古自治区烟草公司上划中国烟草总公司，更名为中国烟草总公司内蒙古自治区公司。自治区局（公司）下辖14个地市级烟草专卖局（公司）和内蒙古金叶实业（集团）有限责任公司（与投资管理处合署办公）1个多元化经营企业、104个县级烟草专卖局、76个营销部、7个分公司。公司拥有总资产53.20亿元，其中，固定资产9.29亿元、流动资产39.22亿元，资产负债率为12.07%。截至2009年年底，共有从业人员5660人，其中聘用员工3173人。

2009年，自治区局（公司）被内蒙古自治区党委、政府评为“自治区级文明单位”。

【领导成员】 局长、总经理、党组书记：董晓民

副总经理、党组成员：乌力吉

副总经理、党组成员：王文忠

副局长、党组成员：赵德国

副巡视员：张福义

副巡视员：郑子林

副巡视员：于小芹

【机构设置】 根据2009年7月自治区局（公司）内烟人〔2009〕210号文件，自治区局（公司）机关设办公室（外事办公室）、思想政治工作处（机关党委、工会）、人事劳资处、专卖监督管理处（内部专卖监督管理处）、财务管理处、综合计划处（经济运行处、科技处）、政策法规与体制改革处、监察处（纪检组）、审计处、安全保卫处、烟叶管理处、卷烟销售管理处、投资管理处13个职能处室；烟草经济信息中心、资金管理中心、离退休人员管理办公室、烟草学会、区局烟草行业特有工种职业技能鉴定站、区烟草质量监督检测站、呼和浩特铁路烟草专卖局①7个专业部门，其中资金管理中心挂靠财务管理处，烟草学会挂靠办公室，职业技能鉴定站挂靠人事劳资处；整顿和规范市场经济秩序领导小组办公室、烟草专卖治安办公室②2个临时机构。

【专卖管理】 *卷烟打假。*自治区局与自治区公安厅联合开展“飓风”清理整顿卷烟市场行动、百日清理整顿卷烟市场专项行动。8月，在呼伦贝尔市召开华北五省区第五届卷烟打假联席会议。全年自治区烟草行业共出动打假人员6.78万人次，查处涉烟违法案件8898起，其中假冒卷烟案件2468起。破获制售假烟网络案件19起，其中达到国家局、公安部标准的15起。查获非法卷烟2733.52万支，上缴罚没款364.26万元。公安、司法机关依法刑事拘留133人，逮捕91人，判刑25人。

*内部专卖管理监督。*自治区局全年分3次对所属各单位2008年、2009年的内部专卖管理监督工作和工商企业规范生产经营情况进行检查，并通报检查结果。组织专人通过市场暗访、检查及了解零售户情况等方式，对1965户零售户及相关的卷烟市场进行调查。12月1日，内蒙古烟草内部专卖管理监督系统正式运行。

*专卖机构建设。*2月，省局成立了烟草专卖治安办公室。截至年底，全自治区共成立了15个烟草专卖治安办公室、86个警务室。11月，恢复组建呼和浩特铁路烟草专卖局，加强对车站、铁路等卷烟流通环节的监管。

*专卖基层建设。*落实完善盟市局专卖月例会和旗县局专卖周例会制度。确定22个县级局为试点单位，开展优秀县级局创建活动。推行行政执法责任制，修订考评标准，完善监督考评机制，组织案卷评查，规范行政执法。组织专卖执法人员上岗资格培训考试，培训专卖执法人员293人次，参培率达100%。2009年，自治区烟草专卖执法社会调查满意度为95.43%。

【生产经营】 2009年，全自治区烟草商业系统销售卷烟500.58亿支（100.12万箱），同比增长4.94%，其中，销售一类烟24.21亿支（4.84万箱），同比增长18.92%；二类烟36.07亿支（7.21万箱），同比下降20.33%；三类烟119.61亿支（23.92万箱），同比增长33.78%；四类烟165.25亿支（33.05万箱），同比下降0.66%；五类烟155.43亿支（31.09万箱），同比下降0.13%。本辖区销量居前三位的品牌为“红山茶”、“云烟”、“大青山”，其中，销售“红山茶”

① 呼和浩特铁路烟草专卖局设立于2009年11月。

② 烟草专卖治安办公室设立于2009年2月。

54.43 亿支（10.89 万箱），销售“云烟”47.36 亿支（9.47 万箱），销售“大青山”42.22 亿支（8.44 万箱）。全年实现卷烟销售收入 126.98 亿元，同比增长 15.51%。根据国务院有关精神，调整卷烟消费税，部分利润转为税赋，全年增加卷烟消费税 6.35 亿元。实现“两烟”税利 26.35 亿元，同比增长 15.80%，其中卷烟税利 26.22 亿元，同比增长 16.64%。实现“两烟”利润 15.85 亿元，同比下降 9.89%，其中卷烟利润 16.01 亿元，同比下降 8.62%。

全年实现烟叶税利 0.13 亿元，其中，烟叶利润亏损 0.16 亿元。公司三项费用率为 9.30%。

【烟叶产销】 *烟叶种植与收购*。全年自治区签订烟叶种植收购合同 3110 份，种植烟叶 4.01 万亩，收购烟叶 0.86 万吨（17.16 万担），其中，收购上等烟 0.08 万吨（1.51 万担），烟叶收购等级合格率为 81.05%。全自治区共查处违法贩卖烟叶案件 13 起，罚没非法烟叶 46.40 吨（927.9 担）。

烟叶生产基础设施建设。2009 年，自治区完成烟基建设项目 242 个，项目总造价 1258.91 万元，其中，烟草行业投入补贴 977.73 万元。截至 10 月底，新建机电井 38 眼、沟渠 4.09 千米、管网 20.1 千米、机耕路 3 千米、密集式烤房 196 座。

现代烟草农业建设试点。推进现代烟草农业建设，以赤峰市敖汉旗四道湾子镇二道湾子村、乌兰察布市凉城县马莲滩为试点村。二道湾子村实现平均亩产值 2827.63 元，比全旗平均亩产值高 158.7 元；拓展专业化队伍，培育职业化烟农队伍，实现 100% 机耕作业；集中整治 2370 亩土地作为基本烟田，当年种植烟叶 960 亩，并配套建设了水利设施、密集式烤房、烟田道路。在马莲滩推进烟基建设、专业化育苗和移栽，烟叶亩产量同比增加 0.06 吨（1.19 担），亩均收入同比增加 863.9 元。

【卷烟销售网络建设】 *按客户订单组织货源*。自治区公司实行“自下而上”、“三维三层”的货源需求预测。营销管理部门明确全年及上、下半年需求预测工作方法与重点。客户经理选择 20% ~30% 不同类别目标客户，每月、半年、全年对其预测需求进行分析。订单部通过电话订货系统，由客户自主提报需求生成客户订单。品牌部的品牌经理按市场品牌培育规划和工业企业货源情况，提报货源需求预测量。营销中心根据客户经理、订单部、品牌部采集到的市场需求，设置不同权重生成汇总数据并经相关部门分析修正后，以预测指导采购。所属各单位开展“按客户订单组织货源”工作自查并通过国家局的抽查验收。

品牌培育。制订品牌引入、维护、退出管理办法，建立品牌生命周期管理体系与培育效果评价体系，对在销各品牌、规格卷烟进行定期评价。实行品牌目录管理，制订并实施《全区卷烟品牌发展规划》。实施品类管理，开展品牌培育与置换。2009 年，自治区辖区形成了低档卷烟品牌以区域性品牌为主，中高档卷烟以重点骨干品牌为主的品牌培育格局。全年销售全国性卷烟重点骨干品牌卷烟 294.02 亿支（58.8 万箱），同比增长 37.14%，占总销量的 58.73%。

工商协同营销。成立工商协同营销工作领导小组，选择 4 家盟市级卷烟商业企业、5 家货源供应较稳定的工业企业为试点单位，加强对品牌营销、市场营销、服务营销和工商信息 4 个方面的深入协同工作。制订工商协同营销工作指导意见及实施方案，对品牌引入、试销、经营、警示、退出等业务环节实施标准化管理。加强工商信息平台的建设，提高货源预测准确率。

【体制改革】 2009 年 12 月 31 日，自治区局（公司）下发中烟蒙办〔2009〕423 号文件，对内蒙古金叶实业（集团）有限责任公司进行重组，将内蒙古金叶实业（集团）有限责任公司经营业务和内蒙古派力房地产开发有限责任公司合并，设立内蒙古金叶投资有限责任公司。

【企业管理】 *整顿规范*。2009 年，自治区烟草商业系统统一会计核算软件上线运行。自治区局（公司）开展会计基础规范化检查、“小金库”专项治理和产权登记等国有资产管理工作。自治区局（公司）为全行业第一批审计委派制试点单位，在各盟市局（公司）成立审计派驻办公室，开展物资采购审计、专项资金审计、经济合同审计、基建审计等。

科技创新。重视科研工作，省局（公司）开发的“卷烟产品鉴别检验远程技术”项目在 2009 年中国烟草自主创新高层论坛上进行了报告。全年共评定和奖励科技创新成果 14 项，国家知识产权局受理实用新型专利 9 项，受理外观设计专利 1 项。

安全稳定。开展安全生产“三项行动”和“安全生产月”活动，自治区烟草商业系统全年未发生重大及以上安全生产责任事故。制定《信访工作管理实施细则》、《排查化解矛盾纠纷工作实施办法》、《信访稳定和应急管理工作目标考核细则》等规范性文件，开展领导干部定期接访、定期组织干部下访等，促进保障稳定。

【信息化建设】 制定《全区烟草行业信息化发展规划（2010 ~2012）》。建设自治区烟草行业统一财务核算系统、专卖内管信息系统、外部网站、烟草物流系统和人力资源系统，推广假冒伪劣卷烟鉴别系统的运用。完成卷烟营销网络系统中卷烟零售客户分类规范调整程序修改及打码到条的接口。协调自治区公安厅，开展全区信息系统安全等级保护定级备案，建设全区桌面安全系统、全区 CA 认证体系和数据备份系统。

【人力资源管理】 人事制度建设。考核验收 2007～2008年度“四好”领导班子创建活动，并对优秀领导班子予以表彰。全年调整、充实 10 个单位的领导班子。推进自治区局（公司）机关人事用工分配制度改革，公开选拔了 18 名处级干部。截至 2009 年年底，自治区烟草商业系统完成人事用工分配制度改革、工资套改等。推进绩效考核体系建设，开展专题调研，修订收入分配及动态考核管理办法，缩小 4 档以下员工与 4 档以上员工、旗县局（营销部）与盟市局（公司）员工之间的收入差距。公开招聘录用了 55 名高校毕业生。安置复退军人，组织开展两次共 604 人参加的普通员工招聘考试。

员工教育与培训。联合北京大学组织两期共 88 名处级干部参加的经济管理高级研修班。组织第十一期、第十二期青干班培训班。组织第二期 MBA 学位班入学考试和 5 次集中学习。建立远程培训分站，组织 470 名一线员工参加营销及专卖远程培训。

全年组织 6 次行业特有工种职业技能鉴定，鉴定烟机设备操作工 187 人、卷烟商品营销员 640 人、专卖管理员 1002 人。开展自治区局（公司）首届卷烟营销职业技能竞赛，60 名选手参加竞赛。

【思想政治工作】 3～8 月，自治区局（公司）开展深入学习实践科学发展观活动，通过学习调研、分析检查，制定整改措施，取得阶段性成效。结合“四要”良好作风专题教育，开展党组理论学习中心组学习。

推进党风廉政建设，组织自治区烟草行业第六次党风廉政建设和反腐败工作大检查，共检查 15 家单位，发放 1088 份党风廉政建设调查问卷，提出整改建议和意见 73 条。加强对领导干部的监督，对 35 名副处级以上、68 名副科级以上干部进行任前廉政谈话，出具廉政监督报告 88 份。在重大工程项目和采购活动中，重视廉政监督小组的监督作用。全年小组参与工程监管 58 项、物资采购监督 513 项、烤房设备招标采购监督 2 次。纪检监察部门办理来信来访 24 件次，查办案件 8 起，挽回经济损失 14.3 万元。

加强精神文明建设，开展庆祝新中国成立 60 周年活动，举办自治区烟草行业第七届职工体育比赛。2009 年，自治区烟草商业系统共有 75 个单位获得盟市级以上文明单位称号，其中，国家级文明单位 2 个。

【特事要辑】 4 月 8～10 日，国家局局长姜成康、副局长李克明一行到内蒙古烟草调研。内蒙古自治区党委书记储波，自治区党委副书记、自治区主席巴特尔等会见姜成康一行，并就双方的合作和内蒙古烟草的发展等问题交换意见。

8 月，国家局副局长何泽华到内蒙古烟草调研，考察卷烟生产、客户服务、物流配送、烟叶生产、现代烟草农业建设等方面的工作。

内蒙古自治区局（公司）主要统计指标汇总

“两烟”税利（亿元）	“两烟”利润（亿元）	销售卷烟（亿支）	烟叶种植（万亩）	烟叶收购（万担）
26.35	15.85	500.58	4.01	17.16

所属地市级局（公司）

呼和浩特市烟草专卖局（公司）

呼和浩特市烟草专卖局、内蒙古自治区烟草公司呼和浩特市公司成立于 1984 年，下辖土默特左旗、托克托县、和林格尔县、清水河县、武川县 5 个县级烟草专卖局（营销部）和新城区、赛罕区、回民区、玉泉区 4 个城区烟草专卖局。共有从业人员 614 人，其中聘用员工 356 人。2009 年，市局（公司）被中央精神文明建设指导委员会授予“全国文明单位”称号，市局（公司）党支部被内蒙古自治区委员会组织部、内蒙古自治区直属机关工作委员会评为“先进基层党组织”。

全年辖区销售卷烟 67.40 亿支（13.48 万箱），同比增长 0.78%。实现卷烟销售收入 248008 万元，同比增长 7.16%。实现卷烟税利 51914 万元，同比增长 7.67%，其中卷烟利润 34077 万元。

全年全市共查处涉烟违法案件 1823 起，查获假冒卷烟 842.02 万支，打掉贩藏假烟窝点 7 个，总案值 3965.77 万元，上缴罚没款 92.25 万元。移送公安机关涉烟违法案件 62 起，公安、司法机关依法刑事拘留 33 人，逮捕 21 人，判刑 8 人。破获符合国家局标准的网络案件 4 起，案值共计 2434 万元。

3 月，市局（公司）物流中心正式开展自行送货工作，共有 481 户零售户纳入物流中心直接配送范围。优化送货线路，每年可直接降低送货成本 91.5 万元。

加强科技创新项目研究，“利用手机采集需求进行市场预测和卷烟入库链式传输机辅助设备”项目获自治区烟草行业创新成果优秀奖。

满洲里市烟草专卖局（公司）

满洲里市烟草专卖局、内蒙古自治区烟草公司满洲里市公司成立于 1993 年 1 月，下辖扎赉诺尔区烟草专卖局。共有从业人员 81 人，其中聘用员工 23 人。

全年辖区销售卷烟 6.29 亿支（1.26 万箱），同比增长 6.98%。实现卷烟销售收入 15751 万元，同比增长 15.73%。实现卷烟税利 2726 万元，同比增长 13.16%，其中卷烟利润 1409 万元。

全年全市共查处涉烟违法案件 71 起，查获假冒卷烟 34.81 万支，打掉贩藏假烟窝点 1 个，上缴罚没款 0.11 万元。移送公安机关涉烟违法案件 2 起，公安、司法机关依法刑事拘留 1 人。破获制售假烟网络案件 3 起，案值共计 21.49 万元。

呼伦贝尔市烟草专卖局（公司）

呼伦贝尔市烟草专卖局、内蒙古自治区烟草公司呼伦贝尔市公司成立于 1984 年，下辖海拉尔区、牙克石市、扎兰屯市、阿荣旗、莫力达瓦达斡尔族自治旗、鄂伦春自治旗、根河市、额尔古纳市、陈巴尔虎旗、鄂温克族自治旗、新巴尔虎左旗、新巴尔虎右旗、大杨树 13 个县级烟草专卖局（营销部）和呼伦贝尔烟草宾馆。共有从业人员 619 人，其中聘用员工 416 人。2009 年，市局（公司）连续第五年被内蒙古自治区党委、政府评为自治区“文明单位标兵”。

全年辖区销售卷烟 42.20 亿支（8.44 万箱），同比增长 4.02%。实现卷烟销售收入 85130 万元，同比增长 12.40%。实现卷烟税利 12601 万元，同比增长 21.44%，其中卷烟利润 6366 万元。

全市全年共查处涉烟违法案件 742 起，查获假冒卷烟 129 万支，打掉贩藏假烟窝点 7 个，上缴罚没款 16.32 万元。移送公安机关涉烟违法案件 3 起，公安、司法机关依法刑事拘留 4 人，逮捕 4 人。破获符合国家局标准的网络案件 1 起，案值 130 余万元。

赤峰市烟草专卖局（公司）

赤峰市烟草专卖局、内蒙古自治区烟草公司赤峰市公司成立于 1984 年 4 月，下辖林西县、克什克腾旗、阿鲁科尔沁旗、巴林左旗、巴林右旗 5 个县级烟草专卖局（营销部），元宝山区、宁城县、喀喇沁旗、敖汉旗、翁牛特旗 5 个县级烟草专卖局（分公司），红山区、松山区烟草专卖局 2 个县级烟草专卖局及松山区烟叶分公司。共有从业人员 814 人，其中聘用员工 482 人。

全年辖区销售卷烟 56.32 亿支（11.26 万箱），同比增长 6.21%。实现“两烟”销售收入 127875 万元，同比增长 16.09%，其中，卷烟销售收入 113449 万元，同比增长 12.46%。实现“两烟”税利 22866 万元，同比增长 23.92%，其中，卷烟税利 23361 万元，同比增长 24.16%。实现“两烟”利润 12958 万元，其中卷烟利润 13842 万元。

全年全市共查处涉烟违法案件 104 起，查获假冒卷烟 34.34 万支、非法烟叶 29.295 吨，上缴罚没款 22.15 万元。移送公安机关涉烟案件 6 起，公安、司法机关依法刑事拘留 4 人，逮捕 4 人，判刑 2 人。破获符合国家局标准的网络案件 1 起，案值 497.81 万元。

全年全市共种植烤烟 3.76 万亩，收购烤烟 0.81 万吨（16.12 万担），收购均价为 9.86 元/千克。实现烟农收入 0.79 亿元，烟农户均收入 2.68 万元，同比增加 788 元。

推进烟基建设，投入 0.12 亿元，年内完成项目 237 个，建成沟渠 4 条、管网 10 条、卧式密集型烤房 199 座。烟水配套工程实际受益面积累计达 0.61 万亩。

开展现代烟草农业建设试点，在试点区域种植烤烟 859 亩，亩产烟叶 246.42 千克，较非试点区域相对高出 1.83 千克；亩均用工 25.8 个，相对减少 4.4 个；亩产值 2828 元，相对高出 159 元。

投资 1053 万元，完成赤峰市松山区哈拉道口镇两栋烟叶中心仓库建设，建筑面积达 4340 平方米。

兴安盟烟草专卖局（公司）

兴安盟烟草专卖局、内蒙古自治区烟草公司兴安盟公司成立于 1984 年，下辖阿尔山市、扎赉特旗、科尔沁右翼前旗、突泉县、科尔沁右翼中旗 5 个县烟草专卖局（营销部）和乌兰浩特市烟草专卖局。共有从业人员312人，其中聘用员工151人。2009年，科尔沁右翼中旗烟草专卖局（营销部）被自治区党委、政府评为“内蒙古自治区级文明单位”。

全年辖区销售卷烟28.29亿支（5.66万箱），同比增长7.84%。实现卷烟销售收入59105万元，同比增长19.31%。实现卷烟税利8431万元，同比增长23.95%，其中卷烟利润3974万元。

全年全盟共查处涉烟违法案件44起，查获非法卷烟1083万支，捣毁分销窝点22个。公安、司法机关依法刑事拘留、劳教3人，判刑3人。破获符合国家局标准的网络案件1起。

建设客户固定信息点和消费者信息员队伍，全年共建立信息点2513个、信息样板户1626户。征集消费者信息员1000名，均建立信息员档案。

通辽市烟草专卖局（公司）

通辽市烟草专卖局、内蒙古自治区烟草公司通辽市公司成立于1984年9月，下辖科尔沁区、开鲁县、霍林郭勒市、奈曼旗、扎鲁特旗、科尔沁左翼后旗、科尔沁左翼中旗、库伦旗8个县级烟草专卖局（营销部）。共有从业人员501人，其中聘用员工302人。

全年辖区销售卷烟52.52亿支（10.50万箱），同比增长7.40%。实现“两烟”销售收入120641万元，同比增长20.66%。实现“两烟”税利18444万元，同比增长26.51%，其中“两烟”利润10649万元。

全年全市共查处涉烟违法案件408起，查获假冒卷烟156.93万支、非法烟叶2.87吨，上缴罚没款7.35万元。移送公安机关涉烟案件4起，公安、司法机关依法刑事拘留5人，逮捕5人。破获制售假烟网络案件2起，其中符合国家局标准的网络案件1起，案值共计232万元。

全年全市共种植烤烟0.12万亩，收购烤烟0.025万吨（0.49万担），收购均价为10元/千克。实现烟农收入259万元，同比减少5万元。烟农户均收入4.25万元，同比增加3636元。

投入103万元，建设烤房、机电井等烟基项目28个。烟水配套工程实际受益面积累计293亩。

重视科技创新工作，“开展客户经理职业等级评定和晋级管理”创新项目被自治区局（公司）评为科技创新成果一等奖，“职工电子图书阅览屋”项目被自治区局（公司）评为2009年度科技创新项目。“安全保险送货车”和“安全防盗推拉窗”2个创新项目向国家知识产权局申请实用新型专利并获受理。

锡林郭勒盟烟草专卖局（公司）

锡林郭勒盟烟草专卖局成立于1985年10月，内蒙古自治区烟草公司锡林郭勒盟公司前身是锡林郭勒盟驻张烟草分公司，成立于1984年4月，2005年更名为内蒙古自治区烟草公司锡林郭勒盟公司。下辖太仆寺旗、多伦县、正蓝旗、东乌珠穆沁旗、西乌珠穆沁旗、苏尼特右旗、镶黄旗、阿巴嘎旗、苏尼特左旗和乌拉盖管理区10个县级烟草专卖局（营销部）和锡林浩特市烟草专卖局。共有从业人员114人，其中聘用员工121人。

全年辖区销售卷烟21.33亿支（4.27万箱），同比增长5.63%。实现卷烟销售收入54740万元，同比增长21.52%。实现卷烟税利6346万元，同比增长17.43%，其中卷烟利润2792万元。

全年全盟共查处涉烟违法案件733起，其中假冒卷烟案件91起，查获非法卷烟131.26万支，上缴罚没款12.68万元。移送公安机关涉烟违法案件6起，公安、司法机关依法刑事拘留6人，逮捕4人，判刑2人。破获符合国家局标准的网络案件1起，案值174.72万元。

二连浩特市烟草专卖局（公司）

二连浩特市烟草专卖局、内蒙古自治区烟草公司二连浩特市公司成立于1996年6月。共有从业人员34人，其中聘用员工12人。

全年辖区销售卷烟2.48亿支（0.50万箱），同比增长16.03%。实现卷烟销售收入8317万元，同比增长22.60%。实现卷烟税利1426万元，同比增长10.72%，其中卷烟利润831万元。

全年全市共查处涉烟违法案件29起，查获假冒卷烟82.20万支，案值31万元，上缴罚没款1万元。

乌兰察布市烟草专卖局（公司）

乌兰察布市烟草专卖局、内蒙古自治区烟草公司乌兰察布市公司成立于1984年。下辖丰镇市、凉城县、卓资县、兴和县、化德县、商都县、四子王旗、察哈尔右翼前旗、察哈尔右翼中旗、察哈尔右翼后旗10个县级烟草专卖局（营销部），集宁区烟草专卖局及凉城县烟叶公司。共有从业人员487人，其中聘用员工159人。

全年辖区销售卷烟42.91亿支（8.58万箱），同比增长0.73%。实现“两烟”销售收入92729万元，同比增长6.4%，其中，卷烟销售收入92278万元，同比增长5.93%。实现“两烟”税利14086万元，同比增长1.32%，其中，卷烟税利14118万元，同比下降1.78%。实现“两烟”利润7252万元，其中，卷烟利润7194万元。

全年全市共查处涉烟违法案件1089起，查获非法卷烟55.82万支、非法烟叶0.81吨，打掉贩藏假烟窝点3个，上缴罚没款12.69万元。移送公安机关涉烟案件2起，公安、司法机关依法刑事拘留11人，逮捕3人。破获制售假烟网络案件3起，其中符合国家局标准的网络案件1起，案值共计120万元。

全年全市共种植烤烟0.13万亩，收购烤烟0.03万吨（0.54万担），收购均价为9.41元/千克。开展现代烟草农业建设试点工作，在试点区域种植烤烟241亩。

包头市烟草专卖局（公司）

包头市烟草专卖局、内蒙古自治区烟草公司包头市公司成立于1984年。下辖土默特右旗、固阳县、达尔罕茂明安联合旗、白云矿区、石拐区5个县级烟草专卖局（营销部）和东河区、九原区、青山区、昆都仑区4个城区烟草专卖局。共有从业人员426人，其中聘用员工247人。2009年，市局（公司）被内蒙古自治区党委、政府评为自治区“文明单位标兵”。

全年辖区销售卷烟67.16亿支（13.43万箱），同比增长3.44%。实现卷烟销售收入233243万元，同比增长12.78%。实现卷烟税利52210万元，同比增长8.65%，其中卷烟利润34990万元。

全年全市共查处涉烟违法案件1555起，查获非法卷烟482万支，打掉制假窝点4个，上缴罚没款50.53万元。移送公安机关涉烟案件6起，公安、司法机关依法刑事拘留35人，逮捕31人，判刑6人。破获符合国家局标准的网络案件3起，案值共计1416.87万元。

鄂尔多斯市烟草专卖局（公司）

鄂尔多斯市烟草专卖局成立于1984年4月，内蒙古自治区烟草公司鄂尔多斯市公司成立于1984年4月。2009年，新增康巴什新区烟草专卖局。下辖准格尔旗、准格尔经济开发区、达拉特旗、伊金霍洛旗、杭锦旗、乌审旗、鄂托克旗、鄂托克前旗8个县级烟草专卖局（营销部），东胜区、康巴什新区2个城区烟草专卖局，以及棋盘井经济开发区和乌兰木伦2个直属分局。共有从业人员382人，其中聘用员工200人。2009年，市局（公司）通过“自治区级文明单位”复验。

全年辖区销售卷烟58.06亿支（11.61万箱），同比增长9.06%。实现卷烟销售收入222391万元，同比增长25.35%。实现卷烟税利49880万元，同比增长37.46%，其中卷烟利润33978万元。

全年全市共查处涉烟违法案件780起，查获非法卷烟692.66万支，上缴罚没款104.55万元。移送公安机关涉烟案件12起，公安、司法机关依法刑事拘留14人，逮捕4人，取保候审2人。破获符合国家局标准的网络案件1起，案值1700余万元。

巴彦淖尔市烟草专卖局（公司）

巴彦淖尔市烟草专卖局、内蒙古自治区烟草公司巴彦淖尔市公司成立于1984年4月，下辖五原县、磴口县、杭锦后旗、乌拉特后旗4个县级烟草专卖局（营销部），以及临河区、乌拉特前旗、乌拉特中旗3个县级烟草专卖局。共有从业人员310人，其中聘用员工157人。

全年辖区销售卷烟35.19亿支（6.72万箱），同比增长4.99%。实现卷烟销售收入84589万元，同比增长16.45%。实现卷烟税利17123万元，同比增长5%，其中卷烟利润10239万元。

全年全市共查处涉烟违法案件472起，查获非法卷烟20.24万支，上缴罚没款12.80万元。移送公安机关涉烟案件1起，公安、司法机关依法刑事拘留10人，逮捕5人，判刑4人。破获符合国家局标准的网络案件1起，案值460万元。

乌海市烟草专卖局（公司）

乌海市烟草专卖局、内蒙古自治区烟草公司乌海市公司成立于1984年4月。下辖海勃湾区烟草专卖局，为2009年新设。共有从业人员96人，其中聘用员工43人。

全年辖区销售卷烟13.18亿支（2.64万箱），同比增长5.41%。实现卷烟销售收入50513万元，同比增长24.59%。实现卷烟税利14575万元，同比增长28.04%，其中卷烟利润9610万元。

全年全市共查处涉烟违法案件952起，查获非法卷烟18.83万支，上缴罚没款14.64万元。公安、司法机关依法刑事拘留5人，逮捕5人，判刑2人。破获制售假烟网络案件2起，其中符合国家局标准的网络案件1起，案值共计128万元。

阿拉善盟烟草专卖局（公司）

阿拉善盟烟草专卖局、内蒙古自治区烟草公司阿拉善盟公司成立于1984年，下辖阿拉善左旗、阿拉善右旗、额济纳旗3个县级烟草专卖局（营销部）和乌斯太烟草专卖分局。共有从业人员87人，其中聘用员工44人。

全年辖区销售卷烟7.27亿支（1.45万箱），同比增长12.99%。实现卷烟销售收入22703万元，同比增长19.05%。实现卷烟税利2974万元，同比下降6.01%，其中卷烟利润1589万元。

全年共查处涉烟违法案件80起，查获非法卷烟15.38万支，上缴罚没款6.05万元。移送公安机关涉烟案件1起，公安、司法机关依法刑事拘留2人。破获制售假烟网络案件1起。

所属其他二级单位及派驻机构

内蒙古金叶实业（集团）有限责任公司

内蒙古金叶实业（集团）有限责任公司是根据自治区局（公司）于1998年8月将多种经营管理处进行职能转变组建而来，是具有法人资格的独立核算的自治区局（公司）的二级企业。截至年底，内蒙古金叶集团公司下辖6家具有独立法人资格的存续企业，分别是内蒙古派力建筑公司有限责任公司、内蒙古派力房地产开发有限责任公司、内蒙古烟草培训中心、内蒙古金叶物业管理有限责任公司、二连浩特市金叶时代广场有限责任公司、五原华阳商贸有限责任公司。公司经营范围涵盖建筑工程、房地产开发、餐饮宾馆、商贸和物业管理等。共有从业人员382人，其中聘用员工345人。拥有总资产6亿元，其中，固定资产0.7亿元、流动资产4.7亿元。

2009年12月，自治区局（公司）下发中烟蒙办〔2009〕423号文件，对公司进行重组，将公司的经营业务和内蒙古派力房地产开发有限责任公司合并，设立内蒙古金叶投资有限责任公司，主要从事原派力房地产开发公司业务，由金叶投资有限责任公司承接原派力房地产公司所有债权债务。

2009年，公司实现各类产值收入31345万元，同比增长51.8%。实现税利1331万元，同比增长18.8%。

呼和浩特铁路烟草专卖局

呼和浩特铁路烟草专卖局恢复成立于2009年11月19日，是内蒙古自治区烟草专卖局的派驻机构。主管呼和浩特铁路局安全监管范围内的烟草专卖工作，受自治区局和呼和浩特铁路局的双重领导，以自治区局的领导为主。内设专卖监督管理科、综合管理科两个职能部门。共有从业人员11人，其中行业派任人员4人。

2009年，呼和浩特铁路烟草专卖局与呼和浩特铁路局有关站段、中铁快运股份有限公司、中铁集装箱呼和分公司等部门建立信息平台、公布举报电话、扩大信息来源、建立兼职队伍，形成了联动机制。与各地市级烟草专卖局建立案件衔接、移交程序。

2009年内蒙古自治区烟草商业系统主要情况统计

地市级局（公司）名称		呼和浩特市烟草专卖局（公司）	满洲里市烟草专卖局（公司）	呼伦贝尔市烟草专卖局（公司）	赤峰市烟草专卖局（公司）	兴安盟烟草专卖局（公司）
主要负责人/法人代表		郑子林	毛吉山	王文忠（—2009.9） 王化敏（2009.9—）	张文学（—2009.12） 董祥生（2009.12—）	罗松林（—2009.9） 张保国（2009.9—）
总资产（万元）		87139	6052	23294	35739	17701
资产负债率（%）		25.39	23.27	21.51	23.29	14.86
所属县级局（个）		9	1	13	12	6
所属县级公司/分公司（个）		—	—	—	5个分公司 1个烟叶分公司	—
所属县级营销部（个）		5个营销部	—	13个营销部	5个营销部	5个营销部
所属业务机构	访销机构	1个营销中心	1个营销中心	1个营销中心	1个营销中心	1个营销中心
	物流配送机构	1个物流中心	1个物流配送中心	2个物流配送中心	1个物流配送中心	1个物流配送中心
	稽查机构	1个稽查支队	1个专卖监督管理科	1个稽查支队 13个稽查大队	1个稽查支队	1个稽查支队
	烟叶机构	—	—	—	1个烟叶分公司 18个烟叶站	—

续表

地市级局（公司）名称	呼和浩特市烟草专卖局（公司）	满洲里市烟草专卖局（公司）	呼伦贝尔市烟草专卖局（公司）	赤峰市烟草专卖局（公司）	兴安盟烟草专卖局（公司）
销售卷烟（亿支）	67.40	6.29	42.20	56.32	28.29
毛利率（%）	26.64	25.68	23.33	22.00	22.56
实现“两烟”税利（万元）	51914	2726	12601	22866	8431
实现“两烟”利润（万元）	34077	1409	6366	12958	3974
烟叶种植（亩）	—	—	—	37597	—
烟叶收购（担）	—	—	—	161212	—
零售户数（户）	8970	1289	8948	13407	5527

地市级局（公司）名称		通辽市烟草专卖局（公司）	锡林郭勒盟烟草专卖局（公司）	二连浩特市烟草专卖局（公司）	乌兰察布市烟草专卖局（公司）	包头市烟草专卖局（公司）
主要负责人/ 法人代表		王化敏（—2009.9） 罗松林（2009.9—）	赵德国（—2009.2） 刘　永（2009.2—）	卢　智	薛刚伟（—2009.7） 李志军（2009.7—）	刘先勇
总资产（万元）		24889	9486	2646	32739	63145
资产负债率（%）		—	11.94	13.89	18.47	5.70
所属县级局（个）		8	11	—	11	9
所属县级公司/分公司（个）		—	—	—	1个烟叶公司	—
所属县级营销部（个）		8个营销部	10个营销部	—	10个营销部	5个营销部
所属业务机构	访销机构	1个营销中心	1个营销中心	1个营销物流中心	1个营销中心 1个电访部	1个营销中心
	物流配送机构	1个物流配送中心	1个物流配送中心	1个营销物流中心	1个物流配送中心	1个物流配送中心
	稽查机构	1个稽查支队	1个稽查支队	1个专卖监督管理科	1个稽查支队	2个稽查支队
	烟叶机构	1个烟叶站	—	—	1个烟叶公司 2个烟叶收购站	—
销售卷烟（亿支）		52.52	21.33	2.48	42.91	67.16
毛利率（%）		23.34	23.40	26.79	23.42	25.99
实现“两烟”税利（万元）		18444	6346	1426	14086	52210
实现“两烟”利润（万元）		10649	2792	831	7252	34990
烟叶种植（亩）		1150	—	—	1260	—
烟叶收购（担）		4938	—	—	5415	—
零售户数（户）		10985	3443	263	6685	8202

地市级局（公司）名称	鄂尔多斯市烟草专卖局(公司)	巴彦淖尔市烟草专卖局(公司)	乌海市烟草专卖局(公司)	阿拉善盟烟草专卖局(公司)
主要负责人/ 法人代表	董建华	乔培雄（—2009.12） 王建胜（2009.12—）	董祥生（—2009.12） 乔培雄（2009.12—）	张保国（—2009.9） 孟凡超（2009.9—）
总资产（万元）	42629	26759	1319	6674
资产负债率（%）	12.41	27.75	—	24.96
所属县级局（个）	12	7	1	4
所属县级公司/分公司（个）	—	—	—	—
所属县级营销部（个）	8个营销部	4个营销部	—	3个营销部

续表

地市级局（公司）名称		鄂尔多斯市烟草专卖局(公司)	巴彦淖尔市烟草专卖局(公司)	乌海市烟草专卖局(公司)	阿拉善盟烟草专卖局(公司)
所属业务机构	访销机构	1个营销中心	1个营销中心、1个电访中心	1个营销中心	1个营销中心
	物流配送机构	1个物流配送中心	1个物流中心、1个配送中心	1个物流配送中心	1个物流配送中心
	稽查机构	1个稽查支队	1个稽查支队	1个专卖监督管理科	1个稽查支队
	烟叶机构	—	—	—	—
销售卷烟（亿支）		58.06	35.19	13.18	7.27
毛利率（%）		27.06	25.21	27.68	25.05
实现“两烟”税利（万元）		49880	17123	14575	2974
实现“两烟”利润（万元）		33978	10239	9610	1589
烟叶种植（亩）		—	—	—	—
烟叶收购（担）		—	—	—	—
零售户数（户）		6163	4745	1500	982

（王爱琳）

辽宁省烟草专卖局（公司）

【概　况】 辽宁省烟草公司成立于1983年5月21日，同年7月22日辽宁省烟草专卖局成立。1984年9月，辽宁省烟草公司正式上划中国烟草总公司。2006年，完成母子公司体制改革。省局（公司）下辖13个地市级烟草专卖局（公司）和中国烟草辽宁进出口公司、丹东辽东烟草发展有限责任公司。截至2009年年底，公司拥有总资产70.58亿元，其中，固定资产9.72亿元、流动资产57.25亿元，资产负债率为12.85%。共有从业人员9131人，其中聘用员工7255人。

【领导成员】 局长、总经理、党组书记：赵振林

副总经理、党组成员：杜胜利

副局长、党组成员：孙世夫

纪检组长、党组成员：韩永斌

副总经理、党组成员：刘　宁

党组成员：李德贤

副巡视员：赵晋生（—2009.4）

【机构设置】 省局（公司）机关设办公室（外事办公室）、综合计划处（经济运行处、科技处）、专卖监督管理处（专卖稽查总队、内部专卖监督管理处）、政策法规与体制改革处、财务管理处（国有资产管理处、资金管理中心）、审计处、人事劳资处、思想政治工作处（机关党委）、监察处（与党组纪检组合署办公）、安全保卫处、烟叶管理处、卷烟销售管理处12个职能处室，烟草学会（编辑部）、经济信息中心、离退休人员管理办公室、机关服务中心、职工教育培训中心（职业技能鉴定站）、烟草质量监督检测站6个专业部门，以及整顿和规范市场经济秩序领导小组办公室1个增设机构，其中，职工教育培训中心于2009年11月经国家局批准成立，与职业技能鉴定站合署办公。

【专卖管理】 卷烟打假。全省共查处涉烟违法案件8070起，查获非法卷烟1.82亿支，其中假烟1.66亿支。打掉制售假烟窝点147个。公安、司法机关依法逮捕47人，判刑64人。破获制售假烟网络案件23起，其中符合国家局标准的网络案件17起，丹东“4·2”非法经营卷烟案件、阜新“7·7”利用互联网销售制假烟机及原辅料案件被列为部级督办案件。

市场管理。全年组织全省规模的打击货运流通环节假烟专项整治行动3次，查处涉烟违法案件32起，查获假冒卷烟1.28亿支。元旦、春节期间开展了卷烟市场集中整治专项行动，查处涉烟违法案件1881起，查获假冒卷烟0.33亿支，捣毁制售假烟窝点63个，并联合公安、工商管理部门清理取缔无证经营户2000余户。在全省行业实行错时检查工作制度，将定期走访与突击检查相结合，重点在节假日、休息日、晚间对有违法经营嫌疑的零售户进行突击检查。完成全省

卷烟零售许可证的换发工作，依法注销了4870户违法经营零售户。

县级局建设。8月，省局下发了《辽宁省烟草专卖局创建优秀县级局活动实施方案》，将评价标准细化为6大项、66个考核点，按照验收标准逐项指导试点县级局开展创优活动。经评定，27家县级局通过考核验收，占县级局总数的65.85%，完成了通过率51%的年度工作目标。

【生产经营】 2009年，全省烟草商业系统销售卷烟652.92亿支（130.58万箱），同比增长2.41%，其中，销售一类烟30.57亿支（6.11万箱），同比增长17.60%；二类烟27.86亿支（5.57万箱），同比增长6%；三类烟150.64亿支（30.13万箱），同比增长25.61%；四类烟247.99亿支（49.6万箱），同比下降2.02%；五类烟195.87亿支（39.17万箱），同比下降9.17%。本辖区销量居前三位的品牌为“红梅”、“大丰收”、“七匹狼”，销售“红梅”106.58亿支（21.32万箱），“大丰收”48.7亿支（9.74万箱），“七匹狼”48.24亿支（9.65万箱）。

全年实现“两烟”销售收入157.03亿元，同比增长9.44%，其中，卷烟销售收入149.33亿元，同比增长7.87%。根据国务院有关精神，调整卷烟消费税，部分利润转为税赋，全年增加卷烟消费税7.55亿元。实现“两烟”税利33.29亿元，同比增长21.41%，其中，卷烟税利31.33亿元，同比增长14.47%。实现“两烟”利润19.12亿元，其中，卷烟利润18.26亿元。公司三项费用率为9.31%。

【多元化经营】 截至2009年年底，全省行业存续的多元化经营企业共有3家，其中，抚顺市抚烟经贸有限公司是抚顺市公司的全资子公司，投资55万元，经营范围为卷烟零售业务；辽阳市小南门专营店是辽阳市公司的全资子公司，投资10万元，经营范围为卷烟零售业务；参股交通银行股份有限公司，营口市公司于1991年购入该公司股票103万股，账面价值为103万元，2009年持股比例为0.002%。全年全省多元化经营企业共实现投资收益113万元，实现利润140万元。

【卷烟销售网络建设】 *完成网建工作阶段性任务*。1~7月，全省烟草商业系统完成卷烟销售网络建设第三阶段工作任务，即“以订单供货为核心，突出客户服务质量，做实做精十个制高点，完成区域物流建设试点工作”。各市公司在此阶段中，建立完善了科学需求预测、按需求组织货源，工商协同培育品牌等一系列管理制度。在第三阶段验收中，全省13家市公司网建工作全部达到优秀。8月，网建工作进入第四阶段，省公司确定了以“两对、两提、一增强”为主要工作任务。“两对”指“对标”、“对点”，即对照行业网建运行先进指标，对照行业网建先进的管理模式、流程等方面的制高点。“两提、一增强”，即通过“两对”，提高网建服务质量、运行效率，增强网建竞争实力。

品牌培育。省公司以强化工商协同营销为抓手，完善品牌管理制度，修订《品牌引入退出管理办法》、《品类管理办法》、《品牌评价办法》、《品牌发展规划》，制定《品牌客户管理办法》。加强对重点骨干品牌的培育导向，全年销售全国性卷烟重点骨干品牌449.02亿支（89.80万箱），同比增长15.84%，占总销量比重的68.94%。严格品牌管理，全年共审批、备案新品引进74份，品牌退出56份。开展“云烟”、“七匹狼”、“黄山”品牌的市场调研与诊断工作，形成《辽宁市场品牌发展报告》，确定了品牌调研分析模式。

现代物流建设。2009年，全省行业统一打破县级行政界限，整合物流资源，优化送货线路。截至年底，共有送货车（不含中转车和机动车）477台，同比减少21台；有送货线路2385条，同比减少105条。

1月，正式运行沈阳—盘锦区域物流整合项目，由沈阳市公司负责承担盘锦市公司的卷烟仓储及分拣业务，盘锦市公司改建区域中转站，负责辖区内的卷烟送货到户。

优秀县级营销部创建活动。5月，全省行业全面开展优秀县级营销部创建活动。省公司先后下发了活动实施方案、考核评价办法，并确立以鞍山海城和沈阳新民为2009年创建活动的试点单位。截至年底，共有14个县级营销部创建达标。

【烟叶产销】 *烟叶种植与收购*。全年全省签订烟叶种植收购合同9453份，合同约定种植面积17.56万亩，合同约定收购量为2.85万吨（57万担）。2009年，辽西、辽北地区遭受五十年一遇的特大旱灾和历史罕见的冰雹袭击，影响了烟叶质量。全年实际收购烟叶2.85万吨（56.99万担），完成计划的99.99%。烟叶收购均价为11.23元/千克，同比增加0.11元/千克；亩均收入为1822.7元，同比增加93.34元；上中等烟比例为78.32%，同比降低7.42个百分点。全省共调拨销售烤烟3.17万吨（63.38万担），连续四年实现零库存。

烟叶科技研究。继续开展“以现代烟草农业模式生产优质丰产填充型烟叶配套技术研究”、“优质特色

烟草指标体系及配套栽培技术研究”、“烟叶生产合作组织研究”等科研项目的研究，其中，“以现代烟草农业模式生产优质丰产填充型烟叶配套技术研究”项目在国家局成功立项。“多功能日光温室漂浮育苗”项目研究取得成功，实现了全省烟叶生产技术上的突破。在品种改良、商品化供应成苗、机械化作业、土壤改良、病虫害统防统治等先进适用技术方面，进行了重点试验示范。

现代烟草农业建设。推进集约化生产，全省户均种植面积达18.6亩。截至年底，全省累计建立5个烟农合作社，50个集约化千亩村，集约化种烟面积为7.92万亩，占全省烟叶总面积的45.13%。推进烟基建设，累计投入资金1.15亿元，烟田可灌溉面积6万亩；累计建设28个烘烤工场，工场内建设密集烤房1400座；累计建设密集烤房4189座，密集烘烤面积8.7万亩。2009年，重点在西丰县凉泉镇保安村、振兴乡振兴村2个烟叶生产村实施烟基建设项目，共投入资金790余万元，新建密集烤房80座。试点村在多功能烘烤工场建设模式、合作社的建立、土地有序流转、建立风险防范机制、专业化分工体系的建设等方面取得阶段性成果。

烟叶信息化建设。2009年，全省各烟叶产区市公司、丹东辽东烟草发展有限责任公司组织实施了烟叶原收原调信息系统基础工程、烟叶收购电子结算信息化工程项目。继续完善烟叶生产与收购、基本烟田、基础设施建设信息网络。完善烟农基本信息查询系统、基础设施项目查询系统、物资管理系统。继续与辽宁省气象局联合建立全省气象服务信息网、与沈阳农业大学合作建立全省烟草病虫害预测预报网络，加强了对烟草病虫害防治工作的指导。

烟叶基地单元建设。全省完成8个烟叶基地单元建设规划，截至年底，签订完成6个烟叶基地单元建设，与红塔集团、湖南中烟、福建中烟签订了紧密型优质烟叶基地开发框架协议。针对“红塔山”、“白沙”、“七匹狼”、“黄鹤楼”、“黄果树”等名优品牌，合作双方共同开展优质特色丰产填充型原料开发研究。按照“工业主导、商业主体、科研主力”的要求，在集约化烘烤工场实现了散叶储存、散烟收购、散烟交接、场厂直调、配方打叶等新的物流及加工模式。

【信息化建设】 *信息系统的数据集成和应用集成*。加强卷烟营销系统建设，于9月完成版本同步、账户及权限同步工作、非集成平台用户登录告警等前期工作，中止应用频次超过80%的非集成平台运行，同时对独立运行的集成平台进行重点跟踪检查。以SOA服务理念完善应用集成方案，截至年底，初步实现专卖和营销信息数据集成交换的跟踪管理以及省、市双向数据交换。

通信网络建设及维护。对全省行业升级改造后的通信网络进行评估和验收，截至年底，省局（公司）本部和13家地市级局（公司）的通信网络均通过信息安全等级保护二级评估。提高应急保障能力，省局（公司）联合部分地市级局（公司）举行了2次通信网络灾难性故障应急演练，保障电视电话会议系统的顺利运行。9月，省局（公司）联合中国电信沈阳分公司建立了电视电话会议应急系统，签署合作协议书。配合网上订货平台系统，进行互联网链路扩容，于9月向中国网通公司采购了100M电信互联网链路及50M网通链路。

【企业管理】 *基础管理*。省局（公司）下发了《关于开展“全面基础管理年”活动的实施意见》，在全省行业开展“全面基础管理年”活动，确定13项基础管理工作任务。“全面基础管理年”活动采取“整体设计、有序推进、突出专题、专家指导”的方式，力争用两年时间，全面加强基础管理，建立起流程顺畅、节点恰当、标准明确、责任清晰的现代企业管理体系，实现辽宁烟草从粗放型管理向精细化管理转变、概念要求向标准化转变、制度分散向系统化转变。截至年底，完成了提高思想认识、学习现代企业管理知识、查摆问题等阶段性工作，形成了以本溪市局（公司）责任管理“五二五”框架体系等为代表的一批阶段性成果。

资产管理。完善国有资产管理制度，下发了《关于加强卷烟包装物淘汰信息化设备处置及规范食堂经费等国有资产管理的通知》，对全省行业需要处置资产进行统一处置。全年组织了3次全省行业资产处置拍卖会，拍卖成交总值1077.66万元，比评估值增值237.34万元，节约拍卖佣金54万元。

全年全省行业固定资产投资计划1.79亿元，实际完成固定资产投资1.04亿元。

审计工作。全年共完成审计项目782项，审计资产总额146.88亿元，审减基建支出1721万元，提出审计建议177条。推进审计委派制工作，11月，省局（公司）下发了《辽宁省烟草专卖局（公司）内部审计派驻制管理办法（试行）》和《辽宁省烟草专卖局（公司）内部审计派驻制考核办法》，启动全省行业审计委派制工作，确定以鞍山、本溪、阜新、朝阳市局（公司）为第一批委派制试点单位。

法制建设。加强法律纠纷案件管理，9月，省局（公司）制订《辽宁省烟草行业重大法律纠纷案件管理暂行办法》，明确重大法律纠纷案件的范围、处理

程序、报告制度等内容。加强法制宣传教育，4月，省局（公司）制定《关于开展提高全省行业法规队伍素质活动的实施方案》，组织开展“三个一”活动，即“精读一本书、研讨一个热点问题、撰写一篇理论文章”、“找准一个问题，破解一个难题、推进一项法规工作”、“办理一起诉讼案件、完善一项管理制度、消灭一批纠纷萌芽”；12月，省局（公司）组织开展全省烟草行业法律知识竞赛活动，并通过电视电话系统转播了比赛实况。

安全管理。加强档案化管理，建立完善“两烟”仓储、机动车辆、锅炉、压力容器、电气设备、安全设施，以及建筑施工安全等管理台账。加大对驾驶人员的管理力度，基层驾驶员参加相关考试622人次。全年省局（公司）组织开展较大规模的安全生产自查4次，重点检查2次。

【内部管理监督】 三项检查。采取各单位自查和省局（公司）检查的方式，开展“三项检查”回头看工作。省局（公司）组织专人对2008年“三项检查”自查、检查、复查出的所有问题，逐项查看整改措施是否落实到位、各项制度是否健全、资料是否齐全；检查2009年新项目在决策、运作等环节是否规范。梳理和完善《辽宁省烟草行业基本建设项目监督管理办法》和《辽宁省烟草行业大宗物资采购监督管理办法》，修改条款47条，增加条款7条，流程图2个，从程序、流程、节点上进一步明确基建项目和物资采购的工作要求与质量标准。全年工程投资、物资采购和宣传促销规范项目规范比例为96.46%，同比提高34.12个百分点。

内管信息系统建设。全年共逐笔核查、走访偏差率正负超过50%的异常数据3.75万笔。对卷烟商业企业监管模块进行后续开发，新建4个监管子系统、16个模块。研发了对烟叶企业、复烤加工企业、卷烟工业企业、进出口企业的信息化监管模块，加强监管工作流程、检查考评细则、责任追究办法等配套制度的建设。

【人力资源管理】 用工分配制度改革。3月，召开全省行业第三批用工分配制度改革工作部署会，指导第三批改革单位开展“两定一分”、“定级套档”方案的制订工作。12月中旬，第三批单位的改革方案全部审批完毕，标志着全省行业完成用工分配制度改革的阶段性目标任务。

职工教育培训。3月，制订了《全省行业2009年开展提高素质活动方案》，并对2008年开展提高素质活动中表现突出的先进集体和先进个人给予了表彰。7月，制订了《关于加强教育培训体系建设的实施方案》。以辽宁大学为教育培训基地，全年举办了10期中层干部高级经营管理培训班，以及专卖高级职业资格鉴定前培训、烟叶政策宣讲员培训和企业内训师培训等三期高级技能培训班，累计培训员工585人次。落实国家局举办的各级各类培训班78期，送培员工580人次。组织员工参加国家局远程培训，培训员工2000多人次。

【思想政治工作】 开展深入学习实践科学发展观活动。3～8月，省局（公司）机关开展深入学习实践科学发展观活动。活动期间，发布活动简报60篇，向辽宁省国资委报送有关科学发展观征文材料5篇，形成调研报告6篇，征集意见和建议186条，确立了辽宁烟草“12552”科学发展思路，即“抓住增强竞争实力一个核心点；立足提高服务质量和运行效率两个支撑点；增强合理利用资源、保障市场有效货源、营造和谐市场环境、控制成本费用、安全发展的经济运行五种能力；加强卷烟销售网络、现代烟草农业、企业文化、基础管理、干部员工队伍五项建设；发挥内部监管和专卖管理两个保障作用”。

【党风廉政建设】 全年全省行业共收到群众信访举报42件，其中，驻国家局纪检组监察局转办2件，辽宁省政府纠风办转办5件，辽宁省民心网转办13件，批转相关地市级局6件。与2名信访举报涉及的处级干部进行了诫勉谈话。全省行业各级纪检监察部门共出具《纪检监察痕迹化监督报告单》320余份。

【企业文化】 省局（公司）印发《辽宁烟草“魂·根·形”企业文化架构体系》，建设以“两个至上”行业共同价值观为核心价值理念，以“责任文化”为主题定位，以“魂”、“根”、“形”为特色内容的辽宁烟草企业文化架构体系。“魂”是责任，是辽宁烟草企业文化理念的精髓；“根”是制度，是辽宁烟草企业文化理念的支撑；“形”是服务品牌，是辽宁烟草企业文化理念的外显。9月，召开全省行业第三次企业文化建设暨服务品牌建设现场会议；举办行业文化评价体系软件应用培训班。11月，在沈阳举办了全省行业“企业文化故事会”。

【科普活动】 2月，省局（公司）制订了《辽宁省烟草行业科普活动主要安排》。全年全省卷烟商业企业利用“3·15”消费者权益日、全国科普日、世界无烟日，布置宣传柜台780个，发放宣传单5.8万份，向社会宣传《烟草专卖法》、真假卷烟鉴别知识。实施“科普惠农兴村计划”，为烟农举办科普讲座68期，培训烟农1.2万次，发放科普资料8500份，建立了85个科普示范村。

【特事要辑】 2月3～4日，2009年全省烟草工作会议在沈阳召开。

辽宁省局（公司）主要统计指标汇总

“两烟”税利（亿元）	“两烟”利润（亿元）	销售卷烟（亿支）	烟叶种植（万亩）	烟叶收购（万担）
33.29	19.12	652.92	17.56	56.99

所属地市级局（公司）

沈阳市烟草专卖局（公司）

沈阳市烟草专卖局、辽宁省烟草公司沈阳市公司成立于1983年10月，下辖和平区、沈河区、大东区、皇姑区、铁西区、于洪区、东陵区、沈北新区、苏家屯区、新民市、辽中县、康平县、法库县13个县级烟草专卖局（区域市场部）。共有从业人员1466人，其中聘用员工1146人。2009年，市局（公司）营销中心订单部被中华全国妇女联合会授予“全国三八红旗集体”称号。

全年辖区销售卷烟166.64亿支（33.33万箱），同比增长2.86%。实现卷烟销售收入442783万元，同比增长9.56%。实现卷烟税利103359万元，同比增长12.99%，其中卷烟利润67839万元。

全年全市共查处涉烟违法案件1194起，查获假冒卷烟7973.02万支，打掉制假窝点7个、贩藏假烟窝点34个，上缴罚没款32.5万元。移送公安机关涉烟案件12起，公安、司法机关依法刑事拘留21人，逮捕18人，判刑18人。破获符合国家局标准的制售假烟网络案件5起，案值共计1545万元。

鞍山市烟草专卖局（公司）

鞍山市烟草专卖局、辽宁省烟草公司鞍山市公司成立于1984年4月，下辖海城市、台安县、岫岩县3个县级烟草专卖局（区域市场部）和立山、永乐、康宁、湖滨4个区域市场部。共有从业人员488人，其中聘用员工293人。

全年辖区销售卷烟61.55亿支（12.31万箱），同比增长2.33%。实现卷烟销售收入142967万元，同比增长8.49%。实现卷烟税利29919万元，同比增长12.94%，其中卷烟利润18282万元。

全年全市共查处涉烟违法案件1482起，查获假冒卷烟1796.1万支，打掉贩藏假烟窝点35个，案值1914.4万元，上缴罚没款27.56万元。移送公安机关涉烟案件6起，公安、司法机关依法刑事拘留13人，逮捕1人，判刑12人。破获符合国家局标准的制售假烟网络案件3起，案值共计1457万元。

推行物流费用定额管理。市局（公司）将物流费用划分为3类，量化为13个可控项，全年物流费用占销售收入比重的1.44%，同比下降16.76%。

抚顺市烟草专卖局（公司）

抚顺市烟草专卖局、辽宁省烟草公司抚顺市公司成立于1984年1月1日，下辖清原县、新宾县2个县烟草专卖局（区域市场部），抚顺县和市区2个区域市场部。共有从业人员331人，其中聘用员工236人。

全年辖区销售卷烟40.7亿支（8.14万箱），同比增长0.62%。实现卷烟销售收入90306万元，同比增长6.34%。实现卷烟税利17933万元，同比增长9.98%，其中卷烟利润10455万元。

全年全市共查处涉烟违法案件519起，查获假冒卷烟92.06万支，打掉贩藏假烟窝点6个，案值797.91万元，上缴罚没款3.31万元。移送公安机关涉烟案件2起，公安、司法机关依法逮捕3人，判刑3人。破获符合国家局标准的制售假烟网络案件1起，案值685.62万元。

本溪市烟草专卖局（公司）

本溪市烟草专卖局、辽宁省烟草公司本溪市公司成立于1984年5月，下辖本溪满族自治县、桓仁满族自治县、南芬区3个县级烟草专卖局（区域市场部）和明山、平山、溪湖3个区域市场部。共有从业人员320人，其中聘用员工222人。

全年辖区销售卷烟29.12亿支（5.82万箱），同

比增长0.76%。实现卷烟销售收入64598万元，同比增长5.87%。实现卷烟税利11988万元，同比增长12.64%，其中卷烟利润6768万元。

全年全市共查处涉烟违法案件196起，查获假冒卷烟27.87万支，打掉制假窝点1个、贩藏假烟窝点8个，案值62.39万元，上缴罚没款14.31万元。移送公安机关涉烟案件1起，公安、司法机关依法逮捕2人。破获制售假烟网络案件1起。

丹东市烟草专卖局（公司）

丹东市烟草专卖局、辽宁省烟草公司丹东市公司成立于1984年4月。下辖东港市、凤城市、宽甸县3个县级烟草专卖局（区域市场部），市区区域市场部，凤城市、宽甸县2个县级烟叶分公司和凤城科技示范农场。共有从业人员1467人，其中聘用员工1274人。

全年辖区销售卷烟40亿支（8万箱），同比增长1.91%。实现"两烟"销售收入108267万元，同比增长5.44%，其中，卷烟销售收入85639万元，同比增长0.8%。实现"两烟"税利25929万元，同比增长38.72%，其中，卷烟税利16521万元，同比增长12.3%。实现"两烟"利润14021万元，其中卷烟利润9788万元。

全年全市共查处涉烟违法案件706起，查获假冒卷烟142.11万支、非法烟叶7.99吨，打掉贩藏假烟窝点2个，案值1.21亿元，上缴罚没款46.17万元。移送公安机关涉烟案件3起，公安、司法机关依法刑事拘留6人，逮捕4人，判刑5人。破获符合国家局标准的制售假烟网络案件2起。

全年全市烟叶收购均价为13.03元/千克。实现烟农收入1.3亿元，同比增加0.4亿元。烟农户均收入3.23万元，同比增加0.9万元。

锦州市烟草专卖局（公司）

锦州市烟草专卖局、辽宁省烟草公司锦州市公司成立于1984年，下辖凌海市、北镇市、黑山县、义县4个县级烟草专卖局（营销部）。共有从业人员461人，其中聘用员工356人。

全年辖区销售卷烟51.52亿支（10.3万箱），同比增长2.63%。实现卷烟销售收入107660万元，同比增长8.67%。实现卷烟税利22546万元，同比增长16.38%，其中卷烟利润13966万元。

全年全市共查处涉烟违法案件276起，查获假冒卷烟468.75万支，打掉贩藏假烟窝点6个，案值327万元，上缴罚没款13.84万元。移送公安机关涉烟案件3起，公安、司法机关依法逮捕11人，判刑9人。破获符合国家局标准的制售假烟网络案件1起，案值297万元。

营口市烟草专卖局（公司）

营口市烟草专卖局、辽宁省烟草公司营口市公司成立于1984年4月28日，下辖盖州市、大石桥市2个县级烟草专卖局（营销部），老边区、鲅鱼圈区2个县级烟草专卖局（配送中心）。共有从业人员387人，其中聘用员工299人。

全年辖区销售卷烟41.85亿支（8.37万箱），同比增长4.23%。实现卷烟销售收入96507万元，同比增长11%。实现卷烟税利20434万元，同比增长16.09%，其中卷烟利润12650万元。

全年全市共查处涉烟违法案件243起，查获假冒卷烟4461.14万支，打掉贩藏假烟窝点6个，案值1135万元，上缴罚没款57.91万元。移送公安机关涉烟案件17起，公安、司法机关依法逮捕2人，判刑6人。破获符合国家局标准的制售假烟网络案件1起，案值209万元。

阜新市烟草专卖局（公司）

阜新市烟草专卖局、辽宁省烟草公司阜新市公司成立于1984年4月20日，下辖阜蒙县、彰武县2个县级烟叶生产销售公司，阜蒙县烟草专卖局和彰武县烟草专卖局（区域市场部）。共有从业人员777人，其中聘用员工681人。

全年辖区销售卷烟32.68亿支（6.54万箱），同比增长0.71%。实现"两烟"销售收入77899万元，同比增长13.81%，其中，卷烟销售收入66332万元，同比增长8.65%。实现"两烟"税利14337万元，同比增长42.26%，其中，卷烟税利11266万元，同比增长12.72%。实现"两烟"利润7221万元，其中卷烟利润5926万元。

全年全市共查处涉烟违法案件473起，查获假冒卷烟202.53万支、非法烟叶1.95吨，打掉制贩藏假烟窝点14个，案值163.91万元，上缴罚没款21.36万元。移送公安机关涉烟案件3起，公安、司法机关依法刑事拘留2人，逮捕3人，判刑2人。破获符合国家局标准的制售假烟网络案件1起，案值35.17万元。

全年全市烟叶收购均价为9.36元/千克。实现烟农收入5133万元，同比减少826万元。烟农户均收入4.08万元，同比减少0.54万元。投入300万元，完成烟基建设项目147个，建成提灌站1个、水井92个，购买试验示范专用机械2台，新建卧式密集型烤房52

座。烟水配套工程实际受益面积累计达0.26万亩，受益农户103户。

开展现代烟草农业建设试点，在试点区域种植烟叶1129亩，与同地区大面积生产相比，试点区域亩产烟叶240.65千克，提高59.65千克；亩均用工20个，减少10个，节约成本362元；亩产值2683元，提高990元。在彰武示范场进行了200亩漂浮育苗试验并获得成功。

辽阳市烟草专卖局（公司）

辽阳市烟草专卖局、辽宁省烟草公司辽阳市公司成立于1983年11月，下辖灯塔市、辽阳县2个县级烟草专卖局。共有从业人员310人，其中聘用员工253人。

全年辖区销售卷烟32.52亿支（6.5万箱），同比增长3.4%。实现卷烟销售收入73822万元，同比增长9.24%。实现卷烟税利15380万元，同比增长14.38%，其中卷烟利润9568万元。

全年全市共查处涉烟违法案件149起，查获假冒卷烟149.38万支，打掉贩藏假烟窝点5个，案值95.8万元，上缴罚没款4.43万元。移送公安机关涉烟案件2起，公安、司法机关依法判刑1人。破获制售假烟网络案件2起。

铁岭市烟草专卖局（公司）

铁岭市烟草专卖局、辽宁省烟草公司铁岭市公司成立于1984年1月1日，下辖开原市、调兵山市、昌图县、西丰县、清河区5个县级烟草专卖局（营销部），开原市、昌图县、西丰县3个县级烟叶分公司。共有从业人员793人，其中聘用员工544人。

全年辖区销售卷烟47.01亿支（9.4万箱），同比增长1.53%。实现“两烟”销售收入105132万元，同比增长12.48%，其中，卷烟销售收入91299万元，同比增长8.83%。实现“两烟”税利17796万元，同比增长81.04%，其中，卷烟税利16906万元，同比增长37.49%。实现“两烟”利润8037万元，其中卷烟利润8139万元。

全年全市共查处涉烟违法案件302起，查获假冒卷烟902.48万支、非法烟叶50.1吨，上缴罚没款6.65万元。移送公安机关涉烟案件2起，公安、司法机关依法刑事拘留12人，逮捕1人，判刑5人。破获符合国家局标准的制售假烟网络案件2起，案值270万元。

全年全市烟叶收购均价为10.82元/千克。实现烟农收入7620万元，同比减少88万元；烟农户均收入5.98万元，同比增加0.42万元。全市投入877万元，其中烟草行业补贴757万元，年内完成烟基建设项目289个，新建卧式密集型烤房179座、机井6眼，购买农机113台。烟水配套工程实际受益面积累计达3.5万亩，受益农户1000余户。

开展现代烟草农业建设试点，在试点区域种植烟叶4000亩，与同地区大面积生产相比，试点区域亩产烟叶187千克，提高12千克；亩均用工20个，减少5个，节约成本200元；亩产值2100元，提高230元。

朝阳市烟草专卖局（公司）

朝阳市烟草专卖局、辽宁省烟草公司朝阳市公司成立于1984年，下辖北票市、建平县、凌源市、喀喇沁左翼蒙古族自治县4个县级烟草专卖局（营销部），朝阳县烟草专卖局，北票市、建平县2个烟叶生产收购总站。共有从业人员1040人，其中聘用员工909人。

全年辖区销售卷烟41.9亿支（8.38万箱），同比增长4.75%。实现“两烟”销售收入95551万元，同比增长16.61%，其中，卷烟销售收入81580万元，同比增长11.32%。实现“两烟”税利17319万元，同比增长24.07%，其中，卷烟税利13272万元，同比增长15.56%。实现“两烟”利润9317万元，其中卷烟利润7337万元。

全年全市共查处涉烟违法案件1504起，查获假冒卷烟137.19万支、非法烟叶25.24吨，打掉贩藏假烟窝点23个，案值192万元，上缴罚没款15.48万元。移送公安机关涉烟案件2起，公安、司法机关依法刑事拘留3人，逮捕2人。破获符合国家局标准的制售假烟网络案件1起，案值125万元。

受旱灾和雹灾的影响，烟叶产量和等级下降。全年全市烟叶收购均价为10.54元/千克。实现烟农收入6157万元，同比减少546万元。烟农户均收入2.42万元，同比减少0.6万元。投入30.02万元，主要用于烤房的后期完善工作。

盘锦市烟草专卖局（公司）

盘锦市烟草专卖局、辽宁省烟草公司盘锦市公司成立于1984年12月19日，下辖盘山县、大洼县2个县烟草专卖局（区域市场部），兴隆台区区域市场部和广达公司。共有从业人员223人，其中聘用员工170人。

全年辖区销售卷烟21.85亿支（4.37万箱），同比增长0.69%。实现卷烟销售收入56204万元，同比增长6.74%。实现卷烟税利11882万元，同比增长11.22%，其中卷烟利润7445万元。

全年全市共查处涉烟违法案件195起，查获假冒卷烟41.38万支，上缴罚没款19.07万元。移送公安机关涉烟案件1起，公安、司法机关依法刑事拘留1人。破获制售假烟网络案件1起。

葫芦岛市烟草专卖局（公司）

葫芦岛市烟草专卖局、辽宁省烟草公司葫芦岛市公司成立于1990年1月，下辖兴城市、绥中县、建昌县3个县级烟草专卖局（营销部）和1个市局直属营销部。共有从业人员380人，其中聘用员工301人。

全年辖区销售卷烟44亿支（8.8万箱），同比增长2.21%。实现卷烟销售收入95151万元，同比增长6.8%。实现卷烟税利18872万元，同比增长5.84%，其中卷烟利润11168万元。

全年全市共查处涉烟违法案件799起，查获假冒卷烟207.55万支，上缴罚没款30.77万元。移送公安机关涉烟案件1起，公安、司法机关依法判刑3人。破获制售假烟网络案件2起。

所属其他二级单位

中国烟草辽宁进出口公司

中国烟草辽宁进出口公司成立于1985年，2006年改制为辽宁省烟草公司的全资专业子公司，主要经营烟叶、烟草制品、烟草专用机械设备、原辅材料、烟草技术的进出口和代理进出口业务，承办来料加工、来样加工、补偿贸易及对外技术交流等业务。截至2009年年底，公司拥有总资产2.25亿元，其中，固定资产390万元、流动资产2.10亿元，资产负债率为7.28%。共有从业人员38人，其中聘用员工11人。2009年，公司被辽宁省总工会授予“五一劳动奖状”。

2009年，公司出口烟叶0.57万吨（11.4万担），出口备货烟叶0.7万吨（14万担），进出口卷烟10.1亿支。全年共实现进出口总值3068万美元，同比增长44.31%，其中，出口总值2125万美元，同比增长58.11%；进口总值943万美元，同比增长20.59%。

全年实现销售收入2.79亿元，同比增长59.24%。实现税利1.10亿元，同比增长44.33%，其中利润3025万元，同比增长101%。

2009年，公司首次将与上中等烟“B3F”、“B2F”、“C4L”、“X2L”混配的“TYA”出口白俄罗斯；通过美国联一国际公司，中等烟“TBF”进入英美烟草配方。

2009年辽宁省烟草商业系统主要情况统计

地市级局（公司）名称		沈阳市烟草专卖局（公司）	鞍山市烟草专卖局（公司）	抚顺市烟草专卖局（公司）	本溪市烟草专卖局（公司）	丹东市烟草专卖局（公司）	锦州市烟草专卖局（公司）	营口市烟草专卖局（公司）
法人代表/主要负责人		韩佳君　邱崇宝	蒋全波	李　力	姜振光	孙　奇	卜剑飞	张国梁
总资产（万元）		203519	53254	31683	23727	42953	44427	42730
资产负债率（%）		9.92	15.32	7.64	9.09	16.81	11.31	5.44
所属县级局（个）		13	3	2	3	3	4	4
所属县级公司/分公司(个)		—	—	—	—	—	—	—
所属县级营销部（个）		13个区域市场部	7个区域市场部	4个区域市场部	6个区域市场部	4个区域市场部	4个营销部	2个营销部
所属业务机构	访销机构	1个营销中心 1个电访中心	1个营销中心 1个电访中心	1个营销中心 1个电访中心	1个营销中心 1个电访中心	1个营销中心 1个电访中心	1个营销中心 1个电访部	1个营销中心 1个电访中心
	物流配送机构	1个物流配送中心 5个中转站	1个物流配送中心 3个中转站	1个物流中心 1个配送中心 2个中转站	1个物流储配部 1个中转站	1个物流中心 3个中转站	1个物流中心 4个配送站	1个物流中心 2个配送中心 3个中转站
	稽查机构	1个稽查支队 13个稽查大队	1个稽查支队 2个稽查大队 1个机动大队 1个市场监管大队	1个稽查支队 1个直属大队	1个稽查支队 2个专管大队 2个稽查大队	1个稽查支队 8个稽查大队	1个稽查支队 3个稽查大队	2个稽查支队 5个稽查大队
	烟叶机构	—	—	—	—	2个烟叶分公司 17个烟叶站	—	—

续表

地市级局（公司）名称	沈阳市烟草专卖局（公司）	鞍山市烟草专卖局（公司）	抚顺市烟草专卖局（公司）	本溪市烟草专卖局（公司）	丹东市烟草专卖局（公司）	锦州市烟草专卖局（公司）	营口市烟草专卖局（公司）
销售卷烟（亿支）	166.64	61.55	40.70	29.12	40.00	51.52	41.85
毛利率（%）	24.99	24.61	24.09	24.32	23.73	23.62	24.43
实现"两烟"税利(万元)	103359	29919	17933	11988	25929	22546	20434
实现"两烟"利润(万元)	67839	18282	10455	6768	14021	13966	12650
烟叶种植（亩）	—	—	—	—	69198	—	—
烟叶收购（担）	—	—	—	—	204478	—	—
零售户数（户）	27327	11432	6588	5295	8808	10587	9452

地市级局（公司）名称		阜新市烟草专卖局（公司）	辽阳市烟草专卖局（公司）	铁岭市烟草专卖局（公司）	朝阳市烟草专卖局（公司）	盘锦市烟草专卖局（公司）	葫芦岛市烟草专卖局（公司）
法人代表/主要负责人		齐世英	于海荣	赵静波	吕其华	仲崇库	张宁一
总资产（万元）		24033	26666	28202	28895	22698	40700
资产负债率（%）		25.23	5.17	46.74	26.76	7.00	20.21
所属县级局（个）		2	2	5	5	2	3
所属县级公司/分公司(个)		—	—	—	—	—	—
所属县级营销部（个）		1个区域市场部	—	5个营销部	4个营销部	3个区域市场部	4个营销部
所属业务机构	访销机构	1个营销中心 1个电访中心	1个营销中心 1个电访中心	1个营销中心 1个电访部	1个营销中心 1个电访部	1个营销中心 1个电访中心	1个营销中心 1个电访中心
	物流配送机构	1个物流中心 1个配送中心 1个中转站	1个物流中心 3个中转站	1个物流中心 4个配送站	1个物流中心 5个中转站	1个物流中心	1个物流中心 3个中转站
	稽查机构	1个稽查支队 5个稽查大队	1个稽查支队 3个稽查大队	1个稽查支队 10个稽查大队	1个稽查支队 1个稽查大队	1个稽查支队 5个稽查大队	1个稽查支队 9个稽查大队
	烟叶机构	2个烟叶生产销售公司、14个烟叶站	—	3个烟叶分公司 19个烟叶站	2个烟叶总站 6个烟叶站	—	—
销售卷烟（亿支）		32.68	32.52	47.01	41.90	21.85	44.00
毛利率（%）		23.43	24.48	22.99	22.83	33.33	23.60
实现"两烟"税利（万元）		14337	15380	17796	17319	11882	18872
实现"两烟"利润（万元）		7221	9568	8037	9317	7445	11168
烟叶种植（亩）		28721	—	44465	33211	—	—
烟叶收购（担）		103979	—	140840	120620	—	—
零售户数（户）		5759	6612	12774	11626	4545	9783

（王　森）

吉林省烟草专卖局（公司）

【概　况】 吉林省烟草专卖局、中国烟草总公司吉林省公司成立于1983年7月，下辖长春市、吉林市、四平市、辽源市、通化市、白山市、白城市、松原市和延边朝鲜族自治州9个地市级烟草专卖局（公司）。拥有总资产53.22亿元，其中，固定资产11.2亿元、流动资产39.14亿元，资产负债率为20.14%。截至

2009年年底，共有从业人员8026人，其中聘用员工2081人。

【领导成员】 局长、总经理、党组书记：王健男

副局长、党组成员：曹东伟

副总经理、党组成员：王永盛

副总经理、党组成员：徐　智

纪检组长、党组成员：宋政峰

巡视员：董伟光（—2009.10）

副巡视员：杨贵生

副巡视员：张永刚

【机构设置】 省局（公司）机关设办公室（与外事办公室、烟草学会合署办公）、综合计划处、专卖监督管理处（与专卖管理稽查总队、内部专卖管理监督办公室合署办公）、政策法规与体制改革处、财务管理处（与资金管理中心合署办公）、审计处、人事劳资处（与离退休干部办公室合署办公）、监察处（与党组纪检组合署办公）、思想政治工作处（与机关党委、工会合署办公）、安全保卫处（与吉林省公安厅直属三分局合署办公）、卷烟经营管理部、烟叶生产经营管理部12个职能处室，信息中心、机关服务中心、职业培训中心（与职业技能鉴定站合署办公）3个中心和吉林省烟草质量监督检测站、整顿办。

【专卖管理】 卷烟打假。协调工商、通信、公安等部门，开展打击网上非法经营烟草专卖品专项行动，对利用互联网的售假行为进行清理整治。完善日常监管机制，细化监管责任，把日常清理与集中整治相结合，解决市场突出问题，提高市场控制力的工作目标。加强对烟叶市场的专卖管理，严厉打击非法收购、贩运烟叶行为，烟叶收购秩序保持稳定。各级烟草、公安部门进一步巩固和深化联合办案机制，开展卷烟打假工作。全年共查处涉烟违法案件6608起，查获非法卷烟7173万支，非法烟丝、烟叶28.8吨，破获网络案件14起，其中包括2起非法收购、贩运烟叶网络案件。公安、司法机关依法抓获涉烟违法嫌疑人90人，逮捕15人，判刑12人。吉林市局查办的“2·4”销售假烟网络案件列入国家局、公安部督办的重大案件，涉案金额达7385万元，两名主犯被依法判刑。

专卖队伍建设。省局重视专卖基层建设，开展专卖管理员职业技能鉴定，提升依法行政水平。开展优秀县级局创建活动，县级局在队伍建设、依法履职、完善制度等方面有明显改善。加大培训力度，全省共组织10次集中培训。

【生产经营】 2009年，全省烟草商业系统销售卷烟473.55亿支（94.71万箱），同比增长3.12%，其中，销售一类烟17.85亿支（3.57万箱），同比增长17.43%；二类烟3.8亿支（0.76万箱），同比增长38.18%；三类烟163.3亿支（32.66万箱），同比增长28.18%；四类烟177.5亿支（35.5万箱），同比下降7.72%；五类烟111.05亿支（22.21万箱），同比下降8.6%。本辖区销量居前三位的品牌为“长白山”、“红梅”、“芙蓉”，销售“长白山”119.25亿支（23.85万箱），销售“红梅”56.95亿支（11.39万箱），销售“芙蓉”25.8亿支（5.16万箱）。

全年实现卷烟销售收入108亿元。根据国务院有关精神，调整卷烟消费税，部分利润转为税赋，全年增加卷烟消费税5.35亿元。实现“两烟”税利24.88亿元，同比增长16.59%，其中卷烟税利22.73亿元，同比增长15%。实现“两烟”利润15.22亿元，其中卷烟利润14.12亿元。公司三项费用率为9.45%。

全年全省种植烟叶16.7万亩，收购烤烟2.59万吨（51.8万担）。实现烟叶税利2.15亿元，同比增长31.09%，其中烟叶利润1.1亿元，同比增长22.22%。

【卷烟销售网络建设】 重视订单供货工作，梳理相关管理制度和业务流程，提升服务市场的工作水平。开展网建“三统一”工作，即统一网络运行管理、统一客户关系管理、统一货源供应管理。

通过“三统一”，有效提高了卷烟销售网络建设四个方面的水平。首先，有效控制了不规范卷烟经营行为，个别客户套购、批发卷烟受总量限制，代订卷烟、拆单分摊受订货电话限制。其次，签订服务公约，从标准服务、个性服务两个方面对签约客户从订货、供应、配送、咨询及经营指导、品牌推广、市场维护和多渠道订货做出服务承诺，将残疾人、特困户等作为第一供货优先级，体现服务的差异化和个性化，与客户的关系更加牢固。再次，新品上市时，根据卷烟类别，在相应类别卷烟经营能力评价的一、二级组群中选择品牌培育目标客户，集中目标消费群，有利于新品牌的培育。最后，由于紧俏货源不计算到经营能力中，多销售替代品牌就可以多获得紧俏限量卷烟，客户为获得更多的限量卷烟，需要通过销售培育替代品牌提高其经营能力排名，促进了替代品牌的培育。

【烟叶产销】 烟叶生产与收购。全省烟叶产区把“控制总量、稳定规模”作为烟叶工作的首要任务，通过加强政策宣传、强化合同管理、注重过程控制、狠抓责任落实等，落实“烟叶防过热”任务。2009年，全省种植烤烟16.70万亩，同比减少4000亩。收

购烤烟2.59万吨（51.8万担），收购均价达11.89元/千克。在国家局抽查中，全省烟叶平均收购等级合格率达80%以上，工商交接等级合格率为70%。

现代烟草农业建设。以白城市镇赉县东平镇乌木村、柳河县五道沟镇柳条沟村等8个村为试点村，探索现代烟草农业建设。通过整体规划，发展适度规模的烟叶生产组织，初步形成“两头工场化，中间专业化”的生产经营模式。试点村共有种烟农户192户，种植烟叶8476亩，户均种植面积达44.15亩，较全国平均水平高24.35亩；亩均用工18.85个，比传统用工减少7.17个；烟农户均收入达5.25万元。围绕现代烟草农业建设，推进烟基建设，全年全省行业共投入9676万元，完成烟基建设项目2952项。

【企业管理】 基础管理。加强质量管理体系建设工作，开展对标工作。省局（公司）建立了对标体系，统一指标口径，全省行业各单位对照标杆，寻找差距，制订整改措施。开展优秀基层单位创建活动，加强基层建设。

财务审计。加强全面预算管理工作，提高管理效率。完成“小金库”专项治理自查、复查工作。加大对固定资产投资审计力度，开展烟叶基础设施专项资金和烟叶生产投入补贴资金专项审计，配合吉林省审计厅完成了对全省行业2008年财务收支使用情况的审计。

三项检查“回头看”。在组织专题培训、加强自查工作指导的基础上，省局（公司）对各地市级局（公司）的“三项检查”工作进行了全面复查。围绕制度、决策、运作、监管4个重点，针对发现的问题，形成整改建议158条。加强整改落实工作，省局（公司）党组召开专门会议部署整改工作，针对整改落实情况开展专项检查，坚持边查边改。

【内部管理监督】 内部监管长效机制建设。省局（公司）提出了“五化”总体要求和内部监管工作标准，即“监管行为规范化、工作运行流程化、监管过程痕迹化、工作结果报告化、考核奖惩日常化”。落实“双建双考”长效管理机制，加大日常监管和定期检查力度。“双建”即营销部门建立自律制度体系，内部专卖管理监督办公室建立监督管理制度体系。“双考”即内部专卖管理监督办公室考核营销部门自律制度的执行、落实情况；纪检监察部门考核内部专卖管理监督办公室监管制度的执行、落实情况。

内部专卖管理监督。省局（公司）在各单位自查的基础上，开展内部专卖管理监督大检查，各单位对查出的问题制订整改措施。推广实施吉林烟草内部专卖管理监督信息系统，健全和完善五项配套制度，实现了对卷烟经营全过程的同级监管、实时监管。

【信息化建设】 2009年，省局（公司）完成对“打码到条和订单采集系统”项目的验收，实施身份认证体系改造升级和数据库审计项目，启动人力资源系统和地理信息系统项目，进一步提升信息化水平。

【深入学习实践科学发展观活动】 3~8月，全省烟草商业系统开展深入学习实践科学发展观活动。在此次活动中，省局（公司）完成了3个阶段、6个环节的工作任务。对存在的问题，省局（公司）党组先后召开三次党组会，研究问题存在的原因，并制订了整改落实措施，形成整改落实方案的初稿。初稿形成后，先后征求了各地市级局（公司）和省局（公司）机关各部门的意见，经过8次修改完善，确定了26个整改落实项目，其中边学边改、边查边改5项，集中整改17项，长期整改4项，理顺了吉林烟草科学发展的思路。

【企业文化】 加强企业理念宣贯工作，围绕企业文化建设实现文化落地，推进“三个转化”，即“内化于心”、“外化于形”、“固化于制”。以吉林市局（公司）、延边州局（公司）为服务品牌建设试点单位，在服务品牌理念宣贯、服务内容、服务领域、服务品牌经营店建设等方面进行探索。此外，四平市局（公司）创造了企业文化“双向精细化”管理法，发挥文化建设在推进企业管理方面的引领作用；松原市局（公司）企业文化建设和“五彩”服务品牌建设被松原市委列为松原“五城”建设的先进典型和品牌。

吉林省局（公司）主要统计指标汇总

“两烟”税利（亿元）	“两烟”利润（亿元）	销售卷烟（亿支）	烟叶种植（万亩）	烟叶收购（万担）
24.88	15.22	473.55	16.70	51.80

所属地市级局（公司）

长春市烟草专卖局（公司）

长春市烟草专卖局、吉林省烟草公司长春市公司成立于1984年9月。下辖榆树市、农安县、德惠市、九台市4个县级烟草专卖局（分公司），二道区、南关区、朝阳区、宽城区、绿园区、双阳区6个县级烟草专卖局（营销部），以及1个特业分局（营销部）。共有从业人员1620人，其中聘用员工566人。

全年辖区销售卷烟135亿支（27万箱），同比增长4.13%。实现“两烟”销售收入367292万元，同比增长11.89%，其中，卷烟销售收入339887万元，同比增长13.34%。实现“两烟”税利86428万元，同比增长12.66%，其中，卷烟税利80408万元，同比增长14.86%。实现“两烟”利润56822万元，其中卷烟利润53492万元。

全年全市共出动专卖人员19953人次，出动车辆6650车次，对市场进行了10151次检查。查处涉烟违法案件59起，查获非法卷烟3377.7万支，案值1130万元。破获符合国家局标准的销售假冒商标卷烟网络案件4起，案值569.6万元。公安、司法机关依法刑事拘留8人，逮捕1人。

全市种植烟叶5.87万亩，收购烟叶0.97万吨（19.3万担）。实现烟农收入1.105亿元，同比增加0.042亿元。烟农户均收入5.05万元，同比增加3682元。

加强现代烟草农业建设，在试点区域种植烟叶1600亩，与同地区大面积生产相比，试点区域亩产烟叶220千克，提高5千克；亩均用工17.6个，减少8.74个，节约成本240元；亩产值2760元，提高200元。全年全市共投入894万元，年内完成烟基建设项目457个。新建3700立方米水池1个、管网16千米、卧式密集型烤房150座。

吉林市烟草专卖局（公司）

吉林市烟草专卖局、吉林省烟草公司吉林市公司成立于1984年6月，下辖舒兰市、磐石市、桦甸市、蛟河市、永吉县5个县级烟草专卖局（分公司）①，以及吉林市金叶烟草有限公司1个控股企业。共有从业人员785人，其中聘用员工320人。

全年辖区销售卷烟76.12亿支（15.22万箱），同比增长2.63%。实现卷烟销售收入177148万元，同比增长9.32%。实现卷烟税利37001万元，同比增长15.8%，其中卷烟利润22200万元。

全年查处涉烟违法案件1796起，查获非法卷烟84.7万支，案值481万元，上缴罚没款140万元。破获重大制售假烟网络案件2起，涉案金额近千万元。公安、司法机关依法刑事拘留8人，逮捕13人，判刑2人。

市局（公司）制定了《客户经理工作规范》，完善“同舟”品牌客户服务体系，实施帮助客户成长计划，总结出以提升客户服务水平为中心的网建工作新经验。在2009年全国卷烟销售网络建设现场会上，市局（公司）代表做了相关经验介绍。

四平市烟草专卖局（公司）

四平市烟草专卖局、吉林省烟草公司四平市公司成立于1984年7月，下辖公主岭市、梨树县、伊通满族自治县、双辽市4个县级烟草专卖局（分公司）。共有从业人员503人，其中聘用员工258人。

全年辖区销售卷烟56.07亿支（11.21万箱），同比增长3.53%。全年实现卷烟销售收入116291万元，同比增长14.9%。实现卷烟税利24353万元，同比增长22.63%，其中卷烟利润12580万元。

全年查处涉烟违法案件1291起，查获非法卷烟1022.71万支，上缴罚没款142万元。破获符合国家局标准的假烟网络案件1起，在此起网络案件中，市局共打掉假烟窝点10处，案值130余万元，公安机关依法判处逮捕6人。

6月，市公司在吉林省率先成功推行了弹性送货模式②，减少送货车辆7台，节约用工12人，节约物流费用近140万元。完成“勇进之道”理念体系的整合提升。作为试点单位，推广DRM（双向精细化管理）。完成“通达”服务品牌形象标识设计和推广。

辽源市烟草专卖局（公司）

辽源市烟草专卖局、吉林省烟草公司辽源市公司成立于1984年，下辖东丰县、东辽县2个县级烟草专卖局（分公司）。共有从业人员216人，其中聘用员工77人。

全年辖区销售卷烟22.30亿支（4.46万箱），同比增长2.39%。实现卷烟销售收入47981万元，同比

---

① 永吉县烟草专卖局（分公司）为2009年新设。

② 以“配送距离最佳、配送路线最优、配送成本最低”为原则，即结合送货周期，合理划分送货区域；制定最短配送路线；按照“前车满载，尾车半载，空车待命”实行送货。

增长10.59%。实现卷烟税利9023万元，同比增长11.63%，其中卷烟利润5171万元。

全年共查处涉烟违法案件173起，查获非法卷烟172.87万支。破获符合国家局标准的制售假烟网络案件1起。

加强企业文化建设，推广“思源”文化理念和“金鹿”服务品牌，开展“五多五促”创建活动，即多读书学习，修身正德，促进员工自身和谐；多沟通交流，同心同德，促进员工之间、上下级之间和谐；多换位思考，服务立德，促进员工与客户和谐；多奉献爱心，积善进德，促进员工与社会和谐；多关爱家人，弘扬美德，促进员工家庭和谐。

通化市烟草专卖局（公司）

通化市烟草专卖局、吉林省烟草公司通化市公司成立于1983年，下辖梅河口市、辉南县、柳河县、通化县、集安市5个县级烟草专卖局（分公司）。共有从业人员371人，其中聘用员工113人。

全年辖区销售卷烟40.37亿支（8.07万箱），同比增长0.2%。实现卷烟销售收入92828万元，同比增长6.50%。实现卷烟税利18920万元，同比增长6.89%，其中卷烟利润11271万元。

全年共查处涉烟违法案件154起，查获非法卷烟165.19万支，上缴罚没款10.2万元。公安、司法机关依法逮捕2人，判刑2人。破获符合国家局标准的制售假烟网络案件2起，案值共计254.4万元。

白城市烟草专卖局（公司）

白城市烟草专卖局、吉林省烟草公司白城市公司成立于1984年7月，下辖洮南市、大安市、通榆县、镇赉县4个县级烟草专卖局（分公司）。共有从业人员406人，其中聘用员工183人。

2009年，辖区共销售卷烟35.26亿支（7.05万箱），同比增长2.65%。实现“两烟”销售收入89883万元，同比增长24.4%，其中，卷烟销售收入69177万元，同比增长12.79%。实现“两烟”税利19902万元，同比增长30.09%，其中，卷烟税利12916万元，同比增长21.12%。实现“两烟”利润11018万元，其中，卷烟利润7748万元。

全年共查处涉烟违法案件338起，查获非法卷烟68.52万支，上缴罚没款40余万元。破获符合国家标准的制售假烟网络案件1起，案值260余万元，司法机关依法判刑8人。

全年种植烟叶4.83万亩，收购烟叶0.75万吨（15万担）。加强烟基建设，全年新建机井366眼、管网516.5千米、烟田机耕路13.5千米、密集式烤房600座，购进农机具1055台（套），并改造了3个标准化烟站。

促进现代烟草农业建设，提高烟叶生产的组织化程度，对种烟大户、大村、大乡给予重点帮助和培养，全市45亩以上的大户有339户，千亩村19个，万亩乡1个。调整烟叶生产布局，全市户均种植面积达34.12亩。300亩以上的连片烟田共47片，合计2.86万亩，占全市植烟总面积的59%。加强烟叶生产集约化，组建烟叶生产互助组212个，90%以上的植烟户参加了互助组；普遍实行专业队统一育苗和商品化供苗，烟田整地、起垅、移栽、覆膜、中耕、施肥机械化率达100%，病虫害防治机械化率达到80%。

白山市烟草专卖局（公司）

白山市烟草专卖局、吉林省烟草公司白山公司成立于1985年4月，下辖临江市、抚松县、靖宇县、长白朝鲜族自治县4个县级烟草专卖局（分公司），江源区、松江河镇2个直属分局。共有从业人员267人，其中聘用员工134人。

全年辖区销售卷烟24.02亿支（4.8万箱），同比增长3.12%。实现卷烟销售收入53258万元，同比增长9.62%。实现卷烟税利10163万元，同比增长8.5%，其中卷烟利润5792万元。

全年共查处涉烟违法案件21起，查获非法卷烟52.77万支，上缴罚没款6.34万元。成功破获“3·17”售假网络案件，案值117万元。

加强企业文化建设，确定了“山水”服务品牌标识。

松原市烟草专卖局（公司）

松原市烟草专卖局、吉林省烟草公司松原公司成立于1992年8月，下辖扶余县、长岭县、乾安县3个县级烟草专卖局（分公司）和前郭尔罗斯蒙古族自治县烟草专卖局，以及金叶烟草有限责任公司①1个全资子公司。共有从业人员394人，其中聘用员工232人。

全年辖区销售卷烟44.71亿支（8.94万箱），同比增长5.19%。实现卷烟销售收入88220万元，同比增长13.12%。实现卷烟税利16506万元，同比增长17.92%，其中卷烟利润9661万元。

全年共查处涉烟违法案件53起，查获非法卷烟

① 2009年，金叶烟酒超市正式更名为金叶烟草有限责任公司。

868.84万支、非法烟叶0.44吨。破获符合国家局标准的网络案件1起，案值134.61万元。

加强企业文化建设，编写《真情若水》一书。《吉林日报》刊登专题文章《力量的源泉》，宣传市局（公司）企业文化建设情况，松原市相关媒体对“五彩”服务品牌建设情况进行了两次集中报道。

延边朝鲜族自治州烟草专卖局（公司）

延边朝鲜族自治州烟草专卖局、吉林省烟草公司延边朝鲜族自治州公司成立于1983年12月，下辖图们市、珲春市、敦化市、龙井市、和龙市、汪清县、安图县7个县级烟草专卖局（分公司）。共有从业人员654人，其中聘用员工212人。

全年辖区销售卷烟39.34亿支（7.87万箱），同比增长0.64%。实现“两烟”销售收入114429万元，同比增长14.13%，其中，卷烟销售收入91573万元，同比增长8.96%。实现“两烟”税利26410万元，同比增长24.95%，其中卷烟税利17821万元，同比增长10.15%。实现“两烟”利润15119万元，其中卷烟利润10763万元。

全年共查处涉烟违法案件658起，查获假冒卷烟142.87万支，上缴罚没款1.01万元。移送公安机关涉烟案件1起，公安、司法机关依法刑事拘留2人，逮捕4人。破获符合国家局标准的制售假烟网络案件1起，案值29.32万元。

全州共种植烤烟5.83万亩，收购烤烟0.86万吨（17.5万担）、晒烟0.05万吨（1万担）。收购均价为12.66元/千克。实现烟农收入1.11亿元，同比增加0.01亿元。烟农户均收入5.22万元，同比增加7719元。

全州共投入681.8万元，年内完成烟基建设项目202个，新建卧式密集型烤房200座。投入6.09万元，购置农机2台。推进现代烟草农业建设试点工作，试点面积为1551亩，与同地区大面积生产相比，试点区域亩产烟叶162千克，提高12千克；亩用工19个，减少8个，节约成本284.79元；亩产值2051元，提高153元。

2009年吉林省烟草商业系统主要情况统计

地市级局（公司）名称		长春市烟草专卖局（公司）	吉林市烟草专卖局（公司）	四平市烟草专卖局（公司）	辽源市烟草专卖局（公司）	通化市烟草专卖局（公司）
主要负责人/法人代表		陈建新	范忠顺	高晓青	牛　千	庞晓龙
总资产（万元）		138934	58812	42086	19667	31422
资产负债率（%）		11.51	8.76	26.46	5.06	7.60
所属县级局（个）		11	5	4	2	5
所属县级公司/分公司（个）		4个分公司	5个分公司	4个分公司	2个分公司	5个分公司
所属县级营销部（个）		7个营销部	—	—	—	—
所属业务机构	访销机构	1个营销中心	1个营销中心	1个营销中心	1个营销中心	1个营销中心
	物流配送机构	1个物流中心	1个物流中心 4个送货部	1个物流中心	1个物流中心	1个物流中心
	稽查机构	3个稽查大队	3个稽查大队	5个稽查大队 21个专卖管理所	1个稽查支队 2个稽查大队	1个稽查大队
	烟叶机构	4个烟叶生产经营管理部、19个烟叶站	—	—	—	—
销售卷烟（亿支）		135.00	76.12	56.07	22.30	40.37
毛利率（%）		25.52	25.44	23.93	24.56	24.65
实现“两烟”税利（万元）		86428	37001	24353	9023	18920
实现“两烟”利润（万元）		56822	22200	12580	5171	11271
烟叶种植（亩）		58667	—	—	—	—
烟叶收购（担）		193000	—	—	—	—
零售户数（户）		26922	21682	14205	4027	11766

地市级局（公司）名称		白城市烟草专卖局（公司）	白山市烟草专卖局（公司）	松原市烟草专卖局（公司）	延边朝鲜族自治州烟草专卖局（公司）
主要负责人/法人代表		于显峰	徐继坤	刘　君	吴家伟
总资产（万元）		36723	17561	31168	51255
资产负债率（%）		35.36	6.28	13.71	25.25
所属县级局（个）		4	6	4	7
所属县级公司/分公司（个）		4 个分公司	4 个分公司	3 个分公司	7 个分公司
所属县级营销部（个）		—	—	—	—
所属业务机构	访销机构	1 个营销中心	1 个营销中心	1 个营销中心	1 个营销中心
	物流配送机构	1 个物流中心	1 个物流中心	1 个物流中心、4 个送货部	1 个配送中心、5 个配送部
	稽查机构	1 个稽查支队、1 个稽查大队	1 个稽查支队	1 个稽查支队、1 个稽查大队 2 个专卖管理所	1 个稽查支队、7 个稽查大队
	烟叶机构	1 个烟叶生产经营管理部 13 个烟叶站	—	—	4 个烟叶生产经营管理部 20 个烟叶站
销售卷烟（亿支）		35.26	24.02	44.71	39.34
毛利率（%）		23.68	24.42	23.61	24.74
实现“两烟”税利（万元）		19902	10163	16506	26410
实现“两烟”利润（万元）		11018	5792	9661	15119
烟叶种植（亩）		48300	—	—	58333
烟叶收购（担）		150000	—	—	175000
零售户数（户）		10051	5607	14420	10192

（王兴谦）

黑龙江省烟草专卖局（公司）

【概　况】 黑龙江省烟草专卖局成立于 1983 年 4 月，黑龙江省烟草公司组建于 1982 年 7 月，1984 年 4 月正式上划中国烟草总公司。省局（公司）下辖 14 个地市级烟草专卖局（公司）、63 个县级烟草专卖局、63 个营销部（县级烟草专卖局和营销部是指市辖县所属），以及哈尔滨烟叶公司、牡丹江烟叶公司 2 个烟叶公司和中国烟草黑龙江进出口有限责任公司。2009 年，公司拥有总资产 84.38 亿元，其中，固定资产 14.22 亿元、流动资产 69.04 亿元，资产负债率为 21.74%。共有从业人员 8970 人，其中聘用员工 1350 人。

【领导成员】 局长、总经理、党组书记：吕忠信

副总经理、党组成员：迟焕发

副总经理、党组成员：孙杰邦

副局长、党组成员：牛中全

党组成员：王殿贵

副总经理、党组成员：杨鹤声

副巡视员：王乃信（2009.12—）

【机构设置】 省局（公司）机关设办公室（外事办公室）、综合计划处（经济运行处）、专卖监督管理处（专卖稽查总队、内部专卖监督管理处）、政策法规与体制改革处、财务管理处、审计处、科技处、人事劳资处、思想政治工作处、监察处（与党组纪检组合署办公）、安全保卫处、烟叶管理处、卷烟销售管理处 13 个处室和机关服务中心、离退休人员管理办公室、烟草质量监督检测站、烟草工会、烟草学会、整顿和规范市场经济秩序领导小组办公室 6 个专业部门。

【专卖管理】 内部专卖管理监督。加强内管制度和长效机制建设，不断提高制度执行力。制定下发《黑龙江省烟草行业卷烟进口业务监管流程》和《黑龙江省烟草行业烟叶出口业务监管流程》，编制《黑龙江省烟草行业专卖内管制度汇编》。推进专卖内管信息化建设，完善内管监督信息系统。在 2008 年开发卷烟商业内管监控信息系统基础上，2009 年进一步组织开发烟叶生产经营监管信息系统、烟叶复烤加工内管信

息系统、烟草进出口专卖内管信息系统、卷烟工业生产内管监控信息系统和卷烟辅料内管信息系统。

卷烟打假打私。2009 年，全省连续开展“打网络、净市场、迎双节”、“迎国庆、净市场、促增长”和“守边卡口、扼守边界、根除假烟、力净市场”三次专项打假活动。共破获假冒卷烟案件 9351 起，其中，案值在 50 万～100 万元的案件 4 起，案值在 100 万元以上的案件 2 起。查获假冒卷烟 4371 万支，案值 3421 万元，查获烟叶烟丝（含烟梗）215 吨，捣毁制假贩假窝点 275 个。共破获网络案件 17 起，其中符合国家局标准的网络案件 6 起。公安、司法机关依法刑事拘留 54 人，逮捕 15 人，劳教 1 人，判刑 47 人。

全面推广无假烟社区。省局制订下发全面推广无假烟社区创建工作方案。全年推广建立无假烟社区 330 个，比 2008 年试点社区数量增长 129%；无假烟社区零售客户 9561 户，同比增长 110%，占全省有效户数的 5%。

免税店监管。遏制免税卷烟倒流国内市场对本省的冲击。省局先后两次对免税店经营情况和监管情况的进行专项调查，并将调查结果上报国家局。经国家局与中免集团协商，2009 年 5 月，中免集团下发《关于重申规范国产卷烟管理的通知》，对各免税店提出规范管理经营的要求。

加强对免税卷烟的监管。省局与哈尔滨海关签署《联合打击卷烟走私协作机制》。在哈尔滨海关配合下，免税卷烟销售受到海关和属地局的严格监管，免税烟案件与免税烟销售量均有下降，为全省卷烟结构提升创造了有利条件。

【生产经营】 2009 年，全省烟草商业系统销售卷烟 597.36 亿支（119.47 万箱），同比增长 0.92%，其中，销售一类烟 22.43 亿支（4.49 万箱）、二类烟 15.85 亿支（3.17 万箱）、三类烟 161.27 亿支（32.25 万箱）、四类烟 245.53 亿支（49.11 万箱）、五类烟 152.28 亿支（30.46 万箱）。本辖区销量居前三位的品牌为“林海灵芝”、“哈尔滨”、“长白山”，销量分别为“林海灵芝”73.10 亿支（14.62 万箱）、“哈尔滨”72.20 亿支（14.44 万箱）、 “长白山”63.10 亿支（12.62 万箱）。

全年实现“两烟”销售收入 151.63 亿元，同比增长 18.11%，其中卷烟销售收入 132.83 亿元，同比增长 15.91%。根据国务院有关精神，调整卷烟消费税，部分利润转为税赋，全年增加卷烟消费税 6.57 亿元。实现“两烟”税利 36.08 亿元，同比增长 21.53%，其中卷烟税利 28.76 亿元，同比增长 23.0%。实现“两烟”利润 22.73 亿元，同比增长 3.07%，其中卷烟利润 18.20 亿元，同比下降 0.39%。公司三项费用率为 9.72%。

【烟叶产销】 *烟叶种植与收购*。2009 年，全省烟叶种植面积 46.84 万亩，分布在 27 县（市）、213 乡（镇）、1261 个村。全省烟农户数达到 1.34 万户，户均种烟面积 30.9 亩。签订种烟合同 1.52 万份。

全年共收购烟叶 7.20 万吨（143.9 万担），收购均价 10.91 元/千克。上等烟比例为 16.42%，中等烟比例为 55.53%，烟叶收购等级质量合格率为 82.08%。在全省推广电子合同管理系统，严格规范烟叶生产、收购、调拨全过程，提升烟叶工作管理水平。

烟叶生产基础设施建设。2009 年全省总投资 3430 万元，实施烟基建设项目 1916 个，其中，烟水配套工程（机井）41 眼，受益农户 205 户，受益面积 1.23 万亩；建设密集式烤房 1875 座，受益农户 1650 户，受益面积 4.69 万亩。截至 2009 年年底，全省共建成机井 805 眼，密集式烤房 17521 座。

现代烟草农业建设试点。全省设有现代烟草农业建设试点 6 个，共有密集式烤房 129 座，承担试点面积 3225 亩，密集化烘烤达到 100%；共有基本烟田面积 7800 亩，种烟面积 3200 亩，烟水覆盖面积 3200 亩，占种植面积 100%。截至 2009 年年底，6 个试验点已建设育苗棚 17 个，育苗盘数 57600 盘，可供苗数量 237.4 万株，专业化育苗达到 100%；配置拖拉机 52 台、植保机 4 台、深耕机具 5 台、覆膜机 11 台、旋耕机具 4 台、起垄机具 5 台、编烟机具 2 台。

各试点均实现 100% 移栽专业服务化、100% 专业植保服务、100% 采收专业队统一采收、100% 分级专业队统一采收，在烟叶生产深耕、旋耕、起垄、覆膜、施肥、防病等方面均已 100% 实现机械化作业。

烟草病虫害防治。在发挥“黑龙江省烟草病虫害预测预报与综合防治网络”监测监控到位、防治预警作用的基础上，建立以现场巡回指导、公开服务电话、限时跟踪服务为主要内容的植保“110”专家服务体系，强化以快速准确诊断、对症用药、方法科学、统防统治为主要内容的烟草病虫害防治技术体系。

烟叶标准化工作。发布《黑龙江省烟草行业 2009 年度烟叶标准化工作要点》，建立标准化示范园区，利用黑龙江特有优势，推进烟田连片种植，培育种植面积在 5 公顷以上的种烟专业化农场。下发《2009 年烟叶标准化生产实效综合评价考核办法》，对哈尔滨烟区的望奎、绥化、宾县，牡丹江烟区的东宁、宁安等地进行抽查，并将考核结果纳入烟叶全资子公司考核业绩之中。全省烟叶标准化生产比例达到 90%。

【卷烟销售网络建设】 省局制订《黑龙江省烟草行业卷烟销售网络建设与运行水平评价体系》，进一步梳理、优化网络主要业务操作流程，制定并完善《投诉中心工作流程》、《物流运作流程》、《品牌管理流程》、《货源分配流程》、《市场预测流程》等工作流程，保证流程上下贯通、节点平滑顺畅，提高网络运行效率，初步实现全省管理制度和流程的统一。

针对全省卷烟零售客户的不同特点，根据市场化原则，省局（公司）在建立零售客户服务体系上为典型示范单位设计了“六统一”① 的模式。全省80%地市公司城乡电子结算率超过98%。

省局公司出台《工商协同营销实施方案》，制定《黑龙江省品牌发展规划》和《黑龙江省卷烟品牌引入退出机制》，要求典型示范单位带头，各地市公司同时推进，建立健全工商一体化的品牌培育机制。出台《卷烟销售大户管理办法》，制定销售大户审批制度，加强对零售客户的规范管理。初步建立网络运行质量评价体系，对商流、物流、资金流各环节的运行情况及网络各岗位从业人员的工作情况进行评价。省公司将物流工作重点放在优化卷烟送货路线、合理核定物流运行成本上，初步建立以效率和质量为主要内容的卷烟物流考核办法。

【信息化建设】 进一步健全信息化管理制度，制定《黑龙江省烟草行业计算机及相关设备管理办法》、《黑龙江省烟草行业计算机软件管理办法》及《黑龙江省烟草信息化费用管理办法》等，实现对信息化工作的正规化管理。

在V3系统全省数据集中、业务模式统一的基础上，开发宏观管理和业务监控子系统，将实销数据和访销数据有机地结合起来，实现对数据的实时统计，并分单位、分类别地对相关销售指标进行分析比较。

完成烟叶基础软件的电子合同软件升级与印制、数据库改造与优化，并将烟叶电子合同数据和收购、调拨数据及时上报国家局，同时提供给专卖内管系统供查询、监督。完成专卖内管软件的实施工作，开发专卖内管系统同V3系统和烟叶基础软件的数据接口，实现数据的每日抽取与及时监督查询。完成省烟草行业门户网站建设工作，并于2009年12月正式上线运行。

【科技创新】 科技工作管理。制定全省行业及各所属单位的科技发展政策与全省行业中长期科技发展战略规划。制定《黑龙江省烟草行业各全资子公司及牡丹江烟草科学研究所自主创新能力考核细则》，对《黑龙江省烟草行业科学技术奖励办法》进行修订。

科技项目研究。2009年，全省在研科技开发项目66项，重点科研项目8项，全省行业企业研发费用为5090万元。全省共有18个科技开发项目完成合同要求并通过鉴定，发表科技论文18篇。“烟草及烟草制品转基因的测定方法”获得首届中国烟草总公司标准创新贡献奖二等奖和2009年中国标准创新贡献奖三等奖，“优质填充型烤烟叶片成熟度的生理基础及其配套栽培技术研究”获2009年黑龙江省科技进步三等奖，“东北优质特色烤烟定向栽培技术开发与研究”获2009年度中国烟草总公司科学技术进步奖三等奖。

研制烤烟移栽复式作业机，完成样机的生产，并申请获得专利。

【人力资源管理】 人力资源管理信息系统。进一步完善人力资源管理信息系统软件，启用系统软件进行人事调配业务流程的审批和行业职工工资的发放，实时监控基层单位人员变动和职工工资分配。

薪酬管理。全省行业全体职工被纳入到统一的薪酬制度体系中，实行纵向设级、横向设档、一级多档的岗位绩效薪酬管理制度，通过完善的岗位考核，明确职责要求，建立起包括工作业绩、能力态度、综合素质等多维度的岗位绩效考核体系，并将考核结果作为岗位调整、等级升降、档次进退、薪酬分配的重要依据，形成以业绩为标准，以能力为导向的收入分配约束激励机制。

教育培训及技能鉴定工作。2009年，共组织475名员工参加国家局培训，协调省局有关部门举办各类培训班24班次，培训学员1245人次，引导各全资子公司开展针对性强、应用范围广，适应性强的短期性培训270余次。组织全省行业各全资子公司384人参加全国烟草行业特有工种包括卷烟商品营销员、专卖员、烟叶分技工职业技能鉴定。

【财务与审计】 通过实施全面预算管理，使企业实现管理制度化、费用预算标准化、事项审批流程化、过程管理痕迹化、职工观念理性化、经营行为规范化。

省公司按照国有资产管理的相关规定，公开拍卖成交闲置房产45处、车辆30辆，总成交金额2807万元，超出资产净值1983万元，增值率为240.65%。

省公司对资金管理软件进行升级，实现银企直连。对资金进行动态跟踪、适时监管、全程掌控、痕迹化管理，使资金实现“全封闭、直通车、高速路、低风

① 一是统一卷烟营销模式，二是统一零售客户标识，三是统一卷烟经营柜台，四是统一价格标签，五是统一零售客户分类，六是统一电子结算。

险”运行。实现核算、预算、资金管理的“三算合一”。建立CA认证系统，进一步提高系统安全性和实用性，有效防范资金风险。

【企业文化】 2009年，全省行业将企业文化宣贯落地作为重点，省局从全省行业内挑选3位企业文化内训师在全省范围内宣讲。从6月初开始，宣讲团在全省范围内进行了21场巡回宣讲，共有4300余名干部职工听取宣讲。宣讲内容被制作成光盘，向全省行业各基层单位发放。在全省行业各全资子公司中开展“德·实”文化千人签名活动。印制集中代表全省行业企业文化成果的《企业文化手册》、《企业文化故事集》、《母子文化管理模式》、《母子文化理念体系》和《员工行为规范》。

【特事要辑】 3月3日，省局召开深入学习实践科学发展观活动总结大会。

7月23～28日，国家局副局长何泽华到黑龙江烟草商业系统调研。

黑龙江省局（公司）主要统计指标汇总

“两烟”税利（亿元）	“两烟”利润（亿元）	销售卷烟（亿支）	烟叶种植（万亩）	烟叶收购（万担）
36.08	22.73	597.36	46.84	143.90

所属地市级局（公司）

哈尔滨市烟草专卖局（公司）

哈尔滨市烟草专卖局、黑龙江省烟草公司哈尔滨市公司成立于1983年，下辖市区第一、第二、第三营销部3个卷烟营销部，第一、第二、第三、第四、第五分局5个分局，阿城区、五常市、双城市、尚志市、巴彦县、宾县、依兰县、延寿县、木兰县、通河县、方正县11个县级烟草专卖局（营销部）。共有从业人员1620人，其中聘用员工475人。

全年辖区销售卷烟175.05亿支（35.01万箱），同比增长1.49%。实现卷烟销售收入452324万元，同比增长13.40%。实现卷烟税利110452万元，同比增长16.51%，其中卷烟利润73153万元。

全市共查处涉烟违法案件3533起，查获非法卷烟1960万支，案值1538.2万元。公安、司法机关依法刑事拘留16人，行政拘留1人，判刑9人。全年共破获符合国家局标准的网络案件2起，符合省局标准的网络案件1起。

大庆市烟草专卖局（公司）

大庆市烟草专卖局、黑龙江省烟草公司大庆市公司成立于1983年5月，下辖肇源县、肇州县、杜尔伯特蒙古族自治县、林甸县、新村区、萨尔图区、让胡路区、乘风庄区、龙凤区、红岗区、大同区11个县级烟草专卖局（营销部）。共有从业人员426人，其中聘用员工141人。

全年辖区销售卷烟48.91亿支（9.78万箱），同比下降1.97%。实现卷烟销售收入126913万元，同比增长8.91%。实现卷烟税利30929万元，同比增长6.68%，其中卷烟利润20979万元。

全市共查处涉烟违法案件2720起，其中，案值在5万～20万元的案件9起，20万～100万元的案件4起；查获假冒卷烟547.33万支，案值508.39万元，捣毁贩藏假烟窝点68个。公安、司法机关依法刑事拘留1人，逮捕1人，判刑19人。

齐齐哈尔市烟草专卖局（公司）

齐齐哈尔市烟草专卖局、黑龙江省烟草公司齐齐哈尔市公司成立于1983年，下辖龙江县、甘南县、富裕县、克山县、克东县、依安县、拜泉县、讷河市、泰来县、富拉尔基区、昂昂溪区、梅里斯达斡尔族区、龙沙区、铁锋区、建华区15个县级烟草专卖局（营销部）及齐齐哈尔铁路烟草专卖局。共有从业人员609人，其中聘用员工184人。

全年辖区销售卷烟74.97亿支（14.99万箱），同比增长1.64%。实现卷烟销售收入146596万元，同比增长19.78%。实现卷烟税利31293万元，同比增长31.05%，其中卷烟利润20284万元。

全市共查处涉烟违法案件2118起，查获非法卷烟621.82万支，案值292万元，捣毁贩藏假烟窝点47个，上缴罚没款60.1万元。公安、司法机关依法行拘2人，刑事拘留4人，劳教1人。

绥化市烟草专卖局（公司）

绥化市烟草专卖局、黑龙江省烟草公司绥化市公司成立于1983年，下辖肇东市、海伦市、庆安县、青冈县、明水县、望奎县、兰西县、安达市、绥棱县、北林区10个县级烟草专卖局（营销部）。共有从业人员774人，其中聘用员工81人。2009年，市局（公司）审计科被国家局、总公司授予“全国烟草系统审计工作先进集体”称号。

全年辖区销售卷烟69.54亿支（13.91万箱），同比增长2.58%。实现卷烟销售收入119074万元，同比增长21.43%。实现卷烟税利19328万元，同比增长46.50%，其中卷烟利润10375万元。

全市共查处涉烟违法案件1421起，其中案值在5万~20万元的案件8起，查获非法卷烟9015.7万支，其中假冒卷烟8285.1万支，查获非法烟叶66.68吨、烟丝2吨，捣毁贩藏假烟窝点25个，上缴罚没款274.4万元。破获符合省局标准的网络案件1起。公安、司法机关依法刑事拘留1人，判刑3人。

牡丹江市烟草专卖局（公司）

牡丹江市烟草专卖局、黑龙江省烟草公司牡丹江市公司成立于1983年，下辖西安区、东安区、阳明区、爱民区4个区烟草专卖局，以及林口县、东宁县、海林市、宁安市、穆棱市5个县级烟草专卖局（营销部）。共有从业人员408人，其中聘用员工47人。2009年，市局（公司）被黑龙江省委、省政府评为“省级文明单位标兵”。

全年辖区销售卷烟39.35亿支（7.87万箱），同比增长0.63%。实现销售收入85120万元，同比增长18.81%。实现卷烟税利16466万元，同比增长38.21%，其中卷烟利润9656万元。

全市共查处涉烟违法案件386起，查获非法卷烟534.68万支，其中假冒卷烟530.64万支，查获非法烟叶64吨，案值317万元。全年共破获制售假烟网络案件3起，其中符合国家局标准的网络案件1起。公安、司法机关依法判刑8人。

佳木斯市烟草专卖局（公司）

佳木斯市烟草专卖局成立于1983年，黑龙江省烟草公司佳木斯市公司组建于1985年，下辖永红区、向阳区、前进区、东风区、郊区5个县级烟草专卖局，富锦市、桦南县、汤原县、桦川县、同江市、抚远县6个营销部和建三江农垦烟草专卖分局（营销部）。共有从业人员499人，其中聘用员工138人。2009年，市局（公司）被黑龙江省委、省政府评为“省级文明单位标兵”。

全年辖区销售卷烟40.61亿支（8.12万箱），同比增长0.03%。实现卷烟销售收入87455万元，同比增长16.54%。实现卷烟税利17445万元，同比增长24.50%，其中卷烟利润10585万元。

全市共查处涉烟违法案件723起，查获非法卷烟203.49万支，案值301.6万元，捣毁贩藏假烟窝点47个。全年共破获制售假烟网络案件2起。公安、司法机关依法刑事拘留3人，逮捕1人，判刑2人。

鸡西市烟草专卖局（公司）

鸡西市烟草专卖局、黑龙江省烟草公司鸡西市公司成立于1983年3月，下辖鸡东县、密山市、虎林市3个县级烟草专卖局（营销部）和鸡冠区烟草专卖局。共有从业人员320人，其中聘用员工55人。2009年，市公司营销中心订单部被共青团黑龙江省委授予“青年文明号”称号。

全年辖区销售卷烟31.37亿支（6.27万箱），同比增长0.86%。实现卷烟销售收入68490万元，同比增长17.28%。实现卷烟税利14259万元，同比增长37.18%，其中卷烟利润8426万元。

全市共查处涉烟违法案件318起，查获非法卷烟81.28万支，其中假冒卷烟68.5万支，案值52.31万元；查获非法烟叶16.4吨，案值8.76万元。捣毁贩藏假烟窝点4个。公安、司法机关依法刑事拘留3人。

双鸭山市烟草专卖局（公司）

双鸭山市烟草专卖局成立于1986年5月，黑龙江省烟草公司双鸭山市公司组建于1983年1月，下辖集贤县、宝清县、友谊县、饶河县4个县级烟草专卖局（营销部）。共有从业人员323人，其中聘用员工55人。

全年辖区销售卷烟26.01亿支（5.20万箱），同比下降1.86%。实现卷烟销售收入57707万元，同比增长18.57%。实现卷烟税利11315万元，同比增长28.32%，其中卷烟利润6989万元。

全市共查处涉烟违法案件106起，查获非法卷烟89.77万支，案值58.2万元，查获非法烟叶11.2吨，案值10万元，捣毁贩藏假烟窝点10个。破获全省首例利用互联网非法销售假烟的案件。

伊春市烟草专卖局（公司）

伊春市烟草专卖局、黑龙江省烟草公司伊春市公司成立于1983年10月，下辖铁力市、嘉荫县、伊春区、南岔区、汤旺河区5个县级烟草专卖局（营销部）。共有从业人员145人，其中聘用员工43人。

全年辖区销售卷烟17.67亿支（3.53万箱），同比增长1.56%。实现卷烟销售收入34574万元，同比增长22.94%。实现卷烟税利7290万元，同比增长35.60%，其中卷烟利润4536万元。

全市累计出动打假人员320人次，共查处涉烟违法案件72起，查获非法卷烟57.1万支，案值93.98万元，捣毁贩藏假烟窝点20个，停业整顿18户，清理和注销225户。全年破获制售假烟网络案件1起。公安、司法机关依法判刑5人。

七台河市烟草专卖局（公司）

七台河市烟草专卖局、黑龙江省烟草公司七台河市公司成立于1983年，下辖勃利县烟草专卖局（营销部）。共有从业人员174人，其中聘用员工56人。

全年辖区销售卷烟16.16亿支（3.23万箱），同比增长0.51%。实现卷烟销售收入35058万元，同比增长15.54%。实现卷烟税利7615万元，同比增长25.70%，其中卷烟利润4690万元。

全市共查处涉烟违法案件70起，查获假冒卷烟348.36万支，案值61万元，查获非法烟叶1.05吨，案值2730元。捣毁贩藏假烟窝点14个。全年破获制售假烟网络案件1起，案值82万元。

组织员工进行“德·实”文化的传播和市局（公司）“鼎·新”文化的发布。印发企业文化手和文化故事手册。

鹤岗市烟草专卖局（公司）

鹤岗市烟草专卖局、黑龙江省烟草公司鹤岗市公司成立于1983年，下辖萝北县、绥滨县2个县级烟草专卖局（营销部）和1个农林专卖分局。共有从业人员181人，其中聘用员工12人。

全年辖区销售卷烟19.94亿支（3.99万箱），同比下降0.35%。实现卷烟销售收入41260万元，同比增长14.15%。实现卷烟税利7681万元，同比增长27.51%，其中卷烟利润4485万元。

全市共查处涉烟违法案件239起，查获假冒卷烟84.31万支，案值99.23万元，捣毁贩藏假烟窝点9个。公安、司法机关依法判刑2人。全年破获贩藏假烟网络案件1起。

市局成立佳木斯铁路烟草专卖局鹤岗检查站，进一步延伸烟草专卖稽查网络，加大对铁路及周边地区的综合管理。优化市区的12条送货路线和两县的9条送货路线。

黑河市烟草专卖局（公司）

黑河市烟草专卖局、黑龙江省烟草公司黑河市公司成立于1990年2月，下辖北安市、嫩江县、五大连池市、逊克县、孙吴县5个县级烟草专卖局（营销部）和爱辉区营销部。共有从业人员392人，其中聘用员工193人。2009年，市局（公司）被黑龙江省委、省政府授予“省级文明建设标兵”称号。

全年辖区销售卷烟25.97亿支（5.19万箱），同比增长0.26%。实现卷烟销售收入47626万元，同比增长20.33%。实现卷烟税利8706万元，同比增长27.49%，其中卷烟利润5307万元。

全市共查处涉烟违法案件407起，查获非法卷烟901.62万支，案值40万元。

大兴安岭地区烟草专卖局（公司）

大兴安岭地区烟草专卖局、黑龙江省烟草公司大兴安岭地区公司成立于1985年，下辖加格达奇区、漠河县、塔河县、呼玛县、松岭区、新林区、呼中区7个县级烟草专卖局（营销部）。共有从业人员122人，其中聘用员工5人。

全年辖区销售卷烟8.51亿支（1.70万箱），同比增长6.73%。实现卷烟销售收入17481万元，同比增长20.51%。实现卷烟税利2981万元，同比增长42.29%，其中卷烟利润1516万元。

全市共查处涉烟违法案件48起，查获非法卷烟43.55万支，案值56万元，捣毁贩藏假烟窝点6个。全年破获贩藏假烟网络案件1起。

绥芬河市烟草专卖局（公司）

绥芬河市烟草专卖局、黑龙江省烟草公司绥芬河市公司成立于1998年1月。共有从业人员38人，其中聘用员工5人。

全年辖区销售卷烟3.31亿支（0.66万箱），同比增长0.25%。实现卷烟销售收入8628万元，同比增长13.20%。实现卷烟税利1813万元，同比增长27.68%，其中卷烟利润1056万元。

全市共查处涉烟违法案件54起，查处非法卷烟36.24万支，案值27.88万元，捣毁贩藏假烟窝点4个。破获制售假烟网络案件1起。公安、司法机关依法判刑1人。

与社区、工商等部门协调，开展创建无假烟社区活动。截至2009年，已成立无假烟社区3个，卷烟零售客户256户，占全市总户数的25%。不断加大对免税店的监管力度，不定期对免税卷烟购、销、存报表和免税仓库进行检查，有效遏制了免税卷烟倒流行为。

所属其他二级单位

哈尔滨烟叶公司

黑龙江省烟草公司哈尔滨烟叶公司成立于2001年12月，2006年12月由黑龙江烟叶公司改制而成。下辖宾县、绥化、肇州、汤原、集贤、富锦、望奎、肇东、绥滨、桦南10家烟叶分公司，双城和庆安两个直属烟叶经营站及哈尔滨天阳国际烟草有限公司、绥化红塔烟叶有限责任公司2家烟叶加工企业。公司拥有总资产8.82亿元，资产负债率为33.27%。共有从业人员1297人，其中聘用员工182人。辖区共有种烟农户6973户。

2009年种植烟叶22.37万亩，收购烟叶3.398万吨（67.95万担），上等烟比例10.98%，中等烟比例49.20%，工商交接合格率达到63.47%。烟叶收购均价9.68元/千克，实现烟农收入3.29亿元。

全年实现销售收入93490万元，同比增长39.97%。实现税利34719万元，同比增长14.70%，其中利润24032万元，同比增长32.55%。

全年烟基建设项目行业补贴资金1880万元，地方政府扶持资金1582万元，新建成富锦二道岗、汤原竹帘、望奎后三、肇东五站4个科技园区，绥化东源、庆安聚宝山2个合作社，宾县古城1个烘烤工场，新建密集式烤房1100座，机电井10眼。截至2009年年底，整个烟区已拥有13个综合科技园区、1个育苗工场、2个规模40座以上烘烤群组，密集式烤房6207座，机电井588眼，成立了134个家庭农场、4个专业合作社。桦南金丰烟叶合作社被评为“全省农民专业合作社经济组织”示范典型，汤原被列为国家局整县推进现代烟草农业建设31个试点县之一。

牡丹江烟叶公司

黑龙江省烟草公司牡丹江烟叶公司成立于2001年12月，2006年12月改制为省公司的全资子公司。下辖宁安、东宁、林口、勃利、宝清、密山、海林、穆棱8个烟叶分公司，虎林、鸡东2个烟叶生产经营站，勃利龙湘烟叶有限责任公司、林口龙鄂烟叶有限责任公司2个烟叶加工企业。公司拥有总资产10.24亿元，资产负债率为40.71%。共有从业人员1376人，其中聘用员工355人。辖区共有种烟农户8197户。

2009年与烟农签订烟叶种植合同8197份，落实烟叶种植面积24.47万亩，收购烟叶3.798万吨（75.95万担），上等烟比例21.28%，中等烟比例61.19%，烟叶收购均价12.01元/千克。落实晒烟种植面积2.5万亩，收购晒烟0.5万吨（10万担）。实现烟农收入5.9亿元。

全年实现销售收入94454万元，同比增长33.03%。实现税利38479万元，同比增长17.38%，其中利润21275万元，同比增长8.03%。

公司以合同管理为主线，稳定规模，控制总量，同时注重完备基础设施，将政策向科学生产能力强的种烟能手、种烟大户倾斜。全年发展万亩乡镇8个，千亩村80个，种植面积在50亩以上的烟农有783户，户均面积达到29.85亩。

加强烟叶标准化工作。7个烟叶生产县的标准化生产推广面积达到20.9万亩，占种植面积的85%；烟田覆膜面积15.16万亩，同比增长28%。

公司进一步明确了现代烟草农业建设的思路，构建起商品化育苗生产体系、优质填充型烟叶生产管理体系、病虫害综合防治体系、特色烟叶烘烤技术体系和机械化作业体系。全年新建标准化烤房775座，机电井31眼。

中国烟草黑龙江进出口有限责任公司

中国烟草黑龙江进出口有限责任公司成立于1992年。公司拥有总资产3.48亿元，资产负债率为63.56%。共有从业人员38人，其中聘用员工9人。2009年，公司被黑龙江省委、省政府授予“省级文明单位标兵”称号。

2009年，公司完成进出口总值2508万美元，其中，出口实现1999万美元，进口509万美元。全年出口烟叶0.91万吨（18.23万担），其中，出口烤烟0.44万吨（8.8万担），出口烟梗0.45万吨，出口烟末0.02万吨，进口卷烟1.25亿支，同比增长4.17%。实现税利7835万元（含处理历史挂账1500万元），同比下降1.06%，其中实现利润4453万元（含处理历史挂账1500万元），同比增长18.59%。

公司按照统一管理客户、统一对外报价、统一签订合同的管理模式，克服诸多不利因素，使出口烟叶价格创历史新高，平均每吨单价达到4100美元。推出以“上柠三”为主的CYA新品种并迅速进入国际市场，每吨单价达4850美元。

2009 年黑龙江省烟草商业系统主要情况统计

地市级局（公司）名称		哈尔滨市烟草专卖局（公司）	大庆市烟草专卖局（公司）	齐齐哈尔市烟草专卖局（公司）	绥化市烟草专卖局（公司）	牡丹江市烟草专卖局（公司）
主要负责人/法人代表		秦殿刚	王乃信	王永权	高元杰	郭万成（—2009.1） 孙胜良（2009.1—）
总资产（万元）		206910	48284	44999	22718	28551
资产负债率（%）		14.03	12.79	14.61	9.23	20.72
所属县级局（个）		16	11	16	10	9
所属县级公司/分公司（个）		—	—	—	—	—
所属县级营销部（个）		14 个营销部	11 个营销部	15 个营销部	10 个营销部	5 个营销部
所属业务机构	访销机构	1 个营销中心	1 个营销中心 1 个电访中心	1 个营销中心	1 个营销中心 1 个电访中心	1 个营销中心
	物流配送机构	1 个物流中心	1 个配送中心	1 个配送中心	1 个物流配送中心	1 个配送中心
	稽查机构	1 个稽查支队 16 个稽查大队	1 个稽查支队 12 个稽查大队	1 个稽查支队 1 个稽查大队	1 个稽查支队 1 个稽查大队	1 个稽查支队 3 个稽查大队
	烟叶机构	—	—	—	—	—
销售卷烟（亿支）		175.05	48.91	74.97	69.54	39.35
毛利率（%）		26.35	25.75	23.69	22.15	24.00
实现“两烟”税利（万元）		110452	30929	31293	19328	16466
实现“卷烟”利润（万元）		73153	20979	20284	10375	9656
烟叶种植（万亩）		—	—	—	—	—
烟叶收购（万担）		—	—	—	—	—
零售户数（户）		51293	13679	20834	26398	11879

地市级局（公司）名称		佳木斯市烟草专卖局（公司）	鸡西市烟草专卖局（公司）	双鸭山市烟草专卖局（公司）	伊春市烟草专卖局（公司）	七台河市烟草专卖局（公司）
主要负责人/法人代表		耿金波	贺志勤	孙胜良（—2009.1） 冯德文（2009.1—）	宁　辉	邵建波（—2009.12） 杨春荣（2009.12—）
总资产（万元）		24009	22210	17478	11450	11819
资产负债率（%）		16.02	19.38	11.03	10.81	17.15
所属县级局（个）		6	4	4	5	1
所属县级公司/分公司（个）		—	—	—	—	—
所属县级营销部（个）		7 个营销部	3 个营销部	4 个营销部	5 个营销部	1 个营销部
所属业务机构	访销机构	1 个营销中心	1 个营销中心 1 个电访部	1 个营销中心	1 个营销中心	1 个营销中心
	物流配送机构	1 个配送中心	1 个配送中心	1 个物流中心	1 个配送中心	1 个配送中心
	稽查机构	1 个稽查支队 14 个稽查大队	6 个稽查大队	1 个稽查支队 8 个稽查大队	5 个稽查大队	1 个稽查支队
	烟叶机构	—	—	—	—	—
销售卷烟（亿支）		40.61	31.37	26.01	17.67	16.16
毛利率（%）		24.47	24.27	24.65	23.89	24.91
实现“两烟”税利（万元）		17445	14259	11315	7290	7615
实现“卷烟”利润（万元）		10585	8426	6989	4536	4690
烟叶种植（万亩）		—	—	—	—	—
烟叶收购（万担）		—	—	—	—	—
零售户数（户）		14800	10997	9061	5165	5988

地市级局（公司）名称		鹤岗市烟草专卖局（公司）	黑河市烟草专卖局（公司）	大兴安岭地区烟草专卖局（公司）	绥芬河市烟草专卖局（公司）
主要负责人/法人代表		付建政	于荣庭	于晓晨	杨春荣（—2009.12） 和发皓（2009.12—）
总资产（万元）		12120	13826	4207	1918
资产负债率（%）		10.67	10.23	37.66	21.71
所属县级局（个）		2	5	7	—
所属县级公司/分公司（个）		—	—	—	—
所属县级营销部（个）		2个营销部	6个营销部	7个营销部	—
所属业务机构	访销机构	1个营销中心 1个电访中心	1个电访中心	1个营销中心	1个营销中心
	物流配送机构	1个配送中心	1个配送中心	1个配送中心	1个配送中心
	稽查机构	1个稽查支队	1个稽查支队 6个稽查大队	1个稽查大队	1个稽查支队
	烟叶机构	—	—	—	—
销售卷烟（亿支）		19.94	25.97	8.51	3.31
毛利率（%）		24.40	23.20	24.44	26.28
实现“两烟”税利（万元）		7681	8706	2981	1813
实现“卷烟”利润（万元）		4485	5307	1516	1056
烟叶种植（万亩）		—	—	—	—
烟叶收购（万担）		—	—	—	—
零售户数（户）		6771	9230	2310	1050

（高　源）

上海市烟草专卖局、上海烟草（集团）公司

【概　况】 上海市烟草专卖局成立于1984年2月，上海烟草（集团）公司于1993年11月由原上海市烟草公司及所属企业改制组建。截至2009年年底，下辖虹口、青浦、崇明、金山、宝山、长宁、普陀、闸北、松江、奉贤、黄浦、静安、杨浦、徐汇、卢湾、闵行、嘉定区（县）烟草专卖分局（有限公司），浦东新区分局，浦东烟草糖酒有限公司一公司、二公司，驻上海铁路专卖局（有限公司），中国烟草上海进出口有限责任公司，以及上海卷烟厂、北京卷烟厂、天津卷烟厂、上海高扬国际烟草有限公司、上海烟草储运公司、上海烟草包装印刷有限公司、上海白玉兰烟草材料有限公司、上海海烟物流发展有限公司、太仓海烟烟草薄片有限公司。集团公司拥有总资产688.10亿元，其中，固定资产39.02亿元、流动资产502.81亿元，资产负债率为5.81%。有从业人员5093人，其中在岗员工4195人。

2009年，上海烟草（集团）公司被中央精神文明建设指导委员会授予“全国文明单位”称号，被国家信息化测评中心评为“2008年度中国企业信息化500强”第14位，被上海市企业联合会和上海市企业家协会评为“2009上海企业100强”第15名、“2009上海制造业企业50强”第8名。“中华”牌卷烟商标被国家工商总局、中华商标协会评选为“2009年度最具市场竞争力商品商标60强”。

【领导成员】 局长、党组书记：董浩林

总经理、党组成员：施　超

副局长、党组成员：吴菊民

中国烟草博物馆常务副馆长、党组成员：王传清（—2009.3）

副总经理、党组成员：董秀明

副总经理、党组成员：周永森

副总经理、党组成员：部　强

副总经理、党组成员：许虎烈

纪检组长、党组成员、工会主席：解建伟

党组成员：曲志刚（2009.7—）

党组成员：李钢成（2009.7—）

巡视员：刘罗曼

巡视员：徐明辉

巡视员：谢华庆

【机构设置】 上海烟草（集团）公司共设29个处室（部门），分别是：办公室（外事办公室），综合计划处，人事劳资处，政策法规与体制改革处，思想政治工作处，纪检组、监察处①，工会（退休人员管理办公室），团委，机关党委，安全保卫处（人民武装部），机关服务中心，专卖监督管理处（专卖稽查总队、内部专卖管理监督办公室），上海市烟草学会（修志办公室），财务管理处（资金管理中心），投资管理处，审计处，市场营销部（市场营销中心），上海烟草贸易中心有限公司，物资供应部，原料供应部，经济信息中心，技术中心，烟草质量监督检测站，基建设备处，生产管理部，中国烟草上海进出口有限责任公司，三产管理中心，房地产开发经营公司，苏州中华园大饭店。

【专卖管理】 坚持“端窝点、断源头、破网络、抓主犯”，始终保持打私打假高压态势，推广以“错时、交叉、联合执法为主，专项整治、区域巡防为辅”的日常监管模式，取得“打假破网”工作新成效。全年查获非法卷烟2.85亿支，总案值1.83亿元。查获5万元以上案值的案件200起，其中案值100万元以上案件51起。破获符合国家局标准的制售假烟网络案件20起，其中国家局、公安部督办案件1起；符合市局标准的制售假烟网络案件28起。公安、司法机关依法抓获涉烟犯罪嫌疑人377人，刑事拘留186人，追刑154人。

突出社区示范引领作用，开通“12313”烟草专卖品市场监管电话，构建了专卖主导、社会协调、公众参与的市场监管新格局。开发并建立覆盖全市的智能可视化烟草专卖内部监管平台，完善了以内控制度为核心、信息技术为手段、检查考核为保障的专卖内管工作新机制。开展优秀专卖分局创建活动，落实“一线工作法”（即作风在一线转变、情况在一线掌握、措施在一线落实、问题在一线解决、成效在一线创造、职责在一线恪守、素质在一线提升、形象在一线树立）。优化卷烟市场净化标准，探索持证户分类管理和准入退出机制。

【生产经营】 2009年，集团公司共生产卷烟1265.87亿支（253.17万箱），同比增长1.96%，其中，生产一类烟286.34亿支（57.27万箱）、二类烟9.58亿支（1.92万箱）、三类烟490.41亿支（98.08万箱）、四类烟192.01亿支（38.40万箱）、五类烟287.52亿支（57.50万箱）。

工业销售卷烟（含出口）1271.03亿支（254.21万箱），同比增长3.93%，其中，内销一类烟271.93亿支（54.39万箱）、二类烟9.02亿支（1.80万箱）、三类烟480.03亿支（96.01万箱）、四类烟179.49亿支（35.90万箱）、五类烟275亿支（55万箱）。

商业销售卷烟395.49亿支（79.10万箱），同比增长1.94%，其中，销售一类烟44.77亿支（8.95万箱）、二类烟45.92亿支（9.18万箱）、三类烟199.29亿支（39.86万箱）、四类烟67.97亿支（13.59万箱）、五类烟37.54亿支（7.51万箱）。本辖区销量居前三位的卷烟品牌分别为“红双喜”、“上海”、“中华”，销量分别为146.7亿支（29.34万箱）、65.05亿支（13.01万箱）、33.57亿支（6.71万箱）。

全年实现卷烟销售收入570.71亿元。根据国务院有关精神，调整卷烟消费税，部分利润转为税赋，全年增加卷烟消费税83.60亿元。实现工商税利420.32亿元，同比增长19.54%，其中工业税利402.91亿元，同比增长17.25%。实现工商利润129.28亿元，同比增长0.87%，其中工业利润112.55亿元，同比增长1.91%；商业利润16.73亿元，同比下降5.59%。集团公司三项费用率为5.88%。

出口卷烟57.92亿支（11.58万箱），出口实现1.31亿美元，其中，中国烟草辽宁进出口公司代理北京卷烟厂出口“中南海”5.06亿支。

全年卷烟生产综合能耗为3.23千克标煤/万支，烟叶、滤棒、盘纸平均消耗分别为7.52千克/万支、1678支/万支、647米/万支。

【主要产品】 2009年，集团公司继续坚持“中华”、“红双喜”、“中南海”、“大前门”四个品系协调发展的品牌战略，统筹协调其他品牌的发展。全年生产的卷烟品牌有“中华”、“熊猫”、“红双喜”、“中南海”、“牡丹”、“上海”、“大前门”、“孟菲斯”、“北京”、“江山”、“恒大”等。全年共生产“中华”系列卷烟278.05亿支（55.61万箱），同比增长2.26%；工业销售284.65亿支（56.93万箱），同比

---

① 2009年，根据沪烟专党〔2009〕45号文件，原监察处（与纪委合署办公）更名为纪检组、监察处。

增长8.32%。生产“红双喜”系列卷烟340.9亿支(68.18万箱)(不含安徽阜阳卷烟厂许可生产量),同比增长2.88%;工业销售381.9亿支(76.38万箱),同比增长9.37%。

【市场营销】 市内市场建设。选取2528家上海零售终端样本客户,建立覆盖全市所有乡镇街道和零售业态的市场跟踪监测体系,把市场分析从分销层面延伸到零售层面。准确分析“中华”等全国性卷烟重点骨干品牌在上海市场的表现,建立健全供应商信息反馈机制,推行“按周供应”、“客户分类供应”和“铺市率调整”三项销售策略,实现对订单供货、品牌培育流程的进一步优化。推进市内精品网络建设,全面加强终端维护和建设,充分挖掘终端的示范、推广、诚信价值。海烟物流公司牢固树立“服务创造价值”的理念,积极落实“两个一”(进货车辆等待不超过一辆车、配送时间误差不超过一小时)的承诺,把服务贯穿到卷烟物流配送的全过程。

市外市场建设。优化、完善覆盖全国60个重点城市、1800个信息采样点的市场监测体系,对重点品牌实施全面跟踪,及时汇总市场动态,提升市场分析调控能力。运用“半年协议季度审视、月度订单需求研判”的办法,优化调整全国卷烟市场布局;按不同地区、不同规格,分不同时段、不同业态,以零售终端覆盖面、零售客户一次批发销售量为核心要素,采取针对性销售策略,探索“中华”精确营销新模式。不断加强客户关系管理和服务体系建设,持续优化售后服务标准和流程,初步建立起全国市场售后服务信息化平台。

海外市场建设。强化市场、价格、流向、渠道、消费群体“五个跟踪”,不断梳理完善海外市场信息反馈快速通道,提升对海外市场掌控能力,为“做稳做实”海外市场提供保证。积极拓展海外市场,深化“有我参与、共同经营、长期合作、共享发展”的海外经营合作理念,完善协同营销共商机制,推进“金鹿”卷烟在海外的落地生产,持续提升“中华”、“红双喜”、“中南海”等品牌在海外市场的影响力。运用信息化手段深化海外客户关系建设,推进海外目标市场的“渠道扁平化”和“终端现场化”,形成诚信、互利、共赢的长期合作经营模式。

【原料保障】 持续推进烟叶资源配置方式改革,探索烟叶原料“四位一体”管理新模式和基地单元建设新方法。优化烟叶仓储布局,启动烟叶原料清洁仓储项目建设,加强熏蒸技术等烟叶储存养护技术研究,开辟了烟叶养护提质新途径。全年完成国内烤烟采购总量12.2万吨(244万担),其中“中华”原料采购量3.20万吨(64.08万担),基本满足未来两年的“中华”卷烟生产需求。

【科技创新】 上海烟草(集团)公司技术中心于1995年2月被国家局认定为烟草行业级企业技术中心,同年8月被原国家经贸委、国家税务总局、海关总署认定为国家级企业技术中心。拥有约8000平方米科研场所及一批先进的实验分析检测仪器设备。2009年6月,集团公司在技术中心本部设立产品研究室、原料研究室、工艺材料研究室、烟草化学研究室、理化实验室、综合管理部6个科室;将原北京卷烟厂技术中心、天津卷烟厂技术中心更名为上海烟草(集团)公司技术中心北京工作站、天津工作站;技术中心与江苏太仓海烟烟草薄片有限公司、上海白玉兰烟草材料有限公司、上海烟草集团烟草包装印刷有限公司、上海烟草储运公司等单位共同组建烟草薄片研究室、滤棒技术研究室、包装设计印刷研究室和烟叶储存养护研究室4个专业研究室。实施整合后,技术中心有员工132人,其中博士、硕士研究生学历32人,高、中级职称65人。

2009年,技术中心围绕技术创新6大领域重点任务,确立了66个科技项目,加强对减害降焦、特色工艺、配方技术、增香保润、原料保障及产品质量安全等关键技术的研究和应用。“以品牌为导向的原料体系研究”、“烟草及烟气中多种生物碱和含硫化合物的分析研究”等课题研究取得重大进展。全年技术中心申请国家专利10项,其中发明专利2项。

全年集团公司共确立科技项目126个。申请国家专利36项,其中发明专利11项;获得专利授权19项。

【技术改造】 推进集团“十一五”技术改造工程,加大工程装备技术创新力度,加快“四新”技术应用和成果转化,实现了技改项目阶段性目标。“中华专线”项目以“国际一流”为目标,以“高起点、高质量、高效益”为要求,有序推进深化设计、设备选型、招标采购等各项工作,按进度完成桩基工程、地下工程及部分配套工程,顺利实现辅助工房结构封顶。北京卷烟厂易地技改项目完成设备安装调试和工艺测试验证,实现全面搬迁并正式投产。天津卷烟厂技改项目完成土建施工、设备安装,主要设备实现单机调试。海烟薄片公司薄片项目通过国家局整体竣工验收。集团营销中心改造项目通过行业专家组的方案论证。

【多元化经营】 全面完成所有清理清退计划项目的

实施工作，累计清理清退多元化经营企业 111 家，保留多元化经营企业 26 家。推进多元化产业资源整合，优化投资结构，初步形成以主业配套、酒店地产、金融证券 3 个产业为主的多元化投资布局。筹备成立集团宾馆管理委员会。上海大酒店正式对外营业。全额投资成立上海海烟投资管理有限公司，为下一步实现多元化投资管理机构的实体化运作奠定基础。

【体制改革】 9 月，根据沪烟专〔2009〕133 号文件要求，原上海市烟草专卖局浦东分局和原上海市烟草专卖局南汇分局合并，成立上海市烟草专卖局浦东新区分局。根据沪烟人〔2009〕268 号文件要求，原上海烟草集团浦东烟草糖酒有限公司更名为上海烟草集团浦东烟草糖酒有限公司一公司，原上海烟草集团南汇烟草糖酒有限公司更名为上海烟草集团浦东烟草糖酒有限公司二公司。

【基层建设】 开展创建优秀基层单位活动，在工业企业深入开展“优秀卷烟工厂”创建活动，鼓励各单位“争创一流企业”，不断深化以“质量、成本、交货期、安全和队伍”为主题的基层建设和管理创新活动。在商业企业进一步完善目标管理模式，推进标准化管理体系建设，开展“良好业绩创建年”活动。以标杆管理为手段，以持续改进基础管理为重点，建立了由 7 项纵向指标和 37 项横向指标构成的商业企业内部绩效指标体系，并确立了 135 项管理课题。形成了区县分局（有限公司）集团化管理基本框架和有限公司法人治理运作框架，初步构建区县分局（有限公司）集团化管控体系。按照“总体规划、统一框架，突出专业、分类合并，扁平管理、精简高效”的原则，开展区县分局（有限公司）内部机构统一设置优化工作。形成了以业务事项为预算编制和控制主线，部门、业务、财务三级递进，分级归口管理的有限公司预算管理体系建设总体思路。

【基础管理】 加强生产组织保障，优化产销计划管理，提高生产柔性水平。强化质量监督检测，深化质量波动研究，加强对多点联合生产产品的一致性评价。构建集团设备、计量、基本建设投资管理绩效评价指标体系，形成设备全要素管理新思路。

加强内部基础管理，实施标准化建设协同联动，完善企业标准体系，健全制度管理框架，通过了 QEOM 管理体系第三方认证审核。

落实全面预算责任和标准，统一集团财务和会计核算平台，建立了较为系统的集团预算管理体系、财务信息系统和会计核算体系。开展“小金库”专项治理，规范了工商企业固定资产投资管理程序。

确立并完善了物资供应资质认证综合评价新体系。

强化安全管理，形成集中管理、分级运行、绩效导向的集团化安全保障机制，实现全年重大安全事故为零的目标。

【队伍建设】 干部队伍建设。着力加强领导班子思想政治建设、组织建设、作风建设、制度建设和廉政建设，推进“四好”领导班子达标创优活动，深化“四要”作风建设。制订了集团所属企业领导班子和领导干部考核办法。建立了较为科学完善的厂处级领导干部队伍学习、交流和培训制度，并继续加大干部交流力度。完成第七届管理岗位人员换届聘任工作。

职工队伍建设。以“岗位尽责、优质高效”为要求，持续加大对“工人先锋号”和劳模先进群体培育力度；以“责任、效率”为核心，加强机关员工行为规范建设，推进责任文化“进班子、进班组、进岗位”；以青年职业发展观教育为重点，加强青年人才培育和示范群体建设；以“四德”教育为重点，加强职工思想政治工作和道德建设。初步形成以提升能力为核心，分层管理、分级负责的集团培训管理模式。

【党风廉政建设】 以党风廉政责任制为抓手，推进集团标准化惩防体系建设。加强对重点领域、关键环节的监督和源头治理工作，形成集团“规范履权”廉洁文化体系构架，开创了反腐倡廉建设新局面。

【企业文化】 以科学发展观为指导，树立“两个至上”行业共同价值观，弘扬“和搏一流”企业精神，从传承发展、规范标准、形象塑造和深化落地等方面加大企业文化建设推进力度。完善以“教育、责任、评价、保障、监督”为主要内容的“两个至上”长效运行体系。建立了员工通用岗位规范，初步形成不同人员群体的职业行为规范。构建集团企业文化建设管理框架和管理模式，制订了集团新版《企业文化手册》，理顺了集团与各基层单位文化建设的关系，初步形成集团公司企业文化理念体系，推进集团公司创新、和谐文化建设。

【特事要辑】 3 月 18 日，国家局副局长张保振到上海烟草（集团）公司调研。

5 月 6～8 日，国家局局长姜成康到上海烟草（集团）公司开展学习实践科学发展观活动调研。

5 月 25 日，张保振在上海参加全国烟草行业信息化工作会议暨经验交流现场会期间，到上海烟草（集团）公司调研工作。

6月6日，由上海烟草（集团）公司主办的第四届“百对新人、百年双喜”大型婚庆文化活动在浦东八佰伴中心广场拉开帷幕。

6月15日，国家局副局长张辉到上海烟草（集团）公司调研。

7月3日，姜成康到北京卷烟厂考察新厂建设进展情况。

7月10日，上海市副市长赵雯到上海烟草（集团）公司考察。

8月11日，姜成康到北京卷烟厂考察。

9月4日，上海市市长韩正、市委宣传部部长王仲伟、副市长杨雄、艾宝俊、沈骏等到卢湾烟草长春食品商店考察窗口服务行业“迎世博”相关工作。

9月16日，国家局副局长李克明出席在上海召开的全国烟草行业设备管理工作会议。

9月18日，李克明考察浦东新区分局（公司）。

10月19日，驻国家局纪检组组长潘家华到上海烟草（集团）公司调研。

10月27日，李克明出席在上海召开的全国烟草行业企业管理现场会。

11月13日，国家局副局长何泽华一行到上海就开展“中华”品牌精准营销工作召开专题座谈会。

11月24日，国家安全生产监督管理总局副局长孙华山一行到上海烟草（集团）公司巡视调研。

11月30日，中国烟草总公司信息系统上海容灾中心项目在上海烟草包装印刷有限公司举行开工仪式。

上海烟草（集团）公司主要统计指标汇总

工商税利（亿元）	商业利润（亿元）	销售卷烟（亿支）	烟叶种植（万亩）	烟叶收购（万担）
420.32	16.73	1271.03	—	—

所属区、县局（公司）

上海烟草集团浦东烟草糖酒有限公司一公司①

上海烟草集团浦东烟草糖酒有限公司一公司成立于1995年12月，由上海烟草（集团）公司、上海浦东新区烟酒茶经营有限公司和上海烟草贸易中心有限公司共同投资组建而成。有从业人员397人，其中聘用员工17人。2009年，企业被上海市社会治安综合治理委员会评为“上海市平安单位”。

全年辖区销售卷烟28.84亿支（5.77万箱），同比增长2.4%。实现销售收入119522万元，同比增长1.45%。实现税利14845万元，其中利润7819万元。

上海市烟草专卖局浦东新区分局

上海市烟草专卖局浦东分局成立于1993年11月，上海市烟草专卖局南汇分局成立于1991年1月。2009年，上海市烟草专卖局浦东分局和上海市烟草专卖局南汇分局合并，成立上海市烟草专卖局浦东新区分局。有从业人员97人。分局被评为“上海市平安单位”。

2009年，查处涉烟违法案件631起，查获假冒卷烟3219.55万支，案值1364.17万元，上缴罚没款80.21万元。破获制售假烟网络案件9起，其中符合国家局标准的案件4起，案值共计989.80万元。移送公安机关涉烟案件19起，公安、司法机关依法刑事拘留10人，逮捕22人，判刑15人。

上海市烟草专卖局虹口分局
上海烟草集团虹口烟草糖酒有限公司

上海市烟草专卖局虹口分局成立于1990年12月。上海烟草集团虹口烟草糖酒有限公司成立于1993年10月，由上海烟草（集团）公司、虹口区糖业烟酒公司（1994年更名为上海大祥集团公司）共同出资组建。有从业人员855人，其中聘用员工29人。

全年辖区销售卷烟17.80亿支（3.56万箱），同比增长2.18%。实现销售收入98937万元，同比下降5%。实现税利10932万元，同比下降14.71%，其中利润4264万元。

全年查获假冒卷烟2798万支，总案值1483.69万元。破获符合国家局标准的制售假烟网络案件3起，符合市局标准的案件1起。公安、司法机关依法抓获

① 2009年，根据沪烟人〔2009〕268号文件要求，原上海烟草集团浦东烟草糖酒有限公司更名为上海烟草集团浦东烟草糖酒有限公司一公司、原上海烟草集团南汇烟草糖酒有限公司更名为上海烟草集团浦东烟草糖酒有限公司二公司。

涉烟犯罪嫌疑人 30 人，刑事拘留 12 人，追刑 25 人。

上海市烟草专卖局青浦分局 上海烟草集团青浦烟草糖酒有限公司

上海市烟草专卖局青浦分局成立于 1991 年 1 月。上海烟草集团青浦烟草糖酒有限公司成立于 1995 年 3 月，由上海烟草（集团）公司、青浦供销社合作联合社共同出资组建。有从业人员 370 人，其中聘用员工 226 人。

全年辖区销售卷烟 14.56 亿支（2.91 万箱），同比增长 1.95%。实现销售收入 67496 万元，同比下降 4.27%。实现税利 12080 万元，同比增长 2.36%，其中利润 7641 万元。

全年查处涉烟违法案件 116 起，查获非法卷烟 425.3 万支，破获案值 100 万元以上案件 2 起，上缴罚没款 31.62 万元。破获符合国家局标准的制售假烟网络案件 1 起。公安、司法机关依法抓获 11 人，追刑 2 人。

上海市烟草专卖局崇明分局 上海烟草集团崇明烟草糖酒有限公司

上海市烟草专卖局崇明分局成立于 1991 年 1 月。上海烟草集团崇明烟草糖酒有限公司成立于 1995 年 4 月，由上海烟草（集团）公司、上海烟草贸易中心有限公司、上海崇明供销社商业集团有限公司共同出资组建。有从业人员 296 人，其中聘用员工 38 人。2009 年，企业被上海交警总队评为“上海市安全行车单位”。

全年辖区销售卷烟 16.69 亿支（3.34 万箱），同比增长 2.03%。实现销售收入 59872 万元，同比下降 2.61%。实现税利 11388 万元，同比下降 14.50%，其中利润 6772 万元。

全年查处涉烟违法案件 155 起，查获假冒卷烟 253.09 万支。破获符合市局标准的制售假烟网络案件 1 起。

上海市烟草专卖局金山分局 上海烟草集团金山烟草糖酒有限公司

上海市烟草专卖局金山分局成立于 1990 年 11 月 5 日。上海烟草集团金山烟草糖酒有限公司成立于 1995 年 1 月，由上海烟草（集团）公司、上海烟草贸易中心有限公司、上海金石商社共同出资组建。有从业人员 423 人。2009 年，企业被上海市公安局治安总队评为“2009 年度治安安全合格单位”。

全年辖区销售卷烟 14.44 亿支（2.89 万箱），同比增长 1.76%。实现销售收入 56001 万元，同比下降 3.09%。实现税利 11432 万元，同比增长 8.75%，其中利润 7103 万元。

全年查处涉烟违法案件 143 起，其中案值 200 万元以上案件 6 起，破获符合国家局、市局标准的制售假烟网络案件各 3 起；查获非法卷烟 20.1 万支，案值 3345 万元。公安、司法机关依法刑事拘留 30 人，追刑 20 人。

上海市烟草专卖局宝山分局 上海烟草集团宝山烟草糖酒有限公司

上海市烟草专卖局宝山分局成立于 1990 年 12 月 25 日。上海烟草集团宝山烟草糖酒有限公司成立于 1995 年 12 月，由上海烟草（集团）公司、上海烟草贸易中心有限公司、上海宝山区糖业烟酒有限责任公司共同出资组建。有从业人员 454 人。

全年辖区销售卷烟 14.21 亿支（2.84 万箱），同比增长 1.7%。实现销售收入 58824 万元，同比下降 2.02%。实现税利 14772 万元，同比增长 29.13%，其中利润 10188 万元。

全年查处涉烟违法案件 132 起，查获非法卷烟 641.28 万支，总案值 2271.13 万元。破获符合国家局级标准的“12·17”制售假烟网络团伙案、“6·19”运销藏假烟网络团伙案，以及符合市局级标准的“1·23”非法经营卷烟团伙案件。公安机关依法抓获涉烟犯罪嫌疑人 24 人。

上海市烟草专卖局长宁分局 上海烟草集团长宁烟草糖酒有限公司

上海市烟草专卖局长宁分局成立于 1991 年 2 月。上海烟草集团长宁烟草糖酒有限公司成立于 1996 年 10 月，由上海烟草（集团）公司、上海烟草集团上海烟草贸易中心有限公司、上海九华商业（集团）有限公司共同出资组建。有从业人员 156 人，其中聘用员工 20 人。

全年辖区销售卷烟 9.11 亿支（1.82 万箱），同比增长 1.62%。实现销售收入 41540 万元，同比下降 3.48%。实现税利 7788 万元，同比增长 2.12%，其中利润 4632 万元。

全年查处涉烟违法案件 110 起，查获非法卷烟 821 万支，案值 691.8 万元，上缴罚没款 41 万元。

上海市烟草专卖局普陀分局 上海烟草集团普陀烟草糖酒有限公司

上海市烟草专卖局普陀分局成立于 1990 年 11 月。

上海烟草集团普陀烟草糖酒有限公司成立于1996年10月，由上海烟草（集团）公司、上海烟草贸易中心有限公司、上海市快乐（集团）有限公司共同出资组建。有从业人员408人，其中聘用员工4人。2009年，企业被上海市委、市政府评为“上海市文明单位”。

全年辖区销售卷烟12.41亿支（2.48万箱），同比增长2.14%。实现销售收入57238万元，同比下降4.39%。实现税利9678万元，同比增长7.55%，其中利润5485万元。

全年查处涉烟违法案件199起，查获非法卷烟1270.40万支，总案值1188.25万元（含与宝山分局联合破获网络案件案值600万元）。联合工商、城管、公安等部门执法16次，捣毁假烟仓库2个、制假窝点1个。与宝山分局联合破获符合国家局标准的“12·17”制售假烟网络团伙案。公安、司法机关依法抓获涉烟犯罪嫌疑人17人，刑事拘留6人，逮捕1人，追刑9人。

上海烟草集团浦东烟草糖酒有限公司二公司

上海烟草集团南汇烟草糖酒有限公司成立于1995年1月，由上海烟草（集团）公司、上海烟草贸易中心有限公司、上海南供投资有限公司共同出资组建，2009年11月更名为上海烟草集团浦东烟草糖酒有限公司二公司。有从业人员422人，其中聘用员工91人。

全年辖区销售卷烟17.85亿支（3.57万箱），同比增长2.30%。实现销售收入64582万元，同比下降0.84%。实现税利10922万元，同比增长3.86%，其中利润6623万元。

上海市烟草专卖局闸北分局
上海烟草集团闸北烟草糖酒有限公司

上海市烟草专卖局闸北分局成立于1990年12月，上海烟草集团闸北烟草糖酒有限公司成立于1996年11月，由上海烟草（集团）公司、上海烟草贸易中心有限公司、上海市闸北区国有资产投资公司共同出资组建。有从业人员244人，其中聘用员工18人。2009年，企业被上海市总工会评为“2009年度上海市模范职工之家”、“上海市学习型企事业单位”；被上海市商业联合会评为“上海市诚信经营示范店（企业）”；公司直属名烟名酒天目店被上海市商务委员会评为“上海商业服务品牌（柜组）”；名烟名酒柳营店被上海市商业联合会评为“上海市商业优质服务先进集体”。

全年辖区销售卷烟10.88亿支（2.18万箱），同比增长2.3%。实现销售收入46567万元，同比下降0.96%。实现税利7982万元，同比下降2.98%，其中利润4727万元。

全年查处涉烟违法案件127起，查获假冒卷烟1069.71万支，捣毁贩藏假烟窝点15个。破获符合国家局、市局标准的制售假烟网络案件各2起，案值总计1235.2万元。移送公安机关涉烟案件2起，公安、司法机关依法刑事拘留15人，逮捕28人，判刑8人。

上海市烟草专卖局松江分局
上海烟草集团松江烟草糖酒有限公司

上海市烟草专卖局松江分局成立于1991年1月。上海烟草集团松江烟草糖酒有限公司成立于1995年1月，由上海烟草（集团）公司、上海烟草贸易中心有限公司、松江商业总公司共同出资组建。有从业人员331人，其中聘用员工17人。

全年辖区销售卷烟15.39亿支（3.08万箱），同比增长1.91%。实现销售收入67904万元，同比下降6.17%。实现税利14601万元，同比增长22.31%，其中利润10021万元。

全年查处涉烟违法案件356起，查获非法卷烟2675.5万支，总案值1228.59万元，上缴罚没款77.68万元。破获符合国家局标准的制售假烟网络案件1起，符合市局标准的案件2起。公安、司法机关依法抓获涉烟犯罪嫌疑人17人，刑事拘留17人，追刑7人。

上海市烟草专卖局奉贤分局
上海烟草集团奉贤烟草糖酒有限公司

上海市烟草专卖局奉贤分局成立于1991年2月。上海烟草集团奉贤烟草糖酒有限公司成立于1995年1月，由上海烟草（集团）公司、上海奉贤商业投资有限公司、上海烟草贸易中心有限公司共同出资组建。有从业人员578人，其中聘用员工16人。2009年，企业被评为“上海市文明单位”。

全年辖区销售卷烟15.62亿支（3.12万箱），同比增长1.69%。实现销售收入68956万元，同比下降4.28%。实现税利12827万元，同比增长10.5%，其中利润7055万元。

全年查处涉烟违法案件85起，查获假冒卷烟1335.14万支，打掉贩藏假烟窝点12个，案值529.05万元，上缴罚没款23.37万元。破获制售假烟网络案件2起，其中符合国家局标准的案件1起，案值共计420.98万元。移送公安机关涉烟案件9起，公安、司法机关依法刑事拘留14人，逮捕7人，判刑7人。

上海市烟草专卖局黄浦分局
上海烟草集团黄浦烟草糖酒有限公司

上海市烟草专卖局黄浦分局始建于1990年12月，2002年6月与原上海市烟草专卖局南市分局合并成立新的上海市烟草专卖局黄浦分局。上海烟草集团黄浦烟草糖酒有限公司成立于1993年11月，由上海烟草（集团）公司、上海烟草贸易中心有限公司、上海得强实业有限公司、上海豫园（集团）有限公司共同出资组建。有从业人员426人，其中聘用员工28人。2009年，企业连续第九年获得上海市“年度财务会计信用等级A类企业”称号；被上海市总工会评为2008～2009年度上海市“职工最满意企业”。

全年辖区销售卷烟20.01亿支（4.202万箱），同比增长1.2%。实现销售收入111479万元，同比下降14.17%。实现税利27731万元，同比下降10.78%，其中利润18541万元。

全年查处涉烟违法案件44起，查获假冒卷烟264.67万支，案值230.38万元，上缴罚没款16.43万元。破获制售假烟网络案件1起，案值305.83万元。公安、司法机关依法刑事拘留2人，逮捕2人，判刑7人。

2009年，企业开始与集团标准化体系接轨，基本完成了标准化文件体系建设。

上海市烟草专卖局静安分局
上海烟草集团静安烟草糖酒有限公司

上海市烟草专卖局静安分局成立于1990年12月。上海烟草集团静安烟草糖酒有限公司成立于1996年10月，由上海烟草（集团）公司、上海九百（集团）有限公司和上海烟草贸易中心有限公司共同出资组建，注册资金4000万元。有从业人员259人，其中聘用员工19人。2009年，公司儿童食品商店被上海市委、市政府评为“上海市文明单位”。

全年辖区销售卷烟5.39亿支（1.08万箱），同比增长1.2%。实现销售收入29644万元，同比下降7.61%。实现税利5586万元，同比下降15.16%，其中利润3201万元。

全年查处涉烟违法案件110起，查获假冒卷烟1354.31万支，打掉贩藏假烟窝点6个，案值721.27万元，上缴罚没款0.63万元。移送公安机关涉烟案件3起，其中符合国家局标准的制售假烟网络案件1起，案值701.2万元。公安、司法机关依法逮捕3人，判刑2人。

上海市烟草专卖局杨浦分局
上海烟草集团杨浦烟草糖酒有限公司

上海市烟草专卖局杨浦分局成立于1990年12月25日。上海烟草集团杨浦烟草糖酒有限公司成立于1996年12月，由上海烟草（集团）公司、上海烟草贸易中心有限公司、上海杨浦商业发展投资有限公司共同出资组建。有从业人员333人，其中聘用员工33人。

全年辖区销售卷烟13.96亿支（2.79万箱），同比增长2.09%。实现销售收入62179万元，同比下降0.71%。实现税利9789万元，同比增长0.01%，其中利润5619万元。

全年查处案值5万元以上涉烟案件18起，其中1起达到国家局假烟网络案件标准，2起达到市局假烟网络案件标准；查获假冒卷烟2060万支，案值1300万元。公安、司法机关依法抓获涉烟犯罪嫌疑人29人，追刑6人。

上海市烟草专卖局徐汇分局
上海烟草集团徐汇烟草糖酒有限公司

上海市烟草专卖局徐汇分局成立于1990年12月。上海烟草集团徐汇烟草糖酒有限公司成立于1997年1月，由上海烟草（集团）公司、上海烟草贸易中心有限公司、上海徐汇国有资产投资经营有限公司共同出资组建。有从业人员204人，其中聘用员工9人。

全年辖区销售卷烟9.80亿支（1.96万箱），同比增长6.5%。实现销售收入44484万元，同比下降0.09%。实现税利7647万元，同比下降0.04%，其中利润4456万元。

全年查处涉烟违法案件139起，查获非法卷烟492.3万支，案值211.84万元。破获符合国家局标准的制售假烟网络案件1起，符合市局标准的非渠道卷烟网络案件1起。公安、司法机关依法抓获涉烟犯罪嫌疑人10人，追刑9人。

上海市烟草专卖局卢湾分局
上海烟草集团卢湾烟草糖酒有限公司

上海市烟草专卖局卢湾分局成立于1991年1月。上海烟草集团卢湾烟草糖酒有限公司成立于1996年8月，由上海烟草（集团）公司、卢湾区国有资产监督管理委员会共同出资组建。有从业人员837人，其中聘用员工37人。2009年，企业下属长春食品商店被评为“全国工人先锋号”、“上海市文明单位”、“上海市优质服务示范窗口”、“上海市军民共建社会主义精神文明先进集体”；中华烟行获“上海市文明班组”称号。

全年辖区销售卷烟7.07亿支（1.41万箱），同比增长1.14%。实现销售收入50321万元，同比增长4.69%。实现税利11114万元，同比下降23.99%，其中利润6997万元。

全年查处涉烟违法案件39起，查获假冒卷烟451.21万支，打掉贩藏假烟窝点6个，案值216万元。破获符合国家局标准的网络案件1起，案值126万元。公安、司法机关依法刑事拘留6人，逮捕3人，判刑3人。

上海市烟草专卖局闵行分局
上海烟草集团闵行烟草糖酒有限公司

上海市烟草专卖局闵行分局始建于1990年11月，1995年1月1日与原上海市烟草专卖局上海县分局合并成立新的上海市烟草专卖局闵行分局。上海烟草集团闵行烟草糖酒有限公司成立于1995年2月，由上海烟草（集团）公司、上海市闵行区烟酒食品有限公司、上海烟草贸易中心有限公司共同出资组建。有从业人员405人，其中聘用员工54人。2009年，企业被中华全国总工会评为“全国‘安康杯’竞赛活动优胜企业”，被上海市委、市政府评为“上海市文明单位”，被上海市社会治安综合治理委员会评为“上海市平安单位”。

全年辖区销售卷烟17.9亿支（3.58万箱），同比增长2.06%。实现销售收入74136万元，同比下降1.86%。实现税利17452万元，同比增长9.07%，其中利润11802万元。

全年查处涉烟违法案件474起，查获假冒卷烟5350.58万支，打掉制售、贩藏假烟窝点（仓库）32个，案值2806.7万元，上缴罚没款14.06万元。破获制售假烟网络案件3起，其中符合国家局标准的网络案件2起（1起为公安部督办案件），案值共计2554.23万元。移送公安机关涉烟案件14起，公安、司法机关依法刑事拘留31人，逮捕19人，判刑7人。

上海市烟草专卖局嘉定分局
上海烟草集团嘉定烟草糖酒有限公司

上海市烟草专卖局嘉定分局成立于1991年1月。上海烟草集团嘉定烟草糖酒有限公司成立于1995年1月，由上海烟草（集团）公司、上海烟草贸易中心有限公司、上海新嘉商业投资有限公司共同出资组建。有从业人员563人。

全年辖区销售卷烟19.35亿支（3.87万箱），同比增长1.58%。实现销售收入80512万元，同比下降4.24%。实现税利14712万元，同比增长5.44%，其中利润8653万元。

全年查处涉烟违法案件114起，查获假冒卷烟1768.88万支，案值1024万元，上缴罚没款19.5万元。破获制售假烟网络案件2起，案值共计200.9万元。移送公安机关涉烟案件5起，公安、司法机关依法刑事拘留6人，判刑1人。

上海市烟草专卖局驻上海铁路专卖局
上海烟草集团铁路烟草有限公司

上海市烟草专卖局驻上海铁路专卖局成立于1991年9月15日。上海烟草集团铁路烟草有限公司于2003年12月26日由原上海铁路烟草批发市场改制组建，由上海烟草（集团）公司、上海烟草贸易中心有限公司、上海铁路经济发展有限公司共同出资。有从业人员51人，其中聘用员工23人。

全年辖区销售卷烟1.57亿支（0.314万箱），与上年持平。实现销售收入7615万元，同比下降5.81%。实现税利1787万元，同比增长24.53%，其中利润1112万元。

全年查处涉烟违法案件16起，查获非法卷烟248.02万支。

所属其他二级单位

中国烟草上海进出口有限责任公司

中国烟草上海进出口有限责任公司原名中国烟草上海进出口公司，始建于1985年1月1日，是原对外贸易经济合作部批准的工贸一体化外贸公司。1999年12月27日，中国烟草进出口（集团）公司与上海烟草（集团）公司联合对其进行改制。2000年7月1日，中国烟草上海进出口公司正式更名为中国烟草上海进出口有限责任公司，实行董事会领导下的总经理负责制。2006年1月1日，中国烟草进出口（集团）公司将其所拥有的公司51%股权无偿划拨给上海烟草（集团）公司，进出口公司成为上海烟草（集团）公司的全资子公司，注册资本4028万元。2008年1月1日，上海烟草（集团）公司将持有的上海诚信国际经贸有限公司 8.8% 的股权无偿划入进出口公司。截至 2009 年年底，进出口公司实收资本 5845.81 万元。

2009 年，进出口公司以探索建立具有上海烟草特色的“走出去”发展模式为目标，通过巩固发展“熊猫”、“中华”、“红双喜”等品牌，大力开拓培育“金鹿”牌卷烟，有效提升了品牌销量和影响力。推广“自营为主、分销为辅”的销售模式，积极开拓海外零售网络，提升海外市场质量。推广以 SAP-CRM（客户关系管理）系统为核心的信息化建设，提升海外市场经营参与和营销能力。积极开展对外合作，“金鹿”牌卷烟在美国投入生产，实现了集团公司品牌海外生产的突破。截至 2009 年年底，上海烟草（集团）公司出口卷烟进入了 56 个国家（地区）的海外市场，包括 30 个国家（地区）的有税市场和 44 个国家（地区）的 89 个城市（不包括中国大陆）的免税市场。

2009 年，进出口贸易总额达 1.94 亿美元，出口实现 1.41 亿美元。卷烟出口 52.90 亿支，其中自营卷烟出口 44.79 亿支；代理卷烟出口 8.11 亿支，出口实现 1.26 亿美元。烟草机械、辅料和废料出口实现 0.15 亿美元。实现利润 6245 万元，同比增长 56.48%。

所属企业①

上海烟草（集团）公司上海卷烟厂

上海烟草集团北京卷烟厂

上海烟草（集团）公司天津卷烟厂

上海高扬国际烟草有限公司

上海烟草（集团）公司上海烟草储运公司

上海烟草包装印刷有限公司（含上海金鼎印务有限公司）

上海白玉兰烟草材料有限公司

上海海烟物流发展有限公司

上海烟草集团太仓海烟烟草薄片有限公司

2009 年上海市烟草商业系统主要情况统计

区、县局（公司）名称		上海烟草集团浦东烟草糖酒有限公司一公司	上海市烟草专卖局虹口分局（有限公司）	上海市烟草专卖局青浦分局（有限公司）	上海市烟草专卖局崇明分局（有限公司）	上海市烟草专卖局金山分局（有限公司）
主要负责人/法人代表		李　俊	杨伟康	张文江	傅军海	徐唯东
总资产（万元）		29226	32466	21323	17177	29271
资产负债率（%）		5.40	17.94	27.59	7.95	3.51
所属县级局（个）		—	—	—	—	—
所属县级公司/分公司（个）		—	—	—	—	—
所属县级营销部（个）		—	—	—	—	—
所属业务机构	访销机构	1 个营销部	1 个营销部	1 个营销部	1 个营销部	1 个营销部
	物流配送机构	—	—	—	—	—
	稽查机构	—	1 个稽查支队	1 个稽查支队	1 个稽查支队	1 个稽查支队
	烟叶机构	—	—	—	—	—
销售卷烟（亿支）		28.84	17.80	14.56	16.69	14.44
毛利率（%）		16.80	22.60	23.01	21.41	25.40
实现“两烟”税利（万元）		14845	10932	12080	11388	11432
实现“两烟”利润（万元）		7819	4264	7641	6772	7103
烟叶种植（亩）		—	—	—	—	—
烟叶收购（担）		—	—	—	—	—
零售户数（户）		3234	1550	2089	2851	2090

① 详见工业企业栏目，此处仅列出所属企业的名称。

区、县局（公司）名称	上海市烟草专卖局宝山分局（有限公司）	上海市烟草专卖局长宁分局（有限公司）	上海市烟草专卖局普陀分局（有限公司）	上海烟草集团浦东烟草糖酒有限公司二公司	上海市烟草专卖局闸北分局（有限公司）
主要负责人/法人代表	孙　康	赵松高	陈维新	张品新	胡伟坚
总资产（万元）	29608	12217	15129	19192	14724
资产负债率（%）	5.79	7.72	8.17	9.35	24.70
所属县级局（个）	—	—	—	—	—
所属县级公司/分公司（个）	—	—	—	—	—
所属县级营销部（个）	—	—	—	—	—
所属业务机构 访销机构	1 个营销部	1 个营销部	1 个营销部	1 个营销部	1 个营销部
所属业务机构 物流配送机构	—	—	—	—	—
所属业务机构 稽查机构	1 个稽查支队	1 个稽查支队	1 个稽查支队	—	1 个稽查支队
所属业务机构 烟叶机构	—	—	—	—	—
销售卷烟（亿支）	14.21	9.11	12.41	17.85	10.88
毛利率（%）	24.41	22.88	22.22	19.63	20.14
实现“两烟”税利（万元）	14772	7788	9678	10922	7982
实现“两烟”利润（万元）	10188	4632	5485	6623	4727
烟叶种植（亩）	—	—	—	—	—
烟叶收购（担）	—	—	—	—	—
零售户数（户）	1758	872	1077	2419	1033

区、县局（公司）名称	上海市烟草专卖局松江分局（有限公司）	上海市烟草专卖局奉贤分局（有限公司）	上海市烟草专卖局黄浦分局（有限公司）	上海市烟草专卖局静安分局（有限公司）	上海市烟草专卖局杨浦分局（有限公司）
主要负责人/法人代表	吴国权	朱永征	史荣康	陆忠平	朱　华
总资产（万元）	33081	37227	95611	16908	15440
资产负债率（%）	11.39	15.96	2.00	13.23	13.10
所属县级局（个）	—	—	—	—	—
所属县级公司/分公司（个）	—	—	—	—	—
所属县级营销部（个）	—	—	—	—	—
所属业务机构 访销机构	1 个营销部	1 个营销部	1 个营销部	1 个营销部	1 个营销部
所属业务机构 物流配送机构	—	—	—	—	—
所属业务机构 稽查机构	1 个稽查支队	1 个稽查支队	1 个稽查支队	1 个稽查支队	1 个稽查支队
所属业务机构 烟叶机构	—	—	—	—	—
销售卷烟（亿支）	15.39	15.62	20.01	5.39	13.96
毛利率（%）	22.15	26.89	27.79	26.88	20.67
实现“两烟”税利（万元）	14601	12827	27731	5586	9789
实现“两烟”利润（万元）	10021	7055	18541	3201	5619
烟叶种植（亩）	—	—	—	—	—
烟叶收购（担）	—	—	—	—	—
零售户数（户）	2002	2194	1113	619	1222

<table>
<tr><td colspan="2">区、县局（公司）名称</td><td>上海市烟草专卖局徐汇分局（有限公司）</td><td>上海市烟草专卖局卢湾分局（有限公司）</td><td>上海市烟草专卖局闵行分局（有限公司）</td><td>上海市烟草专卖局嘉定分局（有限公司）</td><td>上海市烟草专卖局驻上海铁路专卖局（有限公司）</td></tr>
<tr><td colspan="2">主要负责人/法人代表</td><td>刘正渝</td><td>钟家苏</td><td>岑鼎崑</td><td>陆志明</td><td>倪鸿宾</td></tr>
<tr><td colspan="2">总资产（万元）</td><td>14587</td><td>37794</td><td>34705</td><td>28031</td><td>4473</td></tr>
<tr><td colspan="2">资产负债率（%）</td><td>8. 67</td><td>7. 44</td><td>7. 71</td><td>12. 33</td><td>4. 42</td></tr>
<tr><td colspan="2">所属县级局（个）</td><td>—</td><td>—</td><td>—</td><td>—</td><td>—</td></tr>
<tr><td colspan="2">所属县级公司/分公司（个）</td><td>—</td><td>—</td><td>—</td><td>—</td><td>—</td></tr>
<tr><td colspan="2">所属县级营销部（个）</td><td>—</td><td>—</td><td>—</td><td>—</td><td>—</td></tr>
<tr><td rowspan="4">所属业务机构</td><td>访销机构</td><td>1 个营销部</td><td>1 个营销部</td><td>1 个营销部</td><td>1 个营销部</td><td>1 个营销部</td></tr>
<tr><td>物流配送机构</td><td>—</td><td>—</td><td>—</td><td>—</td><td>—</td></tr>
<tr><td>稽查机构</td><td>1 个稽查支队</td><td>1 个稽查支队</td><td>1 个稽查支队</td><td>1 个稽查支队</td><td>1 个稽查支队</td></tr>
<tr><td>烟叶机构</td><td>—</td><td>—</td><td>—</td><td>—</td><td>—</td></tr>
<tr><td colspan="2">销售卷烟（亿支）</td><td>9. 80</td><td>7. 07</td><td>17. 90</td><td>19. 35</td><td>1. 57</td></tr>
<tr><td colspan="2">毛利率（%）</td><td>20. 50</td><td>31. 44</td><td>24. 55</td><td>20. 88</td><td>26. 70</td></tr>
<tr><td colspan="2">实现“两烟”税利（万元）</td><td>7647</td><td>11114</td><td>17452</td><td>14712</td><td>1787</td></tr>
<tr><td colspan="2">实现“两烟”利润（万元）</td><td>4456</td><td>6997</td><td>11802</td><td>8653</td><td>1112</td></tr>
<tr><td colspan="2">烟叶种植（亩）</td><td>—</td><td>—</td><td>—</td><td>—</td><td>—</td></tr>
<tr><td colspan="2">烟叶收购（担）</td><td>—</td><td>—</td><td>—</td><td>—</td><td>—</td></tr>
<tr><td colspan="2">零售户数（户）</td><td>843</td><td>555</td><td>1879</td><td>2353</td><td>87</td></tr>
</table>

注：上海烟草（集团）公司下辖的上海海烟物流发展有限公司，负责全市卷烟配送工作。

（李　燕）

江苏省烟草专卖局（公司）

【概　况】 江苏省烟草专卖局成立于 1983 年 7 月，中国烟草总公司江苏省公司组建于 1982 年 11 月，下辖 13 个地市级烟草专卖局（公司）、68 个县级烟草专卖局（分公司）及江苏金丝利集团公司 1 个多元化经营企业。2009 年，公司拥有总资产 398. 29 亿元，其中，固定资产 29. 56 亿元、流动资产 347. 67 亿元，资产负债率为 4. 54%。共有从业人员 12326 人，其中聘用员工 9235 人。

【领导成员】 局长、总经理、党组书记：尉彭城

副总经理、党组成员：杨兴泉

副局长、党组成员：樊剑峰

纪检组长、党组成员：马鲁宁

副总经理、党组成员：刘加荣

副巡视员：张　强

副巡视员：范　宁

【机构设置】 省局（公司）机关设办公室（外事办公室）、综合计划处（经济运行处）、专卖监督管理处（专卖稽查总队、内部专卖监督管理处）、政策法规和体制改革处、财务管理处（国有资产管理处、资金管理中心）、审计处、科技处（由烟草质量监督检测站负责）、人事劳资处、思想政治工作处（机关党委、工会）、监察处（与党组纪检组合署办公）、安全保卫处、投资管理处（由财务处负责）、卷烟销售管理处、经济信息中心、烟草质量监督检测站、职业技能鉴定站、烟草职工教育培训中心（由人事劳资处负责）、离退休人员管理办公室（由人事劳资处负责）、机关服务中心、烟草学会 20 个处室（部门）。

【专卖管理】 卷烟打假打私。加强卷烟打假打私工作，强化协作机制。在司法协作上，通过与省公安厅协调沟通，全省烟草系统在公安部挂牌督办案件 4 起，在公安厅挂牌督办案件 6 起，在重点案件上与公、检、

法协调运作，共同会办，现场督办。在片区协作上，定期召开苏南苏中、苏北片区烟草、公安打假协作会，及时通报案情，商讨对策，4月和8月，华东六省、市打假协作会和苏鲁豫津四省、市共同打击涉烟犯罪座谈会分别在镇江和连云港召开。在日常工作中，坚持常规检查和专项整治相结合，先后开展“闪电4号”、“闪电5号”、“闪电6号”和“冬季会战”市场集中专项整治活动。

全年共出动专卖打假人员8.79万人次，查处涉烟违法案件2.27万起，其中假烟案件9274起；查获非法卷烟2.28亿支，其中假冒卷烟8425万支，上缴罚没款2397.76万元。公安、司法机关依法刑事拘留451人，逮捕145人，判刑367人。全省以“端窝点、断源头、破网络、抓主犯”为重点，全年共破获制售假烟网络案件38起，位列全国第三。

内部专卖管理监督。以贯彻落实《烟草行业内部专卖管理监督工作规范》为重点，推广应用“全面覆盖、良性互动、注重实效”专卖内管工作模式，落实“内管人员数量占专卖人员总数不低于10%”的要求，突出职能、制度、流程、内控和考核五个关键环节。

各地市级局定期开展季度重点检查，并及时上报检查结果。南京、淮安、徐州、南通市局在对所在地工业企业实施定期检查的同时，内部专卖监督管理驻厂员与工厂内管员注重配合，开展协同监管。严肃查处违规行为，全年共追究86人。

优秀县级局创建。省局出台《创建优秀县级烟草专卖局活动实施方案》，各地市级局成立了创建工作领导小组。10月，省局在连云港东海组织召开全省“两项创建”工作现场推进会；12月，在镇江句容组织开展创建工作专题培训。

全省在开展优秀县级局创建活动的同时，组织开展依法行政示范点创建工作。徐州市局、连云港市局、泰州市局、溧水县局、高淳县局、东台市局六家单位被评为“全省依法行政示范点”。

专卖队伍建设。省局全年共组织了8期专卖管理人员法律法规知识及执法技能培训班，培训1000余人次。编印《烟草专卖管理知识问答》3600本，及时分发到员工。组织三批专卖技能鉴定，2513人参加鉴定，其中，参加初级烟草专卖管理员鉴定1150人、中级烟草专卖管理员鉴定1363人，通过率分别为83.5%和62.4%。

【生产经营】 2009年，全省烟草商业系统共销售卷烟1300.69亿支（260.15万箱），同比增长2.18%，其中，销售一类烟184.59亿支（36.91万箱）、二类烟75.84亿支（15.16万箱）、三类烟360.36亿支（72.07万箱）、四类烟506.23亿支（101.24万箱）、五类烟173.68亿支（34.73万箱）。销售省产卷烟608亿支（121.6万箱），同比增长2.87%。本辖区销量居前三位的卷烟品牌是“一品梅”、“南京”、“红杉树”，销量分别为212.1亿支（42.42万箱）、195.6亿支（39.12万箱）、138.4亿支（27.68万箱）。

全省烟草商业系统实现卷烟销售收入454.10亿元，同比增长9.38%。根据国务院有关精神，调整卷烟消费税，部分利润转为税赋，全年增加卷烟消费税22.66亿元。实现卷烟税利133.37亿元，同比增长6.63%，其中利润93.75亿元，同比下降9.32%。公司三项费用率为4.30%。

【卷烟销售网络建设】 *推进“按客户订单组织货源”工作*。各地市公司通过开展广泛的市场调研，多渠道、全方位收集样本零售客户、典型消费者的数据信息，在摸清消费特点、把握消费趋势的基础上，明确预测流程并建立预测模型，提高市场预测水平，加快建立面向消费者的市场营销体系。5月，国家局检查组对全省“规范订单采集和货源供应”工作情况进行检查考评并给予肯定。

启动标准店建设项目。2009年，全省启动“卷烟零售经营服务标准店”建设项目，省公司研究制定项目实施方案。4~5月，在徐州开展“标准店”建设项目试点工作，建成99家“标准店”，制定《卷烟零售经营服务标准店管理手册》等文件，为标准店规范管理、功能发挥奠定基础。11月，召开全省“卷烟零售经营服务标准店”建设项目工作启动会，统一部署安排并提出明确要求。

推进网上订货工作。推进以电子商务为特征的现代营销体系建设，全省统一开发和推广应用网上订货平台。通过会议、报刊、宣传单、媒体和一线人员的推广、介绍等方式进行宣传，利用网上订货的优越性和样本客户良好的示范性带动更多的潜力客户加入，不断推进网上订货工作。截至12月底，全省利用手机和“烟信通”进行网上订货的零售客户为19.38万户，占全省零售客户总数的55.06%，其中，苏州市公司的网上订货比例为87.88%，南京、南通市公司的网上订货比例均超过70%；利用互联网订货的零售客户为17.62万户，占全省零售客户总数的50.06%。

营销队伍建设。以推广客户经理工作平台为抓手提升营销队伍素质。3月，举办全省卷烟销售网络管理人员培训班，为客户经理工作平台和网上订货平台在全省推广做准备工作，并就两个平台的推广使用进行工作部署。下发《关于推广使用江苏烟草客户经理

工作平台的通知》，对客户经理工作平台推广应用提出具体要求。5月，客户经理工作平台已在全省13家市公司推行使用。

加大培训力度，开展各类业务竞赛活动，全年全省共培训2.29万人次，组织各类岗位竞赛275次，参赛人员达7418人次。

强化服务监控。客户投诉中心完善投诉受理、接受建议和咨询工作，注重发挥电话巡访功能，进一步健全和完善全省服务质量评价体系。全年全省客户投诉中心共接到电话3248个，其中，客户投诉4起、客户咨询3244起；利用电话调查零售客户2.88万户。编写12期市场货源供应情况分析报告和4份服务质量评价报告。

【多元化经营】 江苏金丝利集团公司成立于1994年3月，注册资本为1.71亿元，公司法人代表为杨兴泉。集团公司是省局（公司）下辖的一家多元化经营企业，主要从事实业投资、国内贸易、技术咨询、技术服务等业务。截至2009年年底，集团公司下辖南京金丝利喜来登酒店、江苏金丝利租赁有限公司、江苏金丝利药业有限公司3家子公司。2009年，集团公司实现营业收入1.19亿元，同比下降3.54%，实现利润1696万元，同比下降31.01%。

南京金丝利喜来登酒店由喜来登国际酒店管理集团经营。2009年，面对全球经济危机所造成的境外客源大幅减少这一不利局面，酒店采取狠抓市场销售、餐饮质量、成本费用控制等手段，扭转了年初利润下滑的被动局面，全年酒店实现营业收入8030万元，实现经营毛利2636万元。江苏金丝利租赁有限公司成立于1996年10月，注册资本为1000万元，主要从事经营型实物租赁、委托融资租赁等业务，全年实现利润85万元，同比增长48.47%。江苏金丝利药业有限公司成立于1996年5月，主要从事重组人白细胞介素-2、静脉注射剂、冻干粉针剂的制造及生物制剂、生物试剂的研制，全年生产各类药品1731万支，销售1700万支，实现销售收入2688万元，同比增长20.09%，实现利润53万元，同比增长139.71%。

【人力资源管理】 按照“合理分类、科学设岗、明确职责、严格考核、落实薪酬”的基本要求，开展用工分配制度改革工作，截至2009年年底，全省烟草商业系统除无锡、徐州市局（公司）外，其他11家市局（公司）已完成改革工作。完成全省行业企业年金数据模板上报和年金账户的分配工作。

【精神文明建设】 2009年，全省烟草商业系统以推进“三大战略”为载体，开展深入学习实践科学发展观活动。从9月底开始，省烟草商业系统开展了为期50天的“走在行业前面，展现一流水平，全面建设现代烟草”、深化“三大战略”的大讨论活动。12月底，制定《“走在行业前面，展现一流水平，全面建设现代烟草”发展规划》。

【特事要辑】 1月8日，国家局副局长张保振一行到江苏省局（公司）考察指导工作。

5月5~8日，张保振一行到江苏省局（公司）考察指导工作。

5月20日，国家局副局长何泽华到徐州市局（公司）考察指导工作。

6月2日，江苏省副省长史和平听取江苏烟草工商企业工作汇报。

8月19~23日，国家局局长姜成康到江苏烟草考察指导工作。

9月16~17日，全国卷烟销售网络建设现场会在徐州召开。

10月26~29日，驻国家局纪检组组长潘家华到江苏省局（公司）考察指导工作。

11月3日，张保振到南京卷烟物流配送中心考察指导工作。

11月27日，姜成康对《中共江苏省烟草专卖局党组“关于贯彻落实姜成康局长讲话精神，开展‘走在行业前面，展现一流水平，全面建设现代烟草’工作情况的报告”》作出批示。

江苏省局（公司）主要统计指标汇总

“两烟”税利（亿元）	“两烟”利润（亿元）	销售卷烟（亿支）	烟叶种植（万亩）	烟叶收购（万担）
133.37	93.75	1300.69	—	—

所属地市级局（公司）

南京市烟草专卖局（公司）

南京市烟草专卖局、江苏省烟草公司南京市公司组建于1983年，下辖浦口区、六合区、江宁区、溧水县、高淳县5个县级烟草专卖局（分公司）和第一、二、三、四分局（分公司）。共有从业人员1316人，其中聘用员工971人。

全年辖区销售卷烟159.2亿支（31.84万箱），同比增长3.14%。实现卷烟销售收入648790万元，同比增长12.48%。实现卷烟税利194670万元，同比增长9.81%，其中利润133519万元。

全市共查处涉烟违法案件4375起，查获假冒卷烟402.14万支、非法烟叶18.16吨，打掉贩藏假烟窝点14个，案值366.51万元，上缴罚没款101.38万元。移送公安机关涉烟案件36起，公安、司法机关依法刑事拘留83人，逮捕36人，判刑55人。全年共破获符合国家局标准的制售假烟网络案件5起，案值4691.8万元。

2009年8月，新卷烟营销配送中心建成并投入使用。探索和推行弹性送货制，打破送货不跨区的传统模式，对原送货线路进行全面优化和科学调度，提高配送车辆满载率，降低运营成本。

苏州市烟草专卖局（公司）

苏州市烟草专卖局、江苏省烟草公司苏州市公司成立于1983年7月，下辖吴江市、昆山市、太仓市、常熟市、张家港市5个县级烟草专卖局（分公司）和吴城分局（分公司）。共有从业人员1274人，其中聘用员工1051人。

全年辖区销售卷烟168.25亿支（33.65万箱），同比增长3.17%。实现卷烟销售收入679713万元，同比增长8.34%。实现卷烟税利214334万元，同比增长4.46%，其中利润153749万元。

全市共查处涉烟违法案件3159起，查获假冒卷烟3403万支，打掉贩藏假烟窝点23个，案值3511万元，上缴罚没款506万元。移送公安机关涉烟案件36起，公安、司法机关依法刑事拘留41人，逮捕6人，判刑23人。全年共破获制售假烟网络案件24起，其中符合国家局标准的制售假烟网络案件2起，案值共计1295万元。

无锡市烟草专卖局（公司）

无锡市烟草专卖局、江苏省烟草公司无锡市公司成立于1984年1月，下辖江阴市、宜兴市2个县级烟草专卖局（分公司）和锡惠分局（分公司）。共有从业人员846人，其中聘用员工702人。

全年辖区销售卷烟111.35亿支（22.27万箱），同比增长3.08%。实现卷烟销售收入518800万元，同比增长7.66%。实现卷烟税利162530万元，同比增长8.09%，其中利润115679万元。

全市共查处涉烟违法案件1510起，查获假冒卷烟386万支，打掉贩藏假烟窝点36个，案值164万元，上缴罚没款563万元。移送公安机关涉烟案件5起，公安、司法机关依法刑事拘留15人，逮捕5人，判刑20人。全年共破获符合国家局标准的制售假烟网络案件2起，案值603万元。

常州市烟草专卖局（公司）

常州市烟草专卖局、江苏省烟草公司常州市公司组建于1984年，下辖武进区、金坛市、溧阳市3个县级烟草专卖局（分公司）。共有从业人员755人，其中聘用员工605人。

全年辖区销售卷烟79亿支（15.8万箱），同比增长3.27%。实现卷烟销售收入327286万元，同比增长13.90%。实现卷烟税利99297万元，同比增长11.58%，其中利润71192万元。

全市共查处涉烟违法案件2244起，其中案值在5万元以上的案件96起，查获非法卷烟2800余万支，其中假冒卷烟1060万支，上缴罚没款545万元。全年共破获贩售假烟的网络案件4起，公安、司法机关依法刑事拘留42人，逮捕13人，判刑33人。

围绕“分类管理、科学设岗、明确职责、严格考核、落实报酬”的总体要求，全面完成“四定”工作，10名员工得到晋升，7名派遣制员工进入管理类岗位，35名员工进行跨部门、跨岗位交流。全市卷烟经营户统一柜台率超过95%，创建“示范街”128条。物流中心6S现场管理标准通过国家局立项初审和专家组现场答辩。

镇江市烟草专卖局（公司）

镇江市烟草专卖局、江苏省烟草公司镇江市公司组建于1983年，下辖丹阳市、句容市、扬中市和丹徒区4个县级烟草专卖局（分公司）。共有从业人员593人，其中聘用员工427人。

全年辖区销售卷烟60.03亿支（12万箱），同比增长2.35%。实现卷烟销售收入248700万元，同比增长7.80%。实现卷烟税利74113万元，同比增长4.22%，其中利润51945万元。

全市共查处涉烟违法案件1035起，查获非法卷烟1653.24万支，打掉贩藏假烟窝点23个，案值1275.76万元，上缴罚没款187万元。移送公安机关涉烟案件18起，公安、司法机关依法刑事拘留15人，逮捕21人，判刑14人。全年共破获符合国家局标准的制售假烟网络案件2起，案值330万元。

2009年，投资7000余万元的镇江烟草新物流配送中心全面启用，初步实现传统商业向现代物流的转变。提炼了富有镇江烟草特色的“山·水”企业文化及12条核心理念。

南通市烟草专卖局（公司）

南通市烟草专卖局、江苏省烟草公司南通市公司成立于1983年5月，下辖海安县、如皋市、如东县、通州市、海门市、启东市6个县级烟草专卖局（分公司）。共有从业人员937人，其中聘用员工700人。

全年辖区销售卷烟116.50亿支（23.3万箱），同比增长2.19%。实现销售收入485000万元，同比增长27.97%。实现卷烟税利124456万元，同比增长4.37%，其中利润89489万元。

坚持依法行政，邀请市人大常委会领导对《烟草专卖法》的贯彻执行情况进行检查，建立三级集体讨论案件制度，开展行政权力清理，规范了自由裁量权的运行，压缩行政许可审批时限。全市共查处涉烟违法案件1516起，查获假冒卷烟688.92万支，案值917.3万元，上缴罚没款58.14万元。移送公安机关涉烟案件17起，公安、司法机关依法刑事拘留37人，逮捕33人，判刑30人。全年共破获制售假烟网络案件5起，其中符合国家局标准的制售假烟网络案件3起，案值共计2384万元。

全市通过互联网网上订货的客户已达2万户，手机上网订货客户超过2000户。确立南通烟草“江海同舟行”服务品牌，在海安分公司进行试点，并向全市推广，同时将该服务品牌向国家商标局申请注册。加快现代物流步伐，顺利完成省公司物流配送运输管理系统（TMS）试点任务并正式投入使用，高标准地完成两条分拣线的改造升级，实施整托盘出入库扫码项目。

扬州市烟草专卖局（公司）

扬州市烟草专卖局、江苏省烟草公司扬州市公司成立于1983年7月，下辖邗江区、宝应县、高邮市、江都市、仪征市5个县级烟草专卖局（分公司）。共有从业人员899人，其中聘用员工675人。

全年辖区销售卷烟83亿支（16.6万箱），同比增长1.57%。实现卷烟销售收入305345万元，同比增长5.96%。实现卷烟税利87011万元，同比增长2.90%，其中利润60859万元。

全市共查处涉烟违法案件2402起，查获假冒卷烟197.11万支，上缴罚没款93.76万元。移送公安机关涉烟案件24起，公安、司法机关依法刑事拘留46人，逮捕3人，判刑29人。全年共破获符合国家局标准的制售假烟网络案件3起，案值518.59万元。

泰州市烟草专卖局（公司）

泰州市烟草专卖局、江苏省烟草公司泰州市公司成立于1996年10月，下辖靖江市、泰兴市、姜堰市、兴化市4个县级烟草专卖局（分公司）。共有从业人员970人，其中聘用员工726人。

全年辖区销售卷烟81.88亿支（16.38万箱），同比增长3.06%。实现卷烟销售收入298599万元，同比增长8.25%。实现卷烟税利88507万元，同比增长4.26%，其中利润62274万元。

全市共查处涉烟违法案件954起，查获假冒卷烟135.59万支，打掉贩藏假烟窝点80个，上缴罚没款106.56万元。移送公安机关涉烟案件19起，公安、司法机关依法刑事拘留45人，逮捕35人，判刑35人。全年共破获符合国家局标准的制售假烟网络案件4起，案值2865万元。

2009，市局完成各分库搬家及撤并工作，实现全区大物流的“物理一库制”，初步实现了物流配送的机械化、科学化、流程化。

盐城市烟草专卖局（公司）

盐城市烟草专卖局、江苏省烟草公司盐城市公司组建于1983年，下辖响水县、滨海县、阜宁县、建湖县、射阳县、大丰市、东台市7个县级烟草专卖局（分公司）。共有员工1111人，其中聘用员工815人。

全年辖区销售卷烟119亿支（23.8万箱），同比增长0.98%。实现卷烟销售收入319196万元，同比增长8.64%。实现卷烟税利87494万元，同比增长4.93%，其中利润61470万元。

全市共查处涉烟违法案件1499起，查获假冒卷烟108.46万支，打掉贩藏假烟窝点38个，案值550.91万元，上缴罚没款41.22万元。移送公安机关涉烟案件16起，公安、司法机关依法刑事拘留22人，逮捕10人，判刑38人。全年共破获符合国家局标准的网络案件2起，案值1435万元。

淮安市烟草专卖局（公司）

淮安市烟草专卖局、江苏省烟草公司淮安市公司成立于1983年9月，下辖淮阴区、涟水县、楚州区、洪泽县、盱眙县、金湖县6个县级烟草专卖局（分公司）。共有从业人员726人，其中聘用员工462人。

全年辖区销售卷烟67.1亿支（13.42万箱），同比增长1.44%。实现卷烟销售收入181500万元，同比增长12.87%。实现卷烟税利45060万元，同比增长11.07%，其中利润30160万元。

全市共出动打假打私人员7240人次，查处涉烟违法案件454起，查获非法卷烟1868.71万支，其中假冒卷烟138.59万支，上缴罚没款21.35万元。公安、司法机关依法刑事拘留47人，逮捕26人，判刑24人。全年共破获制售假烟网络案件17起，其中符合国家局标准的制售假烟网络案件5起，案值共计1.27亿元，成功破获“7·18”特大制售假烟网络案件，涉案金额达1.16亿元，判刑76人①。

推进以“活力”、“和谐”为主题的用工分配制度改革工作，完成了全员岗位竞聘和工资套改，在省局验收中获得“优秀”评价。

制定网上订货方案，全面推广网上订货。截至2009年年底，全市零售客户的互联网订货率达47%。

宿迁市烟草专卖局（公司）

宿迁市烟草专卖局、江苏省烟草公司宿迁市公司成立于1996年，下辖沭阳县、泗阳县、泗洪县、宿豫区4个县级烟草专卖局（分公司）。共有从业人员750人，其中聘用员工603人。2009年，市公司订单部被江苏省妇女联合会授予“巾帼文明岗”称号。

全年辖区销售卷烟59.5亿支（11.9万箱），同比增长0.68%。实现卷烟销售收入125736万元，同比增长4.90%。实现卷烟税利29700万元，同比下降0.72%，其中利润19464万元。

强化打假破网责任，推进与公、检、法等部门的协作联动，形成抓主犯、抓同伙、抓惩治和快侦、快捕、快判的“三抓、三快”协作机制。全市查处涉烟违法案件621起，查获非法卷烟976.46万支。全年共破获符合国家局标准的制售假烟网络案件6起。公安、司法机关依法刑事拘留32人，逮捕10人，判刑11人。

2009年，全市卷烟物流配送中心建成并投入运行，推进7S现场管理，卷烟现代物流全面推进。企业确立特色“实”文化。

徐州市烟草专卖局（公司）

徐州市烟草专卖局、江苏省烟草公司徐州市公司成立于1983年6月，下辖丰县、沛县、铜山县、睢宁县、新沂市、邳州市、贾汪区7个县级烟草专卖局（分公司）。共有从业人员1288人，其中聘用员工944人。

全年辖区销售卷烟132.65亿支（26.53万箱），同比增长2.03%。实现卷烟销售收入324521万元，同比增长11.65%。实现卷烟税利73914万元，同比增长11.89%，其中利润47662万元。

全市共查处涉烟违法案件5043起，查获假冒卷烟1252.29万支、非法烟叶20.13吨，打掉贩藏假烟窝点197个，案值384万元，上缴罚没款147.83万元。移送公安机关涉烟案件35起，公安、司法机关依法刑事拘留24人，逮捕5人，判刑42人。全年共破获制售假烟网络案件5起，其中符合国家局标准的制售假烟网络案件4起，案值共计5330万元。

建立以电子商务为主要特征的现代营销体系，形成以网上订货、网上配货、网上结算为主要内容的互通互动运作模式，国家局在徐州召开全国网建现场会，向全行业推广市公司的“电子商务+现代物流”模式。

确立以德风立企、正风稳企、雄风强企、清风正企、和风兴企为底蕴的“大风”文化架构体系，编撰了《徐州市烟草专卖局（公司）企业文化手册》、《风雨同舟——企业文化论文集》、《烟雨风歌——企业文化作品集》、《光风霁月——企业文化故事集》等四本企业文化建设系列丛书。

连云港市烟草专卖局（公司）

连云港市烟草专卖局、江苏省烟草公司连云港市公司成立于1983年，下辖赣榆县、东海县、灌云县、灌南县4个县级烟草专卖局（营销部）。共有从业人员716人，其中聘用员工526人。

全年辖区销售卷烟64.1亿支（12.82万箱），同比增长0.54%。实现卷烟销售收入154299万元，同比增长6.13%。实现卷烟税利36118万元，同比增长1.70%，其中利润23700万元。

全年共查处涉烟违法案件480起，查获违法卷烟820万支，其中假冒卷烟59.6万支，打掉贩售假烟窝点11个，案值37.6万元，上缴罚没款62.65万元。移送公安机关涉烟案件18起，公安、司法机关依法刑事拘留62人，逮捕21人，判刑48人。全年共破符合国家局标准的制售假烟网络案件3起，案值940余万元。

---

① 由于“7·18”案件跨年度，此处为累计判刑人数。

2009 年江苏省烟草商业系统主要情况统计

地市级局（公司）名称		南京市烟草专卖局（公司）	苏州市烟草专卖局（公司）	无锡市烟草专卖局（公司）	常州市烟草专卖局（公司）	镇江市烟草专卖局（公司）	南通市烟草专卖局（公司）	扬州市烟草专卖局（公司）
主要负责人/法人代表		李潮江	许亚楠	蔡仲康(—2009.11) 王玉平(2009.11—)	袁　纯	胡龙海	秦立华	潘茂才
总资产（万元）		530584	509000	405537	227456	172731	274920	199855
资产负债率（%）		9.40	6.63	10.27	10.30	9.98	11.19	8.45
所属县级局（个）		9	6	3	3	4	6	5
所属县级公司/分公司（个）		9 个分公司	6 个分公司	3 个分公司	3 个分公司	4 个分公司	6 个分公司	5 个分公司
所属县级营销部（个）		—	—	—	—	—	—	—
所属业务机构	访销机构	1 个营销中心 1 个电访中心	1 个营销中心 1 个电访中心	1 个营销中心 1 个电访中心	1 个营销中心	1 个营销中心 1 个电访中心	1 个营销中心 1 个电访中心	1 个营销中心
	物流配送机构	1 个配送中心	1 个物流中心 1 个配送中心	1 个物流中心	1 个配送中心	1 个物流中心	1 个物流配送中心	1 个物流中心
	稽查机构	10 个稽查大队	10 个稽查大队	8 个稽查大队	6 个稽查大队	7 个稽查大队	8 个稽查大队	7 个稽查大队
	烟叶机构	—	—	—	—	—	—	—
销售卷烟（亿支）		159.20	168.25	111.35	79.00	60.03	116.50	83.00
毛利率（%）		28.47	29.08	28.46	29.14	28.79	29.05	28.57
实现“两烟”税利（万元）		194670	214334	162530	99297	74113	124456	87011
实现“两烟”利润（万元）		133519	153749	115679	71192	51945	89489	60859
烟叶种植（亩）		—	—	—	—	—	—	—
烟叶收购（担）		—	—	—	—	—	—	—
零售户数（户）		25044	39605	24012	15526	16505	34726	27195

地市级局（公司）名称		泰州市烟草专卖局（公司）	盐城市烟草专卖局（公司）	淮安市烟草专卖局（公司）	宿迁市烟草专卖局（公司）	徐州市烟草专卖局（公司）	连云港市烟草专卖局（公司）
主要负责人/法人代表		刘培峰	李成军	蒋　银（—2009.6） 李前效（2009.6—）	杨思藻（—2009.6） 李江苏（2009.6—）	王玉平（—2009.11） 廉　文（2009.11—）	符晖明（—2009.6） 杨思藻（2009.6—）
总资产（万元）		192852	198828	106988	80587	176079	88383
资产负债率（%）		9.68	7.39	8.46	14.63	9.33	10.22
所属县级局（个）		4	7	6	4	7	4
所属县级公司/分公司（个）		4 个分公司	7 个分公司	6 个分公司	4 个分公司	7 个分公司	4 个分公司
所属县级营销部（个）		—	—	—	—	—	—
所属业务机构	访销机构	1 个营销中心 1 个电访中心	1 个营销中心 1 个电访中心	1 个营销中心 1 个电访中心	1 个营销中心 1 个电访中心	1 个电访中心	1 个营销中心 1 个电访中心
	物流配送机构	1 个物流中心	1 个物流配送中心	1 个物流中心	1 个物流配送中心	1 个物流中心	1 个物流配送中心
	稽查机构	7 个稽查大队	10 个稽查大队	4 个稽查大队	4 个稽查大队	13 个稽查大队	7 个稽查大队
	烟叶机构	—	—	—	—	—	—
销售卷烟（亿支）		81.88	119.00	67.10	59.50	132.65	64.10
毛利率（%）		29.10	27.84	27.68	25.90	25.38	26.64
实现“两烟”税利（万元）		88507	87494	45060	29700	73914	36118
实现“两烟”利润（万元）		62274	61470	30160	19464	47662	23700
烟叶种植（亩）		—	—	—	—	—	—
烟叶收购（担）		—	—	—	—	—	—
零售户数（户）		25575	39189	24188	23745	40643	21215

（张　华）

浙江省烟草专卖局（公司）

【概　况】 浙江省烟草专卖局、浙江省烟草公司组建于1984年3月。1985年1月，浙江省烟草公司正式上划中国烟草总公司，更名为中国烟草总公司浙江省公司。2008年年底，完成母子公司体制改革。下辖11个地市级烟草专卖局（公司），64个县级烟草专卖局（分公司），以及浙江烟草进出口有限公司、浙江烟草投资管理有限责任公司。公司拥有总资产340.72亿元，其中，固定资产31.67亿元、流动资产266.93亿元，资产负债率为11.95%。截至2009年年底，共有从业人员11348人，其中聘用员工7218人。

2009年，省局（公司）被中央精神文明建设指导委员会办公室授予“全国精神文明建设工作先进单位”称号；被浙江省政研会、浙江省企业文化建设协会授予“浙江省企业文化建设示范单位”称号。

【领导成员】 局长、总经理、党组书记：钱锦根

副局长、党组成员：涂　勇（—2009.4）

副局长、党组成员：邱　萍

副总经理、党组成员：于政雄

副总经理、党组成员：戴伟坤

纪检组长、党组成员：王德源（2009.6—）

副巡视员：黄晓峰

副巡视员：章福祥

【机构设置】 省局（公司）机关设办公室（外事办公室）、综合计划处（经济运行处）、专卖监督管理处（专卖稽查总队、内部专卖监督管理处）、政策法规与体制改革处、财务管理处、审计处、科技处、人事劳资处、思想政治工作处、监察处（与党组纪检组合署办公）、安全保卫处、销售管理处12个职能处室，浙江烟草进出口有限公司、浙江烟草投资管理有限责任公司2个全资子公司，以及信息中心、烟草质量监督检测站（与科技处合署办公）、机关服务中心、浙江省烟草拍卖行、烟草学会秘书处等专业机构及部门。

【专卖管理】 *卷烟打假打私。*省局通过开展全省地区间案件线索和涉烟刑事判决信息移交制度，查找案源，扩大打假领域。建立以高速公路为主干线、国道省道为辅助线的区域性卡口网络，初步形成以甬台温高速、杭金衢高速、杭宁高速、沪杭甬高速四大省际卡口为主的大稽查圈布局。加强与多个职能部门的协作，查处无证经营和销售假烟违法活动，关闭涉烟非法网站。初步构建浙江省立体执法网，形成“以网（执法网）制网（违法网）”的打假工作格局。

全年全省共查处涉烟违法案件23197起，其中假烟案件6373起，查获非法卷烟5.11亿支。向公安机关移送涉烟违法案件258起。公安、司法机关依法判决涉烟违法案件191起，刑事拘留、逮捕414人，判刑495人，其中，杭州“4·10”假烟案的两名主犯被判处无期徒刑，在浙江省尚属首次。破获符合国家局标准的制售假烟网络案件63起。

*内部专卖管理监督。*强调“越是形势严峻，越要加强监管”的理念，完善内管办“实时监管”与专卖所“实地核查”相结合的工作机制，加强对重点问题、重点环节、重点大户的监管，采取网上检查与实地核查、市场走访与数据分析相结合的方法，及时发现违规经营的动态信息。全省共发现和解决隐患问题171个，追究违规经营人员15名。

*专卖基础管理建设。*开展2008版烟草专卖许可证的换发工作，全省共换发许可证29.61万份。各级局利用换证契机，对全省零售户进行摸排梳理，依法清理8608户。梳理专卖管理工作文件，初步构建起涉及市场监管、内部监管、基础管理的19个体系文件。

【生产经营】 2009年，全省烟草商业系统销售卷烟1240.69亿支（248.14万箱），同比增长1.72%，其中，销售一类烟275.45亿支（55.09万箱），同比增长11.71%；二类烟107.49亿支（21.50万箱），同比增长14.15%；三类烟331.61亿支（66.32万箱），同比增长6.42%；四类烟399.67亿支（79.93万箱），同比下降3.45%；五类烟126.48亿支（25.30万箱），同比下降17.64%。本辖区卷烟销量居前三位的品牌为“利群”、“雄狮”、“大红鹰”，“利群”销量为232.7亿支（46.54万箱），同比增长16%；“雄狮”销量为218.95亿支（43.79万箱），同比下降1.83%；“大红鹰”销量为87.75亿支（17.55万箱），同比增长76%。

全年实现卷烟销售收入531.27亿元。根据国务院有关精神，调整卷烟消费税，部分利润转为税赋，全年增加卷烟消费税26.11亿元。实现“两烟”税利

157.41亿元，同比增长1.92%，其中“两烟”利润109.42亿元，同比下降12.94%。公司三项费用率为5.4%。

全年种植烟叶1.97万亩，收购烟叶0.21万吨（4.19万担）。

【卷烟销售网络建设】 工商协同营销。省公司编写了《浙江烟草工商协同营销管理工作手册》，明确工商职责分工、协同流程和工作标准，推进构建以市场为导向的工商协同营销体系。制订《省局（公司）对工业企业的工作承诺》，建立工业企业对商业企业的督察、测评机制。

现代卷烟营销体系建设。省公司启动“浙江省营销服务管理综合平台”建设，构建以电子商务为主要特征的现代营销模式，提高对零售终端的服务能力。截至年底，全省网上订货客户达6万户，约占零售户总数的20%。强化基层营销功能，建设标准化市场部，设立农村服务站，实行客户经理长期派驻轮驻制，统一全省零售示范店专用标志。

卷烟营销服务。以“浙烟服务在岗位、在终端、在一线”为主题，开展“服务主题实践月”活动。对零售户开展分类分批业务培训，实施新的客户分类体系。全省客户经理、电话订货员、送货员、投诉受理员、专卖人员的服务满意度均达到99%以上。2009年，省公司被国家局评为“全国卷烟销售工作先进单位”，并获一等奖；在两年一次的全国各工业企业对省级商业企业的满意度测评中，省局（公司）获得第一名。

现代物流建设。省公司出台《烟草商业企业卷烟配送中心绩效考评标准》和《浙江烟草商业物流配送体系建设规范》，推进各地区卷烟物流配送一体化整合运行。加强卷烟物流配送信息化建设，对车辆进行实时定位，开展车辆路线跟踪、车速测试、车辆超速统计，对驾驶员、送货员在送货车辆上工作情况、卷烟送货情况等进行实时监控。

【品牌培育】 在卷烟消费税政策调整后，省局（公司）调整品牌规划，针对新二类烟在市场上规格较少、缺乏竞争的情况，与工业企业沟通，引入新品，推动新二类烟市场份额的提升。将零售价120～200元/条、200～280元/条、280～400元/条、400～650元/条的卷烟作为品牌培育和引入的重点。全年共引入新规格26个，其中全国性卷烟重点骨干品牌的规格20个。截至年底，28个全国性卷烟重点骨干品牌进入浙江市场。

【烟叶产销】 烟叶种植与收购。全年全省共种植烟叶1.97万亩，同比增长1.85%。收购烟叶0.21万吨（4.19万担），同比增长2.82%，其中，收购香料烟0.10万吨（2.04万担）。全年共签订烟叶种植收购合同9033份，合同签订率达100%。全省共有烟叶种植户9033户。

烟叶收购的质量进一步提高。在工商交接与烟叶等级质量监督检查中，香料烟平均抽检合格率达91%，高出国家局规定的6个百分点；烤烟平均抽检合格率达75%，高出国家局规定的10个百分点。

烟叶科技项目。各烟叶产区积极推广集约化育苗，加强烟叶科技项目研究。桐乡市公司与河南农业大学合作，开展“优质雪茄茄衣烟叶的栽培和调制技术”研究，普及地膜覆盖栽培技术，并在烟区倡导“烟—菊”、“烟—麦（或蚕豆）”、“烟—水稻”等科学套种或轮作模式。绍兴市公司重点组织实施系列浙江优质香料烟技术推广项目，将“香料烟化学抑芽技术应用研究”、“烟草赤星病综合防治体系研究”、“香料烟大棚调制技术研究”列入公司创新研究项目。丽水市公司加强烟叶品种的更新换代研究，对传统晒红烟进行新品种培育；推行小苗直栽大田配套小拱棚试验；开展晒红烟半自动大棚晒制试验，研究掌握晒红烟晒制新方法。

服务烟农。绍兴市公司免费为烟农提供生产种子，并组织供应烟草专用复合肥；建立烟叶集中育苗基地，为烟农提供烟籽、烟苗余缺调剂服务；举办生产技术培训班，培训骨干烟农，编印并发放《烟叶生产技术信息》、《优质香料烟生产技术手册》等资料。丽水市公司多次组织烟叶技术人员和烟农进行异地现场交流活动，针对大田移栽、大田管理、病虫害防治等生产环节开展技术交流学习。嘉兴市公司提出“春蚕服务”精神，由烟叶生产部门统一向当地农资部门批发购买农膜后，向烟农“零利润”销售。

【多元化经营】 制定《多元企业董事会管理规定》，界定出资人、董事会、董事长、董事的权利和义务，明确管理方式和考核办法。理顺全省多元化管理体制，明确浙江烟草投资管理公司与各地市级局（公司）在多元化企业经营管理和资产考核方面的职责。按照属地管理的原则，由各地市级局（公司）负责原下属多元化企业的清退工作，完成多元化资产划转、资产移交及股权、产权变更等工作。截至2009年年底，股权的变更方面，除浙江省工商信托、绍兴商业银行、德清城市信用社3家金融企业还需协调解决外，其他多元化企业均已办理完毕；固定资产产权变更方面，除绍兴、丽水两地外，其余均已完成。

【企业管理】 管理体系建设。2009年，省局（公司）以“人人有责任、事事有程序、干事有标准、过程有痕迹、绩效有考核、改进有保障”的“六有”理念为指导，推进管理体系建设。8～9月，全省烟草商业系统举行以“岗位在我心中”为主题的演讲比赛，开展“人人写、人人讲、人人做”系列活动，全体员工通过写岗位文件、理岗位职责、明岗位流程、做岗位工作、改岗位缺陷，参与到管理体系建设中。在ISO 9001标准基础上，对体系文件进行架构优化，编写《企业管理手册》、《部门工作手册》和《岗位工作手册》。完成省、市、县三级职责对接，对主要工作体系、子体系和工作程序进行梳理，形成管理体系的基本格局。开发管理体系建设系统和个人工作平台。11月，省局（公司）承办全国烟草行业管理体系建设现场会，并在会上进行了专题经验交流。

审计监督。省局（公司）作为行业首批试点推行内部审计委派制的单位，于4月成立了内部审计委员会，制订《内部审计人员派驻管理暂行办法》，并明确委员会及下设办公室的主要职责。7月向各地市级局（公司）派驻审计办公室，开展专项审计、审计调查等，对全省烟叶生产经营情况、医药费支出情况和预算管理情况进行审计。开展工程项目管理审计，核减工程费用3442万元。

体制建设。省局（公司）制定《浙江省烟草专卖商业系统授权委托管理暂行规定》，规范省、市、县三层级的权限，保障母子公司和母分公司的顺畅运行。梳理地市级局（公司）5大类24项审批管理事项，其中内部管理项目2项、资产管理项目5项、人事管理项目11项、专卖管理行政管理项目4项、授权委托管理项目2项。

【信息化建设】 2009年，全省烟草商业系统完成管理体系信息支撑平台建设，卷烟营销服务综合管理平台、财务核算管理综合平台、人力资源信息管理系统和数字化档案管理系统全部投入使用。制定《信息化运维管理办法》，理顺运维保障服务关系。加强信息安全管理，在省局（公司）机关开展CA认证体系建设，启动全省行业信息系统安全等级保护，开展全省行业信息系统安全检查，构建网络及信息安全防范体系。

【人力资源管理】 领导班子建设。省局（公司）党组制定《关于加强领导班子建设的意见》，从思想、组织、作风、能力、制度、廉政建设6个方面提出具体措施和意见。对11个地市级局（公司）的领导班子进行履职考核。省局（公司）作为巡视工作试点单位，12月6～18日，接受国家局巡视组检查。

收入分配制度改革。截至年底，完成杭州、宁波、温州、嘉兴、湖州、丽水等6个地市级局（公司）的收入分配制度改革。至此，全省行业全部完成该项改革。改革后，各种身份人员统一纳入一个分配体系，初步实现收入分配一体化管理目标。开展用工分配制度改革“回头看”工作，6月，下发相关文件，调整各地市级局（公司）的机构设置、职能配置、岗位设置和人员编制。

教育培训与技能鉴定。编制《2009～2012年干部职工教育培训规划》。全年举办2期县级局（分公司）领导干部培训班和新进大学生培训班，启动第二轮干部职工培训。全年全省烟草商业系统共举办892期培训班，培训人员8932人次；举办学历教育班69个，702人参加学历教育；举办继续教育班25个，460人参加继续教育。

开展职业技能鉴定工作。2009年，省局（公司）职业技能鉴定站质量管理体系认证通过人力资源和社会保障部外部审核专家组现场审核。全年鉴定站共进行了11个批次、5个等级的鉴定工作，鉴定人员2371人，其中取得职业资格证书的有1500人。全省行业共有1371名专卖管理人员参加省局（公司）举办的中级专卖管理员技能鉴定，其中，932人获得中级专卖管理员资格；15名专卖管理人员参加国家局组织的高级专卖管理员技能鉴定，全部通过鉴定。

【深入学习实践科学发展观活动】 2009年3月，省局（公司）和所属各单位同步开展深入学习实践科学发展观活动。省局（公司）制定《整改落实责任分解表》，明确整改目标、整改时限、牵头领导和整改责任部门。省局（公司）机关以支部、小组为单位，开展解放思想大讨论和交流活动。省局（公司）党组对党组分析检查报告发放群众评议表140份，满意率为99.3%。所属各单位征集群众意见或建议563条，制订整改措施542条，截至2009年年底，落实到位393条。在学习实践活动中，共发放教育读本9536册，开展“一把手”专题辅导113次、集中教育450批次；各级领导干部下基层调研520批次，走访基层部门466个，走访零售户3890户，召开座谈会490次；向零售户和社会群众发放相关宣传资料2.1万份；编发活动简报338期。开展全系统学习实践活动满意度测评，“满意”和“比较满意”占98%以上。

【企业文化】 围绕“精实”企业文化核心理念，省局（公司）制定《加强服务品牌体系建设意见》，对全省打造服务品牌工作进行系统设计。开展结对共建文明单位活动，参加社会公益活动，举办以服务品牌冠名的文体活动，建设零售示范店，向社会传播服务品牌的价值。制作浙烟企业文化宣传片、文艺汇演等音像资料，配发给基层单位。开展十佳“精实”员工、十佳“精实”案例、十佳“精实”服务、十佳“精实”感动瞬间等“四个十”评选活动，举行“感动在你身边”演讲比赛，讲述员工中的先进事迹和典型案例，推动“精实”企业文化核心理念的宣贯。

【特事要辑】 2月12～13日，浙江省烟草专卖、商业系统工作会议在杭州召开。

10月23日，驻国家局纪检组组长潘家华一行到浙江省局（公司）考察。

11月10～11日，全国烟草行业管理体系建设现场会在杭州召开。国家局副局长李克明出席会议并讲话，并把浙江烟草管理体系建设的经验总结为“目标引领、自我建设、突出创新、系统推进”四个方面。

浙江省局（公司）主要统计指标汇总

“两烟”税利（亿元）	“两烟”利润（亿元）	销售卷烟（亿支）	烟叶种植（万亩）	烟叶收购（万担）
157.41	109.42	1240.69	1.97	4.19

所属地市级局（公司）

杭州市烟草专卖局（公司）

杭州市烟草专卖局、浙江省烟草公司杭州市公司成立于1991年，下辖萧山区、余杭区、临安市、富阳市、桐庐县、建德市、淳安县7个县级烟草专卖局（分公司）。共有从业人员1366人，实行全员聘用制。

全年辖区销售卷烟204.27亿支（40.85万箱），同比增长1.48%。实现卷烟销售收入981147万元，同比增长7.82%。实现卷烟税利293152万元，同比增长13.14%，其中卷烟利润206719万元。

全年共查处涉烟违法案件2576起，查获非法卷烟5080万支，案值4704.7万元。破获符合国家局标准的制售假烟网络案件18起，司法机关共依法判刑109人。“4·10”制售假烟网络案件被列为公安部、国家局督办案件，2名主犯被判处无期徒刑。

与杭州市公安局、检察院、法院联合召开杭州市涉烟犯罪联席会议，建立烟草专卖行政执法与刑事执法衔接机制。完善联合监管机制，建立物流监管网，构建物流涉烟监管信息平台。

加强管理体系建设，完成《岗位工作手册》的文件架构及190多个岗位的手册编写工作。以萧山区局（分公司）为管理体系建设试点单位，明确杭州烟草“写、明、做、固、查、改”的六步法实施路径。

提升与高校的合作力度，提高创新能力，全市行业共立项创新项目11个，其中4个创新项目列入省局（公司）立项，开展5个QC小组课题研究。

推进企业文化建设，基本形成在“精实”浙烟文化引领下的“品质杭烟”文化框架体系。所属7个县级局（分公司）着力打造“七和”团队，加强员工在行为表现上的品德、品节、品位、品学、品言、品行、品貌等“七品”建设。

宁波市烟草专卖局（公司）

宁波市烟草专局、浙江省烟草公司宁波市公司成立于1988年，下辖慈溪市、余姚市、奉化市、宁海县、象山县、鄞州区、镇海区、北仑区8个县级烟草专卖局（分公司）。共有从业人员1506人，实行全员聘用制。

全年辖区销售卷烟194.45亿支（38.89万箱），同比增长0.86%。实现卷烟销售收入861990万元，同比增长7.22%。实现卷烟税利262396万元，同比增长13.1%，其中卷烟利润182997万元，同比增长12.84%。全年多元化经营实现税利2931万元，其中实现利润2820万元。

全年共查处涉烟违法案件5298起，查获假冒卷烟3073.18万支，打掉制假窝点1个、贩藏假烟窝点28个，案值4673.13万元，上缴罚没款464.21万元。移送案件44起，公安、司法机关依法刑事拘留14人，逮捕10人，判刑155人。破获制售假烟网络案件20起，其中符合国家局标准的18起。

温州市烟草专卖局（公司）

温州市烟草专卖局、浙江省烟草公司温州市公司成立于1985年，下辖乐清市、瑞安市、永嘉县、洞头县、平阳县、苍南县、文成县、泰顺县8个县级烟草专卖局（分公司）。共有从业人员1504人，其中聘用员工1072人。

全年辖区销售卷烟183.5亿支（36.7万箱），同比增长1.86%。实现卷烟销售收入698531万元，同比增长8.27%。实现卷烟税利200818万元，同比增长11.4%，其中卷烟利润138299万元，同比增长10.7%。

全年共查处涉烟违法案件4806起，查获假冒卷烟4956万支，上缴罚没款673.01万元。移送案件52起，司法机关依法判刑64人。破获符合国家局标准的制售假烟网络案件1起，案值547.33万元。

全年开展各类培训30次，参训人员达1200人次。探索教育培训的新方式，在卷烟配送中心开展岗位交叉体验培训活动，参训人员达322人。

嘉兴市烟草专卖局（公司）

嘉兴市烟草专卖局、浙江省烟草公司嘉兴市公司成立于1985年5月，下辖桐乡市、海宁市、平湖市、嘉善县、海盐县5个县级烟草专卖局（分公司）。共有从业人员861人，实行全员聘用制。2009年，市局（公司）被浙江省总工会授予“工人先锋号”称号。

全年辖区销售卷烟92.95亿支（18.59万箱），同比增长3.48%。实现“两烟”销售收入461812万元，同比增长7.73%，其中，卷烟销售收入461429万元，同比增长7.9%。实现“两烟”税利137195万元，同比下降0.41%，其中，卷烟税利137643万元，同比下降0.01%。实现“两烟”利润96337万元，同比下降13.1%，其中，卷烟利润96788万元，同比下降12.65%。

全年共查处涉烟违法案件1556起，查获假冒卷烟6914万支，案值3072.1万元，上缴罚没款224.2万元。移送案件24起，公安、司法机关依法刑事拘留12人，逮捕7人，判刑36人。破获符合国家局标准的制售假烟网络案件3起。

全市共种植晒红烟0.34万亩，收购烟叶0.025万吨（0.49万担）。全年投入烟叶生产补贴款15万元，主要对由于冰雹造成的烟叶生产受损进行补助。

湖州市烟草专卖局（公司）

湖州市烟草专卖局、浙江省烟草公司湖州市公司成立于1985年8月，下辖长兴县、德清县、安吉县等3个县烟草专卖局（分公司）。共有从业人员776人，其中聘用员工589人。

全年辖区销售卷烟68.48亿支（13.69万箱），同比增长2.98%。实现卷烟销售收入325488万元，同比增长8.66%。实现卷烟税利97330万元，同比下降0.54%，其中卷烟利润68096万元，同比下降15.18%。

全年共查处涉烟违法案件2912起，查获非法卷烟2712万支，上缴罚没款271.18万元，打掉贩藏假烟窝点15个。移送案件6起，司法机关依法判刑11人。

绍兴市烟草专卖局（公司）

绍兴市烟草专卖局、浙江省烟草公司绍兴市公司成立于1986年3月，下辖诸暨市、上虞市、嵊州市、新昌县4个县级烟草专卖局（分公司）。共有从业人员1010人，实行全员聘用制。

全年辖区销售卷烟104.35亿支（20.87万箱），同比增长1.26%。实现“两烟”销售收入459188万元，同比增长8%，其中，卷烟销售收入455181万元，同比增长8%。实现“两烟”税利143834万元，同比增长2.36%，其中，卷烟税利141954万元，同比增长2.17%。实现“两烟”利润101500万元，同比下降10.96%，其中，卷烟利润100738万元，同比下降11.27%。

全年共查处涉烟违法案件1111起，查获非法卷烟1344.5万支，上缴罚没款102.2万元。移送案件14起，公安、司法机关依法刑事拘留18人，逮捕15人，判刑15人。破获制售假烟网络案件6起，均达到国家局标准。

全年种植香料烟1.30万亩，收购香料烟0.1万吨（2.04万担）。

推进卷烟销售网络建设，辖区共发展卷烟销售示范店529家，占零售户总数的2.1%。建立零售库存监测体系，共设立监测点409个。开展“服务主题实践月”和零售客户培训活动，共举办客户培训班60余期，培训客户8400多户。

搭建保障员工合法权益的平台，选举产生了绍兴市烟草第一届工会委员会、经费审查委员会和女职工委员会，成立了劳动争议调解委员会。

金华市烟草专卖局（公司）

金华市烟草专卖局、浙江省烟草公司金华市公司成立于1986年4月，下辖兰溪市、东阳市、浦江县、武义县、义乌市、永康市、磐安县7个县级烟草专卖局（分公司）。共有从业人员 1150 人，其中聘用员工 730 人。

全年辖区销售卷烟 119 亿支（23.8 万箱），同比增长 2.59%。实现卷烟销售收入 454742 万元，同比增长 9.5%。实现卷烟税利 132086 万元，按同口径同比增长 1.12%，其中卷烟利润 91669 万元，同比下降 12.70%。

全年共查处涉烟违法案件 2426 起，查获非法卷烟 7440 万支，上缴罚没款 697.4 万元。司法机关依法追刑 44 人。破获符合国家局标准的制售假烟网络案件 10 起。

承担浙江省"营销中心建设"的试点任务，引进卓越营销的理念，从"以零售户为中心"转向"以消费者为中心"，构建面向消费者的营销体系。

衢州市烟草专卖局（公司）

浙江省烟草公司衢州市公司成立于 1986 年 1 月，衢州市烟草专卖局成立于 1986 年 6 月，下辖江山市、龙游县、常山县、开化县 4 个县级烟草专卖局（分公司）。共有从业人员 540 人，其中聘用职工 424 人。

全年辖区销售卷烟 50 亿支（10 万箱），同比增长 3.09%。实现卷烟销售收入 205352 万元，同比增长 10.52%。实现卷烟税利 59319 万元，同比增长 15.05%，其中卷烟利润 41007 万元，同比下降 0.39%。

全年共查处涉烟违法案件 657 起，标值 4082.67 万元，其中标值 100 万元以上特大假烟案 11 起。查获非法卷烟 1.09 亿支。移送案件 45 起，公安、司法机关依法刑事拘留 53 人，判刑 36 人。破获制售假烟网络案件 4 起。

推进企业民主管理进程，倡导"开门办企业"，设置衢烟论坛活动专栏、领导内部邮箱、员工意见箱，建立职工代表大会制度并召开第一次会议。

丽水市烟草专卖局（公司）

丽水市烟草专卖局成立于 1987 年 3 月，浙江省烟草公司丽水市公司成立于 1986 年 7 月。下辖青田县、缙云县、龙泉市、庆元县、云和县、景宁畲族自治县、遂昌县、松阳县 8 个县级烟草专卖局（分公司）。共有从业人员 799 人，实行全员聘用制。

全年辖区销售卷烟 51.83 亿支（10.37 万箱），同比增长 1.47%。实现"两烟"销售收入 195052 万元，同比增长 8.24%，其中，卷烟销售收入 192622 万元，同比增长 8.04%。实现"两烟"税利 48715 万元，同比增长 1.99%，其中，卷烟税利 48462 万元，同比增长 1.76%。实现"两烟"利润 31696 万元，同比下降 14.1%，其中，卷烟利润 31590 万元，同比下降 14.26%。

全年共查处涉烟违法案件 475 起，查获非法卷烟 423.39 万支，案值共计 245.3 万元，上缴罚没款 18.5 万元。公安、司法机关依法刑事拘留 8 人，逮捕 10 人，判刑 24 人。破获符合国家局标准的制售假烟网络案件 4 起。

全年种植烟叶 0.43 万亩，收购烟叶 0.08 万吨（1.65 万担）。

加强创新工作，"资产管理系统"和"电子语音订货系统"两个创新项目被省局（公司）评为二等奖。

台州市烟草专卖局（公司）

台州市烟草专卖局、浙江省公司台州市公司成立于 1986 年 12 月，下辖玉环县、温岭市、黄岩区、临海市、天台县、仙居县、三门县 7 个县级烟草专卖局（分公司）。共有从业人员 1288 人，实行全员聘用制。

全年辖区销售卷烟 139.6 亿支（27.92 万箱），同比增长 0.69%。实现卷烟销售收入 524184 万元，同比增长 8.56%。实现卷烟税利 154467 万元，同比下降 1.27%，其中卷烟利润 109119 万元，同比下降 14.44%。

全市共查处涉烟违法案件 1182 起，其中案值 100 万元以上案件 4 起，查获非法卷烟 3464 万支，上缴罚没款 282.51 万元。司法机关依法判刑 59 人。破获符合国家局标准的制售假烟网络案件 3 起。

舟山市烟草专卖局（公司）

舟山市烟草专卖局、浙江省烟草公司舟山市公司成立于 1987 年，下辖普陀区、岱山县、嵊泗县 3 个县级烟草专卖局（营销部/分公司）。共有从业人员 345 人，其中聘用员工 134 人。

全年辖区销售卷烟 32.16 亿支（6.43 万箱），与上年持平。实现卷烟销售收入 148716 万元，同比增长 7.84%。实现卷烟税利 44869 万元，同比增长 2.87%，其中卷烟利润 31200 万元，同比下降 12.36%。

全市共查处涉烟违法案件 198 起，查获非法卷烟 8.84 万支，案值 127.3 万元，上缴罚没款 27 万元。移送案件 4 起，公安、司法机关依法刑事拘留 11 人，逮捕 10 人，判刑 12 人。破获符合国家局标准的制售假烟网络案件 1 起，案值 121 万元。

所属其他二级单位

浙江烟草进出口有限公司

浙江烟草进出口有限公司是经原对外贸易经济合作部和国家烟草专卖局批准设立的从事烟草专卖品进出口业务的专业外贸公司，于1997年3月在浙江杭州注册成立，注册资金1000万元。2006年8月，调整为中国烟草总公司浙江省公司的全资子公司。体制调整后公司对外贸易经营范围主要为卷烟（雪茄烟）进口、烟叶出口业务、除国家组织统一联合经营的出口商品和国家实行核定公司经营的进口商品以外的其他商品及技术的进出口业务、非烟草制品的一般贸易业务。截至年底，公司拥有总资产6275万元，其中，固定资产976万元、流动资产5299万元，资产负债率为23%。共有员工15人。

2009年，公司实现销售收入10538万元，同比增长9.77%。实现税利5068万元，同比增长4.32%，其中利润1244万元，同比下降26.69%。出口烟叶75.74吨，进口卷烟（雪茄烟）2.56亿支。

浙江烟草投资管理有限责任公司

浙江烟草投资管理有限责任公司成立于2007年5月25日，是中国烟草总公司浙江省公司的全资子公司。公司经营涉及投资管理、实业投资、酒店管理、进出口经营等业务。截至2009年年底，公司下属多元化经营企业共有20家，其中，有杭州香溢浣纱宾馆、舟山香溢普陀宾馆2家全资企业，香溢融通控股集团股份有限公司1家控股企业，杭州香溢大酒店股份有限公司、浙江香溢房地产开发有限公司2家相对控股企业，以及15家参股企业（含上市公司股权）。拥有总资产32.45亿元，其中固定资产7.52亿元、流动资产17.4亿元，资产负债率为23%。共有在岗员工10人。

2009年，公司主营业务收入13100万元，扣除所得税和少数股东损益，归属浙江烟草投资管理有限责任公司的净利润为10200万元。

公司各项业务保持平稳增长。全年3家酒店主营业务收入10079万元，同比增长2.32%。浙江香溢房地产公司全年确认利息收入、投资收益12406万元，实现利润11970万元。公司出租物业效益稳定，全省出租物业22处，实现年租金2825万元。

2009年浙江省烟草商业系统主要情况统计

地市级局（公司）名称		杭州市烟草专卖局（公司）	宁波市烟草专卖局（公司）	温州市烟草专卖局（公司）	嘉兴市烟草专卖局（公司）	湖州市烟草专卖局（公司）	绍兴市烟草专卖局（公司）
主要负责人/法人代表		李定晓	包诚善	陈金声（—2009.2） 丁春生（2009.2—）	王德源（—2009.6） 陈月华（2009.7—）	孙佳华	潘昵琥
总资产（万元）		485471	381229	321100	198782	134126	188994
资产负债率（%）		20.77	23.31	21.93	30.08	28.88	26.02
所属县级局（个）		7	8	8	5	3	4
所属县级公司/分公司（个）		7个分公司	8个分公司	8个分公司	5个分公司	3个分公司	4个分公司
所属县级营销部（个）		—	—	—	—	—	—
所属业务机构	访销机构	1个营销中心 （下设1个电访中心 5个市场部）	1个营销中心 （下设1个综合部 1个市场部 1个品牌部 1个订单部）	1个营销中心 （下设1个电访中心）	1个营销中心 1个电访中心	1个营销中心	1个营销中心 1个电访中心
	物流配送机构	1个配送中心	1个配送中心	1个配送中心	1个配送中心	1个配送中心	1个配送中心 1个配送分中心
	稽查机构	1个稽查支队	1个稽查支队	1个稽查支队	1个稽查支队	1个稽查支队 5个稽查大队	1个稽查支队
	烟叶机构	—	—	—	1个烟叶科	—	2个烟叶科

续表

地市级局（公司）名称	杭州市烟草专卖局（公司）	宁波市烟草专卖局（公司）	温州市烟草专卖局（公司）	嘉兴市烟草专卖局（公司）	湖州市烟草专卖局（公司）	绍兴市烟草专卖局（公司）
销售卷烟（亿支）	204.27	194.45	183.50	92.95	68.48	104.35
毛利率（%）	29.23	28.79	28.32	30.68	30.73	30.41
实现“两烟”税利（万元）	293152	262396	200818	137195	97330	143834
实现“两烟”利润（万元）	206719	182997	138299	96337	68096	101500
烟叶种植（亩）	—	—	—	3421	—	12999
烟叶收购（担）	—	—	—	4900	—	20399
零售户数（户）	33215	45716	49355	20453	20939	25773

地市级局（公司）名称		金华市烟草专卖局（公司）	衢州市烟草专卖局（公司）	丽水市烟草专卖局（公司）	台州市烟草专卖局（公司）	舟山市烟草专卖局（公司）
主要负责人/法人代表		邱樟海	缪裕富	朱聪佩（—2009.2） 张　和（2009.2—）	童循亚	黄安康
总资产（万元）		191887	76795	62245	237692	57597
资产负债率（%）		30.22	28.12	31.32	25.52	37.40
所属县级局（个）		7	4	8	7	3
所属县级公司/分公司（个）		7个分公司	4个分公司	8个分公司	7个分公司	3个分公司
所属县级营销部（个）		—	—	—	—	—
所属业务机构	访销机构	1个营销中心 （下设1个电访部 1个市场部）	1个营销中心 （下设1个电访部 1个市场部）	1个营销中心	1个营销中心 1个电访中心	1个营销中心
	物流配送机构	1个配送中心 1个配送分中心	1个配送中心	1个配送中心 1个配送分中心 7个配送站	1个物流中心 5个配送站	1个配送中心 1个配送分中心
	稽查机构	1个稽查支队 7个稽查大队	1个稽查支队 4个稽查大队	1个稽查支队 8个稽查大队	1个稽查支队	1个稽查支队 5个稽查大队
	烟叶机构	—	—	6个烟叶站	—	—
销售卷烟（亿支）		119.00	50.00	51.83	139.60	32.16
毛利率（%）		29.66	29.24	29.56	28.93	30.79
实现“两烟”税利（万元）		132086	59319	48715	154467	44869
实现“两烟”利润（万元）		91669	41007	31696	109119	31200
烟叶种植（亩）		—	—	4312	—	—
烟叶收购（担）		—	—	16523	—	—
零售户数（户）		32243	13938	14358	38400	8150

（章　莉）

安徽省烟草专卖局（公司）

【概　况】 安徽省烟草专卖局成立于1984年5月，中国烟草总公司安徽省公司组建于1980年10月。2006年，完成母子公司体制改革。省局（公司）下辖17个地市级烟草专卖局（公司）、87个县级烟草专卖局、79个营销部，华环国际烟草有限公司、安徽华圆烟草有限责任公司2家烟叶加工企业和安徽皖南烟叶有限责任公司。2009年，公司拥有总资产158.91亿元，其中，固定资产12.16亿元、流动资产140.71亿元，资产负债率为17.58%。共有从业人员13510人，其中聘用员工6463人。

【领导成员】 局长、总经理、党组书记：问 武（2009.5—）

副局长、党组成员：王汉文（2009年5月，行政级别提为正厅级）

副总经理、党组成员：卓俭华

纪检组长、党组成员：鹿 军

总会计师：贾零霓

巡视员：刘焕荣（—2009.3）

副巡视员：江太平

副巡视员：曹永钦

【机构设置】① 省局（公司）机关设办公室（外事办公室、烟草学会）、综合计划与企业管理处、专卖监督管理处（内部专卖监督管理处、专卖稽查总队）、政策法规与体制改革处、财务管理处、审计处、科技处（烟草质量监督检测站）、人事处（行业职业技能鉴定站）、思想政治工作处（机关党委、烟草工会）、监察处（与党组纪检组合署办公）、安全保卫处、烟叶管理处、卷烟营销管理处（物流管理办公室）共13个职能部门，以及经济信息中心、离退休人员管理办公室（机关离退休人员服务中心）、培训中心、机关行政管理中心共4个专业部门和整顿办公室1个非常设机构。

【专卖管理】 省局协调省政府办公厅下发《关于进一步整顿和规范烟草市场秩序的通知》，发挥烟草、政法和烟草、工商两个联席会议的作用，开展市场专项整治、打私打假和市场监管工作。2009年，全省共查处涉烟违法案件1.87万起，查获非法卷烟9788万支，处理涉烟违法人员339人，市场净化率达98.2%。全年共破获制售假烟网络案件37起，其中，符合国家局标准的网络案件9起，符合省局标准的网络案件28起。

开展卷烟零售许可证换发工作，全省累计换发零售许可证26.37万份。开通“12313”烟草专卖市场监管电话，全年共处理举报投诉及回访1.9万起。推进卷烟打假进社区工程、零售户培训工程和卷烟经营“放心店”工程。开展县级局标准化建设，加快基层队所建设步伐，推进优秀基层单位创建工作。

【生产经营】 2009年，全省烟草商业系统共销售卷烟933.35亿支（186.68万箱），同比增长3.50%，其中，销售一类烟69.34亿支（13.87万箱）、二类烟91.30亿支（18.27万箱）、三类烟205.82亿支（41.18万箱）、四类烟292.33亿支（58.47万箱）、五类烟274.56亿支（54.89万箱）。本辖区销量居前三位的品牌是“黄山”、“红三环”、“盛唐”，销量分别为379.65亿支（75.93万箱）、226.27亿支（45.25万箱）、50.75亿支（10.15万箱）。全国性卷烟重点骨干品牌销量为561.5亿支（112.3万箱），同比增长15.4%，占总销量的60.16%，同比提高6.22个百分点。

全省烟草商业系统实现“两烟”销售收入266.93亿元，同比增长13.89%，其中卷烟销售收入263.45亿元，同比增长13.93%。根据国务院有关精神，调整卷烟消费税，部分利润转为税赋，全年增加卷烟消费税13.16亿元。实现“两烟”税利67.81亿元，同比增长8.46%，其中卷烟税利67.27亿元，同比增长9.52%。实现“两烟”利润44.69亿元，同比下降9.89%，其中卷烟利润44.81亿元，同比下降8.94%。公司三项费用率为6.71%。

【烟叶产销】 烟叶种植与收购。2009年，全省共种植烟叶14.54万亩，收购烟叶2万吨（40万担），其中皖南烟区收购烟叶1.5万吨（30万担），占全省收购总量的75%。烟叶种植农户9894户，户均种烟面积14.7亩；烟叶收购等级合格率80.6%，烟叶工商交接等级合格率72.5%，上等烟和中等烟所占比重分别为27%和59%。烟叶收购均价13.42元/千克，同比增长10.5%。

签订烟叶购销合同2万吨（40万担），销售烟叶2万吨（40万担），其中省内销售烟叶1.04万吨（20.85万担），省外销售烟叶0.96万吨（19.15万担）。

烟叶复烤加工。烟叶复烤企业2009农业年度签订省内外加工合同8.6万吨（172万担），2009统计年度复烤加工烟叶9.15万吨（183万担），同比增长8.7%。实现加工收入1.96亿元，同比增长11.7%；实现利润3784.86万元，同比增长75%。

现代烟草农业建设试点。安排宣州区鲁溪村和池

---

① 2009年4月，综合计划处（经济运行处）更名为综合计划与企业管理处，烟叶生产经营管理处更名为烟叶管理处，人事劳资处更名为人事处，机关离退休干部服务中心更名为离退休人员管理办公室，机关服务中心更名为机关行政管理中心；卷烟营销管理处新增物流管理办公室。

州市土桥村进行现代烟草农业建设试点，试点示范区的烟叶种植面积由 2008 年的 2640 亩扩大到 2009 年的 4000 亩。两个试点村加大基础设施综合配套投入，探索土地流转方式，推广机械化作业，培育和发展专业服务组织，在“减工、降本、提质、增效”方面取得一定成效。

烟叶技术开发和推广。以国家局实施特色优质烟叶重大专项为契机，加强工商衔接，推进技术研究，建立皖南特色烟叶土壤的指标体系；改进调整配套技术，扩大种植规模，皖南特色优质烟叶开发面积 3 万亩，产量达 0.5 万吨（10 万担），特色优质烟叶的焦甜香风格更加明显，得到工业企业认可。推广漂浮育苗 11 万亩，占育苗总面积的 79%；商品化供苗 6.6 万亩，占供苗总量的 47%。对烟叶基础管理信息软件进行 B/S 升级，加快烟叶收购数据传输；组织亳州市烟叶收购电子结算工作。

烟叶生产基础设施建设。2009 年，全省行业投入专项资金 9277 万元，其中，国家局投入 4737 万元，省内配套补贴 4541 万元。建成烟水配套项目 428 个，密集型烤房 1952 座，建成机耕路 34 条，总长 61 千米。

【卷烟销售网络建设】 加强零售终端示范店建设，省局（公司）制定下发《全省卷烟零售终端“示范店”建设的指导意见》。提高电话订货覆盖率，推进电子结算，电话订货率接近 100%，电子结算率为 95.6%。发挥全省“两烟”统一客户服务热线 96300 的功能，坚持督办制度和回访制度，提高投诉处理的及时性和有效性，客户服务质量明显改善，全省累计客户投诉率 3.1‰，同比下降 49.7%。

【现代物流建设】 对宿州与淮北两家市公司进行区域物流整合。探索现有仓储条件下的货架改造，在宿州将原先的仓储货架改为后推式货架，仓储能力在原有基础上提高 30%。推广 GPS 与 GIS 线路优化系统，探索单车双班制送货。全年卷烟销量增加 6 万箱，物流送货车辆由 2008 年的 782 辆减少到 608 辆，送货员、驾驶员减少 152 人。在淮南市公司开展“二级三层四维”的物流成本绩效管理系统试点工作，建立成本控制体系和物流管理新机制。

【企业管理】 “三项检查”工作。开展“三项检查”回头看工作，自查项目由 1237 项增加到 2241 项，下达 15 份整改通知书，督促整改工作。

全面规范梳理年活动。制定下发《“全面规范梳理年”活动具体工作安排》，组织开展“全面规范梳理年”活动。全省烟草商业系统共清理登记规章制度 4251 项。省局（公司）机关收集到有价值的制度评价意见 780 条，评价论证制度 341 项。推进制度的“废、改、立”工作，省局（公司）283 项现行制度中，提出需要修改完善的制度 167 项，保留继续执行的 67 项，需要废止的 27 项，需要合并修订的 22 项，需要新制定的 59 项。

政（企）务公开。制定下发《全面深入推行政（企）务公开工作的指导意见》和《全面深入推行政（企）务公开工作的实施办法》，整合改进政（企）务公开内外网站，形成了面向机关、面向基层、面向社会的公开格局。2009 年，政（企）务公开内网、外网共计发布信息 1.1 万余条，其中，内网发布 8000 余条，外网发布 3000 余条，内网总点击数 100 余万人次。

免检工作。制定下发《关于对管理规范单位实行免检制度的暂行办法》，改进现行的免检制度，细化评审指标，规范评审程序，建立进退机制，调整奖惩措施。2009 年，有 10 家直属单位申报免检制度，累计已有 15 家单位申报免检制度，申报数占直属单位总数的 75%。

质量管理体系建设与对标工作。制定下发《省局（公司）质量管理体系建设审核评价管理办法》，推进质量管理体系建设。制定下发《安徽省烟草专卖局对标工作方案》，开展对标工作，人均劳动效率和人均卷烟销售收入两项正指标继续增长，与成本费用有关的七项逆指标均有不同程度的下降。

【信息化建设】 实施人力资源管理系统、协同办公项目、GPS 和线路优化项目、物流监控指挥中心、信息系统集成整合项目、网上订货系统、企业管理与辅助决策系统、专卖内管系统、烟叶基层软件升级项目、CA 认证体系建设、安徽烟草统一门户网站、零售客户信息采集项目 12 个信息化项目。完成全省广域网骨干带宽扩容和网络设备、中心机房监控系统、应用软件开发配套软硬件平台的升级改造工作。

【人力资源管理】 干部队伍建设。加大所属单位主要领导的交流力度，完成 8 家直属单位主要领导的交流工作。落实领导干部试用制度和履行职责承诺制度，坚持凡新提任领导干部必须在任职大会上宣誓《承诺书》。制定下发《全省系统干部选拔任用廉政监督办法》、《省局（公司）党组管理的干部职务名称表》，规范选拔任用工作。在各直属单位开展领导班子和领导干部廉洁自律调研，近 1500 人（次）干部员工参加问卷调查，掌握全省系统领导班子廉政建设和领导干部廉洁自律情况。制定下发《安徽省烟草公司关于专业技术及技能岗位聘任工作实施意见》，在试点基础上，推动专业技术类及技能类岗位聘任工作。

教育培训和技能鉴定。2009年，举办培训班53期次，培训5088人次。开设一线人员轮训班，送货员与驾驶员、专卖稽查员（市场管理员）、客户经理、烟叶辅导员等岗位1300人参加培训；组织开展管理人员培训，1775人次参加培训；开设高级管理人员现代营销知识培训班、高级行政管理人员培训班、综合知识培训班，全省烟草商业系统处级以上干部全部参加培训。开展职业技能鉴定工作，全年鉴定10个批次，涉及19个工种、3个级别共计1766人次，鉴定合格965人次。

【思想政治工作】 省局（公司）机关开展第二批深入学习实践科学发展观活动。活动期间，学习实践活动领导小组及其办公室召开近30次专题会议，印发各类文件通知131份，编发学习实践活动简报74期；组织赴凤阳小岗村、金寨县革命老区开展主题活动；围绕学习实践活动主题，研究确立11个调研课题，累计开展各类专题调研24次，撰写调研报告11篇。通过座谈会、问卷、设置意见箱等方式征求意见和建议，梳理归纳出12个方面60条意见和建议；组织开展对分析检查报告的群众评议活动，综合满意度达98.75%。

【企业文化】 制定下发《2009年企业文化建设工作要点》，把企业文化宣贯作为全年企业文化建设的重点工作，把行业文化架构体系和本单位文化理念体系作为宣贯的主要内容，推动企业文化落地和理念践行。建设全省统一的服务品牌，经过公开招标，选定咨询公司为全省系统服务品牌建设提供咨询服务。将企业文化创新内容纳入年度经济运行质量考核指标体系，通过查看基础资料、组织闭卷考试等方式对各直属单位企业文化建设开展情况进行考核。

【特事要辑】 1月20日，省局（公司）2009年工作会议在合肥召开。

5月18~21日，国家局副局长张辉到学习实践活动联系点宣城市局（公司）调研指导。

6月1日，全国浓香型烟叶开发工作座谈会在合肥召开，国家局副局长何泽华出席会议并讲话。

6月10~11日，国家局副局长张保振到安徽省局（公司）调研。

安徽省局（公司）主要统计指标汇总

“两烟”税利（亿元）	“两烟”利润（亿元）	销售卷烟（亿支）	烟叶种植（万亩）	烟叶收购（万担）
67.81	44.69	933.35	14.54	40.00

所属地市级局（公司）

合肥市烟草专卖局（公司）

合肥市烟草专卖局成立于1983年，安徽省烟草公司合肥市公司成立于2006年1月，下辖肥东县、肥西县、长丰县、瑶海区、庐阳区、蜀山区、包河区7个县级烟草专卖局（营销部）。2009年7月对卷烟营销中心内设机构进行调整，保留卷烟营销中心肥东、肥西、长丰营销部，成立卷烟营销中心蜀山营销部、卷烟营销中心包河营销部、卷烟营销中心瑶海营销部，将原卷烟营销中心庐州营销部更名为卷烟营销中心庐阳营销部。共有从业人员936人，其中聘用员工572人。

全年辖区销售卷烟92.05亿支（18.41万箱），同比增长9.42%。实现卷烟销售收入378510万元，同比增长19.65%。实现卷烟税利110468万元，同比增长16.22%，其中卷烟利润77087万元。

全市共查处涉烟违法案件1892起，查获假冒卷烟539.91万支，捣毁贩藏假烟窝点84个，案值818.65万元，上缴罚没款76.50万元。移送公安机关涉烟案件36起，公安、司法机关依法刑事拘留19人，判刑8人。全年共破获制售假烟网络案件4起，其中符合国家局标准的网络案件1起，案值共计214.34万元。

推行“当日订单，当日分拣，当日送货”的新业务模式，加快服务响应速度，节约运营成本，一线送货车辆由原有64部减少至37部。为零售客户提供贷记卡、借记卡服务，电子结算率提高到99%。实施合肥物流基地分拣线改造工程。

淮北市烟草专卖局（公司）

淮北市烟草专卖局、安徽省烟草公司淮北市公司成立于1981年，下辖濉溪县烟草专卖局。共有从业人员328人，其中聘用员工210人。

全年辖区销售卷烟29.75亿支（5.95万箱），同比增长2.09%。实现卷烟销售收入73622万元，同比增长8.60%。实现卷烟税利17174万元，同比下降13.75%，其中卷烟利润12462万元。

全市共查处涉烟违法案件530起，查获假冒卷烟320万支，捣毁贩藏假烟窝点13个，案值125万元，上缴罚没款40万元。移送公安机关涉烟案件9起，公安、司法机关依法刑事拘留17人，逮捕8人，判刑8人。全年共破获制售假烟网络案件4起，其中符合国家局标准的网络案件1起，案值共计1060万元。

亳州市烟草专卖局（公司）

亳州市烟草专卖局、安徽省烟草公司亳州市公司成立于1981年，下辖涡阳县、蒙城县、利辛县3个县级烟草专卖局（营销部）和谯城分局（营销部）。共有从业人员1152人，其中聘用员工286人。

全年辖区销售卷烟64.28亿支（12.86万箱），同比增长4.10%。实现“两烟”销售收入135563万元，同比增长11.73%，其中卷烟销售收入130514万元，同比增长13.44%。实现“两烟”税利22041万元，同比增长2.41%，其中卷烟税利23213万元，同比增长3.77%。实现“两烟”利润11582万元，其中卷烟利润12759万元。烟叶利润亏损1177万元。

全市共查处涉烟违法案件1895起，查获假冒卷烟125.93万支、非法烟叶6.65吨，捣毁贩藏假烟窝点12个，案值34.32万元，上缴罚没款26.69万元。移送公安机关涉烟案件4起，公安、司法机关依法刑事拘留8人，逮捕6人，判刑21人。全年共破获制售假烟网络案件2起，其中符合国家局标准的网络案件1起，案值共计154.1万元。

全市烤烟收购均价为12.72元/千克。全年完成烟基建设项目799项，其中，密集式烤房280座、普改密烤房500座、机耕路10千米、机井10眼。

宿州市烟草专卖局（公司）

宿州市烟草专卖局、安徽省烟草公司宿州市公司成立于1981年，下辖萧县、砀山县、灵璧县、泗县、埇桥区5个县级烟草专卖局（营销部）。共有从业人员867人，其中聘用员工579人。

全年辖区销售卷烟75.95亿支（15.19万箱），同比增长3.23%。实现“两烟”销售收入149648万元，其中卷烟销售收入148955万元，同比增长15.91%。实现“两烟”税利32677万元，同比增长7.87%，其中卷烟税利32873万元，同比增长8.07%。实现“两烟”利润19952万元，其中卷烟利润20271万元。

全市共查处涉烟违法案件2441起，其中假烟案件655起；查获非法卷烟483万支，其中假冒卷烟139.50万支，查获非法烟叶0.69吨，案值120.02万元，上缴罚没款17.90万元。移送公安机关涉烟案件3起，公安、司法机关依法行拘6人，刑事拘留8人，逮捕3人，判刑2人。全年共破获制售假烟网络案件2起，案值56.40万元。

全市全年种植烟叶0.39万亩，收购烤烟0.05万吨（1.07万担）。实现烟农收入665.8万元。

蚌埠市烟草专卖局（公司）

蚌埠市烟草专卖局、安徽省烟草公司蚌埠市公司成立于2000年，下辖怀远县、五河县、固镇县3个县级烟草专卖局（营销部）和1个直属分局（本级营销部）。共有从业人员513人，其中聘用员工138人。2009年，被安徽省政府授予“全省民族团结进步模范集体”称号。

全年辖区销售卷烟54.09亿支（10.82万箱），同比增长2.95%。实现“两烟”销售收入127051万元，同比增长16.49%，其中卷烟销售收入126298万元，同比增长17.07%。实现“两烟”税利28640万元，同比增长8.58%，其中卷烟税利29222万元，同比增长8.56%。实现“两烟”利润17889万元，其中卷烟利润19273万元。烟叶利润亏损1384万元。

全市共查处涉烟违法案件1575起，查获假冒卷烟809万支、非法烟叶16.70吨，案值297万元，上缴罚没款20.52万元。移送公安机关涉烟案件5起，公安、司法机关依法刑事拘留13人，判刑2人。全年共破获制售假烟网络案件2起，其中符合国家局标准的网络案件1起，案值共计875万元。

推进政（企）务公开，建立面向社会、面向全省行业、面向本单位三个层面的公开网络平台，全年通过政务公开信息外网公开各类信息513条，通过政（企）务公开内网公开各类信息578条。创新民主管理新途径，提出“3+N”① 制度管理模式，建立七个运行平台，保证员工的“知情权、参与权、表达权、监督权”。

---

① “3”即三个制度：职工代表大会工作规范、民主管理委员会工作规范、工会委员会工作规范，“N”指一系列相关配套制度和措施。

全市共落实烟叶种植面积0.28万亩，收购烤烟0.028万吨（0.55万担）。烟农户数465户。

阜阳市烟草专卖局（公司）

阜阳市烟草专卖局、安徽省烟草公司阜阳市公司成立于1981年，下辖临泉县、阜南县、太和县、颍上县、界首市5个县级烟草专卖局（营销部）和1个直属分局（营销部）。共有从业人员1076人，其中聘用员工755人。

全年辖区销售卷烟109.20亿支（21.84万箱），同比增长5.40%。实现“两烟”销售收入214500万元，同比增长14.52%，其中卷烟销售收入213987万元，同比增长14.48%。实现“两烟”税利45980万元，同比增长8.50%，其中卷烟税利45987万元，同比增长8.26%。实现“两烟”利润28592万元，其中卷烟利润28723万元。烟叶利润亏损131万元。

全市共查处涉烟违法案件1285起，查获假冒卷烟112.87万支、非法烟丝4.9吨、烟丝6.58吨，案值164.39万元，上缴罚没款50.39万元。移送公安机关涉烟案件9起，公安、司法机关依法刑事拘留11人，判刑12人。全年共破获制售假烟网络案件2起，案值75.17万元。

全市共落实烟叶种植面积0.34万亩，收购烤烟0.046万吨（0.93万担）。全年投入烟基建设专项资金396.24万元。

淮南市烟草专卖局（公司）

淮南市烟草专卖局、安徽省烟草公司淮南市公司成立于1982年，下辖凤台县烟草专卖局（区域营销部），田家庵大通、谢家集八公山、潘集3个分局（区域营销部）及毛集分局、山南分局。共有从业人员442人，其中聘用员工301人。

全年辖区销售卷烟40.87亿支（8.17万箱），同比增长2.58%。实现卷烟销售收入129270万元，同比增长12.88%。实现卷烟税利33793万元，同比增长7.88%，其中卷烟利润23285万元。

全市共查处涉烟违法案件368起，查获非法卷烟133.16万支，捣毁贩藏假烟窝点3个，上缴罚没款11.32万元。公安、司法机关依法刑事拘留7人，逮捕2人，判刑1人。全年共破获制售假烟网络案件2起，其中符合国家局标准的网络案件1起，案值共计298万元。

建立“二级三层四维”物流成本绩效管理体系，创新物流模式，改“串行作业”为“并行作业”，实现每周7天不间断访销、分拣和送货。推行GPS/GIS智能线路优化系统，重新规划送货线路，采取“单车单班上下午送货制”。以成本绩效为突破口，从现实级和优化级两个层面，围绕“质、本、量、效”四个维度，构建成本指标体系及三层考核机制。体系运行后，分拣设备精简1条，物流人员减少40%，卷烟库存降低40%，送货车辆减少60%，车辆负载率提高39%，送货时间由原来的48小时缩短为24小时。

滁州市烟草专卖局（公司）

滁州市烟草专卖局、安徽省烟草公司滁州市公司成立于1982年，下辖定远县、凤阳县、明光县、来安县、天长县、全椒县6个县级烟草专卖局（营销部）和1个直属分局（营销部）。共有从业人员743人，其中聘用员工205人。

全年辖区销售卷烟66亿支（13.2万箱），同比增长3.17%。实现卷烟销售收入179868万元，同比增长15.55%。实现卷烟税利44020万元，同比增长9.37%，其中卷烟利润29280万元。

全市共查处涉烟违法案件452起，查获假冒卷烟40.7万支、非法烟丝和烟叶56吨，捣毁制假、贩藏假烟窝点43个，案值234.9万元，上缴罚没款14.3万元。移送公安机关涉烟案件3起，公安、司法机关依法刑事拘留5人，逮捕6人，判刑4人。全年共破获符合省局标准的制售假烟网络案件2起，案值87万元。

六安市烟草专卖局（公司）

六安市烟草专卖局、安徽省烟草公司六安市公司成立于1985年，下辖寿县、霍邱县、舒城县、金寨县、霍山县5个县级烟草专卖局（营销部），皋城、叶集2个直属分局和1个市局（公司）本级营销部。共有从业人员760人，其中聘用员工535人。

全年辖区销售卷烟79.13亿支（15.83万箱），同比增长3.16%。实现“两烟”销售收入216320万元，同比增长16.11%，其中卷烟销售收入216135万元，同比增长16.14%。实现“两烟”税利55023万元，同比增长7.27%，其中卷烟税利55103万元，同比增长7.58%。实现“两烟”利润40704万元，其中卷烟利润40813万元。烟叶利润亏损109万元。

全市共查处涉烟违法案件2653起，查获假冒卷烟174.94万支，捣毁贩藏假烟窝点11个，案值823.19万元，上缴罚没款25.04万元。移送公安机关涉烟案件6起，公安、司法机关依法刑事拘留23人，逮捕7人，判刑1人。全年破获符合国家局标准的制售假烟网络案件1起，案值640万元。

全市共落实烟叶种植面积0.086万亩，收购烟叶

0.01 万吨（0.20 万担）。烟农户数 41 户。

马鞍山市烟草专卖局（公司）

马鞍山市烟草专卖局、安徽省烟草公司马鞍山市公司成立于 1981 年 10 月，下辖当涂县烟草专卖局（营销部）和钢城分局（营销部）。共有从业人员 269 人，其中聘用员工 184 人。

全年辖区销售卷烟 22.85 亿支（4.57 万箱），同比下降 1.53%。实现卷烟销售收入 100429 万元，同比增长 7.60%。实现卷烟税利 23845 万元，同比下降 0.45%，其中卷烟利润 17704 万元。

全市共查处涉烟违法案件 973 起，查获假冒卷烟 75.18 万支，捣毁贩藏假烟窝点 68 个，案值 186.88 万元，上缴罚没款 24.14 万元。移送公安机关涉烟案件 3 起，公安、司法机关依法刑事拘留 10 人，逮捕 9 人，判刑 7 人。全年共破获网络案件 2 起，其中符合国家局标准的网络案件 1 起，案值共计 187 万元。

巢湖市烟草专卖局（公司）

巢湖市烟草专卖局、安徽省烟草公司巢湖市公司成立于 1985 年，下辖庐江县、无为县、和县、含山县、居巢区 5 个县级烟草专卖局（营销部）。共有从业人员 678 人，其中聘用员工 490 人。

全年辖区销售卷烟 61.52 亿支（12.3 万箱），同比增长 1.68%。实现卷烟销售收入 195448 万元，同比增长 12.35%。实现卷烟税利 51693 万元，同比增长 15.61%，其中卷烟利润 35086 万元。

全市共查处涉烟违法案件 1072 起，查获假冒卷烟 16.43 万支，案值 19.71 万元，上缴罚没款 11.12 万元。移送公安机关涉烟案件 10 起，公安、司法机关依法刑事拘留 16 人，逮捕 13 人，判刑 9 人。全年共破获制售假烟网络案件 2 起，其中符合国家局标准的网络案件 1 起，案值共计 199.82 万元。

加强管理创新和基础管理，开展执法规范、服务规范、双基建设规范、现场定置管理、全面预算管理暨降低可控费用“五项试点”工作。推进质量管理体系建设和对标工作，费用率由上年度的 6.23% 降至 5.64%。

芜湖市烟草专卖局（公司）

芜湖市烟草专卖局、安徽省烟草公司芜湖市公司成立于 1981 年，下辖南陵县、繁昌县、芜湖县 3 个县级烟草专卖局（区域营销部），1 个市区营销部和个直属分局（市局派出机构）。共有从业人员 402 人，其中聘用员工 253 人。

全年辖区销售卷烟 39.25 亿支（7.85 万箱），同比增长 3.86%。实现卷烟销售收入 131806 万元，同比增长 15.02%。实现卷烟税利 37696 万元，同比增长 10.0%，其中卷烟利润 27223 万元。

全市共查处涉烟违法案件 509 起，查获假冒卷烟 136.29 万支、非法渠道烟 323.67 万支、走私烟 9.68 万支，上缴罚没款 50.52 万元。移送公安机关涉烟案件 16 起，公安、司法机关依法刑事拘留 18 人，逮捕 18 人，判刑 18 人。全年共破获制售假烟网络案件 3 起，案值 383 万元。

宣城市烟草专卖局（公司）

宣城市烟草专卖局、安徽省烟草公司宣城市公司成立于 1984 年，下辖郎溪县、广德县、宁国市、泾县、旌德县、绩溪县 6 个县级烟草专卖局（区域营销部）和宣州区分局（区域营销部）。共有从业人员 567 人，其中聘用员工 395 人。

全年辖区销售卷烟 47.7 亿支（9.54 万箱），同比增长 0.48%。实现卷烟销售收入 150848 万元，同比增长 7.89%。实现卷烟税利 39692 万元，同比下降 2.01%，其中卷烟利润 27085 万元。

全市共查处涉烟违法案件 745 起，其中案值在 10 万元以上案件的 2 起，查获非法卷烟 325 万支，上缴罚没款 33.9 万元。公安、司法机关依法刑事拘留 6 人，批捕 1 人，判刑 6 人。

铜陵市烟草专卖局（公司）

铜陵市烟草专卖局成立于 1984 年，安徽省烟草公司铜陵市公司成立于 1981 年，下辖铜陵县烟草专卖局和铜都分局。共有从业人员 171 人，其中聘用员工 101 人。

全年辖区销售卷烟 14.3 亿支（2.86 万箱），同比增长 2.51%。实现卷烟销售收入 60981 万元，同比增长 11.52%。实现卷烟税利 18715 万元，同比增长 6.34%，其中卷烟利润 13294 万元。

全市共查处涉烟违法案件 119 起，查获假冒卷烟 45.71 万支，捣毁贩藏假烟窝点 4 个，案值 53.48 万元，上缴罚没款 5.7 万元。移送公安机关涉烟案件 1 起，公安、司法机关依法刑事拘留 3 人，逮捕 3 人。全年破获符合国家局标准的制售假烟网络案件 1 起，案值 105.05 万元。

池州市烟草专卖局（公司）

池州市烟草专卖局、安徽省烟草公司池州市公司成立于 1981 年，下辖贵池区、东至县、石台县、青阳县4个县级烟草专卖局（营销部）和1个烟叶生产经营中心。共有从业人员839人，其中聘用员工743人。2009年，市局（公司）被国家体育总局授予“全国群众体育先进单位”称号。

全年辖区销售卷烟26.80亿支（5.36万箱），同比增长3.28%。实现卷烟销售收入86352万元，同比增长15.72%。实现“两烟”税利21163万元，同比增长7.19%，其中卷烟税利21852万元，同比增长11.16%。实现“两烟”利润13606万元，其中卷烟利润14422万元。烟叶利润亏损816万元。

全市共查处涉烟违法案件1452起，查获假冒卷烟713.86万支，捣毁贩藏假烟窝点9个，案值703.35万元，上缴罚没款2.82万元。移送公安机关涉烟案件7起，公安、司法机关依法刑事拘留24人，逮捕8人，判刑4人。全年共破获制售假烟网络案件2起，其中“7·15”网络案件涉及5省8市，案值为1.2亿元。

全市烟叶生产亩均产值2557.8元，户均收入3.97万元，烤烟收购均价为15.9元/千克。

全年全市投入2000余万元，年内完成烟基建设项目515个，烟水配套工程受益烟田面积达1.1万亩。开展1个省级、2个市级现代烟草农业建设试点，推进土地流转，严格合同管理，推动实现整村连片种植。探索烟叶生产专业户、专业村、专业乡镇建设，大力拓展专业化服务范围和渠道，组建“病虫害集中预报站”、“服务式采烤分离”等生产合作组织。

安庆市烟草专卖局（公司）

安庆市烟草专卖局成立于1984年，安徽省烟草公司安庆市公司成立于1981年，下辖宜城市、桐城市、怀宁县、枞阳县、潜山县、岳西县、太湖县、望江县、宿松县9个县级烟草专卖局（营销部）。共有从业人员1089人，其中聘用员工790人。

全年辖区销售卷烟83.50亿支（16.70万箱），同比增长1.23%。实现卷烟销售收入242310万元，同比增长10.66%。实现卷烟税利58500万元，同比下降0.36%，其中卷烟利润42400万元。

全市共查处涉烟违法案件3756起，查获假冒卷烟3468.7万支，捣毁贩藏假烟窝点64个，案值1448.67万元，上缴罚没款39.66万元。移送公安机关涉烟案件26起，公安、司法机关依法刑事拘留20人，逮捕6人，判刑4人。全年共破获制售假烟网络案件4起，其中符合国家局标准的网络案件1起，案值444.9万元。

创新许可证管理，推创进专卖许可证记分管理。启动专卖社会化管理，全市共成立零售客户自律小组176个，与6个社区建立合作关系，涉及零售客户7676户，占总户数的31.08%。

推进协约式服务，与全体零售客户签订《卷烟经营协约》。推行差异化经营，向零售客户分发《卷烟零售经营指导书》。实施明码标价。

黄山市烟草专卖局（公司）

黄山市烟草专卖局、安徽省烟草公司黄山市公司成立于1981年，下辖屯溪区、徽州区2个县级烟草专卖分局，歙县、休宁县、祁门县、黟县和黄山区5个县级烟草专卖局（区域营销部）。共有从业人员348人，其中聘用员工208人。

全年辖区销售卷烟26.33亿支（5.27万箱），同比增长2.73%。实现卷烟销售收入84026万元，同比增长8.04%。实现卷烟税利21425万元，同比增长1.54%，其中卷烟利润13812万元。

全年共出动专卖执法人员6361人次，查处涉烟违法案件120起，查获非法卷烟11.3万支，案值14.64万元，捣毁制售假烟窝点1个，上缴罚没款5.6万元。移送公安机关涉烟案件4起，公安、司法机关依法判刑12人。

所属其他二级单位

安徽皖南烟叶有限责任公司

安徽皖南烟叶有限责任公司位于安徽省宣城市，成立于2004年12月。公司统一管理皖南地区宣城、芜湖、黄山市的烟叶生产、技术研发、人员培训、烟叶购销、皖南烟叶的品牌塑造与市场拓展等工作。公司本部设有技术研发、生产经营、综合管理三个部门，下辖宣州、郎溪、芜湖、南陵、黄山5个烟叶经理部及10个烟叶工作站。公司拥有总资产3.88亿元，其中，固定资产2251万元、流动资产3.40亿元，资产负债率为64%。共有在岗员工411人，实行全员聘用制。

2009年，共落实种烟面积9.35万亩，收购烟叶1.275万吨（25.5万担），收购均价为14.26元/千克，同比增加3.2%；辖区内烟农共计3881户，户均种植面积24.1亩。实现总利润2887万元，烟叶实现税利

8238 万元。与省内外工业企业签订购销合同 1.55 万吨（31 万担），实际调拨 1.53 万吨（30.6 万担），其中省内 0.675 万吨（13.5 万担）。公司三项费用率为 19.05%。

2009 年规划实施烟水项目 356 个，兴建小塘坝 163 个、提水站 1 座、沟渠 96 条、机井 96 座、机耕路 20 条，新建密集型烤房 2424 座、59 个烤房群。

2009 年安徽省烟草商业系统主要情况统计

地市级局（公司）名称		合肥市烟草专卖局（公司）	淮北市烟草专卖局（公司）	亳州市烟草专卖局（公司）	宿州市烟草专卖局（公司）	蚌埠市烟草专卖局（公司）	阜阳市烟草专卖局（公司）
主要负责人/法人代表		项建安（—2009.3） 丁云水（2009.3—）	王传清	孙太勇（—2009.2） 李成贵（2009.2—）	王世华	金小玲（—2009.2） 张丙利（2009.2—）	时玉玲（—2009.2） 昝兴标（2009.2—）
总资产（万元）		156466	42323	40720	62595	49113	71076
资产负债率（%）		7.63	6.32	19.59	14.60	14.70	16.00
所属县级局（个）		7	1	4	5	4	6
所属县级公司/分公司（个）		—	—	—	—	—	—
所属县级营销部（个）		7 个营销部	—	4 个营销部	5 个营销部	4 个营销部	6 个营销部
所属业务机构	访销机构	1 个营销中心 1 个订单部	1 个营销中心 1 个电访中心	1 个营销中心 1 个订单部	1 个营销中心 1 个订单部	1 个营销中心 1 个电访中心	1 个营销中心 1 个订单部
	物流配送机构	1 个配送中心	1 个配送中心	1 个配送中心	1 个配送中心	1 个配送中心	1 个配送中心
	稽查机构	1 个稽查支队 7 个稽查大队	8 个稽查大队	1 个稽查支队	1 个稽查支队	1 个稽查支队 4 个稽查大队	1 个稽查支队
	烟叶机构	—	—	1 个烟叶生产经营中心、8 个烟叶工作站	3 个烟叶工作站	3 个烟叶工作站	1 个烟叶生产经营中心、2 个烟叶工作站
销售卷烟（亿支）		92.05	29.75	64.28	75.95	54.09	109.20
毛利率（%）		28.10	27.03	25.09	24.79	25.69	24.64
实现“两烟”税利（万元）		110468	17174	22041	32677	28640	45980
实现“两烟”利润（万元）		77087	12462	11582	19952	17889	28592
烟叶种植（亩）		—	—	26556	3858	2795	3436
烟叶收购（担）		—	—	70839	10679	5509	9323
零售户数（户）		23863	8124	19573	25094	13505	30312

地市级局（公司）名称		淮南市烟草专卖局（公司）	滁州市烟草专卖局（公司）	六安市烟草专卖局（公司）	马鞍山市烟草专卖局（公司）	巢湖市烟草专卖局（公司）	芜湖市烟草专卖局（公司）
主要负责人/法人代表		昝兴标（—2009.2） 孙太勇（2009.2—）	戴锦亮	谢建生（—2009.2） 时玉玲（2009.2—）	胡家木	丁云水（—2009.2） 吴永成（2009.2—）	吴永成（—2009.2） 谢建生（2009.2—）
总资产（万元）		57582	76008	99214	48632	85879	80078
资产负债率（%）		8.75	15.02	6.86	9.50	8.05	7.20
所属县级局（个）		1	7	7	2	5	4
所属县级公司/分公司（个）		—	—	—	—	—	—
所属县级营销部（个）		4 个区域营销部	7 个营销部	6 个营销部	2 个营销部	5 个营销部	4 个区域营销部
所属业务机构	访销机构	1 个营销中心 1 个电访中心	1 个营销中心 1 个电访中心	1 个营销中心 1 个电访中心	1 个卷烟营销中心 1 个订单部	1 个营销管理中心 1 个订单部	1 个营销管理中心 1 个订单部
	物流配送机构	1 个配送中心	1 个配送中心	1 个配送中心	1 个配送中心	1 个配送中心	1 个配送中心
	稽查机构	1 个稽查支队 22 个稽查大队	1 个稽查支队	1 个稽查支队	1 个稽查支队 7 个稽查大队	1 个稽查支队	1 个稽查支队 1 个稽查大队
	烟叶机构	—	—	2 个烟叶工作站	—	—	—
销售卷烟（亿支）		40.87	66.00	79.13	22.85	61.52	39.25

续表

地市级局（公司）名称	淮南市烟草专卖局（公司）	滁州市烟草专卖局（公司）	六安市烟草专卖局（公司）	马鞍山市烟草专卖局（公司）	巢湖市烟草专卖局（公司）	芜湖市烟草专卖局（公司）
毛利率（%）	26.76	26.66	26.46	28.80	27.19	26.96
实现“两烟”税利（万元）	33793	44020	55023	23845	51693	37696
实现“两烟”利润（万元）	23285	29280	40704	17704	35086	27223
烟叶种植（亩）	—	—	850	—	—	—
烟叶收购（担）	—	—	2006	—	—	—
零售户数（户）	10200	15923	24200	6310	17461	9113

地市级局（公司）名称		宣城市烟草专卖局（公司）	铜陵市烟草专卖局（公司）	池州市烟草专卖局（公司）	安庆市烟草专卖局（公司）	黄山市烟草专卖局（公司）
主要负责人/法人代表		李根存	陈长生	齐美生	范家福	张后全
总资产（万元）		86307	32633	42639	121330	45377
资产负债率（%）		6.86	23.85	10.03	10.15	9.38
所属县级局（个）		7	2	4	9	7
所属县级公司/分公司（个）		—	—	—	—	—
所属县级营销部（个）		7个区域营销部	—	4个营销部	9个营销部	5个区域营销部
所属业务机构	访销机构	1个营销中心	1个营销中心 1个电访中心	1个营销中心 1个电访中心	1个营销管理中心 1个订单部	1个营销中心 1个订单部
	物流配送机构	1个配送中心	1个物流中心 1个配送中心	1个配送中心	1个配送中心	1个配送中心
	稽查机构	1个稽查支队 7个稽查大队	1个稽查支队	1个稽查支队	1个稽查支队 9个稽查大队	1个稽查支队
	烟叶机构	—	—	10个烟叶服务站 2个烟叶服务点	—	—
销售卷烟（亿支）		47.70	14.30	26.80	83.50	26.33
毛利率（%）		27.59	29.75	23.80	26.74	28.10
实现“两烟”税利（万元）		39692	18715	21163	58500	21425
实现“两烟”利润（万元）		27085	13294	13606	42400	13812
烟叶种植（亩）		—	—	14457	—	—
烟叶收购（担）		—	—	46500	—	—
零售户数（户）		15187	4012	9159	25678	9330

（朱训伟　李　胜）

福建省烟草专卖局（公司）

【概　况】 福建省烟草专卖局、中国烟草总公司福建省公司组建于1984年，下辖9个地市级烟草专卖局（公司）、70个县级烟草专卖局、69个分公司，三明金叶复烤有限公司、福建武夷烟叶有限公司2家烟叶加工企业，以及福建烟草海晟投资管理有限公司和中国烟草福建进出口有限责任公司。2009年，公司拥有总资产192.81亿元，其中，固定资产26.79亿元、流动资产149.57亿元，资产负债率为11.43%。共有从业人员13945人，实行全员聘用制。

2009年，省烟草行业被福建省委、省政府授予省级“文明行业”称号，省局（公司）被福建省总工会授予“2008年度福建省五一劳动奖状”。

【领导成员】 局长、总经理、党组书记：杨培森

副局长、党组成员：张　卉
副总经理、党组成员：揭柏林
副总经理、党组成员：李晓陆
纪检组长、党组成员：黄星光
副总经理、党组成员：林则森（2009.10—）

【机构设置】 省局（公司）机关设办公室（外事办公室）、综合计划处（经济运行处）、专卖监督管理处（专卖稽查总队、内部专卖监督管理处）、政策法规与体制改革处、财务管理处、审计处、科技处、人事劳资处（与离退休人员管理办公室、职工教育培育中心合署办公）、监察处（与党组纪检组合署办公）、思想政治工作处（机关党委、工会）、安全保卫处、烟叶管理处、卷烟销售管理处13个处室，以及机关服务中心、经济信息中心、烟草质量监督检测站、技能鉴定站、福建省烟草学会秘书处、福建省烟草农业科学研究所（中国烟草东南农业试验站）6个专业部门。

【专卖管理】 *巩固卷烟打假成果。*坚持“持续深入、多措并举、以变应变、标本兼治”的打假方针，长驻打假、疏打结合。建立由120人组成的专职打假队伍，全天候、不间断打击卷烟制假行为。在云霄县开展“无假烟乡镇”评比活动，落实打假责任制，该地区全年减少涉假村23个；继续支持云霄县工业园区建设和教育扶贫，引导当地群众转变观念、合法致富。2009年，全省共查处制假窝点3078个，查获假冒卷烟9.93亿支，查获非法烟丝、烟叶5677.16吨，收缴大型制假机械173台，公安、司法机关依法刑事拘留271人，逮捕93人，判刑294人。注重从流通环节查处制售假烟网络案件，全省共破获制售假烟网络案件19起，公安机关依法刑事拘留122人。

*提升市场管理水平。*加强证照管理，完成2008版零售许可证的换证工作，与工商部门建立了卷烟无证无照经营联合治理的长效机制。坚持依法行政，制定《规范烟草专卖行政处罚自由裁量权实施规则》、《烟草专卖行政处罚细化标准》，开发自由裁量信息系统，依法规范执法权限和程序。10月，召开全省专卖管理工作泉州现场会，并在全省行业内推广建立专卖市场监管指标体系、专卖终端管理体系、专卖管理绩效考核体系和案件查处监控体系。

*加强专卖内部监管。*制定《内部专卖管理工作制度》，规范了定期检查、同级监管、责任追究等12项制度。修订《专卖管理监督操作手册（试行）》，完善“两烟”生产经营的17项业务流程。开发应用专卖内管信息系统，初步实现对卷烟经营的在线实时监控。

【生产经营】 2009年，全省烟草商业系统销售卷烟771.02亿支（154.20万箱），同比增长3.24%，其中，销售一类烟64.90亿支（12.98万箱）、二类烟90.74亿支（18.15万箱）、三类烟213.67亿支（42.73万箱）、四类烟281.18亿支（56.24万箱）、五类烟120.51亿支（24.10万箱）。本辖区销量居前三位的品牌为“七匹狼”、“石狮”、“牡丹”，其中，销售“七匹狼”327.83亿支（65.56万箱），同比增长6.48%；销售“石狮”150.51亿支（30.10万箱），同比下降11.35%；销售“牡丹”27.55亿支（5.51万箱），同比增长18.10%。全国性卷烟重点骨干品牌销量为506.35亿支（101.27万箱），同比增长8.49%，占总销量的65.67%。

全年实现卷烟销售收入241.32亿元，同比增长9.76%。根据国务院有关精神，调整卷烟消费税，部分利润转为税赋，全年增加卷烟消费税11.72亿元。实现“两烟”税利75.10亿元，同比增长17.71%，其中卷烟税利59.33亿元，同比增长13.07%。实现“两烟”利润46.85亿元，同比增长1.86%，其中卷烟利润38.58亿元，同比下降6%。公司三项费用率为8.58%。

【烟叶产销】 *烟叶种植与收购。*全省落实烟叶种植面积99.6万亩，收购烟叶13.99万吨（279.9万担），上等烟比例达52.4%。全省烟叶收购等级合格率为78.8%，工商交接等级合格率为71.8%。实现烟叶销售收入45.4亿元，同比增长10.7%；烟农户均收入2.35万元，同比增长17.50%。

福建烟叶首次实现出口，向环球烟草公司、联邦烟草国际公司出口烟梗3016吨，出口实现169.71万美元。

*现代烟草农业建设。*围绕“一基四化”，省局（公司）在全省选择15个乡、镇作为试点单位开展现代烟草农业整乡推进工作。全省投入资金6.17亿元，完成2008年度烟基建设项目13763个，其中新建密集式烤房9087座。与省国土资源厅联合承担的30万亩高标准农田建设进展顺利。2005～2008年，全省累计投入资金22.11亿元，完成烟基建设项目68531个，修建机耕路3276千米、沟渠6463千米，受益基本烟田面积111万亩。建设密集式烤房49973座，可承担烘烤面积85.2万亩。

*坚持“依法、自愿、有偿”原则，探索土地流转机制。*烟农联合互助组、烟农协会、专业合作社等新型烟农合作组织发展加快。育苗、机耕、植保、烘烤、烤房维护、分级、运输等专业化服务水平有较大提高。推广机械化作业，试点乡、镇机械化生产亩均减少用

工5.86个。提升信息化管理，优化完善了全省现代烟草农业信息化管理平台，信息化应用覆盖烟叶生产全过程。

特色优质烟叶生产。注重开发特色优质烟叶，全省收购“翠碧一号”5.65万吨（113万担）、“红花大金元”0.085万吨（1.7万担），成为全国清香型烟叶重要供应基地之一。

【卷烟销售网络建设】 卷烟市场调控。推进网建标准化建设，开展按客户订单组织货源工作，加强对市场价格、社会库存、消费趋势等信息的采集和分析，准确把握市场真实需求。

销售终端建设。以建立新型客我关系为重点服务终端，推广网上订货、网银支付、网上配货、网络营销等电子商务模式；以规范经营秩序为重点管理终端，完善星级管理，推动客户诚信经营，维护良好市场秩序；以有效发挥终端价值为重点延伸终端，构建面向消费者的营销体系，建立消费者档案和品牌成长分析机制；以提升素质为重点形象终端，开展“我的精品街”和“品牌形象店”建设，并举办“终端与我共成长”和“我的店铺，我的经验”营销技能竞赛，同时，加大对零售客户的培训力度，全省全年共培训6.1万户次。全省零售客户月均毛利为1325元/户，同比增长7.3%。

现代物流建设。制定《福建省地市级烟草公司现代物流运行规范》，统一全省物流组织架构、业务流程和内部管理标准。推广“集中呼叫、批次提交、滚动分拣、流水作业”新模式。物流资源整合取得进展，厦门工商企业实现工业卷烟直接配送商业分拣环节，龙岩工商企业开展工商协同库存管理。建立成本费用管理标准和定额指标，全省平均单箱物流费用为156.39元，物流费用占销售收入比重为1.02%。

【企业管理】 质量管理体系建设。省局（公司）坚持“全员参与、上下结合、以我为主、注重实效”的方针，坚持以规范管理为基础、以流程管理为目标、以信息管理为手段、以制度建设为保障，明确质量管理体系建设目标，统一全省核心业务流程。

启动对标工作。围绕降低成本费用与提高劳动效率，确立生产经营的关键指标，并完善对标管理工作制度，建立重点指标持续改进长效机制。

安全管理。开展“安全生产年”活动，突出安全设施、职业健康安全管理体系、安全人才队伍的“三项建设”和隐患排查治理。全省实现了“九个为零，一个控制”的安全管理责任目标。

财务与审计。进一步完善审计委派制，全年共组织审计项目1251项，委托审计451项。福建省局（公司）审计委派制在全行业推广。继续强化会计稽核，全面实施统一会计核算软件。全年共报告重大财务事项87项，发出管理建议书282份，整改金额394万元，促进增收节支238万元。

监督委员会。发挥省、市两级监督委员会职能，开展“三重一大”及烟叶生产、卷烟营销、专卖执法、多元化经营等专项监督检查。全年共组织专项监督36项，发出整改通知书153份，提出工作建议212条、整改意见788条。

【信息化建设】 加强信息化建设规划，组织编写全省行业信息化工作规范。推动信息化基础设施建设，落实信息系统安全等级测评工作，完善电子政务、电子商务、管理决策三大应用体系，使信息化与“两烟”生产经营、行业专卖管理监督工作紧密融合。

【人力资源管理】 用工分配制度改革。除中国烟草福建进出口有限责任公司外，全省行业9家改革单位全部完成了用工分配制度改革任务，实现了绩效考核结果与薪酬挂钩，建立了有效的激励约束机制和正常的工资调整增长机制。

教育培训。省局（公司）全年共举办培训班34期，培训2555人次；与福建省委党校合作举办了首届全省烟草商业系统县级烟草专卖局局长培训班。推进专业技术人才队伍建设，2009年，全省烟草商业系统共2人获得高级专业技术职称、19人获得中级专业技术职称。

【思想政治工作】 3~9月，全省行业开展深入学习实践科学发展观活动，各市局（公司）选择各具特色的实践载体，深入学习调研，查找问题并进行落实整改。进一步规范领导干部权力运用，制定《福建省烟草专卖局直属单位（部门）负责人问责制暂行办法》。加强廉政文化建设，10月，在三明市召开全省烟草商业系统廉政文化建设现场会。

【企业文化】 全省烟草商业系统以“建设海西，责任烟草”为主题，与省公司的“责任”母文化和13家所属单位的“德、诚、实、宁，容、融、和，正、方、勤，智、精、严”等子文化相互呼应、形成体系。8月，省公司与中国企业文化研究会联合召开第五届全国“四实”企业文化暨福建烟草商业“母子文化”创新研讨会，省公司被确定为“全国企业文化示范基地”。

【特事要辑】 3月5~6日，全国烟草行业审计工作会议在厦门召开，国家局副局长何泽华出席会议并作讲话。

7月2日，烟草行业多元化投资管理体制建设座谈会在福州召开，国家局副局长李克明出席会议并作讲话。

8月19日，第五届全国“四实”企业文化暨福建烟草商业“母子文化”创新研讨会在福州举行，国家局副局长张保振出席会议并作讲话。

福建省局（公司）主要统计指标汇总

“两烟”税利（亿元）	“两烟”利润（亿元）	销售卷烟（亿支）	烟叶种植（万亩）	烟叶收购（万担）
75.10	46.85	771.02	99.60	279.88

所属地市级局（公司）

福州市烟草专卖局（公司）

福州市烟草专卖局、福建省烟草公司福州市公司成立于1984年3月，下辖闽侯县、福清市、长乐市、连江县、永泰县、闽清县、平潭县、罗源县8个县级烟草专卖局（分公司）和城南、城北烟草专卖局（分公司），以及金叶物流有限公司和金叶大酒店有限责任公司。共有从业人员1152人。2009年，市局（公司）被福建省委、省政府评为“福建省第十届（2006~2008年度）文明单位”。

全年辖区销售卷烟131.70亿支（26.34万箱），同比增长2.28%。实现卷烟销售收入420164万元，同比增长9.00%。实现卷烟税利107649万元，同比增长17.12%，其中卷烟利润72935万元。

全市共查处涉烟违法案件2889起，其中案值在5万元以上案件28起。查获假冒卷烟2124万支、非法渠道卷烟289万支、走私烟485万支。破获制售假烟网络案件4起。公安、司法机关依法拘留22人，逮捕11人，判刑7人。

厦门市烟草专卖局（公司）

厦门市烟草专卖局、福建省烟草公司厦门市公司成立于1984年，下辖厦门市局第一分局（分公司）及厦门海晟连锁商贸有限公司、厦门五福贸易有限公司、厦门市烟草物流有限公司。共有从业人员404人。2009年，市局（公司）被中央精神文明建设指导委员会办公室授予“全国精神文明建设工作先进单位”称号。

全年辖区销售卷烟77.27亿支（15.45万箱），同比增长2.02%。实现卷烟销售收入270608万元，同比增长9.0%。实现卷烟税利71890万元，同比增长9.63%，其中卷烟利润49844万元。

全市共查处涉烟违法案件713起，查获假冒卷烟7975万支，打掉制假窝点1个，案值2341万元，上缴罚没款57.19万元。移送公安机关涉烟案件31起，公安、司法机关依法刑事拘留24人，逮捕6人，判刑15人。破获符合国家局标准的制售假烟网络案件3起，案值2156万元。

宁德市烟草专卖局（公司）

宁德市烟草专卖局、福建省烟草公司宁德市公司成立于1984年7月，下辖蕉城区、福安市、福鼎市、霞浦县、寿宁县、周宁县、屏南县、古田县、柘荣县9个县级烟草专卖局（分公司），以及宁德海晟连锁商贸有限公司、宁德市金叶物流有限公司。共有从业人员755人。2009年，市局（公司）被福建省委、省政府评为“福建省文明单位”。

全年辖区销售卷烟56.21亿支（11.24万箱），同比增长4.30%。实现卷烟销售收入171132万元，同比增长9.56%。实现卷烟税利40803万元，同比增长14.64%，其中卷烟利润26092万元。

全市共查处涉烟违法案件454起，查获假冒卷烟7286万支，捣毁贩藏假烟窝点31个，案值1532万元，上缴罚没款17.51万元。移送公安机关涉烟案件8起，公安、司法机关依法逮捕8人，判刑12人。破获符合国家局标准的制售假烟网络案件1起，案值200万元。

市局（公司）继续开展用工分配制度改革，实现了全员薪酬套改，全员双向选择。注重企业文化建设，确立了以“宁和、宁心、宁业”为核心的宁德烟草企业文化架构。

莆田市烟草专卖局（公司）

莆田市烟草专卖局、福建省烟草公司莆田市公司成立于1984年7月，下辖秀屿区、仙游县2个县级烟草专卖局（分公司），城区烟草专卖局和莆田海晟连锁商贸有限公司。共有从业人员496人。

全年辖区销售卷烟60.22亿支（12.04万箱），同比增长13.28%。实现卷烟销售收入181809万元，同比增长22.72%。实现卷烟税利47128万元，同比增长30.27%，其中卷烟利润32216万元。

全市共查处涉烟违法案件291起，查获假冒卷烟236万支，打掉贩藏假烟窝点1个，破获制售假烟网络案件1起。移送公安机关涉烟案件2起，公安、司法机关依法刑事拘留1人，逮捕2人，判刑15人。破获全省首例利用互联网销售假烟的网络案件，查获非法卷烟141万支、车辆3部，抓获犯罪嫌疑人7人，案值130余万元。

市局（公司）编撰完成了《理念篇》、《理论篇》等7本企业文化理论文本。

泉州市烟草专卖局（公司）

泉州市烟草专卖局、福建省烟草公司泉州市公司组建于1984年，下辖城区、晋江市、南安市、石狮市、惠安县、安溪县、永春县、德化县、泉港区9个县级烟草专卖局（分公司），以及泉州天益物流有限公司、福建泉州海晟连锁商贸有限公司。共有从业人员1414人。2009年，市局（公司）被福建省委、省政府评为“福建省第十届（2006~2008年度）文明单位”。

全年辖区销售卷烟177.8亿支（35.56万箱），同比增长2.03%。实现卷烟销售收入552416万元，同比增长6.95%。实现卷烟税利154438万元，同比增长5.69%，其中卷烟利润106473万元。

全市共查处涉烟违法案件2079起，查获假冒卷烟2145万支、走私烟679万支。破获制售假烟网络案件2起，查获制假烟机1台。公安、司法机关依法刑事拘留39人，逮捕28人，劳教3人，判刑52人。

泉州市局（公司）完成“德行搏进，以德载责”的“德”子文化体系建设，编撰并印制泉州烟草企业文化七个篇章文本，举行企业文化成果发布及文艺演出。

漳州市烟草专卖局（公司）

漳州市烟草专卖局、福建省烟草公司漳州市公司成立于1984年3月，下辖城区、龙海市、漳浦县、云霄县、诏安县、东山县、南靖县、平和县、华安县、长泰县10个县级烟草专卖局（分公司），以及漳州海晟连锁商贸有限公司、漳州正益物流有限公司2个控股公司。共有从业人员1086人。

全年辖区销售卷烟111.01亿支（22.20万箱），同比增长3.22%。实现销售收入342587万元，同比增长9.12%。实现卷烟税利83643万元，同比增长13.83%，其中卷烟利润55837万元。

注重源头打假，驻点云霄县开展常年打假活动，全年查获假冒卷烟7.46亿支，查获非法烟叶、烟丝5492吨，捣毁制假窝点2993个，案值共计4.91亿元。全市共查处涉烟违法案件2265起，上缴罚没款27.43万元。移送公安机关涉烟案件1380起，抓获犯罪嫌疑人1621人，公安、司法机关依法刑事拘留108人，逮捕17人，判刑151人。破获符合国家局标准的制售假烟网络案件3起，案值1941万元。

龙岩市烟草专卖局（公司）

龙岩市烟草专卖局、福建省烟草公司龙岩分公司成立于1984年3月，下辖长汀县、永定县、上杭县、武平县、连城县、漳平市、新罗区7个县级烟草专卖局（分公司），以及鑫叶农资有限责任公司、鑫叶物流有限公司2家多元化经营企业。共有从业人员1923人。2009年，市局（公司）被福建省委、省政府评为“福建省第十届（2006~2008年度）文明单位”。

全年辖区销售卷烟50.08亿支（10.02）万箱，同比增长2.14%。实现“两烟”销售收入268777万元，同比增长11.27%，其中，卷烟销售收入154724万元，同比增长11.22%。实现“两烟”税利68589万元，同比增长24.16%，其中，卷烟税利32578万元，同比增长23.32%。实现“两烟”利润36764万元，其中卷烟利润20449万元。

全市共查处涉烟违法案件452起，查获假冒卷烟2141万支，查获非法烟叶43吨、条装商标纸1万张、盒装商标纸8.7万张。公安、司法机关依法逮捕33人，判刑13人。

全年种植烤烟26.71万亩，收购烟叶3.78万吨（75.50万担）。实现烟农收入5.78亿元，同比增长8.44%。

全年共投入1.72亿元，建成烟基建设项目3896个，新建密集式烤房2608座。全年新增烟水配套工程实际受益烟田面积16万亩，受益农户5万户。截至2009年年底，全市实际受益面积累计达65万亩，受益农户21万户。

开展现代烟草农业建设试点面积4万亩，与同地区大面积生产相比，试点区域亩产烟叶142千克，提高0.6千克；收购均价15.44元/千克，提高0.08元/千克；亩均用工26个，减少6个，节约成本106元；亩产值2192元，提高24元。

市局（公司）“环保型烤烟育苗基质及其制备方法”获得国家发明专利，“烟草包衣种子容器育苗播种器”获国家实用新型专利，自主培育的烤烟新品系“FL38（F1-38）”通过全国农业评审。

三明市烟草专卖局（公司）

三明市烟草专卖局成立于1984年8月，福建省烟草公司三明市公司成立于1984年5月，下辖城区、永安市、沙县、大田县、尤溪县、将乐县、建宁县、泰宁县、明溪县、清流县、宁化县11个县级烟草专卖局（分公司），以及福建省三明金叶复烤有限公司、三明金明农资有限公司、三明海晟连锁商贸有限公司、三明宏叶物流发展有限公司4家控股公司。共有从业人员2228人。2009年，市局（公司）被福建省委、省政府评为“福建省第十届（2006～2008年度）文明单位”。

全年辖区销售卷烟50.6亿支（10.12万箱），同比增长2.46%。实现“两烟”销售收入33.71亿元，同比增长14.01%，其中，卷烟销售收入142536万元，同比增长10.01%。实现“两烟”税利99815万元，同比增长20.79%，其中，卷烟税利29090万元，同比下降4.99%。实现“两烟”利润55283万元，其中卷烟利润17255万元。

全市共查处涉烟违法案件237起，查获假冒卷烟2731.91万支、非法烟叶124.46吨，打掉制假窝点4个，上缴罚没款16.83万元。移送公安机关涉烟案件9起，公安、司法机关依法刑事拘留29人，逮捕4人，判刑10人。破获制售假烟网络案件3起。

全年共种植烤烟41.42万亩，收购烤烟5.89万吨（117.7万担），收购均价为15元/千克。实现烟农收入8.85亿元，同比增加0.62亿元；烟农户均收入2.47万元，同比增加0.31万元。

全年共投入2.44亿元，年内完成烟基建设项目4209项，其中新建密集式烤房2847座。烟水配套工程实际受益面积累计17.3万亩，受益烟农4.29万户。

开展现代烟草农业建设试点面积5.2万亩，与同地区大面积生产相比，试点区域亩产145.96千克，提高3.95千克；亩均用工23.65个，减少4个，节约成本145元；亩产值2231元，提高96元。

南平市烟草专卖局（公司）

南平市烟草专卖局、福建省烟草公司南平市公司成立于1984年7月，下辖延平区、邵武市、顺昌县、建阳市、建瓯市、浦城县、武夷山市、光泽县、松溪县、政和县10个县级烟草专卖局（分公司），以及金叶贸易服务有限公司、南平先益物流有限公司，参股福建武夷烟叶有限公司、南平海晟连锁商贸公司。共有从业人员2268人。2009年，市局（公司）被福建省委、省政府评为“省级文明单位”。

全年辖区销售卷烟56.10亿支（11.22万箱），同比增长1.95%。实现“两烟”销售收入257401万元，同比增长3.35%，其中，卷烟销售收入145850万元，同比增长9.76%。实现“两烟”税利68429万元，同比增长31.92%，其中，卷烟税利31694万元，同比增长12.41%。实现“两烟”利润37418万元，其中卷烟利润19550万元。

全市共查处涉烟违法案件276起，查获假冒卷烟47.12万支、非法烟叶1.33吨，上缴罚没款19.85万元。移送公安机关涉烟案件7起，公安、司法机关依法刑事拘留12人，逮捕5人，判刑11人。破获销售假烟网络案件1起，案值112万元。

全年共种植烤烟31.47万亩，收购烤烟4.34万吨（86.73万担），收购均价为14.95元/千克。实现烟农收入6.48亿元，同比增加0.66亿元；烟农户均收入2.94万元，同比增加0.24万元。

全年共投入2.3亿元，其中烟草行业补贴2.06亿元，年内完成烟基建设项目4966项，其中，新建卧式密集型烤房3018座，热源内置功能性改造小烤房614座。烟水配套工程实际受益面积累计10.34万亩，受益农户2.83万户。

开展现代烟草农业建设试点面积4.2万亩，与同地区大面积相比，试点区域亩产165千克，提高5千克；亩均用工23.8个，减少9.13个，节约成本241元；亩产值2400元，提高150元。

所属其他二级单位

中国烟草福建进出口有限责任公司

中国烟草进出口公司福建分公司于1985年1月1日在福州成立，1991年更名为中国烟草福建进出口公司，同年迁址到厦门。2001年11月公司改制更名为中国烟草福建进出口有限责任公司，股东为原中国烟草进出口（集团）公司、福建省烟草公司、福建中烟工业公司、原龙岩卷烟厂、原厦门卷烟厂。2006年12

月经国家烟草专卖局批准，成为中国烟草总公司福建省公司的全资子公司。共有从业人员51人，其中聘用员工14人。公司拥有总资产2.52亿元，其中，固定资产1369.67万元、流动资产2.22亿元。

公司全年实现利润总额6371万元，同比增长55.69%。实现销售收入3.02亿元。出口烟叶1.002万吨，出口实现1757.59万美元，同比增长44.36%，其中，出口烤烟0.296万吨，出口实现1342.17万美元，同比增长55.11%，出口烟梗0.71万吨，出口实现385.5万美元，同比增长9.46%。出口晒红烟0.006万吨。全年共备货烤烟0.52万吨，完成计划的95%。签订进口卷烟（雪茄烟）特种合同6.032亿支，实际进口6.028亿支，合同履约率为99.94%。全年销售进口卷烟（雪茄烟）5.75亿支，销售额1.80亿元。

福建烟草海晟投资管理有限公司

福建烟草海晟投资管理有限公司成立于1993年，位于福建省厦门市，前身为福建海晟集团有限公司，2007年改制更名，成为中国烟草总公司福建省公司的全资子公司，专门负责福建省烟草商业系统多元化投资管理工作。公司目前已基本形成了以资本经营、投资管理为主线，投资范围涵盖金融投资、房地产开发、信息技术开发、连锁经营、文化传媒、旅游酒店等领域的多元化综合性企业。公司拥有总资产34.52亿元，其中，固定资产1.06亿元、流动资产27.19亿元。公司本部有员工35人，其他控（参）股企业员工1147人，其中公司的主业员工为70人。

公司有对外投资控（参）股企业13家，其中，控股企业10家，分别是：厦门海晟房地产开发有限公司、福州海晟房地产开发有限公司、武夷山海晟国际大酒店管理有限公司、福建海晟连锁营销发展有限责任公司、福建海晟信息技术有限公司、厦门海晟信息技术有限公司、福建省金叶文化传播有限公司、福建省海晟物业管理有限公司、武夷山通仙茶业有限责任公司、厦门烟草海晟物业服务有限公司；参股企业3家，分别是：兴业银行股份有限公司、厦门中软海晟信息技术有限公司、福州芸香阁酒店策划管理有限公司。

公司全年实现经营收入2.69亿元，实现利润总额3087万元。

2009年福建省烟草商业系统主要情况统计

地市级局（公司）名称		福州市烟草专卖局（公司）	厦门市烟草专卖局（公司）	宁德市烟草专卖局（公司）	莆田市烟草专卖局（公司）	泉州市烟草专卖局（公司）
主要负责人/法人代表		林则森	陈全志	黄端启	尤清河	孔祥统
总资产（万元）		192404	143185	78878	75888	298079
资产负债率（%）		9.34	5.79	5.14	2.04	7.50
所属县级局（个）		10	1	9	3	9
所属县级公司/分公司（个）		10个分公司	1个分公司	9个分公司	2个分公司	9个分公司
所属县级营销部（个）		—	—	—	—	—
所属业务机构	访销机构	1个营销中心 1个电访中心 10个客服中心	1个订单部 6个客户服务部 1个集团客户服务部	1个营销中心 1个订单部	1个营销中心 1个电访中心	1个卷烟营销中心 1个电访中心 9个客服中心
	物流配送机构	1个物流配送中心 7个中转站	1个配送中心 1个中转站	1个物流公司 7个中转站	1个物流中心	3个配送中心 4个中转站
	稽查机构	1个稽查支队 11个稽查大队	1个稽查支队 6个稽查大队	1个稽查支队 9个稽查大队	1个稽查支队 5个稽查大队	1个稽查支队 10个稽查大队
	烟叶机构	—	—	—	—	—
销售卷烟（亿支）		131.70	77.27	56.21	60.22	177.80
毛利率（%）		25.92	25.82	26.74	25.74	27.04
实现“两烟”税利（万元）		107649	71890	40803	47128	154438
实现“两烟”利润（万元）		72935	49844	26092	32216	106473
烟叶种植（亩）		—	—	—	—	—
烟叶收购（担）		—	—	—	—	—
零售户数（户）		25213	10994	14772	13004	36200

地市级局（公司）名称		漳州市烟草专卖局（公司）	龙岩市烟草专卖局（公司）	三明市烟草专卖局（公司）	南平市烟草专卖局(公司)
主要负责人/法人代表		游文忠	姜林灿	刘添毅	黄宗淦（—2009.11） 黄学良（2009.11—）
总资产（万元）		147949	162076	240193	159796
资产负债率（%）		4.13	9.30	15.30	27.65
所属县级局（个）		10	7	11	10
所属县级公司/分公司（个）		10个分公司	7个分公司	11个分公司	10个分公司
所属县级营销部（个）		—	—	—	—
所属业务机构	访销机构	1个营销中心 1个订单部	1个订单部 7个客户服务中心	1个营销中心、11个客户服务中心、1个订单部	1个营销中心 1个电访中心
	物流配送机构	2个配送中心 10个中转站	1个卷烟配送中心 6个中转站	1个物流分公司、3个配送中心、8个中转站	1个物流中心 2个配送中心
	稽查机构	1个稽查支队 10个稽查大队	1个稽查支队 7个稽查大队	1个稽查支队 12个稽查大队	1个稽查支队 10个稽查大队
	烟叶机构	—	55个烟叶站 27个烟叶收购点	89个烟叶站	74个烟叶站 2个烟叶收购点
销售卷烟（亿支）		111.01	50.08	50.60	56.10
毛利率（%）		25.23	24.75	25.59	24.92
实现“两烟”税利（万元）		83643	68589	99815	68429
实现“两烟”利润（万元）		55837	36764	55283	37418
烟叶种植（亩）		—	267114	414200	314796
烟叶收购（担）		—	754996	1177000	867300
零售户数（户）		22559	12183	11551	12331

（刘国良）

江西省烟草专卖局（公司）

【概　况】 江西省烟草专卖局、中国烟草总公司江西省公司成立于1984年1月，下辖南昌、九江、上饶、抚州、宜春、吉安、赣州、景德镇、萍乡、新余、鹰潭11个地市级烟草专卖局（公司）、驻南昌铁路烟草专卖局，以及中国烟草井冈山传统教育基地、江西省锦峰实业有限公司、江西赣南烟叶复烤有限责任公司①。全省烟草商业系统拥有总资产89亿元，其中，固定资产24亿元、流动资产65亿元，资产负债率为9.66%。截至2009年年底，共有从业人员9495人，其中聘用员工5385人。

2009年，省局（公司）被江西省委、省政府评为“江西省第十二届文明单位”。省局机关被江西省直机关工作委员会和省直机关精神文明建设委员会共同授予“省直机关第六届文明单位”称号。

【领导成员】 局长、总经理、党组书记：雷万春

副局长、纪检组长、党组成员：罗年安（2009年4月开始行政级别为正厅级）

副总经理、党组成员：郑　京

副局长、党组成员：魏　平

总会计师：陈建辉

副巡视员：罗建武（2009.4—）

副巡视员：辛焕荣（2009.4—）

【机构设置】 省局（公司）机关设办公室（外事办公室）、综合计划处（经济运行处）、专卖监督管理

① 2009年11月27日，国家局印发《关于设立江西赣南烟叶复烤有限责任公司的批复》（国烟法〔2009〕474），同意设立江西赣南烟叶复烤有限责任公司，公司经营范围为烟叶复烤加工。

处（专卖稽查总队、内部专卖管理监督处）、政策法规与体制改革处、财务管理处、投资管理处、审计处、科技处、人事劳资处、离退休人员管理办公室、思想政治工作处（机关党委、工会）、监察处（与党组纪检组合署办公）、安全保卫处、烟叶管理处、卷烟销售管理处、驻江西中烟工业公司专卖监管办公室、信息中心、机关服务中心、江西省烟草质量监督检测站、江西省烟草职工教育培训中心、江西省烟叶科学研究所、行业特有工种职业技能鉴定站、烟草学会、物流建设管理办公室、整顿烟草经济秩序办公室①共25个处室、部门。

【专卖管理】 卷烟打假。在全省范围内实施打假破网“翻番工程”，继续保持卷烟打假高压态势，全年共查处假冒卷烟0.81亿支。公安、司法机关依法拘留188人，其中劳教12人，追刑137人。全年共查处涉烟违法案件25325起，其中，符合国家局标准的网络案件39起、符合省局标准的网络案件23起。赣州市局“3·23”和抚州黎川县局“3·24”两起重大网络案件被公安部、国家局批准列为挂牌督办案件。

市场日常监管。先后组织开展打击重点违法大户、打击违规名烟名酒店等专项行动。进一步完善与公、检、法等部门协作机制及区域协作机制，建立健全市场监管体系，实现灵活机动监管。全面启用“12313”卷烟市场监管举报电话，开发并启用智能判案及情报信息系统。继续完善市场监管督查考核方式，实施全年全天候监管考核。全面完成零售许可证统一换发工作。

内部专卖管理监督。确定九江、宜春市局两个内部监管工作帮扶联系单位，组织省、市、县三级烟草专卖局专职内管人员赴山西省局跟班学习。全省正式使用专卖内管信息系统，加强对“异常销量、异常订单、异常品牌、异常客户”的重点监管。建立和落实内管情况每月通报制度，同时完善内管问责制度，严格责任追究，进一步促进内管长效机制正常运行。

【生产经营】 2009年，全省烟草商业系统销售卷烟610.72亿支（122.14万箱），同比增长4.97%，其中，销售一类烟50.85亿支（10.17万箱），同比增长27.79%；二类烟42.43亿支（8.49万箱），同比增长30.93%；三类烟145.05亿支（29.01万箱），同比增长13.72%；四类烟225.51亿支（45.10万箱），同比增长3.45%；五类烟146.86亿支（29.37万箱），同比下降10.47%。本辖区销量居前三位的品牌为“庐山”、“金圣”、“白沙”，其中，销售“庐山”197.23亿支（39.45万箱），同比增长2.19%；“金圣”89.49亿支（17.90万箱），同比增长19.88%；“白沙”47.46亿支（9.49万箱），同比增长4.44%。

全年全省实现“两烟”销售收入184.25亿元，同比增长14.51%，其中，卷烟销售收入173.59亿元，同比增长14.43%。根据国务院有关精神，为应对金融危机，调整卷烟消费税，部分利润转为税赋，全年新增卷烟消费税8.47亿元。实现“两烟”税利42.28亿元，同比增长18%，其中，卷烟税利39.34亿元，同比增长19.57%。实现“两烟”利润26.54亿元，同比下降3.44%，其中，卷烟利润25.63亿元，同比下降2.92%。公司三项费用率为7.63%。

【烟叶产销】 烟叶种植与收购。2009年，全省烟叶防过热、控规模取得显著成效。全省共种植烟叶23.75万亩，收购烟叶3.82万吨（76.35万担）。烟叶收购均价14.59元/千克，同比增加1.09元/千克。烟叶生产水平提高，平均亩产160.5千克，亩产值2343元，户均种烟收入2.1万元，同比增加3011元。继续开拓烟叶市场，在确保省内需求的情况下，省外销量3.09万吨（61.85万担）。

现代烟草农业建设。现代烟草农业建设试点规模稳步扩大，全省10个试点村面积5456亩、烟农341户，户均规模16亩。平均亩产168.8千克、亩产值2502元，高出全省平均水平159元；亩均用工25～29个，比非试点村减少用工5～10个。试点与科普站建设相结合，成为当地新农村建设的亮点。信丰、会昌县现代烟草农业示范点（科普站）得到了国家局领导的高度评价和省科协的充分肯定。继续推进烟基建设，行业投资1.81亿元，完成5733个项目，其中，烟水配套项目1615个、机耕路208条，新改建密集烤房3417座。

特色优质烟叶开发。与红塔烟草（集团）有限责任公司、江西省农业科学院等单位联合成立了以信丰片区为代表的“紫色土旱地浓香型特色烟叶开发”项目开发领导小组和课题项目组。初步完成了信丰片区紫色土资源状况调研和植烟土壤适应性质量评价。石城县承担的江西中烟特色烟叶项目，顺利通过了国家局验收。

烟叶基地化建设。工商共建烟叶基地化建设规模稳步扩大，截至年底，省局（公司）已与红塔烟草（集团）有限责任公司、川渝中烟工业公司、山东中烟工业公司和江西中烟工业有限责任公司签订烟叶基地建设合作协议。赣南烟叶进入了广东中烟工业有限

① 物流建设管理办公室和整顿烟草经济秩序办公室为省局（公司）机关临时性的内设机构。

责任公司、湖南中烟工业有限责任公司的品牌配方。

【多元化经营】 截至2009年年底，全省烟草商业系统共有多元化经营企业7家，其中，全资企业4家，参股企业3家。全资企业为：江西省锦峰实业有限公司、井冈山金叶大厦、江西省烟草培训中心、景德镇市金叶大酒店；参股企业为：国盛证券有限责任公司、江西大厦股份有限公司、南昌银行。

2009年年底，中国烟草井冈山传统教育基地和景德镇市金叶大酒店歇业，进行升级改造筹办工作。

*理顺多元化企业的资产关系。*根据《国家烟草专卖局关于江西锦峰实业有限公司增资扩股的批复》（国烟计〔2009〕405号），江西省锦峰实业有限公司增资扩股9000万元，增资扩股后，注册资本由2.33亿元增加到3.23亿元，各股东按原持股比率出资。

【卷烟销售网络建设】 *推进网建提升和优化客户关系。*省公司制定《江西省烟草专卖局（公司）2009～2011年卷烟销售网络建设规划》，对未来三年的销售网建工作进行了统一部署。分析各业态零售户在人员构成、经营能力、经营范围、运作方式等方面的特点，科学制定货源分配办法，稳定卷烟价格，保障零售户的合理利益。

*现代物流建设。*加快物流建设，年内南昌、景德镇、赣州、宜春、上饶、抚州、鹰潭等市公司卷烟配送中心顺利建成并投入使用，吉安、新余、萍乡等市公司卷烟配送中心主体工程基本完工，九江市公司配送中心建设项目获审批立项。推进物流管理体系建设，构建物流设备售后服务保障体系，搭建物流信息监管平台，强化物流成本对标工作。

【企业管理】 *内部管理。*完善岗位职责、工作流程和规章制度，初步形成烟叶、销售、专卖、财务、人事、管控“六大管理规范”。全年全省烟草商业系统质量管理体系试点单位共开展2次内部审核，所有非试点单位都进入体系试运行阶段。

*资产管理。*强化投资项目管理、预算管理，严格规范固定资产投资审批，严格控制费用支出。加强国有资产监督和管理，制定国有资产处置管理办法。组织开展烟叶“两项资金”专项审计和经济责任审计，严格基建项目竣工决算审计。

*基层建设。*大力开展优秀基层单位创建活动，并延伸至专卖基层中队、客户服务部和基层烟站，基层的组织机构、基础设施、队伍建设、制度体系建设得到加强。

【信息化建设】 继续提升信息化水平，不断推进信息应用系统的建设和推广。开发物流管理系统、按客户订单组织货源系统和省局（公司）短信平台，统一会计核算系统，完成专卖管理系统、烟叶系统、综合办公系统、全省呼叫中心系统、全省投诉中心系统等升级改造，以及全省系统网管软件、全省系统CA认证系统招标工作，数字仓储系统平稳高效运行。

【人力资源管理】 *干部队伍建设。*健全完善干部选拔任用制度，制定省局（公司）机关处级领导干部、市级局（公司）领导干部选拔任用实施办法和省局（公司）机关员工招录管理办法。开展干部公开选拔，面向全省系统开展干部选拔，加大年轻干部选拔和干部交流轮岗力度，完善干部结构。制定科学的干部考核评价办法，在全省系统开展领导班子和领导干部综合考核评价工作。

*教育培训。*建立干部上挂下派和跟班学习制度，组织专卖内管人员到山西省局跟班学习。健全完善人事劳动部门统一管理、各部门分头实施的教育培训体系，明确干部教育培训有关规定和要求，全年全省系统累计举办各类培训班170余个，培训干部职工1.5万人次，并与清华大学合作举办“国学智慧与管理方略EMBA培训班”。省局（公司）职业技能鉴定站顺利通过国家人力资源和社会保障部质量管理体系认证。开展全省系统专卖中队长集中强化训练和专卖管理岗位双能竞赛等活动；加强企业内训师资的培养与管理，全省系统内部培训师资档案初步建立。

【科技创新】 为发挥省烟科所的科研纽带与平台作用，加强省烟科所建设，引进包括2名博士在内的8名科研人员，充实了科研队伍。启动市烟叶技术中心和县烟叶实验站建设，三级烟叶技术研发体系建设有效推进。全年全省系统共有在研科技项目48项，投入经费2452万元，一批科技成果在生产经营中得以应用，取得良好经济效益和社会效益。

【思想政治工作】 *主题活动。*省局（公司）对深入学习实践科学发展观活动开展了“回头看”活动，干部队伍贯彻落实科学发展观的自觉性和坚定性进一步增强。开展“机关效能年”活动和以“四要”作风为核心的机关作风建设年活动，促进省市县三级局机关建设。

*党风廉政建设。*加强日常廉政学习、典型教育和警示教育。注重反腐倡廉制度建设，制定全省系统领导干部《述职述廉暂行办法》和《廉政谈话暂行办

法》。健全监督工作机制，完善和推广“明示承诺”制度，修订六项“管监一体化”工作制度。落实党风廉政责任制，继续将党风廉政目标考评纳入全省系统综合考评工作，实行“一岗双责制”和“一票否决制”。进一步推进惩防体系建设，加强对各级单位领导班子的监督和推进惩防体系建设的督导。

【企业文化】 顺利完成以“责任”为核心，以“系责于心、履责于行”为导向的“责任文化”体系架构，做到了母子文化对接，推动企业文化宣贯落地。

【特事要辑】 3月24～26日，国家局副局长何泽华一行到江西烟草考察调研烟叶生产和基础设施建设以及现代烟草农业建设工作。

3月30日～4月1日，国家局副局长张保振到江西烟草检查指导工作。

9月18日，江西赣南烟叶复烤有限责任公司召开创立大会暨第一次股东大会。

11月15日，江西赣南烟叶复烤有限责任公司举行打叶复烤生产线项目奠基开工仪式。

江西省局（公司）主要统计指标汇总

“两烟”税利（亿元）	“两烟”利润（亿元）	销售卷烟（亿支）	烟叶种植（万亩）	烟叶收购（万担）
42.28	26.54	610.72	23.75	76.35

所属地市级局（公司）

南昌市烟草专卖局（公司）

南昌市烟草专卖局、江西省烟草公司南昌市公司成立于1985年5月，下辖南昌县、新建县、进贤县、安义县、西湖区、东湖区、青山湖区、青云谱区8个县级烟草专卖局（分公司）。共有从业人员903人，其中聘用员工425人。南昌市局、进贤县局、安义县局被江西省委、省政府评为“江西省第十二届文明单位”，市公司订单部被全国妇联授予“全国三八红旗集体”称号。

全年辖区销售卷烟85亿支（17万箱），同比增长1.9%。实现卷烟销售收入287501万元，同比增长11%。实现卷烟税利71967万元，同比增长19%，其中，卷烟利润49175万元。

全年全市共查处涉烟违法案件5284起，查获假冒卷烟422.32万支，上缴罚没款235.29万元。移送公安机关涉烟案件21起，公安、司法机关依法刑事拘留31人，逮捕26人，判刑27人。全年共破获制售假烟网络案件6起，其中符合国家局标准的网络案件5起，案值共计787万元。

市局先后开展了“金网1号”、“金网2号”、“金网3号”、“铸墙行动”等针对违法经营卷烟大户的市场专项整治工作，加大对乡村、城镇街道设立信息联络点工作力度，发动辖区群众和周边烟民对已取缔的无证户、违法流动户及新滋生的无证户加强监管。

九江市烟草专卖局（公司）

九江市烟草专卖局、江西省烟草公司九江市公司成立于1985年5月，下辖城区、九江县、修水县、武宁县、瑞昌市、永修县、德安县、星子县、共青城、庐山区、都昌县、湖口县、彭泽县13个县级烟草专卖局（分公司）。共有从业人员864人，其中聘用员工359人。九江市局、共青城县局、永修县局被江西省委、省政府评为“江西省第十二届文明单位”。

全年辖区销售卷烟69亿支（13.8万箱），同比增长4.88%。实现卷烟销售收入209000万元，同比增长14.32%。实现卷烟税利46536万元，同比增长27.58%，其中，卷烟利润29962万元。

全年全市共查处涉烟违法案件1879起，查获假冒卷烟37.57万支，上缴罚没款35.43万元。移送公安机关涉烟案件7起，公安、司法机关依法刑事拘留6人，逮捕9人，判刑8人。全年共破获制售假烟网络案件4起，其中符合国家局标准的网络案件2起，案值共计4715.88万元。

市局开展“金网2号”打击违法经营卷烟大户专项行动和卷烟市场打假打私专项整治行动。针对上年延续办理的网络案件继续展开深入调查，对涉案人员进行网上追逃、实地抓捕，并交由公安、司法部门实施逮捕和追刑。开展优秀县级局创建活动，推行稽查中队“甲乙丙”三级评定标准。

市公司建立内部员工市场监测信息点30个、零售客户信息点1000个，消费者信息点200个。配送中心项目报批工作全面完成，全市系统电子结算面、电子结算率均达85%。成立14个“润心俱乐部”，公开选拔13位零售客户为服务品牌形象代言人，启动“润”服务形象店工程。

上饶市烟草专卖局（公司）

上饶市烟草专卖局、江西省烟草公司上饶市公司成立于1984年4月，下辖信州区、上饶县、玉山县、广丰县、横峰县、铅山县、弋阳县、鄱阳县、余干县、万年县、德兴市、婺源县12个县级烟草专卖局（分公司）。共有从业人员1118人，其中聘用员工666人。上饶市局、上饶县局、余干县局、万年县局被江西省委、省政府评为“江西省第十二届文明单位”。

全年辖区销售卷烟86.25亿支（17.25万箱），同比增长2.61%。实现“两烟”销售收入236736万元，同比增长14%，其中，卷烟销售收入236466万元，同比增长13.95%。实现“两烟”税利56988万元，同比增长18.92%，其中，卷烟税利56988万元，同比增长19.06%。实现“两烟”利润37693万元，同比下降2.79%，其中，卷烟利润37268万元。

全年全市共查处涉烟违法案件1918起，查获假冒卷烟98.35万支、非法烟叶5.22吨，上缴罚没款80.22万元。移送公安机关涉烟案件15起，公安、司法机关依法刑事拘留23人，逮捕14人，判刑15人。全年共破获案值5万元以上的网络案件8起，其中符合国家局标准的网络案件3起，案值共计1300余万元。

全年全市共种植烤烟0.07万亩，收购烤烟0.01万吨（0.22万担），收购均价为14.49元/千克。实现烟农收入160万元，同比增加11万元；烟农户均收入1.38万元，同比增加1000元。

抚州市烟草专卖局（公司）

抚州市烟草专卖局、江西省烟草公司抚州市公司成立于1984年7月，下辖黎川县、崇仁县、南城县、金溪县、南丰县、资溪县、广昌县、宜黄县、东乡县、乐安县、临川区11个县级烟草专卖局（分公司）。共有从业人员1262人，其中聘用员工878人。抚州市局被江西省委、省政府评为“江西省第十二届文明单位”。

全年辖区销售卷烟47.98亿支（9.60万箱），同比增长5.84%。实现“两烟”销售收入185946万元，同比增长15.74%，其中，卷烟销售收入142735万元，同比增长17.4%。实现“两烟”税利44282万元，同比增长14.24%，其中，卷烟税利32637万元，同比增长18.9%。实现“两烟”利润25486万元，同比下降5.16%，其中，卷烟利润20827万元。

全年全市共查处涉烟违法案件1354起，查获假冒卷烟1703.4万支、非法烟叶10.68吨，打掉贩藏假烟窝点4个，案值31万元，上缴罚没款173.3万元。移送公安机关涉烟案件20起，公安、司法机关依法刑事拘留8人，逮捕11人，判刑16人。全年共破获制售假烟网络案件10起，其中符合国家局标准的网络案件5起，案值共计5929.2万元。

全年全市共种植烤烟9.29万亩，收购烤烟1.51万吨（30.28万担），收购均价为14.6元/千克。实现烟农收入2.2亿元，同比减少0.1亿元；烟农户均收入2.56万元，同比增加2300元。

全年行业共投入0.71亿元。年内完成烟基建设项目2244个，新建卧式密集型烤房1936座，热源内置功能性改造小烤房589座。烟水配套工程实际受益面积累计3.6万亩，受益农户1.5万户。

全年全市开展现代烟草农业试点面积5248亩，与同地区大面积生产相比，试点区域亩产烟叶172.5千克，提高9.3千克；亩均用工31个，减少3个，节约成本290元；亩产值2550元，提高274元。

宜春市烟草专卖局（公司）

宜春市烟草专卖局、江西省烟草公司宜春市公司成立于1985年1月，下辖袁州区、丰城市、樟树市、高安市、万载县、上高县、宜丰县、奉新县、靖安县、铜鼓县10个县级烟草专卖局（分公司）。共有从业人员845人，其中聘用员工323人。宜春市局、铜鼓县局、万载县局被江西省委、省政府评为“江西省第十二届文明单位”。

全年辖区销售卷烟76.9亿支（15.38万箱），同比增长7%。实现卷烟销售收入194624万元，同比增长16.6%。实现卷烟税利45778万元，同比增长22.7%，其中，卷烟利润30316万元。

全年全市共查处涉烟违法案件3415起，查获假冒卷烟86.15万支，上缴罚没款116.95万元。移送公安机关涉烟案件25起，公安、司法机关依法刑事拘留35人，逮捕12人，判刑17人。全年共破获制售假烟网络案件6起，其中符合国家局标准的网络案件5起，案值共计741万元。

吉安市烟草专卖局（公司）

吉安市烟草专卖局、江西省烟草公司吉安市公司成立于1985年5月，下辖城区、吉安县、吉水县、峡江县、新干县、永丰县、安福县、泰和县、遂川县、万安县、永新县、井冈山市12个县级烟草专卖局（分公司）。共有从业人员926人，其中聘用员工458人。吉安市局、永丰县局、吉水县局、吉安县局、万安县局被江西省委、省政府评为“江西省第十二届文明单位”。

全年辖区销售卷烟57亿支（11.4万箱），同比增长5.07%。实现“两烟”销售收入169011万元，同比增长13.93%，其中，卷烟销售收入155222万元，同比增长13.21%。实现“两烟”税利38809万元，同比增长13.37%，其中，卷烟税利34516万元，同比增长15.12%。实现“两烟”利润24399万元，同比下降6.17%，其中，卷烟利润22709万元。

全年全市共查处涉烟违法案件2367起，查获假冒卷烟234.26万支，上缴罚没款117万元。移送公安机关涉烟案件21起，公安、司法机关依法刑事拘留16人，逮捕10人，判刑5人。全年共破获制售假烟网络案件4起，其中符合国家局标准的网络案件2起，案值共计350万元。

全年全市共种植烤烟3.72万亩，收购烤烟0.58万吨（11.55万担），收购均价为14.53元/千克；实现烟农收入8390万元，同比增加368万元；烟农户均收入19190元，同比增加3038元。

全年全市共投入0.33亿元，年内完成烟基建设项目890个，新建卧式密集型烤房361座。烟水配套工程实际受益面积累计1.84万亩，受益农户2455户。

全年全市开展现代烟草农业试点面积1971亩，与同地区大面积生产相比，试点区域亩产烟叶156.9千克，提高1.4千克；亩均用工27个，减少5个，节约成本159.5元；亩产值2315元，提高51元。

市局（公司）利用丰富的紫色土旱地资源开发特色烟叶，永丰县石马镇和泰和县苑前镇的紫色土浓香特色优质烟叶的研究与开发取得明显进展，并进入红塔集团省外主基地行列。

赣州市烟草专卖局（公司）

赣州市烟草专卖局、江西省烟草公司赣州市公司成立于1984年8月，下辖章贡区、赣县、南康市、大余县、信丰县、上犹县、崇义县、安远县、龙南县、全南县、定南县、于都县、宁都县、兴国县、瑞金市、会昌县、寻乌县、石城县18个县级烟草专卖局（分公司）。共有从业人员2026人，其中聘用员工1451人。龙南县局被江西省委、省政府评为“江西省第十二届文明单位”。

全年辖区销售卷烟95亿支（19万箱），同比增长10.2%。实现“两烟”销售收入272240万元，同比增长20.61%，其中，卷烟销售收入222945万元，同比增长20.93%。实现“两烟”税利61311万元，同比增长17.46%，其中，卷烟税利35514万元，同比增长38.44%。实现“两烟”利润35514万元，同比下降4.14%，其中，卷烟利润27200万元。

全年全市共查处涉烟违法案件5477起，查获假冒卷烟2036万支、非法烟叶35.81吨，上缴罚没款399.26万元。移送公安机关涉烟案件53起，公安、司法机关依法刑事拘留73人，逮捕21人，判刑13人。全年共破获制售假烟网络案件22起，其中符合国家局标准的网络案件4起，案值共计9226万元。

全年全市共种植烤烟10.68万亩，收购烤烟1.72万吨（34.3万担），收购均价为14.68元/千克。实现烟农收入2.83亿元；烟农户均收入1.88万元，同比增加3023元。

全年行业共投入0.77亿元。年内完成烟基建设项目2599个，新建卧式密集型烤房708座。烟水配套工程实际受益面积累计5.42万亩，受益农户3.04万户。

全年全市开展现代烟草农业试点面积3514亩，与同地区大面积生产相比，试点区域亩产烟叶163千克，提高3千克；亩均用工23个，减少8个，节约成本358元；亩产值2453元，提高249元。

景德镇市烟草专卖局（公司）

景德镇市烟草专卖局、江西省烟草公司景德镇市公司成立于1985年1月，下辖城区、乐平市、浮梁县3个县级烟草专卖局（分公司），以及景德镇市金叶大酒店1个全资子公司。共有从业人员354人，其中聘用员工207人。2009年，景德镇市局被江西省委、省政府评为“江西省第十二届文明单位”。

全年辖区销售卷烟28.55亿支（5.7万箱），同比增长3.51%。实现卷烟销售收入89743万元，同比增长10.24%。实现卷烟税利21496万元，同比增长11.24%，其中，卷烟利润14192万元。

全年全市共查处涉烟违法案件602起，查获假冒卷烟919.37万支，打掉贩藏假烟窝点8个，案值469.72万元，上缴罚没款27.1万元。移送公安机关涉烟案件5起，公安、司法机关依法刑事拘留6人，逮捕5人，判刑11人。全年共破获制售假烟网络案件3起，其中符合国家局标准的网络案件2起，案值共计233万元。

萍乡市烟草专卖局（公司）

江西省萍乡市烟草专卖局、江西省烟草公司萍乡市公司成立于1985年2月，下辖安源区、湘东区、芦溪县、上栗县和莲花县5个县级烟草专卖局（分公司）。共有从业人员 414 人，其中聘用员工 273 人。2009 年，萍乡市局、湘东区局、莲花县局、上栗县局被江西省委、省政府评为“江西省第十二届文明单位”。

全年辖区销售卷烟 29.5 亿支（5.9 万箱），同比增长 2.3%。实现卷烟销售收入 84314 万元，同比增长 11.7%。实现卷烟税利 19191 万元，同比增长 17.8%，其中，卷烟利润 12357 万元。

全年全市共查处涉烟违法案件 1838 起，查获假冒卷烟 37 万支，上缴罚没款 132.64 万元。移送公安机关涉烟案件 13 起，公安、司法机关依法刑事拘留 9 人，逮捕 11 人，判刑 17 人。全年共破获符合国家局标准的网络案件 3 起，案值 747 万元。

新余市烟草专卖局（公司）

新余市烟草专卖局、江西省烟草公司新余市公司成立于 1984 年 12 月，下辖渝水区、分宜县 2 个县级烟草专卖局（分公司）。共有从业人员 261 人，其中聘用员工 133 人。

全年辖区销售卷烟 18.14 亿支（3.63 万箱），同比增长 4.4%。实现卷烟销售收入 55751 万元，同比增长 24.1%。实现卷烟税利 11863 万元，同比增长 30.8%，其中，卷烟利润 7447 万元。

全年全市共查处涉烟违法案件 761 起，查获假冒卷烟 148.42 万支，打掉贩藏假烟窝点 15 个，案值 151 万元，上缴罚没款 167 万元。移送公安机关涉烟案件 11 起，公安、司法机关依法刑事拘留 14 人，逮捕 10 人，判刑 9 人。全年共破获制售假烟网络案件 4 起，其中符合国家局标准的网络案件 1 起，案值共计 517.9 万元。

市局（公司）在全市系统开展专卖管理体制、营销服务体制、人事用工制度和费用管理四项改革。取消县级分公司设置。完善市局专卖科（稽查支队）指导县级局，形成县级局—稽查大队—稽查中队三级管理模式。建立市公司营销中心垂直管理到客户服务部的营销管理体制，进一步突出县级局专卖执法主体和市公司营销主体作用。

鹰潭市烟草专卖局（公司）

鹰潭市烟草专卖局、江西省烟草公司鹰潭市公司成立于 1985 年 3 月，下辖月湖区、余江县、贵溪市 3 个县级烟草专卖局（分公司）。共有从业人员 274 人，其中聘用员工 151 人。2009 年，鹰潭市局被江西省委、省政府评为“江西省第十二届文明单位”。

全年辖区销售卷烟 17.32 亿支（3.46 万箱），同比增长 1.46%。实现卷烟销售收入 58700 万元，同比增长 2.27%。实现卷烟税利 14778 万元，同比增长 10.88%，其中，卷烟利润 9766 万元。

全年全市共查处涉烟违法案件 320 起，查获假冒卷烟 2242.58 万支，上缴罚没款 38.64 万元。移送公安机关涉烟案件 12 起，公安、司法机关依法刑事拘留 11 人，逮捕 1 人，判刑 10 人。全年共破获制售假烟网络案 3 起，其中符合国家局标准的网络案件 1 起，案值共计 982 万元。

所属其他二级单位及派驻机构

驻南昌铁路烟草专卖局

江西省烟草专卖局驻南昌铁路烟草专卖局于 1992 年 10 月成立，1993 年 10 月撤销。为加强对南昌铁路局管辖范围内各车站、客货列车及南昌地区铁路二、三村家属区的烟草专卖管理，更好开展铁路沿线卷烟打假打私工作，净化铁路沿线卷烟市场，江西省烟草专卖局驻南昌铁路烟草专卖局于 2001 年 11 月恢复成立，是江西省烟草专卖局的派驻机构。共有从业人员 39 人，其中聘用员工 19 人。主要职能是依法加强铁路烟草专卖管理，保护烟草专卖品在铁路辖区内的合法经营和运输，打击和查处违法行为。下辖南昌铁路卷烟经营部，卷烟销售范围为南昌铁路局所辖江西省境内的车站、客车和南昌地区铁路二、三村家属区。

驻南铁局建立并完善与公安的联合打假机制、与铁路的协同办案机制，以及卷烟市场监督激励机制，打击和查处不法分子利用铁路非法运输卷烟制品力度进一步加大。全年共查处涉烟违法案件 102 起，协助查处案件 2 起。查获非法卷烟 312 万支，总案值 302 万元，上缴罚没款 35 万元。公安、司法机关判刑 2 人。

中国烟草井冈山传统教育基地

中国烟草井冈山传统教育基地成立于 1996 年 10 月，隶属于江西省烟草专卖局（公司），既是烟草系统进行革命传统教育的基地，又是独立核算的旅游饭店——金叶大厦。基地（大厦）拥有总资产 4671 万元，其中，固定资产 3874 万元、流动资产 339 万元，资产负债率为18.5%。共有从业人员14人。

2009年，实现营业收入667万元，净利润亏损391万元。

江西省锦峰实业有限公司

江西省锦峰实业有限公司成立于1997年7月8日，2008年8月江西中烟工业公司将其所持有的江西省锦峰实业有限公司1.7亿元长期投资原始成本无偿划转至中国烟草总公司江西省公司。江西省锦峰实业有限公司成为江西省烟草公司的全资子公司。2009年，根据《国家烟草专卖局关于江西省锦峰实业有限公司增资扩股的批复》（国烟计〔2009〕405号），公司增资扩股9000万元，增资扩股后，注册资本增加到3.23亿元。截至2009年年底，公司拥有总资产2.36亿元，其中，固定资产1.52亿元、流动资产0.72亿元，资产负债率为5.96%。公司及所属锦峰大酒店共有从业人员370人，其中聘用员工362人。主要经营住宿、餐饮，副食品的销售、食品加工，卷烟、书刊、工艺美术品的零售，打字、复印，停车服务等。2009年，公司所属锦峰大酒店被评为江西省A级食品卫生示范单位、江西省明星旅游星级饭店、江西省"最受求职者欢迎的雇主品牌"。

全年实现营业收入4685万元，同比增长4.46%。实现利润932万元，同比增长15.25%。实现税费411万元。

2009年江西省烟草商业系统主要情况统计

地市级局（公司）名称		南昌市烟草专卖局（公司）	九江市烟草专卖局（公司）	上饶市烟草专卖局（公司）	抚州市烟草专卖局（公司）	宜春市烟草专卖局（公司）	吉安市烟草专卖局（公司）
主要负责人/法人代表		李　文	刘　淳	熊也农	叶福建	胡义强（—2009.2） 詹国华（2009.2—）	辛焕荣（—2009.2） 卢卫铭（2009.2—）
总资产（万元）		127122	75794	92302	70588	79565	61366
资产负债率（%）		21.00	16.76	26.52	31.85	22.63	24.65
所属县级局（个）		8	13	12	11	10	12
所属县级公司/分公司（个）		8个分公司	13个分公司	12个分公司	11个分公司	10个分公司	12个分公司
所属县级营销部（个）		—	—	—	—	—	—
所属业务机构	访销机构	1个营销中心 1个电访中心	1个营销中心 1个电话订单部	1个营销中心 1个电访中心	1个营销中心 1个电访中心	1个营销中心 1个电访中心	1个营销中心 1个电访中心
	物流配送机构	1个物流配送中心	1个配送中心	1个配送中心	1个配送中心	1个物流中心	1个物流配送中心
	稽查机构	1个稽查支队 8个稽查大队	1个稽查支队 14个稽查大队	1个稽查支队 12个稽查大队	1个稽查支队 11个稽查大队	1个稽查支队 10个稽查大队	1个稽查支队 12个稽查大队
	烟叶机构	—	—	1个烟叶站	41个烟叶站	—	9个烟叶站
销售卷烟（亿支）		85.00	69.00	86.25	47.98	76.90	57.00
毛利率（%）		35.00	25.16	25.74	25.40	25.73	25.00
实现"两烟"税利（万元）		71967	46536	56988	44282	45778	38809
实现"两烟"利润（万元）		49175	29962	37693	25486	30316	24399
烟叶种植（亩）		—	—	700	92900	—	37200
烟叶收购（担）		—	—	2159	302886	—	115498
零售户数（户）		16876	20347	25938	13113	21005	18676

地市级局（公司）名称	赣州市烟草专卖局（公司）	景德镇市烟草专卖局（公司）	萍乡市烟草专卖局（公司）	新余市烟草专卖局（公司）	鹰潭市烟草专卖局（公司）	驻南昌铁路烟草专卖局
主要负责人/法人代表	罗建武（—2009.2） 胡义强（2009.2—）	徐素珍	王毅力（—2009.2） 熊尚彬（2009.2—）	肖启裕（—2009.2） 刘光辉（2009.2—）	陈小平	郭才方（—2009.9） 邓俊杰（2009.9—）
总资产（万元）	110529	38991	30831	20058	27648	1050
资产负债率（%）	34.60	24.53	19.83	26.28	20.10	44.00
所属县级局（个）	18	3	5	2	3	—
所属县级公司/分公司（个）	18个分公司	3个分公司	5个分公司	2个分公司	3个分公司	—

续表

地市级局（公司）名称		赣州市烟草专卖局（公司）	景德镇市烟草专卖局（公司）	萍乡市烟草专卖局（公司）	新余市烟草专卖局（公司）	鹰潭市烟草专卖局（公司）	驻南昌铁路烟草专卖局
所属县级营销部（个）		—	—	—	—	—	1
所属业务机构	访销机构	1个营销中心 1个电访中心	1个营销中心 （含电访部）	1个营销中心 1个电访中心	1个营销中心 1个电访中心	1个营销中心 1个电访中心	—
	物流配送机构	1个物流配送中心	1个物流配送中心	1个物流配送中心	1个物流配送中心	1个配送中心	—
	稽查机构	1个稽查支队 21个稽查大队	1个稽查支队 3个稽查大队	1个稽查支队 6个稽查大队	1个稽查支队 7个稽查大队	1个稽查支队 3个稽查大队	1个稽查支队
	烟叶机构	63个烟叶站	—	—	—	—	—
销售卷烟（亿支）		95.00	28.55	29.50	18.14	17.32	
毛利率（%）		23.03	23.27	25.71	26.31	27.50	
实现“两烟”税利（万元）		61311	21496	19191	11863	14778	
实现“两烟”利润（万元）		35514	14192	12357	7447	9766	
烟叶种植（亩）		106768	—	—	—	—	—
烟叶收购（担）		343000	—	—	—	—	—
零售户数（户）		32143	7044	7611	4828	4076	96

（王　萱）

山东省烟草专卖局（公司）

【概　况】 山东省烟草专卖局成立于1983年10月，山东省烟草公司组建于1982年4月。1985年，山东省烟草公司正式上划中国烟草总公司，更名为中国烟草总公司山东省公司。2005年，完成母子公司体制改革。下辖17个地市级烟草专卖局（有限公司）、140个县级烟草专卖局（分公司、营销部）、2家烟叶加工企业，以及青州烟草中等专业学校、中国烟草山东进出口公司、山东宏发烟草（集团）有限公司和《东方烟草报》社有限公司。2009年，公司拥有总资产190.03亿元，其中，固定资产39.25亿元、流动资产149.59亿元，资产负债率为15.22%。共有从业人员27084人，其中聘用员工10103人。

2009年，省局被公安部、国家局授予“全国卷烟打假工作特殊贡献单位”称号，省局（公司）被山东省委、省政府授予“改革开放三十年山东省优秀企业”称号和“‘山东慈善奖’最具爱心捐赠企业”称号。

【领导成员】 局长、总经理、党组书记：孙公准（2009年7月前任局长、党组书记）

总经理、副局长、党组副书记：王彦亭(—2009.7)

副局长、党组成员：陈毅力

副总经理、党组成员：武梅华

副总经理、党组成员：刘云生

纪检组长、党组成员：张克强（2009.4—）

副巡视员：邓志坚

副巡视员：祝国业（2009.4—）

【机构设置】 省局（公司）机关设办公室（外事办公室）、综合计划处、经济运行处、专卖监督管理处（专卖管理稽查总队）、政策法规与体制改革处、财务管理处、审计处、科技处、人事劳资处、思想政治工作处（机关党委、纪委、工会）、监察处（与党组纪检组合署办公）、安全保卫处、投资管理处、烟叶管理处、卷烟销售管理处[①] 15个处室，以及职工基本养老统筹办公室、内部专卖监督管理和整顿规范办公室、巡视工作办公室、离退休人员管理办公室、驻铁路烟草专卖局、特有职业（工种）技能鉴定站、资金管理中心、信息中心、烟草质量监督检测站、山东省烟草学会、机关服务中心11个部门，以及新办公楼

① 2009年，山东省烟叶生产购销公司、山东省卷烟销售公司分别变更为烟叶管理处、卷烟销售管理处。

筹建处1个临时机构。

【专卖管理】 卷烟打假。按照“打疏建结合、综合治理”的方针，完善打击涉烟犯罪联合工作机制。落实《全省涉烟刑事案件办理工作座谈会纪要》，省公、检、法、烟四部门加强合作并共同建设信息共享平台，加强“两法衔接”，保持打假高压态势，严密监控制假活动，加大抓捕判刑力度。

发挥省“打网办”的职能作用，加强调度、协调和督导，打击制售假烟网络。省“打网办”挂牌督办德州“11·7”、济南“7·13”、泰安“8·18”和潍坊“11·6”共4起重大网络案件。

全年共查处涉烟违法案件5.83万起，案值1.41亿元，公安、司法机关依法刑事拘留1945人，判刑333人。全年共破获符合国家局标准的网络案件60起，其中，德州“11·7”案件涉案金额1.2亿元，被公安部、国家局列为2009年全国卷烟打假破网第一案。

专卖管理与卷烟营销体系建设。省局（公司）制定下发《专卖管理与卷烟营销体系建设指导意见》，确定了构建全省专卖管理与卷烟营销体系的思路，即以人均卷烟条数和单箱值为基本要素，以科学合理划分最小市场为基础，以提高市场控制力和市场占有率为着力点，以建立完善的市场基础、计划控制、过程控制和激励机制为目标，逐步建立责任明确、信息共享、上下贯通、运行互动、响应迅速、措施针对、激励到位的专卖管理与卷烟营销体系。在潍坊、泰安市局（公司）试点的基础上，已在全省推广。

【生产经营】 全年共销售卷烟1657.30亿支（331.46万箱），同比增长3.24%，其中，销售一类烟88.70亿支（17.74万箱）、二类烟38.80亿支（7.76万箱）、三类烟331.48亿支（66.3万箱）、四类烟846.45亿支（169.29万箱）、五类烟351.73亿支（70.35万箱）。本辖区销量居前三位的品牌是“将军”、“哈德门”、“红塔山”，销量分别为378.42亿支（75.68万箱）、359.74亿支（71.95万箱）、102.70亿支（20.54万箱）。

2009年，全省烟草商业系统实现“两烟”销售收入429.20亿元，同比增长12.56%，其中卷烟销售收入409.95亿元，同比增长14.83%。根据国务院有关精神，调整卷烟消费税，部分利润转为税赋，全年增加卷烟消费税20.58亿元。实现“两烟”税利95.09亿元，同比增长13.61%，其中卷烟税利91.5亿元，同比增长11.79%。实现“两烟”利润56.85亿元，同比下降8.81%，其中卷烟利润56.73亿元，同比下降11.04%。公司三项费用率为10.26%。

【卷烟销售网络建设】 创新订货模式。推广计算机和智能终端订货模式，全省智能终端用户达到4000余户。从4月起，在全省智能终端用户中推广使用网上支付功能。截至10月底，青岛市共有1120户零售客户实现网上支付。

订单供货推广工作。统一全省零售客户分类标准，对所有零售客户进行重新梳理归类。全省实现“四个统一”，即计算机“统一分配订单、统一分配货源、统一分配线路、统一打码销售”。完善全省货源分配管理办法，建立卷烟销售大户分析制度。3月和10月，省公司开展“订单供货”工作和规范自律大检查。

工商协同营销。省公司与省内外工业企业召开了50余次工商协同营销会议，与全国10多个卷烟工业企业共同制定了品牌培育实施方案。17家市公司与浙江中烟工业有限责任公司实现网上配货，7家市公司与浙江中烟实现整托盘出库扫码。

现代物流建设。省公司提出“价值聚焦、区域覆盖和资源扩张”的物流战略定位。加强物流费用管理，对卷烟配送线路进行即时优化，同比缩短配送里程近32万千米。全年单箱物流费用为106元，比全国平均水平低40余元。

【烟叶产销】 烟叶生产与收购。全省种植烤烟50.95万亩，收购烟叶8.78万吨（175.69万担），较上年增加2.55万吨（51万担）。烟叶等级质量提高，上等烟、中等烟所占比重分别为29.03%和54.09%，烟叶等级合格率为78.80%。烟叶收购均价13.50元/千克，同比增长7.06%。实现烟农收入13.95亿元，烟农户均收入2.96万元。

烟叶生产生态村富民工程。2009年，投入资金5.1亿元，新建生态村400个，全省已累计建设生态村800个。投入资金13.9亿元，完成烟水配套工程、机耕路、密集型烤房、烟草农机等烟基设施项目4.8万个，受益烟田84万亩，受益烟农6.4万户。投入资金5000余万元，用于改善烟区生产生活条件。800个生态村实现收入7.1亿元。

现代烟草农业建设。2009年，全省烟叶农场面积为14.2万亩，植烟专业户种植面积为20万亩，农场和植烟专业户规模化种植面积占全省种烟总面积的67.1%，同比增长9.3%，烟农户均种植面积10.8亩，同比增长17.39%。推广专业化分工和社会化服务，建立各类服务烟农的烟叶生产专业合作社575个，覆盖面积24.3万亩，组建育苗、机耕等专业服务队4000余个。推进科技创新，全省烟叶标准化生产面积为82%，优良品种推广率达100%，自动化密集烤房推广面积为70%。建立山东现代烟草农业辅助决策系统，注重设施综合利用，诸城、临朐、莒县、沂水等县充分利用烤烟育苗大棚、密集烤房等设施发展辅助产业，提高了烟农综合收益。

【多元化经营】 全年完成清退多元化企业1家，正在清退的有3家。截至年底，已完成清退多元化企业43家，占应清退企业总数的93.5%。

在存续企业中推行ISO 9000系列质量管理体系；实行预算管理，建立预算管理体系；建立绩效考核体系，重点实施多元化经营绩效指标和管理绩效指标的考核；实施审计监督，采取内审与外审相结合的方式，提升存续企业资产运营质量。

10月，下发《关于做好临沂荣华大酒店等三家集体企业改制工作的通知》。截至年底，临沂荣华大酒店由集体企业变更为国有企业，其他两家企业正在改制中。

【财务与审计】 财务管理。2～9月，统一会计核算软件分三个阶段集中上线，并于11月完成财务业务一体化的验收工作。发挥预算在控制成本费用中的作用，实现招待费、差旅费等费用比预算减少5%以上的目标。执行“收支两条线”规定，加大资金监管力度，开展资金管理检查工作，有效防范资金风险。

审计监督。制定《山东省烟草专卖局（公司）系统烟叶生产基础设施建设项目资金审计实施办法（试行）》和《山东省烟草专卖局（公司）经济责任审计项目实施规范》。对11个市局（公司）的法人代表进行离任经济责任审计，完成固定资产项目审计268项、大宗物资采购与招投标项目审计284项，完成合同审计230项。

【科技创新】 创新型企业试点工作。青岛、潍坊和泰安市局（公司）等首批创新型企业试点单位与技术依托单位合作，围绕各自的试点方案，在终端营销、专卖执法、现代烟草农业建设等方面取得了阶段性成效。7月，省局（公司）组织召开了创新型企业首批试点单位工作汇报交流会。

实施重大专项。实施“优质抗病丰产烟草新品种选育”、“烟草农业工程技术与智能化装备研究”、“卷烟营销供应链建设研究”、“市场品牌集中优化研究”及“特色优质烟叶开发”等重大专项，提前一年完成2008年立项实施的“烟草农业工程技术与智能化装备研究”中10种机械的研发任务，并全部通过山东省农业机械试验鉴定站的检验和省局（公司）组织的技术鉴定。

【信息化建设】 数据中心建设。6月，出台《山东省烟草专卖局（公司）系统信息化建设规划方案》，数据中心建设全面启动。12月，数据中心一期项目建设完毕并通过项目验收。

重点项目建设。2月，行业统一会计核算软件上线运行。3月，提前完成许可证系统与国家局烟草专卖证件管理系统的关联和数据上报传输。6月中旬，行业安全管理信息系统进入试运行阶段。完成人力资源信息管理系统、专卖管理与卷烟营销体系、国家局打码到条及订单采集系统的开发工作。

【人力资源管理】 干部选拔任用。全年从全系统选拔处级干部58名，从省局（公司）机关选拔科级干部23名，全系统处级干部原单位轮岗19人、交流任职41人，挂职9人。省局（公司）与山东中烟工业公司联合出台《山东烟草工商系统干部交流工作规定》，分两批共交流10名干部。

教育培训。制定《山东省局（公司）2009年度培训计划》，开设了第十二期、第十三期省局（公司）干部培训班，219名干部接受了为期三个月的集中培训。与中国海洋大学合作开展MBA教育，首批录取40名学员；继续与北京大学光华管理学院合作，8人参加EMBA学位教育；组织24名中高层管理人员赴国外进行教育培训；组织30名员工参加国家局组织的县级烟草专卖局（公司）主要负责人轮训班。

专业技术职称评审。省局（公司）审核推荐高级专业技术资格22人，评审通过中级专业技术资格36人，其中，政工师13人、农艺师20人，委托山东中烟工业公司评审通过工程师3人。由省局（公司）统一组织，首次在临沂、潍坊市局（公司）聘任高级农艺师4人。

用工分配制度改革。截至2009年11月，省局（公司）机关及各直属单位的用工分配制度改革工作全部完成，初步建立了分类管理的岗位绩效工资体系，规范了收入分配结构、考核评价机制和工资调整机制。

【思想政治工作】 深入学习实践科学发展观活动。3～8月，省局（公司）机关和直属单位参加了第二批深入学习实践科学发展观教育活动，省局（公司）制定了《学习实践活动指导意见》和实施方案，成立学习实践活动领导机构和指导检查组。学习实践活动基本结束后，进行“回头看”工作。

党风廉政建设。组织开展自查自纠、检查考核、专项调研和监督执纪，着重加强对现代烟草农业建设、规范卷烟经营秩序、干部选拔任用、工程项目、物资招标采购、治理“小金库”和厉行节约等方面的监督检查。全系统共受理纪检监察信访44件次，初核16件，立案5件，结案4件。继续规范“三重一大”集体决策制度，完善和落实内部监管、企务公开、明示承诺、从业规范、廉政监督等制度。参加“阳光政务热线”节目，宣传政风行风建设成果，加强督查督办，解决群众反映的问题。

【企业文化】 3月，制订《山东省烟草专卖局（公司）系统“文化养老”长效机制建设总体方案》、《山东老年大学烟草分校文体俱乐部章程》、《建立和完善山东老年大学烟草分校体系工作方案》，形成“文化养老”长效机制的基本框架。全年共投入建设资金4891万元，建设活动中心（室）149个，总面积达到3.5万平方米。以青州中等专业学校为基地，成立山东老年大学烟草分校文体俱乐部，设立了4类活动项目小组和活动团队226个。5月15日，山东烟草“文化养老”工程启动暨首届老年文化节在青州举行。11月，山东老年大学烟草分校被中国老年大学协会授予“全国先进老年大学”称号。

【特事要辑】 5月15日，山东烟草“文化养老”工程启动暨首届老年文化节在青州举行，国家局局长姜成康、副局长张保振分别作出批示。

6月17～19日，国家局副局长何泽华到潍坊、东营、滨州市局（有限公司）考察调研。

8月12日，国家局副局长李克明到青岛市局（有限公司）考察调研。

9月18日，张保振到诸城市考察调研现代烟草农业建设工作。

11月7日，德州“11·7”特大网络案件告破。

山东省局（公司）主要统计指标汇总

“两烟”税利（亿元）	“两烟”利润（亿元）	销售卷烟（亿支）	烟叶种植（万亩）	烟叶收购（万担）
95.09	56.85	1657.30	50.95	175.69

所属地市级局（公司）

济南市烟草专卖局（有限公司）

济南市烟草专卖局成立于1984年2月，济南烟草分公司组建于1983年1月，2000年改制更名为山东济南烟草有限公司，下辖历下区、槐荫区、天桥区、历城区、长清区、章丘市、平阴县、济阳县、商河县9个县级烟草专卖局（营销部）[①]。共有从业人员1119人，其中聘用员工125人。

全年辖区共销售卷烟128.51亿支（26.70万箱），同比增长5.42%。实现卷烟销售收入361121万元，同比增长19.72%。实现卷烟税利89529万元，同比增长21.12%，其中卷烟利润58209万元。

全市共查处涉烟违法案件5320起，查获假冒卷烟4106.24万支、非法烟叶10.01吨，打掉贩藏假烟窝点218个，案值1736.12万元，上缴罚没款113.4万元。移送公安机关涉烟案件124起，公安、司法机关依法刑事拘留114人，行拘33人，逮捕31人，判刑6人。全年共破获符合国家局标准的制售假烟网络案件8起。

青岛市烟草专卖局（有限公司）

青岛市烟草专卖局成立于1984年2月，青岛烟草分公司组建于1982年9月，2000年改制更名为山东青岛烟草有限公司，下辖市南区、市北区、四方区、李沧区、崂山区、城阳区、黄岛区、莱西市、即墨市9个县级烟草专卖局（营销部）和胶州市、胶南市、平度市3个县级烟草专卖局（分公司）。共有从业人员1309人，其中聘用员工515人。

全年辖区销售卷烟167.72亿支（33.54万箱），同比下降0.09%。实现“两烟”销售收入489309万元，同比增长7.13%，其中卷烟销售收入485289万元，同比增长6.89%。实现“两烟”税利124693万元，同比增长0.53%，其中卷烟税利124426万元，同比增长0.91%。实现“两烟”利润83393万元，其中卷烟利润83749万元。烟叶利润亏损356万元。

① 2009年，济南市局（公司）在历下区、槐荫区、天桥区、历城区、长清区分别增设营销部。

全市共查处涉烟违法案件6448起，查获假冒卷烟2157.18万支、非法烟丝11.5吨，打掉贩藏假烟窝点116个，案值2391.92万元，上缴罚没款98.46万元。移送公安机关涉烟案件67起，公安、司法机关依法刑事拘留44人，逮捕23人，判刑19人。全年共破获符合国家局标准的制售假烟网络案件4起，案值896.16万元。

全市烤烟收购均价为13.62元/千克。实现烟农收入0.24亿元，同比增加0.09亿元；烟农户均收入3.04万元，同比增加1.57万元。

全年全市投入1278万元，其中烟草行业补贴1023万元，年内完成烟基建设项目460项，其中新建卧式密集型烤房250座。烟水配套工程实际受益面积累计0.38万亩，受益农户800户。

开展现代烟草农业建设试点面积760亩，与同地区大面积生产相比，试点区域亩产烟叶154千克，提高8.89千克；亩均用工11.9个，减少11.8个，节约成本472元；亩产值2298元，提高79元。

淄博市烟草专卖局（有限公司）

淄博市烟草专卖局成立于1983年12月，淄博烟草分公司组建于1982年12月，2000年改制更名为山东淄博烟草有限公司，下辖张店区、周村区、临淄区、桓台县、高青县5个县级烟草专卖局（营销部）和博山区、淄川区、沂源县3个县级烟草专卖局（分公司），以及淄博金建物流有限公司和淄博金叶工贸有限公司2个多元化企业。共有从业人员1223人，其中聘用员工685人。

全年辖区销售卷烟77.75亿支（15.55万箱），同比增长0.97%。实现“两烟”销售收入204446万元，同比增长14.44%，其中卷烟销售收入198563万元，同比增长14.16%。实现“两烟”税利43156万元，同比增长16.34%，其中卷烟税利43177万元，同比增长13.67%。实现“两烟”利润24765万元，其中卷烟利润25839万元。烟叶利润亏损1074万元。

全市共查处涉烟违法案件1857起，查获假冒卷烟306.96万支、非法烟叶10.9吨，捣毁假烟窝点77个，案值324.60万元，上缴罚没款23.64万元。移送公安机关涉烟案件23起，公安、司法机关依法刑事拘留45人，逮捕16人，判刑17人。全年共破获制售假烟网络案件12起，其中符合国家局标准的制售假烟网络案件2起，案值共计370.51万元。

全市烤烟收购均价为13.24元/千克。实现烟农收入4185万元，同比增加1932万元；烟农户均收入2.7万元，同比增加1.55万元。

全年全市投入3226万元，其中烟草行业补贴2554万元，年内完成烟基建设项目595项，其中新建卧式密集型烤房260座。烟水配套工程实际受益面积累计1.33万亩，受益农户1300户。

开展现代烟草农业建设试点面积472亩，与同地区大面积生产相比，试点区域亩产烟叶156.2千克，提高14.1千克；亩均用工25个，减少4个，节约成本175元；亩产值2576元，提高73元。

枣庄市烟草专卖局（有限公司）

枣庄市烟草专卖局成立于1984年2月，枣庄烟草分公司组建于1982年9月，2000年改制更名为山东枣庄烟草有限公司，下辖滕州市、市中区、薛城区、山亭区、峄城区、台儿庄区6个县级烟草专卖局（营销部）。共有从业人员1577人，其中聘用员工1299人。

全年辖区销售卷烟67.28亿支（13.46万箱），同比增长1.94%。实现卷烟销售收入185522万元，同比增长11.83%。实现卷烟税利43254万元，同比增长6.1%，其中卷烟利润27455万元。

全市共查处涉烟违法案件3510起，查获假冒卷烟866.55万支、非法烟叶4.79吨，打掉制假窝点1个、贩藏假烟窝点4个，案值856.68万元，上缴罚没款34.92万元。移送公安机关涉烟案件26起，公安、司法机关依法刑事拘留82人，逮捕17人，判刑16人。全年共破获符合国家局标准的制售假烟网络案件3起，案值609万元。

东营市烟草专卖局（有限公司）

东营市烟草专卖局成立于1983年12月，东营烟草分公司组建于1983年5月，2000年改制更名为山东东营烟草有限公司，下辖东营区、河口区、垦利县、利津县、广饶县5个县级烟草专卖局（营销部）。共有从业人员430人，其中聘用员工199人。

全年辖区共销售卷烟39.76亿支（7.95万箱），同比增长3.67%。实现卷烟销售收入113809万元，同比增长14.48%。实现卷烟税利25812万元，同比增长11.75%，其中卷烟利润16038万元。

全市共查处涉烟违法案件1064起，查获假冒卷烟1093万支、非法烟叶6.1吨及非法烟机14台，打掉制售假烟窝点3个、贩藏假烟窝点23个，案值385.06万元，上缴罚没款1.22万元。移送公安机关涉烟案件10起，公安、司法机关依法刑事拘留52人，逮捕12人，判刑7人。全年共破获制售假烟网络案件6起，其中符合国家局标准的网络案件3起，案值共计477万元。

烟台市烟草专卖局（有限公司）

烟台市烟草专卖局成立于1984年1月，烟台烟草分公司组建于1982年12月，2000年改制更名为山东烟台烟草有限公司，下辖芝罘区、莱山区、福山区、牟平区、蓬莱市、龙口市、招远市、莱州市、莱阳市、栖霞市、海阳市、长岛县12个县级烟草专卖局（营销部）。共有从业人员1378人，其中聘用员工763人。

全年辖区销售卷烟145亿支（29万箱），同比增长5.44%。实现卷烟销售收入409551万元，同比增长17.75%。实现卷烟税利102656万元，同比增长17.81%，其中卷烟利润66575万元。

全市共查处涉烟违法案件785起，查获假冒卷烟676万支、非法烟叶7.79吨，打掉贩藏假烟窝点52个，案值278.26万元，上缴罚没款1.89万元。移送公安机关涉烟案件14起，公安、司法机关依法刑事拘留59人，逮捕18人，判刑20人。全年共破获制售假烟网络案件13起，其中符合国家局标准的制售假烟网络案件2起，案值共计620.83万元。

潍坊市烟草专卖局（有限公司）

潍坊市烟草专卖局成立于1984年3月，潍坊烟草分公司组建于1982年10月，2000年改制更名为山东潍坊烟草有限公司，下辖潍城区、寒亭区、坊子区、奎文区、寿光市、昌邑市6个县级烟草专卖局（营销部）和青州市、诸城市、安丘市、高密市、临朐县、昌乐县6个县级烟草专卖局（分公司），山东京鲁烟叶复烤有限公司1家打叶复烤企业，山东鑫叶经贸有限公司、潍坊东方大酒店和安丘新东方大酒店3家多元化企业。共有从业人员6252人，其中聘用员工866人。

全年辖区销售卷烟145.04亿支（29.01万箱），同比增长2.05%。实现“两烟”销售收入428467万元，同比增长8.14%，其中卷烟销售收入367720万元，同比增长16.26%。实现“两烟”税利87754万元，同比增长29.86%，其中卷烟税利75529万元，同比增长28.15%。实现“两烟”利润41369万元，其中卷烟利润42106万元。烟叶利润亏损737万元。

全市共查处涉烟违法案件6121起，查获假冒卷烟4995.9万支、非法烟叶98.7吨，打掉制售假烟窝点3个、贩藏假烟窝点123个，案值1848.16万元，上缴罚没款194.46万元。移送公安机关涉烟案件98起，公安、司法机关依法刑事拘留232人，逮捕54人，判刑46人。全年共破获制售假烟网络案件19起，其中符合国家局标准的网络案件7起，案值共计1259.5万元。

全市烤烟收购均价为13.04元/千克（不含补贴）。实现烟农收入5.48亿元，同比增加2.14亿元；烟农户均收入4.14万元，同比增加1.64万元。

全年全市投入2.38亿元，其中烟草行业补贴2.25亿元，年内完成烟基建设项目6686项，其中新建卧式密集型烤房3650座。烟水配套工程实际受益面积累计8.9万亩，受益农户2.3万户。

开展现代烟草农业建设试点面积13.19万亩，与同地区大面积生产相比，试点区域亩产烟叶173.2千克，提高9.6千克；亩均用工15.2个，减少7.1个，节约成本319.5元；亩产值2497元，提高364元。

济宁市烟草专卖局（有限公司）

济宁市烟草专卖局成立于1984年2月，济宁烟草分公司组建于1982年8月，2000年改制更名为山东济宁烟草有限公司，下辖市中区、任城区、曲阜市、兖州市、邹城市、微山县、鱼台县、金乡县、嘉祥县、汶上县、泗水县、梁山县12个县级烟草专卖局（营销部）及兖州印刷公司、济宁新星混凝土制品有限公司2个多元化经营企业。共有从业人员1373人，其中聘用员工894人。

全年辖区销售卷烟136.03亿支（27.21万箱），同比增长2.04%。实现卷烟销售收入306587万元，同比增长15.47%。实现卷烟税利66411万元，同比增长11.68%，其中卷烟利润41706万元。

全市共查处涉烟违法案件5042起，查获假冒卷烟1199.41万支、非法烟叶7.32吨，打掉贩藏假烟窝点25个，案值414.17万元，上缴罚没款19.69万元。移送公安机关涉烟案件2284起，公安、司法机关依法刑事拘留62人，逮捕31人，判刑24人。全年共破获符合国家局标准的制售假烟网络案件3起，案值680万元。

泰安市烟草专卖局（有限公司）

泰安市烟草专卖局成立于1984年2月，泰安烟草分公司组建于1983年9月，2000年改制更名为山东泰安烟草有限公司，下辖泰山区、岱岳区、新泰市、肥城市、宁阳县、东平县6个县级烟草专卖局（营销部）。共有从业人员814人，其中聘用员工99人。

全年辖区销售卷烟88.2亿支（17.64万箱），同比增长4.44%。实现卷烟销售收入206720万元，同比增长19.72%。实现卷烟税利44636万元，同比增长25.28%，其中卷烟利润24860万元。

全市共查处涉烟违法案件3150起，查获假冒卷烟1045万支、非法烟叶71.7吨，打掉贩藏假烟窝点

36个，案值541.7万元，上缴罚没款360.55万元。移送公安机关涉烟案件29起，公安、司法机关依法刑事拘留217人，逮捕52人，判刑26人。全年共破获符合国家局标准的制售假烟网络案件7起，案值1500万元。

威海市烟草专卖局（有限公司）

威海市烟草专卖局成立于1988年7月，威海烟草分公司组建于1988年7月，2000年改制更名为山东威海烟草有限公司，下辖荣成市、文登市、乳山市、市区4个县级烟草专卖局（营销部）。共有从业人员533人，其中聘用员工293人。

全年辖区销售卷烟55.25亿支（11.05万箱），同比增长3.58%。实现卷烟销售收入154135万元，同比增长14.79%。实现卷烟税利36224万元，同比增长12.51%，其中卷烟利润22930万元。

全市共查处涉烟违法案件823起，查获假冒卷烟371.85万支、非法烟叶1.58吨，打掉贩藏假烟窝点41个，案值404.66万元，上缴罚没款14.75万元。移送公安机关涉烟案件31起，公安、司法机关依法刑事拘留55人，逮捕8人，判刑12人。全年共破获制售假烟网络案件2起，其中符合国家局标准的网络案件1起，案值共计141.45万元。

日照市烟草专卖局（有限公司）

日照市烟草专卖局成立于1991年7月，日照烟草分公司组建于1991年7月，2000年改制更名为山东日照烟草有限公司，下辖东港区、莒县、五莲县、岚山区4个县级烟草专卖局（分公司）和开发区烟草专卖局。共有从业人员1038人，其中聘用员工543人。

全年辖区销售卷烟50亿支（10万箱），同比增长2.03%。实现“两烟”销售收入154293万元，同比增长7.20%。实现“两烟”税利33523万元，同比增长16.65%，其中卷烟税利23912万元，同比下降11.89%。实现“两烟”利润17658万元，其中卷烟利润15466万元。

全市共查处涉烟违法案件1122起，查获非法卷烟894.38万支、烟丝19.97吨、烟叶6.54吨，打掉贩藏假烟窝点383个，案值440.55万元，上缴罚没款10.35万元。公安、司法机关依法刑事拘留41人，逮捕10人，判刑18人。全年破获符合国家局标准的制售假烟网络案件1起，案值116.98万元。

全市烤烟收购均价为14.17元/千克。实现烟农收入2.08亿元，同比增加0.6亿元；烟农户均收入2.05万元，同比增加1.03万元。

全年全市投入4390万元，年内完成烟基建设项目1385项，其中，新建密集式烤房750座、购置烟草农业机械407台（套）。烟水配套工程实际受益面积累计10万亩，受益农户5万户。

开展现代烟草农业建设试点面积1831亩，与同地区大面积生产相比，试点区域亩产烟叶165千克，提高20千克；亩均用工18个，减少6个，节约成本180元；亩产值2310元，提高300元。

莱芜市烟草专卖局（有限公司）

莱芜市烟草专卖局成立于1984年1月，莱芜烟草分公司组建于1984年1月，2000年改制更名为山东莱芜烟草有限公司，下辖莱城区、钢城区2个县级烟草专卖局。共有从业人员401人，其中聘用员工187人。

全年辖区销售卷烟20.95亿支（4.19万箱），同比增长4.96%。实现“两烟”销售收入58624万元，同比增长20.95%，其中卷烟销售收入54080万元，同比增长21.65%。实现“两烟”税利11619万元，同比增长25.35%，其中卷烟税利11487万元，同比增长13.03%。实现“两烟”利润5920万元，其中卷烟利润6633万元。

全市共查处涉烟违法案件307起，查获假冒卷烟40.31万支、非法烟叶2.09吨，打掉制售假烟窝点1个、贩藏假烟窝点2个，案值24.70万元，上缴罚没款1.11万元。移送公安机关涉烟案件5起，公安、司法机关依法刑事拘留14人，逮捕9人，判刑9人。全年共破获制售假烟网络案件2起，其中符合国家局标准的制售假烟网络案件1起，案值共计197万元。

全市烤烟收购均价为13.43元/千克。实现烟农收入0.42亿元，同比增加0.21亿元；烟农户均收入3.54万元，同比增加1.51万元。

全年全市投入1283万元，年内完成烟基建设项目349项，其中，新建卧式密集型烤房80座，购置烟草农用机械189台（套）。烟水配套工程实际受益面积累计1.7万亩，受益农户1600户。

开展现代烟草农业建设试点面积1448亩，与同地区大面积生产相比，试点区域烟叶亩产达155.28千克，提高58.61千克；亩均用工21个，减少12个，节约成本360元；亩产值2613元，提高1063元。

临沂市烟草专卖局（有限公司）

临沂市烟草专卖局成立于1984年3月，临沂烟草分公司组建于1982年11月，2000年改制更名为山东临沂烟草有限公司，下辖兰山区、河东区、罗庄区3个县级烟草专卖局（营销部）和沂南县、郯城县、沂水县、苍山县、费县、平邑县、莒南县、蒙阴县、临沭县9个县级烟草专卖局（分公司），以及山东申沂烟叶复烤有限公司、临沂荣华大酒店和临沂金叶经贸有限公司。共有从业人员5203人，其中聘用员工1498人。

全年辖区销售卷烟161.91亿支（32.38万箱），同比增长2.33%。实现"两烟"销售收入433132万元，同比增长8.93%，其中卷烟销售收入34493万元，同比增长12.71%。实现"两烟"税利93517万元，同比增长20.46%，其中卷烟税利70951万元，同比增长4.34%。实现"两烟"利润51933万元，其中卷烟利润44088万元。

全市共查处涉烟违法案件7672起，查获假冒卷烟5680.49万支、非法烟叶37.77吨，打掉贩藏假烟窝点48个，案值2569.01万元，上缴罚没款40.04万元。移送公安机关涉烟案件95起，公安、司法机关依法刑事拘留150人，逮捕44人，判刑62人。全年共破获制售假烟网络案件139起，其中符合国家局标准的制售假烟网络案件8起，案值共计1403.5万元。

全市烤烟收购均价为13.78元/千克。实现烟农收入4.48亿元，同比增加1.08亿元；烟农户均收入2.22万元，同比增加1.16万元。

全年全市投入2.25亿元，其中烟草行业补贴1.92亿元，年内完成烟基建设项目6620项，其中新建卧式密集型烤房4303座。烟水配套工程实际受益面积累计14.6万亩，受益农户1.7万户。

开展现代烟草农业建设试点面积2652亩，与同地区大面积生产相比，试点区域烟叶亩产达139.4千克，提高11.8千克；亩均用工24.1个，减少10.7个，节约成本223元；亩产值2326元，提高333元。

德州市烟草专卖局（有限公司）

德州市烟草专卖局成立于1984年4月，德州烟草分公司组建于1982年11月，2000年改制更名为山东德州烟草有限公司，下辖德城区、乐陵市、禹城市、陵县、宁津县、庆云县、临邑县、齐河县、平原县、夏津县、武城县11个县级烟草专卖局（营销部）。共有从业人员817人，其中聘用员工380人。2009年，市局被山东省局、山东省公安厅评为"2009年度全省卷烟打假工作特殊贡献单位"。

全年辖区销售卷烟93.27亿支（18.65万箱），同比增长3.23%。实现卷烟销售收入193847万元，同比增长11.9%。实现卷烟税利40010万元，同比增长8.86%，其中卷烟利润23563万元。

全市共查处涉烟违法案件1703起，查获假冒卷烟741.34万支、非法烟叶12.68吨，打掉制售假烟窝点1个、贩藏假烟窝点37个，案值533.64万元，上缴罚没款14.54万元。移送公安机关涉烟案件245起，公安、司法机关依法刑事拘留427人，逮捕10人，判刑2人。全年共破获制售假烟网络案件24起，其中符合国家局标准的制售假烟网络案件2起，案值共计1.41亿元。

聊城市烟草专卖局（有限公司）

聊城市烟草专卖局成立于1983年9月，聊城烟草分公司组建于1982年10月，2000年改制更名为山东聊城烟草有限公司，下辖东昌府区、临清市、高唐县、茌平县、阳谷县、冠县、莘县、东阿县8个县级烟草专卖局（营销部）。共有从业人员987人，其中聘用员工539人。

全年辖区销售卷烟86.75亿支（17.35万箱），同比增长5.29%。实现卷烟销售收入181269万元，同比增长16.9%。实现卷烟税利36890万元，同比增长13.87%，其中卷烟利润21571万元。

全市共查处涉烟违法案件6097起，查获假冒卷烟1342.69万支、非法烟叶2.38吨，捣毁贩藏假烟窝点76个，案值294.43万元，上缴罚没款11.01万元。移送公安机关涉烟案件81起，公安、司法机关依法拘留154人，逮捕17人，判刑11人。全年共破获制售假烟网络案件5起，其中符合国家局标准的制售假烟网络案件3起，案值共计550.75万元。

滨州市烟草专卖局（有限公司）

滨州市烟草专卖局成立于1984年2月，滨州烟草分公司组建于1983年1月，2000年改制更名为山东滨州烟草有限公司，下辖滨城区、惠民县、阳信县、无棣县、沾化县、博兴县、邹平县7个县级烟草专卖局（营销部）。共有从业人员755人，其中聘用员工500人。

全年辖区销售卷烟63.91亿支（12.78万箱），同比增长2.24%。实现卷烟销售收入146973万元，同比增长14.64%。实现卷烟税利32219万元，同比增长9.96%，其中卷烟利润18932万元。

全市共查处涉烟违法案件3088起，查获假冒卷烟874.09万支，案值534.94万元，打掉贩藏假烟窝点75个，上缴罚没款6.39万元。移送公安机关涉烟案件26起，公安、司法机关依法刑事拘留75人，逮捕13人，判刑11人。全年共破获制售假烟网络案件6起，其中符合国家局标准的网络案件3起，案值共计2238万元。

菏泽市烟草专卖局（有限公司）

菏泽市烟草专卖局成立于1984年1月，菏泽烟草分公司组建于1983年11月，2000年改制更名为山东菏泽烟草有限公司，下辖牡丹区、单县、郓城县、东明县、巨野县、成武县、鄄城县、定陶县、曹县9个县级烟草专卖局（营销部）。共有从业人员1427人，其中聘用员工742人。

全年辖区销售卷烟129.9亿支（25.98万箱），同比增长6.25%。实现卷烟销售收入250700万元，同比增长14.92%。实现卷烟税利48700万元，同比增长16.23%，其中卷烟利润28300万元。

全市共查处涉烟违法案件4176起，查获假冒卷烟546.34万支、非法烟叶51.4吨，捣毁贩藏假烟窝点21个，案值568.49万元，上缴罚没款11.08万元。移送公安机关涉烟案件55起，公安、司法机关依法刑事拘留112人，逮捕51人，判刑27人。全年共破获符合国家局标准的制售假烟网络案件2起，案值568.49万元。

所属其他二级单位

中国烟草山东进出口有限责任公司

中国烟草山东进出口有限责任公司成立于1985年2月。前身为中国烟草进出口公司山东分公司，2006年7月划归山东省烟草专卖局（公司）管理。主要经营烟草专卖品及其他烟用辅料的进出口，接受委托办理进口烟草专卖品，对外投资业务及对外经济技术交流与合作等业务。公司拥有总资产3.17亿元，其中，固定资产2378万元、流动资产2.88亿元，资产负债率为76.39%。共有从业人员90人，其中，主业59人，商贸中心28人。

公司全年实现销售收入41861万元，同比增长6.81%。实现税利3889万元，同比下降5.47%，其中利润1498万元。实现进出口总值2037万美元，同比增长23.45%。出口烟叶2238吨，同比下降21.94%；出口烟梗10050吨，同比增长186.24%；出口卷烟41080万支，同比增长57.58%；进口卷烟15289万支，同比增长19.74%；进口盘纸54吨，同比增长92.25%；内销丝束5718吨，同比增长4.60%；代理进口烟机设备7套。

推进“走出去”战略，在迪拜建立公司驻迪拜办事处，“哈德门”首次实现出口中东市场1400箱。

中国烟草总公司青州中等专业学校

中国烟草总公司青州中等专业学校（山东烟草职工培训中心）组建于1983年12月。现为山东大学山东烟草函授站、山东农业大学山东烟草函授站。学校拥有总资产2960万元，其中，固定资产2178万元、流动资产781万元，资产负债率为5.44%。共有从业人员147人，其中聘用员工48人。在职教职工中有专任教师52人，其中，高级讲师31人、讲师15人。

全年共举办各类培训班122班次，培训学员8096人次。所培训的烟叶分级竞赛选手在第七届行业职业技能竞赛暨第四届行业烟叶分级职业技能竞赛中获得第一名。

全年各类招生人数为305人，其中，普通中专招生244人，成人中专招收61人。与中国海洋大学研究生教育中心联合举办工商管理硕士学位教育（MBA），报名55人，录取35人；与山东农业大学联合办学，报名60人，录取22人。

《东方烟草报》社有限公司

《东方烟草报》社有限公司的前身是1992年7月创办的《东方烟草报》社。2008年9月改制为《东方烟草报》社有限公司，成为法人单位。公司内设办公室（整顿办）、考评室、总编室、正报室、美编室、专刊室、周刊室、省内部、财审（国有资产管理）部、发行部、广告部（理事会秘书处）、网站7室4部1站。共有从业人员108人，其中聘用员工97人。

2009年，《东方烟草报》社有限公司分党组和新一届领导班子成立，提出“新起点、新发展”的发展战略，成立工会组织并建立完善公司职工代表大会制度。按照岗位任职的要求和公开平等、竞争择优的原则，严格履行规定程序，实行竞争上岗。

2009年，报社理事会单位达到111家，报纸发行量为10.5万份，《金周刊》发行量突破50万份。

2009年山东省烟草商业系统主要情况统计

地市级局（公司）名称		济南市烟草专卖局（有限公司）	青岛市烟草专卖局（有限公司）	淄博市烟草专卖局（有限公司）	枣庄市烟草专卖局（有限公司）	东营市烟草专卖局（有限公司）	烟台市烟草专卖局（有限公司）
主要负责人/法人代表		张克强（—2009.3） 王永平（2009.3—）	刘国华	王洪波	李　峰	蒋树珍	祝国业(—2009.5) 王　军(2009.5—)
总资产（万元）		136081	219999	75723	63480	36795	149501
资产负债率（%）		29.15	24.83	28.89	26.60	20.72	28.78
所属县级局（个）		9	12	8	6	5	12
所属县级公司/分公司（个）		—	3个分公司	3个分公司	—	—	—
所属县级营销部（个）		9个营销部	9个营销部	5个营销部	6个营销部	5个营销部	12个营销部
所属业务机构	访销机构	1个卷烟营销中心	1个卷烟营销中心（综合办公室、市场部、销售部、配送部）	1个营销中心（市场部、销售部、卷烟物流中心）	1个营销中心（市场部、销售部、配送部）	1个营销中心（市场部、销售部、配送部）	1个卷烟营销中心（市场部、销售部、物流配送部）
	物流配送机构	1个配送中心	1个配送部	1个卷烟物流中心	1个配送部	1个配送部	1个物流配送部
	稽查机构	1个稽查支队 9个稽查大队	1个稽查支队 12个稽查大队	1个稽查支队 8个稽查大队	1个稽查支队 6个稽查大队	1个稽查支队 5个稽查大队	1个稽查支队 12个稽查大队
	烟叶机构	—	1个烟叶生产经营中心、6个烟叶站	9个烟叶站	—	—	—
销售卷烟（亿支）		128.51	167.72	77.75	67.28	39.76	145.00
毛利率（%）		27.24	27.15	26.58	28.13	27.14	26.72
实现“两烟”税利（万元）		89529	124693	43156	43254	25812	102656
实现“两烟”利润（万元）		58209	83393	24765	27455	16038	66575
烟叶种植（亩）		—	9126	19000	—	—	—
烟叶收购（担）		—	29700	54000	—	—	—
零售户数（户）		28166	31664	19135	14064	7506	30663

地市级局（公司）名称		潍坊市烟草专卖局（有限公司）	济宁市烟草专卖局（有限公司）	泰安市烟草专卖局（有限公司）	威海市烟草专卖局（有限公司）	日照市烟草专卖局（有限公司）	莱芜市烟草专卖局（有限公司）
主要负责人/法人代表		王成才（—2009.1） 韩志忠(2009.1～2009.8) 徐立国（2009.8—）	崔方成（—2009.1） 王成才（2009.1—）	韩春曦	毕庶国（—2009.1） 崔方成（2009.1—）	张守厚	曹红祥
总资产（万元）		183815	104363	62362	61068	64162	18482
资产负债率（%）		28.81	22.01	40.28	24.04	31.62	37.84
所属县级局（个）		12	12	6	4	5	2
所属县级公司/分公司（个）		6个分公司	—	—	—	4个分公司	—
所属县级营销部（个）		6个营销部	12个营销部	6个营销部	4个营销部	—	—
所属业务机构	访销机构	1个卷烟营销中心（市场部、销售部、物流配送部）	1个营销中心（市场部、销售部、配送部）	1个营销中心（市场部、销售部、客服部、配送部）	1个营销中心（市场部、销售部、配送部）	1个营销中心（市场部、销售部、物流配送部）	1个营销中心（市场部、销售部、配送部）
	物流配送机构	1个物流配送部	1个配送部	1个配送部	1个配送部	1个物流配送部	1个配送部
	稽查机构	1个稽查支队 12个稽查大队	1个稽查支队 12个稽查大队	1个稽查支队 6个稽查大队	1个稽查支队 5个稽查大队	1个稽查支队 4个稽查大队	1个稽查支队 2个稽查大队
	烟叶机构	44个烟叶站 2个烟叶收购点	—	—	—	26个烟叶站	2个烟叶站
销售卷烟（亿支）		145.04	136.03	88.20	55.25	50.00	20.95
毛利率（%）		26.65	25.51	25.98	26.84	26.83	27.94
实现“两烟”税利（万元）		87754	66411	44636	36224	33523	11619
实现“两烟”利润（万元）		41369	41706	24860	22930	17658	5920
烟叶种植（亩）		171000	—	—	—	76000	16941
烟叶收购（担）		717369	—	—	—	251727	53760
零售户数（户）		34391	35597	22708	13931	11746	6376

地市级局（公司）名称		临沂市烟草专卖局（有限公司）	德州市烟草专卖局（有限公司）	聊城市烟草专卖局（有限公司）	滨州市烟草专卖局（有限公司）	菏泽市烟草专卖局（有限公司）
主要负责人/法人代表		刘昌宝	刘延章（—2009.1） 徐立国(2009.1～2009.8) 孙力君（2009.8—）	贺连军（—2009.5） 王春山（2009.5—）	韩志忠（—2009.1） 王淑敏（2009.1—）	乔廷勇
总资产（万元）		184163	59555	44116	40246	63596
资产负债率（%）		30.39	33.00	12.69	30.09	21.91
所属县级局（个）		12	11	8	7	9
所属县级公司/分公司（个）		9个分公司	—	—	—	—
所属县级营销部（个）		3个营销部	11个营销部	8个营销部	7个营销部	9个营销部
所属业务机构	访销机构	1个营销中心 （市场部、销售部、配送部）	1个市场部 1个卷烟销售部 1个物流配送部	1个营销中心 （市场部、销售部、物流配送部）	1个营销中心 （市场部、销售部、配送部）	1个市场部 1个销售部 1个配送部
	物流配送机构	1个配送部	1个物流配送部	1个物流配送部	1个配送部	1个配送部
	稽查机构	1个稽查支队 12个稽查大队	1个稽查支队 11个稽查大队	1个稽查支队 8个稽查大队	1个稽查支队 7个稽查大队	1个稽查支队 9个稽查大队
	烟叶机构	75个烟叶站	—	—	—	—
销售卷烟（亿支）		161.91	93.27	86.75	63.91	129.90
毛利率（%）		25.25	24.70	25.51	26.61	24.05
实现“两烟”税利（万元）		93517	40010	36890	32219	48700
实现“两烟”利润（万元）		51933	23563	21571	18932	28300
烟叶种植（亩）		220000	—	—	—	—
烟叶收购（担）		650000	—	—	—	—
零售户数（户）		39991	22468	25298	17964	35021

（井西然）

河南省烟草专卖局（公司）

【概　况】 河南省烟草专卖局、中国烟草总公司河南省公司组建于1982年，下辖18个地市级烟草专卖局（公司）、133个县级烟草专卖局、133个分公司，天昌国际烟草有限公司、中国烟草河南进出口有限责任公司和河南烟草职工培训中心。2009年，公司拥有总资产161.19亿元，其中，固定资产26.17亿元、流动资产127.34亿元，资产负债率为32.51%。共有从业人员25996人，其中聘用员工5737人。

2009年，省局（公司）被河南省政府评为“政风行风建设先进单位”。

【领导成员】 局长、总经理、党组书记：郑建民

副局长、党组成员：秦留拽（正厅级）

副总经理、党组成员：王志富

副总经理、党组成员：李俊成

纪检组长、党组成员：徐德全

总会计师：王冀民

副巡视员：徐鸿飞

副巡视员：张永生（—2009.4）

副巡视员：龚正伟

【机构设置】 省局（公司）机关设办公室（外事办公室）、综合计划处（经济运行处）、专卖监督管理处（专卖稽查总队、内部专卖监督管理处）、政策法规处、财务管理处、审计处、科技处、人事劳资处、思想政治工作处（机关党委）、监察处（与党组纪检组合署办公）、安全保卫处、投资管理处、烟叶管理处、卷烟销售管理处14个内设机构，经济信息中心、离退休人员管理办公室、机关服务中心、烟草质量监督检测站、烟草学会秘书处、职业技能鉴定站、河南烟草驻北京办事处7个专业部门和整顿和规范市场经济秩序办公室1个临时性机构。

【专卖管理】 卷烟打假。省局把打击制售假烟网络

工作放在突出位置，完善与公安、工商、交通和司法等部门的联合打假协作机制，全面落实“每个地市级局打掉1~2个较大规模制售假烟网络”的目标任务。全年破获符合公安部、国家局标准的网络案件41起，其中，案值超过1000万元的案件8起。郑州“1·6”、南阳“2·26”及信阳“12·28”3起网络案件被列为部级督办案件。捣毁制假窝点194个，查获假冒卷烟1.6亿支，收缴制假烟机26台。公安、司法机关依法拘留493人，劳教42人，逮捕224人，判刑200人。

内部专卖管理监督。从抓规范落实、抓监督检查、抓专项监管、抓案件查处四个关键环节入手，全面加强内部专卖管理监督工作。制订《内部专卖管理监督工作规范实施细则》，并于6月和10月对部分所属企业进行了重点抽查。继续实行专卖驻烟叶收购站监管制度和驻复烤厂监管制度，加强对烟叶收购、加工环节的监管。对12家工业企业的170台（套）报废设备进行了现场监督销毁。全省共查处内部违规案件29起，处理相关责任人45人，移送公安、司法机关2人。

卷烟市场监管。在全省行业推行“321”（三级巡查、两层考核、一个联合）卷烟市场监管机制。从11月15日起，省局开展了“百日市场整治”专项行动。加大对市场考核的力度，把市场监管作为优秀县级局创建活动的重要内容，对42个申请达标验收的县级局所辖区域的市场净化情况进行检查考核，市场净化率为96.19%。

证件管理。全年共办理生产经营类许可证换发413份、零售许可证换发32.7万份，审核烟叶工作站406个，签发准运证5万份，无行政许可复议和诉讼案件。省局的许可证卷宗在河南省行政执法案卷评查中名列第三。

【生产经营】 全年共销售卷烟1450.90亿支（290.18万箱），同比增长4.31%，其中，销售一类烟51.41亿支（10.28万箱）、二类烟13.02亿支（2.60万箱）、三类烟286.65亿支（57.25万箱）、四类烟631.82亿支（126.4万箱）、五类烟468亿支（93.6万箱）。本辖区销量居前三位的品牌分别是“红旗渠”、“散花”、“帝豪”，销量分别为663.98亿支（132.79万箱）、254.14亿支（50.83万箱）、112.78亿支（22.56万箱）。

2009年，全省烟草商业系统实现“两烟”销售收入（含复烤企业）373.93亿元，同比增长18.70%。根据国务院有关精神，调整卷烟消费税，部分利润转为税赋，全年增加卷烟消费税16.02亿元。实现“两烟”税利70.79亿元，同比增长10.66%，其中卷烟税利64.38亿元，同比增长8.58%。实现“两烟”利润40.31亿元，同比下降14.34%，其中卷烟利润37.92亿元，同比下降14.67%。公司三项费用率为13.07%。

【烟叶产销】 烟叶种植与收购。加大烟叶生产布局调整力度，引导烟叶生产向大区、大县、大乡和大户转移，创造条件促进烟农进行土地流转。全年落实烟叶种植面积118万亩，签订烟叶购销协议15.4万吨（308万担），与省内外工业企业签订协议13.69万吨（273.8万担），其中省外工业企业8.66万吨（173.2万担）。

烟叶技术推广。普及集约化育苗和商品化供苗，全省集约化育苗率为99%，商品化供苗率为91.65%。推广土壤改良技术，重施优质芝麻饼肥，推行绿肥掩青、秸秆还田、豆浆灌根等技术。推广机械化作业，全年完成机耕面积93.6万亩、起垄面积75.7万亩、施肥面积35.2万亩、移栽面积20.5万亩、覆膜面积29.8万亩、中耕培土面积24.1万亩。

烟叶基地单元建设。5月，省公司与上海烟草（集团）公司签订合作协议，分别在许昌市襄城县、平顶山市郏县和漯河市临颍县各建设1个基地单元，共同合作开发14.7万担浓香型特色优质烟叶。许昌市公司与云南中烟工业公司在襄城县、平顶山市公司与河南中烟工业有限责任公司在郏县分别合作开发2万担、3万担特色优质烟叶。

现代烟草农业建设试点。省局（公司）制订《河南省2009年现代烟草农业试点工作方案》和《河南省2009年现代烟草农业试点工作考核管理办法》，成立现代烟草农业试点建设工作领导小组，确定“五乡十村”等15个现代烟草农业建设试点单位。试点种烟面积为8.95万亩，户均种烟面积19.32亩。采取转包、租赁、互换、入股、联合经营等土地流转方式，流转土地3.62万亩，占种烟总面积的42.45%。

试点单位的烟水配套工程总投入6307万元，其中烟草行业补贴4807万元，受益基本烟田8.75万亩。试点的集约化育苗率和商品化供苗率均为100%，病虫害统防统治率为100%，专业化烘烤率为55.86%，亩均用工降低到22.7个。

烟叶生产基础设施建设。全年共完成2008年度烟基建设项目18706个，总投资6.36亿元，其中烟草行业投入资金4.99亿元。国家局批复2009年度烟基建设项目21490个，总造价6.61亿元。

烟叶标准化示范区建设。制订《河南省烟叶标准化示范考核验收规范（试行）》，确定了10个烟叶标准化生产示范区。全省12个烟叶产区所属市局（公司）完成标准的制定、发布与实施，烟叶标准化生产面积113万亩，占全省种烟面积的95.76%。经国家局考核验收组考核，宜阳县示范区以综合考评第一名的成绩通过验收，被授予"国家级烟叶标准化生产优秀示范区"。

【卷烟结构转型及品牌培育】 加快推进销售结构转型，以"四转三"为重点，推动全省卷烟销售由"金字塔型"向"橄榄型"转变。2009年，全省一至五类烟的销量比重分别为3.54%、0.90%、19.76%、43.55%和32.26%。一至四类烟销量同比分别增长37.76%、33.93%、39.60%、10.60%，五类烟销量同比下降17.51%。

加快推进工商协同营销，完善品牌培育规划，前20名全国性卷烟重点骨干品牌及视同品牌销量为350.5亿支（70.10万箱），同比增长30.70%。

【现代物流建设】 加快推进"村村通网络"工程，全省300人以上和平原地区200人以上的自然村实现了"村村通网络"。提升现代物流水平，全省共有物流配送中心20个、中转站35个、配送线路1024条，一级配送量占总销量的66.01%，送货到户率、分拣打码到户率为100%，电子结算率为94.40%，网上订货率为25.06%。

【企业管理】 财务与审计。开展审计项目712个，查出违规违纪资金2113万元，提出审计建议656条，促进增收节支4616万元。省公司成立了审计工作委员会，制订了《审计委派制工作实施方案》和《派驻办管理办法》，向18个市公司派驻了审计办公室，完成了全省行业审计委派制工作。

制订《"小金库"专项治理检查实施方案》，全省159家单位进行了自查，自查面为100%。9月1～8日，中央"小金库"检查组对全省商业企业开展"小金库"重点检查工作，没有发现违规违纪行为。

"三项检查"工作。从"查、补、建、改"四个方面入手，开展广告促销、工程投资和物资采购项目专项检查的"回头看"工作。制订《河南省烟草公司投资项目管理办法（试行）》、《河南省烟草商业宣传促销管理办法》，并配合国家局完成对全省商业企业"三项检查"重点抽查工作。

【多元化经营】 完成省公司所属列入清退计划的7家多元化企业的清退工作，收回投资93万元，处理投资损失664万元。完成周口市公司投资的河南中科辐照技术有限公司的清退工作，并无偿移交给地方政府。组织检查组对全省烟草商业企业12个直属单位、28个县公司的37家已清退多元化企业进行了全面核查，对清退工作档案进行统一归纳整理。

制订《全省烟草商业多元化投资管理暂行办法》、《河南烟草商业多元化经营企业重大事项报告制度（试行）》，委托会计师事务所对全省11家存续的多元化企业2008年度经营管理情况进行了全面审计，对于审计中发现的问题，督促相关企业逐项进行整改。

【科技创新】 修订《河南烟草商业创新能力考核办法》，将科技创新能力纳入市局（公司）领导工作业绩考核。全省烟草商业系统全年共发表科技论文46篇，申请专利20项，获得专利授权18项，完成省科技厅组织鉴定科研成果18项。11月，召开全省商业科技项目推广会议，对22项科技成果的关键技术进行推广。

2009年，全省烟草商业系统在研省部级科研项目6项，省局（公司）项目151项，单位自筹项目82项，投入科研经费9123万元。各市局（公司）向省局（公司）申报科研项目93项，正式立项44项，项目经费预算1349万元。

【人力资源管理】 干部队伍建设。依据《党政领导干部选拔任用工作条例》，对9个市局（公司）领导班子进行了全面考察，对2个市局（公司）主要领导进行了考核。制订《机关科以下干部职务序列管理规定》、《机关科以下干部职务晋升工作实施方案》，完成机关科级以下干部职务晋升工作。

用工分配制度改革。省局（公司）总结信阳、焦作、新乡、许昌市局（公司）4家用工分配制度改革试点单位的经验，成立用工分配制度改革领导小组，并制订全省烟草商业系统统一的专业管理类、专业技术类和业务操作类岗位工资标准，明确岗位工资的套改和运行机制。

教育培训。理顺教育培训机构管理体制，3月，河南省烟草技工学校更名为河南省烟草职工培训中心。全省共举办各类培训班403期，培训28884人次。省局（公司）各部门共举办各类岗位业务知识培训班61期，培训6518人次。组织、协助特有工种鉴定12批次（含破格晋升），鉴定2455人，2013人取得职业资格。省局（公司）职业技能鉴定站被国家局职业技能鉴定中心授予"全国烟草行业优秀鉴定站"称号。

【信息化建设】 完成河南烟草信息化规划方案目标架构的设计工作，完成数据中心项目一期需求方案的设计及数据中心项目软、硬件平台产品的选型交流、测试等工作。完成会计核算系统建设、烟叶客户关系暨营销管理系统商务谈判及签约工作，启动卷烟营销系统、专卖系统升级改造和人力资源管理信息系统项目建设，开通河南省烟草商业系统大学生招聘系统。12月，全省18个市公司完成分拣打码改造工作，打码到条系统和订单采集系统全部投入使用。

【思想政治工作】 3～8月，全省烟草商业系统直属单位开展第二批深入学习实践科学发展观活动。4～7月，省局（公司）组织开展了“讲党性修养、树良好作风、促科学发展”和“节奏要快、标准要高、工作要实、状态要好”的主题教育活动。加强党风廉政建设，制订《河南烟草商业建立健全惩治和预防腐败体系2008～2012年实施办法》。各级纪检监察部门共受理群众来信来访来电举报27件，初步核实13件，立案8件，处理违规违纪人员20人。

【企业文化】 制订河南烟草商业企业文化理念框架性意见，以“根文化”为主线，全省烟草商业系统14个直属单位完成了企业文化理念的整合提炼、企业文化成果发布及企业文化手册的编写工作。

【特事要辑】 1月18～19日，2009年全省烟草商业工作会议召开。

2月3日，河南省委副书记陈全国对全省烟草商业工作作出批示，充分肯定其为河南发展作出的重要贡献。

2月24～27日，国家局局长姜成康考察河南烟草。

4月10～14日，驻国家局纪检组组长潘家华考察河南烟草。

9月25～27日，国家局副局长何泽华考察河南烟草。

9月22日，鄂豫边界基层专卖管理联席会议在南阳召开。

河南省局（公司）主要统计指标汇总①

“两烟”税利（亿元）	“两烟”利润（亿元）	销售卷烟（亿支）	烟叶种植（万亩）	烟叶收购（万担）
70.79	40.31	1450.90	120.70	365.96

所属地市级局（公司）

郑州市烟草专卖局（公司）

郑州市烟草专卖局、河南省烟草公司郑州市公司成立于1983年8月，下辖北城区、西城区和南城区3个直属分局（分公司）及登封市、新密市、荥阳市、巩义市、新郑市、中牟县、上街区7个县级烟草专卖局（分公司）。共有从业人员1854人，其中聘用员工609人。2009年，市局（公司）被河南省委、省政府授予“省级文明单位”称号。

全年辖区销售卷烟160.28亿支（32.06万箱），同比增长7.51%。实现“两烟”销售收入464841万元，同比增长17.87%，其中，卷烟销售收入461450万元，同比增长18.0%。实现“两烟”税利102274万元，同比增长11.03%，其中，卷烟税利105246万元，同比增长15.10%。实现“两烟”利润62256万元，其中卷烟利润65780万元。烟叶利润亏损3524万元。

全市共查处涉烟违法案件1825起，查获假冒卷烟1417万支、非法烟叶20吨，打掉制假窝点2个、贩卖假烟窝点7个，案值270万元，上缴罚没款150万元。移送公安机关涉烟案件47起，公安、司法机关依法刑事拘留45人，逮捕20人，判刑14人。破获制售假烟网络案件5起，其中符合国家局标准的网络案件1起，案值共计1.3亿元。

全市烤烟收购均价为11.29元/千克。实现烟农收入0.18亿元，同比增加0.02亿元；烟农户均收入9352元，同比增加1202元。

全年投入789万元，其中烟草行业补贴667万元，完成烟基建设项目349个，其中新建卧式密集型烤房276座。烟水配套工程实际受益面积累计1.4万亩，

① 此处“两烟”利润为剔除相关费用后的利润。

受益农户 0.3 万户。

开封市烟草专卖局（公司）

开封市烟草专卖局、河南省烟草公司开封市公司成立于 1983 年 8 月，下辖城区、开封县、通许县、尉氏县、杞县、兰考县 6 个县级烟草专卖局（分公司）。共有从业人员 920 人，其中聘用员工 341 人。2009 年，市局被河南省委、省政府、省军区评为“河南省双拥工作先进单位”。

全年辖区销售卷烟 74.25 亿支（14.85 万箱），同比增长 4.54%。实现卷烟销售收入 154519 万元，同比增长 15.16%。实现卷烟税利 32048 万元，同比增长 10.82%，其中卷烟利润 19592 万元。

全市共查处涉烟违法案件 1087 起，查获假冒卷烟 632 万支、非法烟叶 0.3 吨，打掉贩藏假烟窝点 119 个，上缴罚没款 15.35 万元。移送公安机关涉烟案件 15 起，公安、司法机关依法刑事拘留 36 人，逮捕 20 人，判刑 16 人。破获制售假烟网络案件 6 起，其中符合国家局标准的网络案件 2 起，案值共计 1513 万元。

洛阳市烟草专卖局（公司）

洛阳市烟草专卖局、河南省烟草公司洛阳市公司成立于 1983 年，下辖偃师市、孟津县、新安县、宜阳县、伊川县、汝阳县、嵩县、洛宁县、栾川县、城区、吉利区 11 个县级烟草专卖局（分公司）和孟津烟叶储备库。共有从业人员 2241 人，其中聘用员工 491 人。

全年辖区销售卷烟 107.26 亿支（21.45 万箱），同比增长 4.08%。实现“两烟”销售收入 316710 万元，同比增长 13.6%，其中，卷烟销售收入 229096 万元，同比增长 14.16%。实现“两烟”税利 62036 万元，同比增长 9.30%，其中，卷烟税利 48548 万元，同比增长 4.78%。实现“两烟”利润 40202 万元，其中卷烟利润 31855 万元。

全市共查处涉烟违法案件 3472 起，查获非法卷烟 943.57 万支、非法烟叶 1.5 吨，打掉贩藏假烟窝点 12 个，上缴罚没款 21 万元。移送公安机关涉烟案件 7 起，公安、司法机关依法刑事拘留 241 人，劳教 19 人，判刑 4 人。破获制售假烟网络案件 7 起，其中符合国家局标准的网络案件 3 起，案值共计 1591 万元。

全市烤烟收购均价为 10.8 元/千克。实现烟农收入 3.48 亿元，烟农户均收入 1.58 万元。

全年投入 1.09 亿元，其中烟草行业补贴 0.84 亿元，年内完成烟基建设项目 2843 个，其中，建造大型密集烤房 1700 座，补贴烟草农用机械 904 台。烟水配套工程实际受益面积累计 5.6 万亩，受益农户 0.42 万户。

开展现代烟草农业建设试点面积 1.74 万亩，与同地区大面积生产相比试点区域亩产烟叶 163 千克；亩均用工 18 个，减少 15 个，节约成本 450 元；亩产值 2351 元，提高 300 元。

8 月，宜阳县国家级烟叶标准化示范区在第五批 6 个国家级烟叶标准化示范区考核验收中综合评价总分第一，被国家局授予“国家级烟叶标准化生产优秀示范区”称号，被省局（公司）授予“河南省烟叶标准化生产优秀示范区”称号。

平顶山市烟草专卖局（公司）

平顶山市烟草专卖局、河南省烟草公司平顶山市公司成立于 1984 年 5 月，下辖郏县、叶县、宝丰县、鲁山县、汝州市、舞钢市、石龙区、城区 8 个县级烟草专卖局（分公司），以及宝丰金叶烟草有限责任公司 1 家控股打叶复烤企业。共有从业人员 2710 人，其中聘用员工 315 人。

全年辖区销售卷烟 74.36 亿支（14.87 万箱），同比增长 4%。实现“两烟”销售收入 238662 万元，同比增长 18.12%，其中，卷烟销售收入 166966 万元，同比增长 22.89%。实现“两烟”税利 46080 万元，同比下降 15.61%，其中，卷烟税利 39080 万元，同比增长 16.04%。实现“两烟”利润 30078 万元，其中卷烟利润 24095 万元。

全市共查处涉烟违法案件 2809 起，查获假冒卷烟 1571.25 万支、非法烟叶 30 吨，打掉制假窝点 114 个、贩藏假烟窝点 58 个，案值 420.06 万元，上缴罚没款 10.22 万元。移送公安机关涉烟案件 12 起，公安、司法机关依法刑事拘留 17 人，逮捕 12 人，判刑 8 人。破获符合国家局标准的制售假烟网络案件 2 起，案值 220.30 万元。

全市烤烟收购均价为 13.85 元/千克。实现烟农收入 3.66 亿元，同比增加 0.44 亿元；烟农户均收入 2.24 万元，同比增加 0.87 万元。

全年共投入 0.84 亿元，其中烟草行业补贴 0.67 亿元，年内完成烟基建设项目 2758 个，其中新建卧式密集型烤房 1850 座。烟水配套工程实际受益面积累计 7.2 万亩，受益农户 0.58 万户。

开展现代烟草农业建设试点面积 1.14 万亩，与同地区大面积生产相比，试点区域亩产 172.77 千克，提高 16.77 千克；亩产值 2348 元，提高 248 元。

安阳市烟草专卖局（公司）

安阳市烟草专卖局、河南省烟草公司安阳市公司成立于1983年6月，下辖安阳县、汤阴县、林州市、内黄县、滑县、城区6个县级烟草专卖局（分公司）。共有从业人员833人，其中聘用员工343人。

全年辖区销售卷烟81.26亿支（16.25万箱），同比增长4.46%。实现卷烟销售收入170393万元，同比增长13.9%。实现卷烟税利41489万元，同比增长4.39%，其中卷烟利润26881万元。

全市共查处涉烟违法案件3020起，查获非法卷烟802.73万支，其中假冒卷烟680.16万支。公安、司法机关依法行拘127人，刑事拘留6人，劳教3人，逮捕3人，判刑3人。破获符合国家局标准的网络案件1起，案值100.5万元。

鹤壁市烟草专卖局（公司）

鹤壁市烟草专卖局、河南省烟草公司鹤壁市公司成立于1983年12月，下辖城区、浚县、淇县3个县级烟草专卖局（分公司）。共有从业人员300人，其中聘用员工139人。2009年，市局（公司）被河南省委、省政府授予“省级文明单位”称号。

全年辖区销售卷烟22.07亿支（4.41万箱），同比增长4.21%。实现卷烟销售收入45797万元，同比增长12.64%。实现卷烟税利9625万元，同比增长0.88%，其中卷烟利润5958万元。

全市共查处涉烟违法案件329起，查获假冒卷烟472.01万支，案值94.84万元，公安、司法机关依法刑事拘留14人，劳教10人，逮捕3人，判刑2人。破获符合国家局标准的网络案件1起，案值135.71万元。

市局（公司）的“卷烟消费市场与终端市场调查系统”科技项目获得省级科学技术进步三等奖。

新乡市烟草专卖局（公司）

新乡市烟草专卖局、河南省烟草公司新乡市公司成立于1983年8月，下辖城区、新乡县、获嘉县、原阳县、延津县、封丘县、长垣县、卫辉市、辉县市9个县级烟草专卖局（分公司）。共有从业人员864人，其中聘用员工302人。

全年辖区销售卷烟80.55亿支（16.11万箱），同比增长5.63%。实现卷烟销售收入160935万元，同比增长15.05%。实现卷烟税利34957万元，同比增长8.04%，其中卷烟利润21583万元。

全市共查处涉烟违法案件1537起，查获假冒卷烟478.2万支、毛烟（丝）2.49吨，打掉贩藏假烟窝点90个，案值300余万元，上缴罚没款6.23万元。移送公安机关涉烟案件7起，公安、司法机关依法刑事拘留4人，逮捕8人。破获符合国家局标准的制售假烟网络案件1起，案值179万元。

焦作市烟草专卖局（公司）

焦作市烟草专卖局、河南省烟草公司焦作市公司成立于1984年，下辖修武县、武陟县、温县、孟州市、沁阳市、博爱县6个县级烟草专卖局（分公司）和1个直属局（分公司）①。共有从业人员529人，其中聘用员工125人。

全年辖区销售卷烟52.50亿支（10.50万箱），同比增长4.02%。实现卷烟销售收入104769万元，同比增长16.70%。实现卷烟税利18800万元，同比增长0.30%，其中卷烟利润10166万元。

全市共查处涉烟违法案件1205起，查获假冒卷烟201万支、非法烟叶和烟丝23吨，上缴罚没款6.16万元。移送公安机关涉烟案件6起，公安、司法机关依法刑事拘留30人，逮捕14人，判刑9人。破获符合国家局标准的制售假烟网络案件1起，案值135万元。

濮阳市烟草专卖局（公司）

濮阳市烟草专卖局、河南省烟草公司濮阳市公司成立于1985年1月，下辖城区、濮阳县、清丰县、南乐县、台前县、范县6个县级烟草专卖局（分公司）。共有从业人员634人，其中聘用员工303人。

全年辖区销售卷烟52.02亿支（10.40万箱），同比增长5.08%。实现卷烟销售收入111467万元，同比增长17.95%。实现卷烟税利22984万元，同比增长9.22%，其中卷烟利润14822万元。

全市共查处涉烟违法案件1053起，查获假冒卷烟402.66万支、非法烟丝0.16吨，打掉贩藏假烟窝点70个，上缴罚没款11.54万元。移送公安机关涉烟案件3起，公安、司法机关依法刑事拘留11人，逮捕5人，判刑9人。破获符合国家局标准的网络案件2起，案值240万元。

许昌市烟草专卖局（公司）

许昌市烟草专卖局、河南省烟草公司许昌市公司成立于1983年8月，下辖许昌县、襄城县、禹州市、鄢陵县、长葛市、魏都区6个县级烟草专卖局（分公司）。共有从业人员2371人，其中聘用员工56人。

全年辖区销售卷烟71.30亿支（14.26万箱），同比增长4.0%。实现“两烟”销售收入237259万元，

---

① 2009年12月，焦作市城区烟草专卖局（分公司）变更为焦作市烟草专卖局直属局（分公司）。

同比增长22.85%，其中，卷烟销售收入159986万元，同比增长12.73%。实现“两烟”税利46262万元，同比增长11.81%，其中，卷烟税利34600万元，同比增长4.99%。实现“两烟”利润28921万元，其中卷烟利润20117万元。

全市查处涉烟违法案件460起，查获假冒卷烟1475万支、非法烟叶1.35吨，捣毁制售假烟窝点8个，上缴罚没款11.93万元。移送公安机关涉烟案件20起，公安、司法机关依法刑事拘留34人，逮捕15人，判刑27人。破获制售假烟网络案件6起，其中符合国家局标准的网络案件4起，案值共计3429万元。

全市烤烟收购均价为14.08元/千克。实现烟农收入3.83亿元，同比增加0.45亿元；烟农户均收入2.07万元，同比增加0.89万元。

全年投入1.28亿元，其中烟草行业补贴0.93亿元，年内完成烟基建设项目3764个，其中，新建卧式密集型烤房1176座，热源外置功能性改造小烤房580座。烟水配套工程实际受益面积累计19.45万亩，受益农户6.9万户。

推进现代烟草农业园区建设，园区种植烟叶11.2万亩，占全市种烟面积的78%；收购烟叶2.13万吨（42.66万担），占全市收购量的78.39%。推进现代烟草农业建设试点，试点村烟农户均种烟面积15.6亩，试点村基本实现了烟水、烟炕、烟路、烟机、烟林、烟险“六个配套”，成立了土地流转中心及4个烟叶生产机械化专业合作社，建立育苗工场15个、烘烤工场18个，亩均用工减少到约20个。

漯河市烟草专卖局（公司）

漯河市烟草专卖局、河南省烟草公司漯河市公司成立于1986年5月，下辖临颍县、舞阳县、城区3个县级烟草专卖局（分公司）。共有从业人员1305人，其中聘用员工95人。

全年辖区销售卷烟39.27亿支（7.85万箱），同比增长2.67%。实现“两烟”销售收入112156万元，同比增长15.41%，其中，卷烟销售收入83610万元，同比增长14.37%。实现“两烟”税利21516万元，同比增长21.26%，其中，卷烟税利14204万元，同比增长6.30%。实现“两烟”利润9848万元，其中卷烟利润7134万元。

全市查处涉烟违法案件498起，查获假冒卷烟1249.16万支、非法烟叶73.25吨，打掉制假窝点90个、贩藏假烟窝点10个，案值2063.28万元，上缴罚没款0.2万元。移送公安机关涉烟案件15起，公安、司法机关依法刑事拘留21人，逮捕13人，判刑7人。破获符合国家局标准的网络案件2起，案值224万元。

全市烤烟收购均价为14.46元/千克。实现烟农收入1.58亿元，同比增加0.2亿元；烟农户均收入4.67万元，同比增加2.76万元。

全年投入0.41亿元，年内完成烟基建设项目1965个。

三门峡市烟草专卖局（公司）

三门峡市烟草专卖局、河南省烟草公司三门峡公司成立于1986年4月，下辖城区、卢氏县、灵宝市、陕县、渑池县、义马市6个县级烟草专卖局（分公司）及三门峡金红烟草有限责任公司。共有从业人员1623人，聘用员工415人。

全年辖区销售卷烟43.75亿支（8.75万箱），同比增长4.16%。实现“两烟”销售收入180534万元，同比增长16.62%，其中，卷烟销售收入98135万元，同比增长16.52%。实现“两烟”税利30721万元，同比增长8.54%，其中，卷烟税利22215万元，同比增长8.54%。实现“两烟”利润19420万元，其中卷烟利润13739万元。

全市查处涉烟违法案件222起，查获假冒卷烟176万支、非法烟叶18.14吨，上缴罚没款16.27万元。移送公安机关涉烟案件6起，公安、司法机关依法刑事拘留32人，逮捕24人，判刑16人。破获制售假烟网络案件6起，其中符合国家局标准的网络案件2起，案值共计357.42万元。

全市烤烟收购均价为13.57元/千克。实现烟农收入4.62亿元，同比增加0.62亿元；烟农户均收入1.79万元，同比增加0.37万元。

全年投入8014万元，其中烟草行业补贴7091万元，年内完成烟基建设项目2881个，其中新建卧式密集型烤房2019座。烟水配套工程实际受益面积累计1.46万亩，受益农户0.46万户。

开展现代烟草农业建设试点面积1.44万亩，与同地区大面积生产相比，试点区域亩产烟叶167.52千克，提高19.8千克；亩均用工21.1个，减少13.6个；亩产值2119元，提高115元。

南阳市烟草专卖局（公司）

南阳市烟草专卖局、河南省烟草公司南阳市公司成立于1983年9月，下辖镇平县、内乡县、西峡县、淅川县、邓州市、唐河县、新野县、社旗县、方城县、桐柏县、南召县、油田和城区13个县级烟草专卖局（分公司）及南阳金业烟草有限责任公司1个控股企业。共有从业人员3209人，其中聘用员工408人。

全年辖区销售卷烟153.5亿支（30.7万箱），同

比增长3.99%。实现“两烟”销售收入387467万元，同比增长19%，其中，卷烟销售收入312861万元，同比增长17.26%。实现“两烟”税利77505万元，同比增长36.75%，其中，卷烟税利64656万元，同比增长26.83%。实现“两烟”利润38132万元，其中卷烟利润37710万元。

全市查处涉烟违法案件12061起，查获假冒卷烟2221万支，上缴罚没款46.72万元。移送公安机关涉烟案件36起，公安、司法机关依法刑事拘留268人，劳教8人，逮捕55人，判刑40人。破获制售假烟网络案件13起，其中符合国家局标准的网络案件10起，案值共计5000余万元。

全市烤烟收购均价为14.82元/千克。实现烟农收入4.49亿元，同比增加1.27亿元。

全年投入1.15亿元，其中烟草行业补贴1.1亿元，年内完成烟基建设项目3172个，其中新建卧式密集型烤房2300座。烟水配套工程实际受益面积累计24.5万亩，受益农户1.3万户。

开展现代烟草农业建设试点面积1.62万亩，与同地区大面积生产相比，试点区域亩产烟叶180千克，提高42.6千克；亩均用工21个，减少11个，节约成本440元；亩产值2690元，提高693元。

2009年，南阳市城区烟草专卖局被国家局确定为全国十佳优秀县级局创建活动试点单位。

商丘市烟草专卖局（公司）

商丘市烟草专卖局、河南省烟草公司商丘市公司成立于1983年9月，下辖夏邑县、虞城县、柘城县、宁陵县、睢县、民权县、梁园区、睢阳区、永城市9个县级烟草专卖局（分公司）。共有从业人员1693人，其中聘用员工325人。

全年辖区销售卷烟110.29亿支（22.06万箱），同比增加4.14%。实现“两烟”销售收入247097万元，同比增长16.58%，其中，卷烟销售收入236679万元，同比增长16.54%。实现“两烟”税利46290万元，同比增长3.61%，其中，卷烟税利45152万元，同比增长4.79%。实现“两烟”利润27997万元，其中卷烟利润27969万元。

全市查处涉烟违法案件4107起，查获假冒卷烟1578.95万支、非法烟叶17.26吨，打掉制假窝点20个、贩藏假烟窝点111个，案值324万元，上缴罚没款5.19万元。移送公安机关涉烟案件23起，公安、司法机关依法刑事拘留59人，逮捕13人，判刑16人。破获制售假烟网络案件4起，其中符合国家局标准的网络案件1起，案值共计1600万元。

全市烤烟收购均价为13.74元/千克。实现烟农收入0.62亿元，烟农户均收入6.43万元。

全年投入1816万元，其中烟草行业补贴1363万元，年内完成烟基建设项目482个，其中新建卧式密集型烤房350座。烟水配套工程实际受益面积累计2.70万亩，受益农户0.28万户。

信阳市烟草专卖局（公司）

信阳市烟草专卖局、河南省烟草公司信阳市公司组建于1983年7月，下辖浉河区、平桥区、罗山县、息县、淮滨县、潢川县、光山县、商城县、新县、固始县10个县级烟草专卖局（分公司）。共有从业人员1033人，其中聘用员工57人。

全年辖区销售卷烟92.25亿支（18.45万箱），同比增长3.23%。实现“两烟”销售收入229088万元，同比增长16%，其中，卷烟销售收入225712万元，同比增长15.09%。实现“两烟”税利45304万元，同比增长4.55%，其中，卷烟税利45553万元，同比增长2.78%。实现“两烟”利润28286万元，其中卷烟利润29025万元。烟叶利润亏损739万元。

全市查处涉烟违法案件2568起，查获假冒卷烟280万支，打掉贩藏假烟窝点1个，上缴罚没款7.15万元。移送公安机关涉烟案件4起，公安、司法机关依法刑事拘留14人，逮捕10人，判刑9人。破获符合国家局标准的网络案件2起，案值1741万元。

全市烤烟收购均价为12.34元/千克。实现烟农收入0.21亿元，同比增加0.08亿元；烟农户均收入2.1万元，同比增加0.11万元。

全年投入3100万元，其中烟草行业补贴2281万元，年内完成烟基建设项目527个，其中新建卧式密集型烤房300座。烟水配套工程实际受益面积累计0.52万亩，受益农户652户。

周口市烟草专卖局（公司）

周口市烟草专卖局、河南省烟草公司周口市公司成立于1983年，下辖城区、淮阳县、商水县、项城市、郸城县、太康县、西华县、扶沟县、沈丘县、鹿邑县10个县级烟草专卖局（分公司）。共有从业人员2025人，其中聘用员工283人。

全年辖区销售卷烟121.15亿支（24.23万箱），同比增长3.55%。实现“两烟”销售收入237242万元，同比增长18.75%，其中，卷烟销售收入226129万元，同比增长16.88%。实现“两烟”税利38450万元，同比增长10.14%，其中，卷烟税利37285万元，同比增长12.37%。实现“两烟”利润19679万元，其中卷烟利润18999万元。

全市查处涉烟违法案件4487起，查获假冒卷烟3262万支，捣毁贩卖假烟窝点219个，案值624.98万元，上缴罚没款31.96万元。移送公安机关涉烟案件21起，公安、司法机关依法刑事拘留26人，劳教1人，逮捕11人。破获制售假烟网络案件4起，其中符合国家局标准的网络案件2起，案值共计418万元。

全年投入220万元，其中烟草行业补贴210万元，新建卧式密集型烤房100座。烟水配套工程实际受益面积累计1.6万亩，受益农户0.19万户。

驻马店市烟草专卖局（公司）

驻马店市烟草专卖局、河南省烟草公司驻马店市公司成立于1983年，下辖城区、西平县、遂平县、上蔡县、新蔡县、平舆县、汝南县、正阳县、确山县、泌阳县10个县级烟草专卖局（分公司）。共有从业人员2117人，其中聘用员工352人。

全年辖区销售卷烟105.62亿支（21.12万箱），同比增长2.72%。实现“两烟”销售收入233277万元，同比增长22.1%，其中，卷烟销售收入207646万元，同比增长17.72%。实现“两烟”税利40221万元，同比增长17.85%，其中，卷烟税利36162万元，同比增长1.88%。实现“两烟”利润19309万元，其中卷烟利润19712万元。烟叶利润亏损403万元。

全市查处涉烟违法案件3121起，查获假冒卷烟866.38万支、非法烟叶6.42吨，打掉贩藏假烟窝点120个，案值173万元，上缴罚没款55.75万元。移送公安机关涉烟案件6起，公安、司法机关依法刑事拘留27人，逮捕16人，判刑4人。破获制售假烟网络案件7起，其中符合国家局标准的网络案件2起，案值共计350万元。

全市烤烟收购均价为14.55元/千克。实现烟农收入1.43亿元，同比增加0.28亿元；烟农户均收入3.37万元，同比增加0.67万元。

全年投入7588万元，其中烟草行业补贴5856万元，年内完成烟基建设项目301项。新建卧式密集型烤房3451座。烟水配套工程实际受益面积累计5.55万亩，受益农户0.6万户。

开展现代烟草农业建设试点面积1920亩，与同地区大面积生产相比，试点区域亩产烟叶152千克，提高28千克；亩均用工32个，减少10个，节约成本300元；亩产值2100元，提高390元。

济源市烟草专卖局（公司）

济源市烟草专卖局、河南省烟草公司济源市公司成立于1983年10月，下辖1个卷烟营销配送中心。共有从业人员222人，其中聘用员工36人。

全年辖区销售卷烟9.93亿支（1.99万箱），同比增长3.39%。实现“两烟”销售收入27320万元，同比下降0.36%，其中，卷烟销售收入22181万元，同比增长7.67%。实现“两烟”税利4676万元，同比下降18.31%，其中，卷烟税利4057万元，同比下降19.63%。实现“两烟”利润2682万元，其中卷烟利润2340万元。

全市查处涉烟违法案件165起，查获假冒卷烟66万支，打掉贩藏假烟窝点5个，案值28万元，上缴罚没款18万元。移送公安机关涉烟案件2起，公安、司法机关依法刑事拘留3人，判刑2人。破获制售假烟网络案件1起。

全市烤烟收购均价为10.92元/千克。实现烟农收入0.26亿元，同比减少0.02亿元；烟农户均收入1.61万元，同比增加0.58万元。

全年投入1234万元，其中烟草行业补贴1023万元，年内完成烟基建设项目406项，其中新建卧式密集型烤房390座。烟水配套工程实际受益面积累计0.33万亩，受益农户599户。

所属其他二级单位

中国烟草河南进出口有限责任公司

中国烟草河南进出口有限责任公司组建于1985年7月，2006年12月完成股权划转，调整为中国烟草总公司河南省公司的全资子公司。公司投资参股的企业有天昌国际烟草有限公司、许昌京昌包装有限公司、河南豫烟大厦有限公司和郑州市商业银行。公司拥有总资产2.70亿元，其中，固定资产3297万元、流动资产1.20亿元，资产负债率为15.92%。共有员工25人。

全年共出口烟叶、烟梗、烟末6526吨，出口实现832万美元；进口“万宝路”、“555”等卷烟1.33亿支。实现税利4999万元，同比增长67.58%，其中实现利润2477万元。

2009 年河南省烟草商业系统主要情况统计

地市级局（公司）名称		郑州市烟草专卖局（公司）	开封市烟草专卖局（公司）	洛阳市烟草专卖局（公司）	平顶山市烟草专卖局（公司）	安阳市烟草专卖局（公司）
主要负责人/法人代表		徐鸿飞（河南省局<公司>副巡视员）	赵　超	张　宏	胡宏超	李晓海（—2009. 9） 蒋中民（2009. 9—）
总资产（万元）		148029	56985	142107	87918	72831
资产负债率（%）		27. 06	39. 39	42. 78	40. 00	37. 24
所属县级局（个）		10	6	11	8	6
所属县级公司/分公司（个）		10 个分公司	6 个分公司	11 个分公司	8 个分公司	6 个分公司
所属县级营销部（个）		—	—	—	—	—
所属业务机构	访销机构	1 个电访中心	1 个营销中心 1 个电访中心	1 个卷烟营销中心	1 个营销中心	1 个营销中心 1 个电访中心
	物流配送机构	1 个配送中心	1 个配送中心	1 个配送中心	1 个物流中心	1 个配送中心
	稽查机构	1 个稽查支队 10 个稽查大队	1 个稽查支队 6 个稽查大队	1 个稽查支队 10 个稽查大队	1 个稽查支队 5 个稽查大队	1 个稽查支队 6 个稽查大队
	烟叶机构	4个烟叶收购（工作）站	—	83个烟叶收购（工作）站	47个烟叶收购（工作）站	—
销售卷烟（亿支）		160. 28	74. 25	107. 26	74. 36	81. 26
毛利率（%）		26. 65	25. 38	25. 97	25. 92	26. 49
实现“两烟”税利（万元）		102274	32048	62036	46080	41489
实现“两烟”利润（万元）		62256	19592	40202	30078	26881
烟叶种植（亩）		12000	—	254000	158000	—
烟叶收购（担）		32249	—	629903	528252	—
零售户数（户）		29827	18273	22651	15756	17619

地市级局（公司）名称		鹤壁市烟草专卖局（公司）	新乡市烟草专卖局（公司）	焦作市烟草专卖局（公司）	濮阳市烟草专卖局（公司）	许昌市烟草专卖局（公司）
主要负责人/法人代表		乔　勇（—2009. 9） 牛宝菊（2009. 9—）	连豫民（—2009. 9） 李晓海（2009. 9—）	蒋贺清	卢俊良（—2009. 9） 尹宏伟（2009. 10—）	张佔军（—2009. 10） 蒋笃彪（2009. 10—）
总资产（万元）		17904	64318	26426	37869	87145
资产负债率（%）		38. 93	36. 25	20. 23	38. 26	54. 89
所属县级局（个）		3	9	7	6	6
所属县级公司/分公司（个）		3 个分公司	9 个分公司	7 个分公司	6 个分公司	6 个分公司
所属县级营销部（个）		—	—	—	—	—
所属业务机构	访销机构	1 个营销中心 1 个电访中心	1 个营销中心	1 个营销中心 1 个电访中心	1 个营销中心 1 个电访中心	1 个营销中心 1 个电访中心
	物流配送机构	1 个物流中心 1 个配送中心	1 个卷烟配送中心	1 个配送中心	1 个物流配送中心	1 个物流配送中心
	稽查机构	1 个稽查支队 3 个稽查大队	1 个稽查支队 9 个稽查大队	1 个稽查支队 7 个稽查大队	1 个稽查支队 7 个稽查大队	1 个稽查支队 7 个稽查大队
	烟叶机构	—	—	—	—	42个烟叶收购（工作）站
销售卷烟（亿支）		22. 07	80. 55	52. 50	52. 02	71. 30
毛利率（%）		26. 37	25. 54	25. 95	25. 94	25. 88
实现“两烟”税利（万元）		9625	34957	18800	22984	46262
实现“两烟”利润（万元）		5958	21583	10166	14822	28921
烟叶种植（亩）		—	—	—	—	144000
烟叶收购（担）		—	—	—	—	544251
零售户数（户）		6006	18582	11287	11118	17903

地市级局（公司）名称		漯河市烟草专卖局（公司）	三门峡市烟草专卖局(公司)	南阳市烟草专卖局（公司）	商丘市烟草专卖局（公司）
主要负责人/法人代表		袁志永（—2009.9） 李广良（2009.9—）	李　琦	赵明山	张明显
总资产（万元）		42236	122825	126505	53553
资产负债率（%）		62.99	48.29	47.67	21.69
所属县级局（个）		3	6	13	9
所属县级公司/分公司（个）		3 个分公司	6 个分公司	13 个分公司	9 个分公司
所属县级营销部（个）		—	—	—	—
所属业务机构	访销机构	1 个卷烟营销中心 1 个电访中心	1 个电访中心	1 个电访中心	1 个营销中心 1 个电访中心
	物流配送机构	1 个卷烟物流配送中心	1 个卷烟配送中心	1 个配送中心	1 个卷烟物流配送中心
	稽查机构	1 个稽查支队，9 个稽查大队	1 个稽查支队 6 个稽查大队	1 个稽查支队 13 个稽查大队	1 个稽查支队
	烟叶机构	27 个烟叶收购（工作）站	32 个烟叶收购（工作）站	74 个烟叶收购（工作）站	8 个烟叶工作站
销售卷烟（亿支）		39.27	43.75	153.50	110.29
毛利率（%）		25.98	26.00	25.79	25.78
实现“两烟”税利（万元）		21516	30721	77505	46290
实现“两烟”利润（万元）		9848	19420	38123	27997
烟叶种植（亩）		71000	231000	161000	35000
烟叶收购（担）		218292	682473	604600	90000
零售户数（户）		7029	8300	39225	25895

地市级局（公司）名称		信阳市烟草专卖局（公司）	周口市烟草专卖局（公司）	驻马店市烟草专卖局(公司)	济源市烟草专卖局（公司）
主要负责人/法人代表		张振华（—2009.4） 余自强（2009.4—）	李光明	马　聪	刘坤海（—2009.9） 苏志军（2009.9—）
总资产（万元）		63514	37178	76494	1150
资产负债率（%）		13.46	31.84	43.23	40.72
所属县级局（个）		10	10	10	—
所属县级公司/分公司（个）		10 个分公司	10 个分公司	10 个分公司	—
所属县级营销部（个）		—	—	—	—
所属业务机构	访销机构	1 个营销中心 1 个电访中心	1 个营销中心 1 个电访中心	1 个营销中心 1 个电访中心	—
	物流配送机构	1 个物流中心 3 个配送中心	1 个物流配送中心 3 个配送中转站	1 个物流配送中心	1 个物流配送中心
	稽查机构	1 个稽查支队 11 个稽查大队	1 个稽查支队 9 个稽查大队	1 个稽查支队 10 个稽查大队	1 个稽查大队
	烟叶机构	6 个烟叶收购站	5 个烟叶工作站	28 个烟叶收购（工作）站	4 个烟叶收购（工作）站
销售卷烟（亿支）		92.25	121.15	105.62	9.93
毛利率（%）		26.73	25.10	25.59	26.93
实现“两烟”税利（万元）		45304	38450	40221	4676
实现“两烟”利润（万元）		28286	19679	19309	2682
烟叶种植（亩）		8000	29500	63000	17000
烟叶收购（担）		33590	84174	197078	47800
零售户数（户）		19813	30063	23291	3157

（王　振）

湖北省烟草专卖局（公司）

【概　况】 中国烟草总公司湖北省公司组建于1984年8月，湖北省烟草专卖局成立于1984年，实行合署办公。1984年，中国烟草总公司湖北省公司正式上划中国烟草总公司，2006年，完成母子公司体制改革。下辖武汉、黄冈、襄樊、荆州、十堰、孝感、恩施、宜昌、咸宁、随州、黄石、荆门、鄂州13个地市级烟草专卖局（公司），仙桃、天门、潜江3个直管市烟草专卖局（公司）和神农架林区烟草专卖局（公司），88个县级烟草专卖局（营销部），中国烟草湖北进出口有限责任公司，湖北烟草投资管理有限责任公司，以及恩施金叶烟草有限责任公司、襄樊金叶烟草有限责任公司2家打叶复烤企业①。公司拥有总资产149.54亿元，其中，固定资产26.02亿元、流动资产111.21亿元，资产负债率为29.39%。截至2009年年底，共有从业人员16584人，其中聘用员工7898人。

2009年，省局被湖北省委、省政府评为“2008年度支持新农村建设工作队先进单位”，被省政府授予“2008年度全省安全生产红旗单位”称号。

【领导成员】 局长、总经理、党组书记：赵全意（2009.6—）

副局长、副总经理、党组成员：彭义政（2009年7月起兼任副总经理）

副总经理、党组成员：杨　树

副局长、党组成员：徐述舟（2009年7月由副总经理改任副局长）

纪检组长、党组成员：夏汉林

巡视员：解　冰（—2009.6）

副巡视员：钟存高

副巡视员：张友德

【机构设置】 省局（公司）机关下设办公室（外事办公室）、综合计划处（经济运行处）、卷烟销售管理处、烟叶管理处、专卖监督管理处（专卖稽查总队）、政策法规与体制改革处、财务管理处（资金管理中心）、审计处、科技处、人事劳资处（教育培训中心）②、思想政治工作处（离退休人员管理办公室、机关党委、工会）、监察处（与党组纪检组合署办公）、安全保卫处、经济信息中心、机关服务中心、湖北省烟草产品质量监督检测站、中国烟草白肋烟试验站（湖北省烟草科研所）、湖北省烟草职业技能鉴定站、湖北省烟草学会、基建办公室③等部门。

【专卖管理】 打假协作机制。省政府召开2次卷烟打假市场整顿工作会议，各地进一步巩固“政府主导、部门联管、烟草主抓”的工作机制。省局加强部门联合打假协作，与省公安厅、工商局、交通厅、邮政局成立联合打假工作专班，建立工作机制，加强协调。加强省内地市间联合打假，营造打假协作大环境。参与建立湘鄂赣皖毗邻地区联合打假协作区，与广东、福建省局建立联合打假协作机制。全省各单位与公检法、工商、质监、交通、物价等部门紧密协作，加强对卷烟零售市场的监管、整治。发挥武汉铁路烟草专卖局与铁路沿线各单位协作机制的作用，突出打击“包包队”贩运卷烟的集并环节。全面推进“两转”（专卖人员职能转换、对违法经营户教育转化）工作，完成卷烟零售许可证换发工作。

卷烟打假。强化经营网络案件考核机制，继续下达各市（州）局经营案件目标任务，完善经营网络案件有关规定和举报奖励办法。各单位把经营案件作为卷烟打假的关键措施和主要手段，纳入所属县级局和专卖部门目标责任考核，主要领导亲自组织协调大要案的侦破。全年全省共出动卷烟打假、市场整顿人员41.77万人次，查处涉烟违法案件2.86万起。查获非法卷烟3.55亿支，案值1.72亿元。捣毁制假窝点179个。全年共破获制售假烟网络案件119起，其中符合国家局标准的网络案件19起，符合省局标准的100起。

查堵非法运输卷烟。武汉市局、武汉铁路烟草、鄂东、鄂南、鄂北口子大队与铁路、高速公路管理部

---

① 2009年12月15日，国家局印发《关于湖北省公司打叶复烤企业体制改革的批复》（国烟法〔2009〕512号），同意恩施金叶有限责任公司、襄樊金叶有限责任公司重组整合为湖北烟草金叶复烤有限责任公司。

② 根据2009年10月15日国家局印发的《关于设立湖北省局（公司）教育培训中心的批复》（国烟人〔2009〕409号），设立湖北省局（公司）教育培训中心，与人事劳资处合署办公。

③ 基建办公室为2009年9月15日设立的常设临时性机构，主要负责省局（公司）机关新办公楼及附属设施的选址、基础设施建设等组织管理工作。

门密切配合，联防联动，堵截假烟北上南下。各卡口单位全年查处非法运输卷烟案件1349起，查获非法卷烟8975万支，案值3320万元。

【生产经营】 2009年，全省烟草商业系统销售卷烟871.58亿支（174.32万箱），其中，销售一类烟121.58亿支（24.32万箱），同比增长16.33%；二类烟4.42亿支（0.88万箱），同比增长44.95%；三类烟205.62亿支（41.12万箱），同比增长24.26%；四类烟333.2亿支（66.64万箱），同比下降0.99%；五类烟206.79亿支（41.36万箱），同比下降15.24%。本辖区销量居前三位的品牌为“红金龙”、“黄鹤楼”、“红河”，销售“红金龙”609.86亿支（121.97万箱），同比增长1.24%；“黄鹤楼”117.13亿支（23.43万箱），同比增长16.83%；“红河”24.66亿支（4.93万箱），同比增长8.21%。全国性卷烟重点骨干品牌销量为214.78亿支（42.96万箱）。

全年实现“两烟”销售收入277.2亿元，同比增长17.22%，其中，卷烟销售收入244.59亿元，同比增长10.82%。根据国务院有关精神，调整卷烟消费税，部分利润转为税赋，全年增加卷烟消费税12.13亿元。实现“两烟”税利63.05亿元，同比增长14%，其中，卷烟税利56.91亿元，同比增长1.23%。实现“两烟”利润36.68亿元，同比下降8.86%，其中，卷烟利润35.92亿元。公司三项费用率为10.25%。

【烟叶产销】 烟叶种植与收购。全年全省种植烟叶90.25万亩，收购烟叶13.77万吨（275.4万担），其中烤烟9.85万吨（197万担），晾晒烟3.92万吨（78.4万担）。烟叶收购等级合格率为82.56%。烤烟均价14.08元/千克，同比增加0.58元/千克；白肋烟均价10.43元/千克，同比增加1.24元/千克；马里兰烟、香料烟、名晒烟收购均价也有不同程度提高。全省烟农总收入20.37亿元，比上年增加4.89亿元，同比增长31.58%；户均收入14771元，比上年增加708元。

特色烟叶培育。围绕“四位一体”的总体思路，推进烟叶资源配置改革试点和新烟区开发基地单元建设。与湖北中烟、川渝中烟分别在恩施州宣恩县、十堰市房县、十堰市竹溪县建立品牌核心原料基地，全年全省特色优质烟叶项目开发落实种植面积4.6万亩。与环球公司合作，在十堰市郧西县建立1万亩烟叶出口基地。

科技兴烟。围绕“清江源”、“金神农”两大品牌建设，开展烟叶科研项目26个。初步探明恩施烤烟、白肋烟的风格特征，明确硒对卷烟安全性的功能和作用。白肋烟栽培技术规程通过行业标准审定。进一步了解神农架地区原生态资源对形成“金神农”清香淡雅风格的作用。在特色优质烟叶品种挖掘、太阳能和生物能源利用、可调控晾房研究等方面取得了阶段性成果。全年共有2个项目获中国烟草总公司科学技术进步奖。申请专利11项，其中获得授权专利4项。

现代烟草农业建设试点。省公司开展现代烟草农业试点村和标准化烟叶生产专业新村建设各4个。各产区开展市（州）级和县级试点村建设18个，试点面积由上年的1.26万亩扩大到3.59万亩。现代烟草农业建设规划工作进一步推进，恩施州利川市整县推进规划和实施方案通过国家局评审。进一步加强烟田基础设施建设，全年共投资5.7亿元，完成基础设施建设项目55252个，其中烤房、晾房和烟草农业机械实现了当年投资建设、当年受益。全面开展“四配套”建设，全省在59个村实施项目片区综合配套建设。

【卷烟销售网络建设】 宏观调控。年初，省公司及时调控投放节奏，实现卷烟销售“开门红”。积极应对卷烟消费税政策调整，高度关注卷烟市场和价格走势，采取调控措施，保持卷烟销量稳定增长，价格稳定。

品牌培育。省公司与18家卷烟工业企业签订战略合作伙伴关系协议，制定工商协同培育品牌管理办法。建立在销品牌评价制度，统一品牌评价标准和流程。坚持召开工商协同季度例会，分析市场货源供应和品牌培育情况。完善品牌准入制度，加强销售目录管理，整合品牌规格，提高品牌集中度。坚持货源组织和卷烟销售向重点骨干品牌倾斜的政策。

推进网建提升。建立全省卷烟市场信息采集网络，完善区域性卷烟市场监测信息网络。全面推广使用二期综合业务平台和PDA信息系统，做好订单供货的信息采集和需求预测工作。加强农网建设，全省基本消灭“空白村”。推进现代物流建设，在武汉、襄樊、宜昌、恩施4个地市级公司实施工商物流同省对接；加强物流成本费用核算，物流成本得到有效控制；在武汉、宜昌市公司开展网上订货试点，订货系统运行正常。

【企业管理】 基层建设。召开全省烟草商业系统加强基层基础建设现场会，制定《加强基层基础建设的决定》。启动基层创优活动，对照国家局标准，全省基层单位创优达标率超过15%。明确专卖基层基础建设“八个统一”① 的标准。全年全省共投入资金2.27亿元，新建、维修基层站点155个，其中，新建77个，维修78个。

财务管理。制定《进一步加强财务管理的决定》，编制《财务内部控制管理手册》。总结推广武汉、宜昌、黄冈和随州市公司预算建标工作经验。加强预算过程控制，集中审批各单位年度预算和预算调整方案，实行省局（公司）按季度、各单位按月通报预算执行情况，与目标责任考核挂钩。全省系统压缩五项费用② 1107万元。资金监管中心实现综合效益2.48亿元。开展国有资产自查和复查工作，修订完善国有资产管理制度179个。加大闲置资产处置力度，全年评估闲置资产197项，拍卖闲置资产40项，所得拍卖金额为1124万元，增值22.22%。

贯标对标工作。省局先后在宜昌、十堰分片召开“两标合贯”体系建设现场会。制定对标方案，明确对标流程，建立对标体系，按季度公布各单位对标数据。截至2009年年底，已有12家单位发布体系文件，进入实际运行。

安全管理。开展“三项建设”、“三项行动”和道路交通安全百日专项整治活动，启动应急预案演练，加大隐患排查整改力度。加强信息安全工作，推行行业安全认证、机房标准化和运维保障体系建设。重视维稳工作，加强领导，落实责任，健全机制，妥善化解矛盾纠纷，维护社会和行业稳定。

【体制改革】 12月，国家局下发《关于湖北省公司打叶复烤企业体制改革的批复》（国烟法〔2009〕512号）文件，同意将恩施金叶有限责任公司、襄樊金叶有限责任公司重组整合为湖北烟草金叶复烤有限责任公司。湖北烟草金叶复烤有限责任公司是中国烟草总公司湖北省公司控股管理的子公司，公司下设非独立法人的湖北烟草金叶复烤有限责任公司恩施复烤厂、湖北烟草金叶复烤有限责任公司襄樊复烤厂。同意湖南中烟、浙江中烟、红塔集团、红云红河集团、山东中烟、广西中烟、安徽中烟7家卷烟工业企业投资入股湖北烟草金叶复烤有限责任公司。

【人力资源管理】 干部队伍建设。探索选人用人新方式，建立干部选前笔试关，实行“二推一述”③办法。开展年轻干部下派上挂工作，加强机关与基层轮岗交流，打破身份界限选拔基层干部。制定《全省系统人才引进规划及选用办法》，组织各单位面向全国高校公开招聘本科、硕士、博士应届毕业生110名。

教育培训。建立全省系统教育培训体系，设立职工教育培训中心，逐级制定培训计划，开展全员大规模教育培训。全年全省系统共参加、举办各类培训班1372个，培训67108人次。累计参加岗位技能鉴定4681人，通过鉴定2674人。

收入分配制度改革。制定《全省系统收入分配制度改革指导意见》。截至年底，武汉、黄冈、襄樊、荆州、十堰、孝感、恩施、宜昌、咸宁、随州、黄石、荆门、鄂州、仙桃、天门、潜江等市（州）局（公司）和神农架林区烟草专卖局（公司），以及恩施金叶烟草有限责任公司、襄樊金叶烟草有限责任公司共19家单位，全部完成改革任务，分类管理的薪酬体系和岗位绩效考核办法初步建立。

【思想政治工作】 学习实践活动。根据中央和省委统一部署，全省系统开展深入学习实践科学发展观活动，紧密结合行业发展形势和工作部署，把完成行业目标任务和加强基层基础建设作为最大的实践，解决了影响和制约全省系统科学发展的突出问题，为推动各项工作上水平奠定思想基础。

党风廉政建设。推进政务公开、司务公开，在重大工程项目建设、物资招标采购、宣传促销、干部选拔任用、重大决策等方面加大监督检查力度。组织各单位和机关各部门主要负责人集中述职述廉。各单位全面落实党风廉政建设责任制，开展反腐倡廉思想教育和廉政文化活动。加强案件查办工作，全年查处违纪案件5起。

【企业文化】 2009年，省局（公司）提炼确立了“知行”文化理念体系，建立了全省烟草商业系统统一的母文化。“知行”文化是以“国家利益至上、消费者利益至上”为核心价值观，以“知常明礼、善思笃行”为企业精神，以“规范高效、创新发展成为行业的中坚力量”为企业愿景，以“精业报国、奉献社会、成就员工”为企业使命。12月，在全国烟草行业服务品牌建设现场会上，以“知行”文化为统领，省局（公司）选择全省8家单位举办企业文化建设成果展，初步显示了“知行”文化的丰富内涵和勃勃生机。

---

① “八个统一”即统一专卖管理所建设标准、统一专卖管理所外部形象标志、统一专卖管理所专管员配置标准、统一专卖人员管理办法、统一执法装备配置标准、统一专卖人员行业工作服（非制式）、统一专卖管理人员人身意外伤害保险标准、统一“公安驻烟草警务室”设置。

② 五项费用即涉外费、业务招待费、差旅费、会议费、水电费。

③ “二推”是指通过首次会议推荐和二次会议推荐产生候选人，“一述”是指被推荐候选人述职。

【特事要辑】 3月20～23日，驻国家局纪检组组长潘家华到湖北烟草调研行业资金监管系统研发和试点运行工作。

5月13日，湖北省委书记、省人大常委会主任罗清泉考察襄樊市保康堰塘冲现代烟草农业示范村。

5月17～20日，潘家华到十堰市局（公司）调研指导工作。

6月，人民日报、经济日报、《中国烟草》杂志、湖北日报、湖北卫视、东方烟草报6家新闻媒体对湖北省现代烟草农业建设工作进行采访。

7月1～4日，国家局副局长张保振到恩施州考察调研现代烟草农业建设工作。

7月29～30日，潘家华出席湖北省现代烟草农业建设工作会议并讲话。

8月19～21日，国家局副局长何泽华到武汉、荆州、神农架、宜昌等市（区）局（公司）考察卷烟物流配送、电话访销、烟叶生产情况。

9月28日，国家局局长姜成康、驻国家局纪检组组长潘家华到武汉、宜昌市公司查看电访中心和卷烟配送中心，听取省公司汇报。

湖北省局（公司）主要统计指标汇总

“两烟”税利（亿元）	“两烟”利润（亿元）	销售卷烟（亿支）	烟叶种植（万亩）	烟叶收购（万担）
63.05	36.68	871.58	90.25	275.40

所属地市级局（公司）

武汉市烟草专卖局（公司）

武汉市烟草专卖局、湖北省烟草公司武汉市公司成立于1986年2月，下辖江汉区、江岸区、硚口区、汉阳区、武昌区、青山区、洪山区、蔡甸区、黄陂区、新洲区、江夏区、东西湖区、汉南区13个县级烟草专卖局（营销部）和武汉金叶惠民商贸有限公司1个专业公司。共有从业人员1940人，其中聘用员工620人。2009年，洪山区、硚口区局2家单位和江汉区、武昌区、青山区局3家单位被湖北省委、省政府分别授予“2007～2008年度省级最佳文明单位”和“2007～2008年度省级文明单位”称号。

全年辖区销售卷烟178.5亿支（35.7万箱），同比增长3.39%。实现卷烟销售收入663503万元，同比增长8.98%。实现卷烟税利185687万元，同比增长1.45%，其中，卷烟利润128414万元。

全年全市共查处涉烟违法案件5716起，查获非法卷烟10416万支，打掉贩藏假烟窝点119个，案值6886万元，上缴罚没款534.37万元。移送公安机关涉烟案件213起，公安、司法机关依法刑事拘留164人，逮捕154人，判刑165人。全年共破获制售假烟网络案件115起，其中符合国家局标准的网络案件5起，案值共计750万元。

黄冈市烟草专卖局（公司）

黄冈市烟草专卖局、湖北省烟草公司黄冈市公司成立于1984年7月，下辖黄州区、团风县、红安县、麻城市、罗田县、英山县、浠水县、蕲春县、武穴市、黄梅县10个县级烟草专卖局（营销部）和龙感湖分局（公司）。共有从业人员1007人，其中聘用员工326人。2009年，市局被湖北省政府授予“2008年度全省安全生产红旗单位”称号。

全年辖区销售卷烟90.78亿支（18.15万箱），同比增长4.9%。实现卷烟销售收入227098万元，同比增长16.48%。实现卷烟税利50445万元，同比增长6.24%，其中卷烟利润32979万元。

全年全市共查处涉烟违法案件2049起，查获非法卷烟2090万支，案值957万元。查获非法烟丝1.7吨，打掉制售假窝点6个，上缴罚没款46万元。公安、司法机关依法刑事拘留48人，劳教1人，判刑29人。全年共破获制售假烟网络案件9起，其中符合国家局标准的网络案件2起。

襄樊市烟草专卖局（公司）

襄樊市烟草专卖局、湖北省烟草公司襄樊市公司成立于1984年4月，下辖樊城区、襄阳区、襄城区、宜城市、枣阳市、老河口市、谷城县、南漳县、保康县9个县级烟草专卖局（营销部）和南漳县、保康县2个烟叶分公司，控股襄樊金叶烟草有限责任公司。共有从业人员1329人，其中聘用员工705人（不含控股单位）。

全年辖区销售卷烟83.75亿支（16.75万箱），同

比增长1.64%。实现“两烟”销售收入226266万元，同比增长13.33%，其中卷烟销售收入196857万元，同比增长10.47%。实现“两烟”税利49949万元，其中卷烟税利44176万元。实现“两烟”利润28399万元，同比增长1.46%，其中卷烟利润27643万元。

2009年，全市共查处涉烟违法案件3536起，查获非法卷烟3171万支，查获非法烟叶3.73吨，案值1445.14万元，上缴罚没款74.11万元。移送公安机关涉烟案件29起，公安、司法机关依法刑事拘留35人，逮捕17人，判刑14人。全年共破获制售假烟网络案件13起，其中符合国家局标准的网络案件1起，案值共计17.9万元。

全年全市共种植烤烟9.82万亩，收购烤烟1.27万吨（25.42万担），收购均价为12.61元/千克。实现烟农收入1.6亿元，同比增加0.1亿元；烟农户均收入1.53万元，同比增加111元。

全年全市共投入烟基建设资金0.62亿元，年内完成烟基建设项目1426件。新建卧式密集型烤房1068座。烟水配套工程实际受益面积累计8.75万亩，受益农户2.06万户。

全年全市开展现代烟草农业建设试点面积3546亩，与同地区大面积生产相比，试点区域亩产烟叶153千克，提高24千克；亩均用工22.69个，减少10个，节约成本351元；亩产值2178元，提高548元。

荆州市烟草专卖局（公司）

荆州市烟草专卖局、湖北省烟草公司荆州分公司成立于1984年6月。沙市市烟草专卖局、湖北省烟草公司沙市市公司成立于1986年10月。1994年12月，荆州市烟草专卖局、湖北省烟草公司荆州分公司和沙市市烟草专卖局、湖北省烟草公司沙市市公司合并组成荆沙市烟草专卖局、湖北省烟草公司荆沙分公司。1996年12月，荆沙市烟草专卖局更名为荆州市烟草专卖局，荆沙分公司更名为荆州分公司。2003年12月，荆州分公司更名为荆州市公司，下辖荆州区、沙市区、江陵县、松滋市、公安县、石首市、监利县、洪湖市8个县级烟草专卖局（营销部）。共有从业人员949人，其中聘用员工350人。

全年辖区销售卷烟81.31亿支（16.26万箱），同比增长1.44%。实现卷烟销售收入223297万元，同比增长10.99%。实现卷烟税利49400万元，同比下降1.76%，其中卷烟利润29242万元。

全年全市共查处涉烟违法案件5154起，查获非法卷烟3678万支，打掉贩藏假烟窝点51个，案值1236.28万元，上缴罚没款123.36万元。移送公安机关涉烟案件48起，公安、司法机关依法刑事拘留134人，判刑69人。全年共破获制售假烟网络案件45起，其中符合国家局标准的网络案件5起，案值共计700万元。

十堰市烟草专卖局（公司）

十堰市烟草专卖局、湖北省烟草公司十堰市公司成立于1984年12月，下辖十堰城区、丹江口市、郧县、郧西县、竹山县、竹溪县、房县7个县级烟草专卖局（营销部）和郧西县、竹山县、竹溪县、房县4个烟叶分公司以及十堰金叶阳光连锁商贸有限责任公司和十堰金叶经贸有限公司2个多元化企业。共有从业人员1003人，其中聘用员工525人。2009年，市局（公司）被湖北省委宣传部、省人力资源和社会保障厅、省政府扶贫开发办公室联合授予“湖北省十大扶贫突出贡献企业”称号。

全年辖区销售卷烟47.5亿支（9.5万箱），同比增长3.41%。实现“两烟”销售收入137962万元，同比增长22.52%，其中卷烟销售收入113227万元，同比增长10.21%。实现“两烟”税利26408万元，同比增长94.11%，其中卷烟税利24950万元，同比增长7.08%。实现“两烟”利润12211万元，同比增长45.91%，其中卷烟利润16031万元。

全年全市共查处涉烟违法案件690起，查获非法卷烟925万支，查获非法烟叶8.85吨，打掉贩藏假烟窝点30个，案值423.55万元，上缴罚没款22.79万元。移送公安机关涉烟违法案件5起，公安、司法机关依法刑事拘留6人，逮捕6人，判刑5人。全年共破获制售假烟网络案件4起，其中符合省局标准的网络案件2起，案值共计37.51万元。

全年全市共种植烤烟10.7万亩，收购烤烟1.62万吨（32.46万担）、香料烟0.34万吨（6.80万担）、名晒烟0.049万吨（0.97万担）。收购均价为13.53元/千克；实现烟农收入2.3亿元，同比增加1.11亿元；烟农户均收入1.49万元，同比增加1062元。

全年全市共投入烟基建设资金1.04亿元，年内完烟基建设项目3283件。烟水配套工程实际受益面积累计4.8万亩，受益农户0.48万户。

全年全市开展现代烟草农业建设试点面积6万亩，与同地区大面积生产相比，试点区域亩产烟叶145千克，提高4千克；亩均用工25个，减少13个，节约成本500元；亩产值2200元，提高527元。

孝感市烟草专卖局（公司）

孝感市烟草专卖局、湖北省烟草公司孝感市公司成立于1984年4月，下辖孝南区、汉川市、应城市、云梦县、安陆市、大悟县、孝昌县7个县级烟草专卖局（营销部）。共有从业人员730人，其中聘用员工220人。

全年辖区销售卷烟63.6亿支（12.72万箱），同比增长1.76%。实现卷烟销售收入178660万元，同比增长17.26%。实现卷烟税利42770万元，同比增长15.75%，其中卷烟利润27975万元。

全年全市共查处涉烟违法案件1757起，查获非法卷烟3529万支，查获非法运输烟叶51.9吨，总案值1602万元，其中假烟937万支，标值1031万元。全年破获符合国家局标准的网络案件2起，破获符合省局标准的网络案件5起，公安、司法机关依法刑事拘留69人，判刑17人。

恩施土家族苗族自治州烟草专卖局（公司）

恩施土家族苗族自治州烟草专卖局、湖北省烟草公司恩施土家族苗族自治州公司成立于1984年3月，下辖恩施市、利川市、建始县、巴东县、宣恩县、咸丰县、来凤县、鹤峰县8个县级烟草专卖局（营销部）和8个县级烟叶分公司，以及恩施州烟草物资供应公司和鄂西卷烟材料厂2家二级单位。共有从业人员2332人，其中聘用员工1362人。2009年，州局被湖北省委、省政府授予“2007～2008年度省级文明单位”称号。

全年辖区销售卷烟48.63亿支（9.73万箱），同比增长3.9%。实现“两烟”销售收入294839万元，其中卷烟销售收入110200万元，同比增长15.83%。实现“两烟”税利101081万元，其中卷烟税利25252万元，同比增长8.06%。实现“两烟”利润60718万元，其中卷烟利润14623万元①。

全年全州共查处涉烟违法案件1043起，查获非法卷烟1512万支，查获非法烟叶81.7吨，打掉贩藏假烟窝点7个，案值746.73万元，上缴罚没款13.05万元。移送公安机关涉烟违法案件20起，公安、司法机关依法刑事拘留20人，逮捕23人，判刑23人。全年共破获制售假烟网络案件8起，其中符合国家局标准的网络案件1起，案值共计223.15万元。

全年全州共种植烤烟40.97万亩，收购烤烟5.95万吨（119万担），收购均价为14.68元/千克；种植白肋烟16.46万亩，收购2.99万吨（59.8万担）。实现烟农收入11.84亿元，同比增加2.65亿元；烟农户均收入1.28万元，同比增加954元。

全年全州共投入烟基建设资金3.49亿元，其中烟草行业补贴3.46亿元，年内完成烟基建设项目4.38万个。新建卧式密集型烤房2947座，晾房35102座。烟水配套工程实际受益面积累计101.63万亩，受益农户9.75万户。

全年全州开展现代烟草农业建设试点面积1.55万亩，与同地区大面积生产相比，试点区域亩产烟叶151.37千克，提高21.99千克；亩均用工20个，减少13个，节约成本658元；亩产值2194元，提高360元。

宜昌市烟草专卖局（公司）

宜昌市烟草专卖局成立于1984年4月，湖北省烟草公司宜昌市公司成立于1984年2月，下辖夷陵区、宜都市、枝江市、当阳市、远安县、兴山县、秭归县、长阳土家族自治县、五峰土家族自治县9个县级烟草专卖局（营销部）。共有从业人员1210人，其中聘用员工541人。2009年，市局被湖北省委、省政府授予“2007～2008年度省级最佳文明单位”称号。

全年辖区销售卷烟69.9亿支（13.98万箱），同比增长1.31%。实现“两烟”销售收入199104万元，同比增长13.29%，其中卷烟销售收入171071万元，同比增长9.84%。实现“两烟”税利37357万元，同比下降1.51%，其中卷烟税利38232万元，同比增长3.39%。实现“两烟”利润20641万元，同比下降30.53%，其中卷烟利润24078万元。

全年全市共查处涉烟违法案件1144起，查获非法卷烟1332万支，查获非法烟叶1.9吨，打掉贩藏假烟窝点6个，案值33万元，上缴罚没款19万元。移送公安机关涉烟案件9起，公安、司法机关依法刑事拘留4人，判刑9人。全年共破获制售假烟网络案件2起，案值共计29万元。

全年全市共种植烤烟6.34万亩，收购烤烟0.97万吨（19.43万担），收购均价为13.33元/千克；种植白肋烟2.59万亩，收购0.45万吨（9.01万担）；种植马里兰烟2.2万亩，收购0.40万吨（8.05万担）。实现烟农收入2.22亿元，同比增加0.9亿元；烟农户均收入1.11万元，同比增加857元。

全年全市共投入烟基建设资金0.56亿元，年内完成烟基建设项目6387个。新建卧式密集型烤房526座。烟水配套工程实际受益面积累计3.19万亩，受益农户6837户。

全年全市开展现代烟草农业建设试点面积5418亩，与同地区大面积生产相比，试点区域亩产烟叶160千克，提高12千克；亩均用工19个，减少8个，节约成本411元；亩产值2300元，提高217元。

---

① 因为省局（公司）2008年的考核口径综合考虑了2007年税收检查中的跨期收入，因此2009年与2008年比较部分指标呈现小幅度下降，若剔除2008年考核中的跨期部分后，实际较2008年呈现大幅度上升。

咸宁市烟草专卖局（公司）

咸宁市烟草专卖局、湖北省烟草公司咸宁市公司成立于1984年4月，下辖咸安区、嘉鱼县、赤壁市、通城县、崇阳县、通山县6个县级烟草专卖局（营销部）。共有从业人员495人，其中聘用员工152人。

全年辖区销售卷烟36.53亿支（7.31万箱），同比增长0.27%。实现卷烟销售收入103800万元，同比增长9.84%。实现卷烟税利22705万元，同比增长2.07%，其中卷烟利润13510万元。

全年全市共查处涉烟违法案件1123起，查获非法卷烟2718万支，案值1072.04万元。公安、司法机关依法刑事拘留33人，判刑9人。全年共破获符合省局标准的网络案件8起。

随州市烟草专卖局（公司）

随州市烟草专卖局、湖北省烟草公司随州市公司成立于2000年10月，下辖随县①、广水市、曾都区3个县级烟草专卖局（营销部）。共有从业人员354人，其中聘用员工75人。

全年辖区销售卷烟31.98亿支（6.40万箱），同比增长4.17%。实现卷烟销售收入79311万元，同比增长16.71%。实现卷烟税利17423万元，同比增长16.15%，其中卷烟利润10278万元。

全年全市共查处涉烟违法案件482起，查获非法卷烟790万支。移送公安机关涉烟案件9起，公安、司法机关依法刑事拘留4人，逮捕4人，判刑15人。全年共破获制售假烟网络案件8起，其中符合国家局标准的网络案件1起，案值共计110万元。

黄石市烟草专卖局（公司）

黄石市烟草专卖局、湖北省烟草公司黄石市公司成立于1984年6月，下辖大冶市、阳新县、直属分局3个县级烟草专卖局（营销部）。共有从业人员358人，其中聘用员工172人。

全年辖区销售卷烟34.1亿支（6.82万箱），同比增长3.12%。实现卷烟销售收入102829.78万元，同比增长10.27%。实现卷烟税利26149万元，同比增长4.13%，其中卷烟利润18145万元。

全年全市共查处涉烟违法案件1350起，查获非法卷烟1270万支，查获非法烟丝9.61吨，案值4256.47万元，上缴罚没款61.39万元。移送公安机关涉违法烟案件17起，公安、司法机关依法刑事拘留13人，逮捕10人，判刑10人。全年共破获制售假烟网络案件4起，其中符合国家局标准的网络案件1起，案值共计100余万元。

荆门市烟草专卖局（公司）

荆门市烟草专卖局、湖北省烟草公司荆门市公司成立于1984年8月，下辖沙洋市、京山县、钟祥市、城区4个县级烟草专卖局（营销部）。共有从业人员420人，其中聘用员工237人。

全年辖区销售卷烟38.55亿支（7.71万箱），同比下降4.93%。实现卷烟销售收入105185万元，同比增长7.44%。实现卷烟税利23749万元，同比下降4.95%，其中卷烟利润14529万元。

全年全市共查处涉烟违法案件1316起，查获非法卷烟301万支，打掉贩藏假烟窝点2个，案值16.06万元，上缴罚没款17.57万元。移送公安机关涉烟案件13起，公安、司法机关依法刑事拘留8人，逮捕3人，判刑20人。全年共破获制售假烟网络案件3起，案值共计137.59万元。

鄂州市烟草专卖局（公司）

鄂州市烟草专卖局、湖北省烟草公司鄂州市公司成立于1984年9月，下辖城区、华容、梁子湖、泽林、樊口5个专卖管理所（市场部）②。共有从业人员170人，其中聘用员工73人。2009年，市局（公司）被全国精神文明建设委员会办公室授予“全国精神文明建设工作先进单位”称号，市公司订单部被“全国城镇巾帼建功”活动领导小组授予“全国巾帼示范岗”称号。

全年辖区销售卷烟14.86亿支（2.97万箱），同比增长5.2%。实现卷烟销售收入46100万元。实现卷烟税利11400万元，同比增长17.31%，其中卷烟利润7423万元。

全年全市共查处涉烟案件1071起，查获非法卷烟544万支，涉案金额230万元，其中查获假冒卷烟案件68起，查获假冒卷烟59万支，标值25万元。司法机关依法判刑2人。

---

① 根据2009年8月13日印发的《关于设立随县烟草专卖局（卷烟营销部）的批复》（国烟人〔2009〕298号），设立随县烟草专卖局、湖北省烟草公司随州市公司随县卷烟营销部。

② 根据2009年4月制定的《鄂州市烟草专卖局（公司）机构改革方案》（鄂州烟党〔2009〕11号），鄂州市局（公司）实施组织结构调整和用工分配制度改革，企业管理层级由3级精减为2级，实行扁平化管理，初步建立了“一级核算、两级管理、打破区划、所部合一”的组织管理模式。

仙桃市烟草专卖局（公司）

仙桃市烟草专卖局、湖北省烟草公司仙桃市公司成立于1984年4月，下辖毛嘴、三伏潭、张沟、通海口、彭场、长埫口、西流河、城区8个市场部。共有从业人员180人，其中聘用员工67人。

全年辖区销售卷烟18.26亿支（3.65万箱），同比增长1.64%。实现卷烟销售收入64513万元，同比增长14.57%。实现卷烟税利14527万元，同比增长10%，其中卷烟利润9622万元。

全年全市共查处涉违法烟案件1224起，查获非法卷烟448万支，案值231.8万元。公安、司法机关依法治安拘留5人，刑事拘留3人，判刑8人。全年共破获符合国家局标准的网络案件1起，符合省局标准的网络案件3起。

天门市烟草专卖局（公司）

天门市烟草专卖局、湖北省烟草公司天门市公司成立于1984年4月，1995年1月隶属湖北省烟草专卖局（公司）直管。市局（公司）下辖5个市场部、2个零售门市部、5个专卖管理所、2个市场稽查中队。共有从业人员190人，其中聘用员工79人。2009年，市局被湖北省政府授予“全省卷烟打假市场整顿先进集体”称号。

全年辖区销售卷烟18.75亿支（3.75万箱），同比下降2.6%。实现卷烟销售收入50877万元，同比增长15.99%。实现卷烟税利13062万元，同比增长24.51%，其中卷烟利润8361万元。

全年全市共查处涉烟违法案件344起，查获非法卷烟201万支，涉案金额78.96万元。司法机关依法判刑2人。全年共破获符合省局标准的网络案件1起。

潜江市烟草专卖局（公司）

潜江市烟草专卖局、湖北省烟草公司潜江市公司成立于1984年5月，下辖城区、泽口、王场、广华、浩口、张金、老新、渔洋8个市场部，4个专卖管理所，2个稽查中队。共有从业人员133人，其中聘用员工42人。

全年辖区销售卷烟13.41亿支（2.68万箱），同比增长5.2%。实现卷烟销售收入41429万元，同比增长13.37%。实现卷烟税利10428万元，同比增长0.71%，其中卷烟利润6685万元。

全年全市共查处涉烟违法案件582起，查获非法卷烟445万支，打掉制假窝点1个、贩藏假烟窝点343个，案值123万元，上缴罚没款10万元。移送公安机关涉烟案件8起，公安、司法机关依法刑事拘留19人，逮捕19人，判刑8人。全年共破获制售假烟网络案件3起，其中符合国家局标准的网络案件1起，案值共计438万元。

神农架林区烟草专卖局（公司）

神农架林区烟草专卖局、湖北省烟草公司神农架林区公司成立于1984年12月，1986年8月隶属于湖北省烟草专卖局（公司）直管。下辖2个二级卷烟配送部（站）、1个二级烟叶收购站以及木鱼烟草香溢宾馆1个二级单位。共有从业人员38人，其中聘用员工14人。

全年辖区销售卷烟1.41亿支（0.28万箱），同比下降2.73%。实现“两烟”销售收入5639万元，其中卷烟销售收入5208万元，同比增长12.19%。实现“两烟”税利1110万元，其中卷烟税利1116万元，同比增长18.22%。实现“两烟”利润618万元，同比下降9.65%，其中卷烟利润761万元。

全年全区共查处涉烟违法案件5起，查获非法卷烟0.66万支，案值3.29万元。

全年全区共种植烤烟0.22万亩，收购烤烟0.03万吨（0.67万担），收购均价为11.54元/千克。实现烟农收入0.04亿元，烟农户均收入1.74万元。

所属其他二级单位

中国烟草湖北进出口有限责任公司

中国烟草湖北进出口有限责任公司成立于1985年1月，与湖北省烟叶产销公司合署办公；1992年3月，更名为中国烟草湖北进出口公司；1999年9月，中国烟草湖北进出口公司与湖北省烟叶产销公司分立办公；2001年1月更名为中国烟草湖北进出口有限责任公司，公司注册资本7868万元，其中，原中国烟草进出口（集团）公司占55%的股份，中国烟草总公司湖北省公司占35%的股份，原武汉烟草（集团）有限公司占10%的股份。为贯彻落实国务院有关文件精神，根据《国家烟草专卖局关于调整中国烟草进出口（集团）公司成员企业管理体制的决定》（国烟法〔2006〕589号），2006年12月将原中国烟草进出口（集团）公司、原武汉烟草（集团）有限公司的股权无偿划转给中国烟草总公司湖北省公司，中国烟草湖北进出口有限责任公司成为中国烟草总公司湖北省公司的全资子公司，公司名称不变。截至年底，公司拥有总资产3.2亿元，其中，固定资产0.22亿元、流动资产2.98亿元，资产负债率为74%。共有从业人员69人，其中聘用员工25人。

公司经营范围为烟叶出口及进口卷烟配套服务业务，以烟叶出口和卷烟进口为主要利润来源。2009年，出口烟叶1.10万吨，烟叶出口总值2290万美元。进口寄售卷烟8595万支，实现销售收入3843万元。

湖北烟草投资管理有限责任公司

湖北烟草投资管理有限责任公司成立于2007年。截至年底，公司拥有总资产2.9亿元，其中，固定资产41.5万元、流动资产2019.9万元，长期股权投资2.73亿元，资产负债率为3.9%。共有从业人员11人，其中聘用员工3人。

湖北烟草投资管理有限责任公司经营范围主要是投资管理、资产经营及投资咨询（不含证券投资）。对省公司投资的多元化资产进行经营和管理，并对各市、州公司和直属单位投资的多元化资产进行监管和指导。公司下辖7家控股子公司，分别是湖北香青化肥有限公司、武汉香溢大酒店有限公司、湖北省烟草武汉贸易有限责任公司、武汉宝丰宾馆有限公司、湖北新业建筑装饰有限公司、湖北新业物业管理有限公司、上海香益经贸公司。2009年，公司7家投资控股企业实现营业收入38067万元，实现利润2925万元，税利合计4490万元。

2009年湖北省烟草商业系统主要情况统计

地市级局（公司）名称		武汉市烟草专卖局（公司）	黄冈市烟草专卖局（公司）	襄樊市烟草专卖局（公司）	荆州市烟草专卖局（公司）	十堰市烟草专卖局（公司）	孝感市烟草专卖局（公司）
主要负责人/法人代表		刘裕堂	张俊初	唐启楹	蔡　刚	梁　斌	严继松
总资产（万元）		376468	94910	90818	95006	72505	70668
资产负债率（%）		22.00	35.90	41.04	34.16	51.30	34.56
所属县级局（个）		13	11	9	8	7	7
所属县级公司/分公司（个）		—	1个公司	—	—	—	—
所属县级营销部（个）		13个营销部	10个营销部	9个营销部	8个营销部	7个营销部	7个营销部
所属业务机构	访销机构	1个电访中心	1个营销中心 1个订单部	1个营销部订单部 1营销部客户服务部	1个营销中心	1个营销中心 1个电访中心	1个电访中心
	物流配送机构	1个物流中心 9个中转站	1个物流配送中心	1个营销部配送中心	1个卷烟配送中心	1个物流配送中心	1个物流中心
	稽查机构	1个稽查支队 16个稽查大队	1个稽查支队 10个稽查大队	1个稽查支队 9个稽查中队 33个市场管理所	1个稽查支队	1个稽查支队 7个稽查大队	1个稽查支队 8个稽查大队
	烟叶机构	-	—	24个烟叶站	—	35个烟叶站 41个收购组	—
销售卷烟（亿支）		178.50	90.78	83.75	81.31	47.50	63.60
毛利率（%）		28.15	26.42	25.60	27.33	26.37	27.45
实现“两烟”税利（万元）		185687	50445	49949	49400	26408	42770
实现“两烟”利润（万元）		128414	32979	28399	29242	12211	27975
烟叶种植（亩）		-	—	98200	—	107000	—
烟叶收购（担）		-	—	254200	—	341100	—
零售户数（户）		34868	22995	16857	19393	13055	14664

地市级局（公司）名称		恩施州烟草专卖局（公司）	宜昌市烟草专卖局（公司）	咸宁市烟草专卖局（公司）	随州市烟草专卖局（公司）	黄石市烟草专卖局（公司）	荆门市烟草专卖局（公司）
主要负责人/法人代表		黄树立	高道德	游爱民	黄海堂	吴天植	雷培榜
总资产（万元）		192095	82699	45493	29500	43740	43447
资产负债率（%）		70.90	31.95	33.34	36.53	22.13	22.80
所属县级局（个）		8	9	6	3	3	4
所属县级公司/分公司（个）		—	—	—	—	—	—
所属县级营销部（个）		8个营销部	9个营销部	6个营销部	3个营销部	3个营销部	4个营销部
所属业务机构	访销机构	1个营销中心	1个营销中心 1个电访中心	1个营销中心 1个电访中心	1个营销中心 1个电访中心	1个营销中心	1个营销中心
	物流配送机构	1个配送中心	1个配送中心	1个卷烟配送中心 3个中转站	1个物流配送中心	1个配送中心	1个配送中心
	稽查机构	1个稽查支队	1个稽查支队	1个稽查支队 7个稽查大队 1个口子中队 14个专卖管理所	1个稽查支队	1个稽查支队 3个稽查大队 3个机动中队 12个管理所	1个稽查支队
	烟叶机构	62个烟草站 286个烟叶收购组	15个烟叶工作站 56个收购组	—	—	—	—
销售卷烟（亿支）		48.63	69.90	36.53	31.98	34.10	38.55
毛利率（%）		24.83	26.12	27.32	26.29	27.71	26.49
实现“两烟”税利（万元）		101081	37357	22705	17423	26149	23749
实现“两烟”利润（万元）		60718	20641	13510	10278	18145	14529
烟叶种植（亩）		574300	111300	—	—	—	—
烟叶收购（担）		1788000	364900	—	—	—	—
零售户数（户）		11650	15796	8597	7333	8397	10765

地市级局（公司）名称		鄂州市烟草专卖局（公司）	仙桃市烟草专卖局（公司）	天门市烟草专卖局（公司）	潜江市烟草专卖局（公司）	神农架林区烟草专卖局（公司）
主要负责人/法人代表		陈明蓉	马　力	田保森	张子义	韩　敏
总资产（万元）		20608	27937	23731	16667	1860
资产负债率（%）		37.42	38.92	43.74	29.17	25.21
所属县级局（个）		—	—	—	—	—
所属县级公司/分公司（个）		—	—	—	—	—
所属县级营销部（个）		—	—	—	—	—
所属业务机构	访销机构	1个营销中心 1个电访中心	1个营销中心 1个电访中心	1个电访中心	1个营销中心	1个营销中心 1个电访中心
	物流配送机构	1个配送中心	1个配送中心	1个配送中心	1个配送中心	1个配送中心
	稽查机构	5个专卖管理所 1个专卖稽查支队	1个稽查大队	1个稽查大队	1个稽查大队	1个稽查支队
	烟叶机构	—	—	—	—	1个烟叶总站 1个烟叶站
销售卷烟（亿支）		14.86	18.26	18.75	13.41	1.41
毛利率（%）		27.75	27.72	26.62	28.36	31.03
实现“两烟”税利（万元）		11400	14527	13062	10428	1110
实现“两烟”利润（万元）		7423	9622	8361	6685	618
烟叶种植（亩）		—	—	—	—	2200
烟叶收购（担）		—	—	—	—	6700
零售户数（户）		3468	3906	4106	2875	524

（范晶瑛）

湖南省烟草专卖局（公司）

【概　况】　湖南省烟草公司成立于1983年7月，湖南省烟草专卖局成立于1983年10月。省局（公司）下辖14个市（州）烟草专卖局（公司），以及永州天顺烟叶复烤有限责任公司、郴州天泰烟叶复烤有限责任公司2家打叶复烤企业和湖南省烟草职工培训中心（湘潭烟草中专学校）。截至2009年年底，公司有总资产167.08亿元，其中，固定资产26.43亿元、流动资产124.99亿元，资产负债率为12.01%。有从业人员14322人，其中聘用员工3982人。

2009年，省局（公司）被中央精神文明建设指导委员会授予"全国文明单位"称号；被国家体育总局授予"群众体育先进单位"称号；被湖南省政府授予"湖南省政务公开工作先进单位"、"湖南省信息化建设贡献奖"、"2009年度全省社会治安综合治理先进单位"、"平安单位"称号；被湖南省直工委评为"先进机关党委"、"先进党组中心组"。

【领导成员】　局长、总经理、党组书记：杨先杰

副局长、党组成员：张志刚

副总经理、党组成员：程晓邵

纪检组长、党组成员：罗高社

副总经理、党组成员：李民灯

总农艺师：赵松义

副巡视员：姜孝清

【机构设置】　省局（公司）机关设有办公室（外事办公室）、综合计划处（经济运行处）、专卖监督管理处（专卖稽查总队、内部专卖管理监督处）、财务管理处、审计处、科技处（中国烟草中南农业实验站）、烟叶管理处、卷烟销售管理处、安全保卫处、投资管理处、人事劳资处（离退休人员管理处、技能鉴定站）、监察处（与党组纪检组合署办公）、思想政治工作处（机关党委、机关工会）、政策法规与体制改革处14个职能处室和信息中心、烟草学会秘书处、机关服务中心、烟草质量监督检测站4个专业部门以及长株潭烟草物流中心建设办公室1个临时性机构、中国烟草湖南进出口有限责任公司1个专业公司。

【专卖管理】　2009年，省局进一步规范专卖内管工作的制度体系和岗位职责，推广应用专卖内管信息系统，制定了严格购进、控制投放、清理品牌、规范管理、加强市场监管、加强专卖内管6条具体措施，建立了违法经营卷烟案件的定期统计汇总、通报和调查制度。提请湖南省政府颁布《湖南省烟草专卖管理办法》，与省高级人民法院联合出版《涉烟犯罪研究》一书，与省公、检、法联合下发《关于涉烟刑事案件证据的指导意见》，解决涉烟犯罪"定性难"、证据标准不统一的问题。

全年查处涉烟违法案件12757起，查处非法卷烟66052万支，其中查处非法渠道卷烟案件8356起，罚没卷烟33904万支；查处制售假冒卷烟案件4401起，查获假冒卷烟32148万支。捣毁制假窝点3个，查获大型制假烟机设备6台，罚没卷烟纸28.82吨、滤棒191.24万支、烟丝及烟叶597.32吨。公安、司法机关刑事拘留288人，判刑190人。查获制售假烟网络案件173起，其中符合国家局标准的制售假烟网络案件28起。

【生产经营】　2009年，全省烟草商业系统销售卷烟1215.05亿支（243.01万箱），同比增长3.36%，其中，销售一类烟87.13亿支（17.43万箱），同比增长15.61%；二类烟12.85亿支（2.57万箱），同比下降83.54%；三类烟369.76亿支（73.95万箱），同比增长55.98%；四类烟449.49亿支（89.90万箱），同比下降0.96%；五类烟295.82亿支（59.16万箱），同比下降10.69%。本辖区销量居前三位的卷烟品牌分别为"白沙"、"芙蓉"、"相思鸟"，其中，销售"白沙"533.25亿支（106.65万箱），同比增长9%；销售"芙蓉"193.05亿支（38.61万箱），同比下降20%；销售"相思鸟"87.65亿支（17.53万箱），同比增长26%。

全年实现销售收入365.72亿元，同比增长13.28%。根据国务院有关精神，调整卷烟消费税，部分利润转为税赋，全年增加卷烟消费税15.78亿元。实现"两烟"税利82亿元，同比增长20.41%，其中"两烟"利润46.87亿元，同比下降0.3%。公司三项费用率为10.36%。

【烟叶产销】　烟叶生产经营。2009年，全省共签订烤烟种植收购合同13.52万份，落实烤烟种植面积

109.11万亩，收购烤烟17.49万吨（349.79万担）；落实晾晒烟种植面积0.68万亩，收购晾晒烟0.3万吨（6.05万担）。调整优化烟叶生产布局，全省30万担以上的产区、10万担以上的产烟县、1万担以上的产烟乡镇烟叶产量分别达到全省烟叶总产量的82.26%、52.25%和51.65%。推广普及先进实用技术，全省落实标准化生产面积101.2万亩，落实土壤改良面积95万亩。全省集约化育苗比例达99%，商品化供苗比例达91.2%，病虫害统防统治比例达96.55%，密集式烘烤比例达72%。加强烟叶收购质量过程控制，全省烟叶收购等级合格率达81.3%，同比提高3.6个百分点。全省烟叶收购均价14.37元/千克，同比增加0.13元/千克；实现烟农收入30.76亿元，同比增加3.19亿元；烟农户均收入2.28万元，同比增加0.16万元。

特色优质烟叶开发。省局（公司）打造以郴州、永州为代表的浓香型烟叶示范带和以湘西、张家界、怀化为代表的山地特色烟叶示范带，并与湖南中烟、广东中烟、安徽中烟紧密合作，在桑植、浏阳、桂阳、江华、永顺、凤凰6个县共落实特色优质烟叶开发项目7个，落实示范面积11.6万亩，单收单调项目烟叶达1.7万吨（34万担）。

烟叶生产基础设施建设。全面实施以规划定项目、以项目定计划、以计划定资金的项目立项审批制度，提高烟基设施综合配套水平。全年完成烟基建设项目总投资7.55亿元，其中烟草行业补贴6.47亿元，完成烟基建设项目17686件，建成水窖13个、水池123个、沟渠1414条、管网114条、塘坝319座、泵站36个、机耕路394千米，新建密集烤房8750座。实现烟水配套基本烟田面积24.94万亩，实现集约化烘烤面积44.65万亩。

现代烟草农业建设试点。2009年，省局（公司）按照“一基四化”的基本要求和“减工、降本、提质、增效”的整体目标，开展现代烟草农业建设试点。全省共落实试点11个，其中，省局（公司）试点4个，地市级局（公司）试点7个，分布在20个乡镇148个种烟村，落实烤烟种植面积7.16万亩。

加强烟基建设，投资5292万元用于11个试点的烟水配套工程建设，新增受益面积6.14万亩；投资2433万元修建机耕路137.57千米；投资854万元新建育苗工场10个；投资9643万元新建2854座密集烤房及烘烤工场配套设施；投资1051万元购置各类农机具734台套；投资2725万元整治土地1.23万亩。

创新烟叶生产组织形式，11个试点单位有种烟专业户1904户，种烟面积3.52万亩；100亩以上的烟叶家庭农场28个，种烟面积0.75万亩。成立专业合作组织12个，种烟面积1.02万亩；户均种烟规模达13.46亩，比全省平均水平高5.39亩。

完善专业化服务体系，11个试点单位共实现专业化机耕面积4.89万亩，专业化植保面积3.26万亩，专业化烘烤面积2.44万亩，专业化分级面积2.46万亩；每亩用工由传统生产的31个减少到20.2个，每亩减少用工成本540元。

【卷烟销售与现代物流】 *卷烟销售*。省公司不断强化工商协同和品牌培育，继续维护“芙蓉王”、“白沙”品牌的主体地位，确定了上海烟草（集团）公司、云南中烟、广东中烟、贵州中烟、安徽中烟、浙江中烟等工业企业为重点合作对象，并确定“中华”、“云烟”、“红塔山”、“红河”、“双喜”、“黄果树”、“黄山”、“利群”为重点培育品牌。全年销售全国性卷烟重点骨干品牌838.95亿支（167.79万箱），同比增长8.5%。

强化标准化管理和客户服务，进一步完善客户评价和货源分配体系，先后组织长沙市公司开展网上订货和网上配货工作试点。统一规范全省卷烟营销、物流等部门和客户经理、电话订货员、送货员等重点岗位的工作流程和职责。提高电子结算率，探索银行贷记卡结算方式，首次与工商银行、农业银行、邮政储蓄等银行合作，为卷烟零售户发送银行贷记卡。

现代物流建设。推进现代物流建设，省公司首次在全省系统启动物流费用二级对标工作。加速工商物流对接，运用RFID技术与浙江中烟开展整托盘联运对接，全省系统有7个市公司实现物流对接。加快卷烟物流配送中心软实力提升工作，在常德市公司开展卷烟物流水平全面提升试点，初步打造了“高度信息化、适度自动化”的分拣配送体系，搭建了“优质、高效、低成本”的配送网络，逐步形成了“信息集成、分线管理、工商协同、统筹服务”的常德物流特色。

【信息化建设】 省局（公司）全面推进烟草服务中心建设，搭建了面向零售户、烟农、消费者、工业企业和系统员工的信息服务平台，并将“96368”烟草服务热线和“12313”专卖举报热线的呼入接口统一整合，形成集外网门户、呼叫系统、短信平台和即时通信等多种渠道的一站式服务平台。搭建了湖南烟草商业系统企业级数据管理平台、数据分析应用平台，形成统一的企业数据仓库。开展数字证书（CA）项目建设，启动湖南省烟草商业系统信息安全管理体系和运维体系项目。

【人力资源管理】 *人力资源管理体系建设*。省局

（公司）进一步完善岗位标准体系，统一规范标准，确定了全省系统标准岗位；通过开展岗位价值测评，统一标准岗位、岗级。完善绩效管理办法，全面推行岗位分类考核，将考核结果全面运用于岗位调整、薪酬分配、评先评优、岗位培训、劳动关系变更等。完善薪酬管理办法，统一岗位工资标准，推行以绩效考核为依据的绩效工资分配办法。

干部队伍建设。推进学习型、研究型班子建设，建立领导干部“个人自学、集中学习、脱岗培训、成果交流”四位一体的理论学习机制和年度考核述职、述廉、述学制度。完善领导干部考核评价体系，建立以领导班子和领导干部任期履职情况为重点的考核方式。对直属单位班子进行考察和调整，全年考察干部22人、提任26人、调整6人。

用工管理与人才引进。制定全省系统劳动用工规章制度样本，进一步规范用工方式，明确各类岗位可采用的用工方式。进一步规范进人渠道，建立用工管理责任制，组织公开招聘大学毕业生145人，接收安置军转干部、退伍军人118人。

教育培训与技能鉴定。省局（公司）制定了《全省系统2010～2014年人才队伍建设规划》，全年全省系统新增高技能人才160多人，有7人获高级专业技术资格。全面推进内训体系建设，全省系统组织内训1000多期，参训人数达4.5万人次。加强职业技能鉴定工作，成立湖南省烟草专卖局特有职业（工种）职业技能鉴定站，理顺鉴定站管理体制和工作机制，明确省局（公司）鉴定站及各岗位职责和各项业务工作流程。加强对各直属单位鉴定考点的建设和技能鉴定队伍建设，培养鉴定质量督导员和考评员28人，建立全省行业鉴定人才库。开展技能鉴定工作，共组织8个批次，鉴定2528人。

【党风廉政建设】 省局（公司）制定了《建立健全惩治和预防腐败体系2008～2012年工作规划》实施意见，全年修改完善各种制度173项。举办全省系统“做党的忠诚卫士、当群众的贴心人”演讲比赛、党风廉政知识网上答题竞赛，全省系统共有6150人参加。开展直属单位“一把手”廉政访谈和廉政短信征集活动，全省系统1000余人参与，创作作品3000余条。开展各类教育活动196次，举行专题讲课113次，并编写《廉政启示录》教育手册。

全省系统纪检监察机构直接受理信访举报66件，立案19件，结案18件。对1名市局（公司）领导进行诫勉谈话，协助有关单位查办案件4起。

【特事要辑】 4月1日，湖南省省长周强会见来湘论证长株潭烟草物流园项目的国家局专家组一行，双方就长株潭烟草物流园项目进行探讨交流。

4月22～23日，国家局副局长张辉到省局（公司）调研“三项检查”和内部专卖管理监督工作。

5月19日，国家局副局长李克明到省局（公司）调研经济运行及卷烟市场情况，并考察了长沙市烟草服务中心。

6月25日，湖南省省长周强一行到湘西自治州考察全国烟叶新区开发试点永顺单元的建设工作。

8月15～16日，长沙县烟草专卖局查获一起销售假烟网络案件，涉案总价值近6000万元，涉案人员近100人。

9月1日，全省系统14个市（州）烟草专卖局（公司）外部门户网站正式上线运行。

10月26～29日，国家局副局长何泽华到长沙、怀化、邵阳、娄底市考察“两烟”生产经营工作，并实地调研长株潭烟草物流园项目及烟草服务中心建设情况。

11月15日，国家局局长姜成康、副局长李克明考察了长株潭烟草物流园项目。

湖南省局（公司）主要统计指标汇总

“两烟”税利（亿元）	“两烟”利润（亿元）	销售卷烟（亿支）	烟叶种植（万亩）	烟叶收购（万担）
82.00	46.87	1217.10	110.23	354.88

所属地市级局（公司）

长沙市烟草专卖局（公司）

长沙市烟草专卖局、湖南省烟草公司长沙市公司组建于1984年，下辖长沙县、望城县、宁乡县、浏阳市4个县级烟草专卖局（分公司）和神农大酒店、神农山庄、金叶酒店、金网零售连锁公司4家多元化企业。共有从业人员904人，其中聘用员工320人。

全年辖区销售卷烟148.42亿支（29.68万箱），同比增长4.42%。实现销售收入522508万元，同比增长14.93%。实现“两烟”税利125226万元，同比增长25.19%，其中“两烟”利润76714万元。

全年共查处涉烟违法案件1874起，案值6971.77万元，上缴罚没款1212.35万元。查获非法渠道卷烟11687万支，假冒卷烟7181万支。打掉制假窝点7个，移送公安、司法机关涉烟案件245起，拘留38人，逮捕21人，判刑16人。全年共破获制售假烟网络案件4起，其中符合国家局标准的网络案件1起，案值共计1600万元。

全年共投入烟基建设资金9377万元，完成烟基建设项目1987件，建成沟渠223条、机井11口、塘坝153座、提灌站15个、机耕路2.62千米、农机具300台（套），新建卧式密集型烤房1279座。烟水配套工程实际受益面积累计21万亩。

株洲市烟草专卖局（公司）

株洲市烟草专卖局、湖南省烟草公司株洲市公司组建于1984年，下辖醴陵市、株洲县、攸县、茶陵县、炎陵县5个县级烟草专卖局（分公司）。共有从业人员702人，其中聘用员工321人。2009年，市局（公司）被中央精神文明建设指导委员会授予“全国文明单位”称号

全年辖区销售卷烟83.21亿支（16.64万箱），同比增长2.33%。实现销售收入242741万元，同比增长10.83%。实现“两烟”税利58717万元，同比增长17.13%，其中“两烟”利润38034万元。

全年共查处涉烟违法案件932起，查获假冒卷烟435.1万支，打掉贩藏假烟窝点5个，案值176.42万元，上缴罚没款200.41万元。移送公安、司法机关涉烟案件28起，拘留42人，逮捕29人，判刑30人。全年共破获制售假烟网络案件11起，其中符合国家局标准的网络案件2起，案值共计290万元。

开展“企业文化建设年”活动，印发了《企业文化手册》、《员工行为规范手册》，以企业“容”文化为核心，组织创作企业文化歌曲《容》，举办“容之声”、“容之旅”、“容之美”系列活动，促进“容”文化宣贯落地。

湘潭市烟草专卖局（公司）

湘潭市烟草专卖局、湖南省烟草公司湘潭市公司组建于1984年，下辖湘潭县、湘乡市、韶山市3个县级烟草专卖局（分公司）。共有从业人员340人，其中聘用员工111人。2009年，市局（公司）被湖南省委、省政府授予“湖南省文明单位”称号，被湖南省政府、省爱国卫生运动委员会授予“省级文明卫生单位”称号。

全年辖区销售卷烟63.03亿支（12.61万箱），同比增长2.35%。实现销售收入169646万元，同比增长9.71%。实现卷烟税利43057万元，同比增长16.19%，其中卷烟利润28741万元。

全年共查处涉烟违法案件347起，查获非法渠道卷烟1552.31万支、假冒卷烟459.67万支、非法烟丝0.25吨，上缴罚没款102.96万元。移送公安、司法机关涉烟案件14起，拘留15人，逮捕9人，判刑4人。全年共破获制售假烟网络案件5起，其中符合国家局标准的网络案件1起，案值共计227.8万元。

衡阳市烟草专卖局（公司）

衡阳市烟草专卖局、湖南省烟草公司衡阳市公司组建于1984年，下辖南岳区、常宁市、耒阳市、衡南县、衡阳县、衡山县、衡东县、祁东县8个县级烟草专卖局（分公司）。共有从业人员2017人，其中聘用员工1006人。

全年辖区销售卷烟119.5亿支（23.9万箱），同比增长3.46%。实现销售收入349683万元，同比增长15.05%。实现“两烟”税利76925万元，同比增长21.47%，其中“两烟”利润43789万元。

全年共查处涉烟违法案件1514起，查获假冒卷烟8471.77万支，查获非法烟叶3.71吨，上缴罚没款304.87万元。移送公安机关涉烟案件35起，公安、司法机关依法刑事拘留20人，逮捕15人，判刑17人，劳教6人。全年共破获制售假烟网络案件9起，其中符合国家局标准的网络案件4起，案值共计500万元。

全年全市共投入烟基建设资金1.01亿元，截至年底，完成烟基建设项目2184件，建成沟渠109条、塘坝8座、泵站4个、机耕路17.98千米。新建卧式密集型烤房2045座。烟水配套工程实际受益面积累计15.75万亩，受益农户4.13万户。

岳阳市烟草专卖局（公司）

岳阳市烟草专卖局、湖南省烟草公司岳阳市公司组建于1984年，下辖临湘市、汨罗市、岳阳县、华容县、湘阴县、平江县6个县级烟草专卖局（分公司）。共有从业人员665人，其中聘用员工196人。

全年辖区销售卷烟104.44亿支（20.88万箱），同比增长3%。实现销售收入265799万元，同比增长10.96%。实现卷烟税利58328万元，同比增长

16.60%，其中卷烟利润36138万元。

全年共查处涉烟违法案件981起，查获假冒卷烟1328.98万支，打掉贩藏假烟窝点2个，案值500万元，上缴罚没款76.18万元。移送公安、司法机关涉烟案件13起，拘留29人，逮捕8人，判刑13人。全年共破获制售假烟网络案件12起，其中符合国家局标准的网络案件2起，案值共计1100万元。

市局（公司）形成了以“先”为企业文化体系，以“国家利益至上、消费者利益至上”为文化根基，以“报效国家、回馈社会、满意客户、成就员工”为企业使命，以“知行在先，精益求精”为核心价值观，以“先锋企业、先进人生”为企业愿景，以“百舸争流、勇为人先”为企业精神的企业文化核心理念。岳阳烟草企业文化体系逐渐成形，并被广大干部职工认可且践行。

郴州市烟草专卖局（公司）

郴州市烟草专卖局、湖南省烟草公司郴州市公司组建于1984年，下辖资兴市、桂阳县、嘉禾县、永兴县、安仁县、宜章县、临武县、汝城县、桂东县9个县级烟草专卖局（分公司）和天泰烟叶复烤有限责任公司1个控股公司、郴州金叶商贸有限公司1个直属公司。共有从业人员1606人，其中聘用员工14人。2009年，市局（公司）被中央精神文明建设指导委员会办公室授予“全国精神文明建设工作先进单位”称号。

全年辖区销售卷烟82亿支（16.4万箱），同比增长3.14%。实现销售收入338880万元，同比增长11.34%。实现“两烟”税利81330万元，同比增长22.07%，其中“两烟”利润42928万元。

全年共查处涉烟违法案件1612起，查获假冒卷烟1596万支，查获非法烟叶91.08吨，打掉制假窝点13个，案值153.83万元，上缴罚没款218.53万元。移送公安、司法机关涉烟案件23起，拘留10人，逮捕7人，判刑4人。全年共破获制售假烟网络案件31起，其中符合国家局标准的网络案件1起，案值共计152.8万元。

全年共投入烟基建设资金1.27亿元，完成烟基建设项目1.01万件，建成水池1个、沟渠606条、塘坝38座、泵站1个、机耕路23.05千米。新建卧式密集型烤房1458座，热源内置功能性改造小烤房7920座。烟水配套工程实际受益面积累计7.22万亩，受益农户1.2万户。

常德市烟草专卖局（公司）

常德市烟草专卖局、湖南省烟草公司常德市公司组建于1984年，下辖津市市、安乡县、汉寿县、澧县、临澧县、桃源县、石门县7个县级烟草专卖局（分公司）。共有从业人员1278人，其中聘用员工569人。

全年辖区销售卷烟118.52亿支（23.7万箱），同比增长1.72%。实现销售收入325527万元，同比增长9.55%。实现“两烟”税利69624万元，同比增长5.32%，其中“两烟”利润40622万元。

全年共查处涉烟违法案件992起，查获假冒卷烟2637万支，查获非法烟叶19.05吨，打掉制假窝点3个、贩藏假烟窝点12个，上缴罚没款62.77万元。移送公安、司法机关涉烟案件24起，拘留21人，逮捕9人，判刑15人。全年共破获制售假烟网络案件10起，其中符合国家局标准的网络案件3起，案值共计419万元。

全年共投入烟基建设资金3775万元，完成烟基建设项目568件，新建水池12个、沟渠49条、管网6条、塘坝33座、机耕路27.73千米。新建卧式密集型烤房336座。烟水配套工程实际受益面积累计1.89万亩。

益阳市烟草专卖局（公司）

益阳市烟草专卖局、湖南省烟草公司益阳市公司组建于1984年，下辖沅江市、南县、桃江县、安化县4个县级烟草专卖局（分公司）。共有从业人员608人，其中聘用员工160人。2009年，市局（公司）被中央精神文明建设指导委员会授予“全国文明单位”称号，被中央宣传部、司法部、全国普法办授予“全国‘五五’普法中期先进集体”称号，被国家体育总局评为“全民健身活动优秀组织奖”。

全年辖区销售卷烟86亿支（17.2万箱），同比增长3.49%。实现销售收入215211万元，同比增长13.21%。实现卷烟税利49231万元，同比增长19.85%，其中卷烟利润31091万元。

全年共查处涉烟违法案件706起，查获假冒卷烟810.11万支，查获非法烟叶、烟丝16.86吨，打掉制假窝点3个，上缴罚没款53.82万元。移送公安机关涉烟案件24起，公安、司法机关依法刑事拘留37人，逮捕29人，判刑18人。全年共破获制售假烟网络案件15起，其中符合国家局标准的制售假烟网络案件5起。

娄底市烟草专卖局（公司）

娄底市烟草专卖局、湖南省烟草公司娄底市公司组建于1984年，下辖冷水江市、涟源市、双峰县、新化县4个县级烟草专卖局（分公司）。共有从业人员480人，其中聘用员工133人。

全年辖区销售卷烟67.67亿支（13.53万箱），同比增长4.89%。实现销售收入179681万元，同比增长15.23%。实现卷烟税利40716万元，同比增长23.98%，其中卷烟利润25780万元。

全年共查处涉烟违法案件524起，查获假冒卷烟246.25万支，查获非法烟叶37.71吨，上缴罚没款83.85万元。移送公安、司法机关涉烟案件13起，拘留19人，逮捕1人，判刑23人。全年共破获制售假烟网络案件22起，其中符合国家局标准的网络案件1起，案值共计300余万元。

市公司推行“牡丹贷记卡<烟草在线代扣>”业务，与工商银行携手合作，面向全市在网运行卷烟零售客户提供5000元~10万元额度、25~56天免息卷烟经营专项贷款。此业务一方面缓解了零售客户经营卷烟资金压力，降低经营成本、增强抗风险能力；另一方面提高了零售户满意度和忠诚度，间接促进订单采集效率和卷烟销量的提升，同时增强卷烟货款回笼安全性，降低物流配送成本。截至2009年年底，零售客户共申办“牡丹贷记卡<烟草在线代扣>”5888张，发卡5171张，绑定运行2177张，办卡率约37%，占零售户总数的15.7%。

创新服务沟通方式，分区划片召开小型零售客户座谈会，进行有效服务沟通，解决实际问题。坚持做到以“客户”为中心，着力营造“平等”的客我关系，从会议动机、组织形式、商讨内容等方面进行把关，将小型座谈会定位为“听取客户意见，解答客户疑问，达成营销共识，形成经营合力”，确保开一场会发现和解决一些问题，保证零售客户能够通过座谈了解行业政策、消除心中疑虑，帮助客户解决实际困难。

邵阳市烟草专卖局（公司）

邵阳市烟草专卖局、湖南省烟草公司邵阳市公司组建于1984年，下辖武冈市、邵东县、新邵县、隆回县、洞口县、绥宁县、城步苗族自治县、新宁县、邵阳县9个县级烟草专卖局（分公司）。共有从业人员881人，其中聘用员工71人。

全年辖区销售卷烟105.18亿支（21.03万箱），同比增长3.95%。实现销售收入254761万元，同比增长15.57%。实现“两烟”税利57287万元，同比增长37.07%，其中“两烟”利润32907万元。

全年共查处涉烟违法案件621起，查获假冒卷烟1893.75万支，查获非法烟叶62.63吨，打掉制假窝点3个、贩藏假烟窝点7个，上缴罚没款136.94万元。移送公安、司法机关涉烟案件18起，拘留7人，逮捕10人，判刑15人。全年共破获制售假烟网络案件6起，其中符合国家局标准的网络案件2起，案值共计400万元。

全年共投入烟基建设资金3839万元，完成烟基建设项目1267件，建成水池4个、沟渠102条、管网3条、塘坝64座、泵站3个、机耕路23.65千米。新建卧式密集型烤房906座，热源内置功能性改造小烤房167座。烟水配套工程实际受益面积累计1.12万亩，受益农户1.11万户。

2009年，市公司在全省烟草商业系统率先尝试绩效管理的研究和探讨，自主设计开发了“邵阳烟草绩效管理信息系统”，依托信息化手段实现全面绩效管理。绩效管理信息系统体现“四维四层”的全面考核理念，推行全方面360度绩效管理，实现了企业、部门、岗位三个层次的有机结合。

湘西土家族苗族自治州烟草专卖局（公司）

湘西土家族苗族自治州烟草专卖局、湖南省烟草公司湘西土家族苗族自治州公司组建于1984年，下辖龙山县、永顺县、保靖县、花垣县、古丈县、凤凰县、泸溪县7个县级烟草专卖局（分公司）。共有从业人员970人，其中聘用员工330人。

全年辖区销售卷烟42.67亿支（8.53万箱），同比增长4.84%。实现销售收入194131万元，同比增长23.04%。实现“两烟”税利44819万元，同比增长49.03%，其中“两烟”利润20095万元。

全年共查处涉烟违法案件524起，查获非法卷烟493.32万支，查获非法烟叶84.85吨，打掉贩藏假烟窝点8个，上缴罚没款18.82万元。移送公安、司法机关涉烟案件15起，拘留9人，逮捕8人，判刑4人。全年共破获制售假烟网络案件7起，其中符合国家局标准的网络案件2起，案值共计180万元。

全年共投入烟基建设资金7765万元，完成烟基建设项目1533件，建成水窖60个、水池93个、沟渠27条、管网49条、机耕路153.79千米。新建卧式密集型烤房593座，烟水配套工程实际受益面积累计26.74万亩，受益农户6.25万户。

张家界市烟草专卖局（公司）

张家界市烟草专卖局、湖南省烟草公司张家界公司组建于1988年，下辖武陵源区、慈利县、桑植县3个县级烟草专卖局（分公司）。共有从业人员697人，其中聘用员工147人。

全年辖区销售卷烟32.93亿支（6.58万箱），同

比增长4.15%。实现销售收入116685万元，同比增长22.16%。实现“两烟”税利24849万元，同比增长38.62%，其中“两烟”利润12571万元。

全年共查处涉烟违法案件407起，查获假冒卷烟135.24万支，查获非法烟叶48吨，打掉贩藏假烟窝点4个，案值20万元，上缴罚没款44.37万元。移送公安、司法机关涉烟案件2起，拘留8人，逮捕3人，判刑13人。全年共破获制售假烟网络案件4起，其中符合国家局标准的网络案件1起，案值共计100多万元。

全年共投入烟基建设资金2685万元，完成烟基建设项目715件，建成水池36个、沟渠22条、管网19条、塘坝7座、机耕路21.79千米。新建卧式密集型烤房346座。烟水配套工程实际受益面积累计0.65万亩，受益农户0.13万户。

怀化市烟草专卖局（公司）

怀化市烟草专卖局、湖南省烟草公司怀化市公司组建于1984年，下辖洪江区、洪江市、沅陵县、辰溪县、溆浦县、麻阳县、芷江县、新晃县、会同县、靖州县、通道县11个县级烟草专卖局（分公司）。共有从业人员797人，其中聘用员工258人。

全年辖区销售卷烟75.27亿支（15.05万箱），同比增长2.87%。实现销售收入178268万元，同比增长14.77%。实现“两烟”税利34700万元，同比增长17.01%，其中“两烟”利润19431万元。

全年共查处涉烟违法案件916起，查获假冒卷烟4426万支，查获非法烟叶215吨，打掉贩藏假烟窝点11个，上缴罚没款137.1万元。移送公安、司法机关涉烟案件27起，拘留15人，逮捕15人，判刑11人。全年共破获制售假烟网络案件25起，其中符合国家局标准的网络案件1起，案值共计385万元。

全年共投入烟基建设资金0.2亿元，完成烟基建设项目680件，建成沟渠14条、机耕路6.21千米。新建卧式密集型烤房564座。烟水配套工程实际受益面积累计0.31万亩，受益农户0.02万户。

永州市烟草专卖局（公司）

永州市烟草专卖局、湖南省烟草公司永州市公司组建于1985年，下辖零陵区、祁阳县、东安县、双牌县、道县、江华县、江永县、宁远县、新田县、蓝山县10个县级烟草专卖局（分公司）和天顺烟叶复烤有限责任公司。共有从业人员2091人，其中聘用员工340人。2009年，市局（公司）被中央精神文明建设指导委员会办公室授予“全国精神文明建设工作先进单位”称号。

全年辖区销售卷烟86.21亿支（17.24万箱），同比增长3.4%。实现销售收入278613万元，同比增长11.88%。实现“两烟”税利63207万元，同比增长13.68%，其中“两烟”利润32453万元。

全年共查处涉烟违法案件807起，查获假冒卷烟2402.11万支，查获非法烟叶、烟丝13.09吨，打掉贩藏假烟窝点35个，上缴罚没款46.75万元。移送公安、司法机关涉烟案件44起，拘留18人，逮捕9人，判刑7人。全年共破获制售假烟网络案件12起，其中符合国家局标准的网络案件3起。

全年共投入烟基建设资金1.076亿元，完成烟基建设项目1630个，建成沟渠248条、塘坝17座、机耕路51.3千米。新建卧式密集型烤房1087座。烟水配套工程实际受益面积累计5.12万亩，受益农户1.36万户。

所属其他二级单位

中国烟草湖南进出口有限责任公司

中国烟草湖南进出口有限责任公司成立于1991年10月，2007年12月成为中国烟草总公司湖南省公司的全资子公司。截至2009年年底，共有从业人员25人，其中聘用员工6人。公司拥有总资产15783万元，其中，固定资产113万元、流动资产15670万元，资产负债率为19%。

公司主要经营卷烟及雪茄烟进口，烟叶、烟丝、卷烟纸、滤嘴棒、烟用丝束及烟草专用机械出口业务。开展与烟叶有关的对外经济合作、技术交流业务，除国家组织统一联合经营的出口商品和国家实行核定公司经营的进口商品以外的其他商品及技术的进出口业务，非烟草制品的一般贸易业务。

2009年，公司实现总利润2265万元。出口实现1635万美元，其中，出口片烟（含烟梗）6259吨，出口烟机2台（套），出口卷烟纸578吨，出口零配件一批。全年进口卷烟3605万支。

2009年，公司烟叶出口实现三个突破：中等烟叶出口实现突破，“B3F”、“B4F”、“X2L”的出口比例达到30%左右；出口价格实现突破，首次突破4000美元/吨，最高达到4600美元/吨；出口品种实现突破，一方面开拓烟梗市场；另一方面寻找烟梗货源，开辟了一条在计划不足的形势下扩大出口规模的新途径。

2009年湖南省烟草商业系统主要情况统计

地市级局（公司）名称		长沙市烟草专卖局（公司）	株洲市烟草专卖局（公司）	湘潭市烟草专卖局（公司）	衡阳市烟草专卖局（公司）	岳阳市烟草专卖局（公司）
主要负责人/法人代表		徐文军	杨万松	刘麦秋	柏承知	黄国联
总资产（万元）		223273	100277	67949	139922	104455
资产负债率（%）		26.40	15.09	15.95	25.92	5.99
所属县级局（个）		4	5	3	8	6
所属县级公司/分公司（个）		4个分公司	5个分公司	3个分公司	8个分公司	6个分公司
所属县级营销部（个）		—	—	—	—	—
所属业务机构	访销机构	1个营销中心 1个电访中心	1个营销中心 1个电访中心	1个营销中心	1个营销中心 1个电访中心	1个营销中心 1个电访中心
	物流配送机构	1个物流中心 1个配送中心	1个物流配送中心 5个配送中转站	1个物流配送中心	1个物流中心 8个配送分部	2个物流中心 1个配送中心
	稽查机构	1个稽查支队	1个稽查支队	1个稽查支队	1个稽查支队 4个市场管理大队 9个稽查大队	1个稽查支队 9个稽查大队 13个稽查中队
	烟叶机构	13个烟叶站	2个烟叶站	—	21个烟叶站	—
销售卷烟（亿支）		148.42	83.21	63.03	119.50	104.44
毛利率（%）		26.04	25.54	25.76	24.03	25.02
实现“两烟”税利（万元）		125226	58717	43057	76925	58328
实现“两烟”利润（万元）		76714	38034	28741	43789	36138
烟叶种植（亩）		118000	24300	—	114000	—
烟叶收购（担）		409800	62900	—	350000	—
零售户数（户）		24070	15495	10575	23661	23119

地市级局（公司）名称		郴州市烟草专卖局（公司）	常德市烟草专卖局（公司）	益阳市烟草专卖局（公司）	娄底市烟草专卖局（公司）	邵阳市烟草专卖局（公司）
主要负责人/法人代表		郑雄志	吴明俭	肖钢超	吴奇林	宾　波
总资产（万元）		132668	111419	68040	61681	88476
资产负债率（%）		34.07	17.28	6.20	17.74	23.62
所属县级局（个）		9	7	4	4	9
所属县级公司/分公司（个）		9个分公司	7个分公司	4个分公司	4个分公司	9个分公司
所属县级营销部（个）		—	—	—	—	—
所属业务机构	访销机构	1个营销中心 1个电访中心	1个营销中心 1个电访中心	1个营销中心 1个电访中心	1个营销中心	1个营销中心 1个电访中心
	物流配送机构	1个物流中心配送中心	1个物流中心 1个配送中心	1个物流中心 1个配送中心	1个物流中心	1个物流配送中心
	稽查机构	1个稽查支队	1个稽查支队	1个稽查支队	1个稽查支队	1个稽查支队
	烟叶机构	1个烟叶生产经营部 54个烟叶站	20个烟叶站	—	—	10个烟叶总站 16个烟叶站
销售卷烟（亿支）		82.00	118.52	86.00	67.67	105.18

续表

地市级局（公司）名称	郴州市烟草专卖局（公司）	常德市烟草专卖局（公司）	益阳市烟草专卖局（公司）	娄底市烟草专卖局（公司）	邵阳市烟草专卖局（公司）
毛利率（%）	28.38	24.37	25.15	25.51	24.36
实现“两烟”税利（万元）	81330	69624	49231	40716	57287
实现“两烟”利润（万元）	42928	40622	31091	25780	32907
烟叶种植（亩）	283799	42000	—	—	58000
烟叶收购（担）	855012	169400	—	—	223000
零售户数（户）	15727	22209	16373	13876	27180

地市级局（公司）名称		湘西土家族苗族自治州烟草专卖局（公司）	张家界市烟草专卖局(公司)	怀化市烟草专卖局（公司）	永州市烟草专卖局（公司）
主要负责人/法人代表		万　伟	邓少文	付依良	李刚华
总资产（万元）		75917	47361	51281	118135
资产负债率（%）		47.84	34.07	8.17	41.60
所属县级局（个）		7	3	11	10
所属县级公司/分公司（个）		7 个分公司	3 个分公司	11 个分公司	10 个分公司
所属县级营销部（个）		—	—	—	—
所属业务机构	访销机构	1 个营销中心 1 个电访中心	1 个营销中心 1 个电访中心	1 个营销中心	1 个营销中心 1 个电访中心
	物流配送机构	1 个物流中心 1 个配送中心	1 个物流中心 1 个配送中心	1 个物流配送中心	1 个物流中心 1 个配送中心
	稽查机构	1 个稽查支队	1 个稽查支队 3 个稽查大队	1 个稽查支队	1 个稽查支队
	烟叶机构	21 个烟叶站	10 个烟叶总站 35 个烟叶站	11 个烟叶站	46 个烟叶站
销售卷烟（亿支）		42.67	32.93	75.27	86.21
毛利率（%）		25.55	26.71	24.31	26.08
实现“两烟”税利（万元）		44819	24849	34700	63207
实现“两烟”利润（万元）		20095	12571	19431	32453
烟叶种植（亩）		178000	70000	18500	196000
烟叶收购（担）		602000	218000	63000	604708
零售户数（户）		9845	6254	16740	22885

（张　仕）

广东省烟草专卖局（公司）

【概　况】 广东省烟草专卖局、中国烟草总公司广东省公司成立于 1983 年。下辖 21 个地市级烟草专卖局（公司），广东省梅州烟叶复烤有限责任公司、广东省韶关烟叶复烤有限责任公司、广东南雄烟叶复烤有限公司 3 个烟叶加工企业和中国烟草广东进出口有限公司。公司拥有总资产 243 亿元，其中，固定资产 28 亿元、流动资产 205 亿元，资产负债率为 8.55%。共有从业人员 15310 人，其中聘用员工 7780 人。

【领导成员】 局长、总经理、党组书记：向晋成

副局长、纪检组长、党组成员：何建华（2009 年 7 月起不再担任纪检组长）

副总经理、党组成员：黄履东

副总经理、党组成员：陈焕平

纪检组长、党组成员：周伟兵（2009.7—）

副巡视员：武铁云

【机构设置】 省局（公司）机关共设办公室（外事办公室）、综合计划处（经济运行处）、专卖监督管理处（内部专卖监督管理处<办公室>、专卖稽查总队、拍卖行）、政策法规与体制改革处、财务管理处、审计处、科技处、人事劳资处（职工培训中心）、思想政治工作处（直属党委办公室、工会）、监察处（党组纪检组、直属纪委）、安全保卫处、投资管理处、烟叶管理处（广东省烟叶生产购销公司）、卷烟销售管理处14个职能处室，离退休人员管理办公室、机关服务中心、经济信息中心、产品质量监督检验站、职业技能鉴定站、烟草学会办公室（编志办）、进出口管理部（中国烟草广东进出口有限公司）7个专业部门，广东省金叶发展公司1个专业公司，珠江城基建办公室、珠江城置业有限公司、广东烟草行业整顿和规范市场经济秩序工作办公室、广东烟草粤东管理中心、广东烟草粤西管理中心、广东烟草珠三角督导组、广东烟草粤北督导组7个临时机构。

【专卖管理】 打假打私。严厉打击制售假烟网络案件。在省局、省公安厅协调指挥下，肇庆、广州、佛山等地公安、烟草执法人员破获“6·18”、“7·15”、“7·8”三起制售假烟特大网络案件，共捣毁制售假烟窝点26个，查获制假设备19台、假烟1203.1万支，涉案金额3.4亿元，抓获制假嫌疑人95人。汕尾市破获1起生产、仓储、运输假烟网络案件，查获大型制假烟机4台，涉案金额超过1亿元，公安机关依法抓获制假嫌疑人35人，刑事拘留30人。清远市破获1起生产、包装、分销假烟网络案件，查获大型制假烟机4台，涉案金额1537万元，抓获制假嫌疑人21人。

开展打击制假原辅材料和假冒商标印制工作。广东省政府打假办牵头组织工商行政管理局等部门，开展全省印刷市场清理整顿专项行动。汕头市潮南区政府组织有关部门开展了为期1周的地毯式打假整治专项行动，出动打假人员2200人，查获烟丝存放点15个、滤棒成型机4台、非法烟丝78.3吨、卷烟纸3100盘、滤棒2324万支。

开展打击假烟运输专项整治行动。联合公安、工商和交通等部门对广州货运站场进行调研，并在全省设立6个检查点拦截假烟。汕头、梅州、揭阳等地均查处过800万支以上的非法运输假烟案件，其中，揭阳普宁曾在一周之内拦截假烟1137万支。

全年共查处涉烟违法案件11572起，捣毁制售假烟窝点324个，查获假冒卷烟13.04亿支、大型制假烟机121台、制假烟叶和烟丝800.08吨、假烟运输车辆291台，破获24起制售假烟网络案件，出动12.2万人次协助18个省46批次417名执法人员办理涉烟案件。公安、司法机关依法抓获585人，判刑194人。

市场监管。全省系统开展了为期5个月的市场整治“百日行动”，围绕市场净化率、破获销售网络案件、发展有证户和取缔无证户4个主要指标展开行动，共破获网络案件24起，取缔无证经营户上万户，增加有证户6000户，全省各地卷烟市场净化率普遍达到90%以上。

内部专卖管理监督。全面铺开规范“两烟”生产经营内控机制建设工作。确定广州、韶关、揭阳市局及韶关烟叶复烤有限公司为内控机制建设试点单位，并制定下发《全面推进内控机制建设的实施意见》。开发完成全省专卖内管信息系统并在全省范围内运行。开展跨区流动卷烟查处工作，与湖南、江西等地建立了非渠道烟查处情况互相通报制度；启动定点拍卖的非渠道烟处理方式，将罚没卷烟通过定向拍卖的方式由卷烟流出地的烟草商业企业购进销售。

【生产经营】 全省烟草商业系统销售卷烟1560.05亿支（312万箱），同比下降1.60%，其中一类烟121.61亿支（24.32万箱）、二类烟42.73亿支（8.55万箱）、三类烟799.86亿支（159.97万箱）、四类烟402.74亿支（80.55万箱）、五类烟193.07亿支（38.61万箱）。本辖区销量居前三位的品牌分别为“双喜”、“五叶神”、“椰树”，销量分别为519.51亿支（103.90万箱）、110.73亿支（22.15万箱）、108.70亿支（21.74万箱）。

2009年，根据国务院有关精神，调整卷烟消费税，部分利润转为税赋，全年增加卷烟消费税24.66亿元。实现税利127.11亿元，同比下降9.78%，其中利润81.75亿元。全省烟草商业系统平均三项费用率为7.15%。

【烟叶产销】 烟叶种植与收购。全年全省签订烟叶种植收购合同1.81万份，合同约定种植面积26.5万亩，收购烟叶3.65万吨（73.11万担），其中上等烟比例为48.5%、中等烟43.6%，烟叶收购均价为15.09元/千克，同比增长3.8%。烟叶收购平均等级合格率为80.42%，工商交接烟叶等级合格率70.3%。

专业化生产。全年全省集约化育苗移栽率达100%，同比提高3个百分点；商品化供苗移栽率达90.9%，同比提高50.9个百分点；漂浮或湿润育苗移栽率达88.6%，同比提高17.6个百分点；机械化整地耕作面积占种植面积的81.2%，机械化起垄面积占81%，同比提高8个百分点；覆膜面积占82.8%，同比提高4.1个百分点；平衡施肥面积占78.3%；病虫害统防统治面积占73.2%。

*特色优质烟叶开发。*继续安排南雄的两个特色优质烟叶开发生产示范点（广东中烟点和湖北中烟点），落实种植面积2.02万亩，合同约定收购量0.305万吨（6.09万担）。明确南雄特色优质烟叶开发的工作思路和方向，恢复和发展浓香型烟叶的风格特色。6月，国家局对南雄特色优质烟叶开发工作进行了全面检查。

*现代烟草农业建设。*制订现代烟草农业建设规划和方案。全省现代烟草农业建设试点均成立育苗、机耕、植保、烘烤四支专业化服务队（户），在烟叶生产关键环节实现专业化服务。全年全省烟农户均种植烟叶14.7亩，同比增加1.4亩。全年有种烟专业户（种烟面积10～100亩）8026户、种植面积15.3万亩，家庭农场（种烟面积100亩以上）282个、种植面积3.6万亩；种烟500亩以上的连片烟田116片，面积共13万亩。

2009年年初，中共中央政治局委员、广东省委书记汪洋到韶关市始兴县塅坪村调研，对现代烟草农业的发展给予充分肯定："塅坪村的实践表明，省、市烟草公司发展现代烟草农业，通过改变资源配置方式，降低了成本，提高了效率，烟叶质量有了保障，政府、企业、农民、村干部都省心省事。"

*烟叶生产基础设施建设。*2009年是广东省烟基建设推进力度最大的一年，行业投入达到8998万元。烟基建设工作时间紧、项目多、投资大。年内共完成烟基建设项目2115项，建成水池50个，小塘坝16个，沟渠301条、管网1条、提灌站3个，新建密集式烤房1269座。全面完善了现代烟草农业建设试点单位的烟基设施，配套建设烘烤工场和育苗工场，各试点基本形成"田成方，渠相通，旱能灌，涝能排"的渠系网络。

【品牌培育和管理】 全面跟踪全国性卷烟重点骨干品牌的发展情况，编制月度《广东卷烟市场及品牌培育情况分析报告》、《前20名全国性重点骨干品牌销售分析》、《省外卷烟核心品牌体系分析报告》、《高档卷烟品牌市场分析报告》等专题分析报告。分批次开展重点骨干品牌的市场咨询与诊断工作，上半年，完成对"七匹狼"、"云烟"品牌的市场调研和分析。指派专人对新导入的品牌（规格）试销情况进行跟踪分析，并编制《品牌（规格）导入试销结果评估报告》。

完善卷烟品牌导入和退出流程，对工业企业提出的导入申请进行逐个审核评价。上半年导入（含置换导入）10个重点骨干新品规格；下半年退出经营规格13个，导入重点骨干新品规格（含置换导入）16个。

根据品类管理方案对全省在销卷烟品类进行系统测评，形成价格梯次合理、品类宽度适中的全省卷烟品类体系。

全年销售全国性卷烟重点骨干品牌卷烟988.8亿支（197.76万箱），同比增长2.36%；占总销量的比重同比上升2.38个百分点。

【卷烟销售网络建设】 对网建工作进行全面提升，制定《卷烟零售点合理布局实施意见》、《卷烟销售网络建设标准化管理手册》（第二版）、《罚没卷烟入网销售管理暂行办法》等工作规范和管理制度。规范电话订货、货款结算等业务流程，并对零售户信息进行核查。对全省零售户网上订货、网上配货业务需求进行全面摸底。不断创新农网服务形式。建立省、市两级客户投诉中心。在中山、清远市公司被列为全国网建示范单位基础上，2009年将8个地级市公司列为全省网建全面提升典型示范单位，对需求预测、工商协同营销、经营主体建设、督察考评等方面进行重点突破。8月，召开全省网建全面提升典型示范工作座谈会。

【创建活动】 组织开展优秀县级烟草营销部创建活动。对创优工作相关评价指标进行专门分析，并对全省县级营销部现状进行调查和评估。8月，召开全省创建优秀县级卷烟营销部启动会议，省市县三级分别制定了创优工作实施方案。

【科技项目管理】 实施科技项目带动战略，项目管理得到进一步加强。"土壤及灌溉水二氯喹啉酸除草剂残留量的测定——高效液相色谱法"获国家局2009年度标准制项目立项，"广东不同产区特色烟指纹图谱与主要致香物质分析"获国家局2009年度科技项目立项；"烟草行业固体废弃物能源化关键技术与示范"项目获广东省科技计划项目立项。

【质量管理】 推动ISO 9000质量管理体系建设，省局（公司）通过竞争性谈判择优选定全省体系建设咨询机构；部分单位进行体系建设试点工作，并先后开始试运行体系；年底，召开全省烟草商业系统质量管理体系全面推进会议，体系建设进入全面铺开阶段。

【队伍建设】 *干部队伍建设。*大力加强各级领导班子思想、组织、作风和制度建设，始终坚持德才兼备、以德为先的用人选人标准，配齐配强各级领导班子成员，全年调整充实16个直属单位班子成员共26名；继续落实领导干部交流任职机制，规范非领导职务聘任及管理，加强后备干部队伍建设，全年交流任职领导干部13名、提任非领导职务干部10名、调整和补充后备干部94名。

员工队伍建设。坚持公开、公平、公正原则，引进优秀人才，全年全省烟草商业系统共招聘大学毕业生70名，各直属单位招聘“三员”188名，较好地改善了员工队伍结构。

【思想政治工作】 2009年3～8月，省局（公司）机关及全省烟草商业系统除东莞、惠州外地级市局（公司）开展深入学习实践科学发展观活动；东莞、惠州市局（公司）开展了“回头看”活动。完成学习调研、分析检查、整改落实三个阶段、六个环节的各项工作。据统计，省局（公司）机关各党支部组织集中学习平均6次以上，党员撰写学习心得550篇；省局（公司）领导分别带队下基层调研18次；向群众征求了7个方面、46条意见建议；召开专题民主生活会，通报征求意见建议和整改措施制定情况；制定了37条具体整改措施；将活动中形成的理论成果整理汇编成《举科学发展之旗 走科学发展之路》等4本学习丛书。

【企业文化】 省局（公司）形成以“从创造中找到自己”为核心的企业文化理念体系，明确了“有特色、现代化、员工好、企业兴”的企业愿景，“先思敢为、行稳致高”的企业精神，“满意创造价值”的服务理念和“依法行政、严格执法、文明执法”的专卖理念。广州、揭阳等首批7家单位积极开展文化宣贯，有序推进优势服务品牌构建工作；第二批15家单位重点开展企业文化理念体系建设工作。全年有10家单位发布文化理念体系，3家单位发布服务品牌。

【特事要辑】 2009年1月6日，驻国家局纪检组组长潘家华一行到广东指导、协调珠江城项目招标工作。

5月15日，潘家华一行考察珠江城项目施工现场。

8月25日，国家局、公安部在广东汕头澄海召开了粤闽卷烟打假工作部署会议。国家局副局长张辉、公安部治安局副巡视员温忠民参加会议。

10月23日，2009年华北——中南片区经济运行座谈会在东莞召开。

广东省局（公司）主要统计指标汇总①

“两烟”税利（亿元）	“两烟”利润（亿元）	销售卷烟（亿支）	烟叶种植（万亩）	烟叶收购（万担）
127.11	81.75	1560.05	26.50	73.11

所属地市级局（公司）

广州市烟草专卖局（有限公司）

广州市烟草专卖局成立于1984年，2001年，中国烟草总公司广东省公司与广州市烟草贸易公司共同组建广东烟草广州市有限公司。下辖越秀区、荔湾区、海珠区、白云区、天河区、黄埔区、萝岗区、番禺区、南沙区、花都区、从化市、增城市12个县级烟草专卖分局（营销部），以及广州市卷烟配送中心。有从业人员1242人，其中聘用员工870人。2009年，市局（有限公司）被评为广东省“打击非法运输假冒伪劣烟草专卖品专项联合行动先进集体”，营销管理中心被评为“全国工人先锋号”，卷烟配送中心获“广东省五一劳动奖状”。

全年辖区销售卷烟215.57亿支（43.11万箱），同比下降0.8%。实现卷烟销售收入727000万元，同比增长4.43%。实现税利196530万元，同比增长0.06%，其中利润133819万元。

全年查处涉烟违法案件1740起，查获假冒卷烟4.86亿支、非法烟丝275吨、非法烟叶72.25吨、制假烟机37台，打掉制假窝点278个、假烟仓库353个，上缴罚没款62.72万元。全年移送涉烟案件21起，公安、司法机关依法刑事拘留108人，判刑58

① 表中“两烟”税利和“两烟”利润中均包含其他业务税利、利润。

人。破获渝穗“2·19”、广州“6·5”、“6·10”及“7·15”4起制售假烟网络案件，案值共计3.38亿元。联合公安、交通、工商部门查处无证运输假烟1.51亿支。对重点制假区域伍仙桥地区开展第十阶段专项整治行动，2009年伍仙桥地区顺利通过国家综治办工作组的检查。自2006年12月至2009年年底，在伍仙桥地区共查处涉烟案件701起，查获假冒卷烟2.17亿支，刑事拘留21人，判刑6人。

2009年，市局（有限公司）承担了国家局市场信息采集子课题研究项目。开发出“科学抽样、自动采集、实时监控、注重运用”的市场信息监测系统及分析流程，并与北京京城大管家科技有限公司合作建设“金叶通”零售终端管理与服务系统。选取3686个零售户作为信息采集点，研究卷烟市场变化的规律与趋势。

中山市烟草专卖局（有限责任公司）

中山市烟草专卖局成立于1990年，中山市烟草公司成立于1991年，1999年改制组建广东烟草中山市有限责任公司。2009年公司实行全员聘用制，有从业人员232人。

全年辖区销售卷烟48.75亿支（9.75万箱），同比下降2.52%。实现销售收入151520万元，同比增长1.53%。实现税利41802万元，同比下降3.33%，其中利润28832万元。全年销售全国性卷烟重点骨干品牌31.25亿支（6.25万箱），同比增长3.48%。

全年查处涉烟违法案件81起，查获假冒卷烟551万支、走私烟153.97万支、非渠道烟732.92万支，案值共计452.50万元，上缴罚没款46.96万元。破获中山近年来最大一起假烟销售网络案件，打掉假烟仓储窝点11个，查获非法运输车辆3台，打掉分销下线6个，案值107.79万元。公安、司法机关依法刑事拘留4人，逮捕3人，判刑2人。

2009年，公司被定为“广东省烟草商业系统服务品牌建设先行单位”。提炼出以“真诚相伴，一路同行”为内涵的“同行”服务品牌。确立了建设“现代中山烟草”的发展目标，并明确了发展规划。

珠海市烟草专卖局（有限公司）

珠海市烟草专卖局成立于1985年，广东省烟草公司珠海市公司成立于1984年，2001年改制组建广东烟草珠海市有限公司。下辖斗门区烟草专卖局（分公司）。有从业人员209人，其中聘用员工120人。2009年，市局（有限公司）被广东省委、省政府评为“广东省文明单位”，市局专卖稽查支队被评为“广东省工人先锋号”，市局工会被评为“广东省模范职工之家”。

全年辖区销售卷烟34.65亿支（6.93万箱），同比增长2.51%。实现卷烟销售收入120500万元，同比增长5.40%。实现卷烟税利33370万元，同比下降2.12%，其中卷烟利润22825万元。

全年查处涉烟违法案件378起，查获假冒卷烟621.68万支。破获制售假烟网络案件1起，查获非法卷烟202.04万支，案值203.86万元。公安、司法机关依法取保候审1人，批捕2人，判刑2人。

探索把党建工作导入ISO 9000质量管理体系，构建起具有珠海烟草特色的党建工作管理模式。积极建设“汇通”服务品牌。

东莞市烟草专卖局（有限公司）

东莞市烟草专卖局、广东省烟草公司东莞市公司成立于1988年，2001年改制组建广东烟草东莞市有限公司。有从业人员739人，其中聘用员工650人。

全年辖区销售卷烟146.9亿支（29.38万箱），同比增长0.89%。实现销售收入443700万元，同比增长4.62%。实现税利123701万元，其中利润84735万元。

全年查处涉烟违法案件590起，查获假冒卷烟2324.05万支。破获制售假烟网络案件1起。公安、司法机关依法刑事拘留5人，逮捕5人，判刑15人。

佛山市烟草专卖局（有限责任公司）

佛山市烟草专卖局成立于1987年，广东省烟草公司佛山市公司成立于1991年，1999年改制组建广东烟草佛山市有限责任公司。下辖南海区、顺德区、三水区、高明区4个县级烟草专卖局（分公司）和直属分局（2009年7月成立）。有从业人员748人，其中聘用员工463人。2009年，市局工会被评为“广东省模范职工之家”。

全年辖区销售卷烟123.55亿支（24.71万箱），同比下降0.64%。实现销售收入380834万元，同比增长6.87%。实现卷烟税利101076万元，同比增长2.53%，其中卷烟利润68522万元。

全年查处涉烟违法案件2545起，查获假冒卷烟3251.31万支，打掉制假窝点2个、贩藏假烟窝点1个，上缴罚没款363.96万元。破获制售假烟网络案件2起，案值共计350万元。公安、司法机关依法刑事拘留8人，逮捕10人，判刑30人。

肇庆市烟草专卖局（有限责任公司）

肇庆市烟草专卖局、肇庆市烟草公司成立于1988

年，1997 年改制组建广东烟草肇庆市有限责任公司。下辖高要市、广宁县、四会市、德庆县、封开县、怀集县 6 个县级烟草专卖局（分公司）。有从业人员 693 人，其中聘用员工 361 人。2009 年，市局工会被评为“广东省模范职工之家”。

全年辖区销售卷烟 55.57 亿支（11.11 万箱），同比增长 0.48%。实现卷烟销售收入为 157800 万元，同比增长 9.14%。实现税利 36951 万元，同比增长 0.32%，其中利润 24401 万元。

全年查处涉烟违法案件 1021 起，查获假冒卷烟 579.08 万支、非法烟丝 0.2 吨，上缴罚没款 161.62 万元。破获符合国家标准的制售假烟网络案件 2 起，案值共计 3500 万元。公安、司法机关依法刑事拘留 41 人，逮捕 31 人。

完成对各分公司的财务整合，实行统一核算。提炼出“缘”文化体系架构及“山水情缘”服务品牌。全年有 5 个科技项目完成了省科技厅科技查新，并有 3 个科技创新项目获肇庆市科技局立项，实现公司科技项目零的突破。

江门市烟草专卖局（有限公司）

江门市烟草专卖局成立于 1986 年，江门市烟草公司成立于 1987 年，2001 年改制组建广东烟草江门市有限公司。下辖新会、台山、鹤山、恩平 4 个县级烟草专卖局（分公司）和开平市烟草专卖局。有从业人员 781 人，其中聘用员工 475 人。

全年辖区销售卷烟 70.19 亿支（14.03 万箱），同比增长 0.5%。实现“两烟”销售收入 196315 万元，其中卷烟销售收入 196285 万元，同比增长 5.34%。实现卷烟税利 45184 万元，同比增长 6.13%，其中卷烟利润 24951 万元。

全年查处涉烟违法案件 329 起，查获假冒卷烟 870.56 万支、非法烟丝 3.65 吨，捣毁制假窝点 1 个，查获大型烟机 2 台，上缴罚没款 63.55 万元。破获符合国家局标准的制售假烟网络案件 2 起。开平市局破获 1 起跨境出口假烟案件，涉案金额 700 余万元。公安、司法机关依法刑事拘留 26 人，逮捕 11 人。

广东烟草开平市有限公司

广东省烟草公司开平市公司成立于 1994 年，2001 年改制组建广东烟草开平市有限公司，是中国烟草总公司广东省公司直接控股企业。有从业人员 156 人，其中聘用员工 116 人。

全年辖区销售卷烟 21.64 亿支（4.33 万箱）。实现销售收入 66328 万元，同比增长 6.08%。实现税利 18115 万元，同比增长 10%，实现利润 12326 万元。

惠州市烟草专卖局（有限责任公司）

惠州市烟草专卖局成立于 1986 年，广东省惠州烟草贸易中心成立于 1986 年，1998 年改制组建广东烟草惠州市有限责任公司。下辖博罗县、惠东县、龙门县、惠阳区、大亚湾区共 5 个县级烟草专卖局（分公司）。有从业人员 675 人，其中聘用员工 417 人。

全年辖区销售卷烟 71.65 亿支（14.33 万箱）。实现销售收入 237737 万元，同比增长 6.04%。剔除投资收益影响，实现税利 58237 万元，同比增长 1.27%，其中利润 38273 万元。

全年查处涉烟违法案件 197 起，查获假冒卷烟 1.19 亿支，上缴罚没款 21.62 万元。此外，开展了打击假烟运输专项行动，查处案件 21 起，查扣车辆 21 台，查获假冒卷烟 1.25 亿支，案值 6600 余万元。破获符合国家局标准的制售假烟网络案件 1 起，案值 239.21 万元。移送涉烟案件 31 起，公安、司法机关依法刑事拘留 28 人，逮捕 16 人，判刑 24 人。

促进批零关系和谐，开展为期三个月的拜访零售户活动。全年销售全国性卷烟重点骨干品牌 47.5 亿支（9.5 万箱），同比增长 7.45%。

构建了以“惠风和畅”为主题、以“惠”文化命名的企业文化架构体系。

茂名市烟草专卖局（有限责任公司）

茂名市烟草专卖局、广东省烟草公司茂名市公司成立于 1991 年，1999 年改制组建广东烟草茂名市有限责任公司。下辖高州、信宜、化州、电白 4 个县级烟草专卖局（分公司）。有从业人员 733 人，其中聘用员工 430 人。

全年辖区销售卷烟 64.09 亿支（12.82 万箱），同比下降 13.48%。实现销售收入 176619 万元，同比下降 12.41%。剔除投资收益影响，实现税利 42347 万元，同比下降 20.88%，其中利润 27571 万元。

全年查处涉烟违法案件 292 起，查获假冒卷烟 19.38 万支、走私烟 239.3 万支、非渠道卷烟 131.56 万支、非法烟丝 0.52 吨，上缴罚没款 41.12 万元。打掉制假窝点 1 个，查获制假烟机 2 台（套）。公安、司法机关依法刑事拘留 10 人，逮捕 2 人。

阳江市烟草专卖局（有限责任公司）

阳江市烟草专卖局、广东省烟草公司阳江市公司成立于 1988 年，1997 年改制组建广东烟草阳江市有限责任公司。下辖阳春市、阳东县、阳西县 3 个县级烟草专卖局（分公司）。有从业人员407人。

全年辖区销售卷烟36.36亿支（7.27万箱），同比增长0.93%。实现销售收入102769万元，同比增长6.93%。实现税利22643万元，同比下降3.62%，其中利润14054万元。

全年查处涉烟违法案件378起，查获非法卷烟1168.44万支，其中假烟1062.09万支，上缴罚没款13.67万元，捣毁制售假烟窝点3个，查获制假烟机8台。破获1起涉及阳江、广州两地的制售假烟网络案件。

全年销售卷烟共35个品牌、69个规格，同比减少2个品牌、6个规格。销售全国性卷烟重点骨干品牌卷烟20.15亿支（4.03万箱），同比增长5.44%，品牌集中度同比增长2.37%。

全市系统初步建立起一套集培训申办、管理、评估和师资管理于一体的培训体系。全年抽查卷烟零售户3000余户，对一线员工工作进行检查。继续实施每季度一次的员工技能考试。

构建了以“海诚”为主题，以“责任、规范、务实、创新”为企业价值观，以“扬诚似海、共创未来”为企业精神的企业文化架构体系。

云浮市烟草专卖局（有限责任公司）

云浮市烟草专卖局成立于1994年，云浮市烟草公司成立于1998年，1998年改制组建广东烟草云浮市有限责任公司。下辖罗定市、郁南县、云安县3个县级烟草专卖局（分公司）和新兴县烟草专卖局。有从业人员355人（不含新兴），其中聘用员工164人。2009年，罗定市局（分公司）被广东省委、省政府评为“广东省文明单位”。

全年辖区销售卷烟28.38亿支（5.68万箱），同比增长0.78%。剔除投资收益影响，实现销售收入86753万元，同比增长7.55%。实现税利21189万元，其中利润13653万元。

全年查处涉烟违法案件318起，查获假冒卷烟173.72万支。破获制售假烟网络案件3起，其中符合国家局标准的案件1起，案值共计120万元。公安、司法机关依法刑事拘留3人，逮捕3人。

广东烟草新兴县有限公司

广东省烟草公司新兴县公司成立于1992年，2001年改制组建广东烟草新兴县有限公司，是中国烟草总公司广东省公司直接控股企业。有从业人员91人，其中聘用员工51人。

全年辖区销售卷烟8.73亿支（1.75万箱），同比增长0.89%。实现卷烟销售收入28850万元，同比增长10.01%。实现税利8059万元，同比增长2.35%，其中利润5456万元。

湛江市烟草专卖局（有限公司）

湛江市烟草专卖局成立于1983年12月，湛江市烟草分公司成立于1984年1月，2001年改制组建广东烟草湛江市有限公司。下辖廉江市、雷州市、吴川市、遂溪县、徐闻县5个县级烟草专卖局（分公司）。共有从业人员851人，其中聘用员工732人。

全年辖区销售卷烟87.03亿支（17.41万箱），同比下降2.49%。实现“两烟”销售收入249663万元，同比增长0.52%，其中卷烟销售收入249481万元，同比增长0.55%。实现“两烟”税利54615万元，同比下降15.07%，其中卷烟税利54606万元，同比下降14.96%。实现“两烟”利润36214万元，其中卷烟利润36205万元。

全年查处涉烟违法案件293起，查获假冒卷烟350.56万支、非法烟叶16.3吨，打掉制假窝点5个。公安、司法机关依法刑事拘留3人，逮捕2人，判刑5人。

汕头市烟草专卖局（有限责任公司）

汕头市烟草专卖局、广东省烟草公司汕头市公司成立于1985年，1999年改制组建广东烟草汕头市有限责任公司。下辖龙湖区、潮阳区2个县级烟草专卖局（分公司），南澳县烟草专卖局（公司）及澄海区烟草专卖局。有从业人员604人（不含澄海），其中聘用员工337人。

2009年，辖区（不含澄海）销售卷烟70.06亿支（14.01万箱），同比下降2.01%。实现卷烟销售收入239952万元，同比下降0.23%。实现税利62467万元，同比下降16.36%，其中利润40656万元。

全年查处涉烟违法案件436起，打掉制假窝点15个，缴获制假烟机10台、滤棒成型机4台、切丝机14台，查获假冒卷烟1.48亿支、非法烟叶（烟丝）185吨，上缴罚没款52.8万元。破获符合国家局标准的制售假烟网络案件1起，案值486万元。公安、司法机关依法刑事拘留43人、网上追逃抓获7人，逮捕14人，判刑25人。

全市系统形成“明德”文化理念体系，核心价值观为“明德善行，创者无疆”。

广东烟草汕头澄海有限公司

澄海县烟草公司成立于1987年，1999年改制组建广东烟草澄海市有限责任公司，2003年更名为广东烟草汕头澄海有限公司。2009年，公司被广东省委、省政府评为“广东省先进集体”。

全年辖区销售卷烟23.94亿支（4.79万箱），同比增长0.88%。实现卷烟销售收入94920万元。实现税利31486万元，同比下降9.37%，其中利润22513万元。

潮州市烟草专卖局（有限责任公司）

潮州市烟草专卖局、广东省烟草公司潮州市公司成立于1988年，1998年改制组建广东烟草潮州市有限责任公司。下辖潮安、饶平2个县级烟草专卖局（分公司）。有从业人员475人，其中聘用员工191人。

全年辖区销售卷烟46.79亿支（9.36万箱），同比下降1.27%。实现销售收入167279万元，同比下降0.52%。实现税利44060万元，同比下降22.68%，其中利润28835万元。

全年查处涉烟违法案件119起，查获假冒卷烟1.13亿支、非法烟叶13.99吨，打掉滤棒成型机窝点2个，烟叶、烟丝加工窝点6个，手工烟支包装窝点2个，制售假烟窝点1个，贩藏假烟窝点12个，案值4413万元，上缴罚没款38.07万元。破获符合国家局标准的制售假烟网络案件1起，案值132.48万元。移送涉烟案件45起，公安、司法机关依法刑事拘留34人，逮捕21人，判刑6人。

汕尾市烟草专卖局（有限公司）

汕尾市烟草专卖局、广东省烟草公司汕尾市公司成立于1988年，2001年改制组建广东烟草汕尾市有限公司。下辖陆丰市、海丰县、陆河县3个县级烟草专卖局（分公司）。有从业人员627人，其中聘用员工235人。2009年，市局（有限公司）被广东省委、省政府评为“广东省文明单位”。

全年辖区销售卷烟50.94亿支（10.19万箱），同比下降7.81%。实现销售收入158381万元，同比下降2.03%。实现税利37925万元，同比下降15.88%，其中利润23798万元。

全年查处涉烟案件292起，查获假冒卷烟8472.66万支，打掉制假窝点2个，缴获YJ14-22型制假烟机6台，案值345万元，上缴罚没款33.05万元。破获“9·9”制售假烟网络案件，案值300万元，被列为国家局、公安部督办案件。公安、司法机关依法刑事拘留39人，逮捕33人，判刑4人。

揭阳市烟草专卖局（有限公司）

揭阳市烟草专卖局、广东省烟草公司揭阳市公司成立于1992年，2001年改制组建广东烟草揭阳市有限公司。下辖揭东县、揭西县、惠来县3个县级烟草专卖局（分公司）和普宁市烟草专卖局。有从业人员919人，其中聘用员工589人。2009年，市局（有限公司）先后被评为“全国精神文明建设工作先进单位”、“广东省创争活动先进单位”，市局工会被评为“广东省模范职工之家”。

全年辖区销售卷烟66.01亿支（13.2万箱），同比下降5.83%。实现税利59911万元，同比下降14.8%，其中利润39546万元。

全年查处涉烟违法案件533起，查获假冒卷烟1.42亿支、非法烟叶27.3吨，打掉制假窝点9个，上缴罚没款54.60万元。破获符合国家局标准的制售假烟网络案件2起，案值共计350万元。公安、司法机关依法刑事拘留26人，逮捕6人，判刑9人。

广东烟草普宁市有限责任公司

广东省烟草公司普宁县公司成立于1984年，1998年改制组建广东烟草普宁市有限责任公司。有从业人员323人，其中聘用员工78人。2009年，公司首次被广东省委、省政府评为“广东省文明单位”。

全年辖区销售卷烟37.45亿支（7.49万箱），同比下降1.14%。实现销售收入130433万元，同比增长1.96%。实现税利39357万元，同比下降10.80%，其中利润27591万元。

韶关市烟草专卖局（有限公司）

韶关市烟草专卖局成立于1984年，韶关市烟草公司成立于1983年，1987年更名为广东省烟草公司韶关分公司，2001年改制组建广东烟草韶关市有限公司。下辖曲江区、始兴县、仁化县、翁源县、乳源瑶族自治县、新丰县、乐昌市7个县级烟草专卖局（分公司）。有从业人员926人，其中聘用员工354人。2009年，市局（有限公司）被广东省委、省政府评为“广东省先进集体”、“广东省文明单位”。

全年辖区销售卷烟45.62亿支（9.12万箱），同比增长0.34%。实现“两烟”销售收入172754万元，同比增长7.14%。实现“两烟”税利42800万元，同比下降0.93%，其中卷烟税利38126万元，同比增长4.75%。实现“两烟”利润24522万元，其中卷烟利润24017万元。

全年查处涉烟违法案件529起，查获假冒卷烟537.2万支、非法烟叶21.02吨，打掉制假窝点2个。破获符合国家局标准的制售假烟网络案件1起，案值103万元。公安、司法机关依法刑事拘留14人，逮捕

4人，判刑6人。

全年全市（不含南雄）烟叶生产实现烟农收入1.32亿元，烟农户均收入6.33万元。全年投入专项资金2960万元，其中烟草行业补贴2710万元，年内完成烟基建设项目640件，建成水池50个、沟渠31条、塘坝1座、其他引水工程4件、机耕路7.47千米，新建卧式密集型烤房509座。烟水配套工程实际受益面积累计1.89万亩，受益农户0.21万户。全年现代烟草农业建设试点面积1160亩，与同地区大面积生产相比，试点区域亩产烟叶150.85千克，提高8.5千克；亩均用工19.6个，减少14.6个，节约成本584元；亩均产值2337元，提高149元。

全年在销卷烟共有33个品牌、73个规格，同比减少2个品牌、15个规格。全市（含南雄）全国性卷烟重点骨干品牌销量同比增长10.86%。韶关烟草卷烟物流配送中心落成并投入使用，项目总造价7600万元，可实现全市每年13万箱卷烟的集中管理、集中仓储、统一分拣、跨区配送。

梅州市烟草专卖局（有限公司）

梅州市烟草专卖局成立于1983年，广东烟草梅州市有限公司成立于2001年。下辖梅县、兴宁、平远、蕉岭、大埔、丰顺、五华7个县级烟草专卖局（分公司）。有从业人员1098人，其中聘用员工578人。

全年辖区销售卷烟77.73亿支（15.55万箱），同比下降0.23%。实现卷烟销售收入238742万元，同比增长2.48%。实现“两烟”税利63403万元，同比增长12.79%，其中卷烟税利57530万元，同比增长11.8%。实现“两烟”利润37976万元，其中卷烟利润37366万元。

全年查处涉烟违法案件475起，查获假冒卷烟6508万支，案值4328万元，打掉制假窝点1个。破获符合国家局标准的制售假烟网络案件1起，案值500万元。移送涉烟案件15起，公安、司法机关依法刑事拘留13人，逮捕3人，判刑1人。

全年烟叶生产实现烟农收入1.56亿元，烟农户均收入4.09万元，烟叶收购均价15.29元/千克。全年投入专项资金2251万元，其中烟草行业补贴1984万元，年内完成烟基建设项目319件，建成沟渠156条、塘坝2座，新建卧式密集型烤房161座。烟水配套工程实际受益面积1.27万亩，受益农户0.64万户。全年现代烟草农业建设试点面积815亩，与同地区大面积生产相比，试点区域亩产烟叶135千克；亩均用工17.9个，减少14个，节约成本636元；亩均产值2054元。

南雄市烟草专卖局（有限公司）

南雄市烟草专卖局成立于1983年12月，南雄市烟草公司成立于1983年10月，1987年更名为广东省烟草公司南雄市公司，2000年12月改制组建广东烟草南雄市有限公司。下辖广东南雄烟叶复烤有限公司1家全资子公司，并代省公司管理广东省烟草南雄科学研究所。有从业人员513人，其中聘用员工105人。

全年辖区销售卷烟7.17亿支（1.43万箱）。实现卷烟销售收入22410万元，同比增长9.93%。实现“两烟”税利21753万元，同比增长10.13%，其中卷烟税利5830万元。实现“两烟”利润11053万元，其中卷烟利润3919万元。

全年烟叶生产实现烟农收入2.46亿元，烟农户均收入1.84万元，烟叶收购均价14.96元/千克。全年投入专项资金4878万元，其中烟草行业补贴3999万元，年内完成烟基建设项目44件，建成沟渠36条、管网1条、塘坝5座、泵站2个、机耕路0.41千米。新建卧式密集型烤房539座。烟水配套工程实际受益面积累计1.53万亩，受益农户0.28万户。全年现代烟草农业建设试点面积1782亩，与同地区大面积生产相比，试点区域亩产烟叶150千克，提高19千克；亩均用工20.5个，减少10.5个，节约成本250元；亩均产值2401元，提高356元。

河源市烟草专卖局（有限责任公司）

河源市烟草专卖局、广东省烟草公司河源市公司成立于1988年，1998年改制组建广东烟草河源市有限责任公司。下辖东源、龙川、紫金、连平、和平5个县级烟草专卖局（分公司）。有从业人员629人，其中聘用员工256人。2009年，龙川县局（分公司）被评为“广东省文明单位”。

全年辖区销售卷烟57.42亿支（11.48万箱），同比下降0.8%。实现卷烟销售收入178593万元，同比增长0.3%。实现税利43027万元，同比下降15.2%，其中利润27952万元。

全年查处涉烟违法案件675起，查获假冒卷烟4118.6万支、大型制假烟机3台、制假烟叶（烟丝）4.61吨、滤棒145.7万支、卷烟纸0.68吨，捣毁制假窝点1个。查处12起无证运输卷烟案件，涉案金额1969.9万元。破获符合国家局标准的制售假烟网络案件1起，案值166.03万元。公安、司法机关依法抓获28人，刑事拘留18人，判刑1人。

完成专卖直属分局试点工作。“按客户订单组织货源”工作通过国家局检查指导组检查验收。

清远市烟草专卖局（有限公司）

清远市烟草专卖局成立于1988年，清远市烟草公司成立于1991年，1995年更名为广东省烟草公司清远市公司，2001年改制组建广东烟草清远市有限公司。下辖英德市、佛冈县、清新县、阳山县、连州市、连南县、连山县7个县级烟草专卖局（分公司）。有从业人员807人，其中聘用员工442人。2009年，市局（有限公司）被中央精神文明建设指导委员会评为"全国精神文明建设工作先进单位"。

全年辖区销售卷烟63.85亿支（12.77万箱），同比下降0.68%。实现税利51681万元，同比下降1.23%，其中利润33195万元。

全年查处涉烟违法案件379起，查获假冒卷烟154.49万支、非法烟叶（烟丝）16.3吨，打掉制假窝点3个，案值286万元，上缴罚没款46.42万元。破获制售假烟网络案件2起，其中符合国家局标准的案件1起，案值共计194万元。公安、司法机关依法刑事拘留16人，逮捕13人，判刑6人。

全年烟叶生产实现烟农收入1682万元，烟农户均收入5.05万元，烟叶收购均价为14.63元/千克。全年投入专项资金322万元，其中烟草行业补贴301万元，年内完成烟基建设项目66件，新建卧式密集型烤房60座。烟水配套工程实际受益面积累计0.28万亩，受益农户0.04万户。

所属其他二级单位

中国烟草广东进出口有限公司

中国烟草广东进出口有限公司成立于1985年1月，2006年调整为中国烟草总公司广东省公司的子公司。公司主要经营烟草和烟草制品及烟草行业机械设备、原辅材料等进出口业务；接受委托、代理上述进出口业务；经营在国内寄售外国烟草制品和在国外及港澳地区寄售国产烟草及烟草制品业务；承办烟草行业中外合资经营、合作生产业务；承办烟草行业来料加工、来样加工、来件装配业务；开展补偿贸易业务；从事烟草行业对外技术交流业务。公司拥有总资产22348万元，其中，固定资产252万元、流动资产22096万元，资产负债率为53.39%。有从业人员37人。

2009年，公司进口卷烟3.22亿支，同比下降13.61%；出口卷烟9.27亿支，同比增长1.42%；出口烟叶1630吨，同比增长1%；出口烟丝2386吨，同比增长27.87%。出口辅料及其他实现收入459万元，同比下降1.71%。实现出口总值4262万美元，同比增长4.33%。实现销售收入74163万元，同比增长15.61%。实现利润6332万元。

2009年广东省烟草商业系统主要情况统计

地市级局（公司）名称		广州市烟草专卖局（有限公司）	中山市烟草专卖局（有限责任公司）	珠海市烟草专卖局（有限公司）	东莞市烟草专卖局（有限公司）	佛山市烟草专卖局（有限责任公司）
主要负责人/法人代表		户春河	周　亮（—2009.6） 赖少洪（2009.7—）	黄时南	刘恒建	王国飞
总资产（万元）		246908	28136	27532	96838	74524
资产负债率（%）		33.33	24.45	15.00	28.67	13.50
所属县级局（个）		12	—	1	—	5
所属县级公司/分公司（个）		—	—	1个分公司	—	4个分公司
所属县级营销部（个）		12个营销部	—	—	—	—
所属业务机构	访销机构	1个营销管理中心 12个市场营销部	1个营销管理中心	1个营销管理中心	1个营销管理中心	1个营销中心
	物流配送机构	1个物流配送中心	1个物流配送中心	1个物流配送中心	1个物流中心 1个配送中心	1个物流配送中心
	稽查机构	1个稽查支队	1个稽查支队 4个稽查大队	1个稽查支队 6个稽查大队	1个稽查支队 7个稽查大队	1个稽查支队 5个稽查大队
	烟叶机构	—	—	—	—	—

续表

地市级局（公司）名称	广州市烟草专卖局（有限公司）	中山市烟草专卖局（有限责任公司）	珠海市烟草专卖局（有限公司）	东莞市烟草专卖局（有限公司）	佛山市烟草专卖局（有限责任公司）
销售卷烟（亿支）	215.57	48.75	34.65	146.90	123.55
毛利率（%）	27.09	27.03	27.32	26.37	26.83
实现“两烟”税利（万元）	196530	41802	33370	123701	101076
实现“两烟”利润（万元）	133819	28832	22825	84735	68522
烟叶种植（亩）	—	—	—	—	—
烟叶收购（担）	—	—	—	—	—
零售户数（户）	28331	7675	4572	21984	18377

地市级局（公司）名称		肇庆市烟草专卖局（有限责任公司）	江门市烟草专卖局（有限公司）	广东烟草开平市有限公司	惠州市烟草专卖局（有限责任公司）	茂名市烟草专卖局（有限责任公司）
主要负责人/法人代表		罗春华	赵汝光（—2009.9） 管伟华（2009.9—）	雷民照	陈惠忠	翁飞
总资产（万元）		30022	35128	12068	35201	31480
资产负债率（%）		9.36	23.87	8.81	15.55	8.73
所属县级局（个）		6	5	—	5	4
所属县级公司/分公司（个）		6个分公司	4个分公司	—	5个分公司	4个分公司
所属县级营销部（个）		—	—	—	—	—
所属业务机构	访销机构	1个营销管理中心	1个营销管理中心	1个营销部	1个营销管理中心	1个营销管理中心
	物流配送机构	1个物流配送中心	1个物流配送中心 1个二级配送站	1个物流配送中心	1个物流配送中心	1个物流配送中心
	稽查机构	1个稽查支队 10个大队	1个稽查支队 7个稽查大队	1个稽查大队	1个稽查支队 5个稽查大队	7个稽查大队
	烟叶机构	—	—	—	—	—
销售卷烟（亿支）		55.57	70.19	21.64	71.65	64.09
毛利率（%）		26.32	25.90	27.01	26.62	26.27
实现“两烟”税利（万元）		36951	45184	18115	58237	42347
实现“两烟”利润（万元）		24401	24951	12326	38273	27571
烟叶种植（亩）		—	—	—	—	—
烟叶收购（担）		—	—	—	—	—
零售户数（户）		11440	11260	2951	11391	12317

地市级局（公司）名称	阳江市烟草专卖局（有限责任公司）	云浮市烟草专卖局（有限责任公司）	广东烟草新兴县有限公司	湛江市烟草专卖局（有限公司）	汕头市烟草专卖局（有限责任公司）
主要负责人/法人代表	林显	刘志强	陈煜联	李仕文	林松楷（—2009.5） 林香存（2009.6—）
总资产（万元）	18367	17665	8338	54697	42129
资产负债率（%）	3.39	9.22	8.35	25.88	18.34
所属县级局（个）	3	4	—	5	4
所属县级公司/分公司（个）	3个分公司	3个分公司	—	5个分公司	1个公司、2个分公司
所属县级营销部（个）	—	—	—	—	—

续表

地市级局（公司）名称		阳江市烟草专卖局（有限责任公司）	云浮市烟草专卖局（有限责任公司）	广东烟草新兴县有限公司	湛江市烟草专卖局（有限公司）	汕头市烟草专卖局（有限责任公司）
所属业务机构	访销机构	1个营销管理中心	1个营销中心	1个营销部	1个营销中心	1个营销管理中心
	物流配送机构	1个物流配送中心	1个物流中心	1个物流配送部	1个物流中心 1个配送中心 5个配送中转站	1个物流中心 3个配送中心
	稽查机构	1个稽查支队 7个稽查大队	1个稽查支队	1个稽查大队	1个稽查支队 10个稽查大队	1个稽查支队 8个稽查大队
	烟叶机构	—	—	—	—	—
销售卷烟（亿支）		36.36	28.38	8.73	87.03	70.06
毛利率（%）		26.13	29.73	28.00	26.03	28.13
实现“两烟”税利（万元）		22643	21189	8059	54615	62467
实现“两烟”利润（万元）		14054	13653	5456	36214	40656
烟叶种植（亩）		—	—	—	3423	—
烟叶收购（担）		—	—	—	—	—
零售户数（户）		7068	7165	1506	12989	10442

地市级局（公司）名称		广东烟草汕头澄海有限公司	潮州市烟草专卖局（有限责任公司）	汕尾市烟草专卖局（有限公司）	揭阳市烟草专卖局（有限公司）	广东烟草普宁市有限责任公司
主要负责人/法人代表		徐远秋	陈业芝	陈文铸	许永钦	方贵中
总资产（万元）		21206	27435	33022	35672	27960
资产负债率（%）		8.21	16.62	1.59	7.87	6.32
所属县级局（个）		—	2	3	4	—
所属县级公司/分公司（个）		—	2个分公司	3个分公司	3个分公司	—
所属县级营销部（个）		—	—	—	—	—
所属业务机构	访销机构	1个营销部	1个营销管理中心	1个营销中心	1个营销中心	1个营销部
	物流配送机构	1个物流配送部	1个物流配送中心	1个物流中心 1个配送中心	1个配送中心	1个物流配送部
	稽查机构	1个稽查大队	1个稽查支队 4个稽查大队	1个稽查支队 6个稽查大队	1个稽查支队 7个稽查大队	1个稽查大队
	烟叶机构	—	—	—	—	—
销售卷烟（亿支）		23.94	46.79	50.94	66.01	37.45
毛利率（%）		31.78	28.16	27.51	27.95	29.15
实现“两烟”税利（万元）		31486	44060	37925	59911	39357
实现“两烟”利润（万元）		22513	28835	23798	39546	27591
烟叶种植（亩）		—	—	—	—	—
烟叶收购（担）		—	—	—	—	—
零售户数（户）		2129	6398	8824	9424	4876

地市级局（公司）名称	韶关市烟草专卖局（有限公司）	梅州市烟草专卖局（有限公司）	南雄市烟草专卖局（有限公司）	河源市烟草专卖局（有限责任公司）	清远市烟草专卖局（有限公司）
主要负责人/法人代表	何传国	林建华	尹本良	刘志斌	杨伟平
总资产（万元）	41318	48882	28101	44738	40544
资产负债率（%）	28.38	22.26	47.50	21.18	15.46
所属县级局（个）	7	7	—	5	7
所属县级公司/分公司（个）	7个分公司	7个分公司	—	5个分公司	7个分公司

续表

地市级局（公司）名称		韶关市烟草专卖局（有限公司）	梅州市烟草专卖局（有限公司）	南雄市烟草专卖局（有限公司）	河源市烟草专卖局（有限责任公司）	清远市烟草专卖局（有限公司）
所属县级营销部（个）		—	—	—	—	—
所属业务机构	访销机构	1个营销管理中心	1个营销管理中心	1个营销部	1个营销中心	1个营销管理中心
	物流配送机构	1个物流配送中心	1个物流配送中心 6个配送站	—	1个物流配送中心 5个配送站	1个物流配送中心
	稽查机构	1个稽查支队 9个稽查大队	1个稽查支队 8个稽查大队 23个稽查中队	1个稽查支队	6个稽查大队	1个稽查支队
	烟叶机构	3个烟叶总站 9个烟叶站	22个烟叶站 6个收购点	11个烟叶站	—	1个烟叶站
销售卷烟（亿支）		45.62	77.73	7.17	57.42	63.85
毛利率（%）		26.99	25.52	26.29	26.82	26.69
实现“两烟”税利（万元）		42800	63403	21753	43027	51681
实现“两烟”利润（万元）		24522	37976	11053	27952	33195
烟叶种植（亩）		64600	75578	117100	—	7988
烟叶收购（担）		174155	203829	330097	—	22989
零售户数（户）		7735	10627	1479	9641	10830

（张　慧）

广西壮族自治区烟草专卖局（公司）

【概　况】 广西壮族自治区烟草公司成立于1983年5月，广西壮族自治区烟草专卖局成立于1984年1月。1985年，广西壮族自治区烟草公司上划中国烟草总公司。下辖14个地市级烟草专卖局（公司）以及广西伊灵烟叶复烤有限责任公司。拥有总资产65.49亿元，其中，固定资产9.49亿元、流动资产49.35亿元，资产负债率为23.95%。有从业人员8539人，其中聘用员工4515人。

2009年，自治区局（公司）被广西壮族自治区总工会授予“广西五一劳动奖状”。

【领导成员】 局长、总经理、党组书记：张长胜（—2009.7）

副局长、副总经理、党组成员：谈天江（2009年7月起主持全面工作）

副总经理、党组成员：张克勤

副总经理、党组成员：周志明（—2009.12）

副局长、党组成员：赵同军（2009.12—）

副总经理、党组成员：席亮文

纪检组长、党组成员：叶青峰

副巡视员：邹发远

副巡视员：何文丹

【机构设置】 自治区局（公司）机关设办公室（外事办公室）、综合计划处、专卖监督管理处（内部专卖管理监督处、专卖稽查总队）、政策法规与体制改革处、财务管理与监督处、审计处、科技处、人事劳资处、思想政治工作处（机关党委）、监察处（纪检组）、安全保卫处、烟叶管理处、卷烟经营管理处、整顿规范办公室、机关工会、现代烟草农业办公室、检测站、离退休人员管理办公室、烟草学会、机关服务中心、基础设施建设办公室21个部门，其中，整顿规范办公室、机关工会、现代烟草农业办公室和基础设施建设办公室为2009年独立设置部门。

【专卖管理】 打假打私。突出“端窝点、断源头、破网络、抓主犯”的工作重点，坚持内管外打，充分发挥海关、公安等执法部门参与联合工作机制的优势，始终保持卷烟打假打私高压态势。全年共查处涉烟违法案件13759起，破获17个符合公安部和国家局标准的制售假烟网络案件，其中百色“12·24”特大烟叶非法经营案，查获非法烟叶0.75万吨，涉案金额2256

万元，抓获涉案人员15人，被列为公安部、自治区公安厅两级督办案件，是全国破获非法经营烟叶的重大案件之一。全年查处涉烟违法案件13759起，查获假冒卷烟3807.73万支、走私烟5823.15万支，非法烟丝169.45吨，非法烟叶1841.47吨，烟用机械54台（套）。移送公安机关处理案件234起、209人，其中行拘8人，刑事拘留154人，劳教3人，逮捕87人，判刑58人。

市场清理整顿专项行动。由自治区政府牵头，工商、烟草、公安等部门联合开展全自治区卷烟市场清理整顿专项行动，活动时间为2009年12月10日至2010年6月30日。截至2009年年底，全自治区工商、烟草、公安部门共出动执法人员4703人次、车辆1011车次，检查卷烟经营户5811户，查处违法案件923起，查获非法卷烟347.94万支，其中案值5万元以上的案件4起，取缔无证经营户67户，移送公安机关处理案件10起，刑事拘留2人。

专卖基础工作。抓好基层创建活动，自治区局下发《创建优秀县级局活动实施方案》，确定24个县级局为创建活动的试点单位。加强专卖队伍建设，截至年底，通过全国烟草专卖管理员岗位技能鉴定的专卖管理人员1968人，占专卖管理人员总数的97.9%，其中高级18人、中级607人。完善卷烟零售户自律小组架构体系，共建立自律小组6608个，参加零售户99120户，城区及乡镇政府所在地零售户参加率为48.6%。做好许可证换发工作，全年换发烟草专卖许可证185877个，其中烟草专卖零售许可证185694个。

内部专卖管理监督。搭建内部专卖管理监督信息平台，使专卖系统、卷烟分销系统、烟叶系统三线数据对接，实现专卖、营销、烟叶工作人员在线互控。制定《广西烟草行业内管工作流程规范》。实施“一案双查”（即专卖部门查、纪检部门查），严格实行问责制，将内管工作履职情况作为考评各单位领导年度工作业绩的重要依据，对出现重大问题的单位实行“一票否决”。2009年，自治区烟草商业系统共有专职内管员289人，其中大专以上学历的占93.7%。

【生产经营】 2009年，全自治区烟草商业系统销售卷烟671.83亿支（134.37万箱），同比增长5.33%，其中一类烟32.00亿支（6.40万箱）、二类烟2.82亿支（0.56万箱）、三类烟209.84亿支（41.97万箱）、四类烟243.91亿支（48.78万箱）、五类烟183.27亿支（36.65万箱）。本辖区销量居前三位的品牌依次为“甲天下”、“红塔山”、“真龙”，销量分别为258.84亿支（51.77万箱）、70.45亿支（14.09万箱）、58.09亿支（11.62万箱）。

全年实现“两烟”销售收入156.36亿元，同比增长12.51%。根据国务院有关精神，调整卷烟消费税，部分利润转为税赋，全年增加卷烟消费税7.45亿元。实现“两烟”税利31.28亿元，同比增长18.84%，其中“两烟”利润16.92亿元。公司三项费用率为10.55%。

【品牌培育】 突出把品牌培育作为抵御市场风险、引导消费、扩大销量和提升结构的核心工作来抓。制定品牌发展规划，测算品牌年度销售计划，明确各品牌的发展定位，对主销品牌制定相应的投放策略。开展品类管理，以零售价位作为第一维度划分卷烟品类，并以“同品类可替代品牌（规格）不少于2个”作为基本要求。每半年在市场调研的基础上开展品牌分析评价，依据卷烟品牌生命周期，制定合理的品牌销售策略。重视研究消费者，科学细分市场，加大适销品牌的货源采购力度和品牌宣传推介力度。重点培育全国性卷烟重点骨干品牌，突出“真龙”、“玉溪”、“红塔山”、“中华”、“双喜”、“白沙”、“芙蓉王”、“云烟”、“黄鹤楼”9大战略性品牌培育。2009年，销售全国性卷烟重点骨干品牌362.43亿支（72.44万箱），占总销量53.95%，同比增长7.07%，其中销售“真龙”58.09亿支（11.62万箱），同比增长3.51%；销售“双喜”52.43亿支（10.49万箱），同比增长18.20%。

实施工商协同营销，先后与红云红河集团、红塔集团和湖北、广东、广西、湖南中烟6家工业企业签订工商战略合作协议，确立起工商战略联盟关系。制定实施《工商协同营销工作方案》，从战略目标、需求预测、营销战略、品牌培育、客户服务、市场跟踪、信息与物流对接、营销队伍接轨8个方面具体部署，对省级公司、市公司、工业企业三方的职责做出明确定位，推动工商协同营销从概念到操作、从形式到内容的转变。

【烟叶产销】 *种植与收购*。全年签订烤烟合同种植面积21.65万亩，约定收购量2.62万吨（52.4万担），实际收购3.13万吨（62.62万担）；签订晒烟合同种植面积2.84万亩，约定收购量0.39万吨（7.89万担），实际收购0.25万吨（4.91万担）。实现烟叶税1.02亿元，烟农户均收入1.37万元，均创历史新高。

开展现代烟草农业建设试点工作。全年有省级现代烟草农业建设试点屯4个，市级试点屯6个，烟叶种植面积4672.5亩，户均种植15亩，试点区域亩产烟叶161千克，亩均产值2760元（含补贴）。试点屯

育苗全部实现工场化、商品化、专业化和机械化耕作。富川瑶族自治县富阳镇铁耕村田改（中低产田改造）一期603亩后，实施二期工程改造1300块、450亩；福利镇水头屯受铁耕村影响，首期田改377亩。靖西县借鉴富川的经验，多点推进，实施3处田改，面积597.3亩，涉及田块数量629块。

加强“一基四化”建设。推进烟基建设，全年投入资金9187万元，修建水池535座，小塘坝20座，沟渠298条、长190.95千米，提灌站5座，机耕路24条、长31.77米；新建和改建密集型现代烤房5142座。全面推广“工场化育苗、商品化供苗”模式，大量应用电动剪叶机械，提高育苗集约化、标准化和商品化水平，全年新建钢架育苗大棚426个（80亩/个），覆盖面积达3.4万亩。推进密集烤房群建设，其中富川瑶族自治县铁耕村烘烤工场有密集型烤房61座，初具规模。探索实行技术能手烘烤专业服务队的组织形式，以屯为单位实行包干，烟农按产量分摊烘烤直接成本费用。逐步形成政府组队、烟草公司借机垫资、共同管理、固定价格、烟款偿还的自办农机服务体系，全年烟田机耕总面积12.68万亩，占烟田总面积的58.56%，其中烟草公司自办农机作业面积达7.27万亩。

【卷烟销售网络与现代物流建设】 网建全面提升工作。坚持“完善渠道，深耕农村”的指导思想，以消除农村200人以上村屯卷烟销售“空白点”、全面提高农村持证率为重点，全面深入开展农网建设工作，全年共消除“空白点”9450个，实现200人以上自然村屯“村村有点”的目标；全面推行直接配送、流动送货和代送等相结合的配送模式，将访销、配送体系延伸到村屯。开展网上订货、网上配货试点工作，南宁市公司网上订货客户573户，桂林市公司网上订货客户209户。把网建提升评价标准与创建优秀县级营销部评价标准有机结合，规范网建工作要求。截至2009年年底，全自治区实现送货到户率99.17%，电话订货率99.67%，电子结算率83.26%。

现代物流建设。制定《现代烟草物流建设工作指导意见》，提出标准化、规范化、体系化的全自治区现代烟草物流建设框架体系和工作意见。实施物流费用管理，实现卷烟配送中心独立核算。创新配送工作手段，柳州市公司推行“送货准时制”服务，承诺送货时间误差前后不超过半个小时，有效提升了客户满意度。制定物流中心建设时间进度表，对物流中心的规划、设计和施工实施项目管理，截至年底，规划的14个现代卷烟物流配送中心有4个建成使用，8个准备开工建设，2个完成规划设计。

【基础管理】 完善企业管理制度。自治区局（公司）围绕“简政放权、突出责任、体现效率”的工作方针，分两期对原有的42个制度进行全面梳理，废止、合并、新建了一批制度。各直属单位全面梳理企业各项业务，完善制度体系，实行过程管理和痕迹化管理，初步树立起现代企业管理理念。

质量管理体系建设。年初，自治区局（公司）下发《关于质量管理体系建设的指导意见》，提出“用3年时间构建基础管理平台”的总体规划。全年先后组织5期质量管理体系内审员培训班，共培训380名内审员。11月，举办全自治区烟草商业企业质量管理体系建设知识竞赛。截至年底，自治区局（公司）质量管理体系建设进入全面试运行阶段，是全行业9个全面进入体系试运行的省级局（公司）之一。

投资项目管理。2009年度共启动投资项目计划120个，其中续建项目63个，计划投资7.23亿元，完成投资3.90亿元；新开工项目11个，计划投资1.07亿元；拟建项目46个，估算总投资2.12亿元。

财务审计。全年完成审计项目1419个，审计项目总额313.67亿元，其中财务收支审计23个、经济责任审计16个、基本建设项目审计291个、物资采购管理审计249个、经济合同审计532个、专项资金审计37个、内控制度评审9个，促进增收节支2671万元，审计部门提出审计建议意见被采纳635条。

【三项检查】 自2008年全面开展“三项检查”工作以来，自治区局（公司）共梳理修改制度373个，新出台制度238个；各直属单位领导班子交流通报情况60余次，绘制自查、复查、“回头看”检查统计表格42个，并对存在问题较严重的3个单位下发了整改通知书。2008年1月至2009年9月，自治区烟草商业系统16个单位（包括自治区局<公司>本级）发生的涉及三个领域的所有项目共2373个，其中自查发现不同程度存在问题的项目462个。2009年10月，“三项检查”工作顺利通过国家局重点抽查验收。

【人力资源管理】 用工分配制度改革。全面推进市级局（公司）用工分配制度改革，第一阶段任务基本完成，初步形成岗位靠竞争、收入靠贡献的良好机制。妥善解决收入差距问题，城乡收入差、岗位级差、身份差、级别差、地域差相对合理，全体员工基本实现身份管理向岗位管理的转变。

干部选拔任用。坚持德才兼备、顾全大局、敢于负责、善于创新的干部选拔作用原则，全年按照程序选拔调整处级干部57名。从基层选拔15名干部到自治区局机关挂职锻炼，自治区局机关到基层挂职5人。

接收军队转业干部1人，退役士兵8人。

教育培训和技能鉴定。要求领导干部学好、用好“两论”，举办第一期领导干部创新思维与领导力培训班。全年完成各类培训34批次2573人次。开展技能鉴定8批次，实际鉴定5121人次，鉴定合格2595人，其中技师20人、高级职称202人、中级职称814人、初级职称1559人，合格率50.7%。

【党风廉政建设】 将领导干部述职述廉、民主测评和调查了解情况列入班子廉政考核的内容，突出对“一把手”的考核。贯彻落实《中国共产党巡视工作条例（试行）》、《关于实行党政领导干部问责的暂行规定》、《国有企业领导人员廉洁从业若干规定》等三项法规，组织开展巡视工作。把党风廉政建设责任制同生产经营结合起来，全面推行明示与承诺制度。全年受理来信来访33件（含重复件5件），其中初核11件，立案2起，处理遗留案件1起。

【企业文化建设】 构建完成以“规范、共赢、和谐”为主题的广西烟草商业“山水之道”企业文化理念体系。推进企业文化宣贯活动，启用企业文化软件运行平台，设计企业文化理念展示标准，将文化创新指标纳入领导创新能力考核；通过巡回宣讲培训、基础培训和企业文化知识考试、知识竞赛、DV大赛、演讲比赛等形式普及企业文化知识，营造全员共同参与建设企业文化的氛围。百色、柳州、来宾、贵港、钦州、北海6家市级局（公司）的企业文化建设子项目，基本完成既定目标，初步形成理念体系。

【特事要辑】 1月17日，自治区党委常委、宣传部部长沈北海，自治区政协副主席梁春禄一行到河池市罗城仫佬族自治县调研烟叶生产工作。

7月8～9日，国家局副局长张保振到广西南宁、百色调研。

广西壮族自治区局（公司）主要统计指标汇总

“两烟”税利（亿元）	“两烟”利润（亿元）	销售卷烟（亿支）	烟叶种植（万亩）	烟叶收购（万担）
31.28	16.92	671.83	24.49	67.53

所属地市级局（公司）

南宁市烟草专卖局（公司）

南宁市烟草专卖局成立于1984年4月，广西壮族自治区烟草公司南宁市公司成立于1983年11月。下辖青秀区、兴宁区、江南区、西乡塘区、良庆区、邕宁区6个城区烟草专卖局（营销部）和武鸣县、宾阳县、横县、隆安县、上林县、马山县6个县烟草专卖局（营销部）。有从业人员1000人，其中聘用员工215人。

全年辖区销售卷烟103.63亿支（20.73万箱），同比增长6.18%。实现卷烟销售收入262143万元，同比增长14.91%。实现卷烟税利58025万元，同比增长18.11%，其中卷烟利润34983万元。

全年查处涉烟违法案件1979起，查获假冒卷烟645.9万支、走私烟1581.3万支、非法烟丝7.62吨、非法烟叶167.2吨、烟用机械14台（套）。移送公安机关处理案件28起、21人，公安机关依法刑事拘留10人，逮捕11人。

柳州市烟草专卖局（公司）

柳州市烟草专卖局、广西壮族自治区烟草公司柳州市公司成立于1984年4月。下辖柳江县、柳城县、鹿寨县、融安县、融水苗族自治县、三江侗族自治县6个县级烟草专卖局（营销部）和城区烟草专卖局。有从业人员575人，其中聘用员工330人。

全年辖区销售卷烟65.33亿支（13.07万箱），同比增长3.67%。实现销售收入150143万元。实现卷烟税利32945万元，同比增长18.39%，其中卷烟利润20262万元。

全年查处涉烟违法案件1528起，查获假冒卷烟118.86万支、走私烟2.76万支、非法烟丝2.17吨、非法烟叶33.06吨。移送公安机关处理案件16起、15人，公安、司法机关依法刑事拘留13人，逮捕7人，判刑11人。

出台《零售户自律小组建设规范》，初步实现自律小组制度化管理和规范化运作。全市有自律小组1531个，参加零售户17413户，除山区个别村屯外，基本实现全覆盖。全年召开自律小组教育培训会1913场次，每个零售户参加1～2次。

桂林市烟草专卖局（公司）

桂林市烟草专卖局、广西壮族自治区烟草公司桂林市公司成立于1984年12月。下辖城区、临桂县、灵川县、永福县、兴安县、全州县、灌阳县、阳朔县、荔浦县、平乐县、资源县、恭城瑶族自治县、龙胜各族自治县13个县级烟草专卖局（营销部）。有从业人员767人，其中聘用员工355人。

全年辖区销售卷烟86.29亿支（17.26万箱），同比增长3.83%。实现卷烟销售收入205301万元，同比增长11.93%。实现卷烟税利43529万元，同比增长18.39%，其中卷烟利润25255万元。

全年查处涉烟违法案件928起，查获假冒卷烟327万支、走私烟126.48万支、非法烟丝9.84吨、非法烟叶1.35吨、烟用机械24台（套）。移送公安机关处理案件12起、13人，公安、司法机关依法行拘1人，刑事拘留19人，逮捕11人，判刑5人。

河池市烟草专卖局（公司）

河池市烟草专卖局、广西壮族自治区烟草公司河池市公司成立于1988年10月。下辖金城江区、宜州市、罗城仫佬族自治县、环江毛南族自治县、南丹县、天峨县、东兰县、巴马瑶族自治县、凤山县、都安瑶族自治县、大化瑶族自治县11个县级烟草专卖局（营销部）。有从业人员742人，其中聘用员工427人。

全年辖区销售卷烟52.51亿支（10.50万箱），同比增长2.35%。实现“两烟”销售收入116420万元，同比增长12.34%，其中卷烟销售收入108087万元，同比增长11.24%。实现“两烟”税利22865万元，同比增长37.72%，其中卷烟税利20202万元。实现“两烟”利润12748万元，其中卷烟利润11851万元。

全年查处涉烟违法案件175起，查获假冒卷烟459.02万支、走私烟71.19万支、非法烟丝2.41吨、非法烟叶45.09吨。移送公安机关处理案件21起、9人，公安、司法机关依法刑事拘留1人，逮捕3人，判刑2人。

全市烟叶收购均价13.02元/千克，实现烟农收入0.536亿元，烟农户均收入1.14万元。全年完成烟基建设项目930个，共投入资金1400万元。烟水配套工程累计实际受益面积1.72万亩，受益农户0.2万户。在凤山县和罗城仫佬族自治县开展现代烟草农业建设试点面积901亩，推广“烟—稻”轮作、机耕、智能化烘烤和集约化生产的种植模式，实现连片种植烤烟面积339亩。与同地区大面积生产相比，试点区域亩产烟叶163.15千克，提高18.65千克；亩产值2088元，提高277元。

百色市烟草专卖局（公司）

百色市烟草专卖局、广西壮族自治区烟草公司百色市公司成立于1988年8月。下辖城区、田阳县、田东县、平果县、德保县、靖西县、那坡县、西林县、凌云县、乐业县、田林县、隆林各族自治县12个县级烟草专卖局（营销部）。有从业人员1258人，其中聘用员工922人。

全年辖区销售卷烟47.42亿支（9.48万箱），同比增长7.15%。实现卷烟销售收入97618万元，同比增长18.73%。实现“两烟”税利31344万元，同比增长28.3%，其中卷烟税利19688万元，同比增长62.89%。实现“两烟”利润14363万元，同比增长2.92%，其中卷烟利润11646万元。

全年查处涉烟违法案件512起，查获假冒卷烟170.24万支、走私烟5.6万支、非法烟丝0.86吨、非法烟叶1045.36吨。移送公安机关处理案件18起、21人，公安、司法机关依法刑事拘留3人，逮捕9人，判刑4人。

全市实现烟农收入3.30亿元（含产前投入），同比增长22.73%；烟农户均收入1.7万元，同比增长9.24%；亩均产值2239元。全市完成烟水配套工程项目77个，投入资金2808万元，其中国家局补贴1044万元。烟水配套工程累计受益面积5.11万亩，受益烟农0.96万户。全年有5个现代烟草农业建设试点，种植烟叶2415亩，试点内共建设育苗棚205个，供苗面积1.6万亩。与同地区大面积生产相比，试点区域亩产烟叶155千克，提高10千克；亩均用工24个，减少用工12个；亩产值2368元，提高129元。

钦州市烟草专卖局（公司）

广西壮族自治区钦州市烟草专卖局、广西壮族自治区烟草公司钦州市公司成立于1988年4月。下辖城区、灵山县、浦北县3个县级烟草专卖局（营销部）。有从业人员436人，其中聘用员工317人。

全年辖区销售卷烟37.55亿支（7.51万箱），同比增长7.21%。实现卷烟销售收入77813万元，同比增长13.71%。实现卷烟税利15166万元，同比增长17.64%，其中卷烟利润8014万元。

全年查处涉烟违法案件928起，查获假冒卷烟176.78万支、走私烟456.55万支、非法烟丝33.47吨、非法烟叶23.82吨、烟用机械2台（套）。移送公安机关处理案件15起、9人，公安、司法机关依法刑事拘留5人，逮捕1人，判刑2人。

2009年，市局（公司）构建起以“创·心无界”为主题的钦州烟草企业文化，通过收集企业文化建设中的故事，拍摄完成DV作品两部，分获广西烟草商业DV大赛一等奖和二等奖。

北海市烟草专卖局（公司）

北海市烟草专卖局、广西壮族自治区烟草公司北海市公司成立于1985年5月。下辖合浦县烟草专卖局。有从业人员256人，其中聘用员工133人。

全年辖区销售卷烟22.39亿支（4.48万箱），同比增长8.85%。实现卷烟销售收入63314万元。实现卷烟税利13631万元，同比增长18.5%，其中卷烟利润8069万元。

全年查处涉烟违法案件79起，查获假冒卷烟98.06万支、走私烟571.87万支、非法烟丝7.47吨、非法烟叶21吨。移送公安机关处理案件13起、28人，公安、司法机关依法刑事拘留17人，逮捕4人，判刑3人。

防城港市烟草专卖局（公司）

防城港市烟草专卖局、广西壮族自治区烟草公司防城港市公司成立于1988年8月。下辖城区、上思县、东兴市3个县级烟草专卖局。有从业人员214人，其中聘用员工113人。

全年辖区销售卷烟15.24亿支（3.05万箱），同比增长10.31%。实现卷烟销售收入41327万元。实现卷烟税利8146万元，同比增长26.43%，其中卷烟利润4448万元。

全年查处涉烟违法案件75起，查获假冒卷烟34.18万支、走私烟205.11万支、非法烟丝0.1吨、非法烟叶68.32吨。移送公安机关处理案件8起，公安、司法机关依法刑事拘留3人，逮捕3人，判刑3人。

玉林市烟草专卖局（公司）

玉林市烟草专卖局、广西壮族自治区烟草公司玉林市公司成立于1984年8月。下辖城区、北流市、容县、陆川县、兴业县、博白县6个县级烟草专卖局（营销部）。有从业人员709人，其中聘用员工347人。

全年辖区销售卷烟57.61亿支（11.52万箱），同比增长6.34%。实现销售收入130893万元，同比增长9.46%。实现卷烟税利25527万元，同比增长13.45%，其中卷烟利润14410万元。

全年查处涉烟违法案件5052起，查获假冒卷烟898.54万支、走私烟1150.44万支、非法烟丝75.59吨、非法烟叶166.35吨、烟用机械1台（套）。移送公安机关处理案件31起、22人，公安、司法机关依法行拘4人，刑事拘留9人，劳教1人，逮捕3人，判刑2人。

贵港市烟草专卖局（公司）

贵港市烟草专卖局、广西壮族自治区烟草公司贵港市公司成立于1997年1月。下辖城区、桂平市、平南县3个县级烟草专卖局（营销部）。有从业人员525人，其中聘用员工330人。

全年辖区销售卷烟46.0亿支（9.2万箱），同比增长5.67%。实现“两烟”销售收入93664万元，同比增长8.1%，其中卷烟销售收入93549万元。实现“两烟”税利18110万元，同比增长22.35%，其中卷烟税利18299万元，同比增长26.03%；烟叶税利亏损189万元。实现“两烟”利润10171万元，其中卷烟利润10422万元，烟叶利润亏损251万元。

全年查处涉烟违法案件1140起，查获假冒卷烟318.7万支、走私烟150.84万支、非法烟丝19.77吨、非法烟叶5.91吨、烟用机械13台（套）。移送公安机关处理案件29起、19人，公安、司法机关依法刑事拘留24人，逮捕13人，判刑13人。

梧州市烟草专卖局（公司）

梧州市烟草专卖局、广西壮族自治区烟草公司梧州市公司成立于1985年1月。下辖城区、苍梧县、岑溪市、藤县、蒙山县5个县级烟草专卖局（营销部）。有从业人员478人，其中聘用员工307人。

全年辖区销售卷烟41.88亿支（8.38万箱），同比增长1.32%。实现卷烟销售收入82818万元，同比增长3.58%。实现卷烟税利14924万元，同比增长3.73%，其中卷烟利润8516万元。

全年查处涉烟违法案件72起，查获假冒卷烟259.04万支、走私烟1318.25万支、非法烟丝0.56吨、非法烟叶0.36吨。移送公安机关处理案件15起、20人，公安、司法机关依法刑事拘留13人，逮捕8人，判刑4人。

贺州市烟草专卖局（公司）

贺州市烟草专卖局、广西壮族自治区烟草公司贺州市公司成立于2001年12月。下辖城区、钟山县、富川瑶族自治县、昭平县4个县级烟草专卖局（营销部）。有从业人员525人，其中聘用员工244人。

全年辖区销售卷烟28.41亿支（5.68万箱），同

比增长9.56%。实现“两烟”销售收入80970万元，同比增长13.41%，其中卷烟销售收入60736万元，同比增长14.95%。实现“两烟”税利16747万元，同比增长23.56%，其中卷烟税利10974万元，同比增长23.75%。实现“两烟”利润7422万元，其中卷烟利润5329万元。

全年查处涉烟违法案件309起，查获假冒卷烟192.31万支、走私烟54.26万支、非法烟丝1.34吨、非法烟叶41.05吨。移送公安机关处理案件8起、14人，公安、司法机关依法刑事拘留23人，劳教2人，逮捕8人，判刑9人。

落实特色优质烟叶种植面积1.37万亩，占烤烟种植面积的32.85%。全市烤烟收购均价为14.3元/千克，晒黄烟收购均价为19.78元/千克。烟农户均收入1.14万元，同比增加1475元。全市投入资金1600万元，完成烟基建设项目16个。烟水配套工程实际受益面积累计1.21万亩，受益农户0.51万户；新建烤房实际受益面积1.82万亩，受益农户0.18万户。全市开展现代烟草农业建设试点面积1962亩，种植户数245户，统一实行集约化育苗、商品化供苗。

来宾市烟草专卖局（公司）

来宾市烟草专卖局、广西壮族自治区烟草公司来宾市公司成立于2003年2月。下辖城区、忻城县、合山市、象州县、武宣县、金秀瑶族自治县6个县级烟草专卖局（营销部）。有从业人员408人，其中聘用员工245人。

全年辖区销售卷烟34.46亿支（6.89万箱），同比增长6.63%。实现卷烟销售收入63474万元。实现卷烟税利10572万元，同比增长18.12%，其中卷烟利润5727万元。

全年查处涉烟违法案件694起，查获假冒卷烟19.46万支、走私烟127.43万支、非法烟丝6.67吨、非法烟叶17.56吨。移送公安机关处理案件9起、13人，公安机关依法刑事拘留12人，逮捕6人。

7月21日，市局（公司）办公大楼建成使用，结束了市局（公司）成立以来一直租赁办公楼的历史。

崇左市烟草专卖局（公司）

崇左市烟草专卖局、广西壮族自治区烟草公司崇左市公司成立于2003年8月。下辖江州区、扶绥县、宁明县、大新县、龙州县、天等县、凭祥市7个县级烟草专卖局（营销部）。有从业人员480人，其中聘用员工229人。

全年辖区销售卷烟33.10亿支（6.62万箱），同比增长4.03%。实现卷烟销售收入63390万元。实现卷烟税利10249万元，同比增长19.47%，其中卷烟利润5074万元。

全年查处涉烟违法案件288起，查获假冒卷烟89.64万支、走私烟1.07万支、非法烟丝1.58吨、非法烟叶205.04吨。移送公安机关处理案件11起、5人，公安机关依法行拘3人，刑事拘留2人。

2009年广西烟草商业系统主要情况统计

地市级局（公司）名称		南宁市烟草专卖局（公司）	柳州市烟草专卖局（公司）	桂林市烟草专卖局（公司）	河池市烟草专卖局（公司）	百色市烟草专卖局（公司）
主要负责人/法人代表		覃敏良（2009.2—）	陈可忠	霍文义（2009.1—）	范东升	梁开朝（—2009.11） 张太玉（2009.12—）
总资产（万元）		94527	53071	77107	44667	83055
资产负债率（%）		40.56	25.81	22.22	27.74	49.09
所属县级局（个）		12	7	13	11	12
所属县级公司/分公司（个）		—	—	—	—	—
所属县级营销部（个）		12个营销部	6个营销部	13个营销部	11个营销部	12个营销部
所属业务机构	访销机构	1个营销中心	1个营销中心	1个营销中心	1个营销中心	1个营销中心
	物流配送机构	1个物流中心 7个中转站	1个物流中心 5个中转站	1个物流中心 12个中转站	1个物流中心 11个中转站	1个物流中心 12个客服办公室
	稽查机构	1个稽查支队 16个稽查大队	1个稽查支队 9个稽查大队	1个稽查支队 15个稽查大队	1个稽查支队 11个稽查大队	1个稽查支队 12个稽查大队
	烟叶机构	—	—	—	1个烟叶生产营销科 4个烟站、16个收购点	1个烟叶生产收购科 22个烟站
销售卷烟（亿支）		103.63	65.33	86.29	52.51	47.42

续表

地市级局（公司）名称	南宁市烟草专卖局（公司）	柳州市烟草专卖局（公司）	桂林市烟草专卖局（公司）	河池市烟草专卖局（公司）	百色市烟草专卖局（公司）
毛利率（%）	25.67	24.16	24.57	23.55	23.62
实现“两烟”税利（万元）	58025	32945	43529	22865	31344
实现“两烟”利润（万元）	34983	20262	25255	12748	14363
烟叶种植（亩）	—	—	—	26600	148300
烟叶收购（担）	—	—	—	77000	431000
零售户数（户）	25921	17164	27062	16071	17532

地市级局（公司）名称		钦州市烟草专卖局（公司）	北海市烟草专卖局（公司）	防城港市烟草专卖局（公司）	玉林市烟草专卖局（公司）	贵港市烟草专卖局（公司）
主要负责人/法人代表		覃敏良（—2009.2） 郑　刚（2009.2—）	吴长周（—2009.11） 韦毓云（2009.12—）	张新荣	朱东波	戴诗宜
总资产（万元）		22432	24646	13374	40732	27780
资产负债率（%）		30.90	31.25	33.79	41.92	36.86
所属县级局（个）		3	1	3	6	3
所属县级公司/分公司（个）		—	—	—	—	—
所属县级营销部（个）		3个营销部	—	—	6个营销部	3个营销部
所属业务机构	访销机构	1个营销中心	1个营销中心	1个营销中心	1个营销中心	1个营销中心
	物流配送机构	1个物流中心 3个中转站	1个物流中心	1个物流中心 1个中转站	1个物流中心 7个中转站	1个物流中心 3个送货部
	稽查机构	1个稽查支队 3个稽查大队	1个稽查支队 4个稽查大队	1个稽查支队 3个稽查大队	1个稽查支队 15个稽查大队	1个稽查支队 3个稽查大队
	烟叶机构	—	—	—	—	1个烟叶生产经营科
销售卷烟（亿支）		37.55	22.39	15.24	57.61	46.00
毛利率（%）		24.00	25.20	25.67	24.43	23.38
实现“两烟”税利（万元）		15166	13631	8146	25527	18110
实现“两烟”利润（万元）		8014	8069	4448	14410	10171
烟叶种植（亩）		—	—	—	—	5940
烟叶收购（担）		—	—	—	—	7692
零售户数（户）		11435	7170	3343	19507	16682

地市级局（公司）名称	梧州市烟草专卖局（公司）	贺州市烟草专卖局（公司）	来宾市烟草专卖局（公司）	崇左市烟草专卖局（公司）
主要负责人/法人代表	彭　峰	张太玉（—2009.11） 覃忠达（2009.12—）	韩　峰（—2009.1） 龚志华（2009.1—）	廖正清
总资产（万元）	26070	28682	19031	17414
资产负债率（%）	25.63	39.57	33.40	25.03
所属县级局（个）	5	4	6	7
所属县级公司/分公司（个）	—	—	—	—
所属县级营销部（个）	5个营销部	4个营销部	6个营销部	7个营销部

续表

地市级局（公司）名称		梧州市烟草专卖局（公司）	贺州市烟草专卖局（公司）	来宾市烟草专卖局（公司）	崇左市烟草专卖局（公司）
所属业务机构	访销机构	1 个营销中心	1 个营销中心	1 个营销中心	1 个营销中心
	物流配送机构	1 个物流中心 3 个送货部	1 个物流中心 4 个中转部	1 个物流中心 5 个中转站	1 个物流中心 7 个中转站
	稽查机构	1 个稽查支队 5 个稽查大队	1 个稽查支队 4 个稽查大队	1 个稽查支队 6 个稽查大队	1 个稽查支队 7 个稽查大队
	烟叶机构	—	1 个生产收购科、1 个营销科 1 个现代烟草农业办公室 17 个烟站	—	—
销售卷烟（亿支）		41.88	28.41	34.46	33.10
毛利率（%）		23.47	23.25	22.83	23.73
实现“两烟”税利（万元）		14924	16747	10572	10249
实现“两烟”利润（万元）		8516	7422	5727	5074
烟叶种植（亩）		—	64640	—	—
烟叶收购（担）		—	159500	—	—
零售户数（户）		11444	9042	11087	11555

（黄祥进）

海南省烟草专卖局（公司）

【概　况】 海南省烟草专卖局、中国烟草总公司海南省公司成立于1988年6月，投资设立海南省烟草公司海口、三亚、琼海、儋州公司4家全资子公司；下辖4个市级烟草专卖局，14个县级烟草专卖局（营销部），持有老挝红塔寮中好运烟草有限公司30%的股份。公司拥有总资产26.46亿元，其中，固定资产4.24亿元、流动资产19.42亿元，资产负债率为13.17%。截至2009年年底，全省烟草商业系统共有从业人员1211人。

【领导成员】 局长、总经理、党组书记：张晓川

副局长、党组成员：杨　明

副总经理、党组成员：林先德

总会计师、党组成员：闫玉岗

纪检组长、党组成员：张永军

【机构设置】 省局（公司）机关设有办公室（外事办公室）、综合计划处（经济运行处、科技处）、专卖监督管理处（内部专卖管理监督处、专卖稽查总队）、政策法规与体制改革处、财务管理处、审计处、人事劳资处（离退休人员管理办公室）、思想政治工作处（机关党委、工会）、监察处（与党组纪检组合署办公）、安全保卫处、投资管理处11个职能处室和卷烟营销物流中心、经济信息中心、机关服务中心、职业技能鉴定站、职工培训中心、烟草质量监督检验站、烟草学会（《海南烟草报》编辑部）7个专业部门。

【生产经营】 2009年，全省烟草商业系统销售卷烟163.1亿支（32.62万箱），同比增长6%，其中，销售一类烟14.13亿支（2.83万箱），同比增长26.8%；二类烟3.27亿支（0.65万箱），同比增长134.4%；三类烟71.25亿支（14.25万箱），同比增长15.3%；四类烟51.85亿支（10.37万箱），同比下降7%；五类烟22.6亿支（4.52万箱），同比下降5.1%。全省烟草商业系统实现卷烟销售收入49.47亿元，同比增长16.60%。根据国务院有关精神，调整卷烟消费税，部分利润转为税赋，全年增加卷烟消费税2.45亿元。实现卷烟税利10.62亿元，同比增长31%，其中卷烟利润6.57亿元，同比增长3%。

本辖区销量居前三位的品牌分别为“红梅”、“红塔山”、“白沙”，其中，销售“红梅”46.05亿支

(9.21 万箱)，同比下降 6.11%；销售“红塔山”19.52 亿支（3.90 万箱），同比增长 32.12%；销售“白沙”16.88 亿支（3.38 万箱），同比增长 11.28%。全年销售全国性卷烟重点骨干品牌 134.28 亿支(26.86 万箱)，同比增长 10.33%，占总销量的 82.3%，其中，“中华”、“芙蓉王”、“红塔山”、“白沙”、“云烟”、“双喜”6 个品牌的销量比重达 41.1%，实现销售收入 29.60 亿元。公司三项费用率为 7.87%。

【专卖管理】 卷烟打私打假。全省各级烟草专卖部门以“端窝点、断源头、破网络、抓主犯”为卷烟打私打假的重点，定期组织开展卷烟清理整顿专项行动，分别于“元旦、春节”、“3·15、5·1”、“国庆、中秋”等节假日期间，开展了全省范围的卷烟市场清理整顿专项行动，加强对物流场所、货运站、码头等重点部位的检查，依法加大对违规经营户和违法卷烟的查处力度。全年共查处涉烟违法案件 1445 起，其中，案值 5 万元以上案件 29 起；捣毁贩藏假烟窝点 20 个，查获各类违法违规卷烟 1345 万支，其中，假冒卷烟 665 万支；公安、司法机关拘留 57 人，逮捕 26 人，判刑 22 人，收缴专卖罚没款 47.79 万元。

打击制售假烟网络。全省共查处制售假烟网络案件 4 起，其中，破获符合国家局标准的网络案件 1 起。2009 年，海口市局联合市公安局破获一起地下销售假烟网络案件，现场查获假冒卷烟 34.45 万支，案值 113.19 万元；公安、司法机关逮捕 3 人，判刑 3 人。

卷烟打假联合执法。省局与广州铁路公安局海口公安处、海口美兰机场公安局签订联合打假合作备忘录，明确联合打假工作流程和责任；与公安、工商、边防、海关等执法部门，定期召开案情研判会议、联席会议，交流情况，分析形势，研究案情。2009 年 10 月，儋州市局先后与当地工商、公安、边防等行政执法部门签订了联合打假合作备忘录。

【卷烟销售网络建设】 相关制度体系建设。全省系统按照“优化模式、完善机制、强化服务、增强能力”的要求，贯彻落实《海南省地市级烟草公司卷烟销售网络业务规范（试行）》，健全机构，完善流程，初步建立起完整的客户服务规范和服务体系。2009 年 9 月，省公司印发《卷烟销售大户上报制度》，对全省卷烟销售大户进行实时监控，并进一步细化零售户分类，合理分配货源，提高零售毛利率。卷烟配送服务向农村地区进一步延伸，提高农村地区办证率，扩大农村地区的卷烟访销配送面。

订单供货与协同营销。2009 年，省公司不断调整和优化订单供货业务流程，以市场为导向，完善市场信息采集和分析机制，严格预测流程，预测准确率达到 95% 以上；对货源供应、需求采集、订单生成等核心环节进行重点监控并加强考核。省公司按照“放开衔接、适度引导、定向整合、促进发展”的方针，加强与各卷烟工业企业的沟通，按市场需求组织货源；与各主要工业企业签订协同营销战略协议，完善协同工作规范和工商信息沟通机制，在 2009 年全国烟草行业工商协同互评中，省公司名列全行业第三位。

卷烟物流建设。2009 年，以海口公司高架库为省公司中心库、各子公司仓库为分库的物流特例方案项目基本完成，实现了与国家局卷烟生产经营决策管理系统的准确对接，省外卷烟可直接运达各子公司。省公司启动同城整托盘运输项目，海南红塔卷烟有限责任公司与省公司实现卷烟整托盘运输。三亚公司和琼海公司聘请专业物流公司，对物流配送网络进行优化整合，通过重新确定二级中转站、扩大直送区域、变更城网配送模式等方式，在辖区内实现了跨区配送，降低了物流成本。海口公司打破行政区域界限，坚持就近合理原则，对辖区部分县市毗邻半径 50 千米范围内区域的配送线路进行了整合，提高了配送效率。

【企业管理】 质量管理体系建设。省局（公司）全年开展质量管理体系专题培训 9 次，增进员工对 ISO 9000 质量管理体系知识的理解。通过内部网、知识手册等方式，加强质量管理体系建设的宣传力度。结合海南烟草实际，把标准转化为企业行为规范，每一体系文件，均经过相关部门沟通确认、部门领导把关和分管领导的审核，使体系文件与企业实际紧密结合。海口、琼海市局（公司）完成了体系文件编写，等待批准发布，省局（公司）以及三亚、儋州市局（公司）进入体系文件编写收尾阶段。

对标工作。省局（公司）制定了《海南省烟草专卖局关于全面开展对标工作的意见》和《海南省烟草行业对标工作实施方案》，组织人员深入基层调研，分析可控点和挖潜点，突出了对物流费用和人工费用的控制。坚持每季度通报和例会制度，每季度对对标工作完成情况进行通报，并召开一次例会。定期分析指标，查找问题，制定改进方案，实施进度计划持续进行改进。

内控体系建设。省局（公司）推进内部控制体系建设，发布了《海南省商业企业内部控制手册》，制定了资金管理、工程项目管理、固定资产管理、成本费用管理、专卖管理监督等 13 个业务流程的内部控制制度。

安全管理。省局（公司）加强员工安全教育培训，开展突发事件应急预案演练，开展职业健康安全管理体系贯标工作，定期开展安全隐患和不稳定因素排查整改工作。

【信息化建设】 *计算机中心机房改造*。2009年，省局（公司）按照高可靠性、高扩展性、高性能、易使用、易维护等现代机房的要求，对计算机中心机房进行了功能性增强设计，对机房配电系统、制冷系统、综合布线系统等核心子系统进行了优化。按照“核心、汇聚、接入”的三层架构，省局（公司）对核心网络重新进行了设计和优化，实现了分区分域的科学管理、网络性能最大化、边界无漏点的安全控制等目标。改造后，省局（公司）计算机中心机房面积达300多平方米，达到国家A类机房的标准。

网络防护体系建设。按照国家局“统一规划、统一建设、统一管理”的要求和海南烟草统一互联网管理的安全策略，省局（公司）启动了网站“三防”体系的建设，12月，系统部署实施。完成全省行业各市县可网管交换机的部署，省局（公司）网络接入带宽从10M升级到独享50M、共享100M，统一安装杀毒软件，形成了统一策略、技术、管控和运维的网络管理和应用体系。

协同办公系统升级。2009年5月，省局（公司）完成了协同办公系统新版网站的重新设计、开发和测试工作，并投入正式运行，实现了国家局——省局（公司）——市局（公司）（含所辖市县专卖局）之间的电子公文流转，全省系统无纸化办公率达50%以上。

【人力资源管理】 *干部队伍建设*。省局（公司）举办了以提高行业领导干部科学管理水平为主要内容的全省行业领导干部培训班，提升各级领导班子和领导干部领导科学发展的能力、辩证思维能力和解决实际问题的能力。完善各级领导干部考核评价体系，发挥业绩考核的激励约束作用，促进领导班子政治素质、业务素质、执政能力的提升。制订出台了省局（公司）机关绩效考核办法，初步形成了机关17个部门4个类别100多项指标的绩效考核体系；各市级局（公司）进一步完善了绩效考核办法，全省行业以业绩为指导，以能力为导向的激励约束机制初步建立。

职业技能鉴定和教育培训。2009年，在全省系统内建立了省、市、县局三级培训体系，分层次开展培训。加强专业技能人才的技能鉴定工作，全年共举办培训班105期，培训学员3797人次，累计完成专卖管理员和卷烟商品营销员职业技能鉴定6批次1079人。大力加强专卖队伍建设，5月，省局组织全省专卖执法人员进行专卖执法资格统一培训和考试；7月和10月，省局举办初、中、高级烟草专卖管理员技能培训和鉴定，初、中级理论成绩及格率达70%以上。开展以“法律进机关”工程为重点的法制宣传教育工作，提升干部职工知法、懂法、守法意识和依法行政、依法管理水平。

【党风廉政建设】 *党风廉政责任制考核*。2009年3月，省局（公司）印发《关于开展2008年党风廉政建设责任制执行情况检查考核的通知》，并组织监察、人事、政工、审计等部门人员，对各地市级局（公司）领导班子执行党风廉政建设责任制的情况进行了重点检查考核。

反腐倡廉建设。省局（公司）制定了年度反腐倡廉各项工作任务分工方案，按照“一岗两责”、“权责一致”和“谁主管谁负责”、“谁负责谁承担责任”的原则，印发《落实全省烟草行业反腐倡廉各项工作任务的通知》，贯彻落实十七届中央纪委第三次全会精神，把全国及全省烟草行业纪检监察工作会议提出的工作任务细化分解为37项具体工作，并明确了完成时间、牵头部门、协作部门，将责任落实到人。根据海南省纪委的部署，开展“制度执行推进年”活动，活动从2009年4月开始至12月结束，共分学习教育、自查自纠阶段，问题整改、完善措施阶段，检查验收、总结提高3个阶段组织进行。

日常监管。规范卷烟生产经营秩序，5月，省局（公司）印发《关于成立严格规范卷烟生产经营秩序工作领导小组的通知》、《严格规范卷烟生产经营秩序工作实施方案》，省局（公司）派员到4个地市级局（公司）和8个县级局（营销部）检查了解该项工作的落实情况。开展治理“小金库”工作，6月，省局（公司）印发《海南省烟草专卖局关于印发海南省烟草行业“小金库”专项治理工作实施方案的通知》，7月，省局（公司）对各单位进行了重点检查，均未存在任何形式的“小金库”。开展企业领导人员同业经营治理工作，根据国有企业领导人员廉洁自律“七项要求”和国家局《进一步整顿规范卷烟生产经营秩序五条纪律》，3月，开展同业经营治理工作，5月，在全省系统范围内完成了同业经营治理工作，共查处同业经营22例，均得到整改。

【特事要辑】 5月14～16日，国家局副局长何泽华一行到海南烟草考察调研，先后考察了海南省烟草公司海口公司和三亚公司，并走访了卷烟零售客户。

12月25～29日，国家局局长姜成康、副局长李克明一行到海南烟草考察调研，先后考察了海南红塔卷烟有限责任公司、海南省烟草公司海口公司和三亚公司。

海南省局（公司）主要统计指标汇总

“两烟”税利（亿元）	“两烟”利润（亿元）	销售卷烟（亿支）	烟叶种植（万亩）	烟叶收购（万担）
10.62	6.57	163.10	—	—

所属地市级局（公司）

海口市烟草专卖局、海南省烟草公司海口公司

海口市烟草专卖局、海南省烟草公司海口公司成立于1997年，于2003年9月成立正处级独立法人单位，下辖文昌市、澄迈县、定安县、临高县4个县级烟草专卖局（营销部）。市局（公司）实行全员劳动合同制，共有从业人员413人。

全年辖区销售卷烟72.8亿支（14.56万箱），同比增长6.79%；实现卷烟销售收入234000万元，与上年200475万元同比增长16.71%。实现卷烟税利24014万元，与上年15129万元同比增长58.73%。

全年共查处涉烟违法案件853起，查获假冒卷烟331.16万支，查获非法烟叶3.53吨，捣毁贩藏假烟窝点2个，案值141.88万元，上缴罚没款36.22万元。移送涉烟案件15起，公安、司法机关拘留5人，逮捕3人，判刑4人。全年共破获制售假烟网络案件2起，其中符合国家局标准的网络案件1起，案值共计113.19万元。

三亚市烟草专卖局、海南省烟草公司三亚公司

三亚市烟草专卖局、海南省烟草公司三亚公司成立于1985年，于2003年9月成立正处级独立法人单位，下辖陵水黎族自治县、乐东黎族自治县、保亭黎族苗族自治县、五指山市4个县级烟草专卖局（营销部）。市局（公司）实行全员劳动合同制，共有从业人员263人。

全年辖区销售卷烟34.28亿支（6.86万箱），同比增长4.51%；实现卷烟销售收入104490万元，与上年89977万元同比增长16.13%。实现卷烟税利8942万元，与上年5935万元同比增长50.67%。

全年共查处涉烟违法案件170起，查获假冒卷烟294.94万支，捣毁贩藏假烟窝点12个，案值182.68万元，上缴罚没款5.16万元。移送涉烟案件3起，公安、司法机关拘留45人，逮捕20人，判刑16人。

琼海市烟草专卖局、海南省烟草公司琼海公司

琼海市烟草专卖局、海南省烟草公司琼海公司成立于1989年，于2003年9月成立正处级独立法人单位，下辖万宁市、屯昌县、琼中黎族苗族自治县3个县级烟草专卖局（营销部）。市局（公司）实行全员劳动合同制，共有从业人员205人。

全年辖区销售卷烟32.23亿支（6.45万箱），同比增长5.63%；实现卷烟销售收入92408万元，与上年78468万元同比增长17.77%。实现卷烟税利8116万元，与上年4929万元同比增长64.66%。

全年共查处涉烟违法案件317起，查获假冒卷烟30.89万支，捣毁贩藏假烟窝点3个，案值204.53万元，上缴罚没款4.08万元。移送涉烟案件5起，公安、司法机关拘留7人，逮捕5人，判刑1人。

儋州市烟草专卖局、海南省烟草公司儋州公司

儋州市烟草专卖局、海南省烟草公司儋州公司成立于1988年，于2003年9月成立正处级独立法人单位，下辖东方市、昌江黎族自治县、白沙黎族自治县3个县级烟草专卖局（营销部）。市局（公司）实行全员劳动合同制，共有从业人员178人。

全年辖区销售卷烟23.7亿支（4.74万箱），同比增长6.08%。实现卷烟销售收入63233万元，与上年54894万元同比增长15.2%。实现卷烟税利4828万元，与上年3079万元同比增长56.8%。

全年共查处涉烟违法案件105起，查获假冒卷烟8.08万支。查获非法烟丝49千克，捣毁贩藏假窝点3个，案值67.24万元，上缴罚没款2.37万元。移送涉烟案件2起，公安、司法机关拘留2人，逮捕2人，判刑1人。全年共破获制售假烟网络案件2起，案值共计65.22万元。

2009年海南省烟草商业系统主要情况统计

地市级局（公司）名称		海口市烟草专卖局（公司）	三亚市烟草专卖局（公司）	琼海市烟草专卖局（公司）	儋州市 烟草专卖局（公司）
主要负责人/法人代表		刘伯光（—2009.2） 赵江波（2009.2—）	赵江波（—2009.2） 王斌斌（2009.3—）	陈益峰	许丁科
总资产（万元）		41187	15578	19150	10604
资产负债率（%）		24.46	19.61	22.60	27.67
所属县级局（个）		4	4	3	3
所属县级公司/分公司（个）		—	—	—	—
所属县级营销部（个）		4个营销部	4个营销部	3个营销部	3个营销部
所属业务机构	访销机构	1个营销中心	1个营销中心	1个营销中心	1个营销中心
	物流配送机构	1个物流中心	1个物流中心	1个物流中心	1个物流中心
	稽查机构	1个稽查支队 10个稽查大队	1个稽查支队 8个稽查大队	1个稽查支队 6个稽查大队	1个稽查支队 8个稽查大队
	烟叶机构	—	—	—	—
销售卷烟（亿支）		72.80	34.28	32.23	23.70
毛利率（%）		13.44	13.48	12.98	13.04
实现“两烟”税利（万元）		24014	8942	8116	4828
实现“两烟”利润（万元）		11316	3530	3294	1691
烟叶种植（亩）		—	—	—	—
烟叶收购（担）		—	—	—	—
零售户数（户）		12955	5404	5283	4416

（孙　云）

重庆市烟草专卖局（公司）

【概　况】 重庆市烟草专卖局、中国烟草总公司重庆市公司成立于1983年，下辖39个区（县）烟草专卖局（分公司），重庆渝叶实业（集团）有限公司1个多元化经营企业，中国烟草总公司重庆市公司销售分公司、物流分公司、烟叶分公司3个专业分公司，重庆金益烟草有限责任公司、重庆万兴烟叶有限责任公司2个烟叶加工企业。公司拥有总资产70.11亿元，其中，固定资产11.71亿元、流动资产55.51亿元，资产负债率为26.68%。截至2009年年底，共有从业人员9305人，其中聘用员工2991人。

2009年，市局（公司）在国务院第五次全国民族团结进步表彰大会上，被评为“模范集体”；被中国文化管理学会授予“全国服务文化十强”称号。

【领导成员】 局长、总经理、党组书记：李恩华

副总经理、党组成员：高兴华

副总经理、党组成员：李　江

副局长、党组成员：刘光洋

纪检组长、党组成员：冉幕寿

副巡视员：李　志

副巡视员：智　力

【机构设置】 市局（公司）机关设有办公室（外事办公室）、综合计划处、经济运行处、专卖监督管理处（专卖稽查总队）、政策法规与体制改革处、财务管理处（资金结算中心）、审计处、科技处（烟草质量监督检测站）、整顿办、人事劳资处、思想政治工作处（工会、共青团、机关党委）、监察处（党组纪检组）、安全保卫处、经济信息中心、离退休人员管理办公室、特有工种职业技能鉴定站、机关服务中心、烟草学会18个部门，重庆市烟草公司销售分公司、物流分公司、烟叶分公司3个专业分公司。

【专卖管理】 2009年，市局以破获大案要案为目标，深入开展打假破网工作。全年全市共查处涉烟违法案件13486起，查获假冒卷烟4748万支，上缴罚没

款1189万元，案值4400余万元。破获制售假烟网络案件27起，其中符合国家局标准的网络案件15起。公安、司法机关依法刑事拘留138人，逮捕87人，判刑62人。市局破获的渝穗"2·19"、渝北"8·20"、南川"4·29"等网络案件被国家局通报表彰，其中渝穗"2·19"网络案件案值逾亿元，涉及20余个省、市，逮捕18人，是重庆市烟草行业首起公安部、国家局督办案件。

强化"政府搭台、烟草牵头、部门协作"的打假协作机制，推进联合打假和市场整顿工作的制度化、经常化。巩固与公安机关各警种卷烟打假长效合作机制，成功开展了"天府1号"、"天府2号"专项打假行动。加强与工商、交通、铁路、民航等各职能部门的联防打假协作合作，完善卷烟打假司法协作机制，扩大对制售假烟网络团伙的打击范围，加强追刑力度。强化行业省际协作，建立完善与广州市局、福建省局的打假破网协作机制，全年共有108人次赴广州、福建等地开展异地抓捕、取证行动，跨省抓捕涉烟犯罪嫌疑人7人。

集中开展名烟名酒店整治、零售大户治理等专项行动，清理整顿名烟名酒店551家，取缔75家，清理整顿大户1503户。名烟名酒店整治专项行动获国家局通报表彰。

【生产经营】 2009年，全市烟草商业系统销售卷烟498.63亿支（99.73万箱），同比增长5.6%，其中，销售一类烟36.19亿支（7.24万箱），同比增长20.75%；二类烟21.43亿支（4.29万箱），同比增长22.39%；三类烟92.73亿支（18.55万箱），同比增长30.75%；四类烟269.14亿支（53.83万箱），同比增长8.89%；五类烟79.13亿支（15.83万箱），同比下降25.76%。本辖区销量居前三位的品牌为"宏声"、"龙凤呈祥"、"山城"，销售"宏声"190.5亿支（38.1万箱），同比下降15.99%； "龙凤呈祥"121.85亿支（24.37万箱），同比增长75.64%；"山城"30.2亿支（6.04万箱），同比下降41.82%。

实现"两烟"销售收入148.56亿元，同比增长18.8%，其中，卷烟销售收入126.93亿元，同比增长16.16%。根据国务院有关精神，调整卷烟消费税，部分利润转为税赋，全年增加卷烟消费税6.33亿元。实现"两烟"税利33.01亿元，同比增长38.35%，其中，卷烟税利26.51亿元，同比增长19.39%。实现"两烟"利润19.07亿元，其中，卷烟利润16.34亿元。公司三项费用率为11.3%。

【烟叶产销】 烟叶种植与收购。2009年，全市共签订烟叶种植合同6.48万份，种植烟叶63.89万亩，户均种植面积9.86亩。收购烟叶9.50万吨（189.95万担），其中，上中等烟比例为72.31%。销售烟叶7.83万吨（156.23万担），烟叶收购均价13.1元/千克。实现烟农收入12.53亿元，同比增长53%，烟农户均收入2.21万元（含补贴）。

推广烟叶科技。推广漂浮育苗60.7万亩，占种植面积的95%；专业化育苗61万亩，占育苗面积的95.6%。承担国家级和市级烟叶科技示范项目15个，在黔江等3个国家局烟叶标准化试点区域开展试点示范建设。

烟叶生产基础设施建设。全市烟基建设累计投入资金4.07亿元，建成水池1062个、沟渠159.36千米、管网3434.44千米，新建、改建密集烤房6980座，建设烟田机耕道路350.85千米，推广小型明显农耕机械1210台。

现代烟草农业建设。在武隆县等4个区（县）开展现代烟草农业建设试点，试点区域涉及961户烟农，种植烟叶1.35万亩，户均种植面积为13.9亩；合同约定收购量为0.2万吨（4.05万担），试点区域实现烟农户均收入2.54万元。

【卷烟销售网络建设】 提升网建水平。围绕"稍紧平衡，稳价增效"的调控方针，落实控制大客户、均衡供应、浮动管理等措施，从整体上促进客户规范经营和市场价格的稳定。开发计算机自动分配货源系统，促进卷烟货源分配更加公平公正。开展电视订货，提升电子商务水平。截至年底，全市共有6.4万客户参与网上订货，占总客户数的59%，网上订货成功率达96.1%。

品牌培育。按照"统筹安排、工商协同、片区联动、效果评估"的模式，加强工商互动协同，推进工商协同培育品牌。建立品牌档案和统筹发展规划，搭建品牌公平竞争环境，促进工业企业、卷烟品牌适度有序竞争；对比评价各区（县）分公司重点骨干品牌和结构的绩效，促进重点骨干品牌良性发展；强化客户经理零售终端品牌维护职能，规范客户经理工作流程，提升客户经营能力、终端形象、重点骨干品牌上摊率。全年销售全国性卷烟重点骨干品牌313.65亿支（62.73万箱），同比增长23.6%。

【现代物流建设】 优化卷烟配送线路，先后将渝北邮政、江津走马至德感、北碚嘉陵江以南、江津珞璜、巴南邮政等送货区域纳入主城直送范围。江北中心库直送客户新增6300余户，年配送量增加36亿支（7.2万箱），节约送货成本170余万元。开展流程整合，实施访送周期"四改五"工程（即根据送货线路整合情况，由四天完成访送改为五天完成访送）。新建奉节物流分库，制定渝西线路整合实施方案。加快物流设备升级技改，全市包装分拣速度达195.5万支/小时。实施定额管理，全市物流费用率为1.2%，同比下降0.3个百分点。

【企业管理】 贯标、对标和创优工作。推进贯标工作，形成《体系检查整改指南》要点980条，职业技能鉴定管理体系通过国家人力资源和社会保障部评审认证。启动对标工作。截至年底，基本完成明确对标主体、理顺对标流程、界定指标范围等工作。开展优秀基层单位创建活动，渝北区局（分公司）等16家试点单位、彭水桑柘等4个烟叶工作站通过市局（公司）年度考核验收。

基础建设。全年投资2.5亿元，完成专卖稽查队建设项目11个、烟叶基层站点项目16个、板房建设项目28个，荣昌县局（公司）、忠县县局（公司）等5家单位的办公经营用房投入使用。加强“数字渝烟”的建设，全年开发了烟叶管理、全面预算管理、物资管理等9个信息管理系统。

【科技创新】 推进创新型行业建设，“重庆市山地特色烟叶技术体系研究”、“生物多样性控制烟草土传病害综合防治技术研究”两个项目获国家局立项，“高效烟草专用复合肥综合施用及示范推广”项目获国家科技部立项。制定《重庆市烟草商业企业卷烟物流定额标准》，该标准成为全市行业首个地方标准。推进节能减排，完成节能改造项目6个。“异型包装卷烟打码系统”获国家实用新型专利，“降低直接送货车辆件烟耗油量”QC活动成果被中国质量协会等6部委联合评为二等奖。

【内部管理监督】 开展“三项检查”回头看，检查项目3885个，查出各类问题612个，补充完善管理制度17个。以全面预算管理为抓手，开发预算管理系统，完善会计核算软件功能。开展“小金库”专项治理，严格行业银行账户管理。加强审计委派制建设，出台《审计委派管理暂行办法》。全年对10家单位实施经济责任审计。成立行业工会和职代会，出台《政务司务公开工作实施办法》，明确对2大类15个事项进行公开。

【人力资源管理】 在总结万州区局（公司）、巴南区局（公司）、武隆县局（公司）、重庆金益烟草有限责任公司4家试点单位经验的基础上，市局（公司）于5月全面开展用工分配制度改革。制定并实施职能配置、机构设置及定岗定编意见，划分岗位类别，优化职能职责，落实定员标准，初步实现了由身份管理向岗位管理的转变；建立竞争平台，严格竞争程序，实施阳光操作，完成全员竞争上岗；制定处级干部薪酬分配管理办法，形成全市行业统一的岗位绩效工资制方案并完成套改，实现新老工资制度的衔接；探索建立岗位考核与绩效考核相结合、组织绩效与个人绩效相促进、激励与约束相统一的绩效管理体系。

优化干部选拔配备和员工培训，全年公开选拔副处级后备干部10人，招录员工108人，选调机关工作人员6人。

【思想政治工作】 深入学习实践科学发展观活动。以“提升队伍素质、促进科学发展、构建和谐烟草”为目标，按照“排位要靠前、进度不掉队、活动见实效”的工作要求，开展深入学习实践科学发展观活动。在重庆市委召开的第一批学习实践活动总结大会上，市局（公司）机关作了交流发言。在参加第二批学习实践活动的35家基层单位中，15家单位被地方党委评为先进单位，23家单位的群众测评满意率达100%。

党风廉政建设。结合“四要”作风建设，实施明示与承诺制、首问责任制、限时办结制。签订党风廉政目标责任书，对11家单位进行巡视。构建和谐烟草，开展学习型企业创建活动，组织“唱读讲传”和全民读书活动。

【企业文化】 市局（公司）以完善服务品牌体系为抓手，以实施“六心工程”（即种烟客户安心工程、零售客户舒心工程、工业客户省心工程、消费大众放心工程、行业员工开心工程、社会公众信心工程）为载体，推进“三诚”（即诚心、诚信、诚行）服务品牌体系与“两烟”生产经营、行业共同价值观的相互融合。实施“六心工程”建设，在制定配套服务标准、优化服务流程、畅通服务渠道的基础上，组织开展20项行动，提升行业服务水平。完善“三诚”服务品牌体系，发布《“三诚”服务文化手册》、《“三诚”服务行为识别手册》等12项建设成果。开展文化评价，评价合格率达98%。举办“三诚”服务文化周活动，先后组织了17项文化活动，文化周活动成为重庆市第二届文化艺术节的重要组成部分。

【特事要辑】 3月24日，中国烟草学会第六次会员代表大会暨学术年会在重庆召开。国家局局长姜成康、副局长张辉出席会议。

3月25~26日，姜成康一行考察重庆市局（公司）。

9月26日，国家局副局长张保振出席重庆烟草“三诚”服务文化周活动闭幕式。

重庆市局（公司）主要统计指标汇总

“两烟”税利（亿元）	“两烟”利润（亿元）	销售卷烟（亿支）	烟叶种植（万亩）	烟叶收购（万担）
33.01	19.07	498.63	63.89	189.95

所属区、县局（分公司）

万州区烟草专卖局（分公司）

万州区烟草专卖局、重庆市烟草公司万州分公司成立于1984年。截至2009年年底，共有从业人员561人，其中聘用员工260人。2009年，区局（分公司）被重庆市精神文明建设委员会评为市级“百佳文明单位”。

全年辖区销售卷烟23.5亿支（4.7万箱），同比增长10.17%。实现“两烟”销售收入63638万元，同比增长24.77%，其中，卷烟销售收入56103万元，同比增长19.43%。实现“两烟”税利5980万元，同比增长85.2%，其中，卷烟税利3235万元，同比下降7.47%。实现“两烟”利润779万元，其中卷烟利润亏损117万元。

全年共查处涉烟违法案件464起，查获假冒卷烟92.78万支、非法烟叶28.4吨，打掉制假窝点13个，案值129.5万元，上缴罚没款70.24万元。移送公安机关涉烟案件2起，公安、司法机关依法刑事拘留15人，逮捕3人，判刑4人。破获制售假烟网络案件2起，其中符合国家局标准的网络案件1起，案值101.3万元。

全年种植烤烟1.4万亩、白肋烟1.9亩。收购烤烟0.2万吨（4万担），收购均价为12.44元/千克，实现烟农收入0.68亿元，烟农户均收入8403元。烟基建设投入1941万元，烟水配套工程实际受益农户0.6万户。开展现代烟草农业建设试点工作，在试点区域种植烟叶680亩，与同地区大面积生产相比，试点区域亩产烟叶170千克，提高60千克；亩均用工28个，减少10个，节约成本400元；亩产值2115元，提高488元。

黔江区烟草专卖局（分公司）

黔江区烟草专卖局、重庆市烟草公司黔江分公司成立于2002年。截至2009年年底，共有从业人员395人，其中聘用员工219人。

全年辖区销售卷烟7.75亿支（1.55万箱），同比增长8.49%。实现“两烟”销售收入42634万元，同比增长26.28%，其中，卷烟销售收入24323万元，同比增长13.69%。实现“两烟”税利5888万元，同比增长164.71%，其中，卷烟税利1669万元，同比下降49.97%。实现“两烟”利润961万元，其中卷烟利润305万元。

全年共查处涉烟违法案件100起，查获假冒卷烟20万支、非法烟叶56.25吨，上缴罚没款15万元。

全年烟叶收购均价为13.62元/千克，实现烟农收入1.25亿元，烟农户均收入3.39万元。烟基建设投入0.704亿元，烟水配套工程实际受益面积累计达15.97万亩，受益农户0.4万户。开展现代烟草农业建设试点工作，在试点区域种植烟叶1114亩，与同地区大面积生产相比，试点区域亩产烟叶140千克，提高13千克；亩均用工23.3个，减少14.9个，节约成本765元；亩产值1988元，提高826元。

涪陵区烟草专卖局（分公司）

涪陵区烟草专卖局、重庆市烟草公司涪陵分公司成立于1983年。截至2009年年底，共有从业人员252人，其中聘用员工141人。

全年辖区销售卷烟17.74亿支（3.55万箱），同比增长5.09%。实现“两烟”销售收入44747万元，同比增长15.11%，其中，卷烟销售收入42022万元，同比增长17.15%。实现“两烟”税利5567万元，同比增长12.1%，其中，卷烟税利5038万元，同比增长5.57%。实现“两烟”利润1663万元，其中卷烟利润1251万元。

全年共查处涉烟违法案件325起，查获假冒卷烟28.71万支，上缴罚没款11.16万元。移送公安机关涉烟案件1起，公安、司法机关依法刑事拘留16人，逮捕5人，判刑4人。破获符合国家局标准的网络案件1起，案值112.85万元。

全年烟叶收购均价为14.2元/千克，实现烟农收入0.22亿元，烟农户均收入1.77万元。烟基建设投入415万元，烟水配套工程实际受益面积累计达0.77万亩，受益农户0.15万户。

渝中区烟草专卖局（分公司）

渝中区烟草专卖局、重庆市烟草公司渝中分公司成立于1984年。截至2009年年底，共有从业人员85人，其中聘用员工2人。

全年辖区销售卷烟16.85亿支（3.37万箱），同比下降2.6%。实现卷烟销售收入63436万元，同比增长7.31%。实现卷烟税利10897万元，同比增长4.89%，其中卷烟利润6320万元。

全年共查处涉烟违法案件924起，查获假冒卷烟625万支、非法烟叶9吨，打掉贩藏假烟窝点3个，案值347万元，上缴罚没款46.41万元。移送公安机关涉烟案件5起，公安、司法机关依法刑事拘留13人，逮捕3人，判刑6人。破获制售假烟网络案件3起，其中符合国家局标准的网络案件2起。

大渡口区烟草专卖局（分公司）

大渡口区烟草专卖局、重庆市烟草公司大渡口分公司成立于1985年。截至2009年年底，共有从业人员53人，其中聘用员工5人。

全年辖区销售卷烟7.65亿支（1.53万箱），同比增长4.08%。实现卷烟销售收入22512万元，同比增长13.6%。实现卷烟税利3598万元，同比增长7.81%，其中卷烟利润1971万元。

全年共查处涉烟违法案件278起，查获假冒卷烟12.58万支，打掉贩藏假烟窝点1个，案值28.12万元，上缴罚没款10.58万元。移送公安机关涉烟案件1起，公安、司法机关依法刑事拘留1人，逮捕1人，判刑1人。

江北区烟草专卖局（分公司）

江北区烟草专卖局、重庆市烟草公司江北分公司成立于1985年。截至2009年年底，共有从业人员94人，其中聘用员工2人。

全年辖区销售卷烟17.94亿支（3.59万箱），同比增长4.72%。实现卷烟销售收入57602万元，同比增长12.11%。实现卷烟税利9974万元，同比增长2.06%，其中卷烟利润5755万元。

全年共查处涉烟违法案件947起，查获假冒卷烟173.61万支，打掉贩藏假烟窝点9个，案值136.99万元，上缴罚没款25.06万元。公安、司法机关依法刑事拘留3人，逮捕3人，判刑2人。破获符合国家局标准的网络案件1起，案值123.45万元。

沙坪坝区烟草专卖局（分公司）

沙坪坝区烟草专卖局、重庆市烟草公司沙坪坝分公司成立于1985年。截至2009年年底，共有从业人员103人，其中聘用员工14人。2009年，区局（分公司）被重庆团市委、市委宣传部、市文明办评为“全市优秀青年文明号”。

全年辖区销售卷烟23.01亿支（4.6万箱），同比增长4.34%。实现卷烟销售收入68877万元，同比增长11.86%。实现卷烟税利12474万元，同比增长10.15%，其中卷烟利润7546万元。

全年共查处涉烟违法案件677起，查获假冒卷烟380.68万支，案值357.47万元，上缴罚没款30.38万元。移送公安机关涉烟案件5起，公安、司法机关依法刑事拘留6人，逮捕8人，判刑7人。破获制售假烟网络案件3起，其中符合国家局标准的网络案件2起。

九龙坡区烟草专卖局（分公司）

九龙坡区烟草专卖局、重庆市烟草公司九龙坡分公司成立于1985年。截至2009年年底，共有从业人员113人，其中聘用员工5人。

全年辖区销售卷烟26.48亿支（5.30万箱），同比增长4.37%。实现卷烟销售收入82628万元，同比增长12.32%。实现卷烟税利14787万元，同比增长10.09%，其中卷烟利润8856万元。

全年共查处涉烟违法案件498起，查获假冒卷烟453.28万支，打掉贩藏假烟窝点8个，案值396.8万元，上缴罚没款91万元。移送公安机关涉烟案件14起，公安、司法机关依法刑事拘留13人，逮捕14人，判刑7人。破获符合国家局标准的网络案件1起，案值153万元。

南岸区烟草专卖局（分公司）

南岸区烟草专卖局、重庆市烟草公司南岸分公司成立于1985年。截至2009年年底，共有从业人员113人，其中聘用员工16人。

全年辖区销售卷烟18.74亿支（3.75万箱），同比增长4.94%。实现卷烟销售收入57835万元，同比增长10.68%。实现卷烟税利9956万元，同比增长9.18%，其中卷烟利润5798万元。

全年共查处涉烟违法案件565起，查获假冒卷烟490余万支，打掉制假窝点1个、贩藏假烟窝点9个，案值400.13万元，上缴罚没款14.82万元。移送公安机关涉烟案件4起，公安、司法机关依法刑事拘留13人，逮捕11人，判刑7人。破获符合国家局标准的网络案件1起，案值209万元。

北碚区烟草专卖局（分公司）

北碚区烟草专卖局、重庆市烟草公司北碚分公司成立于 1985 年 12 月。截至年底，共有从业人员 96 人，其中聘用员工 6 人。

全年辖区销售卷烟 13.76 亿支（2.75 万箱），同比增长 2.23%。实现卷烟销售收入 36353 万元，同比增长 9.61%。实现卷烟税利 5491 万元，同比增长 8.77%，其中卷烟利润 2891 万元。

全年共查处涉烟违法案件 160 起，查获假冒卷烟 110 万支，打掉贩藏假烟窝点 7 个，案值 87.9 万元，上缴罚没款 7.7 万元。移送公安机关涉烟案件 1 起，公安、司法机关依法刑事拘留 4 人，逮捕 4 人，判刑 2 人。破获符合国家局标准的网络案件 1 起。

万盛区烟草专卖局（分公司）

万盛区烟草专卖局、重庆市烟草公司万盛分公司成立于 1984 年。截至 2009 年年底，共有从业人员 50 人，其中聘用员工 7 人。

全年辖区销售卷烟 5.4 亿支（1.08 万箱），同比增长 8%。实现卷烟销售收入 13045 万元，同比增长 18.69%。实现卷烟税利 1559 万元，同比增长 18.52%，其中卷烟利润 642 万元。

全年共查处涉烟违法案件 100 起，查获假冒卷烟 0.02 万支，案值 5.3 万元，上缴罚没款 0.67 万元。

渝北区烟草专卖局（分公司）

渝北区烟草专卖局、重庆市烟草公司渝北分公司成立于 1985 年。截至 2009 年年底，共有从业人员 134 人，其中聘用员工 29 人。2009 年，区局（分公司）被重庆市政府评为“同舟共济保增长　建功立业促发展”竞赛活动先进集体、“2008 年度劳动保障诚信合格企业”。

全年辖区销售卷烟 29.79 亿支（5.96 万箱），同比增长 6.74%。实现卷烟销售收入 106930 万元，同比增长 17.45%。实现卷烟税利 16813 万元，同比增长 16.4%，其中卷烟利润 10220 万元。

全年共查处涉烟违法案件 1311 起，查获假冒卷烟 237.89 万支，案值 239.27 万元，上缴罚没款 45.53 万元。移送公安机关涉烟案件 5 起，公安、司法机关依法刑事拘留 8 人，逮捕 6 人，判刑 4 人。破获符合国家局标准的网络案件 1 起，案值 625 万元。

巴南区烟草专卖局（分公司）

巴南区烟草专卖局、重庆市烟草公司巴南分公司成立于 1986 年。截至 2009 年年底，共有从业人员 101 人，其中聘用员工 20 人。

全年辖区销售卷烟 17.4 亿支（3.48 万箱），同比增长 2.02%。实现卷烟销售收入 49531 万元，同比增长 14.94%。实现卷烟税利 6635 万元，同比增长 17.12%，其中卷烟利润 3647 万元。

全年共查处涉烟违法案件 586 起，查获假冒卷烟 61.29 万支，打掉贩藏假烟窝点 5 个，案值 133.4 万元，上缴罚没款 13.13 万元。移送公安机关涉烟案件 2 起，公安、司法机关依法刑事拘留 6 人，逮捕 4 人，判刑 4 人。破获符合国家局标准的网络案件 1 起，案值 342.73 万元。

长寿区烟草专卖局（分公司）

长寿区烟草专卖局、重庆市烟草公司长寿分公司成立于 1984 年。截至 2009 年年底，共有从业人员 96 人，其中聘用员工 22 人。

全年辖区销售卷烟 13.73 亿支（2.75 万箱），同比增长 12.79%。实现卷烟销售收入 37473 万元，同比增长 26.92%。实现卷烟税利 4580 万元，同比增长 25.24%，其中卷烟利润 2366 万元。

全年共查处涉烟违法案件 386 起，查获假冒卷烟 2.22 万支，案值 11.77 万元，上缴罚没款 8.73 万元。

江津区烟草专卖局（分公司）

江津区烟草专卖局、重庆市烟草公司江津分公司成立于 1985 年。截至 2009 年年底，共有从业人员 128 人，其中聘用员工 18 人。

全年辖区销售卷烟 18.5 亿支（3.7 万箱），同比增长 1%。实现卷烟销售收入 39911 万元，同比增长 15.7%。实现卷烟税利 4936 万元，同比增长 19.2%，其中卷烟利润 2293 万元。

全年共查处涉烟违法案件 369 起，查获假冒卷烟 33 万支，案值 75 万元，上缴罚没款 9.14 万元。移送公安机关涉烟案件 1 起，公安、司法机关依法刑事拘留 2 人，逮捕 1 人，判刑 1 人。

合川区烟草专卖局（分公司）

合川区烟草专卖局、重庆市烟草公司合川分公司成立于 1985 年。截至 2009 年年底，共有从业人员 152 人，其中聘用员工 18 人。

全年辖区销售卷烟 18.34 亿支（3.67 万箱），同比增长 2.91%。实现卷烟销售收入 39747 万元，同比增长 19.5%。实现卷烟税利 5465 万元，同比增长 24.64%，其中卷烟利润 2733 万元。

全年共查处涉烟违法案件 1125 起，查获假冒卷烟 7.03 万支，上缴罚没款 17.21 万元。

永川区烟草专卖局（分公司）

永川区烟草专卖局、重庆市烟草公司永川分公司成立于1984年。截至2009年年底，共有从业人员105人，其中聘用员工11人。

全年辖区销售卷烟17.93亿支（3.59万箱），同比增长1.66%。实现卷烟销售收入45524万元，同比增长12.74%。实现卷烟税利5384万元，同比增长12.85%，其中卷烟利润2699万元。

全年共查处涉烟违法案件403起，查获假冒卷烟0.4万支，上缴罚没款4.87亿元。司法机关依法判刑1人。

南川区烟草专卖局（分公司）

南川区烟草专卖局、重庆市烟草公司南川分公司成立于1983年。截至2009年年底，共有从业人员158人，其中聘用员工84人。2009年，区局（分公司）被中央精神文明建设指导委员会办公室评为“全国精神文明建设工作先进单位”。

全年辖区销售卷烟10.99亿支（2.2万箱），同比增长10.8%。实现“两烟”销售收入28259万元，同比增长30.45%，其中，卷烟销售收入23936万元，同比增长23.8%。实现“两烟”税利4929万元，同比增长55.42%，其中，卷烟税利3646万元，同比增长11%。实现“两烟”利润1599万元，其中卷烟利润1088万元。

全年共查处涉烟违法案件173起，查获假冒卷烟19.52万支，打掉贩藏假烟窝点3个，案值118万元，上缴罚没款5.24万元。移送公安机关涉烟案件1起，公安、司法机关依法刑事拘留11人，逮捕8人，判刑8人。破获符合国家局标准的网络案件1起。

全年烟叶收购均价为13.67元/千克，实现烟农收入0.34亿元，烟农户均收入2.45万元。烟基建设投入0.06亿元。开展现代烟草农业建设试点，在试点区域种植烟叶1200亩，与同地区大面积生产相比，试点区域亩产烟叶135千克，提高5千克；亩均用工32个，减少4个，节约成本160元；亩产值2200元，提高150元。

綦江县烟草专卖局（分公司）

綦江县烟草专卖局、重庆市烟草公司綦江分公司成立于1984年。截至2009年年底，共有从业人员87人，其中聘用员工14人。

全年辖区销售卷烟15.37亿支（3.074万箱），同比增长11.3%。实现卷烟销售收入32993万元，同比增长24.8%。实现卷烟税利4727万元，同比增长30.45%，其中卷烟利润2436万元。

全年共查处涉烟违法案件800起，查获假冒卷烟445.2万支，案值165万元，上缴罚没款16.5万元。移送公安机关涉烟案件3起，公安、司法机关依法刑事拘留1人，逮捕1人。

潼南县烟草专卖局（分公司）

潼南县烟草专卖局、重庆市烟草公司潼南分公司成立于1984年。截至2009年年底，共有从业人员69人，其中聘用员工8人。

全年辖区销售卷烟8.49亿支（1.70万箱），同比增长7.7%。实现卷烟销售收入16866万元，同比增长24.47%。实现卷烟税利1891万元，同比增长24.29%，其中卷烟利润761万元。

全年共查处涉烟违法案件229起，上缴罚没款3.94万元。破获符合国家局标准的网络案件1起，案值1900万元。

铜梁县烟草专卖局（分公司）

铜梁县烟草专卖局、重庆市烟草公司铜梁分公司成立于1985年。截至2009年年底，共有从业人员62人，其中聘用员工10人。

全年辖区销售卷烟10.2亿支（2.04万箱），同比增长7.45%。实现卷烟销售收入20916万元，同比增长18.07%。实现卷烟税利2651万元，同比增长24.29%，其中卷烟利润1244万元。

全年共查处涉烟违法案件241起，查获假冒卷烟1.2万支，案值6.23万元，上缴罚没款1.32万元。

大足县烟草专卖局（分公司）

大足县烟草专卖局、重庆市烟草公司大足分公司成立于1984年。截至2009年年底，共有从业人员111人，其中聘用员工12人。

全年辖区销售卷烟13.48亿支（2.7万箱），同比增长6.4%。实现卷烟销售收入33948万元，同比增长21%。实现卷烟税利3738万元，同比增长29.3%，其中卷烟利润1763万元。

全年共查处涉烟违法案件333起，查获假冒卷烟16.68万支，案值80万元，上缴罚没款5.94万元。移送公安机关涉烟案件1起，公安、司法机关依法刑事拘留1人，逮捕1人，判刑2人。

荣昌县烟草专卖局（分公司）

荣昌县烟草专卖局、重庆市烟草公司荣昌分公司成立于1984年。截至2009年年底，共有从业人员74人，其中聘用员工14人。

全年辖区销售卷烟11.66亿支（2.33万箱），同比增长4.9%。实现卷烟销售收入26015万元，同比增长19.3%。实现卷烟税利3667万元，同比增长21.8%，其中卷烟利润1949万元。

全年共查处涉烟违法案件170起，查获假冒卷烟3.29万支、非法烟叶715吨，案值34.33万元，上缴罚没款29万元。

璧山县烟草专卖局（分公司）

璧山县烟草专卖局、重庆市烟草公司璧山分公司成立于1984年。截至2009年年底，共有从业人员76人，其中聘用员工11人。

全年辖区销售卷烟11.01亿支（2.20万箱），同比增长1.7%。实现卷烟销售收入25027万元，同比增长13.3%。实现卷烟税利3486万元，同比增长20.8%，其中卷烟利润1782万元。

全年共查处涉烟违法案件343起，查获假冒卷烟7.6万支，案值8.5万元，上缴罚没款6.3万元。

梁平县烟草专卖局（分公司）

梁平县烟草专卖局、重庆市烟草公司梁平分公司成立于1984年。截至2009年年底，共有从业人员98人，其中聘用员工11人。

全年辖区销售卷烟10.12亿支（2.02万箱），同比增长5.48%。实现卷烟销售收入18832万元，同比增长21.49%。实现卷烟税利1894万元，同比增长51.96%，其中卷烟利润617万元。

全年共查处涉烟违法案件472起，查获假冒卷烟57.16万支，案值32.47万元，上缴罚没款5.17万元。移送公安机关涉烟案件1起，公安、司法机关依法刑事拘留1人。

城口县烟草专卖局（分公司）

城口县烟草专卖局、重庆市烟草公司城口分公司成立于1984年。截至2009年年底，共有从业人员41人，其中聘用员工6人。

全年辖区销售卷烟2.73亿支（0.54万箱），同比增长3.08%。实现卷烟销售收入7639万元，同比增长13.36%。实现卷烟税利898万元，同比增长12%，其中卷烟利润230万元。

全年共查处涉烟违法案件12起，查获假冒卷烟9万支，案值8.23万元，上缴罚没款2.14万元。移送公安机关涉烟案件1起。

丰都县烟草专卖局（分公司）

丰都县烟草专卖局、重庆市烟草公司丰都分公司成立于1983年。截至2009年年底，共有从业人员229人，其中聘用员工112人。2009年，县局（分公司）被中央精神文明建设指导委员会办公室评为“全国精神文明建设工作先进单位”。

全年辖区销售卷烟7.85亿支（1.57万箱），同比增长9.68%。实现“两烟”销售收入26501万元，同比增长44.09%，其中，卷烟销售收入16728万元，同比增长27.59%。实现“两烟”税利3962万元，同比增长100.8%，其中，卷烟税利1490万元，同比增长11.47%。实现“两烟”利润1089万元，其中卷烟利润469万元。

全年共查处涉烟违法案件202起，查获假冒卷烟0.224万支，上缴罚没款3.11万元。

全年烟叶收购均价为13.44元/千克，实现烟农收入0.72亿元，烟农户均收入3.3万元。烟基建设投入2955万元，烟水配套工程实际受益面积累计达4.7万亩，受益农户0.19万户。

垫江县烟草专卖局（分公司）

垫江县烟草专卖局、重庆市烟草公司垫江分公司成立于1983年。截至2009年年底，共有从业人员94人。

全年辖区销售卷烟9.01亿支（1.80万箱），同比增长9.44%。实现卷烟销售收入18815万元，同比增长23.53%。实现卷烟税利1855万元，同比增长30.32%，其中卷烟利润558万元。

全年共查处涉烟违法案件208起，查获假冒卷烟1.05万支、非法烟叶1.35吨，案值23.3万元，上缴罚没款3.15万元。

武隆县烟草专卖局（分公司）

武隆县烟草专卖局、重庆市烟草公司武隆分公司成立于1983年。截至2009年年底，共有从业人员304人，其中聘用员工192人。

全年辖区销售卷烟5.86亿支（1.17万箱），同比增长8%。实现“两烟”销售收入35784万元，同比增长16.82%，其中，卷烟销售收入13736万元，同比增长19.34%。实现“两烟”税利6344万元，同比增长65%，其中，卷烟税利1635万元，同比下降16.42%。实现“两烟”利润1483万元，其中卷烟利润681万元。

全年共查处涉烟违法案件131起，查获假冒卷烟

5.29万支、非法烟叶30.4吨，上缴罚没款15.32万元。

全年烟叶收购均价为13.04元/千克，实现烟农收入1.36亿元，烟农户均收入2.18万元。烟基建设投入0.32亿元，烟水配套工程实际受益面积累计达15万亩，受益农户0.7万户。开展现代烟草农业建设试点，在试点区域种植烟叶1010亩，与同地区大面积生产相比，试点区域亩产烟叶148.5千克，提高3.4千克；亩均用工23个，减少9～10个，节约成本450元；亩产值2016元，提高125元。

忠县烟草专卖局（分公司）

忠县烟草专卖局、重庆市烟草公司忠县分公司成立于1984年。截至2009年年底，共有从业人员98人。

全年辖区销售卷烟8.6亿支（1.72万箱），同比增长8.17%。实现卷烟销售收入16174万元，同比增长19.35%。实现卷烟税利1300万元，同比下降17.56%，其中卷烟利润83万元。

全年共查处涉烟违法案件266起，查获假冒卷烟7.4万支，案值14.63万元，上缴罚没款3.56万元。

开县烟草专卖局（分公司）

开县烟草专卖局、重庆市烟草公司开县分公司成立于1984年。截至2009年年底，共有从业人员121人，其中聘用员工14人。

全年辖区销售卷烟14.54亿支（2.91万箱），同比增长5.28%。实现卷烟销售收入34331万元，同比增长14.75%。实现卷烟税利4599万元，同比增长13.64%，其中卷烟利润2331万元。

全年共查处涉烟违法案件469起，查获假冒卷烟26.12万支，打掉贩藏假烟窝点1个，案值12.67万元，上缴罚没款7.96万元。移送公安机关涉烟案件2起，公安、司法机关依法刑事拘留2人。

云阳县烟草专卖局（分公司）

云阳县烟草专卖局、重庆市烟草公司云阳分公司成立于1984年。截至2009年年底，共有从业人员99人，其中聘用员工7人。

全年辖区销售卷烟10.15亿支（2.03万箱），同比增长7.98%。实现卷烟销售收入27400万元，同比增长21.78%。实现卷烟税利2108万元，同比增长3.68%，其中卷烟利润556万元。

全年共查处涉烟违法案件198起，查获假冒卷烟2.56万支，打掉制假窝点1个，案值13.07万元，上缴罚没款8.59万元。

奉节县烟草专卖局（分公司）

奉节县烟草专卖局、重庆市烟草公司奉节分公司成立于1984年。截至2009年年底，共有从业人员248人，其中聘用员工133人。

全年辖区销售卷烟11.06亿支（2.21万箱），同比增长5.23%。实现“两烟”销售收入43470万元，同比增长30.86%，其中，卷烟销售收入30530万元，同比增长14.17%。实现“两烟”税利7316万元，同比增长129.57%，其中，卷烟税利4201万元，同比增长10.37%。实现“两烟”利润3038万元，其中卷烟利润2094万元。

全年共查处涉烟违法案件81起，查获假冒卷烟0.76万支、非法烟叶11.6吨，案值23.55万元，上缴罚没款9.5万元。移送公安机关涉烟案件2起，公安、司法机关依法刑事拘留2人。

全年种植烤烟2.77万亩、白肋烟1.38万亩。烟叶收购均价为13.62元/千克，实现烟农收入0.87亿元，烟农户均收入1.57万元。烟基建设投入0.26亿元，烟水配套工程实际受益面积累计达1.8万亩，受益农户0.34万户。

巫山县烟草专卖局（分公司）

巫山县烟草专卖局、重庆市烟草公司巫山分公司成立于1983年。截至2009年年底，共有从业人员329人，其中聘用员工196人。2009年，县局（分公司）被中央精神文明建设指导委员会授予“全国文明单位”称号，被中央精神文明建设指导委员会办公室评为“全国精神文明建设工作先进单位”。

全年辖区销售卷烟8.27亿支（1.65万箱），同比增长4.5%。实现“两烟”销售收入49166万元，同比增长35.59%，其中，卷烟销售收入22224万元，同比增长13.06%。实现“两烟”税利5242万元，同比增长120.9%，其中，卷烟税利3336万元，同比增长37.81%。实现“两烟”利润2881万元，其中卷烟利润1398万元。

全年共查处涉烟违法案件20起，查获假冒卷烟12.12万支，案值14.93万元，上缴罚没款8.02万元。

全年烟叶收购均价为13.2元/千克，实现烟农收入1.66亿元，烟农户均收入3.7万元。烟基建设投入5588万元，烟水配套工程实际受益面积累计达8.17万亩，受益农户1.18万户。开展现代烟草农业建设试点，在试点区域种植烟叶600亩，与同地区大面积生产相比，试点区域亩产烟叶165千克，提高12.5千克；亩均用工 28.5 个，减少 4.5 个，节约成本 225 元；亩产值 2211 元，提高 84 元。

巫溪县烟草专卖局（分公司）

巫溪县烟草专卖局、重庆市烟草公司巫溪分公司成立于 1984 年。截至 2009 年年底，共有从业人员 172 人，其中聘用员工 111 人。2009 年，县局（分公司）获“全国职工模范之家”、“全国巾帼文明示范单位”等称号。

全年辖区销售卷烟 5.45 亿支（1.09 万箱），同比增长 13%。实现“两烟”销售收入 24706 万元，同比增长 51%，其中，卷烟销售收入 13817 万元，同比增长 24%。实现“两烟”税利 6926 万元，同比增长 162%，其中，卷烟税利 2212 万元，同比下降 0.02%。实现“两烟”利润 3148 万元，其中卷烟利润 1112 万元。

全年共查处涉烟违法案件 67 起，查获假冒卷烟 8.24 万支、非法烟叶 0.32 吨，案值 4.26 万元，上缴罚没款 2.3 万元。

全年烟叶收购均价为 13 元/千克，实现烟农收入 0.88 亿元，烟农户均收入 1.75 万元。烟基建设投入 0.26 亿元，烟水配套工程实际受益面积累计达 1.7 万亩，受益农户 0.56 万户。

石柱土家族自治县烟草专卖局（分公司）

石柱土家族自治县烟草专卖局、重庆市烟草公司石柱分公司成立于 1983 年。截至 2009 年年底，共有从业人员 211 人，其中聘用员工 95 人。

全年辖区销售卷烟 5.9 亿支（1.18 万箱），同比增长 10.85%。实现“两烟”销售收入 27112 万元，同比增长 54%，其中，卷烟销售收入 13793 万元，同比增长 22.54%。实现“两烟”税利 6941 万元，同比增长 140%，其中，卷烟税利 2296 万元，同比增长 25.27%。实现“两烟”利润 2560 万元，其中卷烟利润 467 万元。

全年共查处涉烟违法案件 154 起，案值 4.06 万元。

全年烟叶收购均价为 13.6 元/千克，实现烟农收入 0.86 亿元，烟农户均收入 3.36 万元。加强烟基建设，烟水配套工程实际受益面积累计达 0.4 万亩，受益农户 0.3 万户。

秀山土家族苗族自治县烟草专卖局（分公司）

秀山土家族苗族自治县烟草专卖局、重庆市烟草公司秀山分公司成立于 1983 年。截至 2009 年年底，共有从业人员 133 人，其中聘用员工 50 人。

全年辖区销售卷烟 8.9 亿支（1.79 万箱），同比增长 7.7%。实现“两烟”销售收入 26712 万元，同比增长 27.2%，其中，卷烟销售收入 23975 万元，同比增长 20.7%。实现“两烟”税利 3523 万元，同比增长 40%，其中，卷烟税利 3156 万元，同比增长 7.2%。实现“两烟”利润 1004 万元，其中卷烟利润 935 万元。

全年共查处涉烟违法案件 85 起，查获假冒卷烟 227 万支、非法烟叶 0.1 吨，打掉制假窝点 1 个，案值 75.6 万元，上缴罚没款 2.14 万元。移送公安机关涉烟案件 1 起，公安、司法机关依法刑事拘留 4 人，逮捕 3 人，判刑 2 人。

全年烟叶收购均价为 13.5 元/千克。实现烟农收入 1790 万元，烟农户均收入 1.62 万元。烟基建设投入 276.3 万元，烟水配套工程实际受益面积累计达 1.2 万亩，受益农户 0.17 万户。开展现代烟草农业建设试点，在试点区域种植烟叶 160 亩，与同地区大面积生产相比，试点区域亩产烟叶 146 千克，提高 7 千克；亩均用工 27 个，减少 6 个，节约成本 210 元；亩产值 1952 元，提高 82 元。

酉阳土家族苗族自治县烟草专卖局（分公司）

酉阳土家族苗族自治县烟草专卖局、重庆市烟草公司酉阳分公司成立于 1984 年。截至 2009 年年底，共有从业人员 291 人，其中聘用员工 178 人。

全年辖区销售卷烟 7.98 亿支（1.59 万箱），同比增长 9%。实现“两烟”销售收入 44637 万元，同比增长 25.2%，其中，卷烟销售收入 19829 万元，同比增长 19.13%。实现“两烟”税利 7214 万元，同比增长 52.7%，其中，卷烟税利 3334 万元，同比增长 62.2%。实现“两烟”利润 1934 万元，其中卷烟利润 1934 万元。

全年共查处涉烟违法案件 245 起，查获假冒卷烟 3 万支、非法烟叶 6.3 吨，案值共计 30 万元，上缴罚没款 5.46 万元。

全年烟叶收购均价为 13.32 元/千克，实现烟农收入 1.47 亿元，烟农户均收入 1.56 万元。烟基建设投入 0.7 亿元，烟水配套工程实际受益面积累计达 6 万亩，受益农户 0.28 万户。

彭水苗族土家族自治县烟草专卖局（分公司）

彭水苗族土家族自治县烟草专卖局、重庆市烟草公司彭水分公司成立于 1983 年。截至 2009 年年底，共有从业人员 430 人，其中聘用员工 289 人。2009 年，被重庆市国资委授予“2009 年度国企贡献奖”。

全年辖区销售卷烟 6.51 亿支（1.30 万箱），同比增长 3.36%。实现“两烟”销售收入 49190 万元，同比增长 5.8%，其中，卷烟销售收入 15172 万元，同比增长 16.9%。实现“两烟”税利 9307 万元，同比增长 169.77%，其中，卷烟税利 1756 万元，同比增长 4.5%。实现“两烟”利润 7211 万元，其中卷烟利润 1000 万元。

全年共查处涉烟违法案件 101 起，查获假冒卷烟 0.6 万支、非法烟叶 3.7 吨，案值 62 万元，上缴罚没款 34 万元。移送公安机关涉烟案件 1 起，公安、司法机关依法刑事拘留 1 人，逮捕 1 人，判刑 1 人。

全年烟叶收购均价为 13.74 元/千克，实现烟农收入 2.55 亿元，烟农户均收入 2.25 万元。烟基建设投入 0.44 亿元，烟水配套工程实际受益面积累计达 4.3 万亩，受益农户 0.12 万户。开展现代烟草农业建设试点，在试点区域种植烟叶 8000 亩，与同地区大面积生产相比，试点区域亩产烟叶 140 千克，提高 12 千克；亩均用工 28 个，减少 5 个，节约成本 200 元；亩产值 2200 元，提高 150 元。

所属其他二级单位

重庆渝叶实业（集团）有限公司

重庆渝叶实业（集团）有限公司成立于 2000 年 2 月，注册资金 3000 万元，下辖 7 家全资子公司和 1 家控股子公司。截至 2009 年年底，公司拥有总资产 3.86 亿元，其中，固定资产 0.08 亿元、流动资产 2.98 亿元，资产负债率为 69.75%。共有员工（含托管子公司）814 人，其中聘用员工 737 人。公司主要负责重庆市烟草多元化投资和经营管理工作，经营业务涉及全市卷烟及烤烟中转运输，卷烟连锁经营，房地产开发，烟胶产销，烟用育苗基质、浮盘产销，物业服务和酒店经营等领域。

2009 年，实现营业收入 22687 万元，同比增长 11.49%。实现利润 937 万元，同比增长 25.6%。

加强规范管理，公司质量管理体系和职业健康安全管理体系分别获得 ISO 9001 和 OHSAS 18001 国际认证。推进文化建设，建立了一套符合全市烟草行业多元产业发展和公司实际的“行”文化体系。

2009 年重庆市烟草商业系统主要情况统计

地市级局（公司）名称		万州区烟草专卖局（分公司）	黔江区烟草专卖局（分公司）	涪陵区烟草专卖局（分公司）	渝中区烟草专卖局（分公司）	大渡口区烟草专卖局（分公司）
主要负责人/法人代表		李恩成	王登平	蔡世全	谢小波	段承明
总资产（万元）		11967	23929	2566	2416	661
资产负债率（%）		—	—	—	—	—
所属县级局（个）		—	—	—	—	—
所属县级公司/分公司（个）		—	—	—	—	—
所属县级营销部（个）		—	—	—	—	—
所属机构业务	访销机构	1 个电访中心	1 个营销中心 1 个电访中心	1 个营销中心 1 个电访中心	—	—
	物流配送机构	1 个配送中心	1 个配送中心	1 个配送中心	—	—
	稽查机构	2 个稽查支队 7 个稽查大队	1 个稽查支队 5 个稽查大队	1 个稽查支队 7 个稽查大队	1 个稽查支队 4 个稽查大队	1 个稽查支队 2 个稽查大队
	烟叶机构	6 个烟叶站	6 个烟叶站 44 个烟叶收购点	1 个烟叶站 12 个烟叶收购点	—	—
销售卷烟（亿支）		23.50	7.75	17.74	16.85	7.65
毛利率（%）		19.42	19.51	18.29	18.58	18.38
实现“两烟”税利（万元）		5980	5888	5567	10897	3598
实现“两烟”利润（万元）		779	961	1663	6320	1971
烟叶种植（亩）		33000	7200	10714	—	—
烟叶收购（担）		129000	182600	31000	—	—
零售户数（户）		6714	1998	4169	2236	1022

地市级局（公司）名称		江北区烟草专卖局（分公司）	沙坪坝区烟草专卖（分公司）	九龙坡区烟草专卖（分公司）	南岸区烟草专卖局（分公司）	北碚区烟草专卖局（分公司）
主要负责人/法人代表		郭　敏	李兴奇	戴吉云	黄健雄	谷　华
总资产（万元）		2659	2586	2790	2341	2121
资产负债率（%）		—	—	—	—	—
所属县级局（个）		—	—	—	—	—
所属县级公司/分公司（个）		—	—	—	—	—
所属县级营销部（个）		—	—	—	—	—
所属机构业务	访销机构	—	—	1个客户服务部 3个区域客户服务部	1个营销中心	—
	物流配送机构	—	—	—	—	—
	稽查机构	5个稽查大队	1个稽查支队 3个稽查大队	1个稽查支队 4个稽查大队	1个稽查支队 5个稽查大队	4个稽查大队
	烟叶机构	—	—	—	—	—
销售卷烟（亿支）		17.94	23.01	26.48	18.74	13.76
毛利率（%）		18.52	18.39	18.60	18.41	18.03
实现“两烟”税利（万元）		9974	12474	14787	9956	5491
实现“两烟”利润（万元）		5755	7546	8856	5798	2891
烟叶种植（亩）		—	—	—	—	—
烟叶收购（担）		—	—	—	—	—
零售户数（户）		2050	3090	3457	2317	3191

地市级局（公司）名称		万盛区烟草专卖局（分公司）	渝北区烟草专卖局（分公司）	巴南区烟草专卖局（分公司）	长寿区烟草专卖局（分公司）	江津区烟草专卖局（分公司）
主要负责人/法人代表		徐　建	蒲志奇	黄在春	张　旭	李长中
总资产（万元）		649	2912	1969	1444	4906
资产负债率（%）		—	—	—	—	—
所属县级局（个）		—	—	—	—	—
所属县级公司/分公司（个）		—	—	—	—	—
所属县级营销部（个）		—	—	—	—	—
所属机构业务	访销机构	1个营销中心	—	1个客户服务部 3个区域客户服务部	—	1个客户服务部 6个区域客户服务部
	物流配送机构	—	—	—	—	1个配送部
	稽查机构	2个稽查大队	1个稽查支队 5个稽查大队	1个稽查支队 3个稽查大队	5个稽查大队	7个稽查大队
	烟叶机构	—	—	—	—	—
销售卷烟（亿支）		5.40	29.79	17.40	13.73	18.50
毛利率（%）		18.17	18.52	17.99	17.87	18.00
实现“两烟”税利（万元）		1559	16813	6635	4580	4936
实现“两烟”利润（万元）		642	10220	3647	2366	2293
烟叶种植（亩）		—	—	—	—	—
烟叶收购（担）		—	—	—	—	—
零售户数（户）		1111	5193	3181	3150	3823

地市级局（公司）名称		合川区烟草专卖局（分公司）	永川区烟草专卖局（分公司）	南川区烟草专卖局（分公司）	綦江县烟草专卖局（分公司）	潼南县烟草专卖局（分公司）
主要负责人/法人代表		窦梓铭	肖中华	周　建	张琼华	刘　伟
总资产（万元）		1983	1918	3371	1478	979
资产负债率（%）		—	—	—	—	—
所属县级局（个）		—	—	—	—	—
所属县级公司/分公司（个）		—	—	—	—	—
所属县级营销部（个）		—	—	—	—	—
所属机构业务	访销机构	—	—	—	1个营销中心	1个客户服务部
	物流配送机构	—	—	—	—	—
	稽查机构	6个稽查大队	1个稽查支队 6个稽查大队	1个稽查支队 3个稽查大队	6个稽查支队 1个稽查大队	1个稽查大队 3个稽查中队
	烟叶机构	—	—	1个烟叶站 8个烟叶收购点	—	—
销售卷烟（亿支）		18.34	17.93	10.99	15.37	8.49
毛利率（%）		17.70	17.89	17.90	17.78	17.74
实现“两烟”税利（万元）		5465	5384	4929	4727	1891
实现“两烟”利润（万元）		2733	2699	1599	2436	761
烟叶种植（亩）		—	—	16000	—	—
烟叶收购（担）		—	—	44846	—	—
零售户数（户）		4824	3585	2612	3464	2251

地市级局（公司）名称		铜梁县烟草专卖局（分公司）	大足县烟草专卖局（分公司）	荣昌县烟草专卖局（分公司）	璧山县烟草专卖局（分公司）	梁平县烟草专卖局（分公司）
主要负责人/法人代表		张胜华	赵　飞	范　涛	楚　鹰	李锦福
总资产（万元）		1030	2048	1586	1343	1257
资产负债率（%）		—	—	—	—	—
所属县级局（个）		—	—	—	—	—
所属县级公司/分公司（个）		—	—	—	—	—
所属县级营销部（个）		—	—	—	—	—
所属机构业务	访销机构	—	—	—	1个客户服务部	—
	物流配送机构	—	—	—	—	—
	稽查机构	3个稽查支队	1个稽查大队 5个稽查中队	4个稽查队	1个稽查大队 3个稽查中队	1个稽查大队 4个稽查大队
	烟叶机构	—	—	—	—	—
销售卷烟（亿支）		10.20	13.48	11.66	11.01	10.12
毛利率（%）		17.46	17.75	17.64	17.33	18.41
实现“两烟”税利（万元）		2651	3738	3667	3486	1894
实现“两烟”利润（万元）		1244	1763	1949	1782	617
烟叶种植（亩）		—	—	—	—	—
烟叶收购（担）		—	—	—	—	—
零售户数（户）		2668	3373	1896	2133	2655

地市级局（公司）名称		城口县烟草专卖局（分公司）	丰都县烟草专卖局（分公司）	垫江县烟草专卖局（分公司）	武隆县烟草专卖局（分公司）	忠县烟草专卖局（分公司）
主要负责人/法人代表		夏刚东	杨通华	程念民	肖鹏程	何汝成
总资产（万元）		509	6961	1268	14059	1339
资产负债率（%）		—	—	—	—	—
所属县级局（个）		—	—	—	—	—
所属县级公司/分公司（个）		—	—	—	—	—
所属县级营销部（个）		—	—	—	—	—
所属机构业务	访销机构	—	2个营销中心 1个电访中心	—	—	5个营销中心
	物流配送机构	—	1个配送中心	—	1个配送中心	—
	稽查机构	1个稽查支队	2个稽查中队 1个稽查大队	1个稽查大队 4个稽查中队	3个稽查支队 1个稽查大队	5个稽查支队 1个稽查大队
	烟叶机构	—	8个烟叶站	—	4个烟叶站 31个烟叶收购点	—
销售卷烟（亿支）		2.73	7.85	9.01	5.86	8.60
毛利率（%）		18.71	19.00	18.85	29.60	22.20
实现“两烟”税利（万元）		898	3962	1855	6344	1300
实现“两烟”利润（万元）		230	1089	558	1483	83
烟叶种植（亩）		—	31664	—	72000	—
烟叶收购（担）		—	93556	—	208000	—
零售户数（户）		1314	2871	2499	2145	2876

地市级局（公司）名称		开县烟草专卖局（分公司）	云阳县烟草专卖局（分公司）	奉节县烟草专卖局（分公司）	巫山县烟草专卖局（分公司）	巫溪县烟草专卖局（分公司）
主要负责人/法人代表		邬　俊	潘吉祥	张明礼	陈　涛	李　明
总资产（万元）		1875	1580	2185	21078	11670
资产负债率（%）		—	—	—	—	—
所属县级局（个）		—	—	—	—	—
所属县级公司/分公司（个）		—	—	—	—	—
所属县级营销部（个）		—	—	—	—	—
所属机构业务	访销机构	7个营销中心	—	1个营销中心	1个营销中心	—
	物流配送机构	—	—	1个配送中心	—	—
	稽查机构	7个稽查支队 1个稽查大队	4个稽查支队 1个稽查大队	4个稽查大队	6个稽查支队 1个稽查大队	1个稽查大队
	烟叶机构	—	—	5个烟叶站 18个烟叶收购点	6个烟叶站 18个烟叶收购点	5个烟叶站 16个烟叶收购点
销售卷烟（亿支）		14.54	10.15	11.06	8.27	5.45
毛利率（%）		17.88	18.12	17.85	17.73	17.62
实现“两烟”税利（万元）		4599	2108	7316	5242	6926
实现“两烟”利润（万元）		2331	556	3038	2881	3148
烟叶种植（亩）		—	—	41496	70806	50500
烟叶收购（担）		—	—	145700	251741	134800
零售户数（户）		4228	3602	2927	2457	1683

地市级局（公司）名称		石柱土家族自治县烟草专卖局（分公司）	秀山土家族苗族自治县烟草专卖局（分公司）	酉阳土家族苗族自治县烟草专卖局（分公司）	彭水苗族土家族自治县烟草专卖局（分公司）
主要负责人/法人代表		罗晓庆	何明川	谢　静	江　波
总资产（万元）		7428	1515	19570	29662
资产负债率（%）		—	—	—	—
所属县级局（个）		—	—	—	—
所属县级公司/分公司（个）		—	—	—	—
所属县级营销部（个）		—	—	—	—
所属机构业务	访销机构	1个营销中心 1个电访中心	—	1个营销中心	—
	物流配送机构	—	—	—	—
	稽查机构	1个稽查大队 3个稽查中队	4个稽查中队	3个稽查支队 1个稽查大队	3个稽查支队
	烟叶机构	4个烟叶站 19个烟叶收购点	3个烟叶站 10个烟叶收购点	9个烟叶站 56个烟叶收购点	8个烟叶站 36个烟叶收购点
销售卷烟（亿支）		5.90	8.90	7.98	6.51
毛利率（%）		18.05	18.44	18.17	18.50
实现“两烟”税利（万元）		6941	3523	7214	9307
实现“两烟”利润（万元）		2560	1004	1934	7211
烟叶种植（亩）		39157	7968	83833	120000
烟叶收购（担）		128958	20000	220600	370600
零售户数（户）		1715	2269	2119	2000

注：专卖稽查机构数据确认无误，支、大队数量格局是根据重庆市历年专卖队伍、机构调整形成的。此外，奉节烟叶收购数量含白肋烟。

（龚洪磊）

四川省烟草专卖局（公司）

【概　况】 四川省烟草专卖局、中国烟草总公司四川省公司成立于1983年2月。截至2009年年底，省局（公司）下辖22个市（州）烟草专卖局（公司），以及中国烟草四川进出口有限责任公司1个全资子公司。公司拥有总资产204.5亿元，其中，固定资产32.70亿元、流动资产157.1亿元，资产负债率为17.23%。截至2009年年底，共有从业人员14714人，其中聘用员工8249人。

【领导成员】 局长、总经理、党组书记：龚锦华

副总经理、党组成员：杨永法（2009年7月由副局长改任副总经理）

副总经理、党组成员：陈　霖

副局长、党组成员：黄晋南（2009年7月由纪检组长改任副局长）

副总经理、党组成员：陈　章

纪检组长、党组成员：肖　瑞（2009.7—）

党组成员：胡存忠

总会计师：石　磊

副巡视员：胡志清（—2009.4）

副巡视员：陈维平

副巡视员：商　波（2009.7—）

【机构设置】 省局（公司）机关设13个内设机构：办公室（外事办）、综合计划处（经济运行处）、专卖监督管理处（内部专卖监督管理处）、法规处、财务管理处（国有资产管理处）、审计处、科技处、人事劳资处、思想政治工作处（党办、工会）、监察处、

安全保卫处、投资管理处、四川烟草技术中心；10个专业部门：专卖稽查总队、卷烟经营管理部、烟叶生产经营管理部、经济信息中心、资金管理中心、整顿烟草经济秩序办公室、烟草质量监督检测站、离退休人员管理办公室、烟草职工教育培训中心（烟草职业技能鉴定站）、机关后勤服务管理中心；1个专业公司：中国烟草四川进出口有限责任公司；1个社团组织：省烟草学会；1个临时机构：驻京办。

【专卖管理】 卷烟打假。省局继续强化与公、检、法等部门的卷烟打假联合协作机制，深入开展“天府一号”烟草市场专项整治行动，实施多层次、全方位综合打击。全年共查处涉烟违法案件2.65万起，查获假冒卷烟5.85亿支，案值共计2亿元。破获制售假烟网络案件48起，实现全省辖区“破网无盲区”，捣毁制假窝点88个。公安、司法机关依法刑事拘留347人，判刑125人。

内部专卖管理监督。按照《烟草行业内部专卖管理监督工作规范》，省局修订、新增了15项专卖内管工作制度和企业生产经营自律制度，进一步完善内管长效机制，实现了阶段性集中整顿向制度化日常监管的转变。开发了专卖内部监管信息系统，搭建了全省一个平台、三级协同监管的信息化监管格局，实现了对商业企业经营活动的实时预警，有效提升了监管效率。全年共开展日常同级监管近200次，发现整改问题4类7项，全省行业工商企业实地检查面达100%，规范经营得到保障。

【生产经营】 2009年，全省烟草商业系统销售卷烟1177.63亿支（235.53万箱），同比增长4.37%，其中，销售一类烟104.96亿支（20.99万箱）、二类烟73.57亿支（14.72万箱）、三类烟294.18亿支（58.84万箱）、四类烟520.81亿支（104.16万箱）、五类烟184.11亿支（36.82万箱）。销售全国性重点骨干品牌卷烟700.63亿支（140.13万箱），占总销量的59.49%，同比增长19.04%。品牌集中度不断提高，全省销售卷烟品牌85个，同比减少14个；品牌规格313个，同比减少19个。本辖区销量居前三位的品牌分别是“天下秀”、“娇子”、“云烟”，销量分别为“天下秀”322.5亿支（64.5万箱）、“娇子”131.2亿支（26.24万箱）、“云烟”106.91亿支（21.38万箱）。

全年实现“两烟”销售收入392.74亿元，同比增长18%。根据国务院有关精神，调整卷烟消费税，部分利润转为税赋，全年增加卷烟消费税16.54亿元。实现“两烟”税利98.97亿元，同比增长30.50%，其中卷烟税利77.34亿元。实现“两烟”利润61.67亿元，同比增长15.18%，其中卷烟利润50.76亿元。

【烟叶产销】 烟叶种植与收购。2009年，全省签订烟叶种植合同14.6万份，实际移栽面积134.4万亩。收购烟叶21.89万吨（437.73万担），同比增长22.6%，其中，收购烤烟20.93万吨（418.58万担）、白肋烟0.52万吨（10.4万担）、香料烟0.013万吨（0.25万担）、晒烟0.43万吨（8.5万担）。全省烟农种烟收入31亿元，户均收入2.1万元。

现代烟草农业建设。2009年，省局（公司）提高科学规划水平，加大烟基建设投入，促进烟叶低碳烘烤，全面推行“两头工场化、中间专业化”的生产模式，打造烟叶一体化信息管理平台，提高现代烟草农业建设水平。全省11个现代烟草农业建设试点共落实烟叶种植面积9.43万亩；千亩以上连片种植面积达5万亩，户均种植面积达19.83亩；种植专业户、专业合作社（互助组）、家庭农场三种生产组织模式占试点总面积的80%以上。启动新烟区建设，6个新烟区基地单元总面积达9.2万亩，千亩以上连片规模达83%。

烟叶流通。省局（公司）建立了烟叶等级质量责任制和预警机制，严肃收购纪律，狠抓监督管理，做好烟叶原收原调工作。全省烟叶产区的各级站点全面落实入户预检，坚持对样收购、逐把验级，烟叶流通运行模式更加完善。收购等级合格率不断提高，国家局抽检等级合格率为79.67%，同比提高2.2个百分点；工商交接等级合格率同比提高7.3个百分点。

【卷烟销售网络建设】 市场价格和社会库存监控体系建设。2009年，省公司构建了“覆盖全省、科学适用、监控及时、服务营销”的市场价格和社会库存监控体系。监控体系通过分层随机不等比例抽取监控样本，全面监控全国性卷烟重点骨干品牌，建立数理统计和分析指标，真实反映市场信息，通过AC尼尔森公司复核，全省样本总误差在3%以内，市（州）公司误差在5%以内。截至年底，卷烟社会库存13.6亿支（2.72万箱），社会存销比控制在0.2～0.25的合理区间，商业库存比控制在0.65～0.8的合理范围。

卷烟营销管理。省公司制定了《卷烟存销比管理实施细则》、《全省网上集中交易管理办法》、《雪茄烟销售管理指导意见》等16个规范性营销管理文件，全面提升营销管理的制度化、标准化、科学化水平。推进网上订货工作，探索构建全省统一的电子商务平台，截至年底，全省系统开展网上订货的零售客户达到

9791户，网上订货成功率达92.1%。

客户服务。加强对卷烟零售客户的经营指导，全年培训零售客户4.9万户，零售客户赢利率达11.53%。营销服务向农村客户和特业场所延伸，与邮政储蓄银行签订全面战略合作协议，拓展结算网点，解决零售客户经营难题。开展客户满意度调查，调查3.4万人次，全省客户满意度达92.6%。

【企业管理】 内部监管。深入开展“三项检查”工作，新增制度266个，废止制度56个，修订制度105个，形成现行制度453个。推进审计委派制试点工作，完成审计项目517项，提出审计建议600余条，获得直接经济效益7063万元，其中，工程项目结算审计审减金额2440万元。开展税价政策调整、资产专项检查和“小金库”专项治理活动，全省烟草商业系统各级企业的银行账户均纳入了财政监管系统。

基础管理。省公司完成了质量管理体系转版工作，新增和修订制度类文件981个，出台技术类标准41个、管理类标准569个。全面推进目标管理，调整完善全省商业系统目标考核体系，适当增加反映内涵式发展的指标，体现考核导向需求，推动企业整体目标的实现。探索机关效能建设，总结推广广安市公司效能建设经验，实现企业组织管理模式创新。强化安全管理，突出隐患治理和专项整治，全省烟草商业系统开展安全检查1976次，整治隐患186处。

基础建设。加大物流中心建设力度，2009年，都江堰、广元、内江、南充、凉山、自贡、宜宾烟草物流中心建成投入使用。严格投资项目管理，全年完成53个项目招标审核工作，涉及投资金额3.56亿元。截至年底，灾后重建项目完成了计划的55.6%。

【信息化建设】 2009年，省局（公司）继续推进全省烟草商业信息化系统集成项目，实施了应用集成一期建设，通过引入服务组件化（SOA）建设思路，建立企业服务总线（ESB），将系统功能服务、交换服务集中化，实现了数据、流程、界面3个层面的集成整合，降低了信息化建设成本，提高了信息协调共享能力。加快推进市场价格和社会库存监控系统、工商协同平台、网上订货系统、车载GPS监管系统、审计管理系统、投资管理系统等重点信息化工程建设，满足业务发展的要求。以数据中心二期建设为突破口，深化信息化应用，构建智能化决策分析架构，发挥信息系统辅助决策作用。

【多元化经营】 省局（公司）稳步推进多元化企业清理整顿工作，针对企业实际情况选择清退方式，妥善处理遗留问题，争取政策支持，降低清退成本，减少投资损失。2009年，清退计划完成率100%，实现“瘦身”目标。按照省局（公司）多元化经营企业整改方案，保留控股多元化经营企业6家，涉及行业类型4类，其中，住宿和餐饮业2家，投资额4894万元；烟草专用复合肥领域2家，投资额3900万元；物业管理类1家，投资额270万元；货物运输类1家，投资额100万元。

省局（公司）对6家存续多元化经营企业加大了管理力度，健全了法人治理结构，完善了内控措施。2009年，6家多元化经营企业主营业务收入48036万元，实现利润2370万元，同比增长71%。

【人力资源管理】 干部队伍建设。2009年，调整任命省局（公司）领导干部5人；调整充实自贡、巴中、达州等9个市（州）局（公司）领导班子。全年提拔县处级领导干部37人，调整、交流、改任县处级领导干部8人。考核了16名任职试用期满的领导干部，并根据考核结果办理按期转正手续。

员工培训。落实《四川省烟草商业系统教育培训实施办法》，全年共举办各类培训班961期，培训5.3万人次，其中，省局（公司）机关各部门举办培训班38期，培训4500余人次。省局（公司）委托中国烟草总公司职工进修学院举办了第二期全省烟草商业系统的企业培训师职业资格培训，共有62人参加培训，51人获得企业培训师职业资格证书。

职业技能鉴定与职称评定。2009年，省局（公司）烟草职业技能鉴定站开展了营销师（卷烟商品营销）、烟叶分级工和烟草专卖管理员3个职业（工种）、10个批次的鉴定。全年共申报鉴定4841人，其中，初级工1423人、中级工2774人、高级工644人。收集整理并推荐高级专业技术职称申报人员5人，报国家局参加评审。对各市（州）局（公司）组织申报的20名农艺师进行了资料收集整理，并组织召开农艺师评审会。

【思想政治工作】 深入学习实践科学发展观活动。2009年，省局（公司）机关和所属各单位开展了深入学习实践科学发展观活动，省局（公司）形成6.6万字调研成果，提出109条工作思路和对策措施，梳理并落实整改事项43项。全省烟草商业系统活动测评满意度达99.9%，有7个单位被地方党委、政府评为学习实践活动“先进单位”。

文明单位创建。贯彻实施《精神文明单位创建条例》，省局（公司）所属各单位不断深化创建工作。2009年，全省烟草商业系统获得国家级文明单位称号

1个、省级文明单位称号20个、市级文明行业称号9个，18个市（州）局（公司）实现了文明创建全覆盖。

【企业文化】 2009年，全省烟草商业系统继续深化企业文化建设，提升竞争软实力，省局（公司）制定了《2009年企业文化建设实施意见》、《学习贯彻行业文化架构体系的通知》和《关于推广使用中国烟草视觉识别系统的意见及补充通知》等文件。推广运用行业文化评价体系和《中国烟草视觉识别系统》，推进全省行业VI标识的替换和规范工作，完成了行业文化评价体系管理平台的招投标，并开展了专项培训，进行了22个市（州）局（公司）的文化评价体系软件应用试运行工作。

【特事要辑】 3月9日，省局（公司）召开“国家局机关第二批赴四川烟草灾区挂职干部座谈会”，国家局机关第二批到四川烟草商业系统挂职干部共有5人，分别挂职广元、北川、什邡、彭州、汶川县（市）局，挂职时间一年。

3月25～27日，驻国家局纪检组组长潘家华一行到凉山州西昌、喜德、德昌、盐源等县（市），调研凉山现代烟草农业建设情况。

4月21～22日，国家局副局长何泽华一行到成都、德阳市局（公司）调研指导工作。

5月12日，省局（公司）在广元市举行四川烟草商业系统“5·12”地震一周年纪念大会。

6月17～20日，国家局局长姜成康一行到四川烟草商业调研，实地考察了凉山州喜德县新烟区开发建设项目、冕宁县现代烟草农业建设试点和凉山烟草物流中心。

四川省局（公司）主要统计指标汇总

“两烟”税利（亿元）	“两烟”利润（亿元）	销售卷烟（亿支）	烟叶种植（万亩）	烟叶收购（万担）
98.97	61.67	1177.63	134.40	437.73

所属地市级局（公司）

成都市烟草专卖局（公司）

成都市烟草专卖局、四川省烟草公司成都市公司成立于1983年，下辖青羊区、金牛区、武侯区、高新区、锦江区、成华区6个区烟草专卖局，城区第一、第二、第三营销部（城区第一营销部辖金牛、青羊两区，第二营销部辖武侯、高新两区，第三营销部辖锦江、成华两区），以及龙泉驿区、青白江区、新都区、温江区、彭州市、邛崃市、崇州市、金堂县、双流县、郫县、大邑县、蒲江县、新津县13个县级烟草专卖局（营销部）和1个物流中心。市局（公司）实行全员聘用制，截至2009年年底，有从业人员1376人。

全年辖区销售卷烟247.75亿支（49.55万箱）。实现卷烟销售收入927389万元，同比增长15.53%。实现卷烟税利252633万元，同比增长17.99%，其中卷烟利润175183万元。

市局全面推广卷烟市场“县、乡、村三级联管”综合治理监管模式，初步形成了全天候、全覆盖的卷烟市场监管格局。全年共查处涉烟违法案件5770起，查获假冒卷烟4.88亿支，打掉制假窝点32个，上缴罚没款2107万元。移送涉烟案件164起，公安、司法机关依法刑事拘留70人，逮捕30人，判刑78人。全年破获符合国家局标准的制售假烟网络案件2起，案值共计596.73万元。

完善以电子商务为主要特征的现代营销模式，启动零售客户网上订货工作，深入开展零售客户分类培训，优化服务手段，提升服务质量，全市零售客户赢利率达12.51%，客户满意度达93.5%。推进环境友好型企业建设，开展烟用废旧塑封薄膜回收工作，全年累计回收50余吨，回收率达52%以上。

自贡市烟草专卖局（公司）

自贡市烟草专卖局、四川省烟草公司自贡市公司成立于1983年，下辖富顺县、荣县、直属分局3个县级烟草专卖局（营销部）。市局（公司）实行全员聘用制，共有从业人员287人。

全年辖区销售卷烟37.77亿支（7.55万箱）。实现卷烟销售收入99648万元，同比增长12.31%。实现卷烟税利22441万元，同比增长27.80%，其中卷烟利润14630万元。

全年共查处涉烟违法案件750起，查获假冒卷烟460.5万支，打掉制假窝点2个、贩藏假烟窝点15个，案值共计510.96万元，上缴罚没款84.89万元。移送涉烟案件7起，公安、司法机关依法刑事拘留24人，逮捕6人，判刑5人。全年破获制售假烟网络案件2起，案值共计115万元。

攀枝花市烟草专卖局（公司）

攀枝花市烟草专卖局成立于1984年，四川省烟草公司攀枝花市公司成立于1983年，下辖仁和区、盐边县、米易县、东区、西区5个县级烟草专卖局和仁和、盐边、米易、直属4个县级卷烟营销部。共有从业人员721人，其中聘用员工587人。

全年辖区销售卷烟22亿支（4.4万箱）。实现“两烟”销售收入92019万元，同比下降8.19%。实现“两烟”税利27255万元，同比增长76.45%，其中卷烟税利16070万元。实现“两烟”利润16438万元，其中卷烟利润10207万元。

全年共出动专卖执法人员9800余人次，车辆1800余台次，查处涉烟违法案件481起。查获假冒卷烟531.4万支，查获非法烟叶24.5吨。打掉制假窝点2个、囤积窝点1个。公安、司法机关依法刑事拘留2人，批捕2人。全年破获制售假烟网络案件1起。

全年投入烟基建设资金8144万元，建成水窖175座、水池111座、沟渠56条、管网112条、机耕路23.83千米，新建卧式密集型烤房1860座、晾房1560座。烟水配套工程实际受益面积累计1.14万亩。烟农实现种烟收入2.77亿元，同比增加1.05亿元；烟农户均收入1.46万元，同比增加3874元。

开展现代烟草农业建设试点面积8308亩，与同地区大面积生产相比，试点区域亩产烟叶159.75千克，提高19.54千克；亩均用工24.5个，减少19.8个，节约成本975元；亩产值2163元，提高331元。

泸州市烟草专卖局（公司）

泸州市烟草专卖局、四川省烟草公司泸州市公司成立于1983年，下辖江阳区、龙马潭区、纳溪区、泸县、合江县、叙永县、古蔺县7个县级烟草专卖局（营销部），以及四川省烟草公司泸州市公司烟叶生产技术推广应用中心、四川三友打叶复烤有限责任公司。共有从业人员1661人，其中聘用员工528人。

全年辖区销售卷烟64.5亿支（12.9万箱）。实现“两烟”销售收入221725万元，同比增长16.47%。实现“两烟”税利51465万元，同比增长3.59%，其中卷烟税利37887万元。实现“两烟”利润27443万元，其中卷烟利润24410万元。

全年共查处涉烟违法案件1767起，查获假冒卷烟319.9万支，查获非法烟叶59.16吨，打掉制假窝点3个、贩藏假烟窝点2个，案值共计300万元，上缴罚没款79.33万元。移送涉烟案件24起，公安、司法机关依法刑事拘留30人，逮捕8人，判刑8人。全年破获符合国家局标准的制售假烟网络案件3起。

全年投入烟基建设资金1.16亿元，建成水窖12个、水池164个、沟渠46条、管网191条、塘坝12座、机耕路7.34千米，新建密集型烤房1198座、热源外置式普改密烤房1097座。烟农实现种烟收入4.5亿元，同比增加0.7亿元；烟农户均收入2.16万元，同比增加601元。

开展现代烟草农业建设试点面积1.77万亩，与同地区大面积生产相比，试点区域亩产烟叶157.6千克，提高14.8千克；亩均用工20个，减少10个，节约成本500元；亩产值2370元，提高254元。

德阳市烟草专卖局（公司）

德阳市烟草专卖局、四川省烟草公司德阳市公司成立于1983年，下辖旌阳区、绵竹市、什邡市、广汉市、中江县、罗江县6个县级烟草专卖局（营销部）。共有从业人员505人，其中聘用员工168人。

全年辖区销售卷烟55亿支（11万箱）。实现“两烟”销售收入180478万元，同比增长28.27%。实现“两烟”税利43702万元，同比增长50.36%，其中卷烟利润42114万元。实现“两烟”利润28546万元，其中卷烟利润27468万元。

全年共查处涉烟违法案件2251起，查获假冒卷烟3087.62万支，查获非法烟叶20.77吨，打掉制售假烟窝点、贩藏假烟窝点45个，案值共计840.65万元，上缴罚没款80.8万元。公安、司法机关依法刑事拘留15人，逮捕10人，判刑1人。全年破获制售假烟网络案件2起，其中符合国家局标准的网络案件1起，案值共计635.3万元。

全年投入烟基建设资金256万元，建成沟渠18条，机耕路6.27千米。

开展现代烟草农业建设试点面积8400亩，与同地区大面积生产相比，试点区域亩产烟叶200千克，提高15千克；亩均用工35个，减少1.5个，节约成本75元；亩产值2935元，提高100元。

绵阳市烟草专卖局（公司）

绵阳市烟草专卖局、四川省烟草公司绵阳市公司成立于1984年，下辖涪城区、江油市、三台县、盐亭县、梓潼县、安县、北川羌族自治县、平武县8个县级烟草专卖局（营销部）和游仙区烟草专卖局。有从业人员660人，其中聘用员工360人。

全年辖区销售卷烟72.5亿支（14.50万箱）。实现卷烟销售收入201811万元，同比增长29.50%。实现卷烟税利47932万元，同比增长41.10%，其中卷烟利润31861万元。

全年共查处涉烟违法案件1308起，查获假冒卷烟475.11万支，打掉制假窝点1个、贩藏假烟窝点18个，案值共计700余万元，上缴罚没款87.21万元。移送涉烟案件12起，公安、司法机关依法刑事拘留5人，逮捕4人，判刑5人。全年共破获制售假烟网络案件3起，其中符合国家局标准的网络案件1起，案值共计711万元。

广元市烟草专卖局（公司）

广元市烟草专卖局、四川省烟草公司广元市公司成立于1985年，下辖苍溪县、旺苍县、剑阁县、青川县、利州区、元坝区、朝天区7个县级烟草专卖局（营销部）。共有从业人员706人，其中聘用员工508人。

全年辖区销售卷烟38.07亿支（7.61万箱）。实现“两烟”销售收入108562万元，同比增长20.64%。实现“两烟”税利23803万元，同比增长52.32%，其中卷烟税利22475万元。实现“两烟”利润14005万元，其中卷烟利润13354万元。

全年共查处涉烟违法案件967起，查获假冒卷烟239.97万支，打掉贩藏假烟窝点3个，案值共计168万元，上缴罚没款58.94万元。移送涉烟案件2起，公安、司法机关依法刑事拘留6人，逮捕3人，判刑3人。全年破获符合国家局标准的制售假烟网络案件1起，案值60.55万元。

全年投入烟基建设资金1.62亿元，建成水池282个、沟渠6.95千米、管网193.43千米、塘坝492座、泵站2个、机耕路415.52千米，新建卧式密集型烤房2685座，热源内置功能性小烤房改造208座。烟水配套工程实际受益面积累计13.45万亩，受益农户1.7万户。烟农实现种烟收入1.83亿元，同比增加0.64亿元；烟农户均收入1.5万元，同比增加2000元。

开展现代烟草农业建设试点面积920亩，与同地区大面积生产相比，试点区域亩产烟叶151.41千克，提高21.41千克；亩均用工29.9个，减少12.1个，节约成本605元；亩产值2422元，提高602元。

遂宁市烟草专卖局（公司）

遂宁市烟草专卖局、四川省烟草公司遂宁市公司成立于1985年，下辖船山区、安居区、射洪县、蓬溪县、大英县5个县级烟草专卖局（营销部）。市局（公司）实行全员聘用制，共有从业人员314人。

全年辖区销售卷烟40.33亿支（8.07万箱）。实现卷烟销售收入101056万元，同比增长19.83%。实现卷烟税利21320万元，同比增长33.73%，其中卷烟利润13769万元。

全年共查处涉烟违法案件497起，查获假冒卷烟285.32万支，打掉贩藏假烟窝点2个，案值共计573.88万元，上缴罚没款63.01万元。移送涉烟案件1起，公安、司法机关依法刑事拘留23人，逮捕10人。全年破获符合国家局标准的制售假烟网络案件2起，案值共计95.21万元。

内江市烟草专卖局（公司）

内江市烟草专卖局、四川省烟草公司内江市公司成立于1983年，下辖市中区、东兴区、资中县、威远县、隆昌县5个县级烟草专卖局（营销部）。有从业人员479人，其中聘用员工221人。

全年辖区销售卷烟46.5亿支（9.3万箱）。实现卷烟销售收入112640万元，同比增长14.63%。实现卷烟税利21667万元，同比增长31.9%，其中卷烟利润12742万元。

全年共查处涉烟违法案件541起，查获假冒卷烟502.08万支，查获非法烟叶2.04吨，打掉贩藏假烟窝点22个，案值共计539.67万元，上缴罚没款80.5万元。公安、司法机关依法刑事拘留6人，逮捕3人，判刑8人。全年破获符合国家局标准的制售假烟网络案件2起，案值共计255万元。

乐山市烟草专卖局（公司）

乐山市烟草专卖局、四川省烟草公司乐山市公司成立于1984年，下辖市中区、峨眉山市、五通桥区、犍为县、井研县、夹江县、沙湾区、峨边彝族自治县、金口河区、马边彝族自治县、沐川县11个县级烟草专卖局（营销部），以及峨眉山金叶宾馆1个多元化企业。共有从业人员402人，其中聘用员工236人。

全年辖区销售卷烟51.5亿支（10.3万箱）。实现“两烟”销售收入147472万元，同比增长16.31%。实现“两烟”税利32021万元，同比增长29.31%，其中卷烟税利31739万元。实现“两烟”利润21073万元，其中卷烟利润20829万元。

全年共查处涉烟违法案件867起，查获假冒卷烟52.86万支，打掉制假窝点1个、贩藏假烟窝点9个，案值共计401万元，上缴罚没款146.55万元。移送涉烟案件1起，公安、司法机关依法刑事拘留9人，逮捕6人。全年破获符合国家局标准的制售假烟网络案件1起。

南充市烟草专卖局（公司）

南充市烟草专卖局、四川省烟草公司南充市公司成立于1984年，下辖顺庆区、高坪区、嘉陵区3个县级烟草专卖局，以及西充县、南部县、仪陇县、蓬安县、营山县、阆中市6个县级烟草专卖局（营销部）和1个直属卷烟营销部。共有从业人员666人，其中聘用员工326人。

全年辖区销售卷烟71亿支（14.2万箱）。实现卷烟销售收入174797万元，同比增长25.27%。实现卷烟税利35264万元，同比增长41.03%，其中卷烟利润21887万元。

全年共查处涉烟违法案件3089起，查获假冒卷烟261.23万支，打掉制假窝点2个，案值共计692.49万元，上缴罚没款70.63万元。移送涉烟案件14起，公安、司法机关依法刑事拘留23人，逮捕15人，判刑4人。全年破获制售假烟网络案件2起。

宜宾市烟草专卖局（公司）

宜宾市烟草专卖局、四川省烟草公司宜宾市公司成立于1983年，下辖翠屏区、宜宾县、南溪县、江安县、长宁县、高县、筠连县、珙县、兴文县、屏山县10个县级烟草专卖局（营销部），以及宜宾三原烟叶复烤有限责任公司1个烟叶加工企业。共有从业人员847人，其中聘用员工266人。

全年辖区销售卷烟66.03亿支（13.21万箱）。实现“两烟”销售收入205334万元，同比增长16.93%。实现“两烟”税利41005万元，同比增长36.22%，其中卷烟税利34213万元。实现“两烟”利润18997万元，其中卷烟利润20343万元。

全年共查处涉烟违法案件1456起，查获假冒卷烟185.27万支，查获非法烟叶14.54吨，打掉制假窝点2个、贩藏假烟窝点15个，上缴罚没款148.82万元。移送涉烟案件10起，公安、司法机关依法刑事拘留38人，逮捕11人，判刑10人。全年破获制售假烟网络案件5起，其中符合国家局标准的制售假烟网络案件2起，案值共计651.2万元。

全年投入烟基建设资金1.64亿元，建成水窖14个、水池581个、沟渠71条、管网205条、塘坝29座、机井1口、机耕路134.12千米，新建密集型烤房2894座。烟水配套工程实际受益面积累计5.61万亩，受益农户0.8万户。烟农实现种烟收入2.46亿元，同比增加0.1亿元；烟农户均收入3.49万元，同比增加969元。

开展现代烟草农业建设试点面积6116亩，与同地区大面积生产相比，试点区域亩产烟叶156千克，提高21千克；亩均用工22.9个，减少17.1个，节约成本606.5元；亩产值2167元，提高292元。

广安市烟草专卖局（公司）

广安市烟草专卖局、四川省烟草公司广安市公司成立于1993年，下辖广安区、岳池县、武胜县、华蓥市、邻水县5个县级烟草专卖局（营销部）。共有从业人员409人，其中聘用员工183人。

全年辖区销售卷烟45.01亿支（9.002万箱）。实现卷烟销售收入99916万元，同比增长17.74%。实现卷烟税利19595万元，同比增长35.97%，其中卷烟利润11933万元。

全年共出动专卖执法人员1万人次，开展法律法规宣传15次，查处涉烟违法案件846起，上缴罚没款28.29万元，查获假冒卷烟155.48万支。破获制售假烟网络案件4起。公安、司法机关依法刑事拘留21人，逮捕11人，判刑1人。

达州市烟草专卖局（公司）

达州市烟草专卖局、四川省烟草公司达州市公司成立于1984年，下辖通川区、达县、万源市、大竹县、宣汉县、渠县、开江县7个县级烟草专卖局（营销部）。市局（公司）实行全员聘用制，共有从业人员774人。

全年辖区销售卷烟65.55亿支（13.11万箱）。实现“两烟”销售收入162716万元，同比增长16.52%。实现“两烟”税利34663万元，同比增长30.14%，其中卷烟税利35257万元。实现“两烟”利润20202万元，其中卷烟利润22772万元。

全年共查处涉烟违法案件1543起，查获假冒卷烟769.77万支，打掉制假窝点2个、贩藏假烟窝点77个，案值共计605.53万元，上缴罚没款122.57万元。移送涉烟案件34起，公安、司法机关依法刑事拘留37人，逮捕15人，判刑2人。全年破获制售假烟网络案件3起。

全年投入烟基建设资金3190万元，建成水池69个、沟渠2条、管网5条、塘坝25座，新建卧式密集型烤房274座，热源内置功能性小烤房改造734

座。烟水配套工程实际受益面积累计3.63万亩，受益农户0.57万户。烟农实现种烟收入7960万元，同比增加5160万元；烟农户均收入7500元，同比增加1000元。

巴中市烟草专卖局（公司）

巴中市烟草专卖局、四川省烟草公司巴中市公司成立于1993年，下辖巴州区、通江县、南江县、平昌县4个县级烟草专卖局（营销部）。有从业人员346人，其中聘用员工116人。

全年辖区销售卷烟35亿支（7万箱）。实现卷烟销售收入81833万元，同比增长16.51%。实现卷烟税利14552万元，同比增长24.66%，其中卷烟利润8372万元。

全年共查处涉烟违法案件915起，查获假冒卷烟176.5万支，案值191.54万元，上缴罚没款24.93万元。公安机关刑事拘留8人。破获制售假烟网络案件2起。

雅安市烟草专卖局（公司）

雅安市烟草专卖局、四川省烟草公司雅安市公司成立于1983年，下辖雨城区、名山县、荥经县、汉源县、石棉县、天全县、芦山县、宝兴县8个县级烟草专卖局和雨城、名山、荥经、汉源、石棉、天全、芦宝7个卷烟营销部。有从业人员232人，其中聘用员工113人。2009年，市局（公司）被中央精神文明建设指导委员会授予“全国文明单位”称号。

全年辖区销售卷烟23.45亿支（4.69万箱），同比增长0.68%。实现卷烟销售收入59534万元，同比增长9.61%。实现卷烟税利12173万元，同比增长19.41%，其中卷烟利润7918万元。

全年共查处涉烟违法案件403起，查获假冒卷烟66.49万支，查获非法烟叶19吨，移送涉烟案件6起，公安、司法机关行拘3人，逮捕3人，判刑1人。破获制售假烟网络案件2起。

眉山市烟草专卖局（公司）

眉山市烟草专卖局、四川省烟草公司眉山市公司成立于1997年，下辖东坡区、仁寿县、洪雅县、彭山县、青神县、丹棱县6个县级烟草专卖局（营销部）。有从业人员346人，其中聘用员工200人。

全年辖区销售卷烟43.27亿支（8.65万箱）。实现卷烟销售收入121008万元，同比增长20.37%。实现卷烟税利27622万元，同比增长34.03%，其中卷烟利润18103万元。

全年共查处涉烟违法案件516起，查获假冒卷烟272.26万支。破获了仁寿“1·22”、仁寿“5·20”、洪雅“7·16”、东坡“10·27”等制售假烟网络案件，移送公安、司法机关依法刑事拘留41人，判刑1人。

资阳市烟草专卖局（公司）

资阳市烟草专卖局、四川省烟草公司资阳市公司成立于1998年，下辖雁江区、简阳市、安岳县、乐至县4个县级烟草专卖局（营销部）。有从业人员492人，其中聘用员工115人。

全年辖区销售卷烟47.11亿支（9.42万箱）。实现卷烟销售收入110426万元，同比增长12.29%。实现卷烟税利20781万元，同比增长35.35%，其中卷烟利润12602万元。

全年共查处涉烟违法案件1217起，查获非法卷烟574.98万支，上缴罚没款46.65万元。全市市场净化率为97.8%，持证经营率为98.3%。

凉山彝族自治州烟草专卖局（公司）

凉山彝族自治州烟草专卖局、四川省烟草公司凉山彝族自治州公司成立于1984年，下辖会理县、会东县、宁南县、德昌县、西昌市、普格县、盐源县、冕宁县、越西县、金阳县、布拖县、雷波县、美姑县、甘洛县、昭觉县、喜德县、木里藏族自治县17个县级烟草专卖局（营销部），以及四川三益烟草有限责任公司、四川金叶化肥股份有限责任公司2个控股公司。有在岗员工2771人。

全年辖区销售卷烟63.75亿支（12.75万箱）。实现卷烟销售收入156934万元，同比增长17.69%。实现“两烟”税利193178万元，同比增长10.82%，其中卷烟税利39655万元。实现“两烟”利润115525万元，其中卷烟利润25932万元。

全年共查处涉烟违法案件884起，查获假冒卷烟136.36万支，查获非法烟叶22.29吨，上缴罚没款95.96万元。移送涉烟案件4起，公安、司法机关依法刑事拘留5人，逮捕2人，判刑2人。全年破获符合国家局标准的制售假烟网络案件2起。

2009年，烟草行业投入烟基建设资金5.86亿元，建设水池1911口、水窖177口、沟渠558条、管网143处、提灌站13座，整治山坪塘22座，修建机耕道223条，新建密集型烤房1.31万座。烟农实现种烟收入19.96亿元，同比增加3.35亿元；烟农户均收入2.37万元，同比增加4479元。

开展现代烟草农业建设试点面积5.85万亩，与同地区大面积生产相比，试点区域亩产烟叶159.5千克，提高5千克；亩均用工21个，减少16个，节约成本606.5元；亩产值2357元，提高126元。

阿坝藏族羌族自治州烟草专卖局（公司）

阿坝藏族羌族自治州烟草专卖局、四川省烟草公司阿坝藏族羌族自治州公司成立于2003年，下辖阿坝县、金川县、理县、茂县、汶川县、马尔康县、若尔盖县、松潘县、黑水县、九寨沟县、红原县、壤塘县、小金县13个县级烟草专卖局（营销部）。有从业人员217人，其中聘用员工105人。

全年辖区销售卷烟14.95亿支（2.99万箱）。实现卷烟销售收入50144万元，同比增长38.6%。实现卷烟税利8729万元，同比增长240.58%，其中卷烟利润4908万元。

全年共查处涉烟违法案件170起，查获假冒卷烟242.9万支。全年开展集中销毁假烟活动3次，销毁非法卷烟989万支。联合公安机关开展代号为“天府一号”的专项行动，会同工商部门开展卷烟零售许可证清理，破获1起销售假烟网络案件，涉案金额162万元，公安机关逮捕1人，追逃2人。

甘孜藏族自治州烟草专卖局（公司）

甘孜藏族自治州烟草专卖局、四川省烟草公司甘孜藏族自治州公司成立于2003年，下辖康定县、泸定县、丹巴县、九龙县、理塘县、巴塘县、乡城县、炉霍县、甘孜县、德格县10个县烟草专卖局（营销部），以及雅江县、稻城县、得荣县、道孚县、色达县、新龙县、石渠县、白玉县8个县烟草专卖局。共有从业人员267人，其中聘用员工102人。

全年辖区销售卷烟13.75亿支（2.75万箱）。实现卷烟销售收入43914万元，同比增长16.63%。实现卷烟税利7745万元，同比增长26.64%，其中卷烟利润4153万元。

全年共查处涉烟违法案件53起，查获假冒卷烟45.6万支，案值共计5.62万元，上缴罚没款5.82万元。全年破获制售假烟网络案件1起。

都江堰市烟草专卖局（公司）

都江堰市烟草专卖局、四川省烟草公司都江堰市公司成立于1984年，原隶属于成都市烟草专卖局（公司），1996年10月划归四川省局（公司）直属管理。有从业人员103人，其中聘用员工59人。

全年辖区销售卷烟12.8亿支（2.56万箱）。实现卷烟销售收入45943万元，同比增长15.31%。实现卷烟税利10953万元，同比增长25.59%，其中卷烟利润7236万元。

全年共查处涉烟违法案件257起，查获假冒卷烟831.5万支，打掉贩藏假烟窝点3个，案值共计167.33万元，上缴罚没款16.45万元。移送涉烟案件3起，公安、司法机关依法刑事拘留1人。全年破获制售假烟网络案件1起，案值19万元。

所属其他二级单位

中国烟草四川进出口有限责任公司

中国烟草四川进出口有限责任公司成立于1993年5月27日，是中国烟草总公司四川省公司的全资子公司，经营性质为国有独资外贸企业。公司是川渝地区唯一一家具有烟草及其制品进出口经营权的专业外贸公司，主要业务为烟叶出口和卷烟进口。截至2009年年底，公司总资产20453万元，其中，固定资产1389万元、流动资产16547万元，资产负债率为19.08%。公司有从业人员35人。

2009年，公司出口烟叶2.36万吨（含烟梗、烟末），同比增长27.73%。进口卷烟2.45亿支，同比增长16.59%。实现销售收入49843万元，同比增长16.22%。出口实现4892万美元，同比增长18.96%，实现利润10200万元。

2009 年四川省烟草商业系统主要情况统计

地市级局（公司）名称		成都市烟草专卖局（公司）	自贡市烟草专卖局（公司）	攀枝花市烟草专卖局（公司）	泸州市烟草专卖局（公司）	德阳市烟草专卖局（公司）
主要负责人/法人代表		胡存忠	曾德昌（—2009.6） 王广生（2009.6—）	伍仁军	金一兵	宋海荣
总资产（万元）		408847	35056	1735	98745	64558
资产负债率（%）		10.42	8.39	24.31	26.37	8.47
所属县级局（个）		19	3	5	7	6
所属县级公司/分公司（个）		—	—	—	—	—
所属县级营销部（个）		16 个营销部	3 个营销部	4 个营销部	7 个营销部	6 个营销部
所属业务机构	访销机构	1 个营销中心 1 个电访中心	1 个营销中心	1 个营销中心 1 个电访部	1 个营销中心 1 个电访中心	1 个营销中心 1 个电访中心
	物流配送机构	1 个物流中心	1 个物流中心	1 个物流中心	1 个物流中心 1 个配送中心	1 个物流中心 1 个配送中心
	稽查机构	19 个稽查大队	1 个稽查支队	1 个稽查支队	31 个稽查中队	1 个稽查支队
	烟叶机构	—	—	42 个烟叶站	21 个烟叶站	—
销售卷烟（亿支）		247.75	37.77	22.00	64.50	55.00
毛利率（%）		26.73	24.66	26.26	24.53	25.99
实现“两烟”税利（万元）		252633	22441	27255	51465	43702
实现“两烟”利润（万元）		175183	14630	16438	27443	28546
烟叶种植（亩）		—	—	117042	187714	7061
烟叶收购（担）		—	—	384990	540000	24715
零售户数（户）		36091	7741	4191	14440	8849

地市级局（公司）名称		绵阳市烟草专卖局（公司）	广元市烟草专卖局（公司）	遂宁市烟草专卖局（公司）	内江市烟草专卖局（公司）	乐山市烟草专卖局（公司）
主要负责人/法人代表		刘应栋	宋　平	袁　成	刘耀亭	尹　柯
总资产（万元）		80210	56442	26065	34312	48999
资产负债率（%）		15.90	53.65	9.25	10.06	8.72
所属县级局（个）		9	7	5	5	11
所属县级公司/分公司（个）		—	—	—	—	—
所属县级营销部（个）		8 个营销部	7 个营销部	5 个营销部	5 个营销部	11 个营销部
所属业务机构	访销机构	1 个访销中心	1 个营销中心 1 个电访中心	1 个营销中心 1 个电访中心	1 个营销中心	1 个营销中心 1 个电访中心
	物流配送机构	1 个物流中心	1 个物流中心 5 个配送站	1 个物流中心 1 个配送中心	1 个物流中心	1 个物流配送中心
	稽查机构	1 个稽查支队 9 个稽查大队	1 个稽查支队	1 个稽查支队	1 个稽查支队	1 个稽查支队
	烟叶机构	—	8 个烟叶总站 76 个烟叶站	—	—	—
销售卷烟（亿支）		72.50	38.07	40.33	46.50	51.50
毛利率（%）		25.55	14.05	24.87	24.26	25.95
实现“两烟”税利（万元）		47932	23803	21320	21667	32021
实现“两烟”利润（万元）		31861	14005	13769	12742	21073
烟叶种植（亩）		—	80000	—	—	5714
烟叶收购（担）		—	220000	—	—	20000
零售户数（户）		17981	9653	9295	10569	11518

地市级局（公司）名称		南充市烟草专卖局（公司）	宜宾市烟草专卖局（公司）	广安市烟草专卖局（公司）	达州市烟草专卖局（公司）	巴中市烟草专卖局（公司）	雅安市烟草专卖局（公司）
主要负责人/法人代表		步　克	赵屹峰	杜如万	黄凤培（—2009.6） 蒋启尧（2009.6—）	吴长生（—2009.6） 熊良政（2009.6—）	姜　宁
总资产（万元）		41926	98513	25857	51659	18541	22106
资产负债率（%）		8.51	33.13	13.26	10.62	13.94	8.13
所属县级局（个）		9	10	5	7	4	8
所属县级公司/分公司（个）		—	—	—	—	—	—
所属县级营销部（个）		7个营销部	10个营销部	5个营销部	7个营销部	4个营销部	7个营销部
所属业务机构	访销机构	1个营销中心 1个电访中心	1个营销中心 1个订单部	1个营销中心 1个电访中心	1个营销中心 1个电访中心	1个营销中心	1个营销中心 1个电访中心
	物流配送机构	1个物流中心	1个物流中心	1个物流中心	1个物流中心	1个物流中心	1个物流中心
	稽查机构	10个稽查大队	1个稽查支队	1个稽查支队	1个稽查支队	1个稽查支队 4个稽查大队	1个稽查支队
	烟叶机构	—	16个烟叶站	—	8个烟叶站	—	—
销售卷烟（亿支）		71.00	66.03	45.01	65.55	35.00	23.45
毛利率（%）		24.87	24.36	11.94	25.24	25.15	24.89
实现“两烟”税利（万元）		35264	41005	19595	34663	14552	12173
实现“两烟”利润（万元）		21887	18997	11933	20202	8372	7918
烟叶种植（亩）		—	111100	—	42550	—	—
烟叶收购（担）		—	300000	—	140926	—	—
零售户数（户）		20634	12785	11450	19283	8055	4570

地市级局（公司）名称		眉山市烟草专卖局（公司）	资阳市烟草专卖局（公司）	凉山彝族自治州烟草专卖局（公司）	阿坝藏族羌族自治州烟草专卖局（公司）	甘孜藏族自治州烟草专卖局（公司）	都江堰市烟草专卖局（公司）
主要负责人/法人代表		叶章贵（—2009.10） 四朗彭措(2009.10—)	唐　强	宋　俊	苏王福	四朗彭措(—2009.10) 谌泽俊（2009.10—）	刘兴红
总资产（万元）		37833	24797	361333	14502	1055	20072
资产负债率（%）		10.36	6.33	43.41	—	—	19.90
所属县级局（个）		6	4	17	13	18	—
所属县级公司/分公司（个）		—	—	—	—	—	—
所属县级营销部（个）		6个营销部	4个营销部	17个营销部	13个营销部	10个营销部	—
所属业务机构	访销机构	1个营销中心 1个电访中心	1个营销中心	1个营销中心	1个营销中心 1个电访中心	1个营销中心 1个电访中心	1个营销中心 1个电访中心
	物流配送机构	1个物流中心 1个配送中心	1个物流中心	1个物流中心	1个物流中心	1个物流中心	1个物流中心 1个配送中心
	稽查机构	1个稽查支队	1个稽查支队	1个稽查支队 17个稽查大队 1个特勤大队	1个稽查支队 13个稽查大队	1个稽查支队	1个稽查支队
	烟叶机构	—	—	37个烟叶站	—	—	—
销售卷烟（亿支）		43.27	47.11	63.75	14.95	13.75	12.80
毛利率（%）		25.43	24.03	25.49	26.95	23.51	27.40
实现“两烟”税利（万元）		27622	20781	193178	8729	7745	10953
实现“两烟”利润（万元）		18103	12602	115525	4908	4153	7236
烟叶种植（亩）		—	—	848900	—	—	—
烟叶收购（担）		—	—	2746000	—	—	—
零售户数（户）		7477	11898	13828	3190	2420	1911

（张羽翔）

贵州省烟草专卖局（公司）

【概　况】 中国烟草总公司贵州省公司组建于1981年11月，贵州省烟草专卖局组建于1983年9月。2009年，省局（公司）下辖9个地市级烟草专卖局（公司）、中国烟草贵州进出口有限责任公司、贵州省烟草科学研究所，控股管理贵州烟叶复烤有限责任公司。截至2009年年底，公司拥有总资产137.2亿元，其中，固定资产28.1亿元、流动资产102亿元，资产负债率21.69%。全省烟草商业系统从业人员21068人。

【领导成员】 局长、总经理、党组书记：陈卫东
副局长、副总经理、党组成员：杨　俊
副总经理、党组成员：李智勇
副局长、党组成员：任　林
纪检组长、党组成员：钟　勇
副总经理、党组成员：吴洪田（2009.10—）
巡视员：顾青松（—2009.1）

【机构设置】 2009年，省局（公司）对机关机构设置进行了调整。设办公室（外事办公室）、综合计划处（经济运行处）、专卖监督管理处（专卖稽查总队、内部专卖监督管理处）、政策法规与企业管理处、财务管理处（国有资产管理处、资金管理中心）、审计处、科技处、人事处、思想政治工作处（机关党委）、监察处（与党组纪检组合署办公）、安全生产监督管理处、烟叶管理处、卷烟销售管理处13个职能处室，贵州省烟草质量监督检测站、机关离退休职工管理工作办公室、特有工种职业技能鉴定站、烟叶生产基础设施建设管理办公室、信息中心、整顿烟草经济秩序办公室、机关服务中心7个专业部门，以及烟草学会、机关工会。

【专卖管理】 2009年，全省各级烟草专卖局继续保持打假高压态势，充分发挥联合打假长效机制作用，加大重大案件督导力度，建立健全情报网络，准确把握制假动向，严厉打击制售假烟网络。突出日常监管与专项整治相结合，在开展针对性、计划性重点监管的同时，加强节假日期间市场监管，加大非法经营烟叶行为打击力度。联合工商、通信、公安等部门，打击利用互联网等信息网络非法经营烟草专卖品的行为。

全省查获非法卷烟1.22亿支、烟叶及烟丝736.66吨，捣毁制假窝点4个。移送公安、司法机关拘留84人，逮捕64人，判刑44人。全年查获制售假烟网络案件17起，其中案值超过1000万元的网络案件3起。贵阳市局破获的“7·2”制售假烟网络案件，查获假冒卷烟558.68万支，涉案金额2030万元，公安机关查处涉案人员100余人，抓捕27人，批捕5人，网上通缉3人，查扣运输假烟车辆7辆，存放假烟仓库14个。黔南州局破获的“3·25”制售假烟网络案件，查获假冒卷烟489.26万支，捣毁窝点9个，查处分销网点150个，公安、司法机关批捕12人，判刑4人，涉案金额3275万元。

【生产经营】 2009年，全省烟草商业系统销售卷烟595.77亿支（119.15万箱），同比增长9.12%，其中，销售一类烟28.33亿支（5.67万箱），同比增长40.34%；二类烟9.97亿支（1.99万箱），同比增长55.4%；三类烟108.41亿支（21.68万箱），同比增长30.91%；四类烟294.11亿支（58.82万箱），同比增长8.96%；五类烟154.95亿支（30.99万箱），同比下降7.02%。本辖区销量居前三位的卷烟品牌是“黄果树”、“遵义”、“云烟”，销量分别为382.12亿支（76.42万箱）、91.05亿支（18.21万箱）、18.26亿支（3.65万箱）。

根据国务院有关精神，调整卷烟消费税，部分利润转为税赋，全年增加卷烟消费税7.11亿元。实现“两烟”税利52.57亿元，同比增长27.53%，其中卷烟税利28.61亿元。实现“两烟”利润24.85亿元，同比增长10.34%，其中卷烟利润18.21亿元。公司三项费用率为14.67%。

【烟叶产销】 烟叶种植与收购。全省种植烤烟254.4万亩，同比减少43.47万亩。户均种烟规模12.36亩，同比增加2.67亩。收购烟叶35.32万吨（706.32万担），其中，上中等烟比例87.85%。烟农收入53.21亿元，同比增加2.06亿元；户均收入25855元，同比增加9785元。销售烟叶37.9万吨（757.9万担）。其中，销往省外22.8万吨（456.3万担）。出口烟叶3.3万吨（66万担），同比增长1.6%；出口实现9500万美元，同比增长71.8%。

烟叶生产技术推广。按照《2009年烟叶标准化实施意见》和《贵州省2009年烤烟生产技术指导意见》要求，落实技术措施，基本实现育苗供苗、移栽时间、起垄、种植密度、施肥、开沟排水、打顶抹芽、病虫防治、留叶数“九统一”，烟叶标准化生产比例达96.05%。烟叶平均亩产138.85千克，同比增加17.65千克；亩产值2005元，同比增加354.4元。

烟叶资源配置方式改革。按照“四位一体”的要求，以基地单元建设为抓手，发挥工业企业主动参与、深度介入的作用，深入推进工、商、研合作，优化烟叶资源配置，基本形成一个单元对应一个卷烟品牌，主栽一个品种，落实一套技术，实现了品牌、基地、人员“三落实”，技术、管理、质量、考核“四到位”。开展联合攻关，与上海烟草（集团）公司、湖南中烟、湖北中烟、贵州中烟等卷烟工业企业的农艺师、工艺师、配方师，深入余庆、兴义、天柱、威宁、安龙、凤冈6个试点县（市）的7个烟叶基地单元，共同制定技术方案，完善配套措施。

烟叶生产基础设施建设。按照全省烟基建设整体规划，完成烟基建设投资15.11亿元，其中，烟水配套工程投资9.83亿元，受益烟田面积累计115.76万亩；密集型烤房投资4.99亿元，新建烤房1.71万座，改建1.28万座，承烤面积52.46万亩；机耕路投资0.29亿元，建成224.28千米。启动2009年度项目建设，完成烟水配套工程面积15万亩，密集烤房3.3万座，配置烟用农机具1万台（套）。

现代烟草农业建设。按照“一基四化”的基本要求，努力探索具有贵州山区特色的现代烟草农业发展模式。2009年，全省实施现代烟草农业建设试点18个，面积7.2万亩，同比增加5.6万亩。试点有生产主体1884个，专业化服务组织773个。户均种烟38.4亩，比全省平均水平高26.4亩。亩均用工19个，比全省平均水平减少16个。亩产量152.5千克，比全省平均水平提高14千克。亩产值2318元，比全省平均水平提高313元。2009年6月，新华社、中央电视台、《人民日报》等中央媒体对贵州省现代烟草农业建设情况进行了集中报道。12月，全国整县推进现代烟草农业建设培训会在贵阳召开。

【卷烟销售网络建设】 围绕“卷烟上水平”的主要任务，完善品牌培育体系，制定《贵州省烟草商业企业卷烟品牌管理办法》，加大品牌培育力度，全国性卷烟重点骨干品牌销量占总销量的78%，同比提高11.8个百分点，比全国平均水平高24个百分点，“中华”、“芙蓉王”、“贵烟”、“黄果树”等重点骨干品牌价格保持稳定，所有品牌实现顺价销售。

探索具有贵州山区特色的卷烟网建营销模式，网建水平得到提高。全省直接送货到户率为97%，比全行业平均水平高9个百分点；电子结算率为94%，比全行业平均水平高26个百分点。卷烟零售客户毛利率为12%，比全行业平均水平高3.1个百分点；户均赢利1.35万元，比全行业平均水平高3500元。加强客户服务体系建设，打造服务品牌，全省共建成营销服务大厅84个，基本消除300人以上自然村的卷烟零售空白点。开展网上订货试点，全省试点3933户，同比增加2872户。

【科技创新】 2009年，省局（公司）调整了科技委员会成员，重点增加了具有正高职称的外聘专家比例和省局（公司）具有高级职称的专业技术人员。开展全省烟草商业科技进步奖评审工作，向行业内外征集2009年度科技开发项目，收到科技项目申请82项，其中45项新立项科技项目通过审批。“贵州省密集烤房及烘烤工艺的研究与应用”项目获贵州省政府科技进步二等奖，“贵州省烟草主要病虫害监测体系建设与防控技术应用”、“连作烟地土壤障碍因子的发生机理及改良技术研究”和“烤烟棒孢霉叶斑病生物学特性及综合防治研究”获贵州省政府科技进步三等奖，与中国科学技术大学合作的“应用化控技术提高烤烟上部叶可用性研究”项目获2009年度中国烟草总公司科技进步三等奖。

【体制改革】 根据《国家烟草专卖局 中国烟草总公司关于贵州省公司打叶复烤企业重组整合的批复》（国烟法〔2009〕517号），取消贵州遵义烟叶有限责任公司、毕节地区顺泰烟叶有限责任公司、贵州申义烟叶复烤有限责任公司、贵州梵净山烟叶复烤有限责任公司、黔南吉星烟叶有限责任公司、黔西南州金色烟叶有限责任公司6家烟叶复烤企业的法人资格，组建具有独立法人资格的贵州烟叶复烤有限责任公司，并从中国烟草贵州进出口有限责任公司剥离了打叶复烤生产业务及相关资产，作为中国烟草总公司贵州省公司的控股管理公司。公司注册资本12.58亿元，下设贵州烟叶复烤有限责任公司贵阳复烤厂、遵义复烤厂、湄潭复烤厂、毕节复烤厂、铜仁复烤厂、黔南复烤厂、黔西南复烤厂共7个非独立法人的烟叶复烤厂。

【人力资源管理】 干部队伍建设。省局（公司）调整充实机关各部门及直属单位领导班子，提拔处级领导干部26人，交流41人，截至年底，全省烟草商业系统处级领导干部102人，本科以上文化程度76人，占74.5%，比调整前提高11个百分点，干部队伍的年龄、专业结构得到改善。省局（公司）机关39名处级干部中，有28人具有两年以上基层工作经历，20人担任过直属单位或县级局（分公司）“一把手”。

教育培训与技能鉴定。加强职工教育培训、职称评审和职业技能鉴定工作，参加国家局组织的培训200余人次。省局（公司）举办各类培训班30余次，培训各类人员2000余人次。开展烟叶分级、打叶复烤、卷烟营销、专卖管理等工种鉴定4929人，获得职业资格证书1334人。全年有7人获得高级专业技术职务任职资格。

【特事要辑】 5月27日，贵州省省长林树森主持召开专题会议，听取省烟草专卖局（公司）、省水利厅关于烟水配套工程建设进展情况汇报，重点研究基本烟田和烟水配套工程计划。

5月，贵州省政府向国家局争取支持，国家局同意将贵州省基本烟田面积由478万亩调增到600万亩。

6月9～11日，国家局副局长何泽华一行调研贵州烟草商业，指出要保持奋发有为的精神状态，全面推进现代烟草农业建设。

6月14～15日，新华社、中央电视台、《人民日报》等中央媒体对贵州省现代烟草农业建设情况进行采访报道。

7月27～31日，国家局副局长张保振一行调研贵州烟草商业，指出要以科学发展观为统领，努力向更高目标迈进。

8月31日～9月3日，国家局局长姜成康一行调研贵州烟草商业，指出要努力把贵州建设成为高水平、有特色、影响大的全国优质烟叶基地，并提出“打牢基础，突出特色，全面提升，创新发展”的要求。

贵州省局（公司）主要统计指标汇总

“两烟”税利（亿元）	“两烟”利润（亿元）	销售卷烟（亿支）	烟叶种植（万亩）	烟叶收购（万担）
52.57	24.85	595.77	254.40	706.32

所属地市级局（公司）

贵阳市烟草专卖局（公司）

贵阳市烟草专卖局成立于1983年，贵州省烟草公司贵阳市公司成立于2001年，下辖修文县、息烽县、开阳县、清镇市4个县级烟草专卖局（分公司）和南明区、云岩区、小河区、花溪区、乌当区、白云区6个区烟草专卖局，第一营销部（下辖云岩、乌当、白云区）、第二营销部（下辖南明、花溪、小河区）以及修文、息烽、开阳、清镇6个营销部。截至2009年年底，有从业人员1328人。

全年辖区销售卷烟103.91亿支（20.78万箱），同比增长9%。实现“两烟”销售收入364520万元，同比增长23%。实现“两烟”税利86263万元，同比增长19.58%，其中卷烟税利72294万元。实现“两烟”利润56277万元，其中卷烟利润51497万元。

全年查处涉烟违法案件963起，查获假冒卷烟3318万支、非法烟叶及烟丝26.41吨，打掉制假窝点3个、贩藏假烟窝点48个，案值2339万元，上缴罚没款13.13万元。移送公安、司法机关涉烟案件58起，刑事拘留22人，逮捕19人，判刑7人。全年共破获符合国家局标准的网络案件3起，涉案金额共计2530万元。

全年投入烟基建设资金7745万元，建成水池113个、沟渠1条、管网224条、泵站1个、机耕路22千米。新建卧式密集型烤房250座。烟水配套工程实际受益面积累计7万亩，受益农户0.55万户。烟农实现收入2.7亿元，同比增加0.16亿元；烟农户均收入1.54万元。

开展现代烟草农业建设试点面积5万亩，与同地区大面积生产相比，试点区域亩产烟叶150千克，提高15千克；亩均用工25个，减少15个，节约成本900元；亩产值2370元，提高335元。

遵义市烟草专卖局（公司）

遵义市烟草专卖局、贵州省烟草公司遵义市公司成立于1983年，下辖市区、务川仡佬族苗族自治县、湄潭县、遵义县、仁怀市、习水县、道真仡佬族苗族自治县、余庆县、桐梓县、正安县、绥阳县、凤冈县、赤水市13个县级烟草专卖局（分公司）。截至2009年年底，有从业人员4334人。

全年辖区销售卷烟104.95亿支（20.99万箱），同比增长7.09%。实现“两烟”销售收入562265万元，同比增长23.21%。实现“两烟”税利103730万元，同比增长7.97%，其中卷烟税利41246万元。实现“两烟”利润37425万元，其中卷烟利润28641万元。

全年查处涉烟违法案件1905起，查获非法卷烟1541万支、非法烟叶及烟丝124.68吨，总案值1690万元，上缴罚没款61.65万元，移送涉烟违法案件13起，公安、司法机关刑事拘留、判刑6人。全年共破获制售假烟网络案件4起，其中符合国家局标准的网络案件3起。

全年投入烟基建设资金6.004亿元，建成水池1348个、沟渠671条、管网1442条、塘坝84座、泵站58个、机耕路75.19千米，新建卧式密集型烤房1.2万座。烟水配套工程实际受益面积累计31.28万亩，受益农户3.75万户。烟农实现收入14.3亿元，同比增加0.74亿元；烟农户均收入5.17万元，同比增加3.49万元。

开展现代烟草农业建设试点面积9355亩，与同地区大面积生产相比，试点区域亩产烟叶156.27千克，提高26.27千克；亩均用工22.5个，减少12.5个，节约成本500元；亩产值2390元，提高728元。

安顺市烟草专卖局（公司）

安顺市烟草专卖局、贵州省烟草公司安顺市公司成立于1984年，下辖西秀区、紫云苗族布依族自治县、镇宁布依族苗族自治县、平坝县、普定县、关岭布依族苗族自治县6个县级烟草专卖局（分公司）。截至2009年年底，有从业人员963人。

全年辖区销售卷烟44.31亿支（8.86万箱），同比增长11%。实现“两烟”销售收入129897万元，同比增长25%。实现“两烟”税利24915万元，同比增长26.08%，其中卷烟税利19492万元。实现“两烟”利润11481万元，其中卷烟利润10933万元。

全年查处涉烟违法案件278起，查获假冒卷烟167万支、非法烟叶及烟丝4.74吨，捣毁制假、贩假窝点6个。公安、司法机关逮捕3人，判刑2人。全年破获符合国家局标准的制售假烟网络案件1起。

全年投入烟基建设资金5584万元，建成水池105个、管网72条、塘坝2座、泵站43个、机耕路23千米。新建卧式密集型烤房262座，热源内置功能性改造小烤房1000座。烟水配套工程实际受益面积累计8.29万亩，受益农户1.39万户。烟农实现收入1.76亿元，同比增加0.29亿元；烟农户均收入1.85万元，同比增加2500元。

开展现代烟草农业建设试点面积3042亩，与同地区大面积生产相比，试点区域亩产烟叶157.5千克，提高38千克；亩均用工38个，减少16个，节约成本800元；亩产值2276元，提高245元。

六盘水市烟草专卖局（公司）

六盘水市烟草专卖局、贵州省烟草公司六盘水市公司成立于1984年，下辖六枝特区、盘县、水城县3个县级烟草专卖局（分公司）和钟山区烟草专卖局。截至2009年年底，有从业人员985人。

全年辖区销售卷烟47.5亿支（9.5万箱），同比增长6.48%。实现“两烟”销售收入168139万元，同比增长19.31%。实现“两烟”税利36505万元，同比增长16.75%，其中卷烟税利31005万元。实现“两烟”利润19611万元，其中卷烟利润21142万元。

全年查处涉烟违法案件950起，查获假冒卷烟167.95万支、非法烟叶及烟丝0.75吨，贩藏假烟窝点1个，案值共计41.2万元，上缴罚没款15.16万元。移送涉烟案件2起。全年破获制售假烟网络案件1起。

全年投入烟基建设资金8926万元，建成水池374个、沟渠5条、管网473条、塘坝5座、泵站9个。新建卧式密集型烤房600座。烟水配套工程实际受益面积累计6.73万亩，受益农户1.3万户。烟农实现收入1.86亿元，同比增加490万元；烟农户均收入1.38万元。

开展现代烟草农业建设试点面积1002亩，与同地区大面积生产相比，试点区域亩产烟叶130千克，提高11千克；亩均用工26.2个，减少8.8个，节约成本475元；亩产值1720元，提高36元。

黔东南苗族侗族自治州烟草专卖局（公司）

黔东南苗族侗族自治州烟草专卖局、贵州省烟草公司黔东南苗族侗族自治州公司成立于1983年，下辖凯里市、天柱县、黄平县、施秉县、镇远县、岑巩县、麻江县7个县级烟草专卖局（分公司），雷山县、台江县、剑河县、三穗县、锦屏县、黎平县、从江县、榕江县、丹寨县9个县级烟草专卖局（营销部）。截至2009年年底，有从业人员1448人。

全年辖区销售卷烟54.83亿支（10.99万箱），同比增长11.61%。实现“两烟”销售收入160100万元，同比增长23%。实现“两烟”税利26060万元，同比增长24.39%，其中卷烟税利20204万元。实现“两烟”利润9956万元，其中卷烟利润11261万元。

全年查处涉烟违法案件358起，案值450.44万元。查获假冒卷烟 817.36 万支，卷烟案值 397.34 万元；查获非法烟叶及烟丝 106.58 吨，烟叶案值 53.1 万元。上缴罚没款 28.08 万元。移送涉烟案件 20 起，公安、司法机关刑事拘留 20 人，逮捕 7 人，判刑 9 人。全年破获国家局标准制售假烟网络案件 1 起，案值 320 万元。

全年投入烟基建设资金 8278 万元，建成水池 244 个、沟渠 49 条、管网 171 条、塘坝 24 座。烟水配套工程实际受益面积累计 10.4 万亩，受益农户 0.80 万户。新建卧式密集型烤房 1500 座，补贴购置农机具 693 台（套），修建机耕路 5.2 千米。烟农实现收入 2.48 亿元，同比增加 3180 万元；户均收入 1.84 万元，同比增加 2360 元。

在加强镇远江古，天柱平甫、八甲，三穗等溪等现代烟草农业建设试点的同时，集中建设了一批烟叶育苗工场和烘烤工场。探索新的生产组织模式，组建育苗、机耕、植保等专业化服务组织 233 个，建立专业大户 1137 户、50 亩以上家庭农场 56 个、专业合作社 18 个，三种生产组织方式种植面积占总面积的 24%。

黔南布依族苗族自治州烟草专卖局（公司）

黔南布依族苗族自治州烟草专卖局、贵州省烟草公司黔南布依族苗族自治州公司成立于 1984 年，下辖瓮安县、福泉市、贵定县、龙里县、长顺县、惠水县、平塘县、三都水族自治县、荔波县、罗甸县、独山县、都匀县 12 个县级烟草专卖局（分公司）和控股黔南金福有限责任公司。截至 2009 年年底，共有从业人员 2235 人。

全年辖区销售卷烟 58.73 亿支（11.75 万箱），同比增长 10.3%。实现“两烟”销售收入 199172 万元，同比增长 24.6%。实现“两烟”税利 40647 万元，同比增长 21.75%，其中卷烟税利 24844 万元。实现“两烟”利润 17640 万元，其中卷烟利润 15162 万元。

全年查处涉烟违法案件 358 起，查获假冒卷烟 859.31 万支、非法烟叶及烟丝 12.03 吨，打掉制假窝点 1 个，上缴罚没款 86.52 万元。移送涉烟案件 11 起，公安、司法机关刑事拘留 6 人，逮捕 12 人，判刑 4 人。全年破获符合国家局标准的网络案件 1 起，案值共计 3274 万元。

全年投入烟基建设资金 1.03 亿元，建成水池 760 个、沟渠 109 条、管网 689 条、提灌站 11 个、机耕路 74 千米。新建卧式密集型烤房 302 座，热源内置功能性改造小烤房 300 座，热源外置密集式改造小烤房 1000 座。烟水配套工程实际受益面积累计 8.16 万亩，受益农户 1.62 万户。烟农实现收入 4.78 亿元，同比增加 258 万元；烟农户均收入 2.69 万元，同比增加 1.02 万元。

开展现代烟草农业建设试点面积 3.86 万亩，与同地区大面积生产相比，试点区域亩产烟叶 140.5 千克，提高 10.5 千克；亩均用工 20 个，减少 9.5 个，节约成本 475 元；亩产值 2044 元，提高 205 元。

黔西南布依族苗族自治州烟草专卖局（公司）

黔西南布依族苗族自治州烟草专卖局、贵州省烟草公司黔西南布依族苗族自治州公司成立于 1983 年，下辖兴义市、兴仁县、普安县、晴隆县、贞丰县、安龙县、册亨县、望谟县 8 个县级烟草专卖局（分公司）及黔西南州金州翠湖宾馆有限责任公司 1 个控股公司。截至 2009 年年底，有从业人员 1436 人。

全年辖区销售卷烟 44.73 亿支（8.98 万箱），同比增长 7.64%。实现“两烟”销售收入 189396 万元，同比增加 21.64%。实现“两烟”税利 56620 万元，同比增长 24.6%，其中卷烟税利 18272 万元。实现“两烟”利润 31308 万元，其中卷烟利润 10699 万元。

全年查处涉烟违法案件 319 起，查获假冒卷烟 291.37 万支、烟丝及烟叶 163.58 吨。移送涉烟案件 33 起，公安、司法机关刑事拘留 6 人，逮捕 1 人，判刑 1 人。全年破获制售假烟网络案件 1 起，案值 35.20 万元。

全年投入烟基建设资金 9559 万元，建成水窖 3446 个、水池 183 个，沟渠 8 条、管网 118 条、塘坝 3 座、泵站 9 个、机耕路 52 千米。新建卧式密集型烤房 552 座，热源内置功能性改造小烤房 17 座，热源外置功能性改造小烤房 1721 座。烟水配套工程实际受益面积累计 8.3 万亩，受益农户 1.3 万户。烟农实现收入 5.66 亿元，同比增加 0.15 亿元；烟农户均收入 2.51 万元，同比增加 8267 元。

开展现代烟草农业建设试点面积 1.54 万亩，与同地区大面积生产相比，试点区域亩产烟叶 182 千克，提高 25 千克；亩均用工 19.4 个，减少 11.3 个，节约成本 390 元；亩产值 2402 元，提高 202 元。

毕节地区烟草专卖局（公司）

毕节地区烟草专卖局、贵州省烟草公司毕节地区公司成立于 1983 年，下辖毕节市、大方县、黔西县、金沙县、织金县、纳雍县、威宁彝族回族苗族自治县、赫章县 8 个县级烟草专卖局（分公司）。截至 2009 年年底，有从业人员 5071 人。

全年辖区销售卷烟 87.95 亿支（17.59 万箱），同比增长 7.52%。实现“两烟”销售收入 482187 万元，同比增长 21.15%。实现“两烟”税利 88715 万元，同比增长36.33%，其中卷烟税利34780万元。实现“两烟”利润26795万元，其中卷烟利润18589万元。

全年查处涉烟违法案件1353起，查扣非法卷烟1319万支，查获违法烟叶及烟丝178.82吨，销毁假冒卷烟2476万支（含2008年查获的假冒卷烟），上缴罚没款128.02万元。捣毁贩藏假烟窝点3个。公安、司法机关拘留18人，逮捕13人，判刑8人。

全年投入烟基建设资金5.41亿元，建成水池822个、沟渠2条、管网874条、塘坝7座、泵站43个、机耕路21.72千米。新建卧式密集型烤房8336座。购置农机具1090台（套）。烟水配套工程实际受益面积累计32.69万亩，受益农户3.63万户。烟农实现收入14.41亿元。

2009年，毕节地区现代烟草农业建设从试点探索进入整县推进、全面试点新阶段，试点范围扩大到8个县（市）、13个乡镇、34个村，种植面积达到4.34万亩。生产组织方式取得新进展，试点范围内有种烟主体928个，平均每个种烟主体种烟46.78亩，有专业合作社14个，同比增加11个；有家庭种烟农场50个。

铜仁地区烟草专卖局（公司）

铜仁地区烟草专卖局、贵州省烟草公司铜仁地区公司成立于1983年，下辖松桃苗族自治县、江口县、印江土家族苗族自治县、德江县、思南县、沿河土家族自治县、石阡县7个县级烟草专卖局（分公司）和铜仁市、万山特区、玉屏侗族自治县3个烟草专卖局，思南县、德江县2个烟叶管理库。截至2009年年底，有从业人员1913人。

全年辖区销售卷烟48.86亿支（9.77万箱），同比增长12.61%。实现“两烟”销售收入184027万元，同比增长23.71%。实现“两烟”税利34627万元，同比增长59.59%，其中卷烟税利23952万元。实现“两烟”利润12684万元，其中卷烟利润14165万元。

全年查处涉烟违法案件483起，查获假冒商标卷烟646.31万支、烟叶85.07吨、烟丝34吨，上缴罚没款64.77万元。移送涉烟案件6起，公安、司法机关拘留9人，逮捕8人，判刑7人。

全年投入烟基建设资金1.69亿元，建成水池506个、沟渠17条、管网1141千米、塘坝2座、泵站5个。新建卧式密集型烤房3400座，热源内置功能性小烤房改造1336座。补贴购置农机具1690台（套）。烟水配套工程实际受益面积累计10.2万亩，受益农户1.22万户。烟农实现收入4.73亿元，烟农户均收入1.92万元，同比增加4249元。

开展现代烟草农业建设试点，试点区烟叶种植面积10.99万亩，占全区合同面积的45.8%，户均种烟面积14.3亩，试点区发展专业大户、家庭农场、专业合作社，组建育苗、机耕、移栽、植保、采摘、烘烤等专业服务队2011个。

2009年贵州省烟草商业系统主要情况统计

地市级局（公司）名称		贵阳市烟草专卖局（公司）	遵义市烟草专卖局（公司）	安顺市烟草专卖局（公司）	六盘水市烟草专卖局（公司）	黔东南州烟草专卖局（公司）
主要负责人/法人代表		任　林（—2009.5） 龙丽琴（2009.5—）	吴洪田（—2009.5） 丁　伟（2009.5—）	徐　铭	童立里（—2009.5） 张拥军（2009.5—）	向必焰（—2009.5） 李明海（2009.5—）
总资产（万元）		155220	310513	62825	58601	49891
资产负债率（%）		15.90	22.00	26.00	13.88	23.20
所属县级局（个）		10	13	6	4	16
所属县级公司/分公司（个）		4个分公司	13个分公司	6个分公司	3个分公司	7个分公司
所属县级营销部（个）		6个营销部	—	—	—	9个营销部
所属机构业务	访销机构	1个营销中心 1个电访部	1个营销中心 1个电访中心	1个营销中心 1个电访中心	1个营销中心 1个电访中心	1个营销中心 1个电访中心
	物流配送机构	1个物流配送中心	1个物流中心 2个物流分库 9个物流中转站	1个物流中心 1个配送中心	1个物流中心 1个物流分库 1个中转站	1个物流中心 2个物流分库
	稽查机构	1个稽查支队 11个稽查大队	1个稽查支队 13个稽查大队	1个稽查支队 7个稽查大队 13个稽查中队	1个稽查支队 17个稽查中队	1个稽查支队 16个稽查大队
	烟叶机构	18个烟叶总站 66个烟叶站	76个烟叶总站 433个烟叶站	16个烟叶总站 33个烟叶站	10个烟叶总站	16个烟叶站 46个烟叶收购点

续表

地市级局（公司）名称	贵阳市烟草专卖局（公司）	遵义市烟草专卖局（公司）	安顺市烟草专卖局（公司）	六盘水市烟草专卖局（公司）	黔东南州烟草专卖局（公司）
销售卷烟（亿支）	103.91	104.95	44.31	47.56	54.83
毛利率（%）	26.30	25.00	24.56	26.13	24.31
实现“两烟”税利（万元）	86263	103730	24915	36505	26060
实现“两烟”利润（万元）	56277	37425	11481	19611	9956
烟叶种植（亩）	140300	716300	83300	99920	120000
烟叶收购（担）	365400	1875383	230800	253120	334700
零售户数（户）	18156	28376	10934	10841	19384

地市级局（公司）名称		黔南州烟草专卖局（公司）	黔西南州烟草专卖局（公司）	毕节地区烟草专卖局（公司）	铜仁地区烟草专卖局（公司）
主要负责人/法人代表		毛化贤（—2009.5） 朱贵川（2009.5—）	伍崇峰	龙丽琴（—2009.5） 陈文相（2009.5—）	陈风雷（—2009.5） 马　健（2009.5—）
总资产（万元）		77528	124932	236927	91230
资产负债率（%）		25.38	34.04	42.80	65.00
所属县级局（个）		12	8	8	10
所属县级公司/分公司（个）		12个分公司	8个分公司	8个分公司	7个分公司
所属县级营销部（个）		—	—	—	—
所属机构业务	访销机构	1个营销中心 1个电访中心	1个营销中心 1个电访中心	1个营销中心 1个电访中心	1个营销中心 1个电访中心
	物流配送机构	1个物流中心 1个配送中心	1个物流配送中心	1个物流中心	1个物流中心 1个配送中心
	稽查机构	1个稽查支队	1个稽查支队	1个稽查支队 8个稽查大队	1个稽查支队 11个稽查大队
	烟叶机构	8个烟叶总站 121个烟叶站	39个烟叶总站 80个烟叶站	1个烟叶营销中心 58个烟叶站	39个烟叶总站 180个烟叶站
销售卷烟（亿支）		58.73	44.73	87.95	48.86
毛利率（%）		24.30	24.09	24.20	25.01
实现“两烟”税利（万元）		40647	56620	88715	34627
实现“两烟”利润（万元）		17640	31308	26795	12684
烟叶种植（亩）		205000	257136	706200	240000
烟叶收购（担）		597655	809069	1967500	629600
零售户数（户）		14571	12452	23800	11985

（王　乾）

云南省烟草专卖局（公司）

【概　况】 中国烟草总公司云南省公司成立于1982年4月，云南省烟草专卖局成立于1983年11月。截至2009年年底，省局（公司）下辖16个地市级烟草专卖局（公司），以及云南省烟草烟叶公司、云南烟叶复烤有限责任公司、云南省烟草实业公司、中国烟草云南进出口有限公司4个直属企业。公司拥有总资产527.41亿元，其中，固定资产73.67亿元、流动资产411.24亿元，资产负债率为26.26%。共有在岗员工17684人。

【领导成员】 局长、总经理、党组书记：余云东

纪检组长、党组成员：温宁军

副总经理、党组成员：杨经建
副总经理、党组成员：童荣崑
副总经理、党组成员：高体仁
副局长、党组成员：赵　全
总会计师：万里明
副总经理、党组成员：邵　岩（2009.4—）
巡视员：刘瑞生（—2009.12）

【机构设置】 2009年，省局（公司）机关对机构设置进行了部分调整，下设办公室（外事办公室）、综合计划处（经济运行处）、专卖监督管理处（专卖稽查总队、内部专卖管理监督办公室、铁路分局和民航分局）、政策法规与体制改革处、财务管理处、审计处、科技处、人事劳资处、思想政治工作处、监察处（与党组纪检组合署办公）、安全保卫处、投资管理处、烟叶管理处（新烟区建设与发展办公室、烟叶营销管理办公室）、卷烟销售管理处14个职能处室，信息中心、离退休人员管理办公室、云南省烟草学会、调研督察室、职业技能鉴定站、机关服务中心、云南省烟草农业科学研究院、云南省烟草质量监督检测站8个专业部门，整顿和规范市场经济秩序办公室、现代烟草农业基础设施建设办公室2个特设部门。

【专卖管理】 打假打私。2009年，省局始终保持打假打私高压态势，继续以“打源头、端窝点、破网络、抓主犯、清市场、守边境”为工作重点，出动专卖执法人员14.2万人次，查获非法卷烟7616万支，查获各类型制假烟机19台（套），查获非法烟叶、烟丝4401.5吨。公安机关刑事拘留950人，逮捕830人，追刑521人。破获网络案件21起，其中，制售假烟网络案件5起、非法经营卷烟网络案件8起、非法经营烟叶网络案件8起。

专卖证件管理。全省共有烟草专卖零售许可证17.01万份，发挥了许可证市场准入和市场管理的功能。2009年，共换发零售许可证13.48万个，注销1.01万个。省局共发放省发烟草专卖批发企业许可证122个，受理了全省95份工商企业的国发许可证换发申请，审核上报国家局。全省共审批卷烟准运证6.91万份，审批烟叶准运证4.61万份，开具物资准运证2323份、烟机准运证453份，烟草专卖品准运证的管理使用更加规范。

【生产经营】 2009年，全省烟草商业系统共销售卷烟785.21亿支（157.04万箱），同比增长4.05%，其中，销售一类烟51.80亿支（10.36万箱），同比增长28.70%；二类烟14.44亿支（2.89万箱），同比增长4.87%；三类烟234.50亿支（46.90万箱），同比增长18.58%；四类烟291.77亿支（58.35万箱），同比增长6.83%；五类烟192.70亿支（38.54万箱），同比下降16.13%。本辖区销量居前三位的卷烟品牌分别是“红河”、“红塔山”、“云烟”，销量分别为“红河”216.55亿支（43.31万箱）、“红塔山”105.55亿支（21.11万箱）、“云烟”103.9亿支（20.78万箱）。

全年实现“两烟”销售收入501.44亿元，同比增长13.71%。根据国务院有关精神，调整卷烟消费税，部分利润转为税赋，全年增加卷烟消费税10.64亿元。实现“两烟”税利160.09亿元，同比增长18.76%，其中卷烟税利47.75亿元。实现“两烟”利润89.37亿元，同比增长11.85%，其中卷烟利润31.63亿元。公司三项费用率为13.47%。

【烟叶产销】 烟叶种植和收购。全年全省共种植烟叶561.7万亩，收购烟叶90.84万吨（1816.7万担），其中，烤烟88.42万吨（1768.42万担）、香料烟1.81万吨（36.28万担）、白肋烟0.6万吨（12万担）。

科技推广。全省漂浮育苗比例达100%，同比提高3.2个百分点；商品化育苗比例达100%，同比提高6.4个百分点；轮作面积512.3万亩，占种烟面积的90.7%，同比提高5个百分点；机械深耕面积352.9万亩，占种烟面积的62.48%，同比提高11.7个百分点；测土配方施肥面积444.1万亩；百亩以上连片种植面积324.7万亩，千亩以上连片种植面积58.6万亩，户均种烟面积11.6亩，同比增加6亩。

特色优质烟叶开发。省局（公司）突出“清甜香润”的风格特征，优化烟叶种植布局，选择适宜生态环境，选择优质土壤，选择优良品种，加大特色优质烟叶开发力度。全省8个州（市）的24个县（市、区）共落实国家局特色优质烟叶开发项目点31个，种植面积47.1万亩，收购烟叶6.95万吨（139万担），同比增长33.65%。种植“红花大金元”80万亩，种植从美国、津巴布韦引进的烟叶品种48万亩。

现代烟草农业建设试点。全省现代烟草农业建设从以村为试点扩大到以乡镇和县为试点，全省10个试点共规划基本烟田75.3万亩，种植烤烟28.1万亩。各试点区域普遍推行专业户种植模式，引导组建专业合作社，探索农场式经营，共成立互助型合作社27个、专业合作社88个，发展家庭农场202个、种植专业户（大户）12510户。各试点区域统一基础设施、公共资源，对种植农户实行专业化管理、社会化服务，实现了100%集约化育苗、商品化供苗，100%专业队机耕，100%专业化植保，烟叶生产组织化程度大幅提高。全年10个现代烟草农业建设试点亩均产值2602

元，比大面积生产增加208元；亩均用工17.8个，比大面积生产减少17个左右，节约成本600～800元。

烟叶生产基础设施建设。2009年，全省共建设烟叶生产基础设施项目8.67万件，烟草行业投入总资金21.88亿元，基本烟田受益面积达128万亩。

中低产田地改造。省局（公司）按照省委、省政府要求，把烟水工程、机耕道路基础设施建设与中低产田地改造紧密结合起来，2009年，全省共完成中低产田地改造面积73.89万亩，占年度计划改造面积的103.88%，行业投入资金7.13亿元，占行业计划投入资金的96.38%。

新烟区开发。扩大新烟区的种植规模，全省新烟区烤烟种植面积104万亩，收购计划内烤烟15.18万吨(303.5万担)，总值22.94亿元，同比增长27%。户均种烟规模12亩，比全省大面积生产提高0.4亩。新烟区明确“高起点、高标准、高水平”的开发思路，围绕“四位一体”开发模式，瞄准“生态、特色、优质”开发目标，以工业需求为导向，按5万担一个基地单元，与上海烟草（集团）公司、湖南中烟工业有限责任公司、红云红河烟草（集团）有限责任公司、红塔烟草（集团）有限责任公司等11家工业企业对接，在文山、普洱、保山、临沧4个州（市）的12个县规划基地单元12个。12个新烟区基地单元种植烤烟面积25万亩，同比增加17.38万亩；收购烤烟3.75万吨（75万担），收购均价15.13元/千克。

【现代物流建设】 2009年，省公司坚持“优质、高效、安全、低成本”的原则，全面构建云南烟草现代物流体系，不断提升物流规范化、标准化、专业化和基础管理水平。全面开展商业企业卷烟物流评价工作，统一评价指标体系，规范物流评价方法，建立评价长效机制，构建和完善云南烟草商业现代物流评价体系。丽江、大理市公司作为物流信息系统开发的试点单位，建设业务优化、功能完善、高效实用的物流综合管理信息系统，两个系统集成作业管理控制、成本核算体系、工商协同体系、考核评价体系、服务质量体系为一体，初步具备“优质、安全、高效、低成本”的现代物流特征。推进工商物流一体化工作，昆明、玉溪市公司分别与红云红河集团、红塔集团开展了以同城物流为切入点的一体化建设工作。昆明市公司与红云红河集团开展了新型纸箱替代传统纸箱的研发工作。

开展烟邮合作。截至2009年年底，烟邮合作涉及全省14个州（市）、86个区（县），卷烟配送量达461.75亿支（92.35万箱），占全省总配送量的58.82%；服务卷烟零售户11.46万户，占全省卷烟零售户总数的73%；卷烟配送到户率达96%，同比提高2个百分点；电子结算率由87.39%提高到99.16%；客户对配送质量的满意率从93%提高至96%，特别是客户对送货时限的满意度进一步提高。在开展烟邮合作的区域中，T+0客户比例由8.31%提高到12.22%(T+0表示当天订货当天送货，T+1表示当天订货第二天送货，T+3以此类推)，T+1客户比例由35.19%提高至39.85%，T+3以上客户比例由16.59%的下降到11.15%。玉溪市公司全部实现T+0和T+1送货。

【体制改革】 优化云南省内烟草商业系统打叶复烤资源配置，适应卷烟工业大企业、大品牌对打叶复烤集中加工、模块加工和配方打叶的要求，实施省内打叶复烤企业的合并重组。2009年12月，原云南曲靖烟叶有限责任公司、云南曲靖天然烟叶复烤有限责任公司、石林天合烟叶复烤有限责任公司、红河天赢烟叶复烤有限责任公司、楚雄烟叶复烤有限责任公司、云南省烟草大理烟叶复烤有限责任公司、云南保山烟叶复烤有限责任公司和云南省烟草文山州复烤厂8家打叶复烤加工企业合并，新成立“云南烟叶复烤有限责任公司”（简称复烤公司），原8家复烤企业成为复烤公司的非法人分支机构，各州（市）公司原持有的股权全部无偿划转省公司，省公司持有复烤公司55%的股权。重组后，对烟叶复烤加工业务的流程进行了调整。烟叶加工由复烤公司按照相对集中的原则协调统筹后，州（市）公司按卷烟工业企业烟叶调拨计划将烟叶原烟调往指定的复烤加工点，工业企业提出加工要求，参与并监督加工，取得实际产出的全部片烟成品。

【企业管理】 *审计委派制*。省局（公司）作为全行业首批推行内部审计委派制的13个试点单位之一，6月，制订《云南省烟草专卖局关于实行内部审计委派制的实施方案》，在全省烟草商业系统实行内部审计委派制。省局（公司）把机构建设、人员编制作为推进内部审计委派制的突破口，向所属单位派驻内审办公室，确立“垂直管理、监督驻地、参审异地”的管理体制，对派驻内审办公室实行统一计划、统一管理、人员集中调配、监督服务驻地、交叉审计异地。省局（公司）审计处直接负责对派驻内审办公室的管理、协调、监督及综合服务，派驻内审办公室根据省局（公司）统一安排，负责对驻地企业履行审计监督和内控评估职能。省局（公司）派驻内审办公室专职审计人员达到129人，同比增加58人，并且全部具备财务审计相关专业大专及以上学历或中级以上职称。

对标工作。省局（公司）建立了对标工作报告制度和对标工作例会制度，在国家局公布的17项指标基础上进行了扩充，增加了效益指标、质量指标和复烤指标，使对标指标达到了27项。通过对标工作，全省人均劳动生产率同比提高8.75个百分点，人均卷烟销售收入同比增长17.95%；卷烟三项费用率为7.4%，同比下降2.8%；单箱卷烟物流费用为149元，同比下降7.5%。

【多元化经营】 省公司严格审批多元化清退企业，通过采用无偿划转、有偿转让、清算关闭等方式，加快对投资企业的清退，确保清退工作的进行。加大用于多元化项目的主业固定资产的整改工作，通过收归主业、出租等方式，进一步整合资源，盘活资产。全省计划清退的48个多元化投资企业，已完成清退46个，完成清退计划的96%。全省计划整改的80项主业固定资产用于多元化经营的项目已完成整改72项（资产原值6.65亿元），完成整改计划的90%。

截至2009年年底，全省烟草商业系统存续多元化企业（项目）共41个，投资成本和资产原值共计29.17亿元，其中，投资形成的企业27个，投资成本为20.97亿元；主业固定资产用于多元化经营的项目14个，资产原值为8.20亿元。

【企业文化】 2009年，省局（公司）党组结合云南烟草实际，提出“利国惠民、至爱大成”的核心价值理念。基本内容为：坚持“利国为上——创造价值、奉献国家”，即努力为国家作出更大的贡献；坚持“惠民为宗——普惠烟农、服务客户”，即把为烟农和客户提供优质服务作为应尽的责任，切实维护烟农和客户正当利益，普惠烟农、和谐共享，携手客户、互惠共赢；坚持“至爱为怀——热爱烟草、珍爱企业、尊爱员工”，即深入基层、深入实际，真心实意帮助基层解决实际问题，做到员工热爱烟草事业、珍惜和爱护企业，企业尊重和关爱员工，构建和谐烟草；坚持“大成为志——成就事业、开创未来”，即作为负责任的大型国有企业，要有广阔的胸怀和远大抱负，成就员工，成就企业，成就未来，不断开创新的辉煌。

【特事要辑】 1月20日，国务院副总理回良玉在《云南省建设现代烟草农业的调查报告》上做出重要批示。

3月24日，云南省委书记白恩培一行考察马龙县已沃片区中低产烟（粮）田地改造项目。

4月14日，云南省副省长曹建方到云南省局（公司）调研指导工作。

4月29日，云南省烟草农业科学研究院成立庆典暨揭牌仪式在玉溪市举行，云南省副省长曹建方、国家局副局长张保振出席揭牌仪式。

5月6~8日，国家局副局长何泽华实地考察楚雄州禄丰县整体推进现代烟草农业建设试点、丽江市金沙江河谷特色优质烟叶生产和曲靖市马龙县中低产田地改造情况。

5月16~18日，国家局局长姜成康在云南烟草商业调研，实地考察了楚雄州禄丰县整县推进现代烟草农业建设试点和曲靖市马龙县中低产田改造现场。

6月7~15日，驻国家局纪检组组长潘家华先后到云南省楚雄州、曲靖市、文山州和保山市等烟叶产区，对现代烟草农业建设情况进行实地考察。

6月9~13日，新华社、中央电视台、《人民日报》等中央媒体赴云南采访报道现代烟草农业建设情况。

6月28~30日，何泽华一行到云南普洱、临沧市调研新烟区建设工作。何泽华在调研时强调，新烟区开发建设要以现代烟草农业为统领，坚持高起点、高水平、高标准。

7月25~26日，由省局（公司）、津巴布韦烟草研究院和天泽烟草有限责任公司主办的“2009中国云南国际优质烟叶开发高级专家咨询评审会”在昆明召开。

7月27日，中共中央总书记、国家主席胡锦涛到楚雄姚安地震灾区看望灾区群众，在官屯乡上大村，听取灾区生产自救工作汇报，详细了解烟叶生产受灾情况，并来到烟农编烟现场，同农民群众一起编烟劳动，同时，鼓励受灾群众一定要搞好生产自救。

8月20~27日，国家局副局长李克明到云南烟草商业调研，先后考察了造纸法再造烟叶（烟草薄片）生产流程和烟田基础设施建设、育苗工场、烘烤工场、中心管理站现场，以及卷烟营销、物流配送工作。

8月25~26日，省局（公司）和文山、普洱、临沧、保山等4个新烟区所在州（市）政府在文山共同举办云南省新烟区建设与发展工商合作研讨会。何泽华出席会议并讲话。

9月8~13日，张保振一行到云南烟草商业调研，先后深入云南保山、德宏、楚雄、玉溪市（州）局（公司），考察了科技创新、企业文化、企业信息化、优秀基层创建、现代烟草农业建设等工作。

10月19~23日，国家局副局长张辉到云南烟草商业调研，先后考察了楚雄州禄丰县整县推进现代烟草农业建设试点工作、玉溪市局（公司）优秀基层单位创建工作，并出席云南省打叶复烤企业重组整合工作座谈会。

12月16日，云南烟叶复烤有限责任公司成立授牌仪式在昆明举行。国家局副局长张辉、云南省政府秘书长丁绍祥出席仪式并为云南烟叶复烤有限责任公司授牌。

12月22日，云南烟草科学技术大会在昆明召开，云南省副省长李江、国家局副局长张保振出席会议。

云南省局（公司）主要统计指标汇总

“两烟”税利（亿元）	“两烟”利润（亿元）	销售卷烟（亿支）	烟叶种植（万亩）	烟叶收购（万担）
160.09	89.37	785.21	561.70	1816.70

所属地市级局（公司）

昆明市烟草专卖局（公司）

昆明市烟草专卖局成立于1985年、云南省烟草公司昆明市公司成立于1984年，下辖官渡区、西山区呈贡县、安宁市、晋宁县、宜良县、石林彝族自治县、嵩明县、寻甸回族彝族自治县、东川区、富民县、禄劝彝族苗族自治县12个县级烟草专卖局（分公司）和昆明市城区烟草专卖局，以及昆明市城区卷烟配送有限责任公司。共有在岗员工1583人。

全年辖区销售卷烟125.56亿支（25.12万箱），同比增长7.1%。实现“两烟”销售收入656000万元，同比增长11.81%。实现“两烟”税利217400万元，同比增长9.75%，其中卷烟税利107200万元。实现“两烟”利润129000万元，其中卷烟利润73400万元。

全年共查处涉烟违法案件961起，查获非法卷烟914.6万支，查获非法烟叶45.884吨。打掉制假窝点1个，上缴罚没款5.24万元。移送涉烟案件37起，公安、司法机关刑事拘留38人，逮捕22人，判刑55人。全年共破获制售假烟网络案件2起。

全年投入烟基建设资金1.34亿元，年内建成水池1406个、沟渠131条、管网37条、塘坝3座、提灌站18座、倒虹吸5件、机耕路10.78千米，新建密集型烤房1000座，购置烟草农用机械444台（套）。烟水配套工程实际受益面积累计8.7万亩，受益农户1.51万户。烟农实现收入13.55亿元，烟农户均收入1.98万元，同比增加0.95万元。

开展现代烟草农业建设试点面积6260亩，与同地区大面积生产相比，试点区域亩产164.9千克，提高15.3千克；亩均用工16个，减少1.72个，节约成本688元；亩产值2522元，提高252元。

玉溪市烟草专卖局（公司）

玉溪市烟草专卖局成立于1983年、云南省烟草公司玉溪市公司成立于1982年，下辖红塔区、澄江县、江川县、通海县、华宁县、峨山彝族自治县、新平彝族傣族自治县、元江哈尼族彝族傣族自治县、易门县9个县级烟草专卖局（分公司）及玉溪市研和水泥制造有限公司、云南省玉溪钢铁有限责任公司、通海县熙苑宾馆有限公司、玉溪商业银行、云南云岭四季酒店管理公司5个多元化经营的控（参）股公司。共有在岗员工943人。

全年辖区销售卷烟40.5亿支（8.1万箱），同比增长5.19%。实现“两烟”销售收入414463万元，同比增长0.79%。实现“两烟”税利155374万元，同比增长11.64%，其中卷烟税利30729万元。实现“两烟”利润94241万元，其中卷烟利润20238万元。

全年共查处涉烟违法案件945起，查获非法卷烟446万支，查获非法烟叶852.6吨，上缴罚没款51万元。移送涉烟案件71起，公安、司法机关刑事拘留112人，逮捕94人，判刑29人。全年共破获制售假烟网络案件1起。

全年投入烟基建设资金2.32亿元，年内建成水池732个、管网70件、沟渠308条、提灌站11件、塘坝59座、倒虹吸7件、机耕路108条、密集型烤房3000座、烟草农用机械4438台（套）。累计受益基本烟田面积19.59万亩，受益农户3.68万户。烟农实现收入15.66亿元，烟农户均收入2.26万元，同比增加0.95万元。

2009年是玉溪市现代烟草农业建设的整体推进之年，全市开展现代烟草农业建设试点面积2.68万亩，与同地区大面积生产相比，亩产值2940元，提高567元；亩均用工17.65个，减少19.95个，节约成本528元。

曲靖市烟草专卖局（公司）

曲靖市烟草专卖局成立于1984年、云南省烟草公司曲靖市公司成立于1982年，下辖麒麟区、宣威市、会泽县、富源县、沾益县、陆良县、师宗县、罗平县、马龙县等9个县级烟草专卖局（分公司）。共有在岗员工3144人。

全年辖区销售卷烟103.51亿支（20.72万箱），同比增长5.99%。实现“两烟”销售收入824200万元，同比增长13.87%。实现“两烟”税利286285万元，同比增长12.4%，其中卷烟税利63003万元。实现“两烟”利润148089万元，其中卷烟利润46508万元。

全年共查处涉烟违法案件1324起，查获非法卷烟294.1万支，查获非法烟叶545吨，打掉制假窝点4个，上缴罚没款334万元。公安、司法机关刑事拘留89人，逮捕63人，判刑74人。全年破获制售假烟网络案件1起。

全年投入烟基建设资金2.35亿元，年内建成水窖915个、水池200个、沟渠155条、管网38条、塘坝14座、泵站25个、机耕路62.84千米，新建卧式密集型烤房881座，热源内置功能性小烤房改造4000座。烟水配套工程实际受益面积累计132万亩，受益农户31.87万户。烟农实现收入29.74亿元，同比增加0.46亿元。

开展现代烟草农业建设试点面积16.36万亩，与同地区大面积生产相比，试点区域亩产烟叶150千克，提高10千克；亩均用工17.47个，减少25.03个，节约成本626元；亩产值2362元，提高218元。

红河哈尼族彝族自治州烟草专卖局（公司）

红河哈尼族彝族自治州烟草专卖局、云南省烟草公司红河哈尼族彝族自治州公司成立于1983年12月，下辖弥勒县、泸西县、个旧市、开远市、蒙自县、建水县、石屏县、屏边苗族自治县8个县级烟草专卖局（分公司），红河县、元阳县、河口瑶族自治县、金平苗族瑶族傣族自治县、绿春县5个县级烟草专卖局（营销部）。共有在岗员工1422人。

全年辖区销售卷烟72.50亿支（14.50万箱），同比增长1.61%。实现“两烟”销售收入422400万元，同比下降2.76%。实现“两烟”税利135000万元，同比增长5.14%，其中卷烟税利38439万元。实现“两烟”利润76000万元，其中卷烟利润26949万元。

全年共查处涉烟违法案件704起，查获非法卷烟880.2万支，查获非法烟叶865吨，查获非法烟丝6.98吨，上缴罚没款131.53万元。移送涉烟案件59起，公安、司法机关刑事拘留74人，逮捕34人，判刑58人。全年破获网络案件2起，查获烟叶、烟梗120吨，案值230余万元。

全年投入烟基建设资金1.69亿元，年内建成水池282个、沟渠38条、管网19条、塘坝18座、泵站5个、倒虹吸1件，机耕路50条，新建卧式密集型烤房2000座，购置烟草农用机械765台（套）。烟水配套工程实际受益面积累计11.46万亩，受益农户3.86万户。烟农实现收入14.33亿元，同比增加1.21亿元；烟农户均收入1.23万元，同比增加0.12万元。

开展现代烟草农业建设试点面积3.36万亩，与同地区大面积生产相比，试点区域亩产烟叶157千克，提高6.1千克；亩均用工18个，减少11.4个，节约成本399元；亩产值2650元，提高189元。

大理白族自治州烟草专卖局（公司）

大理白族自治州烟草专卖局、云南省烟草公司大理白族自治州公司成立于1984年，下辖大理市、祥云县、宾川县、弥渡县、漾濞彝族自治县、南涧彝族自治县、巍山彝族回族自治县、永平县、云龙县、洱源县、剑川县、鹤庆县12个县级烟草专卖局（分公司）和云南烟草宾川白肋烟有限责任公司。共有在岗员工1630人。

全年辖区销售卷烟63.00亿支（12.62万箱），同比增长3.77%。实现“两烟”销售收入413800万元，同比增长4.93%。实现“两烟”税利135800万元，同比增长5.15%，其中卷烟税利36549万元。实现“两烟”利润72500万元，其中卷烟利润23000万元。

全年共查处涉烟违法案件1554起，查获非法卷烟254.14万支，查获非法烟叶287.52吨，打掉制假窝点3个，上缴罚没款176.43万元。移送涉烟案件53起，公安、司法机关依法刑事拘留137人，逮捕121人，判刑62人。全年破获制售假烟网络案件1起。

全年共投入烟基建设资金1.79亿元，年内建成水池240个、沟渠523条、管网10条、塘坝1座、倒虹吸2件、机耕路95千米，新建卧式密集型烤房2000座、白肋烟晾房1500座，购置烟草农用机械1873台（套）。烟水配套工程实际受益面积累计13.78万亩，受益农户2.96万户。烟农实现收入15.08亿元，同比增加2.9亿元，烟农户均收入3.70万元。

开展现代烟草农业建设试点面积1.2万亩，与同地区大面积生产相比，试点区域亩产烟叶208千克，提高25千克；亩均用工18个，减少22个，节约成本720元；亩产值3091元，提高372元。

楚雄彝族自治州烟草专卖局（公司）

楚雄彝族自治州烟草专卖局成立于1983年、云南省烟草公司楚雄彝族自治州公司成立于1982年，下辖楚雄市、双柏县、牟定县、南华县、姚安县、大姚县、永仁县、武定县、禄丰县、元谋县共10个县级烟草专卖局（分公司）。共有在岗员工1312人。

全年辖区销售卷烟45.75亿支（9.15万箱），同比增长3.39%。实现"两烟"销售收入411322万元，同比增长21.60%。实现"两烟"税利133400万元，同比增长1.44%，其中卷烟税利27834万元。实现"两烟"利润75352万元，其中卷烟利润17161万元。

全年共查处涉烟违法案件341起，查获非法卷烟21.57万支，查获非法烟叶329.27吨，打掉制假窝点1个，上缴罚没款106.41万元。移送涉烟案件41起，公安、司法机关刑事拘留139人，逮捕43人，判刑51人。全年破获制售假烟网络案件2起。

全年投入烟基建设资金2.16亿元，年内建成水池1315个、沟渠909条、管网31条、塘坝3座、泵站4座、机耕路138条，新建卧式密集型烤房5000座。烟水配套工程实际受益面积累计9.97万亩，受益农户2.41万户。烟农实现收入13.55亿元，同比增加1.11亿元。

开展现代烟草农业建设试点面积17.4万亩，与同地区大面积生产相比，试点区域亩产烟叶172千克，提高7.7千克；亩均用工18个，减少17个，节约成本510元；亩产值2855元，提高274元。

昭通市烟草专卖局（公司）

昭通市烟草专卖局成立于1984年、云南省烟草公司昭通市公司成立于1982年，下辖昭阳区、鲁甸县、巧家县、镇雄县、彝良县、威信县、大关县、永善县、盐津县、绥江县、水富县11个县级烟草专卖局（分公司）。共有在岗员工1851人。

全年辖区销售卷烟80.01亿支（16万箱），同比增长1.47%。实现"两烟"销售收入350592万元，同比增长24.02%。实现"两烟"税利89291万元，同比增25.55%，其中卷烟税利49369万元。实现"两烟"利润43064万元，其中卷烟利润31340万元。

全年共查处涉烟违法案件2100起，查获非法卷烟1670万支，查获非法烟叶460.19吨。上缴罚没款94.5万元。公安、司法机关拘留51人，判刑33人，逮捕20人。破获制售假烟网络案件1起，案值270万元。

全年投入烟基建设资金1.44亿元，年内建成水池143个、沟渠5条、管网65条、泵站2个、机耕路89.9千米，新建卧式密集型烤房190座。烟水配套工程实际受益面积累计12.99万亩，受益农户1.17万户。烟农实现收入7.29亿元，烟农户均收入1.92万元。

开展现代烟草农业建设试点面积1.68万亩，与同地区大面积生产相比，亩均用工22.68个，减少13.63个；亩产值2606元，提高523元。

保山市烟草专卖局（公司）

保山市烟草专卖局、云南省烟草公司保山市公司成立于1988年，下辖隆阳区、腾冲县、龙陵县、施甸县、昌宁县5个县级烟草专卖局（分公司）。共有在岗员工944人。

全年辖区销售卷烟43.51亿支（8.7万箱），同比增长2.9%。实现"两烟"销售收入262371万元，同比增长29.74%。实现"两烟"税利92500万元，同比增长46.94%，其中卷烟税利22753万元。实现"两烟"利润51200万元，其中卷烟利润16565万元。

全年共查处涉烟违法案件946起，查获非法卷烟539.55万支，查获非法烟叶115.92吨。移送涉烟案件36起，公安、司法机关刑事拘留36人，逮捕14人，判刑9人。全年共破获制售假烟网络案件3起。

全年投入烟基建设资金2.01亿元，年内建成水池149个、沟渠129条、管网15条、泵站4座、倒虹吸2件、支渠Ⅰ型93条、排洪渠4条、机耕路30条，新建卧式密集型烤房3000座，购置烟草农业机械2356台（套）。烟水配套工程实际受益面积累计10.69万亩，受益农户14.77万户。烟农实现收入7.61亿元，同比增加1.34亿元，烟农户均收入2.38万元。

开展现代烟草农业建设试点面积3.34万亩，与同地区大面积生产相比，试点区域亩产烟叶151千克，提高0.78千克；亩均用工18个，减少15个，节约成本391元；亩产值2354元，提高71元。

丽江市烟草专卖局（公司）

丽江市烟草专卖局、云南省烟草公司丽江市公司成立于1985年，下辖永胜县、华坪县、玉龙纳西族自治县、宁蒗彝族自治县4个县级烟草专卖局（分公司）。共有在岗员工543人。2009年，市局（公司）被云南省委、省政府评为"文明单位"。

全年辖区销售卷烟22.5亿支（4.5万箱），同比增长3.35%。实现"两烟"销售收入119421万元，同比增长15.67%。实现"两烟"税利26100万元，同比增长10.98%，其中卷烟税利13655万元。实现"两烟"利润11474万元，其中卷烟利润9007万元。

全年共查处涉烟违法案件215起，查获非法卷烟111.84万支，查获非法烟叶9.15吨，上缴罚没款37.72万元。移送涉烟案件3起，公安、司法机关依法刑事拘留5人，逮捕4人，判刑2人。全年破获制售假烟网络案件1起，案值235万元。

全年投入烟基建设资金4300万元，年内建成水池53个、沟渠227条、管网5件、机耕路47条、小塘坝11个，新建密集型烤房290座，购置烟草农用机械870台（套）。烟水配套工程实际受益面积累计26.42万亩，受益农户6.6万户。烟农实现收入2.85亿元，同比增加6970万元；烟农户均收入2.63万元。

开展现代烟草农业建设试点面积7317亩，与同地区大面积生产相比，试点区域亩产烟叶168.79千克，提高18.79千克；亩均用工23.1个，减少11.8个，节约成本472元；亩产值2634元，提高448元。

文山壮族苗族自治州烟草专卖局（公司）

文山壮族苗族自治州烟草专卖局、云南省烟草公司文山壮族苗族自治州公司成立于1984年，下辖文山县、砚山县、西畴县、麻栗坡县、马关县、丘北县、广南县、富宁县8个县级烟草专卖局（分公司）。共有在岗员工1042人。

全年辖区销售卷烟49.75亿支（9.95万箱），同比增长3%。实现“两烟”销售收入275528万元，同比增长26.93%。实现“两烟”税利86809万元，同比增长31.25%，其中卷烟税利24072万元。实现“两烟”利润47262万元，其中卷烟利润16559万元。

全年共查处涉烟违法案件517起，查获非法卷烟660.78万支，查获非法烟叶822吨，上缴罚没款66.55万元。移送涉烟案件8起，公安、司法机关刑事拘留104人，逮捕80人，判刑46人。全年破获制售假烟网络案件1起，案值198.69万元。

全年投入烟基建设资金3.27亿元，年内建成水池303个、沟渠139条、管网16条、塘坝7座、泵站10个、机耕路195千米，新建卧式密集型烤房7000座。烟水配套工程实际受益面积累计17.22万亩，受益农户1.86万户。烟农实现收入7.9亿元，同比增加1.49亿元；烟农户均收入3.01万元，同比增加1.45万元。

开展现代烟草农业建设试点面积9万亩，与同地区大面积生产相比，试点区域亩产烟叶163千克，提高28千克；亩均用工17.4个，减少18.8个，节约成本752元；亩产值2406元，提高204元。

德宏傣族景颇族自治州烟草专卖局（公司）

德宏傣族景颇族自治州烟草专卖局、云南省烟草公司德宏傣族景颇族自治州公司成立于1989年，下辖潞西市、瑞丽市、陇川县、盈江县、梁河县5个县级烟草专卖局（分公司），姐告边境贸易区烟草专卖分局1个直属分局，瑞丽新凯通酒店管理有限责任公司1个控股公司。共有在岗员工200人。

全年辖区销售卷烟19.54亿支（3.91万箱），同比增长3.28%。实现“两烟”销售收入50578万元，同比增长17.74%。实现“两烟”税利9320万元，同比增长27.69%，其中卷烟税利9300万元。实现“两烟”利润5106万元，其中卷烟利润5260万元。

全年共查处涉烟违法案件216起，查获非法卷烟253.22万支，查获非法

烟叶2.82吨，上缴罚没款13.16万元。移送涉烟案件19起，公安、司法机关刑事拘留48人，逮捕17人，判刑10人。全年破获制售假烟网络案件1起，案值140万元。

全年投入烟基建设资金300万元，新建卧式密集型烤房100座。

西双版纳傣族自治州烟草专卖局（公司）

西双版纳傣族自治州烟草专卖局成立于1991年，云南省烟草公司西双版纳傣族自治州公司成立于1993年，下设景洪市、勐海县、勐腊县3个县级烟草专卖局，控股企业有新傣园酒店管理有限公司。共有在岗员工162人。

全年辖区销售卷烟19.75亿支（3.95万箱），同比增长6.18%。实现卷烟销售收入60761万元，同比增长12.38%。实现卷烟税利12800万元，同比增长21.9%，其中实现利润7700万元，同比下降2.53%。

全年共查处涉烟违法案件389起，查获涉案卷烟866万支，上缴罚没款59.02万元。移送涉烟案件9起，公安、司法机关刑事拘留16人，逮捕6人，判刑3人，全年破获制售假烟网络案件1起。

怒江傈僳族自治州烟草专卖局（公司）

怒江傈僳族自治州烟草专卖局成立于1991年，云南省烟草公司怒江傈僳族自治州公司成立于1994年，下辖福贡县、兰坪白族普米族自治县、贡山独龙族怒族自治县3个县级烟草专卖局（分公司）。共有在岗员工104人。

全年辖区销售卷烟9.71亿支（1.94万箱），同比增长0.2%。实现卷烟销售收入27600万元，同比增长3.74%。实现税利4023万元，同比下降0.5%，其中卷烟利润1525万元。

全年共查处涉烟违法案件49起，查获非法卷烟76.58万支、烟丝3.92吨，上缴罚没款3.94万元。移送涉烟案件2起，司法机关判刑1人。

普洱市烟草专卖局（公司）

普洱市烟草专卖局、云南省烟草公司普洱市公司

系原思茅市烟草专卖局、云南省烟草公司思茅市公司于2007年更名而来，分别成立于1991年7月和1992年7月。截至2009年年底，下辖景东彝族自治县、镇沅彝族哈尼族拉祜族自治县、墨江哈尼族自治县、景谷傣族彝族自治县、宁洱哈尼族彝族自治县、江城哈尼族彝族自治县、澜沧拉祜族自治县、孟连傣族拉祜族佤族自治县、西盟佤族自治县和思茅区10个县级烟草专卖局（分公司）。共有在岗员工860人。

全年辖区销售卷烟42.01亿支（8.4万箱），同比增长3%。实现“两烟”销售收入199357万元，同比增长42.07%。实现“两烟”税利53996万元，同比增长96.26%，其中卷烟税利20997万元。实现“两烟”利润28807万元，其中卷烟利润13420万元。

全年共查处涉烟违法案件380起，查获非法卷烟210.63万支，查获非法烟叶21.65吨，上缴罚没款84.51万元。移送涉烟案件21起，公安、司法机关刑事拘留79人，逮捕46人，判刑57人。全年破获非法经营卷烟网络案件3起。

全年投入烟基建设资金1.76亿元，建成水池314个、沟渠28条、管网74条、机耕路28.62千米，新建卧式密集型烤房5000座，购置烟草农用机械891台（套）。烟水配套工程实际受益面积累计4.83万亩，受益农户1.69万户。烟农实现收入5.04亿元，同比增加1.53亿元；烟农户均收入2.79万元，同比增加1.52万元。

开展现代烟草农业建设试点面积9.91万亩，与同地区大面积生产相比，试点区域亩产烟叶153千克，提高2.17千克；亩均用工19个，减少11个，节约成本440元；亩产值2334元，提高99元。

临沧市烟草专卖局（公司）

临沧市烟草专卖局、云南省烟草公司临沧市公司成立于1985年，下辖临翔区、云县、凤庆县、永德县、镇康县、耿马傣族佤族自治县、沧源佤族自治县、双江拉祜族佤族布朗族傣族自治县8个县级烟草专卖局（分公司）。共有在岗员工773人。

全年辖区销售卷烟40.02亿支（8万箱），同比增长3.96%。实现“两烟”销售收入133020万元，同比增长32.16%。实现“两烟”税利30689万元，同比增长40.44%，其中卷烟税利15190万元。实现“两烟”利润16120万元，其中卷烟利润9547万元。

全年共查处涉烟违法案件668起，查获非法卷烟409.6万支，查获非法烟叶、烟丝40.63吨，上缴罚没款51.33万元。移送涉烟案件32起，公安、司法机关依法刑事拘留77人，逮捕22人，判刑32人。全年破获制售假烟网络案件1起，案值164万元。

全年投入烟基建设资金1.28亿元，年内建成水池479个、沟渠132条、管网18条、塘坝2座，机耕路45条，新建卧式密集型烤房3000座，购置烟草农用机械437台（套）。烟农实现收入3.26亿元，同比增加1.50亿元；烟农户均收入3.04万元，同比增加2.10万元。

开展现代烟草农业建设试点面积1.52万亩，与同地区大面积生产相比，试点区域亩产烟叶1850千克，提高9千克；亩均用工18个，减少15个，节约成本600元；亩产值2683元，提高171元。

迪庆藏族自治州烟草专卖局（公司）

迪庆藏族自治州烟草专卖局成立与1989年，云南省烟草公司迪庆藏族自治州公司成立于2002年。根据迪庆藏族自治州烟草公司作为卷烟纯销区的特点，下辖德钦县、维西县、香格里拉县、其宗镇、虎跳峡镇、奔子栏镇、白济汛镇7个区域营销中心。共有在岗员工112人。

全年辖区销售卷烟7.58亿支（1.51万箱），同比下降1%。实现卷烟销售收入23129万元，同比增长17.04%。实现卷烟税利4062万元，同比增长26.84%，其中卷烟利润2101万元。

全年共查处涉烟违法案件81起，查获非法卷烟7.7万支，上缴罚没款5.7万元。移送涉烟案件1起，公安机关刑事拘留1人。

所属其他二级单位

中国烟草云南进出口有限公司

中国烟草云南进出口有限公司成立于1985年，是中国烟草总公司云南省公司的全资子公司。公司主要经营云南省的烟叶出口、卷烟进口、烟丝出口和云南省商业系统复烤设备及零配件进出口等业务。截至2009年年底，公司有全资子公司和控股公司3家，分别为云南云辉货运有限公司、深圳泰福物流有限公司、云南烟草保山香料烟有限责任公司。公司本部拥有总资产22.4亿元，其中，固定资产5429万元、流动资产16.62亿元，资产负债率为11.99%。有在岗员工52人。

全年出口烟叶7.31万吨，出口实现2.33亿美元。全等级出口优质烟叶研究与开发项目实现跨越式发展，项目规模由2008年的0.5万亩增加到2009年的3.3万亩，规模扩大6.6倍。全等级项目烟叶质量得到国外用户的认可。

2009年，公司实现进出口总值2.39亿美元，同比增长18.0%，其中，进口总值430万美元，同比增长5.4%；出口总值2.35亿美元，同比增长18.2%。出口烟叶7.31万吨，同比下降6.5%，其中，出口烤烟及副产品6.2万吨、香料烟8524吨、白肋烟828吨、生切烟丝672吨、烟草薄片80吨、烟丝571吨。公司本部实现税利55248万元，同比增长51.6%。实现利润4.61亿元（含投资收益1437万元），同比增长53.1%。三项费用率为12.08%。

云南省烟草实业公司

云南省烟草实业公司成立于1988年，隶属于中国烟草总公司云南省公司，公司下辖昆明海天酒店1家全资多元化经营企业，参股4家企业。公司主要经营范围包括全省烟叶生产用化肥销售、酒店管理、物业管理等。截至2009年年底，公司拥有总资产5.24亿元，其中，固定资产1507万元、流动资产3.69亿元，资产负债率为32.39%。共有在岗员工65人，其中聘用员工33人。

2009年，公司实现税利1758万元，同比增长10.50%，其中实现利润1515万元。公司销售烟用化肥57.67万吨，实现销售收入26.6亿元。对外投资收益1945万元。

2009年云南省烟草商业系统主要情况统计

地市级局（公司）名称		昆明市烟草专卖局（公司）	玉溪市烟草专卖局（公司）	曲靖市烟草专卖局（公司）	红河州烟草专卖局（公司）	大理州烟草专卖局（公司）
主要负责人/法人代表		郑天一	邓小刚	杨荣生	吴立著	樊在斗
总资产（万元）		579800	441874	794554	433114	286198
资产负债率（%）		28.59	21.10	41.06	24.03	40.29
所属县级局（个）		13	9	9	13	12
所属县级公司/分公司（个）		12个分公司	9个分公司	9个分公司	8个分公司	12个分公司
所属县级营销部（个）		—	—	—	5个营销部	—
所属业务机构	访销机构	1个营销中心、 1个电访中心	1个营销中心	1个营销中心 1个电访中心	1个营销中心 1个订单部	1个营销中心
	物流配送机构	1个物流中心	1个物流配送中心	1个物流中心 1个配送中心	1个物流配送中心	1个物流配送中心
	稽查机构	1个稽查支队	1个稽查支队	1个稽查支队	1个稽查支队 13个稽查大队	1个稽查支队
	烟叶机构	75个烟站 193个烟叶收购点	88个烟叶站（点）	94个烟叶站	44个烟叶总站 111个烟叶站（点）	87个烟叶站 19个烟叶收购点
销售卷烟（亿支）		125.56	40.50	103.51	72.50	63.00
毛利率（%）		26.51	25.43	25.93	25.06	25.40
实现“两烟”税利（万元）		217400	155374	286285	135000	135800
实现“两烟”利润（万元）		129000	94241	148089	76000	72500
烟叶种植（亩）		610000	660000	1260000	548000	500000
烟叶收购（担）		1794591	2020001	3909971	1764000	1900800
零售户数（户）		21796	8864	21496	16604	11533

地市级局（公司）名称		楚雄州烟草专卖局（公司）	昭通市烟草专卖局（公司）	保山市烟草专卖局（公司）	丽江市烟草专卖局（公司）	文山州烟草专卖局（公司）
主要负责人/法人代表		段应泽	吴仕江	何　伟	段树苍	杨世田
总资产（万元）		330460	244190	194203	76195	205599
资产负债率（%）		43.21	46.20	51.35	51.64	44.03
所属县级局（个）		10	11	5	4	8
所属县级公司/分公司（个）		10个分公司	11个分公司	5个分公司	4个分公司	8个分公司
所属县级营销部（个）		—	—	—	—	—
所属业务机构	访销机构	1个营销中心 1个电访中心	1个营销中心 （电话订货中心）	1个卷烟营销中心	1个营销中心 1个电访中心	1个营销中心
	物流配送机构	1个物流中心 1个配送中心	1个物流中心	1个卷烟物流中心	1个物流中心 1个配送中心	1个物流配送中心
	稽查机构	1个稽查支队	1个稽查支队	1个稽查支队 5个稽查大队	1个稽查支队	1个稽查支队
	烟叶机构	80个烟叶站	77个烟叶站	34个烟叶站	19个烟叶站 8个烟叶收购点	53个烟叶站
销售卷烟（亿支）		45.75	80.01	43.51	22.50	49.75
毛利率（%）		25.53	26.19	25.40	26.05	24.54
实现“两烟”税利（万元）		133400	89291	92500	26100	86809
实现“两烟”利润（万元）		75352	43064	51200	11474	47262
烟叶种植（亩）		525000	350000	348000	121000	345000
烟叶收购（担）		1725000	1005661	1427725	390000	1080000
零售户数（户）		8874	12337	9009	4626	11207

地市级局（公司）名称		德宏州烟草专卖局（公司）	西双版纳州烟草专卖局（公司）	怒江州烟草专卖局（公司）	普洱市烟草专卖局（公司）	临沧市烟草专卖局（公司）	迪庆州烟草专卖局（公司）
主要负责人/法人代表		田泽华（—2009.2） 赵　强（2009.2—）	彭　川	何杨赵	杨　轩（—2009.2） 田泽华（2009.2—）	杜绍明	夏　巴
总资产（万元）		24694	30912	10387	102724	67970	8432
资产负债率（%）		21.25	21.90	20.00	51.40	59.99	38.98
所属县级局（个）		6	3	3	10	8	—
所属县级公司/分公司（个）		5个分公司	—	3个分公司	10个分公司	8个分公司	—
所属县级营销部（个）		—	—	—	—	—	—
所属业务机构	访销机构	1个营销中心 1个电访中心	1个营销中心 （含订单部）	1个营销中心 1个电访中心	1个营销中心 1个电访中心	1个营销中心	1个营销中心 1个电访中心
	物流配送机构	1个物流配送中心	1个物流配送中心	1个物流中心 1个配送中心	1个物流配送中心	1个物流中心	1个物流配送中心
	稽查机构	1个稽查支队	1个稽查支队	1个稽查支队	1个稽查支队	1个稽查支队	1个稽查支队
	烟叶机构	3个烟叶站	—	—	35个烟叶站 4个烟叶收购点	35个烟叶站（点）	—
销售卷烟（亿支）		19.54	19.75	9.71	42.01	40.02	7.58
毛利率（%）		25.56	26.06	25.81	24.66	23.64	24.43
实现“两烟”税利（万元）		9320	12800	4023	53996	30689	4062
实现“两烟”利润（万元）		5106	7700	1525	28807	16120	2101
烟叶种植（亩）		2120	—	—	214000	134600	—
烟叶收购（担）		5174	—	—	670000	473995	—
零售户数（户）		5500	4737	1603	8993	8183	1720

（曾尔庆）

西藏自治区烟草专卖局（公司）

【概　况】 西藏自治区烟草公司成立于1998年1月，西藏自治区烟草专卖局组建于1998年1月，实行合署办公。2001年1月，西藏自治区烟草公司正式上划中国烟草总公司。2009年，完成国家局与自治区局（公司）层面的母子公司制改革，西藏自治区烟草公司正式更名为中国烟草总公司西藏自治区公司。下辖山南、日喀则、林芝、昌都、那曲、阿里共6个地区烟草专卖局（公司）及西藏金叶实业发展有限责任公司，其中那曲地区烟草专卖局（公司）体制未上划。公司拥有总资产10.9亿元，其中，固定资产2.33亿元、流动资产6.2亿元，资产负债率为17.27%。共有从业人员1020人，其中聘用员工409人。

【领导成员】 局长、总经理、党委副书记：平措旺扎

党委书记、副局长、副总经理：杨桂选

副局长、副总经理、党委委员：蔡建文

副局长、纪检书记、党委委员：旺　啦

副总经理、党委委员、工会主席：乔建民

副巡视员：冯建立

副巡视员：多布啦（2009.2—）

【机构设置】 2009年，自治区局（公司）机关进行机构调整，增设机关服务中心，并将原销售管理处更名为营销中心，原配送中心和储运中心合并为卷烟物流配送中心。下设办公室（外事办公室）、综合计划处（经济运行处、科技处）、专卖监督管理处（专卖稽查总队、内部专卖监督管理处）、政策法规与体制改革处、财务管理处、审计处、人事劳资处、思想政治工作处（与机关党委、工会合署办公）、纪检监察处（与纪委合署办公）、安全保卫处10个处室，营销中心、经济信息中心、卷烟物流配送中心、机关服务中心4个专业部门和西藏金叶实业发展有限责任公司1个专业公司。

【专卖管理】 *卷烟打假。*2009年，西藏制售假烟违法活动日益猖獗，西藏烟草及时调整工作思路，树立全国卷烟打假“一盘棋”的责任意识，继续加强联合执法长效机制建设，加大市场监管与涉网案件查处力度。制定集中整治工作方案，各地市级局专卖管理部门有针对性地开展了专项治理整顿行动。加强日常监管，对重点区域、重点市场、重点零售户进行重点监控。利用“3·15”消费者权益保护日及“12·4”法制宣传日，向社会群众开展烟草专卖法律法规宣传，通过实物真假烟对比、公布突出案例等方式，起到较好的社会警示效果。

全年共查处卷烟违法案件545起，查获非法卷烟1047万支，涉案金额503万元，其中，查获假冒卷烟500万支，涉案金额399万元；查获非渠道卷烟547万支，涉案金额104万元。上缴罚没款27.6万元。公安、司法机关依法刑事拘留12人，判刑4人。

*内部专卖管理监督。*结合2007年国家局重点抽查、2008年专项检查和2009年甘肃、上海查获涉藏卷烟事件中存在的问题，先后开展专项调查、定期检查、信息化建设等重点工作，在提高思想认识、完善长效监管机制、加强日常监督管理、及时发现处理问题等方面取得一定实效。制定《2009年内部专卖管理监督检查实施方案》，明确检查步骤，并成立内管检查工作领导小组，在各部门抽调业务骨干组成两个检查工作组，就上年查出问题整改、长效机制建设、内管工作开展、信息化监管等内容，先后对自治区局本级和日喀则、山南、昌都、林芝、那曲及阿里地区进行全面检查，并对检查中发现的问题及时整改。

*换发2008版烟草专卖许可证。*自治区局和各地市级局先后成立许可证换发工作领导小组，严格按照国家局要求开展换证工作。截至2009年年底，自治区烟草专卖许可证换发工作全面完成，全自治区共有持证卷烟零售户10748户。

【生产经营】 2009年，自治区烟草商业系统共销售卷烟42.22亿支（8.44万箱），同比增长13.70%，其中，一类烟6.04亿支（1.21万箱），同比增长24.02%；二类烟2.84亿支（0.57万箱），同比下降64.85%；三类烟11.59亿支（2.32万箱），同比增长106.22%；四类烟15.15亿支（3.03万箱），同比增长23.87%；五类烟6.6亿支（1.32万箱），同比增长4.1%。本辖区销量居前三位的品牌分别为“芙蓉”、“云烟”和“天下秀”，销量分别为6.23亿支（1.25万箱）、6.15亿支（1.23万箱）、4.55亿支（0.91万箱）。

全年自治区烟草行业实现销售收入15.38亿元，同比增长17.9%。根据国务院有关精神，调整卷烟消费税，部分利润转为税赋，全年增加卷烟消费税7387万元。实现卷烟税利3.14亿元，同比增长13.76%，其中卷烟利润1.50亿元，同比下降24.97%。公司三项费用率为12.6%。

【体制改革】 2009年，按照“理顺产权、调整职能、规范运作、高效运行”的总体要求，西藏烟草进行母子公司体制改革。完成自治区公司机构设置、企业名称变更、税务登记证变更和机构代码证变更等工作；实现了中国烟草总公司与西藏自治区烟草公司的母子公司体制改革，西藏自治区烟草公司正式更名为中国烟草总公司西藏自治区公司，形成归属清晰、权责明确、保护严格、流转顺畅的现代产权制度，为下一步各地区公司进行母子公司体制改革奠定基础。

【卷烟销售网络与现代物流建设】 县乡网点拓展。2009年，自治区公司进行县乡网点拓展，对拉萨市七县的乡镇卷烟销售网络开展机构、市场、客户等方面的全方位拓展活动，逐步解决拉萨市七县的乡镇卷烟销售配送和网络建设问题，实现机构齐全、服务前移、机制完善，整体提升网建工作水平。8月3～4日，自治区公司在山南地区召开打破行政区划进行卷烟配送研讨会。

现代物流建设。整合现代物流资源，加强现代物流管理，建立健全工作机制，对物流规范化、信息化及现代物流培训等工作进行详细规划和安排。完成拉萨卷烟物流配送中心主体工程及大部分附属工程的建设任务，并会同有关单位和部门对其进行竣工验收，卷烟分拣设备、仓储设备基本安装到位，信息网络系统建设及设备安装有序进行。

【信息化建设】 2009年，完成西藏烟草门户网站的建设，为行业外用户了解西藏烟草专卖动态和办事流程等提供平台。开发实施了西藏烟草数字仓储管理系统。

【财务管理】 资金监管。与邮政储蓄银行合作开展县网点经营资金的集中管理和拉萨城区及地区政府所在地零售客户的货款电子结算业务。合理安排资金存量，基本满足全自治区烟草企业卷烟经营和事业发展的资金需要。加强专项资金管理，专项资金开支的审批程序、支付标准和列支渠道更加规范。通过资金的有效整合和规范，减少资金风险，提高资金使用效率。

成本费用管理。执行烟草企业成本费用管理办法和成本费用核算规程，正确核算成本费用，严格成本费用核算办法，规范工资性支出渠道，严格执行工效挂钩政策，控制工资发放总量，整合物流资源，严格费用核报程序，最大限度地减少不合理费用开支。

审计工作。对拉萨卷烟物流配送中心工程进行跟踪审计监督，定期查看监督工程建设和物流设备、网络设备的安装过程，保障工程建设和设备安装保质保量完成。聘请自治区审计事务所对阿里地区公司卷烟物流配送综合楼和职工周转房及附属工程建设项目进行全过程跟踪审计，审计人员每周定期赴工地对工程进度、质量等进行监督，对各项合同、协议、付款通知书等材料严把审计关。完成对山南、日喀则、林芝、昌都、阿里等地区公司及金叶公司的同级审计工作，并出具审计报告。对阿里地区公司法人进行任期经济责任审计。对那曲地区公司进行了一次上划前的全面系统的资产清理摸底。

【安全生产】 开展治安防范工作，加大安全管理力度，把安全稳定工作作为西藏烟草工作的重心，以维护企业经营安全与稳定为中心，把企业的安全稳定工作提高到讲政治、保稳定、促发展的高度上。9月16日，在拉萨市创建平安单位活动中，自治区局（公司）被拉萨市委、市政府评为“平安单位”；11月，自治区局（公司）被拉萨市公安局授予“安全文明先进单位”称号。

【人力资源管理】 劳动用工分配制度改革。健全绩效管理组织机构和制度，全面实施绩效考核。自治区局（公司）制定了《薪酬管理办法》等一系列绩效管理制度。对聘用人员资料进行备案登记，建立了聘用人员信息资料库，完善劳动用工手续，对企业技术、岗位责任、目标任务、管理教育及在工作岗位上所发生问题后的处理办法等做出明确规定，劳动用工管理工作逐步实现规范化、制度化和信息化。

干部选拔任用。严格按照领导干部选拔任用有关规定选拔干部。加大员工对领导干部的监督力度，在提拔任用前采取座谈了解、测评考核等方式，广泛听取员工意见。执行民主推荐，民主评议、任前公示和试用期制度。经过考核及任前公示，2009年，自治区烟草系统共提拔处级干部4名、科级干部10名。

职工队伍建设。大力开展员工教育培训，先后举办计算机办公自动化培训、财务软件管理培训、专卖内管信息平台培训等业务技术培训。对员工进行马克思主义“四观”、“两论”和“三个离不开”等政治理论集中培训。

【思想政治工作】 学习实践活动整改落实和“回头看”工作。巩固深入学习实践科学发展观活动成果，按照自治区党委的部署要求和自治区局（公司）党委的安排，全区烟草系统对照学习实践活动的整改方案和整改落实项目表，逐一检查各项整改工作落实进展情况，并将检查结果上报自治区党委学习实践活动领导小组办公室。

党建工作。着力提高各级党组织总揽全局、统筹规划、协调各方的能力。以建设高素质党员队伍为重点，组织党员开展党的知识学习，所有党员干部人手一册《六个为什么》。深化党员干部的思想认识，进一步坚定反对分裂、维护稳定、加强民族团结的自觉性和坚定性。严把入党关口，发展党员坚持“质量第一”，2009 年，新发展党员 2 人，预备党员转正 2 人。

【纪检监察】 妥善处理群众来信来访，对各类举报信件逐一进行分类、登记，对举报内容进行调查核实，并根据情况分别处理。对查无实据的给予举报人明确答复，对确有其事的视情节性质做出不同的处理意见，对一般性的举报事实以批评教育的方式处理。2009 年，自治区局（公司）共收到举报信件 5 件（次）、群众上访 2 次、群众反映个别领导干部问题 1 件，已调查核实 3 件（次）。

【企业文化】 多次组织召开提炼服务品牌名称座谈会，结合“雪域文化”特色，提炼出“融和”服务品牌名称。制定《西藏烟草融和服务品牌——概念体系》，系统诠释了“融和”服务品牌的基本内涵、服务宗旨、服务内容、服务承诺。制定《融和服务品牌推进实施方案》，包括品牌建设原则、建设目标、建设任务、建设措施、具体实施步骤等。制定了《融和服务品牌在岗位的实践要求》。

西藏自治区局（公司）主要统计指标汇总

“两烟”税利（亿元）	“两烟”利润（亿元）	销售卷烟（亿支）	烟叶种植（万亩）	烟叶收购（万担）
3.14	1.50	42.22	—	—

所属地市级局（公司）

昌都地区烟草专卖局（公司）

昌都地区烟草专卖局、西藏自治区烟草公司昌都地区公司组建于 1998 年 9 月，2003 年 12 月国家局批复同意昌都烟草体制上划，2004 年 7 月正式上划。下辖江达、芒康、丁青、洛隆、边坝、贡觉、类乌齐、左贡、八宿 9 个直属网点和 1 个城区配送中心。共有从业人员 97 人，其中聘用员工 63 人。

全年辖区销售卷烟 5.47 亿支（1.09 万箱），同比增长 10.98%。实现销售收入 19962 万元，同比增长 23.11%。实现税利 1073 万元，同比增长 15%，其中利润 39 万元。

全年共出动专卖打假人员 2000 余人次，查处非法卷烟案件 6 起，没收假冒卷烟 2.63 万支，案值 1.48 万元，上缴罚没款 2160 元。

日喀则地区烟草专卖局（公司）

日喀则地区烟草专卖局、西藏自治区烟草公司日喀则地区公司组建于 1998 年，2003 年 12 月国家局批复同意日喀则烟草体制上划，2004 年 7 月正式上划。2009 年，撤销定结、仁布、谢通门、南木林等 4 个配送部，增设萨嘎配送部，并把亚东配送部归并至江孜配送部。下辖拉孜、江孜、定日、樟木、萨嘎 5 个配送部和 1 个城区配送中心。共有从业人员 122 人，其中聘用员工 84 人。

全年辖区销售卷烟 6.96 亿支（1.39 万箱），同比增长 20.62%。实现销售收入 20020 万元，同比增长 9.31%。实现税利 1572 万元，同比增长 32%，其中利润 186 万元。

全年查获“假、私、非”卷烟 257.7 万支，涉案金额 75.7 万元。公安、司法机关依法刑事拘留 2 人，判刑 3 人。

日喀则地区局（公司）坚持在全体员工中开展升国旗、唱国歌、背诵烟草誓词和行业文化架构体系，以及揭批达赖等活动。参加团地委主办的“庆祝五四青年节暨纪念五四运动 90 周年文艺晚会”活动；参加“爱国歌曲大家唱”群众性歌咏比赛，并被日喀则地区文明委授予“优秀节目奖”。2009 年，日喀则地区局（公司）被西藏自治区党委、政府评为“自治区文明单位”。

山南地区烟草专卖局（公司）

山南地区烟草专卖局、西藏自治区烟草公司山南地区公司组建于1998年1月，2004年4月国家局批复同意山南烟草体制上划，2004年7月正式上划。2009年，取消琼结县直属网点和甲竹林镇营销网点。下辖贡嘎、扎囊、浪卡子、加查、洛扎、错那、措美、曲松、桑日、隆子、乃东共11个县直属网点及泽当镇1个零售门市。共有从业人员85人，其中聘用员工51人。

全年辖区销售卷烟4.84亿支（0.97万箱），同比增长9.25%。实现销售收入16652万元，同比增长4.16%。实现税利1291万元，同比增长38.03%，其中利润306万元。

全年共查处非法卷烟案件91起，查获非法卷烟75.26万支，总涉案标值13.69万元，其中，查获假冒卷烟33.58万支，价值9.72万元；查扣非法渠道卷烟41.67万支，价值3.97万元。移送公安机关涉烟案件1起。上缴罚没款1.26万元。

2009年，山南烟草结合实际，坚持传统物流与现代物流营销模式相结合，基本实现了行署所在地、泽当城区与昌珠镇的“集中呼叫、分拣到户、统一配送”。对泽当城区周边城镇的配送线路进行优化，取消甲竹林镇和琼结县两个网点，将琼结县零售客户纳入地区集中呼叫、统一配送；将甲竹林镇零售客户纳入贡嘎县网点进行手工访销、统一配送。

林芝地区烟草专卖局（公司）

林芝地区烟草专卖局、西藏自治区烟草公司林芝地区公司组建于1996年11月，2004年4月国家局批复同意林芝烟草体制上划，2004年7月正式上划。2009年，按照自治区局（公司）要求，将下辖的5个卷烟配送中心（专卖管理所）的名称更改为卷烟配送网点。下辖工布江达、波密、米林、朗县、察隅5个卷烟配送网点。共有从业人员85人，其中聘用员工50人。

全年辖区销售卷烟4.03亿支（0.80万箱），同比增长7.92%。实现销售收入17146万元，同比增长46.53%。实现税利1257万元，同比增长43.32%，其中利润89万元。

全年共查处非法卷烟案件70起，查获假冒卷烟7.71万支，案值6.62万元，上缴罚没款2.05万元。

与地区邮政局加强合作，推行电子结算业务。八一镇卷烟零售客户已全部实现电子结算。

阿里地区烟草专卖局（公司）

阿里地区烟草专卖局、西藏自治区烟草公司阿里地区公司于1999年从地区商贸公司分离组建，2007年7月国家局批复同意阿里烟草体制上划。主要负责阿里地区噶尔县、普兰县、札达县、日土县、革吉县、改则县、措勤县和狮泉河镇的烟草专卖行政执法监督管理、卷烟批发、卷烟配送及城乡卷烟销售网络建设与管理工作。下辖革吉、普兰、札达、日土、改则、措勤6个直属营销网点。共有从业人员36人，其中聘用员工10人。

全年辖区销售卷烟1.54亿支（0.30万箱），同比增长17.48%。实现销售收入6249万元，同比增长24%。实现税利620万元，同比增长2.0%，其中利润298万元。

全年共出动专卖打假人员360人次，查处假冒卷烟案件13起，查获假冒卷烟3280支，涉案金额2804元，上缴罚没款2492元。

所属其他二级单位

西藏金叶实业发展有限责任公司

西藏金叶实业发展有限责任公司成立于2002年4月，隶属西藏自治区烟草专卖局（公司），注册资本250万元。2009年，总资产为1889万元，其中流动资产1564万元，资产负债率为48.31%。公司主要在拉萨市城区从事卷烟零售业务，拥有连锁店11个。共有从业人员72人，其中聘用员工47人。

全年辖区销售卷烟2354万支（470.85箱），同比增长25.57%。实现销售收入4492万元，同比增长41.74%。实现税利951万元，同比增长67.36%，其中利润187万元。

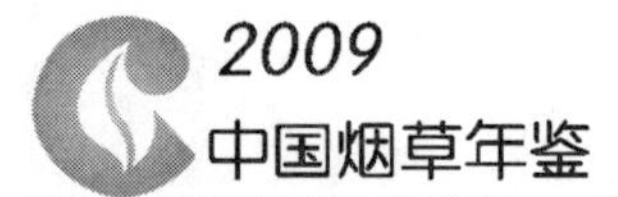

2009 年西藏自治区烟草商业系统主要情况统计

地市级局（公司）名称		昌都地区烟草专卖局(公司)	日喀则地区烟草专卖局(公司)	山南地区烟草专卖局(公司)	林芝地区烟草专卖局(公司)	阿里地区烟草专卖局(公司)
主要负责人/法人代表		尼　加	普　布	袁金平	顿　珠	旺　扎（—2009. 11） 黄明荣（2009. 11—）
总资产（万元）		5625	6119	4609	4102	3038
资产负债率（%）		11. 59	14. 18	9. 45	12. 26	1. 02
所属县级局（个）		—	—	—	—	—
所属县级公司/分公司（个）		—	—	—	—	—
所属县级营销部（个）		—	—	—	—	—
所属业务机构	访销机构	1 个营销中心 9 个县级营销网点	1 个营销中心 5 个县级配送部	1 个营销中心 11 个县级营销网点	1 个营销中心 5 个县级配送网点	1 个营销中心 6 个县级营销网点
	物流配送机构	1 个配送中心	1 个配送中心	1 个配送中心	1 个配送中心	1 个配送中心
	稽查机构	1 个稽查支队 4 个稽查大队 5 个专卖管理所	1 个稽查支队 1 个稽查大队 （2009 年撤销了拉孜和亚东稽查大队）	1 个稽查大队 1 个专卖监督管理所	1 个稽查支队	1 个稽查支队
	烟叶机构	—	—	—	—	—
销售卷烟（亿支）		5. 47	6. 96	4. 84	4. 03	1. 54
毛利率（%）		13. 89	14. 34	13. 86	15. 51	16. 86
实现“两烟”税利（万元）		1073	1572	1291	1257	620
实现“两烟”利润（万元）		39	186	306	89	298
烟叶种植（亩）		—	—	—	—	—
烟叶收购（担）		—	—	—	—	—
零售户数（户）		891	2578	2380	1075	437

（王佳敏）

陕西省烟草专卖局（公司）

【概　况】 陕西省烟草公司组建于 1984 年 7 月，陕西省烟草专卖局成立于 1984 年 9 月，实行合署办公。1985 年陕西省烟草公司正式上划中国烟草总公司。2007 年实施母子公司体制改革。下辖西安、咸阳、宝鸡、渭南、铜川、榆林、延安、安康、汉中、商洛、杨凌共 11 个地市级烟草专卖局（公司）和陕西烟草进出口有限责任公司，以及西安尚德大厦和陕西烟草实业有限责任公司。截至 2009 年年底，公司拥有总资产 64. 61 亿元，其中，固定资产 17. 08 亿元、流动资产 42. 59 亿元，资产负债率 13. 88%。有从业人员 12255 人，其中聘用员工 5124 人。

【领导成员】 局长、总经理、党组书记：李嵩震（—2009. 11）

局长、总经理、党组书记：张天峰（2009. 11—，之前任副总经理、党组成员）

副总经理、党组成员：张曼军

副局长、党组成员：燕宏恩

纪检组长、党组成员：吉应城

总会计师：谭招生

副巡视员：胡金宝

副巡视员：柏安民

【机构设置】 省局机关设办公室（外事办公室）、综合计划处（经济运行处）、专卖监督管理处（专卖稽查总队、内部专卖监督管理处）、政策法规与体制改革处、财务管理处、审计处、科技处、人事劳资处、思想政治工作处（与机关党委合署办公）、监察处

（与党组纪检组合署办公）、安全保卫处、烟叶管理处、卷烟销售管理处13个职能处室，经济信息中心、烟草学会、烟草工会（机关工会）、机关后勤服务中心（含驻京办1个）、烟草质量监督检测站、烟草研究所、职业技能鉴定站7个专业部门，以及整顿与规范市场经济秩序领导小组办公室1个临时机构。

【专卖管理】 卷烟打假。全省系统先后针对名烟名酒店、娱乐场所、物流货运、特种行业、特种车辆以及利用互联网非法经营烟草制品活动等开展了专项整治活动。开通了“12313”投诉举报电话系统。全年共查处涉烟违法案件13676起，其中查处制售假冒卷烟案件3654起（5万元以上案件153起），查获假冒卷烟1.11亿支。破获制售假烟网络案件18起，其中符合国家局标准的案件14起。西安“3·10”、商洛“3·13”假烟网络案件标值过千万元，被国家局、公安部纳入督办案件。全年查获非法渠道卷烟6491.46万支，查处5万元以上非法渠道卷烟案件22起，其中渭南“7·22”无证运输、非法经营卷烟案件案值达470万元。公安、司法机关依法刑事拘留涉烟违法人员104人，批捕69人，劳教9人，判刑52人。

内部专卖管理监督。严格落实基层企业月度自查，市级局、工业公司季度复查，省局年度专项检查工作。卷烟销售监管方面，县级局每月对大户和直营店的核查数不低于总数的35%；烟叶监管方面，开展了种植合同签订、种植面积落实、收购调拨秩序专项检查。完善宣传用烟促销管理规定，严格专卖品报废处理监管。省局增设2家专卖驻厂机构。

专卖队伍建设。以创建优秀县级烟草专卖局活动、推进专卖管理员技能鉴定工作等为主要内容，加强专卖队伍建设，专卖队伍逐步实现专职化、专业化。岐山县局等19个单位进行了优秀县级局创建试点工作。组织开展了全员专卖管理知识“一口清”活动。在全行业4次专卖管理员技能鉴定考评中，全省687名专卖人员参加考评，占全省专卖人员总数的36.2%，取得初级、中级资格415人。

证件管理。加强证件管理，为方便企业、服务基层，省局将物资类准运证委托市级局和驻厂组办理。做好许可证换发工作，全年共受理烟草专卖零售许可证申请120696份，注销零售许可证7613个，换发零售许可证113083个。

【生产经营】 2009年，全省烟草商业系统销售卷烟699.17亿支（139.83万箱），同比增长4.44%，其中，销售一类烟41.70亿支（8.34万箱）、二类烟13.95亿支（2.79万箱）、三类烟105.86亿支（21.17万箱）、四类烟334.29亿支（66.86万箱）、五类烟203.37亿支（40.67万箱）。本辖区销量居前三位的品牌依次为“猴王”、“延安”、“金丝猴”，销量分别为164.31亿支（32.86万箱）、141.61亿支（28.32万箱）、93.6亿支（18.72万箱）。

全年实现卷烟销售收入158.84亿元，同比增长17.57%。实现烟叶销售收入13.8亿元，同比增长36.63%。根据国务院有关精神，调整卷烟消费税，部分利润转为税赋，全年增加卷烟消费税7.96亿元。实现“两烟”税利34.15亿元，同比增长18.91%，其中卷烟税利31.42亿元，同比增长17.63%。实现“两烟”利润19亿元，同比下降5.94%，其中卷烟利润17.48亿元，同比下降7.07%。公司三项费用率为11.29%。

【烟叶产销】 烟叶种植。全年全省共投入1亿元扶持资金补贴烟农，签订电子合同4.4万份，种植烟叶43.8万亩。收购烟叶6.29万吨（125.70万担），同比增加0.73万吨（14.66万担）。实现烟农收入7.07亿元，同比增加8200万元；实现烟叶税1.41亿元，同比增加1640万元；亩均产值1614元，同比增加187元。出口烟叶0.28万吨（5.65万担），同比增长27%。推进“北烟南移”，安康、商洛、汉中、宝鸡等4个烟叶重点发展产区的收购量占全省的79%，同比提高9个百分点。

烟叶基础设施建设。全年全省共投资2.32亿元，其中烟草行业投入1.79亿元（不含灾后重建的投入），实际新建烟水配套工程1118项、密集式烤房2791座，新修烟田机耕路522千米，购置烟用机械1592台（套）。2009年年初，陕西省遭受严重旱灾，陕西省局（公司）启用所建烟水配套工程支持抗旱，解决部分项目区农作物生产及人畜饮水问题。

现代烟草农业建设试点。全年8个现代烟草农业建设试点共种植烟叶6929亩，试点区域全部实现集约化育苗、商品化供苗、专业化机耕和密集式烘烤，亩均用工减少到23个左右，亩产烟叶154千克。亩均产值达到1970元。

实施科普惠农兴烟计划。5月，省局（公司）提出“在2009~2012年间组织实施科普惠农兴烟计划”，决定在全省烟叶主产区重点基层站分阶段建立10个科普惠农兴烟图书室和10个科普惠农兴烟示范站；9月9日，在商洛现代烟草农业核心示范园建立了全省第一家科普惠农兴烟示范站，在洛南县景村镇惠农烟叶生产专业化服务合作社建立了全省第一家科普惠农兴烟图书室。

【品牌培育】 着力培育行业重点骨干品牌，制定《全省卷烟品牌发展规划（2009～2011年）》。全年各地市级公司与川渝中烟、红云红河集团、红塔集团等15家工业企业协同开展了63次品牌宣传推广活动。全年销售全国性卷烟重点骨干品牌214.85亿支(42.97万箱)，同比增长30.05%，占总销量的比重为30.73%，同比提高6.05个百分点，其中，“中华”、“芙蓉王”、“红塔山”、“黄鹤楼”销量分别同比增长45.83%、24.53%、55.03%和134.04%。在年末中国卷烟销售公司组织的全国工商互评中，省公司的位次明显前移。

【卷烟销售网络与现代物流建设】 网建工作。制定《全省卷烟零售客户、消费者市场信息采集管理办法》，强化对卷烟市场信息的采集、分析和使用的管理。应用网上营销信息系统，搭建了网上订货、客户购销存信息台账以及信息互动平台。全年全省参与网上营销的客户达到69205户，占零售客户总数的59.21%，网上订货一次通过率达到98%以上。截至年底，全省共建成卷烟零售标准化示范店6212个。5月，省公司与中国电信股份有限公司陕西分公司签订《网上营销信息系统战略合作协议》，向卷烟零售客户提供网上营销和宽带上网服务。

物流建设。2009年，省公司对部分物流配送中心的建设规划进行了评估论证，年底，安康、商洛、汉中市公司卷烟配送中心竣工投入使用，西安、咸阳、延安市公司卷烟配送中心完成主体工程建设。与湖南、陕西中烟启动了工商物流对接业务。完成全省卷烟物流外流信息系统建设及内外流集成招标。

【多元化经营】 整合资源，优化投资。根据国家局批复，10家市公司持有的陕西金叶科教集团股份有限公司1.25%股权（账面金额280.49万元）无偿划转给陕西省公司；陕西中烟持有的西部信托投资有限公司0.18%股权（账面价值91.46万元）无偿划转给陕西省公司。处理多元化企业遗留问题，落实了2户清退企业的清理工作。截至年底，全省系统存续多元化企业共7户，其中控股4户、参股3户；累计取得投资收益7276万元，其中2009年投资收益589万元。

【体制改革与法规工作】 理顺渭南市大荔县烟盐管理体制，4月14日，渭南市烟草专卖局（公司）与渭南市盐务管理局（公司）签订《关于理顺大荔县烟盐管理体制的协议》；5月26日，签订《资产划转协议》，将大荔县烟草专卖局（分公司）盐业经营和管理业务划归盐务系统，完成了渭南市大荔县局（分公司）与当地盐务的划分工作。根据《国务院关于同意陕西省调整咸阳市与宝鸡市部分行政区划的批复》的要求，完成宝鸡市扶风县揉谷乡划转杨陵区管辖后烟草专卖相关业务的交接工作。原合阳复烤厂的资产无偿划转给渭南市人民政府。

法规建设。2009年，省局（公司）对不符合科学发展观和行业发展要求，以及和现有的法律法规不一致的11项企业规章制度予以废止；修改完善36项、新建29项制度，完成涉及生产经营等九类共计144项、65万字的规章制度汇编工作，并制定行政处罚案卷评查办法和行政处罚案卷评查标准。对29名行政复议人员进行培训，并组织了全省系统干部职工共8500余人参加法律知识竞赛。

【企业管理】 加强质量管理体系建设，10个市公司的质量管理体系进入试运行阶段。开展全面预算管理和对标工作，全年省局（公司）招待费、办公费、会议费、差旅费等四项重点控制费用同比下降2.22%。开展优秀基层单位创建活动，19个县级局、15个县级分公司（营销部）进行了创建活动试点工作。开展治理“小金库”活动，全年全省系统共清理“小金库”32个，涉及资金297万元。

【科技创新】 全年全省系统有2个科研项目被纳入国家局重点科技项目计划，2项科研成果获得陕西省科学技术进步三等奖。全年申请专利14项，获得受理专利19项，获得授权专利8项。6月，陕西省烟草质检站恒温恒湿实验室顺利通过验收并投入使用。

【信息化建设】 省局（公司）内外部网站升级改版工作完成，7月17日，公司外部门户网站上线试运行。完成烟叶基础管理软件系统升级工作。专卖内管信息系统完成卷烟销售监管模块的开发与应用，人力资源管理信息系统进入试点运行阶段。

【维护稳定工作】 省局（公司）把2009年确定为信访“制度建设年”，出台了信访工作考核制度，把信访稳定工作纳入市级局（公司）年度绩效考核，健全定期排查制度，完善领导接访、下访制度，初步实现信访工作的规范化和制度化。4月20日，省局（公司）召开全省系统部分单位化解信访积案座谈会，重点督办化解近年来信来访特别是重信重访中涉及劳动用工等具代表性的5起信访积案，截至年底，5起积案专项治理工作取得初步成效。

【应急管理】 高度重视应急管理，省局（公司）修订完善了应急预案，对原有突发公共事件总预案的8项内容做了较大调整，新编写有关地震、火灾、办公楼、实验室等16项专项预案。全省系统初步构建了一个以预案为中心，以体制、机制、法制为保障的应急管理体系，并将应急管理的内容分为13个标准，共整理出13个卷宗、200余本资料。投资建设应急物资库，充实了8大类、21种应急物资。强化应急宣传和教育，开展多层次的应急演练，省局机关在“5·12全国减灾日”组织了应急疏散演练。

【人力资源管理】 用工分配制度改革。在宝鸡市公司2008年试点的基础上，全省系统11个市级公司全面开始试运行以“由身份管理向岗位管理的转变”为重要内容的新用工分配机制。

干部队伍建设。对市局（公司）领导工作业绩考核办法进行规范。先后选送2名处级干部参加国家局党校学习班，8名县局（分公司）主要负责人参加国家局短期轮训班。充实调整了45名市级局（公司）后备干部，并加大处级干部交流力度。省局机关51名处级干部对照岗位职责进行了述职述廉。

职工培训。全年省局（公司）共承办培训班41期，各市级局（公司）举办各类培训班319期，培训22862人次，教育培训覆盖面达100%。筹备成立干部职工教育培训中心。加强教育培训师资库建设，收集全省系统内部培训教师资料87份、外部培训师资料22份。3名高级专业技术人员通过了国家局评审。

【思想政治工作】 开展深入学习实践科学发展观活动。全面启动机关作风建设和效能建设活动，4月3日，省局召开机关“四要”学习教育活动动员大会。加强党风廉政建设，3月18日，省局（公司）党组制定《〈建立健全惩治和预防腐败体系2008~2012年工作规划〉的实施意见》。加强精神文明建设，制定《系统文明单位管理办法》，全年全省系统共有4家单位新晋级“省级文明单位”和“省级文明标兵单位”。

【企业文化】 抓好服务品牌试点工作，通过推广西安市局（公司）服务品牌文化建设经验，促进行业服务品牌建设。组织企业文化宣贯工作，国庆前夕，省局（公司）举办企业文化展示活动暨发行《金叶神韵》、《摄影集》、《书画集》、《文学集》系列企业文化丛书活动。组织实施VI规范应用和企业文化评价体系的培训，加强企业文化培训师队伍建设。10月13日，省局（公司）企业文化丛书文学卷《为改革开放喝彩》出版发行。

【特事要辑】 3月29日，陕西省委书记赵乐际调研商洛市洛南县烟叶工作。

6月22日，赵乐际考察宝鸡市麟游县烟叶工作。

9月16日，中国作家协会、中国烟草总公司、中华文学基金会在陕西泾阳举行捐建20所“金叶育才图书室”捐建仪式。

陕西省局（公司）主要统计指标汇总

“两烟”税利（亿元）	“两烟”利润（亿元）	销售卷烟（亿支）	烟叶种植（万亩）	烟叶收购（万担）
34.15	19.00	699.17	43.80	125.70

所属地市级局（公司）

西安市烟草专卖局（公司）

西安市烟草专卖局、陕西省烟草公司西安市公司组建于1987年，下辖4个城区分局（区域营销分部）和闫良、临潼、长安、蓝田、周至、户县、高陵7个县级烟草专卖局（分公司），以及金叶实业有限责任公司。有从业人员1528人，实行全员聘用制。2009年，市局（公司）、长安区局（分公司）分别被陕西省委、省政府评为“省级文明标兵单位”和“省级文明单位”；市局（公司）营销中心订单部被中华全国妇女联合会授予“巾帼文明岗”称号。

全年辖区销售卷烟180亿支（36万箱），同比增长5.8%。实现卷烟销售收入458227万元，同比增长16.4%。实现卷烟税利109081万元，同比增长9.16%，其中卷烟利润72215万元。

全年查处涉烟违法案件7467起，其中查处制售假冒卷烟案件1909起，查获假冒卷烟7046万支，打掉制假窝点1个、贩藏假烟窝点588个，总案值2029万元，上缴罚没款143万元。查获非法渠道卷烟3294.20万支。破获符合国家局标准的假烟网络案件2起，案值1300万元。公安、司法机关依法刑事拘留37人，逮捕18人，判刑25人。

开展群众性科技创新，全年获得国家知识产权局专利受理3项。完成机构调整和定岗定员，减少劳动用工42人，并对系统184个岗位进行了价值评估。改革4个城区营销部的营销体制，强化市场管理职能，将营销部部分营销职能收归市公司。完成“丝路情”服务品牌的体系文本构建和企业文化展室建设，组建了“丝路情”职工业余艺术团。

咸阳市烟草专卖局（公司）

咸阳市烟草专卖局成立于1986年6月，陕西省烟草公司咸阳市公司成立于1986年9月。下辖城区直属分局（分公司）和兴平、武功、乾县、礼泉、泾阳、三原、永寿、彬县、长武、旬邑、淳化11个县级烟草专卖局（分公司），以及咸阳烟叶复烤有限责任公司和宏立商贸有限责任公司。有从业人员（不含复烤公司和宏立公司）1016人，其中聘用员工380人。2009年，市局（公司）被陕西省委省政府授予“省级守合同重信用企业”称号，被陕西省总工会评为“陕西省模范职工之家”。

全年辖区销售卷烟86.08亿支（17.22万箱），同比增长4.4%。实现“两烟”销售收入190706万元，同比增长14.06%，其中卷烟销售收入179790万元，同比增长15.48%。实现“两烟”税利33967万元，同比增长5.68%。实现“两烟”利润18894万元，其中卷烟利润17712万元。

全年查处涉烟违法案件1976起，其中查处制售假烟案件1057起，查获非法卷烟1095万支、非法烟叶6.07吨，涉案金额383万元，上缴罚没款20万元。查获非法渠道卷烟455.57万支。破获制售假烟网络案件2起，其中符合国家局标准的案件1起。公安、司法机关依法刑事拘留7人，逮捕3人，劳教8人。

全年烟叶生产实现烟农收入6350万元，烟农户均收入1.4万元，烟叶收购均价11.38元/千克。全年烟草行业投入基础设施建设资金1587万元，年内完成烟基建设项目367件，建成水池1个、管网33千米、塘坝1座、机井7眼、提灌站2座、机耕路28千米；购置烟草农用机械124台；新建卧式密集型烤房200座。烟水配套工程实际受益面积累计6.11万亩，受益农户0.45万户。开展现代烟草农业建设试点面积1699亩，与同地区大面积生产相比，试点区域亩产烟叶150千克，提高10.5千克；亩均用工22个，减少14个；亩产值1707元，提高120元。

宝鸡市烟草专卖局（公司）

宝鸡市烟草专卖局、陕西省烟草公司宝鸡市公司成立于1986年12月。下辖市区直属分局（营销部）和陈仓、凤翔、岐山、扶风、眉县、太白、凤县、千阳、陇县、麟游10个县级烟草专卖局（分公司）。有从业人员（不含眉县）998人，其中聘用员工521人。

全年辖区销售卷烟61.5亿支（12.3万箱），同比增长2%。实现“两烟”销售收入153116万元，同比增长20.57%，其中卷烟销售收入135474万元，同比增长19.64%。实现“两烟”税利31920万元，同比增长26.77%，其中卷烟税利25209万元，同比增长32.59%。实现“两烟”利润18274万元，其中卷烟利润13907万元。

全年查处涉烟违法案件1227起，查获非法卷烟490万支，打掉贩藏假烟窝点9个，案值400万元，上缴罚没款34万元。移送公安机关涉烟网络案件3起，其中符合国家局标准的案件2起。公安、司法机关依法刑事拘留15人，逮捕9人，判刑3人。

全年烟叶生产实现烟农收入9629万元，烟农户均收入1.22万元，烟叶收购均价9.6元/千克。全年投入专项资金1576万元，其中烟草行业投入1447万元，年内完成烟基建设项目161件，新建水窖5个、水池29个、管网28千米、机井1眼、机耕路60千米；新建卧式密集型烤房310座。烟水配套工程实际受益面积累计1.41万亩，受益农户0.18万户。开展现代烟草农业建设试点面积3100亩，与同地区大面积生产相比，试点区域亩产烟叶157.5千克，提高24千克；亩均用工21.6个，减少19个；亩产值1515元，提高231元。

全年完成科技创新项目3项。多功能烟叶预检袋等4个项目获得专利受理；凤翔县局（分公司）“卷烟品牌展示柜”项目获得实用新型专利授权，填补了宝鸡市局（公司）多年无专利授权的空白。全市网上营销客户占零售客户总数的79%，网上营销销售额占总销售额的86%以上；电子结算率达到95%，同比提高55%。2009年，岐山县局被确定为全国10家优秀县级局创建试点单位之一。

渭南市烟草专卖局（公司）

渭南市烟草专卖局、陕西省烟草公司渭南市公司组建上划于1986年。下辖直属分局（分公司）和韩城、华阴、潼关、华县、大荔、蒲城、富平、合阳、澄城、白水10个县级烟草专卖局（分公司）。有从业人员 937 人，其中聘用员工 90 人。

全年辖区销售卷烟 93.6 亿支（18.71 万箱），同比增长 2.86%。实现“两烟”销售收入 182977 万元，同比增长 17.35%，其中卷烟销售收入 178458 万元，同比增长 16.75%。实现“两烟”税利 28195 万元，同比增长 16.92%，其中卷烟税利 28144 万元，同比增长 21.99%。实现“两烟”利润 13549 万元，其中卷烟利润 14768 万元。

全年查处涉烟违法案件 729 起，查获假冒卷烟 431 万支、非法烟叶 12.65 吨，打掉贩藏假烟窝点 21 个，案值 58 万元，上缴罚没款 40 万元。破获符合国家局标准的网络案件 1 起，案值 125 万元。公安、司法机关依法刑事拘留 3 人，逮捕 10 人，判刑 3 人。

全年烟叶生产实现烟农收入 1370 万元，烟农户均收入 1.85 万元，烟叶收购均价 9.84 元/千克。全年投入专项资金 628 万元，其中，产前扶持资金 241 万元，烟基建设资金 387 万元，年内完成烟基建设项目 214 件，新修机耕路 10 千米；购置烟用机械 30 套；新建卧式密集型烤房 180 座。烟水配套工程实际受益面积累计 0.46 万亩，受益农户 350 户。开展现代烟草农业建设试点面积 630 亩，与同地区大面积生产相比，试点区域亩产烟叶 155.2 千克，提高 28.9 千克；亩产值 2233 元，提高 990 元。

强化应急管理，形成市县两级“1+11”上下呼应的应急领导组织机构；修订完善了包括 1 个总体预案和 13 个专项预案的应急体系；先后组织各类预案学习培训 10 次；按照“4+3”模式开展各类应急演练 17 次。2009 年，渭南市局被陕西省委、省政府授予“全省应急管理工作示范点”称号。

铜川市烟草专卖局（公司）

铜川市烟草专卖局、陕西省烟草公司铜川市公司成立于 1986 年 7 月。下辖直属分局（分公司）和耀州、宜君 2 个区（县）烟草专卖局（分公司）。有从业人员 384 人，其中聘用员工 136 人。2009 年，市局（公司）连续第 5 年保持了“省级精神文明标兵单位”称号。

全年辖区销售卷烟 16.01 亿支（3.20 万箱），同比增长 5.9%。实现“两烟”销售收入 44178 万元，同比增长 10.24%，其中卷烟销售收入 41033 万元，同比增长 15.4%。实现“两烟”税利 7821 万元，同比增长 2.06%，其中卷烟税利 7859 万元，同比增长 22.34%。实现“两烟”利润 3871 万元，其中卷烟利润 4454 万元。

全年查处涉烟违法案件 132 起，查获假冒卷烟 64 万支，打掉贩藏假烟窝点 4 个，案值 12 万元，上缴罚没款 4 万元。破获制售假烟网络案件 2 起，其中符合国家局标准的案件 1 起。公安、司法机关依法刑事拘留 6 人，逮捕 5 人，判刑 3 人。

全年烟叶生产实现烟农收入 1843 万元，烟农户均收入 2.66 万元，烟叶收购均价 11.59 元/千克。全年投入专项资金 469 万元，其中烟草行业投入 336 万元，年内完成烟基建设项目 2 件，新修机耕路 12 千米，新建卧式密集型烤房 115 座。烟水配套工程实际受益面积累计 0.85 万亩，受益农户 0.12 万户。开展现代烟草农业建设试点面积 350 亩，与同地区大面积生产相比，试点区域亩产烟叶 158 千克，提高 20 千克；亩产值 1800 元，提高 300 元。

全年有 2 个项目通过了省局验收鉴定，3 项专利获得正式授权，并申报 1 项国家专利获受理。

商洛市烟草专卖局（公司）

商洛市烟草专卖局、陕西省烟草公司商洛市公司成立于 1986 年。下辖商州、洛南、山阳、丹凤、商南、镇安、柞水 7 个县级烟草专卖局（分公司）。有从业人员 757 人，其中聘用员工 449 人。

全年辖区销售卷烟 35 亿支（7 万箱），同比增长 3.22%。实现“两烟”销售收入 95500 万元，同比增长 30%，其中卷烟销售收入 68500 万元，同比增长 18.04%。实现“两烟”税利 20217 万元，同比增长 36.12%，其中卷烟税利 10890 万元，同比增长 3.15%。实现“两烟”利润 13612 万元，其中卷烟利润 6454 万元。

全年查处涉烟违法案件 691 起，查获假冒卷烟 547 万支、非法烟叶 1 吨，上缴罚没款 10 万元。破获符合国家局标准的网络案件 1 起，案值 1060 万元。公安、司法机关依法刑事拘留 10 人，逮捕 6 人，判刑 1 人。

全年烟叶生产实现烟农收入 1.77 亿元，烟农户均收入 2.1 万元，烟叶收购均价 12.2 元/千克。全年投入专项资金 7500 万元，其中烟草行业投入 4600 万元，年内完成烟基建设项目 196 件，建成水窖 1278 个、水池 290 个、沟渠 8 千米、管网 162 千米、塘坝 4 座、泵站 4 个、机耕路 31 千米；新建卧式密集型烤房 247 座，热源内置功能性改造小烤房 3527 座。烟水配套工程实际受益面积累计 4.91 万亩，受益农户 0.49 万户。开展现代烟草农业建设试点面积 3800 亩，与同地区大面积生产相比，试点区域亩产烟叶 171.5 千克，提高 12 千克；亩均用工 24 个，减少 4 个；亩产值 2400 元，提高 300 元。

2009 年，《云蒙山烤烟综合标准体》被陕西省技术监督局颁布为地方标准；洛南县被确定为全国现代烟草农业建设整县推进试点单位。

汉中市烟草专卖局（公司）

汉中市烟草专卖局、陕西省烟草公司汉中市公司组建于1986年7月。下辖汉台、南郑、城固、洋县、西乡、镇巴、勉县、略阳、宁强、留坝、佛坪11个县级烟草专卖局（分公司）。有从业人员868人，其中聘用员工352人。

全年辖区销售卷烟57.1亿支（11.4万箱），同比增长4%。实现“两烟”销售收入137137万元，同比增长25.1%，其中卷烟销售收入126687万元，同比增长21.41%。实现“两烟”税利25637元，同比增长24.07%，其中卷烟税利24814万元，同比增长23.99%。实现“两烟”利润14612万元，其中卷烟利润13283万元。

全年查处涉烟违法案件305起，查获非法卷烟339万支，涉案金额224万元。破获“7·24”制售假烟网络案件，查获假冒卷烟1877万支，涉案金额171万元。公安、司法机关依法刑事拘留5人，批捕4人，判刑3人。

全年烟叶生产实现烟农收入7252万元，烟农户均收入1.99万元，烟叶收购均价11.42元/千克。实现烟叶税1595万元。全年投入烟基建设资金1643万元，新修机耕路58千米、沟渠5.72千米、水窖4个、水池90个、机井2眼、管网88千米、小塘坝4座、提灌站13座；购置烟用机械32台；新建密集式烤房380座，内置普改密烤房429座。

重视应急管理，全年全市系统修订市、县局突发公共事件各类预案135项，截至年底，共成立各类应急管理、现场处置小组94个，累计组织自然灾害避险紧急疏散等预案演练33次。

安康市烟草专卖局（公司）

安康市烟草专卖局、陕西省烟草公司安康市公司成立于1986年6月。下辖汉滨分局（分公司）和旬阳、平利、汉阴、岚皋、石泉、紫阳、宁陕、镇坪、白河9个县级烟草专卖局（分公司），以及汉滨烟叶生产部。有从业人员1067人，其中聘用员工796人。2009年，市局（公司）被陕西省委宣传部评为“全省理论学习先进单位”。

全年辖区销售卷烟43.3亿支（8.66万箱），同比增长4.34%。实现“两烟”销售收入142882万元，同比增长35.67%，其中卷烟销售收入99982万元，同比增长22.28%。实现“两烟”税利25705万元，同比增长14.52%，其中卷烟税利24783万元，同比增长27.17%。实现“两烟”利润15320万元（剔除烟叶基础设施投入影响因素，则实现“两烟”利润21705万元），其中卷烟利润17342万元。

全年查处涉烟违法案件186起，查获假冒卷烟131万支、非法运输烟叶14.65吨，涉案金额327万元，上缴罚没款4.89万元。紫阳“6·3”假烟网络案件涉及6省20余地、市，打掉2个贩假团伙。平利“12·1”假烟网络案件端掉广东、内蒙古、福建、河南等地制假售假窝点4处，初步认定涉案金额超过2500万元，被国家局、公安部列为督办案件。公安、司法机关依法刑事拘留17人，判刑3人。

全年烟叶生产实现烟农收入2.18亿元，烟农户均收入1.4万元，烟叶收购均价11.60元/千克。全年投入专项资金10013万元（全部为烟草行业投入），年内完成烟基建设项目7件，建成水窖137个、水池168个、管网220条、机耕路160条；购置烟草农机271台；新建密集型烤房1467座，热源内置功能性改造小烤房1699座。烟水配套工程实际受益面积累计9.6万亩，受益农户9.7万户。开展现代烟草农业建设试点面积2261亩，与同地区大面积生产相比，试点区域亩产烟叶133千克，提高26.7千克；亩均用工27个，减少5个；亩产值1612元，提高379元。

延安市烟草专卖局（公司）

延安市烟草专卖局成立于1986年6月、陕西省烟草公司延安市公司成立于1981年3月。下辖宝塔、吴起、志丹、安塞、黄龙、宜川、黄陵、洛川、富县、甘泉、延长、子长、延川13个县级烟草专卖局（分公司）。有从业人员937人，其中聘用员工275人。

全年辖区销售卷烟53.25亿支（10.65万箱），同比增长5%。实现“两烟”销售收入133665万元，同比增长19.88%，其中卷烟销售收入124692万元，同比增长19.07%。实现“两烟”税利20505万元，同比增长18.86%。实现“两烟”利润10266万元，其中卷烟利润10169万元。

全年查处涉烟违法案件605起，查获假冒卷烟132万支，案值68万元，上缴罚没款32万元。破获符合国家局标准的制售假烟网络案件1起，案值324万元。公安、司法机关依法刑事拘留4人，逮捕3人，判刑3人。

全年烟叶生产实现烟农收入4655万元，烟农户均收入1.87万元，烟叶收购均价10.02元/千克。全年投入专项资金2831万元，其中烟草行业投入2041万元，年内完成烟基建设项目944件，建成水窖230个、水池13个、管网7条、泵站7个、机耕路29千米。烟水配套工程实际受益面积累计0.8万亩，受益农户

540户。开展现代烟草农业建设试点面积4033亩，试点区域亩产烟叶161.2千克，比同地区大面积生产提高35.5千克。

榆林市烟草专卖局（公司）

榆林市烟草专卖局成立于1986年8月、陕西省烟草公司榆林市公司成立于1986年8月。下辖榆阳、神木、府谷、定边、靖边、横山、绥德、米脂、佳县、子洲、清涧、吴堡12个县级烟草专卖局（分公司）以及神府煤田烟草专卖局（分公司）。有从业人员679人，其中聘用员工113人。2009年，市局（公司）被陕西省委、省政府评为“省级文明单位”。

全年辖区销售卷烟70.02亿支（14.003万箱），同比增长4.5%。实现卷烟销售收入173324万元，同比增长20.26%。实现卷烟税利37335万元，其中卷烟利润22378万元。

全年查处涉烟违法案件1343起，查获假冒卷烟142万支，打掉贩藏假烟窝点39个，案值90万元，上缴罚没款6万元。破获制售假烟网络案件3起，其中符合国家局标准的案件2起。公安、司法机关依法刑事拘留12人，逮捕5人，判刑5人。

全年全市实现网上订货客户6560户，网上订货量占总销量的70%以上。全年经营104个规格卷烟，先后引入18个卷烟规格，淘汰10个竞争力差的卷烟规格。

杨凌示范区烟草专卖局（公司）

杨凌示范区烟草专卖局、陕西省烟草公司杨凌示范区公司成立于1999年9月。有从业人员50人，其中聘用员工21人。

全年辖区销售卷烟3.49亿支（0.699万箱），同比增长7.66%。实现卷烟销售收入8623万元，同比增长23.64%。实现卷烟税利1512万元，其中卷烟利润818万元。

全年查处涉烟违法案件129起，查获假冒卷烟4万支，打掉贩藏假烟窝点3个，案值3万元，上缴罚没款3万元。移送公安机关涉烟案件1起。

探索推进“人本文化”管理，自研项目“企业文化建设与人力资源管理配置互动”获全省系统科技创新三等奖，实现了杨凌烟草科技创新零突破。

所属其他二级单位及派驻机构

陕西烟草进出口有限责任公司

陕西烟草进出口有限责任公司成立于1999年9月，注册资本1000万元。主要经营和代理烟草及其制品、烟用原辅材料及配套物资，以及其他商品的代理进出口业务。2006年，改制成为中国烟草总公司陕西省公司的全资子公司。公司拥有总资产8718万元，其中固定资产519万元、流动资产8193万元，资产负债率65.5%。有从业人员19人，其中聘用员工8人。

全年实现进出口总值1135万美元，其中进口总值154万美元。进口卷烟6634万支。出口烟叶2823吨，总值775万美元；其他产品（辅料、设备）出口总值206万美元。烟叶出口备货0.6万吨（12万担）。“中菲合作项目”代理安徽中烟芜湖卷烟厂向乌克兰出口烟叶和盒皮的业务，为中国烟草同菲利普·莫里斯公司战略合作境外实体化运作奠定了基础。全年和菲莫国际公司、中烟国际欧洲公司共签订并执行合同41份，完成出口数十批次。多元化代理业务逐渐成为公司新的利润增长点。公司全年实现利润1061万元，创近几年新高。

陕西省烟草专卖局西安铁路烟草专卖分局

陕西省烟草专卖局西安铁路烟草专卖分局成立于1992年8月26日，是陕西省烟草专卖局对西安铁路局的派驻机构，是西安铁路局陕西省行政区划管段内和管内各次旅客列车烟草专卖行政主管部门和执法机关。受陕西省烟草专卖局和西安铁路局双重领导，以陕西省烟草专卖局领导为主。行使地、市级烟草专卖局的烟草专卖管理和执法权限，同时负责辖区范围内卷烟、雪茄烟配送服务工作和罚没卷烟的销售处理。拥有总资产706万元，其中，固定资产57万元、流动资产646万元，资产负债率为17%。有从业人员28人，其中铁路委派干部12人、省局派驻干部1人、聘用人员15人。

全年查处涉烟违法案件14起，出动打假打私3300人次，检查旅客列车700余趟，检查铁路特快行包专列24列，检查列车行李车700余辆。开箱检查铁路货运集装箱1200余个，查获非法卷烟28万支。全年实现卷烟销售收入4610万元，同比增长24.5%。

2009 年陕西省烟草商业系统主要情况统计

地市级局（公司）名称		西安市烟草专卖局（公司）	咸阳市烟草专卖局（公司）	宝鸡市烟草专卖局（公司）	渭南市烟草专卖局（公司）	铜川市烟草专卖局（公司）	商洛市烟草专卖局（公司）
主要负责人/法人代表		王万勋	李振海	周武庆	孙新增	崔传斌	梁培荣
总资产（万元）		170391	57139	44388	37413	12988	36234
资产负债率（%）		23.71	29.38	23.56	33.49	21.49	34.41
所属县级局（个）		11	12	11	11	3	7
所属县级公司/分公司（个）		7 个分公司	12 个分公司	10 个分公司	11 个分公司	3 个分公司	7 个分公司
所属县级营销部（个）		4 个区域营销分部	—	1 个营销部	—	—	—
所属业务机构	访销机构	1 个营销中心	1 个营销中心 1 个电访中心	1 个营销中心 1 个电访中心	1 个营销中心 1 个电访中心	1 个营销中心 1 个电访中心	1 个营销中心 1 个电访中心
	物流配送机构	1 个物流配送中心	1 个物流配送中心	1 个物流中心 1 个配送中心	1 个物流配送中心	1 个物流中心 1 个配送中心	1 个物流配送中心
	稽查机构	1 个稽查支队	1 个稽查支队	1 个稽查支队	1 个稽查支队	1 个稽查支队	1 个稽查支队
	烟叶机构	—	1 个烟叶总库 16 个烟叶收购站	1 个烟叶总站 23 个烟叶站	16 个烟叶总站 47 个烟叶站	1 个烟叶中心库 3 个烟叶站	18 个烟叶站
销售卷烟（亿支）		180.00	86.10	61.50	93.60	16.01	35.00
毛利率（%）		25.92	24.68	24.73	24.63	26.36	24.60
实现“两烟”税利（万元）		109081	33967	31920	28195	7821	20217
实现“两烟”利润（万元）		72215	18894	18274	13549	3871	13612
烟叶种植（亩）		—	40000	75000	11000	11000	84000
烟叶收购（担）		—	116000	199900	27780	31800	289200
零售户数（户）		28030	14011	20234	16858	2153	7203

地市级局（公司）名称		汉中市烟草专卖局（公司）	安康市烟草专卖局（公司）	延安市烟草专卖局（公司）	榆林市烟草专卖局（公司）	杨凌示范区烟草专卖局（公司）
主要负责人/法人代表		张爱峰	奚柏龙	刘　玮	王云彪	惠　宁
总资产（万元）		34384	59440	30665	51634	2523
资产负债率（%）		27.00	35.58	26.74	25.80	19.66
所属县级局（个）		11	10	13	13	—
所属县级公司/分公司（个）		11 个分公司	10 个分公司	13 个分公司	13 个分公司	—
所属县级营销部（个）		—	—	—	—	—
所属业务机构	访销机构	1 个营销中心 1 个电访中心	1 个营销中心 1 个电访中心	1 个营销中心 1 个电访中心	1 个营销中心 1 个电访中心	1 个电访中心
	物流配送机构	1 个物流配送中心	1 个物流中心	1 个物流中心	1 个物流中心	1 个配送中心
	稽查机构	1 个稽查支队 10 个稽查大队	1 个稽查支队	1 个稽查支队 13 个稽查大队	1 个稽查支队	1 个稽查支队
	烟叶机构	1 个烟叶总库 16 个烟叶站	1 个烟叶分公司 44 个烟叶站	11 个烟叶站	—	—
销售卷烟（亿支）		57.10	43.30	53.25	70.02	3.49
毛利率（%）		24.83	25.57	25.23	25.90	26.58
实现“两烟”税利（万元）		25637	25705	20505	37335	1512
实现“两烟”利润（万元）		14612	15320	10266	22378	818
烟叶种植（亩）		49350	140000	37000	—	—
烟叶收购（担）		127000	376600	92994	—	—
零售户数（户）		14176	10681	8450	8822	564

（王　玉）

甘肃省烟草专卖局（公司）

【概　况】 甘肃省烟草专卖局、中国烟草总公司甘肃省公司成立于1984年9月，实行合署办公。2006年，完成母子公司体制改革。下辖兰州、天水、武威、金昌、张掖、酒泉、嘉峪关、平凉、庆阳、陇南、白银、定西、临夏、甘南14个地市级烟草专卖局（公司）。公司拥有总资产51.59亿元，其中，固定资产5.53亿元、流动资产44.01亿元，资产负债率为10.64%。有从业人员4422人，其中聘用员工1957人。

2009年，省局（公司）被甘肃省工业和信息化委员会评为全省"保增长、促发展"先进企业。

【领导成员】 局长、总经理、党组书记：武卫东

副局长、纪检组长、党组成员：周孝贤（2009年5月行政级别提为正厅级）

巡视员：孔荣成（2009.5～6，5月之前任副总经理、总会计师、党组成员）

副总经理、党组成员：张　威

副总经理、党组成员：杨　洪

副巡视员：张建新

副巡视员：蒲蔚仲（2008.7—）

【机构设置】 省局（公司）机关设办公室（外事办公室）、综合计划处（经济运行处、科技处）、专卖监督管理处（专卖稽查总队、内部专卖监督管理处）、政策法规与体制改革处、财务管理处、审计处、人事劳资处、思想政治工作处（机关党委）、监察处（与党组纪检组合署办公）、安全保卫处、投资管理处、烟叶管理处、卷烟销售管理处共13个职能处室，经济信息中心、机关服务中心、特有职业（工种）职业技能鉴定站、西北烟草质量监督检测站共4个专业部门，驻兰州铁路烟草专卖局、驻北京办事处（办公室代管）2个派出机构，整顿和规范市场经济秩序办公室1个临时机构，以及烟草学会和审计派驻办公室（科级建制）。

【专卖管理】 卷烟打假。争取各级政府及相关部门的支持，甘肃省政府召开全省卷烟打假打私领导小组第一次联席会议，明确领导小组及各成员单位的职责，提出全省卷烟打假打私工作要点。各市州政府相继成立卷烟打假打私领导小组，完善打假联席会议和案情分析会议制度，形成"政府领导、烟草牵头、部门配合、联合办案"的长效打假机制。加强行政执法与刑事司法的衔接，省局协调省检察院、省高院、省公安厅联合出台《关于依法办理涉烟刑事案件的指导意见（试行）》，明确涉烟刑事案件移送、批捕、证据认定和审判追刑标准等事项。围绕"源头打假、延伸办案、跟踪打击、严厉查处"的工作思路，注重案件经营、串并侦查。临夏州局办理的"11·6"网络案件，经过两年的深挖细查，查实涉案金额达865万元，其中3人已被依法追刑。

全年全省共查处涉烟违法案件10304起，查获非法卷烟2988.51万支、非法烟叶33.18吨，其中查获假冒卷烟1094.55万支。打掉贩藏假烟窝点35个。破获制售假烟网络案件14起，其中符合国家局标准的网络案件5起，案值共计1933.31万元。移送公安机关涉烟案件17起，公安、司法机关依法拘留29人，逮捕16人，判刑34人。

市场监管。以解决无证经营为突破口，健全完善市场监管措施。省局与省通信管理局、省公安厅、省工商局联合下发《关于严厉打击利用互联网等信息网络非法经营烟草专卖品的通知》，并协调省工商局联合下发《关于整顿烟草市场秩序解决无证无照问题的通知》、《关于规范烟草专卖零售许可证管理有效解决无证经营问题的意见》，组织开展打击非法利用互联网经营烟草专卖品和无证经营烟草制品专项整治活动，与工商部门建立查处无证无照经营违法行为联合工作机制。开展"净化卷烟市场百日专项行动"，对重点市场及区域进行集中清理整顿，严厉打击无证偷售、沿街摆卖假冒卷烟等违法行为。

内部专卖管理监督。落实专卖内管长效机制，定期开展内管检查考核工作，筹备开发内管信息平台，建立非法渠道卷烟案件报送和内管工作通报制度。

【生产经营】 2009年，全省烟草商业系统销售卷烟396.06亿支（79.21万箱），同比增长4.88%，其中，销售一类烟13.13亿支（2.63万箱）、二类烟20.11亿支（4.02万箱）、三类烟61.74亿支（12.35万箱）、四类烟185.61亿支（37.12万箱）、五类烟115.47亿支（23.09万箱）。本辖区销量居前三位的品

牌为“兰州”、“红塔山”、“哈德门”，其中，“兰州”销量为247.91亿支（49.58万箱），同比增长13.49%；“红塔山”销量为26.19亿支（5.24万箱），同比增长37.19%；“哈德门”销量为21.96亿支（4.39万箱），同比下降4.7%。

全年实现“两烟”销售收入87.46亿元，同比增长30.10%，其中卷烟销售收入86.13亿元，同比增长29.90%。根据国务院有关精神，调整卷烟消费税，部分利润转为税赋，全年增加卷烟消费税4.24亿元。实现“两烟”税利19.03亿元，同比增长16.77%，其中卷烟税利17.97亿元，同比增长12.62%。实现“两烟”利润11.90亿元，同比下降4.55%，其中卷烟利润11.63亿元，同比下降6.61%。公司三项费用率为8.64%。

【卷烟营销】 *卷烟销售管理。*落实“总量控制、稍紧平衡”原则，规范业务流程，科学把握卷烟投放节奏。推行总量浮动管理办法，在总量控制的前提下让零售客户自由选购品牌。关注零售客户库存和市场价格变化，把客户库存和价格变化作为调整卷烟供应的参考依据，合理制定卷烟销售措施。

*培育重点骨干品牌。*完善品牌培育制度，修订《甘肃省卷烟品牌引入退出管理办法》、《甘肃烟草商业企业卷烟品牌发展规划（2007～2010年）》。建立卷烟品牌评价分析制度，“以我为主”培育重点骨干品牌。全年共有15个省、16家工业企业生产的37个品牌、97个规格卷烟在省内市场销售，其中，销售全国性卷烟重点骨干品牌23个，销量为343.65亿支（68.73万箱），占总销量的86.77%，同比增长20.77%。

*工商协同营销。*深化与工业企业的协作关系，全年全省共召开5次工商协同营销会议。发挥行业资源优势，与红塔集团、红云红河集团合作，开展有关卷烟品牌的市场调查与咨询工作。修订《甘肃省卷烟宣传促销活动管理办法》，规范宣传促销工作。工商共享市场信息，编印《协同营销市场信息》，每月向工业企业提供卷烟市场概况、品牌市场表现分析等市场信息，协同开展营销活动。

【卷烟销售网络建设】 *网建全面提升。*省局（公司）制定《全省贯彻落实卷烟销售网络业务规范工作安排》，围绕“营销上水平”工作目标，明确全省贯彻落实网建规范的目标任务、责任分工、工作内容、时间安排，对网建规范的各项内容分5个大项、82个小项进行全面梳理和安排。确定兰州、白银市公司为全省落实网建规范的联系点单位，兰州、陇南市公司为全省网建全面提升联系点单位。兰州市公司创新服务内容和服务手段，探索推出客户经理服务工作法，解决客户经理如何更好地开展工作的问题，为客户经理工作提供指导。

*构建客户服务体系。*向零售客户提供新品上市、卷烟到货、品牌替代、价格调整和宣传促销信息，使客户及时掌握货源信息和供货政策，合理订购卷烟。重视经营指导效果，客户经理按照城镇客户50%、农村客户40%的比例，逐户分析制定指导目标和措施，对零售客户开展有针对性的服务营销指导，帮助客户提高经营水平。省公司投诉中心按照“一级投诉、全省互动”的工作原则，把投诉处理作为服务监督和服务评价的手段，及时受理并解决投诉中发现的问题，并围绕紧俏货源供应情况、重点监控品牌零售价格等内容，通过在线监听、电话调查等方式，先后抽查访问零售客户12380户，及时掌握市场一线情况。上半年，公司聘请第三方单位开展全省客户满意度调查工作，客户总体满意度88%，其中货源供应满意度86%，客户服务满意度91%。

*构建市场营销体系。*建立全省零售客户社会库存采集体系，利用全省统一的一体化协同应用系统（V3），以市、州公司为单位，采取以客户分类为基础，按比例抽样的办法，每月末对20%的零售客户采集库存，推算本辖区当月社会库存总量，实现月末库存调查的信息化。建立卷烟市场零售价格监控调查体系，及时掌握市场变化趋势，对全省重点经销的22个品牌（规格）进行监控，并结合月末库存调查数据进行综合分析，编发当月市场价格调查情况通报，指导各市、州公司开展卷烟经营工作。

*现代物流建设。*总体规划全省物流配送中心建设，庆阳、平凉、武威、酒泉4个配送中心建设项目通过立项审批，平凉市公司配送中心项目通过初步设计审核。

【烟叶产销】 *烟叶生产与收购。*围绕“烟叶防过热”任务目标，提出“烟叶求稳定”工作方针，加强宣传教育，引导烟农自觉调整种植结构，按计划种植烟叶。强化源头监管，建立供种供苗台账，统一催芽播种，统一发放，对烟农移栽面积实时实地跟踪测量，以株定亩、以亩定产。建立烟叶收购等级质量预警机制，实行动态监管、质量问责，规范烟叶收购工作流程。加强与周边毗邻地区的协调，与有关部门紧密配合，严厉打击非法贩销烟叶的行为。全年全省共签订烟叶种植合同6249份，落实烤烟种植面积4.7万亩，收购烟叶0.66万吨（13.28万担），烟叶生产连续四年实现“控得住、稳得住”目标。

烟叶生产基础设施建设。全年共投入6409万元①，修建烟田配套水利工程711个，新建密集式烤房504座，基本烟田可灌溉面积达3.2万亩，集约化烘烤面积达2万亩。运用法律、行政手段，采取合同契约、村规民约、一事一议等方式，健全项目管护机制，确保项目长期发挥效益。

现代烟草农业建设试点。庆阳、陇南产区进一步完善现代烟草农业建设试点工作，两个试点村基本烟田实现100%可灌溉，庆阳试点村实现100%工场化烘烤。庆阳产区在试点村采取专业合作社的生产组织方式，推进规模种植，户均种烟14.3亩，高出全省平均水平8.7亩。陇南产区在试点村采取“大户+专业化组织”经营模式，开展育苗、植保、采收、烘烤等专业化服务。依托烟叶信息基础管理软件，初步建立烟农和技术员电子档案、土壤肥力信息档案，烟叶生产、收购实现部分信息化管理。

【体制改革】 根据《中国烟草总公司转发财政部关于同意将甘肃省烟草公司临夏回族自治州公司等四家企业财务资产关系上划通知的通知》（中烟办〔2009〕263号），甘肃省烟草公司临夏回族自治州公司、甘肃省烟草公司甘南藏族自治州公司、甘肃省烟草公司张家川回族自治县公司和甘肃省烟草公司清水县公司财务资产关系上划至中国烟草总公司。同时取消天水市张家川、清水县公司法人资格，分别成立营销部。

【科技创新】 2009年，省局（公司）对各单位申报的12个科技创新项目进行评审，表彰奖励“甘肃省烟草商业大集中一体化协同应用系统的开发与应用研究”等7个创新项目。甘肃省烟草商业大集中一体化协同应用系统的开发与应用研究项目经甘肃省科技厅鉴定，认定在烟草商业领域达到国内领先水平。

【基础管理】 开展“管理质量年”活动。把强化管理作为打牢发展基础、提升发展质量的根本，从建立内部管理长效机制入手，以质量管理体系建设为载体，以制度流程建设为重点，对现行的管理体系、管理制度和工作流程进行“梳理整合、完善创新、优化提升”，重点围绕质量体系贯标、全面预算管理、行业对标以及基层单位创优四项工作，全面加强基础管理，推进基础管理上水平。

质量管理体系贯标。14家地市级局（公司）体系文件上半年全部审核发布，全面进入试运行阶段。组织开展5期内审员培训，全省系统取得内审员资格人员达700人，占全省系统管理人员的35%以上，其中中层以上管理人员取得内审员资格的比例达到60%以上。建立全省系统内审员数据库，搭建体系建设工作交流平台。

对标管理。建立对标指标体系，包含9项卷烟经营指标和8项烟叶经营指标。对各项指标按照增效责任和控制责任进行层层分解，对17项指标分别制定三年对标目标和年度控制目标，并进行滚动调整。实行对标工作季度通报制，每季度进行分析对比，并通过内网专栏及时交流对标工作动态和相关信息。根据全省实际，把全省和14家市公司划分为四个层次、八个维度，进行分类对标管理，并实行对标课题攻关制度，提高对标工作的针对性和实效性。

【财务审计】 财务管理。在全省系统开展“小金库”专项治理自查自纠工作，中央治理“小金库”工作领导小组派出检查组对省局（公司）“小金库”自查工作进行检查时，未发现任何问题。确定以“会计核算为基础、预算管理为主线、资产管理为重点、资金监管为手段”的财务信息化管理总体框架，制定整体推进、全面提升财务管理信息化“两步走”规划。定制研发出“甘肃烟草财务管理系统”，实现对全省系统资产的实时动态管理。加大资产优化力度，全年处置闲置资产2.24亿元。修订《甘肃省烟草系统全面预算管理办法（试行）》、《甘肃省烟草系统全面预算管理考核办法（试行）》，进一步理顺预算工作流程，健全预算管理体系。

审计委派制试点。作为全行业首批试点单位，在全省范围内推行“垂直管理、双重领导”的内部审计委派管理体制。制定《甘肃省烟草专卖局（公司）审计委派制实施方案》、《甘肃省烟草专卖局（公司）内部审计派驻办公室管理暂行办法》，完成审计派驻办机构设置、岗位设置、人员选配、制度建设等工作。

【信息化建设】 推进统一数据平台和业务平台的搭建工作，建立数据的集中加工与存储管理体系以及数据交换体系，实现全省信息系统统一底层数据结构和数据库。进一步完善电子商务系统，优化一体化协同应用系统一期功能，建成以“网上订货、工商协同、品牌培育”等功能为主体的一体化协同应用系统（V3）二期项目。推进电子政务建设，完成省局及市州局内外网、国家局内网甘肃网页的建设工作。

【安全管理】 组织开展全省系统安全生产执法、治理、宣传教育“三项行动”活动，按照职业健康安全

① 此处投入资金数据为预算数。

管理体系运行要求，结合工作实际，共收集、获取所适用的安全法律法规124项，识别出全省系统适用的安全法律法规条款共计约5000条，并建立法律法规和其他要求清单。开展安全宣传教育培训工作，全年组织794人次参加各类安全管理培训班。

【人力资源管理】 干部队伍建设。组织省局（公司）机关各部门主要负责人述职和民主评议工作。全年交流处级干部1人，轮岗1人。

绩效考核体系建设。健全完善用工分配制度改革的配套措施，建立以“绩效计划、绩效控制、绩效考核、绩效改进”为主要内容的绩效考核体系。召开全省系统绩效考核体系建设现场会，明确绩效考核体系建设的原则、内容和目标任务，全省系统14家市州局（公司）均完成绩效考核体系设计工作。

人力资源管理信息化建设。按照“整体规划、分步实施、灵活开放、安全可靠”原则，编写项目实施计划，提出甘肃烟草人力资源管理信息系统的业务需求，完成项目立项和招标工作。

教育培训。实施“技能强企”战略，健全培训机制，丰富培训方式，形成党员领导干部培训、经营管理人员培训、员工岗位技能培训“三位一体”的培训工作格局，鉴定站质量管理体系通过国家人力资源和社会保障部职业技能鉴定中心的认证审核。全年组织20名处级干部参加国家局党校和省委党校脱产进修培训，1名处级干部参加地市级局领导班子副职培训班，9名科级干部参加国家局组织的县级局主要负责人轮训班，安排各地市级局（公司）组织员工参加中国烟草总公司举办的一线员工远程教育培训等10余个班次的培训。举办第一期全省系统科级干部培训班，参加培训人员30人。向中国烟草总公司职工进修学院推荐13篇职工教学培训案例和9名师资库人选。

全年全省系统共举办各类培训班446期，培训人员14427人次。开展6批次烟草行业特有职业（工种、岗位）鉴定，参加营销、专卖、烟叶分级技能鉴定及培训人员共1075人，510人取得职业（岗位）资格证书，营销岗位持证率达到61.2%。

【党风廉政建设】 反腐倡廉教育。在党员干部中开展党性党风党纪教育、警示教育和岗位廉政教育，在处以上干部中开展《关于实行党政领导干部问责的暂行规定》、《中国共产党巡视工作条例（试行）》和《国有企业领导人员廉洁从业若干规定》专题教育，组织干部职工观看廉政警示辅导片。临夏、平凉、张掖等地市级局（公司）开展“拒腐防变每月一课”教育，省局机关党委、兰州、白银市局（公司）等多家单位邀请省局主要领导和专家教授举办主题讲座，组织领导干部开展学习调研等活动。全年共组织观看先进人物事迹电影17场次，发放各类学习辅导书籍640余册，开展专题讲座23次，其中省局主要领导讲课9人次，受教育人数达到1600余人次。

廉政监督工作。制定《工程建设项目初步设计方案和设计概算第三方审核制度》、《工程建设项目设立拦标价制度》、《工程建设项目设立履约保证金制度》3项监管制度，加强工程项目同步监管。各级纪检监察部门从立项、方案设计、项目招标、服务采购、资金使用、竣工验收等环节入手，进行跟进监督，提出监督意见20余条，规范招标和采购行为。连续三年对全省系统闲置资产的拍卖处置进行现场监拍，确保国有资产处置的合法和规范。在全省系统推广兰州市局（公司）招标采购活动廉政监督试点经验，开展在建工程项目资金监管信息化系统的建设工作。

【企业文化】 制定《全省烟草专卖商业系统企业文化建设2009～2011年规划》。5家试点单位把“两个至上”行业共同价值观与地域文化相结合，制定各单位企业文化建设规划和架构体系，开展培训和宣传活动，推进企业文化的宣贯落地。白银市局（公司）逐级举办“企业文化宣贯落地”培训班，强化员工对企业文化理念的理解；开展企业文化知识竞赛、建立“职工书屋”、“书画摄影展”、“我推荐、我评议身边道德模范”等多种活动。平凉市局（公司）结合企业文化宣贯，详细考察各站所、网点情况，在主要办公场所、机关院落和楼道内悬挂视觉识别系统和企业文化相关宣传标语，以配合《中国烟草视觉识别系统》导入。定西市局（公司）坚持每年举办“践行企业文化理念先进典型模范报告会”，推进以“厚德笃行，至诚奉献”为核心理念的“德”文化建设。兰州市局（公司）通过印制企业文化手册，拍摄企业文化宣传片，发布员工行为规范，设计仪式典章，组织企业文化知识竞赛以及成立文艺、球类等员工活动团体等多种形式，不断丰富企业文化建设载体，并完成企业文化系列丛书15万字的初稿撰写工作。

【特事要辑】 8月3～4日，国家局副局长何泽华到甘肃省局（公司）考察调研。

9月7～12日，驻国家局纪检组组长潘家华到甘肃省局（公司）调研。

甘肃省局（公司）主要统计指标汇总

“两烟”税利（亿元）	“两烟”利润（亿元）	销售卷烟（亿支）	烟叶种植（万亩）	烟叶收购（万担）
19.03	11.90	396.06	4.70	13.28

所属地市级局（公司）

兰州市烟草专卖局（公司）

兰州市烟草专卖局成立于1985年8月，甘肃省烟草公司兰州市公司成立于1985年2月，下辖城关区、七里河区、西固区、安宁区、红古区、榆中县、皋兰县、永登县8个县级烟草专卖局（营销部）和甘肃欣大商贸有限责任公司1个多元化经营企业。有从业人员645人，其中聘用员工314人。2009年，兰州市局（公司）被甘肃省商业联合会评为“甘肃商业服务业诚信企业”，市局（公司）仓储配送中心被甘肃省总工会授予“甘肃省五一劳动奖状”。

全年辖区销售卷烟75.24亿支（15.05万箱），同比增长2.66%。实现卷烟销售收入211233万元，同比增长19.80%。实现卷烟税利58251万元，同比增长15.13%，其中卷烟利润39947万元。

全年全市查处涉烟违法案件5265起，查获假冒卷烟394.97万支，打掉贩藏假烟窝点2个，案值478.38万元，上缴罚没款32.97万元。破获制售假烟网络案件3起，其中符合国家局标准的网络案件1起。移送公安机关涉烟案件7起，公安、司法机关依法刑事拘留8人，逮捕7人，判刑11人。

以客户经理工作法为核心，创新服务手段，形成事前科学分析客户和市场，事中梳理归类策略、细化流程、建立评价标准，事后量化评价工作业绩的工作运行体系，客户服务满意度达到92.48%。推进网上订货工作，网上订货客户占全市有效零售客户总数的比例达35%。推进零售终端建设，信息采集终端达212个，实现对核心客户的全部覆盖。

天水市烟草专卖局（公司）

天水市烟草专卖局、甘肃省烟草公司天水市公司成立于1984年12月，下辖秦州区、麦积区、秦安县、甘谷县、武山县、清水县、张家川县7个县级烟草专卖局（营销部）。有从业人员441人，其中聘用员工190人。

全年辖区销售卷烟46.04亿支（9.21万箱），同比增长7.44%。实现卷烟销售收入94112万元，同比增长24.44%。实现卷烟税利19831万元，同比增长15.87%，其中卷烟利润12167万元。

全年全市查处涉烟违法案件614起，查获假冒卷烟110.48万支、非法烟叶0.07吨，打掉贩藏假烟窝点2个，案值114.07万元，上缴罚没款12.07万元。破获符合国家局标准的制售假烟网络案件1起，案值247.5万元。移送公安机关涉烟案件4起，公安、司法机关依法刑事拘留10人，判刑2人。

武威市烟草专卖局（公司）

武威市烟草专卖局、甘肃省烟草公司武威市公司成立于1985年1月，下辖凉州区、天祝县、古浪县、民勤县4个县级烟草专卖局（营销部）和武威欣大烟草有限责任公司1个多元化经营企业。有从业人员273人，其中聘用员工121人。

全年辖区销售卷烟25亿支（5万箱），同比增长3.21%。实现卷烟销售收入49041万元，同比增长22.69%。实现卷烟税利8805万元，同比增长15.61%，其中卷烟利润4826万元。

全年全市查处涉烟违法案件317起，查获假冒卷烟8.43万支、非法烟叶16.54吨，打掉贩藏假烟窝点11个，案值83.78万元，上缴罚没款10.35万元。破获制售假烟网络案件1起，案值31万元。司法机关依法判刑2人。

金昌市烟草专卖局（公司）

金昌市烟草专卖局成立于1984年7月、甘肃省烟草公司金昌市公司成立于1984年9月，下辖永昌县烟草专卖局（营销部）。有从业人员113人，其中聘用员工56人。

全年辖区销售卷烟9.25亿支（1.85万箱），同比增长2.33%。实现卷烟销售收入22727万元，同比增长10.08%。实现卷烟税利5640万元，同比增长11.38%，其中卷烟利润3606万元。

全年全市查处涉烟违法案件175起，查获假冒卷烟0.16万支、非法烟叶0.61吨，上缴罚没款9.06万元。司法机关依法判刑2人。

张掖市烟草专卖局（公司）

张掖市烟草专卖局、甘肃省烟草公司张掖市公司成立于1992年6月，下辖甘州区、高台县、临泽县、山丹县、民乐县5个县级烟草专卖局（营销部）和张掖市欣大烟草有限责任公司1个多元化经营企业。有从业人员230人，其中聘用员工90人。

全年辖区销售卷烟19.89亿支（3.98万箱），同比增长3.53%。实现卷烟销售收入39337万元，同比增长21.97%。实现卷烟税利8323万元，同比增长20.27%，其中卷烟利润4948万元。

全年全市查处涉烟违法案件188起，查获假冒卷烟4.26万支，案值10.92万元，上缴罚没款10.40万元。

酒泉市烟草专卖局（公司）

酒泉市烟草专卖局、甘肃省烟草公司酒泉市公司成立于1985年1月，下辖肃州区、玉门市、瓜州县、金塔县4个县级烟草专卖局（营销部）和敦煌市烟草专卖局（公司），以及酒泉欣大烟草有限责任公司1个多元化经营企业。有从业人员293人，其中聘用员工164人。

全年辖区销售卷烟20.85亿支（4.17万箱），同比增长2.61%。实现卷烟销售收入52058万元，同比下降17.72%。实现卷烟税利11945万元，同比下降25.60%，其中卷烟利润7642万元。

全年全市查处涉烟违法案件316起，查获假冒卷烟8.95万支，上缴罚没款10.56万元。破获制售假烟网络案件1起，案值44.5万元。公安、司法机关依法刑事拘留2人，判刑2人。

嘉峪关市烟草专卖局（公司）

嘉峪关市烟草专卖局、甘肃省烟草公司嘉峪关市公司成立于2008年10月，下辖嘉峪关欣大烟草有限责任公司1个多元化经营企业。有从业人员49人，其中聘用员工15人。

全年辖区销售卷烟5.98亿支（1.20万箱），同比增长4.73%。实现卷烟销售收入18238万元。实现卷烟税利4653万元，其中卷烟利润3024万元。

全年全市查处卷涉烟违法案件62起，查获假冒卷烟4.88万支，打掉贩藏假烟窝点1个，案值8.77万元，上缴罚没款4.04万元。破获制售假烟网络案件2起，案值共计33万元。公安、司法机关依法刑事拘留2人，逮捕1人，判刑1人。

平凉市烟草专卖局（公司）

平凉市烟草专卖局、甘肃省烟草公司平凉市公司成立于1984年8月，下辖崆峒区、泾川县、崇信县、灵台县、华亭县、庄浪县、静宁县7个县级烟草专卖局（营销部）和平凉欣大商贸有限责任公司1个多元化经营企业。有从业人员323人，其中聘用员工184人。

全年辖区销售卷烟27.51亿支（5.50万箱），同比增长3.28%。实现卷烟销售收入52914万元，同比增长18.78%。实现卷烟税利10791万元，同比增长18.03%，其中卷烟利润6440万元。

全年全市查处涉烟违法案件576起，查获假冒卷烟29.85万支，案值32.63万元，上缴罚没款7.47万元。破获制售假烟网络案件2起，案值134万元。司法机关依法判刑1人。

庆阳市烟草专卖局（公司）

庆阳市烟草专卖局、甘肃省烟草公司庆阳市公司成立于1984年12月，下辖西峰区、庆城县、华池县、环县、合水县、宁县、正宁县、镇原县8个县级烟草专卖局（营销部）。有从业人员437人，其中聘用员工113人。

全年辖区销售卷烟32.48亿支（6.50万箱），同比增长3.71%。实现“两烟”销售收入80466万元，同比增长28.43%，其中卷烟销售收入71291万元，同比增长25.71%。实现“两烟”税利18554万元，同比增长24.14%，其中卷烟税利11831万元，同比下降12.24%。实现“两烟”利润12358万元，其中卷烟利润9326万元。

全年全市查处涉烟违法案件239起，查获假冒卷烟11.58万支、非法烟叶15.93吨，打掉贩藏假烟窝点12个，案值103万元，上缴罚没款3.64万元。破获符合国家局标准的制售假烟网络案件1起，案值103万元。公安、司法机关依法刑事拘留3人，逮捕3人，判刑3人。

全年实现烟农收入4574万元，烟农户均收入1.03万元，烟叶收购均价为10.37元/千克。全年全市投入烟基建设资金4458万元，其中，申请国家局补贴2675万元，省内烟草系统配套投资1783万元。年内完成烟基建设项目133个，建成机耕路44千米。烟水配套工程受益面积达2.3万亩，受益农户0.22万户。开展现代烟草农业建设试点面积400亩，试点区域亩产烟叶172千克；亩均用工25个，节约成本390元；亩产值2310元。

陇南市烟草专卖局（公司）

陇南市烟草专卖局、甘肃省烟草公司陇南市公司成立于1987年3月，下辖武都区、宕昌县、西和县、两当县、康县、文县、礼县、成县、徽县9个县级烟草专卖局（营销部）和陇南欣大烟草经销有限公司1个多元化经营企业。有从业人员490人，其中聘用员工226人。

全年辖区销售卷烟40.25亿支（8.05万箱），同比增长8.18%。实现“两烟”销售收入86897万元，同比增长28.17%，其中卷烟销售收入82754万元，同比增长28.25%。实现“两烟”税利18513万元，同比增长18.27%，其中卷烟税利14714万元，同比增长6.73%。实现“两烟”利润12285万元，其中卷烟利润12629万元。

全年全市查处涉烟违法案件403起，查获假冒卷烟40.99万支，打掉贩藏假烟窝点3个，案值125.02万元，上缴罚没款6.14万元。破获制售假烟网络案件1起，案值82万元。公安、司法机关依法刑事拘留1人，逮捕2人，判刑2人。

全年全市实现烟农收入2084万元，烟农户均收入1.16万元，烟叶收购均价为9.35元/千克。全年全市投入烟基建设资金1951万元，其中，申请国家局补贴1171万元，省内烟草系统配套投资780万元。年内完成烟基建设项目578个。烟水配套工程受益面积累计1.2万亩，受益农户0.12万户。开展现代烟草农业建设试点面积0.35万亩，试点区域亩产烟叶160千克；亩均用工27个，节约成本900元；亩产值1952元。

白银市烟草专卖局（公司）

白银市烟草专卖局、甘肃省烟草公司白银市公司成立于1987年，下辖白银区、平川区、靖远县、景泰县、会宁县5个县级烟草专卖局（营销部）和白银欣大烟草经销有限公司1个多元化经营企业。有从业人员290人，其中聘用员工118人。

全年辖区销售卷烟27.33亿支（5.47万箱），同比增长4.17%。实现卷烟销售收入54176万元，同比增长20.37%。实现卷烟税利11706万元，同比增长14.17%，其中卷烟利润7446万元。

全年全市查处涉烟违法案件944起，查获假冒卷烟13.82万支，上缴罚没款14.93万元。

定西市烟草专卖局（公司）

定西市烟草专卖局、甘肃省烟草公司定西市公司成立于1992年7月，下辖安定区、临洮县、陇西县、岷县、通渭县、渭源县、漳县7个县级烟草专卖局（营销部）和定西市欣大经销有限公司1个多元化经营企业。有从业人员400人，其中聘用员工221人。

全年辖区销售卷烟37.25亿支（7.45万箱），同比增长6.22%。实现卷烟销售收入66140万元，同比增长30.03%。实现卷烟税利12462万元，同比增长32.05%，其中卷烟利润7400万元。

全年全市查处涉烟违法案件888起，查获假冒卷烟171.65万支，打掉贩藏假烟窝点2个，案值17.7万元，上缴罚没款20.04万元。破获符合国家局标准的制售假烟网络案件1起，案值223万元。公安、司法机关依法刑事拘留3人，判刑2人。

临夏回族自治州烟草专卖局（公司）

临夏回族自治州烟草专卖局、甘肃省烟草公司临夏回族自治州公司成立于1994年8月，下辖临夏市、临夏县、康乐县、和政县、永靖县、积石山县、广河县、东乡县8个县级烟草专卖局（营销部）。有从业人员223人，其中聘用员工108人。

全年辖区销售卷烟20亿支（4万箱），同比增长10.30%。实现卷烟销售收入37031万元，同比增长31.86%。实现卷烟税利7271万元，同比增长32.57%，其中卷烟利润4310万元。

全年全州查处涉烟违法案件223起，查获假冒卷烟5.15万支，打掉贩藏假烟窝点2个，案值17.7万元，上缴罚没款3.9万元。破获符合国家局标准的制售假烟网络案件1起，案值860万元。公安、司法机关依法逮捕3人。

甘南藏族自治州烟草专卖局（公司）

甘南藏族自治州烟草专卖局、甘肃省烟草公司甘南藏族自治州公司成立于1998年6月，2008年11月划归烟草行业管理。有从业人员66人，其中聘用员工37人。

全年辖区销售卷烟9亿支（1.80万箱），同比增长7.06%。实现卷烟销售收入16357万元，同比增长22.51%。实现卷烟税利2114万元，同比下降7.15%，其中卷烟利润1466万元。

全年全州查处涉烟违法案件89起，查获假冒卷烟0.18万支，案值5.4万元，上缴罚没款1.49万元。

所属其他二级单位及派驻机构

甘肃省烟草专卖局驻兰州铁路专卖局

甘肃省烟草专卖局驻兰州铁路专卖局成立于1992年7月，由甘肃省烟草专卖局和兰州铁路局共同组建。有从业人员18人，其中省局派驻人员10人，铁路局委派人员4人，聘用人员4人，设一科（检查科）一室（办公室），属甘肃省烟草专卖局的不具有法人资格的外驻执法机构。承担东起天水、西至敦煌，东西长一千多公里范围内的铁路客货运列车及近百个铁路专用线的专卖管理职责。

2009年，铁路和烟草部门相互配合、相互支持，形成良好联动工作机制，以打击走私贩假为重点，严厉打击利用铁路进行违法贩运卷烟的活动。安排部署“铁鹰行动”专项治理工作，有力打击了利用铁路贩运假冒走私卷烟的违法犯罪活动。全年出动检查车辆260台次，出动专卖检查人员2640人次，查处涉烟案件39起，登记保存违法卷烟325.36万支，其中假冒卷烟289.56万支。

2009年甘肃省烟草商业系统主要情况统计

地市级局（公司）名称		兰州市烟草专卖局（公司）	天水市烟草专卖局（公司）	武威市烟草专卖局（公司）	金昌市烟草专卖局（公司）	张掖市烟草专卖局（公司）
主要负责人/法人代表		刘　震	李　明	向　阳	赵普忠	贾辉林
总资产（万元）		116972	37617	20781	11840	17320
资产负债率（%）		4.07	9.03	19.51	15.43	2.3
所属县级局（个）		8	7	4	1	5
所属县级公司/分公司（个）		—	—	—	—	—
所属县级营销部（个）		8个营销部	7个营销部	4个营销部	1个营销部	5个营销部
所属业务机构	访销机构	1个营销中心 1个订单部	1个营销中心 1个订单部	1个营销中心 1个订单部	1个营销中心 1个订单部	1个营销中心 1个订单部
	物流配送机构	1个物流配送中心	1个物流配送中心	1个物流配送中心	1个物流配送中心	1个物流配送中心
	稽查机构	1个稽查支队 10个稽查大队	1个稽查支队 7个稽查大队	1个稽查支队 4个稽查大队	1个稽查支队	1个稽查支队 5个稽查大队
	烟叶机构	—	—	—	—	—
销售卷烟（亿支）		75.24	46.04	25.00	9.25	19.89
毛利率（%）		26.77	25.15	23.66	26.32	23.89
实现“两烟”税利（万元）		58251	19831	8805	5640	8323
实现“两烟”利润（万元）		39947	12167	4826	3606	4948
烟叶种植（亩）		—	—	—	—	—
烟叶收购（担）		—	—	—	—	—
零售户数（户）		14966	13553	7004	2427	6317

地市级局（公司）名称	酒泉市烟草专卖局（公司）	嘉峪关市烟草专卖局（公司）	平凉市烟草专卖局（公司）	庆阳市烟草专卖局（公司）	陇南市烟草专卖局（公司）
主要负责人/法人代表	蔺志宏	王玉琴	王来云	缑守恩	牛跟道
总资产（万元）	27678	9972	23749	36281	28938
资产负债率（%）	11.53	5.84	10.04	7.27	6.73
所属县级局（个）	5	—	7	8	9
所属县级公司/分公司（个）	1个公司	—	—	—	—
所属县级营销部（个）	4个营销部	—	7个营销部	8个营销部	9个营销部

续表

地市级局（公司）名称		酒泉市烟草专卖局（公司）	嘉峪关市烟草专卖局（公司）	平凉市烟草专卖局（公司）	庆阳市烟草专卖局（公司）	陇南市烟草专卖局（公司）
所属业务机构	访销机构	1个营销中心 1个订单部	1个营销中心	1个营销中心 1个订单部	1个营销中心 1个订单部	1个营销中心 1个订单部
	物流配送机构	1个物流配送中心	—	1个物流配送中心	1个物流配送中心	1个物流配送中心
	稽查机构	2个稽查支队	1个稽查支队	1个稽查支队 7个稽查大队	1个稽查支队 8个稽查大队	1个稽查支队 9个稽查大队
	烟叶机构	—	—	—	1个烟叶收购站 2个临时烟叶收购站	8个临时烟叶收购站
销售卷烟（亿支）		20.85	5.98	27.51	32.48	40.25
毛利率（%）		25.74	26.95	24.54	25.01	24.98
实现“两烟”税利（万元）		11945	4653	10791	18554	18513
实现“两烟”利润（万元）		7642	3024	6440	12358	12285
烟叶种植（亩）		—	—	—	29000	18000
烟叶收购（担）		—	—	—	88200	44545
零售户数（户）		5369	1111	8352	8620	9880

地市级局（公司）名称		白银市烟草专卖局（公司）	定西市烟草专卖局（公司）	临夏回族自治州烟草专卖局（公司）	甘南藏族自治州烟草专卖局（公司）
主要负责人/法人代表		张建辉	蒋大成	魏小敏	米虎祥
总资产（万元）		22834	25881	16761	5504
资产负债率（%）		6.31	14.43	3.34	3.19
所属县级局（个）		5	7	8	—
所属县级公司/分公司（个）		—	—	—	—
所属县级营销部（个）		5个营销部	7个营销部	8个营销部	—
所属业务机构	访销机构	1个营销中心 1个订单部	1个营销中心 1个订单部	1个营销中心 1个订单部	1个营销中心 1个订单部
	物流配送机构	1个物流配送中心	1个物流配送中心	1个物流配送中心	1个物流配送中心
	稽查机构	1个稽查支队 5个稽查大队	1个稽查支队 7个稽查大队	1个稽查支队 8个稽查大队	1个稽查支队
	烟叶机构	—	—	—	—
销售卷烟（亿支）		27.33	37.25	20.00	9.00
毛利率（%）		24.85	23.10	23.70	17.30
实现“两烟”税利（万元）		11706	12462	7271	2114
实现“两烟”利润（万元）		7446	7400	4310	1466
烟叶种植（亩）		—	—	—	—
烟叶收购（担）		—	—	—	—
零售户数（户）		7502	11578	6125	3609

（王永青）

青海省烟草专卖局（公司）

【概　况】 青海省烟草专卖局、中国烟草总公司青海省公司组建于1984年，1986年青海省烟草公司上划中国烟草总公司。2007年，完成母子公司体制改革。下辖西宁、海东、海西、格尔木、海北、海南、黄南、玉树、果洛共9个地市级烟草专卖局（公司）。公司拥有总资产17.81亿元，其中，固定资产2.10亿元、流动资产15.28亿元，资产负债率为11.68%。有从业人员1287人，其中聘用员工232人。

2009年，省公司被青海省政府评为“青海省财政支柱企业”；被青海省商业联合会评为“青海省3·15荣誉企业”；被青海省商贸工会评为“劳动关系和谐企业”；被青海省经济委员会、省统计局、省企业联合会、省企业家协会评为“2009年青海企业50强”。

【领导成员】 局长、总经理、党组书记：宋亚强
副总经理、党组成员：侯国昆
副局长、党组成员：张超凡
纪检组长、党组成员：李成方

【机构设置】 省局（公司）机关设有办公室（外事办公室）、综合计划处（经济运行处、科技处）、专卖监督管理处（专卖稽查总队、内部专卖管理监督处）、政策法规与体制改革处、财务管理处、审计处、人事劳资处（职工教育培训中心）、思想政治工作处（机关党委、工会）、监察处（与党组纪检组合署办公）、安全保卫处10个职能处室和卷烟销售管理处（卷烟网络建设办公室）、烟草学会、经济信息中心、机关服务中心4个专业部门。

【专卖管理】 卷烟打假。加大卷烟打假力度，严厉打击贩假售假活动。全年全省共查处涉烟违法案件825起，其中假烟案件377起，查获假冒卷烟493.01万支，捣毁各类违法窝点18个。破获3起符合国家局标准的制售假烟网络案件和2起达到省局标准的制售假烟网络案件。在公安部门的配合下，破获青海省首起利用互联网非法经营烟草制品案件，查获假冒卷烟22.08万支，案值38万元，抓获涉案嫌疑人2名。全年公安、司法机关依法刑事拘留21人，逮捕10人，判刑18人。

市场监管。全面汇总整理现行行政执法制度，共梳理出从2001年到2009年全省烟草系统正在执行的各项行政执法制度42项，并统一了行政执法依据和行政执法职责分解的标准。开展卷烟市场清理整顿专项行动，重点查处无证经营、摆卖假烟等行为，并开通了“12313”烟草专卖品市场监督举报电话。

许可证换发。2009年全省共换发烟草专卖零售许可证16849户，注销1448户，换发烟草专卖批发企业许可证33个。

【生产经营】 2009年，全省烟草商业系统销售卷烟94.34亿支（18.87万箱），同比增长4.68%，其中销售一类烟6.38亿支（1.28万箱）、二类烟4.56亿支（0.91万箱）、三类烟15.10亿支（3.02万箱）、四类烟39.77亿支（7.95万箱）、五类烟28.54亿支（5.71万箱）。本辖区销量居前三位的品牌依次为“兰州”、“金许昌”和“芙蓉”，销量分别为21.33亿支（4.27万箱）、15.01亿支（3.0万箱）、10.32亿支（2.06万箱）。

全年实现卷烟销售收入24.07亿元，同比增长18.45%。根据国务院有关精神，调整卷烟消费税，部分利润转为税赋，全年增加卷烟消费税1.1亿元。实现卷烟税利5.94亿元，同比增长8.20%，其中，省公司本级实现税利3.69亿元，同比下降14.19%。实现卷烟利润3.50亿元，同比下降18.98%，其中，省公司本级实现利润2.91亿元，同比下降18.94%。公司三项费用率为8.7%。

【品牌培育】 把培育全国性卷烟重点骨干品牌作为工作第一要务，明确品牌培育的方向和目标，不断优化品牌结构，重点骨干品牌在青海省的市场占有率和贡献度进一步提高，对全省系统经济运行平稳较快发展的支撑作用进一步显现。全年共销售全国性卷烟重点骨干品牌50.20亿支（10.04万箱），同比增长31.36%，占总销量比重为53.21%，同比提高10.8个百分点；实现销售收入21.02亿元，同比增长36.37%，高于全省卷烟销售额平均增幅17.87个百分点。

【卷烟销售网络与现代物流建设】 开展“按客户订单组织货源”工作，完善需求预测体系，基本确定自下而上、由外而内的市场需求预测工作流程，并统一预测方法。在全省选取1544户具有代表性的零售客户作为信息采集点，重点监测卷烟社会库存和市场价格变化。

推进全省系统集中电话访销、集中卷烟配送工作，各地市级公司按照省公司制定的《“两个集中”工作实施意见》，通过完善客户分类、货源分配供应，调整优化访销周期、送货线路及车载量等，在不影响正常客户服务和卷烟营销的前提下，有序推进“两个集中”工作。截至年底，全省烟草集中电话访销工作全部完成，全省9个州（地、市）公司的客户订单全部实现在西宁市集中统一采集，并实现了对西宁、海北、黄南、玉树、果洛5家地市级公司的集中配送。

全省烟草物流配送中心监控平台建成，监控设备实现全面整合，监控系统正式投入运行，可同时输出监视图像79路，实现了卷烟库区内外全天候、全方位的调度监控指挥。

完善工商协同营销工作规范和信息沟通机制，做好信息共享和货源有效衔接工作，与工业企业合作开发完成工商协同营销系统。

【安全管理和信访稳定工作】 安全管理。开展安全教育和培训工作，逐级签订企业安全责任承包书，采取集中检查、个别抽查、节假日专项检查等方式，抓好安全隐患的排查和整改。全年无重大安全事故发生。组织开展职业健康安全管理体系第三方认证工作。

信访稳定工作。坚持信访工作“分级负责、归口办理，谁主管、谁负责，依法解决问题与思想疏导教育相结合”原则，拓宽信访渠道，领导干部深入基层调研，听取群众意见。认真处理群众来信、来电和来访工作，及时化解各类矛盾，全年全系统没有出现赴省或进京上访事件。

【人力资源管理】 用工分配制度改革。推进用工分配制度改革，注重由传统人事管理向现代人力资源管理转变、由员工身份管理向岗位管理转变。省局（公司）在明确全系统用工分配制度改革总体思路和总结西宁市局（公司）试点工作基础上，修订完善并印发了《全省烟草系统州地市局（公司）深化用工分配制度改革工作指导意见》及其相关配套制度。

教育培训。全年全系统共组织开展经营管理、安全管理、财务知识等各类岗位业务技能培训班52期，参加培训人员达1600人次。推进职业技能培训和鉴定工作，至年底，全系统获得专业技术资格的员工达700余人。

【思想政治工作】 全系统共有9个州地市局（公司）参加青海省第二批深入学习实践科学发展观活动。通过深入学习调研，查找问题，主动整改，初步解决影响和制约全系统科学发展的突出问题。坚持和完善党组理论学习中心组集中学习制度，省局（公司）明确了党组理论中心组学习的重点内容和要求，修改完善《中共青海省烟草专卖局党组关于进一步加强和改进党组理论中心组学习的意见》，并组织安排省局（公司）机关和西宁市局（公司）党员干部29人参加专题辅导和形势教育报告会。

【党风廉政建设】 省局（公司）制定《2009年构建惩治和预防腐败体系主要任务分工意见》，从6个方面、36项工作任务对构建惩防体系工作进行细化分解；把“三项法规”的内容纳入党风廉政建设责任制中，确保党风廉政建设和反腐败工作落到实处。全年共开展各类廉政宣传教育和廉政文化活动94场次，受教育人数达2254人次。

【企业文化】 加快推进企业文化建设，建立全系统企业文化兼职培训师队伍，并组织4名初选内训师参加国家局举办的企业文化建设培训班。宣贯《烟草行业企业文化架构体系》，实施《中国烟草视觉识别系统》，对青海烟草文化定位、行为规范、提升服务理念等进行交流讨论，统一全系统干部职工思想，营造文化建设氛围。

青海省局（公司）主要统计指标汇总

“两烟”税利（亿元）	“两烟”利润（亿元）	销售卷烟（亿支）	烟叶种植（万亩）	烟叶收购（万担）
5.94	3.50	94.34	—	—

所属地市级局（公司）

西宁市烟草专卖局（公司）

西宁市烟草专卖局、青海省烟草公司西宁市公司组建于2000年9月，下辖大通回族土族自治县、湟中县、湟源县3个县级烟草专卖局（营销部）。有从业人员393人，其中聘用员工76人。

全年辖区销售卷烟42.37亿支（8.47万箱），同比增长6.75%。实现卷烟销售收入126860万元，同比增长21.30%。实现卷烟税利9613万元，同比增长102.89%，其中卷烟利润2994万元。

全年查处涉烟违法案件457起，查获假冒卷烟426.16万支，打掉制假窝点3个、贩藏假烟窝点22个，案值308.09万元，上缴罚没款18.65万元。破获符合国家局标准的制售假烟网络案件2起，案值298万元。移送公安机关涉烟案件11起，公安、司法机关依法刑事拘留19人，逮捕8人，判刑13人。

海东地区烟草专卖局（公司）

海东地区烟草专卖局、青海省烟草公司海东地区公司组建于2000年8月。下辖平安县、乐都县、民和回族土族自治县、互助土族自治县、循化撒拉族自治县、化隆回族自治县6个县级烟草专卖局（营销部）。有从业人员210人，其中聘用员工36人。

全年辖区销售卷烟18.3亿支（3.66万箱），同比增长1.72%。实现卷烟销售收入33337万元，同比增长17.20%。实现卷烟税利3737万元，同比增长191.73%，其中卷烟利润1558万元。

全年查处涉烟违法案件107起，查获假冒卷烟32.54万支，案值93万元，上缴罚没款8.25万元。

海西蒙古族藏族自治州烟草专卖局（公司）

海西蒙古族藏族自治州烟草专卖局、青海省烟草公司海西蒙古族藏族自治州公司组建于1986年8月。下辖都兰县、乌兰县、天峻县、茫崖行委、大柴旦行委5个县级烟草专卖局（营销部）和冷湖行委烟草专卖局。有从业人员109人，其中聘用员工19人。

全年辖区销售卷烟6.75亿支（1.35万箱），同比增长2.58%。实现卷烟销售收入17071万元，同比增长14.08%。实现卷烟税利1918万元，同比增长60.23%，其中卷烟利润766万元。

全年查处涉烟违法案件32起，查获假冒卷烟5.43万支，案值28.9万元，上缴罚没款1.57万元。

格尔木市烟草专卖局（公司）

格尔木市烟草专卖局、青海省烟草公司格尔木市公司组建于2000年12月。有从业人员63人，其中聘用员工9人。

全年辖区销售卷烟5.96亿支（1.19万箱），同比增长2.75%。实现卷烟销售收入19888万元，同比增长9.98%。实现卷烟税利1593万元，同比增长87.41%，其中卷烟利润488万元。

全年查处涉烟违法案件50起，查获假冒卷烟16.38万支，上缴罚没款3.87万元。破获制售假烟网络案件2起，其中符合国家局标准的网络案件1起。移送公安机关涉烟案件1起，公安、司法机关依法刑事拘留2人，逮捕2人，判刑5人。

海北藏族自治州烟草专卖局（公司）

海北藏族自治州烟草专卖局、青海省烟草公司海北藏族自治州公司组建于2004年。下辖门源回族自治县、祁连县2个县级烟草专卖局（营销部）和刚察县、海晏县2个县级烟草专卖局。有从业人员85人，其中聘用员工7人。

全年辖区销售卷烟5.37亿支（1.07万箱），同比增长2.29%。实现卷烟销售收入10154万元，同比增长13.74%。实现卷烟税利1039万元，同比增长51.46%，其中卷烟利润337万元。

全年全州查处涉烟违法案件35起，查获假冒卷烟3.4万支，上缴罚没款0.75万元。

海南藏族自治州烟草专卖局（公司）

海南藏族自治州烟草专卖局、青海省烟草公司海南藏族自治州公司组建于2004年5月。下辖兴海、同德、贵南、贵德4个县级烟草专卖局（营销部），以及共和县烟草营销部。有从业人员83人，其中聘用员工11人。

全年辖区销售卷烟6.63亿支（1.326万箱），同比增长3.92%。实现卷烟销售收入12601万元，同比增长17.15%。实现卷烟税利1506万元，同比增长96.61%，其中卷烟利润647万元。

全年查处涉烟违法案件46起，查获假冒卷烟5.33万支，案值4.63万元，上缴罚没款0.57万元。

黄南藏族自治州烟草专卖（公司）

黄南藏族自治州烟草专卖局、青海省烟草公司黄南藏族自治州公司组建于2004年5月。下辖同仁县、尖扎县、泽库县、河南蒙古族自治县4个县级烟草专卖局（营销部）。有从业人员70人，其中聘用员工12人。

全年辖区销售卷烟3.49亿支（0.70万箱），同比增长2.95%。实现卷烟销售收入7242万元，同比增长10.89%。实现卷烟税利1124万元，同比增长131.75%，其中卷烟利润563万元。

全年全州查处涉烟违法案件25起，其中假烟案件19起。查获非法卷烟23.84万支，案值3.44万元，其中假冒卷烟1万支，案值8671元。上缴罚没款9393元。

玉树藏族自治州烟草专卖局（公司）

玉树藏族自治州烟草专卖局、青海省烟草公司玉树藏族自治州公司组建于2004年6月。下辖杂多、治多、曲麻莱、囊谦、称多5个县级烟草专卖局（营销部）。有从业人员80人，其中聘用员工23人。

全年辖区销售卷烟3.47亿支（0.69万箱），同比增长9.46%。实现卷烟销售收入7814万元，同比增长29.05%。实现卷烟税利1291万元，同比增长132.61%，其中卷烟利润623万元。

全年全州查处涉烟违法案件19起，查获假冒卷烟1.57万支，案值1.87万元，上缴罚没款6641元。

果洛藏族自治州烟草专卖局（公司）

果洛藏族自治州烟草专卖局、青海省烟草公司果洛藏族自治州公司组建于2004年9月。下辖久治县、达日县2个县级烟草专卖局（营销部）。有从业人员45人，其中聘用员工11人。

全年辖区销售卷烟2亿支（0.4万箱），同比增长6.95%。实现卷烟销售收入4583万元，同比增长2.0%。实现卷烟税利671万元，同比增长84.85%，其中卷烟利润281万元。

全州全年查处涉烟违法案件54起，查获假冒卷烟1.18万支，案值5.28万元，上缴罚没款1.5万元。

2009年青海省烟草商业系统主要情况统计

地市级局（公司）名称		西宁市烟草专卖局（公司）	海东地区烟草专卖局（公司）	海西州烟草专卖局（公司）	格尔木市烟草专卖局（公司）	海北州烟草专卖局（公司）
主要负责人/法人代表		崔会民	钟建平	戴岳鹏	李安益	董长吉
总资产（万元）		14787	5893	3355	1643	2003
资产负债率（%）		43.00	37.29	30.12	26.80	41.20
所属县级局（个）		3	6	6	—	4
所属县级公司/分公司（个）		—	—	—	—	—
所属县级营销部（个）		3个营销部	6个营销部	5个营销部	—	2个营销部
所属业务机构	访销机构	1个营销中心	—	1个营销中心	1个营销中心	1个营销中心
	物流配送机构	1个配送中心	—	—	—	—
	稽查机构	8个稽查大队	6个稽查大队	5个稽查大队	2个稽查大队	3个稽查大队
	烟叶机构	—	—	—	—	—
销售卷烟（亿支）		42.37	18.30	6.75	5.96	5.37
毛利率（%）		10.12	17.13	15.97	10.34	16.56
实现“两烟”税利（万元）		9613	3737	1918	1593	1039
实现“两烟”利润（万元）		2994	1558	766	488	337
烟叶种植（亩）		—	—	—	—	—
烟叶收购（担）		—	—	—	—	—
零售户数（户）		7855	4731	1233	857	1033

地市级局（公司）名称		海南州烟草专卖局（公司）	黄南州烟草专卖局（公司）	玉树州烟草专卖局（公司）	果洛州烟草专卖局（公司）
主要负责人/法人代表		张国明	李映元	王洪胜	房光源
总资产（万元）		2341	1727	2284	1165
资产负债率（%）		36.14	28.00	18.62	17.34
所属县级局（个）		4	4	5	2
所属县级公司/分公司（个）		—	—	—	—
所属县级营销部（个）		5个营销部	4个营销部	5个营销部	2个营销部
所属业务机构	访销机构	1个营销中心	1个营销中心	1个营销中心	1个营销中心
	物流配送机构	—	—	—	—
	稽查机构	4个稽查大队	4个稽查大队	1个稽查大队	1个稽查大队
	烟叶机构	—	—	—	—
销售卷烟（亿支）		6.63	3.49	3.47	2.00
毛利率（%）		17.32	22.60	23.51	22.53
实现“两烟”税利（万元）		1506	1124	1291	671
实现“两烟”利润（万元）		647	563	623	281
烟叶种植（亩）		—	—	—	—
烟叶收购（担）		—	—	—	—
零售户数（户）		1501	688	580	290

（葛建宝）

宁夏回族自治区烟草专卖局（公司）

【概　况】 1983年10月15日，宁夏回族自治区烟草专卖局、中国烟草总公司宁夏回族自治区公司经宁夏回族自治区政府批准成立，并于1984年4月挂牌，1986年1月上划国家烟草专卖局、中国烟草总公司。自治区局（公司）下辖银川、石嘴山、吴忠、固原、中卫5个市烟草专卖局（公司）。公司拥有总资产15.63亿元，其中，固定资产1.68亿元、流动资产13.51亿元，资产负债率为6.51%。自治区局（公司）实行全员聘用制，截至2009年年底，共有从业人员1335人。

2009年，自治区局（公司）被自治区政府依法治区领导小组授予“全区依法治理示范单位”称号。

【领导成员】 局长、总经理、党组书记：师增建

副总经理、党组成员：毕溪英

副局长、纪检组长、党组成员：李光荣

副总经理、党组成员：杨保仓

【机构设置】 自治区局（公司）机关设办公室（外事办公室）、综合计划处（经济运行处、科技处）、专卖监督管理处（专卖稽查总队、内部专卖监督管理处）、政策法规和体制改革处、财务管理处、审计处、人事劳资处、思想政治工作处、监察处（与党组纪检组合署办公）、安全保卫处、卷烟销售管理处、机关服务中心、经济信息中心、烟草学会秘书处14个部门。

【专卖管理】 *卷烟打假*。2009年，自治区局继续保持卷烟打假高压态势，发挥联合打假机制优势，卷烟打假工作向纵深发展。全年共查处涉烟违法案件693起，其中假冒商标卷烟案件380起。查获假冒卷烟474.62万支。上缴罚没款48.55万元。司法机关判刑24人。破获符合国家局标准的制售假烟网络案件3起、符合自治区局标准的制售假烟网络案件3起。

市场监管。自治区局坚持日常市场监管检查，启动打击利用互联网等信息网络非法经营烟草专卖品工作，发挥“12313”市场监督举报电话作用，提高市场监管的有效性。针对“元旦、春节”、“国庆”等不同时期卷烟市场状况，有步骤、分阶段进行清理整顿，加强对车站、货运部、邮寄物流等重点环节的检查，打击涉烟违法行为。依法查处卷烟无证经营，防止其成为售假终端，将符合条件的无证户纳入管理。完成五年一次的卷烟零售许可证换发工作。

内部专卖监管。进一步完善内管制度和流程，结合订单供货、货源自动分配的业务新模式，调研、解决“同级监管”中的难点问题，制定《宁夏烟草系统内部专卖管理监督工作规范（试行）》，加强同级监管、日常监管，专卖内管长效机制基本建立。自治区局对专卖内管工作开展了三次大检查，全系统规范经营情况良好。

专卖队伍建设。加强有关专卖法律法规、职业技能鉴定等知识的针对性教育培训，自治区局举办全自治区系统专卖管理知识培训班4次，参加培训460人，并举办第一次自治区系统专卖管理人员技能竞赛，全体专卖人员参与，专卖队伍整体素质和能力得到提升。组织自治区系统专卖管理人员第一次职业技能鉴定，总体参考通过率达到72.8%，初级、中级参考通过率分别达到92.1%、49.19%。

【生产经营】 2009年，全自治区烟草商业系统销售卷烟103.93亿支（20.79万箱），同比增长5.24%，其中，销售一类烟7.00亿支（1.40万箱），同比增长30.31%；二类烟2.65亿支（0.53万箱），同比增长53.29%；三类烟24.81亿支（4.96万箱），同比增长24.71%；四类烟45.68亿支（9.14万箱），同比下降4.33%；五类烟23.80亿支（4.76万箱），同比下降0.91%。本辖区销量居前三位的品牌分别为“兰州”、“白沙”、“乒坛”，销量分别为“兰州”19.12亿支（3.82万箱）、“白沙”10.05亿支（2.01万箱）、“乒坛”7.81亿支（1.56万箱）。全年在销品牌41个，比上年减少9个；全国性卷烟重点骨干品牌销量为63.57亿支（12.71万箱），同比增长20.39%，占总销量的61.16%。

全年实现卷烟销售收入27亿元，同比增长15.4%。根据国务院有关精神，调整卷烟消费税，部分利润转为税赋，全年增加卷烟消费税1.36亿元。实现卷烟税利6.24亿元，同比增长15.17%，其中卷烟利润4亿元，同比下降7.4%。公司三项费用率为7.79%。

【卷烟销售网络建设】 *网建基础工作*。自治区公司编制了《宁夏烟草系统卷烟销售网络建设基础管理标准》，确定了资源管理、营销管理、物流管理、营

销人员管理、网络管理5项基础标准，实行全员、全过程、全方位的网建基础标准管理，并采取各市公司自查梳理、对标执行和自治区公司对标检查的方式开展工作，网建基础工作得到有效巩固和提升，实现了全自治区营销网建工作模式、标准的进一步统一。基本完成网建全面提升第三阶段工作，自治区公司被评为“全国卷烟销售工作先进单位”三等奖。

网建试点攻关项目。自治区公司确定了把握市场、终端建设、工商协同、科学管理4个网建试点攻关项目，分别在省内5家市公司进行试点。银川市公司初步搭建起面向消费者的营销体系框架，依托市场营销分析系统研究消费需求，将网络建设、订单供货、协同营销工作有机结合，把握市场的能力得到提升；石嘴山、固原市公司分别从城市和农村两方面进行探索，对终端资源进行深入研究，初步实现终端资源的分类应用，终端建设的效果初步显现；吴忠、中卫市公司建立了完善的工商协同营销制度、规范，突出工商协同的关键环节，初步形成工商协同营销的运作机制；银川、固原市公司初步形成营销人员分级培训、分级管理的运作模式。

按客户订单组织货源。自治区烟草系统围绕国家局《2009年按客户订单组织货源工作要点》，充分发挥需求预测对货源组织的主导作用，严格规范经营行为、规范业务流程和加强货源购进管理，完成全自治区订单组织货源和货源自动分配信息系统的推广运用，加强市场调研分析，进一步细分客户、满足不同需求，确保货源分配科学合理，公司需求预测水平和客户订单满足率有较大提高。

物流建设。自治区烟草系统按照“低成本、高效率”要求和《烟草行业物流成本核算规程》，抓住仓储、分拣、送货3个环节，推进成本核算体系建设，严格物流成本核算、控制、督查、考核，提升降耗潜力。加强物流中心建设，确定全自治区卷烟送货车辆、车型，推进现场管理、过程管理、送货服务，全自治区零售客户基本实现“每周一送、一车一域、固定线路”的成片送货模式，全年共优化送货线路25条。

【企业管理】 质量管理体系建设。在学习银川市局（公司）质量管理体系建设试点经验的基础上，2009年2月，石嘴山等其余4家市局（公司）进行了质量管理体系建设的现场调研、动员、培训、策划、体系文件编写等工作；6月，进入体系试运行阶段，并进行两次内部审核、一次管理评审，全部通过自治区局（公司）系统审核。

对标工作。自治区局（公司）贯彻国家局《关于全面开展对标工作的意见》，成立对标领导小组，明确职责、流程，对照行业每季度公布的9项指标，认真分析，查找差距，突出人工成本、物流费用、劳动效率、节能降耗等关键指标，确立比上年有所进步的标杆，采取加强预算管理、控制成本费用水平、推进用工分配制度改革等措施，提升管理水平。

基层创优活动。按照国家局要求，自治区局（公司）制定了优秀县级局、分公司创建活动的实施方案和考核验收办法，开展督查和考核，各市局（公司）确定各自试点单位，并加强实地指导帮助。县级局（分公司）增强创建意识，规范生产经营，夯实基础管理，增强基层活力。坚持以“创新管理、统一标准、突出特色”为工作方针，从转变思想作风开始，以标准化建设为主线，突出创建工作痕迹化管理，确保各项创建活动措施落到实处。

安全稳定工作。自治区烟草系统认真落实安全稳定工作责任制，狠抓安全隐患、不稳定因素排查，加强安全基础设施建设、监督检查和专项整治，加强值班、应急管理、预案演练、信访稳定工作，实现了全年无重大安全事故、突发公共事件的目标。

【内部管理监督】 三项检查。全系统对2008年以来的工程投资、物资采购和宣传促销等项目，按照实施方案和有关制度文件要求，进行了“回头看”自查整改。自治区局（公司）分别于2009年4月、6月、8月三次组织检查组对各单位的自查和整改落实情况进行检查，并修订、细化相关制度形成制度汇编。各市局（公司）对已有的制度、程序进行全面排查，有针对性地探索、完善相关制度，三项检查工作取得初步成效。

财务审计。自治区局（公司）相继开展了国有资产处置专项检查和“小金库”专项治理自查阶段工作，对存在问题实施整改，健全相关制度，完善长效机制。在开展半年一次财务收支、法人代表经济责任审计的同时，启动基建项目审计工作，并配合国家局进行烟叶生产基础设施建设专项资金审计，督促问题整改。制订烟叶生产基础设施建设项目审计、全面预算审计、内部审计工作考核等办法，推进审计工作制度化、规范化。

【信息化建设】 自治区局（公司）不断加强信息化规划、信息化基础建设，先后开发实施专卖管理、财务管理、营销分析、按客户订单组织货源、货源自动分配、网络安全等系统，开展信息系统安全检查，并加强办公自动化、网站平台建设，全系统管理水平和工作效率得到提升。

自治区局（公司）开发的专卖管理信息系统，充分考虑了应用软件、业务数据、运行环境等各方面潜在因素，从实现与自治区内专卖业务衔接互动、信息互联互通，与营销分析等相关业务系统的数据共享、业务互动，与国家局专卖系统建设相配套等方面实施项目开发工作，截至年底，项目的主要功能模块全面启用。

【人力资源管理】 *干部队伍建设*。自治区局（公司）修订了市局（公司）领导班子、处级干部工作责任制以及干部选拔任用廉政监督、领导干部问责等相关办法，严格干部教育管理监督。考察市局（公司）领导班子，组织自治区局（公司）处级干部述职和考核测评。加快年轻干部的培养、选拔、使用力度，全系统提拔任用6名年轻干部，选派区局（公司）机关3名年轻干部到市局（公司）挂职锻炼，从各市局（公司）挑选5名工作人员到自治区局（公司）机关工作，优化干部结构，激发干部活力。

用工分配制度改革。自治区局（公司）分两次检查验收市局（公司）用工分配制度改革工作，2009年6月、11月分别开展了绩效管理运行、改革工作满意度调研，并指导银川市局（公司）开展绩效管理体系运行改进试点工作。4月，启动自治区局（公司）机关用工分配制度改革工作，制定改革方案和工资分配、晋升等相关配套制度，10月，绩效管理体系进入试运行阶段。

技能鉴定。开展自治区系统教育培训体系建设，初步建立了入职、在岗、任职、职业技能鉴定培训工作机制。自治区公司在各单位组织业务培训的基础上，举办自治区烟草系统第一届营销人员业务技能竞赛，提升营销队伍整体素质。

【思想政治工作】 *深入学习实践科学发展观活动*。全自治区系统分两批开展了深入学习实践科学发展观活动，2月，自治区局（公司）机关、银川市局（公司）结束第一批学习实践活动。3~9月，石嘴山、吴忠、固原、中卫4个市局（公司）完成第二批学习实践活动。

党风廉政建设。认真贯彻落实党风廉政建设责任制、明确严格规范生产经营秩序等7个方面的纪律要求，强化对权力正确行使、干部选拔任用、重大工程项目、招标采购等关键岗位和重要环节的监督。进一步完善政风行风建设监督平台，加强机关效能建设，改进作风、规范管理、强化服务，自治区局（公司）在2009年宁夏回族自治区民主评议政风行风活动中排名第4位。

办事公开民主管理。加强政务公开、司务公开工作，在重大改革发展决策、用工分配制度改革、干部选拔任用等工作中充分发扬民主，听取意见建议，并通过政务公开栏、内外部网站、会议通报等形式公开科学发展观活动整改落实情况、职工薪酬、预算执行、投资项目、物资采购等情况。按照国家局提出的“办事公开，民主管理”的要求，成立领导机构、办事机构，明确工作职责，研究制订实施意见及公开事项预审、民主管理监督、工作评议等配套制度。

【特事要辑】 1月19~20日，自治区局（公司）在银川召开全自治区烟草工作会议。

6月4日，自治区副主席李锐一行到自治区局（公司）检查指导工作。

9月4~7日，驻国家局纪检组组长潘家华一行在宁夏烟草就加强市局（公司）管理进行调研。

宁夏回族自治区局（公司）主要统计指标汇总①

“两烟”税利（亿元）	“两烟”利润（亿元）	销售卷烟（亿支）	烟叶种植（万亩）	烟叶收购（万担）
6.24	4.00	103.93	0.60	1.83

所属地市级局（公司）②

银川市烟草专卖局（公司）

银川市烟草专卖局、宁夏回族自治区烟草公司银川市公司成立于1998年1月，下辖永宁县、贺兰县、灵武市3个县级烟草专卖局（分公司）。市局（公司）实行全员聘用制，共有从业人员389人。2009年，市

① 宁夏回族自治区的烟叶经营工作由宁夏彭阳县烟叶公司负责，该公司由彭阳县政府管理，属于行业外企业，表格中“两烟”税利、“两烟”利润不包含烟叶税利、烟叶利润。

② 宁夏回族自治区局（公司）的所属地市级局（公司）2008年的各项经济效益数据采用快报数据。

局（公司）被宁夏回族自治区精神文明建设指导委员会评为“2009～2012 年度文明单位”、“全区精神文明建设工作先进单位”，市局（公司）工会被宁夏回族自治区总工会评为“四星级职工代表大会”。

全年辖区销售卷烟 37.59 亿支（7.52 万箱），同比增长 5.84%。实现卷烟销售收入 106893 万元，同比增长 14.8%。实现卷烟税利 27545 万元，同比增长 12.22%，其中卷烟利润 18657 万元。

全年共查处涉烟违法案件 435 起，查获假冒卷烟 207.11 万支，案值 194 万元，上缴罚没款 31.91 万元。移送公安、司法机关涉烟案件 14 起，逮捕 7 人，判刑 7 人。全年破获制售假烟网络案件 1 起。

市公司建立和应用了市场营销分析系统，实现目标市场选择、顾客需求分析、消费偏好把握、销售渠道管理、业务组合设计及营销资源与消费需求的有机对接，全面提升卷烟销售网络建设的运行质量和水平。银川市公司在 2009 年全国卷烟销售网络建设现场会上做了题为“通过建立市场营销分析系统，推进数据驱动营销，提升营销管理水平”的网建成果展示。

全面加强基础管理和基层建设，质量管理体系建设的经验和做法得到国家局肯定，并入选工业和信息化部工业产品质量宣传素材库。

构建起“依法规范、以人为本、统一领导、分级负责”的具有银川烟草特色的应急管理体系，切实提高防范和应对突发公共事件的意识与能力，承办全自治区烟草系统应急实战演习现场观摩交流会。

石嘴山市烟草专卖局（公司）

石嘴山市烟草专卖局、宁夏回族自治区烟草公司石嘴山市公司成立于 1986 年 1 月，下辖平罗县烟草专卖局（分公司）。市局（公司）实行全员聘用制，截至 2009 年年底，共有从业人员 165 人。

全年辖区销售卷烟 17.5 亿支（3.5 万箱），同比增长 4.5%。实现卷烟销售收入 46745 万元，同比增长 12.4%。实现卷烟税利 11852 万元，同比增长 16.5%，其中利润 7832 万元。

全年共查处涉烟违法案件 49 起，查获假冒卷烟 17.5 万支，打掉贩藏假烟窝点 1 个，案值 4.2 万元，上缴罚没款 3.66 万元。移送公安、司法机关涉烟案件 2 起，拘留 12 人，逮捕 4 人，判刑 2 人。全年破获符合国家局标准的制售假烟网络案件 1 起，案值共计 118 万元。

市公司通过向零售户提供统一的柜台、“NINGXIA TOBACCO” LOGO 线条、主题灯箱、卷烟陈列品标识、品牌展示立牌、卷烟生动化陈列等工作，向消费者展示宁夏烟草服务品牌以及卷烟品牌形象，提升零售终端价值。根据终端客户服务需求调研，明确终端提升服务标准及服务项目内容，2009 年度共为 315 户终端客户提供专业提升服务。

吴忠市烟草专卖局（公司）

吴忠市烟草专卖局、宁夏回族自治区烟草公司吴忠市公司成立于 1986 年 1 月，下辖青铜峡市、同心县、盐池县 3 个县级烟草专卖局（分公司）。市局（公司）实行全员聘用制，截至 2009 年年底，共有从业人员 264 人。2009 年，市局（公司）被宁夏回族自治区精神文明建设指导委员会评为“文明单位”。

全年辖区销售卷烟 20.25 亿支（4.05 万箱），同比增长 3.84%。实现卷烟销售收入 53343 万元，同比增长 14.26%。实现卷烟税利 12856 万元，同比增长 13.93%，其中卷烟利润 8499 万元。

全年共出动专卖执法人员 13923 人次，集中开展烟草专卖法律、法规宣传活

动 12 次。查处涉烟违法案件 94 起，查获各类违法卷烟 117.37 万支，上缴罚没款 7.92 万元。破获制售假烟网络案件 2 起。公安、司法机关拘留 10 人，批捕 8 人，取保候审 5 人，判刑 5 人。

市公司通过与红云红河集团、湖南中烟、山东中烟建立协同营销战略合作关系，从组织连接、信息连接、货源连接、市场连接入手开展协同营销工作，搭建起工商协同营销培育品牌的基本框架。“云烟”品牌销量同比增长 6.03%，“白沙”品牌销量同比增长 57%，“泰山”品牌销量同比增长 5.8%，“芙蓉王”品牌销量同比增长 25%，基本实现“市场协同分析，品牌协同培育，效果协同评估，库存协同管理和信息协同共享”。

固原市烟草专卖局（公司）

固原市烟草专卖局、宁夏回族自治区烟草公司固原市公司成立于 1986 年 1 月，下辖西吉、彭阳、隆德、泾源 4 个县级烟草专卖局（分公司）。市局（公司）实行全员聘用制，截至 2009 年年底，共有从业人员 249 人。

全年辖区销售卷烟 14.88 亿支（2.98 万箱），同比增长 9.7%。实现卷烟销售收入 31405 万元，同比增长 15.33%。实现卷烟税利 6034 万元，同比增长 20.3%，其中卷烟利润 3532 万元。

全年共查处涉烟违法案件 92 起，查获假冒卷烟 109.17 万支，案值 49.07 万元，上缴罚没款 3.98 万元。移送公安、司法机关涉烟案件 2 起，拘留 11 人，逮捕 7 人，判刑 10 人。全年破获符合国家局标准的网

络案件1起，案值共计110万元。

市局（公司）强化教育培训，充分发挥学习培训的主体作用，通过内训、外培、宣贯、研讨、讲解、答疑和考试等多种方式，组织开展各类别、多层面的学习培训和考试验证等工作。全年共举办培训班159个，其中举办岗位培训班148个、入职培训班6个、技能鉴定培训班5个，共培训239人、4116人次；有85人参加了自治区局（公司）举办的相关业务培训，116人参加国家局举办的技能鉴定远程教育培训，全年教育培训经费支出53.5万元。

中卫市烟草专卖局（公司）

中卫市烟草专卖局、宁夏回族自治区烟草公司中卫市公司成立于2004年7月，下辖中宁、海原县烟草专卖局（分公司）。市局（公司）实行全员聘用制，截至2009年年底，共有从业人员202人。

全年辖区销售卷烟13.70亿支（2.74万箱），同比增长7%。实现卷烟销售收入31424万元，同比增长16%。实现卷烟税利7050万元，同比增长18.52%，其中卷烟利润4528万元。

市局坚持把"端窝点、断源头、破网络、抓主犯"作为突出重点，加强案件经营和情报分析，强化案件侦破，落实打假责任和与公、检、法联合执法机制，破获"4·29"、"7·24"、"8·5"贩售假烟网络案件，实现市县打假无盲区。参加全自治区烟草专卖管理员岗位理论与技能鉴定考试，合格率达到93.3%，中卫市局机关和海原县局合格率达100%，专卖队伍整体素质和业务技能得到提升。全年共出动专卖执法人员7990人次，查处涉烟违法案件23起，查获非法卷烟23.47万支，其中假冒卷烟22.64万支，捣毁贩假窝点1个，上缴罚没款1.08万元。公安、司法机关逮捕3人，取保候审1人。全年破获制售假烟网络案件1起。

2009年宁夏回族自治区烟草商业系统主要情况统计

地市级局（公司）名称		银川市烟草专卖局（公司）	石嘴山市烟草专卖局（公司）	吴忠市烟草专卖局（公司）	固原市烟草专卖局（公司）	中卫市烟草专卖局（公司）
主要负责人/法人代表		杨保仓（—2009.8） 虎治富（2009.8—）	刘大年	沙 军（—2009.5） 马存军（2009.5—）	马 斌	马存军（—2009.5） 李祥红（2009.5—）
总资产（万元）		47342	21289	22360	12481	13016
资产负债率（%）		24.31	18.19	18.65	15.65	18.26
所属县级局（个）		3	1	3	4	2
所属县级公司/分公司（个）		3个分公司	1个分公司	3个分公司	4个分公司	2个分公司
所属县级营销部（个）		—	—	—	—	—
所属业务机构	访销机构	1个营销中心 1个电访中心	1个营销中心 1个电访中心	1个营销中心 1个电访中心 1个农网大厅	1个营销中心 1个电访中心	1个营销中心 1个订单部
	物流配送机构	1个物流配送中心	1个物流配送中心	1个物流配送中心	1个物流配送中心	1个物流配送中心
	稽查机构	1个稽查支队 7个稽查大队	1个稽查支队 3个稽查大队	1个稽查支队 5个稽查大队 1个打假打私大队	1个稽查支队 6个稽查大队	1个稽查支队 4个稽查大队
	烟叶机构	—	—	—	—	—
销售卷烟（亿支）		37.59	17.50	20.25	14.88	13.70
毛利率（%）		27.04	21.56	26.56	24.91	25.68
实现"两烟"税利（万元）		27545	11852	12856	6034	7050
实现"两烟"利润（万元）		18657	7832	8499	3532	4528
烟叶种植（亩）		—	—	—	—	—
烟叶收购（担）		—	—	—	—	—
零售户数（户）		6686	3923	4879	4696	3792

（汪创业）

新疆维吾尔自治区烟草专卖局（公司）

【概　况】 新疆维吾尔自治区烟草专卖局、中国烟草总公司新疆维吾尔自治区烟草公司成立于1986年1月1日。截至2009年年底，下辖15个地市级烟草专卖局①，14个地市级烟草公司②，新疆烟草进出口有限责任公司1个专业子公司，71个县级烟草专卖局，70个营销部。公司拥有总资产33.30亿元，其中，固定资产4.91亿元、流动资产26.37亿元，资产负债率为5.97%。共有从业人员2546人，其中聘用员工1976人。

【领导成员】 局长、总经理、党组书记：陈玉芳

副总经理、总会计师、党组成员：邱永春

副局长、纪检组长、党组成员：多里坤·阿西木

副总经理、党组成员：张小勇

副巡视员：姜　涛

【机构设置】 自治区局（公司）机关设办公室（外事办公室、烟草学会）、综合计划处（经济运行处）、专卖监督管理处（专卖稽查总队、内部专卖管理监督处）、政策法规与体制改革处、财务管理处、审计处、人事劳资处（离退休人员管理办公室）、思想政治工作处（机关党委、工会）、监察处（与党组纪检组合署办公）、安全保卫处10个职能处室，以及卷烟销售管理处、经济信息中心、机关服务中心3个专业部门。

【专卖管理】 打假破网。制定《新疆烟草专卖行政案件管理办法》，建立各地市级局及县局之间的案件联动机制，实现全自治区案件线索共享。加强与公安、工商等部门的配合，提高打假奖励标准。完成江苏徐州“10·28”利用互联网销售假烟网络案件的协助调查工作，并及时通报案情。2009年4～5月，新疆区局开展了代号为“飓风”的专项打假行动，此次行动共查处涉烟违法案件158起，查获制假丝束1.5万支，条包封口工具2套，烟支切割工具2套，烟支卷接工具2套，假冒卷烟条包包装纸1000余张，盘纸5000余张，出动打假人员1263人次、出动打假车辆106车次，联合公安、工商办案53起，查获假冒卷烟窝点13个，刑事拘留6人，从源头上打击了制售假烟违法行为，受到国家局通报表彰。

2009年，全自治区共查处涉烟违法案件3227起，查获非法卷烟740.57万支，上缴罚没款153.05万元，查获莫合烟57.01吨，向有关部门移送涉烟违法案件52起。破获符合国家局标准的制售假烟网络案件1起，破获符合自治区局标准的制售假烟网络案件14起。破获2个涉嫌贩售假烟的犯罪团伙，捣毁藏匿假烟窝点4个。公安、司法机关依法行拘8人，判刑36人，追刑8人。

市场监管。加强市场日常监管，对铁路、客运、托运等重要运输关口实行分片监控、动态巡查，对市区内各集贸市场进行重点整顿。完善“12313”烟草专卖品市场监管举报电话功能，增设烟草法律法规咨询、烟草业务咨询、讲述烟草好人好事、监督投诉举报等服务内容。完成“中心城市市场管理”项目调研任务。

专卖零售许可证管理。完成五年一次的换证工作，共换发烟草专卖零售许可证5.8万份。2009年，全自治区辖区内共有持证卷烟零售户63615户，其中正常经营户62205户。

莫合烟整治。加强宣传，做好重点环节监管，按照“卡住流通、取缔加工、控制源头、重点监控”原则，狠抓“莫合烟”治理工作。2009年，全自治区共破获莫合烟案件319起，查获莫合烟57.01吨。

【生产经营】 2009年，全自治区烟草商业系统共销售卷烟299.72亿支（59.94万箱），同比增长9.01%，其中，销售一类烟11.65亿支（2.33万箱），同比增长47.7%；二类烟3.45亿支（0.69万箱），同比增长48.8%；三类烟59.1亿支（11.82万箱），同比增长38.3%；四类烟185.05亿支（37.01万箱），同比增长8.9%；五类烟40.45亿支（8.09万箱），同比下降21.87%。本辖区销量居前三位的品牌为“红河”、“雪莲”、“黄果树”，其中，销售“红河”112.15亿

---

① 喀什地区烟草专卖分局与克孜勒苏柯尔克孜自治州烟草专卖分局合署办公。

② 新疆烟草兵团石河子有限公司是兵团国资公司下属企业，未列入新疆自治区公司下辖单位中，人、财、物属兵团国资公司，自治区公司仅对其经营管理工作进行指导。

支（22.43 万箱），同比增长 7.58%；“雪莲”30.45 亿支（6.09 万箱），同比增长 3.57%；“黄果树”23.31 亿支（4.66 万箱），同比增长 32.97%。

全年实现“两烟”销售收入 68.09 亿元，其中卷烟销售收入 66.9 亿元，同比增长 16.57%。根据国务院有关精神，调整卷烟消费税，部分利润转为税赋，全年增加卷烟消费税 3.25 亿元。实现“两烟”税利 15.52 亿元，同比增长 14.45%，其中卷烟税利 15.07 亿元，同比增长 13.91%。实现“两烟”利润 9.47 亿元，其中实现卷烟利润 9.23 亿元。公司三项费用率为 7.79%。

【卷烟销售网络建设】 工商协同营销。在战略协同方面，自治区公司先后与红云红河烟草（集团）有限责任公司、河南中烟工业公司、红塔烟草（集团）有限责任公司签署《工商协同营销战略合作协议书》，拟定工商双方中长期战略合作工作方案。在团队协同方面，建立决策、管理和执行层面三级组织协同工作机制，组织召开业务培训、品牌促销、座谈联谊等各类协同会议 30 余次，将驻地工业代表纳入公司的日常管理中。在预测协同方面，协同驻地工业代表开展卷烟消费者调查，并在需求预测流程中增加工业企业预测结论的提交环节，建立工商双方协同预测办法和流程，提高需求预测准确率。在产销协同方面，根据货源衔接结果和货源投放节奏，工商双方相互通报生产、销售、运输等情况。

品牌培育。制定《重点骨干品牌发展规划》，建立相应的工作机制，保障各品牌在市场中的公平竞争。完善信息对接机制，健全市场信息定期分析、反馈制度，对卷烟重点骨干品牌的市场表现、发展趋势进行定期分析，定期向各工业企业反馈其品牌在当地市场的各种信息。完善货源衔接机制，在半年协议签订、季度调整合同、市场需求预测等方面加强与工业企业的沟通协商。完善品牌维护机制，以稳定品牌的市场价格作为品牌维护的第一要素，加强品牌市场监测，掌握投放节奏，保持市场供求稍紧平衡，保持合理的社会库存。

按客户订单组织货源。为适应现代卷烟统购分销模式，制定《新疆烟草卷烟流通业务操作规则》。规范订单采集流程，呼叫坐席由信息系统自动分配，订单由客户自主提报、订单员如实记录，实现订单与预测分离。规范货源组织和供应流程，在客户分类的基础上制定货源分配办法，形成总量浮动管理、顺销品牌基本满足、紧俏品牌合理限量并由信息系统自动分配的货源供应模式。

零售终端建设。2009 年 8 月，以零售终端建设为主题的全自治区网建全面提升工作现场会在伊犁召开，会议总结出以“五统一、五相符和五好零售户建设”① 的建设经验，并在各地市级公司进行推广。各地市级公司把零售终端建设作为全面提升卷烟销售网络建设的抓手，将品牌营销、情感营销、诚信营销和技能营销贯穿其各个环节，提升一线员工综合素质，带动零售户经营能力、服务能力的提升。把客户经理作为卷烟营销的核心资源，通过科学设置岗位、调整业务流程、加强教育培训、转变运作方式，发挥其分析市场、服务客户、培育品牌的作用。以乌鲁木齐市公司为试点单位，开展网上订货。

农网建设。加强农村网络建设，开展“扩大农村网络覆盖范围、加强农村客户服务、强化农村市场监管”课题研究。解决“空白村”问题，全年共消除 741 个“空白村”。加强农村客户服务站建设，针对地广人稀、服务半径长、区域广的特点，采取租赁办公场所或在协会小组长店内设立农村客户服务站的办法，由服务站对管辖区域零售户开展各项服务。

【现代物流建设】 在自治区公司本部和 9 家地市级公司安装 RFID 快速出入库管理系统，实现红云红河烟草（集团）有限责任公司新疆卷烟厂与各地市级公司的工商联运、自治区公司与各地市级公司的商商联运。以 ISO 9000 质量管理体系建设为契机，结合行业物流标准体系的宣贯培训和质量体系建设工作，开展现场管理、标准管理，规范工作流程，提升仓储管理工作。

【企业管理】 质量管理体系建设。制订《全区烟草系统实施质量管理体系整体推进工作的指导意见》，召开全自治区烟草系统质量管理体系整体推进工作启动电视电话会议，总结试点单位工作经验，动员部署体系建设整体推进工作。组织 3 个咨询工作组，在全自治区烟草系统各单位全面推进体系建设工作。截至 2009 年年底，整体推进实施单位完成文件编写、评审、颁布、试运行和第一次内审工作；试点单位完成管理评审、文件换版二次内审工作。

对标工作。成立对标工作领导小组，制订《新疆烟草系统全面开展对标工作实施方案》，加强标杆管

---

① “五统一”建设，即统一店面形象、统一导购技能、统一服务承诺、统一服务内容、统一服务监督。“五相符”管理，即卷烟零售许可证持证人、经营人、经营地址、持卡人、接货签收人规范相符。“五好零售客户”，即卷烟零售客户需具备的五个方面的素质：诚信自律、品牌培育、营销贡献度、文化传播、客户体验。

理理论和管理方法的学习。开展自身管理情况摸底分析，查找管理薄弱环节，在对标分析的基础上，统一对标指标核算口径，确定对标目标，制定对标工作方案和改进措施。按季度定期公布对标指标，加强检查力度。

创新和创优工作。加强创新工作，制定《新疆烟草系统2009年度创新项目管理办法》，汇编《2009年度创新项目申报指南》。开展创新项目征集活动，全年共征集申报项目132项，通过审核立项实施30项。通过创新项目季度报告、定期或不定期电话沟通、实地调研等方式，对实施项目进行跟踪督导。以开展质量管理体系建设为平台，建立创新项目管理控制程序，修订创新项目管理办法。年底组织项目归口业务部门和项目评审委员会对年度内结题的创新项目进行成果评审，由归口业务部门确认并组织推广实施有价值的项目。加大创优工作力度，自治区局（公司）制定《开展优秀基层单位创建活动实施方案》、《优秀县级烟草专卖局评价标准》和《优秀县级烟草分公司（营销部）评价标准》，确定试点单位和阶段性目标，各地市级局（公司）积极制订创建方案。

财务管理。重视全面预算管理工作，加强对执行情况的过程控制，提高预算准确率，没有出现可控费用项目超预算现象。加强国有资产管理，完成权证管理、清产核资、资产转让等方面的自查整改和复查工作。根据卷烟消费税政策调整，部署所属公司2009年1～4月及5月份消费税政策衔接、申报缴纳事宜，与工业企业对账，按时完成1～4月的卷烟批发环节消费税的补缴工作，完成价、税、财联动改革。

安全管理。与各地市级公司、机关各处室安全第一责任人签订安全目标责任书。开展隐患排查和安全检查，加大对重点、要害部位隐患的检查和治理力度。执行领导在岗带班制度和24小时双岗值班制度。整合《职业健康安全管理体系》文件。举办安全管理信息系统视频培训，启动新疆烟草安全管理信息系统。加强维护稳定工作，乌鲁木齐“7·5”事件发生后，全自治区烟草商业系统立即启动突发公共事件应急预案，组织防暴队，建立重大情况日报和领导带班制度，并在市场检查、零售户拜访和送货等工作中，采取严密的安全保障措施，避免了人员伤亡和公私财产损失。

【内部管理监督】 内部专卖管理监督。修订《新疆烟草内部专卖监督管理工作规范》，加强对卷烟购进、访销、配送、专卖许可、行政处罚等各项业务流程监管。加强日常监督检查，定期对所属单位及新疆卷烟厂的卷烟生产经营秩序和卷烟市场进行全面检查。2009年4月，在巴州分局（公司）举办内部专卖监督管理工作现场会，推广巴州分局（公司）内管工作经验。加强专卖内管队伍建设，2009年针对专卖内管人员开展培训68场次，培训人员3458人次。

三项检查。开展“三项检查”回头看工作，对全自治区2008年以来实施的工程投资、物资采购和宣传促销等重点项目进行全面自查和复查。共自查项目604笔，总计14782.54万元，其中，符合要求的575笔，总计14649.5万元；不符合要求的29笔，总计133.04万元。

内部审计监督。完成各地市级局（公司）主要领导任期经济责任审计项目12个、法人代表离任经济责任审计项目2个、财务收支审计项目3个，审计资产总额39.02亿元，提出审计建议57条。加强基建工程审计，制订《新疆烟草系统工程建设项目审计监督管理办法》。对吐鲁番地区、克拉玛依分局（公司）招标项目的过程进行审计监督，配合中介机构对进出口公司的项目工程进行就地审计，审减金额27.31万元。开展“小金库”专项治理工作，按时完成“小金库”自查自纠阶段的工作，并对6个单位进行了重点检查。

【信息化建设】 完成用友NC财务软件上线联调，安排专人进行培训。开发财务软件与数据大集中软件接口、按订单组织货源软件、零售许可证换证模块、专卖市场检查证换证程序。建设“12313”烟草举报（服务）平台。推广国家局安全管理信息系统。完成创新平台网站开发和新疆烟草培训中心电教室建设工作。

【人力资源管理】 干部职工队伍建设。2009年，调整了3个地市级局（公司）的“一把手”，提拔了25名干部进入各级领导班子，选派19名科级干部交流挂职，招录70名新员工。制定《新疆烟草系统专业技术职务聘任工作实施办法（试行）》，打通专业技术人员发展通道。各地市级局（公司）建立了新的用工分配管理体系，于6月前均实施了新的用工分配制度。

教育培训工作。制定《新疆烟草培训体系建设实施方案（试行）》，建立两级培训和内、外训相结合的工作机制。召开全自治区烟草培训工作现场会，向各地市级局（公司）推广乌鲁木齐市局（公司）的“3+3”培训体系①建设经验。2009年，全自治区烟

---

① 指为适应乌鲁木齐市局（公司）发展需要而倡导的一种培训体系，主要内容有计划体系、实施体系、评估体系3个主干体系和课程体系、师资体系、制度体系3个基础体系。

草商业系统共举办各类培训班545期，培训人员2.38万人次，投入培训经费320余万元。选送151名干部职工到中国烟草总公司职工技术培训中心学习，12名处级干部到国家局党校、自治区直属工委党校和高等院校培训。

技能鉴定。制定《加强职业技能鉴定工作加快技能人才队伍建设的实施方案》。全自治区烟草商业系统参加鉴定总计793人，其中454人取得资格证书，鉴定合格率同比提高11.6个百分点。营销、专卖系列技能人才持证率分别达到岗位在职人数的73.2%、49.3%。

【思想政治工作】 全面启动第二批深入学习实践科学发展观单位开展学习实践活动，3～8月，通过围绕学习谈体会、查找不足定措施、解决问题抓落实等活动，把学习实践活动引向深入。加强党风廉政建设，制定《新疆区局（公司）党组贯彻落实<国家烟草专卖局建立健全惩治和预防腐败体系2008～2012年工作规划实施方案>的实施意见》。开展以“加强党性修养，弘扬良好作风，忠实履行职责”为主题的第十一个党风廉政建设教育宣传月活动。完善物资采购、项目投资、广告促销、招标采购廉政监督、资产处置、人员招聘、干部选拔任用廉政监督等方面的规章制度，深化预防腐败长效机制的建设工作。全面推行“明示承诺”制度。

【企业文化】 制定《2009至2011年三年企业文化建设规划》、《新疆烟草企业文化落地指导意见》，下发《N+1目标助推计划》、《新疆烟草创建十大感动团队活动安排》，推进企业文化建设。确定新疆烟草“感动”服务品牌标识。开展全自治区烟草商业系统“十大感动人物”表彰、宣传、学习活动，并搜集相关资料编辑成《新疆烟草企业文化丛书·骄傲》，拍摄《十大感动人物专题片》，形成“感动”效应。组织创作并推广学唱《新疆烟草人之歌》。开展“好习惯在岗位”活动，在自治区局（公司）机关开展“好习惯在机关”演讲比赛。

【特事要辑】 2月4～5日，自治区局（公司）在乌鲁木齐市召开全自治区烟草工作会议。自治区党委常委、自治区副主席库热西·买合苏提到会讲话。

7月12日，乌鲁木齐“7·5”事件发生后，自治区局（公司）向乌鲁木齐市捐赠500万元，自治区局（公司）机关全体干部职工包括离退休人员共捐款39450元，支持乌鲁木齐市维护社会稳定和民族团结工作，并组织员工于8月9日前往新疆国际博览中心参观《平息乌鲁木齐“7·5”打砸抢烧严重暴力事件纪实图片展》。

8月11～13日，自治区局（公司）在伊犁召开全自治区烟草专卖局长、公司经理座谈会暨网络建设现场会。

新疆维吾尔自治区局（公司）主要统计指标汇总

“两烟”税利（亿元）	“两烟”利润（亿元）	销售卷烟（亿支）	烟叶种植（万亩）	烟叶收购（万担）
15.52	9.47	299.72	1.01	1.71

所属地市级局（公司）

乌鲁木齐市烟草专卖局（公司）

乌鲁木齐烟草专卖局、新疆维吾尔自治区烟草公司乌鲁木齐市公司成立于1986年5月。2009年6月，根据新烟法〔2009〕6号文件，乌鲁木齐烟草专卖分局更名为乌鲁木齐市烟草专卖局。共有从业人员639人，其中聘用员工257人。2009年，市局被公安部、国家局评为“2009年全国卷烟打假工作成绩突出集体”。

全年辖区销售卷烟65.5亿支（13.1万箱），同比增长8.75%。实现销售收入180578万元，同比增长18.57%。实现税利15064万元，同比增长86.9%，其中利润4226万元。

全年共查处涉烟违法案件514起，查获非法卷烟334.5万支，查获莫合烟1.32吨，上缴罚没款16.74万元。打掉贩藏假烟窝点10个，案值35.47万元。破获符合自治区局标准的制售假烟网络案件3起，案值146.08万元。公安、司法机关依法刑事拘留7人，判刑24人。

作为自治区公司网上订货的试点单位，市公司积极探索电子商务建设模式。成立网上订货领导小组，制定推广实施方案，开发网上订货及网上配货门户网站，实现网上销售系统与数据大集中软件和银行在线代扣系统的平稳对接。2009年，发展网上订货客户1029户。成立数据库营销课题研究小组，开展营销课题研究。

乌鲁木齐“7·5”事件发生后，市局（公司）响应自治区党委、人民政府的号召，在各办公场所、送货车上张贴“维护祖国统一、维护社会稳定、维护民族团结”的标语，并编发系列简报，加强对员工的教育和引导。开展爱心捐款和拥军慰问活动，帮扶受损零售户恢复经营。为驻地武警官兵提供餐饮、休息等后勤保障服务，抽调专人参与社区维稳工作。

昌吉回族自治州烟草专卖分局（公司）

昌吉回族自治州烟草专卖分局、新疆维吾尔自治区烟草公司昌吉回族自治州公司成立于2000年6月15日。下辖木垒县、奇台县、吉木萨尔县、阜康市、五家渠市、呼图壁县、玛纳斯县7个县级烟草专卖局（营销中心）。共有从业人员239人，其中聘用员工217人。

全年辖区销售卷烟27.55亿支（5.5万箱），同比增长7.91%。实现卷烟销售收入57037万元，同比增长17.39%。实现税利4540万元，同比增长75.29%，其中利润1209万元。

强化对莫合烟的监管，建立以村为基本点的信息员联络和信息收集制度，选择零售户或村干部为联系人，对莫合烟种植和加工信息进行收集整理。全年共查处涉烟违法案件977起，查获非法卷烟51.7万支，销毁莫合烟0.17吨，上缴罚没款9.5万元。

新疆维吾尔自治区烟草专卖局石河子分局
新疆烟草兵团石河子有限公司

新疆维吾尔自治区烟草专卖局石河子分局成立于1998年，石河子烟草公司于1996年在原石河子烟草购销站的基础上组建成立，2001年4月，石河子烟草公司整体移交给兵团烟草公司，更名为新疆烟草兵团石河子有限公司，是兵团国资公司的下属企业。共有从业人员109人，其中聘用员工70人。

全年辖区销售卷烟12.55亿支（2.51万箱），同比增长9.8%。实现销售收入27707万元，同比增长21.67%。实现税利3484万元，同比增长15.52%，其中利润1750万元。

全年共查处涉烟违法案件84起，查获非法卷烟31.22万支，上缴罚没款3.94万元。

与川渝中烟工业公司召开工商协同营销座谈会，为工、商、零三方搭建交流平台。成立卷烟零售行业协会，建立市场营销专管员、营销员、电访员、送货员、协会成员“五员合一”模式。扩大农网覆盖范围，通过定点集中取货解决偏远地区送货难的问题。

博尔塔拉蒙古自治州烟草专卖分局（公司）

博尔塔拉蒙古自治州烟草专卖分局、新疆维吾尔自治区烟草公司博尔塔拉蒙古自治州公司成立于1997年8月。下辖精河县、温泉县2个县级烟草专卖局（营销部），阿拉山口、塔斯尔海2个专卖管理所（营销部）。共有从业人员89人，其中聘用员工71人。

全年辖区销售卷烟8.8亿支（1.76万箱），同比增长5.52%。实现销售收入16942万元，同比增长15.57%。实现税利1084万元，同比增长94.96%，其中利润58万元。

全年共查处涉烟违法案件85起，查获假冒卷烟6.31万支，上缴罚没款0.07万元。成功破获“8·4”制售假烟网络案件，历时4个多月，查获非法卷烟178.05万支，案值106.22万元，抓获涉烟犯罪嫌疑人10人，受到国家局表彰。

推行专卖“诚”文化，将精河县局作为专卖文化建设的试点单位，建立大河沿子服务站、八十三团消费者服务站。以温泉县局（营销部）为试点单位，开展卷烟销售网络文化建设。以阿拉山口专卖管理所（营销部）为试点单位，进行终端文化建设。

伊犁哈萨克自治州烟草专卖分局（公司）

伊犁哈萨克自治州烟草专卖分局、新疆维吾尔自治区烟草公司伊犁哈萨克自治州公司成立于1991年9月。2009年，将伊宁市区营销部由分局（公司）内设机构调整为生产经营单位。下辖伊宁县、霍城县、察布查尔锡伯自治县、巩留县、特克斯县、昭苏县、尼勒克县、新源县8个县级烟草专卖局（营销部）及伊宁市区营销部。共有从业人员231人，其中聘用员工185人。2009年，分局（公司）订单部被自治区政府纠正行业不正之风办公室评为“自治区级行风政风建设示范窗口”。

全年辖区销售卷烟28.98亿支（5.8万箱），同比增长9.65%。实现销售收入55778万元，同比增长22.22%。实现税利3223万元，同比增长133.38%，其中利润66万元。

全年共查处涉烟违法案件51起，查获假冒卷烟7.74万支，查获莫合烟6.14吨，上缴罚没款97.74万元。破获符合自治区局标准的制售假烟网络案件1起，案值28.24万元。向公安机关移送案件1起。司法机关依法判刑1人。

克拉玛依烟草专卖分局（公司）

克拉玛依烟草专卖分局成立于2000年9月，同时由乌鲁木齐市公司与克拉玛依市糖业烟酒公司共同出资组建克拉玛依市烟草商贸有限责任公司。2006年4月，自治区烟草公司有偿回购了该公司的全部股份，克拉玛依市烟草商贸有限责任公司更名为新疆维吾尔自治区烟草公司克拉玛依市公司。下辖独山子区烟草专卖局（营销部）。共有从业人员76人，其中聘用员工73人。

全年辖区销售卷烟9.15亿支（1.83万箱），同比增长3.51%。实现销售收入23901万元，同比增长12.19%。实现税利2215万元，同比增长67.3%，其中利润699万元。

全年共查处涉烟违法案件56起，案值11.76万元，查获非法卷烟11.92万支，查获莫合烟0.06吨，上缴罚没款1.67万元。

塔城地区烟草专卖分局（公司）

塔城地区烟草专卖分局于2000年7月上划自治区烟草专卖局，新疆维吾尔自治区烟草公司塔城地区公司前身是塔城地区烟草商贸有限责任公司，于2002年6月由自治区烟草公司垂直管理。下辖塔城市、乌苏市、奎屯市、沙湾县、额敏县、和布克赛尔蒙古自治县、托里县、裕民县8个县级烟草专卖局（营销部）。共有从业人员202人，其中聘用员工198人。

全年辖区销售卷烟23.45亿支（4.69万箱），同比增长7.62%。实现销售收入47321万元，同比增长17.04%。实现税利3763万元，同比增长49.03%，其中利润868万元。

建立莫合烟厂监控档案，监控已关闭的莫合烟加工点。全年共查处涉烟违法案件521起，查获假冒卷烟10.02万支，案值11.13万元，上缴罚没款4.59万元。破获符合自治区局标准的制售假烟网络案件1起。向公安机关移送案件37起。

制定《塔城地区烟草专卖分局（公司）“十大感动团队”创建方案》，以打造“感动服务窗口”和“感动使者”为载体，从机关、基层、协会、会员四个层面，开展“十大感动团队”创建活动。开展“好习惯在岗位”活动，汇编成《好习惯百分百》手册。

阿勒泰地区烟草专卖分局（公司）

阿勒泰地区烟草专卖分局、新疆维吾尔自治区烟草公司阿勒泰地区公司成立于2000年11月。下辖福海县、青河县、富蕴县、布尔津县、哈巴河县、吉木乃县6个县烟草专卖局（营销部）。共有从业人员108人，其中聘用员工104人。

全年辖区销售卷烟12.05亿支（2.41万箱），同比增长7.88%。实现销售收入22305万元，同比增长14.27%。实现税利1373万元，同比增长76.71%，其中利润77万元。

根据牧民春秋季转场特性，对牧民转场停驻点的商店进行专项清理整顿，邀请懂汉语、哈萨克语的同志对哈萨克族零售户、消费者宣传烟草专卖法律法规。全年共查处涉烟违法案件97起，查获非法卷烟11.15万支，罚没非法生产卷烟7万支、走私烟2.42万支，查获莫合烟2.28吨。

2009年，农网三、四、五类卷烟重点骨干品牌的上柜率达85%以上。打破行政区域，对送货线路再优化，将原有的61条线路调整为39条。

巴音郭楞蒙古自治州烟草专卖分局（公司）

巴音郭楞蒙古自治州烟草专卖分局、新疆维吾尔自治区烟草公司巴州公司成立于1994年8月。下辖焉耆回族自治县、和硕县、和静县、轮台县、尉犁县、若羌县、且末县7个县级烟草专卖局（营销部），博湖县烟草专卖局①和马兰专卖管理所（营销部）。共有从业人员244人，其中聘用员工179人。

全年辖区销售卷烟27.35亿支（5.47万箱），同比增长10.59%。实现销售收入63740万元，同比增长23.27%。实现税利5072万元，同比增长106.77%，其中利润1162万元。

全年共查处涉烟违法案件274起，查获非法卷烟61.83万支，查获莫合烟10.7吨，上缴罚没款6.32万元。查获案值1万元以上的涉烟案件11起，案值超过5万元的4起。破获符合自治区局标准的制售假烟网络案件1起，案值15万元。向公安机关移送案件2起。司法机关依法判刑9人。

实施“启明星服务工程”，建立“1510快速反应机制”。建立专销紧密结合的工作机制。在全面运行专卖稽查员与客户经理“1+1”走访市场的基础上，新增零售客户共同参与，推行“1+1+1”的市场管

---

① 2009年，博湖县营销部与焉耆回族自治县营销部合并办公。

理模式。

以“感动”为核心，开展“好习惯在岗位”、“N+1目标助推计划”、“争创‘感动团队’活动”，推广企业文化理念。制定《巴州烟草建设“感动团队”工作方案》、编辑《巴州烟草好习惯手册》、开展“十大感动团队”创建活动，打造感动服务品牌。加强巴州烟草春天志愿者队伍建设，全年开展各类志愿服务活动23次。通过组建兴趣社团、开展主题演讲竞赛活动、举办研讨会等，将企业文化引向深入。

吐鲁番地区烟草专卖分局（公司）

吐鲁番地区烟草专卖分局、新疆维吾尔自治区烟草公司吐鲁番地区公司成立于1986年6月。下辖鄯善县、托克逊县2个县烟草专卖局（营销部）。共有从业人员78人，其中聘用员工49人。

全年辖区销售卷烟10.45亿支（2.09万箱），同比增长13.1%。实现销售收入21715万元，同比增长17.13%。实现税利1495万元，同比增长133.23%，其中利润146万元。

全年共查处涉烟违法案件104起，查获假冒卷烟1.02万支，上缴罚没款2.04万元。

分局（公司）成立6个“农村客户服务站”，延伸服务站服务与监管工作。建立片区客户经理、稽查员、服务站长“小团队”协同运作模式，提供“一站式零距离”服务。

加强团队建设，实施“特色团队”创建活动，创建“服务型”、“节约型”、“学习型”、“创新型”团队。

哈密地区烟草专卖分局（公司）

哈密地区烟草专卖分局、新疆维吾尔自治区烟草公司哈密地区公司于1988年5月上划自治区局（公司），下辖巴里坤县烟草专卖局（区域营销部）、伊吾县烟草专卖管理所（区域营销部）、哈密三道岭矿区烟草专卖管理所。共有从业人员137人，其中聘用员工16人。

全年辖区销售卷烟11.05亿支（2.21万箱），同比增长10.39%。实现销售收入26367万元，同比增长13.72%。实现税利1763万元，同比增长186.67%，其中利润57万元。

全年共查处涉烟违法案件126起，查获非法卷烟37.95万支，上缴罚没款0.28万元，销毁非法卷烟9.01万支、莫合烟0.79吨。

实施低档烟向农村市场倾斜政策和“绿色服务通道”，提高农村客户的经营能力，满足农村市场货源需求。编发《客户服务手册》，指导零售客户提升经营能力。建立客户体验管理机制，开展营销服务承诺、个人风采展示、评选“季度服务标兵”等活动，提高客户经理队伍的服务能力。引入协会片区组长竞聘机制，开展会员组长竞聘示范活动，评选“卷烟诚信商店”、“卷烟诚信示范街”，推进零售终端诚信体系建设。

阿克苏地区烟草专卖分局（公司）

阿克苏地区烟草专卖分局、新疆维吾尔自治区烟草公司阿克苏地区公司成立于2000年1月。下辖库车县、沙雅县、新和县、拜城县、温宿县、阿瓦提县、乌什县、阿拉尔市8个县级烟草专卖局（营销部），柯坪县烟草专卖局，沙井子营销部和阿合奇县营销部。共有从业人员236人，其中聘用员工230人。

全年辖区销售卷烟28亿支（5.6万箱），同比增长7.57%。实现销售收入60613万元，同比增长16.32%。实现税利5610万元，同比增长64.42%，其中利润1742万元。

全年共查处涉烟违法案件159起，查获假冒卷烟16.01万支、莫合烟20.24吨，案值63.03万元，上缴罚没款5.34万元。向公安机关移送案件2起，其中一起案件为莫合烟网络案件，案值31万元。公安、司法机关依法刑事拘留3人，判刑1人。

寓农村卷烟网络建设于新农村建设中，进行农网客户业态转型探索，将全地区48家便利店、食杂店转为烟酒店。推出“四随时”服务农网工作法和“2+6”家网服务模式，加强对农村网点的服务与监督。

喀什地区烟草专卖分局（公司）

喀什地区烟草专卖分局、新疆维吾尔自治区烟草公司喀什地区公司成立于1999年7月。2005年1月，喀什地区公司与克孜勒苏柯尔克孜自治州烟草公司进行业务整合，成立了新的喀什地区烟草公司，管辖区域覆盖三个地州市，即：喀什地区、克孜勒苏克尔克孜自治州和图木舒克市。2007年，改制为新疆维吾尔自治区烟草公司全资子公司。下辖叶城县、泽普县、莎车县、英吉沙县、阿克陶县、伽师县、岳普湖县、麦盖提县、疏勒县、疏附县、乌恰县、巴楚县和图木舒克市13个县级烟草专卖局及喀什市区（包括疏勒县、喀什市、疏附县）、南片区（包括叶城县、泽普县、莎车县）、东片区（包括巴楚县、图木舒克市）、英吉沙县、阿克陶县（包括阿克陶县、塔什库尔干县）、伽师县、岳普湖县、麦盖提县、阿图什市、乌恰县10个营销部。共有从业人员212人，其中聘用员工205人。

全年辖区销售卷烟25.8亿支（5.16万箱），同比增长13.81%。实现销售收入52622万元，同比增长23.08%。实现税利4469万元，同比增长79.05%，其中利润1035万元。

全年共查获涉烟违法案件112起，查获非法卷烟41.74万支，上缴罚没款2.98万元。司法机关依法判刑1人。

和田地区烟草专卖分局（公司）

和田地区烟草专卖分局、新疆维吾尔自治区烟草公司和田地区公司成立于2001年3月。2009年，原民丰县烟草专卖局（营销部）并入于田县烟草专卖局（营销部）。下辖皮山县、墨玉县、洛浦县、策勒县、于田县5个县级烟草专卖局（营销部）。共有从业人员82人，其中聘用员工80人。

全年辖区销售卷烟9.02亿支（1.80万箱），同比增长11.36%。实现销售收入18182万元，同比增长20.2%。实现税利1359万元，同比增长245.8%，其中利润32万元。

全年共查处涉烟违法案件67起，上缴罚没款0.68万元，销毁假冒卷烟22.75万支、走私卷烟0.23万支，查获莫合烟0.35吨。

加强卷烟重点骨干品牌的培育，全年在销的22个全国性卷烟重点骨干品牌卷烟累计销售7.05亿支（1.41万箱），同比增长12%，占总销量的78.16%。开展诚信示范建设活动，编写维汉文《卷烟零售终端建设客户手册》，作为零售户的培训材料。

所属其他二级单位

新疆烟草进出口有限责任公司

新疆维吾尔自治区烟草公司新疆烟草进出口有限责任公司成立于1996年7月，由原中国烟草进出口（集团）公司和自治区公司共同投资组建。2006年5月，改制为自治区公司的全资子公司。2006年12月，新疆烟叶生产开发有限责任公司依法解散，其烟叶生产、加工、销售业务改由新疆烟草进出口有限责任公司负责。2009年4月，撤销在霍城县、伊宁县、昌吉州设立的烟叶生产监督管理部，并在进出口公司本部成立烟叶生产监督管理部。下辖石河子烟草加工厂、察布查尔香源烟叶有限公司，其中，察布查尔香源烟叶有限公司是由新疆烟草进出口有限责任公司与察布查尔县种子管理站共同出资80万元组建的独立法人有限公司，进出口公司占60%股份。截至2009年年底，进出口公司拥有总资产5762万元，其中，固定资产238万元、流动资产4975万元，资产负债率为4.7%。共有从业人员52人，其中聘用员工9人。

2009年，公司实现销售收入11926万元，出口实现847万美元。实现税利4502万元，其中利润2411万元。实现烟农收入1067.72万元，同比增长39.18%；烟农户均收入0.71万元，同比增长2.7%。

全年种植香料烟（半香料烟）1.01万亩，收购烟叶0.09万吨（1.71万担）。加工烟叶0.05万吨（1万担），其中，加工香料烟0.02万吨（0.46万担），半香料烟0.03万吨（0.54万担）。销售烟叶（梗）0.53万吨（10.64万担），其中，出口烟叶（梗）0.48万吨（9.59万担），内销烟叶0.05万吨（1.06万担）。代理新疆、甘肃、青海、宁夏四省区进口卷烟8562万支，同比下降4.1%。

实施“一稳一扩”烟叶发展思路，发挥察县国家级香料烟基地技术、设施优势，主攻香料烟生产。2009年，察布查尔香源烟叶公司香料烟种植面积扩大到5530亩，同比增长126.9%。扩大伊犁州、石河子、昌吉州等农区半香料烟的种植面积，农区小户种植户数由上年的26户增长到73户。

对烟叶加工生产进行“全过程”管控，在原烟保管，资源利用、出品率，烟叶加工、仓储等关键环节实现突破，降低损耗近十个百分点，增效近百万元。

2009 年新疆维吾尔自治区烟草商业系统主要情况统计

地市级局（公司）名称		乌鲁木齐市烟草专卖局（公司）	昌吉回族自治州烟草专卖分局（公司）	新疆维吾尔自治区烟草专卖局石河子分局（有限公司）	博尔塔拉蒙古自治州烟草专卖分局（公司）	伊犁哈萨克自治州烟草专卖分局（公司）
主要负责人/法人代表		曲卫东	李天锡（—2009.12） 刘锡文（2009.12—）	李　栋	展安忠（—2009.12） 李　方（2009.12— 副经理主持工作）	刘建昌
总资产（万元）		32420	8582	5948	2325	8901
资产负债率（%）		12.50	37.70	16.41	8.39	63.17
所属县级局（个）		—	7	—	2	8
所属县级公司/分公司（个）		—	—	—	—	—
所属县级营销部（个）		—	7 个营销部	—	2 个营销部	9 个营销部
所属业务机构	访销机构	1 个营销中心（下设1个订单部、1个采供部3个市场部、1个综合部）	1 个营销中心（下设1 个电访中心1 个客服中心）	1 个营销配送中心（含电访中心和物流配送中心）	1 个营销中心	1 个营销中心（下设电访部）
	物流配送机构	1 个物流中心（下设1个储配部、1个送货部1 个综合部）	1 个物流中心 7 个配送中心	—	1 个物流中心	1 个物流配送中心（下设巩留县中转分库）
	稽查机构	1 个稽查支队	1 个稽查支队	1 个稽查支队	1 个稽查支队	1 个稽查支队
	烟叶机构	—	—	—	—	—
销售卷烟（亿支）		65.50	27.55	12.55	8.80	28.98
毛利率（%）		12.40	12.22	18.03	12.91	12.75
实现“两烟”税利（万元）		15064	4540	3484	1084	3223
实现“两烟”利润（万元）		4226	1209	1750	58	66
烟叶种植（亩）		—	—	—	—	—
烟叶收购（担）		—	—	—	—	—
零售户数（户）		10962	6929	2784	2269	6761

地市级局（公司）名称		克拉玛依烟草专卖分局（公司）	塔城地区烟草专卖分局（公司）	阿勒泰地区烟草专卖分局（公司）	巴音郭楞蒙古自治州烟草专卖分局（公司）	吐鲁番地区烟草专卖分局（公司）
主要负责人/法人代表		李立新	秘秀峰	杜世荣（—2008.12） 李卫东（2009.2—）	瞿小玲	孙　勇
总资产（万元）		4567	6601	2766	12325	5604
资产负债率（%）		68.00	46.40	20.62	12.90	51.51
所属县级局（个）		1	8	6	9	2
所属县级公司/分公司（个）		—	—	—	—	—
所属县级营销部（个）		1 个营销部	8 个营销部	6 个营销部	8 个营销部	2 个营销部
所属业务机构	访销机构	1 个营销中心（下设1个访销部、1个客服部）	1 个营销中心（下设1个订单部、1个储配部）	1 个营销中心	1 个营销中心（下设1个订单部、1个采供部）	1 个营销中心
	物流配送机构	1 个物流配送中心（下设1个储配部、1个分拣部）	—	1 个物流配送中心	1 个物流配送中心	1 个物流配送中心
	稽查机构	1 个稽查支队	1 个稽查支队	1 个稽查支队	1 个稽查支队	1 个稽查支队
	烟叶机构	—	—	—	—	—
销售卷烟（亿支）		9.15	23.45	12.05	27.35	10.45
毛利率（%）		12.13	12.29	12.20	12.21	12.27
实现“两烟”税利（万元）		2215	3763	1373	5072	1495
实现“两烟”利润（万元）		699	868	77	1162	146
烟叶种植（亩）		—	—	—	—	—
烟叶收购（担）		—	—	—	—	—
零售户数（户）		1561	6439	2890	5934	2393

地市级局（公司）名称		哈密地区烟草专卖分局（公司）	阿克苏地区烟草专卖分局（公司）	喀什地区烟草专卖分局(公司)	和田地区烟草专卖分局（公司）
主要负责人/法人代表		李煜东（—2009.3） 王　勇（2009.3—）	李谦明	郑学义	张　力
总资产（万元）		4589	6405	6419	4290
资产负债率（%）		61.00	28.08	48.10	84.39
所属县级局（个）		1	9	13	5
所属县级公司/分公司（个）		—	—	—	—
所属县级营销部（个）		2个营销部	10个营销部	10个营销部	5个营销部
所属业务机构	访销机构	1个营销中心	1个营销中心	1个营销中心	1个营销中心
	物流配送机构	1个物流配送中心	1个物流配送中心	1个物流配送中心	1个物流配送中心
	稽查机构	1个稽查支队	1个稽查支队	1个稽查支队	1个稽查支队
	烟叶机构	—	—	—	—
销售卷烟（亿支）		11.05	28.00	25.80	9.02
毛利率（%）		12.56	11.93	12.03	13.51
实现“两烟”税利（万元）		1763	5610	4469	1359
实现“两烟”利润（万元）		57	1742	1035	32
烟叶种植（亩）		—	—	—	—
烟叶收购（担）		—	—	—	—
零售户数（户）		1964	5031	4459	2805

（韩　敏）

大连市烟草专卖局（公司）

【概　况】 大连市烟草专卖局、中国烟草总公司大连市公司组建于1984年，在烟草行业内计划单列，是国家烟草专卖局、中国烟草总公司直接管理的省级烟草专卖局（公司）。下辖旅顺口区、金州区、瓦房店市、普兰店市、庄河市5个区（市）级局（营销部），1个市区营销部，1个烟草培训中心及大连经济技术开发区东方大厦有限公司1个控股子公司。截至2009年年底，共有从业人员847人，其中聘用员工553人。公司拥有总资产35.22亿元，其中，固定资产2.23亿元、流动资产31.23亿元，资产负债率为8.44%。辖区内共有卷烟零售户23635户，其中，城镇零售户13054户、农村零售户10581户。

【领导成员】 局长、总经理、党组书记：毕长敏
副局长、副总经理、党组成员：戚　兵
副总经理、党组成员：王卫东
纪检组长、党组成员：潘洪革

【机构设置】 市局（公司）设办公室（外事办公室）、综合计划处（经济运行处、科技处）、专卖监督管理处（专卖稽查总队、内部专卖管理监督处）、政策法规与体制改革处、财务管理处、审计处、人事劳资处（烟草职工教育培训中心）、思想政治工作处（机关党委）、监察处（与党组纪检组合署办公）、安全保卫处、卷烟销售管理处、考评中心①共12个处（室）和经济信息中心、物流中心、开发办公室3个专业部门。

【专卖管理】 卷烟打假。两级烟草专卖行政管理部门始终保持卷烟打假高压态势，全年共查处涉烟违法案件1874起，其中，案值在1万~5万元的案件254起、5万元以上案件54起，查获非法卷烟3071万支，案值1600余万元。移送公安机关涉烟案件3起，公安、司法机关依法判刑3人。取消卷烟零售客户经营资格8户，停业整顿212户。

市场监管。1月，市局调整专卖内部组织结构，设立市场监管大队。4月，开通“12313”举报投诉电话，拓宽信息渠道。市场监管部门全年检查零售客户

① 考评中心为市局（公司）2009年新增部门。

5万户次，开展3次专项整治行动，市场净化率达到95%。

内部监管。两级内管部门加强组织领导、完善制度、规范流程，完成内管信息系统的开发实施运行工作；加强日常工作、定期工作和同级监管，内管工作进一步深入，严格规范水平进一步加强。全年共检查准运证1456份、购销合同1587份，跟踪访送线路检查客户9154户次，内管信息系统预警信息32.59万条，实地核查8.44万条，涉及零售客户4829户次。检查专卖案件1225卷，检查新办许可证1037个。处理员工违规违纪案件1起，处理违规零售客户143户。组织开展内管检查3次，开展全市内管培训3次。

队伍建设。两级专卖内管部门开展深入学习实践科学发展观活动、开展落实“四要”大讨论及优秀县级局创建活动。研究制定年度考核体系，加大对专卖内管人员的教育培训力度，全年开展2次法律法规培训、5次假烟鉴别培训、3次内管工作规范培训。7月，全市烟草系统164名专卖管理员参加行业中级专卖管理员技能鉴定考试，通过率为84.7%。

许可证管理。3月，完成专卖零售许可证换发工作，全市烟草系统共换发许可证2.24万份。完成许可证管理系统与国家局系统的对接工作。2009年，全市烟草系统新办理专卖零售许可证2018份。

【生产经营】 全年共销售卷烟150.09亿支（30.02万箱），同比增长2.75%，其中，销售一类烟12.15亿支（2.43万箱）、二类烟5.37亿支（1.07万箱）、三类烟63.26亿支（12.65万箱）、四类烟43.19亿支（8.64万箱）、五类烟26.12亿支（5.22万箱）。本辖区销量居前三位品牌是“红塔山”、“红梅”、“长白山”，销量分别为22.48亿支（4.50万箱）、15.59亿支（3.12万箱）、11.82亿支（2.36万箱）。

2009年，全市烟草商业系统实现卷烟销售收入43.88亿元，同比增长12.69%。根据国务院有关精神，调整卷烟消费税，部分利润转为税赋，全年增加卷烟消费税2.19亿元。实现卷烟税利12.28亿元，同比增长15.08%，其中利润8.38亿元。公司三项费用率为3.34%。

【客户关系管理】 完善品牌发展规划，明确品牌发展上水平的目标；完善品类管理体系，促进品类管理进一步面向市场、面向客户。制定品牌培育测评手册，完善工商协同培育品牌工作机制，为营销人员开展品牌培育提供标准化、规范化的管理、分析、诊断工具。

进一步落实客户经理的品牌培育责任，完善客户经理工作模式，提高客户经理推介品牌、培育品牌的能力，推动客户经理由客户经理人向客户经营助手转变。

探索在零售客户中开展品牌培育创优活动，提高零售客户营销素质尤其是品牌营销素质，促进品牌培育工作向零售终端延伸、品牌价值准确向消费终端传导。

【品牌培育】 加大重点骨干品牌培育力度，促进销售结构进一步提升。“红塔山”、“红梅”、“长白山”、“七匹狼”、“红河”、“中南海”、“玉溪”、“黄山”等8个品牌系列卷烟全年销量均超过1万箱。全国性卷烟重点骨干品牌快速成长，品牌结构进一步优化，一、二、三类卷烟销量同比分别增长20.08%、36.17%、20.61%，销量比重分别为8.10%、3.58%、42.15%，分别比上年提高1.21、0.88、6.24个百分点。重点骨干品牌贡献度继续稳步提高，前20名全国性卷烟重点骨干品牌及视同品牌实现毛利占总毛利比重为87.05%，比上年提高3.79个百分点。销售结构继续平稳提升，单箱销售收入达到17105元，同比增长9.66%。

专卖稽查和市场营销两支队伍加强对零售客户规范经营和明码标价的管理监督，促进零售客户自律，强化品牌成长的市场基础。

【现代物流建设】 市局（公司）围绕发展面向零售客户、面向供应商的电子商务和供应链物流，探索网上订货和卷烟现代流通模式。开发推广工、商、零三位一体及实现三者互动、互助、互乐的全新电子商务网站“新商盟”，为企业发展电子商务、转变卷烟营销方式搭建平台，为烟草行业立足电子商务推动营销服务创新、提高行业软实力发挥创建性作用和示范效应。

【信息化建设】 2009年，市局（公司）在信息基础设施建设方面，通过引入虚拟化技术，对现有服务器的体系结构进行调整，完善信息化基础架构、提高系统运行稳定性，降低了系统运维成本。完善数据备份制度及相关备份策略，增加冗余备份设备，提高系统运行可靠性和数据安全性。

在信息系统建设方面，加强电子商务体系建设，基本建成面向零售客户的“新商盟”电子商务网站，有效整合工商资源，实现网上订货，促进营销模式的进一步转变。推进电子政务体系建设，建成专卖内管、考核考评、车辆跟踪等系统。完成行业统一会计核算软件安装、部署及运行工作。

在信息安全建设方面，在完成信息安全项目一期建设的基础上，针对“新商盟”网站的建设，开展信息安全项目二期的建设工作，通过部署防火墙、网页防篡改、防病毒等软硬件安全产品，提高面向互联网的信息安全防护能力，保障“新商盟”网站的正常运营。

【人力资源管理】 设立市局（公司）和区（市）局（营销部）两级考评部门，强化考评工作职能，引入卓越绩效管理模式，建立绩效考评电子系统，完善覆盖所有岗位的考核评价体系，对经济运行和管理工作中的关键业绩指标实施分层次评价。

大力开展培训工作，市局（公司）全年组织“网上订货”、品牌培育、客户管理等业务培训共计40次，培训人员2000人次。组织课题攻关活动，研究课题20个，队伍整体素质得到提高。

市局（公司）落实用工分配制度改革方案，打通员工工资增长、岗位晋升的通道，建立了科学合理、激发活力的用工分配制度。

【深入学习实践科学发展观活动】 3～8月，开展深入学习实践科学发展观活动，完成学习调研、分析检查、整改落实三个阶段、六个环节各项任务。组织“百名党员干部走进千家客户”活动，召开座谈会39场次，发放征求意见函100余封，征求意见700余条，及时组织整改相关问题。以学习实践活动为契机，强化基层党的组织建设，强化理论学习，并于12月改选市局机关党委。

【企业文化】 继续全面践行“两个至上”行业共同价值观和大连烟草“让我们共同成长”核心理念，倡导“快乐工作、健康生活”，弘扬“自觉自励，自动自发”精神。

通过深入基层巡回宣讲、企业文化知识抽考、企业文化建设大讨论等形式深化企业文化构架体系宣贯工作，强化思想教育和舆论引导，推动“两个至上”、“让我们共同成长”共同价值观入脑、入心。

【特事要辑】 4月21日，市局正式开通“12313”烟草专卖品市场监管举报电话。

8月28日，市局（公司）召开深入开展学习实践科学发展观活动总结大会。

大连市局（公司）主要统计指标汇总

“两烟”税利（亿元）	“两烟”利润（亿元）	销售卷烟（亿支）	烟叶种植（万亩）	烟叶收购（万担）
12.28	8.38	150.09	—	—

（高　瑞）

深圳市烟草专卖局（公司）

【概　况】 深圳市烟草专卖局、中国烟草总公司深圳市公司组建于1986年。1995年正式上划国家烟草专卖局、中国烟草总公司管理，被授予省级烟草专卖管理权，下辖福田、罗湖、南山、盐田、宝安、龙岗、光明新区7个区烟草专卖局（公司），深圳市烟草沙头角分公司、中深烟草贸易中心2个直属公司，以及深圳烟草进出口有限公司① 1个联营公司。公司拥有总资产67.11亿元②，其中，固定资产9亿元、流动资产57.39亿元，资产负债率为2.64%。全市烟草商业系统有员工1063人③，其中，高级职称9人、中级职称45人。

【领导成员】 局长、总经理、党组书记：罗光伟（—2009.11）

局长、总经理、党组书记：吴建荣（2009.11—）

副局长、党组成员：顾永光

副局长、副总经理、纪检组长、党组成员、工会

① 深圳烟草进出口有限公司由中国烟草进出口（集团）公司、深圳市烟草专卖局（公司）共同控股，详细情况请见“行业概览”栏目中的“中国烟草进出口（集团）公司”。

② 总资产、固定资产、流动资产和资产负债率数据不含深圳烟草进出口有限公司。

③ 员工总数不包含深圳烟草进出口有限公司。深圳市局（公司）实行全员聘用制。

主席：崔茂德

副总经理、党组成员：张锦辉

副总经理、党组成员：钟春锋（—2009.4）

副巡视员：陈雪慧

副巡视员：孙晓红

【机构设置】① 市局（公司）机关下设办公室（外事办公室）、综合计划处（经济运行处、科技处）、专卖监督管理处（内部专卖管理监督处）、政策法规与体制改革处、财务管理处、审计处、人事劳资处（教育培训中心、离退休人员管理办公室）、思想政治工作处（机关党委、工会）、监察处（与党组纪检组合署办公）、销售管理处、安全保卫处共11个职能处室，以及机关服务中心、经济信息中心、投资管理办公室、酒店管理办公室、物流中心、烟草学会6个专业部门。

【专卖管理】 卷烟打假工作。市局加大了打击制售假烟网络力度，严厉打击地下制假活动，同时，加强信息情报工作。2009年4月，市局正式开通了烟草专卖品市场监管投诉举报电话“12313”，对投诉集中的片区开展排查；安排专人搜集利用互联网非法经营烟草专卖品的线索，并根据线索联系公安机关进行追查。各区局贯彻落实《卷烟打假社区化管理工作方案》，不断加强与政府各职能部门及街道、社区的沟通、协调。

全年全市共破获销售假烟网络案件26起，符合国家局标准的网络案件8起、符合市局标准的网络案件18起，其中，“3·7”和“5·13”两起网络案件获得国家局表彰通报。查处制假案件14起，查获假冒卷烟9236万支、走私烟444万支，查获制假烟机29台及一批原辅材料，总案值超过3000万元。配合公安机关抓捕制售假烟犯罪嫌疑人169人，公安、司法安机关拘留67人，逮捕29人，判刑73人。

专卖内管监督。一是实现日常监管信息化。3月，专卖内管信息系统在全市行业正式推行使用，内管系统有效解决了以往查找异常情况、可疑订单耗时费力的问题，提高了日常监管工作的效率和内管工作流程化、痕迹化的程度。二是实现日常监管集中化。市局制订了《关于专卖内管实行集中监管的工作方案》，从2009年下半年开始，市局专卖内管处与各区局专职内管人员组成监管工作组，轮流赴各区局开展现场集中作业，工作组对内管系统筛查出的异常情况进行重点分析排查。三是开展专卖内管定期检查。按照《专卖内管工作规范实施细则》，6月和12月，市局分别派出检查组，通过听取汇报、查阅文件资料和工作记录底稿、核查卷烟生产经营业务数据、实地走访零售客户和询问相关人员等形式，对全市烟草工商企业开展了专项检查活动。

专卖队伍建设。组织职业技能培训和鉴定工作，市局制定了培训工作方案，组建师资队伍并开展集中培训和轮班学习，4月，市局141名专卖执法人员参加行业鉴定，初级烟草专卖管理员通过率为94%，中级烟草专卖管理员通过率为80.5%。推进执法监督工作，市局制定了《行政执法证管理办法》，4月，市政府为市局70名执法人员核发了行政执法证，截至2009年年底，全市持证人员已达130人；市局制定了《行政处罚案卷评查标准》和《行政许可案卷评查标准》，于2009年年底对各区局的处罚、许可案卷进行了集中评查。加强队伍纪律作风建设，制定完善了《深圳市烟草专卖执法队伍管理办法》。

【生产经营】② 全市烟草商业系统共销售卷烟232.35亿支（46.47万箱），同比增长0.9%，其中，销售一类烟29.05亿支（5.81万箱）、二类烟12.32亿支（2.46万箱）、三类烟92.30亿支（18.46万箱）、四类烟83.63亿支（16.73万箱）、五类烟15.05亿支（3.01万箱）。本辖区销量居前三位的品牌为“好日子”、“白沙”、“双喜”，其中，销售“好日子”41.53亿支（8.31万箱），同比增长6.37%；销售“白沙”32.38亿支（6.48万箱），同比增长2.37%；销售“双喜”31.66亿支（6.33万箱），同比增长0.53%。

全年实现卷烟销售收入99.24亿元，同比增长6.45%。根据国务院有关精神，调整卷烟消费税，部分利润转为税赋，全年增加卷烟消费税4.24亿元。实现卷烟税利24.24亿元，同比下降3.66%，其中卷烟利润17.22亿元，同比下降16.65%。全年实现进出口商品总值3073万美元，同比增长5%；实现利润4680万元，同比下降21.46%；出口实现1879万美元，同比增长24.19%。公司三项费用率为4.82%。

【品牌培育】 完善品牌培育考评机制。2009年，市公司首次将全国性卷烟重点骨干品牌培育成效纳入到全市“双文明”绩效考核中，引导各单位做好品牌培育工作。完善客我协同互动机制。在品牌培育过程中，通过采取生动化陈列、客户培训、经营指导、延伸服务等具体措施及与零售客户交流品牌宣传、推介、培

---

① 根据《国家烟草专卖局关于设立深圳烟草教育培训中心的批复》（国烟人〔2009〕432号），深圳烟草教育培训中心于11月10日成立。

② 经济效益含深圳烟草进出口有限公司的数据。

育方面的做法和经验，不断提高零售客户在品牌培育中的作用。完善工商协同营销机制。推进工商的战略协同和策略协同，在执行协同上，调整品牌经理工作方式，实现了从全面跟踪培育到重点跟踪培育转变、从全市市场跟踪培育到重点细分市场跟踪培育转变、从单一市场分析到综合市场分析转变的“三个转变”。

全市一、二、三类烟销量增幅分别为13.41%、22.58%、3.22%。重点骨干品牌培育工作取得成效，品牌集中度稳步提升，全国性卷烟重点骨干品牌销量为129.38亿支（25.88万箱），同比增长6.45%，占总销售量的55.68%，同比提高2.9个百分点。

【现代物流建设】 全年累计完成卷烟入库46.9万箱，同比增长2.67%；累计完成卷烟出库46.42万箱，同比增长0.9%。入库扫码率100%，入库准确率100%。完成散条卷烟分拣9558万条，同比增长7%。条烟分拣差错率为零，卷烟破损率控制在十万分之一以内。累计访问排程客户104万户次，实际订货100万户次，完成订单品种行3093万行，订货成功率为96.3%，订单差错率控制在万分之一以内。客服电话受理及订货反馈异常情况合计为5670条。

市公司开发了条烟分拣线自动装箱机，所有条烟分拣线实现自动装箱，分拣效率提高近20%；实施监控系统、防雷设施和条烟分拣线条屏改造；配合综合营销管理系统上线，升级改造了分拣管理系统。取得“一种折叠式推板机构”的实用新型专利。

市局（公司）物流中心被国家局授予“第五届全国烟草行业先进集体”称号，被深圳市委、市政府授予“深圳市先进集体（班组）”称号。

【企业管理】 加强财务审计监督，开展国有资产检查、“小金库”专项治理、经济责任审计、同级审计和特美思大厦投资决算审计等工作。开展“三项检查”工作，按照“工作做实、检查要细、问题找准、整改到位”的要求，促进物资采购、宣传促销、工程投资活动进一步规范。

贯彻“重心下移、着眼基层、突出服务、加强基础”的方针，以预算管理、贯标、对标、基层创优等四项工作为重点加强企业基础管理。推进质量管理，全年完成了ISO 9001质量管理体系的前期调研、基础培训教育、体系设计和流程优化步骤等工作。加强安全管理，开展安全隐患整改大检查，组织安全生产和应急预案的培训、演练，并通过了职业安全健康管理体系内部审核和外审复评。

【信息化建设】 加快信息化建设，完成了综合营销系统升级改造及深圳烟草数据中心一期项目，档案查询系统、外部网站顺利上线。

【人力资源管理】 用工分配制度改革。市局（公司）制定了岗位说明书，印发《月度绩效考核与绩效工资分配指导意见（试行）》。2009年6～10月，开展用工收入分配制度改革“回头看”工作。

教育培训。根据《国家烟草专卖局关于设立深圳烟草教育培训中心的批复》（国烟人〔2009〕432号），11月10日，深圳烟草教育培训中心正式成立。2009年，市局（公司）举办各类培训班64个，培训8913人次，在职申请学历教育92人，在职学历教育毕业79人。

【思想政治工作】 2009年3～8月，开展深入学习实践科学发展观活动，坚持“按程序、抓关键、有创新”的原则，继续抓好党组理论学习中心组的集中学习，以及深入调研、党组民主生活会、分析检查报告与落实整改等关键环节，开展“学、听、访、讲、谈”及“分题调研、听取意见、双向交流、换位体验”等创新活动。向行业外发出征求意见函209份，向零售客户发出调查问卷328份，并专门召开征求意见座谈会。市局党组成员自我查摆问题22条，相互之间提出意见建议23条。

【特事要辑】 11月10日，深圳烟草教育培训中心成立。

11月25日，特美思大厦获中国建设工程质量的最高荣誉——鲁班奖。

深圳市局（公司）主要统计指标汇总

“两烟”税利（亿元）	“两烟”利润（亿元）	销售卷烟（亿支）	烟叶种植（万亩）	烟叶收购（万担）
24.24	17.22	232.35	—	—

所属区局（公司）

深圳市福田区烟草专卖局（公司）

深圳市福田区烟草专卖局前身为成立于1997年12月的深圳市烟草专卖局福田分局，2003年4月更名为深圳市福田区烟草专卖局。深圳市烟草公司福田区公司前身为注册成立于1994年6月的深圳市烟草公司名烟总汇，1995年8月更名为深圳市烟草福田公司。共有员工52人。

全年辖区销售卷烟25.83亿支（5.17万箱），同比增长6.91%。实现卷烟销售收入97095万元，同比增长15.08%。实现卷烟税利13177万元，同比增长17.39%，其中卷烟利润7583万元。

全年共查处涉烟违法案件103起，查获各类假冒商标卷烟986万支、走私烟46万支，上缴罚没款11万元。破获符合国家局标准的网络案件2起，案值300余万元；符合市局标准的网络案件2起。公安、司法机关抓获犯罪嫌疑人11人，逮捕9人，判刑1人。

深圳市罗湖区烟草专卖局（公司）

深圳市罗湖区烟草专卖局前身为成立于1997年12月的深圳市烟草专卖局罗湖分局，2003年4月更名为深圳市罗湖区烟草专卖局。深圳市烟草公司罗湖区公司前身为注册成立于1994年6月的深圳市烟草公司罗湖名烟总汇，1995年8月更名为深圳市烟草罗湖公司。共有员工63人。

全年辖区销售卷烟25.41亿支（5.08万箱），同比增长5.10%。实现卷烟销售收入95238万元，同比增长11.21%。实现卷烟税利12306万元，同比增长9.34%，其中卷烟利润6954万元。

全年共出动专卖执法人员8540人次，查处涉烟违法案件140起，查获假冒卷烟965.2万支，打掉贩藏假烟窝点9个，总案值500万元，上缴罚没款15.74万元。破获符合国家局标准的制售假烟网络案件3起，案值460万元。移送公安机关涉烟案件3起，公安、司法机关依法刑事拘留13人，逮捕13人，判刑13人。

区局（公司）被确定为全国优秀基层单位创建活动的试点单位。

深圳市南山区烟草专卖局（公司）

深圳市南山区烟草专卖局前身为成立于1997年12月的深圳市烟草专卖局南山分局，2003年4月更名为深圳市南山区烟草专卖局。深圳市烟草公司南山公司注册成立于1994年4月。共有员工60人。

全年辖区销售卷烟23.03亿支（4.61万箱），同比增长2.58%。实现卷烟销售收入99085万元，同比增长9.53%。实现卷烟税利11314万元，同比增长9.80%，其中卷烟利润6446万元。

全年共查获各类假冒卷烟1091.04万支，其中，查处假烟销售网络5个，查获假冒卷烟969.79万支。

深圳市盐田区烟草专卖局（公司）

深圳市盐田区烟草专卖局前身为成立于1999年1月的深圳市烟草专卖局盐田分局，2003年4月更名为深圳市盐田区烟草专卖局。深圳市烟草公司盐田区公司前身为成立于1998年9月的深圳市盐田烟草有限公司，2007年4月更名为深圳市烟草盐田公司。共有员工37人。

全年辖区销售卷烟19.79亿支（3.96万箱），同比增长3.95%。实现卷烟销售收入69967万元，同比增长9.26%。实现卷烟税利9407万元，同比增长8.83%，其中卷烟利润5407万元。

全年共查处涉烟违法案件22起，查获假冒卷烟1.76万支，上缴罚没款1.93万元。破获制售假烟网络案件4起，其中符合国家局标准的网络案件1起。

深圳市宝安区烟草专卖局（公司）

深圳市宝安区烟草专卖局前身为成立于1997年12月的深圳市烟草专卖局宝安分局，2003年4月更名为深圳市宝安区烟草专卖局。深圳市烟草公司宝安区公司前身为注册成立于1994年6月的深圳市烟草宝安经理部，1995年8月更名为深圳市烟草宝安公司。共有员工112人。

全年辖区销售卷烟43.18亿支（8.64万箱），同比下降0.67%。实现卷烟销售收入147658万元，同比增长6.72%。实现卷烟税利19455万元，同比增长5.87%，其中卷烟利润11018万元。

全年共查处涉烟违法案件68起，查获假冒卷烟2623.6万支，打掉制假窝点1个、贩藏假烟窝点12个，总案值538.33万元，上缴罚没款10.14万元。破获制售假烟网络案件8起，其中符合国家局标准的网络案件1起，案值178万元。移送公安机关涉烟案件8起，公安、司法机关依法刑事拘留30人，逮捕19人，判刑24人。

深圳市龙岗区烟草专卖局（公司）

深圳市龙岗区烟草专卖局前身为成立于1997年12月的深圳市烟草专卖局龙岗分局，2003年4月更名为深圳市龙岗区烟草专卖局。深圳市烟草公司龙岗区公司前身为注册成立于1993年2月的深圳市烟草公司龙岗经理部，1995年8月更名为深圳市烟草龙岗公司。共有员工104人。区局专卖科被共青团深圳市委授予深圳市“青年文明号”称号。

全年辖区销售卷烟41.31亿支（8.26万箱），同比增长1.47%。实现卷烟销售收入140081万元，同比增长8.54%。实现卷烟税利18324万元，同比增长7.4%，其中卷烟利润10287万元。

全年共出动专卖执法人员16360人次，查处涉烟违法案件777起，查获假冒卷烟2681.04万支、滤嘴棒386万支，案值1800余万元。捣毁机械化卷烟制假、贩假窝点16个，查获制假烟机23台。破获符合国家局标准的网络案件2起，符合市局标准的网络案件1起。移送公安机关涉烟案件11起，公安机关抓捕制售假烟犯罪嫌疑人45人，判刑19人。

深圳市光明新区烟草专卖局（公司）

深圳市光明新区烟草专卖局、深圳市烟草光明新区公司成立于2008年3月28日，共有员工34人。

全年辖区销售卷烟8.99亿支（1.798万箱），同比增长18.79%。实现卷烟销售收入30696万元，同比增长34.03%。实现卷烟税利3448万元，同比增长30.90%，其中卷烟利润1696万元。

全年查处涉烟违法案件29起，查获非法卷烟884.78万支，其中，假冒卷烟829.36万支、非法渠道卷烟34.4万支。联合公安机关捣毁制假窝点2个、假烟仓库1个。查获制假烟机4台、烟丝5650千克、滤嘴棒94.5万支、水松纸2625千克，上缴罚没款3.43万元。公安机关抓获制假犯罪嫌疑人3人。

深圳市烟草沙头角分公司①

深圳市烟草沙头角分公司前身为成立于1986年1月的深圳市沙头角新业贸易公司，1995年8月更名为深圳市烟草沙头角分公司，2007年7月1日正式上划深圳市烟草专卖局（公司）管理。沙头角分公司位于深圳东部的盐田新区，与香港仅一街之隔，承担着沙头角、葵涌、大鹏、南澳、坪山和坑梓共6个片区的卷烟经营管理工作。共有员工36人。

全年辖区销售卷烟18.86亿支（3.77万箱），同比增长1.51%。实现卷烟销售收入64663万元，同比增长10.53%。实现卷烟税利8352万元，同比下降6.81%，其中卷烟利润4411万元。

深圳中深烟草贸易中心

深圳中深烟草贸易中心前身为注册成立于1984年10月12日的中国（深圳）烟草贸易中心，1986年4月12日更名为深圳中深烟草贸易中心，2008年9月23日正式上划深圳市烟草专卖局（公司）管理。截至2009年年底，下辖烟酒自营商场2家。共有员工73人。

2009年，中心销售卷烟17.93亿支（3.59万箱），同比增长22.68%。实现卷烟销售收入63639万元，同比增长29.42%。实现卷烟税利8257万元，同比增长41.68%，其中卷烟利润4311万元。

2009年深圳市烟草商业系统主要情况统计

地市级局（公司）名称	深圳市福田区烟草专卖局（公司）	深圳市罗湖区烟草专卖局（公司）	深圳市南山区烟草专卖局（公司）	深圳市盐田区烟草专卖局（公司）	深圳市宝安区烟草专卖局（公司）
主要负责人/法人代表	叶选强	罗求安	赛　民	吴镇丰	李新忠
总资产（万元）	18942	18783	17054	13634	26443
资产负债率（%）	4.98	4.59	4.40	4.80	5.19
所属县级局（个）	—	—	—	—	—
所属县级公司/分公司（个）	—	—	—	—	—
所属县级营销部（个）	—	—	—	—	—

① 2009年10月10日，国家局、总公司印发《关于撤销深圳市烟草沙头角分公司的批复》（国烟法〔2009〕400号），决定撤销深圳市烟草沙头角分公司并于2010年1月1日全面停止其业务运作，专卖管理和营销业务由盐田区局（公司）负责管理。

续表

地市级局（公司）名称		深圳市福田区烟草专卖局（公司）	深圳市罗湖区烟草专卖局（公司）	深圳市南山区烟草专卖局（公司）	深圳市盐田区烟草专卖局（公司）	深圳市宝安区烟草专卖局（公司）
所属业务机构	访销机构	1个营销部	1个营销部	1个营销部	1个营销部	1个营销部
	物流配送机构	—	—	—	—	—
	稽查机构	1个稽查大队	1个稽查大队	1个稽查大队	1个稽查大队	1个稽查大队
	烟叶机构	—	—	—	—	—
销售卷烟（亿支）		25.83	25.41	23.03	19.79	43.18
毛利率（%）		13.14	13.25	13.16	13.13	13.10
实现“两烟”税利（万元）		13177	12306	11314	9407	19455
实现“两烟”利润（万元）		7583	6954	6446	5407	11018
烟叶种植（亩）		—	—	—	—	—
烟叶收购（担）		—	—	—	—	—
零售户数（户）		2573	2609	3590	2302	6300

地市级局（公司）名称		深圳市龙岗区烟草专卖局（公司）	深圳市光明新区烟草专卖局（公司）	深圳市烟草沙头角分公司	深圳中深烟草贸易中心
主要负责人/法人代表		黄励勋	尤树深	邹山鹰	黄喜杨
总资产（万元）		24462	2053	7334	15348
资产负债率（%）		5.50	13.64	43.80	2.46
所属县级局（个）		—	—	—	—
所属县级公司/分公司（个）		—	—	—	—
所属县级营销部（个）		—	—	—	—
所属业务机构	访销机构	1个营销部	1个营销部	1个营销部	1个营销部
	物流配送机构	—	—	—	—
	稽查机构	1个稽查大队	1个稽查大队	—	—
	烟叶机构	—	—	—	—
销售卷烟（亿支）		41.31	8.99	18.86	17.93
毛利率（%）		13.09	13.06	13.15	13.25
实现“两烟”税利（万元）		18324	3448	8352	8257
实现“两烟”利润（万元）		10287	1696	4411	4311
烟叶种植（亩）		—	—	—	—
烟叶收购（担）		—	—	—	—
零售户数（户）		5747	1435	2090	2200

（李云娜）

3月1日，江西中烟举行“金圣”品牌第100万箱下线仪式

江西中烟 袁热娜 摄

7月15日，湖北中烟工业有限责任公司和黑龙江烟草工业有限责任公司跨省联合重组签字仪式在北京举行

中烟实业 供稿

9月4日，红云红河集团曲靖卷烟厂技改项目举行奠基仪式

红云红河集团曲靖卷烟厂 徐唯义 摄

9月26日，湖北中烟工业有限责任公司举行黄鹤楼工业园开工奠基仪式

张冬梅 摄

9月28日，红塔集团大理卷烟厂举行就地技改项目奠基仪式暨开工典礼

红塔集团 田平 摄

10月27日，山东中烟青岛卷烟厂举行建厂90周年庆祝典礼

山东中烟青岛卷烟厂 张素丽 摄

10月29日，江西中烟工业有限责任公司举行揭牌仪式

江西中烟 傅鹪 摄

11月12日，陕西中烟工业有限责任公司举行揭牌仪式

陕西中烟 供稿

11月13日，红塔集团举行“红塔山”2009年第200万箱和“玉溪”2009年第50万箱下线庆典仪式

红塔集团 供稿

11月16日，湖南中烟工业有限责任公司举办“卷烟上水平·品牌持续发展论坛”

湖南中烟 周腾浪 摄

12月3日，江苏中烟工业有限责任公司举行揭牌仪式

江苏中烟淮阴卷烟厂 王普刚 摄

12月16日，云南烟叶复烤有限责任公司在云南昆明举行授牌仪式

云南省局 邓全勇 摄

12月29日，广东中烟与华南理工大学、郑州烟草研究院等签约建立合作联盟共建联合实验室

广东中烟 林海峰 摄

12月29日，福建中烟工业公司迁址庆典在福建厦门举行

福建中烟 陈昭霖 摄

江苏中烟开展烟机设备修理技师职业资格鉴定工作

江苏中烟徐州卷烟厂 杨军 摄

生产车间

中控室对整个生产流程进行严密的监控

张燕 摄

我国引进的首台（套）EXS高速软包包装机组落户江苏中烟徐州卷烟厂

江苏中烟徐州卷烟厂 杨军 摄

红塔集团玉溪卷烟厂卷接包生产车间

红塔集团 供稿

科研人员正在进行减害降焦实验

张燕 摄

科研人员抽样化验烟用辅料

郑州烟草研究院 高龙 摄

工业企业技术中心重视烟草专利技术研究

湖北中烟 供稿

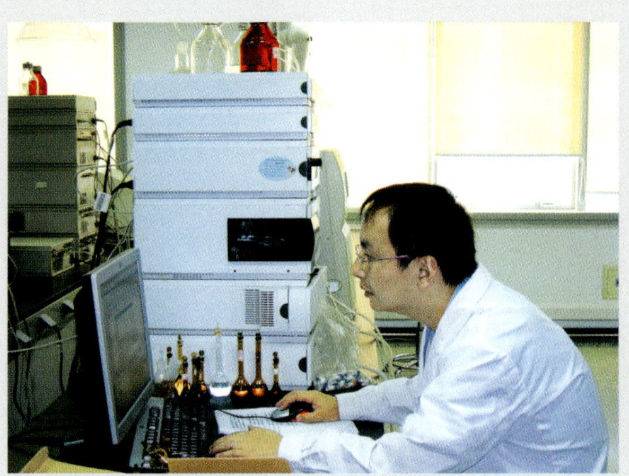

湖南中烟以科技创新助力卷烟品牌的发展

湖南中烟 供稿

黄鹤楼科技园的技术人员进行技术研究

陈兴杰 摄

持续的科技创新推动了国产造纸法再造烟叶的发展

广东省金叶发展公司 供稿

宁波轻工机械制造有限公司
NINGBO LIGHT-INDUSTRIAL MACHINERY MANUFACTURING CO., LTD.

Http://www.qin-ji.com

宁波轻工机械制造有限公司系中国烟草总公司、中国烟草机械集团公司产品定点生产及大修的企业，系中国草机械行业协会理事单位。主要产品有：ZL21型、ZL23系列滤嘴棒成型机组。公司现有职工260人，其中工程术人员78人，建有烟草机械研发工程中心，设有机械、电气、软件、二级计量、理化试验、特种滤棒试制等部。具有完备的加工中心、数控机加工、数控冲压、折弯成型设备及高精度检测仪器。

近年来，公司根据中国烟草总公司、烟机总公司的宏观导向及市场的需求，在ZL23型基础上成功研发了沟槽、水性胶丙纤棒、棒中棒、二元复合棒、异形空心棒、加碳棒等生产功能装置，在降焦减害研发试制特种滤棒面进行了大量的探索和努力。

址：宁波市骆驼工业区南一西路78号Add: NO.78 Nanyixi Road Luotuo Industrial Zone, Ningbo
话(Tel): 086-0574-86581391　邮编(P.C.): 315202
真(Fax): 086-0574-86580082　E-mail:webmaster@qin-ji.com
务热线(Service Hotline): 086-0574-86581058

特种滤棒成型机系列

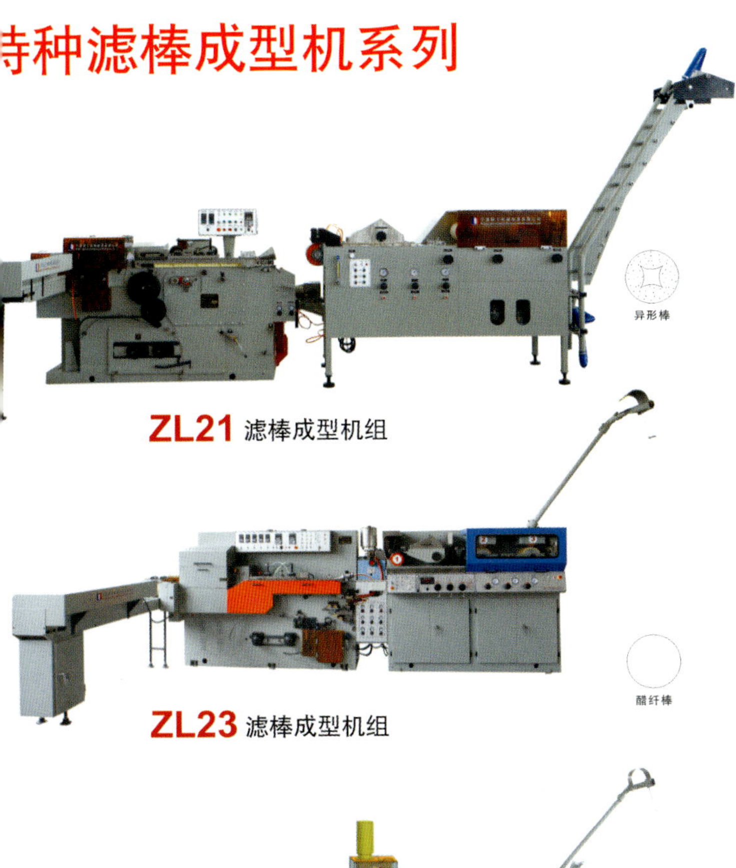

异形棒

ZL21 滤棒成型机组

醋纤棒

ZL23 滤棒成型机组

活性碳棒

ZL23B 活性炭滤棒成型机组

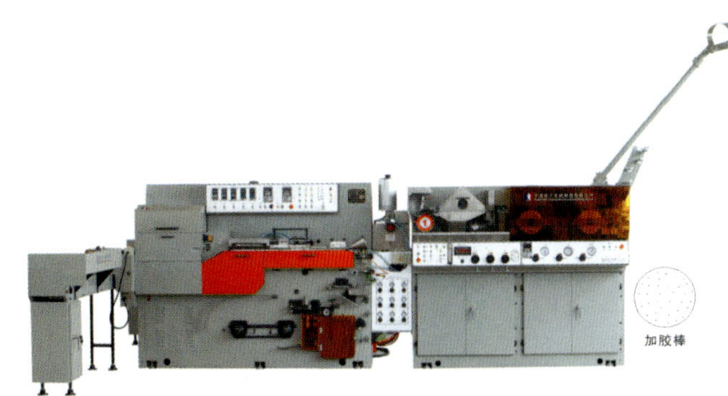

加胶棒

ZL23S 水性胶滤棒成型机组

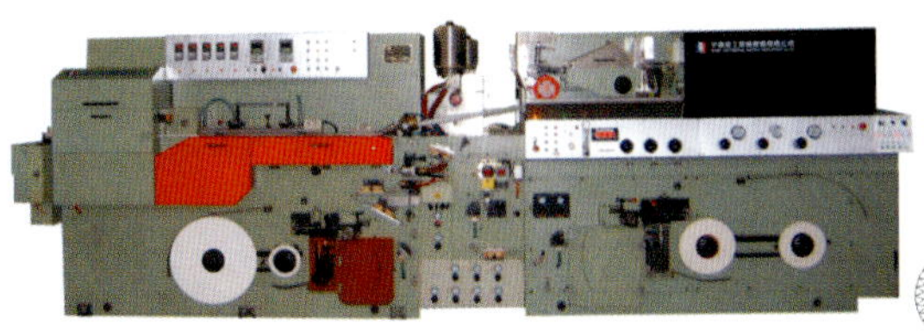

沟槽棒

ZL23A 沟槽滤棒成型机

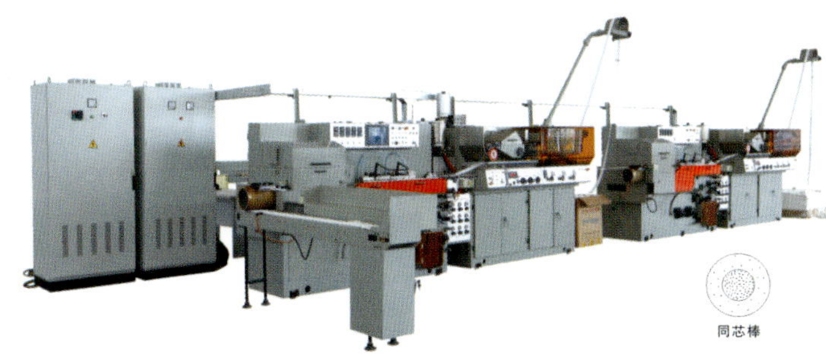

同芯棒

ZL23D 型同芯滤棒成型联合机组

胶囊棒

ZL23E 伺服传动成型机组

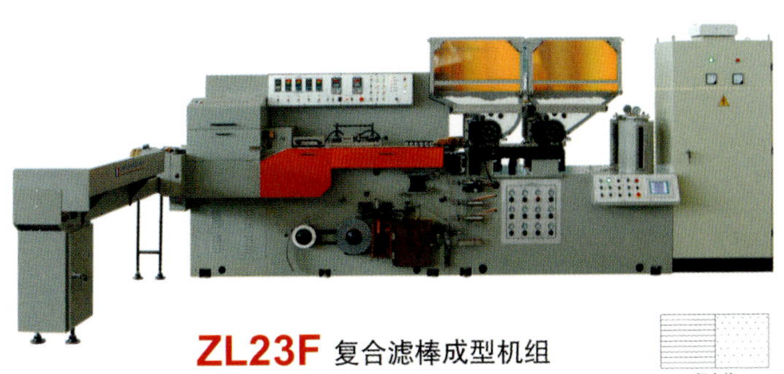

复合棒

ZL23F 复合滤棒成型机组

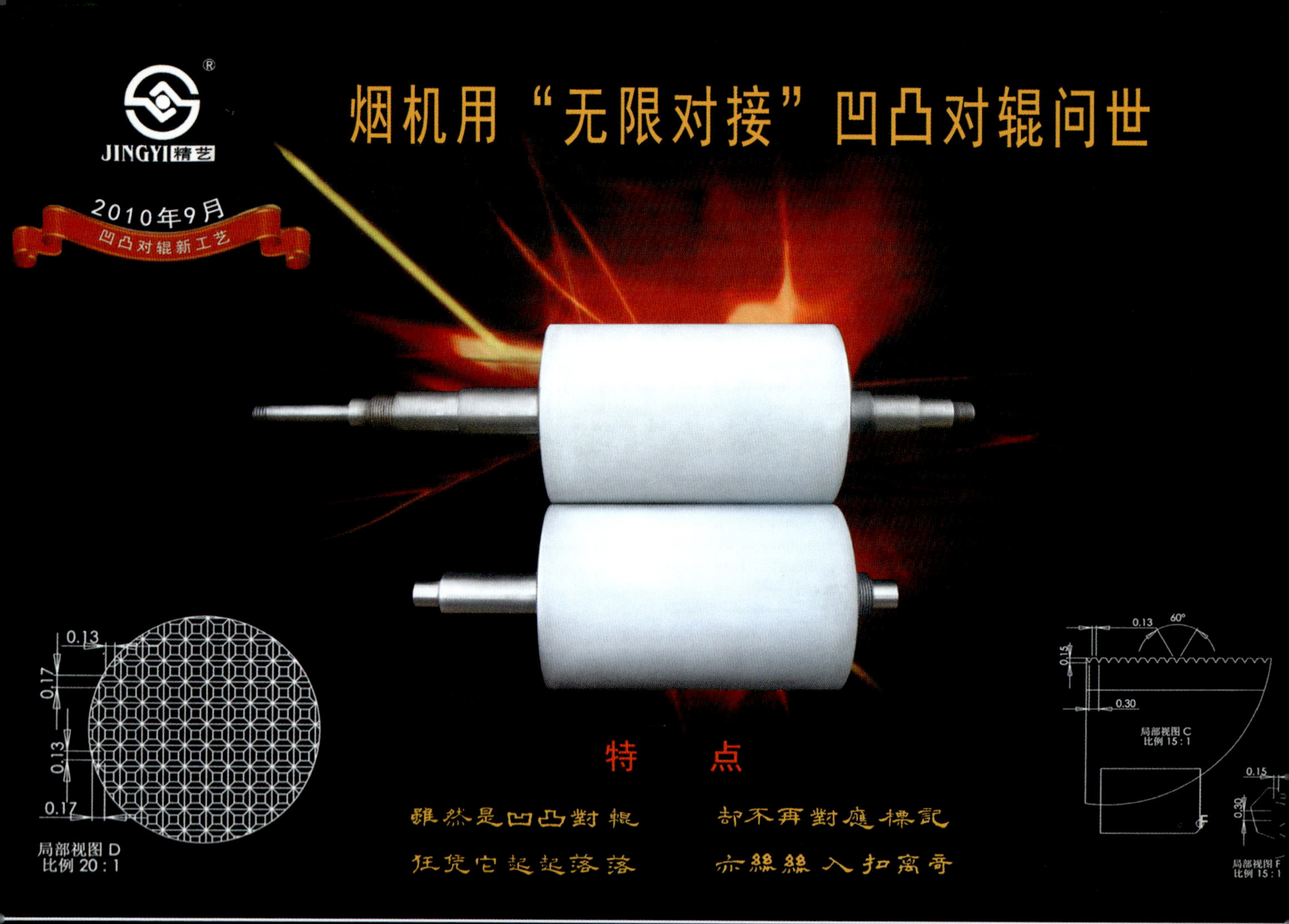

工业企业

卷烟工业企业

河北中烟工业公司

【概　况】 河北中烟工业公司成立于2003年6月12日，下辖张家口卷烟厂有限责任公司、河北白沙烟草有限责任公司2家卷烟工业企业。截至2009年年底，公司拥有总资产80.63亿元，其中，固定资产25.12亿元、流动资产50.03亿元，资产负债率为33.69%。共有从业人员8656人，其中在岗员工6292人。

2009年，公司围绕“树信心、保增长，做品牌、提结构，抓班子、带队伍，严管理、增实力”的总体要求，加强“四个中心”建设，扎实推进“1123品牌工程”，即“明确一个目标、突出一个重点、强化两个支撑、完善三个保障”，实现了平稳健康发展。

【领导成员】 总经理、党组书记：段铁力

副总经理、党组成员：杨　军

副总经理、党组成员：严金虎

副总经理、党组成员：李金祥

副总经理、党组成员：王礼发

副总经理、党组成员：师进辉

纪检组长、党组成员：李建新

【机构设置】 公司本部设办公室（外事办公室）、综合计划部、生产管理部、安全保卫部、法律与改革部（整顿办）、财务管理部（投资管理部）、审计部、人力资源部、思想政治工作部、监察部、市场营销中心、原料供应部、物资供应部、技术中心、信息中心、后勤服务中心16个部门和北方烟机配件有限公司1个专业公司。

【卷烟生产经营】 2009年，公司生产卷烟742.5亿支（148.5万箱），同比增长4.58%，其中，生产一类烟2.3亿支（0.46万箱），同比增长15.49%；二类烟4.28亿支（0.86万箱），同比增长11.74%；三类烟123.32亿支（24.66万箱），同比增长20.5%；四类烟358.17亿支（71.63万箱），同比增长22.71%；五类烟254.43亿支（50.89万箱），同比下降17.92%。实现卷烟工业销售741.17亿支（148.23万箱），同比增长5.07%。

全年实现卷烟销售收入99.69亿元，同比增长11.96%。根据国务院有关精神，调整卷烟消费税，部分利润转为税赋，全年增加卷烟消费税9.71亿元。实现税利62.92亿元，同比增长9.59%，其中实现利润10.63亿元。公司三项费用率为10.04%。

公司全年万元产值综合能耗为39.52千克标煤，同比下降12.04%。卷烟生产综合能耗为5.29千克标煤/万支，同比下降7.84%。烟叶、滤棒、盘纸平均消耗分别为7.04千克/万支、2040支/万支、608.2米/万支。

【主要产品】 2009年，公司生产的卷烟品牌有“钻石”、“白沙”、“新石家庄”、“玉兰”、“北戴河”、“七匹狼”、“大丰收”，共有38个规格，其中“钻石”有20个规格。全年对“新石家庄”、“玉兰”、“北戴河”、“大丰收”4个低档烟品牌的卷烟价格、包装形式进行统一，品牌规格由原来4个品牌8个规格整合为3个品牌4个规格，其中，将“玉兰（金）”、“玉兰（银）”整合入“钻石”品牌。推进减害降焦工作，开发了焦油含量为5毫克/支的“钻石（吉祥）”、6毫克/支的“钻石（细支时尚）”及12毫克/支的“钻石（双喜）”等新规格。

“钻石”品牌被列为全国性卷烟重点骨干品牌。全年生产“钻石”297亿支（59.4万箱），销售293.5亿支（58.7万箱），其中，实现省外销售54.5亿支（10.9万箱），销售区域覆盖28个省（市、区）。扩大联营加工规模，全年生产“白沙”123亿支（24.6万箱），同比增加33.9亿支（6.78万箱）。

【市场营销】 完善“钻石”品牌规划，初步搭建起由形象产品、特色产品、重点产品、规模产品等四部分组成的“钻石”品牌架构。实施“十市百县千户万箱”工程，巩固省内市场，开拓省外市场，提升“钻石”品牌影响力。深化工商协同营销，通过品牌推介会、战略研讨会、协同营销会、零售户座谈会、客户经理协同培训等形式，加强渠道维护，强化品牌宣传策划。关注市场走势，加强对商业库存和社会库存的监控，健全完善监测预警机制，稳定市场价格，维护

品牌形象。

【原料保障】 加强采购能力，改善烟叶库存结构，使库存总量趋于合理。主动参与、深度介入烟叶基地建设中，在重庆巫溪、湖南永州、湖北十堰、襄樊、福建南平、山东潍坊5个省市的6个产区建立紧密型烟叶基地，与云南保山市烟草公司、湖南农业大学共同承担了云南保山隆阳区2万担优质烟叶开发项目。对相关部门及省内直属企业的烟叶工作技术人员进行烟叶分级培训，开展烟叶分级技术大练兵活动。制定《关于进一步完善订单管理的通知》，对订单下达、材料接收、信息反馈等全过程进行明确规定和要求，加强采购计划安排、到货调控、企业间物资调配等各环节的协调沟通。

【科技创新】 公司制定《2009年工艺质量考核细则》、《“钻石”品牌重点规格工艺质量保障规范》等管理技术文件，健全工艺质量管控体系。通过加强原料应用性研究，开展减害降焦技术研究与应用，开发了焦油含量为5毫克/支的“钻石（吉祥）”和12毫克/支的“钻石（双喜）”卷烟新产品，并成功上市。完成储备产品几种规格和不同款式的研发工作。开展“微波松散工艺加工技术对产品质量影响研究”、“卷烟物理指标控制技术精细化研究”等工艺课题研究。开展“烟草及烟草制品中啶虫脒残留量检测”等基础研究，发表了《烟草中啶虫脒的检测》、《ICP－MS测定烟用土壤中Pb同位素比值及地域差异比较》、《电感耦合等离子体质谱同时测定烟用土壤中6种重金属元素》等论文。

【企业管理】 预算管理。严格推进全面预算管理，按月进行预算分析，实施预算季度检查，全年组织两次预算执行情况检查。加强资本性支出资金预算管理，建立了资本性支出必须由财务管理部、技改设备部、审计部共同签章把关的资金审批制度。

设备管理。推进设备自主深度修理，公司全年共自主修理7组高速卷包设备，开展现场测试、分析和考核，设备有效作业率提高1.5%。探索柔性化生产组织模式，采取“三班两运转”、“三班三运转”相结合的方式，增强生产适应能力。

质量管理。初步建立质量管理体系框架，开展两次内部审核，并整改落实存在的问题。组织质量管理体系换版及内审知识培训。指导所属企业开展三级文件培训、辅导工作。开展质量管理体系竞赛，激发员工学习体系建设知识的热情。

安全管理。开展“安全生产年”活动，加强安全设施、安全管理体系和安全管理队伍等“三项建设”，组织安全现状评价、安全责任管理和隐患治理课题制活动等“三项活动”。制定《“安全责任管理”活动实施方案》，全年公司及所属企业开展安全大检查3次。组织首届河北中烟安保技能比武活动。

【内部管理监督】 制定《国有资产管理工作检查方案》、《国有资产处置管理办法》、《资产评估管理办法》等规章制度，规范国有资产管理。开展规范卷烟生产秩序调研，规范运作和检查程序，强化“内化于心、外化于形、固化于制”的管理理念。开展“小金库”专项治理工作，经自查、复查，未发现“小金库”和重大违规违纪问题。全年完成常规审计项目391项、管理审计项目1107项，取得直接经济效益665万元。

【信息化建设】 实施统一财务核算和供应链软件项目，开展信息系统安全检查，查找隐患和漏洞。完成《网络信息安全事件应急预案》的起草及审核工作，加强计算机和网络维护服务工作。

【人力资源管理】 召开公司本部科级干部述职述廉会议。深化干部人事制度改革，全年提拔了4名副处级和3名副处级待遇干部。完成“四定”改革的阶段性任务，主要完成了主体方案设计，推进实施工作，完善配套制度；制定了岗位等级聘任的一系列规定，完成全省工业系统各个类别、序列的岗位等级聘任；编制各类别、各序列的岗位工资标准和套改方法。公司本部和所属企业分别召开职代会，审议通过《收入分配制度改革实施办法》，并于2010年1月起在全省工业系统正式实施。

加强教育培训工作，全年组织参加国家局培训47期，参培人员100人次；组织自办培训17期，参培人员1099人次。开展高、中级职称的推荐评审和确认工作，认定高级职称6人、中级职称37人。开展技能鉴定工作，组织特有工种、通用工种共19个批次、32个工种的职业技能鉴定工作，鉴定人数2865人次。3人取得烟机设备修理高级技师资格，实现了全省工业系统高级技师零的突破。

【思想政治工作】 深入学习实践科学发展观活动。开展党组理论学习中心组学习，提升领导班子和干部队伍的理论水平和综合素质。开展深入学习实践科学发展观活动，深入调研，查找问题，形成调研报告27篇，根据征求意见建议归纳梳理出37项整改落实项目，并制定了整改落实方案。完善职工思想动态分析报告制度，针对职工思想状况进行专题调研。

党风廉政建设。全省工业系统组织有关廉政教育的专题讲座6次，廉政文化活动19次，编发廉政短信4000余条次，受教育党员干部累计4364人次。加强廉洁从业意识，开展领导干部任前廉政和诫勉谈话44人次，述职述廉447人次。加强惩防体系建设，制定《领导干部重要情况报告实施办法》及《领导干部廉政档案管理暂行办法》。加强对物资招标采购及工程技改项目等活动的监督，与河北省检察院共同制定《“四中心”工程建设职务犯罪预防工作实施意见》。全年全省工业系统监察部门参与招标采购监督576次，涉及金额2.3亿元。

【企业文化】 办好《河北烟草》报，加大新闻宣传报道力度。开展扶贫帮困、“钻石”助学及有关公益活动，树立良好的企业形象。推进企业文化建设，编制了《企业文化建设规划》，初步形成了文化理念体系和员工行为规范手册。

【特事要辑】 1月16～17日，国家局局长姜成康、副局长李克明一行到河北中烟调研并慰问一线职工。

4月22～23日，姜成康到张家口卷烟厂有限责任公司调研。

10月22～23日，国家局副局长何泽华一行到河北中烟调研。

所属企业

张家口卷烟厂有限责任公司

【概　况】 张家口卷烟厂有限责任公司前身是始建于1939年的张家口卷烟厂。2006年12月，张家口卷烟厂更名改制为张家口卷烟厂有限责任公司，是河北中烟工业公司的全资子公司。公司生产区占地面积为12.84万平方米，南郊烟叶库、楼房库和西库占地面积总和为19.02万平方米。截至2009年年底，公司拥有总资产29.23亿元，其中，固定资产7.88亿元、流动资产17.32亿元，资产负债率为50.11%。下辖张家口钻石工贸有限公司。共有从业人员4388人，其中在岗员工3063人。公司拥有2条生产能力为4800千克/小时的制丝生产线，2条生产能力为2000千克/小时的梗丝膨胀线，卷接包机组86台（套）。

【领导成员】 董事会

董事长：段铁力

董　事：杨　军　严金虎　李金祥（2009.9—）师进辉　李建新（—2009.9）　栾永亮　贾保军　胡自强（2009.9—）　张显辉（2009.9—）

监事会

主　席：李金祥（—2009.9）　李建新（2009.9—）

监　事：何　庄　高东朝　李劲松（2009.9—）牛亚维（职工监事）

班子成员

党委书记：师进辉（2009年8月由总经理、党委副书记改任党委书记）

总经理、党委副书记：胡自强（2008年12月由党委委员改任党委副书记，2009年8月由常务副总经理改任总经理）

副总经理、党委委员：王大放

副总经理、党委委员：黄　强

党委副书记、纪委书记、工会主席：范建华（2009年8月由党委委员改任党委副书记）

副总经理、党委委员：王海涛（2009.8—）

总会计师、党委委员：王金山（2009.8—）

副调研员：李伟军（2009.8—）

【机构设置】 公司下设办公室、人力资源部、财务管理部、企业管理部、生产管理部、设备管理部、审计部、纪检监察部、政治工作部、工会、安全保卫部、驻厂市场部、工艺质量部、供应部、物流中心、信息中心、服务中心、一车间、二车间、三车间、四车间21个部门。技改期间，临时设立技术改造办公室1个部门。

【卷烟生产经营】 2009年，公司生产的卷烟品牌有“钻石”、“北戴河”、“大丰收”、“七匹狼”、“新石家庄”。

全年生产卷烟405亿支（81万箱），同比增长5.06%，其中，生产一类烟1.35亿支（0.27万箱），三类烟26.95亿支（5.39万箱），四类烟217.1亿支（43.42万箱），五类烟159.6亿支（31.92万箱）。销售卷烟405亿支（81万箱），同比增长5.44%，其中，销售一类烟1.15亿支（0.23万箱），三类烟27.9亿支（5.58万箱），四类烟214.65亿支（42.93万箱），五类烟161.7亿支（32.34万箱）。

全年实现销售收入48.19亿元，同比增长

10.81%。实现税利28.53亿元，同比增长9.65%，其中，实现利润3.75亿元，同比下降16.29%。公司三项费用率为7.51%。

公司全年万元产值综合能耗为41.7千克标煤，卷烟生产综合能耗为5.03千克标煤/万支，烟叶、滤棒、盘纸平均消耗分别为7千克/万支、2119支/万支、597米/万支，水、电平均消耗分别为0.12吨/万支、7.9千瓦时/万支。

【企业管理】 “精细六合”① 管理体系建设。以“精细六合”管理体系建设为主线，推进“优秀卷烟工厂”创建活动，分解创建活动的评价标准，构建三级指标体系，建立“三横十纵”563项指标体系，全年完成10项考核指标中的8项，基本达到行业优秀卷烟工厂考核标准。开展“精细六合”基础知识培训，编制精细化管理执行手册，实施生产组织、工艺质量、成本费用、现场管理、队伍建设、安全环保等精细化管理，初步形成“精细六合”管理体系。

预算管理。按照“三要三不”原则，即“执行预算要坚决、预算考核要严肃、预算约谈要实效；没有预算的一律不允许支出、预算项目间一律不允许调整、预算内可花可不花的钱一律不允许多花”，加强预算管理工作。优化“预算激励引导模型”，细化预算考核指标，发挥预算的硬约束作用。加大成本控制力度，从原材料、设备绩效和产品设计等关键点入手，把成本控制落到实处。

【信息化建设】 2009年，公司实施了生产制造执行系统（MES）项目，完成项目前期的需求调研，绘制了生产业务流程，走访相关部门、人员并形成调查报告。实施卷接包数据采集系统项目，项目完成了前期原型界面的设计及需求调研的整理确认，进入设计和开发阶段；硬件方面完成了卷接包车间网络布线工作，以及数采站及数采服务器的安装，并进入数采系统的内部联调阶段。

【人力资源管理】 推进“四定”工作，出台相关文件19个。完成定岗、定责、定员工作，确定岗位361个，过渡期定编（含钻石工贸有限公司）3237人，实际定员3199人；聘任技师10人、工程师7人。开展“四定”宣传教育工作，激励员工参与其中。完成二期技改后的转岗分流工作，安置707人。

加强教育培训，开展一线员工技能更新培训。联系技术院校，开办电工、钳工等专项培训班。筹划建立网上培训中心，收集PPT培训教材100余份，丰富培训资源。组织中层管理人员、工段班组长50余人分期分批赴海尔集团、蒙牛集团等企业参观学习，拓宽培训思路。

提升人事管理水平，全年招聘研究生1人，大学本科毕业生30人；提拔任用中层管理人员27人，岗位交流中层管理人员17人；408人通过技能鉴定，取得任职资格；29人通过高、中级技术职称评定，其中高级职称2人。

【思想政治工作】 深入开展学习实践科学发展观活动，活动期间共征集到基层意见100条，合理化建议794条，777名党员和1256名员工参与问卷调查。截至2009年年底，整改落实大部分问题和合理化建议。推进党建基层组织建设，制定相关的考核管理办法和工作标准。开展党员“三项活动”和“优秀党员示范岗”创建活动。开展庆祝建党八十八周年纪念大会、庆祝建厂七十周年纪念大会、“爱我祖国、赞我张烟”大型诗歌会等一系列大型活动，加强舆论引导。推进党风廉政建设，开展反腐警示教育、干部作风教育、应急能力教育和廉政文化教育等。

【企业文化】 以实现“诚文化”落地为目标，开展“岁月如歌”百人合唱比赛、“我与张烟共成长”主题征文等主题活动。促进“诚文化”理念与企业管理制度的融合，在企业制度的制定和完善上，突出人在企业制度中的主体地位，创造便于沟通的环境，用制度管人、文化管心。开展典型激励，组织“形象员工”评比活动，并在公司范围开展构建学习型组织活动，营造“寓学于乐”、“寓工作于乐”的氛围。

河北白沙烟草有限责任公司

【概　况】 河北白沙烟草有限责任公司前身是成立于1948年的石家庄卷烟厂。公司本部占地面积约为34.32万平方米。截至2009年年底，公司共有从业人员4121人，其中在岗员工3040人。拥有总资产40.38亿元，其中，固定资产15.74亿元、流动资产23.78亿元，资产负债率为23.3%。下辖保定卷烟厂。公司拥有1条生产能力为6000千克/小时的制丝线，1条生产能力为2000千克/小时的梗丝膨胀线，1条生产能力为200千克/小时的LB13A薄片生产线，19台卷接机组，19台包装机组，年卷烟生产能力300亿支（60万箱）。

---

① 即生产组织精准化、工艺质量精益化、成本管理精算化、现场管理简洁化、员工队伍职业化、安全稳定人本化。

【领导成员】 董事会

董事长：段铁力

副董事长：卢　平

董　事：严金虎　杜为红　狄东昇　涂清明　陈国联　刘建福　朱方钦　雷建生（职工董事）

监事会

主　席：华谢飞

监　事：李丽华　王　芬　丁付起　李永乐（职工监事）

班子成员

总经理、党委副书记：杜为红

副总经理、党委书记：丁付起

副总经理：马立志

党委副书记、纪委书记：张太明

副总经理、党委委员：易　广

副总经理、党委委员：周振威

副总经理、党委委员：刘松杨

党委委员、工会主席：路　莉

副总经理、党委委员：李维娜（—2009.4）

总工程师、党委委员：臧　靖

【机构设置】 公司下设办公室、财务管理部、人力资源部、企业管理部、生产管理部、政治工作部、审计部、工艺质量部、工会、纪检监察部、供应部、信息中心、设备管理部、安全保卫部、服务中心、物流中心、制丝车间、卷接包车间、动力车间、驻厂市场部、技术改造办公室21个部门。

【卷烟生产经营】 2009年，公司主要生产的卷烟品牌有“钻石”、“白沙”、“新石家庄”、“玉兰”、“北戴河”等。

全年生产卷烟337.5亿支（67.5万箱），同比增长4.65%，其中，生产一类烟0.95亿支（0.19万箱），二类烟4.3亿支（0.86万箱），三类烟96.35亿支（19.27万箱），四类烟141.1亿支（28.22万箱），五类烟94.8亿支（18.96万箱）。全年销售卷烟337.15亿支（67.43万箱），同比增长5.17%。

全年实现销售收入49.02亿元，同比增长14.16%。实现税利32.09亿元，同比增长10.79%，其中，实现利润5.78亿元，同比下降0.73%。公司三项费用率为9.68%。

全年公司烟叶、盘纸、滤棒平均消耗分别为7.05千克/万支、622.33米/万支、1945.23支/万支。电平均消耗为9.84千瓦时/万支。

【科技创新】 成立科技创新委员会，以课题制形式开展科技创新活动，共申报课题24项，其中，“降低卷烟空稀头率”在全国烟草行业第二十届优秀QC小组成果会上获一等奖，“降低叶片回潮结块烟重量”获三等奖。

【企业管理】 对标和创优活动。分别成立了创优活动和对标活动的领导小组和工作机构，制定活动实施方案。在对标活动中，统一各项指标的统计口径、核算内容和核算方法，将涉及的指标分解到部门。创建“对标管理分析系统”，逐月公布指标完成情况。按照行业、省工业公司、企业自身三个层级，分别对标。召开对标分析会，查找存在的问题。将指标完成情况与考核挂钩，形成“重激励、硬约束、严考核”的工作推进机制。在创优活动中，将创优与对标管理相结合，将创优指标层层分解，建立企业、部门、机台三级指标体系，形成全过程、全员管理机制。

节能减排。公司制定了《清洁生产设施方案》和《节能减排实施方案》。加强污水处理设施管理，委托第三方运营，在石家庄市环保局检测中，公司污水排放项目在检测中获得满分。新厂区设备全部采用了国家推荐的优质节能产品。设备冷却水全部循环使用，节水率达98%以上。空调和照明系统采取分时分区智能控制。安装锅炉自动在线监测系统，实现了烟尘和二氧化硫零排放。2009年，公司万元产值综合能耗与万支卷烟生产综合能耗均低于年初制定的目标。

【信息化建设】 完成MES系统和ERP系统的用户需求调研、程序开发、测试工作，其中，ERP新系统于9月1日正式启用。推进技改工作，卷接包数采系统、条烟输送系统建成验收，制丝中控系统、动能管控系统、安防系统、一卡通系统、高架立体仓库（片烟/辅料/成品）等试运行。建设卷烟生产经营决策管理系统，完成“联营加工回购系统”的安装调试。推进“创建优秀卷烟工厂”活动，开展“打造信息化支撑平台，创建数字化优秀卷烟工厂”主题活动，制定了河北白沙信息化发展规划和新厂区信息化建设主线。开发推广“河北白沙IT运维管理系统”，完善和强化工作的流程，加强基础管理。

【合作交流】 公司与湖南中烟的品牌加工合作继续保持良好运行状态。2009年，公司继续推进品牌均质化工作，建立《白沙品牌许可生产质量保障体系》。在湖南中烟均质化评审组年度评审工作中，对公司产品的评价结果为“满意”。实现了“白沙（绿和）”、

"白沙（精品二代）"和"白沙（软鹤翔）"的本地制丝生产，生产过程符合工艺要求，产品质量总体稳定。

【人力资源管理】 用工分配制度改革。公司相继下发了《部门职能分解方案》、《企业岗位设置》等相关文件20余个。建立健全岗位竞争机制，开展全员竞争上岗，促进从身份管理到岗位管理的转变，完成岗位等级聘任，对非领导岗位人员进行了重新聘任。研究薪酬改革的相关政策，加强薪酬测算、新老岗位对接等工作。制定《河北烟草工业系统企业"四定"薪酬方案》，提请公司职代会审议，2010年1月起正式实施该方案。

教育培训。以职业化为目标，立足岗位，按照不同类别人员的不同需要，分类制定培训的侧重点，实施差异化的培训计划，探索建立岗位培训体系。制定《网络培训管理办法》、《兼职教师评聘管理规定》等相关文件。开展中层管理人员网络在线学习、班组长管理知识系列培训、兼职教师评聘、新员工实习期培养计划、职业技能鉴定和岗位轮训等活动，加强对各类人才的培养。

【思想政治工作】 开展深入学习实践科学发展观活动，确定了"突出一个主题、体现两个特色、实现三个结合、把握四个方面"的工作思路。加强思想政治工作，提出"思想政治工作也是生产力"的概念和"思想政治工作要创新务实"的指导思想。落实职工思想动态分析报告制度，对各党支部开展走访调研，了解职工思想动态，完成《职工思想动态分析报告制度》的调研报告。拓宽了解职工动态的信息渠道，增加支部对动态的反馈机制。推进党风廉政建设，开展"四个一"廉政教育系列活动，定期向全体中层管理人员发送廉政短信。

【企业文化】 2009年，公司通过外聘教师，培养企业文化讲解员。开展企业文化故事征集活动，并开辟宣传专栏，促进企业文化落地工程的开展。完成企业历史资料专题纪录片《红色记忆》的制作。编写企业文化班组宣讲读本。

河北白沙烟草有限责任公司所属生产厂

河北白沙烟草有限责任公司保定卷烟厂

【概　况】 河北白沙烟草有限责任公司保定卷烟厂前身是成立于1902年的北洋烟草公司。2004年，企业与石家庄卷烟厂联合重组后，更名为石家庄卷烟厂保定卷烟分厂。2005年，更名为河北白沙烟草有限责任公司保定卷烟分厂。2009年4月，更名为河北白沙烟草有限责任公司保定卷烟厂。截至2009年年底，企业年卷烟生产能力200亿支（40万箱），占地面积近12万平方米。共有从业人员1701人，其中在岗员工1139人。

【领导成员】 党委书记：杜为红（2008.6—）

厂长、党委副书记：马立志

副厂长（正厂级待遇）、党委委员：程羊子（—2009.12）

副厂长、党委委员：贺　健

副厂长、党委委员：罗　勇

党委副书记、纪委书记：田　蔚

党委委员、工会主席：廖彦军

【卷烟生产】 2009年，企业生产的卷烟品牌有"钻石"、"白沙"、"新石家庄"、"玉兰"、"北戴河"等。全年生产卷烟115亿支（23万箱），其中，生产二类烟0.62亿支（0.12万箱），三类烟16.31亿支（3.26万箱），四类烟42.05亿支（8.41万箱），五类烟56.02亿支（11.21万箱）。

（刘　辉）

上海烟草（集团）公司所属企业

上海烟草（集团）公司上海卷烟厂

【概　况】 上海烟草（集团）公司上海卷烟厂前身是成立于1925年的英美烟草公司颐中三厂。1952年4月，颐中三厂转让给中国政府，更名为国营上海卷烟二厂。1960年12月，更名为上海卷烟厂。1993年11月26日，上海烟草（集团）公司正式成立，上海卷烟厂成为其核心层单位之一。企业占地面积4.77万平方米，拥有德国HAUNI制丝生产线，PROTOS、GD、FOCKE等卷包设备，以及570千克/小时膨胀烟丝生产线，年卷烟生产能力750亿支（150万箱）。有从业人员1999人，其中在岗员工1991人。

2009年，企业确立以“围绕一个中心、强化两项建设、抓住五项重点、推进八项工作”① 为中心的“1258”方针目标，深入学习贯彻党的十七大精神，树立和落实科学发展观，瞄准“国内一流、国际先进”目标，以“积极贯彻‘率先实现’要求，关注顾客需求，推进具有国际先进水平质量控制模式的建设，保持‘中华’牌质量行业的领先水平”为中心，不断提高顾客满意度，持续提升工厂管理和产品质量水平；通过学习实践科学发展观活动，不断提高员工满意度，持续推进工厂和谐，加快一流工厂建设步伐。

【领导成员】 上海卷烟厂实行厂长负责制，主要领导成员有：

厂长、党委委员：陆　捷

副厂长、党委书记：姜立功（—2009.11）

副厂长、党委书记：张　燕（2009.11—）

副厂长、党委委员：周　铭

副厂长、党委委员：胡勤伟

副厂长、党委委员：卢　游（—2009.11）

副厂长、党委委员：戴志渊

副厂长：郭世洋（2009.11—）

纪委书记、党委委员、工会主席：汤　健（2009年6月前任纪委书记、工会主席）

【卷烟生产】 2009年，企业主要生产的卷烟品牌有“熊猫”、“中华”、“上海”、“红双喜”、“牡丹”、“大前门”等。共生产卷烟751.05亿支（150.21万箱），同比增长2.06%，其中，生产一类烟280.71亿支（56.14万箱）、二类烟2.25亿支（0.45万箱）、三类烟284.46亿支（56.89万箱）、四类烟93.60亿支（18.72万箱）、五类烟90.03亿支（18.01万箱）。生产“中华”牌卷烟278.06亿支（55.61万箱）、“红双喜”牌卷烟221.11亿支（44.22万箱）、“牡丹”牌卷烟93.60亿支（18.72万箱）。

全年产品质量抽检合格率为100%，卷烟外在质量平均得分为99.22分，其中“中华”牌卷烟的外在质量得分为99.27分；卷烟制造过程σ水平达到4.32。

全年卷烟生产综合能耗为2.18千克标煤/万支，烟叶、盘纸、滤棒平均消耗分别为7.73千克/万支、648.83米/万支、1679.04支/万支，水、电消耗分别为0.076吨/万支、8.06千瓦时/万支。

【技术改造】 2009年，企业实施了制丝车间拆箱机改造、膨丝570线加热系统改造、锅炉房技术改造等项目，并进行了M5、FX2、GDX6、KDF4新设备安装调试工作。

5月，上海卷烟厂“中华专线”项目顺利完成桩基施工，并通过上海市质量安全监督站验收。6月，动力配套技改工程锅炉房改造工作正式启动。11月初，完成昆明路连廊主体钢结构吊装工作，“中华专线”技改项目建设取得又一次重大突破。该连廊是将76#地块生产工房和80#地块辅助工房连接起来的一座横跨城市道路的双层钢结构连廊，主要用于生产制造工艺中片烟、辅料和成品的运输，动力能源管线的敷设及工作人员内部通行。12月，“中华专线”选型测试设备ProtosM5-FockeFX2通过正式验收，经测试，卷烟机平均效率为98.4%，包装机平均效率为90%，GDX6包装机组顺利通过为期10天的正式验收，平均效率达到92.7%，各项技术指标符合合同要求，展现出良好的稳定性。

【科技创新】 全年完成12项集团级质量改进项目和40项厂级质量改进项目，申报专利6项，1项集团级科技项目、2项工程装备创新项目正在组织验收。工厂技术创新项目完成率为81.25%。

【信息化建设】 以“形成工厂MES系统详细业务流程设计方案”为重点，以业务系统、数据分析应用、数采应用系统以及基础平台运行维护四项工作为主体，探索运用先进管理理念和技术手段，塑造新型工厂信息化管理架构，全面推动工厂各项经营业务和管理水平的提升，推进“数字化工厂”建设。

【标杆管理】 围绕国家局“优秀卷烟工厂”创建和对标工作精神，把创建工作的重点定位于争创“四个一流”：一流的基础、一流的指标、一流的管理和一流的队伍。通过进行大讨论，对“勇争第一”的创建目标达成共识。

2009年10月，国家局在上海召开烟草行业企业管理现场会，上海卷烟厂作为现场参观展示点，把展

---

① 一个中心，即以“积极贯彻‘率先实现’要求，关注顾客需求，推进具有国际先进水平质量控制模式的建设，保持‘中华’牌质量的行业领先水平”为中心；两项建设，即领导班子建设和基础管理、基层建设；五项重点，即工厂文化建设、后备人才培育、MES系统构建、中华专线建设、职业健康安全管理体系建立；八项工作，即党建工作、精神文明建设、成本管理工作、设备管理工作、能源管理工作、人事劳资管理工作、后勤保障工作、为职工办实事工程。

示的重点放在精细化管理、标准化作业、参数化控制以及规范的员工行为和良好的精神面貌上，确定了“对标工作”、“SPC 应用”、“6σ 测量方法运用”等 11 个主要现场展示项目，充分展示了上海烟草“深、实、细、新”的管理特色。

【质量管理】 夯实质量过程控制基础，编制了“中华”品牌维护工作计划。围绕过程控制的薄弱环节，开展生产过程质量情况排摸与调研，对过程文件的完善与覆盖、人员的培训与管理等七大因素中存在的不足和潜在失效点进行分类归纳，并及时整改。

加强质量管理体系运行改进控制，开展二级内审，并于 3 月组织了 2009 年首次体系内审，4 月顺利通过第三方体系外审。

以集团售后服务体系整合为契机，推进以顾客为导向的质量改进机制建设。制定在线检测装置管理规定，并修改完善市场反馈信息的责任处置及分级落实制度。成立减少“中华”牌卷烟泡皱外观缺陷质量改进小组，针对水松纸泡皱缺陷等问题开展了一系列卷烟加工技术和控制技术研究。

【安全管理】 开展职业健康安全管理体系贯标工作，对全厂作业、设备、活动场所等环节辨识环境因素和危险源进行排摸，并结合法律法规中涉及安全、环保及相关内容进行了标准收集工作，共计梳理环保方面法律法规及标准 109 份、职业健康安全类法律法规 87 份。推进安全标准化工作，根据标准化评价考评体系内容，结合工厂重点危险源、员工行为、安全基础管理要求编制了上岗检查计划，分别从时间段、检查对象等方面作了明确，实现工厂安全要素全面覆盖。

【标准化工作】 提高工厂标准与集团标准的协调性，按期完成计划内的企业标准制修订工作，完成率 100%。严格执行统计数据采集系统要求，保证日报相关数据的准确。对现有的产量报送流程、时间结点、责任人等细节进行了明确和规范，并针对工厂全年生产过程中的特殊情况拟定了应急机制，制定了应急预案，确保工厂产量数据报送的准确性和及时性，实现“双零”目标。

上海烟草集团北京卷烟厂

【概　况】 上海烟草集团北京卷烟厂始建于 1970 年，2004 年 1 月 1 日正式纳入上海烟草（集团）公司管理。企业占地面积 24.71 万平方米，拥有 1 条 8000 千克/小时制丝生产线和 17 台（套）卷接设备，年卷烟生产能力 250 亿支（50 万箱）。拥有总资产 29.93 亿元，其中，固定资产 8.07 亿元、流动资产 15.28 亿元，资产负债率为 33.98%。有在岗员工 851 人，其中高级技术职称 6 人、中级职称 146 人，技师及高级技师 47 人。

2009 年，北京卷烟厂先后获“首都文明单位标兵”、“北京 2009 年度用户满意企业”、“北京质量管理贡献奖优秀企业”、“首都慈善公益优秀集体”等称号，并被中国质量评价中心评为“全国重质量守信用企业”，被北京市献血办公室评为“北京市无偿献血工作先进单位”，被中国青少年发展基金会授予“希望工程 20 年杰出公益伙伴”称号。

【领导成员】 厂长、党委副书记：曲志刚

党委书记：马庆林

常务副厂长、党委委员：齐伟城

党委委员：姚琴声

党委副书记、纪委书记、工会主席：蔡继东

总会计师：于国欣

副厂长：赵丽儒

副厂长：刘文忠

【卷烟生产经营】 2009 年，企业生产卷烟（含出口）193.22 亿支（38.64 万箱），同比增长 6%，其中，生产一类烟 5.02 亿支（1.01 万箱）、二类烟 5.30 亿支（1.06 万箱）、三类烟 77.40 亿支（15.49 万箱）、四类烟 76.19 亿支（15.23 万箱）、五类烟 15.99 亿支（3.20 万箱）。销售卷烟 193.1 亿支（38.62 万箱），同比增长 4.8%，其中，内销一类烟 5 亿支（1 万箱）、二类烟 5.3 亿支（1.06 万箱）、三类烟 77.5 亿支（15.50 万箱）、四类烟 76.2 亿支（15.24 万箱）、五类烟 16 亿支（3.2 万箱）；出口“中南海”卷烟 13.1 亿支（2.62 万箱），同比增长 26.4%。实现销售收入 32.16 亿元，同比增长 10.09%。实现税利 21.13 亿元，同比增长 4.16%，其中利润 4.26 亿元。出口实现 1707 万美元。

全年卷烟生产综合能耗为 4.37 千克标煤/万支，烟叶、盘纸、滤棒平均消耗分别为 6.75 千克/万支、643.49 米/万支、1676.39 支/万支，水、电消耗分别为 0.08 吨/万支、5.52 千瓦时/万支。

【品牌战略和产品介绍】 2009 年，北京卷烟厂主要生产“中南海”、“北京”2 个卷烟品牌。明确以“中南海”品牌发展为中心，调结构、上规模，坚持“北京是基础、空间在外埠、拓展在海外”营销方针，在首都、外埠和海外市场取得新进展。

在北京市场，坚持首都是基础，以工商协同营销为主线，全年销售“中南海”55.7 亿支（11.14 万箱），成功向市场投放“中南海（蓝色风尚）”新产品。在外埠市场，全年销售卷烟“中南海”卷烟 124.25 亿支（24.85 万箱），同比增长 12.52%。产品结构进一步优化，形成2个突破10万箱规格产品：销售“中南海（金 8mg）”52.85 亿支（10.57 万箱），同比增长 38.59%；销售“中南海（10mg）”53.55 亿支（10.71 万箱），同比增长 12.19%。“中南海”在日本市场销售平稳。在新加坡市场投放“中南海（8mg）”和“中南海（薄荷 8mg）”，进入 1800 家零售终端，成为中国在新加坡有税市场销售的唯一卷烟品牌，并对马来西亚、越南等东南亚市场形成辐射。

【技术改造】 新厂联合工房、科研办公楼、动力中心和培训楼等建筑工程全面完工，并组织开展了有设计方、监理方和施工方参与的建筑工程四方验收。高压天然气正式通气，4 台 20 吨锅炉投入运行。新厂区绿化、道路和照明工程全面完工并投入使用。

新厂调试测试顺利推进，并于 10 月中旬实现企业整体搬迁，完成老厂设备、办公物资及档案的搬迁工作。

【科技创新】 开发出“中南海（蓝色风尚）”新产品。“混合型造纸法烟草薄片”、“功能性混合型烟草薄片”、“应用功能型填充剂及改性淀粉降低浓味‘中南海’卷烟成本、提高浓味‘中南海’卷烟质量”等项目取得新进展。“应用近红外分析技术确定白肋烟生产线最佳工艺参数的研究”、“采用顶空 GC－MS 定量检测卷烟包装材料中挥发性有机化合物方法研究”、“气相自由基限量标准的研究”等项目取得阶段性成果。

【生产管理】 为保障企业搬迁，加强生产调度、生产组织和作业管理，制定《搬迁备货生产预案》，采取连续滚动备货方式生产，保持搬迁前库存 17.5 亿支（3.5 万箱）。迁入新厂后，生产系统尝试采取调试性生产作业方式，试行两班及部分三班生产，探索满足“按客户订单组织生产”模式，加强生产现场各环节组织协调和衔接。12 月，生产恢复正常。

【质量控制】 强化参数化管理，通过卷烟克重控制、推行内控标准等，提高参数化控制能力，现场工艺参数控制符合率达 99.43%。加强防差错管理，坚持烟丝日评吸制度，严格材料交接制度，加装缺条缺包检测系统和加强过程自检专检，并强化西格玛方法应用。迁入新厂后，针对新流程、新工艺和新设备，积极实施过程要素管理，认真组织排查梳理，并着重解决人员培训、材料管理、标准控制、设备管理、质量控制等环节存在的问题，基本实现产品风格口味等质量的一致性，确保了平稳过渡。

【机构改革与人力资源管理】 推进机构调整改革，将设备能源保障部分离，成立设备管理部和动力中心；撤销驰坦运输有限公司，将运输业务外包，将班车和小车并入行政房管部；成立朝阳厂区管理办公室，负责搬迁后老厂日常管理；将营销中心办公地点迁至老厂。有针对性地组织技能业务培训 27 批次，参加人员达到 620 人次。在全厂公开招聘 4 名中层干部，完成 63 名劳动合同到期职工合同续订（终止）工作。年初，启动企业年金工作。

【企业文化】 开展“我把烟厂当成家，我爱烟厂胜似家”主题活动，全年收到职工合理化建议 333 条，采纳 176 条。举办“三八”女工运动会，举行“迎国庆”大家唱活动，组织退休职工参加鸟巢“庆奥运”太极拳表演活动。

上海烟草（集团）公司天津卷烟厂

【概　况】 上海烟草（集团）公司天津卷烟厂前身是成立于 1919 年的天津英美烟公司，1952 年被中央人民政府接管，更名为天津卷烟厂。2004 年 12 月与上海烟草（集团）公司签署联合重组协议，取消企业法人资格，更名为上海烟草（集团）公司天津卷烟厂。企业占地面积 18.28 万平方米，拥有 1 条 5000 千克/小时制丝生产线、13 台（套）GD－PROTOS 卷接机组、6 组 KDF2 滤棒成型机、3 套滤棒发送机，年卷烟生产能力 225 亿支（45 万箱）。有从业人员 1143 人，其中在岗员工 852 人。

【领导成员】 企业实行厂长负责制，主要领导成员有：

厂长、党委书记：李钢成
副厂长、党委委员：田振勇
副厂长、党委委员：唐　涛
党委副书记、纪委书记、工会主席：孟庆荣
副厂长：李　卫
副厂长：贯忠利
厂长助理：阎　杰
党委委员：王自明

【卷烟生产】 2009 年，企业生产卷烟 207 亿支（41.40 万箱），同比增长 3.11%，其中，生产一类烟 0.05 亿支（0.01 万箱）、二类烟 1.28 亿支（0.26 万箱）、三类烟 36.66 亿支（7.33 万箱）、五类烟 169.02 亿支（33.80 万箱）。销售卷烟 207.5 亿支（41.50 万箱），同比增长 3.79%。实现卷烟销售收入 18.83 亿元，同比增长 14.59%。实现税利 9.77 亿元，同比增长 17.86%，其中利润 742 万元，大部分利润用于消化历史遗留不良资产。

全年卷烟生产综合能耗为 6.77 千克标煤/万支，烟叶、盘纸、滤棒平均消耗分别为 7.44 千克/万支、644.13 米/万支、1673.18 支/万支。

【产品介绍】 企业主要生产“江山”、“恒大”、“红双喜”、“大前门” 4 个卷烟品牌，停止了“牡丹”品牌的生产。生产“江山” 9.23 亿支（1.85 万箱），同比增长 7.97%；“恒大” 49.23 亿支（9.85 万箱），同比下降 4.42%； “大前门” 119.79 亿支（23.96 万箱），同比增长 8.15%；“红双喜” 28.76 亿支（5.75 万箱）。

【科技创新】 开展管理创新课题立项工作，共设立 20 个厂级关键项目及 45 个部门级项目，并对厂级关键项目开展情况进行季度审视、全面跟踪。全厂全年注册 QC 课题 82 个，普及率为 77%。

【技术改造】 “十一五”技改工程完成了联合工房、动力中心、综合办公楼、生活辅助用房、香精香料库、加压泵房等单体的土建施工。完成给排水、雨水污水、给水中水、燃气管道等工程的施工。完成 619 台动力设备的安装。完成 430 台专业设备的安装，实现了设备安装和具备设备调试条件的年度目标。

【安全管理】 全面启动职业健康安全管理体系贯标工作，辨识出危险源 514 项，确定重点危险源 23 项，修订完善 15 项企业管理标准，识别法律法规 123 个、国家标准 128 个，制定安全作业指导书 57 个，并于 2009 年 7 月通过了职业健康安全管理体系认证。

【班组建设】 创新传统班组管理工作，将 5S 现场管理、安全管理、精益生产、行为规范纳入传统班组管理范围，将所有管理干部经过双向选择后编入各生产班组作为班组成员进行同步考核，增强了班组的凝聚力及管理人员参与班组活动的热情，工厂现场管理和行为规范的水平明显提升。

【企业文化】 围绕“特色、融合与发展”要求，制订完成企业文化建设工作三年规划。开展“以行为规范教育为重点、以班组建设为载体”的企业行为文化建设工作，逐步建立和实施员工通用岗位规范，并采取行为文化宣传及全方位评价的方法，对各班组、各岗位的行为规范工作做出考核评价。

上海高扬国际烟草有限公司

【概　况】 上海高扬国际烟草有限公司创建于 1992 年 2 月，1995 年 7 月正式投入生产，由上海烟草（集团）公司、香港南洋兄弟投资（中国）有限公司合资经营，投资总额为 5000 万美元。企业占地面积 4.6 万平方米，拥有 HAUNI 制丝生产线 1 条和卷包设备 9 组，年卷烟生产能力 125 亿支（25 万箱）。有从业人员 355 人。

2009 年，公司被上海市委、市政府评为“上海市文明单位”。

【领导成员】 董事会

董事长：周永森

副董事长：杨锡生

董　事：徐国强　陈宣民　陆益敏　陆禹平（—2009.3）　陆永年　许建育（2009.3—）

班子成员

总经理、党总支书记：徐国强

党总支副书记、工会主席：盛晓敏

副总经理：郭　亮（2009.11—）

副总经理、党总支委员：沈　涛

副总经理、党总支委员：张　巍

【卷烟生产经营】 公司以委托加工生产低焦油卷烟产品为主，生产的卷烟品牌有“牡丹”、“红双喜”、“金鹿”等，并与日本烟草产业株式会社合作来料加工生产“七星”品牌卷烟。全年生产委托加工卷烟 113.25 亿支（22.65 万箱）。来料加工“七星”卷烟 1.35 亿支（0.27 万箱）。实现销售收入 1.93 亿元。实现税利 0.49 亿元，其中利润 0.22 亿元。

全年万元产值综合能耗为 104.02 千克标煤，卷烟生产综合能耗为 1.76 千克标煤/万支。烟叶、盘纸、滤棒平均消耗分别为 7.56 千克/万支、649.72 米/万支、1677.35 支/万支，水、电消耗分别为 0.07 吨/万支、7.14 千瓦时/万支。

【科技创新】 重点加强生产过程的基础技术和低焦油产品特色工艺的研究，全年实施完成 1 个科技项目、

3个集团质量改进项目、2个“6σ”项目、4个内部技术类项目和25个QC课题，申报专利2项。“提高梗丝线生产效率”项目被评为“全国优秀6西格玛项目”；“混合喷嘴雾化状况检测方法的研制”QC成果获“上海市QC擂台赛”三等奖。“室内污水井水防异味气体散发的水密封方式”专利获得授权。

【技术改造】 平移3个储丝柜，新增1台旋转式喂丝机和3个储丝柜，同步对部分供丝的辅连设备进行改动，为实现4个牌号卷烟同时生产创造条件。完成新型号新设备的试验任务。使用西门子平板式电子皮带秤。实施2套ZJ112-YF12B卷接-连接机组引进、安装和调试项目。

【质量管理】 运用溯源型检测理论，提升品质控制水平，在国家局组织的市场抽检中合格率为100%。全年产品监督检验外在质量加权平均得分99.50%；亿元产值消费者质量投诉次数13次；生产质量重大及大事故零次。

【设备管理】 运用OEE统计理念，提升设备保障能力。基本形成了“性能评价——OEE统计分析——寻找短板——针对不足——制定措施——落实行动——性能评价”的循环对标流程。

【体系管理】 对职业健康安全管理体系和环境管理体系进行一体化贯标整合，顺利通过第三方认证。实现了质量、测量、环境、职业健康安全四大体系日常有效运行。

【财务成本管理】 继续完善标准成本管理体系的建设，学习运用集团卷烟产品原辅材料理论耗用标准的编制方法，结合全面对标工作，加强原辅材料耗用值的制订工作。初步制订完成“红双喜（硬）”原辅材料理论耗用值，为完善各类原辅材料标准成本提供了测算依据。

【安全保障】 以标准化工作为主线，通过辨识评价、挂牌督办、制定预案、定期报告和跟踪检查的方式，对公司各类危险源进行控制。开展了“安全月”、“119消防日”、“安全承诺”、“火灾桌面演练”等活动。

【信息化建设】 整合服务器资源，实施广域网和局域网改造。完善“一打二扫”项目，新增了烟用材料供应方管理模块。以招投标的方式确立了能源数采管理系统的项目开发商。完成动力电站数采系统和能源管理软件两大主要功能的开发。建立信息化运行维护系统，规范业务系统后台数据修改、软硬件故障维修等业务流程。

上海烟草（集团）公司上海烟草储运公司

【概　况】 上海烟草（集团）公司上海烟草储运公司前身是成立于1986年的原上海市烟草储运公司，1993年11月26日，上海烟草（集团）公司正式成立，上海烟草储运公司成为其核心层单位之一。公司主要负责烟叶原料、卷烟储存养护配送，工业性原辅料输送和烟草商品的运输等三大业务。拥有自有原料库房建筑面积33.63万平方米，租赁库房建筑面积28.74万平方米，卷烟成品库房建筑面积4.8万平方米；主要生产运输车辆84辆，电梯54台，叉车类设备95台（套），计算机类设备654台（套），生产用空调656台，去湿机443台。有在岗员工629人，其中，大中专以上学历511人，技术工人433人。

2009年，公司被上海市总工会授予“上海市学习型企事业单位”称号。

【领导成员】 总经理、党委委员：汤福刚

党委书记：汤红芳

副总经理、党委委员：宋　玮

副总经理、党委委员：许资新

纪委书记、党委委员、工会主席：陆仁平

【生产经营】 2009年，完成烟叶吞吐21.07万吨，同比下降8.51%；卷烟吞吐1466.6亿支（293.32万箱），同比增长2.3%；汽车运输622.13万吨公里，同比增长6.4%。柴油油耗7.34升/百吨公里；综合能耗1368.85吨标煤。市内外卷烟配送订单执行率达到100%；卷烟发运配送产品损坏率为0.941ppm；卷烟公路配送准时率为99.13%。全年无重大安全事故发生。

【机构调整】 2009年11月，公司对四个基层部门的机构名称进行变更，云岭西路仓库更名为烟叶原料一部，国权北路仓库更名为烟叶原料二部，卷烟成品仓库更名为成品物流部，汽车队更名为物流运输部。

【现代工业物流建设】 明确“建设现代工业物流”的定位，探索现代工业物流建设的方向、目标、任务和措施，成立了目标研究小组，分物流资源、财务资

源、人力资源、设备信息资源、管理资源和文化资源6个专题展开研究。经过学习讨论、分析研究、参观对标后，形成了《现代工业物流规划（2009～2011年）》初稿。

【“清洁仓间”建设】 为实现烟叶原料的养护提质，公司启动了“清洁仓间”建设项目。“清洁仓间”即“三无”：无毒害，就是通过浏河、青浦、华环三大门户型熏蒸库区建设，实现市内仓间不熏蒸；无虫害，就是通过消除虫害交叉感染、消除虫害滋生条件、消除虫害催生条件，达到虫害综合防治的目的；无霉变，就是在原料进仓、在库、出库三个环节加强过程管理，落脚点是确保出仓烟叶无霉变。制定4个相关的管理和技术标准，完成1.8万平方米试点仓间的技术改造，并进入试验验证阶段。浏河库区改造项目全部完工并投入使用。公司预期用三年的时间全面推进“清洁仓间”建设。

【对标管理】 把“寻找新的标杆，开展以资源、服务、成本为核心的现代工业物流建设”作为对标的重点，确定两级标杆管理推进工作方式。以条线牵头、条块结合的方式，各部门、科室结合实际工作，策划形成6项对标指标项目、30个公司级对标项目和1个集团对标项目。

上海烟草包装印刷有限公司（含上海金鼎印务有限公司）

【概　况】 上海烟草包装印刷有限公司前身是成立于1929年的英美烟草公司华盛路印刷厂，是国内最早专业生产卷烟商标的印刷企业。1955年更名为上海烟草工业印刷厂。2005年12月，上海烟草工业印刷厂下属子公司上海金鼎印务有限公司与上海罗德烟草印务有限公司合并。2008年4月，上海烟草工业印刷厂更名改制为上海烟草包装印刷有限公司。企业于2004年整体搬迁至浦东新区高行工业园区，占地面积11万平方米，是上海烟草（集团）公司全额投资的子公司。截至2009年年底，拥有集资兴建的上海金鼎印务有限公司1家公司。拥有总资产8.83亿元，其中，固定资产3.33亿元、流动资产3.14亿元，资产负债率为12.71%。有在册员工560人。

上海金鼎印务有限公司是由上海海烟实业合作公司、上海烟草包装印刷有限公司、天利国际经贸有限公司、上海烟印实业合作公司和上海汇佳资产经营管理有限公司共同出资组建。公司占地面积6万平方米，拥有总资产2.6亿元，其中，固定资产0.83亿元、流动资产1.76亿元，资产负债率为22.41%。有在册职工460人。

上海烟草包装印刷有限公司主要生产高中档卷烟商标及包装装潢印刷品、画册、样本等，具备国内领先的创意设计、制版、胶印、凹印、烫金、丝网印刷和模切等综合印刷能力。主要产品为高中档卷烟商标及包装装潢印刷品、画册、样本等。2009年，上海烟草包装印刷有限公司列“中国印刷企业100强”第九位，被上海市新闻出版局评为“上海市印刷企业综合竞争力排名第一”企业，上海金鼎印务有限公司名列第20位。

【领导成员】 上海烟草包装印刷有限公司董事会成员

董事长：吴菊民
董　事：罗文强　郭　宇（—2009.6）
　　　　周东辉（2009.6—）
　　　　俞志康　曹水萍　沈云龙（2009.6—）
　　　　宫　强（2009.6—）
监　事：徐朱琴（—2009.6）
　　　　易武军（2009.6—）　甘向红

上海烟草包装印刷有限公司班子成员
总经理、党委委员：俞志康
副总经理、党委书记：曹水萍
副总经理、党委委员：张国生
副总经理、党委委员：孙健法
纪委书记、党委委员、工会主席：甘向红
副总经理：罗　龙
副总经理：郭　宇（—2009.9）
总经理助理：郁　俊

上海金鼎印务有限公司董事会成员
董事长、总经理：俞志康
副董事长：高学林
董　事：罗文强　王晓南　张国生　邹国南（—2009.3）　郭　宇　周东辉（2009.3—）　张　琴　陈荣富

烟印实业合作公司董事会成员
董事长：高祥麟
董　事：陈　依　程丽娟　方海建　聂　明　祁光荣
监　事：叶春明

【生产经营】 2009年，上海烟草包装印刷有限公司完成印刷产量153345对开万印，同比增长1.13%。实现工业产值5.2亿元，同比下降8.13%。实现销售收入9.18亿元，同比增长0.47%。实现税利1.43亿元，同比下降23.45%，其中利润0.92亿元。公司三项费用率为15.38%。

上海金鼎印务有限公司完成印刷产量164912对开万印，同比增长16.5%。实现工业产值33794万元，同比增长18.15%。实现销售收入34214万元，同比增长11.24%。实现税利8311万元，同比增长24.86%，其中利润5465万元，同比增长35.24%。公司三项费用率为29.42%。

【产品介绍】 公司的产品主要包括烟标产品和社会产品两大类。烟标产品主要有上海卷烟厂的“熊猫”、“中华”、“红双喜”、“金上海”、“金鹿”等系列烟标，以及部分外省市烟标。社会产品大致可分为日用化工类、食品类、文教用品的包装印刷品等，主要产品包括：德国汉高公司的“卡尼尔”染发剂系列外包装盒、法国欧莱雅公司的唇膏系列外包装盒、肯德基公司的外带全家桶系列包装盒、上海不凡帝糖果有限公司的“阿尔卑斯”和“曼妥思”系列包装盒、瑞特元昌公司的订书机、订书钉系列外包装盒等。

【技术创新】 理顺工厂技术创新管理体系，调整了企业技术委员会和标准化委员会技术标准分委会，修订发布《专利管理规定》。针对市场上烟标常用工艺，开展大豆油墨应用、丝网雪花油墨试制等工作，并针对集团公司产品开展了逆反应工艺应用于“江山”、“中华”烟标凹印工艺技术参数制定、建立日晒色牢度检测方法等研究工作。“用于包装印刷机的刀具模块调节平台”和“用于平张胶印机飞达输纸系统的上升运动控制装置”2项实用新型专利获得受理，另外2项专利完成材料申报，处于初审阶段。

【库存管理】 针对小牌号、小批量卷烟商标，严格按照集团月度计划组织生产，保障供应，并纳入供应方管理用户库存烟用材料范围，减少库存成本。针对常规卷烟商标，形成了常规卷烟产品印刷商标的合理库存定额标准，提高供应稳定性。针对外销卷烟印刷商标，及时将订单完成情况、库存等信息传送到物资网站，便于物资供应部随时掌握订单信息，确保外销卷烟印刷商标按时供应。

【质量管理】 将关键质量控制点的管控工作与企业质量目标工作结合起来，制定了33个质量分目标，并改善质量分目标的管理方式。针对胶印、凹印产品生产的特性，分别完善了凹印成品质量专检、胶印在制品专检和现场操作工作，规范了产品外观、理化指标的抽样程序和检验方式，并开始进入ERP系统，加强对胶印过程产品质量趋势的判定和追溯。制定并发布《“熊猫”产品生产管理规定》，确保“熊猫”产品质量稳定。

【设备要素管理】 在企业范围内设立了设备无故障运行标杆，开展设备无故障运行竞赛活动。在CD102八色胶印机和820凹印机试点实施设备细化保养，编制完成两部机台的《保养工作四有标准》。在胶印事业部、凹印事业部、基建设备科提出了主要生产设备无墨迹、无积尘、无泄漏、无油垢、无捆扎、无缺损、油路畅的“六无一畅”要求。

【安全管理】 通过上海质量认证审核中心第二阶段的审核，取得质量管理体系和环境、职业健康安全管理体系的认证合格证书。制订《推进安全标准化工作的实施办法》和专业类安全技术规范考评标准，并开展安全标准化自评工作。

【信息化建设】 进行双机热备切换、备份数据恢复演练，确保系统能在特殊情况下最大限度地减小对生产的影响。修订《计算机信息化工作管理规定》，制定《计算机应用系统运行维护管理规定》。实行系统数据责任制，完成按部门分输入数据和监控数据的权限职责表。

【企业文化】 以企业建成80周年为契机，开展一系列精神文明建设的回眸和展望活动。相继组织开展了退休职工回访、“五四”团员大会、职工技术比武、企业80年发展成果图文展、建厂80周年新闻发布会暨展示厅开馆仪式和职工大会等活动。

上海白玉兰烟草材料有限公司

【概　况】 上海白玉兰烟草材料有限公司于2003年由原上海烟草材料厂浦东联营公司转制组建，由上海海烟实业合作公司、上海惠民工贸合作公司、上海张江实业总公司合资经营，专业生产各类包装纸箱、制造卷烟滤棒和多用途胶粘剂。公司占地面积2.6万平方米，拥有德国HAUNI公司复合成型机、KDF－2滤棒成型机、中国台湾详艺七层四楞纸板生产线等各类专用生产设备，长期为上海卷烟厂、北京卷烟厂、高扬国际烟草有限公司提供“熊猫”、“中华”和“红双喜”等产品的滤棒或卷烟烟箱，为上海烟草（集团）公司各烟叶基地提供烟叶大箱，同时为国内其他数家卷烟厂提供滤棒等配套产品。公司总资产1.6亿元，其中固定资产1亿元、流动资产0.53亿元，资产负债率为13.6%。有在册员工411人。

【领导成员】 公司实行总经理负责制，主要领导成员有：

总经理、党总支书记：陈桂荣
党总支副书记、工会主席：蔡建国
副总经理：张荣彪
副总经理、党总支委员：秦建国
副总经理：田永昌

【生产经营】 全年公司共生产瓦楞纸箱1144万标准平方米，滤棒39.18亿支。实现销售收入1.74亿元（含业外产品历史应收账款回笼827.77万元）。实现税利1869万元，同比下降13.1%，其中利润660万元。公司三项费用率为35%。

全年公司万元产值综合能耗为92.5千克标煤，丝束消耗为6.09千克/万支。

【技术创新】 成立"中南海（10mg）"复合滤棒攻关小组，改进加碳装置、优化生产工艺，着重改进复合滤棒端面均匀性。加强技术交流，先后与菲尔创纳公司（Filtrona）、南纤公司、玉溪卷烟厂滤嘴棒分厂等企业进行技术交流合作。"用于纸板生产线的喷淋增湿装置"（CN201329676）获实用新型专利授权，"KDF2滤棒成型机的切刀和刀盘改革"项目申报实用新型专利。

【质量管理】 运用QTM在线自动取样装置，应用SPC统计技术，加强滤棒生产过程控制，全年滤棒工艺参数符合率为98.63%。"大前门"醋纤滤棒的压降CPK值为1.05，1～11月压降CPK值平均达到1.02；圆周CPK值由1.49提升至1.71，全年圆周CPK值平均水平为1.79；圆度CPK值平均水平为1.38，二级站抽检合格率达到100%，实现了醋纤滤棒与先进企业同质化生产。

【人力资源管理】 制订《白玉兰公司管理岗位聘任实施办法》和《上海白玉兰烟草材料有限公司管理人员年度考核办法》。采用"委外培养、专业培训和自助教育"三个层面的培训管理模式，全年共安排干部业务培训48人次，外派培训14人次，社会培训9人次；落实技术工人操作资格培训、上等级培训130人次；员工自助教育培训开办28次，共计1288人次参加培训。

上海海烟物流发展有限公司

【概　况】 上海海烟物流发展有限公司成立于2002年6月18日。公司专注于烟草、酒类、食品、百货的分销与配送，形成以现代物流、糖酒品牌运作、卷烟销售为核心的三大主营业务，是集现代物流、商品营销、信息服务于一体的供应链服务提供商。公司下属海烟物流中心占地面积6.25万平方米，拥有无人自动高架库和自动存取机、SENZANI自动卷烟拣选系统等设备。公司拥有总资产13.61亿元，其中，固定资产3.13亿元、流动资产9.68亿元，资产负债率为23.59%。有在职员工701人。

【领导成员】 董事会

董事长：董秀明
副董事长：葛俊杰
董　事：沈云龙　倪鸿宾　郭　兰

监事会
监　事：冯小莉　易武军

班子成员
总经理、党委委员：过明啸（2009.11—，11月之前任总经理、党委书记）
副总经理、党委书记、纪委书记：管振毅（2009.11—）
党委副书记、纪委书记、工会主席：蒋国澄（—2009.11）
副总经理、党委委员：柏树兴
副总经理：陈君（2009.11—）
副总经理、工会主席：倪婷芳（2009.11—）
总经理助理：康深谊（—2009.11）

【生产经营】 2009年，公司共分拣配送卷烟395.56亿支（79.33万箱），同比增长2%。销售卷烟108.3亿支（21.65万箱），同比增长2.52%。实现卷烟销售收入43.81亿元，同比下降0.2%。实现糖酒销售收入14.29亿元，同比下降4.8%。实现税利5.12亿元，同比增长52.16%，其中利润2.46亿元，同比下降6.1%。公司三项费用率为1.72%。

【机构调整】 成立单独的安保部，强调"全员参与"、"预防为主"的安全理念，确保安全工作始终处于可控状态。

【质量管理】 顺利通过了环境和职业健康安全管理

体系的贯标工作，引用集团文件35个，编制修改公司文件10个，确定重要环境因素26条，重点危险源静态11条、动态4条，35人取得内审员资格。

【财务管理】 以预算管理为主线，重点抓好非烟经营的风险控制工作，将事后控制转变为事前预防。全年预算执行率达到96%，非烟经营应收账款周转天数为27.04天，同比加快8.91天。

【企业文化】 从文化理念、行为文化、制度文化三个层面梳理，逐步建立、完善与集团文化相协调的海烟文化框架。弘扬“服务创造价值”的企业理念，着重加强企业文化与员工思想、业务流程、工作方法的融合，打造“两个一”承诺服务品牌，并开展了“我为企业文化献一计”、“迎世博树新风，争做文明海烟人”行为规范月等系列活动。2009年，公司被上海市人力资源和社会保障局、市总工会等单位联合授予“上海市和谐劳动关系创建活动示范单位”称号，成为长宁区唯一一家获得该称号的企业。

上海烟草集团太仓海烟烟草薄片有限公司

【概　况】 上海烟草集团太仓海烟烟草薄片有限公司注册成立于2004年1月，位于江苏省太仓港港口开发区，2007年7月开始试生产。2009年，公司调整了股权，由上海烟草（集团）公司、广东省金叶烟草薄片技术开发有限公司共同出资组建，注册资金2.3亿元。公司占地面积14.85万平方米，年生产能力为1万吨造纸法烟草薄片，是国内生产烟草薄片规模较大，技术较先进的造纸法烟草薄片生产基地之一。拥有总资产2.51亿元，其中，固定资产1.83亿元、流动资产0.48亿元，资产负债率为18.56%。共有员工173人，其中高级职称2人、中级职称6人。

【领导成员】 公司实行董事会领导下的总经理负责制，主要领导成员有：

董事会

董事长：郜　强

董　事：王　平　李惠敏　倪建东（2009.7—）郑松明（2009.12—）　陈耀岐（—2009.12）　单国荣（—2009.7）

监事会

监　事：徐朱琴（2009.7—）　黄奕鹏（2009.12—）郭　宇（—2009.7）　曹水萍（—2009.7）　周东辉（2009.7～2009.12）

经理层

总经理：谢亦三（—2009.4）

总经理：周　栋（2009.5—）

副总经理：宗宝祥

副总经理：严新龙

总经理助理：仇晓峰

【生产经营】 2009年，公司生产薄片成品4882.53吨，其中，为集团生产薄片产品789.449吨（“红双喜”薄片774.54吨、“北京”薄片5.369吨、“中华”试制薄片4.68吨、“红双喜”试验薄片4.86吨）；为其他企业生产薄片产品4093.08吨（甘肃烟草工业企业薄片2883.24吨、广西中烟薄片937.44吨、河北中烟薄片272.4吨）。实现销售收入6701万元。实现税金552万元。全年薄片产品得率为75.88%，每吨成品耗水、电、蒸汽分别为72.86吨、1978千瓦时、6.86吨，同比分别下降6.4%、4.2%、17.2%。

【技术创新】 理顺公司技术创新管理体系，建立并完善公司级技术创新管理系列标准。全年有3个科技项目通过验收；申请实用型专利2项，并将成果投入运用。

【质量管理】 以参数化控制为载体规范生产过程，修订完善《参数化管理规定》，将90多个参数初步划分为关键参数和一般参数，并对关键参数进行重点检查、及时反馈，实现了参数的分级管理。加强工艺纪律管理执行力度，规范现场工艺管理。加大生产线防腐检查力度，制定了清洁防腐标准和考核细则。实施高浓磨浆机改造项目，使高浓磨参数实现量化，便于质量跟踪和统计，确保了打浆质量的稳定一致。“高浓磨比压测定控制方法”属于国内外首创，已申请发明专利。

【设备管理】 以技术改造为突破口，建立并完善设备管理制度。掌握了原料60～80目的使用技术。推行计量设备分级管理，发布并实施《计量管理规定》。全年在线检测仪器准确率达100%。

（李　燕）

江苏中烟工业有限责任公司

【概　况】　江苏中烟工业公司成立于2003年9月，2008年5月12日，国家烟草专卖局批复同意江苏中烟工业公司更名改制为江苏中烟工业有限责任公司。2009年9月，经国家局批复，公司成立董事会；12月2日，公司董事会召开第一届一次会议；12月3日，举行江苏中烟工业有限责任公司挂牌仪式。公司下辖江苏中烟工业有限责任公司南京卷烟厂、徐州卷烟厂、淮阴卷烟厂等3个不具有法人资格的卷烟生产企业和南通烟滤嘴有限责任公司、江苏格瑞实业有限责任公司2个全资子公司。截至年底，拥有总资产294.8亿元，其中，固定资产40.51亿元、流动资产239.7亿元，资产负债率为12.57%。共有在岗员工6567人。

2009年，公司围绕“卷烟上水平”和“经济效益保增长，企业管理上水平，骨干品牌扩规模”的目标要求，立足江苏烟草工业实际，以市场为导向，以品牌为核心，外拓市场、内抓管理，努力提升发展水平，增强发展实力，完成了年初确定的经济目标。经济运行整体走势平稳，生产经营继续保持平稳向上的发展态势。

2009年，公司被CECA国家信息化测评中心评为“中国企业信息化500强”；被江苏省儿童少年福利基金会授予“江苏省儿童慈善明星单位”称号；被江苏省国税局授予“A类纳税人”称号，全年纳税额居江苏省第一位。

【领导成员】　董事会（2009年9月成立）

董事长：王彦亭

董　事：蒋洪喜　俞惠梅　张岩磊　穆重林　黄翠萍　宣晓泉

监　事：唐　健（2009.9—）

班子成员

总经理、党组书记：蒋洪喜

副总经理、党组成员：俞惠梅

副总经理、党组成员：张岩磊

纪检组长、党组成员：唐　健

巡视员：王广志

巡视员：张铭业（2009年6月由副总经理、党组成员改任巡视员，7月退休）

副巡视员：陈小天

副巡视员：刘　凡

【机构设置】　公司设办公室（外事办公室）、人力资源部、党群工作部、监察部、法律与改革部、财务管理部（投资管理部）、审计部、综合计划部（整顿办）、后勤服务部、原料供应部、信息中心、生产制造中心、安全保卫部、物资采购中心、技术研发中心、市场营销中心16个部门，其中，办公室（外事办公室）和后勤服务部合署办公，法律与改革部和党群工作部合署办公，生产制造中心和安全保卫部合署办公。

【卷烟生产经营】　2009年，公司生产卷烟924.57亿支（184.91万箱），同比增长3.36%，其中，生产一类烟163.42亿支（32.68万箱）、二类烟76.1亿支（15.22万箱）、三类烟359.80亿支（71.96万箱）、四类烟246.76亿支（49.35万箱）、五类烟78.5亿支（15.7万箱）。

全年销售卷烟923.46亿支（184.48万箱），同比增长4.29%，其中，销售一类烟162.3亿支（32.46万箱）、二类烟76.39亿支（15.28万箱）、三类烟359.45亿支（71.89万箱）、四类烟247.30亿支（49.46万箱）、五类烟76.95亿支（15.39万箱）。实现卷烟销售收入288.9亿元，同比增长9.18%。根据国务院有关精神，调整卷烟消费税，部分利润转为税赋，全年增加卷烟消费税14.39亿元。实现税利247.57亿元，同比增长9.05%，其中，实现利润58.81亿元，同比下降2.28%。公司三项费用率为6.02%。

全年万元产值综合能耗为12.10千克标煤，卷烟生产综合能耗为3.83千克标煤/万支。烟叶、滤棒、盘纸平均消耗分别为7.13千克/万支、1714.04支/万支、613米/万支。水、电平均消耗分别为0.14吨/万支、10.29千瓦时/万支。

【主要产品】　2009年，公司在产的卷烟品牌有“苏烟”、“南京”、“一品梅”、“红杉树”、“梦都”、“秦淮”、“大丰收”、“华西村”等8个品牌、38个规格，其中，“南京”和“苏烟”为前20名全国性卷烟重点骨干品牌。全年停产的卷烟品牌有“灵山”和“国烟”。

全年生产“南京”353.1亿支（70.62万箱），共8个规格；生产“苏烟”54.36亿支（10.8万箱），共5个规格；生产“红杉树”190.16亿支（38万箱），共9个规格；生产“一品梅”251.74亿支（50.34万箱），共6个规格。“南京”和“苏烟”的产量占全部在产品牌产量的44.1%。

【市场营销】 公司以“苏烟”、“南京”为培育重点，将一、二类烟的整合和培育作为品牌发展的中心任务，建立了以提升一、二类烟销量为核心的综合管理考核体系。

通过内抓管理、外拓市场，促进营销工作的持续平稳发展。梳理营销业务流程，建立货源反馈机制及销量、库存跟踪机制，加强服务和信息沟通，探索工商协同营销新模式。对市场营销中心实施内部机构改革，实现扁平化管理，提高市场反应速度。省内市场取消了办事处，由市场营销中心的销售一处直接指挥片区；根据省外市场实际情况，对办事处进行了调整，使目标责任落实到人。坚持信息、计划、调拨“三结合”制度，综合年度目标、一线需求和营销策略，加强月度调拨工作。重视营销队伍建设，对片区经理以上的岗位全部实行公开竞聘、竞争上岗。

【原料保障】 坚持“以品牌配方为导向，以稳定供应为核心，以技术创新为动力”的指导思想，突出主导品牌需求，优化资源配置，推进业务整合改革工作，提高烟叶集团化运作水平。以采购量5万担以上的基地为重点，推进品牌导向型烟叶基地建设，烟叶基地化供应率达99.1%。主动参与、深度介入烟叶种植规划、育苗、栽培、烘烤等主要过程，落实三重检验和巡检制度，保证烟叶生产和收购质量。截至2009年年底，公司库存烟叶15.92万吨（318.47万担）。

【辅料保障】 南通烟滤嘴有限责任公司。公司成立于1981年，年各种规格型号滤棒生产能力为170亿支，其中，年特殊滤棒生产能力为20亿支。拥有各类成型机30台（套）、各类检测设备85台（套）。截至年底，拥有总资产25767万元，其中，固定资产9587万元、流动资产13432万元，资产负债率为37.04%。

2009年，公司生产滤棒161.12亿支，销售滤棒158.01亿支。实现销售收入52800万元。实现税利5716万元，其中，实现利润3805万元。公司三项费用率为10.75%。

江苏格瑞实业有限责任公司。公司成立于2002年3月，是全国第一家二氧化碳膨胀烟丝专业生产企业。占地面积为3.9万平方米。截至2009年年底，拥有总资产28250万元，其中固定资产9875万元、流动资产17191万元，资产负债率为21.01%。

2009年，公司生产膨胀烟丝6715.178吨，同比下降10.99%。销售膨胀烟丝7034.28吨，同比下降3.45%。实现销售收入12292万元，同比下降0.11%。实现税利7244万元，同比增长0.37%，其中，实现利润5265万元，同比增长1.96%。公司三项费用率为25.34%。

【科技创新】 2009年，公司投入的科技研发费用超过1亿元。全年共取得科技成果24项，其中7项科技成果获奖。发表科技论文30篇。获得国家专利授权6项。成功研发细支卷烟新产品“南京（炫赫门）”，丰富了“南京”品牌的产品线。参与《卷烟贮存期间的质量变化》、《吸烟机的附加抽吸条件—深度抽吸》等行业标准研究工作。加强科研队伍建设，公司技术研发中心共有专职研发人员178人，其中高级研发人员29人。

【企业管理】 对标工作。以成本费用控制为中心，层层分解对标工作的阶段性目标，定期开展对标工作检查，并将对标及关联工作的完成情况纳入绩效考核。根据国家局2009年行业对标工作通报显示，在41项对标指标中，公司有34项高于行业平均水平，其中6项处于行业先进水平。

“三标一体”建设。推进“三标一体”建设，公司先后开展了内部审核、管理评审、体系文件换版、迎接国家局体系审核及体系自我评价等工作。通过两次内部审核，发现并整改了227个不符合项。在管理评审过程中，解决了46个提案，并对1071个文件评审修改意见予以落实。12月2日，公司顺利通过国家局组织的行业现场审核。

安全管理。开展“安全生产年”活动，落实安全生产宣传教育、安全生产执法、安全生产治理“三项行动”。严格执行24小时双岗值班制度，加强安全生产法制体制机制、安全生产保障能力、安全生产监管队伍“三项建设”。全年未发生重大安全事故。

【信息化建设】 推进协同办公、协同商务和集成制造三大应用体系建设。加强企业资源计划（ERP）及数据中心项目建设，一期的生产、销售、财务、原料、辅料、备件管理系统六大模块平稳运行，二期的人力资源、客户关系、预算、质量、设备、报表合并管理系统六大模块于6月全部上线，三期的项目管理、高级计划优化、审计信息系统、公司门户以及数据中心等模块于年底成功上线。

【思想政治工作】 深入学习实践科学发展观活动。3～8月，公司开展深入学习实践科学发展观活动。全系统共下发各类指导性文件168份，召开工作布置会

133 次，编发活动简报 98 期，撰写、起草各类文字材料 20 余万字。活动覆盖了全系统 71 个党支部、1397 名党员和领导干部。在满意度测评投票中，满意的占 94.22%，比较满意的占 5.78%。

“上水平、争先进、创一流”主题活动。公司以“走在行业前列，展现一流水平，全面建设现代烟草”为新目标，开展“上水平、争先进、创一流”主题活动。10 月，成立了主题活动领导小组及其办公室；10 月 19 日，在全系统召开了主题活动实施动员大会。活动跨越 2009 年、2010 年两个年度，分为“统一思想、深化认识”，“对照目标、制定措施”和“全面落实、整体推进”三个阶段。

【企业文化】 公司制订了《2009～2011 年企业文化建设实施规划》，明确企业文化建设项目目标、内容和需求。成立项目指导委员会、执行委员会、联合工作组。开展企业文化基础知识全员培训，全年共举办 4 场次专题培训，培训人员 500 多人次。开展企业文化调研诊断，召开座谈会 12 场次，发放问卷调查近 1500 份，并形成《江苏中烟企业文化调研诊断报告》。8～9 月中旬，在全系统开展企业文化案例故事和企业文化理念用语征集活动，共征集企业文化案例故事 88 篇、企业文化理念用语 2300 余条。建设企业文化传播平台，策划了企业文化网站专题，设置《江苏中烟报》企业文化专栏，并制作了以“风华苏蕴·文化中烟”为主题的刊物。

【特事要辑】 1 月 8 日，国家局副局长张保振到江苏中烟考察。

5 月 16 日，国家局局长姜成康考察江苏中烟在云南禄丰县的特色优质烟叶开发项目。

8 月 20～23 日，姜成康到江苏中烟考察。

12 月 3 日，江苏中烟工业有限责任公司揭牌仪式在南京举行，江苏省副省长史和平、国家局副局长张辉共同为公司揭牌。

所属企业

江苏中烟工业有限责任公司南京卷烟厂

【概　况】 江苏中烟工业有限责任公司南京卷烟厂前身是成立于 1948 年的振业卷烟厂。1964 年更名为国营南京卷烟厂；1987 年更名为南京卷烟厂；2006 年更名为江苏中烟工业公司南京卷烟厂，取消法人资格；2009 年更名为江苏中烟工业有限责任公司南京卷烟厂。

企业厂区占地面积为 27.2 万平方米。截至年底，共有在岗员工 1653 人，其中专业技术人员 367 人。企业拥有卷接包设备 19 台（套），其中包括卷接能力为 16000 支/分钟的意大利 GDPLUS－GDH1000 超高速卷接包机组 1 套，卷接能力为 6600 支/分钟的进口细支卷接包机组 1 套，年卷烟生产能力 400 亿支（80 万箱）。

2009 年，企业先后获“2008 年度江苏省依法治企诚信经营先进单位”、“江苏省 2009 年度企业文化建设先进单位”、“江苏省安全生产诚信企业”、“江苏省平安企业”等称号。

【领导成员】 企业实行厂长负责制，主要领导成员有：

党委书记：张岩磊（—2009.3）

厂长、党委书记：李　鸣（2009 年 3 月由党委副书记改任党委书记）

副厂长、党委委员：王振洲

副厂长、党委委员：黄　彪

副厂长、党委委员：王　宁

财务总监：杨　勇

党委副书记、纪委书记：刘殷亭

副厂长、党委委员：高　宏（2009.6—）

副厂长、党委委员：金茂跃

党委委员、工会主席：姚　远

副调研员：谢文浩

副调研员：龚怀龙

【卷烟生产】 2009 年，企业主要生产的卷烟品牌有“南京”、“梦都”、“秦淮”、“大丰收”等。

全年生产卷烟 326.8 亿支（65.36 万箱），其中，生产一类烟 56.08 亿支（11.22 万箱），二类烟 19.82 亿支（3.96 万箱），三类烟 243.44 亿支（48.69 万箱），四、五类烟 7.46 亿支（1.49 万箱）。生产主导品牌“南京”318.13 亿支（63.63 万箱）、“梦都”1.21 亿支（0.24 万箱）。

全年万元产值综合能耗为 9.13 千克标煤，同比下降 13.13%。卷烟生产综合能耗为 3.05 千克标煤/万支，同比下降 3.48%。烟叶、滤棒、盘纸平均消耗分别为 7.11 千克/万支、1688.27 支/万支、618.35 米/

万支。水、电、燃料、蒸汽平均消耗分别为0.11吨/万支、7.44千瓦时/万支、2.14千克标煤/万支、20.92千克/万支。

【企业管理】 生产管理。调整产销调度模式，完善生产管理体系，加强内外部的沟通协调，完善以“服务链”考核为重点的生产考核机制，推动生产组织向“精细化”转变。卷烟生产经营决策管理系统运行质量稳定。规范和完善绩效管理指标库，开展体系培训、管理评审等贯标活动。全面启动MES项目建设，完成图形系统和SAP系统第二期任务。数采系统通过验收，提高了信息系统的运行效率，为生产管理提供了保障。

质量管理。举办“质量月”活动，开展各种质量技能竞赛活动。开展“质量零缺陷”专项活动，严格执行质量管理体系标准，加大对重点缺陷的检验力度和频率。加强产品质量分析会制度建设，提高质量动态管理水平。

成本控制。围绕对标工作，拓展降本增效的新途径、新方法，分步实施了绿色照明、变频改造等项目。调整卷烟工艺流程，减少过程损耗。开展测量管理体系建设，完善计量监控系统，强化能源消耗考核。突出预算管理的刚性作用，细化成本费用控制，密切跟踪影响成本的主要因素，完善以预算管理为核心的成本控制体系。

【技术改造】 开展停产检修，完成HXD升级改造等多个项目。开展工艺技术攻关，加强对环保铝纸等重点项目的研究，解决生产难题，提升工艺控制的精细化程度。“十一五”后期技改项目稳步推进，截至年底，完成土地交付协议手续，项目规划方案通过了国家局专家组的论证。

【党风廉政建设】 突出常态管理、监管重点，强化内部监管体系建设。按照“一岗双责”和“两线三级”的要求，建立一级抓一级、层层抓落实的廉政责任网络。实施明示承诺制度，坚持领导干部重大事项报告制度和收入申报制度。坚持厂务公开、厂长接待日等民主管理、民主监督机制。

【人力资源管理】 加强“四要”作风建设，创建“四好”领导班子。重视对管理干部综合素质的培养，举办脱产管理干部素质提升培训班，强化对中层干部的月度考核机制，提高干部队伍对企业工作的理解力。继续开展“三个通道”竞聘工作，即在操作工中聘任主任技师、副主任技师，在管理人员中聘任主任科员、副主任科员，在技术人员中聘任主任工程师、副主任工程师，发挥竞聘激励机制的导向性作用，推动高层次、高技能“两高”人员的培养。开展技能鉴定、职称评定、技术比武、群众性质量管理等活动，提升员工队伍的技能水平。

江苏中烟工业有限责任公司徐州卷烟厂

【概　况】 江苏中烟工业有限责任公司徐州卷烟厂前身是成立于1939年9月的陇海烟厂。1956年2月，更名为地方国营徐州卷烟厂；2006年，更名为江苏中烟工业公司徐州卷烟厂，取消法人资格；2009年，更名为江苏中烟工业有限责任公司徐州卷烟厂。

企业占地面积27万平方米。截至2009年年底，共有从业人员1852人，其中在岗员工1508人。拥有制丝能力为6000千克/小时制丝线2条，生产能力400千克/小时辊压法薄片生产线2条，卷接机组17台(套)，包装机组18台，装封箱机8台，滤棒成型机组2台，滤棒发射机4台，年卷烟生产能力500亿支(100万箱)。

2009年，企业先后获“全国文明单位”、“江苏省思想政治工作先进单位”、“江苏省依法治企先进单位”、“江苏省五五普法中期先进单位”、“江苏省工会财务工作先进集体”等称号；制丝车间工会被中华全国总工会授予“全国模范职工小家”称号；生产制造处卷包车间“求索创新QC小组”被中华全国总工会、团中央等五部门联合授予2009年“全国优秀质量管理小组”称号。

【领导成员】 企业实行厂长负责制，主要领导成员有：

厂长、党委书记：宣晓泉
副厂长、纪委书记、党委委员：张兴顺
副厂长、党委委员：强　青
副厂长、党委委员：朱卫星
副厂长、党委委员：董　彪
党委副书记、工会主席：王洪雷
财务总监：边　姜
副厂长：凌　毅（—2009.4）
总工程师：吴宝兴
副调研员：王继林
副调研员：时培俊
副调研员：刘明轩
副调研员：祁祯祥
副调研员：郜广礼

【卷烟生产】 2009年，企业主要生产的卷烟品牌有"苏烟"、"红杉树"、"大丰收"、"南京"、"一品梅"、"秦淮"等。

全年生产卷烟295.01亿支（59万箱），其中，生产一类烟103.14亿支（20.63万箱）、二类烟14.13亿支（2.82万箱）、三类烟60.56亿支（12.11万箱）、四类烟88.63亿支（17.73万箱）、五类烟28.55亿支（5.71万箱）。生产主导品牌"苏烟"54.36亿支（10.87万箱）、"红杉树"188.73亿支（37.75万箱）。

全年万元产值综合能耗为10.83千克标煤，卷烟生产综合能耗为4.59千克标煤/万支。烟叶、滤棒、盘纸平均消耗分别为7.23千克/万支、1720.86千克/万支、611.5米/万支。水、电平均消耗分别为0.125吨/万支、12.84千瓦时/万支。

【技术改造】 推进"十一五"技改工程建设，总投资约1.68亿元，截至年底，总建筑面积1.96万平方米的南院辅助综合楼项目主体基本竣工。卷接包生产线技术改造项目中，完成生产设备的搬迁和对101工房的改造工作；完成对投资约3.5亿元的2组PROTOSM5+GDX6S、1组PROTOSM5+FOCKEFXS高速卷接包机组的调试，并先后投入使用。

【科技创新】 围绕"降焦、降耗"进行一系列添加量实验，扩展ESS梗丝的使用范围。加强与郑州烟草研究院的合作，"卷烟产品品质及设计技术分析研究"、"《烟草实验室大气环境检定规程》行业标准共同研究"等项目研究工作进展顺利，"梗中轻质杂物剔除设备的研发"项目获江苏省QC小组成果二等奖、国家局优秀QC成果一等奖。承担楚雄州禄丰县"特色优质烟叶开发项目"的建设工作。

【企业管理】 制度建设。深化"管理年"活动成果，加强企业内部管理机制建设，把节能减排的有效措施、职工合理化建议的征集及落实、畅通厂领导与职工的信息沟通渠道等管理办法固化为管理制度，管理制度由原来的154项增至270项。修订《内设机构职责细则》，细则由201项增至982项。

"三项检查"。2009年，企业《"三重一大"集体决策制度管理办法（试行）》正式实施，修订《厂务公开实施细则》、《招标采购项目签订廉洁从业协议书、设立廉洁履约保证金实施办法》，将廉政监督工作小组在招标采购流程中的监控点增加至16个，规范企业招标、采购程序，并把廉政监督工作内容融入厂务公开和招标采购各个环节。

质量管理。围绕"苏烟"和"红杉树"一、二类烟生产的过程与质量控制，修订和完善了《工艺管理规定》、《产品质量考核规定》等规章制度。对"苏烟"、"红杉树"进行工艺测评，进一步梳理工艺流程，提升了工艺监控能力和工艺控制精度。在国家局卷烟产品质量市场抽查过程中，产品质量合格率达100%。

创建优秀工厂。把"创建优秀工厂"活动纳入班组、车间管理的重要内容，搭建"生产管理进步"度量与评价体系，实现创优活动与生产运行日常工作的有机结合。在国家局制定的"创建优秀工厂"十项指标中，企业的市场抽查合格率、单箱卷烟综合能耗、化学需氧量、卷烟焦油量加权平均值等4项指标均超过行业平均水平，其中市场抽查合格率、化学需氧量2项指标达到行业优秀水平。

安全工作。落实安全生产责任制、安全稳定领导责任和岗位责任，推进安全体系建设，开展消防安全教育，提高干部职工的安全文化素质。在徐州市安全消防电视知识竞赛中，企业代表获第一名。

【信息化建设】 在SAP系统正式运行的基础上，二期的项目质量、设备、人力资源以及财务预算管理等模块相继上线运行。结合MES系统运行实际，分别开发了SAP与MES系统的生产、质量接口，运行效果良好。针对应用系统数据缺乏异地备份问题，企业加大对系统安全方面的投入，部署了企业级的集中备份系统，并引入服务器维保外包服务，确保企业关键应用系统服务器的安全。

【人力资源管理】 企业将"中级职称"、"二级科员"、"技师"等技术职务的聘任年限由两年调整为一年，适当增加各部门的技术职务聘任人数。完善考核标准，将部门月度工作绩效、员工月度工作绩效的考核项目分别细化为18个、23个，适度拉大同层次员工间的考核差距。开展技能鉴定、岗位练兵、技术比武、师徒结对等多种活动。全年共举办各类培训班58期，培训员工近2100人次。

【思想政治工作】 开展深入学习实践科学发展观活动，企业的1个党总支、15个党支部、464名党员全部参加了为期半年的学习。通过实践活动，促进制度建设，共废止制度22项、修改完善17项、新建5项，收集意见建议40余条。实施整改落实方案，包括员工成长通道建设、缩短职工体检间隔等95条整改措施落实到位。通过测评，群众满意度达100%。

【企业文化】 5月，企业正式启动企业文化建设。制定《年度企业文化建设规划落实方案》，签订《企业文化建设责任书》，开展企业文化培训。11月28日，企业举行了建厂70周年系列纪念活动。组织编撰徐州卷烟厂厂志、纪念画册，举办劳模风采展和烟标展，创作了反映企业建设成果的歌舞、小品。

江苏中烟工业有限责任公司淮阴卷烟厂

【概　况】 江苏中烟工业有限责任公司淮阴卷烟厂前身是成立于1945年的华新烟草公司。1949年，更名为华新烟厂；1963年，更名为淮阴卷烟厂；2006年，更名为江苏中烟工业公司淮阴卷烟厂，取消法人资格；2009年，更名为江苏中烟工业有限责任公司淮阴卷烟厂。企业占地面积为54万平方米。截至2009年年底，共有从业人员2020人，其中在岗员工1610人。拥有制丝能力达4800千克/小时的制丝生产线2条，卷接包装机组16台（套），SH93叶丝高速膨胀干燥设备1台（套），COMAS烘丝机1台（套），HXD在线膨胀设备1台（套），自动装封箱机8台，KDF2滤棒成型机4组，滤棒发射机4套，码垛机3台，年卷烟生产能力400亿支（80万箱）。

2009年，企业被中央精神文明建设指导委员会授予“全国文明单位”，被中央精神文明建设指导委员会办公室“全国精神文明建设工作先进单位”称号，被中国标准化协会授予“中国标准化协会团体会员证书”。

【领导成员】 企业实行厂长负责制，主要领导成员有：

厂长、党委书记：周　涛

副厂长、纪委书记、党委委员：樊兆庆（2009年12月改任副调研员）

副厂长、党委委员：郁雨昌

党委委员、工会主席：孔维应

副厂长、党委委员：金殿明

副厂长、党委委员：赵　亮

调研员：陈　伟

副调研员：王寿义

财务副总监：程学贵

【卷烟生产】 2009年，企业主要生产的卷烟品牌有“一品梅”、“华西村”、“大丰收”、“南京”、“红杉树”等5个品牌、14个规格。

全年生产卷烟302.75亿支（60.55万箱），其中，生产一类烟4.3亿支（0.86万箱）、二类烟42.14亿支（8.43万箱）、三类烟55.69亿支（11.14万箱）、四类烟158.13亿支（31.63万箱）、五类烟42.49亿支（8.50万箱）。生产主导品牌“一品梅”227.39亿支（45.48万箱）、“华西村”14.46亿支（2.89万箱）。

全年卷烟生产综合能耗为3.91千克标煤/万支。烟叶、滤棒、盘纸平均消耗分别为7.03千克/万支、1735.4支/万支、608.7米/万支。水、电平均消耗分别为0.15吨/万支、12.88千瓦时/万支。

【技术改造】 实施“十一五”技术改造工程，截至年底，完成1条新制丝生产线、1条SH93高速干燥膨胀生产线及相关辅联设备的安装，完成15台（套）卷接包机组、1条制丝生产线设备搬迁和安装，以及辅材输送、成品库自动化改造工作；联合工房、动力中心、综合生产辅房投入使用，烟叶仓储项目二期工程4栋仓库实现主体结构封顶；二氧化碳膨胀烟丝生产线及餐厅等辅助设施项目上报国家局。

【科技创新】 以新的工艺装备为平台，开展工艺测试和工艺研究，产品风格保持稳定，部分消耗有所降低。“提高薄片利用率”、“取消切余料”、“大丰收滤棒醋纤改水溶性丙纤”等自主攻关项目投入生产。与郑州烟草研究院、江苏智思集团等联合承担国家局重点课题“SP81烟梗制粒膨胀技术研究及设备研发”，12月，课题通过国家局鉴定，并被鉴定委员会评定为：SP81项目突破了关键技术瓶颈，整体技术达到国际领先水平。此外，“低强度松散回潮技术”、“分段式低温滚筒叶丝干燥技术”2个项目被列入行业技术装备创新重点项目。

【企业管理】 “创优”工作。全年企业有4项“创优”指标达到优秀标准，在国家局公布的41项对标指标中，26项达到行业平均水平以上，16项与历史最好水平相比有较大提升。

管理体系建设。开展管理体系完善和持续改进工作，先后组织企业内部审核2次、接受工业公司审核2次，对发现的问题和不合格项整改率达100%。结合技改搬迁、生产运行情况，开展体系文件在一线运行情况的跟踪和调研，对全厂418个文件进行评审，完成90个文件的修改，发布160个文件。12月，企业通过了行业管理体系评审，测量管理体系通过复评。

“三项检查”。抓住制度、决策、运作、监管四个环节，对物资采购、宣传促销和工程投资项目开展自查。对16个检查要点进行“回头看”，自查业务864笔，自查金额约12.08亿元，整改落实问题75个。出台《招标采购管理办法》，明确招标采购管理职责、招标采购程序。开展固定资产投资审计、合同审计、工程审计等7项审计工作，共审计工程进度款12080.5万元、合同金额77848.06万元。6月，企业通过了国家局“三项检查”重点抽查。

财务预算管理。修订《货币资金管理规定》、《发票报销审批管理规定》、《固定资产管理规定》等制度。开展“节约挖潜、降本增效”主题活动，全厂确定了23个降本项目，重点加强卷烟辅材、配方等方面的成本控制。全年实现降本1284万元。

生产管理。重视“6S”管理方法的应用，在生产、原料、辅材、设备一线开展“6S”管理宣传发动和知识培训，制定实施细则和工作标准。以班组建设检查、评价、分析和提高为重点，建立“6S”管理长效机制。开展质量攻关活动，以“安全标兵”、“质量标兵”、“生产标兵”、“先进机台、先进班组”等为主要内容组织劳动竞赛，提高质量意识。全年卷烟市场抽检合格率保持100%。

原料管理。开展烟叶调拨、烟叶基地建设工作，全年调拨把烟2.53万吨（50.6万担），其中，上等烟叶1.27万吨（25.3万担）、中等烟叶1.0万吨（19.7万担）、下等烟叶0.28万吨（5.6万担）。调拨打叶复烤加工烟叶2.48万吨（49.6万担）。加强与烟叶产区的沟通和协调，组织云南普洱市5万担新烟区开发、3万担特色优质烟叶项目建设。

【信息化建设】 组织MES系统建设，过程质量检验、生产计划排产和调度、现场管理等模块上线运行。完成对“十一五”技改工程信息系统、数据采集系统、卷烟生产经营决策管理系统的搬迁并投入使用。

（卢　超）

浙江中烟工业有限责任公司

【概　况】 浙江中烟工业公司成立于2003年7月，2007年11月更名改制为浙江中烟工业有限责任公司。截至2009年年底，公司下辖浙江中烟工业有限责任公司杭州制造部、宁波制造部2个卷烟生产企业，参股甘肃烟草工业有限责任公司。公司拥有总资产236.91亿元，其中，固定资产27.48亿元、流动资产183.03亿元，资产负债率为10.9%。共有从业人员3018人，其中在岗员工3013人。

2009年，浙江中烟贯彻落实党的十七届三中全会和全国烟草工作会议精神，坚持学习实践科学发展观，以“规模上台阶，税利保增长，品牌促发展，价格求稳定，市场争份额，管理上水平”为重点，不断夯实工作基础和市场基础，努力提升技术创新水平和可持续发展能力，进一步推进和谐企业建设，以更加卓有成效的工作业绩，为建设“严格规范，富有效率，充满活力”的中国烟草做出贡献。

2009年7月，浙江中烟获中华慈善总会颁发的“中华慈善突出贡献单位（企业）奖”；9月，在中国企业联合会、中国企业家协会联合公布的2009中国企业500强名单中，浙江中烟名列第233位。在CECA国家信息化测评中心公布的“2008年度中国企业信息化500强”中列71位，并获“优秀信息化建设团队奖”及“中国企业信息化标杆企业”称号。

【领导成员】 董事会

董事长：徐　瑾

董　事：张益山　刘建设　孟伟刚　李晓兵　舒明　韩春宁

监　事：潘志刚（2009.12—）

班子成员

总经理、党组书记：张益山

副总经理、党组成员：刘建设

副总经理、党组成员：孟伟刚

副总经理、党组成员：许明忠（2009年6月由纪检组长改任副总经理）

副总经理、党组成员：杨柳军（2009.6—）

纪检组长、党组成员：潘志刚（2009.6—）

副巡视员：徐芳权

副巡视员：华夫明

【机构设置】 公司设办公室（外事办公室）、综合计划部、生产管理部、安全保卫部、财务管理部、审计部、法律与改革部、投资管理部、人力资源部、思想政治工作部、监察部、市场营销部、物资供应部、进出口部、技术中心、信息中心共16个部门。

【卷烟生产经营】 2009年，公司生产卷烟1023.29亿支（204.66万箱），同比增长11.67%，其中，自产卷烟804.2亿支（160.84万箱），同比增长5.68%；加工卷烟219.09亿支（43.82万箱），同比增长41.03%。全年销售卷烟1022.31亿支（204.46万箱），同比增长11.62%，其中，内销卷烟1005.21亿支（201.04万箱），同比增长11.13%；外销卷烟17.1亿支（3.42万箱），同比增长70.84%。

全年实现销售收入301.37亿元，同比增长17.78%，其中，自产卷烟实现销售收入233.82亿元，同比增长9.06%。根据国务院有关精神，调整卷烟消费税，部分利润转为税赋，全年增加卷烟消费税25.2亿元。实现税利196.77亿元，同比增长10.94%，其中，实现利润31.53亿元，同比下降27.4%。公司三项费用率为4.67%。

企业全年卷烟生产综合能耗为2.23千克标煤/万支，烟叶、滤棒、盘纸平均消耗分别为7.38千克/万支、1680支/万支、645.4米/万支，水、电平均消耗分别为0.056吨/万支、6.79千瓦时/万支。

【主要产品】 全年生产的主要卷烟品牌为“利群”、“大红鹰”、“雄狮”三大系列，其他还有“五一”、“双叶”、“大丰收”，在销规格32个。此外，国际市场上在销的品牌有“摩登”、“利群”和“大红鹰”。2009年，“摩登”在中东、南美地区及印尼的销量大幅增长，全年共销售14.34亿支，同比增长90.72%，其中中东地区销量达11.2亿支，同比增长111.32%。

“利群”系列共有11个规格，全部为烤烟型，其中一类烟7个，二类烟4个。作为浙江中烟的核心品牌，2009年，“利群”继续保持良好的增长态势，全年实现工业销售428.65亿支（85.73万箱），批发总市值达328.3亿元，同比增加69亿元。“利群”品牌产品线继续向上延伸，“利群（神州）”与“利群（硬）”改版后成功面市，全年销售“利群”零售价250元/条及以上规格24.5亿支（4.9万箱），同比增长67%。市场分布向全国性大市场拓展，全年实现省际交易195.5亿支（39.1万箱），省际交易比例同比提高5.4个百分点，省外共有272个销售市场，分布在32个省（市、自治区），省外销量上万箱的有10个省，较上年增加5个省份。

“大红鹰”系列共有10个规格，全部为烤烟型，其中一类烟4个，二类烟3个，三类烟3个。全年实现工业销售106.33亿支（21.25万箱），同比增长42.92%，其中，零售价10元/包“大红鹰”销售67.55亿支（13.51万箱），同比增长123.31%。全年“大红鹰”商业销量104.35亿支（20.87万箱），同比增长43.45%，是浙江中烟销量增幅最大的品牌。

“雄狮”系列共有5个规格，全部为烤烟型，其中三类烟1个，四类烟3个，五类烟1个。全年实现工业销售405.63亿支（81.13万箱），同比增长12.1%，其中，零售价3元/包“雄狮”销售194.18亿支（38.84万箱），同比增长39.05%；零售价5元/包及以上销售139.62亿支（27.92万箱），同比增长4.12%。全年“雄狮”商业销量407.1亿支（81.42万箱），同比增长11.77%。“雄狮（老版红）”、“雄狮（硬）”和“雄狮（红）”已成为五元档、三元档和二元档的主销规格，其中，三元档商业批发销售量占“雄狮”总销量的96.16%。

【市场营销】 “东稳西进”。公司明确提出“东稳西进”的营销策略，即稳健提升东部市场份额，突出重点省市，精耕细作；同时，以东部市场的发展为模板，积极挺进中西部市场，加快浙产烟从东部区域市场向全国性大市场的拓展。为稳定东部市场，针对省内市场份额下降的趋势，3月，浙江中烟组织对浙江省的11个地市级公司进行全面登门拜访，围绕浙产烟的发展目标和市场品牌表现，共同分析市场变化，制定宣传沟通方案和8个方面的营销拉动措施。4月开始，有效遏制了省内份额下降的趋势。积极推进“西进”策略，浙产烟在甘肃、四川、重庆、陕西、云南、贵州等省市销量增长显著。全年西部区域市场总量同比增长145%，“利群”销量同比增长86%。根据四川市场要求，定向开发了“利群（软红长嘴硬化）”，并于9月在四川17个地市上市。

保牌稳价。2009年初，行业卷烟品牌的市场价格波动较大，公司采取了“保牌稳价”的策略，加强对市场价格的监测和对投放货源的调控，使浙产烟市场价格整体平稳受控。根据价格系统数据显示，浙产烟各主销牌号的市场价格均高于区域统价，大部分规格较上年同期市场均价略有上升。建立浙产烟主骨干规格价格监控体系，完善全国1680个价格采集点的价格采集与监控，春节期间及价格波动明显时期进行每日监控分析，平时每周二对市场价格进行汇总和分析，反映市场价格变化，调整投放策略。

信息管理与服务。完善“按订单组织生产，按存销比发货，按最低限价调控”的市场化运作机制，坚持“要多少给多少，要什么给什么，销多快跟多快，允许调整合同，允许退货”的营销策略，提高信息管理和服务水平。实行《国内卷烟市场信息管理程序》，规范国内卷烟市场信息的收集、分析、传递与应用等，提高卷烟商情信息的时效性。完善相关销售分析，及时向国家局汇报各项简报、分析报告等。根据“百万箱‘利群’工程”的目标要求，2009年上半年开始，每月针对全国市场上全国性卷烟重点骨干品牌的竞争态势及“利群”的发展状况，对竞争环境变化进行综合分析。完善成品物流动态服务平台，与106家单位实现工商销售数据对接，对86家单位实施电子托盘运输，整托盘运输量占工业调出总量的3/4，在途物流信息服务实现了全覆盖。

品牌文化建设。开展"利群·阳光助学"行动，2009年，在全国13个省份开展了"利群·阳光助学"行动，其中，甘肃为新拓展的活动区域。在杭州、济南、南昌和宁波开展"大红鹰玫瑰婚典"活动，该活动被中国节庆产业年会评选活动组委会评为"中国十大民俗节庆活动"。

【原料保障】 原料采购。保障2009年卷烟生产，共采购烟叶12.84万吨（256.84万担），同比增长36.77%，创公司历史最高水平，其中，采购国内烤烟12.06万吨（241.2万担），晾晒烟0.12万吨（2.42万担），进口烟叶0.66万吨（13.22万担）。到2009年6月底，烤烟片烟库存总量为12.26万吨（245.18万担），同比增长20%。采购烟叶的等级质量明显提高，合格率高出行业平均水平4.7个百分点。上等烟比例达72.5%，其中，采购中部上等烟比例为63.26%。在"利群"原料关键产区云、川、湘、鄂共采购烟叶4.7万吨（94万担），同比增长58.2%，较好地满足了全国性卷烟重点骨干品牌的等级结构需求。2009年度烟叶调入工作顺利推进，采购调拨总量为10.51万吨（210.23万担）。截至2009年年底，签订烤烟实时合同5.63万吨（112.67万担），签订烟叶加工合同3.50万吨（69.93万担）。

基地建设。以"利群"品牌核心原料产区为重点，积极开展基地建设。与四川、河南省烟草公司及其相关地市级公司，以及天昌国际烟草有限公司签订五年框架协议，明确合作的范围及规模。协议共涉及2个省6个地市级公司17个县营销部（分公司），协议期内采购规模总量从2.69万吨（53.8万担）逐步提高到3.5万吨（70万担）。与"利群"品牌核心原料产区就"利群"原料基地单元建设进行沟通，并与四川、河南2个省6个地区8个县达成初步共识，每个基地单元规模控制在5万担以内，按需采购。

供方管理。先后7次对13家烟用材料、10家烟机零配件供方进行现场资质认证，把质量管理向供方延伸，查找供方的薄弱环节并督促整改，提高供方供货的安全性并对各类供方进行客观评价，公正评分。截至2009年年底，共收到供方整改验证报告23份，完成65家烟用材料供方及31家烟机备件供方的资料认证。

【科技创新】 加强科研攻关力度，开展提高烟叶资源利用率项目研究，以及新材料、新工艺、新技术等材料科研和应用研究，着重在烟用材料的安全性能、生产适应性和降低成本等方面加大科研力度，降低烟用材料的设计成本。2009年，公司博士后科研工作站培养的第一位博士后顺利结题出站，被浙江省人事厅、浙江大学、浙江中烟联合考评为特别优秀，并与浙江大学联合招收第二位博士后进站，开展降低卷烟危害性技术研究。

2009年，公司在研科技项目75项，创新改进68项，QC改进151项。在核心期刊上发表论文12篇，其中2篇被SCI收录，2篇在TSRC国际会议发表。申请发明专利5项，实用新型专利10项，外观设计专利1项。列入国家局2009年度科技项目计划2项，列入浙江省年度"958"计划1项，起草发布行业标准1项。

【多元化经营】 对歌德大酒店、宁波大红鹰车队、杭州浙兴烟草物资有限责任公司等3家多元化经营企业开展税收专项审计检查和"小金库"专项治理工作。成立清退清理工作自查小组，按"一企一档"要求，开展专项清查工作。加强资产监管，对宁波大红鹰药业股份有限公司、宁波象山黄金海岸大酒店开展清算清退和有偿转让工作。截至2009年年底，持续经营的多元化企业有12家，其中，赢利的11家，亏损的1家。全年实现投资收益总额1990.43万元。

【体制改革】 完善董事会运作机制，设立了1名监事，将公司投资、预算、薪酬等专门委员会调整为董事会的决策咨询机构，调整相应的委员会成员，重新修订工作规则。按照调整后董事会的工作机制、职权范围和办事机构，相应地修改了公司章程。

【企业管理】 预算管理。强化预算管理基础，基本形成以年度全面预算为基点，月度资金预算为表现形式的预算管理体制。通过预算控制成本费用，有效提高资金使用效率，明确了93条降本节费的具体措施，内容涉及原料、材料、备品备件、燃料动力、各项费用等各个成本控制关键点的控制计划、措施和目标。修改《成本费用控制实施方案》，初步搭建起由业务部门牵头，预算、分析和控制积极跟进的日常性成本管控机制。

资产管理。制定《固定资产管理规定》和各职能部门的实施细则，基本建立分类管理、分级管理、全过程管理、协同管理和信息化管理的总框架，界定资产类别，明确归口部门，建立分级台账，解决了联合重组后固定资产管理上的遗留问题。从制度建设、权证管理、转让程序等方面对国有资产管理现状开展自查，完善国有资产管理机制。

"三标一体化"建设。公司对质量管理体系建设的做法、经验和体会进行系统梳理，6月，公司质量管理体系建设通过行业审核，体系文件执行率从85.5%提升到92.8%。落实环境安全管理工作要求，修订《安全、环境目标与综合管理考核办法》，开展2009年度环境因素、危险源的识别评价与风险控制工作，共排查出危险源468项、环境因素559项。定期监测二氧化硫、烟草粉尘等环境排放指标，及时跟踪异常情况并采取整改措施，全年未发生排放超标现象。11月，全国烟草行业管理体系建设现场会在浙江杭州召开，公司以“七个一”① 的形式，对质量管理体系建设的做法、经验和体会在会上作了集中展示。

对标和创优活动。制定《对标工作实施方案》，发布《对标工作管理办法》，以行业对标指标为一级指标，内部分解指标为二级指标，初步建立起对标指标体系，并落实相应管理部门，完善通报和分析机制。制定《关于开展优秀卷烟工厂创建活动的指导方案》，开展创优工作。

【信息化建设】 2月6日，浙江中烟企业资源计划(ERP)项目建设启动。在项目建设过程中，公司坚持以重点业务为抓手，以管理和业务需求为导向，加强业务与信息部门的研讨和沟通，确保平台的先进实用和项目的顺利实施。截至2009年年底，共梳理出生产管理、物料管理、销售管理、质量管理等10大模块200余个核心流程，其中，一期的七大模块于10月成功上线，二期的三大模块也全面展开。完成数字研发及质量管理项目（PDM）核心模块的开发上线和综合营销业务系统的优化改进工作，实现了内外网升级。公司实施的“RFID托盘联运基础上的烟草行业射频识别技术进一步推广应用”项目被国家发展改革委确定为国家信息化试点工程，并争取到了国家财政资助。

【人力资源管理】 实施“岗位分类和岗位评价”，9月，项目基本完成，将公司810个岗位区分成管理类、技术类、生产类、业务类和服务类5个类别，从劳动关系的维度将所有岗位界定为操作类和非操作类2个类别。开展市场区域经理、市场经理述职演讲和竞聘工作，建立优胜劣汰的激励约束机制。实施第四批分流员工竞聘上岗，共推出31个空缺岗位，经考试、考核，21名分流员工回到主业岗位工作。全年招聘129名大专学历以上的新员工。明确女性员工退休年龄。

制订完善分配制度改革方案，搭建员工成长通道，探索建立分配秩序，调动员工积极性。推出并实施专业技术职务与职业技能等级聘任和津贴制度。开展教育培训，全年完成培训项目339项，参训人员8873人次。加强对中高级技能人才的培养，选派2名员工参加全国烟草行业烟叶分级职业技能竞赛并获“全国烟草行业技术能手”称号。

【思想政治工作】 集中半年时间，通过多种形式营造学习氛围，开展深入学习实践科学发展观活动。公司859名党员参加专题学习，组织了三场辅导报告会，科级以上领导干部分三批进行集中学习培训，形成交流学习心得259篇，编发指导文件20个，活动简报34期，专栏45块，电视专题60余条，动态信息280余篇。针对涉及企业长远发展和职工群众切身利益的五大课题展开现场调研，形成10篇调研报告。在调研基础上，形成整改方案并加以落实，截至2009年年底，基本完成10个方面33项整改任务。

加强反腐倡廉教育，组织学习《国有企业领导人员廉洁从业若干规定》等文件，组织处以上干部参观浙江省廉政建设法纪教育基地，开展“检企联动”预防职务犯罪活动。全年共收到120人次上交各类礼品、礼金和有价消费卡共计40多万元。制定《干部选拔任用工作廉政监督实施办法》，落实职工群众对干部选拔任用的知情权、参与权、选择权和监督权。

强化工会作用，组织职工代表开展巡视活动，加强企业民主管理。制定《小改小革、合理化建议评审办法》，完善建议工作网络平台。组织“我为节能降耗作贡献”、“安康杯”竞赛、“当好主力军，建功十一五”等活动。全年收集各类建议1300余条，分类整理后并加以反馈、落实。

重视政研工作，制定《浙江中烟政研会先进工作者和优秀政研论文的评选办法》。全年共收到政研论文53篇，其中3篇分别获得华东、东北地区烟草职工政研论文一、二、三等奖。

【企业文化】 组建公司企业文化内训师队伍，开发培训课件，组织文化宣讲，开展文化测试。制定《企业文化建设管理标准》，开展行为规范建设试点工作，并对行业视觉识别系统在公司经营活动中的规范使用进行部署。10月，在浙江省委宣传部、省政研会主办的企业文化论坛会上，公司总经理张益山获“全省企业文化建设突出贡献人物奖”。

【特事要辑】 2月6日，浙江中烟企业资源计划(ERP) 项目建设正式启动。

3月20日，国家局副局长张保振到浙江中烟

① 即一次大会交流，一部专题片，一组展板，一组PPT演示，一个现场，一个信息演示平台，一份宣传资料。

考察。

6月3日，国家局副局长李克明到浙江中烟考察管理体系建设情况。

11月10日，全国烟草行业管理体系建设现场会工业分会场会议在浙江中烟杭州制造部召开，李克明出席会议。

所属企业

浙江中烟工业有限责任公司杭州制造部

【概　况】 浙江中烟工业有限责任公司杭州制造部前身是成立于1949年10月的利群烟厂，1964年利群烟厂更名为杭州卷烟厂，2006年取消杭州卷烟厂法人资格，更名为浙江中烟工业公司杭州制造部，2007年更名为浙江中烟工业有限责任公司杭州制造部。企业占地面积约7万平方米。主要生产设备全部从国外引进，拥有1条从德国引进的8000千克/小时HAUNI制丝线，25台（套）从德国和意大利进口的GD－PROTOS连接机组，年卷烟生产能力400亿支（80万箱）。截至2009年年底，共有主业在岗人员1128人。

2009年，杭州制造部职工图书阅览室被中华全国总工会评为全国工会示范“职工书屋”称号。

【领导成员】 主任、党委书记：张思荣
副主任、党委副书记、纪委书记：张立新
副主任、党委委员：周小忠
副主任：倪雄军
副主任：楼卫东（2009.9—）
党委委员、工会主席：施成水

【卷烟生产】 2009年，企业主要生产的卷烟品牌有“利群”、“雄狮”、“大红鹰”、“双叶”、“大丰收”。

全年生产卷烟481.47亿支（96.29万箱），其中，生产一类烟164.15亿支（32.83万箱），二类烟73.8亿支（14.76万箱），三类烟3.55亿支（0.71万箱），四类烟187.75亿支（37.55万箱），五类烟52.2亿支（10.44万箱）。按品牌计算，生产“利群”238.84亿支（47.77万箱）、“雄狮”189.68亿支（37.94万箱）、“大红鹰”2.35亿支（0.47万箱）、“双叶”40.6亿支（8.12万箱）、“大丰收”10亿支（2万箱）。

全年卷烟生产综合能耗为2.2千克标煤/万支。烟叶、盘纸、滤棒平均消耗分别为7.37千克/万支、645.31米/万支和1680.47支/万支。水、电平均消耗分别为0.046吨/万支和6.45千瓦时/万支。

【技术改造】 加强设备引进和改造，引进2组KDF4滤棒成型机并正式投产，引进Profibus网络检测技术，提高制丝工控网络运行的平稳性。开展制丝B线TM710水分仪改造，完成“风力送丝平衡系统”调试并试生产。“十一五”易地技改项目进入全面现场施工，完成了联合工房、办公楼、动力中心、综合库等主体建筑施工图、规划许可证和施工许可证的审查批复，完成地块拆迁、场平和桩基施工，按计划进度推进土建施工。截至2009年年底，各单体建筑基本完成地下工程。

【科技创新】 成立杭州制造部科技委员会，制订年度科技创新工作计划，完善科技创新管理体系和成果评分标准。2009年，企业获浙江中烟奖励的各类大小成果共653项，其中“利用RFID技术实现烟草成品物流整托盘扫码入库”项目获中国烟草总公司科学技术进步三等奖。

【企业管理】 *质量管理*。开展“三标”管理体系建设，组织目标分解与落实。开展防差错演练工作。建立杭州制造部生产过程防差错演练制度，明确演练的组织形式、内容和频次，全年开展了2次防差错演练。建立工艺质量巡查制度，工艺员在日常巡检中加强对工艺执行情况的抽检。全年一级站和二级站产品质量抽检合格率均为100%，三级站质量抽检优质率为99.73%，产品质量投诉理赔率为0.074ppm。

节能减排。开展节水宣传周、节能宣传月、节能技术培训和岗位练兵等活动。通过合理调节空调制冷系统运行参数，合理的用电、用汽等用能设备运行调配，设备保养和操作控制，开展多项节能技术创新改进项目，实施“空调系统节能改造”、“提高贮丝房温湿度平衡度”、“提高燃油锅炉油汽比”等10余个课题。

绩效管理。完善员工考核评价体系和激励机制，修订《杭州制造部奖金考核方案》，建立部门二级考核分配方案，开展业绩总结考评、表彰奖励活动，提高员工的积极性。

浙江中烟工业有限责任公司宁波制造部

【概　况】 浙江中烟工业有限责任公司宁波制造部

前身是成立于1925年的宁波卷烟厂，1955年成立公私合营联工烟厂，1964年全国组建烟草托拉斯后改名为国营宁波卷烟厂，2006年取消宁波卷烟厂法人资格，更名为浙江中烟工业公司宁波制造部，2007年更名为浙江中烟工业有限责任公司宁波制造部。企业占地面积15万平方米。企业拥有2条设计产能为5000千克/小时的制丝线，16台（套）GD-PROTOS卷接设备，年卷烟生产能力300亿支（60万箱）。截至2009年年底，共有在岗员工960人。

【领导成员】 党委书记、纪委书记：何小寒

主任、党委委员：徐兆良

副主任、党委委员：邵国良

副主任、党委委员：谢琪君

副主任：虞文进（2009.9—）

党委副书记、工会主席：韩春宁（2009年9月由党委委员改任党委副书记）

副调研员：何新伟

【卷烟生产】 2009年，企业主要生产的卷烟品牌有“大红鹰”、“利群”、“雄狮”、“五一”、“摩登”等。

全年生产卷烟322.74亿支（64.55万箱），其中，生产一类烟0.6亿支（0.12万箱），二类烟173.25亿支（34.65万箱），三类烟20.6亿支（4.12万箱），四类烟33.9亿支（6.78万箱），五类烟92.65亿支（18.53万箱）。

全年卷烟生产综合能耗为3.09千克标煤/万支，烟叶、滤棒、盘纸平均消耗分别为7.38千克/万支、1680.4支/万支、645.6米/万支。

【技术改造】 完成“十五”后期技改的验收、资料归档与转固定资产工作。完成1台GDX2包装机10～20支包装的切换改造。完成2组卷接包设备和1台切丝机、1台膨胀烟丝线配套设施项修等任务。完成烘丝筒搬迁前期方案论证。

【安全环保】 营造平安健康的内部环境，制定《安保综合管理考核办法》、《年度安全隐患排查治理方案》。组织突发公共事件应急预案培训和桌面演练、科技大楼火灾逃生演练，排查并整改79项隐患，辨识重点危险源28项、重要环境因素25项，制订管理方案5个。2009年，企业通过了专业资质单位两年一次的危险化学品使用储存安全评价，完成“十五”技改环境评价和污水工程验收。清洁生产测评工作按计划导入并迎接市级单位专题调研。

（孙　琦）

安徽中烟工业公司

【概　况】 安徽中烟工业公司成立于2003年4月。2005年3月，安徽中烟工业公司进行重组，成立黄山卷烟总厂，下辖蚌埠、合肥、滁州卷烟厂等3家卷烟生产企业。2006年5月，安徽中烟工业公司进行二次重组，在取消黄山卷烟总厂、芜湖卷烟厂、阜阳卷烟厂法人资格后，公司下辖安徽中烟工业公司蚌埠、芜湖、合肥、阜阳、滁州卷烟厂等5家不具有法人资格的卷烟生产企业，以及中烟国际欧洲有限公司1家控股公司。2009年，公司拥有总资产133.18亿元，其中，固定资产31.72亿元、流动资产92.59亿元，资产负债率为20.04%。企业年卷烟生产能力为1405亿支（281万箱），共有在岗员工6857人。

2009年，公司的总体思路是：全面贯彻党的十七届三中全会和中央经济工作会议精神，紧紧围绕全国烟草工作会议提出的“烟叶防过热、卷烟上水平、税利保增长”的任务要求，以科学发展观为统领，坚持科技创新，优化产品结构，夯实发展基础，提高管理水平，推动安徽中烟持续健康发展。

2009年，公司被安徽省总工会、劳动竞赛委员会评为“安徽省劳动竞赛先进集体”。

【领导成员】 总经理、党组书记：朱建华

副总经理、党组成员：卢安宁

副总经理、党组成员：赵　辉

纪检组长、党组成员、工会主席：张会廷

总会计师：吴信芳

【机构设置】 公司本部设办公室（外事办、法改部）、企业管理部（信息中心）、制造管理部、安全保卫部、原料部、物资采购部、财务部、审计部、投资管理部、人力资源部、纪检组监察部、政工部（机关党委、工会、团委）、技术中心、进出口部、机关服务中心15个职能部门，以及1个营销中心和1个物流中心。

【卷烟生产经营】 2009年，公司生产卷烟1189.97亿支（237.99万箱），同比增长1.77%，其中，生产一类烟27.71亿支（5.54万箱），同比增长47.80%；

二类烟 72.90 亿支（14.58 万箱），同比增长 13.0%；三类烟 198.41 亿支（39.68 万箱），同比增长 27.50%；四类烟 506.89 亿支（101.28 万箱），同比增长 3.20%；五类烟 384.06 亿支（76.81 万箱），同比下降 11.0%。联营加工“双喜”系列卷烟 38.39 亿支（7.68 万箱）。

公司全年销售卷烟 1181.99 亿支（236.40 万箱），同比增长 2.28%，出口“都宝”1.65 亿支（0.33 万箱）。

公司全年实现卷烟销售收入 190.08 亿元，同比增长 13.30%。根据国务院有关精神，调整卷烟消费税，部分利润转为税赋，全年增加卷烟消费税 13.30 亿元。实现税利 128.20 亿元，同比增长 16.65%，其中利润 19.01 亿元。公司三项费用率为 10.65%。

全年万元产值综合能耗为 18.59 千克标煤，卷烟生产综合能耗为 3.11 千克标煤/万支。烟叶、滤棒、盘纸年平均消耗分别为 6.91 千克/万支、1684.0 支/万支、597.64 米/万支。水、电年平均消耗分别为 0.18 吨/万支、8.47 千瓦时/万支。

【主要产品】 *产品介绍*。公司全年生产的烤烟型卷烟品牌有 6 个，分别为“黄山”、“红三环”、“盛唐”、“香梅”、“大丰收”、“钟鼎”，其中“黄山”为中国驰名商标、全国名优品牌；生产的混合型卷烟品牌有“都宝”；生产的雪茄烟品牌有 3 个，分别为“黄山松”、“味美思”、“王冠”。

“黄山（中国风）”、“黄山（万象）”、“黄山（锦绣）”、“都宝（纯正 1 号）”、“都宝（纯正 3 号）”、“都宝（纯正 6 号）”、“都宝（纯正 9 号）”为 2009 年新开发规格产品，其中，“黄山（万象）”独创 56 项专利，成为品类创新的典范。

品牌战略。品牌发展继续保持良好态势，全年“黄山”系列卷烟销量为 684.90 亿支（136.98 万箱），同比增长 12.94%，其中一、二类烟销量为 100.3 亿支（20.06 万箱），同比增长 21.93%，实现单箱销售收入 10624 元，同比增长 5.99%。“黄山”系列卷烟呈现快速增长态势，“黄山（新概念）”全年销量为 2.77 亿支（0.55 万箱）；“黄山（中国风）”于 4 月投放市场，全年累计销量为 25.0 亿支（5.0 万箱）。“都宝”品牌取得新的发展，全年共销售 94.65 亿支（18.93 万箱），同比增长 22.72%，实现销售收入 7.47 亿元，同比增长 19.88%。在金融危机对市场造成严重冲击的情况下，“DUBLISS”系列产品在俄罗斯、乌克兰市场增幅仍超过 100%，在中国台湾市场实现恢复性增长，并成功进入蒙古国和法国市场，全年境外销售 5.59 亿支（1.12 万箱），同比增长 83.3%，成为中国烟草在国际有税市场上销量最大的中、高档卷烟品牌。2008 年 1 月，安徽中烟成立雪茄烟研发中心，10 月，雪茄烟销售被纳入到安徽中烟营销中心统一运作。2009 年 3 月，雪茄烟生产计划纳入到安徽中烟平台统一调度，手工雪茄烟克服年初库存较大、主销产品价格调整等不利因素，全年销售 7338 万支，实现销售收入 3191 万元。

推进与上海烟草（集团）公司的跨省联合和品牌整合，本着“共同发展、稳健发展、长期发展”的原则，保质保量加工生产 38.4 亿支（7.68 万箱）整合品牌卷烟。

【市场营销】 公司营销中心将 2009 年确定为“新品推广年”，大力推动新品培育工作，坚持差异化策略，创新营销模式。严格控制商业存销比和市场动销率，商业存销比始终控制在行业平均水平以下，主销产品全部实现顺价销售。大力推进工商协同营销，与省内外销地公司构建战略伙伴关系，借助黄山客户俱乐部、都宝网络营销平台等载体，加强与消费者的沟通互动，提高市场服务水平。发挥纪检监察、审计委派制优势，建立健全三级监管体系，市场营销规范水平进一步提高。推行“一线工作法”、“一管一”等管理模式，引入竞争机制，激活管理团队，提高营销工作效能。

【原料保障】 2009 年，公司签订的国内烟叶交易计划总量为 12 万吨（240 万担），进口烟叶 6224.41 吨，其中，进口津巴布韦烟叶 475.2 吨、巴西烟叶 4098.6 吨，进一步提升烟叶采购与“黄山”品牌规模扩张、结构提高的匹配程度。

公司参与并介入烟叶资源配置方式改革，按照国家局新烟区四位一体的开发要求，开展云南普洱、贵州黔西南 2 个新烟区共 10 万担，以及云南文山、湖南郴州、安徽皖南 3 个烟区共 10 万担特色优质烟叶开发项目。对烟叶基地的目标、布局、规模、选点、生产技术方案等进行全面梳理，重点做精做细 14 个“品牌导向型”基地。运用产学研合作模式，开展 12 个烟叶基地项目研究，提高烟叶质量，发挥“品牌导向型”基地的带动示范作用。物流中心逐步统一物流作业标准，强化原辅料管理养护，实行运输到货确认制，提升了物流效率和服务水平。

【科技创新】 技术中心全年共研制开发 12 个新规格产品，并对 8 个现有规格产品进行提质改造，研制出拥有 56 项专利技术的“黄山（万象）”及“都宝（纯正 1 号）”等产品。大力开展科研攻关，加强检测分析和质量监督，产品平均焦油量同比下降0.3毫克/支，烟碱量同比下降0.07毫克/支，一氧化碳量同比下降0.9毫克/支。发挥技术研究对成本设计的控制作用，实现节约效益。强化技术中心自身建设，打造以“四个机制、四个平台”为主要内容的开放式技术中心，激发科研活力。

【内部管理监督】 制订并实施明示承诺制度、《重大工程建设同步监管暂行办法》等8项有针对性的管控制度，进一步完善内部管理监督制度体系，实现对生产经营行为、“三重一大”事项监督关口前移。明确企务公开的内容和形式，强化责任落实，企务公开的工作格局和常态化工作机制基本形成。拓展审计领域，实现审计关口前移，发挥审计增值作用。全年共完成招标项目205个，中标金额比申报金额减少7335万元。

【企业管理】 2009年年初，公司启动管理体系建设“回头看”工作，计划建立以标准化管理体系为基础、以ISO 9001质量管理体系为核心，包含职业健康安全管理体系的综合管理体系。宣贯实施“优化过程，丝丝入扣；勇于攀登，天天向上”的管理体系方针。全面开展标杆管理活动，遵循PDCA模式进行了各项对标改进活动，在以标杆管理为指导的创新、节约活动中，“黄山（万象）”实现中式卷烟的品类创新，公司可比成本费用降低2亿余元，公司2项指标成为行业标杆。

【技术改造】 9月23日，国家局批复同意“黄山”精品卷烟生产线和“都宝”卷烟生产线技改项目。10月20日，国家局批复同意蚌埠卷烟厂雪茄烟生产部易地技改项目。

蚌埠和芜湖卷烟厂实施了12万平方米烟叶库建设工程；7组硬盒包装机、4组进口卷接机组、4组滤棒成型机和2套滤棒发射系统设备交付投入使用；滁州卷烟厂、雪茄烟生产部的制丝设备完成安装调试；公司经营业务用房项目获得国家局批复并开始施工；滁州卷烟厂生产指挥中心及辅助用房项目获得国家局批复并开始施工。

【人力资源管理】 进一步提高干部职工的能力和素质，坚持公司党组、基层单位党委中心组学习制度。开展团队训练与教育活动，全年共举办各类培训班316个，培训员工1.89万人次，并组织开展了职工技术比武、征集合理化建议、评先评优等群众性劳动竞赛活动。

强化岗位管理，全面开展专业技术职务和高技能岗位聘任工作，公司全年中、高级技术技能岗位共聘任员工200余名，完成对771名员工的职业技能鉴定工作。进一步完善薪酬分配体系，规范工资管理。

【企业文化】 经过挖掘与提炼，公司建立起以“攀登者”为核心内涵的文化架构体系。4月8日，召开企业文化建设项目启动大会，全面启动安徽中烟新的企业文化建设工程。12月14日，公司党组研究通过《安徽中烟工业公司企业文化手册》，这标志着安徽中烟文化构架体系搭建工作的完成。

【特事要辑】 3月14日，国家局副局长张辉一行考察罗马尼亚中烟国际欧洲有限公司。

6月2日，国家局副局长何泽华一行到安徽中烟工业公司调研。

6月10日，国家局副局长张保振到安徽中烟工业公司调研。

6月24日，安徽中烟工业公司与郑州烟草研究院签订战略合作伙伴关系协议。

所属企业

安徽中烟工业公司蚌埠卷烟厂

【概　况】 安徽中烟工业公司蚌埠卷烟厂前身是成立于1942年5月的东海烟厂，1964年东海烟厂更名为蚌埠卷烟厂。2006年5月，取消蚌埠卷烟厂法人资格，更名为安徽中烟工业公司蚌埠卷烟厂。企业占地面积约11.3万平方米，共有从业人员1368人。企业拥有8000千克/小时HAUNI制丝生产线1条，PROTOS-GDX2与PROTOS-BO/B1连接机组19台（套）、YP13型自动装封箱机5组、KDF2滤棒成型机8组和滤棒发送机4套。

2009年，企业被中华全国总工会、国家安全生产监督管理总局授予“全国‘安康杯’竞赛优胜企业”称号；被中央精神文明建设指导委员会授予“全国文明单位”称号；被中国设备管理协会授予“全国设备管理优秀单位”称号；被安徽省政府授予“安徽省节能先进单位”称号。

【领导成员】 厂长、党委书记、纪委书记、工会主席：乔宗华（—2009.1）

厂长、党委书记：李国栋（2009.1—，之前任副厂长、党委委员）

副厂长、党委委员：徐 斌

党委副书记、纪委书记、工会主席：张明林（2009.1—）

副厂长、党委委员：王 毅（—2009.1）

副厂长、党委委员：王成虎

副厂长、党委委员：张玲珑

副厂长、党委委员：应礼耀（2009.7—）

【卷烟生产】 2009年，企业生产卷烟309.96亿支（61.99万箱），其中，生产一类烟4.26亿支（0.85万箱）、三类烟33.58亿支（6.72万箱）、四类烟184.39亿支（36.88万箱）、五类烟87.73亿支（17.55万箱）。生产的卷烟品牌为"黄山"系列和"红三环（渡江）"。

企业全年万元产值综合能耗为18.83千克标煤，卷烟生产综合能耗为2.93千克标煤/万支。烟叶、滤棒、盘纸年平均消耗分别为6.94千克/万支、1683.48支/万支、597.4米/万支。水、电年平均消耗分别为0.18吨/万支、7.21千瓦时/万支。

【技术改造】 11月，雪茄烟生产部易地技改项目正式启动，开始实施规划设计和办理土地划拨程序。12月，完成烟叶醇化库建设一期工程。

【企业管理】 对照《安徽中烟工业公司创建优秀卷烟工厂竞赛活动实施方案》，围绕活动目标，组织开展活动，确保创建活动始终遵循PDCA循环并不断在改善中提升。加强对QC活动的指导，企业全年有2项QC成果分别在安徽中烟工业公司QC成果发布会上获得二等奖、三等奖；2个QC小组获得"全国优秀质量管理小组"称号，卷包工段甲班获得"安徽省质量信得过班组"称号，10个QC小组获得"安徽省优秀质量管理小组"称号。

【信息化建设】 对卷烟生产经营决策管理系统日常运行进行维护。更换6台老化的网络交换机，有效保障业务数据的传输和日常办公。配合安徽中烟企划部完成网络核心设备的升级改造及相关配置的调整，同时完成信息系统数据备份项目，10月，信息系统正式上线运行。

【人力资源管理】 企业全年组织内部培训80余次，培训员工4658人次；组织276人参加委托送外培训，85人参加转岗培训并获得岗位培训合格证书，岗位培训率为100%。完成79名特种作业人员的复审办证工作，特种作业人员持证达标率达100%。组织2人参加国家局高级技师申报评审工作，均通过评审；组织3人参加国家局烟机设备维修（卷接）技师鉴定，2人合格；组织61人参加烟草行业特有工种职业技能鉴定，33人合格。

附：

蚌埠卷烟厂雪茄烟生产部

安徽中烟工业公司蚌埠卷烟厂雪茄烟生产部前身为蒙城雪茄烟厂。2001年10月，经国家局批准，在原厂址重新组建成立雪茄烟生产部，隶属蚌埠卷烟厂管理，不具有法人资格。2006年，企业更名为安徽中烟工业公司蚌埠卷烟厂雪茄烟生产部。雪茄烟生产部下设生产科、经营科、综合办公室、动力机制车间、手工雪茄车间共3个职能科室和2个生产车间。生产部占地面积4.6万平方米，共有员工326人。拥有雪茄烟制丝及辅联设备41台（套）、雪茄烟内胚卷制设备10台（套）和条、包透明纸包装机4台（套）。2009年，企业拥有总资产2616万元，其中，固定资产1253万元、流动资产775万元，资产负债率为6.43%。

2009年，企业共生产各类雪茄烟8774万支，其中全叶卷产量10.87万支。销售各类雪茄烟7338万支，同比下降14.16%。实现销售收入3195万元，同比下降4.9%。实现税利1687万元，同比增长6.8%，其中利润110万元，同比下降81.8%。

生产部烟叶、盘纸年平均消耗分别为25.4千克/万支、1298米/万支。水、电年平均消耗分别为0.54吨/万支、52.3千瓦时/万支。

生产部全年生产的雪茄烟有"王冠"、"黄山松"、"味美思"等3个品牌、12个规格。产品分为半叶卷雪茄和全叶卷雪茄，其中半叶卷雪茄包括："黄山松（5支）"（110mm×29mm）、①"味美思（5支）"（120mm×8mm×12mm）、"味美思（10支）"（84mm×10mm×10mm）、"王冠（16支）"（86mm×24.5mm）、"王冠（20支）"（88mm×29mm）、"王冠（5支）"（136mm×40mm）、"王冠（5支）"（126mm×34mm）、"王冠（10支）"（130mm×48mm）、"奶香王冠（5支）"（110mm×31mm）；全叶卷雪茄包括："王冠

① 安徽中烟雪茄烟尺寸规格为长度×周长。

(10 支)”(150mm×56mm)、“王冠(2 支)”(150mm×56mm)、“王冠(2 支)”(120mm×41mm)。

生产部落实 2009 年烟叶年度调拨计划 0.14 万吨(2.74 万担)。10 月,国家局正式批复雪茄烟生产部易地技改项目,项目投资 9430 万元,厂区占地 12 万平方米。

安徽中烟工业公司芜湖卷烟厂

【概　况】 安徽中烟工业公司芜湖卷烟厂前身是成立于 1949 年的长江烟厂,1964 年 1 月长江烟厂更名为国营芜湖卷烟厂。2006 年 5 月,取消芜湖卷烟厂法人资格,更名为安徽中烟工业公司芜湖卷烟厂。企业占地面积为 25 万平方米,共有在岗职工 1201 人。拥有 6000 千克/小时叶丝生产线、2000 千克/小时梗丝生产线、3000 千克/小时制丝线中试生产线、570 千克/小时二氧化碳膨胀烟丝生产线、1500 千克/小时白肋烟生产线各 1 条,以及 PASSIM、PROTOS1－8、GDX2 等卷接包设备 20 台(套),年卷烟生产能力 300 亿支(60 万箱)。

2009 年,企业制丝工段机电修理班被中华全国总工会授予“工人先锋号”称号,图书馆被中华全国总工会评为“职工书屋示范点”。

【领导成员】 厂长、党委书记:何　盛

副厂长、党委副书记、工会主席:孙　平

副厂长、党委委员:汪玉兰

副厂长、党委委员:张开华

副厂长、党委委员:汪旭阳(2009.7—)

财务总监:穆四元

【卷烟生产】 2009 年,企业生产卷烟 307.68 亿支(61.54 万箱),其中,生产一类烟 6.65 亿支(1.33 万箱)、三类烟 68.96 亿支(13.79 万箱)、四类烟 158.17 亿支(31.63 万箱)、五类烟 73.9 亿支(14.78 万箱)。生产的卷烟品牌为“都宝”和“黄山”系列。

企业全年卷烟生产综合能耗为 3.48 千克标煤/万支。烟叶、滤棒、盘纸年平均消耗分别为 6.91 千克/万支、1683.65 支/万支、597.57 米/万支。水、电年平均消耗分别为 0.18 吨/万支、8.93 千瓦时/万支。

【企业管理】 推进创建优秀卷烟工厂和对标工作,建立优秀卷烟工厂体系架构,形成包括 213 项指标在内的创建、对标指标体系,企业在 2009 年安徽中烟“优秀卷烟工厂”创建竞赛中获第一名。加强质量管理,完成 35 项 QC 成果与小改小革活动,开展“6σ”项目等 8 个方面的工艺标准创新活动;在国家局、省局组织的数次产品监督抽检中,产品抽检合格率均为 100%,四次卷烟外观质量得分为满分,两次产品质量综合得分位居全国前三名。加强成本管理,建立“控本降费指标库”,实施“一事一报”制,引入“作业成本法”理念,全年节约成本 2417 万元。

【信息化建设】 启动数据中心项目,完成系统开发工作并进入全面试用阶段。自主开发办公自动设备条码管理系统,并在安徽中烟内部各卷烟厂推广。自主开发小型配件管理系统、升级改造卷包数采系统。

【技术改造】 9 月 23 日,国家局正式批复“都宝”卷烟生产线技术改造项目。完成南方烟叶醇化库项目建设。8#、9#烟叶仓库整体项目,以及 5#、6#、7#烟叶仓库火灾报警系统项目、制丝线优化项目和南方烟叶醇化库整体项目通过安徽中烟组织的专项验收。

【人力资源管理】 企业全年聘任中层干部 5 人、专业技术职务 34 人。培训员工 2400 余人次,培训达 1.3 万余学时。

【企业文化】 编制《安全文化手册》,初步建立“我安全、我幸福”的企业安全文化体系。

安徽中烟工业公司合肥卷烟厂

【概　况】 安徽中烟工业公司合肥卷烟厂前身是皖北军分区后勤卷烟厂,1949 年随部队迁移到合肥。企业占地面积为 23.17 万平方米,共有在岗员工 1078 人。作为全国唯一的烟草科研教学实验基地,企业拥有 1 条 5000 千克/小时制丝生产线和 13 台(套)高速卷接包设备,年卷烟生产能力 250 亿支(50 万箱)。

2009 年,企业被安徽省总工会、省安全生产监督管理局授予“2008 年度安徽省‘安康杯’竞赛优胜企业”称号,卷接包甲班和甲班软线 5#机台分别被中华全国总工会授予“全国工人先锋号”和“全国女职工建功立业标兵岗”称号。

【领导成员】 厂长、党委书记:周恩海

党委副书记:时大远

副厂长、党委委员:王冬梅

副厂长、党委委员:林　河

纪委书记、党委委员、工会主席:崔　枫

总工程师:王　毅(2009.8—)

财务总监:吴红斌(2009.8—)

【卷烟生产】 2009年，企业生产卷烟204.19亿支(40.84万箱)，其中，生产一类烟17.05亿支（3.41万箱)、二类烟72.83亿支（14.57万箱)、三类烟58.24亿支（11.65万箱)、四类烟29.31亿支（5.86万箱)、五类烟26.75亿支（5.35万箱)。生产的卷烟品牌为“黄山”、“红三环”和“盛唐”，其中“黄山(皖烟)”系列卷烟产量为87.65亿支（17.53万箱)，同比增长15.36%。产品结构继续提升，一、二类卷烟年产量同比增长17.01%。

企业全年卷烟生产综合能耗为2.93千克标煤/万支。烟叶、滤棒、盘纸年平均消耗分别为7.10千克/万支、1683.56支/万支、598.0米/万支。水、电年平均消耗分别为0.14吨/万支、8.61千瓦时/万支。

【机构调整】 2月16日，生产设备及相关工作人员划归生产管理部管理。成立能源专项管理小组，实行项目负责制，负责企业能源管理相关工作。

【技术改造】 全年完成投资技术改造3000余万元，主要项目包括中心机房扩建、制丝线和AGV中控室改造工作，以及新增SH883流化干燥机、滤棒成型机和滚筒式烟片回潮机各1台和测定卷烟物理指标的五功能综合测试台1台。

【科技创新】 出台《企业创新体系》，企业全年申请取得7项专利。企业1项管理创新项目获得2009年安徽中烟工业公司管理创新项目二等奖，2项技术创新项目分获二等奖、三等奖。企业全年发布QC成果27个，其中“降低叶丝超级回潮出口含水率标准偏差”获全国烟草行业第二十届QC成果一等奖，两个QC小组获得“全国优秀质量管理小组”称号。

【企业管理】 企业修订完善22项体系文件，编制《制度凝炼手册》、《离退休（离岗休养）职工管理服务手册》和《员工法律宣传知识手册》，并开展“加强制度建设”专项活动。完成对企业流动资产的全面清查。推行“7S”和“TPM”管理理念，开展了“910行动”、“周末开讲”等特色活动。开发安全知识游戏软件，对186项安全隐患逐一整改。在国家局清洁生产检查中，企业在全行业卷烟生产厂中名列第7位，跻身“AAAA”行列。

【信息化建设】 企业完成信息化项目建设投资700余万元。开展中心机房建设、多媒体教室改造等项目，完成网络冗余备份、安保视频监控改造等工作。

【人力资源管理】 完善人事管理制度，制定《员工转岗培训管理规定》、《专业技术岗位及高技能岗位人员考核管理暂行规定》、《专业技术职务及高技能岗位聘任实施方案》。企业组织培训64次，培训2537人次；送外培训76次，培训472人次。员工全厂性兼职岗位交流47人次。组织员工参加2009年烟草行业特有工种鉴定，132人参加鉴定，36人通过，其中6人通过技师资格鉴定，烟叶分级鉴定通过率为100%。

【党风廉政建设】 制定下发《合肥卷烟厂建立健全惩治和预防腐败体系2008～2012工作规划实施方案》等党风廉政建设制度文件。开展党员干部“五严禁”教育，构建党风廉政建设专栏和网络平台，通过开展内管知识竞赛、观看警示片等方式，落实党风廉政教育。逐级签订党风廉政建设责任书，完善惩治和预防腐败体系，签订《明示承诺书》3654份，签订率100%。开展“小金库”专项治理自查自纠，未发现私设“小金库”现象。聘用9名党风廉政信息员，对50名中层干部开展年度重大事项报告和述职述廉工作。

安徽中烟工业公司阜阳卷烟厂

【概　况】 安徽中烟工业公司阜阳卷烟厂前身是成立于1948年的人民烟厂。企业占地面积24.47万平方米，共有在岗员工937人。拥有1条5000千克/小时制丝生产线、12套卷接包设备，年卷烟生产能力200亿支（40万箱)。

2009年，企业被安徽省总工会、省安全生产监督管理局授予“2008年度安徽省‘安康杯’竞赛优胜企业”称号，被国家体育总局授予“2005～2008年度全国群众体育先进单位”称号。

【领导成员】 厂长、党委书记：刘　云

副厂长、党委副书记、纪委书记：李　葆

副厂长、党委委员：陈　鹏

副厂长、党委委员：徐　伟（2009.1—，之前任党委委员)

财务总监：卢　健

调研员：汤福华（—2009.5)

调研员：葛善礼（2009.2—，之前任党委委员、工会主席)

【卷烟生产】 2009年，企业生产卷烟182.55亿支(36.51万箱)，其中，生产三类烟38.40亿支（7.68万箱)、四类烟29.70亿支（5.94万箱)、五类烟

114.45 亿支（22.89 万箱）。生产的卷烟品牌规格有“黄山（硬一品）”、“红三环”、“香梅”、“钟鼎（新一代）”、“盛唐（吉祥）”、“红双喜（硬盒）”。

企业全年万元产值综合能耗为 25.19 千克标煤，卷烟生产综合能耗为 2.83 千克标煤/万支。烟叶、滤棒、盘纸年平均消耗分别为 6.85 千克/万支、1684.08 支/万支、597.28 米/万支。水、电年平均消耗分别为 0.12 吨/万支、9.18 千瓦时/万支。

【技术改造】 购置 ZB45 硬盒包装机、ZL22 滤嘴成型机和 YF12 连接设备各 2 组。实施生产指挥中心工程建设项目。完成物流辅助用房、2#醇化库钢结构大棚、离退办活动中心改造（二期）、醇化库周边护栏、新建厂区道路、生产东区配电室等项目建设工程及小包成像检测装置购置与安装。实施除尘系统改造，实现单系统送丝，年节约电耗 36 万千瓦时。

【科技创新】 企业全年共发布 QC 成果 18 项，其中“降低蒸汽系统生产过程能源消耗”和“降低除尘压缩空气消耗量”2 项 QC 成果分别在安徽中烟工业公司 QC 成果发布会上获得一等奖、三等奖，前者在全国烟草行业第二十届 QC 小组活动成果发布会上获得二等奖。取得“振动盘式喂丝机侧面喂入装置”和“扁袋式除尘喷吹装置”2 项实用新型专利。

【内部管理监督】 坚持工商协作机制，开展“三项检查”回头看、内部专卖管理监督工作。针对烟机零配件采购与库存管理、基本建设项目“共管账户”管理、贯彻落实科学发展观活动整改项目、专卖内管整改项目等四个方面开展专项效能监察。完善审计职能，全年共审核工程投资项目 90 个，审减金额 413 万元。加强对投资项目可行性研究分析，实行项目负责制，实施概算审计和决算审计，修订“共管账户”管理规定。全年共计开展招标采购项目 152 项，节约预算资金 1838 万元。

【企业管理】 推进“两标一创”① 工作，初步形成以订单保障能力、品质保障能力、持续创新能力、成本费用控制能力、和谐发展能力、基础保障能力为主的“优秀卷烟工厂”指标体系。修订厂级应急管理预案 13 项，开展各类应急预案演练 21 次。建立设备问题反馈机制，增加设备维修保养和设备基础管理评审等内容。推动参数化控制项目研究与实施，初步梳理 187 个参数。拓展能源管理范围，完善能源消耗统计分析制度。

工艺质量管理将工艺验证、工序审核和专项审核有机结合，分析重点由批内质量稳定向批间质量稳定扩展，内容由评价现状向分析问题及成因转变。卷接包质量缺陷分级控制的理念在安徽中烟得到推广，首次实现全年 A 类投诉零缺陷。

【信息化建设】 推进卷接包数采集系统、能源管理系统建设，实施生产视频指挥系统、原料系统、内管系统、网络管理软件、防病毒软件等项目。自主设计开发制丝工艺管理、中烟经济运行分析、烟支在线重量检测、车辆油耗管理等系统，其中“安徽中烟工业公司经济运行分析系统”获得 2009 年安徽中烟工业公司管理创新项目二等奖。

【人力资源管理】 制定人力资源五年规划和薪酬分配方案，重新设计、调整绩效工资标准，统一子级岗位绩效系数，重点培养管理人才、高技能人才、专业技术人才。

全年举办内部培训 70 期，培训员工 3028 人次。开展岗位练兵、技术比武、“一点课”、“1+1 传帮带”、投资项目管理竞赛等活动。

企业成立 14 个科研项目组，发挥技术骨干的带头作用，培养年轻员工。聘任 89 名员工为高技能岗位（其中 4 名被聘为首席技师），聘任 13 名员工为专业技术职务。按程序择优录用 16 名本科毕业生。

【思想政治工作】 开展深入学习实践科学发展观活动。制定《贯彻落实中共中央〈建立健全惩治和预防腐败体系 2008～2012 年工作规划〉的实施办法》，组织相关人员前往阜阳监狱开展警示教育，聘请第四批党风廉政信息员，全年无违法违纪行为发生。

安徽中烟工业公司滁州卷烟厂

【概　况】 安徽中烟工业公司滁州卷烟厂前身为成立于 1949 年的蚌埠同生烟厂。企业占地面积为 8 万平方米，共有在岗员工 800 人。拥有 5000 千克/小时制丝生产线 1 条和 PASSIM70、ZJ19、ZB45 等型号卷接包机组 28 台（套），年卷烟生产能力 185 亿支（37 万箱）。

2009 年，卷接包工段 5#PASSIM—GDX2 卷接包装机组被中华全国妇女联合会、全国妇女“巾帼建功”活动领导小组授予“巾帼文明岗”称号。

---

① “两标一创”即对标、贯标和创建优秀卷烟工厂。

【领导成员】 厂长、党委书记：潘安民（—2009.1）

厂长、党委书记、纪委书记、工会主席：李金广（2009.1—）

副厂长、总工程师、党委委员：乔国宝

副厂长、党委委员：黄 剑（—2009.2）

副厂长、党委委员：陈 林（2009.1—）

副厂长、党委委员：王 林（2009.7—）

【卷烟生产】 2009年，企业生产卷烟183.65亿支（36.73万箱），其中，生产二类烟701亿支（140.2万箱）、四类烟102.23亿支（20.45万箱）、五类烟81.35亿支（16.27万箱）。生产的卷烟品牌规格有“黄山（锦绣）”、“黄山（硬一品）”、“红三环”系列、“盛唐（金）”和“大丰收（软）”。

企业全年万元产值综合能耗为28.18千克标煤，卷烟生产综合能耗为2.99千克标煤/万支。烟叶、滤棒、盘纸年平均消耗分别为6.70千克/万支、1683.47支/万支、597.57米/万支。水、电年平均消耗分别为0.31吨/万支、7.66千瓦时/万支。

【技术改造】 实施厂区西部防洪整治项目二期工程。完成18台（套）卷烟生产设备的改造工作。完成“黄山（锦绣）”精品烟七次中试，并于12月8日投产下线。同月，举办生产调度指挥中心奠基仪式，标志着安徽中烟五年发展规划滁烟工程启动。

【企业管理】 完善目标管理考核体系，推行员工个人三级目标绩效考核。严格预算过程控制、点评考核，发挥归口部门作用，全年费用预算执行率为98.5%，资本性支出预算完成率为94.5%；修订《滁州卷烟厂原辅材料消耗考核办法》、制订《滁州卷烟厂福利费管理规定》。推进QC小组活动常态化管理，规范QC小组活动行为，全厂共注册登记课题15个。

完善工艺质量管理。注重关口前移，加强测试分析、纠正预防和工艺考核，保障产品品质。2009年，企业接受国家局一级站抽检两次、省际交叉抽检两次、省局二级站抽检四次，抽检合格率均为100%，在安徽烟草质检站抽检中，“红三环（硬黄）”感官质量位居全省同价类卷烟产品第二名。

加强设备预防性维修、点检、跟踪、分析，设备有效作业率稳步攀升，全年设备平均有效作业率为88.05%，同比上升0.97个百分点。以夯实安全管理基础为中心，落实安全生产责任制，开展各类安全检查、隐患整改和综合治理工作，贯彻落实安全管理“三同时”和24小时政务、安保双岗值班制度，全年安全生产形势平稳。

【信息化建设】 全年信息化项目和信息化资产购置项目投入资金396.69万元，完成生产中控室改造及信息系统防雷、现场检测台质量数据管理等信息化应用项目14个。

【人力资源管理】 全年举办各类培训100期，培训员工2000人次；141人分别通过省初级、中级和高级工特有工种职业技能鉴定，通过率为88%。

【思想政治工作】 开展深入学习实践科学发展观活动。组织以联系帮扶困难职工、参与老小区创建文明社区为主要内容的党员志愿者活动。围绕贯彻落实公司五年规划、推进“133工程”建设，持续开展为期11个月的愿景教育活动。

（朱要文）

福建中烟工业公司

【概 况】 福建中烟工业公司成立于2003年11月，下辖龙岩烟草工业有限责任公司、厦门烟草工业有限责任公司2家具有独立法人资格的卷烟生产企业，以及龙岩金叶复烤有限责任公司、福建金闽再造烟叶发展有限责任公司、福建鑫叶投资管理集团有限公司①。截至2009年年底，公司拥有总资产152.54亿元，其中，固定资产50.08亿元、流动资产100.59亿元，资产负债率为26.97%。共有在岗员工4172人。

2009年，公司以“保增长、促发展”为主题，秉持“合心智搏，励志精进”的企业精神，大力实施“一优一特”品牌发展战略，着力推进工商协同营销和技术研发创新工作，全面加强“四大中心”建设，企业生产经营实现持续稳定健康发展。

【领导成员】 总经理、党组书记：卢金来

副总经理、党组成员：李仰佳（2009年7月起行政级别提为正厅级）

副总经理、党组成员：李跃民

副总经理、党组成员：陈子强

① 福建鑫叶投资管理集团有限公司于2009年12月29日成立。

纪检组长、党组成员：郭香灼
副巡视员：叶枝榕
副巡视员：李长鲁（2009.7—）

【机构设置】 公司总部设办公室（外事办公室）、人力资源管理处、纪检监察处、财务管理处（投资管理处）、审计处、营销中心、物资采购中心、技术中心、生产制造中心、安全保卫处、体改法规处、进出口处、思想政治工作处（机关党委、工会）、信息中心14个处室①。

【卷烟生产经营】 2009年，公司生产卷烟797.5亿支（159.5万箱），同比增长6.3%，其中，生产一类烟25.5亿支（5.1万箱），同比增长14.8%；二类烟94.5亿支（18.9万箱），同比增长16.8%；三类烟170亿支（34万箱），同比下降2%；四类烟379.5亿支（75.9万箱），同比增长15.7%；五类烟128亿支（25.6万箱），同比下降11.8%。生产出口卷烟0.67亿支（0.134万箱），同比增长11.7%。

全年销售卷烟844.5亿支（168.9万箱），同比增长7%，其中，销售一类烟25.5亿支（5.1万箱），同比增长19.3%；二类烟93.5亿支（18.7万箱），同比增长18.9%；三类烟206.5亿支（41.3万箱），同比增长15.8%；四类烟390.5亿支（78.1万箱），同比增长7.1%；五类烟128.5亿支（25.7万箱），同比下降11.3%。根据国务院有关精神，调整卷烟消费税，部分利润转为税赋，全年增加卷烟消费税6.23亿元。实现卷烟销售收入167亿元，同比增长9.87%。实现卷烟税利110亿元，同比增长3.28%，其中，卷烟利润14亿元，同比下降26.59%。公司三项费用率为8.6%。

公司全年万元产值综合能耗为13.06千克标煤，卷烟生产综合能耗为2.45千克标煤/万支。烟叶、盘纸、滤棒平均消耗分别为7.16千克/万支、647米/万支、1707支/万支。水、电平均消耗分别为0.06吨/万支、8.93千瓦时/万支。

【主要产品】 2009年，公司主要生产的卷烟品牌有“七匹狼”、“金桥”、“石狮”、“厦门”、“万宝路”，其中，“七匹狼”为前20名全国性卷烟重点骨干品牌之一，“金桥”为10个视同全国性卷烟重点骨干品牌考核的品牌之一。全年生产“七匹狼”品牌卷烟607亿支（121.4万箱）（含联营加工），生产“金桥”品牌卷烟50.75亿支（10.15万箱），生产“万宝路”品牌卷烟8.5亿支（1.7万箱）。完成“七匹狼”品牌卷烟省外联营加工49亿支（9.8万箱），其中，河北中烟联营加工15亿支（3万箱）、江西中烟联营加工19亿支（3.8万箱）、河南中烟联营加工15亿支（3万箱）。

2009年，公司新开发的产品有“七匹狼（尚品）”、“金桥（硬）”；改造的产品有“七匹狼（豪运）”、“七匹狼（蓝）”、“七匹狼（豪迈）”；停止生产销售的产品有“七匹狼（红金）”、“七匹狼（红狮）”、“七匹狼（金典）”。

【市场营销】 2009年，公司继续实施“一优一特”品牌发展战略，树立“全员营销”观念。启动“‘七匹狼’品牌卷烟市场咨询与诊断”项目，确定“七匹狼”品牌从“开源型”战略向“固本型”战略转型发展的思路，对其品牌系列规格进行梳理，明确“七匹狼”品牌要重点做大做强一、二、三类卷烟的主干规格。制定《福建中烟工业公司工商协同营销方案》，分别与福建、辽宁、山西、山东、广东、浙江等省公司签订工商协同营销战略框架。品牌文化建设方面，“七匹狼”品牌卷烟突出“勇往直前”的狼性风格，“金桥”品牌卷烟则以“沟通的金桥”为主题进行传播。

全年销售“七匹狼”品牌卷烟605.5亿支（121.1万箱），同比增长13%，其中，省内销售334亿支（66.8万箱），省外销售271.5亿支（54.3万箱）；销售“金桥”品牌卷烟50亿支（10万箱），同比增长3%，其中，省内销售5亿支（1万箱），省外销售45亿支（9万箱）。全年出口卷烟0.67亿支（0.13万箱），其中，“金桥”品牌卷烟出口中国台湾地区0.5亿支（0.1万箱），“妙香”品牌卷烟出口朝鲜0.17亿支（0.034万箱）。

【原料保障】 公司以提高福建、云南、贵州等省的烟叶资源配置能力为目标，起草并修订了《福建中烟工业公司2009～2013年烟叶资源配置方式改革实施方案》。推进特色优质烟叶开发工作，福建省烟草工业系统和商业系统两家联合开展“福建清香型特色烟叶综合技术开发研究”项目，通过了由贵州烟草研究所、青州烟草研究所、郑州烟草研究院、湖北烟草研究所、福建农林大学等单位组成的专家组的田间验收。参与云南宜良和云南沾益示范点特色优质烟叶开发、贵州长顺特色优质烟叶开发等项目的研发工作。

全年公司签订各类烟叶采购合同8.7万吨（174

① 物资采购中心和生产制造中心分别于2009年4月、7月成立，原物资采购处和生产管理处撤销。

万担），其中，国内烟叶 7.6 万吨（152 万担），进口烟叶 1.1 万吨（22.2 万担）。

【科技创新】 *技术研发*。全年全省烟草工业系统共开展各类科技研究项目 121 个，项目涉及烟草化学、卷烟工艺、减害降焦、卷烟系统化设计、造纸法再造烟叶等重大技术。

公司成立减害降焦专项研究小组，制定《福建中烟“七匹狼”品牌卷烟减害降焦方案》，与郑州烟草研究院联合开展“‘七匹狼’品牌卷烟主流烟气 7 种有害成分释放量影响因素”的研究。成立增香保润专项研究小组，制定《福建中烟“七匹狼”品牌卷烟增香保润工作方案》，开展“近红外透射光谱技术用于烟用香精的品质控制”、“烟用香精香料微胶囊的制备及应用”2 个中国烟草总公司立项项目的研究，开展“‘七匹狼’卷烟不同区域感官质量差异分析”、“单体香料在‘七匹狼’卷烟产品中的作用评价及应用”2 个福建中烟立项项目的研究。

烟叶原料基础研究工作。完成“部分替代进口烟叶生产及工业验证”和“特色优质烟叶开发”2 个国家局科技项目年度研究内容；完成“福建清香型综合技术开发”、“七匹狼卷烟品牌特色优质烟叶开发（南平）”、“福建中烟烟叶资源配置研究”等 3 个福建中烟科技项目年度研究内容。开展对云南省部分产区烟叶样品外观质量和感官质量的鉴定工作，以及对贵州省、河南省、四川省等产区烟叶外观质量评价工作。

科研成果。2009 年，公司申请专利 26 项，其中，国内发明 12 项，国外发明 4 项，国内实用新型 10 项。取得授权专利 24 项，其中，发明专利 6 项，国内实用新型专利 14 项，国外实用新型专利 1 项，外观专利 3 项。

标准化工作。全年公司技术中心参与行业标准制修订项目 20 个，其中，《烟草及烟草制品硫的测定光度比浊法》、《片烟贮存养护 气调贮存法》和《片烟贮存养护 通用技术要求》等 3 个标准已经正式颁布实施。

【多元化经营】 12 月 16 日，国家局印发《关于福建卷烟工业系统多元化投资和企业管理体制改革的批复》（国烟法〔2009〕518 号），同意将厦门鑫叶集团有限公司更名改制为福建鑫叶投资管理集团有限公司，由福建鑫叶投资管理集团有限公司统一经营管理原属福建中烟工业公司及所属企业的多元化投资企业。根据《批复》精神，12 月 29 日，福建鑫叶投资管理集团有限公司完成了工商注册变更登记手续，公司正式成立。福建中烟工业公司持有鑫叶公司 52% 的股权，龙岩烟草工业有限责任公司和厦门烟草工业有限责任公司各持有鑫叶公司 24% 的股权。

2009 年，福建鑫叶投资管理集团有限公司实现销售收入 5.58 亿元，实现税利 1.27 亿元。截至年底，公司拥有 8 家全资或控股子公司，分别是厦门五福印务有限公司、厦门鑫叶印务有限公司、厦门鑫叶包装材料有限公司、厦门金桥实业有限公司、厦门鑫叶房地产开发有限公司、厦门悦宾贸易有限公司、厦门鼓浪湾酒店有限公司、厦门金桥国际旅行社有限公司。

【企业管理】 *质量管理*。进一步推进质量管理体系建设，初步形成“一体两翼”的福建中烟工业公司“腾飞”质量管理体系。推进标准化和质量管理活动，龙岩烟草工业有限责任公司参与的“卷烟企业清洁生产评价准则”项目获得中国烟草总公司首届标准创新贡献奖三等奖，厦门烟草工业有限责任公司的“提高滤棒物理检测甲等率”项目获全国烟草行业第十二届优秀 QC 小组成果三等奖。

对标工作和创建活动。开展对标工作和“优秀卷烟工厂”创建活动，在国家局公布的 41 项行业对标指标中，公司有 32 项达到或超过全国平均水平；龙岩烟草工业有限责任公司、厦门烟草工业有限责任公司均达到了优秀卷烟工厂的创建目标。

成本管理。公司继续加强成本费用控制，全年共节省各种成本费用 1.09 亿元，其中，节省盒皮成本 5145 万元，节省滤棒加工成本 1430 万元，节省卷烟配方成本 1943 万元，因新工艺、新材料应用节省成本 1800 万元。

【人力资源管理】 公司机关全面完成用工分配制度改革工作，建立了规范统一的收入分配体系。继续推进各直属单位的用工分配制度改革工作，加强对劳动工资的宏观调控和管理。全年公司共考核提拔正处级干部 7 人、副处级干部 19 人。招录本科（含）以上毕业生 102 人，其中博士研究生 1 人，硕士研究生 16 人。开展后备干部人才培养工作，加大公司和各直属企业的人员锻炼交流力度。公司制定并下发《关于加强教育培训体系建设的意见》，全年共选派 186 人次参加国家局组织的业务培训，6210 人次参加企业自主组织的 237 次培训。全年公司有 2 人获得烟机设备修理高级技师任职资格，3 人获得烟机设备修理技师任职资格，4 人获得烟叶分级技师任职资格。

【企业文化】 公司完成《福建中烟企业文化核心理念架构体系》建设，制定“和、睿、行”企业文化宣贯实施意见，形成了《福建中烟企业文化手册》、《福建中烟企业文化故事集》、《福建卷烟工业系统行为准则》等一批文化成果。确立“合心智博、励志精进”为企业精神。

【特事要辑】 1月31日，国家局局长姜成康到福建烟草工商系统进行考察调研。

4月22日，福建省省长黄小晶到福建中烟工业公司考察精品“七匹狼”卷烟专用生产线技术改造项目主体工程。

8月22日，国家局副局长张保振在福建中烟工业公司进行考察调研。

所属企业

龙岩烟草工业有限责任公司

【概　况】 龙岩烟草工业有限公司前身是成立于1951年的龙岩卷烟厂，2007年11月龙岩卷烟厂更名改制为龙岩烟草工业有限责任公司，成为福建中烟工业公司全资子公司。下辖福建红狼实业有限责任公司、福建贝森蜂窝新型材料有限责任公司2个多元化企业。公司拥有总资产74.42亿元，占地面积23.2万平方米。截至2009年年底，共有在岗员工1643人。公司拥有1条6000千克/小时的叶丝生产大线（具备香料厨房和加香、加料系统）、1条3000千克/小时的叶丝生产小线、1条2400千克/小时的梗丝生产线、1条570千克/小时的二氧化碳膨胀烟丝生产线，25台（套）卷烟机、23台（套）包装机、1套条包输送系统、8台自动装箱机、11台自动堆垛机，8台KDF2成型机，3台ZL26滤棒成型机，年卷烟生产能力472.5亿支（94.5万箱）。

2009年，龙岩烟草工业有限责任公司被中央精神文明建设指导委员会评为“全国文明单位”。

【领导成员】 总经理、党委副书记：赖鞍山

党委书记：邱全胜

副总经理、党委委员：林荣欣

副总经理、党委委员、工会主席：陈聪玉

副总经理、党委委员：黄　华

副总经理、党委委员：李海民

副总经理、党委委员：廖材河

党委副书记、纪委书记：胡国林

总会计师、党委委员：林芳沛

【机构设置】 公司设办公室（外事办公室）、党委办公室（团委）、人力资源部、企业管理部、财务部、审计部、监察部、工会、烟叶部、供应部、生产管理部、设备管理部、质量管理部（质量监督检测站）、技术改造办公室、信息技术部、安全保卫部、后勤管理部、制丝车间、卷包车间、动力车间20个部门、科室。

【卷烟生产经营】 2009年，公司生产卷烟409.6亿支（81.92万箱），同比增长7.07%，其中，生产一类烟23.2亿支（4.6万箱）、二类烟62.81亿支（12.56万箱）、三类烟75.14亿支（15.03万箱）、四类烟155.8亿支（31.16万箱）、五类烟92.83亿支（18.56万箱）。生产“七匹狼”品牌卷烟308.25亿支（61.65万箱），同比增长7.33%。销售卷烟408.55亿支（81.71万箱），同比增长7.37%。实现销售收入83.7亿元，同比增长7.36%。实现税利63.91亿元，同比增长5.43%，其中，实现利润11.77亿元。

公司全年万元产值综合能耗为11.5千克标煤，卷烟生产综合能耗为2.32千克标煤/万支。烟叶、盘纸、滤棒平均消耗分别为7.16千克/万支、649.25米/万支、1683.1支/万支。水、电平均消耗分别为0.07吨/万支、7.4千瓦时/万支。“化学需氧量”、“卷烟焦油加权平均值”整体下降。

【主要产品】 2009年，公司生产的卷烟品牌有“七匹狼”、“石狮”、“妙香”等，其中，“七匹狼”品牌卷烟的在产规格有“七匹狼（圣典）”、“七匹狼（雅典）”、“七匹狼（尚品）”、“七匹狼（软灰）”、“七匹狼（纯金）”、“七匹狼（软红）”、“七匹狼（红）”、“七匹狼（枣红新）”、“七匹狼（白）”、“七匹狼（古田）”、“七匹狼（豪情）”；“石狮”品牌卷烟的在产规格有“石狮（软富健）”。代加工生产的卷烟品牌有“万宝路”，其在产规格有“万宝路（软红）”、“万宝路（软白）”等。

【技术改造】 2009年，公司精品“七匹狼”卷烟专用生产线技术改造项目进入关键时期。4月，联合工房全面封顶；7月，开始安装工艺设备；10月，进行制丝工业设备联机调试及投料试运行；12月，第一台（套）卷接包设备投料试运行；12月31日，精品“七匹狼”卷烟专用生产线投入试生产。

公司完成东肖烟叶仓库扩建项目的土建工程和红炭山烟叶仓库的维修改造工程。

【企业管理】 对标及创优工作。公司实施对标管理，开展创优活动。制订《对标工作管理办法》，将对标创优工作融入目标管理和绩效管理评价体系；制定《“优秀卷烟工厂”创建活动暨行业对标工作实施方案》，构建公司对标工作和创优活动的标杆体系。

质量管理。通过召开质量例会，借助信息化预警系统等手段，及时掌握产品质量运行情况和产品质量运行趋势。开展QC小组活动，提高全员质量意识。在国家局卷烟产品质量监督市场抽查和省中烟工业公司二级站卷烟成品抽查中成品合格率达100%。全年市场投诉为1.838ppm，低于2009年市场投诉≤2.0ppm的目标。

生产管理。每月开展生产运行分析，对生产过程中出现的异常情况进行调研跟踪并落实整改。公司全年生产运行综合指数为114.23%，同比提高1.42个百分比，其中，生产效率指数103.52%，质量指数117.87%，主要制造成本指数124.89%，分别同比提高0.66、2.12、1.72个百分点。

成本管理。公司成本费用类各项指标持续优化，“单箱烟叶消耗”、“单箱滤棒消耗”、“单箱制造费用”等指标数值整体下降。强化预算管理，严格预算执行，严控五项费用（招待费、差旅费、会议费、涉外费、办公费），全年五项费用为2453万元，同比减少491万元。

【信息化建设】 公司加大信息技术在基础管理领域的应用，增加关键业务的网上审核功能，构建移动办公平台。完成国家局统一会计核算软件部分模块的上线工作，完成卷烟营销管理系统、原辅材料供应链管理系统的实施。设计“万宝路”品牌质量检验信息管理系统，完成面向精细化管理的烟叶仓库信息系统的改造工作和基于供应链的辅料订单和仓储管理系统的开发工作。做好精品“七匹狼”卷烟专用生产线过程控制与信息化项目建设。

【人力资源管理】 用工分配制度改革。2009年，公司继续推行用工分配制度改革，全面完成岗位管理体系、绩效管理体系与薪酬分配体系的设计工作。按照“分类管理、科学设岗”的原则，将公司的岗位分为专业管理类、专业技术类和生产操作类等3类201个岗位。修订《员工绩效管理制度》，推行全员绩效管理，优化业绩评价体系。制定《龙岩烟草工业有限责任公司用工分配制度改革工资初次套改方案》和《龙岩烟草工业有限责任公司聘用制员工用工分配制度改革方案》，完成工资套改工作。

教育培训。全年共举办各类培训班56期，培训员工2305人次，累计培训1105课时，员工培训平均满意率达96.6%，全年培训经费支出583万元。

厦门烟草工业有限责任公司

【概　况】 厦门烟草工业有限责任公司前身是成立于1948年的厦门卷烟厂，2007年11月21日，原厦门卷烟厂更名改制为厦门烟草工业有限责任公司，成为福建中烟工业公司的全资子公司。公司下设卷接包、制丝2个生产车间（海沧厂区）以及专门生产混合型卷烟的金桥生产中心（湖里厂区）。公司拥有总资产63.34亿元，占地面积20万平方米。截至2009年年底，共有在岗员工1689人。公司海沧厂区有1条5000千克/小时的叶丝生产大线（具备香料厨房和加香、加料系统）、1条2000千克/小时的叶丝生产小线、1条1500千克/小时的梗丝生产线、1条570千克/小时的二氧化碳膨胀烟丝生产线；公司湖里厂区1条2000千克/小时的叶丝生产线、1条1000千克/小时的梗丝生产线；公司拥有26台（套）卷烟机、30台（套）包装机、1套条包输送系统、6台自动装箱机、7台自动堆垛机、3台KDF4成型机、4台KDF2成型机、5台ZL22滤棒成型机，年卷烟生产能力400亿支（80万箱）。

2009年，公司获得中华全国总工会授予的“全国五一劳动奖状”，公司质量管理部获得中华全国妇女联合会授予的“巾帼文明岗”称号。

【领导成员】 总经理、党委副书记：王道宽

党委书记：王建勇

副总经理、党委委员：刘宗柳

党委副书记、纪委书记、工会主席：朱一民

副总经理、党委委员：吴志文

副总经理、党委委员：黄　宏

副总经理、党委委员：姜国海

副总经理、党委委员：林定丰

总经济师、党委委员：林贵芳

【机构设置】 公司设办公室（外事办公室）、党委办公室（团委）、人力资源部、企业管理部、财务部、审计部、监察部、工会、烟叶部、供应部、生产管理部、设备管理部、质量管理部（质量监督检测站）、技术改造办公室、信息技术部、安全保卫部、后勤管理部、制丝车间、卷包车间、金桥生产中心、动力车

间21个部门、处室。

【卷烟生产经营】 2009年，公司生产卷烟387.9亿支（77.58万箱），同比增长2.30%，其中，生产一类烟2.46亿支（0.49万箱）、二类烟33.8亿支（6.36万箱）、三类烟95.02亿支（19万箱）、四类烟223.52亿支（44.7万箱）、五类烟35.09亿支（7万箱）。生产“七匹狼”品牌卷烟248.4亿支（49.68万箱），同比增长20%；生产“金桥”品牌卷烟50.45亿支（10.09万箱），同比增长2.76%；生产“石狮”品牌卷烟60.85亿支（12.17万箱），同比下降21.82%。实现卷烟销售收入65.13亿元，同比增长4.49%。实现税利45.52亿元，同比增长4.02%，其中，实现利润7.28亿元。公司三项费用率为8.4%。

公司全年卷烟生产综合能耗为2.26千克标煤/万支。烟叶、盘纸、滤棒平均消耗分别为7.15千克/万支、645.88米/万支、1684.6支/万支。水、电平均消耗分别为0.05吨/万支、8.09千瓦时/万支。

【主要产品】 2009年，公司主要生产的卷烟品牌有“七匹狼”、“石狮”、“厦门”、“金桥”、“大丰收”等，其中，“七匹狼”品牌卷烟的在产规格有“七匹狼（纯典）”、“七匹狼（豪迈）”、“七匹狼（豪运）”、“七匹狼（金）”、“七匹狼（蓝）”、“七匹狼（软红）”、“七匹狼（红）”、“七匹狼（白）”、“七匹狼（古田）”、“七匹狼（豪情）”；“石狮”品牌卷烟的在产规格有“石狮（沉香）”、“石狮（软富健）”；“厦门”品牌卷烟的在产规格有“厦门（珍品）”；“金桥”品牌卷烟的在产规格有“金桥（英伦奶香）”、“金桥（硬）”、“金桥（软混）”；“大丰收”品牌卷烟的在产规格有“大丰收（软）”、“大丰收（福临门）”。

【技术改造】 “金桥”卷烟生产线技术改造工程于6月开始进行网架施工，10月联合工房主体封顶，同时开始公用安装工程。沧海东孚烟叶仓储项目第一、二期立项于7月获得国家局总体批复，截至年底已经完成该项目的设计方案。

【企业管理】 *企业战略实施*。制定实现“建设全国一流卷烟生产企业”愿景的“六化战略”——生产组织柔性化、混合工艺特色化、安全环保持续化、成本质量精细化、组织执行化、发展氛围和谐化。并以方针目标的形式下达、落实战略规划提升举措24项，具体工作54项，建立了78个可量化的指标。

质量管理。启用统计过程控制（SPC）工具，利用统计分析技术对生产过程进行实时监控，从而确保生产过程的精准受控。全年共发布QC成果22个，其中，获得省烟草工业系统QC成果一等奖1个、二等奖3个、三等奖1个。公司产品的合格率达100%，产品投诉率为0.735ppm。

设备管理。公司将设备管理考核与车间经济考核指标直接挂钩，并将设备管理纳入三大管理体系。开展全员生产维护（TPM）管理活动，初步制定出一套符合企业实际的预防维修管理体系。全年卷接包设备有效作业率为89.4%，制丝设备故障率为0.46%，专用设备完好率为100%。

标准化管理。公司主导制定的行业标准《卷烟工艺参数信息化管理规范》获得国家局批准，并在国家局行业标准网站上发布。

内部监管。建立中层干部述职述廉制度，全面推行廉政合同制度，全年与供应商签订廉政合同712份。加强辅料采购方式管理和供应商资质认证工作，全年节约采购资金4000万元。修订《接待管理办法》、《广告品领用办法》等制度，全年五项费用同比减少300万元。

【人力资源管理】 *用工分配制度改革*。公司深化用工分配制度改革，完成216份《岗位说明书》汇编工作，并形成《岗位管理办法》，初步制定部门绩效考核指标库及绩效考核方案。《用工分配制度改革方案》获职代会审议通过。

教育培训。开通基层网上学习平台，基层员工可以每月参加1次“管理思想与实践论坛”的讲座。选送综合管理类中层骨干员工到厦门大学参加EMBA和EDP（企业经理人员发展培训项目）学习，选送专业技术型中层骨干员工参加与福州大学合办的工程硕士班。全年共进行各类培训152项，参培人数达3374人次，总课时为57715课时。

【思想政治工作】 公司开展深入学习实践科学发展观活动，通过5个多月的学习，完成了3个阶段、11个环节的目标任务，群众对学习实践活动满意率达98%。全年共组织4次党委中心组学习活动，组织广大党员开展“党员示范岗”活动。开展“全员大家访”活动，建立走访职工常态机制，全年共走访职工家庭近400户，累计发放困难补助款近24万元。

【企业文化】 8月3日，公司成立20个首批“和、睿、行”文化贯彻示范项目组，组织10场510人次参加的文化测评活动，初步提炼出《文化评估报告》、《文化体系》、《文化建设规划》和《文化传播方案》等一批文化成果。拟定《企业文化三年规划》和企业文化传播方案，开展“和、睿、行”文化征文活动，撰写论文 83 篇。

（肖　部）

江西中烟工业有限责任公司

【概　况】 江西中烟工业公司成立于2004 年10 月。2009 年9 月4 日，国家局、总公司批复同意江西中烟工业公司更名改制为江西中烟工业有限责任公司。10 月29 日正式挂牌。下辖江西中烟工业有限责任公司南昌卷烟厂、赣南卷烟厂、广丰卷烟厂、井冈山卷烟厂、兴国卷烟厂共5 家非法人卷烟生产厂。截至2009 年年底，拥有总资产 70. 50 亿元，其中，固定资产 12. 79 亿元、流动资产 54. 71 亿元，资产负债率为 48. 54%。共有从业人员 4797 人，其中在岗员工 4722 人。

2009 年，公司围绕“两个跨越”的战略目标，把握发展主题，落实“弯道超越”的工作策略和“税利保增长、工作上水平、企业促发展”的总体要求，经济运行效益更加显著，“金圣”品牌培育更加有效，扎实推进基础管理，深入开展企业改革，员工队伍建设进一步加强。

2009 年，公司被中华慈善总会授予“中华慈善事业突出贡献奖”，被江西省委、省政府授予“江西工业崛起年度贡献奖”和“江西工业优强企业”称号。

【领导成员】 董事会

董事长：王彦亭（2009. 9—）

董　事：郑　伟(2009. 9—)　王志彬(2009. 9—)　于明芳(2009. 9—)　穆重林(2009. 9—)　黄翠萍(2009. 11—)　王洪宪(2009. 9—)

监　事：任用锴（2009. 9—）

班子成员

总经理、党组书记：郑　伟

副总经理、党组成员：王志彬

副总经理、党组成员：于明芳

纪检组长、党组成员：任用锴

【机构设置】 公司本部设办公室（外事办公室）、人力资源部、监察部、政治思想工作部、法律与改革部、财务管理部（投资管理部）、审计部、经济运行部（安全保卫部）、综合计划部、物资供应部、原料供应部、信息中心、市场营销中心、技术研发中心 14 个部门，其中市场营销中心、技术研发中心为事业部制管理。

【卷烟生产经营】 2009 年，公司生产卷烟 529 亿支（105. 8 万箱），同比增长 4. 96%，其中，生产一类烟 16. 34 亿支（3. 27 万箱），同比增长 11. 38%；二类烟 2. 12 亿支（0. 42 万箱），同比下降 43. 8%；三类烟 111. 44 亿支（22. 29 万箱），同比增长 51. 72%；四类烟 219. 26 亿支（43. 85 万箱），同比下降 5. 45%；五类烟 179. 84 亿支（35. 97 万箱），同比下降 0. 2%。定向加工卷烟 34 亿支（6. 80 万箱），同比增长 78. 86%，其中“七匹狼（白）”19 亿支（3. 8 万箱）、“双喜（硬）”12. 5 亿支（2. 5 万箱）、“双喜（软）”2. 5 亿支（0. 5 万箱）。

全年销售卷烟 535. 4 亿支（107. 08 万箱），同比增长 8. 04%，其中，销售一类烟 16. 55 亿支（3. 31 万箱），同比增长 19. 23%；二类烟 2. 35 亿支（0. 47 万箱），同比下降 29. 94%；三类烟 115. 75 亿支（23. 15 万箱），同比增长 67. 87%；四类烟 220. 85 亿支（44. 17 万箱），同比下降 4. 29%；五类烟 179. 9 亿支（35. 98 万箱），同比增长 0. 72%。

全年实现卷烟销售收入 84. 48 亿元，同比增长 12. 8%。根据国务院有关精神，调整卷烟消费税，部分利润转为税赋，全年增加卷烟消费税 0. 8 亿元。实现卷烟税利 54. 19 亿元，同比增长 12. 29%，其中，实现卷烟利润 7. 34 亿元，同比下降 4. 18%。公司三项费用率为 9. 65%。

全年万元产值综合能耗为 24. 86 千克标煤，卷烟生产综合能耗为 3. 90 千克标煤/万支。烟叶、滤棒、盘纸平均消耗分别为 7. 22 千克/万支、1689 支/万支、620 米/万支。水、电平均消耗分别为 0. 17 吨/万支、8. 75 千瓦时/万支。

【主要产品】 2009 年，公司主要生产的卷烟品牌有“金圣”、“庐山”，全年生产自有品牌卷烟 28 个规格，生产定向加工卷烟 3 个规格。

“金圣”为全国性卷烟重点骨干品牌，共有 12 个规格，其中，“金圣（典藏·本草香）”、“金圣（尚品 200）”为 2009 年新上市产品。全年生产“金圣” 93. 4 亿支（18. 68 万箱），同比增长 5. 32%。销售“金圣” 100. 2 亿支（20. 04 万箱），同比增长 20. 85%，其中，省内销售 92. 05 亿支（18. 41 万箱），同比增长19.79%，省外销售8.05亿支（1.61万箱），同比增长32.4%。2009年，“金圣”品牌被国家局列为“卷烟减害技术重大专项”试点品牌和“卷烟增香保润重大专项”试点品牌。

“庐山”共有9个规格，其中“庐山（鸿运）”为2009年新上市产品。全年生产“庐山”332.45亿支（66.49万箱），同比增长5.7%。销售“庐山”333亿支（66.6万箱），同比增长6.53%，其中，省内销售194.4亿支（38.88万箱），同比增长0.26%；省外销售136.1亿支（27.22万箱），同比增长16.76%。

【市场营销】 2009年，公司继续坚持以“金圣”品牌为核心的发展战略，努力把“金圣”品牌打造成定位清晰、特色明显、满足消费、持续创新的全国知名品牌，产品结构和品牌培育进一步提升。“金圣”、“庐山”两大主导骨干品牌合计销量占公司卷烟总销量的80.91%。“金圣”品牌形成了“金圣”典藏系列、经典系列和时代系列等针对不同消费群体、档次分明的产品规格体系。制订省内“金圣”品牌三年发展规划。加强“金圣”品牌终端建设，建立了统一规范的样板街80条、高端形象店28个。针对“金圣”特色卷烟，公司提出了“本草香”卷烟新品类概念。培育江苏、安徽、浙江、广东等“金圣”品牌省外重点市场，省外市场中有7个省份的销量增幅达40%以上。加大宣传品牌特色的力度，结合“金圣”特色品牌，在全国11个省、市召开了140多场工商协同营销座谈会，加强对特色品牌特色营销新路径的探索；3月20日，“金圣”品牌市场咨询与诊断工作总结会在南昌召开；7月3日，公司与江西日报社联合召开了“金圣”品牌15年发展专家研讨会。

【原料保障】 原料供应。以“金圣”品牌为核心加强原料保障工作。在烟叶调拨上，全年签订烟叶调拨计划合同4.83万吨（96.5万担），耗用烟叶原料3.99万吨（79.86万担），截至年底，完成调拨4.74万吨（94.8万担），原料库存8.16万吨（163.29万担）。加强基地建设，完善基地化供应链。在巩固江西赣南、云南曲靖、贵州遵义及铜仁、重庆武隆、福建龙岩、山东临沂等基地的基础上，2009年与云南红河、湖北宜昌、河南漯河分别签订了五年基地建设合作框架协议。重视特色优质烟叶开发工作，在江西省赣州市石城县开展3万担特色优质烟叶开发项目，并顺利通过国家局考核。在烟叶加工方面，制定《烟叶监督加工工作手册》，加强对重点和关键环节的监控，按照“源头控制、过程监督、结果追踪”的加工模式，实现打叶复烤全过程监控。

物资供应。以抓好采购成本控制为物资供应工作切入点，建立和完善了12项物资采购管理制度，全年采购成本同比降低2054.36万元。卷烟材料采购集中度达96%，烟机零配件采购集中度达82%。全年完成采购金额15.38亿元，其中卷烟材料14.89亿元，烟机零配件4871.72万元。

【科技创新】 项目研发。构建以“金圣”品牌为核心的原料保障体系，合理规划“金圣”品牌的原料和公司原料库存，启动与中国烟草总公司青州烟草研究所“基于‘金圣’品牌烟叶原料开发及应用体系构建”项目合作研究。围绕探明“金圣香”物质基础，与清华大学合作开展“‘金圣香’化学物质基础研究及其有效成分的精制”项目研究工作。2009年底，公司投资5000万元建设的精提中心落成，生产出的“金圣香”在卷烟产品中得到运用。

提高产品研发效率和响应速度，完成针对区域市场开发的“金圣（软红Ⅱ）”、“金圣（硬Ⅱ）”2个新规格的研制和“金圣（祥和）”的改进工作。完成公司重点新产品“金圣（尚品200）”的研发工作。“金圣”系列卷烟焦油加权值下降到12.79毫克/支，同比降低0.84毫克/支。全年组织申报国家局项目4个、江西省科技厅项目3个，在研的省部级科技项目达到10个。向国家局申报行业级技术中心并通过初步验收。

重大专项研究。围绕本草减害、增香保润和品类构建，开展重大专项研究工作。在本草减害方面，2009年，“金圣”品牌被国家局列为“卷烟减害技术重大专项”的重点试点研究品牌。利用中草药技术降低“金圣”卷烟中七种有害成分的研究项目由国家局批准立项。在增香保润和品类构建研究方面，“金圣”品牌被国家局列为“卷烟增香保润重大专项”试点研究品牌，开展了“‘金圣’本草香品类香气特征分析及特征香原料的开发”项目研究。

【体制改革】 9月4日，国家局、总公司下发《国家烟草专卖局、中国烟草总公司关于江西中烟工业公司更名改制和建立董事会的批复》（国烟法〔2009〕344号），批复同意江西中烟工业公司更名改制为江西中烟工业有限责任公司。10月29日，江西中烟工业有限责任公司正式挂牌，并召开了一届一次董事会。

【企业管理】 质量管理。2009年，公司对质量管理体系全部流程进行了重新梳理和二次策划，并对体系的充分性和适宜性进行了评审。截至年底，公司共有质量管理体系文件467份，其中第一层次文件1份、第二层次文件23份、三层次文件443份。优化体系结构，对已有的部分体系文件进行精简和修改。强化内部审核，并开展了体系建设主题活动。

设备管理。从设备维修与改造、闲置与调拨、报废与销毁以及生产设备项目管理等方面加强设备管理，着力控制设备维持费用、提高设备使用效率。2009年，公司卷接包设备有效作业率为90.42%，同比提高2.61个百分点，单箱设备维持费用为60.72元。

"6S"管理。在南昌、井冈山卷烟厂2008年推行"6S"管理并取得明显成效的基础上，2009年，公司在赣南、广丰、兴国卷烟厂正式启动"6S"管理。组织专家对各卷烟厂"6S"管理推行情况进行现场诊断与评估，并重点在赣南、广丰、兴国卷烟厂推行"6S"管理观念转变，并举办基础知识培训。

成本控制。公司通过持续强化预算管理、开展对标管理、完善内控制度、加强过程监控，全年成本费用控制取得实效。卷烟销售成本率同比下降1.18个百分点，三项费用率同比下降0.96个百分点，单箱费用同比下降19.2元。重视原辅材料及财务费用控制，全年原料配方成本节约4200万元，材料成本节约2855万元，财务费用节约1800万元。

安全工作。开展"三个排查"集中行动、社会治安综合治理及安全检查活动。开展积案化解活动，提高信访工作水平。开展应急预案演练，全年全省卷烟工业系统共演练65次。赣南卷烟厂在7月初的抗洪抢险中，启动洪灾应急预案，有效避免了企业重大经济损失的发生。广丰卷烟厂在11月遭受强风暴雨灾害，及时启动自然灾害应急预案，使灾害损失降到最低。

【内部管理监督】 年初，公司下发了《江西中烟工业公司2009年加强内管监督工作要点》。加强内部监管制度建设，将公司成立以来制定的17个类别101项内管制度汇编成册，全年修订内管制度204项，废止42项。组织实施"三项检查"，开展重点抽查，针对存在的问题积极落实整改。加强内部专卖管理监督自查工作，7月2~6日，国家局检查组对公司本部及南昌、井冈山卷烟厂进行了重点抽查。

【信息化建设】 完成财务及供应链管理系统项目建设工作。完成办公自动化系统二期工程，并正式上线使用。加强信息化管理制度建设，制定《计算机耗材管理办法》、《计算机类设备报废管理的相关办法》等一系列制度。开展专业培训，7月30日，召开全省烟草工业系统信息化及网络安全培训班，并举办了数据库及网络安全讲座。

【人力资源管理】 人事制度建设。2月，通过民主推荐、组织考察，对公司人力资源部等5个职能部室助理岗位人选进行了选拔，5名中青年科级干部走上助理岗位。11月，启动"青年才俊"计划，制定《青年后备人才队伍建设实施办法》，明确青年后备人才队伍建设的总体目标、基本原则和工作要求，选拔了第一批优秀青年员工并建立青年后备人才库。加大干部轮岗交流力度，12月，将2名所属卷烟生产企业厂长交流到公司本部任部门负责人，委派公司的部门领导前往所属企业主持工作。同时，在公司部门之间、各所属企业之间开展处级干部的轮岗交流。

用工分配制度改革。公司在"三定"基础上，制订《用工分配制度改革实施方案》和《关于调整企业离退休人员生活补贴的指导意见》，各所属企业出台了《岗位考核方案》和《绩效考核方案》。除广丰卷烟厂外，公司各职能部室、所属企业均于年底前完成了用工分配制度改革各项工作。

教育培训。重视教育培训工作，采取请进来、派出去、内培外训等多种形式，强化专业管理、专业技术、专业技能"三支队伍"各个方面的培训。编制年度教育培训计划，全年举办培训班212个，培训员工9996人次。举办为期一年的优秀中青年管理干部脱产培训班，开设了28门MBA课程，共有24人参加。选派2名专业技能人员参加上海烟草机械有限责任公司的脱产培训，并通过国家局鉴定获得高级技师资格，实现了公司高级技师零的突破。

【思想政治工作】 理论学习。组织全体干部职工学习党的十七届三中、四中全会精神，并邀请专家对《中高层管理干部的卓越管理》、《国有企业领导人员廉洁从业若干规定》、江西中烟企业文化理念架构体系——《金圣宣言》、对标管理等内容举办讲座。

学习实践科学发展观活动。3~8月，公司开展深入学习实践科学发展观活动，全公司1378名党员共撰写学习笔记5214篇、学习心得328篇，收回调查问卷600余份，编印52期学习实践活动简报。以"诚信友善、开朗开明、创新创造、坚韧进取"为主题，通过演讲、征文比赛等形式，开展江西中烟员工新形象大讨论活动。开展公司机关建设年活动，组织了"三提高"（提高员工素质、提高工作效率、提高工作水平）案例讨论和自查分析活动。

党风廉政建设。重视廉政教育，将反腐倡廉学习、党纪政纪学习作为党组理论学习中心组和党支部"三会一课"的重要内容。通过观看专题讲座片、举办专题讲座、举办党纪政纪条规及"三项法规"知识竞赛等，加强廉政意识。加强廉政监督，对重大工程项目建设建立了项目决策、实施、监督的规范运行机制；对物资采购招标活动初步形成了上环节对下环节制约、下环节对上环节相互监督的运行机制；对宣传促销项目建立了事前、事中、事后监督的痕迹化管理运行机制；对干部选拔任用工作建立廉政考察工作机制；对重点领域和关键环节建立完善了廉政监督长效机制。加强纪检监察队伍建设，采取“请进来、走出去”、岗位练兵、定期举办业务培训等方式，对全系统纪检干部进行系统培训。

【企业文化】 8月12日，公司下发企业文化理念架构体系——《金圣宣言》，确定了公司企业文化的16条理念和“国家满意、客户满意、员工满意”核心价值观。公司各级部门组织学习了《金圣宣言》，同时，利用《金圣报》和江西中烟门户网站、“金圣”品牌网站等公司内部媒体，加大企业文化宣传力度。

【特事要辑】 2月10日、18日，江西省委书记苏荣、省长吴新雄先后对《江西中烟工业公司2008年工作情况及2009年工作思路汇报》作出批示。

3月1日，江西中烟举办“金圣”品牌百万箱下线庆典仪式。

3月24～26日，国家局副局长何泽华一行考察江西中烟，先后参观了南昌卷烟厂、兴国卷烟厂、赣南卷烟厂的生产线。

7月14日，国家局局长姜成康对《江西中烟工业公司党组贯彻落实科学发展观情况分析检查报告》作出批示。

8月19日，江西中烟在南昌举行2009年“金圣学子”助学金发放仪式。

10月29日，江西中烟工业有限责任公司揭牌仪式在南昌举行，江西省副省长洪礼和、国家局副局长张辉出席揭牌仪式。

所属企业

江西中烟工业有限责任公司南昌卷烟厂

【概　况】 江西中烟工业有限责任公司南昌卷烟厂前身是成立于1950年的原南昌卷烟厂。2005年，南昌卷烟厂联合重组成为南昌卷烟总厂的一部分，更名为南昌卷烟总厂南昌卷烟厂。2006年，南昌卷烟总厂与赣南卷烟厂、广丰卷烟厂重组成新的南昌卷烟总厂。2007年，更名为江西中烟工业公司南昌卷烟厂。2009年，更名为江西中烟工业有限责任公司南昌卷烟厂。2009年，企业进行机构调整，新增原料管理科，仓储科更名为物资管理科。

企业占地面积为28万平方米。拥有德国HAUNI公司生产的8000千克/小时的片烟线、5000千克/小时的制丝线和1500千克/小时的梗丝线各1条，英国狄更生公司生产的5000千克/小时的HXD高温气流式叶丝干燥线1条，秦皇岛烟草机械厂生产的570千克/小时二氧化碳膨胀线1条，卷接机组17台（套），包装机组18台（套），德国产自动装封箱机6组，滤棒成型机组6组，滤棒发射接收机3套，年卷烟生产能力300亿支（60万箱）。截至年底，共有从业人员1649人，其中在岗员工1638人。

2009年，企业被江西省质量协会授予“江西省实施卓越绩效模式先进企业”称号。

【领导成员】 企业实行厂长负责制，主要领导成员有：

厂长、党委副书记：张胜健
党委书记、工会主席：叶华英
副厂长、党委委员：吴　刚
副厂长、党委委员：李铁军
厂长助理、党委委员：华　刚
厂长助理、党委委员：张世勤

【卷烟生产】 2009年，企业生产的卷烟品牌有“金圣”、“庐山”，定向加工的品牌有“双喜”。全年生产卷烟308.6亿支（61.72万箱）（含定向加工），同比增长3.96%，其中，生产一类烟16.3亿支（3.27万箱）、二类烟0.09亿支（0.02万箱）、三类烟92.48亿支（18.5万箱）、四类烟155.6亿支（31.1万箱）、五类烟44.1亿支（8.8万箱）。全年生产“金圣”93.4亿支（18.68万箱）、“庐山”199.55亿支（39.91万箱）；定向加工“双喜（硬）”12.5亿支（2.5万箱）、“双喜（软）”2.5亿支（0.5万箱）。

全年万元产值综合能耗为12.36千克标煤，卷烟生产综合能耗为2.48千克标煤/万支。烟叶、滤棒、盘纸平均消耗分别为7.35千克/万支、1685.8支/万支、616.4米/万支。水、电平均消耗分别为0.11吨/万支、8.92千瓦时/万支。

【技术改造】 完成“金圣香”精提中心主体工程建设、抚生路老厂成品库改造工程，以及HXD气流式烘丝线设备安装。全年新增3组ZB45包装机组、1组

ZJ19 卷接机组、1 组 ZB25 软包机组、1 台 CONCORD 连接装置。截至年底，除 1 组 ZB45 外，其余均已投入使用。

【科技创新】 企业全年对外报送管理创新项目 39 项，其中，向第十一届江西省企业管理现代化创新成果评选活动申报的“以创建优秀卷烟工厂为目标的关键职能管理”项目获一等奖，2 项 QC 成果获全国烟草行业第二十届优秀 QC 成果三等奖，2 个 QC 小组分别获“全国优秀 QC 小组”、“全国质量信得过班组”称号。

【企业管理】 成本控制。开展成本控制擂台赛、节约宣传周、成本控制成果展等活动。实行集中监管的项目管理模式，全年招标、比价项目 209 项，成本费用核减率达 10.64%。细化用电管理，全年单箱耗电同比下降 3.28%；完成蓼洲街老厂用电减容，每月节约电容费 2.4 万元。调整油气配比，节约燃料 160 多万元。鼓励自主维修，全年实施 93 项修旧利废项目，节约 207 万元。

质量管理。建立质量缺陷标准化图库、新牌号加工生产标准。落实“金圣”质量计划，加强工艺程序研究，优化工序参数设置，开展基础数据分析。完成 ISO 9001：2008 质量管理体系换版工作。修订《首自检管理规定》，加大现场抽查力度。全年产品质量得分为 96.85 分，顾客抱怨率 0.111ppm，同比下降 55.2%。

生产管理。启动设备 TPM（全员生产维护）管理，提升设备运行效率，形成全员维护合力。建立停产复工、熏蒸杀虫、生产换牌、无故障交接等标准，全年卷包设备有效作业率在连续两年提高 6% 的基础上再提高 6 个百分点。全年完成 61.72 万箱的生产任务，同比增长 8500 箱，生产时间减少 23.7 天。

创建优秀卷烟工厂。确立了“一个方法、两个抓手、三轮驱动、四步循环”的“1234”工作思路，运用矩阵制组织结构方法，成立了 8 个课题组，开展创建优秀卷烟工厂活动。在创优过程中，重视对标管理，并加强基础管理、队伍建设、文化建设和创新工作，将关键绩效考核与指标改善相结合，促进企业发展。

安全管理。成立消防、机电、仓储、交通 4 个由厂领导任组长的跨部门检查组，形成专业优势和安全管理有机结合的安全检查模式，全年共查出、整改各类隐患 130 余个。推行岗位安全自查制度，建立安全检查标准图册。整改 HSE 体系不合格项，顺利通过外部监督审核。

【内部管理监督】 启动“三标合一”工作。开展制度评审，完成对《固定资产管理办法》等 20 个制度的评审。加强制度督导，出台《企业规章制度及标准督导管理办法》，完成对《合同管理办法》等 7 个制度执行情况的督导。开展 100 多项小型基建预决算审计，核减工程造价 36.8 万元，核减率为 10.53%。对锅炉拍卖、蓼洲街老厂闲置设备处置等项目进行监督，对医药费管理等 6 个项目进行专项审计。开展“三项检查”回头看工作，顺利通过国家局检查组的重点抽查。

【人力资源管理】 完成对全厂人力资源情况的调研和“三定”工作，新进人员全部流向一线关键岗位。对基层管理岗位实施竞争上岗。对关键人才实施分类管理、个性培养，建立个人档案，帮助员工规划职业生涯。启动青年才俊计划，加快后备人才培养。重视教育培训，全年举办各类培训 130 余场次，培训员工 2400 人次。组织员工参加职业技能培训与鉴定，112 人取得行业特有工种职业资格等级证书，2 名员工通过卷烟机高级技师考试。

江西中烟工业有限责任公司赣南卷烟厂

【概　况】 江西中烟工业有限责任公司赣南卷烟厂前身是成立于 1969 年的原赣南卷烟厂。2006 年，赣南卷烟厂更名为南昌卷烟总厂赣南卷烟厂。2007 年，更名为江西中烟工业公司赣南卷烟厂。2009 年，更名为江西中烟工业有限责任公司赣南卷烟厂。2009 年年初进行机构调整，企业职能部门由 23 个整合为 16 个。

企业占地面积为 12 万平方米。拥有制丝线 1 条，卷接机组 9 台（套），硬盒包装机组 10 台（套），年卷烟生产能力 100 亿支（20 万箱）。截至年底，共有在岗员工 811 人。

【领导成员】 企业实行厂长负责制，主要领导成员有：

厂长、党委书记：黄　平

党委副书记、纪委书记、工会主席：刘海清（正处级）

副厂长、党委委员：朱　平

副厂长、党委委员：汪新华

副厂长：廖明俊

【卷烟生产】 2009 年，企业生产的卷烟品牌有“赣”、“庐山”，定向加工的品牌有“七匹狼”。全年生产卷烟 82.55 亿支（16.51 万箱）（含定向加工），其中，生产二类烟 2.05 亿支（0.41 万箱）、三类烟 18.96 亿支（3.80 万箱）、四类烟 58.54 亿支（11.70 万箱）、五类烟 3 亿支（0.6 万箱）。全年生产“赣” 33.06 亿支（6.61 万箱），“庐山” 30.52 亿支（6.10 万箱），定向加工“七匹狼（白）” 18.96 亿支（3.80 万箱）。

全年万元产值综合能耗为 42.47 千克标煤，卷烟生产综合能耗为 5.53 千克标煤/万支。烟叶、滤棒、盘纸平均消耗分别为 7.27 千克/万支、1690.8 支/万支、610.2 米/万支。水、电平均消耗分别为 0.25 吨/万支、9.11 千瓦时/万支。

【技术改造】 投资 495 万元，完成东山仓库的改造。投资 140 万元，完成 Super 长城机组的维修改造。投资 98 万元，完成天津 ZB43A 翻盖包装机组的维修改造。

【企业管理】 生产管理。加强与江西中烟生产计划的衔接，对各生产车间科学调度，尽量做到批量生产，减少换牌次数，确保各机型、各牌号均衡生产。开展创建先进车间活动，提升生产车间的班组管理、质量管理、设备管理、现场管理、安全管理、对标管理等专业化管理水平。推行“6S”管理，成立“6S”管理领导小组，设立“6S”兼职管理员和工作小组，开展“6S”管理理念的前期导入工作。

质量管理。对企业原有的质量体系文件进行了一次全面修订和完善。组织部分中层干部参加江西中烟举办的质量体系建设培训班，并聘请质量管理体系方面的管理咨询专家对全厂相关人员进行理论和实际操作培训。采取内部滚动式审核、五厂交叉审核和第三方监督审核等多种形式，对体系运行的有效性和适宜性进行审核检查，并将审核结果作为绩效考核的一项重要指标。2009 年，在国家局和江西省烟草专卖局的抽检中，企业产品的合格率为 100%。

安全管理。开展“安全文化进班组”、“安全文化进家庭”等活动，编写《安全文化手册》等资料，并以座谈会、征文、猜谜等活动形式进行安全宣传。签订责任状，建立安全监管网络和安全动态数据库，完善安全监管制度。增设机电专业、现场督查、文化制度 3 个督查工作小组。通过安全应急培训演练，提高应对突发事件能力，在“7·3”抗洪抢险中反应迅速，企业避免了 1453 万元直接经济损失。

【人力资源管理】 完成了企业岗位的分类管理、科学设岗等，实施“A+X”方案（即 A 为合理岗位，X 为过渡岗位，在 2~3 年内逐步退出 X 岗位人员），对全厂中层岗位和一般岗位进行定岗定编，合理定编“A”为 697 个，“X”为 165 个。重视员工的教育培训工作，全年共举办内部培训班 29 个，送外培训班 38 个，共培训人员 1041 人次。在江西中烟举行的“金圣”杯烟机操作技能竞赛中，企业在 4 个项目的竞赛中，取得 2 个第一名、4 个优胜奖。

【企业文化】 对企业文化精神的传承性进行了研究，分别按“赣州桥”时代、“赣”烟时代、“红金赣”时代、和谐发展期 4 个阶段进行梳理，为《金圣宣言》理念落地生根提供文化基础。开展问卷调查，确定当前企业文化建设急需解决的问题。成立企业文化建设课题组，研究文化落地问题。

江西中烟工业有限责任公司广丰卷烟厂

【概　况】 江西中烟工业有限责任公司广丰卷烟厂前身是成立于 1988 年的广丰烟丝厂。1991 年 8 月，广丰烟丝厂更名为广丰卷烟厂并正式被批准为国家计划内地方卷烟厂。2006 年，更名为南昌卷烟总厂广丰卷烟厂。2007 年，更名为江西中烟工业公司广丰卷烟厂。2009 年，更名为江西中烟工业有限责任公司广丰卷烟厂。

企业占地面积为 14.66 万平方米。拥有制丝能力达 3000 千克/小时的制丝线 1 条，卷接机组 6 台（套），ZB43 型硬盒包装机 9 台（套），年卷烟生产能力 150 亿支（30 万箱）。截至年底，共有在岗员工 1174 人。

【领导成员】 企业实行厂长负责制，主要领导成员有：

厂　长、党委书记：余小斌
副厂长、党委委员：徐辉广
党委委员、工会主席：唐庆丰
副厂长、党委委员：俞增产
副调研员：夏良俊

【卷烟生产】 2009 年，企业生产的卷烟品牌有“庐山”、“月兔”。全年生产卷烟 60.1 亿支（12.02 万箱），其中，生产四类烟 5.15 亿支（1.03 万箱）、五类烟 54.95 亿支（10.99 万箱）。

全年万元产值综合能耗为 96.41 千克标煤，卷烟生产综合能耗为 7.6 千克标煤/万支。烟叶、滤棒、盘纸平均消耗分别为 7 千克/万支、1699.2 支/万支、638.4 米/万支。水、电平均消耗分别为 0.3 吨/万支、9.6 千瓦时/万支。

【科技创新】 全年企业共有3个QC成果获省级奖励，其中，“降低ZJ17空头率”获江西中烟二等奖、江西省质量协会一等奖，“降低薄片丝连丝并条率”获江西中烟三等奖、江西省质量协会二等奖，“完善复烤梗预处理”获江西中烟优秀奖、江西省质量协会一等奖。

【人力资源管理】 加强职工技能鉴定工作，企业共有103人通过烟草行业特有工种初级工职业技能鉴定。倡导创建学习型企业，出台《员工教育培训管理办法》，实行全员培训制。全年共举办培训班27期，培训员工1472人次，其中外出培训94人次。

【企业文化】 以“敢于拼搏，永不言弃”、“超越不平凡”和“上善若水，以水为师”为企业精神，塑造企业核心价值观念。开展“三项创建”活动和“创先争优”活动，加强思想、组织、廉政建设。

江西中烟工业有限责任公司井冈山卷烟厂

【概　况】 江西中烟工业有限责任公司井冈山卷烟厂前身是成立于1982年的井冈山卷烟厂，1991年纳入国家计划内管理。2005年，井冈山卷烟厂更名为南昌卷烟总厂井冈山卷烟厂。2007年，更名为江西中烟工业公司井冈山卷烟厂。2009年，更名为江西中烟工业有限责任公司井冈山卷烟厂。

企业占地面积为6.67万平方米。拥有制丝线1条，卷接机组7台（套），硬盒包装机组6台（套），软盒包装机组2台（套），年卷烟生产能力75亿支（15万箱）。截至年底，共有从业人员507人，其中在岗员工454人。

【领导成员】 企业实行厂长负责制，主要领导成员有：

厂长、党委书记：刘一华（2009年12月起不再任厂长）

副厂长（主持工作）：刘沪明（2009.12—）

副厂长、党委委员：罗　飚（—2009.12）

纪检书记、党委委员、工会主席：肖　灵（—2009.12）

副厂长、党委委员：毛晓光

副厂长、党委委员：胡淡梅

副调研员：杨庚龙

副调研员：周冬庆

【卷烟生产】 2009年，企业生产的卷烟品牌为“庐山”。全年生产卷烟41.50亿支（8.30万箱），均为五类烟。

全年万元产值综合能耗为63.49千克标煤，卷烟生产综合能耗为4.46千克标煤/万支。烟叶、滤棒、盘纸平均消耗分别为6.77千克/万支、1693支/万支、628米/万支。水、电平均消耗分别为0.11吨/万支、8.12千瓦时/万支。

【科技创新】 企业全年组织实施了6个QC课题和1个技术创新课题，其中，“水膜除尘水重复利用设施的研制”、“减少烟包在线不合格品出现频次”2个QC课题在江西省质量管理小组第30次QC成果发布会上获二等奖；“梗丝加料系统改造”技术通过对整个梗丝加料系统进行改造，大幅提高了加料质量，水分均匀性更好，有利于企业的节能降耗。

【企业管理】 基础管理。深入推进“6S”管理，形成“计划、实施、检查、持续改善”的闭环运行模式。导入TnPM管理体系，规范员工行为，加强生产和设备保养。推进ISO 9000贯标工作，产品抽检合格率达100%，卷烟焦油加权平均值为11.5毫克/支，顾客抱怨率为零，卷包设备综合平均有效作业率为77.39%。加强成本管理，全年单箱烟叶同比减少0.37千克，单箱滤棒消耗同比减少3支。

内管监督。加强“三项检查”工作，通过国家局检查组检查，获“小而不乱、小而不差”的评价。推进内部监管制度建设，梳理完善管理制度117项，优化整合流程58项。加强工程维修项目、自主采购业务的审计监督，规范企业经营。

江西中烟工业有限责任公司兴国卷烟厂

【概　况】 江西中烟工业有限责任公司兴国卷烟厂前身是成立于1991年的赣南卷烟厂兴国卷烟分厂。2005年，更名为南昌卷烟总厂兴国卷烟厂。2007年，更名为江西中烟工业公司兴国卷烟厂。2009年，更名为江西中烟工业有限责任公司兴国卷烟厂。

企业占地面积为7万余平方米。拥有制丝线1条，MK9-5型卷接机组5台（套），ZB43A型硬盒包装机4台（套），意大利SASIB公司生产的6000型软盒包装机组4台（套），年卷烟生产能力60亿支（12万箱）。截至年底，共有在岗员工365人。

【领导成员】 企业实行厂长负责制，主要领导成员有：

厂长、党委书记：廖新尧（2009年9~12月，9月由副厂长、党委副书记改任厂长、党委书记）

副厂长、党委副书记（主持工作）：罗　飚（2009.12—）

副厂长：李伟忠

副厂长、党委委员：雷开福

纪委书记、党委委员：黄丝俊

副调研员：李继才

【卷烟生产】 2009年，企业生产的卷烟品牌有“庐山”、“南方”。全年生产卷烟36.25亿支（7.25万箱），均为五类烟。

全年万元产值综合能耗为69.06千克标煤，卷烟生产综合能耗为4.53千克标煤/万支。烟叶、滤棒、盘纸平均消耗分别为6.914千克/万支、1697支/万支、633米/万支。水、电平均消耗分别为0.41吨/万支、9.52千瓦时/万支。

【技术改造】 MK9－5现场修理改造2次。完成残烟处理机、ZB43A、贮丝柜维修改造工作，购置了梗丝加香系统设备。制定技术创新能力实施方案和考核细则，成立技术委员会，开展QC小组活动。2个课题分别获江西中烟QC成果发布会三等奖和优秀奖，1个课题获江西省质量协会举办的QC成果发布会一等奖。全年完成小改小革、技术改造项目17个。

【企业管理】 质量管理。建立以成本费用控制为主的对标体系，开展对标活动。制订《质量管理手册》，修订完善了62个第三层次文件，出台《质量管理体系考核细则》。2009年，企业在线产品质量综合合格率达97.8%，顾客投诉率0.11ppm。

设备管理。制订设备深度保养标准，建立预防性维修管理、定期维护保养和易损件准备周期等制度。全年设备有效作业率76.54%，设备完好率98%。

安全管理。层层签订安全综治责任状。开展“三个排查”、“三项行动”和“安全生产年”活动，发放《公民安全防范知识手册》，举办安全消防知识讲座，组织消防实操和电梯困人事故预演，提升员工安全意识。坚持厂长接待日制度，有效化解各类矛盾。

【人力资源管理】 完成组织架构设置和管理岗位人员调整，制订管理序列、专业技术类岗位工作规范、生产操作类岗位作业指导书，出台《专业技术职务聘任管理办法》、《职业技能等级聘任管理办法》等。用工分配制度改革方案、三定方案、工资套改办法、退养人员管理办法经职代会讨论并通过。

全年开展拓展训练2期、岗位技能竞赛19次。举办各类培训72期，培训员工1291人次。开展职业技能鉴定，19人通过职业技能鉴定，74人取得专业技术职称，其中，17人取得中级职称。

（李前进）

山东中烟工业公司

【概　况】 山东中烟工业公司成立于2004年2月，下辖济南、青岛、青州、滕州4家不具有法人资格的卷烟生产企业，将军烟草集团有限公司、颐中烟草（集团）有限公司、山东省烟草物资设备有限公司3个全资子公司及山东中鲁烟叶公司、惠丰烟叶复烤公司、瑞博斯烟草公司3个直属公司。截至2009年年底，公司拥有总资产194.98亿元，其中，固定资产49.59亿元、流动资产101.70亿元，资产负债率为38.71%。共有在岗员工7964人。

2009年，公司被山东省委、省政府授予“‘山东慈善奖’最具爱心捐赠企业”称号和“改革开放三十年山东省优秀企业”称号。

【领导成员】 2009年9月，国家局、总公司批复同意山东中烟工业公司更名改制和建立董事会（国烟法〔2009〕342号）。

董事会

董事：黄翠萍（2009.11—）

班子成员

总经理、党组书记：赵华民（—2009.11）

总经理、党组书记：韩　林（2009.11—，之前任副总经理、党组成员）

副总经理、党组成员：蒲　强

副总经理、党组成员：朱怡聆

副总经理、党组成员：张福廷

副总经理、党组成员：栗新华

副总经理、党组成员：王众声（2009.4—）

副巡视员：徐长森

副巡视员：李　平

副巡视员：刘青文（2009.4—）

【机构设置】 公司本部设办公室、人力资源部、生产安全部、法律与改革部、财务部、审计部、投资管理部、国际部、监察部、政工部、机关党委办公室、营销中心、技术中心、物资采购中心和《山东中烟报》编辑部15个部门。

【卷烟生产经营】 2009年，公司生产卷烟1300.16亿支（260.03万箱），同比增长2.17%，其中，生产一类烟26.10亿支（5.22万箱），同比增长108.13%；二类烟6.17亿支（1.23万箱），同比下降87.35%；三类烟107.43亿支（21.49万箱），同比下降38.66%；四类烟847.87亿支（169.57万箱），同比增长36.64%；五类烟312.59亿支（62.52万箱），同比下降24.45%。

销售卷烟1278.84亿支（255.77万箱），同比增长1.72%，其中，销售一类烟26.15亿支（5.23万箱），同比增长136.02%；二类烟6.36亿支（1.27万箱），同比下降85.4%；三类烟114.73亿支（22.95万箱），同比下降31.91%；四类烟820.84亿支（164.17万箱），同比增长32.16%；五类烟310.76亿支（62.15万箱），同比下降24.76%。

生产出口卷烟5.16亿支（1.03万箱），同比增长98.05%；销售出口卷烟4.31亿支（0.86万箱），同比增长65.23%。

公司全年实现卷烟销售收入182.01亿元，同比增长11.25%。根据国务院有关精神，调整卷烟消费税，部分利润转为税赋，全年增加卷烟消费税8.59亿元。实现税利110.82亿元，同比增长14.38%，其中，实现利润10.13亿元，同比下降27.72%。公司三项费用率为15.15%。

公司全年万元产值综合能耗为22.15千克标煤，卷烟生产综合能耗为3.17千克标煤/万支。烟叶、滤棒、盘纸平均消耗分别为6.82千克/万支、2001.0支/万支、604.83米/万支。水、电平均消耗分别为0.09吨/万支、8.60千瓦时/万支。

【主要产品】 2009年，公司生产的卷烟品牌有3个，分别是“泰山”、“将军”、“哈德门”，其中，“泰山”商标入围“2009年最具市场竞争力商品商标60强”，“General”商标被评为“山东省著名商标”。全年销售“泰山”系列卷烟103.6亿支（20.72万箱），同比增长548.3%，其中，省内销售70.22亿支（14.04万箱），省外销售33.37亿支（6.68万箱）；剔除“一枝笔”品牌卷烟的整合因素，“泰山”系列卷烟销量为24.3亿支（4.86万箱），同比增长52.1%；销售“将军”系列卷烟402.65亿支（80.53万箱），同比增长29.34%，其中，省内销售381.15亿支（76.23万箱），省外销售21.5亿支（4.3万箱）；销售“哈德门”系列卷烟673.71亿支（134.75万箱），同比下降13.23%，其中，省内销售355.94亿支（71.19万箱），省外销售317.77亿支（63.56万箱）。

完成“将军（尚勇）”、“将军（功勋沂蒙山）”、“将军（亮银）”、“将军（弘仁）”、“泰山（软儒风）”、“将军（潘萨）”（雪茄型卷烟）、“将军（3G）”（机制雪茄烟）等产品的开发，对“泰山（新品）”、“泰山（华贵）”、“泰山（望岳）”、“泰山（宏图）”、“将军（特纯）”、“哈德门（纯香）”等产品实施维护改造。

【科技创新】 提高创新管理水平，围绕产品研发、增香保润、减害降焦、特色工艺等组织科技立项31项。2009年，公司在研项目101项，其中“烟叶立体仓库害虫有效防治技术研究”、“‘哈德门（软）’牌卷烟均质化技术研究”被列为行业重大专项，“山东中烟工业公司技术中心协同研发平台建设”、“提升制丝线智能化控制水平研究”、“‘泰山’品牌导向型原料基地建设与开发”和“山东中烟工业公司CIMS项目”共4个项目通过行业专家评审，11项研究项目通过中烟公司的验收鉴定，并在全省烟草工业系统内推广应用，“烟叶熏蒸杀虫磷化氢浓度的测定—无线传感法”被列为国家局2009年度行业标准项目计划。

完善技术标准体系。全年制定各类技术标准55项、管理标准21项，组织申报的《烟草和烟草制品中游离氨基酸的测定 离子色谱-积分脉冲安培法》、《卷烟企业标准体系的构成及指南》两项行业标准项目通过国家局初审。公司全年组织审核、申报28项专利，截至2009年年底，公司共有专利265项，其中发明专利40项，继续位居行业前列。

加强减害降焦研究，将在产产品平均焦油含量控制在12.8毫克/支以内。

公司技术中心通过国家认定企业技术中心评价，在烟草行业技术中心中列第五位。

【市场营销】 加强工商协同营销，推进品牌发展。与山东省局（公司）明确工商联动要点、细化市场培育措施，并选择东营、滨州、济宁、烟台等地区作为试点单位，建立协同营销工作机制，定期召开“泰山”品牌培育例会。

12月，山东中烟与吉林省局（公司）签署战略联盟协议，共同培育“泰山”品牌市场，建立并完善工商协同营销机制；与福建省局（公司）召开烟叶工作座谈会，决定鲁闽合作加强闽产烟叶开发和利用。与云南、四川、湖北等省局（公司）加强“两烟”合作，建立工商战略联盟，共同培育鲁产卷烟品牌。

实施工商协同营销培训工程，全年共培训省内重点零售客户11万余名、客户经理和电访员3000余名。

提升营销管理水平，推进营销综合管理系统项目实施，加强对费用核销、计划调拨、物流运输、售后服务等管理。突出“品牌培育、渠道维护、终端建设”，完善绩效考核方案。

【原料保障】 坚持“因地制宜、适度集中、择优发展、突出特色”的采购原则，确定清香型、浓香型烟叶为烟叶采购的主攻方向，对云南等重点烟叶产区原料进行实地测评，明确原料的风格定位。以烟叶单元为载体，以市、县级烟叶产区为重点，合理调配计划资源，加大产区内部小采购区域整合力度。适时调整采购计划和加工预案，着重采购数量适当、质量好、等级结构合理、性价比高的烟叶。增加特色优质和特色品种烟叶的采购量，在云南建立两个特色优质烟叶开发项目单元；加强与种植特色品种烟叶产区的协调沟通，调拨特色品种烟叶，为高档卷烟的开发和原料利用率的提高奠定基础。

加强烟叶调拨质量管理，从采购源头入手，建立烟叶质量终身追溯制，层层落实质量管理责任，将烟叶质量把关地点由接货地点前移到发货地点，部分重点产区则延伸至烟叶收购和挑选环节；全面推行优质原料精细化挑选和分类加工，加强过程控制，保证烟叶调拨、复烤加工质量。在国家局组织的抽检中，调拨质量平均合格率为70.8%，较2008年提高8.1个百分点。

【多元化经营】 公司按照“先瘦身，后强身”的战略方针，制定“纵向压缩层次，横向整合业务”的总体思路，坚持“一企一策、一事一议”，逐一研究多元化企业清退思路。全年共清退8家多元化企业，5家多元化企业的清退工作进入收尾阶段，确定剩余14家多元化企业的清退思路并有序推进。公司对外担保全部解除，清理内部借款10.25亿元。

将军烟草集团有限公司。将军烟草集团有限公司（以下简称“将军集团公司”）组建于1995年10月，注册资本为15.36亿元，其中，山东中烟工业公司出资比例为92%，中国烟草实业发展中心出资比例为8%。2006年8月，山东中烟工业公司实施管理体制改革，整合将军集团公司的烟草主营业务，保留其法人地位，作为山东中烟工业公司的全资子公司，主要从事多元化生产经营和管理。截至2009年年底，拥有济南包装材料分公司、山东物流分公司、德州分公司、临清分公司、临清纸业分公司共5家分公司，将军经贸公司、山东鲁烟莱州印务有限公司、山东将军开元纸业有限公司、济南九州春天物业管理有限公司、济南泉永印务有限公司、山东省三名投资有限公司、山东将军双辰房地产开发有限公司、将军控股有限公司、山东省烟草包装印刷有限公司、山东泰山品牌文化传播有限公司共10家控股及相对控股企业，并参股光大银行和交通银行。2009年，将军烟草集团有限公司及所属15家单位实现主营业务收入11.45亿元，实现税利1.59亿元，实现利润6904万元。

2009年，将军集团公司完成对德州、临清、沂水3家公司的清算工作及中烟租赁公司的减资工作，对济南恒舜制衣公司和将军典当公司实施股权转让，将济宁新星混凝土制品公司资产无偿划转给地方政府，理顺了山东省三名投资有限公司的股权结构。

完成行业标准“烟叶熏蒸杀虫磷化氢浓度的测定—无线传感法”的编制工作，并通过中国烟草标准化研究中心的审查和专家评审。12月，“烟叶仓储磷化氢及温湿度三维实时测量方法”获得发明专利授权。

颐中烟草（集团）有限公司。颐中烟草（集团）有限公司（以下简称“颐中集团公司”）组建于1994年。2006年8月，山东中烟工业公司实施管理体制改革后，颐中集团公司由原来以卷烟生产经营为主、多元化经营为辅转变为以卷烟配套材料加工、酒店餐饮为主营业务，兼有投资管理和生产经营功能的企业。截至2009年年底，颐中集团公司拥有卷烟材料分公司、菏泽分公司、烟台分公司共3家分公司，青岛颐中国际大酒店有限公司、颐中（青岛）体育产业发展有限公司、颐中（青岛）置业有限公司、颐中（潍坊）实业有限公司、颐中（滕州）实业有限公司共5家全资子公司，颐中（青岛）实业有限公司、青岛颐中星日投资股份有限公司2家成员单位及青岛黎马敦包装有限公司。2009年，颐中烟草（集团）有限公司实现主营业务收入15亿元，实现利润1.3亿元。

【体制改革】 推进现代企业制度建设，公司成立了改革工作小组和办事机构，并制定实施方案和公司章程。9月4日，国家局批复《山东中烟工业公司更名改制和建立董事会工作实施方案》和《山东中烟工业有限责任公司章程》（国烟法〔2009〕342号）。

【企业管理】 质量管理。以“管理精细化，产品精品化”为主线，推进“6σ”管理，普及“6S”管理思想。组织卷烟工艺检查，对全省4家卷烟生产厂工艺质量管理现状进行调研，针对存在的关键工序工艺参数、重要质量指标不统一等问题进行研究和改进，提高产品质量稳定性和一致性，一、二、三级站和在线产品抽检合格率均为100%。

管理创新。推动管理创新和群众性创新，5月，举办山东中烟工业公司第三届QC成果发布会。济南卷烟厂的“降低挤兑库故障率”获得全国烟草行业第二十届优秀QC成果活动成果一等奖。公司有4个QC小组被中国质量协会、中华全国总工会、中华全国妇女联合会、共青团中央、中国科学技术协会联合授予“全国优秀QC小组”称号，青岛卷烟厂制丝车间工艺管理组被评为“全国质量信得过班组”。

设备材料管理。全年调剂闲置设备55台（套）、备件3716件。辅助材料月均库存额降至1.5亿元，同比下降26%，备品备件消耗额同比下降8.13%，单箱卷烟生产能耗同比下降9.7%。

标准化体系建设。完成质量、环境和职业健康安全管理体系内部审核和管理评审，修订发布管理手册和48个程序文件。开展“优秀卷烟工厂”创建活动，以青岛卷烟厂为公司试点单位，建立“7低14高”指标体系，出台创优内控标准，实现创优工作规范化、长期化。

财务管理。以ERP信息系统为基础，统一全省会计核算，规范会计核算口径。完善“模拟利润中心”运行机制，推行营销费用动态管理机制，健全预算管理考核体系，推广“零余额管理、日间透支、日终清算、法人账户透支”，全年财务费用同比下降17%。加强合同审核和执行监控，严格法人授权委托管理，全年无超授权和转授权行为发生。

内部监管。制定下发《山东中烟工业公司2009年整顿规范和加强内部管理监督工作要点》。开展“三项检查”回头看、内部专卖管理监督、“小金库”治理等专项整顿工作，开展“制度建设大讨论”活动，做好制度的“废、改、立”，形成用制度“管钱、管事、管人”的运行机制。

【采购管理】 根据生产需求及生产计划变更调整情况，科学制订采购合同、编制采购计划并及时下达采购订单；对法定节假日期间产品开发改造材料更换、包装标志换版等实施采购预警，合理储备卷烟材料，保证生产需求。

推行分类管理、联合库存管理、即时供应等新型物资采购管理方式，32%的卷烟材料实现寄售管理，卷烟材料采购周期由15天缩短至10天，主要牌号所需材料采购周期缩短至5~7天。

烟机零配件全部实现网上交易，所属卷烟厂全部推行寄售业务，截至2009年年底，累计寄售库存金额950万元，占采购总金额的14.5%。

加强对供应商及其上游企业的管理，淘汰不合格供应商3家，择优引进合格供应商4家，确认多元化企业原材料供应商21家。委托第三方机构对供应烟标企业所用原纸进行现场抽样检验，从源头上保证质量安全。经公司检测，在产卷烟产品所用烟标、接装纸、内衬纸、香精香料等卷烟材料合格率均高于同期水平。

【信息化建设】 加强网络系统运行维护，推进公司能源管控系统（EEMS）和青州、滕州卷烟厂制造执行管理系统（MES）项目实施工作，企业资源计划系统（ERP）二期项目于7月1日全部上线。

OA系统实现升级，将公司全部所属单位纳入实施范围，全面实现审批电子化、办公无纸化。12月，计算机辅助配方设计系统（CAD）三期项目通过验收。客户关系管理系统（CRM）一期项目于9月启动，12月1日正式上线试运行。

【合作交流】 实施“走出去”战略，7月，在阿联酋迪拜设立营销机构，以中东和非洲为目标市场，面向周边地区开展业务。与阿联酋东方贸易公司的战略合作进入实质性操作，完成“哈德门（境外版）”的开发设计、市场测试和产品中试，首批产品于9月投放中东市场。

坚持自主品牌走出去原则，围绕鲁产卷烟品牌国际化培育发展规划，遵循国际市场规律，针对不同国家和地区需求，完成“哈德门（硬阿）”、“哈德门（非加）”、“哈德门（淡）”、“哈德门（超淡）”、“将军（汶）”、“将军（混）”、“将军（美）”7个规格、3种类型产品（烤烟型卷烟、混合型卷烟和雪茄型卷烟）的开发设计和境外市场测试工作，其中“将军（美）”雪茄型卷烟得到美国市场准入许可。12月，与荷兰STG公司签订雪茄烟技术合作意向书，完成合作框架协议。造纸法薄片首次实现批量出口。

【人力资源管理】 完成山东烟草工业和商业系统干部交流工作，全年共交流干部8名。挖掘人才资源优势，推荐5名员工参与省委组织部组织的“山东省高层次人才库人选”评选，4名员工入选。加强人才队伍管理，组织开展专业技能人才评聘工作，105人获聘中级专业技术职务；全年共111名员工通过行业内评审，其中，19人通过高级专业技术资格职称评审，92人获得中级专业技术资格职称；176人通过中级工以上资格鉴定。

用工分配制度改革。组织用工分配制度改革“回头看”、自查评估和职工满意度测评工作，查找问题，完善方案。建立统一的人力资源开发管理平台，完善管理、专业技术、生产操作、业务“四条跑道”，形成上岗靠竞争的动态机制、收入靠绩效的激励机制、

调控有度的分配机制、和谐稳定的用工机制。加强制度建设，制定《劳动工资管理暂行规定》、《劳动关系协调办法》、《劳动纪律与员工奖惩管理暂行规定》、《保密及脱密期协议》、《保密及竞业限制协议》、《员工守则》共6项规章制度，建立起较为完备的人力资源管理制度体系。

教育培训。出台《山东中烟工业公司2010年～2014年培训工作方案》，全年组织培训300余期，培训1.7万余人次。全省系统范围内选拔40名员工参加与南开大学联合组织的项目管理工程硕士教育。推进教育培训体系建设，建立涵盖管理体系、制度体系、师资队伍体系、课程体系、培训机构体系的教育培训体系，推动公司教育培训规范有序开展。

【思想政治工作】 完善党风廉政建设责任制，加大效能监察工作力度，全年完成效能监察立项17项。贯彻“三项法规①”，推进惩防体系建设，组织开展廉政讲座、警示教育等培训。

【特事要辑】 1月19日，山东烟草2009年工作会议在济南召开，山东省委常委、副省长王军民到会并作讲话。

1月20日，山东烟草工业2009年工作会议在济南召开。

8月11日，全国烟草行业“优秀卷烟工厂”创建活动座谈会在青岛召开，国家局副局长李克明出席会议。

9月11日，工业和信息化部副部长、党组副书记苗圩到山东中烟工业公司济南卷烟厂调研。

10月27日，山东中烟工业公司青岛卷烟厂举行建厂90周年庆典仪式。

12月1日，全国烟草行业资金监管系统扩大试点工作动员会在济南召开。山东中烟工业公司成为行业资金监管系统扩大试点运行单位。

12月11日，山东中烟工业公司青岛卷烟厂通过专家评审，成为烟草行业第一家被授予“全国六西格玛管理推进先进企业”称号的企业。

所属企业

山东中烟工业公司济南卷烟厂

【概　况】 山东中烟工业公司济南卷烟厂始建于1928年。2006年，山东烟草工业实施管理体制调整后，取消济南卷烟厂的法人资格，成为山东中烟工业公司的所属卷烟生产企业。截至2009年年底，企业占地面积73.33万平方米，共有从业人员2263人，其中在岗员工1175人。拥有卷接包设备61组，8000千克/小时、6000千克/小时、2000千克/小时叶丝生产线各1条，3000千克/小时、800千克/小时膨胀烟丝生产线各1条和1000千克/小时白肋烟生产线1条，年卷烟生产能力605亿支（121万箱）。

【领导成员】 厂长、党委副书记：秦日伦

副厂长、党委书记：孟令权

副厂长、党委委员：王洪祥

副厂长、党委委员：王坤明

纪委书记、党委委员、工会主席：卞新中

副厂长、党委委员：迟修东

【卷烟生产】 2009年，企业生产卷烟500.1亿支（100.02万箱）（含出口1.02万箱），同比增长5.83%，其中，生产“将军”系列卷烟395.6亿支（79.12万箱）（不含其他卷烟厂），同比增长26.75%；生产“哈德门”系列卷烟93.62亿支（18.72万箱），同比下降33.76%；生产“泰山”系列卷烟0.77亿支（0.15万箱）；加工“云烟”系列卷烟5亿支（1万箱），同比下降50.0%。

企业全年万元产值综合能耗为22.01千克标煤，卷烟生产综合能耗为3.06千克标煤/万支。烟叶、滤棒、盘纸平均消耗分别为7.01千克/万支、1675支/万支、610.4米/万支。水、电平均消耗分别为0.08吨/万支、9.80千瓦时/万支。

【精细化生产】 开展工艺技术研究，以企业主要卷烟牌号、核心工艺设备为突破口，对工艺性能点检、关键过程及其控制点管理进行细化，对部分设备和车间温湿度控制进行改进，提高对工艺参数的控制能力，建立新产品的精益加工质量保障体系。

实施“6σ”管理和全面质量管理，推进质量控制和质量改进工作。制定卷烟质量提升方案，确保质量控制体系健全并有效运行，一、二、三级站卷烟产品质量抽检合格率均为100%。

强化对材料的供应巡查和烟叶的仓储管理，健全

① 三项法规指《中国共产党巡视工作条例（试行）》、《关于实行党政领导干部问责的暂行规定》和《国有企业领导人员廉洁从业若干规定》。

完善以辅料高架库为中心的辅料包装标准化、烟叶仓储养护、熏蒸杀虫、仓储安全管理等制度。

【技术改造】 新增 ZJ112 - ZB4、PROTOSM5 - GDX6 高速机组各 1 组，对 PROTOS70 - FOCKE350S 卷包生产线进行大修。开展在线检测试点，提升过程控制和技术装备保障能力，卷包设备平均有效作业率为 90.56%。

【内部监督管理】 开展“三项检查”回头看、“小金库”专项治理、国有资产专项检查工作。完善资金监管体系，按照“零余额管理、日间透支、日终清算、法人账户透支”的新型资金管理模式，加强资金管理，确保资金运营安全。

严把合同审核关，全年审计经济合同 348 份，审计额 3.29 亿元。出具工程竣工审计报告 50 份，审计额 1735 万元，审减额 177 万元。

实施效能监察，围绕企业决策、招标采购、重大在建工程项目等关键环节，完成效能监察立项 20 项；参与商务谈判 6 次，涉及工程造价 4772 万元。通过实施效能监察，节约资金 370 余万元。

【企业管理】 “优秀卷烟工厂”创建活动。企业制定创建活动的实施方案，确定 89 个对标指标，并进行逐级逐层分解，形成全过程、全方位、全员参与的对标工作格局。对照行业“优秀卷烟工厂”创建活动评价指标，10 项经济技术指标中有 8 项达标。

节能降耗。实施能源技术改造，采用先进的节电器和有源滤波器，对电网和照明系统进行改造。全年万元产值综合能耗同比下降 20%，万支卷烟耗水量同比下降 4.2%，凝结水回收利用率为 100%。企业清洁生产继续保持“AAAA”级水平，污水处理项目被评为“国家示范工程”。

管理创新。企业有 1 项 QC 成果获全国烟草行业第二十届优秀 QC 成果一等奖，4 项成果获山东省 2009 年度管理创新成果奖，2 项成果被山东省质量管理协会授予一等奖，2 项成果在山东中烟工业公司第三届优秀 QC 成果发布会上获一等奖。

【信息化建设】 推动信息化建设项目实施，配合山东中烟 ERP 系统二期项目，完成人力资源管理、设备管理、资金管理模块上线运行。网络自动化培训室投入使用，并与山东大学建立网络培训基地。

【人力资源管理】 继续深化用工分配制度改革，加强岗位和人员管理，组织开展主管、主办岗位人员充实调整工作。制定部门绩效考核方案，采用定量与定性相结合、过程考核与结果考核相结合、目标分解和监督检查相结合的方法，使考核目标指标得到有效控制。制定《济南卷烟厂管理人员选拔任用工作廉政监督实施办法》，建立并完善管理人员的选拔任用监督机制。

加强教育培训工作，坚持“逢培必考”，全年共举办各类培训班 95 期，培训 5464 人次。5 人通过高级专业技术资格职称评审，15 人获得中级专业技术资格职称，15 人分别获得中、高级工资格。成立济南卷烟厂首席技师工作站，为技能人才的健康成长搭建平台。

【思想政治工作】 开展深入学习实践科学发展观活动，完成 3 个阶段、6 个环节工作，党员和群众满意度测评总体满意率为 100%。健全、完善和落实党委中心组学习制度，组织开展党委中心组（扩大）读书会、民主生活会、理论学习秘书专题会议。围绕责任分解、责任考核、责任追究 3 个环节，完善廉政建设责任制体系建设。

附：

山东中烟工业公司济南雪茄烟制造中心

济南雪茄烟制造中心成立于 2008 年 12 月，其前身为始建于 1999 年 12 月的将军烟草集团有限公司技术中心雪茄烟实验室。实验室由原兖州雪茄烟厂的雪茄烟专家和技术中心技术人员组成。2004 年 5 月，国家局正式批准将军烟草集团有限公司济南卷烟厂生产雪茄烟，济南卷烟厂成立雪茄烟生产工段。2006 年 12 月，山东中烟工业公司实施体制改革后，雪茄烟生产工段由原将军烟草集团有限公司技术中心划归济南卷烟厂工艺技术处管理。2008 年 12 月，山东中烟工业公司济南雪茄烟制造中心正式成立。

制造中心占地面积约 8500 平方米，有在岗员工 23 名。拥有机制全叶卷雪茄烟 MIR - 01 卷烟机 4 台（套）、RSC - 100 烟支包装机 1 台（套）、T3/S3/DOW 瓜片芯叶打叶机 1 台（套），以及雪茄型卷烟 MRK - 95 卷烟机 1 台（套）、ZB42 双十支包装机 1 台（套）。制造中心主要产品有手工雪茄烟“将军（2 号）”、“将军（5 号）”、“将军（6 号）”，机制雪茄烟“将军（3G）”和雪茄型卷烟“将军（潘萨）”。

2009 年，制造中心生产手工全叶卷“将军（雪茄 2 号）”1440 支、“将军（3G）”14.55 万支、“将军（潘萨）”273.0 万支。

山东中烟工业公司青岛卷烟厂

【概　况】 山东中烟工业公司青岛卷烟厂前身是成立于1919年的大英烟草股份有限公司青岛办事处。2006年，山东烟草工业实施管理体制调整后，取消青岛卷烟厂的法人资格，企业成为山东中烟工业公司的所属卷烟厂。截至2009年年底，企业占地面积36.44万平方米，共有从业人员1436人。拥有卷接包设备70组，以及9000千克/小时叶丝生产线1条、3000千克/小时梗丝生产线1条、1000千克/小时白肋烟生产线1条、180千克/小时薄片生产线2条、570千克/小时膨胀烟丝生产线1条，年卷烟生产能力504亿支（100.8万箱）。

【领导成员】 厂长、党委副书记：周　健

党委书记、副厂长：郭本安

党委委员、工会主席：徐　颖（—2009.3）

副厂长、纪委书记、党委委员：张　彤

副厂长、党委委员：应青苗（2009年3～12月任党委委员、工会主席）

副厂长、党委委员：肖春菊

党委委员、工会主席：王军伟（2009.12—）

副厂长、党委委员：孟庆华

【卷烟生产】 2009年，企业生产卷烟500.08亿支（100万箱），其中，生产一类烟10.49亿支（2.10万箱）、三类烟68.29亿支（13.66万箱）、四类烟326.42亿支（65.28万箱）、五类烟94.88亿支（18.98万箱）。生产的卷烟品牌有"泰山"、"壹枝笔"、"哈德门"、"将军"，产量分别为76.66亿支（15.33万箱）、0.73亿支（0.15万箱）、407.59亿支（81.52万箱）、14.91亿支（2.98万箱）。

企业全年万元产值综合能耗为20.46千克标煤，卷烟生产综合能耗为3.05千克标煤/万支。烟叶、滤棒、盘纸平均消耗分别为6.84千克/万支、1673支/万支、644米/万支。水、电平均消耗分别为0.06吨/万支、7.98千瓦时/万支。

【企业管理】 开展"优秀卷烟工厂"创建活动和对标工作，将"优秀卷烟工厂"相关考核指标纳入全年重点目标，建立厂级、部门级、部门内3个层次的对标体系，通过查找短板，层层对标，实现创建活动在部门、班组、机台、岗位的全面落地。对照国家局"优秀卷烟工厂"创建活动评价标准，10项经济技术指标中有9项达标。

创新生产组织方式和设备轮保方式，提高设备有效作业率。组织"安全生产责任年"活动，全年未发生重大安全事故。

在山东中烟工业公司第三届优秀QC成果发布会上，企业有2项成果获得一等奖。

【精细化生产】 制定并完善"泰山"系列卷烟加工质量保障实施方案及二级方案，并开展"6σ"管理，组织签订"泰山"系列卷烟质量目标责任书，建立质量风险抵押金制度，确保"泰山"卷烟质量。

制定产品质量提升方案，定期召开质量分析会，不断提升质量控制水平。配合山东中烟ERP二期项目，完成卷包工单执行业务流程优化项目。重点围绕卷包车间样板机台、制丝车间样板线、动力中心样板站房的实施项目，建立信息支持平台，查找1142件"六源"①，编制305份单点课②。

启动西格玛水平测评信息系统，围绕提质降耗等重点工作新确定14个"6σ"项目，企业有4个项目被评为"全国优秀六西格玛项目"。

【技术改造】 精品"泰山"制丝线项目和南渠烟叶库项目分别于6月和11月获得国家局批复。5000千克/小时制丝线项目进入实施前准备阶段。11月，1组PROTOS M5－GDX6进口超高速卷包机组通过验收；7月，2组ZJ112国产超高速卷接机组进入生产阶段；10月，1组ZB47国产超高速包装机组进入三班运行试生产。

【人力资源管理】 开展用工分配制度改革"回头看"活动，修订《劳动工资管理实施细则》等6个劳动制度文件，进一步完善岗位绩效工资制度。完善绩效考核、岗位考核方案，提高考核的针对性和可操作性。健全激励机制，完善专业技术职务聘任、首席员工评聘、技师和高级技师评聘机制，推进技术操作工人技能等级证书考评建设。健全教育培训三级管理机制，修订完善网络培训管理办法。制订高技能人才发展规划，完成专业技能案例库编写工作。

【思想政治工作】 开展深入学习实践科学发展观活动。坚持党委理论中心组学习制度，加强领导班子建

---

① 六源是指污染源、清扫困难源、故障源、浪费源、缺陷源和危险源。

② 单点课，也叫"一点课"。它主要是针对生产中的一个特定问题的解决，由员工自己编写的解决方案，仅打印在一张A4纸上即可。

设。健全完善基层党组织考核办法，落实党风廉政建设责任制。

【企业文化】 编纂完成《青岛卷烟厂志》、《青岛卷烟厂组织史》，制作企业画册和宣传片，建设企业历史发展展厅、企业文化长廊。通过专家讲座、辅导员宣讲等形式以及老照片征集、演讲比赛等活动，推进企业文化宣传贯彻。

山东中烟工业公司青州卷烟厂

【概　况】 山东中烟工业公司青州卷烟厂始建于1948年。1998年8月，山东烟草实施综合配套改革，划归颐中烟草（集团）有限公司管理。2006年8月，山东烟草工业实施管理体制调整后，取消青州卷烟厂的法人资格，成为山东中烟工业公司的所属卷烟生产企业。截至2009年年底，企业占地面积17.3万平方米，共有在岗员工1201人。拥有6000千克/小时制丝生产线、570千克/小时二氧化碳膨胀烟丝线及在线高温膨胀烟丝生产线、薄片烟丝生产线各1条，以及14组卷接包联合机组，年卷烟生产能力250亿支（50万箱）。

【领导成员】 厂长、党委副书记：史春晓
副厂长、党委书记：黄文正
副厂长、党委委员：赵阳春
副厂长、党委委员：程逢春
纪委书记、党委委员、工会主席：王宗林
副厂长、党委委员：赵玉成

【卷烟生产】 2009年，企业生产卷烟200亿支（40万箱），其中，生产一、二类烟19.21亿支（3.84万箱）、三类烟10亿支（2.0万箱）、四类烟146.74亿支（29.35万箱）、五类烟24.07亿支（4.81万箱）。生产的卷烟品牌有“泰山”、“八喜”、“将军”、“哈德门”，产量分别为29.19亿支（5.84万箱）、80.08亿支（16.02万箱）、8.57亿支（1.71万箱）、82.16亿支（16.43万箱）。

企业全年万元产值综合能耗为20.12千克标煤，卷烟生产综合能耗为3.45千克标煤/万支。烟叶、滤棒、盘纸平均消耗分别为7.16千克/万支、1675.0支/万支、643.4米/万支。水、电平均消耗分别为0.11吨/万支、7.67千瓦时/万支。

【企业管理】 开展创建“优秀卷烟工厂”活动，按照“五分原则①”细化分解创优指标标准，针对未达标项目制定措施并实施整改。

初步形成定额指标体系，制定定额考核评价标准。按照“责任连带、利益共享、量化考核”原则，完成层级式经济责任制考核体系实施方案的制定和试运行。

加强质量管理。全年卷烟质量上级抽检合格率为100%，质量大事故、A类卷烟质量缺陷投诉为零，工艺达标率为100%。在完善质量保证体系、确保体系有效运行的基础上，制定和落实产品质量提升方案，开展13个质量攻关项目。实施“泰山（望岳）”工艺质量改进、提升有效作业率等攻关项目，共8大类、15小项。

完善职业健康安全管理体系，组织安全知识培训19次，举办各类应急演练27次，排查、整改安全隐患426个，隐患整改率为100%。全年未发生等级以上安全事故，实现安全生产目标。

【内部监督管理】 开展“三项检查”回头看工作。制定并完善《检测用烟管理规定》、《其他销售卷烟管理规定》、《档案管理规定》、《财务控制程序》、《比价管理办法》5项制度，自查物资采购业务9项、工程投资项目13项，涉及金额11.36亿元。

规范专卖废弃品处理流程，汇编专卖管理相关制度。开展“小金库”专项治理和国有资产管理自查工作，财务管理进一步规范。

【科技创新】 企业全年有2项QC成果被中国质量协会授予一等奖，6项成果在山东中烟工业公司第三届优秀QC成果发布会上获奖。2个QC小组被评为“全国优秀质量管理小组”。企业全年申报专利29项，获得专利授权21项。

【技术改造】 全年技改项目投资1.5亿元、专用设备投资1.2亿元，提前4个月实现“一线五库”联调运行。完成MES项目与ERP、制丝中控、物流中控、卷包数采、能源中心、卷烟生产经营决策等系统的对接，形成完整的工业自动化生产网络。购进ZJ112卷接机组和ZB47包装机组各1组，完成ZB25包装机热熔胶系统改造，安装缺包检测等设备38台。企业的清洁生产达到“AAA”级水平。

【人力资源管理】 完成2008年度员工岗位考核，133名员工晋档，19名员工被聘为工人技师。16人通

① “五分原则”即分解指标、分析原因、分步实施、分层考核和分阶段总结推动。

过中级工职业技能鉴定，3人被评为潍坊市首席技师。

全年投入培训费用171万元，举办培训班118期，培训职工3083人次。组织25人参加本科在职学历教育全国统考，推荐4人参加硕士研究生学历教育。举办各类技术比武活动9次，400余人次参加。

按照“竞争择优”原则，调整岗位人员260人次。完成全厂职工各类ERP数据整理录入，建立动态管理机制。

【思想政治工作】 开展解放思想大讨论、“四要”作风建设大讨论和“四为”活动，形成分析检查报告和整改方案，解决9个制约生产管理的突出问题。落实“一岗双责”，加强检查与考核，提高“创先争优”活动质量。以“四要”作风为标准，召开作风建设点评会，并强化履职考核。

【企业文化】 印制《企业文化手册》，强化“厚德、精实、志远”的海岱文化宣贯，促进企业文化落地生根。

山东中烟工业公司滕州卷烟厂

【概　况】 山东中烟工业公司滕州卷烟厂始建于1951年。1998年8月，山东烟草实施综合配套改革，滕州卷烟厂划归颐中烟草（集团）有限公司管理。2006年8月，山东烟草工业实施管理体制调整后，取消滕州卷烟厂的法人资格，成为山东中烟工业公司的所属卷烟生产企业。截至2009年年底，企业占地面积约15万平方米，共有从业人员753人。拥有5000千克/小时制丝生产线1条，ZJ17、ZB25等卷接包设备16台（套）及自动装封箱机2组、码垛机2台、KDF2滤棒成型机2组、滤棒发送机2套，年卷烟生产能力150亿支（30万箱）。

【领导成员】 厂长、党委副书记：赵　昆

副厂长、党委书记：孙　萍

副厂长、纪委书记、党委委员、工会主席：苏红卫

副厂长、党委委员：李继东

副厂长、党委委员：赵常友

【卷烟生产】 2009年，企业生产卷烟100亿支（20万箱），全部为五类烟“哈德门（软）”。

企业全年万元产值综合能耗为46.34千克标煤，卷烟生产综合能耗为3.79千克标煤/万支。烟叶、滤棒、盘纸年平均消耗分别为6.59千克/万支、1673.63支/万支、645.9米/万支。水和电的年平均消耗分别为0.12吨/万支和9.82千瓦时/万支。

【科技创新】 开展群众性质量管理活动，全年共取得QC成果42项，其中，“减少烟丝在风力输送过程中的整丝率降低量”、“废棒自动销毁装置的研制”、“提高制丝线水分仪在线检测精度合格率”在山东省第29届群众性质量管理活动经验交流会上获得省级优秀QC成果奖。企业有6项QC成果在山东中烟工业公司第三届优秀QC成果发布会上获奖。

【企业管理】 建立绩效指标体系。制定涵盖安全、质量、成本、文化、团队、环境六大板块，以及企业、部门、班组、岗位四个层级的绩效指标体系。确立21个厂级关键绩效指标和104个部门级关键绩效指标。

预算管理。将公司批复的预算细化分解到各职能部门，按季度对各部门预算执行情况进行检查、考核，将各项费用控制在公司批复预算额度内。

设备管理。加大设备点检、巡检和保养力度，严格执行设备轮保制度，开展全员预防性维修（TPM），全年企业设备故障停机率为0.38%，设备有效作业率、设备完好率分别为88.12%、100%。

节能减排。完善《能源管理考核办法》，确定水、电、蒸汽、空压的供应技术标准，制定水、电、蒸汽、天然气的定额标准，加大考核力度，层层分解、落实。按照环境体系管理标准，严格控制异味、粉尘、废水、废气、废料及噪声的排放，企业的清洁生产工作为“AAAA”级水平。

安全管理。完善职业健康安全管理体系和基层安全管理网络体系，开展以“关注生命、安全发展”为主题的“安全生产月”活动，组织暴雨灾害事故及火灾事故应急救援演练，涉及部门16个，参与演练人员达350人次。加大安全检查力度，组织综合安全检查56次，发现各类问题300余项，整改率为100%，实现“六无”安全目标。

【内部监督管理】 建立健全内部管理监督常设机构与相关制度，开展内部检查12次，发现问题并及时整改。坚持工程评审制度和招投标制度，全年共评审工程93项，节约资金249万元。开展物资采购比价审计项目105项，节约资金218万元。

【信息化建设】 公文远程传输、公文流转、审批等环节全部实现电子化。10月，完成公司能源管理系统

(EEMS) 上线运行前动力能源的接口实施工作。11月，完成制造执行管理系统（MES）项目的功能开发，并进入与ERP接口的连接阶段。12月，动力能源监控系统进入试运行阶段，全厂动力能源的运行参数、系统故障及相关数据实现集中检测、即时处理。

【人力资源管理】 开展职工培训工作，选派8名中层管理人员参加为期3个月的脱产培训。采用选修的培训方式，培训管理人员744人次。举办动力能源监控系统操作和卷烟国标知识培训，培训专业技术类、生产操作类和服务类人员1238人次。

开展中级专业技术职务聘任工作，13人被聘任为中级专业技术职务。与枣庄市烟草专卖局（公司）互派管理人员，进行历时6个月的挂职交流。

【企业文化】 开展以“弘扬‘三尚’文化、促进科学发展”为主题的文化落地活动，“兼爱善治、尚贤尚同”的核心价值观得到体现。完成企业文化展厅的建设工作并对外开放。制作企业文化宣传片——《铸魂》，完成“三尚”文化故事的征集与《“三尚”文化故事案例集》的编纂工作。

（秦日旭）

河南中烟工业有限责任公司

【概　况】 河南中烟工业公司成立于2003年10月，根据国家烟草专卖局下发的《关于河南中烟工业公司更名改制和建立董事会的批复》（国烟法〔2008〕305号），2009年8月1日，更名改制为河南中烟工业有限责任公司，下辖新郑、郑州、许昌、安阳、南阳、驻马店、漯河、洛阳卷烟厂共8家不具有法人资格的卷烟生产企业及河南卷烟工业烟草薄片有限公司。截至2009年年底，公司拥有总资产172.99亿元，其中，固定资产41.07亿元、流动资产120.96亿元，资产负债率为48.36%。有在岗员工9287人。

2009年，公司以“打基础、上水平、促发展，努力实现河南中烟新跨越”为工作主题，着力提升品牌发展、市场营销、生产制造、基础管理和队伍建设水平，生产经营的各项工作保持良好发展。

【领导成员】 总经理、党组书记：赵九来

副总经理、党组成员：杨自业

副总经理、党组成员：赵志正

副总经理、党组成员：宋有申

副总经理、党组成员：杨志忠

纪检组长、党组成员：邵富根

副巡视员：吴明山（2009.3—）

副巡视员：许廷选（2009.3—）

副巡视员：王志远（2009.3—）

【机构设置】 公司本部设办公室（外事办）、企划部、生产管理部、安全保卫部、装备部、法律与改革部、财务部、审计部（招标办）、人力资源部（职业技能鉴定站）、投资管理部、监察部、政工部（机关党委、团委、工会）、市场营销部、原料部、物资部、进出口部、技术中心、信息中心及整顿和规范市场经济秩序办公室19个部门。

【卷烟生产经营】 2009年，公司生产卷烟1610亿支（322万箱）（不含出口），同比增长1.73%，其中，生产一类烟10.28亿支（2.06万箱），同比增长68.70%；二类烟3.68亿支（0.74万箱），同比下降83.68%；三类烟307.23亿支（61.45万箱），同比增长58.06%；四类烟715.3亿支（143.06万箱），同比增长1.18%；五类烟573.51亿支（114.70万箱），同比下降12.11%。生产出口卷烟3.5亿支（0.7万箱）。

全年销售卷烟1609.34亿支（321.87万箱）（不含出口），同比增长2.07%；销售出口卷烟3.85亿支（0.77万箱），同比增长7.61%。实现卷烟销售收入227.7亿元，同比增长12.81%。根据国务院有关精神，调整卷烟消费税，部分利润转为税赋，全年增加卷烟消费税7.79亿元。实现卷烟税利144.16亿元，同比增长14.38%，其中，实现卷烟利润21.04亿元，同比增长6.34%。公司三项费用率为10.62%。

全年万元产值综合能耗为27.71千克标煤，卷烟生产综合能耗为4.2千克标煤/万支。平均消耗烟叶6.65千克/万支、滤棒1893支/万支、盘纸617.58米/万支、水0.12吨/万支、电7.36千瓦时/万支。

【主要产品】 2009年，公司生产的卷烟品牌主要有“黄金叶”、“帝豪”、“红旗渠”、“金许昌”、“沙河”、“散花”6个品牌。开发了“黄金叶（天叶）”、“黄金叶（软大金圆）”、“红旗渠（新开元）”3个规格产品；停产了“沙河（吉祥）”、“红旗渠（软白）”、“红旗渠（嘉年华）”、“红旗渠（硬银）”4个规格产品。

全年销售“帝豪”123.99亿支（24.80万箱），

同比增长17.73%，其中省内销售114.73亿支（22.95万箱）。销售“红旗渠”1014.84亿支（202.97万箱），同比增长13.29%，其中省内销售679.87亿支（135.97万箱）。销售“黄金叶”29.60亿支（5.92万箱）。

2009年，公司出口卷烟3.85亿支（0.77万箱），其中，向缅甸、巴拿马、智利、冈比亚出口“FARSTAR（发时达）”品牌卷烟2.77亿支（0.55万箱）；向缅甸、马来西亚出口“CRAZY HORSE（野马）”品牌卷烟3360万支（672箱）；向巴拿马、新加坡、澳大利亚、马来西亚、中国澳门出口“帝豪”品牌卷烟0.74亿支（0.15万箱）。出口实现372.64万美元。

【市场营销】 品牌战略。围绕“突出‘黄金叶’品牌培育这个中心，继续打牢‘帝豪’、‘红旗渠’两个品牌的发展基础”的工作要求，公司修订了《河南中烟品牌发展规划》，制定了《2009年黄金叶品牌建设实施意见》，确立了“黄金叶”、“帝豪”和“红旗渠”品牌的发展关系和品牌定位，提出了未来5年的品牌发展目标、实现路径和保障措施。

营销中心建设。健全公司营销中心工作机制，完善奖惩激励机制，强化目标监督考核，调动营销人员的工作积极性。强化学习型队伍建设，全年有883名营销人员和相关管理人员参加了有关营销知识的学习培训。公司市场营销部连续三年被中国卷烟销售公司评为“全国卷烟销售工作先进单位”。

工商协同营销。公司不断加强工商协同营销，与全国80家烟草商业企业签订了工商战略联盟协议，与4家省级烟草公司搭建了省级信息平台，与河南省内的18家地市级烟草公司实现信息协同和网上配货。

营销创新。在营销渠道和营销终端两个环节创新品牌推广方法，开展事件营销、口碑营销、文化营销等活动，提升品牌形象和拓展市场的能力。突出营销的关键环节和主要指标，实行营销费用与目标任务挂钩，引导营销资源向重点品牌、重点规格、重点市场倾斜。推进卷烟精准营销，完善市场信息采集制度，建立卷烟存销比监控机制，截至年底，存销比控制在0.4以下。

【原料保障】 公司按照“保证总量、优化结构”的卷烟原料工作要求，整合计划资源，推进结构优化，全年签订国内烟叶合同13.75万吨（275万担），进口烟叶合同0.4万吨（8万担）。突出原料特色，推进烟叶基地建设，在河南、云南建立了2个特色优质烟叶基地，在云南、广西建立了2个新烟区开发单元。开展基地烟叶收购、加工和综合评价工作，完成基地烟叶采购0.8万吨（16万担）。加强原烟精选，共精选烟叶1.05万吨（21万担），储备优质烟叶0.63万吨（12.6万担），用于支撑“黄金叶”等重点品牌的发展。加强烟叶配方模块加工，按配方模块组织调拨，按配方比例监督加工，模块加工率达到78%以上。

【科技创新】 全年开展省部级科研项目研究5项、公司级科研项目研究30项，验收鉴定成果12项。全年申请专利31项，其中12项专利获得授权或获得证书。承担行业标准《烟草及烟草制品 质体色素的测定 高效液相色谱法》的制定。加快科研项目成果转化，公司与朱尊权院士合作开展的“上六片烟叶成熟度研究”项目、与邓子新院士合作开展的“以微生物技术为核心的加速烟叶醇化过程的关键技术研究”项目的阶段性成果，已应用于“黄金叶”系列的新产品研发。加强减害降焦技术的研究应用，全年焦油量加权平均值为11.69毫克/支。

加强公司博士后工作站建设，成立博士后工作站管理委员会，明确工作站的管理机构和工作职责；开展博士后工作站评估工作，参加全国博士后工作站管理评估，在参评的29家河南省单位中得分第一；在站博士发表论文20余篇，其中SCI（《科学引文索引》）收录4篇，EI（《工程索引》）收录2篇。

【多元化经营】 公司制定了《多元化经营企业固定资产投资管理规定》，明确多元化企业固定资产投资的范围和条件。各多元化企业建立并完善了投融资决策、项目管理、内部控制、财务管理、审计监督等制度；完善了股份制企业法人治理结构，根据股份制企业部分董事、监事工作岗位的变化情况，对缺额的董事、监事成员进行及时补缺和调整。加强审计监督，对驻马店发时达工贸公司、许昌帝豪物业公司开展了领导离任经济责任审计。继续开展多元化企业清退工作，截至年底，列入清退方案的35家多元化企业中，已完成34家的清退工作。加强对多元化企业的经营指导，公司参股、控股的7家多元化企业实现销售收入5.74亿元。

【体制改革】 企业更名改制。2009年8月1日，根据国家局下发的《关于河南中烟工业公司更名改制和建立董事会的批复》（国烟法〔2008〕305号），河南中烟工业公司依法更名改制为河南中烟工业有限责任公司，并完成了公司《企业法人营业执照》、《烟草专卖生产企业许可证》、《特种烟草专卖经营企业许可证》和所属8家卷烟厂《营业执照》、《烟草专卖生产企业许可证》的调整变更。

小烟厂关停收尾。全省年卷烟生产能力在50亿支（10万箱）以下的卷烟生产企业组织结构调整工作进展顺利。2009年，在已经关停的8家小烟厂中，淮滨、邓州、新乡、光山、商丘、开封、周口卷烟厂共7家卷烟厂终结破产程序，汝州卷烟厂进入破产程序。9月，8家小烟厂关闭破产工作全部通过国家局验收，“关小”工作基本结束。

【企业管理】 整合型管理体系建设。公司继续推进质量、环境和职业健康安全管理体系建设，建立有效的规章制度、清晰的岗位职责、健全的标准体系、畅通的信息传递和严格的绩效管理，企业管理水平得到进一步提升。制订《整合型管理体系建设四阶段实施计划》，并编制了体系的管理标准控制点库，明确1600余个文件控制点；结合体系内审进行严格检查，规范工作行为，提高制度的执行率。印发《整合型管理体系宣贯手册》，开展了内部审核、标准化管理、管理工具及统计技术应用等方面的专项培训，共培训456人次。

质量管理。坚持“事事精工、支支精品、持续创新、追求卓越”的质量方针，探索建立“质量缺陷库”，系统推进SPC（统计过程控制）技术应用，质量管控能力和持续改进能力得到提升，全年各级产品质量抽检合格率100%，有8个规格的卷烟产品在国家局抽检中获得满分。开展群众性质量管理活动，全年共有21个QC小组获“全国优秀质量管理小组”称号；在2009年度河南省QC小组成果发表会上，公司33个成果获得一等奖。

财务审计。突出财务管理核心地位，强化预算、资金和成本费用管理，开展“小金库”专项治理，公司资产负债率、收入成本费用率同比分别下降3.35和1个百分点，总资产贡献率提高3.75个百分点，资本保值增值率达到119.81%。加强审计监督，全年审减工程造价和合同金额7753万元；强化招投标管理，完成招标项目51个，中标额较预算节约4532万元。

设备管理及技术改造。加强设备“轮保养”和“进站式”保养，推进“设备故障库”建设，设备有效作业率达89.74%。成立重点项目建设领导小组，负责许昌卷烟厂易地技术改造、公司经营业务用房建设以及郑州、新郑卷烟厂联合易地技术改造共3个项目，推进重点项目的报批、组织管理、土地招拍挂和设计方案论证等前期筹备工作。继续抓好在建项目建设，全年实际完成投资9.8亿元。

节能减排。开展节能减排和清洁生产，万元产值综合能耗和万支卷烟生产综合能耗同比分别下降28.12%和16.70%，二氧化硫排放总量和化学需氧量排放总量同比分别下降15.07%和15.84%。

【人力资源管理】 干部队伍建设和人才引进。公司对营销中心、技术中心及洛阳、南阳卷烟厂的领导班子进行考核，完成洛阳、驻马店卷烟厂领导班子的配备。根据公司本部干部队伍建设需要，选拔任用了7名部门正处级和1名部门副处级领导干部。全年共引进97名大中专毕业生，接收安置31名退伍军人。

教育培训和技术人才评聘。全年共向国家局党校、河南省直党校送培领导干部15人次。举办各类培训班354期，共培训2.39万人次。修订完善了各系列高级职称申报条件，制定《工程师评审实施细则》，规范职称评审工作。组织专业技术资格评审工作，有10人获高级专业技术职务任职资格，67人获中级专业技术职务任职资格。总结许昌卷烟厂专业技术人员设岗聘任试点经验，公司制定了《专业技术职务评聘管理规定》，许昌、安阳、新郑卷烟厂共3家卷烟厂共完成7名工程师的设岗、选拔和聘任工作。

【思想政治工作】 深入学习实践科学发展观活动。按照国家局党组统一部署，公司开展深入学习实践科学发展观活动，通过学习调研、分析检查、整改落实三个阶段，共分析、梳理公司存在问题30余项，研究制定整改措施50余条，并认真抓好整改落实，职工群众对学习实践活动满意率达100%。

企业内外宣传。全年在行业内外主流媒体发表有关公司的稿件450篇。公司内刊《河南中烟》连续两年被中国企业联合会评为“全国优秀企业报刊特等奖”。出版了公司员工在行业媒体刊发的优秀作品集《金叶放歌》。

【特事要辑】 2月4日，河南省委书记徐光春到河南卷烟工业烟草薄片有限公司考察工作。

2月24～27日，国家局局长姜成康到河南烟草工业考察调研，对河南中烟提出：“要把创名牌、抓技改、重管理、上水平作为当前和今后一个时期的主要任务，切实突出‘黄金叶’品牌培育这个中心，继续打牢‘帝豪’、‘红旗渠’两个品牌的发展基础”。

3月26日，“帝豪”、“红旗渠”、“黄金叶”、“散花”、“金许昌”5个卷烟商标被河南省工商行政管理局认定为“河南省著名商标”。

4月10～14日，驻国家局纪检组组长潘家华到河南烟草工业考察调研。

8月1日，河南中烟工业公司更名改制为河南中烟工业有限责任公司。

8月19日，郑州新建卷烟厂项目签约仪式在郑州举行。根据协议，公司未来三年将投资32.7亿元，在郑州经济技术开发区新建年产130万箱的卷烟厂。

9月27日，国家局副局长何泽华到河南卷烟工业烟草薄片有限公司考察工作。

所属企业

河南中烟工业有限责任公司新郑卷烟厂

【概　况】 河南中烟工业有限责任公司新郑卷烟厂的前身是成立于1949年5月的新中烟厂，位于河南省巩县（现巩义市）回郭镇，1959年9月迁至新郑。2009年8月更名为河南中烟工业有限责任公司新郑卷烟厂。企业占地面积60万平方米，拥有1条6400千克/小时叶丝生产线、1条1250千克/小时梗丝生产线、1条570千克/小时膨胀烟丝生产线、1条90千克/小时薄片生产线、17台（套）卷接机组、5台（套）自动装封箱机等卷烟生产设备，年卷烟生产能力300亿支（60万箱）。截至2009年年底，共有在岗员工1100人。

2009年，企业连续第四年被中华全国总工会、国家安全生产监督管理总局授予“全国‘安康杯’竞赛优胜企业”称号，被中国企业文化促进会评为“全国企业文化建设百佳贡献单位”，被国家体育总局评为2005～2008年度“全国群众体育先进单位”。

【领导成员】 厂长、党委副书记：王志远

副厂长、党委书记：张丕中

纪委书记、工会主席：赵天泉

副厂长：杨玉良

副厂长：常明升

副厂长：李震宇

副厂长：苏庚仁

【卷烟生产】 2009年，企业生产卷烟270亿支（54万箱），同比增长4.85%，其中，生产一类烟4.76亿支（0.95万箱）、二类烟3.50亿支（0.70万箱）、三类烟28.16亿支（5.63万箱）、四类烟160.17亿支（32.03万箱）、五类烟73.41亿支（14.68万箱）。主要生产“黄金叶”、“帝豪”、“红旗渠”、“散花”4个自有品牌以及“黄鹤楼”、“红金龙”、“云烟”3个联营加工品牌。

全年卷烟生产综合能耗为3.76千克标煤/万支。平均消耗烟叶6.51千克/万支、滤棒1967.15支/万支、盘纸605.85米/万支、水0.12吨/万支、电6.94千瓦时/万支。

【技术改造】 新购进4台ZJ17卷接机、2台ZB45包装机。完成卷接包车间天花吊顶、制丝车间硫化床、动力车间除尘系统等技术改造项目。全年共完成技术改造投资1.01亿元。

【企业管理】 *质量管理*。全面推进SPC（统计过程控制）管理技术的应用，开展制丝在制过程的数据采集和分析，建立制丝各工序重量控制模型，工艺质量控制水平得到提高。开展“质量月”活动，通过质量展览、先进操作法、质量改善成果推广及赠送质量书籍等方式加强质量管理。开展QC小组活动，有2个QC小组获得“全国优秀质量管理小组”称号。

基础管理。推进整合型管理体系建设，制定并完善了133项管理标准、33项技术标准和213项工作标准。重视创新工作，规范课题立项审批、实施和评审，全年完成创新课题26项。在河南省企业联合会管理创新成果评审中，企业获得1个一等奖，1个二等奖，并获河南省“创新型企业”称号。

财务管理。严格费用预算审批制度，加大预算管理考核力度，开展“小金库”专项治理自查，配合河南省审计厅完成对企业2008年度财务收支审计工作。加强审计监督，共审减工程造价和合同金额331万元。

【人力资源管理】 创新用人工作机制，选聘13名中层管理人员和37名一般管理人员。围绕岗位需求，开展内培、外训和交流共计3936人次。全年有226名员工获得高级计算机操作员职业资格，191名员工报名参加了大专院校本、专科函授班学习。加强职称评聘及技能鉴定工作，公开选聘了3名工程师；全年有3名员工获高级技术职称任职资格、7名员工获工程师任职资格、4名员工获高级技师资格。

河南中烟工业有限责任公司郑州卷烟厂

【概　况】 河南中烟工业有限责任公司郑州卷烟厂前身是成立于1944年的利通烟草公司，2009年8月更名为河南中烟工业有限责任公司郑州卷烟厂。企业占地面积11.12万平方米，拥有1条6000千克/小时制丝生产线、18台（套）卷接机组、18台（套）包装机组、8台（套）滤棒成型机等卷烟生产设备，年卷

烟生产能力300亿支（60万箱）。截至2009年年底，共有在岗员工1023人。

2009年，企业被中央精神文明建设指导委员会办公室评为“全国精神文明建设工作先进单位”。

【领导成员】 厂长、党委副书记：吴殿信

副厂长、党委书记：魏平建

副厂长：白瑞民（正厂级）

纪委书记：鲁建新

副厂长：齐建华

副厂长：武超伟

工会主席：张建民（—2009.6）

【卷烟生产】 2009年，企业生产卷烟275亿支（55万箱），同比增长5.31%，其中，生产一类烟0.75亿支（0.15万箱）、三类烟63.28亿支（12.66万箱）、四类烟123.59亿支（24.72万箱）、五类烟87.38亿支（17.48万箱）。主要生产“黄金叶”、“红旗渠”、“散花”3个自有品牌以及“红塔山”、“七匹狼”2个联营加工品牌。

全年万元产值综合能耗为26.89千克标煤，卷烟生产综合能耗为3.99千克标煤/万支。平均消耗烟叶6.63千克/万支、滤棒1891.35支/万支、盘纸616.59米/万支、水0.14吨/万支、电7.53千瓦时/万支。

【企业管理】 贯标工作。企业把贯标与创优、对标工作相结合，发布了《郑州卷烟厂管理分手册》，修订完善305个管理标准、27个技术标准和142个工作标准，形成了按流程分责、依标准做事、高效顺畅、协调运转的工作机制。

质量管理。推进SPC（统计过程控制）技术应用试点工作，实现信息采集自动化、生产过程控制图表化，及时发现和改进问题，生产均质化水平得到提高。全年制丝工序合格率99.99%。

【人力资源管理】 开展竞争上岗工作，聘任7名中层干部正职和8名中层干部副职，岗位交流228人。加强中层干部工作考核，提升管理人员履职能力。制定《队伍和人才储备库建设方案》，开展专业技能岗位评聘，续聘首席技师和首席员工。全年有1人获高级职称任职资格、8人获中级职称任职资格。加强培训工作，全年举办各类培训班62个，培训2886人次。

河南中烟工业有限责任公司许昌卷烟厂

【概　况】 河南中烟工业有限责任公司许昌卷烟厂前身是成立于1949年的许昌泰兴烟厂，2009年8月更名为河南中烟工业有限责任公司许昌卷烟厂。企业占地面积10.6万平方米，拥有1条8000千克/小时制丝线，23台（套）卷接机组、20台（套）包装机组、6组自动装封箱机、8组滤棒成型机、4套滤棒发射系统等卷烟生产设备，年卷烟生产能力400亿支（80万箱）。截至2009年年底，共有在岗员工1418人。

2009年，企业被中华全国总工会、中国质量协会授予“全国质量管理小组活动先进企业”称号，被中华全国总工会、中华全国妇女联合会评为全国“心系女性—女职工素质系列教育”活动示范单位。

【领导成员】 厂长、党委副书记：彭桂新

副厂长、党委书记：许廷选

副厂长（正厂级）：陈书政

党委副书记、纪委书记、工会主席：李郑钢

副厂长：徐合军

副厂长：王秋领

【卷烟生产】 2009年，企业生产卷烟300.74亿支（60.15万箱），同比基本持平，其中，生产一类烟4.77亿支（0.95万箱）、二类烟0.18亿支（0.036万箱）、三类烟157.2亿支（31.44万箱）、四类烟114.21亿支（22.84万箱）、五类烟23.65亿支（4.73万箱）、出口卷烟0.74亿支（0.15万箱）。主要生产“帝豪”、“红旗渠”、“金许昌”3个自有品牌及“大红鹰”1个联营加工品牌。

全年万元产值综合能耗为19.7千克标煤，卷烟生产综合能耗为4.35千克标煤/万支。平均消耗烟叶6.89千克/万支、滤棒1901.04支/万支、盘纸624.98米/万支、水0.10吨/万支、电7.95千瓦时/万支。

【技术改造】 9月，许昌卷烟厂易地技术改造项目奠基，该项目计划投资16.6亿元，项目包括购置680亩土地、新建9.27万平方米的联合工房和8050平方米的生产管理用房。

【企业管理】 质量管理。全面导入SPC（统计过程控制）技术，质量控制水平得到提高，全年市场反馈每万箱质量缺陷数下降到0.12个，一、二级站质量监督市场抽检产品合格率100%。开展群众性QC小组活动，有4个QC小组获得“全国优秀质量管理小组”称号。

设备管理。创新设备管理，全面推进“进站式”

设备保养模式和设备故障库的建设，设备有效作业率达89.26%，同比提高2.46个百分点。

河南中烟工业有限责任公司安阳卷烟厂

【概　况】 河南中烟工业有限责任公司安阳卷烟厂前身是成立于1945年9月的民主烟厂，1964年1月更名为安阳卷烟厂，2009年8月更名为河南中烟工业有限责任公司安阳卷烟厂。企业占地面积约25万平方米，拥有1条6000千克/小时制丝线、1条1000千克/小时白肋烟线、14台（套）卷接机组、13台（套）包装机组、5组自动装封箱机、7组滤棒成型机等卷烟生产设备，年卷烟生产能力300亿支（60万箱）。截至2009年年底，共有在岗员工1069人。

2009年，企业被中国设备管理协会授予“全国设备管理优秀单位”称号，被河南省总工会授予“河南省五一劳动奖状”、“河南省模范劳动关系和谐企业”称号。

【领导成员】 厂长、党委副书记：陈春喜

副厂长、党委副书记：赵　磊

纪委书记、工会主席：董建兴

副厂长：李文明

【卷烟生产】 2009年，企业生产卷烟222.75亿支（44.55万箱），其中，生产三类烟58.60亿支（11.72万箱）、四类烟112.26亿支（22.45万箱）、五类烟49.15亿支（9.83万箱）、出口卷烟2.76亿支（0.55万箱）。主要生产“红旗渠”、“CRAZY HORSE（野马）”、“FARSTAR（发时达）”3个品牌。

全年万元产值综合能耗为26.45千克标煤，卷烟生产综合能耗为4.75千克标煤/万支。平均消耗烟叶6.57千克/万支、滤棒1987.38支/万支、盘纸606.19米/万支、水0.14吨/万支、电7.37千瓦时/万支。

【技术改造】 企业联合工房生产生活配楼、污水处理站等项目通过竣工验收，厂区中水回收利用管网改造、“七五技改”主厂房卷接包车间改造等项目完成并投入使用。推行“阶梯式”供气法，全年节约天然气70多万立方米。给加料润叶机增加自动喷吹系统，解决了筒壁粘料问题，全年节约烟叶7.4吨。对残烟处理线进行改造，残烟纸含丝率由28%降至7%，全年节约烟丝25吨。

【企业管理】 基础管理。加强审计监督，共审减建设项目投资1523万元。加强设备管理，建立设备健康档案，对设备进行跟踪维护，设备平均有效作业率达91.07%。开展“管理创新年”活动，全年申报创新课题24个。

质量管理。坚持“事事精工、支支精品、持续创新、追求卓越”的质量方针，追求“产品零缺陷、顾客零报怨、质量零风险”，产品市场抽检合格率100%。全年有4个QC小组获得“全国优秀质量管理小组”称号。

安全管理。开展安全大检查12次，专项检查16次，发现安全隐患843项，下达《隐患整改通知书》5份，隐患整改率100%。

河南中烟工业有限责任公司南阳卷烟厂

【概　况】 河南中烟工业有限责任公司南阳卷烟厂前身是成立于1950年的南阳公营烟厂，2009年8月更名为河南中烟工业有限责任公司南阳卷烟厂。企业占地面积17万平方米，拥有1条5000千克/小时制丝线、1条200千克/小时薄片生产线，12台（套）卷接机组、10台（套）包装机组等卷烟生产设备，年卷烟生产能力225亿支（45万箱）。截至2009年年底，共有在岗员工1086人。

2009年，企业被中华全国总工会、国家安全生产监督管理总局授予“全国‘安康杯’竞赛优胜企业”称号。

【领导成员】 厂长：王恒宇

副厂长、党委副书记：孟祥军（主持党委工作）

党委书记：李贵玲

副厂长：石国强

副厂长：张　喆

党委副书记、纪委书记、工会主席：曾显峰

【卷烟生产】 2009年，企业生产卷烟155亿支（31万箱），其中，生产四类烟81.18亿支（16.24万箱）、五类烟73.82亿支（14.76万箱）。主要生产“红旗渠”、“金许昌”两个自有品牌。

全年万元产值综合能耗为38.63千克标煤，卷烟生产综合能耗为4.66千克标煤/万支。平均消耗烟叶6.62千克/万支、滤棒1858.67支/万支、盘纸618.04米/万支、水0.15吨/万支、电6.88千瓦时/万支。

【技术改造】 投资280万元对条烟输送系统和箱烟输送系统进行改造，实现了从卷接到包装再到条包装箱全过程机械化和自动化。投资907万元对制丝车间制丝线底层网络中控系统进行改造，提高了制丝工序

的精细化控制能力和生产管理的信息化水平。

【人力资源管理】 探索队伍建设新途径，9 月，成立宛烟教育培训学院，下设政治学院、管理学院、工程（工艺）学院、技能学院、青年学院、老年大学 6 个学习平台，共培训员工 739 人次。全年有 60 名员工通过中、高级工资格考试，10 名员工通过技师资格考试，1 名员工获得包装维修高级技师资格。

河南中烟工业有限责任公司驻马店卷烟厂

【概　况】 河南中烟工业有限责任公司驻马店卷烟厂前身是成立于 1949 年 7 月的公营利华烟厂，1983 年更名为驻马店卷烟厂，2009 年 8 月更名为河南中烟工业有限责任公司驻马店卷烟厂。企业占地面积约 10.8 万平方米，拥有 1 条 5000 千克/小时国产制丝线，7 台（套）卷接机组、7 台（套）包装机组等卷烟生产设备，年卷烟生产能力 175 亿支（35 万箱）。截至 2009 年年底，共有在岗员工 730 人。

【领导成员①】 厂长、党委副书记：崔少卿

副厂长、党委副书记（主持党委工作）：张建民

纪委书记、工会主席：杨五奎

副厂长：于建春

副厂长：范国民

【卷烟生产】 2009 年，企业生产卷烟 110 亿支（22 万箱），均为五类烟，主要生产“红旗渠”、“金许昌”两个自有品牌。

全年万元产值综合能耗为 55.07 千克标煤，卷烟生产综合能耗为 4.79 千克标煤/万支。平均消耗烟叶 6.72 千克/万支、滤棒 1678.33 支/万支、盘纸 642.08 米/万支、水 0.11 吨/万支、电 7.15 千瓦时/万支。

【企业管理】 质量管理。加强工艺质量过程控制和预防管理，建立“质量缺陷库”，推广运用 SPC（统计过程控制）技术，推行工艺质量改进课题负责制，在线质量稳定提高。开展群众性质量活动，全年有 1 个 QC 小组获“全国优秀质量管理小组”称号。

内部监管。强化内部审计和过程监督，完成基建、技改审计项目 25 个，审减金额 77 万元；开展招投标及比价项目 32 个，节约资金 55 万元。

【人力资源管理】 成立企业党校和企业管理学校，建立党员和职工学习教育的常态化管理机制。加强员工教育培训，全年举办各类培训班 18 期，培训 1880 人次，外出培训 236 人次，53 名员工通过行业或地方的职业技能鉴定。

【企业文化】 完善企业成长文化体系，制定《企业文化创新管理办法》、《企业文化建设管理办法》，征集企业文化故事，形成文化创新管理机制。

河南中烟工业有限责任公司漯河卷烟厂

【概　况】 河南中烟工业有限责任公司漯河卷烟厂前身是成立于 1949 年 5 月的漯河五一烟厂，1964 年更名为漯河卷烟厂，2009 年 8 月更名为河南中烟工业有限责任公司漯河卷烟厂。企业占地面积 12.6 万平方米，拥有 1 条 5000 千克/小时制丝生产线、10 台（套）卷接机组、11 台（套）包装机组等卷烟生产设备，年卷烟生产能力 150 亿支（30 万箱）。截至 2009 年年底，共有在岗员工 826 人。

2009 年，企业被中华全国总工会、国家安全生产监督管理总局授予“全国‘安康杯’竞赛优胜企业”称号。

【领导成员】 厂长、党委副书记：程国胜

副厂长：谢庆宏

副厂长：赵群发

纪委书记：曹建军

副厂长：赵高扬

工会主席：王洪安

【卷烟生产】 2009 年，企业生产卷烟 150 亿支（30 万箱），其中，生产四类烟 48.19 亿支（9.64 万箱）、五类烟 101.81 亿支（20.36 万箱）。主要生产“黄金叶”、“红旗渠”、“散花”、“沙河” 4 个自有品牌以及“雄狮” 1 个联营加工品牌。

全年万元产值综合能耗为 36.9 千克标煤，卷烟生产综合能耗为 3.77 千克标煤/万支。平均消耗烟叶 6.66 千克/万支、滤棒 1778.43 支/万支、盘纸 629.10 米/万支、水 0.09 吨/万支、电 7.26 千瓦时/万支。

【技术改造】 5 月，企业“十五”技改二期项目 7528 平方米的新卷接包车间工房及相关公用配套工程竣工，6 月，完成设备搬迁、安装、调试工作并全面投入使用。

---

① 2009 年 6 月，河南中烟工业有限责任公司对驻马店卷烟厂领导班子进行了考核任命，职务为任命后的职务。

河南中烟工业有限责任公司洛阳卷烟厂

【概　况】 河南中烟工业有限责任公司洛阳卷烟厂始建于1981年，2009年8月更名为河南中烟工业有限责任公司洛阳卷烟厂。企业占地面积6.61万平方米，拥有1条3000千克/小时制丝线、10台（套）卷接机组、10台（套）包装机组等卷烟生产设备，年卷烟生产能力175亿支（35万箱）。截至2009年年底，共有在岗员工808人。

【领导成员①】 厂长、党委副书记：安保华

党委副书记、纪委书记：李燕翔

副厂长：朱新甫

副厂长：刘宏刚

副厂长：张长杰

工会主席：刘学军

【卷烟生产】 2009年，企业生产卷烟130亿支（26万箱），其中，生产四类烟75.70亿支（15.14万箱）、五类烟54.30亿支（10.86万箱），均为“红旗渠”品牌卷烟。

全年万元产值综合能耗为35.46千克标煤，卷烟生产综合能耗为3.75千克标煤/万支。平均消耗烟叶6.54千克/万支、滤棒1917.62支/万支、盘纸611.91米/万支、水0.08吨/万支、电7.38千瓦时/万支。

【技术改造】 完成生产指挥中心项目规划设计和老办公楼的拆除、新建厂大门及物流门、东围墙建设等工作，机修房主体工程封顶。调剂了2组PASSIM卷接机组和1组B1包装机组，购进的薄板烘丝机、KDF2成型机、滤棒发射系统投入使用。

【人力资源管理】 开展员工培训工作，全年组织培训班63期，培训1500人次。健全考核体系，修订完善《厂领导班子业绩考核办法》和《员工业绩档案管理办法》，全面推行全员业绩档案管理。开展员工职称评定和技能鉴定工作，184名员工通过第二岗位操作证认证，11名员工通过技师鉴定，4名员工通过行业特有工种认证考试。开展全员考核考评和中层管理人员年度考评工作，选拔8名中层管理人员。

【思想政治工作】 加强企业党建，修订完善了《洛阳卷烟厂党内通报制度》、《洛阳卷烟厂“三重一大”事项管理办法》、《领导干部问责制》等制度，成立服务中心党总支和滤棒厂党支部，对车间支部实行部门党政负责人交叉任职制度。加大企业文化建设力度，提炼形成了《企业责任文化纲要体系》。加强企业对外宣传，全年在行业内外媒体发表稿件26篇。

（黄晓勇）

湖北中烟工业有限责任公司

【概　况】 湖北中烟工业公司成立于2004年1月，2006年与武汉烟草（集团）有限公司、武汉卷烟厂实行双向合署办公，重组整合为一个法人实体，2007年11月更名改制为湖北中烟工业有限责任公司。截至2009年年底，湖北中烟工业有限责任公司下辖武汉卷烟厂、红安卷烟厂、三峡卷烟厂、广水卷烟厂、襄樊卷烟厂、恩施卷烟厂共6个不具有法人资格的卷烟生产厂，以及红金龙（集团）有限公司1个全资子公司。公司拥有总资产212.98亿元，其中，固定资产55.28亿元、流动资产154.51亿元，资产负债率为56.68%。有在岗员工6328人，其中聘用员工274人。

2009年，公司围绕行业全面推进“卷烟上水平”的总体要求，以做强做优“黄鹤楼”品牌、做大做实“红金龙”品牌为核心，以创建一流的管理为方向，推进创新，加强规范，提升全员素质，做好安全稳定工作，各主要经济指标继续保持平稳增长。

【领导成员】 董事会

董事长：徐　瑺

董　事：李晓兵　舒　明　彭明权　吴　俊　谢伯卿　吕有农

监　事：倪　华（2009.12—）

班子成员

总经理、党组书记：彭明权

副总经理、党组成员：吴　俊

副总经理、党组成员：谢伯卿

副总经理、党组成员：康永胜

副总经理、党组成员：彭传新

纪检组长、党组成员：倪　华

【机构设置】 公司本部设办公室（外事办）、综合

① 2009年6月，河南中烟工业有限责任公司对洛阳卷烟厂领导班子进行了考核任命，职务为任命后的职务。

计划部、法律与改革部、财务管理部、审计部、科技开发部、市场营销部、物资部、安全管理部、人力资源部、监察部11个部室，以及技术研发中心、市场营销中心、物资采购中心、生产制造中心4个中心。此外，还设有湖北中烟工业有限责任公司黄鹤楼工业园区新建项目办公室、湖北中烟工业有限责任公司进出口部。

【卷烟生产经营】 2009年，公司生产卷烟（含出口烟1.08亿支，不含联营加工）1278.58亿支（255.72万箱），同比增长2.64%，其中一类烟199.44亿支（39.89万箱）、二类烟39.64亿支（7.93万箱）、三类烟78.94亿支（15.79万箱）、四类烟602.20亿支（120.44万箱）、五类烟358.36亿支（71.67万箱）。

公司与省外卷烟工业企业定向联营加工卷烟166.50亿支（33.30万箱），其中，与黑龙江烟草工业有限责任公司联营加工“红金龙（软精品）”46.5亿支（9.3万箱）、“红金龙（软红九州腾龙）”10亿支（2万箱）、“红金龙（硬佳品）”27.5亿支（5.5万箱）；与川渝中烟工业公司联营加工“红金龙（软精品）”4亿支（0.8万箱）、“红金龙（硬红火之舞）”4亿支（0.8万箱）、“红金龙（硬神州腾龙）”18亿支（3.6万箱）、“红金龙（硬佳品）”31.5亿支（6.3万箱）；与河南中烟工业公司联营加工“黄鹤楼（硬金砂）”3.5亿支（0.7万箱）、“红金龙（软精品）”8.5亿支（1.7万箱）、“红金龙（硬神州腾龙）”13亿支（2.6万箱）。

全年销售卷烟1451.9亿支（290.38万箱）。实现销售收入257.04亿元，同比增长19.92%。根据国务院有关精神，调整卷烟消费税，部分利润转为税赋，全年增加卷烟消费税26.28亿元。实现税利175.73亿元，同比增长18.37%，其中利润16.19亿元。公司三项费用率为12.33%。

全年卷烟生产综合能耗为3.22千克标煤/万支。烟叶、盘纸、滤棒平均消耗分别为7.20千克/万支、630米/万支、1851支/万支。

【主要产品】 2009年，公司生产的卷烟品牌主要有“黄鹤楼”、“红金龙”、全国烟草行业共享品牌“大丰收”。全年生产（含联营加工）“黄鹤楼”系列卷烟242.65亿支（48.53万箱），销售“黄鹤楼”系列卷烟244.2亿支（48.84万箱），同比增长33.4%，其中省内销售119.9亿支（23.98万箱），同比增长20.5%；省外销售124.25亿支（24.85万箱），同比增长50.1%，省外市场销量首次超过省内市场销量。生产（含联营加工）“红金龙”系列卷烟1107.25亿支（221.45万箱），销售“红金龙”系列卷烟1104亿支（220.8万箱），同比增长11%，其中省内销售609.5亿支（121.9万箱），同比增长1.5%；省外销售494.5亿支（98.9万箱），同比增长25.2%。

【市场营销】 2009年，公司继续探索推进营销组织创新工作，进一步调整了营销区域和人员配置，突出重点区域，细分市场，重心下移，做实各区域市场。继续巩固和优化省内市场，大力拓展省外市场，整合有效资源，构建全员营销模式，实施精准营销，全力推进“黄鹤楼”品牌的培育与发展。不断优化“黄鹤楼”产品线结构，在强化“黄鹤楼（1916）”和“黄鹤楼（漫天游）”高端形象的同时，以“黄鹤楼（蓝带）”、“黄鹤楼（雅香）”固本，以“黄鹤楼（论道）”、“黄鹤楼（珍品）”强腰，形成“黄鹤楼”品牌的合理结构。

继续深化工商战略协同，全面推进公司与重点市场和潜力销区的战略协同，建立了以共同发展为战略导向的产销联动、品牌培育、人才培养和文化交流等一系列工商合作机制。

加快推进湖北烟草工商物流对接，并对省外重点销区实施网上配货，初步建立一套符合不同区域、按订单组织货源的灵活配货模式。

【原料保障】 优质烟叶开发。2009年，公司加大对湖北环神农架区域和清江流域生态特色烟叶及四川凉山“红花大金元”特色烟叶的投入和研究力度，培育淡雅飘逸、纯净醇香的“金神农”生态烟叶、“清江源”富硒烟叶和“红花大金元”特色烟叶，并与湖北十堰、恩施和四川凉山等特色产区签署战略合作协议，从原料层面持续维护和强化淡雅香品类风格。

特色烟叶培育。公司根据“黄鹤楼”品牌配方需求，将传统杂交技术与现代分子生物技术相结合，自主培育彰显淡雅香风格特征的特色新品种，成功获得了单倍体再生植株；通过传统杂交育种技术筛选出2个综合性状较好的特殊香型品种。

烟叶基地建设。加大烟叶基地建设力度，全年共建立26个烟叶基地。承担了云南楚雄、贵州威宁、湖北房县3个烟叶资源配置方式改革试点单元，云南丘北、四川喜德2个新烟区开发试点单元，以及四川会理、广东南雄、湖北宣恩3个特色优质烟叶开发基地的建设任务。与产区联合开发特色优质烟叶，种植面积12.2万亩，开发烟叶1.8万吨（36万担）。“黄鹤楼”、“红金龙”品牌原料基地开发总规模超过9万吨（180万担），基地化供应水平达70%。

【科技创新】 2009年，公司围绕创建“国际一流”技术中心，加大技术创新力度，新增一批具国际领先水平的试验装置和检测仪器，初步建成神农烟叶园、神农百草园、天鹅湖植物园等原料种植和试验基地。烟用植物应用研究实验室正式通过国家局的认定并挂牌成立，成为行业第5家重点实验室和第2家在企业设立的重点实验室。黄鹤楼新型材料滤嘴研究所、黄鹤楼学术报告厅顺利落成并挂牌。

推进淡雅香品类关键技术创新，开发出天然本草单体香精香料480种，复合香精香料60余种，实现“黄鹤楼”品牌100%、“红金龙”品牌50%以上的香精自主调配供应。开展“金神农”品牌烟叶、富硒烟叶和香料烟叶等复合配方技术研究。“造纸法再造烟叶综合技术研究”项目通过省科技厅鉴定，开发出优质本草薄片5种。研发出活性三元复合滤棒、香料内嵌式滤棒等20多种具自主知识产权的滤棒，利用神农香菊、新型甜味剂研制出的烟用软胶囊首次应用于滤棒中。

推进以减害降焦为代表的核心技术创新。以天然植物（中草药）减害降焦技术为突破口，构建起天然本草香精、原生态烟叶、优质填充物、功能型辅料等“四维合一”的减害降焦体系，掌握了一批以神农香菊、止咳化痰复方、功能型减害材料为代表的核心技术，“黄鹤楼”、“红金龙”系列产品焦油量加权平均值降低至11.5毫克/支，并研发出焦油量3毫克/支、1毫克/支的系列储备产品，“黄鹤楼”系列产品有害成分释放量均低于国内平均水平，危害性评价指数加权平均值为8.8，处于行业领先水平。

继续把个性化工艺研究应用作为强化淡雅香品类特质的基础性技术，持续对全叶精选、小锅小炒、木桶增香等371道新增工序实施集成升级，在“黄鹤楼”专用制丝线引入“三线并行”的分组加工模式，从工艺层面持续维护和强化“黄鹤楼”品牌的特色。

全年开展科技项目187项，其中省级以上项目29项。“黄鹤楼淡雅香品类产品研发及应用”项目获湖北省科技进步一等奖，“神农香菊物质基础与应用研究”项目获中国烟草总公司科学技术进步二等奖。全年申请专利202项，获得授权专利108项。

【技术改造】 推进黄鹤楼工业园项目建设。黄鹤楼工业园分两期进行建设，一期拟建设武汉卷烟厂易地技改项目，二期拟建设采购中心、技术中心及营销中心。一期项目于2006年5月正式取得国家局批复，批准项目总投资17.8亿元；2009年11月，国家局批复调整一期项目建设，项目总投资由17.8亿元调整为32.21亿元。二期项目于2007年12月正式取得国家局批复，批准项目总投资为6.44亿元。一期项目建成后，将形成年生产规模150万箱卷烟的武汉生产厂。2009年9月26日，黄鹤楼工业园正式奠基开工。

【多元化经营】 湖北中烟工业有限责任公司以红金龙（集团）有限公司作为全省多元化经营企业的归口管理单位，对多元化经营企业实行系统管理。截至2009年年底，公司存续多元化企业共计10家，其中，武汉5家、襄樊3家、宜昌和红安各1家，涉及包装、印刷、餐饮、酒店、运输、薄片生产等多个行业，资产总额1.79亿元，其中烟草行业投资额1.68亿元。

【体制改革】 推进与黑龙江烟草工业有限责任公司的跨省联合重组，2009年9月4日，国家局、总公司批复同意湖北中烟与黑龙江烟草工业有限责任公司实施跨省联合重组，黑龙江烟草工业有限责任公司股东变更为中国烟草实业发展中心和湖北中烟，湖北中烟以现金10.65亿元出资，占黑龙江烟草工业有限责任公司35%的股权。10月12日，黑龙江烟草工业有限责任公司召开第一次股东会议暨第二届第一次董事会议、监事会议，标志着两个企业的跨省联合重组顺利完成。

【企业管理】 围绕预算管理、贯标、对标和基层创优四项重点工作，全面加强基础管理和基层建设。加强标准化建设，全年开展各类文件讨论、会审200多次，建立起以公司为主体的标准体系。严格控制成本指标，通过应用技术手段降低烟叶成本，将五类烟滤棒材料由醋纤改为丙纤，实施印刷工艺设计改进等，全年降低各类成本近3亿元。

加强生产管理，完成生产调度指挥信息系统开发工作，实现智能为主、人工辅助的排产方式，实现生产准备和全过程可视化、远程控制。

加强审计监督，开展了专项资金使用审计、预算管理审计等工作，变逐项审计为事前、事中、事后全程审计，变偏重于合同条款审查为业务内控审计。全年完成工程建设项目预算、竣工结算审核、经济合同项目审计2800余项，审减1200余万元。

【对外合作】 2009年，公司境外市场拓展保持稳健势头。东欧项目稳定推进。墨西哥项目克服国际金融危机及H1N1流感影响，探索“自主销售+委托加工”的新运营方式。国营贸易积极调整卷烟出口结构，出口突破1亿支，并实现雪茄烟出口“零”的突破，成功出口“三峡”2个规格和“茂大”1个规格。全年在境外市场共销售卷烟10.69亿支，其中波兰市场3.96亿支、捷克市场3.99亿支、斯洛伐克市场1.48

亿支、墨西哥市场0.17亿支、东南亚市场1.08亿支，创历年最好水平。

【人力资源管理】 继续推进用工分配制度改革，开展"定岗、定员、定责、定薪"四定工作，统一全省烟草工业系统人事、劳资管理，建立起合理的用工制度，并理顺工资构成，搭建起专业技术、职业技能、管理等多条职业通道。

加强全员教育培训工作，将专业技能人才培养纳入重点范畴。在全国烟草行业第四届烟叶分级职业技能竞赛中，武汉卷烟厂员工石刚获"全国烟草技术能手"称号。

【深入学习实践科学发展观】 3～9月，全省烟草工业系统开展了深入学习实践科学发展观活动，立足于高标准、严要求、实成效，按照"党员干部受教育、科学发展上水平、人民群众得实惠"的总目标要求，抓好学习培训、分析检查、整改落实等阶段工作。三峡卷烟厂开展了"党员双带示范岗"、"上一堂党课、做一份试卷、提一条建议、找一个问题"、"党员分片负责设备保养"等主题实践活动。广水卷烟厂形成调研报告9篇，召开2次学习实践活动专题会，并组织干部员工听取了关于"科学发展观内涵"的讲座。红安卷烟厂形成《夯实基础是卷烟厂实现科学发展的前提》的调研报告，并在全厂进行作风建设大讨论。

【党风廉政建设】 以完善惩治和预防腐败体系为重点，严格落实党风廉政建设责任制。开展廉政宣传教育和廉洁文化建设。开展廉政监督，推进办事公开、民主管理，公司监察部门先后参与监督工程投资、软件开发、物资采购等活动50余项，全程参与监督干部的考察、公示、谈话、任免等环节，有效防范腐败现象的发生。

【企业文化】 落实国家局关于加强作风建设的要求，开展"两个至上"在岗位主题实践活动，初步构建起以"正直、宽容、远见、敬业"为核心的企业文化和以"创新、服务、感恩"为价值取向的"思行"服务品牌，并持续向社会、全体员工传播公司的企业文化和品牌文化。

【特事要辑】 2月4日，湖北省委书记、省人大常委会主任罗清泉一行慰问看望湖北卷烟工业系统干部员工。

4月25日，驻国家局纪检组组长潘家华考察红安卷烟厂。

7月1日，国家局副局长张保振一行考察湖北中烟。

8月13日，潘家华出席湖北烟草工商座谈会。

8月19日，国家局副局长何泽华调研湖北烟草工业工作。

8月24日，罗清泉一行到黄鹤楼工业园建设工地考察调研。

9月26日，黄鹤楼工业园奠基仪式在武汉举行。湖北省委书记、省人大常委会主任罗清泉等省市领导，国家局局长姜成康、副局长李克明、驻国家局纪检组组长潘家华出席奠基仪式。奠基仪式结束后，罗清泉、姜成康为烟用植物应用研究实验室揭牌，标志着国内天然本草研究方面的首个行业重点实验室在湖北诞生。

9月27日，姜成康一行考察三峡卷烟厂雪茄烟分厂。

11月28～29日，姜成康、张保振出席在武汉举行的"2009·中国烟草自主创新高层论坛"。

11月29～30日，姜成康、张保振在武汉听取湖北中烟专题汇报，并到红安卷烟厂看望车间一线员工。

12月1～2日，姜成康、张保振出席在武汉召开的全国烟草行业服务品牌建设现场会暨中烟政研会第六届年会。

12月19日，潘家华出席黄鹤楼科技园天然香料研发咸宁基地开工奠基仪式。

所属企业

湖北中烟工业有限责任公司武汉卷烟厂

【概　况】 湖北中烟工业有限责任公司武汉卷烟厂前身是成立于1916年的南洋兄弟烟草公司汉口分公司，1964年由汉口制造厂改名为汉口卷烟总厂，1968年改名为武汉卷烟厂，1995年成为武汉烟草（集团）有限公司的核心企业，2008年更名为湖北中烟工业有限责任公司武汉卷烟厂。企业占地面积80万平方米，拥有卷包设备32台（套）、KDF2滤嘴成型机8台（套）、滤嘴发射机4台（套），5000千克/小时的制丝生产线，1500千克/小时的制梗线，570千克/小时的二氧化碳膨胀烟丝线，2400千克/小时的"黄鹤楼"特色工艺线等设备，年卷烟生产能力700亿支（140万箱）。有在岗员工1440人。

【领导成员】 厂长、党委书记：吕有农

副厂长、党委委员：肖贤敬

党委副书记、纪委书记：魏兰英

副厂长、党委委员：辜玉庭

党委委员、工会主席：程 农

副厂长、党委委员：刘致华

副厂长、党委委员：魏 嵬

副厂长、党委委员：程思军

副厂长、党委委员：刘 青

【卷烟生产】 2009年，企业主要生产“黄鹤楼”、“红金龙”卷烟。全年生产卷烟567.65亿支（113.53万箱），同比增长1.87%，其中，生产“黄鹤楼”品牌卷烟239.15亿支（47.83万箱），同比增长32.17%；“红金龙”品牌卷烟326.85亿支（65.37万箱），同比下降12.63%。

全年卷烟生产综合能耗为3.47千克标煤/万支。烟叶、盘纸、滤棒平均消耗分别为6.9千克/万支、650米/万支、1684.8支/万支。水、电消耗分别为0.048吨/万支、4.55千瓦时/万支。

【技术创新】 推进两段式烘丝机、悬浮式逆向加料工艺等项目研究，全年承担“黄鹤楼制丝线重大专项”设备攻关项目4项，技术改造项目2项，完成技术创新项目21项，申报专利41项，其中，悬浮式加料机、两段式烘丝机共产生专利6项（发明专利5项）。

把个性化工艺研究应用作为强化淡雅香品类特质的基础性技术，对5000千克/小时生产线松散回潮回风温度、2400千克/小时生产线叶片加料出口水分等20多个指标进行优化，修订“黄鹤楼”摘梗工艺技术标准。在“黄鹤楼”专用制丝线引入“三线并行”的分组加工模式，一线以强加工取淡，二线以特殊加工求雅，三线以轻柔加工保香，在设计、流程、设备和参数等方面均实现差异化，适应多种原料特性和特色配方的要求，从工艺层面持续维护和强化“黄鹤楼”品牌的特色。

【企业管理】 标准化建设。持续开展质量管理体系换版、文件修订、内审、管评、整改、第三方认证6项工作，继续推进质量、环境、职业健康安全“三标一体”管理体系建设。

质量管理。全年完成38项质量改进项目，“提高‘黄鹤楼’烟丝质量特色工艺技术研究”入选省级科技创新项目，《混丝器在分组加工中的应用》入选2009年烟草工艺学术论文。

生产管理。完成生产调度指挥信息系统开发工作，实现智能为主、人工辅助的排产方式，实现生产准备和全过程可视化、远程控制。

安全管理。建立健全安全工作体系，强化安全检查，突出隐患排查，落实安全演练，抓重点部位、关键环节、特殊人群，全年检查发现安全隐患102起，处理违章作业65人次，并100%及时整改落实到位。

湖北中烟工业有限责任公司襄樊卷烟厂

【概 况】 湖北中烟工业有限责任公司襄樊卷烟厂始建于1944年，2008年取消法人资格。生产厂区面积为6.3万平方米，拥有5000千克/小时制丝线1条，专用卷接包设备32台，年卷烟生产能力250亿支（50万箱）。有在岗员工1200人。

2009年，被湖北省委、省政府评为“湖北省最佳文明单位”。

【领导成员】 厂长、党委书记：李金春（2009.3—，之前任厂长、党委副书记）

副厂长、党委委员：邹名扬（2009.3—）

副厂长、党委委员：王 军（2009.3—）

副厂长、党委委员：王耀国

副厂长、党委委员：张道义

副调研员：陈德录（2009.2—，之前任纪委书记、党委委员）

【卷烟生产】 2009年，企业主要生产“红金龙”品牌卷烟，共生产卷烟279.95亿支（55.99万箱），同比下降18.3%。

全年卷烟生产综合能耗为2.29千克标煤/万支。烟叶、盘纸、滤棒平均消耗分别为7.33千克/万支、645米/万支、1677支/万支。水、电平均消耗分别为0.097吨/万支、4.78千瓦时/万支。

【技术改造】 企业制丝线技术改造项目于2005年10月经国家局批复同意实施，项目总投资1.95亿元；2008年7月经国家局批复同意，项目投资调整为4.7亿元，建设规模为年生产卷烟250亿支（50万箱），预计2010年底投入使用。截至2009年年底，完成联合工房及办公辅助用房主体结构及网架、钢格栅安装工作。轻钢屋面、空调、除尘、排潮、排烟系统、供配电、综合管线等公用工程安装进入全面施工阶段。

全年共完成各类技术进步和管理创新项目60余项。

【内部管理监督】 开展物资采购、广告促销、工程投资项目“三项检查”自查、复查、回头看工作，共查出问题53个、整改落实52个，建立完善制度90个、废止22个，做到制度完善、决策符合程序、动作规范、监管到位、痕迹化管理。

【人力资源管理】 采取内训、外训相结合的方式，先后组织技师提升培训、班组长素质培训、烟机设备管理培训、PLC培训、内训师培训，参加培训人员达4000余人次。1名员工取得高级技师资格证书。

湖北中烟工业有限责任公司三峡卷烟厂

【概　况】 湖北中烟工业有限责任公司三峡卷烟厂（即湖北中烟工业有限责任公司三峡烟草有限公司）成立于1998年。企业占地面积约29.8万平方米，拥有3000千克/小时的制丝生产线，ZJ19、PASSIM，GDX1、FOCKE为主的卷接包生产设备7台（套），以及高级雪茄烟生产线，年卷烟生产能力150亿支（30万箱）。有从业人员1456人，其中在岗员工774人。

2009年，被湖北省委、省政府评为“湖北省文明单位”。

【领导成员】 党委书记：倪　华（兼任，2009.2—，之前任厂长、党委书记）

厂　长、党委副书记：刘兴国（2009.2—，之前任副厂长、党委委员）

副厂长、党委副书记：杨猛（2009.2—，之前任副厂长、党委委员）

副厂长、纪委书记、党委委员：邹华荣

副厂长、党委委员：廖其双

党委委员、工会主席：李先师

党委委员：尚有喜

厂长助理：廖中海

【卷烟生产】 2009年，企业主要生产“红金龙”品牌卷烟，共生产卷烟127.3亿支（25.46万箱），同比下降8%。

全年卷烟生产综合能耗为2.6千克标煤/万支。烟叶、盘纸、滤棒平均消耗分别为7.46千克/万支、650米/万支、1682支/万支。水、电平均消耗分别为0.25吨/万支、6.4千瓦时/万支。

【科技创新】 制定《创新工作管理办法》。全年开展QC小组活动9项，小改小革项目11项，技术创新项目8项，管理创新项目7项，在湖北中烟组织的QC成果评比中，“烘叶丝干头干尾工艺研究”获二等奖、“新型水溶性丙纤棒在高速机组上的推广应用”、“PASSIM集流管内腔自动清洁装置研制”获三等奖。

【技术改造】 全年完成空压机组大修、卷包车间地面维修、高压线入地、改造片烟线、改造制冷站等10余个项目，并正式启动办公楼改造项目。

【企业管理】 质量管理。从CPK关键控制、源头控制、在线产品控制和隐患控制四个方面加强质量管理。全年检验烟叶1960批次，合格率98.1%；检验辅助材料977批次，合格率99.5%。三级站成品抽检成品2080牌次，得分96.6分。完成55个质量整改项目，在国家局组织的市场抽检中合格率达100%。

设备管理。以“112”工程为主导，规范卷烟厂和车间两级设备保养，制丝车间加强设备保养检修的检查考核，实行分级维修，全年设备综合有效作业率87.4%，完好率100%，故障停机率0.64%。

安全管理。全年开展月度检查12次，消防专项检查3次，接受国家局、湖北中烟安全检查3次、地方主管部门检查12次，共查出大小隐患159处，整改率100%。开展职业健康安全防范工作，确立重点危险识别源12个，开展安全预案演练9次。

附：

湖北中烟工业有限责任公司
三峡卷烟厂雪茄烟分厂

湖北中烟工业有限责任公司三峡卷烟厂雪茄烟分厂前身为三峡卷烟厂与英美烟草公司高档雪茄烟技术合作项目，于1999年6月正式启动。2003年9月，武汉烟草集团有限公司设立雪茄烟分厂。2008年12月更名为湖北中烟工业有限责任公司三峡卷烟厂雪茄烟分厂。企业占地面积4093平方米。拥有高档雪茄烟卷制和包装设备118台（套）。年生产手卷雪茄能力1500万支、非叶卷（机制）雪茄能力25亿支。有在岗员工67人。

2009年，企业生产的雪茄烟共有4个品牌13个规格，分别为机制雪茄“红金龙（红龙）”（84mm×7.8mm）①、机制雪茄“红金龙（金龙）”（84mm×7.8mm）、机制雪茄“红金龙（古龙）”（84mm×7.8mm）；机制雪茄“三峡（原味）”（84mm×7.8mm）、机制雪茄“三峡（香型）”（84mm×7.8mm）；手卷雪茄“三峡（原

① 湖北中烟雪茄烟尺寸规格为长度×直径。

味)”(84mm×7.8mm)、手卷雪茄“三峡(香型)”(84mm×7.8mm);手卷雪茄“茂大”(132mm×16.2mm)、手卷雪茄“茂大”(132mm×13.8mm)、手卷雪茄“茂大”(105mm×12.5mm);手卷雪茄“顺百利”(132mm×16.2mm)、手卷雪茄“顺百利”(132mm×13.8mm)、手卷雪茄“顺百利”(105mm×12.5mm)。机制雪茄“三峡”为过渡品牌。

全年生产各类雪茄8.04亿支，同比增长78.2%，其中手卷雪茄407.6万支、机制雪茄7.995亿支。

2009年，企业加大技术创新力度。更新“三峡”迷你雪茄小盒包装，采用环保型包装并增加小盒透包。根据产品出口的需要，专门设计SIX（MY）、SIX（MX）、MAODA（XY5）海外版。启动“茂大”木嘴手卷雪茄、“红金龙（乘龙）”、“红金龙（鹤楼）”机制雪茄新产品研发项目。

加大技术改造力度，完成梗丝掺兑系统、叶丝在线膨胀线改造；新增贮汽罐系统；完成2#包装机组调试及3#包装机组大修、调试，形成年产2.5万箱机制雪茄的生产能力。

加强体系建设，全年修改换版文件64份、记录表79份，删减分厂文件13个，保留原版技术文件29个，分厂管理体系完全纳入湖北中烟及三峡卷烟厂综合管理体系。

加强人才培养，开展以师带徒岗位技能培训活动，重点培训卷接、包装操作工，共结成以师带徒对子20个，已培训卷接、包装操作工2人。

湖北中烟工业有限责任公司广水卷烟厂

【概　况】 湖北中烟工业有限责任公司广水卷烟厂始建于1970年，2004年取消法人资格，更名为武汉烟草（集团）有限公司广水卷烟厂，2008年更名为湖北中烟工业有限责任公司广水卷烟厂。企业拥有引进英国、德国和国产先进制丝设备以及卷接包设备8台（套），年卷烟生产能力150亿支（30万箱）。有从业人员886人，其中在岗员工408人。

2009年，被湖北省委、省政府评为“湖北省最佳文明单位”。

【领导成员】 厂长、党委书记：彭涛鸣

党委副书记、纪委书记、工会主席：肖才敏

副厂长、党委委员：易宙晓

副厂长、党委委员：周章铁

副厂长、党委委员：余迁鸿

副厂长、党委委员：尚　斌

总工程师：孙立国

厂长助理：朱正君

厂长助理：吴　强

党委委员：陈前民

【卷烟生产】 2009年，企业生产“红金龙”品牌卷烟。共生产卷烟89.82亿支（17.96万箱），同比下降16.95%。

全年卷烟生产综合能耗为3.56千克标煤/万支。烟叶、盘纸、滤棒平均消耗分别为7.43千克/万支、665米/万支、1692支/万支。电平均消耗为5.31千瓦时/万支。

【技术改造】 全年新增ZB45包装机组一台、淘汰DT包装机组一台。完成BE包装机组、PROTOS卷烟机组的大修理和对梗丝干燥机、水洗梗提升机、超九卷烟机电磁加热装置、烟丝筛分装置、微波重量控制系统等的改造。

湖北中烟工业有限责任公司红安卷烟厂

【概　况】 湖北中烟工业有限责任公司红安卷烟厂前身是成立于1981年的红安县知青卷烟厂，1983年被纳入国家计划，1984年上划，1987年更名为红安卷烟厂，2003年取消法人资格，更名为武汉烟草（集团）有限公司红安卷烟厂，2007年更名为湖北中烟工业有限责任公司红安卷烟厂。企业占地面积22万平方米。拥有3000千克/小时的制丝生产线1条、PROTOS—GDX2机组2台（套）、长城—GDX1机组2台（套）、PASSIM—GDX2机组1台（套），年卷烟生产能力130亿支（26万箱）。有在岗员工705人。

4月，制丝车间技师陈光亚带领的“梗丝干燥流化床工艺优化研究”小组，被湖北省总工会、省科技厅授予湖北省首届职工技术创新成果三等奖。

【领导成员】 厂长、党委书记：方战先

副厂长、党委委员：王闰光

厂长助理：张福平

厂长助理：熊平安

副总工程师：肖志国

厂长助理：帅克彬

厂长助理：罗红坪

【卷烟生产】 2009年，企业生产“红金龙”、“大丰收”品牌卷烟。共生产卷烟74.11亿支（14.8万箱），同比下降25.38%。

全年卷烟生产综合能耗为4.04千克标煤/万支。

烟叶、盘纸、滤棒平均消耗分别为 7.54 千克/万支、659 米/万支、1706.2 支/万支。水、电平均消耗分别为 0.46 吨/万支、4.21 千瓦时/万支。

【技术改造】 完成制丝线叶片加料防霉剂施加、加香电子秤大修改造，使防霉剂的施加精度控制在 0.5%，加香电子秤的精度控制到 1% 以内。实施卷包车间包装机电控改造、除尘系统改造，解决了烟支单支标偏不稳定问题。实施锅炉炉拱改造，提高锅炉使用效率，降低了煤耗。成品库下烟方式由自由下滑改为皮带运输式，解决了成品在运行中的磨损问题。

【人力资源管理】 利用生产淡季、双休和月末集中休假时间，全面开展职工教育培训活动。全年举办工艺质量管理、现场管理、安全生产、法律法规、新闻写作等培训班 11 个，内培与送外培训员工 1000 余人次。

湖北中烟工业有限责任公司恩施卷烟厂

【概　况】 湖北中烟工业有限责任公司恩施卷烟厂于 2006 年经国家局批准，在恩施州委、州政府与湖北中烟工业有限责任公司共同领导下，由恩施经济技术开发区负责组织建设。企业首期工程于 2007 年 4 月 15 日正式动工，2009 年 1 月 8 日建成投产试运行，2009 年 3 月正式投产。企业占地面积 16.8 万平方米。拥有 5000 千克/小时制丝线，以及卷烟制造专用设备 207 台（套），年卷烟生产能力 250 亿支（50 万箱）。有从业人员 887 人，其中在岗员工 823 人。

【领导成员】① 厂长、党委书记：张仁才

副厂长、纪委书记、党委委员：陈元利

党委副书记：吴宏伟

副厂长、党委委员：吴曦华

党委委员：宋　波

副厂长：谭文峰

副厂长：宋玉林

【卷烟生产】 2009 年，企业生产“红金龙”品牌卷烟。共生产卷烟 139.74 亿支（27.95 万箱）。

全年卷烟生产综合能耗为 3.28 千克标煤/万支。烟叶、盘纸、滤棒平均消耗分别为 7.61 千克/万支、653 米/万支、1692 支/万支。水、电平均消耗分别为 0.097 吨/万支、7.74 千瓦时/万支。

（卓芝琴）

湖南中烟工业有限责任公司

【概　况】 湖南中烟工业公司成立于 2003 年 5 月。2006 年 10 月，湖南中烟工业公司与所属长沙卷烟厂、常德卷烟厂合并重组为一个企业法人，取消长沙卷烟厂、常德卷烟厂法人资格；2007 年 11 月，湖南中烟工业公司更名改制为湖南中烟工业有限责任公司。下辖长沙卷烟厂、常德卷烟厂、郴州卷烟厂、零陵卷烟厂、四平卷烟厂、吴忠卷烟厂 6 个非法人卷烟生产企业和湘西鹤盛原烟发展有限责任公司、常德芙蓉烟叶复烤有限责任公司、浏阳天福打叶复烤有限责任公司等 3 个具有独立法人资格的烟叶加工企业，以及湖南金叶烟草薄片有限责任公司 1 个具有独立法人资格的烟草薄片加工企业，并持有河北白沙烟草有限责任公司 50% 的股权。公司拥有总资产 394.54 亿元，其中固定资产 66.74 亿元、流动资产 255.77 亿元，资产负债率为 16.57%。有在岗员工 14374 人。

2009 年公司的主要工作：一是加强产销衔接和工商协同营销，抢抓市场先机，优化市场布局，实现保增长与保品牌、调结构的有机统一；二是推进行业重大专项研究，加强品牌维护与新产品研发，实现公司品牌在低焦油和低危害卷烟品类的新突破；三是实施原料保障战略，以烟叶资源配置方式改革试点为契机，开展品牌导向型基地建设；四是推进内部改革，开展全面预算管理、贯标、对标和现代卷烟制造工厂创建活动；五是开展专项治理，推进办事公开、民主管理；六是开展深入学习实践科学发展观活动，全面加强党的建设、企业文化和员工队伍建设，为企业战胜金融危机提供重要保障。

2009 年，公司被湖南省政府授予“安全生产目标管理先进单位”称号，被中国设备管理协会评为“全国设备管理优秀单位”，并入选“中国企业信息化 500 强”。“芙蓉学子大型公益活动”被共青团中央、中国青少年发展基金会评为“希望工程 20 年经典项目”。

【领导成员】 董事会

董事长：徐　琏

董　事：周昌贡　卢　平　曾献兵　李晓兵　舒　明　熊丽萍（职工董事）

---

① 2009 年 3 月恩施卷烟厂正式投产，8 月正式任命厂班子成员。

监　事：李曙光（2009.12—）

经理层

总经理、党组书记：周昌贡
副总经理、党组成员：蒋效拉（—2009.7）
副总经理、党组成员：卢　平
副总经理、党组成员：曾献兵
纪检组长、党组成员：李曙光
副总经理、党组成员：杨智敏
副总经理、党组成员：郭汉华（2009.11—）
总工程师：刘建福
总会计师：郑则豪

公司其他领导

副厅级干部：李明三（2009.4—）
副巡视员：白玉琦
副巡视员：刘　兴（2009.11—）
副巡视员：涂清明（2009.11—）
副巡视员：孔　敏（2009.11—）

【机构设置】 公司设有董事会办公室、办公室（外事办）、综合计划部（企业管理部）、生产管理部、安全保卫部、法律与改革部（整顿办）、财务管理部、审计部、人力资源部、思想政治工作部（机关党委、工会、团委）、监察部、技改工程部、投资管理部、进出口部、原料采购中心（原料供应部）、物资供应部、市场营销中心（市场营销部）、技术研发中心（技术中心）、信息中心、后勤服务中心共22个部门，其中技改工程部于2009年6月5日成立。

【卷烟生产经营】 2009年，公司共生产卷烟1692.8亿支（338.56万箱），其中，生产内销卷烟1678.5亿支（335.7万箱）、出口卷烟14.3亿支（2.86万箱）。生产一类烟327.14亿支（65.43万箱）、二类烟7.07亿支（1.41万箱）、三类烟444.01亿支（88.8万箱）、四类烟540.31亿支（108.06万箱）、五类烟374.27亿支（74.85万箱）。

全年内销卷烟1978.5亿支（395.7万箱）（含回购59.53万箱），销售一类烟326.48亿支（65.3万箱）、二类烟4.38亿支（0.88万箱）、三类烟455.35亿支（91.07万箱）（含回购2.54万箱）、四类烟825.30亿支（165.06万箱）（含回购56.99万箱）、五类烟366.95亿支（73.39万箱）。出口卷烟14.3亿支（2.86万箱）。省外市场销售1073亿支（214.6万箱）（含回购36.65万箱），同比增长4.17%。在陕西、河北、广西等3个省（自治区）定向整合品牌415.4亿支（83.08万箱），同比增长7.1%，占全国定向整合总量的18.54%。

全年实现销售收入442.39亿元，同比增长10.96%。根据国务院有关精神，调整卷烟消费税，部分利润转为税赋，全年增加卷烟消费税20.02亿元。实现税利360.21亿元，同比增长10.11%，其中利润70.27亿元，同比下降13.98%。公司三项费用率为8.53%。

公司万元产值综合能耗为18.85千克标煤，卷烟生产综合能耗为4.98千克标煤/万支。烟叶、滤棒、盘纸平均消耗分别为6.98千克/万支、1818支/万支、630.85米/万支，水、电消耗分别为0.34吨/万支、9.56千瓦时/万支。

【主要产品】 2009年，公司卷烟品牌主要有“白沙”、“芙蓉王”、“芙蓉”、“乒坛”、“相思鸟”和“红豆”。全年自产“白沙”908.61亿支（181.72万箱），联营加工“白沙”415.4亿支（83.08万箱），销售“白沙”1334.5亿支（266.9万箱），继续保持全国卷烟单品牌产销量第一位。生产“芙蓉王”324.62亿支（64.92万箱），销售“芙蓉王”322亿支（64.4万箱），继续保持全国一类卷烟规模领先地位。生产“芙蓉”336.40亿支（67.28万箱），销售“芙蓉”335.5亿支（67.1万箱）。生产“乒坛”6.7亿支（1.34万箱），销售“乒坛”7.7亿支（1.54万箱）。生产“相思鸟”90亿支（18万箱），销售“相思鸟”90.5亿支（18.1万箱）。生产“红豆”6.9亿支（1.38万箱），销售“红豆”7.5亿支（1.5万箱）。

公司出口卷烟有“NISE”、“芙蓉王”、“银象”、“元帅”、“和天下”5个品牌，其中，“NISE”牌卷烟（包括混合型、烤烟型）出口6.41亿支，同比增长43.4%；“芙蓉王”牌卷烟出口3.62亿支，同比增长7.59%；“银象”牌卷烟因商标原因被迫退出部分南美市场，出口0.59亿支，同比下降71.12%；“元帅”牌卷烟出口2.43亿支，同比增长88.37%；“和天下”牌卷烟在港澳市场进行50万支的试销。卷烟境外生产销售0.53亿支。

【市场营销】 *品牌发展思路及市场开拓。*坚持品牌市场定位，提升产品结构，着力开发精品类卷烟市场，全年“白沙”（精品类）商业销量为499.55亿支（99.91万箱，含联营加工），同比增加111.2亿支（22.24万箱）。“白沙”品牌单箱商业销售收入同比增长4.34%，在排名前10位的全国性卷烟重点骨干品牌中结构提升最快。加强与省内市场在规模、结构上的联动，“芙蓉王”、“白沙”（精品类）在省内市场所占比重同比提高4.92个百分点，其中“白沙”（精品类）销量同比增加45亿支（9万箱）。

积极开拓省外市场，在巩固提升广东、浙江等省外传统重点目标市场的同时，加大对河南、辽宁等结构型潜力市场的培育力度。全年“芙蓉王”销量超过5亿支（1万箱）的省级市场13个，“白沙”销量超过25亿支（5万箱）的省级市场11个，均同比增加2个。“芙蓉王”覆盖地市达300个，“白沙”（精品类）覆盖地市达280个，分别同比增加12个、2个。

做实工商协同，强化市场深度对接，全年召开工商协同营销会议8次，与陕西、吉林、湖南等省公司签订了战略合作协议。与湖南省公司、江苏徐州市公司等单位进行市场联合调研，与浙江、北京、天津、四川、辽宁等省级公司和江苏徐州市公司等单位开展目标与品牌培育协同，并对甘肃省公司等单位的客户经理进行品牌知识培训。推进网上配货，截至年底，已与涉及17个省、市的102家分公司实现技术互联并开展网上配货。

新产品上市。2009年，共开发“白沙（尚品白）”、“白沙（尚品蓝）”、“白沙（尚品金）”、“芙蓉王（软金）”4个规格，填补“芙蓉王”与“白沙”品牌规格定位中的空缺。“白沙”尚品系列抓住卷烟消费税改革机遇，分别从零售价130元/条、150元/条、170元/条三个价位切入成长性凸现的新二类市场，通过整合营销传播，以公司品牌论坛为契机推荐上市。“白沙（尚品白）”与“白沙（尚品蓝）”先后于11月10日、12月1日投放全国19个销区，完成第一轮新品导入布局。

品牌文化建设。深度挖掘“白沙”品牌文化理念，开展“点亮创想、我心飞翔”光影画与无笔画大赛活动，首次在“飞翔”理念中植入“创想”元素，使飞翔文化更具活力与时尚感，实现白沙品牌文化的持续跃升。与中国企业论坛亚布力年会合作，为“芙蓉王”高端规格精细化营销提供宣传与互动的平台。制作品牌文化杂志，打造湖南中烟品牌文化名片，出版了《蓝色视野》和《至尚》品牌文化杂志。

【科技创新】 *技术中心概况*。湖南中烟工业有限责任公司技术中心成立于2006年12月，2007年通过国家级企业技术中心复评。技术中心下设办公室和知识产权与科技项目管理办公室2个办公室，产品研究所、工艺研究所、烟叶研究所、烟草化学研究所、香精香料研究所等5个专业研究所，1个质量技术监督站和1个博士后科研工作站。有员工178人，其中硕士研究生学历62人、博士研究生学历16人、在站博士后1人。截至2009年年底，技术中心累计申请专利321项，获得专利授权204项，其中发明专利49项。

科研成果。2009年，技术中心完成“芙蓉王（蓝软）”、“白沙（醇香）”等规格的提质研究和新产品开发，实现在低焦油和低危害卷烟规格上的突破。完成“Harmony（阿根廷）”等出口烟的开发和配方研究工作。全年发布技术标准110个。自育烤烟新品种“湘烟2号（HC9511）”通过全国烟草品种审定委员会审定，成为行业工业企业第一个通过全国烟草品种审定委员会审定的品种；自育烤烟新品种“CY9506”于10月通过国家局组织的农业评审，成为公司第二个通过国家局组织的农业评审的烤烟新品种。“芙蓉王/白沙系列减害降焦产品开发与改造研究”部分成果在新产品开发或现有产品上的改造上得到应用或正在进行应用效果验证。具有自主知识产权的烟用香料“八氢苯并-α-吡喃酮”，已应用于“白沙”品牌三个规格卷烟的生产，经湖南省科学技术厅鉴定，成果处于国际领先水平。

公司全年共申请专利71项，获得专利授权64项，以公司为第一完成单位，发表在中文核心期刊以上刊物、在全国一级学术会议上交流的论文共计47篇，在CORESTA年会上发表论文3篇。获省部级以上科技奖励共3项，其中中国烟草总公司科技进步一、三等奖各1项，湖南省科技进步三等奖1项。

【技术改造】 全年公司实际投资17.3亿元进行技术改造。完成长沙卷烟厂“十五”技改二期工程扫尾工程。完成常德卷烟厂“芙蓉王”卷烟生产线技术改造、吴忠卷烟厂联合工房技术改造、零陵卷烟厂仓储建设3个工程项目的设备安装、调试、工程扫尾及各单项工程验收工作并投入试运行。完成常德卷烟厂石板滩烟叶库区2期扩建工程部分土建施工及设备安装。完成技术中心建设项目、芙蓉复烤异地搬迁改造项目、郴州卷烟厂烟叶仓库建设项目的征地拆迁、“三同时”预评价和项目设计招标等工作。购置烟草机械设备92台（套），其中卷接机组6台（套）、包装机组5台（套）、其他设备81台（套）。

12月，长沙卷烟厂联合工房二期工程项目获得“2009年度国家优质工程银质奖”。

【原料保障】 深化工商烟叶战略合作，与云南、贵州等省级公司签订战略合作协议，明确合作目标。参与云南禄丰、贵州余庆等地烟叶资源配置方式改革试点和云南保山、临沧等地的新烟区开发试点。与云南楚雄、贵州遵义、安徽皖南等地联合开发特色优质烟叶，种植面积达到17万亩，开发烟叶2.5万吨（50万担）。公司共建有“芙蓉王”、“白沙”品牌原料基地单元80个，基地开发总规模超过18.5万吨（370万担），基地化调拨水平接近90%。全年公司共调拨国内烤烟20.2万吨（404万担）、晾晒烟0.055万吨（1.1万担），其中调拨云南烟叶4.25万吨（85万担）、贵州烟叶3.93万吨（78.65万担）。进口烟叶1.489万吨（29.78万担）。

【多元化经营】 加强多元化企业规范监管和整顿清退，制定《多元化经营企业监督管理办法》等4项制度，并颁布了多元化经营企业股东会、董事会、监事会、总经理办公会4个议事规则，建立起多元化企业基础监管制度，对存续经营多元化企业进行管理评审。全年采取清算解散、股权转让、无偿划转等方式清退多元化企业6户，存续企业24户，其中存续经营企业20户，实现营业收入25.7亿元，实现利润2.7亿元。公司多元化投资净资产收益率为20.51%，保值增值率为122.96%。

开展物流产业整合重组，按照业务整合、管理融合、资产整合“三步走”的策略，对所属6家物流企业进行整合。全年公司物流产业实现营业收入9亿元，实现利润5100万元。

【企业管理】 抓好贯标工作外部评审认证。1月12～16日，公司对质量管理体系与职业健康安全管理体系进行全面预审核；3月16～19日，国家局组织行业质量体系审核员，对公司质量管理体系进行现场审核，推荐公司进行第三方认证审核；3月下旬至5月底，公司组织对两标体系涉及的主要部门、工厂进行全方位的监督检查，对发现的问题进行整改情况跟踪验证；6月4～11日，公司的两标体系接受北京新世纪认证有限公司的第三方认证审核，并获得通过。在对审核发现问题整改的基础上，制定了《执行力评价准则》，公司技术研发中心、市场营销中心、原料采购中心组织进行了部门的执行力自我评价。

抓实“对标”工作。将对标指标分解并纳入相关中心、部门、工厂的目标管理责任书中加以控制。全年同比提升5%以上的对标指标共计12项，其中有4项指标达到行业先进水平，分别为：三类烟单箱烟叶成本1381.31元/箱、二类烟盒皮单位成本411.36元/箱、四类烟盒皮单位成本243.75元/箱、四类烟滤棒单位成本221.43元/箱。

开展创建“现代卷烟制造工厂”活动。充分发挥公司的引导作用和卷烟厂的主体作用，营造自发创建、主动创建、全员创建的良好氛围，并结合公司卷烟制造工厂实际情况，从质量控制力、效率提升力、团队建设力、成本费用控制力、环境和谐力、创新力六个维度提炼出《现代卷烟制造工厂创建活动评价指标体系》的“六力模型”具体指标。各卷烟厂引入卓越管理、清洁生产、TnPM（全员规范性生产维护）、SPC、7S等先进管理理念和方法，促进基层建设和内部管理水平提升。

【信息化建设】 着重加强信息基础平台和信息安全建设，完成公司集中备份和存储项目建设，购置数据备份和存储设备。完成公司容灾和数据保护系统项目建设，搭建公司容灾数据中心和备用中心。制定信息化安全总体规划和《2009～2011年信息安全实施计划和信息安全管理制度及技术规范》。建设公司信息系统监控平台，对公司主机、网络、应用系统等进行实时监控并进行故障预警。组织进行公司CA认证体系建设。启动人力资源管理系统、物资库存拓展管理系统、营销管理系统二期、原烟管理系统二期等新项目建设。截至2009年年底，完成公司人力资源基础数据的初始化和与国家局人力资源数据库的对接，实现人力资源数据的实时上报。

【人力资源管理】 用工分配制度改革。2009年，公司按照“分类管理、科学设岗、明确职责、严格考核、落实报酬”的总体要求，制定《关于深化用工分配制度改革的意见》，配套出台组织绩效考核制度、员工绩效考核制度、任职资格管理制度、薪点制工资切换办法、薪酬管理制度等制度。先后分三批进行用工分配制度改革，截至6月底，公司劳动用工分配制度改革全面完成。

人员招聘。根据“凡进必考”原则，组织5场校园现场招聘会，长沙、郴州、零陵卷烟厂等单位共录用大学毕业生51人；组织长沙、常德、郴州卷烟厂面向新兴技工和员工子女的生产操作工招聘，共录用116人进入生产操作岗位。

教育培训。公司全年共举办培训班606期，培训人员4.3万人次。长沙卷烟厂组织各车间每季度对员工培训2次，共培训19155人次，平均课时为7天。郴州卷烟厂开展“百家讲坛”活动，分期分批安排中层管理人员在党组理论学习中心组学习会议上讲课。常德卷烟厂全面推行全员培训学时制管理，要求每位员工每年培训累计不得少于6学时，每个部门累计达40学时以上的培训员工不得低于总人数40%。

高技能人才培养。加大对高技能人才的培养力度，选送的3名技师通过国家局职业技能鉴定指导中心考核，获得“高级技师”证书，公司特有工种高级技师达到8名。全年公司共组织1247名员工进行职业技能鉴定培训，高技能人才比例从45%上升到52%。

【企业文化】 围绕《公司文化手册》和《公司员工

行为手册》，把文化宣贯活动纳入单位和部门目标考核，与员工绩效挂钩，全年员工企业文化知识认知测评达标率达95%以上。7月，公司举办企业文化内训师选拔培训，32名文化宣传骨干通过为期一周的封闭性训练，初步建立起一支内部文化传播队伍。开发文化宣贯标准课件体系，课件涵盖了行业文化理念体系、行业视觉识别体系、公司文化理念体系、员工行为规范、母子文化建设、文化建设落地6大版块。开展文化巡讲活动，全年共组织文化宣讲18场次，各卷烟厂党支部书记、中层管理人员、企业文化建设骨干、班组长等近500人分批次听取了企业文化宣讲。

【特事要辑】 3月17日，美国环球烟叶有限公司赞比亚总裁 Reading、津巴布韦总裁 Gary Wallace、亚洲区副总裁 Simon Hiude 一行到公司考察。

4月22～23日，国家局副局长张辉到公司考察调研“三项检查”和内部专卖管理监督工作。

5月19～20日，国家局副局长李克明先后到长沙、常德卷烟厂考察。

7月7日，全国人大常委会委员、内务司法委员会主任委员黄镇东一行到长沙卷烟厂检查贯彻落实《工会法》情况。

10月29日，国家局副局长何泽华到公司考察。

11月5日，国家局原副局长杨传德，十一届全国人大常委会委员、全国劳动模范许振超一行考察吴忠卷烟厂。

11月15日，国家局局长姜成康与湖南省委副书记、省长周强在长沙进行会谈，双方就推进湖南“两烟”上水平交换意见。

11月16日，由公司主办的“卷烟上水平·品牌持续发展”论坛在湖南长沙举行。

所属企业

湖南中烟工业有限责任公司长沙卷烟厂

【概　况】 湖南中烟工业有限责任公司长沙卷烟厂始建于1947年，2006年10月，湖南烟草工业实施合并重组，长沙卷烟厂成为湖南中烟工业公司6个非法人生产企业之一，更名为湖南中烟工业公司长沙卷烟厂；2007年11月，随公司更名改制为湖南中烟工业有限责任公司长沙卷烟厂。企业占地面积81.8万平方米。拥有意大利产 COMAS 制丝线2条、卷接机37台、包装机38台、成型机20台，年卷烟生产能力750亿支（150万箱）。有从业人员3308人，其中在岗员工3270人。

【领导成员】 厂　长、党委书记：范康君

副厂长、党委委员：沈力平

副厂长、党委委员：刘京广

党委副书记：尹　宾

纪委书记、党委委员：丁洪涛

副厂长、党委委员：周景秋

党委委员、工会主席：黄朝晖（—2009.4）

党委委员、工会主席：向晓芳（2009.4—）

【卷烟生产】 2009年，企业主要生产“白沙”、“利事”等品牌卷烟。共生产卷烟651.18亿支（130.24万箱），同比增长1.9%，其中生产内销卷烟644亿支（128.8万箱）、出口卷烟7.18亿支（1.44万箱）。生产“白沙”637.65亿支（127.53万箱），其中“白沙”（精品类）440.45亿支（88.09万箱）。加工“万宝路”6.35亿支（1.27万箱）。

全年卷烟生产综合能耗为3.4千克标煤/万支。平均消耗烟叶6.91千克/万支、盘纸641.7米/万支、滤棒1676千支/万支。

【质量控制】 2009年，企业加强产品质量控制，完善过程工艺质量管控机制，强化关键工序、关键时间段、关键岗位人员行为管理。针对个别 CPK 值未达标的情况，开展工艺技术课题攻关，10个关键工序能力指数平均值从1.28提升到1.41，合格率由75.6%提升到88.9%。推进辅料适用性研究，全年实施51个工艺改进项目，辅料使用质量问题由2008年的625次降到325次，同比下降49.6%。规范分层分级质量预报警流程，将工艺管理覆盖到产品制造全过程。加强质量统计分析与问题整改，全年成品抽检合格率100%、优等品率99.61%、辅料进货抽检合格率99.88%。

【企业管理】 2009年，企业明确“以强化基础管理为核心，以实施进步规划为主线，系统推进基层创建、对标活动，稳步提升企业制造能力和管理水平”的工作思路，组织开展企业管理进步规划的滚动完善工作，将创建指标纳入企业管理进步目标。推进重大课题建设和攻关，确定并实施6项重大课题和26个基础管理

优化课题。组织开展全厂基础数据清理工作，共梳理1600多项指标数据、整理出60多个问题进行论证和改进。推进企业度量指标体系建设，物耗子系统上线运行，质量、效率板块设计开发取得阶段性成果。健全部门绩效评价机制，重点对物耗、节能减排、单箱费用等进行清理，进一步明确管控职责。

开展质量管理和职业健康安全管理“两标”体系建设工作，调整完善企业管理进步目标75项，对全厂危险源进行重新辨识、确认与更新，发布岗位、部门和企业三级危险源表，并完善相应的控制措施。针对二期技改后生产模式的变化，进一步完善“两标”体系。企业“两标”体系通过国家局和认证机构的审核。

【企业文化】 组织企业文化课题开发，编辑《管理进步之道》、《进步法则》、《责任的力量》文化手册，推进企业文化的宣贯与实践。以联合办专栏形式在《长沙晚报》推出《科学发展观学习实践》专栏，先后在外部媒体上刊发企业报道10篇。编辑出版《白沙报》20期，完成5个电视专题片拍摄与制作，制作《数字2008》、《职代会管理进步话执行》2部专题片。

湖南中烟工业有限责任公司常德卷烟厂

【概　况】 湖南中烟工业有限责任公司常德卷烟厂前身是成立于1951年7月的常德县公营新湘烟厂；2006年10月，湖南烟草工业实施合并重组，常德卷烟厂成为湖南中烟工业公司6个非法人生产企业之一，更名为湖南中烟工业公司常德卷烟厂；2007年11月，随公司更名改制为湖南中烟工业有限责任公司常德卷烟厂。企业占地面积150万平方米，拥有3条制丝线，卷接包设备共35台（套），年卷烟生产能力650亿支（130万箱）。有从业人员12321人，其中在岗员工4804人。

2009年，常德卷烟厂被中国文化管理协会评为“中国文化管理十佳单位”。

【领导成员】 厂长、党委书记：邹纲强

副厂长：李明三（—2009.4）

副厂长、党委委员：刘存孝

副厂长、党委委员：李平华

党委副书记：曾兆亚

纪委书记、党委委员：杜晖（—2009.5）

纪委书记、党委委员：钟菊香（2009.6—）

党委委员、工会主席：向晓芳（—2009.3）

党委委员、工会主席：黄朝晖（2009.4—）

【卷烟生产】 2009年，企业生产卷烟481.8亿支（96.36万箱），其中一类烟324.65亿支（64.93万箱），均为“芙蓉王”系列；四类烟17.6亿支（3.52万箱）、五类烟139.60亿支（27.91万箱），均为“芙蓉”系列。

全年万元产值综合能耗为11.52千克标煤，卷烟生产综合能耗为5.71千克标煤/万支。平均消耗烟叶7.07千克/万支、盘纸645.02米/万支、滤棒1759.42支/万支、水0.58吨/万支、电12.08千瓦时/万支。

全年产品质量抽检合格率达100%，产品质量市场投诉事故为零，市场产品质量投诉A类事件为零。

【技术改造】 “芙蓉王”新工房建设基本完工，11月2日，6000千克/小时“芙蓉王”制丝专线进入全配方模式下的试生产阶段，卷包线部分形成产能。新动力中心全面投入运行。完成石板滩烟叶仓库大三期扩建工程土方运输、挡土墙修建、地基强夯工程。拆除原销售大楼、物业办公楼、兴隆搬运楼及老厂区100米烟囱，完成新工房、动力中心等区域室外园林景观工程。开展安保消防监控站、职工活动中心、卫生保健站与工会大楼、祁东管理处停车库和生活区的水电改造工作。

【基础管理】 贯标和对标工作。推进“两标一体”建设，截至2009年年底，共发布实施各类标准830个，质量管理体系与职业健康安全管理体系顺利通过第三方认证审核。开展对标和优秀卷烟工厂创建活动，制订24项管理专项提升课题，邀请专业咨询公司到厂咨询诊断；重点结合10项经济技术指标，成立11个专业技术改进小组。

成本费用控制。对全厂非生产性劳务用工进行压缩，通过规范劳务用工及采取劳务外包，降低劳务力资3000万元，“芙蓉王”品牌万箱力资从2008年的106万元下降到84.5万元。对主要物耗指标进行分解，实施动态控制。开展了为期半年的“创建节约型企业”活动。对厂内四个生活小区实施物业市场化改造，落实生活用能计量收费。开发能源管理系统，初步实现对配电、空压、制冷、锅炉子系统等20多个离散计量点的数据采集。新动力中心及先进环保型燃油燃气锅炉投入使用。

湖南中烟工业有限责任公司郴州卷烟厂

【概　况】 湖南中烟工业有限责任公司郴州卷烟厂前身是成立于1939年的华中卷烟厂。2004年，郴州卷烟厂与长沙卷烟厂实现联合重组，更名为长沙卷烟

厂郴州卷烟分厂；2006年10月，成为湖南中烟工业公司6个非法人生产企业之一，更名为湖南中烟工业公司郴州卷烟厂；2007年11月，随公司更名改制为湖南中烟工业有限责任公司郴州卷烟厂。企业占地面积55.28万平方米，拥有制丝线1条、卷接机组14台（套）、包装机组13台（套），年卷烟生产能力272.5亿支（54.5万箱）。有从业人员2181人，其中在岗员工2149人。

12月15日，郴州卷烟厂建立的以设备维护为主线的TnPM体系被中国设备管理协会全面生产维护委员会评为“三阶管理水平”。

【领导成员】 厂长、党委书记：周文斌

党委副书记、纪委书记：刘　军

副厂长、党委委员：吕爱华

党委委员、工会主席：刘春兰

副厂长、党委委员：王江涛（2009.2—）

【卷烟生产】 2009年，企业生产卷烟231亿支（46.2万箱），其中四类烟118亿支（23.6万箱）、五类烟113亿支（22.6万箱）。生产“白沙”系列83.8亿支（16.76万箱）、“芙蓉”系列57.2亿支（11.44万箱）、“相思鸟（软）”90亿支（18万箱）。生产外运烟丝4150吨。

全年万元产值综合能耗为55.63千克标煤，卷烟生产综合能耗为5.84千克标煤/万支。平均消耗烟叶6.89千克/万支、盘纸643.08米/万支、滤棒1672.15支/万支、水0.06吨/万支、电5.21千瓦时/万支。

【技术改造】 全年共投入技改资金5260万元，进行34个技改项目建设，其中新建桂阳鸡公石烟叶仓库和制丝线整线改造为重点改造项目。鸡公石烟叶仓库建设项目于10月经批准立项，被列为郴州市重点建设项目，享受政府优惠政策。全年新购置1台（套）PT-GD机组、1台滤棒成型机组，大修置换2台PT机组。

【人力资源管理】 先后组织开展定岗定编、竞争上岗、员工年度绩效评价等各项工作，全年中层管理人员总体轮岗、交流面达到47.3%，一般员工岗位交流比例达到22%，初步建立“上岗靠竞争，晋升靠能力，收入靠业绩”的长效激励机制。7月，任职资格管理体系正式运行，开辟了行政晋升和专业晋升的双重职业发展通道。全年举办217期培训班，培训4684人次。截至2009年年底，企业获得职业技能鉴定资格的有418人。

湖南中烟工业有限责任公司零陵卷烟厂

【概　况】 湖南中烟工业有限责任公司零陵卷烟厂始建于1976年，2004年与常德卷烟厂实现联合重组，更名为常德卷烟厂零陵卷烟分厂；2006年10月，成为湖南中烟工业公司6个非法人生产企业之一，更名为湖南中烟工业公司零陵卷烟厂；2007年11月，随公司更名改制为湖南中烟工业有限责任公司零陵卷烟厂。企业占地面积60万平方米。拥有制丝线1条，卷接包设备34台（套），年卷烟生产能力250亿支（50万箱）。有从业人员1776人，其中在岗员工1403人。

2009年，制丝车间QC降耗小组获得2009年度“全国优秀质量管理小组”称号；制丝车间生产甲班获得2009年度“全国质量信得过班组”称号。

【领导成员】 厂长、党委书记：陈东平

副厂长、党委委员：朱凌冰

党委副书记、纪委书记：何洁松

副厂长、党委委员：邓永志

党委委员、工会主席：汤　华

党委委员：吕芳德

【卷烟生产】 2009年，企业生产卷烟233.81亿支（46.76万箱），其中三类烟4亿支（0.8万箱）、四类烟137.16亿支（27.43万箱）、五类烟92.65亿支（18.53万箱）。生产“白沙”系列137.16亿支（27.43万箱）、“芙蓉”系列86.44亿支（17.29万箱）、“红豆”6.9亿支（1.38万箱）、“元帅”2.43亿支（0.49万箱）、“银象”0.88亿支（0.18万箱）。

全年万元产值综合能耗为45.81千克标煤，卷烟生产综合能耗为4.79千克标煤/万支。平均消耗烟叶7.01千克/万支、盘纸644.58米/万支、滤棒1675.16支/万支，水0.39吨/万支、电7.93千瓦时/万支。

【技术改造】 全年完成资本性支出及专项维修项目150余项，共花费资金2.84亿元。5月，完成贮丝房改造、电子皮带秤改造、空压机和电制冷设备改造、条烟输送线搬迁和改造等项目；8月，完成烟叶仓储工程及配套设施建设，并正式投入使用。引进2组PT-ZB45生产线、1组ZB25包装机组、2台切丝（梗）机以及滤棒发射系统、异物剔除机等设备，并淘汰ZB43设备。

【基础管理】 推进“创建现代卷烟制造工厂”和“对标”活动，每月组织人员对各部门的创建与对标

工作进行评价，并将考核结果与绩效挂钩。截至年底，在行业“优秀卷烟工厂”10项主要指标中，有7项达标。推进“两标一体”工作，对所有制度文件进行重新整合、修订与完善，建立健全覆盖全面的管理、技术、岗位标准体系，并顺利通过外部审核。

湖南中烟工业有限责任公司四平卷烟厂

【概　况】 湖南中烟工业有限责任公司四平卷烟厂始建于1948年，2003年与常德卷烟厂实现联合重组，更名为常德卷烟厂四平卷烟分厂；2006年10月，成为湖南中烟工业公司6个非法人生产企业之一，更名为湖南中烟工业公司四平卷烟厂；2007年11月，随公司更名改制为湖南中烟工业有限责任公司四平卷烟厂。企业占地面积6.5万平方米，拥有1条4000千克/小时制丝线，MK95卷接机组2台（套），ZJ17卷接机组5台（套），ZB43包装机组2台（套），ZB45包装机组4台（套），ZL21B成型机组2台（套），ZL26成型机组1台（套），自动装封箱机3套，年卷烟生产能力100亿支（20万箱）。有从业人员926人，其中在岗员工880人。

【领导成员】 厂长、党委书记：白玉琦

副厂长、党委委员：衣文友

副厂长、党委委员、工会主席：高占忠

副厂长、党委委员：韩志明

党委副书记：马英林

纪委书记、党委委员：刘少军

【卷烟生产】 2009年，企业生产卷烟60亿支（12万箱），其中三类烟2.75亿支（0.55万箱）、四类烟57.25亿支（11.45万箱）。生产“白沙（精品二代）”2.75亿支（0.55万箱）、“白沙（硬）”47.24亿支（9.45万箱）、“芙蓉（黄后）”10亿支（2万箱）。

全年万元产值综合能耗为43.49千克标煤，卷烟生产综合能耗为6.48千克标煤/万支。平均消耗烟叶7.11千克/万支、盘纸641.96米/万支、滤棒1690.36支/万支、水0.21吨/万支、电7.04千瓦时/万支。

【技术改造】 全年投资7753万元，购置1台（套）ZJ17－YF12－YB17－ZB45机组、2组离心式电制冷机、2套滤棒储存输送系统、YF12卷烟储存输送系统、ZL26成型机、光谱异物除杂系统、YP11装封箱机和FY113拆废烟机；对YF12卷烟储存输送系统、切丝机进行大修；更新梗丝干燥机；新建成品烟周转库。

湖南中烟工业有限责任公司吴忠卷烟厂

【概　况】 湖南中烟工业有限责任公司吴忠卷烟厂始建于1970年。2004年，长沙卷烟厂对吴忠卷烟厂实施兼并，成立长沙卷烟厂吴忠卷烟分厂。2006年10月，湖南烟草工业实施合并重组，吴忠卷烟厂成为湖南中烟工业公司6个非法人生产企业之一，更名为湖南中烟工业公司吴忠卷烟厂；2007年11月，随公司更名改制为湖南中烟工业有限责任公司吴忠卷烟厂。企业占地总面积6.5万平方米，拥有制丝生产线2条，ZJ17/ZB45卷接包机组2台（套），MK9－5卷接机组5台（套），YB43包装机6台（套），KDF2成型机1台（套）。有从业人员403人，其中在岗员工403人。

【班子成员】 厂长、党委书记：李朝辉

党委副书记、工会主席：沈中和

副厂长、党委委员：李占保

纪委书记、党委委员：毛建华

【卷烟生产】 2009年，企业生产卷烟35亿支（7万箱），其中生产“乒坛（精红）”3.7亿支（0.74万箱）、“乒坛（硬白）”3亿支（0.6万箱）、“白沙（硬）”2.75亿支（0.55万箱）、“芙蓉（黄）”25.55亿支（5.11万箱）。

全年卷烟生产综合能耗为18.61千克标煤/万支，平均消耗烟叶7.32千克/万支、盘纸658.39米/万支、滤棒1713.13支/万支、水0.20吨/万支、电11.20千瓦时/万支。

【技术改造】 4月，完成联合工房主体工程建设；6月，新制丝线投料试生产，动力设备投入试运行；8月，第一组YB17/ZB45卷接包机组（烟支存储输送系统）正式投入使用；10月，完成品牌转换，“白沙（盖）”规格卷烟正式投入批量生产。

（盛晓燕）

广东中烟工业有限责任公司

【概　况】 广东中烟工业公司成立于2003年，2007年11月更名改制为广东中烟工业有限责任公司，是全国烟草行业首家建立董事会的省级工业公司。公司下辖4个不具有法人资格的卷烟生产企业，分别是广东中烟工业有限责任公司广州卷烟二厂、梅州卷烟厂、韶关卷烟厂、湛江卷烟厂。截至2009年年底，拥有总资产227亿元，其中，固定资产19亿元、流动资产167亿元，资产负债率为12.76%。共有从业人员5302人，其中在岗员工5298人。

【领导成员】 董事会

董事长：徐　瑆

董　事：李根基　李世胜　张穗强　李晓兵　舒　明　张赤兵

监　事：刘依平（2009.12—）

班子成员

总经理、党组书记：李根基

副总经理、党组成员：李世胜

副总经理、党组成员：廖中浩

总会计师、党组成员：张穗强

副总经理、党组成员：林孟昌

副巡视员：成善松（—2009.10）

副总经理、党组成员：区广安

纪检组长、党组成员：刘依平

【机构设置】 公司本部设办公室（外事办）、综合计划部、生产管理部、安全保卫部、市场营销中心、原料供应中心①、物资供应部、财务管理部、审计部、法律与改革部（投资管理部）、人力资源部、思想政治工作部（直属党委、工会、直属团委）、监察部、企业管理部、技术中心、信息中心、烟机零配件中心、技改办18个部门。

【卷烟生产经营】 2009年，公司生产卷烟1086.77亿支（217.35万箱），同比增长2.85%，其中，生产一类烟33.85亿支（6.77万箱）、二类烟13.66亿支（2.73万箱）、三类烟788.76亿支（157.75万箱）、四类烟92.94亿支（18.59万箱）、五类烟157.55亿支（31.51万箱）。全年销售卷烟1278.31亿支（255.66万箱），同比增长9.32%，其中，销售一类烟35.51亿支（7.10万箱）、二类烟14.79亿支（2.96万箱）、三类烟976.91亿支（195.38万箱）、四类烟93.28亿支（18.66万箱）、五类烟157.82亿支（31.56万箱）。出口卷烟9.27亿支。

全年实现卷烟销售收入275.05亿元，同比增长16.55%。根据国务院有关精神，调整卷烟消费税，部分利润转为税赋，全年增加卷烟消费税13.52亿元。实现税利168.84亿元，同比增长12.96%，其中，实现利润39.06亿元，同比增长4.95%。公司三项费用率为12.15%。

公司万元产值综合能耗为9千克标煤，卷烟生产综合能耗为1.94千克标煤/万支。烟叶、滤棒、盘纸平均消耗分别为7.33千克/万支、1678支/万支、641米/万支。水、电平均消耗分别为0.08吨/万支、6.43千瓦时/万支。

【主要产品】 公司生产的卷烟品牌有“双喜”、“五叶神”、“椰树”、“羊城”、“红玫”、“红玫王”、“大丰收”等7个品牌36个规格。全年停产的有“羊城（硬白）”、“双喜（听出口）”、“明（硬出口）”3个规格。2009年5月25日，国家局批复同意广东中烟在江西中烟定向加工“双喜”；6月，“双喜”在江西中烟南昌卷烟厂投产。

“双喜”产品规模进一步扩大，全年生产“双喜”655.66亿支（131.13万箱）（不含联营加工）。销售“双喜”845亿支（169万箱），同比增长14.8%，其中，省外销量达309亿支（61.8万箱），同比增长29.83%。销量超5亿支（1万箱）的省级市场增加到10个，其中，湖南、广西销量分别为81.34亿支（16.27万箱）和55亿支（11万箱），增长幅度均超过25%。优化销售结构，二类烟得到长足发展，其中，“双喜（经典1906）”销量达12亿支（2.4万箱），成为二类烟新增长点。

跨省联营加工“双喜”品牌的卷烟生产企业有广西中烟工业有限责任公司、深圳烟草工业有限责任公司、江西中烟南昌卷烟厂等3家。2009年，广西中烟工业有限责任公司加工“双喜”150亿支（30万箱），同比增加50亿支（10万箱）；江西中烟南昌卷烟厂为2009年新增联营加工点，生产“双喜”15亿支（3万箱）。

全年生产“五叶神”145.26亿支（29.05万箱），同比增长9.15%。生产“椰树”122.17亿支（24.43

① 9月，原料供应部更名为原料供应中心。

万箱），生产“红玫”72.51亿支（14.50万箱），生产“红玫王”35.35亿支（7.07万箱），生产“羊城”46.02亿支（9.2万箱）。

【市场营销】 公司根据卷烟销量规模和市场成熟程度，及时调整市场营销策略，将省外市场分为重点市场、潜力市场和发展市场，分类进行市场资源配置。初步建立营销考核评价体系，引入目标管理的考核评价内容，提高营销水平和工作效率。理顺市场推广的管理架构、制度和流程。加强市场推广工作规划、跟进及落实评估，提高品牌推广效率。注重强化“双喜”“中国喜烟第一品牌”的形象，增强品牌宣传的规范性和系统性，提升品牌形象，夯实省内市场基础，扩大省外市场覆盖面。成立双喜俱乐部，开展服务品牌建设试点工作，构建具有广东中烟特色的服务品牌。搭建卷烟工商企业间的计划衔接、信息交流、物流储运平台，加强与卷烟商业企业的协同合作。

【原料保障】 公司积极参与烟叶资源配置方式改革，推进以工业为主导的烟叶基地建设，烟叶工作重心向基地产区前移，介入优质烟叶产区的烟叶生产、种植、加工等关键环节，增强优质烟叶的保障能力，满足主导品牌的原料需求。截至年底，公司介入了云南省普洱市景东彝族自治县、曲靖市罗平县等6个基地单元的烟叶生产。及时编制和下达烟叶、半成品的调运计划，全年烟叶、半成品集团内部调运量（含联营加工、境外企业）达8.5万吨（170万担）。优化部门机构设置，推行基地单元烟叶生产、调拨、加工一体化的采购管理模式。

【成本控制】 加强对配方成本、包装成本、香精香料及人工成本等成本费用控制，降低包装成本。在产品开发时设置一条成本控制线，将采购成本控制前移，通过商业谈判、材料替代等方式，有效控制成本，全年辅料采购成本下降近5000万元。开展烟用物资对标管理，制定工作计划，对烟用物资进行分类，合理控制库存，减少运输、调拨、加工和仓储损耗品。对部分烟用材料进行替代整合工作，增强物资的通用性。

【科技创新】 科技研究。2009年，公司共获得专利25项。成功研制6毫克的低焦油卷烟产品“双喜（盛世）”，完成多个高香低焦油产品的技术储备。公司与华南理工大学、郑州烟草研究院组建两间联合实验室，建立合作联盟，推动产、学、研合作，提高对外部资源的整合利用能力。着力提高各类资源的应用效率，建立扁平化的矩阵式组织结构，增强技术中心的研发能力，优化技术创新组织结构。在全国烟草行业省级工业公司科技创新能力评价中，公司排名第六。

技术中心。公司技术中心成立于2005年，是国家级的企业技术中心。全年共参与13个国家局科研项目、标准项目，承担50个公司级科研项目，其中，完成9个公司级科技项目。拥有硕士研究生以上学历的人员35人，中级职称52人，高级职称5人。

【企业管理】 财务预算管理。加强以全面预算为核心的财务基础工作，把财务管理监督关口前移，实现了从事后监督向全过程控制转变。加强预算基础管理工作，建立预算指标管理控制体系和预算执行情况反馈体系，提升预算管理水平。

基础管理。加强企业资源规划（ERP）项目建设，提升企业管理水平。ERP系统上线运行，理顺了垂直管理流程，强化集中管控，集成物流、资金流和信息流，集中管理生产、财务、市场客户、供应商等资源，形成上下贯通、职责清晰的管理格局，实现了业务环节的协调统一和“四个中心”的有机对接。

【内部管理监督】 开展“小金库”专项治理工作，对检查中发现的问题进行及时整改，加强资金监管，建立有效的监督机制。全面开展物资采购、宣传促销、工程投资项目“三项检查”工作，对所属的16个单位进行了重点检查，对存在问题提出整改意见，并对整改情况加强检查督导，确保整改落实到位。

【信息化建设】 2009年，公司ERP项目成功上线，实现了业务流程的标准化和规范化，以及企业财务业务工作一体化。4月，广州生产基地启动制造执行系统（MES）项目，截至年底，进入实施阶段。

【合作交流】 1月5日，德国HAUNI远东公司总经理Florian Mirus一行5人，以及安邦国际发展有限公司总经理王群到公司进行技术交流。5月8日，德国HAUNI公司副总裁Dr. Jurgen Heller一行4人到公司进行交流。7月21日，芬兰斯道拉恩索集团公司销售总监霍笑玲一行6人到公司进行交流。12月15日，中国烟草总公司与英美烟草公司在广东中烟召开会议，双方就开展合资公司建厂、公司业务范围和架构、国际国内市场模式、品牌管理等问题交换了意见。

【人力资源管理】 加强用工分配制度改革，引入竞争上岗机制，建立动态的岗位管理体系，变身份管理为岗位管理，调动了员工积极性，实现公司的平稳过渡。改革后，公司拓宽了各类人才的成长通道，重点拓宽和延伸了专业技术和技能人才的发展通道；理顺了收入分配关系，建立了以岗位工资和绩效工资为主体的岗位绩效工资制、动态的工资调整机制，以及以岗位考核和绩效考核为主体的考核制度。

加强培训工作，全年共举办223期培训班。开展技能鉴定，共有406人参加技能鉴定，其中312人通过鉴定。

【深入学习实践科学发展观活动】 3~8月，公司开展深入学习实践科学发展观活动，从8个方面查找影响和制约公司发展的突出问题，并提出解决措施，建立健全推动公司科学发展的运行机制。

【企业文化】 开展企业文化评价体系的培训，9月，公司采用内容讲授与上机训练相结合的方式，对企业文化评价体系整体内容和实施规划、评价流程与操作实务、评价软件管理平台使用、评价结果应用等内容进行了培训。8~10月，以新中国成立60周年为契机，在省内10多家主流报刊上进行企业形象的宣传。结合服务品牌建设试点工作的开展，开展“双喜精神”内涵讨论。

【特事要辑】 1月6日，驻国家局纪检组组长潘家华到广州生产基地建设现场就建设情况进行专题调研。

3月24日，国家局副局长李克明到广东中烟下辖的境外卷烟生产企业柬埔寨威尼顿公司考察。

5月6日，中共中央政治局委员、广东省委书记汪洋到梅州卷烟厂考察。

5月19日，公司与江西中烟签订定向加工协议，确定定向加工的品牌规格、数量和生产日期等，启动定向加工的前期准备工作。

6月13日，“双喜”在江西中烟南昌卷烟厂正式投产。

8月3日，李克明到广州生产基地建设现场考察。

同日，公司与广州市政府签订了广东中烟广州生产基地建设合作项目，项目建设签约资金35亿元。

所属企业

广东中烟工业有限责任公司广州卷烟二厂

【概　况】 2004年1月，原广州卷烟二厂、广州卷烟一厂及南海卷烟厂三厂合并重组，新的广州卷烟二厂成立。2005年，广东卷烟总厂成立，企业更名为广东卷烟总厂广州卷烟二厂。2006年，广东中烟工业公司与广东卷烟总厂合并成为一个法人实体，保留广东中烟工业公司的企业名称，企业更名为广东中烟工业公司广州卷烟二厂。2007年，广东中烟工业公司更名改制为广东中烟工业有限责任公司，企业更名为广东中烟工业有限责任公司广州卷烟二厂，下设生产一部、生产二部、南海生产部。企业占地面积为17万平方米。生产一部拥有4条制丝生产线、22台（套）卷接机组、4台自动装封箱机、3台滤棒成型机、4组滤棒发送机；生产二部拥有20台（套）卷接机组，1条制丝能力达8000千克/小时的制丝生产线，1条生产能力达800千克/小时的膨胀烟丝生产线；南海生产部拥有7台（套）卷接机组，7台包装机组，3台滤棒成型机。企业年卷烟生产能力940亿支（188万箱）。截至2009年年底，共有在岗员工2444人。

【领导成员】 厂长、党委书记：成善松（—2009.10）

党委书记：李显万（2009.9—）

厂长、党委委员：邵卫国（2009.9—）

副厂长、党委委员：周临干

纪委书记、党委委员、工会主席：庄　红

党委委员：张赤兵

党委委员：张金城

党委委员：陈国定

党委委员：刘焕钊

【卷烟生产】 2009年，企业生产的卷烟品牌有“双喜”、“羊城”、“椰树”，其中，生产一部主要生产“双喜”、“椰树”，生产二部主要生产“双喜”，南海生产部主要生产“羊城”、“椰树”。

全年生产卷烟614.39亿支（122.88万箱），其中，生产“双喜”518.77亿支（103.75万箱）、“羊城”46.02亿支（9.20万箱）、“椰树”49.60亿支（9.92万箱）。

企业全年万元产值综合能耗为8.96千克标煤，卷烟生产综合能耗为1.91千克标煤/万支，烟叶、滤棒、盘纸平均消耗分别为7.35千克/万支、1679支/万支、642米/万支，水、电平均消耗分别为0.07吨/万支、6.31千瓦时/万支。

【技术改造】 生产一部重点加强对现有设备的维护和保养工作，完成了25项综合计划，其中，购置固定资产5项，组织实施生产设备设施更新改造与配套工程建设项目1项，完成固定资产专项维修及更新改造9项，对10台（套）设备进行维修。

生产二部购置了3组卷接包机组。完成对PROTOS卷烟机整机电控、GD500电机、膨胀烟丝车间物流系统中控上位机等升级改造。给制丝实验线新增功能，为包装机加装条烟缺包检测装置及条烟外观检测装置。完成S90烟支储存器及5台空气压缩机的维修工作。

南海生产部购置了二元滤棒复合机，并安装了韩国进口加碳装置。完成3台条烟外观质量检测装置的加装工作。在制丝工段试用烟气除味系统。对ZB45硬盒包装机进行小包底部固定折叠改造。

【企业管理】 生产管理。生产一部起草了《创建"优秀卷烟工厂"初步方案》。完善管理文件，对质量管理体系进行了两次内审和一次管理评审。加大全面预算的考核力度，完善全面预算的编制和反馈工作，并将全年预算执行率同年度绩效考核挂钩。

生产二部成立了创优工作领导小组，制订创优工作实施方案。加强预算管理工作，就月度预算分析工作制订了实施方案，初步形成以月度预算指标分解、执行、分析考核为主，兼顾年度预算执行控制考核，体现预算管理分工负责要求的考核雏形。强化安全意识，编写《员工安全手册》，制定了《生产二部相关方安全管理规定》。

南海生产部注重提升管理体系的运行效率和质量，深入企业各管理环节和生产现场，查找问题、发现漏洞并及时整改。建立持续改进的安全管理体系，加强安全管理工作，实现了重大责任事故"七个为零"的安全管理目标。

质量管理。生产一部聘请广东省质量协会对生产部的QC活动进行全面跟踪。召开2008年度QC成果发布会，选派部分优秀QC成果参加公司、广东省质量协会、广东省轻工协会举办的成果发布会。

生产二部完善各类贯标文件，推进贯标工作。开展内审工作，对发现的问题提出整改意见，通过限期整改，整改率达100%。开展QC活动，发布QC成果16项。

南海生产部制订了贯标工作实施方案，组织两次内部审核和管理评审，定期开展工艺、标识管理现场检查。加强群众性的管理创新活动，共申报QC小组活动成果9项，其中2项在公司成果发布会上获得优秀奖。

【信息化建设】 生产一部完善信息系统灾难恢复预案，提高病毒防御能力，加强计算机设备管理。分解整理ERP上线运行计划，收集运行过程出现的问题并及时处理，完成培训教室网点的增设、网络环境的构建、设备的准备、培训用机客户端的安装及网络调试，以及终端用户SAP客户端的安装。完成SAP固定资产模块的数据维护。

生产二部以ERP系统上线为契机，采用点、线结合的推进方式，积极反馈问题，整合各方面资源，确保各模块上线工作环环相扣，消除了信息孤岛现象，实现了物流、资金流和信息流的实时同步。

南海生产部加强ERP系统上线工作，及时收集和反映ERP项目培训及运行中出现的问题，每日向公司汇报相关情况。开展信息安全自查，加强安全设备测试工作。完善生产部内部协作网站。

【人力资源管理】 生产一部完善了月度绩效考核制度，将月度绩效考核与年度岗位考核相结合。完善用工分配制度改革方案，制定《专业技术、技能评聘方案》、《主任、副主任工程师聘任总体方案》和《聘任实施细则》，全年共有146名符合条件的专业技术技能人员获得聘任，5名工人岗位的员工通过竞聘转为管理岗位。重视员工培训，全年共培训员工2340人次。开展"师傅带徒"活动，结成19对对子，通过"传、帮、带"的方式，促进员工成才。

生产二部制定《主任工程师、副主任工程师竞聘工作实施办法及实施细则》和《首席技师竞聘工作实施办法及实施细则》，对多个岗位实行了公开竞聘。全年共有3名中高层管理人员到生产一部进行交流。全厂共有25人次进行了岗位轮换，其中4名中层管理人员进行了跨部门轮岗。

南海生产部深化用工分配制度改革，完善并发布《用工分配制度改革实施方案》。加大员工教育培训力度，全年完成培训项目200项，培训员工3341人次。开展技能鉴定工作，通过考核的员工有26人，其中取得技师资格的7人。开展计算机应用能力、烟机设备操作技能竞赛。

广东中烟工业有限责任公司梅州卷烟厂

【概　况】 广东中烟工业有限责任公司梅州卷烟厂前身是成立于1939年的海源卷烟厂和复兴卷烟厂。1953年，海源卷烟厂和复兴卷烟厂联合后更名为海源复兴联营卷烟厂。1956年，与梅县烟丝联合制造厂合并，更名为梅县卷烟厂。1979年，梅县卷烟厂更名为梅州市卷烟厂。1987年，更名为广东梅州卷烟厂。

2005 年，取消企业法人资格，更名为广东卷烟总厂梅州卷烟厂。2007 年，更名为广东中烟工业有限责任公司梅州卷烟厂。企业占地面积为 15 万平方米。拥有 1 条 5000 千克/小时的制丝生产线，11 台（套）卷接机组，11 台（套）包装机组，5 台（套）滤棒成型机组，3 台（套）滤棒放射传送机。截至年底，共有在岗员工 795 人。

2009 年 4 月，企业被广东省企业联合会、广东省企业家协会授予“建国 60 周年广东省功勋企业”称号。

【领导成员】 厂长、党委书记：刁东田

党委副书记、纪委书记、工会主席：吴宗雄

副厂长、党委委员：饶智华

副厂长、党委委员：李伟才

副厂长、党委委员：刘依军（2009. 1—）

【卷烟生产】 2009 年，企业生产的卷烟品牌有“五叶神”、“椰树”和“双喜”。

全年生产卷烟 151. 13 亿支（30. 23 万箱），其中，生产“五叶神”145. 27 亿支（29. 05 万箱）、“椰树”3. 42 亿支（0. 68 万箱）、“双喜”2. 44 亿支（0. 49 万箱）。

全年卷烟生产综合能耗为 1. 68 千克标煤/万支，烟叶、滤棒、盘纸平均消耗分别为 7. 34 千克/万支、1676. 78 支/万支、640. 31 米/万支。

【机构调整】 1 月 1 日，企业撤销纸品车间，取消纸箱作业，以铝纸作业作为班组建制，由储运科负责管理。12 月，撤销储运科下属的铝纸班和汽车运输队。截至年底，企业内设机构调整为 13 个职能科室、3 个生产车间。

【技术改造】 企业为制丝车间新增叶片、叶丝柔性就地风选装置及辅联设备；完成对制丝线中央控制系统、卷接机组烟支松头检测系统、卷接机组针滚驱动系统、锅炉能源监测系统等项目的改造工作；组织实施膨前柜电气安装及电控调试、卷接机核扫描重量控制改进口微波重量控制等技术改造。

【企业管理】 加强质量管理体系建设，重视制度的“废、订、立”，全年废止制度 110 项，制订制度 61 项。推进职业健康安全管理体系建设，发布了 6 个三级安全管理文件。发布测量管理体系文件，对照原有体系文件进行检查，做好对接工作。

【信息化建设】 企业开展 ERP 系统一期、二期项目的上线前数据收集、权限分配、宣传推广、最终用户培训及上线跟踪、协调和反馈等工作。截至年底，ERP 系统模块中，SD（销售）、PP（生产）、MM（烟叶、物资、零备件）、QM（质量）、FI（财务会计）、CO（成本会计）、HR（人力资源）、PM（设备管理）、PS（项目管理）、全面预算管理等模块顺利上线运行。投资 88 万余元，更换、新增计算机 141 台，打印机 32 台。完成视频会议双流改造工程，建设企业文化评价管理平台，完善 MIS 系统卷接包车间设备管理、绩效考核管理等子系统功能，改造局部网络，保障信息应用平台的稳定运行，提高信息服务水平。

【人力资源管理】 2009 年，企业完善了用工分配改革制度和绩效考核办法，完成专业技术职务和技能等级的聘任工作和年度考核工作。重视员工培训，全年支出培训经费 208 万元，组织各类培训 118 期，共 4420 学时，培训员工 3364 人次。推进技能鉴定工作，11 月，广东省技能鉴定站和企业人力资源部联合组织了企业的第八次烟草特有工种技能鉴定工作，106 人参加考试，其中 88 人通过鉴定。

【深入学习实践科学发展观活动】 3 ~8 月，企业作为行业第二批开展学习实践活动单位，开展深入学习实践科学发展观活动。5 月 6 日，中共中央政治局委员、广东省委书记、广东省委学习实践科学发展观活动领导小组组长汪洋到企业检查了活动开展情况，并对企业的生产经营和学习实践活动的开展给予了肯定。

广东中烟工业有限责任公司韶关卷烟厂

【概　况】 广东中烟工业有限责任公司韶关卷烟厂前身是成立于 1950 年 6 月 1 日的民生卷烟厂。1964 年，民生卷烟厂更名为韶关卷烟厂。2006 年，取消企业法人资格，更名为广东卷烟总厂韶关卷烟厂。2006 年，更名为广东中烟工业公司韶关卷烟厂。2007 年，更名为广东中烟工业有限责任公司韶关卷烟厂。企业占地面积为 15 万平方米。拥有 1 条 5000 千克/小时的制丝线，1 条额定功率为 570 千克/小时的二氧化碳膨胀烟丝线，12 台（套）GD 卷接包机组，年卷烟生产能力 225 亿支（45 万箱）。截至年底，共有在岗员工 750 人。

【领导成员】 厂长、党委委员：张卓研

党委书记、工会主席：赖建文（2009 年 2 月起任

工会主席）

副厂长、党委副书记、纪委书记：陈绮婷

副厂长、党委委员：何维贵

副厂长、党委委员：谢乐机（2009.1—）

【卷烟生产】 2009年，企业生产的卷烟品牌有“双喜”和“红玫（王）”。

全年生产卷烟186.25亿支（37.25万箱），其中，生产“双喜”120.10亿支（24.19万箱），生产“红玫（王）”66.15亿支（13.23万箱）。

全年卷烟生产综合能耗为1.83千克标煤/万支。烟叶、滤棒、盘纸平均消耗分别为7.29千克/万支、1678.39支/万支、634.58米/万支。

【技术改造】 企业完成了片烟线回潮改造和梗丝线膨化改造，提升高档卷烟的生产能力。安装了一台进口废烟支处理机，提高了废烟支的烟丝可利用率。完成上廉冲库区烟叶醇化库工程施工招标，签订施工监理合同，截至年底，工程进入施工阶段。

【企业管理】 基础管理。加强职业健康安全管理体系建设，实现了重大责任事故“七个零”的安全管理目标。将对标管理、定额管理和创建优秀卷烟工厂活动等3项工作纳入绩效考核，强化指标实现和管理提升。“三项检查”和“小金库”专项治理、专卖内管工作通过国家局和广东中烟的检查验收。

节能降耗。2009年，企业安排二氧化碳膨化线进行四班三运转，6台（套）软盒卷接机组增开零点班53个，有效减少因生产装备能力使用不充分造成的能源消耗。全年卷烟生产综合能耗同比下降10%。烟叶、盘纸、滤棒平均消耗均同比下降，其中，烟叶实际消耗较公司下达的定额指标低0.075千克/万支，共节约烟叶135吨。

质量管理。在全厂范围内开展“质量月”活动。全年对企业卷烟成品放行抽检954批次，抽检合格率达100%。2009年，国家局对全国25个省（区、市）卷烟市场开展产品质量监督市场抽查工作，“红玫王（软蓝）”、“红玫王（硬蓝）”在180个卷烟产品中，抽查综合得分进入前十名。

【信息化建设】 落实ERP项目培训和模块试运行工作，做好推广用户送培、最终用户培训和试上线工作。截至年底，ERP系统一期项目上线运行稳定，ERP二期项目的部分模块按时上线运行。

【人力资源管理】 企业制订了《广东中烟工业有限责任公司韶关卷烟厂员工竞争上岗实施细则》等9个制度，并首次进行了副主任工程师和首席挡车工的聘任。推进绩效考核，建立《员工月度绩效考核办法》，实行月度和年度考核相结合。落实年度各项培训计划，全年共组织各类培训98项，培训员工1419人次。

广东中烟工业有限责任公司湛江卷烟厂

【概　况】 广东中烟工业有限责任公司湛江卷烟厂始建于1978年8月。2005年，企业更名为广东卷烟总厂湛江卷烟厂。2006年，更名为广东中烟工业公司湛江卷烟厂。2007年，更名为广东中烟工业有限责任公司湛江卷烟厂。企业占地面积为9.25万平方米。企业拥有1条生产能力为4800千克/小时的制丝生产线，11台（套）卷接机组，16台包装机组，年卷烟生产能力200亿支（40万箱）。截至年底，共有在岗员工659人。

2009年，企业被广东省质量协会评为“广东省质量管理小组活动优秀企业”，被广东省总工会授予“工人先锋号”称号。

【领导成员】 厂长、党委书记：符　敏

副厂长、党委委员：庞耀林

副厂长、党委委员：王忠刚

副厂长、党委委员：李旭华（—2009.9）

副厂长、党委委员：陈克成（2009.1—）

纪委书记、党委委员：刘广英

党委委员、工会主席：林卫中

【卷烟生产】 2009年，企业生产的卷烟品牌有“双喜”、“椰树”、“红玫”和“大丰收”。

全年生产卷烟135亿支（27万箱），其中，生产三类烟14.35亿支（2.87万箱），四类烟57.63亿支（11.53万箱），五类烟63.01亿支（12.6万箱）。

全年万元产值综合能耗为18.38千克标煤，卷烟生产综合能耗为1.96千克标煤/万支。烟叶、滤棒、盘纸平均消耗分别为7.27千克/万支、1675支/万支、644米/万支，水、电平均消耗分别为0.08吨/万支、5.56千瓦时/万支。

【技术改造】 企业购置了1台（套）ZL22型纤维滤棒成型机组，并对滤嘴负压系统进行改造，解决滤棒成型生产能力不足的问题。对制丝掺膨化丝喂料机、加料加香系统等进行配套改造，烘丝线采用烘后流冷和机械提升工艺，购置烟叶异物剔除设备，满足

制丝线综合改造后的生产工艺需要。对卷接包车间、空调空压及除尘机房开展降噪改造，建设中水利用系统。完成企业南区的改造项目，扩大新区并投入使用。

【企业管理】 *基础管理*。推进 ISO 9001：2000质量管理体系、职业健康安全管理体系和测量管理体系贯标工作，通过内审等多种形式，发现问题及时整改，促进企业基础管理水平的提高。开展创建优秀卷烟工厂活动，制订具体的创优方案，并分别实施了指标递增计划和指标递减计划，着重在创建过程中提升基础管理工作水平。

质量管理。把工作重心向车间下移，在产品品质、工作效率、管理成本、资源配置和团队结构5个方面得到改善。全年实施创新项目42项，其中优秀创新成果9项；发布QC成果15项，“奥运精神”QC小组被评为“全国优秀QC小组”。推行TNPM设备管理，探索设备管理模式的创新，提升设备管理水平。

【信息化建设】 推进ERP系统二期上线工作，抓好预算管理、人力资源二期、设备管理、项目管理4个模块的推广和应用。加强办公协同系统建设，基本理顺了日常办公事务的网上流程。深化绩效考核制度，建立个性化的CPI、KPI数据库，实现了绩效考核全过程的信息化操作。

【人力资源管理】 深化用工分配制度改革，推行全员年度岗位考核工作。创新培训形式，组织开展了技术比武活动、与广州卷烟二厂生产一部互派修理工跟班交流、委派2009年新入职的员工到常德烟草机械有限责任公司进行专项技能培训、组织拓展训练等培训活动。卷接包车间1名员工取得烟机设备维修高级技师职业资格，实现了企业高级技师零的突破。

（郑泽敏）

广西中烟工业有限责任公司

【概　况】 广西中烟工业公司成立于2003年，2008年9月完成公司制改造，更名为广西中烟工业有限责任公司，下设广西中烟工业有限责任公司南宁卷烟分厂、柳州卷烟分厂2家卷烟生产企业和广西甲天下纸品包装有限责任公司、广西甲天下化纤有限责任公司、广西真龙国际大酒店有限责任公司等3家全资子公司及广西真龙彩印包装有限公司、广西甲天下水松纸有限公司2家控股子公司。截至2009年年底，公司拥有总资产84亿元，其中，固定资产23.04亿元、流动资产44.3亿元，资产负债率为23.90%。有在岗员工2541人，其中聘用员工445人。

2009年，公司被中国设备管理协会授予“全国设备管理优秀单位”称号；被中国质量协会授予“全国质量奖鼓励奖”、“全国实施卓越绩效模式先进企业特别奖”、“全国实施卓越绩效模式先进企业”称号；被国家信息化测评中心授予“2008年度优秀信息化建设团队奖”称号；被共青团广西区委授予“广西希望工程贡献奖（集体）”称号。

【领导成员】 董事会

2009年12月前

董事长：徐　瑺

董　事：李晓兵　舒　明　李世胜　廖中浩　罗　毅　张雨夏　王　全　陈　峰

2009年12月后

董事长：徐　瑺

董　事：李晓兵　舒　明　李世胜　廖中浩　张雨夏　刘湘源　覃　荣　陈　峰

监　事：王　全（2009.12—）

班子成员

总经理、党组书记：罗　毅（—2009.3）

副总经理、党组成员：张雨夏（2009年3月起主持工作）

纪检组长、党组成员：王　全

副总经理、党组成员：刘湘源（2009.3—）

副总经理、党组成员：覃　荣（2009.3—）

副总经理、党组成员：袁汉辉（2009.10—）

总会计师：陈仲良

【机构设置】 公司设有办公室、技术中心、信息中心、后勤服务中心、人力资源部、纪检监察部、政工部（工会）、企业管理部、生产管理部、财务管理部、审计部、物资供应部、原料供应部、市场营销部、品质保障部、安全保卫部、法律与企业改革部、南宁制造部①、柳州制造部19个部室、中心。

① 南宁制造部、柳州制造部对外分别称广西中烟工业有限责任公司南宁卷烟分厂、柳州卷烟分厂。

【卷烟生产经营】 2009年，公司生产卷烟686.25亿支（137.25万箱），同比增长4.97%，其中联营加工卷烟277.58亿支（55.52万箱）。生产一类烟3.75亿支（0.75万箱），同比下降19.68%；生产二类烟20.06亿支（4.01万箱），同比增长122.89%；生产三类烟190.25亿支（38.05万箱），同比增长5.97%；生产四类烟310.29亿支（62.06万箱），同比增长17.08%；生产五类烟161.9亿支（32.38万箱），同比下降17.19%。

全年销售卷烟686.71亿支（137.34万箱），同比增长6.05%；实现卷烟销售收入104.68亿元，同比增长15.64%。根据国务院有关精神，调整卷烟消费税，部分利润转为税赋，全年增加卷烟消费税6.94亿元。实现卷烟税利69.69亿元，同比增长15.69%，其中，实现卷烟利润13.62亿元，同比下降15.14%。公司三项费用率为9.73%。

全年卷烟生产综合能耗为3.66千克标煤/万支，平均消耗烟叶7.26千克/万支、盘纸630米/万支、滤棒1844支/万支。

【百亿税利工程】 2006年11月，广西壮族自治区党委、政府与国家局就加快广西烟草发展达成共识，并共同制定了到2010年实现广西烟草“百亿税利”目标的发展规划。2008年，自治区党委书记郭声琨提出要提前一年实现“百亿税利”，得到了国家局的支持。

公司按照“百亿税利”目标要求，围绕“完善体制机制、优化资源配置、增强竞争实力、全面提升水平”，着力做好品牌发展、市场营销、结构调整、强化管理、技术改造和自主创新工作，生产经营保持持续较快发展，经济效益不断迈上新台阶。2007年，“真龙”品牌获得“中国驰名商标”认定；2008年，“真龙”品牌进入前20名全国性卷烟重点骨干品牌行列，年产量由2006年的13.13万箱发展到2009年的20.52万箱。公司卷烟年产量由2006年的110万箱扩大到2009年的137.25万箱，实现税利由2006年的35.58亿元达到2009年的69.69亿元。截至2009年年底，广西烟草工商业税利总额为100.8亿元，提前一年实现了“百亿税利”目标。

【主要产品】 公司生产“真龙”、“甲天下”2个品牌共19个规格卷烟产品，其中，“真龙”系列卷烟主要面向高档和中档卷烟市场，“甲天下”系列卷烟主要面向低档卷烟市场。“真龙”系列卷烟市场覆盖全国33个省（区、市）、206个地市。全年生产“真龙”系列卷烟102.58亿支（20.52万箱），销售103.9亿支（20.78万箱）；生产“甲天下”系列卷烟306.09亿支（61.22万箱），销售302.42亿支（60.48万箱）。公司联营加工的卷烟品牌主要有“双喜”、“大红鹰”、“白沙”、“雄狮”。

全年完成“真龙（珍品）”、“真龙（天翔）”、“真龙（娇子）”、“真龙（祥云）”4个规格的提质改造，使其具备了高香高浓特征，更加符合市场和消费者需求。开发出含有生物薄片成分、能有效降低焦油含量的“真龙（轩云）”及采用分组加工工艺和生物补偿技术的“真龙（佳韵）”两个新规格。

【市场营销】 2009年，公司将品牌发展战略由“做强做大真龙”调整为“做精做强真龙”。5月，成立品牌发展规划委员会，分析公司卷烟品牌在发展中存在的问题，研究、探讨品牌的发展思路、战略任务和市场支撑，从完善品牌规划的决策机制、健全产品质量的保障体系、建立原料的保障机制、加强企业文化建设和夯实基础管理等方面提出相应的保障措施和发展规划。

公司确定了“区内市场加快发展、区外市场平稳发展”的市场战略，把企业发展建立在尊重市场规律、优化资源配置、建立良好经营秩序、保持价格稳定、切实加强管理的“五个基础”之上。强化调、销、存指标调控及价格信息采集与监控，推动营销管理上水平，确保销售目标基本实现。提出“更加尊重市场，更加尊重消费者，更加尊重经销商”的营销思路和“一省一策，一市一策，一事一策，一品一策”的差异化营销路线，实施以省级区域为营销主体的扁平化管理模式，提高应对市场能力。加强与各地烟草商业企业的交流和协作，实施“按订单组织生产”，与广西壮族自治区烟草公司签订战略合作协议。

【烟叶基地建设】 公司主动参与、深度介入烟叶基地单元建设，建立品牌导向型的原料基地，与贵州、重庆、湖南、湖北、广西、云南6个烟叶产区的10个市（州）烟草公司签订中长期烟叶基地发展协议。创建基地烟叶质量数据库，对烟叶质量进行综合评价形成评价报告，找出烟叶生产与品牌需求存在偏差的原因，结合当地的自然条件，分析基地烟叶质量存在的问题，从而进一步优化生产技术方案。通过“评价——调整——跟踪实施——再评价——调整”的模式，不断完善生产技术方案，满足工业生产对烟叶的需求，发挥品牌配方对基地烟叶生产的导向作用。

全年向烟叶基地投入科研经费1130万元，发挥工业主导、产区主体、科研主力的作用，实施“产、学、研、企”四位一体的项目联合攻关，依托郑州烟草研究院、青州烟草研究所、广西大学等相关科研机构和高等院校，采取联合攻关、成果转让等多种形式的合作，有针对性地开展科研工作。针对烟叶生产技术员、户籍化管理员和烟农，开展了烟叶配套栽培技术、现代烟草农业建设及特色优质烟叶开发等技术研究方面的培训。全年共开展室内培训与现场培训260余场次，受训人员8.1万人次。与烟叶产区建立科研项目风险基金，投入抗灾风险资金280万元，增强烟农抗御自然灾害能力，稳定烟农的种烟积极性。全年烟叶基地化供应率为75.94%，基本达到国家局提出的要求。

【技术改造】 公司采用扩建和适应性调整相结合的方式，重点提升公司卷烟生产能力、烟叶仓储能力和科研创新能力，全年实施固定资产投资项目132项，完成固定资产投资3.54亿元。重点工程项目包括：南宁卷烟分厂“十一五”期完善提高项目，全年完成了施工图设计、施工监理招标、烟草专用主机设备购置计划申报、征地拆迁、工程报建、施工预算审核和分项工程招标文件编制等工作；柳州卷烟分厂二氧化碳膨胀烟丝生产线项目，规划建设1140千克/小时二氧化碳膨胀烟丝生产线1条，建设独立工房及配套空调、照明、消防和供油、水、电等设施；武鸣红岭烟叶醇化库B区项目，项目基本完工，并陆续交付使用；公司研发楼内部装修项目。

【科技创新】 全年共投入科研活动经费8745万元，实施项目课题式的技术创新管理模式，全面推进烟叶原料、产品研发、卷烟工艺、分析检测等各项技术创新和研究工作，并以企业博士后科研工作站为平台，开展天然香料、中草药烟用添加剂、微生物技术等项目研究。全年共有“天然植物提取物在卷烟中增香保润作用的开发研究”等55项基础和应用项目研究，其中，中长期项目11项。完成“滤棒发射信号系统的改造”等44项科研项目研究并通过鉴定，科研成果项目全部或部分得到了推广应用。

重视保护知识产权，对技术创新和研究过程中产生的科研成果及时申请专利保护。全年完成了“一种卷烟包装机自检提醒执行系统”等6个专利项目的申报，均已获得受理，另有5项专利获得授权。截至年底，公司共拥有授权国家专利31项，其中，包括“一种烟用中草药添加剂”等7项发明专利，“一种GD卷烟包装机条盒缺包、玻纸检测装置”等24项实用新型专利。全年共有《高速逆流色谱分离纯化白芍中芍药苷的研究》等56篇学术论文在《中草药》、《烟草科技》等核心期刊发表。

【企业管理】 设备管理。加强设备维护和检修，将（质量、环境、职业健康安全、测量）“四标体系”、“6S”、“TPM”等先进管理理念应用到设备管理中，在设备管理流程优化、精细化、设备管理信息化建设、设备人员培养等方面进行探索，设备效率稳步提高，全年制丝设备故障率为1.14%，同比降低0.32个百分点；卷包设备有效作业率为90.71%，同比提高2.33个百分点；动力保障率为99.9%；设备完好率保持100%。

质量管理。重点加强对卷烟生产过程及卷烟成品的质量监督与管理，卷烟成品一级站、二级站、三级站检验合格率均达到100%。提高卷烟检测和烟用香精香料检测领域的实验室检测水平，3月，广西中烟工业有限责任公司检测站获得中国合格评定国家认可委员会（CNAS）认可，实现由“企业级实验室”向“国家级实验室”的升级。

全面预算管理。公司实行全面预算管理，完善预算编制模块内容，将预算明确分为业务预算、资本预算、财务预算及专项预算，并新增研发业务预算、专项预算等内容，突出项目预算及生产成本预算。在预算执行考核中引入偏差率指标分析，重点针对偏差率大的指标进行分析。将费用指标区分为A、B类指标，实行A类指标“从严控制”、B类指标“适度控制”。修订《预算管理标准》及《预算考核管理标准》，实施预算管理信息化系统三期开发，在原有预算系统上增加了月度预算调整、各部门预算考核及智能短信预算提醒等功能。

安全生产。公司结合国家局要求开展的（安全生产宣传教育、安全生产执法、安全生产治理）“三项行动”，围绕“安全生产年”主题，开展了不同层次的安全检查。全年开展各类专项检查8次，参加检查人员50多人次，职工提出各类安全合理化建议21条。开展环境因素和危险源辨识，对辨识出来的360多项环境因素和710多项危险源进行评价，确定了4个重要环境因素清单和4个重要危险源清单，并提出整改管理方案。5月，公司环境、职业健康安全管理体系通过了第三方的复评审核。开展“应急预案大比武”活动，共有16个队2100多人参加，分别对消防、危化品、环保、交通、配电房锅炉房和食物中毒等预案进行演习，覆盖面达公司各重要场所、重要部位和重点岗位。

【信息化建设】 协同办公系统。公司协同办公系统全面实现了办公平台、ERP系统、MES系统、邮件系统、档案管理系统等应用系统的整合工作，统一了业务系统登录与应用。公司内部用户不受办公地点限制，可以随时随地访问系统进行办公，公司外部用户可以通过网站浏览公司品牌、服务、新闻动态、企业文化等信息。

工商协同营销管理平台。为提升工商协同营销的整体水平，公司开发应用了工商协同营销管理平台项目，用于实现与烟草商业企业的信息交换、数据分析。项目主要包含需求计划、网上配货、合同管理、发货管理、基础数据以及与国家局、烟草商业公司接口等功能。

客户关系管理（CRM）。为实现对市场操作进行模块及量化管理，对客户进行有效划分管理，公司重新对市场进行细分、整合资源，实施 CRM 项目。9 月，完成了 CRM 一期的客户管理、市场分析、营销分析、销售管理、物料管理及网上配货 6 个模块建设并通过验收测试；CRM 二期的绩效管理、人力资源、信息管理、宣传品采购管理、“真龙”高端俱乐部平台、工商共享接口、短信平台交互 7 个模块建设全面开展。

【人力资源管理】 员工队伍建设。公司将干部队伍建设与员工职业生涯发展通道建设有机结合起来，实施科级行政职务晋升通道，坚持“德才兼备、以德为先”的用人导向，共提拔 22 名副科级干部到正科级岗位、27 名普通科员到科级岗位，推进年轻干部队伍建设。开展专业技术资格评审，严格评审标准，提高评审质量，全年有 18 人获工程师资格，7 人获农艺师资格。

用工分配制度改革。研究制定《广西中烟工业有限责任公司绩效管理制度》和《绩效考核管理（暂行）办法》，制定相关考核指标体系，组织制定部门和岗位关键绩效指标、部门内部绩效考核实施方案及二次分配办法。贯彻《劳动合同法》，组织开展南宁、柳州卷烟分厂用工调研与岗位分析评价工作，规范劳动用工管理，提升劳动用工水平。推行电子考勤制度，制定《员工电子考勤管理规定》，完成电子考勤设备的安装调试并正常运行。

教育培训与技能鉴定。加大员工培训力度，组织开展卷烟配方、工艺、烟叶分级等内部培训 54 项 4672 人次；开展设备管理、行业技师（烟机、烟叶分级）等送外培训 117 项 680 人次。选送 4 名技师参加高级技师资格培训和鉴定，3 名技能人员参加第四届全国烟草行业烟叶分级职业技能竞赛；组织卷烟商品营销员、烟机设备操作工、烟机设备修理、烟草检验工、烟叶保管工、烟叶分级工共 3 批次 289 人参加行业特有工种职业技能鉴定，30 人参加电工及钳工等社会通用工种职业技能鉴定。

【深入学习实践科学发展观活动】 3～8 月，公司开展了深入学习实践科学发展观活动。活动以“党员干部受教育、科学发展上水平、人民群众得实惠”为总要求，推进广西烟草“百亿税利”工程和全面建设“严格规范、富有效率、充满活力”的广西中烟为主要载体，通过学习调研、分析检查、整改落实 3 个阶段共 6 个环节的工作。公司党员干部阅读中央推荐书籍，参加 2 次学习培训和 3 次交流会，党员撰写心得体会超过 1000 篇。

学习实践活动通过个人自查、组织帮查、大家来查等形式，党员干部个人查找出与科学发展不相适应的思想和作风 2 条以上，部门查找不足 7 条以上，公司层面的不足和问题达 54 条。通过分析问题的根源，广西中烟形成了“坚持走内涵式增长道路”的发展方针、“做精做强真龙品牌”的发展战略、“更加尊重市场，更加尊重消费者，更加尊重经销商”的市场营销思路。

【党风廉政建设】 组织学习中央关于领导干部问责、廉洁从业的相关文件，进一步增强党员领导干部的责任意识，不断规范廉洁从业行为，以“五个一”（每季度在公司“真龙”电视台播放一部专题教育片、召开一次预防职务犯罪讲座、举办一次廉政教育大会、办好一块廉政展板、在公司协同系统开辟一个廉政建设专栏）为载体组织开展廉政宣传教育，营造廉荣贪耻的良好氛围。

针对公司党风廉政建设和反腐倡廉工作中遇到的新情况和新问题，探索惩防体系建设。与自治区检察院共同签署了《关于共同开展预防职务犯罪工作的意见》，建立共同预防职务犯罪工作机制。制定《进一步从严管理干部全面加强新形势下干部队伍建设的实施意见》，对全面加强新形势下干部队伍思想作风、廉政建设提出明确要求和具体措施。

【特事要辑】 4 月 7 日，公司检测站正式获得由中国合格评定国家认可委员会颁发的实验室认可证书，认可机构名称为“广西中烟工业有限责任公司检测站”，机构注册号为 CNAS L3949，获准认可的能力范围为卷烟检测与香精香料检测领域。

6 月 18 日，公司与郑州烟草研究院签署战略合作伙伴关系协议。

7 月 8 日，国家局副局长张保振一行到公司检查指导工作。

7 月 9～10 日，HAUNI 远东总裁 Mr. Florian Mirus 一行五人到公司参观访问，双方就国际制丝设备研究和发展方向及南宁卷烟分厂“十一五”期间技改事宜进行座谈。

所属企业

广西中烟工业有限责任公司南宁卷烟分厂

【概　况】 广西中烟工业有限责任公司南宁卷烟分厂前身是成立于1978年的广西壮族自治区南宁卷烟厂。2008年，广西中烟工业公司更名改制为广西中烟工业有限责任公司，企业更名为广西中烟工业有限责任公司南宁卷烟分厂。企业占地面积9.3万平方米，拥有4500千克/小时、1500千克/小时的叶丝生产线各1条，1500千克/小时的梗丝生产线1条，用于研发的500千克/小时试验小线1条，卷接机组21台（套），包装机组22台（套），滤棒成型机6组，堆垛机10台，年卷烟生产能力250亿支（50万箱）。有在岗员工821人，其中聘用员工80人。

【领导成员】 厂　长、党委书记：戴　翔

纪委书记、工会主席：覃汉良

副厂长：陆万林

副厂长：罗仕成

【卷烟生产】 2009年，企业生产卷烟346.24亿支（69.25万箱），同比增长19.09%，其中，生产一类烟3.75亿支（0.75万箱），同比下降19.68%；二类烟0.03亿支（0.006万箱），同比下降95.08%；三类烟38.96亿支（7.79万箱），同比下降34.44%；四类烟185.89亿支（37.18万箱），同比增长82.88%；五类烟117.61亿支（23.52万箱），同比下降5.91%。

全年卷烟生产综合能耗为3.55千克标煤/万支，平均消耗烟叶7.23千克/万支、盘纸629米/万支、滤棒1841支/万支。

【企业管理】 工艺质量管理。组建工艺质量管理科，完善工艺质量管理组织机构。逐步形成一套从设备到工艺、从工艺到质量的比较完整的质量控制保障体系。为统一规范操作工的质量检验行为，汇编了3.7万多字的《制造一部操作工质量检验手册》作为作业指导书。全年一、二级站市场监督抽查合格率100%，三级站常规抽检合格品率100%。

设备管理。首创推出《设备准入制度》，详细规定相关的操作人员、维修人员、技术人员及设备管理人员的职能，严格按照设备准入标准对设备进行全面检查，保证各种设备在投入正常生产后能够满足安全、工艺、质量、效率等方面的要求。在推行以设备保全为主线的TPM活动中，对车间各类机型、工段共计13个方面的设备日保基准进行审定和现场诊断。

安全管理。加大安全管理力度，建立和完善安全管理组织机构，成立安全保卫科。健全和完善安全管理制度，加强安全检查，全年共发现安全隐患158个，安全隐患整改率100%。开展71场3895人次的安全培训教育，确保新员工三级安全培训率达到100%，特种作业上岗证100%有效。全年无重大安全事故发生。

班组管理。出台《“争创五型班组（团队）活动”奖励办法》，明确班组活动经费标准和使用办法，以量化的争创活动要求为标准，严格考核为手段，引导各班组（团队）围绕“管理、学习、创新、效益、服务、和谐”等核心理念开展争创活动。

QC小组活动。全年共有17项QC小组课题参加了各类QC成果发布，其中，1个课题在全国烟草行业优秀QC小组成果发布会上获一等奖。

【队伍建设】 全年共组织员工培训1.1万人次，有2人通过了高级技师4个模块的鉴定，获得烟机设备修理高级技师（卷接）职业资格，实现企业高级技师“零”突破；技师数量达到35人，同比增加7人。增加工艺质量分团队的建设，成立了机长团队，全年共解决各类生产难题73项，收集维修经验148条。

广西中烟工业有限责任公司柳州卷烟分厂

【概　况】 广西中烟工业有限责任公司柳州卷烟分厂前身是成立于1955年的广西壮族自治区柳州卷烟厂。2008年9月，广西中烟工业公司更名改制为广西中烟工业有限责任公司，企业更名为广西中烟工业有限责任公司柳州卷烟分厂。企业占地面积约22万平方米，主要生产设备有2000千克/小时的梗丝线、6400千克/小时的叶片处理线各1条，4800千克/小时并行的HXD叶丝处理线和烘丝筒叶丝处理线2条，6400千克/小时的烘丝筒叶丝处理线1条，8000千克/小时掺配的加香处理线1条，卷包机组20台（套），滤棒机组6组，装封箱机5台，年卷烟生产能力350亿支（70万箱）。共有在岗员工848人，其中聘用员工88人。

【领导成员】 厂长、党委书记：郭志宏

党委副书记、纪委书记、工会主席：谢　平

副厂长：文胜辉

副厂长：黄庆群

【卷烟生产】 2009年，企业生产卷烟340亿支（68万箱），其中，生产二类烟20.03亿支（4.01万箱），同比增长122.55%；三类烟151.29亿支（30.26万箱），同比增长25.96%；四类烟124.39亿支（24.88万箱），同比下降23.86%；五类烟44.29亿支（8.86万箱），同比下降37.18%。

全年卷烟生产综合能耗为3.26千克标煤/万支，平均消耗烟叶7.30千克/万支、盘纸629米/万支、滤棒1847支/万支、水0.03吨/万支、电5.22千瓦时/万支。

【企业管理】 质量管理。开展生产现场标识管理、定向加工品牌落地检验等11类专项质量管理工作，确保自有品牌和定向加工品牌质量。推广应用MES系统，调整过程质量监控和评价模式，对所有在产品牌、规格进行全过程工艺质量管理，全年一、二、三级站抽检合格率100%，实现年度质量管理目标。

设备管理。严格执行设备管理制度，加强各类检查，落实考核。全年制丝设备故障率1.16%，卷包设备有效作业率89.84%，动力设备保障率100%，设备完好率100%。推进14项固定资产投资项目建设，做好干冰膨胀线技改的前期准备服务工作。

QC小组活动。深入开展群众性QC活动，并进行现场培训、成果评价和阶段性检查，全年有9个课题在各类比赛中获奖，其中，卷包车间“亮剑”QC小组研发的“研发YB95包装机无条玻烟检测装置”获得中国质量协会“海立杯”QC成果发表赛一等奖（国优），动力车间综合QC小组的“降低五号空压机故障次数”获得广西壮族自治区第30次QC小组成果发布会一等奖（国优）。

【思想政治工作】 3月，启动深入学习实践科学发展观活动，以“打造现代卷烟制造工厂”的目标，开展学习实践活动，组织解放思想大讨论。学习活动历时半年，分为学习调研阶段、分析检查阶段、整改落实等3个阶段进行，职工对分厂开展深入学习活动情况的总体满意率达99.2%。结合学习实践活动，5～6月，通过专题讨论交流会、主题板报比赛、演讲比赛、主题征文活动、青年员工“四要”作风建设读书活动等多种形式，开展“四要”作风建设活动。

【党风廉政建设】 首次采用分厂党委与各支部签订《党支部党建、精神文明建设、党风廉政建设工作考核制度》的形式，将责任落实到支部，增强党支部党建工作的活力。开展“排查廉政风险、建立防控机制”专项工作，组织全体党员学习《中国共产党党员领导干部廉洁从政若干准则（试行）》、《中国共产党纪律处分条例》、《中国共产党党内监督条例（试行）》以及有关组织人事、财经纪律等方面的法律法规。邀请柳州市检察院的有关人员到厂开设预防职务犯罪课，引导党员干部明确岗位职责，提高抵御风险的能力。

（周丽霞）

川渝中烟工业公司

【概　况】 川渝中烟工业公司成立于2003年8月，是全国烟草行业首家跨省组建的工业公司。截至2009年年底，公司下辖四川、重庆烟草工业有限责任公司2个全资子公司，成都、什邡、西昌、绵阳、重庆、涪陵、黔江分厂共7个卷烟生产厂，以及长城雪茄烟厂和四川三联卷烟材料有限公司。公司拥有总资产183.03亿元，其中，固定资产32.32亿元、流动资产134.04亿元，资产负债率为35.45%。有从业人员12320人，其中在岗员工8767人。

【领导成员】 公司实行总经理负责制，主要领导成员有：

总经理、党组书记：吴应禄

副总经理、党组副书记：李存林（—2009.1）

副总经理、党组成员：吴　宪

副总经理、党组成员：姜　凯（—2009.11）

党组成员、重庆烟草工业有限责任公司总经理：易从宽

副总经理、党组成员：崔建华（2009.7—）

副总经理、党组成员：汤柱国（2009.7—）

副总经理、党组成员：吴　钢（2009.7—）

纪检组长、党组成员：郭瑞银（2009.7—）

总会计师：程晓苏（2009.7—）

副巡视员：罗　维

副巡视员：赖成虎

【机构设置】 公司本部设有办公室（外事办）、生产综合部、人力资源部、监察部、法律与改革部、企业管理部、财务管理部、审计部、投资管理部、企业策划部、党群工作部、进出口部、安全保卫部、市场

营销中心、技术研发中心、物资供应中心共16个部门。

【卷烟生产经营】 2009年，公司生产卷烟1349.95亿支（269.9万箱），同比增长5.27%，其中，生产一类烟15.64亿支（3.13万箱），同比增长107.74%；二类烟106.35亿支（21.27万箱），同比增长0.61%；三类烟400.04亿支（80万箱），同比增长12.55%；四类烟569.58亿支（113.92万箱），同比增长15.08%；五类烟257.89亿支（51.58万箱），同比下降18.81%；出口烟4480万支（896箱），同比下降6.67%。

销售卷烟1338.96亿支（267.79万箱），同比增长4.59%，其中，销售一类烟13.71亿支（2.74万箱），同比增长77.65%；二类烟106.46亿支（21.29万箱），同比增长2.99%；三类烟397.21亿支(79.44万箱)，同比增长12.2%；四类烟569.51亿支（113.9万箱），同比增长14.18%；五类烟251.62亿支（50.33万箱），同比下降20.32%；出口烟4480万支（896箱），同比下降6.67%。

全年实现卷烟及雪茄烟销售收入224.26亿元，同比增长12.57%。根据国务院有关精神，调整卷烟消费税，部分利润转为税赋，全年增加卷烟消费税10.65亿元。实现税利157.3亿元，同比增长16.37%，其中，实现利润28.82亿元，同比下降1.23%。公司三项费用率为10.98%。

全年万元产值综合能耗为21.7千克标煤，卷烟生产综合能耗为3.54千克标煤/万支。平均消耗烟叶7.2千克/万支、滤棒1814.86支/万支、盘纸628.68米/万支。

【品牌战略】 2009年，川渝中烟提出了“新川渝、新烟草”战略。战略核心是：以发展“新一代清香型卷烟”为支点，着力打造中式卷烟“低害标杆”，充分凸显并持续提升科技“娇子”的减害技术实力，进一步抓好“红花大金元”优质特色烟叶基地建设和“娇子”品牌“精英文化”塑造，为“娇子”在竞争中胜出、在跨越中赶超，构筑特有优势，增强内生动力。战略关键是：全面实施“明星规格培育”和“标杆市场建设”两项工程，加快“娇子”品牌扩容上量、结构突破和价值提升。

【产品介绍】 2009年，新开发了“娇子（锦绣）”、“娇子（X2）”、“娇子（新概念11mg）”等规格卷烟，停产了“娇子（软阳光2代）”、“五牛（蓝天地）”、“龙凤呈祥（软）”、“九寨沟（金自然）”、“红金龙（硬九州腾龙）”、“小熊猫（红世纪风）”、“红山茶（特制）”、“红山茶（软）”、“狮牌（银）”等规格卷烟。重点卷烟品牌继续保持较好发展势头，全年销售“娇子”266.5亿支（53.3万箱），同比增长30.6%；销售“天子”6.5亿支（1.3万箱），同比增长50.5%；销售“龙凤呈祥”167亿支（33.4万箱），同比增长71.8%。

雪茄烟品牌取得突破，通过加强国际合作、结构调整、营销创新、产品研发和市场拓展，全年销售雪茄烟11.4亿支，实现销售收入2.35亿元。

【市场营销】 川渝中烟策划实施了“娇子”品牌的主题推广活动，同步召开省外协同会议，举办“阳光大使四川行”活动，提升品牌知名度，扩大品牌影响力。推进新型工商协同营销模式，构建系统化、流程化协同体系，先后与浙江、陕西、安徽、江苏等省级烟草商业企业签订战略合作协议。以启动“新川渝、新烟草”战略为突破口，在全国范围内召开40余场、覆盖多个层级的战略推进恳谈会。推进雪茄烟的市场营销，全年在产品销售、品牌建设、市场培育等方面取得了突破性进展，初步形成“以中高档手工雪茄为主攻、以小雪茄为主打、以机制微型雪茄为主力”的销售格局，共覆盖了31个省级市场，业务单位增加至183个。

【原料保障】 加快推进烟叶基地建设，立足凉攀特色优质核心烟区和“红花大金元”特色品种，共开展了25个重大实验示范项目课题研究，辐射面积达61万亩，公司基地烟叶供应率达70%以上。强化调拨进度管理，调控等级结构，严控烟叶质量，强化精细加工，加强特色烟叶调拨进度和质量监控，烟叶原料保障能力得到提高，2009年度完成合同烟叶调拨总量13.61万吨（272.16万担）。

推进物资供应管理降本增效，在烟用材料方面，单箱采购成本降低35.49元；在原料方面，节约成本704万元；基地建设方面，减少投入1510万元。完善采购制度，推进供应商资质认证，烟机零配件采购全部实现网上交易。

【科技创新】 按照“新川渝、新烟草”的发展战略，加大各卷烟品牌的科技创新力度。“娇子”品牌，加大了“红花大金元”烟叶品种的使用和“复合生化制剂”等减害技术的应用，并在香味补偿技术上进行探索，先后改造和开发出11个规格的产品。“天子”品牌，应用减害技术降低卷烟焦油含量2毫克/支。“龙凤呈祥”品牌，应用了滤嘴添加剂技术研究成果，卷烟危害性评价指数8.5以下。雪茄烟产品，完成了叶束式手工雪茄产品开发工作，高档叶束式手工雪茄销量突破1.5万支；完成“长城（迷你原味、香草、咖啡）”叶片式迷你雪茄以及“狮牌（迷你1号）”叶片式雪茄4个产品的开发工作。

实施“项目制”课题研究，推动技术创新工作的发展，合作完成的“卷烟危害性指标体系研究”项目获中国烟草总公司科技进步一等奖，自主立项完成的“降低卷烟烟气中多种有害成分的复合生化制剂研究”项目获中国烟草总公司科技进步二等奖，“减缓烟气对呼吸系统危害的滤嘴添加剂研究及应用”项目获四川省科技进步二等奖。全年共申请专利22项，其中，获得专利证书6项。全年在各类科技刊物上发表论文65篇。

【信息化建设】 按照川渝中烟信息化建设“总体规划、分步实施、定制开发、集成整合”的要求，理顺业务流程，构建管控体系，加速推进业务管理系统建设。实施行业统一会计核算软件NC5.0系统，推广实施行业重点工程监管软件，完成了营销管理信息系统二期工程、生产计划及统计分析管理软件续建项目建设和产品配方管理系统建设，公司网站系统基础建设得到加强。加强信息系统运维管理，加强行业推广实施的12个信息系统和公司开发的6个信息系统日常维护，实现了公司信息系统全年不间断运行。10月27日，川渝中烟配方管理系统正式运行，标志着川渝中烟配方实现信息化管理，为实现数字化配方奠定基础。

【技术改造】 全年组织实施对影响产品质量、运行效率和设备、人身安全的在线改造项目145项，投资总额1.62亿元，其中，成都分厂制丝线适应性改造、重庆分厂风力送丝牌号分配系统改造、涪陵分厂除尘和风力送丝风压平衡改造等项目当年即发挥作用。购置PASSIM、PROTOS、GDX高速卷包机组22组，改造升级2组，内部调配4组。组织实施设备修理计划102项，维修费用9500万元。

【灾后技改工程】 按照中央确定的“三年重建任务两年基本完成”目标，在国家局和四川省委、省政府的高度重视下，认真贯彻落实“程序不减、周期缩短、提速不越轨”要求，明确了公司三大重建技改项目“两个确保”的工作目标（即确保2009年7月全面开工建设、确保2010年10月主体工程完工）。通过超常举措，强化组织领导，落实目标责任，抓内外协调和督促检查，7月12日，绵阳分厂震后易地重建、长城雪茄烟厂易地技改和西昌分厂整体技改三大重建技改工程项目全部开工。

【人力资源管理】 用工分配制度改革。完成川渝中烟本部13个职能部门和3个中心的定岗、定责、定编工作，用工分配制度推行季度绩效考核；对所属企业用工分配制度改革方案进行全面审理，对863个岗位按照要求进行测评、整合和分类设置。进一步规范劳动用工制度，重新签订劳动合同340份，解除劳动合同19份，严格按照法律法规要求制定完善企业《劳动合同管理办法》以及相关制度。进一步规范用工行为，对所属企业劳动用工管理进行集中检查，对存在问题进行清理和整改，实现了劳动合同管理合法化、制度化和信息化。

人才队伍建设。制定《推进“1153人才工程”实施计划》，明确“十一五”后三年公司人才队伍建设主要目标及任务措施。加强专业技术队伍建设，建立博士后工作站管理制度体系，引进博士1名、进站博士后1名。按照“凡进必考”原则，全年招聘录用大学毕业生232名，考试录用复退军人85名。

教育培训与技能竞赛。开展全员教育培训，川渝中烟本部共完成培训项目100项，组织参训1200余人次。完成了中高级管理人员、新进员工岗前培训2个重点内训项目的开发、组织和实施。开展川渝中烟第三届烟机设备维修职业技能竞赛，选拔4名选手参加全国烟草行业“泰山杯”烟机设备维修职业技能竞赛，2名选手获得“全国烟草技术能手”称号。

技能鉴定。作为行业第二批鉴定机构质量管理体系达标试点单位，完成了质量手册、20个程序文件和16个作业文件的编写，通过了行业职业技能鉴定机构质量管理体系认证内部审核。开展特有工种9批次620人次技能鉴定，合格率达63.7%。全年有4人取得行业技能鉴定质量督导员资格，7人取得考评员资格，4人受聘于行业技能鉴定制丝、卷接、包装、滤棒成型等专业专家委员会，4人通过了高级技师的鉴定。

【多元化管理】 坚持“强化管理、服务主业、和谐稳定、立足自我发展”方向，推动多元化投资管理工作由“清理整顿”向“管理上水平、增效促发展”转变。截至2009年年底，完成全部清退计划，并开展对计划外企业的清退工作，检查企业“关、停、并、转”相关情况，确保清理整顿工作依法依规。制定了《多元化经营企业管理暂行规定（试行）》、《多元化经营企业重大事项报告实施细则（试行）》，建立了多元化企业重大事项报告制度，拟定了《多元化经营企业绩效考核办法（试行）》和实施细则。完成多元化经营企业国有资产管理专项检查，督促相关企业按时保质完成全部整改。截至年底，多元化经营企业总资产6.18亿元，实现利润6910万元，投资收益4244万元，投资收益率为18.87%，国有资产保值增值率121.5%。

【企业文化】 2009年，川渝中烟制定了统一的宣贯企业文化方案和考核评价体系，促进川渝中烟“激情文化”体系落地生根。开展企业文化内训师培训，邀请行业内外企业文化专家，共培训企业文化内训师47人。各单位采取内训师主讲，邀请高校专家，开展“激情文化”宣贯培训，共培训干部员工3465人次。

开展企业文化评价体系实施及VI规范应用培训，为2010年7月前完成行业企业文化评价体系（YC/T 308—2009）及VI（YC/T 309—2009）的实施和规范应用作好准备。邀请管理咨询公司对40名企业文化专管员及信息工作人员进行专题集中培训。

开展干部员工先进事迹巡回报告活动，组织9名先进集体代表和劳模，举行8场先进事迹巡回报告会，1100多人次听取报告。编撰“激情文化”知识读本，与成都文众咨询公司合作编撰了20万字的企业文化知识读本——《激情之道》。

【特事要辑】 3月28日，驻国家局纪检组组长潘家华出席川渝中烟、四川省局（公司）基建技改工程廉政监督工作座谈会并讲话，强调在基建技改工程项目建设中要严格把好五道关口，切实预防腐败滋生。

4月21～22日，国家局副局长何泽华到绵阳、什邡分厂和长城雪茄烟厂调研。要求川渝中烟切实搞好生产经营和易地技改两项工作。

4月23日，全国烟草行业支持四川灾后重建一周年座谈会在成都隆重举行。会议提出，继续支持四川烟草产业发展，继续支持四川灾后重建。

6月12日，四川省委副书记、省烟草发展工作领导小组组长李崇禧到川渝中烟现场办公。强调共同推进绵阳分厂、西昌分厂、长城雪茄烟厂三大灾后重建项目建设。

6月17～20日，国家局局长姜成康到绵阳分厂、西昌分厂等地调研，强调要按照国家局和四川省委、省政府确定的目标，继续抓好各项工作落实，扎实推进地震灾后重建。

7月22日，李崇禧考察川渝中烟灾后恢复重建项目。强调进一步加大力度、加快进度，抓紧时间、倒排工期，细化方案、明确责任，高起点、高标准推进灾后重建项目建设，确保如期完工投产。

所属企业

四川烟草工业有限责任公司

【概　况】 四川烟草工业有限责任公司成立于2006年6月，是川渝中烟工业公司出资设立的全资子公司，下设四川烟草工业有限责任公司成都分厂、什邡分厂、西昌分厂、绵阳分厂共4个卷烟生产厂。公司有4条先进的卷烟生产线，卷烟生产设备61台（套），年卷烟生产能力900亿支（180万箱）。截至2009年年底，公司拥有总资产83.28亿元，其中，固定资产18.69亿元、流动资产54.78亿元，资产负债率为38.8%。有从业人员6794人，其中在岗员工4632人。

【领导成员】 董事会

董事长：罗　维

董　事：姜　鸥　陆　伟　汤柱国　邓　权　吴　钢　毛开跃（职工董事）

监事会

主　席：赖成虎

班子成员

总经理、党委副书记：邓　权

副总经理、党委书记：吴　钢（—2009.7）

副总经理、党委书记：陆　伟（2009.7—）

副总经理、党委委员：冯广林

副总经理、党委委员：张　静

纪委书记、党委委员：李长勋

总工程师、党委委员：徐太源

总会计师：程晓苏

党委委员、成都分厂厂长：甘忠德

党委委员、什邡分厂厂长：黄若强

党委委员、西昌分厂厂长：周　冰

党委委员、绵阳分厂厂长：秦富炳

【卷烟生产经营】 2009年，公司生产卷烟873.95亿支（174.95万箱），同比增长5.26%，其中，生产一类烟4.92亿支（0.98万箱）、二类烟74.83亿支（14.97万箱）、三类烟285.18亿支（57.04万箱）、四类烟308.16亿支（61.63万箱）、五类烟200.86亿支（40.17万箱）。实现卷烟销售收入138.1亿元，同比增长13.8%。实现税利91.73亿元，同比增长13.37%，其中实现利润12.07亿元。

全年卷烟生产综合能耗为3.43千克标煤/万支，平均消耗烟叶7.28千克/万支、盘纸626.25米/万支、滤棒1874.63支/万支。

【企业管理】 财务管理。2008年，公司推进NC财务系统与各业务系统的共享整合，形成了以费用控制为核心的全面预算管理体系，基本实现了覆盖全员、全过程、全要素的预算控制。

物资管理。进一步推进零部件采购整合工作，公司对零部件供应实行了计划与采购相分离的管理制度，全年零部件降低采购成本5%。

安全生产。进一步完善应急预案，环境、职业健康安全管理体系建设全面推进，重要环境因素和重大风险的危险源得到全面控制，实现“八无两控”的年度安全工作目标。

【人力资源管理】 适应“做精制造”和建设一流卷烟制造基地的要求，加大对高技能人才的培养与培训，实施培训项目364项。全年有632人参加技能鉴定，475人通过鉴定，合格率为75.15%，其中，取得技师资格11人，取得高级资格246人，中级资格170人，初级资格48人。有3人参加了国家局高级技师申报，1人取得高级技师资格证书。

四川烟草工业有限责任公司所属生产厂

四川烟草工业有限责任公司成都分厂

【概　况】 四川烟草工业有限责任公司成都分厂前身是成立于1952年的地方国营成都卷烟厂，2004年成都卷烟厂兼并绵阳、西昌卷烟厂后，于2006年与什邡卷烟厂实施联合重组，成立四川烟草工业有限责任公司，更名为四川烟草工业有限责任公司成都分厂，成为四川烟草工业有限责任公司的生产厂之一。企业占地面积26.53万平方米，拥有先进的HDT在线快速膨胀干燥设备的制丝线、卷烟企业MES生产执行系统、全自动化生产物流系统，年卷烟生产能力330亿支（66万箱）。有在岗员工1340人。

【领导成员】 厂长、党委书记：甘忠德

党委副书记：杨云清

副厂长、党委委员：丛鲁昌

副厂长、党委委员：罗　诚

副厂长、党委委员：刘晓鸣

纪委书记、党委委员、工会主席：曾　惠

【卷烟生产】 2009年，企业生产卷烟337.55亿支（67.51万箱），同比下降7%，主要生产“娇子”、“五牛”、“天下秀”等品牌卷烟。

【技术改造】 2009年4月，成都分厂制丝线适应性技术改造项目启动，整个技改分为三个阶段，跨时两年。技改全面结束后，“娇子”品牌将实现年生产300亿支（60万箱）的目标，能够满足同一产品分三个模块加工、叶片和叶丝两种模块组装方式的需求，满足产品二次加料的需求，工艺线路和设备匹配能力得到优化，工艺质量稳定性和设备保证工序质量能力得到进一步提高。2009年，完成制丝线适应性改造第一阶段工作。

四川烟草工业有限责任公司什邡分厂

【概　况】 四川烟草工业有限责任公司什邡分厂前身是成立于1918年的益川工业社，1986年更名为什邡卷烟厂。2006年四川烟草工业有限责任公司成立，什邡卷烟厂更名为四川烟草工业有限责任公司什邡分厂，成为四川烟草工业有限责任公司的生产厂之一。2007年，川渝中烟长城雪茄烟厂成立后，什邡分厂只负责卷烟生产制造业务。企业主厂区占地面积11万平方米，拥有先进的制丝生产线和梗丝生产线，以及卷接、包装机组16台（套），年卷烟生产能力337.5亿支（67.5万箱）。有从业人员2532人。

【领导成员】 厂长、党委书记：黄若强

党委副书记：程宜根

副厂长、党委委员：张　楠

纪委书记、党委委员、工会主席：李　洪

副厂长、党委委员：余　斌

副厂长：曹君仁（2009.3—，挂职）

【卷烟生产】 2009年，企业生产卷烟313.7亿支（62.74万箱），同比增长21%。主要生产“天下秀”、“娇子”以及联营加工“红塔山”、“红梅”、“红金龙”、“云烟”等。

四川烟草工业有限责任公司西昌分厂

【概　况】 四川烟草工业有限责任公司西昌分厂前身是成立于1985年的原西昌卷烟厂。2006年四川烟草工业有限责任公司成立，西昌卷烟厂更名为四川烟草工业有限责任公司西昌分厂，成为四川烟草工业有限责任公司的生产厂之一。企业占地面积14.32万平方米，有制丝生产线1条、卷接机10台（套）、包装机9台（套），年卷烟生产能力120亿支（24万箱）。有从业人员1021人。

【领导成员】 厂长、党委书记：周　冰

党委副书记：罗永杰

副厂长、党委委员：黄木楠

副厂长、党委委员：高　珲

纪委书记、党委委员、工会主席：谭　勇

【卷烟生产】 2009年，企业生产卷烟135.65亿支（27.13万箱），同比增长13.04%。主要生产"天下秀"、"五牛"、"大丰收"等品牌卷烟。

【灾后重建】 按照灾后重建"三年任务两年完成"的要求，西昌分厂推进整体技改工程。技改指挥部确定了"保进度、讲规范、重质量、上水平"的工作思路，发扬"白+黑"、"五+二"精神，加快推进整体技改工作。截至2009年年底，完成了总体规划设计并通过行业评审；完成了锅炉房、桩基检测等土建项目及土建监理项目招标，并于7月10日举行了开工奠基仪式，开始锅炉房土建施工；完成了锅炉、空压机、制冷机、负压泵等设备招标，其他通用设备和工艺设备也进入招标程序；完成了新增专用烟机设备合同签订工作。

四川烟草工业有限责任公司绵阳分厂

【概　况】 四川烟草工业有限责任公司绵阳分厂前身是成立于1952年的原绵阳卷烟厂。2006年四川烟草工业有限责任公司成立，绵阳卷烟厂更名为四川烟草工业有限责任公司绵阳分厂，成为四川烟草工业有限责任公司的生产厂之一。企业占地面积13.7万平方米，有昆船公司仿HAUNI制丝线1条、卷接设备8台（套）、包装设备12台（套），年卷烟生产能力85亿支（17万箱）。有从业人员1416人。

【领导成员】 厂长、党委书记：秦富炳

党委副书记：叶诗礼

副厂长、党委委员：廖伦彪

副厂长、党委委员：晏　飞

副厂长：蒋　政（2009.3—，挂职）

纪委书记、党委委员、工会主席：鲜旭成

【卷烟生产】 2009年，企业生产卷烟87.05亿支（17.41万箱），同比增长2.41%。产品为五类烟，主要生产"天下秀（红）"、"天下秀（硬绿）"、"五牛（硬绿新）"、"五牛（硬金）"等规格卷烟。

全年卷烟生产综合能耗为3.62千克标煤/万支，平均消耗烟叶7.04千克/万支、滤棒1675.73支/万支、盘纸643.51米/万支。

【灾后重建】 绵阳分厂灾后易地重建技术改造项目，严格遵循"工艺先进、装备一流、节能环保、全面提升、铸就形象"的项目宗旨，按照"程序不减、周期缩短、严格规范、提速不越轨"的建设原则，讲规范、控质量、抓进度，项目各项工作按要求、按规划、按步骤加速推进实施。4月，完成了项目初步设计审查，7月，片烟醇化库开工建设，9月，联合工房等基础设施开工建设。截至2009年年底，建筑基础工程全面完成，土建工程完成全部工作量的5%以上，烟草设备购置完成全部工作量的30%以上。在工程质量和安全方面，重视现场监管，考核、激励、惩罚和约束机制健全，确保工程总体质量。建筑施工、设备材料、施工规范等一次性通过了质检站的抽查。

重庆烟草工业有限责任公司

【概　况】 重庆烟草工业有限责任公司成立于1998年11月，2003年工商管理体制改革后隶属于川渝中烟工业公司，下设重庆分厂、涪陵分厂、黔江分厂等3个卷烟生产厂。公司占地面积53.28万平方米，拥有微波松散装置、管板式烘丝机、气流式烘丝机等国内先进制丝设备60多台（套），以及完整高速卷接包生产线31条，年卷烟生产能力476亿支（95.2万箱）。截至2009年年底，公司拥有总资产56.58亿元，其中，固定资产12.74亿元、流动资产39.22亿元，资产负债率为51.40%。有从业人员4326人，其中在岗员工2974人。

【领导成员】 总经理、党委书记：易从宽

副总经理、党委副书记：张建华

副总经理、党委委员：曾　俚

副总经理、党委委员：何昭全

副总经理、党委委员：时　红

副总经理、党委委员：吴陶林

纪委书记、党委委员、工会主席：刘　炼

总会计师：程晓苏

副调研员：李贤茂（2009.1—）

【卷烟生产经营】 2009年，公司生产卷烟476亿支（95.2万箱），同比增长5.54%，其中，生产一类烟12.98亿支（2.60万箱），同比增长51.1%；二类烟

19.33 亿支（3.87 万箱），同比增长 21.7%；三类烟 93.88 亿支（18.76 万箱），同比增长 11.8%；四类烟 292.95 亿支（58.59 万箱），同比增长 19.7%；五类烟 56.97 亿支（11.39 万箱），同比下降 41.8%。

全年销售卷烟 468.36 亿支（93.67 万箱），同比增长 2%，其中，销售一类烟 11.59 亿支（2.32 万箱）、二类烟 18.61 亿支（3.72 万箱）、三类烟 92.15 亿支（18.43 万箱）、四类烟 292.45 亿支（58.49 万箱）、五类烟 53.56 亿支（10.71 万箱）。

销售“宏声”品牌卷烟 200.62 亿支（40.12 万箱），同比下降 21.1%；销售“龙凤呈祥”品牌卷烟 166.98 亿支（33.4 万箱），同比增长 72.1%；销售“天子”品牌卷烟 6.66 亿支（1.33 万箱），同比增长 50.8%。实现销售收入 78.87 亿元，同比增长 10.3%。实现税利 52.39 亿元，同比增长 16.7%，其中实现利润 8.17 亿元。

全年卷烟生产综合能耗为 3.36 千克标煤/万支，平均消耗烟叶 7.06 千克/万支、盘纸 633 米/万支、滤棒 1705.4 支/万支、水 0.14 吨/万支。

【科技创新】 配合国家烟草质量监督检验中心和川渝中烟技术中心，开展了卷烟主流烟气、物理指标检测和氢氰酸等项目的比对实验，完成了 110 多批次的产品改造和开发放样任务。“一种气流式叶丝膨胀干燥装置”获得国家专利局实用新型专利授权。“醋酯类烟草保润剂”通过国家专利局初审。在国家局组织的产品抽查中，“天子（软黄）”、“龙凤呈祥（佳品）”、“宏声（魅力朝）”、“宏声（世纪朝）”获得包装与卷制质量 100 分。

【技术改造】 2009 年，公司完成在建、续建项目投资 3.93 亿元，配置了 16 组卷接包装和连接设备。初步完成了涪陵分厂易地改造项目的总体方案，并通过川渝中烟上报国家局。配合川渝中烟抓好生产经营决策系统的应用扩展和财务 NC 系统的推广使用，完成公司本部以及科研中心、重庆分厂联合厂房的网络系统的优化整合，完成公司和分厂电视监控安防系统的升级改造。

【队伍建设】 全面开展素质培训，全年公司组织员工参加培训 6269 人次，其中内培 4882 人次，外培 1387 人次，年度培训计划执行率 100%。管理人员参加培训 2395 人次，专业技术人员参加培训 892 人次，技能操作人员参加培训 2982 人次。组织 105 人参加通用工种技能鉴定，合格 97 人，鉴定合格率 92.4%；有 145 人参加特有工种技能鉴定，合格 110 人，有 2 人通过特有工种高级技师鉴定。

重庆烟草工业有限责任公司所属生产厂

重庆烟草工业有限责任公司重庆分厂

【概　况】 重庆烟草工业有限责任公司重庆分厂前身是成立于 1938 年的香港南洋兄弟烟草公司重庆制造厂，后更名为重庆卷烟厂。1998 年 11 月，重庆烟草工业有限责任公司成立，企业成为重庆烟草工业有限责任公司生产企业之一。截至 2009 年年底，企业占地面积 26.64 万平方米，有 4800 千克/小时、2400 千克/小时制丝生产线各 1 条，2000 千克/小时的梗丝生产线 1 条，2000 千克/小时的薄片生产线 1 条，1000 千克/小时的白肋烟生产线 1 条，卷接设备 14 台（套），包装设备 12 台（套），年卷烟生产能力 176 亿支（35.2 万箱）。有从业人员 1091 人。

2009 年，动力车间锅炉班组被重庆市总工会授予“工人先锋号”称号，制丝车间 QC 小组“降低超级回潮桶壁叶丝粘 1 附量”成果被中国质量协会评选为“全国 QC 成果一等奖”；动力车间空压空调班组被中国质量协会授予“全国质量信得过班组”称号，卷包车间求精 QC 小组被中国质量协会授予“全国优秀 QC 小组”称号。

【领导成员】 厂长、党总支副书记：何　强

党总支书记：张云义

常务副厂长、党总支副书记、工会主席：张义海

副厂长：刘大富

副厂长：严启亮

副厂长：符昌文

【卷烟生产】 2009 年，企业生产卷烟 166 亿支（33.2 万箱），同比持平。主要生产加工“龙凤呈祥”、“宏声”、“山城”、“红河”、“红塔山”等系列品牌。

全年卷烟生产综合能耗为 4.05 千克标煤/万支，平均消耗烟叶 7.11 千克/万支、滤棒 1717 支/万支、盘纸 624 米/万支、水 0.09 吨/万支、电 10.37 千瓦时/万支。

重庆烟草工业有限责任公司涪陵分厂

【概　况】 重庆烟草工业有限责任公司涪陵分厂前身是成立于 1964 年的涪陵农机厂，1982 年转产卷烟。1998 年 11 月，重庆烟草工业有限责任公司成立，企业成为重庆烟草工业有限责任公司生产企业之一，更

名为重庆烟草工业有限责任公司涪陵分厂。截至2009年年底，企业占地面积5.4万平方米，有3000千克/小时的制丝生产线一条，包括微波松散、HXD管式膨胀机、管板式烘丝机、分组配方贮丝柜等先进制丝设备，有高速卷接包装机组11组。有从业人员812人。

【领导成员】 厂长、党总支书记：张正念
副厂长、党总支副书记：刘　力
党总支副书记：余　丰
副厂长：王　卫
副厂长：陈　瑜

【卷烟生产】 2009年，企业生产卷烟150亿支（30万箱），同比增长5.26%。生产“天子”、“龙凤呈祥”、“宏声”等品牌卷烟。

全年卷烟生产综合能耗为3.38千克标煤/万支，平均消耗烟叶6.94千克/万支、盘纸651米/万支、滤棒1676.6支/万支、水0.134吨/万支、电9.08千瓦时/万支。

重庆烟草工业有限责任公司黔江分厂

【概　况】 重庆烟草工业有限责任公司黔江分厂前身是成立于1975年的原黔江卷烟厂，2004年11月被重庆烟草工业有限责任公司整合兼并，企业更名为重庆烟草工业有限责任公司黔江分厂。截至2009年年底，企业占地面积10万平方米，有5000千克/小时仿HAUNI制丝生产线1条，卷接包机11台（套）。有从业人员981人。

2009年，制丝车间生产甲班被中华全国总工会授予“全国工人先锋号”称号。

【领导成员】 厂长、党委书记：余建华
副厂长、党委委员：李大学
副厂长、党委委员：冉井旺
副厂长、党委委员：张文国
纪委书记、党委委员、工会主席：钱兴鸿（2009.5—，之前任党委委员、工会主席）

【卷烟生产】 2009年，企业生产卷烟150亿支（30万箱），同比增长5.26%，其中，生产“龙凤呈祥”129.11亿支（25.82万箱）、“宏声”20.88亿支（4.18万箱）。

全年卷烟生产综合能耗为3.41千克标煤/万支，平均消耗烟叶7.12千克/万支、滤棒1678支/万支、盘纸646米/万支、水0.18吨/万支、电7.89千瓦时/万支。

川渝中烟工业公司长城雪茄烟厂

【概　况】 川渝中烟工业公司长城雪茄烟厂是全国烟草行业定点生产雪茄烟的四家生产点之一，成立于2007年9月4日，隶属于川渝中烟工业公司，按照川渝中烟“四统一”的模式进行管理，负责雪茄产品的生产。截至2009年年底，企业资产总额3.23亿元，有从业人员500余人，年生产能力10亿支以上。

2009年，工厂按照川渝中烟提出“两年打基础，三年见成效，五年上台阶”的发展规划，巩固发展基础，强化自主创新，确保了年度目标任务的超额完成。

【领导成员】 厂长、党委书记：张代荣
副厂长、党委副书记、纪委书记：刘谋志
副厂长、党委委员：刘一兵
副厂长、党委委员：周玉军
副厂长、党委委员：段　炼
副厂长、党委委员：旷志勇（2009.7—）
党委委员、工会主席：林　曦（2009.7—）
副厂长：刘亮山（2009.3—，挂职）

【机构设置】 工厂按照扁平化管理模式，设立了办公室、制造部、政工部、财务审计部、工艺质量技术部、工程部、安保部共7个部门。

【生产经营】 2009年，生产雪茄烟12.5亿支，同比增长212%；销售雪茄烟11.4亿支，同比增长235%；实现销售收入2.35亿元，同比增长163%；产品出口工作取得突破，实现出口落地销售101.6万支。

【产品介绍】 长城雪茄烟厂主要生产“长城”、“狮牌”、“工字”等系列，分为“浓”、“中”、“淡”三个风格，“叶束式”、“叶片式”、“叶丝式”三类规格。

【技术创新】 通过项目管理模式开展技术研究，创新原料调制技术、手工雪茄卷制方式、加工工艺标准及生产流程，产品品质进一步提高。完成三款叶束式高端手工雪茄、四款叶片式中端迷你雪茄等新产品的开发，完成对“狮牌”机制微型系列、“长城（大号）”、“长城（金南极）”、“长城（骑士3号）”等主导产品的提质改造，销量分别增长300%、50%、110%以及160%。

【易地技改】 按照建设“信心工程、战略工程、责

任工程”的要求，完成了易地技改的总规划设计招标、设计优化、工艺方案定型、初步设计、设备选型、临时设施修建等开工前的各项准备工作，2009 年 12 月易地技改主体工程开工建设。

【国际合作】 与荷兰 AGIO 雪茄公司和美国 ALTADIS 雪茄公司开展技术合作，增强工厂在产品研发、原料研究、流程设计、人才培养等方面的技术水平。2009 年，与荷兰 AGIO 雪茄公司在已签订技术合作框架协议的基础上，就共同研发品牌、改造品牌、原料技术服务、技术改造 4 个方面的具体合作达成了一致意见。与美国 ALTADIS 雪茄公司在北京举行了三轮商谈，就雪茄烟技术合作框架协议、技术合作会谈备忘录达成了一致意见。

（晏　钢）

贵州中烟工业有限责任公司

【概　况】 贵州中烟工业公司成立于 2003 年 7 月，2008 年 7 月经国家烟草专卖局批复同意更名改制为贵州中烟工业有限责任公司，2009 年 1 月 1 日对外正式更名为贵州中烟工业有限责任公司，主要职责是承担烟草制品的生产、销售，烟草物资、烟机零配件经营及其他相关的生产经营任务。截至 2009 年年底，下辖贵州中烟工业有限责任公司贵阳卷烟厂、遵义卷烟厂、毕节卷烟厂、贵定卷烟厂、铜仁卷烟厂、兴义卷烟厂共 6 个卷烟生产厂，以及贵州黄果树企业有限公司 1 个全资子公司。公司拥有总资产 123.26 亿元，其中，固定资产 20.61 亿元、流动资产 84.38 亿元，资产负债率为 48.93%。共有从业人员 10309 人，其中在岗员工 8357 人。

2009 年，公司被中国企业联合会、中国企业家协会评为“中国企业 500 强”第 338 位、“中国制造业 500 强”第 188 位、“中国企业效益 200 佳”第 132 位。

【领导成员】 公司实行总经理负责制，主要领导成员有：

总经理、党组书记：白云峰（2009 年 7 月前任副总经理、党组成员，主持工作）

副总经理、党组成员：徐东泰

副总经理、党组成员：马达祥

纪检组长、党组成员：杨　东

副总经理、党组成员：方　静

副巡视员：赵亚平（—2009.5）

副巡视员：吴晓江

【机构设置】 公司本部下设办公室（外事办）、综合计划部、生产管理部、安全保卫部、财务部、审计部、法律与改革部、投资管理部、人力资源部、政治思想工作部（机关党委、工会）、监察部、信息中心、原料供应部、物资供应部、技术中心、进出口部、市场营销中心 17 个部门，以及物流部和重大技改项目工程指挥部 2 个内设机构。

【卷烟生产经营】 2009 年，公司生产卷烟 1161.2 亿支（232.24 万箱），同比增长 2.43%，其中，生产一类烟 20.42 亿支（4.08 万箱）、二类烟 9.68 亿支（1.94 万箱）、三类烟 138.98 亿支（27.8 万箱）、四类烟 749.76 亿支（149.95 万箱）、五类烟 242.37 亿支（48.47 万箱）。销售卷烟 1159.15 亿支（231.78 万箱），同比增长 3.24%；实现销售收入 174.06 亿元，同比增长 9.62%。根据国务院有关精神，调整卷烟消费税，部分利润转为税赋，全年增加卷烟消费税 5.17 亿元。实现税利 112.86 亿元，同比增长 6.11%；实现利润（净利润）12.21 亿元，同比下降 25.36%。公司三项费用率为 10.14%。

全年万元产值综合能耗为 36.75 千克标煤，平均消耗烟叶 6.854 千克/万支、盘纸 617 米/万支、滤棒 1900 支/万支、电 4.35 千瓦时/万支。

【主要产品】 2009 年，公司继续实施“聚焦‘贵烟’，做实‘黄果树’”的品牌发展战略，加大品牌整合力度，全年生产“贵烟”、“黄果树”、“遵义”、“桫椤”4 个自有牌号，停产了“长征”、“驰”、“甲秀”、“大丰收”4 个牌号。新开发了“贵烟（软北纬 27 度）”和“黄果树（典藏）”2 个规格，停产了“长征（硬）”、“驰（醇香佳品）”、“甲秀（红）”、“大丰收（软）”、“黄果树（锦绣）”、“黄果树（景象）”、“黄果树（10mg）”、“黄果树（红）”、“遵义（精品）”9 个规格。

生产“贵烟”34.85 亿支（6.97 万箱），同比增长 15.44%；销售 35.02 亿支（7 万箱），同比增长 26.7%，其中，省内市场销量 14.7 亿支（2.94 万箱）。2009 年，“贵烟”被国家工商行政管理总局商标局认定为“中国驰名商标”。

生产“黄果树”919.8亿支（183.96万箱），同比增长26.44%；销售917.9亿支（183.57万箱），同比增长27.25%，其中，省内市场销量395亿支（79万箱）；出口1720万支，出口实现30万美元。

生产联营加工品牌卷烟90亿支（18万箱），其中，生产“大红鹰”12.5亿支（2.5万箱）、“雄狮”27.5亿支（5.5万箱）、“红塔山”25亿支（5万箱）、“红梅”25亿支（5万箱）。

【市场营销】 *品牌营销*。公司不断加强品牌形象和品牌诉求的传播，树立和传播“贵烟”的高端品牌形象。在庆祝中华人民共和国成立60周年之际，公司实施了“贵烟”品牌的事件营销和形象展示，推进“贵烟（盛世）”在重点市场的准入工作，增加产品覆盖面，提高市场影响力。针对市场中的高端消费群体开展了名为“蜂后工程”的营销活动，持续、有节奏地和“蜂后”（高端消费群体）进行双向沟通，建立“贵烟”在高端消费群体中的口碑影响力，提升品牌的影响力和关注度。制作了“贵是一种态度”的宣传片，以情动人，强化对受众的沟通和共鸣，赋予“贵烟”品牌人文关怀的时代内涵和特征，丰富品牌内涵。

省外市场建设。开展“动力圈”营销，即从渠道、终端、消费者三个环节对市场进行细分，在其中的高价值市场集中分配营销资源，从局部做强中获得营销动力，进而把局部优势扩展为区域优势，最终从整体强化“贵烟”的全国市场地位。在沈阳、成都、西安、遵义、苏州等试点城市，以“贵烟（多彩）”和“黄果树（典藏）”为主要营销规格，制定和实施个性化的“动力圈”营销策略。公司各营销分区围绕重点品牌、规格进行培育和维护，全年执行市场营销个案979个，其中“贵烟”系列491个、“黄果树”系列253个。全年省外市场销售“贵烟”21.05亿支（4.21万箱），增加了天津、绵阳2个“贵烟（多彩）”月销量百箱级市场。

工商协同营销。借鉴先进企业的工商协同营销经验，在贵阳、成都、沈阳、北京、广州、南通等重点市场开展全方位的工商协同营销工作，与有关烟草商业企业开展高层互动活动15次，召开工商协同营销会议11次，共同做好战略规划、需求预测、计划衔接、品牌营销、信息共享等协同工作。与四川、江苏、浙江、辽宁等重点省级公司所属的烟草商业企业联合举办“协同营销培训班”，培训内容紧密结合了“贵烟”理念的传播和品牌培育，增进对“贵烟”品牌的了解。

建立了工商协同营销技术支撑系统，主要由内部使用的销售业务辅助决策系统和外部商业公司沟通使用的工商协同平台构成，进一步完善协同营销共育品牌机制。充分利用商业营销队伍和渠道优势，实现了与贵阳、徐州、成都、沈阳市公司的卷烟网上配货。开通了与沈阳、成都、南京、六盘水等省内外商业公司的信息平台，基本实现了重点市场的工商信息共享。

【原料保障】 2009年，贵州中烟作为国家局烟叶资源配置方式改革的试点单位，以增强原料保障能力为重心，以特色原料基地开发与应用为突破口，根据“贵烟”配方原料需求，科学规划并调整原料基地布局，烟叶原料供应保障工作取得进展。

烟叶基地建设。按照“主动参与、深度介入”的要求，探索“需求导向、密切配合、各司其职、相互促进、实现共赢”的烟叶基地单元建设模式，组建了以公司总经理为组长的基地建设领导小组和基地单元建设“三师队伍”（农艺师到田间，分级师到站点，配方师到打叶复烤工线）；成立由33人组成的基地单元工作和项目管理小组，长期驻扎单元点参与育苗整地、大田管理等全过程的管理和跟踪。在四川凉山州和贵州黔西南州规划建设了2.5万亩、年种植收购烟叶10万担的新烟区。基地单元收购的烟叶合格率普遍高于非基地单元烟叶，国家局抽检合格率均达80%以上。

优质原料获取。制定了《贵州中烟烟叶资源配置方式改革实施方案》、《贵州中烟烟叶基地建设管理办法》等制度和措施。加强采购烟叶质量控制，做好收购前期的调研和摸底，2009年交接烟叶检验合格率高于上年，烟叶内在质量有所提高。截至年底，完成烟叶采购8.18万吨（163.72万担），其中省外烟叶3.85万吨（77万担）。库存烟叶17.7万吨（354万担），可供公司使用27个月，等级、年限和产地结构得到改善。加强烟叶打叶复烤加工的监督，组建了7支专职打叶复烤加工监督小组，对公司23个委外加工点实施全过程监督，确保配方模块各项质量指标的稳定和有效控制。

【科技创新】 *基础研究*。全年在研科技项目62项，其中，参与和承担国家局科研项目7项。承担了行业“中式卷烟制丝设备创新特色工艺战略性课题研究”、“环保型烟丝膨胀介质开发及应用技术研究”、“‘贵烟’品牌专用制丝生产线核心技术研究”、“品牌导向的原料体系研究”等行业重大课题及3个标准化课题的研究，其中1个标准化项目形成行业标准并正式发布。承担了贵州省重点技术创新项目“贵阳卷烟厂卷包车间条烟输送线全自动清洁润滑方案”研究。深化品牌研发项目制，建立品牌技术档案，加大技术创新基础设施建设力度，加强产、学、研合作，实施特色烟叶、特色工艺、调香技术、减害降焦等战略性课题研究。

产品研发。公司以完善产品研发任务书为切入点，突出研发产品的针对性，从细节、特色和差异化上寻找突破口；从原料到配方、从包装到品质、从鲜明个性到特色工艺上寻求新突破，初步形成一些独特的竞争优势。强化生产制造过程内在质量的监督和控制，烟气焦油量、烟碱量、一氧化碳量等主要指标稳步下降，全年抽检产品焦油量实测平均值为12.2毫克/支，同比下降0.6毫克/支；烟气一氧化碳量实测平均值为14.4毫克/支，同比下降0.2毫克/支。

创新能力建设。公司技术中心作为省级和行业级技术中心，通过深化技术创新体系改革，加强技术创新队伍建设。2009年，技术中心通过了贵州省知识产权局“贵州省知识产权试点单位”的审查验收，被确定为第三批贵州省知识产权示范创建单位。2009年，“贵烟（多彩）”、“贵烟（盛世）”卷烟产品获“贵州省优秀新产品二等奖”。全年发表科技论文25篇，其中，在国际会议宣读论文、国际专业技术刊物和中文核心期刊上发表论文15篇；申请专利21项，其中7项专利获得授权；有3个QC小组被评为“全国优秀质量管理小组”，18个QC小组被评为贵州省“优秀质量管理小组”。

【技术改造】 2009年，公司继续实施贵阳卷烟厂易地技改项目和毕节卷烟厂就地技改项目。按照国家局、贵州省政府加快技改步伐的要求，重大技术改造工程指挥部分解技改进度目标，落实相关跟进措施，贵阳卷烟厂易地技改、毕节卷烟厂就地技改项目顺利推进。

贵阳卷烟厂技改项目实施子项244个，全年完成投资10.57亿元，累计完成投资14.97亿元，占总投资概算的86.07%。指挥部对项目建设的6个大项进行了3次大幅压缩，通过分解实施和交叉作业，联合工房网架、土建结构、工艺设备进场安装节点均提前完成，主要子项压缩工期30天以上。加大项目建设统筹管理和安全质量的管控力度，通过加强安全巡检和专检等措施，未发生重大质量和安全事故。

毕节卷烟厂技改项目实施子项35个，签订合同65个，合同金额1.03亿元，占总投资概算的19.33%，全年完成投资5100万元，占总投资概算的9.69%。

【多元化经营】 2009年，公司制定了《贵州中烟工业有限责任公司投资企业董事、监事及高级管理人员任职管理制度》、《贵州中烟工业有限责任公司关于明确多元化投资管理体制相关事宜的通知》等相关制度，明确了由公司投资管理部对公司的多元化经营企业——贵州黄果树企业有限公司进行归口管理，履行监督管理职能。公司对贵州黄果树企业有限公司在人事、财务、审计、安全、思想政治等方面管理的要求，由公司投资管理部统一组织实施。

贵州黄果树企业有限公司具体负责贵州中烟工业有限责任公司多元化投资经营管理的工作，行使对贵阳黄果树纸业有限公司、贵州西牛王印务有限公司、贵州福贵文化传媒有限公司、贵州省遵义市银江劳务有限责任公司和遵义市商业银行共5家企业的经营管理职能。

【企业管理】 *预算管理*。公司全面加强预算管理，推进业务核算、会计核算和预算“三算”有机结合，加强预算在生产经营中的指导控制作用。公司预算管理突出体现了对标要求，强化对业务招待、广告宣传促销等费用的刚性控制，公司本部全年压缩业务招待费用开支70万元，并取消全年公务用车购置计划，节省330万元。

对标工作。公司全面开展了对标工作，对照行业先进标准，建立“横向跨部门、纵向到岗位”的对标体系。以消耗控制为重点，将对标工作与目标管理、经济责任制考核结合，原辅材料消耗的17项指标同比下降，烟叶、盘纸、电、煤的单箱消耗同比分别下降0.426千克、19.5米、1.55千瓦时、1.21千克。

安全管理。落实安全生产责任制，启动了“关爱生命、拒绝违章、构建和谐”为主题的反交通违章系列活动，开展了隐患排查治理和消防预案演练，重点整治“人的不安全行为”。在安全综合检查和专项检查中，发现安全隐患（问题）160项，全部实施整改。

采购管理。公司不断推进物资采购管理改革，完善供应商资质认证、供方信用评价等体系建设，深入分析供应商的成本构成，在保证采购质量的前提下，通过谈判降低采购价格。全年节约采购资金7700余万元。

【合作交流】 8月，沙特阿拉伯Gulf Pearl Est. for Trading Services公司副总经理刘瑜到公司访问，就公司向沙特阿拉伯出口中低档卷烟事项进行了洽谈，双方达成初步意向并制订了有关工作计划。

12月，公司与乌兹别克斯坦乌英中合资腾龙卷烟有限责任公司中方投资人王镜炘就相关投资事宜进行初步接洽。

【人力资源管理】 *教育培训*。公司全面加强干部队伍建设，突出抓好专业知识和岗位能力培训，全面提高干部职工业务素质。全年组织内部培训340余次，安排外出培训90余次，培训2.1万人次。成立了贵阳卷烟厂易地技改专项培训领导小组，拟定了《易地技改内培培训手册》，按照“保正常生产，保顺利投产”的原则，采取出国、出省、现场培训和企业内部知识分享4种形式开展培训。

用工分配制度改革。按照国家局的安排部署和总体要求，公司在用工分配制度改革方面坚持了“先试点推行、后全面铺开”，并按照“系统设计，稳步推进，分步实施，逐步完善”的思路和“尊重历史，平稳过渡”的原则，完成了岗位优化设置和分类、薪酬套改等相关配套制度的设计和编写等工作。2009年11月，新的劳动用工分配体系正式运行。

【思想政治工作】 *深入学习实践科学发展观活动*。公司作为全国烟草行业第二批开展深入学习实践科学发展观活动的单位，紧紧围绕“党员干部受教育、科学发展上水平、人民群众得实惠”的总体要求，以实现“管理上层次、科研上台阶、营销上水平、税利保增长”为目标任务，全面组织开展了深入学习实践科学发展观活动。

在学习调研阶段，各级领导班子成员集中学习达16学时，自学时间均在35学时以上，全公司党员、干部个人累计学习时间均达42小时以上，举办各类专题辅导报告及解放思想大讨论42场，党员学习培训覆盖率100%。组织4个调研组开展专题调研，查找制约发展的思想束缚、机制障碍和环境因素，形成了30个调研报告。

在分析检查阶段，公司充分运用学习调研阶段形成的成果，把好“思想认识、问题查找、召开民主生活会、开展解放思想大讨论、撰写《分析检查报告》和整改落实”五个关口，做好“学习”、“调研”、“分析”、“实践”四篇文章，形成了《分析检查报告》。

在整改落实阶段，针对征求到的意见和分析检查出的问题，明确整改落实的项目、目标、时限要求、具体措施和责任，制订了《整改落实方案》，提出了30条整改措施。通过整改不断完善落实科学发展的长效机制，废止制度6个，新增制度12个，修订内控制度94个。

宣传报道工作。加强以《黄果树烟草报》为主的宣传阵地建设，不断发挥宣传舆论作用。《黄果树烟草报》在全省企业报年度评比工作中，推荐作品的获奖数量和等级均排名前列，在2009年度贵州省新闻出版局组织的全省内资性报刊综合评比中被评为优等。加强与行业内外主流媒体联系沟通，宣传企业形象和品牌形象，全年在各类媒体刊载稿件800余篇。

【党风廉政建设】 *作风建设*。2009年，公司印发了《贵州中烟工业有限责任公司关于厉行节约有关问题的通知》，按规定管理领导干部公务用车、公务庆典、公务接待、办公设施建设。全年各单位共有58人次上交礼品55件、礼金10.76万元，12人次报告拒收礼品、礼金。修订完善了从公司到各单位决策制度，包括议事规则和决策程序性文件17个，公司各级各单位131名中层以上干部进行了述职述廉，63名副处级以上领导干部报告了个人重大事项。各级各类工作人员签订了廉洁自律承诺书和保证书1100多份，廉政责任书189份。

反腐倡廉教育。公司对重点岗位人员和新提拔任用的干部进行廉政谈话、诫勉谈话110人次，组织1000余人次观看警示教育片。开展党风廉政教育报告72场，1900余人次参加。举办家庭助廉知识答题活动、唱廉政歌曲、编排反腐倡廉文艺节目，征集廉政格言210条，向家属发廉政倡议书108份，与家属签订“家庭助廉承诺书”116份。完善党风廉政建设责任制考核机制，层层签订党风廉政建设责任书1450多份，聘请了69名党风廉政信息员。

权力运行监督。公司对重大人事安排任免工作进行监督，对拟提拔任用干部廉洁自律情况进行审核，全年对105名干部考察的过程和程序进行监督。对重大事项实施监督，重大技改工程项目严格执行招投标管理制度，建立和执行履约保证金（包括资质预审保证金和廉政保证金）制度，设立了与施工单位的共管账户，签订廉政合同70份，交纳廉政保证金365万元，公开招标37项、内部议标31项，对27个公开招标和内部议标项目的390家单位进行行贿犯罪档案查询。对工程建设领域突出问题进行排查，对贵阳厂易地技改、毕节厂就地技改、遵义厂综合科技大楼和弯山烟叶醇化库等4个投资额超过3000万元的项目进行排查，制定和完善整改措施，落实整改责任。加强物资采购工作的监督，规范物资采购流程和监督制约机制，与供应商签订物资采购廉洁从业协议书115份。

【企业文化】 2009年，公司印发了《贵州中烟工业有限责任公司“贵是一种态度”文化工程建设发展规划（2009～2011年）》，明确了公司企业文化建设指导思想、阶段性目标、建设原则、推进计划。按照“贵是一种态度”企业理念，整理了公司所属6家卷烟厂的企业文化，编制成《企业文化手册》，将“贵是一种态度”从“贵烟”品牌的诉求上升到企业理念的高度，将“贵是一种态度”与“两个至上”行业共同价值观有机结合。

公司对所属6家卷烟厂及营销中心进行了具体指导，举办了企业文化培训班，组织编写了《企业文化案例》丛书。贵阳卷烟厂开发了《贵阳卷烟厂企业文化培训课件》，汇编了《知行相鉴》企业文化案例集；遵义卷烟厂印发《光阴的旋律——遵烟故事》、《遵义卷烟厂员工礼仪规范》；毕节卷烟厂印发《人的不安全行为》安全文化手册；遵义卷烟厂、毕节卷烟厂制定了企业文化视听走廊初步方案。

【特事要辑】 4月28日，贵州省省长林树森、副省长孙国强到贵阳卷烟厂易地技改工地考察并现场办公，协调解决项目建设中存在的困难和问题。

6月9~11日，国家局副局长何泽华到贵阳卷烟厂易地技改工地现场调研。

7月27~31日，国家局副局长张保振到公司调研，与干部职工进行座谈，并要求要以科学发展观为统领，努力向更高目标推进。

8月31日至9月3日，国家局局长姜成康到贵阳卷烟厂易地技改工地现场调研。

12月8日，贵阳卷烟厂2009年第100万箱卷烟下线，标志着贵阳卷烟厂正式跨入百万箱生产企业的行业。

所属企业

贵州中烟工业有限责任公司贵阳卷烟厂

【概　况】 贵州中烟工业有限责任公司贵阳卷烟厂前身是成立于1940年的贵州烟草股份有限公司，1988年贵阳卷烟厂成立，2009年1月企业正式更名为贵州中烟工业有限责任公司贵阳卷烟厂，是贵州中烟工业有限责任公司的6家非法人卷烟生产企业之一。企业占地面积7.86万平方米，拥有5000千克/小时进口制丝线、5000千克/小时国产制丝线、3000千克/小时国产制丝线各1条及高速卷接设备30台（套）、高速包装设备30台（套）、滤棒设备28台（套）等卷烟生产设备，年卷烟生产能力500亿支（100万箱）。截至2009年年底，有从业人员3314人，其中在岗员工3276人。

2009年，贵阳卷烟厂被中华全国总工会、国家安全生产监督管理总局授予“全国‘安康杯’竞赛优胜企业”称号；厂党委被省委、省国资委授予“‘五好’基层党组织”称号。

【领导成员】 2009年8月，贵州中烟党组对贵阳卷烟厂领导班子进行了调整

2009年8月前：
厂长、党委副书记：杨　刚
副厂长、党委书记：晏　敏
副厂长、党委委员：龙志远
副厂长、党委委员：陈　新
纪委书记、党委委员、工会主席：刘　晏
2009年8月后：
厂长：王光举
副厂长、党委副书记：龙志远（主持党委工作）
副厂长、党委委员：陈　新
纪委书记、党委委员、工会主席：刘　晏

【卷烟生产】 2009年，企业生产卷烟518亿支（103.6万箱），同比增长3.97%，其中，生产一类烟19.77亿支（3. 95万箱）、二类烟88.98亿支（17.79万箱）、三类烟13.85亿支（2.77万箱）、四类烟284.7亿支（56.94万箱）、五类烟110.7亿支（22.14万箱）。主要有“黄果树”、“贵烟”、“遵义”等3个自有品牌以及“红梅”1个联营加工品牌。

全年卷烟生产综合能耗为5.78千克标煤/万支，平均消耗烟叶7.18千克/万支、滤棒1722支/万支、盘纸629.86米/万支、水0.12吨/万支、电4.54千瓦时/万支。

【新厂搬迁准备】 2005年8月，贵阳卷烟厂易地技改项目经国家局批准，在贵阳小河经济开发区启动贵阳卷烟厂新厂建设项目。2006年，成立了贵州中烟重大技术改造工程指挥部，统筹贵阳卷烟厂易地技改工作，对规划进行了调整。2007年4月，项目调整规划得到国家局批准。该项目总投资17.4亿元（含烟机设备，不含烟机设备为12.82亿元），新厂建成后制丝生产能力为750亿支（150万箱），卷包生产能力为500亿支（100万箱）。截至2009年年底，累计完成投资14.97亿元，占总投资概算的86.07%，预计2010年完成搬迁工作。2009年，贵阳卷烟厂成立新厂搬迁领导小组，下设设备技术、生产工艺质量、安全及动力、体系制度、行政后勤5个专业组，确保新厂搬迁准备工作的有序进行。配合贵州中烟重大技术改造项目工程指挥部的工作部署，加强与指挥部各项目组的紧密

协调衔接，完成多个设计方案调整确认、设备安装调试和制丝线带料试运行工作。以制度建设为抓手，规范各项工作，制定管理制度7个、操作规程（暂行）18个。以外部培训和现场培训为主，组织新厂试运行员工参加新设备的基本原理、实际操作及维护保养相关培训23次。

贵州中烟工业有限责任公司遵义卷烟厂

【概　况】 贵州中烟工业有限责任公司遵义卷烟厂始建于1978年，是贵州中烟工业有限责任公司的6家非法人卷烟生产企业之一。企业占地面积21万平方米，拥有从英国、德国、意大利等国家引进的先进卷烟生产设备200多台（套），其中，GDX2、PASSIM、FOCKE等设备具有世界先进水平，有烟叶醇化库9万平方米，年卷烟生产能力250亿支（50万箱）。截至2009年年底，有在岗员工1512人。

【领导成员】 厂长、党委副书记：余　文

副厂长、党委书记：何莉琴

纪委书记、工会主席：苟辉奇

副厂长：马　亚（—2009.7）

副厂长：徐光明

公司驻厂财务总监：吴德波（—2009.7）

【卷烟生产】 2009年，企业生产卷烟240.65亿支（48.13万箱），同比增长0.15%，其中，生产一类烟0.55亿支（0.11万箱）、二类烟2.6亿支（0.52万箱）、三类烟39亿支（7.8万箱）、四类烟191.65亿支（38.33万箱）、五类烟6.85亿支（1.37万箱）。主要有“黄果树”、“贵烟”、“遵义”3个自有品牌以及“红塔山”、“红梅”2个联营加工品牌。

全年卷烟生产综合能耗为5.07千克标煤/万支，平均消耗烟叶7.3千克/万支、滤棒2056支/万支、水0.21吨/万支、电8.18千瓦时/万支。

【人力资源管理】 2009年，遵义卷烟厂围绕提升员工素质，出台了《遵义卷烟厂全员培训方案》，《2009~2013年“提升素质、激励员工”五年实施方案》和《员工自主学习奖励办法》。加强职工内部培训，全年共举办培训班36个，培训人数达2317人次，培训1028课时。送出管理人员、专业技术人员、技术工人参加各类培训660余人次。

贵州中烟工业有限责任公司毕节卷烟厂

【概　况】 贵州中烟工业有限责任公司毕节卷烟厂前身是成立于1974年的原毕节地区卷烟厂，2009年1月企业正式更名为贵州中烟工业有限责任公司毕节卷烟厂，是贵州中烟工业有限责任公司的6家非法人卷烟生产企业之一。企业占地面积32万平方米，拥有3000千克/小时制丝线、570千克/小时干冰膨胀烟丝生产线，2500千克/小时制丝小线各1条，卷接机组11台（套），包装机组12台（套）等卷烟生产设备，年卷烟生产能力225亿支（45万箱）。截至2009年年底，有在岗员工1260人。

2009年，毕节卷烟厂开展质量管理创新活动，二车间分工会被中华全国总工会授予“全国模范职工小家”称号。

【领导成员】 党委书记、纪委书记：胡齐志

厂长、党委副书记：丁先文

公司驻厂财务总监：程　华（—2009.7）

副厂长：冷启国

副厂长：范丛军

工会主席：卢　镝

【卷烟生产】 2009年，企业生产卷烟202.85亿支（40.57万箱），同比增长1.83%，其中，生产一类烟0.12亿支（0.024万箱）、二类烟5亿支（1万箱）、三类烟14.50亿支（2.9万箱）、四类烟173.37亿支（34.675万箱）、五类烟9.86亿支（1.97万箱）。主要有“黄果树”、“遵义”2个自有品牌以及“雄狮”、“大红鹰”2个联营加工品牌。

全年卷烟生产综合能耗为4.49千克标煤/万支，平均消耗烟叶7.20千克/万支、滤棒2043支/万支、盘纸620米/万支、水0.09吨/万支、电6.15千瓦时/万支。

【用工分配制度改革】 2009年，毕节卷烟厂印发了《毕节卷烟厂用工分配制度改革薪酬套改方案》和相关管理办法，完成了422个岗位评价、归集及定岗、定编、定员等工作；完成了绩效工资测算，实现了1227名员工岗位工资及绩效系数的套改工作。制定了权责清晰、分类科学、规范有序的收入分配制度，建立了分类管理的岗位绩效工资体系，形成了岗位考核、绩效考核的激励考核评价机制。

贵州中烟工业有限责任公司贵定卷烟厂

【概　况】 贵州中烟工业有限责任公司贵定卷烟厂前身是成立于1952年的国营贵定卷烟厂，1983年6月纳入国家计划内卷烟厂，更名为贵定卷烟厂，2009年

1月企业正式更名为贵州中烟工业有限责任公司贵定卷烟厂，是贵州中烟工业有限责任公司的6家非法人卷烟生产企业之一。企业占地面积28万平方米，拥有3000千克/小时德国HAUNI制丝生产线、白肋烟处理线、梗丝膨胀线、SP31烟丝膨胀线各1条、卷接机组8台（套）、包装机组9台（套）等卷烟生产设备，年卷烟生产能力125亿支（25万箱）。截至2009年年底，有在岗员工746人。

【领导成员】 副厂长、党委书记：尹志云

厂长、党委副书记：张 健（—2009.9）

副厂长、党委委员：马 亚（2009.9—，主持行政工作）

副厂长、党委委员：雷云泽

副厂长、党委委员：史永飞

【卷烟生产】 2009年，企业生产卷烟124.5亿支（24.9万箱），同比增长1.63%，其中，生产四类烟63.7亿支（12.72万箱）、五类烟60.8亿支（12.16万箱）。主要生产“黄果树”、“遵义”两个自有品牌。

全年卷烟生产综合能耗为5.13千克标煤/万支，平均消耗烟叶6.97千克/万支、滤棒1692.96支/万支、盘纸645.25米/万支、水0.38吨/万支、电30.25千瓦时/万支。

贵州中烟工业有限责任公司铜仁卷烟厂

【概 况】 贵州中烟工业有限责任公司铜仁卷烟厂始建于1977年，是贵州中烟工业有限责任公司的6家非法人卷烟生产企业之一。企业占地面积8.18万平方米，拥有3000千克/小时制丝生产线1条，卷接机组9台（套），包装机组12台（套），年卷烟生产能力75亿支（15万箱）。截至2009年年底，有从业人员591人，其中在岗员工518人。

【领导成员】 厂长、党委书记：谭跃辉

副厂长、党委委员：陈 骏

纪委书记、党委委员、工会主席：杨 和

副厂长、党委委员：田应红

副厂长：刘开祥

【卷烟生产】 2009年，企业生产卷烟55亿支（11万箱），同比下降1.8%，其中，生产四类烟17亿支（3.4万箱）、五类烟38亿支（7.6万箱）。主要生产“黄果树”、“桫椤”两个自有品牌。

全年平均消耗烟叶7.35千克/万支、滤棒1810.05支/万支、盘纸635.50米/万支、水0.404吨/万支、电6.87千瓦时/万支。

【技术改造】 全年投入技术改造资金2904万元，主要完成了供给水管网改造、高压配电柜更新改造、除尘器更新改造、电子皮带秤更新改造及中央空调系统更新改造，完成了切梗机SQ316大修、1组PASSIM机组大修及2组BE机组大修等项目。

贵州中烟工业有限责任公司兴义卷烟厂

【概 况】 贵州中烟工业有限责任公司兴义卷烟厂原是国务院1991年10月批准的国家计划内地方卷烟厂，其前身是作为贵阳卷烟厂分厂的兴仁县卷烟厂，1988年5月易地黔西南布依族苗族自治州州府所在地兴义市区进行技术改造，1991年7月技改结束投入生产，2009年1月企业正式更名为贵州中烟工业有限责任公司兴义卷烟厂，是贵州中烟工业有限责任公司的6家非法人卷烟生产企业之一。企业占地面积15.33万平方米。有数十台（套）国产制丝、卷接、包装设备和2台英国制造的HLP250硬盒包装机，年卷烟生产能力75亿支（15万箱）。截至2009年年底，共有从业人员301人。

【领导成员】 厂长、党委书记：刘凤文

副厂长、党委委员：李爱民

纪委书记、党委委员、工会主席：蒋先军

【卷烟生产】 2009年，企业生产卷烟20亿支（4万箱），其中，生产四类烟15.95亿支（3.19万箱）、五类烟4.05亿支（0.81万箱）。生产的卷烟品牌为“黄果树”。

全年平均消耗烟叶6.82千克/万支、滤棒1706.18支/万支、盘纸638.73米/万支、水0.33吨/万支、电4.69千瓦时/万支。

【QC小组活动】 全年共注册登记QC小组9个、课题16个。全年有2个QC小组被评为“全国优秀质量管理小组”，3个QC小组被评为贵州省“优秀质量管理小组”。

（胡桂姜）

云南中烟工业公司

【概　况】 云南中烟工业公司于2003年10月23日登记注册，2004年1月1日挂牌成立。下辖红塔烟草（集团）有限责任公司、红云红河烟草（集团）有限责任公司、云南中烟物资（集团）有限责任公司、云南烟草国际有限公司4家全资子公司，云南烟草兴云投资股份有限责任公司、云南烟草机械有限责任公司2家控股子公司，以及云南烟草科学研究院、云南烟草教育培训中心2家直属事业单位。公司拥有总资产1274.72亿元，其中，固定资产125.04亿元、流动资产749.19亿元，资产负债率为19.36%。共有从业人员44073人，其中在岗员工22206人。

2009年，云南中烟工业公司被云南省委、省政府授予“社会扶贫先进集体”称号，被云南省政府授予“云南省退役士兵安置先进单位”、“云南省新农村建设先进派出单位”称号，被云南省总工会授予“云南省工会重点工作目标管理考核一等奖”，被中国财贸轻纺烟草工会授予“全国财贸轻纺烟草行业工会信息工作先进单位”称号，被云南省委宣传部授予“祖国在我心中”云南省庆祝新中国成立60周年行（企）业文艺汇演“组织工作奖”。

【领导成员】 总经理、党组副书记：张水长（正厅级）

副总经理、党组书记：柳万东（正厅级）
副总经理、党组成员：朱绍明
副总经理、党组成员：邱建康
副总经理、党组成员：姚庆艳
纪检组长、党组成员：李新军
副总经理、党组成员：李穗明
副总经理、党组成员：李天飞
副总经理、党组成员：顾　波
副总经理、党组成员：李光林
副巡视员：李斌（2009.4—）

【机构设置】 公司本部内设办公室（外事办公室）、生产安全管理部、人力资源部、科技开发部、财务部、审计部、投资管理部、原料部、市场管理部、法律与改革部、党群工作部、纪检监察部、行政管理部共12部1室。

【卷烟生产经营】 2009年，公司共生产卷烟（含出口烟45.4亿支）3667.9亿支（733.58万箱），同比增长2.52%。省内卷烟厂生产3457.9亿支（691.58万箱），同比增长1.77%，其中，生产一类烟454.7亿支（90.94万箱），同比增长1.45%；二类烟15.65亿支（3.13万箱），同比下降32.25%；三类烟1547.7亿支（309.54万箱），同比增长10.61%；四类烟1150.6亿支（230.12万箱），同比下降7.33%；五类烟289.25亿支（57.85万箱），同比下降11.22%。省外卷烟厂（新疆、乌兰浩特卷烟厂）生产210亿支（42万箱），同比增长16.67%。完成自产卷烟调拨销量3651.3亿支（730.26万箱），同比增长2.79%。

全年省内企业实现销售收入802.7亿元，同比增长7.82%。根据国务院有关精神，调整卷烟消费税，部分利润转为税赋，全年增加卷烟消费税31.97亿元。实现税利（含省内企业、省外生产厂和海南红塔、红塔辽宁、山西昆明3家控股企业）706.24亿元，同比增长10.59%，其中，省内企业实现税利623.72亿元，同比增长7.98%；省外生产厂（新疆、乌兰浩特卷烟厂）实现税利21.57亿元，同比增长23.05%。实现利润128.05亿元，同比增加3.71亿元。公司三项费用率为8.81%。

【品牌战略】 按照“做强一类烟，发展二类烟，做大三类烟，过渡四、五类烟”的品牌发展思路，努力转变经济发展方式，不断提升卷烟产品结构，提高全国性卷烟重点骨干品牌集中度，积极培育“玉溪”、“云烟”、“红塔山”、“红河”4个全国性卷烟重点骨干品牌。2009年，云南省内“玉溪”、“云烟”、“红塔山”、“红河”4个品牌累计产量为2497.2亿支（499.44万箱），同比增长12.49%，占省内卷烟总产量的72.22%，同比提高6.89个百分点。

【市场营销】 2009年，云南烟草工业以“按订单组织生产”为主线，全面增强各营销中心的市场需求预测能力、以信息化建设为主体的快速反应市场的能力、拓展市场的能力和“以订单管理为主线，以品牌管理为中心”的品牌培养能力共4个方面的能力。工商协同营销的品牌营销、促销、研发、信息、新品上市等协同水平进一步提升，实现了“准确定位、有机对接、突出品牌、全面提升”，初步建立起较为完善的营销效率和责任运行机制。

【科技创新】 启动“品牌导向的云南主要烟叶原料七项烟气成分释放量研究”、“选择性降低红塔集团卷烟产品危害指标化合物的综合技术研究”、“降低烟气中部分成分的相关技术开发与应用研究”、“减害功能型造纸法再造烟叶开发及应用”、“具有显著降害功能的系列滤嘴用新型材料的开发”等专项研究。2009年度，科技计划项目新立项24项，接转历年延续项目32项，工业公司科技经费计划拨款额度为9469万元。历年科技计划项目中有22项通过鉴定，6项通过验收。由工业公司所属单位承担国家局下达的科技计划项目中，有4项通过国家局组织的鉴定或验收；云南省科技厅下达的科技计划项目中，有2项通过省科技厅组织的鉴定或验收。获得中国烟草总公司科技进步奖二等奖1项；获得云南省科技进步奖10项（二等奖2项，三等奖8项）。全年申请专利50项，其中申请发明专利27项；获得授权的专利32项，其中获得授权的发明专利16项。

【多元化经营】 截至2009年年底，云南中烟工业公司及所属各卷烟生产企业、直属单位共有多元化经营投资141项，剔除重复投资多元化经营企业因素的影响，共投资多元化经营企业119家，投资总额220.27亿元。全年共取得投资收益6.82亿元。

【物资配套工作】 云南中烟物资（集团）有限责任公司（以下简称“物资公司”）于2006年6月26日由云南中烟物资配套公司改制而成。其前身云南中烟物资配套公司于2005年7月29日由云南中烟工业公司原直属单位——云南省烟草物资配套公司、云南省烟草储运公司和云南省烟草机械公司合并重组而成。物资公司主要从事全省烟草工业生产所需的卷烟材料、烟机零配件以及仓储运输的经营业务；履行全省卷烟材料、烟机设备和零配件行政管理职能。管理云南中烟工业公司控股企业云南烟草机械有限责任公司，控股云南云成印务有限公司、昆明市官渡区大宗物资有限责任公司、云南卷烟材料厂大理三塔分厂3家企业，参股云南铝加工厂、汕头经济特区雄伟塑料包装材料有限公司、昆明中宇集装箱运输有限公司、北京云天酒店有限公司、大理市古榕会馆旅游有限责任公司、交通银行股份有限公司、中国太平洋保险（集团）股份有限公司7家企业。拥有总资产18.05亿元，其中，固定资产1.67亿元、流动资产14.17亿元，资产负债率为22.12%。有员工321人。2009年，物资公司被评为“云南省文明单位”。

物资公司全年共实现主营业务收入89.83亿元。实现利润2.26亿元，上缴税金6533万元。

规范卷烟材料管理。2009年，物资公司针对云南省香精香料成本上升和对比口径不一致的问题，设立了香精香料消耗情况分类统计分析表。建立卷烟材料价格管理台账，制定2010年统一价格管理方案，实现卷烟材料价格的统一。确定并发布了年度合格供方名录，建立供应商动态管理台账。建立全省卷烟材料招投标采购专家评委库，制订了大宗香原料、卷烟纸和BOPP招标采购的方案。制订全省废旧卷烟材料处理管理办法草案，建立废旧烟用物资处理的规范制度。完成《烟用材料消耗定额行业标准制订》、《卷烟条与盒包装纸耐光色牢度的测定》、《卷烟条与盒包装纸》等3个行业标准，以及《云南中烟工业烟用材料标准编制模版》、《烟用印刷油墨》2个地方标准的制订工作。

加强烟机设备管理，全年全省烟机设备完好率99.96%、卷包设备有效作业率87.43%、制丝线故障停机率0.48%。做好设备大修和设备处置的相关管理和服务工作，上报年度设备大修计划35组，增补大修计划6组，参加报废鉴定4组。组织实施全省513台（套）积压报废烟草专用设备的销毁处置。推行通用件网上交易和统一经营，全面形成了烟机零配件的统一经营管理格局。

统一运输保险业务模式和费用标准，并调整优化了仓储结构。

【国际业务】 云南烟草国际有限公司（以下简称“国际公司”）成立于2006年12月14日，是一家专业经营国际业务的公司。国际公司独家经营云南卷烟工业企业的卷烟、烟丝、烟草专用机械设备和零配件及其他烟用辅料出口；烟丝、丝束、烟草专用机械设备和零配件及其他辅料进口配套服务；向境外投资企业出口烟叶；烟草经济技术交流与合作等业务。拥有总资产12.45亿元，其中，固定资产440万元、流动资产12.40亿元，资产负债率为57.06%。国际公司有在岗员工52人。

全年共计对境外市场供应卷烟85.87亿支，其中，一般贸易出口卷烟44.4亿支，境外投资企业生产及合作加工卷烟41.47亿支。出口烟丝2296吨，同比增长30%；出口烤烟（烟梗、烟草薄片）3965吨。全年共执行出口辅料合同31个，代理出口烟机设备合同9个。国营贸易项下，经中国烟草国际有限公司委托，执行进口烟机合同20个；内贸采购丝束1.66万吨；购入进口卷烟纸3546吨；购入进口薄片1644吨；签订非专卖项下进口合同79个。全年实现进出口总值1.46亿美元，其中出口总值1.01亿美元，进口总值4482万美元。实现销售收入15.24亿元。实现税利1.34亿元，其中利润9013万元。公司三项费用率为4.27%。

2009年，国际公司协助红云红河集团完成授权香港红塔国际烟草有限公司生产其品牌产品并销往安哥拉市场的项目申报，10月11日首批1000万支红云红河集团的品牌卷烟从香港发往安哥拉。组织完成了对南非关税同盟国的投资考察，提出通过境外加工的形式进行非洲市场拓展尝试的项目建议。配合红云红河集团完成拓展缅甸市场项目的可行性分析报告。针对红塔集团与台湾烟酒股份公司以“资本合作，市场互利”为原则进行合资合作的模式，组织进行专题分析和研究，完成了初步的可行性分析。参与工业公司就澳门投资建厂事宜与澳门华商总会的前期洽谈。协助红塔集团就其“HTS”品牌与菲莫国际已注册品牌“THS”的知识产权争议进行多方沟通、协调。

【人力资源管理】 做好全省烟草工业系统干部选拔任用管理工作。结合建立现代企业制度和完善法人治理结构的要求，调整充实了云南中烟物资（集团）有限责任公司、云南烟草国际有限公司及所属天成（太平洋）有限公司、云南烟草兴云投资股份有限责任公司的董事会、监事会和经理层人选。推荐、公示并上报2009年度“百千万人才”人选2名和“云南省政府特殊津贴”评选人选3名，对工业公司的“省中青年学术技术带头人”、“省科技创新人才”两类人才发放了特殊生活补贴。全年共评审通过中级专业技术职务任职资格人员148名，向国家局推荐评审高级专业技术职务27名。加强培训，全省烟草工业系统共举办1011个培训班，培训6.36万人次。

所属企业

红塔烟草（集团）有限责任公司

【概　况】 红塔烟草（集团）有限责任公司于2005年12月2日由原玉溪红塔烟草（集团）有限责任公司（1995年组建）更名重组而成。截至2009年年底，红塔集团以母分公司形式拥有云南省内玉溪卷烟厂、楚雄卷烟厂、大理卷烟厂、昭通卷烟厂4家不具有法人资格的生产厂；控股海南红塔卷烟有限责任公司、红塔辽宁烟草有限责任公司、香港红塔国际烟草有限公司、红塔瑞士有限公司、老挝寮中红塔好运烟草有限公司；参股吉林烟草工业有限责任公司；拥有云南红塔集团有限公司和云南红塔烟叶物资有限责任公司2个全资子公司。拥有总资产684.98亿元，其中，固定资产65.67亿元、流动资产378.87亿元，资产负债率为17.53%。红塔集团（包括玉溪、楚雄、大理、昭通卷烟厂）共有从业人员24128人，其中在岗员工9929人，博士研究生学历8人、硕士研究生学历257人、本科学历1788人，专业技术聘任人员3698人，高级技师13人、技师684人。

2009年，红塔集团被国务院国有资产监督管理委员会评为“2008年度信息报送先进单位”、“2009年重点企业信息报送先进单位”；被国家统计局云南调查总队评为“2008年度云南省企业（集团）统计工作先进单位”、“2009年企业集团监测调查专业统计一等奖”、“采购经理统计调查专业二等奖”，被国家统计局评为“2007年全国投入产出先进单位”；被云南省政府授予“云南省标准化工作贡献奖”；被云南省质量协会、云南省总工会等部门联合评为“2009年云南省质量管理小组活动优秀企业”；被中国文化管理学会评为“中国文化管理十佳单位”。红塔集团技术中心被中华全国总工会评为“全国女职工建功立业标兵岗”。

【领导成员】 董事会

董事长：柳万东

董　事：李新军　李穗明　李天飞　周少南　张　峻　孙　玲　张国良　谢昆或　蒋顺华　李剑波

监事会

主　席：曹　航

监　事：施永超　魏琼仙　赵建华　杨　柱

经理层

总　裁：李穗明

副总裁：张国良　谢昆或　蒋顺华　葛乎明　李剑波　王　勇　张建华

总裁助理：金亦斌

财务总监：张　萌

集团巡视员：张国良　马曙勋（2009.8～9）

集团调研员：马曙勋（—2009.8）　官润芬

党委会

党委书记：柳万东（—2009.10）

党委书记：谢昆或（2009.10—）

党委副书记、纪委书记：施永超

党委委员：李穗明　曹　航　李德贤　吕子军

吕　坚　王敏慧　夏开元　赵　明

工会主席：曹　航

【机构设置】 红塔集团本部设办公室、人力资源部、党委工作部、财务部、经济运行部、装备技术部、安全生产委员会、纪检监察办公室、集团工会共9个部门，市场营销中心、技术中心、生产制造中心、物资采购中心（对外称“云南红塔烟叶物资有限责任公司”）4大中心。

【卷烟生产经营】 2009年，红塔集团省内玉溪、楚雄、大理、昭通4个卷烟厂共生产卷烟1697.45亿支（339.49万箱），同比增长2.12%。生产内销卷烟1664.5亿支（332.9万箱），同比增长1.87%，其中一类烟258.8亿支（51.76万箱），同比增长13.68%；二类烟2.6亿支（0.52万箱），同比增长8.33%；三类烟843.95亿支（168.79万箱），同比增长25.73%；四类烟431.65亿支（86.33万箱），同比下降28.38%；五类烟127.5亿支（25.5万箱），同比下降1.92%。生产出口卷烟32.95亿支（6.59万箱），同比增长17.05%，其中一类烟10.25亿支（2.05万箱），同比增长5.67%；三类烟13.7亿支（2.74万箱），同比增长275.34%；五类烟9亿支（1.8万箱），同比下降39.19%。

全年内销卷烟1646.7亿支（329.34万箱），同比增长2.72%，其中一类烟261.15亿支（52.23万箱），同比增长25.16%；二类烟1.4亿支（0.28万箱），同比下降42.86%；三类烟827.7亿支（165.54万箱），同比增长23.92%；四类烟429.15亿支（85.83万箱），同比下降34.65%；五类烟127.3亿支（25.46万箱），同比增长4.6%。出口卷烟31.95亿支（6.39万箱），同比增长13.3%，其中一类烟10.25亿支（2.05万箱），同比增长5.13%；三类烟13.7亿支（2.74万箱），同比增长275.34%；五类烟8亿支（1.6万箱），同比下降45.95%。

全年红塔集团本部及省内四厂实现销售收入402.39亿元，同比增长10.42%。实现税利300.2亿元，同比增长10.08%，其中利润39.44亿元。三项费用率为9.95%。

控股企业红塔辽宁烟草有限责任公司生产卷烟260.3亿支（52.06万箱），同比下降0.02%；销售卷烟260.5亿支（52.10万箱），同比增长0.31%；实现税利27.36亿元，同比增长9.31%，其中利润3.3亿元。海南红塔卷烟有限责任公司生产卷烟82.5亿支（16.5万箱），同比增长6.93%；销售卷烟82.05亿支（16.41万箱），同比增长8.53%；实现税利7.12亿元，同比增长15.21%，其中利润1.27亿元。

参股企业吉林烟草工业有限责任公司生产红塔集团品牌卷烟69.7亿支（13.94万箱），同比下降25.05%。

全年红塔集团卷烟品牌共实现联营加工生产677.95亿支（135.59万箱），同比增长0.21%。

全年卷烟生产综合能耗为2.86千克标煤/万支，烟叶、滤棒、盘纸平均消耗分别为6.246千克/万支、1676.78支/万支、607.1米/万支，水、电平均消耗为0.087吨/万支、5.19千瓦时/万支。

【主要产品】 2009年，红塔集团新开发了“玉溪（软和谐）”、“玉溪（软境界）”、“红塔山（软经典100）”、“红塔山（硬国际100）”卷烟，“玉溪（硬境界）”、“红塔山（硬人为峰）”卷烟停产。全年“玉溪”、“红塔山”、“红梅”三大品牌工业销量分别为260.55亿支（52.11万箱）、1079.4亿支（215.88万箱）、871.35亿支（174.27万箱）（以上数据均含联营加工），同比分别增长25.17%、增长26.43%、下降7.9%；年工业销售额分别为253.95亿元、368.31亿元、141.12亿元，同比分别增长29.84%、增长30.53%、下降10.43%。“玉溪”品牌全国商业销量位居一类烟第3位，“红塔山”品牌商业销量在全国性卷烟重点骨干品牌中排名第2位，在三类烟中销量排名第1位。

【原料保障】 2009年，红塔集团原料工作初步实现了从“种什么买什么”向“要什么种什么”的转变，从传统买卖关系向品牌导向型生产关系转变，从严格工商分离向加强工商协同转变，全年完成国内外烟叶采购21.64万吨（432.74万担）。制订《核心原料基地单元建设规划》，在全国11个省、43个县签订了基地单元建设及新烟区开发协议，开展烟叶资源配置方式改革试点工作。在玉溪、楚雄、大理、昭通四州（市）开展600亩的“NC297”、“NC471”品种区域适应性试验和肥料梯度试验，绿色有机烟叶种植研究获得东方嘉禾认证有限责任公司认证。采用新的烟叶83级工业分级体系，对9.68万吨（193.52万担）烟叶进行细化分级，分切打叶、核心模块加工（特色工艺）取得阶段性成果。

【科技创新】 红塔集团技术中心成立于1997年，1998年被国家经贸委、国家海关总署、国家税务总局认定为国家级企业技术中心。2001年5月，经国家人事部、全国博士后管理委员会批准设立企业博士后科研工作站。2003年3月，技术中心质量监督检测站通过中国实验室国家认可委员会，成为国家认可实验室，并于2008年再次通过中国合格评定国家认可委员会（CNAS）现场复评审。技术中心下设综合管理科、产品研究开发一室、产品研究开发二室、香精香料研究室、原料研究室、工艺技术科、工艺管理科、产品策划室、烟草化学研究室、质量监督检测站10个职能科室（站）。

2009年，技术中心不断增强创新能力，突出产品特色，提高产品质量，提升产品市场核心竞争力，在减害降焦、产品研发、原料研究、特色工艺推广、卷烟品牌许可生产均质化加工等方面取得显著成效。全年申请专利7项（发明专利1项，实用新型专利6项），获实用新型受理专利3项，获实用新型授权专利4项；发明专利初审合格5项，发明专利进入实质审查5项。发表科技论文78篇（国内核心期刊76篇，国际重要期刊SCI源刊2篇），参与制定标准52项（国际标准1项，行业标准4项，企业标准47项）。年内，申请国家局、云南中烟工业公司鉴定项目14项，获奖14项，其中，获中国烟草总公司科技进步奖二等奖1项，云南省科技厅科技进步奖三等奖3项，云南中烟工业公司科技进步奖10项。

红塔集团技术中心在国家发展和改革委员会公布国家认定企业技术中心年度评价结果名列全国烟草行业第一位，首次排名云南省企业技术中心第一位。

【市场营销】 2009年，红塔集团围绕“努力打造世界领先品牌”战略目标，深入实施“做精做强‘玉溪’，做强做大‘红塔山’”的品牌发展战略，确立“玉溪”在高档品牌中的强势地位，努力把“红塔山”打造成为世界领先品牌。巩固并提升“玉溪”和一、二类“红塔山”的市场竞争力，发挥“红梅”品牌战略性资源作用，高度关注市场变化，确保价格稳定，加强品牌维护，实现品牌“结构不断优化，档次持续提升，价格保持稳定，销量稳定增长”。

红塔集团市场营销中心不断深化中心非法人实体建设，完成了组织机构调整，建立四部一室（业务部、品牌部、物流部、政工部、办公室）、33个省区的组织架构。以高端产品销售为重点，组织开展“玉溪（软和谐）”、“红塔山（经典150）”、“红塔山（国际100）”等上市推广活动。加强市场分析研究，制定集团品牌中长期发展规划，推动建立品牌管理“规划—计划—方案”的战略战术执行体系，重点开展集团各级市场的深度调研，完成《新二类市场的研究分析报告》等10多篇专题研究报告。加强工商协同营销理论探索，牵头完成“工商协同准确定位研究子课题”和“工商协同营销评价体系研究子课题”的研究。加强工商战略合作，同22个省级商业公司签订工商协同战略合作协议。8月，挂牌成立市场营销中心东北分中心，完成红塔集团营销团队与红塔辽宁公司营销团队的全面整合。

【多元化经营】 云南红塔集团有限公司原名为云南红塔（集团）总公司，1993年11月成立，注册资本56亿元。1996年1月，云南红塔（集团）总公司申请注销的同时改制为云南红塔实业有限责任公司，2001年7月更名为云南红塔投资有限责任公司，2003年12月更名为云南红塔集团有限公司，负责红塔集团多元化经营管理。云南红塔集团有限公司为跨行业、跨地区、跨所有制经营的集团化企业，投资项目涉及能源、交通、金融、化工、酒店、医药、建材、机电、汽车等领域。截至2009年年底，云南红塔集团有限公司全资、控股和参股的投资项目69个，公司本部累计实现利润46.49亿元，其中2009年公司本部实现利润3.3亿元。

【企业管理】 标准化管理。组织开展企业标准体系自评，编制并下发集团标准化工作规划（2009－2011）和集团2009年度标准制修订计划表，牵头承担或参与行业标准制（修）订13项。2009年，红塔集团成为行业首家通过国家标准化管理委员会现场审核确认的国家AAAA级“标准化良好行为企业”，被云南省政府授予“云南省标准化工作贡献奖”。

对标管理。成立对标工作领导小组，下设对标工作办公室，建立对标联系人制度，以加强全面预算管理、突出成本费用控制作为对标工作的中心环节，引导各中心、卷烟厂实行标杆管理。在行业公布的40项指标中，红塔集团有23项达到或超过行业平均水平。

绩效管理。修订完善《红塔集团绩效管理制度》、《绩效考核与分配挂钩管理办法》，制定《“四大中心”非法人实体建设考核激励管理方案》，对绩效考核指标的设计思路进行调整，完善集团及部门年度关键绩效指标。将对标指标纳入绩效考核体系，提升集团对各部门绩效工资的可控比例。严格考核，充分发挥绩效考核的激励作用。

全面质量管理。完善质量管理体系，制定卷烟产品质量综合评价标准，下发《红塔集团关于进一步加强质量管理工作的通知》，组织开展质量管理专题调研工作，发布《质量管理工作改进措施计划表》和《质量管理标准修订计划表》。多次召开质量管理专题会议，明确质量事故的主责部门和整改措施。完善烟用材料和采购标准中质量指标的检测方法，加强质量风险评估预警机制，启动烟用材料质量控制前移管理考核体系，在进入卷烟生产过程前杜绝原料、烟用材料使用质量风险，建立涵盖安全、卫生、质量、成本以及设备适应性的烟用材料质量综合评价体系。2009年，红塔集团卷烟产品在行业各级质量抽检中，合格率均为100%，达到行业要求。

【信息化建设】 优化ERP系统，实施管理信息系统深化项目，通过与ERP的完整集成，构建了以ERP管理信息系统为核心，以业务流程整合为目标，满足集团生产经营业务及管理需求的新的红塔集团管理信息系统平台。规范信息建设标准，构建集团数据中心，加快资源整合，加强数据管理，推进信息化项目建设。年内安排信息化建设项目21项，其中，竣工项目12项，在建项目9项。加强信息化标准体系建设、信息化制度建设、信息化考核等工作，促进信息技术与管理的融合。在信息化建设工作中引入新的管理理念，按照授权与专业化管理相结合的原则，健全管理制度和管理标准，组织编制了《员工代码编制方法》、《半成品代码编制方法》等5个标准，修订并发布了《计算机网络建设标准》等标准。

【合作交流】 加强工商合作，与沈阳市烟草公司签署工商协同营销合作协议；与广西壮族自治区烟草公司签署战略合作协议；与北京市烟草公司等19家省（区、市）烟草公司签订工商协同营销战略合作协议。

开展国际市场拓展工作，与国际合作企业进行多次交流和沟通，为红塔集团下一步推进以东南亚、东欧和欧洲、南美、中东为主的“四大板块”市场开拓打好基础。年内，伊朗国家烟草公司、伊朗工业部及伊朗美西国际烟草有限公司组成的访问团、老挝政府代表团等先后到红塔集团访问交流。

【技术改造】 2009年，红塔集团“中烟—施伟策再造烟叶”项目得到国家发展和改革委员会的正式批复，项目各项工作有序推进。玉溪卷烟厂复烤一车间易地搬迁技术改造项目由国家局发展计划司主持开标，完成总体规划方案招标文件的发售。玉溪卷烟厂新建烟叶存储仓库项目获中国烟草总公司批复，项目购置土地724.6亩，投资总额13亿元。元江复烤片烟醇化储备库新建项目获中国烟草总公司批复，项目购置土地95亩，投资总额1.9亿元。楚雄卷烟厂易地技改项目年内共启动建设115个工程，分选车间和30万担原烟堆场于9月1日投入使用，场区内一纵三横主干道路全面贯通，给排水工程等已建设完工，联合工房和打叶复烤工房正在建设。大理卷烟厂就地技改项目初步设计方案通过云南省住房和城乡建设厅审查，进入全面建设实施阶段。

【人力资源管理】 推进用工分配制度改革，制定《红塔烟草（集团）有限责任公司用工分配制度改革方案》，并于12月1日正式实施。

加强人才培养，成立人才开发管理科，加大人力资源规划及管理研究、员工职业发展通道建设和专业技术职务管理工作力度。全年红塔集团本部和省内四厂具有专业技术资格的在岗员工人数达3698人，其中，高级职称38人、中级职称1158人、初级职称2502人。全年共举办各类培训560项，培训员工34921人次；通过职业技能鉴定689人次，其中4人通过国家局组织的高级技师鉴定。与中国人民大学联合举办2006级工商管理硕士（MBA）班，有43名学员取得硕士学位。举办首届以高速机为主的“红塔杯”烟机设备维修职业技能竞赛和首届卷包设备操作工技能竞赛。参加第四届全国烟草行业烟叶分级职业技能竞赛，1名员工被授予“全国烟草技术能手”称号。

【思想政治工作】 学习贯彻中共十七届四中全会精神。及时下发学习贯彻十七届四中全会精神的文件通知，组织集团领导成员进行学习。集团机关党委以及玉溪、楚雄、大理、昭通卷烟厂党委分别举办专题辅导讲座，邀请中国人民大学王向明教授、云南省委党校吴家骥、欧黎明教授，从《中共中央关于加强和改进新形势下党的建设若干重大问题的决定》形成的背景和意义、《决定》的主要精神等方面，分析了十七届四中全会的精神实质、时代内涵和重要意义，对学习和贯彻落实《决定》的关键要点、方向目标等提出了具体要求。各单位以多种形式向广大干部、党员、员工传达中共十七届四中全会精神。

深入学习实践科学发展观活动。组织开展深入学习实践科学发展观活动。全年组织学习培训活动11次，收集各类意见建议234条，形成包含9个方面共计28条意见和建议的《中共红塔集团党委贯彻落实科学发展观情况分析检查报告》，制定了《学习实践科学发展观活动整改落实方案》。编发活动简报30多期，在《中国烟草》杂志等媒体发表宣传红塔集团学习实践和实现科学发展的相关文稿30多篇。以问卷形式组织开展职工思想调查，促进学习实践科学发展观活动与红塔集团改革发展的有机结合。

【党风廉政建设】 建立健全反腐倡廉制度，印发《红塔集团贯彻落实<建立健全惩治和预防腐败体系2008~2012年工作规划>实施办法》和《红塔集团督察工作规定（试行）》。红塔集团董事会、监事会成员和党政领导班子成员分别与云南中烟工业公司党组签订廉洁从业承诺书，集团省内四厂纪检监察部门与重点岗位中层管理人员和业务人员签订《廉政承诺书》或《履职承诺书》。

加强廉政监督，成立督察室，加强对集团重大工程项目、重大采购项目、重大资金使用及其他重大工作执行情况的监督检查。全年各级纪检监察部门参加工程项目、物资采购、宣传促销招标投标、商务谈判等廉政监督活动1117次，签订《工程建设廉政合同》414份。

开展反腐倡廉教育活动，全年组织观看正反典型案例警示教育片十几部60场次，受教育人数达3000人次。邀请《中国纪检监察报》、云南省纪委、玉溪市检察院等单位领导为相关人员作专题报告和关于商业贿赂和预防职务犯罪的专题讲座。组织重点部门和关键岗位的中层管理人员和业务人员400余人到警示教育基地和监狱实地参观。采取廉政教育专题报告会、演讲比赛、廉政座谈会、编发廉政短信、寄送廉政慰问信等形式开展廉政文化教育活动11次，1211人次参与。

【企业文化】 2009年，红塔集团围绕“促进文化落地”的企业文化建设核心工作，大力推进母子文化建设，以行业行为规范建设试点工作为契机，推动集团行为文化建设上水平。制定下发《红塔集团深入推进母子文化建设指导意见》，加强对各生产厂子文化建设的管理和指导，深化母子文化建设。以玉溪卷烟厂、红塔辽宁公司为试点，推进子文化系统建设，开展红塔母子文化建设交流活动，加快省内四厂、四大中心的子文化系统建设进度。开展红塔文化架构体系的宣贯活动，围绕行业文化架构体系和红塔文化理念体系，进行红塔文化宣讲和培训。启动行业行为规范文化建设试点工作，形成红塔集团行为规范试点建设实施方案，初步提炼企业窗口岗位和技术研发人员、市场营销人员、原料供应人员的职业行为规范。

【特事要辑】 3月10日，伊朗国家烟草公司理事长阿布塔黑和国会议员达斯特该布及工业部成员组成的代表团，在伊朗美西国际烟草有限公司总裁蔡世泽的陪同下访问红塔集团。

4月24日，安哥拉人民解放运动中央外事部部长爱德华多·曼努埃尔一行访问红塔集团。

4月25日，国家民政部部长李学举在云南省委副书记、省长秦光荣等领导陪同下到昭通卷烟厂调研。

5月16日，中国企业联合会、中国企业家协会会长、原全国政协副主席王忠禹一行考察红塔集团。

6月4日，俄罗斯烟草考察团到红塔辽宁烟草有限责任公司沈阳卷烟厂参观考察。

6月18日，中共云南省委常委、省纪委书记李汉柏到红塔集团考察指导党风廉政建设和反腐倡廉工作。

6月22日，红塔集团主办的《红塔时报》获“科赛杯”2008全国企业报刊新闻奖“最佳报刊奖”，《红塔山·大经典上市专刊》获“企业新闻宣传最佳创意奖”。

6月25日，驻国家局纪检组组长潘家华到红塔集团现代烟草农业建设示范区调研。

6月29～30日，国家局副局长何泽华在云南省人大常委会副主任程映萱的陪同下，到红塔集团现代烟草农业示范点——临沧市临翔区勐托示范区调研。

7月8日，云南省副省长曹建方到红塔集团调研。

7月16日，由红塔集团承办的“中国烟草与英美烟草国际品牌研讨会”在云南丽江举行。

7月20日，老挝沙湾省副省长兼农业厅厅长坎培·潘塔忠一行到红塔集团参观考察。

7月20日，法国摩迪公司首席执行官维卢泰一行到红塔集团参观。

8月19日，印度烟草委员会主席巴布率代表团到红塔集团参观访问。

8月21日，国家标准化管理委员会主任纪正昆到红塔集团参观。

8月23日，越南国家工业贸易部副部长裴春区、国家烟草公司董事会主席阮太生、升龙卷烟厂厂长邓春方等到红塔集团参观考察。

9月12日，国家局副局长张保振到玉溪现代烟草农业黄官示范区调研。

9月17日，由巴巴多斯政府经济事务部长戴维·埃斯特威克率领的巴巴多斯民主工党考察团到红塔集团参观考察。

10月12日，陕西省省长袁纯清到红塔集团参观考察。

10月14日，由帝国烟草、台湾三商福宝公司相关负责人和经销商组成的台湾经销商访问团到红塔集团参观访问。

10月28日，阿根廷胡胡伊省烟草合作有限公司董事会主席Mr. Del Frari Alino Carlos（弗拉里·阿里诺·伽罗斯）访问红塔集团。

10月28日，泰国烟草专卖局董事长Mrs. Jantima Sirisaongtaksin（简媞玛·希李圣塔信）率泰国烟草专卖局代表团访问红塔集团。

11月6日，红塔集团宣传片《峰起》、《经典·传奇》分别获国务院国资委“国投杯”大赛银奖、优秀作品奖。

11月9日，中共云南省委常委、纪委书记李汉柏到昭通卷烟厂调研。

11月13日，“卷烟上水平——大品牌发展新动力论坛”在云南玉溪举行，国家局副局长李克明，中共云南省委常委、省委宣传部部长张田欣，省人大副主任程映萱，副省长曹建方，省政协常务副主席管国忠，经济学家宋晓梧、樊纲等出席论坛。

11月13日，红塔集团举行2009年“红塔山”第200万箱和“玉溪”第50万箱下线庆典仪式。

12月25日，国家局副局长李克明到海南红塔卷烟有限责任公司检查指导工作。

12月26日，海南红塔卷烟有限责任公司易地技改工程在海口市琼山区云龙产业园区举行奠基仪式。

红塔烟草（集团）有限责任公司所属生产厂

红塔烟草（集团）有限责任公司玉溪卷烟厂

【概　况】 红塔烟草（集团）有限责任公司玉溪卷烟厂创建于1956年。1995年9月，玉溪红塔烟草（集团）有限责任公司组建，玉溪卷烟厂成为其核心成员企业。2007年7月，玉溪卷烟厂取消法人资格，成为红塔集团下属生产厂。厂区占地面积46.9万平方米，拥有打叶复烤线4条，制丝生产线5条，梗丝生产线2条，水法膨胀烟丝生产线1条，卷接包装机组76台（套），滤棒成型设备32台，设备年综合卷烟生产能力1100亿支（220万箱）。有在岗员工2976人。

【领导成员】 厂长、党委书记：夏开元

常务副厂长、党委副书记：马云参

副厂长、党委委员：李向东

副厂长、党委委员：司武元（2009年3月任党委委员）

纪委副书记、党委委员、工会副主席：张树荣（2009年3月任党委委员）

【卷烟生产】 2009年，企业生产卷烟（含出口烟32.9亿支）952.4亿支（190.48万箱），同比增长3.04%，其中一类烟269.05亿支（53.81万箱）、二类烟2.02亿支（0.404万箱）、三类烟470.4亿支（94.08万箱）、四类烟74.65亿支（14.93万箱）、五类烟136.30亿支（27.26万箱）。生产“玉溪”268.45亿支（53.69万箱）、“红塔山”461.7亿支（92.34万箱）、“红梅”201.95亿支（40.39万箱）、“MARBLE”（马宝）5.85亿支（1.17万箱）、“新兴”3.1亿支（0.62万箱）、“阿诗玛”10.5亿支（2.1万箱），加工“WEST”（威斯）0.85亿支（0.17万箱）。

全年卷烟生产平均消耗滤棒、盘纸、接装纸、商标分别为1676.75支/万支、609.60米/万支、0.33千克/万支、510.06张/万支。水、电消耗分别为0.056吨/万支、5.27千瓦时/万支，同比分别下降7.15%、14.1%。

【科技创新】 全年共计申报红塔集团科技进步奖71项，获奖44项；征集论文32篇，16篇论文获得云南省烟草学会工业专业委员会表彰；申报专利2项；申报QC成果92项。卷包一车间AGV系统优化QC小组和制丝一车间电气QC小组获“全国优秀质量管理小组”称号。

【质量控制】 建立了打叶复烤质量数据采集分析、制丝过程质量数据采集分析和卷包质量分析三大质量数据分析系统，工厂主要生产环节质量管理基本实现从结果检验向过程质量控制模式的转变。利用统计过程控制分析系统（SPC），实现质量信息的实时监控和实时发布。导入“6σ”质量管理方法，在卷包和制丝生产过程建立“6σ”评价模式。组织8次工艺质量管理内部评价考核。全年卷烟成品二级站、三级站抽检合格率均为100%；质量监督检测分站卷烟成品质量抽检A档质量水平比例为97.58%；市场投诉的缺陷率为0.692ppm，同比下降0.068ppm。

【成本控制】 出台《2010年玉溪卷烟厂技术经济指标考核办法》，采取原辅材料消耗专项控制、辅料来料验证管理控制等措施加强卷烟原辅材料消耗控制，全年卷烟单箱耗丝、耗叶同比分别下降0.25%、1.24%，卷烟废品同比下降0.33%。开展清洁生产实施审核、清洁生产合格单位审核、节能降耗宣传周、节能减排合理化建议及提案等节能创新活动。加强设备管理，卷包、制丝、膨胀烟丝、复烤环节设备修理费同比分别下降20.9%、7.41%、14.81%、45.3%。滤棒、接装纸、卷烟、商标纸损耗率均同比降低，根据《卷烟企业清洁生产评价准则》，分别得到5分、4分、5分、5分，接装纸和卷烟纸考核分值均同比提高2分。

【基础管理】 启动实施管理提升、技术进步、人才培养、文化培育“四大工程”，从思路、组织、措施三个层面构建、实施“工厂管理体系模型”，全年创优指标全面达标。启动工厂“卓越绩效管理模式”项

目，完成工厂目标指标搭建、过程能力分析、影响因素分析、改进措施计划等内容；开展首次卷烟厂管理成熟度评价活动，加快管理评价方式由“符合性”向“成熟度”转变，并培养起一批工厂自评师。10月，启动“加强班组建设”活动，制定《玉溪卷烟厂关于加强班组建设的实施意见》，4个试点车间编制完成班组建设策划方案。配合集团开展非法人实体建设工作，完成《玉溪卷烟厂非法人实体建设调研报告》，制订完善《玉溪卷烟厂非法人实体建设实施方案》。

【标准化工作】 完善全厂标准化管理体系，编制并发布《玉溪卷烟厂管理大纲》。利用红塔集团协同办公系统，搭建起协同办公系统玉溪卷烟厂标准化模块。工厂牵头申报的《卷烟生产过程产品安全卫生控制标准》通过专家答辩和国家局审定，更名为《卷烟生产过程产品卫生保障通则》后获国家局确认立项。6月，工厂通过国家AAAA级“标准化良好行为企业”现场审核确认。

【行业首家自主搬迁和调试超高速卷包设备】 2009年2月，玉溪卷烟厂重新规划本厂设备布局，对卷包一、二车间21台（套）设备进行调整搬迁，其中包括6台（套）PROTOS2－2、GDH1000超高速卷包设备。此次设备调整，是国内烟草企业首次自主完成超高速卷包设备PROTOS2－2、GDH1000的搬迁和调试工作，为红塔集团节省了大量搬迁、调试费用。

【思想政治工作】 2009年，玉溪卷烟厂以形成扁平、协同的党群组织核心一体化架构为方向，健全党、团、纪检、工会一体化工作机制，实现政工工作统一部署、实施和检查考评，建立起促进团队与个人发展的“政工工作体系”，实现政工体系与文化体系、业务体系、管理体系以及各政工部门间的“承上启下，纵横相贯，协同规范”，拓展了政工工作对工厂核心业务流程的支持空间。

红塔烟草（集团）有限责任公司楚雄卷烟厂

【概　况】 红塔烟草（集团）有限责任公司楚雄卷烟厂始建于1974年，1998年成为红塔集团的全资卷烟生产企业，2004年取消法人资格，成为红塔集团下属生产厂。厂区占地面积25.45万平方米，拥有12000千克/小时打叶复烤生产线1条，8000千克/小时制丝线1条，以及卷包机组27台（套）、AF2－KDF2－HCF3滤棒成型机组12台（套），设备年综合卷烟生产能力325亿支（65万箱）。共有在岗员工1722人。

2009年，楚雄卷烟厂被中共云南省委、省政府评为第十二批“省级文明单位”，连续13年保持“省级文明单位”称号。

【领导成员】 厂长、党委副书记：李泽良
副厂长、党委书记：王敏慧
副厂长、党委委员：高中华
副厂长、党委委员：彭黎明（2009.4—）
副厂长、党委委员：邓光新（—2009.4）
纪委书记、党委委员、工会主席：朱明言

【卷烟生产】 2009年，企业生产卷烟280.5亿支（56.1万箱），其中，生产三类烟186.65亿支（37.33万箱），同比增长83.15%；四类烟93.7亿支（18.74万箱），同比下降32.65%；五类烟0.15亿支（0.03万箱），同比下降99.57%。三类烟为“红塔山”系列卷烟，四、五类烟均为“红梅”系列卷烟。

全年卷烟生产平均消耗滤棒、盘纸、接装纸、商标分别为1672.28支/万支、607.9米/万支、0.324千克/万支、501张/万支。水、电消耗分别为0.07吨/万支、5.07千瓦时/万支，同比分别下降2.58%、2.91%。

【原料保障】 完成2.68万吨（53.53万担）烟叶采购任务，其中，上等烟叶占65%，中等烟叶占34.95%，国家局抽检合格率为63.28%。对“红花大金元”、“K326”、“NC297”、“云烟85”、“云烟87”等烟叶实施工业分级2.67万吨（53.31万担），集团抽检合格率为94%。

【技术改造】 2009年，楚雄卷烟厂易地搬迁技改工程共启动建设115个工程，完成合同金额10.15亿元。分选车间和30万担原烟堆场于9月1日投入使用，场区内一纵三横主干道路全面贯通，给排水工程建设完工；动力站房、锅炉房、110KV站等主体建筑完成，进入锅炉安装阶段；办公楼主体工程已封顶并转入装修；消防经警楼和易燃易爆品库基本建成；联合工房和打叶复烤工房正在建设。

【对标及创优工作】 全面开展对标工作和创建优秀卷烟工厂工作，成立以厂长为组长的对标工作领导小组和创优领导小组，设立相应的工作办公室；编制创优工作实施方案，选定了效率、能耗、成本费用、成本消耗、成本比重等39项改进指标。每月对标办公室和创优办公室对指标完成情况进行统计、监测、分析

及通报，各部门对照对标指标，查找差距，落实改进。全年制丝平均合格率99.50%，卷包平均合格率99.56%，包装与卷制质量水平A档比例为95.57%，在国家烟草质检中心、省烟草质检站及红塔集团技术中心抽查中，合格率达100%。

【标准化工作】 持续推进“三标一体”管理体系建设，完善管理制度，修订形成9项管理标准，使全厂管理标准达92项，全面覆盖生产管理各环节。开展企业标准体系自评，顺利通过国家AAAA级“标准化良好行为企业”现场验收确认。

红塔烟草（集团）有限责任公司大理卷烟厂

【概　况】 红塔烟草（集团）有限责任公司大理卷烟厂始建于1950年，1995年成为红塔集团的全资卷烟生产企业，2004年取消法人资格，成为红塔集团下属生产厂。厂区占地面积40万平方米，拥有12000千克/小时打叶复烤生产线1条，6700千克/小时制丝线1条，以及卷包机组15组，设备年综合卷烟生产能力250亿支（50万箱）。共有在岗员工1399人。

2009年，大理卷烟厂被云南省住房和城乡建设厅评为“云南省园林式单位”。

【领导成员】 厂长、党委副书记：杨煜文

副厂长、党委书记：吕　坚

副厂长、党委委员：王洪云

副厂长、党委委员：李志新

纪委书记、党委委员、工会主席：范　斌

【卷烟生产】 2009年，企业生产卷烟208亿支（41.6万箱），同比增长1.71%，其中，生产三类烟98.9亿支（19.78万箱），同比增长60.04%，均为“红塔山”系列卷烟；四类烟109.1亿支（21.82万箱），同比下降23.55%，均为“红梅”系列卷烟。

全年卷烟生产平均消耗滤棒、盘纸、接装纸、商标分别为1669支/万支、603米/万支、0.33千克/万支、500.6张/万支；水、电消耗分别0.072吨/万支、4.61千瓦时/万支。

【原料保障】 完成3.25万吨（65万担）烟叶采购任务，其中，上等烟叶占55.31%、中等烟叶占44.69%，国家局抽检合格率为62.7%。对大理南涧、巍山两县的“红花大金元”烟叶实施工业分级1.3万吨（26万担），集团抽检合格率为94.8%。

【科技创新】 申请“射吸式双元喷嘴”等9项专利并获得受理；“一种滤筒自动清洁机”获得实用新型专利授权。截至年底，大理卷烟厂共拥有专利4项。

【技术改造】 加快实施就地技改项目。1月12日，大理州委、州政府召开大理州烟草产业发展座谈会，研究部署加快推进技改项目的实施；4月底，大理州大理市政府向卷烟厂正式移交新征地块；7月，项目初步设计方案通过云南省住房和城乡建设厅审查；9月28日，举行项目奠基仪式和开工典礼，就地技改项目进入全面建设实施阶段。

【质量管理】 确立“追求产品质量零缺陷”的质量愿景和“三个坚定不移”（坚定不移地树立质量第一、执行内控标准严于集团标准、执行严格考核不动摇）的质量方针，针对不同部门设定不同的考核标准和权重，严格考核。加强工艺技术管理，严格工艺标准、工艺纪律，强化过程控制，开展在线卷烟工艺技术与新工艺的研究应用。加强与烟用物资供应商的沟通与合作，与供应商签署《烟用物资采购质量协议》。开展质量意识教育、质量文化宣贯活动。全年，卷烟成品合格率99.61%，卷烟产品质量检验综合平均得分89.73分，卷烟质量抽检合格率保持100%。

【内部改革】 开展工厂非法人实体建设，成立非法人实体建设领导组和办公室，并草拟实施方案；9月，非法人实体工作正式启动运行。推进劳动用工分配制度改革，完成岗位工资首次套改。

【合作交流】 积极参与红塔集团对外合作和品牌许可生产，加大与越南和阿根廷的合作交流。继2008年调运1台（套）SUPER9－GDX2卷接包联合机组给越南升龙卷烟厂后，2009年先后派出4批技术人员，协助升龙卷烟厂生产卷烟8000箱，实现集团品牌在越南市场的落地销售。完成调往阿根廷设备的相关手续的办理。参与红塔集团省外品牌联营加工，派遣5批16人次质检员分别到长春卷烟厂和哈尔滨卷烟厂开展品牌许可生产质量监督工作。

红塔烟草（集团）有限责任公司昭通卷烟厂

【概　况】 红塔烟草（集团）有限责任公司昭通卷烟厂始建于1970年，2005年与红河卷烟厂合并重组为红河卷烟总厂，2007年5月依法更名改制为红河烟草（集团）有限责任公司昭通卷烟厂。2008年11月8日与红塔烟草（集团）有限责任公司实现重组整合，

12 月 10 日正式挂牌成立，成为红塔集团下属生产厂。厂区占地面积 100 万平方米，拥有 12000 千克/小时打叶复烤生产线 1 条，8000 千克/小时制丝线 1 条，3000 千克/小时制丝线 1 条，1140 千克/小时二氧化碳膨胀烟丝线 1 条，卷包机组 25 台（套），设备年综合卷烟生产能力 400 亿支（80 万箱）。共有在岗员工 2031 人。

2009 年，昭通卷烟厂卷包车间 3#机组被云南省总工会授予“云南省工人先锋号”称号。

【领导成员】 厂长、党委委员：王　勇（兼任）

党委书记：赵　明

副厂长、党委委员：张学忠

副厂长、党委委员：宋国华

副厂长、党委委员：陈永伟

副厂长：胡发明

党委副书记：谢成明

纪委书记、党委委员、工会主席：杨　柱

【卷烟生产】 2009 年，企业生产卷烟 256.5 亿支（51.3 万箱），同比下降 0.29%，其中，生产二类烟 0.6 亿支（0.12 万箱），同比下降 94.47%；三类烟 101.65 亿支（20.33 万箱），同比下降 43.59%；四类烟 154.25 亿支（30.85 万箱），同比增长 153.70%。生产“红塔山”81.65 亿支（16.33 万箱）、“红梅”74.85 亿支（14.97 万箱）、“红河”100 亿支（20 万箱）。

全年卷烟生产平均消耗滤棒、盘纸、接装纸、商标分别为 1687.67 支/万支、600.32 米/万支、0.30 千克/万支、502.10 张/万支；水、电消耗分别为 0.24 吨/万支、5.49 千瓦时/万支，同比分别下降 27.27%、32.72%。

【原料保障】 完成 1 万吨（20 万担）烟叶采购任务，其中上等烟叶占 49.92%、中等烟叶占 50.07%。完成 0.2 万吨（4 万担）“K326”烟叶的工业分级，集团抽检合格率为 92.8%，对“云烟 97”、“云烟 87”烟叶实施常规分选 0.33 万吨（6.67 万担）。

【企业管理】 开展了创建“优秀卷烟工厂”、“对标”、“节能减排”等一系列工作。成立创优和对标工作领导小组，对行业内先进卷烟制造工厂的各项可比指标进行收集整理，明确改进方向。推进“三标一体”管理体系建设和标准化建设，全面修订完善管理体系文件，8 月工厂“三标一体”管理体系通过认证，12 月通过国家 AAAA 级“标准化良好行为企业”认证。

【设备管理】 启动设备分类管理工作，卷包设备平均有效作业率提高至 87.40%，制丝、打叶设备故障停机率降为 0.23%、0.91%。持续实施设备检修、大修工作，加大设备引进、置换和技术改造工作力度。全年共完成 3 台 B1 包装机组的大修，4 组 ZJ19B 卷接机的购置安装调试，新购 6 组 KDF3 滤棒成型机组置换原 KDF2 成型机组等一系列机电设备的技术改造。

【用工分配制度改革】 完成用工分配制度改革，把绩效奖金与岗位级别、工作绩效挂钩，加大绩效奖金在收入分配中的比重，体现了收入与岗位所承担的工作责任、价值和技能的匹配平衡。完成“四定”和薪酬套改阶段性工作。按照“双向选择，竞争上岗”的原则，完成全员新一轮的竞争上岗。

红云红河烟草（集团）有限责任公司

【概　况】 红云红河烟草（集团）有限责任公司（以下简称“红云红河集团”）成立于 2008 年 11 月 8 日，由原红云烟草（集团）有限责任公司和原红河烟草（集团）有限责任公司红河卷烟厂、新疆卷烟厂合并组建。2009 年，昆明卷烟分厂整体并入昆明卷烟厂。截至年底，下辖昆明卷烟厂、红河卷烟厂、曲靖卷烟厂、会泽卷烟厂、新疆卷烟厂、乌兰浩特卷烟厂 6 个生产厂，控股山西昆明烟草有限责任公司，参股内蒙古昆明卷烟有限责任公司。拥有总资产 507.25 亿元，其中，固定资产 52.92 亿元、流动资产 366.96 亿元，资产负债率为 31.62%。有从业人员 18498 人，其中在岗员工 10937 人。

2009 年，红云红河集团被中国企业联合会、中国企业家协会评为“中国企业 500 强第 118 位”、“中国制造业 500 强第 53 位”、“2009 中国企业效益 200 佳第 39 位”，被中华全国总工会授予“全国五一劳动奖状”，被中国质量协会、中华全国总工会、中华全国妇女联合会、共青团中央、中国科学技术协会联合授予“全国质量管理小组活动优秀企业”称号。

【领导成员】 董事会

董事长：邱建康

董　事：朱绍明　姚庆艳　顾　波　俞瑞方　陆宪生　赵子敏　祁 燕

郭 曼　武　怡　许力为　谷　宏　毕凤林

监事会

主　席：文华玖

监　事：陆　琪　董翠珍　周芳旭　宁宏元

总裁班子

总　裁：朱绍明

副总裁：武　怡　许力为　谷　宏　毕凤林　和国刚　李　恒　冯　斌　王家寿

巡视员：俞瑞方　马子肖

总裁助理：代　伟　王绍坤

调研员：方康宁　田　福　袁建华　郑楚声（2009.11—）

党委班子

党委书记：姚庆艳

党委副书记、工会主席：朱俊英

纪委书记、党委委员：魏志刚

党委委员：邱建康　朱绍明　杨校平　谷　宏　马　珍　肖亚泽　刘凤书　张树山

【机构设置】　2009年，红云红河集团对集团总部组织机构进行了调整。1月，昆明卷烟分厂并入昆明卷烟厂；营销中心下设11个区域总部、5个职能部，区域总部下设11个综合部、34个市场部，职能部下设11个业务科。2月，技术中心增设红河分中心及下属科室；采购中心下设6个职能部；财务部、审计部下设驻厂科更名为××厂财务科、××厂审计科，增设红河卷烟厂财务科、审计科。4月，暂停组建多元化投资管理公司，成立多元化投资管理部。7月，成立设备基建部，制造中心相应职能划转该部；制造中心下设5个职能部；昆明技改指挥部职能及人员整体划转昆明卷烟厂，更名为昆明卷烟厂技改指挥部；设立计划生育管理办公室，与工会综合办公室合署办公。10月，技术中心增设技术情报室，与办公室合署办公。12月，成立内部监督管理办公室，与审计部合署办公。

截至2009年年底，红云红河集团总部下设4中心14部室，即营销中心、技术中心、制造中心、采购中心、党政办公室、人力资源部、发展改革部、财务部、审计部、信息管理部、海外拓展部、宣传策划部、行政管理部、设备基建部、多元化投资管理部、政工部、纪检监察部、工会综合办公室。

【卷烟生产经营】　2009年，红云红河集团共生产卷烟（不含出口烟）2102.4亿支（420.48万箱），同比增长2.51%，其中一类烟182.95亿支（36.59万箱）、二类烟17.8亿支（3.56万箱）、三类烟760.45亿支（152.09万箱）、四类烟939亿支（187.8万箱）、五类烟202.2亿支（40.44万箱）。销售卷烟（不含出口烟）2105.9亿支（421.18万箱），同比增长2.68%，其中，销售一类烟184.1亿支（36.82万箱）、二类烟20.7亿支（4.14万箱）、三类烟762.8亿支（152.56万箱）、四类烟936.7亿支（187.34万箱）、五类烟201.6亿支（40.32万箱）。生产出口卷烟12.45亿支（2.49万箱）。

全年实现销售收入456.36亿元，同比增长6.82%。实现税利353.34亿元，同比增长6.8%，其中利润66.15亿元，同比下降2.07%。三项费用率为7.95%。

全年万元产值综合能耗为14.02千克标煤，卷烟生产综合能耗为3.15千克标煤/万支。烟叶、滤棒、盘纸平均消耗分别为6.19千克/万支、2352.58支/万支、615.91米/万支，水、电消耗分别为0.10吨/万支、6.17千瓦时/万支。

【主要产品】　*品牌生产。*2009年，红云红河集团生产卷烟共11个品牌69个规格，主要生产品牌为“云烟”、“红河”、“小熊猫”等。全年销售“云烟”693.6亿支（138.72万箱），同比增长7.33%，其中，销售“云烟（软珍品）”152.25亿支（30.45万箱），同比增长18.14%；“云烟（紫）”377.05亿支（75.41万箱），同比增长17.7%。销售“红河”1009.8亿支（201.96万箱），同比增长15.96%。销售“小熊猫”134.15亿支（26.83万箱），同比增长24.92%。“云烟”、“红河”、“小熊猫”单品牌年创税利分别为201亿元、117.89亿元、29.64亿元，同比分别增长19.4%、21.69%、27.32%。三个品牌共销售1837.55亿支（367.51万箱），品牌集中度达78.13%。

*品牌整合与新产品上市。*红云红河集团始终把全面提升品牌市场竞争力作为经济运行的首要任务，着力提升“云烟”结构，扩大“红河”规模，突出“小熊猫”特色。2009年下半年，品牌整合全面提速，低类烟向非低类烟、四类烟向三类烟、三类烟向高三类烟加速转移，实现“红山茶”和“石林”快速有序整合，“福（银）”、“苁蓉”整合为“云烟”系列规格，全年低类“云烟”整合幅度达55%，“红山茶”、“石林”品牌整合幅度分别达到42.4%、53.9%。在品牌整合加速同时，强化新产品上市推广，“云烟（红印象）”、“云烟（WIN）”、“云烟（软紫）”、“红河（奔腾）”等新品销势平稳。

【市场营销】　推进工商协同一体化营销，完善战略、品牌、市场、信息、服务和评估“5+1”模式，与12家省级、25家市级烟草公司签订战略协议。深化全员营销，红云红河集团领导划片定点走访联系市场，密切工商关系。启动工商协同信息交互系统，在全国重点城市建立起370个零售终端信息采集点，按月、季、年度分省分市开展不同阶段、不同层次的货源预测，层层分解指标，实施“一省一策”、“一公司一策”、“一品一策”差异化营销。开展高层营销、会议营销、走访营销、宣讲营销、渠道营销，加强品牌文化、“清甜香”品类、口味特征的宣传推介。统一终端形象建设，并健全消费者满意度跟踪服务体系。

加大海外市场拓展力度，完成卷烟出口3.46万箱（含境外加工），同比增长26%，红云红河集团品牌销往39个国家和地区。

【原料保障】 与商业企业协同开展“云烟”、“红河”品牌导向型原料基地建设，实行“5+2”工商协同共建品牌导向型原料基地工作模式（即工商双方开展“原料发展战略目标协同”、“烤烟生产协同”、“烤烟收购调拨协同”、“科技项目协同”、“信息沟通协同”和“工商协同共建品牌导向型原料基地保障机制”、“工商协同共建品牌导向型原料基地评价机制”，以确保基地对红云红河集团高档高端卷烟品牌原料的保障能力），选择5省10市38县为原料基地，全年基地烟叶采购量达19.39万吨（387.8万担），占总采购量的90%。

推进原料差异化战略，承担开展特色优质烟叶开发等科研项目，以“红花大金元”和美国引进品种等作为基地主栽品种，云南省内基地实行一乡一品种植，分品种分烟叶单收单调，建立“云烟109”、“H3”、“SF04”等新品小区试验，推进优质烟叶向特色烟叶转变。

按照昆烟“三随机、两交换”、曲烟“智能型全封闭密码收购”、红烟“入厂调度制”的模式采购烟叶。截至2009年年底，红云红河集团共验收入库烟叶19.6万吨（392万担），占总采购计划的92%，其中省内烟叶16.99万吨（339.76万担），“红花大金元”等4个优良品种占红云红河集团省内调拨量的70.3%。

【科技创新】 围绕品牌发展战略，以“清甜香”品类构建为切入点，加快技术中心建设，深化产校院合作，筹备成立云南清甜香科技发展有限公司，以项目带动加快中式卷烟关键领域的突破性研究。加强品牌维护、新品开发和产品升级，完成“云烟（红印象）”、“云烟（WIN）”、“云烟（软紫）”、“红河（奔腾）”等二类新品研制。强化“减害降焦”研究，研发储备每支3毫克、5毫克、6毫克、8毫克等低焦油、低危害、高香气、高品质系列新品。重视产品质量安全，开展烟用材料VOC、重金属、烟气7种有害成分和16种禁用添加剂的检测和控制。构建“清甜香”技术支撑体系，实施“增香保润”重大专项，形成了一批具有自主知识产权的专有技术和专利产品，并成功转化应用到产品的改造开发中。

全年共完成国家局及云南中烟科技项目9项，获云南省科技进步奖3项，云南中烟科技进步奖8项，获发明专利授权2项、外观设计专利授权4项，红云红河集团累计获授权专利87项。7月，由集团技术中心承担的行业重大科技项目“利用化学指标体系表征卷烟产品品质特征的研究”通过国家局项目鉴定。

【多元化经营】 2009年，红云红河集团下属多元化企业（天恒大酒店、天平大酒店、红云医院、曲靖福牌实业公司、红河投资、红河实业、庆来学校、石林国际大酒店、九九物业、奎屯红雪莲公司、奎屯海纳尔物业、九九集团、红河雄风印业、昆烟劳动服务公司、曲烟实业集团）共实现业务收入5.62亿元，同比增长0.03%；实现利润611.65万元，同比增长1.3%。

【体制机制建设】 按现代企业和产权制度设立董事会、监事会、经理层和党委会，并制定公司章程、总裁班子和党委班子议事规则。组建集团总部4中心14部室的组织架构和相应的党工团组织，成立50多个跨部门管理委员会或领导小组。出台了涵盖集团各领域的20项基本管理制度及72个支撑细则和规定。昆明卷烟分厂整体融入昆明卷烟厂，技改指挥部划归昆明卷烟厂管理。

【企业管理】 红云红河集团把全面加强基础管理摆在重要位置，统一财务信息平台、会计政策、财务制度和会计科目，推行“分级负责，归口管理，统一审批”的全面预算管理，落实“价税财”联动政策，不断增强内部管控能力。

加强经济责任审计和技改工程、专卖设备购置等项目的招标审计监督，全年完成经济合同会审2454项、工程结算审核1234项，审减金额9075万元、审减率1.44%，参与招标比价项目480项，节约资金1.98亿元。

实行增收节支，先后下达两批增收节支指标共计4.44亿元，严格控制业务招待、宣传促销和公务用车等费用，持续规范采购流程，实施卷烟物资采购最高限价，全年累计降低烟用物资采购成本1.12亿元，管理、销售和财务“三项费用”同比共降低0.15亿元、降幅0.42%。

全面开展“贯标”、“对标”、“优秀卷烟工厂”创建活动和“企业标准化良好行为”建设。实施质量、卷烟物耗、环境安全、能源、设备、生产作业计划与现场管理、成本费用等“7项考核”工作。持续完善质量分析追踪判异标准和涵盖各生产环节的质量预警系统，突出关键工序、关键岗位和关键时段的过程监控，努力把生产厂打造为质量和成本控制中心。全年红云红河集团产品质量出口商检、行检、抽检合格率均为100%。

统筹集团产能布局，顺利完成昆烟和原昆烟分厂较大规模的设备整体搬迁整合，实施曲烟、山昆、蒙昆加工“红河”品牌技术改造，进一步形成了品牌互动加工、重点规格相对集中的生产格局。

全面推行清洁生产，分解落实节能减排目标，全年红云红河集团二氧化硫排放量为510.78吨，同比下降6.27%，烟草粉尘排放浓度平均值为22.12毫克/立方米，卷烟生产万元产值综合能耗同比下降6.47%，万支卷烟综合能耗同比下降4.83%。

系统推进“三标一体”建设，年初启动红河卷烟厂贯标认证工作，组织了集团年度内审，并顺利通过了北京新世纪认证公司现场审核和第三方监督审核。

加强安全设施、安全管理体系、安全管理队伍建设，完善应急预案，规范安全行为，实现集团安全工作“六无”目标。

开展QC活动，全年有3项成果获全国烟草行业QC成果奖，17项成果获云南中烟表彰，2个小组被评为“全国优秀质量管理小组”。

【信息化建设】 初步完成财务、营销、原料、生产等信息业务系统整合，红云红河集团信息化整体规划项目通过验收，ERP（企业资源管理系统）已报国家局审批，MES（生产制造执行系统）获批复同意实施。

【人才队伍建设】 全年共调整、聘任（任命）中级管理人员459人次，组织培训475期22874人次，录用应届毕业生130人。开展评优树模工程，有5名员工获“全国烟草技术能手”称号，其中1名员工同时获“全国技术能手”称号，12名员工获行业和云南中烟劳模表彰，评选出集团劳模10名，“红云红河之星”、标兵各20名，技术能手37名。

【组织建设】 红云红河集团党委下设7个基层党委、39个党总支、147个党支部、4411名党员。在2009年度党建目标考核中，各基层党委及所属各党总支（支部）参评率及达标率为100%，党员个人达标率及评议合格率为100%。把开展党组织活动与做好节能减排、挖潜增效，以及开展“三小”、“六个一”等群众性创新活动和构建绿色企业结合起来，昆明、红河、曲靖、会泽、新疆、乌兰浩特卷烟厂分别组织进行了“九对照九检查九提升”、“党建对标”、“1+1伙伴成长计划”、“明星机台”、“反分裂、促团结、维护稳定保生产”、“季星评比”等活动，做到组织建设与生产经营“两手抓、两不误、双促进”。

【科学发展】 开展深入学习实践科学发展观活动。按照“精简统一、扁平高效”的原则，健全机制、理顺流程、完善制度，采取属地管理、科学设置、归口工作的方式，做到党组织和行政的机构、工作机制、业务流程“三配套”。围绕科学发展，集团本部和昆明、红河、曲靖、会泽、新疆、乌兰浩特卷烟厂分别开展了“建设服务型机关党委”、“人心融合工程”、“责任、批评与超越”实践、“6S管理进班组”、“弱项指标整改”、“三定二查”工作模式、“感恩·敬业·责任”爱岗教育等专项活动。各级党组织通过召开党委中心组学习、专题报告会、民主生活会等形式，围绕“七个着力点”和“七个关键点”全面查找问题，共征求到意见建议7类117条，并制定整改落实方案。

【反腐倡廉建设】 加强内部监管，在规范的财务体系框架下，进一步统一会计核算，推动全面预算管理，规范财务审计监督，做到集权有度、授权合理、分权有序。加强过程监督，以落实党风廉政建设责任制为主线，以构建教育、制度、监督并重的预防和惩治腐败体系为重点，加强对“三重一大”事项的过程监督。加强廉政教育，采取参观警示教育基地、举办廉政讲座、开展廉政警示教育月活动等形式，延伸教育覆盖面。2009年，对561项次招投标进行监督，对重点部门、重点岗位人员集中教育12场次。

【民主管理】 2009年，红云红河集团召开一届一次职代会，选举产生了职工董事、职工监事；红河卷烟厂组建了职代会，各生产厂、控股、参股企业相继召开职代会。闭会期间，多次召开各分团长联席会议，讨论通过集团重大决策，并讨论涉及职工利益的重要事项。在总裁办公（扩大）会、党政联席会、党委中心组学习（扩大）会等会议上通报重要工作，每季度进行经济运行情况通报，组织市场营销形势生产厂专题报告会。遵循“董事会支持、党政主导、部室配合、工会组织、职工参与”的模式，实施公司—中心（部室）、生产厂—车间（科室）—班组四级事务公开，在昆明卷烟厂召开第一次司（厂）务公开现场会。通过会议、报纸、简报、电视、网站、办公系统、公开栏等多种形式积极推动内部信息公开渠道建设，定期或不定期公开各类信息。开展合理化建议工作，充分发挥职工代表的作用，专题研究收集到的221条提案和建议，分成4个类型43条，按照定项目、定部门、定人、定时间的原则进行回复。

【和谐建设】 红云红河集团以“和谐建设”为主旋律，牢固树立“两个至上”行业共同价值观，加强企业文化建设，积极构建以“和谐、创新、超越”企业精神为核心的文化理念体系。建立集团视觉识别系统，编印《红云红河集团视觉形象手册》，注重结合实际加强文化宣贯。以维护职工合法权益为重点，以抓好二级职代会建设为着力点，把工会建设成集团领导和各级组织联系职工的桥梁和纽带。健全青工职业技能提升机制和团干部培养机制，开展“岗位建功”主题实践活动创新工作。

全面推进用工分配制度改革，集团总部及昆明、曲靖、会泽卷烟厂于2009年1月起实施新的用工分配制度改革方案，红河、新疆、乌兰浩特卷烟厂于10月正式实施用工分配制度改革方案，集团员工用工分配制度改革满意度92%。加强信访稳定工作，设立集团及各厂爱心帮扶金，办理员工长期综合医疗团体健康保险，落实好离退休员工“六个老有”和“两项待遇”。

统一内外宣传，内聚人心、外树形象，《今日红云红河》获全国企业报刊评比一等奖，红云红河网站自6月1日改版后日均点击量3.5万人次，年访问量列中国烟草类网站第1位。积极承担社会责任，红云红河集团被评为“云南省社会扶贫先进单位”，营造了“上上下下红云红河人，里里外外大和谐”的氛围。

2009年，红云红河集团企业文化被中国企业联合会纳入全国企业文化优秀案例，获“中国企业文化十佳单位”称号。

【特事要辑】 3月26日，云南省副省长曹建方到曲靖卷烟厂考察调研。

4月28日，国家局副局长张保振一行到红云红河集团调研并参观昆明卷烟厂老年活动中心。

5月6日，云南省委副书记李纪恒到会泽卷烟厂调研技术改造工作。

5月15日，由中国卷烟销售公司主办，云南中烟工业公司和红云红河集团承办的“云烟品牌发展论坛”在昆明开幕。国家局局长姜成康，云南省委副书记、省长秦光荣，云南省人大常委会副主任程映萱，云南省副省长曹建方出席论坛开幕大会。

5月15日，国家局局长姜成康在云南省人大常委会副主任程映萱、副省长曹建方等领导陪同下，到昆明卷烟厂易地技改项目工地考察。

5月20日，红云红河集团举行爱心帮扶金启动仪式。

6月19日，红云红河集团捐资200万元在昆明理工大学设立“红云园丁奖”及“红河助学金”，省人大常委会副主任杨保建、副省长曹建方等出席捐赠仪式。12月2日和29日，红云红河集团先后在云南农业大学、云南财经大学分别捐资100万元，各自设立“红云园丁奖”及“红河助学金”，副省长曹建方、省政府副秘书长蒋兆岗等出席捐赠仪式。

7月23日，“中式卷烟风格感官评价方法研究”研讨会在昆明举行。

7月29日，国家局副局长何泽华到乌兰浩特卷烟厂调研。

8月7日，云南省委副书记李纪恒、省委调研组和红河州委州政府领导一行到红河卷烟厂调研。

8月11日，红云红河集团与北京市烟草公司在北京举行工商协同营销新品上市推介会，姜成康、何泽华等出席推介会。

9月4日，曲靖卷烟厂技改项目奠基，云南省政协主席王学仁、副省长曹建方、省政协副主席王学智等出席奠基典礼。

10月10日，红云红河集团与丽江市宁蒗县签订设立“红云红河爱心助学金”协议书。

10月19日，国家局副局长张辉到昆明卷烟厂易地技改工地调研。

11月11日，“云烟”品牌工商协同培育总结会在昆明举行。何泽华、曹建方、蒋兆岗等出席大会。

12月28日，红云红河集团在昆明召开2010年“商标供应商框架协议座谈会”，与21家供应商分别签订《烟用材料采购质量保证协议》和《供需双方预安排框架协议》。

12月29日，红云红河集团和中国青年报社联合主办的第三届“红云图书室”活动结束，本届活动又有160所贫困地区中小学设立“红云图书室”。

红云红河烟草（集团）有限责任公司所属生产厂

红云红河烟草（集团）有限责任公司昆明卷烟厂

【概　况】 红云红河烟草（集团）有限责任公司昆明卷烟厂始建于1922年，2005年11月昆明卷烟厂与曲靖卷烟厂联合重组成立红云烟草（集团）有限责任公司后成为其下属生产厂，2008年11月红云红河集团成立后成为红云红河集团下属生产厂。2009年，昆明卷烟分厂整体并入昆明卷烟厂。企业占地面积113.4万平方米，拥有12000千克/小时打叶复烤生产线2条，1650千克/小时、5000千克/小时和12000千克/小时制丝生产线各1条，卷包连接机组43台（套）、自动装封箱机25组、码垛机10台、滤棒成型机18组、滤棒发送机8套，年卷烟生产能力940亿支（188万箱）。有从业人员6862人，其中在岗员工4355人。

2009年，昆明卷烟厂被中央精神文明建设指导委员会授予"全国文明单位"称号，工会女职工委员会被中华全国总工会授予"全国女职工建功立业标兵岗"称号。

【领导成员】 厂　长、党委副书记：田东明

副厂长、党委书记：杨校平

副厂长、党委委员：刘　豪

副厂长、党委委员：明文虎（—2009.7）

副厂长、党委委员：瞿　涛

党委副书记、纪委书记、工会主席：胡　霈

副厂长：田建华（2009.7—）

技改指挥部常务副总指挥：杨　勇

厂长助理：吴　岗

厂长助理：郭　辉

厂长助理：张　嵘

厂长助理：陈静春（2009.7—）

【卷烟生产】 2009年，企业主要生产"云烟"、"小熊猫"、"红山茶"等品牌卷烟。全年生产卷烟618.99亿支（123.79万箱），其中一类烟161.29亿支（32.25万箱）、二类烟0.05亿支（0.01万箱）、三类烟417.78亿支（83.55万箱）、四类烟24.93亿支（4.99万箱）、五类烟8.81亿支（1.76万箱）、出口卷烟6.13亿支（1.23万箱）。

全年卷烟生产综合能耗为2.60千克标煤/万支，烟叶、滤棒、盘纸平均消耗分别为6.44千克/万支、2308.63支/万支、653.97米/万支，水、电消耗分别为0.09吨/万支、6.32千瓦时/万支。

【易地技改】 2009年7月，昆明卷烟厂易地技改项目正式划归昆明卷烟厂管理。截至年底，技改项目联合工房土建工程进入装修阶段，进口制丝设备开始安装，与之配套的辅联设备、物流系统、动力中心等相关设备、设施、施工合同基本办理完毕。集团总部办公大楼及后勤保障设施、云烟科技园项目正在进一步优化施工设计方案。

【生产管理】 1月，为保障昆明卷烟厂和昆明卷烟分厂全面整合工作的顺利实施，4个生产部调整为5个生产部，实行车间建制。实现对一类烟的新型精细模块加工，完成"云烟（软珍品zj）"硬化包装产品的成功改造；通过改进"云烟（软礼印象）"手工包装卷烟的生产组织方式、工作流程、指标量化等，日产量翻了一番。完成40余台（套）卷包及辅联设备的整合搬迁、安装和调试，解决"云烟（软珍品）"的生产与供求矛盾。全年烟叶、商标、滤棒消耗以及单箱卷烟综合能耗等关键指标均取得重大突破，主要污染物排放同比上年显著改进，并在红云红河集团内首家通过了清洁生产审核验收。

【质量管理】 牢固树立全员质量意识，深入贯彻"我制造、我负责"理念，制定《一、二类卷烟质量控制方案》，开展"全面识别质量缺陷（风险）源、彻底整改质量缺陷隐患"活动，编制《质量隐患〈风险〉识别与防范手册》。全年质量平均综合得分为98.31分；优等品率为100%；上级检测部门市场抽检、行检、出口卷烟商检、集团质量监督抽检和按内控标准考核成品中合格率均为100%；市场抽检平均得分98.76分，同比上升0.38分。

【设备管理】 2009年大规模的设备搬迁，优化和提升了设备资源利用率，2009年设备有效作业率89.38%，同比提升2.7%；设备完好率100%，设备故障停机率0.28%，被云南中烟工业公司评为"年度设备管理优秀单位"。

【对标及创优工作】 成立对标领导小组、对标指标体系工作组、"优秀卷烟工厂"创建领导小组，组建了三个专项小组，分别承担管理、队伍建设、关键绩效指标等方面的攻关任务。科学设计和构建生产性和非生产性对标指标体系，建立对标指标评价方案、创优活动实施方案及评价机制和绩效考核机制，通过指

标分解和细化，形成一整套有时限、可测量、能实现、更加明确具体的指标体系。全厂干部职工全员参与，形成比对、分析、持续改进的长效机制；开展工厂生产部（车间）样板机台/班组/车间/部门的总结和评比活动，扎实推进对标和创优活动。

【人才培养】 全年共调整聘任、选任中级管理人员207人，其中新提拔任用26人。组织各部门中级管理人员51人、各车间班组长42人分批考察学习。完成27名优秀应届毕业生招收录用工作。结合易地技改人才需求，全年共组织完成各类职工培训321项，培训1.76万人次，其中到国外培训为30批、218人次。

红云红河烟草（集团）有限责任公司红河卷烟厂

【概　况】 红云红河烟草（集团）有限责任公司红河卷烟厂筹建于1985年，1987年试产，2005年与昭通卷烟厂合并重组为红河卷烟总厂，2007年5月红河卷烟总厂依法更名改制为红河烟草（集团）有限责任公司后成为其下属生产厂，2008年11月红云红河集团成立后成为红云红河集团下属生产厂。企业占地面积40万平方米，拥有8000千克/小时制丝线2条，卷接机组32台（套），包装机组32台（套），年卷烟生产能力730亿支（146万箱）。有从业人员1695人，其中在岗员工1059人。

【领导成员】 党委书记：谷　宏（兼任）
厂　长、党委副书记：许永明
党委副书记、纪委书记：舒　勇
副厂长、党委委员：张　涛（—2009.7）
副厂长、党委委员：张鹤松
党委委员、工会主席：胡建伟（2009.1—）
厂长助理、党委委员：谭国庆
厂长助理：李　斌

【卷烟生产】 2009年，企业主要生产“红河”品牌卷烟。全年生产卷烟560.55亿支（112.11万箱），其中一类烟1.55亿支（0.31万箱）、二类烟12.8亿支（2.56万箱）、三类烟95.75亿支（19.15万箱）、四类烟450.45亿支（90.09万箱）。

全年卷烟生产综合能耗为2.38千克标煤/万支，烟叶、滤棒、盘纸平均消耗分别为5.67千克/万支、2274.22支/万支、577.39米/万支，水、电消耗分别为0.07吨/万支、5.52千瓦时/万支。

【机构调整】 1月，完成组织机构设置和干部配备，共设置17个部门、4个党总支、10个党支部和10个基层工会，并成立“三标一体”贯标工作领导小组、用工分配制度改革领导小组等20余个跨部门专项工作机构，推进各专项工作开展。

【生产管理】 针对影响设备效率、产品质量以及导致生产消耗攀升的各个环节，先后实施技术改造60余项。对企业信息系统与集团相关业务系统的接口进行开发，实现了业务数据的有效对接。实施锅炉烟气脱硫除尘技改项目，大幅降低工厂烟尘、二氧化硫排放量。改造高位沉淀池除渣机，提高循环水品质。经弥勒县环保局对锅炉烟气、生产排放废水监测，云南省疾控中心对作业场所存在的主要职业危害因素烟草粉尘和噪声检测，各项指标均达标。

【质量管理】 继续强化“人人都是质检员”、“我制造，我负责”等质量理念，并结合新的生产运行方式，把质量管理、控制重心前移到生产线。一方面，加大质检人员巡检过程中对操作人员质量意识的引导、质控方法纠正、过程状态评价、特殊时段控制及质量结果判断，不断提升操作人员的质控能力；另一方面，构建畅通的质量信息沟通渠道，将质量管控延伸到物资验货、产品维护、制造等环节。

【队伍建设】 根据企业实际，通过公开、公平考核，从退养员工中选取100余人返岗到生产一线。开展“师徒制”活动，培养“一岗多能”的复合型人才。全年组织各类指令性、计划性培训80余项。全面启动职称申报及评审工作，有309人通过评审。推进职业技能鉴定工作，有311人获得相应专业资格。结合年度工作重点，开展生产综合指标竞赛、设备管理检查评比竞赛等各类劳动技能竞赛40余次，参与人数达6400余人次。

【用工分配制度改革】 完成员工岗位清理、岗位说明书编制、工资数据测算和分析、用工分配制度改革实施方案及配套制度拟订等工作。采取座谈会、员工访谈、部门例会等形式，广泛听取和收集员工关于用工分配制度改革的意见建议。研究相应考核方案，初步制订完成绩效考核办法。10月，用工分配制度改革方案正式实施，绩效考核制度全面试运行。

红云红河烟草（集团）有限责任公司曲靖卷烟厂

【概　况】 红云红河烟草（集团）有限责任公司曲靖卷烟厂始建于1966年，2005年11月与昆明卷烟厂合并重组后成为红云集团下属生产厂，2008 年 11 月成为红云红河集团下属生产厂。企业占地面积 121 万平方米，拥有 9000 千克/小时、5000 千克/小时制丝生产线各 1 条，进口卷包机组 30 台（套），国产连接机组 3 台（套），装封箱机 7 台，滤棒成型设备 14 台，年卷烟生产能力 620 亿支（124 万箱）。有从业人员 3962 人，其中在岗员工 2503 人。

【领导成员】 厂　长、党委副书记：黄木忠

党委书记：马　珍

副厂长、党委委员：郭　跃

副厂长、党委委员：李　林

副厂长：白海俊

纪委书记、党委委员、工会主席：郭柱荣

厂长助理：陈金奎

厂长助理：赵　荣

党委委员：张飞豹

党委委员：晏崇德

【卷烟生产】 2009 年，企业主要生产“云烟”、“小熊猫”、“红山茶”、“石林”等卷烟。全年生产卷烟 502.24 亿支（100.44 万箱），其中一类烟 1.4 亿支（0.28 万箱）、三类烟 115.25 亿支（23.05 万箱）、四类烟 243.55 亿支（48.71 万箱）、五类烟 139.17 亿支（27.83 万箱）、出口卷烟 2.87 亿支（0.57 万箱）。

全年卷烟生产综合能耗为 2.49 千克标煤/万支，烟叶、滤棒、盘纸平均消耗分别为 5.66 千克/万支、2528.62 支/万支、591.72 米/万支，水、电消耗分别为 0.06 吨/万支、5.12 千瓦时/万支。

【技术改造】 经过两年多的规划和筹备，9 月，企业就地技改工程项目正式奠基开工。此次技改工程计划总投资 25 亿元，设计规模年产 600 亿支（120 万箱），将新建 5.1 万平方米制丝车间、2 条 6000 千克/小时制叶丝线和 1 条 3000 千克/小时梗丝处理线；逐步更新改造现有部分卷接包、成型及生产辅联设备；配套建设生产物流系统和信息化系统、污水处理、中水回用、烟气脱硫、烟草异味处理、冷凝水回用及除尘等节能环保工程。

全年共组织开展技术革新项目 39 项，职工经济技术创新项目 41 项，QC 项目 14 项。

【质量管理】 坚持预防为主，强化过程控制，不断追求“制造零缺陷，质量零投诉”。持续强化“三重点”控制，即：盯住重点指标、盯紧重点时段、盯好重点机台，以工作质量保证产品质量。突出质量首检，细化过程质量自检、互检管理，完善生产、质量、设备、技术、物资、仓储、运输等多部门的协作机制，把好各环节质量关。全年上级抽检产品质量 113 个牌次，合格率 100%；在线不合格品发生次数和数量同比大幅下降；产品质量市场投诉继续控制在较低水平。

【安全管理】 组织开展“安全生产年”活动，实现较大火灾事故、较大设备安全事故、较大社会不稳定事件、重大交通责任事故、工伤事故、职工食堂就餐集体中毒事故均为零的目标。各类事故隐患整改率、特种设备年检率、安全设施设备完好率、职业健康体检率、特种作业人员持证率均为 100%。

【优秀卷烟工厂创建】 积极创建“优秀卷烟工厂”，截至年底，在国家局关于“优秀卷烟工厂”评价标准的 10 项主要经济技术指标中，除全员实物劳动生产率外，其他 9 项指标全部达标，其中，单箱制造费用 109.39 元，在省内处于较好水平；平均单箱消耗烟叶 33.51 千克，低于行业平均水平 1.89 千克。

红云红河烟草（集团）有限责任公司会泽卷烟厂

【概　况】 红云红河烟草（集团）有限责任公司会泽卷烟厂始建于 1974 年，2003 年体制上划，2004 年 5 月合并重组为曲靖卷烟厂会泽分厂，2005 年 11 月成为红云集团下属生产厂，2008 年 11 月成为红云红河集团下属生产厂。企业占地面积 26.67 万平方米，拥有 5000 千克/小时制丝线 1 条，卷包联合机组 8 组，年卷烟生产能力 155 亿支（31 万箱）。有从业人员 1046 人，其中在岗员工 705 人。

【领导成员】 厂　长、党委书记：肖亚泽

副厂长、党委委员：梁明成

副厂长、党委委员：苏俊波

副厂长：李　昀（2009.7—）

党委副书记、纪委书记：唐开新（2009 年 6 月起改任副调研员）

纪委书记、工会主席：罗　琼（纪委书记任期自 2009 年 7 月起）

厂长助理：林　丹（2009.7—）

党委委员：陈永东

【卷烟生产】 2009 年，企业主要生产“云烟”、“小熊猫”等品牌卷烟。全年生产卷烟 78.68 亿支（15.73 万箱），其中一类烟 17.11 亿支（3.42 万箱）、

三类烟58.12亿支（11.62万箱）、出口卷烟3.45亿支（0.69万箱）。

全年卷烟生产综合能耗为4.23千克标煤/万支，烟叶、滤棒、盘纸平均消耗分别为6.35千克/万支、2534.92支/万支、645.15米/万支，水、电消耗分别为0.31吨/万支、6.10千瓦时/万支。

【技术改造】 完成香糖料厨房改扩建、锅炉PLC控制系统改造、蒸汽计量网络改造、烟叶仓库地面维修、成品库火灾自动报警系统、车间闭路电视监控系统、制丝线压块机更换、1号卷接机组大修等项目改造70余项。全年共投入设备购置、维修、改造资金1130余万元。

【质量管理】 加强辅料进货检验和产品质量的监督检验，全年行业上级部门抽检119批次，内部进货检验1949批次，各单项指标及综合判定合格率达100%。各个卷烟牌号卷制与包装质量检测抽检1595批次，常规烟气分析抽检235批次，商检115批次，产品质量在市场抽检、行检及各级监督检查中合格率达100%。质量改进工作效果突出，无重大质量事故发生。全年产品市场总投诉14次，同比下降44%；生产过程质量综合得分96.97分，超目标值3.97分。

【现代卷烟制造工厂创建】 针对创建“优秀卷烟工厂”的15个达标指标设立项目推进小组。实施“弱值指标改进计划”，将综合能耗、卷烟盘纸、设备综合效率、水耗4项指标纳入改进计划范围，并作为全厂重点工作进行督查督办，指标改进效果明显。

红云红河烟草（集团）有限责任公司新疆卷烟厂

【概　况】 红云红河烟草（集团）有限责任公司新疆卷烟厂始建于1960年，1986年体制上划，1999年10月并入将军烟草（集团）有限责任公司，2005年12月与红河卷烟总厂合并重组，2007年5月更名改制为红河集团新疆卷烟厂，2008年11月成为红云红河集团下属生产厂。企业占地面积69.52万平方米，拥有制丝生产线1条，卷接设备10台（套），包装设备10台（套），滤棒设备8台（套），装箱设备5台（套），年卷烟生产能力185亿支（37万箱）。有从业人员952人，其中在岗员工569人。

2009年，新疆卷烟厂被中央精神文明建设指导委员会评为“全国文明单位”，被新疆维吾尔自治区工商行政管理局评为“自治区级重合同守信用单位”。

【领导成员】 厂长、党委书记：张树山

副厂长、党委副书记、纪委书记、工会主席：白九重

副厂长、党委委员：程振西

副厂长、党委委员：朱福桢

副厂长、党委委员：陶　新

【卷烟生产】 2009年，企业主要生产“红河”、“雪莲”卷烟。全年生产卷烟135亿支（27万箱），其中一类烟1.15亿支（0.23万箱）、三类烟23.05亿支（4.61万箱）、四类烟99.3亿支（19.86万箱）、五类烟11.5亿支（2.30万箱）。

全年卷烟生产综合能耗为6.80千克标煤/万支，烟叶、滤棒、盘纸平均消耗分别为6.26千克/万支、2219.31支/万支、589.82米/万支，水、电消耗分别为0.16吨/万支、9.50千瓦时/万支。

【企业管理】 把“六项考核”、创建“标杆工厂”和对标工作紧密结合，提升企业管理水平。自7月“六项考核”运行后，企业管理各项指标每月均有提升，部分指标达到红云红河集团先进水平。加大内部集中审核、滚动审核，确保质量、环境、职业健康安全“三标一体”管理体系持续有效运行，9月，顺利通过了“三标一体”管理体系的复评审核。

购置2台（套）卷包生产设备，对相关烟草专用设备进行改造和完善。实施节能减排，完成计量器具、能源数据采集管理系统建设；对全厂用电系统进行节电改造；对锅炉除尘系统进行改造；投入40万元对空压机、真空回潮机等设备进行改造，有效控制噪声污染。

【用工分配制度改革】 合理制定在岗员工劳动报酬，并对内退、离退休人员的基本生活费及补贴进行调整。完成企业岗位绩效工资改革，11月，新的岗位工资制度正式运行。

【安全工作】 根据新疆的特殊形势，调整安全工作思路，全年投入159.32万元对厂区、库区的消防灭火设施、自动报警系统等进行建设，并开展“三化”达标创建工作。采取多种形式进行安全学习培训978人次，发放安全消防知识试题300份，全年无重大安全事故和人身伤亡事故发生。新疆“7·5”事件发生后，新疆卷烟厂迅速成立维稳领导小组，实行领导值班，库区警卫24小时驻库备勤，制定三套应急预案，随时处理突发事件；成立应急分队，厂预备役人员迅

速集结，加强训练和巡逻。开展“增进团结 维护稳定 反对分裂”主题教育活动，全厂党员领导及员工撰写读书笔记、心得体会382篇，并通过企业内网、内刊等多种形式进行宣传和报道，全力营造讲团结、反分裂、促和谐、谋发展的氛围。

【企业文化】 完成《企业文化手册》、《企业形象视觉识别手册》和《企业文化故事集》，形成了“贵和持新 激情超越”的企业文化理念。11月，召开企业文化宣贯动员大会，成立推进委员会，并制定《企业文化学习考核奖惩规定》、《企业文化培训计划》。制作宣传栏，在企业网站员工论坛中开设企业文化专版，通过15场次的分批学习，全厂员工均接受了企业文化培训。

红云红河烟草（集团）有限责任公司 乌兰浩特卷烟厂

【概　况】 红云红河烟草（集团）有限责任公司乌兰浩特卷烟厂创建于1982年，2005年6月合并重组为曲靖卷烟厂乌兰浩特分厂，2005年11月成为红云集团下属生产厂，2008年11月成为红云红河集团下属生产厂。企业占地面积12.3万平方米，拥有1500千克/小时制丝生产线1条，ZJ15/COMFLEX/B1卷接包联合机组3套，ZJ15/COMFLEX/ZB45（GDX2）卷接包联合机组2套，ZB43A机组4套，MK9R/PA8N/TF3N卷接机组2套，ZJ15卷接机组1套，滤棒成型机组3套，年卷烟生产能力120亿支（24万箱）。有从业人员908人，其中在岗员工623人。

2009年，乌兰浩特卷烟厂被中央精神文明建设指导委员会评为“全国文明单位”，被内蒙古自治区党委宣传部等部门联合授予“自治区企业文化建设先进单位”称号。

【领导成员】 厂　长、党委委员：刘凤书

党委书记：王保佳

常务副厂长、总会计师、党委委员：尹继东

纪委书记、党委委员、工会主席：袁庆文

副厂长、党委委员：邸殿洪

副厂长、党委委员：王建明（党委委员任期自2009年3月起）

厂长助理、党委委员：王力佳

副调研员：陈　刚（2009年3月起不再担任党委委员）

【卷烟生产】 2009年，企业主要生产“云烟”、“红山茶”、“呼伦贝尔”等品牌卷烟。全年生产卷烟75亿支（15万箱），其中一类烟0.5亿支（0.10万箱）、二类烟4.95亿支（0.99万箱）、三类烟12.55亿支（2.51万箱）、四类烟22.25亿支（4.45万箱）、五类烟34.75亿支（6.95万箱）。

全年卷烟生产综合能耗为7.93千克标煤/万支，烟叶、滤棒、盘纸平均消耗分别为7.09千克/万支、2544.14支/万支、605.72米/万支，水、电消耗分别为0.20吨/万支、5.73千瓦时/万支。全年节能减排节约资金967万元。

【技术改造】 企业易地搬迁技术改造项目计划投资6.5亿元，截至2009年年底，已完成建设投资4.8亿元。联合工房、动力中心、锅炉房土建工程全部完工，正进行内部装修；综合办公楼土建工程完工，外部装饰基本完工，准备进行内部装修。动力设备开始全面安装调试；新厂区正式供水、供电，锅炉点火试运行。联合工房工艺设备全部到货；制丝线主机设备全部就位，并进行辅联输送设备安装及电控设备安装。

【质量管理】 开展以“我制造、我负责”为主题的质量月活动和质量文化创建活动，确立“践行‘两个至上’，提升三个满意”的质量价值观。全年卷烟产品行检、抽检和自检合格率为100%；卷烟焦油量加权平均值13毫克/支，同比降低0.1毫克/支；卷烟感官质量达标，无顾客投诉事件发生。

【优秀卷烟制造工厂创建】 制订争创优秀卷烟工厂五年规划，确立以班子建设、队伍建设、文化建设和基础管理为保证，以质量管控、降低物耗、提高设备效率为重点，以对标工作为抓手的工作思想，并明确了阶段性目标和实施措施。

【企业文化】 制定企业文化建设考评标准。以“感恩企业，岗位奉献”为主题开展感恩文化系列教育活动，组织开展“我是红云红河乌烟人 我为企业添光彩”大讨论、“集团发展我推动，和谐家园我奉献”主题征文等活动，并出版《感恩文化专辑》和《美丽的家园》职工摄影集。组织开展庆祝建党88周年、新中国成立60周年、廉政文化建设大型职工文艺演出活动。组织全厂职工开展学习讨论“三老四严”大庆精神活动。开展“季度之星”评选活动，评选各岗位先进人物61人次。

（贾学莉　王宏先）

陕西中烟工业有限责任公司

【概　况】 陕西中烟工业公司成立于2003年12月。2009年9月，国家局批复同意企业更名改制为陕西中烟工业有限责任公司，2009年11月正式挂牌。截至2009年年底，下辖宝鸡卷烟厂、延安卷烟厂、汉中卷烟厂、澄城卷烟厂和旬阳卷烟厂5家不具有法人资格的卷烟生产厂，共有从业人员5803人。公司拥有总资产104.79亿元，其中，固定资产51.33亿元、流动资产60.11亿元，资产负债率为47.96%。

2009年，公司按照建设“严格规范、富有效率、充满活力”的中国烟草的总体要求，紧紧围绕“卷烟上水平、队伍增活力、税利保增长”主要任务，扎实推进各项工作，企业继续保持稳步发展的良好态势。

2009年，公司被评为“2009陕西经济发展功勋单位”；被陕西省政府评为“2009年度安全生产先进企业”；被陕西省慈善协会评为“2009年度慈善突出贡献先进单位”。

【领导成员】 2009年9月，公司成立董事会，并设立监事。

董事会

董事长：王彦亭

董　事：陈　晖　曹兴浪　赵德学　穆重林　黄翠萍　王乃志

监　事：陈建利

班子成员

总经理、党组书记：陈　晖

副总经理、党组成员：曹兴浪

纪检组长、党组成员：陈建利

副总经理、党组成员：赵德学

副总经理、党组成员：李春滨

总会计师：吴建玲

副巡视员：朱良同

副巡视员：常维祥

【机构设置】① 公司本部下设办公室、综合计划部、企业管理部、法律与改革部、思想政治工作部、人力资源部、监察部、财务管理部、审计部、进出口部、安全保卫部、整顿办、机关后勤服务中心、技术中心、生产制造中心、市场营销中心、物资采购中心共17个部门。

【卷烟生产经营】 2009年，公司生产的卷烟品牌有“好猫”、“猴王”、“延安”、“公主”等。共生产卷烟805亿支（161万箱），同比增长4.21%，其中，生产一类烟13.51亿支（2.70万箱）、二类烟5.96亿支（1.19万箱）、三类烟44.78亿支（8.96万箱）、四类烟472.50亿支（94.50万箱）、五类烟268.26亿支（53.65万箱）。

公司生产联营加工品牌卷烟205.04亿支（41.01万箱），其中，加工“大红鹰（精品）”2.5亿支（0.5万箱）、“白沙（精品二代）”19.34亿支（3.87万箱）、“大红鹰（软蓝）”5.00亿支（1.00万箱）、“雄狮（红老版）”17.50亿支（3.5万箱）、“白沙（硬）”155.70亿支（31.14万箱）、“白沙（软）”5.00亿支（1.00万箱）。

公司全年销售卷烟808.52亿支（161.70万箱），同比增长5.41%，其中省外销售324.64亿支（64.93万箱），同比增长9.16%。销售“好猫”系列卷烟10.78亿支（2.16万箱），同比增长23.60%；销售“猴王”系列卷烟218.38亿支（43.68万箱），同比增长14.80%；销售“延安”系列卷烟178.49亿支（35.70万箱），同比增长12.71%。

全年实现销售收入103.33亿元，同比增长15.11%。根据国务院有关精神，调整卷烟消费税，部分利润转为税赋，全年增加卷烟消费税5.61亿元。实现税利65.04亿元，同比增长16.79%，其中利润9.50亿元，同比下降19.42%。公司三项费用率为12.54%。

全年卷烟生产综合能耗为5.16千克标煤/万支。烟叶、滤棒、盘纸平均消耗分别为7.31千克/万支、1768支/万支、639米/万支。水、电平均消耗分别为0.17吨/万支、8.18千瓦时/万支。

【产品战略】 2009年，公司坚持做强、做大“好猫”主导品牌，制订品牌发展战略规划，优化资源配置，强化产品开发改造和品牌整合，加快推进“卷烟上水平”各项工作。采用新技术、新工艺，加强增香保润和深层锁水技术的研究应用，开发了“好猫（步步高）”、“好猫（如意）”2个新产品；以增加卷烟香气，提高吸食舒适性为重点，对“好猫（炫蓝）”、“好猫（吉祥）”和“猴王（神采）”3个产品进行改造提升。“好猫”品牌产品链日趋完善，品牌形象

① 2009年5月，公司撤销原生产管理部、投资管理部、物资供应部、市场营销部、信息中心，新成立生产制造中心、企业管理部、物资采购中心、市场营销中心、机关后勤服务中心。

提升。

【市场营销】 2009年，公司以技术创新和质量保障为支撑，通过独特的品类打造、准确的品牌定位，调整企业品牌结构、丰富品牌的文化内涵，提升产品竞争力，系统构建品牌形象工程，着力于战略化市场布局。

采用差异化的营销策略，加大对品牌的培育力度。着力提升“好猫”品牌的质量和品位，突出“好猫”品牌核心主导地位，以扎实的市场基础使“好猫”品牌稳立于“20+10”全国性卷烟重点骨干品牌行列；以品牌整合方式迅速做实“猴王”品牌，发挥“猴王”规模效应，不断巩固和扩张“猴王”品牌的市场销量；保持“延安”品牌在区域市场的竞争优势，理顺规格，有序发展。

通过品牌的整体互补提升，推进品牌整合，进一步压缩牌号、精简规格，提高品牌集中度。深度挖掘品牌内涵，整合优化品牌传媒用语，制定高层次、有力度、有深度的营销方案。开展工商协同营销，提高营销水平，实现市场信息、市场分析、货源组织、品牌培育的有机对接。

【原辅料保障】 公司完成2009年度5.51万吨（110.21万担）烤烟调拨任务，烟叶库存为13.11万吨（262.26万担），等级结构趋于合理。公司在云南曲靖沾益县建立了5万担优质特色烟叶基地，10月，基地建设通过云南省局和国家局验收。

公司全年累计采购烟用材料8554批次，采购金额13.38亿元。在烟用材料公开招标采购中，公司将烟用纸箱、BOPP、卷烟纸和商标纸等纳入招标采购范围。全年完成烟用纸箱、BOPP、合作品牌所用卷烟纸3大类、23个品种材料的公开和邀请招标，节约采购资金300余万元。建立“零配件寄售库”，截至2009年年底，寄售件品种达6113种，全年减少零配件资金占用2300万元；通过行业“烟机零配件”交易平台，网上采购A、B类零配件4000余种，交易金额为5200万元（不含税）；成立采购工作组，对省内外6家主要供货商进行交易资格考察。对所有供应商建立档案，并对59家主要供应商进行省级会员资质认证。

【科技创新】 2009年，公司进一步加强技术创新体系建设，开展“好猫”等全国性卷烟重点骨干品牌的技术攻关，不断提高产品科技含量，探索卷烟品类构建思路。采用模块化配方技术、生物技术、保润增香和深层锁水技术，运用超纯水设计和分组回潮、分组加料、高温高湿贮存等新工艺、新技术，强化产品吸味的风格特点，特色工艺研究取得进展。“好猫品牌特色工艺核心技术研究”和“好猫品牌特征香料的研究与应用”2个科研项目被列为中国烟草总公司2010年度重点科技项目。公司行业级技术中心的建设项目获国家局批复同意。

加强对卷烟减害降焦研究。采取物理、化学等多种的方法和手段，分步骤、有重点的降低卷烟焦油量，逐品牌、逐规格制订实施减害降焦方案，加强对香精香料、包装材料理化指标的监测与控制，卷烟焦油量加权平均值同比降低0.43毫克/支。

推进技术标准体系建设。完成工艺标准测试转换和修订工作，优化宝鸡、延安烟厂技改新线工艺质量参数，提高工艺参数的符合性、匹配性和稳定性，新线工艺保障能力进一步增强，在国家局组织的抽检中，产品质量合格率为100%。

继续推进技术改造。全年完成投资7亿余元，宝鸡、延安卷烟厂技改项目持续优化，汉中卷烟厂制丝、卷接包及配套设施投产运行。

【体制改革】 9月，国家局正式批复陕西中烟工业公司更名改制为陕西中烟工业有限责任公司（国烟法〔2009〕341号）。11月12日，陕西中烟工业有限责任公司正式挂牌成立，并召开公司董事会一届一次会议。

咸阳卷烟厂、延安卷烟分厂、汉中卷烟一厂均已进入依法破产程序。完成了咸阳卷烟厂破产受理、破产宣告及指定管理人工作，5月，召开第一次债权人大会。

【多元化经营】 规范多元化企业资产管理，加大对多元化企业的监管力度。全年完成2家亏损多元化企业的清退工作，存续的8家多元化经营企业经营状况不断改善。截至2009年年底，公司所属全资多元化企业拥有总资产7629万元、净资产5746万元，实现利润530万元，公司参股企业实现投资收益436万元。

【企业管理】 开展全面预算管理，加强成本费用控制。组织开展“对标”工作和“优秀卷烟工厂”创建活动，公司有13项成本指标下降，效率、能耗和费用指标有一定改进。

完成公司部门职能、职责的梳理、界定及所属卷烟厂机构调整工作。确定技术、管理、工作标准的分类，组织梳理、优化业务流程120余个，编制综合管理文件和标准200余个，全面启动标准化工作。

【信息化建设】 完成《信息化建设规划》并通过评审。办公自动化项目通过验收，会计核算软件、营销管理系统正式投入运行。

【人力资源管理】 用工分配制度改革完成阶段性任务。开展特有工种、卷烟商品营销员技能鉴定，共组织培训730期，培训1.86万人次。举办陕西中烟工业有限责任公司第二届烟机设备维修职业技能竞赛。

【内部管理监督】 加强内控制度体系建设。全年修订制度11项，整理印发第2册《制度汇编》。围绕“制度、决策、运作、监督”四个环节，组织开展自查、复查工作。

深化内部专卖管理监督工作。按照《内部专卖管理监督工作实施规范》，规范痕迹化资料管理，加强日常监管工作。

推进长效机制建设。推广汉中卷烟厂内管监督长效机制建设试点经验，开展宝鸡卷烟厂“三项检查”工作长效机制建设试点工作。

加强对重点项目和招投标监督管理。成立廉政监督小组，全程介入工程投资、物资采购、宣传促销等重大项目的监管。全年完成招标采购项目388个，节约采购成本4900余万元。

健全内部审计制度，开展日常审计监督，重点加强对技改项目审计，对宝鸡、延安、汉中三家卷烟厂技改项目进行全过程审计共76项，审定金额11.07亿元。

开展“小金库”专项治理自查、复查工作，对发现问题及时整改并建立防范措施。

【党风廉政建设】 严格落实党风廉政建设责任制，开展党性、党风、党纪教育，加强对权力运行的监督。年初，公司党组与各所属烟厂及公司本部17个部门的负责人签订党风廉政建设责任书。7月，开展主题为“廉洁从业，从我做起”的反腐倡廉宣传月活动，活动结合工作实际，突出“六个结合”，即：与学习实践科学发展观活动有机结合、与企业文化建设有机结合、与落实党风廉政建设责任制有机结合、与企业管理有机结合、与制度建设有机结合、与查办案件有机结合。

加大监督检查力度。一是加强对重大事项、重大资金使用的监督；二是加强对干部选拔任用的监督检查；三是加强对重大工程项目建设和招标采购活动的监督检查；四是加强对法制宣传教育工作的监督检查。

公司全年共开展廉政专题教育12次，其中主要领导主讲6次，参加人数1400余人次。开展廉政文化活动12次，参加人数3400人次。开展警示教育16次。

【企业文化】 公司结合自身文化现状，在研究分析三秦大地历史、地域文化特点的基础上，发布了《陕西中烟工业有限责任公司企业文化建设规划（2010—2015年）》、《陕西中烟工业有限责任公司文化理念体系》、《陕西中烟工业有限责任公司企业文化宣贯实施方案》、《陕西中烟工业有限责任公司企业文化评价激励制度》、《陕西中烟工业有限责任公司员工行为手册》等文件，构建以“开疆拓土、智行天下”为主题的文化理念体系。

【特事要辑】 3月10日，公司召开深入学习实践科学发展观活动动员大会。

8月24日，公司召开深入学习实践科学发展观活动总结大会。

11月10日，公司举行企业文化建设成果发布暨宣贯动员电视电话会议，正式发布以“开疆拓土，智行天下”为主题的“智·行”企业文化理念体系，并对下一步企业文化宣贯工作进行动员和部署。

11月12日，陕西中烟工业有限责任公司揭牌仪式在西安举行，陕西省副省长吴登昌和国家局副局长张辉出席仪式。

所属企业

陕西中烟工业有限责任公司宝鸡卷烟厂

【概　况】 陕西中烟工业有限责任公司宝鸡卷烟厂前身是成立于1949年10月的新宝烟厂，1964年更名为宝鸡卷烟厂。2005年，陕西卷烟总厂成立，取消宝鸡卷烟厂法人资格，更名为陕西卷烟总厂宝鸡分厂。2007年10月，按照陕西烟草工业体制改革要求，企业更名为陕西中烟工业公司宝鸡卷烟厂。2009年11月，陕西烟草工业完成公司制改造，企业更名为陕西中烟工业有限责任公司宝鸡卷烟厂。

截至2009年年底，厂区占地面积为36.33万平方米，共有从业人员1988人，其中在岗员工1763人。拥有4800千克/小时微波松散、气流烘丝线和切片松散、管板烘丝线各1条，2000千克/小时梗丝加工线、570千克/小时二氧化碳膨胀烟丝线和200千克/小时辊压法薄片丝加工线各1条，以及1条1000千克/小时试验线和22组卷接包设备，年卷烟生产能力475亿支（95万箱）。

【领导成员】 厂长、党委副书记：任　立

副厂长、党委书记：杨琦保（—2009.11，2009年11月后任调研员）

调研员：王连峰

副厂长：郭东伟

党委副书记、纪委书记、工会主席：秦东生（2009.7—，之前任党委副书记、纪委书记）

工会主席：杨兰英（—2009.7）

副厂长：秦　宏

副厂长：赵　华

副调研员：王长生

【卷烟生产】 2009年，企业生产卷烟291.1亿支（58.22万箱）（含联营加工卷烟），同比增长4.74%，其中，生产一类烟13.51亿支（2.70万箱），同比增长18.50%；二类烟1.40亿支（0.28万箱），同比增长528.51%；三类烟44.78亿支（8.96万箱），同比增长61.44%；四类烟166.80亿支（33.36万箱），同比下降7.31%；五类烟64.62亿支（12.92万箱），同比增长10.23%。

企业生产"好猫"系列卷烟11.01亿支（2.20万箱），同比增长23.70%；生产"猴王"系列卷烟158.43亿支（31.69万箱），同比增长1.70%；生产"金丝猴"系列卷烟64.62亿支（12.92万箱），同比增长10.22%；加工"白沙"系列卷烟44.32亿支（8.86万箱），同比下降14.15%；加工"大红鹰"系列卷烟7.49亿支（1.50万箱），同比增长300.0%；加工"雄狮"系列卷烟5.01亿支（1.00万箱）。

企业全年万元产值综合能耗为29.79千克标煤，卷烟生产综合能耗为4.98千克标煤/万支。烟叶、滤棒、盘纸平均消耗分别为7.17千克/万支、1678.62支/万支、621.39米/万支。水、电平均消耗分别为0.18吨/万支、9.94千瓦时/万支。

【技术改造】 在加强正常生产组织管理工作的同时，针对厂区绿化、生产线优化等技改建设完善项目，企业加强检查考核并限期改进。条烟高架输送系统、自动装封箱线、AGV小车、生产制造执行系统、高架库物流系统投入使用。完成厂区大门、围墙、停车场建设项目，一期绿化工程基本完成。管板烘丝机出料端、制丝大线和试验线出料通道、风力喂丝系统、辅料改造完成并投入运行。成品物流系统与宝鸡市烟草公司实现托盘联运。

【企业管理】 制度建设。制定《宝鸡卷烟厂规章制度管理办法》，全年共制定、修订制度112项，初步形成适应工厂管控模式要求的制度体系。结合工厂管控模式要求，制定严格的工厂车间、部门绩效考核办法，强化各项工作的落实。

对标管理。按照效率、能耗、费用、成本4大类、40项指标确定标杆，开展对标工作。8～12月，主要消耗指标完成值与对标前的1～7月份相比，烟叶消耗下降0.006千克/万支，盘纸消耗下降10.6米/万支。

设备管理。制定设备管理考核办法，推行设备轮保和进站式保养制度，坚持厂领导带队加强检查，将工资总额的15%与指标挂钩考核。企业全年卷接包设备平均有效作业率78.16%，同比提高6个百分点。

质量管理。组织开展工艺质量提升、质量意识演讲赛、"我为产品质量献一策"、机关科室QC等活动。配合陕西中烟对生产线进行逐条梳理，整改完善，不断优化过程参数。修订完善产品质量考核办法和工艺纪律检查考核办法，加大对在线工艺质量执行情况检查考核力度，将工资总额的30%与相关指标挂钩考核。

全年企业三级站成品抽检4263牌次，抽检合格率为100%。卷烟材料抽检2456批次，抽检合格率为98.98%。

安全管理。制定《安全生产管理考核办法》等安全管理制度，组织开展了三级危险源辨识和多种形式的安全知识培训。修订完善应急预案，组织开展应急演练。针对工厂安全工作实际，开展消防安全管理、特种设备安全管理、交通安全管理等专项治理。坚持安全工作四级检查制度，强化隐患和问题的整改落实，为加强安全管理工作奠定基础。

【内部管理监督】 推进"三项检查"长效机制建设试点工作，完成业务制度的"查、改、补、建"，梳理完善25项业务制度，基本涵盖工程投资、物资采购、烟机零配件和宣传促销等方面业务。成立价格确定委员会，建立"一项一卷"制度，规范三级监督检查流程。同时，引入外部监督力量，对技改完善建设内容实行全过程跟踪审计。配合国家局审计组完成122个易地技改项目的结算审计。

【人力资源管理】 按照工业公司"14+X"管控模式要求，完成工厂机构调整和职能职责划分，部门数

量由23个减少至20个。制定全厂岗位设置和定员编制方案，用工分配制度改革实施了工资套改。在全厂范围内开展岗位竞聘工作，聘任19名生产操作、专业技术岗位人员，工厂部门内部竞聘全面启动。成立职工培训中心，开展全员培训工作。全年共举办厂级培训18期，培训1124人次，组织584名职工参加委外培训，完成特殊工种取换证培训278人次。

【思想政治工作】 3～8月，公司开展深入学习实践科学发展观活动。结合工厂“14+X”管控模式要求，完成工厂党支部的调整与组建工作。与全厂中层干部及关键岗位管理人员签订了廉洁自律责任书。

【特事要辑】 1月16日，国家局副局长张辉到宝鸡卷烟厂调研指导工作。

11月13日，张辉一行到宝鸡卷烟厂调研指导工作。

12月7日，国家工程建设质量奖审定委员会授予宝鸡卷烟厂易地技改项目（一期）“2009年度国家优质工程银质奖”。

陕西中烟工业有限责任公司延安卷烟厂

【概　况】 陕西中烟工业有限责任公司延安卷烟厂始建于1970年，建厂以来，经历四次易地搬迁和技术改造。截至2009年年底，企业占地面积约43.2万平方米（含新区待征地约4万平方米），有在岗员工1008人。拥有1条5000千克/小时的制丝线和24组卷接包机组，年卷烟生产能力259.2亿支（51.84万箱）。

【领导成员】 厂长、党委副书记：张国亮

副厂长、总工程师、党委委员：白　丰

副厂长、党委书记：齐建心（—2009.5）

副厂长、党委委员：刘蟠生

副厂长、党委委员：李亚锋

党委副书记、纪委书记、工会主席：胡　捷（2009.5—）

调研员：韩世雄（—2009.9）

副调研员：朱群虎（2009.5—，之前任工会主席）

副调研员：张子琴

副调研员：高延明

【卷烟生产】 2009年，企业生产卷烟171.4亿支（34.28万箱），其中，生产二类烟4.56亿支（0.91万箱）、四类烟141.60亿支（28.32万箱）、五类烟25.38亿支（5.05万箱）。生产、加工的卷烟品牌有“延安”和“白沙”，产量分别为113.06亿支（22.61万箱）、58.34亿支（11.67万箱）

企业全年万元产值综合能耗为35.54千克标煤，卷烟生产综合能耗为5.72千克标煤/万支。烟叶、滤棒、盘纸平均消耗分别为7.39千克/万支、1682支/万支、653米/万支。水、电平均消耗分别为0.15吨/万支、7.63千瓦时/万支。

【机构调整】 2009年1月，撤销生产管理科、设备管理科，合并成立生产设备科。2009年6月，撤销工艺技术科、质量管理科，合并成立工艺质量科；撤销烟叶科，整体并入物资供应科；撤销人事劳资科，成立人力资源科；撤销营销服务科，成立产品储运科；撤销离内退职工管理办公室，成立工会办公室；双退办，工会办公室、双退办合署办公；成立动力科，与动力车间合署办公；撤销一车间，成立制丝车间；撤销二车间，成立卷包车间。部门数量从24个调整至22个。

【科技创新】 3月，召开科技工作会议，明确了今后一段时期的科技工作任务。着力完善科技管理机制，针对制约企业发展的技术、管理问题，下达10个攻关课题，制定专项考核办法，通过有效的过程监督管理等措施，各课题均取得了阶段性成果。

【企业管理】 按照“理顺业务、清晰接口、规范运作、促进企业向流程化迈进”的工作思路，企业对业务流程和制度进行全面梳理和优化，建立起流程管理体系，形成4个层次、19个模块、260个流程制度，实现由制度管理向流程管理的转型。按照分类管理的原则，制定部门及员工绩效管理制度，建立企业绩效管理体系，实现以“考核”为主体的目标管理体系向以“激励、改进”为主体的绩效管理体系的转变。制定《管理提升三年规划》，进一步明确“创建优秀卷烟工厂”、打造行业示范窗口的提升目标和工作措施。

落实建设项目“三同时”制度，顺利通过技改项目安全验收评价。加强安全培训，提升职工安全防范意识。持续改进应急预案，开展应急演练，大力开展矛盾隐患排查，确保生产生活秩序的和谐稳定。全年未发生重大以上安全事故，治安案件发生率为零。

【技术改造】 做好一期工程的完善提升，加快适应新装备、新技术、新工艺。组织二期工程建设，生产

指挥中心如期封顶并正式供电、供暖，内部装修进展顺利。室外景观绿化工程完成前期准备工作并移栽部分苗木，香精香料库、中水处理站通过验收投入运行。完成联合工房地坪精磨和墙面处理。

截至年底，易地技改项目累计签订合同、变更与其他费用总额为7.17亿元（含烟草专卖设备1.35亿元），累计完成投资5.59亿元（含烟草专卖设备1.18亿元）。2009年度完成投资7382.80万元。

【人力资源管理】 组织全省烟草行业职业技能鉴定1期，参加鉴定人员75人，合格48人。组织职称申报3期，申报人员53人。组织职称评审1次，评审认定35人。组织17名应届大学生岗前培训。组织委外培训75期，培训292人次；组织内部培训231期，培训5224人次。结合企业实际，完成用工分配制度改革。

【特事要辑】 5月7日，全国人大常委会副委员长司马义·铁力瓦尔地一行视察延安卷烟厂。

5月20日，陕西省副省长景俊海一行到延安卷烟厂调研。

9月11日，国家局副局长张辉一行到延安卷烟厂调研。

12月7日，延安卷烟厂联合工房工程获得国家优质工程银质奖章。

陕西中烟工业有限责任公司汉中卷烟厂

【概　况】 陕西中烟工业有限责任公司汉中卷烟厂前身是始建于1975年8月的南郑卷烟厂。截至2009年年底，企业占地面积40万平方米，有在岗员工1400人，其中经济管理、卷烟设备、工艺技术、工程建筑等专业技术人员300余名。拥有6000千克/小时制丝线1条，各类主要卷烟专用设备30台（套），年卷烟生产能力225亿支（45万箱）。

2009年，企业被中央精神文明建设指导委员会评为“全国文明单位”；被中华全国总工会和国家安全生产监督管理总局联合评为“全国‘安康杯’竞赛优胜企业”；被陕西省委、省政府评为“陕西省2007～2008年度省级‘两联一包’扶贫工作先进单位”。

【领导成员】 厂　长、党委书记：蒋正林

副厂长、党委委员：刘振宇（—2009.5）

副厂长、党委委员：刘景明

副厂长、党委委员：李晓龙

纪委书记、工会主席：朱亚锋（—2009.5）

党委副书记、纪委书记、工会主席：王柯兰（2009.5—）

【卷烟生产】 2009年，企业生产卷烟222.5亿支（44.5万箱），其中，生产四类烟150.35亿支（30.07万箱）、五类烟72.15亿支（14.43万箱）。企业生产、加工的卷烟品牌有“白沙”、“雄狮”、“猴王”、“金丝猴”、“大丰收”、“公主”。

企业全年万元产值综合能耗为36.28千克标煤，卷烟生产综合能耗为4.84千克标煤/万支。烟叶、滤棒、盘纸平均消耗分别为7.41千克/万支、1705.2支/万支、644.02米/万支。水、电平均消耗分别为0.18吨/万支、7.52千瓦时/万支。

【技术改造】 完成48台（套）卷包、制丝设备的搬迁工作。污水处理系统、消防供水系统已投入使用。完成29个技改单项验收和4个技改项目的结算审计工作，全年实际投资2.13亿元。9月26日，技改新线投入使用。

【质量管理】 开展技改新线工艺测试，确保新旧生产线平稳过渡。巩固“质量创新示范单位”成果，完善“四个责任体系”建设，强化“一级检验模式”，全年完成抽检卷烟成品4199牌次，平均得分92.02分，同比提高0.51分，合格率为100%；完成烟气检测分析332牌次，焦油量、烟气烟碱量、一氧化碳量总体稳定。与长沙卷烟厂加强合作，实现“白沙”本地化制丝。

全年完成QC成果11项，其中6项成果在陕西中烟第22届优秀QC成果发布会上获奖。管理类成果“实现过程产品质量责任主体转换”在全国烟草行业第二十届优秀QC成果发布会上获一等奖。

【企业管理】 推进“14＋X”管控模式改革，将原来的5个生产车间整合为3个，18个科室调整为15个（14个科室＋技改办）。

推进综合管理体系贯标，加强内管长效机制建设。以“规范流程、健全制度、加强检查、一事一档”为突破口，实现由专项检查向日常化检查转变，由被动检查向自觉规范转变。

加大陈欠款清收力度。2009年初，共清理2000年以前发生的往来账款25笔，共计3899万元。通过法律诉讼等多种方式清收，截至年底已收回327万元。根据法律诉讼情况，其中坏账损失3283万元已经公司批准核销，其余账款正在继续清收。

完成招标项目97项，节约资金1255.19万元，节资率10.45%。制订企业法律事务工作制度，从严规范合同管理，有效防范企业法律风险，全年签订各类合同212份。

【人力资源管理】 开展培训工作，对全厂专业技术、综合管理岗位员工进行分批培训。落实培训146项，培训4357人次，投入经费210.58万元。对全厂61名在职中层干部从五个方面进行考核评议，推行中层干部轮岗制和问责制，对部分中层干部进行调整；对在职中层干部及业务骨干进行以“提升中层干部管理技能”为主题的封闭式军事化培训。

推进劳动用工分配制度改革。企业制订《汉中卷烟厂岗位类别、序列划分标准》、《汉中卷烟厂岗位说明书编写说明》，将生产岗位划分为111个管理类岗位、10个业务类岗位、41个专业技术类岗位、203个生产操作类岗位。建立全员竞聘上岗机制，制订了《汉中卷烟厂竞聘上岗实施意见》、《汉中卷烟厂员工待岗管理办法》、《汉中卷烟厂岗位考核办法》等制度。

【特事要辑】 9月26日，汉中卷烟厂“十一五”技术改造主体工程建设完工，50万箱技改新线顺利投产。

陕西中烟工业有限责任公司澄城卷烟厂

【概　况】 陕西中烟工业有限责任公司澄城卷烟厂始建于1976年5月，2004年7月与江苏中烟工业公司徐州卷烟厂进行重组，更名为江苏中烟工业公司徐州卷烟厂澄城分厂。2007年12月，调整划归陕西中烟工业公司管理，正式更名为陕西中烟工业公司澄城分厂。2009年，企业更名为陕西中烟工业有限责任公司澄城卷烟厂。截至2009年年底，企业占地面积为15.2万平方米，共有从业人员400人。拥有片烟制丝生产线1条、PROTOS卷烟机组3台（套）和GDX1包装机组3台（套），年卷烟生产能力60亿支（12万箱）。

2009年，陕西中烟工业有限责任公司澄城卷烟厂被陕西省委、省政府评为“省级文明单位”。

【领导成员】 厂长、党委副书记：黄仲波

副厂长、党委书记：高凌云

副厂长：仝智强

副厂长：李　磊

【卷烟生产】 2009年，企业生产卷烟40亿支（8万箱），其中，生产“金丝猴（软蓝）”34.85亿支（6.97万箱）、“公主（硬红）”3.9亿支（0.78万箱）、“猴王（软红）”1.25亿支（0.25万箱）。

企业全年万元产值综合能耗为89.32千克标煤。烟叶、滤棒、盘纸平均消耗分别为7.34千克/万支、1690.91支/万支、658.91米/万支。水、电平均消耗分别为0.21吨/万支、8.11千瓦时/万支。

【技术改造】 完成3组卷包对接辅联设备维修改造工作。实施了新ZJ17卷接机组丙纤夹胶棒应用改造、高压供电设备改造和10吨新锅炉改造。完成新建片烟库和新建锅炉房项目。

【科技创新】 以“过程均衡、稳定控制”为前提，以无限制缩小过程工艺参数和产品质量指标波动范围为目标，强化工艺技术研究和攻关，优化调整过程参数，优化调整卷烟配方。

针对叶丝耐加工性差、烟支端部落丝量和烟支重量偏高等问题，企业组织工艺研究和测试，并进行参数优化。“提高叶丝耐加工性”QC成果在陕西中烟第22届QC成果发布会获得二等奖。

配合陕西中烟技术中心完成“福样促试金丝猴”及“猴王（软红）”的试制任务。

【企业管理】 按照“流程监管、制度规范”的要求，遵循“边运行、边完善、边提高”的原则，全年制订4项制度、修订完善2项制度、废止1项制度，现运行制度84项。组织开展制度自查及制度执行情况的专项监督抽查，提高制度的执行力。

围绕“全面不留死角，全员不留空缺”的工作要求，大力开展安全培训，加强应急管理，完善危险源辨识与控制，坚持执行厂“四级”安全检查制度，全年无任何安全事故发生。

陕西中烟工业有限责任公司旬阳卷烟厂

【概　况】 陕西中烟工业有限责任公司旬阳卷烟厂前身是成立于1976年的地方国营旬阳县卷烟厂，1984年更名为陕西省旬阳雪茄烟厂。2004年，企业取消法人资格，更名为宝鸡卷烟厂旬阳分厂。2009年，更名为陕西中烟工业有限责任公司旬阳卷烟厂。截至2009年年底，企业占地面积约23.86万平方米，共有从业人员666人。拥有2000千克/小时制丝生产线、200千克/小时薄片生产线各1条，以及1套2000千克/小时的送丝系统、17组卷包接机组和1条6000千克/小时打叶复烤生产线，年卷烟生产能力100亿支（20万

箱)，烟叶复烤能力为1.5万吨(30万担)。

【领导成员】 厂长、党委书记：李保平
党委副书记、工会主席：李忠民
副厂长、党委委员：吴新友
副厂长、党委委员：陈新仕
副厂长、党委委员：栗丰斌(2009.5—)
纪委书记、党委委员：雷建强
副调研员：邱世新

【卷烟生产】 2009年，企业生产卷烟80亿支(16万箱)，其中，生产"猴王(硬红)"12.50亿支(2.5万箱)、"金丝猴(软蓝)"16.0亿支(3.20万箱)、"延安(硬红)"51.49亿支(10.30万箱)。复烤烟叶1.64万吨(32.87万担)，加工出口烟丝、梗丝1034吨。

企业全年万元产值综合能耗为58.31千克标煤，卷烟生产综合能耗为4.95千克标煤/万支。烟叶、滤棒、盘纸平均消耗分别为7.37千克/万支、1685.57支/万支、650.16米/万支。水、电平均消耗分别为0.19吨/万支、5.7千瓦时/万支。

【企业管理】 制度建设。修订完善《废旧物资回收管理办法》、《照明节电管理办法》、《职工教育培训管理办法》等30余项管理制度，细化了业务流程和操作办法，完善了责任考核体系。

质量管理。加强设备管理，推进设备管理创新应用，实施以日保、周保、月保和过程保养为主的四级设备保养，组织实施设备大、中项专修工作，全年完成设备购置、维修项目48项，设备有效作业率不断提升。开展清洁生产内部审核工作和6S现场管理，企业清洁生产达到"AAA"级水平。

推进质量一级检验模式应用，以转换质量责任主体，实现过程质量预防与控制为核心，结合企业实际，制订了一级检验模式实施方案，并配以完善质量管理考核办法，完成质量检验模式转变前期各项准备工作。

坚持质量例会制度，全年共召开质量例会16次，研究解决生产过程中影响质量的95项问题。

安全管理。坚持将职业健康安全管理体系作为安全管理基础，推行定期内审制度和教育培训制度。继续实行安全责任制，推行分级负责和"谁主管、谁负责"的安全责任制度。突出重点部位安全防范，开展"岗位日查、部门周查、全厂月查"的安全检查工作。开展隐患排查和专项治理，对全厂三级危险源等安全工作重点要害部位建立专项档案，实行动态管理。完善安全基础设施，全年投入100余万元，购置部分应急设施，制作安装安全警示标志并对消防设施进行维修保养。

【内部监督管理】 制定印发《严格规范卷烟生产经营秩序实施意见》，明确长效机制建设思路和措施。加强重点领域监管，对全厂物资采购、工程建设、招标活动等业务进行全程监管，深度介入。建立健全各项基础资料，规范资料整理内容，实现生产经营组织管理活动及监管工作的痕迹化管理。注重日常监督检查，坚持每月对各个生产经营管理环节进行逐项监督检查，确保专卖内管工作规范运行。

【人力资源管理】 企业组织开展各类培训77期，培训2547人次。加强培训绩效管理和评价，对内培工作全面推行考试制度。

推进用工分配制度改革，实施机构设置、岗位评估、岗位定员、岗位聘任等工作，转入岗位工资套改和绩效管理阶段。

【特事要辑】 7月14日，陕西省副省长吴登昌到旬阳卷烟厂考察安全生产和工业经济保增长工作。

9月21日，国家局批准旬阳卷烟厂打叶复烤线技改项目。

(张建华)

中国烟草实业发展中心

【概　况】 中国烟草实业发展中心(以下简称"中烟实业")成立于1999年1月，截至2009年年底，下辖黑龙江烟草工业有限责任公司、红塔辽宁烟草有限责任公司、吉林烟草工业有限责任公司、甘肃烟草工业有限责任公司、内蒙古昆明卷烟有限责任公司、深圳烟草工业有限责任公司、山西昆明烟草有限责任公司、海南红塔卷烟有限责任公司共8家卷烟工业企业和吉林烟草进出口有限责任公司。

2009年，中烟实业所属8家卷烟工业企业拥有总资产273.64亿元，其中，固定资产69.09亿元、流动资产183.18亿元，资产负债率为28.97%。所属企业有从业人员15565人，其中在岗员工14420人。

【领导成员】 总经理、党组书记：张建军

副总经理、党组成员：李增林
纪检组长、党组成员：傅　鹏
副总经理、党组成员：赵　琦（2009.6—）
巡视员：娄宝山（2009.2～5）
副巡视员：寿庆春（—2009.10）
副巡视员：李立林
副巡视员：秦　燕（2009.6—）
总经理助理：王建勇（—2009.9）

【机构设置】 2009年，中烟实业本部设办公室（外事办公室）、人力资源部、生产部、安全监督管理部、企业管理部、财务部、审计部、法律与改革部、市场营销部、物资供应部、纪检监察部11个部门。

【卷烟生产经营】 2009年，中烟实业所属企业共生产卷烟（不含出口）1995.33亿支（399.07万箱），同比增长2.45%，其中，生产一类烟25.40亿支（5.08万箱），同比增长19.76%；二类烟109.10亿支（21.82万箱），同比增长22.11%；三类烟667.95亿支（133.59万箱），同比增长49.05%；四类烟611.05亿支（122.21万箱），同比下降9.28%；五类烟581.80亿支（116.36万箱），同比下降18.66%。生产出口卷烟9.35亿支（1.87万箱），同比增长29.79%。

全年销售卷烟（不含出口）1999.92亿支（399.98万箱），同比增长2.53%，其中，销售一类烟27.15亿支（5.43万箱），同比增长31.60%；二类烟109.9亿支（21.98万箱），同比增长23.81%；三类烟668.85亿支（133.77万箱），同比增长51.87%；四类烟611.10亿支（122.22万箱），同比下降10.55%；五类烟581亿支（116.20万箱），同比下降19.03%。

全年实现销售收入327.25亿元，同比增长18.62%。根据国务院有关精神，调整卷烟消费税，部分利润转为税赋，全年增加卷烟消费税15.25亿元。实现税利221.07亿元，同比增长22.72%，其中实现利润36.13亿元。公司三项费用率为9.73%。

全年卷烟生产综合能耗为5.19千克标煤/万支，平均消耗烟叶7.02千克/万支、盘纸600米/万支、滤棒1927支/万支、水0.14吨/万支、电8.85千瓦时/万支。

【主要产品】 2009年，中烟实业所属企业主要有“兰州”、“长白山”、“好日子”、“人民大会堂”、“芙蓉”、“冬虫夏草”、“椰王”、“林海灵芝”等自有品牌，其中，“兰州”、“长白山”被国家烟草专卖局列为视同全国性卷烟重点骨干品牌。2009年，“芙蓉（软）”、“芙蓉（12mg）”整合到“云烟”品牌系列，新研制出“长白山（天韵）”、“长白山（丹韵）”、“林海灵芝（8mg）”、“好日子（卓越）”、“椰王（硬金）”等规格。

“兰州”品牌卷烟。“兰州”品牌卷烟坚持“干燥我适合、湿润更绵香”的特色理念，在保持增量的同时更加注重结构的提升，全年共生产365.75亿支（73.15万箱），同比增长15.41%，其中，生产三类以上卷烟69.40亿支（13.88万箱），同比增长40.77%。加强品牌培育和市场推广力度，截至2009年年底，“兰州”品牌卷烟市场覆盖了全国22个省（区、市）的122家地市级商业公司，全年共销售364.65亿支（72.93万箱），其中省外市场销售116.85亿支（23.37万箱）。

“长白山”品牌卷烟。“长白山”品牌卷烟以“低危害、低焦油”创知名度，全年共生产280.50亿支（56.10万箱），同比增长21%，其中，生产三类以上卷烟249.10亿支（49.82万箱），同比增长34.08%。品牌市场覆盖面进一步扩大，覆盖了全国27个省（区、市）的150多家地市级商业公司，全年共销售286.05亿支（57.21万箱），同比增长25.48%，其中，省外市场销售162.85亿支（32.57万箱）。

【原料保障】 2009年，中烟实业共采购烟叶12.65万吨（253万担），其中进口烟叶0.53万吨（10.65万担）。截至2009年年底，所属企业烟叶库存总量达28.05万吨（561万担），库存使用年限满足了品牌发展需求。坚持以品牌为导向，推进烟叶基地建设，所属企业共建立7个烟叶基地单元，为品牌发展提供了保障。

【科技创新】 2009年，深圳烟草工业有限责任公司制丝车间QC小组项目“降低车间除尘系统能耗”获得全国烟草行业第二十届优秀QC成果发布会一等奖。红塔辽宁烟草有限责任公司营口卷烟厂QC小组项目“降低可卷制成分剔除率”课题成果，获得国家专利。吉林烟草工业有限责任公司研发了“长白山（天韵）”、“长白山（丹韵）”，其中的10项技术创新成果申报了国家发明专利。甘肃烟草工业有限责任公司技术中心建设项目得到国家局批复，承担的“卷烟增香保润重大专项——‘兰州’品牌卷烟增香保润专项”通过国家局组织的专家评审并批复立项；重大专项子项目“西北地区部分植物提取及在‘兰州’卷烟中的应用”通过了国家局组织的专家评审。

【体制改革】 按照以总公司为主导、资产为纽带、品牌为支撑的要求，推进黑龙江烟草工业有限责任公司和湖北中烟工业有限责任公司跨省联合、整合重组。7月15日，双方签订重组协议。9月4日，国家局印发《国家烟草专卖局 中国烟草总公司关于黑龙江烟草工业有限责任公司重组改制的批复》（国烟法〔2009〕343号），同意黑龙江烟草工业有限责任公司重组改制。公司注册资本为30.43亿元，股东为中国烟草实业发展中心和湖北中烟工业有限责任公司，中国烟草实业发展中心占65%的股权，湖北中烟工业有限责任公司占35%的股权。10月12日，黑龙江烟草工业有限责任公司2009年第一次股东会议暨第二届第一次董事会议、监事会议召开，双方跨省联合、整合重组完成。

【企业管理】 管理体系建设。中烟实业加强质量管理体系、环境管理体系、职业健康安全管理体系的建设，明确管理体系建设工作的重点。组织所属6家卷烟工业企业开展针对性培训，对7家卷烟工业企业进行了咨询诊断，完成了内蒙古昆明卷烟有限责任公司、山西昆明烟草有限责任公司和甘肃烟草工业有限责任公司的管理体系建设审核。山西昆明烟草有限责任公司、红塔辽宁烟草有限责任公司、海南红塔卷烟有限责任公司、甘肃烟草工业有限责任公司通过培训、咨询和诊断，重新调整思路，管理体系建设更加符合企业实际。

对标工作。根据“全面对标，重点突破，打好基础，提升水平，谋求发展”的思路和“一明（明确方向）、二准（准确定位、找准目标）、三细（细排摸、细策划、细管理）、四化（科学化、规范化、标准化、程序化）”的方法开展对标工作，推动企业管理持续改进，所属企业初步形成了重视对标的氛围，通过对标，全年总体费用类指标控制水平有所提高。把对标工作与创建优秀卷烟工厂活动相结合，开展所属卷烟生产厂之间对标，将创建优秀卷烟工厂的10项指标纳入工厂对标中，推动创优水平提升。

预算管理。加强预算监督考核，中烟实业每月组织编制各企业预算指标完成情况表，并对预算执行情况进行全过程控制和监督，及时发现和解决企业生产经营中存在的问题。规范预算审批程序，所属企业的预算方案须经过董事会审核通过后再报中烟实业。有效控制成本费用，销售收入成本率同比降低1.46个百分点；三项费用率同比降低0.7个百分点。

【人力资源管理】 领导班子建设。中烟实业印发了《企业董事会聘用高级管理人员实施办法》、《干部交流工作实施办法》、《非领导职务设置及选拔任用实施办法》、《领导成员选拔任用工作实施办法》4个文件，重新修订企业领导业绩考核办法，规范企业干部选拔、考核、交流等工作，完善了以岗位管理为核心的企业高级管理人员选拔聘用制度。

用工分配制度改革。中烟实业召开了所属企业用工分配制度改革座谈会，全面启动用工分配制度改革工作。截至2009年年底，所属企业全面开展了“四定”工作，基本完成了用工分配制度改革阶段性目标任务，初步建立了收入靠绩效的分配机制和上岗靠竞争的动态管理机制。

技能鉴定。举办中烟实业第二届烟叶分级职业技能竞赛，并选送优秀选手参加第四届全国烟草行业烟叶分级职业技能竞赛，吉林烟草工业有限责任公司的1名选手被授予“全国烟草技术能手”称号。中烟实业突破职业技能鉴定属地管理的束缚，举办了烟叶分级高级工（破格）技能鉴定培训班，所属8家卷烟工业企业有50名烟叶分级人员参加培训并通过鉴定。

【安全生产】 坚持“安全第一、预防为主、综合治理”的方针，中烟实业所属企业开展“安全生产年”活动。加强安全生产监督检查，加大整改力度，全年共提出整改意见和建议180项，整改171项，整改率达95%。加强教育培训，提升安全管理队伍素质，所属企业有14人取得国家注册安全工程师执业资格。加强安全设施和安全管理信息化建设，事故防范和应对突发事件能力得到提高。推进职业健康安全管理体系建设，安全管理的制度化、规范化水平进一步提升。全年无重大安全生产事故发生。

【信访稳定】 2009年，中烟实业所属企业均制定了有关信访稳定工作的管理办法，成立信访工作领导机构，完善信访管理制度。中烟实业在年初排查的基础上提出了12个信访重点督办积案，所属企业及时化解，重点督办积案基本得到妥善处理。

【特事要辑】 2月12日，中烟实业2009年总经理工作会议在北京召开，国家局副局长李克明出席会议并讲话。

4月8日，国家局局长姜成康、副局长李克明一行到内蒙古昆明卷烟有限责任公司考察指导工作。

10月12日，黑龙江烟草工业有限责任公司2009年第一次股东会议暨第二届第一次董事会议、监事会议召开，国家局副局长张辉出席会议并讲话。

12月8日，国家局副局长张保振一行到深圳烟草工业有限责任公司考察，指出要靠科技强企，靠文化凝企，建设充满生机、富有效率的现代化企业。

12 月 25～26 日，李克明一行到海南红塔卷烟有限责任公司调研，并出席公司易地技改工程奠基仪式。

所属企业

黑龙江烟草工业有限责任公司

【概　况】 黑龙江烟草工业有限责任公司成立于 2007 年 11 月，下辖哈尔滨卷烟厂、海林卷烟厂、穆棱卷烟厂、绥化卷烟厂共 4 个卷烟生产厂。2009 年，公司与湖北中烟工业有限责任公司进行跨省联合、整合重组。10 月 12 日，黑龙江烟草工业有限责任公司 2009 年第一次股东会议暨第二届第一次董事会、监事会召开，标志着双方跨省、联合整合重组完成。中烟实业占公司 65% 的股权，湖北中烟占公司 35% 的股权。公司占地面积 55.6 万平方米，有 1 条 5000 千克/小时的制丝生产线，2 条 3000 千克/小时的制丝生产线，2 条 1500 千克/小时的梗丝生产线，21 台（套）卷接包设备，年卷烟生产能力 500 亿支（100 万箱）。截至 2009 年年底，公司拥有总资产 44.2 亿元，其中，固定资产 9 亿元、流动资产 32.02 亿元，资产负债率为 20.04%。共有在岗员工 3810 人。

2009 年 2 月，公司被中国质量协会、中华全国总工会授予“全国质量管理小组活动优秀企业”称号。

【领导成员】 2009 年 10 月前

董事会

董事长：王殿贵

董　事：赵　琦　秦　燕　马保军　王志军　戴建存　吕德勋

监事会

主　席：傅　鹏

监　事：申　莹　王继民　王霄萍　张春华

班子成员

董事长、党组书记：王殿贵

总经理、党组副书记：王志军

副总经理、党组成员：苗国盛

副总经理、党组成员：李　野

副总经理、党组成员：周长春

总会计师、党组成员：仇慧君

总经济师、党组成员：连福昌

党组常务副书记：戴建存

纪检组长、党组成员、工会主席：吕德勋

2009 年 10 月后

董事会

董事长：张建军

董　事：李增林　李立林　吴　俊　彭传新　李　卫　王殿贵　王志军　吕德勋

监事会

主　席：倪　华

监　事：严奉炎　袁展斌　戴建存　张春华

班子成员

总经理、党组书记：王殿贵

副总经理、党组成员：王志军

副总经理、党组成员：苗国盛

副总经理、党组成员：李　野

副总经理、党组成员：周长春

总会计师、党组成员：仇慧君

总经济师、党组成员：连福昌

党组常务副书记：戴建存

纪检组长、党组成员、工会主席：吕德勋

【机构设置】 公司本部设有技术研发中心、市场营销中心、物资采购中心、生产制造中心、经理办公室、财务管理部、审计部、人力资源部、经济运行部、技改工程部、党群工作部、纪检监察部、计算机管理部、原料采购部、设备管理部、工会共 16 个部门。

【卷烟生产经营】 2009 年，公司生产卷烟 425.9 亿支（85.18 万箱），同比基本持平。销售卷烟 425.55 亿支（85.11 万箱），同比下降 0.07%。实现卷烟销售收入 50.32 亿元，同比增长 23.33%。实现税利 35.58 亿元，同比增长 32.13%，其中实现利润 7.44 亿元。公司三项费用率为 10.91%。

全年卷烟生产综合能耗 3.36 千克标煤/万支，平均消耗烟叶 7.29 千克/万支、滤棒 2523.4 支/万支、盘纸 633.4 米/万支、水 0.48 吨/万支、电 5.59 千瓦时/万支。

【技术创新】 公司技术研发中心 2009 年新开发了“林海灵芝（8mg）”卷烟产品；对“林海灵芝（如意）”进行了改造，在叶组配方中采用了由公司技术研发中心研发的二级配方技术，在包装中采用了可降解包装材料。

【原料保障】 公司加大对云南、湖南、湖北白肋烟和浙江香料烟的采购力度，在采购中加强了烟叶采购质量控制和等级结构控制，完成了全年采购计划。加大长期不使用的上等烟叶、中上等烟叶的调剂力度，全年调剂片烟0.75万吨（15万担），减少烟叶占用资金2.55亿元，通过调剂创收约3000万元。

【基本管理制度建设】 公司按照《中国烟草实业发展中心关于加强公司基本管理制度建设的通知》要求，对人力资源管理、信息化管理、市场营销等16个方面的基础管理制度进行全面梳理，在原有255个内控制度中，修改完善了16项，废止了2项，重新制订了44项，为公司的改革发展和规范化运行提供了制度保障。

【人力资源管理】 9月，公司完成了用工分配制度改革工作。开展部分部门正职和副职公开竞聘工作，在竞聘中坚持公开、公平、公正的原则，通过演讲、笔试、面试、公示等方式，将22名干部充实到了公司中层管理人员队伍中。在全公司范围内开展工程师、经济师、政工师、会计师、审计师、技师等岗位竞聘工作，对15名专业技术人员进行聘任。

黑龙江烟草工业有限责任公司所属生产厂

黑龙江烟草工业有限责任公司哈尔滨卷烟厂

【概　况】 黑龙江烟草工业有限责任公司哈尔滨卷烟厂前身是成立于1902年的葛万那烟庄，1952年更名为国营哈尔滨卷烟厂。2003年，以哈尔滨卷烟厂为主体，对绥化、海林、穆棱卷烟厂实施重组整合，成立了哈尔滨卷烟总厂。2007年，哈尔滨卷烟总厂更名改制为黑龙江烟草工业有限责任公司，哈尔滨卷烟厂成为其所属卷烟生产厂之一。企业占地面积17.1万平方米，拥有国内外先进的制丝、卷接包生产线22条，以及先进的技术开发和产品质量检测设备，年卷烟生产能力225亿支（45万箱）。共有在岗员工1780人。

【领导成员】 厂长、党委委员：苗国盛

党委书记：戴建存

纪委书记、党委委员、工会主席：吕德勋

常务副厂长、党委委员：张传贵

副厂长、党委委员：宋延滨

副厂长、党委委员：孙永刚

厂长助理、党委委员：安　毅

厂长助理、党委委员：李光磊

【卷烟生产】 2009年，企业生产卷烟243.5亿支（48.7万箱），其中，联营加工卷烟139亿支（27.8万箱）。主要生产“林海灵芝”、“老仁义”、“红塔山”、“红金龙”等卷烟品牌。

【技术改造】 7月，国家局印发了《国家烟草专卖局关于黑龙江烟草工业有限责任公司哈尔滨卷烟厂“十一五”易地技术改造项目的批复》。10月，召开哈尔滨卷烟厂易地技术改造项目总体规划设计评标会、哈尔滨卷烟厂职工大会，以及公司和厂两级班子、中层干部与设计单位规划方案交流会，不断优化技改设计方案。哈尔滨卷烟厂易地技术改造完成后，厂区占地面积将达46.92万平方米，制丝生产能力达350亿支（70万箱），卷接包生产能力达250亿支（50万箱）。

黑龙江烟草工业有限责任公司海林卷烟厂

【概　况】 黑龙江烟草工业有限责任公司海林卷烟厂始建于1970年。2003年归属整合进哈尔滨卷烟总厂，更名为哈尔滨卷烟总厂海林分厂。2007年，哈尔滨卷烟总厂更名改制为黑龙江烟草工业有限责任公司，海林卷烟厂成为其所属卷烟生产厂之一。企业占地面积19.2万平方米，拥有3000千克/小时制丝生产线及白肋烟生产线各1条、卷接机组13台（套）、包装机组13台（套），年卷烟生产能力150亿支（30万箱）。共有在岗员工790人。

【领导成员】 厂长、党委书记：王继民

党委副书记、纪委书记、工会主席：张　翔

副厂长、党委委员：袁　波

副厂长、党委委员：姜英乙

副厂长、党委委员：唐雪冰

【卷烟生产】 2009年，企业生产卷烟76.3亿支（15.26万箱），其中，生产“老仁义（软红）”23.4亿支（4.68万箱）、“老仁义（和谐）”30.25亿支（6.05万箱）、“老仁义（吉祥）”2.7亿支（0.54万箱）、“哈尔滨（软黄）”16.65亿支（3.33万箱）、“林海灵芝”3.35亿支（0.67万箱）。

全年卷烟生产综合能耗为3.6千克标煤/万支，平均消耗烟叶7.39千克/万支、滤棒1682支/万支、盘纸646.72米/万支、电3.32千瓦时/万支。

黑龙江烟草工业有限责任公司穆棱卷烟厂

【概　况】 黑龙江烟草工业有限责任公司穆棱卷烟

厂前身是成立于1977年的国营穆棱县雪茄烟厂，1992年更名为穆棱卷烟厂。2003年归属整合进哈尔滨卷烟总厂，更名为哈尔滨卷烟总厂穆棱分厂。2007年11月，哈尔滨卷烟总厂更名改制为黑龙江烟草工业有限责任公司，穆棱卷烟厂成为其所属卷烟生产厂之一。企业占地面积14万平方米，有卷接包装设备各19台（套），年卷烟生产能力65亿支（13万箱）。共有在岗员工533人。

【领导成员】 厂长、党委委员：谢东升

党委书记：曲　礼

副厂长、党委委员：邱连邦

副厂长、党委委员：郎玉卓

纪委书记、党委委员、工会主席：石春峰

【卷烟生产】 2009年，企业生产卷烟60.4亿支（12.08万箱），主要生产“哈尔滨（软黄）”、“大丰收”、“老仁义（和谐）”。

全年卷烟生产综合能耗为3.6千克标煤/万支，平均消耗烟叶7.32千克/万支、滤棒1682支/万支、盘纸646.72米/万支、电3.32千瓦时/万支。

黑龙江烟草工业有限责任公司绥化卷烟厂

【概　况】 黑龙江烟草工业有限责任公司绥化卷烟厂始建于1970年。2003年归属整合进哈尔滨卷烟总厂，更名为哈尔滨卷烟总厂绥化分厂。2007年11月，哈尔滨卷烟总厂更名改制为黑龙江烟草工业有限责任公司，绥化卷烟厂成为其所属卷烟生产厂之一。企业厂区占地面积10万平方米，拥有3000千克/小时的制丝生产线1条、卷接机组15台（套）、包装机组13台（套）、滤嘴成型机组9台（套），年卷烟生产能力74亿支（14.8万箱）。共有在岗员工707人。

【领导成员】 厂长、党委委员：阮　见

党委书记、纪委书记、工会主席：周显明

副厂长、党委委员：刘素英

副厂长、党委委员：唐文双

【卷烟生产】 2009年，企业生产卷烟46.5亿支（9.3万箱），均为五类烟，主要生产“老仁义”、“哈尔滨（软黄）”、“大丰收”。

全年卷烟生产综合能耗为12.28千克标煤/万支，平均消耗烟叶7.5千克/万支、滤棒1681.76支/万支、盘纸728.84米/万支、电1.41千瓦时/万支。

红塔辽宁烟草有限责任公司

【概　况】 红塔辽宁烟草有限责任公司成立于2003年12月，由红塔烟草（集团）有限责任公司和中国烟草实业发展中心共同持股，红塔烟草（集团）有限责任公司控股。公司下设沈阳卷烟厂、营口卷烟厂2个卷烟生产厂。公司占地面积46.4万平方米，有5000千克/小时、6000千克/小时制丝生产线各1条，PROTOS、PASSIM卷接机组17台（套），GDX1、GDX2包装机组18台（套）。截至2009年年底，公司拥有总资产33.15亿元，其中，固定资产9.08亿元、流动资产21.2亿元，资产负债率为37.5%。共有从业人员1757人，其中在岗员工1729人。

2009年，营口卷烟厂被辽宁省政府授予“辽宁省先进集体”称号，营口卷烟厂党委被辽宁省委授予“先进基层党组织”称号，沈阳卷烟厂制丝车间乙班切丝班组被中华全国总工会、国家安全生产监督管理总局授予“全国‘安康杯’竞赛活动优胜班组”称号。

【领导成员】 董事会

董事长：柳万东

副董事长：娄宝山（—2009.7）

副董事长：赵　琦（2009.7—）

董　事：秦　燕　李剑波　张国良　李德贤　宋玉强　罗　晶

监事会

主　席：傅　鹏

监　事：张　萌　朱学成　黄向红　张　华　王国祥

班子成员

总经理、党组书记：李德贤

副总经理、纪检组长、党组成员：宋玉强

副总经理、党组成员：罗　晶

副总经理、党组成员：慈　东

副总经理、党组成员：张　峥（2009.9—）

【机构设置】 公司本部设有办公室、营销中心、采购中心、技术中心、经济运行部、技术改造部（2009年3月成立）、财务会计部、党群工作部、审计监督管理办公室、人力资源部共10个部门。

【卷烟生产经营】 2009年，公司生产卷烟（不含出口）259.8亿支（51.96万箱），同比下降0.03%。主要生产“红塔山”、“红梅”、“人民大会堂”等品牌

卷烟，生产“红塔山”81.5亿支（16.3万箱）、“红梅”147.5亿支（29.5万箱）、“人民大会堂”25.5亿支（5.1万箱）。销售卷烟260.05亿支（52.01万箱），同比增长0.33%。实现卷烟销售收入43.02亿元，同比增长10.67%。实现税利27.36亿元，同比增长9.03%，其中实现利润3.32亿元。公司三项费用率为12.55%。

全年卷烟生产综合能耗为4.0千克标煤/万支，平均消耗烟叶7.28千克/万支、滤棒1687.5支/万支、盘纸608.5米/万支、水0.13吨/万支、电8.01千瓦时/万支。

【原料保障】 2009年10月，红塔集团与辽宁省烟草专卖局（公司）、沈阳农业大学三方签订了《红塔省外烟叶基地科技措施推广项目合作协议书》，在辽宁省凤城、宽甸、西丰、开原等地建设4个烟叶基地单元，种植烟叶面积9.2万亩。

【技术改造】 2009年，沈阳卷烟厂易地技改项目启动。对前期方案进行了可行性论证和优化设计，完成了项目申报工作，6月，通过国家局专家组的方案评审，9月获得国家局正式批准。截至2009年年底，完成总体规划设计招标等工作。营口卷烟厂新建烟叶仓储库项目地勘、设计、造价咨询工作和桩基施工完成；9月，辽东烟叶仓储库建设项目开工。

【企业文化】 2009年，推进企业文化理念体系的宣贯工作，印发了《企业文化手册》、《企业文化故事集》，组织企业文化理念宣讲团到公司机关和两个卷烟厂进行宣讲，通过企业报纸、网站等开展文化交流活动。

红塔辽宁烟草有限责任公司所属生产厂

红塔辽宁烟草有限责任公司沈阳卷烟厂

【概　况】 红塔辽宁烟草有限责任公司沈阳卷烟厂始建于1908年。2003年12月，红塔辽宁烟草有限责任公司成立，企业成为红塔辽宁烟草有限责任公司下辖的卷烟生产厂。企业占地面积为16.4万平方米，有5000千克/小时制丝生产线1条，PROTOS卷包机组9台（套），GDX1、GDX2包装机组9台（套），年卷烟生产能力150亿支（30万箱）。共有从业人员1018人。

【领导成员】 厂长、党委副书记：魏　利

副厂长、党委书记：王国祥

纪委书记、党委委员、工会主席：王长征

副厂长、党委委员：董丽艳

副厂长、党委委员：穆　忠

厂长助理、党委委员：安鹏启

【卷烟生产】 2009年，企业生产卷烟115亿支（23万箱），同比持平。主要生产“红塔山”、“红梅”、“人民大会堂”系列。

全年卷烟生产综合能耗为4.87千克标煤/万支，平均消耗烟叶7.28千克/万支、滤棒1690.48支/万支、盘纸606.06米/万支、水0.186吨/万支、电7.92千瓦时/万支。

红塔辽宁烟草有限责任公司营口卷烟厂

【概　况】 红塔辽宁烟草有限责任公司营口卷烟厂始建于1909年。2003年12月，红塔辽宁烟草有限责任公司成立，企业成为红塔辽宁烟草有限责任公司下辖的卷烟生产厂。企业占地面积30万平方米，有6000千克/小时制丝生产线1条，PROTOS、PASSIM卷包机组8台（套），GDX1、GDX2包装机组9台（套），年卷烟生产能力150亿支（30万箱）。共有从业人员807人。

【领导成员】 厂长、党委副书记：侯　伟

副厂长、党委书记：张　华

副厂长、党委委员：李　军

纪委书记、党委委员、工会主席：刘洪岐

厂长助理、党委委员：张　玮（2009年7月任党委委员）

【卷烟生产】 2009年，企业生产卷烟145.3亿支（29.06万箱），同比增长2%。主要生产“红塔山”、“红梅”、“人民大会堂”系列。

全年卷烟生产综合能耗为3.47千克标煤/万支，平均消耗烟叶7.28千克/万支、滤棒1685.34支/万支、盘纸610.38米/万支、水0.09吨/万支、电8.07千瓦时/万支。

吉林烟草工业有限责任公司

【概　况】 吉林烟草工业有限责任公司成立于2006年12月，下设延吉卷烟厂、长春卷烟厂2个卷烟生产厂，朝鲜罗先新兴烟草会社、朝鲜大同江烟草有限公司、朝鲜平壤白山烟草有限责任公司3个境外卷烟生

产企业，延边友利打叶复烤有限责任公司1个烟叶加工企业，延边长白山嘴棒有限公司1个辅料生产企业，延吉长白山文化传媒有限公司1个多元化企业。公司占地面积44万平方米，有5000千克/小时的制丝生产线1条，3000千克/小时的制丝生产线2条，1500千克/小时的梗丝生产线2条、试验线和梗颗粒线各1条，卷接机组26台（套）、包装机组25台（套）、滤嘴成型机组1台、装封箱机组6台，年卷烟生产能力472亿支（94.4万箱）。截至2009年年底，公司拥有总资产66亿元，其中，固定资产13亿元、流动资产45亿元，资产负债率为52.81%。共有从业人员3530人，其中在岗员工3404人。

1月20日，延吉卷烟厂被中央精神文明建设指导委员会授予“全国文明单位”称号。

【领导成员】 董事会

董事长：张建军

副董事长：蒋胜华

董　事：傅　鹏　李剑波　孔庆峰　孙国伟　吕子军　曹锡忱　刘轴承

监事会

主　席：曹　航

监　事：严奉炎　王春联　孙金昕　于　霞

班子成员

总经理、党组书记：孙国伟

常务副总经理、党组副书记：吕子军

副总经理、党组成员：金洪天

党组副书记、纪检组长：李凤元

营销中心总监、党组成员：吴　刚

技术中心总监、党组成员：李元实

总会计师：卜　莹

【机构设置】 2009年3月，公司新设立企业管理部、信访办公室。公司本部设有办公室、经济运行部、财务部、审计部、人力资源部、安全保卫部、党群工作部、国际部、品质控制部、采购中心、营销中心、技术中心、企业管理部、信访办公室14个部门。

【卷烟生产经营】 2009年，公司生产卷烟（不含出口）358.9亿支（71.78万箱），同比增长9.12%。销售卷烟（不含出口）368.10亿支（73.62万箱），同比增长13.48%。实现销售收入70.23亿元，同比增长22.02%。实现税利44.47亿元，同比增长24.91%，其中实现利润6.06亿元。公司三项费用率为12.48%。

全年卷烟生产综合能耗为3.12千克标煤/万支，平均消耗烟叶7.88千克/万支、滤棒1678.22支/万支、盘纸665.2米/万支、水0.08吨/万支、电7.29千瓦时/万支。

2009年，平壤白山烟草有限责任公司、大同江烟草有限公司、罗先新兴烟草会社3家境外卷烟生产企业生产卷烟57.71亿支（11.54万箱），销售卷烟55.1亿支（11.02万箱）。

【产品介绍】 2009年，“长白山”品牌的市场覆盖面进一步扩大，覆盖了全国27个省（市、自治区）的150多个城市，省外销量占总销量的59.5%。省外重点区域市场占有率稳步增长，销量在1万箱以上的省级行政区域达到10个，同比增加4个，其中，黑龙江市场超过13万箱，辽宁市场超过6万箱，山西市场超过3万箱。

【原料保障】 2009年，公司修订了《原料采购控制程序》、《烟用材料采购控制程序》、《供应商管理程序、原辅材料专卖管理细则及付款制度》，编制了《物资采购管理办法》，通过建立和健全相应的管理程序和管理办法，规范采购行为。2009年，累计调入原烟2.22万吨（44.3万担），调入薄片0.13万吨（2.62万担）。

针对“长白山”品牌配方需要，签订进口烟叶合同2357吨。针对境外企业卷烟原料库存紧缺、烟叶等级低的状况，先后从其他卷烟工业企业调入把烟0.76万吨（15.2万担），保障境外企业卷烟生产的需要。

【技术创新】 公司坚持中式卷烟的发展方向，推进低危害卷烟品类核心技术的研究和实践，研发烤烟型低焦油卷烟，有10项技术创新成果申报了国家发明专利。“长白山（东方神韵5mg）”研发项目获吉林省科技进步一等奖。

【特事要辑】 7月29日，国务院副总理张德江到公司视察，并就公司今后发展提出四点要求：一是增强危机感和忧患意识；二是抓品牌，突出特色；三是抓管理，要效益；四是继续抓改革创新，继续深化内部改革。

吉林烟草工业有限责任公司所属生产厂

吉林烟草工业有限责任公司延吉卷烟厂

【概　况】 吉林烟草工业有限责任公司延吉卷烟厂

始建于1975年，2006年12月，与长春卷烟厂合并重组，成立吉林烟草工业有限责任公司，延吉卷烟厂成为吉林烟草工业有限责任公司下辖的卷烟生产厂。企业占地面积27万平方米，有叶片处理线1条、叶丝处理线2条、卷接机组15台（套）、包装机组14台（套），年卷烟生产能力250亿支（50万箱）。共有从业人员1892人，其中在岗员工1883人。

【领导成员】 厂长、党委委员：丁昌禄

党委书记：梁宝君

党委委员、工会主席：曹锡忱（—2009.12）

副厂长：玄　涌

副厂长、党委委员：金光泽

副厂长、党委委员：李春善

党委副书记、纪委书记：杨国栋

总工程师：崔永吉（2009.10—）

党委委员、工会主席：金胜龙（2009.12—）

【卷烟生产】 2009年，企业生产卷烟214.5亿支（42.9万箱），主要生产“长白山”品牌，其中，生产三类以上“长白山”卷烟188亿支（37.6万箱），占总产量的87.6%。

全年卷烟生产综合能耗为4.7千克标煤/万支，平均消耗烟叶7.7千克/万支、滤棒1700支/万支、盘纸661.15米/万支、水0.1吨/万支、电10.42千瓦时/万支。

【技术改造】 2009年，延吉卷烟厂易地技改工程进入收尾、验收阶段，实现了卷烟生产平稳过渡，产品质量得到提升。颗粒梗生产线、制丝实验线、新增的条烟输送系统和卷包设备、高架库物流系统陆续投入使用。截至11月底，易地技改工程施工全部结束，基本实现了系统化设计、智能化控制、精细化加工、集约化生产的目标。

吉林烟草工业有限责任公司长春卷烟厂

【概　况】 吉林烟草工业有限责任公司长春卷烟厂始建于1934年，2006年12月，与延吉卷烟厂合并重组，成立吉林烟草工业有限责任公司，企业成为吉林烟草工业有限责任公司下辖的卷烟生产厂。企业占地面积11.3万平方米，有3000千克/小时的制丝生产线1条和1500千克/小时梗丝生产线1条，卷接机组11台（套），包装机组11台（套），年卷烟生产能力222亿支（44.4万箱）。共有从业人员2417人，其中在岗员工1413人。

【领导成员】 党委书记：吕子军

厂长、党委委员：蒋瑞滨（—2009.12）

厂长、党委委员：张玉良（2009.12—，之前任常务副厂长、党委委员）

常务副厂长、党委委员：刘广野

党委副书记、纪委书记：史宏义

副厂长、党委委员：马增环

党委委员、工会主席：刘轴承

副厂长、党委委员：张海涛

总工程师：魏佳宏（2009.10—）

【卷烟生产】 2009年，企业生产卷烟144.5亿支（28.9万箱），同比增长9.5%。主要生产“人参”、“红塔山”、“长白山”等品牌卷烟。

全年卷烟生产综合能耗为4.88千克标煤/万支，平均消耗烟叶7.85千克/万支、盘纸656米/万支、滤棒1691.1支/万支、水0.12吨/万支、电8千瓦时/万支。

【技术改造】 截至2009年年底，长春卷烟厂易地技改工程完成了联合工房、综合楼、综合库、片烟库、动力中心、香精香料库、香精香料调制配送中心等建筑土建施工和暖封闭，进入室内工程施工程序。完成了厂区各种管网的铺设。道路施工工程完成过半。锅炉系统、地源热泵系统试运行，地源热泵、节能建材等新技术、新材料的应用效果明显。预计2010年7月实施整体搬迁。

甘肃烟草工业有限责任公司

【概　况】 甘肃烟草工业有限责任公司的前身是成立于1936年的兰州卷烟厂。2002年，兰州卷烟厂与原天水卷烟厂合并，形成了“一厂两点”的运行管理模式。2007年12月，兰州卷烟厂更名改制为甘肃烟草工业有限责任公司，下辖天水卷烟厂1个卷烟生产厂。2008年8月，公司与浙江中烟工业有限责任公司跨省联合，重组改制。公司本部占地面积80.47万平方米。拥有1条引进自德国HAUNI 4500千克/小时制丝生产线和1条1500千克/小时制丝生产线、卷接机组13台（套）、包装机组12台（套），年卷烟生产能力255亿支（51万箱）。截至2009年年底，公司拥有总资产51.20亿元，其中，固定资产11.76亿元、流动资产37.63亿元，资产负债率为15.28%。共有从业人员2340人，其中在岗员工1871人。

【领导成员】 董事会

董事长：李增林

董　事：赵　琦　李立林　刘建设　孟伟刚　刘亚平　蒲蔚仲　田　成　王凤阁（职工董事）

监事会

主　席：陶建英

监　事：朱家福　丁良朝　魏世胜（职工监事）仲文青（职工监事）

班子成员

党委书记：蒲蔚仲

总经理、党委副书记：田　成

副总经理、党委委员：雒宪玲（—2009.12）

党委委员、工会主席：王凤阁

副总经理、党委委员：蔺翻红

副总经理、党委委员：李保明

副总经理、党委委员：吴　兵

副总经理：司继红（2009年4～12月在中国烟草实业发展中心挂职）

纪委书记、党委委员：张生俊

副总经理、党委委员：翟玉俊（2009.5—，之前任总经理助理、党委委员）

总工程师：廖国太（2009.4—）

【机构设置】　公司本部设有办公室、财务部、审计部、人力资源部、党委工作部、工会办公室、纪检监察部、安全保卫部、技术改造办公室、信息管理部10个部门，技术研发中心、市场营销中心、生产制造中心、物资采购中心4个中心，以及兰州瑞丰实业有限公司和兰州兰烟汽车运输公司2个独立核算公司。

【卷烟生产经营】　2009年，公司生产卷烟392亿支(78.4万箱)，同比增长0.64%，其中，生产一类烟13.6亿支（2.72万箱)、二类烟55.2亿支（11.04万箱)、三类烟26.86亿支（5.37万箱)、四类烟124.96亿支(24.99万箱)、五类烟171.38亿支（34.28万箱)。

全年销售卷烟392.82亿支（78.57万箱)，同比增长0.91%。实现销售收入63.6亿元，同比增长23%。实现税利45.59亿元，同比增长32.19%，其中实现利润6.25亿元。公司三项费用率为6.05%。

全年卷烟生产综合能耗为4.86千克标煤/万支，平均消耗烟叶7.3千克/万支、滤棒1859支/万支、盘纸628米/万支、水0.28吨/万支、电9.36千瓦时/万支。

【产品介绍】　公司把做精做强“兰州”品牌作为提高企业发展实力的关键，着力培育“兰州”品牌。加大技术创新力度，应用新技术、新工艺，2009年，产品焦油含量加权平均值11.52毫克/支。推进品牌整合，调整产品结构，通过整合品牌、精减牌号，自有品牌集中为“兰州”一个品牌，卷烟销售结构不断提高，三类烟以上的销量比例占19%，比2005年提高11个百分点。

【科技创新】　2009年，公司独立、合作申请国家局科研项目5项，其中，“卷烟增香保润重大专项——‘兰州’品牌卷烟增香保润专项”通过国家局组织的专家评审并批复立项；重大专项子项目“西北地区部分植物提取及在‘兰州’卷烟中的应用”通过了专家评审。与郑州烟草研究院合作开展的16个科研项目按进度计划实施，其中，“新型卷烟保润剂的应用研究”项目成果在产品中使用；完成了中烟实业所立科研项目“烟叶质量评价体系”等3个项目的结题和评审，部分技术成果已推广应用。重视注册商标、专利的维护和管理，2009年，“兰州”品牌商标被甘肃省工商行政管理局评定为“甘肃省著名商标”。

甘肃烟草工业有限责任公司
所属生产厂

甘肃烟草工业有限责任公司天水卷烟厂

【概　况】　甘肃烟草工业有限责任公司天水卷烟厂始建于1970年，2002年实现与原兰州卷烟厂合并，形成了“一厂两点”的运行管理模式。2007年12月，国家局批复兰州卷烟厂更名改制为甘肃烟草工业有限责任公司，企业成为甘肃烟草工业有限责任公司下辖的卷烟厂。企业占地面积51.7万平方米，有3000千克/小时制丝生产线1条、卷接机组8台（套)、包装机组5台（套)，年卷烟生产能力150亿支（30万箱)。有从业人员681人。

2009年，天水卷烟厂卷包车间被甘肃省总工会授予“五一劳动奖状”。

【领导成员】　厂长、党委书记：杨永清

副厂长、党委委员：岳彦虎

副厂长、党委委员：王乐平

副厂长、党委委员：廖国太（—2009.4）

副厂长、党委委员：漆松柏

副厂长、党委委员：杨　林（2009.5—，之前任副厂长）

副厂长、党委委员：张　辉（2009年4月起任副厂长，5月起任党委委员）

【卷烟生产】 2009年，企业生产卷烟176.95亿支(35.39万箱)，主要生产“兰州（软红）”、“兰州(硬红)”。

全年卷烟生产综合能耗为3.86千克标煤/万支，平均消耗烟叶6.81千克/万支、滤棒1692.6支/万支、盘纸646.35米/万支、水0.28吨/万支、电7.82千瓦时/万支。

【特事要辑】 5月20日，甘肃省副省长张晓兰一行到甘肃烟草工业有限责任公司天水卷烟厂调研工作。

内蒙古昆明卷烟有限责任公司

【概　况】 内蒙古昆明卷烟有限责任公司于2003年10月10日挂牌，2004年6月30日正式注册成立，前身为呼和浩特卷烟厂。公司注册资本10.8亿元，中国烟草实业发展中心占53.6%股份、红云红河烟草（集团）有限责任公司占46.4%股份。企业厂区占地面积17万平方米，有4800千克/小时制丝生产线1条、卷包联合机组13台（套），年卷烟生产能力150亿支（30万箱）。截至2009年年底，公司拥有总资产18亿元，其中，固定资产6.78亿元、流动资产9.11亿元，资产负债率为9.52%。共有从业人员1468人，其中在岗员工1443人。

【领导成员】 董事会

董事长：李增林

副董事长：许力为

董　事：李立林（—2009.11） 秦　燕(2009.11—) 杨　帆 李建平 田凤霞 付英宝

监事会

主　席：毛家昌

监　事：朱家福 宋燕冰 高晓东 刘玉祥

班子成员

总经理、党委副书记：李建平

党委副书记、纪检书记、工会主席：田凤霞

副总经理：王洪波

副总经理：王　林

副总经理、党委委员：张耀中

副总经理、党委委员：王向荣

总会计师：倪乐峰

总经理助理：魏　霞

总经理助理：谷超今

副总工程师：赵秋蓉

副调研员：董海滨（—2009.10）

副调研员：陈德顺

【机构设置】 公司本部设有办公室、政治工作部、纪检监察部、工会、团委、人力资源部、企业规划部、制造中心、营销中心、采购中心、技术中心、财务部、审计部、安保部、后勤保障部15个部门、中心，以及呼和浩特宏金叶卷烟销售公司、呼和浩特市苁蓉物业有限责任公司、呼和浩特卷烟厂劳动服务中心（含纸箱厂）3个多元化企业。

【卷烟生产经营】 2009年，公司共生产卷烟165亿支（33万箱)，同比增长1.53%，其中，生产一类烟1.05亿支（0.22万箱)、二类烟23.57亿支（4.71万箱)、三类烟20亿支（4万箱)、四类烟77.36亿支(15.47万箱)、五类烟43亿支（8.6万箱)。销售卷烟163.01亿支（32.6万箱)，同比增长0.39%，其中，销售一类烟1.30亿支（0.26万箱)、二类烟23.46亿支（4.69万箱)、三类烟20.27亿支（4.05万箱)、四类烟75.47亿支（15.09万箱)、五类烟42.5亿支（8.5万箱)。实现销售收入29.10亿元，同比增长12.03%。实现税利20.73亿元，同比增长13.11%，其中实现利润2.91亿元。

全年卷烟生产综合能耗为6.04千克标煤/万支，平均消耗烟叶6.91千克/万支、滤棒2146.6支/万支、盘纸600.1米/万支、水0.06吨/万支、电6.67千瓦时/万支。

【主要产品】 公司按照以“做精‘冬虫夏草’品牌、做强‘苁蓉’品牌，做大‘云烟’、‘红河’两个联营品牌”的思路进行品牌建设。2009年，“冬虫夏草”销量为0.79亿支（0.16万箱)，同比增长70.55%。

“苁蓉”品牌在内蒙古自治区二类烟市场中处于主导地位。2009年5月，将“苁蓉（软)”、“苁蓉(12mg)”分别整合为“云烟（软苁蓉)”、“云烟(12mg苁蓉)”。6月，公司在内蒙古自治区的9个地区召开“云烟（软苁蓉)”、“云烟（12mg苁蓉)”产品推介会，于7月1日上市。

2009年，公司联营加工品牌“云烟（红)”销量为20.27亿支（4.05万箱)，同比增长196.50%，“红山茶（特红)”销量为32.91亿支（6.58万箱)。2009年新增联营加工“红河（硬甲)”、“红河（软甲)”两个规格，销量分别为22.53亿支（4.51万箱)、20.03亿支（4.01万箱)。

【原料保障】 联营加工品牌卷烟原料全部由红云红河集团供给，自有品牌卷烟原料由公司自行采购。在采购过程中，公司技术中心密切配合，严把进货质量关，保证原料质量。严格执行发酵工艺规程，确保烟叶发酵质量的稳定。仓储管理方面，严格按照烤烟GB2635—92标准进行，加强原料的在库养护工作。

【科技创新】 2009年，公司开展了“冬虫夏草有效成分在降低卷烟烟气有害成分方面的应用技术研究”和“水性胶丙纤滤棒替代醋纤滤棒的应用”2个科技项目研究，突出品牌内涵和特色。加强技术中心建设，更新和配置了气质联用仪、水分滴定仪、电位滴定仪、分光光度仪、摩擦试验仪等先进的检测仪器和设备。

【信息化建设】 制订《中心机房运行维护管理规定》、《信息系统安全应急预案》等管理制度。推进生产管理模块和设备管理模块的实施工作，继续巩固ERP系统已上线模块应用成果，实现了数据齐、信息准、运行稳。实施中心机房雷电防护项目和信息系统外包服务项目，确保信息系统安全稳定运行。

【人力资源管理】 全年开展各类培训6336人次，其中内部培训5769人次，协调、组织送外培训共计94期，培训567人次。协助内蒙古自治区烟草专卖局（公司）烟草行业特有工种职业技能鉴定站，对33名卷烟营销员和198名烟机设备操作工、修理工共计231人次进行了特有工种职业技能鉴定培训。

【特事要辑】 4月8日，国家局局长姜成康、副局长李克明一行到公司考察指导工作。

7月1日，“云烟（软苁蓉）”、“云烟（12mg苁蓉）”卷烟上市。

深圳烟草工业有限责任公司

【概　况】 深圳烟草工业有限责任公司前身是成立于1988年的深圳卷烟厂。2007年7月，国家局批复同意深圳卷烟厂更名改制为深圳烟草工业有限责任公司。中国烟草实业发展中心和广东中烟工业有限责任公司分别拥有70%和30%的股权。公司占地面积30万平方米，拥有制叶生产线1条、制丝生产线2条、梗丝生产线1条、卷接机组15台（套）、包装机组15台（套）。截至2009年年底，公司拥有总资产35.77亿元，其中，固定资产11.21亿元、流动资产24.56亿元，资产负债率为11.50%。共有从业人员684人，其中在岗员工502人。

【领导成员】 董事会

董事长：张建军

董　事：李增林　陈　焕（2009.12—）李世胜　王文祥　温东奇　胡　波（—2009.12）　梁　强　何博均　廖晓花

监事会

主　席：娄宝山（—2009.12）

主　席：奚铁锋（2009.12—，之前任监事）

监　事：严奉炎（2009.12—）　李庆忠　喻志刚

班子成员

总经理、党委副书记：梁　强

党委书记：何博均

党委副书记、纪委书记、工会主席：廖晓花

副总经理、党委委员：宋士军

副总经理：曾培煜

副总经理、党委委员：王加深

【机构设置】 2009年，公司本部新设企业管理部。截至2009年年底，设有办公室、生产管理部、企业管理部、技术中心、品质管理部、辅料部、烟叶部、财务审计部、人事部、基建部、信息中心、市场部、销售部、公关营销部、党委办公室、安全保卫部、工会、制丝车间、卷接包车间19个部门。

【卷烟生产经营】 2009年，公司生产卷烟166.21亿支（33.25万箱），同比增长4.72%，其中，联营加工卷烟4.2亿支（0.84万箱）。销售卷烟163.3亿支（32.66万箱），同比下降3.29%。实现销售收入36.10亿元（含联营加工收入3.76亿元），同比增长14%。实现税利25.88亿元，同比增长23.6%，其中，实现利润6.9亿元，同比增长4.5%。公司三项费用率为6.9%。

全年卷烟生产综合能耗为2.27千克标煤/万支，平均消耗烟叶7.21千克/万支、盘纸627.17米/万支、滤棒1870支/万支、水0.1吨/万支、电8.5千瓦时/万支。

【原料保障】 调整烟叶库存结构，整体库存结构更加合理。截至2009年年底，烟叶库存总量可满足30个月的醇化时间。烟叶库存结构为：进口烟叶占19%，国产烟叶占81%；国产烟叶中上等烟叶占84%，中等烟叶占16%。

加强烟叶仓库建设，8月，烟叶C库竣工投入使用。加强烟叶采购、打叶监督和仓储管理，减少市内仓库周转产生的费用。把仓库分散管理变为集中管理，管理效率得到提高。

加强卷烟叶组配方成本控制。通过开展进口烟叶的替代及优化加香加料的研究，在产品结构较大提升的情况下，2009 年总体叶组配方成本的增幅控制在 3.4% 左右，产品的科技含量得到进一步的提升。

【科技创新】 加强叶组配方研究、加香加料的设计及降焦技术的应用，突出“低焦油、低危害、高香气、高品质”，以烟气浓度与香气风格满足消费者需求，开发了焦油含量 8 毫克/支的新产品“好日子（卓越）”。2009 年，公司卷烟产品加权平均焦油含量为 11.94 毫克/支。

【特事要辑】 9 月，公司技术中心实验室通过了国家实验室认可，获得了国家实验室认可证书。

12 月 8 日，国家局副局长张保振一行到公司考察调研。

山西昆明烟草有限责任公司

【概　况】 山西昆明烟草有限责任公司前身是成立于 1930 年的太原卷烟厂。2003 年 7 月，在原太原卷烟厂基础上，中国烟草总公司山西省公司和昆明卷烟厂共同投资组建了山西昆明烟草有限责任公司。2004 年 11 月，中国烟草总公司山西省公司所持股份划转到中国烟草实业发展中心持有，企业的行政管理权限也随之划转。红云红河烟草（集团）工业有限责任公司占 62.22% 的股权，中国烟草实业发展中心占 37.78% 的股权。公司占地面积 18.75 万平方米，有 5000 千克/小时制丝生产线 1 条、1250 千克/小时梗丝生产线 1 条、卷接包设备 29 台（套）。截至 2009 年年底，公司拥有总资产 15.1 亿元，其中，固定资产 9 亿元、流动资产 6 亿元，资产负债率为 28.35%。有从业人员 1390 人，其中在岗员工 1243 人。

【领导成员】 董事会

董事长：李增林

副董事长：许力为

董　事：马保军　杨　帆　范　晓　王永平（—2009.11）　陈景云（2009.11—）　刘根栓

监事会

主　席：毛家昌

监　事：朱家福　杨德江　王　凯　杨耀荣

班子成员

总经理、党委副书记：范　晓（2009 年 7 月主持党委工作）

党委书记：王永平（—2009.7）

第一副总经理、党委委员：陈景云

常务副总经理：刘建明

副总经理、党委委员：李稚宏

副总经理：吕家谋

党委副书记、纪委书记、工会主席：刘根栓

副总经理、党委委员：付云祥

总会计师：陈　东

【机构设置】 公司本部设有制造中心、营销中心、技术中心、采购中心、办公室、企划管理部、人力资源部、财务部、审计内管部、安保人武部、思想政治工作部、纪检监察部、工会 13 个部门以及云福物业管理有限公司。

【卷烟生产经营】 2009 年，公司生产卷烟 144.95 亿支（28.99 万箱），同比下降 0.34%，其中，生产三类烟 38 亿支（7.6 万箱）、四类烟 98.5 亿支（19.7 万箱）、五类烟 8 亿支（1.6 万箱）。销售卷烟 145 亿支（29 万箱），同比基本持平，其中，销售三类烟 39 亿支（7.8 万箱）、四类烟 98.65 亿支（19.73 万箱）、五类烟 8.85 亿支（1.77 万箱）。实现卷烟销售收入 23.48 亿元，同比增长 14.6%。实现税利 14.5 亿元，同比增长 15.6%。其中实现利润 1.98 亿元。公司三项费用率为 10.1%。

全年卷烟生产综合能耗为 6.09 千克标煤/万支，平均消耗烟叶 6.92 千克/万支、滤棒 2540 支/万支、盘纸 599 米/万支、水 0.26 吨/万支、电 7.8 千瓦时/万支。

【主要产品】 2009 年，公司主要生产“福（银）”、“云烟（福）”、“云烟（红）”、“红河（硬甲）”、“红河（软甲）”、“红山茶（特制）”、“红山茶（软）”、“红山茶（软红）”共 4 个品牌 8 个规格的卷烟。以“福（银）”向“云烟（福）”、“红山茶”向“红河”的整合置换为重点，重点培育“云烟”、“红河”两个品牌，企业品牌结构进一步优化提升。

【科技创新】 公司技术中心改进了片烟回潮工艺，调整了制丝生产线杂物分类及控制要求，产品质量得到提高。2009 年 3 月，完成了“红河”品牌本地化制丝工作。完成公司自立科技项目 12 项，在红云红河集团和中烟实业立项 3 项，其中，“气流干燥在库存烟利用中的应用”项目采用技术手段处理了公司库存闲置烟叶 189.5 吨（3790 担），盘活资金 700 余万元。

【对标工作】 编制《对标工作实施方案》、《对标指标三年规划》、《2009年目标指标体系》，组织104人分10批次到上海烟草（集团）公司、红云红河集团等企业进行对标学习，整理出重点对标项目36项，并结合中烟实业对标实施方案，将全员劳动生产率、万支卷烟综合能耗等10项指标确定为主要对标项目。通过对标工作的推进，28项对标项目得到了改善。

【人力资源管理】 人才招聘与教育培训。首次面向社会公开招聘68名应届大学毕业生。分层次开展营销管理、体系建设、标杆管理、6S管理、6σ管理、拓展训练等教育培训，建立完备的全员培训管理体系，全年公司级培训人数达1681人次，部门级培训人数达5896人次，企业拥有高技能人才339人，占技术工人总数的45%。开展技术职称、职业资格聘任和后备人才选拔工作，聘任营销师4人，选拔后备人才58人，逐步完善了员工成长晋升通道。

技能鉴定与技能竞赛。组织员工参加山西省烟草行业特有工种2009年烟机设备修理技师资格职业技能鉴定，有10人获得烟机设备修理技师资格证书。举办公司首届职工职业技能竞赛，有95人参加了计算机应用、烟机设备维修2大类、5个机型的比赛。

【企业文化】 利用公司网站、LED显示屏、宣传手册、工作简报、角落文化版面等媒介，广泛宣传精细化管理、"三标一体"、节能减排理念，促进企业文化宣贯和管理理念学习。开展精神文明创建活动，继续保持了"文明和谐单位标兵"、"太原市企业文化建设优秀企业"称号，并被2009全国企业文化建设年会授予"企业文化建设先进单位"称号。

【特事要辑】 4月3日，山西省副省长陈川平一行到公司考察调研。

海南红塔卷烟有限责任公司

【概　况】 海南红塔卷烟有限责任公司前身是成立于1978年的琼山卷烟厂，1988年更名为海南省琼州卷烟厂，1990年更名为海南卷烟厂。2002年4月，中国烟草总公司海南省公司与红塔烟草（集团）有限责任公司实行股份制合作组建海南红塔卷烟有限责任公司，海南省烟草公司占51%股权，红塔集团占49%股权；2003年7月，股份调整为红塔集团占51%股权，海南省烟草公司占49%股权；2004年11月，海南省烟草公司所持49%股份划归中国烟草实业发展中心管理。公司占地面积16万平方米，拥有国产制丝生产线1条，卷接包联机机组6台（套）及辅联设备14台（套），年卷烟生产能力109.5亿支（21.9万箱）。截至2009年年底，公司拥有总资产9.74亿元，其中，固定资产2.08亿元、流动资产7.14亿元，资产负债率为40.57%。有在岗员工573人。

【领导成员】 董事会

董事长：张建军

副董事长：蒋顺华

董　事：赵　琦（2009.12—）　陈玉秋　孔庆峰（—2009.12）　朱明权　郑中文　梁生龙　杜泽平

监事会

主　席：曹　航

监　事：严奉炎　赵　强　林春雨　吴　锋

班子成员

总经理、党委副书记：郑中文

副总经理、党委书记：梁生龙

副总经理、党委委员：阚永峰（—2009.3）

副总经理：杨明权（2009.3—）

副总经理、党委委员：潘　明

纪委书记、党委委员、工会主席：杜泽平

【机构设置】 2009年，公司机构设置由部室制转为科室制，设有办公室、品质管理科、销售科、设备技术科、人力资源科、安保消防科、生产综合管理科、纪检监察室、工会办公室、党群工作科、财务科、老职工管理办公室、审计科、经济运行管理科、生产作业线、技改办16个部门。

【卷烟生产经营】 2009年，公司生产卷烟82.5亿支（16.5万箱），同比增长6.93%。销售卷烟82.05亿支（16.41万箱），同比增长8.5%。实现卷烟销售收入11.4亿元，同比增长12.55%。实现税利7.12亿元，同比增长15.14%，其中实现利润1.27亿元。公司三项费用率为7.92%。

全年卷烟生产综合能耗为4.72千克标煤/万支，平均消耗烟叶7.75千克/万支、滤棒1682支/万支、盘纸649米/万支、水0.17吨/万支、电7.54千瓦时/万支。

【主要产品】 2009年，公司生产的卷烟品牌有"红塔山"、"恭贺新禧"、"红梅"、"椰王"。9月，研发出"椰王（硬金）"卷烟规格，10月，获得国家局批准生产销售。该规格填补了公司一类烟的空白，具有“高科技、高香气、低焦油、低危害”的风格特点，选用了云南优质烤烟原料，辅于天然植物精华香精香料，卷烟滤棒添加了生物减害物质，焦油含量10毫克/支，包装设计展现了海南的椰树、海水、空气、沙滩、阳光主题元素和绿色的自然风光。

【科技创新】 技术中心。2009年3月，红塔集团技术中心海南分中心成立，该中心隶属于海南红塔公司管理，在红塔集团技术中心的指导下，承担红塔集团对热带亚热带及高湿度沿海地区市场研究、产品研发、工艺技术研究等任务，并负责公司卷烟品牌生产的材料检验、过程监控、工艺管理和质量监督等管理工作。

开展QC小组活动。公司卷包作业区电气QC小组的“研究防范GDX2条烟缺包新方法”项目获得海南省“优秀质量管理（QC）小组”三等奖。

【技术改造】 10月，国家局印发《国家烟草专卖局关于海南红塔卷烟有限责任公司易地技术改造工程项目的批复》，公司易地技术改造项目获得批准，项目选址于海口市琼山区云龙产业园，新征土地约435亩。全年完成项目的调研论证、前期规划、选址、立项申报、专家论证、工艺流程的规划设计和项目规划的修改完善等工作，编制完成并发布了《易地技改项目实施管理办法》等20多项管理制度。12月4日，完成易地技术改造工程项目总体规划设计招标工作，12月26日，举行了易地技改奠基典礼。

2009年，新购入GDX1包装机1台，卷烟输送贮存设备1台，与现有设备实现了卷包对接。

【企业管理】 对标工作。公司制定了对标工作实施方案，建立了81项指标对标体系，重点加强对人工成本、香精香料成本、宣传促销费用、劳动生产率、包装成本、烟叶成本、节能降耗等关键指标和关注指标的对标。

贯标工作。公司组织开展了基础知识、环境因素辨识、职业健康危害辨识、文件编写、流程图梳理5个方面内容的培训，培训内审员210人。结合组织机构调整和职能转变，对原有的程序文件、作业文件进行完善，完成了环境因素和危害识别、部门工作流程编制和管理方针的制订工作。

安全生产。签订各级安全责任书，完成全年各科室安全责任目标、指标的考核，合格率达96%以上。开展安全隐患排查治理，先后组织4次安全大检查，共查出安全隐患120项，下达隐患整改通知单20份，安全隐患整改率达97.5%。加强安全设施建设，恢复烟叶仓库、成品仓库火灾报警系统，增设红外报警、视频监控等系统。

【特事要辑】 3月，红塔集团技术中心海南分中心挂牌成立。

10月19日，公司易地技术改造项目获得国家局批准。

12月25日，国家局副局长李克明一行到公司考察。

吉林烟草进出口有限责任公司

【概　况】 吉林烟草进出口有限责任公司成立于1999年10月。2006年8月，国家局对中国烟草进出口（集团）公司成员企业管理体制进行调整，吉林烟草进出口有限责任公司成为中国烟草实业发展中心的全资子公司，注册资本1000万元。截至2009年年底，公司拥有总资产3687万元，其中，固定资产39万元、流动资产3643万元，资产负债率为53.88%。有从业人员14人。

【领导成员】 总经理：李维新

副总经理：厉　峰

【生产经营】 全年共出口烟丝6055吨，出口滤棒10.9亿支，出口盘纸384吨，出口丝束79吨。出口实现2561万美元。

【企业管理】 公司以收入分配制度改革为突破口，倡导精细化管理理念，在建立规范的岗位体系和有效的考评系统基础上，严抓各项制度建设。2009年，公司先后完善制定了涉及贸易业务、人力资源、行政办公、财务会计等内容的20多项规范性管理制度。

（曹建平）

境外卷烟生产企业

威尼顿集团有限公司

【概　况】 威尼顿集团有限公司位于柬埔寨首都金边市，成立于1993年7月，由原广州卷烟一厂（现划归广东中烟工业有限责任公司）与亚细安国际有限公司共同出资组建，初始投资160万美元，其中，原广州卷烟一厂占股份的60%，亚细安国际有限公司占40%。2003年，经过利润转增资本、股权内部转让及增资，公司投资总额为1327.2万美元，其中广东中烟工业有限责任公司占股份的80%，亚细安国际有限公司占20%。截至2009年年底，公司拥有总资产3180万美元，其中，固定资产364万美元、流动资产2660万美元，资产负债率为38.23%。厂区占地面积为6.8万平方米，共有员工575人，其中广东中烟派员26人。公司拥有1条1000千克/小时制丝线，1台PROTOS70卷烟机、2台MK9卷烟机、13台YJ－14卷烟机、5台软包机、1台GDX2硬包机、3台硬盒机。年卷烟生产能力31亿支。

【领导成员】 董事会

董事长：成善松（由广东中烟工业有限责任公司委派）

副董事长：黄 华（由亚细安国际有限公司委派）

董　事：奚铁锋（由广东中烟工业有限责任公司委派）

苏志纯（—2009.8，由广东中烟工业有限责任公司委派）

刘道新（2009.8—，由广东中烟工业有限责任公司委派）

黄玉奎（由亚细安国际有限公司委派）

经理层

总经理：苏志纯（—2009.8）

刘道新（2009.8—）

【生产经营】 2009年，公司共生产卷烟41.21亿支，其中硬包15.25亿支，软包25.96亿支。销售卷烟42.1亿支。全年实现销售收入3434.4万美元，同比增长9.5%，其中，中高档卷烟的销售收入占总收入比重的44.38%，同比提高3个百分点。

【品牌战略与产品介绍】 2009年，公司以提升品牌力为主线，加强营销管理，开拓中档烟市场，提升产品结构。生产的卷烟品牌有“利是”、“吴哥”、“皇冠”和“金宝”4个品牌，8个规格。高档产品以“吴哥”为主，走柬埔寨的“国烟”路线，全年销量为0.15亿支；中档产品以“利是”为主，是今后几年内重点投入的品牌，全年销量为12.78亿支；低档产品为“皇冠”、“金宝”，全年销量分别为9.13亿支、19.86亿支。

金叶卷烟厂（澳门）有限公司

【概　况】 金叶卷烟厂（澳门）有限公司位于中国澳门特别行政区，成立于1992年，初始投资2476万港元，由原广州卷烟二厂（现划归广东中烟工业有限责任公司）、广东省烟草公司、香港永发烟草有限公司、澳门南粤（集团）有限公司共同出资组建，分别占股份的27%、20%、28%、25%。1993年，香港永发烟草有限公司将14%的股份转让给金叶（香港）烟草国际有限公司，股东变为5家。2001年，香港永发烟草有限公司、澳门南粤（集团）有限公司收回投资，股权由金叶卷烟厂（澳门）有限公司收回。经过两次股东变更，公司股东为广东中烟工业有限责任公司、广东省烟草公司、金叶（香港）烟草国际有限公司，投资8501万港元，分别占股份的55%、26%、19%。截至2009年年底，公司拥有总资产3.13亿港元，其中，固定资产2042万港元、流动资产29292万港元，资产负债率为26.7%。公司拥有4980平方米的厂房、200平方米的产品配送中心，共有员工52人，其中广东中烟派员39人。拥有2台PROTOS卷接机和2台GD包装机。年卷烟生产能力30亿支。

【领导成员】 董事会

董事长：李世胜（由广东中烟工业有限责任公司

委派）

副董事长：陈焕平（由广东省烟草公司委派）

董　事：张穗强（2009 年 1 月由副董事长改任董事，由广东中烟工业有限责任公司委派）

王为岷（由金叶〈香港〉烟草国际有限公司委派）

李伟庆（由广东中烟工业有限责任公司委派）

吴焕如（由广东省烟草公司委派）

经理层

总经理：袁 炜（2009. 9—）

【生产经营】 2009 年，公司共生产卷烟 17. 48 亿支，同比下降 0. 1%。销售卷烟 17. 42 亿支，同比下降 1. 64%。主要市场为中国香港、澳门地区，以及南非、澳大利亚、巴拿马、秘鲁等国家和东南亚地区。

全年实现销售收入 23775. 1 万港元，同比增长 2. 80%。实现利润 1336. 16 万港元，同比下降 55. 71%。销售成本为 17446. 29 万港元，同比增长 5. 69%。销售费用为 1640. 31 万港元，同比增长 119. 8%，主要原因在于公司加大了品牌宣传力度，为建立稳固销售渠道而增加了销售费用的投入。此外，由于人民币升值及原材料价格的上涨，特别是从国内进口烟丝成本的增加，导致经营成本持续增长。

【品牌战略与产品介绍】 2009 年，公司生产的卷烟品牌有“双喜”、“吉利”2 个品牌 6 个规格。全年生产“双喜”13. 04 亿支，占总产量的 74. 60%。针对产品线相对比较单一的问题，公司依托广东中烟工业有限责任公司技术中心的研发能力，启动对混合型产品的预研工作，研发“双喜”、“吉利”品牌的中高档混合型产品，丰富了产品线，实现了从生产主导型向市场主导型转型。

中烟国际欧洲有限公司

【概　况】 中烟国际欧洲有限公司的英文名称 S. C. CHINA TOBACCO INTERNATIONAL EUROPE COMPANY S. R. L.，简称“CTIEC”，位于罗马尼亚布泽乌县（BUZAU）巴尔斯果夫镇（PARSCOV），是中国烟草在欧洲的唯一生产基地，也是截至 2009 年年底中国国有企业在罗马尼亚投资额最大的一个合资公司，经营范围主要是卷烟生产及销售。

公司前身是成立于 1997 年 4 月的宝丰烟草实业有限公司（S. C. SINOROMA INDUSTRY COMPANY S. R. L.），由陕西省烟草公司、原宝鸡卷烟厂（现划归陕西中烟工业有限责任公司）、原中国烟草进出口（集团）公司与原西安丰佳科技实业发展有限公司（现划归丰佳国际集团）共同出资组建，项目总投资 102 万美元，其中丰佳国际集团占总股份的 30%。2003 年，原中国烟草进出口（集团）公司退出股份，丰佳国际集团收购其股权后占股份 50%。2005 年 7 月，由安徽中烟工业公司牵头，对宝丰烟草实业有限公司进行重组，扩大投资规模。2007 年 8 月，公司更名为中烟国际欧洲有限公司。2008 年 7 月，经商务部批准，公司在行业内进行第二轮增资扩股，增资总额为 1500 万美元。截至 2009 年年底，公司完成了第二轮变更的全部商业登记程序，注册资本为 3000 万美元，其中，安徽中烟工业公司占总股份的 60. 5%，红塔烟草（集团）有限责任公司占 25%，陕西中烟工业有限责任公司占 12%，外方丰佳国际集团旗下的罗马尼亚木业公司占 2. 5%。

公司下设 1 厂 3 部，即工厂、销售部、财务部、综合部。截至 2009 年年底，拥有总资产 3573 万美元，固定资产 1488 万美元、流动资产 2016 万美元，资产负债率为 26. 6%。公司占地面积为 4. 5 万平方米。共有员工 142 人，其中中方员工 32 人。拥有 1 条 3000 千克/小时制叶片线、1 条 1000 千克/小时梗丝线、1 条 1000 千克/小时白肋烟处理线、1 条 800 千克/小时香料烟处理线、2 台（套）高速卷包机组。年卷烟生产能力 25 亿支。

【领导成员】 董事会

董事长：赵　辉（由安徽中烟工业公司委派）

副董事长：蒋顺华（由红塔烟草〈集团〉有限责任公司委派）

陈　晖（由陕西中烟工业有限责任公司委派）

耿　健（由丰佳国际集团委派）

董　事：熊　斌（由中国烟草国际有限公司委派）

张　劲（由安徽中烟工业公司委派）

张开华（由安徽中烟工业公司委派）

王茂林（由安徽中烟工业公司委派）

许永忠（由红塔烟草〈集团〉有限责任公司委派）

监事会

主　席：赵西纯（由陕西中烟工业有限责任公司委派）

监　事：张荣霞（由安徽中烟工业公司委派）

尤　杰（由丰佳国际集团委派）

经理层

总经理：王龙明

副总经理：王成虎

财务总监：王　斌

【生产经营】 2009年，公司生产卷烟4.82亿支，其中，生产来牌加工烟4.28亿支，其中，生产波兰"RGD"0.9亿支、捷克"RGD"2.60亿支、红塔"MARBLE"0.78亿支；生产自有品牌"GOLDEN MONKEY"0.54亿支，其中，"GOLDEN MONKEY（软）"0.22亿支、"GOLDEN MONKEY（硬）"0.32亿支。销售自有品牌"DUBLISS"0.04亿支、"GOLDEN MONKEY"0.52亿支，销售来牌加工烟4.27亿支。

全年加工烟丝217吨。销售用于生产"RGD"的烟丝202.49吨，用于生产法国"DUBLISS"的烟丝15.38吨。

全年实现销售收入1599万美元，销售成本为650万美元，销售税金及附加938万美元，销售毛利为11万美元，利润亏损97.63万美元。

【产品介绍】 公司拥有的自有品牌是"DUBLISS"、"GOLDEN MONKEY"，来牌加工品牌有"RGD"、"MARBLE"。

自有品牌中，"DUBLISS"定位于中档烟，"GOLDEN MONKEY"定位于低档烟。随着罗马尼亚2007年1月1日加入欧盟后，卷烟消费税每年调涨，两个品牌也经历了多次调价。2009年，公司卷烟经历了7次调价，是公司有史以来调价最频繁的一年，卷烟价格大幅上涨，相比2005年的卷烟单包价格几乎上涨一倍。卷烟价格差距进一步缩小，高、中、低档卷烟价差不超过2.5RON，低档烟不再具有价格优势。

【特事要辑】 5月14日，中烟国际欧洲有限公司一届一次董事会在中国安徽合肥召开。

蒙古烟草有限责任公司

【概　况】 蒙古烟草有限责任公司位于蒙古国首都乌兰巴托市，成立于2001年。公司是由陕西中烟工业有限责任公司控股并与蒙古阿哈木德音呼其公司、蒙古新大陆公司、陕西省烟草公司合资组建的卷烟加工贸易企业，注册资金137.7万美元，中方投资占51%，蒙方投资占49%。截至2009年年底，拥有总资产815万美元，其中，固定资产283万美元、流动资产532万美元，资产负债率为22%。公司占地面积为6700平方米，共有员工93人，其中中方管理技术人员12人。拥有卷接包设备8台（套）。年卷烟生产能力20亿支，居蒙古烟草运营业第一位。

【领导成员】 董事会

董事长：赵德学（由陕西中烟工业有限责任公司委派）

副董事长：巴音孟赫（由蒙古阿哈木德音呼其公司委派）

董　事：赵启斌（由陕西中烟工业有限责任公司委派）

赵西纯（由陕西中烟工业有限责任公司委派）

铁木真（由蒙古阿哈木德音呼其公司委派）

李　斌（由陕西省烟草公司委派）

监事会

主　席：策德布（由蒙古阿哈木德音呼其公司委派）

监　事：朱军利（由陕西中烟工业有限责任公司委派）

谭招生（由陕西省烟草公司委派）

经理层

总经理：栗丰斌

副总经理：巴音孟赫　栗庆国

【生产经营】 2009年，公司共生产卷烟13.16亿支，同比下降15.8%，其中，生产"红鹰"7.98亿支、"金叶丛"3.82亿支。销售卷烟12.75亿支，同比下降7.6%。公司产销量占蒙古卷烟市场份额的40%以上。

全年实现销售收入2214.76万美元，同比增长19.91%。实现税利1275.4万美元，其中利润212万美元，同比增长76.67%。全年结汇554.7万美元。

【品牌战略与产品介绍】 公司生产的卷烟品牌有"金叶丛"、"蒙古包"、"红鹰"、"好运"等，其中，主导品牌“红鹰”、“金叶丛”市场销量连续多年居蒙古卷烟市场上的第一、第二位。

2009 年，公司坚持“立足蒙古国内，面向中亚市场”的经营方针，巩固蒙古国内市场，提高中高档卷烟销量。开展品牌出口和来牌加工，拓宽业务领域，开拓周边市场，积极开拓俄罗斯、哈萨克斯坦等国家市场。重视卷烟销售网络的建设，以产品销售为龙头，建立了 15 个直销、28 个协议代理销售网点，面向蒙古全国进行卷烟销售。加强中高档卷烟市场的培育，成功引进“DUBLISS（混合型）”品牌卷烟的加工生产。

平壤白山烟草有限责任公司

【概　况】 平壤白山烟草有限责任公司位于朝鲜首都平壤市龙城区，成立于 2008 年 4 月 23 日，公司是由吉林烟草工业有限责任公司与朝鲜烟草进出口商社合资组建的卷烟生产企业，投资总额为 500 万美元，其中，中方以设备折价出资，股份占 51%；朝方以土地、厂房等配套设施折价出资，股份占 49%。截至 2009 年年底，公司拥有总资产 1404.06 万美元，其中，固定资产 470.4 万美元、流动资产 769.79 万美元，资产负债率为 50.87%。公司占地面积为 4940 平方米，共有员工 216 人，其中中方员工 32 人。拥有 8 台 MK9 卷接机组、3 台 MK95 卷接机组、5 台 ZB43A 硬盒机组、5 台 SASIB 软包机组。年卷烟年生产能力 50 亿支。

【领导成员】 董事会

董事长：金洪天（由吉林烟草工业有限责任公司委派）

副董事长：崔勇哲（由朝鲜烟草进出口商社委派）

董　事：朴光石（由吉林烟草工业有限责任公司委派）

董明哲（由朝鲜烟草进出口商社委派）

董秀吉（由吉林烟草工业有限责任公司委派）

经理层

社　长：董明哲

副社长：董秀吉

财务负责人：姜龙范

总工程师：卜灿洙

【卷烟生产经营】 2009 年，公司共生产卷烟 42.3 亿支，同比增长 61.80%。销售卷烟 39.5 亿支，同比增长 65.25%。实现销售收入 2602.5 万美元，同比增长 63.04%。实现利润 102.36 万美元。

【品牌战略与产品介绍】 公司依托吉林烟草工业有限责任公司的产品开发和原辅材料优势，积极培育中式卷烟，兼顾高、中、低档卷烟市场，扩大在朝鲜的市场份额。公司生产的品牌卷烟有高档烟“锦绣江山（硬）”、“平壤（硬）”、“阿里郎（硬）”、“普通江（硬）”，低档烟“七宝山（硬）”、“白山（软）”等。

大同江烟草有限公司

【概　况】 大同江烟草有限公司位于朝鲜首都平壤市乐浪区，成立于 2000 年。公司是由吉林烟草工业有限责任公司与朝鲜海洋贸易会社合资组建的卷烟生产企业，投资总额为 120 万美元，其中中方占股份的 51%，朝方占 49%。截至 2009 年年底，公司拥有总资产 380.31 万美元，其中，固定资产 127.93 万美元、流动资产 237.56 万美元，资产负债率为 40.51%。公司占地面积为 5100 平方米，共有员工 120 人，其中中方员工 9 人。拥有 5 台卷接机组、2 台硬盒机组、1 台软包机组。年卷烟生产能力 15 亿支。

【领导成员】 董事会

董事长：金洪天（由吉林烟草工业有限责任公司委派）

副董事长：吴永哲（由朝鲜海洋贸易会社委派）

董　事：朴光石（由吉林烟草工业有限责任公司委派）

南相林（由吉林烟草工业有限责任公司委派）

金顺玉（由朝鲜海洋贸易会社委派）

经理层

社　长：吴永哲

副社长：南相林

财务负责人：赵贞玉

【生产经营】 2009 年，公司共生产卷烟 5.1 亿支，销售卷烟 5.5 亿支。全年实现销售收入 300.98 万美元，实现利润 2.6 万美元。

【产品介绍】 公司利用朝鲜合作方的政策优势，重点开拓中、低档卷烟市场。生产的卷烟产品有高档烟“大同江（硬）”、中档烟“老虎（硬）”、低档烟“闪电（软）”、“雪景（软）”等。

罗先新兴烟草会社

【概　况】 罗先新兴烟草会社位于朝鲜罗先特别市，成立于 2001 年，是吉林烟草工业有限责任公司在朝鲜设立的独资卷烟生产企业，注册资本为 305 万美元。截至 2009 年年底，公司拥有总资产 645.60 万美元，其中，固定资产 316.70 万美元、流动资产 307.79 万美元，资产负债率为 31.58%。公司占地面积为 8400 平方米，共有员工 52 人，其中中方员工 18 人。拥有 4 台 MK95 卷接机组、2 台 ZB43A 硬盒机组、3 台 SASIB 软包机组。年卷烟年生产能力 15 亿支。

【领导成员】 罗先新兴烟草会社是吉林烟草工业有限责任公司在朝鲜设立的独资卷烟生产企业，其董事会成员全部由吉林烟草工业有限责任公司委派。

董事会

董事长：金洪天

董事：朴光石　金明孙　徐世成　孙金昕

经理层

总经理：金明孙

财务负责人：金辰子

【生产经营】 2009 年，公司共生产卷烟 10.31 亿支，销售卷烟 10.1 亿支。实现销售收入 676.13 万美元，实现利润 64.09 万美元。

【品牌战略与产品介绍】 公司作为吉林烟草工业有限责任公司卷烟出口加工基地，利用政策优势和独资企业的经营优势，在开拓朝鲜北部市场的同时，通过自主品牌出口、来牌加工等多种形式，积极开拓韩国、中东、东南亚等国际市场。公司生产的主要卷烟品牌有“罗津（硬）”、“丰收（硬）”、“松林岛（软）”等。

老挝寮中红塔好运烟草有限公司

【概　况】 老挝寮中红塔好运烟草有限公司前身是成立于 1992 年的老挝寮中好运烟草有限公司，位于老挝万象市。2008 年 7 月，更名为老挝寮中红塔好运烟草有限公司。公司由红塔烟草（集团）有限责任公司、中国烟草总公司海南省公司、老挝因得·沙伯服装厂和老挝 D.D 建筑有限公司共同出资，注册资本 150 万美元，其中红塔集团占股份的 61%，海南省烟草公司占股份的 30%，老挝因得·沙伯服装厂占股份的 6%，老挝 D.D 建筑有限公司占股份的 3%。

截至 2009 年年底，公司拥有总资产 937 万美元，其中，固定资产 283 万美元、流动资产 654 万美元，资产负债率为 34.04%。公司占地面积为 2 万平方米，共有员工 155 人，其中中方员工 17 人。公司下设复烤、制丝、卷包 3 个车间，拥有梗叶混合制丝生产线 1 条，简易打叶线 1 条，卷包机组 2 台（套），滤棒成型机 2 台。年卷烟生产能力 10 亿支。

【领导成员】 董事会

董事长：蒋顺华（由红塔烟草〈集团〉有限责任公司委派）

董　事：李　云（由海南省烟草公司委派）

杨金波（由红塔烟草〈集团〉有限责任公司委派）

许永忠（由红塔烟草〈集团〉有限责任公司委派，—2009.4）

王　琦（由红塔烟草〈集团〉有限责任公司委派，2009.4—）

张明强（由老挝 D.D 建筑有限公司委派）

经理层

总经理：王 琦

副总经理：陈忠民（—2009.8）　王　剑（2009.8—）　胡云见

财务总监：李树元

【生产经营】 2009 年，公司以建设境外烟叶种植基地、境外烟丝供应基地以及东南亚卷烟生产销售基地“三个基地”的发展规划为指导，推进公司发展。在烟叶种植基地方面，2008～2009 年，公司共种植烟叶 245 万平方米，收购烟叶 485 吨。在烟丝供应基地建设方面，2009 年完成对投放伊朗市场的“阿诗玛”烟丝的配方调试工作。在卷烟生产销售基地建设方面，2009 年，公司共生产卷烟 8.62 亿支，同比增加 4.59 亿支；销售卷烟 8.73 亿支，同比增加 4.91 亿支。实现卷烟销售收入 957 万美元，其中，内销烟实现销售收入 322 万美元，出口烟实现销售收入 635 万美元。全年利润总额 148 万美元，实现净利润 145 万美元。

【产品介绍】 公司生产的卷烟产品有“红花（白软）”、“红花（黄软）”、“JENNEE（硬绿）”、“JENNEE（软红）”、“恭贺新禧（软）”、“红塔山（硬）”、“阿诗玛（软）”、“玉溪（硬）”等，其中“红花”、“JENNEE”两种品牌在老挝当地市场销售；“恭贺新禧”品牌主要销往柬埔寨有税市场；“红塔山（硬）”品牌在老挝有税市场及泰国免税市场销售。“MARBLE”因生产量较小，逐步退出市场。

香港红塔国际烟草有限公司

【概　况】 香港红塔国际烟草有限公司位于中国香港特别行政区，前身是成立于 1992 年的雄伟（国际）烟草有限公司，由原楚雄卷烟厂控股，正邦发展有限公司、云南省烟草公司共同出资组建。1998 年，国家局批复将楚雄卷烟厂的资产划转给红塔烟草（集团）有限责任公司。1998 年 12 月 9 日，雄伟（国际）烟草有限公司更名为香港红塔国际烟草有限责任公司。

截至 2009 年年底，公司由红塔烟草（集团）有限责任公司、仁恒国际投资有限公司和云南中烟工业公司共同出资，其中，红塔集团占股份的 55%，仁恒国际投资有限公司占 30%，云南中烟占 15%。公司拥有总资产 1.45 亿港元，其中，固定资产 2500 万港元、流动资产 1.2 亿港元，资产负债率为 4.41%。公司占地面积为 3000 平方米，共有员工 45 人，其中 2 人为红塔集团外派管理人员，其余均为香港本地员工。拥有 3 条卷接包生产线。年卷烟生产能力 30 亿支。

【领导班子】 董事会

董事长：姚庆艳（由云南中烟工业公司委派）

副董事长：李穗明（由红塔烟草〈集团〉有限责任公司委派）

董　事：魏胜鹏（由仁恒国际投资有限公司委派）

杨雪梅（由云南中烟工业公司委派）

李　宁（由红塔烟草〈集团〉有限责任公司委派）

经理层

总经理：李　宁

【生产经营】 2009 年，公司共生产卷烟 19.46 亿支，同比增长 62%。销售卷烟 19.53 亿支，同比增长 61.8%。全年实现卷烟销售收入 1.55 亿港元，同比增长 80.51%。实现利润 1938.6 万港元，同比增长 50.93%。

【产品介绍】 公司以红塔集团原料、管理、品牌、技术为依托，主要生产混合型卷烟，包括英式混合型“MARBLE”、“ESTON”和美式混合型“PLAZA”、“STRAND”、“BRASS”，以及“阿诗玛”、“恭贺新禧”、“红塔山”、“喜丰收”、“金阳光”等。产品主要销往东欧、非洲、南美等地区，其中，“MARBLE”品牌主要销往欧洲和中国澳门市场，并在东欧市场具有一定的影响力；“ESTON”、“STRAND”、“PLAZA”、“BRASS”品牌主要销往非洲市场和澳门市场；“红塔山（铂金）”、“阿诗玛”品牌主要销往东南亚市场；“恭贺新禧”品牌主要销往柬埔寨市场和中东市场；“红塔山（硬）”、“玉溪（硬）”品牌专供给香港玉成贸易发展有限公司在香港当地免税店销售；“红塔山（混合型）”品牌销往中国台湾市场；“喜丰收”和“金阳光”销往朝鲜市场。

缅甸掸邦第一特区果敢卷烟厂

【概　况】 缅甸掸邦第一特区果敢卷烟厂成立于 1994 年，位于缅甸联邦境内掸邦第一特区果敢昔娥寨。企业注册资金为 430 万元，其中红云红河（集团）有限责任公司占 64% 的股份，由云南中烟工业公司控股的天成（太平洋）有限公司占 18.5% 的股份，缅甸掸邦第一特区政府占 17.5% 的股份。截至 2009 年年底，拥有总资产 718.6 万元，其中，固定资产 125.5 万元、流动资产 587.4 万元，资产负债率为 29.3%。

年卷烟生产能力5亿支，拥有新中国卷烟机2台（套），YJ－14卷烟机1台（套），70毫米小包机1台（套），84毫米横包机1台（套）。厂区占地面积为1万平方米，共有员工26人，其中中方管理人员4人。

【领导成员】 董事会

董事长：张云飞（由红云红河〈集团〉有限责任公司委派）

董　事：杨　帆（由红云红河〈集团〉有限责任公司委派）

吴益昆（由红云红河〈集团〉有限责任公司委派）

曹俊辉（由云南中烟工业公司委派）

彭家声（—2009.8，由缅甸掸邦第一特区政府委派）

经理层

厂　长：吴益昆

副厂长：罗志雄

财务总监：文　才

董事会秘书：单庆恒

【生产经营】 企业生产经营由红云红河（集团）有限责任公司委派的经营班子负责，截至2009年年底，投资已全部收回。1～8月，企业共生产“昔娥”牌卷烟16168万支，销售15841万支。实现销售收入704.5万元，实现利润31.2万元。

【产品介绍】 企业生产的卷烟品牌为“昔娥”，主要规格是“昔娥（70mm无嘴软）”及“昔娥（84mm过滤嘴软）”，均为烤烟型卷烟。主要销售市场是缅甸，少量进入印度市场。

【特殊事件】 1～8月，企业保持正常生产经营并赢利。8月底，因缅甸果敢地区发生武装冲突，企业积极制定并实施了应急预案，人员全部撤离冲突地区，确保了人员和资金安全，冲突共造成库存卷烟产品、辅料、办公和生活用品损失130多万元。截至2009年年底，当地局势仍不明朗，工厂虽处于停产状态，但仍积极筹备恢复生产相关事宜。

烟草机械生产企业

烟机工业概况

2009年，烟机工业围绕“提升技术装备水平、提高设备保障能力”两大主要任务扎实工作，在规范烟机市场秩序、提升烟机产品技术含量等方面不断开拓，烟机工业的整体竞争实力得到加强，突出体现在以下三个方面：一是烟机市场管理工作规范有序，与卷烟工业企业合作更加密切。烟机零配件交易监管网站整体运行平稳，通过网上交易，进一步规范了烟机零配件的采购行为。二是加强技术创新体系建设，完成“超高速卷接包机组技术引进对外签约”任务，超高速卷接包机组对外合作取得实质性突破，为推进烟机自主创新、实施重大专项提供较好的技术基础和条件。三是行业设备管理工作稳步推进。制定《卷烟工业企业设备使用管理绩效评价指标》，初步构建起行业设备管理的制度体系框架，进行行业生产设备重点抽查工作，清晰掌握行业主要生产设备情况。

截至2009年年底，全国烟草专用机械持证生产企业共有34家，具体名单参见附表。

中国烟草机械集团有限责任公司

【概　况】 中国烟草机械集团有限责任公司（以下简称“中烟机械集团公司”）组建于1999年，由中国烟草总公司、上海烟草（集团）公司、云南省公司、山东省公司、河南省公司共同出资组建，是烟草行业内第一家按现代企业制度框架组建的专业化集团公司。后经股权变更，中烟机械集团公司由中国烟草总公司控股，上海烟草（集团）公司以及云南中烟、山东中烟、河南中烟等4家工业公司参股。2008年，经国家烟草专卖局批准（中烟办〔2008〕305号），中烟机械集团公司新增湖南中烟、湖北中烟、江苏中烟、安徽中烟、广东中烟等5家股东，股东单位由原来的5家扩大为10家。中烟机械集团公司增资扩股调整后，中国烟草总公司股权比例占67%，上海烟草（集团）公司占5%，云南、河南、山东、湖南、湖北、江苏、安徽、广东中烟分别占3.5%。中烟机械集团公司是中国烟机工业的核心企业，对全国烟草专用机械的生产经营担负一定的行业管理职能。

中烟机械集团公司下辖7家控股企业，包括上海烟草机械有限责任公司、常德烟草机械有限责任公司、许昌烟草机械有限责任公司、秦皇岛烟草机械有限责任公司等4家控股烟机生产企业，北京达特烟草成套设备技术开发有限责任公司、北京特思达机电技术开发有限责任公司2家专业公司，以及设在上海专门从事烟机产品开发的中烟机械技术中心有限责任公司。同时，中烟机械集团公司以30%的股份参股云南烟草机械有限责任公司。

截至2009年年底，中烟机械集团公司拥有总资产72.09亿元，其中，固定资产6.2亿元、流动资产56.48亿元，资产负债率为42.16%。共有在岗员工4480人。

【领导成员】 董事会

董事长：王崇光

副董事长：周永森

董　事：程佳华（2008.12—）　王仲强　姚庆艳（—2008.12）　顾　波（2008.12—）　朱怡聆　杨自业　曲　伟（职工董事）　郑则豪（2008.12—）　吴　俊（2008.12—）　俞惠梅（2008.12—）　卢安宁（2008.12—）　林孟昌（2008.12—）

监事会

主　席：王建雪

监　事：刘敬如　刘亮山（职工监事）

班子成员

总经理、党组书记：王崇光

副总经理、党组成员：程佳华

副总经理、总会计师、党组成员：宋春华（部门正职级）

副总经理、党组成员：王仲强

副总经理、党组成员：王建法

副巡视员：凌卫民（2009.8—）　赵美燕（2009.8—）

总经理助理：鹿广瑞

【机构设置】 中烟机械集团公司本部设有办公室、综合计划部、人力资源（纪检监察）部、生产管理部、市场部、财务资产部、技术合作部、审计部、设备管理部共 9 个部门。

【生产经营】 2009 年，中烟机械集团公司共生产卷接包设备、滤棒成型及辅联设备 511 台（套），销售 504 台（套）；生产制丝、打叶复烤及二氧化碳膨胀烟丝线 12 条，销售 11 条。中烟机械集团公司本部及 4 家控股生产企业共实现销售收入 44.14 亿元，同比增长 13.09%。实现税利 12.48 亿元，同比增长 32.76%，其中利润 9.08 亿元，同比增长 26.32%。三项费用率为 15.39%。

2009 年，国产烟机的海外市场在国际金融危机的冲击下保持了相对稳定，全年出口共计 66 台（套），出口额达到 2080 万美元，产品销往全世界 16 个国家或地区。

【品牌战略和产品介绍】 2009 年，中烟机械集团公司继续实施“三分天下”战略，规范整机、大修理及零配件经营销售，建立整机与零配件的多种销售渠道，形成整机、大修理、零配件协调发展的良好格局。

中烟机械集团公司的主要产品有：7000 支/分钟、8000 支/分钟和 10000 支/分钟卷接机组；400 包/分钟软盒硬条包装机组、400 包/分钟硬盒硬条包装机组和 550 包/分钟硬盒硬条包装机组；400 米/分钟和 600 米/分钟纤维滤棒成型机组；卷烟储存输送系统；滤棒储存输送装置；制丝生产线；打叶复烤线、二氧化碳烟丝膨胀生产线等。

【科技创新】 *产学研合作。*与湖南大学等高等院校签署《长期战略合作框架协议》。与卷烟工业企业的战略合作取得新的成果，红塔集团 PASSIM12K 卷接机组大修改造项目达到预定技术要求，并完成了厂内验收。

*技术引进。*中烟机械集团公司在技术引进和技术合作方面取得新突破，完成了超高速卷接包机组技术引进对外签约任务，与德国 HAUNI 公司和 FOCKE 公司分别签署了《PROTOS 2-2 过滤嘴卷烟生产线专用技术之技术转让协议》和《FOCKE FC 800 硬盒硬条包装机组专用技术之技术转让协议》。此外，中烟机械集团公司还与虹霓公司签署了《制丝设备和技术全面合作协议》，与英国伽比欧-狄更生公司签署了《SD5 系列切丝机技术转让协议》。

*技术创新体系建设。*中烟机械集团公司加大技术资源整合力度，启动异地协同并行设计及统一项目管理平台建设，下属技术中心设立制丝技术研究室，对制丝设备开展前瞻性研究，实现技术中心卷接设备和制丝设备研发一体化运作。

【设备管理】 9 月，召开全国烟草行业设备管理工作会议，提出行业设备管理的目标是“设备完好，持续改进，提高效能，保障运行”，方式是“分级分类，突出重点，规范引导，集约管理”，任务是“健全体系，完善制度，夯实基础，创新模式”。会议学习了《中国烟草总公司设备管理办法》，介绍了设备全寿命周期技术经济综合管理，发布了“行业生产设备重点调查”结果。会议提出围绕“卷烟上水平”工作，切实加强设备的运行和经济管理、信息系统建设和应用、节能降耗，努力实现行业设备管理工作“三个转变”，即：从传统经验管理向现代科学管理转变；从只关注设备阶段性的技术管理向技术、经济相结合的综合管理转变；从满足单个企业的设备保障管理向满足企业多点管控的规范化设备管理转变。

【市场管理工作】 4 月，中烟机械集团公司组织召开“烟机工业与卷烟工业建立密切合作关系工作座谈会”。全年共签订烟机整机购销合同 373 份，总金额为 38.8 亿元。签订烟机大修理合同 122 份，共计 186 台（套），总金额为 6.53 亿元，同比增长 25%。烟机零配件交易监管网站自 2 月试运行以来，系统整体运行稳定，截至 2009 年年底，通过网站共签订合同 2.3 万份，总金额为 9.08 亿元，用户总量达 664 家，网站总访问量已近 25 万人次，基本实现网站建设预定的设计要求和目标。

【企业管理】 *财务管理。*中烟机械集团公司制定《烟机制造企业会计核算办法》，统一了会计核算政策、会计科目等。2 月，启动统一会计核算软件项目，全年完成该项目的项目规划、蓝图设计、系统建设、试点实施、切换上线等基础工作。继续抓好清产核资的善后整改工作，对多元化、主业清产核资遗留问题进行处理。加强资金监管力度，积极开展小金库清理整顿工作。逐步理顺董事会、预算委员会、预算管理办公室、预算责任部门在预算管理方面的关系，推动预算管理组织体系建设。

*质量管理。*开展 ZJ112 和 ZB47 型机组小批试制鉴定及设备可靠性考核工作。组织烟机工业 QC 小组活动成果评选活动，其中，上海烟机公司的“降低 ZB47

包装机组故障停机率”被评为2008年度QC成果二等奖。

节能减排。2009年，各控股生产企业能耗总量为1.28万吨标煤，在产值增长18.44%的情况下，实现了能耗总量下降12.98%。万元产值综合能耗为33.72千克标煤，减少12.17千克，同比减少26.52%。

【人事管理】 用工分配制度改革。中烟机械集团公司出台了对所属各企业在用人和工资使用上的规范性文件，首次在控股生产企业设置非领导职务序列，并在上海、秦皇岛烟机公司实施。所属各企业在用工分配制度改革中向高技术、高技能人才倾斜。

技能鉴定工作。2009年，中烟机械集团公司组织开展了第一届职业技能竞赛。全年公司共有53人获得工程系列中级专业技术资格，11人获得高级专业技术资格。

【思想政治工作】 中烟机械集团公司举办“烟机科学发展论坛暨集团公司成立十周年纪念”活动。集团公司各所属企业全部参加了第二批深入学习实践科学发展观活动，在完成“规定动作”的同时，积极增加“自选动作”，努力通过活动的开展提高了企业科学发展水平。

【特事要辑】 2月12日，烟机科学发展论坛暨中国烟草机械集团有限责任公司成立10周年纪念大会在北京举行。

6月18日，中国烟草总公司与德国HAUNI公司在北京举行签字仪式，签署《PROTOS 2-2超高速卷接机组技术转让协议》和《制丝设备和技术全面合作协议》。国家局副局长李克明出席签字仪式。

9月18日，中国烟草总公司与德国FOCKE公司在上海举行签字仪式，签署《FOCKE FC 800超高速包装机组技术转让协议》。李克明出席签字仪式。

9月18~20日，中烟机械集团公司第一届职业技能竞赛决赛在上海举行。李克明出席开幕式，并现场观摩了数控工种竞赛。

中烟机械集团公司所属企业

上海烟草机械有限责任公司

【概　况】 上海烟草机械有限责任公司（以下简称“上海烟机公司”）创建于1952年，是中国第一家烟草机械专业生产企业，是中烟机械集团公司的核心企业之一。截至2009年年底，下辖上海鑫隆烟草机械厂、上海新场烟草机械铸造有限责任公司、上海中臣烟草机械配件有限责任公司、上海中臣烟草数控技术有限公司及上海英国莫林斯烟草机械零备件寄售站有限公司5家企业。上海烟机公司拥有从德国、瑞士、意大利等国家引进的加工中心、数控铣镗机床、三坐标测量仪、电子测高仪等世界先进数控加工设备和精密检测仪器。建有产品研发试制场地，以高新技术引进为基础，集技术开发、铸造、热处理、金属切削、总装、客户服务、人员培训为一体，具备设计开发、加工制造世界先进水平卷烟包装机组和烟用纤维滤棒成型机组的能力。公司拥有总资产13.74亿元，其中，固定资产3.40亿元、流动资产8.32亿元。资产负债率为29.75%。共有从业人员1091人。

2009年，公司被中国机械工业企业管理协会授予“中国机械500强”称号；被上海市设备管理协会评为“第八届上海市设备管理优秀单位”；被上海市政府评为“第十四届上海市文明单位”。

【领导成员】 董事会

董事长：傅锦弟（—2009.5）　胡森炯（2009.5—）

副董事长：管振毅（—2009.12）　郭　宇（2009.12—）

董　事：王海华（—2009.12）　曲　伟（职工董事）　李　梅　刘国平　王志祥（2009.12—）

监事会

监　事：陈俊奎　倪莉萍　田　静

班子成员

总经理、党委副书记：胡森炯

副总经理：王志祥　夏士红　陈　黎

总会计师兼财务负责人：吴可音

党委书记：傅锦弟

纪委书记、党委委员、工会主席：倪莉萍

党委委员：王志祥　夏士红　秦小鸣

调研员：王海华（—2009.12）

副调研员：童大方　秦小鸣（2009.2—）　王国跃（2009.2—）

【机构设置】 公司下设公司办公室、政治工作部、工会、综合管理部、综合计划部、人力资源部、财务会计部、技术开发部、生产管理部、质量检验部、设备动力部、信息技术部、采购中心、安全保卫部、行政事业部、技能培训部、客户中心、制造一部、制造二部、技术改造办公室、退管会办公室共 21 个部门①。

【生产经营】 2009 年，上海烟机公司生产整机产品 121 套；销售整机产品 104 套，其中，ZB25B 型包装机组 11 台（套）、ZB45 型包装机组 69 台（套）、ZL22D 型滤棒成型机组 17 台（套）、ZB47 型包装机组 7 台（套）。实现工业总产值 12.72 亿元。实现销售收入 13.34 亿元，其中大修理收入 1.31 亿元，零配件收入 1.67 亿元。实现税利 3.29 亿元，同比增长 34%，其中利润 2.3 亿元，同比增长 45%。三项费用率为 18.65%。全员劳动生产率为 52 万元/人·年。万元产值综合能耗为 8.8 千克标煤。

【产品介绍】 2009 年，上海烟机公司主要产品包括 ZB45 型硬盒硬条包装机组、ZB25 型软盒硬条包装机组、ZL22 系列纤维滤棒成型机组以及 ZB47 型硬盒硬条包装机组，同时提供大修理和零配件销售服务。

【科技创新】 2009 年，按照中烟机械集团公司实施重大专项的要求和技术资源整合的统一部署，上海烟机公司开展了成熟产品的技术改进完善和新产品的试制开发工作。ZB47 型包装机组通过小批试制鉴定，进入批量生产，该包装机组进口件国产化率为 92%，有效作业率为 85%。ZB45 型包装机组完成了“双排 16 支烟”项目的试制开发，开展了圆角、税花装置等用户个性化的技术创新。以自主设计开发为主的 ZB26 型包装机组基本完成零件加工，进入装配调试阶段。

全年公司共获得 1 项发明专利授权和 4 项实用新型专利授权。

【企业管理】 管理创新。2009 年，上海烟机公司以体系建设为重点，结合质量、环境和职业健康安全管理体系整合工作，开展管理创新，进一步梳理生产组织、工艺技术、设备管理、检验计量、采购供应等职能业务流程，提升了管理效能。

安全生产管理。加强技术改造项目施工过程的安全监督检查，强化各级安全生产责任制，开展多层次的安全教育，实现全年无工伤、交通、治安事件、火灾、环境污染等重大事故和一般事故发生。

【技术改造】 截至 2009 年年底，上海烟机公司“厂区改扩建及高速包装机组技术改造项目”土建施工全面开始，C 区主钢结构安装、B 区仓储以及车库基础结构施工基本完成，西厂区变电站建设已经完成。3 月 10 日，中国烟草总公司印发《关于上海烟草机械有限责任公司购置生产用房项目的批复》（中烟办〔2009〕38 号），同意上海烟机公司购置上海紫燕模具工业有限公司的所有土地及厂房作为其生产用房，此次收购为上海烟机公司的后续发展提供了发展空间。

【信息化工作】 进一步应用 ERP 系统，对标准成本体系下的系统数据进行维护，开展网络构架优化、运行管理和安全防护建设等工作。构建产品制造全过程的精细化订单管理系统和质量管理系统，搭建经济信息化平台和统一市场信息平台。按照统一会计核算软件实施要求，进一步规范和完善成本控制手段，推进了公司财务业务一体化。

【人事管理】 开展用工分配制度改革工作，通过宣传引导动员、现场调研诊断以及岗位分析测评，对生产管理相关职能和组织机构进行优化调整，开展有关管理岗位和关键业务岗位的全员竞聘及专业技术职务、技术等级聘任工作，制订了绩效考核管理、员工薪酬分配等相关办法和配套制度。

全年上海烟机公司共招录 65 名大学、中专毕业生，其中，7 人为研究生学历。组织开展培训项目 95 项，1300 余人次参加。

【企业文化】 2009 年，上海烟机公司制订了推进企业文化建设实施方案，该方案包括加强“精神文化”、“制度文化”、“行为文化”和“物质文化”4 个层面建设的内容。以质量、服务文化为重点，培育并诠释部门文化，编撰《员工责任小故事》，并形成了视觉识别手册的初稿。

【特事要辑】 6 月 26 日，上海烟机公司“厂区改扩建及高速包装机组”技术改造项目 C 区厂房改扩建工程正式启动。

9 月 1 日，举行公司与上海交通大学“数字化制造技术联合研究中心”签约暨揭牌仪式。

11 月 20 日，公司与山东中烟济南卷烟厂签署了密切合作关系的协议。

---

① 综合管理部、采购中心为 2009 年 11 月新成立的部门。

常德烟草机械有限责任公司

【概　况】 常德烟草机械有限责任公司（以下简称“常德烟机公司”）成立于1969年，1999年完成公司制改造，是中国最早从事烟草机械产品研发和生产制造的企业之一。截至2009年年底，下辖常德金叶机械有限责任公司、常德旺达工贸有限责任公司和常德烟机配件经销服务有限责任公司。公司拥有总资产10.43亿元，其中，固定资产1.32亿元、流动资产8.57亿元。资产负债率为37.24%。共有从业员工996人。

2009年，常德烟机公司被湖南省委、省政府授予“全省加速推进新型工业化红旗企业”称号；被中央宣传部、司法部、全国普法办联合授予“全国‘五五’普法中期先进集体”称号。

【领导成员】 董事会

董事长：周诗伟

董　事：江海山　吴熙亮　唐咸瑞（—2009.3）孟令军（2009.3—）　刘存孝　秦继玉　赵训滋

监事会

主　席：范　红

监　事：郑则豪（—2009.3）　张孝堂（2009.3—）何立英　华建忠　王本华

班子成员

总经理、党委书记：周诗伟

副总经理、党委委员：秦继玉　郭宏斌　杨新安

总会计师：熊卫国

总经理助理：鲁方霞

纪委书记、党委委员、工会主席：华建忠

党委委员：何　平　严重阳

【机构设置】 常德烟机公司下设公司办公室、人力资源部、财务部、信息中心、综合计划部、生产部、采购部、设备工具部、市场部、国际业务部、配件公司、总工程师办公室、研究所、生产技术部、质量检验部、政治部、纪检监察室、审计部、安全保卫部、工会、金工车间、装配车间、钣金热表车间、大修车间共24个部门①。

【生产经营】 2009年，常德烟机公司生产烟机产品296台（套），出库销售287台（套）。实现工业总产值13.47亿元，同比增长4.14%。实现销售收入13.33亿元，同比增长7.61%。实现税利4.45亿元，同比增长24%，其中利润3.34亿元，同比增长28%。三项费用率为18.54%。全员劳动生产率为73.06万元/人·年。万元产值综合能耗为22.5千克标煤。

【产品介绍】 2009年，常德烟机公司主要产品包括ZJ17型卷接机组（7000支/分钟）、ZJ112型卷接机组（10000支/分钟），YF13型卷烟储存输送系统，YJ35A型装盘机，YF171A型滤棒储存输送装置，ZL26型纤维滤棒成型机组，YF27型滤棒气力输送系统，YF26型滤棒接收装置，FY113型废烟支处理机以及LOGA Ⅱ机改造。

【科技创新】 完成“PROTOS2－2重大专项”进口配件确定和工艺调研工作，开展超高速卷烟机扰流器和供丝机原理样机的研制工作；进一步提升ZJ112型卷接机组的性能，解决制约产品稳定性的缺嘴、吹拢等技术难题；ZJ17机组适应丁香烟的研究工作取得阶段性成果；YF26滤棒接收装置应用于ZJ17机组项目完成了客户验收；开展ZL26A滤棒成型机组的设计确认及个性化需求的研发工作；进行TH15型手帕纸包装机的设计改进工作，完成TH20型手帕纸折叠包装生产线的样机生产，并交付客户使用。

5月，常德烟机公司YF13卷烟储存输送装置获得CE证书，标志该产品的安全质量已达到国际水平。全年共申请专利7项，其中实用新型5项。获得授权专利5项。

【企业管理】 财务管理。加强资金安全管理，建立每周现金监盘制度。开展统一会计软件的实施工作。强化成本管理，建立车间工序平台价格体系和工作中心标准工时折算率体系，调整并优化标准成本计算模式，清理规范产品库存账目，加大对电器元件等大宗物资的价格评审力度，制定新产品成本可持续性降低方案的激励机制。

设备管理。推行“全员参与设备管理”理念，加强预防性维修工作，全年设备可开动率为98.32%，设备完好率为98.44%。强化使用部门对设备的维护和保养管理，加强对设备管理的巡视和检查力度。提高加工中心配置刀具及工装的反应速度，关键设备的加工效率得到明显提升。

【信息化建设】 以ERP系统升级为重点，完成系统

① 纸机项目组于2009年9月撤销。

测试、方案完善和软件二次开发等工作，9月，实现升级后的整个ERP系统上线。统一财务核算软件，对接口软件、基础数据进行规范整改；完成数控设备基础数据的信息化采集，为统计分析数控设备的有效作业率和下一步实施生产准备与制造执行系统（MES）打下基础。

【人事管理】 启动并完成用工分配制度改革的主体方案，完成岗位定编、岗位说明书编制、岗位评价、薪酬体系设计等工作，对管理类和服务类岗位的人员实行竞聘上岗，企业的收入分配和劳动用工机制更加规范有序。

全年共招聘员工18人，其中，研究生学历7人，本科生学历11人；培养技师1人。组织员工参加企业文化师、推销员等职业类别的全国职业资格培训与考试，对中层管理人员进行业务理论知识培训，进行业绩考核。制定内退员工返聘制度。

【特事要辑】 5月20日，国家局副局长李克明一行到常德烟机公司调研指导工作。

6月18日，公司ZJ112型卷接机组通过小批试制鉴定。

9月1日，第一台按照柔性装配生产组织模式装配的ZJ17型卷接机完成组装配并顺利下线，标志着公司柔性装配生产线的试运行取得成功。

2009年，举行公司组建40周年、改制10周年系列庆祝活动。

许昌烟草机械有限责任公司

【概　况】 许昌烟草机械有限责任公司（以下简称“许昌烟机公司”）创建于1958年，是开发和制造烟草机械的大型骨干企业。截至2009年年底，下辖许昌富思特烟机配件公司1个企业。公司拥有总资产6.73亿元，其中，固定资产1.46亿元、流动资产4.67亿元。资产负债率为44%。共有从业人员1213人。

2009年，许昌烟机公司被中国职工教育和职业培训协会评为“全国职工教育职业培训先进单位”。

【领导成员】 董事会

董事长：张彦岭

董　事：曹顺兴　贾会志　李新光　李捍红　张维群　董秀明

监事会

主　席：刘亮山

监　事：李留木、张梅香

班子成员

总经理、财务负责人：董秀明（2009年3月起兼任党委副书记）

副总经理：张松军　王向东　吴永胜

党委书记：张彦岭

纪委书记、党委委员：魏万昌

党委委员、工会主席：张梅香

党委委员：吴永胜　张建民

调研员：李新光　曹顺兴（2009年3月前为党委副书记）

【机构设置】 2009年，公司对原下设的22个部门进行了更名及合并，调整后公司下设办公室、纪检监察审计部、生产制造部、计划仓储部、工程装备部、物资供应部、安全保卫部、总师办、研究所、工艺技术部、信息中心、质量保证部、财务管理部、人力资源部、市场营销部、国际业务部、政治工作部、工会、铸造分厂、机加分厂、装配分厂、结构件分厂共22个部门。

【生产经营】 2009年，公司生产烟机产品83台（68套）。实现工业总产值5.16亿元，同比增长16.9%。实现销售收入6.38亿元，同比下降5.5%。实现税利1.97亿元，同比增长8.15%，其中利润1.43亿元，同比增长20.18%。三项费用率为23.76%。全员劳动生产率为13.25万元/人·年。万元产值综合能耗为29.79千克标煤。

【产品介绍】 2009年，许昌烟机公司主要产品包括ZJ19B、ZJ15、ZJ114（MK9/MAX－S）型卷接机组，ZF12B型卷烟储存输送系统，YF71型盘纸自动更换机，YF17'型卷烟储存输送装置，YF611型条盒储存输送系统，YF172型滤棒固化储存输送装置，ZF25型滤棒自动发射与接收系统，YL43型复合滤棒成型机，ZL41型复合滤棒成型机组，ZL26B型纤维滤棒成型机组型滤棒类产品。

【科技创新】 许昌烟机公司的ZL26B型纤维滤棒成型机组样机、YF611条盒储存输送系统、YL43复合滤嘴成型机样机通过了中烟机械集团公司的验收。ZL41复合滤嘴成型机、YP19全自动装封箱机样机通过了公司科技委员会组织的验收。向中烟机械集团公司申报立项“全自动装封箱机的研制”、“喷气反吹式废烟支处理设备”等4个新产品项目。截至2009年年底，公司累计申请“卷烟滤棒储存固化装置”、“烟条交接装置”、“新型烟支成型装置”等36项专利项目，其中，获得实用新型专利授权14项，发明专利授权2项。

【企业管理】 开展《企业管理标准》的编制工作，完成192条企业内部管理标准的整理归类，截至年底已完成会签建议阶段工作。开展以整理（seiri）、整顿（seition）、清扫（seiso）为内容的“3S”小循环活动，使生产现场达到“物有其所，物归其所”。对在制品进行全面盘点，对生产单元核算流程进行优化，细化成本核算对象，使单位成本更加准确，成本核算更加规范；对库存组织进行整合，严格规范ERP系统单据出入库类型。

【信息化建设】 2009年，许昌烟机公司对ERP系统前后台程序进行优化，对ERP系统平台进行迁移，进一步优化管理流程。与北京自动化研究所共同开发设计财务数据接口系统软件、客户关系管理（CRM）系统软件和供应链管理（SCM）系统软件，截至年底全部投入使用。

【人事管理】 根据中烟机械集团公司用工分配制度改革工作的总体部署，公司完成岗位分析、岗位梳理、岗位说明书的编制、岗位的分类分级和岗位测评工作，并先后出台和拟订了8个支持性文件，初步建立了规范有序、调控有度的收入分配机制。出台《员工考勤管理制度》，规范请假、休假制度。出台《企业年金实施办法》，建立企业年金个人账户。

【思想政治工作】 3～8月，开展了深入学习实践科学发展观活动，制定详细周密的活动实施方案，细化各阶段的具体工作任务、时间安排和具体要求，并对各党支部的活动开展情况进行督促检查，确保学习实践活动扎实推进。

【特事要辑】 7月29日，泰国烟草代表团一行在河南中烟工业公司副总经理赵志正的陪同下到许昌烟机公司参观访问。

9月27～28日，公司用户恳谈暨产品信息发布会在大连召开，来自全国15家省级中烟工业公司和52家卷烟工业企业的154名代表参加了会议。

12月21日，成立许昌烟草机械科学技术协会，并召开第一次会员大会。

秦皇岛烟草机械有限责任公司

【概　况】 秦皇岛烟草机械有限责任公司（以下简称“秦皇岛烟机公司”）原为中国轻工业机械总公司秦皇岛轻工业机械厂，1989年4月划归中国烟草总公司管理，改名为中国烟草总公司秦皇岛烟草工业机械厂，2002年3月组建秦皇岛烟草机械有限责任公司，出资方为中国烟草机械集团有限责任公司和河北中烟工业公司（原为河北省烟草公司）。公司下辖秦皇岛弘和机械有限责任公司、秦皇岛金叶物流有限责任公司、秦皇岛烟草工业机械厂轻机分厂3家控股企业。截至2009年年底，公司拥有总资产9亿元，其中，固定资产0.62亿元、流动资产5.22亿元。资产负债率为64.16%。共有在岗员工1077人。

2009年，秦皇岛烟机公司二车间QC小组被中国质量协会、中华全国总工会、共青团中央、中国科学技术协会、中华全国妇女联合会联合授予“2008年全国优秀质量管理小组”称号；公司一车间四班被河北省政府授予“河北省先进集体”称号。

【领导成员】 董事会

董事长：郭冬青

董　事：付　嘉　范思齐　齐　琳　赵文华　王力明　宗殿伟

监事会

主　席：侯燕霞

监　事：田　华　付东平

班子成员

总经理、党委副书记：付　嘉

副总经理：刘习申　张世成

总工程师：赵德玉

党委书记：郭冬青

党委副书记、纪委书记、工会主席：王力明

党委委员：赵德玉　孙玉喜　刘军民　付东平

副调研员：邹金华

【机构设置】 公司下设综合管理办公室、审计部、纪检监察部、党委工作部、工会、财务管理部、人力资源部、工艺室、项目管理部、安全监察部、技术中心、计划部、生产部、物资采购部、质量保证部共15个部门①；一车间、二车间、三车间、四车间、五车间5个生产车间。

【生产经营】 2009年，秦皇岛烟机公司实现工业总产值6.26亿元，同比增长37.9%。完成工业增加值1.18亿元。实现销售收入6.84亿元，同比增长55.8%。实现税利3788万元，其中利润176万元。三项费用率为18.77%。全员劳动生产率为10.97万元/人·年。万元产值综合能耗为116.73千克标煤。

【易地技改】 2009年，秦皇岛烟机公司辅联设备制造单元技术改造项目已全面完成并投入使用。易地技改项目中的联合工房、成品库房已经完工；实验工房土建工程已基本完成；涂装工房土建工程已经完工，正在进行喷漆生产线的调试工作；科技办公楼、辅助用房等大部分土建和安装工程已经完成，正在进行局部房间的内部装修；大部分工艺设备陆续到货并已开始进行安装调试，大修设备也已陆续进场安装调试。企业信息化建设项目已经完成了软硬件的购置工作；通信、消防、安防、绿化等配套设施也在同步施工，正式的水、暖、电、天然气等市政配套设施已经完成，并具备生产使用条件。

【科技创新】 在制丝技术开发方面，秦皇岛烟机公司完成了SQ36X型模块化曲（直）刃水平滚刀式切丝机结构和工艺设计、梗（叶）丝高温管道式第一代至第三代应用技术的系列开发工作。在打叶复烤技术开发方面，针对用户普遍采用小叶组配方打叶工艺需求，公司完善并推广环保节能型打叶复烤线、烟包密度无损检测、按比例分切打叶等先进技术，并配合红塔烟草（集团）有限责任公司继续完成一系列叶基和非叶基分别处理的工艺试验。在二氧化碳膨胀烟丝技术开发方面，公司研究出“通过控制向升华器内喷射水和喷射蒸汽从而控制升华器出口水分达到13%”的技术方案；解决了“低压压缩机单元和高压压缩机单元缓冲罐焊接变形”等技术难题。

2009年，“分段式低温滚筒叶丝干燥技术与设备研究”和“SQ36X型大流量柔性曲（直）刃水平滚刀式切丝机研制”2个科技项目在国家局立项；“分段式低温滚筒叶丝干燥技术与设备研究（第一阶段）”等4个科技项目在中烟机械集团公司立项。“300千克/小时电加热叶丝快速膨胀系统项目”等5个科技项目通过中烟机械集团公司组织的专家验收。全年公司申请发明专利3项，实用新型专利1项，外观设计专利1项。9月，公司被河北省科技厅认定为“河北省高新技术企业”。

【企业管理】 2009年，秦皇岛烟机公司对对标指标以及公司近三年来的指标情况进行摸底调查，拟定公司对标工作实施方案。根据易地搬迁实际情况，制定“6S”管理各项制度。组织对质量管理体系文件（C版）的第4次内审会议，对发现的30个问题中的12项开具了不合格项报告，相关责任部门进行整改。质量管理体系文件（D版）修订完毕，并于7月9日进入试运行。11月，公司通过河北省质量认证中心的再认证审核。

【人力资源管理】 开展在职教育培训，制定并出台《在职研究生课程进修班管理办法》。全年共招聘大学本科以上毕业生26人，其中研究生学历6人。举办内部培训班43期，1659人次参加；参加外部培训班15期，133人次参加。

【交流合作】 开展与德国HAUNI公司的全面技术合作；与意大利COMAS公司联合设计开发4000千克/小时梗丝气流干燥塔，联合制造的样机于9月在贵州中烟工业公司贵阳卷烟厂进行安装，12月底进行投料试车；完成“芙蓉王”专线技改项目的承制工作，该专线已于11月投产运行，成为行业内第一条全部采用国产化设备的品牌专线。

中烟机械技术中心有限责任公司

【概　况】 中烟机械技术中心有限责任公司（以下简称“技术中心”）成立于1999年12月。截至2009年年底，技术中心拥有总资产2.17亿元，其中，固定资产614万元、流动资产1.33亿元。资产负债率为7.62%。共有从业员人员76人。

【领导成员】 董事会

董事长：王崇光

副董事长：王建法

① 工艺室、计划部、物资采购部为2009年3月新组建部门；原生产资源部更名为生产部。

董　事：范思齐　杜国锋　董祥云　张红代　陈　黎　鲁方霞　王向东　刘习申

监事会
监　事：侯燕霞

班子成员
总经理：杜国锋
副总经理：魏安忠　龚美华

【机构设置】 2009年，技术中心对原下设的5个部门进行了更名及合并的调整，调整后技术中心下设综合管理部、战略管理部、制丝室、卷接室、包装室、电气室共6个部门。

【生产经营】 2009年，技术中心实现销售收入5585万元，同比增长82.34%。实现税利988万元，同比增长216.67%，其中利润703万元，同比增长522.12%。

【科技创新】 技术中心主要在研项目有500米/分钟滤棒成型机组、400米/分钟复合滤棒成型机组、550包/分钟软盒包装机等，其中，500米/分钟纤维滤棒成型机组于11月在浙江中烟工业有限责任公司杭州制造部通过设备交验，计划2010年4月对项目实施验收；“400米/分钟复合滤棒成型机组”项目已通过许昌烟机公司出厂验收，完全符合设计要求。新立项“PROTOS2-2卷接机组引进技术消化吸收转化设计”、“FOCKE FC800超高速包装机组引进技术消化吸收转化设计”、“异地协同并行设计及统一项目管理平台研发”等12项科技项目。全年共申请专利5项，其中发明专利3项、实用新型专利2项。

【企业管理】 财务管理。2009年，技术中心加强财务制度建设，以资金流为主线制定符合实际情况的物资采购规定、差旅费报销办法和费用报销流程。开展对固定资产和无形资产的排查，对资产的使用状况、尚可使用年限和净值进行了重新评估，分类理出报废资产、积压资产和减值资产。

项目管理。对项目管理模式进行改革，由原来项目管理部门的单独包揽逐步转向以项目管理部门为主、各研究室深度参与共同完成的项目管理模式。加强对项目预算方法和预算程序的改进，更加注重对工作量的估算、产品研发人员能力的评估和项目风险程度的评估。

标准化工作。组织召开烟草机械标准化分技术委员会第二次全体会议和三次专题研讨会，完成了6项烟草行业标准的审定，其中《烟草机械标准体系》等3项行业标准已由国家烟草专卖局批准发布，《烟草机械设备大修通用技术规范》等3项行业标准已向国家烟草专卖局申请报批。

【技术改造】 为实现技术中心长远发展，2009年技术中心购置新办公大楼，启动易地搬迁项目，成立易地建设领导小组和工作小组。截至2009年年底，已完成新购科研办公楼的房屋产权交易工作，拟定了房屋装修、空调选型、网络建设等初步建设方案。

【合作交流】 2009年，技术中心分别与浙江大学、上海交通大学、湖南大学、陕西科技大学等建立技术协作关系，并结合技术中心承担的开发项目和课题研究与相关大学开展合作，截至2009年年底有9个项目正在实施中。与湖南大学开展针对烟机专门人才培养的合作，在湖南大学建立烟机技术资料室，开始进行烟机专用教材的编写，对第一批烟机专业的学生进行授课，并组织学生到烟机制造企业和卷烟工业企业现场教学实习。

【人事管理】 对已经实施的用工分配制度的薪酬结构和绩效考核管理办法进行修改完善，加强员工业绩与部门业绩之间的绩效关联度。开展有关档案管理、国家标准、知识产权以及预算管理等方面的继续教育培训活动。举办专业英语培训班。

北京达特烟草成套设备技术开发有限责任公司

【概　况】 北京达特烟草成套设备技术开发有限责任公司（以下简称“北京达特公司”）成立于1998年3月，原名北京达特膨胀烟丝成套设备工程有限责任公司，2002年10月，为适应市场需求和公司业务拓展，更名为北京达特烟草成套设备技术开发有限责任公司。北京达特公司由中国烟草机械集团有限责任公司、五洲工程设计研究院、秦皇岛烟草机械有限责任公司共同投资组建，注册资本1000万元，是一家集科、工、贸于一体，实施机、光、电、控一体化的烟草成套设备工程公司，同时承担烟草工、商物流设计与咨询业务。截至2009年年底，公司拥有总资产1.18亿元，其中，固定资产0.05亿元、流动资产1.12亿元。资产负债率为70%。共有从业人员54人，其中研究员级高级工程师2人、高级工程师15人、工程师18人。

【领导成员】 董事会

董事长：凌卫民

副董事长：陈海英

董　事：金　波　付　嘉

监事会

主　席：刘亮山

监　事：张国辉　王文祥（—2009.4）　刘习申（2009.4—）

班子成员

总经理：于忠泉

副总经理：李建梅

总工程师：尉培旭

工会主席：王小为

【生产经营】 2009年，北京达特公司实现销售收入1.04亿元，同比增长36%。实现税利1947万元，其中利润1345万元，同比增长14%。

【技术创新】 2009年，北京达特公司获得"等离子废气处理装置"实用新型专利1项。

北京特思达机电技术开发有限责任公司

【概　况】 北京特思达机电技术开发有限责任公司（以下简称"北京特思达公司"）由中国烟草机械集团有限责任公司控股，上海、常德、许昌、秦皇岛烟机公司共同出资组建。专业从事烟机零配件工作，重点开展进口烟机零配件业务，致力于在全国建立起一个系统化、信息化、专业化的服务网络，负责烟机零配件的查询、销售、调剂等业务，完善烟机零配件的售后服务等。截至2009年年底，公司拥有总资产0.77亿元，其中，固定资产421万元，流动资产7202万元。资产负债率为49.98%。共有从业人员13人。

【领导成员】 董事会

董事长：王　珩

董　事：国成龙　廖默然　付　嘉　王本华　王志祥　曹顺兴

监事会

监　事：段书亭（—2009.5）　杨　帆（2009.5—）

班子成员

总经理：王　珩

副总经理：姬建红

【生产经营】 2009年，公司实现销售收入7749万元，同比增长36.39%。实现税利560万元，同比增长216.38%，其中利润335万元，同比增长225.24%。

云南烟草机械有限责任公司

【概　况】 云南烟草机械有限责任公司（以下简称"云南烟机公司"）以成立于1991年的云南烟草机械厂为基础改制组建。2008年3月20日，国家烟草专卖局批复同意云南中烟工业公司以云南烟草机械厂优良资产出资（股份比例占70%），中国烟草机械集团有限责任公司以现金方式出资（股份比例占30%），在云南省昆明市组建云南烟草机械有限责任公司。2008年6月23日，云南烟草机械有限责任公司正式注册成立。截至2009年年底，公司拥有总资产1.51亿元，其中，固定资产0.43亿元、流动资产0.97亿元。资产负债率为46.57%。共有在岗员工332人。

2009年，云南烟机公司被省总工会授予"云南省五一劳动奖状"。

【领导成员】 董事会

董事长：张　俊

董　事：范思齐　毛　军　张　年　张　诚

监事会

主　席：董翠珍

监　事：陈俊奎　曹　阳

班子成员

总经理、党委副书记：张　年

副总经理、党委书记：张　平

副总经理、党委委员：杨建东　殷伟刚　王爱国

纪委书记、党委委员、工会主席：李正旭

【机构设置】 云南烟机公司下设党政办公室、财务审计部、人力资源与企管部、技术部、质量管理部、信息部、采供部、市场部、综合计划部、设备部、大

修理车间、机加工车间共12个部门。

【生产经营】 2009年，云南烟机公司实现工业总产值1.22亿元，同比增长46.81%。实现销售收入1.22亿元，同比增长46.43%。实现税利0.19亿元，同比增长24.38%，其中利润0.11亿元，同比增长51.54%。三项费用率为25.98%。全员劳动生产率为19.89万元/人·年。万元产值综合能耗为15.29千克标煤。

【科技创新】 云南烟机公司规模化推进进口FOCKE350S标准及八角、圆角特型硬盒包装机组的大修及改造工作；继续进行B1软盒包装机组及其衍生机型BO软盒包装机组的翻新修理及零部件国产化及整机电器升级改造工作；BO软盒包装机组易损零部件的开发填补了国内此机型的空白，自主生产制造率90%以上；与上海烟机公司合作修理GDX1/X2—软/硬盒包装机组获得成功；与常德烟机公司开展PROTOS卷接机组大修前期工作；COMPASS500机组电器改造顺利通过工业性负荷运行验证，正筹划规模性推广实施。

烟草专用机械持证生产企业名单

附表

序号	企业名称	企业住所
1	上海烟草机械有限责任公司	上海市浦东金桥出口加工区金港路1041号
2	常德烟草机械有限责任公司	湖南省常德市武陵区长庚路中段
3	许昌烟草机械有限责任公司	河南省许昌市工农路南段
4	秦皇岛烟草机械有限责任公司	河北省秦皇岛市海阳路266号
5	北京达特烟草成套设备技术开发有限责任公司	北京市丰台区海鹰路1号院5号楼4层
6	北京长征高科技公司	北京丰台区万源南里甲43号
7	江苏智思机械集团有限公司	江苏省武进市高新技术产业开发区凤鸣路智思工业园
8	云南烟草机械有限责任公司	云南省昆明市高新技术开发区科医路43号
9	昆明船舶设备集团有限公司	云南省昆明市人民东路3号
10	杭州萧山烟草机械设备有限公司	浙江省杭州市萧山区临浦经济技术开发区
11	颐中（青岛）烟草机械有限公司	山东省青岛市崂山区株洲路177号7号楼
12	昆明烟机集团三机有限公司	云南省昆明市官渡区东风东路145号
13	昆明烟机集团二机有限公司	云南省昆明市东郊金马寺
14	张家口市通用机械有限责任公司	河北省张家口市桥西区新村路14号
15	上海兰宝坤大智能技术有限公司	上海市奉贤区金汇镇世永路228号
16	宝应仁恒实业有限公司	江苏省扬州市宝应县城叶挺路66号
17	沈阳沈飞民品工业有限公司	辽宁省沈阳市皇姑区松山路11号
18	贵州平水机械有限责任公司	贵州省安顺市平坝县夏云镇
19	巩义市建设机械制造有限公司	河南省巩义市石灰务工业区
20	东方机器制造（昆明）有限公司	云南省昆明市经济技术开发区牛街庄片区11－1号地
21	昆明风动新技术集团发展有限公司	云南省昆明市高新技术开发区科泰路M1－12地块
22	中船总第七研究院715研究所宜昌分部	湖北省宜昌市绿萝路43号
23	宁波轻工机械制造有限公司	浙江省宁波市镇海区骆驼工业区南一西路78号
24	如皋市恒昌烟草设备有限公司	江苏省如皋市环城西路29号
25	西安东风仪表厂	陕西省西安市雁塔区东仪路3号

续表

序号	企业名称	企业住所
26	云南紫金科贸有限公司	云南省昆明市金星广场 A 幢 3 楼
27	天津华一有限责任公司	天津市红桥区丁字沽三号路 8 号
28	开封东方机械有限公司	河南省开封市通许县文卫路东段
29	机科发展科技股份有限公司	北京市海淀区首体南路 2 号
30	恒久集团中铁徐州机械有限公司	江苏省徐州市民营工业园纬一路 9 号
31	大树智能科技（南京）有限公司	江苏省南京市江宁经济技术开发区挹淮街 8 号
32	扬州市天宝自动化工程有限公司	江苏省扬州市宝应县柳堡工业区
33	武汉船用机械有限责任公司	湖北省武汉市青山区武东路 9 号
34	合肥安大电子检测设备厂	安徽省合肥市长江西路 669 号高新技术开发区安大科技园电子楼

（华　伟）

辅料生产企业

南通醋酸纤维有限公司

【概　况】　南通醋酸纤维有限公司（以下简称“南纤公司”）成立于1987年3月，由中国烟草总公司与美国塞拉尼斯公司合资经营，是集化工、化纤、热电为一体的大型工业企业。南纤公司占地面积57万平方米，总投资4.92亿美元，中方投资比例占69.32%，美方占30.68%。南纤公司主要产品为烟用二醋酸纤维丝束（以下简称“醋纤丝束”）及其配套原料二醋酸纤维素片（以下简称“醋片”），其中，醋纤丝束年生产能力6.4万吨，销售到全国40多家卷烟生产企业；醋片年生产能力12.5万吨，作为醋纤丝束的生产原料，除公司自用外，同时供应昆明和珠海两家醋酸纤维有限公司。截至2009年年底，公司拥有总资产29.02亿元，其中，固定资产14.35亿元，流动资产12.74亿元，资产负债率为8.49%。公司有在岗员工774人，其中，大专以上学历469人，具备助理工程师以上专业技术任职资格251人（含高级职称19人）。

2009年，南纤公司明确“一个确保、四个提升”的指导思想。一个确保，即以科学发展观为指导，确保生产经营持续稳定健康协调发展。四个提升，即以精益生产为手段，全面提升企业管理绩效；以创新发展为动力，全面提升核心竞争能力；以核心价值观为导向，全面提升企业文化建设水平；以发展规模为契机，全面提升企业综合实力，努力把南纤建成充满生机和活力的国际一流企业。2009年，醋纤丝束和醋片两大主产品的产量、主要质量指标以及企业实现利润均创下历史新高，生产经营实现持续健康发展。

2009年，南纤公司被中国质量协会评为“全国推行全面质量管理30周年优秀企业”。

【领导成员】　南纤公司实行董事会领导下的总经理负责制，主要领导成员有：

董事长：刘敬如

副董事长：沃尔特（Robert Walters）

总经理、党委书记：孙桂泉

副总经理、党委委员：杨占平

副总经理、党委委员：茅　俊

副总经理、党委委员：张　杰

副总经理、党委委员：江建军（2009.8—）

副总经理：王文庭（Wen Wang）

副总经理：韦　恩（David Weyer）

党委委员、工会主席：钟　朝（2009.11—）

【机构设置】　南纤公司下设安全保卫部、质量管理部、办公室、财务部、账务部、供销部、技术部、设备项目部8个职能部门，制备回收生产部、醋片生产部、纺丝生产部、制浆丙酮生产部、热电生产部、动力生产部、机械维修部、电仪维修部8个生产维修部门，另设党委/工会办公室。受董事会委托管理醋纤丝束技术中心，技术中心下设技术及新产品研究室、客户技术支持及分析室、信息技术室、综合管理室4个部门。

【生产经营】　2009年，南纤公司生产丝束66524吨，比上年66220吨同比增长0.46%；销售丝束61552吨，比上年66502吨同比下降7.44%。生产醋片127801吨，比上年126787吨同比增长0.80%；销售醋片62410吨，比上年62728吨同比下降0.51%。全年实现利润12.81亿元，同比增长27.15%。

【科技创新】　南纤公司明确“依托中心、健全体系、重点突破、持续创新”的技术创新指导方针，全年申请了“在醋纤工业领域应用的纺丝油剂”、“烟用丝束提升开松稳控装置”、“动态管控的断丝二次自动补偿装置”3项发明专利和“旋风炉高频电源静电除尘装置”、“旋风炉液态粒化渣间断冲渣装置”、“旋风炉转板电场静电除尘装置”、“化纤干纺组合式自控气流预热装置”、“烟用醋纤纺丝在线丝束飞花收集装置”、“醋酸纤维素丝束纺丝双面上油装置”6项实用新型专利。科研项目“热电联产节能减排工艺技术研究与应用”具有节约能源、减少烟尘和二氧化硫排放的作用，通过专家组鉴定，在热电行业具有重要的推广应用价值和示范作用。研究课题“高效优质低耗二醋片生产成套技术研究”被江苏省政府评为江苏省科技进步三等奖。

产品应用型研究成果显著：开展的多品种木浆试验和棉浆试验取得突破性进展，并批量试用；开发了丝束提升开松稳控装置，进一步提高了滤棒质量稳定性；开发了5.8/26000、6.0/23000新规格丝束；蒸汽冷凝水余热利用、醋片干燥机密封改进、丝束双面上油扩大试验等取得成功。

【精益生产】 2009年，南纤公司引进日本丰田汽车公司"精益生产"的管理理念，通过降低成本、提高产量和质量，最大限度消除缺陷和降低浪费，打造资源节约、高效优质的生产经营系统。开展5S基本理念、目视化管理等10个精益生产专项培训和现场实践工作，参加培训人员达到950人次。

以QC小组和课题攻关的形式，实施完成涉及安全、管理、服务、成本、产量、节能减排等方面的精益生产改进项目126项，取得直接经济效益3610万元。2009年，公司"轴封加热器疏水回收工艺开发"等5个QC小组获全国优秀质量管理小组称号，公司纺丝生产部QC小组的"降低1#纺丝机断头率"课题在全国烟草行业第二十届优秀QC小组成果发布会上获一等奖。

【五期工程建设】 5月25日，公司完成了五期工程可行性研究报告的编制。6月和7月，国家局投资委员会和美国塞拉尼斯醋酯公司董事会分别批准通过了南纤五期工程可研报告。8月，南纤向国家局递交了五期工程项目申请报告，9月，获得批准并由国家局上报国家发展改革委核准。11月，南纤五期工程可研报告通过了国家发展改革委委托的中国国际工程咨询公司进行的工程论证，此外，项目用地征用及规划审查工作全部完成。南纤公司五期工程建设将进一步提升公司醋纤产品的产能，满足烟草工业对醋纤丝束日益增长的需求，形成年产醋纤丝束9.6万吨、二醋酸纤维素片15万吨的生产规模。

【节能减排】 2009年，南纤公司有效开展节能减排工作，全年节能率达到2.92%，节约标煤1.01万吨。丝束单产标煤耗下降5.3%，醋片单产标煤耗下降2.1%。通过煤粉炉的优化运行和汽轮机的轴封改造，热电综合效率提高3.1%，创历史最好水平。公司全年累计节约能耗成本1008万元。

2009年12月，二、三期锅炉脱硫改造项目全面完成，预计每年将减少二氧化硫排放1450吨。

【停车检修】 10月，南纤公司实施全面停车检修，本次停车检修是6.4万吨丝束/年、12.5万吨醋片/年生产装置的第一次全面停车检修，也是公司成立以来项目最多、难度最大、停车时间最长的一次集中检修，检修项目超过1000项。检修共耗时13天，为公司未来几年生产经营的持续健康发展奠定了基础。

【安全管理】 2009年，南纤公司以安全环保无事故为目标，以预防控制为手段，狠抓基础管理、落实责任、严格考核，不断提升安全管理水平和员工安全技能水平。针对全公司停车检修，对1400名外协施工人员进行了集中安全培训和考试。借助STOP安全分析法和PHA工艺安全审查，进行STOP观察5628次，纠正不安全行为1224次，对152个施工安全技术方案进行审核和过程监督。全年事故发生率为零。

【信息化建设】 1月，南纤公司新的ERP信息化整合项目SAP系统正式上线。加强ERP系统的运行维护、优化和完善工作，公司及时组织编制操作手册和操作指南，合理制定系统运行管理制度和考核制度，持续进行主数据规范与补充，并自主完成程序修改与完善，多次开展最终用户培训和交流，定期总结系统使用情况，专题分析出现的问题，全年实现了SAP系统的安全稳定运行。

【客户关系管理】 2009年，南纤公司共走访全国用户107次，以点、片、面相结合的方式深入丝束终端用户的成型车间、技术中心、检测站、供应科等部门，解决用户在丝束使用过程中出现的问题，引导用户正确使用公司的产品。现场解决滤棒吸阻稳定性、硬度、出棒率、丝束外观、飞花等技术问题20多次。进一步加大丝束应用技术培训交流力度，全年共组织各类用户培训交流会18场620多人次。2009年，南纤公司的用户满意度指数达89.32%。

【人力资源管理】 开展五期工程人力资源准备工作，完成五期工程人员配置。修改完善岗位说明书，新增了绩效标准栏目。2009年，对外公开招聘29名专业人员。全年共开展各类培训项目120个，中高层管理人员参加培训182人次、班组长管理人员参加培训357人次、工程师（级）人员参加培训144人次，培训参与率达93.58%。

【企业文化】 2009年，南纤公司重点推进了VIS企业视觉形象系统建设，提出"理念要新、内容要全、水平要高"的VIS项目建设要求。结合精益生产的推进，在VIS系统中创新性地增加了目视化管理、安全警示、设备管道标志3个部分的内容。

制作中华人民共和国成立60周年文艺汇演、援助四川地震灾区“通瑞楼”建成等专题视频报道。

【特事要辑】 2月19日，江苏省委副书记、省长罗志军到南纤调研，并在公司主持召开“全省轻工纺织业重点企业座谈会”。

8月21日，国家局局长姜成康到南纤调研，要求南纤紧紧围绕建设国际一流的醋纤企业，全面抓好各项工作的落实，全面提升企业的整体水平。

（陈丹彤）

珠海醋酸纤维有限公司

【概　况】 珠海醋酸纤维有限公司（简称“珠纤公司”）成立于1993年5月20日，由中国烟草总公司和美国塞拉尼斯公司合资兴建，占地面积约16万平方米，总投资8831万美元，其中中方占70%，美方占30%。公司专业生产烟用二醋酸纤维素丝束，丝束年生产能力为3.5万吨。截至2009年年底，珠纤公司拥有总资产8.04亿元，其中，固定资产1.81亿元、流动资产6.02亿元，资产负债率为16.68%。公司有在岗员工331人。

2009年，珠纤公司按照“强化责任，注重质量和细节，不断提升凝聚力、执行力和创造力，建设卓越珠纤”的总体工作目标，在安全管理、节能减排、增产增收、技术创新、文化建设等方面取得突出成绩。2009年，珠纤公司被国家档案局认定为“企业档案工作目标管理国家二级单位”。经广东省高新技术企业认定管理工作领导小组办公室组织认定，并报全国高新技术企业认定管理工作领导小组办公室备案批复，珠纤公司被评定为2009年度“高新技术企业”，有效期三年。

【领导成员】 珠纤公司实行董事会领导下的总经理负责制，主要领导成员有：

董事长：刘敬如
副董事长：沃尔特（Robert Walters）
总经理、党委书记：王　军
生产副总经理：查擎美（Charles Zha）
维修与工程副总经理、党委委员：潘定益
行政副总经理、党委委员：吴锡辉
财务副总经理：柯鲁格（Alexander Krug）
总会计师、党委委员：唐　炯
党委委员、工会主席：刘　强

【机构设置】 珠纤公司下设丝束生产部、公用工程部、电仪维修部、机械维修部、技术质量部、项目部（能源管理办公室）、安保部、营销部、账务部、财务部、信息化部、办公室12个职能部门及工会。

【生产经营】 2009年，珠纤公司主要生产3.0Y35000、2.7Y35000、3.0Y32000、3.9Y31000、3.5Y34000等5种规格丝束。全年共生产丝束35328吨，同比增长0.3%；销售丝束34978吨，同比下降2.08%，产品销往全国14个省（市、自治区）。全年实现利润2.69亿元，同比增长24.18%。

【质量管理】 珠纤公司加强产品质量管理，注重生产过程的精细控制，提高丝束的卷曲能稳定性与开松性能，严格控制断头、飞花等质量指标，丝束线密度的稳定性平均值由2008年的2.56提高到2009年的2.86，丝束断头率由2008年的0.20个/吨丝下降到2009年0.18个/吨丝，达到国际领先水平。

2009年，珠纤公司着力提高服务质量，帮助用户用好丝束，与用户联合开展制棒稳定性提升、高速成型机稳定性提高等方面的研究项目。与国家局质量监督检验中心等机构开展“二醋酸纤维丝束鉴别的研究”项目，填补行业对罚没丝束的研究空白。加大用户走访力度，全年共走访用户111次，深入厂方举办技术交流会5次，用户满意度和销售满意度同比分别提高5分和2分，达到91分和98分。珠纤公司通过了菲莫国际集团的供应商资格评审，成为菲莫国际集团在国内的首家丝束合格供应商，为其在中国生产的“万宝路”牌卷烟供应丝束。

【安全管理】 2009年，珠纤公司以“零缺陷、零隐患、零违章”为安全管理目标，精心筹备安全月活动，提升全员安全理念。以化检室为试点，在各岗位推广物料安全特性报告的使用，提升员工对物料安全属性的认识。建立项目安全保证金制度，强化对外协人员的安全管理力度。成立专项小组，着力解决对安全隐患“视而不见”的不良现象。

珠纤公司根据PHA安全评价管理模式，完成全公司PID图的修订与核对，整理出全公司工艺安全联锁清单，提升公司系统辨识和预防安全风险的能力。安装了集门禁、巡检、考勤为一体的安保系统，提升安全管理的硬件水平。落实打包机安全防护装置、夹包车自动防撞系统等预防性措施，不断提升技防水平。深入推进 STOP 审核工作，全年共填写 1345 条 STOP 审核单，通过各类检查发现隐患 232 项，所有隐患 100% 按时整改完成。

【技术创新】 2009 年，珠纤公司加强了研发中心建设，不断充实研发力量，并提出“人人能创新、人人要创新”的创新方针。组织开展 12 个创新项目，取得 192 万元财务收益，并在安全改进、效率提升等方面取得广泛的非财务收益。2009 年新申报 4 项发明专利，对获得国家专利的创新项目实施额外奖励，进一步提高全体员工的创新积极性。开展项目立项与申报工作，“醋酸纤维丝束制造节能减排技术研究与应用”项目通过国家局科技司组织的专家鉴定，并被评为中国烟草总公司“科技进步三等奖”。

【节能减排】 2009 年，珠纤公司继续推进节能减排工作的深入开展，吨丝耗标煤由 2008 年的 1.10 吨降为 2009 年的 1.095 吨，万元产值耗标煤由 2008 年 0.35 吨下降到 2009 年的 0.33 吨，达到公司历史最好水平；COD 排放量由 2008 年度的 17.8 吨降到 2009 年度的 3.1 吨，达到公司历史最好水平。实施“中水回用”项目。珠纤公司被广东省经贸委、科学技术厅、环保局、财政厅评为“广东省清洁生产先进单位”。

【信息化建设】 2009 年，珠纤公司全力推进 SAP 信息化整合项目，6 月前，完成了基础数据的清理和准备工作；6 月 1 日，召开 SAP 信息化项目启动大会，正式进入实施阶段；6～8 月，完成了项目培训、单元测试、集成测试、接口程序开发测试等工作；9～11 月，完成了最终用户手册编写、回归测试、首轮最终用户培训、动态数据的清理准备等工作；12 月，完成了数据试转档、权限设置、次轮最终用户培训、数据正式转档和系统切换等工作。SAP 信息化整合项目于 2010 年 1 月 3 日全面上线。

2009 年，珠纤公司各项信息系统正常运行，视频会议系统正常稳定，参加了多次国家局及三家醋纤企业的视频会议。以 E-LEARING 系统为平台，公司进行 2 次全员考试和 23 次部门考试。薪酬通系统经过反复测试于 4 月份投入使用，员工工资信息的传达实现无纸化。档案管理系统由单机式升级为网络式，实现了在线输入与查询功能。

【队伍建设】 2009 年，珠纤公司对上年表现突出的员工给予晋级、评优等奖励。对员工特别关注的培训和采购问题，成立专题小组，系统研究提高培训工作水平、增加物资采购和项目管理透明度的具体举措。举办各种形式的技术比武，注重以老带新，不断提升员工技能。开展跨专业考试、公派进修等学习激励工作，倡导自我发展，不断提升员工素质。对中层管理人员进行考评，评聘高级工程师、技师，促进形成“能上能下”的竞争上岗氛围，不断拓宽员工的职业发展通道。2009 年 11 月，公司导入“卓越绩效”管理模式，引导、激励全员全面追求卓越绩效。

【党建工作】 2009 年 3～8 月，珠纤公司党委开展了深入学习实践科学发展观活动，围绕“党员干部受教育、科学发展上水平、人民群众得实惠”的总要求，查找确定了 36 条整改落实项。通过学习实践活动，明确了“把珠纤建设成为国际一流醋纤企业”的长远目标。

【企业文化】 2009 年，珠纤公司举办了 6 期“珠纤文化讲坛”，使其成为共享经验与知识、促进形成共同语言的企业文化建设平台。出版珠纤企业文化故事集《记忆》。7 月，中华全国总工会授予公司工会图书馆“职工书屋”称号。

（许　江）

昆明醋酸纤维有限公司

【概　况】 昆明醋酸纤维有限公司（以下简称“昆纤公司”）成立于 1993 年 5 月，由中国烟草总公司和美国塞拉尼斯公司共同投资兴建，占地面积 19 万平方米，总投资 9171.3 万美元，中方投资比例占 70%，美方占 30%。公司专业生产烟用二醋酸纤维丝束，丝束年生产能力为 3.2 万吨。截至 2009 年年底，公司拥有总资产 9.09 亿元，其中，流动资产 6.86 亿元、固定资产 2.18 亿元，资产负债率为 14.32%。公司有在岗员工 335 人。

2009 年，按照董事会的工作要求和“确保一个重点，实现三个提升”的工作方针，昆纤公司确保了 ERP 项目的成功实施，实现工艺技术精细化水平的提升、技术改进与创新的提升、企业文化向“由心到手”的深度提升。昆纤公司把安全放在工作的首要位置，加强安全生产领导，积极应对新时期市场环境变化，明确工作方向和工作重点，大力推进技术改造和创新，深入开展节能降耗，不断提升职能管理和服务水平，在确保安全、质量稳定的基础上，产量、利润创历史最高水平。

2009年，昆纤公司被昆明市委、市政府授予“昆明地区2009年度工业企业主营业务收入百强和税收贡献百户”、“昆明市工业优秀企业20强”以及昆明市2009年度“外资企业先进单位”等称号。

【领导成员】 昆纤公司实行董事会领导下的总经理负责制，主要领导成员有：

董事长：刘敬如

副董事长：沃尔特（Robert Walters）

总经理：奥　兰（Scott Oran）（—2009.3）

总经理：雷　龙（Rene Neron）（2009.3—）

副总经理、党委书记：徐晓新（—2009.6）

副总经理、党委书记：温　明（2009年8月由党委委员改任党委书记）

总会计师、党委委员：周本琼

副总经理：艾德利（Detlev Alm）

副总经理：刘伦光（LK Liu）（2009.5—）

党委委员、工会主席：杨　敏

【机构设置】 昆纤公司下设办公室、工会、供销部、财务部、信息部、会计部、环境健康安全部、设备项目部、技术质量部、设备生产部、纺丝生产部、热动生产部、电仪维修部和机械维修部共14个部门。

【生产经营】 2009年，昆纤公司生产丝束36258吨，同比增长2.33%；销售丝束35530吨，同比下降0.2%；实现利润3.14亿元，同比增长9%。全年无职业健康安全损失时间达100万小时。

【产品质量管理】 2009年，昆纤公司丝束产品通过了国家的行业统检，丝束合格品率达99.69%，优于2008年度99.59%的水平。参加烟草行业的测试能力验证共同实验活动，根据年度国家质检中心的共同实验能力验证报告，昆纤的实验检验体系有效可靠。2009年，公司按计划进行一次管理体系内审，纺丝区域重要联锁、A级压滤机工序和精馏工序等三个工序审核、一次产品审核、一次内部产品型式检验，产品总体质量合格，质量水平稳定。

【技术创新】 2009年，昆纤公司预算投资1025万元进行技术改造，主要解决设备升级更新、生产稳定和安全、节能减排等方面存在的问题。实际完成730万元，主要技改项目包括4号锅炉汽水分离装置改造、循环节能改造、增加二次补丝系统、低压蒸汽管管道加装蒸汽吸收器等，部分项目需要在2010年停车大检修期间进行。

全年共向国家知识产权局申报了4项技术专利，其中，“高黏度浆液齿轮泵机械密封装置”和“链条锅炉炉排起拱保护器”两项实用新型技术专利获得国家知识产权局正式授权。

【节能减排】 2009年，昆纤公司把节能减排同强化内部管理、精细化管理和项目管理有机结合起来，提出单位产品综合能耗降低5%的节能目标，并将目标逐级分解和考核，落实责任，全员参与。与上年相比，昆纤公司工业总产值能耗下降25%，丝束产品能耗下降22%；煤耗、水耗和电耗分别下降17%、5%和2%，废水排放量下降18%；二氧化硫排放量下降20%。总能耗与上年相比，节约260万元。

【客户交流与合作】 2009年，昆纤公司有8家用户，全年向云南中烟销售丝束29530吨，向川渝、广西、湖南、广东、江西、贵州中烟和中烟实业7家用户销售丝束6000吨。

全年共走访用户45次，其中，走访省内用户33次、走访省外用户12次。对顾客满意度进行了测量，得分为97.4分，连续三年保持稳步提高态势，产品质量和销售服务等方面客户投诉率均为零。

【安全管理】 2009年，公司配合完成国家局的4次安全检查、董事会的2次安全检查以及省市环保局、安监局的多次安全检查，并将各项安全检查发现的问题纳入安全管理事故隐患系统管理，及时跟踪整改并验证。按照隐患排查方案，每月开展排查，累计排查出隐患356项，全年隐患整改率达到99.03%。开展危险源环境因素的评审工作，对公司危险源登录表中的部分描述和条款进行了修改、删减，共修改条款74条。

公司公布十大安全禁令，以强化员工的安全意识。继续开展STOP行为观察活动，全年共填写报告9535个。开展QEHS① 内审、复评审核和年度管理评审工作。对应急预案文件进行评审和完善，制定预案培训工作计划，并组织管理人员学习交流。

2009年，昆纤公司废水、烟气、二氧化硫排放符

① QEHS：指质量（Quality）、环境（Environmental）、健康（Health）、安全（Safety）综合管理体系。

合总量控制要求，无重大环境泄漏事故，无火灾爆炸事故，无重大人身伤害事故。

【信息化建设】 2009年，昆纤公司将确保ERP项目成功实施列为公司的重点工作，从项目实施团队的组成、项目实施计划、项目管理、实施质量和进度都作了周密部署。在董事会日常工作小组协调下，通过招标方式选定埃森哲公司为项目实施单位，选定SAP软件为系统开发软件。2009年3月，昆纤公司开始ERP项目的数据准备工作，按照项目的时间计划和数据质量要求完成SAP各模块需要的109种数据的收集、整理工作，并于8月30日前完成了核心交换机、路由器、防火墙等网络设备的安装、调试，实现与南纤公司、珠纤公司网络的互联，在12月底完成了SAP系统各模块现有流程与未来流程之间的分析、业务流程优化与系统配置、网银及金税和SAP系统之间的接口开发、系统测试、培训、数据转档等各阶段的实施工作，新系统具备上线运行条件。

【党风廉政建设】 2009年，昆纤公司党委开展了深入学习实践科学发展观活动，进一步加强和改进合资企业党风廉政建设工作。党委班子认真学习《中国共产党巡视工作条例（试行）》、《关于实行党政领导干部问责的暂行规定》、《国有企业领导人员廉洁从业若干规定》三项法规，加强对领导干部的管理和监督，规范领导干部的从业行为。

根据昆纤公司党委制订的各项党风廉政规章制度，按期召开领导干部民主生活会，开展了领导干部述廉述职、个人有关事项报告等工作。加强内部管理监督工作，抓好内控管理制度的建设、评估和完善工作，健全资金管理监管系统、完善物资采购监管系统，严格执行项目及物资采购的招投标制度，在生产经营管理活动中充分发挥纪检部门的监督职能，从源头抓好党风廉政建设，确保合资企业健康稳定发展。

【企业文化】 2009年，昆纤公司推进“安全、绿色、和谐、共赢”核心价值观宣讲活动，开展月度企业安全文化宣讲培训活动。

昆纤公司从各部门征集到的120多篇故事素材中，整理、修改63篇反映“安全、绿色、和谐、共赢”核心价值观的故事，汇编成《感悟——企业文化故事》。

2009年，昆纤公司内网正式运行，内网采用中、英文两种语言的版面。为了加强公司网站建设工作，切实发挥好宣传文化阵地为企业生产经营管理服务的作用，确保网站运行安全，制订了《昆纤公司网站管理办法》（讨论稿）。

以文艺演出为载体，举办“为昆纤自豪”歌咏比赛及文艺表演、“为祖国喝彩、为昆纤自豪”庆祝国庆60周年文艺演出，展现了昆纤人良好的团队合作精神，展示了员工的才华，进一步增强企业的凝聚力和向心力，构建了和谐共赢的企业文化氛围。

（唐丽维）

其他辅料生产企业

附表

辅料生产企业名称	出资人（烟草企业）（全资、控股、参股）	总资产（万元）	总产值（万元）	总利润（万元）	主要经营项目
中烟摩迪（江门）纸业有限公司	中国烟草总公司参股	70667	22187	1449	主要经营卷烟纸、成型纸、其他用于烟草制造业的各种纸类制品的加工、生产和销售及其他特定用途纸，并提供与此相关的服务
张家口钻石工贸有限公司	张家口卷烟厂有限责任公司全资子公司	89	4700	-175	主要经营纸箱、水松纸、铝箔纸加工，卷烟零售、物业管理
石家庄灵芝卷烟材料厂	河北白沙烟草有限责任公司全资子公司	1258	5385	363	主要生产加胶滤棒、水松纸、铝箔纸、薄片胶、纸箱，卷烟、日用百货零售
上海烟草包装印刷有限公司	上海烟草（集团）公司全资子公司	94300	52045	9278	主要生产中高档卷烟商标及包装装潢印刷品、画册、样本等

续表

辅料生产企业名称	出资人（烟草企业）（全资、控股、参股）	总资产（万元）	总产值（万元）	总利润（万元）	主要经营项目
上海白玉兰烟草材料有限公司	上海烟草（集团）公司控股	16500	13942	660	专业生产高档滤棒、纸箱
上海烟草集团太仓海烟烟草薄片有限公司	上海烟草（集团）公司控股	23000	7679	-1729	主要经营造纸法烟草薄片生产
江苏格瑞实业有限责任公司	江苏中烟工业有限责任公司全资子公司	28250	12292	5265	主要经营二氧化碳膨胀烟丝来料加工业务
南通烟滤嘴有限责任公司	江苏中烟工业有限责任公司全资子公司	25767	53987	3805	主要经营滤棒的加工、销售
合肥烟草工贸总公司	隶属安徽中烟工业公司管理（集体企业）	2586	7097	778	主要经营纸箱、铝箔纸、水松纸、卡纸、废丝束再生品等生产
一品黄山工贸公司	隶属安徽中烟工业公司管理（集体企业）	33529	40273	4179	主要经营丝束加工、水松纸、铝箔纸、包装纸板箱、卡纸等生产
芜湖卷烟材料厂	隶属安徽中烟工业公司管理（集体企业）	15302	13458	4107	主要经营滤棒、铝箔、水松纸、卡纸、纸箱等生产
滁州卷烟材料厂	隶属安徽中烟工业公司管理（集体企业）	9054	10256	871	主要经营丝束加工、水松纸、铝箔纸、包装纸板箱、卡纸等生产
阜阳卷烟材料厂	隶属安徽中烟工业公司管理（集体企业）	4959	6178	224	主要经营丝束加工、烟箱、水松纸、铝箔纸、卡纸等卷烟辅料的生产
厦门鑫叶印务有限公司	福建鑫叶投资管理集团有限公司控股	12161	17057	3134	主要经营卷烟商标印制等
厦门五福印务有限公司	福建鑫叶投资管理集团有限公司参股	15557	21509	3299	主要经营卷烟商标印制等
厦门鑫叶包装材料有限公司	福建鑫叶投资管理集团有限公司全资子公司	6500	10928	1664	主要经营纸箱、铝箔纸、框架纸、接装纸的生产销售
山东鲁烟莱州印务有限公司	将军烟草集团有限公司全资子公司	21389	—	2003	主要经营包装装潢、印刷品印刷
山东将军开元纸业有限公司	将军烟草集团有限公司全资子公司	3362	—	32	主要经营瓦楞纸、纸箱、铝箔纸、卡纸及包装制品生产、销售，包装装潢、印刷
将军集团济南包装材料分公司	将军烟草集团有限公司直属	5977	—	390	主要经营纸张、纸制品、塑料制品、卷烟包装材料的加工、销售，包装装潢、印刷品印刷

续表

辅料生产企业名称	出资人（烟草企业）（全资、控股、参股）	总资产（万元）	总产值（万元）	总利润（万元）	主要经营项目
济南泉永印务有限公司	将军烟草集团有限公司控股	19913	—	1407	主要经营卷烟商标、包装箱（盒）及其他包装制品的印制，本册制作
将军集团临清纸业分公司	将军烟草集团有限公司直属	5876	—	845	主要经营包装装潢、印刷品印刷，批发、零售纸张、纸制品、烟用辅助材料、烟用配件、机械零部件、机械设备及配件，房屋租赁
颐中烟草（集团）有限公司烟台分公司	颐中烟草（集团）有限公司直属	3834	615	12	主要经营丝束成型助剂、添加剂、化工助剂的生产、销售
颐中（潍坊）实业有限公司	颐中烟草（集团）有限公司全资子公司	14568	3116	-161	主要经营卷烟配套的原辅材料（烟草专卖品除外）加工、销售等
颐中（滕州）实业有限公司	颐中烟草（集团）有限公司全资子公司	549	1118	4	主要经营烟用滤棒、铝泊复合、乳胶、水松纸、薄片加工、烟机配件等
烟台颐中包装有限公司	颐中烟草（集团）有限公司参股	3378	2388	219	主要经营纸箱、纸板、包装物料的制造、批发
青岛黎马敦包装有限公司	颐中烟草（集团）有限公司参股	40347	45012	6753	主要经营包装制品的生产、销售
青州新华包装制品有限公司	颐中（潍坊）实业有限公司参股	7231	3866	245	主要经营生产、印刷包装制品，生产、改造柔性版印刷机械及配件
颐中烟草（集团）公司卷烟材料分公司	颐中烟草（集团）有限公司直属	671	—	—	主要经营卷烟辅助材料制造
山东瑞博斯烟草有限公司	山东中烟工业公司全资子公司	14514	6279	2	主要经营烟草薄片委托加工，烟草专用机械购进，烟叶购进，烟草薄片生产、销售
河南新郑金芒果实业总公司	隶属河南中烟工业有限责任公司管理（集体企业）	5826	11795	278	主要经营滤棒、白卡纸、内衬纸、接装纸、黏合剂、纸箱等生产
许昌帝豪实业公司	隶属河南中烟工业有限责任公司管理（集体企业）	15720	14534	405	主要经营铝箔纸复合、水松纸、BOPP 薄膜、内衬纸、黏合剂、纸箱等生产
郑州黄金叶实业总公司	隶属河南中烟工业有限责任公司管理（集体企业）	13321	19684	2902	主要经营滤棒加工，包装装潢、印刷
安阳市红旗渠集团	隶属河南中烟工业有限责任公司管理（集体企业）	6026	10965	93	主要经营滤棒、卷烟商标、白卡纸、内衬纸、接装纸等生产
南阳卷烟厂双龙实业公司	隶属河南中烟工业有限责任公司管理（集体企业）	5007	6699	-179	主要经营卷烟商标印刷，BOPP 薄膜、白卡纸、内衬纸、接装纸、黏合剂、纸箱等生产

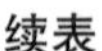

续表

辅料生产企业名称	出资人（烟草企业）（全资、控股、参股）	总资产（万元）	总产值（万元）	总利润（万元）	主要经营项目
洛阳烟草服务中心	隶属河南中烟工业有限责任公司管理（集体企业）	6460	7516	84	主要经营滤棒、卷烟商标、白卡纸、内衬纸等生产
漯河沙河实业有限公司	隶属河南中烟工业有限责任公司管理（集体企业）	4335	3841	38	主要经营卷烟商标印刷，BOPP 薄膜、白卡纸、内衬纸、接装纸、纸箱等生产
驻马店发时达工贸有限公司	河南中烟工业有限责任公司控股	4669	6806	10	主要经营滤棒加工、薄片加工、铝箔纸复合、水松纸印刷、纸箱、卡纸、主业物业服务等
许昌永昌印务有限公司	河南中烟工业有限责任公司参股	19272	18995	5788	主要经营烟标装潢的印制
河南金芒果印刷有限公司	河南中烟工业有限责任公司参股	24022	16770	3710	主要经营烟标装潢的印制
河南金瑞香精香料有限公司	河南中烟工业有限责任公司控股	3697	2808	372	主要经营烟用香精香料生产、销售
广东汕头龙华印务有限公司	河南中烟工业有限责任公司控股	9999	9836	1358	主要经营烟标装潢的印制
河南卷烟工业烟草薄片有限公司	河南中烟工业有限责任公司全资子公司	33839	9303	1280	主要经营造纸法烟草薄片制造及销售
红金龙（集团）有限公司	湖北中烟工业有限责任公司全资子公司	38536	40783	10836	主要经营瓦楞纸箱、材料回收加工、封口，金属结构件加工，销售百货、纺织品、五金交电、工艺美术品、土特品、家具、民用建材、文化用纸、印刷机械配件、烟机配件、食品添加剂、香精与香料，柜台出租，仓储服务、机械设备安装及租赁，土建、装饰、市政、园林工程、烟草行业管理咨询，IT 规划、培训服务，计算机硬件、运行维护，提供企业信息化项目实施、监理服务，建筑智能化工程设计施工
常德金鹏印务有限公司	湖南中烟工业有限责任公司控股	63727	94607	27377	主要经营设计、制版、生产、印刷出版物、包装装潢和其他印刷品及产品自销，油墨制造及销售，国内让售印刷纸纸张及器材
常德市金芙蓉实业发展总公司	湖南中烟工业有限责任公司参股	19999	29073	-1812	主要经营卷烟原辅材料及包装物品的生产加工和加工制作、化工产品（含危险品）、管件制造和销售、电梯安装和维修

续表

辅料生产企业名称	出资人（烟草企业）（全资、控股、参股）	总资产（万元）	总产值（万元）	总利润（万元）	主要经营项目
常德芙蓉大亚化纤有限公司	湖南中烟工业有限责任公司控股	8067	14332	1065	主要经营烟用聚丙烯丝束、滤棒的设计、开发、生产、销售
湖南永州九子龙经贸有限公司	湖南中烟工业有限责任公司全资子公司	879	2486	228	主要经营卷烟材料、纸箱生产（不含许可项目）、销售，废品经营（许可项目除外），物业管理等
湖南九子龙印务有限公司	湖南中烟工业有限责任公司参股	3141	6405	607	主要经营烟标的研制开发、印制以及其他印刷品生产纸箱制品
湖南零陵金秋实业总公司	湖南中烟工业有限责任公司控股	1787	2982	455	主要经营铝箔纸、接装纸、舌头纸、香精、香料、乳白胶等卷烟包装材料、辅助材料和纸品包装材料、化工产品（危险品除外）、汽车配件、建筑装饰材料的生产、加工、销售，兼营百货、针纺织品
湖南永怡印刷包装公司	湖南中烟工业有限责任公司参股	5844	5718	975	主要经营彩色印刷品及产品自销
四平芙蓉纸品有限责任公司	湖南中烟工业有限责任公司全资子公司	2568	2621	-87	主要经营纸制品生产、销售，铝箔纸复合、分切、印刷
湖南金叶烟草薄片有限责任公司	湖南中烟工业有限责任公司控股	9862	27559	2459	主要经营薄片委托加工，烟草专用机械购进，烟叶购进，烟草薄片生产销售
广西甲天下化纤有限责任公司	广西中烟工业有限责任公司全资子公司	3164	1491	-35	主要经营烟用聚丙烯纤维丝束及烟用胶水的生产、销售，香精香料、烟草制品零售（限分支机构）
广西甲天下纸品包装有限责任公司	广西中烟工业有限责任公司全资子公司	10540	15640	2339	主要经营烟用铝箔纸复合、销售，烟用盘纸、成型纸加工（分切）、销售，烟用丝束定向购进，滤棒生产、定向销售，金拉线、纸箱生产、销售，烟用薄膜分切、销售，精细化工类生产、销售等
广西真龙彩印包装有限公司	广西中烟工业有限责任公司控股	37773	63750	18681	主要经营卷烟商标的制版印刷（凭许可证有效期经营）
广西甲天下水松纸有限公司	广西中烟工业有限责任公司控股	4092	5807	984	主要经营烟用接装纸生产、销售
四川三联卷烟材料有限公司	川渝中烟工业公司控股，四川烟草工业有限责任公司、重庆烟草工业有限责任公司参股	21138	—	3104	主要经营滤棒生产

续表

辅料生产企业名称	出资人（烟草企业）（全资、控股、参股）	总资产（万元）	总产值（万元）	总利润（万元）	主要经营项目
涪陵宏声实业（集团）有限责任公司	重庆烟草工业有限责任公司参股	198370	—	10141	主要经营滤棒、内衬纸（铝箔）等生产、印刷（商标）
西昌市腾飞纸箱厂	四川烟草工业有限责任公司控股	493	—	50	主要经营纸箱的生产
四川佛兰印务有限公司	四川烟草工业有限责任公司参股	11500	—	3368	主要经营印刷、白卡纸的生产
什邡峨眉山物资有限公司	四川烟草工业有限责任公司控股	2586	—	310	主要经营内衬纸的生产
陕西省卷烟材料厂	陕西中烟工业有限责任公司全资子公司	5874	4084	701	主要经营全省行业部分滤棒和烟箱的生产
宁波大安化学工业有限公司	陕西中烟工业有限责任公司参股	92795	75308	16268	主要经营醋片生产
西安惠大化学有限公司	陕西中烟工业有限责任公司参股	50540	86995	11441	主要经营醋酸丝束生产
陕西金叶科教集团股份有限公司	陕西中烟工业有限责任公司参股	108133	—	—	主要经营包装装潢印刷品印刷，卷烟过滤材料生产、销售，高新数字印刷技术及高新技术广告制作，高新技术产业、教育、文化产业、基础设施、房地产的投资、开发等
陕西金叶滤材有限公司	陕西中烟工业有限责任公司参股	734	—	—	主要生产聚丙烯丝束
宝鸡好猫实业集团有限公司	陕西中烟工业有限责任公司参股	47311	—	—	主要经营卡纸、内衬纸、接装纸、烟箱、BOPP 薄膜生产
延安超群实业开发有限公司	陕西中烟工业有限责任公司延安卷烟厂全资子公司	1630	2036	8	主要经营内衬纸、接装纸、白卡纸的生产

烟叶加工企业

2009年，全国烟草行业打叶复烤企业共有45家（含工业企业打叶复烤车间），62个生产点82条生产线。全国打叶复烤企业年加工烟叶250.67万吨（5013.49万担），同比增长14.29%，其中，加工原烟245.31万吨（4906.10万担），同比增长13.02%。40家（不含工业企业复烤车间）打叶复烤企业的资产总额156.70亿元，实现加工收入40.45亿元，每吨烟平均加工收入3280.17元（含价外费用），每吨成品片烟综合能耗平均值214.96千克标煤。2009年，打叶复烤加工资源配置进一步得到改善，企业资产状况和经营效益有所好转，工艺技术水平和服务能力明显提高，节能减排工作受到广泛重视。

哈尔滨天阳国际烟草有限公司

【概　况】 哈尔滨天阳国际烟草有限公司位于黑龙江省哈尔滨市，成立于1992年，1995年正式运营，由黑龙江烟草工业有限责任公司哈尔滨卷烟厂和天利国际经贸有限公司共同出资组建。2004年、2007年，公司先后两次增资转股，由黑龙江省烟草公司哈尔滨烟叶公司、山东中烟工业公司、黑龙江烟草工业有限责任公司和天利国际经贸有限公司共同出资，注册资本1.6亿元。截至2009年年底，公司拥有总资产2.77亿元，占地面积14万平方米，共有员工271人。公司原烟仓储能力1.5万吨（30万担），片烟仓储能力1.2万吨（24万担）。

【生产经营】 2009年，公司复烤加工烟叶2.19万吨（43.8万担），产出片烟1.49万吨（29.8万担）。实现加工收入5678万元。实现税利1122万元，其中利润60万元。

绥化红塔烟叶有限责任公司

【概　况】 绥化红塔烟叶有限责任公司位于黑龙江省绥化市，成立于2006年4月，由黑龙江省烟草公司哈尔滨烟叶公司和红塔烟草（集团）有限责任公司共同出资组建。截至2009年年底，公司拥有总资产2.61亿元，占地面积9.6万平方米，共有在岗员工142人。公司拥有1条1999年投产的打叶复烤生产线。

【生产经营】 2009年，公司复烤加工烟叶2.45万吨（49万担），产出片烟1.66万吨（33.2万担）。实现加工收入5904万元。实现税利923万元，其中利润125万元。

勃利龙湘烟叶有限责任公司

【概　况】 勃利龙湘烟叶有限责任公司位于黑龙江省七台河市，成立于2006年4月28日。由黑龙江省烟草公司牡丹江烟叶公司与湖南中烟工业有限责任公司共同出资组建，注册资本1.02亿元。截至2009年年底，公司拥有总资产1.25亿元，占地面积12.9万平方米，共有在岗员工181人。

【生产经营】 2009年，公司复烤加工烟叶2.29万吨（45.87万担），产出片烟1.65万吨（33万担）。实现加工收入6183万元。实现税利1496万元，其中利润643万元。

林口龙鄂烟叶有限责任公司

【概　况】　林口龙鄂烟叶有限责任公司位于黑龙江省牡丹江市，成立于2007年8月18日，由黑龙江省烟草公司牡丹江烟叶公司和湖北中烟工业有限责任公司共同出资组建，注册资本8200万元。截至2009年年底，公司拥有总资产9812万元，占地面积15万平方米，共有从业人员133人。

【生产经营】　2009年，公司复烤加工烟叶1.98万吨（39.72万担），产出片烟1.29万吨（25.8万担）。实现加工收入4587万元。实现税利1165万元，其中利润548万元。

丹东辽东烟草发展有限责任公司

【概　况】　丹东辽东烟草发展有限责任公司位于辽宁省凤城市，成立于1996年7月9日，隶属于辽宁省烟草专卖局（公司）管理。截至2009年年底，公司拥有总资产1.22亿元，资产负债率为27.71%，占地面积7.2万平方米，共有从业人员451人，其中聘用员工256人。公司拥有1条6000千克/小时打叶复烤生产线。

【生产经营】　2009年，公司复烤加工烟叶2.25万吨（45.09万担），产出片烟1.49万吨（29.8万担）。实现加工收入4750万元。实现税利964万元，其中利润65万元。

延边友利打叶复烤有限责任公司

【概　况】　延边友利打叶复烤有限责任公司位于吉林省延边朝鲜族自治州首府延吉市，筹建于2002年，注册资本6054万元，隶属于吉林烟草工业有限责任公司管理。截至2009年年底，公司拥有总资产7063.64万元，占地面积8.5万平方米，共有从业人员272人。公司拥有1条6000千克/小时打叶复烤生产线。

【生产经营】　2009年，公司复烤加工烟叶1.63万吨（32.6万担），产出片烟0.99万吨（19.8万担）。实现加工收入4184万元。实现税利907万元，其中利润621万元。

华环国际烟草有限公司

【概　况】　华环国际烟草有限公司位于安徽省凤阳县门台子外资工业园区，成立于1994年5月28日。由安徽省烟草公司蚌埠储运公司（原名蚌埠烟叶复烤厂）、上海烟草（集团）公司、香港环球发展有限公司合资建立的打叶复烤加工企业，合资期15年。2009年5月28日，合资期满，外资撤出，由安徽省烟草公司蚌埠储运公司、上海烟草（集团）公司增资，合作组建新的华环公司，双方持股比例为51%和49%，隶属于安徽省烟草专卖局（公司）管理。5月20日完成外方股权受让、增资扩股、新公司注册登记等工作。截至2009年年底，公司拥有总资产3.19亿元，共有从业人员1464人，其中聘用员工1179人。公司拥有1条9000千克/小时打叶复烤生产线和全套进口质量检测设备。

【生产经营】　2009年，公司复烤加工烟叶5.94万吨（118.76万担），产出片烟3.99万吨（79.78万担）。实现加工收入12874.2万元。实现税利4910.79万元，其中利润2188.75万元。出口烟叶0.02万吨（0.41万担）、烟梗0.12万吨（2.36万担）。

【技术改造】　建立“中华”品牌卷烟烟叶原料挑选专线，成立上海烟草（集团）公司烟叶原料研究五室。

安徽华圆烟草有限责任公司

【概　况】 安徽华圆烟草有限责任公司位于安徽省涡阳县，其前身为成立于1984年的涡阳烟叶复烤厂。2005年8月进行股份制改造，由安徽省烟草公司亳州市公司和安徽中烟工业公司共同出资。截至2009年年底，公司拥有总资产1.39亿元，资产负债率为7.34%，占地面积19万平方米，共有在岗员工752人，其中聘用员工600余人（含季节工）。公司拥有1条7000千克/小时打叶复烤生产线。

【生产经营】 2009年，公司复烤加工烟叶3.51万吨（70.17万担），产出片烟2.35万吨（47.09万担）。实现加工收入6741.47万元。实现税利1729万元，其中利润775万元。

【技术改造】 2009年，公司主要实施三项技术改造：一是拆除老复烤机，安装新复烤机，并顺利投产；二是对液压打包机的液压系统进行改造；三是对原有的烤梗机进行加长、扩容改造。

福建武夷烟叶有限公司

【概　况】 福建武夷烟叶有限公司位于福建省邵武市，成立于2000年12月。

由中国烟叶公司、原中国烟草进出口（集团）公司、中国烟草总公司福建省公司、中国烟草福建进出口有限责任公司、浙江中烟工业有限责任公司、福建省烟草公司南平市公司共同出资组建，2007年根据股东会决议中国烟叶公司、中国烟草进出口（集团）公司股权无偿划转给中国烟草总公司福建省公司，隶属于福建省烟草专卖局（公司）管理。截至2009年年底，公司拥有总资产2.58亿元，资产负债率为37.46%，占地面积15万平方米，共有从业人员195人，其中聘用员工152人。公司拥有1条8000千克/小时打叶复烤线。

【生产经营】 2009年，公司复烤加工烟叶3.4万吨（68万担），产出片烟2.36万吨（47.2万担）。实现加工收入8746万元。实现税利4224万元，其中利润2268万元。

【技术改造】 2009年，公司对34处关键技术和设备方面问题进行改进，减少设备故障的隐患。投资94万元，重点对打包液压系统进行升级改造。

福建省龙岩金叶复烤有限责任公司

【概　况】 福建省龙岩金叶复烤有限责任公司位于福建省永定县坎市镇，成立于2003年4月。由福建中烟工业公司、龙岩烟草工业有限责任公司、厦门烟草工业有限责任公司、福建省烟草公司龙岩市公司、上海烟草（集团）公司共同出资组建，隶属于福建中烟工业公司管理，注册资本1亿元。截至2009年年底，公司拥有总资产3.36亿元，占地面积11.67万平方米，共有从业人员354人，其中聘用员工101人。公司拥有2条6000千克/小时打叶复烤生产线。

【生产经营】 2009年，公司复烤加工烟叶5.6万吨（112万担），产出片烟3.8万吨（76万担）。实现加工收入1.19亿元。实现税利6080万元，其中利润4259万元。

【技术改造】 8月，国家局批复同意公司实施打叶复烤生产线技术改造项目，该项目总投资预算6.3亿元，计划新建打叶复烤工房3.9万平方米、配置2条12000千克/小时打叶复烤生产线，预计年复烤加工能力达到6万吨（120万担）。

福建省三明金叶复烤有限公司

【概　况】 福建省三明金叶复烤有限公司位于福建省三明市，成立于1998年10月，是在原三明市烟叶复烤厂基础上进行技术改造的国有股份制企业。由中国烟草总公司福建省公司、福建省烟草公司三明市公司、上海烟草（集团）公司、江苏中烟工业有限责任公司、厦门烟草工业有限责任公司共5家烟草工商企业联合出资组建，隶属于福建省烟草专卖局（公司）管理。截至2009年年底，公司拥有总资产4.1亿元，资产负债率5.28%占地面积7.47万平方米，共有从业人员288人，其中聘用员工138人。公司拥有2条6000千克/小时打叶复烤生产线，在线配备加香加料机、自动喷洒机、烟叶精选台及配方柜等设备，可满足加香加料、烟叶精选、烟梗装箱与配方打叶等个性化要求。

【生产经营】 2009年，公司复烤加工烟叶4.92万吨（98.42万担），产出片烟3.33万吨（66.6万担）。实现加工收入1.11亿元。实现税利5680万元，其中利润3569万元。

山东中鲁烟叶有限公司

【概　况】 山东中鲁烟叶有限公司位于山东省临沂市，成立于2000年4月，由原中国烟叶生产购销公司、将军烟草集团有限公司、山东临沂烟草有限公司共同出资组建。2008年，公司股东调整为山东中烟工业公司和山东临沂烟草有限公司，隶属于山东中烟工业公司管理。截至2009年年底，公司拥有总资产1.33亿元，资产负债率为133.36%。占地面积12.1万平方米，共有在岗员工211人。公司拥有2条6000千克/小时打叶复烤生产线。

【生产经营】 2009年，公司复烤加工烟叶2.12万吨（42.4万担），产出片烟1.39万吨（27.8万担）。实现加工收入4992万元，实现利润-2104万元。

【企业管理】 探讨和研究雪茄烟原料机械打叶工艺，实现雪茄烟叶从人工撕叶复烤到机械打叶复烤；质量、环境和职业健康安全管理体系通过外部审核；实施小改小革活动，有效解决影响生产工艺和设备的问题。

山东京鲁烟叶复烤有限公司

【概　况】 山东京鲁烟叶复烤有限公司位于山东省诸城市，成立于2003年7月1日。由山东潍坊烟草有限公司、上海烟草集团北京卷烟厂共同出资组建，注册资本6000万元，其中，山东潍坊烟草有限公司出资5400万元、上海烟草集团北京卷烟厂出资600万元，隶属于山东潍坊烟草有限公司管理。2005年，公司实现增资扩股2000万元。截至2009年年底，公司拥有总资产2.14亿元，占地面积19.3万平方米，共有在岗员工226人，其中聘用员工115人。公司拥有2条12000千克/小时打叶复烤生产线。

【生产经营】 2009年，公司复烤加工烟叶6.05万吨（121万担），产出片烟4万吨（80万担）。实现加工收入1.29亿元。实现税利8326万元，其中利润6049万元。

【技术改造】 2009年，公司新安装1条KG431A型滚筒碎末干燥机，该设备可以从废弃烟土中挑出烟末，加以重新利用。改造第一、第二车间叶片复烤机供汽蒸汽管线，使烤区与回潮区蒸汽管线分开，对烤机干燥区单独供送过热蒸汽，使其温度控制平稳，提高叶片复烤质量，满足生产工艺要求。同时，也可对烤机回潮区使用的蒸汽降温加湿，提高叶片回透率，加大叶片回潮能力，达到节能减排的目的。

山东惠丰烟叶复烤有限公司

【概　况】 山东惠丰烟叶复烤有限公司位于山东省潍坊市，其前身为成立于1917年的山东潍坊廿里堡复烤厂。2001年8月进行股份制改造，由山东中烟工业公司、山东潍坊烟草有限公司共同出资，注册资本7000万元，由山东中烟工业公司控股。截至2009年年底，公司拥有总资产1.04亿元，资产负债率为

20.76%。占地面积20.2万平方米，共有从业人员336人，其中聘用员工118人。公司拥有1条6000千克/小时打叶复烤生产线。

【生产经营】 2009年，公司复烤加工烟叶1.79万吨（35.8万担），产出片烟1.23万吨（24.6万担）。实现加工收入5026万元。实现税利958万元，其中利润106万元。

山东申沂烟叶复烤有限公司

【概 况】 山东申沂烟叶复烤有限公司位于山东省沂水县，其前身为沂水烟叶复烤厂。2004年12月进行股份制改造，由山东临沂烟草有限公司、上海烟草（集团）公司共同出资，注册资本1500万元，由山东临沂烟草有限公司控股，是上海烟草（集团）公司定点复烤加工单位。截至2009年年底，公司拥有总资产8679万元，占地面积14.99万平方米，共有员工127人，其中聘用员工33人。公司拥有1条6000千克/小时打叶复烤生产线。

【生产经营】 2009年，公司复烤加工烟叶2.12万吨（42.41万担），产出片烟1.36万吨（27.17万担）。实现加工收入4649万元。实现税利1376万元，其中利润626万元。

【技术改造】 2009年，公司与北京长征高科技公司合作，组织实施烟把头处理线技术改造项目。该项目有效降低了烟把头中非烟杂物含量，提高烟叶解把率和作业效率，解把率达到100%；组织实施除尘大功率电机节能改造项目，通过采用变频控制方式，提高大功率设备电力利用效率，降低电力损耗和设备故障率，节省用电近40%；完善质量数据自动采集分析管理系统，通过对各工序工艺技术指标的实时分析监控，解决人工管理模式操作程序复杂、分析不全面和反馈滞后的问题。

天昌国际烟草有限公司

【概 况】 天昌国际烟草有限公司位于河南省许昌市，成立于1993年7月。由天利国际经贸有限公司、中国烟草河南进出口有限责任公司、浙江中烟工业有限责任公司、河南中烟工业有限责任公司、河南省烟草公司许昌、信阳、洛阳、驻马店、商丘、漯河、济源市公司共11家单位共同出资组建，注册资本1360万美元，隶属于河南省烟草专卖局（公司）管理。公司拥有总资产7.48亿元，资产负债率为48.85%，占地面积25.66万平方米，共有员工163人。公司拥有1条12000千克/小时和2条6000千克/小时打叶复烤生产线。

【生产经营】 2009年，公司复烤加工烟叶6.62万吨（132.48万担），产出片烟4.36万吨（87.2万担）。实现加工收入4.98亿元。实现税利1.05亿元，其中利润6039万元。

【技术改造】 2009年，公司“十一五”技术改造一期工程全部完成并投入使用，新建3.37万平方米的原烟分级车间和5200平方米的原烟预处理车间，对三车间进行设备改造。二期工程项目正在进行论证，拟建设1栋1.98万平方米的智能化高架烟叶周转库。

宝丰金叶烟草有限责任公司

【概 况】 宝丰金叶烟草有限责任公司位于河南省平顶山市宝丰县，1988年成立，1991年建成投产，2005年8月26日正式挂牌运营。由河南中烟工业有限责任公司、河南省烟草公司平顶山、洛阳市公司共同出资，注册资本1.71亿元。截至2009年年底，公司拥有总资产1.9亿元，资产负债率为7.97%，占地面积13.4万平方米，共有员工163人。公司拥有1条6000千克/小时打叶复烤生产线。

【生产经营】 2009年，公司复烤加工烟叶3.55万吨（71万担），产出片烟2.32万吨（46.4万担）。实现加工收入7282万元。实现税利3795万元，其中利润1669万元。

【技术改造】 公司启动“十一五”打叶复烤技术改造一期工程建设项目，该项目总投资预算8590万元，截至年底，已完成设备制造合同和技术协议的签订等前期基础性工作。

三门峡金红烟草有限责任公司

【概　况】 三门峡金红烟草有限责任公司位于河南省三门峡市，2002年建成投产。由河南省烟草公司三门峡市公司、河南中烟工业有限责任公司共同出资。截至2009年年底，公司拥有总资产1.48亿元，资产负债率为47.6%，占地面积7.6万平方米，共有在岗员工141人。公司拥有1条12000千克/小时打叶复烤生产线。

【生产经营】 2009年，公司复烤加工烟叶3.82万吨（76.34万担），产出片烟2.47万吨（49.45万担）。实现加工收入7168万元。实现税利2677万元，其中利润1556万元。

南阳金业烟草有限责任公司

【概　况】 南阳金业烟草有限责任公司位于河南省南阳市邓州市，成立于1999年。2004年5月进行股份制改造，由河南省烟草专卖局南阳市公司、河南中烟工业有限责任公司共同出资，注册资本6655万元。截至2009年年底，公司拥有总资产9521万元，资产负债率为17%，占地面积15万平方米，共有在岗员工135人。公司拥有1条6000千克/小时打叶复烤生产线。

【生产经营】 2009年，公司复烤加工烟叶2.28万吨（45.5万担），产出片烟1.50万吨（30.06万担）。实现加工收入5819万元。实现税利2314万元，其中利润1127万元。

【技术改造】 公司“十一五”打叶复烤技术改造项目一期工程通过国家局审批，该工程总投资预算1.3亿元，截至年底已进入招投标阶段。

湖北烟草金叶复烤有限公司

【概　况】 湖北烟草金叶复烤有限公司位于湖北省武汉市，成立于2009年12月，根据《国家烟草专卖局、中国烟草总公司关于湖北省公司打叶复烤企业体制改革的批复》（国烟法〔2009〕512号），将恩施金叶有限责任公司、襄樊金叶有限责任公司重组整合而成。公司有中国烟草总公司湖北省公司、湖北中烟工业有限责任公司、湖南中烟工业有限责任公司、浙江中烟工业有限责任公司、红塔烟草（集团）有限责任公司、红云红河烟草（集团）有限责任公司、山东中烟工业公司、广西中烟工业有限责任公司、安徽中烟工业公司等9家股东，注册资本4.63亿元，隶属于中国烟草总公司湖北省公司管理。

公司下设2家非独立法人机构，分别是湖北烟草金叶复烤有限责任公司恩施复烤厂、湖北烟草金叶复烤有限责任公司襄樊复烤厂。

恩施金叶烟草有限责任公司

【概　况】 恩施金叶烟草有限责任公司位于湖北省恩施州，成立于2004年7月。2009年12月15日，根据《国家烟草专卖局、中国烟草总公司关于湖北省公司打叶复烤企业体制改革的批复》（国烟法〔2009〕512号），公司与省内其他1家复烤企业重组整合为湖北烟草金叶复烤有限公司。截至2009年年底，公司拥有总资产3.36亿元，资产负债率为31.61%，占地面积22.87万平方米，共有在岗员工330人。公司拥有12000千克/小时和6000千克/小时打叶复烤生产线各1条。

【生产经营】 2008年，公司复烤加工烟叶5.62万吨（112.32万担），产出片烟3.59万吨（71.8万担）。实现加工收入1.19亿元。实现税利3754万元，其中利润1813万元。

（2009年，恩施金叶烟草有限责任公司与省内其他1家复烤企业重组整合为湖北烟草金叶复烤有限公司，但由于当年整合时间较晚，2009年仍按照整合前的公司数据进行统计。）

襄樊金叶烟草有限责任公司

【概　况】 襄樊金叶烟草有限责任公司位于湖北省襄樊市，成立于1999年7月。2009年12月15日，根据《国家烟草专卖局、中国烟草总公司关于湖北省公司打叶复烤企业体制改革的批复》（国烟法〔2009〕512号），公司与省内其他1家复烤企业重组整合为湖北烟草金叶复烤有限公司。截至2009年年底，公司拥有总资产1.33亿元，资产负债率为9.68%，占地面积7.24万平方米，共有在岗员工526人。

【生产经营】 2009年，公司复烤加工烟叶2.62万吨（52.3万担），产出片烟1.66万吨（33.2万担）。实现加工收入4914.99万元。实现税利1343万元，其中利润603万元。

【技术改造】 2009年，公司加大技改力度，对烤片机进行加长改造，使烤片机处理能力由6400千克/小时提高至8000千克/小时，满足低温慢烤工艺要求，提高了成品烟叶温度、水分的均匀性、稳定性。新增把头离线项目，使整线加工能力提高30%，烟叶的纯净度及打叶指标也得到了保障。进行循环间加湿系统以及供蒸汽系统改造，提高烟叶存放环境湿度，降低烟叶造碎，提高蒸汽供应质量，满足设备要求。

（2009年，襄樊金叶烟草有限责任公司与省内其他1家复烤企业重组整合为湖北烟草金叶复烤有限公司，但由于当年整合时间较晚，2009年仍按照整合前的公司数据进行统计。）

郴州天泰烟叶复烤有限责任公司

【概　况】 郴州天泰烟叶复烤有限责任公司位于湖南省郴州市，2005年9月注册成立，2006年1月1日正式独立运作。由湖南省烟草公司郴州市公司、上海烟草（集团）公司、广东中烟工业有限责任公司、湖南中烟工业有限责任公司共同出资，注册资本1.41亿元，隶属于湖南省烟草公司郴州市公司管理。截至2009年年底，公司拥有总资产1.98亿元，占地面积9.24万平方米，共有在岗员工168人。公司拥有12000千克/小时和6000千克/小时打叶复烤生产线各1条。

【生产经营】 2009年，公司复烤加工烟叶5.42万吨（108.32万担），产出片烟3.48万吨（69.68万担）。实现加工收入1.27亿元。实现税利4117万元，其中利润2238万元。完成出口烟叶加工0.46万吨（9.21万担）。

【技术改造】 2009年，公司为12000千克/小时格瑞芬打叶复烤生产线梗复烤机增加冷却区。对20吨和10吨锅炉进行维修改造。为烟叶成品库配置大型工业吸尘器、除湿机等设备。

公司通过菲莫美国烟草公司打叶复烤加工过程（IPV）的标准认证；技术中心实验室获得由中国合格评定国家认可委员会（CNAS）颁发的国家实验室认可证书。

常德芙蓉烟叶复烤有限责任公司

【概　况】 常德芙蓉烟叶复烤有限责任公司位于湖南省常德市，2005年11月28日注册成立，同年12月16日挂牌。由湖南中烟工业有限责任公司、湖南省烟草公司常德、张家界市公司共同出资，注册资本3721万元，隶属于湖南中烟工业有限责任公司管理。截至2009年年底，公司拥有总资产1.71亿元，资产负债率为64.22%，占地面积1.7万平方米，共有员工230人，其中聘用员工91人。公司拥有1条12000千克/小时打叶复烤生产线、2条6000千克/小时打叶线、1套12000千克/小时打包设备线、2条12000千克/小时选叶生产线，以及1条1000千克/小时白肋烟处理线（租赁）。

【生产经营】 2009年，公司复烤加工烟叶3.99万吨（79.75万担），产出片烟2.6万吨（52万担）。实现加工收入8416.14万元。实现税利2114万元，其中利润892万元。

湘西鹤盛原烟发展有限责任公司

【概　况】 湘西鹤盛原烟发展有限责任公司位于湖南省吉首市，成立于1999年。由湖南中烟工业有限责任公司和湖南省烟草公司湘西自治州公司共同出资，注册资本9000万元，隶属于湖南中烟工业有限责任公司管理。截至2009年年底，公司拥有总资产1.6亿元，资产负债率为15.40%，占地面积11.2万平方米，共有在岗员工645人。公司拥有1条12000千克/小时打叶线、1条9600千克/小时烤片线、1条3600千克/小时烤梗线、1条12000千克/小时真空回潮机、1条12000千克/小时打包线。

【生产经营】 2009年，公司复烤加工烟叶3万吨（60万担），产出片烟1.95万吨（39万担）。实现加工收入6333万元。实现税利1380万元，其中利润976万元。

【技术改造】 2009年，公司共投资3000万元进行技术改造，封停第一条生产线；对第二条生产线进行改造，在原有的设备基础上进行产能升级，改造后生产能力由原6000千克/小时提高到12000千克/小时。对锅炉内炉墙进行节能改造，增加煤的燃尽度，同时减少二氧化硫的排放。将烟囱改造为负离子脱硫烟囱，确保各项排放量达标。改进投料方式，节约人工成本。

浏阳天福打叶复烤有限责任公司

【概　况】 浏阳天福打叶复烤有限责任公司位于湖南省浏阳市，成立于2004年10月20日。由湖南中烟工业有限责任公司、湖南省烟草公司长沙、衡阳市公司共同出资，注册资本1.6亿元，隶属于湖南中烟工业有限责任公司管理。截至2009年年底，公司拥有总资产2.16亿元，资产负债率为10.20%，占地面积10.67万平方米，共有员工148人。公司拥有1条8000千克/小时打叶复烤生产线。

【生产经营】 2009年，公司复烤加工烟叶4.15万吨（82.99万担），产出片烟2.72万吨（54.4万担）。实现加工收入8965万元。实现税利3502.89万元，其中利润2244.20万元。

【技术改造】 7月，公司投资23.5万元对车间部分环境除尘管路进行改造，增加了除尘点。投资96.7万元对备料车间及生产车间部分位置增加加湿降尘系统，两个项目均于8月竣工投入使用，11月完成验收。7～8月，投资99.6万元对原有解把机进行改造，由原来的一刀两段改为两刀三段，8月该项目竣工投入使用，11月完成验收。

永州天顺烟叶复烤有限责任公司

【概　况】 永州天顺烟叶复烤有限责任公司位于湖南省永州市，注册成立于2005年12月9日。由湖南省烟草公司永州市公司、湖南中烟工业有限责任公司、山东中烟工业公司、江苏中烟工业有限责任公司共同出资，注册资本1.5亿元，隶属于湖南省烟草公司永州市公司管理。截至2009年年底，公司拥有总资产1.8亿元，占地面积21万平方米，共有在岗员工194人，其中聘用员工4人。

【生产经营】 2009年，公司复烤加工烟叶3.98万吨（79.66万担），产出片烟2.59万吨（51.78万担）。实现加工收入9366万元。实现税利3184万元，其中利润1412万元。

广东梅州烟叶复烤有限公司

【概　况】 广东梅州烟叶复烤有限公司位于广东省梅州市，成立于1999年12月。2002年进行股份制改造，由中国烟草总公司广东省公司、广东中烟工业有限责任公司、深圳烟草工业有限责任公司、广东梅州市烟草有限公司和梅州市新金叶发展公司共同出资，隶属于广东省烟草专卖局（公司）管理。截至2009年年底，公司拥有总资产1.5亿元，资产负债率为9.78%，占地面积5.71万平方米，共有员工178人。公司拥有10000千克/小时打叶复烤生产线。

【生产经营】 2009年，公司复烤加工烟叶3.22万吨（64.39万担），产出片烟2.07万吨（41.3万担）。实现加工收入6061万元。实现税利1828万元，其中利润808万元。

【技术改造】 2009年，公司购置新型切断解把机，完成对铺叶解把线的改造，平均解把率由原来的80%提高至85%以上。在烤梗段加装自动清理拐头机。在烟叶挑选车间安装加湿除尘系统及选叶输送机，选叶实现自动化流水线作业，并能自动对在线原烟进行加湿除尘。

广东韶关烟叶复烤有限公司

【概　况】 广东韶关烟叶复烤有限公司位于广东省韶关市，成立于1992年。2003年进行股份制改造，由中国烟草总公司广东省公司、广东中烟工业有限责任公司、深圳烟草工业有限责任公司共同出资。截至2009年年底，公司拥有总资产1.33亿元，资产负债率为8.21%，占地面积7万平方米，共有员工168人。公司拥有1条12000千克/小时打叶复烤生产线。

【生产经营】 截至2009年年底，公司复烤加工烟叶3.67万吨（73.3万担），产出片烟2.4万吨（47.97万担）。实现加工收入7617万元。实现税利1971万元，其中利润929万元。

【设备改造】 公司在原有的预处理线上加入2组预混贮叶柜，每台贮叶柜的出料口分别配置旁链式喂料机，为均衡工艺流量和缓解生产节奏，并在原有的贮叶柜区，增设1组对顶式贮叶柜，使所贮存的烟叶足以供应下道工序的需要。

广东南雄烟叶复烤有限公司

【概　况】 广东南雄烟叶复烤有限公司位于广东省南雄市，成立于1985年，2007年11月进行股份制改造，注册资本1970万元，隶属于广东南雄烟草有限公司管理。截至2009年年底，公司拥有总资产3988万元，资产负债率为3.31%，占地面积14万平方米，有从业人员95人，其中聘用员工7人。公司拥有1条6000千克/小时打叶复烤线。

【生产经营】 2009年，公司复烤加工烟叶1.27万吨（25.47万担），产出片烟0.84万吨（16.8万担）。实现加工收入3397万元。实现税利1093万元，其中利润479万元。

【技术改造】 2009年，公司新购置一台捆扎机，并对打叶分风机组线和打包机线进行改造、升级，使设备有效作业率得到提高，产品更符合客户的工艺要求。对原烟仓库进行全面升级，增加防火门、自动报警系统和喷淋系统等，提高了仓库的安全性能。

广西伊灵烟叶复烤有限责任公司

【概　况】 广西伊灵烟叶复烤有限责任公司位于南宁市，2000年筹建，2002年6月正式投产，2003年6月进行股份制改造，注册资本1亿元，隶属于中国烟草总公司广西壮族自治区公司管理。截至2009年年底，公司拥有资产1.8亿元，占地面积13.55万平方米，共有从业人员781人。公司拥有1条6000千克/小时打叶复烤生产线；拥有纸箱生产设备及纸箱检测设备，可生产各类瓦楞纸箱，年生产能力400万只。

【生产经营】 2009 年，公司复烤加工烟叶 2.6 万吨（52.05 万担），产出片烟 1.72 万吨（34.37 万担）；加工纸箱 385.87 万只。实现工业总产值 7926 万元。打叶及纸箱加工实现收入 8325 万元。实现税利 2238 万元，其中利润 1037 万元。

【技术改造】 6 月，国家局批复同意公司易地搬迁改造工程项目，该项目计划投资 1.85 亿元。计划新建打叶复烤车间及附房 2.24 万平方米，烟叶整选车间 3000 平方米，配置 1 条 12000 千克/小时打叶复烤生产线。预计年复烤加工能力达到 3 万吨（60 万担）。

四川三益烟草有限责任公司

【概　况】 四川三益烟草有限责任公司位于四川省凉山彝族自治州，成立于 1997 年，由原成都卷烟厂、原西昌卷烟厂和会理县烟草公司共同出资。2006 年后多次增资扩股，有四川省烟草公司凉山州公司、川渝中烟工业公司、上海烟草（集团）公司、湖北中烟工业有限责任公司、湖南中烟工业有限责任公司、广东中烟工业有限责任公司、浙江中烟工业有限责任公司、安徽中烟工业公司、山东中烟工业公司和中国烟草实业发展中心共 10 家股东，由四川省烟草公司凉山州公司控股管理。截至 2008 年年底，公司拥有总资产 11.59 亿元，占地面积 45 万平方米，共有在职员工 390 人。

【生产经营】 2009 年，公司复烤加工烟叶 10.94 万吨（218.88 万担）。实现加工收入 2.42 亿元。实现税利 1 亿元，其中利润 7054 万元。

四川三友打叶复烤有限公司

【概　况】 四川三友打叶复烤有限公司位于四川省泸州市，成立于 2001 年 9 月，由中国烟草总公司四川省公司、原什邡卷烟厂、四川省烟草公司泸州市公司共同出资。2006 年 6 月增资扩股后，有四川省烟草公司泸州市公司、川渝中烟工业公司、湖北中烟工业有限责任公司、广东中烟工业有限责任公司、湖南中烟工业有限责任公司 5 家股东，注册资本 1 亿元，由四川省烟草公司泸州市公司相对控股。截至 2009 年年底，公司拥有总资产 1.71 亿元，占地面积 9.5 万平方米，共有员工 75 人。公司拥有 1 条 10000 千克/小时打叶复烤生产线。

【生产经营】 2009 年，公司复烤加工烟叶 3.001 万吨（60.02 万担），产出片烟 1.93 万吨（38.6 万担）。实现加工收入 5671 万元。实现税利 1889 万元，其中利润 981 万元。

【技术改造】 2009 年，公司投资 24 万元增设叶片烤机返料装置；投资 20 万元对叶片烤机进行内部维修。

宜宾三原烟叶复烤有限责任公司

【概　况】 宜宾三原烟叶复烤有限责任公司位于四川省宜宾市，其前身为成立于 1985 年的宜宾烟叶复烤厂，2009 年 6 月 12 日，国家局印发《关于设立宜宾三原烟叶复烤有限责任公司的批复》（国烟法〔2009〕208 号），同意对宜宾烟叶复烤厂进行公司制改造，设立宜宾三原烟叶复烤有限责任公司。12 月 7 日，完成注册登记。公司由四川省烟草公司宜宾市公司、川渝中烟工业公司、广东中烟工业有限责任公司、浙江中烟工业有限责任公司、中国烟草四川进出口有限责任公司共同出资，注册资本 1.4 亿元。截至 2009 年年底，公司拥有总资产 0.37 亿元，占地面积 3.2 万平方米，共有员工 118 人。公司拥有 1 条 6000 千克/小时打叶复烤生产线。

【生产经营】 2009 年，公司复烤加工烟叶 2.1 万吨（41.9 万担），产出片烟 1.35 万吨（27.06 万担）。实现加工收入 3386.5 万元。实现税利 1471 万元，其中利润 1054 万元。

【技术改造】 8 月，公司进行了两项技术改造，一是投入资金 7.3 万元对锅炉房脱硫塔进行改造，采用外面砌砖、内嵌花岗石的方法重新修建 1 座脱硫塔。

二是投入资金1.6万元对预压打包机冷却循环水系统进行改造，增加50立方米/小时超低噪音逆流式冷却塔1座。

贵州烟叶复烤有限责任公司

【概　况】 贵州烟叶复烤有限责任公司位于贵州省贵阳市，成立于2009年12月，根据《国家烟草专卖局、中国烟草总公司关于贵州省公司打叶复烤企业重组整合的批复》（国烟法〔2009〕517号），将贵州遵义烟叶有限责任公司、毕节地区顺泰烟叶有限责任公司、贵州申义烟叶复烤有限责任公司、贵州梵净山烟叶复烤有限责任公司、黔南吉星烟叶有限责任公司、黔西南州金色烟叶有限责任公司和中国烟草贵州进出口有限责任公司的打叶复烤业务及相关资产重组整合而成。公司有中国烟草总公司贵州省公司、上海烟草（集团）公司、江苏中烟工业有限责任公司、湖南中烟工业有限责任公司、湖北中烟工业有限责任公司、浙江中烟工业有限责任公司、贵州中烟工业有限责任公司、广东中烟工业有限责任公司、安徽中烟工业公司、山东中烟工业公司、龙岩烟草工业有限责任公司、广西中烟工业有限责任公司、厦门烟草工业有限责任公司、江西中烟工业有限责任公司和河北中烟工业公司共15家股东，注册资本12.58亿元，由中国烟草总公司贵州省公司控股。截至2009年年底，公司拥有总资产17.19亿元，资产负债率为2.47%，占地面积132.75万平方米，共有员工1080人（不含在建的黔西南复烤厂）。

公司下设7家非独立法人机构，分别是贵州烟叶复烤有限责任公司遵义复烤厂、贵州烟叶复烤有限责任公司毕节复烤厂、贵州烟叶复烤有限责任公司湄潭复烤厂、贵州烟叶复烤有限责任公司铜仁复烤厂、贵州烟叶复烤有限责任公司黔南复烤厂、贵州烟叶复烤有限责任公司黔西南复烤厂（在建）、贵州烟叶复烤有限责任公司贵阳复烤厂。

贵州烟叶复烤有限责任公司遵义复烤厂

【概　况】 贵州烟叶复烤有限责任公司遵义复烤厂（原贵州遵义烟叶有限责任公司）位于贵州省遵义市，成立于1999年11月。2009年12月15日，按照《国家烟草专卖局、中国烟草总公司关于贵州省公司打叶复烤企业重组整合的批复》（国烟法〔2009〕517号），取消贵州遵义烟叶有限责任公司法人资格，更名为遵义复烤厂，为贵州烟叶复烤有限责任公司下设非独立法人机构。截至2009年年底，企业共有职工171人。企业拥有1条12000千克/小时和1条6000千克/小时打叶复烤生产线。

【生产经营】 2009年，企业复烤加工烟叶5.87万吨（117.3万担）。产出片烟3.87万吨（77.31万担）。实现加工收入1.08亿元。实现税利2792万元，其中利润1384万元。

【技术改造】 2009年，企业共进行2项技术改造项目，其中，生产一部烟梗筛分除尘项目改造预算金额27.3万元，实际使用19.8万元；为生产二部安装粉尘压棒机，改造预算金额70万元，实际使用68万元。

贵州烟叶复烤有限责任公司毕节复烤厂

【概　况】 贵州烟叶复烤有限责任公司毕节复烤厂（原毕节地区顺泰烟叶有限责任公司）位于贵州省毕节市，成立于2005年9月30日。2009年12月15日，按照《国家烟草专卖局、中国烟草总公司关于贵州省公司打叶复烤企业重组整合的批复》（国烟法〔2009〕517号），取消毕节地区顺泰烟叶有限责任公司法人资格，更名为贵州烟叶复烤有限责任公司毕节复烤厂，为贵州烟叶复烤有限责任公司下设非独立法人机构。截至2009年年底，企业共有职工258人。企业拥有2条12000千克/小时打叶复烤生产线。

【生产经营】 2009年，企业复烤加工烟叶7.94万吨（158.85万担），产出片烟5.22万吨（104.4万担）。实现加工收入1.44亿元。实现税利6914万元，其中利润3773万元。

【技术改造】 2009年，企业投入资金1.13亿元建设3.6万平方米的烟叶仓库，该项目建设涵盖仓库建设主体、环库区物流道路、给排水管线、绿化照明及挡墙护坡等内容。完成3.6万平方米烟叶仓库的1号和3号仓库平整场地与附属道路场地的平整工作。完成成品库后挡土墙及相关土石方工程。完成12000千克/小时打叶复烤线各分项验收及结算工作。

贵州烟叶复烤有限责任公司湄潭复烤厂

【概　况】 贵州烟叶复烤有限责任公司湄潭复烤厂（原贵州申义烟叶复烤有限责任公司），位于贵州省遵义市，成立于1998年。2009年12月15日，按照《国家烟草专卖局、中国烟草总公司关于贵州省公司打叶复烤企业重组整合的批复》（国烟法〔2009〕517号），取消贵州申义烟叶复烤有限责任公司法人资格，更名为贵州烟叶复烤有限责任公司湄潭复烤厂，为贵州烟叶复烤有限责任公司下设非独立法人机构。截至2009年年底，企业共有职工214人。企业拥有1条12000千克/小时打叶复烤生产线。

2009年，企业被贵州省委、省政府评为“2006～2008年度文明单位”。

【生产经营】 2009年，企业复烤加工烟叶3.19万吨（63.76万担），产出片烟2.07万吨（41.34万担）。实现加工收入6129.89万元。实现税利2027万元，其中利润1770万元。

贵州烟叶复烤有限责任公司铜仁复烤厂

【概　况】 贵州烟叶复烤有限责任公司铜仁复烤厂（原贵州梵净山烟叶复烤有限责任公司）成立于1999年6月，位于贵州省铜仁市。2009年12月15日，按照《国家烟草专卖局、中国烟草总公司关于贵州省公司打叶复烤企业重组整合的批复》（国烟法〔2009〕517号），取消原贵州梵净山烟叶复烤有限责任公司法人资格，更名为铜仁复烤厂，为贵州烟叶复烤有限责任公司下设非独立法人机构。截至2009年年底，企业共有职工154人。企业拥有1条12000千克/小时打叶复烤生产线。

【生产经营】 2009年，企业复烤加工烟叶4.16万吨（83.16万担），产出片烟2.76万吨（55.2万担）。实现加工收入9959.31万元。实现税利3268万元，其中利润1784万元。

【技术改造】 2009年，企业投入资金1818万元更新烤片（烤梗）机和预压打包机电气系统。实施水分数据在线实时采集、监测和烟包密度偏差监测仪项目。改造烟梗输送和筛分工艺设备。改造打叶生产线复选台工艺设备。改造锅炉脱硫设施及布袋除尘器。实施烟叶备料物流系统建设等。吨烟综合能耗为206.51千克标煤，比2008年降低10.49千克标煤，同比下降5%。

贵州烟叶复烤有限责任公司黔南复烤厂

【概　况】 贵州烟叶复烤有限责任公司黔南复烤厂（原黔南吉星烟叶有限责任公司）位于贵州省都匀市，成立于1999年12月。2009年12月15日，按照《国家烟草专卖局、中国烟草总公司关于贵州省公司打叶复烤企业重组整合的批复》（国烟法〔2009〕517号），取消黔南吉星烟叶有限责任公司法人资格，更名为黔南复烤厂，为贵州烟叶复烤有限责任公司下设非独立法人机构。截至2009年年底，企业共有职工130人。企业拥有1条12000千克/小时打叶复烤生产线。

【生产经营】 2009年，企业复烤加工烟叶4.5万吨（90.17万担），产出片烟2.98万吨（59.7万担）。实现加工收入7400.99万元。实现税利3962万元，其中利润1988万元。

【技术改造】 2009年，企业进行了锅炉脱硫除尘系统改造和锅炉改造。锅炉脱硫除尘系统，采用湿法涡轮增压湍流传质除尘脱硫工艺代替原喷淋式麻石塔除尘工艺，实施2炉1塔方案，改造后二氧化硫排放浓度降低389.8毫克/立方米，烟尘排放浓度降低205.4

毫克/立方米。锅炉系统改造，通过本体改造增加侧水冷壁受热面，采用新型风帽布风，电控改造加大锅炉引风效果，提高燃煤燃烧效果，从而提高锅炉产汽量，实现单台10吨循环流化床锅炉满足生产需求并减少吨烟煤耗，全年节约原煤1350.21吨。

贵州烟叶复烤有限责任公司黔西南复烤厂

【概　况】　贵州烟叶复烤有限责任公司黔西南复烤厂（原黔西南州金色烟叶有限责任公司）位于贵州省兴义市，成立于2006年12月。2009年12月15日，按照《国家烟草专卖局、中国烟草总公司关于贵州省公司打叶复烤企业重组整合的批复》（国烟法〔2009〕517号），取消黔西南州金色烟叶有限责任公司法人资格，更名为黔西南复烤厂，为贵州烟叶复烤有限责任公司下设非独立法人机构。

截至2009年年底，企业仍处于建设阶段。

贵州烟叶复烤有限责任公司贵阳复烤厂

【概　况】　贵州烟叶复烤有限责任公司贵阳复烤厂（原贵州南明烟叶复烤有限责任公司）位于贵州省贵阳市。2009年12月15日，按照《国家烟草专卖局、中国烟草总公司关于贵州省公司打叶复烤企业重组的批复》（国烟法〔2009〕517号），把中国烟草贵州进出口有限责任公司剥离出来的打叶复烤业务及相关资产重组整合为贵州烟叶复烤有限责任公司贵阳复烤厂，为贵州烟叶复烤有限责任公司下设非独立法人机构。截至2009年年底，企业共有职工95人。企业拥有1条12000千克/小时打叶复烤生产线。

【生产经营】　2009年，企业复烤加工烟叶4.24万吨（84.80万担），产出片烟2.58万吨（51.50万担）。实现加工收入7532万元。实现利润2000万元。

云南烟叶复烤有限责任公司

【概　况】　云南烟叶复烤有限责任公司成立于2009年9月，根据《国家烟草专卖局、中国烟草总公司关于云南省公司打叶复烤企业体制改革的批复》（国烟法〔2009〕348号），将云南曲靖烟叶有限责任公司、云南曲靖天然烟叶复烤有限责任公司、石林天合烟叶复烤有限责任公司、红河天赢烟叶复烤有限责任公司、楚雄烟叶复烤有限责任公司、云南省烟草大理烟叶复烤有限责任公司、云南保山烟叶复烤有限责任公司和云南省文山州复烤厂重组整合而成。2009年12月16日，正式挂牌成立。公司有中国烟草总公司云南省公司、中国烟草云南进出口有限公司、湖南中烟工业有限责任公司、广东中烟工业有限责任公司、江苏中烟工业有限责任公司、红云红河烟草（集团）有限责任公司、上海烟草（集团）公司、湖北中烟工业有限责任公司、安徽中烟工业公司、福建中烟工业公司、龙岩烟草工业有限责任公司、山东中烟工业公司、江西中烟工业有限责任公司、陕西中烟工业有限责任公司共14家股东，注册资本13.48亿元，由中国烟草总公司云南省公司控股。截至2009年年底，公司拥有总资产21.64亿元，资产负债率为9.78%，共有员工1161人。

公司下设10家非独立法人机构，分别是云南烟叶复烤有限责任公司麒麟复烤厂、云南烟叶复烤有限责任公司陆良复烤厂、云南烟叶复烤有限责任公司宣威复烤厂、云南烟叶复烤有限责任公司师宗复烤厂、云南烟叶复烤有限责任公司石林复烤厂、云南烟叶复烤有限责任公司泸西复烤厂、云南烟叶复烤有限责任公司楚雄复烤厂、云南烟叶复烤有限责任公司大理复烤厂、云南烟叶复烤有限责任公司保山复烤厂、云南烟叶复烤有限责任公司文山复烤厂。

云南曲靖烟叶有限责任公司

【概　况】　云南曲靖烟叶有限责任公司位于云南省曲靖市，成立于1993年2月，2001年9月进行重组改制。2009年9月8日，根据《国家烟草专卖局、中国烟草总公司关于云南省公司打叶复烤企业体制改革的批复》（国烟法〔2009〕348号），公司与省内其他7家复烤企业重组整合为云南烟叶复烤有限责任公司。截至2009年年底，公司拥有总资产3.88亿元，资产负债率为7.39%，占地面积24.3万平方米，共有从业人员161人。公司拥有1条6000千克/小时打叶复烤生产线，生产线上配有MODEL QB—6500在线水分检测。

【生产经营】 2009年，公司复烤加工烟叶2.12万吨（42.39万担），产出片烟1.39万吨（27.8万担）。实现加工收入5110万元。实现税利1154万元，其中利润192万元。

（2009年，云南曲靖烟叶有限责任公司与省内其他7家复烤企业重组整合为云南烟叶复烤有限责任公司，但由于当年整合时间较晚，2009年仍按照整合前的公司数据进行统计。）

云南曲靖天然烟叶复烤有限责任公司

【概　况】 云南曲靖天然烟叶复烤有限责任公司位于云南省曲靖市，成立于2005年1月，2006年11月，完成股东及股权变更。2009年9月8日，根据《国家烟草专卖局、中国烟草总公司关于云南省公司打叶复烤企业体制改革的批复》（国烟法〔2009〕348号），公司与省内其他7家复烤企业重组整合为云南烟叶复烤有限责任公司。截至2009年年底，公司拥有总资产5.89亿元，资产负债率为7.65%，共有员工289人。公司拥有3条12000千克/小时打叶复烤生产线。

【生产经营】 2009年，公司复烤加工烟叶10.47万吨（209.48万担），产出片烟6.78万吨（135.5万担）。实现加工收入2.61亿元。实现税利1.23亿元，其中利润7942万元。

（2009年，云南曲靖天然烟叶复烤有限责任公司与省内其他7家复烤企业重组整合为云南烟叶复烤有限责任公司，但由于当年整合时间较晚，2009年仍按照整合前的公司数据进行统计。）

石林天合烟叶复烤有限责任公司

【概　况】 石林天合烟叶复烤有限责任公司位于云南省昆明市石林县，成立于1998年12月25日，2006年进行股权置换。2009年9月8日，根据《国家烟草专卖局、中国烟草总公司关于云南省公司打叶复烤企业体制改革的批复》（国烟法〔2009〕348号），公司与省内其他7家复烤企业重组整合为云南烟叶复烤有限责任公司。截至2009年年底，公司拥有总资产2.88亿元，资产负债率为7.64%，共有从业人员118人，其中聘用员工32人。公司拥有1条12000千克/小时打叶复烤生产线。

2009年，公司被中国设备管理协会授予“第八届全国设备管理优秀单位”称号。

【生产经营】 2009年，公司复烤加工烟叶4.62万吨（92.35万担），产出片烟3.04万吨（60.76万担）。实现加工收入1.16亿元。实现税利2767万元，其中利润1216万元。

（2009年，石林天合烟叶复烤有限责任公司与省内其他7家复烤企业重组整合为云南烟叶复烤有限责任公司，但由于当年整合时间较晚，2009年仍按照整合前的公司数据进行统计。）

红河天赢烟叶复烤有限责任公司

【概　况】 红河天赢烟叶复烤有限责任公司位于云南省红河州泸西县，成立于1985年8月。2009年9月8日，根据《国家烟草专卖局、中国烟草总公司关于云南省公司打叶复烤企业体制改革的批复》（国烟法〔2009〕348号），公司与省内其他7家复烤企业重组整合为云南烟叶复烤有限责任公司。截至2009年年底，公司拥有总资产1.84亿元，资产负债率为8.16%，占地面积21.33万平方米，共有在岗员工133人，其中聘用员工14人。公司拥有1条12000千克/小时打叶复烤生产线。

【生产经营】 2009年，公司复烤加工烟叶5.05万吨（101万担），产出片烟3.60万吨（72.04万担）。实现加工收入1.19亿元。实现税利5023万元，其中利润3281万元。

（2009年，红河天赢烟叶复烤有限责任公司与省内其他7家复烤企业重组整合为云南烟叶复烤有限责任公司，但由于当年整合时间较晚，2009年仍按照整合前的公司数据进行统计。）

楚雄烟叶复烤有限责任公司

【概　况】 楚雄烟叶复烤有限责任公司位于云南省楚雄州，成立于2005年8月。2009年9月8日，根据《国家烟草专卖局、中国烟草总公司关于云南省公司打叶复烤企业体制改革的批复》（国烟法〔2009〕348号），公司与省内其他7家复烤企业重组整合为云南烟叶复烤有限责任公司。截至2009年年底，公司拥有总资产1.39亿元，资产负债率为8.71%，占地面积2.35万平方米，共有员工104人。公司拥有1条6000千克/小时打叶复烤生产线。

【生产经营】 2009年，公司复烤加工烟叶4.42万吨（88.33万担），生产片烟3.02万吨（60.42万担）。实现加工收入1.26亿元。实现税利7178万元，其中利润4161万元。

【技术改造】 10月29日，公司将6000千克/小时打叶复烤生产线改扩建为12000千克/小时打叶复烤生产线项目通过国家局的项目评审，该项目一期计划投资2.7亿元，项目建成完成后，将全面提高公司的总体装备能力。

（2009年，楚雄烟叶复烤有限责任公司与省内其他7家复烤企业重组整合为云南烟叶复烤有限责任公司，但由于当年整合时间较晚，2009年仍按照整合前的公司数据进行统计。）

云南省烟草大理烟叶复烤有限责任公司

【概　况】 云南省烟草大理烟叶复烤有限责任公司位于云南省大理州，于2005年2月2日注册登记，同年4月28日挂牌，是在原大理州烟叶复烤厂的基础上，由云南省烟草公司大理州公司和云南省烟草公司丽江市公司共同出资组建的国有股份制企业。2009年9月8日，根据《国家烟草专卖局、中国烟草总公司关于云南省公司打叶复烤企业体制改革的批复》（国烟法〔2009〕348号），公司与省内其他7家复烤企业重组整合为云南烟叶复烤有限责任公司。截至2009年年底，公司拥有总资产1.95亿元，资产负债率为32.18%，共有员工127人。公司拥有1条12000千克/小时打叶复烤生产线。

【生产经营】 2009年，公司复烤加工烟叶4.45万吨（88.97万担），生产片烟2.99万吨（59.86万担）。实现加工收入9070万元。实现税利4347万元，其中利润3277万元。

【技术改造】 2009年，公司6000千克/小时打叶复烤生产线扩建项目全面完工，于8月19日投料试车，9月5日正式生产。

【企业管理】 公司进行业务流程整合完善，原属大理州公司烟叶经营部祥云收储科所承担的初烟收储调运、烟叶分选、后勤保障、财务管理等职能划归云南省烟草大理烟叶复烤有限责任公司。流程整合后，从大理州烟草专卖局（公司）经营部转入人员51人，大理烟叶复烤有限责任公司人员总数达到127人。

8月，公司完成了全员聘任聘用工作。

（2009年，云南省烟草大理烟叶复烤有限责任公司与省内其他7家复烤企业重组整合为云南烟叶复烤有限责任公司，但由于当年整合时间较晚，2009年仍按照整合前的公司数据进行统计。）

云南保山烟叶复烤有限责任公司

【概　况】 云南保山烟叶复烤有限责任公司位于云南省保山市，成立于2003年12月。由云南省烟草公司保山市公司和红云红河烟草（集团）有限责任公司共同出资2.12亿元组建。2009年9月8日，根据《国家烟草专卖局、中国烟草总公司关于云南省公司打叶复烤企业体制改革的批复》（国烟法〔2009〕348号），公司与省内其他7家复烤企业重组整合为云南烟叶复烤有限责任公司。截至2009年年底，公司拥有总资产2.52亿元，资产负债率为4.24%，占地面积10.88万平方米，共有员工112人。公司拥有1条12000千克/小时打叶复烤生产线。

【生产经营】 2009年，公司复烤加工烟叶4.33万吨（86.61万担），生产片烟2.93万吨（58.6万担）。实现加工收入8916.68万元。实现税利4865万元，其中利润3215万元。

【技术改造】 2009年，公司完成2号货场消防管网维修改造工作，新建300立方米消防水池，完成厂外道路修缮、生活设施改造、除尘脱硫系统循环水池扩容、皮带输送机改造、切断线下刀进刀装置改造、在NDC710水分仪上增加温度在线采集系统、质检室照明系统改造等改造项目51项，共计投入资金142万余元。

（2009年，云南保山烟叶复烤有限责任公司与省内其他7家复烤企业重组整合为云南烟叶复烤有限责任公司，但由于当年整合时间较晚，2009年仍按照整合前的公司数据进行统计。）

云南烟草文山州复烤厂

【概　况】 云南烟草文山复烤厂位于云南省文山州，成立于1995年12月，1996年投入生产。2009年9月8日，根据《国家烟草专卖局、中国烟草总公司关于云南省公司打叶复烤企业体制改革的批复》（国烟法〔2009〕348号），公司与省内其他7家复烤企业重组整合为云南烟叶复烤有限责任公司。截至2009年年底，公司拥有总资产2.33亿元，资产负债率为9.83%，占地面积18.66万平方米，共有在岗员工114人。公司拥有12000千克/小时打叶复烤生产线。

【生产经营】 2009年，公司复烤加工烟叶4.46万吨（89.12万担），产出片烟2.97万吨（59.34万担）。实现加工收入9767.6万元。实现税利4351万元，其中利润2606万元。

【技术改造】 2009年，公司实施了预压打包设备冷却系统和叶片成品检测轨道秤技术改造工作。

（2009年，云南烟草文山州复烤厂与省内其他7家复烤企业重组整合为云南烟叶复烤有限责任公司，但由于当年整合时间较晚，2009年仍按照整合前的公司数据进行统计。）

云南省烟草烟叶公司

【概　况】 云南省烟草烟叶公司位于云南省昆明市，成立于1982年7月1日，注册资本1.92亿元，是中国烟草总公司云南省公司的全资子公司。截至2009年年底，公司拥有总资产27.31亿元，资产负债率为63.29%，占地面积39万平方米，共有在岗员工553人。公司拥有1条12000千克/小时和2条6000千克/小时打叶复烤生产线。

【生产经营】 2009年，公司复烤加工烟叶9.36万吨（187.25万担），产出片烟6.12万吨（122.14万担）。实现主营业务收入27.22亿元（包含烟叶销售、加工费等收入）。实现税利4亿元，其中利润2亿元。

红河烟叶复烤有限公司

【概　况】 红河烟叶复烤有限公司位于云南省红河州，成立于2003年8月8日，由云南省烟草公司红河州公司和红云红河烟草（集团）有限责任公司共同出资，注册资本2亿元。截至2009年年底，公司拥有总资产5.63亿元，占地面积51.32万平方米，共有从业人员27人，其中聘用员工5人。公司拥有2条12000千克/小时打叶复烤生产线。

【生产经营】 2009年，公司复烤加工烟叶6.64万吨（132.8万担），产出片烟5万吨（100万担）。实现加工收入1.38亿元。实现税利7368万元，其中利润4678万元。

【技术改造】 3月，公司在一线叶烤机出料端位置，购置安装1条加酶生产旁线，对低次档片烟添加活性酶处理。6月，在现有成品梗振筛的基础上，引进安装了1套XGS-AX型梗头梗拐自动清理机，用于梗振筛生产运行中筛网在线自动清洁，保障梗头筛分效果。7月，联合昆明科林公司对一、二线烤机22组汽水混合喷嘴设计加装隔音罩，把烤机操作区域的环境噪声降至80 dB（A）以下。实施打叶复烤车间除尘风机排风口加装隔声、吸声材料、降噪装置等综合治理改造，使厂界噪声达到国家相关排放标准。

曲靖天福烟叶复烤有限责任公司

【概　况】 曲靖天福烟叶复烤有限责任公司位于云南省曲靖市，成立于2003年11月26日，由红云红河烟草（集团）有限责任公司和云南中烟工业公司共同出资组建，注册资本2.46亿元，隶属于红云红河烟草（集团）有限责任公司管理。截至2009年年底，公司拥有总资产3.43亿元，资产负债率为13.05%，占地面积约7.4万平方米，共有职工199人。公司拥有2条12000千克/小时打叶复烤生产线。

【生产经营】 2009年，公司复烤加工烟叶5.33万吨（106.63万担），产出片烟3.46万吨（69.2万担）。实现加工收入1.44亿元。实现税利6291万元，其中利润3984万元。

【技术改造】 公司投入资金415万元，升级在线异物剔除设备2台（套）。

咸阳烟叶复烤有限责任公司

【概　况】 咸阳烟叶复烤有限责任公司位于陕西省咸阳市，成立于1978年。2006年12月，进行股份制改造。2008年，公司在原基础上再次进行扩股融资。截至2009年年底，公司有中国烟草总公司陕西省公司、陕西省烟草公司咸阳、宝鸡、商洛、汉中、延安、安康市公司、陕西中烟工业有限责任公司、湖南中烟工业有限责任公司、四川烟草工业有限责任公司共10家股东，注册资本1.6亿元，隶属于中国烟草总公司陕西省公司管理。截至2009年年底，公司拥有总资产1.86亿元，资产负债率为11.14%，占地面积14万平方米，共有员工143人。公司拥有1条6000千克/小时打叶复烤生产线。

【生产经营】 2009年，公司复烤加工烟叶2.29万吨（45.83万担），加工片烟1.43万吨（28.66万担）。实现税利622万元，其中利润431万元。

【技术改造】 4月21日，公司技改工程中6000千克/小时打叶生产线正式建成投产，经调试验收，设备各项性能指标稳定。

重庆金益烟草有限责任公司

【概　况】 重庆金益烟草有限责任公司位于重庆市彭水县，成立于1999年10月。由中国烟草总公司重庆市公司、江苏中烟工业有限责任公司、重庆烟草工业公司共同出资组建，由中国烟草总公司重庆市公司控股。截至2009年年底，公司拥有资产2.09亿元，占地面积13.33万平方米，共有员工163人。公司拥有1条12000千克/小时打叶复烤生产线。

【生产经营】 2009年，公司复烤加工烟叶3.73万吨（74.62万担），产出片烟2.4万吨（48万担）。实现加工收入7752万元。实现税利3030万元，其中利润1386万元。

【企业管理】 *基础管理*。公司成立专门标准化工作小组，对照GB/T15496—GB/T15498要求，建立公司标准体系，其中技术标准67个，管理标准164个，工作标准83个，截至年底，完成“AA标准化良好行为企业”申请确认。

加强工艺控制。针对客户重点关注的质量指标，制定专门的控制措施；成立专职客户服务工作组，实施工艺质量实施过程监督；制定工序设备运行及质量考核办法，强化工艺控制激励；针对配方打叶等特殊过程，制定了特殊过程控制办法，配方打叶技术规范等标准。客户对质量控制的满意率达98.7%。

重庆万兴烟叶有限责任公司

【概　况】 重庆万兴烟叶有限责任公司位于重庆市万州工业园区，成立于2001年。由中国烟草总公司重庆市公司、重庆烟草工业有限责任公司、湖南中烟工业有限责任公司共同出资组建，注册资本1.2亿元，由中国烟草总公司重庆市公司控股。截至2009年年底，公司拥有总资产1.61亿元，占地面积8.24万平方米，共有员工860人，其中聘用员工689人。公司拥有1条10000千克/小时打叶复烤生产线。

【生产经营】 2009年，公司复烤加工烟叶3.39万吨（67.76万担），产出片烟2.20万吨（43.98万担）。实现加工收入6779万元。实现税利1281万元，其中利润62万元。

科研机构

科研机构

中国烟草总公司郑州烟草研究院

【概　况】 中国烟草总公司郑州烟草研究院（以下简称“郑州院”）始建于1958年，主要从事烟草栽培调制及贮保、卷烟加工工艺和卷烟配方、烟草化学、烟用香精香料、卷烟减害降焦、再造烟叶等方面的应用基础和共性技术研究，卷烟厂和烟叶复烤厂的工程设计、行业相关检测仪器的研制、开发等。学科范围覆盖从烟草栽培到卷烟生产的全过程。郑州院是国际标准化组织烟草及烟草制品技术委员会（ISO/TC126）国内技术归口单位和国际烟草科学研究合作中心（CORESTA）的成员单位。2009年，共有在职员工287人，其中博士研究生学历29人、硕士研究生学历88人，高级职称95人、中级职称103人。

【领导成员】 院长、党组书记：闫亚明

副院长、党组成员：谢剑平

副院长、纪检组长、党组成员：赵继先

副院长、党组成员：张建勋

副院长：罗登山

【机构设置】 郑州院下设院长办公室、机关党委（政工处）、人事处（含研究生部）、科研开发处、财务管理处5个职能部门，农业研究室、烟草工艺研究开发中心（烟草工艺重点实验室）、烟草化学重点实验室、香精香料研究室4个科研部门，国家烟草质量监督检验中心、中国烟草科技信息中心、中国烟草标准化研究中心3个行业中心，郑州新桥实业有限公司、郑州嘉德机电科技有限公司2个多元化经营企业。

【科研项目与成果】 2009年，郑州院共有7项成果获得省部级奖励，其中，“卷烟危害性指标体系研究”、“中国烟草种植区划”两个项目获得中国烟草总公司科学技术进步奖一等奖；“烟草烟碱转化及生物碱优化技术研究”项目获中国烟草总公司科学技术进步奖三等奖；“新型Maillard烟用香料的规模化合成研究”项目获河南省科技进步奖二等奖；“卷烟品牌许可生产质量保障通则”获中国烟草总公司标准创新贡献奖二等奖；“卷烟企业清洁生产评价准则”、“连续流动法测定烟草及烟草制品中的化学成分系列标准”获中国烟草总公司标准创新贡献奖三等奖。全年发表、宣读、交流论文92篇，出版《卷烟危害性评价方法与原理》、《中国烟草种植区划》、《烟草香料技术原理与应用》、《烟草香原料》、《国内外烟用香精香料生产企业》5本专著。

全年共有9个项目通过验收、审定或鉴定，其中“贮烟害虫防治新技术研究及综合控制技术集成推广”等4个项目通过国家局科技项目鉴定，“卷烟主流烟气中氮杂芳烃和杂环胺的分析研究”和“卷烟端部落丝测试方法的研究”2项质检公益性科研项目通过国家质量监督检验检疫总局和国家标准化管理委员会的鉴定。

全年新获纵向科研项目34项。以郑州院为技术依托单位的中式卷烟制丝生产线、卷烟减害技术、卷烟增香保润等行业科技重大专项取得新进展。中式卷烟制丝生产线重大专项申报了多项烟草加工方法与设备的技术专利，工艺研究和设备研发取得阶段成果。卷烟减害技术重大专项进一步完善了工作方案和试点品牌工作方案，开展全国卷烟产品7种有害成分释放量普查工作，牵头组织卷烟主流烟气有害成分分析比对实验和行业26家实验室参加的7种有害成分分析方法共同实验。卷烟增香保润重大专项提出了适合中式卷烟感官舒适度的评价指标、评价环境条件等，建立了烟草保润性能测试评价方法，初步筛选出10个左右在增香、提高舒适度方面效果显著的天然植物提取物。参与特色优质烟叶开发重大专项，承担“烟叶质量风格特色的化学基础研究”、“典型生态区烟叶质量风格特色评价研究”等项目。

【知识产权工作】 全年共申报专利79项，其中实用新型专利27项，发明专利52项；获得授权专利35项，其中实用新型专利18项、发明专利17项。获得计算机软件著作权4项。申报和获得专利授权数量均创历年新高，继续在河南省科研机构中保持领先地位，

同时被确定为国家知识产权局第四批企事业单位知识产权试点单位。

【合作与交流】 与安徽中烟、广西中烟签署战略合作伙伴关系协议；与广东中烟、华南理工大学联合建立植物资源化学与化工联合实验室；与广东中烟建立科研开发与技术创新联盟；与河南中烟签署再造烟叶技术研发实验基地合作协议。举办第十七期烟草工艺培训班、第三期烟草化学培训班。

全年共派出外事出访团组27批、72人次，接待外事来访10余批次。与美国雷诺烟草公司签署合作备忘录，双方将就共同感兴趣的课题开展研究。全年在CORESTA和TSRC会议发表论文11篇。与韩国烟草人参公社中央研究院联合举行第四届中韩烟草科技联席会议，并互派访问学者进行客座研究。美国Battelle公司西北毒理学研究中心毒理学专家受聘为郑州院客座研究员。美国明尼苏达大学和西肯塔基大学专家到院访问、交流。

【研究生教育】 全年共录取12名硕士研究生；有35名在读硕士研究生，5名联合培养博士研究生，4名合作培养硕士研究生。

全年有12名毕业生通过论文答辩，取得工学硕士学位，全部就业于行业各工业公司技术中心和行业质检机构。1篇由研究生撰写的论文在CORESTA会议上获宣读，1名毕业生获“河南省优秀大中专毕业生”称号。

全年在读研究生中有23名中共党员，占总人数的66%。在郑州院第一党支部下成立了研究生党小组，并推荐5名研究生参加河南省直工委党校组织的入党积极分子培训班。

【队伍建设】 继续以较大力度引进人员，从千余名应聘人员中筛选引进7人。完成专业技术职务任职资格的评审推荐工作，24人通过任职资格评审，其中高级和中级各12人。根据国家局薪酬体制改革工作分级分档的要求，对全院副高级以下专业技术人员进行了三年一次的聘任，被聘任为副高一级的员工有36人、副高二级31人、中级一级45人、中级二级39人、初级一级6人、初级二级21人。有1人获“河南省新长征突击手”称号，1人获“河南省科技情报（信息）系统先进个人”称号。

【特事要辑】 2月25日，国家局局长姜成康一行到郑州院调研，提出：郑州院的工作要体现“上水平、创一流、求突破”，就是要在科技工作中瞄准国际一流，在关键领域取得重大突破，全面提升水平。

国家烟草质量监督检验中心

【概　况】 国家烟草质量监督检验中心（以下简称“质检中心”）前身是轻工业部烟草工业科学研究所标准检验室，1985年划归中国烟草总公司后改名为全国烟草标准化质量监督检测中心站，1986年更名为中国烟草标准化质量监督检测中心站，1989年更名为中国烟草标准化质量监督检测中心。1994年通过国家技术监督局的审查认可和计量认证，并授权为国家烟草质量监督检验中心。1999年国家局将名称确定为国家烟草质量监督检验中心，并通过中国实验室国家认可委员会的认可。2005年通过中国实验室国家认可委员会的复评审。质检中心业务上由国家局科技司领导和指导，日常行政工作由郑州院管理，是非赢利性的烟草及烟草制品、烟用材料专职检验机构，主要承担国家监督抽查和企事业单位委托检验工作。国家授权检验的产品有卷烟（烟丝）等25类产品，授权检测参数322个。2009年，质检中心有技术人员34人，其中研究员3人，高级工程师10人、工程师13人、助理工程师6人，高级工2人。

【领导成员】 主　任：闫亚明（兼）

常务副主任：胡清源

副主任：邢　军

【机构设置】 质检中心下设综合管理室、化学检验室、物理检验室、烟叶检验室4个部门，并设卷烟感官质量检验委员会、烟用材料检验委员会、烟叶质量检验委员会。

【质量监督检验】 根据国家局统一部署，全年采用不同的检验形式对10类产品进行监督检验共17次，其中对卷烟产品进行了两次市场监督检验和两次交叉检验；对烟用接装纸和烟用香精香料在上、下半年各进行一次监督检验；对卷烟纸、烟用滤棒、烟用丝束进行了一次监督检验，并对烟草及烟草制品农药残留量、卷烟包装纸中挥发性有机化合物残留、烟用添加剂和烟丝中有关成分进行专项普查检测工作。参加国家局组织的烟叶工商交接等级质量监督抽查工作，全年检测样品4621个。受有关省、市、县烟草专卖局（公安局）委托，组织有关专家，对假冒伪劣烟机进行质量鉴别，共鉴别检验卷烟机、接装机、切丝机、筒式烘丝机、真空回潮机、打叶机各1台。全年完成行业工业公司、烟用材料企业委托检验样品合计2790个。

【科研工作与成果】 全年牵头科研项目有15项，所申请的8项院长基金类项目中2项已完成，分别有13位员工担任项目负责人，涉及卷烟、辅料、化学分析方法等领域。国家自然科学基金资助的项目“新型层状氢氧化物微结构组装体的水相合成、形成机理及应用研究”实验部分顺利完成，并在国际重要学术刊物上发表论文1篇。“基于病毒模板贵金属纳米晶的可控生长及其CO催化氧化性能”项目获得国家自然科学基金资助。全年申请专利8项，发表论文22篇，是质检中心发表论文最多的一年。完成标准项目13项，其中国家标准项目7项。作为第一承担单位获中国烟草总公司标准创新奖三等奖1项，作为参与单位获中国烟草总公司科技进步奖二等奖1项。

【质检培训】 2009年是质检中心新到设备最多的一年，高端设备比例高，为让操作人员尽快掌握新设备的性能，组织了新进设备的操作培训。派4名员工参加实验室评审知识培训和国家级质检中心诚信体系建设的培训。组织培训烟叶等级鉴别检验技术人员153人，行业质检系统各类检验岗位的检验人员350人。

【实验室管理】 2009年，质检中心顺利通过中国合格评定国家认可委员会（CNAS）的复评审工作，拓展了4个产品、18个方法、40个参数的测试能力，变更了18项测试标准，并完成80台（套）仪器设备、210件器具的计量检定工作和内部的能力验证，内容覆盖25类产品80%的测试参数。报名参加国内外共同实验和实验室水平测试的项目14项，结果均为满意。

【国际交流与合作】 参加国际实验室网络的方法确认工作，对测定亚硝胺方法中的标准溶液的配制、萃取过程以及测试方法等提出改进意见，并被采纳。承办第7届烟草行业共同实验暨检测技术国际研讨会。参与国际会议和相关研究工作，先后派出11人次参加各类国际会议，并在CORESTA会议上宣读论文；在《烟草控制框架公约》第9、第10条准则工作组会议上，对准则草案提出修改意见和建议，并被采纳。

中国烟草科技信息中心

【概　况】 中国烟草科技信息中心（以下简称“科技信息中心”）是国家局批准建立的行业信息机构，其前身为原国家轻工业部烟草工业科技情报站，1986年更名为全国烟草科技情报站，1989年更名为全国烟草科技情报中心，1994年更名为中国烟草科技信息中心。业务上由国家局科技司领导和指导，日常行政工作由郑州院管理，主要从事国内外烟草科技信息的收集、研究、加工、报道、交流和软科学研究、科技查新、咨询服务以及烟草科技评估、评价、创新咨询等工作，负责编辑出版《烟草科技》期刊，为国家局提供决策支持服务和为行业经济建设提供综合信息服务。2009年，有员工27人，其中高级职称11人、中级职称14人、初级职称1人，高级工1人。

【领导成员】 主　任：郑新章
副主任：程　彪
副主任：王　峙

【机构设置】 科技信息中心下设《烟草科技》编辑部、信息资源部、情报研究部、网络系统部和综合部5个部门。郑州院信息化工作领导小组办公室设在科技信息中心。

【科研项目】 国家局科技计划项目。完成烟用香精香料数据库的建立和《烟用香精香料实用手册》编撰项目后续工作，并编辑出版《烟草添加剂》手册，共编辑修改82万字、830多张图片。完成《烟草烟气全成分》手册的部分编辑工作，编辑修改249万字、

5000多张图片。

国家环境保护部项目。完成国家环境保护部项目的申报工作，主要修改补充了《甲基溴替代技术汇编》工作大纲，增加国内外甲基溴替代技术发展动态研究以及替代技术经济性评估等内容。

郑州院科技计划项目。“烟草知识产权信息资源研究及综合服务平台开发”项目完成了中国烟草专利数据库建设，初步构建国外烟草专利数据库，并启动烟草商标数据库的构建工作。“烟草商业企业创新能力评价研究”项目完成前期文献调研和项目研究方案的编制工作。承担了“烟草科技项目后评价体系设计与实证分析”和“烟草科技期刊评价指标体系应用研究”2个院长基金项目。

其他项目。完成科技信息中心自立项目和与卷烟工业企业合作科研项目的相应研究工作，取得阶段性成果。

【信息资源建设】 信息资源体系建设。以建立中国烟草行业战略性信息资源基地为目标，加强3大类烟草信息资源体系建设。加强中国烟草信息文献资源系统建设，2009年完成中文科技文献、会议论文、学位论文、中外专利文献、科技成果、标准等各类数据共计3万条，全文上网2.6万篇。继续进行万方数据镜像站点信息资源建设，开通了万方数据知识服务平台签约站点，全年增加各类数据共计560万篇（条），数据总量达3640万篇（条）。丰富和完善中国烟草行业数字图书馆资源，共制作中外烟草电子期刊94本、电子图书4本，下载论文4万多篇，并制作光盘。

中国烟草科教网建设。2009年，科教网发布信息4000余条、各类文献2000篇。烟草文献型数据累积达到32.4万条、全文22.65万篇。完成科教网网站、中国烟草技术数据库网站以及行业R&D资源统计等系统的管理维护与运行和相关信息发布管理。在科教网网站新增“无公害烟草”、“现代烟草农业”等栏目。

【科技评估与评价】 参与完成2008年度烟草行业省级公司创新能力考核工作及2009年度创新能力考核指标体系的制定工作。参与起草烟草行业工业企业技术中心评价指标体系和行业认定管理办法，完成对2家行业重点实验室的调研工作，并协助完成烟用植物重点实验室的评审与认定工作。参与研究并编写《烟草学科发展报告》，完成“烟草机械与信息化技术发展现状与趋势”分报告的撰写和综合报告的撰写。完成2008年度烟草行业科技成果登记统计和分析报告的上报工作。完成12期《专利统计分析月报》和2008年烟草专利统计分析报告的撰写工作。参与2009年度中国烟草总公司科技进步奖评审工作和“2009·中国烟草自主创新高层论坛”有关筹备工作。完成对广东、湖北、浙江、上海、福建等工业企业的专题技术服务。为广东、贵州、河南中烟和陕西省局、中国烟草总公司职工进修学院等单位举办近10次有关科技创新、技术中心建设、科技统计等内容的讲座。

【编辑出版】 全年编辑出版《烟草科技》12期，发表论文177篇，约154万字，其中发表基金论文77篇。向Elsevier工程信息公司中国信息部申请EI收录《烟草科技》杂志和并送去样刊。《烟草科技》参与了2008年至2009年河南省全省社会科学期刊和自然科学类期刊编校质量检测，差错率为0.023%，达到一级标准。

【科技成果】 参与完成的“中国烟草种植区划研究”项目获中国烟草总公司科技进步一等奖。全年申请并获得受理专利2项，完成软件著作权登记2项。发表期刊论文5篇，学会论文3篇。编辑出版《烟草香料技术原理与应用》、《烟草香原料》、《国内外烟用香精香料生产企业》3本专著。

中国烟草标准化研究中心

【概　况】 中国烟草标准化研究中心（以下简称“标准化中心”）成立于1995年，是国家局批准建立的行业标准化、计量专业机构，业务上受国家局科技司和郑州院领导，国家质量监督检验检疫总局、国家标准化管理委员会参与指导工作。主要职责是：负责全国烟草标准化技术委员会的日常工作，专门从事烟草标准化的研究及推广，组织重大标准的制修订，为行业提供标准体系框架，引导行业科学地制（修）订标准、积极地采用国际标准；作为ISO/TC126烟草和烟草制品技术委员会在国内的技术归口单位，承担了国际标准日常投票工作，为行业及时提供国际标准最新信息，组织专家对国际标准项目进行试验验证，开展中国烟草标准向国际标准上升的提案、制定工作；负责烟草行业计量标准（基准）的建立、专用检测仪器的量值溯源以及标准物质的制定，负责行业计量体系和计量网络的建立；负责烟草行业卷烟条码的审查、备案工作。2009 年，有员工 18 人，其中研究员 1 人，高级工程师 7 人、工程师 5 人、助理工程师 4 人，博士研究生学历 1 人、硕士研究生学历 8 人。

【领导成员】 主　任：范　黎
副主任：陈连芳

【机构设置】 标准化中心下设标准化管理室、国际标准化室、标准化研究与推广室、计量室 4 个部门。

【国际标准化工作】 牵头的 ISO12030《烟草及烟草制品 箱内片烟密度偏差率的无损检测 电离辐射法》通过国际标准制定的 DIS 阶段，进入报批发布阶段。从建章立制入手，将国际标准化活动从郑州院内部投票转变为行业各直属单位共同开展的工作，完成 ISO/TC126 及其分标委征集的标准或文件投票 21 个；收集并翻译 ISO 相关文件 1100 页，建立了卷烟出口目的国（或地区）信息共享平台，收录 WTO、WHO、欧盟、中东等国家、国际组织、大企业的技术法规及规定共 732 条；参与国际标准化组织 ISO/TC126 及其分标委以及 WG10“深度吸烟工作组”、WG11“烟气冷凝物中薄荷醇的测定工作组”、WG15“卷烟引燃倾向工作组”的活动。由国家质检总局支持、标准化中心承担、旨在推进国际标准研究的质检公益类科研项目《卷烟端部落丝测试方法的研究》，通过了国家质检总局的审定，成为行业首个通过审定的国家质检总局的公益性项目。

【重要标准宣贯】 根据国家局部署，组织行业技术骨干根据《卷烟品牌许可生产质量保障通则》的技术要求对 8 家许可方和 6 家被许可方共 13 组许可生产企业进行现场管理评价，并对 53 组定点加工产品进行产品外观、烟气分析指标、感官三点评吸一致性分析。根据《卷烟企业清洁生产评价准则》的技术要求，配合国家局组织 92 个加工点进行清洁生产自查，并对 7 个加工点执行标准的情况进行现场评价，形成了较为详实的调研报告。

【农业标准化示范推广】 根据国家局统一部署，组织了 2 期烟叶标准化生产技术培训班，共培训行业技术骨干 400 人次。修订《农业标准化生产示范区考核办法》，重点参与对第五批 6 个标准化示范区的验收，以及对 10 余个产烟省标准化生产水平及普及率的评价。组织制作各示范区的参比样品并进行化学成分、烟气指标、感官指标的分析，连续三年建立了示范区烟叶数据库。

【全标委工作】 标准化中心作为全标委以及卷烟、烟用材料、企业分标委秘书处，配合国家局完成了 2009 年标准项目合同审查、2010 年标准项目申报、答辩以及首届行业标准创新贡献奖的评审等工作。配合国家局审定发布行业标准 71 项、国家标准 29 项、卷烟烟气标样 2 个以及 2009 年度国家烟叶标准样品（包括烤烟、白肋烟和香料烟）。举办 2 期标准化知识培训班，培训标准化、计量技术骨干 200 余人。

【行业计量工作】 依托五项计量基准，检定相关计量器具 3000 余件，现场计量实验室约 50 间。行业计量数据处理及计量信息管理系统全面投入使用。“烟草制丝线重点指标计量技术规范研究”项目正式立项，计量工作逐步走出实验室计量的原有格局，向在线计量方向推进。

【烟用材料标准化研究】 牵头制定了《烟用接装纸》、《烟用水基胶》等多项强制性或推荐性行业标准，基本完成《接装纸宣贯教材》，《烟用材料标准化技术手册》正在组织编撰。标准化中心已较为全面地组织建立了烟用材料的产品标准和配套方法标准，除拉线等小品种外，《烟用材料标准体系》所涉及的 9 大类 34 种产品已被基本覆盖。

【科技成果】 全年以第一完成单位的身份通过审定的科研及标准项目有 7 项。在科技期刊发表论文 5 篇。申报发明专利 2 项，获得计算机软件版权登记 2 项。以第一承担单位承担的“卷烟品牌许可生产质量保障通则”获得中国烟草总公司首届标准创新贡献奖二等奖，“卷烟企业清洁生产评价准则”获得中国烟草总公司标准创新贡献奖三等奖。

中国烟草总公司合肥设计院

【概　况】　中国烟草总公司合肥设计院（以下简称“合肥设计院”）成立于1990年6月，是国家局直属管理的专业设计院。2009年，根据《国家烟草专卖局关于中国烟草总公司合肥设计院职能调整的批复》，合肥设计院的主要职能由从事烟草行业大中型技术改造建设工程设计和服务，调整为受国家局、总公司委托，承担烟草行业固定资产投资工程项目的技术审查职责，负责组织行业固定资产重大投资工程项目总体规划、项目申请报告、初步设计文件、工程超支分析报告等技术审查以及对重大项目和课题的专家论证、评估。在完成国家局委托的工程项目技术审查任务的基础上，合肥设计院保留部分经营职能，利用技术优势，承接行业打叶复烤厂、烟用原料仓库和部分项目施工图审查及设计咨询工作。2009年，共有员工71人（聘用人员9人），其中专业技术人员58人，高级职称17人、中级职称21人。

【领导成员】　院　长、党委书记：朱小平
副院长、党委委员：陆　敏

【机构设置】　合肥设计院内设技术审查处、生产设计处、经营处、人力资源处、财务处、办公室6个处室。

【设计研究项目】　2009年，合肥设计院承接的主要工程设计项目有：毕节卷烟厂技术改造（施工图）、红塔集团大理卷烟厂就地技术改造（施工图）、西昌卷烟厂技术改造（施工图）、贵州黔西南打叶复烤技术改造（施工图）、汉中卷烟厂技术改造二期烟叶仓库规划、贵州中烟烟叶仓库总体规划、四川三益公司会东、会里两家打叶复烤厂以及广东中烟、山东中烟、安徽中烟、淮阴卷烟厂等烟叶仓储工程和湖南常德等地多家卷烟配送中心建设工程项目设计。

修订了《卷烟物流配送中心设计规范》（报批稿）、《烟叶工作站设计规范》（报批稿）和《卷烟厂工程建设项目规划设计控制指标》（内部资料）。

全年完成设计合同15项，实现设计费收入2598万元，实现税利207万元。

【履行技术审查职责】　按照国家局对合肥设计院职能调整的新要求，积极转换运行机制，以技术审查工作为中心，制定并完善审查工作相关的操作程序和实施细则，建立起符合项目审查工作特点和规律的新机制。12月，受国家局委托，承担了职能调整后的第一个行业固定资产投资工程项目的技术审查工作，对河南省烟草公司购置综合经营业务用房项目进行技术审查，成立技术审查项目组，按照技术审查工作程序，从院内预审、召开行业专家论证会到技术会审形成技术审查结论意见各个环节，对送审的项目文件实行严格的技术审查，确保了工程项目审查质量。

【推进科学发展】　根据安徽省委的部署，3～8月，组织全体党员开展深入学习实践科学发展观活动。领导干部围绕“加快队伍建设，提高质量水平，推进科学发展，服务科学发展”主题，以“设计质量上水平，推动转型有成效”为具体目标，把保持平稳较好发展、维护和谐稳定作为重要内容，深入开展调研活动，分析检查问题并加以整改落实，取得了具体成果。学习实践活动得到了安徽省委督导组的充分肯定，职工满意率达100%。

中国烟草育种研究（南方）中心
（云南省烟草农业科学研究院）

【概　况】　中国烟草育种研究（南方）中心成立于1995年，云南省烟草农业科学研究所成立于1955年，2009年3月更名为云南省烟草农业科学研究院，实行合署办公（以下简称“南方中心”），是云南省烟草专卖局（公司）的直属科研机构。主要从事烟草育种、栽培、植保、烘烤技术研究和技术推广、培训工作，承担国家自然科学基金委、中国烟草总公司、云南省科技厅和云南省局（公司）的科研项目研究工作，以及其他烟草企业委托的科研项目和任务。拥有6000多平方米的实验室和国际先进的科研与分析仪器200多台（套），是CORESTA转基因工作组第18个参比实验室，科研试验基地280余亩，拥有全国首座烟草隔离检疫负压温室和3000余平方米的加拿大进口温室。2009年，共有员工94人，其中科研人员75人（中高级职称28人、中级职称37人，博士研究生学历18人、硕士研究生学历37人）。1人获西部开发突出贡献奖，4人入选云南省中青年学术和技术带头人后备人才、1人入选云南省技术创新人才后备人才。

【领导成员】 党委书记：张树锋（2009.4—，之前任党总支书记）

常务副院长：卢秀萍（2009.4—）

副院长：易　冕（2009.4—，之前任副所长）

副院长（南方中心副主任）：李永平（2009.4—，之前任副所长<南方中心副主任>）

副院长：晋　艳（2009.4—，之前任副所长）

副所长：邓云龙（—2009.3）

【机构设置】 2009年5月，南方中心对机构进行相应调整，下设党政办公室、科研管理办公室、玉溪科研实验中心、育种与生物技术研究中心、农艺研究与推广中心、烟草经济信息研究中心、分析测试中心、安宁科技交流培训中心8个部门。

【科研项目】 2009年，南方中心共承担各级科研项目56项，其中国家自然科学基金项目2项，云南省科技厅项目4项，国家局项目7项，云南省局（公司）项目38项，各卷烟企业项目5项。科研项目经费共计2213.65万元，各烟草集团拨入技术服务费205万元。主持的2项云南省局（公司）科技项目被列为国家局面上项目，2个项目（“烟草雄性不育系种子生产技术规程”、“烤烟中非烟物质控制技术规程”）被列为国家局标准项目。申报云南省局（公司）科技项目8项并获准立项；申报云南省应用基础备案管理项目1项（“云南省不同烟区烟叶单糖种类及含量差异性研究”）已获批准。完成项目鉴定验收21项，其中，通过国家局鉴定验收项目2项，云南省局（公司）鉴定验收项目19项。

【科研成果】 全年获科技成果奖励16项，其中，“烤烟不育系及催芽包衣丸化种子应用”、“云南烟区烤烟轮作周期内肥料统筹技术研究”分获中国烟草总公司科技进步二、三等奖；“基于GIS的云南省烟草种植规划与管理信息系统”和“降碱增香微生物的研究与应用”获云南省科技进步三等奖。在期刊上发表论文49篇，获授权专利6项（发明、实用新型专利各3项），软件著作权2项。出版《烟草种质资源图鉴》、《云南晾晒烟栽培学》、《基于GIS的云南烤烟种植区划研究》3本专著。

【成果转化】 2009年，南方中心自育烤烟品种“云烟85”和“云烟87”种植面积分别达198.1万亩和324.3万亩，占全国烟叶种植面积的19.1%和32.2%。新选育的“云烟97”以其广泛的适应性和优良的品质，得到烟叶生产部门和卷烟工业企业的认同，全国推广面积达122万亩；引进筛选的津巴布韦烤烟品种“KRK26”工业可用性高，受到多家重点卷烟工业企业的高度关注，示范面积达2.73万亩；在云南省13个州（市）进行了21个烤烟新品种的示范种植，总示范面积达127.68万亩。全年展示圃共种植美国、巴西、津巴布韦及自育烤烟品种16个，共接待48批次、985人次行业内外相关人员观摩，其中包括老挝农业部、津巴布韦烟草研究院、美国金叶公司、印度烟草委员会、日本烟草株式会社等国外团组。

2009年实现面向全国22个省（市）烟区供种，占全国烤烟种植面积的75%以上，并拓展了老挝、缅甸等国际市场。自主研发的烤烟催芽包衣种占云南省烤烟种植面积的59.1%，占全国的27.6%。

【科技服务】 全年派出20余名技术人员参与烟叶资源配置方式改革基地单元建设和特色优质烟叶开发工作，驻点指导烟叶生产，提供技术服务。承担了上海、福建、湖南、湖北等10家卷烟工业企业19个点的资源配置方式改革基地单元建设和特色优质烟叶开发科技服务工作，指导面积31.9万亩，收购计划94万担。全年在示范区召开各级各类技术培训会2452场次，培训人员21.4万人次。

全年承接云南省局（公司）送检样品及南方中心相关科研课题样品5553个，完成云南省局（公司）要求的387个烟草样品及“新烟区优质烟叶”相关课题1万多个样品的多个项目检测工作。完成6484个样品的化验分析任务，出具检测报告169份，有效数据14.1万个。

【交流与合作】 全年先后邀请津巴布韦烟草研究院、美国弗吉尼亚大学、美国植物病理学会、中国农业大学、中国烟草标准化研究中心、科技部等单位多名专家学者，围绕功能基因、特色烟叶、分子育种等专题到南方中心进行7次学术交流。

全年共有19篇论文在国际国内高层次烟草学术会议进行交流，其中，CORESTA会议论文3篇，TSRC会议论文3篇。1篇论文获2008年中国烟草学会学术年会优秀论文二等奖，2篇论文分获西南西北片区第十五次烟草学术研讨会二等奖、三等奖。以国家局下达的“中津烟草技术合作”项目为依托，派出4名科技人员到津巴布韦开展相关研究工作，开展与津巴布韦的实质性交流合作。

【文化概况】 《烟草农业科学》。由云南省烟草农业科学研究院和中国烟草育种研究（南方）中心共同创办，定位为专业性学术期刊。2005年8月经云南省新闻出版局批准作为内部刊物出版发行。《烟草农业科学》创刊6年来共发行11期，2009年《烟草农业科学》于6月和12月共发行两期。

云南烟叶信息网。由云南省烟草农业科学研究院主办，创办于2004年9月，是烟叶生产技术交流与推广的专业网站。2009年1～11月，网站共发布信息8000多条，日更新量为26条，访问量累计达81万人次。

中国烟草东北农业试验站（中国烟草进出口烟叶检测站、黑龙江省烟草科学研究所）

【概　况】 中国烟草东北农业试验站（以下简称“东北站”）经国家局批准，于1995年在黑龙江省烟草科学研究所的基础上建立，负责辽宁、吉林、黑龙江、内蒙古烟区的烟叶科研和技术推广工作。1998年依托东北站成立中国烟草进出口烟叶检测站，主要承担国家进出烟叶及其制品的转基因检测和监测工作，同时开展国家烟草转基因检测方法及标准的联合攻关项目。2009年，有员工26人，其中研究员2名，高级农艺师10人、农艺师7人，博士研究生学历2人、硕士研究生学历8人，在读博士研究生1人、硕士研究生5人。

【领导成员】 所　长：郭兆奎（2009.4—）

党委书记：栾　双

副所长：辛　钢

副所长：刘德育

副所长：陈荣平（2009.4—）

【机构设置】 东北站设高新技术研究室、栽培与烘烤研究室、育种研究室、植保研究室、土化研究室（下设化验室）、实用技术研究室、办公室、财务科8个科室。

【科技项目及成果】 2009年，东北站共承担各类科研课题24项，其中主持国家局课题4项，黑龙江省科技厅项目2项，黑龙江省局项目16项，国家局协作项目2项。全年有3项成果获得省部级以上奖励，其中“烟草及烟草制品 转基因的测定方法”获得中国烟草总公司标准创新贡献二等奖和中国标准创新贡献三等奖，“优质填充型烤烟叶片成熟度的生理基础及其配套栽培技术研究”获黑龙江省科技进步三等奖，“东北优质特色烤烟定向栽培技术开发与研究”获中国烟草总公司科技进步三等奖。4项课题通过鉴定，均达到国内领先水平。制订的“烟草及烟草制品的转基因检测方法”国家标准已由国家质量监督检验检疫总局和国家标准化管理委员会正式发布实施。制订的“烟草主要病毒病鉴定——逆转录聚合酶链反应法”国家标准和“烟草及烟草制品转基因测定的取样方法”、“烟草品种抗病性规范——马铃薯Y病毒”两项行业标准通过了中国烟草标准化委员会农业分标委的专家评审。发表论文11篇，1篇获中国烟草学报“第六届中国科协优秀学术论文”三等奖，2篇在中国烟草学会东北、华北学术交流会上获二等奖。申请发明专利4项并获受理。

【科技创新】 在育种研究方面，“龙江935”、“龙江925”2个品种通过全国烟草品种审定委员会组织的农业评审，进入工业评价环节；新品种“LJ237”进入全国区试。在栽培技术研究方面，开展“具有加拿大风格的龙江特色烟叶栽培技术研究”项目研究，进行各产区烟叶外观特征、组织结构、感观质量、内在化学指标和致香成分的化验分析，开展栽培调制技术对烟叶的提钾降糖试验研究，进行连作烟田障碍因子研究，明确了龙江特色烟叶的主要特征。在生物技术研究方面，获得了抗 PVY 的功能基因，奠定了东北站开展抗病育种的基础，自行筛选的生物药剂“PF7-5”对烟草野火病和角斑病具有明显的防效。在土壤肥料研究方面，编制了黑龙江省连作烤烟测土配方施肥软件模块。在植保方面，开展“黑龙江省烟草预警防灾服务体系”研究，不断完善烟草预警防灾服务体系，利用天气动态、病虫简报、远程诊断等板块，为烟叶产区提供高效服务。在烟叶烘烤方面，开展了“密集烤房节能降耗、减排环保技术的开发与研究”项目，在达到斤煤斤烟节能降耗技术基础上，进一步开展集约化设备研究。

【科技服务】 开展生产技术指导，重点在测土配方施肥、推广剪叶技术、膜外栽烟技术、团棵期之前生长的控上促下技术、培育高茎烟苗的高培土技术方面开展技术指导。综合烟区低温、寡照、多雨、冰雹频发的气候条件，选派技术人员深入烟叶产区协助烟叶公司制定雹灾灾后处理方案，指导雹灾后烟田管理。印发《烤烟雹灾后补救管理措施》、《对我省烟田当前田间管理的几点建议》及《下部烟叶的采烤建议》等指导生产。在黑龙江省病虫害预警防灾网站发布 8 期黑龙江烟草病虫简报，及时准确预测到黑龙江省 2009 年烟草苗期、大田期病害的发生趋势，并通过该网站提前向烟区发布病害防治预警。

【成果转化】 *测土配方施肥*。全年化验土壤样品 1 万份，其中牡丹江烟叶公司 8000 份，哈尔滨烟叶公司 2000 份。根据土壤化验结果，针对“龙江 911”品种，按照不同土壤类型、不同质地、不同前茬以及土壤有机质、碱解氮的含量，根据产量目标确定氮肥以及磷钾肥的用量，深入基层指导产区配方施肥。

标准化培训。根据调研过程中发现的问题，结合品种区域试验与示范推广网络、测土施肥网络、病虫害预测预报与综合防治网络和特色烟叶栽培与烘烤技术网络，开展了以病虫害防治、成熟采收和烘烤技术为重点的生产技术指导与培训。全年举办各种技术培训班 41 场，培训烟农、下乡员、站长等 3830 人次。

【转基因检测工作】 完成国内各烟区进出口烟叶和进出口卷烟的转基因检测工作任务，共检测各类样品 348 个，其中包括进口卷烟样品 28 个，进口烟叶样品 254 个，国内烟叶、烟梗样品 66 个，均未发现含转基因成分样品。

中国烟草东南农业试验站
（福建省烟草农业科学研究所）

【概　况】 中国烟草东南农业试验站（以下简称“东南站”）于 1995 年在福建三明成立，2002 年迁到福州，与福建省烟草农业科学研究所实行一套班子，两块牌子管理。2004 年全面完成东南站的异地搬迁工作，所址位于福州市，在福州市晋安区宦溪镇设科研基地，在龙岩、南平、三明 3 个主产烟区设立省烟科所分所。福建省烟草农业科研形成了以福建省烟科所（东南农业试验站）为龙头，龙岩、三明和南平 3 个分所和 13 个产烟县的烤烟试验站组成的科研试验网络。2009 年，有在岗员工 14 人，其中，博士研究生学历 2 人、硕士研究生学历 6 人，研究员 1 人，高级农艺师 5 人，中级技术职称 3 人。

【领导成员】 所　长：陈顺辉

副所长：林桂华

【机构设置】 东南站设有办公室、科研开发部和行政事业部 3 个部门，其中科研开发部内设烤烟遗传育种、营养与栽培、调制技术、病虫害综合防治、化学分析 5 个研究室和福建省烟草病虫害预测预报及综合防治站。

【科研工作】 *福建清香型特色烟叶开发*。推进清香型特色烟叶开发，以“主攻质量、突出特色”为指导，应用集成技术，制订年度生产技术方案，在育苗、施肥、植保等方面加强对烟区的指导培训，并抓好落实。全年福建省共种植清香型烟叶面积 41. 31 万亩，同比增长 46. 17%，完成合同收购量 5. 74 万吨（114. 74 万担）。

烤烟育种。扩大推广特色品种“翠碧 1 号”，全年种植面积 39. 06 万亩，同比增加 12. 14 万亩，收购烟叶 5. 45 万吨（109. 04 万担），创历史新高。选育并

通过全国品种审定的新品种“闽烟7号”逐步扩大示范推广，继续示范“F1-35”、“红花大金元”、“9804”、“LY-1”等特色品种（系）。继续开展“福建适应性烤烟新品种选育”、“抗病毒病烤烟新品种选育”等项目的研究工作。开展新品种引进试验，对引进的5个新品种进行烟叶产、质量和抗病性评价。做好全国烤烟良种区试福建试点工作。做好2009年度全国烟草种质资源平台建设项目福建点试验工作。

测土施肥工作。开展烟叶营养施肥与栽培技术研究，主要开展的项目有“福建烤烟碳氮代谢机理及其调控技术研究”、“提高福建植烟土壤质量及测土配方施肥技术研究”、“福建生态条件下品种、栽培措施与烟叶风格特色关系研究”等。完成国家局项目“福建烤烟种植区划”的技术总结报告。与福建省农科院合作开展“可控释烟草专用肥的研制与应用”、“福建优质烤烟酚类物质含量和生化变化及其配套调控技术”等项目的研究。

烟草主要病虫害测报和综合防治研究。加强病虫害预测预报工作，全年共发布7期病虫情报。完善烟草植保专家系统，完成植保专家系统植保常识的构建，实现远程在线诊断、测报数据的网上传输和植保知识网上查询培训。开展新型农药试验，承担全国新型农药试验网的田间试验，在长汀、建宁和永安三地开展3大类、23种药剂的田间试验，并完成试验报告。开展烟草植保科普活动，编著《福建省烟草主要病虫害防治手册》，完成福建省科协下达的《福建省烟草植保发展研究报告》。开展烟草病虫害相关课题研究，对福建省烟草病虫害发生状况进行分析，发现病虫害组成、结构的一些新特点。

烟草农业机械的研发。与福建农林大学合作研发培土机，并在三个烟区组织示范；与福建工程学院合作研发的编烟机在2008年示范基础上，针对存在问题进一步修改完善，取得明显效果，并在三个烟区示范。

开展技术服务。作为技术依托单位，开展国家局特色烟叶开发、烟叶新区开发和资源配置改革等项目的技术服务工作，做好南平浦城—浙江中烟、南平建阳—红塔集团、南平建阳—江苏中烟、三明永安—贵州中烟等合作点的技术研究、技术培训、技术咨询服务工作。

【科研成果】 2009年，东南站在研省级以上科技项目37项，其中国家局项目11项，省局项目26项，1个项目通过省局组织的田间验收，1个新品系参加全国烤烟良种区试东南区试验。申请1项实用新型专利，2项发明专利和1项实用新型专利获授权。编著出版科普图书1册，在全国核心学术刊物发表研究论文6篇，其中1篇获中国烟草学会烟草农业学术论文三等奖，5篇研究论文获得省科协学术年会烟草农业与科技分会优秀论文一等奖，1人被中国烟草学会评为第三届优秀科技工作者。参与的“中国烟草种植区划”项目获中国烟草总公司科技进步一等奖。

中国烟草白肋烟试验站
（湖北省烟草科学研究所）

【概　况】 中国烟草白肋烟试验站（湖北省烟草科学研究所）是全国唯一的白肋烟农业科研单位，其前身为成立于1986年的湖北省鄂西烟草科研所，1991年组建湖北省白肋烟研究所，1997年6月改名为湖北省烟草科学研究所。1997年7月国家局决定在湖北省建立中国烟草白肋烟试验站，并与湖北省烟草科学研究所合署办公（以下简称“白肋烟试验站”）；2002年白肋烟试验站由湖北省恩施市搬迁到武汉市。2009年，共有员工28人，其中，博士研究生学历3人、硕士研究生学历9人、在读硕士研究生5人，研究员2人，高级技术职称9人、中级技术职称9人。

【领导成员】 站长、所长、党支部书记：林国平

副站长、副所长：李进平

总农艺师：杨春雷

副站长、副所长：肖绪镇（2009.11—）

【机构设置】 白肋烟试验站设有育种研究室、栽培调制研究室、植保研究室、科技推广室、良种繁育室、中心实验室、办公室和财务科8个科室。

【科研工作】 2009年，白肋烟试验站主持、参与的科研项目共36项，部分研究达到国内领先水平。开展“环神农架周边地区‘金神农’特色烤烟及综合配套

技术研究与开发”研究项目，突出“金神农”烟叶“清香淡雅”风格特色研究，明确了不同地区不同移栽期、IAA、土壤微生物等因素对烟叶特色的影响。与恩施州公司、湖北中烟、中国军事医学科学院、郑州烟草研究院、北京卷烟厂联合开展“富硒特色烟叶开发及利用研究”。“湖北省特色烤烟新品种选育和引进示范推广”项目筛选出“KRK26”、“红花大金元”、“云烟100”、“粤烟96”、“H892”等综合性状优良的烤烟新品种，挖掘出特香型烤烟资源“6388”等部分优异资源，研究选育出“F1”等7份优良杂交组合，并选育出“A7”、“A9”、“HB074”等多份综合性状优良的杂交新品系参加全省品种区域试验及生产示范。开展“烟草大棚立体高效集约化育苗技术研究”、“密集烤房烘烤工艺及装烟设备研究与应用”、“恩施州国家级白肋烟标准化生产示范区建设”等研究项目。继续做好特色烟叶开发工作，承担了房县和宣恩县的全国特色烟叶开发工作。

【科研成果】 全年共有7项科技成果获得奖励，其中，获省部级科技进步二等奖2项、三等奖1项，湖北省局科技进步二等奖2项、三等奖2项。1项标准通过行业审定，1项科技成果通过湖北省科技厅鉴定。自主选育的“鄂烟209”、“鄂烟101”白肋烟新品种通过全国烟草品种审定委员会的审定。在国内核心科技期刊发表或交流学术论文41篇，其中1篇论文在第63届TSRC会议上进行了宣读，2篇论文分别获得中国烟草学会2009年学术年会一等奖和三等奖。全年获得实用新型专利3项，5项发明专利申请获得公开号，1项发明专利申请和2项实用新型专利申请获得申请号。

【良种繁育】 全年共加工烤烟、白肋烟包衣种90.35万袋，满足了湖北省及重庆市白肋烟产区的需要，包衣种的均匀度（98%以上）、裂解度（2分30秒内达100%）、发芽率（95%～99%）、有籽率（98%以上）等质量指标均超过国家行业标准，达到历史最好水平。

【科技服务】 组织科研人员深入湖北省各烟叶产区驻点开展试验研究；对烟叶生产关键技术问题进行专题培训与讲座，先后为产区培训20余次。作为湖北省烟草系统病虫预警防灾总站，全年为产区发放病虫情报3期，回答产区咨询166次，现场诊断和技术指导36次。

中国烟草西南农业试验站
（贵州省烟草科学研究所）

【概　况】 中国烟草西南农业试验站（以下简称“西南站”）成立于1999年3月，与贵州省烟草科学研究所合署办公。2009年7月31日，总投资1.55亿元的贵州烟草科研实验大楼落成揭牌；8月，西南站从贵阳市老城区迁至贵州烟草科研实验大楼办公。2009年，西南站共科研人员65人，其中博士研究生学历9人、硕士研究生学历27人，高级职称7人，中级职称32人。

【领导成员】 所长、党委副书记：冯勇刚（2009年4月前任副所长）

副站长、副所长、党委书记：李继新（—2009.4）

党委书记：王秀龙（2009.4—）

副站长、副所长、党委副书记、纪委书记：龚顺禹（2009年4月改任副调研员）

副所长、副站长：韩晓红（2009年4月改任调研员）

副所长、副站长：陈　尧

【组织机构】 西南站设有育种研究室、特色烟叶研究室、植保研究室、现代烟草农业研究室、技术服务中心5个科研部门，良种繁育中心、测试中心、信息中心3个业务部门，科技管理科、综合办公室、财务科、安监科4个科室以及福泉基地，并与黔南州烟草专卖局（公司）合办黔南金福有限责任公司1家烟草专用肥料厂。

【科技创新】 全年承担各级各类科技项目54项，其中国家局项目9项，贵州省科技厅项目3项，贵州省局（公司）项目35项，与卷烟工业企业合作项目7

项。开展了新品种选育、特色优质烟叶研究与开发、有机（类）肥料研究与应用、烟叶安全性研究、烟叶调制技术研究等。推荐 4 份和 1 份新品系分别进入 2010 年贵州省级区试和全国区试。有机烟叶开发示范（仁怀）首次通过了国际和国内的双重有机烟叶认证。贵州省有机烟叶示范面积达 6868 亩，平均产量为 118.3 千克/亩。

【科技服务】 承担了上海烟草（集团）公司、贵州中烟、湖南中烟、安徽中烟、湖北中烟在贵州省凤冈县等 7 个烟叶资源配置改革基地单元建设的技术依托工作。开展技术培训 180 余次，培训基层生产技术人员或烟农 8 万余人次，发送技术资料 7 万余份。7 个基地单元烤烟种植面积 13.5 万亩，收购烟叶 39.36 万担，上等烟比率 49.55%，基地单元生产技术到位率和烟叶质量明显提高。

【科研成果】 全年有“连作烟地土壤障碍因子的发生机理及改良技术研究”等 6 个研究项目获得省部级科技进步成果奖。获得国家知识产权局授权专利 13 项，其中发明专利 1 项、实用新型专利 7 项、外观专利 5 项。在国内公开刊物上发表科技论文 44 篇，出版《贵州烟草种质资源》专著 1 本。

【成果转化】 全年繁育良种 80 余亩，收获种子 380 千克，一级良种率达到 95%，加工生产用种 127 万袋，满足了以贵州为主的烤烟生产需求，良种销售收入 725.89 万元。密集烤房推广累计 13 余万座，承烤面积 160 余万亩；病虫害测报网运行良好，病虫害防治效果明显提高。

【合作交流】 西南站与中国科学技术大学、浙江大学、贵州大学、西南大学、南京农业大学等科研院校有科研项目合作关系。2009 年，先后邀请中科院昆明植物所原所长郝小江研究员、瓮福集团总经理王江平研究员、贵阳医学院附属医院副院长程明亮教授、中科院南土所原所长曹志洪教授等专家作学术报告。组织科技人员赴上海、安徽、湖南以及湖北等卷烟工业企业进行考察交流学习，并派送邹焱博士赴日本考察现代烟草农业。与贵州中烟合作开展新品种选育，共建实验室。

【特事要辑】 9 月 2 日，国家局局长姜成康考察西南站，对西南站提出“高水平选题、高层次合作、高质量成果”的三高要求。

中国烟草中南农业试验站

【概　况】 中国烟草中南农业试验站（以下简称“中南站）成立于 2000 年，总部设在湖南长沙，下设永州、郴州、湘西 3 个试验基地。2007 年 10 月，中国烟草总公司湖南省公司、湖南中烟工业有限责任公司和湖南农业大学签订合作协议共建中南站。新型中南站在运行管理上以中国烟草总公司湖南省公司为主，湖南中烟工业有限责任公司、湖南农业大学参与中南站的建设和管理，主要工作职责是：整合和利用三方科技资源，立足湖南，面向中南，开展烟草农业基础科学与应用技术研究，组织实施重大科技项目联合攻关、烟草农业科技宣传培训与科技成果转化工作。

2009 年，中南站科技人员中，中国烟草总公司湖南省公司方面 31 人（含各试验基地），其中博士研究生学历 5 人，硕士研究生学历 12 人，12 人具有高级专业技术职称；湖南农业大学方面 20 人，其中教授 10 人，研究员 1 人，副教授 9 人，另外还有在读博士生 15 人、硕士生 20 余人参与烟草项目研究；湖南中烟工业有限责任公司方面 13 人，其中 4 人具有高级专业技术职称，博士后 1 人，博士研究生学历 4 人，硕士研究生学历 7 人。

【领导成员】 站　长：赵松义
常务副站长：周志成
副站长：王　翔
副站长：周冀衡
副站长：朱列书

【机构设置】 中南站总部设烟草育种研究室、栽培调制研究室、植保研究室、综合实验室和技术推广部等 5 个部门。

【科技项目及成果】 全年主持或参与的项目有 27

项，其中国家局项目 13 项，省局项目 14 项，部分项目取得突破性进展。

品种选育。筛选提纯“云烟 97”、“南江 3 号”、“KRK26”、“贵烟 4 号”、“云烟 201”、“云烟 203”应用于生产。新引进种质资源 250 份，编目 20 份，繁种更新 560 份，品质鉴定 120 份。选育育种高代材料 100 余份、优势杂交组合 150 余个，筛选出 5 个综合性状优良的新品系。3 个品系参加省品种（系）生产示范，2 个品系参加全国区试，2 个品系参加全国品种生产示范，其中“湘烟 2 号”（HC9511）通过国家烟草品种审定委员会的审定，“湘烟 3 号”（HY－9－7）通过湖南省农作物品种审定委员会认定，烤烟育种工作取得突破性进展。

土肥研究。筛选出多个菌种，通过优化发酵条件，获得 2 个最佳饼肥发酵配方，并配制出对烟株生长发育具有较好促进作用的发酵菜枯有机肥。生产、配制出效果明显的功能性氨基酸复合叶面肥，同时对植烟土壤基本肥力进行系统监测。

植保研究。组织 9 个烟草病虫测报站点对烟草主要病虫害进行系统调查与测报，发布情报共 52 期，为指导全省烟草病虫害提供技术支撑。对 100 余种农药进行双盲评价试验，为农药招标提供科学依据。配制出对烟草青枯病有较好防效的功能型生防有机肥，并克隆出该活性拮抗菌的抑制基因。

烘烤技术研究。探明湖南不同部位烟叶的烘烤特性及其在烘烤变黄期颜色和状态变化的诊断指标，为制定密集式烤房的配套烘烤工艺提供重要依据。

2009 年，中南站（含下属基地）获得中国烟草总公司科技进步一等奖、三等奖各 1 项，湖南省局（公司）科技进步二等奖 2 项、三等奖 6 项，地市级科技进步奖 3 项。获受理专利 17 项，获授权专利 3 项，出版《烟草主要病虫害及其防治》专著 1 本。

【试验基地建设】 本部试验基地办公室、实验室、中试车间、烤房和试验田灌溉用蓄水池等基础设施建设完成并投入使用。郴州、永州基地更新了部分试验仪器设备，湘西基地试验田已改造成标准化烟田，基地试验条件逐步改善。中南站以本部基地为核心，以郴州、永州、湘西基地为依托的科研技术推广体系已初步建立并逐步完善。

【烟叶标准化工作】 围绕国家局“到 2010 年全国烟叶产区要基本实现烟叶的标准化生产”的目标，制订下发《2009 年湖南省烟叶生产标准化工作实施方案》，将标准化工作纳入对烟叶产区市、州局（公司）工作绩效考核范畴；指导邵阳、常德、怀化、株洲四市烟叶标准化的立项工作，组织有关专家对 10 个产区烤烟生产标准体系进行审核、评议。将烟草催芽包衣丸化种子、秸秆还田、浅水育苗、气化炉烘烤、烟叶原收原调、烟叶生产社会责任执行规范等技术规范及时转化为标准并在生产中应用。与湖南省局（公司）烟叶处、湖南省标准化研究院联合编制湖南省烤烟生产标准化工作指南和综合标准体系指导框架。湖南省 25 个重点产烟县基本实现烟叶的标准化生产，并建成一批标准高、实效好的标准化生产示范区，标准化工作得到国家局的肯定。

【烟草科普工作】 联合湖南省烟草学会，组织全省烟草商业系统开展湖南烟草科技活动周活动，指导和督察各市、州局（公司）开展活动情况。邀请有关烟草专家组成科技宣讲服务团为灾区烟农讲解烟草有关知识，并分发科学种烟技术资料万余册。被湖南省科协、科技厅、教育厅、省委宣传部联合授予“湖南省科技活动周先进单位”称号。积极参与烟草科普工作（示范）站建设的服务指导和验收工作。

云南烟草科学研究院

【概　况】 云南烟草科学研究院（以下简称“云南院”）组建于 1998 年，隶属于云南中烟工业公司，是专门从事基础性研究、应用基础性研究和烟草经济信息研究的综合性科研机构。云南院围绕云南中烟工业公司发展战略，以及红塔集团、红云红河集团的需求，实施专项科技项目攻关，与各烟草集团共同构建紧密型开放式科研平台，协助配合企业做好科技创新和成果转化工作。2009 年，云南院以卷烟原料、减害降焦、烟用添加剂安全性评价、天然香料、烟草经济、吸烟与健康等领域研究为重点，开展卷烟原辅材料、卷烟综合技术、卷烟及烟气化学、核心调香技术、新材料应用、烟草经济信息等领域研究以及相关学科建设。云南院拥有国际先进水平的科研仪器和中试设备 300 多台（套），能够开展多种基础性和常规性的理化分析检测。有在岗员工114人，其中博士研究生学历7人、硕士研究生学历32人，高级技术职称34人、中级技术职称41人，有4位专家分别享受国务院政府特殊津贴和云南省政府特殊津贴。

【领导成员】 院长、党委副书记：李　斌(—2009.3)
副院长、党委书记：程永照（2009.8—，之前任副院长、党委副书记）
常务副院长（主持院行政全面工作）：李光斗
副院长：陈辉敏
党委副书记：张嘉滨
副院长：缪明明
副院长：杨伟祖

【机构设置】 2009年，云南院对机构设置进行调整，下设办公室、人力资源部、财务审计部、科研管理部、党群工作部5个管理职能部门，卷烟原料研究中心、减害降焦研究中心、烟用添加剂安全性评价与研究中心、香精香料研究中心、经济信息研究中心5个研究中心。

【科研工作】 全年共承担科研项目23项，其中新立项目5项，在卷烟原料、减害降焦、烟用添加剂安全性评价、天然香料、烟草经济等方面开展研究工作。完成大型仪器更新、实验室改造工作，启动省级创新团队和重点实验室建设、云南特色香原料基地建设，推进行业烟用添加剂安全性评价中心（实验室）立项工作。完成国家局2009年卷烟烟气7种有害成分的检测工作和普查分析。在云南德宏和景洪开展云南特色香原料基地建设工作，基本完成项目规划、基地选址和种植品种确定工作。

【科研成果】 全年有5项科研项目通过了由下达项目单位组织的鉴定或验收，其中1项为云南省科技厅项目；1项成果达到国内领先水平、4项成果达到国内先进水平。申请发明专利5项，1项发明专利获授权。发表论文19篇，其中作为第一作者发表的国家级科技刊物论文11篇。“高端嘴棒的研制及辅料的优化在卷烟中的应用—中高档卷烟嘴棒及辅料优化技术研究开发”获云南省科技进步奖一等奖，“卷烟特色加工工艺生化研究”获云南省科技进步二等奖。

中国烟草遗传育种研究（北方）中心

【概　况】 中国烟草遗传育种研究（北方）中心（以下简称“北方中心”）成立于1999年，为非独立法人科研事业机构，挂靠中国烟草总公司青州烟草研究所。北方中心实行在管委会领导下的主任负责制，管委会由国家局科技司、中国烟叶公司、山东省烟草专卖局、中国农业科学院和青州烟草研究所共同组成。业务上接受国家局科技司和中国烟叶公司的指导，日常工作由青州烟草研究所管理。北方中心承担国家局和山东省局下达的烟草遗传育种科研任务，选育适宜北方烟区或全国种植的优质抗病烟草新品种，研究烟草主要病虫害的抗性机制及其遗传变异规律，研究提出良种良法配套技术，提供烟叶生产推广利用。2009年，有在职科技人员35人，其中研究员8人、副研究员8人、助理研究员19人，博士研究生学历7人、硕士研究生学历14人。

【领导成员】 主　任：王元英
副主任：许家来
副主任：贾兴华

【机构设置】 北方中心设种质资源研究室、遗传育种研究室、原种繁育研究室、综合技术研究室等4个研究室。

【科技项目及成果】 全年承担科技项目17项，其中国家局下达项目6项，山东省局（公司）立项项目10项，四川省局立项项目1项。“优质多抗烤烟新品种中烟100的生产示范及推广应用”获中国烟草总公司科技进步奖三等奖。“中烟202”、“中烟104”2个烤烟新品种通过全国品种审定推广，烤烟新品系“CF212”通过农业评审，“CF221”、“CF220”2个烤烟新品系进入全国烤烟品种区试，“CF220”、“10－5008”、“9010”3个烤烟新品系进入山东省烤烟品种区试。发表论文18篇。在国际会议上宣读论文1篇。

【科技创新】 品种资源研究。完善中国烟草种质资源信息网，开发了种质数据查询、共性数据查询、核心种质查询和种质图像查询版块。完成种质鉴定编目

331份，繁种更新种质906份。对856份（次）种质资源进行主要病（虫）害抗性鉴定，对219份种质资源进行品质鉴定。

新品种选育研究。按品质、抗性和特异性等主要相关性状分组，筛选出一批烤烟、名优晒晾烟、香料烟等高香气种质资源和抗（耐）烟草TMV、CMV、PVY等病毒病的优势亲本群；初步揭示了烤烟、名优晒晾烟、香料烟重要致香物质成分差异与分子标记；初步揭示了白肋烟、马里兰烟的重要致香物质成分差异与分子标记。

品种适应性研究。为全国烟草品种审定委员会推荐审定新品种7个、农业评审新品种（系）6个。

生物技术研究。采用Solexa技术对绒毛状烟草全基因组进行测序，获得了绒毛状烟草基因组的工作框架图，为中国烟草基因组计划重大专项的实施打下基础。构建了栽培烟草不同组织、不同时期的全长cDNA文库、逆境诱导的特异组织的全长cDNA文库；采用Solexa技术进行转录组测序，构建了18个重要材料的数字表达谱；通过物理、化学诱导和T－DNA插入方法创制了包含1．2万个突变体的烟草突变体库，为烟草重要基因功能研究奠定基础。

【科技服务】 为全国29家教学、科研单位提供各类烟草种质1503份次。为烟叶产区提供“中烟100”、“中烟201”、“中烟102”、“中烟103”等4个育成品种进行推广利用，年度种植面积达100多万亩。围绕山东省烟区“病虫测报体系”建设，研究开发病虫害预警系统、专家系统，构建减灾平台。开展多项技术组装集成和绿色植保产品的研制，通过生产技术指导、培训和推广应用先进适用技术成果，提升烟叶生产技术和烟叶质量水平。

【学科、团队建设】 初步完成遗传育种创新团队建设的学科、人员定位，明确了主要学科方向、学科带头人和学术带头人。2009年，新招收全日制硕士研究生10人，培养毕业博士研究生1人、硕士研究生6人；招聘博士研究生学历1人、硕士研究生学历1人。

【特事要辑】 5月7～8日，受国家局委托，北方中心在福建南平主持召开了中国烟草种质资源平台建设2008年度工作总结暨中期评估会议。

国家烟草栽培生理生化研究基地

【概　况】 国家烟草栽培生理生化研究基地（以下简称“生理生化基地”）于1997年组建，受国家局和河南农业大学双重领导，是从事烟草生产技术研究和推广，培养高层次人才的科学研究机构。生理生化基地由河南农业大学烟草学院代管，二者在行政上平行，教学以院系为主，科研和学科建设以生理生化基地为主。2009年，有从事烟草专业教学和科研工作的教师61人，其中教授13人，副教授23人，博士生导师8人，硕士生导师14人。

【领导成员】 主　任：刘国顺

副主任：许自成

【机构设置】 生理生化基地设有办公室、特色烟叶研究室、现代烟草农业研究室、标准化研究室、国际合作部、学术委员会，拥有烟草行业烟草栽培重点实验室和河南省烟叶生产技术研究与推广中心。

【科研成果】 全年获省部级科技进步二等奖3项，其中“烤烟优化灌溉理论和技术的研究与应用”获中国烟草总公司科技进步二等奖，“烟草DREB类转录因子功能及其转基因植株的抗逆性分析”和“白肋烟香味成分的鉴定及关键农艺调控技术研究”获河南省科技进步二等奖。高钾、抗旱新品种“豫烟6号”获国家局品种审定委员会审定通过。合作完成的“烟草漂浮育苗技术系列标准”、“密集式烤房建造标准”通过全标委审定。通过鉴定或验收项目6项。出版《卷烟工艺学》、《烟草原料初加工》2本“十一五”规划教材。发表学术论文205篇，被SCI源期刊收录论文3篇，被EI源期刊收录论文2篇，在60多种核心期刊上共发表CN级文章197篇，国家核心期刊上发表论文占95%以上。

【人才培养】 以“树师德、正学风”为主线，推进教学质量工程建设。制定《烟草教育发展规划》、《创建全国一流农业大学研究型学院五年专项行动计划》，继续推行“全员导师制”，以及“五星级”教师、教学优秀奖和教书育人奖评选制度。引进讲座教授1人；

新进教师9人，其中具有博士后和博士学位的5人，硕士学位的4人。《烟草栽培学》教学团队被评为校级优秀教学团队；1名教师被评为校级教学名师。教改项目“烟草类专业大学生就业与创业理论与实践的研究”成功立项，被批准为河南省教育科学“十一五”规划2009年课题。

烟草学为省级名牌专业，2009年首批率先实现一本招生（60人）。全年招收全日制烟草学硕士生62人，博士生3人。首届越南留学生15名、2009届烟草学博士生2名、硕士生51名、本科生136名顺利毕业。

【重点实验室建设】 邀请英国莱斯特大学蛋白质表达实验室主任杨效文教授指导科研平台建设。制订《烟草行业栽培重点实验室研究平台建设规划》，根据实验室发展方向和研究内容，将科研平台分为生物分子研究平台和检测分析平台两个方向进行搭建。烟草生物分子技术平台拟完善核酸研究实验室、蛋白质研究实验室，可在烟草的基因克隆、遗传转化、基因表达、蛋白纯化和蛋白质表达等研究领域开展烟草相关的生物学研究。生物分子技术研究平台的仪器规划已经完成，部分设备开始招标申报。检测分析平台包括连续流动分析检测平台，液相色谱及液质联用分析检测平台、气相色谱及气质联用分析检测平台、电感耦合等离子体发射光谱仪（ICP－AES）分析检测平台、土壤分析通用平台和生理生化常规检测平台。投入210多万元购置了德国布朗卢比连续流动注射分析仪和气质联用仪等设备。

规范仪器管理使用，继续推进以共享为核心的仪器使用管理制度改革。实行实验室仪器按方向专人管理、专人维护，便携式仪器使用预约、派专人进行代为测定等制度。探索实施6S管理技术，打破实验室设备分头管理模式，初步实现按照实验室功能调配布置仪器。

【科技服务】 服务基层烟叶生产，以湖南浏阳、云南临沧、河南南阳等10余个产区为试点，在全国新建多个烤烟、白肋烟、香料烟、晒红烟科研与技术推广基地。在全国烟叶工作会议、技术观摩会、学术讨论会上作学术报告20余场次。对湖北中烟的云南楚雄、四川凉山、湖北恩施3个烟叶基地分别进行生产技术培训。举办烟叶生产技术人员培训班，为平顶山市烟草公司部分在职人员进行为期一年的培训。

【学术交流与合作研究】 2009年，生理生化基地刘国顺教授随国家环境保护部团组赴以色列和荷兰，就现代烟草农业建设、节水灌溉、设施农业等方面进行专题考察；赵铭钦教授考察韩国忠北大学和烟草研究院烟草实验室、试验农场、KT&G卷烟厂和烟草大田生产；崔红博士与美国弗吉尼亚大学、美国北卡罗来纳州立大学的科研合作研究顺利开展。

【特事要辑】 12月18日，中国烟草总公司与河南农业大学战略合作关系框架协议签字仪式暨河南农业大学烟草学院揭牌仪式在郑州举行。国家局副局长张保振、河南省政府副省长徐济超共同为烟草学院揭牌。

中国农业科学院烟草研究所
（中国烟草总公司青州烟草研究所）

【概　况】 中国农业科学院烟草研究所始建于1958年，1959年正式增名“山东省烟草研究所”，1987年经国家科委批准增挂“中国烟草总公司青州烟草研究所”牌子（以下简称“青州所”），是中国唯一的国家级烟草农业科研机构。承担烟草遗传育种、生物技术、作物营养与施肥、作物栽培与耕作学、植物保护、烟草化学、烟草调制加工、吸烟与健康等8个专业领域的研究任务。2004年10月，经农业部同意、中国农科院批准，青州所正式从青州迁址青岛。拥有科研、实验用房（楼）等总建筑面积6万余平方米，馆藏图书、资料、期刊共6万余册（部），保存烟草种质资源4950份，独家保存量居世界首位。拥有专用科研仪器设备700余台（套），试验用地717亩，其中在青岛市即墨区新建实验基地327亩。有在职员工188人，其中专业技术人员136人，高级职称专家51人，博士研究生学历、硕士研究生学历79人，享受国务院政府特殊津贴的专家21人，部级突出贡献中青年专家5人，国家“百、千、万人才工程”第一、第二层次人选1人，农业部“神农计划”人选1人，中国农业科学院跨世纪学科带头人1人。

【领导成员】 所　长：王元英
党委书记：管　辉
副所长：王树声
副所长：张忠锋

【机构设置】 青州所下设综合管理处、科技管理处、技术服务处、财务管理处、基建管理处等5个职能部门，遗传育种中心、病虫害测报综防中心、栽培研究室、生物技术研究室、质检中心、吸烟与健康中心、调制加工研究室、科技信息中心等8个研究室（中心），以及青州中心、青岛试验基地、科技开发中心3个服务机构。国家烟草改良中心、中国烟草遗传育种研究（北方）中心、农业部烟草类作物质量控制重点开放实验室、农业部烟草产业产品质量监督检验测试中心、农业部转基因烟草环境安全监督检验测试中心、中国烟草病虫害预测预报及综合防治中心、中国烟草青州原种繁殖基地、中国烟草种质资源平台、中国农科院烟草遗传改良与生物技术重点开放实验室、中国农科院青岛烟草资源与环境野外科学观测试验站等10个创新平台挂靠在青州所。青岛中烟种子有限责任公司、上海烟草（集团）公司原料研究一室、山东中烟工业公司原料研发中心、川渝中烟工业公司原料研发中心等科技成果转化平台设在青州所。

【科研项目与成果】 全年在研各类科研项目70余项，其中国家局项目16项，中国烟叶公司项目6项，农科院项目9项，各省局（公司）项目33项。制定《烟草研究所重大、重点项目管理办法》，加强重点项目的跟踪、检查。全年科研合同经费2000余万元，同比增长37%。承担特色优质烟叶开发重大专项5个课题，总经费1900万元。与深圳华大基因研究院合作开展的绒毛状烟草基因组框架图测序工作基本完成，为烟草基因组计划的启动实施奠定了基础。

2009年，“优质多抗烤烟新品种中烟100的生产示范及推广应用”、“我国烟草主要病虫害综合治理技术集成与示范推广”分获中国烟草总公司科技进步奖三等奖，“中烟202”、“中烟104”两个新品种通过审定，通过鉴定成果4项，发布标准5项，通过送审标准1项，出版专著1部，申报并已获受理国家发明专利1项，正式发表论文78篇，在国际会议上宣读论文6篇。

【科技服务与成果转化】 青州所作为国家局现代烟草农业整县推进诸城试点工作技术依托单位，2009年，选派不同学科精干力量开展实验研究和技术指导工作，取得阶段性成果，得到国家局充分肯定。在保持同以往合作单位继续合作的基础上，新开展了与贵州中烟、江西中烟、皖南烟叶有限责任公司、红塔集团的合作，重新启动与大理州烟草公司的项目合作，并与诸城签订现代烟草农业项目合作协议。项目合作的内容涉及行业关注的资源优化配置、基地单元建设、优质特色烟叶开发、烟叶安全性控制等各个领域，实现技术服务从单一方式向深层次方式的转变。新开发全营养有机肥、饼肥替代产品、抗青枯病QKK中试产品，并在全国各大产区进行了综合试验与示范。结合现代农业的发展，成功开发出微电脑控制小型模拟烤房。利用技术服务平台积极推动青州所品种的推广力度，在有代表性的六大产区进行专项示范推广工作，为“中烟100”、“中烟103”等品种的扩大应用奠定了基础。

【学科、团队和平台建设】 2009年，新建立栽培营养与调制加工、病虫害综合防治创新团队，与烟草遗传育种与生物技术创新团队一并纳入中国农科院创新团队体系建设。初步完成学科、人员定位，明确了主要学科方向、学科带头人和学术带头人。全年在读博士、硕士研究生120余人，新招收研究生46人（全日制24人），毕业研究生30人（全日制17人）。招聘高层次人员9人，其中博士研究生学历3人、硕士研究生学历4人。晋升正高职称3人、副高职称4人、中级职称8人，新增硕士生导师2人。

成立中国农业科学院青岛烟草资源与环境野外科学观测试验站，先后完成农业部烟草类作物质量控制重点开放实验室、中国农业科学院烟草遗传改良与生物技术重点实验室、国家局遗传育种重点实验室和国家局病虫害预测预报与综合治理重点实验室的机构设置、人员配备及资源整合工作，并启动开放基金项目。国家局和山东省局（公司）每年分别给予青州所1000万的创新经费，用于支撑科技创新和创新平台建设。

【合作与交流】 2009年，接待国外专家来所交流访问1批3人；出国考察交流4批6人次。参加国际会议交流2批6人次。组织“特色优质烟叶开发重大专项专家组会议暨项目评议会议”等大型学术交流活动7次。

附表　全国烟草行业国家级行业级技术中心、博士后科研工作站列表

技术中心

名称	成立时间	科研队伍状况	科研成果、专利	备注
上海烟草（集团）公司技术中心	1995年	有员工132人，其中博士、硕士研究生学历32人，高、中级职称65人。	共确立66个科技项目，申请国家专利10项，其中发明专利2项。	国家认定企业技术中心
江苏中烟工业有限责任公司技术研发中心	2007年	拥有硕士研究生以上学历34人；中级职称40人，高级职称及博士研究生学历15人。	全年承担或参与的国家局重点项目、面上项目及标准项目共10项。在研的江苏中烟工业有限责任公司科技项目数共64项。全年共申请专利8项，授权6项。发表科技论文26篇。	原淮阴、徐州卷烟厂技术中心是行业认定企业技术中心，整合后未重新认定
安徽中烟工业公司技术中心	2007年	拥有人员87人，其中硕士研究生及以上学历27人，中级职称31人、高级职称4人。	共完成4项国家局科研项目，2项国家局标准化项目，38项安徽中烟工业公司科研项目。	原蚌埠、芜湖卷烟厂技术中心为行业认定企业技术中心，整合后未重新认定。省级企业技术中心
福建中烟工业公司技术中心	2006年	拥有硕士研究生以上学历23人，中级职称56人、高级职称17人。	完成15项福建中烟工业公司科研项目。有1个项目获得国家局科技进步三等奖。	原厦门、龙岩卷烟厂技术中心均为行业认定企业技术中心，整合后未重新认定
山东中烟工业公司技术中心	2006年	拥有硕士研究生以上学历16人，中级职称101人、高级职称15人。	共完成31项山东中烟工业公司科研项目。申请专利32项，其中发明专利9项，截至年底，共拥有授权发明专利40项。发表科技论文28篇。	国家认定企业技术中心
河南中烟工业有限责任公司技术中心	2007年	拥有硕士研究生以上学历30人，中级职称33人、高级职称6人。	2009年完成科研项目14项，均为公司科研项目。	原新郑卷烟厂技术中心为行业认定企业技术中心，整合后未重新认定。省级企业技术中心
湖北中烟工业有限责任公司技术研发中心	1993年	共有员工169人，其中硕士研究生学历39人、博士研究生学历11人；中级职称58人、高级职称15人。开展合作的外界各类社会专家近2000人。	全年申请专利202项，获授权专利108项，开展科技项目研究187项，参与行业标准项目研究8项，主持行业标准项目研究1项。“黄鹤楼淡雅香品类产品研发及应用”项目获湖北省科技进步一等奖，参与合作项目“卷烟危害性指标体系研究”获中国烟草总公司科学技术进步一等奖，“神农架特有植物神农香菊物质基础与应用研究”项目获中国烟草总公司科学技术进步二等奖。在国内核心期刊发表论文51篇，2篇论文在CORESTA会议上宣读。	国家认定企业技术中心

续表

名称	成立时间	科研队伍状况	科研成果、专利	备注
湖南中烟工业有限责任公司技术中心	2006年	拥有博士研究生学历16人、硕士研究生学历62人，在站博士后1人，中级职称94人、高级职称28人。	共完成结题鉴定56项，其中8项通过了省部级以上鉴定。有1项获中国烟草总公司科技进步一等奖，1项获三等奖；1项获湖南省科技厅3等奖。	国家认定企业技术中心
广东中烟工业有限责任公司技术中心	2005年	拥有硕士研究生以上学历35人，中级职称52人、高级职称5人。	共参与13项国家局科研项目、标准项目，50项广东中烟工业有限责任公司科研项目。完成9项公司级科技项目。	国家认定企业技术中心
广西中烟工业有限责任公司技术中心	2004年	拥有硕士研究生以上学历19人，中级职称20人、高级职称6人。	2009年在研国家局科研项目1项，完成公司级科研项目35项。	行业认定企业技术中心
川渝中烟工业公司技术研发中心	2006年	拥有100多名技术研发人员，其中高级专家和博士共11人。	开展的科研项目有97项，其中国家“863”项目1项，国家局项目7项，省级项目5项。完成科技成果28项。参与的国家局项目“卷烟危害性指标体系研究”获2009年度中国烟草总公司科技进步一等奖；承担的国家局项目“降低卷烟烟气中多种有害成分的复合生化制剂研究”获2009年度中国烟草总公司科技进步二等奖，拥有5项专利、在核心期刊发表论文5篇，其中1篇为外文SCI收录论文。“减缓烟气对呼吸系统危害的滤嘴添加技术研究与应用”获2009年度四川省科技进步二等奖，形成11项专利，在中文核心期刊发布论文4篇。	行业认定企业技术中心
贵州中烟工业有限责任公司技术中心	1997年	拥有专职研发人员88人，其中硕士研究生以上学历23人，中级职称34人、高级职称4人。	共开展科技项目62项，其中国家局项目5项，其他部委及省级政府项目2项，省级局（公司）项目1项，自立项目54项。	原黄果树烟草集团公司技术中心为行业认定企业技术中心，整合后未重新认定。省级企业技术中心
红塔烟草（集团）有限责任公司技术中心	1997年	拥有硕士研究生及以上学历44人，中级职称70人、高级职称8人。	完成国家局科研项目1项，云南中烟工业公司科研项目4项；全年获中国烟草总公司科技进步奖1项；获云南省科技进步奖3项；获云南中烟工业公司科技进步奖10项；申请专利7项（发明专利1项，实用新型专利6项）；获实用新型受理专利3项，获实用新型授权专利4项；发明专利初审合格5项，发明专利进入实质审查5项。发表科技论文78篇（国内核心期刊76篇，国际重要期刊SCI源刊2篇）。	国家认定企业技术中心

续表

名称	成立时间	科研队伍状况	科研成果、专利	备注
红云红河烟草（集团）有限责任公司技术中心	2008年11月	拥有硕士研究生及以上学历42人，中级职称83人、高级职称11人。	完成1项国家局科研项目，4项云南中烟工业公司科研项目；全年有2个项目获云南中烟工业公司科技进步一等奖，1个项目获云南省科技进步三等奖；2009年新增生产技术标准42份，烟用材料标准（含方法检测标准）9份。	国家认定企业技术中心
中国烟草机械集团有限责任公司技术中心	1999年	拥有硕士研究生及以上学历18人，中级职称36人、高级职称14人。	参与国家局科研项目2项，中烟机械集团公司产品开发及科研项目13项；全年申请发明专利3项，实用新型专利2项，获得授权专利3项；发表科技论文11篇；完成并发表行业标准6项。	行业认定企业技术中心
南通烟滤嘴有限责任公司技术中心	2001年	拥有硕士研究生及以上学历6人，中级职称22人、高级职称2人。	参与国家局科技项目3项，国家标准修订项目一项，江苏中烟及南通烟滤嘴公司项目20项，完成江苏中烟科技项目3项。申请专利5项，其中1项发明专利，当年授权专利2项，发表科技论文5篇。	原南通烟滤嘴实验工厂技术中心为行业认定企业技术中心，改制后未重新认定

博士后科研工作站

名称	建站时间	科研队伍状况	科研成果
上海烟草（集团）公司博士后科研工作站	2002年10月	7月之前有在站博士2人，7月之后有在站博士5人	主持开展国家局项目1项，公司级项目5项，发表会议论文2篇
湖南中烟工业有限责任公司博士后科研工作站	2006年	5月之前有在站博士5人，5月之后有在站博士1人	—
广东中烟工业有限责任公司博士后科研工作站	2006年	有在站博士1人	完成“利用生物酶技术改良烟叶品质的研究”项目，申请专利4项，发表学术论文2篇。
广西中烟工业有限责任公司博士后科研工作站	2004年	有在站博士3人	主持开展国家局项目1项，公司级项目5项，申请专利2项，发表学术论文4篇
红塔烟草（集团）有限责任公司博士后科研工作站	2000年11月	有在站博士3人	主持开展国家局项目1项，省级项目5项，发表学术论文23篇。
红云红河烟草（集团）有限责任公司博士后科研工作站	2008年6月	有在站博士2人	①功能水专项科研，目前已研制出2个功能水等新材料，阶段性研究成果通过在“云烟（紫）”等卷烟上的应用试验，对卷烟烟气的浸润感、细腻度、柔和性等有较好提升。②烟叶醇化专项科研，目前经筛选已获取15个有益菌株，并针对不同烟叶，研制出3个烟叶醇化剂，对醇化烟叶烟气、降低烟叶杂气改善香气品质具有良好效果。
川渝中烟工业公司博士后工作站	2007年	有在站博士4人	—
……	……	……	……

经济统计

总表部分

全国烟草系统主要指标总表（2009年）

指标名称	计量单位	2009年	2008年	2009年比2008年±%
工业总产值（现价）	亿元	4910.88	4461.11	10.08
卷烟产值	亿元	4670.36	4288.58	8.90
工业增加值（现价）	亿元	3898.08	3528.52	10.47
复烤烟叶产量	万吨	191.88	166.94	14.94
打叶复烤	万吨	191.64	166.94	14.79
卷烟产量	亿支	22902.75	22198.76	3.17
一类卷烟［100元（含）以上］	亿支	1821.80	1635.67	11.38
二类卷烟［70元（含）~100元］	亿支	833.12	708.38	17.61
三类卷烟［30元（含）~70元］	亿支	6211.33	5368.99	15.69
四类卷烟［16.5元（含）~30元］	亿支	8953.33	8635.95	3.68
五类卷烟［16.5元以下］	亿支	5083.16	5849.77	-13.10
11mg/支~15mg/支	亿支	22121.76	21560.34	2.60
5mg/支~10mg/支	亿支	766.31	623.96	22.81
4mg/支以下	亿支	14.68	14.36	2.23
烤烟型	亿支	22301.68	21661.33	2.96
混合型	亿支	541.30	495.02	9.35
出口和供应出口	亿支	172.00	139.71	23.11
百牌号	亿支	22235.27	21488.25	3.48
名优烟	亿支	14256.02	13211.37	7.91
雪茄烟产量	亿支	1.74	1.41	23.40
二醋酸纤维丝束产量	吨	137410.69	136960.00	0.33

续表

指标名称	计量单位	2009 年	2008 年	2009 年比 2008 年 ±%
技术经济指标				
卷烟质量抽检合格率	%	99.96	99.93	0.03
卷烟成品合格率	%	99.54	99.49	0.05
每万支卷烟耗用烟叶	千克	7.03	7.08	-0.71
每万支卷烟耗用盘纸	米	625.00	627.00	-0.32
每万支滤嘴烟耗用嘴棒	支	1915.00	1905.00	0.52
每万支醋纤嘴烟耗用嘴棒	支	—	—	—
卷烟年末生产能力（三班）	亿支	32604.32	30369.70	7.36
烟叶收购量	万吨	273.43	251.05	8.91
烤　烟	万吨	263.25	244.09	7.85
卷烟销售量	亿支	22626.71	21888.13	3.37
出　口	亿支	150.03	136.33	10.05
百牌号	亿支	22001.60	21196.11	3.80
名优烟	亿支	14091.69	12916.24	9.10
卷烟期末库存量	亿支	1575.55	1523.89	3.39
工　业	亿支	384.48	364.08	5.60
商　业	亿支	1191.07	1159.81	2.70
百牌号	亿支	1506.04	1463.43	2.91
名优烟	亿支	1019.63	970.58	5.05
固定资产投资	亿元	273.61	215.71	26.84
能源消耗总量	万吨	171.71	178.17	-3.63
万元产值耗能源（现价）	千克	34.97	39.94	-12.44

注：在本表及本章其余的表格中，雪茄烟产量皆为手工雪茄烟的产量

资料来源：国家烟草专卖局烟草经济信息中心

工业部分

全国烟草系统工业企业主要指标汇总表（2009 年）

指标名称	计量单位	总计		卷烟工业		复烤企业	
		2009 年	2008 年	2009 年	2008 年	2009 年	2008 年
卷烟产量	亿支	22902.75	22198.76	22902.75	22198.76		
软盒嘴烟	亿支	8211.79	8537.84	8211.79	8537.84		
硬盒嘴烟	亿支	14663.68	13636.45	14663.68	13636.45		
一类卷烟［100 元（含）以上］	亿支	1821.80	1635.67	1821.80	1635.67		
二类卷烟［70 元（含）~100 元］	亿支	833.12	708.38	833.12	708.38		
三类卷烟［30 元（含）~70 元］	亿支	6211.33	5368.99	6211.33	5368.99		
四类卷烟［16.5 元（含）~30 元］	亿支	8953.33	8635.95	8953.33	8635.95		
五类卷烟［16.5 元以下］	亿支	5083.16	5849.77	5083.16	5849.77		
11 ~ 15mg/支	亿支	22121.76	21627.38	22121.76	21627.38		
5 ~ 10mg/支	亿支	766.31	556.91	766.31	556.91		
4mg/支以下	亿支	14.68	14.36	14.68	14.36		
烤烟型	亿支	22301.68	21661.33	22301.68	21661.33		
混合型	亿支	541.30	495.02	541.30	495.02		
其他型	亿支	59.76	42.41	59.76	42.41		
供应出口和出口卷烟产量	亿支	172.00	139.71	172.00	139.71		
来牌或来料加工卷烟产量	亿支	1.35	1.11	1.35	1.11		
雪茄烟产量	亿支	1.74	1.41	1.74	1.41		
联营加工卷烟产量	亿支	2239.47	1912.27	2239.47	1912.27		
省　外	亿支	2030.55	1867.56	2030.55	1867.56		
从生产者购进（指联营加工回购）	亿支	1320.79	1001.85	1320.79	1001.85		
省　外	亿支	1220.72	999.60	1220.72	999.60		
工业企业卷烟销售量	亿支	24200.88	23022.34	24200.88	23022.34		
联营加工	亿支	3497.73	2763.09	3497.73	2763.09		
卷烟期末库存	亿支	384.48	364.08	384.48	364.08		

续表

指标名称	计量单位	总计		卷烟工业		复烤企业	
		2009 年	2008 年	2009 年	2008 年	2009 年	2008 年
一类卷烟［100 元（含）以上］	亿支	63.32	83.62	63.32	83.62		
二类卷烟［70 元（含）~100 元］	亿支	16.05	16.50	16.05	16.50		
三类卷烟［30 元（含）~70 元］	亿支	117.02	120.30	117.02	120.30		
四类卷烟［16.5 元（含）~30 元］	亿支	114.94	81.16	114.94	81.16		
五类卷烟［16.5 元以下］	亿支	73.16	62.50	73.16	62.50		
供应出口和出口	亿支	16.91	11.41	16.91	11.41		
联营加工	亿支	48.84	66.45	48.84	66.45		
复烤烟叶产量	吨	1918851.00	1669445.46	262283.00	266937.00	1656568.00	1402508.46
打叶复烤	吨	1916395.00	1669445.46	259827.00	266937.00	1656568.00	1402508.46
期末烟叶库存	吨	4092806.77	3606017.06	3979714.00	3474053.00	113092.77	131964.06
二醋酸纤维丝束产量	吨	137410.69	136960.23				
丝束期末库存	吨	39379.00	34370.00	39379.00	34370.00		
二醋酸纤维丝束	吨	36951.00	32386.00	36951.00	32386.00		
卷烟质量抽检合格率	%	99.96	99.93	99.96	99.93		
卷烟成品合格率	%	99.54	99.49	99.54	99.49		
每万支卷烟耗烟叶	千克	7.03	7.08	7.03	7.08		
每万支卷烟耗盘纸	米	625	627	625	627		
每万支卷烟耗嘴棒	支	1915	1900	1915	1900		
万元产值耗能源（现价）	千克	34.97	40.71	18.91	23.05		
万元产值生产耗能源（现价）	千克	32.17	34.36	16.54	19.16		

资料来源：国家烟草专卖局烟草经济信息中心

附：

总表及工业部分指标解释

【工业总产值、卷烟产值(现价)】 指以货币表现的工业企业在报告期内生产的工业产品总量。它包括生产成品价值、对外加工费收入和自制半成品、在产品期末期初差额价值。它是计算增加值和劳动生产率及其他经济指标的依据。

工业总产值不包括：

(1) 非本企业生产的工业产品价值；

(2) 本企业非工业活动单位的非工业产品价值和收入；

(3) 本企业工业生产过程中产生的废料（如锯末、切屑、矸石等）的出售价值。

【工业销售产值（现价)】 指以货币表现的工业企业在一定时期内销售的工业产品总量。包括已销售的成品、半成品价值，对外提供的工业性作业价值和对本企业基本建设部门、生活福利部门等提供的产品和工业性作业及自制设备价值。除包含本企业生产的产品外，还包括本企业回购再销售的卷烟（计算产品销售率时要用不含回购部分的工业销售产值）。

【工业中间投入合计（不含增值税)】 指工业企业在报告期内用于工业生产活动中消耗的外购物质产品和对外支付的服务费用。服务费用包括支付给物质生产部门（工业、农业、批发零售贸易业、建筑业、运输邮电业）的服务费用和支付给非物质生产部门（保险、金融、文化教育、科学研究、医疗卫生、行政管理等）的服务费用。

工业中间投入包括直接材料，制造费用中的中间投入、管理费用中的中间投入、销售费用中的中间投入和利息支出五项工业中间投入按购买者价格计算。计算中间物质消耗时，如外购材料、燃料、动力等，按现行会计核算的有关规定执行，均按不含增值税（进项税额）的价格计算。

【工业增加值（现价)】 指工业企业在报告期内以货币表现的工业生产活动的最终成果。该指标要通过计算求得，计算方法有两种，一种是生产法，一种是分配法。烟草系统工业企业一律采用生产法计算。计算公式为：

$$\text{工业增加值（现价）} = \text{工业总产值（现价）} - \text{工业中间投入} + \text{本期应交增值税}$$

【卷烟产量】 指产品质量符合《国颁标准》，经检验合格，并已包装入库的卷烟（包括雪茄型卷烟）成品。凡不符合《国颁标准》的卷烟，不论是否包装入库，均列入不合格品，不做产量统计。

【软盒嘴烟】 指小包软包玻璃纸、金拉线，硬条盒玻璃纸包装的滤嘴卷烟。

【硬盒嘴烟】 指小包硬盒翻盖玻璃纸、金拉线，硬条盒玻璃纸包装的滤嘴卷烟。

【调拨价格分类统计】 调拨价格：指卷烟生产企业通过卷烟交易市场与购货方签定的卷烟交易价格。

一类卷烟：每标准条（200 支）不含增值税调拨价格 100 元（含）以上；

二类卷烟：每标准条（200 支）不含增值税调拨价格 70 元（含）~100 元；

三类卷烟：每标准条（200 支）不含增值税调拨价格 30 元（含）~70 元；

四类卷烟：每标准条（200 支）不含增值税调拨价格 16.5 元（含）~30 元；

五类卷烟：每标准条（200 支）不含增值税调拨价格 16.5 元以下。

出口卷烟划分等级不含税价计算按国内同牌号卷烟或参照同等级卷烟计算。

【名优卷烟】 按国家局经济运行司下发文件规定的名优卷烟牌号（规格）。

【百牌号卷烟】 指国家局下发的百牌号卷烟产品目录内的卷烟（含所有规格）。

【百牌号卷烟销售量（额)】 指售给系统外的各种经济类型的批发零售贸易单位和城乡居民、社会集团用于最终消费或公用消费的百牌号卷烟数量（金额）。即对国内烟草商业系统外销售量（额）。

【百牌号卷烟月末商业库存】 指百牌号卷烟的库存量。

【卷烟产量按盒标焦油量分组】 11mg/支～15mg/支，5mg/支～10mg/支（含），4mg/支（含）以下，共划分为3档。

【卷烟产量按卷烟类型分类统计】 卷烟按烤烟型、混合型、其他型分别统计。

【供应出口和出口卷烟产量】 指工业企业生产用作供应出口和直接出口的卷烟产量。

【雪茄烟产量】 指产品质量符合《部颁标准》，经检验合格入库的雪茄烟成品。凡不符合《部颁标准》的雪茄烟，不论是否包装入库，均列入不合格产品，不做产量统计。

【来牌或来料加工卷烟产量】 来牌加工卷烟指国外（境外）卷烟牌号，其主要原料使用国内的，并在国内进行加工又销往国外的卷烟，其产量应统计在该指标内。

来料加工卷烟指凡从国外（境外）来料加工，且在境外销售的卷烟，其产量应统计在该指标内。

【联营加工卷烟产量】 联营加工卷烟指省内（外）工业企业之间的委托加工，委托方提供卷烟牌号和部分或全部原材料，且占用加工企业生产计划的卷烟，其产量一律由加工企业统计。

【工业企业卷烟销售量（额）】 指报告期内工业企业实际销售的由本企业生产（包括上期和本期生产）的符合质量要求或订货合同规定的技术条件的卷烟数量额，但不包括用订货者来料加工生产的卷烟数量（不包括次品烟数量）（额）。即对省内（外）烟草系统销售、供应出口与出口及其他项之和。

【卷烟期末库存、一、二、三、四、五类卷烟库存、滤嘴烟库存、供应出口库存、出口库存】

卷烟期末库存指报告期初或期末某一时点上，尚存在工业企业产成品仓库中，而暂未售出的产品实物数量（不包括次品烟数量）。包括订货者来料加工的产品，尚未拨出的实物量。其中：一、二、三、四、五类卷烟库存是指按不含增值税调拨价分类统计的卷烟库存数量；滤嘴烟库存是指库存总量中滤嘴烟的数量；供应出口库存是指暂未售给烟草进出口公司，尚存在工业企业产成品仓库中的实物数量；出口库存是指工业企业准备直接向国外出口的商品。

【复烤烟叶产量】 指烟叶经过复烤，产品质量符合《国颁标准》，经检验合格，并已包装入库的烟叶成品量。凡不符合《国颁标准》的复烤烟叶，不论是否包装入库均列入不合格品，不做产量统计。订货单位退回的本年内生产的不合格品量，应从产量中扣除。

打叶复烤烟叶产量指烟叶经过打叶复烤，经检验合格，并已包装入库的烟叶成品量。

【烟叶期末库存量】 指的是工业企业报告期末烟叶库存总量，包括烤烟、晾烟、晒烟、进口烟叶。

【二醋酸纤维丝束产量】 指已包装入库的二醋酸纤维丝束成品。

【丝束期末库存】 指尚存在工业企业仓库中，而暂未售出的丝束数量。包括二醋酸纤维丝束和丙纤丝束。

【技术经济指标】

$$\text{卷烟质量抽检合格率（\%）}=\frac{\text{报告期抽检合格品次数（次）}}{\text{报告期抽检总次数（次）}}\times 100\%$$

$$\text{卷烟成品合格率（\%）}=\frac{\text{报告期卷烟产品产量（万支）}}{\text{报告期卷烟产品产量（万支）}+\text{次品和废品数量（万支）}}\times 100\%$$

$$\text{万元产值综合耗能源（千克）}=\frac{\text{报告期生产消耗能源总量（折标准煤）（千克）}}{\text{报告期工业总产值（当年价）（万元）}}$$

$$\text{每万支滤嘴卷烟耗用烟叶（千克）}=\frac{\text{报告期车间实收烟叶投料量}\pm\text{期末期初在制品差异量（千克）}}{\text{报告期卷烟产品产量（万支）}}$$

$$\text{每万支滤嘴卷烟耗用盘纸量（米）}=\frac{\text{报告期耗用盘纸总量}\pm\text{期末期初在制品差异量（米）}}{\text{报告期卷烟产品产量（万支）}}$$

$$每万支滤嘴卷烟耗用滤棒量（支）=\frac{报告期耗用滤棒总量\pm期末期初在制品差异量（支）}{报告期卷烟产品产量（万支）}$$

$$每万支滤嘴卷烟耗用滤棒量（支）=\frac{报告期耗用滤棒总量\pm期末期初在制品差异量（支）}{报告期卷烟产品产量（万支）}$$

【从生产者购进（指联营加工）和其中省外】

指报告期内工业企业直接从本省内（外）烟草系统工业企业购进的，且由系统内工业企业生产的符合产品质量要求或订货合同规定的技术要求的联营加工卷烟数量。

【年末生产能力】 指在报告年末企业生产某种产品的全部设备的综合平衡能力，即企业生产某种产品的全部设备（包括主要生产设备、辅助生产设备、起重运输设备、动力设备及有关厂房和生产建筑等），在原材料、燃料、动力供应充分，劳动力配备合理，设备正常运转的条件下，可能达到的年生产能力。

其 他

2009 年全国卷烟交易成交量汇总表（省际）

（按销方地区计算）

序号	销方地区	合同数（份）	成交情况			交易金额（元）
			交易量（万支）	占全国（%）	同比增减（万支）	
	总　计	283467	106470137	100	7102246. 28	231842840479. 65
1	云南省	54765	30142641. 50	28. 31	861446. 58	72554042302. 21
2	湖南省	32698	10660385. 50	10. 01	673851. 50	31073568553. 04
3	湖北省	40721	7039634. 50	6. 61	902189. 50	12781573568. 99
4	上海市	22493	6927416	6. 51	1149370	30295670929. 12
5	贵州省	9201	5692945	5. 35	138840	6878423938. 05
6	四川省	18732	5513215	5. 18	－139146	9502838217. 22
7	安徽省	11416	4614812	4. 33	240213	5848409424. 09
8	浙江省	14532	4464521	4. 19	846217	9958220480. 29
9	河南省	9746	4152438	3. 90	－45778	4726301159. 24
10	广东省	7403	4009185	3. 77	807463	7863545310. 73
11	山东省	11752	3843960	3. 61	90640	5308106225. 87
12	江苏省	13893	3184490	2. 99	159145	10965820383. 07
13	福建省	6208	2980441	2. 80	425636	4816160011. 08
14	陕西省	3738	1629819. 50	1. 53	109174. 50	1626072974. 33
15	吉林省	3445	1607834	1. 51	86950	3446710920. 93
16	江西省	3590	1470220	1. 38	220959	1804233135. 10
17	北京市	2760	1242944	1. 17	138468	2016098493. 50
18	甘肃省	2844	1173647	1. 10	127775. 20	1745470476. 01
19	黑龙江	2187	1035705	0. 97	－43953	845589669. 55
20	广西区	2147	865731	0. 81	－21258	1044466772. 54
21	辽宁省	1504	864788	0. 81	34473	1497821496. 84
22	深圳市	1882	817400	0. 77	－51817	1719238898. 52
23	河北省	2376	807397	0. 76	113278	999800180. 55
24	内蒙古	1082	693669	0. 65	310494	1063848195. 48
25	总公司	1639	503463	0. 47	119697	624313722. 60
26	山西省	530	419485	0. 39	－174982	664693289. 50
27	海南省	183	111950	0. 11	22900	171801751. 20

2009年全国烟草行业名优烟品牌成交量统计表（省际）

序　号	牌　号	成交量（万支）	同比增减（增减）
1	红塔山	9714882	1949349
2	红　河	7941582	1328031
3	红　梅	7787829	-903574
4	白　沙	7672142	366139
5	云　烟	5777425	272225.50
6	黄果树	5270845	1057049
7	红金龙	4903060	833269
8	红旗渠	3349919	365832
9	黄　山	3119409	340970
10	红山茶	2763843	-2253707
11	七匹狼	2707736	456331
12	玉　溪	2528910	498865.70
13	芙蓉王	2513728.50	463614.50
14	中　华	2318797	216702
15	红双喜	2197021	195708
16	利　群	1921766	502183
17	南　京	1555073	175116
18	娇　子	1275930	144352
19	中南海	1242944	137168
20	牡　丹	805168	43457
21	猴　王	512027.50	87625.50
22	红杉树	503344	50330
23	一品梅	426070	14527
24	石　林	386704	-653819
25	福	285439	253
26	羊　城	223100	-20145
27	将　军	214995	46625
28	大红鹰	163699	-70046
29	天下秀	152650	-75295
30	恭贺新禧	85010	-6620
31	金　圣	81872	19945
32	石　狮	17250	15250

2009 年卷烟品牌成交量统计表（省际）

序 号	牌 号	成交量（万支）	占总量比重（%）
1	红塔山	9714882	8.71
2	红 河	7941582	7.12
3	红 梅	7787829	6.98
4	白 沙	7672142	6.88
5	云 烟	5777425	5.18
6	黄果树	5270845	4.73
7	红金龙	4903060	4.40
8	红旗渠	3349919	3
9	哈德门	3227130	2.89
10	双 喜	3179738	2.85
11	黄 山	3119409	2.80
12	红山茶	2763843	2.48
13	七匹狼	2707736	2.43
14	玉 溪	2528910	2.27
15	芙蓉王	2513728.50	2.25
16	中 华	2318797	2.08
17	红双喜	2197021	1.97
18	利 群	1921766	1.72
19	雄 狮	1826711	1.64
20	大丰收	1791623	1.61
21	大前门	1598965	1.43
22	长白山	1578084	1.42
23	南 京	1555073	1.39
24	芙 蓉	1452727	1.30
25	庐 山	1389098	1.25
26	龙凤呈祥	1313941	1.18
27	娇 子	1275930	1.14
28	中南海	1242944	1.11
29	小熊猫	1229286	1.10
30	黄鹤楼	1224299.50	1.10
31	兰 州	1174297	1.05

续表

序　号	牌　号	成交量（万支）	占总量比重（%）
32	都　宝	910583	0.82
33	牡　丹	805168	0.72
34	好日子	797400	0.72
35	老仁义	670280	0.60
36	金丝猴	550233	0.49
37	钻　石	550097	0.49
38	猴　王	512027.50	0.46
39	红三环	510070	0.46
40	红杉树	503344	0.45
41	真　龙	455328	0.41
42	金　桥	454100	0.41
43	金许昌	453310	0.41
44	一品梅	426070	0.38
45	甲天下	411150	0.37
46	双　叶	408195	0.37
47	石　林	386704	0.35
48	五叶神	371252	0.33
49	五　牛	356545	0.32
50	延　安	348739	0.31
51	泰　山	335220	0.30
52	苏　烟	297373	0.27
53	福	285439	0.26
54	桫　椤	242910	0.22
55	黄金叶	240279	0.22
56	羊　城	223100	0.20
57	将　军	214995	0.19
58	贵　烟	210912	0.19
59	北戴河	187890	0.17
60	大红鹰	163699	0.15
61	天下秀	152650	0.14
62	林海灵芝	143235	0.13

续表

序　号	牌　号	成交量（万支）	占总量比重（%）
63	公　主	139454	0. 13
64	椰　树	124850	0. 11
65	八　喜	123530	0. 11
66	人民大会堂	104688	0. 09
67	红　玫	103250	0. 09
68	帝　豪	92623	0. 08
69	恭贺新禧	85010	0. 08
70	金　圣	81872	0. 07
71	茶　花	77660	0. 07
72	乒　坛	77170	0. 07
73	宏　声	75431	0. 07
74	狮　牌	72703	0. 07
75	黄金龙	60510	0. 05
76	天　子	39914	0. 04
77	特美思	20000	0. 02
78	石　狮	17250	0. 02
79	沙　河	16575	0. 01
80	梦　都	10520	0. 01
81	熊　猫	8465	0. 01
82	三　峡	8225	0. 01
83	威　斯	7340	0. 01
84	好　猫	6868	0. 01
85	红玫王	6000	0. 01
86	呼伦贝尔	5304	0
87	遵　义	2750	0
88	冬虫夏草	2104	0
89	钓鱼台	1311. 50	0
90	壹枝笔	1150	0
91	长　城	129	0
92	芙　蓉	100	0

资料来源：中烟电子商务公司

2009年全国性卷烟重点骨干品牌及视同品牌销量汇总表

序　号	牌　号	销量（万箱）	同比增减（万箱）
1	白　沙	263.25	21.44
2	红塔山	213.47	48.35
3	红　河	198.89	27.14
4	黄果树	181.74	34.29
5	红　梅	172.65	-19.41
6	双　喜	164.54	18.51
7	云　烟	139.92	16.62
8	黄　山	137.92	16.19
9	七匹狼	119.36	13.89
10	利　群	85.00	17.80
11	红双喜	73.49	7.26
12	南　京	70.79	8.97
13	芙蓉王	64.43	11.69
14	中　华	53.26	5.57
15	玉　溪	52.25	11.78
16	娇　子	51.33	12.17
17	黄鹤楼	47.52	11.69
18	帝　豪	24.46	3.65
19	真　龙	21.05	-0.50
20	苏　烟	11.42	1.28
21	金　桥	10.02	0.18
22	贵　烟	6.81	1.46
23	好　猫	2.06	0.27
24	兰　州	72.57	7.91
25	钻　石	57.73	18.39
26	长白山	55.18	9.17
27	中南海	36.17	2.66
28	金　圣	19.42	3.34
29	泰　山	19.27	16.29
30	都　宝	18.53	3.29

资料来源：国家烟草专卖局经济运行司

全国百牌号卷烟产、

序号	品牌	商标所有者	工业产量（亿支）	
			2009年	2008年
合计			22235.27	21488.25
1	新石家庄	河北白沙烟草有限责任公司	160.77	171.64
2	钻石	河北白沙烟草有限责任公司	297.14	198.81
3	北戴河	河北白沙烟草有限责任公司	69.82	115.95
4	玉兰	河北白沙烟草有限责任公司	18.53	16.72
5	苁蓉	内蒙古昆明卷烟有限责任公司	11.76	24.22
6	长白山	吉林烟草工业有限责任公司	280.49	231.82
7	林海灵芝	黑龙江烟草工业有限责任公司	93.18	79.29
8	老仁义	黑龙江烟草工业有限责任公司	94.36	124.75
9	中华	上海烟草（集团）公司	278.06	271.91
10	红双喜（上海）	上海烟草（集团）公司	379.30	353.86
11	上海牡丹	上海烟草（集团）公司	103.65	99.77
12	熊猫	上海烟草（集团）公司	2.65	4.08
13	中南海	上海烟草（集团）公司	193.22	177.68
14	北京	上海烟草（集团）公司	—	4.61
15	恒大	上海烟草（集团）公司	49.23	51.50
16	江山	上海烟草（集团）公司	9.23	8.55
17	南京	江苏中烟工业有限责任公司	353.10	315.39
18	梦都	江苏中烟工业有限责任公司	1.21	0.88
19	一品梅	江苏中烟工业有限责任公司	251.74	242.27
20	华西村	江苏中烟工业有限责任公司	14.46	12.91
21	红杉树	江苏中烟工业有限责任公司	190.16	184.21
22	苏烟	江苏中烟工业有限责任公司	54.36	54.71
23	利群	浙江中烟工业有限责任公司	431.13	341.00
24	雄狮	浙江中烟工业有限责任公司	419.77	368.86
25	新安江	浙江中烟工业有限责任公司	—	54.80
26	西湖	浙江中烟工业有限责任公司	—	—
27	大红鹰	浙江中烟工业有限责任公司	103.56	90.75
28	五一	浙江中烟工业有限责任公司	9.08	23.63
29	上游	浙江中烟工业有限责任公司	—	0.55
30	黄山	安徽中烟工业公司	692.72	611.33

注：百牌号销售为对国内烟草商业系统外销售

销、存统计表（2009 年）

单位：亿支

商业销量		年末工商库存		
2009 年	2008 年	合　计	工　业	商　业
22001.60	21196.11	1506.04	365.68	1140.36
162.20	172.26	2.51	0.18	2.33
288.89	196.85	16.83	5.88	10.94
71.03	124.79	2.69	—	2.69
18.81	16.97	0.06	0.01	0.04
14.16	23.45	0.12	0.06	0.06
276.13	230.20	16.58	3.82	12.76
90.58	80.14	6.44	0.60	5.85
97.55	131.52	1.77	0.18	1.59
266.34	238.49	26.50	13.01	13.49
367.47	331.17	21.83	7.57	14.26
100.35	98.55	8.83	0.84	7.99
1.68	3.40	0.64	0.53	0.11
181.01	167.74	6.34	0.47	5.87
0.19	4.59	—	—	—
49.16	51.61	0.72	0.19	0.54
9.19	8.56	0.40	0.27	0.13
353.98	309.14	18.35	3.71	14.64
1.19	1.11	0.16	0.00	0.16
254.61	237.12	15.29	2.94	12.35
14.57	14.23	0.99	0.20	0.79
188.14	188.85	11.84	2.10	9.74
57.14	50.75	3.38	0.53	2.85
426.34	336.86	10.16	0.02	10.14
407.37	363.59	13.00	1.90	11.10
0.06	55.46	—	—	—
—	0.62	—	—	—
105.03	72.67	4.31	0.41	3.90
9.71	25.24	0.10	—	—
—	0.58	—	—	—
690.77	609.92	36.63	15.34	21.29

序 号	品 牌	商标所有者	工 业 产 量	
			2009 年	2008 年
31	渡 江	安徽中烟工业公司	—	—
32	迎客松	安徽中烟工业公司	—	—
33	都 宝	安徽中烟工业公司	96.05	77.64
34	盛 唐	安徽中烟工业公司	52.69	57.17
35	皖 烟	安徽中烟工业公司	—	—
36	光 明	安徽中烟工业公司	—	—
37	红三环	安徽中烟工业公司	286.56	326.41
38	七匹狼	龙岩烟草工业有限责任公司	606.94	539.71
39	乘 风	龙岩烟草工业有限责任公司	—	—
40	石 狮	厦门烟草工业有限责任公司	152.98	168.74
41	沉 香	厦门烟草工业有限责任公司	—	—
42	金 桥	厦门烟草工业有限责任公司	51.25	49.52
43	金 圣	江西中烟工业有限责任公司	93.40	88.69
44	庐 山	江西中烟工业有限责任公司	332.47	314.52
45	赣	江西中烟工业有限责任公司	33.07	34.27
46	哈德门	山东中烟工业公司	683.79	777.94
47	壹枝笔	山东中烟工业公司	0.73	77.32
48	八 喜	山东中烟工业公司	80.08	67.50
49	将 军	山东中烟工业公司	419.06	313.24
50	大 鸡	山东中烟工业公司	—	—
51	泰 山	山东中烟工业公司	106.61	17.51
52	红旗渠	河南中烟工业有限责任公司	1014.17	898.24
53	金芒果	河南中烟工业有限责任公司	—	1.06
54	洛 烟	河南中烟工业有限责任公司	—	—
55	黄金叶	河南中烟工业有限责任公司	30.23	67.48
56	散 花	河南中烟工业有限责任公司	257.41	227.70
57	沙 河	河南中烟工业有限责任公司	1.38	23.60
58	帝 豪	河南中烟工业有限责任公司	124.55	109.50
59	金许昌	河南中烟工业有限责任公司	45.49	151.89
60	群英会	河南中烟工业有限责任公司	—	—
61	红金龙	湖北中烟工业有限责任公司	1107.25	1016.14
62	红双喜（武汉）	湖北中烟工业有限责任公司	46.61	63.36
63	黄鹤楼	湖北中烟工业有限责任公司	242.67	185.46

续表

商业销量		年末工商库存		
2009年	2008年	合　计	工　业	商　业
—	—	—	—	—
—	—	—	—	—
92.84	76.36	6.48	2.65	3.83
50.75	56.56	3.62	0.54	3.08
—	—	—	—	—
—	—	—	—	—
276.75	327.07	22.06	3.01	19.05
597.35	527.98	38.77	6.47	32.30
—	—	—	—	—
152.16	169.99	4.89	0.01	4.88
—	—	—	—	—
50.17	49.55	3.79	0.39	3.40
97.21	80.73	11.03	3.76	7.27
338.05	310.39	22.37	8.41	13.96
33.07	32.63	3.21	0.69	2.52
673.43	774.45	42.24	13.68	28.56
11.62	69.67	0.20	0.05	0.15
78.68	63.85	6.18	3.56	2.62
399.80	310.73	32.51	18.53	13.97
—	0.01	—	—	—
97.22	15.28	11.35	3.18	8.17
1000.56	888.79	56.24	2.69	53.55
—	1.34	—	—	—
—	—	—	—	—
31.35	70.75	2.29	0.60	1.68
254.14	226.91	7.33	1.04	6.29
2.81	22.99	—	—	—
123.52	105.30	10.66	2.95	7.71
47.62	159.31	3.26	0.35	2.91
—	—	—	—	—
1107.84	998.93	61.88	14.70	47.18
46.09	61.48	2.44	0.70	1.74
237.76	179.50	17.24	1.78	15.46

序　号	品　牌	商标所有者	工业产量	
			2009 年	2008 年
64	长　城	湖北中烟工业有限责任公司	—	—
65	中　美	湖北中烟工业有限责任公司	—	—
66	白　沙	湖南中烟工业有限责任公司	1326.70	1236.64
67	长　沙	湖南中烟工业有限责任公司	—	—
68	相思鸟	湖南中烟工业有限责任公司	90.00	72.75
69	芙蓉王	湖南中烟工业有限责任公司	324.59	279.44
70	芙　蓉	湖南中烟工业有限责任公司	336.40	420.78
71	东方红	湖南中烟工业有限责任公司	—	—
72	红　豆	湖南中烟工业有限责任公司	6.90	6.55
73	羊　城	广东中烟工业有限责任公司	46.02	53.98
74	双　喜	广东中烟工业有限责任公司	842.26	747.53
75	椰　树	广东中烟工业有限责任公司	122.17	128.88
76	红　玫	广东中烟工业有限责任公司	72.51	74.94
77	五叶神	广东中烟工业有限责任公司	145.27	133.09
78	甲天下	广西中烟工业有限责任公司	306.09	279.96
79	真　龙	广西中烟工业有限责任公司	102.58	109.31
80	好日子	深圳烟草工业有限责任公司	129.51	114.40
81	特美思	深圳烟草工业有限责任公司	24.31	44.70
82	娇　子	四川烟草工业有限责任公司	264.78	206.69
83	五　牛	四川烟草工业有限责任公司	74.01	95.70
84	九寨沟	四川烟草工业有限责任公司	—	0.14
85	宏　声	重庆烟草工业有限责任公司	204.13	247.47
86	龙凤呈祥	重庆烟草工业有限责任公司	169.50	96.98
87	天下秀	四川烟草工业有限责任公司	347.28	378.37
88	国　宝	四川烟草工业有限责任公司	—	—
89	小南海	重庆烟草工业有限责任公司	—	—
90	黄果树	贵州中烟工业有限责任公司	919.77	727.48
91	遵　义	贵州中烟工业有限责任公司	92.30	77.91
92	桫　椤	贵州中烟工业有限责任公司	24.26	18.90
93	长　征	贵州中烟工业有限责任公司	—	172.65
94	驰	贵州中烟工业有限责任公司	—	1.75
95	贵　烟	贵州中烟工业有限责任公司	34.75	30.10
96	红塔山	红塔烟草（集团）有限责任公司	1104.96	862.92

续表

商业销量		年末工商库存		
2009年	2008年	合计	工业	商业
—	—	—	—	—
0.03	0.05	—	—	—
1316.50	1209.35	74.11	14.41	59.70
—	—	—	—	—
87.68	69.33	5.36	0.42	4.94
322.93	264.20	17.14	5.13	12.01
344.70	439.01	17.58	4.77	12.80
—	—	—	—	—
8.83	4.21	0.41	0.12	0.29
46.14	55.27	2.80	0.10	2.71
823.40	730.95	49.11	9.15	39.96
120.55	129.64	5.34	0.36	4.98
71.10	75.88	4.39	0.02	4.37
145.63	129.77	6.07	0.30	5.77
300.55	284.72	21.69	6.40	15.29
105.77	108.28	9.14	3.59	5.55
121.33	110.29	10.18	3.93	6.25
19.87	42.73	1.72	0.16	1.56
256.65	195.79	30.79	8.40	22.39
73.72	104.16	12.72	7.82	4.91
0.03	0.12	—	—	—
199.27	250.21	12.88	3.87	9.01
162.88	93.44	13.07	4.09	8.98
338.33	386.83	33.48	7.53	25.94
0.08	0.14	0.05	—	0.05
—	—	—	—	—
908.98	737.38	70.54	9.85	60.69
91.59	77.19	10.32	3.95	6.38
24.22	18.85	1.92	0.56	1.36
13.58	169.59	—	—	—
0.16	2.29	0.02	0.02	—
34.60	27.11	5.69	1.98	3.71
1067.82	825.92	101.20	29.54	71.66

序 号	品 牌	商标所有者	工 业 产 量	
			2009 年	2008 年
97	红 梅	红塔烟草（集团）有限责任公司	872.91	961.05
98	阿诗玛	红塔烟草（集团）有限责任公司	10.50	0.60
99	恭贺新禧	红塔烟草（集团）有限责任公司	8.56	8.98
100	玉 溪	红塔烟草（集团）有限责任公司	268.29	236.65
101	国 宾	红塔烟草（集团）有限责任公司	—	—
102	蝴蝶泉	红塔烟草（集团）有限责任公司	—	—
103	美 登	红塔烟草（集团）有限责任公司	—	—
104	人 参	吉林烟草工业有限责任公司	8.74	4.03
105	人民大会堂	红塔辽宁烟草有限责任公司	25.72	24.83
106	云 烟	红云红河烟草（集团）有限责任公司	691.44	652.27
107	红山茶	红云红河烟草（集团）有限责任公司	372.88	640.10
108	春 城	红云红河烟草（集团）有限责任公司	—	—
109	香格里拉	红云红河烟草（集团）有限责任公司	—	4.19
110	茶 花	红云红河烟草（集团）有限责任公司	7.93	9.90
111	福	红云红河烟草（集团）有限责任公司	30.39	29.32
112	石 林	红云红河烟草（集团）有限责任公司	60.80	130.02
113	吉 庆	红云红河烟草（集团）有限责任公司	—	—
114	小熊猫	红云红河烟草（集团）有限责任公司	136.17	107.38
115	红 河	红云红河烟草（集团）有限责任公司	1006.70	877.66
116	龙 泉	红云红河烟草（集团）有限责任公司	—	—
117	钓鱼台（红云红河）	红云红河烟草（集团）有限责任公司	—	—
118	雪 莲	红云红河烟草（集团）有限责任公司	30.59	30.89
119	猴 王	陕西中烟工业有限责任公司	219.94	191.58
120	好 猫	陕西中烟工业有限责任公司	11.00	8.88
121	公 主	陕西中烟工业有限责任公司	36.10	43.83
122	延 安	陕西中烟工业有限责任公司	177.48	158.10
123	兰 州	甘肃烟草工业有限责任公司	365.75	316.92
124	海 洋	甘肃烟草工业有限责任公司	—	48.83
125	大丰收	国家烟草专卖局	206.03	324.13
126	金丝猴	陕西中烟工业有限责任公司	148.22	167.04

续表

商业销量		年末工商库存		
2009 年	2008 年	合 计	工 业	商 业
863. 27	960. 30	79. 12	20. 38	58. 74
—	0. 03	—	—	—
8. 51	8. 48	1. 12	0. 42	0. 69
262. 13	202. 90	38. 68	20. 44	18. 24
—	0. 87	—	—	—
—	—	—	—	—
—	—	—	—	—
8. 96	3. 69	1. 13	—	1. 13
26. 56	24. 37	2. 18	0. 90	1. 28
700. 21	616. 99	63. 58	15. 93	47. 65
395. 09	655. 22	22. 09	2. 39	19. 69
—	—	—	—	—
0. 37	4. 43	—	—	—
8. 31	9. 58	0. 77	0. 33	0. 44
29. 87	28. 13	2. 88	1. 22	1. 66
67. 12	127. 93	5. 37	1. 83	3. 53
—	—	—	—	—
130. 38	103. 18	17. 45	5. 07	12. 38
994. 62	859. 22	95. 13	11. 75	83. 38
—	—	—	—	—
—	—	0. 01	—	0. 01
30. 48	29. 51	2. 55	—	2. 55
214. 84	188. 07	16. 09	3. 01	13. 09
10. 53	9. 26	1. 12	0. 47	0. 66
36. 09	45. 93	0. 64	—	0. 64
176. 06	157. 54	6. 82	0. 17	6. 65
362. 88	323. 34	18. 34	1. 82	16. 52
1. 12	51. 20	—	—	—
214. 14	347. 80	11. 74	2. 48	9. 26
148. 72	168. 48	4. 97	0. 06	4. 91

文　化

中国烟草博物馆

【概　况】 中国烟草博物馆位于上海市长阳路，于2004年7月15日开馆，总投资1．8亿元。博物馆总建筑面积为9617平方米，其中占地面积为5511平方米，展示面积约3500平方米。它是一家反映中国烟草发展历史、传承中国烟草文化的专业博物馆，是上海首个国家级行业博物馆，也是目前世界上规模最大的烟草博物馆。根据国家烟草专卖局的有关文件精神，中国烟草博物馆开馆后的日常管理纳入上海烟草（集团）公司统一管理。

中国烟草博物馆有烟草历程、烟草农业、烟草工业、烟草经贸、烟草管理、烟草文化、吸烟与控烟、新世纪8个展馆，参观者可以通过大量珍贵的文物、文献、模型、场景、真人蜡像及照片、多媒体等形式，全面了解中国烟草的起源及各发展阶段的概况和特征，了解吸烟与控烟的发展历史及中国烟草行业在控烟与减害降焦等方面的情况。

2009年，中国烟草博物馆被被评为“上海市工业旅游景点服务质量达标优秀单位”，被上海市文明办评为“上海市未成年人教育先进单位”称号，被上海市委宣传部评为“上海市爱国主义教育基地”。

【机构设置】 博物馆下设办公室、陈列布展部、征集保管部、后勤保障部4个部门。

【参观交流】 2009年年初，博物馆以新世纪馆开放为契机，联系并组织上海烟草行业职工和离退休职工共8441人参观新世纪馆。同时联系青浦、奉贤、松江有限公司的社区人员、零售客户和杨浦区部分学校的学生来馆参观。

在讲解接待工作中，为了满足不同年龄段、不同层次观众的需要，博物馆设计了因人而异的讲解内容，在突出重点的前提下，做到“有所讲，有所不讲”，并对外宾提供英语讲解，以帮助外宾更全面深入了解中国烟草的历史与文化。

博物馆充分利用现有的馆藏资源，走向社会办展览。一季度，完成东方明珠国际新闻中心大厅“中国烟草博物馆民族烟俗文化展”的布展工作；4月，在上海古城的松江博物馆举办“中国烟草博物馆馆藏文物精品展”，共有3280名观众参观。在“5·18”国际博物馆日，参加杨浦区文管办在五角场举行的“走进博物馆，喜迎世博会”主题宣传活动，为700余位观众提供咨询。

2009年，博物馆累计接待观众3.83万人次。

【管理创新】 2009年，博物馆贯彻国家局提出的“严格规范、富有效率、充满活力”总体要求，以规范管理为抓手，敢于寻找工作中的短板，善于从最基础的工作抓起，坚持从严管理不放松，形成了行业博物馆的管理特色。

一是从健全陈列展品的日常维护制度入手，修订有关展品日常维护工作的操作流程及相关规定，并根据博物馆“应急维护”和“经常性维护”的工作要求，专门落实1家广告公司组织实施馆内维护工作，基本做到“小修”不过夜，随叫随到；“大修”在三天内解决，确保博物馆对外展出的质量。二是对烟标类、烟画类、烟具类、烟机类等行业特征明显的藏品制定二、三级文物标准，并完成103件（套）二级文物、3419件（套）三级文物的定级工作。三是针对博物馆工作存在的薄弱环节，先后到市级、行业级博物馆和宾馆等十余家单位参观学习，拟定《中国烟草博物馆对标工作的暂行标准》和《中国烟草博物馆开展对标工作的实施计划》，并以此对博物馆原岗位责任制考核体系进行一次全面调整。四是借鉴兄弟博物馆在陈列布展形式上的创意，草拟“吸烟与控烟馆”的调整内容大纲，初步形成“吸烟与控烟馆”形式设计的调整思路，并向国家局递交调整请示及调整方案。五是完成中国烟草学会赠送的513盒、11大类、8583件文件的整理工作，对所有文件都进行了补充目录，并将数据全部输入电脑存档，提高了查询速度。

【展馆调整与研究工作】 博物馆正门广场一侧的小洋房是上海烟草发展历史的重要见证。为了重现老上海1921年的建筑风貌，2009年上半年，按照国家局和上海市局的要求，博物馆配合施工单位，完成“1921会所”的装饰工程，并提供与小洋房设计风格相匹配的文物、文字等内容。在小洋房（“1921会所”）投入使用后，博物馆又积极配合，强化了小洋房的日常管理和重要客人的接待工作，使其成为博物馆展示的又一亮点。同时，博物馆还先后对文化馆水烟壶展示橱窗、"鲁迅与文学青年"场景、历程馆"上缴利税"和"慈禧太后向刘金彪赠送烟具"展示橱窗、农业馆山洞灯箱照。工业馆雪茄烟展柜等进行了重新调整，并对馆内陈列的28件硅胶蜡像进行一次全面维护保养，提升展示效果。

在研究工作方面，博物馆根据朱尊权院士在2008年CORESTA大会上提供的"广西合浦出土的明嘉靖二十八年瓷烟斗可以证明烟草应该早于明万历时传入我国"的线索，邀请复旦大学文物和博物馆学系数位资深教授和讲师启动"烟草传入中国的时间问题"课题研究活动。5月，课题组召开第一次研讨会，10月下旬，课题组赴郑州烟草院与朱尊权院士交换意见，进一步掌握课题细节；截至年底，课题组已形成第一阶段的研究成果。

烟草行业媒体名录

报刊名	报刊号/准印证号	创刊日期	刊　期	联系电话	主办单位
《中国烟草》	ISSN1008－9063 CN11－3831/D	1985年7月	半月刊	010－63605464	中国烟草杂志社
《中国烟草学报》	ISSN1004－5708 CN11－2985/TS	1992年	双月刊	010－63605768	中国烟草学会
《新烟草》	ISSN1008－5181 CN23－1526/TS	1986年6月	月　刊	010－68535662	黑龙江省烟草公司、中国烟草杂志社
《北京烟草》	京内资准字1999－L0006	1993年	季　刊	010－67009775	北京市烟草专卖局（公司）、北京市烟草学会
《北京烟草视窗》	京内资准字0707－L0038	2005年1月	半月报	010－67009783	北京市烟草专卖局（公司）
《天津烟草》	准印证第05038号	2000年6月	双月刊	022－60356155	天津市烟草专卖局（公司）、天津市烟草学会
《河北烟草》	JL01－0160（内部交流）	1984年9月	双月刊	0311－88607867	河北省烟草专卖局（公司）、河北省烟草学会
《河北烟草报》	JL01－0312（内部交流）	2003年8月	半月报	0311－66006562	河北中烟工业公司、河北省烟草专卖局（公司）
《山西烟草》	山西省连续性内部资料准印证(99)第K224号	1987年3月	季　刊	0351－4153278	山西省烟草专卖局（公司）
《太原烟草》	山西省内部资料准印证第B122号	2008年11月	月　报	0351－8399010	山西省太原市烟草专卖局（公司）
《客户服务窗》		2007年4月	月　报	0352－5681219	山西省大同市烟草专卖局（公司）
《市场关注》		2007年8月	月　报	0355－2611053	山西省长治市烟草专卖局（公司）

续表

报刊名	报刊号/准印证号	创刊日期	刊 期	联系电话	主办单位
《德泽之光》		2009 年 1 月	月 报	0356 - 2197859	山西省晋城市烟草专卖局（公司）
《工商客消连心桥》		2006 年 9 月	月 报	0359 - 2628062	山西省运城市烟草专卖局（公司）
《吕梁烟草》		2002 年 4 月	半月报	0358 - 8211720	山西省吕梁市烟草专卖局（公司）
《互动营销》		2006 年 8 月	月 报	0354 - 3073124	山西省晋中市烟草专卖局（公司）
《共同关注》		2005 年 10 月	月 报	0350 - 3040538	山西省忻州市烟草专卖局（公司）
《临网导刊》		2005 年 7 月	月 报	0357 - 2999001	山西省临汾市烟草专卖局（公司）
《内蒙古烟草》	15 - 088/C（内部交流）	1988 年 10 月	双月刊	0471 - 2297071	内蒙古自治区烟草专卖局（公司）
《呼烟报》		1998 年 1 月	月 报	0471 - 4348623	内蒙古昆明卷烟有限责任公司
《辽宁烟草》	辽宁省内部资料准印证第 0022 号	1990 年 1 月	双月刊	024 - 22937058	辽宁省烟草专卖局（公司）、辽宁省烟草学会
《烟草资讯》		2003 年 1 月	月 刊	024 - 22822897	辽宁省沈阳市烟草专卖局（公司）
《网建与经营》		2006 年 7 月	月 报	0412 - 5512157	辽宁省鞍山市烟草专卖局（公司）
《抚顺烟草简报》		2003 年 3 月	不定期	0413 - 2631271	辽宁省抚顺市烟草专卖局（公司）
《本溪烟草报》		2007 年 6 月	月 报	0414 - 4517002	辽宁省本溪市烟草专卖局（公司）
《丹东烟草报》		2007 年 12 月	双月报	0415 - 2122621	辽宁省丹东市烟草专卖局（公司）
《锦州市烟草简报》		2005 年 7 月	月 报	0416 - 2329215	辽宁省锦州市烟草专卖局（公司）
《营烟信息》		2007 年 3 月	双月报	0417 - 2815850	辽宁省营口市烟草专卖局（公司）
《阜新烟草》		2007 年 7 月	月 报	0418 - 2833617	辽宁省阜新市烟草专卖局（公司）
《辽阳烟草》		2002 年 11 月	季 刊	0419 - 4122818	辽宁省辽阳市烟草专卖局（公司）

续表

报刊名	报刊号/准印证号	创刊日期	刊　期	联系电话	主办单位
《铁岭烟草》		2003 年 12 月	月　报	0410－2223233	辽宁省铁岭市烟草专卖局（公司）
《朝烟信息》		2005 年 5 月	月　报	0421－2610269	辽宁省朝阳市烟草专卖局（公司）
《盘烟信息》		2007 年 5 月	双月报	0427－2836464	辽宁省盘锦市烟草专卖局（公司）
《红辽烟草》	辽宁省内部资料准印证 0151 号	2005 年 1 月	月　刊	024－22815777	红塔辽宁烟草有限责任公司
《吉林烟草》	吉林省连续性内部资料出版物准印证编号：JN00－013	1994 年 1 月	月　刊	0431－88401432	吉林省烟草专卖局（公司）
《长春烟草》		2004 年 1 月	月　报	0431－8464908	吉林省长春市烟草专卖局（公司）
《烟草专卖导读》	吉林省连续性内部资料出版物准印证编号：JN02－033	2003 年 4 月	月　报	0432－46064909	吉林省吉林市烟草专卖局（公司）
《松原烟草报》	吉林省内部数据性出版物 20079007 号	2006 年 6 月	季　报	0438－2281402	吉林省松原市烟草专卖局（公司）
《工商协同营销期刊》		2007 年 4 月	不定期	0438－2281201	吉林省松原市烟草专卖局（公司）
《白城烟草》	吉准印号 200607009	2006 年 8 月	月　报	0436－3351928	吉林省白城市烟草专卖局（公司）
《烟叶快报》		2007 年 2 月	不定期	0436－335935	吉林省白城市烟草专卖局（公司）
《英雄城烟草报》		2006 年 7 月	季　报	0434－3599958	吉林省四平市烟草专卖局（公司）
《吉林烟草工业报》	吉林省连续性内部资料出版物准印证编号：JN03－025	2008 年 5 月	半月报	0433－2858368	吉林烟草工业有限责任公司
《黑龙江烟草》	黑新出印字 2300009 号	1999 年 3 月	旬　报	0451－82643781	黑龙江省烟草专卖局（公司）
《哈尔滨烟草》	黑新出印字 2301026 号	2002 年 9 月	半月刊	0451－88620697	黑龙江省哈尔滨市烟草专卖局（公司）
《政务信息》		2004 年 9 月	月　刊	0467－2682215	黑龙江省鸡西市烟草专卖局（公司）
《上海烟业》	上海市连续性内部资料准印证第 0205 号	1987 年 2 月	季　刊	021－61669608	上海市烟草学会
《上海烟业报》		1994 年 11 月	周　报	021－61669053	上海市烟草专卖局、上海烟草（集团）公司

续表

报刊名	报刊号/准印证号	创刊日期	刊 期	联系电话	主办单位
《京 烟》	内部资料性出版物京内资准字 99 – L0501	1993 年 1 月	月 报	010 – 65762922	上海烟草集团北京卷烟厂
《津 烟》	内部资料准印证号津 07011	1994 年 10 月	半月报	022 – 24727350	上海烟草（集团）公司天津卷烟厂
《烟印报》		1993 年 1 月	月 报	021 – 61666913	上海烟草包装印刷有限公司
《白玉兰报》		2004 年 1 月	双月报	021 – 61662878	上海白玉兰烟草材料有限公司
《专卖网建动态》		2005 年 4 月	半月刊	021 – 37101067	上海市烟草专卖局奉贤分局、上海烟草集团奉贤烟草糖酒有限公司
《江苏烟草报》	苏新出准印 JS – S060 号	2008 年 2 月	月 报	025 – 86794543	江苏省烟草专卖局（公司）
《江苏烟草研究①》	苏新出准印 JS – S027 号	2008 年 2 月	双月刊	025 – 86794543	江苏省烟草专卖局（公司）
《江苏中烟报》	苏新出准印 JS – S319 号	2007 年 1 月	半月报	025 – 58590535	江苏中烟工业有限责任公司
《江苏中烟》	苏新出准印 JS – S318 号	2007 年 2 月	双月刊	025 – 58590535	江苏中烟工业有限责任公司
《浙江烟草》	浙内部资料准印证第 0039 号	1987 年 4 月	双月刊	0571 – 87032401	浙江省烟草专卖局（公司）、浙江中烟工业有限责任公司、浙江省烟草学会
《杭州烟草报》	浙企准字第 A052 号	1999 年	月 报	0571 – 87227521	浙江省杭州市烟草专卖局（公司）
《客户直通车》		2003 年	月 报	0571 – 87229720	浙江省杭州市烟草专卖局（公司）
《零售户之友》		2002 年 11 月	双月报	0574 – 87993073	浙江省宁波市烟草专卖局（公司）
《嘉兴烟草》		1989 年 5 月	月 报	0573 – 82713289	浙江省嘉兴市烟草专卖局（公司）
《春 蚕》		2007 年 11 月	年 报	0573 – 82718533	浙江省嘉兴市烟草专卖局（公司）
《绍兴烟草》	浙企准字第 D – 067 号	2006 年 1 月	月 报	0575 – 88655563	浙江省绍兴市烟草专卖局（公司）

① 2009 年，《江苏烟草报》改名为《江苏烟草研究》。

续表

报刊名	报刊号/准印证号	创刊日期	刊　期	联系电话	主办单位
《烟草客户之友》	浙企准字第 G－059 号	2006 年 10 月	月　报	0579－2321583	浙江省金华市烟草专卖局（公司）
《衢州烟草》	浙企准字第 H009 号	2006 年 8 月	不定期	0571－3071163	浙江省衢州市烟草专卖局（公司）
《浙江中烟报》	浙企准字 S042 号	2006 年 10 月	月　报	0571－87075860	浙江中烟工业有限责任公司
《安徽烟草》	安徽省内部资料准印（综）00－2046	2001 年 1 月	月　刊	0551－2285023	安徽省烟草专卖局（公司）、安徽省烟草学会
《淮北烟草企业文化专刊》		2007 年	月　刊	0561－3223751	安徽省淮北市烟草专卖局（公司）
《亳州烟草报》	亳宣准字 200303	2003 年 3 月	半月报	0558－5128518	安徽省亳州市烟草专卖局（公司）
《阜阳烟草》		2009 年	月　报	0558－2361322	安徽省阜阳市烟草专卖局（公司）
《淮南烟草》		2004 年	月　报	0554－2519952	安徽省淮南市烟草专卖局（公司）
《皖东烟草报》		2003 年	月　报	0550－3216356	安徽省滁州市烟草专卖局（公司）
《香樟树》		2007 年	双月报	0566－2089056	安徽省池州市烟草专卖局（公司）
《仁之魂》		2008 年	季　刊	0566－2089056	安徽省池州烟草仁文化研究会
《安徽中烟报》	安徽省内部资料准印证第 01－020	2007 年 10 月	半月报	0551－5392203	安徽中烟工业公司
《福建烟草》	闽内刊出版许可证第 K097 号	1987 年	双月刊	0591－87069999	福建省烟草专卖局（公司）、福建中烟工业公司、福建省烟草学会
《海峡烟草》		2003 年 6 月	旬　报	0591－87069999	福建省烟草专卖局（公司）
《海峡烟草》（烟叶版）		2005 年 5 月	月　报	0591－87069999	福建省烟草专卖局（公司）
《三明烟草》	闽内刊出版许可证第 08003 号	1992 年 1 月	双月刊	0598－8566611	福建省三明市烟草专卖局（公司）、福建省三明市烟草学会
《龙岩烟草》	（岩）新出（2009）第 120 号	2007 年 10 月	月　报	0597－2999816	福建省龙岩市烟草专卖局（公司）

续表

报刊名	报刊号/准印证号	创刊日期	刊 期	联系电话	主办单位
《永烟信息》	(明) 新出 (2008) 内书第263号	2002年2月	月 刊	0598-3739036	福建省永安市烟草专卖局(分公司)
《延烟资讯》	(南) 新出 (2008) 内书第04号	2008年1月	月 报	0599-8876005	福建省南平市延平区烟草专卖局 (分公司)
《龙烟人》	闽内部资料性出版许可证第119号	1991年7月	旬 刊	0597-2776888	龙岩烟草工业有限责任公司
《厦门烟草》	厦新出 (99) 内资第16号	1993年12月	月 刊	0592-6536171	厦门烟草工业有限责任公司
《江西烟草》	赣内资字第122号	1991年1月	双月刊	0791-6535063	江西省烟草专卖局(公司)、江西中烟工业有限责任公司、江西省烟草学会
《江西金叶》		2009年11月	双月刊	0791-6535295	江西省烟草专卖局 (公司)
《江西烟草调研》		1996年1月	月 刊	0791-6535295	江西省烟草专卖局 (公司)
《南昌烟草报》		2005年9月	月 报	0791-6519940	江西省南昌市烟草专卖局(公司)
《诚信红绿灯》		2009年6月	月 报	0792-8130011	江西省九江市烟草专卖局(公司)
《饶烟论坛》		1998年5月	月 报	0793-8310584	江西省上饶市烟草专卖局(公司)
《学与思》		2005年6月	月 报	0793-8310193	江西省上饶市烟草专卖局(公司)
《宜春烟草》		2008年1月	月 报	0795-3285811	江西省宜春市烟草专卖局(公司)
《景德镇烟草报》		2007年8月	半月报	0798-6799000	江西省景德镇市烟草专卖局 (公司)
《赣南广播电视报·金叶专版》	国内统一连续出版物号:CN36-0025/03-12	2006年12月	周 报	0797-8229041	江西省赣州市烟草专卖局(公司)、赣南广播电视报
《鹰潭广播电视报·金叶专版》	国内统一连续出版物号:CN36-0025/08-12	2005年12月	半月报	0701-6251388	鹰潭市烟草专卖局 (公司)、鹰潭市广播电视局
《金圣报》	赣内资字第076号	2004年6月	月 报	0791-8358596	江西中烟工业有限责任公司
《典 藏》		2009年9月	不定期	0791-8358596	江西中烟工业有限责任公司

续表

报刊名	报刊号/准印证号	创刊日期	刊　期	联系电话	主办单位
《南烟信息》	赣内资字第 076 号（副）	1999 年 10 月	半月报	0791－8358920	江西中烟工业有限责任公司南昌卷烟厂
《快乐人》		1998 年 6 月	月　报	0797－6799271	江西中烟工业有限责任公司赣南卷烟厂
《月兔信息》	赣内资字第 E004 号	1996 年 10 月	月　报	0793－6078818	江西中烟工业有限责任公司广丰卷烟厂
《兴烟简讯》		2000 年 5 月	月　报	0797－5305600	江西中烟工业有限责任公司兴国卷烟厂
《东方烟草报》	国内统一刊号：CN37－0082	1992 年 7 月	周五报	0531－88562706	《东方烟草报》社有限公司
《山东烟草》	鲁连内资（2007）1263	2007 年 12 月	双月刊	0531－88525069	山东省烟草专卖局（公司）、山东中烟工业公司、山东省烟草学会
《金　叶》	枣庄市内部资料准印证号鲁 D0017	2003 年 12 月	月　刊	0632－5501906	山东省枣庄市烟草专卖局（有限公司）
《滨州烟草报》	滨州市内部资料准印证（2007）第 44 号	2006 年 5 月	双月报	0543－3313077	山东省滨州市烟草专卖局（有限公司）
《泰烟动态》	泰安市内部资料准印证（2007）第 113 号	2007 年 8 月	月　报	0538－8627736	山东省泰安市烟草专卖局（有限公司）
《山东中烟报》	鲁连内资（2008）第 0059 号	2007 年 11 月	半月报	0531－82599965	山东中烟工业公司
《零售商周刊》	国内统一刊号：CN37－0016	2008 年 5 月	周　报	0531－82599963	山东中烟工业公司
《将军视窗》	济南市内部资料准印证第 004 号	1990 年 7 月	旬　报	0531－66776238	山东中烟工业公司济南卷烟厂、将军烟草集团有限公司
《星　光》	山东省连续型内部资料出版物准印证 0085 号	1997 年 10 月	月　报	0536－3239468	山东中烟工业公司青州卷烟厂
《青岛卷烟》	鲁连内资（2007）第 0055 号	1991 年 9 月	半月报	0532－81921263	山东中烟工业公司青岛卷烟厂
《滕烟采风》	鲁 D（枣庄市）：连内资（2009）第 031 号	1996 年 2 月	不定期	0632－5636956	山东中烟工业公司滕州卷烟厂
《中国烟草科学》	ISSN1007－5119 CN37－1277/S	1979 年	季　刊	0532－88703708	中国农业科学院烟草研究所、中国烟草总公司青州烟草研究所

续表

报刊名	报刊号/准印证号	创刊日期	刊 期	联系电话	主办单位
《河南烟草》	内资〔豫直〕068 号	1996 年 6 月	季 刊	0371 - 65583125	河南省烟草专卖局（公司）、河南中烟工业有限责任公司、河南省烟草学会
《郑州烟草》	豫内资准印证〔郑州〕0005	2001 年	半月刊	0371 - 68810589	河南省郑州市烟草专卖局（公司）
《洛阳烟草》	豫内资准印证〔洛阳〕0098	2009 年 3 月	半月刊	0379 - 65921197	河南省洛阳市烟草专卖局（公司）
《南阳烟草通讯》	豫内资准印证〔南阳〕049	2009 年 9 月	月 刊	0377 - 63160072	河南省南阳市城区烟草专卖局（分公司）
《焦作烟草》	豫内资准印证〔焦作〕0024	2006 年 1 月	半月刊	0391 - 2285031	河南省焦作市烟草专卖局（公司）
《今日信烟》	豫内资准印证〔信阳〕0024	2004 年 8 月	半月刊	0376 - 6557519	河南省信阳市烟草专卖局（公司）
《郑州院报》		2004 年 1 月	不定期	0371 - 67672208	中国烟草总公司郑州烟草研究院
《烟草科技》	ISSN1002 - 0861 CN41 - 1137/TS	1957 年	月 刊	0371 - 67672637	中国烟草总公司郑州烟草研究院
《河南中烟》	内资〔省直〕163 号	2006 年 9 月	月 刊	0371 - 69192833	河南中烟工业有限责任公司
《新烟时空》	河南省连续性内部资料 74 号	2008 年 7 月	月 刊	0371 - 62619537	河南中烟工业有限责任公司新郑卷烟厂
《黄金叶信息》	豫内资通字〔2002〕0026	2003 年 1 月	月 刊	0371 - 66393271	河南中烟工业有限责任公司郑州卷烟厂
《帝豪时讯》	内资〔许昌〕0006 号	1988 年 6 月	半月刊	0374 - 3351139	河南中烟工业有限责任公司许昌卷烟厂
《湖北烟草》	湖北省内部资料准印证第 2006/SG	1986 年 1 月	月 刊	027 - 83738388	湖北省烟草专卖局（公司）、湖北中烟工业有限责任公司、湖北省烟草学会
《襄烟学报》		2001 年	月 报	0710 - 3010881	湖北省襄樊市烟草专卖局（公司）、襄樊市烟草学会
《鄂州烟草报》	鄂州内图字 2009 年第 101 号	2003 年 1 月	半月报	0711 - 3870952	湖北省鄂州市烟草学会
《荆州文学·金叶》	JTR（2004）32 号		双月刊	0716 - 8506861	湖北省荆州市烟草专卖局（公司）、荆州市作家协会

续表

报刊名	报刊号/准印证号	创刊日期	刊　期	联系电话	主办单位
《黄鹤楼内刊》	鄂内资准印 1013/WH	1989 年	半月刊	027－68832900	湖北中烟工业有限责任公司
《湖南烟草》	湖南省内部资料刊型准印证号 0058	1986 年 9 月	双月刊	0731－85799277	湖南省烟草专卖局（公司）、湖南中烟工业有限责任公司、湖南省烟草学会
《株洲烟草》		2005 年 6 月	月　刊	0731－28223986	湖南省株洲市烟草学会
《益阳烟草》	湖南省内部资料型准许印证号：湘益新出（2009）011 号	2006 年 11 月	季　刊	0737－6184999	湖南省益阳市烟草专卖局（公司）、益阳市烟草学会
《娄烟之声》	湘 K0010	2007 年 3 月	双月刊	0738－8312687	湖南省娄底市烟草专卖局（公司）
《邵阳烟草服务直通车》	湘邵新出准字（2009）第 35 号	2009 年 8 月	季　刊	0739－5390975	湖南省邵阳市烟草专卖局（公司）
《湖南中烟报》		2007 年 12 月	半月报	0731－85098341	湖南中烟工业有限责任公司
《白沙报》	湖南省报型内部资料准印证 A002 号	1989 年	半月报	0731－85559117	湖南中烟工业有限责任公司长沙卷烟
《常德烟厂报》	湖南省内部资料型准许印证号 H002	1984 年 4 月	旬　报	0736－7299323	湖南中烟工业有限责任公司常德卷烟厂
《郴烟通讯》	湖南省报型资料准印证第 L003 号	1995 年 4 月	半月报	0735－2229904	湖南中烟工业有限责任公司郴州卷烟厂
《零烟通讯》	湖南省报型资料准印证第 M001 号	1986 年 3 月	半月报	0746－6668564	湖南中烟工业有限责任公司零陵卷烟厂
《广东烟草》	粤内登字 O 第 10310 号	2004 年 8 月	双月刊	020－38809775	广东省烟草专卖局（公司）
《广东中烟报》	粤内登字 O 第 00034 号	2005 年 5 月	月　报	020－87013275	广东中烟工业有限责任公司
《广西烟草》	广西壮族自治区内部资料性出版物准印证第 0040475 号	1987 年 1 月	双月刊	0771－5851875	广西壮族自治区烟草专卖局（公司）、广西中烟工业有限责任公司、广西壮族自治区烟草学会
《邕城烟草报》	广西壮族自治区内部资料性出版物准印证第 0010155 号	2004 年 7 月	半月报	0771－2108681	广西壮族自治区南宁市烟草专卖局（公司）

续表

报刊名	报刊号/准印证号	创刊日期	刊　期	联系电话	主办单位
《柳州烟草》	广西壮族自治区内部资料性出版物准印证第0002179号	2007年8月	月　报	0772-2838788	广西壮族自治区柳州市烟草专卖局（公司）
《河池烟草》	广西壮族自治区内部资料性出版物准印证第0029689号	2003年4月	月　报	0778-2284430	广西壮族自治区河池市烟草专卖局（公司）
《来宾烟草》	广西壮族自治区内部资料性出版物准印证第0006441号	2006年6月	双月报	0772-4228861	广西壮族自治区来宾市烟草专卖局（公司）
《梧州烟草》	广西壮族自治区内部资料性出版物准印证第00157222号	2009年2月	月　报	0774-3815167	广西壮族自治区梧州市烟草专卖局（公司）、梧州市烟草学会
《桂林烟草》		2006年7月	月　报	0773-3892101	广西壮族自治区桂林市烟草专卖局（公司）
《百色烟草》	广西壮族自治区内部资料性出版物准印证第0026253号	2008年2月	月　报	0776-2939400	广西壮族自治区百色市烟草专卖局（公司）
《真　龙》	广西壮族自治区内部资料性出版物准印证第0018007号	2005年4月	旬　报	0771-2093238	广西中烟工业有限责任公司
《海南烟草》	琼内准印字第B005号	2000年10月	月　刊	0898-65806069	海南省烟草专卖局（公司）、海南省烟草学会
《长江烟草报》	渝内字(07)-(040)号	1992年2月	旬　报	023-62940675	重庆市烟草专卖局（公司）、重庆烟草工业有限责任公司
《重庆烟草》	渝内字(06)-(349)号	1989年	月　刊	023-67982697	重庆市烟草专卖局（公司）、重庆市烟草学会
《四川烟草通讯》		1985年	双月刊	028-86162076	四川省烟草专卖局（公司）、川渝中烟工业公司、四川省烟草学会
《成都烟草》		2006年4月	月　刊	028-82597346	四川省成都市烟草专卖局（公司）、成都市烟草学会
《凉山烟草》	凉新出图2008第54号	—	月　刊	0834-6120045	四川省凉山州烟草专卖局（公司）

续表

报刊名	报刊号/准印证号	创刊日期	刊　期	联系电话	主办单位
《贵州烟草》	黔新出〔报刊〕2005连续性内资准字第220号	1979年	季　刊	0851－6830484	贵州省烟草专卖局（公司）、贵州中烟工业有限责任公司、贵州省烟草学会、贵州省烟草科学研究所
《贵阳烟草》	黔新出〔报刊〕2006内资准字第226号	2005年5月	季　刊	0851－5814816	贵州省贵阳市烟草专卖局（公司）
《遵义烟草》	贵州省〔报刊〕内资字第DK108号	2002年10月	双月刊	0852－8822787	贵州省遵义市烟草专卖局（公司）
《毕节烟草报》	黔新出（2006）内资准字162号	1987年7月	旬　报	0851－8282770	贵州省毕节地区烟草专卖局（公司）
《六盘水烟草通讯》		2006年3月	月　刊	0858－8322012	贵州省六盘水市烟草专卖局（公司）
《黄果树烟草报》	贵州省连续性内资字第SB20号	2005年9月	周　报	0851－6831628	贵州中烟工业有限责任公司、贵州省烟草专卖局（公司）
《贵烟之窗》	贵州省连续性内资字第SB62号	2005年9月	月　刊	0851－5989802	贵州中烟工业有限责任公司
《云南烟草》	云新出（2009）准印连字第A15025号	1987年	双月刊	0871－3129888	云南省烟草专卖局（公司）、云南中烟工业公司、云南省烟草学会
《云南烟草报》	云新出（2004）准印连字第402号	1992年	旬　报	0871－3129888	云南省烟草专卖局（公司）、云南中烟工业公司、云南省烟草学会
《红云红河烟草》	云新出准印连字第A16057号	2009年1月	半月刊	0871－5833193	红云红河烟草（集团）有限责任公司
《今日红云红河》	云新出准印连字第A16056号	2009年1月	双月刊	0871－5833191	红云红河烟草（集团）有限责任公司
《和谐昆烟》	云新出（2010）准印连字第A16088号	1991年1月	双月刊	0871－5812209	红云红河烟草（集团）有限责任公司昆明卷烟厂
《红塔时报》	云南省连续性内部出版物366号	1987年5月	半月报	0877－2968939	红塔烟草（集团）有限责任公司
《价　值》	玉图(报、刊)字2008169	2008年9月	季　刊	0877－2968030	红塔烟草（集团）有限责任公司玉溪卷烟厂

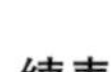

续表

报刊名	报刊号/准印证号	创刊日期	刊 期	联系电话	主办单位
《红塔楚雄时讯》	云新出（2009）准印连字第F36002号	1983年	半月报	0878－3207295	红塔烟草（集团）有限责任公司楚雄卷烟厂
《红塔大理时讯》	云新出（2009）准印连字第L26002号	1984年	半月报	0872－2169903	红塔烟草（集团）有限责任公司大理卷烟厂
《红塔昭通时讯》	云南省连续性内部出版物准印连字第B36001号	1988年2月	半月刊	0870－2130195	红塔烟草（集团）有限责任公司昭通卷烟厂
《烟草农业科学》	云新出（2005）250号	2005年9月	季 刊	0871－8310750	云南省烟草农业科学研究院、中国烟草育种研究（南方）中心
《陕西烟草》	陕新出内印字/第9617号	1990年12月	双月刊	029－85466252	陕西省烟草专卖局（公司）、陕西中烟工业有限责任公司、陕西省烟草学会
《西安烟草》		2004年3月	半月刊	029－82509149	陕西省西安市烟草专卖局（公司）
《咸阳烟草》	陕内资字0324号	2006年5月	半月报	029－33369992	陕西省咸阳市烟草专卖局（公司）
《商洛烟草》		1992年	周 报	0914－2313216	陕西省商洛市烟草专卖局（公司）
《烟雨心声》		2006年	月 报	0917－3250219	陕西省宝鸡市烟草专卖局（公司）
《同心安康》	陕新出内印字0625号		双月刊	0915－3286490	陕西省安康市烟草专卖局（公司）
《榆烟心桥》			月 报	0912－5632623	陕西省榆林市烟草专卖局（公司）
《陕西中烟报》	陕新出内印字第9898号	2005年12月	月 报	029－85466252	陕西中烟工业有限责任公司
《猴王通讯》		2006年9月	月 刊	0917－3469277	陕西中烟工业有限责任公司宝鸡卷烟厂
《甘肃烟草》	甘新出连续性内部资料准印证（刊型）G09059	1992年12月	不定期	0931－8858751	甘肃省烟草专卖局（公司）、甘肃省烟草学会
《飞天烟讯》		1994年	旬 报	0931－2555038	甘肃烟草工业有限责任公司
《青海烟草》	青内资K—173号	1986年	双月刊	0971－6106090	青海省烟草专卖局（公司）、青海省烟草学会

续表

报刊名	报刊号/准印证号	创刊日期	刊　期	联系电话	主办单位
《宁夏烟草》	宁新出管字〔2009〕第124号	1991年	季　刊	0951－5044368	宁夏回族自治区烟草专卖局（公司）、宁夏回族自治区烟草学会
《银川烟草》	宁新出管字〔2009〕第202号	2005年1月	双月刊	0951－5077021	宁夏回族自治区银川市烟草专卖局（公司）
《银烟市场报》		2003年1月	月　报	0951－5077021	宁夏回族自治区银川市烟草专卖局（公司）
《石嘴山烟草报》		2004年7月	月　报	0952－2013123	宁夏回族自治区石嘴山市烟草专卖局（公司）
《吴忠烟草报》		2007年12月	月　报	0953－2013426	宁夏回族自治区吴忠市烟草专卖局（公司）
《中卫烟草报》		2006年3月	月　报	0955－7022901	宁夏回族自治区中卫市烟草专卖局（公司）
《新疆烟草》	新疆内部资料（刊型）准印证第0113号	1988年	季　刊	0991－4810977	新疆维吾尔自治区烟草专卖局（公司）、新疆维吾尔自治区烟草学会
《乌鲁木齐烟草》	新疆内部资料（刊型）准印证第0143号	2009年	季　刊	0991－2811355	新疆维吾尔自治区乌鲁木齐市烟草专卖局（公司）、乌鲁木齐市烟草学会
《深圳烟草》	粤内登字B第11180号	1986年12月	季　刊	0755－82029915	深圳市烟草专卖局（公司）
《深烟风采》	〔2005〕粤印准字第0334号	2002年6月	季　刊	0755－81788330	深圳烟草工业有限责任公司

注：以上媒体名录中包括烟草行业主办的公开发行的报刊和行业内部交流资料等。

2009年度烟草新书目

1. 2008~2009年度中国烟草控制大众传播活动文字类获奖作品汇编/中华人民共和国卫生部编. ——北京：人民卫生出版社，2009

2. Fogarty项目现状评估（一）——定量调查/杨功焕主编. ——北京：中国协和医科大学出版社，2009

3. 安徽省烟草专卖局（公司）年鉴（2007）/卓俭华主编. ——合肥：黄山书社，2009

4. 安康市烟草消费与营销网络建设研究/奚柏龙，卢山冰，黄孟芳主编. ——西安：陕西人民出版社，2009

5. 宾川白肋烟与气候/徐正富，王建明，张玉华等编著. ——北京：气象出版社，2009

6. 博爱九华——中国烟草企业文化系列丛书/齐美生主编. ——北京：中国文联出版社，2009

7. 昌宁县烟草志/普菊英主编. 云南省保山市昌宁县烟草专卖局（分公司）编著. ——昆明：云南民族出版社，2009

8. 成长——中国烟草行业过渡式转型/董建江，张艳主编. ——合肥：合肥工业大学出版社，2009

9. 诚情咸烟——张立群新闻通讯散文作品集/张立群著. ——香港：中国人民出版社，2009

10. 党建探索论文集/王志远，张丕中主编. ——郑州：河南人民出版社，2009

11. 风中最美的等待/曹晖著. ——北京：大众文艺出版社，2009

12. 福建烤烟主要病虫害防治手册/福建省烟草农业科学研究所，福建省烟草学会主编. 陈顺辉，顾钢，赖荣泉编著. ——福州：福建科学技术出版社，2009

13. 福建省地市级烟草公司现代物流运行规范/杨培森主编. 中国烟草总公司福建省公司编著. ——福州：海潮摄影艺术出版社，2009

14. 根植中原——中国烟草企业文化系列丛书/徐鸿飞主编. ——北京：中国文联出版社，2009

15. 广西通志·烟草志（1522~2003）/艾世平主编. 广西壮族自治区地方志编纂委员会编. ——南宁：广西人民出版社，2009

16. 国内外烟用香精香料生产企业/谢剑平，胡军编. ——北京：化学工业出版社，2009

17. 和合丽水——中国烟草企业文化系列丛书/段树苍主编. ——北京：中国文联出版社，2009

18. 红塔集团年鉴·2009/《红塔集团年鉴》编纂委员会编. ——昆明：云南人民出版社，2009

19. 基于GIS的云南烤烟种植区划研究/邵岩主编. 云南省烟草农业科学研究院编著. ——北京：科学出版社，2009

20. 激情燃烧映日红/李俊鑫著. ——北京：中国文联出版社，2009

21. 金箍之神：创新三题/张保振著. ——北京：中国经济出版社，2009

22. 金叶放歌/李彦伟，丁恒杰主编. ——郑州：河南人民出版社，2009

23. 金叶先驱：张云乔与贵阳卷烟厂/贵阳卷烟厂《金叶先驱》编委会编著. ——贵阳：贵州人民出版社，2009

24. 卷烟危害性评价原理与方法/谢剑平主编. ——北京：化学工业出版社，2009

25. 控制烟草消费的税收政策研究/刘虹著. ——广州：中山大学出版社，2009

26. 六盘水优质烤烟综合标准体系/何建华等主编. 贵州省烟草公司六盘水市公司，六盘水市质量技术监督局编. ——贵阳：贵州科技出版社，2009

27. 履责之义：福建烟草商业责任文化“母子融合”体系探索与实践/杨培森主编. ——福州：福建教育出版社，2009

28. 美国现代烟草农业及启示/王丰著. ——北京：中国农业出版社，2009

29. 平顶山优质烤烟综合标准体系：国家烟叶综合标准化平顶山示范区标准资料/王振海主编. 河南省烟草公司平顶山市公司，河南省平顶山市质量技术监督局，中国标准出版社第一编辑室编. ——北京：中国标准出版社，2009

30. 黔西南烟草科技论文集/马莹，田野，李洪勋主编. ——贵阳：贵州科技出版社，2009

31. 汝阳烟叶标准化生产技术/叶红朝，韦凤杰主编. ——郑州：中原农民出版社，2009

32. 山东省烟草专卖局 中国烟草总公司山东省

公司年鉴（2007）/孙公准主编．——北京：中华书局，2009

33. 山东省志·烟草志（1991—2005）/孙公淮主编．山东省地方史志编纂委员会编．——济南：山东人民出版社，2009

34. 涉烟犯罪研究/胡旭曦，张志刚，赵松义主编．李宇先撰稿．——长沙：湖南人民出版社，2009

35. 生命之树：企业文化三问/张保振著．——北京：中国经济出版社，2009

36. 思考·研究·探索——河南中烟工业有限责任公司郑州卷烟厂2009年度政研成果集/魏平建主编．——河南：河南人民出版社，2009

37. 天津通志·烟草志/天津市地方志编修委员会办公室，天津市烟草专卖局编著．——天津：天津古籍出版社，2009

38. 我的金叶情怀——魏锋新闻作品选/魏锋著．——北京：华夏出版社，2009

39. 宣威市烤烟综合标准体系/解应乖，陈升党主编．云南省曲靖市烟草公司宣威分公司，中国标准出版社第一编辑室编．——北京：中国标准出版社，2009

40. 烟草病虫害及其防治/周志成等编著．——北京：中国农业出版社，2009

41. 烟草专卖法规实用指南/问武主编．——合肥：黄山书社，2009

42. 烟草迷苑：三明烟草企业文化灯谜集/朱学勤主编．——福州：海潮摄影艺术出版社，2009

43. 烟草品质生理及其调控研究/陈建军，吕永华，王维著．——广州：华南理工大学出版社，2009

44. 烟草生产实用技术/李淑玲等编著．——广州：广东科技出版社，2009

45. 烟草史补遗/黄洪光著．——宁波：宁波出版社，2009

46. 烟草香料技术原理与应用/谢剑平主编．——北京：化学工业出版社，2009

47. 烟草香原料/谢剑平主编．——北京：化学工业出版社，2009

48. 烟草行业物流标准汇编（2006年~2009年）/范建治主编．全国烟草标准化技术委员会物流分技术委员会，中国烟草标准化研究中心，中国标准出版社第一编辑室编．——北京：中国标准出版社，2009

49. 烟草与资本主义经济/高道德，李世昌著．——武汉：湖北人民出版社，2009

50. 烟草原料初加工/于建军，宫长荣主编．——北京：中国农业出版社，2009

51. 烟草种质资源图鉴/许美玲，李永平等著．——北京：科学出版社，2009

52. 烟草专卖管理员鉴定培训学习指南/湖南烟草职工培训中心专卖项目组．——北京：中央广播电视大学出版社，2009

53. 烟幕：烟草市场大扫描/郑天一，徐祖根编著．——北京：新华出版社，2009

54. 雁翔和韵——中国烟草企业文化系列丛书/王成才主编．——北京：中国文联出版社，2009

55. 钥匙奶油：管理三辨/张保振著．——北京：中国经济出版社，2009

56. 豫西优质烟栽培与烘烤/马中仁主编．——郑州：中原农民出版社，2009

57. 云南晾晒烟栽培学/云南省烟草科学研究所编著．——北京：科学出版社，2009

58. 云南省烟草产业专利战略研究/李义敢，许惠然等著．——昆明：云南民族出版社，2009

59. 真情若水——中国烟草企业文化系列丛书/刘君主编．——北京：中国文联出版社，2009

60. 中国烟草白肋烟种质资源图谱 An illustration handbook of burley tobacco germplasm resources of CNTC/林国平主编．中国烟草白肋烟试验站，湖北省烟草科研所编著．——武汉：湖北科学技术出版社，2009

61. 中国烟草税收：历史沿革、现状及改革/胡德伟主编．——北京：中国税务出版社，2009

62. 中国烟草种植区划图册/王彦亭，谢剑平，李志宏主编．——西安：西安地图出版社，2009

63. 专卖、竞争与烟草发展：真实世界的烟草经济学/李保江著．——上海：上海远东出版社，2009

64. 追求·探索——中国烟草企业文化系列丛书/吴殿信主编．——北京：中国文联出版社，2009

65. 走向规范之路的思考：吉林烟草加强内部管理监督文集/王健男主编．——长春：吉林人民出版社，2009

行业部分单位网站网址

主办单位名称	网站网址
国家烟草专卖局、中国烟草总公司	http：//www. tobacco. gov. cn
国家烟草专卖局科技司	http：//www. tobaccoinfo. com. cn
中国烟叶公司	http：//yanye. tobacco. com. cn
中国烟草投资管理公司	http：//www. ctimc. com
中国烟草国际有限公司	http：//www. cntiegc. com. cn
中烟电子商务有限责任公司	http：//www. tobt. com. cn
中国烟草杂志社	http：//www. echinatobacco. com
中国烟草学会	http：//www. tobacco. org. cn
中国烟草总公司郑州烟草研究院	http：//www. ztri. com. cn
中国烟草总公司职工进修学院	http：//www. ctt. cn
中国烟草总公司合肥设计院	http：//www. tobaccodesign. com. cn
中国烟草博物馆	http：//www. tobaccomuseum. com. cn
《东方烟草报》社有限公司	http：//www. eastobacco. com
北京市烟草专卖局（公司）	http：//www. bjtobacco. com
天津市烟草专卖局（公司）	http：//www. tjtobacco. cn
山西省烟草专卖局（公司）	http：//sx. tobacco. com. cn
内蒙古自治区烟草专卖局（公司）	http：//www. nm. tobacco. com. cn
辽宁省烟草专卖局（公司）	http：//www. lntobacco. gov. cn
吉林省烟草专卖局（公司）	http：//www. jltobacco. com. cn
黑龙江省烟草专卖局（公司）	http：//hl. tobacco. com. cn
江苏省烟草专卖局（公司）	http：//www. js. com. yc
安徽省烟草专卖局（公司）	http：//www. ahyc. com. cn
福建省烟草专卖局（公司）	http：//www. fjycw. com
江西省烟草专卖局（公司）	http：//10. 36. 0. 12
湖南省烟草专卖局（公司）	http：//www. hntobacco. gov. cn
海南省烟草专卖局（公司）	http：//hi. tobacco. com. cn
重庆市烟草专卖局（公司）	http：//www. 966599. com
四川省烟草专卖局（公司）	http：//sc. tobacco. com. cn

续表

主办单位名称	网站网址
云南省烟草专卖局（公司）	http：//www. yn – tobacco. com
陕西省烟草专卖局（公司）	http：//www. snyc. com. cn
甘肃省烟草专卖局（公司）	http：//www. gs. tobacco. com. cn
宁夏回族自治区烟草专卖局（公司）	http：//www. nx – tobacco. com. cn
大连市烟草专卖局（公司）	http：//www. dl. tobacco. com. cn
深圳市烟草专卖局（公司）	http：//sz. tobacco. com. cn
河北中烟工业公司	——
河北中烟工业公司张家口卷烟厂有限责任公司	http：//www. zuanshiyan. com
河北中烟工业公司河北白沙烟草有限责任公司	http：//www. hbbs. cn
上海烟草（集团）公司	http：//www. sh – tobacco. com. cn
江苏中烟工业有限责任公司	http：//www. jszygs. com
浙江中烟工业有限责任公司	http：//www. zjtobacco. com
安徽中烟工业公司	http：//www. ahycgy. com. cn
福建中烟工业公司	http：//www. fjtic. com. cn
龙岩烟草工业有限责任公司	http：//www. lycf. com. cn
厦门烟草工业有限责任公司	http：//www. xmjyc. com
江西中烟工业有限责任公司	http：//jxgy. tobacco. com. cn
江西中烟工业有限责任公司南昌卷烟厂	http：//www. jinsheng. com
山东中烟工业公司	http：//www. sdtobacco. com. cn
河南中烟工业有限责任公司	http：//www. hatic. com
湖北中烟工业有限责任公司	http：//www. hbtobacco. com
湖北中烟工业有限责任公司襄樊卷烟厂	http：//www. xfjyc. com
湖南中烟工业有限责任公司	http：//www. hngytobacco. com
湖南中烟工业有限责任公司长沙卷烟厂	http：//www. baisha. com
湖南中烟工业有限责任公司常德卷烟厂	http：//www. furongwang. com
广东中烟工业有限责任公司	http：//gdgy. tobacco. com. cn
广西中烟工业有限责任公司	http：//www. gxzygygs. com
川渝中烟工业公司	http：//www. cytobacco. com
贵州中烟工业有限责任公司	http：//www. guiyan. com
云南中烟工业公司	http：//www. ynzy – tobacco. com
红塔烟草（集团）有限责任公司	http：//www. hongta. com
红云红河烟草（集团）有限责任公司	http：//www. hyhhgroup. com
陕西中烟工业有限责任公司	http：//www. shaanxizhongyan. com. cn

续表

主办单位名称	网站网址
上海烟草机械有限责任公司	http：//www. sh－ctmc. com. cn
常德烟草机械有限责任公司	http：//www. ccdtm. com
许昌烟草机械有限责任公司	http：//www. xcyj. com
秦皇岛烟草机械有限责任公司	http：//www. qhdyj. com
中国烟草实业发展中心	http：//www. cticc. cn
黑龙江烟草工业有限责任公司	http：//www. lopato. com. cn
红塔辽宁烟草有限责任公司	http：//www. htln. cn
吉林烟草工业有限责任公司	http：//www. jilintobacco. com. cn
甘肃烟草工业有限责任公司	http：//www. gslzcf. com
内蒙古昆明卷烟有限责任公司	http：//www. imkcc. com
深圳烟草工业有限责任公司	http：//www. szjyc. com
山西昆明烟草有限责任公司	http：//www. sxky. cn
南通醋酸纤维有限公司	http：//www. ncfcinfo. com
珠海醋酸纤维有限公司	http：//www. zcfc. com
国家烟草质量监督检验中心	http：//www. cntqstc. org. cn
中国烟草科技信息中心	http：//www. ctstic. org. cn
中国烟草标准化研究中心	http：//www. ctsrc. org. cn

注：以上收录的是行业各直属单位以及工业公司下属卷烟厂已开通外部网站的网址。

文化活动与文化团体

【文化活动】

天津市烟草专卖局（公司）
9 月 29 日，举行庆祝新中国成立 60 周年歌咏大会。
山西省烟草专卖局（公司）
8 月 24 日 ~9 月 11 日，举行山西烟草商业系统第二届职工运动会。
9 月 22 日，举行庆祝新中国成立 60 周年歌咏比赛。
10 月，举办“表里河山、金叶多娇杯”书画、摄影展。
内蒙古自治区烟草专卖局（公司）
6 ~7 月，举行全自治区烟草行业第七届职工运动会。
9 月 29 日，举行“祝福祖国”主题文艺汇演。

续表

辽宁省烟草专卖局（公司）
7月1日，举办庆祝建党88周年暨诗歌朗诵会。
9月29日，举办庆祝新中国成立60周年暨爱国歌曲大家唱活动。
10月，举办庆祝新中国成立60周年书法、摄影、绘画展。
黑龙江省烟草专卖局（公司）
9月25日，举办庆祝新中国成立60周年暨省局机关“歌唱祖国”演唱会。
9月，举办庆祝新中国成立60周年书法、绘画、摄影比赛。
上海烟草（集团）公司
6月6日，集团主办的第四届“百对新人、百年双喜”婚庆文化活动开幕。
7月22日，举办“忆往事、看今朝、话发展”——激情岁月大型主题访谈会。
8月，举办以“我心中的中华烟”为主题的征文活动。
8月，举行职工文化生活摄影图片征集活动，并于9月出版“纪念改革开放三十年”之《上海烟草改革发展图集》和《上海烟草职工生活变迁画册》。
9月26日，举行庆祝新中国成立60周年文艺专场演出。
江苏省烟草专卖局（公司）
1月7日，举行省局（公司）机关第一届职工运动会。
9月22日，举行“喜庆建国60华诞，展示江苏烟草风采”文艺汇演。
11月2日，举行省局（公司）机关第二届职工运动会。
福建省烟草专卖局（公司）
7月23日，举行“祖国好”诗歌、散文朗诵比赛。
8月20日，举行庆祝新中国成立60周年暨企业文化成果发布会文艺晚会。
9月27日，举行“我和我的祖国”综合文艺晚会。
江西省烟草专卖局（公司）
6月30日，举行“加强党性修养、树立四要作风”演讲赛。
9月21～22日，举行全省烟草商业系统“责任烟草”辩论赛。
9月26日、10月17～19日，全省烟草商业系统首届职工运动会分两个阶段举行。
山东省烟草专卖局（公司）
5月15日，举办山东烟草首届老年文化节。
8月13日，举行“凝心聚力谋发展、立足岗位做奉献”演讲比赛。
9月18日，举行山东烟草庆祝新中国成立60周年文艺晚会。
9月，举行山东烟草第二届职工运动会。
河南省烟草专卖局（公司）
8月24日，举行“跨越杯”男女乒乓球比赛。
12月，举行企业文化演讲比赛。

续表

湖南省烟草专卖局（公司）	
6 月 2～5 日，举行全省烟草商业系统首届羽毛球赛。	
7 月 1 日，举行庆祝建党 88 周年“我身边的共产党员”故事会比赛。	
9 月 26～28 日，举办全省烟草商业系统“迎国庆、讲文明、树新风”礼仪知识大赛。	
10 月，举行庆祝新中国成立 60 周年征文和摄影比赛。	
广西壮族自治区烟草专卖局（公司）	
7 月 22 日～12 月 21 日，举行自治区局（公司）机关第一届职工运动会。	
9 月 25 日，举行庆祝新中国成立 60 周年诗歌朗诵比赛。	
11 月 4～5 日，举行广西烟草商业系统企业文化演讲比赛。	
重庆市烟草专卖局（公司）	
7 月 31 日，举行庆祝建军 82 周年歌唱比赛。	
云南省烟草专卖局（公司）	
8 月 1 日～12 月 31 日，举办现代烟草农业建设文学征文活动。	
9 月 24 日，举行“利国惠民、至爱大成”庆祝新中国成立 60 周年文艺汇演。	
11 月 9～27 日，举办“利国惠民、至爱大成”现代烟草农业建设书法、绘画、摄影展。	
西藏自治区烟草专卖局（公司）	
2 月 20 日，举办摄影图片展。	
5 月 4 日，举行“庆五四、促团结、展风采”职工拔河、跳绳比赛。	
陕西省烟草专卖局（公司）	
9 月 29 日，陕西省局（公司）与西安市局（公司）举办庆祝新中国成立 60 周年“爱国歌曲大家唱”活动。	
西安市烟草专卖局（公司）	10 月，举行首届职工运动会。
甘肃省烟草专卖局（公司）	
5 月 4 日，举办“青春在岗位闪光”青年职工登山活动。	
7 月 1 日～10 月 1 日，举办全省烟草商业系统“我和我的祖国”征文活动。	
8 月 17～19 日，举行迎国庆“和谐杯”全省烟草商业系统职工乒乓球比赛。	
9 月 25 日，举办“歌唱祖国”爱国歌曲大家唱活动。	
宁夏回族自治区烟草专卖局（公司）	
4～7 月，举行全自治区烟草商业系统第二届读书月活动。	
9 月 30 日，举办以“爱我中华　齐唱红歌”为主题的歌咏比赛。	
新疆维吾尔自治区烟草专卖局（公司）	
2 月 5 日，举办新疆烟草商业系统首届“十大感动人物”颁奖典礼。	
深圳市烟草专卖局（公司）	
6 月 25 日，举行以“歌颂党，歌颂祖国，歌颂改革开放，歌颂人民幸福生活”为主题的驻深工委系统庆祝建党 88 周年和中华人民共和国成立 60 周年歌咏大赛。	

续表

<table>
<tr><td colspan="2">8月18日，举行深圳市烟草行业庆祝新中国成立60周年诗歌朗诵会。</td></tr>
<tr><td colspan="2">9月27日，举行深圳市烟草行业庆祝新中国成立60周年文艺汇演。</td></tr>
<tr><td colspan="2">大连市烟草专卖局（公司）</td></tr>
<tr><td colspan="2">8月12日，举办“走近红云红河　感受品牌魅力”讲坛活动。</td></tr>
<tr><td colspan="2">9月，举办庆祝新中国成立60周年歌咏大会。</td></tr>
<tr><td colspan="2">河北中烟工业公司</td></tr>
<tr><td colspan="2">8月，举行“践行科学发展观，从我做起”主题演讲比赛。</td></tr>
<tr><td>张家口卷烟厂有限责任公司</td><td>9月27日，举行“爱我祖国、赞我张烟”主题诗歌会。</td></tr>
<tr><td>河北白沙烟草有限责任公司</td><td>9月29日，举行“红歌颂祖国、和谐满白沙”迎国庆职工歌咏大会。</td></tr>
<tr><td colspan="2">江苏中烟工业有限责任公司</td></tr>
<tr><td colspan="2">4月26日，举办“苏烟杯”篮球邀请赛。</td></tr>
<tr><td colspan="2">8月，举行庆祝新中国成立60周年知识竞赛。</td></tr>
<tr><td colspan="2">9月24日，举行“歌唱祖国——江苏中烟工业公司庆祝新中国成立60周年”歌咏比赛。</td></tr>
<tr><td colspan="2">12月，举办“我和我的祖国”征文活动。</td></tr>
<tr><td rowspan="6">南京卷烟厂</td><td>6月7日，举行第一届消防运动会。</td></tr>
<tr><td>7月，举办首届职工读书节。</td></tr>
<tr><td>8月15日，举行庆祝新中国成立60周年知识竞赛。</td></tr>
<tr><td>8月20日，举行职工游泳比赛。</td></tr>
<tr><td>10月23日，举行第三届职工篮球联赛。</td></tr>
<tr><td>11月24日，举行“上水平、争先进、创一流”演讲比赛。</td></tr>
<tr><td rowspan="3">徐州卷烟厂</td><td>1月22日，举行“迎新春·纪念改革开放30周年”合唱比赛。</td></tr>
<tr><td>4月25~26日，举行纪念建厂70周年职工羽毛球比赛。</td></tr>
<tr><td>11月28日，举办纪念建厂70周年文艺汇演。</td></tr>
<tr><td rowspan="4">淮阴卷烟厂</td><td>2月28日，举行庆祝新中国成立60周年歌唱比赛。</td></tr>
<tr><td>5月28日~6月27日，举办“红五月”职工书画展。</td></tr>
<tr><td>8月28日，举行生产车间“三标一体”知识竞赛。</td></tr>
<tr><td>9月6~20日，举行体育消防运动会。</td></tr>
<tr><td colspan="2">浙江中烟工业有限责任公司</td></tr>
<tr><td colspan="2">4~10月，举办以“增长知识、开拓视野、提升素质，服务企业”为主题的读书活动。</td></tr>
<tr><td colspan="2">4~9月，举办庆祝新中国成立60周年暨第三届“我爱我家”职工书画、摄影、展览活动。</td></tr>
<tr><td rowspan="3">杭州制造部</td><td>4~10月，举办“创建学习型班组，争做知识型职工”读书活动。</td></tr>
<tr><td>9~10月，举办庆祝新中国成立60周年系列文体活动。</td></tr>
<tr><td>举办文明职工竞赛活动。</td></tr>
<tr><td>宁波制造部</td><td>11月，举办新闻写作、摄像知识讲座。</td></tr>
</table>

续表

<table>
<tr><th colspan="2">安徽中烟工业公司</th></tr>
<tr><td colspan="2">2 月 11 日，举行“和谐奋进　唱响未来”职工歌咏大赛。</td></tr>
<tr><td colspan="2">9 月 18 ~ 21 日，举行“黄山杯”第一届职工运动会。</td></tr>
<tr><td colspan="2">11 月 23 ~ 27 日，举办“黄山杯”第二届职工技术比武活动。</td></tr>
<tr><td rowspan="2">蚌埠卷烟厂</td><td>1 月 16 日，举行“我安全、我幸福”演讲比赛。</td></tr>
<tr><td>4 月 26 日，举办“庆五一”暨第 22 届职工运动会、第五届红黄山艺术节。</td></tr>
<tr><td rowspan="3">合肥卷烟厂</td><td>10 月 28 日，举办新闻写作暨摄影培训活动。</td></tr>
<tr><td>11 月 3 日，举办“攀登者的世界”征文活动。</td></tr>
<tr><td>12 月 29 日，举办“智慧的攀登者”读书活动。</td></tr>
<tr><td rowspan="4">阜阳卷烟厂</td><td>5 月 4 日，举办纪念“五四”运动 90 周年大会暨弘扬“五四”精神、歌颂伟大祖国——“爱的颂歌”红诗朗诵会。</td></tr>
<tr><td>6 月 30 日，举办庆祝新中国成立 60 周年职工才艺展。</td></tr>
<tr><td>8 月 24 ~ 31 日，举行“黄山杯”职工体育系列比赛。</td></tr>
<tr><td>9 月 25 日，举办“讴歌伟大祖国，展现员工风采”职工合唱比赛。</td></tr>
<tr><td>滁州卷烟厂</td><td>9 月 14 日，举办“畅谈企业愿景，共话个人成长”首届青年论坛活动。</td></tr>
<tr><th colspan="2">福建中烟工业公司</th></tr>
<tr><td colspan="2">9 月，举行“歌颂祖国、欢乐中秋”文艺演出。</td></tr>
<tr><td colspan="2">11 月，举行“践行‘两个至上’——爱国爱企爱岗”主题演讲比赛。</td></tr>
<tr><td rowspan="4">龙岩烟草工业有限责任公司</td><td>举行第八届职工运动会。</td></tr>
<tr><td>举行“喜迎新中国 60 华诞”演讲比赛。</td></tr>
<tr><td>举行“红七匹狼杯”龙舟赛。</td></tr>
<tr><td>举行“金桥杯”足球联赛。</td></tr>
<tr><td>厦门烟草工业有限责任公司</td><td>举行“金桥杯”职工摄影、书画作品比赛。</td></tr>
<tr><th colspan="2">江西中烟工业有限责任公司</th></tr>
<tr><td colspan="2">5 ~ 12 月，举办“诚信友善、开朗开明、创新创造、坚韧进取”员工新形象征文比赛。</td></tr>
<tr><td colspan="2">8 月 13 日，举办“诚信友善、开朗开明、创新创造、坚韧进取”员工新形象演讲比赛。</td></tr>
<tr><td colspan="2">9 月 14 ~ 17 日，举办第三届“金圣杯”烟机设备操作技能竞赛。</td></tr>
<tr><td colspan="2">10 月 16 ~ 17 日，举办第一届“金圣杯”职工运动会。</td></tr>
<tr><td>南昌卷烟厂</td><td>8 月，举办庆祝新中国成立 60 周年职工摄影展和摄影沙龙。</td></tr>
<tr><td rowspan="3">赣南卷烟厂</td><td>1 月 9 日，举办建厂 40 周年摄影作品征集活动。</td></tr>
<tr><td>6 月 26 日，举行“庆七一”乒乓球团体比赛。</td></tr>
<tr><td>9 月 19 日，举办国庆 60 周年和厂庆 40 周年文艺晚会。</td></tr>
<tr><td rowspan="2">广丰卷烟厂</td><td>9 月，举办庆祝新中国成立 60 周年“祝福祖国”主题员工书画、摄影、FLASH 动画制作艺术作品展。</td></tr>
<tr><td>11 月，举行职工厨艺比赛。</td></tr>
</table>

续表

井冈山卷烟厂	4 月 30 日，举行“庆五一”篮球友谊比赛。
	5 月 25 日，举行员工新形象演讲比赛。
	10 月，举行庆祝新中国成立 60 周年系列活动。
	11 月 9 日，举行“祖国颂”书法比赛。
兴国卷烟厂	6 月，举行“树江西中烟员工新形象”主题演讲比赛。
	9 月，举行第五届职工运动会。
	10 月，举行职工书法、摄影比赛。
山东中烟工业公司	
8 月 18 日～10 月 10 日，举办以“与祖国共成长”为主题的庆祝新中国成立 60 周年主题征文比赛。	
9 月 18 日，公司与山东省烟草专卖局（公司）联合举办山东烟草第二届职工运动会。	
9 月，公司与山东省烟草专卖局（公司）联合举行山东烟草庆祝新中国成立 60 周年文艺汇演。	
济南卷烟厂	9 月 27 日，举行“我爱我的祖国”庆祝新中国成立 60 周年红歌会。
青岛卷烟厂	8 月 30 日，举行第二届职工运动会。
	10 月 27 日，举行青岛卷烟厂建厂 90 周年庆典。
青州卷烟厂	5 月 10 日，举行老干部活动中心暨老年大学揭牌仪式。
滕州卷烟厂	6 月 28 日，举行“庆七一”“三尚杯”职工篮球比赛。
	7 月 23 日，举办职工书法、绘画、摄影展。
河南中烟工业有限责任公司	
9～10 月，举行“黄金叶杯”羽毛球、篮球、乒乓球比赛。	
9 月 14～16 日，举办中韩烟草第 11 届体育交流活动。	
新郑卷烟厂	4～10 月，举行第 24 届“金芒果杯”运动会。
郑州卷烟厂	9 月 28 日，举行庆祝新中国成立 60 周年“黄金叶 · 天叶情”文艺演出。
许昌卷烟厂	7 月，举行“庆七一、迎国庆”职工羽毛球比赛。
	8 月，举行“安全在我心中”演讲比赛。
	9 月 27 日，举行“歌唱伟大祖国，共建和谐许烟”合唱比赛。
安阳卷烟厂	3～9 月，举行第二十六届职工运动会。
南阳卷烟厂	4 月 26 日，举行第二届“和谐之春”运动会。
	6 月 28 日，举行“红歌颂党恩”歌咏比赛。
	9 月 28 日，举办庆祝新中国成立 60 周年书画、摄影、征文展。
驻马店卷烟厂	7 月 15 日，举行庆祝新中国成立 60 周年书画比赛。
	9 月 29 日，举办庆祝新中国成立、建厂 60 周年图片展。
	11 月 30 日，举行职工乒乓球比赛。
漯河卷烟厂	4 月 26 日，举办职工书法、美术、摄影作品展。
	4 月 28 日，举行“迎五一、庆厂庆”乒乓球比赛。
	6 月 26 日，举行“庆七一”诗歌朗诵比赛。
	9 月 28 日，举行“我和我的祖国”职工文艺汇演。

续表

<table>
<tr><td colspan="2" rowspan="3">洛阳卷烟厂</td><td>3 月 27 日，举行消防安全运动会。</td></tr>
<tr><td>6 月 29 日，举行庆祝建党 88 周年红歌大赛。</td></tr>
<tr><td>9 月 23 日，举行“迎黄金时代，颂盛世辉煌”庆祝新中国成立 60 周年文艺汇演。</td></tr>
<tr><td colspan="3">湖北中烟工业有限责任公司</td></tr>
<tr><td colspan="3">5 月 8 ~ 10 日，举行“黄鹤楼创新杯”首届职工羽毛球赛。</td></tr>
<tr><td colspan="3">10 月 23 日，举行“唱红歌 颂祖国”文艺晚会。</td></tr>
<tr><td colspan="3">湖南中烟工业有限责任公司</td></tr>
<tr><td colspan="3">8 月 11 ~ 13 日，举行“白沙杯”象棋赛。</td></tr>
<tr><td colspan="3">8 月 18 ~ 26 日，举行“芙蓉杯”篮球赛。</td></tr>
<tr><td colspan="3">6 月 ~ 10 月，举办“回眸与展望”摄影、征文、展览活动。</td></tr>
<tr><td colspan="3">9 月 24 日，举行庆祝新中国成立 60 周年“金色湘烟”文艺晚会。</td></tr>
<tr><td colspan="2" rowspan="3">长沙卷烟厂</td><td>6 月 19 ~ 21 日，举行“激情白沙杯”男子篮球赛。</td></tr>
<tr><td>8 月 15 ~ 16 日，举行“激情白沙杯”羽毛球赛。</td></tr>
<tr><td>8 ~ 10 月，举办庆祝新中国成立 60 周年合唱、演讲、征文活动。</td></tr>
<tr><td colspan="2" rowspan="2">常德卷烟厂</td><td>9 月 5 ~ 8 日，举行职工乒乓球比赛。</td></tr>
<tr><td>10 月 26 ~ 29 日，举行职工羽毛球比赛。</td></tr>
<tr><td colspan="2">郴州卷烟厂</td><td>9 月 16 日，举行庆祝新中国成立 60 周年暨建厂 70 周年职工歌咏晚会。</td></tr>
<tr><td colspan="2" rowspan="2">零陵卷烟厂</td><td>9 月 30 日，举行庆祝新中国成立 60 周年千人环厂长跑赛。</td></tr>
<tr><td>6 ~ 10 月，组织开展第五届体育文化活动月。</td></tr>
<tr><td colspan="2">四平卷烟厂</td><td>1 月 23 日，举行“弘扬奥运精神、厉行节约”演讲比赛。</td></tr>
<tr><td colspan="3">广东中烟工业有限责任公司</td></tr>
<tr><td colspan="3">5 月 26 日，举行“我与中烟共奋进”演讲比赛。</td></tr>
<tr><td colspan="3">11 月，举行羽毛球、乒乓球比赛。</td></tr>
<tr><td rowspan="9">广州卷烟二厂</td><td rowspan="4">生产一部</td><td>5 月 9 日，举行“双喜杯”篮球比赛。</td></tr>
<tr><td>5 月 10 日，举行“双喜杯”足球比赛。</td></tr>
<tr><td>4 ~ 10 月，举行足球联赛、篮球联赛。</td></tr>
<tr><td>11 月 15 日，举行乒乓球、羽毛球团体赛。</td></tr>
<tr><td rowspan="4">生产二部</td><td>6 月 13 日，举行职工羽毛球比赛。</td></tr>
<tr><td>7 月 25 日，举行职工兵乓球比赛。</td></tr>
<tr><td>9 月 4 日，举行职工游泳比赛。</td></tr>
<tr><td>11 月 24 ~ 28 日，举行职工篮球比赛。</td></tr>
<tr><td>南海生产部</td><td>5 ~ 8 月，举行庆祝新中国成立 60 周年征文比赛。</td></tr>
<tr><td colspan="2" rowspan="5">韶关卷烟厂</td><td>5 月，举行羽毛球比赛。</td></tr>
<tr><td>6 月，举行足球比赛。</td></tr>
<tr><td>7 月，举行象棋和围棋比赛。</td></tr>
<tr><td>8 月，举行篮球比赛。</td></tr>
<tr><td>9 月，举办庆祝新中国成立 60 周年歌咏大会。</td></tr>
</table>

续表

<table>
<tr><td>梅州卷烟厂</td><td>1～3月，举办第一届职工摄影比赛及作品展。</td></tr>
<tr><td rowspan="3">湛江卷烟厂</td><td>5月26日，举办“强体魄　迎省运　促和谐”职工运动会。</td></tr>
<tr><td>8月6日，举行“增强责任意识”辩论赛。</td></tr>
<tr><td>12月30日，举行“优秀文化之光”文艺晚会。</td></tr>
<tr><td colspan="2">广西中烟工业有限责任公司</td></tr>
<tr><td colspan="2">3月，举办“真龙杯”广西烟草职工围棋赛。</td></tr>
<tr><td colspan="2">7月，举办“我和我的祖国”征文活动。</td></tr>
<tr><td colspan="2">8月，举办纪念新中国成立60周年知识竞赛活动。</td></tr>
<tr><td colspan="2">9月，举办庆祝新中国成立60周年职工书画展。</td></tr>
<tr><td colspan="2">9月，举行“我和我的祖国”配乐诗歌、散文朗诵比赛。</td></tr>
<tr><td colspan="2">9月，举行庆祝新中国成立60周年“爱国歌曲大家唱”合唱比赛。</td></tr>
<tr><td colspan="2">11月，举行“真龙杯”足球联赛。</td></tr>
<tr><td rowspan="2">柳州卷烟分厂</td><td>9月，举行“在灿烂阳光下”职工文艺汇演。</td></tr>
<tr><td>11月，举行“艰苦奋斗　感恩奉献”主题演讲比赛。</td></tr>
<tr><td colspan="2">川渝中烟工业公司</td></tr>
<tr><td colspan="2">1月15日，举行“我与企业共成长”主题演讲比赛。</td></tr>
<tr><td colspan="2">3月27日，举行首届职工运动会。</td></tr>
<tr><td colspan="2">4月24日，由国家局、总公司举办，四川省烟草专卖局（公司）、川渝中烟工业公司承办了首届“骄子杯”全国烟草职工围棋赛。</td></tr>
<tr><td colspan="2">5月11日，举行《中国精神——5·12中国娇子爱心行动》文艺晚会。</td></tr>
<tr><td colspan="2">9月24日，举行迎国庆激情文化知识竞赛活动。</td></tr>
<tr><td colspan="2">9月28日，举办“迎国庆”歌咏活动。</td></tr>
<tr><td colspan="2">贵州中烟工业有限责任公司</td></tr>
<tr><td colspan="2">8月3日～12月20日，举办“唱主旋律，展时代风采”主题征文活动。</td></tr>
<tr><td colspan="2">8月6～7日，举行“运动无处不在，生活更加精彩”职工羽毛球、游泳比赛。</td></tr>
<tr><td colspan="2">9月24日，举行庆祝新中国成立60周年合唱汇演。</td></tr>
<tr><td colspan="2">10月29日，举行“庆国庆，促交流”职工乒乓球比赛。</td></tr>
<tr><td rowspan="3">贵阳卷烟厂</td><td>5月12日～6月14日，举行职工运动会。</td></tr>
<tr><td>7月16日，举行“安康杯”职工演讲比赛。</td></tr>
<tr><td>9月13日，举办庆祝新中国成立60周年职工文艺汇演。</td></tr>
<tr><td rowspan="2">遵义卷烟厂</td><td>9月，举行职工书画、摄影比赛。</td></tr>
<tr><td>9月，举行“我和我的祖国”大型文艺汇演。</td></tr>
<tr><td>毕节卷烟厂</td><td>4月26日，举行职工登山比赛。</td></tr>
<tr><td rowspan="2">贵定卷烟厂</td><td>4月23～30日，举行职工拔河和篮球比赛。</td></tr>
<tr><td>6月2日，举行“学习实践科学发展观，贵在岗位”演讲比赛。</td></tr>
</table>

续表

铜仁卷烟厂	5月26日，举行第七届职工运动会。
兴义卷烟厂	2月，举行羽毛球、乒乓球比赛。
	9月，举行庆祝新中国成立60周年书画摄影比赛。
	10月，举行钓鱼、象棋、羽毛球比赛。
陕西中烟工业有限责任公司	
宝鸡卷烟厂	10月10日，举办庆祝新中国成立暨建厂60周年庆典活动。
中国烟草实业发展中心	
7月起，举办中烟实业系统“回顾昨天、珍惜今天、展望未来、和合共赢”系列主题活动。	
7月2~5日，在哈尔滨举办中烟实业系统首届篮球友谊赛。	
黑龙江烟草工业有限责任公司	7月26日，举行夏季首届职工运动会。
	9月11日，举行“腾飞·轨迹”诗歌散文朗诵比赛。
	9月28日，举行“唱祖国繁荣伟业，颂企业发展成就”主题合唱歌会。
	11月19日，举行“回顾昨天、珍惜今天、把握未来、和合共赢”主题演讲比赛。
红塔辽宁烟草有限责任公司	3月10日，举办庆祝新中国成立60周年红塔演出季文化活动。
	5月5日，举行“红塔山杯”足球友谊赛。
甘肃烟草工业有限责任公司	9月22日，举办“回顾昨天、珍惜今天、展望未来、和合共赢”主题活动图片展。
	11月20日，举行“回顾昨天、珍惜今天、展望未来、和合共赢”主题活动演讲比赛。
内蒙古昆明卷烟有限责任公司	4月8~15日，举行乒乓球比赛。
	6月25日，举行第七届职工运动会。
	7月30日，举办庆祝新中国成立60周年暨第九届书法、绘画和摄影比赛。
	10月13~27日，举行羽毛球比赛。
	11月9~13日，举行棋类比赛。
山西昆明烟草有限责任公司	4月17日，举行“践行企业文化，创造岗位精彩”交流演讲会。
	6月1~15日，举办“我推荐我评议身边好人”故事征集活动。
	12月28日，举行“让青春在岗位上闪光”主题演讲比赛。
海南红塔卷烟有限责任公司	3月15日~5月7日，举行首届“快乐杯”篮球联赛。
	7月18日~8月23日，举行首届“红塔杯”足球联赛。
	9月24~27日，举行庆祝新中国成立60周年乒乓球团体赛。
	9月27日，举办庆祝新中国成立60周年文艺晚会。

【文化团体】

安徽省烟草专卖局（公司）		
	乒乓球协会	成立于2009年3月，现有成员39人。
	篮球协会	成立于2009年3月，现有成员10人。
	羽毛球协会	成立于2009年3月，现有成员47人。
	网球协会	成立于2009年3月，现有成员37人。
	保龄球协会	成立于2009年3月，现有成员17人。
	书画摄影协会	成立于2009年3月，现有成员29人。
	钓鱼协会	成立于2009年3月，现有成员51人。
	棋牌协会	成立于2009年3月，现有成员31人。
	音乐舞蹈协会	成立于2009年3月，现有成员23人。
河南省烟草专卖局（公司）		
	摄影协会	成立于2007年4月4日，现有成员65人。2009年全年举办摄影培训班1期，组织采风活动4次，举办摄影展5次。
陕西省烟草专卖局（公司）		
西安市烟草专卖局（公司）	“丝路情”职工业余艺术团	成立于2009年8月，现有成员116人，包括合唱队、歌唱队、舞蹈队、曲艺小品队、器乐队。
渭南市烟草专卖局（公司）	老年门球队	成立于1988年，现有成员11人。
深圳市烟草专卖局（公司）		
	摄影分部	成立于1997年，现有成员69人。全年举办摄影培训班1期，组织采风活动2次，举办摄影展2次。
	文艺分部	成立于1997年，现有成员110人。全年培训人员60人，参加古筝、扬琴、二胡、舞蹈、声乐、笛子、琵琶、阮、瑜伽等各类培训，组织比赛6次。
	体育分部	成立于1997年。全年举办深圳市烟草行业乒乓球赛。
	书画分部	成立于1997年，现有成员54人。
江苏中烟工业有限责任公司		
	篮球队	成立于2008年6月，现有成员15人。
	羽毛球队	成立于2008年6月，现有成员40余人。
	乒乓球队	成立于2008年6月，现有成员30余人。
南京卷烟厂	摄影爱好者协会	成立于2009年4月22日，现有成员42人。全年举办摄影培训班1期，组织采风活动1次，举办摄影展1次。
	羽毛球协会	成立于2008年8月，现有成员36人。
	文艺爱好者协会	成立于2009年3月20日，现有成员42人。全年举办培训班1期，组织采风活动2次。

续表

<table>
<tr><td rowspan="2">徐州卷烟厂</td><td>乒乓球协会</td><td>成立于2009年，是徐州卷烟厂第一个群众性组织，现有成员78人。</td></tr>
<tr><td>安捷快乐车吧</td><td>成立于2009年12月，是全市第一个交通管理服务站。</td></tr>
<tr><td rowspan="4">淮阴卷烟厂</td><td>乒乓球协会</td><td>成立于2002年，现有成员145人，全年开展对内、外活动6次。</td></tr>
<tr><td>羽毛球协会</td><td>成立于2006年，现有成员128人，全年开展对内、外活动7次，获得淮安市“羽协杯”、“商行杯”比赛团体亚军。</td></tr>
<tr><td>老年军鼓、腰鼓队</td><td>成立于2004年，现有成员88人。</td></tr>
<tr><td>足球协会</td><td>成立于2007年，现有成员56人。</td></tr>
<tr><td colspan="3">浙江中烟工业有限责任公司</td></tr>
<tr><td colspan="2">书画艺术沙龙</td><td>成立于2008年5月，现有成员8人，全年组织开展活动3次。</td></tr>
<tr><td colspan="2">摄影艺术沙龙</td><td>成立于2008年5月，现有成员28人，全年组织开展活动12次。</td></tr>
<tr><td colspan="2">登山队</td><td>成立于2008年6月，现有成员8人，全年组织开展活动9次。</td></tr>
<tr><td colspan="2">羽毛球队</td><td>成立于2008年5月，现有成员10人，全年组织开展活动3次。</td></tr>
<tr><td colspan="2">网球队</td><td>成立于2008年6月，现有成员10人，全年组织开展活动2次。</td></tr>
<tr><td colspan="2">乒乓球队</td><td>成立于2008年6月，现有成员5人，全年组织开展活动1次。</td></tr>
<tr><td colspan="2">篮球队</td><td>成立于2008年5月，现有成员20人，全年组织开展活动3次。</td></tr>
<tr><td rowspan="5">杭州制造部</td><td>书画摄影协会</td><td>成立于1982年3月，现有成员45人，全年组织开展活动6次。</td></tr>
<tr><td>足球协会</td><td>成立于2006年5月，现有成员27人，全年组织开展活动12次。</td></tr>
<tr><td>羽毛球协会</td><td>成立于2006年5月，现有成员42人，全年组织开展活动120次。</td></tr>
<tr><td>钓鱼协会</td><td>成立于2006年5月，现有成员57人，全年组织开展活动4次。</td></tr>
<tr><td>登山协会</td><td>成立于2004年3月，现有成员21人，全年组织开展活动1次。</td></tr>
<tr><td rowspan="3">宁波制造部</td><td>摄影协会</td><td>成立于2005年1月，现有成员18人，全年组织开展摄影采风、摄影活动4次。</td></tr>
<tr><td>篮球协会</td><td>成立于2004年10月，现有成员20人，全年组织开展篮球友谊赛12次。</td></tr>
<tr><td>钓鱼协会</td><td>现有成员60人。</td></tr>
<tr><td colspan="3">江西中烟工业有限责任公司</td></tr>
<tr><td rowspan="7">南昌卷烟厂</td><td>羽毛球协会</td><td>成立于2006年，现有成员12人。2009年获得江西中烟第一届运动会团体第一名。</td></tr>
<tr><td>篮球队</td><td>成立于2007年，现有成员30人。</td></tr>
<tr><td>乒乓球协会</td><td>成立于2007年，现有成员30余人，分甲级和乙级两队。</td></tr>
<tr><td>驾驶协会</td><td>成立于2009年3月。</td></tr>
<tr><td>摄影协会</td><td>成立于2009年4月，现有成员28人。全年开展摄影培训3次、月赛1次、集体采风1次。</td></tr>
<tr><td>班组长协会</td><td>成立于2009年11月。</td></tr>
<tr><td>电气协会</td><td>成立于2009年12月。</td></tr>
</table>

续表

赣南卷烟厂	老年体协	成立于2005年4月，现有成员136人，包括职工舞蹈、管乐、腰鼓、合唱等队组。全年组织开展各类宣传活动5次。
	钓鱼协会	成立于2006年8月，现有成员41人。
	乒乓球协会	成立于2008年5月，现有成员74人。全年组织活动3次。
广丰卷烟厂	足球协会	成立于2009年10月。
井冈山卷烟厂	篮球协会	成立于2009年7月，现有成员29人。
	乒乓球协会	成立于2009年7月，现有成员10人。
	羽毛球协会	成立于2009年7月，现有成员13人。
	网球协会	成立于2009年7月，现有成员13人。
兴国卷烟厂	老年协会	成立于2006年。
	篮球队	成立于2008年，现有成员10人。
	乒乓球队	成立于2008年，现有成员10人。
	羽毛球队	成立于2009年，现有成员8人。
山东中烟工业公司		
济南卷烟厂	社区老年艺术团	成立于2001年11月，现有成员40人。
	乒乓球队	成立于2006年，现有成员10余人。
青岛卷烟厂	职工艺术团	成立于2008年，现有成员100余人，包括职工合唱团、管乐队、舞蹈队。
	体育协会	成立于2008年，现有成员180余人，包括篮球、足球、排球、羽毛球、乒乓球、毽球、田径等分协会。
	老年大学	成立于2006年。
青州卷烟厂	八喜足球队	成立于1996年，现有成员18人。
	东方篮球队	成立于1996年，现有成员12人。
	八喜歌舞团	成立于2000年，现有成员60余人。
	八喜军乐团	成立于2000年，现有成员48人。
	八喜老年门球队	成立于1995年5月，现有成员26人。
	八喜老年秧歌队	成立于2001年3月，现有成员50余人。
	八喜老年文艺宣传队	成立于1997年4月，现有成员70余人。
滕州卷烟厂	老年门球队	成立于1997年，现有队员50余人。
	乒乓球俱乐部	成立于2004年，现有成员60余人。
	老年腰鼓队	成立于2003年，现有队员100余人。
	合唱团	成立于2008年，现有成员50余人。
河南中烟工业有限责任公司		
新郑卷烟厂	体育运动协会	成立于2007年3月，下设篮球、排球、乒乓球、羽毛球、棋牌、田径、网球等7个分会。
	老年大学	成立于2008年12月。

续表

郑州卷烟厂	工人技术协会	成立于2007年5月，下设制丝、卷包、印刷、动能、实业5个专业协会。
	体育协会	成立于2007年5月，下设篮球、乒乓球等协会。
	文化艺术协会	成立于2007年5月，下设书法绘画、摄影、器乐、表演和写作5个分协会。
许昌卷烟厂	文艺协会	成立于2005年。
	摄影协会	成立于2006年。
	乒乓球协会	成立于2005年。
	羽毛球协会	成立于2006年4月，现有成员200余人。
	篮球协会	成立于2006年。
	足球协会	成立于2002年8月。
安阳卷烟厂	老年夕阳红艺术团	成立于2009年，现有成员280人，拥有舞蹈队、合唱队、鼓乐队、模特队等8个队。
	老年体育协会	成立于2009年，现有成员433人，拥有门球队、柔力球队、健身球队、国标麻将队、乒乓球队等12个队。
	老年大学	成立于2009年5月，开设有合唱班、模特班、国标麻将班、剪纸班、太极拳班、健身班等，有学员500余人。
	"红旗渠"艺术团	成立于1984年，原名金钟艺术团，现有成员250余人，下设合唱团、民乐团、打击乐团等。
	体育协会	成立于1984年，下设乒乓球、羽毛球、篮球、足球4个俱乐部和排球、台球、游泳等9个运动队。
南阳卷烟厂	乒乓球协会	成立于2006年4月，现有成员40余人。
	篮球协会	成立于2006年4月，现有成员120人。
	足球协会	成立于2006年4月，现有成员35人。
	羽毛球协会	成立于2006年4月，现有成员80余人。
	摄影协会	成立于2006年4月，现有成员40余人。
	文化艺术协会	成立于2006年9月，下设文艺、书画、文学等3个分部，现有成员400余人。
	青年卓越读书社	成立于2007年9月。
驻马店卷烟厂	新闻写作及摄影协会	成立于2008年4月，现有成员45人。
	篮球协会	成立于2004年3月，有7支球队、60名成员。
	乒乓球协会	成立于2004年3月，现有成员56人。
	书画协会	成立于2005年8月。
	羽毛球协会	成立于2005年10月，现有成员66人。
	中老年文艺演出队	成立于2003年，现有成员60人。
漯河卷烟厂	夕阳红艺术团	成立于1996年，包括乐器队、戏曲队、秧歌舞蹈队、合唱队、民间艺术队、太极拳剑队、腰鼓队、铜器队等8个大队。

续表

<table>
<tr><th colspan="4">湖南中烟工业有限责任公司</th></tr>
<tr><td colspan="2" rowspan="7">郴州卷烟厂</td><td>离退办文艺协会</td><td>成立于2007年4月，现有成员160人，包括舞蹈、器乐、柔力球3个组。</td></tr>
<tr><td>离退办文化协会</td><td>成立于2006年9月，现有成员25人。</td></tr>
<tr><td>离退办门球协会</td><td>成立于1988年4月，现有成员21人。</td></tr>
<tr><td>离退办养生协会</td><td>成立于2007年6月，现有成员60人。</td></tr>
<tr><td>离退办乒羽协会</td><td>成立于2007年6月，现有成员47人。</td></tr>
<tr><td>离退办钓鱼协会</td><td>成立于1988年5月，现有成员83人。</td></tr>
<tr><td>离退办腰鼓协会</td><td>成立于2005年3月，现有成员63人。</td></tr>
<tr><td colspan="2" rowspan="2">零陵卷烟厂</td><td>足球协会</td><td>成立于1995年，由7个足球队组成。</td></tr>
<tr><td>中老年体育协会</td><td>下设门球、钓鱼、气排球、乒乓球、羽毛球、中国竞技麻将、健身与健美等7个协会。</td></tr>
<tr><th colspan="4">广东中烟工业有限责任公司</th></tr>
<tr><td colspan="3">美术书法诗词摄影协会</td><td>成立于2006年8月，下设7个分会，现有成员113人。</td></tr>
<tr><td rowspan="4">广州卷烟二厂</td><td rowspan="4">南海生产部</td><td>足球队</td><td>现有成员15人。</td></tr>
<tr><td>篮球队</td><td>现有成员13人。</td></tr>
<tr><td>羽毛球队</td><td>现有成员13人。</td></tr>
<tr><td>乒乓球队</td><td>现有成员9人。</td></tr>
<tr><td colspan="2">梅州卷烟厂</td><td>文体协会</td><td>成立于2009年5月，下设书法美术协会，摄影协会，足球协会、篮球协会、乒乓球协会、羽毛球协会、钓鱼协会、自行车协会8个分会。</td></tr>
<tr><td colspan="2">湛江卷烟厂</td><td>业余爱好团队</td><td>下设足球、篮球、羽毛球、钓鱼、风筝、书法摄影6个团队。</td></tr>
<tr><th colspan="4">广西中烟工业有限责任公司</th></tr>
<tr><td colspan="2">摄影协会</td><td colspan="2">成立于2009年1月，现有成员35人。</td></tr>
<tr><td colspan="2">气排球协会</td><td colspan="2">成立于2009年6月，现有成员90人。</td></tr>
<tr><td colspan="2">形体协会</td><td colspan="2">成立于2009年8月，现有成员65人。</td></tr>
<tr><td colspan="2">足球协会</td><td colspan="2">成立于2009年11月，现有成员136人。</td></tr>
<tr><th colspan="4">贵州中烟工业有限责任公司</th></tr>
<tr><td colspan="2">桥牌协会</td><td colspan="2">成立于2009年5月，现有成员42人。</td></tr>
<tr><td colspan="2" rowspan="2">贵阳卷烟厂</td><td>合唱协会</td><td>成立于2006年8月，现有成员134人。</td></tr>
<tr><td>老年门球队</td><td>成立于1988年，现有成员16人。</td></tr>
<tr><td colspan="2" rowspan="2">毕节卷烟厂</td><td>羽毛球协会</td><td>成立于2008年12月，现有成员37人。</td></tr>
<tr><td>乒乓球协会</td><td>成立于2008年12月，现有成员48人。</td></tr>
</table>

续表

贵定卷烟厂	摄影协会	成立于2004年5月，现有成员21人。
	书法协会	成立于2004年，现有成员32人。
	钓鱼协会	成立于2002年6月，现有成员120人。
	乒乓球协会	成立于2008年4月，现有成员115人。
	棋牌协会	成立于2003年5月，现有成员26人。
铜仁卷烟厂	摄影协会	成立于2006年1月，现有成员22人。
	乒乓球协会	成立于2005年6月，现有成员40人。
	钓鱼协会	成立于2006年6月，现有成员50人。
	游泳协会	成立于2005年7月，现有成员26人。
	足球协会	成立于2006年6月，现有成员25人。全年开展活动2次。
	羽毛球协会	成立于2009年7月，现有成员53人。全年开展活动2次。
兴义卷烟厂	足球协会	现有成员18人。
	篮球协会	现有成员16人。
	羽毛球协会	现有成员11人。
	乒乓球协会	现有成员12人。
	游泳协会	现有成员13人。
	书法、摄影协会	现有成员19人。
	象棋协会	现有成员10人。
	垂钓协会	现有成员19人。
	文艺协会	现有成员10人。

4月30日，2009年“无烟花季 健康成长——‘太阳花杯’”公益活动启动仪式暨浦东新区青少年迎接世博会倒计时一周年主题活动在上海举行

毛保红 摄

11月25日，中国作家协会、中国烟草总公司、中华文学基金会在贵州省58所中小学校共同捐建“金叶育才图书室”仪式在贵州织金县举行

毛保红 摄

1月21日，黑龙江省局（公司）向第24届世界大学生冬季运动会捐款100万元

黑龙江省局 肖冰 摄

江苏中烟捐资150万元援建云南玉龙县黎明中学教学楼竣工仪式在云南丽江举行

江苏中烟　王洪武　摄

11月21日，浙江杭州市局（公司）向淳安中学贫困学子捐款30万元

浙江杭州市局　管放军　摄

11月24日，浙江湖州市局（公司）员工积极参加无偿献血活动

浙江湖州市局　黄晓辉　摄

4月24日，浙江中烟举行2009利群阳光·助学行动启动发布会

浙江中烟　张健源　摄

9月18日，浙江中烟捐助的四川西昌市利群阳光鹿鹤希望小学竣工

浙江中烟　黄建阳　摄

6月16日，安徽中烟芜湖卷烟厂捐献爱心包裹

安徽中烟芜湖卷烟厂 刘魁 摄

2009年度“金圣学子”接受爱心企业的捐助

江西中烟 傅鹈 摄

山东中烟济南卷烟厂干部职工通过自愿捐款和交纳“特殊党费”、“特殊会费”等方式支援灾区恢复重建

山东中烟 供稿

河南中烟举行“黄金叶·学子情”2009年金秋爱心助学活动

河南中烟 供稿

7月27日，由湖南省局（公司）资助的“2009金叶慈善医疗卡项目”在湖南长沙正式启动

湖南省局 供稿

9月21日，由广东省局（公司）捐资150万元建设的大澳村文化公园举行奠基仪式

广东省局 余仁伟 摄

3月16日，广东中烟全资捐建四川德昌“双喜希望小学”

广东中烟　供稿

广西中烟柳州卷烟分厂干部职工向灾区捐款

广西中烟柳州卷烟分厂　何奕捷　摄

3月3日，重庆市局（公司）向重庆革命老区捐款

重庆市局　邹毅　摄

6月7日，重庆市局（公司）和红塔集团共同向重庆市教委捐款300万元建设希望小学

重庆市局 陈平 摄

7月26日，四川凉山中国娇子希望小学落成

四川省局 供稿

西藏区局（公司）举行援建达孜县敬老院捐赠仪式

西藏区局 罗布 摄

"7·5"事件后，新疆区局（公司）向乌鲁木齐市政府捐款

新疆区局 毛雪峰 摄

深圳市局（公司）设立、发放"好日子"助学基金和奖学金

深圳市局 高建华 摄

由天泽公司部分资助的津巴布韦"中国烟草希望小学"师生合影

天泽公司 供稿

公益事业

公益事业

国家烟草专卖局、中国烟草总公司

2009年，国家烟草专卖局、中国烟草总公司本级共捐款7500余万元，用于各项社会公益活动。

定点帮扶：配合国务院扶贫办做好整村推进工作，在湖北省十堰市郧西、竹溪两个贫困县各认领6个贫困村，确保在2010年底前完成三类贫困村的脱贫整村推进工作，总投资600万元，其中2009年投资200万元。制定2009年扶贫工作方案，投资600万元，在两县共实施扶贫项目5类57个，主要用于改善农民基本生活条件、医疗卫生、教育等。针对夏季洪涝灾害，拨付救灾资金40万元，帮助两县受灾群众恢复生产和建设被毁坏的基础设施。

资助教育事业：向中华文学基金会捐款1000万元，用于云南、贵州、青海、福建、陕西和河北六省建设“金叶育才图书室”338个，购买图书74.6万册、书架1350套、电脑130台，使贫困地区83.5万名中小学生受益。向中华国际科学交流基金会捐款200万元，用于在四川、云南、河北省的37个中小学建设“春雨工程·金叶科技援助站”，购买电脑851台。向中国扶贫基金会捐款80万元，资助200名来自湖北省十堰市郧西县和竹溪县的贫困大学生。在郧西、竹溪两县的高中各开办两个“金叶自强班”，资助200名品学兼优的特困高中生。向宋庆龄基金会捐资180万元，用于在全国中小学生中开展“太阳花杯”劝阻青少年吸烟活动。向援助西藏发展基金会捐资96万元，用于在西藏日喀则等地的3所学校安装太阳能设备和太阳能灶，为45所小学配备了618套太阳能灶以及1000套藏语科普图书。

资助环保事业：向中国绿化基金会捐资100万元，在河北省张家口市涿鹿县建设华夏绿洲生态园，种植4种果树约1万株，建成生态采摘园112亩。

国家烟草专卖局、中国烟草总公司机关2009年开展公益活动情况：扶贫济困，开展“送温暖、献爱心”活动，职工个人捐款3.95万元。资助教育事业，中国烟草杂志社向河北省赤城县白草镇中心小学捐赠25台旧电脑和上网设备、电脑桌椅等价值共10余万元的物品，用于支持该校设立微机室。

中国烟草实业发展中心

黑龙江烟草工业有限责任公司：资助乡村建设，投资18万元，修建北移民屯东、西和肖家屯3座方涵桥，修筑黄道岭、松树沟和齐家屯的通屯砂石路；投资2万元，用于吉兴村栽种绿化树；投资50万元，用于吉兴村头道河子屯整体改造；改造吉兴村头道河子屯西130亩土地，支援建设处综合农业观光园。

红塔辽宁烟草有限责任公司：扶贫济困，向辽宁省内13个地区的贫困卷烟零售户捐赠物资和现金，共计15万元。资助教育事业，向沈阳、朝阳、阜新、铁岭四地贫困小学捐赠冬季取暖煤费83.3万元。

吉林烟草工业有限责任公司：支援老区建设，共出资1520万元用于老区重点民生工程建设。

内蒙古昆明卷烟有限责任公司：扶贫济困，向呼和浩特市武川县上秃亥乡东房子村捐款7万元，用于修建水利设施和购买基础母羊；向呼和浩特市儿童福利院捐赠价值8500元的粮油；参加“博爱一日捐”活动，职工个人共捐款2.34万元。资助医疗卫生事业，63名员工无偿献血1.82万毫升。

山西昆明烟草有限责任公司：扶贫济困，参加“慈善一日捐”活动，捐款4.4万元；捐款10万元，用于贫困地区太阳能照明试点建设；投资40万元，为革命老区长治市武乡县大有乡大有村打深井一眼。资助教育事业，参加“慈善助学”活动，向贫困大学生捐助3000元；参加红云红河集团第三届“红云图书室”公益活动，向山西省30所受助学校捐赠13万元。资助环保事业，投资148万元，在西山绿化面积106亩。资助其他社会公共和福利事业，参加太原市文明委举办的“文明出行志愿者服务活动”，安排员工在上下班高峰进行交通协管，历时两个月。

海南红塔卷烟有限责任公司：资助教育事业，开展“金秋助学”活动，向10名贫困大学生捐赠助学金3万元；向边远乡村贫困小学捐赠价值6500元的书籍。

北京市烟草专卖局（公司）

北京市烟草专卖局（公司）机关：救助灾害，2009年5月，参加“爱心包裹项目暨5·12灾区学生

‘六一’关爱行动”，全系统共产党员共捐款13.24万元，形成“千个百元爱心包裹”，公司向灾区捐助10万元，形成“百个千元爱心包裹”；营销中心向陕西宁强县南街小学捐赠价值6.3万元的电子琴、儿童读物和书柜等物品，其中1.3万元为员工个人捐赠的奥运立功“五一劳动奖章”的全部奖金；烟草物流中心向地震灾区捐款1.74万元。扶贫济困，营销中心参加“共产党员献爱心”活动，捐款5310元；开展以“爱的奉献”为主题的募捐活动，向患重病的困难群众捐款1.85万元。资助其他社会公共和福利事业，开展了“青年文明号”、“和谐进烟店”、春季绿色助学植树等活动。

东城区烟草专卖局（公司）：救助灾害，参加“爱心包裹项目暨5·12灾区学生‘六一’关爱行动”，捐款3810元。扶贫济困，参加“共产党员献爱心”活动，党员捐款2940元。

西城区烟草专卖局（公司）：救助灾害，参加“爱心包裹项目暨5·12灾区学生‘六一’关爱行动”，捐款1900元。扶贫济困，参加“共产党员献爱心”活动，捐款3000元；参加“送温暖、献爱心”活动，捐款3990元、捐赠过冬新棉被20件。

崇文区烟草专卖局（公司）：参加“牵手红十字、博爱在崇文”活动，党员捐款1050元；继续开展捐资助学活动，定期走访受捐助学生。

宣武区烟草专卖局（公司）：救助灾害、扶贫济困，共捐款、捐物折合人民币3.8万元。两次向广外三义里社区残疾特困户捐赠年货和慰问金；向大栅栏地区困难零售户的子女发放“中南海爱心基金”，并捐赠米、油等物品；与大栅栏、天桥地区的2个特困零售户结成帮扶对子，捐赠米、油和慰问金；参加“爱心包裹项目暨5·12灾区学生‘六一’关爱行动”和“共产党员献爱心”活动。

朝阳区烟草专卖局（公司）：救助灾害、扶贫济困，参加“爱心包裹项目暨5·12灾区学生‘六一’关爱行动”和“共产党员献爱心”活动，共捐款1.57万元。支持环保事业，组织共青团员参加植树造林活动。

海淀区烟草专卖局（公司）：救助灾害，参加“爱心包裹项目暨5·12灾区学生‘六一’关爱行动”，捐款5980元。扶贫济困，组织党员为困难群众捐款2830元。资助医疗卫生事业，9名员工参加无偿献血活动。

丰台区烟草专卖局（公司）：救助灾害，参加“爱心包裹项目暨5·12灾区学生‘六一’关爱行动”，捐款3700元。扶贫济困，参加“共产党员献爱心”活动，捐款4680元。

石景山区烟草专卖局（公司）：扶贫济困，向石景山区慈善协会捐款5万元，其中定向捐赠2万元用于支持帮扶对子黑石头村新农村建设；向黑石头村特困户捐赠慰问物品及慰问金；向黑石头村捐款2万元和办公电脑2台；向雍王府村和金顶山村2户特困户捐赠米、面、油等生活必需品。

通州区烟草专卖局（公司）：扶贫济困，参加通州区红十字会发起的募捐活动，共捐款2150元；参加“共产党员献爱心”活动，共捐款2770元，其中18名党员捐款1770元。开展“志愿服务进烟店”活动。

顺义区烟草专卖局（公司）：扶贫济困，参加“共产党员献爱心”活动，捐款4800元；参加“送温暖、献爱心”活动，捐款近6000元。

延庆县烟草专卖局（公司）：救助灾害，参加“爱心包裹项目暨5·12灾区‘六一’关爱行动”，捐款2700元。扶贫济困，参加“博爱在京城”募捐救助活动，捐款2000元；参加“春风送温暖，慈善济万家”活动，捐款1.2万元；参加延庆县慈善协会组织的捐赠活动，捐款980元；结对帮扶延庆县张庄村，捐款1.3万元；参加“送温暖、献爱心”活动，捐款1560元。

怀柔区烟草专卖局（公司）：救助灾害，参加“爱心包裹项目暨5·12灾区‘六一’关爱行动”，捐款1900元；参加对什邡市灾区的捐赠活动，捐款4000元。扶贫济困，参加“共产党员献爱心”活动，捐款2800元。

大兴区烟草专卖局（公司）：救助灾害，参加“爱心包裹项目暨5·12灾区学生‘六一’关爱行动”活动，捐款1700元。扶贫济困，参加“共产党员献爱心”活动，捐款2900元；与安定镇潘马坊建立帮扶关系，捐款5000元，用于包村扶贫工作。资助教育事业，向采育二小教师发放5000元慰问金。

昌平区烟草专卖局（公司）：救助灾害，参加“爱心包裹项目暨5·12灾区学生‘六一’关爱行动”，捐款4800元。扶贫济困，参加“共产党员献爱心”活动，职工个人捐款3730元；参加对口支援内蒙古活动，捐款900元。

密云县烟草专卖局（公司）：救助灾害，参加“爱心包裹项目暨5·12灾区学生‘六一’关爱行动”，捐款2500元。扶贫济困，参加县红十字会募捐活动，捐款3000元；发放“中南海爱心基金”600元，并向困难家庭捐赠部分生活用品；向辖区5户留守老人“送温暖、献爱心”，并为特困零售户修缮房屋。

门头沟区烟草专卖局（公司）：救助灾害，参加“爱心包裹项目暨5·12灾区学生‘六一’关爱行动”，向甘肃省陇南市文县城关一小捐款1500元；参加“京什手拉手 重建新家园”社会捐赠活动，捐款680元；参加向中国台湾灾区爱心捐款活动，捐款1090元。扶贫济困，参加“博爱在京城”捐款活动，捐款1090元；参加“共产党员献爱心”活动，捐款1030元；参加“送温暖、献爱心”活动，捐款1220元；向困难零售户发放“中南海爱心基金”和米、面、油等物品。

房山区烟草专卖局（公司）：救助灾害，参加“京什手拉手 重建新家园”社会捐赠活动和“爱心包裹项目暨5·12灾区学生‘六一’关爱行动”，职工个人捐款5200元，区局（公司）捐款1万元。扶贫济困，向辖区内6名困难零售户、46名困难群众每人送去面、米各50斤和1桶食用油；参加“博爱在京城”救助活动，捐款2300元；参加“共产党员献爱心”活动，捐款1210元；参加“送温暖、献爱心”，捐款1760元。资助教育事业，向一所以打工子女为主的希望小学捐赠4台价值2000元的DVD机；向一所希望学校捐赠学习用品。

平谷区烟草专卖局（公司）：救助灾害，参加“爱心包裹项目暨5·12灾区学生‘六一’关爱行动”，捐款2500元。扶贫济困，向“百局扶百户”和“爱心献功臣”活动中的2名帮扶对象捐赠米、面、油等生活必需品；参加“送温暖、献爱心”活动，捐款5000元。资助教育事业，向中南海爱心小学捐赠助学金5000元。资助残疾人事业，向北京市让爱飞翔残疾人艺术团捐款4500元。

北京京烟卷烟零售连锁有限公司：救助灾害、扶贫济困，参加“爱心包裹项目暨5·12灾区学生‘六一’关爱行动”及“共产党员献爱心”活动，共捐款6850元。

金健恒通商贸有限公司：捐款4940元，用于支持各项公益活动。

天津市烟草专卖局（公司）

2009年，天津市烟草商业系统共捐款27.65万元，用于各项社会公益活动。其中，扶贫济困，共捐款14.19万元；参加“送温暖、献爱心”活动，捐款1.9万元；资助教育事业，捐款7.06万元；资助文化事业，捐款2万元；资助其他社会公共和福利事业，捐款2.5万元。

塘沽区烟草专卖局（分公司）：扶贫济困，组织开展“助医、助学、助老、助困”系列活动，捐款3950元。资助教育事业，向蓟县下营镇镇东小学捐助教学设备款3万元。资助国防事业，捐款2万元。

武清区烟草专卖局、武清烟草有限公司：扶贫济困，开展“助医、助学、助老、助困”系列活动，捐款8960元。资助教育事业，参加“阳光工程”助学活动，共捐款1.06万元。

宝坻区烟草专卖局、宝坻烟草有限公司：扶贫济困，开展“助医、助学、助老、助困”系列活动，捐款2万元。

静海县烟草专卖局、静海烟草有限公司：扶贫济困，向困难群众捐款4万元；向残疾人捐款1.3万元；向困难学生捐款6000元；参加“送温暖、献爱心”活动，共捐款1.9万元。资助文化事业，捐款2万元。

蓟县烟草专卖局、渔阳烟草有限公司：扶贫济困，向蓟县下岗职工再就业培训中心捐款5万元；开展“博爱助万家”捐款活动，向蓟县红十字会捐款5000元。资助教育事业，向下营镇镇东小学捐款3万元。

河北省烟草专卖局（公司）

2009年，河北省烟草商业系统共捐款523.73万元，用于各项社会公益活动。

河北省烟草专卖局（公司）机关：扶贫济困，走访慰问贫困零售户，捐款17万元。资助教育事业，向灵寿县五岳寨南营乡小学捐赠桌椅150套，并捐款6万元；向柏乡县固城店镇固南村小学捐赠课桌椅130套，教师办公桌椅7套，电脑4台，长条桌椅28套；捐助市区友谊大街小学1万元。资助乡村建设，投资42万元为海兴县马庄子村修路。资助其他社会公共和福利事业，捐款2万元。

石家庄市烟草专卖局（公司）：扶贫济困，慰问栾城县鲁家庄、苏辛庄、浔阳村等三个村军属特困户，捐赠款物共计2190元；向井陉县南沟村捐赠价值3000元的水泥；向元氏县何家沟村捐款1万元；向中仰陵村捐款1.5万元。资助教育事业，向赞皇县北马村小学捐助3000元助学款；向深泽县东大陈小学捐赠175套学习桌椅，总价值1.78万元；向市区友谊大街小学捐助1万元。资助乡村建设，协助高邑县西蒲底村开展农家书屋建设，捐款2000元；协助正定县西按峰村开展新民居建设，捐款1万元。

邯郸市烟草专卖局（公司）：救助灾害，捐款1万元，用于帮助大名、馆陶县遭受雪灾的群众。扶贫济困，参加成安县“送温暖、献爱心”活动，捐款2000元；在邯郸市区开展“三问一送”活动，向困难群众赠送价值3000多元的生活慰问品。资助教育事业，向邯郸县代召中心校捐款2万元；向希望工程捐款7000元。资助乡村建设，捐款10万元，用于临漳县临漳镇西烟寨村、馆陶县柴堡镇前胡保村铺设路面和进行村委“两室”改造建设；捐款13万元，用于支持永年、临漳、成安、魏县、邱县等地开展生态文明村建设、绿化工程建设等。

保定市烟草专卖局（公司）：救助灾害，向受灾群众捐助款物共计6.03万元。扶贫济困，捐赠扶贫款10.35万元，并捐赠米、面、油等生活必需品；向困难群众捐款3.05万元；节日期间慰问困难群众和教师，捐助2.03万元。资助乡村建设，捐款3.53万元，并捐赠价值2.68万元的健身器材，用于支持文明生态村、社区和农村新民居建设等。资助环保事业，捐助1.45万元用于荒山绿化。资助其他社会公共和福利事业，捐款7000元。

张家口市烟草专卖局（公司）：扶贫济困，向社区特困居民捐款2500元；参加“博爱一日捐”活动，捐款4285元；参加“送温暖、献爱心”活动，捐款1.78万元。资助教育事业，向赤城县镇宁堡乡鹰窝沟村、镇宁堡乡学校捐款1万元。资助乡村建设，向王虎屯乡榆林屯村捐款4万元；向白庙滩村、工业路街道办事处菜园街社区捐款3万元；向莲花滩乡榛子沟村捐款2万元；向白土窑乡朝阳寨大队捐款1万元；向芦家营乡永得堂村、阳河镇东五福堂村捐款1万元；向小蒜沟镇闫家夭村捐款1万元；向大西湾乡西水泉、胡达赖村捐款1万元；向北马圈镇北马圈村捐款1万元；向西域城瓦窑村捐款1万元；捐款9万元，用于生态村建设和绿化等项目。

承德市烟草专卖局（公司）：扶贫济困、资助乡村建设，向丰宁县葫芦白菜村捐款2万元；向兴隆县黑峪沟村捐款1万元；向平泉县黄木沟村捐款2万元；向承德县大营子村捐款1万元；向承德县幸福村捐款2万元；向丰宁县九宫号村捐款2万元；向丰宁县西底沟村捐款1万元；向平泉县石门村捐款1万元。资助城区建设，资助市区生态建设200万元。

唐山市烟草专卖局（公司）：扶贫济困，慰问贫困户，捐赠价值3620元的米、面、油等物品；慰问截瘫疗养院，捐款7000元。资助乡村建设，帮扶文明生态村镇、革命老区、后进村建设，捐款24.68万元，用于绿化、硬化、净化及村政设施、公益设施建设等。资助社会公共设施建设，捐款10.84万元，用于居民社区建设、消防设施建设、举办花展等。

廊坊市烟草专卖局（公司）：扶贫济困，参加“送温暖、献爱心”捐助活动，捐款8550元；参加“博爱一日捐”活动，捐款1940元。资助文化事业，捐款1.35万元，用于贫困村街、农村中小学订阅报刊杂志。

沧州市烟草专卖局（公司）：扶贫济困，向河间市5个困难村和2家亏损企业捐款3万元；向全市计划生育贫困户捐款5400元；春节期间慰问困难群众，捐款5000元。资助乡村建设，捐款3万元，用于盐山刘武村修路；捐款2万元，用于南皮冯家口镇环境建设。资助医疗卫生事业，向沧州市红十字会捐款10万元。

衡水市烟草专卖局（公司）：扶贫济困，资助贫困群众5.56万元。资助城市建设，为“水市湖城”工程捐款10万元，并捐款3000元用于绿化。

邢台市烟草专卖局（公司）：扶贫济困，参加“生育关怀”活动，捐款3000元；捐助扶贫款24万元。资助乡村建设，向新河县仁里乡西边村、沙河市蝉房村、柏乡县固南村、鸭鸽营乡东竹果村、东镇西孟村捐款6万元。

秦皇岛市烟草专卖局（公司）：扶贫济困，参加“送温暖、献爱心”活动，捐款1.1万元。资助教育事业，参加“捐资助教”活动，捐款1.1万元。资助乡村建设，向卢龙县潘庄镇桃林营村捐款2万元，捐助电脑4台、椅子40张、办公桌3张、小圆桌10张；向青龙县安子岭乡榆树林子村捐款3万元；向昌黎、抚宁、青龙、卢龙四县各捐款1万元。

河北中烟工业公司

河北中烟工业公司总部：扶贫济困，共捐款25万元。资助教育事业，开展“钻石助学”活动，共捐款160多万元。

张家口卷烟厂有限责任公司：救助灾害，参加“博爱一日捐”活动，捐款10.84万元；参加“送温暖、献爱心”活动，捐款13.30万元。扶贫济困，为所帮扶的蔚县桃花镇赤崖堡村的49户贫困户捐赠米、面、油，并发放慰问金；向张北县工会镇水泉村、双脑包村扶贫点捐赠大米900袋，发放2000元慰问金。资助乡村建设，投资12.7万元，为张北县的贫困村打机井；投资30万元，资助怀来县建设社会主义新农村项目；为张家口市“增绿添彩”工程投资11万元，进行荒山绿化。

河北白沙烟草有限责任公司：资助乡村建设，投资20万元，为承德丰宁满族县官场沟门村修建桥涵1座，新建1所70平方米的卫生所，并捐赠10台电脑供该县两个村学校和大队部办公使用。

河北白沙烟草有限责任公司保定卷烟厂：资助教育事业，捐赠6万元，为易县尉都乡塑内村改造学校。

山西省烟草专卖局（公司）

2009年，山西省烟草商业系统共捐款397.33万元，用于各项社会公益活动。

山西省烟草专卖局（公司）机关：捐款88.46万元。扶贫济困，向定点扶贫单位永和县阁底乡投入扶贫专项资金50万元，捐赠价值20万元的白面1600袋、军大衣100件，并发放5万元慰问金；向联企帮困企业山西建筑机械厂的9户帮扶对象捐助7200元；参加“送温暖、献爱心”活动，向山西省社会捐助事务管理中心捐款10万元，职工个人捐款2.74万元。

太原市烟草专卖局（公司）：共捐款23.41万元。扶贫济困，参加“博爱一日捐”活动，捐款2.27万元；参加“慈善一日捐”活动，捐款2.59万元。资助教育事业，向残疾零售客户子女捐助就学款2000元；向古交市第五小学捐款500元；开展“慈善助学”活动，捐款3000元。资助乡村建设，向阳曲县东黄水镇马驼村捐款8万元用于修路。资助环保事业，投资10万元，用于植树造林。

大同市烟草专卖局（公司）：共捐款15万余元。救助灾害，参加“送温暖、献爱心”活动，捐款1.92万元。扶贫济困，参加“博爱一日捐”活动，捐款2.995万元。资助乡村建设，向定点扶贫单位阳高大白登杏园村捐款10多万元，启动自动化农田灌溉工程，修建4个水井泵房。

阳泉市烟草专卖局（公司）：共捐款10.51万元。救助灾害，参加“送温暖、献爱心”活动，向受灾和贫困群众捐款6.16万元。资助教育事业，开展“六一”节慰问活动，捐款3500元。资助乡村建设，向阳泉郊区旧街乡簸萁掌村、平定县谷洞、木槽村对口帮扶村新农村建设捐款4万元。

长治市烟草专卖局（公司）：共捐款13.51万元。救助灾害，参加“送温暖、献爱心”活动，捐款2.94万元。扶贫济困，向扶贫点捐助扶贫款5.16万元；参加“博爱一日捐”活动，捐款2.08万元。资助教育事业，向扶贫点儿童捐款1.62万元；向长治市特殊学校捐赠价值1.2万元的电脑30台。资助社区建设，捐款5000元。

晋城市烟草专卖局（公司）：共捐款20万元。救助灾害，捐款3万元。扶贫济困，捐款2万元。资助教育事业，向陵川县锡崖沟村小学捐赠价值5万元的电脑25台。资助乡村建设，捐款10万元。

朔州市烟草专卖局（公司）：共捐款19.35万元。扶贫济困，向怀仁县亲和乡安大庄村捐赠价值5.35万元的化肥400袋。资助教育事业，向朔城区农村小学捐款2万元，用于维修校舍。资助乡村建设，向怀仁县亲和乡安大庄村新农村建设捐款6万元；向右玉县高家堡乡布家村捐款2万元用于修路；向平鲁区阻虎乡大干沟村水利设施修缮捐款2万元。资助环保事业，为右玉县绿化造林捐款2万元。

忻州市烟草专卖局（公司）：共捐款9.24万元。救助灾害，参加“送温暖、献爱心”活动，捐款1.04万元。扶贫济困，捐款4.35万元；向马岭村老党员、五保户、困难户捐赠价值3500元的食用油、面粉、大米。资助乡村建设，向马岭村捐款3.5万元，用于硬化道路。

吕梁市烟草专卖局（公司）：共捐款24.88万元。救助灾害，开展“救灾、帮困、送温暖”活动，捐款1.48万元。扶贫济困，向定点扶贫村特困户捐赠价值3万元的面粉、被褥和电脑等物品。资助教育事业，开展“金秋助学”活动，捐款4000元。资助乡村建设，捐助10万元用于扶贫村道路建设，捐助10万元用于农村物流园区建设。

晋中市烟草专卖局（公司）：共捐款26.7万元。扶贫济困，向昔阳县沾尚镇中山村捐款1.4万元；向祁县付峪口乡捐款5000元；向昔阳县沾尚镇捐款2万元；向介休市张兰镇涧里村捐款1万元；向和顺县义兴镇捐款5000元。资助教育事业，与榆次区人大常委会联合开展“爱心助学”活动，捐款21万元，对70名贫困大学新生进行资助。资助文化事业，向左权县捐款3000元。

临汾市烟草专卖局（公司）：共捐款34.56万元。救助灾害，向中国台湾地震灾区捐款5万元；向南方雪灾地区捐款9.54万元。扶贫济困，向扶贫点永和县南庄乡北河露村贫困户捐款2.47万元。资助教育事业，向灾区少年儿童捐款2.55万元。资助乡村建设，向扶贫点永和县南庄乡北河露村捐款15万元，用于核桃林建设。

运城市烟草专卖局（公司）：共捐款111.71万元。扶贫济困，向扶贫点夏县泗交镇捐赠价值11.3万元的面粉800袋、麻花1300箱、旧电脑27台，并向贫困户捐助慰问款3900元；向患白血病的困难群众捐款6.02万元；向运城市残疾人事业捐款3000元。资助社会公共设施建设，捐款93.7万元，用于运城市楹联文化公园修筑假山、喷泉。

内蒙古自治区烟草专卖局（公司）

2009年，内蒙古自治区烟草商业系统共捐款787.02万元，其中职工个人捐款19.86万元，用于各项社会公益活动。扶贫济困，全年开展11次捐助活动，共捐款66.86万元。资助教育事业，共捐款495.81万元。资助乡村建设，共为帮扶点投入资金192.35万元。资助其他社会公共和福利事业，捐款32万元。

内蒙古自治区烟草专卖局（公司）机关：扶贫济困，捐款82.60万元。资助教育事业，捐款480万元。

呼和浩特市烟草专卖局（公司）：扶贫济困，参加“博爱一日捐”活动，捐款1.17万元。资助教育事业，向内蒙古大学学生捐款3.20万元。资助乡村建设，捐款10万元，支援对口帮扶村呼和浩特市武川县得胜沟乡毛林坝村修建大棚。

满洲里市烟草专卖局（公司）：扶贫济困，向当地红十字会捐款2万元。

呼伦贝尔市烟草专卖局（公司）：扶贫济困，捐款8.05万元；参加“博爱一日捐”活动，捐款3020元。资助教育事业，捐款3080元。

赤峰市烟草专卖局（公司）：扶贫济困，捐款12.77万元。

兴安盟烟草专卖局（公司）：捐款18.17万元，用于各项社会公益活动。

通辽市烟草专卖局（公司）：扶贫济困，参加“博爱一日捐”活动，捐款1.38万元；向库伦镇固日板沟嘎查等扶贫点捐助7.40万元；向科尔沁区西门街道办事处辽南社区捐助1台电脑、69件过冬衣物。资助教育事业，向明仁小学贫困学生捐款1万元。

锡林郭勒盟烟草专卖局（公司）：扶贫济困，参加“送温暖、献爱心”活动，捐款5100元；对口帮扶，捐款1900元；向当地红十字会捐款1.42万元。资助教育、医疗、文化事业，捐款2.09万元。

二连浩特市烟草专卖局（公司）：救助灾害，向中国台湾灾区捐款1700元。扶贫济困，共向困难家庭捐款6300元。

乌兰察布市烟草专卖局（公司）：捐款16.70万元，用于各项社会公益活动。

包头市烟草专卖局（公司）：扶贫济困，向固阳县扶贫办提供扶贫资金8.25万元。资助教育事业，向包头市稀土高新开发区捐款50万元；向固阳县10名贫困大学生提供助学金1.75万元。资助文化事业，共捐款6200元。

鄂尔多斯市烟草专卖局（公司）：扶贫济困，向8个旗的贫困户、残疾人等弱势群体捐款10.81万元。资助教育事业，向鄂尔多斯市特殊教育学校捐款2万元；向贫困大学生、失学儿童等捐款3.41万元。资助乡村建设，向鄂尔多斯市伊金霍洛旗哈拉汗图村捐款3万元，用于修缮该村集体活动室；向达拉特旗和准格尔旗捐款12万元，用于新农村建设。资助文化事业，捐款30万元，用于支持在鄂尔多斯市举办的亚洲艺术节。

巴彦淖尔市烟草专卖局（公司）：扶贫济困，向帮扶点捐款10.50万元；参加“送温暖、献爱心”活动，捐款3000元。

乌海市烟草专卖局（公司）：扶贫济困，参加“博爱一日捐”和“包联共建”活动，向海勃湾区红十字会捐款5360元，并捐赠衣物304件，用于资助老弱病残和社区贫困家庭；慰问困难、伤残老红军，并支持海北社区建设，共捐款6600元。

阿拉善盟烟草专卖局（公司）：救助灾害，全体员工向中国台湾灾区捐款4200元。扶贫济困，向“一对一”帮扶对象捐助6000元；参加“博爱一日捐”活动，捐款4000元；向贫困户捐款5000元，捐赠电脑折合人民币2000元。资助乡村建设，向帮扶村捐款1万元。

辽宁省烟草专卖局（公司）

2009年，辽宁省烟草商业系统共捐款330余万元，用于各项社会公益活动。

辽宁省烟草专卖局（公司）机关：扶贫济困，捐款9800元，资助舟舟残疾人艺术团演出。资助教育事业，向彰武县满堂红乡人民政府捐赠30万元，用于建设一座600平米的中心幼儿园。资助体育事业，向第十一届全运会辽宁代表团赞助100万元。

沈阳市烟草专卖局（公司）：救助灾害，职工个人向康平、法库两县受灾群众捐款12.2万元。扶贫济困，向法库县定点包扶村50名贫困学生捐赠助学金5.82万元，以及价值2万元的米、面、油等物资；党员干部出资定点定人帮扶新民市胡台镇19户农村困难家庭，资助1.9万元扶贫款及价值300元的物资。

鞍山市烟草专卖局（公司）：扶贫济困，捐款1万元，用于帮扶岫岩县汤沟镇汤沟村；参加“送温暖、献爱心”活动，捐助贫困户米、面、油等生活必需品共计2.23万元。资助教育事业，为西平林场农民职业技能学校捐资购置价值7.72万元的投影仪等设备。资助乡村建设，捐款2.21万元，用于资助毛祁镇刘八里村建造村务公开宣传栏、增设有线广播、安装防护栏等。

抚顺市烟草专卖局（公司）：扶贫济困，春节期间走访贫困户，捐助6000元；参加“党员干部走进千家万户”活动，捐款1200元；为市慈善总会捐款2.27万元。资助社会公共设施建设，帮扶社区共建3000元。

本溪市烟草专卖局（公司）：扶贫济困，参加“党政机关下基层、党员干部进万家”活动，与溪湖区、南芬区、田师付大堡村共18户困难群众建立帮扶对子，节假日对帮扶对象进行走访慰问，全年捐款2万元。

丹东市烟草专卖局（公司）：扶贫济困，参加“送温暖、献爱心”活动，全年捐款3.26万元；参加“爱心助残”活动，捐款1.36万元。资助乡村建设，捐款10万元，用于支援对口帮扶村凤城市大堡乡武装村修建公路。资助教育事业，捐款10万元，用于支援青椅山镇逸夫学校新建师生宿舍楼。

锦州市烟草专卖局（公司）：救助灾害，为辽西地区抗旱救灾捐款2.44万元。扶贫济困，向北镇市柳家乡贫困户捐款5000元；帮扶4名贫困学生，捐款8000元；参加“党员干部走进千家万户”活动，帮扶北一里社区50户困难群众，捐款1.7万元。

营口市烟草专卖局（公司）：扶贫济困，全年帮扶盖州市卧龙泉镇娘娘庙村、盖州市矿洞沟镇矿洞沟村、大石桥市黄土岭镇先锋村、鲅鱼圈区泰山村13户困难家庭，共捐款3900元，并捐赠米、面、油等生活必需品；职工个人捐款2.07万元，为大石桥市建一镇松树村1名贫困老人修建新房；参加“送温暖、献爱心”活动，职工个人捐款1.32万元；参加“慈善一日捐”活动，职工个人捐款1.4万元。资助教育事业，为特殊教育学校捐款2万元。资助乡村建设，全年支援对口帮扶盖州市卧龙泉镇娘娘庙村、盖州市矿洞沟镇矿洞沟村、大石桥市黄土岭镇黄土岭村修路、打井、养羊等，共捐款7万元。资助其他社会公共和福利事业，职工个人捐款7700元。

阜新市烟草专卖局（公司）：扶贫济困，全年向阜新市贫困群众捐款1.63万元；春节期间走访贫困户，全体员工捐款3000元；向阜新市红十字会捐款3万元；向阜新市慈善总会捐款3万元；向阜新市光荣院孤儿捐款1万元；参加“党员走进千家万户”活动，捐款4000元。

辽阳市烟草专卖局（公司）：扶贫济困，参加“送温暖、献爱心”活动，职工个人捐款2.3万元。资助乡村建设，为辽阳市扶贫开发整村推进工作捐款3万元。资助体育事业，为辽阳市第六届运动会捐款2万元。

铁岭市烟草专卖局（公司）：救助灾害，向铁岭市昌图县遭受雹灾的绝收烟农捐款44.2万元。扶贫济困，职工个人向铁岭开原市八棵树镇松树沟村贫困户捐款11.8万元。

朝阳市烟草专卖局（公司）：扶贫济困，参加“送温暖、献爱心”活动，捐款7500元；向朝阳市赈灾委员会捐款1万元。

盘锦市烟草专卖局（公司）：扶贫济困，参加“党员干部走进千家万户”活动，帮扶34户困难群众，单位捐款7.5万元，个人捐款1.08万元，捐赠衣物176件。

葫芦岛市烟草专卖局（公司）：扶贫济困，参加“党员干部走进千家万户”活动，捐款4.7万元，用以修缮建昌县古杖子乡古杖子村3名贫困户的房屋，并捐赠米、面、油等生活必需品；向建昌县贺仗子乡敬老院捐款10万元；向连山区敬老院捐款15万元；参加“送温暖、献爱心”活动，捐款1.52万元。

吉林省烟草专卖局（公司）

吉林省烟草专卖局（公司）机关：共捐款11.94万元。救助灾害，向地震灾区捐款8.25万元。扶贫济困，参加“慈善救助双日捐”活动，捐款3.69万元。

长春市烟草专卖局（公司）：扶贫济困，向长春市捐助接收站捐款捐物折合人民币4.4万元。

吉林市烟草专卖局（公司）：扶贫济困，参加“慈善救助双日捐”活动，捐款10万元；帮扶恒厦社区4户困难群众，捐款2000元，并捐赠米、面、油等一批生活必需品。资助教育事业，向四平市铁西区贫困学生捐款9万元；开展“爱心助学”活动，捐款3.1万元。资助乡村建设，捐款60万元，用于吉林市郊区新农村建设；捐款3万元，用于舒兰市小城镇建设；捐款1.18万元，用于桦甸市农村泥草房改造。

四平市烟草专卖局（公司）：共捐款38万元。其中，救助灾害，双辽市局为四川地震灾区捐赠“爱心包裹”，捐款1000元；梨树县局开展抗旱捐助活动，捐款2万元。扶贫济困，四平市局捐款23万元；双辽市局参加“慈善救助双日捐”活动，捐款5000元。资助教育事业，四平市局捐款9万元。资助乡村建设，双辽市局捐款1.4万元，用于泥草房改造工程；公主岭市局向大岭镇捐款2万元，用于泥草房改造工程。

通化市烟草专卖局（公司）：共捐款21万元。包括：扶贫济困，参加“慈善救助双日捐”活动，捐款14万元；参加“送温暖、献爱心”活动，捐款1万元；资助乡村建设，向辉南县楼街朝鲜族乡捐款2万元，其中1万元用于泥草房改造，1万元用于新农村建设；向柳河县柳南乡捐款4万元。

辽源市烟草专卖局（公司）：扶贫济困，参加“慈善救助双日捐”活动，职工个人捐款7940元；参加“送温暖、献爱心”活动，捐赠过冬棉衣、被褥共106件。资助医疗卫生事业，向红十字会捐款2000元。

白城市烟草专卖局（公司）：向白城市慈善总会、市残疾人联合会、市红十字会等慈善机构共捐款68万元。

白山市烟草专卖局（公司）：救助灾害，向汶川地震灾区捐赠毛毯40条，价值约2400元。扶贫济困，参加“送温暖、献爱心”活动，捐款5185元。资助乡村建设，捐款8250元，用于农村泥草房改造安居工程。

松原市烟草专卖局（公司）：共捐款13.77万元。扶贫济困，向松原市红十字会、市慈善总会、市总工会捐款2.01万元；1月，向困难群众捐款1700元；3

月，向长岭县太平山镇木铺村捐赠2台电视、1台电脑，向兴原乡捐赠36袋化肥；参加“慈善救助双日捐”活动，扶余县局、长岭县局、乾安县局和前郭县局职工个人分别捐款3150元、4200元、4500元和4100元。资助乡村建设，为松原市农村泥草房改造安居工程捐款10万元。

黑龙江省烟草专卖局（公司）

黑龙江省烟草专卖局（公司）机关：资助乡村建设，向新农村帮扶联系点绥化市明水县双星乡双发村捐款8万元，用于乡村公路建设。

鸡西市烟草专卖局（公司）：救助灾害，向因暴雨受灾的鸡西市麻山区农民捐款8890元；参加“送温暖、献爱心”活动，捐款2970元，捐物47件。资助乡村建设，向密山市和平乡幸福村捐款4万元，用于改建幸福村村部，添置办公用品，购买农业科技类书籍。

七台河市烟草专卖局（公司）：扶贫济困，向6户特困家庭捐款3000元，并为每户捐赠米、面各1袋，棉服2件；全体在册职工向市慈善总会捐赠一天的工资1.45万元，企业捐赠一天的净利润3.93万元。

上海烟草（集团）公司

2009年，上海烟草（集团）公司共捐款1860万元，用于各项社会公益活动。救助灾害，向中国台湾受灾地区捐款100万元。扶贫济困，向上海市慈善基金捐款1200万元，其中从“中华慈善教育基金”拨款510万元，用于云南、福建省的9个烟叶基地贫困助学；向上海市民帮困互助基金会捐款200万元。资助教育事业，在贵州、安徽、四川省的烟叶基地援建希望小学3所，共计360万元。

上海市烟草专卖局浦东新区分局、上海烟草集团浦东烟草糖酒有限公司一公司：扶贫济困，帮扶浦东新区6个功能区的60户困难群众，共捐赠米、油等价值1.8万元的生活必需品；参加“一日捐”活动，捐款1.27万元。

上海市烟草专卖局宝山分局（有限公司）：参加“一日捐”等活动，捐款1万元。

上海市烟草专卖局普陀分局（有限公司）：扶贫济困，帮扶辖区内9个街道、镇的困难群众，捐款约5万元；参加“一日捐”活动，职工个人捐款3.47万元。

上海市烟草专卖局奉贤分局（有限公司）：救助灾害，参加“送温暖、献爱心”活动，向灾区捐赠衣被1043件。扶贫济困，参加“蓝天下的至爱”活动，捐款6200元。

上海市烟草专卖局徐汇分局（有限公司）：扶贫济困，开展团员青年“青春世博，冬日阳光”爱心捐助活动，共向上海慈善基金会捐款4395元。

上海市烟草专卖局闵行分局（有限公司）：扶贫济困，开展“送温暖、献爱心”活动，为云南、四川灾区及贫困地区捐棉衣裤1300余件，棉被100余床。

上海市烟草专卖局嘉定分局（有限公司）：救助灾害，向灾区捐赠衣被941件。

上海烟草集团北京卷烟厂：资助教育事业，捐赠“中南海爱心基金”210万元，其中180余万元用于资助北京、青海、湖北和贵州四地的四所中南海爱心学校和北京贫困学生；12月，在云南建立起第五所中南海爱心小学。

上海烟草（集团）公司天津卷烟厂：扶贫济困，为甘肃省甘谷县捐款20万元；支持社会公益活动，向天津市东丽区见义勇为协会捐款10万元，向天津市东丽区蓝盾协会捐款5万元。

江苏省烟草专卖局（公司）

江苏省烟草专卖局（公司）机关：共捐款77.2万元。其中，救助灾害、扶贫济困，向徐州市睢宁县捐赠扶贫款52万元；捐赠江苏省残疾人就业保障金4.9万元；向南京市慈善总会捐款3000元；参加“送温暖、献爱心”活动，捐款10万元。资助其他社会公共和福利事业，向江苏省见义勇为基金捐款10万元。

南京市烟草专卖局（公司）：救助灾害、救助贫困，向南京市慈善总会“心蕊工程”捐助3万元；参加“送温暖、献爱心”活动，共捐款5万元；参加“慈善一日捐”活动，捐款1万元；向高淳县东坝镇提供帮促资金35万元；向高淳县桠溪镇提供防汛抗旱资金5万元。资助教育事业，共捐款45万元。资助医疗卫生事业，向市红十字会捐款5000元。资助文化事业，参与全市文明共建资金，捐款9.5万元。资助环保、社会公共设施建设事业，捐款25万元。资助其他社会公共和福利事业，捐款57万元。

苏州市烟草专卖局（公司）：扶贫济困，向慈善基金会捐款10万元；向昆山市福利院捐款5万元；向苏州市红十字会捐款10万元。资助教育事业，向山塘中心小学捐款10万元；向太仓市明德高级中学捐款1万元。资助乡村建设，向张家港市现代农业示范园区捐款20万元；向社会主义新农村建设挂钩联系点昆山市锦溪镇计家墩村、昆山市周庄镇龙凤村、昆山市花桥镇天福村捐款45万元；向吴江市同里镇屯南村捐款5万元；向太仓市浮桥镇马北村捐款6万元。资助残疾人事业，共捐款9600元。资助社区共建，共捐款18

万元。资助其他社会公共和福利事业，向“见义勇为基金”捐款3万元；其他捐款共计24.8万元。

无锡市烟草专卖局（公司）：救助灾害，开展向无锡市对口支援对象四川省德阳市绵竹市汉旺镇捐款活动和“红十字人道万人捐”活动，共计捐款2.36万元；开展“慈善一日捐暨对口支援新疆阿合奇县”捐款活动，市局（公司）捐款35万元，职工个人捐款3.15万元。扶贫济困，向结对帮扶的宜兴杨巷镇塘门村捐款8万元，用于修筑水渠等农田基本建设；元旦、春节期间，全体职工向贫困家庭捐款3.2万元；江阴市局向南闸镇曙光村捐款9.8万元，用于改造村容村貌；宜兴市局向新建镇南塘村捐款9.8万元，用于基础设施建设。资助残疾人，开展“夏日送清凉”活动，先后向锡山、江阴、宜兴的贫困、残疾零售户捐助款物，帮助解决实际困难；宜兴市局党支部对新建镇残疾人零售户毛俊进行结对帮扶，解决其困难。资助文化教育事业，江阴市局捐款2.5万元，用于新华社区党员活动室添置活动器材和改善社区工作学习环境。资助环保事业，捐款25万元，用于建设排污管网。

常州市烟草专卖局（公司）：救助灾害，向遭受“莫拉克”台风灾害的中国台湾灾区捐款10万元。资助教育事业，捐款2万元。资助乡村建设，为溧阳竹箦镇陆笪村新农村建设捐款19万元；为金坛尧塘镇白马村新农村建设捐款9万元。资助其他社会公共和福利事业，向各有关慈善机构捐款28.24万元。

镇江市烟草专卖局（公司）：救助灾害，向遭受“莫拉克”台风灾害地区捐款2万元。救济贫困，向“扶贫帮困两消除”对口村及困难户捐款共计62万元。资助地方水利工程、道路建设及社区建设，共捐款4.95万元。资助其他社会公共和福利事业，支持地方平安创建工作、参加“慈善一日捐”、“送温暖、献爱心”等活动，共捐款7.5万元。

南通市烟草专卖局（公司）：扶贫济困，向南通市扶贫基金捐款70万元；向如皋市慈善基金会捐款29万元；向如东县扶贫基金捐款9万元；向如东县双甸镇捐款4000元，用作脱贫致富启动资金；向南通市和平桥街道、如东县袁庄镇困难群众等捐款2.3万元；向如东县敬老院捐赠价值3000元的米、面、油等生活必需品。资助乡村建设，捐款5万元，用于如东县孙庄村修建村级道路；捐款1万元，用于海安县老坝港开展生产建设；捐款2万元，用于如皋市楼房村改善居民生活条件。资助教育事业，向海安县春蕾班捐款1.2万元，用于购买学习用品；捐款2.5万元，资助如皋市贫困学生。资助文化事业，资助海安县青墩文化研究，捐款8.3万元。资助体育事业，向海安县老年人体育协会捐款3000元，用于购买体育器材；为如东县举办的全国风筝锦标赛捐款3000元；向启东市东海镇捐款9800元，用于居民体育设施建设。

扬州市烟草专卖局（公司）：扶贫济困，共捐赠扶贫款24.05万元，其中向仪征市月塘乡、大仪镇、谢集乡、马集镇等地捐助扶贫款12.05万元，向邗江区头桥镇、槐泗镇捐助扶贫款2万元，向江都市浦头镇捐助扶贫款4万元，向高邮市送桥镇、三垛镇捐助扶贫款3万元，向宝应县小官庄村捐助扶贫款3万元；参加“5·19慈善一日捐”，全市系统共捐款18.5万元；资助仪征市大仪镇敬老院、宝应县泾河敬老院，共捐款2.6万元；参加助残活动，全市系统共捐款5.5万元。资助社区建设，全市系统参与社区共建活动共投入6.8万元。资助文化教育事业，捐款3万元。资助社会福利事业，向扬州市社会接收工作站、邗江区民政局和为邗江区儿童福利事业共捐款3.11万元。

泰州市烟草专卖局（公司）：捐款246万元。其中，扶贫济困，捐款106.7万元，用于支援政府扶贫解困基金、扶贫点挂钩扶贫、元竹村扶贫等。资助乡村建设，捐款69.8万元，用于支援五城同创新农村建设、生祠七里村、凤凰路街道等。资助医疗、教育、文化事业，向“爱心工程”、“春蕾班”、“社区书屋”等捐赠69.5万元。资助其他社会公共和福利事业，捐款15万元。

盐城市烟草专卖局（公司）：扶贫济困，向慈善基金会捐款12万元。资助教育事业，向各县中小学捐赠助学款24万元。资助乡村建设，为阜宁县三灶镇、射阳县阜余镇等地新农村建设捐款92万元。

淮安市烟草专卖局（公司）：扶贫济困，帮扶3个社区、7个村镇困难群众，捐款9.2万元；参加“送温暖、献爱心”活动，捐款15万元；参加市红十字会“博爱在淮安，人道万人捐”活动，捐款5.05万元。资助乡村建设，捐款25.6万元，用于支援农村铺设道路、水网改造、打灌溉井、建厂房、进行产业化扶贫等。资助文化、教育、体育事业，共捐款35万元。

宿迁市烟草专卖局（公司）：救助灾害，职工个人为中国台湾灾区捐款1.43万元。扶贫济困，捐款4万元，用于农村教育；向中扬镇饭棚村等结对帮扶村资助18万元。资助其他社会公共和福利事业，共捐款60万元。

徐州市烟草专卖局（公司）：共捐款34.48万元。其中，扶贫济困，支援对口帮扶村修建乡村公路、改善贫困户住房、修筑农田水利等，共捐款28.28万元。资助乡村建设，向邳州市、丰县“助三夏”活动捐款1.18万元。资助文化事业，为睢宁县、新沂市、邳州市、贾汪区“农家书屋”建设捐款4.11万元；为丰县“梨花节”捐款3000元。资助体育事业，向徐州市第三中学运动会捐款6000元。

连云港市烟草专卖局（公司）：扶贫济困、资助乡村建设，用五年时间共向东海部分贫困乡镇提供60万元资金，由连云港市委驻东海县扶贫队统一安排使用；帮扶连云港市连云区大港社区、东海县黄川镇部分困难群众和特困老党员，共捐款1.3万元，并捐赠米、面、油等一批生活必需品。

江苏中烟工业有限责任公司

2009年，江苏中烟工业有限责任公司积极开展各项社会公益活动。扶贫济困，组织“送温暖、献爱心”活动，公司和职工个人共捐款21万元；资助教育事业，为支持云南贫困地区希望工程，捐款150万元在云南省丽江市兴建一所希望小学；资助残疾人事业，向江苏省残疾人福利基金会捐赠20万元。

浙江省烟草专卖局（公司）

2009年，浙江省烟草商业系统共捐款1621.37万元，用于各项社会公益活动。

浙江省烟草专卖局（公司）机关：扶贫济困，向温州市苍南县赤溪镇捐助扶贫款8万元；向四川省仪陇县捐款10万元；向杭州市淳安县安阳乡陈家门村捐款10万元。资助其他社会公共和福利事业，向浙江省慈善总会捐款70万元；向浙江省残疾人福利基金会捐款50万元；向杭州市上城区慈善总会捐款60万元；向浙江省见义勇为基金会捐款50万元；向浙江省老年事业发展基金会捐款20万元。资助文化事业，共捐款13万元。

杭州市烟草专卖局（公司）：扶贫济困，参加第十届春风捐款行动，捐款60万元；成立“红十字博爱香溢爱心助困”基金，每年在春节前投入15万元，用于帮助杭州地区300户困难家庭；积极参加“联百乡，结千村，帮万户”活动。资助教育事业，在淳安中学设立“志远班慈善爱心助学”基金，每年向淳安中学志远班（2009级）47名贫困学生捐赠30万元，直至其毕业。

宁波市烟草专卖局（公司）：救助灾害，向奉化市溪口镇、大堰镇等台风受灾村镇捐款25万元。扶贫济困，共向贵州省黔东南自治州雷山县和宁波市象山县高塘岛乡中江村等扶贫结对村镇捐款118万元。资助其他社会公共和福利事业，向地方各级慈善总会、福利院等机构捐款共计131.48万元。

温州市烟草专卖局（公司）：共捐款152.8万元。其中，扶贫济困，捐款72.5万元，用于帮扶慰问永嘉县蛙蟆垅村、乐清市万东坑村、文成县高山村、泰顺县彭溪村等近20个村镇，慰问台风受灾群众、弱势群体和零售客户，捐助老年活动中心等。资助文化教育事业，共捐款9.5万元，用于资助“希望工程”、泰顺中学等。资助其他社会公共和福利事业，向地方各级慈善总会捐款59万元；参加各项公益活动捐款12万元。

嘉兴市烟草专卖局（公司）：扶贫济困，开展结对村困难户慰问活动，捐赠米、面、油等一批生活必需品。资助教育事业，继续发放“关爱南湖学子百万助学”基金，并追加50万元。资助乡村建设，向洪合镇锦福村赠送图书一批。

湖州市烟草专卖局（公司）：扶贫济困，全市系统共捐款56.7万元，用于帮扶湖州市旧馆镇祝良村和港胡村、埭溪镇庄上村、长兴县夹浦镇、安吉县梅溪镇等贫困乡村，以及党员结队扶贫。资助其他社会公共和福利事业，向湖州慈善总会、各县慈善总会、残疾人联合会、抗癌协会等共捐款33.1万元。

绍兴市烟草专卖局（公司）：共捐款135万元。其中，扶贫济困，帮扶白马畈社区、叶家堡村、后廷坞村困难群众，共捐款17.6万元，并捐赠米、面、油等一批生活必需品；参加“送温暖、献爱心”活动，捐款1万元。

金华市烟草专卖局（公司）：扶贫济困，开展“慈善一日捐”活动，职工个人捐款1.54万元；向市慈善总会捐款20万元；积极参加扶贫共建、新农村建设、无偿献血活动。

衢州市烟草专卖局（公司）：扶贫济困，捐款24.39万元，用于资助贫困大学生和结对帮扶王家村、新槐村、仕阳尾村、罗家乡、何家乡、余村等。资助教育事业，捐款3.85万元，用于支持中小学教育和留守儿童等。资助环保和社会公共设施建设，共捐款7.9万元。支持其他社会公共和福利事业，向红十字会捐款和参加公益慈善“彩虹行动”等，共捐款12.43万元。

丽水市烟草专卖局（公司）：捐款104.17万元。其中，救助灾害，向遭受“莫拉克”台风灾害的中国台湾灾区捐款1.81万元。扶贫济困，向生活困难的群众及弱势零售户捐款18.75万元。资助教育事业，捐款12.15万元，用于援助贫困大学新生、参加“亲情工程”和慰问教师等。资助乡村和社区建设，共捐款32.87万元。资助文化体育事业，捐款8.08万元。资助其他社会公共和福利事业，参加“慈善活动月”等公益活动，捐款30.5万元。

台州市烟草专卖局（公司）：捐款283万元。其中，扶贫济困，捐赠扶贫款和结对村帮扶资金20万元；全市系统向台州市各级慈善机构捐款213万元；资助其他社会公共和福利事业，共捐款50万元。

舟山市烟草专卖局（公司）：救助灾害、扶贫济困，向贫困零售户、结对户捐款8.36万元；向市残疾人康复中心捐款1.5万元；向舟山市慈善总会捐款12万元；向定海区慈善总会捐款10万元；向普陀区慈善总会捐款4.1万元；向岱山县慈善总会捐款1.75万元；向嵊泗县慈善总会捐款1万元。资助教育事业，支持“六·一”节活动，捐款5600元；为岱山县教育事业捐款1万元。资助体育活动，捐款1.5万元。资助环保事业，捐款5000元。资助其他社会公共和福利事业，共捐款8.2万元。

浙江中烟工业有限责任公司

2009年，浙江中烟工业有限责任公司共捐款5160万元，用于各项社会公益活动。其中，救助灾害，5月，向四川会理县地震灾区、四川鹿鹤希望小学捐款200万元。扶贫济困，7月，向淳安农村扶贫工作领导小组办公室捐助结对扶贫款70万元；9月，通过浙江省慈善总会，向云南普洱市景谷县新烟区捐助扶贫款100万元；11月，向文成县财政局扶贫资金专户捐助扶贫款70万元。资助教育事业，8月，出资650万元，通过“利群阳光助学行动”帮助全国13个省市的1300名贫困学生完成学业。资助其他社会公共和福利事业，1月，向杭州市上城区慈善总会捐款10万元，资助“春风行动”；8月，向杭州市慈善总会捐款10万元；12月，向浙江省禁毒协会捐款50万元，向宁波市慈善总会捐款1000万元，向杭州市慈善总会捐款3000万元。

安徽省烟草专卖局（公司）

2009年，安徽省烟草商业系统共捐款801.05万元，用于各项社会公益活动。

安徽省烟草专卖局（公司）机关：资助教育事业，向金寨县金叶希望学校捐款15万元；向郎溪县十字镇小学捐款5万元。资助乡村建设，向长丰县下塘镇南圩村新建农机站捐款10万元；资助张桥镇新农村建设，捐款10万元；资助二龙乡新农村建设，捐款10万元。资助文化事业，向安庆再芬黄梅艺术剧院捐款50万元。

合肥市烟草专卖局（公司）：扶贫济困，向上派镇古埂社区2户特困家庭捐赠慰问金各300元及面粉、食用油等生活必需品；向贫困群众捐款1万元；向上派镇四十埠村光明生产队捐赠电脑2台。资助教育事业，向金寨县洪冲学校捐款2万元；向合肥市考入大学的困难家庭子女捐款4万元；向金寨县洪冲学校捐款2.11万元；向肥西县彭圩小学捐赠电脑7台、空调2台。资助其他社会公共和福利事业，参加“慈善一日捐”活动，捐款5万元。

淮北市烟草专卖局（公司）：救助灾害，向遭受“莫拉克”台风灾害的中国台湾灾区捐款7400元。扶贫济困，开展关爱贫困母亲活动，捐款3000元；向贫困独生子女家庭等困难群体捐款共计4600元。

亳州市烟草专卖局（公司）：扶贫济困，春节期间慰问蒙城县篱笆镇，捐款2000元；向涡阳城关镇贫困户捐款3000元；关爱留守儿童，前后共向留守儿童捐款3.73万元；向敬老院捐款8300元。资助教育事业，向亳州市特殊教育学校捐款5000元；向蒙城县捐款2000元。资助乡村建设，向蒙城县篱笆村捐款2万元；向利辛县巩店镇丁寨行政村捐款3000元，用于抗旱扶贫；捐款2000元，用于计划生育工作帮扶。资助体育事业，捐款1万元。

宿州市烟草专卖局（公司）：扶贫济困，向帮扶对象捐赠医疗费5500元；开展送温暖活动，捐款2000元；捐赠助残资金2000元。资助社会公共和福利事业，为见义勇为公益活动捐款1000元；为泗县刘圩镇“结对共建”活动亮化工程捐款5000元；捐款3900元，用于义务植树绿化。资助其他社会公共和福利事业，捐款2.2万元。

蚌埠市烟草专卖局（公司）：资助教育事业，向怀远县回汉村回民小学捐赠价值3.38万元的课桌椅、乒乓球桌；资助贫困学生，捐款7600元。资助乡村建设，向对口帮扶村固镇县湖沟村捐款2.29万元，用于建设图书室、购买抗旱物资等。

阜阳市烟草专卖局（公司）：扶贫济困，向阜阳市颍东区枣庄镇枣庄居委会20户贫困户捐款2000元。资助医疗卫生事业，向阜南县红十字医院捐款1万元，用于艾滋病防治。

淮南市烟草专卖局（公司）：资助教育事业，开展教师节慰问活动，向淮南市十一中等学校捐赠价值3.8万元的油、面粉、月饼等。资助社会公共设施建设，向潘集区捐赠1.9万元，用于开展文明巷建设。资助其他社会公共和福利事业，捐款9万元。

六安市烟草专卖局（公司）：扶贫济困，参加“慈善一日捐”活动，捐款2万元。资助乡村建设，支援对口帮扶村25个自然行政村修建公路、改善住房、修筑水坝等，共捐款12.2万元。资助科教文卫事业，捐款10.39万元。资助其他社会公共和福利事业，开展“六一”、“八一”节日慰问活动，捐款1.07万元。

马鞍山市烟草专卖局（公司）：扶贫济困，参加“慈善一日捐”活动，捐款1.86万元。资助乡村建设，捐款2万元，用于对口支援当涂县石桥镇团林村新农村建设。资助教育事业，向留守儿童捐赠书籍217册，价值3600元；参与2009年希望工程“爱心圆梦大学”活动，捐款6100元。资助文化事业，捐款3万元。

巢湖市烟草专卖局（公司）：扶贫济困，开展“送温暖、献爱心”活动，捐款11.71万元；参加“爱心包裹”活动，捐款2.17万元。资助教育事业，向特困大学生、巢湖一中等捐款11.5万元。资助乡村建设，向对口帮扶村捐款35万元，用于改造公路、修建排水、改造厕所等新农村建设。资助文化、体育事业，为无为县文化节、乌江首届体育文化节、砖桥村文化院等共捐款10.73万元。资助其他社会公共和福利事业，捐款8.34万元。

芜湖市烟草专卖局（公司）：救助灾害，参加赈灾义演，捐款600元。扶贫济困，在春节期间向社会困难群众捐款2.32万元；进行社区结对帮扶，捐款4400元。资助乡村建设，向对口帮扶村南陵县黄墓村捐款1.3万元，用于疏浚沟渠、加固围埂、改善住房、计划生育等。

宣城市烟草专卖局（公司）：救助灾害，参加支援灾区文艺演出活动，捐款1500元。资助教育事业，向贫困大学生发放助学金共计5万元；支援“栋梁工程圆梦大学”活动，捐款4万元；支持青少年野营基地建设，捐款6万元。资助乡村建设，向水东镇交通村新农村建设捐款4.9万元。资助残疾人事业，捐款2000元。

铜陵市烟草专卖局（公司）：救助灾害，向遭受“莫拉克”台风灾害的中国台湾灾区捐款5万元；向铜陵县“9·8”沉船事件遇难人员家庭捐款8万元。资助教育事业，向铜陵市特教学校捐款2.5万元。资助乡村建设，捐款4万元，用于铜陵县顺安镇星月村修桥；捐款4万元，用于铜陵县钟仓村修路。资助其他社会公共和福利事业，捐款1000元。

池州市烟草专卖局（公司）：救助灾害，捐款1.5万元。扶贫济困，向东至县土桥村、青阳县杜村乡、石台县仁里镇杜村等捐款7800元；向“夕阳红”计划、涓桥敬老院、东流镇敬老院等捐款1.8万元。资助教育事业，向市、县“春蕾计划”、贫困小学、特教学校等捐款1.72万元。资助乡村建设，对口帮扶东至县洋湖镇泥黄村、石台县小河镇来田村、青阳县杜村乡垄上村修建公路、改善住房、修筑水坝等，捐款1.83万元。资助文化事业，捐款1.45万元。

安庆市烟草专卖局（公司）：救助灾害、扶贫济困，开展抗洪救灾、“送温暖、献爱心”等活动，捐款33.37万元。资助教育事业，向“春蕾”计划、希望小学、残疾儿童等捐款共计65.6万元。资助文化、体育事业，捐款39.4万元。资助乡村建设，帮扶太湖县寺前镇、潜山县塔畈乡、望江县码头村、岳西县古坊乡、桐城市双岗镇等乡镇新农村建设，捐款21.8万元。

黄山市烟草专卖局（公司）：捐款52.06万元，用于开展“送温暖，献爱心”活动、“爱心助学”工程、下岗职工帮扶、困难客户捐助、爱心助残和其他社会公共和福利活动等。

安徽华圆烟草有限责任公司：资助教育事业，关爱农村留守儿童，与涡阳县丹城镇张备小学、新建小学结成对子，向每名结对子留守儿童赠送书包、字典、文具盒等学习用具和100元助学金；赠送教师节慰问金2000元。

安徽中烟工业公司

2009年，安徽中烟工业公司积极开展各项社会公益活动。

安徽中烟工业公司蚌埠卷烟厂：扶贫济困，向来自蚌埠市辖区的20名贫困母亲各捐款1000元，并向每人赠送一套服装。资助教育事业，在开展“两个至上”在岗位实践活动中，向蚌埠市钓鱼台小学进行爱心图书捐赠，团员青年共捐赠图书300余册，以及爱国主义教育片光盘50张。

安徽中烟工业公司芜湖卷烟厂：救助灾害，向四川灾区捐赠“爱心包裹”款项9.6万元。资助其他社会公共和福利事业，组织员工义务献血3万毫升；企业员工注册芜湖市志愿者700余人；共组织68人分4次参加芜湖市“红绿灯、文明行”交通劝导活动。

安徽中烟工业公司合肥卷烟厂：资助教育事业，8月，捐款8万元，资助贫困学生上大学。

安徽中烟工业公司阜阳卷烟厂：扶贫济困，12月，开展向阜阳市困难群众“送温暖、献爱心”活动，职工个人捐款3.61万元，企业捐款5000元。

安徽中烟工业公司滁州卷烟厂：扶贫济困，开展“送温暖、献爱心”活动，企业捐款15万元，职工个人捐款9.39万元。资助教育事业，向一名贫困大学生捐款1万元，解决其学费困难问题。

福建省烟草专卖局（公司）

2009年，福建省烟草商业系统共捐款2155万元，用于各项社会公益活动。其中，救助灾害、救济贫困、扶助残疾人等，共捐款1179万元；资助教育、科学、文化、卫生、体育事业，共捐款702万元；资助环保、社会公共设施建设，共捐款145万元；资助其他社会公共和福利事业，共捐款129万元。

福建省烟草专卖局（公司）机关：救助灾害，向遭受“莫拉克”台风灾害的中国台湾灾区捐款150万元。资助教育事业，捐赠云霄教育发展专项资金100万元；向全民终身教育开展促进会捐款30万元。资助医疗卫生事业，为宁化老区医疗卫生事业捐款210万元。资助其他社会公共和福利事业，捐款50万元，用于筹办第五届全国特奥会。

福州市烟草专卖局（公司）：救助灾害，党员干部向遭受“莫拉克”台风灾害的中国台湾灾区捐款1万元。扶贫济困、资助乡村建设，共捐款23.5万元，用于地方公共事业建设和挂钩扶持贫困村发展；向困难群体捐款4.34万元。

厦门市烟草专卖局（公司）：扶贫济困、资助社会公共活动，参与扶贫赈灾、“慈善一日捐”、无偿献血、交通督导和巾帼文明岗“进农村、进社区、进企业”活动，职工个人共捐款7.5万元；定向帮扶24户零售户提高赢利水平和生活水平。资助教育事业，向“三角梅——手拉手”爱心基金增加投资220万元，用于专项资助贫困学生。

宁德市烟草专卖局（公司）：扶贫济困，向贫困零售户捐款11万元，并捐赠米、面、油等一批生活必需品。资助文化、教育、医疗事业，共捐款8万元。资助乡村建设，捐款18万元，用于支援地方新农村建设。

莆田市烟草专卖局（公司）：救助灾害，向遭受“莫拉克”台风灾害的中国台湾灾区捐款8万元。扶贫济困，向贫困零售户捐款1万元。资助教育事业，捐款4万元，用于建设校园“绿色网室”。资助乡村建设，向仙游边远山区捐款26万元，用于基础设施建设。资助其他社会公共和福利事业，捐款22.6万元。

泉州市烟草专卖局（公司）：扶贫济困，向永春、晋江、德化、石狮等地困难群众捐款1.59万元。资助教育事业，共捐款4.72万元。资助乡村建设，向安溪感德镇福德村、南安翔云镇圳林村、惠安山霞镇东莲村等贫困地区捐款14.71万元。资助文化事业，共捐款10.73万元。

漳州市烟草专卖局（公司）：扶贫济困，参加南靖县慈善总会“安老、扶幼、助学、济困”活动，捐款2万元。资助教育事业，捐赠云霄金叶教育发展基金20万元；捐赠价值36.72万元的课桌椅；向漳浦县杜浔镇文卿小学捐款3万元；向云霄县教育系统捐赠50台电脑。资助乡村建设，向华安县仙都镇大地村等捐款15万元，用于基础设施建设。资助文化事业，捐款7.5万元。资助其他社会公共和福利事业，捐款6万元。

龙岩市烟草专卖局（公司）：共捐款87万元。其中，救助灾害，捐款7.57万元；扶贫济困，捐款8.86万元；资助乡村建设，捐款9.6万元；资助文化、教育、体育、卫生事业，捐款52万元；资助其他社会公共和福利事业，捐款8.9万元。

三明市烟草专卖局（公司）：救助灾害，为遭受“莫拉克”台风灾害的中国台湾灾区灾后重建捐款5.7万元；向遭受自然灾害的烟农捐款2.5万元。扶贫济困，结对帮扶困难烟农、零售户等，共捐款10.3万元。资助教育事业，共捐款14.8万元，其中，宁化县局继续设立“金叶奖学金”，捐款2万元；市局（公司）机关捐赠“烟草爱心基金”3.9万元。支援乡村建设，共捐款20.45万元，用于新村道路修建等。资助卫生、文化事业，捐款6.89万元。

南平市烟草专卖局（公司）：扶贫济困，向贫困群众捐款1.5万元。资助乡村建设，共捐款18万元。资助教育、文化、体育事业，共捐款102.71万元。资助其他社会公共和福利事业，共捐款10万元。

福建中烟工业公司

2009年，福建中烟工业系统共捐款4750万元，用于各项社会公益活动。

福建中烟工业公司总部：救助灾害，向福建省红十字会捐款150万元，用于支持中国台湾受灾地区灾后重建。扶贫济困，向福建省财政厅2009年省级扶贫开发项目捐款200万元。资助教育事业，向厦门理工学院捐赠50万元；向厦门市帮扶的贫困山区学校捐赠20万元；向厦门市实验小学、松柏中学捐赠35万元。资助医疗卫生事业，向福建省立医院急救中心青年人才培养项目捐款50万元。

龙岩烟草工业有限责任公司：救助灾害，向福建省红十字会捐款50万元，用于支持中国台湾受灾地区灾后重建。资助教育事业，向上杭县步云中小学捐赠10万元；向龙岩市希望工程“红七匹狼”爱心助学活动捐赠20万元；向厦门大学捐款5万元。资助其他社会公共和福利事业，捐款2000万元，用于古田会议会址维修保护项目建设；捐款600万元，用于永定县福建土楼保护与旅游推广；捐款20万元，用于永定县下洋镇思贤村对台交流合作区基础设施建设。

厦门烟草工业有限责任公司：资助教育事业，向厦门市教育基金会捐赠100万元。资助体育事业，捐款635万元。资助其他社会公共和福利事业，捐款300万元。

江西省烟草专卖局（公司）

2009年，江西省烟草商业系统共捐款445万元，用于各项社会公益活动。

江西省烟草专卖局（公司）机关：扶贫济困，向抚州市广昌县驿前村扶贫点帮扶资金20万元；开展“慈善一日捐”活动，捐款1.45万元；开展送温暖活动，捐款7000元；向困难群体捐款7.25万元。资助教育事业，开展“金秋助学”活动，捐款5500元。资助乡村建设，向江西新农村建设捐款10万元。资助其他社会公共和福利事业，向江西省革命老区爱心基金会等共捐款53万元。

南昌市烟草专卖局（公司）：救助灾害、扶贫济困，组织员工向中国台湾灾区捐款，订单部开展“365天爱，每日一捐”活动，共捐款3万元。资助乡村建设，捐款20余万元，用于帮扶4个挂点村和支援新农村建设。开展其他社会公益活动，员工参加义务献血110余人次，献血量达2.7万毫升；开展自愿者服务活动，照料孤寡老人生活60余人次。

九江市烟草专卖局（公司）：共出资4.5万元，用于湖口县张青乡程山村修建公路，并修建清洁屋、走访慰问该村特困群众。

上饶市烟草专卖局（公司）：资助教育事业，向婺源县中学捐款1000元；参加“金秋助学”等活动，捐款2万元。资助乡村建设，支援对口帮扶村婺源县大彰山乡程村修建饮水工程，捐款6万元；资助上饶县田墩镇东坑村、婺源县珍珠山乡珍珠山村、德兴市畈大乡畈大村等地新农村建设，捐款5万元。资助医疗卫生事业，向红十字会捐款5万元。

抚州市烟草专卖局（公司）：资助乡村建设，支援对口帮扶村建设，捐款13.01万元。资助文化事业，捐款2.18万元。资助其他社会公共和福利事业，向抚州市慈善总会、市红十字会等捐款6.8万元。

宜春市烟草专卖局（公司）：扶贫济困，捐款17万元，用于当地包村扶贫等；参加“慈善一日捐”活动，捐款8420元；向市残联捐款3000元。

吉安市烟草专卖局（公司）：扶贫济困，通过慈善总会或直接向帮扶对象捐助7.4万元。资助教育事业，向“希望工程”捐款3万元。资助乡村建设，向对口帮扶村捐款15.7万元。

赣州市烟草专卖局（公司）：资助乡村建设，捐款49万元，用于挂点乡村架桥修路。

景德镇市烟草专卖局（公司）：扶贫济困，捐款28.6万元，用于帮扶通津桥社区、桂花村、石门村修建公路、走访困难户等。资助教育事业，职工个人捐款1.6万元。

萍乡市烟草专卖局（公司）：救助灾害，组织党员干部参加纪念“5·12”汶川特大地震一周年献血活动，无偿献血1.12万毫升。扶贫济困，向芦溪县张佳坊村捐款8万元。资助教育事业，开展“爱心送考”、“春蕾计划”以及助残、助学一日捐活动，捐款3万元。资助乡村建设，向麻山镇井冲村新农村建设捐款5万元。

新余市烟草专卖局（公司）：资助乡村建设，向分宜县双林镇捐赠帮扶款2万元；向支援对口帮扶村湖陂村捐款6.7万元，用于修建公路、改善住房等。资助城市创建活动，捐款4.9万元。

鹰潭市烟草专卖局（公司）：救助灾害，捐款2万元，用于万安县打井抗旱。资助乡村建设，向支援对口帮扶村捐款6.7万元，用于修建公路、改善环境等；开展“农村书屋”为主题的图书捐赠活动，捐赠图书300余册。资助其他社会公共和福利事业，共捐款近2万元，用于“联建共创”活动等。

江西中烟工业有限责任公司

2009年，江西中烟工业有限责任公司共捐款1109.81万元，用于各项社会公益活动。其中，救助灾害，向江西省慈善总会捐款1000万元；扶贫济困，向江西省黎川县坊坪村捐款3700元，向公益助残基金捐款1万元，向江西省兴国县潋江镇捐赠社区建设帮扶资金8000元，向江西省乐安县湖溪乡捐赠扶贫款7万元；资助教育事业，向江西省青年发展基金会捐赠助学款10万元，向江西省慈善总会捐赠“金圣学子”助学款20万元；资助乡村建设，向江西省兴国县捐赠新农村建设资金2万元，向江西省黎川县捐赠新农村建设扶贫资金23万元。

江西中烟工业有限责任公司南昌卷烟厂：扶贫济困，向南昌市SOS儿童村捐款6030元。援助环保事业，组织员工参加南昌市团委在艾溪湖湿地公园举行的万人植树活动。

江西中烟工业有限责任公司赣南卷烟厂：扶贫济困，向助医帮残扶贫济困基金捐款2万元；向困难群体捐款1.26万元；其他捐款5680元。资助乡村建设，向江西省南康市新农村建设捐款7万元。

江西中烟工业有限责任公司广丰卷烟厂：资助教育事业，捐赠助学款6.28万元。资助乡村建设，向新农村建设捐款7万元。

江西中烟工业有限责任公司井冈山卷烟厂：扶贫济困，向吉安市慈善基金会捐款1.63万元，并捐赠衣被1475件。资助乡村建设，向吉安市新农村建设捐款6万元。

江西中烟工业有限责任公司兴国卷烟厂：扶贫济

困，向困难群体捐款 3.3 万元。资助乡村建设，向兴国县新农村建设捐款 10 万元。

山东省烟草专卖局（公司）

2009 年，山东省烟草商业系统共捐款 2176.28 万元，用于各项社会公益活动。

山东省烟草专卖局（公司）机关：扶贫济困，省局（公司）开展对西部省份对口支援，捐款 150 万元；开展“慈心一日捐”活动，捐款 4.14 万元。

青岛市烟草专卖局（公司）：扶贫济困，莱西市局向当地贫困村捐款 6 万元。资助环境保护事业，李沧区局向区园林绿化处捐赠树苗 240 棵。

淄博市烟草专卖局（公司）：扶贫济困，开展“慈心一日捐”活动，全市系统共捐款 10.43 万元。资助乡村建设，支援对口帮扶村淄川区峨庄乡石安峪村修建公路等，捐款 2 万元。

东营市烟草专卖局（公司）：共捐款 183.66 万元。扶贫济困，市局向利津镇盐窝新村和东营区史口镇大宋村捐赠扶贫款 168 万元；河口区局向义和镇五二村捐赠扶贫款 3 万元；利津县局向虎滩镇张村捐赠扶贫款 1 万元；垦利县局向董集乡薛家村捐赠扶贫款 2.8 万元。资助教育事业，市局组织女职工慰问东营市特殊教育学校，捐款 2100 元；向实验中学捐款 1.95 万元。

烟台市烟草专卖局（公司）：共捐款 69.93 万元。扶贫济困，参加烟台市爱心捐款活动，企业捐款 33 万元，职工个人捐款 26.54 万元。资助教育事业，开展“手拉手、一帮一”爱心助学活动，市局机关职工个人捐款 4.89 万元；龙口市局参加“春蕾计划”和“甘霖工程”，向芦头镇孤山唐家村幼儿园捐款 5000 元。资助新农村建设，参与新农村共建活动，招远市局捐款 2 万元，莱阳市局捐款 1 万元，栖霞市局捐款 2 万元。

潍坊市烟草专卖局（公司）：扶贫济困，开展“慈心一日捐”活动，全市系统共捐款 15.68 万元。资助乡村建设，共捐款 13 万元。

济宁市烟草专卖局（公司）：扶贫济困，捐款 6.98 万元。资助教育事业，援建微山县新鲁小学和鲁新小学，共捐款 280 万元。资助乡村建设，共捐款 16 万元。资助城市建设，捐款 8.6 万元。资助医疗卫生事业，向红十字会捐款 5 万元。

泰安市烟草专卖局（公司）：扶贫济困，参加“送温暖，献爱心”活动，共向 62 户困难群众捐款 1.24 万元；在“慈善月”活动中，捐款 9.5 万元。资助乡村建设，支持新农村建设，向东平县梁林村、老湖镇柳村各捐款 1 万元，向肥城市孙伯镇南栾村捐款 2 万元；与岱岳区范镇戚家台头村结成“村企手拉手、共建新农村”帮扶对子，捐款 10 万元。资助体育事业，捐款 10 万元。

威海市烟草专卖局（公司）：共捐款 45 万元。扶贫济困，开展“慈心一日捐”活动，捐款 4.96 万元。资助教育事业，在环翠区孙家疃小学为留守流动儿童捐建“快乐成长活动站”，捐款 2 万元。资助乡村建设，对口帮扶文登市泽库镇周家村，捐款 13.47 万元，用于道路绿化、水库清淤、走访慰问及村级活动场所和文化大院建设项目。资助其他社会公共和福利事业，捐款 15 万元。

日照市烟草专卖局（公司）：扶贫济困，参加“慈心一日捐”活动，市局机关捐款 8710 元，东港区局捐款 1.12 万元，岚山区局捐款 3700 元，五莲县局捐款 1.64 万元，莒县县局捐款 1.73 万元；参加“万名干部结对帮扶贫困户”活动，捐款 1.32 万元。资助教育事业，向莒县庆祝“六一”儿童节活动捐款 1800 元。资助乡村建设，向莒县小店镇杨家崮西村捐款 9 万元；向东港区三庄镇刘家沟村捐款 3 万元；向包联的岚山区碑廓镇辛庄子村捐款 5000 元、玉峰岭村捐款 1 万元。资助体育事业，捐款 198 万元。资助文化事业，捐款 1.7 万元。

莱芜市烟草专卖局（公司）：资助乡村建设，对口帮扶南嵬石村、邢家峪社区和茶业口镇吉山村社区建设，捐款 35 万元；资助烟叶生产生态村建设，捐款 36 万元。资助文化事业，捐款 1.3 万元。资助其他社会公共和福利事业，捐款 400 万元。

临沂市烟草专卖局（公司）：扶贫济困，开展“天使回声——贫困失聪儿童救助行动”，捐款 10 万元，救助贫困失聪儿童 3 名；参加“慈心一日捐”、“送温暖、献爱心”活动，公司向市慈善总会捐款 20 万元，职工个人捐款 9.7 万元；开展助残、助学、助教及帮扶特困户活动，捐款 4 万元。资助乡村建设，开展“百村帮扶”、援建农家书屋等活动，捐款 8.7 万元，捐赠图书千余册。资助环境保护事业，参加荒山绿化公益活动，捐款 15 万元。

德州市烟草专卖局（公司）：扶贫济困，市局机关开展“慈心一日捐”活动，捐款 1.94 万元。资助乡村建设，安排两名员工参加新农村建设工作组，并捐款 10 万元，用于修路、安装自来水。资助其他社会公共和福利事业，向慈善总会捐款 500 万元。

聊城市烟草专卖局（公司）：扶贫济困，开展“慈心一日捐”活动，捐款 10.87 万元；向困难群体捐款 1.39 万元；东昌府区局扶助残疾人就业，捐款 3591 元；临清市局参加“送温暖、献爱心”活动，捐赠价值 4950 元的棉被等生活必需品。资助乡村建设，在平县局对口帮扶农村建设，向莱屯乡韩庄村捐款2000元。

滨州市烟草专卖局（公司）：扶贫济困，开展“慈心一日捐”活动，捐款2万元；向困难群体捐款2万元。

中国烟草山东进出口公司：扶贫济困，开展“慈心一日捐”活动，共捐款1.30万元；向贵州灾区和贫困地区捐赠衣被93件。资助其他社会公共和福利事业，向青岛市社会福利院捐赠书籍232册。

中国烟草总公司青州中等专业学校：资助残疾人事业，向青州市残疾人联合会捐款1万元。

山东中烟工业公司

2009年，山东中烟工业公司共捐款418.85万元，用于各项社会公益活动。

山东中烟工业公司本部：扶贫济困，开展“慈心一日捐”活动，职工个人向山东省慈善总会捐款8.85万元。资助其他社会公共和福利事业，公司分别向云南文山州、临沧市民政局捐助烟叶风险基金100万元和150万元，用于提高当地烟农烟叶生产抗风险能力。

山东中烟工业公司济南卷烟厂：资助乡村建设，参加济南市“城乡携手共建新农村”活动，捐款50万元，用于帮助章丘市刁镇小辛村建设环村路及文化活动中心。

山东中烟工业公司青岛卷烟厂：资助残疾人事业，向青岛市残疾人福利基金会捐款10万元，用于青岛市残疾人“托养工程”。

山东中烟工业公司青州卷烟厂：资助文化事业，向第七届中国花卉博览会山东省执行委员会捐款100万元。

河南省烟草专卖局（公司）

2009年，河南省烟草商业系统共捐款450余万元，用于各项社会公益事业。

河南省烟草专卖局（公司）机关：扶贫济困，省局（公司）向河南宁陵县捐助抗旱浇麦扶贫款130万元；省局机关向农民工捐赠50条棉被，价值6000元。资助教育事业，向南阳桐柏扶贫点小学捐赠1000册图书，价值1.37万元的；教师节捐款5000元。

郑州市烟草专卖局（公司）：扶贫济困，支援郑州市南曹乡、登封市、新密市和荥阳市抗旱浇麦工作及旱区人畜饮用水，捐款34.78万元；向郑州市慈善总会捐款6.24万元。资助教育事业，向87名贫困大学生捐款20万元。资助乡村建设，支援对口村韩沟村修建公路、改善住房等，捐款11万元。

开封市烟草专卖局（公司）：扶贫济困，救助下岗贫困人员，向开封胶印厂贫困职工捐款9.8万元；救助贫困、残疾儿童，向开封市SOS儿童村赠送价值6500元的体育用品。资助教育事业，向尉氏县希望工程捐款2000元；向杞县大同小学捐赠价值5万元的办公用品。资助医疗卫生事业，向兰考县捐款2000元，用于预防手口足病工作。资助残疾人事业，向兰考县慈善总会捐款1200元。资助社区建设，捐款2万元。资助文化事业，捐款5万元，资助开封市周末文化广场活动。

洛阳市烟草专卖局（公司）：扶贫济困，向洛阳市轴承厂617名贫困职工捐款12.34万元；慰问高新区华夏社区110户贫困户，捐款1.11万元，并捐赠米、面各1100千克、食用油550升。

平顶山市烟草专卖局（公司）：资助乡村建设，向对口帮扶新农村建设单位郏县茨芭镇中心小学捐赠电脑30台，价值10万元；向茈芭村捐款30万元，用于修建田间生产路，打10眼机井，并配套完善地埋管道建设；向茈芭村特困户捐款5000元。

安阳市烟草专卖局（公司）：扶贫济困，资助特困户、五保户和军烈属，捐款6000元；开展爱心助残活动，向残疾人捐款1.56万元。资助教育事业，参加“金秋助学”活动，捐款1.06万元。资助乡村建设，向林州市任村镇小王村捐款1.8万元，用于环境整治、义务植树、抗旱保苗和温棚建设；向滑县留固镇后五方村捐款4万元，用于前后大街道路美化工程。

鹤壁市烟草专卖局（公司）：扶贫济困，向鹤壁市慈善总会捐款5000元；开展春节救济贫困商户活动，捐款3万元；向贫困商户捐款4350元，用于扶助其子女入学等。资助乡村建设，支援浚县善堂镇柴村帮城乡一体化建设，捐款2.1万元；向淇县黄洞乡全寨村、北阳镇良相村分别捐款5000元。

新乡市烟草专卖局（公司）：扶贫济困，捐款5.34万元。资助教育事业，捐款6970元。资助乡村建设，捐款10.3万元。资助残疾人事业，捐款6920元。资助环境保护事业，捐款1.25万元。资助体育事业，捐款3000元。

焦作市烟草专卖局（公司）：扶贫济困，开展“爱心一日捐”活动，捐款2.5万元。资助新农村建设，捐款3万元。

濮阳市烟草专卖局（公司）：扶贫济困，帮扶慰问贫困户，捐款2500元；开展“慈善一日捐”活动，捐款8000元。资助教育事业，捐款1.5万元。资助环境保护事业，捐款2万元。资助文化事业，捐款10万元。

许昌市烟草专卖局（公司）：扶贫济困，捐款1.3

万元。资助新农村建设，捐款8.92万元。资助其他社会公共和福利事业，支持许昌鄢陵花博会，捐款30万元；支持革命烈士纪念碑建设，捐款1万元。

漯河市烟草专卖局（公司）：扶贫济困，开展“慈善一日捐”活动，捐款5600元。资助教育事业，开展“爱心助学圆梦行动”，捐款2000元。

三门峡市烟草专卖局（公司）：扶贫济困，开展驻村帮扶工作，为帮扶村修建水井、配电房等，捐款8.66万元；开展“七一”爱心捐助活动，捐款4.58万元。

南阳市烟草专卖局（公司）：扶贫济困、扶助残疾人，捐款1.54万元。资助教育事业，开展希望工程救助贫困大学生活动，捐款1.1万元；资助贫困大学生和对口支援单位基层党组织建设，捐款8850元；资助困难家庭子女入学，捐款5500元；向方城县博望镇朱庄村小学捐款1万元。资助体育事业，向全国第七届农运会捐款3000元。

商丘市烟草专卖局（公司）：资助新农村建设，帮扶点夏邑县桑固乡贫困户，捐款4000元。资助文化、教育事业，支持“迎国庆关心下一代征文书画大赛”活动，捐款7.9万元；参加“金秋助学”活动，捐款1万元。

信阳市烟草专卖局（公司）：扶贫济困，向新县慈善总会捐款2550元；向罗山县彭新镇仁和村残疾人捐款8000元；向楠杆村贫困户捐款1000元。资助教育事业，向罗山县高店乡捐款5538元；向信阳市幼儿园捐款8000元；向浉河董家河睡仙桥村小学捐款2420元；向新县高中捐款1000元；向平桥兰店和双井乡捐款1万元；向息县包信初级中学捐款9100元。资助乡村建设，支援对口帮扶村农田水利建设、计划生育帮扶、村文化图书室建设、敬老院建设等，共捐款12.32万元。

周口市烟草专卖局（公司）：扶贫济困，开展“扶贫济困一日捐”活动，捐款5.52万元。

驻马店市烟草专卖局（公司）：扶贫济困，向确山县任店镇下岗村委捐款3.36万元；向上蔡县大路李乡陈桥村捐款9.2万元。资助教育事业，向驻马店市第二小学和驻马店市第四中学分别捐助1万元和3万元。

济源市烟草专卖局（公司）：资助文化事业，为邵原镇卫洼村购置价值1.85万元的会议桌、图书柜、图书等；参加“好书献基层”图书捐赠活动，捐助图书500余册；捐款1万元，为卫洼村配备乒乓球桌和健身器材等。

天昌国际烟草有限公司：救助灾害，向襄城县紫云镇孟沟村捐助抗旱物资，价值2.30万元。扶贫济困，开展“送温暖、献爱心”活动，向许昌市慈善总会捐款1万元。资助教育事业，向对口帮扶学校捐款4000元。资助其他社会公共和福利事业，参加“生育关怀行动”，向社区捐款1000元。

河南中烟工业有限责任公司

2009年，河南中烟工业有限责任公司共捐款1048.35万元，用于各项社会公益活动。其中，救助灾害、扶贫济困，捐款138.45万元；资助乡村建设，捐款73万元；资助文化、教育事业，捐款795.7万元；资助其他社会公共和福利事业，捐款41.2万元。

河南中烟工业有限责任公司本部：救助灾害，支援项城市抗旱保苗，捐款30万元。资助乡村建设，支援上蔡新农村建设，捐款30万元；向云南文山捐赠烟叶基地救助款100万元。资助教育事业，向空军某部捐赠学校、幼儿园建设资金80万元；捐赠金秋爱心助学金28万元；向河南省青少年基金会支付2007年40所希望小学尾款380万元；向河南省青少年基金会捐款300万元，用于建设希望小学。资助残疾人事业，捐助8000元。

河南中烟工业有限责任公司郑州卷烟厂：资助教育事业，向毕河村小学捐赠篮球、足球、羽毛球拍、乒乓球拍、大绳、跳绳等共计63件（套）的体育用品。

河南中烟工业有限责任公司许昌卷烟厂：资助乡村建设，支援许昌市魏都区新农村建设，捐款40万元。资助教育事业，通过许昌市工会捐赠助学款6万元。

河南中烟工业有限责任公司安阳卷烟厂：救助灾害，向“5·12”汶川特大地震灾区儿童捐赠“爱心包裹”，并捐款4.59万元。扶贫济困，帮扶安阳市官园、德隆、光华、永泰社区和滑县焦虎乡焦王街村、安阳县都里乡南阳城村的困难群众共计100余户，捐赠大米、食用油100余份，价值2万余元。资助乡村建设，为安阳县都里乡南阳城村义务植树400棵，价值5000余元；为都里乡捐订报纸党刊100余份，价值2.5万元。资助其他社会公共和福利事业，向安阳市慈善总会捐款30万元。

河南中烟工业有限责任公司南阳卷烟厂：扶贫济困，向南阳市福利院捐赠400双棉袜、200双棉靴，价值6760元。资助残疾人事业，资助1800元。资助环境保护事业，在南阳市蓝营水库植物园植树近百棵，价值4000元。资助其他社会公共和福利事业，50余名职工参与义务献血活动，共献血1.82万毫升。

河南中烟工业有限责任公司驻马店卷烟厂：扶贫济困，向正阳县王勿桥乡谢庄村捐赠米、面、棉衣等生活必需品，并捐赠两台电脑；参加向农村“送温暖、献爱心”活动，共捐款1万元。

河南中烟工业有限责任公司漯河卷烟厂：扶贫济困，参加漯河市“慈善一日捐”活动，职工个人捐款10.81万元。

河南中烟工业有限责任公司洛阳卷烟厂：资助教育事业，向嵩县车村镇高峰村小学捐赠价值5000多元的电脑、文具。资助社会福利事业，向洛阳市儿童福利院捐赠款物价值4000余元。

湖北省烟草专卖局（公司）

2009年，湖北省烟草商业系统共捐款2678万余元，用于各项社会公益活动。

湖北省烟草专卖局（公司）机关：扶贫济困，参与“城乡互联，结对共建”活动，开展对口帮扶，捐款3.5万元，落实帮扶项目4个、引进项目4个。

武汉市烟草专卖局（公司）：救助灾害，捐款3万元，用于防汛救灾。资助新农村建设，支持新农村共建活动，捐款8万元。资助城市建设，捐款8.2万元。资助其他社会公共和福利事业，向武汉市慈善总会捐款58万元（含黄陂、新洲、江夏等地扶贫款24万元）；向东西湖区慈善会捐款40万元；向见义勇为基金会捐款10万元。

黄冈市烟草专卖局（公司）：资助教育事业，开展金秋助学“圆梦行动”，向贫困家庭捐款20万元。资助新农村建设，向革命老区捐款60万元。资助其他社会公共和福利事业，开展“爱心进社区”活动，捐款30万元。

襄樊市烟草专卖局（公司）：扶贫济困，向市福利院、南漳九集镇福利院捐赠价值5万元的慰问品。资助乡村、城市建设，支援樊城区汉江北路居委会开展建设，捐款5万元；支援新农村建设对口帮扶单位——南漳县板桥镇双龙寺村开展生产建设，捐款7万元。

荆州市烟草专卖局（公司）：扶贫济困，捐款2万元，用于救治晚期血吸虫病人；向荆州区弥市镇苏家铺村、松滋市刘家场胡家台村和张山堰村贫困户捐款1.3万元；向73名残疾卷烟零售户捐赠样柜，价值3万元；开展慈善捐助活动，职工个人捐款3万元；向江陵县、松滋市老区建设促进会捐款2万元，用于农村扶贫；向沙市区中山街道流浪儿童捐款2.6万元。资助教育事业，向沙市区、公安县、松滋市、江陵县贫困大学生捐款4.7万元。资助乡村建设，向沙市区岑河镇、监利县网市镇、石首市小河口合兴村、刘家场镇张山堰村捐款17.2万元，用于新农村建设；向荆州区弥市镇苏家铺村捐款3万元，用于村委会改造；捐款5万元，用于公安县港关果园修建通村农路和水改；捐款3.5万元，用于江陵县熊河镇花彭村村委会建设、特困村民扶助等；向石首市东升镇、久合垸乡各捐款3万元，用于特困村通村公路修建；捐款6万元，用于洪湖市大沙湖管理区横墩村建设；向松滋市斯家场鞍子岭村捐款5万元，用于设施建设。资助城市建设，对口支援玉和坪社区、红星路社区、庙兴村社区、胜利街，捐款12.7万元，用于改善社区环境和基础设施建设；捐款2万元，用于支援松滋市危水镇集镇建设及4A风景区创建。资助文化事业，向公安县埠河镇金台村、松滋市危水镇北闸村捐款2.5万元，用于建设“农村书屋”；捐款2万元，援建九岭岗起义烈士陵园。

十堰市烟草专卖局（公司）：扶贫济困、资助乡村建设，对口驻村帮扶郧西县安家乡神雾岭村新农村建设工作，先后协调帮扶资金175万元，在神雾岭村建设饮水工程，解决500户、2000人饮水困难；整修硬化村组道路2公里，并架设太阳能路灯；修建村民文化健身广场1000平方米，购置健身器材20余件；增建农家书屋、文化娱乐室1个，购置图书2000余册；改建村级医疗室100平方米；发展优质核桃品种1400亩，引进药材种植面积250亩，发展茶叶种植350亩，发展生猪500头、牛70头、羊300头、家禽3500只，协助转移劳动力500人；聘请技术人员，举办农业知识培训班三期；资助6名贫困学生上大学；帮助16户贫困户发展生产。

孝感市烟草专卖局（公司）：救助灾害，捐款1.98万元。扶贫济困，共捐款8.57万元，其中孝感市局机关捐款7500元，用于帮扶特困户；孝南区局捐款1.1万元，用于慰问帮扶困难群众；孝昌县局共捐款5700元，用于支援小河村村通公路、安装路灯，支援芳畈水库修建和慰问贫困户等；大悟县局捐款2万元，用于宣化新农村修路；安陆市局捐款共2.1万元，用于帮扶殷陈村和陈店福利院；应城市局捐款1.3万元，用于新农村建设；汉川市局看望贫困户，捐款7500元。资助乡村建设和教育、卫生、文化事业，捐款18.96万元。

恩施土家族苗族自治州烟草专卖局（公司）：扶贫济困，向恩施州扶贫办捐赠扶贫救济款1700万元；支援各县扶贫点建设，捐款41.2万元。资助乡村建设，支援恩施市盛家坝、新塘、白果、三岔等乡新农村建设，捐款29万元；支援对口帮扶村建始县新场坪建设公路、增设办公设施等，捐款10万元。资助教育事业，向自治州老年大学捐赠设备设施款6.25万元；向各学校贫困学生捐赠助学扶贫款2.65万元。资助旅游事业，捐款11万元，用于支援恩施、巴东旅游设施建设。

宜昌市烟草专卖局（公司）：扶贫济困，参加“希望工程20周年”、“送温暖、献爱心”活动，共捐款1.08万元。资助乡村建设，支援对口帮扶村秭归县磨坪乡柏家坪村修建公路、改善生产生活设施，捐款6万元。

咸宁市烟草专卖局（公司）：资助教育事业，与共青团咸宁市委联合举办“金叶金秋助金榜”活动，捐款20万元，帮助100名贫困学生上大学。资助新农村建设，支援对口帮扶村赤壁市芙蓉村修建村级公路、安装自来水和沼气，共捐款14万元。

随州市烟草专卖局（公司）：扶贫济困，向广水市吴店镇、北三镇和曾都区万店镇捐款16.3万元。资助乡村建设，支援对口帮扶村广水吴店镇浆溪村、曾都区洛阳镇张畈村修建公路、改善住房、修筑水坝等，捐款15.9万元。资助文化事业，捐款100万元。

黄石市烟草专卖局（公司）：扶贫济困，向9名重病患者捐款共计3.1万元；向困难党员帮扶基金捐款3000元；向黄石市慈善总会、阳新县红十字会、大冶市慈善总会定向捐款8.38万元。资助新农村建设，向大冶市刘仁八村、阳新县李姓村、龙港镇、陶港镇向录村捐款53.78万元。

荆门市烟草专卖局（公司）：扶贫济困，扶持两个贫困村，捐款3万元。资助教育事业，向20名贫困学生捐款1万元。资助新农村建设，创建新农村建设示范点4个，捐款20万元。资助其他社会公共和福利事业，向荆门市慈善总会捐款5万元。

鄂州市烟草专卖局（公司）：救助灾害，向中国台湾灾区捐款1.3万元。扶贫济困，开展“送温暖、献爱心”活动，捐款1.5万元。资助新农村建设，开展结对帮扶活动，与沼山镇王铺村结成党组织共建对子，向该村捐赠办公桌椅和电脑，并捐款2.2万元。

天门市烟草专卖局（公司）：共捐款17.6万元。救助灾害，捐款2.35万元。扶贫济困，开展结对帮扶活动，捐款4000元；向皂市敬老院捐款500元。资助教育事业，向皂市小学捐款3000元。资助新农村建设，捐款3.5万元。资助其他社会公共和福利事业，共捐款11万元，用于资助夏日文化广场建设等。

潜江市烟草专卖局（公司）：扶贫济困，参加“送温暖、献爱心”活动，资助潜江市残联和白血病患者，共捐款3万元。资助乡村建设，向田湖村、泽口村、老新村、红桥村捐款22万元，用于修建公路、修建桥梁、改善村容环境等。资助文化事业，支持金陵寺社区廉政文化长廊建设等，共捐款12万元。资助其他社会公共和福利事业，捐款1万元。

神农架林区烟草专卖局（公司）：扶贫济困，参加“为中国台湾台风灾区捐款”、“送温暖、献爱心”和资助白血病患者等活动，共捐款4000元；帮扶贫病困难群众，资助神农架林区红十字会、工会困难职工中心和参加计生关怀贫困行动，共捐款3500元。资助教育事业，向松柏镇实验小学捐款1000元；向下谷乡民族学校捐款1000元。资助乡村建设，开展“结对共建”扶贫帮困活动，捐款2万元，用于支援对口帮扶村大九湖乡落羊河村改善基础设施和村委会办公条件；捐款1000元，用于林区新华镇建设。资助文化事业，向林区下谷坪乡捐赠法律书籍200余册，价值3000元。资助其他社会公共和福利事业，捐款1万元。

湖北中烟工业有限责任公司

资助教育事业，湖北中烟黄鹤楼科技园自2009年起至2013年连续5年，每年向湖北省教育系统捐助1000万元，用于改善湖北省义务教育办学条件，扶持农村中小学基础教育设施建设。

湖南省烟草专卖局（公司）

2009年，湖南省烟草商业系统共捐款3580余万元，用于各项社会公益活动。

湖南省烟草专卖局（公司）机关：救助灾害，向中国台湾风灾中受灾的民众捐款150万元。扶贫济困，向湘西保靖县捐助扶贫款100万元；资助双联单位19万元；省局机关干部职工开展“送温暖、献爱心”、“慈善一日捐”活动，捐款4.1万元。资助教育事业，向湖南省青少年事业发展基金会捐款50万元。资助医疗卫生事业，向湖南省“2009金叶慈善医疗卡”项目捐款50万元。资助文化、体育事业，共捐款62万元，用于支持湖南省羽毛球运动、湖南省电子政务建设等。资助其他社会公共和福利事业，捐款6万元。

长沙市烟草专卖局（公司）：救助灾害，参加“情系宝岛，牵手同胞，为受灾台湾同胞赈灾募捐”活动，共捐款24万元；向四川灾区捐赠“爱心包裹”、抗震救灾款共2万元。扶贫济困，向长沙慈善总会捐款50万元；帮扶七里庙社区13户低保、贫困家庭，共捐款1.3万元；参加宁乡县“送温暖、促和谐”活动，捐款1万元；救助宁乡贫困户及关爱望城县留守儿童，共捐款1.74万元；救助浏阳市困难户，并慰问困难群众，共捐款3.7万元。资助教育事业，向青少年发展基金捐款50万元；参加“文明星城、爱心助学”活动，捐款5万元；向宁乡一中、长沙育新小学、集里街道长南路小学、秀山中学、浏阳希望小学、古港镇仙洲小学捐资助学，共捐款7.78万元；向田家炳中学教育基金会、宁乡金秋助学基金、浏阳阳光社团爱心助学基金、希望工程共捐款6600元；向浏阳市炉烟村捐赠教学扶贫款1万元；向浏阳市贫困中小学校捐赠价值1万元的教学器材；向浏阳市1名贫困学生捐款6000元。资助乡村建设，支援浏阳市社港镇、永安镇、官渡镇、普迹镇、淳口镇、蕉溪乡、炉烟村、官桥镇，长沙县金井镇、干杉乡，长沙黄材水库、高桥修建公路设施、水利设施等，共捐款27.25万元；资助望城县钉子镇防迅抗旱工作，捐款4.8万元；支持望城县乔口镇、丁字镇，浏阳市普迹镇大鸡头村、官渡镇、长沙县跳马乡曙光垸村、宁乡县炭子冲等开展新农村建设，共捐款50万元；资助浏阳市杨花乡生态环境建设，捐款5万元。资助医疗卫生事业，向“2009金叶慈善医疗卡”项目捐款80万元；向宁乡县菁华铺敬老院捐款2.2万元。资助文化事业，共捐款53.75万元，用于资助舜帝陵维护、小河红军博物馆修建等。资助体育事业，资助湖南省青少年田径运动会、全国第十届中运会，共捐款13万元。资助其他社会公共和福利事业，参加“天天慈善一元捐”活动，捐款4万元；向全国助残日、爱心残疾艺术团捐款7140元。

株洲市烟草专卖局（公司）：救助灾害，向中国台湾灾区捐款10万元。扶贫济困，向株洲市慈善总会、湖南省慈善总会、攸县网岭北坪村、茶陵县困难职工帮扶中心、株洲县姚家坝乡、炎陵县良田村、攸县坪阳庙坪龙村、醴陵板杉乡、株洲县杨塘村、攸县大园组共捐款117.2万元。资助教育事业，向醴陵市特殊教育学校、醴陵市教育局学生资助管理中心、醴陵市阳山学校、芦淞区教育基金会共捐款2.82万元。资助援藏事业，向西藏扎囊地区捐款5万元。

湘潭市烟草专卖局（公司）：扶贫济困，向困难企业湘潭市仪表厂捐款2万元及一些物资；向湘潭市困难职工帮扶中心捐款2万元；资助其他双联单位3.3万元。资助教育事业，参加“关心下一代”、资助韶山学校等活动共捐款2.33万元。资助乡村建设，支援湘潭县白石镇新桥村、分水乡石垅村、锦石乡文佳村、金石镇和湘乡市育段乡、韶山市杨荣村等新农村建设，共捐款29.7万元。资助医疗卫生事业，向“2009金叶慈善医疗卡”项目捐款80万元。资助其他社会公共和福利事业，捐款1.01万元。

衡阳市烟草专卖局（公司）：救助灾害，向中国台湾灾区捐款10万元。扶贫济困，资助三叶中小企业创业基地服务有限公司，参加“送温暖、献爱心”活动、“双联”帮扶活动，共捐款10.6万元。资助教育事业，向南岳区新村学校和岳云中学、衡东新塘镇小学等贫困学生捐款4.8万元。资助乡村建设，支援衡南县及衡南县宝盖镇、车江镇、向阳镇、三塘镇、相市镇、洲市乡京塘村，常宁市板桥镇、新河镇湖坪村、荫田镇、西岭镇、宜潭乡福寿村、洋泉乡横江村，南岳区南岳镇新村村，耒阳市南京乡、哲桥镇、导子乡、蔡子池办事处大金村，衡山县白果镇瓦子河村、望峰乡仁字村，衡东县甘溪镇，祁东县及双桥镇双桥村，衡阳县库宗乡梅开村、金兰镇金沙村，共捐款150.13万元，用于新农村建设和改造道路。资助医疗卫生事业，向“2009金叶慈善医疗卡”项目捐款80万元；向祁东县白地市卫生院捐款5万元。资助文化、体育事业，共捐款40.21万元，用于支持第五届湘台经贸交流活动、衡东湘衡文武学校、常宁市老年体协等。资助劳动保障、消费者权益保护、社区建设等社会公共事业，捐款5.2万元。资助环境保护和社会公共设施建设，向常宁市、衡阳县、衡南县捐款2.95万元，用于植树造林；向衡阳县洪市镇和库宗乡捐款1.5万元，用于开展小城镇建设和市场建设。

岳阳市烟草专卖局（公司）：扶贫济困，向岳阳市妇联、市残联捐款4.9万元；向困难企业潘安服饰有限公司捐款10万元；向岳阳市消费者协会捐款2万元，用于支持弱势消费者维权；向岭北镇贫困地区捐款1.5万元。资助教育事业，向岳阳市教育局希望工程捐款15.7万元；向东方红小学捐款5000元，并捐助图书1000册。资助乡村建设，向扶贫开发领导小组捐款5万元；资助社会主义新农村建设，捐款119.5万元，其中50万元用于对口帮扶平江县盘石村，修建公路5千米、兴建敬老院6处、改善住房60余户、植树造林4.2亩等。资助医疗卫生事业，向“2009金叶慈善医疗卡”项目捐款86万元；向岳阳市慈善机构捐款10万元，用于开展大病救助活动。

郴州市烟草专卖局（公司）：扶贫济困，开展“慈善一日捐”活动，向郴州市慈善总会捐款2.7万元；开展“爱心助残一日捐”活动，向郴州市残疾人福利基金会捐款2.3万元；帮扶6名贫困大学生，捐款6000元；向郴州市燕泉社区贫困居民捐款3.3万元。资助乡村建设，向桂阳县荷叶镇高山村捐款15.5万元。资助医疗卫生事业，向“2009金叶慈善医疗卡”项目捐款80万元。资助文化事业，捐款18万元。

常德市烟草专卖局（公司）：救助灾害，向四川地震灾区捐款10.97万元。扶贫济困，向临澧县官亭乡、临澧县柏枝乡九里村、桃源县太平桥乡、桃源县海家湾乡捐款57.35万元。资助教育事业，向安乡职业二中、新安沙堤小学、桃源县和汉寿县贫困学校、贫困学生捐款204.27万元。资助乡村建设，向临澧县合口乡、安乡县安昌乡、桃源县太平桥乡、澧县多安桥社区、临澧县安福社区捐款35万元，用于新农村建设。资助医疗卫生事业，向“2009金叶慈善医疗卡”

项目捐款80万元。

益阳市烟草专卖局（公司）：救助灾害，向中国台湾灾区捐款10万元。扶贫济困，向益阳市链条厂特困职工、安化县乐安镇香马村特困户、南县丰安村困难户、南县宝塔湖社区群众捐款7万余元。资助教育事业，先后向贫困学生捐款2万余元。资助医疗卫生事业，向“2009金叶慈善医疗卡”项目捐款80万元。资助体育、文化事业，共捐款35万余元，用于支持益阳市2009年大众运动会、购买健身器材和系列文化庆典活动等。资助乡村建设，向益阳市资阳区长春镇、沅江市三眼塘镇、安化县梅城镇紫云村和启安村、南县浪拔新口村、南洲村和利群村捐款27.5万元，用于新农村建设和扶贫开发；向安化县乐安镇香马村、南县茅草街利村捐款50多万元，用于乡村公路建设和饮水工程改造。

娄底市烟草专卖局（公司）：救助灾害，向中国台湾灾区捐款10万元；向双峰县石牛乡马安村捐款8000元，用于抗击洪灾。资助医疗卫生事业，向“2009金叶慈善医疗卡”项目捐款80万元。资助教育事业，向娄底市新化县吉庆镇建校捐款20万元；向贫困学生捐款6000元。资助乡村建设，支援娄底市孟公镇蛇冲村开展生产建设，捐款5.8万元；向娄底冷水江市捐款4万元，用于“一点一线一面”市政建设。资助文化事业，捐款4万元。资助体育事业，捐款5000元。

邵阳市烟草专卖局（公司）：救助灾害，向中国台湾灾区捐款10万元；向绥宁县遭受洪灾地区捐款3万元。扶贫济困，向隆回县岩口镇、邵东县龙潭村、武冈司马冲、邵阳县、城步县大河村、洞口县捐赠扶贫款共计12.9万元。资助医疗卫生事业，向“2009金叶慈善医疗卡”项目捐款80万元。资助新农村建设，向洞口县、隆回县、武冈市、邵阳市高崇山、邵东县、新邵县捐款共计133.1万元。资助其他社会公共和福利事业，向见义勇为奖励基金会捐款6万元；捐款4万元，用于禁毒教育。

湘西土家族苗族自治州烟草专卖局（公司）：救助灾害，向中国台湾灾区捐款10万元；向全州受灾烟农捐款50万元。扶贫济困，向吉首大学1名重病学生捐款3.43万元。资助新农村建设，向古丈县断龙山小柏村捐款3万元；向龙山县茅坪乡庆口村捐款76万元；支持湘西自治州柑橘产业建设，捐赠价值30万元的柑橘选果机。资助医疗卫生事业，捐赠15万元医疗卡；向“2009金叶慈善医疗卡”项目捐款80万元。资助社会公共设施建设，向吉首乾州竹园社区、吉首镇溪办事处、乾州街道办事处兔岩社区捐款104.32万元。资助其他社会公共和福利事业，捐款10万元。

张家界市烟草专卖局（公司）：扶贫济困，向对口扶贫村捐款16.43万元，并捐赠大米1500千克。资助教育事业，向周家垭村村小学捐款6万元，用于教室整修和购置远程教学设备。资助乡村建设，向周家垭村捐款115.8万元，共硬化公路5千米、整理路基5千米。资助医疗卫生事业，向“2009金叶慈善医疗卡”项目捐款80万元。

怀化市烟草专卖局（公司）：救助灾害，向中国台湾灾区捐款10万元。扶贫济困，帮扶团结社区、迎丰街道困难群众，捐款2万元。资助教育事业，向湘潭烟校捐款5万元，用于发展教育。资助乡村建设，向通道县木脚乡更头村捐款2.7万元。资助医疗卫生事业，向“2009金叶慈善医疗卡”项目捐赠80万元。资助残疾人事业，参加“关心残疾人”活动，捐款2.3万元。资助文化、体育事业，共捐款4万元。

永州市烟草专卖局（公司）：救助灾害，向中国台湾灾区捐款10万元。扶贫济困，向双牌县大坪村、江永县朱塘铺村、江华县茅坪村捐赠扶贫款12万元；向残疾人、贫困学生、贫困教师等捐款10.3万元。资助乡村建设，向零陵区干山村、新田县大历村、江华县东田村捐款20.5万元。资助医疗卫生事业，向“2009金叶慈善医疗卡”项目捐款80万元。

湖南中烟工业有限责任公司

2009年，湖南中烟工业有限责任公司共捐款3615.28万元，用于各项社会公益活动。其中，救助灾害，向遭受“莫拉克”台风的中国台湾灾区捐款6800元，向“5·12”汶川特大地震灾区儿童捐赠“爱心包裹”款项1.3万元；扶贫济困，向贫困乡村捐款285万元；开展爱心捐助活动，捐款4.15万元；资助残疾人事业，捐款12.89万元；资助教育事业，向湖南省青少年发展基金会、16个贫困地区希望小学等捐款共计2343.26万元；资助其他社会公共和福利事业，捐款968万元。

湖南中烟工业有限责任公司本部：扶贫济困、支持新农村建设，向浏阳市永安镇、淳口镇分别捐款40万元和36万元；开展爱心捐助，向湖南省直单位困难职工帮扶中心捐款2万元。资助教育事业，向湖南省青少年发展基金会捐赠“芙蓉学子”活动款1280万元；向16个贫困地区希望小学捐赠960万元。资助残疾人事业，参加“慈善一日捐”活动，向湖南省慈善总会捐款2.18万元。资助其他社会公共和福利事业，向湖南飞翔公益基金会捐款760万元；向湖南省红十字会捐款100万元；向浏阳市慈善协会捐款8万元；向湖南省老区发展基金会捐款100万元。

湖南中烟工业有限责任公司长沙卷烟厂：扶贫济

困，“三八”节期间开展爱心捐助活动，职工个人向长沙市总工会捐款2.15万元。资助教育事业，职工个人向湖南桑植刘家坪希望小学捐款9.06万元；企业向长沙市雨花区王家冲小学捐款8万元；向长沙市教育学会捐款6万元。

湖南中烟工业有限责任公司常德卷烟厂：扶贫济困，向石门县皂市（镇）万仞桐村捐款200万元。资助教育事业，向常德市中小学共捐款44万元；向常德市捐款4万元，用于奖励优秀教师；向湖南文理学院捐款5万元。

湖南中烟工业有限责任公司郴州卷烟厂：资助残疾人事业，开展“助残一日捐”活动，职工个人向郴州市残联捐款6.71万元。

湖南中烟工业有限责任公司零陵卷烟厂：扶贫济困，向对口扶贫点双牌县永江乡捐款9万元，用于新农村建设。资助教育事业，捐款12.2万元。资助残疾人事业，捐款2万元。

湖南中烟工业有限责任公司四平卷烟厂：资助教育事业，开展“芙蓉学子——与希望同行”助学活动，向50名贫困大学生发放15万元助学金。

湖南中烟工业有限责任公司吴忠卷烟厂：救助灾害，向遭受“莫拉克”台风的中国台湾灾区捐款6765元；向“5·12”汶川特大地震灾区儿童捐献“爱心包裹”款项总额1.3万元。资助残疾人事业，在“助残日”向吴忠市残联捐款2万元。

广东省烟草专卖局（公司）

广东省烟草专卖局（公司）机关：共捐款238.8万元。其中，扶贫济困、资助乡村建设，参与对口帮扶活动，向对口帮扶单位清远市连山壮族瑶族自治县福堂镇荣丽村共捐款165.8万元，用于该村饮水工程、水泥村道修建等；支援新农村建设，向潮州市饶平大澳村捐款50万元，用于修建主题文化公园；开展党支部互帮互助活动，向清远连山县扶贫点捐款21万元；参与“救助贫困母亲活动”，捐款2万元。

广州市烟草专卖局（有限公司）：扶贫济困，参加“幸福工程——救助贫困母亲”活动，捐款1万元；向广东省慈善基金会捐款1万元；职工个人向患“克隆氏”症的困难群众捐款6.6万元。

中山市烟草专卖局（有限责任公司）：扶贫济困，参加中山市职工解困月活动，职工个人捐款3580元。资助教育事业，开展“金叶之光”助学活动，以结对子的形式对中山市东升镇白鲤村3名贫困学生进行帮扶，捐款1.64万元，并先后组织慰问、探视、座谈等活动。资助医疗、文化事业，参加中山市“慈善万人行”活动，全体员工捐款3.21万元，单位捐款6万元；向中山市西区卫生站捐款1万元。

珠海市烟草专卖局（有限公司）：资助教育事业，捐款17万元，用于普宁市南径镇四睦村小学修建校道、篮球场，并捐赠体育运动设施一批。

东莞市烟草专卖局（有限公司）：扶贫济困，副科级以上中层干部共捐款1.8万元，用于帮扶东莞市企石镇旧围村。资助文化事业，捐款19.5万元。

佛山市烟草专卖局（有限责任公司）：扶贫济困，对口帮扶茂名市化州车木根村，捐款8750元；向高明区更合镇官山村捐款2.1万元，用于村民购买居民门诊基本医疗救助；向顺德区均安镇天连村捐款8000元，用于慰问孤寡老人；向禅城区经济开发区发放老人节慰问金8000元；资助清远市连山县保城村3.62万元。资助其他社会公共和福利事业，向禅城区慈善会捐赠20万元。

肇庆市烟草专卖局（有限责任公司）：扶贫济困，多次帮扶对口扶贫村怀集县坳仔镇鱼北村，共捐款2.74万元，并赠送一批农业畜牧养殖、种植类书籍及光碟；向怀集县桥头镇徐安村委会提供扶贫启动资金2万元。

江门市烟草专卖局（有限公司）：扶贫济困，向鹤山市社会福利院捐款2000元；向恩平市君堂镇太平村委会贫困党员、学生捐款2000元，并捐款5万元，用于修建总灌渠道和兴建自来水设施；向恩平市沙湖镇下凯村捐赠扶贫款6000元；向新会区古井镇管咀村捐赠扶贫款1万元。资助文化事业，捐款500元。资助残疾人事业，捐款2800元。资助体育事业，捐款2万元。

惠州市烟草专卖局（有限责任公司）：共捐款76万元，用于开展固本强基、扶贫济困等社会公益活动。

茂名市烟草专卖局（有限责任公司）：扶贫济困，对坡头村委会共22户特困户进行慰问，向每户特困户捐赠10斤花生油、50斤大米和慰问金；分别帮扶高州市荷花镇、信宜市怀乡镇坡头村、电白县水东镇滨海社区居委会，捐款2.9万元、资助教育事业，向化州市第一中学资助助学奖励基金2.8万元；向10名贫困中小学生捐款1万元；向一名贫困学生捐款800元，用于继续完成学业。资助体育事业，捐款2万元。

阳江市烟草专卖局（有限责任公司）：共捐款20余万元，用于扶助挂钩党支部、计划生育点、特困户，支援农村基础设施建设和灾区重建等。

云浮市烟草专卖局（有限责任公司）：共捐款40余万元（不含新兴）。救助灾害，向罗定市遭受洪水灾害、建筑倒塌的群众捐款2.8万元。扶贫济困，慰问挂钩扶贫村特困党员、特困群众，捐款7000元。资助教育事业，支援郁南连滩中学校舍修缮，捐款2.5

万元；资助教育经费1000元。资助乡村建设，向郁南县捐款8000元，用于西江百里画廊植树；资助挂钩扶贫村生态文明村建设，捐款1.5万元。

湛江市烟草专卖局（有限公司）：扶贫济困，慰问五保户、残疾人等，捐款10.45万元；帮扶其他困难人员，捐款2.5万元。资助教育事业，捐款14.8万元，用于中小学购买教学办公设备、资助贫困学生、慰问教师等。资助乡村建设，开展固本强基及支持新农村建设活动，共捐款60.7万元。资助文化、体育事业，捐款4.2万元。资助其他社会公共和福利事业，捐款10.73万元。

汕头市烟草专卖局（有限责任公司）：扶贫济困，帮扶南澳县云澳镇、龙湖区外砂镇、潮阳区河溪镇等贫困户、特困职工、孤寡老人，共捐款37.08万元。；资助教育事业，捐款5.8万元。资助乡村建设，支援对口帮扶村修建道路、建设水改工程、完善基础设施等，捐款38.6万元；捐助计划生育扶贫款7.5万元。资助其他社会公共和福利事业，捐款5.6万元。

广东烟草汕头澄海有限公司：扶贫济困，向贫困户捐款6.81万元；职工个人向澄海慈善总会捐款1.57万元。资助教育事业，向报本小学捐款12万元；向东里小学捐款14万元。

潮州市烟草专卖局（有限责任公司）：共捐款78.88万元。扶贫济困，参加潮州市福利院、残联、慈善总会、妇联等组织发起的慈善活动，慰问老人、残疾人等困难群体，捐款12.4万元；慰问对口帮扶的磷溪镇顶厝村困难群众和党员，捐赠米、面、油等一批生活必需品。资助乡村建设，共资助磷溪镇顶厝洲村、黄冈县大澳村、所城镇城南村固本强基配套工程款项16.48万元；向饶平县大澳村捐款50万元，用于扶持生产。

汕尾市烟草专卖局（有限公司）：共捐款10.16万元。扶贫济困，支持对口扶贫点，捐款4.2万元。资助教育事业，参加“金秋助学”助学活动，捐款1万元。资助乡村建设，捐款1.01万元，用于修建道路。资助社区建设，捐款1.95万元。资助其他社会公共和福利事业，捐款2万元。

揭阳市烟草专卖局（有限公司）：救助灾害、扶贫济困，共向新农村建设挂钩扶贫村特困户、五保户捐款9.39万元。资助乡村建设，揭阳市局捐款5万元，用于“十百千万”联系点渔湖试验区京岗街道办事处新路村基础设施建设；揭东县局向新农村建设挂钩联系点玉湖镇玉牌村捐款3万元；揭西县局向揭西县河婆镇西坑村捐款4.3万元，用于道路修建；惠来县局向惠来县东陇镇东陇村捐款3万元。资助教育事业，向精神文明工作结对单位东升东洋村学校捐赠价值3万元的桌椅。资助卫生事业，捐款15.1万元，用于支持计生工作。资助其他社会公共和福利事业，向揭阳市慈善总会捐款13.14万元，其中个人捐款3.14万元；参加揭阳市直集中性社会捐助活动，捐款3.79万元，其中个人捐款7900元；参加“双拥”宣传活动，捐款9800元；惠来县局向惠来县社会救助站捐款2.95万元。

韶关市烟草专卖局（有限公司）：扶贫济困，参加“慈善一日捐”活动，韶关市局机关捐款7611元，仁化县局捐款1800元，乳源县局捐款3165元，乐昌市局捐款3620元；始兴县局向隘子镇捐赠扶贫款4万元；翁源县局向扶贫挂钩点官渡镇社背村捐款1.62万元，向周陂供销社特困职工捐款500元，向翁源县民政局捐赠价值1800元的34床棉被。资助教育事业，韶关市局向韶关学院捐款50万元，参加“百万帮扶暖千家”——资助贫困学生活动，捐款10万元；韶关市局机关向乐昌市沙坪镇茶园希望小学捐赠价值4400元的550余册书籍；曲江区局向马坝镇乐村坪村委3名困境家庭儿童捐赠扶贫助学款1500元；始兴县局向马市镇坜坪村小学捐款3000元，用于购买校服；翁源县局向贫困高中生捐款1.44万元；新丰县局向新丰一中捐款3万元。资助乡村、县城建设，始兴县局共捐款27万元，用于始兴县澄江大桥建设和市民休闲广场建设；乐昌市局共捐款2.78万元，用于乐昌市治安联防、白石镇修建道路和富村村委会修建道路等；新丰县局捐款1.65万元，用于新丰县城安装治安监控视频。资助卫生事业，韶关市局机关帮扶韶关市风度北社区计生工作，捐款1万元；新丰县局帮扶新丰县马头镇计生工作，捐款1万元。资助环境保护事业，韶关市局机关向韶关市“创建卫生城市”工作捐款1.05万元；新丰县局共捐款4万元，用于新丰县城周边山地绿化工作和新丰县“创建卫生城市”工作。

梅州市烟草专卖局（有限公司）：资助教育事业，与广东中烟工业有限责任公司联合组织开展“爱心传递·喜满人间”活动，帮助24名贫困学生完成学业。资助乡村建设，向五华县平西村、大蒲村捐款8万余元，用于改善办公条件和建设农村合作医疗等。

河源市烟草专卖局（有限责任公司）：扶贫济困，帮扶五保户、低保户、退伍军人及困难户，共捐款13.77万元。资助教育事业，捐款5.1万元。资助乡村建设，捐款56.3万元。

清远市烟草专卖局（有限公司）：资助教育事业，捐款捐物共计1.01万元。资助乡村建设，捐款27.495万元，用于对口帮扶村修建公路、改善住房、修筑水利设施和扶贫项目启动资金等。资助文化事业，共捐款7.7万元。

广东中烟工业有限责任公司

2009年，广东中烟工业有限责任公司共捐款1900多万元，用于各项社会公益活动。其中，救助灾害，支援灾区重建工作，公司向“5·12”汶川特大地震灾区成都彭州龙门山镇捐款90万元，用于建设社区文化活动中心；扶贫济困，向广州市红十字会、广东省慈善总会共捐款180万元，向广东省扶贫基金会捐款20万元；资助教育事业，向广东省教育基金会捐款15万元，为梅州市“情系儿童”爱心活动捐款50万元，向海南省五指山市捐款30万元。

广东中烟工业有限责任公司本部：资助教育事业，市场营销中心全体员工向雷州市妇联捐款2.15万元，用于资助贫困儿童。

广东中烟工业有限责任公司广州卷烟二厂：扶贫济困，生产一部帮扶赤岗街道的困难群众，共捐款1.54万元；生产二部开展“慈善一日捐”活动，共捐款3.17万元，用于困难群众重大医疗救助、因病致贫救助、突发灾害应急救助等。

广东中烟工业有限责任公司梅州卷烟厂：扶贫济困，捐款35万元，开展“十百千万”干部下基层驻农村、“规划到户、责任到人”、“城乡党支部一对一”帮扶活动和农村扶贫助医捐款等活动。资助教育事业，参加“和谐梅州，关爱儿童”——万名“爱心父母”牵手困境儿童志愿行动及“金秋助学”活动，职工个人共捐款5.56万元，对183名困境儿童进行结对帮扶。资助医疗卫生事业，全厂150人次参加义务献血，共献血3.02万毫升。

广东中烟工业有限责任公司韶关卷烟厂：做好南雄南亩镇岭下村对点扶贫工作，捐助扶贫款10万元。

广东中烟工业有限责任公司湛江卷烟厂：资助乡村建设，捐助固本强基专项资金30.6万元，完成驻点村道路建设、村委供水管网等工程建设；捐助计生专项工作资金2万元，用于扶助遂溪县港门镇计生工作。

广西壮族自治区烟草专卖局（公司）

2009年，广西壮族自治区烟草商业系统共捐款112.9万元，用于各项社会公益活动。

广西壮族自治区烟草专卖局（公司）机关：救助灾害，支援遭受冰冻灾害、损失严重的蕉农，捐助1.19万元。扶贫济困，与南宁市邕宁区中和乡那例村开展联建帮扶活动，捐赠农业生产实用书籍一批和科教影碟机2台，价值1万元。资助教育事业，向富川瑶族自治县葛坡镇上洞村完小捐款45万元，用于建设教学楼。

南宁市烟草专卖局（公司）：扶贫济困，扶持隆安县都结乡龙民村孤寡老人、特困党员，捐款5800元。资助教育事业，资助上林县考上大学的5名贫困学生，每人5000元，共捐款7.5万元；参加“金秋助学”活动，捐款3000元。

桂林市烟草专卖局（公司）：资助教育事业，向灌阳县洞井乡石家寨村小学、恭城县恭城镇二小、永福县苏桥镇盘洞村小学捐款8000元，用于改善教学条件。资助乡村建设，支援桂林市24个扶贫点修建公路、桥梁、水库等基础设施，捐款6.63万元。

河池市烟草专卖局（公司）：资助教育事业，向2009年考上大学的贫困学生捐款2000元；向大化瑶族自治县高中20周年校庆捐款1000元；向巴马瑶族自治县甲篆乡五马村小学捐款6万元，用于建设教学楼。资助乡村建设，支援东兰县旧城区民房改造，捐款1700元；向龙滩移民捐款4000元；支援河池市金城江区香炉村村貌改造，捐款1.24万元；支援大化瑶簇自治县东扛村乡村建设，捐款3000元；支援南丹县六寨镇维修公路，捐款2000元；支援天峨县都隆村修建排水设施，捐款2000元。资助文化、体育事业，共捐款1.43万元。

百色市烟草专卖局（公司）：扶贫济困，向扶贫挂点乐业县甘田镇大坪村捐款1.5万元，用于解决人畜饮水难题。

钦州市烟草专卖局（公司）：资助教育事业，向身患重病的钦州市第八中学学生捐款1.24万元；向钦州市2009年考上大学的贫困学生捐款5万元。

北海市烟草专卖局（公司）：资助教育事业，向北海市海城区第三小学捐赠教学设备一批，价值2万元；向北海市“希望工程”捐款1万元；支援英罗村小学修建教师宿舍、改善住房，捐款3万元。资助乡村建设，支援合浦县公馆镇石湖村修建公路，捐款2万元；支援北海市涠洲镇新农村建设示范项目，捐款3万元；支援合浦县石康镇大崇村、天堂村打井抗旱，捐款2.88万元；支持对口帮扶村计划生育工作，捐款2000元；慰问对口帮扶村特困户、五保户及孤寡老人，捐赠米、油等生活必需品，价值2.58万元。

防城港市烟草专卖局（公司）：救助灾害，向四川地震灾区捐款2300元。资助教育事业，参加防城港市“金秋助学”活动，捐款2500元。

贵港市烟草专卖局（公司）：资助教育事业，支援桂平市垌心乡罗宜村小学修建学生食堂，捐款4.97万元，并捐赠文具和生活用品，价值2500元；向“希望工程圆梦行动”捐款3000元。资助乡村建设，支援对口扶贫点桂平市垌心乡罗宜村硬化村道，捐赠水泥20多吨，价值7000元；春节前夕，扶持慰问该村困难老党员和五保户，捐赠慰问金和慰问品，价值7000元。

梧州市烟草专卖局（公司）：资助教育事业，向蒙山县特困失学儿童捐款4000元；参加捐资助学活动，捐款6000元。资助体育事业，捐款800元。

贺州市烟草专卖局（公司）：资助教育事业，开展资助贫困家庭大学新生入学“圆梦行动一日捐”活动，单位和职工个人捐款1.34万元。资助乡村建设，向对口扶贫村捐赠物资一批，价值2万元，用于硬化村道。

来宾市烟草专卖局（公司）：资助教育事业，向武宣县禄新中心校、来宾市兴宾区城厢乡小学捐款3万元，用于教学楼建设等。

崇左市烟草专卖局（公司）：扶贫济困，向扶绥县新宁镇那宽村、昌平乡长乐村15名五保户生捐赠大米和食用油，价值1300元。资助教育事业，向“希望工程圆梦行动”捐款500元；向崇左市特殊儿童听觉言语训练中心捐赠电脑一台，价值2600元。

广西中烟工业有限责任公司

2009年，广西中烟工业有限责任公司积极开展各项社会公益活动。救助灾害、扶贫济困，向所属烟叶基地捐赠扶贫基金350万元；向广西田林县捐赠价值共10万元的衣物；参加“救助困难母亲”活动，捐款1万元；在“全国助残日”捐款1.2万元，用于帮助残疾人解决实际困难。资助教育事业，出资500万元在广西援建10所真龙希望小学；第四次启用真龙教育基金50万元，资助100名贫困的在校优秀学生；开展第五届“真龙金秋助学”活动，捐款50万元，用于资助100名贫困大学生。资助乡村建设，开展新农村建设驻点帮扶工作，捐款8.4万元，用于援建贫困地区融水县大年乡。资助教育事业，在教师节期间，向中小学学校教师捐赠2.5万元慰问金。

海南省烟草专卖局（公司）

2009年，海南省烟草商业系统共捐款29.7万元，用于各项社会公益活动。

海口市烟草专卖局（公司）：资助卫生及公共设施建设，向海口美兰区白沙坊、锦山里两个居委会捐款5万元，用于环境卫生大整治及道路修建。

三亚市烟草专卖局（公司）：救助灾害，向四川地震灾区学生捐赠“爱心包裹”款1000元。扶贫济困，为残疾人缴纳就业保障金5.31万元；向陵水自治县对口扶贫户捐款6000元；向陵水自治县部分贫困村捐赠扶贫慰问品，价值4200元；开展为“贫困母亲”捐款活动，向五指山市妇联捐款1000元。资助农村建设，支援陵水、保亭自治县农村沼气建设、水利兴修，共捐款8000元。资助卫生事业，向三亚市新建社区、朝阳社区、丹州社区居民委员会捐款共3.5万元，用于环境卫生综合治理。资助体育、文化事业，共捐款1.01万元。资助环境保护事业，捐款2000元，用于陵水自治县“三八”海防林建设。

琼海市烟草专卖局（公司）：救助灾害，向四川地震灾区捐款1000元。资助教育、体育事业，资助琼海市体校参加全国中学生篮球比赛，捐款3000元；支持屯昌县开展“爱心助学阳光行动”，捐款3000元。资助农村建设，共捐款3.8万元，用于生态文明村建设、道路硬化、水利兴修、饮水工程等农村建设项目。

儋州市烟草专卖局（公司）：救助灾害，向遭受“天鹅”台风的灾区捐款2.8万元。扶贫济困，捐助残疾人就业保障金9959元。资助教育事业，参加“金秋助学”活动，捐款6000元。资助乡村建设，支援白沙县南开乡革新村生产建设，捐款2.3万元。资助体育事业，捐款1.46万元，用于开展群众体育活动。

四川省烟草专卖局（公司）

四川省烟草专卖局（公司）机关：2009年，以四川省局（公司）名义共捐款1933万元，用于修建6所希望小学、资助320名贫困大学生，帮助地震灾区群众异地安置和支持城乡环境综合治理等。

成都市烟草专卖局（公司）：救助灾害，职工个人向遭受“莫拉克”台风灾害的中国台湾灾区捐款7.88万元；市局（公司）领导班子将政府奖励的50万元奖金捐赠给彭州龙门山镇政府，用于白水河“山水人家”社区活动中心的灾后重建。资助教育事业，捐助20名应届贫困大学生。资助文化事业，参加“好书进农家”活动，共捐赠图书1500本、光盘155部。

自贡市烟草专卖局（公司）：救助灾害，向遭受“莫拉克”台风灾害的中国台湾灾区捐款6800元。扶贫济困，定点帮扶沿滩区富全镇大罗村18户五保户和沿滩区富全镇中堰村、富顺县兜山镇，捐款3.92万元；参加“慈善一日捐”、“送温暖”等活动，捐款3.61万元。资助教育、文化事业，捐助8名贫困大学生、向富顺县古佛乡中心校教师发放慰问金和参加精神文明共建活动，共捐款4.6万元。

攀枝花市烟草专卖局（公司）：救助灾害，向米易县泥石流受灾地区捐款10万元。资助教育事业，帮扶12名贫困大学生，捐款6万元；修建希望小学，捐款100万元。资助乡村建设，对口帮扶东风村建设，捐款4.5万元；支援米易县农村风貌整治，捐款71万元。

泸州市烟草专卖局（公司）：扶贫济困，向患脑瘤的困难人员捐款7.26万元；开展“送温暖”爱心募捐活动，向泸州市慈善总会捐款2万元；开展“一日捐”活动，捐款5880元。资助教育事业，开展扶贫助学“栋梁工程”活动，向15名大学生捐款7.5万元；每年在叙永、古蔺两县以每月资助的形式，对20名初中、高中生进行资助；在叙永县枧槽乡投资117.736万元修建希望小学，2009年竣工投入使用。

德阳市烟草专卖局（公司）：资助教育事业，向20名贫困大学生捐款10万元。资助乡村建设，支援对口扶贫单位发展村级经济，捐款9.3万元。资助医疗卫生事业，向红十字会捐款2.15万元。

绵阳市烟草专卖局（公司）：救助灾害，开展震后帮扶活动，多次慰问地震遇难学生家长，捐赠价值2300余元的棉被等床上用品；向北川娇子爱心家园捐赠价值4100元的书籍；通过红十字会向地震灾区捐助赈灾款1万元；参加因灾失地农民帮扶活动，支助北川县擂鼓镇田坝村村道修复，捐款1万元；支援北川县擂鼓镇大田村重建房屋，捐款2万元；向遭受“莫拉克”台风灾害的中国台湾灾区捐款2.96万元。扶贫济困，资助定点帮扶对象平武县豆叩镇木楠村修建道路，捐款4.95万元；资助安县青安村修建水渠，捐款5.95万元；资助三台金鼓乡整修办公房屋，捐款1.8万元；向平武县豆蔻镇华丰村捐款1.8万元，用于道路辅助设施修建；慰问豆蔻镇华丰村贫困村民，购买米、油等慰问品，价值4000元。资助教育事业，资助10名应届贫困大学生，捐款10万元；向涪城区吴家镇留守儿童关爱中心捐款9800元；“六一”节慰问少年儿童，捐款1200元。

广元市烟草专卖局（公司）：资助教育事业，向贫困大学生捐款12.5万元；教师节向教师发放慰问金4500元。资助乡村建设，支援苍溪县联挂乡、白山乡开展生产建设，捐款1.2万元。

遂宁市烟草专卖局（公司）：扶贫济困，帮扶蓬溪县常乐镇高层山村困难群众，捐赠米、面、油等一批生活必需品；参加“送温暖、献爱心”活动，向遂宁市困难群众和地震受灾群众捐款1.03万元。资助教育事业，捐款5万元，扶助10名贫困生上大学；出资150万元，用于修建四川烟草希望学校。

内江市烟草专卖局（公司）：扶贫济困，做好“赠报扶贫”工作，出资4000余元为凌家高洞村委、双才玉皇庙村委订赠《内江日报》14份。资助教育事业，向内江地区10名大学生捐赠5万元助学金。资助文化事业，捐款2000元。

乐山市烟草专卖局（公司）：救助灾害、扶贫济困，向峨边县捐赠抗洪救灾款3万元；向井研县、犍为县、峨边县等贫困户、贫困学生、残疾人等共捐款2.3万元。资助教育事业，向马边县荞坝乡“四川烟草希望小学”捐款100万元；资助乐山市贫困大学生15名，共捐款7.5万元。资助乡村建设，对口帮扶井研县金峰乡，捐款8万元。

南充市烟草专卖局（公司）：扶贫济困，帮扶7个社区、村、街道的70余户困难群众，共捐款5.12万元。资助教育事业，捐赠200万元，在南充市嘉陵区修建集凤希望小学；向10名大学新生每人捐赠5000元助学金。

宜宾市烟草专卖局（公司）：救助灾害，向遭受大风冰雹灾害的珙县烟农捐款3.21万元；向筠连县受灾烟农捐赠价值2万元的救灾物资。扶贫济困，向江安县桐梓镇高石村10户困难群众捐款5万元，用于危房改造。资助科技、教育事业，向四川兴文县大坝中学捐款50万元；向12名贫困大学生捐款6万元；向宜宾市科技馆捐款2万元。

广安市烟草专卖局（公司）：救助灾害，向遭受“莫拉克”台风灾害的中国台湾灾区捐款2.53万元。扶贫济困，机关副科级以上领导干部对邻水县太和乡铁厂沟村25户特困户进行帮扶，捐款6000元。资助教育事业，参加资助贫困学生活动和“金秋助学”活动，职工个人捐款4100元；向1名贫困大学生捐赠5000元助学金；向12名考取大学的贫困学生各捐款5000元。资助城市建设，支持广安市创建全国卫生城市，投入9000多元为城北社区解决卫生死角问题。

达州市烟草专卖局（公司）：共捐款36万元，其中，扶贫济困，帮扶达县双庙乡茶园村的26户困难群众，捐款1万元；资助教育事业，向达州市15名贫困大学生捐款7.5万元；资助乡村建设，支援对口帮扶村达县双庙乡茶园村修建公路，捐款2万元。

巴中市烟草专卖局（公司）：救助灾害，开展“送温暖、献爱心”活动，向地震灾区困难群众捐赠款物共计3万余元。扶贫济困，向扶贫联系点通江县文峰乡茶园村20户贫困户赠送慰问品，价值1万元。资助教育事业，开展“爱心助栋梁”活动，捐款7.5万元，用于资助巴中市15名贫困学生上大学。资助乡村建设，向巴州区双胜乡凤山村捐款4万元，用于修建道路。

雅安市烟草专卖局（公司）：资助教育事业，向贫困大学生捐款9万元；参加雅安市教育基金会开展的“奖教助学”活动，捐款1万元。

眉山市烟草专卖局（公司）：救助灾害，向遭受“莫拉克”台风灾害的中国台湾灾区捐款5900元；参加“慈善一日捐”活动，捐款6289元。扶贫济困，开展“党员结对帮扶”活动，向35户困难群众和10

名贫困大学生捐款7.15万元；开展“部门帮村”活动，向洪雅县三宝镇金沙村捐款4500元。

资阳市烟草专卖局（公司）：扶贫济困、资助乡村建设，先后向对口定点联系帮扶扶贫新村简阳市武庙乡龙洞村捐款7000元；向联系帮扶文明新村重点村乐至县大佛镇源柏村捐款1万元；向帮扶对象简阳市施家镇大林村五组村民捐赠大米2袋、油2桶和帮扶款，共计折合人民币500元；向乐至县大佛镇源柏村投入帮扶款1万元；为乐至县大佛镇响滩子村发展蔬菜种植聘请产业辅导员，捐款5000元。资助教育事业，向8名贫困学生捐款4万元。资助环境保护事业，参与“捐款治河、美化家园”活动，为九曲河综合整治工程捐款2万元。资助其他社会公共和福利事业，参加“12·1”艾滋病宣传日活动，捐款5000元；参加“暖冬行动”，捐款2000元。

凉山彝族自治州烟草专卖局（公司）：共捐款1322.03万元，用于各项社会公益活动．其中，单位捐款1293.31万元，职工个人捐款28.72万元。救助灾害，共捐款983.61万元，其中，向遭受风灾、雹灾和洪灾的烟农捐款956.83万元；开展“情系台胞、爱心救助”活动，向遭受“莫拉克”台风灾害的中国台湾灾区捐款17.34万元；开展“我与灾民共度冬”活动，向地震灾区捐款9.44万元。扶贫济困，共捐款120.33万元，其中，支援会理县局对口扶贫乡太平茅草村公路建设，捐款112万元；帮扶普格彝区困难户“三房”改造，捐款4.43万元；支援雷波县永胜乡扶贫，捐款2万元，用于街道改造维修；支援美姑县局对口扶贫乡竹库乡改造“两基”达标工程，捐款1.9万元。资助教育事业，共捐款127.34万元，其中，资助德昌烟草民族希望小学60万元，用于绿化工程建设；资助金阳县马足乡中学50万元，修建教学楼一栋；参加“金秋助学”活动，向18名贫困大学生捐款9万元；组织干部职工“一帮一”对口援助越西瓦里觉中心校，捐款1.94万元；资助盐源县金河口麦地小学1万元，用于维修校舍；对全自治州教育单位进行节日慰问等，捐款5.4万元。资助其他社会公共和福利事业，共捐款90.75万元，其中，支持德昌城乡环境综合整治，捐款60万元，用于购置垃圾转运车；向凉山卫生学校捐款20万元，用于购置教育教学实验用具；参加其他活动，捐款10.75万元。

阿坝藏族羌族自治州烟草专卖局（公司）：扶贫济困、资助教育事业、资助乡村建设等，共捐款180万元。

甘孜藏族自治州烟草专卖局（公司）：共捐款14.395万元。扶贫济困，帮扶两县一村，共捐款1.03万元；开展送温暖活动，捐款500元，并捐赠米、面等生活必需品。资助文化、教育事业，为理塘县麦洼乡卡龚村、普沙绒乡捐建活动室，共捐款2.2万元；向德格县白垭乡小学捐赠校服和文艺费用等，共计7150元；向贫困大学生捐款5.7万元。资助体育事业，捐款5000元。资助其他社会公共和福利事业，捐款4.2万元。

都江堰市烟草专卖局（公司）：资助教育事业，资助15名贫困大学生，捐款7.5万元。

川渝中烟工业公司

川渝中烟工业公司总部：救助灾害，公司总部员工（含三联公司）向遭受“莫拉克”台风灾害的中国台湾灾区捐款10.67万元；开展“送温暖、献爱心”活动，公司总部员工向灾区困难群众捐款7.83万元，并捐赠御寒物品10件；公司为北川县擂鼓镇胜利村捐资修建“娇子爱心家园”。资助教育事业，公司在凉山自治州普格县捐资修建“中国娇子希望小学”。

重庆烟草工业有限责任公司：共捐款90余万元。救助灾害，涪陵分厂为旱情严重的涪陵区武陵山乡金子山村烟农修复育苗大棚，并为当地群众义务送水200多吨，往返行程1000余公里。扶贫济困，向巫溪县城厢镇捐款10万元；向黔江区捐款8万元。资助文化、教育事业，向重庆市教育基金发展会捐款30万元；参加“情暖万家”慈善晚会，捐款3万元；其他捐款共40万元。资助乡村建设，黔江分厂为黔江区马喇镇香树村村民维修村道4000米。

贵州省烟草专卖局（公司）

2009年，贵州省烟草商业系统共捐款940万元，用于各项社会公益活动。

贵阳市烟草专卖局（公司）：扶贫济困，帮扶贵阳市威清社区10户困难、孤残老人，捐赠米、油、月饼等一批生活必需品。资助乡村建设，参加“双千工程”活动，对清镇市教场村、化龙村、王寨村，开阳县安坪村，修文县元庆村、长新村、新堰村、独山村，息烽县三合村、和平村、江土村等进行帮扶，共捐款10万元，用于道路改造、计生帮扶、农用生产物资补助、村委会办公场所建设、人畜饮水管网维修等。资助文化事业，捐款300万元。资助体育事业，捐款1万元。资助其他社会公共和福利事业，开展图书捐赠、义务植树等活动，共捐款7万余元；组织员工参加贵阳市“志愿者”队伍，参加人数达118人。

遵义市烟草专卖局（公司）：共捐款213.6万元。救助灾害，捐款20.5万元。资助教育事业，援建希望小学，捐款3000元。资助新农村建设，捐款40.48万元。资助公共设施建设和地方公益性事业，捐款30.99万元。资助其他社会公共和福利事业，捐款121.33万元。

安顺市烟草专卖局（公司）：扶贫济困，向困难群众捐款4.87万元；开展下乡帮扶活动6次，帮扶群众415人次；为扶贫点修建垃圾池6个、安装路灯30盏等。

六盘水市烟草专卖局（公司）：扶贫济困，捐款5000元。资助教育事业，向盘县滑石乡、忠义乡、普田乡捐款75万元，用于修建3所希望小学。资助乡村建设，捐款29万元。

黔东南苗族侗族自治州烟草专卖局（公司）：扶贫济困，捐款4万元，用于恢复受灾烟农生产生活；向各帮扶点共捐款14万元；积极参加“送温暖、献爱心”等活动。资助教育事业，捐款20万元，用于修建榕江县加宜希望小学；向施秉县黄古村希望小学捐款2万元。

黔西南布依族苗族自治州烟草专卖局（公司）：扶贫济困，共捐款70万元。

贵州中烟工业有限责任公司

贵州中烟工业有限责任公司本部：共捐款122万元。其中，资助教育事业，向大方县雨冲乡捐助55万元修建希望小学；参加“十万干部下基层”活动，捐助6万元改善绥阳县小河口小学教学设施，并为贫困学生购置学习用具一批。资助乡村建设，开展“万个支部结对，万名党员帮扶”活动，向毕节市青场镇渔洞村捐款10万元，用于修复农田浇灌损毁河堤；向黔西县铁石乡石丫口村捐款10万元，用于硬化乡村入户路面和完善村公所基础设施；向铜仁地区六龙山乡牛场村捐助10万元，用于通村公路建设和发展种植、养殖业。资助文化、体育事业，捐款10万元。

贵州中烟工业有限责任公司贵阳卷烟厂：扶贫济困，帮扶大方县雨冲乡鹏银村和油杉河村的50户困难群众，捐款1.5万元，并捐赠衣物、课桌椅等一批生活及办公用品；参加“救助特困母亲”、资助白血病患者、“送温暖、献爱心”等活动，共捐款3.5万元。资助乡村建设，支援大方县雨冲乡鹏银村和油杉河村开展生产建设，捐款20万元。

贵州中烟工业有限责任公司毕节卷烟厂：资助乡村建设，开展“万个支部结对，万名党员帮扶”活动，向毕节市青场镇渔洞村捐款10万元；参加毕节地区城乡共建新农村党建“1+1”结对帮扶活动，向黔西县铁石乡石丫口村捐款10万元。资助教育事业，开展捐资助学活动，职工个人向威宁县捐款1.58万元。

贵州中烟工业有限责任公司贵定卷烟厂：扶贫济困，向贵定县铁厂乡困难群众捐赠衣物1150件。资助教育事业，组织党员捐款8131元，用于资助贵定县2009年度高考上线的贫困学生。

贵州中烟工业有限责任公司铜仁卷烟厂：资助乡村建设，支援对口帮扶村牛场村硬化村民篮球场、修建村党建活动室、修建桥梁及维护公路等，共捐款12万余元。资助旅游、文化事业，捐款8万元。

贵州中烟工业有限责任公司兴义卷烟厂：扶贫济困，职工个人向困难群众捐款2.31万元。资助教育事业，向兴义市乌沙镇革里红中小学和则戎乡安章小学捐赠价值1万余元的学习用品。

云南省烟草专卖局（公司）

云南省烟草专卖局（公司）机关：2009年，以云南省局（公司）名义共捐款470万元，用于各项社会公益活动，其中，救助灾害，向云南省慈善总会捐款300万元，用于楚雄姚安地震救灾；扶贫济困，向麻栗坡县捐赠挂钩扶贫款120万元；资助教育事业，向麻栗坡县小学捐赠扩建项目款20万元；资助老年人发展事业，向云南省老龄事业发展基金会捐赠老年工程款30万元。省局机关及直属单位干部职工参加“送温暖、献爱心”活动，向麻栗坡县大坪镇挂钩扶贫点捐款10万元。

曲靖市烟草专卖局（公司）：救助灾害，向罗平县板桥镇捐赠抗旱资金10万元；向马龙县马鸣乡、旧县镇捐赠抗旱资金16万元；向会泽县捐赠抗旱资金20万元。扶贫济困，挂钩帮扶宣威市龙场镇，捐款12万元。资助教育事业，党员和副科以上干部资助部分贫困烟农子女上大学，532名党员干部职工捐款19.02万元，市公司工会筹措资金6.48万元，共计25.5万元。资助体育事业，向曲靖市老人体育协会捐款2万元。资助其他社会公共和福利事业，捐款5万元。

普洱市烟草专卖局（公司）：资助教育事业，向中小学捐款、资助贫困大学生，共捐款31万元。资助乡村建设，支援扶贫挂钩点墨江县通关镇公馆村社会主义新农村建设，捐款5万元。

云南中烟工业公司

红塔烟草（集团）有限责任公司：救助灾害，向楚雄自治州“7·9”地震灾区捐款200万元；向乌鲁木齐“7·5”事件受害地区捐款100万元；向大理宾川“11·2”地震灾区捐款100万元；向昭通市捐赠救灾款255万元。扶贫济困，资助云南大学贡山县科技扶贫项目，捐款20万元；向昭通市捐赠扶贫款438万元；向南华县龙川镇羊草河村捐赠扶贫款30万元；向西盟自治县捐赠扶贫款50万元；向新平县平掌乡捐赠扶贫款50万元；向红塔区小石桥彝族乡捐赠扶贫款20万元；向元江自治县那诺乡捐赠扶贫款15万元；向大理自治州捐赠扶贫款4万元；向大理自治州经济困难大学生捐款100万元；向贡山县捐赠扶贫款127万余元。资助教育事业，共捐款3800多万元，其中，向贡山县一中捐款91.18万元；捐建辽宁省宽甸县青椅山镇希望小学，捐款70万元；支援大理自治州农村义务教育事业，捐款400万元；支援楚雄自治州教育事业，捐款207万元；支援易门县小学基础设施建设，捐款100万元；支援玉溪市中小学危房改造，捐款1000万元。资助环境保护事业和城乡建设，向红塔区生态文明村建设基金捐款300万元，用于改善生态环境；向大理鹤庆县朵美乡后山村街面硬化工程和鹤庆县松桂镇红塔山文化广场建设分别捐款20万元、35万元；向大理南涧县捐赠修路款80万元。资助其他社会公共和福利事业，共捐款500多万元，其中，向云南省敬老爱民促进会捐款100万元；向云南省老龄事业发展基金会助老工程捐款20万元；向玉溪市革命烈士纪念碑修缮工程捐款20万元。

红云红河烟草（集团）有限责任公司本部：共捐款3459.33万元。其中，救助灾害，向楚雄姚安县地震灾区捐款200万元；向大理宾川县地震灾区捐款100万元。扶贫济困、资助教育事业，共捐款2495.6万元，其中向挂钩扶贫对口帮扶县曲靖市会泽县捐款300万元；向挂钩扶贫对口帮扶县昭通市巧家县捐款181.6万元；向兴边富民对口帮扶县临沧市镇康县捐款800万元；向兴边富民对口帮扶县文山自治州富宁县捐款344万元；向兴边富民对口帮扶县临沧市沧源县捐款400万元；向丽江市宁蒗县实施贫困村整体搬迁捐款50万元；资助宁蒗县教育事业，捐款20万元；出资400万元先后与昆明理工大学、云南农业大学、云南财经大学合作开展“红云园丁奖”及“红河助学金”评选活动。资助工运事业，向昆明市新工人文化宫建设捐款300万元。资助残疾人事业，向云南省残疾人福利基金会举办的活动捐款10万元。资助云南省老龄发展事业，向云南省老龄事业发展基金会捐款35万元。资助体育事业，捐款70万元。资助其他社会公共和福利事业，向红云生态园建设捐款208万元；向云南省青少年发展基金会捐款20万元；向第六届“云南省青年科技红云红河奖”捐助奖励基金19.5万元；向云南省绿色环境发展基金会植树活动捐款1.23万元。

红云红河烟草（集团）有限责任公司昆明卷烟厂：资助教育事业，出资6.5万元在昆明市五华区红云小学设立“昆烟园丁奖”奖励基金。资助乡村建设，与昆明市禄劝县茂山镇永翠村委会老施嘎村民组结为帮扶对象，投入82万元帮助改造通村公路，并投入34万元共建多功能村务室。

红云红河烟草（集团）有限责任公司红河卷烟厂：扶贫济困，捐赠挂钩扶贫款36.3万元。资助教育事业，捐款24.2万元，用于“红烟桃李奖”等教育捐赠。资助文化事业，捐款37万元。资助社会公共设施建设，捐款15万元，用于地方革命纪念馆建设等。

红云红河烟草（集团）有限责任公司曲靖卷烟厂：扶贫济困，向曲靖市沾益县城关镇收养9个孤儿的妇女捐赠牛奶、大米、食用油等食物。

红云红河烟草（集团）有限责任公司会泽卷烟厂：资助教育事业，向挂钩的娜姑镇乐里小学捐赠306套课桌和椅子，价值9.6万元；全厂员工捐赠助学款14.36万元，此外，每一位中级管理人员在该小学结对帮扶一名贫困学生，对所结对的贫困学生给予不少于300元的捐款，共计捐款1.8万元；捐赠希望小学所需书包，价值2.1万元；“六一”儿童节期间捐款9000元。资助乡村建设，捐赠乡镇饮水工程建设资金26万元；对会泽县内21个乡镇敬老院的孤寡老人开展“送温暖、献爱心”活动，捐款10万余元。

红云红河烟草（集团）有限责任公司新疆卷烟厂扶贫济困：救助灾害，向乌鲁木齐“7·5”事件受害地区和群众捐款306.43万元。扶贫济困，开展“送温暖、献爱心”活动，捐款4.24万元。资助教育事业，每年向新疆兵团农七师123名贫困学生各捐赠200元助学金，直至其初中毕业，全年捐款2.46万元。资助其他社会公共和福利事业，连续8年向奎屯市福利院捐款2万元。

红云红河烟草（集团）有限责任公司乌兰浩特卷烟厂：共捐款811万元。扶贫济困，捐款48.36万元。资助教育事业，捐款700万元。资助医疗卫生事业，捐款4万元。资助老年人发展事业，捐款12万元。资助文化事业，捐款20万元。资助其他社会公共和福利事业，捐款26.92万元。

西藏自治区烟草专卖局（公司）

2009年，西藏自治区烟草商业系统共捐款1000余万元，用于各项社会公益活动。

西藏自治区烟草专卖局（公司）机关：救助灾害，向四川地震灾区的儿童捐款7490元。扶贫济困，向日喀则桑桑镇捐款104万元。资助乡镇建设，自治区局（公司）援建达孜县敬老院项目，共捐款830.3万元。资助其他社会公共和福利事业，向自治区儿童福利院捐赠价值2.4万元的衣物和食品。

日喀则地区烟草专卖局（公司）：救助灾害，向四川地震灾区捐款2.19万元。扶贫济困，将扶贫工作由文化扶贫转为农机扶贫，购置4台联合收割机，支援白朗县、加措雄乡、边雄乡、拉孜等地的收割工作。

昌都地区烟草专卖局（公司）：扶贫济困，继续向芒康县竹巴龙乡捐助5万元，用于援建引水工程。资助其他社会公共和福利事业，向昌都地区民政儿童福利院的儿童捐款、捐物累计达15万元。

山南地区烟草专卖局（公司）：救助灾害，为四川地震灾区重建捐款3000元。扶贫济困，向隆子县捐款30万元，用于援建蔬菜大棚项目；参与地委“两帮助”活动，慰问特困户，捐款1.6万元；参与山南地委、行署组织的定点扶贫工作和其他社会公益活动，共捐款40余万元。资助乡村建设，向加查县拉绥乡扶贫点捐赠5万元，用于援建社会主义新农村安居工程。资助其他社会公共和福利事业，向地区孤儿院捐款6300元，用于购买被褥和书包等生活、学习用品。

阿里地区烟草专卖局（公司）：扶贫济困，向阿里地区改则县克勤村、夏亚村捐助修路资金5万元。资助其他社会公共和福利事业，捐款2万元。

陕西省烟草专卖局（公司）

2009年，陕西省烟草商业系统共捐款370余万元，用于各项社会公益活动。

陕西省烟草专卖局（公司）机关：扶贫济困，帮扶汉中市对口扶贫的略阳县西淮坝乡和受灾严重的白水江等乡镇，向受灾困难群众发放慰问金8万余元，并捐赠棉被138床、食用油690千克、方便面45箱、矿泉水58件，另向受灾严重的3户零售户和3户烟农捐赠大米、面粉各150千克；以“扶贫济困解难事、温暖和谐进万家”为主题开展送温暖活动，共捐款16.1万元。资助教育事业，省局（公司）开展“金秋爱心助学活动”，向旬阳县60名困难职工、农民工家庭大学生发放助学金44万元，并向城关二小、城关中心校两所学校捐赠价值20万元的2万册图书。2006～2009年，陕西省烟草商业系统积极参与爱心助学活动，共捐款152万元，资助了580名贫困学生。资助乡村建设，实施科普惠农，在商洛市、安康市和汉中市共建立3家科普惠农兴烟示范站和3家科普惠农兴烟图书室，捐赠科普经费3万元，并赠送一批烟叶科技图书；向旬阳县棕溪镇华峡村捐款13万元，新建一座便民桥，并修缮村委会活动室、修通机耕道路等。

咸阳市烟草专卖局（公司）：救助灾害，开展向灾区“送温暖、献爱心”捐助活动，捐款2.5万元，并捐赠过冬新棉被30床、新棉衣4件。扶贫济困，用“金叶职工扶贫基金”救助社会困难职工300名，捐赠价值6万元的米、面、油等慰问品。资助教育事业，开展资助贫困大学生活动，职工个人共向贫困大学新生捐款7.4万元。资助乡村建设，支援新农村建设结对共建帮扶点乾县大墙乡赵里村修建村级公路等，捐款7万元，并对该村9户困难户进行搬迁资助；支援新农村建设结对共建帮扶点秦都区马庄镇林孟村修建水塔，捐款2万元。

宝鸡市烟草专卖局（公司）：资助乡村建设，支援对口帮扶村陇县天成镇上寨子村、陈仓区新街镇老庄村修建公路、建桥等，共捐款13.8万元。资助残疾事业，向宝鸡市残联捐款10万元。

渭南市烟草专卖局（公司）：扶贫济困，向3名困难户捐赠各500元的慰问金及米、面、油等生活必需品。资助教育事业，向渭南市慈善协会捐款2万元，用于失学儿童救助；向渭南市临渭区河西乡双刘村捐赠图书70余册及数套桌椅、书柜，帮助建立党员活动室。

铜川市烟草专卖局（公司）：扶贫济困，资助对口帮扶村铜川市耀州区瑶曲镇教场坪村和印台区阿庄镇湫洼村共计21名特困户，捐款2600元，并捐赠面、油等一批生活必需品；帮扶铜川市纺织厂的4户困难群众，捐款400元，并捐赠面、油等一批生活必需品。资助教育事业，资助教场坪村3名贫困学生，捐赠部分学费、学习用品及生活用品，共计2000元；向湫洼村捐赠电脑5台、“希望书库”图书300本。资助乡村建设，支援场坪村和湫洼村开展生产建设，捐赠价值8800元的地膜；参加“太阳—太阳”光伏发电工程捐款活动，捐款1万元；扶持产业开发项目，捐款7.5万元。

商洛市烟草专卖局（公司）：扶贫济困，向贫困学生捐款8000余元；向特困家庭捐赠基本生活用品。资助乡村建设，支援对口帮扶村商州区腰市镇屈村修建通村水泥路，捐款10万元；为“太阳—太阳”光伏发电工程捐款1万元。

汉中市烟草专卖局（公司）：扶贫济困，资助帮扶洋县、镇巴县渔渡镇、城固县阳光村、留坝县孔雀台村、佛坪县石墩河乡林培村25户特困贫困户，共捐款1.15万元。资助教育事业，参加汉中市政府举办的“关爱有声”活动，向汉中市聋哑儿童学校捐款2.5万元。资助乡村建设，为南郑县塘口乡捐赠道路维修款2万元；向南郑县阳春镇柳元村捐赠价值1万元的水泥；向佛坪县岳坝乡草林村捐款1.5万元；向城固县阳关村捐款1.23万元；向镇巴县渔渡镇东王庙村捐款1万元；向西乡县龙王沟村捐款3万元。资助环境保护和城市建设，共捐款6.76万元。

安康市烟草专卖局（公司）：资助教育事业，向旬阳县神河镇丰家岭村小学捐赠1万元和电脑15台。

资助乡村建设，支援对口帮扶村旬阳县神河镇丰家岭村修建公路、铺设管网、捐资助学等，共捐款126.5万元。

延安市烟草专卖局（公司）：扶贫济困，开展“扶贫帮困”结对活动，慰问残疾零售户，捐赠价值9000元的米、面、油；向黄陵慈善协会捐款2000元。资助教育事业，向安塞县第二小学和志丹县苗苗、红心幼儿园捐款4200元；对口支教帮扶富县直罗中心小学，捐款1万元；资助甘泉、志丹贫困大学生，捐款5000元。资助乡村建设，向洛川县后子头乡党建示范村捐款500元；向甘泉县捐款1500元，用于包村植树造林。资助文化事业，捐款3000元。资助其他社会公共和福利事业，捐款1500元。

榆林市烟草专卖局（公司）：资助教育事业，向榆林市中学、榆林市实验中学、榆林市实验小学分别捐助10万元、8万元、1万元，用于购买图书、教育器材等。资助乡村建设，向定边县砖井镇王圈梁大队捐款11万元，用于修建拦洪坝；向绥德县薛家峁乡塔上村捐款4万元，用于修建下水道。

陕西中烟工业有限责任公司

陕西中烟工业有限责任公司本部：扶贫济困，参加向2万名贫困老人送关心联合慈善大行动，捐款10万元；参加第八届春节城乡2万贫困户送温暖联合慈善爱心大行动，捐款10万元；按照陕西省委、省政府的安排，共投入100万元，在陕西省6个扶贫点开展扶贫工作；为陕西省“太阳—太阳”光伏发电工程捐款50万元。

陕西中烟工业有限责任公司宝鸡卷烟厂：扶贫济困，向绥德县白家硷乡西贺家石村捐赠扶贫款10万元，用于修建村庄通往果园的水泥道路。

陕西中烟工业有限责任公司延安卷烟厂：扶贫济困，向“两联一包”扶贫点吴起县王洼子乡陈岔村捐款5万元，用于解决该村用电困难；慰问河庄坪乡田塔村困难党员8人，捐款2800元。资助教育事业，资助支教点延安市冯庄中学，投入4.72万元。资助乡村建设，为富县鲁家庄村新农村建设捐款5万元，用于支援该村道路铺设。

陕西中烟工业有限责任公司旬阳卷烟厂：救助灾害，向“8·22”中国台湾灾区捐款8820元。扶贫济困，向“两联一包”扶贫点旬阳县麻坪乡海棠寺村捐款10万元，用于修建党支部活动中心；慰问海棠寺村6名困难党员，捐款3000元。资助教育事业，参加旬阳县创建省级教育强县活动，向小河镇中学、中心小学捐赠电脑12台、传真机3部、课外读物1364册、文体用品3类10个品种，并捐款1.34万元；向麻坪乡中、小学捐赠电脑8台。

甘肃省烟草专卖局（公司）

2009年，甘肃省烟草商业系统共捐款1240万元，用于各项社会公益活动。

甘肃省烟草专卖局（公司）机关：救助灾害，向地震受灾定点帮扶县陇南市两当县捐款500万元，并捐赠2000余册农村科技扶贫图书；向地震灾区天水市麦积区捐款40万元。资助社会公共和福利事业，向兰州市未成年人救助中心捐款300万元；向甘肃省残疾人基金会捐款50万元。资助环境保护事业，向甘肃省荒漠化治理基金会捐款60万元。

兰州市烟草专卖局（公司）：扶贫济困，开展“送温暖、献爱心”活动，向对口支援村贫困户捐款3416元；向皋兰县西岔镇漫湾村捐助扶贫款2万元；开展“慈善一日捐”活动，捐款1560元。资助教育事业，开展献爱心捐资助学回访活动，向永登县武胜驿道顺中学捐款4700元，并捐赠衣物50余件、学习用品30余套、生活用品10余套。

天水市烟草专卖局（公司）：救助灾害，向地震灾儿童邮寄“爱心包裹”50份，价值5000元；向灾后重建村清水县郭川乡田川村10户困难户捐赠米、面、油等一批生活必需品。扶贫济困，开展“送温暖、献爱心”活动，向扶贫点清水县郭川乡平定村捐赠衣物170余件，向该村小学捐赠燃煤15吨，向困难户捐赠米、面、油等一批生活必需品。资助乡村建设，为武山县城关镇下街新农村建设捐款25万元。

武威市烟草专卖局（公司）：扶贫济困，向古浪县横梁乡尖山村扶贫点困难群众捐款5000元，捐赠价值3万余元的8台电脑，并捐资2万元修建该村学校围墙；开展“送温暖、献爱心”活动，向遭受大风、低温冰雹、强降雨等灾害的群众捐款3200元。

金昌市烟草专卖局（公司）：扶贫济困，向对口帮扶村双湾镇三角城村25户困难群众捐款6000元，并捐赠衣物等生活用品；向帮扶点贫困户捐款1万元；定期走访慰问残疾人帮扶对象，多次捐赠米、面、油等生活必需品。资助乡村建设，为对口帮扶村双湾镇三角城村新农村建设捐款1万元，用于购置化肥、农膜、种子等备耕物资。

张掖市烟草专卖局（公司）：扶贫济困，向高台县南华镇明水村7户贫困户捐助价值1000元的化肥、大米等生产、生活物资；向民乐县永固镇贫困户和赵岗村3户困难户分别捐赠价值1万元的水泥和价值1050元的面粉等生活物资；向山丹县大马营乡下河村捐赠200本农业科普书籍和1台电脑；开展献爱心活动，向重度烧伤的张掖市新乐小学学生捐款9200元；

向甘州区白血病患者捐款2.56万元。资助乡村建设，向民乐县丰乐乡新庄村捐赠帮扶资金8万元。

酒泉市烟草专卖局（公司）：救助灾害，开展“爱心包裹”捐赠活动，向汶川地震灾区捐款1400元。扶贫济困，向玉门市小金湾东乡族移民乡移民捐款10万元，用于基础设施建设；向瓜州县白血病患者捐款950元；肃州区局全体党员向特困卷烟零售户捐款1050元；开展“慈善一日捐”活动，向慈善基金会捐款800元。资助文化事业，捐款2万元。资助公共设施建设，为敦煌市党河风情线景观楼亭建设捐款10万元。

嘉峪关市烟草专卖局（公司）：扶贫济困，向6户困难群众捐款2800元，并捐赠米、面、油等一批生活必需品；参加“送温暖、献爱心”活动，向重病患者捐款6900元。资助教育事业，向嘉峪关市第一中学4名贫困学生捐助助学金6800元。

平凉市烟草专卖局（公司）：扶贫济困，向静宁县、庄浪县、灵台县捐赠扶贫款3.48万元。资助教育事业，向崇信县黄花乡小学捐款5300元。资助公共设施建设，捐款5.38万元。

庆阳市烟草专卖局（公司）：资助乡村建设，为西峰区后官寨乡司官寨村文化活动室建设捐赠价值2400元器材。资助文化事业，捐款8万元。

陇南市烟草专卖局（公司）：救助灾害，开展灾后重建帮扶工作，向地震受灾群众捐款152.8万元。扶贫济困，向对口帮扶点武都区马街乡官堆村18户村民捐款7.2万元。

白银市烟草专卖局（公司）：救助灾害，向干旱灾区群众捐款6320元。扶贫济困，向白银市困难群众捐款8940元。

定西市烟草专卖局（公司）：资助乡村建设，参加“天更蓝、地更绿、水更清”主题实践活动，捐款6.12万元；为通渭县平襄镇马岔村党支部建设捐款1万元。

临夏回族自治州烟草专卖局（公司）：扶贫济困，开展“我为贫困户出点力”党性锻炼主题实践活动，捐款4520元；通过州总工会向贫困群众捐款3万元；向帮扶点东乡县董岭乡高咀村捐款25.4万元，用于该地区贫困农户沼气建设和危房改造项目。

青海省烟草专卖局（公司）

2009年，青海省烟草商业系统共捐款102万余元，用于开展各项社会公益活动。其中，救助灾害、扶贫济困、资助教育事业、资助乡村建设，向青海省红十字会、省民政厅共捐款10万元；开展“送温暖、献爱心”、助学资金、博爱一日捐等活动，捐款66.42万元；资助其他社会公共和福利事业，捐款25.78万元。

青海省烟草专卖局（公司）机关：共捐款90万元。救助灾害，开展向青海省遭受雪灾地区“送温暖、献爱心”活动，共捐款12万元。资助教育事业，解决希望小学冬季取暖用煤问题，并资助100名青海省考入省外大学的贫困学生，共捐款55万元。资助乡村建设，支援巴燕吉盖村修建日光温棚、后庄村购置党员活动室设施等，共捐款16万元。资助残疾人事业，先后两次向青海省残疾人基金会捐款，共捐款7万元。

西宁市烟草专卖局（公司）：资助教育事业，大通县局开展了主题为“扶一株幼苗，争一份春光；助一名学童，赢一片希望”的爱心助学捐款活动，共募集助学款1040元。

海西蒙古族藏族自治州烟草专卖局（公司）：共捐款7.57万元。资助文化事业，参加“农牧民法律知识”图书捐赠活动，捐赠普法图书600册；积极参加“百企联百村”活动。

格尔木市烟草专卖局（公司）：扶贫济困：参加“送温暖、献爱心”活动，职工个人捐款4550元；参加“爱心助残”活动，职工个人捐款3430元；缴纳残疾人保障金2776元。资助文化事业，捐款900元。资助其他社会公共和福利事业，捐赠一批价值4200元的慰问品。

海北藏族自治州烟草专卖局（公司）：扶贫济困，开展“博爱一日捐”活动，职工个人捐款790元；参加送温暖活动，捐款320元。资助教育事业，向祁连山小学捐款200元；向“5·12”汶川特大地震灾区学生捐款1000元。

海南藏族自治州烟草专卖局（公司）：资助教育事业，以关心“下一代的成长”为主题，向兴海县幼儿园、贵德县幼儿园捐赠价值1.19万元的教学用具。

黄南藏族自治州烟草专卖局：扶贫济困，定点帮扶河南县优干宁镇20户贫困户，捐赠米、茶、面等生活必需品以及慰问金，总价值7000元。资助教育事业，继续对河南蒙古族自治县优干宁镇泽雄村的3名贫困学生进行补助，共捐助1050元。

果洛州藏族自治州烟草专卖局（公司）：救助灾害，参加“爱心包裹”捐赠活动，共捐款8100元，形成学生“爱心包裹”37个、学校“爱心包裹”2个。

宁夏回族自治区烟草专卖局（公司）

2009年，宁夏回族自治区烟草商业系统共捐款120多万元，用于各项社会公益事业。

宁夏回族自治区烟草专卖局（公司）机关：救助灾害，支援南部山区抗旱救灾，职工个人捐款1.09万元。扶贫济困，向同心县下马关申家滩捐款20.55万元，用于新型医疗合作站建设和村部场地硬化、党员活动室附属设施建设等；向同心县五里墩村特困户捐款8000元。资助教育事业，向同心县申家滩小学捐款8000元。资助环境保护事业，捐款1.65万元，用于植树造林。

银川市烟草专卖局（公司）：救助灾害，向永宁县闽宁镇红十字会捐款2万元；参加“5·12”汶川特大地震一周年慈善晚会，捐款9000元。资助教育事业，向永宁县闽宁镇中心小学捐款5万元，向金凤区第六小学捐赠书款1600元。资助乡村建设，向对口帮扶的灵武市狼皮子梁林场永清村、新民村捐款34.12万元，用于改造农田灌溉斗渠。

石嘴山市烟草专卖局（公司）：扶贫济困，结队帮扶平罗县高庄小学、崇岗镇暖泉村，捐款3.2万元；帮扶平罗县前东社区居委会、大武口青山街道裕园居委会20户困难群众，捐款6000元；开展“践行科学发展观，心系贫困零售户”捐款活动，向平罗县家境贫困零售客户患有脑瘫的子女捐款6400元。资助乡村建设，捐款2.7万元，用于支援农田水利建设、平罗县滨河大道林水建设等工程。

吴忠市烟草专卖局（公司）：扶贫济困，慰问民生社区特困户，捐款1000元，并捐赠价值1500元的米、面、油等生活物资；慰问同心县老田庄乡特困户，捐款3000元；支援同心县下马关镇平远村移民工作，捐款2.5万元。资助教育事业，支持“金秋助学”活动，捐款10万元。资助环境保护事业，参加吴忠市妇联举办的“巾帼林”树木认养活动，捐款1.88万元。

固原市烟草专卖局（公司）：扶贫济困，开展定点帮扶、送温暖等活动，捐款7.4万元。资助教育事业，参与支教等捐资助学活动，捐款2.4万元。资助乡村建设，参与基础农村设施建设等公益活动，捐款2.5万元。

中卫市烟草专卖局（公司）：扶贫济困，参与“手拉手结对帮扶”活动，捐款6000元。资助教育事业，为创建“教育强区”活动捐款5000元；为希望工程“圆梦行动”捐款10万元；向“爱心助学协会”捐款2万元。

新疆维吾尔自治区烟草专卖局（公司）

2009年，新疆维吾尔自治区烟草商业系统共捐款1582.19万元，用于各项社会公益活动。其中，救助灾害，捐款592.13万元；扶贫济困，捐款959.61万元；资助教育事业，捐款8.29万元；资助乡村建设，捐款22.16万元。

新疆维吾尔自治区烟草专卖局（公司）机关：救助灾害，向“7·5”事件后，向乌鲁木齐市捐款503.95万元，用于支持乌鲁木齐市维护社会稳定和民族团结工作。扶贫济困，向阿勒泰地区吉木乃县喀尔交乡捐赠扶贫款914.8万元；向新疆妇女儿童发展基金会捐款20万元。

乌鲁木齐市烟草专卖局（公司）：救助灾害，帮扶“7·5”事件受损卷烟零售客户51户，捐款15万元；捐款44万元，用于维持稳定工作；职工个人向“7·5”事件受害者捐款5.7万元；参加“汶川地震一周年捐款”活动，捐款4800元。扶贫济困，参加“送温暖、献爱心”活动，向儿童福利院捐款4000元，并赠送牛奶、书籍等慰问品；慰问孤寡老人，捐款1000元；向见义勇为基金会捐款2500元。资助教育事业，向新疆希望工程“民族团结快乐体育园地”捐款1600元。

昌吉回族自治州烟草专卖分局（公司）：救助灾害，“7·5”事件后，向昌吉回族自治州民政局捐款5610元。扶贫济困，向屯河社区、绿洲路街道的困难群众捐款2200元，并捐赠米、面、油等生活必需品。资助教育事业，开展“七一”慰问活动，向儿童福利院捐赠142本课辅教材、课外读物及米、面、油等生活必需品。资助乡村建设，捐款3万元，用于支援奇台县乔仁乡农业设施建设。

新疆维吾尔自治区烟草专卖局石河子分局、新疆烟草兵团石河子有限公司：救助灾害，向“7·5”事件受害群众捐款6.27万元；向四川灾区学校捐赠“爱心包裹”款2000元。

博尔塔拉蒙古自治州烟草专卖分局（公司）：救助灾害，向“7·5”事件受害群众捐款7250元。扶贫济困，向残疾儿童捐赠2袋大米、2壶清油及衣物；向弱势群体卷烟零售户捐赠1袋大米、1壶清油；向博州糖酒公司困难职工捐赠面粉、清油、大米，并捐款500元。资助教育事业，向博州蒙古中学贫困学生捐款4600元。资助乡村建设，向共建单位乌图布拉格镇喇门布呼村村委会捐赠价值500多元的农业科技书籍。

伊犁哈萨克自治州烟专卖分局（公司）：救助灾害，向“7·5”事件受伤害群众捐款3.03万元；捐款5340元，用于维稳。扶贫济困，对重大疾病户、家庭特困户进行送温暖活动，捐款1万元；慰问重病青少年，捐款2940元；向五户残疾家庭捐款2000元；开展“送温暖、献爱心”活动，捐款1160元；向察县扶贫点开展民族节日慰问活动，捐款1900元；慰问儿童福利院，捐款300元。资助教育事业，参与新源县

“两基”工作，捐赠价值3000元的图书资料。资助乡村建设，11月，捐款3000元；捐助农用物资、生活物资和建设维修款等共计5.11万元。

克拉玛依烟草专卖分局（公司）：救助灾害，向“7·5”事件受害群众捐款4200元。

塔城地区烟草专卖分局（公司）：救助灾害，向“7·5”事件受害群众捐款2.2万元。扶贫济困，开展“爱心超市”活动，向社会弱势群体捐款7000元；支援对口帮扶村额敏县喇嘛昭乡和塔城市叶留拜村，捐款1万元。资助乡村建设，支援沙湾县新农村建设，捐款10万元。

阿勒泰地区烟草专卖分局（公司）：救助灾害，向“7·5”事件受伤害群众捐款5730元。扶贫济困，帮扶阿勒泰市解放南路社区4户困难群众，捐款3550元；向布尔津县贫困户和病人家庭捐款2100元；向富蕴县文化东路社区贫困户捐款捐物共计2750元；向青河县患有癌症的病人家庭捐款400元；向吉木乃县特困户捐款400元。资助教育事业，向哈巴河县一名贫困大学生捐款1500元。资助乡村建设，支援青河县拉斯特村开展生产建设，捐款捐物共计9680元。

巴音郭楞蒙古自治州烟草专卖分局（公司）：扶贫济困，开展送温暖活动9次，帮扶企业及分支机构所在社区困难群众，慰问维稳公安武警等，职工个人共捐款3.11万元，并赠送米、面、油等一批生活必需品；向扶贫单位捐款2.1万元；对乌恰灾区与6名困难零售客户进行重点帮扶，职工个人共捐款9498元。资助教育事业，开展捐资助学活动3次，向包联单位捐款8200元。

吐鲁番地区烟草专卖分局（公司）：扶贫济困，帮扶新城社区康喀村4户困难群众，共捐赠米、面、油等一批价值3000元的生活必需品；参加“送温暖、献爱心”活动，捐款5.81万元。

哈密地区烟草专卖分局（公司）：救助灾害，向“7·5”事件受害群众捐款7050元；向维稳人员捐赠6206元的防暑物品。扶贫济困，向贫困农牧民捐款2000元。资助教育事业，向哈密市花园乡中学捐赠价值1.5万元的电脑。

阿克苏地区烟草专卖分局（公司）：救助灾害，“7·5”事件后，向新疆民族团结互助基金捐款2.4万元；向维稳人员捐赠价值5000元的慰问品。扶贫济困，向弱势群体卷烟零售户捐款1.54万元。资助乡村建设，支援对口扶贫点柯坪县玉尔其乡，捐款1300元；向阿克苏市建设社区捐赠现金、衣物、电脑和打印机等，价值共计2.6万元。

喀什地区烟草专卖分局（公司）：救助灾害，向“7·5”事件受害群众捐款2.13万元；捐助防洪物资940元。扶贫济困，向城镇特殊困难群体捐款9325元。资助教育事业，向喀什市三中对口捐赠“两基”教育资金4.9万元。

和田地区烟草专卖分局（公司）：救助灾害，向“7·5”事件受害群众捐款1.08万元。扶贫济困，向对口扶贫点皮山县藏桂乡亚曼亚农场捐款4.4万元，用于兴建科技文化室、村卫生室和购置桌椅板凳。

新疆烟草进出口有限责任公司：救助灾害，向“7·5”事件受害群众捐款5200元；向维稳人员捐赠价值4600元的慰问品。资助医疗卫生事业，参加义务献血活动，2名员工献血400毫升。

大连市烟草专卖局（公司）

2009年，大连市烟草商业系统共捐款170余万元，用于各项社会公益活动。扶贫济困，开展对口扶贫帮困活动，捐款13万元。资助教育事业，向希望工程捐款近1万元。资助其他社会公共和福利事业，捐款157万元。

中国烟草总公司合肥设计院

2009年，中国烟草总公司合肥设计院积极参加社会公益活动。扶贫济困，参加“送温暖、献爱心”捐助活动，全体员工共捐款8100元。

南通醋酸纤维有限公司

2009年，南通醋酸纤维有限公司积极参加社会公益活动。救助灾害、资助教育事业，与美国瑞安公司各出资70万元，共同援建四川地震灾区德阳绵竹市新市镇观鱼中心小学，建成通瑞主教学楼一幢。

论点摘要

专卖管理

【基层专卖管理工作的创新】 安徽省合肥市烟草专卖局（公司）郑义坤在《浅谈基层专卖管理工作的创新》一文中指出，基层是专卖管理工作的前沿阵地，在规范卷烟市场秩序方面发挥着重要作用。只有创新基层专卖管理模式，实现重心下移、触角扩延，才能更好地把握卷烟市场的动态变化，掌握市场监管的主动权，营造井然有序的市场环境。作者就如何进行基层专卖管理工作的创新提出了三点建议：

一、有的放矢，实施专卖精细化管理。一要加强重点客户管理。创新专卖管理工作的当务之急是从管理向满足需求、把握区域销售规律、有效提高重点客户利润率、控制非市场因素对重点客户干扰的方向转变。二要强化薄弱环节管理。基层专卖管理的重点是要加强对区域结合部、边远乡镇农贸市场、交通便利的集镇、新建物流配送中心、大型物资批发市场等场所的管理，切实搞好对相关营业执照、经营者身份证、暂住证、场地租用合同等验证审核工作。三是加大对专营高档卷烟的酒楼、宾馆、歌舞厅、游戏厅等特殊客户群的监控。建立特殊客户群违规经营预警机制，在“协调、沟通、引导、规范”的基础上，给予重点监控。

二、明确责任，推动专卖质量管理。将专卖质量管理作为一项系统管理工程，以“四化”管理（监管流程化、突出痕迹化、体现精细化、促进规范化）为核心，在筑牢“三道管理防线”（事前预防、事中教育、事后培训）的基础上，不断完善执法程序，理顺工作流程，明确岗位责任，环环留下痕迹。更新质量管理观念，实现烟草专卖质量管理观念及方式的转变。明确专卖操作制度在专卖管理法规中的地位，对基层专卖管理人员的日常操作程序进行规范。建立具有行业特色的基层专卖稽查执法服务认证标准。

三、健全机制，探索专卖长效管理。健全专卖管理工作机制，规范工作制度。通过召开定期政法联席会和日常的行政协调会，综合管理基层专卖稽查工作。完善基层专卖稽查岗位责任制，按照责、权、利相统一的要求，层层分解，层层签订责任书，明确各自的职责、权限与利益，明确考核奖惩办法，形成齐抓共管的专卖管理局面。

（摘编自《东方烟草报》，2009年10月29日）

【加大力度打击省际间卷烟非法经营活动】 江苏省州市铜山县烟草专卖局（营销部）张焕民在《关于打击省际间卷烟非法经营活动的思考》一文中指出，近年来，行业各级专卖管理部门深入开展打击卷烟非法经营活动，取得了一定成绩。然而，卷烟非法经营活动屡禁不止，尤其是省际间卷烟非法经营活动呈现抬头趋势。作者总结了省际间卷烟非法经营活动的特点，一是隐蔽性强，二是网络化特征明显。针对如何治理省际间卷烟非法经营活动，作者提出了四点建议：

一、提高思想认识，增强责任感和紧迫感。基层专卖部门要深入了解辖区市场状况，增强市场监管的责任感和紧迫感，切实履行好职责，坚持“守土有责、守土负责、守土尽责”，严密监控和掌握市场动向。

二、注重信息搜集，提高案件经营能力。治理省际间卷烟非法经营活动，搜集线索是关键。基层专卖部门要加大对案件信息收集力度，不断拓宽信息收集渠道。一要与客户经理、配送人员等烟草内部人员建立信息网络；二要与公安局等执法部门建立信息网络；三要与守法零售客户建立信息网络；四要建立群众举报渠道；五要到周边省、市、县去实地调研市场，掌握最真实的第一手资料。此外，要建立健全必要的案件信息共享和交流机制。

三、多方密切配合，形成打击合力。打击省际间卷烟非法经营活动，要从源头抓起。首先要与周边省、市建立群防群治的联合打击机制，联合惩治非法经营，完善线索共享制度，培养联络员，加强案件通报；其次，要加强与周边地区公、检、法部门的联系，切实做好案件的移送工作，并跟踪督办大案要案，加大对犯罪分子的追刑力度；再次，要积极与周边地区的公安、质监、工商、交管等部门协调，建立立体防控网络，切断违法卷烟运输链条。

四、加强队伍培训，提高办案能力。专卖队伍是治理省际间卷烟非法经营活动的保障。要不断加大对专卖执法人员的培训力度，规范执法行为；要让执法人员掌握识别违法卷烟的方法，掌握新形势下违法活动的基本规律，提高案件侦破能力；要以“四定”工作为抓手，将精兵强将充实进专卖队伍，不断提高专卖人员的执法水平和综合素质。

（摘编自《东方烟草报》，2009年12月10日）

烟叶生产

【提高烟叶保障能力、促进烟叶和卷烟生产协调发展】 国家局经济研究所李保江在《促进烟叶和卷烟生产协调发展》一文中指出，面对近年来行业卷烟生产已经和正在发生深刻的变化，作为卷烟原料的烟叶还存在着诸多不确定和不稳定的因素：一是烟叶生产总体上保持平稳发展，同时“控”和“稳”的压力仍然交替出现；二是烟叶质量水平和优质烟叶保障能力亟待提高；三是按卷烟工业企业需求组织烟叶生产的体制机制需要进一步建立健全；四是复烤加工质量和服务能力有待进一步提高。为切实提高优质烟叶保障能力，当前和未来一个时期，必须立足我国烟叶和卷烟生产客观实际，顺应我国烟叶和卷烟生产发展趋势，坚持统筹兼顾的根本方法，促进烟叶和卷烟生产协调发展。作者提出：

一、要明确发展定位，搞好宏观调控。烟叶生产作为原料供给环节，要服从和服务于卷烟生产需要，在数量上要努力保持既不多、也不少的供给格局，在质量、结构、风格等方面要适应中式卷烟和重点骨干品牌发展要求。卷烟生产作为原料需求环节，要立足和依托于国内烟叶生产，对烟叶原料实现充分有效利用，积极反哺烟叶生产，引导和支持烟叶生产持续健康发展。全行业要把烟叶和卷烟生产作为一个有机统一的整体，坚持统筹兼顾，防止烟叶和卷烟生产出现大的波动，要加快推进烟叶资源配置方式改革，坚持现代烟草农业发展方向。

二、要推动卷烟工业企业主动参与、深度介入烟叶生产。在明确烟叶和卷烟生产各自定位的基础上，推动卷烟工业企业主动参与、深度介入烟叶生产、收购和复烤环节。

三、工商要密切合作，加快建立品牌导向型烟叶基地。工商密切合作是实现烟叶和卷烟生产协调发展的基本前提，建立品牌导向型烟叶基地是实现烟叶和卷烟生产协调发展的有效载体。为此，要在现有烟叶基地格局基础上，以卷烟品牌原料需求为导向，工商联合加快建设紧密合作型烟叶基地，努力实现基地烟叶的“全收全调”。

四、要整合重组打叶复烤企业，努力提高烟叶复烤加工质量和水平。打叶复烤企业数量多、布局散、能力弱、效益低是制约烟叶和卷烟生产协调发展的一个突出问题。在不影响烟叶产区利益前提下，行业应该积极推动打叶复烤企业整合重组，并按照现代产权制度和现代企业制度要求，完善打叶复烤企业管理体制。

（摘编自《中国烟草学报》，2009 年第 1 期）

【行业烤房建设的发展方向】 中国烟叶有限责任公司的陈江华和河南农业大学农学院的宋朝鹏、许自成、宫长荣在《我国烤房的建设现状与发展方向》一文中指出，烤房设备是发展专业化烘烤，建设现代烟草农业必不可少的基础设施。目前，行业开始大面积推广密集烤房，科研项目进入烤房群，企业也积极参与到烤房建设工作中，这给当前的烤房建设带来了很大压力，面临的问题也很多，如烤房建设审批难，烤房建设规划不当等。针对目前烤房建设的发展现状和面临的问题，作者提出烤房建设未来的发展方向：

一、重视节能减耗，提高社会效益和经济效益。要以提高烟叶烘烤品质、降低能耗、减少因烘烤造成的环境污染为目标，积极研发高质、降耗、环保型烤房设备，攻克烤房集群发展关键装备技术难关，改善烘烤作业环境，降低烘烤操作技术难度，确保有较好的生态效益，社会效益和经济效益，做到可持续发展。

二、集群化高标准建设，综合考虑配套设施。烤房设备作为烘烤工艺的载体，要依靠科技，高标准、高起点建设，做到建设标准化、管理规范化、配套设备科学化，要与基本烟田建设、烟站建设、规模种植结合起来，将烟水、烟路、烤房等设施的建设统一起来思考。此外，要加快配套与烤房发展相适应的相关设备。

三、因地制宜，探索适当的建设运行方式。各地在烤房建设过程中要因地制宜，注重实践，逐步改变以烟草公司投资为主的现行烤房建设模式，积极探索形式多样的建设机制，如烟草企业出资，村集体统一组织，或者股份合作经营型等。此外，还应积极尝试多种经营，开辟服务市场，发挥烤房更大的作用。

四、注重科技进步，明确技术改进方向。针对一些影响专业化烘烤进程的关键技术，组织精兵强将，协同技术攻关。同时要把握好前瞻性、科学性和系统性研究的关系，重视从烟叶采收到分级过程中的每个环节，使之成为一个有机、完备的技术体系。

五、完善烤房建设扶持政策。利用好国家和当地政府的农业生产扶持政策的同时，规范行业对烤房建设的投入，做到生产投入有标准、资金使用有规范；在充分调研的基础上，积极制定切实可行的政策措施，积极引导，从政策、资金等方面扶持烤房群的建设顺利进行。

（摘编自《中国烟草学报》，2009 年第 3 期）

【行业烟叶生产合作组织的职能定位】 贵州省烟草专卖局（公司）王丰、贵州大学农学院唐新苗在《从国外经验看我国烟叶生产合作组织的职能定位》一文中指出，当前，烟草农业正处于传统农业向现代农业方式转变的过程中，许多烟叶产区纷纷开始探索建立烟叶生产合作组织。而由于烟草农业的特殊性，行业对各种组织生存发展的条件和影响因素缺乏全面认识和深入分析，大范围地学习和推广局部地区的成功经验，未能发挥出理想效果。作者总结和归纳了国外农民合作组织和烟叶合作组织的形式与发展现状，在此基础上提出了行业烟叶生产合作组织建设的四种职能定位。

一、国外农民合作组织和烟叶生产合作组织的发展现状。农民合作组织的发展在各农业发达国家都已很普遍，例如：美国农民合作组织的主要形式是合作社，是一种类似于股份制有限公司的经济组织；日本的农业协同组合是保护农民利益的群众性机构和政府推行政策的中介机构；德国农民合作社的职能主要是开展农产品加工、销售，为农户购置生产资料；法国的农业服务性合作组织站在农民立场上对政府制定的相关农业政策提出意见，是农民利益的代言人。烟叶生产合作组织方面，美国的烟叶生产合作组织是以开拓烟叶市场、提高烟农收入为主要目的，马拉维的生产合作组织负责资金和购买物资，日本的烟叶生产合作组织则开展生产互助和推广科学技术，巴西烟叶生产合作组织的职责主要是维护烟农利益。

二、对中国烟叶生产合作组织职能定位的思考。明确合作组织在烟叶生产中的职能定位，是确保当前烟叶生产合作组织探索取得实效的前提和保障。首先，烟叶生产合作组织是生产要素的协调器。烟叶生产合作组织使土地、劳动力、农机具等要素得到良好的配置，实现规模化、集约化生产，比如共同使用现代化大型农业机械和设施。其次，烟叶生产合作组织是生产效益的推进器。通过系统规划、优化合作、规范管理、提高技术水平、开展专业化服务等措施，实行分工合作，统一育苗、机耕、起垄、施肥、移栽、大田管理和烘烤，同时，合作组织还可从事一定的市场经营活动，追求有限利润，促进资本周转。再次，烟叶生产合作组织是生产政策的执行器。组建合作组织，减少了烟草企业在面对千家万户分散烟农时的繁琐，可有效提高政策执行到位率。最后，烟叶生产合作组织是生产过程的服务器。在烟叶生产过程中，合作组织应在资金、生产技术服务、科技信息等各方面为烟农提供服务。

（摘编自《中国烟草学报》，2009 年第 4 期）

【加快循环型现代烟草农业的建设】 福建省烟草公司烟草农业科学技术研究所的唐莉娜、陈顺辉在《循环农业：现代烟草农业可持续发展的必然选择》一文中指出，循环经济是生态保护型经济，是全球经济发展的新趋势，是实践可持续发展理念的一种新的经济发展模式。循环农业就是按照循环经济理念，通过农业生态经济系统设计和管理，实现物质能量资源的多层次、多级化的循环利用，达到农业系统的自然资源利用率最大化、购买性资源投入的最低化、可再生资源高效循环化、有害生物和污染物可控化的目标。

作者提出，要实现现代烟草农业的发展目标即烟农收入持续增加，构建符合卷烟大企业、大品牌规模要求的烟叶原料保障体系，建设持续高效、资源节约型、环境友好型的烟草农业，保持烟草农业的可持续发展，现代烟草农业就必须走循环农业之路。发展循环农业有利于缓解农业生产资源和环境问题之间的矛盾，有利于提高农产品的质量，有利于改善农业和农村生态环境条件。结合现代烟草农业生产的实际，加快循环型现代烟草农业建设的思路与对策是：

第一，加强循环经济理念及其相关知识的宣传教育，加快观念转变。通过各种途径，大力宣传农业循环经济的理念及相关知识，在全行业树立农业循环经济的新发展观、新价值观、新生产观和新消费观，加快传统农业经济观念向农业循环经济观念的转变。

第二，因地制宜，加强循环型烟草农业核心技术的研发与推广。结合现阶段烟草农业生产特点，作者认为在以下生产环节必须加大投入，对循环农业系统的关键性技术进行研发与推广：一是培育优质抗病的烤烟优良品种；二是实施测土施肥，并加快烤烟高效专用肥的研发与推广；三是开发高效低毒、广谱、低残留、无公害的农药或生物农药；四是加强烟田病虫害预测预报网络建设；五是建立循环型以烟为主的现代农作制度；六是加强烤房节能和热源的研究，节能降耗；七是开发环保型育苗基质；八是研究和推广农业废弃物资源化利用技术。

第三，大力推进烟叶标准化生产和管理。以农业科学技术和实践经验为基础，运用“统一、简化、协调、选优”的原则，对烟叶生产产前、产中、产后全过程，制定相关的系列标准，并严格加以实施，确保烟叶质量和环境安全。做好烟叶生产标准化，首先要根据循环农业的“4R”技术原则，研究、制定和完善烟叶生产过程各环节操作规程、技术标准和管理标准；其次是加强烟叶生产全过程的标准化管理，把贯标作为烟叶生产的重点工作抓紧抓好；三是推行清洁生产，加强监督，重视对烟叶生产环境和烟叶质量的检验检测。

第四，实施烟农科技教育培训工程，提高烟农综合素质。应通过各种有效方式和途径，对烟农开展有关农业循环经济及相关知识的培训，让烟农充分认识推行循环农业的重要性，进而保证烟农生产的烟叶质量安全，与农业生态环境协调发展。

第五，制定并完善有利于推行农业循环经济的相关政策和运行机制。政府和企业引导是关键，应通过制定相关扶持政策，加大循环农业系统的关键技术的研究与推广，建立起政府和企业引导、市场运作、烟农参与的运行机制，构筑循环农业发展的持续推动力。

（摘编自《中国烟草学报》，2009 年第 5 期）

【烟叶生产基础设施项目的集体所有权与个人使用权相分离】 中国烟叶公司吴践志在《集体所有权与个人所有权相分离——对烟叶生产基础设施项目产权归属的法律思考》一文中指出，在项目产权仍然不归烟草行业所有的政策前提下，让烟叶生产基础设施项目的产权归集体所有，使用权归烟农个体所有，实现集体所有权与个人使用权相分离，能够进一步理顺产权关系，调动集体组织和烟农个体的积极性，有效提高烟草行业对烟叶生产基础设施项目的掌控能力。

一、从财产所有权权能内容看，项目的集体所有权与个人使用权相分离，理论和实践上都是可行的。烟叶生产基础设施建设项目可以参照农村土地承包责任制的模式，使集体所有权与个人使用权相分离，让农村集体组织享有烟叶生产基础设施项目的财产所有权，而烟农则可以享有设施项目的个人使用权，相互制衡，确保所有权和使用权平稳运行。

二、从持久发挥基础设施项目对种植烟叶的作用上看，集体所有权比个人所有权更具稳定性。设施农业是现代烟草农业的重要特征，产权的稳定是项目良好运行的前提，是烟叶生产可持续发展、推进现代烟草农业建设所必需的基础条件。烟叶生产基础设施项目的产权归属于集体的好处就在于集体所有权比个人所有权更具稳定性，烟草行业对集体产权的控制力相对于对个人产权的控制力也更强。

三、从稳定烟农队伍上看，赋予烟农个体享有烟叶生产基础设施的使用权可以有效制约弃种行为。在所有权属于集体组织的前提下，烟农以投工投劳或部分出资作为代价，享有对密集型烤房、烟草农用机械等设施的个人使用权，而且只要烟农持续种烟，个人使用权不得被终止，除非弃种或设施报废。这样一方面可以充分发挥设施的功能作用，调动烟农使用和维护设施的主观能动性；另一方面可以把终止个人使用权作为条件制约烟农弃种，维护烟农队伍和烟叶资源稳定。

四、以补贴合同为法律依据，明确集体所有权和个人使用权分离原则。补贴合同里，可规定项目产权属于集体，使用权属于烟农，烟农的投工投劳或现金投入是获得个人使用权的必要条件。此外，还可以签订附条件的补贴条款，即明确规定未经集体组织所有成员和烟草公司同意，集体所有权不得被转让；同时规定个人使用权也不得随意被转让和终止，除非弃种或设施报废。

（摘编自《中国烟草》，2009 年第 21 期）

销售与网建

【金融危机下的卷烟营销新思路】 内蒙古自治区通辽市烟草专卖局（公司）何敬炎在《金融危机下的卷烟创新营销》一文中指出，在国际金融危机的背景下，尽管卷烟等快速消费品受到的冲击相对较小，但卷烟消费者对未来的经济预期不看好，消费意识更加趋于理性，这对当前的卷烟营销提出了新的挑战。作者认为只有通过创新营销战略和举措，才能更为有效地挖掘潜在市场，而深化对消费者的研究、进一步细分市场、加强品牌建设，则是当前卷烟创新营销的重中之重。

一、更加关注消费者。卷烟产品营销链的最末端是卷烟消费者，其消费心理和消费行为对卷烟销售至关重要。在金融危机的影响下，工商企业需要掌握消费者心理和行为的变化，“对症下药”，引导消费。为了对消费者进行深入的分析和研究，需要引入新的研究手段，选择合理的研究方法，并建立消费者数据库。

二、更加关注市场细分。在金融危机的背景下，进一步细分卷烟市场，适应消费需求，显得尤为重要。工商企业双方要协同把握市场“脉搏”，在细分市场方面做好精准营销工作，这样既节约营销成本又富有效率。作者建议采取“三步法”来完成市场的细分，第一步要甄选细分市场的变量指标，第二步要科学地分析市场，第三步要确定商圈类型。

三、更加关注品牌建设。在经济发展面临困难和压力的情况下，品牌建设对于稳定卷烟市场、保持经济增长的意义重大。工商企业不但要注重卷烟品牌的创新与提高，推动品牌向精细化、差异化方面发展，同时还要精心引导和培育消费市场，不断塑造品牌形象，提升品牌竞争力。行业的工商企业应当在宣传载体、渠道管理、货源投放这三个关键环节进行突破和创新。宣传载体方面，应加大力度开发零售终端宣传推广品牌的功能，同时对重点零售客户进行维护，使零售客户能够直接面向消费者宣传；渠道管理方面，工商企业双方要全面了解、充分沟通，针对卷烟品牌的营销策略和培育方向，找到一个最佳结合点，形成一个双方均认可和支持的品牌培育执行方案；货源投放方面，要严格按照“控区、控点、控量”的三控策略开展货源投放工作，把握好时机，做到精准投放。在货源投放之后，企业还要密切关注品牌的动销情况。

（摘编自《中国烟草》，2009 年第 9 期）

【找准协同营销的着力点】 北京市崇文区烟草专卖局（公司）李博在《找准协同营销的着力点》一文中指出，工商协同营销是烟草行业建立新型工商关系，是提高行业整体运行效率的重要内容。工商协同营销工作是一项系统性的工作，它涉及多方关系和众多环节。因此，要使工商协同营销顺利开展，就需要对协同营销系统进行分析，找准着力点，综合协调推进。作者从商业企业的角度探索了如何有效地推进工商协同营销：

一、紧紧围绕品牌培育这个核心。重点骨干品牌支撑着行业持续、健康发展。在工商协同营销过程中，应该高度重视重点骨干品牌培育，一要营造公平竞争市场环境，促进重点骨干品牌在竞争中成长和提升；二要精心组织市场营销的策划，积极做好品牌营销促销；三是努力搞好品牌的维护工作。

二、做好工商之间有效对接。工商之间应该在营销队伍方面实现有机对接，保证协同营销的效果；把推动工商信息整合共享作为协同营销的基础性工程，明确共享信息的内容，创新信息采集和共享方式；共同做好市场分析，指导新品研发、货源投放和品牌培育；扎实做好货源组织的有机对接，能够根据产品销售情况和库存情况及时调整，增加有效供给，保持品牌的稳定。

三、加快企业内部组织结构调整。建立以市场为导向，面向消费者和零售客户的工商一体化营销体系，建立适应协同营销要求的组织构架和行为准则。一方面需要商业企业在内部设立品牌管理等部门，调整健全内部管理流程和管理制度；另一方面需要提升管理和营销队伍素质，对其职能进行必要的调整。

四、突出服务。商业企业是连接卷烟工业企业与零售客户、消费者唯一的“桥梁”，在推进工商协同营销过程中，商业企业需要把工作的基础进一步定位在服务上，把服务作为其中心任务和核心竞争力，服务对象包括工业企业、零售客户及消费者。服务工业企业方面，要使工商之间的关系真正实现“平等互利、互动互信、资源共享、效率责任”。服务零售客户方面，要使零售客户真正享有经营的自主权、产品选择权、信息知情权和正当收益权。服务消费者方面，在充分贴近市场、贴近消费者的同时，把有关的卷烟信息及时传递给零售客户和消费者，提高消费者的满足度。

（摘编自《中国烟草》，2009 年第 12 期）

【稳定卷烟零售价格】 重庆市烟草专卖局（公司）高兴华在《稳定卷烟零售价格的思考》一文中指出，在行业已基本建立起卷烟现代流通体系和交易运行机制的同时，目前零售客户的效益水平尚未达到行业设计的零售效益目标。作者就稳定卷烟零售价格、维护零售客户利益的意义进行了阐述，并提出具体意见：

一、善待客户，筑牢行业发展根基。

据统计，除商场、超市和高档消费场所外，大约 70% 的卷烟零售客户的实际毛利率只有 5% ~6% ，与行业设计的毛利率水平相差近 3 个百分点，而这部分零售客户却是卷烟销售的骨干力量。由此可见，如果忽视卷烟零售价格的稳定，忽视零售客户利益，不但会影响烟草市场经济运行秩序，而且行业持续健康发展的根基也会动摇。

目前，行业必须走出对稳价工作认识的误区，从贯彻落实科学发展观、践行“两个至上”行业共同价值观和巩固烟草专卖体制的高度思考和认识问题。稳定卷烟零售价格，维护零售客户利益，是专卖专营体制下烟草行业义不容辞的责任，应该成为行业上下维护责任烟草良好形象的自觉行动。

二、综合配套，协同稳价，确保实效。

一是加强证照管理，取缔无证经营和“一户多证”的零售客户；始终保持打假打私的高压态势，净化卷烟市场，防止假烟私烟扰乱零售价格。

二是有效地按客户订单组织货源，特别是准确把握客户的真实需求和控制大户对零售价格的干扰，在确定客户每一周期的订货数量时要坚持稍紧平衡的投放原则，使客户由从销量上追求效益转向从价格上追求效益，从而保持价格的稳定。

三是针对市场上同一品牌条烟和包烟存在两种零售价格的情况，对同一品牌的条价和包价应分别定价；将零售客户按照街道、集镇、村落分为若干细小单元，建立起零售价格自律机制。

四是将综合批零差率稳控目标定为10%左右，并分别按照包条和品类确定具体的稳控目标落实责任，严格考核。在零售价格信息跟踪过程中，重点关注“20+10”品牌和当地主销品牌的价格走势。

（摘编自《中国烟草》，2009年第17期）

【推进行业供应链的建设】 国家局党校课题组王路军、潘良在《为什么要重视供应链建设》一文中指出，计划管理方式是烟草行业基本特点。长期以来，行业中形成了浓厚的以产定销的供应方式和思维方式，已经严重制约了行业的发展。在坚持和完善烟草专卖制度的基础上，客观实践要求行业必须推进市场化取向的改革，要求整个行业供应链必须实现市场导向，同时要求供应链必须高效、规范和具有活力。作者重点论述了建设什么样和怎么建设行业供应链两个方面的问题：

一、建设什么样的供应链。中国烟草供应链建设的理想目标应该是，在未来一个时期，建设十多条相互竞争的供应链，以此整合行业的各类资源，使行业的市场化发展趋势更加明显，品牌化程度进一步提高。

行业供应链建设的具体操作流程与规范标准，应包括核心选择、竞合关系、建设数目、规范自律、分工整合、目标取向。核心选择方面，行业供应链的核心节点由市场来选择，谁适应市场的程度高，谁才可能成为核心企业。竞合关系方面，供应链之间应当是一种相互竞争的关系，这种竞争是在坚持烟草专卖制度下的行业内部良性竞争，是以品牌为基石和纽带的包括原材料供应、产品生产、市场营销等全方位的竞争。建设数目方面，行业供应链建设的基本数目可以确定为十多条。规范自律方面，行业内部供应链的建设，是遵循法律且适应行业特殊发展规律的建设，尤其要特别重视规范和自律的建设。分工整合方面，行业供应链建设的关键在于确立更加专业化的分工基础和更高层次的资源整合局面。目标取向方面，在行业的整个供应链中，各节点企业都应有明确的目标取向。

二、怎样推进供应链建设。2003年的工商分开是行业供应链专业化过程的开端，2005年开始的“按客户订单组织货源”和“按客户订单组织生产”工作使得行业供应链的实践上升到一个新的水平。此后的联合重组、品牌整合、职能调整、理顺资产等一系列改革措施使得行业供应链的专业化程度不断提高。而从目前行业供应链建设的现状及发展思路出发，应该着重应用专业化、资源整合、跨组织业务流程优化、信息技术应用等手段，多角度、多层面地进一步推进行业供应链建设。专业化分工方面，行业各个业务环节的专业化发展是供应链整合的前提条件，也是供应链建设的有机组成部分。为此，需要把行业各个业务环节的专业化工作进一步明确和完善。资源整合方面，企业要根据自身的情况，选择最为有效、成本最低的资源整合方式。跨组织业务流程优化方面，为进一步提升行业供应链的整体效率，应在业务流程和交易流程等方面进行再设计，对跨组织业务流程，主要是供应商管理库存、物流资源配置等重点环节进行持续优化和提升。信息技术共享方面，目前，工商企业内部的信息技术应用水平已有长足发展，但不同经济实体之间的信息技术整合还有着非常大的发展潜力和空间，加强信息技术共享应用建设，无疑将对行业供应链建设起到更加重要的作用。

（摘编自《中国烟草》，2009年第19期）

企业管理

【规范机制的长效性与监管的常态化】 国家局整顿办庄怀成在《严格规范呼唤机制的长效性与监管的常态化》一文中，就行业的企业在制度建设、决策程序和运行操作层面及在公开招标、供应商选择和运作公开等关键环节上，如何做到严格规范，通过什么途径实现规范机制的健康发展，提出了五点建议：

一、完善制度，规范操作，从源头上提前预防不规范。从健全制度体系入手，结合“三项检查”重点抽查工作中发现的问题，对规范工作的制度建设进行集中、统一的梳理。同时还要细化关键环节的制度，量化项目操作规范。

二、固化程序，规范运作，从过程上及时限制不规范。行业在做好程序的规范过程中，应重点克服运行规范上的不足，具体要求克服规范程序不清晰现象，克服细化流程有疏漏的现象，克服痕迹化运行不到位的现象等。

三、宣传教育，知识普及，从环境上铲除不规范土壤。在规范宣传上，倡导发掘和培育行业规范工作文化，使严格规范成为行业发展的一种自觉认同，成为烟草行业发展共同价值观的有机组成之一。在常识普及上，通过开展方法不一、形式多样的规范知识宣传，使规范意识深入人心，改善规范工作环境。

四、监督到位，民主公开，从机制上警示制约不规范。规范工作有效监督的关键是事务公开和民主管理，运作规范上符合“阳光作业”的要求。在监督主体法制化方面不断推进民主监督管理，在自我监督公开化方面不断完善事务公开方式，在监督方法程序化方面不断增加现代科技含量，在监督形式多样化方面不断探索有效适用模式。

五、数据共享，方法创新，从监督常态化上监控不规范。信息化数据库是规范工作的科学载体，也是监管工作方法创新的主要依托。在数据共享建设上，通过项目关键层面如供应商信息、物资信息等样本资源对信息化数据库的纳入，为机制监督的有效运行提供了大量、高质量的原始性资源，使规范机制的程序流程、监督考评、民主管理和宣传普及等数据信息得以共享。在方法创新上，提倡并促进信息化平台建设，为行业决策提供规范工作的科学依据。

（摘编自《中国烟草》，2009 年第 12 期）

【加快实现烟草商业企业的流程化管理】 河北省烟草专卖局（公司）支宗良在《借助信息化手段实现烟草商业企业流程化管理的探讨》一文中指出，烟草工业企业结合其工业化流水线生产的特点，通过实施 ERP、MES 等标准化管理信息系统，达到了管理的规范化和有效化。而烟草商业企业由于长期以来形成的是以人为管理着眼点的管理理念，实行的是按职能部门来划分的层级管理模式，很容易产生职责不清、部门间协作与沟通不畅、制度执行不到位、绩效考核困难等问题。作者从两个方面对烟草商业企业借助信息化手段实现流程化管理进行了探讨。

一、烟草商业企业流程化管理的实施步骤。作者就如何实现商业企业流程化管理提出按五个步骤进行：第一步是对原有流程进行全面的功能和效率分析，发现其存在的问题；第二步是设计新流程并进行评估；第三步是制定与新流程改进方案相配套的组织结构、岗位职责和业务规范等方面的改进规划，形成系统的流程重组方案；第四步是利用信息系统对新流程体系进行固化；第五步是组织实施与动态改善。

二、对烟草商业企业实施流程化管理的几点思考。一是从职能化管理向流程化管理转变的过程是一个复杂的系统工程，流程再造需要员工的业务技能、沟通能力、协同工作等综合素质全面提高；需要创造性地应用信息技术建立统一的信息共享平台，规划、设计、开发新的信息系统；需要改变旧的企业文化来适应新的流程。二是流程化管理的实施关键在于领导层，成功的保障在于全员参与。三是实施流程化管理必须以集成的信息管理技术为基础，运用信息技术的优势实现新流程的程序化、模块化控制，用计算机网络对所有输入和输出的流程进行管理，把串行并行的工作过程组合起来，使烟草商业企业内部各部门间做到柔性化、无边界。四是流程化管理是一个渐进的过程，必须整体谋划，分步实施。当前在烟草商业企业，可以在某些领域进行流程化管理的试点，成熟后再逐步推开。

（摘编自《中国烟草学报 2009 年学术年会论文集》）

【商业企业实施全面预算管理的五点建议】 河南省商丘市烟草专卖局（公司）黄修起在《商业企业实施全面预算管理之浅见》一文中指出，近年来，烟草商业企业实行母子公司体制改革，理顺产权关系后，迫切需要强化预算管理。在推行预算管理上，行业仍带有计划的特色，部分企业对实施全面预算管理的思路比较模糊。作者就烟草商业企业如何实施全面预算管理提出几点意见：

一、夯实全面预算管理理念基础，推进预算管理民主化、全面化。一是对员工进行全面预算管理内涵、框架体系等基本知识的宣传教育。二是制定出企业明确的长期、中期和短期战略目标，把战略规划与全面预算有机结合起来，并让员工了解企业愿景和战略目标。三是尽量和员工分享企业经营与管理信息，减少因信息不对称可能带来的负面影响。四是做好和预算管理相关的基础性工作。

二、完善全面预算管理组织体系，推进预算管理责任化。烟草商业企业应根据当前母子公司组织架构，建立起一个相互关联的、多层级的“金字塔”型的预算管理组织体系，从组织架构方面保证预算民主管理。首先，独立核算单位及非独立核算的县级分公司应设置预算委员会，主要负责协调、平衡各预算责任单位上报的预算，统筹各项制度的制定，规划与把控公司上下的全面预算；此外，还应设置直接隶属于预算委员会的专门预算管理办事机构。其次，独立核算单位和县级分公司的内部职能部门要成立预算管理组，负责编制本部门预算、将部门预算分解至部门各工作岗位及监督部门预算的执行。

三、夯实预算编制基础，推进预算编制科学化。烟草商业企业的预算编制应采取“自上而下”和“自下而上”两种方式相互结合、分级编制、逐级汇总的程序；遵循“谁干事、谁花钱、谁编制预算”的思想，即谁管事，谁就编制所管事项的预算；坚持“自上而下，逐级细化”的原则；增加相关预算指标维度，细化会计核算。

四、抓好“四个结合”，推进预算执行的强制化。针对目前烟草商业企业在预算管理中重编制、轻执行、轻管理的现状，预算实施应与实行资金收支两条线管理相结合、与深化目标管理相结合、与落实制度相结合、与内部审计相结合，以推动预算执行的强制化。

五、完善预算考核体系，确保全面预算有效执行。为保证全面预算的有效执行，预算考评应做好以下几个方面工作：一是健全完善预算考核管理制度；二是合理设置预算考核指标，烟草商业企业预算考核的重点应偏向于综合经济效益评价指标的考核，并兼顾对企业关键指标的考核；三是注重预算编制质量，防止管理者、编制者的随意编制行为和预算执行中不规范行为的发生；四是将各级部门岗位的薪酬与预算指标完成情况挂钩，提高预算管理在企业管理中的严肃性。

（摘编自《东方烟草报》，2009 年 4 月 9 日）

思想政治工作

【在新形势下创新企业思想政治工作】 厦门烟草工业有限责任公司张京湘在《找准“两点”创新企业思想政治工作》一文中指出，改革开放 30 年以来，随着年龄结构的变化和文化层次的提升，企业职工的思维变得更加活跃，思想观念和价值观日益变得开放、独立和多元化。因此，只有不断研究新形势下企业思想政治工作面临的新情况、新问题，创新思维，选准立足点和切入点，才能使企业思想政治工作主动作为，发挥实效。作者提出：

一、树立服务理念，找到立足点，找准切入点。新时期企业的思想政治工作应变单向教育为双向沟通，树立服务员工的理念，在与职工的交流和互动中找到思想政治工作的切入点。

首先是通过建立和完善谈话和会议制度，建立不同层次的交流平台，全面了解职工需求，解答职工疑惑。企业可以建立党支部谈话制度和党员联系群众制度，定期举办职工代表及青年职工座谈会，召开季度政工联席会交流职工思想动态等。另外，企业的重大事项，特别是涉及企业、员工利益的热点、焦点问题，要围绕企业改革中心，着眼企业发展大局，同时还要重视广大职工的意愿和利益。

其次是发挥现代计算机网络的优势，加强思想交流和互动，为职工提供发表意见的快捷方法。企业可以在网站上设立总经理、党委书记信箱，在内网开设“我要留言”和“网络论坛”等互动栏目，允许职工自由发表意见、提出建议。

二、加强思想政治工作网络建设，找到延伸点，找准支撑点。培养一支相对稳定、素质优秀的思想政治工作队伍，构建一张点面结合、纵横交错的思想政治工作网是支撑企业思想政治工作顺利开展和延伸的关键所在。

首先，构建思想政治工作网络，及时掌握职工思想信息。企业不仅需要保持一支人员稳定、素质较高的政工干部队伍，还应该在各部门选拔骨干成为宣传信息员，逐步完善以支部、车间、班组和宣传信息员为线，以组织宣传、监察审计、人力资源、办公室、工会、团委等部门为面的思想政治工作网络，使企业思想政治工作延伸到每个角落，形成上下成线、左右成面，纵向到底、横向到边的企业思想政治工作格局。

其次，加强培训，建设高素质思想政治工作队伍。建设高素质的思想政治工作队伍是搞好企业思想政治工作的必备条件和重要支撑，企业要积极创造条件，采取走出去、请进来等方式，加大政工干部和宣传信息员学习培训和交流活动的力度，提高他们的宣传敏感性和业务素质，培育出企业所需的思想政治工作者。

（摘编自《中国烟草》，2009 年第 20 期）

【加强烟草企业廉政文化建设】 江苏省连云港

市东海县烟草专卖局王军在《加强烟草企业廉政文化建设》一文中指出，近年来，烟草企业廉政文化建设呈现丰富多彩的良好局面，但同时也存在以下问题：一是思想观念不到位，二是组织机制不完善，三是方式方法不新颖。针对以上问题，从加强烟草企业廉政文化建设的角度出发，作者提出：

一、加大廉政文化的构建和宣贯力度。企业领导班子要高度重视廉政文化建设工作，并与加强领导班子建设工作结合起来。同时，加强廉政文化的宣贯工作，摆正廉政文化建设与企业发展的关系，激发引导广大党员干部员工主动投入到廉政文化建设中。

二、创新廉政文化建设思路和载体。在廉政文化建设思路上，企业廉政文化建设要树立“大廉政”的观念，形成企业文化与廉政文化有机融合的格局，用先进的思想文化促进党风廉政建设。在廉政文化载体上，一方面要充分利用各种媒体和宣传手段，形成全方位、立体式的廉政文化建设格局，另一方面要积极打造廉政文化建设的新平台，丰富新的活动载体。

三、丰富廉政文化建设的内容和形式。在内容上，廉政文化建设要体现与时俱进的要求，还要结合实际，及时总结提炼勤政廉政的先进典型、成功经验和廉政理念，提升廉政文化建设核心价值内涵。在形式上，必须融入大众文化的元素，做到形式生动活泼、灵活多样、通俗实用。

四、增强廉政文化建设的责任和投入意识。在廉政文化建设中，要强化责任追究，建立实施责任追究制度，形成一级抓一级，层层抓落实的责任体系。同时，廉政文化建设要“虚功实做”，培养配备廉政文化建设专兼职队伍，适当投入完善廉政文化建设的硬件设施和相关书籍资料。

五、建立廉政文化建设的长效机制。廉政文化建设不仅要立足当前，更要着眼长远，并从机制、制度、管理等层面解决廉政文化建设深层次的问题。要从制度文化、规范文化、管理文化入手，紧密结合烟草内管工作和“三合一贯标”，规范经营行为，强化廉洁自律机制，将廉政文化建设与经济工作有机结合，形成完整、科学的廉政文化体系，使廉政文化建设延伸到各个工作环节，真正发挥文化管理作用。

（摘编自《烟草企业文化》，2009 年第 11 期）

附 录

国外烟草

世界烟草：2009 年发展报告

2009 年，在政府管制和金融危机的双重压力下，世界烟草发展环境更加严峻，但市场总体需求仍然保持增长。中国烟草继续保持持续健康的发展态势，在世界烟草市场中的影响力和竞争力进一步提升。菲莫国际公司、英美烟草公司、日本烟草公司和帝国烟草公司四大跨国烟草公司的生产经营呈现出“两升两降”的格局，英美烟草公司销售收入超过菲莫国际公司（主要受汇率因素影响）。在世界烟草市场上，烟草企业间的竞争和合作不断加强，并购重组、品牌培育、成本控制和技术创新已成为各烟草企业扩大竞争优势和实现持续发展的共同选择。

【世界烟草发展环境】 2009 年是《烟草控制框架公约》生效后的第 5 年。随着世界各国履行《烟草控制框架公约》工作的深入，烟草产业面临更加严格的政府管制。同时，金融危机持续蔓延进一步引发了各国政府对烟草产品的提税浪潮，烟草产业发展空间受到极大挤压。总体来看，世界烟草产业在 2009 年面临着空前严峻的环境压力。

*烟草税负持续加重。*各国政府普遍认为：提高烟草税收不仅是控制烟草生产和消费的重要措施，同时也是增加政府收入的有效手段。尤其是在金融危机持续蔓延、政府财政较为紧张的大背景下，提高税收成为各国政府管制烟草产业的首选政策。

2009 年，全球烟草税负普遍加重，特别是烟草生产和消费大国，均较大幅度地提高了烟草税收。中国自 2009 年 5 月 1 日起对卷烟消费税政策进行了重大调整。美国从 2009 年 4 月 1 日起将卷烟的联邦消费税从 3.9 美元/条提高到 10.1 美元/条，增幅达 158.9%，同时许多州也相应提高了地方消费税（2009 年各州平均地方消费税超过 20 美元/条）。俄罗斯的卷烟从量税和从价税在 2009 年均有较大幅度的提高，每千支卷烟最低消费税由 142 卢布提高到 177 卢布，增幅达 24.6%。印度尼西亚、乌克兰、菲律宾等烟草产销量较大的国家也不同程度地提高了烟草税收。世界卫生组织 2009 年发布的数据显示，全球共有 25 个国家的卷烟税收负担率（税收占零售价格的比重）超过 75%，40 个国家的卷烟税收负担率处于 60% ~75% 之间，33 个国家的卷烟税收负担率处于 45% ~60% 之间。尽管许多国家烟草税负已经很高，但从发展趋势来看，全球烟草税负仍在持续加重。

*烟草管制全面加强。*为控制烟草生产和消费，2009 年，各国政府对烟草产业普遍实行更加严格的管制，管制内容涉及烟草生产、消费的各个方面，包括出台禁止公共场所吸烟规定、确立产品标准（如规定成份最高允许值、限制卷烟添加物等）、限制市场行为（如禁止烟草广告、促销和赞助、禁止零售店陈列卷烟、禁止邮寄卷烟、改变烟草制品包装和标签等）和监测烟草市场等。

2009 年 6 月，美国总统奥巴马签署《家庭吸烟预防和烟草控制法》，授权美国食品与药品管理局（FDA）以联邦政府的名义，对所有烟草产品实行严格管制，并允许 FDA 向烟草制造商和进口商征收额外费用以支撑其管制活动的开展。获得授权后，FDA 发布新规定，从 2009 年 9 月 22 日起，美国生产销售的卷烟或它们的组成成分中不能包含除薄荷和烟草以外的任何人造或天然香料。伊朗和土耳其通过全面无烟的法律，巴西、泰国等国家的一些城市出台更加严格的禁止公共场所吸烟规定，规定除户外和私人住所外，在任何其他地方吸烟都是非法行为。加拿大、爱尔兰、澳大利亚、英国、新西兰等在国家或地方层面，明确禁止零售店展示烟草制品。

*非法烟草十分猖獗。*各国政府对烟草管制的加强，尤其是烟草税收的持续上涨，对合法烟草企业造成很大的约束，但也不可避免地诱致了非法卷烟的盛行。据世界卫生组织 2009 年的统计数据，目前全球各种形式的非法卷烟有 7000 余亿支，占全球卷烟市场总量的比重为 11.6%，其中非法卷烟所占比重在高收入国家为 9.8%，在中等收入国家为 11.8%，在低收入国家为 16.8%。非法卷烟导致各国政府每年税收损失超过 400 亿美元。除导致税收损失外，非法卷烟还挤占了合法卷烟的市场份额，严重影响了被仿冒烟草品牌的形象和价值，同时也对消费者利益构成了巨大损害。

【2009 年世界烟草市场总体需求】 近年来，尽管在各种控烟力量的共同推动下，世界各国制定和实

施了更加严格的控烟措施，但烟草市场总体需求仍在稳定增长。据世界卫生组织的统计数据，目前世界各国平均的成年人口吸烟率为24.0%，其中男性吸烟率为34.5%，女性吸烟率为13.4%，全球吸烟人数超过13亿。在中、低收入国家，吸烟人口尤其是女性吸烟人口仍在呈上升趋势。

由于吸烟人口数量庞大且不断增长，直接拉动了烟草消费需求的增长。2009年，全球卷烟销量约为6.2万亿支，其中付税卷烟销量为5.9万亿支，同比增长0.7%。在卷烟消费需求总量最大的几个国家中，2009年中国卷烟销量为22887.5亿支（4577.5万箱），同比增长4.3%；俄罗斯卷烟销量为3900亿支，同比下降2.7%；美国卷烟销量为3157亿支，同比下降8.6%；日本卷烟销量为2458亿支，同比下降5%；印度尼西亚卷烟销量为2600亿支，同比增长近4%。在欧洲部分发达国家中，卷烟销量没有延续多年的下降趋势，在金融危机背景下出现了反弹。例如，2009年法国卷烟销量为550亿支，同比增长3%。除卷烟外，手卷烟丝、雪茄烟、鼻烟、嚼烟等烟草制品也拥有庞大的市场规模，近年来许多国家的非卷烟类烟草制品呈现出快速发展势头。例如，2009年德国手卷烟丝销量为2.45万吨，同比增长9%；英国手卷烟丝销量为4450吨，同比增长19%；西班牙手卷烟丝销量为5150吨，同比增长30%。

在世界卷烟产销量持续增长的拉动作用下，近年来世界烟叶产量呈现出持续增长的趋势。2009年，世界烤烟产量为452万吨，同比增长8%；白肋烟产量为84万吨，同比增长13%；香料烟产量为26万吨，与上年持平。中国的烟叶产量居世界第一，全年共收购烤烟256.5万吨，同比增长7.8%，占世界烤烟总量的比重达56.7%。巴西是世界第二大烤烟生产国，全年烤烟产量为60.8万吨，与上年持平。印度烟叶生产近年来快速发展，全年烤烟产量为31.4万吨，同比增长24.6%。美国烟叶生产近年来稳定发展，全年烤烟产量为23.8万吨，同比增长3%。津巴布韦全年烤烟产量为5.8万吨，同比增长18.3%。

人口最多的30个国家成年人口吸烟率

国家	人口总数（万人）	成年人口吸烟率（%）	成年男性吸烟率（%）	成年女性吸烟率（%）
中国	132802	31.6	59.5	3.7
印度	117449	14.3	27.6	1.0
美国	30826	23.9	26.3	21.5
印度尼西亚	23137	33.1	62.1	4.0
巴西	19226	16.6	20.3	12.8
巴基斯坦	16834	16.3	29.7	2.8
孟加拉国	16222	21.9	42.8	0.9
尼日利亚	15473	4.7	9.1	0.2
俄罗斯	14192	48.3	70.1	26.5
日本	12753	29.3	44.3	14.3
墨西哥	10755	24.7	36.9	12.4
菲律宾	9223	23.7	38.9	8.5
越南	8579	22.6	42.9	2.2
德国	8188	31.6	37.4	25.8
埃塞俄比亚	7922	3.7	6.9	0.5
伊朗	7420	13.0	24.0	1.9
土耳其	7152	35.4	51.6	19.2
刚果（金）	6602	5.8	10.9	0.6

续表

国家	人口总数（万人）	成年人口吸烟率（%）	成年男性吸烟率（%）	成年女性吸烟率（%）
法国	6507	31.7	36.6	26.7
泰国	6339	20.1	37.1	3.0
英国	6163	35.7	36.7	34.7
意大利	6020	26.0	32.8	19.2
缅甸	5002	27.7	43.6	11.7
南非	4932	16.4	25.0	7.8
韩国	4833	29.5	53.3	5.7
乌克兰	4601	43.3	63.8	22.7
西班牙	4597	33.7	36.4	30.9
哥伦比亚	4524	19.1	26.8	11.3
坦桑尼亚	4374	11.1	20.5	1.7
苏丹	4227	12.5	23.5	1.5

资料来源：世界卫生组织，中国国家统计局。人口总数为2008年数据，吸烟率为近年来各国开展过全国调查的年份的数据。

【主要跨国烟草公司发展态势】 当前世界烟草市场竞争格局总体上可分为中国烟草总公司、四大跨国烟草公司和其他中小型烟草公司三大板块。从发展趋势来看，中国烟草总公司和四大跨国烟草公司所占市场份额在不断上升，其他中小型烟草公司市场份额在不断下降。2009年，中国烟草总公司卷烟销量占全世界总销量的比重为37%，四大跨国烟草公司所占比重为40%，其他中小型烟草公司所占比重为23%。在烟叶类公司中，主要有环球公司和联一国际公司两大跨国烟叶公司。

全球四大烟草公司2009年主要指标对比

公司名称	卷烟销量		烟草销售收入		税收总额		利润总额	
	亿支	同比增长	亿美元	同比增长	亿美元	同比增长	亿美元	同比增长
菲莫国际公司	8640	-0.7%	620.8	-2.5%	370.4	-3.3%	102.7	-1.6%
英美烟草公司	7240	1.3%	637.5	20.1%	415.1	21.6%	64.2	14.8%
日本烟草公司	5884	-3.2%	605.8	-10.2%	443.2	-9.5%	32.0	-17.3%
帝国烟草公司	3222	9.5%	290.8	18.7%	184.3	13.0%	35.8	49.6%

资料来源：根据各烟草公司公布的快报数据整理，增长率按可比口径计算。税收中不含企业所得税。日本烟草公司国内部分的财务数据为预计数，帝国烟草公司数据为财政年度（2008年10月1日至2009年9月30日）数据。

（一）四大跨国烟草公司

世界烟草产业是全球化程度和市场集中度最高的产业之一，目前在中国以外的国际烟草市场上，菲莫国际公司、英美烟草公司、日本烟草公司和帝国烟草公司这四家跨国烟草公司，基本都是在120～180个国家和地区开展业务，2009年四家跨国烟草公司卷烟销量占中国以外国际卷烟市场的比重达64%，许多国家的烟草市场都被这四家跨国烟草公司垄断。

菲莫国际公司（Philip Morris International Inc.）。菲莫国际公司是除中国烟草总公司之外的世界第一大跨国烟草公司。2009年是菲莫国际公司从奥驰亚集团完全独立出来的第二年。在这一年中，菲莫国际公司继续推进并购重组，投资4.52亿美元收购哥伦比亚第二大烟草公司 Protabaco，投资 2.56 亿美元收购瑞典火柴公司在南非的鼻烟和烟丝业务，在挪威、法国等收购了若干烟丝商标。同时，针对不同的目标市场，菲莫国际公司不断强化产品创新，丰富完善“万宝路（Marlboro）”红色系列、金色系列、黑色系列和淡蓝系列产品，对“百乐门（Parliament）”和“蓝星（L&M）”品牌进行升级改造，对高、中、低档品牌进行优化组合。为应对金融危机的影响，菲莫国际公司实施效率提升和成本节约计划，通过优化生产布局、改进原料供应和加强现金流管理等，有效地减少了成本费用支出。

总体来看，凭借强大的品牌优势，立足于宽广的市场领域，菲莫国际公司 2009 年卷烟销量基本稳定。全年销售卷烟 8640 亿支，同比下降 0.7%，其中“万宝路”销量为 3020 亿支，同比下降 2.8%；“蓝星”销量为 908 亿支，同比下降 1.7%。

从地区市场来看，2009 年菲莫国际公司在亚洲市场的卷烟销量为 2262 亿支，同比增长 1.1%，其中“万宝路”销量比上年增长 4.3 个百分点；在欧盟市场销售卷烟 2353 亿支，同比下降 3.3%；在东欧、中东和非洲市场销售卷烟 2987 亿支，同比下降 1.5%；在拉美和加拿大市场销售卷烟 1038 亿支，同比增长 4.4%。在卷烟销量下降的情况下，2009 年菲莫国际公司非卷烟类烟草制品销量比上年增长 33.2 个百分点。受卷烟销量下降和美元升值的影响，2009 年菲莫国际公司主要财务指标出现了不同程度的下降。全年实现销售收入 620.8 亿美元，同比下降 2.5%；税收总额 370.4 亿美元，同比下降 3.3%；实现利润 102.7 亿美元，同比下降 1.6%。截至 2009 年年底，菲莫国际公司拥有总资产为 345.5 亿美元，员工总数为 77300 人。

英美烟草公司（British American Tobacco）。英美烟草公司是除中国烟草总公司之外的世界第二大跨国烟草公司。2009 年，英美烟草公司原董事会主席杜立石（Jan du Plessis）宣布辞职，前爱尔兰银行行长理查德·巴罗斯（Richard Burrows）成为英美烟草公司新任董事会主席。高层变动没有改变英美烟草公司的既定战略，2009 年，英美烟草公司继续推进并购重组，投资 4.94 亿美元收购印尼第四大卷烟制造商 Bentoel Internasional Investama 公司 85% 的股份；以培育四大“全球驱动品牌”为核心，推进品牌扩张；通过重组生产点和加强供应链管理，不断提高生产效率和节约成本费用。

总体来看，2009 年英美烟草公司实现了较为强劲的增长。全年共销售卷烟 7240 亿支（包括合资企业在内为 9070 亿支），同比增长 1%，其中，“健牌（Kent）”销量为 610 亿支，同比下降 4%；“登喜路（Dunhill）”销量为 410 亿支，同比增长 9%；“好彩（Lucky Strike）”销量为 260 亿支，同比增长 4%；“波迈（Pall Mall）”销量为 680 亿支，同比增长 10%。

从地区市场来看，英美烟草公司 2009 年在亚太市场的卷烟销量为 1850 亿支，同比增长 3%；在美洲市场销量为 1510 亿支，同比下降 6%；在西欧市场销量为 1300 亿支，同比增长 6%；在东欧市场销量为 1310 亿支，同比下降 4%；在非洲和中东市场销量为 1270 亿支，同比增长 11%。

在卷烟销量增长、价格提高和成本费用得到有效控制的共同作用下，2009 年英美烟草公司实现销售收入 407.1 亿英镑（637.5 亿美元），同比增长 20.1%，已超过菲莫国际公司；税收总额为 265.1 亿英镑（415.1 亿美元），比上年增长 21.6%；实现利润 41.0 亿英镑（64.2 亿美元），同比增长 14.8%。截至 2009 年年底，英美烟草公司拥有总资产 266.1 亿英镑（416.7 亿美元），员工总数为 56170 人（年初数，不含合资企业）。

日本烟草公司（Japan Tobacco Inc.）。日本烟草公司是除中国烟草总公司之外的世界第三大跨国烟草公司。2009 年，日本烟草公司继续推进并购扩张战略，并把并购重点向烟叶生产环节延伸，先后收购英国的 1 家烟叶供应商和巴西的 1 家烟叶供应商，在美国合资组建了 1 家烟叶公司。同时，日本烟草公司继续把经营重点放在培育“云丝顿（Winston）”、“骆驼（Camel）”、“柔和七星（Mild Seven）”等 8 个“全球旗舰品牌”上。为应对金融危机和国内烟草市场持续萎缩的影响，日本烟草公司不断加大对国际烟草市场的拓展步伐，在意大利、法国、英国、波兰、俄罗斯、土耳其、韩国等市场上取得了较好业绩。

全年共销售卷烟 5884 亿支，同比下降 3.2%，其中在国内市场销售卷烟 1535 亿支，同比下降 5.1%，国内市场为份额 65.1%，同比增长 0.2%；在国际市场销售卷烟 4349 亿支，同比下降 2.5%。8 个“全球旗舰品牌”在国际市场销量为 2434 亿支，同比下降 0.9%，其中，“云丝顿（Winston）”销量为 1214 亿支，同比下降 4.1%；“骆驼（Camel）”销量为 418 亿支，同比下降 1.8%；“柔和七星（Mild Seven）”销量为 182 亿支，同比下降 3.0%；“乐迪（LD）”销量为 343 亿支，同比增长 18.2%。

日本烟草公司全年烟草业务实现销售收入 56730 亿日元（605.8 亿美元），同比下降 10.2%。税收总额为 41510 亿日元（443.2 亿美元），同比下降 9.5%。实现利润 3000 亿日元（32.0 亿美元），同比下降 17.3%。除烟草业务外，日本烟草公司目前还经营食品、药品等非烟草业务，2009年非烟草业务销售收入占公司总销售收入的比重为7.4%。2009财政年度末，日本烟草公司拥有总资产34886亿日元（355.1亿美元，按2009财政年度汇率计算），员工总数为34508人（不含从事非烟草业务员工）。

帝国烟草公司（Imperial Tobacco）。帝国烟草公司是除中国烟草总公司之外的世界第四大跨国烟草公司，其烟草业务涵盖卷烟、雪茄烟、鼻烟、烟丝、卷烟纸等。此外，帝国烟草公司以烟草制品配送为主的物流业务目前已发展成为欧洲最大的物流系统之一。2009年，帝国烟草公司有效整合上一年度收购的阿塔迪斯公司烟草业务，并把重点放在促进销售增长、优化生产布局和加强现金流管理等方面。

全年共销售卷烟3222亿支，同比增长9.5%，其中“大卫·杜夫（Davidoff）”销量增长12%，“JPS”销量同比增长11%，“威斯（West）”销量同比下降8%。销售烟丝2.60万吨，同比增长3.2%。全年实现烟草销售收入185.7亿英镑（290.8亿美元），同比增长18.7%。实现税收117.7亿英镑（184.3亿美元），同比增长13.0%。实现利润22.9亿英镑（35.8亿美元），同比增长49.6%。帝国烟草公司目前共有33家卷烟厂、20家非卷烟类烟草制造厂和3家卷烟纸厂，其产品销往160余个国家和地区。

从地区市场来看，2009年在英国销售208亿支，同比下降2.8%；在德国销售239亿支，同比增长3.9%；在西班牙销售303亿支，同比增长31.7%；在欧盟其他国家销售593亿支，同比增长3.7%；在美洲销售138亿支，同比下降9.2%；在世界其他国家和地区销售1741亿支，同比增长12.8%。截至2009年年底，帝国烟草公司拥有总资产319.2亿英镑（499.8亿美元），员工总数40000余人。

（二）其他烟草公司

除上述四大跨国烟草公司外，世界烟草市场上还有许多中小型烟草公司。2009年，这类烟草公司共销售卷烟约1.45万亿支，占中国以外国际卷烟市场的比重为36%。在这类中小型烟草公司中，比较有代表性的有：

奥驰亚集团（Altria Group）。奥驰亚集团曾经是全球第一大跨国烟草公司，但自2008年集团所属的菲莫国际公司分离出去以后，其烟草业务规模大幅度下降，目前奥驰亚集团拥有3家从事烟草业务的全资子公司，分别是菲莫美国公司、美国无烟烟草公司和约翰·米德尔顿雪茄烟公司。

2009年，奥驰亚集团共销售卷烟1487亿支，同比下降12.2%，其中，“万宝路”销量为1265亿支，同比下降10.6%，“万宝路”在美国市场上的占有率为41.8%，同比下降0.1个百分点。销售无烟烟草6.45亿听（盒），同比下降2.4%。销售雪茄烟12.6亿支，同比下降3.6%。

全年共实现烟草销售收入228.1亿美元，同比增长19.1%。实现烟草税费117.5亿美元，同比增长32.3%，其中，烟草税收为67.3亿美元，同比增长98.1%。实现烟草利润56.1亿美元，同比增长11.6%。

韩国烟草人参公社（KT&G）。韩国烟草人参公社在韩国具有市场垄断地位。2009年销售卷烟959亿支，同比下降5.6%，其中在韩国市场的销量为591亿支，同比下降5.8%，占韩国市场的比重为62.3%，比上年下降4.3个百分点。卷烟出口到30余个国家和地区，俄罗斯、中国是其主要的目标市场，2009年共出口卷烟368亿支，同比下降5.4%。

雷诺美国公司（Reynolds American Inc.）。雷诺美国公司是美国第二大烟草公司，英美烟草公司拥有其42%的股份。公司拥有雷诺烟草公司、美国鼻烟公司、圣达菲天然烟草公司和Niconovum AB尼古丁替代品公司。2009年，雷诺美国公司共销售卷烟817亿支，同比下降8.7%，其中，“骆驼”销量为212亿支，同比下降9.2%；“波迈”销量为146亿支，同比增长70.9%。销售湿润鼻烟3.56亿听，同比增长6.4%。

全年共实现销售收入84.2亿美元，同比下降4.8%。实现税收39.3亿美元，同比增长107.7%。实现利润17.7亿美元，同比下降13.5%。

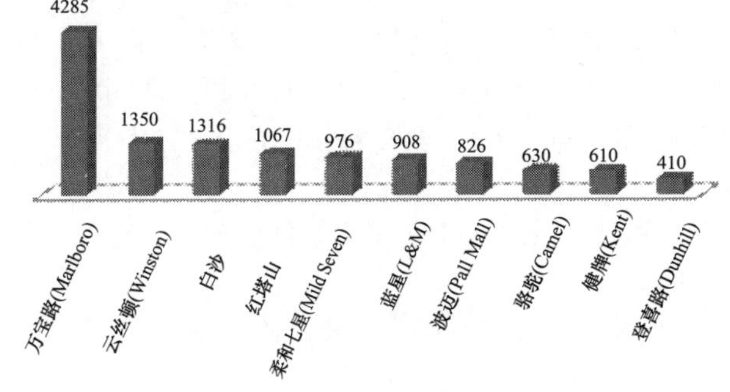

2009年世界部分卷烟品牌销量（亿支）

（三）烟叶和非卷烟类烟草公司

环球公司（Universal Corporation）。环球公司是目前世界第一大跨国烟叶公司，烟叶业务遍及世界30个国家和地区。2009财政年度销售收入为25.5亿美元，同比增长19.1%，其中向菲莫国际公司销售7.0亿美元的烟叶，同比增长40%；向日本烟草公司销售5.5亿美元的烟叶，同比增长25%；向帝国烟草公司销售

2.8亿美元的烟叶，同比增长33%。全年实现利润2.1亿美元，同比增长15.6%。

联一国际公司（Alliance One International）。联一国际公司是目前世界第二大跨国烟叶公司，烟叶业务遍及45个国家和地区。2009财政年度销售烟叶49.8万吨，同比下降10.4%。实现销售收入21.7亿美元，同比增长12.4%，其中，向菲莫国际公司销售5.4亿美元的烟叶，向日本烟草公司销售5.3亿美元的烟叶。平均每千克烟叶售价为4.36美元，同比增长25.3%。全年实现利润3.6亿美元，同比增长44.1%。

瑞典火柴公司（Swedish Match）。瑞典火柴公司是非卷烟类烟草公司，其鼻烟、雪茄烟、嚼烟业务在世界市场上具有广泛影响。在世界非卷烟类烟草制品快速增长的大背景下，2009年，瑞典火柴公司实现销售收入254.8亿克朗（35.0亿美元），同比增长11.8%。税收总额为112.8亿克朗（15.5亿美元），同比增长10.8%。实现利润34.2亿克朗（4.7亿美元），同比增长18.9%。在全部销售收入中，鼻烟收入所占比重为30%，雪茄烟收入所占比重为31%，嚼烟收入所占比重为8%，其他业务收入所占比重为31%。

【2010年世界烟草发展趋势】 政府管制的加强、烟草税收的增长、非法贸易的泛滥和诉讼风险的增加，都将给烟草企业带来巨大的压力。2010年，世界烟草发展环境会变得越来越严峻。但作为一种合法产品，尽管高收入国家卷烟市场实物销量会继续下降，其价值量仍会持续增长。而在中低收入国家，无论实物量还是价值量都将保持增长态势，预计2010年世界烟草市场总体需求将稳定增长。此外，雪茄烟、鼻烟、嚼烟、烟丝等非卷烟类烟草制品将呈现快速增长之势。在烟草产业内部，主要烟草公司之间的战略性合作将不断加强，对中小型烟草公司的并购重组将继续推进，卷烟类公司向烟叶类公司纵向介入将不断加快，目前具有市场领先地位的卷烟强势品牌将继续扩张。尤其在今后一个时期，中国烟草将坚定不移地实施“走出去”战略，这对世界烟草市场格局可能会产生重要的影响。

（李保江）

先进人物名单

【烟草行业入选“全国巾帼建功标兵”个人名单】（中华全国妇女联合会关于表彰全国巾帼文明岗、全国巾帼建功标兵、全国“争创巾帼文明岗 优质服务迎奥运”活动优秀组织奖、全国巾帼建功活动先进工作者的决定 妇巾领字〔2009〕2号 2009年2月16日公布）

徐素珍 江西省景德镇市烟草专卖局（公司）党委书记

凌路平 江西省鹰潭市烟草专卖局（公司）副经理

时 红 重庆烟草工业有限责任公司副总经理

【烟草行业入选全国“五五”普法中期先进个人名单】（中央宣传部 司法部 全国普法办关于表彰全国“五五”普法中期先进集体和先进个人的决定 司发通〔2009〕19号 2009年3月3日公布）

彭桂新 河南中烟工业有限责任公司许昌卷烟厂厂长

徐志明 浙江省烟草专卖局法规处处长

余清华 湖北中烟工业有限责任公司武汉卷烟厂法规办公室副主任

【烟草行业2009年度全国五一劳动奖章获得者名单】（中华全国总工会关于表彰全国五一劳动奖状、全国五一劳动奖章和全国工人先锋号的决定 总工发〔2009〕19号 2009年4月28日公布）

宣晓泉 江苏中烟工业有限责任公司徐州卷烟厂厂长、党委书记

沙建华 安徽中烟工业公司合肥卷烟厂卷接包车间维修班长

郭继文 安徽中烟工业公司蚌埠卷烟厂制造中心机械维修组组长

陈继富 安徽中烟工业公司阜阳卷烟厂制丝车间副主任工程师

孙 熠 山东中烟工业公司青岛卷烟厂工程师

裴 钧 河南省宜阳县烟草专卖局局长

高卫军 河南中烟工业公司安阳卷烟厂工人

杨义方 许昌市烟草公司襄城县分公司经理

张建民　河南中烟工业公司郑州卷烟厂工会主席

李　丹　湖北中烟工业有限责任公司技术中心总工程师

伍宁桥　湖南中烟工业有限责任公司长沙卷烟厂制丝车间技术员

王　军　珠海醋酸纤维有限公司总经理

毕奎荣　四川烟草工业有限责任公司成都分厂工人

范玉芬（女）　贵州中烟工业有限责任公司毕节卷烟厂二车间机长

【烟草行业2009年度全国优秀工会工作者名单】（中华全国总工会关于表彰全国优秀工会工作者、全国五一劳动奖章的决定　总工发〔2009〕40号　2009年9月1日公布）

袁庆文　红云红河烟草（集团）有限责任公司乌兰浩特卷烟厂工会主席

刘洪岐　红塔辽宁烟草有限责任公司营口卷烟厂工会主席

周显明　黑龙江烟草工业有限责任公司绥化卷烟厂工会主席

刘　强　珠海醋酸纤维有限公司工会主席

刘　炼　重庆烟草工业有限责任公司工会主席

【烟草行业2009年度“全国三八红旗手”名单】（中华全国妇女联合会关于授予康佳等2000名同志全国三八红旗手、北京协和医院妇产科等1000个单位全国三八红旗集体荣誉称号的决定　妇字〔2009〕27号　2009年9月25日公布）

刘凤书　红云红河烟草（集团）有限责任公司乌兰浩特卷烟厂厂长

冯　华　江苏省建湖县烟草专卖局局长

邓宁萍　湖南中烟工业有限责任公司零陵卷烟厂党支部书记

龚兰英　重庆烟草工业有限责任公司黔江分厂卷烟包装设备高级操作工

钱玉江　红塔烟草（集团）有限责任公司玉溪卷烟厂卷包二车间

【烟草行业2009年度“全国技术能手”名单】（中华人民共和国人力资源和社会保障部关于表彰2009年度全国技术能手的决定　人社部发〔2010〕18号　2010年3月5日公布）

李宜健　山东日照烟草有限公司

周　胜　湖南省烟草公司长沙市公司

黄建明　红云红河烟草（集团）有限责任公司

【烟草行业入选2009年度全国“安康企业家”个人名单】（中华全国总工会和国家安全生产监督管理总局关于表彰2009年度全国“安康杯”竞赛先进集体和优秀个人的决定　总工发〔2009〕23号　2010年4月27日公布）

王恒宇　河南中烟工业有限责任公司南阳卷烟厂厂长

【2009年度“全国烟草技术能手”名单】（国家烟草专卖局关于授予第四届全国烟草行业烟叶分级职业技能竞赛优胜者全国烟草技术能手荣誉称号的决定 国烟人〔2009〕237号　2009年6月30日公布）

李宜健　山东日照烟草有限公司

周　胜　湖南省烟草公司长沙市公司

黄建明　红云红河烟草（集团）有限责任公司

李东节（女）　红云红河烟草（集团）有限责任公司

徐志强　浙江中烟工业有限责任公司

潘元宏（女）　云南省烟草公司红河州公司

李友群　湖北省烟草公司襄樊市公司

吴建兴　福建省烟草公司龙岩市公司

何　斌　湖南省烟草公司郴州市公司

周雪娟（女）　红塔烟草（集团）有限责任公司

张水翔　河南中烟工业有限责任公司

胡建斌　广西中烟工业有限责任公司

麻海戈　广西壮族自治区烟草公司百色市公司

张兴国　贵州省烟草公司遵义市公司

马银芳（女）　红云红河烟草（集团）有限责任公司

廖荣新　四川省烟草公司攀枝花市公司

信俊峰　四川省烟草公司攀枝花市公司

许文涛　吉林烟草工业有限责任公司

张家瑞（女）　红云红河烟草（集团）有限责任公司

杨祝军　广西中烟工业有限责任公司

徐启发　福建省烟草公司龙岩市公司

黄　赟　贵州省烟草公司毕节地区公司

程学青　山东临沂烟草有限公司

王文庆　辽宁省烟草公司阜新市公司

石　刚　湖北中烟工业有限责任公司武汉卷烟厂

蒲　花(女)　红云红河烟草(集团)有限责任公司
钟永健　浙江中烟工业有限责任公司
张红艳（女）　云南省烟草公司楚雄州公司
徐　腊（女）　湖北省烟草公司恩施州公司
郭　亮　湖南省烟草公司长沙市公司

【2009 年度全国卷烟打假工作成绩突出个人名单】（国家烟草专卖局 公安部关于表彰全国卷烟打假工作成绩突出的集体和个人的通报　国烟专〔2009〕502 号　2009 年 12 月 11 日公布）

李　杨　北京市朝阳区烟草专卖局副局长
林　海　北京市丰台区烟草专卖局副局长
张德柱　北京市公安局技术侦察处一大队探长
周志峰　北京市公安局宣武分局刑侦支队现案五队队长
陈学明　天津市烟草专卖局专卖处处长
李政业　天津市静海县烟草专卖局副局长
张天淼　天津市公安局治安总队十一支队警长
李　冰　天津市公安局行动技术总队一支队大队长
周炜钢　河北省烟草专卖局专卖处处长
郎旭明　河北省石家庄市烟草专卖局专卖科科长
穆玉江　河北省公安厅治安总队副总队长
张联恩　河北省公安厅治安总队行动队副队长
李效忠　山西省太原市烟草专卖局副局长
暴　雷　山西省长治市城区烟草专卖局局长
马德荣　山西省公安厅治安总队政委
李亚力　山西省晋城市市长助理兼公安局局长
王振峰　内蒙古自治区包头市烟草专卖局副调研员
项再平　内蒙古自治区鄂尔多斯市烟草专卖局稽查支队支队长
李俊华　内蒙古自治区鄂尔多斯市公安局治安支队副支队长
华　伟　内蒙古自治区呼和浩特市公安局玉泉分局局长
王会建　辽宁省沈阳市烟草专卖局稽查支队一大队大队长
董国义　辽宁省丹东市烟草专卖局稽查支队支队长
姚大夫　辽宁省抚顺市烟草专卖局专卖处处长
王　羽　辽宁省公安厅经侦总队知识产权犯罪侦查支队队长
张　刚　辽宁省鞍山市公安局刑侦支队副大队长
王喜斗　吉林省长春市烟草专卖局协管队队长
张群山　吉林省白山市烟草专卖局专卖科专管所所长
李　彬　吉林省公安厅治安总队刑事案件查处支队支队长
孟宪武　吉林省长春市公安局治安支队支队长
李勇霖　吉林省白山市公安局治安支队支队长
王富民　黑龙江省烟草专卖局专卖处处长
艾露芳　黑龙江省牡丹江市烟草专卖局副局长
王福军　黑龙江省大庆市烟草专卖局副局长
付　峰　黑龙江省公安厅治安总队行动支队副主任科员
初文明　黑龙江省绥化市公安局治安支队大队长
岑鼎崑　上海市烟草专卖局闵行分局局长
夏建华　上海市烟草专卖局浦东新区分局副局长
单俊峰　上海市公安局经侦总队四支队副主任科员
郭　艺　上海市公安局治安总队行动队二大队副大队长
张茂建　江苏省徐州市烟草专卖局专卖处副处长
徐军林　江苏省淮安市烟草专卖局专卖处处长
王俊清　江苏省宿迁市公安局治安支队案件侦查大队教导员
曹建明　江苏省南通市公安局治安支队副支队长
王　峰　江苏省公安厅治安总队治安行动队副队长
陈小龙　浙江省丽水市烟草专卖局专卖处处长
孙中元　浙江省慈溪市烟草专卖局副局长
郑加财　浙江省杭州市公安局行动技术支队副大队长
郭　勤　浙江省宁波市公安局经侦支队支队长
杨忠传　安徽省合肥市烟草专卖局副局长
杨成明　安徽省六安市烟草专卖局副局长
苏　宇　安徽省淮北市烟草专卖局专卖科科长
房付根　安徽省池州市公安局经侦支队科员
孙良海　安徽省马鞍山市公安局行动技术支队大队长
何卫明　福建省烟草专卖局稽查总队总队长
林　炜　福建省厦门市烟草专卖局专卖科科长
林水湖　福建省泉州市公安局副局长
黄玉贵　福建省莆田市公安局治安支队支队长
庄玉土　福建省公安厅治安总队调研员
谢松槐　福建省龙岩市公安局治安支队支队长
饶小林　江西省抚州市烟草专卖局副局长
陈水明　江西省鹰潭市烟草专卖局专卖科科长
刘　锋　江西省赣州市公安局治安支队副大队长
黄益忠　江西省九江市公安局治安支队大队长
李　波　山东省烟草专卖局专卖处副处长
苏俊利　山东省德州市德城区烟草专卖局局长
牛德峰　山东省公安厅治安总队副支队长
刘　涛　山东省泰安市公安局岱岳分局副局长

袁绍志　山东省德州市公安局德城分局副局长
张五庆　河南省南阳市烟草专卖局副局长
徐鸿飞　河南省郑州市烟草专卖局局长
赵向阳　河南省公安厅治安总队支队长
葛向东　河南省焦作市公安局治安支队副支队长
穆　颖　河南省郑州市公安局管城分局涉案物品管理中心主任
蔡　刚　湖北省荆州市烟草专卖局局长
吴天植　湖北省黄石市烟草专卖局局长
廖　凯　湖北省武汉市公安局经侦处侦查员
王　浩　湖北省荆州市公安局治安支队教导员
朱武刚　湖南省益阳市烟草专卖局专卖科科长
杨晓泉　湖南省湘西土家族苗族自治州烟草专卖局稽查员
周亚军　湖南省株洲市公安局治安支队大队长
唐国军　湖南省永州市公安局治安支队民警
乔显宜　湖南省公安厅治安总队侦查员
王　烈　广东省广州市烟草专卖局专卖办主任
黄飞业　广东省肇庆市烟草专卖局副局长
罗文显　广东省公安厅经侦局主任科员
贾世浩　广东省肇庆市公安局经侦支队支队长
陈丙贵　广东省清远市公安局经侦支队副支队长
梁仁珊　广西壮族自治区烟草专卖局稽查总队副总队长
覃　斌　广西壮族自治区南宁市烟草专卖局专卖科副科长
王飞宇　广西壮族自治区公安厅治安总队行动队副队长
鄂耀勇　广西壮族自治区百色市公安局经侦支队副支队长
丁有平　海南省海口市烟草专卖局副局长
洪永生　海南省三亚市烟草专卖局专卖科科长
冯大霜　海南省公安厅治安总队副队长
郭德强　海南省海口市公安局经侦支队支队长
黄天福　四川省德阳市烟草专卖局副局长
张学康　四川省资阳市烟草专卖局副局长
刘丹云　四川省广安市烟草专卖局副局长
黎世红　四川省成都市公安局经侦处五大队大队长
周小平　四川省绵阳市公安局治安支队副支队长
王　强　四川省公安厅治安总队行动支队支队长
杨　宏　重庆市南岸区烟草专卖局稽查支队副支队长
匡为建　重庆市南川区烟草专卖局副局长
王东林　重庆市烟草专卖局稽查总队三支队支队长
王　云　重庆市秀山县公安局治安大队大队长
李　洪　重庆市秀山县公安局治安大队中队长
车贵川　贵州省黔东南苗族侗族自治州烟草专卖局稽查支队支队长
王庆德　贵州省黔南布依族苗族自治州烟草专卖局副局长
祝钢潮　贵州省黔东南苗族侗族自治州公安局副局长
王　骁　贵州省贵阳市公安局小河分局指挥中心主任
徐文刚　云南省普洱市烟草专卖局副局长
聂国亮　云南省保山市烟草专卖局稽查支队副支队长
王怀忠　云南省保山市公安局经侦支队支队长
王艳波　云南省楚雄彝族自治州公安局经侦支队一大队大队长
米玛次仁　西藏自治区日喀则地区烟草专卖局专卖科科长
旦增罗桑　西藏自治区拉萨市烟草专卖局城东稽查大队大队长
尼玛达瓦　西藏自治区阿里地区公安处治安支队科员
梁培荣　陕西省商洛市烟草专卖局局长
张　军　陕西省西安市烟草专卖局专卖处处长
奚柏龙　陕西省安康市烟草专卖局局长
孙国锋　陕西省西安市公安局经侦支队四大队调研员
王明学　甘肃省天水市秦州区烟草专卖局局长
李仲元　甘肃省临夏回族自治州烟草专卖局专卖科科长
史居平　甘肃省天水市公安局副局长
刘云鹏　甘肃省临夏回族自治州公安局经侦支队教导员
甘生荣　青海省格尔木市烟草专卖局稽查一大队大队长
孙永珍　青海省西宁市烟草专卖局副局长
苏剑荣　青海省公安厅治安总队总队长
马　斌　宁夏回族自治区固原市烟草专卖局局长
金　伟　宁夏回族自治区银川市烟草专卖局副局长
张　宝　宁夏回族自治区固原市公安局原州分局刑侦大队教导员
徐建平　宁夏回族自治区中卫市公安局东园派出所所长
韩勇强　新疆维吾尔自治区博州烟草专卖分局专卖科科长

徐　强　新疆维吾尔自治区乌鲁木齐市烟草专卖局专卖科科长

陆　伟　新疆维吾尔自治区库车县公安局新城派出所民警

吕新洲　新疆生产建设兵团农一师公安局治安支队支队长

方彦超　大连市烟草专卖局稽查大队大队长

郭建希　大连市烟草专卖局市场监管五大队分队长

纪振辉　深圳市罗湖区烟草专卖局副局长

柯永欣　深圳市宝安区烟草专卖局专卖科科长

【烟草行业入选“第八届全国优秀创业企业家”个人名单】（中国企业联合会、中国企业家协会评选　2009 年 5 月 17 日公布）

朱绍明　红云红河烟草（集团）有限责任公司总裁

罗　毅　广西中烟工业有限责任公司总经理

龚锦华　中国烟草总公司四川省公司总经理

2009年行业高级职称认定情况

经中国烟草总公司相应系列高级专业技术资格评审委员会评审，中国烟草总公司职称改革工作领导小组审定，中国烟草总公司印发了《关于确认沈光林等252 人高级专业技术资格的通知》（中烟办〔2010〕1 号），同意确认沈光林等 6 人研究员资格，时间从 2009 年 12 月 24 日起算；张承明等 6 人副研究员资格，时间从 2009 年 12 月 24 日起算；张建林等 96 人高级工程师资格，时间从 2009 年 9 月 16 日起算；李长江等 36 人高级农艺师资格，时间从 2009 年 9 月 8 日起算；丁付起等 42 人高级经济师资格，时间从 2009 年 9 月 1 日起算；韩来东等 21 人高级会计师资格，时间从2009 年 10 月 13 日起算；马立志等 37 人高级政工师资格，时间从 2009 年 9 月 8 日起算。

经中国烟草总公司委托地方人事厅评审，中国烟草总公司职称改革工作领导小组审定，同意确认栾涛等 8 人相应高级专业技术资格。

【研究员名单】（2009 年 12 月 24 日起算）

序　号	姓　名	性　别	单　位
1	沈光林	男	广东中烟工业有限责任公司
2	范志新	女	中国烟草总公司黑龙江省公司
3	卢秀萍	女	中国烟草总公司云南省公司
4	王　兵	男	中国烟草总公司郑州烟草研究院
5	谢复炜	男	中国烟草总公司郑州烟草研究院
6	邢　军	女	中国烟草总公司郑州烟草研究院

【副研究员名单】（2009 年 12 月 24 日起算）

序　号	姓　名	性　别	单　位
1	张承明	男	云南中烟工业公司
2	杨叶昆	男	云南中烟工业公司
3	高家合	男	中国烟草总公司云南省公司
4	宋春满	男	中国烟草总公司云南省公司
5	刘　勇	男	中国烟草总公司云南省公司
6	胡　坚	男	中国烟草总公司云南省公司

【高级工程师名单】（2009年9月16日起算）

序 号	姓 名	性 别	单 位
1	张建林	男	河北中烟工业公司
2	苏洪军	男	河北中烟工业公司
3	汤剑青	男	中国烟草机械集团有限责任公司
4	沈继权	男	中国烟草机械集团有限责任公司
5	王志远	男	中国烟草机械集团有限责任公司
6	周玉生	男	中国烟草机械集团有限责任公司
7	杜国锋	男	中国烟草机械集团有限责任公司
8	吴 旭	男	中国烟草机械集团有限责任公司
9	孙 斌	男	中国烟草机械集团有限责任公司
10	赵朝阳	男	中国烟草机械集团有限责任公司
11	徐庆涛	男	中国烟草机械集团有限责任公司
12	马学成	男	中国烟草机械集团有限责任公司
13	吴永胜	男	中国烟草机械集团有限责任公司
14	董玉水	男	陕西中烟工业有限责任公司
15	董德富	男	中国烟草总公司内蒙古自治区公司
16	邹益民	男	中国烟草总公司内蒙古自治区公司
17	陆书明	男	南通醋酸纤维有限公司
18	张 敏	男	珠海醋酸纤维有限公司
19	周文灿	女	珠海醋酸纤维有限公司
20	高文全	男	中国烟草总公司吉林省公司
21	王炼劼	男	中国烟草总公司贵州省公司
22	张 薇	女	中国烟草总公司北京市公司
23	吴琳林	女	中国烟草总公司北京市公司
24	黄 昂	男	湖南中烟工业有限责任公司
25	曹继红	女	湖南中烟工业有限责任公司
26	钱晓春	男	湖南中烟工业有限责任公司
27	余诗权	男	湖南中烟工业有限责任公司
28	丁时超	男	湖南中烟工业有限责任公司
29	熊 燕	女	湖南中烟工业有限责任公司
30	朱双印	男	湖南中烟工业有限责任公司
31	谭 英	女	湖南中烟工业有限责任公司
32	李 克	男	湖南中烟工业有限责任公司

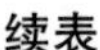
续表

序　号	姓　名	性　别	单　位
33	袁云德	男	云南中烟工业公司
34	秦云华	男	云南中烟工业公司
35	向能军	男	云南中烟工业公司
36	高培明	男	云南中烟工业公司
37	薛　卫	男	云南中烟工业公司
38	李　恒	男	云南中烟工业公司
39	徐跃明	男	云南中烟工业公司
40	曾晓鹰	男	云南中烟工业公司
41	张鹤松	男	云南中烟工业公司
42	王　征	男	云南中烟工业公司
43	刘　巍	男	云南中烟工业公司
44	王理珉	女	云南中烟工业公司
45	易之兴	男	江西中烟工业有限责任公司
46	王　放	男	山东中烟工业公司
47	李成富	男	山东中烟工业公司
48	王明强	男	山东中烟工业公司
49	巩　超	男	山东中烟工业公司
50	卢彦华	女	山东中烟工业公司
51	于　录	男	山东中烟工业公司
52	郑金河	男	山东中烟工业公司
53	刘晓辉	男	中国烟草实业发展中心
54	郜　强	男	上海烟草（集团）公司
55	郭　亮	男	上海烟草（集团）公司
56	胡庭川	男	上海烟草（集团）公司
57	高汉华	女	上海烟草（集团）公司
58	朱洪武	男	上海烟草（集团）公司
59	李钢成	男	上海烟草（集团）公司
60	金劲松	男	广东中烟工业有限责任公司
61	彭丽娟	女	中国烟草总公司云南省公司
62	赖　平	男	中国烟草总公司云南省公司
63	李东亮	男	川渝中烟工业公司
64	谢宗明	男	川渝中烟工业公司
65	郁梦丽	女	中国烟草总公司浙江省公司

续表

序 号	姓 名	性 别	单 位
66	杜荣杰	男	湖北中烟工业有限责任公司
67	赖 林	男	湖北中烟工业有限责任公司
68	沈 军	男	湖北中烟工业有限责任公司
69	徐玉琼	女	湖北中烟工业有限责任公司
70	叶明樵	男	湖北中烟工业有限责任公司
71	张胜华	男	湖北中烟工业有限责任公司
72	孔 臻	男	中国烟草总公司郑州烟草研究院
73	蔡君兰	女	中国烟草总公司郑州烟草研究院
74	李晓辉	女	中国烟草总公司郑州烟草研究院
75	周明珠	女	中国烟草总公司郑州烟草研究院
76	侯宏卫	男	中国烟草总公司郑州烟草研究院
77	张仕华	男	中国烟草总公司郑州烟草研究院
78	苗 芊	男	中国烟草总公司郑州烟草研究院
79	宋秀中	男	河南中烟工业有限责任公司
80	李国栋	男	河南中烟工业有限责任公司
81	熊安言	男	河南中烟工业有限责任公司
82	焦彩霞	女	河南中烟工业有限责任公司
83	王迎彬	男	河南中烟工业有限责任公司
84	李胜华	男	河南中烟工业有限责任公司
85	王海英	女	安徽中烟工业公司
86	丁乃红	男	安徽中烟工业公司
87	姚 军	男	中国烟草总公司合肥设计院
88	戴 戈	男	江苏中烟工业有限责任公司
89	宣晓泉	男	江苏中烟工业有限责任公司
90	赵中伟	男	江苏中烟工业有限责任公司
91	唐 静	女	中国烟草总公司安徽省公司
92	李晓刚	男	福建中烟工业公司
93	李跃锋	男	福建中烟工业公司
94	刘江生	男	福建中烟工业公司
95	洪伟龄	男	福建中烟工业公司
96	许寒春	女	福建中烟工业公司

【高级农艺师名单】（2009 年 9 月 8 日起算）

序　号	姓　名	性　别	单　位
1	李长江	男	中国烟草总公司黑龙江省公司
2	宋保刚	男	中国烟草总公司黑龙江省公司
3	张教侠	女	中国烟草总公司山东省公司
4	杜传印	男	中国烟草总公司山东省公司
5	翟所亮	男	中国烟草总公司山东省公司
6	唐　绅	男	中国烟草总公司湖南省公司
7	彭德元	男	中国烟草总公司湖南省公司
8	向德明	男	中国烟草总公司湖南省公司
9	彭新辉	男	湖南中烟工业有限责任公司
10	常寿荣	男	云南中烟工业公司
11	牛书金	男	中国烟草总公司河南省公司
12	徐传快	男	中国烟草总公司河南省公司
13	刘建安	男	中国烟草总公司河南省公司
14	王　永	男	山东中烟工业公司
15	李光西	男	中国烟草总公司云南省公司
16	段燕平	女	中国烟草总公司云南省公司
17	杨硕媛	女	中国烟草总公司云南省公司
18	程建勇	男	中国烟草总公司云南省公司
19	林智慧	男	中国烟草总公司福建省公司
20	张汉千	男	中国烟草总公司福建省公司
21	奚家勤	男	中国烟草总公司郑州烟草研究院
22	蔡宪杰	男	中国烟草总公司郑州烟草研究院
23	翟俊超	男	中国烟草总公司新疆维吾尔自治区公司
24	李立新	男	中国烟草总公司江西省公司
25	屈建康	男	中国烟草总公司四川省公司
26	成本喜	男	中国烟草总公司四川省公司
27	陈其峰	男	中国烟草总公司安徽省公司
28	陈少滨	男	福建中烟工业公司
29	田必文	男	中国烟草总公司贵州省公司
30	李家俊	男	中国烟草总公司贵州省公司
31	谢永平	女	中国烟草总公司贵州省公司
32	刘登乾	男	中国烟草总公司贵州省公司
33	马　莹	男	中国烟草总公司贵州省公司
34	王学龙	男	中国烟草总公司湖北省公司
35	高艾飞	男	中国烟草总公司湖北省公司
36	王大爱	男	中国烟草总公司湖北省公司

【高级经济师名单】（2009年9月1日起算）

序　号	姓　名	性　别	单　位
1	丁付起	男	河北中烟工业公司
2	余　文	男	贵州中烟工业有限责任公司
3	胡淼炯	男	中国烟草机械集团有限责任公司
4	何敬炎	女	中国烟草总公司内蒙古自治区公司
5	王　强	男	中国烟草总公司内蒙古自治区公司
6	秦洪囊	男	中国烟草总公司河北省公司
7	骆　钢	男	中国烟草总公司河北省公司
8	李琏柱	男	中国烟草总公司河北省公司
9	贺志勤	男	中国烟草总公司黑龙江省公司
10	武智宇	男	中国烟草总公司黑龙江省公司
11	刘　帅	男	中国烟草总公司北京市公司
12	邓基刚	男	中国烟草总公司山东省公司
13	于　勤	女	中国烟草总公司山东省公司
14	李　艳	女	中国烟草总公司山东省公司
15	胡宏超	男	中国烟草总公司河南省公司
16	裴少先	男	中国烟草总公司河南省公司
17	赵明山	男	中国烟草总公司河南省公司
18	王坤明	男	山东中烟工业公司
19	李　进	男	山东中烟工业公司
20	邱　平	男	山东中烟工业公司
21	许虎烈	男	上海烟草（集团）公司
22	陆志明	男	上海烟草（集团）公司
23	董景春	男	上海烟草（集团）公司
24	蔡国健	男	上海烟草（集团）公司
25	裘建荣	男	浙江中烟工业有限责任公司
26	刘　涛	男	中国烟草总公司辽宁省公司
27	徐晓明	男	中国烟草总公司辽宁省公司
28	籍　涛	男	川渝中烟工业公司
29	缪裕富	男	中国烟草总公司浙江省公司
30	李金春	男	湖北中烟工业有限责任公司
31	木哈拉木·西日甫	男	中国烟草总公司新疆维吾尔自治区公司
32	王志远	男	河南中烟工业有限责任公司
33	丁恒杰	男	河南中烟工业有限责任公司
34	陈清棠	男	河南中烟工业有限责任公司

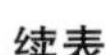
续表

序　号	姓　名	性　别	单　位
35	李成军	男	中国烟草总公司江苏省公司
36	赵宏贵	男	中国烟草总公司江苏省公司
37	丁国忠	男	中国烟草总公司江苏省公司
38	范希予	女	江苏中烟工业有限责任公司
39	梁　鹏	男	江苏中烟工业有限责任公司
40	卓俭华	男	中国烟草总公司安徽省公司
41	秦红梅	女	中烟电子商务有限责任公司
42	张永焕	男	国家烟草专卖局发展计划司

【高级会计师名单】（2009 年 10 月 13 日起算）

序　号	姓　名	性　别	单　位
1	韩来东	男	中国烟草总公司内蒙古自治区公司
2	王　勇	男	中国烟草总公司河北省公司
3	郎仙荣	女	中国烟草总公司北京市公司
4	曾宏燕	女	中国烟草总公司湖南省公司
5	谢　静	女	中国烟草总公司湖南省公司
6	张国红	女	中国烟草总公司河南省公司
7	李　伟	女	山东中烟工业公司
8	潘美娥	女	山东中烟工业公司
9	郭占海	男	山东中烟工业公司
10	陶聪玲	女	中国烟草总公司云南省公司
11	金　伟	男	中国烟草总公司云南省公司
12	许建南	男	川渝中烟工业公司
13	胡玉红	女	河南中烟工业有限责任公司
14	夏登梅	女	安徽中烟工业公司
15	卢　健	男	安徽中烟工业公司
16	王　珍	女	中国烟草总公司江西省公司
17	张光年	男	中国烟草总公司四川省公司
18	肖咸义	男	中国烟草总公司四川省公司
19	张建军	男	江苏中烟工业有限责任公司
20	刘小虎	男	中国烟草总公司广西壮族自治区公司
21	谢　权	男	中国烟草总公司湖北省公司

【高级政工师名单】（2009年9月8日起算）

序 号	姓 名	性 别	单 位
1	马立志	男	河北中烟工业公司
2	景宏伟	男	陕西中烟工业有限责任公司
3	胡振山	男	中国烟草总公司河北省公司
4	马丙智	男	中国烟草总公司河北省公司
5	李 健	男	中国烟草总公司黑龙江省公司
6	徐宝贵	男	中国烟草总公司黑龙江省公司
7	李国利	男	中国烟草总公司吉林省公司
8	崔爱民	男	中国烟草总公司山东省公司
9	崔 丽	女	中国烟草总公司山东省公司
10	孙长虎	男	中国烟草总公司山东省公司
11	田炳辉	男	中国烟草总公司山东省公司
12	刘红日	男	中国烟草总公司湖南省公司
13	刘文新	男	中国烟草总公司湖南省公司
14	曹 航	男	云南中烟工业公司
15	张 平	男	云南中烟工业公司
16	岳 建	男	中国烟草总公司河南省公司
17	杨 帆	女	中国烟草总公司河南省公司
18	索建国	男	山东中烟工业公司
19	周海源	男	山东中烟工业公司
20	邢志刚	男	山东中烟工业公司
21	任福平	男	山东中烟工业公司
22	周显明	男	中国烟草实业发展中心
23	王桂英	女	上海烟草（集团）公司
24	周耀祖	男	上海烟草（集团）公司
25	曹水萍	女	上海烟草（集团）公司
26	孟庆荣	女	上海烟草（集团）公司
27	代桂蓉	女	川渝中烟工业公司
28	吴晓玲	女	川渝中烟工业公司
29	刘 劲	男	中国烟草总公司重庆市公司
30	季晓娟	女	安徽中烟工业公司
31	周孝贤	男	中国烟草总公司甘肃省公司
32	黄 杰	女	中国烟草总公司四川省公司
33	陈尔香	女	江苏中烟工业有限责任公司
34	李子亭	男	中国烟草总公司安徽省公司
35	胡国林	男	福建中烟工业公司
36	钟 勇	男	中国烟草总公司贵州省公司
37	曹纪都	女	国家烟草专卖局专卖监督管理司

【中国烟草总公司委托地方人事厅评审结果】经中国烟草总公司委托地方人事厅评审，中国烟草总公司职称改革工作领导小组审定，同意确认山东中烟工业公司栾涛副主任医师资格，时间从2009年1月19日起算；湖南中烟工业有限责任公司张斌高级工艺美术师资格，时间从2008年10月24日起算；中国烟草总公司职工进修学院李敏成、陈莹高级讲师资格，时间从2008年11月21日起算；中国烟草总公司黑龙江省公司刘知强、岳锦生副主任医师资格，时间从2008年9月28日起算；云南中烟工业公司刘卉、王海娟副研究员资格，时间从2009年9月29日起算。

先进集体名单

【烟草行业入选“全国巾帼文明岗”单位名单】（中华全国妇女联合会关于表彰全国巾帼文明岗、全国巾帼建功标兵、全国“争创巾帼文明岗 优质服务迎奥运”活动优秀组织奖、全国巾帼建功活动先进工作者的决定　妇巾领字〔2009〕2号　2009年2月16日公布）

陕西省烟草公司西安市公司电话访销中心
红云烟草（集团）有限责任公司乌兰浩特卷烟厂
安徽中烟工业公司滁州卷烟厂卷接包工段5#PASSIM－GDX2#高速卷接包装机组

【烟草行业入选全国“五五”普法中期先进集体名单】（中央宣传部 司法部 全国普法办关于表彰全国“五五”普法中期先进集体和先进个人的决定司发通〔2009〕19号　2009年3月3日公布）

湖南省益阳市烟草专卖局
常德烟草机械有限责任公司
北京市烟草专卖局

【烟草行业2009年全国五一劳动奖状获得单位名单】（中华全国总工会关于表彰全国五一劳动奖状、全国五一劳动奖章和全国工人先锋号的决定　总工发〔2009〕19号　2009年4月28日公布）

吉林省烟草公司白城市公司
厦门烟草工业有限责任公司
河南省烟草公司许昌市公司
红云红河烟草（集团）有限责任公司
陕西中烟工业有限责任公司

【烟草行业2009年全国工人先锋号获得单位名单】（中华全国总工会关于表彰全国五一劳动奖状、全国五一劳动奖章和全国工人先锋号的决定　总工发〔2009〕19号　2009年4月28日公布）

吉林烟草工业有限责任公司长春卷烟厂生产处电气组
上海烟草集团卢湾烟草糖酒有限公司长春食品商店
上海烟草（集团）公司上海烟草储运公司卷烟成品仓库保管一组
安徽中烟工业公司合肥卷烟厂卷接包车间甲班组
安徽中烟工业公司芜湖卷烟厂制造中心制丝工段机电修理班
江西中烟工业公司赣南卷烟厂卷包车间一班佛克机组
河南中烟工业公司南阳卷烟厂卷包车间
湖南中烟工业有限责任公司零陵卷烟厂制丝车间生产甲班
广东烟草广州市有限公司营销管理中心
重庆市烟草公司渝中分公司卷烟营销中心
重庆烟草工业有限责任公司黔江分厂制丝车间生产甲班
四川烟草工业有限责任公司什邡分厂动力车间
川渝中烟工业公司长城雪茄烟厂制造部维修班

【烟草行业中华慈善突出贡献单位（企业）奖获得单位名单】（中华慈善总会评选　2009年7月16日公布）

上海烟草（集团）公司
浙江中烟工业有限责任公司
江西中烟工业有限责任公司
山东省烟草专卖局

【烟草行业入选2009年度全国“安康杯”竞赛先进集体名单】（中华全国总工会和国家安全生产监督管理总局关于表彰2009年度全国“安康杯”竞赛先进集体和优秀个人的决定 总工发〔2009〕23号 2010年4月27日公布）

一、2009年度全国“安康杯”竞赛优胜企业名单

河北白沙烟草有限责任公司
绥化红塔烟叶有限责任公司
安徽中烟工业公司蚌埠卷烟厂
山东中烟工业公司青岛卷烟厂
河南中烟工业有限责任公司安阳卷烟厂
河南中烟工业有限责任公司漯河卷烟厂
河南中烟工业有限责任公司南阳卷烟厂
河南中烟工业有限责任公司新郑卷烟厂
湖南中烟工业有限责任公司零陵卷烟厂
广东省阳东县烟草专卖局
四川烟草工业有限责任公司成都分厂
贵州中烟工业有限责任公司贵阳卷烟厂
贵州中烟工业有限责任公司贵定卷烟厂
陕西中烟工业有限责任公司汉中卷烟厂

二、2009年度全国“安康杯”竞赛优胜班组名单

上海高扬国际烟草有限公司制造部卷接日班维修班组
许昌烟草机械有限责任公司机加分厂回转班组
湖北中烟工业有限责任公司武汉卷烟厂卷包车间技术组
广东烟草汕尾市有限公司海丰分公司安全生产办公室
重庆烟草工业有限责任公司涪陵分厂制丝车间生产甲班
四川烟草工业有限责任公司西昌分厂卷烟制造部（卷烟生产车间）
遵义市烟草公司余庆县分公司龙溪烟叶工作站

【烟草行业入选“全国模范职工之家”单位名单】（中华全国总工会评选 2010年5月13日公示）

安徽中烟工业公司合肥卷烟厂工会委员会
安徽省烟草公司宿州市公司工会委员会
山东菏泽烟草有限公司工会委员会
福建省烟草专卖局机关工会委员会
湖北省烟草公司武汉市公司工会委员会
湖南省岳阳市烟草专卖局（公司）工会委员会
广东烟草肇庆市有限责任公司工会委员会
浙江省烟草专卖局（公司）工会委员会
上海烟草（集团）公司上海卷烟厂工会委员会

【全国烟草系统第二十届优秀QC小组成果获奖名单】（中国烟草总公司关于表彰全国烟草行业第二十届优秀QC小组成果的通报 中烟办〔2009〕157号 2009年8月5日公布）

一等奖小组

单位名称	小组名称	成果名称
红塔烟草（集团）有限责任公司玉溪卷烟厂	一车间AGV系统优化QC小组	提高卷烟生产物流AGV系统废料回收效率
河南中烟工业公司许昌卷烟厂	一车间甲班QC小组	提高松散回潮出口水分过程能力指数
江苏中烟工业公司徐州卷烟厂	前沿QC小组	梗中轻质杂物剔除设备的研发
河北白沙烟草有限责任公司保定卷烟分厂	节点研究QC小组	降低卷烟空稀头率
广西中烟工业有限责任公司南宁卷烟分厂	真龙QC小组	滤棒发射信号交换系统的研制
南通醋酸纤维有限公司	纺丝工段QC小组	降低1号纺丝机断头率
湖南中烟工业有限责任公司长沙卷烟厂	卷包车间工艺室QC小组	研制集中回收系统烟梗自动留样装置
深圳烟草工业有限责任公司	聚劲QC小组	降低车间除尘系统能耗
河南中烟工业公司洛阳卷烟厂	螺丝钉QC小组	减少成品烟丝结团率
陕西中烟工业公司汉中卷烟厂	品质QC小组	稳定过程责任主体转换中的产品质量
安徽中烟工业公司合肥卷烟厂	制丝车间风暴QC小组	降低叶丝超级回潮出口含水率标准偏差
山东中烟工业公司济南卷烟厂	制丝车间求真QC小组	降低掺兑库故障率

二等奖小组

单位名称	小组名称	成果名称
红云红河烟草（集团）有限责任公司昆明卷烟厂	制丝合力创新 QC 小组	KTC80PIV 无级调速器伞状锥形盘剩余面的开发利用
红塔烟草（集团）有限责任公司玉溪卷烟厂	二车间开拓 QC 小组	PASSIM7K 落料器自动控制系统的研制
河南中烟工业公司安阳卷烟厂	制丝车间设备攻关 QC 小组	提高梗丝超级回潮出口水分 CPK 达标率
上海烟草机械有限责任公司	制造二部钳工一班 QC 小组	降低 ZB47 包装机组故障停机率
安徽中烟工业公司阜阳卷烟厂	飞翔鸟 QC 小组	降低蒸汽系统生产过程中天然气消耗
湖南中烟工业有限责任公司长沙卷烟厂	制丝车间设备线 QC 小组	提高 STD 梗丝膨胀水分的加工精度
红云红河烟草（集团）有限责任公司昆明卷烟厂	生产五部四车间 QC 小组	滤棒成型机盘纸除灰装置的研制
湖南中烟工业有限责任公司常德卷烟厂	东方红 QC 小组	H1000 包装机小透喷码系统的研发
红塔辽宁烟草有限责任公司营口卷烟厂	卷包车间乙班 QC 小组	降低可卷制成分剔除率
重庆烟草工业有限责任公司涪陵分厂	制丝车间制丝设备 QC 小组	降低 HXD 叶丝回潮出口水分标准偏差
上海烟草集团北京卷烟厂	小精灵 QC 小组	减少 ZB25 包装机铝箔纸包装歪斜故障频次
贵州中烟工业有限责任公司	市场营销中心展望高端 QC 小组	实现“贵烟”在“一体两翼”市场销量突破
浙江中烟工业有限责任公司	技术中心 QC 小组	研究设计无滤嘴烟支的检测装置
陕西中烟工业公司延安卷烟厂	102QC 小组	减少叶片线滚筒类设备筒壁叶片粘附量

三等奖小组

单位名称	小组名称	成果名称
江西中烟工业公司南昌卷烟厂	金圣 QC 小组	卷烟机水松纸接头检测剔除系统的研发
江苏中烟工业公司淮阴卷烟厂	卷包车间机械设备 QC 小组	降低 408 条包机故障次数
江西中烟工业公司南昌卷烟厂	制丝车间祥和 QC 小组	提高松散回潮出口温度 CPK 值合格率
厦门市烟草公司	分拣 QC 小组	提高平均每小时分拣量
河南中烟工业公司郑州卷烟厂	冷水 QC 小组	锅炉烟气余热回收利用节能装置的研制
中国烟草总公司安徽省公司	马鞍山市公司 QC 小组	提高顺销品牌订单满足率
上海烟草（集团）公司	一车间日班机修 QC 小组	提高烘梗机出料水分均匀性
河北白沙烟草有限责任公司	制丝车间工艺 QC 小组	降低叶片回潮结块烟重量
广西中烟工业有限责任公司柳州卷烟分厂	创造者 QC 小组	研制锅炉水位表现场显示切换装置
中国烟草总公司重庆市公司	渝烟物流客服 QC 小组	降低卷烟送货服务不合格率
厦门烟草工业有限责任公司	卷包车间乙班 QC 小组	提高滤棒物理检测甲等率

续表

单位名称	小组名称	成果名称
广东中烟工业有限责任公司广州卷烟二厂生产一部	制丝车间水立方 QC 小组	提高膨丝切片段热风温度达标率
上海烟草（集团）公司天津卷烟厂	二车间乙班节能 QC 小组	提升条烟输送装置电能利用率
湖北中烟工业有限责任公司武汉卷烟厂	制丝车间丙班思行 QC 小组	减小叶片加料物料流量波动
四川烟草工业有限责任公司成都分厂	质量科制丝 QC 小组	“娇子（时代阳光）”卷烟灭活新工艺的研究
贵州中烟工业有限责任公司毕节卷烟厂	三车间动力工段 QC 小组	降低锅炉放灰间粉尘浓度
山西昆明烟草有限责任公司	制丝车间第一 QC 小组	减少垂直分切机停机次数
红云红河烟草（集团）有限责任公司会泽卷烟厂	信息管理 QC 小组	完善卷烟成品出库扫描系统
黑龙江烟草工业有限责任公司哈尔滨卷烟厂	四车间 QC 小组	提高 KDF－2 滤棒吸阻的稳定性

【全国烟草系统 2009 年度卷烟销售工作先进单位名单】（中国卷烟销售公司关于表彰 2009 年度全国卷烟销售工作先进单位的决定　中烟销办〔2009〕59 号　2009 年 11 月 17 日公布）

省级局（公司）卷烟销售管理部门

奖励级别	单位名称
一等奖	中国烟草总公司浙江省公司销售管理处
一等奖	中国烟草总公司江苏省公司销售管理处
一等奖	中国烟草总公司山西省公司卷烟销售管理处
一等奖	中国烟草总公司北京市公司烟草营销中心
一等奖	中国烟草总公司新疆区公司卷烟销售管理处
二等奖	中国烟草总公司海南省公司卷烟销售管理处
二等奖	中国烟草总公司大连市公司卷烟销售管理处
二等奖	中国烟草总公司吉林省公司卷烟经营管理部
二等奖	中国烟草总公司福建省公司卷烟销售管理处
二等奖	中国烟草总公司贵州省公司卷烟销售管理处
二等奖	中国烟草总公司陕西省公司卷烟销售管理处
二等奖	中国烟草总公司甘肃省公司卷烟销售管理处
二等奖	中国烟草总公司云南省公司卷烟销售管理处
三等奖	中国烟草总公司内蒙古区公司卷烟销售管理处
三等奖	中国烟草总公司河北省公司卷烟销售管理处
三等奖	中国烟草总公司深圳市公司卷烟销售管理处
三等奖	中国烟草总公司广东省公司卷烟销售管理处

续表

奖励级别	单位名称
三等奖	中国烟草总公司重庆市公司卷烟销售管理处
三等奖	中国烟草总公司四川省公司卷烟销售管理处
三等奖	中国烟草总公司辽宁省公司卷烟销售管理处
三等奖	中国烟草总公司安徽省公司卷烟销售管理处
三等奖	中国烟草总公司广西区公司卷烟销售管理处
三等奖	中国烟草总公司宁夏区公司卷烟销售管理处

工业公司营销部门

奖励级别	单位名称
一等奖	红云红河烟草（集团）有限责任公司营销中心
一等奖	红塔烟草（集团）有限责任公司营销中心
一等奖	湖北中烟工业有限责任公司营销中心
一等奖	上海烟草（集团）公司市场营销部
二等奖	浙江中烟工业有限责任公司市场营销中心
二等奖	湖南中烟工业有限责任公司市场营销中心
二等奖	广东中烟工业有限责任公司市场营销中心
二等奖	福建中烟工业公司市场营销中心
二等奖	河南中烟工业有限责任公司市场营销中心
三等奖	川渝中烟工业公司市场营销中心
三等奖	贵州中烟工业有限责任公司市场管理中心
三等奖	安徽中烟工业公司市场营销中心
三等奖	江西中烟工业公司市场营销中心
三等奖	江苏中烟工业公司市场营销中心
三等奖	吉林烟草工业有限责任公司

【全国烟草系统2008～2009年度会计信息质量先进单位名单】（中国烟草总公司关于表彰2008～2009年度烟草系统会计信息质量先进单位的通报　中烟办〔2009〕267号　2009年12月10日公布）

奖励级别	单位名称
一等奖	中国烟草总公司甘肃省公司
二等奖	江西中烟工业有限责任公司
二等奖	中国烟草总公司山东省公司
三等奖	中国烟草总公司北京市公司
三等奖	中国烟草总公司重庆市公司
三等奖	中国烟草总公司云南省公司

【2009年度全国卷烟打假工作特殊贡献单位名单】（国家烟草专卖局、公安部关于表彰全国卷烟打假工作成绩突出的集体和个人的通报 国烟专〔2009〕502号 2009年12月11日公布）

北京市烟草专卖局 北京市公安局
天津市烟草专卖局 天津市公安局
河北省烟草专卖局 河北省公安厅
上海市烟草专卖局 上海市公安局
江苏省烟草专卖局 江苏省公安厅
浙江省烟草专卖局 浙江省公安厅
福建省烟草专卖局 福建省公安厅
江西省烟草专卖局 江西省公安厅
山东省烟草专卖局 山东省公安厅
河南省烟草专卖局 河南省公安厅
广东省烟草专卖局 广东省公安厅
云南省烟草专卖局 湖南省公安厅

【2009年度全国卷烟打假工作成绩突出集体名单】（国家烟草专卖局、公安部关于表彰全国卷烟打假工作成绩突出的集体和个人的通报 国烟专〔2009〕502号 2009年12月11日公布）

山西省晋城市烟草专卖局
山西省公安厅治安总队
内蒙古自治区呼和浩特市烟草专卖局
内蒙古自治区包头市公安局青山分局
辽宁省鞍山市烟草专卖局
辽宁省阜新市公安局经侦支队
吉林省吉林市烟草专卖局
吉林省公安厅治安总队刑事案件查处支队
黑龙江省哈尔滨市烟草专卖局
黑龙江省公安厅治安总队治安行动支队
安徽省池州市烟草专卖局
安徽省六安市公安局经侦支队
湖北省武汉市烟草专卖局
湖北省公安厅烟草打假协调领导小组办公室
湖南省烟草专卖局
广西壮族自治区百色市烟草专卖局稽查支队
广西壮族自治区公安厅治安总队
海南省三亚市烟草专卖局
海南省三亚市公安局
四川省成都市烟草专卖局
四川省内江市公安局治安支队
重庆市烟草专卖局稽查总队
重庆市公安局经侦总队
贵州省黔南布依族苗族自治州烟草专卖局稽查支队
贵州省公安厅治安总队案件处
云南省普洱市公安局经侦支队
西藏自治区烟草专卖局稽查总队
西藏自治区公安厅治安总队行动支队
陕西省烟草专卖局
陕西省公安厅经侦总队
甘肃省定西市烟草专卖局
甘肃省临夏回族自治州公安局经侦支队
青海省西宁市烟草专卖局
青海省格尔木市公安局治安支队
宁夏回族自治区中卫市烟草专卖局
宁夏回族自治区贺兰县公安局
新疆维吾尔自治区乌鲁木齐市烟草专卖局
新疆维吾尔自治区乌鲁木齐市公安局头宫派出所
新疆生产建设兵团农五师公安局治安支队
大连市烟草专卖局稽查大队
深圳市烟草专卖局专卖处

【2009年度中国烟草总公司科学技术进步奖获奖成果名单】（中国烟草总公司关于2009年度科学技术进步奖励的决定 中烟办〔2010〕7号 2010年1月11日公布）

序号	成果名称	成果类别	获奖等级	主要完成单位	主要完成人	推荐单位
1	卷烟危害性指标体系研究	烟草基础理论研究类	一等奖	中国烟草总公司郑州烟草研究院 军事医学科学院放射与辐射医学研究所 湖南中烟工业有限责任公司 重庆烟草工业有限责任公司 湖南中烟工业有限责任公司长沙卷烟厂 南开大学 红塔烟草（集团）有限责任公司 湖北中烟工业有限责任公司	谢剑平 刘惠民 朱茂祥 钟科军 戴 亚 杜 文 谢复炜 缪明明 邓家云 聂 聪 邵学广 胡清源 姚小军 李 忠 张晓兵	中国烟草总公司郑州烟草研究院
2	中国烟草种植区划	烟草基础理论研究类	一等奖	中国烟草总公司郑州烟草研究院 中国农科院农业资源与农业区划研究所	王彦亭 谢剑平 张维理 尹启生 李志宏 陈江华 邓云龙 张艳玲 丁 伟 王元英 张云贵 陈顺辉 王 峙 赵松义 蔡宪杰	中国烟草总公司郑州烟草研究院
3	烤烟优化灌溉理论和技术的研究与应用	烟草基础理论研究类	二等奖	中国烟叶公司 河南农业大学 河海大学 云南省烟草农业科学研究院 湖北省烟草科学研究所	陈江华 刘国顺 刘建利 邵孝侯 王 刚 龙怀玉 史宏志 张晓海 李进平 苏贤坤	中国烟叶公司
4	降低卷烟烟气中多种有害成分的复合生化制剂研究	烟草技术开发类	二等奖	重庆烟草工业有限责任公司	戴 亚 汪长国 钟维勇 吕杰超 朱立军 何 蓉	川渝中烟工业公司
5	多维气相色谱法对烟草和烟气化学成分的分析研究	烟草基础理论研究类	二等奖	上海烟草（集团）公司 中国科学技术大学	刘百战 谢雯燕 顾文博 金永明 朱晓兰 高 芸 孙凯健 陆怡峰	上海烟草（集团）公司
6	神农架特有植物神农香菊物质基础与应用研究	烟草技术开发类	二等奖	湖北中烟工业有限责任公司 湖北中医学院	卢金清 李 丹 江汉美 蔡 冰 刘剑峰 胡志刚 李 琳 罗诚浩 刘成广 熊宏春	湖北中烟工业有限责任公司

续表

序号	成果名称	成果类别	获奖等级	主要完成单位	主要完成人	推荐单位
7	区域因素对卷烟配方设计的影响及相关性分析研究	烟草基础理论研究类	二等奖	红塔烟草（集团）有限责任公司	牟定荣 缪明明 倪朝敏 李忠任 许 健 杨国荣 李穗明 张建华 王 毅 刘 强	云南中烟工业公司
8	烤烟不育系及催芽孢衣丸化种子研究与应用	烟草技术开发类	二等奖	云南省烟草农业科学研究院 中国烟草总公司云南省公司 玉溪中烟种子有限责任公司	余砚碧 李永平 马文广 郑昀晔 张 恒 白永富 刘加红 许 龙 段凤云 王跃金	云南省烟草专卖局（公司）
9	优质多抗烤烟新品种中烟100的选育及其推广应用	烟草科学技术成果推广类	三等奖	中国烟草总公司青州烟草研究所	贾兴华 王元英 冯全福 罗成刚 陈志强 付宪奎 许家来	中国烟草总公司青州烟草研究所
10	醋酸纤维丝束制造节能减排技术研究与应用	烟草技术开发类	三等奖	珠海醋酸纤维有限公司	王 军 潘定益 唐 炯 高前进 张 敏 王长林 马贤伟	珠海醋酸纤维有限公司
11	特色工艺生产线应用技术研究（龙岩）	烟草技术开发类	三等奖	龙岩烟草工业有限责任公司 中国烟草总公司郑州烟草研究院	范坚强 李跃锋 洪祖灿 包可翔 钟洪祥 江家森 陈河祥	福建中烟工业公司
12	“无公害”烟叶生产技术研究及应用	烟草技术开发类	三等奖	中国科学技术大学 福建省烟草公司三明市公司	韩移旺 刘添毅 王能如 张清明 苏庆德 黄一兰 程新胜	福建省烟草专卖局（公司）
13	我国烟草主要病虫害综合治理技术集成与示范推广	烟草科学技术成果推广类	三等奖	中国烟草总公司青州烟草研究所 云南省烟草农业科学研究院	孔凡玉 余 清 王凤龙 陈德鑫 廖文程 杨树军 任广伟	中国烟草总公司青州烟草研究所
14	应用化控技术提高烤烟上部叶可用性研究	烟草技术开发类	三等奖	贵州省烟草科学研究所 中国科学技术大学	冯勇刚 李章海 丁 伟 李继新 田必文 王能如 石俊雄	贵州省烟草专卖局（公司）

续表

序号	成果名称	成果类别	获奖等级	主要完成单位	主要完成人	推荐单位
15	烟草烟碱转化及生物碱优化技术研究	烟草技术开发类	三等奖	中国烟草总公司郑州烟草研究院 中国烟草白肋烟试验站	杨　军　李进平　史宏志 周汉平　李宗平　奚家勤 薛超群	中国烟草总公司郑州烟草研究院
16	云南烟区烤烟轮作周期内肥料统筹技术研究	烟草技术开发类	三等奖	云南省烟草农业科学研究院 曲靖市土肥工作站 云南省烟草公司大理州公司	杨宇虹　晋　艳　徐照丽 戴茨华　杨绍聪　孔光辉 赵国明	云南省烟草专卖局（公司）
17	湖南烟草种植区划研究	烟草基础理论研究类	三等奖	湖南省烟草专卖局（公司）	赵松义　陆魁东　李明德 张一杨　肖汉乾　李晓忠	湖南省烟草专卖局（公司）
18	SH962 型燃油（气）管道式烘丝机	烟草科学技术成果推广应用类	三等奖	秦皇岛烟草机械有限责任公司	付　嘉　范思齐　戴　勇 李　彪　李　辉　顿汉昌 高玉梅	中国烟草机械集团有限责任公司
19	卷烟主流烟气中有害成分检测技术开发与应用研究	烟草技术开发类	三等奖	湖南中烟工业有限责任公司 湘潭大学 中南大学	吴名剑　陈小明　庹苏行 戴云辉　任凤莲　练文柳 蒋腊梅	湖南中烟工业有限责任公司
20	东北优质特色烤烟定向栽培技术开发与研究	烟草技术开发类	三等奖	中国烟草东北农业试验站	栾　双　刘德育　元　野 赵光伟　李恒全　范志新 张丽萍	黑龙江省烟草专卖局(公司)

【烟草行业入选“2008 年度中国企业信息化 500 强”单位名单】（国家信息化测评中心评选　2009 年 3 月 29 日公布）

排　名	企业名称
14	上海烟草（集团）公司
28	红塔烟草（集团）有限责任公司
42	山东中烟工业公司
71	浙江中烟工业有限责任公司
73	红云红河烟草（集团）有限责任公司
74	江苏中烟工业有限责任公司
140	贵州中烟工业有限责任公司

续表

排　名	企业名称
190	广东中烟工业有限责任公司
195	湖南中烟工业有限责任公司
200	广西中烟工业有限责任公司
207	福建中烟工业公司
216	川渝中烟工业公司
237	安徽中烟工业公司
242	龙岩烟草工业有限责任公司
248	河南中烟工业有限责任公司
250	甘肃烟草工业有限责任公司
254	张家口卷烟厂有限责任公司

续表

排　名	企业名称
260	黑龙江烟草工业有限责任公司
343	深圳烟草工业有限责任公司
378	河北白沙烟草有限责任公司
382	内蒙古昆明卷烟有限责任公司
386	红塔辽宁烟草有限责任公司
387	中国烟草实业发展中心
441	吉林烟草工业有限责任公司
449	海南红塔卷烟有限责任公司
450	江西中烟工业有限责任公司
454	山西昆明烟草有限责任公司

【烟草行业入选“2009年度中国企业500强”单位名单】（中国企业联合会、中国企业家协会评选　2009年9月15日公布）

名　次	企业名称
118	红云红河烟草（集团）有限责任公司
122	红塔烟草（集团）有限责任公司
123	上海烟草（集团）公司
129	湖南中烟工业有限责任公司
233	浙江中烟工业有限责任公司
247	湖北中烟工业有限责任公司
275	河南中烟工业有限责任公司
330	山东中烟工业公司
339	贵州中烟工业有限责任公司

【烟草行业入选第八届全国设备管理优秀单位名单】（中国设备管理协会关于表彰第八届全国设备管理优秀单位的决定　中设〔2009〕45号　2009年10月15日公布）

上海烟草（集团）公司上海卷烟厂
安徽中烟工业公司蚌埠卷烟厂
江西中烟工业公司南昌卷烟厂
厦门烟草工业有限责任公司
龙岩烟草工业有限责任公司
山东中烟工业公司济南卷烟厂
广西中烟工业有限责任公司
湖南中烟工业有限责任公司
河南中烟工业公司安阳卷烟厂
河南中烟工业公司许昌卷烟厂
重庆烟草工业有限责任公司
红塔烟草（集团）有限责任公司
红云红河烟草（集团）有限责任公司红河卷烟厂
石林天合烟叶复烤有限责任公司
贵州中烟工业有限责任公司贵阳卷烟厂

【烟草行业入选2009年度全国企业文化优秀案例企业名单】（中国企业联合会、中国企业家协会关于表彰2009年度全国企业文化优秀成果、全国企业文化优秀案例企业和发布2009年度全国企业文化优秀论文的决定　中国企联〔2009〕34号　2009年10月25日公布）

红云红河烟草（集团）有限责任公司

【烟草行业入选“2009年度最具市场竞争力商品商标60强”名单】（国家工商总局、中华商标协会评选　2009年11月12日公布）

单位名称	商　标
上海烟草（集团）公司	中华

【烟草行业入选“全国推行全面质量管理30周年优秀企业”单位名单】（中国质量协会关于表彰全国推行全面质量管理30周年卓越推进者、杰出管理者和优秀企业的决定　2009年12月9日公布）

南通醋酸纤维有限公司

名词解释

中国烟草年鉴编辑部

【6S】 “6S”管理是现代工厂行之有效的现场管理理念和方法，包括整理（Seiri）、整顿（Seiton）、清扫（Seiso）、清洁（Seiketsu）、素养（Shitsuke）、自检（Self－criticism）6个方面，因均以“S”开头，简称“6S”。“6S”管理其作用是提高效率，保证质量，使工作环境整洁有序，预防为主，保证安全，作为基础性工作的“6S”管理能为其他管理活动提供优质的管理平台。

【6σ】 也称六西格玛，“σ”是希腊文的一个字母，在统计学上表示总体中的个体离均值的偏离程度。“6σ”是建立在测量、试验和统计学基础上的企业现代质量管理方法，表示在生产或服务过程中百万次出现缺陷的机会仅3.4个，即达到99.99966%合格率。“6σ”是一种能够严格、集中和高效地改善企业流程管理质量的实施原则和技术，包含了众多管理的前沿成果，旨在以“零缺陷”的完美商业追求，带动成本的大幅度降低，最终实现财务成效的显著提升与企业竞争力的重大突破。

【CA认证】 CA即Certificate Authority（电子商务认证授权机构）的英文缩写，是负责发放和管理数字证书的权威机构，并作为电子商务交易中受信任的第三方，承担公钥体系中公钥的合法性检验的责任。CA认证指CA为每个使用公开密钥的用户发放一个数字证书，数字证书的作用是证明证书中列出的用户合法拥有证书中列出的公开密钥，CA不仅对持卡人、商户发放证书，还要对获款的银行、网关发放证书，并负责管理所有参与网上交易的个体所需的数字证书，是安全电子交易的核心环节。

【CIS】 即Corporate Identity System（企业形象识别系统）的英文缩写，CIS包括MI（理念识别）、BI（行为识别）、VI（视觉识别）三大部分，其中核心是MI，它是整个CIS的最高决策层，为整个系统奠定了理论基础和行为准则，并通过BI、VI表达出来，所有的行为活动与视觉设计都是围绕MI展开的。BI直接反映企业理念的个性和特殊性，包括对内的组织管理和教育、对外的公共关系、促销活动、资助社会性的文化活动等。VI是企业的视觉识别系统，包括基本要素（企业名称、企业标志、标准字、标准色、企业造型等）和应用要素（产品造型、办公用品、服装、招牌、交通工具等）。

【CORESTA】 即Cooperation Centre for Scientific Research Relative to Tobacco（烟草科学研究合作中心）的英文缩写，是国际上最具权威的烟草学术组织，该中心成立于1956年，旨在促进烟草科学在国际间的交流与合作。CORESTA的会员主要由从事烟草研发活动的公司、大学及科研院所组成。CORESTA每两年（偶数年）举行一次大会，每两年（奇数年）举行学组联席会议，CORESTA 2008年大会在上海举行。

【ERP】 即Enterprise Resource Planning（企业资源计划）的英文缩写，指建立在信息技术基础上，以系统化的管理思想为企业决策层及员工提供决策运行手段的管理平台。它是从MRP（物料需求计划）发展而来的新一代集成化管理信息系统，其核心思想是供应链管理。

【GIS】 即Geographic Information System（地理信息系统）的英文缩写，GIS作为获取、整理、分析和管理地理空间数据的重要工具、技术，近年来得到了广泛关注和迅猛发展。GIS地理信息系统以地理空间数据库为基础，在计算机软硬件的支持下，运用系统工程和信息科学的理论，科学管理和综合分析具有空间内涵的地理数据，以提供管理、决策等所需信息的技术系统。GIS以其强大的地理信息空间分析功能，在全球卫星定位系统（GPS）及路径优化中发挥着越来越重要的作用。近年来，GIS在烟草行业中应用广泛，已经用于烟草农业、卷烟销售和专卖管理等烟草行业的各个领域。

【KPI】 即Key Performance Indication（关键业绩指标）的英文缩写，指通过对组织内部某一流程的输入端、输出端的关键参数进行设置、取样、计算、分析，衡量流程绩效的一种目标式量化管理指标，是把企业的战略目标分解为可运作的远景目标的工具，是企业绩效管理系统的基础。KPI 是现代企业中受到普遍重视的业绩考评方法。KPI 可以使部门主管明确部门的主要责任，并以此为基础，明确部门人员的业绩衡量指标，使业绩考评建立在量化的基础之上。

【MES】 即 Manufacturing Execution System（制造执行系统）的英文缩写，是企业 CIMS 信息集成的纽带，是实施企业敏捷制造战略和实现车间生产敏捷化的基本技术手段。MES 可以为用户提供一个快速反应、有弹性、精细化的制造业环境，帮助企业减低成本、按期交货、提高产品质量和提高服务质量。MES 能通过信息传递对从订单下达到产品完成的整个生产过程进行优化管理。当工厂发生实时事件时，MES 能对此及时做出反应、报告，并用当前的准确数据对它们进行指导和处理，使 MES 能够减少企业内部没有附加值的活动，有效指导工厂的生产运作过程。

【MIS】 即 Management Information System（管理信息系统）的英文缩写，是一个由人、计算机及其他外围设备等组成的能进行信息的收集、传递、存贮、加工、维护和使用的系统。其主要任务是最大限度利用现代计算机及网络通讯技术加强企业的信息管理，通过对企业拥有的人力、物力、财力、设备、技术等资源的调查了解，建立正确的数据，加工处理并编制成各种信息资料，及时提供给管理人员，以便进行正确的决策，不断提高企业的管理水平和经济效益。

【PDCA 循环】 又称戴明环，是管理学中的一个通用模型，是有效进行任何一项工作的合乎逻辑的工作程序，是质量管理的基本方法，是全面质量管理所应遵循的科学程序。在 PDCA 中，P（Plan）指计划，D（Do）指执行，C（Check）指检查，A（Act）指纠正，即对总结检查的结果进行处理，成功的经验加以肯定并适当推广、标准化，失败的教训加以总结，未解决的问题放到下一个 PDCA 循环里，四个过程不是运行一次就结束，而是周而复始进行，一个循环结束，解决一些问题，未解决的问题进入下一个循环，进而使生产质量阶梯式上升。全面质量管理活动的全部过程，即是按照 PDCA 循环周而复始不停顿地运转。

【PDM】 即 Product Data Management 的英文缩写，中文名称为产品数据管理。PDM 是一门用来管理所有与产品相关信息和所有与产品相关过程的技术，它以软件技术为基础，以产品为核心，实现对产品相关的数据、过程、资源一体化集成管理。PDM 明确定位为面向制造企业，以产品为管理的核心，以数据、过程和资源为管理信息的三大要素。

【QC 小组】 即 Quanlity Control 的英文缩写，是指在生产或工作岗位上从事各种劳动的职工，围绕企业的经营战略、方针目标和生产现场存在的问题，以改进产品质量、降低消耗，提高人的素质和经济效益为目的，运用质量管理的理论和方法开展活动的小组。QC 小组是企业群众性质量管理活动的一种有效组织形式。

【SPC】 即 Statistical Process Control 的英文缩写，又称统计过程控制，它以概率统计学为基础，用科学的方法分析数据得出的结论，作为过程控制的依据。SPC 的核心工具是控制图，包括计量型控制图和记数型控制图，主要通过各种控制图来达到质量分析、质量控制和质量改进的目的。实施 SPC 对卷烟生产过程进行控制，可以使卷烟生产在工艺参数和技术条件标准化的前提下达到工序质量指标的稳定，确保卷烟均质化生产。

【TPM 管理】 即 Total Productive Maintenance（全员生产维修）的英文缩写，TPM 管理指全员参加的生产维修管理，即在公司内部推行全效益（要求设备的寿命周期费用最小，寿命输出最大）、全系统（建立从设备的方案调查、设计、制造、安装、调试、使用、维修、改造至更新，即设备一生的管理系统）、全员参与（从公司经理到操作工全部参加）的设备管理。TPM 管理要求设备管理要贯穿设备的整个生命周期，并把日常维修与预防维修结合起来，加强设备的日常、定期与专项检查，加强设备维修人员的培训工作，建立 TPM 的评价指标体系。

【按客户订单组织货源】 是指由烟草商业企业对零售户、消费者的卷烟需求进行预测，然后与工业企业进行衔接调运货源，最后按照采集的订单量和合理定量的有关规定向零售户进行供应。其实质就是通过订单的形式来反映市场需求，引导卷烟工商企业遵循市场规律，按照市场需求进行生产和经营活动，实现以订单为中心而不是以计划为中心的运营模式。按客户订单组织货源可以提升渠道的整体经营能力和服务水平，更好地满足市场；改变传统业务流程，实现供应链的无缝连接；建立现代商业流通体系，提高烟草行业整体服务水平；进一步实现品牌的压缩和集中，促进大品牌的成长。

【部分替代进口烟叶】 指为有效降低来自津巴布韦等国的进口烟叶在卷烟配方中的使用比例，保证卷烟品牌的扩张有序推进，国家局决定在全行业中筛选出部分具有潜力的叶组配方，通过对进口烟叶的生长环境、风格特征和理化指标的研究，选择环境特点与津巴布韦相似的地区，按照配方要求组织生产，通过配打技术生产出达到进口烟叶同样质量要求的国产烟叶。2004 年，全国部分替代进口烟叶工作启动。安徽皖南、云南普洱、文山、临沧和保山等五地（市、州）烟叶具有类似津巴布韦烟叶的风格特征。2007 年，全国烟草行业部分替代进口烟叶工作座谈会在云南召开，全面总结 3 年来部分替代进口烟叶工作。2008 年，全国特色优质烟叶开发暨部分替代进口烟叶工作会议在青岛召开，总结了 2004 年以来部分替代进口烟叶工作暨烟叶技术工作，并指出以后部分替代进口烟叶工作将纳入特色优质烟叶开发重大专项，同时名称更改为“特色优质烟叶开发”。

【保牌、稳价、规范、增效】 2009 年 3 月，国家局召开各省烟草专卖局（公司）、工业公司主要负责人座谈会，分析行业当前经济运行形势，安排部署行业当前经济运行工作。国家局局长姜成康在座谈会上提出了重点抓好“保牌、稳价、规范、增效”四个方面的工作。具体来讲，“保牌”就是要切实维护品牌信誉，努力提升品牌形象，增强品牌竞争实力，促进品牌持续发展。“稳价”就是保持卷烟价格和市场的稳定。“规范”就是要始终保持清醒头脑，切实增强抓好规范工作的自觉性和坚定性，把“保增长”建立在更加严格规范的基础之上。“增效”就是要高度重视加强基础管理，努力降低成本费用，切实提高经济效益。

【仓储数字化管理】 指运用仓储管理系统（WMS）对卷烟高架库、重力式货架和全自动分拣线的系统及储存仓库、物流配送中心进行管理，实现从卷烟入库、存放、调拨、出库、盘点、移位、检索到发货各个环节的精细化管理和规范化管理。

【醋酸丝束】 指用于制造卷烟滤棒的连续卷曲的醋酸纤维丝束。生产醋酸丝束的方法是，用醋酸酐、冰醋酸和硫酸的混合物使纯纤维素乙酰化，形成三醋酸纤维素碎粒，然后将其部分水解为二醋酸纤维素，并在丙酮中溶解，再将由此产生的粘性溶液纺成连续的长丝。

【等级合格率】 指符合等级标准的烟叶量占该批烟叶总量比率。计算公式：等级合格率（%）＝（合格把数/检验总把数）＊100%。等级合格率是烟叶收购质量和工商交接质量的重要指标。

【对标】 又称标杆管理，被全球管理学界誉为“21世纪三大管理工具之首”。基本要义是通过规范、连续地比较分析，帮助企业寻找、确认、跟踪、学习并超越自己的竞争目标。概括起来就是把本企业的运行情况同标准对比，并比照标准持续改进。2009 年全国烟草工作会议上，国家局党组提出全面开展对标工作，要求各单位降低成本费用、提高管理水平、实现节约发展。2009 年 3 月，国家局下发了《关于全面开展对标工作的意见》，总体部署对标工作。4 月，国家局公布了第一季度的工商企业对标数据，将对标工作纳入经济运行责任制考核，通过考核加大工作力度。

【多元化经营】 也称多样化经营，指企业在多个相关或不相关的产业领域同时经营多项不同业务。多元化经营有利于扩大企业的生产经营范围和市场范围，发挥企业特长，利用企业的各种资源，提高经营效益，保证企业的长期生存与发展；同时，也伴随着巨大的风险，企业在多元化经营中，需要制订适合自身发展的多元化经营战略。烟草行业多元化经营企业是指烟草企业向除烟叶、卷烟及烟草机械生产经营企业等以外领域投资形成的企业。

【工商协同营销】 指烟草工业企业与商业企业协同联手，共同以培育大品牌、打造大市场为工作目标，充分发挥市场和计划的调控作用，从而获取双赢的营销模式。工商协同营销以“平等互利、互动互信、资源共享、效率责任”为指导，通过建立市场导向、面向消费者、面向客户的营销体系，着力解决工商企业营销脱节、重复投入、省内依赖等问题，努力克服非市场因素，营造公平竞争环境，形成全国统一市场，构建新的营销模式，提高行业营销效率，降低内部交易成本，促进企业有序竞争，培育中国烟草优势品牌。工商协同营销要以新的营销模式在三个层面积极开展互动协同。一是行业战略层面，探索符合行业整体品牌发展战略的协同营销实现机制，加快形成全国性品牌、区域性品牌为系列的中国烟草品牌体系，突出培育“10 多个”重点骨干品牌。二是企业策略层面，工商企业协同制订品牌发展战略、市场发展战略，以协同品牌定位、品牌管理和维护等策略培育优势品牌。三是营销操作层面，工商双方要制订协同培育品牌的标准和规则，如品牌促销规则、品牌引入退出规则、新品上市流程等，在规则中明确工商双方职责分工，共同执行。

【供应链】 供应链的概念最早来源于彼得德鲁克提出的“经济链”，指围绕核心企业，通过对信息流、物流、资金流的控制，从采购原材料开始，制成中间产品及最终产品，最后由销售网络把产品送到消费者手中。它是将供应商（原材料供应商或零配件供应商），制造商（加工厂或装配厂），分销商（代理商或批发商），零售商（大卖场、百货商店、超市、专卖店、便利店和杂货店）以及消费者，直到最终用户连成一个整体的功能网链模式。

【焦油量】 焦油是指卷烟烟气粒相物中除水分和烟碱以外所剩下的部分。焦油量是指烟支在燃烧后产生焦油的多少，计量单位为毫克/支。卷烟焦油量越高，一次性吸入的焦油量也就越大，对人体的危害越严重。从1982年开始，烟草行业就开始联合卫生、医疗和科研等部门，研究各种减少卷烟焦油量的措施，降焦工作取得重大进展。2009年，全国卷烟平均焦油量为12.2毫克/支，比上年降低0.6毫克/支。

【减害降焦】 指在保持和发展卷烟产品固有的风格特征基础上减少卷烟燃吸中产生的有害成分和降低卷烟的焦油量。2003年，国家局印发《中国卷烟科技发展纲要》，明确提出中式卷烟发展方向，提出“高香气、低焦油、低危害”的发展要求。2004年，国家局明确要求卷烟盒标焦油量不得超过15毫克/支。2006年，国家局制定《烟草行业中长期科技发展规划纲要（2006～2020年）》，将减害技术确立为九个烟草科技重大专项之一；并印发《关于进一步推进卷烟减害降焦工作的通知》，提出了卷烟减害降焦的相关目标。2008年，国家局印发《关于进一步推进卷烟减害降焦工作的意见》，明确以降低卷烟主流烟气一氧化碳、氢氰酸、NNK、氨、苯并a芘、苯酚、巴豆醛7种有害成分作为中式卷烟的减害方向，并要求从2009年1月1日起，国内生产的卷烟盒标焦油最高限量为13毫克/支。2009年，全国平均卷烟焦油量为12.2毫克/支。

【节能减排】 节能减排的定义有广义和狭义之分，广义而言，节能减排是指节约物质资源和能量资源，减少废弃物和环境有害物排放；狭义而言，节能减排是指节约能源和减少环境有害物排放。2007年8月13日，国家局印发了《关于烟草行业加强节能减排工作的实施意见》，明确提出烟草行业节能减排的指导思想、基本原则和目标任务，从抓好生产环节、管理机关的节能，重点环节、重点部位的治理改造等七个方面进行了周密部署，要求到2010年万元产值能耗由2005年的54.9千克（标准煤）下降到43.9千克，降低20%；主要污染物排放控制指标符合国家标准。

【卷包设备有效作业率】 指计划生产时间内卷包设备的实际产量与计划生产时间内卷包设备的理论产量的比率。计划生产时间是指除去国家法定节假日和地方人民政府要求休息的时间后计划生产班次内的设备运行时间。卷包设备的理论产量是设备按照铭牌能力在计划生产时间内的产量。

【卷接工艺】 包括喂丝、烟支卷制、滤棒接装等工序。其工艺任务是充分发挥设备效率，将合格的烟丝按照制造规格及质量标准，卷制成合格的烟支，接装成滤嘴烟支。

【卷烟包装标识调整】 2007年11月，国家烟草专卖局和国家质量监督检验检疫总局联合印发了《中华人民共和国境内卷烟包装标识的规定》。《规定》要求自2009年1月1日起，在我国境内生产的所有非出口卷烟和国外进口卷烟的条、盒包装必须在30%以上的区域印刷健康警示语，且“明确、清晰、醒目，易于识别”，并禁止在卷烟包装体上及内附说明中使用诸如“低危害”、“淡味”、“柔和”和“低焦油”等语言。2008年4月，国家烟草专卖局印发了《关于境内卷烟包装标识规定有关条文解释和审核要求的通知》，对卷烟包装标识调整提出了更具操作性的要求，并规定启用新版的时间不得早于2008年10月1日，不得晚于2009年1月1日。

【卷烟包装机】 指将烟支包装成盒、成条的专用设备。根据不同需求，包装机有直式、横式软盒包装机与硬盒包装机，盒外透明纸包装机、软条与硬条包装机，条外透明纸包装机，还有一些烟支数量、包装形式不同的各种异型包装机。

【卷烟分类标准】 根据财政部、国家税务总局相关文件精神，国家局对现行卷烟分类标准进行调整，新卷烟分类标准于2009年5月1日起施行。一类卷烟：

每标准条（200 支）不含增值税调拨价 100 元以上；二类卷烟：每标准条（200 支）不含增值税调拨价 70 元（含）~100元；三类卷烟：每标准条（200 支）不含增值税调拨价 30 元（含）~70元；四类卷烟：每标准条（200 支）不含增值税调拨价 16.50 元（含）~30 元；五类卷烟：每标准条（200 支）不含增值税调拨价低于 16.50 元。

【卷烟配方】 狭义的卷烟配方包括产品的叶组配方、产品的加料与加香配方，广义的卷烟配方还包括产品的膨胀叶丝和薄片（丝）配方。卷烟产品的叶组配方是把各种不同类型、不同香型、不同产地、不同等级或不同性质、不同因素的烟叶，按照卷烟产品的类型、香型、等级风格等质量标准要求，以不同比例加以合理适宜的混合。卷烟产品的加料与加香配方，是在叶组配方的基础上，使用不同性质和不同作用的加料与加香物质，按不同比例调制适宜叶组配方使用的添加剂，以衬托卷烟产品的香气、掩盖杂气、改善吃味。卷烟产品的膨胀叶丝和薄片（丝）配方就是按照卷烟产品的类型、香型、等级风格，以不同比例掺入混合。

【卷烟品牌定向整合】 指在国家局的适度引导下，具有法人资格的卷烟工业企业之间建立的相对长期稳定的品牌输入、输出的生产经营模式，半年交易会（11 月份）前双方自愿签订的下一年度定向加工协议和交易会后补货时确定的定向加工协议统称为卷烟品牌定向整合。与传统的品牌联营加工相比，卷烟品牌定向整合要更加突出以市场为导向，强调品牌合作、整合与扩张的目的性、方向性、长期性和稳定性；品牌定向整合有利于做大做强重点骨干品牌，有利于实现和推动“两个跨越”；更加突出政策的引导，强调资源在更大范围内的优化配置。2008 年 3 月，国家局制定了《2008 年卷烟品牌定向整合产品目录》（以下简称《目录》），“红双喜”、“大红鹰”、“七匹狼”、“红金龙”、“白沙”、“双喜”、“红塔山”、“云烟”、“红河”、“一品梅” 10 个品牌列入《目录》，并规定定向整合的品牌应是《目录》所列品牌中三类烟以上（含）的规格，《目录》中所列的定向整合品牌结构也要不断优化，以实现共同发展。

【卷烟生产经营决策管理系统】 主要由数码跟踪系统、工商数据采集系统两大子系统构成，通过信息技术与管理的有机结合，实现烟草行业工商数据集成，掌握行业卷烟生产环节的卷烟牌号、规格、产量、价格、库存、成本、利润和流向等信息及商业环节的各种卷烟牌号、规格、销量、库存、调批价、零售价以及合同执行情况等基础数据，实现对行业卷烟生产经营全面、及时、准确的分析和监控管理。

【卷烟生产线】 由一个总控制台和若干个自动化系统组成的，是一条可以把卷烟的卷接包原辅材料直接制成整箱卷烟的联合流水作业线。一条完整的卷烟生产线主要包括以下若干系统：总控制台、烟丝自动供应系统、滤棒自动供应系统、滤棒卷烟制造机或卷接机组、烟支输送存贮系统、包装机组、香烟装箱系统、卷接包各工序等。

【跨省联合重组】 指为了在更大范围内、更高层次上优化资源配置，促进卷烟工业的适度有序竞争，提高资源效率，着力做大全国性卷烟重点骨干品牌，提高中国烟草的总体竞争实力，国家局提出的一项卷烟工业更高层次的战略调整。2008 年，国家局下发了《关于卷烟工业跨省联合重组工作的指导意见》，明确跨省联合重组的指导原则、参与跨省联合重组的企业和品牌、股权结构、重组企业法人治理结构、主要政策措施以及操作程序等。继广东中烟工业有限责任公司和广西中烟工业有限责任公司、浙江中烟工业有限责任公司和甘肃烟草工业有限责任公司实施跨省联合重组之后，2009 年 10 月，黑龙江烟草工业有限责任公司和湖北中烟工业有限责任公司完成跨省联合重组。跨省联合重组有利于优化卷烟工业合理布局，有利于在更大范围内促进烟草生产要素合理流动，提高重点骨干品牌的市场占有率和覆盖率。

【两个跨越】 指卷烟工业企业从省内市场依赖型向着眼于全国统一大市场的跨越；从立足国内市场向面向国际市场的跨越。“两个跨越”是衡量我国卷烟工业企业竞争力强弱的重要标志。

【滤嘴棒】 滤嘴和滤棒的合称。滤嘴，接装在烟支的一端，对卷烟烟气起过滤作用的圆柱体。滤棒，以过滤材料为原料卷制成的与卷烟烟支圆周相适应、具有一定硬度和长度、对卷烟烟气有过滤作用的圆柱形棒。一根卷烟滤棒通常为 90 毫米或 120 毫米，可切割成 4 个或 6 个滤嘴。根据过滤材料及结构不同，可分为醋酸纤维滤嘴、纸质滤嘴、聚丙烯滤嘴、复合滤嘴、活性炭滤嘴、通气滤嘴等。

【密集式烤房】 指密集烘烤加工烟叶的专用设备，一般由装烟室、加热室、加热系统、通风排湿系统、热风循环系统、温湿度自控系统等设备组成。与普通烤房相比，其基本特征是：装烟密度较大，可利用风机进行强制通风，实现热风循环，可实行温湿度自动控制。按建造形式可分为卧式和立式，按气流运动方向可分为上升式和下降式，按加热系统的设备位置可分为热源外置和热源内置。

【内部专卖管理监督】 指对行业内所有依法取得烟草专卖许可证，从事烟草专卖品生产、销售和进出口业务企业的生产经营行为进行事前、事中、事后全过程管理监督。内部专卖管理监督是解决行业注重自律课题的重要措施，是坚持和维护国家烟草专卖制度的本质要求，是行业持续稳定协调健康发展的重要保证。2005 年，国家局制定了《烟草行业内部专卖管理监督实施意见》，在全行业部署全面开展内部专卖管理监督工作。2008 年 6 月，行业内部专卖管理监督工作第一次现场会在山西召开，总结推广山西烟草的经验和做法。同年 7 月，国家局制定了《烟草行业内部专卖管理监督工作规范（试行)》，进一步明确了各级内部专卖管理监督部门的工作职责，并分别制定了针对省级局、地市级局、县级局、工业企业的内部专卖管理监督工作规范。2009 年 5 月，国家局印发《关于切实加强内部专卖管理监督检查的通知》，要求行业各单位提高认识，加强组织领导；认真整改，有效提高规范经营自律能力；落实规范，扎实推进专卖内管长效机制建设。

【膨胀烟丝】 指经过膨胀工艺处理，体积扩大的烟丝。通过膨胀增加烟丝的填充能力，减轻烟支重量，可减少卷烟中的焦油量和烟碱量，除去某些烟叶中的不良味道，使烟叶燃吸质量得到改善。膨胀烟丝的使用始于 20 世纪 60 年代，可以节约卷烟的原料单耗和降低烟气中的焦油含量，减少吸烟带来的危害。

【全国性卷烟重点骨干品牌】 2008 年，国家局首次提出了确立全国性卷烟重点骨干品牌的品牌培育思路。4 月，国家局印发《全国性卷烟重点骨干品牌评价体系的通知》，提出评价体系突出市场对品牌的选择，突出效益对品牌发展的支撑作用，通过评价来引导企业更加关注市场导向和成本效益，更加关注技术创新和品质提升，增强品牌核心竞争力。7 月，国家局印发《关于公布前 20 名全国性卷烟重点骨干品牌评价结果的通知》，评选出“中华”、“云烟”、“芙蓉王”、“玉溪”、“白沙”、“红塔山”、“苏烟”、“利群”、“红河”、“黄鹤楼”、“七匹狼”、“黄山”、“南京”、“双喜”、“红双喜”、“红梅”、“娇子”、“黄果树”、“真龙”、“帝豪”20 个全国性卷烟重点骨干品牌。同时，又将“泰山”、“钻石”、“金圣”、“好猫”、“兰州”、“长白山”、“中南海”、“都宝”、“金桥”、“贵烟”10 个品牌视同前 20 名全国性卷烟重点骨干品牌进行考核。2009 年，30 个全国性卷烟重点骨干品牌销量 12234.4 亿支（2446.88 万箱)，占行业卷烟总销量比重的 54.02%；实现税利 2569.8 亿元，占工业实现税利比重的 75.67%。

【三项费用率】 三项费用指企业在生产经营过程中产生的营业费用、管理费用、财务费用。营业费用是在整个经营环节中所发生的费用，管理费用是由行政管理部门的管理行为而产生的费用，财务费用是公司为筹集生产经营所需资金而发生的费用。三项费用率指营业费用、管理费用、财务费用的总和与主营业务收入的比率。

【三项检查】 指国家局在全行业范围内开展针对物资采购、宣传促销、工程投资项目 3 个重要环节进行专项监督检查的阶段性重点工作。2008 年，三项检查工作启动后，国家局先后召开 4 次办公会议和 3 次电视电话会议，对开展三项检查工作进行专门安排部署，制定印发了规范工程投资、物资采购、宣传促销的一系列文件。三项检查工作先后经历了部署任务、宣传教育、制定方案、自查复查、“回头看”、国家局重点抽查等阶段。截至 2009 年年底，自查复查阶段结束，“回头看”工作深入开展，国家局完成了对 34 家直属单位的重点抽查，除抽查直属单位本级外，还抽查了 40 多个地市级公司、30 多个卷烟厂、10 多个复烤企业，共抽查工程投资、物资采购、宣传促销项目 7510 余个，发现突出问题 367 个，提出整改建议 313 条。

【四大战略性课题】 即烟草科技工作的烟草育种、特色工艺、调香技术、减害降焦四大课题。烟草育种是烟叶生产的基础，要满足中式卷烟发展和中国烟叶生产可持续发展的需要。特色工艺是将“中式卷烟”原辅料以低成本、高效率的加工方法，制造高质量、高香气、低危害合格卷烟产品的全过程中采用的专有工艺。调香技术包含调味和调香，烟草液料的调配称为调味，烟草香精的调配称为调香。减害降焦是在保持和发展卷烟产品固有的风格特征基础上减少卷烟燃吸中产生的有害成分和降低卷烟的焦油量。

【“四个中心”建设】 “四个中心”指省级烟草工业公司的技术研发中心、市场营销中心、生产制造中心和物资采购中心。加强“四个中心”建设是适应行业发展形势的需要，是完善省级工业公司管理体制的内在要求，是创新经营管理模式的具体体现，是实现由大变强的重要途径。2007 年 9 月，全国烟草行业企业管理现场会上，加强“四个中心”建设被作为会议的重要内容研讨，随后，国家局下发了《国家烟草专卖局关于加强省级工业公司“四个中心”建设的意见》。2008 年 2 月，国家局下发《省级工业公司“四个中心”建设水平评价指标体系》（试行），评价指标将“四个中心”建设分为 5 大部分、19 项、51 小项。“四个中心”聚集了工业公司的主要生产经营资源，加强“四个中心”建设，可以促进资源和生产要素在更大范围内优化配置。

【视觉识别系统（VI）】 指以企业标志、标准字体、标准色彩为核心展开的系统的视觉传达体系。视觉识别系统将企业理念、文化特质、服务内容、企业规范等抽象语意转换为具体符号的概念，塑造出独特的企业形象。共分为基本要素系统和应用要素系统两方面，其中，基本要素系统主要包括企业名称、企业标志、标准字、标准色、象征图案、宣传口语等；应用系统主要包括办公事务用品、生产设备、建筑环境、产品包装、广告媒体等。2008 年，国家局下发《中国烟草 VI 视觉识别手册》以及使用《中国烟草视觉识别系统》的通知，规范行业视觉识别系统向标准化和系统化方向发展。

【现代烟草农业】 发展现代烟草农业，是贯彻落实中央精神的重大举措，顺应我国农业与农村经济发展的客观趋势，应对烟叶资源配置方式改革、提高烟叶国内外市场竞争力的必然要求，是实现“减工、降本、提质、增效”的根本途径。2007 年 6 月，国家局在福建三明召开的全国烟叶基层建设暨收购工作现场会上第一次提出了现代烟草农业的概念。7 月，姜成康局长全面阐述了现代烟草农业的指导思想，并将其概括为“打牢‘一个基础’，努力实现‘四个化’”，即全面推进烟叶生产基础设施建设，努力实现烟叶生产的“规模化种植、集约化经营、专业化分工、信息化管理”。10 月，国家局印发《关于发展现代烟草农业的指导意见》。近年来，行业不断加强现代烟草农业建设，加大烟叶生产基础设施资金投入，2009 年，行业投入烟叶生产基础设施建设专项资金 99.8 亿元，新建密集式烤房 16.59 万座，新修机耕路 9097 千米、沟渠 9669 千米；安排现代烟草农业试点单位 143 个，其中整县推进 3 个、整乡推进 41 个。

【烟草薄片】 又称重组烟叶、均质烟叶、再造烟叶，主要由烟末、碎片、烟梗或低次烟叶加入胶粘剂和其他添加剂等组合加工而成，用来与烟叶按一定比例掺配，制作卷烟。美国在 20 世纪 50 年代开始即在卷烟中使用烟草薄片，主要目的是回收利用烟草加工过程中所产生的小片、烟末、梗签等，以节约烟叶原料。烟草薄片也可作为降低或调整卷烟焦油量和尼古丁量的手段。烟草薄片生产有三种基本方法：辊压法、造纸法和稠浆法。

【烟草工业企业技术中心】 烟草工业企业技术中心是烟草工业企业设立的负责研究开发、技术集成与科技成果推广应用机构，是企业内部相对独立运行的非法人实体，是企业技术创新体系的核心。技术中心在企业研究开发与创新活动中起着主导、牵头和推动作用，是进一步增强企业自主创新能力、提高核心竞争力、建设创新型企业的科技支撑。国家局鼓励和支持烟草企业建立技术中心，推动企业建立以技术中心为核心的技术创新体系，并对技术创新能力强、创新绩效显著、具有重要示范和导向作用的企业技术中心予以行业认定。

【烟草专卖许可证】 指烟草专卖行政主管部门应公民、法人或其他组织的申请，经过审查，认为申请人具备法定条件，准许其从事有关烟草专卖品的生产、经营等活动的证明文书。烟草专卖许可证共分为烟草专卖生产企业许可证、批发企业许可证、零售许可证、特种烟草专卖经营企业许可证四类，在实际应用中，还有其他表现形式，如烟叶收购许可证、准运证等。

【烟草专用机械】 指《烟草专用机械名录》（国烟法〔2004〕294 号）所定义范围内的设备，其管理须严格遵守国家烟草专卖管理的法律、法规，是行业设备管理的工作重点。烟草专用机械的转让、租借和报废要按行业有关规定进行审批并按程序规范、有序地开展，转让设备应随带设备档案。

【烟碱】 亦称“尼古丁（Nicotion）”，分子式为 $C_{10}H_{14}N_2$，是烟草中的主要生物碱，为无色或淡黄色挥发性油状液，能同水以任何比例混合。卷烟烟气中烟碱含量的单位为毫克/支。

【烟信通】 烟信通是基于移动通信网络，面向卷烟销售管理的信息化系统平台。它利用 GSM/GPRS 移动通信网络将烟草零售客户的烟信通智能数据终端与烟草后台ERP系统进行实时数据交互，实现订单处理、到货确认、进销存管理、公告通知、投诉建议、市场数据采集等业务的信息处理。其系统特点包括：实现7×24小时的全天候服务；完整的系统体系结构设计，实现与烟草公司现有信息化系统的无缝链接；形成真正的电子信息化自动操作流程，工作效率得到提高；数据无线采集上报，易于获取真实有效的市场数据，易于获得零售终端的建议与意见。

【烟叶醇化】 指将复烤后的烟叶置于贮存条件良好的仓库内储存一定时间，借助烟叶内部的缓慢化学反应，达到提高烟叶品质的一种发酵方法。

【烟叶等级质量】 指某把烟叶或某批烟叶符合《烤烟》国标规定的某等级的相关品级要素和纯度允差的程度，包括等级合格率和等级纯度（混级程度）。烟叶等级质量的评价以《烤烟》国家标准规定的42级标准为依据，参考当年实物标样，由技术检验人员进行判定。

【烟叶质量】 指烟叶的外观特征、物理特性和内在化学成分等指标满足要求的程度。烟叶质量是种植和调制出来的，是烟叶本身的自然属性。

【烟叶资源配置方式改革】 指在巩固烟草专卖体制、严格计划管理和加强总量控制的前提下，逐步确立以卷烟工业需求为导向，由国家局、总公司综合平衡的烟叶资源配置方式。通过烟叶资源配置方式改革可以实现烟叶生产布局更趋合理，优质烟叶产区稳步发展，生产水平不断提升，质量和结构得到改善。

【烟用材料】 指二醋酸纤维素丝束、聚丙烯丝束、二醋酸纤维素丝束滤棒、聚丙烯丝束滤棒、卷烟纸、盒包装纸、条包装纸、接装纸、滤棒成形纸、内衬纸、包装膜、烟用纸箱、拉线、封签纸、框架纸、烟用印刷油墨、烟用胶粘剂、滤棒增塑剂、烟草添加剂等烟用辅助材料。

【一库制管理】 即以烟草商业企业为营销主体的新型卷烟配送模式，存在“一库一点”和“一库多点”两种模式，其特点是打破过去县级区域限制，根据地域、交通、送货半径和送货线路的实际情况实现科学的跨区配送。

【原烟委托加工】 指工业或进出口企业委托复烤加工企业对从商业企业购进的烟叶（原烟）进行加工的行为。按委托方不同，分为工业委托原烟加工和进出口委托原烟加工。

【造纸法薄片】 指按照烟草薄片原料配方要求，将烟末、烟梗等原料用水浸泡萃取后，分解为可溶性物质和不溶性物质，将不溶性物质以类似造纸的方法制成像原纸一样的片基，然后在片基上加入经浓缩后的可溶性物质和添加剂，再干燥后成为烟草薄片的加工方法。造纸法制得的薄片拉力等机械性能好，多用于制作雪茄烟的内外包叶，亦可做卷烟烟丝。其特点是充分利用烟草自身纤维，使烟草薄片具有一定的物理特性。

【增香保润技术】 指提升中式卷烟品质，增加香气量、提扬香韵、衬托自然烟香，降低烟气干燥感、增强烟气生津感、提高卷烟舒适度的关键技术。研究卷烟增香保润技术有利于全面提高卷烟产品设计、加工综合技术水平，有利于突出中式卷烟风格特色、增强中式卷烟竞争力。

【真空回潮机】 将烟包放入回潮筒内后抽真空，然后输入蒸汽，以增加烟包内烟叶含水率和温度，防止烟叶解包和喂料等加工过程中造碎的一种预回潮设备。

【制丝工艺】 包括备料、回潮、贮叶、切丝、烘丝、叶丝梗丝混合、加香、加料、贮丝等工序。其工艺任务是将各种烟叶制成配比均匀、纯净无杂质，宽度、水分、温度均符合各等级卷烟工艺要求的烟丝。

【主流烟气】 在吸食卷烟的过程中，空气进入烟丝部分，然后经过滤嘴，进入吸食者口中，在此过程中形成的烟气称为主流烟气。主流烟气由气相物和微粒相物质组成。

（吴中奇整理）

2009年在产卷烟品牌(规格)名录

企　业	品　牌	规　格	焦油量	产品风格、自有特色	备　注
河北中烟工业公司	钻石	钻石（软景泰）	8毫克/支	①采用新型生物滤嘴技术，在降低产品焦油含量的同时，有效降低烟气中主要有害物质含量。②采用国内外优质烟叶小叶组配方技术；膨胀烟丝分级加工；重点工序采用多项技术参数组合控制；烟叶先期醇化处理。③香气飘逸、优美、细腻，口感圆润。	一类烟 烤烟型
		钻石（硬锦绣）	8毫克/支	①运用国内外优质烟叶小叶组配方技术；膨胀烟丝分级加工；重点工序采用多项技术参数组合控制；烟叶先期醇化处理。②香气清新飘逸、自然醇和、优雅纯正。	一类烟 烤烟型
		钻石（硬蓝120）	11毫克/支	①采用异型滤嘴与超长支设计，可选择性地吸附烟气中有害成分，有效降低烟气中主要有害物质含量。②运用国内外优质烟叶小叶组配方技术、工序质量评价技术、特色调香技术，重点工序采用多项技术参数组合控制。③香气醇美飘逸、质感纯真。	一类烟 烤烟型
		钻石（软红）	12毫克/支	①采用低温慢速烘丝技术；梗丝在线气流干燥膨胀处理；CO_2法叶丝膨胀技术；重点工序采用多项技术参数组合控制。②香气清隽深长、留香飘逸、丰满醇和。	一类烟 烤烟型
		钻石（软珍品）	12毫克/支	①运用国内外优质烟叶小叶组配方技术；膨胀烟丝分级加工；重点工序采用多项技术参数组合控制；生物降焦技术；特色烘丝技术。②香气浓馥清雅、丰满谐调。	一类烟 烤烟型
		钻石（硬珍品）	12毫克/支	①运用国内外优质烟叶小叶组配方技术；膨胀烟丝分级加工；重点工序采用多项技术参数组合控制；生物降焦技术；特色烘丝技术。②香气丰满谐调、柔和细腻。	一类烟 烤烟型
		钻石（硬红120）	12毫克/支	①运用国内外优质烟叶小叶组配方技术；工序质量评价技术；特色调香技术；重点工序采用多项技术参数组合控制。②香气醇美飘逸，吃味柔和，口感舒适，余味干净。	一类烟 烤烟型

续表

企　业	品　牌	规　格	焦油量	产品风格、自有特色	备　注
河北中烟工业公司	钻石	钻石（金石）	12 毫克/支	①控制片烟醇化时间；膨胀烟丝分级加工；重点工序采用多项技术参数组合控制；采用特色调香技术。②香气浓馥沉溢，口感舒适，劲头适中，留香持久。	二类烟烤烟型
		钻　石（绿石 2 代）	13 毫克/支	①控制片烟醇化时间；膨胀烟丝分级加工；梗丝分类加工；重点工序采用多项技术参数组合控制；采用特色烘丝技术。②香气芳香清雅、优美充足，烟气谐调，口感舒适，劲头适中。	二类烟烤烟型
		钻石（软如意）	12 毫克/支	①运用多项组合技术，如生化技术、烟叶醇化技术、天然植物香精香料提取技术、分组加工技术、功能性加工和柔性加工技术等。②香气清雅、细腻、甜润。	二类烟烤烟型
		钻石（吉祥）	5 毫克/支	①精选优质烟叶，应用了天然本草香精香料、增香减害型薄片、个性化滤棒等技术，添加天然本草植物提取液，烟草本香与本草醇香相谐调，具备低焦油、低刺激的理化特征，实现高香、低焦、低害、舒喉的和谐统一。②香气飘逸、优雅、纯正，透发性好。	二类烟烤烟型2009 年新产品
		钻　石（红石 2 代）	13 毫克/支	①控制片烟醇化时间；膨胀烟丝分级加工；梗丝分类加工；重点工序采用多项技术参数组合控制。②烟丝油润，香气纯正，劲头适中，余味舒适、自然。	三类烟烤烟型
		钻　石（硬玫瑰紫）	12 毫克/支	①采用高温慢速烘丝技术、烟叶细胞渗透加料技术。②烟叶先期醇化处理、柔性加工、叶丝干燥膨胀技术、梗丝干燥膨胀技术和重点工序采用多项技术参数组合控制。③香气飘逸柔美、清新自然、柔顺绵长，吸味醇和，口感纯正。	三类烟烤烟型
		钻石（硬蓝）	12 毫克/支	①综合运用香气补偿技术，添加国内领先的生物活性添加剂，有效调节烟气浓度和状态，稳定吸味，赋予产品个性化特征。②运用工序质量评价技术、低温慢速烘丝技术、特色加料技术，重点工序采用多项技术参数组合控制；采用小配方打叶复烤技术和小叶组配方技术。③香气细腻、清爽、醇和。	三类烟烤烟型

续表

企　业	品　牌	规　格	焦油量	产品风格、自有特色	备　注
河北中烟工业公司	钻石	钻石（硬红）	13 毫克/支	①运用国内领先的生物活性添加剂，有效调节烟气状态；采用生物滤嘴技术和降焦卷烟纸，使浓郁的吸食口感与减害降焦同时兼顾。②香气清隽深长、留香飘逸、丰满醇和。	三类烟烤烟型
		钻石（双喜）	12 毫克/支	①综合运用控焦技术、再造烟叶技术、烟丝在线膨胀等多项特色技术。②运用天然本草提取技术，并通过特色调香技术，使烟草本香与复合花香、甜香和谐统一。③香气细腻、饱满，口感舒适，余味舒适。	三类烟烤烟型 2009 年新产品
		钻石（硬特醇）	11 毫克/支	①采用梗丝在线气流干燥膨胀处理技术、HXD 叶丝在线气流干燥技术、CO_2 法叶丝膨胀技术。②运用特色掺配。③香气纯正、甘甜、醇厚。	四类烟烤烟型
	新石家庄	新石家庄（软）	12 毫克/支	①添加拥有自主知识产权的特定生物促进剂，有效调节烟气状态，祛除烟叶本身的不良气息。②烟香细腻醇和，余味纯正舒适。	五类烟烤烟型
	玉兰①	玉兰（金 2 代）	13 毫克/支	①运用中草药添加技术、通风稀释技术、膨胀烟丝和烟草薄片应用技术。②重点工序采用多项技术参数组合控制；烟叶先期醇化处理。③香气飘逸、优美、细腻，口感圆润。	二类烟烤烟型
		玉兰（银）	13 毫克/支	①运用梗丝在线气流干燥膨胀处理技术；重点工序采用多项技术参数组合控制；柔性烘丝技术。②香气清雅、飘逸，口感纯净，留香持久。	三类烟烤烟型
		玉兰（绿）	12 毫克/支	①运用烟气稀释技术，大大减少了卷烟中的有害成分。②香气丰满、纯正、优美、飘逸。	五类烟烤烟型
	北戴河	北戴河（硬）	11 毫克/支	①采用传统的卷烟工艺与现代生化技术相结合，实施功能性加工等特色卷烟工艺技术。②烟香丰满醇厚、个性突出，劲头适中，吸味和顺，烟草的特征香气与自然香气更加谐调。	五类烟烤烟型
		北戴河（软 100 混）	12 毫克/支	①选用突出其芬芳浓郁混合型香气的烟草香精，谐调整体香气。②香气醇厚，烟气丰满，特征鲜明。	五类烟烤烟型

① 2009 年下半年，“玉兰（金 2 代）”整合为“钻石（金玉兰）”，“玉兰（银）”整合为“钻石（银玉兰）”。

续表

企 业	品 牌	规 格	焦油量	产品风格、自有特色	备 注
河北中烟工业公司	北戴河	北戴河（软烤）	11 毫克/支	①选择纯天然且配伍性好的香原料修饰烟草本香，使产品从嗅香到烟气特征香气与烟草自然香气更加谐调。②香气纯正、饱满，余味舒适。	五类烟烤烟型
		北戴河（软新烤）	10 毫克/支	①添加拥有自主知识产权的特定生物促进剂，有效调节烟气状态。②烟叶透发出饱满醇和、芬芳四溢的烟草本香。	五类烟烤烟型
上海烟草（集团）公司	熊猫	熊猫（硬特规）	13 毫克/支	①精选优质上等烟叶，配方科学合理，生产工艺精良，包装淡雅素净。②烟香自然饱满，吃味纯正，余味清爽干净。	一类烟烤烟型
		熊 猫（5 盒礼盒）	13 毫克/支	①用叶考究，配方科学合理，生产工艺精良。②包装淡雅素净，礼盒外包装由高档艺术卡纸加烫金、UV、压凹凸等复杂工艺制作，并镶嵌金色熊猫铜牌；内置 5 盒熊猫烟、水晶烟缸与铜质打火机，是“熊猫”卷烟品牌家族中的经典之作。③烟香自然饱满，吃味纯正，余味清爽干净。	一类烟烤烟型
		熊 猫（硬时代版）	13 毫克/支	①包装上采用国际流行的圆角包装，牌名用深红色钩金字，满版明黄底色并在包装的上下及开盒处配以烫金线条，更显华贵。②质感清雅飘逸，烟气丰满圆润，均匀谐调，余香流长；口感饱满，细腻柔和，刺激性小；劲头适中，富有满足感；余味纯净舒适、甜美优雅。	一类烟烤烟型
	中华	中华（软）	13 毫克/支	①选用上等烟叶原料，工艺精良，“中华”牌卷烟产品的风格特点特色鲜明；各项理化指标稳定。②商标设计华丽而庄严，包装精美。③烟香高雅、飘逸、浓郁，吃味纯正，余味干净、舒适。	一类烟烤烟型
		中华（硬）	13 毫克/支	①选用上等烟叶原料，工艺精良，“中华”牌卷烟产品的风格特点特色鲜明；各项理化指标稳定。②商标设计华丽而庄严，包装精美。③烟香高雅、飘逸、浓郁，吃味纯正，余味干净、舒适。	一类烟烤烟型
		中 华（硬 10mg）	10 毫克/支	①选用上等烟叶原料，工艺精良，产品保持了“中华”牌卷烟产品系列风格特点；各项理化指标稳定。②商标设计华丽而庄严，包装精美。③烟香高雅、飘逸、浓郁，吃味纯正，余味干净、舒适。	一类烟烤烟型

续表

企 业	品 牌	规 格	焦油量	产品风格、自有特色	备 注
上海烟草（集团）公司	中华	中 华（硬 10mg 12 支）	10 毫克/支	①选用上等烟叶原料，工艺精良，产品保持了“中华”牌卷烟产品系列风格特点；各项理化指标稳定。②每包内装 12 支烟。③采用抽屉式包装，不受开盒影响，包装设计简洁而醒目。④烟香高雅、飘逸、浓郁，吃味纯正，余味干净、舒适。	一类烟 烤烟型
		中 华（硬 10mg 5 支）	10 毫克/支	①选用上等烟叶原料，工艺精良，产品保持了“中华”牌卷烟产品系列风格特点；各项理化指标稳定。②每包内装 5 支烟。③采用抽屉式包装，不受开盒影响，包装设计简洁而醒目。④烟香高雅、飘逸、浓郁，吃味纯正，余味干净、舒适。	一类烟 烤烟型
		中华（5000）	12 毫克/支	①在保持“中华”卷烟特有的清甜香烘托烟草本香的香韵基础上，着重突出上等烤烟本色气息，烟香更加丰富优雅，并稍增浓郁程度，余味干净、舒适。②商标设计简化了原“中华”牌卷烟包装多种象征元素并列的形象，形成了以文字为主的简约风格。③产品具有纯正的高档烟草香，带来谐调、平衡、舒适的感官质量感受。	一类烟 烤烟型
		中华（全开式）	13 毫克/支	①选用上等烟叶原料，工艺精良，产品保持了“中华”牌卷烟产品系列风格特点；各项理化指标稳定。②烟包设计采用扁盒正面为全部打开的方式。③烟香高雅、飘逸、浓郁，吃味纯正，余味干净、舒适。	一类烟 烤烟型
	江山	江 山（硬一统）	12 毫克/支	①采用中草药减害技术，精选香气丰富、口感细腻的国内外优质烟叶，荟萃专业配方工艺精华。②商标设计主题突出，图案宏伟、壮丽；包装设计采用高科技防伪技术。③香气优雅，烟气细腻，口感舒适，回味绵长。	一类烟 烤烟型
		江 山（硬珍品）	13 毫克/支	①采用中草药减害技术，精选优质原料。②商标材质使用玻璃卡纸，设计主题突出。③香气饱满、细腻，烟气柔和、流畅，余味纯净、舒适。	二类烟 烤烟型
		江 山（硬精品）	13 毫克/支	①采用中草药减害技术，精选优质原料。②香气丰富、谐调，余味干净、舒适，回味甜润、绵长。	三类烟 烤烟型

续表

企 业	品 牌	规 格	焦油量	产品风格、自有特色	备 注
上海烟草（集团）公司	中南海	中南海（3mg）	3 毫克/支	①运用改性纳米材料，发挥其选择性吸附和催化的特性，有效降低烟气中主要有害物质含量，并辅以成熟的综合降焦技术。②采用中草药添加技术。③口味至清至醇、至柔至淡。	一类烟混合型
		中南海（软精品）	12 毫克/支	①精选国内外优质烤烟烟叶，配合天然植物提取的香精香料。②香气浓馥、谐调、久远，余味回甜、舒适。	一类烟烤烟型
		中南海（特高）	13 毫克/支	①具有上等纯烟草自然香气及严谨手工选叶等特殊工艺。②采用新型镭射卡纸和珠光油墨渐变烫金印刷水松纸。	二类烟烤烟型
		中南海（5mg 细支）	5 毫克/支	①新型细支规格卷烟，采用激光打孔烫印水松纸、高透气度成型纸和卷烟纸，有效降低焦油量等烟气指标。②采用中草药添加技术。③精选国内优质晾晒烟烟叶，香气浓郁、谐调。	二类烟混合型
		中南海（5mg）	5 毫克/支	①采用新型生物滤嘴技术、降低自由基技术，在降低产品焦油含量的同时，使烟气中导致疾病与衰老的烷基、烷氧自由基含量有效降低。②采用中草药添加技术。③精选国内优质晾晒烟烟叶，香气谐调、久远，烟气柔和，余味舒适、干净。	二类烟混合型
		中南海（蓝色风尚）	5 毫克/支	①采用静电打孔水松纸、高透气度成型纸等，降低焦油量等烟气指标；采用纳米材料、活性炭复合降害技术，降低卷烟烟气中有害成分；采用全麻卷烟纸，增强包灰能力，使卷烟更加环保。②精选国内外优质晾晒烟叶，配合天然植物提取的香精香料。③香气浓馥、谐调、久远，余味回甜、舒适。	二类烟混合型 2009 年新产品
		中南海（金 8mg）	8 毫克/支	①运用了中草药添加技术、通风稀释技术、自由基清除技术、膨胀烟丝和烟草薄片应用技术。②采用彩色纤维素粒子复合滤嘴技术和降低自由基技术。③香味清雅，劲头适中，吃味柔和，口感舒适，余味干净。	三类烟混合型
		中南海（10mg）	10 毫克/支	①采用中草药添加技术。②香气和谐、久远、浓而不烈，余味舒适、干净。	四类烟混合型
		中南海（8mg）	8 毫克/支	①采用打孔水松纸和活性炭复合滤棒技术，选择性降低烟气中的有害物质。②采用中草药添加技术。③精选国内优质晾晒烟烟叶，香气浓郁、谐调。	四类烟混合型

续表

企　业	品　牌	规　格	焦油量	产品风格、自有特色	备　注
上海烟草（集团）公司	中南海	中南海（浓味）	13 毫克/支	①采用膨胀烟丝、造纸法烟草薄片技术。②采用中草药添加技术。	五类烟混合型
	红双喜	红双喜（硬精品）	13 毫克/支	①选用优质的国内外烟叶原料，确保卷烟香气质和吸味。②烟香细腻、醇和、饱满，余味干净、舒适，劲头适中。	二类烟烤烟型
		红双喜（软）	13 毫克/支	采用全国优质产区的上等烟叶原料，辅以部分进口原料和材料，具有较典型的中式卷烟产品的特点。	三类烟烤烟型
		红双喜（硬）	13 毫克/支	采用全国优质产区的上等烟叶原料，辅以部分进口原料和材料，具有较典型的中式卷烟产品的特点。	三类烟烤烟型
		红双喜（硬 8mg）	8 毫克/支	①保持了“红双喜”卷烟产品系列风格特点；各项理化指标稳定。②商标设计上保持了原有热烈喜庆的基本特色，仅采用局部底色变化以利于辨认。③香气醇厚，口感细腻，劲头适中，余味清爽、干净。	三类烟烤烟型
		红双喜（硬百顺）	12 毫克/支	①保持了“红双喜”卷烟香气醇厚、口感细腻、余味舒适的特点，兼顾北方消费者的喜好，适当在烟气的劲头、爆发力以及口腔满足感和烟香（较为显露外加香）等方面进行了设计改进。②商标设计上突出“红双喜”的“喜”元素，增加现代设计理念，整体设计体现现代、时尚、简约的风格；主色调采用比较轻松的风格。	三类烟烤烟型
		红双喜（硬特）	10 毫克/支	①保持了“红双喜”卷烟产品的风格特点；运用特殊过滤技术，有效降低有害物质，赋予产品更高的技术含量。②商标设计上以全新的品牌形象出现，更加清新、醒目。③香气醇厚，口感细腻，余味清爽、干净。	三类烟烤烟型
	上海	上海（硬）	13 毫克/支	①选用国内外上等烟叶原料，各项理化指标稳定。②产品包装设计采用满版金底色，以简洁的线条勾勒浦东滨江建筑群并配以红色加金边的“上海”牌名，包装设计大气且具有上海特色。③烟香浓郁、飘逸，吃味纯正，余味舒适。	三类烟烤烟型

续表

企 业	品 牌	规 格	焦油量	产品风格、自有特色	备 注
上海烟草（集团）公司	上海	上 海（硬12支）	13毫克/支	①选用上等烟叶原料，各项理化指标稳定。②产品包装设计采用满版金底色，以简洁的线条勾勒浦东滨江建筑群并配以红色加金边的“上海”牌名，包装设计大气且具有上海特色。③每盒内装12支烟，采用抽屉式包装，不受开盒影响。	三类烟烤烟型
		上 海（硬5支装）	13毫克/支	①选用上等烟叶原料，各项理化指标稳定。②产品包装设计采用满版金底色，以简洁的线条勾勒浦东滨江建筑群并配以红色加金边的“上海”牌名，包装设计大气且具有上海特色。③每盒内装5支烟，采用抽屉式包装，不受开盒影响。	三类烟烤烟型
	孟菲斯	孟菲斯（硬红）	12毫克/支	①采用优质烟叶原料。②商标设计上以朱红色映衬白色牌名“MEMPHIS”，包装设计简明时尚。③烟香醇厚、浓郁，劲头适中，余味舒适。	三类烟烤烟型
		孟菲斯（硬蓝）	9毫克/支	①采用优质烟叶原料。②商标设计上以蓝色映衬白色牌名“MEMPHIS”，包装设计简明时尚。③烟香醇厚、浓郁，劲头适中，余味舒适。	三类烟烤烟型
	牡丹	牡丹（软）	13毫克/支	①采用优质烟叶原料。②商标设计上采用牡丹花作为主图案。③烟香浓郁，劲头适中，余味舒适。	四类烟烤烟型
		牡丹（硬）	13毫克/支	①采用优质烟叶原料。②商标设计上采用牡丹花作为主图案。③烟香浓郁，劲头适中，余味舒适。	四类烟烤烟型
	大前门	大前门（硬）	12毫克/支	①采用中等烟叶原料。②卷烟商标承袭了传统设计理念，以北京的前门为主图案，凸现“大前门”卷烟悠久的历史。③烟香纯正，劲头适中，余味干净。	五类烟烤烟型
		大前门（软）	12毫克/支	①采用中等烟叶原料。②卷烟商标承袭了传统设计理念，以北京的前门为主图案，凸现“大前门”卷烟悠久的历史。③烟香纯正，劲头适中，余味干净。	五类烟烤烟型
	恒大	恒大（硬红）	12毫克/支	①包装设计明快大方。②清香型烟草本香风格，香气饱满，烟气柔顺，劲头适中，刺激性小，满足感好。	五类烟烤烟型
		恒大（软80）	11毫克/支	①包装设计简洁淡雅。②清香型烟草本香风格，香气饱满，烟气柔顺，劲头适中，刺激性小，满足感好。	五类烟烤烟型

续表

企　业	品　牌	规　格	焦油量	产品风格、自有特色	备　注
江苏中烟工业有限责任公司	苏烟	苏烟（铂晶）	12 毫克/支	①精工制作、纯手工打造。②包装设计崇尚经典，奢华但不奢侈，简约但不简单。③香气高雅飘逸，烟气柔和丰满，吃味醇和，余味舒适纯净。	一类烟 烤烟型
		苏烟（金砂 2）	13 毫克/支	①秉承江苏卷烟“柔、香、雅”的独特风格。②烟气绵柔甘润，香气高雅充足、芳香溢扬。	一类烟 烤烟型
		苏烟（金砂 C）	13 毫克/支	①秉承江苏卷烟“柔、香、雅”的独特风格。②烟气绵柔甘润，香气高雅充足、芳香溢扬。	一类烟 烤烟型 出口烟
		苏烟（软金砂）	13 毫克/支	①采用集合式配方。②包装设计时代感强，色彩对比强烈，充满想象力。③香气清甜飘逸，烟气细腻柔和。	一类烟 烤烟型
		苏　烟 （软金砂 S）	13 毫克/支	①采用集合式配方。②包装设计时代感强，色彩对比强烈，充满想象力。③香气清甜飘逸，烟气细腻柔和。	一类烟 烤烟型
	南京	南京（九五）	12 毫克/支	①手工制作，包装尊贵典雅。②突出自然烟香，烟气柔和细腻，香气高雅绵长，余味生津回甜。	一类烟 烤烟型
		南京（硬珍品）	13 毫克/支	①包装设计古雅，体现古都南京特色，具有丰富的文化底蕴。②吸味纯正，烟香清雅飘逸，余味生津回甜。	一类烟 烤烟型
		南京（精品）	13 毫克/支	①采用不加香精的独特生产工艺，烟气清新自然。②商标设计大方厚重，富于文化内涵。③香气纯正高雅，余味圆润舒适。	一类烟 烤烟型
		南　京 （出口精品）	13 毫克/支	①采用不加香精的独特生产工艺，烟气清新自然。②商标设计大方厚重，富于文化内涵。③香气纯正高雅，余味圆润舒适。	一类烟 烤烟型 出口烟
		南京（喜庆）	13 毫克/支	①包装具有吉庆祥和的喜庆气息。②香气高雅、浓郁，劲头适中，吸味醇和，余味纯正，回味悠长。	一类烟 烤烟型
		南　京 （出口喜庆）	13 毫克/支	①包装具有吉庆祥和的喜庆气息。②香气高雅、浓郁，劲头适中，吸味醇和，余味纯正，回味悠长。	一类烟 烤烟型 出口烟
		南　京 （五星）	12 毫克/支	①精选经自然醇化云、贵、川、湘、闽和部分进口优质烟叶原料；采用进口 HXD 烟丝在线膨胀工艺，秉承中式卷烟传统。②外观通过全新的“软包硬化”设计，配合图文设计创新、印刷工艺创新，时尚而不失典雅。③烟气细腻柔和，口感醇和舒适。	一类烟 烤烟型 2009 年 新产品

续表

企 业	品 牌	规 格	焦油量	产品风格、自有特色	备 注
江苏中烟工业有限责任公司	南京	南京（佳品）	13 毫克/支	①精选优质上等烟叶，以自然烟香为主。②采用世界先进的膨胀技术、在线激光打孔技术和现代化的质量控制措施。③香气浓馥、柔和，口感醇和、舒适。	二类烟 烤烟型
		南京（红）	13 毫克/支	以自然烟香为主，又糅合“南京”卷烟独特的烟香，香气丰富透发，烟气饱满流畅，有较强满足感。	三类烟 烤烟型
		南京（绿）	13 毫克/支	①包装简洁大方，具有较强亲和力。②香气丰满浓郁，烟气流畅。	四类烟 烤烟型
	一品梅	一品梅（精品）	13 毫克/支	①国内早期超长滤嘴设计产品之一。②采用素面镭射纸胶印印刷、拉线隐形防伪技术。③香气优雅飘逸、层次感强，烟气甜韵圆润，柔绵舒适。	一类烟 烤烟型
		一品梅 （特长）	13 毫克/支	①采用 30 毫米超长滤嘴。②采用磨砂工艺印刷。③香气浓馥悠长，烟气丰满细腻、层次感强，口感纯正，入喉舒适、和顺。	二类烟 烤烟型
		一品梅 （佳品）	13 毫克/支	①采用 HXD 烟丝在线膨胀工艺；配方采用纯天然香精香料添加剂。②商标采用三维图像定位烫金防伪技术、雕版印刷工艺，内衬纸、接装纸采用透亮转移等专利技术。③香气丰满飘逸，烟气细腻柔和，吸味醇和，余味纯净舒适，回甜感强。	三类烟 烤烟型
		一品梅 （佳品醇）	12 毫克/支	①采用数字化产品设计理念，糅合了对致香物质的色谱分析成果。②采用彩膜防伪技术。③香气丰满、醇厚，烟气柔和，余味干净。	三类烟 烤烟型
		一品梅 （淡黄）	11 毫克/支	①包装朴素大方，亲和力强。②香气醇正、谐调，烟气流畅。	四类烟 烤烟型
		一品梅 （硬红）	12 毫克/支	①是国内率先采用在线激光打孔的产品之一。②采用国内优质烟叶及数字化配方技术。③香气丰满柔和、余味干净、细腻，口感清新自然，余味绵长。	四类烟 烤烟型
	红杉树	红杉树（森）	13 毫克/支	烟气柔和，烟香飘逸细腻，留香绵长舒适，吸味清雅，口感纯正，有回甜感。	一类烟 烤烟型
		红杉树 （森 C）	13 毫克/支	烟气柔和，烟香飘逸细腻，留香绵长舒适，吸味清雅，口感纯正，有回甜感。	一类烟 烤烟型
		红杉树 （软五星）	13 毫克/支	①应用国际先进的数字化配方、片烟工艺加工技术。②全版电化铝印刷技术，横向纯字体装饰，外观设计简约大方。③烟气柔和，烟香飘逸细腻，留香绵长舒适。	一类烟 烤烟型

续表

企 业	品 牌	规 格	焦油量	产品风格、自有特色	备 注
江苏中烟工业有限责任公司	红杉树	红杉树（五星）	13毫克/支	香气飘逸，烟气甜润丰满、柔和细腻。	二类烟烤烟型
		红杉树（林）	13毫克/支	①使用加长滤嘴，包装清新爽目。②烟香优美，香气醇和、清雅、饱满，余味干净、舒适。	二类烟烤烟型
		红杉树（精品）	13毫克/支	①包装采用UV印刷技术。②香气充足浓郁，烟气丰满，吃味醇和，入喉和顺、流畅，余味舒适。	三类烟烤烟型
		红杉树（木）	13毫克/支	①包装亮丽谐调。②香气丰满圆润、细腻谐调，劲头适中，口感舒适干净。	四类烟烤烟型
		红杉树（硬新）	11毫克/支	①包装设计朴素大方。②香气清雅飘逸，口感醇和舒适、谐调流畅。	四类烟烤烟型
		红杉树（软黄）	11毫克/支	①包装色彩明丽简约。②烟香和谐丰满，劲头适中。	五类烟烤烟型
		红杉树（软红）	11毫克/支	香气丰满谐调、醇和自然。	五类烟烤烟型
	华西村	华西村（经典）	13毫克/支	①采用新型光柱镭射卡纸，与丝印胶印刷相结合。②烟气优雅飘逸、柔和细腻、津甜舒适。	一类烟烤烟型
		华西村（金）	13毫克/支	①商标设计尊贵典雅。②烟气丰富饱满、柔和甜润。	一类烟烤烟型
		华西村（红）	13毫克/支	①外观设计色彩鲜明，端庄大方。②香气浓郁透发、圆润津甜。	二类烟烤烟型
		华西村（UV）	11毫克/支	香气醇正、谐调，烟气流畅。	五类烟烤烟型
		华西村（软）	12毫克/支	①包装简约大方。②烟气丰满谐调。	五类烟烤烟型
	梦都	梦 都（细支型）	9毫克/支	①包装设计动感时尚。②香气高雅、柔和、细腻，口感舒适，余味干净、生津。	三类烟烤烟型
		梦 都（薄荷型）	8毫克/支	柔和的烟香与薄荷香气完美结合，香气高雅、柔和，口感清凉舒适，余味干净。	三类烟烤烟型
	秦淮	秦 淮（软蓝）	12毫克/支	香气醇正谐调、烟气流畅。	五类烟烤烟型

续表

企 业	品 牌	规 格	焦油量	产品风格、自有特色	备 注
浙江中烟工业有限责任公司	利群	利群（休闲）	11 毫克/支	①逐片精选国内外上等品质烟叶，专线特种精控生产，纯叶丝低速精密卷制。②香气清醇自然、高雅绵长，吸味和淡纯正，口感甜美润泽。	一类烟 烤烟型
		利群（阳光）	11 毫克/支	①首次采用34毫米长度的联合效益通风槽滤嘴，过滤效率大幅提高，在进一步降低焦油和一氧化碳含量的同时，保证产品仍然具有充足的香气。②闻香甜美润泽，吸味醇厚绵长，烟香清雅飘逸，烟气柔和淡雅，回味滑爽悠扬，劲头适中。	一类烟 烤烟型
		利群（软长嘴）	13 毫克/支	①使用30毫米加长滤嘴。②香气清雅自然，入口柔和细腻，回味淡雅绵长。	一类烟 烤烟型
		利群（神州）	11 毫克/支	①采用国内外高等级烟叶原料，辅以高级进口天然香精香料，突出“醇香浙烟”的风格定位。②闻香甜润，吸味醇厚绵长，烟香清雅飘逸，烟气柔和淡雅，回味甘爽舒适。	一类烟 烤烟型
		利群（硬）	13 毫克/支	①烟用接装纸采用部分转移镭射喷铝底纸，两段式设计，抽吸时与嘴接触部分无转移层。②吸味丰满、醇和，烟气柔和、优雅、谐调，口感舒适、纯净。	一类烟 烤烟型
		利群（长嘴）	13 毫克/支	①使用30毫米加长滤嘴。②香气自然、高雅、绵长，烟气柔和、细腻，吸味醇和，余味舒适、生津感好，劲头适中。	一类烟 烤烟型
		利 群 （软红长嘴）	13 毫克/支	香气自然、高雅、绵长，烟气柔和、细腻，吸味醇和，余味舒适、生津感好，劲头适中。	一类烟 烤烟型
		利群（软蓝）	13 毫克/支	香气清雅、绵团感强，吸味醇和、丰满、细而不腻，余味舒适、生津感较好，烟气柔和细腻、自然，劲头适中。	二类烟 烤烟型
		利群（蓝天）	13 毫克/支	吸味丰满、醇和，香气清雅、飘逸，口感舒适，劲头适中。	二类烟 烤烟型
		利群（老版）	13 毫克/支	香气浓郁、清雅、丰满，吸味醇和，余味干净、舒适。	二类烟 烤烟型
		利群（新版）	13 毫克/支	香气清雅、飘逸，吸味醇和、淡雅、细而不腻，余味舒适、生津感较好，烟气柔和、细腻、自然，劲头适中。	二类烟 烤烟型

续表

企　业	品　牌	规　格	焦油量	产品风格、自有特色	备　注
浙江中烟工业有限责任公司	大红鹰	大红鹰（精品）	13 毫克/支	①国内卷烟工业最早采用丝印与胶印相结合的印刷工艺的品牌之一。②香气丰满，吸味醇和、内敛、含蓄、细腻、优雅。	一类烟烤烟型
		大红鹰（软精品）	13 毫克/支	①高档进口环保型镭射转移商标纸，独家研制专红油墨印制。②香气丰满，吸味醇和、内敛、含蓄。	一类烟烤烟型
		大红鹰（经典）	10 毫克/支	①采用先进环保的转移光束横纹镭射纸，运用胶印丝印相结合（胶印：八色，丝印：二色）多重仿伪功能，表面细密富有光泽；舌头纸采用转移镭射卡纸；卷烟纸为竖罗纹卷烟纸。②香气清雅飘逸、透发性好，口感清爽舒适，入口津润，吸味醇正细腻，余味干净。	一类烟烤烟型
		大红鹰（软 F1）	12 毫克/支	①商标采用直纹光柱镭射纸印刷；烟盒背面采用了三维全息防伪标志。滤嘴为二元复合滤嘴，具有独特的沟槽和截点，沟槽设计合理，均匀一致，不易变形。小盒的印花采用了印钞厂的印刷技术，图案精致、美观，其中的细纹为微缩文字，具有很好的防伪效果。②香气清雅、丰满、细腻，烟香飘逸、谐调、透发，吸味醇淡，无杂气，无刺激，余味纯净舒适。	一类烟烤烟型
		大红鹰（红）	13 毫克/支	光泽油润较鲜明，烟香丰满细腻、清雅谐调、似有杂气、似有刺激，吸味柔和舒适，口感纯正飘逸，余味干净。	二类烟烤烟型
		大红鹰（银）	13 毫克/支	香气清雅细腻、丰满谐调、无杂气、似有刺激，余味纯净舒适，烟香飘逸。	二类烟烤烟型
		大红鹰（软）	13 毫克/支	①镭射转移卡纸印刷，凹印工艺一次成印技术，底纹文字防伪技术。②香气醇和绵润，余味纯净舒适，口感柔和细腻。	二类烟烤烟型
		大红鹰（软新品）	13 毫克/支	①商标纸采用镭射转移纸印刷，防伪电化铝碎烫技术。②香气优雅自然，吸味醇和绵润，口感柔和细腻，回味舒适悠长。	二类烟烤烟型
		大红鹰（新品）	13 毫克/支	①包装材料运用高品质镭射转移卡纸精细印刷，防伪处理采用浙江中烟专版碎烫全息环保标志。②香气优雅自然，吸味醇和绵润，口感柔和细腻，回味舒适悠长。	二类烟烤烟型

续表

企 业	品 牌	规 格	焦油量	产品风格、自有特色	备 注
浙江中烟工业有限责任公司	大红鹰	大红鹰（软蓝）	13毫克/支	①商标纸选用环保原纸，应用环保油墨印刷。②闻香甜润、舒适，烟香醇和、细腻，口感圆润、清新，余味舒适。	二类烟烤烟型
	雄狮	雄狮（007）	13毫克/支	①商标上防伪采用在地图中间隐入“007”三个字及专版碎烫全息环保标志。②烟香圆润、丰满、飘逸，口感舒适。	三类烟烤烟型
		雄狮（红老版）	12毫克/支	①商标纸和条盒纸采用环保型的喷铝卡纸。②香气丰满醇厚、和谐飘逸，劲头适中。	三类烟烤烟型
		雄狮（新）	13毫克/支	①专版碎烫全息环保标志防伪。②烟香浓馥、丰满、醇厚，口感舒适、满足。	四类烟烤烟型
		雄狮（硬）	11毫克/支	①专版碎烫全息环保标志防伪，水松纸采用水性环保型油墨印刷。②香气浓馥，烟气较柔和细腻，吸味丰满醇和，余味较舒适、干净，劲头适中。	四类烟烤烟型
		雄狮（红）	10毫克/支	烟香醇和，烟气较细腻，吸味较丰满，口感舒适，劲头适中。	五类烟烤烟型
	五一	五 一（精品）	13毫克/支	口感柔顺、自然，香气纯正、浓郁、细腻、丰满，烟气柔和、优雅，余味干净、舒适。	三类烟烤烟型
		五 一（软国际）	12毫克/支	①运用大版无拼缝数码激光图像定位防伪技术。②香气细腻、谐调、刺激微小，余味舒适，烟气浓度适中、柔和。	三类烟烤烟型
	双叶	双叶	10毫克/支	烟香醇和、谐调性好，吸味入口清凉，余味舒适，劲头适中。	五类烟外香型
	摩登	摩 登（南美S）	9毫克/支	香气细腻、较丰满，烟香谐调、无杂气、刺激小，余味较干净、舒适，淡味混合型卷烟风格明显。	五类烟混合型出口烟
		摩 登（中东E）	9毫克/支	香气细腻、较丰满，烟香谐调、无杂气、刺激小，余味较干净、舒适，淡味混合型卷烟风格明显。	五类烟混合型出口烟
		摩 登（印尼）	9毫克/支	香气细腻、较丰满，烟香谐调、无杂气、刺激小，余味较干净、舒适，淡味混合型卷烟风格明显。	五类烟混合型出口烟
		摩 登（秘鲁）	9毫克/支	香气细腻、较丰满，烟香谐调、无杂气、刺激小，余味较干净、舒适，淡味混合型卷烟风格明显。	五类烟混合型出口烟

续表

企 业	品 牌	规 格	焦油量	产品风格、自有特色	备 注
浙江中烟工业有限责任公司	摩登	摩 登（马来西亚）	9毫克/支	香气细腻、较丰满，烟香谐调、无杂气、刺激小，余味较干净、舒适，淡味混合型卷烟风格明显。	五类烟混合型出口烟
		摩 登（伊朗）	6毫克/支	香气细腻、较丰满，烟香谐调、无杂气、刺激小，余味较干净、舒适，淡味混合型卷烟风格明显。	五类烟混合型出口烟
		摩 登（阿联酋）	10毫克/支	香气细腻、较丰满，烟香谐调、无杂气、刺激小，余味较干净、舒适，淡味混合型卷烟风格明显。	五类烟混合型出口烟
		摩 登（秘鲁 BH）	10毫克/支	香气细腻、较丰满，烟香谐调、无杂气、刺激小，余味较干净、舒适。	五类烟混合型出口烟
安徽中烟工业公司	黄山	黄 山（新视界）	12毫克/支	①使用转移工艺接装纸，色泽亮丽；采用局部转移内衬纸，环保防伪；使用具有减害降焦功能的卷烟纸，并采用了滤嘴通风等综合降焦技术。②香味清雅，劲头适中，吃味醇正、舒适，口感满足、细腻、余味纯净、甜润，具有烟草的自然香气。	一类烟烤烟型
		黄 山（经典皖烟）	13毫克/支	①使用进口二元复合菱形孔功能型滤棒。②小盒采用“软包硬化”设计，包装新颖、防伪。③具有烟草的自然清甜气息，香气甜润、柔和、细腻，吃味醇正舒适，余味舒适干净、飘逸绵长。	一类烟烤烟型
		黄 山（金皖烟）	13毫克/支	①采用滤嘴通风技术。②具有烟草自然甜润、焦甜香气，烟香丰厚饱满、柔和细腻，余味干净舒适。	一类烟烤烟型
		黄 山（红皖烟）	13毫克/支	①采用滤嘴通风技术。②具有烟草自然甜润、焦甜香气，烟香丰厚饱满、柔和细腻，余味干净舒适。	一类烟烤烟型
		黄 山（国宾迎客松）	13毫克/支	①采用局部转移内衬纸，环保防伪。②香气浓馥、丰富、饱满，余味回甜舒适、纯正洁净。	一类烟烤烟型
		黄 山（50）	12毫克/支	①使用进口二元复合菱形孔功能型滤棒。②使用转移工艺接装纸，色泽亮丽；采用局部转移内衬纸，环保防伪。③具有上等纯烟草优美、清雅、愉悦、自然香气等特征，吃味纯正、舒适、干净。	一类烟烤烟型

续表

企 业	品 牌	规 格	焦油量	产品风格、自有特色	备 注
安徽中烟工业公司	黄山	黄 山（万象）	11 毫克/支	①采用转移工艺烫金接装纸、咖啡色环保型盘纸，外观独特，具有防伪功能。②香气甘甜醇和，烟香细腻饱满，口感淡苦醇甜、自然生津。	一类烟 烤烟型 2009 年新产品
		黄 山（新制皖烟）	13 毫克/支	具有烟草自然甜润、焦甜香气，烟香丰厚饱满，余味干净舒适。	二类烟 烤烟型
		黄 山（新概念）	12 毫克/支	①使用转移工艺接装纸，色泽亮丽；使用具有减害降焦功能的卷烟纸，且采用了滤嘴通风等降焦技术。②小盒商标使用“软包硬化”设计。③香气清雅、丰富、饱满，余味回甜、舒适、纯正、洁净、绵长。	二类烟 烤烟型
		黄山（硬红）	13 毫克/支	香气浓馥、厚实、丰满，有较强的生理强度。	二类烟 烤烟型
		黄山（软红）	13 毫克/支	香气浓馥、厚实，有较强的生理强度，余味干净舒适。	二类烟 烤烟型
		黄山（1993）	13 毫克/支	①采用局部转移内衬纸，环保防伪。②具有烟草自然甜润、焦甜香气，烟香丰富饱满、细腻柔和，余味干净舒适。	二类烟 烤烟型
		黄山（硬）	13 毫克/支	①采用加香滤棒。②香气浓馥、厚实，有较强的生理强度，余味干净、舒适。	二类烟 烤烟型
		黄 山（贵宾迎客松）	13 毫克/支	香气浓馥、丰富、饱满、柔和、细腻，余味回甜、舒适。	二类烟 烤烟型
		黄山（锦绣）	12 毫克/支	①包装设计上采用马头墙形的框纹，使产品具有品牌家族化特征；借鉴邮票设计理念，将黄山胜景收纳其中。②口感润泽生津，香气优雅醇正，回味甘甜。	二类烟 烤烟型 2009 年新产品
		黄 山（金醇和）	13 毫克/支	烟丝色泽油润，香气丰富饱满、柔和细腻、杂气和刺激性小，口感舒适。	三类烟 烤烟型
		黄 山（嘉宾迎客松）	13 毫克/支	香气浓馥，烟气丰满、厚实，余味回甜、舒适。	三类烟 烤烟型
		黄 山（硬一品）	13 毫克/支	具有焦甜、豆甜香气，烟香饱满，口感舒适。	三类烟 烤烟型
		黄 山（蓝一品）	13 毫克/支	香气浓馥，烟香充足、饱满，有较强的生理强度，口感舒适。	三类烟 烤烟型
		黄 山（中国风）	12 毫克/支	①对烟叶原料进行自然醇化与低温处理。②以优质烟叶本香为主，香气优雅丰满、清新醇厚、刺激轻，劲头适中，烟气饱满细腻，余味甜润、舒适、纯净，满足感强。	三类烟 烤烟型 2009 年新产品

续表

企 业	品 牌	规 格	焦油量	产品风格、自有特色	备 注
安徽中烟工业公司	都宝	都 宝（纯正1号）	1毫克/支	①运用了与项目管理协会（PMI）的合作技术，是自主开发的超低焦油产品。②使用全叶组膨胀技术和美国白肋烟个性化的处理技术。③具备晾晒烟特征，香气优雅丰富，口味纯正，烟气柔和细腻，基本无刺无杂，余味舒适干净。	一类烟 混合型 2009年 新产品
		都宝（8mg）	8毫克/支	①运用了与项目管理协会（PMI）的合作技术，是自主开发的中低焦油产品。②采用都宝适用原料体系研究成果，优化配方结构。③具备晾晒烟特征，香气高雅、丰富，口味纯正，烟气柔和，吃味饱满，余味舒适、干净。	二类烟 混合型
		都 宝（超越）	10毫克/支	烟丝光泽油润，混合型特征突出，香气醇厚丰满，烟气浓郁谐调，基本无杂气、无刺激性，口感舒适，余味纯净。	三类烟 混合型
		都 宝（银时尚）	7毫克/支	①精选国内外优质烟叶。②香气浓馥丰富、醇和，混合型香气风格明显，烟气浓郁谐调、柔和细腻，口味干净舒适。	三类烟 混合型
		都 宝（醇和）	8毫克/支	①精选国内外优质烟叶，并进行自然发酵，吸取流行混合型卷烟设计理念，调配国际名贵香料。②香气醇和丰满，特征香气谐调、浑然一体，烟气丰满、细腻、谐调，吃味醇和，口味干净舒适。	三类烟 混合型
		都 宝（16支醇和）	8毫克/支	“都宝（醇和）”异型包装产品。	三类烟 混合型
		都 宝（硬红新）	11毫克/支	香气醇厚，烟气饱满，口感舒适。	三类烟 混合型
		都宝（新）	11毫克/支	①精选国内优质烤烟和白肋烟，并进行自然发酵。②运用与BAT合作的独特香料体系。③香气浓郁、自然厚实，烟气饱满，吃味醇和、满足感强，口感干爽。	三类烟 混合型
		都 宝（银时尚）	7毫克/支	①精选国内外优质烟叶。②面向中国台湾市场。③香气浓馥、丰富、醇和、混合型香气风格明显，烟气浓郁谐调、柔和细腻，口味干净舒适。	三类烟 混合型
		都宝（国际）	10毫克/支	①中式混合型卷烟内涵突出，具有烤烟型的充足香气，点缀部分晾晒烟，具有混合型卷烟满足的吃味和舒适的口感。②面向国际市场。③香气平衡、谐调，余味干净、舒适、自然、生津。	三类烟 混合型

续表

企业	品牌	规格	焦油量	产品风格、自有特色	备注
安徽中烟工业公司	都宝	都宝（5mg）	5毫克/支	①在“都宝（银时尚）”的基础上，采用全新辅料、技术降低焦油含量。②面向中国台湾市场。③香气优雅，烟气柔和、顺畅，口感舒适，余味干净。	三类烟 混合型 2009年新产品
		都宝（纯正3号）	3毫克/支	①运用了与项目管理协会（PMI）的合作技术，是自主开发的超低焦油产品。②使用全叶组膨胀技术和美国白肋烟个性化的处理技术。③具备晾晒烟特征，香气优雅丰富，口味纯正，烟气柔和细腻，基本无刺无杂，余味舒适干净。	三类烟 混合型 2009年新产品
		都宝（纯正6号）	6毫克/支	①运用与项目管理协会（PMI）的合作技术，是自主开发的中低焦油产品。②运用白肋烟分模块加料和工艺处理综合技术。③具备晾晒烟特征，香气丰富饱满，口味纯正，烟气柔和细腻、杂气少、刺激性小，余味舒适干净。	三类烟 混合型 出口烟 2009年新产品
		都宝（纯正9号）	9毫克/支	①运用与项目管理协会（PMI）的合作技术，是自主开发的中低焦油产品。②运用白肋烟分模块加料和工艺处理综合技术。③具备晾晒烟特征，香气丰富饱满，口味纯正，烟气厚实、满足感好，余味舒适干净。	四类烟 混合型 出口烟 2009年新产品
		都宝（红10mg）	10毫克/支	①面向国际市场的美式混合型卷烟，在罗马尼亚生产、销售。②香气浓郁，烟气饱满，吃味醇厚，口感舒适干净。	混合型 出口烟
		都宝（蓝8mg）	8毫克/支	①面向国际市场，具有典型的美式混合型卷烟的特征，在国内制丝，在蒙古卷制、包装、销售。②香气优雅自然，烟气流畅柔和，口味纯正舒适。	混合型 出口烟
		都宝（银6mg）	6毫克/支	①面向国际市场的低焦油卷烟，在罗马尼亚生产、销售。②香气清雅，烟气柔和，余味干净。	混合型 出口烟
	盛唐	盛唐（金）	13毫克/支	具有清甜奶香气，烟气厚实饱满，余味干净舒适。	四类烟 烤烟型
		盛唐（吉祥）	11毫克/支	①使用单头转移内衬纸。②香气较充足、较饱满，余味舒适。	四类烟 烤烟型

续表

企　业	品　牌	规　格	焦油量	产品风格、自有特色	备　注
安徽中烟工业公司	红三环	红三环（红）	13 毫克/支	香气较浓馥、充足饱满，有较强的生理强度，满足感较强，口感舒适。	四类烟烤烟型
		红三环（幸福篇）	13 毫克/支	香气较浓馥、充足饱满，有较强的生理强度，满足感较强，口感舒适。	四类烟烤烟型
		红三环（硬黄）	12 毫克/支	香气充足、满足感较强，生理满足感较强，口感较舒适。	五类烟烤烟型
		红三环（渡江）	13 毫克/支	①使用单头转移内衬纸。②香气充足饱满，生理满足感较强，口感舒适。	五类烟烤烟型
		红三环（软黄）	12 毫克/支	①使用单头转移内衬纸。②香气充足，满足感较强，口感较舒适。	五类烟烤烟型
		红三环（喜庆）	12 毫克/支	①使用单头转移内衬纸。②香气较充实，满足感较强，口感较舒适。	五类烟烤烟型
福建中烟工业公司	七匹狼	七匹狼（圣典）	12 毫克/支	①采用超长滤嘴。②包装整体风格简练大方，整体采用丝印工艺并结合印钞专用油墨。	一类烟烤烟型
		七匹狼（雅典）	12 毫克/支	①定位于“新一类烟的典范”的象征性产品。②产品包装简洁、典雅。③用料考究，口感上乘。	一类烟烤烟型
		七匹狼（软灰）	13 毫克/支	①人工片选国内外优质烤烟。②运用国际先进的无氟及过滤技术、HXD 烘丝工艺。	一类烟烤烟型
		七匹狼（醇典）	5 毫克/支	①率先采用双重提香降焦工艺，辅以科学合理的卷烟材料设计和先进的数字化加工技术，在完好保留烟草本香的基础上，有效降低烟气中的有害物质含量。②口感醇和、清香。	一类烟烤烟型
		七匹狼（纯金）	12 毫克/支	①精选永定上等烤烟，组合津巴布韦、巴西等世界优质烟叶精心调配。②具有醇、柔、香、甜的风格特征。	一类烟烤烟型
		七匹狼（尚品）	12 毫克/支	①精选国内外名烟产地的优质烟叶。②嗅香津甜，烟香醇和，烟气绵长细腻、流畅飘逸，余味回甘生津。	一类烟烤烟型 2009 年新产品
		七匹狼（软红）	13 毫克/支	①选用上等烟叶，经多年自然醇化和人工筛选；采用最新减害技术，有效降低烟气中有害物质及杂气。②软包装富于质感，采用镭射铝箔、拉线等高科技材料。③香气自然飘逸，口感醇和柔滑。	二类烟烤烟型
		七匹狼（红）	13 毫克/支	选用高质量烟叶。	二类烟烤烟型

续表

企 业	品 牌	规 格	焦油量	产品风格、自有特色	备 注
福建中烟工业公司	七匹狼	七匹狼（枣红新）	13 毫克/支	①精选国内外优质烤烟，烟丝光泽油润，辅以国内外独特纯天然香精香料。②采用镭射光柱拉丝纸、钞线防伪、镭射金箔、竖罗纹盘纸、烫金水松纸、镭射拉线等技术措施。③闻香幽雅，香气细腻圆润、幽雅绵长，有较好的生津回甜感。	三类烟烤烟型
		七匹狼（豪迈）	12 毫克/支	①香气主要以自然烟香为主，辅以天然植物提取的辛香、果香及腌制的蜜饯香。②在保证香气和满足感的前提下，着重降低喉部的刺激性、分散劲头感。③香气醇和、自然、饱满，吸味细腻、柔和，有较好的生津感。	三类烟烤烟型
		七匹狼（豪运）	13 毫克/支	烟气细腻圆润、浓度适中、回甜感好，具有舒适优雅的甜香、果香和干草香。	三类烟烤烟型
		七匹狼（白）	13 毫克/支	“七匹狼”系列最早的产品。	三类烟烤烟型
		七匹狼（金）	13 毫克/支	劲头适中，无刺激性杂气，香气饱满、醇和，回味甘甜。	三类烟烤烟型
		七匹狼（蓝）	8 毫克/支	①完全手工精选津巴布韦上等烟叶，采用自然醇化工艺。②香气更为醇和、饱满，余味更显纯净、清雅。	三类烟烤烟型
		七匹狼（古田）	13 毫克/支	烟味纯正，香气细腻、醇和，余味舒适、干净，有较好的清甜风格。	四类烟烤烟型
		七匹狼（豪情）	13 毫克/支	①精选优质烤烟，原料经多年自然醇化。②烟气细腻、饱满，口感柔顺、舒适。	四类烟烤烟型
	厦门	厦 门（珍品）	13 毫克/支	①精选国内外优质烟叶原料。②香气充足丰富、柔和细腻，烟气流畅，余味舒适。	一类烟烤烟型
		厦 门（礼珍品）	13 毫克/支	①精选国内外优质烟叶原料。②香气充足丰富、柔和细腻，烟气流畅，余味舒适。	一类烟烤烟型
	金桥	金 桥（国际）	12 毫克/支	①集 17 种世界顶级烟叶于香气、口感、燃烧的各方面优势。②烟香醇净明亮，烟气和谐顺爽。	一类烟混合型
		金 桥（英伦奶香）	6 毫克/支	有茶香沁心、奶香馥郁之感，烟香醇正。	二类烟混合型
		金 桥（红国际）	11 毫克/支	精选多种优质烟草产区的自然成熟烟叶，经独特叶组配方调配，同时具备中式烤烟高满足性和国际混合型卷烟低焦油的双重优势。	三类烟混合型

续表

企 业	品 牌	规 格	焦油量	产品风格、自有特色	备 注
福建中烟工业公司	金桥	金桥（硬）	8毫克/支	①选用国内外优质烤烟、上等晾晒烟，并经自然醇化。②烟香饱满丰富，香气细腻绵长，余味醇和舒适，嗅香清新。	三类烟混合型2009年新产品
		金 桥（软混）	13毫克/支	包装方正，外观平整清洁；外包玻璃纸密封性在国内同类产品质检中领先。	四类烟混合型
	石狮	石 狮（沉香）	13毫克/支	充分保留了原“沉香（盖）”的产品特点和风格，仅在包装外观上进行了调整。	四类烟烤烟型
		石 狮（富健）	12毫克/支	充分保留了原“富健（软）”的产品特点和风格，仅在包装外观上进行了调整。	五类烟烤烟型
江西中烟工业有限责任公司	金圣	金 圣（盛世典藏）	13毫克/支	香气纯正高雅，烟气细腻醇和、刺激性小，余味干净舒适。	一类烟烤烟型
		金 圣（听典藏）	13毫克/支	香气丰富优雅，烟气细腻柔和、刺激性较小，余味干净舒适。	一类烟烤烟型
		金 圣（硬典藏）	13毫克/支	香气丰富优雅，烟气细腻柔和、刺激性较小，余味干净舒适。	一类烟烤烟型
		金 圣（吉品）	13毫克/支	香气丰富饱满，烟气透发性较好、刺激性较小，余味干净舒适。	一类烟烤烟型
		金 圣（典藏·本草香）	12毫克/支	香气纯正优雅、透发性好，烟气细腻醇和、刺激性小，余味干净舒适。	一类烟烤烟型2009年新产品
		金 圣（尚品200）	12毫克/支	香气醇和饱满，透发性好，烟气细腻柔和、刺激性较小，余味干净舒适。	一类烟烤烟型2009年新产品
		金 圣（硬黑带）	10毫克/支	香气丰富淡雅、透发绵长、刺激性较小，余味干净舒适。	二类烟烤烟型
		金 圣（硬）	13毫克/支	香气丰富饱满，烟气透发绵长、刺激性较小，烟草香、药草香谐调较好，余味干净舒适、有生津感。	三类烟烤烟型
		金 圣（蓝）	13毫克/支	香气丰富淡雅，烟气透发飘逸、刺激性较小，余味干净舒适。	三类烟烤烟型
		金 圣（祥和）	11毫克/支	香气丰富饱满，烟气飘逸顺滑、刺激性较小，余味干净、舒适、回甜。	三类烟烤烟型
		金 圣（软红）	13毫克/支	香气丰富浓郁，烟气柔和绵长、刺激性较小，余味干净、舒适。	三类烟烤烟型
		金 圣（软）	13毫克/支	香气丰富饱满，烟气透发绵长、刺激性较小，烟草香、药草香谐调较好，余味干净舒适、有生津感。	三类烟烤烟型

续表

企 业	品 牌	规 格	焦油量	产品风格、自有特色	备 注
江西中烟工业有限责任公司	庐山	庐山（珍品）	13毫克/支	香气厚实浓郁、刺激性较小，余味干净、舒适、回甜。	三类烟烤烟型
		庐山（鸿运）	13毫克/支	香气丰富饱满，烟气透发绵长、刺激性较小，余味干净舒适、有生津感。	三类烟烤烟型2009年新产品
		庐山（精品）	13毫克/支	香气丰富浓郁，烟气透发绵长、刺激性较小，余味干净舒适。	四类烟烤烟型
		庐 山（黄精品）	13毫克/支	香气丰富浓郁，烟气透发绵长、刺激性较小，余味干净舒适。	四类烟烤烟型
		庐山（好运）	12毫克/支	香气丰富厚实，烟气透发绵长、劲头适中、刺激性较小，余味干净舒适。	四类烟烤烟型
		庐山（银）	11毫克/支	香气厚实浓郁，烟气透发性较好、劲头适中、刺激性中等，余味干净舒适。	四类烟烤烟型
		庐山（硬）	11毫克/支	香气厚实透发、满足感较好，劲头适中、略有刺激，余味较干净舒适。	五类烟烤烟型
		庐山（新）	11毫克/支	香气厚实透发、满足感较好，劲头适中、略有刺激，余味较干净舒适。	五类烟烤烟型
		庐山（软）	11毫克/支	香气厚实透发、满足感较好，劲头适中、略有刺激、显现少量木质气，余味较干净舒适。	五类烟烤烟型
	赣	赣（硬红金）	13毫克/支	香气丰富浓郁，烟气透发绵长、刺激性较小，余味干净舒适。	二类烟烤烟型
		赣（佳品）	13毫克/支	香气厚实浓郁，烟气透发、刺激性较小，余味干净舒适。	四类烟烤烟型
		赣（蓝）	11毫克/支	香气厚实浓郁、满足感较好，劲头适中、略有刺激，余味较干净舒适。	四类烟烤烟型
	月兔	小月兔	11毫克/支	香气厚实浓郁、透发性较好，劲头适中、略有刺激，余味较干净舒适。	四类烟烤烟型
		月兔（硬）	11毫克/支	香气厚实透发、满足感较好，劲头适中、刺激性中等，显现少量木质气，余味较干净舒适。	五类烟烤烟型
	南方	南方（千禧）	11毫克/支	香气厚实透发、满足感较好，劲头适中、略有刺激，略有木质气，余味较干净舒适。	五类烟烤烟型
		南方（软红）	11毫克/支	香气厚实浓郁、满足感较好，劲头适中、略有刺激，余味较干净舒适。	五类烟烤烟型
山东中烟工业公司	泰山	泰山（儒风）	12毫克/支	①香气为独特的草本木香。②具有清晰头香和适度回甘。③格调清正高远，口味纯正净雅。	一类烟烤烟型

续表

企业	品牌	规格	焦油量	产品风格、自有特色	备注
山东中烟工业公司	泰山	泰山（新品）	15 毫克/支	吸味醇正绵长、口感细腻舒适。	一类烟 烤烟型
		泰山（将军）	13 毫克/支	香气醇和、甜润、细腻、飘逸而不沉闷，口感圆润，余味干净、无杂气。	一类烟 烤烟型
		泰山（乐章）	5 毫克/支	①精选优质产区的优质烟叶；运用了十余种环保辅料的低焦油烤烟。②口感醇顺绵长，余味回甘。	一类烟 烤烟型
		泰山（望岳）	8 毫克/支	苔青风格，兼有茴青香气，香气平和、多韵、绵长、和顺、丰满，余味回甜生津、清香优雅。	二类烟 烤烟型
		泰山（八喜）	8 毫克/支	苔青风格，兼有茴青香气，香气平和、多韵、绵长、和顺、丰满，余味回甜生津、清香优雅。	二类烟 烤烟型
		泰山（东方）	13 毫克/支	吸味醇正细腻、平和顺畅，烟香优雅，香气高雅，回味绵长甘甜。	二类烟 烤烟型
		泰山（华贵）	13 毫克/支	香气甜润丰满，口感干净舒爽。	二类烟 烤烟型
		泰山（宏图）	13 毫克/支	口感醇正柔和、和顺细致，烟味优美，香气飘逸，回味绵长甘甜。	二类烟 烤烟型
		泰山（观云）	10 毫克/支	①精选国内外优质烟叶，自然醇化 3 年以上。②烟气丰富、细腻、柔和，口感舒适干净，回味绵延悠长。	二类烟 烤烟型 2009 年 新产品
	将军	将军（功勋）	15 毫克/支	配方精细，吸味甜润，烟气饱满，香气醇厚，回味绵长。	二类烟 烤烟型
		将军（国际）	12 毫克/支	内含天然活性物质，其有效成分选自金银花、草珊瑚等天然植物中低温萃取。	二类烟 烤烟型
		将军（尚勇）	13 毫克/支	采用低温干燥技术，保存烟草自然本香。	三类烟 烤烟型
		将军（亮银）	13 毫克/支	香气清香醇和、高雅甜润、自然飘逸，刺激性小、无杂气。	三类烟 烤烟型
		将军（琥珀）	14 毫克/支	烟丝油润光亮，吸味浓郁纯净，口味芬芳怡人，回味悠长。	三类烟 烤烟型
		将军（特醇）	15 毫克/支	烟气流畅，香气细腻柔和。	四类烟 烤烟型
		将军（普通）	15 毫克/支	国际烤烟型。	四类烟 烤烟型

续表

企 业	品 牌	规 格	焦油量	产品风格、自有特色	备 注
山东中烟工业公司	哈德门	哈德门（王府）	14 毫克/支	纯天然植物花卉萃取的香精和从美国优质烟叶中提取的致香成分，与烟草本香配伍，谐调自然，优雅甜润。	三类烟烤烟型
		哈德门（醇香）	14 毫克/支	烟丝油润金黄，继承并发展了香气芬芳飘逸、口味纯净舒适的传统口味特征，采取特殊加工工艺确保生津回甜特色。	三类烟烤烟型
		哈德门（精品）	12 毫克/支	①应用多种新技术、新材料、新工艺。②香气芬芳飘逸，口味纯净舒适。	四类烟烤烟型
		哈德门（软）	14 毫克/支	复合香香气风格，烟气醇和饱满，劲头适中，香气芬芳、绵软、悠长，香韵丰富。	五类烟烤烟型
	壹枝笔	壹枝笔（新贵）	14 毫克/支	烟气流畅，香气细腻柔和，吸味独特。	三类烟烤烟型
	八喜	八喜（贵宾）	9 毫克/支	烟气流畅，香气细腻柔和，吸味独特。	三类烟烤烟型
河南中烟工业有限责任公司	黄金叶	黄金叶（茗仕之风）	13 毫克/支	①装潢采用徊文镂空工艺，小盒为开放式盒型，条装采用一次性撕口设计。②香气醇正清雅，烟气圆润细腻，入喉自然顺畅，余味纯净回甜。	一类烟烤烟型
		黄金叶（天叶）	12 毫克/支	①运用叶组配方、调香及香味补偿等技术。②突出“醇香、温润”的风格特征，香气醇厚优雅，烟气柔顺奔放、柔中带刚，口感充实饱满、细腻流畅，余味甜爽舒适。	一类烟烤烟型 2009 年新产品
		黄金叶（软大金圆）	13 毫克/支	①运用综合减害降焦及香味补偿技术。②香气醇正飘逸、留香持久，烟气细腻滑润、柔和顺畅，余味纯净舒适、回甜自然。	一类烟烤烟型 2009 年新产品
		黄金叶（世纪之星）	13 毫克/支	烟香自然丰满，烟气细腻流畅，劲头中等，余味干净，口感舒适。	三类烟烤烟型
		黄金叶（世纪之光）	13 毫克/支	烟香谐调丰满，烟气柔和顺畅，劲头浓度适中，余味纯净舒适。	四类烟烤烟型
	帝豪	帝 豪（一代天骄）	12 毫克/支	①运用涡流低温保香及造纸法薄片、功能性香料等技术。②烟香清雅悠长，香韵丰满悦人，烟气细腻滑润，余味甘甜舒适，留香持久。	一类烟烤烟型
		帝 豪（盛世金典）	13 毫克/支	香气醇正清雅，烟气柔和细腻，入喉自然顺畅，余味干净舒适。	一类烟烤烟型
		帝 豪（国风）	12 毫克/支	①采用高效滤材，有效降低烟气焦油及有害成分。②烟香清新飘逸、细腻丰满，烟气柔和顺畅，入喉圆润，余味纯净舒适，回甜悠长。	一类烟烤烟型

续表

企　业	品　牌	规　格	焦油量	产品风格、自有特色	备　注
河南中烟工业有限责任公司	帝豪	帝　豪（风华）	12 毫克/支	①运用涡流低温保香技术，并辅以成熟的综合降焦技术，保持了烟香的饱满。②包装采用独特的八角设计。③烟香醇正饱满，入喉充实流畅，余味纯净舒适。	二类烟烤烟型
		帝　豪（硬金黄）	13 毫克/支	①运用造纸法薄片、功能性香料等综合技术。②包装采用八角设计。③烟香清雅，烟气细腻、滑润、自然，余味甘甜、舒适，留香持久，回甜悠长。	三类烟烤烟型
	红旗渠	红旗渠（嘉年华）	13 毫克/支	①采用软硬包设计。②烟香自然丰满，烟气流畅，劲头中等，余味干净，口感舒适。	三类烟烤烟型
		红旗渠（天行健）	12 毫克/支	烟香醇正丰满，烟气细腻流畅，劲头适中，余味纯净舒适。	三类烟烤烟型
		红旗渠（硬金红）	13 毫克/支	烟香丰富饱满，烟气细腻流畅，劲头浓度中等，回味甘甜生津。	三类烟烤烟型
		红旗渠（天河之星）	13 毫克/支	①运用通风稀释、造纸法薄片、膨胀烟丝等综合降焦技术。②烟香醇正丰满，烟气流畅，劲头适中，余味纯净舒适。	三类烟烤烟型
		红旗渠（新开元）	12 毫克/支	①运用造纸法薄片、香味补偿等综合技术。②香气清雅飘逸，烟气柔和绵长，余味甜润舒适，劲头浓度适中，有较好的耐抽性和满足感。	三类烟烤烟型 2009 年新产品
		红旗渠（新世纪）	13 毫克/支	烟香谐调丰满，烟气柔和顺畅，劲头浓度适中，余味纯净舒适。	四类烟烤烟型
		红旗渠（银河之光）	12 毫克/支	①运用通风稀释、造纸法薄片、膨胀烟丝等综合降焦技术。②烟香醇正，烟气流畅，劲头适中，余味纯净。	四类烟烤烟型
		红旗渠（世纪之光）	13 毫克/支	烟香谐调丰满，烟气柔和顺畅，劲头浓度适中，余味纯净舒适。	四类烟烤烟型
		红旗渠（长河之韵）	12 毫克/支	香气充足，烟气顺畅，劲头适中，余味较净。	四类烟烤烟型
		红旗渠（硬银）	13 毫克/支	烟香谐调丰满，烟气柔和顺畅，劲头浓度适中，余味纯净舒适。	四类烟烤烟型
		红旗渠（软白）	12 毫克/支	香气充足，烟气顺畅，劲头适中，余味较净。	五类烟烤烟型
		红旗渠（软红）	12 毫克/支	香气充足，烟气顺畅，劲头适中，余味较净。	五类烟烤烟型

续表

企 业	品 牌	规 格	焦油量	产品风格、自有特色	备 注
河南中烟工业有限责任公司	散花	散花（软蓝）	13 毫克/支	香气谐调充足，烟气顺畅，劲头适中，余味较净。	五类烟烤烟型
	沙河	沙河（吉祥）	13 毫克/支	香气谐调充足，烟气顺畅，劲头适中，余味较净。	五类烟烤烟型
	金许昌	金许昌（银星）	13 毫克/支	烟香醇正丰满，烟气细腻滑润，入喉充实流畅，口感纯净舒适。	四类烟烤烟型
		金许昌（硬红）	13 毫克/支	香气充足，烟气顺畅，劲头适中，余味较净。	四类烟烤烟型
		金许昌（软红）	13 毫克/支	香气充足，烟气细腻顺畅，劲头适中，余味较净。	五类烟烤烟型
湖北中烟工业有限责任公司	黄鹤楼	黄鹤楼（软 1916）	10 毫克/支	①从每 200 千克上等烟叶中精选出 1 千克烟叶作为原料；采用专利金属质感水松纸。②烟支长度为 70 毫米。	一类烟烤烟型
		黄鹤楼（硬 1916）	10 毫克/支	①从每 200 千克上等烟叶中精选出 1 千克烟叶作为原料。②采用早晚分时吸食的双层收纳式盒型，不同的烟支分区存放、分时吸食。	一类烟烤烟型
		黄鹤楼（软漫天游）	10 毫克/支	采取“74 毫米短装软包”的全新包装，每支卷烟均采用自有“全息洗铝”专利技术，实现支支防伪。	一类烟烤烟型
		黄鹤楼（硬漫天游）	10 毫克/支	采取“宽盒双 + 对开硬包”的全新包装，每支卷烟均采用自有“全息洗铝”专利技术。	一类烟烤烟型
		黄鹤楼（软论道）	8 毫克/支	①添加特别调配的功能烟丝和香精。②采用 DNA 防伪技术。	一类烟烤烟型
		黄鹤楼（软珍品）	10 毫克/支	①焦油量和 CO 量双双低至 10 毫克。②采用深蓝珠光加长滤嘴。	一类烟烤烟型
		黄鹤楼（硬论道）	12 毫克/支	①包装采用黑红两色，侧面为于右任的手书字体。②添加特别调配的功能烟丝和香精。	一类烟烤烟型
		黄鹤楼（硬珍品）	10 毫克/支	焦油量和 CO 量双双低至 10 毫克。	一类烟烤烟型
		黄鹤楼（软满天星）	12 毫克/支	采用最新生物降害技术，突现烟草本香，口感细腻。	一类烟烤烟型
		黄鹤楼（硬满天星）	12 毫克/支	采用最新生物降害技术，突现烟草本香，口感细腻。	一类烟烤烟型
		黄鹤楼（软红）	12 毫克/支	烟丝金黄，烟气细腻。	一类烟烤烟型
		黄鹤楼（硬红）	12 毫克/支	烟丝金黄，烟气细腻。	一类烟烤烟型
		黄鹤楼（硬雅香）	12 毫克/支	烟气绵、柔、细、甜、津、净，香气芳香溢扬。	一类烟烤烟型

续表

企　业	品　牌	规　格	焦油量	产品风格、自有特色	备　注
湖北中烟工业有限责任公司	黄鹤楼	黄鹤楼（软蓝）	12毫克/支	①所用烟叶均经多年自然醇化。②口味飘柔淡雅、回味甘甜。	一类烟烤烟型
		黄鹤楼（软金砂）	12毫克/支	采用了天然本草香料。	一类烟烤烟型
		黄鹤楼（硬金砂）	12毫克/支	①特别添加产自环神农架地区的“金神农”原生态烟叶，天然富硒。②风格为自然清新的雅香型。	二类烟烤烟型
	红金龙	红金龙（硬百年）	12毫克/支	包装低调内敛，简约别致，同时呼应获万国博览会金奖的历史。	三类烟烤烟型
		红金龙（硬火之舞）	10毫克/支	以国内外优质烟叶为主，体现“烟草本味、饱满醇厚”的口味风格。	三类烟烤烟型
		红金龙（硬红火之舞）	13毫克/支	包装及滤嘴均采用红色，配合火焰底纹。	三类烟烤烟型
		红金龙（软精品）	13毫克/支	①使用了再造烤烟烟叶。②嗅香舒适愉快，吸味醇和柔顺，香气丰满飘逸，口感纯净舒适、回味悠长。	三类烟烤烟型
		红金龙（硬红精品）	8毫克/支	①采用恩施富硒烟叶。②通过AAS活性转移技术降低卷烟焦油和烟气中有害物质的危害。	三类烟烤烟型
		红金龙（硬祥龙）	12毫克/支	①采用自然醇化3年的鄂西富硒烟叶。②从艾草中提炼“艾油”植物活性成分添加到配方中，降低烟气中苯并芘、自由基等有害成分含量。	三类烟烤烟型
		红金龙（硬神州腾龙）	13毫克/支	①原料以国内外优质烟叶为主。②香气清雅，烟气细腻柔和，余味干净舒适。	三类烟烤烟型
		红金龙（硬佳品）	13毫克/支	①精选优质烟叶，并经酵藏醇化，调配多种香料。②香气醇净丰满。	四类烟烤烟型
		红金龙（硬九州腾龙）	13毫克/支	①使用再造烤烟烟叶及进口优质香料香精。②吸味醇和柔顺，口感纯净自然，香气丰满飘逸、柔顺绵长。	四类烟烤烟型
		红金龙（软红九州腾龙）	13毫克/支	产品口感柔和顺畅。	四类烟烤烟型
		红金龙（硬红）	11毫克/支	①运用了增香、降刺、除杂、柔和烟气、改善余味、生津回甜等板块香精的调配技术成果。②本香突出，香气和谐，风格为柔、细、净。	四类烟烤烟型
		红金龙（软九州腾龙）	13毫克/支	产品口感柔和顺畅。	四类烟烤烟型

续表

企 业	品 牌	规 格	焦油量	产品风格、自有特色	备 注
湖北中烟工业有限责任公司	红金龙	红金龙（软蓝九州腾龙）	13 毫克/支	①按照“多地区、小比例、多等级”原则，合理搭配烟叶；对叶组采用针对性加香加料处理，有效减少刺激、杂气。②烟气柔和，口感舒适，具有独特的烟支嗅香和开包香。	四类烟烤烟型
		红金龙（硬虹之彩）	12 毫克/支	口感圆润、回甜、留香。	四类烟烤烟型
		红金龙（硬喜）	11 毫克/支	吸味纯正，口感清爽。	五类烟烤烟型
		红金龙（软虹之彩）	11 毫克/支	烟气饱满，香气浓郁、富满足感。	五类烟烤烟型
	红双喜	红双喜（硬）	11 毫克/支	口感醇和，香气足。	五类烟烤烟型
		红双喜（软）	11 毫克/支	口感饱满醇厚。	五类烟烤烟型
	黄金龙	黄金龙（硬）	11 毫克/支	无杂气，余味舒适。	五类烟烤烟型
湖南中烟工业有限责任公司	相思鸟	相思鸟（软）	13 毫克/支	嗅香带有甜润烟草香，香气充足，烟气柔和。	五类烟烤烟型
	红豆	红豆（白）	13 毫克/支	偏浓郁而丰富的香气，嗅香独特，烟气圆润充实。	五类烟烤烟型
	芙蓉	芙蓉（精品）	13 毫克/支	嗅香微有焦糖香、膏香和烤烟酵香的清甜感，香气清雅，烟气醇和，余味纯净，口感舒适。	三类烟烤烟型
		芙蓉（佳品）	12 毫克/支	嗅香微有酸甜香、酵香，香气丰富，烟气柔和，余味较舒适。	四类烟烤烟型
		芙蓉（黄后）	13 毫克/支	嗅香微有焦糖香、膏香和烤烟酵香的清甜感，香气清雅，烟气醇和，余味纯净，口感舒适。	四类烟烤烟型
		芙蓉（软橙）	13 毫克/支	嗅香微有酸甜香，香气充足，烟气柔和。	五类烟烤烟型
		芙蓉（黄）	12 毫克/支	嗅香微有酸甜香，香气充足，烟气柔和。	五类烟烤烟型
		芙蓉（软红）	12 毫克/支	嗅香微有酸甜香，香气充足，烟气柔和。	五类烟烤烟型
	芙蓉王	芙蓉王（硬）	13 毫克/支	①亚金包装。②以“自然烟香”为基准风格特征，即烟草香浓、纯正优雅，带有谐调一致的清甜韵与焦甜韵，烟气柔和细腻，回味悠长。	一类烟烤烟型
		芙蓉王（蓝）	12 毫克/支	①蓝色 CPF 滤嘴降低焦油释放，提升烟气感受。②深蓝金边包装。③以“自然烟香”为基准风格特征，突显烟气的柔和细腻。	一类烟烤烟型

续表

企　业	品　牌	规　格	焦油量	产品风格、自有特色	备　注
湖南中烟工业有限责任公司	芙蓉王	芙蓉王（蔚蓝星空）	11 毫克/支	①蓝色 SDR 滤嘴降低焦油释放，提升烟气层次感。②软包硬化，蓝底月影包装。③以“自然烟香”为基准风格特征，突显香气集中丰满、烟气柔和细腻。	一类烟烤烟型
		芙蓉王（软蓝）	10 毫克/支	①蓝色 CPA 加长滤嘴降低焦油释放。②深蓝暗纹软包，时尚典雅。③以“自然烟香”为基准风格特征，香气优雅醇厚。	一类烟烤烟型
		芙蓉王（钻石）	10 毫克/支	①COR 滤嘴高档时尚并提高安全保障。②蓝宝石色调包装。③以“自然烟香”为基准风格特征。	一类烟烤烟型
		芙蓉王（软金）	11 毫克/支	香气清雅，烟气细腻丰满，吸味纯正，余味清爽绵长、醇和爽净，余味生津返甜。	一类烟烤烟型
	白沙	白　沙（和天下）	13 毫克/支	①具有清香、中间香、浓香、陈烟香、成熟烟香完美复合的香气，烟香纯正，饱满细腻。②烟气湿润、柔和，口感纯正，余味纯净、舒适、生津返甜。	一类烟烤烟型
		白　沙（和钻石）	12 毫克/支	①具有清香、中间香、浓香、陈烟香、成熟烟香复合的香气，烟香纯正，饱满细腻。②烟气湿润、柔和，口感纯正，余味纯净、舒适、生津返甜。	一类烟烤烟型
		白沙（珍品）	13 毫克/支	①复合香型，香气清雅、浓馥，烟香丰富、谐调自然。②烟气细腻、湿润、圆顺，劲头适中，无刺激，无不良气息，余味生津返甜、纯净舒适。	一类烟烤烟型
		白沙（紫和）	12 毫克/支	①复合香型，香气清雅透发、浓郁厚实，香气浑然天成，过渡自然。②烟气湿润、细腻，口感纯正，无不良气息，余味纯净、舒适，留味生津返甜。	一类烟烤烟型
		白沙（红和）	13 毫克/支	①复合香型，烟香丰富和谐。②烟气细腻、湿润、柔顺，口感纯正，劲头适中，余味纯净舒适、生津返甜。	二类烟烤烟型
		白　沙（精品二代）	13 毫克/支	①复合香型，烟香丰富、和谐。②烟气细腻、湿润、柔顺，口感纯正，劲头适中，余味纯净、舒适、生津返甜。	二类烟烤烟型
		白　沙（软精品）	13 毫克/支	①复合香型，清香、浓香、中间香复合自然，香气丰富细腻。②烟气湿润、柔顺，口感纯正，劲头适中，余味纯净、舒适、生津返甜。	二类烟烤烟型
		白　沙（银世界）	13 毫克/支	①香气高雅、醇和、丰满、透发。②烟气湿润，口感纯正，无杂气，余味纯净、舒适、生津返甜，劲头适中。	二类烟烤烟型

续表

企 业	品 牌	规 格	焦油量	产品风格、自有特色	备 注
湖南中烟工业有限责任公司	白沙	白 沙（硬鹤翔）	13毫克/支	复合香型，以烟草本香、陈烟香为底蕴，衬以果香、甜香、坚果香，口感舒适感强，满足感适中。	二类烟烤烟型
		白 沙（硬金尚品）	12毫克/支	①以成熟烟草本香、陈烟香为底韵，衬以果甜香、奶油香、酸甜香；香气主体明显，层次感好，香气以丰浓见长。②香气优雅浓馥、饱满细腻，口感舒适、满足感好，烟气柔顺，余味干净清爽，微有自然烟草留味。	二类烟烤烟型
		白 沙（硬蓝尚品）	12毫克/支	①以成熟烟草本香、陈烟香为底韵，衬以果甜香、奶油香、酸甜香；香气主体明显，层次感好，香气以丰浓见长。②香气优雅浓馥、饱满细腻，口感舒适、满足感好，烟气柔顺，余味干净清爽，微有自然烟草留味。	二类烟烤烟型
		白 沙（硬白尚品）	8毫克/支	①以烟草本香、陈烟香为底韵，衬以果甜香、奶油香、坚果香；香气主体明显，层次感、丰富性好。②香气优雅浓馥、饱满细腻、绵长，口感舒适、满足感适中，余味干净清爽，微有自然烟草留味。	二类烟烤烟型
		白沙（精品）	13毫克/支	①中间偏浓香型，劲头适中，基本无刺激，香气高雅醇和。②烟气湿润，不干燥，香气满口、透发，口感纯正，无不良杂气，余味纯净、舒适，生津返甜。	三类烟烤烟型
		白沙（绿和）	11毫克/支	①中间偏浓香型，烟香高雅醇和，香气满口、透发。②烟气湿润、不干燥，口感纯正，劲头适中、基本无刺激，无不良杂气，余味纯净舒适、生津返甜。	三类烟烤烟型
		白 沙（软香槟）	13毫克/支	①中间偏浓香型，香气高档、醇和、丰满。②烟气柔和，劲头适中，无不良杂气，余味干净、舒适，有点生津返甜。	三类烟烤烟型
		白 沙（新精品）	12毫克/支	①复合香型，烟香丰富和谐、饱满细腻。②烟气湿润、柔顺，口感纯正，劲头适中，余味纯净、舒适、生津返甜。	三类烟烤烟型
		白 沙（硬香槟）	13毫克/支	①中间偏浓香型，香气高档、醇和、丰满。②烟气柔和，劲头适中，无不良杂气，余味干净、舒适，有点生津返甜。	三类烟烤烟型
		白沙（软）	13毫克/支	①浓偏中间香型，香气高档、醇和、丰满。②烟气柔和、满口、透发，微小刺激，劲头适中，无不良杂气，口腔干净、舒适，有点生津返甜。	四类烟烤烟型
		白沙（硬）	13毫克/支	①浓偏中间香型，香气高档、醇和、丰满。②烟气柔和，微小刺激，劲头适中，无不良杂气，口腔干净、舒适，有点生津返甜。	四类烟烤烟型

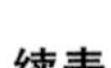

续表

企 业	品 牌	规 格	焦油量	产品风格、自有特色	备 注
	乒坛	乒坛（金红）	13 毫克/支	光泽油润，香气浓郁、丰满、谐调，吸味纯正和顺，余味干净。	四类烟烤烟型
		乒坛（硬白）	13 毫克/支	香气清雅，余味纯净舒适，吸味纯正和顺。	四类烟烤烟型
广东中烟工业有限责任公司	双喜	双 喜（典藏逸品）	9 毫克/支	①应用新型特制复合滤棒技术、特殊处理的瓦楞纸形成滤棒沟槽技术，使用混合浆卷烟纸，有效降低焦油含量及有害成分。②小盒及条盒采用异型翻盖小盒及推拉式条盒，采用丝网印刷及烫金工艺进行前处理，以手工方式裱制而成。③香气馥郁丰富、醇厚透发、细腻飘逸绵延，吸味醇和典雅，余味舒适、津甜、纯净。	一类烟烤烟型
		双 喜（硬逸品）	10 毫克/支	①应用新型特制复合滤棒技术、特殊处理的瓦楞纸形成滤棒沟槽技术，使用混合浆卷烟纸，有效降低焦油含量及有害成分。②香气丰富馥郁、醇厚透发、飘逸细腻，香气量足，吸味典雅醇和，余味舒适、津甜。	一类烟烤烟型
		双 喜（硬世纪经典）	11 毫克/支	①延续“高香”风格，提升香气品质和舒适度。②香气丰富细腻，醇厚悠长，吸味醇和典雅，余味舒适、生津回甜、清爽绵长。	一类烟烤烟型
		双 喜（硬经典 1906）	11 毫克/支	①应用新型特制复合滤棒技术，有效降低焦油含量及有害成分。②中式卷烟“原烟”风格的典型代表。③香气典雅醇厚、馥郁绵长、丰富透发，烟气细腻飘逸，无杂气、似有刺激，余味干净舒适、圆滑津润。	二类烟烤烟型
		双 喜（硬经典）	13 毫克/支	①中式卷烟“高香”的典型代表，高香气和高醇和度兼具。②香气丰富透发、优雅醇和，丰满、细腻、飘逸，口感舒适干净。	三类烟烤烟型
		双 喜（软经典）	13 毫克/支	①通过配方技术，高香气和高醇和度兼具。②香气丰富透发、优雅醇和，丰满、细腻、飘逸，口感舒适干净。	三类烟烤烟型
		双喜（硬）	13 毫克/支	高香、丰满、舒适的浓香风格，香气透发、丰富、浓郁，吸味丰满，余味干净舒适。	三类烟烤烟型
		双喜（软）	13 毫克/支	高香、丰满、舒适的浓香风格，香气透发、丰富、浓郁，吸味丰满，余味干净舒适。	三类烟烤烟型
		双喜（硬 01）	13 毫克/支	高香、丰满、舒适的浓香风格，香气透发、丰富、浓郁，吸味丰满，余味干净舒适。	三类烟烤烟型
		双喜（软 01）	13 毫克/支	高香、丰满、舒适的浓香风格，香气透发、丰富、浓郁，吸味丰满，余味干净舒适。	三类烟烤烟型

续表

企　业	品　牌	规　格	焦油量	产品风格、自有特色	备　注
广东中烟工业有限责任公司	双喜	双　喜（硬国际）	13 毫克/支	①延续"高香"风格，突出醇香风格。②香气透发丰富，吸味丰满醇和、细腻飘逸，余味干净舒适、清爽津甜。	三类烟烤烟型
		双　喜（软国际）	13 毫克/支	①延续"高香"风格，突出醇香风格。②香气透发丰富，吸味丰满醇和、细腻飘逸，余味干净舒适、清爽津甜。	三类烟烤烟型
	五叶神	五叶神（软红）	12 毫克/支	烟气柔和细腻、香气优雅，为中式低害卷烟。	一类烟烤烟型
		五叶神（硬红）	13 毫克/支	烟气柔和细腻、香气优雅，为中式低害卷烟。	一类烟烤烟型
		五叶神（硬绿）	13 毫克/支	烟气柔和细腻、香气优雅，为中式低害卷烟。	一类烟烤烟型
		五叶神（硬银）	13 毫克/支	烟气柔和细腻、香气优雅，为中式低害卷烟。	二类烟烤烟型
		五叶神（硬金）	13 毫克/支	烟气柔和细腻、香气优雅，为中式低害卷烟。	三类烟烤烟型
	红玫	红玫王（硬蓝）	10 毫克/支	①运用通风稀释技术等综合降焦技术的低焦油卷烟产品。②香气绵长，烟气细腻，余味舒适。	二类烟烤烟型
		红玫王（软蓝）	10 毫克/支	①运用通风稀释技术等综合降焦技术的低焦油卷烟产品。②香气绵长，烟气细腻，余味舒适。	三类烟烤烟型
		红玫王（硬）	11 毫克/支	①运用通风稀释技术等综合降焦技术的中低焦油卷烟产品。②香气清雅，烟气细腻，余味舒适。	三类烟烤烟型
		红玫（硬金）	13 毫克/支	香气浑厚透发，满足感强，余味舒适。	四类烟烤烟型
		红玫（软）	13 毫克/支	香气浑厚，满足感强，余味舒适。	五类烟烤烟型
	椰树	椰树（硬绿）	13 毫克/支	香气清雅，醇和细腻，香气量较足，余味舒适。	四类烟烤烟型
		椰树（硬）	13 毫克/支	香气沉溢、厚而留长，余味较干净、舒适。	四类烟烤烟型
		椰树（软）	13 毫克/支	香气形态顺畅，口感较舒适、余味较干净。	五类烟烤烟型
	羊城	羊城（硬红）	13 毫克/支	①美式混合型风格。②香气丰满浓馥，混合香气息突出、谐调，余味干净舒适。	四类烟混合型
		羊城（软红）	13 毫克/支	①美式混合型风格。②香气丰满浓馥，混合香气息突出、谐调，余味干净舒适。	五类烟混合型

续表

企 业	品 牌	规 格	焦油量	产品风格、自有特色	备 注
广东中烟工业有限责任公司	羊城	羊城（软白）	12 毫克/支	①美式混合型风格。②香气丰满醇和，吃味柔和，混合香气息突出、谐调，口感舒适、余味干净。	五类烟混合型
		羊城（软薄荷）	13 毫克/支	具薄荷清凉口味，烟气浓度适中，口感清新，余味舒畅。	五类烟外香型
广西中烟工业有限责任公司	真龙	真龙（海韵）	13 毫克/支	①烟叶原料为人工精选剪片而成。②香气高雅、细腻。	一类烟烤烟型
		真龙（神韵）	12 毫克/支	①烟叶原料为人工精选剪片。②使用名贵中草药添加剂、添加高科技微分子胶囊，配方经典。③香气饱满细腻、飘逸优雅，口味有层次感。	一类烟烤烟型
		真龙（金韵）	12 毫克/支	①精选国内外优质烟区优质烟叶，人工精选剪片，截取烟叶中部为原料，配方中不添加任何合成香精香料。②烟草本香自然透发、馥郁完美、和谐统一。	一类烟烤烟型
		真龙（盛世）	7 毫克/支	①产品风格为高香低焦。②原料以云南优质上等烟叶为主，结合国内外优质烟叶，所有原料以高档次、高要求、高品位为基准进行精选；采用纯天然香料，保持原烟香气、提高细腻质感，无刺激、无杂气。③采用激光打孔的通风滤嘴、埋线滤棒等高新技术，有效降烟气中的有害物质含量。④卷烟本香优雅绵长，口感细腻舒适，余味干净、甜润、细腻。	一类烟烤烟型
		真龙（鸿运）	13 毫克/支	①精选优质烟区优质烟叶，配方经典。②采用科技过滤嘴，双重净化，有效过滤烟气中的焦油含量、自由基等有害物质；盘纸采用 U70M35 直螺纹绿色环保型卷烟盘纸，含有 35% 绿色环保亚麻，使烟支燃烧时，烟灰灰白、挺拔不脱落。③烟香饱满、醇和、细腻，抽吸畅快，余味回甜悠长，突显烤烟韵味。	一类烟烤烟型
		真龙（天韵）	6 毫克/支	①以打造“中式低害卷烟”为理念，是“真龙”低焦系列产品。②采用通风滤嘴新技术、激光打孔水松纸，提高滤嘴的烟气稀释度，有效降低烟气中焦油量、CO 等有害成分；采用埋线滤棒技术，添加致香物质、功能型添加剂，解决低焦油卷烟的香气饱满度问题。③精选醇化 2 年左右的国内外上等烟叶，人工片选，并经过叶组配方师反复调整。④烟香丰富谐调，香气优美，口感干净、细腻、清甜。	一类烟烤烟型

续表

企 业	品 牌	规 格	焦油量	产品风格、自有特色	备 注
广西中烟工业有限责任公司	真龙	真龙（佳韵）	13毫克/支	①首创“柔香”口味，采用先进的分组加工工艺和生物补偿技术。②香气柔顺，口味醇和，余味干净，感觉舒适。	一类烟烤烟型2009年新产品
		真龙（轩云）	13毫克/支	①精选醇化2年以上的国内外上等烟叶为主料。②烟气丰满，口感细腻清甜，风格醇香。	二类烟烤烟型2009年新产品
		真龙（软娇子）	12毫克/支	①精选国内外优质烟叶。②香气丰满，烟香醇厚浓馥、饱满纯正，余味绵长。	三类烟烤烟型
		真龙（天翔）	13毫克/支	①原料采用高香气的巴西烟叶，香浓醇和；添加特征香明显的进口香精香料，烘托自然烟香，提升香韵；使用中草药添加剂，谐调烟香、消除杂气。②运用最新烟叶烘烤技术，在最佳温度上浓缩和固化烟香物质；电脑烟丝加香设备每秒喷洒出5亿粒香料液珠与原料充分混合，留香持久。	三类烟烤烟型2009年新产品
		真龙（珍品）	13毫克/支	①配方主料为国外优质进口烟叶，辅以国内上等烟叶；添加中草药天然丁香花蕾提取物，降害并改善口感。②传承特有的分组加工工艺和模块化配方技术。③使用功能型滤棒，大量吸附烟气中的有害成分。④香气浓郁、醇和、优雅。	三类烟烤烟型2009年新产品
		真龙（祥云）	13毫克/支	①添加带有分子开关的滤嘴添加剂、中草药烟用添加剂、生物薄片，有效降低有害烟气、焦油含量。②运用200CU的高透静电打孔卷烟纸。	三类烟烤烟型2009年新产品
		真龙（娇子）	13毫克/支	①添加进口优质巴西烟叶，提高了烟支密度。②采用直螺纹绿色环保亚麻卷烟纸，透气性高、燃速慢，降低烟气中的有害物质，有效延长吸食时间。③吸味醇和细腻、回甜感强。	四类烟烤烟型
	甲天下	甲天下（珍品）	13毫克/支	①精选国内外优质烟叶。②烟嘴采用高级烫金水松纸，烟支选用高透气度的直罗纹卷烟纸。③烟气细腻醇和。	三类烟烤烟型
		甲天下（精品）	12毫克/支	①采用自然醇化2年上的云南玉溪上等烟叶为主料，辅以贵州、湖南的优质烟叶，并采用进口天然优质香精香料。②香气清雅，烟气丰满，吸味细腻柔和，余味干净，回味津甜。	四类烟烤烟型
		甲天下（红）	13毫克/支	①精选自然醇化1年以上的云南、贵州优质烟叶，采用国内外优质天然香精香料。②风格为浓透清香型，烟丝金黄润泽，烟气柔和纯正，口感细腻醇和。	四类烟烤烟型

续表

企　业	品　牌	规　格	焦油量	产品风格、自有特色	备　注
	甲天下	甲天下（富）	13毫克/支	以“漓江百里图”的片断部分作包装图案，烟标设计获“世界之星金奖”。	四类烟烤烟型
		甲天下（漓江）	12毫克/支	①选用云南、贵州优质烟叶为主料。②劲头适中，香气清新，余味干净、有甜润感。	五类烟烤烟型
		甲天下（山水）	13毫克/支	①选用低焦油、高香气质的优质烟叶为主料，采用高档天然香精香料。②吸味丰满醇和，留香飘逸、清爽、舒畅。	五类烟烤烟型
川渝中烟工业公司	天子	天子（黄）	8毫克/支	①包装采用环保转移镭射卡纸，配以黄色主色调。②烟香细腻优雅，吸食感受舒适自然。	一类烟烤烟型
		天子（软黄）	12毫克/支	突出细、柔、净、甜的烟草本香，回味纯净，吸食感受细腻高雅。	一类烟烤烟型
	娇子	娇　子（天之娇子）	8毫克/支	嗅香为甜香，香气细腻纯正、幽雅绵长，烟气缠绵悠长，入喉顺畅、光滑，口感甜润。	一类烟烤烟型
		娇子（国宝）	13毫克/支	①应用具有自主知识产权、获五项国家发明专利的“超醇萃”减害专利技术，可以使烟气中的主要有害物质降低30%以上。②香气丰富协调、质感上层，烟气柔美绵厚、精致细密。	一类烟烤烟型
		娇子（精品）	12毫克/支	①包装运用全息定位烫、烫后印工艺，精致且具有防伪性。②嗅香为烟草甜香、果甜香、膏甜香，香气丰富、细腻、高雅，烟气轻柔缠绵，余味清爽纯净，口感湿润回甜，体现了香、雅、和、净的质量特性。	一类烟烤烟型
		娇子（锦绣）	10毫克/支	①应用具有自主知识产权、获五项国家发明专利的“超醇萃”减害专利技术，可以使烟气中的主要有害物质降低30%以上。②香气醇净自然。	一类烟烤烟型2009年新产品
		娇　子（黄天之娇子）	10毫克/支	香气优雅浓馥，烟草本香突出，蜜甜中带焦甜与清甜韵，香韵丰富自然，烟气细腻醇滑，口感清爽、纯净、舒适，回味悠长。	一类烟烤烟型2009年新产品
		娇　子（软紫国宝）	10毫克/支	①包装通体采用传统金线纹修饰，运用软包硬化的包装工艺、大面积全息防伪印刷技术。②运用自主创新的新一代减害技术，主要针对烟气中的多种致癌物质进行减害；采用复核生化制剂综合减害技术，可使烟气中的主要有害物质平均降低30%以上。	一类烟烤烟型2009年新产品
		娇子（时代）	10毫克/支	①包装采用圆弧型包装设计，手感圆润舒适。②对传统卷烟进行六大改善，建立了新一代清香型烤烟高香减害的品类标准；主要针对烟气中致癌物质进行减害，有效降低4类10余种有害成分；应用具有自主知识产权、获五项国家发明专利的“超醇萃”减害专利技术，可以使烟气中的主要有害物质降低30%以上；使用“娇子”精品专线制造。③大比例配置凉攀地区高等级红花大金元烟叶；选用天然植物香料和绿茶提取物，与烟草本香协调平衡。④充分滤除杂气大分子物质，烟气顺畅柔和，吃味细腻干净。	一类烟烤烟型2009年新产品

续表

企 业	品 牌	规 格	焦油量	产品风格、自有特色	备 注
川渝中烟工业公司	娇子	娇子（红）	13 毫克/支	①嗅香为烟草本香中透出协调的酒香、果香和辛香。②香气较纯正自然，具有透发、蓬松、飘逸的烟气特性，浓度劲头适中，口感回甜，较舒适、干净，刺激较小。	二类烟烤烟型
		娇子（蓝）	13 毫克/支	①嗅香为烟草本香中透出协调的酒香、果香和辛香。②香气较纯正自然，具有透发、蓬松、飘逸的烟气特性，浓度劲头适中，口感回甜，较舒适、干净，刺激较小。	二类烟烤烟型
		娇子（X2）	5 毫克/支	①运用具有自主知识产权的滤棒加香技术。②烟香淡雅清爽，烟气细腻柔和，吃味回甜干净。	二类烟烤烟型 2009 年新产品
		娇 子（软国宝）	10 毫克/支	①包装采用通体金色的设计，结合传统水墨韵味展现产品格调。②对传统卷烟进行六大改善，建立了新一代清香型烤烟高香减害的品类标准；主要针对烟气中致癌物质进行减害，有效降低 4 类 10 余种有害成分；应用具有自主知识产权、获五项国家发明专利的“超醇萃”减害专利技术，可以使烟气中的主要有害物质降低 30% 以上；使用“娇子”精品专线制造。③大比例配置凉攀地区高等级红花大金元烟叶；选用天然植物香料和绿茶提取物，与烟草本香协调平衡。④充分滤除杂气大分子物质，烟气顺畅柔和，吃味细腻干净。	二类烟烤烟型 2009 年新产品
		娇子（X）	8 毫克/支	①包装设计时尚简约，表达年轻时尚人群独立、积极、品位的生活态度。②嗅香为果香、甜香香韵，烟气细腻湿润，果香、果味与烟香、烟味协调，浓度、劲头小，余味清爽干净、生津回甜。	三类烟烤烟型
		娇 子（软阳光）	13 毫克/支	①小盒正面主体图案采用逻辑压纹设计，纹理精细清晰，使“熊猫”图案精致、富有动感。②嗅香为果甜香韵，香气较丰富谐调、量较足，烟气透发、绵厚、蓬松，浓度劲头适中，口感回甜、较舒适、较干净。	三类烟烤烟型
		娇 子（时代阳光）	12 毫克/支	嗅香为清甜、果香香韵，香气清甜、较纯正自然、较丰富，满足感较好，烟气透发、舒展、飘逸，浓度、劲头适中，口感回甜舒适、较干净，吃味饱满纯净。	三类烟烤烟型

续表

企　业	品　牌	规　格	焦油量	产品风格、自有特色	备　注
川渝中烟工业公司	娇子	娇　子（绿时代阳光）	12 毫克/支	①包装以绿色和金色相搭配，运用钞线增加防伪度。②嗅香为花香、果香、烘培香和烟草的甜香香韵，香气较丰富谐调，满足而享受，香气透发，烟气蓬松，浓度劲头适中，口感回甜、较舒适、较干净。	三类烟烤烟型
		娇　子（硬阳光）	13 毫克/支	嗅香为清甜的烟草香气，清甜、花甜、果甜的香气丰富谐调。香气舒展、透发，劲头浓度适中，口感回甜、舒适干净，吃味甜润、饱满、纯净、顺畅。	三类烟烤烟型
		娇　子（新概念）	11 毫克/支	①选用金色为烟包设计颜色；烟包两侧采用圆弧折叠流线设计；运用满版圆点凹型压纹工艺。②应用具有自主知识产权、获五项国家发明专利的“超醇萃”减害专利技术，可以使烟气中的主要有害物质降低 30%以上。	三类烟烤烟型2009 年新产品
		娇　子（红经典）	12 毫克/支	①包装上为牡丹图案，运用二次光刻技术，具备超强的防伪性能。②原料选自川渝中烟凉攀优质烟叶基地。③应用具有自主知识产权、获五项国家发明专利的“超醇萃”减害专利技术，以及通过复合生物减害，使烟气中的主要有害物质平均降低 30% 以上；在滤嘴中添加生物活性物质。④香气纯净，吃味丰富饱满。	二类烟烤烟型2009 年新产品
		娇　子（蓝经典）	12 毫克/支	①包装上为牡丹图案，运用二次光刻技术，具备超强的防伪性能。②原料选自川渝中烟凉攀优质烟叶基地。③应用具有自主知识产权、获五项国家发明专利的“超醇萃”减害专利技术，以及通过复合生物减害，使烟气中的主要有害物质平均降低 30% 以上；在滤嘴中添加生物活性物质。④吃味丰富饱满，香气醇和干净。	二类烟烤烟型2009 年新产品
	龙凤呈祥	龙凤呈祥	12 毫克/支	香气高雅、丰满，自然烟草醇香中透出清新茶香，回味悠长。	一类烟烤烟型
		龙凤呈祥（软）	13 毫克/支	香气高雅丰满、悠长舒适，具有细、柔、净、甜的特色。	三类烟烤烟型
		龙凤呈祥（喜庆香烟）	13 毫克/支	①采用三维九头复合镭射卡纸，运用 UV 胶版印刷包装装潢设计。②烟草甜香充足、丰满、悠长，口感舒适干净、生津回甜。	三类烟烤烟型

续表

企　业	品　牌	规　格	焦油量	产品风格、自有特色	备　注
川渝中烟工业公司	龙凤呈祥	龙凤呈祥（硬）	13 毫克/支	烟草本香透发，甜香突出，满足感好，吃味醇和舒适。	二类烟烤烟型
		龙凤呈祥（喜庆香烟新）	13 毫克/支	烟草甜香充足、丰满、悠长，口感舒适干净、生津回甜。	三类烟烤烟型
		龙凤呈祥（魅力）	13 毫克/支	香气高雅丰满、悠长舒适，具有细、柔、净、甜的特色。	三类烟烤烟型
		龙凤呈祥（魅力朝）	13 毫克/支	①包装用传统的红金色彩搭配，突出喜庆祥和的品牌文化氛围。②烟香醇和，烟气流畅自然，入喉和顺，回味悠长。	三类烟烤烟型 2009 年新产品
		龙凤呈祥（世纪朝）	13 毫克/支	①包装用传统的红金色彩搭配，突出喜庆祥和的品牌文化氛围。②烟香充足醇和，吃味自然回甜。	三类烟烤烟型 2009 年新产品
		龙凤呈祥（佳品）	13 毫克/支	①烟草甜香充足。②香气饱满、悠长，口感舒适干净、生津回甜。	四类烟烤烟型
	天下秀	天下秀（珍品）	13 毫克/支	香气质稍好，香气量足，烟味较饱满，烟气流畅奔放，有较好的满足感。	三类烟烤烟型
		天下秀（红天地）	13 毫克/支	香气质稍好，香气量较足，烟味较饱满，烟气流畅，有一定柔绵度和润感，有较好的满足感。	四类烟烤烟型
		天下秀（金）	13 毫克/支	香气质稍好，香气量较足，烟味较饱满，烟气流畅，有较好的香味满足感。	四类烟烤烟型
		天下秀（红名品）	13 毫克/支	香气质稍好，香气量足，烟味较饱满，烟气流畅，有较好的香味满足感。	四类烟烤烟型
		天下秀（佳品）	13 毫克/支	烟香较足，有一定的香味满足感。	四类烟烤烟型
		天下秀（硬绿）	12 毫克/支	烟香较足，有一定的香味满足感。	五类烟烤烟型
		天下秀（红）	13 毫克/支	烟香较足，有一定的满足感。	五类烟烤烟型
		天下秀（软红）	13 毫克/支	有一定烟草香味，烟气流畅奔放，有一定满足感。	五类烟烤烟型
	五牛	五牛（硬金）	13 毫克/支	烟香较足，有一定的满足感。	五类烟烤烟型
		五牛（绿）	13 毫克/支	①包装图案采用电雕网版四色印刷，线条及颜色边缘呈现出凹印所独具的锯齿状。②有一定烟草香味，烟气流畅奔放，有一定满足感。	五类烟烤烟型
		五牛（硬绿新）	12 毫克/支	①包装图案采用电雕网版四色印刷，线条及颜色边缘呈现出凹印所独具的锯齿状。②烟香较足，有一定的满足感。	五类烟烤烟型

续表

企　业	品　牌	规　格	焦油量	产品风格、自有特色	备　注
川渝中烟工业公司	宏声	宏声（精品）	13毫克/支	烟香自然，烟气饱满细腻、满足感好，吃味自然回甜。	四类烟烤烟型
		宏声（时尚）	13毫克/支	烟香充足，满足感好，烟气自然流畅、满足感好，回味悠长。	四类烟烤烟型
		宏　声（硬特制）	13毫克/支	烟香协调充足，入喉顺畅，刺激性小，口感清爽舒适。	四类烟烤烟型
		宏　声（软特制）	13毫克/支	烟香协调充足，入喉顺畅，刺激性小，口感清爽舒适。	五类烟烤烟型
		宏声（硬）	13毫克/支	烟香较足，满足感好。	五类烟烤烟型
	山城	山城（软蓝）	13毫克/支	烟香较足，满足感好。	五类烟烤烟型
		山城（软金）	13毫克/支	烟香较足，满足感好。	五类烟烤烟型
贵州中烟工业有限责任公司	黄果树	黄果树（精品）	13毫克/支	在自然成熟烟香基础上凸显焦甜香韵，香气明亮透发、底香厚实、丰富、绵长，余味干净舒适，具有较好的香气满足感和生理满足感。	二类烟烤烟型
		黄果树（典藏）	12毫克/支	香气丰富浓郁。	三类烟烤烟型
		黄果树（佳品）	13毫克/支	香气愉悦纯净，口感舒适。	四类烟烤烟型
		黄果树（佳品01）	13毫克/支	香气丰富厚实，具有一定的满足感，口感舒适。	四类烟烤烟型
		黄果树（金时代）	12毫克/支	香气清甜细腻，口感舒适。	四类烟烤烟型
		黄果树（长征）	12毫克/支	突出烟草自然本香。	四类烟烤烟型
		黄果树（硬）	11毫克/支	显露烟草本香，香气充实，浓度适中，劲头适中，余味舒适。	四类烟烤烟型
		黄果树（软）	13毫克/支	①通过烟叶配方、烟丝配方和香精香料配方，降低烟气中有害物含量。②烟气浓度适中，劲头适中，余味尚干净。	五类烟烤烟型

续表

企 业	品 牌	规 格	焦油量	产品风格、自有特色	备 注
贵州中烟工业有限责任公司	贵烟	贵烟（盛世）	12毫克/支	烟香优雅绵长，口感舒适纯净，回味生津。	一类烟 烤烟型
		贵烟（福）	13毫克/支	烟香浓郁芬芳。	一类烟 烤烟型
		贵烟（奇彩）	12毫克/支	烟香细腻丰富，余味舒适纯净。	一类烟 烤烟型
		贵 烟 （北纬27度）	11毫克/支	烟香清香、优雅、舒适。	一类烟 烤烟型
		贵 烟 （软北纬27度）	11毫克/支	①以贵州北纬27°烟草产业带上优质烟叶为原料。②香气清甜优雅、醇正自然。	一类烟 烤烟型
		贵烟（喜）	13毫克/支	①烟丝模块分组处理，分类加工。②突出烟草本香，香气充足、丰富、清雅，浓度适中，劲头适中，烟气柔、清、温、甜。	二类烟 烤烟型
		贵烟（多彩）	12毫克/支	烟香清甜清香。	三类烟 烤烟型
	遵义	遵义（软高）	13毫克/支	突显醇和的自然烟草本香，香气优雅、绵长、丰富，烟气细腻圆润，余味生津回甜，具有好的香气满足感和生理满足感。	一类烟 烤烟型
		遵义（硬高）	13毫克/支	结合优质烟草本香与自然清甜茶香，香气丰富、绵长、优雅，烟气圆润、细腻、甜润，回味悠长。	一类烟 烤烟型
		遵 义 （新佳品）	13毫克/支	①通过烟叶配方、烟丝配方和香精香料配方，降低烟气中有害物含量。②香气较充足、较丰富，烟草本香突出，烟气柔和细腻，浓度适中，劲头适中，余味较干净舒适。	三类烟 烤烟型
		遵义（软）	13毫克/支	①通过烟叶配方、烟丝配方、香精香料配方降低烟气中有害物含量。②香气尚充足，烟气浓度适中，劲头适中，烟气较厚实，余味尚干净。	五类烟 烤烟型
	桫椤	桫椤（红）	13毫克/支	有较好的生理满足感。	五类烟 烤烟型

续表

企　业	品　牌	规　格	焦油量	产品风格、自有特色	备　注
云南中烟工业公司	玉　溪	玉溪（软境界）	10 毫克/支	①应用现代中医天然配方植物提取物、独特的减害降焦 CV－Ⅱ功能滤棒、中式卷烟特色加工工艺技术等。②突出“清香之宗、清雅飘逸”的产品风格，烟香清新雅致、飘逸细腻，品质特征圆润醇和、愉悦舒适。	一类烟烤烟型
		玉溪（硬大成）	10 毫克/支	①应用现代中医天然配方植物提取物、选择性吸附有害成分功效的深海藻类“DNA”复合滤棒、中式卷烟特色加工工艺技术等。②突出“清香之宗、清雅飘逸”的产品风格，烟香清新雅致、飘逸细腻，品质特征圆润醇和、愉悦舒适。	一类烟烤烟型
		玉溪（硬和谐）	11 毫克/支	①应用具有提质减害功效的全无氯漂白配方木浆彩色卷烟纸、减害降焦功效的二元复合滤棒、中式卷烟特色加工工艺技术等。②突出“飘逸和谐”的产品风格，烟香清新飘逸，品质特征圆润醇和、生津回甜。	一类烟烤烟型
		玉溪（软尚善）	12 毫克/支	①应用软包硬化包装技术、现代中医天然配方植物提取物、中式卷烟特色加工工艺技术等。②突出“清新淡雅”的产品风格，烟香清新飘逸，品质特征圆润醇和、生津回甜。	一类烟烤烟型
		玉溪（软）	12 毫克/支	①应用特殊天然功能提取物、生物提质减害技术、抑菌水松纸、中式卷烟特色加工工艺技术等。②突出“清甜飘逸”的产品风格，烟香清甜自然、飘逸细腻，体现“优雅感、舒适感、满足感”。	一类烟烤烟型
		玉溪（硬）	12 毫克/支	①应用特殊天然功能提取物、生物提质减害技术、抑菌水松纸、中式卷烟特色加工工艺技术等。②突出“清甜雅致”的产品风格，烟香清甜自然、飘逸细腻，品质特征圆润醇和、生津回甜。	一类烟烤烟型
		玉溪（硬金出口）	11 毫克/支	突出“飘逸醇和”的产品风格，烟香清新自然，品质特征圆润醇和、生津回甜。	一类烟烤烟型
		玉溪（硬出口）	12 毫克/支	①应用特殊天然功能提取物、生物提质减害技术、抑菌水松纸、中式卷烟特色加工工艺技术等。②突出“清甜雅致”的产品风格，烟香清甜自然、飘逸细腻，品质特征圆润醇和、生津回甜。	一类烟烤烟型
		玉溪（软和谐）	11 毫克/支	①应用具有提质减害功效的特殊专用卷烟纸、减害降焦功效的二元复合滤棒、中式卷烟特色加工工艺技术等。②突出“自然和谐”的产品风格，烟香清新飘逸，品质特征圆润醇和、生津回甜。	一类烟烤烟型 2009 年新产品

续表

企 业	品 牌	规 格	焦油量	产品风格、自有特色	备 注
云南中烟工业公司	红塔山	红塔山（硬大经典）	10 毫克/支	①采用粗支烟创新设计,应用特殊天然功能提取物、生物烟草技术、HT－2特殊过滤滤棒、提质减害全无氯漂白配方木浆纸、抑菌水松纸、中式卷烟特色加工工艺技术等。②突出“清新典雅”的产品风格,烟香清雅自然、丰满细腻,品质特征圆润醇和、生津回甜、干净舒适。	一类烟烤烟型
		红塔山（硬经典150）	10 毫克/支	①应用特殊天然功能提取物、新型生物保润技术、HT－2 特殊过滤滤棒、提质减害全无氯漂白配方木浆纸、抑菌水松纸、中式卷烟特色加工工艺技术等。②突出“复合清香型”风格，香气柔绵细腻，口感干净舒适。	一类烟烤烟型2009 年新产品
		红塔山（硬经典100）	12 毫克/支	①应用特殊天然功能提取物、生物烟草技术、HT－2 特殊过滤滤棒、抑菌水松纸、中式卷烟特色加工工艺技术等。②突出“清甜润泽”的产品风格，烟香清甜自然、丰满细腻，品质特征圆润醇和、生津回甜。	三类烟烤烟型
		红塔山（软经典100）	12 毫克/支	①应用特殊天然功能提取物、生物烟草技术、HT－2 特殊过滤滤棒、抑菌水松纸、中式卷烟特色加工工艺技术等。②突出“清甜润泽”的产品风格，烟香清甜自然、丰满细腻，品质特征圆润醇和、生津回甜。	三类烟烤烟型
		红塔山（硬新势力）	13 毫克/支	①应用特殊天然功能提取物、生物烟草术、HT－2 特殊过滤滤棒、抑菌水松纸、中式卷烟特色加工工艺技术等。②突出“丰满醇和”的产品风格，烟香自然流畅、丰满细腻，烟气柔和圆润，口感舒适干净。	三类烟烤烟型
		红塔山（硬新）	13 毫克/支	①应用特殊天然功能提取物、生物烟草术、HT－2 特殊过滤滤棒、抑菌水松纸、中式卷烟特色加工工艺技术等。②突出“清新醇和”的产品风格，烟香自然流畅、清新细腻，烟气柔和圆润，口感舒适干净。	三类烟烤烟型
		红塔山（软新）	13 毫克/支	①应用特殊天然功能提取物、生物烟草术、HT－2 特殊过滤滤棒、抑菌水松纸、中式卷烟特色加工工艺技术等。②突出“清新醇和”的产品风格，烟香自然流畅、清新细腻，烟气柔和圆润，口感舒适干净。	三类烟烤烟型
		红塔山（硬经典1956）	13 毫克/支	①应用特殊天然功能提取物、生物烟草术、HT－2特殊过滤滤棒、抑菌水松纸、中式卷烟特色加工工艺技术等。②突出“清新醇和”的产品风格,烟香清新优雅、自然醇和、丰富细腻,烟气柔绵圆润,口感清甜舒适。	三类烟烤烟型

续表

企 业	品 牌	规 格	焦油量	产品风格、自有特色	备 注
云南中烟工业公司	红塔山	红塔山（软经典1956）	13毫克/支	①应用特殊天然功能提取物、生物烟草术、HT－2特殊过滤滤棒、抑菌水松纸、中式卷烟特色加工工艺技术等。②突出“清新醇和”的产品风格，烟香清新优雅、自然醇和、丰富细腻，烟气柔绵圆润，口感清甜舒适。	三类烟烤烟型
		红塔山（硬世纪）	13毫克/支	①应用特殊天然功能提取物、生物烟草术、HT－2特殊过滤滤棒、抑菌水松纸、中式卷烟特色加工工艺技术等。②突出“清雅细腻”的产品风格，烟香自然清新、细腻雅致，烟气柔绵圆润，口感醇和舒适。	三类烟烤烟型
		红塔山（软世纪）	13毫克/支	①应用特殊天然功能提取物、生物烟草术、HT－2特殊过滤滤棒、抑菌水松纸、中式卷烟特色加工工艺技术等。②突出“清雅细腻”的产品风格，烟香自然清新、细腻雅致，烟气柔绵圆润，口感醇和舒适。	三类烟烤烟型
		红塔山（硬国际100）	7毫克/支	①运用专用膨胀烟丝和特殊烟草提取物。②应用接枝络合生物降焦新技术材料、活性炭涂层成型纸、专用二元复合滤棒、新型生物保润技术、提质减害全无氯漂白配方木浆纸、抑菌水松纸、中式卷烟特色加工工艺技术等。③基于清香型风格，融入国际流行口味，形成新型卷烟风格，香气丰富细腻，烟气醇和湿润，口感愉悦舒适，品质为“低焦高香”。	三类烟烤烟型2009年新产品
		红塔山（硬金出口）	11毫克/支	①应用特殊天然功能提取物、生物烟草术、HT－2特殊过滤滤棒、抑菌水松纸、中式卷烟特色加工工艺技术等。②突出“清雅细腻”的风格，烟香自然清新、细腻雅致，烟气柔绵圆润，口感醇和舒适。	烤烟型出口烟
		红塔山（软出口）	13毫克/支	①应用特殊天然功能提取物、生物烟草术、HT－2特殊过滤滤棒、抑菌水松纸、中式卷烟特色加工工艺技术等。②突出“清雅细腻”的风格，烟香自然清新、细腻雅致，烟气柔绵圆润，口感醇和舒适。	烤烟型出口烟
		红塔山（硬出口）	13毫克/支	①应用特殊天然功能提取物、生物烟草术、HT－2特殊过滤滤棒、抑菌水松纸、中式卷烟特色加工工艺技术等。②突出“清雅细腻”的风格，烟香自然清新、细腻雅致，烟气柔绵圆润，口感醇和舒适。	烤烟型出口烟
		红塔山（台湾版）	7毫克/支	①应用活性碳、通风稀释、膨胀烟丝和烟草薄片应用、白肋烟加工工艺技术等。②美式混合型卷烟风格特征，香味浓郁，吃味醇和，口感较舒适。	混合型出口烟

续表

企 业	品 牌	规 格	焦油量	产品风格、自有特色	备 注
云南中烟工业公司	红塔山	红塔山（台湾版）	10 毫克/支	①应用活性碳、通风稀释、膨胀烟丝和烟草薄片应用、白肋烟加工工艺技术等。②美式混合型卷烟风格特征，香味浓郁，吃味醇和，口感较舒适。	混合型出口烟
		红塔山（硬国际100台湾版）	7 毫克/支	①应用活性碳、通风稀释、膨胀烟丝和烟草薄片应用、白肋烟加工工艺技术等。②美式混合型卷烟风格特征，香味浓郁，吃味醇和，口感较舒适。	混合型出口烟
	恭贺新禧	恭贺新禧（硬）	13 毫克/支	①应用特殊天然功能提取物、中式卷烟特色加工工艺技术等。②主要由海南红塔、辽宁红塔生产。③突出“丰满细腻”的风格，烟香自然流畅、较丰富细腻，烟气较柔绵圆润，口感干净舒适。	三类烟烤烟型
		恭贺新禧（软）	13 毫克/支	①应用特殊天然功能提取物、中式卷烟特色加工工艺技术等。②主要由海南红塔、辽宁红塔生产。③突出“丰满细腻”的风格，烟香自然流畅、较丰富细腻，烟气较柔绵圆润，口感干净舒适。	三类烟烤烟型
	阿诗玛	阿诗玛（84 毫米）	13 毫克/支	①应用通风稀释、膨胀烟丝和烟草薄片应用、白肋烟加工工艺等技术。②香味浓郁、幽雅，劲头适中，吃味醇和，口感舒适。	混合型出口烟
		阿诗玛（94 毫米）	8 毫克/支	①应用通风稀释、膨胀烟丝和烟草薄片应用、白肋烟加工工艺等技术。②香味浓郁、幽雅，劲头适中，吃味醇和，口感舒适。	混合型出口烟
	红 梅	红梅（硬春）	13 毫克/支	①应用特殊天然功能提取物、抑菌水松纸、“三丝配套”技术等。②突出“丰浓醇和”的风格，烟香自然流畅、饱满厚实，烟气较柔绵圆润，口感较醇和干净。	四类烟烤烟型
		红梅（硬蓝春）	13 毫克/支	①应用特殊天然功能提取物、抑菌水松纸、“三丝配套”技术等。②突出“丰浓醇和”的风格，烟香自然流畅、饱满厚实，烟气较柔绵圆润，口感较醇和干净。	四类烟烤烟型
		红梅（硬虹）	13 毫克/支	①应用特殊天然功能提取物、抑菌水松纸、“三丝配套”技术等。②突出“丰浓醇和”的风格，烟香自然流畅、饱满厚实，烟气较柔绵圆润，口感较醇和干净。	四类烟烤烟型
		红梅（硬黄）	13 毫克/支	①应用特殊天然功能提取物、抑菌水松纸、“三丝配套”技术等。②突出“丰浓自然”的风格，烟香自然流畅、饱满厚实，烟气较柔绵圆润，口感较醇和干净。	四类烟烤烟型

续表

企　业	品　牌	规　格	焦油量	产品风格、自有特色	备　注
云南中烟工业公司	红　梅	红梅（软黄）	13 毫克/支	①应用特殊天然功能提取物、抑菌水松纸、“三丝配套”技术等。②突出“丰浓自然”的风格，烟香自然流畅、饱满厚实，烟气较柔绵圆润，口感较醇和干净。	四类烟烤烟型
		红梅（软白）	13 毫克/支	①应用特殊天然功能提取物、抑菌水松纸、“三丝配套”技术等。②突出“淳朴自然”的风格，烟香自然流畅、饱满厚实，烟气较柔绵圆润，口感较醇和、尚干净。	五类烟烤烟型
		红梅（软顺）	13 毫克/支	①应用特殊、抑菌水松纸、“三丝配套”技术等。②突出“淳朴自然”的风格，烟香自然流畅、饱满厚实，烟气较柔绵圆润，口感较醇和、尚干净。	五类烟烤烟型
	MARBLRE（马宝）	MARBLRE（马宝）（GOLD）	10 毫克/支	①应用通风稀释、膨胀烟丝和烟草薄片应用、白肋烟加工工艺等技术。②香味较浓郁，劲头适中，吃味醇和，口感较舒适，混合型卷烟口味。	混合型出口烟
		MARBLRE（马宝）（FULL FLAVOR）	12 毫克/支	①应用通风稀释、膨胀烟丝和烟草薄片应用、白肋烟加工工艺等技术。②香味较浓郁、劲头适中，吃味醇和，口感较舒适，混合型卷烟口味。	混合型出口烟
	PLAZA（天堂）	PLAZA（天堂）	13 毫克/支	①应用膨胀烟丝和烟草薄片应用、白肋烟加工工艺等技术。②美式混合型卷烟风格特征，香味浓郁，吃味醇和，口感较舒适。	混合型出口烟
	XINXING（新兴）	XINXING（新兴）（84mm）	12 毫克/支	①应用膨胀烟丝和烟草薄片应用、白肋烟加工工艺等技术。②美式混合型卷烟风格特征，香味浓郁，吃味醇和，口感较舒适。	混合型出口烟
		XINXING（新兴）（94mm）	12 毫克/支	①应用膨胀烟丝和烟草薄片应用、白肋烟加工工艺等技术。②美式混合型卷烟风格特征，香味浓郁，吃味醇和，口感较舒适。	混合型出口烟
	WEST（威斯）	WEST（威斯）（红）	12 毫克/支	①采用通风稀释技术、膨胀烟丝和烟草薄片应用技术、白肋烟加工工艺技术等。②风格特征为美式混合型卷烟，香味浓郁，吃味醇和，口感舒适。	代加工品牌
		WEST（威斯）（蓝）	8 毫克/支	①采用活性碳技术、通风稀释技术、膨胀烟丝和烟草薄片应用技术、白肋烟加工工艺技术等。②风格特征为美式混合型卷烟，香味较浓郁，吃味醇和，口感舒适。	代加工品牌
	云　烟	云　烟（软礼印象）	12 毫克/支	①手工精选优质烟叶特定部分作为原料。②集箱式储叶、二级醇化、生物活性剂滤棒、专用天然香精香料等15项专利工艺技术于一身，使用专属印象小工艺线进行加工。③包装风格简洁、醒目，以金色、棕色为主色调，运用浅棕色烟支一体化设计，使用压痕卷烟纸。④烟香高雅飘逸、细腻醇正。	一类烟烤烟型

续表

企业	品牌	规格	焦油量	产品风格、自有特色	备注
云南中烟工业公司	云烟	云烟（印象）	12毫克/支	①手工精选国内外优质烟叶。②添加拥有自主知识产权的特定生物添加剂、天然果汁类香精，运用多项现代化工艺处理技术。③首创雪茄外型的烟支设计，商标风格简练、尊贵、古朴，以棕色为底色，使用光柱镭射膜黑卡纸。④烟香细腻醇和，余味纯净舒适，在降低焦油同时，保持了丰富的香气量和高雅的香气质。	一类烟 烤烟型
		云烟（94mm印象）	11毫克/支	①手工精选国内外优质烟叶。②添加拥有自主知识产权的特定生物添加剂、天然果汁类香精,运用多项现代工艺处理技术。③长支雪茄外型的烟支设计,商标风格简练、尊贵、古朴,以棕色为底色,使用光柱镭射膜黑卡纸。④烟香细腻醇和,余味纯净舒适,在降低焦油的同时,保持了丰富的香气和高雅的香气质。	一类烟 烤烟型
		云烟（硬珍品）	12毫克/支	①通过“四专一特”技术支撑,突出了“云烟”品牌自然、清香、津甜的清香型风格，缔造了出众的品质和独特韵味。②从云南丰富而独有的植物资源中，融合了辛香、木香及花香的韵调，加入天然药物提取物，运用中式卷烟核心专利工艺技术，突出了烟草本香的底蕴和丰富感，口感丰润绵长、齿颊回甘。	一类烟 烤烟型
		云烟（软珍品）	13毫克/支	①精选国内外优质烟叶及天然香料，利用现代卷烟工艺技术精制而成。②包装底色为朱砂红色，辅以放大的“云烟”书法字体作为底纹，独具中国特色。③烟草自然芳香突出，香气自然、细腻、雅致,口味醇和,口感舒适。	一类烟 烤烟型
		云烟（软珍品ZJ）	13毫克/支	①精选国内外优质烟叶及天然香料，利用现代卷烟工艺技术精制而成。②包装底色为朱砂红色，辅以放大的“云烟”书法字体作为底纹，独具中国特色。③烟草自然芳香突出，香气自然、细腻、雅致,口味醇和,口感舒适。	一类烟 烤烟型
		云烟（红印象）	10毫克/支	①应用分子胶囊技术，在保证烟气水分的同时，促进烟叶醇化及促进料液发挥。②采用中草药复合滤棒技术，改善卷烟抽吸品质，有效降低烟气中的苯并芘、烟草特有的亚硝胺等有害物质，增加烟气湿润度，减少烟气干燥感，谐调烟香。	一类烟 烤烟型 2009年 新产品
		云烟（WIN）	8毫克/支	①采用功能中线滤棒技术，在普通滤嘴的轴心位置沿轴向置入特殊的滤芯，强化芯材的化学活性，提高滤嘴对有害成分及吸味不利成分的吸附效率，提质降害。②应用新型梗丝处理技术，既减害降焦、降低成本，又无损卷烟香气与吸食口味。	一类烟 烤烟型 2009年 新产品

续表

企业	品牌	规格	焦油量	产品风格、自有特色	备注
云南中烟工业公司	云烟	云烟（12mg 芙蓉）	12 毫克/支	①应用先进的生物处理技术，改善卷烟吸味；应用模块化的配方加工技术，提高烟叶原料的使用价值。②烟气柔和、细腻。	二类烟 烤烟型 2009 年新产品
		云烟（软芙蓉）	12 毫克/支	①应用先进的生物处理技术，改善卷烟吸味；应用模块化的配方加工技术，提高烟叶原料的使用价值。②烟气柔和、细腻。	二类烟 烤烟型 2009 年新产品
		云烟（紫）	13 毫克/支	①选用优质烟叶和纯天然香精香料，运用先进的减害降焦技术。②香气飘逸优雅而不失浓郁，吸味醇和、柔顺，余味绵延、干净。	三类烟 烤烟型
		云烟（软如意）	12 毫克/支	①传承了“云烟”的精华和一贯特征，采用现代化的加工工艺，精选国内外优质上等烟叶为主要原料，烟草自然本香突出。②商标设计以红铜色为底色，采用高科技印刷工艺，使用环保转移镭射纸张，以“云”字的多种书法字体为主体图案，七种字体均出自毛泽东、王羲之等大家手笔。③香气飘逸优雅而不失浓郁，烟气细腻，余味津甜，回味悠长。	三类烟 烤烟型
		云烟（双龙）	13 毫克/支	①采用高光亮度的镭射“云”字定位银卡纸印刷,辅以金色为主调。②香气细腻、清新、明快，口感纯正舒适,入口和顺,余味干净津甜。	三类烟 烤烟型
		云烟（红）	13 毫克/支	口味醇和，香气清雅、飘逸，烟气饱满，余味舒适。	三类烟 烤烟型
		云烟（珠光白）	13 毫克/支	传承了“云烟”的口味特征，吸味醇和，香气自然，口感舒适，余味纯净。	三类烟 烤烟型
		云烟（软紫）	12 毫克/支	①使用造纸法薄片，有效利用烟叶资源，改善卷烟吸味。②应用功能水课题研究成果，在保证烟气水分的同时，增加烟气湿润感及促进料液发挥。	三类烟 烤烟型 2009 年新产品
		云烟（福）	12 毫克/支	香气细腻、较丰富，吸味醇和，刺激性较小，余味干净、舒适。	三类烟 烤烟型 2009 年新产品
		云烟（朱砂红出口）	13 毫克/支	①精选国内外优质烟叶及天然香料。②烟草自然芳香突出，香气自然、细腻、雅致，口味醇和，口感舒适。	烤烟型 出口烟
		云烟（朱砂红出口 HK）	13 毫克/支	①精选国内外优质烟叶及天然香料。②烟草自然芳香突出，香气自然、细腻、雅致，口味醇和，口感舒适。	烤烟型 出口烟
		云烟（软珍品出口）	13 毫克/支	①精选国内外优质烟叶及天然香料。②烟草自然芳香突出，香气自然、细腻、雅致，口味醇和，口感舒适。	烤烟型 出口烟

续表

企业	品牌	规格	焦油量	产品风格、自有特色	备注
云南中烟工业公司	云烟	云烟（硬珍品出口）	12毫克/支	①通过“四专一特”技术支撑，突出了“云烟”品牌自然、清香、津甜的清香型风格，缔造了出众的品质和独特韵味。②从云南丰富而独有的植物资源中，融合了辛香、木香及花香的韵调，加入天然药物提取物，运用中式卷烟核心专利工艺技术，突出了烟草本香的底蕴和丰富感，口感丰润绵长、齿颊回甘。	烤烟型出口烟
		云烟（软如意出口）	12毫克/支	①传承了“云烟”的口味特征，精选国内外优质上等烟叶为主要原料。②烟草自然本香突出，香气飘逸优雅而不失浓郁，烟气细腻，余味津甜，回味悠长。	烤烟型出口烟
		云烟（吉祥出口）	11毫克/支	吸味纯正饱满，香气清雅圆润，丰满谐调。	烤烟型出口烟
		云烟（紫出口）	13毫克/支	①选用优质烟叶和纯天然香精香料，运用先进的减害降焦技术。②香气飘逸优雅而不失浓郁，吸味醇和柔顺，余味绵延干净。	烤烟型出口烟
		云烟（红出口）	13毫克/支	口味醇和，香气清雅飘逸，烟气饱满，余味舒适。	烤烟型出口烟
		云烟（珠光白出口）	13毫克/支	传承了“云烟”的口味特征，吸味醇和，香气自然，口感舒适，余味纯净。	烤烟型出口烟
	红河	红河（道）	11毫克/支	①采用全球独享专利的侧开式卫生香烟盒，全新的卫生取烟方式，尽显对消费者的尊重、关爱。②采用自主研发的“烟叶资源优选系统”精选烟叶原料，经自然天成的仓式发酵。③应用具有自主知识产权的“三级配方”独特工艺科学设计及多重减害降焦技术。④最大限度地发挥每片优质烟叶的天赋，突出纯正、优雅的清甜特征，烟气柔顺，余味舒适津甜。	一类烟烤烟型
		红河（硬V8）	11毫克/支	①开创性使用16:9人性化横式设计。②精选云南优质生态烟叶，经自然天成的仓式发酵。③应用具有自主知识产权的“三级配方”独特工艺科学设计及多项现代工艺处理技术。④最大限度地发挥每片优质烟叶的天赋，香气纯正清雅，烟气柔和，余味舒适津甜。	一类烟烤烟型
		红河（扁）	13毫克/支	①镭射纸印刷工艺处理，晶莹剔透、细腻颗粒的包装外观品质展示了商标的精美和新颖独特。②精选国内外优质上等烟叶。③应用具有自主知识产权的“三级配方”独特工艺及多项减害降焦技术。④香气清雅飘逸，烟气细腻柔顺，余味干净舒适，回味悠长。	二类烟烤烟型

续表

企 业	品 牌	规 格	焦油量	产品风格、自有特色	备 注
云南中烟工业公司	红 河	红河（硬99）	12毫克/支	①转移镭射纸印刷工艺处理，其包装外观呈现晶莹剔透、细腻颗粒的独特质感。②精选国内外优质上等烟叶。③应用具有自主知识产权的“三级配方”独特工艺及多项减害降焦技术。④香气清雅飘逸，烟气细腻柔顺，余味干净舒适，回味悠长。	二类烟烤烟型
		红河（软99）	12毫克/支	①转移镭射纸印刷工艺处理，其包装外观呈现晶莹剔透、细腻颗粒的独特质感。②精选国内外优质上等烟叶。③应用具有自主知识产权的“三级配方”独特工艺及多项减害降焦技术。④香气清雅飘逸，烟气细腻柔顺，余味干净舒适，回味悠长。	二类烟烤烟型
		红河（硬88）	12毫克/支	①转移镭射纸印刷工艺处理，其包装外观呈现晶莹剔透、细腻颗粒的独特质感。②精选云南优质上等烟叶，经自然天成的仓式发酵。③应用具有自主知识产权的“三级配方”工艺及多项减害降焦技术。④具有纯正的清甜香风格，香气自然清雅，烟气厚实柔顺，余味舒适甘甜。	三类烟烤烟型
		红河（软88）	12毫克/支	①转移镭射纸印刷工艺处理，其包装外观呈现晶莹剔透、细腻颗粒的独特质感。②精选云南优质上等烟叶，经自然天成的仓式发酵。③应用具有自主知识产权的“三级配方”工艺及多项减害降焦技术。④具有纯正的清甜香风格，香气自然清雅，烟气厚实柔顺，余味舒适甘甜。	三类烟烤烟型
		红河（硬66）	13毫克/支	①遮幅式宽屏设计，金沙印底，搭配深棕色；采用扩边凹凸结合电雕版工艺。②精选云南优质烟叶，应用具有自主知识产权的“三级配方”工艺及多项减害降焦技术。③烟气浓郁醇和，香气自然、细腻、丰富，余味干净舒适。	三类烟烤烟型
		红河（奔腾）	12毫克/支	①精选云南优质烟叶，借助均匀设计配方优化技术进行叶组配方设计。②采用独创的“三级配方”精细化、柔性化加工工艺，增加叶组的抽吸丰富性、充盈度、绵延感；采用先进的天然香原料提取应用技术及具有自主知识产权的GNS007烟用离子水及多项生物技术。③包装率先引入压纹工艺作接装纸组合生产，使产品接装纸表面具有均匀点状糙质外观。④烟香优雅、细腻、醇和，吃味津润清甜、绵软顺滑。	三类烟烤烟型2009年新产品

续表

企 业	品 牌	规 格	焦油量	产品风格、自有特色	备 注
云南中烟工业公司	红 河	红河（软奔腾）	12 毫克/支	①精选云南优质烟叶，借助均匀设计配方优化技术进行叶组配方设计。②采用独创的“三级配方”精细化、柔性化加工工艺，增加叶组的抽吸丰富性、充盈度、绵延感；采用先进的天然香原料提取应用技术及具有自主知识产权的 GNS007 烟用离子水及多项生物技术。③包装率先引入压纹工艺作接装纸组合生产，使产品接装纸表面具有均匀点状糙质外观。④烟香优雅、细腻、醇和，吃味津润清甜、绵软顺滑。	三类烟 烤烟型 2009 年 新产品
		红河（硬甲）	13 毫克/支	①以云南优质上等烟叶为配方主料，经自然天成的仓式发酵。②应用具有自主知识产权的“三级配方”工艺及多项减害降焦技术。③印刷工艺采用珍珠墨印制超细线纹，呈现晶莹和细腻雕刻质感。④烟香纯正自然，烟气丰满厚实，余味干净，回味津甜。	四类烟 烤烟型
		红河（软甲）	13 毫克/支	①以云南优质上等烟叶为配方主料，经自然天成的仓式发酵。②应用具有自主知识产权的“三级配方”工艺及多项减害降焦技术。③印刷工艺采用珍珠墨印制超细线纹，呈现晶莹和细腻雕刻质感。④烟香纯正自然，烟气丰满厚实，余味干净，回味津甜。	四类烟 烤烟型
		红河（硬乙）	13 毫克/支	①应用具有自主知识产权的“三级配方”工艺及多项减害降焦技术。②印刷工艺采用珍珠墨印制超细线纹，呈现晶莹和细腻雕刻质感。③烟气透发饱满，香气自然，口感干净舒适。	四类烟 烤烟型
		红河（软乙）	13 毫克/支	①应用具有自主知识产权的“三级配方”工艺及多项减害降焦技术。②包装以红、棕、黄色块构成太阳、河流造型，与品牌字型组成包装主体图案，设计流畅、简洁。③烟气透发饱满，香气自然，口感干净舒适。	四类烟 烤烟型
	小熊猫	小熊猫 （软珍品）	12 毫克/支	①选用云南、津巴布韦等地自然醇化 2 ~ 3 年的优质烤烟科学配方，采取特定的人工选叶配叶程序以保证烟叶原料的质量和配方均匀性，辅以天然香精香料优化卷烟香气特征。②商标以红色为主色，以小熊猫形象标识为中心构成主体图案。③具有浓馥优美的烟草本香，香气高雅和谐，吃味细腻生津，口感悠长舒适，体现了柔、细、净的风格。	一类烟 烤烟型

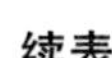
续表

企　业	品　牌	规　格	焦油量	产品风格、自有特色	备　注
云南中烟工业公司	小熊猫	小熊猫（精品）	13 毫克/支	①精选云南、津巴布韦等地自然醇化 2～3 年的高档烤烟原料，辅以优质天然香精香料科学合理配方，采用特定的人工选叶配叶程序以确保原料品质。②商标以绿色为底色，以生活在绿地翠竹中的一对小熊猫外衔一串互成椭圆的金珠构成主图案，意在表现人与自然的和谐，体现绿色环保观念。③香气高雅，吃味细腻生津，口感舒适悠长，体现了柔、细、净的风格。	一类烟 烤烟型
		小熊猫（清和风）	12 毫克/支	①延续“小熊猫”系列产品的传统风格，保证较高的香气丰满度和丰富性，突出烟草自然本香，适当配以辛香、蜜甜香和药草香点缀烟气。②烟气绵柔细腻，香气优雅自然。	三类烟 烤烟型
		小熊猫（软清和风）	12 毫克/支	①延续“小熊猫”系列产品的传统风格，保证较高的香气丰满度和丰富性，突出烟草自然本香，适当配以辛香、蜜甜香和药草香点缀烟气。②烟气绵柔细腻，香气优雅自然。	三类烟 烤烟型
		小熊猫（软红世纪风）	13 毫克/支	①选用云南、津巴布韦等地自然醇化的优质烤烟，辅以微量天然香精香料科学配方而成。②具有优美的烟草本香，体现了柔、细、净的高雅品质，劲头适中，烟气质感细腻柔和，香气清甜丰满，余味干净舒适，回味绵长。	三类烟 烤烟型
		小熊猫（红世纪风）	13 毫克/支	①选用云南、津巴布韦等地自然醇化的优质烤烟，辅以微量天然香精香料科学配方而成。②具有优美的烟草本香，体现了柔、细、净的高雅品质，劲头适中，烟气质感细腻柔和，香气清甜丰满，余味干净舒适，回味绵长。	三类烟 烤烟型
		小熊猫（精品出口）	13 毫克/支	①精选云南、津巴布韦等地自然醇化 2～3 年的高档烤烟原料，辅以优质天然香精香料科学合理配方。②采用特定的人工选叶配叶程序。③香气高雅，吃味细腻生津，口感舒适悠长，体现柔、细、净的风格。	烤烟型 出口烟
		小熊猫（精品出口 AU）	13 毫克/支	①精选云南、津巴布韦等地自然醇化 2～3 年后的高档烤烟原料，辅以优质天然香精香料科学合理配方。②采用特定的人工选叶配叶程序。③香气高雅，吃味细腻生津，口感舒适悠长，体现柔、细、净的风格。	烤烟型 出口烟
		小熊猫（精品出口 HK）	13 毫克/支	①精选云南、津巴布韦等地自然醇化 2～3 年的高档烤烟原料，辅以优质天然香精香料科学合理配方。②采用特定的人工选叶配叶程序。③香气高雅，吃味细腻生津，口感舒适悠长，体现柔、细、净的风格。	烤烟型 出口烟

续表

企　业	品　牌	规　格	焦油量	产品风格、自有特色	备　注
云南中烟工业公司	小熊猫	小熊猫（软珍品出口）	12毫克/支	①选用云南、津巴布韦等地自然醇化2～3年的优质烤烟原料，辅以天然香精香料优化卷烟香气特征。②采用特定的人工选叶配叶程序。③烟草本香浓馥优美，香气高雅和谐，吃味细腻生津，口感悠长舒适，体现柔、细、净的风格。	烤烟型 出口烟
	红山茶	红山茶（紫）	13毫克/支	香气清新、谐调性好，烟气细腻，口感舒适，余味干净、津甜，体现出飘逸醇和的卷烟风格。	四类烟 烤烟型
		红山茶（特红）	13毫克/支	①采用云南优质烟叶及纯天然香精香料配制而成。②香气丰满，烟气芬芳，口感愉悦舒适。	四类烟 烤烟型
		红山茶（软红）	13毫克/支	香气清新、谐调性好，烟气细腻，口感舒适，余味干净、津甜，体现出飘逸醇和的卷烟风格。	四类烟 烤烟型
		红山茶（红）	13毫克/支	香气清新、谐调性好，烟气细腻，口感舒适，余味干净、津甜，体现出飘逸醇和的卷烟风格。	四类烟 烤烟型
		红山茶（软）	13毫克/支	烟气醇和丰满、收敛性好、满足感强。	五类烟 烤烟型
	石　林	石林（软精品）	13毫克/支	香气细腻丰富、醇和谐调，劲头适中、刺激性较小，口感舒适，余味干净。	三类烟 烤烟型
		石林（硬）	13毫克/支	香气较充足、尚谐调，劲头适中、稍有刺激，余味尚干净。	四类烟 烤烟型
		石林（白）	13毫克/支	香气量中等、劲头适中，香气细腻、柔和、稍有杂气、稍有刺激，甜度较好、较谐调，口感较舒适，余味尚干净。	四类烟 烤烟型
		石林（软）	13毫克/支	香气较充足、尚谐调，劲头适中、稍有刺激，余味尚干净。	四类烟 烤烟型
	福	福（软精品）	12毫克/支	①商标采用红色为底色，突出烫金的“福”字，并用烫金线条装饰。②香气充足、细腻、柔和、丰满，吸味醇和、谐调，劲头适中，刺激性较小，口感舒适，余味干净。	一类烟 烤烟型
		福（银）	13毫克/支	①商标采用进口最新特亮镭射纸。②香气细腻、较丰富，吸味醇和、刺激性较小，余味干净、舒适。	三类烟 烤烟型
		福（软红）	13毫克/支	①通体红色，包装正面五颗烫金的星星，环绕“福”字有56颗小星星。②香气较充足、谐调，劲头适中、刺激性较小，口感较舒适，余味尚干净。	三类烟 烤烟型
	茶　花	茶花（94mm）	13毫克/支	嗅香浓馥，烟气纯正、细腻、丰满、清香久远，吸味醇和，余味干净、津甜。	三类烟 烤烟型

续表

企业	品牌	规格	焦油量	产品风格、自有特色	备注
云南中烟工业公司	雪莲	雪莲（红精品）	13毫克/支	①采用镭射转移技术进行标志的整体处理。②精选国内外优质烟叶，应用高分子合成技术等多项现代工艺技术精制而成。③香气清雅、丰满，吸味醇厚、舒适，回味悠长。	一类烟 烤烟型
		雪莲（软蓝）	12毫克/支	①采用镭射转移技术进行标志的整体处理。②精选国内外优质烟叶，应用高分子合成技术等多项现代工艺技术精制而成。③香气清雅丰满，吸味醇厚舒适，回味悠长。	一类烟 烤烟型 2009年新产品
		雪莲（蓝精品）	13毫克/支	①采用镭射转移技术和高科技三层全息镭射定位烫防伪图标。②优选国内外优质烟叶，应用高分子合成技术等多项现代工艺技术精制而成。③香气自然高雅，余味醇厚、干净、舒适。	三类烟 烤烟型
		雪莲（红新品）	12毫克/支	①采用光油版镂空技术处理厂标进行防伪。②优选国内优质烟叶，应用多项现代工艺技术精制而成。③香气饱满流畅，余味干净舒适。	五类烟 烤烟型
	雪域	雪域（硬）	12毫克/支	①采用镜面镭射底纸印刷；品牌名称采用烫金压凸工艺，字体呈现精致立体效果。②精选云南优质上等烟叶，经自然天成的仓式发酵；应用拥有自主知识产权的“三级配方”工艺及多项减害降焦技术。③突出自然的清甜香风格，烟气优雅厚实、甘甜柔纯，余味舒适干净。	三类烟 烤烟型
	呼伦贝尔	呼伦贝尔（金）	10毫克/支	①精选国内外优质烟叶及天然香料。②烟草自然芳香突出，香气自然、细腻、雅致，口味醇和，口感舒适。	一类烟 烤烟型
		呼伦贝尔（绿）	13毫克/支	香气清纯、和谐、飘逸、吃味柔顺、醇和。	二类烟 烤烟型
	钓鱼台	钓鱼台（硬景泰蓝94mm）	6毫克/支	①由中国钓鱼台国宾馆监制，红云红河集团特制，从内到外皆具中国特色。②外观包装的设计元素来源于中国景泰蓝瓷器，鲜明色彩以及五彩花图的运用，大胆、时尚、又不失典雅的韵味。③吸味上更加突出典型中国烤烟型卷烟的自然烟草本香，香气自然、细腻、雅致，口味醇和，口感舒适。	一类烟 烤烟型
		钓鱼台（金）	10毫克/支	①由中国钓鱼台国宾馆监制，红云红河集团特制，向各国来宾展现中式卷烟独特魅力风格以及中式卷烟产品的超高品质、展现高档优质云南卷烟清香型风格的卷烟。②包装高贵典雅，散发出浓郁的中国传统文化氛围。	二类烟 烤烟型

续表

企 业	品 牌	规 格	焦油量	产品风格、自有特色	备 注
陕西中烟工业有限责任公司	好 猫	好猫（盛世）	10 毫克/支	①采用微胶囊香味补偿技术、生物产香技术、细胞生物学降害技术、烟气凝澈保润技术（中草药）、集成保润技术、木香笼烟叶醇化技术、专用富含天然矿泉水技术。②香气润泽、爽滑、细腻、优雅，口感清馨、甜润、回味悠长，集清、雅、醇、沁于一体，首创了润泽的“沁香”型卷烟风格。	一类烟 烤烟型
		好猫（吉祥）	13 毫克/支	①采用微胶囊香味补偿技术、生物产香技术、细胞生物学降害技术、集成保润技术、专用富含天然矿泉水技术。②选配纯天然香料、高透竖纹特种卷烟纸与加长滤嘴技术、再造烟草技术、有效降低卷烟烟气中主要有害物质含量。③自然烟香突出，香气优雅飘逸、甜润，余味舒适纯净。	一类烟 烤烟型
		好猫（炫蓝）	12 毫克/支	①采用微胶囊技术、特色保润技术（保持烟丝中的水分和烟气圆润）、香味补偿技术、酶解醇化技术、集成减害技术、特色工艺技术。②吸味良好，香气清新，具有留香持久、高雅细腻的香气特点，劲头适中，烟气丰满圆润、醇和干净。	一类烟 烤烟型
	猴 王	猴王（神韵）	11 毫克/支	①叶组配方采用分组处理、柔性化加工、多级配方。②采用天然植物萃取液，降低卷烟有害成分，改善口感，增香保润。③烟味醇、香、舒、雅。	二类烟 烤烟型
		猴王（神采）	13 毫克/支	①精选国内外优质烟叶。②烟味纯正，香气清新飘逸。	三类烟 烤烟型
		猴王（磨砂）	13 毫克/支	①选用国内外质量上乘并经自然醇化 2 年以上的烟叶与烟草提取物、天然香料调制。②采用 25 毫米加长滤嘴与直纹高透气度卷烟纸。③烟味醇和，香气纯正，烟气流畅舒适。	三类烟 烤烟型
		猴王（软红）	13 毫克/支	①针对烟叶特性，运用分组加工、多元化处理手段；采用多省区、多等级、小比例的配方原则，保证产品内在质量的稳定性。②采用纯天然的添加物，有效降低烟气有害成分、改善口腔舒适性。③烟气醇和纯净。	四类烟 烤烟型
		猴王（硬红）	13 毫克/支	①对每批投料烟叶进行严格挑选，采用分组加工、精细加工和柔性加工。②烟丝光泽鲜明油润，香气自然纯正、丰满流畅，余味舒适甜净、满足感较强。	四类烟 烤烟型
		猴王（金）	13 毫克/支	①精选国内外优质高档烟叶。②烟气轻快，香气幽雅清新，劲头适中，吃味醇和舒适。	四类烟 烤烟型

续表

企 业	品 牌	规 格	焦油量	产品风格、自有特色	备 注
陕西中烟工业有限责任公司	猴 王	猴王（软蓝）	13 毫克/支	①配方设计实行多地区、多品种、多等级、小比例的科学配方结构。②发挥现有膨胀梗丝及烟草薄片在产品中的应用，提高卷烟品味、降低卷烟焦油量。③香气谐调厚实，烟气充实、满足感好，余味干净舒适。	五类烟 烤烟型
		猴王（软紫）	12 毫克/支	①针对烟叶特性，运用低温回潮、多重加料、单独储存、滚筒高温干燥、气流处理的多元化处理手段，烟叶香气外露而不流失、卷烟烟气醇和纯净。②香气谐调丰富、浓厚悠长，烟气充实感和满足感较好，消除了卷烟的刺激性和喉部发干的弊端，余味干净舒适。	五类烟 烤烟型 2009 年 新产品
	延 安	延安（金）	13 毫克/支	①在烟支滤嘴中加入活性炭，此技术为西北烟草首创，能利用活性炭高吸附性的特性，有效地吸附烟气中多环芳烃、苯并芘、苯胺等有害成分。②精选上等烟叶为主料。③香气细腻，烟气饱满，余味干净、清新，给人以和、飘、顺、逸的愉悦感。	二类烟 烤烟型
		延安（硬）	13 毫克/支	①滤嘴快速成型且添加了具有吸附功能的高分子吸附剂——壳聚糖，无毒且有很好的抑杀菌作用，它带有的阳电荷能选择性地吸附烟气中的自由基，既保留烟香，提高吸味，又减少吸烟的危害性。②使用生物酶制剂谐调烟叶的化学成分。③烟丝油润鲜明，烟香清雅，浓度适中，余味干净舒适，犹如梅花轻轻飘逸的醇香。	三类烟 烤烟型
		延安（软）	12 毫克/支	①滤嘴快速成型且添加了具有吸附功能的高分子吸附剂——壳聚糖，无毒且有很好的抑杀菌作用，它带有的阳电荷能选择性地吸附烟气中的自由基，既保留烟香，提高吸味，又减少吸烟的危害性。②使用生物酶制剂谐调烟叶的化学成分，烟丝油润鲜明，烟香清雅丰满，余味纯净舒适。③将黄河壶口瀑布的壮丽景观作为烟标的主图案，采用 30 毫米烫金水松纸，搭配竖纹盘纸。④添加有生津作用的天然香料，保持了纯正烟香，香气质好，劲头适中，烟气浓度稍淡，吸味醇和。	四类烟 烤烟型
		延安（硬红）	13 毫克/支	①采用了多地区、小比例的科学叶组配方。②外观以“富贵红”为主要标志性色调，以线条体现简洁的现代感。卷接、包装均由进口设备完成，确保了支支饱满、盒盒方正，是填补中价位市场价廉物美需求的“低危害”产品。③入口绵甜，香气优美，烟味饱满，余味纯净，劲头适中、刺激性小。	五类烟 烤烟型

续表

企业	品牌	规格	焦油量	产品风格、自有特色	备注
陕西中烟工业有限责任公司	延安	延安（软红）	13 毫克/支	①采用了多省区、多等级烟叶的竖配方。②采用软包包装,以红色为主色调;卷接、包装均由现代化设备完成,烟支饱满、美观,是大众化的烤烟型香烟。③吸味和顺,烟味纯正,香味可口,余味舒适,劲头适中、刺激性小。	五类烟 烤烟型
	公主	公主（硬红）	13 毫克/支	①采用分组加工加料技术、生物型再造烟草与在线烟丝整体膨胀技术。②烟香细腻飘逸，口腔舒适性好，余味回甜舒适。	五类烟 烤烟型
		公主（软紫）	12 毫克/支	①采用传统与现代相结合的加工工艺技术、生物型再造烟草与在线烟丝整体膨胀技术。②香味丰满流畅、刺激性小，余味回甜舒适。	五类烟 烤烟型
黑龙江烟草工业有限责任公司	林海灵芝	林海灵芝（印象）	12 毫克/支	绵久弥香的口味，体现了低焦高香的前沿技术。	三类烟 烤烟型
		林海灵芝（8mg）	8 毫克/支	①采用白肋烟、香料烟、马里兰烟为原料，香气量足，焦油含量低，是中式混合型香烟的典范。②香气丰满，口感生津。	三类烟 混合型 2009 年 新产品
		林海灵芝（硬白）	11 毫克/支	原料采用进口白肋烟和香料烟，劲头略偏上，具有美式混合型风格。	四类烟 混合型
		林海灵芝 （硬扁 16 支）	11 毫克/支	低焦混合型环保卷烟，独特的二元复合过滤嘴截留烟气中有害成分。	四类烟 混合型
		林海灵芝（如意）	12 毫克/支	选用津巴布韦烟叶、云南烟叶为原料，是低焦高香的烤烟典范。	四类烟 烤烟型
		林海灵芝（软白）	11 毫克/支	选用国内名贵的烤烟、晾晒烟和香料烟，并辅以独特、优质的香精香料和名贵的中草药灵芝。	五类烟 混合型
	哈尔滨	哈尔滨（软黄）	13 毫克/支	风格为清香型，香气清雅细腻，微透淡淡的果香，余味舒适甜润，生理强度适中。	五类烟 烤烟型
	老仁义	老仁义（吉祥）	12 毫克/支	具有典型的云南卷烟香气风格，烘烤香气突出，回味甜润，烟气爆发力强、满足感好，口感舒适爽朗。	四类烟 烤烟型
		老仁义（和谐）	13 毫克/支	余味舒适甜润，香气厚实、丰满、流畅，满足感好。	五类烟 烤烟型
		老仁义（软红）	14 毫克/支	借鉴云南卷烟特点，适当增加浓度、劲头，香气浓馥、谐调、丰满度好，有一定的生理强度，能满足低端消费者的需求。	五类烟 烤烟型
红塔辽宁烟草有限责任公司	人民大会堂	人民大会堂 （软红）	13 毫克/支	①精选国内外优质烟叶，辅以进口的天然香原料研制而成。②烟丝光泽油润，闻香舒适，香气丰满优雅，烟香自然醇和，烟气细腻圆润、刺激杂气微小，口感舒适，余味干净。	一类烟 烤烟型

续表

企 业	品 牌	规 格	焦油量	产品风格、自有特色	备 注
红塔辽宁烟草有限责任公司	人民大会堂	人民大会堂（本香）	10 毫克/支	烟丝光泽油润，香气优雅，烟香自然醇和，烟气细腻圆润，口感舒适，余味干净，刺激杂气微小。	一类烟烤烟型
		人民大会堂（硬红）	13 毫克/支	①精选国内外优质烟叶，辅以进口的天然香原料研制而成。②烟丝光泽油润，香气丰满优雅，烟香突出，烟气细腻圆润，口感舒适，余味干净，刺激杂气较小，有很好的满足感。	二类烟烤烟型
		人民大会堂（双色红）	12 毫克/支	香气饱满,烟气流畅明快,香气质细腻,劲头适中,杂气刺激小,吸味较纯正,余味较舒适。	三类烟烤烟型
		人民大会堂（珍品醇香）	12 毫克/支	①采用全线薄板加工模式。②香气饱满，具有云南烟草香气特征，烟气流畅明快，香气质较细腻，劲头适中，杂气刺激小，吸味纯正，余味较舒适。	三类烟烤烟型
吉林烟草工业有限责任公司	长白山	长白山（德容天下）	3 毫克/支	①采用高科技生物醇化、增香技术。②香气醇厚甘柔、形神兼备。	一类烟烤烟型
		长白山（5mg）	5 毫克/支	产品集聚氧、传感等诸多独创性减害降焦成果于一体。	一类烟烤烟型
		长白山（五星）	12 毫克/支	①精选国内外优质烟叶，辅以纯天然香精香料，采用高科技生物醇化技术和综合降焦工艺。②烟支采用进口 CPF 联合效益滤嘴、进口竖纹盘纸，加长印刷型水松纸。③烟丝光泽油润，香气浓馥、醇和，入喉和顺，劲头适中，烟气绵长回甜，突出高档烤烟型卷烟的优雅香气和细腻、纯净的口感。	一类烟烤烟型
		长白山（神韵）	5 毫克/支	①精选优质原料，集生物技术、微分子技术、综合降焦技术于一身。②具有中式烤烟型卷烟高香气、低焦油、低烟碱、低一氧化碳的质量特征。③商标采用光柱镭射转移纸印制，以大红色为主色调，“东方神韵”采用篆刻印章的形式表现。④香气浓馥、优雅、流畅，余味滑润生津。	一类烟烤烟型
		长白山（天韵）	6 毫克/支	①商标以副标题“天韵”作为设计的切入点，结合镭射卡纸，以紫红色调为烘托；运用凹凸工艺制作牡丹花；采用了定位防伪标志。②香气优雅醇厚、细腻流畅，多种香气谐调统一，入喉和顺，劲头适中，回味绵长。	一类烟烤烟型2009 年新产品
		长白山（8mg）	8 毫克/支	①包装以纯黑色为主，文字图案采用镭射银进行展现，体现出关东白山黑水的地域文化内涵；条盒的侧翼、小盒的顶部印有防伪图案。②传统口味与最新科技的有机结合，低焦油。③香气优雅醇和。	二类烟烤烟型

续表

企 业	品 牌	规 格	焦油量	产品风格、自有特色	备 注
吉林烟草工业有限责任公司	长白山	长白山（软红）	12 毫克/支	①使用沟槽滤棒吸附有害成分。②烟丝光泽油润,香气丰富、细腻、优雅,入喉和顺,劲头适中,无杂气、无刺激性,余味纯净舒适。	二类烟烤烟型
		长白山（丹韵）	9 毫克/支	①包装以红棕色为主体色调，配以如意牡丹和五福捧寿的底纹，两侧以暗色“万字流水”图案为衬；运用凹凸工艺制作牡丹花。②香气自然、醇厚、细腻，入口甘美、入喉顺柔、入鼻馨逸，余韵悠长，突显烟草本香。	二类烟烤烟型 2009 年新产品
		长白山（红）	13 毫克/支	①精选国内外优质上等烤烟。②包装整体色彩以大红为主，辅以金色；在条盒的侧翼、小盒的底部印有超线防伪图案。③香气浓郁丰富，劲头适中，余味干净舒适。	三类烟烤烟型
		长白山（银）	8 毫克/支	①包装运用深浅不同的红色渐变背景图案，文字图案采用镭射银进行展现；在条盒的侧翼、小盒的顶部印有防伪图案。②香气优雅、舒适，劲头适中。	三类烟烤烟型
		长白山（淳香）	13 毫克/支	①包装背景运用红黑色彩渐变，加上文字和其他图案的色彩变化，产生不同层次空间的视觉效果；在条盒、小盒的侧翼印有透明电化铝防伪图案。②香气清雅丰满，烟气醇和细腻，口感纯正，劲头适中。	四类烟烤烟型
		长白山（阿里郎）	11 毫克/支	①采用生物酶解醇化、在线膨化等多项新技术、新工艺。②烟气充足，劲头适中，余味干净。	四类烟烤烟型
	人 参	人参（软红生命源）	13 毫克/支	①精选云南优质烟叶，调配纯天然香精香料。②香气丰满，吸味醇正，余味干净舒适。	三类烟烤烟型
		人参（硬佳品生命源）	9 毫克/支	①以烤烟香气为主体，嫁接韩日混合型卷烟的香气特征。②香气丰厚，余味干净，个性特征明显。	四类烟烤烟型
甘肃烟草工业有限责任公司	兰 州	兰州（硬经典）	10 毫克/支	①采用 30 毫米进口 CPA 滤棒，滤嘴外端沟槽更加明显，进一步降低卷烟焦油和有害物质。②选择独特的光棒镭射银黑卡纸作为商标用纸，结合特殊印刷工艺，使商标纸设计更加富有质感。③烟香飘逸、高雅，口感舒适、流畅，回甜感明显。	一类烟烤烟型
		兰州（硬吉祥）	11 毫克/支	①以国内外的优质烟叶为原料,加以进口天然香料精心调配,吸食安全性高,对人体危害更小。②采用通风稀释技术,有效降低卷烟烟气中主要有害物质含量。③采用国画条幅三段式构图,底纹“飞天组乐”通过特殊工艺与镭射纸张结合,设计层次分明。④嗅香高雅,香气丰满、细腻、谐调、自然、醇和。	一类烟烤烟型

续表

企　业	品　牌	规　格	焦油量	产品风格、自有特色	备　注
甘肃烟草工业有限责任公司	兰　州	兰　州（吉祥16支手工）	11毫克/支	①接装纸主图案“飞天”、字体及拼音标识烫金。②采用异型包装设计，小盒采用上下开盒方式，条盒采用抽拉式开盒方式。	一类烟烤烟型
		兰州（硬飞天）	9毫克/支	①24毫米烟支圆周设计，配合斜罗纹卷烟纸，更显纤细高雅。②小盒采用侧翻盖形式；条盒采用两层抽屉式包装，结合一次性开封的防伪锁扣。③烟气柔和、细腻，回甜感明显，烟香高雅、丰满，余味纯净、舒适。	一类烟烤烟型
		兰州（硬六味）	9毫克/支	①将六味中药复合配方加入烟草中，采用多种本草提取物进行加料加香处理，产品烟香与药味保持充分谐调，烟气更加舒适、优雅、细腻。②采用具有3项自主专利技术的二元沟槽滤嘴，结合通风稀释技术的采用，有效的降低烟气中的有害物质。③商标纸底纹选用中国文化符号“祥云”。	一类烟烤烟型
		兰州（硬如意）	10毫克/支	①采用多种草本提取物进行加香加料处理，将草本和烟香有机结合起来，焦油、CO量低，吸食安全性高。②香气饱满、自然、醇和，吸味柔和、舒适。	二类烟烤烟型
		兰州（硬珍品）	11毫克/支	①采用30毫米滤嘴，进一步降低卷烟焦油量。②香气清雅、丰满、谐调，吸味柔和、纯净、舒适。	二类烟烤烟型
		兰州（硬精品）	11毫克/支	①商标纸采用450斜纹渐变构图，“飞天”图案以中国画白描手法表现。②香气清雅，吸味醇和，口感纯净。	三类烟烤烟型
		兰州（硬蓝）	13毫克/支	①在色彩处理上用蓝、白两色明度渐变。②整体包装采用胶印覆光柱镭射膜的方式，使其在不同的光线下产生同位异彩的效果。③香气浓馥、丰满、醇和、满足感好，余味纯净舒适，口腔湿润生津感明显。	四类烟烤烟型
		兰州（硬黄）	13毫克/支	包装构图简洁，色调明快，画面为“飞天起舞，遨游太空”。	四类烟烤烟型
		兰州（软黄）	13毫克/支	嗅香清新甜润，香气清雅、丰满、谐调，劲头适中，余味纯净舒适。	四类烟烤烟型
		兰州（硬红）	11毫克/支	包装以红色为主基调，配以深蓝色、金色。	五类烟烤烟型
		兰州（软红）	11毫克/支	香气清新，余味纯净。	五类烟烤烟型
内蒙古昆明卷烟有限责任公司	冬虫夏草	冬虫夏草	13毫克/支	①选用进口香精，添加冬虫夏草、西洋参等优质温补中草药提取液，降低卷烟对人体的危害。②采用珠光烫金水松纸及30毫米加长滤嘴。③嗅香优美，吸味丰满醇和，留香清雅飘逸。	一类烟烤烟型

续表

企 业	品 牌	规 格	焦油量	产品风格、自有特色	备 注
内蒙古昆明卷烟有限责任公司	苁 蓉	苁蓉（祥和）	11 毫克/支	①以原“苁蓉”卷烟中草药添加技术为基础，在增香补香上进行突破改进，体现烟香、药香和谐统一的特色。②30 毫米加长过滤嘴与竖条纹水松纸互相匹配的时尚设计，烟支外观修长。③嗅香优美，吸味醇和，香气高雅飘逸，余味甘纯。	一类烟 烤烟型
	云 烟	云烟（软苁蓉）	12 毫克/支	①添加了由苁蓉、鹿茸、霪羊藿、枸杞等多味药物组成的中药提取液。②采用特制滤棒、高透气度盘纸及激光打孔水松纸等卷烟材料。③烟丝色泽油润鲜亮，香气细腻清雅，余味纯净舒适。	二类烟 烤烟型
		云烟 （12mg 苁蓉）	12 毫克/支	①将优质精选烟叶与中草药、香料协调配合。②采用特制滤棒、高透气度盘纸及激光打孔水松纸等卷烟材料。③烟气入口醇和，香气清雅，回味甘甜。	二类烟 烤烟型
	大青山	大青山（红）	11 毫克/支	①采用气流干燥处理工艺，有效降低焦油量。②香气充足，生理满足感强，有较高性价比。	五类烟 烤烟型
		大青山（软）	11 毫克/支	①采用气流干燥处理工艺，有效降低焦油量。②香气透发，劲头适中。	五类烟 烤烟型
深圳烟草工业有限责任公司	好日子	好日子（盛世）	12 毫克/支	①精选国内外上等烟叶形成叶组配方,适当加入多种微量天然名贵香味原料提高烟气质量。②使用了潜香物质,只有在烟草燃烧过程中才会高温裂解成为大量的小分子物质,释放出丰富的香气,并有效改善卷烟的吃味。③包装采用定位标全息镭射技术。④香气高雅丰满,烟气纯净飘逸、细腻绵长,口感干净舒适、回甜感强,具有中式卷烟绵、甜、柔、细的特点。	一类烟 烤烟型
		好日子（硬金樽）	13 毫克/支	①选用国内外上等烟叶，全部经手工逐片精挑细选。②选用纯天然植物香精香料，采用先进的保润工艺技术；采用希腊产的含血红蛋白的活性炭生物滤嘴，有效降低烟气中有害成分。③口味醇和自然，具有中式卷烟绵、甜、柔、细的特点。	一类烟 烤烟型
		好日子（锦绣）	10 毫克/支	①添加茶提取物,对烟气危害的具有拮抗作用。②采用分子微胶囊包埋技术缓释香气,保证烟支燃烧前后吸味和香气的一致性;应用头体基渐进加香工艺技术,使烟支在燃烧品吸过程中能完整地表露特征香气。③应用双层高透气同轴滤嘴技术,提高选择性过滤效率,并利用内轴和外芯的压降差,使烟气混合更为均匀,气流更为通畅,在降低焦油量和 CO 含量的同时,仍保留充足香气和优质吸味。	一类烟 烤烟型 2009 年 新产品

续表

企 业	品 牌	规 格	焦油量	产品风格、自有特色	备 注
深圳烟草工业有限责任公司	好日子	好日子（软珍品）	13 毫克/支	①选用两年以上自然醇化的国内外优质烟叶。②加香使用分子微胶囊缓释技术，避免低沸点的香料快速挥发，使整支烟香更加均衡一致，嗅香更加谐调。③香气浓馥清雅、飘逸绵长、留香持久，烟气细腻绵长，吸味香醇饱满，口感干净舒适、回甜感强。	二类烟烤烟型
		好日子（硬金精品）	13 毫克/支	①精选国内外优质上等烟叶形成叶组配方。②使用造纸法烟草薄片降低产品的焦油量。③使用单体香料，增浓增厚卷烟的香气，补偿降焦带来的香气损失。④烟气细腻、回甜感强，香气清雅醇厚，吸味舒适醇和。	三类烟烤烟型
		好日子（硬吉祥）	12 毫克/支	①精选津巴布韦、巴西进口的自然醇化上等烤烟为主料。②使用模块化配方技术和分组加工技术，将烟叶原料分为主料烟叶模块、辅料烟叶模块和填充料烟叶模块，根据不同模块的风格特点采用不同的加料技术和工艺处理。③烟香丰满，余味尚纯净、舒适、甜香、生津感强、满足感好，烟气细腻绵长，入喉顺畅口，吸味醇和协调。	三类烟烤烟型
		好日子（软如意）	12 毫克/支	①使用分子微胶囊缓释技术，避免低沸点的香料快速挥发，使整支烟香更加均衡一致，嗅香更加谐调。②香气醇厚、甜韵突出，烟气入喉顺畅，余味纯净舒适，回味甘甜生津。	三类烟烤烟型
	特美思	特美思（硬精品）	12 毫克/支	①使用造纸法烟草薄片，降低焦油量。②使用单体香料，增浓增厚卷烟的香气，补偿降焦带来的香气损失。③烟气细腻、回甜感强，香气清雅醇厚，吸味舒适醇和。	四类烟烤烟型
		特美思（硬）	12 毫克/支	①使用造纸法烟草薄片，降低焦油量。②使用单体香料，增浓增厚卷烟的香气，补偿降焦带来的香气损失。③烟气细腻、回甜感强，香气清雅醇厚，吸味舒适醇和。	四类烟烤烟型
海南红塔卷烟有限责任公司	椰 王	椰 王（硬金）	10 毫克/支	①选用云南醇化两年以上的优质烤烟，添加天然植物精华香精香料。②采用激光打孔接装纸、高透气度成型纸，在卷烟滤棒添中加生物减害制剂，选择性吸附烟气中的有害成分，减少对烟草本香干扰，降低焦油的产生量和摄入量。③自然烟香突出，具有清甜香风格，烟丝光泽油润，香气丰满飘逸，回味润津醇细。	一类烟烤烟型 2009 年新产品
		椰 王	13 毫克/支	烟丝光泽油润好，香风格独特，香气丰满飘逸、柔和细腻，烟气谐调醇和，劲头适中，口感舒适纯净、带回甜感、刺激性小。	二类烟烤烟型

2009年在产雪茄烟品牌(规格)名录

<table>
<tr><th>企 业</th><th>品 牌</th><th>品 名</th><th>风格特征</th><th>尺寸规格</th><th>包装规格①</th><th>类 别</th></tr>
<tr><td rowspan="12">安徽中烟工业公司</td><td>黄山松</td><td>黄山松（5 支）</td><td>浓味</td><td>110 毫米 ×9. 2 毫米</td><td>5 支装硬盒</td><td>手工雪茄</td></tr>
<tr><td rowspan="2">味美思</td><td>味美思（5 支）</td><td>浓味</td><td>120 毫米 ×12 毫米 ×8 毫米（扁方）</td><td>5 支装硬盒</td><td>手工雪茄</td></tr>
<tr><td>味美思（10 支）</td><td>浓味</td><td>84 毫米 ×10 毫米 ×10 毫米（方支）</td><td>10 支装硬盒</td><td>手工雪茄
2009 年新产品</td></tr>
<tr><td rowspan="9">王冠</td><td>王冠（塑 10 支）</td><td>浓味</td><td>130 毫米 ×15. 3 毫米</td><td>10 支装塑盒</td><td>手工雪茄</td></tr>
<tr><td>王冠（20 支）</td><td>浓味</td><td>88 毫米 ×9. 2 毫米</td><td>20 支装硬盒</td><td>手工雪茄</td></tr>
<tr><td>王冠（5 支）</td><td>浓味</td><td>136 毫米 ×13 毫米</td><td>5 支装塑盒</td><td>手工雪茄</td></tr>
<tr><td>王冠（5 支木嘴）</td><td>香味</td><td>126 毫米 ×10. 9 毫米</td><td>5 支装硬盒</td><td>手工雪茄
2009 年新产品</td></tr>
<tr><td>王冠（5 支奶香）</td><td>香味</td><td>110 毫米 ×9. 5 毫米</td><td>5 支装硬盒</td><td>手工雪茄
2009 年新产品</td></tr>
<tr><td>王冠（10 支全叶卷）</td><td>原味</td><td>150 毫米 ×17. 8 毫米</td><td>10 支装木盒</td><td>手工雪茄</td></tr>
<tr><td>王冠（铝 2 支全叶卷）</td><td>原味</td><td>150 毫米 ×17. 8 毫米</td><td>2 支装硬盒</td><td>手工雪茄</td></tr>
<tr><td>王冠（塑 2 支全叶卷）</td><td>原味</td><td>120 毫米 ×13 毫米</td><td>2 支装硬盒</td><td>手工雪茄</td></tr>
<tr><td rowspan="5">山东中烟工业公 司</td><td rowspan="5">将军</td><td>将军（2 号）</td><td>中味</td><td>150 毫米 ×56 毫米</td><td>12 支装木盒</td><td>手工雪茄</td></tr>
<tr><td>将军（5 号）</td><td>中味</td><td>120 毫米 ×56 毫米</td><td>12 支装木盒</td><td>手工雪茄</td></tr>
<tr><td>将军（6 号）</td><td>中味</td><td>120 毫米 ×40 毫米</td><td>20 支装木盒</td><td>手工雪茄</td></tr>
<tr><td>将军（3G）</td><td>中味</td><td>100 毫米 ×28 毫米</td><td>10 支装铁盒</td><td>半手工雪茄</td></tr>
<tr><td>将军（潘萨）</td><td>原味</td><td>94 毫米 ×24．4 毫米</td><td>双 10 支硬盒</td><td>机制雪茄</td></tr>
</table>

① 安徽中烟、湖北中烟雪茄烟尺寸规格为“长度 × 直径”；山东中烟、川渝中烟雪茄烟尺寸规格为“长度 × 周长”。

续表

企　业	品　牌	品　名	风格特征	尺寸规格	包装规格	类　别
湖北中烟工业有限责任公司	三峡	三峡（MX10）	香型	84 毫米 ×7.8 毫米	10 支装硬盒	手工雪茄
		三峡（MY10）	原味	84 毫米 ×7.9 毫米	10 支装硬盒	手工雪茄
		三峡（WX20）	香型	84 毫米 ×7.10 毫米	20 支装硬盒	雪茄型
		三峡（WY20）	原味	84 毫米 ×7.11 毫米	20 支装硬盒	雪茄型
	顺百利	顺百利（10 支 LP）	原味	132 毫米 ×16.2 毫米	10 支装木盒	手工雪茄
		顺百利（25 支 LP）	原味	132 毫米 ×16.3 毫米	25 支装木盒	手工雪茄
		顺百利（2 支）	原味	132 毫米 ×16.4 毫米	2 支装纸盒	手工雪茄
		顺百利（3 支 X）	原味	132 毫米 ×13.8 毫米	3 支装硬盒	手工雪茄
		顺百利（5 支 XY）	原味	105 毫米 ×12.5 毫米	5 支装纸盒	手工雪茄
	茂大	茂大（10 支 LP）	原味	132 毫米 ×16.5 毫米	10 支装木盒	手工雪茄
		茂大（25 支 LP）	原味	132 毫米 ×16.6 毫米	25 支装木盒	手工雪茄
		茂大（3 支 X）	原味	132 毫米 ×13.9 毫米	3 支装硬盒	手工雪茄
		茂大（25 支 XLP）	原味	132 毫米 ×13.10 毫米	25 支装木盒	手工雪茄
		茂大（5 支 XY）	原味	105 毫米 ×12.6 毫米	5 支装纸盒	手工雪茄
	红金龙	红金龙（硬古龙）	中式雪茄（香柔顺喉）	84 毫米 ×7.8 毫米	20 支装硬盒	雪茄型 2009 年新产品
		红金龙（硬金龙）	中式雪茄（香柔顺喉）	84 毫米 ×7.8 毫米	20 支装硬盒	雪茄型 2009 年新产品
		红金龙（硬红龙）	中式雪茄（香柔顺喉）	84 毫米 ×7.8 毫米	20 支装硬盒	雪茄型 2009 年新产品
川渝中烟工业公司	长城	长城（典藏 132）	原味	124 毫米 ×62.3 毫米	5 支装精品木盒	手工叶束式雪茄
		长城（1 号）	原味	124 毫米 ×62.3 毫米	5 支装木盒	手工叶束式雪茄
		长城（导师 2 号）	原味	130 毫米 ×53.4 毫米	25 支装木盒	手工叶束式雪茄
		长城（2 号）	原味	130 毫米 ×53.4 毫米	5 支装纸盒	手工叶束式雪茄
		长城（3 号）	原味	150 毫米 ×50 毫米	5 支装纸盒	手工叶束式雪茄

续表

企 业	品 牌	品 名	风格特征	尺寸规格	包装规格	类 别
川渝中烟工业公司	长城	长城（3号铝管2支）	原味	150毫米×50毫米	2支装纸盒	手工叶束式雪茄
		长城（盛世6号）	原味	110毫米×45毫米	5支装纸盒	手工叶束式雪茄
		长城（大号铝管5支）	奶油香味	160毫米×55毫米	5支装木盒	手卷叶片式雪茄
		长城（5支小号）	原味	100毫米×34.5毫米	5支装纸盒	手卷叶丝式雪茄
		长城（骑士3号）	香草味	100毫米×35毫米	10支装纸盒	机卷叶片式雪茄
		长城（金南极）	水蜜桃味	120毫米×35毫米（带木嘴）	5支装纸盒	机卷叶片式雪茄
		长城（迷你原味）	原味	95毫米×26毫米	2×5支装铁盒	机卷叶片式雪茄
		长城（迷你咖啡）	淡味	75毫米×26毫米	2×5支装铁盒	机卷叶片式雪茄
		长城（迷你香草）	淡味、香草味	75毫米×26毫米	2×5支装铁盒	机卷叶片式雪茄
		长城（132）	原味	84毫米×24.5毫米	20支装硬盒	机制叶丝式雪茄
	狮	狮（5支小号）	原味	112毫米×31毫米	5支装纸盒	手卷叶丝式雪茄
		狮（谜你3号）	微有奶油香味	84毫米×25毫米	20支装纸盒	手卷叶片式雪茄
		狮（谜你1号）	淡味、香草咖啡味	98毫米×26毫米（带嘴）	2×5支装纸盒	机卷叶片式雪茄
		狮（微型）	香草咖啡味	84毫米×24.5毫米	20支装硬盒	机制雪茄
		狮（原味）	原味	84毫米×24.5毫米	20支装硬盒	机制雪茄
		狮（草莓）	草莓味	84毫米×24.5毫米	20支装软盒	机制雪茄
		狮（特香）	特香味	84毫米×24.5毫米	20支装硬盒	机制雪茄
	工字	工字（2代）	原味	84毫米×34.5毫米	10支装纸盒	手卷叶丝式雪茄

索 引

索引使用说明

一、本索引采用关键词索引法编制，对年鉴中有实质检索意义的内容予以标引，以供检索使用。

二、本索引基本上是按汉语拼音音序排列。具体排列规律如下：以数字开头的标目，排在最前面；以英文字母打头的标目，列于其次；汉字标目则按首字的音序、音调依次排列；首字相同时，则以第二个字排序，并依次类推。

三、索引标目后的数字，表示检索内容所在的年鉴正文页码，如果一个关键词在同一页中出现多次，页码只标一次。

索 引

图书在版编目(CIP)数据

中国烟草年鉴.2009/国家烟草专卖局编.—北京:中国科学技术出版社,2010.12

ISBN 978-7-5046-5765-7

Ⅰ.①中… Ⅱ.①国… Ⅲ.①烟草工业-中国-2009-年鉴 Ⅳ.①F426.89-54

中国版本图书馆CIP数据核字(2010)第228395号

发 行:高建国 63605464,张 洁 63605646,姚 媛 63606745

广告电话:丁广达 68535568

策划编辑:吕建华 许 英

责任编辑:许 英 叶 罍 王 菡

责任校对:凌红霞 刘红岩 孟华英 赵丽英 王勤杰

封面设计:吉天虹

彩插设计:吉天虹 张晨艳 华 眉 陈兴杰 许双慧 李西屹

责任印制:王 沛

中国科学技术出版社出版

北京市海淀区中关村南大街16号 邮政编码:100081

电话:010-62173865 传真:010-62179148

http://www.kjpbooks.com.cn

科学普及出版社发行部发行

北京华正印刷有限公司印刷

*

开本:889毫米×1194毫米 1/16 印张:62 插页:32 字数:2300千字

2010年12月第1版 2010年12月第1次印刷

印数:1—3000册 定价:330.00元

ISBN 978-7-5046-5765-7/F·712

中国烟草年鉴
2009